中国公路交通史丛书

山西公路交通史

（1978~2010）

山西出版传媒集团
山 西 人 民 出 版 社

图书在版编目（CIP）数据

山西公路交通史／山西省交通运输厅编. -- 太原：山西人民出版社，2012.5

ISBN 978-7-203-07654-4

Ⅰ. ①山… Ⅱ. ①山… Ⅲ. ①公路运输—交通运输史—山西省—1978~2010 Ⅳ. ①F542.9

中国版本图书馆 CIP 数据核字（2012）第 066229 号

山西公路交通史（1978~2010）

编　　者：山西省交通运输厅
责任编辑：白玉梅
装帧设计：吴喜萍

出 版 者：山西出版传媒集团·山西人民出版社
地　　址：太原市建设南路 21 号
邮　　编：030012
发行营销：0351-4922220　4955996　4956039
　　　　　0351-4922127（传真）　4956038（邮购）
E-mail：sxskcb@163.com　发行部
　　　　sxskcb@126.com　总编室
网　　址：www.sxskcb.com

经 销 者：山西出版传媒集团·山西人民出版社
承 印 者：晋中万嘉兴印刷有限公司

开　　本：787mm×1092mm　1/16
印　　张：79
字　　数：1900 千字
印　　数：1-1500 册
版　　次：2012 年 5 月　第 1 版
印　　次：2012 年 5 月　第 1 次印刷
书　　号：ISBN 978-7-203-07654-4

定　　价：380.00 元

《山西公路交通史》编审委员会

《山西公路交通史》编纂人员

主　　编　师国梁

副 主 编　梁锦华

编　　辑　师国梁　梁锦华

　　　　　陈瑞丽　王晴红　杜小鹏

特约编辑　徐媛丽　范彦军

　　　　　王国忠　张慧萍　陈富根

序

山西省交通运输厅
党组书记、厅长
段建国

2012.4.18

1978年的缕缕春风，吹醒沉睡的中华民族，也给三晋大地带来勃勃生机，为全省公路交通事业提供新的发展契机。党的十一届三中全会以来，省委、省政府带领全省人民坚持改革开放，依靠科技进步，高起点、超常规、大跨度推进交通运输事业发展，取得举世瞩目的成就，城乡交通面貌发生了翻天覆地的变化；全省交通运输系统13万干部职工与时俱进，改革创新，抢抓机遇，奋力拼搏，为全省经济社会发展提供强有力的交通运输支撑。截至2011年底，全省公路通车里程达到13.48万公里，公路密度达到86公里/百平方公里。其中：二级以上高等级公路达到20 496公里，占总里程的

15.2%;等级公路达到13.1万公里,占总里程的97.1%;路面铺装公路达到11.3万公里,占总里程的84%。全省干线公路达到1.21万公里,占总里程的9%,93.5%的国道、81.7%的省道达到二级以上公路标准,干线路网基本消灭差等路,技术状况达到历史最好水平。在交通运输部组织的"十一五"全国干线公路养护管理综合检查中,山西综合得分在全国各省、直辖市、自治区排第6名。全省农村公路通车里程达到11.87万公里,所有乡镇、具备条件的建制村实现通水泥(油)路、通客车"全覆盖",69.4%的建制村实现户户通水泥路。2012年将实现具备条件的建制村街巷硬化"全覆盖",广大农民祖祖辈辈期盼的出门走上水泥路、坐上中巴车的梦想成为现实。

回顾全省交通运输行业32年的发展历程,不禁感慨万千,浮想联翩,每个人都经历过许多难以忘怀的事情,可以总结出若干条深刻的体会。但是,最重要的一点就是抓住机遇,用好机遇,拼搏奋进,加快发展。

党的十一届三中全会确立全党工作重点转移到经济建设上来之后,全省交通运输部门抓住国家"优先发展交通"的机遇,坚持贯彻"有路大家行车、有河大家行船"和"国营、集体、个体一起上"的方针,大力推进道路水路运输改革开放,解放和发展交通运输生产力,彻底解决运输供求矛盾,交通运输冲破计划经济束缚,在各行各业中率先步入市场经济轨道。

"六五"、"七五"时期,全省交通运输部门抓住国家把山西建设成为全国能源重化工基地的机遇,以提高晋煤外运能力为出发点,集中修建12条晋煤外运公路,建成全省第一条一级公路——太原至晋祠公路,特别是投资6.9亿元建成纵贯全省南北,连接省内主要工矿区、农业区,全长737公里的大同至运城二级公路。

1992年,通过认真学习邓小平南方谈话和党的十四大会议精神,省委、省政府解放思想,深化改革,从山西省情出发,提出"三基四重"发展战略,把公路交通放在优先发展的战略地位,先后批准省交通厅提出的"一年打基础、三年迈大步、'九五'大变样"的交通上新台阶方案和公路学赶山东方案,并出台了加快重点公路建设的8条优惠政策。从1992年冬天起，全省连续6年大搞全民义务修路，并举全省之力建成了以太旧高速公路为代表的5条高等级公路，公路建设实现了由部门行为向政府行为、由行业行为向社会行为的根本转变。

1996年，积极贯彻落实国家“贷款修路、收费还贷、滚动发展”的新政策，省政府出台《山西省社会筹资修建公路暂行办法》，鼓励包括外资在内的社会资本投资建设经营公路，逐步建立了“国家投资、地方筹资、社会融资、利用外资”的投融资机制，推动全省公路建设特别是高等级公路建设步入快车道，走出一条运用市场经济办法加快公路建设的新路子。

1998年亚洲金融危机爆发后，国家把扩大内需作为长期坚持的方针，连续6年实行积极的财政政策和稳健的货币政策，支持包括交通在内的基础设施建设，全省掀起以大运高速公路和国道主干线为重点的公路建设新高潮，建成了以大运高速公路为代表的一批交通大动脉和出省路。

2002年3月29日至4月2日，国务院总理朱镕基在晋视察指导工作时，将山西确定为全国县际公路改造试点，全省争取到了国家8000公里县际与通乡油路改造计划，并按照交通部提出的“修好农村公路，服务城镇化，让农民兄弟走上油路和水泥路”的要求，在全国率先启动县际公路改造、乡通油路、村村通水泥(油)路工程，全省公路建设实现以高等级公路为重点向高速公路、干线公路、农村公路“三网并重”转变，极大地改善了城乡交通条件。

2008年底，为应对国际金融危机的冲击，省委、省政府果断决策，全省掀起了新一轮高速公路建设高潮。三年间开工建设高速公路项目43个，概算总投资2285亿元，总里程3200公里。其中桥梁、隧道和采空区里程占到三分之一。桥梁总长555公里，相当于从太原经北京、跨天津到达渤海湾的距离；隧道总长380公里，相当于从太原经运城到黄河边的长度；采空区总里程68公里，灌桩注浆量1048万立方米，相当于葛洲坝工程的混凝土量。在省委、省政府的大力支持下，省交通运输厅党组不等不靠，大胆创新发展模式，实行省投省建、省投市建、市投市建、省市共建、市场融资、BOT、BT等融资方式,多措并举,加快步伐。在复杂地形和艰难建设环境下,依靠科技进步与创新,有效化解难题。此外,增加投入5亿元,着力打造生态高速、和谐高速;多管齐下,超前预控,建立稳固惩防体系,为工程建设保驾护航;完善制度,安全监管,深入开展"平安文明工地"创建、隐患排查整治活动;加强质量监控,实行全过程、无缝隙工程管理,用段段优良确保全线优良,条条优良确保全部高速公路优良。全省形成以省会太原为中心,市市互通,东联京冀、西达秦蜀、南通中原、北出长城的高速公路网,实现干支相连、纵横交错、方便快捷、畅通高效的公路大交通目标。山西从1993年开工建设太旧高速公路起步,到2002年建成第一个1000公里高速公路,用了10年时间,到2008年建成第二个1000公里,用了6年时间,2010年、2011年分别建成1000公里高速公路,在跨越3000公里、4000公里过程中,分别用了2年、1年时间。2012年,又有1000公里高速公路建成通车。到"十二五"末,全省6300公里的"三纵十一横十一环"高速公路网将基本建成。届时,全省基本实现省会到地级市3小时、相邻地级市2小时、地级市到所属县(市)1小时通达和县县通高速,所有县在半小时内上高速;高速出省口将达30个。在全省交通运输跨越发展历程中,有许多好的做法和经验,需要我们很好地总结、归纳、提炼、升华,从生产实践上升到一定理论高度,更好地指导全面工作。30多年的实践证明,机不可失,时不再来。抓住机遇,珍惜机遇,用好机遇,牢牢把握战略机遇期,对于交通发展尤为重要。

交通作为文明之舟、产业之母、经济之脉,是人类须臾不可分离的主要生产和生活方式,是伴随着人类的产生而产生、发展而发展的。盛世修史,史以资治。1980年以来,根据交通运输部和省政府及有关部门安排,我们在编史修志方面做了大量工作。先后编纂出版了《山西公路交通史》(第一册、第二册)、《山西航运史》、《山西通志·交通志·公路水运篇》、《山西省志·交通志》、《山西交通志》、《山西路谱》、《辉煌的历程》、《大路颂歌》、《大路人生》、《大运高速公路建设志》、《太旧高速公路建设志》及《山西交通年鉴》(1990~2011)等专业书籍60余种9600万字,受到全省交通运输系统广大干部职工的热烈欢迎和省内外史志界专家的高度赞扬。认真总结历史经验,已经成为全省交通运输系统各部门、各单位承前启后、继往开来的一项重要工作。

在全省决战5000公里高速公路的战鼓擂响之际,《山西公路交通史》(1978~2010)由山西人民出版社正式出版了,可喜可贺!全书集中反映了1978年至2010年32年期间全省交通运输改革建设发展取得的辉煌成就,真实生动记录了全系统干部职工自力更生、艰苦奋斗,群策群力、攻坚克难,服务人民、奉献社会的高尚情怀,认真总结了改革开放以来交通建设拉动当地经济社会发展的宝贵经验,深刻探析了公路事业可持续跨越发展的内在规律,为推动"十二五"全省交通运输事业再上新台阶提供了有益借鉴。

党的十七届六中全会作出的《关于深化文化体制改革,推动社会主义文化大发展、大繁荣若干重大问题的决定》指出:"社会主义先进文化是马克思主义正常思想精神上的旗帜,文化建设是中国特色社会主义事业总体布局的重要组成部分。没有文化的积极引领,没有人民精神世界的极大丰富,没有全民族精神力量的充分发挥,一个国家、一个民族不可能屹立于世界民族之林。物质贫乏不是社会主义,精神空虚也不是社会主义。没有社会主义文化繁荣发展,就没有社会主义现代化"。史志年鉴作为交通文化的重要组成部分,在传承历史、凝聚人心、推动发展、深化改革中具有十分重要的激励和引导作用,必须引起各级领导和各有关部门的高度重视与大力支持。我希望,全省交通运输系统各部门和各单位领导,能够站在对人民负责、对历史负责的高度,以践行社会主义核心价值体系为主线,以"学先进、树新风、建体系、创一流"活动为载体,紧紧围绕全省交通运输发展目标,坚持高举旗帜、围绕中心、服务大局、改革创新的总要求,把精神文明建设、党的建设和文化建设结合在一起,进一步深化群众性文明创建活动,不断提高全省交通运输系统职工文明素质、行业文明程度和"三个服务”水平，为全省交通运输转型跨越发展提供精神动力和思想保证；要舍得花费一定人力、物力，下大工夫，出大力气，组织专门机构和人员，对1978年以来交通运输事业建设发展改革历程进行一次大回顾，大总结，大展示，大梳理，编纂出版更多更好地反映全省交通运输波澜壮阔发展历程的史志书籍，不断丰富交通文化资料宝库，为全系统13万职工提供学习借鉴的精神食粮。

回顾全省交通运输行业32年的发展历程，既有顺境坦途，也有曲折艰辛；更需要迎难而上、敢于担当的勇气、智慧和行动。历史启迪后人，历史昭示未来。2012年4月1日上午，省委、省政府隆重召开全省高速公路建设誓师动员大会。“全省总动员，决战三百天，融资上千亿，高速通万里”的嘹亮口号和着四月春风，吹响三晋大地的每个角落。全省交通运输系统干部职工欢欣鼓舞，群情振奋，决心迎难而上，合力攻坚，争分夺秒，顽强拼搏，坚决打赢这场事关全省转型跨越发展大局的大决战！在省委、省政府的正确领导下，在各级党委政府的大力支持下，全系统13万英雄儿女将把辉煌建设成就作为新的起点，牢记使命，忠于责任，凝心聚力，一丝不苟，乘势而上，不懈奋斗，力争再用5年左右的时间，基本形成畅通高效、安全绿色、科技引领、服务优质的现代交通运输体系，向全省人民交一份满意的答卷，为再造一个新山西作出新的更大贡献！

凡 例

1. 本史编纂以马列主义、毛泽东思想、邓小平理论和“三个代表”重要思想为指导，全面贯彻落实科学发展观，严格遵循党的路线、方针、政策和国家有关法律、法规，坚持辩证唯物主义和历史唯物主义观点，力求全面、科学、客观地记述全省公路交通运输事业可持续跨越发展历程，探求其拉动当地经济社会发展的内在规律及可资借鉴的经验，为推动“十二五”全省交通运输事业再上新台阶作出应有贡献。

2. 本史坚持实事求是和质量第一的原则，存真求实，确保质量，全面、系统、客观地反映党的十一届三中全会以来，全省交通运输系统各部门、各单位贯彻改革开放政策，解放思想，开拓创新取得的辉煌业绩。

3. 本史坚持“存史、资政、育人”宗旨，力求做到时代性、科学性、准确性有机统一，为推动全省交通运输系统社会主义物质文明、精神文明、政治文明建设服务，为构建和谐交通服务。

4. 本史力求重点突出，结构合理；详略得当，文字精炼；表述准确，数字翔实；层次分明，要素齐全（时间、地点、人物、事件、原因、结果）。

5. 本史按照全省交通运输建设发展改革特点，分为放开搞活时期（1978～1992）、加快推进时期（1993～2002）、跨越发展时期（2003～2010）三编，每个时期又根据交通运输实际情况，分为若干章节目，目之下设或不设子目依据具体情况确定；力求做到分类合理，逻辑清晰，层次分明，用词恰当。

6. 本史正文时间上限大体为1978年1月1日，个别事项如有必要，可追溯事物发端；下限为2010年12月31日，个别公路重点工程为了完整反映，记述至结束；大事记采用编年体和记事本末体相结合的写法，下限为2011年12月31日。

7. 本史所引用的各种机构、部门及会议、文件、公路路线名称，在行文中首次出现时，皆用全称，行文中根据语言环境酌用简称。

8. 本史所涉及的晋城、朔州、忻州、晋中、临汾、运城、吕梁等市、区及其所辖的有关县、区，以撤地设市、县改区的时间为界，分别使用原称和现称记之。

9. 本史所涉及的路段桩号以KXXX＋XXX表示，即为路段之里程。如原太段

K68 +988,即为该路段的68公里又988米。

10. 本史人称一律采用第三人称。单位称谓,以当时名称为准,首次出现时用全称,下文根据语言环境用简称;人物称谓,直书其名,有的则冠其职务。本史所载领导干部篇中副厅级以上领导干部,包括1978年1月1日至2011年12月31日之间享受副厅级待遇、具有省交通运输厅授权,行使一定行政执法职能的有关单位领导干部。

目　　录

序言 …………………………………………………… 段建国（1）
凡例 …………………………………………………… 编　者（1）

概　　述

一、放开搞活时期（1978年~1992年） …………………… （3）
二、加快推进时期（1993年~2002年） …………………… （5）
三、跨越发展时期（2003年~2010年） …………………… （6）
四、十条基本经验（1978~2012） ………………………… （22）

大　事　记

1978年 …………………………………………………… （27）
1979年 …………………………………………………… （27）
1980年 …………………………………………………… （28）
1981年 …………………………………………………… （29）
1982年 …………………………………………………… （29）
1983年 …………………………………………………… （30）
1984年 …………………………………………………… （30）
1985年 …………………………………………………… （31）
1986年 …………………………………………………… （32）
1987年 …………………………………………………… （33）
1988年 …………………………………………………… （34）
1989年 …………………………………………………… （36）
1990年 …………………………………………………… （37）
1991年 …………………………………………………… （39）
1992年 …………………………………………………… （41）
1993年 …………………………………………………… （42）
1994年 …………………………………………………… （43）
1995年 …………………………………………………… （49）
1996年 …………………………………………………… （56）
1997年 …………………………………………………… （66）
1998年 …………………………………………………… （72）
1999年 …………………………………………………… （78）
2000年 …………………………………………………… （82）

2001 年 …………………………………………………………………… （91）
2002 年 …………………………………………………………………… （100）
2003 年 …………………………………………………………………… （108）
2004 年 …………………………………………………………………… （119）
2005 年 …………………………………………………………………… （131）
2006 年 …………………………………………………………………… （142）
2007 年 …………………………………………………………………… （151）
2008 年 …………………………………………………………………… （160）
2009 年 …………………………………………………………………… （184）
2010 年 …………………………………………………………………… （218）
2011 年 …………………………………………………………………… （252）

第一编　放开搞活时期

第一章　公路建养 ………………………………………………………… （295）
　第一节　公路管理体制的发展与演变 …………………………………… （295）
　第二节　晋煤外运公路建设 ……………………………………………… （296）
　第三节　高等级公路建设 ………………………………………………… （297）
　第四节　大字形骨架网的形成 …………………………………………… （298）
　第五节　农村公路建设 …………………………………………………… （298）
第二章　道路运输 ………………………………………………………… （300）
　第一节　“三统一”体制的形成 …………………………………………… （300）
　第二节　社会企事业单位自办运输的高涨 ……………………………… （300）
　第三节　行业管理规范的建立 …………………………………………… （302）
　第四节　道路运输市场的治理整顿 ……………………………………… （303）
第三章　规费征稽 ………………………………………………………… （306）
　第一节　机构建立和工作的开展 ………………………………………… （306）
　第二节　征稽管理目标责任制的实施 …………………………………… （307）
　第三节　典型经验的总结和推广 ………………………………………… （307）
第四章　国防交通 ………………………………………………………… （309）
　第一节　交通战备工作机构的建立 ……………………………………… （309）
　第二节　交通战备与经济建设的协调发展 ……………………………… （310）
　第三节　交通专业保障队伍的组建 ……………………………………… （311）
　第四节　各项基础工作的开展 …………………………………………… （311）
　第五节　战储器材的管理使用 …………………………………………… （312）
第五章　科技创新 ………………………………………………………… （313）
　第一节　勘察新技术的研发应用 ………………………………………… （313）
　　一、道路测量 …………………………………………………………… （313）

二、桥梁测试 …………………………………………………………………… (314)
第二节　设计新技术的研发应用 ……………………………………………… (314)
一、修订有关规章制度 ……………………………………………………… (314)
二、确定水文计算公式及直线图 …………………………………………… (314)
三、编制"缓和曲线带圆曲线支距表" …………………………………… (314)
四、编制"实心圆形钻孔桩配筋计算用表" ……………………………… (315)
五、整理推导小桥涵几何计算公式 ………………………………………… (315)
六、钻探机实现"龙门吊"装卸 …………………………………………… (315)
七、设计"多跨变截面连续版桥" ………………………………………… (315)
八、设计"TW 积算仪"并完成改装 ……………………………………… (315)
九、加筋土薄壁挡土墙研究 ………………………………………………… (315)
十、出版有关书籍资料 ……………………………………………………… (315)
十一、参加编制《公路加筋土工程设计规范》 …………………………… (315)
十二、提出晋煤外运道路建设意见 ………………………………………… (315)
第三节　路基新技术的研发应用 ……………………………………………… (315)
一、翻浆处理和路基压实试验 ……………………………………………… (316)
二、土质、水害防治和路基压实研究 ……………………………………… (316)
三、翻浆和软路基处治试验 ………………………………………………… (316)
四、陵沁线加筋土挡墙建设 ………………………………………………… (317)
五、碾压砼处理翻浆 ………………………………………………………… (317)
第四节　路面新技术的研发应用 ……………………………………………… (317)
一、路面基层研究 …………………………………………………………… (318)
二、大交通量下的黑色路面结构研究 ……………………………………… (318)
三、国产沥青铺筑高级、次高级路面研究 ………………………………… (318)
四、煤沥青资源在路面工程中的应用 ……………………………………… (318)
五、沥青渣油路面旧料的再生利用 ………………………………………… (319)
六、氯丁橡胶与沥青混合路面研究 ………………………………………… (319)
七、立窑水泥混凝土路用性能的研究 ……………………………………… (319)
八、重交通水泥混凝土路面结构技术研究 ………………………………… (319)
九、S 型外掺剂在公路路面基层中应用的研究 …………………………… (319)
十、重交通沥青路面结构研究 ……………………………………………… (320)
十一、复合式混凝土路面设计与施工技术研究 …………………………… (320)
十二、HK 乳化剂引进、消化及推广研究 ………………………………… (320)
十三、YC 乳化剂产品的研究 ……………………………………………… (320)
十四、煤沥青乳化及在路面工程中的应用研究 …………………………… (321)
十五、道路沥青及沥青混合料路用性能的研究 …………………………… (321)
十六、水泥、石灰稳定基层材料路用性能技术研究 ……………………… (321)
十七、玻璃纤维在油路翻修工程中的应用 ………………………………… (321)
第五节　桥梁新技术的研发应用 ……………………………………………… (321)
一、水文技术 ………………………………………………………………… (322)
二、悬砌拱 …………………………………………………………………… (322)

三、双曲拱桥 …………………………………………………………………………（322）
四、钢桁架桥 …………………………………………………………………………（322）
五、吊桥 ………………………………………………………………………………（323）
六、T 型刚构桥…………………………………………………………………………（323）
七、扁壳桥 ……………………………………………………………………………（323）
八、桥梁加固技术 ……………………………………………………………………（323）
九、设计理论 …………………………………………………………………………（323）
十、公路桥梁恒载的研究 ……………………………………………………………（323）
十一、少筋砼肋腋版工字梁组合结构梁桥研究 ……………………………………（324）
十二、钢筋砼二铰版拱桥加固研究 …………………………………………………（324）
十三、预应力砼弯桥设计和施工技术研究 …………………………………………（324）
第六节　防护工程新技术的研发应用…………………………………………………（324）
一、山区高等级公路边坡防护技术研究 ……………………………………………（324）
二、玻璃纤维布防治油路网裂的研究 ………………………………………………（325）
第七节　筑路机械新技术的研发应用…………………………………………………（325）
一、圆盘式沥青混合料拌和机 ………………………………………………………（325）
二、石料烘干沥青拌和机 ……………………………………………………………（325）
三、JY－4 型轻型压路机………………………………………………………………（325）
四、ZY－750 型手扶式振动压路机 …………………………………………………（326）
五、KH－20 型、KH－30 型黑色粒料拌和机 ………………………………………（326）
六、H60 型振动平板夯 ………………………………………………………………（326）
七、HLR－500 型远红外沥青加热器…………………………………………………（326）
八、TLW－15 型太阳能沥青保温仓 …………………………………………………（326）
九、HQJ－35 型混凝土切缝机 ………………………………………………………（326）
十、YH20 型移动式混凝土搅拌设备…………………………………………………（326）
十一、RA－2 型胶乳计量喷洒机 ……………………………………………………（326）
十二、GHTJ－4500 型轨道式混凝土摊铺机 …………………………………………（327）
十三、IV－80 型振动平板夯 …………………………………………………………（327）
十四、沥青洒布机 ……………………………………………………………………（327）
十五、沥青路面养护机 ………………………………………………………………（327）
十六、拖式沥青摊铺机 ………………………………………………………………（327）
十七、SX－1 型石屑撒布机 …………………………………………………………（327）
十八、JBS－1 型旧沥青路面破碎筛分机 ……………………………………………（327）
十九、83－1 型水泥混凝土摊铺机……………………………………………………（328）
二十、JY 型沥青路面养护车 …………………………………………………………（328）
二十一、D－30 型洒水器 ……………………………………………………………（328）
二十二、NHC－90 型内燃夯锤 ………………………………………………………（328）
二十三、GF40 型砼路面灌缝机………………………………………………………（328）
第八节　汽车运输新技术的研发应用…………………………………………………（328）
一、M15 加油站配比器 ………………………………………………………………（328）
二、汽车修理机械 ……………………………………………………………………（328）
三、闪光器和调节器 …………………………………………………………………（328）

四、修补机和发动机 …………………………………………………… (328)
五、变速箱液压举升车 …………………………………………………… (329)
六、重新修订《汽车维修制度》 …………………………………………… (329)
七、公路客运微机售票和调度管理系统研究 ……………………………… (329)
八、发动机润滑油取样器的研究 …………………………………………… (329)
九、"太极盾"特效轮胎自动弥合液试验应用研究……………………… (329)
十、手制动报警装置研究 ………………………………………………… (329)
第六章 依法行政 ……………………………………………………… (330)
第一节 地方交通法律法规的制定 ……………………………………… (330)
第二节 法制宣传教育与普法活动的开展 ……………………………… (331)
第三节 交通执法工作的实施 …………………………………………… (331)
第七章 教育培训 ……………………………………………………… (332)
第一节 山西交通职业技术学院 ………………………………………… (332)
一、适应交通发展新形势新专业的开办 ………………………………… (333)
二、办学水平评估工作的启动 …………………………………………… (333)
三、教学管理的规范 ……………………………………………………… (333)
四、思想政治工作的加强 ………………………………………………… (334)
第二节 山西交通技师学院 ……………………………………………… (334)
一、职业教育的稳步发展 ………………………………………………… (334)
二、职工培训的蹒跚起步 ………………………………………………… (335)
第三节 山西省交通干部学校 …………………………………………… (335)
一、教学工作的全面开展 ………………………………………………… (335)
二、高等函授教育的逐步兴起 …………………………………………… (336)
三、成人中专教育的扎实推进 …………………………………………… (336)
第八章 党建工作 ……………………………………………………… (338)
第一节 坚持不懈的思想建设 …………………………………………… (338)
第二节 全面加强的组织建设 …………………………………………… (339)
第三节 扎实严格的作风建设 …………………………………………… (340)
第九章 反腐倡廉 ……………………………………………………… (341)
第一节 党风廉政建设的深入开展 ……………………………………… (341)
第二节 党内外监督网的初步建立 ……………………………………… (342)
第三节 违规违纪案件的严肃查处 ……………………………………… (342)
第十章 行业文明 ……………………………………………………… (344)
第一节 开展多种形式的创建活动 ……………………………………… (344)
第二节 厅直精神文明建设领导组的成立 ……………………………… (344)
第十一章 劳动竞赛 …………………………………………………… (345)
第一节 劳动竞赛委员会的成立 ………………………………………… (345)
第二节 活动内容和形式的创新 ………………………………………… (345)

第十二章　公安路政 …………………………………………………………… (347)
　第一节　交通公安机构的组建 ……………………………………………… (347)
　第二节　机构队伍的充实与加强 …………………………………………… (348)
　第三节　打击控制职能的初步显现 ………………………………………… (349)
第十三章　人事管理 …………………………………………………………… (351)
　第一节　省交通厅机构设置及行业管理形式 ……………………………… (351)
　第二节　全省交通系统各单位机构沿革…………………………………… (352)
　第三节　行政首长负责制的实施和完善…………………………………… (353)
第十四章　改革探索 …………………………………………………………… (355)
　第一节　全省交通投融资体制的改革实践 ………………………………… (355)
　　一、政府投资力度的加大 …………………………………………………… (355)
　　二、公路建设优惠政策的实行 ……………………………………………… (356)
　　三、收费标准的提高 ………………………………………………………… (357)
　第二节　全省交通运输行业统计制度的改革实践 ………………………… (358)
　　一、公路、水路运输全行业统计 …………………………………………… (358)
　　二、公路运输量抽样调查 …………………………………………………… (358)
　第三节　全省交通勘察设计体制的改革实践 ……………………………… (359)
　第四节　全省交通科学研究体制的改革实践 ……………………………… (361)
第十五章　离退服务 …………………………………………………………… (363)
　第一节　政治待遇的落实 …………………………………………………… (363)
　第二节　生活待遇的落实 …………………………………………………… (363)
　第三节　精神文化生活的丰富 ……………………………………………… (363)
　第四节　老有所为作用的发挥 ……………………………………………… (364)
第十六章　汽运集团 …………………………………………………………… (365)
　第一节　客货运输经营的巨大变化………………………………………… (365)
　第二节　货物合同运输的全面推行………………………………………… (366)
　第三节　经营体制机制的不断改革 ………………………………………… (368)
第十七章　史志编纂 …………………………………………………………… (370)
　第一节　省交通厅史志办公室机构沿革及职能 …………………………… (370)
　第二节　各市及厅属单位史志编纂机构沿革及队伍建设 ………………… (371)
　第三节　交通史志书籍编纂出版成果……………………………………… (372)
　　一、《山西公路交通史》（第一册）（古代道路交通、近代公路交通） …… (372)
　　二、《山西公路交通史》（第二册）（现代公路交通） …………………… (373)
　　三、《山西航运史》 ………………………………………………………… (374)
　　四、《山西交通指南》 ……………………………………………………… (374)
　第四节　交通年鉴书籍编纂出版成果……………………………………… (375)
　　一、1990 年版《山西交通年鉴》 …………………………………………… (375)
　　二、1991 年版《山西交通年鉴》 …………………………………………… (376)

第二编 加快推进时期

第一章 公路建养 …………………………………………………………… (379)
第一节 建设投资主体多元化与收费公路大发展 ……………………… (380)
一、发展收费公路的背景 ……………………………………………… (380)
二、第一条收费公路的诞生 …………………………………………… (380)
三、收费公路的全面起步 ……………………………………………… (381)
四、政策扶持发展收费公路 …………………………………………… (381)
五、投资主体多元化 …………………………………………………… (381)
第二节 养护机制改革……………………………………………………… (382)
第三节 全民义务修路的拓宽配套工程…………………………………… (382)
第四节 路政管理工作的加强 …………………………………………… (383)
第五节 治超工作的启动 ………………………………………………… (384)
第六节 干线公路网的调整 ……………………………………………… (385)
第七节 干线公路网的规划 ……………………………………………… (385)
第八节 公路普查 ………………………………………………………… (386)
一、1996 年全省国省道公路普查 ……………………………………… (386)
二、2001 年全省第二次全国公路普查 ………………………………… (386)
第九节 农村公路建设……………………………………………………… (387)
第二章 高速公路 …………………………………………………………… (389)
第一节 太旧高速公路的建设与管理……………………………………… (389)
第二节 一路一公司（处）建设和管理模式的探索……………………… (391)
一、太原东环高速公路 ………………………………………………… (391)
二、晋阳高速公路 ……………………………………………………… (391)
三、原太高速公路 ……………………………………………………… (392)
四、太原南环高速公路 ………………………………………………… (393)
五、京大高速公路 ……………………………………………………… (394)
六、夏汾高速公路 ……………………………………………………… (395)
七、运三高速公路 ……………………………………………………… (396)
八、长邯高速公路 ……………………………………………………… (397)
九、晋焦高速公路 ……………………………………………………… (398)
第三节 高速公路集中统一管理体制的探索和初步建立 ……………… (398)
第四节 大运高速公路建设的全面启动和推进 ………………………… (399)
一、祁临高速公路 ……………………………………………………… (399)
二、太祁高速公路 ……………………………………………………… (400)
三、侯运高速公路 ……………………………………………………… (400)
四、大新高速公路 ……………………………………………………… (400)
五、新原高速公路 ……………………………………………………… (401)
六、临侯高速公路 ……………………………………………………… (401)

七、太原西北环高速公路 …………………………………………………… (402)
第五节　早期养护、收费、路政、服务区管理等业务的开展 ………… (402)
一、养护管理 ………………………………………………………………… (402)
二、收费管理 ………………………………………………………………… (403)
三、路政管理 ………………………………………………………………… (403)
四、服务区管理 ……………………………………………………………… (404)
第三章　道路运输 …………………………………………………………… (405)
第一节　《山西省道路运输管理条例》的颁布实施…………………… (405)
第二节　货运市场的建立 ………………………………………………… (406)
第三节　客运市场的建立 ………………………………………………… (407)
第四节　汽修网络市场的建立 …………………………………………… (408)
第五节　收费项目的清理 ………………………………………………… (411)
一、运输管理费 ……………………………………………………………… (411)
二、客运附加费 ……………………………………………………………… (413)
第四章　规费征稽 …………………………………………………………… (416)
第一节　征稽机构的升格 ………………………………………………… (417)
第二节　硬件设施的完善 ………………………………………………… (418)
一、基础设施建设 …………………………………………………………… (418)
二、车辆装备 ………………………………………………………………… (418)
三、现代化装备 ……………………………………………………………… (418)
第三节　费收项目和标准的调整 ………………………………………… (419)
一、公路养路费 ……………………………………………………………… (419)
二、公路货运附加费 ………………………………………………………… (423)
三、车辆购置附加费（税） ………………………………………………… (424)
四、新增车辆费 ……………………………………………………………… (424)
五、车辆通行费 ……………………………………………………………… (424)
第四节　征稽大会战的组织 ……………………………………………… (431)
第五节　规费征收计划的超额完成 ……………………………………… (432)
第五章　国防交通 …………………………………………………………… (435)
第一节　交通战备机构的进一步理顺…………………………………… (435)
第二节　国防交通工程设施建设力度的加大 …………………………… (435)
第三节　交通保障能力的提高 …………………………………………… (436)
第四节　交通战备正规化建设的探索…………………………………… (437)
第五节　各项交通保障任务的圆满完成………………………………… (438)
第六节　战储器材的开发利用 …………………………………………… (439)
第六章　科技创新 …………………………………………………………… (440)
第一节　勘察新技术的研发应用 ………………………………………… (440)
一、微机系统辅助控制乳化沥青生产 ……………………………………… (440)
二、计算机辅助设计系统的研究 …………………………………………… (440)
三、计算机桥梁、路面管理系统的研究 …………………………………… (440)

四、公路桥梁管理系统（CBMS）的应用 …………………………………… (441)
五、湿排灰粉煤灰水泥混凝土在边坡防护中的应用研究 …………………… (441)
六、“道路CAD系统的二次开发”研究 …………………………………………… (441)
七、振动砂石桩处理液化地基的研究 …………………………………………… (441)
八、AC/RCC复合式路面的试验研究 …………………………………………… (441)
九、公路路堤可靠性研究（黄土地区） …………………………………………… (442)
十、设计有关应用软件 ………………………………………………………………… (442)
十一、桥面铺装结构及材料的研究 ……………………………………………… (442)
十二、新技术、新材料的大力推广和应用 ………………………………………… (442)
第二节　路基新技术的研发应用 …………………………………………………… (442)
一、石灰桩处理沉陷和软基技术的研究 ………………………………………… (442)
二、新技术的应用 …………………………………………………………………… (443)
第三节　路面新技术的研发应用 …………………………………………………… (443)
一、道路沥青及沥青混合料路用性能研究 ……………………………………… (443)
二、沥青玛蹄脂碎石混合料（SMA）应用技术研究 ……………………………… (443)
三、利用山西地方材料修筑沥青路面抗滑表层的研究
（省交通科研所报送） ……………………………………………………… (444)
四、沥青路面抗滑技术推广应用 ………………………………………………… (444)
五、利用地方材料修筑沥青路面抗滑表层的研究
（省公路局报送） ……………………………………………………………… (444)
六、山西柔性路面典型结构设计方法研究 ……………………………………… (444)
七、冬春季节如何处治高寒地区的油路坑槽研究 ……………………………… (445)
八、粉煤灰筑路技术的应用 ………………………………………………………… (445)
九、沥青封闭养生技术的应用 ……………………………………………………… (445)
十、“JK型混凝土快速修补剂”在水泥砼路面病害处置中的研究 ………… (446)
十一、常温沥青混合料冬季修补沥青路面坑槽技术的研究 ………………… (446)
十二、山西省干线公路超龄油路养护技术研究 ………………………………… (446)
十三、聚氯乙烯对煤沥青路用改性的研究 ……………………………………… (447)
十四、激光技术在公路施工放线中的应用 ……………………………………… (447)
十五、路面新技术在高速公路建设中的使用 …………………………………… (447)
第四节　桥梁新技术的研发应用 …………………………………………………… (448)
一、TST碎石混合料填充桥梁伸缩缝技术的应用……………………………… (449)
二、山西省公路桥梁伸缩缝修复方法研究 ……………………………………… (449)
三、粉煤灰混凝土在桥梁工程中的应用研究 …………………………………… (449)
四、武宿立交枢纽工程方案设计、结构设计和施工关键技术研究 ………… (450)
五、特大跨径石拱桥设计、施工关键技术研究 ………………………………… (450)
六、高墩大跨径刚构—连续组合体系桥设计、施工关键技术研究 ………… (451)
第五节　隧道新技术的研发应用 …………………………………………………… (451)
第六节　养护管理新技术的研发应用 ……………………………………………… (451)
一、沥青封闭养生技术的应用 ……………………………………………………… (451)
二、小型铲车改造 …………………………………………………………………… (451)

三、沥青洒布车 …… (452)
四、LM－113 型扫路机 …… (452)
五、绿化挖坑机 …… (452)
六、公路养护管理系统（HMS1.0）软件的应用 …… (452)
七、FCX－1 型除雪机 …… (452)
八、HXC－300 湿式护栏清洗车的研制 …… (453)
九、LLX－350 公路护栏清洗车 …… (453)
十、FPX 型抛雪机 …… (453)
十一、HZ320A 型波型板护栏整形机 …… (453)
第七节 信息化新技术的研发应用 …… (454)
第八节 筑路机械新技术的研发应用 …… (455)
一、水泥砼二次搅拌设备的研制 …… (455)
二、碾压砼路面抗滑料撒布装置的研究 …… (455)
三、振动压路机钢轮裹胶技术研究 …… (455)
四、山西扫路王 QS280T 型清扫车 …… (455)
五、HXC－300 型高等级公路湿式护栏清洗车 …… (456)
六、碾压砼路面传力杆设置工艺及设备的研究 …… (456)
第九节 交通工程新技术的研发应用 …… (456)
一、强化玻璃反光路钉的研制 …… (456)
二、弹性防撞轮廓标的研制 …… (456)
第十节 汽车运输新技术的研发应用 …… (457)
一、JFT1525JFT257 型汽车发动机集成厚膜调节器的研制 …… (457)
二、汽车辅助管理系统软件的开发 …… (457)
三、车辆选购与配置咨询服务系统研究 …… (457)
四、汽车润滑节能技术应用的研究 …… (457)
五、万灵霸节能润滑添加剂的研制 …… (457)
六、在用车辆油电路检测技术研究 …… (457)
七、公路运输企业计算机网络信息管理系统研究 …… (457)
八、汽车发动机“汽改柴”技术推广应用研究 …… (457)
九、车辆技术管理对策的研究—车辆技术管理条例 …… (457)
十、能源利用检测评价办法的研究 …… (458)
十一、汽车子午线轮胎的研制 …… (458)
十二、汽车综合节能技术优化组合研究 …… (458)
十三、汽车站无人自动检票客运管理系统研究 …… (458)
第十一节 交通征稽新技术的研发应用 …… (458)
第七章 依法行政 …… (459)
第一节 地方交通法律法规的制定 …… (459)
第二节 普法工作的开展 …… (460)
第三节 规范执法证件、文书和车辆的使用及管理 …… (462)
第四节 法规、规章和规范性文件的清理 …… (462)
第五节 行政执法责任制工作的启动 …… (463)

第八章 教育培训 …………………………………………………………………… (465)
第一节 山西交通职业技术学院 ……………………………………………… (465)
一、专业建设实现新突破 ……………………………………………… (465)
二、师资队伍建设不断加强 …………………………………………… (465)
三、产学结合培养学生实践技能 ……………………………………… (466)
四、党建和精神文明建设的加强 ……………………………………… (466)
五、“九五”目标的胜利实现 ………………………………………… (466)
第二节 山西交通技师学院 …………………………………………………… (467)
一、办学层次的不断提升 ……………………………………………… (467)
二、双文明建设的丰硕成果 …………………………………………… (467)
三、教学改革的深入进行 ……………………………………………… (468)
四、学生培养模式的创新 ……………………………………………… (468)
第三节 山西省交通干部学校 ………………………………………………… (469)
一、干部培训的全方位进行 …………………………………………… (469)
二、学历教育的多层次开展 …………………………………………… (470)
三、教学管理规范与教学质量的提高 ………………………………… (471)
第九章 党建工作 …………………………………………………………………… (473)
第一节 坚持不懈的思想建设 ………………………………………………… (473)
第二节 全面加强的组织建设 ………………………………………………… (479)
一、认真贯彻落实中央和省委有关会议精神 ………………………… (479)
二、充实调整厅直各单位党组织 ……………………………………… (479)
三、进一步加强党员管理和组织发展工作 …………………………… (480)
四、全面推行基层党组织和党员目标化管理制度 …………………… (481)
第三节 扎实严格的作风建设 ………………………………………………… (481)
第四节 省交通厅厅级领导班子和领导干部“三讲”教育 ………………… (484)
第五节 省交通厅厅属县处级事业单位“三讲”教育工作 ………………… (485)
第十章 反腐倡廉 …………………………………………………………………… (487)
第一节 认真抓好纪检监察干部队伍的自身建设 …………………………… (487)
一、建立健全机构配齐干部 …………………………………………… (487)
二、加强培训提高干部素质 …………………………………………… (487)
三、聘用党风廉政建设监督员 ………………………………………… (488)
四、举办知识竞赛活动 ………………………………………………… (488)
五、完善、规范各项规章制度 ………………………………………… (489)
第二节 廉洁自律意识的有效增强 …………………………………………… (489)
第三节 从源头上治理腐败工作力度的不断加大 …………………………… (491)
第四节 反腐败斗争的深入进行 ……………………………………………… (492)
第五节 “一整两反”活动的积极开展 ……………………………………… (495)
第六节 “收支两条线”规定的贯彻实施 …………………………………… (497)
第七节 公路“三乱”问题的严格治理 ……………………………………… (498)
第八节 重点工程项目的执法监察 …………………………………………… (501)

第九节 违规违纪案件的严肃查处 ……………………………………（503）
第十一章 行业文明 …………………………………………………………（506）
第一节 精神文明建设机构的调整 ……………………………………（506）
第二节 “文明路”的创建活动 …………………………………………（506）
第三节 “青年文明号”的创建活动 ……………………………………（507）
第四节 “文明示范窗口”的创建活动 …………………………………（508）
第五节 “文明单位”的创建活动 ………………………………………（508）
第六节 关心下一代工作的积极开展 …………………………………（510）
第七节 锡崖沟精神的总结与弘扬 ……………………………………（511）
一、挂壁公路的诞生 ……………………………………………………（511）
二、鲜血凝成的不朽丰碑 ………………………………………………（512）
三、巨大的社会效应 ……………………………………………………（512）
第八节 太旧精神的总结与弘扬 ………………………………………（514）
第九节 大运精神的总结与弘扬 ………………………………………（516）
第十二章 劳动竞赛 …………………………………………………………（518）
第一节 活动内容和形式的创新 ………………………………………（518）
第二节 围绕重点公路工程建设搞好服务 ……………………………（518）
第十三章 安全监管 …………………………………………………………（521）
第一节 交通安全监管机构的建立 ……………………………………（521）
第二节 安全生产责任制的实行 ………………………………………（522）
第三节 宣传教育及培训工作的组织 …………………………………（522）
一、“安全生产周”活动的深入开展 ……………………………………（522）
二、“反三违月”活动的深入开展 ………………………………………（522）
三、安全生产知识培训活动的组织 ……………………………………（522）
第四节 安全生产大检查的不断开展 …………………………………（523）
第五节 以法治安工作的启动 …………………………………………（524）
第六节 安全生产基础工作的加强 ……………………………………（524）
第七节 沉痛的事故教训 ………………………………………………（524）
第十四章 公安路政 …………………………………………………………（526）
第一节 理顺交通公安体制的努力 ……………………………………（526）
第二节 确保交通建设和运输安全畅通 ………………………………（527）
一、全力维护稳定 ………………………………………………………（527）
二、保障重点工程建设 …………………………………………………（527）
三、治安综合治理工作的加强 …………………………………………（528）
第十五章 人事管理 …………………………………………………………（529）
第一节 省交通厅机构设置及职能调整 ………………………………（529）
第二节 全省交通系统各单位机构沿革 ………………………………（533）
第三节 竞争上岗办法的推广应用 ……………………………………（534）

第十六章 改革探索 …… (537)
第一节 全省交通建设项目预算管理方法的改革实践 …… (537)
第二节 全省交通投融资体制的改革实践 …… (538)
一、积极争取银行贷款支持 …… (538)
二、申请国际金融组织贷款 …… (538)
三、努力引进外资投资 …… (538)
四、探索经营权转让 …… (539)
第三节 全省交通运输行业统计制度的改革实践 …… (539)
一、抽样调查 …… (539)
二、道路运输全行业统计 …… (539)
三、专项统计 …… (539)
第四节 全省交通勘察设计体制的改革实践 …… (539)
第五节 全省交通科学研究体制的改革实践 …… (541)
第六节 全省交通工程监理体制的改革实践 …… (542)
第七节 全省交通建设开发投资体制的改革实践 …… (544)
一、成立公司破解融资难题 …… (544)
二、转让已建成公路部分股权 …… (544)
三、与地方政府合作建设经营公路 …… (544)
四、盘活省交通厅路产 …… (545)
五、开创 BOT 投资建设新模式 …… (545)
第十七章 离退服务 …… (546)
第一节 政治待遇的落实 …… (546)
第二节 生活待遇的落实 …… (547)
第三节 精神文化生活的丰富 …… (548)
第四节 老有所为作用的发挥 …… (548)
第十八章 汽运集团 …… (550)
第一节 “三步走”发展战略的制定实施 …… (550)
第二节 省运系统国企形象的重塑 …… (551)
一、扭亏为盈目标的全面实现 …… (551)
二、百台依维柯翻身工程的实施 …… (551)
三、所属企业的股份制改造 …… (551)
第三节 省汽车运输总公司的重组改制 …… (552)
第十九章 新闻宣传 …… (553)
第一节 厅直新闻宣传机构沿革及干部调整 …… (553)
一、山西省交通厅宣传教育中心 …… (553)
二、山西交通报刊社 …… (553)
三、《中国交通报》驻山西记者站 …… (554)
四、山西电视台驻省交通厅记者站 …… (554)
第二节 省交通厅新闻宣传中心组建及职能 …… (554)
第三节 新闻宣传舆论导向作用的发挥 …… (555)

第四节　太旧高速公路建设宣传 …………………………………………（556）
一、组建太旧高速公路建设宣传指挥部 ……………………………（556）
二、新闻媒体的集中宣传 ……………………………………………（557）
三、战地宣传形式及效果 ……………………………………………（559）
第五节　太旧高速公路建设宣传成果结晶 ……………………………（559）
一、太旧高速公路建设好新闻评选 …………………………………（559）
二、《太旧路英雄谱》…………………………………………………（559）
三、《太旧高速公路建设大事记》（上、下卷） ……………………（560）
四、《太旧高速公路建设志》…………………………………………（560）
五、《太旧高速公路建设新闻作品集》………………………………（560）
六、太旧路小丛书 ……………………………………………………（560）
七、《三晋筑路潮》……………………………………………………（561）
八、《跨世纪发展之路——太旧经济开发带区域规划综合研究》 ……（561）
九、《三晋第一路》画册………………………………………………（561）
十、电视作品 …………………………………………………………（561）
十一、太旧高速公路建设工程纪念碑 ………………………………（562）
第六节　大运高速公路建设宣传…………………………………………（562）
一、大运高速公路建设宣传领导组 …………………………………（562）
二、省交通厅 43216 宣传规划 ………………………………………（562）
三、新闻媒体宣传 ……………………………………………………（563）
第七节　大运高速公路建设宣传成果结晶 ……………………………（564）
一、全省首届“交通杯”新闻大赛 …………………………………（564）
二、《精美原太路》画册………………………………………………（564）
三、《中国交通 50 年成就·山西卷》大型画册 ……………………（565）
四、《大运高速公路经济带开发综合研究》…………………………（565）
五、《大运群英》………………………………………………………（565）
六、《大运放歌——大运高速公路建设新闻文化作品荟萃》 ………（566）
七、《大运高速公路建设管理经验集锦》……………………………（566）
八、《挺起的脊梁——大运高速公路建设》画册……………………（567）
九、《大运高速公路建设志》（上下卷） ……………………………（567）
十、《大运放歌》（长诗） …………………………………………（567）
十一、《大运亨通》（长篇报告文学） ………………………………（567）
十二、《大运高速公路宣传背景资料汇编》…………………………（567）
十三、《战地简报》……………………………………………………（568）
第二十章　史志编纂 …………………………………………………（569）
第一节　省交通厅资料信息中心成立及职能 …………………………（569）
第二节　交通史志书籍编纂出版成果……………………………………（570）
一、《太旧高速公路建设志》…………………………………………（570）
二、《太旧高速公路建设大事记》（上、下卷） ……………………（570）
三、《山西通志·交通志·公路水运篇》……………………………（571）
四、《大运高速公路建设志》（上、下卷） …………………………（572）

第三节 交通年鉴书籍编纂出版成果 …………………………………… (572)
一、1996 年版《山西交通年鉴》 ………………………………………… (572)
二、1997 年版《山西交通年鉴》 ………………………………………… (573)
三、1998 年版《山西交通年鉴》 ………………………………………… (573)
四、1999 年版《山西交通年鉴》 ………………………………………… (573)
五、2000 年版《山西交通年鉴》 ………………………………………… (574)
六、2001 年版《山西交通年鉴》 ………………………………………… (574)
七、2002 年版《山西交通年鉴》 ………………………………………… (574)
八、2003 年版《山西交通年鉴》 ………………………………………… (575)
第二十一章 后勤保障 ……………………………………………………… (576)
第一节 中心机构沿革及干部的适时调整 ……………………………… (576)
第二节 后勤保障服务体系的逐步建立…………………………………… (577)
一、精心服务周到细致 …………………………………………………… (577)
二、强化管理严格认真 …………………………………………………… (577)
三、深化改革激活机制 …………………………………………………… (578)
四、经营创收屡创新高 …………………………………………………… (578)
五、福利水平日益提升 …………………………………………………… (578)

第三编 跨越发展时期

第一章 前期工作 ………………………………………………………… (583)
第一节 规划的编制 ……………………………………………………… (583)
一、制定“十五”规划 …………………………………………………… (583)
二、制定“十一五”规划 ………………………………………………… (584)
三、制定山西省高速公路网规划 ………………………………………… (586)
四、调整山西省高速公路网规划 ………………………………………… (587)
五、制定“十二五”规划 ………………………………………………… (588)
第二节 予工可审批 ……………………………………………………… (591)
一、国家项目 ……………………………………………………………… (591)
二、省级项目 ……………………………………………………………… (591)
第二章 公路建养 ………………………………………………………… (592)
第一节 县际公路和路网改造工程的实施 ……………………………… (593)
第二节 沿黄干线公路建设 ……………………………………………… (593)
第三节 超龄油路及薄弱路段的路面改造工程 ………………………… (595)
第四节 养护技术比武活动的举办 ……………………………………… (596)
第五节 安保工程建设……………………………………………………… (596)
第六节 桥梁的管理 ……………………………………………………… (597)
一、高度重视列入议事日程 ……………………………………………… (598)
二、管理规范建立养护责任制 …………………………………………… (598)
三、广泛普及应用新科技新技术 ………………………………………… (598)

四、建立信息化管理系统的建立 …………………………………………………（598）
五、危桥改造步伐的加快 ……………………………………………………（599）
六、公路桥梁通行管理的有效加强 ……………………………………………（599）
七、治理车辆超限超载力度的不断加大 ………………………………………（599）
第七节 预防性养护 ……………………………………………………………（599）
一、树立科学养护理念 ………………………………………………………（599）
二、编制预防性养护手册 ……………………………………………………（600）
三、科学制定预防性养护方案 ………………………………………………（600）
第八节 路域环境的综合治理 …………………………………………………（600）
第九节 超限检测站的设置 ……………………………………………………（601）
第十节 依法治路工作的加强 …………………………………………………（601）
一、法制机构的设立 …………………………………………………………（601）
二、法规的贯彻实施 …………………………………………………………（602）
三、开展宣传培训 ……………………………………………………………（602）
四、落实执法监督 ……………………………………………………………（603）
五、维护路产与依法治超 ……………………………………………………（603）
第十一节 通行费的征收与管理 ………………………………………………（603）
一、完善国省道干线公路路网结构 …………………………………………（603）
二、集中整治违规减免特权车人情车通行费 ………………………………（603）
三、创办山西公路信息收费专刊 ……………………………………………（604）
四、实施激励奖惩机制 ………………………………………………………（604）
五、全面实施普通公路货车计重收费 ………………………………………（604）
六、健全稽查制度 ……………………………………………………………（605）
七、严格执行“绿色通道”政策 ……………………………………………（605）
八、逐步提高通行费专用票证管理水平 ……………………………………（606）
九、不断创新收费管理机制 …………………………………………………（606）
第十二节 政府还贷二级收费公路的撤销 ……………………………………（606）
一、积极稳妥推进取消收费工作 ……………………………………………（606）
二、配合完成债务余额审计和核查 …………………………………………（606）
三、协助做好收费人员安置 …………………………………………………（607）
四、拆除收费设施确保公路安全畅通 ………………………………………（607）
五、做好最后通行费收入上解和票据回收 …………………………………（607）
六、争取相关政策和保障措施 ………………………………………………（607）
第十三节 安全生产工作的全面发展 …………………………………………（608）
一、建立安全生产管理机构 …………………………………………………（608）
二、完善安全生产责任体系 …………………………………………………（608）
三、健全安全生产规章制度 …………………………………………………（608）
四、深入开展安全生产宣传教育和培训 ……………………………………（608）
五、以安全检查促生产安全 …………………………………………………（609）
六、全面推行企业法人承诺制 ………………………………………………（609）
七、坚持抓机械设备安全管理 ………………………………………………（609）

八、建立安全生产应急预案体系 …… (609)
第十四节 重新开始对路桥企业的监管 …… (610)
第十五节 农村公路建设 …… (611)
第三章 高速公路 …… (613)
第一节 大运高速公路全线建成运营 …… (614)
一、大新高速公路 …… (614)
二、临侯高速公路 …… (614)
三、侯运高速公路 …… (614)
四、新原高速公路 …… (615)
五、太祁高速公路、太原西北环高速公路 …… (616)
六、祁临高速公路 …… (616)
第二节 全省高速公路机电一体化和联网收费 …… (616)
一、收费系统 …… (616)
二、监控系统 …… (617)
三、通信系统 …… (617)
四、隧道监控系统 …… (617)
第三节 集中统一管理体制的全面确立 …… (617)
第四节 《山西省高速公路管理条例》的颁布实施 …… (618)
第五节 经营性高速公路建设与管理的探索 …… (619)
一、长晋高速公路 …… (619)
二、太长高速公路 …… (619)
三、京大高速公路 …… (620)
四、翼侯高速公路 …… (621)
第六节 青银高速公路山西段全线贯通与疏堵保畅 …… (621)
一、汾离、离军高速公路 …… (621)
二、太旧高速公路 …… (622)
第七节 “五大工程”建设的不断深化 …… (623)
一、畅通工程 …… (623)
二、形象工程 …… (623)
三、阳光工程 …… (624)
四、温馨工程 …… (625)
五、素质工程 …… (626)
第八节 区域管理的不断整合 …… (626)
第九节 管理体系的探索和创新 …… (627)
一、规范化管理体系 …… (627)
二、科学绩效考核体系 …… (628)
三、国有资产监管体系 …… (628)
四、顾客满意度测评体系 …… (628)
五、新型薪酬激励体系 …… (629)
六、突发事件应急管理体系 …… (629)

第十节 信息化建设 …………………………………………（629）
一、1166 交通通信专网工程 ……………………………（629）
二、省信息监控中心二期工程 ……………………………（629）
三、高效照明试点改造工程 ………………………………（629）
四、全省治超联网工程 ……………………………………（630）
五、内网审计及安全工程 …………………………………（630）
六、服务区信息化 …………………………………………（630）
七、非现金结算系统 ………………………………………（630）
八、办公自动化 ……………………………………………（630）
第十一节 超限超载治理 …………………………………（630）
第十二节 计重收费、刷卡收费和不停车收费 ……………（631）
一、计重收费 ………………………………………………（631）
二、刷卡收费 ………………………………………………（632）
三、不停车收费（ETC） …………………………………（633）
第十三节 大运千里文明高速公路的创建 …………………（635）
第十四节 精细化管理的全面推进 …………………………（637）
第十五节 业务管理内容的拓展和水平提升 ………………（638）
一、养护管理 ………………………………………………（638）
二、收费管理 ………………………………………………（641）
三、路政管理 ………………………………………………（642）
四、服务区管理 ……………………………………………（643）
五、信息监控管理 …………………………………………（644）
六、安全生产管理 …………………………………………（645）
第十六节 “五比五看”立功竞赛和全系统各级技术比武活动的开展 …（645）
第十七节 行业文化建设 …………………………………（646）
一、行业理念识别系统（MIS） …………………………（646）
二、行业行为识别系统（BIS） …………………………（647）
三、行业视觉形象识别系统（VIS） ………………………（647）
第四章 道路运输 ……………………………………………（648）
第一节 信息化建设的全面展开 ……………………………（648）
一、网络建设 ………………………………………………（648）
二、运政管理系统 …………………………………………（649）
三、视频会议与网络电话建设 ……………………………（649）
四、卫星定位应用系统 ……………………………………（650）
五、96566 运政热线系统 …………………………………（651）
六、山西交通运输网站 ……………………………………（651）
第二节 战略物资道路运输保障车队的建立 ………………（652）
第三节 城乡客运一体化步伐的加快 ………………………（653）
第四节 超限超载源头的综合治理 …………………………（655）

第五章 规费征稽 …………………………………………………………………………… (660)
第一节 征稽费源的全力培植 …………………………………………………………… (660)
第二节 科技兴征战略的实施 …………………………………………………………… (662)
第三节 交通征稽文化建设 ……………………………………………………………… (662)
一、积累和实践 …………………………………………………………………………… (662)
二、课题研究的背景和目的 ……………………………………………………………… (663)
三、课题研究的过程及成果 ……………………………………………………………… (663)
四、交通征稽文化的应用 ………………………………………………………………… (664)
第四节 车辆购置税人员的划转分流……………………………………………………… (665)
第五节 国家成品油价格和税费改革的实施 …………………………………………… (666)
第六章 国防交通 …………………………………………………………………………… (668)
第一节 全省交通战备工作体系的形成…………………………………………………… (668)
第二节 “国防要求”的创造性贯彻 …………………………………………………… (668)
第三节 交通保障力量体系的基本形成…………………………………………………… (669)
第四节 正规化建设内容的深化 ………………………………………………………… (670)
第七章 科技创新 …………………………………………………………………………… (671)
第一节 勘察设计新技术的研发应用……………………………………………………… (671)
一、T 型刚构桥梁加固技术研究………………………………………………………… (671)
二、桥隧下伏采空区处治关键技术研究 ……………………………………………… (671)
三、大运高速公路三维可视化系统研究 ……………………………………………… (671)
四、黄土连拱隧道设计施工技术研究 ………………………………………………… (671)
五、山西省公路地质卫星遥感 GIS 系统的应用 ……………………………………… (672)
六、高烈度地震区特高桥设计的研究 ………………………………………………… (672)
七、山西省高速公路滑坡发生发展机理及防治技术研究 …………………………… (672)
八、高速公路沥青路面改造技术研究 ………………………………………………… (672)
九、重交通道路沥青混合料 GTM 设计方法的应用研究 ……………………………… (672)
十、ITS 技术与公路网规划技术的综合应用研究……………………………………… (672)
十一、特立尼达湖沥青应用研究 ……………………………………………………… (672)
十二、平微区高速公路合理路堤高度研究 …………………………………………… (673)
十三、山西省公路养护工程造价应用软件开发研究 ………………………………… (673)
十四、高填土涵洞采用聚苯乙烯泡沫板减荷的试验研究 …………………………… (673)
十五、太原市快速公共交通系统前期研究 …………………………………………… (673)
十六、主编、参编行业技术标准、规范 ……………………………………………… (673)
十七、编制完成《山西省高速公路勘察设计指南》 ………………………………… (673)
第二节 路面新技术的研发应用 ………………………………………………………… (674)
一、山西省超重交通水泥混凝土路面合理结构的研究 ……………………………… (674)
二、山西省运煤重载水泥混凝土路面典型结构的研究 ……………………………… (675)
三、公路路基压实合理检测方法的研究 ……………………………………………… (675)
四、高性能沥青混凝土路面结构研究 ………………………………………………… (675)
五、沥青路面层间结合检测方法及指标研究 ………………………………………… (676)

六、粉煤灰在公路工程中的综合利用研究 …………………………………… (676)
七、山西省地方标准《公路改性沥青路面施工技术规范》的制定 ………… (676)
八、胶粉改性沥青技术研究及推广应用 …………………………………… (676)
九、山西路用材料地理信息系统研究 ……………………………………… (676)
十、土工布技术的应用 ……………………………………………………… (677)
十一、冲击压实技术在水泥砼路面翻修中的应用 ………………………… (677)
十二、温拌沥青混合料的生产应用 ………………………………………… (677)
十三、废旧沥青混凝土路面材料回收利用的成套设备及技术研究 ………… (678)
十四、沥青混凝土废料（铣刨）再生技术的应用 ………………………… (678)
第三节 桥梁新技术的研发应用 ……………………………………………… (678)
一、PC 矮塔斜拉桥设计、施工与监控关键技术的研究
（省交通科研院报送） ………………………………………………… (678)
二、桥梁板式橡胶支座快速处置技术的研究 ……………………………… (679)
三、大跨径预应力砼梁桥健康监测技术的研究（省交通科研院报送） …… (679)
四、黄河特殊地质长大直径钻孔灌注桩施工技术及承载性能研究
（省交通科研院报送） ………………………………………………… (680)
五、山西省河流洪水糙率的研究 …………………………………………… (680)
六、高墩大跨度钢构－连续组合体系桥梁设计、施工
及监控关键技术研究（省交通科研院报送） ………………………… (680)
七、《公路钢筋混凝土及预应力混凝土桥梁加固技术规程》的编制 ……… (680)
八、山西省桥梁健康动态管理及诊断系统的研究 ………………………… (680)
九、山西省重载交通条件下的桥梁荷载标准研究 ………………………… (680)
十、科研新成果在桥梁建设中的应用 ……………………………………… (681)
十一、大跨径预应力混凝土梁桥健康监测技术研究（省高管局报送） …… (682)
十二、PC 矮塔斜拉桥设计、施工和监控关键技术研究（省高管局报送）…… (682)
十三、黄河特殊地质长大直径钻孔灌注桩施工技术及承载性能研究
（省高管局报送） ……………………………………………………… (682)
十四、高墩大跨度刚构－连续组合体系桥梁设计、施工及监控
关键技术研究（省高管局报送） ……………………………………… (683)
十五、高速公路桥梁管理系统的推广应用 ………………………………… (684)
第四节 隧道新技术的研发应用 ……………………………………………… (684)
一、雁门关长大公路隧道建设与营运管理成套技术研究 ………………… (684)
二、大运高速公路雁门关监控系统研究 …………………………………… (684)
三、大运高速公路雁门关段隧道及高危边坡工程地质病害处治应用技术研究 … (684)
四、祁临高速公路隧道穿越采空区治理技术研究 ………………………… (684)
第五节 养护管理新技术的研发应用 ………………………………………… (685)
一、公路路肩杂草切碎机 …………………………………………………… (685)
二、冬春季油路面坑槽的处治……………………………………………… (685)
三、烘干设备改造 …………………………………………………………… (685)
四、加热烙平器加热烤火器………………………………………………… (686)
五、提高沥青混合料拌和质量的研究 ……………………………………… (686)
六、冬春季节处治高寒地区油路坑槽研究 ………………………………… (686)

七、四轮小铲车 …………………………………………………………………… (687)
八、砼边沟一次成型机 ……………………………………………………………… (687)
九、XGL100 型沥青洒布车 …………………………………………………………… (687)
十、移动式强制水稳拌和机…………………………………………………………… (687)
十一、LED 电子显示移动交通标志…………………………………………………… (687)
十二、公路施工照明系统 …………………………………………………………… (688)
十三、输油管道电热器 ……………………………………………………………… (688)
十四、小型挖坑机具 ………………………………………………………………… (688)
十五、空压机配合风镐开挖基层器 ………………………………………………… (688)
十六、竖向塑料排水板处理软土地基 ……………………………………………… (688)
十七、路面基层破碎开挖机…………………………………………………………… (689)
十八、U 型钢板处理桥梁伸缩缝 …………………………………………………… (689)
十九、水泥混凝土铣刨机 …………………………………………………………… (689)
二十、LM－50 型综合刷油机 ……………………………………………………… (690)
二十一、路肩画线机 ………………………………………………………………… (690)
二十二、YCGL－10 型、YCGL－100 型红外线沥青路面再生利用修补器 ………… (690)
二十三、YCGL－8 型多功能养护车…………………………………………………… (690)
二十四、ZSZ－200 型金刚石钻芯取样机…………………………………………… (690)
二十五、牵引式多功能热管沥青洒布车 …………………………………………… (691)
二十六、采用重锤强夯技术对旧水泥混凝土路面补强技术 ……………………… (691)
二十七、KH－30 型沥青搅拌机电器控制系统 …………………………………… (691)
二十八、180 拖拉机改装小型装载机 ……………………………………………… (691)
二十九、路基养护刮平机 …………………………………………………………… (691)
三十、标线覆盖车 …………………………………………………………………… (692)
三十一、GSIL－2700 碎石撒布车 ………………………………………………… (692)
三十二、路面铣刨机 ………………………………………………………………… (692)
三十三、高速公路水泥混凝土路面预防性养护技术研究 ………………………… (692)
第六节 汽车运输新技术的研发应用 ……………………………………………… (693)
一、"柴油机节油器"节油效果验证 ………………………………………………… (693)
二、道路运输企业安全管理体系及信息化建设课题研究 ………………………… (693)
三、铁哥们汽车制动间隙调整臂项目研究 ………………………………………… (693)
四、GPS 在道路运输企业节能减排中的应用项目 ………………………………… (693)
五、甩挂运输与车辆检测技术………………………………………………………… (693)
六、客运管理与油改气项目…………………………………………………………… (693)
七、道路运输企业安全管理信息系统 ……………………………………………… (693)
八、科技新产品开发 ………………………………………………………………… (693)
第七节 交通征稽新技术的研发应用 ……………………………………………… (694)
一、数字征稽战略的提出和实施……………………………………………………… (694)
二、科技网络的全面形成 …………………………………………………………… (695)
第八章 依法行政 ………………………………………………………………… (696)
第一节 地方交通法律法规的制定 ………………………………………………… (696)

第二节　法制宣传教育活动的开展 …… (697)
第三节　行政审批制度改革 …… (700)
第四节　推行执法责任制工作的引深 …… (701)
第九章　教育培训 …… (702)
第一节　山西交通职业技术学院 …… (702)
一、专业建设再上新水平 …… (702)
二、名师建设工程的实施 …… (702)
三、人才培养工作水平评估的组织实施 …… (703)
四、教学管理及质量的稳步提升 …… (704)
五、教育科研工作的新成就 …… (704)
六、校企合作办学模式的探索 …… (705)
七、实践技能的培养和提高 …… (705)
八、成人继续教育的蓬勃发展 …… (706)
九、名列前茅的学生就业工作 …… (707)
十、素质教育取得明显成效 …… (707)
十一、平安校园、和谐校园的创建 …… (708)
十二、党建和文明建设结出丰硕果实 …… (708)
第二节　山西交通技师学院 …… (710)
一、新办学思想的牢固确立 …… (710)
二、管理体系的健全完善 …… (710)
三、多专业发展格局的快速形成 …… (711)
四、人才培养模式的改革创新 …… (711)
五、可持续发展能力的有效增强 …… (712)
六、浓郁校园文化的建设发展 …… (712)
第三节　山西省交通干部学校 …… (713)
一、新办学模式的积极探索 …… (713)
二、职工综合素质的全面提升 …… (714)
三、硬件设施的不断完善 …… (715)
第十章　党建工作 …… (717)
第一节　坚持不懈的思想建设 …… (717)
第二节　全面加强的组织建设 …… (722)
一、严格目标责任制管理 …… (722)
二、全面加强领导班子建设 …… (723)
三、逐步提高基层党组织和党员干部规范化水平 …… (725)
第三节　扎实严格的作风建设 …… (726)
第四节　党员先进性教育活动的深入开展 …… (727)
第五节　学习实践科学发展观活动的深入开展 …… (734)
第六节　中共山西省交通运输厅第一次党员代表大会 …… (741)
第十一章　反腐倡廉 …… (744)
第一节　廉洁自律工作的逐步深化 …… (744)

第二节 警示教育活动的有效开展 …………………………………………………… (746)
第三节 惩治和预防腐败体系的积极构建 ……………………………………………… (749)
第四节 政风行风建设的稳步推进 …………………………………………………… (754)
第五节 交通行政效能的全面提升 …………………………………………………… (757)
第六节 纠风治乱工作力度的不断加大 ……………………………………………… (759)
第七节 重点工程建设体制的改革创新 ……………………………………………… (761)
第八节 治理商业贿赂长效机制的初步建立 ………………………………………… (765)
第九节 违规违纪案件的严肃查处 …………………………………………………… (766)
第十二章 行业文明 ………………………………………………………………… (769)
第一节 精神文明建设机构的调整 …………………………………………………… (769)
第二节 “文明路”的创建活动 ……………………………………………………… (769)
第三节 “文明车”的创建活动 ……………………………………………………… (770)
第四节 “文明职工”的创建活动 …………………………………………………… (770)
第五节 “文明示范窗口”的创建活动 ……………………………………………… (771)
第六节 “文明单位”的创建活动 …………………………………………………… (771)
第七节 关心下一代工作的深入推进 ………………………………………………… (775)
一、抓组织着眼长远 ………………………………………………………………… (775)
二、抓基层开拓创新 ………………………………………………………………… (775)
三、抓调研务实求真 ………………………………………………………………… (776)
四、抓典型推动发展 ………………………………………………………………… (777)
第十三章 劳动竞赛 ………………………………………………………………… (779)
第一节 活动内容和形式的创新 ……………………………………………………… (779)
第二节 “工人先锋号”活动的创建 ………………………………………………… (780)
第三节 同舟共济保增长活动的创建 ………………………………………………… (781)
第十四章 安全监管 ………………………………………………………………… (782)
第一节 机构的调整及主要职责 ……………………………………………………… (782)
第二节 安全生产考核指标的修改及完善 …………………………………………… (783)
第三节 宣传教育及培训工作的加强 ………………………………………………… (783)
一、“全国安全生产月”活动的深入开展 …………………………………………… (783)
二、安全生产知识培训活动的组织 ………………………………………………… (784)
第四节 安全生产专项整治活动的开展 ……………………………………………… (784)
第五节 安全生产大检查的深入开展 ………………………………………………… (785)
第六节 以法治安步伐的加快 ………………………………………………………… (786)
第七节 安全生产基础工作的加强 …………………………………………………… (787)
一、及时研究和安排部署行业安全生产工作 ……………………………………… (787)
二、全面落实各有关部门监管责任 ………………………………………………… (787)
三、落实企业安全生产主体责任 …………………………………………………… (787)
四、加强道路运输安全生产装备建设 ……………………………………………… (787)
五、提升公路安全保障能力 ………………………………………………………… (787)

六、强化公路建养安全生产管理工作 …… (788)
七、掌握交通安全生产工作主动权 …… (788)
第八节 沉痛的事故教训 …… (788)
第十五章 公安路政 …… (790)
第一节 安全保卫工作模式的创新 …… (790)
一、保持交通公安队伍稳定 …… (790)
二、保障站车路及工地治安 …… (790)
三、推进“平安交通”创建工作 …… (790)
第二节 超限超载车辆的治理 …… (791)
第十六章 人事管理 …… (793)
第一节 省交通运输厅机构设置及职能调整 …… (793)
一、主要职能及部分职能的调整 …… (793)
二、内设机构的调整及主要职责 …… (794)
三、需要明确的其他事项 …… (797)
第二节 改革方案的实施及主要特点 …… (797)
一、领导重视稳妥推进 …… (798)
二、发扬民主准备充分 …… (799)
三、进展顺利成效明显 …… (799)
第三节 全省交通运输系统各单位机构沿革 …… (800)
第四节 厅属事业单位人事制度改革的实践 …… (801)
一、改革取得积极成果 …… (802)
二、改革的目标和任务 …… (804)
三、确保改革的顺利进行 …… (805)
第五节 厅属事业单位的清理与规范 …… (806)
一、指导思想、基本原则和目标任务 …… (806)
二、厅属事业单位基本情况 …… (806)
三、清理规范的范围 …… (808)
四、存在的主要问题 …… (809)
五、省交通运输厅的清理规范意见 …… (809)
六、方法步骤 …… (810)
七、清理规划方案 …… (811)
八、省编制办公室的批复意见 …… (830)
九、省交通运输厅的贯彻实施意见 …… (839)
第十七章 改革探索 …… (846)
第一节 全省交通建设前期工作的改革实践 …… (846)
一、认真贯彻交通运输部颁布的新编制办法 …… (846)
二、适应新形势需要编制新办法 …… (847)
第二节 全省交通投融资体制的改革实践 …… (847)
一、投资规模的持续增长 …… (847)
二、资金来源的不断拓宽 …… (847)

三、国家有关政策法规的出台……（848）
四、成立开发性金融领导小组……（848）
五、成立招商引资工作领导组……（848）
六、交通建设开发性金融合作平台的建立……（848）
七、吸引国有企业投资的建设项目……（849）
八、经营权转让的尝试……（850）
九、投资人招标工作的开展……（851）
十、创新融资租赁方式……（852）
十一、提高贷款比例……（852）
十二、争取地方政府债券投入……（852）
十三、申请国家专项资金……（853）
第三节 全国交通运输行业统计制度的改革实践……（853）
一、应对突发事件……（853）
二、煤炭运输统计、煤炭油粮运输统计周报表……（854）
三、全行业运输统计制度的实行……（854）
四、山西省公路水路运输量专项调查……（854）
第四节 全省交通勘察设计体制的改革实践……（855）
第五节 全省交通科学研究体制的改革实践……（857）
一、完整交通科技创新体系的建立……（857）
二、关键技术项目的研究与创新……（858）
第六节 全省重点公路工程建设的改革实践……（859）
一、机构设置、人员及项目建设……（859）
二、认真抓好九项工作……（861）
第七节 全省村村通水泥（油）路全覆盖工程建设的改革实践……（866）
一、发挥一个优势……（866）
二、推动两个转变……（866）
三、履行三项职责……（869）
四、搞好三个结合……（870）
五、全面完成目标任务……（871）
六、加快养护管理体制改革……（873）
第八节 全省交通工程监理体制的改革实践……（874）
第九节 全省交通建设开发投资体制的改革实践……（876）
一、贷款建设高速公路……（876）
二、转让部分股权……（876）
三、发行企业债券……（877）
四、创新投资模式……（877）
第十八章 离退服务……（878）
第一节 政治待遇的落实……（878）
第二节 生活待遇的落实……（879）
第三节 精神文化生活的丰富……（879）
第四节 老有所为作用的发挥……（880）

第十九章　信息工程 …………………………………………………………………（881）
第一节　厅机关信息化系统建设 ……………………………………………………（881）
一、建设机关办公局域网 ……………………………………………………………（881）
二、建设办公业务资源网 ……………………………………………………………（881）
三、建设山西交通政府门户网站……………………………………………………（882）
四、建设省市视频会议系统…………………………………………………………（882）
第二节　交通信息化“1166”工程 ………………………………………………（882）
一、交通通信专网建设 ………………………………………………………………（882）
二、应急指挥中心和综合机房建设…………………………………………………（883）
三、综合管理系统建设 ………………………………………………………………（883）
第三节　山西省公路交通信息资源整合与服务工程………………………………（883）
第二十章　汽运集团 …………………………………………………………………（885）
第一节　“1150”发展目标的制定 …………………………………………………（885）
第二节　“七项重点工作”的全面推进……………………………………………（885）
第三节　客运公司的建立与运营 ……………………………………………………（886）
第四节　货运公司的建立与发展 ……………………………………………………（888）
第五节　站场网络的建立……………………………………………………………（889）
第六节　维修服务基地的建立 ………………………………………………………（890）
第七节　综合培训业务的拓展 ………………………………………………………（890）
第八节　资本运作与低成本扩张 ……………………………………………………（891）
第九节　集团重组十年的发展变化 …………………………………………………（891）
第十节　集团改制及所属 7 个企业破产工作的启动………………………………（892）
第二十一章　新闻宣传 ………………………………………………………………（893）
第一节　机构沿革及干部调整 ………………………………………………………（893）
第二节　工作思路和工作手段的创新 ………………………………………………（893）
第三节　稿件质量和宣传水平的日益提高 …………………………………………（895）
第四节　新闻宣传工作体系的建立和完善 …………………………………………（897）
第二十二章　史志编纂 ………………………………………………………………（899）
第一节　干部队伍建设及中心职能演变 ……………………………………………（899）
第二节　交通史志书籍编纂出版成果 ………………………………………………（900）
一、《山西交通史话》 ………………………………………………………………（900）
二、《山西交通之最》（第一辑） …………………………………………………（901）
三、《科学发展铸辉煌》（上、下卷） ……………………………………………（901）
四、《山西交通志》 …………………………………………………………………（901）
五、《山西路谱》 ……………………………………………………………………（902）
六、《大路人生——山西交通改革发展 30 年回顾与展望》 ……………………（903）
七、《山西省志·交通志》 …………………………………………………………（903）
八、《辉煌的历程——山西交通运输建设发展改革 60 年回顾》 ………………（905）
九、《大路颂歌——山西交通文化资料集锦》 ……………………………………（906）

十、《山西公路志》 …………………………………………………………………………… (906)
十一、《山西省道路运输管理志》 ……………………………………………………………… (907)
十二、《山西省交通建设开发投资总公司志》 ……………………………………………… (907)
十三、《大同干线公路志》 …………………………………………………………………… (907)
十四、《忻州公路志》 ………………………………………………………………………… (908)
十五、《太原公路志》 ………………………………………………………………………… (908)
十六、《左权县交通运输志》 ………………………………………………………………… (908)
十七、《山西省村村通水泥(油)路工程建设志》(2001~2010) ……………………… (909)
十八、《山西公路交通史》(1978~2010) ………………………………………………… (909)
第三节 交通年鉴书籍编纂出版成果 …………………………………………………… (910)
一、2004年版《山西交通年鉴》 …………………………………………………………… (910)
二、2005年版《山西交通年鉴》 …………………………………………………………… (910)
三、2006年版《山西交通年鉴》 …………………………………………………………… (910)
四、2007年版《山西交通年鉴》 …………………………………………………………… (911)
五、2008年版《山西交通年鉴》 …………………………………………………………… (911)
六、2009年版《山西交通年鉴》 …………………………………………………………… (912)
七、2010年版《山西交通年鉴》 …………………………………………………………… (912)
八、2011年版《山西交通年鉴》 …………………………………………………………… (912)
第四节 30年编纂工作基本经验 ………………………………………………………… (913)
一、领导重视,机构健全,常抓不懈,是坚实基础 ……………………………………… (914)
二、关心支持,检查督促,精心指导,是重要前提 ……………………………………… (915)
三、内容求实,质量求精,形式求新,是关键环节 ……………………………………… (915)
四、强化措施,明确责任,狠抓落实,是有力手段 ……………………………………… (915)
五、爱岗敬业,真抓实干,奋力拼搏,是不竭动力 ……………………………………… (916)
第二十三章 后勤保障 ………………………………………………………………… (917)
第一节 中心机构沿革及干部的适时调整 ……………………………………………… (917)
第二节 后勤保障服务体系的日益完善 ………………………………………………… (918)
一、不断完善考核体系,实行昼夜优质服务 …………………………………………… (918)
二、主动关心职工生活,全力维护合法权益 …………………………………………… (919)
三、着力搞好食堂服务,积极改善就餐环境 …………………………………………… (919)
四、时刻做好应急装备,圆满完成临时任务 …………………………………………… (919)
五、综合治理全面细致,树立机关良好形象 …………………………………………… (920)
六、健全制度规范经营,稳步发展多方创收 …………………………………………… (920)

领 导 干 部

第一章 省交通运输厅领导班子成员沿革 …………………………………………… (925)
第二章 中共山西省交通运输厅党组成员沿革 ……………………………………… (929)
第三章 省交通运输厅正厅级以上干部 ……………………………………………… (933)
廉 平 任先泉 智玉莲 杜五安 刘俊谦 王晓林
段建国 杨继刚 宋元林 杨金泉 张 润 曹燎原

第四章 省交通运输厅副厅级干部 ……………………………………………………（938）
刘 乾 郅 杰 李景良 王文祥 李魁年 任贵仁
温秉公 雷 达 鄂俊泰 贾银环 刘和平 史锦文
任景春 高贵生 刘传旺 赵 龙 王志民 韩日裕
张志川 戴 飞 郜玉兰 张德仪 胡玉珍 赵振田
陈有才 李振亚 赵俊文 孙跃进 郭贵平 郜学文
杨俊威 史荣和 尹新平
第五章 省交通运输厅厅直单位副厅级干部……………………………………（949）
孟 科 王赛勇 李万定 董新品 张晋鹏 李华中
蒋世欣 张文才 惠高峰 刘玉柱
第六章 山西汽车运输集团领导干部 ………………………………………………（953）
胡鲜朝 郭鹏飞 王永茂 张海清

表目提示

表1 全省第一批提价的一、二级收费公路（隧道、大型公路桥梁）情况表 ………（427）
表2 全省一、二级收费公路（隧道、大型公路桥梁）收费标准一览表 ……………（429）
表3 山西省交通征费稽查局收费公路收费标准一览表……………………………（430）
表4 全省各市、县（市、区）交通运输执法局（分局）机构设置
及人员编制情况表 ……………………………………………………………（835）
表5 山西省交通运输厅领导班子成员沿革情况一览表……………………………（925）
表6 中共山西省交通运输厅党组成员沿革情况一览表……………………………（929）

附录

大同市公路交通史 ……………………………………………………………（957）
朔州市公路交通史 ……………………………………………………………（969）
忻州市公路交通史 ……………………………………………………………（993）
太原市公路交通史……………………………………………………………（1011）
吕梁市公路交通史……………………………………………………………（1013）
晋中市公路交通史……………………………………………………………（1020）
阳泉市公路交通史……………………………………………………………（1040）
临汾市公路交通史……………………………………………………………（1092）
运城市公路交通史……………………………………………………………（1113）
长治市公路交通史……………………………………………………………（1126）
晋城市公路交通史……………………………………………………………（1152）

后 记 ……………………………………………………………… 编 者（1203）

概述

一、放开搞活时期(1978~1992) ……………………………… (3)
二、加快推进时期(1993~2002) ……………………………… (5)
三、跨越发展时期(2003~2010) ……………………………… (6)

山西属山地为主的内陆省份，在太行山与黄河北干流域峡谷之间，地处华北西部的黄土高原东翼，是首都北京的西部屏障。省境山环水绕，构成与邻省的天然分界。东隔太行山，与河北省毗邻；西、南跨黄河，与陕西、河南两省相望；北越长城，与内蒙古自治区接壤。在国家经济发展布局中，山西紧靠以北京、天津为中心的"环渤海经济圈"，位于由山西、河南、湖北、安徽、湖南、江西组成的"中部六省"的最北端。地理坐标为北纬34°34′48″～40°43′30″，东经110°14′42″～114°33′17″。

山西省域轮廓呈由东北斜向西南的平行四边形。南北长682千米，东西宽385千米，总面积15.6579万平方千米，约占全国土地总面积1.64%。在31个省（市、自治区）中列第19位。山地占全省总面积40%，丘陵占40.3%，平川和河谷面积仅占19.7%。

全省煤炭资源得天独厚，资源储量丰富，分布广泛，煤质优良，保有资源储量2661.57亿吨，占全国保有储量1/4；年产煤炭7亿吨，占到全国1/4。由于铁路运力严重不足，每年60%的外销煤炭是以公路运输为主。公路运输在全省经济发展中扮演着重要角色，同时也承受着大吨位、大交通带来的巨大压力。

党的十一届三中全会以来，在省委、省政府正确领导和交通运输部大力支持下，全省交通运输系统广大干部职工坚持以邓小平理论和"三个代表"重要思想为指导，深入贯彻落实科学发展观，坚持"一个中心、两个基本点"基本路线，围绕"三个服务"，立足"又好又快"，落实"三个并重"，抢抓机遇，锐意进取，使全省高速公路"人字骨架、九横九环"基本成型，"五纵七横"国道主干线全面建成，全省具备条件的建制村全部通水泥（油）路，大运高速公路被省政府和交通部联合命名为"千里文明高速路"，山西交通行业率先跨入全国交通文明行业行列，在全省经济社会发展和构建社会主义和谐社会中发挥重要作用。

一、放开搞活时期（1978年～1992年）

党的十一届三中全会之后，全省公路建设和运输生产得到很大发展，公路框架渐成规模，运输格局日趋合理，公路交通从几十年的计划经济体制向市场经济转变，公路商品化、运输多元化开始起步，公路交通事业呈现欣欣向荣的发展势头。期间，交通部将"普及与提高相结合，以普及为主"的公路建设方针及时修改为"以提高为主"，全省公路建设也由重视数量转为重视质量。1979年，根据交通部部署和统一标准，省交通局对省内公路进行了一次普查，除去不符合标准的等外路4607公里，将1978年的总里程由31 868公里复核为27 261公里。与此同时，全省第一批二级公路—太原至忻州、阳泉至大寨、太原至东观段先后建成通车。

进入20世纪80年代以后，由于煤炭产量和社会物资运输量增加，交通运输滞后的矛盾显得越来越突出。1983年，全省有路面里程仅占60%，尚有11 091公里为土路，11个县不通油路，1240个乡镇不通公路，4203个行政村不通机动车。许多干线公路日交通量超过设计标准几倍、十几倍。通向河北、北京、天津、河南等邻省重点公路，因通过能力小，经常出现堵塞现象。如太旧路原路，小堵天天有，大堵三六九，最长一次堵车整整七天七夜，引起国际舆论关注。其他出省通道，大部分为低等级公路或断头路。落后的交通，成为能源重化工基地建设的主要制约因素之一。一方面，晋煤和其他外运物资大量积压，仅1983年，全省积压待运煤就有3000余万吨，不少煤矿积煤出现自燃和被洪水冲走；另一方面，全国各地对晋煤的迫切需求得不到有效解决。面对严峻现实，山西省委、省政府决心打破全省公路交通半封闭状态，在加强省内干线和县乡公路建设同时,打开通向省外出口,并制定修建12条晋煤外运公路规划。从此,全省公路交通围绕能源重化工基地建设,进入全面发展新阶段。省交通厅在集中投资和技术力量的同时,对施工管理体制进行大胆改革,对各项工程采取公开招标和地(市)县承包办法,有效调动地方政府积极性,大大加快工程进度,降低工程造价。

"六五"期间,全省新建公路1411公里,桥梁516座,高级、次高级路面1200公里,新修通7个县油路和175个乡公路。新建大同倍加皂至孙启庄、阳泉白毛岭至地都、晋城至大口、晋城至张路口4条晋煤外运公路,总长248公里。经过1年零8个月紧张施工,分别比原计划提前3个月至15个月,于1985年国庆节前胜利建成通车,使运输成本降低20%,每年可节约运费7238万元。到1985年底,全省公路通车里程达到28 762公里。其中,省道9420公里,县道12 550公里,乡道6167公里,专用公路602公里。有次高级路面里程7427公里,二级公路503公里,公路桥梁3504座,分别比1980年增长19.3%、16%和18.93%。公路密度17.4公里/百平方公里。与此同时,全省公路养护质量再创新水平,1985年末全省好路率达82.9%,跃居全国前列。其中干线好路率91.7%,县级公路好路率73.4%。在党中央"放宽、搞活"方针指导下,全省公路运输形成多层次、多形式、多渠道,国营、集体、个体一齐上新局面。到1985年末,全省民用汽车拥有量达12.9286万辆,拖拉机15万辆,分别比1980年增长1倍、1.5倍;运输专业户达到9.7868万户,个体汽车拥有量2.3万辆。1985年,全省公路完成货运量13 071万吨,货运周转量522 878万吨公里,晋煤外运1850万吨,客运量7173万人次,客运周转量310 432万人公里,分别比1980年增长0.68倍、2.3倍、2.6倍、1.1倍、1.2倍。1985年全省公路交通工业完成总产值6248万元,实现利润4995万元,养路费征收38 787万元,分别比1980年增长13.1%、2倍、3.14倍。

"七五"期间,随着经济体制改革不断深入,全省交通体制改革迈出重要步伐。如扩大厅属企业自主权,实行多种形式承包经营责任制,将厅属11个修造企业全部下放地市管理,将拖拉机养路费全部下放地市县征收管理使用,加强行业管理等。1986年3月26日,省政府印发《关于山西省公路建设和公路管理体制改革方案》。批准省公路局升格为二级局,各市地公路总段改称公路分局,县区养护段改称公路管理段,明确全省公路建设和养护实行统一领导,分级管理;原公路局工程处改称第一工程公司,实行企业化管理。1987年5月30日,省政府印发《通知》,将交通监理移交公安部门管理,公路养路费征收仍由交通部门负责。随后,省编委印发〔1987〕48号文,同意省交通厅设立交通征费稽查局,各市设处,县市区设所站,揭开征稽发展新篇章。5年完成投资11.35亿元,全省公路通车里程达到30 784公里,分别比1985年增长7.3倍、7%,新增公路通车里程2022公里。其中等级公路25 241公里,高等级公路1598公里,高级、次高级路面里程9418公里,分别比1985年增长9.3%、2.2倍、24%。其中,国道3636公里,省道6544公里,县道13 172公里,乡道6810公里,专用公路622公里。晴雨通车15 493公里,绿化里程15 820公里,公路密度19.7公里/百平方公里。先后建成和顺至董坪沟、薛村至军渡、陵川至修武、原平至长城岭、长治至下浣、左权至涉县、晋城周村至黎川、长治荫城至壶关8条总长385公里晋煤外运出省公路。至此,全省规划的12条晋煤外运公路全部建成,其中周黎公路还是全省第一条商品公路。被列为全国"七五"建设27条重点公路项目之一、全长737公里的大(同)运(城)公路于1990年9月28日胜利竣工通车,为缓和交通运输紧张局面、加速全省煤炭资源开发利用创造了有利条件。大运路由国道208线大同至太原段、国道108线太原至侯马段、省道太原三门峡线侯马至闻喜水头段、水头至永济线的水头至运城段组成,由大同经朔州、忻州、太原、晋中、临汾到运城,经过7市、23县市区,拥有人口占全省67.5%,是纵贯山西南北、连接省内主要工矿区和农业区的重要干线公路，总投资6.9亿元，对实现全省“发展中部、开发两翼”战略，发挥了极其重要的作用。“七五”期间，全省新增通油路县9个，实现全省县县通油路；新增通公路乡镇98个，新增通机动车行政村1863个。与此同时，投资4697万元，建成太原、运城、侯马、阳方口等客运汽车站及雁北、长治、阳泉等货运站，并改建县级客运站14个。1990年全省民用汽车达23.2665万辆，完成货运量26 706万吨，货物周转量1 152 520万吨公里，客运量12 728万人，客运周转量587 953万人公里，分别比1985年增长44%、51%、55%、44%、45%；1990年全省完成水路客运量69万人，旅客周转量254万人公里，分别比1985年增长35%、30%；完成货运量72万吨，货运周转量259万吨公里。按1980年不变价，1990年全省县营以上交通工业企业总产值完成7353万元，比1985年增长15%；大修汽车4900辆，客车改装1957辆，制造挂车6438辆；征收养路费、货运补偿费21.41亿，车购费1.0040亿元，三项规费合计完成22.41亿元，年平均增长10%以上，年超收5000余万元。

二、加快推进时期(1993年～2002年)

“八五”期间，特别是“八五”后3年，山西省委、省政府高举“改革开放”和“艰苦奋斗”两面旗帜，从兴晋富民迫切需要和经济发展客观要求出发，制定交通优先发展战略，把公路建设作为重中之重来抓，出台支持公路重点工程建设“八条”优惠政策，带领全省人民大打公路建设翻身仗，掀起轰轰烈烈的全民义务修路热潮，取得辉煌建设成就。截至1995年底，全省公路通车里程达到33 644公里，比1990年增加2859公里。其中，国道4027公里，省道6735公里，县道14 259公里，乡道7909公里，专用公路714公里。公路密度21.53公里/百平方公里；公路等级里程达到29 506公里，二级以上高等级公路4303公里，公路有路面里程28 112公里，高速公路94公里。从1992年底到1995年3年间，全省共筹资132亿元进行公路建设，总投资是1983年至1992年10年投资37亿元的3.6倍，拓宽二级以上国、省道公路16 330公里，新建公路16 330公里，改造公路25 186公里，修建油路、水泥路10 468公里，新建村间道路37 845公里，分别是前10年的2.3倍、2.2倍、1.9倍、1.4倍和1.7倍。与此同时，全省汽车运输事业也得到更快发展。到1995年末，全省拥有民用汽车39.72万辆，完成货运量39 776万吨，货物周转量1 815 463万吨公里，客运量17 956万人，旅客周转量861 061万人公里；公路煤炭外运量4471万吨；全省水上船舶达260艘，完成货运量90万吨，货运周转量321万吨公里，客运量85万人次，旅客周转量315万人公里；全省完成交通工业总产值10 596万元，改装汽车138辆，制造汽车912辆。共征收汽车养路费、货运附加费59.08亿元，车购费9.16亿元，分别比“七五”递增175.94%、816%；从1993年开始，征收新增车辆费2.73亿元，车辆通行费2.56亿元。全省交通系统有142项科研项目获省科技进步奖，362项获厅科技进步奖，42项达国际水平，37项达国内领先或先进水平，22项获国家专利，18项列为交通部、省科委科技成果推广应用和推荐项目。

“九五”时期，全省交通系统广大干部职工坚持发展是硬道理的思想，以邓小平理论和党的十五大精神为指导，认真贯彻中央和省委、省政府一系列方针政策和战略部署，大力推进交通改革与发展，全面完成目标任务。交通“瓶颈”制约得到改善，运输紧张状况得到缓解，统一、开放、竞争、有序的交通建设运输市场体系初步建立。全省公路建设累计完成投资338亿元，新增公路通车里程21 764公里，新增二级以上高等级公路5018公里，新增高速公路424公里，新增高级次高级路面里程14 954公里。继1996年第一条高速公路—太旧高速公路全线建成通车后，全省主要建成原太、京大、太原南过境、太原东山过境、运风、夏汾、晋阳等424公里高速公路，霍侯、祁介、汾介等484公里一级公路，太古、东长、忻台等4110公里二级公路，离临柳石、晋西北等2900公里扶贫公路和以忻州东

(冶)芙(城口)公路、阳泉巨(城)龙(庄)公路、临汾马务汾河大桥、太原小店汾河大桥为代表的一批国防公路,开工建设晋焦、长邯、运三、祁临高速公路等。工程质量和建设水平进一步提高,建成一批在全国有影响的公路和桥梁。太旧高速公路、武宿立交桥双双荣获国家建筑工程质量最高奖"鲁班奖",原太、太原南过境等高速公路创"部优工程",晋焦高速公路丹河特大石拱桥获"大世界吉尼斯之最"。到2000年底,全省公路通车里程达到55 408公里,高速公路达到518公里,公路密度提高到35.5公里/百平方公里;二级以上高等级公路达到9321公里,占公路通车里程16.8%,比1995年提高4%;高级次高级路面里程达到29 327公里,占通车里程52.9%,比1995年增长10.2%。全省提前3年实现"镇镇通油路、乡乡通公路、行政村通机动车"战略目标,并有81.7%乡和43.5%行政村通油路,94%行政村通公路。全省公路好路率达到83.8%,其中干线公路好路率达到84.1%;县公路好路率达到83.5%。全省建成干线文明样板路2568公里,GBM工程3229公里,绿化里程达到28 997公里,占通车总里程52.3%,太旧高速公路、大运二级公路、108国道晋中段、307国道太原至军渡段四条绿色通道基本建成,受到国家绿化委表彰。全行业营运汽车达到17万辆,民用汽车达到54万辆。全省完成公路客运量2.88亿人,旅客周转量135亿人公里,完成公路货运量5.78亿吨,货物周转量270亿吨公里,分别比1995年增长60.4%、56.8%、45.4%、48.8%,占全社会运输量比重分别达到90.4%、61.2%、69.2%、35.8%,公路运输在全省综合运输体系中的基础性作用得到进一步巩固和加强。与此同时,黄河水运及水上旅游得到发展,部分渡运设施得到改善,黄河小浪底库区水运及旅游加快规划与开发步伐。2001年至2002年,在党的十六大精神鼓舞下,经过"十五"头两年努力,全省公路建设取得重大突破,实现跨越式发展。一是公路建设投资力度明显加大。"十五"头两年连续突破100亿元,再创历史新高。二是高等级公路比重明显提高。高速公路突破1000公里,达到1068公里,居全国第九;二级以上高等级公路突破10 000公里,达到10 653公里,占通车里程17.9%;高级次高级路面里程突破30 000公里,达到32 252公里,占通车里程54.1%。三是路网通达深度明显提高。公路通车里程达到近60 000公里,公路密度达到38.2公里/百平方公里,全省92.1%的乡镇、50.1%的行政村通油路,95.4%的行政村通公路。四是等外公路明显减少。降低到2361公里,占通车里程4%。五是路网整体服务水平明显提高。文明路里程达到3334公里,公路绿化率达到54%,所有高速公路都建成绿色通道。2002年,全省公路年末好路率达到83.4%,养护质量综合值为77.0,年平均好路率达到81.6%,综合值为76.2。

三、跨越发展时期(2003年~2010年)

2003年以来,全省交通系统以科学发展观统领全局,以调整路网结构和运输结构为主线,坚持"三个并重"方针,大力实施"三小时高速通达"、县际公路改造、乡通油路、村村通水泥路"四大工程",积极推进理念、体制、融资、科技、管理"五项创新",超额完成各项目标任务,是全省交通史上发展最快最好的时期,山西交通跨入全国先进行列。5年间,全省新增公路通车里程14 155公里,新增高速公路1168公里,新增一二级公路4693公里。到2005年底,全省公路通车里程达到69 563公里,路面铺装里程达到45 599公里,公路密度达到44.5公里/百平方公里。其中,高速公路达到1686公里,在全国排第9位,在中部排第2位;二级以上高等级公路达到14 283公里,在全国排第8位。全省公路运输完成客运量3.6亿人、旅客周转量181亿人公里、货运量7.6亿吨、货物周转量390亿吨公里,比2000年分别增长26.5%、33%、31.8%、44.5%,在综合运输体系中的比重分别达到90%、60%、65%、30%。省交通厅党组认真贯彻落实省委、省政府掀起以大运高速公路和国道主干线为重点的公路建设新高潮的重大决策,紧紧抓住国家宏观调控历史机遇，改革开放，创新思路，调动各方面积极因素，集中力量推进大同至运城、太原至晋城、汾阳至离石、太原绕城等纵贯全省高速公路大动脉和重要出省通道建设。规划"人"字形高速公路主骨架全面建成，省会到市"三小时高速通达"目标胜利实现。放眼三晋大地，大运通衢，人字鼎立，一个以太原为中心，覆盖全省，纵横交错，南通中原，北出长城，东联京冀，西达秦蜀的高速公路网初具规模。在建设中，紧紧依靠科技进步与创新，建成一批在全国有影响的公路、桥梁和隧道。临侯高速公路赵康枢纽获国优工程"鲁班奖"，祁临高速公路获"詹天佑"奖，大新高速公路康庄飞机跑道被北京军区评为优质工程，大运高速公路全线达到部优工程。以全长5.2公里雁门关隧道和全国第一座高矮塔组合式斜拉桥龙门黄河大桥、桥高180米晋济高速公路仙神河斜拉桥建设为标志，全省公路桥梁隧道建设达到一个新水平。组织编制"人字骨架、九横九环"高速公路网规划，并经省政府批准实施；开展大运高速公路经济带建设研究规划，进一步增强高速公路发展的前瞻性、科学性和指导性。全省高速公路跨越式发展，大大改善交通运输紧张状况，提高运输保障能力和安全性。5年新改建农村公路89 592公里（包括村内巷道）。其中，完成县乡油路改造13 717公里，村村通水泥（油）路工程75 875公里。全省新改建农村水泥路、油路里程占全国同期建成的农村油路、水泥路总里程近1/3，是建国51年全省建成农村油路、水泥路总里程5倍。全省100%乡镇、80%建制村基本通水泥（油）路，比"九五"末分别提高13.5%、37.5%，运城、太原、阳泉、晋中、长治5个市和59个县（市、区）基本实现村村通水泥（油）路。大力推进农村客运网络化，先后建成乡镇汽车站105个、农村候车亭1797个、招呼站牌11 534个，全省100%乡镇、83.6%建制村通客车，并有30个县市实现城乡客运一体化。全省开通鲜活农产品运输"绿色通道"。

"十一五"是全面建设小康社会的关键时期，交通发展面临着新形势、新机遇、新挑战、新任务。省交通运输厅党组认真贯彻党的十六大、十七大及历次全会和全省八次、九次党代会及历次全会精神，以科学发展观为统领，统筹经济社会与交通发展，统筹区域经济与交通发展，统筹城镇化建设与交通发展，统筹新农村建设与交通发展，统筹资源环境与交通和谐发展，坚持高速公路、干线公路、农村公路"三网"并重，建设与养护管理并重，建设与运输发展并重方针，加快推进改革创新，加快推进扩大开放，加快推进结构调整与增长方式转变，着力构建新型能源和工业基地交通运输支撑保障服务体系。

2008年，省交通厅新一届厅党组带领全省交通系统13万干部职工同心同德，踏实苦干，抢抓机遇，勇于创新，全力推进交通各项事业实现新发展、新跨越，省政府提出的各项交通工作目标圆满完成，省厅承诺为民办的八件实事全部兑现。全省公路建设完成投资200.3亿元。其中，高速公路完成40.4亿元，干线公路完成68.9亿元，农村公路完成88.4亿元，运输站场完成2.46亿元。新增公路通车里程4904公里，高速公路72公里，一二级公路988公里；新增通水泥（油）路的建制村951个。道路运输完成客运量4.1亿人、旅客周转量213.2亿人公里，分别比2007年增长3.5%、3%；完成货运量8.64亿吨、货物周转量460.4亿吨公里，分别增长5.26%、7.71%。交通规费征收完成168.6亿元，比2007年增长18.5%。其中，汽车养路费及货附费44.5亿元，增长18.9%，在全国分别排第8位、第2位；拖拉机养路费及货附费2.46亿元，增长1.9%；运管费及客附费8.37亿元，增长38.8%；车辆通行费113.3亿元，增长17.4%。

2008年与1978年相比，实现七大跨越式发展和历史性巨变。一是公路网规模大幅增长。全省公路通车里程由1978年31 868公里增加到2008年12.48万公里，公路密度由20.4公里/百平方公里增加到79.62公里/百平方公里，分别增长3倍。高速公路从无到有，达到1965公里，实现省会到省辖市3小时高速通达；国省干线公路由6227公里增加到 13 845 公里,翻了一番多;农村公路通车里程由 25 641 公里增加到 110 928 公里,翻了两番多。二是路网结构与服务能力大幅提升。全省二级以上高等级公路由 1980 年 188 公里增加到 2008 年 16 774 公里,增长 88 倍;高等级公路在公路总里程中的比重由 1980 年 0.59% 提高到 13.4%,提高 12.8%;路面铺装里程由 1978 年 5826 公里增加到 87 805 公里,增长 14 倍;路面铺装里程在公路总里程中的比重由 18.3% 提高到 70.4%,提高 52%。一个以省会太原为中心、市市互通、东连京冀、西连秦蜀、北出长城、南抵黄河的高速公路网初具规模,一个以一二级公路为主体、连通所有县(市、区)的国省干线公路网基本形成。三是公路通达深度明显提高。1978 年,全省 113 个县(市、区)有 90 个通油路,占 80%;1887 个乡镇中有 1854 个通公路,占 98.3%;30 038 个行政村有 26 176 个通汽车,占 87.1%。2008 年,全省实现了出省到市高速公路、县(市、区)际连接高等路、乡乡镇镇通油路、村村通公路,并有 100% 乡镇、88% 的行政村通水泥路、油路,100% 乡镇、94% 的行政村通客车。四是道路运输迅猛发展。全省民用汽车和营运车辆、营运吨位总数分别由 1978 年 45 716 辆、5042 辆、20 834 吨增加到 2008 年 200 万辆、40 万辆、228.3 万吨,分别增长 43 倍、78 倍、108 倍;道路运输完成的客运量、旅客周转量、货运量、货物周转量分别由 1978 年 2374 万人、11.64 亿人公里、6443 万吨、11.15亿吨公里增加到 2008 年 4.1 亿人、213.3 亿人公里、8.64 亿吨、460.4 亿吨公里,分别增长 16 倍、17 倍、12 倍、40 倍。旅游客运、出租客运、现代物流、货运代理等新型运输服务从无到有、不断壮大,成为全省道路运输的重要组成部分,大大提升道路运输服务水平和供给能力。五是水上运输稳步发展。全省内河航道里程由 1978 年 563 公里增加到 1234 公里,增长 1.2 倍,航船数量由 6 艘增加到 851 艘,增长 141 倍;船舶吨位由 205 吨增加到 5259 吨,增长 25 倍;水上运输完成的货运量、货物周转量分别由 1978 年 10.6 万吨、76 万吨公里增加到 2008 年 49 万吨、318 万吨公里,分别增长 3.6 倍、3.2 倍,水上客运量由 1981 年 16 万人增加到 74 万人,增长3.6倍。六是运输站场设施得到完善。全省汽车客运站由 1996 年全国第一次普查时 214 个增加到 2008 年 332 个,增长 55%,其中一级客运站 16 个,二级客运站 62 个。水运渡口逐步得到改造,港口吞吐能力不断提高。七是交通规费收入大幅增长。1978 年,全省交通规费仅有养路费一项,当年收入为 9399 万元;2008 年达到 46.95 亿元,是 1978 年 50 倍。加上其他交通规费和车辆通行费,2008 年全省交通规费收入达到 168.6 亿元,是 1978 年 180 倍。

2008 年 12 月,为抵御金融危机冲击,国家及时出台进一步扩大内需的政策措施,保持国民经济平稳较快增长,交通运输迎来又一个新的历史机遇。全省交通系统 13 万干部职工以强烈的政治责任感,肩负起神圣的历史使命,按照省政府"加大基础设施投资,保持经济平稳较快发展"的果断决策,决心用两年时间,集中建设高速公路 1000 多公里,国省干线一二级公路 2500 公里,农村公路4.2 万公里,确保"十一五"全省高速公路通车里程达到3000 公里,具备条件的建制村通水泥(油)路"全覆盖",再用 3 年时间,建设高速公路2000 公里,使全省高速公路达到5000 公里,力争在"十二五"末基本建成总规模 6000 多公里的"三纵十一横十一环"高速公路网,以此带动全省综合运输体系全面发展、提升能力,使交通运输服务更安全、更通畅、更便捷、更经济、更可靠、更和谐,让交通运输发展的成果惠及全省人民,为实现交通运输现代化打下坚实基础。

2009 年,全省交通运输系统坚决执行省委、省政府决策部署,积极应对国际金融危机。面对扩大内需保增长的历史责任,省交通运输厅党组与时俱进,改革创新,真抓实干,奋力拼搏,凝聚全行业力量,争取各方面支持,千方百计加大投资规模,再掀公路建设新高潮,使公路建设成为拉动全省经济增长最重要的力量之一。全年公路建设完成投资

563亿元，为2008年2.8倍，在全国排名第3。其中，高速公路建设完成投资392亿元，为2008年9.7倍，在全国排名第2，太原至佳县、忻州至阜平等27个项目开工建设，在建里程达到2086公里。国省干线公路完成投资82.25亿元，开工新改建工程85个项目1905公里，竣工1284公里，108国道介休至霍州段一级公路改造工程和大运二级公路山阴至太原段、侯马至运城段改造工程竣工通车，省道临午线一、二级公路路基桥涵工程基本完成。农村公路完成投资85.8亿元，开工县乡公路改造工程5533公里，完工4686公里，太行大峡谷、万荣至后土祠等一批旅游公路开工建设，315基地出口公路等国防公路项目建成通车；完成村通水泥(油)路“全覆盖”工程15 180公里，新增通水泥(油)路建制村2240个，全省96%建制村通水泥(油)路，阳泉、太原、大同、运城4个省辖市在全省率先实现具备条件建制村通水泥(油)路“全覆盖”。运输站场建设完成投资2.8亿元，太原公路主枢纽武宿货运中心等一批重点运输站场开工建设或投入运营。到2009年底，全省公路通车里程达到12.73万公里，增长2557公里，公路密度达到81.3公里/百平方公里。

2010年是“十一五”的收官之年，全省交通运输工作再上新台阶，再铸新辉煌。

2010年，省交通运输厅党组认真贯彻落实党的十七大和十七届三中、四中、五中全会精神，坚决执行中央和省委、省政府的决策部署，团结带领全省13万干部职工，不断转变发展方式，加快公路建设，推进运输结构调整，深化体制机制改革，取得显著成绩，为全省经济社会发展作出新贡献。

首先，坚决贯彻落实省委、省政府决策部署，圆满完成各项年度目标任务。一是交通建设投资再创历史新高。全省公路建设完成投资618亿元，为年计划112.4%，同比增长10%。其中高速公路建设完成506亿元，干线公路建设完成60亿元，农村公路建设完成50亿元，汽车站场建设完成2亿元。公路成为全省巩固应对金融危机成果、促进经济平稳较快增长最重要的力量之一。

二是高速公路建设保持强劲势头。在2009年开工建设27个项目2000多公里基础上，2010年新开工建设太原至阳泉、山阴至平鲁等14个项目1000多公里，使在建高速公路达到41个项目3069公里，并胜利建成阳城至翼城、闻喜至垣曲、大同至右玉、汾阳至平遥、太原至佳县东段、太原至佳县西段、晋城环城、五台山至忻州、闻喜东镇至临猗孙吉、阳泉至盂县10个项目，另有长治至平顺、忻州至保德、灵丘至山阴、陵川至高平4个项目部分路段建成，共新增里程1037公里，使全省高速公路突破3000公里，在全国位次由17位前移至11位，全省88个县通高速公路，太原大都市圈基本实现高速公路一小时通达。

三是国省干线公路基本消灭差等路。全年完成国省干线公路路网(路面)改建工程1040公里。其中，完成干线新改建工程726.4公里，路面改造工程313.8公里。国道93.5%、省道81.7%达到二级及以上公路标准，薄弱路段基本得到治理，干线公路路况达到历史最好水平。

四是实现具备条件建制村通水泥(油)路“全覆盖”。全年新改建农村公路11 688公里。其中，完成具备条件建制村通水泥(油)路4627公里，“通未连通”工程5000公里，新增通水泥(油)路建制村944个。全省28 108个建制村中，除183个不具备条件外，其余27 925个具备条件建制村全部通水泥(油)路，实现“全覆盖”。

五是运输结构调整迈出新步伐。大力推进运输结构调整，完善综合运输体系，提高运输保障能力。基本实现地级市为一级站、县(市)为二级站、一半左右乡镇有等级站，并开工建设太原公路主枢纽武宿货运中心，为促进各种运输方式有效衔接创造条件。全省营运客车达到15 431辆，其中高级客车3300辆，较“十五”末增长20.3%；客运经营户户均车辆由“十五”末6.7辆增加到23辆，增长2倍多。农村客运实现具备条件建制村通客车“全覆盖”。营运货车达到39万辆，增长49%,其中重型货车、专用货车15.1万辆,增长173%。物流企业发展到200家,农村物流网络进一步完善,年吞吐量达到2亿吨。城市公交车辆达到8245辆,增长70.4%;城市出租汽车达到38 423辆,增长23%。水上交通运输消灭低质量船舶,监管船舶达到3000艘,经营企业发展到39家。2010年全省营业性道路运输完成客运量3.26亿人、旅客周转量215.7亿人公里、货运量6.1亿吨、货物周转量970亿吨公里,比2009年分别增长4.8%、2.6%、11%、7%。全省高速公路通行费收入91.9亿元,同比增长31.4%,并为94.8万辆鲜活农产品运输车辆减免通行费3.29亿元。

六是公路管养与公共服务迈上新台阶。进一步加大公路养护投入,组织实施公路安保、灾害预防和危桥改造工程,挖掘公路潜力,提高公路通行能力。高速公路安排资金13亿元,对太旧、太长等10条高速公路进行路面整治,实施收费站扩容与安保工程,对晋祠特大桥、武宿立交、风陵渡黄河大桥等桥梁进行加固,并在禹门口黄河特大桥安装实时监控系统,完成高速公路网命名和编号及相关标志更换,建成并开通不停车收费系统(ETC)。高速公路养护质量指数MQI值达95.7,优等路率达99.5%;大力加强国省干线预防性养护,完成危桥改造72座,桥梁维修加固307座,完成安保工程565公里,灾害防治与应急抢修工程212公里,优良路率年平均达到83%。深化农村公路管理养护体制改革,完善以县为主的管理体制和以公共财政为主的养护经费来源渠道,组织开展全省农村公路养护大检查,农村公路基本做到有路必养,县乡及农村公路优良路率年平均达到72%。加强经营性公路监管,依法督促经营管理单位加强养护,坚决杜绝只收费不养护。

七是治理车辆超限超载工作不断深入。坚持依法治超、源头治超、科技治超,综合运用行政、法律、经济乎段和各种技术措施,全年共检测货运车辆6000多万辆,查处违法超限超载车辆2万余辆,卸载货物4000余吨。进驻源头企业327个,巡查货运源头企业9423家,车辆维修企业470家,查处违反政府令案件100件,抄告、移送案件56件。在已经运行的137个公路超限检测站和145个高速公路入口全部安装不停车检测系统,覆盖全省的治超监控网络基本形成。全省货运车辆超限超载率连续三年稳定控制在0.2%以内,2010年下降到0.1%。高速公路和干线公路基本消除非法超限超载车辆。

八是质量管理和安全生产得到有效控制。建立高速公路建设项目厅领导分片包干制,8位厅领导每人包1-2个市,用行政手段推进项目建设,加强项目监管。定期召开重点公路建设调度会,了解工程进展情况和质量检查情况,督查落实整改措施。省交通质监站代表省厅实施质量监督,全年对在建高速公路工程质量先后进行79次监督抽检,并对通车路段进行交工检测,共获取检测数据30多万个,重点项目工程质量实体抽查合格率93.1%,关键指标检测合格率95.1%。受到交通运输部等有关部门好评。坚持“安全第一、预防为主、综合治理”的方针,深入开展水上交通、道路运输及交通运输基础设施建设安全专项整治,在加大隐患排查整治力度同时,加快完善安全生产、制度体系、责任体系和监控手段,夯实基层基础工作,行业安全生产形势继续好转。2010年,全省交通运输行业共发生各类安全生产事故17起,死亡41人,与上年同期相比,事故起数减少6起,下降26%;死亡人数减少34人,下降45.3%。全年没有发生群死群伤特大事故,较大以上事故起数减少5起,下降50%。营业性运输车辆万车死亡率下降58.8%;水上交通连续六年保持零事故;公路建设领域安全生产形势总体平稳。

九是行业改革取得新的突破。在高速公路建设体制方面,认真贯彻落实省政府高速公路建设体制改革意见,探索实施省投市建、市投市建、省市共建、BOT、BT等多种建设模式。在天镇至大同等12个高速公路项目实行省投市建模式,榆次至祁县高速公路实行市投市建模式,晋城环城高速公路实行省市共建模式,平遥至汾阳等4个高速公路项目实行BOT模式,盂县至五台山、霍州至永和关西段实行BT模式,有效调动政府、行业、社会各方面积极性,增强建设合力。在投融资创新方面,积极争取国家投资、引进社会资本的同时,加强金融合作,运用金融新产品盘活现有高速公路通行费未来收益,使全年在建41个项目3000多公里高速公路2000亿元投资基本落实。在企事业单位改革方面,完成厅属事业单位摸底调查和分类改革方案上报,组建交通运输执法机构,对省交通开发投资总公司实施改制,组建交通投资集团有限公司。

十是交通运输发展支持保障体系不断加强。在依法行政方面。《山西省道路运输条例》经省人大通过,于2011年1月1日起施行。在全省首家制定实施行政处罚自由裁量权基准制度,为规范执法行为提供依据。启动《山西省水路交通管理条例(草案)》《山西省公路管理条例》等立法工作,开展地方性法规、规章及规范性文件的废、改、立工作,对清理范围内的政府规章5件、规范性文件183件逐件、逐条进行全面、认真清理。组织对厅属单位、各市交通运输局等104个执法单位进行专项检查,圆满完成"五五"普法工作。在科技与创新方面,依托全省重大工程建设项目,全年共开展科研项目82项,取得科技攻关成果33项,10项初审入围三等奖以上省科技进步奖。依托交通运输部科技示范工程忻阜高速公路,开发和推广机制砂混凝土技术、聚合物混凝土路面技术等20余项科技成果,全行业科技成果转化率达到70%以上。加快推进行业信息化改造,完成交通运输信息化"1166"工程一期工程。组织56家运输企业参加全国车船路港千家企业低碳交通运输专项行动。组织申报的《雁门关隧道半导体照明改造工程》被国家发改委、住房建设部和交通运输部评为全国15个公路隧道半导体照明应用示范项目之一。投资3661万元在大运高速公路实施蓝天碧水工程,每年减排烟尘95吨、二氧化硫460吨和COD65吨。在加强党建和行业文明建设方面,深入开展创先争优活动和创建学习型党组织活动,突出抓好重点公路工程建设系统创先争优,在工程建设一线开展"八比八看"创建活动,得到省直工委高度肯定。在厅机关开展"学基层学业务"联学共建活动,机关党支部与基层党支部互结对子,互相学习,共同提高。大力弘扬右玉精神,深入推进纠风工作和行政效能建设,从严整治行政不作为、乱作为行为。强化内部审计监督,严肃财经纪律,杜绝屡查屡犯,开展领导干部经济责任审计、重点工程专项审计、农村公路与专项资金使用管理审计调查、绩效评价等。深入开展交通运输文化建设实践活动,发掘、培养和树立一批先进典型,推进交通运输行业核心价值体系建设。在维护稳定方面,积极扶持16个省属路桥企业,承揽省内工程300亿元,加快进入高速公路养护市场步伐,企业进入自主发展良性轨道,1.3万名路桥职工生活得到保障。成品油价格和税费改革、撤销二级路收费涉及的3.6万名收费人员基本得到安置,1万余名干线公路养路协议工养老保险基本解决,20多万名重点工程农民工工资得到保障,长期影响行业稳定的突出问题逐步得到解决,信访总量大幅下降,全年没有发生影响较大的集体上访、越级上访事件。

其次,狠抓厅领导班子自身建设,着力提高驾驭全局、推动发展的能力。认真贯彻落实袁纯清书记在全省干部大会上的讲话中对领导干部提出的六点要求,全面加强厅领导班子自身建设,努力加强和改进作风,认真贯彻民主集中制,自觉接受人大、政协监督,不断提高领导科学发展、促进行业和谐的能力,保证省委、省政府的各项决策措施落到实处,取得实效。一是加强政治理论学习,始终保持政治上的坚定性和敏锐性;二是认真贯彻落实民主集中制,不断提高科学决策能力;三是严格执行党的民主生活会制度和群众路线方针,切实转变工作作风。

再次,创新选人用人机制,努力建设一支高素质的干部队伍。为了适应交通基础设施建设和行业改革发展需要,厅党组围绕转型跨越发展选干部、配班子、聚人才,先后9次研究干部人事工作。共调整干部314人次。其中提拔任用处级干部168人,调整任用109人次、免职37人次。一是采取竞争上岗方式,面向厅属单位公开选拔13名新建高速公路建管处总工程师、总会计师,面向全校教职员工公开选拔省交通干部学校2名副校长。二是继续坚持纪检干部派驻制、总会计师委派制等干部选派机制。全年先后向各高速公路建管处派驻9名纪委书记,委派5名总会计师,调整纪委书记10人。

第四,切实加强党风廉政建设,始终保持清正廉洁。一是厅领导班子坚持从自身做起,从领导干部作风抓起,积极推进具有交通运输特色的反腐倡廉工作创新,不断探索和实践反腐倡廉工作新途径、新方法,使全省交通运输系统的反腐倡廉建设实现统筹兼顾,整体推进。二是严格执行党风廉政建设责任制。认真贯彻落实中纪委十七届五次全会、全省党风廉政建设和反腐败工作会议精神,制定下发《2010年党风廉政建设和反腐败工作计划安排》,把党风廉政建设和反腐败工作任务分解落实到所属单位、部门和个人,纳入领导班子、领导干部目标管理,实行"一岗双责"。三是认真落实反腐倡廉各项任务和党内监督各项制度。组织全面排查专项治理工程项目797项,其中5000万元以上85项,巡回检查44个厅属单位,发现6类突出问题270个,下达37份整改通知、5份督办通知(函),已整改和纠正问题248个。四是大力推进惩防体系建设,坚决查处违法违纪案件。第一,编撰《廉政风险防控指南(试行)》和《交通工程建设领域廉政风险防控实务(试行)》,在厅机关涉及权力运行22个关键环节中,排查出廉政风险点70个;在交通工程建设3个阶段、16个流程55个主要环节中,查找出工程建设领域中廉政风险点172个;研究落实厅机关廉政防控措施82项,制定工程建设领域风险防控措施254条,建立厅机关廉政风险台账,形成党组统一领导、纪检监察协调、各部门共同参与的工作局面。第二,创新监督管理机制。先后采取部门联合监督、纪检书记和总会计师全程监督、审计跟踪监督、社会公开监督四种方式。第三,强化反腐倡廉教育。通过多形式、多渠道的廉政教育和培训,不断提高党员干部拒腐防变的意识和能力。第四,严肃查处违纪违法案件。全年共受理群众举报和来访32件次,信访处理率达100%,按时上报到省、部有关部门办理结果的6件,查实涉及处级干部4件,对9名处级以上干部进行诫勉谈话,其余按照干部管理权限分别做出处理。

截至2010年底,全省公路通车总里程达到131 644公里,公路密度为84公里/百平方公里。其中,有国道4881公里,省道10 190公里,县道19 631公里,乡道46 703公里,专用公路577公里,村道49 662公里;有高速公路3002公里,一级公路1939公里,二级公路14 163公里,三级公路16 859公里,四级公路91 701公里,等外公路3980公里;有二级以上高等级公路19 104公里;有铺装路面和简单铺装路面(高级、次高级路面)里程109 388公里,未铺装路面里程22 256公里。全省有公交车辆8245辆、营运里程11 904公里,有出租汽车38 423辆,客运总量分别为11亿人次、10亿人次;有农村客运班车6526辆,客运班线2927条。

"十一五"是全省交通运输发展历程中极不平凡、极为重要的5年。5年来,特别是2008年以来,全省交通运输系统坚决贯彻省委、省政府扩大内需、应对国际金融危机的一系列计划,再掀公路建设新高潮,全力推进交通运输改革发展稳定,圆满和超额完成了"十一五"规划确定的目标任务,交通运输对经济社会发展的"瓶颈"制约基本缓解,为促进经济平稳较快增长和社会发展、民生改善作出重要贡献。

首先,基础设施建设实现重大跨越,服务能力明显提高。5年来,全省交通基础设施建设完成投资1746亿元,新改建公路12万公里,分别为"十五"的2.8倍和1.1倍,交通基础设施实现质和量的双重跨越。一是公路通车里程大幅增长,路网结构进一步优化。新增公路通车里程6.2万公里,达到13.16万公里,公路密度达到84公里/百平方公里;

新增二级以上高等级公路4821公里，达到19 104公里，占通车总里程的14.5%；新增铺装和简易铺装路面里程63 789公里，达到10.94万公里，占通车里程的83.1%，比“十五”末提高17.5%。另外，全省新增水运通航里程160公里，达到1393公里。二是高速公路建设突飞猛进，实现历史性跨越。全省开工建设高速公路3300公里，项目总投资2500亿元，建成1316公里，达到3002公里，国家高速公路网项目建成76.3%，全省有88个县通高速公路，太原大都市圈基本实现高速公路“1小时通达”，一个纵横交错、覆盖全省、东连京冀、西达秦蜀、南通中原、北出长城的高速公路网初具规模。三是国省干线基本消灭差等路，路网技术状况达到历史最高水平。全省新改建国省干线公路6839公里，新增一级公路636公里、二级公路657公里，93.5%的国道、81.7%的省道实现二级化。四是农村公路通达深度提高，实现村通水泥（油）路“全覆盖”。全省新改建县乡公路15 416公里，通村水泥（油）路98 821公里，27 925个具备条件的建制村全部通水泥（油）路。五是站场码头建设扎实推进，覆盖城乡的客运站场体系基本形成。全省建成一、二级客运站41个，乡镇汽车站421个，基本实现地级市有一级站、县（市）有二级站，一半左右的乡镇有等级客运站。太原公路主枢纽武宿货运中心和运城客运东站、晋城客运东站、临汾客运西站等一批公路运输枢纽正在加紧建设。水运渡口码头改造完成70个，重点水域均有标准的渡口码头。

其次，公路管养内涵不断拓展，公共服务能力明显提高。一是省交通运输厅提高干线公路养护定额和农村公路养护工程补助。5年实施高速公路养护专项工程800余项，完成大修改造176公里，完成收费站扩容改造24个，新增车道86条，建设一岗双亭收费车道17条，完成高速公路全国统一命名编号及标志标线标牌更换。启动国省干线标准化建设，实施国省干线大中修工程4751公里、灾害防治362公里、路域环境综合治理11 087公里。2010年底，全省高速公路优良路率99.9%，干线公路83%，均创历史最好水平。二是建立治超长效机制。实施华北五省联合治超和全省“无缝隙、拉网式”治超专项行动，长期制约交通运输发展的车辆超限超载顽症在全省首先得到治理。货车超限超载率连续3年稳定控制在0.2%以下，高速公路、国省干线基本杜绝车货总重55吨以上的非法超限超载车辆，公路和桥梁得到有效保护，公路养管成本和交通事故大幅下降。全省9611家政府公示的货运源头企业全部纳入运管机构监管范围；公路超限检测站达到191个，并基本实现了不停车快速检测，路面监控网络基本形成。全省治超工作得到了张德江副总理的充分肯定，全国治超领导小组在山西召开了现场会，推广全省治超经验。三是建立公路信息服务系统。先后建立以电视电台、手机短信、客服电话、公路情报、标志标线等为载体，集路况发布、气象预报、旅游指南等于一体的公路信息服务系统，在干线公路建设中小型服务区、休息区、停车区54个，大大提升公路公共服务能力。2006年至2008年，全省征收公路养路费等交通规费144亿元，基本相当于“十五”总收入。“十一五”收取车辆通行费456亿元，是“十五”的3.3倍。其中高速公路通行费收入366亿元，是“十五”的4.4倍。从2004年起，全省收费公路统一开通“绿色通道”，累计为500多万辆鲜活农产品运输车辆减免车辆通行费10亿多元。

再次，运输结构调整稳步推进，有效供给能力明显提高。一是运力结构进一步优化。到2010年底，全省营运客车达到15 431辆，其中高级客车3300辆，较“十五”末增长20.3%；营运货车达到39万辆，增长49%，其中重型货车、专用货车15.1万辆，增长173%，高级客车、重型货车在道路运输中的主力军作用日益明显。水上交通运输消灭低质量船舶，监管船舶达到3000艘，增长2倍；经营企业由21家发展到39家，增长近1倍。市场集中度明显提高。公路客运经营户户均车辆由“十五”末的6.7辆增加到23辆，增长2倍多。覆盖城乡的公共客运体系初步形成。全省城市公交车辆达到8245辆,比“十五”末增长70.4%;营运里程达到11 904公里。城市出租汽车达到38 423辆,增长23%。农村客运班车达到6526辆,客运班线达到2927条,实现了具备条件的建制村通客车“全覆盖”。现代物流快速发展。涌现出了以侯马方略保税物流、迎泽物流为代表的一批现代物流品牌企业,全省物流企业超过200户,2010年完成核算吞吐量2亿吨。农村物流网络不断完善。二是运输结构调整,探索出一条内涵发展、节约发展的道路,有效提高运输供给能力。2010年,全省营业性道路运输完成客运量3.26亿人、旅客周转量215.7亿人公里、货运量6.1亿吨、货物周转量970亿吨公里,同口径比2009年分别增长4.8%、2.6%、11%、7%;水路运输完成客运量183万人次,比2005年增长69.4%;城市公交和出租车分别输送旅客11亿人次、10亿人次,分别增长80%、44%。

*第四,基层基础工作更加扎实,安全应急与交通战备保障能力明显提高。*一是安全工作常抓不懈。5年来,全省实施公路安保工程5328公里,灾害防治工程462公里,危桥改造1024座,公铁立交安全整治5座,基本消灭高速公路三类以上桥梁、干线公路危桥和县道中桥以上、乡道大桥以上危桥。一、二级汽车站全部安装智能化管理系统和行包安检仪。建立省、市、企业三级安全监管平台,采用GPS技术对近万辆长途客车、旅游客车和危险品运输车辆实行实时监控。进一步完善海事机构,建立界河省际联合监管、渔船部门联合监管体制,水上交通安全监管实现“全覆盖”。在公路建设领域开展了创建“平安文明工地”活动,举办千人培训、万人宣誓活动。连续三年组织开展安全生产隐患专项整治,共排查整治安全隐患19 100项,责令停产整顿企业518家,关闭取缔80家,出台《公路建设高危工程施工安全强制性要求》等安全生产管理制度22项,安全管理基层基础不断加强,安全生产形势稳定发展。二是应急管理水平显著提高。建立交通运输应急总体预案和13个专项预案,建立12支战略物资运输、11支旅客运输、14支公路交通应急保障队伍和汽车维修救援网络,圆满完成2009年冬季全省应对强降雪灾害交通保障任务,成功保障电煤抢运、抗震救灾和奥运会、世博会、亚运会等重大救灾行动和重大活动的交通运输。在重点水域配备17艘海事监督搜救艇,成功营救200多人次,并成功参与王家岭煤矿特大矿难、汾河二库突发大火救援工作。三是加强交通战备保障能力建设。组织实施一批国防公路项目和部队进出口道路改造工程,完善交通战备指挥系统。

*第五,科技进步硕果累累,行业创新能力明显提高。*一是科研成果业绩骄人。5年来,全行业投入科研经费2亿元,组织开展科技攻关项目200余项,有40项获省部科技进步奖;取得QC小组活动成果500余项,有122项获奖。特别是依托全国在建最长的公路隧道太原西山隧道等重大工程开展的长大隧道施工运营与防灾减灾、桥隧下伏采空区治理等关键技术研发,大大提升全省交通建设与运营管理水平,也标志着全省公路建设技术达到一个新水平。全省科技成果转化率达到70%。忻阜、灵山高速公路被交通运输部确定为全国科技示范工程和勘察设计典型示范工程,共开展科技攻关项目3项,推广应用新技术、新工艺、新材料16项。雁门关隧道、祁临高速公路分别荣获詹天佑大奖;大运二级公路、太旧高速公路、丹河特大桥、雁门关隧道四项工程入选建国60周年全国60项公路勘察设计经典工程。信息化建设取得新的进展,“1166”交通信息化一期工程完成,覆盖全行业的交通通信主干网和应急调度、出行服务等公众服务平台开通运营,建成高速公路刷卡缴费和电子不停车收费系统(ETC)。二是积极推进节能减排。在15条在建高速公路工程中开展环境监测,在运三、太佳等高速公路推广废旧沥青就地再生利用、地源热泵应用技术以及半导体材料节能照明改造、LED照明改造等先进适用技术。实施道路运输车辆燃料消耗量限值标准和准入制度,组织全省56家运输企业参加全国车船路港千家企业节能专项行动,在晋城等地

开展煤层气替代燃料试点。三是建立和完善行业标准。省技术监督局先后发布改性沥青路面施工技术规范、公路绿化设计规范等9项交通运输行业地方标准,在全国首家发布高速公路精细化管理系列标准,结束全省没有交通行业地方标准的历史。省交通设计院主编的交通运输部《采空区公路设计与施工技术细则》,填补全国采空区公路建设技术标准的空白。四是大力加强科研机构、交通院校和人才队伍建设。省交通科研院黄土地区公路建设与养护技术实验室被确定为全国交通运输行业重点实验室,山西交通学院、省交通技校分别被确定为全国物流人才和全省技师人才培养基地。全行业拥有国务院特贴专家13人,省部高级专家14人。组织三届全省交通运输行业职业技能竞赛,并在全国同行业职业技能大赛中获得好成绩,39名同志获“全国交通技术能手”、“三晋技术能手”称号,5个高速公路收费站获“全国用户满意服务班组”称号,6名高速公路收费员获“全国用户满意服务明星”称号。

第六,交通改革取得重大突破,行业发展动力明显提高。一是成功组织实施国家、省作出的多项重大改革措施。农村公路管理养护体制改革进展良好,全省建立起以县为主体的农村公路管理体制,以公共财政为保障的养护资金渠道及市场化与社会化相结合的养护运行机制,农村公路失修失养局面基本扭转。成品油价格和税费改革全面完成,2009年全省共取消交通规费收费项目6项,政府还贷二级公路6551公里,收费站155个,改革涉及3.6万名征收费人员通过职能调整、转岗分流等方式基本得到安置。省、市、县三级交通运输部门机构改革基本完成,9个地级市、73个县(市)的城市客运管理职能移交交通运输部门管理,城乡一体的交通运输管理体制架构基本形成。启动事业单位改革,完成摸底调查与改革方案上报工作。国有企业改革取得新进展,完成省路桥企业监管体制改革,改制组建省交通开发投资集团公司。开展高速公路建管处总会计师、总工程师和交通院校副校长竞争上岗试点,营造优秀人才脱颖而出的环境。二是打破省厅一家投资、一家建设格局。采取省投省建、省投市建、省市共建、市投市建、BOT、BT等多种建设模式,形成政府、行业、社会共同推进高速公路建设的体制,大大增强发展合力。同时,运用融资租赁、信托投资、企业发债等金融新产品盘活路产,向金融机构、企业和资本市场直接融资280亿元。通过以上方式,使2009年至2010年开工建设3000公里高速公路所需2000亿元投资基本落实。

第七,法制和规划工作成绩显著,行业管理能力明显提高。一是法制建设再上台阶。5年来,省人大、省政府先后颁布出台高速公路管理条例、道路运输条例及水上交通安全管理办法等地方性法规和政府规章,废止公路养路费征收管理条例,初步形成涵盖交通运输各领域的地方性法规框架。在全省首家制定并实施行政处罚自由裁量权基准制度,开展交通运输综合执法试点,组建交通运输执法机构。建立法律顾问制度。在全国率先统一交通运输执法服装。通过培训、考试、考核,淘汰不合格执法人员2000多人,吊销执法证件667人。上报省行政审批制度改革领导组取消、下放、合并行政审批项目27项。在大同、阳泉等地级市增设超限运输办证点6个,受理并办理行政复议案件25件,“五五”普法圆满完成。二是精心编制建设规划。先后组织编制并经省政府批准出台高速公路网调整规划,编制实施旅游公路、农村公路建设规划及运输枢纽规划,为行业科学发展提供科学指导。三是深入开展市场秩序整顿与规范。在公路工程招标中实行合理低价中标、随机低价中标办法,对公路项目代理机构、前期工作方案编制机构实行公开比选办法,在道路客运许可中实行服务质量招标制。组织开展“监理企业树品牌、监理人员讲责任”行业新风建设活动,建立公路施工监理企业和道路运输企业信用考核与评价机制。

第八,党建与精神文明建设得到加强,行业文明和谐程度明显提高。一是全方位抓好党组织建设工作。认真组织开展深入学习实践科学发展观活动和创先争优活动,抓基层、打基础、提高党员基本素质,党组织政治核心作用、战斗堡垒作用进一步增强,党员先锋模范作用进一步发挥。开展了商业贿赂、工程建设领域突出问题和小金库等专项治理。在继续坚持重点工程建设纪检书记派驻制、廉政合同制等行之有效措施基础上,建立巡视制度、跟踪审计制度、"三重一大"集体决策制度和廉政风险防控机制,巡视厅属单位9家,开展各类审计500多项。加强政风行风建设,狠刹"四股歪风",使全行业的社会满意度不断提高。大力弘扬右玉精神、太旧精神、大运精神,树立行业新风。二是大力开展"五个文明"创建活动,大运高速公路被交通运输部、省政府联合命名为千里文明高速路,全省交通运输行业跨入全国交通文明行业和全省文明和谐行业行列,全省交通运输行业有3家单位进入全国文明单位行列,79家单位进入省部级文明单位行列。有4个单位获"全国五一劳动奖状",18个单位获"山西省模范单位"称号,16个单位获"山西省五一劳动奖状",44名同志荣获全国、省劳动模范称号,廉平老厅长当选60位新中国成立以来感动交通人物。省劳竞委先后5次对全省交通运输建设发展中涌现出来的353个先进集体、807个先进个人进行了记功表彰。组织建国60周年成就等重大宣传和"中国航海日黄河和谐采水"活动,编辑出版《交通征稽文化》、《山西省志·交通志》、《山西路谱》等文化丛书,《山西交通》改版为《中国交通报·山西交通》。开展向灾区和贫困地区捐款捐设备活动,参加四川抗震救灾公路保通抢通战斗,并率先完成对口援茂交通重建任务,全省交通运输系统援川公路抢通保通突击队被中共中央、国务院、中央军委授予"全国抗震救灾英雄集体"称号。三是行业稳定形势不断好转。16个省路桥企业、监理企业步入扭亏增盈良性轨道,2008年5月以来共承担省内工程300多亿元。万余名干线养路协议工养老保险妥善解决,离退休人员"两个待遇"和农民工工资待遇得到较好落实。长期影响行业稳定的突出问题与主要矛盾逐步化解,省厅信访总量大幅下降,近两年没有发生影响较大的集体上访、越级上访问题。

5年来,省交通运输厅党组在推进交通运输发展实践中,积累5条宝贵经验。一是必须坚持围绕中心、服务大局,立足交通求发展,跳出交通谋发展,把不断满足经济社会发展和人民群众日益增长的交通运输需求,作为交通运输发展的根本任务。二是必须坚持改革开放、创新进取,善于把握和运用市场经济规律,把充分发挥市场配置资源的基础性作用,作为交通运输发展的主要方法。三是必须坚持政府主抓、部门联动,紧紧依靠各级党委、政府,调动各方面的积极因素,把行业行为上升为政府行为、转化为社会行为,作为交通运输发展的基本格局。四是必须坚持科技引领、人才为本,不断提高行业自主创新能力,培养和造就一支高素质的人才队伍,把科技和人才作为交通运输发展的根本动力。五是必须坚持统筹兼顾、协调发展,把加强党的建设、廉政建设、精神文明建设、法制建设、安全建设和生态文明建设,作为交通运输发展的战略保障。

"十一五"交通运输发展取得的成绩,是省委、省政府正确领导的结果,是各级地方党委、政府和有关部门大力支持的结果,是全省交通运输系统广大干部职工团结奋斗的结果,也得益于历届老领导和几代交通人打下的坚实基础。

"十二五"交通运输发展的指导思想是:深入贯彻科学发展观,全面贯彻党的十七届五中全会和省委九届十一次全会精神,进一步解放思想、深化改革,以全省建设国家资源型经济转型综合配套改革试验区为契机,以加强基础设施建设为突破口,以发展综合运输为方向,加快转型跨越发展,大力提升运输保障、行业创新与可持续发展能力,实现交通运输对经济社会发展由"瓶颈制约基本缓解"向"总体适应、适度超前"的跨越,为全省转型跨越发展提供战略支撑。

发展目标:到2015年,畅通高效、安全绿色、科技引领、服务优质的现代交通运输体系初步形成,交通运输总体适应经济社会发展要求并具有一定的储备。

基础设施网络更加完善。“三纵十一横十一环”高速公路网全面建成，总里程达到6300公里，高速出省口达到31个，基本实现县县通高速，省会到地级市3小时、相邻地级市之间2小时、地级市到所属县（市）1小时、县城到高速公路半小时通达，山西与周边省区高速通达；县城到高速公路实现二级以上公路、县城到乡镇三级以上公路、乡镇到乡镇四级以上公路连通。运输枢纽与站场体系基本形成。

运输服务质量显著提高。运输装备更加专业化、标准化，运输组织化程度明显提高，现代物流网络和信息平台基本建成，安全便捷、城乡一体的公共客运服务体系和符合现代物流发展要求的货运组织形式基本形成。水上旅游运输得到快速发展。

结构调整取得重大进展。普通干线公路、二级以上公路在通车总里程中的比重明显提高，基本实现干线公路二级化、县乡公路油路化、通村公路等级化。城市公交在市民出行方式中的比重、中高级客车在客车中的比重显著提高，甩挂运输、多式联运、集装箱运输等现代运输方式快速发展，道路运输费用在物流总成本中的比重明显下降。安全生产和应急保障能力明显提高。

可持续发展能力明显增强。初步形成节约、集约、低碳、绿色的交通运输体系，科技教育及人才在交通建设和运输管理中的作用显著增强。全省公路平均绿化率达到80%，清洁燃料在道路运输中得到广泛应用，营运车辆燃油消耗全部控制在规定限值以内；公路建设的耕地平均占用量进一步降低。

“十二五”交通运输的发展重点是：构建“五大系统”：

一是构建通达、开放的基础设施系统。以增加总量、盘活存量、完善路网为切入点，以全省“一核一圈三群”城镇化布局为重点，继续加快公路建设和改造，5年建设并建成高速公路3300公里，完成干线公路升级改造6000公里，新改建农村公路28 000公里。加快建设太原、大同、长治、临汾、吕梁5个国家公路运输枢纽和6个省公路运输枢纽，实施创建文明航道工程和渡口改造工程，大力提升交通运输基础设施服务能力。进一步加大养护投入，推进科学养护、预防性养护，继续实施干线危桥改造、安保工程和灾害防治工程；落实农村公路养护责任主体，加大政府投入；创新路政管理手段，继续加强治超工作，以科技创新强化源头治理，完善监控网络，实现部门联动，提高执法效率，降低治超成本，建立长效机制。

二是构建现代、高效的运输装备和组织系统。加快结构调整，提高市场准入门槛，加强信誉质量考核，引导运输企业兼并重组，走规模化、集约化路子，形成一批具有核心竞争力、能够主导行业发展的大型企业和企业集团。引导营运车辆和船舶向标准化、专业化、节能化、清洁化方向发展。鼓励发展集装箱、厢式、冷藏、散装、液罐、城市配送等专用运输车辆和多轴重载大型车辆，逐步淘汰高能耗、高排放车辆。用现代信息与物流技术改造传统货运业，大力发展甩挂运输、厢式运输等现代运输方式。

三是构建效能、公开的政府监管与公共服务系统。首先是强化公交优先战略，加快城市公交车辆更新，有序发展快速公交和轨道交通，构建以大运量公共汽车为主体、出租车等交通方式为补充的城市客运体系。大力推进农村客运公交化改造，推进城乡基本公共客运服务均等化。其次是完善市场准入、退出机制。加强市场监管和诚信体系建设，促进形成统一开放、竞争有序、诚实守信的建设运输市场。加强对工程招投标等重要操作环节的监督，实行阳光作业，杜绝暗箱操作，严格控制不合格企业进入市场，加强工程质量监管。再次是加强安全生产监管。坚持安全生产和基础设施建设、运输发展同步规划、同步推进，建立安全生产隐患排查治理长效机制；全面落实行业管理部门安全监管和企业安全生产两个“主体责任”，严厉打击非法施工、非法运营行为，引导施工和运输企业加大投入，提高安全技术装备和设施保障水平。

四是构建先进、适用的信息化管理系统。建立规范的信息标准体系、信息安全、政策法规环境,加大信息技术在公共服务领域的应用,继续推进交通运输信息化“1166”工程建设,建立以互联网技术为支撑、面向公众的电子政务、行政许可、应急调度、市场监管网络系统,推进联网售票系统建设。加快公路网运行监测体系建设,加强高速公路和重要干线公路日常监控设施建设,形成完善的公路网运行信息监测网络,实现对高速公路、国省干线公路网重要路段及收费站、服务区、治超检测站等重要节点的实时监测,为合理利用路网资源、公众出行服务和应急处置提供支撑。

五是构建及时、可靠的应急保障系统。首先是全面推进省级公路网管理与应急处置中心建设,实现部省两级平台联网互通,建立信息互通、资源共享、协同高效的公路网管理和应急处置平台。其次是完善公路战略物资运输、旅客运输应急保障体系和水上应急指挥与救援体系。健全公路抢险保通运行机制,建立省市公路应急物资储备基地,确保公路在应急救灾关键时刻发挥作用。制定和完善应急预案,加强应急演练。再次是规划建设“两纵两横”高速公路国防通道、高速公路飞机跑道、华北国防交通战备训练与物资储备基地、交通战备器材库、兵站服务区等基础设施,完善国防交通战备体系。

2011 年,省交通运输厅党组带领全系统广大干部职工保大局、求发展、促稳定,改革创新,负重前行,克服资金严重短缺、项目建设制约因素多等重重困难,超额完成省委、省政府下达的 15 项重点任务,为拉动经济增长、促进社会和谐、保持社会稳定作出积极贡献,实现“十二五”良好开局。

公路建设投资再创新高。全行业完成投资 659 亿元,为计划的 117.7%,为全省历史最好水平 2010 年的 106.6%,占全省固定资产投资总额 9%,在全国同行业名列前茅。其中,高速公路 582.6 亿元,干线公路 36.3 亿元,农村公路 38.2 亿元,运输站场码头 2 亿元。全省完成公路新改建工程 4977 公里,新增公路通车里程 3164 公里,达到 13.48 万公里,公路密度达到 86 公里/百平方公里。

高速公路建设取得新突破。全省续建新建高速公路 34 个项目 2124 公里,建成 1003 公里,高速公路里程突破 4000 公里,在全国排位由 2010 年第 11 位上升到第 7 位,82% 县(市、区)通高速公路,太原、阳泉、运城、晋城 4 个地级市提前实现县县通高速。并有 1000 多公里路基工程基本完工,为 2012 年高速公路突破 5000 公里打下较好基础。工程总合格率 94.4%,关键指标合格率 95.7%,交通运输部抽检项目合格率97.2%。

公路养护管理取得历史最好成绩。全年完成大中修工程 803 公里、危桥改造 200 座、安保工程 2131 公里、灾害防治工程 145 公里。高速公路继续保持无三类以上桥梁,普通干线公路实现危桥当年发现、当年治理,优良路率分别达到 100%、82.3%。完成高速公路统一命名编号和标志更换。全省公路通行费收入达到 124 亿元,增长 17%。高速公路通行费收入突破 100 亿元大关,达到 108 亿元,增长 17.8%。在五年一次的全国干线公路养护管理检查中,全省综合评分在全国各省、直辖市、自治区排名第 6,在各省、自治区排名第 4,在中西部地区排名第 1,省厅被交通运输部评为“全国干线公路养护管理先进单位”。

治超工作继续保持全国领先。2011 年,全省交通运输系统共检测货运车辆 6593 万辆,查处违法超限超载车辆 446 辆,卸载 1314 吨,货运车辆非法超限超载率稳定控制在 0.2% 以内。经政府公示的 9105 户货运源头企业、463 户车辆维修企业全部纳入运管机构行业监管。治超信息化取得新的进展,全省 39 万辆营运货车全部安装具有治超功能的 IC 卡道路运输证;1135 家重点源头企业安装科技治超系统,63 个县建立源头治超远程视频监控平台,投入运行的 155 个公路超限检测站、195 个高速公路匝道入口全部实现不停车检测。张德江副总理再次作出批示,充分肯定山西治超经验,全国治超领导小组再次在全国推广山西经验。

农村街巷硬化“全覆盖”取得重大进展。在交通运输部门介入晚、工程建设启动晚、省级补助资金到位晚的情况下,完成 9.2 万公里，完成投资166.5亿元，全省69.4%建制村实现“户户通”，进一步方便农民生产生活，受到农民朋友广泛欢迎。晋中市提前一年实现具备条件建制村街巷硬化“全覆盖”。

*综合运输体系建设得到加强。*建立综合运输厅局联席会议制度，太原公路主枢纽武宿货运中心主体工程基本完工，侯马运输枢纽货运中心等一批枢纽客货运输站场开工建设，太原客运北站等4个枢纽客运站建成并投入运营。现代物流业发展迅猛，全省物流企业发展到763户，等级物流站场达到59个，华夏晋商物流公共信息平台投入运行。公交优先发展战略进一步实施，全省新增公交车辆913辆。太原市投资3亿元更新公交车辆600辆。城乡客运一体化积极推进，太原、晋中“同城化”公交运行良好，“上党城市群”公交网络基本形成，侯马、新绛、翼城三市县开通了跨地区县际公交班车，平定县22条具备条件的农村客运线路全部实行公交化改造。2011年全省营业性道路运输完成客运量3.29亿人、旅客周转量219.9亿人公里、货运量6.52亿吨、货物周转量1047亿吨公里，比2010年分别增长0.8%、1%、7.2%、8%，城市公交和出租车分别完成旅客输送量12.7亿人、10.4亿人，分别增长8.6%、3.8%。

*安全生产形势稳定。*安全生产整治年、创建平安文明工地活动和客运安全、水上交通安全等专项整治扎实有效，全省所有“两客一危”车辆、近50%的农村客运车辆安装GPS终端，并纳入省市两级安全平台监管；重点公路关键工程施工实现视频实时监控。全年交通运输生产发生死亡事故14起，比2010年减少2起；死亡40人，与上年持平。应急体系进一步完善，全省战略物资道路运输应急保障车队建设的经验被交通运输部转化为全国性指导意见。

*体制机制改革成效明显。*高速公路6种模式建设体制改革的实施，在2010年投资和建设目标完成中发挥重要作用。以交通数据中心与政务大厅项目建设为试点的政府投资项目代建制取得积极成果。成品油价格和税费三年改革任务完成，3.6万名改革涉及人员包括厅属单位9970名改革涉及人员均得到妥善安置。厅属事业单位完成清理规范工作，事业单位考试录用制度和干部挂职锻炼制度初步建立，全年公开招录机关公务员4人、事业单位人员143人，并安排6名厅机关干部下基层挂职锻炼。将年度目标任务考核、领导班子和领导干部队伍建设考核、党风廉政建设考核三项考核合并实行综合考核，实现考人与考事、考绩与考效有机统一。制定并向省政府上报高速公路集团公司组建方案。

*法制建设和行业管理深入推进。*2011年，省人大颁布实施《山西省水路交通运输管理条例》，修订《山西省城市公共客运管理暂行条例》。省交通运输厅结合行业实际，制定出台《公路工程招标投标管理办法》、《高速公路建设工程勘察设计管理办法》、《高速公路工程造价管理办法》、《城市公共汽电车客运服务规范》、《交通运输行政监督规定》等规范性文件。开展交通运输执法评议及执法形象建设。建立和完善信用评价制度，实行企业信用与市场资源配置挂钩，有效促进市场信用体系建设。

*科技教育发展成绩显著。*省交通运输厅进一步提高科研经费，并设立100万元科技奖励资金。组织开展科技攻关124项，有效支撑太原西山特长隧道等一批重大工程的建设管理。运煤重载交通沥青路面结构研究等8项科研成果获省部科技进步奖，并有14项成果转化为行业规范或地方标准。省交通设计院主编的《采空区公路设计与施工技术细则》，填补全省公路建设地质病害处治领域空白，被转化为全国交通运输行业技术规范。省交通科研院13项技术获得国家发明专利。钢纤维混凝土路面、橡胶混凝土路面、LED节能灯具等新材料、新技术在高速公路建设中得到推广应用。“1166”信息化二期工程全面启动，路政及应急指挥管理移动音频系统建成。山西交通学院新校区建设、山西交通技师学院“全国中等职业教育改革发展示范学校”建设启动。省交通运输厅分别夺得全国第二届“厦工杯”筑养路机械操作手大赛、全国“宇通杯”驾驶员技术大赛团体第一

名、第四名。

*节能减排工作扎实有效。*环境影响评价与监测、环境保护"三同时"等制度在公路建设中得到落实。高速公路不停车收费覆盖全省所有地级市、出省口和重要县,专用车道达到88条,用户发展到21 779户,年交易额7552万元。服务区"零排放"、雁门关隧道照明节能改造试点工程进展顺利。运输车辆燃油消耗量监测与限值制度深入实施,全省15.2%的高耗能营运车辆退出市场,单位运输周转量能耗下降1%。清洁燃料在城市客运行业得到推广,太原市、晋城市新增公交车辆全部使用天然气、煤层气燃料,大部分出租车进行双燃料技术改造。

*改善民生与维护稳定继续加强。*严格落实国家鲜活农产品运输"绿色通道"政策,减免通行费3.72亿元。开展收费公路清理规范工作,太榆公路许西收费站于2011年7月1日起正式撤站。开展领导干部下乡住村活动。较大幅度提高离退休人员生活待遇,提高高速公路一线收费、路政、治超人员薪酬。在进一步完善公路信息服务系统基础上,建立基于互联网支撑的公众出行服务系统,太原市五个一级汽车站实现网上联网售票。在工程建设资金十分紧张情况下,省交通运输厅于2011年中秋节、2012年春节之前两次下拨资金32亿元,专项用于解决高速公路建设项目农民工工资,保证近20万农民工队伍基本稳定。

*交通战备实现军民融合发展。*国防交通"1110"工程全面启动,"136"国防工程主体完工,两个战备物资库建成并投入使用,国防高速公路用地指标落实,交通战备保障队伍在多次重要行动中有效发挥保障作用。省交战办被国家交战办、交通运输部、北京军区评为"先进单位"。国家交战办决定在山西召开军民融合式发展现场会。

*创先争优与文明创建活动硕果累累。*开展创建学习型党组织、便民服务窗口创先争优活动和庆祝建党90周年系列活动,涌现出一批以太原高速公路小店收费站为代表的先进基层党组织。坚持把弘扬优良传统、建设核心价值体系与开展文明创建活动结合起来,培育行业精神,树立时代新风,涌现出一批可歌可泣的感人事迹和先进典型。晋城汽车运输公司司机郭文斌荣获"全国见义勇为英雄司机"称号。全行业慈善捐款30多万元,厅机关为吉燕峰同志身患重病的爱人慷慨解囊、无私援助,中华民族"一方有难、八方支援"的传统美德在交通大家庭的温暖中得到升华。厅直机关党委被中组部授予"全国先进基层党组织"荣誉称号,省交通运输厅继续保持"省级文明单位标兵"称号。

*党风廉政建设不断深入。*在惩防体系建设上,制定廉政风险防控指南、实务和台账,编制重点公路防控体系标准化网络运行手册。建立交通运输行政审批监督系统,并与省效能办联网,实现行政许可实时监督。出台重点公路规范建设五项制度,组织重点公路规范化建设专项检查,建成交通建设市场交易中心并投入试运行。深入开展工程建设领域突出问题专项治理、小金库专项治理和公务用车清理整顿、"正风肃纪、创优环境"纪律作风集中教育月活动等,严肃查处一批违纪人员。坚持把干部监督与工程监督、财务监督结合起来。2011年省厅巡视基层单位6个,开展各类审计890多项。

2012年,全省交通运输工作认真贯彻稳中求进总基调,从转型跨越发展和实施"十二五"规划需求出发,坚持"调结构、控规模、保重点、促稳定"的方针,抓住机遇,迎接挑战,努力在加强基础设施建设和转变发展方式上取得新进展,在深化改革开放和推进自主创新上取得新突破,在强化行业管理、提升公共服务能力和水平上取得新成效。全年全省交通运输发展目标主要有12项:①公路建设完成投资550亿元,其中高速公路433亿元,干线公路30亿元,农村公路15亿元,运输站场码头2亿元,农村街巷硬化70亿元;②建成高速公路1000公里,全省高速公路通车里程达到5000公里,"三纵十一横十一环"高速公路网基本成型;③新改建国省干线300公里、农村公路2000公里,新增公路通车里程1000公里;④完成农村街巷硬化工程 44 754 公里，实现具备条件的建制村街巷硬化“全覆盖”；⑤进一步加强公路养护管理，年末高速公路优良路率 98% 以上，普通国省干线公路优良路率 80% 以上，县公路优良路率 70% 以上；继续完善公路标志标线，严格控制非公路标志，做到规范设置、方便行车；⑥高速公路通行费收入 120 亿元，增长 11%；⑦继续加强治理超限超载工作，巩固成果、杜绝反弹，完善长效机制，全省公路超限超载率控制在 0.2% 以内；⑧重点公路建设实体工程抽检合格率 92% 以上、关键指标抽检合格率 95% 以上；⑨安全生产形势稳定好转，事故起数和死亡人数继续下降，杜绝重特大责任事故；⑩继续推进重点公路工程规范建设，完善基本建设程序，加强项目监督管理，进一步提高公路建设管理整体水平；⑪加强综合运输体系建设，转变公路水路运输发展方式，进一步提升公共服务与应急保障能力；⑫继续推进交通运输节能减排，降低公路污染和车船排放，单位运输周转量能耗下降 1%。

为了实现上述目标，必须重点抓好九项工作。一是抓建设、保重点，完善基础设施网络。坚持规划引领、有序推进、服从大局、确保重点、实事求是、因地制宜的原则，统筹考虑，综合平衡，积极推进公路建设，做到“两个确保、四个继续”。即确保 1000 公里高速公路顺利建成，重点抓好 23 个在建项目建设；确保年内实现农村街巷硬化“全覆盖”。继续加快国省干线公路改造；继续加强农村公路建设；继续加强综合运输枢纽建设，确保年内建成晋城、运城客运东站，基本建成临汾、忻州客运西站和太原公路主枢纽武宿货运中心国家投资部分，开工建设晋中客运中心、太原东南汽车站，积极推进侯马运输枢纽货运中心建设；继续加强国防项目建设，走出军民融合式发展新路子。二是抓养护、治超限，提高路网通行效能。坚持“畅通主导、安全至上、服务为本、创新引领”的方针，大力转变公路养护发展方式，巩固成果，珍视荣誉，保持领先。树立全寿命周期成本理念，全面推行预防性养护；切实加强桥梁隧道养护；加强路网运行监管；继续深化农村公路管理养护体制改革；规范公路标志标线。继续坚持政府主抓、部门联动、群众参与、社会监督的领导体制，进一步健全治超工作长效机制。三是抓转型，调结构，提升运输产业素质。大力推进综合运输体系建设。继续推进城市公交优先发展战略，积极争取省政府出台城市公交优先发展意见，争取交通运输部将太原市列入国家示范城市。加快推进城乡客运一体化和农村客运公交化。不断提升运输组织化和集约化水平。积极推进多式联运，鼓励发展集装箱运输、甩挂运输等先进运输方式。加快发展现代物流，开展城市共同配送试点，发展农村物流。四是抓质量，重安全，确保行业稳定发展。牢固树立“精细管理”理念，建立和完善质量责任制和监督保证体系，强化施工现场管理，全面落实领导干部安全生产“一岗双责”规定，落实企业安全主体责任、部门监管责任和属地管理责任，强化责任追究，坚决守住安全生产这条红线。五是抓法治，严监管，规范整顿市场秩序。积极推进《山西省公路管理条例》、《山西省高速公路管理条例》修订工作。继续深化行政监督体制改革，建立和完善决策、执行、监督“三位一体”、相互制衡的行政管理体制。加强建设市场监管，进一步完善交通有形建筑市场运行机制。六是抓改革、闯新路，转变行业发展方式。深化高速公路管理体制改革，整合资源，加快组建高速公路集团公司。继续加强监管，支持省路桥企业转型发展；稳步推进事业单位改革，完成分类、岗位聘用，扎实推进人事、收入分配等配套改革。在国家宏观经济政策指导下，继续创新融资模式，完善公路建养可持续发展的资金保障机制。七是抓科技、降排放，引领行业科学发展。大力提升行业科技创新能力。依托重大工程建设项目和示范工程，推进重大课题及关键技术研发，加快低碳、绿色交通运输体系建设。八是抓创建，保民生，促进行业文明和谐。深入践行交通运输行业核心价值体系，加强行业文化建设。深入开展“学树建创”活动，实施“十百千”工程，开展社会主义劳动竞赛，深化文明示范窗口、文明路、文明单位创建活动，提高全行业文明服务、文明管理、文明执法水平。九是抓班子、正风气,大力加强党的建设。深入开展为民服务创先争优活动,推进“学基层、学业务”联学活动,创建学习型党组织。认真贯彻落实中纪委十七届七次全会精神,按照“不是查不出问题,而是没问题可查”的要求,深入推进党风廉政建设责任制落实,切实加强党员干部教育监督,不断健全具有交通运输特色的惩治和预防腐败体系。

四、十条基本经验(1978～2012)

回顾1978年以来34年的伟大实践,全省交通运输建设发展改革取得辉煌成就,为全省经济社会快速、健康、可持续发展提供了强有力的交通运输支撑,也更进一步加深了全省各级领导干部和职工群众对交通运输建设发展改革规律性的认识,积累了十分宝贵的经验和体会。

*第一,必须立足国情省情,把握主要矛盾,把加快发展作为第一要务。*交通为什么发展、为谁发展、怎样发展,都是由国情、省情和社会主要矛盾决定的。经济社会发展和人民群众对交通运输日益增长的需求与交通运输不能满足这种需求之间的矛盾,始终是我们面临的主要矛盾。34年来,全省交通行业牢牢抓住发展不放松,毫不动摇地坚持发展就是硬道理的思想,抓住经济建设这个中心,不断解放和发展生产力,提升交通运输服务保障能力,改善人民群众出行条件,不仅有力地促进了经济社会持续发展,行业面临的诸多矛盾也得到有效化解。

*第二,必须贯彻中央和省委、省政府的方针政策,以好机制、好政策推动交通发展。*34年来,全省交通行业在有中国特色社会主义理论体系指导下,认真贯彻党中央、国务院提出的关于“交通运输是国民经济的战略重点,必须优先发展”、“发展以综合运输体系为主轴的交通业”等战略方针,贯彻省委、省政府“三基四重”、招商引资、扩大开放等重大战略及掀起以大运高速公路和国道主干线为重点的公路建设新高潮、加强以交通为重点的基础设施建设等重大决策,依靠改革创新,不断建立健全适应市场经济要求的交通管理体制和运行机制,健全完善交通发展的政策措施,推进交通又好又快发展。正是由于正确地贯彻了中央和省委、省政府加快交通发展的方针政策,交通行业才能取得今天这样巨大的成就,为经济发展、社会进步、人民幸福作出应有贡献。

*第三,必须抓住发展机遇,加快交通发展步伐。*34年来,全省交通行业在七个关键时期抓住机遇,用好机遇,使交通实现跨越式发展。一是抓住国家“优先发展交通”的机遇,坚持贯彻“有路大家行车、有河大家行船”和“国营、集体、个体一起上”的方针,大力推进道路水路运输改革开放,在各行各业中率先步入市场经济轨道。二是在“六五”、“七五”时期,抓住国家把山西建设成为全国能源重化工基地的机遇,以提高晋煤外运能力为出发点,集中修建12条晋煤外运公路、大同至运城二级公路。三是借1992年邓小平南方谈话和党的十四大东风,省交通厅提出“一年打基础、三年迈大步、‘九五’大变样”的交通上新台阶方案和公路学赶山东方案,省委、省政府出台加快重点公路建设8条优惠政策。从1992年冬天起,全省连续6年大搞全民义务修路,并举全省之力建成了以太旧高速公路为代表的5条高等级公路,公路建设实现了由部门行为向政府行为、由行业行为向社会行为的根本转变。四是借国家出台“贷款修路、收费还贷、滚动发展”政策的东风,1996年省政府出台《山西省社会筹资修建公路暂行办法》,逐步建立“国家投资、地方筹资、社会融资、利用外资”的投融资机制,推动全省公路建设特别是高等级公路建设步入快车道。五是1998年亚洲金融危机爆发后,借国家把扩大内需作为长期坚持的方针,连续6年实行积极财政政策和稳健货币政策的机遇,全省掀起以大运高速公路和国道主干线为重点的公路建设新高潮,建成了以大运高速公路为代表的一批交通大动脉和出省路。六是2002年3月29日至4月2日,在全国率先启动县际公路改造、乡通油路、村村通水泥(油)路工程,全省公路建设实现以高等级公路为重点向高速公路、干线

公路、农村公路“三网并重”转变，极大地改善了城乡交通条件。七是2008年底借应对国际金融危机冲击的机遇，全省掀起新一轮高速公路建设高潮。从2009年开始，三年开工建设高速公路项目43个，概算总投资2285亿元，总里程3200公里。截至2012年底，全省高速公路突破5000公里，进入全国前五名。

第四，必须注重科学规划，使交通发展战略、发展步骤、重大举措落到实处。根据国民经济和社会发展的总体目标，大力加强交通发展战略、发展规划、发展政策研究，为加快发展、科学发展奠定基础。20世纪90年代以来，省交通运输厅先后制定“三纵八横”干线路网规划、“人字骨架、九横九环”高速公路网规划、“三纵十一横十一环”农村公路建设规划和“九五”、“十五”、“十一五”、“十二五”交通发展规划等中长期规划，坚持不懈地分步组织实施。2002年以来，又相继提出全面建设小康社会交通三个发展阶段目标，调整高速公路网规划，制定旅游公路建设规划、太原经济圈交通发展规划等，使全省交通发展蓝图更加清晰，步骤更加明确，发展更加科学。

第五，必须坚持调动各方面积极性，营造交通发展强大合力。34年来，全省交通运输工作坚持“统筹规划、条块结合、分层负责、联合建设”的方针，充分发挥省、地方和人民群众积极性，形成加快交通基础设施建设的联动机制。各级地方党委和政府对交通倾注心血，给予坚定支持，在组织领导、征地拆迁、资金筹措等方面做了大量工作，并实行一系列倾斜政策。广大人民群众充分认识到“要想富先修路”，积极支持并踊跃参加交通建设。实践充分证明，只有凝聚各方的力量，形成共同推进交通事业强大合力，才能不断把交通改革发展事业推向前进。

第六，必须坚持改革开放，不断解放和发展交通生产力。34年来，全省交通运输行业不断解放思想、转变观念，破除“一大二公”的所有制模式，形成多形式、多成分运输经济结构；破除计划经济僵化体制，建立统一开放、竞争有序的公路水路建设市场和运输市场；破除国家投资的单一渠道，形成多元化投融资格局。经过不断深化改革，完成企业管理体制、公路管理体制、海事监管体制等重大改革；引进国内外先进技术、资金和管理经验，使交通管理具有国际视野，全行业不断拓宽发展空间。

第七，必须坚持“科教兴交”和“人才强交”战略，把科学技术作为交通发展的第一生产力。34年来，交通科技工作紧密结合基础设施建设、运输生产中的关键问题，通过软科学研究、重大装备开发、行业联合科技攻关、引进先进技术、科技成果推广应用等多种形式，开发应用了一批先进适用的成套技术和装备，使科技成果转化率和科技进步贡献率明显提高，培养造就了大批高素质人才。科技创新和人才成长，使全省在沉陷性黄土、煤炭采空区等特殊地质的公路建设技术和特大跨径桥梁、特长大隧道建设技术等方面，都取得重大突破与创新，大大提升全省公路交通建设水平。

第八，必须坚持依法治交，加强交通法制建设。34年来，交通行业坚持立法与执法并重、执法与执法监督并举，依法治交局面正在逐步形成。《山西省高速公路管理条例》、《山西省公路管理条例》、《山西省道路运输条例》、《山西省水路交通管理条例》和一批政府交通规章相继出台，与国家《公路法》、《收费公路管理条例》、《道路运输条例》等一道，初步搭起交通法规体系框架，为交通改革发展提供法制保障。实践证明，加强法制建设是做好交通运输工作的重要基础，是推进依法行政的必然要求。

第九，必须坚持以人为本，不断提高公共服务能力。34年来，特别是进入新世纪以来，在科学发展观指引下，全省交通运输行业坚持以人为本，加强服务型政府建设，推进政府职能、工作作风和工作方法转变，增强交通部门行政执行力和公信力，着力提高适应经济社会发展能力、统筹规划和协调发展能力、公共服务和组织保障能力、运输和建设市场依法监管能力、安全管理和重大突发事件应急处置能力。实践证明,只有坚持执政为民、依法执政,做负责任部门和负责任行业,才能使交通发展拥有深厚的群众基础,获得不竭力量源泉。

*第十,必须抓好行业文明和党风廉政建设,为交通发展提供强大精神动力和坚强政治保证。*34年来,以交通发展为中心,以提高职工队伍素质为根本,以加强领导班子建设为基础,以具有行业特点的精神文明建设为重点,全省交通运输行业积极开展创建千里大运文明高速路等群众性精神文明创建活动,培育和宣传太旧精神、大运精神和抗震救灾抢通保通突击队等一批先进典型,并注重加强行业文明建设,全省交通行业被交通部命名为"全国交通文明行业"。认真贯彻中央关于党员和领导干部廉政建设的部署要求,建立健全具有交通特色的惩治和预防腐败体系,先后编纂实施《廉政风险防控指南》、《廉政风险防控实务》、《廉政风险防控台账》和《标准化网络运行手册》,为交通行业不断取得新的成就保驾护航,提供有力的政治保证。

胡锦涛总书记在纪念党的十一届三中全会召开30周年大会上指出:"党的十一届三中全会30年的伟大历程和伟大成就深刻昭示我们:改革开放是决定当代中国命运的关键抉择,是发展中国特色社会主义、实现中华民族伟大复兴的必由之路;只有社会主义才能救中国,只有改革开放才能发展中国、发展社会主义、发展马克思主义;改革开放符合党心民心,顺应时代潮流,方向和道路是完全正确的,成效和功绩不容否定,停顿和倒退没有出路。"34年来,全省交通面貌之所以能够发生历史性巨变,最根本的一条就是坚持改革开放的正确方向,交通未来的发展也必须依靠改革开放。站在新的历史起点上,我们必须坚定不移地坚持党的基本理论、基本路线、基本纲领、基本经验不动摇,坚持改革开放的道路不动摇,勇于变革,勇于创新,永不僵化,永不停滞,不为任何风险所惧,不被任何干扰所惑,继续在改革开放的道路上奋勇前进。

今后,我们必须继续高举中国特色社会主义理论伟大旗帜,深入贯彻落实科学发展观,把科学发展观要求贯穿于交通改革开放和现代化建设全过程,不断提高交通科学发展水平。坚持把发展作为交通工作的第一要务,努力实现又好又快发展;坚持把以人为本作为交通工作的核心,努力做到交通安全便捷化和公共服务均等化;坚持把全面协调可持续发展作为交通工作的基本要求,努力促进交通与环境资源和谐一致;坚持把统筹兼顾作为交通工作的根本方法,努力推进综合运输协调发展,促进区域、城乡交通一体化。必须继续坚持改革开放的正确方向,着力构建充满活力、富有效率、更加开放、有利于科学发展观的体制机制。以政府机构改革为契机,以转变政府职能、提高行政效能为核心,进一步理顺公路水路交通行政管理体制、城乡客运管理体制、质量监管体制、交通行政执法体制,切实解决好部门职能交叉、职责不清、互相扯皮、效率低下等问题,构建适应市场经济要求的新型交通管理体制架构。进一步扩大对外开放,深化投融资体制改革,取消一切不平等、歧视性、保护性政策,精简审批事项,转变审批方式,改善投资环境,全方位开放投资市场,引导和鼓励包括外资在内的一切社会资本进入公路水路交通基础设施领域,提高利用社会资本加快交通发展的水平。积极适应"再造一个新山西"的需要,集中人力、物力、财力建设一批公路重点工程,以此带动全省综合运输体系全面发展,有效提升能力,使交通运输服务更安全、更通畅、更便捷、更经济、更可靠、更和谐,让交通运输发展的成果惠及全省人民,为实现交通运输现代化打下坚实基础。

目标宏伟,任重道远,时不我待,愈久弥坚。我们坚信,在省委、省政府正确领导下,在交通运输部和各级地方政府大力支持下,全省交通运输系统13万干部职工在厅党组坚强指挥下,一定会更进一步解放思想,改革创新,牢记使命,抓住机遇,奋力赶超,拼搏奉献,不断地加快全省交通运输转型跨越发展步伐,为再造一个新山西作出新的更大的贡献。

大事记

1978年 ······ （27）
1979年 ······ （27）
1980年 ······ （28）
1981年 ······ （29）
1982年 ······ （29）
1983年 ······ （30）
1984年 ······ （30）
1985年 ······ （31）
1986年 ······ （32）
1987年 ······ （33）
1988年 ······ （34）
1989年 ······ （36）
1990年 ······ （37）
1991年 ······ （39）
1992年 ······ （41）
1993年 ······ （42）
1994年 ······ （43）
1995年 ······ （49）
1996年 ······ （56）
1997年 ······ （66）
1998年 ······ （72）
1999年 ······ （78）
2000年 ······ （82）
2001年 ······ （91）
2002年 ··· （100）
2003年 ··· （108）
2004年 ··· （119）
2005年 ··· （131）
2006年 ··· （142）
2007年 ··· （151）
2008年 ··· （160）
2009年 ··· （184）
2010年 ··· （218）
2011年 ··· （252）

1978 年

3 月 10 日至 27 日 省交通局文艺宣传队深入阳泉市和晋东南、运城、吕梁、忻州、雁北地区基层单位慰问演出。

4 月 12 日 石楼县和合人民公社 1 辆汽车在城关公社王村桥沟岔翻车,当场死亡 8 人,重伤 6 人。

6 月 16 日至 22 日 全省交通工作会议召开。传达中央领导指示,学习副总理康世恩、交通部部长叶飞讲话,贯彻落实全国交通战线工业学大庆会议和全国交通工作会议精神。省交通局局长廉平作了题为《动员起来,为实现全省交通运输现代化而奋斗》的工作报告,副局长赵伟作会议总结。省革命委员会副主任王茂林出席并讲话。

6 月 27 日 省交通局印发《山西省公路运输市场管理规定》。主要内容包括"三统"管理、社会汽车管理、农村车辆管理、客运管理、组织领导、违章处理 6 章 15 条,从 1978 年 10 月 1 日起试行。

6 月 省交通局参加的援建项目巴基斯坦喀喇昆仑公路(哈里格希至塔科特)竣工通车。路线全长 480 公里,1974 年开工建设。

7 月 省革命委员会印发《山西省公路运输市场管理规定(试行)》。

7 月 太原至忻州改建二级公路工程开工建设。1979 年竣工。

8 月 25 日 省革命委员会以晋革发〔1978〕131 号文印发《关于调整全省交通监理、公路养路机构的通知》。规定全省设立交通监理机构。即省交通局设交通监理处,各行政公署、市革委会设交通监理所,各县(区)设交通监理站,并决定将原各公路管理段担负的交通安全管理、养路费征收等工作,统一移交交通监理部门。

9 月 平定至大寨二级公路竣工通车。路线全长 35 公里,路面宽 10 米。工程分两期建成,1977 年 8 月中旬至 1978 年 4 月底为一期工程,1978 年 5 月至 9 月底为二期工程。

10 月 省革命委员会正式行文,将各地区(市)公路管理段更名为公路管理总段,由地区(市)领导管理;各县公路管理站更名为公路管理段,由县领导管理。

12 月 4 日 山西省交通战备领导小组办公室成立,设在省交通局。受上级战备办和省革命委员会、省军区双重领导。

12 月 27 日至 28 日 省交通局分别召开局机关各处室负责人和所属各公司领导干部座谈会,学习贯彻党的十一届三中全会报告精神,解决好工作着重点转移问题。

1979 年

2 月 13 日 省革命委员会转发省交通局〔1979〕晋交公字第 80 号文《关于改革公路管理体制实行分级管理的通知》。决定从当年 3 月 1 日起,干线公路由专业道班养护,每公里 1.5 人;县公路由县级公路部门管理,由养护队养护,每公里 1 人;乡镇公路及厂矿、林区等专用公路,由乡镇及使用单位自建自养。照此精神,省公路部门将代表工转为协议工,逐步建立健全专业养护道班,具体负责干线公路的养护和管理。

3 月 10 日至 4 月 12 日 省交通局组成调查组,深入吕梁、晋中、晋东南、临汾 4 地区,阳泉、长治 2 市及厅属 6 个运输公司、10 个重点产煤县,对交通运输生产情况进行调研,并于 4 月 28 日向省委、省经委报送调查报告。

5 月 8 日至 6 月 7 日 陕西省、山西省交通局组织有关专家对黄河府谷至禹门口段

589公里黄河航运情况进行实地考察，并就如何进一步开发黄河航运进行研究和探讨。

7月10日至15日 山西省公路学会第一次会员代表大会暨成立大会召开。选举局长廉平为理事长;副理事长有:李魁年、温秉公、刘大元、李林昌、鄂俊泰、常治华、王宝臣、祖璠、虞文景、赵福增;秘书长:李文靖;副秘书长:张福祥、鄂俊泰、潘建中。第一届理事会由36人组成。理事会下设道路工程、桥梁工程、筑路机械、汽车运输4个专业委员会及学术、组织2个工作委员会,时有会员194人,挂靠省交通局,日常工作由局科教处承担。

7月 全省第一艘客轮在保德县建成。由省交通局投资,保德县交通局聘请武汉造船厂技术员建造,为钢质机动客轮。

8月17日 山西省交通学校技工班改为山西省交通技工学校，实行一套人马,两块牌子。从此,全省交通系统形成中专和技工分类培养人才的办学格局。

10月至12月 根据交通部统一部署,省交通局组织对全省公路进行统一普查。剔除一些不达标准的路线之后，公路里程从31 868公里核实为27 261公里。

12月14日 省计委、省经委批复《关于改革汽车运输企业管理体制试点的报告》。拟在忻县地区试点,从1980年1月1日起正式开始。

12月15日 省政府印发《山西省公路养路费征收规定》。共计11条,从1980年1月1日起执行。

12月 山西省革命委员会交通局改称山西省交通厅。厅长廉平,副厅长刘乾、王文祥、李魁年、任贵仁、温秉公、雷达。

12月 山西省将原各县公路管理站分为公路养护段和交通监理站两个机构。交通监理站专门负责交通管理和养路费征收工作,原各机动车辆监理所改为交通监理所。

1980年

1月7日 省交通厅印发《关于停止太原、榆次、长治、阳泉、侯马、临汾市等地公共汽车公司经营超越市城区范围线路客运的通知》。

1月8日 省交通厅印发《关于廉平等同志任职的通知》。根据中共山西省委晋发干字〔1979〕290号文通知,经省委常委会议1979年12月15日讨论决定:廉平任省交通厅党组书记;刘乾、王文祥任副书记;李魁年、任贵仁、温秉公、雷达、牛甫生、赵俊文为厅党组成员。省交通局党委同时撤销。

1月 省交通厅在全省油路技术座谈会上,把旧油路再生利用技术作为公路部门的重点科研项目进行研究。1984年8月,此项目通过省级鉴定,并获省科技进步二等奖。

4月1日 阳泉市华盛桥开工兴建,9月15日建成通车,工期5个月。桥全长180余米,采用整榀预制木桁架拱片和整体吊装施工工艺,为全省桥梁施工开辟新途径。

4月29日 山西省客车修造厂试制成功"东风"牌越野汽车。

4月 省交通设计院在省道陵沁线陵川附近城凤山段试修加筋土薄壁挡土墙,1980年8月竣工。高12米,全长82米,是全省修建的首座公路加筋土薄壁挡土墙。1982年2月获省政府科学研究成果三等奖。

5月20日至26日 全省交通工作会议召开。传达全国交通工作会议精神，总结1979年工作,安排部署1980年任务。省交通厅副厅长任贵仁作工作报告,副省长郭钦安出席并讲话。

8月 交通部在太原召开全国公路交通工业会议。讨论研究1981年至1990年十年发展规划设想和实行专业化改组,扩大企业自主权试点，提高产品质量，开展企业整顿等重大问题。

12 月 省汽车运输公司首批引进中（国）罗（马尼亚）合装的罗曼 R10.215 型载重 10 吨的柴油大吨位货车投入运营。

1981 年

3 月 14 日 平陆县黄河茅津渡口的大型机动渡船“晋航一号”下水运营。总投资 80 万元，960 马力，1800 吨位，每次可轮渡载重汽车 12 辆。

3 月 24 日至 4 月 5 日 省交通厅党组召开扩大会议，学习中央和省委文件，认真回顾十一届三中全会精神贯彻落实情况，总结经验教训，开展批评与自我批评，清理“左”的影响，研究制定经济调整和安定团结的具体任务与措施，厅领导廉平、刘乾、王文祥、李魁年出席并讲话。

7 月 10 日 省公安厅、省交通厅、省保险公司印发《关于积极开展全省汽车保险的通知》。

8 月 13 日 中共中央总书记胡耀邦乘专机视察晋东南地区，下榻高平县。作出“晋东南修公路是最好的出路，这是你们的优势”、“多修几条公路”、“要想富，修公路”等重要指示，境内再掀群众性义务修路热潮。

9 月 4 日 省经委、省节能领导组印发《山西省汽车跨省运输暂行规定》。从 9 月 15 日起执行。规定跨出省界 200 公里以上由省交通厅审批，不足 200 公里由地区、县交通局审批，拖拉机一律不准跨省运输。

10 月 11 日 太原汾河地下隧道开始通自行车，10 月 15 日举行通车典礼，1982 年 10 月 1 日起通机动车。隧道全长 960 米，宽 6.4 米，高 4 米，洞顶距河床 3 米至 4 米。1971 年 11 月 1 日开工建设，1973 年 6 月 30 日完成主体工程，投资 6 184 546 元。

11 月 28 日 省总工会、省交通厅印发《关于恢复建立〈山西省交通厅公路运输工会〉的通知》。受省交通厅党组和省总工会双重领导，以厅党组领导为主，设专职干部 7 人至 10 人，编制由厅内部调剂解决，所需工资、活动费用按年度决算由省总工会补助支付。

11 月 古交滩上村汾河大桥开工建设，为 8 孔、跨径 25 米的预应钢筋混凝土组合箱梁桥，1985 年 5 月竣工通车。是全省第一次采用先张法施工工艺建设的桥梁。

1982 年

1 月 5 日 省交通厅印发《关于运输市场管理工作中若干问题的通知》。

1 月 省交通厅直属企事业单位开始对 1968 年至 1980 年初中或高中毕业，而实际文化水平达不到相当程度的职工，及未经技术培训的三级以下工人进行文化补课和技术补课活动。截至 1985 年底，该项活动圆满结束。

4 月 23 日至 29 日 全省交通工作会议召开，副省长王西出席并讲话。

7 月 1 日 全省第一个专营长途客车任务的企业太原汽车客运公司成立。该公司担负着全省 40 多条线路、120 多个班次的客运任务。

7 月 28 日至 8 月 3 日 交通部在太原召开全国公路、水运安全工作会议。

8 月 1 日 晋城丹河石拱桥开工建设，为单孔跨径 105 米空腹式石拱桥，是全省最大跨径的石桥，全长 175 米，河床至桥面设计高 18.5 米，宽 8.5 米，总投工 10.2 万个，投资 72 万元，1983 年 9 月 5 日建成通车，开创全省百米以上大跨度拱桥使用土牛拱胎先例。

9 月 22 日至 24 日 省交战办组织太原

铁路枢纽倒运研究性演练。省交通厅厅长廉平任演练领导组组长，太原铁路局副局长范友韩、省邮电副局长赵崇誉任副组长。30多个单位941人参加，动用坦克及各种运输车辆103台,高炮16门、无线电台48部。国务院、中央军委交战办和北京军区交战办领导亲临现场指导,全国10多个省、市、自治区交战办及有关部门150多人观摩。

10月25日至11月1日 交通部在晋东南地区召开全国县社公路建设现场会,副部长郑光迪出席并作报告,10月28日,与会代表参观阳城、沁水县的县社公路。

1983年

1月9日 平陆县车村渡口拖船被流凌冲出失去控制后,以每小时1里速度向下流漂流,平陆县委向驻地空军求救。10日早晨,两架直升机赶到现场后,飞行员采取“悬停技术”经过6个小时营救,被困28小时的58名群众和船工全部脱离险境。

5月19日 省委组织部〔1983〕117号文印发《关于省交通厅领导班子的通知》。经省委常委会5月7日讨论决定:任先泉同志任省交通厅厅长、党组书记,任贵仁同志任副厅长、党组成员,杨继刚同志任副厅长,智玉莲同志任副厅长、党组成员,鄂俊泰同志任厅总工程师、党组成员。

8月8日 省交通厅印发《关于公路行政等级划分及养路工程管理权限的批复》。

9月1日 交通部公路局组织召开华北五省、市、区交通厅(局)负责人会议,开始第一次全国性晋煤外运大会战,省运总公司承担8.4万吨外运任务,1984年1月底完成。

9月5日 晋城县晋张公路丹河特大石拱桥建成,省长王森浩为大桥通车剪彩。该拱桥为单跨105米空腹式石拱桥，全长175米,时为华北地区跨径最大的石拱桥。

9月6日 省交通厅党组印发《关于厅机关处室机构设置及干部任免的通知》。经省编委晋编字〔1983〕29号文批准,厅机关内设办公室、人事劳资处、老干部处、职工教育处、保卫处、财务处、计划统计处、生产调度处、交通监理处、运务处、技术处、战备办公室。另外,仍保留厅直机关党委、纪律检查组和公路运输工会。经厅党组8月18日会议研究后,任免各处室处级干部。

10月1日 省运总公司开通太原至运城、汾阳、临汾、大同、长治省内零担货运班车。

10月初 全省山区道路建设经验交流会在五台县召开，省交通厅厅长任先泉出席并讲话。

10月 省公路学会与中国公路学会交通工程学会联合在五台山召开全国山区旅游公路综合治理学术讨论会，对山西提出的综合治理方案进行现场审议。

11月19日 太原市天龙山道路拓宽及新辟晋祠至圣寿道路工程竣工通车。

12月13日 经省交通厅党组批准,将省公路局下设的临汾、太原、忻州3个工程处及机械大队、二大队合并组成省公路局工程处,下设第一工程大队(临汾处)、第二工程大队(原二大队)、第三工程大队(原太原处)、第四工程大队(原忻州处)、第五工程大队(原机械大队)5个工程大队,机关驻太原,编制人数2050人,内设2室11科,下设 5 个工程大队。党委书记李增辰;处长韩守中;总工程师袁锦国。

1984年

1月3日 省交通厅党组印发《关于在全省监理人员中开展整纪刹风,反对车霸作风的决定》。

1月5日 经省交通厅党组批准，山西省交通厅公路局改称为山西省公路局,其行政业务及党的工作隶属于省交通厅,新印章从即日起启用。

1月 经省政府、省军区批准,省交通战备领导小组及办公室更名为山西省人民政府、山西省军区交通战备领导小组及办公室。

3月1日 绛县续鲁河大桥开工建设。全长117.38米,宽7米,同年11月6日竣工。是全省第一座钢筋混凝土空心板筒支梁桥。

4月25日 太原市首辆由北郊区高三毛等5户农民经营的客运汽车运营,线路为太原至北营至小店至晋祠至清徐。

5月11日 临县第二汽车运输公司1辆客运班车行至汾阳县杨家庄附近翻车后起火,当场死亡3人,13人受伤。

9月28日 农牧渔业部外事司司长朱丕荣代表中国政府与联合国世界粮食计划署代表曼费雷德·孔雷飒在北京签订援助山西省修建乡村道路开发山区项目《实施计划》。共9条乡村道路,总长294公里,可使16县56乡镇916村48万人受益。1987年4月全部竣工。

9月 原平县段堡乡赤泥泉村复员退伍军人亢兰锁个人筹款10万元，向国家贷款15万元,购载重汽车5部,吸收4个运输专业户，成立原平县退伍军人汽车联营公司。1985年8月改组为原平县退伍军人汽车合作运输公司。

10月 大同阳泉线倍加皂至孙启庄段、太原洛阳线晋城至大口段、太原石家庄线、阳泉白毛岭至地都段、晋城至张路口段5条晋煤外运公路全部建成通车，比计划提前1年零3个月。

12月 省交通厅决定从1985年1月1日起,全省拖拉机及畜力车养路费由地市及县交通局负责征收,并责成乡(镇)交通管理员办理具体征费业务。

1985年

2月10日 太原至北京汽车直达班车开通运营。

4月11日 省政府印发《山西省公路运输管理暂行条例》。主要包括总则、管理机构与职责范围、营运管理、运价与票证管理、联营联运与运输业务、监督检查与奖惩、附则7章30条,自公布之日起施行。

4月 大同倍加皂至孙启庄二级汽车专用公路竣工通车。路线全长43公里,路基宽12米,1984年4月开工兴建。

5月1日 和顺县串村至董坪岭公路(省界)改造工程开工,路线全长39.11公里,路基宽8.5米至12米,完成土石方93万(其中石方31万)立方米,总投资2848.66万元,投工16.25万个,1986年10月1日竣工通车,比计划提前1年。

5月16日 省政府印发《关于加强交通安全管理的通知》。

5月23日至25日 全省公路建设现场会在离石县召开，副厅长任贵仁出席并讲话。

6月21日 省交通厅印发《山西省公路运输管理费征收办法》。

8月 省交通厅印发《山西省交通违章处罚办法》,共计7章16条。

9月 省交通厅决定在全省设立公路养路费征收机构,与各级交通监理部门合署办公,各级征费部门由同级监理部门领导。

9月 国道207线晋城至大口段竣工通车。路线全长51公里,1983年开工建设,是全省第一条复线公路,分上下道行驶。

10月1日 省交通厅以晋交人劳字〔1985〕416号文印发《关于设立公路养路费征收机构的通知》。全省各级养路费征收所、分所由省交通厅统一领导，与交通监理所合署办公。

11月15日 全省首座集资建设的桥面最宽、载重最大的平阳汾河大桥开工兴建。该桥位于临汾至宜川公路上，全长564.02米，总宽18米，东西引道长7公里，筹资1800万元，4辆卡车可并排通行。1987年11月27日建成通车。

11月 平陆县曹川镇南沟村与河南省渑池县白浪村之间的黄河索道桥竣工。总长438米，宽4米，高275米，投资224.5万元，平均每米造价5100元，1985年4月开工建设。因损毁严重，2004年10月被拆除。

1986年

1月3日 省总工会晋工发〔1986〕29号文批复同意恢复省公路运输工会为省级产业工会。受省总工会和省交通厅党组双重领导。全省公路运输系统各级工会组织，工会组织关系在地方的仍以地方工会领导为主，同时接受省公路运输工会领导；工会组织关系在省交通厅工会的，由省公路运输工会直接领导。省公路运输工会工作人员由省交通厅负责解决；正副主席由省总工会党组和省交通厅党组协商提名共同决定；设在省交通厅，所需办公设施、职工宿舍、交通工具等均由省交通厅负责解决。

3月25日 省政府批准省交通厅《关于全省交通监理体制改革方案》，要求各地市和省直有关委、厅、局按照执行。主要内容是：①机构设置。将省交通厅交通监理处改为省交通厅监理局（仍为处级），各地（市）交通监理所改为交通监理处（副处级），各县（市）交通监理分所改为交通监理所（科级）。各县（市）交通监理所可在车流量大的路段和乡镇设交通监理站，实行四级交通管理网络。②领导体制。实行省交通厅和所在地、市、县双重领导的体制。监理业务、征费、规章制度、机构设置、人员编制、着装、证件、监理经费等，按照交通部规定由省交通厅统一管理。③县城交通管理。在公安部门未设交通管理队的县城要建立交通管理队，负责维持县城内的交通秩序，隶属县交通局，业务上受当地交通监理部门领导。

3月26日 省政府批准省交通厅《关于全省公路建设和管理体制改革方案》。要求各地市和省直有关委、厅、局按照执行。其主要内容是：①公路建设和养护实行统一领导，分级管理。主要干线由省公路局管理；一般干线由地（市）交通局管理；县乡公路由县（市）交通局管理；②公路建养资金管理实行统筹安排，分级使用；③公路建设要实行招标承包责任制，提高投资效益；④改进公路计划管理体制和材料供应体制。这次改革之后，主要干线由省公路局直管，当时划定45条干线，里程6931公里；各地、市原有的公路总段一律改称公路分局，人、财、物由省公路局直接管理。同时，省公路局由县团级升格为副厅级。1996年，一般干线公路收归省公路局进行统一管理。

3月 省交通厅公安处正式组建并开始工作，内设秘书、治安、内保3个科，下辖省公路公安分处、省运总公司公安科、省交通设计院公安科、各地市公路公安科10个、汽车站派出所16个，有公安干警283人。

4月11日 临县克寨镇一艘渡船在超员61人情况下摆渡过河，遇浪翻沉，致使125人死亡、失踪，是吕梁市境内最严重的一起水上交通事故。8月2日，临县人民法院对肇事者分别处以3年至7年有期徒刑。

4月16日 “大禹号”旅游船下水试航。4月19日举行首航剪彩，当年接待外事旅行团49次，计1094人。

5月22日 省公安厅、省交通厅印发《山西省道路交通事故处理暂行办法》。对交通事故的调查、处理、报案以及现场保护、抢救伤者和死者的处理等均作了具体规定。

5月 省委副书记王建功在深入柳林县军渡和高家沟等乡镇检查工作时，对柳林县公路建设给予较高评价。

6月22日 忻州汽车运输公司繁峙分公司1辆大客车发生造成31人死亡、34人受伤、车辆严重报废的重大恶性事故。

10月 太原至小店汽车专用公路开工建设，1987年10月竣工，为全省第一条一级公路。

12月5日 河津县龙门至薛虎沟公路竣工通车，为全省第一条商品公路。路线全长16公里，路面宽6.5米，投资587.76万元。

12月24日 兴县科委1辆工具车行至临县境内三交西交则公路2公里620米处时，因积雪滑到数米高的公路桥下，乘车人刘广信一家祖孙三代6口人当场死亡，驾驶员严重受伤。

12月 省委、省政府决定：在公路建设中实行干线公路建设民工建勤制；适当提高养路费征收标准；从乡镇煤矿外销煤炭中每吨提取1元的修路费，用于集运煤道路和矿区公路建设；开征煤炭附加费，用于修建运煤道路以及改善煤炭集运道路的落后状况。

1987年

1月28日 零时30分，西山矿务局一辆客货两用车（山西01-01402）在长树线壶关段零公里+560米处集店铁路道口与长治钢铁公路机车相撞，死亡8人，车辆报废。

2月22日 下午4时30分，寿阳县松塔乡里庄村个体户岳有珍驾驶一辆东风140货车（车号为38-60350）从羊头崖粮店送粮返回途中，在榆昔线38公里+800米处右转弯时，撞断水泥栏杆翻下9.5米河中，造成死亡4人、轻伤4人的特大事故。

2月23日 省交通厅批复省公路局《关于一般干线公路移交后几个具体问题处理意见的报告》。对养护机构设置、人员编制、办公用房、沥青库建设等提出具体要求。

2月26日 省交通厅印发《关于省公路局工程处机构体制改革的批复》。将省公路局工程处更名为省公路局太原公路工程公司，仍为县处级事业单位；将原省公路局工程处工程一大队和工程四大队单独划出，分别成立临汾、忻州公路工程处，为科级事业单位，直属省公路局管理。上述三个单位均实行企业化管理，独立核算，内部招标承包。

4月1日 省城太原5条公共电车、汽车线路客票从即日起实行一客一角钱票价制。简化票据的5条路线，都是距离较短、客流量较大的线路。

4月5日至8日 全省交通工作会议在太原召开，省领导阎武宏、郭钦安出席并讲话，省经委、省计委领导亲临指导，共计233人参加。

4月19日 投资75万元制造的"大黄河号"游船试航成功，为山西境内黄河上的第一艘豪华旅游船，因环境舒适，服务优质，受到国内外游客赞扬，被交通部授予"文明客船"称号。

4月19日 太原至晋祠复线工程开工，一级公路标准，长23.36公里，由铁十七局、太原市政工程公司承建，1988年10月1日竣工通车。

5月15日 省六届人大常委会第二十四次会议审议通过《山西省公路管理条例》。这是全省第一个地方性公路法规，从8月1日起试行。

5月30日 省政府印发晋政发〔1987〕21号文《关于交通监理移交公安部门管理有关问题的通知》。将原交通监理部门负责的车辆牌证管理、交通安全管理、交通事故处理、机动车辆年审、驾驶人员考核5项职能移交公安部门，公路养路费征收仍由交通部门负责。

6月30日 省交通厅印发《关于设立交通征费稽查机构的通知》。根据省编委晋编字〔1987〕48号文批复,省设立"山西省交通厅交通征费稽查局",为处级单位;各地、市设"交通征费稽查处",为副处级单位,其中在雁北地区和大同市范围内设立"山西省雁同交通征费稽查处";各县(区)设立"交通征费稽查所",为科级单位;车辆流量大的路段和乡镇设立"交通征费稽查站"。省局内设秘书科、政工科、征费科、稽查科;各处内设办公室、政工科、征费科、稽查科。

7月23日 太原市迎泽大街取直、拓宽第一期工程竣工。迎泽大桥至和平南路段正式通车。路线长1.4公里,宽70米,投资893万元。

10月8日 省交通厅印发《关于核发车辆购置附加费免办凭证有关事项的通知》。根据国家规定,从1988年1月1日起,所有机动车辆和挂车,均需持有关车辆购置附加费缴费凭证、免费凭证或免办凭证,实行一车一证。

10月15日 省编委印发《关于港监船检机构和编制的通知》。同意设立港监船检事业机构,航运事业编制仍为52名。其中,在省交通厅运输管理处挂港监船检处牌子,一套机构,两块牌子,编制7名;忻州所10名,吕梁地区所8名,临汾地区所10名,运城地区所17名。

11月1日 保德县东关码头建成通航,为山西省境内黄河上第一座客运码头。

11月10日 太原市区两座人行天桥开工建设。一是五一路南口人行天桥,平面呈半圆形,桥面宽3.8米;一是解放路羊市街口人行天桥,桥面宽4米。1988年5月1日建成并投入使用。

1988年

1月8日 省交通厅印发《关于成立公路工程质量监理机构的通知》。在不增加人员编制情况下,省公路局成立工程质量监理处,人员7人至9人;各地市交通局、各公路分局和工程处(公司)成立公路工程监理科,人员3人至5人;业务上受监理处领导,对公路新建和改建项目的施工质量进行监理,向建设单位负责。

1月16日 省交通厅批复《山西省汽车运输总公司章程》。同意省汽车运输公司更名为"山西省汽车运输总公司",一直沿用到2001年6月。

1月22日 省交通厅印发《山西省交通征费稽查部门会计核算试行办法》。从1988年1月1日起试行。

3月28日 忻州地区交通工作会议召开。会议决定将每年9月15日定为全区"义务修路节"。

3月30日 省公路学会在太原召开专题论证会,就山西是否应该修建高速公路及其前期准备工作进行广泛论证。会议由省交通厅副厅长、省公路学会理事长智玉莲主持。省交通厅厅长任先泉、副厅长杨继刚、厅总工程师鄂俊泰及厅直各单位领导和有关专家38人参加。省计委、省经委、省科协有关领导出席。与会同志畅所欲言,各抒己见,全面论证了建设高速公路对全省经济发展的重大意义。会议确定山西要修高速公路,首先修建太原至旧关、太原至古交两条汽车专用公路,并对建设时间、地段、技术标准及建设资金的筹集、还贷方式等具体问题,提出宝贵的建设性意见。

4月20日 省交通厅印发《山西省公路工程施工招标投标管理试行办法》。主要内容包括总则、招标、投标文件及标底、资格审查、投标、开标和评标与定标、合同签订、管理和监督与仲裁8章42条，从下发之日起执行。

4月20日 省交通厅印发《关于地方承包干线公路工程建设的管理试行办法》。主要内容包括总则、承包的条件和形式、双方的主要职责、承包协议的签订、附则5章17条，从下发之日起执行。

4月30日 交城县石渠村李海平超员驾驶1辆大客车行至交城卦山陡坡翻车。87名西社镇中学师生中，死亡31人，重伤32人，轻伤18人。

5月26日 省交通厅党组晋交发〔1988〕21号文印发《关于厅属二级局机关处级干部管理权限下放的通知》。经厅党组5月23日会议研究决定，从即日起，原属厅党组管理的省公路局机关、省地方铁路局机关处级干部，分别由省公路局党委和省地方铁路局党组进行管理。

5月 稷山县下费村村民自筹资金32万元建设的汾河大桥工程开工。大桥全长108米，高6.26米，1989年10月竣工。这是全省第一座由农民集资兴建的汾河大桥。

6月 《山西航运史》由人民交通出版社出版，为山西省第一部内河航运史，中国水运史丛书之一。吕荣民主编，石凌虚编著，15.6万字，大32K。上限为公元前3000年左右，下限为1985年，共分绪论、先秦时期航运的兴起、秦汉时期航运的蓬勃发展、魏晋南北时期航运的相对低落、隋唐时期航运的空前发展、宋金时期航运的盛衰转变、元明清时期航运的延续、近代航运的急剧衰落、中华人民共和国成立以来航运的开发9章27节。全书通过大量历史文稿和考古资料，系统再现山西地区古代、近代和现代航运发展历史，并从社会政治、经济、军事和自然环境诸方面探讨航运兴衰的具体原因及历史规律，填补全省航运史研究一项空白。

7月13日 省交通厅印发《山西省交通系统厂长（经理）经济责任审计实施办法（试行）》。主要内容包括总则、审计内容、审计程序、审计处理、附则5章21条，从印发之日起执行。

7月18日 下午，汾阳汽车运输公司36-20010号解放客车，担任离石至文水刘胡兰村客运班车任务，行至离石县城关七里滩的大沙河时，上游山洪暴发，约5时许，河水暴涨，客车被淹，司乘人员42人中，有5人被洪水冲走，其中1人得救，4人死亡。

7月 全省首座采用转体施工工艺建设的拱桥在壶关县开工兴建，11月转体对接成功，1990年4月竣工通车。桥为1孔35米、全长50米的双曲拱桥。

8月25日 省物价局、省财政厅、省交通厅印发《关于在全省范围内征收公路客运附加费的通知》。从9月1日起开征，每人每公里加收人民币3厘。

9月19日 全省县乡公路管理工作研讨会在忻州召开。省交通厅、省公路局领导及各市交通局长参加，并参观忻州县乡公路养护工程。

9月29日 太原漪汾大桥开工建设。由铁道部第十七局承包施工，1992年10月1日竣工通车。桥长1236米，主桥宽22.5米，引桥宽16米。

10月 省交通厅对省汽车运输总公司实行第一轮招标承包。年底，省汽车运输总公司先后对所属的雁北、晋城、侯马、汾阳、运城、临汾、长治、阳泉、忻州、太原、阳方口汽运公司和太原客运公司、客运总站、侯马汽修厂等14个企业实行了承包经营。

10月 太原南内环汾河大桥建成通车。桥长590.5米，净宽14米+2×1.5米人行道。

11月1日 太原市府西街解放路至新建路段拓宽工程竣工，工期6个月。

11月 省交通战备领导小组、省经委、省交通厅印发《交通战备工作纳入企事业单位管理的基本要求及验收标准的通知》。全省交通系统开展交通战备“双向纳入”工作。

12月 《山西公路交通史》第一册由人民交通出版社出版,22.2万字,大32K。编委会主任:任贵仁;主编:吕荣民;副主编:刘光汉。第一篇古代道路交通(先秦至清末),分为先秦至南北朝时期道路交通的起源和发展、隋唐至宋元时期道路交通的繁荣、明清时期商品经济发展对道路的促进等3章10节;第二篇近代公路交通(1912年至1949年),分为近代公路交通的兴起和发展、“七·七”事变后公路交通的分割等2章8节。作者用翔实史料和简洁文字,记述了上自先秦、下至公元1949年数千年间山西道路交通发生、发展的历史,对道路交通在全省社会发展史中的地位和作用,在不同历史时期的兴衰演变,特别是对近代公路在山西省兴起的内在因素、外在动力及其在发展过程中所表现的特点与规律作了探索和论述,具有一定的学术价值,是一部研究地方史的重要参考书。

1989年

1月20日至21日 全省交通战备工作会议在太原召开,省交通厅厅长任先泉出席并讲话。会议总结1988年工作,安排1989年工作,专题研究交通战备资料建档工作。

1月21日 《山西省公路交通科技发展战略研究》通过省科委组织的鉴定。该课题对1991年至2000年全省公路交通科技发展进行了深入研究,提出战略目标、技术政策以及应采取的具体对策和措施。

3月14日至17日 全省交通工作会议召开。认真学习贯彻交通部《关于整顿治理道路、水路运输市场的决定》,结合全省交通实际情况进行安排部署,明确提出了整顿治理的目的、范围、重点、方法步骤、时间要求和必须遵循的方针政策。副省长吴俊洲、省政府顾问郭钦安出席并讲话,250余人参加。

4月3日 省交通厅印发《关于下达省公路局系统事业单位机构编制的通知》。经省编委核定,确定事业单位17个,编制9599名,为养路费开支。其中,副厅级1个,县级10个,副县级1个,科级4个,不定级1个。省公路局机关内设15个处室。即工会、人事处、老干部处、办公室、计划财务处、科学技术处、工程管理处、养路处、机务工业处、审计处、行政处、劳动工资处、地方道路处、厅公安处公路分处、宣传教育处。

4月14日 吕梁地区粮油公司1辆汽车与吕梁石油公司1辆吉普车相撞,死亡2人,重伤、轻伤各1人。

5月29日 娄烦县汾河水库一艘无证无照简易木制小机船,违章载客18人,载自行车9辆,由于操作不当,造成翻沉后,18人全部落水,9人死亡的特大恶性水上交通事故。

6月11日 山西、河北两省交通厅负责同志在太原就修建太原至石家庄公路两省接线问题进行磋商,达成共识。双方一致认为,石家庄至太原公路宜修建为一级汽车专用公路,以适应两省经济发展的需要。双方一致同意报请交通部将该公路列入“八五”计划修建。前期勘测设计任务由两省分别按交通部要求组织完成。该路拟在山西省旧关省界307国道北侧相接。

山西省参加协商的有省交通厅厅长任先泉、副厅长智玉莲、杨继刚、厅总工程师鄂俊泰及赵廷祺、霍义正、尚震江、侯春友、许晋贤、黎国太、王志民;河北省参加协商的有省交通厅副厅长何少存及韩福信、朱光耀、周立强、冯西缘。杨继刚、何少存分别代表两省交通厅在协议书上签字。此后,根据山西省经济建设和社会发展需要,经交通部批准,太原至旧关公路按照高速公路标准建设。

6月23日至9月30日 省交通厅、省广播电视厅、省公安厅、省工商局、省税务局、省物价局、省保险公司、山西日报社联合举办

"全省首届公路客运百日安全、优质、文明服务竞赛活动"。5000辆车参加，评出标兵车10辆，优胜车102辆。

7月15日 省交通厅印发《科学技术奖励办法》、《科研项目管理办法》、《科技成果鉴定实施办法》、《关于组织科技项目招标活动的办法》。

8月15日 上午9时15分许，汾阳汽车运输公司36-20073东风客车执行柳林至太原任务时，在307线(太绥公路)694公里+600米处发生翻车，造成死亡18人、重伤5人、轻伤20人、客车报废的特大交通事故。

8月16日至19日 省公路学会在太原召开"山西省公路交通管理体制改革论证会"。会议收到论文30余篇，17人在大会上进行发言。这次论证会得到各级领导的关注和大力支持。副省长吴俊洲亲临会议，还与在职和原厅级领导座谈，并委托省体改委副主任李砚林讲话；省计委、省财政厅、省体改研究会有关领导出席。

经过论证，大家对所研究问题的出发点、依据、应遵循的原则等，达成广泛共识，对交通体制改革模式提出若干方案。

8月 交通部副部长王展意深入忻州视察指导工作。

9月6日至8日 省公路运输工会首次代表大会在太原召开。参加会议的正式代表161人，列席代表10人。省总工会主席孙祥炎、省交通厅厅长任先泉、副厅长智玉莲出席并讲话，全国公路运输工会发来贺电，省级13个行业工会负责人到会祝贺。大会对全省交通系统230个工会先进单位和先进个人进行表彰，选举贺月田为主席，刘锋为副主席。

9月12日 运城汽车运输公司37—02101东风大客车从洛阳返回茅津渡口时，被车号为85312私营日野货车撞入黄河，造成死亡19人，客车沉入河底的特大交通事故，直接经济损失39.79万元。10月4日，沉车打捞上岸。

10月1日 津巴布韦国曼托公路开工建设，是山西省第一条以劳务输出形式修建的公路。路线全长51.478公里，1991年11月17日竣工通车。为国家创汇200万美元。

11月17日 省交通厅印发《山西省公路运输管理费、客运附加费收据、客运附加费缴讫证管理制度》(试行)。主要包括印制、领发、使用、结报、票据及表账、保管、清查、损失核销、销毁等内容，从1990年1月1日起执行。

11月20日 太原市第一家综合性客运停车场正式投入使用。位于太原市建设南路南外环路，距火车站2.7公里，占地5000平方米，设有中、低客房38套，158个床位，投资70万元。

11月27日至30日 全省交通系统思想政治工作会议在太原召开。省委常委、宣传部部长张维庆、副部长温幸、省直工委副书记郝存义出席并讲话。省交通厅副厅长智玉莲作了题为《切实加强思想政治工作，推动交通系统治理整顿和深化改革的顺利进行》的报告。会议期间，还召开山西省交通系统思想政治工作研究会理事扩大会议，选举产生理事会领导机构。名誉会长：任先泉；会长：智玉莲；选举理事18人。

12月15日 太原红旗汽车修理厂试制成功适合长途运输的TYBG13-10吨汽车半挂车，填补全省汽车修造业中半挂车制造空白。

12月31日 省交通厅印发《关于太原汽车客运总站成立交通大厦的批复》。共备客房250间，床位620张。

1990年

1月4日至6日 全省交通战备工作会议召开。回顾总结1989年工作，安排部署

1990年工作。省交通厅厅长任先泉出席并作总结。

2月10日 省交通厅、省军区印发《关于交通厅机关交通战备"双向"纳入的通知》。即省交通厅机关与交通战备相近的工作纳入交通战备办公室的内容,交通战备工作纳入厅机关有关处室工作的内容,主要包括办公室、计统处、技术处、企管处等。

3月8日至9日 世界银行公路项目筛选团奥·雷千陛、乔·维亚、斯·斯戴尔和蔡成章一行在国家计委、交通部有关人员陪同下抵晋,对太原至旧关公路项目的可行性实施考察。副省长吴俊洲接见考察团全体人员。

3月22日至24日 省交通厅召开全省交通统计工作会议。国家统计局、交通部派人到会指导,厅长任先泉两次出席并讲话。会议总结过去工作,交流先进经验,研究拓宽交通统计信息领域,充分发挥整体功能措施。

3月26日至29日 全省交通工作会议召开。会议深入学习贯彻十三届五中全会精神、省有关会议精神和全国交通工作会议精神,回顾总结1989年工作,研究部署1990年工作任务。

5月3日至8日 国家交通投资公司总经理黄镇东深入大运二级公路施工一线调研,要求加强管理,确保质量,圆满完成建设任务。

5月7日至12日 副省长吴俊洲深入晋城、沁水、翼城、浮山、古县、沁源调研,就长晋二级公路及各县县乡道路建设现场办公,解决存在的实际问题。

5月15日 总后勤部副部长李伦、北京军区交战办主任周星辰在省军区副司令员刘治忠、后勤部副部长刘青山、省交通厅厅长任先泉陪同下,赴晋检查交通战备工作。对山西交通工作表示满意,对今后工作提出新要求。副省长吴俊洲参加汇报会。

5月16日至18日 全省第三次交通审计工作会议在太原召开。省交通厅厅长任先泉、副厅长郅杰参加并讲话。这是省交通厅内审机构组建以来,规模最大的一次审计工作会议。

5月21日至23日 省交通厅厅长任先泉带领省公路局、忻州行署交通局、忻州公路分局负责人及技术人员深入五台山中,对西、北两线旅游公路进行现场办公。

5月27日 交通部"学雷锋,树新风"报告团一行9人赴晋传经送宝。5月28日上午在省公路局俱乐部作事迹报告,太原地区厅属单位千余名职工聆听报告。副省长乌杰、省直工委书记李清敏、省总工会副主席张海流出席。会议还邀请交通系统部分全国"五一"劳动奖章获得者和省、部劳模听取报告。

7月1日至10月10日 省交通厅举行全省首次百日安全竞赛活动。共检查船舶690艘次,出动检查人员744人次,纠正各类违章75次。评出先进单位6个,先进船舶8艘,先进个人9名。

8月4日 全省第一座桁架拱桥洪洞东梁涧河桥吊装成功,胜利合龙。

8月5日 省交通厅印发《征收公路养路费、车辆购置附加费车辆档案管理办法》。主要包括建档范围与原则、内容、办法和要求、违章处理4章,从1991年1月1日开始执行。

8月25日 省政府印发《山西省搬运装卸业管理规定》。主要内容包括总则、开业和停业管理、搬运装卸价格和票证管理、监督检查、附则5章26条,自公布之日起实施。

9月10日 交通部部长钱永昌视察忻州公路分局承建的大运路工程。

9月11日 副省长吴俊洲深入忻州公路分局大运路施工现场视察指导工作,赞扬全幅式路面质量好。

9月28日 大同至运城二级公路建成通车。北起大同市,南至运城市,贯通全省经济密集区域的雁北地区、大同市、朔州市、忻州地区、太原市、晋中地区、临汾地区和运城地区8个地(市),与同蒲铁路平行修建,是全省"七五"时期建设的一条里程最长的主要经济干线。

大运公路全线以“近城不进城、多修复线”为原则，与全省各地市经济发展规划相结合，按二级公路标准设计建设。其路基宽度为12米至15米，路面宽度为9米至12米，纵坡不超过4%，平整度不超过0.3毫米，转弯半径不少于40米，桥梁荷载为汽车-20、挂车-100，行车平均时速60公里以上。大运路全长737公里，1985年前建成154公里，“七五”期间实际建设里程为583公里，其中新建线路448公里。工程总投资7亿元。

省政府在祁县等地设立5个会场举行隆重通车典礼。省委书记李立功、省长王森浩和交通部有关领导出席典礼仪式并剪彩。

11月28日至30日 全省首次乡镇船舶安全整顿经验交流会在运城市芮城县大禹渡召开。忻州、吕梁、临汾、运城和太原5个地（市）、19个县、30个乡镇的有关领导和承办人员120多人参加。

12月18日 省交通厅党组印发《关于智玉莲等同志任免职务的通知》。按省政府晋政任字〔1990〕37号、41号和省委组织部晋组干字〔1990〕279号文件通知，智玉莲同志任省交通厅厅长、党组书记；史锦文同志任省交通厅副厅长、厅党组成员；任景春同志任省纪委驻厅纪检组组长、厅党组成员。免去任先泉同志省交通厅厅长、厅党组书记职务，免去郅杰同志省交通厅副厅长、厅党组成员职务。至此，省交通厅新一届领导班子组成。厅党组书记、厅长：智玉莲；厅党组成员、副厅长：杨继刚、刘和平、史锦文；厅党组成员、总工程师鄂俊泰；厅党组成员、省纪委驻厅纪检组组长：任景春。

12月24日 由交通部及有关单位共同举办的全国首届“十佳道班”、“十佳养路工”、“优秀养路员”、“优秀道班”评选揭晓，万荣县公路管理段皇甫道班班长、农民合同工解晋元赴北京出席交通部召开的表彰大会，荣获“十佳养路工”称号，大同市堡子湾道班荣获“优秀道班”称号。

12月 全国第一座采用顶推法建设的预应力砼桥在平顺县境内竣工。桥位于漳河上，全长114.34米，宽9.5米。

1991年

2月 三米直尺快速测定仪被国家专利局批准为“实用新型专利”，并给设计人韩志强、祖璠、齐惠俊颁发专项证书，专利权归省交通厅所有。这是全省公路机械的第一个专利。

3月 年仅26岁的永济青年农民梁建平，投资220万元，并组织190多人修路队，驻扎在水峪口山，历时2年零8个月，建成1条宽6米、长18公里的通山公路。

4月12日至14日 全省交通工作会议在太原召开。各地（市）、县分管工交的专员、市长、县长和各地（市）、县交通局，厅属公路、运输、征稽部门及厅直单位、厅机关各处室负责人共300多人参加。省人大常委会主任王庭栋、省政府常务副省长郭裕怀等出席并讲话。省直有关部门负责人应邀出席。省交通厅副厅长杨继刚作了题为《统一认识，振兴山西交通，为建设具有山西特色的综合交通运输体系而奋斗》的工作报告。会议讨论研究全省交通“八五”规划和10年规划等7个文件，交流孝义县等7个单位的典型经验。会议期间，省交通厅还特邀各地市专员、市长就如何振兴全省交通事业进行座谈。厅领导同各地市交通局签订1991年工作目标责任书，并部署全年工作任务。经过认真讨论，会议提出全省“八五”期间交通事业发展的方针、目标、指导思想和建设重点。

4月18日 省长王森浩约见省交通厅副厅长杨继刚、省公路局局长赵廷棋，专门就加强大运公路管理、大同云冈至左云等几条公路的修建，以及充分调动地方的积极性,依靠群众,依靠地方政府,搞好公路建设等问题作了重要指示。

5月4日 省交通厅邀请省军区、省直有关部门负责同志召开军民共建大运文明路座谈会。厅领导杨继刚、刘和平、任景春以及厅机关有关处室负责人参加。会议由副厅长刘和平主持。副厅长杨继刚作《关于军民共建大运文明路意见》(讨论稿)的说明。与会同志畅所欲言,进行广泛深入讨论,提出许多建设性意见。

5月4日至10日 中国国际工程咨询公司受国家计划委员会委托,对太原至石家庄一级汽车专用公路太原至旧关段项目建议书进行现场评估调查。副省长乌杰、省计委主任张奎、省交通厅副厅长杨继刚和厅总工程师鄂俊泰等出席评审会并发言。

5月6日 "全省交通系统离休干部先进事迹报告团"在原副厅级调研员李振亚、赵俊文同志带领下,先后在太原、忻州、大同、临汾、侯马、晋城、长治等地市作了7次专场报告,宣传老干部在精神文明建设中的先进事迹。全省交通系统40多个单位领导、党团员和老干部近千人听了报告。报告团带着厅领导的关心和问候,沿途看望30多位在交通系统有影响的老干部,受到各级领导和广大老干部欢迎。

5月20日至23日 国务院、中央军委交通战备领导小组办公室主任左建昌少将、副主任郝友军大校、北京军区交战办副主任李俊廷大校等考察全省交通战备工作。省军区政委曹丁大校、省政府副秘书长王敬、省交通厅原厅长任先泉、副厅长杨继刚、省军区后勤部副部长刘青山大校等陪同。考察中,领导们对全省交通战备工作十分满意,认为省交战办是团结、干事业的集体,充分发挥了省政府和省军区职能部门的作用。

6月10日 陵川县锡崖沟村民奋战30年,几代人前赴后继,硬是在悬崖峭壁上凿出一条7.5公里长的村级公路,用生命和鲜血铸就了一座时代丰碑,谱写了一曲人与大自然抗争的英雄赞歌。村民董春安第一次将汽车开进村里。省委书记胡富国题词:"锡崖沟精神万岁。"省委副书记梁国英称赞为"太行愚公,人间奇迹。"《人民日报》评论称:"锡崖沟几十年艰苦奋斗的历史,就是中国人民在中国共产党的领导下,奋发图强,排除万难,建设社会主义的缩影"。

7月3日 省交通厅印发《山西省交通计划管理办法》。主要内容包括总则、计划的分级归口管理、编制和报批程序、综合平衡、建设前期工作、管理责任制、执行和检查、奖励和处罚、附则9章30条,从1991年7月1日起施行。

7月5日至13日 交通部副部长林祖乙带领有关司局负责人赴晋进行了为期9天的视察。林副部长一行先后检查了太原、长治、晋中、阳泉、雁北、大同、忻州等地(市)交通局、公路运管、汽车运输公司、汽车站、公路养护段和道班以及部分施工现场的工作。省交通厅副厅长刘和平、太原市副市长董智和陪同视察。

7月6日 晋祠至夏家营一级汽车专用线开工典礼在太原市南郊区姚村举行。交通部副部长林祖乙、副省长吴俊洲、副厅长杨继刚、副市长张希升等参加剪彩。全省首条汽车专用公路全长28.5公里,投资4550万元,建设工期1年。

8月9日 省政府以晋政发〔1991〕72号文件印发《山西省"八五"交通建设的若干政策措施》。共计5条,从1991年10月1日起执行。

8月29日 晋城至长治公路举行奠基仪式。路线全长92.4公里,9月1日全线开工建设,1992年12月25日建成通车。

10月1日 省政府决定,从即日起,全省实施发展交通事业开征的汽车车辆购置附加费、摩托车养路附加费、公路货运超负荷补偿费等5项费用,作为专项资金,全部用于公路建设。

1992 年

1月27日 太原汽车运输公司开通全省第一条太原至北京直达卧铺客运班线，全程600公里。太原火车站站前广场发车，夜间运行，夕发朝至。

3月 平陆县圣人涧桥开工建设，同年12月底竣工。为三门峡黄河公路大桥配套工程。采用加筋土技术施工，桥台高28米，成为国内采用此法加固土体的最高纪录。

4月2日至7日 全省交通工作会议在晋城召开，于长治结束。各地（市）交通局局长，厅属各单位党政负责人、厅直各单位和厅机关各处室负责人共280余人参加。副省长乌杰出席并讲话。厅党组书记、厅长智玉莲，副厅长贾银环，厅总工程师鄂俊泰出席并讲话。与会同志参观了晋城、长治公路建设、运输管理和运输公司、运管处等单位。会议表彰1991年全省交通系统先进集体、劳动模范以及科技工作先进集体。

4月25日 全省首次建造的特大型公路桥风陵渡黄河公路大桥举行隆重奠基仪式。省人大常委会副主任魏蕴瑜，省交通厅厅长智玉莲、副厅长杨继刚，运城地委书记崔光祖、行署专员吴昂、副专员卫瑞才，省公路局局长赵廷琪等出席。1994年11月20日建成通车。

5月27日至1995年5月1日 省运总公司实行第二轮承包经营。经理刘玉民；党委书记霍庆玲；副经理秦启荣、张润；纪委书记李明鉴；总工程师张芷菁；工会主席段二牛；调研员田复兴。由于经营环境逆转，企业管理滑坡，14个企业微利、潜亏、明亏各占1/3。全系统有营运车辆3000多辆，企业成本挂账3100万元，潜亏2000多万元，银行贷款17 000多万元。

6月11日 省交通厅印发《关于建设大运文明线路客运站、点的通知》。经实地考察，确定设立站点共153个，其中大型站13个，中型站58个，小型站82个。

6月13日 柳林县石西乡后河底渡口1艘“三无”船私自营运并载客98人，因严重超载，发生船上人员全部落水，47人死亡、失踪的重特大水上交通事故。

6月24日 省人大常委会副主任刘砚青，在忻州地委、行署领导金银焕、郝文山、范怀成等陪同下，深入忻州征稽分所视察指导工作。

7月3日 副省长纪馨芳在太原市“两路一桥”指挥部总顾问张希升，省交通厅副厅长杨继刚、史锦文，省公路局局长赵廷琪，省重点办主任史应标等陪同下，深入晋祠至夏家营一级公路建设工地视察。

9月9日至12日 全国道路、水路运输管理工作会议在太原迎泽宾馆召开。

9月15日至18日 全省交通战备工作经验交流会在忻州市召开。省军区副司令员张法、省长助理靳承序出席并讲话。

9月 交通部在太原召开全国道路、水路运输市场治理整顿总结表彰会议，学习推广山西经验。

10月28日至30日 由交通部武警独立支队承建的天镇至河北走马驿国防公路通过交通部验收，正式通车运营，工程质量优良。路线全长206公里，三级标准，实际造价2.39亿元。

11月19日 经省政府批准，省交通厅编制《关于山西省交通建设上新台阶方案》时，首次提出大运高速公路的规划设想，并决定先行建设太原至旧关和太原东山过境高速公路等5条重点公路。

1993 年

2月20日 省政府印发《关于加快建设高等级公路的若干政策规定》。对征地拆迁、占用土地等免缴或缓缴占用税等作出具体规定。自1993年3月1日起执行。

2月23日 省交通厅印发《大运公路车辆通行费征收管理办法》。共计14条，从3月1日起试行。

2月24日 省政府召开全省重点公路建设工作会议。研究太旧路等重点工程开工准备工作,并同有关地(市)签订重点工程开工准备工作包干责任协议书。

2月27日 副省长纪馨芳主持召开会议,专题研究太旧高速公路建设事宜。

3月22日 为了进一步加强对全省基础设施建设的领导,加快对全省公路交通建设步伐,尽快完成国家和省委、省政府确定的太旧高速公路等基础设施建设任务,省政府以晋政办发〔1993〕46号文件印发《关于成立山西省交通建设领导组的通知》。组长:纪馨芳(副省长);副组长:孟立正(省计划委员会主任)、李振华(省政府秘书长)、曹丁(省军区政委)、杨增杰(省政府副秘书长)、张奎(省计划委员会副主任)、智玉莲(省交通厅厅长)。成员有:崔廷海(省计划委员会副主任)、许卓民(省农业办公室副主任)、杨继刚(省交通厅副厅长)、范敬荣(省建设厅副厅长)、张保令(省土地管理局副局长)、宋德晋(省财政厅副厅长)、吕颖(省物价局局长)、吕鑫厚(省物资厅副厅长)、薛延忠(省工商行政管理局副局长)、张星志(省税务局副局长)、黄环英(省公安厅副厅长)、张绍瑞(中国人民银行山西省分行副行长)、于志勇(中国建设银行山西省分行副行长)、郭凤台(中国银行山西省分行副行长)、刘俊谦(省公路局局长)。领导组下设办公室，办公室设在省交通厅。办公室主任:智玉莲。

3月30日 山西客车修造厂生产的SXK6890型大轿车，在交通部组织的1993年行业质量监督抽查中，以91.61的综合得分,名列全国16个专业生产厂家榜首,被评为一等奖。

4月6日 交通部在平陆县召开全国加筋土技术推广现场会。全国18个省、市100余名专家、技术人员参加。主要是学习推广圣人涧桥的建设技术经验。桥全长96.33米，高28米，宽9米、10.5米,1992年3月开工建设,12月竣工并交付使用。

4月12日 省政府办公厅以晋政办函〔1993〕43号文批复省交通厅,同意成立太原至旧关高速公路建设指挥部。省交通厅厅长智玉莲任总指挥,太原市副市长王晓林、晋中行署副专员赵希宽、阳泉市副市长张义明、省交通厅总工程师鄂俊泰任副总指挥。成员由徐尤龙、张华友、孟繁荣、王国武、雷鸣发、李树敏组成。办公室设在省公路局。

4月15日 省长胡富国赴万家寨引黄工程工地视察途中,深入原平公路段尚家庄道班停留,看望养路工人,并了解当地公路治安情况。

4月17日 省长胡富国从偏关返太原途中,再次深入尚家庄道班停留。听取有关工作汇报后,给予充分肯定,并勉励职工子弟好好学习。

4月20日 省委书记胡富国率省直有关单位负责人赴太旧路检查工程前期准备工作。

5月4日 汾阳县交通局邀请的武福长、王希良、张林润等人,在向阳重镇西的古隘口发现乾隆四十五年(1780年)修建黄岭至碛口古道时所立碑石2块。高1.93米,宽0.76米,厚0.19米,详细记载修建时的艰难历程和建成后的道路状况。

5月4日至6日 全省交通工作会议在临汾召开。省长胡富国、副省长纪馨芳,各地市、县(区)市分管领导及交通局长,省直有关部门领导，省交通厅属单位领导，共600余人参加，是新中国成立以来规模最大的一次全省交通工作会议。

5月18日 中共中央政治局委员、国务院副总理邹家华带领国家计委副主任叶青、煤炭部部长王森浩、交通部副部长刘锷、电力部副部长陆延昌、水利部副部长张春园、国家气象局局长邹竞蒙等赴晋视察工作，并听取副省长纪馨芳关于利用外资修建太原至旧关高速公路的工作汇报。

6月19日 经省政府批准的《山西省征收出省公路及大交通量路段车辆通行费实施办法》、《山西省征收新增车辆费实施办法》、《山西省征收公路建设附加费实施办法》、《山西省征收公路客运站建设费实施办法》正式颁布实施。4个办法所征费款均按“统收统支、收支两条线”的原则，由省交通厅统筹安排使用，全额用于偿还贷款及重点公路建设。

7月1日 省委、省政府、太原市委、市政府领导带领省直、市直有关部门负责人及干部职工2000余人，用义务修路方式，拉开太原东山过境高速公路建设序幕。路线全长26.042公里。省交通厅、太原市政府专门组建太原东山过境高速公路建设指挥部，具体负责工程建设的组织管理。太原市交通局负责指挥部日常管理工作。总指挥：王晓林；副总指挥：杨继刚、王国武。

7月5日 太旧高速公路东段（即西郊至旧关段）工程开工奠基仪式在阳泉市平定县西郊村举行。阳泉市党政领导，省交通厅党组成员、总工程师、太旧高速公路建设副总指挥鄂俊泰，省公路局局长刘俊谦，雁同公路分局和省、市、县有关部门及公路沿线乡村领导出席。

10月13日 省委、省政府在太原召开全省修路、农建、重点工程“三项建设”电视动员大会，向全省人民发出用3年至5年时间，大搞义务修路的号召。

10月13日 省委、省政府成立全省义务修路总指挥部。总指挥：孙文盛；副总指挥：纪馨芳、郑社奎、崔光祖。

10月13日 省委、省政府领导对5条重点公路（太旧、太原东山过境、东观至长治、汾阳至柳林、运城至风陵渡）包干负责，现场办公。

10月19日 省委书记胡富国为陵辉公路改造工程题词并竖碑铭记于晋豫交界。题词为：“陵川人民志豪迈，劈山凿洞坦途开，逐鹿中原争市场，摆脱贫困富起来”。

10月22日 省交通厅印发《山西省公路工程施工监理工作实施细则》。主要内容包括总则、工程开工、变更设计、工程质量签认、质量不合格工程与质量事故、工程计量与计价、工程进度控制、附则8章，从公布之日起试行。

10月28日 被省委书记胡富国命名为“并州第一路”的太原至榆次超一级公路建成通车。路线全长17.3公里，其中太原段8.88公里，榆次段8.4公里，路面宽50米、32米、24.3米，总投资1.2亿元。1993年7月1日开工建设。省委、省政府同时召开重点公路建设现场会。

12月5日 阳曲县新阳大桥建成通车。主孔7孔，每孔20米，连引桥总长545米，1993年6月开工建设。施工期间，省委书记胡富国题写桥名，太原市委书记王云龙参加通车典礼。

12月30日 三门峡黄河公路大桥举行建成通车典礼。主桥长850米，引桥长456米，桥全长1310.090米，引道分别为3.7公里（南），6.05公里（北）。1991年11月1日开工建设，总投资超亿元。

1994年

2月27日 副省长纪馨芳主持召开专题会议，研究太旧高速公路建设有关事宜，省交通厅有关领导参加。

3月1日 太原东山过境高速公路建设指挥部正式组建并开展工作,太原市交通局抽调76名工作人员参加。指挥部内设综合办公室、工程技术组、物资供应组、征地拆迁组、财务资金组、统计组、宣传组、后勤组。指挥部驻地暂定为杨家峪51240部队招待所。

4月15日 陵辉公路改建二级油路工程竣工。路线全长38公里,1990年4月5日开工建设,用4年时间,采取分期分段方式改造铺装,改建里程33.8公里,完成投资6600万元。在工程建设中、采用多层石拱桥桥叠架方案,架起山西独一无二的"桥垫路基"。省委书记胡富国视察后,题诗致贺。1994年10月,省公路学会专门在陵川召开学术研讨会,探讨陵辉公路建设经验。

5月13日 太原市清徐县贯中汾河大桥竣工通车。大桥长275.9米,宽12米,1993年5月23日开工兴建,投资645万元。该桥空心板采用先张法新工艺预制,填补全省公路桥梁施工工艺空白。

5月21日 上午,由团省委牵头组织的太旧高速公路建设16支"青年突击队"队长座谈会在省公路局召开。副省长纪馨芳,团省委书记支树平、常务副书记梁滨,省交通厅厅长智玉莲、省重点办副主任史应标、省公路局党委副书记李绍华出席。

会后,纪馨芳挥毫泼墨,为太旧高速公路"青年突击队"题词。

6月15日 省交通厅成立太旧高速公路建设总指挥部。总指挥:智玉莲;常务副总指挥:刘俊谦;副总指挥:孟繁荣、李树敏、雷鸣发、王国武;总工程师:鄂俊泰。指挥部下设6个部门。同日,常务副总指挥刘俊谦赴阳泉市办公。

6月22日 《人民日报》发表以"一座几代人用血脉筋骨铸成的不朽丰碑——路"为正题,以"山西省陵川县锡崖沟村艰苦奋斗三十年"为辅题的长篇报道,全面介绍锡崖沟村修筑道路的英雄事迹。

6月25日 省委、省人大、省政府、省政协领导胡富国、郭裕怀、梁国英、张维庆、郑社奎、万良适、王云龙、孟立正、刘泽民、纪馨芳、彭致圭、路正西、武三松等及省直有关部门,各地、市委负责同志100多人,第一次深入太旧高速公路建设工地现场办公。

胡富国一行早6时来到即将开工的武宿立交枢纽建设工地,听取省交通厅厅长、太旧高速公路建设指挥部总指挥智玉莲,副厅长、太旧高速公路建设指挥部常务副总指挥刘俊谦关于工程建设情况和大桥开工筹备情况汇报,并观看武宿立交枢纽模型、图片,察看已开工东西两段各标段的施工现场。

胡富国在讲话中,要求参加太旧路建设的广大干部职工再接再厉,学习刘玉庭同志的献身精神,学习大寨和锡崖沟的艰苦奋斗精神,保质保量完成施工任务。当看到平定县柏井村群众挂出"像战争年代支前那样,全力以赴,支援太旧高速公路建设"的巨幅标语时,与会者大受鼓舞。胡富国书记激动地一边走,一边向路边的群众问好。下午,现场办公会议继续在阳泉市召开。与会同志一致拥护省委、省政府关于加速太旧高速公路建设的重大决策。大家认为,太旧高速公路是全省的开放之路、致富之路、希望之路,全省上下必须统一思想,统一行动,为建设太旧高速公路贡献力量。省直有关部门及沿线地市负责同志明确表示,要积极做好资金筹措和征地拆迁等工作。

会议还就征地拆迁及施工现场封闭等问题进行研究讨论,责成有关地市不讲条件,按期解决。对积极参与这条路建设的大中型企业表示欢迎。

为及时解决建设资金上的困难,省领导们还率先垂范,每人捐献两个月的工资,用于太旧高速公路建设。由此,掀起了全省广大干部群众向太旧高速公路建设捐款、捐物的热潮。

6月29日 省委督导组与太原市政府及太原东山过境高速公路建设指挥部在第九

标段联合召开工程进度现场督导会议。一大早，与会同志在省委督导组组长、省委秘书长万良适、太原市委书记王云龙、市长张泽宇、副市长王晓林等率领下，顶风冒雨，乘车深入7个施工标段，现场检查各标段工程进度和施工质量，察看影响施工的10个拆迁部位。省委领导在讲话中，要求各有关单位和部门一定要认真贯彻省委、省政府“6·25”太旧路现场办公会议精神，树雄心，立壮志，千方百计，克服困难，保证1995年10月全线竣工通车。

7月3日 省委常委、省委宣传部部长崔光祖率20多名宣传系统文艺工作者慰问太旧路筑路员工。

7月5日 省级离退休老干部在副省长纪馨芳陪同下，参观太旧高速公路。

7月7日 省人大常委会机关干部40多人，在主任卢功勋、副主任张邦应、孟立正带领下，视察太旧高速公路工地。

7月8日 中共中央政治局委员、国务院副总理邹家华作出批示，要求交通部、国家开发银行领导，要支持太旧路建设，为其筹措资金。

7月8日 新华社播发《太旧高速公路现场办公随行侧记》，全面记述省委书记胡富国、省长孙文盛等省领导在太旧路实地察看、听取汇报等现场办公情况。

7月8日 省委组织部致信《山西日报》编辑部，表扬奋战在太旧路工地的李树奎、李钊、李志军、阎献忠、薛克信、郭锁记、王贵州、钟守树8名共产党员。

7月8日 太原火车站高架桥候车楼建成庆典仪式举行。全国人大常委会副委员长陈慕华等剪彩。

7月16日 忻州市大运公路辅道工程竣工通车。省委书记胡富国出席通车典礼并剪彩。

7月21日 新任省交通厅厅长杜五安等赴京，筹措太旧高速公路建设资金。

7月27日 省政协在太原召集党外人士举行以太旧高速公路建设为主题的座谈会。省委书记胡富国出席并讲话，与会者对如何加强太旧路建设和管理，提出许多宝贵意见。

7月28日 省人大常委会主任卢功勋，副主任张邦应、孟立正、光敏等视察太旧高速公路。

8月1日 省委常委、省委组织部部长郑社奎、副省长纪馨芳赴省交通厅，代表中共山西省委、省人民政府宣布省交通厅新领导班子成员名单。厅党组书记、厅长：杜五安；厅党组副书记、副厅长：杨继刚；厅党组成员、副厅长：史锦文、刘俊谦、任景春；厅党组成员、省纪委驻厅纪检组组长：刘传旺；厅党组成员、省公路局党委书记、局长：宋元林。省委组织部副部长叶相周、省政府副秘书长田畛、省人事厅副厅长张凯陪同。

8月5日 省交通厅新领导班子组建伊始，厅党组书记、厅长杜五安就带领厅党组全体成员奔赴太旧高速公路建设第一线，把新班子的第一次厅党组(扩大)会议开在了太旧路施工现场，表现了厅党组抓大事，干实事，深入实际，全力以赴建设太旧高速公路的决心和风貌。厅机关有关处室和厅直有关单位党政主要负责同志列席。

会议的主要议题是：针对太旧高速公路施工实际和面临的各种困难，动员全省交通系统干部职工想太旧路所想，急太旧路所急，一切工作围绕太旧高速公路建设，齐心协力，共同奋斗，狠抓工程质量与施工进度，保证1995年国庆节东西两段建成通车，1996年全线通车。

会议决定：在现已开工的东西两段施工管理中，要采取倒排工期、倒计时办法，确保进度。对各施工单位要进行分类指导，有条件的要实行三班倒，做到人停机不停。指挥部每周或每旬汇报一次施工进度，保证1995年10月前完成全部路基路面、小桥涵和大中桥工程，实现东西段胜利通车。中段要尽快招标并开工建设，1995年国庆前完成路基和桥涵任务,确保1996年太旧高速公路全线建成通车。要面向全国公开招标,择优选用一流施工队伍,确保工期与进度。太旧路建设指挥部要与各施工单位签订经济合同,做到“三卡死”。即卡死建设费用,珍惜建设资金,杜绝浪费;卡死建设进度,保证按时完成;卡死工程质量,保证修建一流高速公路。

8月6日 在国家机关工作的山西籍干部薄熙永、张长胜、牛仁亮、郝思慰、陈新权、张建国、胡守中、姚乃礼8名同志致信省委书记胡富国、省长孙文盛,对家乡人民齐心协力建设太旧高速公路的创业精神给予高度评价,并为太旧路建设捐款1.1万元。

8月11日 省委副书记梁国英,省委常委、宣传部长崔光祖在省委会议室与徒步百公里宣传太旧的“万人签名献爱心,同心同德建太旧”的13名志愿者进行座谈。

8月12日 省委、省政府在省城湖滨会堂召开加快建设太旧高速公路誓师动员大会。省委、省人大、省政府、省政协四大班子领导,退下来的部分省级老领导,全省各地、市书记、专员、市长,省直机关处级以上干部,太旧高速公路施工单位和平定县、寿阳县代表参加。会议由省委副书记梁国英主持,省委书记胡富国发表重要讲话,省长孙文盛作动员报告,省委常委、副省长郭裕怀通报太旧高速公路建设资金筹集和施工进展情况。会上,省委书记胡富国向全省人民宣布:太旧高速公路的建设资金已经全部落实,一定要保证1996年全线通车。会议充分肯定建设太旧高速公路的重要意义和紧迫性,要求全省上下进一步统一思想,坚定信心,坚定不移地把太旧高速公路建设搞上去。省交通厅党组书记、厅长杜五安代表5万筑路大军表示,要精心组织,高质量、高效益、高速度完成任务。寿阳县、平定县县长分别表示,坚决拥护省委、省政府的决策,认真做好征地拆迁工作,为太旧高速公路建设创造良好施工环境。这次大会,对进一步统一全省人民认识,调动各方面积极性,筹措建设资金、广泛动员建设力量,保证太旧高速公路建设顺利进行,起到十分重要的作用。

8月13日 省交通厅在阳泉公路分局召开太旧高速公路建设动员大会。各公路分局、各施工、设计、监理单位负责人参加。厅长杜五安作动员报告;副厅长刘俊谦通报太旧高速公路工程进展情况,并安排部署下一步工作;省公路局党委书记、局长宋元林代表全局施工单位作表态发言;施工设计、监理单位的代表也分别发言。副厅长杨继刚作大会总结。会议要求全体人员迅速行动,进一步贯彻落实省委、省政府对太旧高速公路建设的决策和指示,把握有利时机,掀起建设太旧路的新高潮。

8月14日 省人大常委会第16次常务会议审议通过《山西省公路养路费征收管理规定》。主要内容包括总则、征收与减免、征收标准、缴费手续、停征与征费变更、奖励与处罚、附则7章38条,自发布之日起施行。

8月14日 著名艺术家郭兰英率30名新老艺术家深入太旧路工地慰问演出。

8月15日 副省长纪馨芳代表省政府与省交通厅厅长杜五安签订太旧高速公路建设目标责任书。

8月18日 省交通厅党组成员第二次赴太旧路建设工地现场办公。杜五安、刘传旺、宋元林等参加。

8月25日 省文化厅组织牛桂英、梁小云、冀萍、马玉涛、刘宝俊、任道等30余名老艺术家赴太旧路临汾公路分局二处工地慰问演出。

9月2日至4日 交通部部长黄镇东在省长孙文盛、副省长郭裕怀、纪馨芳等陪同下,考察全省公路建设情况,并对太旧高速公路建设管理、全省公路发展以及加强精神文明建设等提出具体意见。

9月4日 省政府在太旧高速公路建设工地召开首次现场办公会。省长孙文盛,副省长郭裕怀、纪馨芳,省计委、省交通厅等有关部门及施工和监理单位负责人参加,纪馨芳副省长主持。会议听取副厅长刘俊谦关于太旧高速公路建设情况汇报，省长孙文盛、副省长郭裕怀分别讲话。

9月10日 副省长纪馨芳、省政府副秘书长杨增杰、省交通厅厅长杜五安等在北京三晋宾馆参加在京山西籍老干部和曾经在山西工作过的老干部、老领导为太旧高速公路建设捐款的“故乡情”座谈汇报会，接受老干部50万元捐款。

9月10日 由交通部、省计委、省建设厅、省重点办、省建行、省交通厅19名专家组成的太旧高速公路评标委员会，对进入有效标段范围内的50个单位的投标书进行评标，从中推荐出17个标段的中标单位。

9月12日 省交通厅厅长杜五安、副厅长杨继刚再次赴京，落实太旧路建设交通部投资和国家开发银行贷款。

9月13日 省委统战部部长吴慧琴率团深入太旧路施工一线，慰问筑路员工。

9月20日 省委书记胡富国、常务副省长郭裕怀，在省交通厅厅长杜五安、副厅长史锦文及长治市、晋中地区领导陪同下，视察正在建设中的东观至长治二级汽车专用公路，沿路检查施工进展情况，详细了解工程进度和存在问题，看望筑路员工，并与他们共度中秋佳节。

9月23日 省委书记胡富国，省长孙文盛，省委常委、常务副省长郭裕怀在省交通厅副厅长杨继刚及太原市有关领导陪同下，深入太原东山过境高速公路建设工地视察，现场解决存在问题。

9月29日 省八届人大常委会第11次会议审议通过《山西省公路管理条例》。主要内容包括总则、公路建设、公路养护、路政管理、规费征收、法律责任、附则7章46条。

9月30日 中共中央政治局委员、国务院副总理邹家华致信省委书记胡富国，强调注重抓好太旧高速公路建设质量。

10月1日 省委书记胡富国、省长孙文盛、副省长王文学、纪馨芳等领导深入太旧高速建设工地慰问筑路员工。

10月7日 由稷山县路村乡佛营口村村民原争气、原保印、苏春龙、原吉利4人集资260万元修建的佛营公路，历时19个月告竣。省委书记胡富国、省交通厅厅长杜五安、运城地委书记吴昂、行署专员于志成等领导专程看望4位筑路英雄，盛赞他们为当地群众办了一件大好事，为全省(全区)人民树立了一个好榜样，并为佛营公路通车剪彩。

10月7日 陵川县“五大工程”竣工剪彩仪式举行。省委书记胡富国、省长孙文盛、省交通厅厅长杜五安出席并讲话。胡富国称赞说：“陵川县在基础设施建设方面，特别是在义务修路上，为全省带了个好头！起了榜样的作用”。

10月14日 副省长纪馨芳带领省直有关厅、局领导，深入太旧高速公路中段现场办公。

10月29日 汾阳至孝义一级简易公路在汾阳举行通车庆典仪式。省委书记胡富国，省委常委、常务副省长郭裕怀，省委常委、组织部部长郑社奎，副省长刘泽民出席。

10月30日 省交通厅党组成员在书记、厅长杜五安带领下，第三次赴太旧路现场办公。对组织松散、延误进度的施工处长就地免职；对组织施工得力、工程质量及进度均创优良的工程处长就地提拔。

10月 省交通厅厅长杜五安深入阳泉、长治、汾阳、运城等国有运输企业调研后，提出3点要求。一是坚持深化改革，加强管理，走自我发展为主的道路；二是一业为主，多种经营；三是重视干部的使用和管理。

11月1日 河津市下化乡群众集资入股投资451万元修建的“九一公路”竣工通车。原省政协主席李修文、原省交通厅厅长任先泉等领导出席剪彩仪式，省委书记胡富国题写路名。

11月4日 省交通厅党组成员第4次赴太旧路现场办公，并召开太旧高速公路中间质量检查表彰大会。各施工、监理单位和指挥部有关人员参加。厅长杜五安代表厅党组宣布奖励名单。对东西段质量好的11个单位，分别给予50万元、40万元和30万元的奖励，对作出突出贡献的8位同志晋升一级。

11月9日 省委书记胡富国在省交通厅厅长杜五安、副厅长刘俊谦等陪同下，再次深入太旧高速公路工地考察。

11月11日 中共中央政治局委员、国务院副总理邹家华、国家计委副主任叶青、交通部副部长李居昌、电力部副部长查克明等领导在省委书记胡富国、省长孙文盛、常务副省长郭裕怀、副省长纪馨芳及省计委、省交通厅等有关厅局领导陪同下，亲临太旧高速公路施工现场考察指导工作。邹家华副总理还为太旧路题词："三晋第一路"；"勤劳的人民，崇高的精神，今日之壮举，造福于三晋"。

11月12日 省委常委、宣传部部长崔光祖率省宣传系统厅、局领导，省城知名作家、画家、诗人、文艺工作者、新闻工作者及离退休干部等200余人，慰问太旧路筑路员工。

11月13日 省交通厅党组成员第5次赴太旧路现场办公。明确提出大胆任用精兵强将，以工作实绩考察干部，赏罚严明要求。

11月17日 武宿立交枢纽工程奠基仪式在太原飞机场北门外举行。省委书记胡富国、省长孙文盛出席。

主线全长2.5公里，桥梁总建筑面积45 366平方米，占地1175亩，建成时为全国最大的城市立交枢纽。交通部批复概算总额3.07亿元，建设工期4年，实际工程造价2.3亿元，1995年10月1日竣工通车，共用10个月时间。在省交通厅、指挥部强有力组织与领导下，施工单位夜以继日，奋力拼搏，创造了闻名全国的"武宿速度"。

1996年5月29日，武宿立交枢纽正式通过竣工验收，被评为省级优质工程，同年11月28日，荣获山西省建筑协会"汾水杯质量奖"。1997年9月28日荣获"鲁班奖"。

11月20日 由江泽民总书记题写桥名的风陵渡黄河公路大桥竣工通车。国家计委、交通部有关领导，山西省委书记胡富国、省长孙文盛、副省长纪馨芳，陕西省副省长刘春茂出席通车仪式并讲话，还为江泽民题词揭幕并为大桥通车剪彩，当地干部群众3万余人参加庆祝大会。

大桥由立桥和边孔桥组成，全长1409.64米，主体工程于1992年4月25日开工，1994年10月21日建成通车。大桥北接大运路，南连310国道，是通向华北、西北、中原、西南重要枢纽。大桥的建成，有力促进晋秦豫三省的政治、经济、文化交流。

11月20日至21日 省委、省政府在万荣县召开全省义务修路现场会。省委书记胡富国、省长孙文盛、副省长王文学、纪馨芳带领全省各地、市、县主要负责人和交通局局长、公路分局局长300余人实地考察万荣县义务修路情况以及万（荣）运（运）路和万（荣）临（猗）路。会上，纪馨芳代表省委、省政府就如何进一步搞好全省义务修路工作作动员报告。胡富国、孙文盛分别讲话。会议着重对万荣县义务修路做法进行总结、交流，并给予100万元重奖。同时，会议对全省今后一度时期公路建设提出新要求。

11月 由省交通厅组织编撰的第一卷《山西交通年鉴》（1990年版）由山西人民出版社正式出版发行。全书由厅长智玉莲作序，精装，标准16K，70万字，卷首配发精美图片45幅。编委会主任：杨继刚；副主任：鄂俊泰；常务副主任：秦生发。主编：秦生发；常务副主编：张岐山。

《山西交通年鉴》（1990年版）立足1989年，上溯建国初，囊括全省公路建设、公路运输、内河航运、地方铁路等建设事业，全面记述全省交通部门11万职工在省委、省政府领导下，同心同德，团结奋进的40年历程，总结历史经验，探索经济建设发展规律。特别是对1978年党的十一届三中全会以来全省交通系统各项工作，作了实事求是地总结和概括,树立了全省交通建设的里程碑。它融交通行业历史状况、科研成果、业务知识和数据资料为一体、兼备权威性、资料性和可读性,是全省交通系统各级领导的工作手册,是组织职工开展国情教育、了解本行业基本情况的资料性、历史性专业书籍。

自 1990 年至 2010 年,《山西交通年鉴》已经连续出版 17 卷。其中,1990 年为第 1 卷,1991 年为第 2 卷,1992 年至 1996 年合为第 3 卷,1997 年为第 4 卷,以此类推,到 2010 年为第 17 卷。

12 月 2 日 省委组织部副部长支树平、叶相周和离退休老干部以及省委机关部分干部赴太旧路东西段建设工地慰问筑路员工,并为 18 个基层党支部赠送学习用收录两用机。

12 月 12 日 省交通厅调整充实太旧高速公路建设指挥部成员。总指挥:杜五安;副总指挥:杨继刚、刘俊谦、史锦文、高贵生、刘传旺、杨金泉、任振华、张润;总工程师:虞文景。

12 月 13 日 省交通厅党组第 6 次赴太旧路现场办公。杜五安、杨继刚、高贵生、杨金泉等参加。再次部署 1995 年和 1996 年工程施工任务。

12 月 19 日 省交通厅印发《关于成立太旧高速公路中段建设指挥部的通知》。总指挥:杜五安;副总指挥:高贵生、鄂俊泰、胡玉珍、郜玉兰。

12 月 20 日 省交通厅印发《关于成立太旧高速公路武宿立交枢纽工程建设指挥部的通知》。总指挥:杜五安;常务副总指挥:王晓林;副总指挥:李枝荣、史锦文、杨金泉;办公室主任:杨金泉兼任;副主任:康守忠、米丁飞。

12 月 22 日至 23 日 省交通厅在临汾汽车运输公司召开厅属企业扭亏增盈现场经验交流会。临汾汽车运输公司扭亏增盈经验得到厅属企业厂长(经理)、书记及与会者的公认和好评。厅长杜五安、副厅长任景春出席并讲话。

12 月 27 日 副省长纪馨芳带领省计委、省建行、省重点办及有关单位负责人,在省交通厅厅长杜五安、副厅长任景春等陪同下,视察武宿立交枢纽工程。强调要加强施工安全管理和施工监理工作,确保工程质量和进度。

12 月 31 日 共青团山西省委、省劳动厅和省公路局联合举办山西省公路系统“青年文明号”命名仪式。全省公路系统有 20 个单位获此殊荣。胡富国、梁国英、纪馨芳等领导为获得称号的单位授匾。团省委书记梁滨、副书记张九萍、省交通厅领导杜五安、宋元林参加。

1995 年

1 月 1 日 省委、省人大、省政府、省政协四大班子领导胡富国、梁国英、冯芝茂、万良适、崔光祖、孟立正、纪馨芳、吴俊州等,赴太旧高速公路中段工地慰问筑路员工,并参加太旧路东西两段决战、中段工程建设誓师动员大会。

1 月 1 日 省交通厅党组成员第 7 次赴太旧路现场办公。组织召开太旧高速公路东西两段决战暨中段工程建设誓师大会。

1 月 16 日 省交通厅党组第 8 次赴太旧路现场办公,并在阳泉市组织召开太旧高速公路战地整训暨工程创优夺标大会。杜五安作动员报告,并向各施工单位印发《太旧必读》。杜五安与 20 个施工单位签定施工合同书。

1 月 28 日 副省长彭致圭带领省经委交通处、太铁分局、省交通厅、省民航局等单位负责人赴太原客运总站检查指导工作。

1 月 31 日 省委书记胡富国,省委常委、秘书长万良适,副省长纪馨芳等领导和省交通厅党组全体成员赴太旧路工地，与坚持施工的筑路员工共度新春佳节。

1月31日 省交通厅党组成员第9次赴太旧路现场办公。在杜五安带领下，大家深入太旧中段第八标段省公路局三公司工地，看望筑路员工，并和他们一起共度新春佳节。

2月16日 省交通厅党组成员第10次赴太旧路现场办公，并在太旧中段指挥部召开冶西采空区路基范围内处治经验交流会。

2月18日 省交通厅党组决定成立太旧高速公路宣传指挥部。总指挥：杜五安；常务副总指挥：刘传旺；副总指挥：张明旺、邵若驹、沈可成。

2月25日 省交通厅党组印发《关于成立太旧高速公路建设宣传指挥部的通知》。指挥部暂定在厅招待所办公，内设10个部室，即办公室、《太旧路建设大事记》编辑室、《太旧路英雄谱》编辑室、《太旧高速公路建设通讯》编辑部、理论宣传室、太旧路画册编辑室、太旧电视政论片编创室、太旧电影编创室、太旧碑文征集室和太旧书画征集室。随即迅速从省直有关部门及厅属单位抽调30余名政治理论水平高、业务能力强、有敬业精神的工作人员开展工作。

2月23日 省人大常委会主任卢功勋、副主任孙祥炎、光敏率领参加省八届人大三次会议代表和省政协七届三次会议委员，视察武宿立交枢纽工程建设工地。

2月26日 省第八届人民代表大会第三次会议补选杜五安同志为山西省副省长，仍兼任省交通厅党组书记、厅长。

3月3日至4日 副省长杜五安和省委组织部副部长、省汾柳公路督导组副组长叶相周率领省交通厅、省公路局、省交通设计院、省交通监理总公司等有关部门负责人，对汾柳公路全线进行督导检查。

3月16日 省委常委、宣传部长、运风公路督导组组长崔光祖，在运城地委委员、宣传部长王大高，运风公路指挥部副指挥全有才等陪同下，视察运风公路一期桥涵工程的建设情况。

3月17日至21日 省交通厅党组成员第11次赴太旧路现场办公。刘俊谦主持，杜五安讲话，杨继刚总结，高贵生、杨金泉分别汇报。与会者考察东西两段工程建设情况，针对省公路局第一工程公司工程五处施工地段滑坡和武警标段施工速度等问题，提出具体要求和解决办法。

3月21日 太旧高速公路建设宣传工作会议在阳泉市召开。副省长、省交通厅厅长、总指挥杜五安，副厅长、副总指挥杨继刚、刘俊谦，省纪委驻厅纪检组组长、副总指挥刘传旺，厅长助理、副总指挥杨金泉等出席。刘传旺主持并作总结。杜五安作了题为《紧紧围绕太旧高速公路建设，大张旗鼓地做好宣传工作》的重要讲话。太旧路全线各指挥部、各施工单位领导及负责宣传工作的同志150余人参加。

3月26日 中共中央宣传部副部长郑必坚在省委常委、宣传部长崔光祖，省交通厅副厅长、太旧路建设副总指挥杨继刚等陪同下，深入交通部一局和省公路局第三工程公司武宿立交枢纽工地进行视察。

4月3日 全省交通监理工作会议召开。副省长杜五安出席并讲话，再次强调一定要搞好工程监理，确保太旧高速公路质量，并提出具体要求。

4月5日 中共山西省委以晋发〔1995〕18号文件，印发《关于表彰徐大毅等5位领导干部的决定》。对在全省两个文明建设中成绩显著、贡献突出的5位同志予以表彰，授予“优秀领导干部”称号。省交通厅副厅长、太旧路建设指挥部常务副总指挥刘俊谦获此殊荣。

4月8日至10日 忻州地区交通建设暨义务修路现场会在忻州市召开。副省长杜五安出席并讲话。赵风翔、李英明、白祯祥、王占国等地区领导出席。各县市委书记、县市长、交通局长和区直单位领导200余人参加。

4月9日 国家计委主任陈锦华、煤炭部部长王森浩等领导视察武宿立交枢纽工程建设工地，并听取副省长杜五安关于太旧路建设情况的汇报。

4月10日 省军区司令员董云海率300多名官兵赴武宿立交枢纽工地参加义务劳动。

4月10日至5月14日 省交通厅和山西人民广播电台共同举办“千里走大运”采访活动。采访团由电台和省公路局各1人组成，从南到北沿大运公路进行采访，集中体现公路沿线干部群众的精神风貌，展示公路沿线经济带的繁荣景象。

4月18日 省交通厅举行交通系统劳模座谈会，共有30人出席。副省长杜五安出席并讲话，厅领导杨继刚、史锦文、刘传旺及各处室负责人参加。

4月28日 省委书记胡富国再次深入太旧路工地考察工程建设情况，并作重要指示。

5月3日 省长孙文盛赴武宿立交枢纽工程建设工地视察。

5月3日 全国公安系统英模报告团由省公安厅副厅长王作秀陪同，赴武宿立交枢纽工程建设工地义务劳动。

5月4日 省交通厅党组全体成员在副省长杜五安带领下，第12次赴太旧路建设工地现场办公，研究解决施工中存在的困难和问题。

5月4日至7日 交通部公路管理司组织北京、山东、黑龙江、甘肃、河南等省市的9名专家抵晋，全面检查太旧路组织管理、工程质量和进度、监理、安全生产等。经专家评价，总合格率达96.4%，做到高标准、高质量、高效益。专家们一致认为：太旧路地质复杂全国少见，领导重视全国少见，工程质量之好也是近几年全国在建工程中少见的。

5月8日至12日 交通部体改法规司新闻处组织新华社、《人民日报》、《经济日报》、《工人日报》、《中国青年报》、《经济参考报》、《瞭望》杂志社、《中华工商时报》等9个新闻单位的12名记者赴太旧高速公路全线实地考察和采访。采访得到省委、省政府和省交通厅党组高度重视。省长孙文盛、副省长王文学、杜五安，省政府秘书长赵劲夫，省交通厅领导刘俊谦、高贵生、刘传旺接见采访团全体成员。

5月18日 全国最大的M3000型沥青拌和机由省公路局第一工程公司在太旧路平定建设工地投入使用。

5月31日 太旧路建设总指挥部制定廉政建设7项规定，确保合理使用建设资金，塑造良好的太旧人形象，优质、高效、按期完成建设任务。

6月1日 太旧路建设宣传指挥部举行省城艺术家捐赠书画仪式，共收到69位省城知名书画家作品86幅。省委书记胡富国，省委常委、省委宣传部部长崔光祖，副省长杜五安及著名作家、书画家姚奠中、西戎、勒极苍、杨秀珍、徐文达、赵梅生、赵望进、姚天沐、董其中、田树苌、冀雅翘、王朝、郭肖晨、王留鳌、赵紫峰、沈晓英等出席。

6月1日 副省长杜五安在清涂县县长姬和平陪同下，专程赴清涂吴村看望为太旧路工程捐款的残疾少年罗凤枝。

6月7日 省委书记胡富国、省长孙文盛、副省长纪馨芳、杜五安在武宿立交枢纽建设工地接受中央电视台《东方时空》记者的现场采访。

6月15日 太旧路建设总指挥部召开反腐倡廉动员大会。高贵生主持。刘俊谦、张润、罗清宇、胡玉珍、郜玉兰、杨俊威、赵新民、王玉山及各指挥部有关处室、施工、监理单位负责人参加。

6月18日 中共中央政治局委员、书记处书记、中宣部部长丁关根在省委书记胡富国，省委常委、太原市委书记王云龙，省委常委、省委宣传部部长崔光祖，副省长杜五安等陪同下，视察武宿立交枢纽建设工地。

6月18日 省交通厅在太原交通大厦召开厅属企业劳动合同鉴证大会。省劳动厅仲裁处对劳动合同书和签约双方资格等依法进行鉴证,副省长、省交通厅厅长杜五安以法人身份与九家厅属企业经理(厂长)、书记签订合同书。省交通建设监理总公司、太原汽车运输公司经理还在会上分别与本企业中层干部和职工代表签约。

6月20日 副省长王文学带领省直农业有关部门负责同志赴太旧高速公路建设工地参观学习,并慰问筑路员工。

6月20日 副省长兼省交通厅厅长杜五安率厅党组成员第13次赴太旧路现场办公,并对省四大班子领导第二次现场办公的准备工作进行安排。

6月23日 《人民日报》头版刊发该报记者阎晓明的配图报道《干部群众同心,速度质量并重——太旧高速公路建设进入冲刺阶段》。报道简要叙述了太旧路建设的主要过程。

6月24日 省委书记胡富国、省长孙文盛带领省委、省人大、省政府、省政府四大班子领导以及省直各厅局、各地(市)负责同志,再次赴太旧路现场办公。与会领导详细察看武宿立交枢纽及东西两段全线和中段主要施工路段,听取太旧路各指挥部领导、技术人员的汇报和介绍。

省领导胡富国、孙文盛、郑社奎、卢功勋、郭裕怀、万良适、王云龙、吴达才、王文学、纪馨芳、杜五安、路正西及原省级老领导阮泊生、王庭栋、李修仁、阎武宏和省高级人民法院院长李玉臻出席。胡富国主持,纪馨芳、杜五安汇报太旧路建设进展情况后,孙文盛作重要讲话。阮泊生、王庭栋、李修仁3位省级老同志分别作感人肺腑发言。省四大班子主要领导及各地(市)代表、工青妇、企业界代表以及太旧路已故功臣代表刘玉庭妻子续秋英在会上发言。

6月29日 晋冀两省在河北召开太旧高速公路与河北省一级公路建设协调座谈会。双方就通车时间、收费标准、煤运管理等达成共识。

7月1日 武宿立交枢纽工程建设指挥部在二标段工地为省公路局第二工程公司提前12天完成匝道及匝道桥主体箱梁工程召开祝捷会。副省长、省交通厅厅长杜五安代表厅党组把写有"弘扬太旧精神,再创武宿速度"的锦旗和21万元奖金授予该公司。

7月11日 原国家主席杨尚昆在省委书记胡富国、省委副书记梁国英,省委常委、秘书长万良适,省委常委、太原市委书记王云龙等陪同下,视察武宿立交枢纽工程建设工地。

7月12日 建设部副部长谭庆琏在太原市副市长王晓林和省建设厅、省重点办负责人陪同下,视察武宿立交枢纽工程建设工地。

7月15日 省总工会组织全国劳模、太钢治渣顾问李双良,昔阳县大寨村党支部书记郭凤莲,太原双合成食品店经理赵光晋和全国先进工作者、《童话大王》画报社社长赵岩平以及省总工会机关干部共30人组成慰问团,冒酷暑赴太旧路中段慰问筑路员工,并赠送慰问品。

7月20日 省八届人大常委会第十六次会议审议通过《山西省道路运输管理暂行条例》。主要内容包括总则、开业和歇业、旅客运输和货物运输、搬运装卸和汽车维修、运输服务业、价格及规费和票证、罚则、附则8章43条,自1995年10月1日起施行。

8月2日 省长孙文盛、副省长杜五安视察武宿立交枢纽工程顶推法施工现场,要求安全施工,严把质量关。

8月12日 副省长、省交通厅厅长杜五安率厅党组全体成员第14次赴太旧路现场办公,检查各标段施工情况,现场解决施工中出现的问题,作出太旧路全线通车时间由1996年10月1日提前到6月25日的决定。

8月15日至11月15日 省交通厅征稽局在全省范围内开展"百日交通征费稽查

大会战”。共出动稽查人员 38 192 人次,查扣各种偷、逃、漏、欠缴纳交通规费车辆 15 140 台,处理 13 055 台,补缴各种规费 2118.4 万元。

8 月 23 日 中共中央政治局常委、中央军委副主席刘华清在省党政军领导胡富国、孙文盛、梁国英、郑社奎、万良适、王云龙、董云海、陈德毅、杜五安等陪同下,视察太旧路西段标准路段和武宿立交枢纽工程。

8 月 24 日 省交通厅印发《义务修路评分标准》。要求按此标准对 1992 年 10 月至 1995 年 8 月和 1994 年 11 月至 1995 年 8 月义务修路完成情况分别评分后,报送省公路局养路处。

8 月 27 日 中共中央宣传部副秘书长李长喜率国家新闻、出版、文艺、教育等单位 30 余名专家组成的考察团赴武宿立交枢纽工地考察。

8 月 27 日至 9 月 1 日 交通部副部长李居昌赴晋视察。部办公厅副主任张玉德、公路管理司副司长张之强,副省长杜五安和省交通厅领导杨继刚、史锦文、宋元林陪同。

8 月 29 日 联合国副秘书长冀朝铸和夫人在副总指挥杨金泉等陪同下,赴武宿立交枢纽工地施工现场参观。

8 月 29 日 交通部副部长李居昌,副省长兼省交通厅厅长杜五安一行 20 余人,在于志成、黄有泉、尚平安等陪同下,考察万荣县乡镇通二级路、村村通油路建设工程。

8 月 《万荣精神万荣路》正式出版。22.8 万字,并配有照片 41 幅,交通图 1 幅。省委书记胡富国、省长孙文盛、运城地委书记于志成、行署专员黄有泉分别题词,副省长杜五安作序,人民交通出版社出版发行。

9 月 2 日 国内贸易部部长陈邦柱在省委书记胡富国、省贸易厅厅长程步云等陪同下,视察武宿立交枢纽工程及太旧路西段标准路段。

9 月 6 日 河曲县太子滩黄河浮桥剪彩通车仪式举行,副省长杜五安及忻州行署专员刘增宝、副专员李玉清出席。

9 月 10 日 省交通厅、太旧路宣传指挥部领导共同审定太旧高速公路路徽。

9 月 12 日至 13 日 省委宣传部、太旧高速公路建设宣传指挥部、省委党校、《山西日报》社、省广播电视厅、省社科院、省委《前进》杂志社七单位在并州饭店共同举办“太旧精神”研讨会。省委书记胡富国、省长孙文盛、省委副书记梁国英、副省长杜五安等出席并讲话。全省各地、市委宣传部与主管理论宣传工作负责人,省委办公厅、省委组织部、省交通厅等部门负责同志以及部分论文作者共 150 余人参加,省交通厅党组成员、省纪委驻厅纪检组组长刘传旺主持。会议收到论文 103 篇,其中入选 72 篇,获奖 53 篇。其中,荣誉奖 7 篇,一等奖 5 篇,二等奖 16 篇,三等奖 25 篇,优秀论文奖 19 篇。

9 月 17 日 武宿立交枢纽工程建设指挥部召开祝捷会,庆祝桥头引道 150 米路基决战任务胜利完成。副省长杜五安在讲话中,高度赞扬筑路员工的奉献精神,并亲手将“敢打硬拼,勇建奇功”锦旗授予晋中公路分局。

9 月 20 日 省交通厅举行太旧高速公路试通车仪式。副省长兼省交通厅厅长、党组书记、太旧路建设总指挥杜五安,厅党组全体成员,厅机关各处室负责人、厅属各单位党政主要领导、太旧路建设各指挥部领导及厅离休老干部 200 多人参加。

9 月 20 日 太原市首批无人售票公共汽(电)车线路开通新闻发布会和通车剪彩仪式在胜利桥停车场举行。有 8 路、27 路汽车及 3 路电车。

9 月 23 日 《太旧路英雄谱》上卷由山西人民出版社出版发行。是新中国成立以来全省第一部反映高速公路参建单位和员工先进事迹的书籍。分为筑路架桥奋战篇、设计监理求精篇、征地拆迁奉献篇、捐款捐物支援篇四部分,120 万字,标准 16K,以通讯、报告文学形式,记载太旧路建设过程中涌现出的 50 个先进集体和 160 名先进个人的感人事迹。顾问:胡富国、孙文盛;编委会主任:杜五安;主编:杜五安;执行主编:刘传旺;副主编:张明旺、师国梁、李文锦、田绿化;编辑部主任:师国梁。

9月25日 省交通厅印发《关于成立太原旧关高速公路管理局的通知》。为正县处级建制的事业单位,同时挂太旧高速公路开发总公司牌子,实行企业化管理,内设10个科室,核定局机关事业编制67名,领导职数4名,总工程师、总会计师各1名;核定晋中管理处事业编制279名,阳泉管理处事业编制230名,领导职数各5名,均为科级建制。

9月28日 《太旧高速公路建设大事记》上卷由山西人民出版社正式出版。是新中国成立以来全省第一部专题记载重点交通工程始末的大事记,35万字,标准16K,330个条目。顾问:胡富国、孙文盛;编委会主任:杜五安;主编:杜五安;执行主编:刘传旺;编辑部主任:张岐山。

9月30日至11月30日 太旧高速公路宣传指挥部和《山西日报》社共同在太原中国煤炭博物馆举办庆祝太旧路第一期工程胜利竣工通车书画摄影展。历时2月,展出书画作品284件(幅),领导题词74件,观众愈10万人。

10月1日 太旧高速公路东西两段暨武宿立交枢纽工程通车庆典隆重举行。武宿立交枢纽、东西两段94公里路线两侧红旗招展,彩球飘舞,锣鼓喧天,炮声阵阵,场面十分壮观。省领导、国家有关部门领导、省直各部门和各地、市领导、大中型企业和高等院校代表、为太旧路捐款的企业和个人代表、太旧路建设指挥部和设计、施工、监理、科研单位代表以及沿线群众数万人参加。中央及省城各大新闻单位百余名记者同时采访报道,山西电视台、山西人民广播电台现场直播。

庆典仪式由副省长纪馨芳主持,省长孙文盛,交通部原副部长郑光迪,国家开发银行信贷局局长叶汇先后讲话。他们充分肯定太旧路建设的意义和取得的巨大成就,赞扬山西人民坚持艰苦奋斗、改革开放所取得的英雄业绩;副省长杜五安介绍工程建设情况;省领导胡富国、孙文盛、梁国英、郑社奎、卢功勋、郭裕怀、冯芝茂、王云龙、刘泽民,全国人大常委会委员李立功、省级老领导阮泊生、王庭栋、李修仁,交通部原副部长郑光迪,国家开展银行交通信贷局局长叶汇,太旧路建设功臣代表阎献忠、李开、李树平、郜玉兰,为太旧路建设献身的筑路员工家属代表续秋英,为太旧路捐款的干部群众代表、老红军袁平为太旧路东西两段及武宿立交枢纽工程通车剪彩。出席庆典的省党政军领导还有:万良适、崔光祖、董云海、支树平、孟立正、王民、光敏、王文学、彭致圭、吴俊洲、汤礼德、秦国栋、刘波、宋绍华、靳承序、祁寿椿、吴慧琴、阎武宏、藏文清、马清云、哈斯、白玉明、侯小保。省检察院检察长左祥及交通部、铁道部、国家开发银行、中国国际咨询公司、河北省有关负责同志也参加了庆典活动。

庆典活动中,还收到交通部、国家开发银行、交通部设计院及沿线地、市、县的贺电,交通部办公厅、国家计委办公厅、投资司、交通司,省直各部、委、办、厅、局,工青妇各部门、各地(市)、各大型企业以及全省交通系统各单位同贺通车典礼。

剪彩仪式结束后,省领导和有关领导驱车参观太旧路东西两段全程。沿线人民群众以热烈的掌声和欢快的锣鼓,欢迎太旧路建设的决策者和建设者们。

10月5日 108国道榆次至东观段一级公路建成通车。路线全长67.3公里,路基宽26米,路面宽24米,双向6车道,总投资1.02亿元,1995年3月15日开工建设。

10月19日至20日 省委、省政府在万荣县召开全省义务修路现场会。省委书记胡富国、省长孙文盛、省委副书记郑社奎、省人大常委会副主任吴达才、副省长杜五安出席并讲话。全省各地市、县政府领导和交通局局长,厅属各单位、厅机关各处室负责人共300余人参加。孙文盛主持,杜五安做工作报告，万荣县、运城地区、陵川县、朔州市、孝义市、灵石县作典型发言。会议对全省三年义务修路工作进行总结表彰，并对今后工作作了安排部署。会议充分肯定万荣县奋战一年实现“乡镇通二级路，村村通油路”的成功经验，号召全省人民发扬太旧精神、锡崖沟精神和争强好胜的万荣精神，大干5年，使山西公路建设再上一个新台阶。运城地区获“全民义务修路先进地区”光荣称号，奖励100万元；万荣县获“全民义务修路标兵县”光荣称号，奖励200万元。会议还表彰了全省义务修路先进县（市）、区31个，义务修路模范县（市）、区领导13人，模范交通局长13人，实现“三通”的县（市）、区82个，对义务修路落后的5个县进行点名批评。

10月24日至28日 交通部在山东泰安市召开全国交通扶贫工作会议。县长安德天、副县长兼交通局长卫志高代表万荣县参加，并作了题为《实施道路脱贫战略，实现乡镇通二级路、村村通油路》的典型发言。交通部向全国交通系统发出“学习沂蒙精神，学习万荣精神，搞好交通扶贫工作”的号召。

10月26日 上午，省交通学校隆重举行半军事化会操表演。副省长兼省交通厅厅长杜五安，厅领导史锦文、任景春、刘传旺、杨金泉及厅机关各处室负责人观看。杜五安还为学校题写校名。

11月3日 太原旧关高速公路管理局挂牌仪式举行，共100余人出席。副省长杜五安挂牌并讲话。

11月7日 中共中央宣传部常务副部长徐惟诚、宣教局局长张克迅，在省委书记胡富国，省委常委、宣传部长崔光祖，省交通厅副厅长杨继刚等陪同下，视察武宿立交枢纽工程。

11月10日 《太旧依依情》大型慰问演唱会在省体育馆举行。省委、省政府、省人大、省政协、省军区、驻并部队、省武警总队负责同志及省级老同志和观众一起观看。省内外著名艺术家李默然、马玉涛、关贵敏、卢秀梅、李光曦、曾辉、李胜素、小香玉、张爱珍、崔建华、史佳华、牛宝林等献上精彩节目。

11月15日 万荣至荣河路段改建二级公路工程竣工通车。路线全长40公里，投资3200万元，省委书记胡富国视察后题词：“万荣人民的幸福路”。

11月16日 副省长兼省交通厅党组书记、厅长杜五安率全体厅党组成员和厅级老领导任先泉以及太原市、忻州地区、省交通厅相关处室、省公路局、省交通设计院等有关单位负责同志30余人，实地踏勘大运高速公路原平至太原段设计路线，并就前期准备工作召开座谈会。要求设计要站得高，看得远，高标准，高速度，科学合理，力争1997年开工建设，1998年国庆节竣工。

11月27日 全省交通教育工作会议在太原召开，150余人参加。副省长杜五安，省交通厅党组成员，老厅长廉平、任先泉出席。

11月28日至29日 全省交通战备工作会议在太原召开。总结交流“八五”期间全省交通战备工作经验，对先进单位和先进工作者进行表彰。副省长杜五安出席并讲话。会议分别由省军区副司令员陈玉田、国家交战办、北京军区交战办负责同志、省军区后勤部部长刘青山和省交通厅副厅长杨继刚主持，80余人参加。

12月17日 副省长、省交通厅党组书记、厅长杜五安带领厅党组成员和有关部门负责同志共28人，带着全省11万交通职工和5万太旧路建设者的深情厚谊，赴万家寨引黄工程建设工地进行慰问，并捐款1亿元为引黄工程修建10公里专用公路，赠送价值3万元慰问品。省政协主席、万家寨引黄工程建设总指挥郭裕怀对省交通厅的无私奉献精神给予高度赞扬。

12月29日 副省长、省交通厅厅长杜五安带领厅党组成员及厅机关有关处室负责人第15次赴太旧路现场办公。与会人员详细察看中段20个标段建设情况后，一致认为1996年6月25日全线通车胜券在握。

1996 年

1月1日 省委书记胡富国、省长孙文盛带领省委、省人大、省政府、省政协四大班子领导第四次赴太旧路现场办公,慰问奋战在第一线的广大筑路员工和沿线人民群众,并召开太旧路中段建设汇报会,议定太旧路全线建成通车时间由 1996 年 10 月 1 日提前到 6 月 25 日。

1月2日 副省长、省交通厅厅长杜五安带领厅党组成员第 16 次赴太旧路现场办公,刘俊谦、高贵生、杨金泉等参加。主要解决北茹隧道等工程建设中存在的问题,并安排部署下一步工作。

1月4日 孝义至午城公路改线工程竣工通车仪式举行。省委书记胡富国,省政协主席郭裕怀,省委常委、常务副省长刘泽民,副省长杜五安及厅领导杨继刚、任景春、杨金泉出席

1月8日 太原汽车客运公司大营盘汽车站恢复运营。建筑面积 1000 平方米,按一级标准设置。建于 1965 年,1987 年停运。

1月11日 省委、省人大、省政府、省政协四大班子领导在省委组织部部务会议室,用 3 小时集体审看以太旧高速公路建设为题材的 5 集电视政论片《热土壮歌》,对该片创作成功给予充分肯定。一致认为,该片是当前加强社会主义精神文明建设,弘扬时代主旋律的一部好教材,是献给山西省第七次党代会的一份厚礼。

1月19日 原中顾委常委李德生在省委副书记梁国英、省委副秘书长吴锦文、省交通厅副厅长杨继刚、史锦文等陪同下,视察武宿立交枢纽工程。

1月19日 省交通厅印发《关于委托省交通建设开发总公司对重点公路大中型专用机械设备实行统一经营管理等有关事宜的通知》。从 3 月 1 日开始实行。

1月24日 省委常委会研究决定:任命省交通厅副厅长、太旧高速公路建设总指挥部常务副总指挥刘俊谦为省交通厅党组书记。

1月26日 省委、省政府以晋发〔1996〕13 号文件,印发《关于在全省开展学习"太旧精神"活动的决定》。认为"太旧精神"是"新的历史时期中华民族的伟大创业精神在全省现代化建设中的具体表现,是全省人民在各个时期形成的可贵精神在新形势下的发扬光大,是全省人民摆脱贫困、奋发进取精神风貌的集中反映,是改革开放的时代精神、艰苦奋斗的光荣传统与兴晋富民的伟大实践三者的有机统一。"

1月27日至29日 出席山西省第七次党代会代表参观太旧高速公路,盛赞太旧路建设取得的巨大成就,省委、省政府的正确决策和 5 万筑路员工艰苦奋斗的精神。

2月2日 老一辈无产阶级革命家薄一波为太旧高速公路题词:"自力更生,艰苦奋斗,不屈不挠,勇于奉献。"

2月8日 由全国人大代表、中国人民解放军副总参谋长徐信率领的全国人大代表和全国政协委员组成的视察组,在副省长、总指挥杜五安等陪同下,视察太旧高速公路。他们对太旧路建设成就和山西人民艰苦奋斗的精神给予高度赞扬。

2月8日 省交通厅党组印发深入贯彻省委、省政府《关于在全省开展学习"太旧精神"活动的决定》的通知。提出 5 条要求:一是要学习好、宣传好、贯彻好省第七次党代会精神;二是要紧密联系全省交通工作实际;三是要讲政治,讲大局,讲正气,讲奉献;四是要用太旧路建设成功经验,让"太旧精神"在全省交通系统生根、开花、结果;五是要戒骄戒躁,再接再厉,乘胜前进。

2月8日至9日 省交通厅在交通大厦召开贯彻省委、省政府学习"太旧精神"决定

动员大会。厅党组全体成员、厅属52个单位党政主要领导、太旧路建设各指挥部领导及厅机关各处(室)主要负责人共160余人参加。副省长兼省交通厅厅长杜五安主持并作了题为《认真学习“太旧精神”,大力弘扬“太旧精神”》的动员报告;厅党组书记、副厅长刘俊谦和厅党组副书记、副厅长杨继刚分别讲话。省委书记胡富国出席并讲话。

2月13日 中共中央政治局委员、国务院副总理邹家华观看5集电视政论片《热土壮歌》,对太旧路建设取得的辉煌业绩给予高度赞扬。并批示:“这是党中央、国务院正确领导的胜利,是省委、省政府正确领导的结果,也是山西人民建设社会主义的伟大胜利,热烈地祝贺。”

2月14日 省委、省政府和太旧路建设指挥部邀请为太旧路献身的8位太旧功臣家属到省城,进行座谈慰问并拜年。省委书记胡富国、副省长杜五安代表省委、省政府向每位家属赠送2000元现金、4袋面粉和有关太旧路宣传资料。省领导在讲话中,十分感谢8位献身者及其家属为太旧路建设作出的巨大奉献,并要求学习功臣献身精神,建设好太旧路,管理好太旧路。

2月17日 省领导胡富国、孙文盛、郑社奎、王云龙、刘泽民、冯芝茂、董云海、支树平、刘振华、武正国、张秉法、卢功勋、郭裕怀等同志在省委常委会议室审议太旧路纪念碑设计方案。各位领导提出许多指导性意见,并对武宿立交枢纽绿化方案进行审定。

2月19日 副省长杜五安带领省交通厅党组成员第17次赴太旧路现场办公。向节日期间坚持施工的20 000多名职工拜年,并宣读胡富国、孙文盛慰问信。

3月13日 省公路局在局俱乐部召开太旧英模报告会。全国劳模、山西省特级劳模、山西十大杰出青年、阳泉公路分局一处处长阎献忠,“太旧路上一家人”中的妻子、省公路局第一工程公司职工白爱梅,省公路局已故总工程师彭传直事迹的代表侯学礼等同志,在会上作精彩报告。

3月15日至6月20日 省交通厅厅直机关党委、省交通建设开发总公司、山西交通报刊社联合举办“学习‘太旧精神’万人百题知识竞赛”活动。共收回答卷6122份,评出一等奖5名,二等奖10名,三等奖25名,纪念奖125名;有10个单位获组织奖。

3月25日至28日 全国公路建设座谈会在太原召开。交通部副部长李居昌在报告中回顾全国“八五”公路建设成就,提出“九五”期间公路建设的主要任务和目标。省委书记胡富国、省长孙文盛出席并讲话,副省长兼省交通厅厅长杜五安作交流发言。各省、市、自治区交通部门负责同志出席,并参观太旧高速公路。

3月26日至27日 全省交通扶贫工作会议在太原召开。副省长兼省交通厅厅长杜五安作了题为《同心干,为了380万,打胜交通扶贫攻坚仗》的报告,提出全省“九五”交通扶贫工作的指导思想和奋斗目标。会上出台扶持贫困地区公路发展的多项优惠政策。省委书记胡富国、省长孙文盛、交通部副部长李居昌出席并讲话。

3月28日 全省交通工作会议在太原隆重召开。省委书记胡富国、副省长兼省交通厅厅长杜五安出席并讲话。厅党组书记、副厅长刘俊谦作了题为《高举两面旗帜,弘扬“太旧精神”,全力推进“九五”交通工作再上新台阶》的工作报告。会议表彰太旧功臣单位、1995年度完成目标责任制的优秀单位和先进单位,杜五安与各地市交通局、厅直各单位负责人签订1996年度工作目标责任书。

3月28日 全省交通科学技术大会在太原召开。交通部向大会发来贺电,副省长兼省交通厅厅长杜五安、厅党组书记刘俊谦出席并讲话。杨继刚作工作报告。

3月29日 出席省政协七届四次会议的近700名委员,在省政协主席郭裕怀带领下,赴太旧高速公路视察,杜五安、刘俊谦、杨金泉等陪同视察,并介绍工程建设情况。郭裕怀发表热情洋溢讲话。

4月1日 副省长兼省交通厅厅长杜五安带领厅党组成员第18次赴太旧路现场办公。会议确定太旧路三大目标不动摇,要求各级领导高度重视,把工程质量一抓到底,瞄准"6·25",实现3月打基础,4月大决战,5月主体完,"6·12"试通车,"6·25"全线通车的目标。

4月2日 在省人大常委会副主任王民、孙祥炎带领下,原省人大常委会主任王庭栋、副主任张健民、刘砚青及参加省人大八届四次会议的代表约700余人视察太旧高速公路。

4月2日 《太旧高速公路建设大事记》、《太旧路英雄谱》、《太旧精神研讨会论文选》系列丛书被省新闻出版局、省出版协会评为第八届晋版图书编辑导向奖。

4月8日 副省长兼省交通厅厅长杜五安带领厅党组成员第19次赴太旧路现场办公,并参加东西两段植树活动。

4月13日 省领导胡富国、孙文盛、卢功勋、郭裕怀、冯芝茂、张秉法、杜五安利用公休日,赴太旧高速公路西段参加义务植树活动。

4月28日 中共中央总书记、国家主席、中央军委主席江泽民在上海题写"太旧高速公路"路名。

4月 省编委印发晋编字〔1996〕11号文《关于交通征费稽查机构编制的通知》。同意省交通征稽局所属各地市征稽处更名为分局,为正处级建制,仍挂车购办牌子,仍然实行一套人马,两块牌子。

5月3日 副省长兼省交通厅厅长杜五安带领厅党组成员第20次赴太旧路现场办公。主要内容有为太旧路献身的特等功臣纪念碑选址,检查桥梁伸缩缝质量等。

5月4日 太旧路建设总指挥部在北茹隧道召开决战红5月,确保"6·25"全线通车动员大会。省长孙文盛、副省长兼省交通厅厅长杜五安出席并讲话。省交通厅领导刘俊谦、杨金泉和阳泉市党政领导以及太旧路中段各施工单位、监理单位代表800余人参加。孙文盛省长在讲话中要求广大建设者再接再厉,善始善终,圆满完成各项任务。

5月4日 副省长兼省交通厅厅长杜五安带领厅党组成员第21次赴太旧路现场办公。落实动员大会精神,确保工程质量再上新台阶。

5月9日 副省长刘振华深入离临柳石扶贫公路柳林段视察。

5月11日 在省领导孙文盛、郭裕怀、纪馨芳、薛军陪同下,国家计委主任陈锦华考察太旧高速公路。赞赏"太旧精神"和太旧经验,要求认真进行总结,使其进一步发扬光大。

5月15日至6月20日 省交通厅党组委托老厅长廉平牵头厅老领导任先泉、王文祥等20名同志组成检查组,分赴全省各地市县检查群众义务修路情况。撰写近3万字报告,提出20余条建议和意见。

5月19日 省委常委、省军区司令员董云海,省人大常委副主任梁国英、副省长杜五安观看全省征稽系统军事化管理队列表演大赛,检阅征稽队伍。省委书记胡富国、省长孙文盛致信祝贺。省交通厅党组书记刘俊谦发表热情洋溢讲话,厅领导杨继刚、任景春、高贵生、刘传旺、杨金泉以及省有关部门负责同志观看表演比赛。

5月24日 中共中央政治局常委、国务院总理李鹏为太旧高速公路题词:"群策群力,建设高速公路;如虎添翼,振兴山西经济"。

5月24日 省委副书记、太旧高速公路"6·25"全线通车庆典活动领导组组长郑社奎带领有关负责人赴太旧路现场办公,解决庆典活动有关问题。

5月26日 下午4时45分,太旧路中段路面工程最后一米路段铺筑完成,比原计划提前5天。省交通厅党组书记刘俊谦、副厅长高贵生等领导出席简短庆祝仪式,并通过新闻媒体向省委、省政府和全省人民致谢。

5月27日 省交通厅党组在省公路局召开太旧高速公路通车典礼工作协调会。传达省领导胡富国、孙文盛、杜五安有关指示精神,要求太旧路各指挥部和施工、监理单位紧急行动起来,再鼓干劲,再创新高,把通车庆典工作搞好。

5月28日 永和县政府在永和关渡口举行"兴永一号"汽车渡船通航剪彩仪式。省交通厅副厅长任景春、水运处处长李灵专程参加。

6月2日 韩国大邱经济代表团在省领导胡富国、武正国、纪馨芳及省交通厅党组书记刘俊谦等陪同下,参观武宿立交枢纽和太旧路西段工程。

6月5日 省交通厅党组第22次赴太旧路现场办公。副省长兼省交通厅厅长杜五安,厅领导刘俊谦、杨继刚、高贵生、杨金泉以及太旧路建设各指挥部负责人视察收尾交通工程,慰问日夜坚守在工程第一线的筑路员工,在北茹隧道东口与工人们一道将碑墙上最后一块台阶石砌好。至此,太旧路中段攻坚工程全部完成。办公会决定:太旧路全线试通车提前至6月12日;太旧路路名碑6月20日前建成,太旧路功臣纪念碑6月18日建成;准备召开太旧功臣表彰大会和太旧人总结太旧路大会;做好武宿立交枢纽及太旧路申报"鲁班奖"准备工作;走访太旧路沿线,妥善解决遗留问题。

6月10日 《太旧路英雄谱》下卷由山西人民出版社出版。共分上下两卷六大部分,246万字。全书载录了太旧高速公路建设中筑路架桥、设计监理、交通工程、征地拆迁、捐款捐物、宣传舆论等方面涌现出的先进集体事迹100篇、先进个人事迹300篇,从不同侧面、不同角度反映了5万筑路员工奋战太旧路的战斗场面和全省3000万父老乡亲勒紧裤带鼎力支持,社会各界踊跃捐助的动人情景,展示了山西人民不甘落后,奋发进取,不屈不挠的精神风范。

6月10日 太旧经济开发带区域规划综合研究论文集《跨世纪发展之路》由山西经济出版社出版。省委书记胡富国题写书名,省长孙文盛作序。课题总顾问:胡富国、孙文盛;总指导:杜五安;总负责;刘传旺;主持:雷仲敏;协调:曹居月。

6月11日 太旧路中段北茹隧道东口,最后一根防撞护栏安装就绪,最后一组标志牌竖起,最后一米线划就。至此,太旧路全线交通工程全部竣工。

6月12日 全省最后两条通乡公路剪彩仪式在垣曲县举行。望仙乡、历山乡完成两条计58.3公里乡村大道。省委书记胡富国参加通车庆典,高度赞扬垣曲人民自力更生,艰苦奋斗,敢于战天斗地的精神和改变山区落后面貌的雄心壮志。

6月12日 太旧高速公路全线试通车仪式在武宿收费广场隆重举行。副省长兼省交通厅厅长、太旧路建设总指挥杜五安满怀激情地宣布:太旧高速公路全线试通车开始!114辆载着省交通建设领导组成员及交通系统400多名干部的汽车,以1小时45分走完144公里太旧路全程。省人大、省政府、省军区及省直有关部门负责同志曹丁、李振华、李廷威、杨增杰、张奎、李枝荣,省交通厅领导刘俊谦、任景春、高贵生、刘传旺、宋元林、杨金泉以及厅机关副厅级以上老同志,厅属各单位、厅机关各处室负责同志参加。

6月13日 大运高速公路原太段设计方案敲定。副省长兼省交通厅厅长杜五安,厅领导刘俊谦、高贵生、杨金泉与厅直有关单位20余名专家、学者,在太原全面审定了设计方案。路线全长94公里,双向6车道设计,预计投资26亿元,已列入国家和山西"九五"重点公路建设项目。

6月15日 省委、省政府在北京人民大会堂山西厅举行太旧高速公路全线通车新闻发布会。省长孙文盛主持,省委书记胡富国作重要讲话,副省长杜五安介绍太旧路建设情况,并向首都新闻界发布太旧高速公路全线建成,将于6月25日通车的消息。

6月15日 《光明日报》头版发表题为《壮哉:太旧路》的长篇通讯,详细介绍山西人民修筑太旧路所经历的风风雨雨,赞扬太旧路建设创造的"太旧精神"。

6月16日 省委书记胡富国同省委常委、秘书长武正国,副省长兼省交通厅厅长杜五安及有关部门领导专程赴太旧路沿线村庄回访调查,并检查有关拆迁户的政策落实情况。

6月22日 香港润海集团有限公司董事长、省政协常委周安达源先生和海南南洋发展集团董事长任晋玺先生为太旧路纪念馆捐款200万元仪式在省城迎泽宾馆举行。省委书记胡富国、省长孙文盛、省政协主席郭裕怀、副省长兼省交通厅厅长杜五安等出席。

6月22日 团省委、省公路局联合在太旧路中段韩坡大桥上举行"青年突击队"纪念标志落成仪式。省委副书记郑社奎,省委常委、组织部长支树平,副省长兼省交通厅厅长杜五安等参加剪彩,团中央书记处书记姜大明出席并讲话。

6月22日 平定、赛鱼一级公路改扩建工程,经建设者100多天的奋战,正式竣工通车,打通了阳泉市与太旧路连接的东西出口。路线全长15.45公里,宽40米。

6月23日 省委、省政府作出《关于向省交通厅学习的决定》。要求在5个方面抓好学习工作。即积极地坚定地贯彻省委、省政府决策的高度自觉性;团结一致,共创大业的思想作风;艰苦奋斗,勇于奉献的拼搏精神;改革开放,开拓进取的意识;尊重科学,讲求效益的科学态度。

6月23日 上午8时,太旧路特等功臣纪念碑揭幕仪式在武宿立交枢纽旁举行。省委、省人大、省政府、省政协领导出席。省委书记胡富国、省长孙文盛为纪念碑揭幕,省有关单位向纪念碑敬献花圈。副省长兼省交通厅厅长、太旧路建设总指挥杜五安深切缅怀为太旧路献身的8位特等功臣的英雄事迹。省交通厅党组成员、太旧路建设各指挥部指挥、副指挥和为太旧路献身者家属以及太旧路功臣参加。纪念碑文撰稿人、山西大学教授靳极苍偕夫人应邀出席。

6月23日 上午9时,太旧功臣表彰大会在省城太原工人文化宫举行。省委、省人大、省政府、省政协领导参加。省交通厅党组书记、副厅长刘俊谦主持。副省长兼省交通厅厅长、太旧路建设总指挥杜五安作了题为《学习太旧功臣,弘扬太旧精神,为全面实现全省'九五'交通发展战略目标而奋斗》的报告。省委书记胡富国、省长孙文盛发表热情洋溢讲话。会上,省劳动竞赛委员会授予太旧高管局等19个集体"山西省重点工程建设功臣单位"荣誉称号;授予高贵生、刘传旺等40名个人"山西省重点工程建设功臣"荣誉称号;为郭京娟、郭大国等6名个人分别荣记一等功。省交通厅分别授予97个先进集体、705名个人"太旧集体功臣"和"太旧功臣"荣誉称号。

6月23日 省长孙文盛、副省长兼省交通厅厅长杜五安在省城迎泽宾馆会见香港沿海国际股份有限公司董事长曾文、总经理何青一行,双方就太旧高速公路合作事宜进行会谈。

6月23日 晚8时,省委书记胡富国满怀对太旧路功臣的一片感激和慰问之情,在太原工人文化宫剧场登台,唱起家乡戏,酬谢太旧功臣。

6月23日 省交通厅党组印发《关于成立原平至太原段高速公路建设总指挥部的通知》。总指挥:刘俊谦;常务副总指挥:胡玉珍;副总指挥:罗清宇、王联明、寇振林;总工程师:张海潮;办公室主任:刘玉柱。

6月24日 省委、省政府在省政府渊谊堂举行境外记者招待会,省领导胡富国、孙文盛、王云龙、薛军、王昕出席,并向来自德国、英国、韩国以及台、港、澳地区的20多名记者介绍太旧高速公路建设情况。

6月24日 中国人民保险公司山西省公司为参加庆典活动的人员提供当日保险事故赔偿金,每人2万元,承保总额1200万元的"吉祥鸟"平安保险。

6月25日 太旧高速公路全线通车庆典仪式在武宿收费广场隆重举行。4000余名筑路员工代表及省直各部门、各单位代表在主席台前就座。整个会场气氛热烈,场面宏大。

上午8时30分,仪式正式开始。省委副书记、省长孙文盛主持,中共中央政治局委员、国务院副总理邹家华出席并讲话。全国政协副主席杨汝岱出席;彭真、薄一波及中共中央书记处书记、最高人民法院院长任建新发来贺电;省委书记胡富国发表讲话,副省长兼省交通厅厅长、太旧路建设总指挥杜五安汇报工程建设情况,交通部部长黄镇东、全国人大常委会委员李立功、群众代表郭凤莲讲话。邹家华、杨汝岱、黄镇东、胡富国、孙文盛、李开为路名碑揭幕,并为太旧高速公路全线通车剪彩。

出席庆典仪式的有:中央和国家机关领导叶青、侯捷、姚振炎、田聪明、韩英、严克强、石春贵、乌杰、牛平、姜大明、塞风、程飞、廉仲、张常海、汪兴益、杨焕宁。北京军区副司令员梁光烈、内蒙古自治区政协主席千奋勇以及北京、云南、四川、福建、湖南、广东的山西籍老同志代表李力安、来金烈、孙雨亭、张秀明、王飞、张力行、杜瑞芝、王治国、周颐、侯良辅,中国欧美进出口总公司总裁傅彦、省政协旅游顾问薄熙成。

省委、省人大、省政府、省政协、省纪委、省军区、省武警总队和驻并部队负责同志郑社奎、王云龙、刘泽民、卢功勋、郭裕怀、冯芝茂、董云海、支树平、刘振华、武正国、张秉法、陈德毅、臧文清、陈锦彪、梁国英、张邦应、吴达才、彭少逸、崔光祖、孟立正、李蓼源、孙祥炎、王民、光敏、徐生岚、王文学、纪馨芳、杜五安、薛军、王昕、吴俊洲、万良适、路正西、武三松、汤祊德、秦国栋、刘波、靳承序、祁寿椿、张长珍、陈玉田、侯小保,省高级人民法院院长李玉臻、省人民检察院检察长左祥,原省领导阮泊生、王庭栋、李修仁、朱卫华、卜虹云、王文章、王绣锦、李布德、赵力之、韩洪宾、霍泛、胡晓琴、张健民、张广有、于鸿礼、曹丁、阎武宏、冯素陶、刘砚青、阎元锁、贾云标、张天乙、王西、阎定础、凌大琦、姚奠中、师星三、陈德贵、赵耀仁、扆耀光及原宁夏回族自治区顾委副主任李庶民。

庆典仪式结束后,有关领导和来宾视察、参观太旧高速公路全线。沿线人民群众扶老携幼来到庆典现场和公路沿线,敲锣打鼓,燃放鞭炮,共同庆祝通车的伟大胜利。

6月25日 江泽民总书记"太旧高速公路"路碑揭幕仪式在旧关举行。参加通车庆典的各位领导和来宾参加。中共中央政治局委员、国务院副总理邹家华、全国政协副主席杨汝岱、交通部部长黄镇东、省委书记胡富国、省长孙文盛、太旧路建设功臣代表李开共同揭幕。

6月25日 由省歌舞剧院、山西大学音乐系、山西艺术学校、太原师专、大同市歌舞团、太钢初轧厂联合演出《走向辉煌》为主题的大型音乐会在省城湖滨会堂举行。省委、省人大、省政府、省政协领导及太原市有关领导、太旧功臣及出席太旧路庆典活动的代表观看了演出。

6月26日 省委、省政府举行大运高速公路原平至太原段工程建设总指挥部成立大会。会址设在太原市阳曲镇。省委、省人大、省政府、省纪委、省军区领导同志出席。大会由省委副书记王云龙主持,省委副书记郑社奎代表省委、省政府表示祝贺。副省长兼省交通厅厅长杜五安介绍工程筹建情况,省交通厅党组书记、副厅长刘俊谦作表态发言。

6月28日 中共中央政治局委员、国务院副总理邹家华在省委书记胡富国、省长孙文盛陪同下,考察太旧高速公路。

6月28日 《太原市汽车维修业管理条例》经太原市第九届人大常委会第三十三次

会议审议通过。8 月 1 日省八届人大常委会第二十三次会议批准。从 11 月 1 日起施行。这是全国汽车维修行业第一部地方性法规。

6 月 30 日 省交通厅党组在太原水利大厦召开太旧路建设暨交通扶贫“一先两优”表彰大会。省交通厅党组书记、副厅长、太旧路建设常务副总指挥刘俊谦作了题为《充分发挥党建和思想政治工作优势，全力推进山西交通建设再上新台阶》的工作报告。副省长兼省交通厅厅长杜五安出席并讲话。

7 月 2 日至 3 日 省交通厅党组召开扩大会议，提出“全省学交通、交通学全省，内找差距，外学全省，再创新业，再铸辉煌！”

7 月 3 日至 7 日 交通部副部长洪善祥率检查团赴晋检查治理公路“三乱”工作，省交通厅领导刘俊谦、刘传旺和省纠风办主任郝志远陪同。

7 月 4 日 省交通厅党组作出决定，今后每年 6 月 23 日作为太旧路建设献身的刘玉亭、杜西才、彭国斋、郑镇江、李建华、韩益中、王飞彪、彭传直 8 位功臣的纪念日，以教育交通职工学习他们的精神，缅怀他们的业绩。

7 月 5 日 省交通厅、省审计厅联合在省汽运总公司召开“全省企业内部审计工作经验交流现场会”。副省长兼省交通厅厅长杜五安出席并讲话。

7 月 8 日 原全国政协副主席杨成武在省委书记胡富国、省长孙文盛、驻晋某集团军军长臧文清、副省长兼省交通厅厅长杜五安等领导陪同下，视察太旧高速公路。

7 月 9 日至 12 日 省交通厅在晋祠宾馆召开太旧人总结太旧路座谈会。副省长兼省交通厅厅长杜五安出席并讲话，130 多人参加。15 个单位作经验交流，60 多名同志发言。

7 月 10 日 省交通厅印发《关于成立〈太旧高速公路建设志〉编委会的通知》。编委主任：杜五安；主编：杜五安；副主编：刘俊谦、杨继刚。

7 月 10 日 原全国政协副主席、中国人民解放军代总参谋长杨成武将军接见参加太旧人总结太旧路座谈会代表。合影留念并题词：“发扬红军长征精神，再创太旧辉煌。”

7 月 20 日 省交通厅在交通大厦前举行“公路万里行”授旗仪式。省委书记胡富国、省长孙文盛、副省长兼省交通厅厅长杜五安授旗并讲话。授旗仪式后，省交通厅领导刘俊谦、杨继刚、宋元林、杨金泉分别带分队赴全省各地，检查了解全省公路建养情况，宣传“太旧精神”，学习先进典型经验，推进全省义务修路活动的开展。8 月 4 日，活动圆满结束。累计行程 13 770 公里，走遍全省 118 个县市区，听取 11 地(市)、83 个县市区、260 多个乡镇关于全民义务修路情况以及 11 个公路分局、45 个公路段关于国省道干线公路建养情况的汇报，全面掌握各地(市)公路养管及文明路建设情况。

8 月 16 日至 17 日 全省公路质量会议在太原召开，副省长兼省交通厅厅长杜五安出席并讲话。

8 月 17 日 省交通厅党组在交通大厦召开扩大会议，就大运高速公路原太段建设工程沿线成立地方指挥部和征地拆迁等问题进行研究。副省长兼省交通厅厅长杜五安出席，厅党组书记、副厅长刘俊谦主持。

8 月 19 日 太旧路中段工程建设总结表彰大会在阳泉召开，副省长兼省交通厅厅长杜五安出席并讲话。

8 月 27 日 东观至长治二级汽车专用公路施工难度最大的三、四标段建成通车。至此，208 国道全线贯通。省委书记胡富国、省人大常委会副主任孙祥炎、副省长兼省交通厅厅长杜五安、武警交通指挥部副政委郝树成出席通车剪彩仪式。路线全长 160 公里，三、四标段主线长 34 公里，新建辅道 7.5 公里，1993 年 5 月开工建设。

9 月 3 日 省政府以晋政办发〔1996〕77 号文件，印发《关于成立原平至太原段高速公路建设领导组的通知》。组长：杜五安(副省长)；副组长：张奎(省计委主任)、赵劲夫(省建委主任)、刘银才(省政府办公厅副主任)、刘俊谦(省交通厅党组书记、副厅长)。成员有：史应标(省重点办主任)、张秋明(省财政厅副厅长)、王军(省土地局副局长)、赵廷式(省水利厅副厅长)、刘润来(省电力局副局长)、罗山荣(省邮电局副局长)、霍转业(省林业厅副厅长)、李梃(建行山西省分行副行长)、刘四龙(省环保局副局长)、张亚军(省文物局副局长)、苏凤恒(省军区副参谋长)、冀中荣(太铁分局副局长)、王晓林(太原市副市长)、李玉清(忻州行署副专员)。

9月5日 省委常委、组织部长支树平视察离临柳石扶贫公路石楼段。称赞离临柳石工程是“造福于人民的工程、伟大的人民工程”。

9月6日 下午，副省长兼省交通厅厅长杜五安带领厅长助理杨金泉、省交通设计院及原太路指挥部有关领导，在阳曲县马坡头现场办公，针对发现的问题进行讨论研究。会议认为，原太路忻州境内原设计方案不合理，需变更设计，将东线改为西线，以节省和保护良田。会议决定，立即组织有关专家全面论证，并按程序报批。

9月25日 下午，副省长兼省交通厅厅长杜五安带领省政府办公厅、省交通厅、省公路局等单位领导视察陵川县公路建设，并立即召开现场办公会，决定采取7条措施进行扶持，帮助受灾县区恢复生产，搞好公路建设。

9月29日 汾阳至柳林一、二级汽车专用公路全线建成通车。省委书记胡富国、省长孙文盛和省四大班子领导为通车剪彩并发表讲话。省交通厅领导刘俊谦、杨继刚、高贵生、宋元林、杨金泉参加剪彩仪式。路线全长126公里，投资7.38亿元，1994年7月开工建设。

9月29日 省领导刘泽民、杜五安、薛军视察建设中的吕梁离临柳石扶贫攻坚公路。高度评价吕梁人民不甘贫困，不甘落后，自力更生修建脱贫攻坚路的精神。

10月4日 大运高速公路原太段工程建设领导组举行会议，听取省交通厅和总指挥部关于工程建设前期准备工作进展情况的汇报，就工程招投标、中段路线和征地拆迁等问题进行研究，副省长兼省交通厅厅长杜五安出席并讲话。要求发扬“太旧精神”，以高度责任心，按改线方案抓紧落实有关工作。

10月5日至9日 交通部党组副书记、副部长刘松金在副省长兼省交通厅厅长杜五安和省交通厅领导刘俊谦、杨继刚等陪同下，对全省交通工作进行考察，重点对“太旧精神”和交通环保进行调研。认为“太旧精神”不仅在山西，而且在全国具有普遍教育意义。

10月7日 副省长兼省交通厅厅长杜五安和省交通厅领导刘俊谦、任景春、宋元林以及太旧路建设者代表在武宿收费站广场，迎接厅长助理杨金泉捧回“鲁班奖”。

10月8日 曲沃县成为全省第一个“村村通”三级油路县。交通部副部长刘松金，副省长兼省交通厅厅长杜五安，省交通厅党组副书记、副厅长杨继刚，省公路局党委书记、局长宋元林等为工程竣工剪彩。总投资4972万元，建设里程228公里。

10月9日 省交通厅印发《关于省交通战备办公室机构编制问题的通知》。省交通战备处改为交通战备办公室，为国防动员委员会办事机构，设在省交通厅，挂省交通战备处牌子。正处级建制，增加行政编制1名，内部调剂5名，共计6名。原交通战备处所挂公安处的牌子改挂在公路管理处。

10月12日 临汾地区召开千里油路大会战总结表彰暨今冬明春三项建设动员大会。副省长杜五安出席并讲话。

10月15日 交通部副部长刘松金在副厅长杨继刚、忻州地委书记刘增宝等陪同下，深入五台山视察公路工作，并慰问沿线养路员工。

10月15日 大运公路太原南北出口拓宽改造工程开工建设。副省长、太原市委书记纪馨芳，市长曹中厚，省交通厅党组副书记、副厅长杨继刚出席开工仪式。

10月18日 佳临黄河大桥胜利建成通车。山西省省长孙文盛、陕西省省长程安东剪彩并讲话,山西省委副书记刘泽民、副省长杜五安、陕西省人大常委会副主任任国义和两省有关方面负责人出席。大桥全长782.83米,宽12米,高25.5米,总投资3300万元,1992年开工建设,1996年5月竣工。

10月20日 省交通学校举行第二届半军事会操表演暨1996年秋季运动会。省交通厅领导刘俊谦、刘传旺、杨金泉及厅机关各处室、厅直各单位负责人出席开幕式,还有省直各委、办、厅、局及兄弟单位、学校来宾100余位领导应邀出席。副省长兼省交通厅厅长杜五安给大会送来亲笔题写的校训:“政治坚定,学业优良,道德高尚,体魄健壮”。

10月24日 省政府出台《山西省社会筹资修建公路暂行办法》。共计18条,从发布之日起施行。

10月27日 太原东山过境高速公路竣工通车。路线全长26.042公里,概算投资5.69亿元,是全省第二条高速公路,1993年7月1日开工建设。

省党政军领导胡富国、孙文盛、刘泽民、冯芝茂、刘振华、武正国、张秉法、刘荫超、刘志毅、息中朝、梁国英、纪馨芳、杜五安、薛军、吴俊洲、靳承序、王万军、侯小保,省级老领导阮泊生、王庭栋、李修仁,省直有关部门领导、太原市领导曹中厚、赵振亮、曹文龙、李雁红、李维德、董艺、李海恒等,各地市党政主要领导,省城社会各界代表,参加建设的施工、设计、监理单位代表,共计数千人参加。

主会场通车庆典于上午10时举行,曹中厚主持,王晓林向来宾介绍工程建设情况。纪馨芳、杜五安讲话。

剪彩仪式结束后,省、市领导驱车来到陈家峪大桥路名广场通车庆典分会场,在鼓乐声和掌声中,杜五安、曹中厚为省委书记胡富国题写的“太原东山过境高速公路”路名碑揭幕;胡富国、孙文盛、纪馨芳、杜五安、曹中厚为筑路功臣代表披红戴花。胡富国讲话。

11月1日 迎泽大桥扩建工程开工。

新建的迎泽大桥包括主桥和东西互通式立交桥三部分。主桥全长510米,为整体现浇预应力连续梁。桥面宽50米,双向八车道,列全国城市公路桥宽之首。桥梁两侧为不锈钢、汉白玉和将军红花岗岩组成的桥栏,高大灯柱上装有菲利浦桥灯,桥身布满了轮廓灯。1997年10月1日,正式剪彩通车。

11月3日 副省长兼省交通厅厅长杜五安深入大运高速公路原太段建设总指挥部视察指导工作。刘俊谦、胡玉珍等陪同。

11月6日至7日 全省交通系统精神文明建设会议在太原隆重召开。副省长兼省交通厅厅长杜五安、交通部原副部长王展意出席。各地(市)、县(区)交通局长,厅属各单位党政领导,纪委书记,原太路总指挥部主要领导,厅机关各处室负责同志参加。省交通厅领导刘俊谦、杨继刚、任景春、刘传旺、高贵生、宋元林出席。会议还邀请交通部、省纪委、省委宣传部、省文明办、省直工委领导和省交通厅老领导参加。参会共有200余人。19个单位书面交流先进典型经验。

11月10日至12日 副省长兼省交通厅厅长杜五安深入吕梁视察国道209线离石至岚县段,并参加交口县“两通一改”工程竣工庆典及吕梁公路分局省级文明单位挂匾仪式。

11月16日 临猗县举行“村村通油路、通程控电话、通有线电视”的“三通”庆典大会。省领导胡富国、孙文盛、崔光祖、杜五安出席。

11月19日 榆次市隆重举行榆次至邢台线榆次过境段改线工程和村村通油路及百村百公里油路大循环工程通车庆典仪式。路线全长9公里,一级标准,宽24米,概算5000万元;村村通油路涉及111个行政村,总长245公里,总投资5000万元。省委书记胡富国,省人大常委会副主任李寥源、光敏,副省长兼省交通厅厅长杜五安,省政协副主席赵凤翔,省交通厅党组副书记、副厅长杨继刚以及晋中地区领导出席庆典并剪彩。

11月21日 省交通厅和原太路建设总指挥部在迎泽宾馆举行新闻发布会。副省长兼省交通厅厅长杜五安,厅领导刘俊谦、杨继刚、刘传旺、杨金泉、常务副总指挥胡玉珍出席,中央驻晋新闻单位记者参加。杨继刚主持,刘俊谦介绍工程建设情况,杜五安作重要讲话,杨金泉回答记者提出的问题,省政府副秘书长兼办公厅主任李才旺向总指挥部赠送创作的书画作品。

11月25日 晋中路桥建设中心与香港路劲基建有限公司成立"山西路通东观公路有限公司",对108国道榆次东长寿至祁县东观38公里公路进行合作经营,这是香港路劲公司在山西省第一个投资项目,也是全省第一家投资公路建设、公路设施配套并经营、管理的合作企业。总投资2.47亿元,公司注册资本8654万元。其中晋中占35%,港商占65%,经营期限20年。

11月26日 省委、省政府召开大运高速公路原太段工程建设誓师动员大会。省领导胡富国、孙文盛、郑社奎、冯芝茂、董云海、刘振华、武正国、张秉法、孟立正、纪馨芳、杜五安、万良适和部分省级老同志李修仁及省直有关单位负责同志出席。省交通厅党组副书记、副厅长杨继刚主持,省委书记胡富国、省长孙文盛作重要讲话。副省长兼省交通厅厅长杜五安作动员报告,省交通厅党组书记、副厅长、原太路总指挥刘俊谦介绍工程建设情况,常务副总指挥胡玉珍,太原市、忻州地区行署领导及施工单位代表作表态发言。

11月26日 省领导胡富国、孙文盛、崔光祖、杜五安亲临临猗视察县、乡、村油路,并参加全县"村村通油路、通程控电话、通有线电视"的"三通"庆典大会。

12月1日 大同汽车制造厂与美国福特汽车公司合作的使用甲醇燃料"云冈"6600中巴客车试车成功。12月6日至12日参加北京展览会时受到李鹏、邹家华、宋健等党和国家领导人及中外专家好评。从1998年6月开始,有15辆样车在太榆公路上投入运营,情况良好。

12月3日 省第八届人大常委会第二十五次会议任命刘俊谦同志为省交通厅厅长。

12月3日 省精神文明建设委员会印发《关于命名山西省首批社会主义精神文明先进典型的决定》。省交通厅党组书记、副厅长、原太路总指挥刘俊谦荣获"模范干部"荣誉称号。

12月4日 新华社山西分社副社长林晨参观吕梁离临柳石扶贫攻坚公路。

12月5日至9日 省交通厅制作《山西省公路网骨架图》及有关资料,积极参加交通部举办的"第三届国际公路水运交通技术与设备展览会"。

12月15日 左权县新麻田大桥开工建设。全长326米,总投资1492万元。1997年7月26日竣工,8月18日剪彩通车。

12月19日 省交通厅新一届领导班子组成。厅党组书记、厅长:刘俊谦;厅党组副书记、副厅长:杨继刚(正厅级);厅党组成员、副厅长:任景春;厅党组成员、省纪委驻厅纪检组组长:刘传旺,厅党组成员、副厅长:高贵生、杨金泉;厅党组成员、省公路局党委书记兼局长:宋元林。

12月25日 省汽车运输总公司"百台依维柯"开通暨太原客运总站"高速客运服务中心"建成剪彩仪式举行。副省长杜五安、省交通厅领导刘俊谦、杨继刚、任景春、刘传旺及有关单位代表千余人参加。

12月26日 太旧高速公路建设工程纪念碑揭幕仪式在太原武宿立交枢纽隆重举行。省领导胡富国、孙文盛及省四大班子领导出席。副省长杜五安主持,省交通厅党组书记、厅长刘俊谦介绍纪念碑建设情况,胡富国、孙文盛为纪念碑揭幕。省交通厅领导杨继刚、刘传旺、杨金泉、宋元林出席。纪念碑高42.5米,基座高6.25米。

12月 由省交通厅组织编辑的《三晋第一路》画册由山西人民出版社正式出版发行。

8K,206页,选录照片600余幅。编委会主任:杜五安;主编:杜五安;执行主编:刘传旺:副主编:邵若驹、贾山泉。画册主题突出,结构严谨,设计新颖,照片精美,出版后在全省产生较大影响。

1997年

1月3日 在原太路常务副总指挥胡玉珍,副总指挥王联明、刘玉柱,总工程师张海潮等陪同下,副省长杜五安,省交通厅党组书记、厅长、总指挥刘俊谦,副厅长任景春及省交通厅机关有关处室、省交通设计院有关负责同志一行20余人,赴大运高速公路原太段施工工地现场办公。

1月8日 省科协、省公路学会在太原共同召开太旧高速公路经济走廊开发研讨会。副省长杜五安,省科协党组书记仲济学、副主席吴庆山,省人大财经委副主任李廷威,省交通厅厅长刘俊谦、副厅长高贵生应邀出席并讲话,150人参加。会议收到论文78篇,其中25篇进行大会交流。

1月13日 由省交通厅、省新闻工作者协会共同举办的"太旧高速公路建设好新闻"评选颁奖大会在太原并州饭店举行。副省长杜五安、省委宣传部副部长温幸、省交通厅厅长刘俊谦、副厅长高贵生、省新闻工作者协会副主席祝福训出席并讲话。副厅长任景春主持,新华社山西分社,人民日报、光明日报、经济日报等驻晋记者站及山西日报、山西电视台等30多家新闻单位的记者和部分获奖作者参加。会议表彰奖励161篇(件)获奖作品,包括等级奖122件,优秀奖39件,其中报纸类104篇,图片19件,广播类19件,电视类19件;一等奖27个,二等奖33个,三等奖62个,评出太旧高速公路建设宣传组织奖15个,参加会议的领导向获奖单位颁发了锦旗、奖金及荣誉证书。

1月30日 副省长薛军视察离石、临县、柳林、石楼扶贫攻坚路。

2月3日 省委书记胡富国、副省长杜五安踏雪深入省交通厅机关,与8位为太旧路献身者家属和部分太旧功臣座谈,并表示亲切慰问。

2月7日 农历正月初一,省委书记胡富国,省委常委、秘书长武正国,副省长兼太原市委书记纪馨芳,副省长杜五安,省交通厅副厅长杨继刚、任景春、杨金泉兴致勃勃地来到大运高速公路原太段杨兴河特大桥建设工地,与坚守在工作岗位上的筑路员工共度新春佳节。

胡富国一行还赴太旧高速公路及武宿收费站广场,并对太原东山过境高速公路部分收费员、养护工人进行慰问。

2月26日至27日 全省义务修路工作会议在太原山西饭店召开。省委书记胡富国,省长孙文盛,省委常委、省纪委书记冯芝茂,省委常委、省委秘书长武正国,省人大常委会副主任崔光祖,省政协副主席汤枋德等出席。

2月27日 全省交通工作会议在太原召开,副省长杜五安出席并讲话,要求全省交通部门要当好兴晋富民排头兵。厅长刘俊谦作工作报告,提出要以邓小平建设有中国特色社会主义理论和党的基本路线为指导,坚持"两手抓、两手都要硬"的方针,大力弘扬"太旧精神",开展"两学一创"活动,加大改革力度,抓住机遇,集中力量抓好"四项工程",打好"五大战役",继续保持交通发展良好势头,推进交通工作再上新台阶。杨继刚作总结讲话。

2月27日至28日 全省交通战备办公室主任会议在太原召开。国家交战办朱华大校、北京军区交战办副主任张建民大校、省军区副司令员陈玉田少将出席。刘俊谦作工作报告,要求创华北乃至全国一流业绩。

3月10日至15日 交通部扶贫工作领导小组副组长、部办公厅主任姚明德一行5

人，在副厅长高贵生、省扶贫办副处长刘润等陪同下，行程1620公里，考察全省交通扶贫工作，对吕梁、运城、临汾3个地区和万荣县进行调研。

3月18日 全省公路工作会议在太原召开，副省长杜五安及省直有关部门领导出席。省交通厅党组成员、省公路局党委书记兼局长宋元林作工作报告。

4月6日 共青团山西省委、省公路局、原太路建设总指挥部在阳曲县青龙镇杨兴河特大桥工地联合举行“青年突击队”命名授旗仪式。被命名的20支“青年突击队”全体队员参加。团省委副书记张九萍主持，团省委书记高建民宣读命名决定。胡玉珍、李绍华、刘俊谦等领导分别讲话，“青年突击队”代表作表态发言。

4月14日 省交通厅、省新闻工作者协会举行全省首届“交通杯”新闻大赛颁奖仪式。省委宣传部、省广播电视厅、山西日报社、省新闻出版局、省交通厅直属单位有关领导及中央驻晋新闻单位、省城各大新闻单位及交通系统获奖单位代表和个人共计100余人参加。厅长刘俊谦在讲话中，全面回顾大赛的组织情况及取得的显著成绩，殷切希望新闻界朋友们继续关心交通，支持交通，为推动全省交通事业持续、健康、快速发展再作新贡献。共有263人(次)报送参赛作品1186篇(件)。经过严格初评、复评，共评出一等奖16篇(件)，二等奖37篇(件)，三等奖53篇(件)，优秀奖28篇(件)；评出写稿奖(写稿数量奖)一等奖8人(512篇)，二等奖5人(155篇)，三等奖15人(198篇)。会议还对1996年度新闻宣传组织工作出色，成绩显著的8个单位授予组织奖。

4月16日 省交通厅与香港路劲基建有限公司就合作经营太榆公路、榆次西外环路、西铭至古交公路、小店汾河公路桥等合作项目签字仪式在太原举行。共投资6.5459亿元，引进外资4.1416亿元(人民币)。省委书记胡富国、副省长杜五安出席。省交通建设开发总公司经理魏庆飞、路劲公司董事长单伟豹分别代表双方签字。

4月17日 副省长杜五安带领省交通厅领导及有关处室负责人，深入大运高速公路原太段现场办公。

4月24日 国务委员陈俊生在省委书记胡富国、省长孙文盛，省交通厅党组书记、厅长刘俊谦等省、地、县领导陪同下，赴省交通厅定点扶贫点中阳县苏村乡视察。对省交通厅修筑脱贫路，建造温饱田，栽种摇钱树所取得的成绩，给予充分肯定。

4月24日 全国交通扶贫工作会议在太原召开。国务委员陈俊生出席并讲话，交通部部长黄镇东作了题为《总结经验，再接再厉，努力实现交通扶贫攻坚目标》的工作报告。国务院研究室副主任、国务院扶贫开发领导小组常务副组长杨雍哲以及国家农业综合开发办、国家计委负责同志，省委书记胡富国、省长孙文盛、常务副省长刘振华、副省长杜五安出席。与会人员现场参观吕梁地区离石市、柳林县扶贫攻坚公路工程，对山老区人民艰苦奋斗精神给予充分肯定。

4月24日至25日 交通部部长黄镇东深入太旧高速公路、大运高速公路原太段和阳泉市义务修路工地视察指导工作。副省长杜五安、副厅长杨金泉、常务副总指挥胡玉珍等陪同。

4月27日 交通部副部长李居昌视察大运高速公路原太段工程建设。副省长杜五安，省交通厅副厅长杨继刚、杨金泉及厅属有关部门负责人陪同。

4月29日 全省交通系统反腐败暨党风廉政建设工作会议召开。省纪委副书记王俊忠，省纪委常委、省纠风办主任郝志远，省纪委常委李谭生，厅领导刘俊谦、杨继刚、任景春、刘传旺、高贵生、杨金泉和厅老领导廉平、任先泉同志出席。厅直各单位党政主要领导、纪委书记、监察室主任，厅机关各处室负责人、各党支部书记，受表彰的先进集体和先进个人代表共240余人参加。省交通厅党组成员、省纪委驻厅纪检组组长刘传旺作工作报告。

5月2日 省长孙文盛深入大运高速公路原太段工地看望筑路员工。薄越亮、郭国太、王锚深、刘银才、杨继刚、杨金泉、胡玉珍、王联明等陪同。

5月27日 省建委主任赵劲夫、省重点办主任史应标一行10余人在胡玉珍等陪同下,赴大运高速公路原太段施工工地现场视察并指导工作。

6月2日 中共中央政治局常委、全国人大常委会委员长乔石在省委书记胡富国、省长孙文盛等领导陪同下,考察太旧高速公路,对其建设成就给予高度评价。

6月21日 昔(阳)九(龙关)水毁抢复公路暨大寨旅游公路全线竣工通车。省委书记胡富国、省长孙文盛、副省长杜五安、省政协副主席赵凤翔出席通车仪式。路线全长58公里。

6月25日 全国人大常委会委员长乔石为太旧高速公路题词:"艰苦奋斗结硕果,改革开放谱新篇。"

6月25日 太旧高速公路建设特等功臣纪念大会隆重举行。省委书记胡富国,省长孙文盛,省纪委书记冯芝茂,副省长刘振华,省委常委、省委秘书长武正国,省级老领导阮泊生、王庭栋、李修仁,省人大常委会副主任梁国英、副省长杜五安、省政协副主席秦国栋、省军区副司令员张法、省武警总队政委侯小保、省交通厅党组成员和8位献身者家属参加。

6月28日 运城至风陵渡一级公路全线建成通车。省领导胡富国、孙文盛、崔光祖、杜五安等乘车验路,一致称赞该路修得好。路线全长86.13公里,一级标准,路基宽21.5米,预算5.26亿元,1993年6月28日开工建设。

7月4日 山西、港商合作的山西路通太榆公路有限公司、山西路通榆次公路有限公司成立,对太原至榆次公路、鸣李至东长寿公路进行建设和经营,合作期限23年。公司投资总额分别为20 853.6万元、16 603万元人民币,注册资本分别为8341.4万元、6641.2万元人民币,其中山西占35%,港商占65%。

7月7日 省交通厅成立《山西通志·交通志·公路水运篇》编审委员会。名誉主任:刘俊谦;主任:杨继刚;副主任:任景春、刘传旺、高贵生、杨金泉、宋元林;委员25人。

7月16日 国务院发展研究中心主任马洪在副省长杜五安及胡玉珍等指挥部领导陪同下,视察大运高速公路原太段司土洼互通立交桥及杨兴河特大桥施工工地,称赞建设起点高,质量好,对促进山西经济发展有重要作用。

7月21日 阳城至济源公路建成通车。路线全长68公里,阳城境内44.6公里,二级标准,总投资2.1亿元。

7月29日 著名京剧表演艺术家梅葆玖、著名女高音歌唱家耿莲凤等北京艺术家们不辞劳苦,冒着小雨深入到大运高速公路原太段慰问演出。副省长杜五安与广大筑路员工观看,并代表省委、省政府感谢艺术家们对山西公路交通事业的支持。刘俊谦代表原太路建设总指挥部,向首都艺术家赠送"情洒原太路,温暖筑路人"的锦旗。

8月4日 副省长杜五安在省交通厅副厅长高贵生等有关部门领导陪同下,赴太旧路现场办公,就如何提高太旧路全线管理和服务水平提出意见及希望。

8月7日 副省长杜五安在省政府渊谊堂二楼会议厅,听取省交通厅关于太原至祁县段高速公路沿汾河走向方案汇报,太原市政府、晋中行署、省水利厅、省交通设计院等有关部门和单位领导、专家参加。与会人员经过认真讨论研究,一致同意沿汾河走向方案。杜五安要求10月底完成全部初步设计及概算编制工作。

8月8日 在省交通厅厅长刘俊谦、省重点办主任史应标和总指挥部领导陪同下,副省长杜五安深入大运高速公路原太段建设工地检查指导工作。

8月8日 大运高速公路原太段工程建设第二阶段总结表彰暨第三阶段安排部署大会召开。副省长杜五安、省交通厅厅长刘俊谦、副厅长杨金泉、省重点办主任史应标等参加。常务副总指挥胡玉珍作工作报告。

8月11日 省委书记胡富国带领省委、省人大、省政府、省政协四大班子领导赴大运高速公路原太段工程建设工地视察。省委副书记刘泽民,省委常委、省委秘书长武正国,省人大常委会副主任徐生岚,副省长杜五安,省政协副主任赵凤翔等参加。省交通厅厅长刘俊谦陪同。

8月21日至22日 太旧高管局、省交通厅宣传教育中心举办"迎接十五大、重访太旧路"活动。中央和省内新闻单位部分记者,为太旧路建设作出突出贡献的先进个人、太旧功臣、特等功臣家属和沿线地方政府代表共计50余人参加。

8月26日 全省交通系统首批精神文明建设先进典型暨示范"窗口"单位命名表彰大会在太原召开。省委常委、省委秘书长武正国,交通部体改法规司司长张富生,省交通厅领导刘俊谦、杨继刚、任景春、刘传旺、杨金泉、宋元林以及省委组织部、省委宣传部、省精神文明办负责同志出席,200多人参加。会议命名表彰20名模范干部标兵、30名模范知识分子标兵、43名模范工人标兵、12个文明示范窗口、31个文明班组标兵、5条文明样板路、40辆文明客车标兵、30个文明家庭标兵。刘俊谦讲话,杨继刚宣布命名表彰决定。

8月28日 全省地方公路养护管理现场会在临汾召开。副省长杜五安发贺信。省交通厅领导刘俊谦、杨继刚、任景春、高贵生、杨金泉、宋元林参加。会议奖励地方公路养管工作取得优异成绩的曲沃县200万元。

9月5日 全省重点工程建设现场会在忻州宾馆进行经验交流。省交通厅党组成员、原太路总指挥部常务副总指挥胡玉珍作了题为《弘扬"太旧精神",建设国优工程》的经验介绍。省长孙文盛在贺信中,充分肯定原太路开工以来所取得的成绩,并提出新要求。

9月19日 省交通厅和交通部直属机关党委联合举办的太旧高速公路建设大型图片展《太行丰碑颂》在交通部文苑展厅开展,交通部副部长刘松金为展览剪彩并题词。交通部直属机关党委常务副书记李树椿和省交通厅党组书记、厅长刘俊谦在剪彩仪式上讲话。《太行丰碑颂》分为"正确决策,坚强领导"、"亲切关怀,巨大鼓舞"、"艰苦奋斗,勇于奉献"、"功在当代,利泽千秋"四部分。通过120余幅精美图片,全面、系统、生动地展现了太旧路建设的辉煌历程和"太旧精神"在山西社会经济发展中所发挥的巨大作用。展出期间,交通部各司局干部职工和全省交通系统出席十五大的代表以及全国交通系统来京联系工作的干部参观了展览,对太旧路建设及"太旧精神"给予高度评价。

9月 由省交通厅宣传教育中心编辑的全省第一部反映全民义务修路辉煌历程的大型报告文学集《三晋筑路潮》,由北岳文艺出版社正式出版发行。编委会主任:杜五安;主编:刘俊谦;副主编:张明旺、师国梁、张晓枫。该书全面总结了1993年以来全省全民义务修路的成绩和经验,真实地记录了4年来全民义务修路的艰难历程和动人事迹。共载录先进集体事迹97篇,先进个人事迹173篇,标准16K,115万字。

10月6日 荫林公路拓宽改建工程全线竣工通车仪式举行。省领导胡富国、孙文盛、张秉法、光敏、杜五安和省交通厅、长治市有关领导出席。路线全长77公里,二三级标准,1997年2月15日开工建设。

10月9日 元(子河)元(堡子)二级煤炭专用公路竣工通车仪式举行。省领导胡富国、孙文盛、刘泽民、卢功勋、郭裕怀、冯芝茂出席并考察南段工程。路线全长69.8公里,总投资1.47亿元,1996年10月开工建设。

10月12日 副省长杜五安、省交通厅副厅长杨继刚、大同市委书记纪友伟深入大同张家口公路阳高至天镇段路面改造工程建设工地视察指导，对工程质量和进度给予充分肯定。

10月13日 交通部决定，在全国学习和推广山西"太旧精神"、石家庄市出租车行业、青岛长途汽车站和陈德华、朱同汝的先进经验与事迹，进一步推动交通系统两个文明建设。

10月14日至17日 全国公路系统创建文明行业经验交流会在河北和山西召开。在山西，主要是听取省委书记胡富国、省长孙文盛、副省长杜五安和省交通厅关于修建太旧高速公路，培育"太旧精神"的情况和经验介绍。省交通厅党组书记、厅长刘俊谦作表态发言。大会还介绍了全国公路系统其他17个单位创建文明行业的情况和经验，参观考察太旧高速公路旧关段、北茹隧道、武宿收费站、太旧高速公路工程纪念碑。交通部副部长李居昌主持在山西召开的会议，副部长刘松金作总结，对山西交通系统近年来两个文明建设取得的丰硕成果，给予充分肯定和高度评价。

10月15日 出席全国公路系统创建文明行业经验交流会的代表赴太旧高速公路考察参观。省领导胡富国、孙文盛、卢功勋、郭裕怀、冯芝茂、刘振华、纪馨芳、杜五安等会见交通部副部长刘松金、李居昌。与会代表对太旧高速公路暨"太旧精神"给予高度评价。

10月16日 在省委常委、太原市委书记纪馨芳、省交通厅厅长刘俊谦等陪同下，交通部副部长李居昌、公路司司长张之强第二次视察大运高速公路原太段建设工地，要求继续抓好质量管理。

10月17日 参加全国公路系统创建文明行业经验交流会的百余名代表，在省交通厅副厅长高贵生、杨金泉和常务副总指挥胡玉珍等陪同下，参观大运高速公路原太段阳曲镇互通立交桥、南线部分路段和杨兴河特大桥。

10月29日 晋城至焦作高速公路山西段开工奠基仪式在晋城市东上庄隆重举行。副省长杜五安、薛军，省交通厅副厅长杨继刚、杨金泉，河南省、焦作市代表以及晋城市委、市政府负责人出席。薛军代表省政府宣读开工令。路线全长48公里，山西境内31.5公里，概算14.37亿元。

11月4日 临汾地区举行"新三通"建设总结表彰暨义务修路汾西现场会。至此，该区提前三年实现"平川村村通油路、山区村村通公路、全区贯通循环路"的目标。副省长杜五安，省交通厅党组副书记、副厅长杨继刚，临汾地委，行署领导出席。

11月6日 省交通厅党组全体成员赴大运高速公路原太段工程建设施工一线现场办公。充分肯定工程建设所取得的成绩，对存在的问题当场拍板解决。

11月28日 109国道云冈改线工程举行隆重奠基仪式。副省长杜五安、省交通厅副厅长杨继刚和大同市党政领导出席。

11月30日 下午，省委、省政府领导胡富国、孙文盛、刘振华、武正国、杜五安和省直有关部门负责人深入省交通厅现场办公，研究全省交通改革与发展重大问题，对交通系统工作给予高度评价。要求全省交通系统要珍惜荣誉，戒骄戒躁，再鼓干劲，当好先行官，为实现山西经济腾飞的跨世纪目标作出新的更大贡献。省交通厅领导刘俊谦、杨继刚、刘传旺、高贵生、宋元林、胡玉珍、张润和厅机关各处室、厅直各单位负责人参加。杜五安主持。刘俊谦作全省公路交通与发展情况汇报。

12月4日 省人大常委会审议批准《关于修改〈山西省公路管理条例〉的规定》。共计12条，自1998年1月1日起施行。

12月7日 1997年鲁班奖颁奖大会在北京隆重举行，太旧高速公路成为本年度唯一获此奖项的公路项目。省交通厅厅长刘俊谦代表承建单位领奖。

12月8日 平陆县城至下坪公路竣工通车。路线全长64公里,三级标准,总投资7600万元。省委书记胡富国题写"平陆县东沿河公路"路名;省长孙文盛题词:"路通百业兴";副省长杜五安代表省政府致信祝贺。

12月17日 太旧高速公路清还全部捐款暨荣获"鲁班奖"颁奖大会在太原隆重召开,省领导胡富国、孙文盛、郑社奎、刘泽民、卢功勋、郭裕怀、冯芝茂、支树平、刘振华、张秉法、梁国英、张邦应、吴达才、彭少逸、孟立正、李蓼源、孙祥炎、王民、光敏、徐生岚等出席。省委书记胡富国、省长孙文盛、全国人大常委会委员李立功在会上作重要讲话。为太旧路捐款的各地(市)、县代表参加。

副省长杜五安代表省委、省政府宣布清还太旧高速公路全部捐款决定。此次归还捐款8835.3万元。其中临汾地区621.6万元,运城地区613.8万元,朔州市303.6万元,长治市662.8万元,太原市947.2万元,大同市462.9万元,晋城市439.6万元,阳泉市457.2万元,省煤管局798万元,省直系统1528.6万元。这是继1996年1月13日,太旧路东西两段运营100天后,首批归还30个国家级贫困县和北京部分老干部捐款1319万元;1996年3月26日,第二批归还13个省级贫困县捐款926万元;1996年6月25日,在太旧路全线通车之际,第三批归还吕梁、忻州、晋中3个地区、省武警总队和汾酒集团等企业捐款3995万元;1997年9月29日,第四批归还临汾、运城、朔州、长治、太原、大同、晋城、阳泉8个地(市)、43个县(市)、区和省直286个单位干部群众一半捐款6078万元之后,第五批归还捐款。至此,倾注全省80万干部群众为太旧高速公路捐赠的21 153万元资金,仅用一年半时间就全部还清,兑现省委、省政府诺言。

12月18日 全省交通系统引资工作会议在太原召开。副省长杜五安出席并讲话,省交通厅领导刘俊谦、杨继刚、刘传旺、高贵生、杨金泉、张润出席。厅党组书记、厅长刘俊谦主持并讲话,厅党组副书记、副厅长杨继刚作近两年来全省交通公路项目引资工作总结报告,对今后工作进行安排部署。

12月23日 上午,省委书记胡富国、省长孙文盛、副省长杜五安等领导在省交通厅厅长刘俊谦、副厅长杨金泉等陪同下,冒着严寒,视察大运高速公路原太段建设工程,要求创造优质工程,确保1998年国庆节按时通车。

12月24日 省政府以晋政办发〔1997〕92号文件,印发《关于成立大(同)运(城)高速公路建设领导组的通知》。领导组组长:副省长杜五安;副组长:省计委主任张奎、省建委主任赵劲夫、省政府办公厅副主任刘银才、省交通厅厅长刘俊谦、省土地局局长李枝荣。成员有:省交通厅副厅长杨金泉、省重点办主任史应标、省财政厅副厅长宋德晋、省水利厅副厅长赵廷式、省电力局副局长刘润来、省邮电局副局长罗山荣、省林业厅副厅长霍转业、建行山西省分行副行长李挺、省环保局副局长刘四龙、省文物局局长郭士星、省军区副参谋长苏凤恒。

12月24日至26日 全省义务修路现场会在陵川县召开。省领导胡富国、孙文盛、孟立正、杜五安出席并讲话;省交通厅领导刘俊谦、杨继刚、高贵生、杨金泉、宋元林参加。会议总结过去5年,特别是1997年义务修路的成绩和经验,表彰1997年义务修路先进县、市,明确提出"九五"后三年公路建设,特别是全民义务修路的主要任务。

会议听取陵川县经验介绍,并专程赴锡崖沟参观学习。省委、省政府对80个义务修路先进单位进行表彰。

12月25日 晋城至阳城高速公路竣工通车仪式举行。省领导胡富国、孙文盛、孟立正、杜五安、薛军出席。这是由地(市)承建的全省第一条高速公路,全长36公里,工程概算6.6亿元,实际投资6.6562亿元,1996年5月1日开工建设。

12月30日 由侯马、临汾、运城三家汽车运输公司组建的“山西省晋南公路运输集团”和由侯马汽车运输公司改建的“山西三皇侯马运业集团股份有限公司”挂牌成立。省长孙文盛题词:“改革中问世,发展里先行”。省委副书记刘泽民、副省长彭致圭、杜五安致信祝贺并题词。交通部体改法规司等200家单位为集团和公司的创立发来贺电、贺信。厅长刘俊谦、副厅长任景春、侯马市长孙先虎为新改制企业揭牌。省经贸委、省交通厅、省交通运输协会及省运系统各企业负责人参加庆典。

1998年

1月2日 下午3时,副省长杜五安在刘俊谦、胡玉珍、王联明等陪同下,赴大运高速公路原太段现场办公,考察省九届人大代表和省八届政协委员的参观路段。

1月5日 省交通厅举行太原南过境高速公路建设总指挥部成立大会。省委书记胡富国、省长孙文盛为大会发来贺信。副省长杜五安、省政协副主席武三松出席并讲话,厅长刘俊谦主持。省直和太原市有关部门负责同志、厅领导刘传旺、杨金泉、胡玉珍参加。杨金泉介绍工程建设情况并作表态发言。

1月9日 下午1时30分,参加省八届一次政协会议的524名委员,冒着严寒,赴大运高速公路原太段视察。在杨兴河特大桥工地,政协委员们听取省交通厅厅长刘俊谦关于工程建设情况的汇报。省政协副主席赵凤翔即席讲话。委员们察看大桥主体工程,对工程质量表示满意。参加视察的省领导还有:副省长杜五安、省政协副主席万良适等。

1月11日 下午,参加省九届人大一次会议的全体代表,分两次亲临大运高速公路原太段杨兴河特大桥工地视察并指导工作。参加视察的省领导有:崔光祖、光敏、孟立正、杜五安、薛军。人大代表在听取刘俊谦厅长关于工程建设情况的汇报后,察看了大桥主体工程和路基、护面墙工程质量。代表们对原太路科学管理和优良施工质量赞不绝口。

1月 《太旧高速公路建设新闻作品集》内部出版。全书收录了1993年5月至1997年12月期间,中央、省和各地市新闻媒体所发表的反映太旧高速公路建设的全部新闻作品,共计857篇130万字,为全省人民和广大读者更好地了解太旧高速公路建设历程提供了翔实可靠的第一手资料。主编张明旺;副主编师国梁;编辑宋建华、吉安生、王晴红、田绿化、郑毅、苏军、彭梁柱、张晓枫、邱四清。

2月7日 国务院副总理邹家华,对山西省交通厅报送并经省委办公厅转报的“山西省全部归还太旧路捐款”信息作重要批示。认为:“这是一曲两个文明建设一起抓的凯歌,群众是创造历史的真正英雄。”

2月25日 全省交通工作会议在太原召开。副省长杜五安出席并讲话,厅长刘俊谦作了题为《以十五大精神为指针,全力推进交通改革,努力夺取全省交通工作新的更大成绩》的工作报告,省直有关厅、局领导,厅机关副处以上干部及全省交通系统各单位主要负责同志近300人参加。

3月10日 全省交通系统党风廉政建设暨反腐败工作会议召开。厅长刘俊谦出席并讲话,驻厅纪检组组长刘传旺作工作报告。

3月12日 全省交通战备工作会议召开,省交战办主任、省交通厅厅长刘俊谦作工作报告。省军区副司令员陈玉田、北京军区交战办处长张建民出席并讲话。会议由省军区副参谋长苏凤恒、省军区后勤部刘青山主持,60余人参加。

3月24日至31日 以亚行官员吴少华先生为团长的亚行考察团,对祁临段建设项目进行现场考察。考察团由中国人民银行总行贺坤、交通部计划司外经处处长曹争天,筹备组夏淦、宋穗、鲁永春、刘忠等陪同,最终形成并签署提供项目准备技术援助的《谅解备忘录》。

4月8日 原太路建设总指挥部在忻州召开路面工程建设动员大会。省委书记胡富国、副省长杜五安出席并讲话;省交通厅领导刘俊谦、杨继刚、高贵生、杨金泉,忻州地委书记梁滨,行署专员吕德功,副专员李玉清出席;常务副总指挥胡玉珍,副总指挥王联明、寇振林,总工程师张海潮及各施工、监理单位负责人约600人参加。省交通厅厅长刘俊谦主持并作总结。当日下午,胡富国在杜五安、刘俊谦等陪同下,赴建设工地一线视察指导。

4月10日 全省第一座由个人出资修建的黄河浮桥在保德县建成并投入使用。桥全长300米,由5艘40米长、宽8米的浮船首尾连接而成,可通过最大吨位为100吨位货车。

4月27日 省委书记胡富国亲自主持召开全省加快公路建设座谈会,要求公路建设再掀新高潮,再上新水平。以公路建设为突破口,带动全省基础设施建设,拉动相关产业,创造新的就业机会,刺激市场需求,形成新的国民经济增长点,促进山西经济持续、快速、健康发展。

4月27日 下午,省交通厅党组召开扩大会议,传达贯彻省领导指示精神,研究制定《加快全省公路建设的实施意见》。

5月19日 省交通厅党组以晋交发字〔1998〕46号文件,印发《关于赵龙等同志任免职务的通知》。接省委组织部晋组干字〔1998〕176号文件通知,经省委常委会议3月30日研究决定:赵龙同志任省交通厅纪检组长。免去刘传旺同志的省交通厅纪检组长职务。经省委组织部部务会议3月30日研究决定:赵龙同志任省交通厅党组成员。免去刘传旺同志的省交通厅党组成员职务。

5月26日 省领导胡富国、孙文盛、杜五安、薛军、薛荣哲及省委办公厅、省交通厅等有关领导共同与新世界基建有限公司进行最后一轮谈判,达成一致协议:由省交通厅下属企业山西省交通建设开发总公司与新世界基建有限公司共同投资建设晋焦高速公路。其中,山西投资57 600万元,占40%;港商投资86 400万元,占60%。

5月27日 晋城至焦作高速公路项目合同签字仪式在太原举行。省领导胡富国、孙文盛、刘振华、杜五安,新世界基建有限公司董事、总经理陈永德先生、副总经理张展翔先生,新世界(中国)发展有限公司董事长符史圣先生,省交通厅领导刘俊谦、杨继刚参加。

5月 为全面、系统地展示太旧路建设的艰难历程和辉煌业绩,由省交通厅宣传教育中心与太旧高管局共同编辑的太旧路建设系列小丛书,由山西经济出版社出版发行。该丛书一套5本,计58万字,分别为《太旧高速公路建设八位特等功臣事迹》、《太旧高速公路建设与管理》、《太旧精神论文选》、《太旧效应论文集》、《太旧高速公路建设诗词散文报告文学选》。丛书全面系统地介绍了太旧高速公路建设,为社会各界参观学习提供了翔实宣传资料。

6月1日 省政府召开由省建委、省交通厅、省煤炭厅、省冶金厅等单位负责人参加的协调会议,就加快全省交通建设,并以此拉动全省煤炭、建材、建筑等行业发展问题进行专题研究。副省长杜五安主持并讲话。他说,修路涉及42个行业,可提供很多就业机会,一定要把修路和再就业工作联系起来。他希望省煤炭厅要与省交通厅、省建委等部门积极联系,互相帮助,共同发展,为再就业工作辟出一条新路。

6月4日 省交通厅党组全体成员赴太原南过境高速公路建设工地现场办公。

6月5日 省委书记胡富国、副省长杜五安在省委副秘书长兼省委办公厅主任李才旺等陪同下,深入太原南过境高速公路、晋祠一级公路路面改造工程及太原南出口拓宽改造工程建设工地视察指导。

6月7日 中共中央政治局委员、全国政协副主席、中央统战部部长王兆国,在省委常委、省委秘书长武正国和省政协副主席、省委统战部部长吴慧琴等陪同下，深入大运高速公路原太段建设工地视察。

6月7日 省委书记胡富国在省委副秘书长兼省委办公厅主任李才旺、省交通厅厅长刘俊谦等陪同下，视察原太路路面工程。

6月8日 全国政协副主席、中央统战部部长王兆国在省委书记胡富国，省委常委、秘书长武正国，省委常委、太原市委书记纪馨芳，省政协副主席吴慧琴，太原市市长曹中厚，刘俊谦厅长等陪同下，赴太旧高速公路和太旧工程纪念碑参观考察，并题词："太旧精神，学习典范"。

6月11日 交通部副部长胡希捷在省交通厅厅长刘俊谦等陪同下，深入大运高速公路原太段视察。

6月12日 交通部副部长胡希捷在省交通厅厅长刘俊谦等陪同下，视察吕梁地区文明路建设和离临柳石扶贫公路建设。

6月12日 由太原汽车运输公司、客运公司、客运总站联合组建的"山西省汽车运输集团"和由太原汽车运输公司改制组建的"太原汽车运输有限责任公司"正式挂牌成立。

6月15日 韩国前议员金汉圭先生在省委书记胡富国、省交通厅厅长刘俊谦、常务副总指挥胡玉珍等陪同下，参观大运高速公路原太段石岭关附近的护面墙、天桥和路面工程，称赞修得好。

6月20日 太原南过境高速公路工程建设总指挥部在省公路局第一工程公司工地召开路基桥梁工程建设第一阶段总结表彰暨第二阶段工作安排部署大会。省领导胡富国、孙文盛、纪馨芳、杜五安以及省直有关部门、太原市领导出席，省交通厅领导杨继刚、高贵生、杨金泉参加。

6月24日 大运高速公路原太段实现半幅通车。上午，省领导胡富国、郑社奎、卢功勋、冯芝茂、刘振华、杜五安、薛军、张正明和省级老领导阮泊生、王庭栋、李修仁以及省委办公厅、省政府办公厅、省交通厅、忻州地委、行署领导，冒着高温深入施工一线视察并慰问筑路员工。省交通厅党组成员、常务副总指挥胡玉珍介绍工程建设情况。胡富国书记在讲话中称赞原太路用最佳状态、最快速度、最好质量进行工程建设，实现预定目标，体现"太旧精神"。要求筑路员工科学安排，精雕细刻，造成精品工程，向国庆节献厚礼！

6月24日 省委、省政府在迎泽宾馆举行加快山西公路交通基础设施建设新闻发布会。中央和省城20余家新闻单位100余名记者参加。副省长杜五安出席并讲话，省交通厅厅长刘俊谦全面介绍山西公路交通建设取得的成就和今后发展目标。

6月25日 省委、省政府在湖滨会堂隆重召开"发扬'太旧精神'，加快全省以公路为重点的基础设施建设动员大会"。号召全省人民高举邓小平理论伟大旗帜，贯彻落实十五大精神和中央关于加快基础设施建设的重大决策，振奋精神，抢抓机遇，为改变全省基础设施落后面貌，振兴山西经济而奋斗。省委书记胡富国、省长孙文盛出席并讲话，省委常委、副省长刘振华主持。省领导郑杜奎、刘泽民、卢功勋、郭裕怀、冯芝茂、武正国、张秉法、纪馨芳、梁国英、徐生岚、姚新章、白陞、李玉璋、张铭、杜五安、薛军、范堆相、杨志明、薛荣哲、宋绍华、靳承序、吴慧琴、张正明、徐大毅、李玉臻、左祥、谭华生、侯小保及原省领导阮泊生、王庭栋、李修仁出席。省交通厅领导刘俊谦、杨继刚、杨金泉、赵龙、宋元林、胡玉珍率交通系统代表参加。各地、市、县负责同志在分会场收听收看大会实况。杜五安首先通报全省公路建设情况，孙文盛作动员报告。胡富国在讲话中，提出搞基础设施建设，有一项重要的战略使命就是拉动相关产业，促进全省经济发展，确保全省经济增长速度达到8%，力争11%。

6月25日 新世界基建有限公司与长治市畅达公路开发公司正式签订太原长治线

黄碾段公路合作项目合同。省领导胡富国、孙文盛、杜五安、薛军、薛荣哲出席签约仪式。

7月7日至8日 省政府召开全省贯彻“6·25”动员大会精神，加快公路建设工作汇报会。副省长杜五安出席并讲话。省政府办公厅副主任刘银才主持。全省各地市分管领导和交通局长，省交通厅领导刘俊谦、杨继刚、高贵生、宋元林、张润和厅机关有关处室负责人参加。

7月22日 副省长杜五安率省交通厅厅长刘俊谦、副厅长杨金泉，省煤炭厅厅长王纪仁，大同市市长靳善忠，吕梁行署副专员郭海亮及全省八大矿务局负责人在即将开工建设的夏家营至汾阳高速公路、大同至北京高速公路现场办公时，决定将夏家营至汾阳高速公路中的20公里和大同至北京高速公路中的25公里，通过议标方式交由3万名煤炭职工承建。

7月22日 副省长杜五安在副厅长杨金泉、常务副总指挥胡玉珍等陪同下，沿线察看大运高速公路原太段伸缩缝施工质量，要求精心组织，科学施工，再打一个漂亮仗。

7月25日 全国政协副主席陈锦华在省委书记胡富国、省政协主席郭裕怀、副省长杜五安和省交通厅副厅长杨金泉、省太旧高管局局长张润等陪同下，参观太旧工程纪念碑。

7月30日 国务院总理朱镕基在省委书记胡富国、省长孙文盛等陪同下，视察太旧高速公路和武宿立交枢纽，对山西人民团结一致，艰苦奋斗，从修路入手，大搞基础设施给予充分肯定，称赞抓得早，抓得好，路子走对了，是造福山西人民的。

8月2日 交通部副部长李居昌在省交通厅领导刘俊谦、杨继刚、杨金泉等陪同下，深入太原南过境高速公路建设工地检查指导工作。

8月2日 交通部副部长李居昌在刘俊谦、胡玉珍等陪同下，深入大运高速公路原太段路面工程建设工地一线视察指导工作。

8月11日 省交通厅在省委老干部活动中心召开“山西公路建设与国民经济发展论证会”。厅领导刘俊谦、高贵生、杨金泉出席，厅机关有关处室负责人参加。省委政研室、省经济研究中心、山西财政大学、山西日报社、省社会科学院、省统计局等部门的专家和学者，就公路建设与国民经济之间的密切联系进行研讨。经过热烈讨论，达成广泛共识。大家一致认为，近几年来，全省公路交通发展带动了相关一批企业，如公路建设直接带动木材、钢材、水泥、沥青等有关企业，为50多万人提供了就业机会，也间接带动交通运输业发展，特别是太旧高速公路建成之后，缓解晋煤外运紧张状况，促进地方经济发展，改善了全省投资环境，加速沿线资源综合利用和开发，推动产业结构调整、信息物资交流、道路运输市场和旅游业发展，活跃商贸流通，促进山西经济繁荣。

8月18日 上午，省政协主席郭裕怀在常务副总指挥胡玉珍等陪同下，视察大运高速公路原太段建设工地。并题词：“众志成城”。

9月23日 省交通厅、原太路建设总指挥部在太原召开新闻记者座谈会，副省长杜五安出席并讲话，省交通厅厅长刘俊谦参加，常务副总指挥胡玉珍介绍工程建设情况。

9月24日 上午，约60名省级老领导，在厅长刘俊谦等陪同下，视察原太路峰东天桥路段，边看边赞不绝口。

9月26日 大运高速公路原太段建设工程全线通车庆典仪式在峰东天桥路段举行。省领导胡富国、孙文盛、郑社奎、刘泽民、卢功勋、郭裕怀、冯芝茂、刘振华、武正国、张秉法、刘荫超、纪馨芳、杜五安、王昕、范堆相、杨志明、薛荣哲、万良适、靳承序、吴慧琴、李龙城、徐大毅及省级老领导阮泊生、王庭栋、李修仁出席。交通部、国家开发银行、中国欧美进出口公司有关领导，香港、台湾部分商界人士，亚洲银行专家、官员及公路建设专家等来宾出席。省直各有关厅局领导,沿线地方党委、政府主要领导参加。省交通厅领导刘俊谦、杨继刚、任景春、高贵生、杨金泉、宋元林、胡玉珍、张润及省交通系统在太原市、忻州市的厅属单位负责人,工程施工、监理、设计单位代表参加。副省长杜五安主持,省交通厅厅长、总指挥刘俊谦介绍工程建设情况;省总工会主席李有美宣读记功表彰决定。省委书记胡富国,省长孙文盛,省人大常委会主任卢功勋,省政协主席郭裕怀,省委常委、省纪委书记冯芝茂,原省级老领导阮泊生,省委常委、太原市委书记纪馨芳,省交通厅厅长刘俊谦和忻州地委负责人及筑路员工代表为原太路通车剪彩。随后,省领导和来宾们乘车视察原太段高速公路全程。

10月2日 省政府在省交通厅召开现场办公会议。省长孙文盛主持,省委常委、常务副省长刘振华,副省长杜五安、薛军参加。会议听取厅长刘俊谦汇报,并进行认真研究。会议认为:大运高速公路作为山西公路网络主骨架,在全省经济建设中起着十分重要的作用。会议原则同意省交通厅《关于全省大运高速公路等重点公路工程建设及大运二级公路绿化情况的汇报》。认为规划符合中央精神和全省实际。会议明确要求:大运高速公路建设要集中资金和力量保证重点。按流量和经济带动作用,从资金、设计、效益等方面进行排队。目前急需建设的是太原至临汾段,依次再建设临汾至运城段、原平至大同段。

10月5日 省委常委扩大会议在省交通厅召开。省委书记胡富国、省长孙文盛出席并讲话。听取厅长刘俊谦《关于大运高速公路等重点工程建设及大运二级公路绿化情况的汇报》后,对大运高速公路等重点工程建设问题进行专题研究,确定1999年全线开工建设。会议要求:要紧紧抓住国家加大基础设施建设力度的机遇,把大运高速公路建设作为重中之重,像抓太旧路建设那样抓好大运路建设,以此推动全省再掀公路建设新高潮,促进全省经济快速发展。

会议决定,为保证高速公路建设质量,提高投资效益,全省高速公路由省交通厅统一建设,统一管理,并决定由省政府三名副省长组成领导组,代表省委、省政府负责领导全省高速公路建设,同时决定成立以副省长杜五安为总指挥的大运高速公路建设总指挥部。

省领导郑社奎、刘泽民、卢功勋、郭裕怀、支树平、刘振华、武正国、张秉法、刘荫超、纪馨芳、杜五安、薛军、范堆相,原省领导李立功、阮泊生、王庭栋、李修仁参加并讲话。一致认为:后5年山西公路建设目标宏伟,鼓舞人心,只要按照中央政策办事,山西就会大有希望。

省交通厅领导刘俊谦、杨继刚、任景春、高贵生、杨金泉、赵龙、张润,厅计划统计处、科学技术处、财务征费处、公路管理处等处室,省交通设计院等有关单位负责人参加。

10月6日 中共中央政治局委员、全国人大常委会副委员长姜春云在省委书记胡富国、省长孙文盛和省人大常委会主任卢功勋,省委常委、太原市委书记纪馨芳等陪同下,视察太旧高速公路。

10月8日 中共中央政治局委员、全国人大常委会副委员长姜春云在省委书记胡富国、省人大常委会副主任姚新章陪同下,视察离临柳石扶贫公路。

10月20日 省委、省政府召开全省"三项建设"动员大会,号召全省上下坚持不懈地大搞公路建设、重点工程建设、农田水利基本建设,使"三项建设"再上新台阶,再创新水平,再铸新辉煌。省委、省人大、省政府、省政协领导及省直有关部门负责人出席,省交通厅党组全体成员、厅直有关单位和部门负责人参加。各地市交通局、各公路分局及地、市、县负责人分别在分会场收听收看大会实况。副省长杜五安作表态发言。

10月20日 省交通厅召开专门会议,贯彻落实全省三项建设动员大会精神。副省长杜五安出席并讲话，厅领导杨继刚、胡玉珍、张润出席，各地市交通局、公路系统及厅属单位、厅机关各处室负责人参加。

10月22日至28日 省交通厅宣传教育中心组织邀请新华社、人民日报、人民日报海外版、光明日报、经济日报、中国日报(英文版)、中国青年报、人民政协报、中央人民广播电台、民族画报等中央十大新闻单位的记者，就山西省近几年来在公路交通基础设施建设方面取得的成就进行全方位深入采访。副省长杜五安，省交通厅厅长刘俊谦等与记者进行座谈。采访回京后，各大新闻单位相继推出介绍山西公路交通建设成就的专访文章和专题报道，有效扩大在全国的影响。

10月31日 省委书记胡富国，省委常委、秘书长武正国，副省长杜五安在省交通厅领导刘俊谦、杨继刚、杨金泉、张润等陪同下，深入祁(县)临(汾)高速公路现场办公，专题研究有关前期工作。

11月5日 省委书记胡富国、省长孙文盛率领省委、省人大、省政府、省政协、省纪委领导在晋焦高速公路召开现场办公会议，围绕省委、省政府提出的“引来黄河水，阳电下江南；治好母亲河，绿化两座山；打通出口路，建成大运线；开创新业绩，三晋换新颜”宏伟蓝图，进一步统一思想，推动落实。

11月10日 吕梁离临柳石扶贫公路竣工通车仪式暨吕梁地区义务修路再动员大会隆重举行。省委副书记刘泽民、省人大常委会副主任姚新章、副省长杜五安、省政协副主席祁寿椿，原省委书记李立功，省委副秘书长冯其福、省委办公厅助理巡视员石清礼、省政府办公厅副主任刘银才，省交通厅厅长刘俊谦、副厅长任景春、杨金泉以及地区四大班子领导出席。路线全长183公里，概算4.6亿元。

11月23日 下午，省人大常委会副主任梁国英带领部分委员视察大运高速公路原太段工程建设。

12月2日 省交通厅印发《关于全省公路建设计划和管理体制改革的通知》。从1999年1月1日起，省交通厅负责一级以上(含一级)高等级公路建设，省公路局负责二级以下(含二级)国省干线公路建设；各地市交通局负责县乡公路建设，省公路局负责县级公路建设的行业管理。公路建设计划与管理体制改革后，各交通主管部门具体负责相应公路建设工程立项、预算审批、招标、管理、验收等。二级及县以下国省道干线公路、县乡公路建设资金，省交通厅每年平均切块分配给省公路局及各地(市)交通局。

12月3日 太原南过境高速公路十里长桥主体工程暨路基胜利完工总结表彰大会召开。省委书记胡富国，省委常委、太原市委书记纪馨芳，副省长杜五安出席并讲话。省交通厅领导杨继刚、高贵生、杨金泉、赵龙，厅属各单位、施工建设单位以及相关部门代表千余人参加。

12月15日 交通部副部长洪善祥在副省长杜五安、省交通厅厅长刘俊谦、副厅长杨继刚等陪同下，赴太原南过境高速公路建设工地检查指导工作。

12月15日 省委书记胡富国致信晋焦高速公路全体指战员，祝贺第一战役全面告捷。希望全体筑路员工发扬成绩，再接再厉，把公路建设推向新高潮，为全省经济建设和改革开放作出新贡献。

12月17日 省交通厅印发《关于成立大运高速公路建设总指挥部的通知》。按省政府办公厅晋政发〔1998〕68号文件通知，为加强大运高速公路建设的领导和管理，确保大运高速公路建设胜利进行，省人民政府决定成立大运高速公路建设总指挥部。总指挥：杜五安；常务副总指挥：刘俊谦；副总指挥：李枝荣、杨继刚、杨金泉、胡玉珍、张润、罗清宇、夏淦。指挥部下设大同至原平、太原至祁县、祁县至临汾、临汾至运城四个指挥部，指挥分别由罗清宇、胡玉珍、夏淦、张润同志兼任。

12月21日 大运高速公路建设总指挥

部召开第二次会议，专题研究开工前的各项准备工作。副省长杜五安出席并讲话，刘俊谦主持，李枝荣、杨继刚、杨金泉、赵龙等参加。

12月30日至31日 全省公路建设质量工作会议在忻州召开。副省长杜五安出席并讲话，厅领导刘俊谦、杨继刚、杨金泉、赵龙、宋元林、张润出席。厅长刘俊谦作工作报告，副厅长杨金泉通报全省公路建设质量检查情况，8个单位作先进经验介绍。刘俊谦代表省交通厅与有关单位和部门签订质量目标责任书。

1999年

1月1日至4月30日 省交通厅、省新闻工作者协会联合举办第二届“山西交通好新闻”评选活动。共有350人(次)报送参赛作品1300余篇(件)。经过初评委、总评委的严格评审，最后确定有162篇作品获等级奖，29人获写稿奖，14个单位获组织奖。获奖作品从各个不同的侧面和角度，全面、系统地反映了全省各级交通部门及单位真抓实干、开拓创新所取得的成绩、经验及在工作中涌现出的先进典型。

1月27日至28日 全省交通工作会议在太原召开。副省长杜五安发表书面讲话，省交通厅党组全体成员出席，厅长刘俊谦作工作报告，副厅长杨继刚作总结讲话。会议提出1999年全省交通工作的总体思路是：认真实施“12533”工程，即：“一个中心”、“两个重点”，搞好公路建设计划与管理、公路养管和运输管理体制改革、交通规费改税、政府机构的“五项改革”，确保工程进度、工程质量、建设资金“三个到位”，开展“三讲”教育、公路建设质量年和创建文明行业“三大活动”。会议对1998年度工作目标责任制完成优秀单位和先进单位进行表彰。

1月28日 全省交通系统安全生产工作会议在太原召开。省交通厅副厅长任景春主持，厅长刘俊谦作工作报告。签订1999年安全生产目标责任书。

1月30日至2月5日 《人民日报》资深摄影记者蒋铎、摄影部副主任王忠家、《经济日报》摄影部主任记者邓维、《工人日报》摄影部主任记者于文国赴晋采访公路重点工程建设。省委书记胡富国会见4位记者，对他们不顾年迈来晋采访表示热烈欢迎。省交通厅厅长刘俊谦、副厅长杨金泉陪同采访。回京后，三大新闻报纸分别刊发反映山西公路重点工程建设摄影专版和新闻图片50余幅，在全国产生较大影响。

1月 省交通厅宣传教育中心、原太高速公路公司共同组织编辑的《精美原太路》画册由中国经济出版社出版。该画册主题突出，图文并茂，全面、系统地记录、总结了大运高速公路原太段工程建设的历程和成功经验，集思想性、艺术性、纪实性、史实性于一体。全书分“时代的呼唤”、“情系千秋业”、“不负众望谱新篇”、“原太序曲”、“千军万马战犹酣”、“原太路的质量报告”、“精神文明花开原太”、“通向新世纪”8章，16开，124页，共选录290余幅图版，4.6万文字。副省长杜五安作序。编委会主任：刘俊谦；主编：胡玉珍；副主编：张明旺、肖毓恺；编辑部主任：师国梁、张晓枫。

2月8日 全省公路工作会议在太原召开。省交通厅厅长刘俊谦出席并讲话，省交通厅党组成员、省公路局党委书记兼局长宋元林作工作报告。

2月12日 省交通厅召开贯彻全国质量工作会议精神，开展“查漏洞、查浪费、查质量、查安全”动员大会。省委书记胡富国，省长孙文盛出席并讲话，副省长杜五安作动员报告，省交通厅厅长刘俊谦作具体部署。

2月26日 省交通厅再次召开会议，就开展“四查”工作进行再动员、再部署。省交通厅厅长刘俊谦作动员，副厅长杨继刚主持，厅领导任景春、杨金泉、赵龙、宋元林、张润出席。

3月13日 由省交通厅宣传教育中心负责组织，在国家发展计划委员会主办的《中国经济导报》上刊发两个彩色专版，全面系统地宣传和介绍了山西近年来公路交通建设所取得的重大成就，包括文字1.5万字，精美图片8幅。由于文章重点突出，结构新颖，图文并茂，语言精练，生动形象，受到省委书记胡富国、省长孙文盛、副省长杜五安等省领导和参加全国"两会"山西代表的交口称赞。

3月17日 全省交通系统党风廉政建设工作会议在太原税务大厦召开。省纪委副书记王俊忠、省纪委常委李谭生，省交通厅厅党组书记、厅长刘俊谦出席并讲话；副厅长任景春主持；厅党组成员、省纪委驻厅纪检组组长赵龙作了题为《加大工作力度，坚持标本兼治，全面推进党风廉政建设和反腐败工作》的工作报告；厅领导杨金泉、胡玉珍、张润，厅老领导任先泉出席。会议还对1997年至1998年度党风廉政建设工作先进集体和先进个人进行了表彰。厅属各单位党政主要领导、纪委书记、监察室主任，各地(市)交通局纪委书记，厅机关各处室负责人，受表彰的先进集体和先进个人代表共280余人参加。是省交通厅第一次围绕交通行业特点，统一安排部署党风廉政建设和反腐败工作召开的全系统大会。

3月19日 全省交通征稽工作会议在榆次召开。副省长杜五安、省交通厅副厅长杨继刚出席并讲话，省政府办公厅副主任刘银才，晋中地区领导马友、赵希宽，厅领导任景春、高贵生、杨金泉、赵龙、胡玉珍出席。

3月23日 全省交通战备工作会议在忻州召开。总后军运部交战局副局长孙凤乐、北京军区交战办处长张建民、省军区副司令员张法少将出席并讲话，60人参加。省交通厅副厅长杨继刚代表厅长刘俊谦作工作报告。

4月13日 省交通厅召开"反骄破满，吸取教训，振奋精神，再创辉煌"动员大会。副省长杜五安出席并讲话，省交通厅厅长刘俊谦作动员报告，副厅长杨继刚主持，厅领导杨金泉、赵龙、宋元林、胡玉珍出席。

4月26日至30日 全国《高速公路万里行》山西采访团一行13人赴晋采访。省委书记胡富国、副省长杜五安会见采访团全体成员，并回答记者们提问。省交通厅厅长刘俊谦，副厅长杨继刚、杨金泉，厅纪检组组长赵龙等领导分别向采访团成员介绍了山西公路交通基础设施建设情况，引起记者们的浓厚兴趣。采访结束后，中央各大新闻媒体陆续刊载和播发有关宣传山西高速公路建设与效益的稿件60余篇(条)，在全国产生广泛影响，取得积极宣传效果。

4月28日 由省公路运输工会和省总工会联合主办的省城庆"五一"文艺晚会在太原工人文化宫举行。省委书记胡富国、省长孙文盛等省领导，省交通厅和太原市领导，全国五一劳动奖章、奖状，省五一劳动奖章、奖状获得者，立功受奖单位和个人代表，以及太原南过境高速公路筑路员工共同观看。

4月29日 全省交通系统劳模代表座谈会召开。副厅长任景春出席并讲话。

5月15日 在省科委组织的专家评审会上，省交通厅组织开展的《山西公路建设与山西经济增长研究》课题顺利通过专家评审鉴定，并受到高度评价。

评审会由省科委主持，省交通厅厅长刘俊谦、副厅长杨继刚、杨金泉，厅机关有关处室负责人及课题组成员参加，评委会由国家计委综合运输所所长杨洪年、交通部办公厅政策研究室主任任何华、省科委主任温泽先、省人大财经委主任李镇西、山西财经大学校长冯子标、省计委副主任兰光东、省政府经济研究中心总经济师柳承宏、省公路局总工程师范景相组成。评委们一致认为：课题选题科学、准确、及时，是关于公路建设与地区经济发展较为系统完善，具有一定理论水准和较高决策参考价值的软科学研究成果，填补全省此项研究空白，在国内处于领先水平，对山西经济发展具有重要战略意义和现实指导意义，具有一定社会和经济价值。

5月18日 全省交通战备工作正规化建设经验交流会暨现场会在临汾召开。北京军区战备办少校张俊峰、省军区后勤部副部长马彦和、省交通厅副厅长任景春、临汾军分区政委高义勋、行署副专员董彩霞出席。

5月19日至20日 全省“发展农村客运工作会议”在介休市召开，省交通厅副厅长任景春出席并讲话。

5月27日 全省交通系统推行厂务公开工作会议召开。杨继刚、赵龙出席并讲话。

5月 国道108线榆次东长寿至祁县东观38公里路段被团中央、交通部授予国家级“青年文明号”。

6月1日 副省长杜五安在省交通厅副厅长、总指挥杨金泉及厅机关有关处室负责人陪同下，深入太原南过境公路检查指导工作。

6月7日 省委书记胡富国深入太原南过境高速公路建设工地、太旧高速公路考察，向太旧功臣纪念碑敬献花篮，并与为太旧路建设献身的8位功臣家属座谈。副省长杜五安，省委副秘书长李才旺，省交通厅领导刘俊谦、杨继刚、任景春、高贵生、杨金泉、胡玉珍、张润等参加。

6月8日 上午，省征稽局召开费收再动员大会。副省长杜五安，省交通厅党组书记、厅长刘俊谦出席并讲话。副厅长高贵生、杨金泉出席。

6月22日 省交通厅、省计委、省物价局印发《山西省汽车租赁业管理规定实施细则(试行)》。主要内容包括总则、开业停业管理、租赁车辆新增与审批管理、租赁经营管理、法律责任、附则6章32条，自1999年7月1日开始实施。

6月29日 副省长杜五安在省交通厅领导刘俊谦、杨金泉及厅机关有关处室负责人陪同下，深入祁介一级公路建设工地视察。

7月6日 财政部呈报国务院《关于与亚洲开发银行谈判山西公路发展项目的请示》的急件传真到省人民政府后，代省长刘振华，副省长杜五安、薛军分别作重要批示。

7月22日 省计委副主任兰光东主持召开会议，传达副省长薛军批示精神。即祁临段高速公路是否能利用内资、是否存在重复建设等问题，要求省计委、省交通厅、省财政厅拿出主导性意见。

7月26日 上午，省政府在梅山会议厅召开省长办公会议。代省长刘振华主持，副省长杜五安、薛军、王昕、范堆相、杨志明、薛荣哲出席。会议在听取省交通厅厅长刘俊谦关于亚行项目祁临段高速公路情况汇报后，议定：同意按时间要求会签财政部，如期与亚行进行贷款谈判。省计委、省财政厅、省交通厅拿出祁临段高速公路分段建设的计划与方案，其中介休至霍州段，是按标准建设还是单幅建设？祁县至介休段、霍州至临汾段都要拿出具体方案。

7月29日 晚，副省长杜五安在省政府渊谊堂小会议室听取省交通厅关于祁临段高速公路建设项目专家意见汇报。省计委副主任兰光东、省交通厅厅长刘俊谦、副厅长杨继刚、省财政厅副厅长张秋明等参加。

7月30日 代省长刘振华、副省长杜五安、薛军在晋祠宾馆专门听取省交通厅副厅长杨继刚关于祁临段高速公路建设项目专家意见的汇报，刘俊谦、兰光东、张秋明参加。刘振华指示：省计委、省交通厅、省财政厅立即赴京分别向国家计委、交通部、财政部汇报并征求意见和指示。并议定8月3日向省委常委会汇报。

8月3日 上午10时，省交通厅厅长刘俊谦、副厅长杨继刚等赴晋祠宾馆，向代省长刘振华汇报祁临段高速公路建设项目的意见。

8月3日 下午，以省政府名义向省委常委会汇报材料《亚行项目祁县至临汾段高速公路的情况汇报》定稿。提出两条意见:一是同意赴亚行谈判、签字;二是在建设方案上力争先干中间卡脖子路段,再建南北两段。

8月3日 晚上,省委书记田成平在晋祠宾馆主持召开省委常委会,听取省交通厅厅长刘俊谦有关情况汇报后议定:原则同意省政府意见,同意赴亚行谈判、签字;在建设方案上力争先干中间卡脖子路段,再建南北两段。国道必须修高速公路,至于辅道如何布局更为合理,请省政府具体研究。

8月9日 上午,财政部举行赴马尼拉谈判准备会。刘俊谦、宋穗、鲁永春、陶克作为代表团成员参加,周文全、李晋宏作为祁临段高速公路代表出席。会上,就《项目协议》、《还贷协议》的有关谈判,阐述山西的观点和意见。

8月10日至12日 由交通部副部长张春贤、体改法规司司长朱永光以及交通部办公厅、公路司、水运司、人劳司、科技司、中交报等有关方面负责同志组成的调研组,先后在省交通厅副厅长杨继刚、任景春,省公路局局长宋元林,省高管局局长张润等陪同下,深入全省国有交通企业及高速公路进行调研。

8月10日至15日 由李东向(财政部、团长、主谈),蔡丽(财政部),李响(国家计委),薛琰华(交通部),刘俊谦(山西省交通厅厅长),宋穗、鲁永春(祁临建管处),陶克(省财政厅)等组团赴亚行就"山西道路发展项目"的《贷款协议》和《项目协议》进行谈判。签署《谈判纪要》,草签《贷款协议》及《项目协议》,签署《会议记录》。

8月12日 副省长杜五安在省交通厅副厅长、总指挥杨金泉及省交通厅机关有关处室负责人陪同下,深入太原南过境高速公路建设工地调研。

9月6日 省交通厅印发《关于山西省高速公路管理局机构编制的通知》。按省编办〔1998〕116号文件通知,太旧高管局更名为省高管局,同时挂山西省高速公路开发有限(集团)公司的牌子。其主要职责是对全省高速公路的规划、投资、建设、运营、养护等实行统一管理。省高管局内设11个科室,核定编制84名,领导职数4名,总工程师、总会计师各1名;下设太原、晋中、阳泉、晋城管理处,均为副处级建制,编制分别为85名、228名、156名、53名,核定副处级领导职数各2名。原机构规格、经费渠道、隶属关系不变。

9月23日 省交通厅向省计委报送《关于祁临段高速公路起点变更理由的报告》。随后,省计委向国家计委呈报《关于祁临段高速公路起点变更理由的报告》及《关于决定祁临段高速公路起点由西六支变更为城赵的报告》。

9月27日 霍州至侯马一级公路建成通车。路线全长147公里,总投资14.2亿元。

9月29日 运城至风陵渡一级公路改建高速公路竣工通车。全长91公里,完成投资4.66亿元,1998年6月29日开工建设。

9月30日 亚行董事会批准对中国政府用于"山西道路发展项目"祁临段高速公路建设的2.5亿美元贷款。

9月30日 运城至临猗一级公路竣工。路线全长26.154公里,总投资约1亿元,1998年6月30日开工建设。

10月19日 副省长杜五安深入太原南过境高速公路建设工地调研,就通车庆典有关工作进行检查指导。

10月20日 太原南过境高速公路建成通车。省总工会、省计委、省审计厅、省土地局、省建行、省交通质监站、太原市政府及晋源、小店区委、区政府有关领导,省交通厅领导刘俊谦、杨继刚、高贵生、杨金泉、赵龙、胡玉珍等及省交通厅退下来的部分老同志出席。庆典仪式由刘玉柱主持,杨金泉汇报工程建设情况,杨继刚、周日贵分别宣读省交通厅、省劳动竞赛委员会表彰决定。路线全长14.5公里。

10月30日 祁县至介休一级公路建成通车。路线全长73.06公里,总投资5.43亿元,1998年10月开工建设。

10月 大型画册《中国交通50年成就·山西卷》由人民交通出版社正式出版发行。为中国交通50年成就大型系列丛书之一,由交通部统一组织编撰,建国50周年献礼图书。画册认真回顾了新中国成立以来,特别是党的十一届三中全会以来,全省交通事业和公路建设的发展历程;展示了全省3000万三晋儿女在省委、省政府坚强领导下,高举邓小平理论伟大旗帜,真抓实干,奋力拼搏,气壮山河,志在必胜的英雄气概;描绘2010年,特别是今后5年全力推进山西省交通事业持续、快速、健康发展,打好交通翻身仗的跨世纪宏伟蓝图。是新中国成立以来山西省第一部全面、系统、准确地反映交通建设辉煌成就的历史画卷,是全省交通行业精神文明建设的一项重要成果,具有重要的现实意义和历史价值。画册主题突出,内容丰富,图文并茂,制作精美。共选录图片480余幅,图表16幅,中文10万字,英文14万字,12开,270页。副省长杜五安为该画册作序。编委会名誉主任:杜五安;主任:刘俊谦;主编:刘俊谦;副主编:张明旺、师国梁。

10月 《辉煌的历程》由山西人民出版社正式出版发行。省交通厅宣传教育中心和厅办公室共同编撰,为第一部反映新中国成立50周年公路交通建设成就的书籍。该书载录全省交通系统64个厅属县处级以上单位党政主要领导亲自撰写的70多篇文稿,较全面、系统地回顾了1949年以来,特别是党的十一届三中全会以来全省公路交通建设的艰难历程,充分展示全省公路交通建设取得的辉煌成就,是一部宝贵的交通史料集。全书25万字,大32K。编委会主任:刘俊谦;主编:刘俊谦;副主编:杨继刚、赵龙。

11月10日 省政府办公厅印发《关于撤销山西省大运高速公路建设总指挥部成立大运高速公路建设领导组的通知》。组长:杜五安;副组长:张奎、赵劲夫、刘银才、刘俊谦。成员有:史应标、张秋明、高博、王世文、刘润来、李云、霍转业、陈东平、李平、高可、刘国意、刘树旺、姬和平、贺锐、李栋梁、李玉清、郭海亮、赵希宽、安永全、张建喜。

12月24日 省委书记田成平在副省长王昕等陪同下,深入省交通科学研究所调研。要求一手抓改革,一手抓市场,依托科技,立足山西,走向全国,积极参与国际国内市场竞争,求得更大的发展;以科技体制改革为动力,抓好技术创新和成果转化,为全省科研机构走向市场闯出一条新路子。

2000年

1月3日 副省长杜五安在省交通厅副厅长杨金泉等陪同下,深入夏汾高速公路调研。要求确保工程质量,争创优良工程,向吕梁人民交一份满意的答卷。

1月3日 吕梁信源贸易公司1辆无牌照主车及解放牌挂货车通过307国道柳沟收费站时,拒缴车辆通行费并强行闯卡,造成收费人员1死6伤的恶性案件。4月21日,吕梁地区中级人民法院开庭,一审判处案犯王世杰死刑,剥夺政治权利终身,并赔偿附带民事诉讼原告人经济损失6.733万元;判处车主刘有科赔偿附带民事诉讼原告人经济损失1万元。

1月18日 省交通厅召开厅级领导班子和领导干部“三讲”教育总结表彰大会。厅党组书记刘俊谦代表厅党组进行总结,并就下一步工作进行安排;省委“三讲”教育巡视组组长王善出席并讲话。厅党组成员、厅直各单位党政领导、厅机关各处室负责人、正处级以上离退休干部参加。厅级领导班子和领导干部“三讲”教育从1999年11月8日开始,历经“思想发动、学习提高,自我剖析、听取意见,交流思想、开展批评,认真整顿、巩固成果”4个阶段,72天。

2月23日 全省交通工作会议在太原召开。副省长杜五安出席并讲话,省委宣传部、省政府办公厅、省计委、省经贸委、省财政厅、省建委、省地税局、省审计厅、省土地局、省物价局、省重点办、省证券办等单位领导出席。厅长刘俊廉作了题为《抓住机遇迎接挑战,励精图治再铸交通辉煌》的工作报告。副厅长杨继刚主持并作总结,厅领导任景春、杨金泉、赵龙、宋元林、胡玉珍,厅老领导廉平、任先泉出席。各地、市、县交通局长,省公路局领导班子成员,厅属各单位党政负责人,厅机关、省公路局机关各处室负责人参加。会议还对1999年度完成工作目标责任制、公路建设质量年活动优秀单位、先进个人进行表彰。厅长刘俊谦分别与各地市交通局、厅直各单位签订2000年度工作目标责任书,副厅长杨金泉分别与各地市交通局、厅直各有关单位、各重点公路建设项目法人签订公路建设工程质量目标责任书。

2月24日 全省交通系统安全生产工作会议在太原召开。省交通厅副厅长杨金泉作工作报告;厅长刘俊谦提出新要求。

2月25日至5月31日 省交通厅开展厅属县处级事业单位“三讲”教育工作,38个单位参加。其中,公路系统12个单位,征稽系统12个单位,厅直系统14个单位,共有323名县处级领导干部参加。

3月1日 北京军区交通战备工作会议在忻州地区召开。国家交战办主任、总后军交部长蒋士良少将,北京军区联勤部副部长刘朝龙少将,省军区副司令员高富少将,北京军区交战办主任贾二军大校,省政府副秘书长王晓林,省交战办主任、省交通厅厅长刘俊谦等领导出席,60余名代表参加。会议总结1999年工作,安排部署2000年任务。

3月2日 全省交通战备工作会议召开。刘俊谦作工作报告。

3月14日 全国交通审计工作会议在太原召开。交通部副部长李居昌出席并讲话,省委常委、副省长薛军出席,交通部审计办公室主任蔡传炳作工作报告,省交通厅领导刘俊谦、赵龙及全国各省市交通行业审计工作负责人参加。

3月14日 交通部在太原举办部分省市公路建设质量监督和监理工作座谈会。副部长李居昌、公路司司长张之强同来自辽宁、广东、浙江、山西等省市13家质监站、监理公司代表进行座谈。省交通厅厅长刘俊谦、副厅长杨金泉参加。

3月20日 上午,全省交通系统纪检监察工作会议在太原召开。省交通厅厅长刘俊谦作了题为《从严治党,从严治政,大力推进全省交通系统党风廉政建设和反腐败工作》的报告,副厅长杨继刚主持,省纪委驻厅纪检组组长赵龙传达省、部纪检监察工作会议精神,厅领导任景春、杨金泉、宋元林、张润出席。刘俊谦还与厅直各单位负责人签订2000年党风廉政建设目标责任书。

3月20日 下午,全省交通科技工作暨技术创新大会在太原召开。省交通厅副厅长杨继刚主持,厅长刘俊谦讲话,副厅长杨金泉作工作报告。

4月12日 省人大常委会副主任梁国英深入忻州地区交通局调研。要求依法修路,依法治路,依法管理,充分发挥公路的特殊作用。

4月18日 全省交通运输企业管理现场会在运城汽车运输公司召开。省人大常委会副主任崔光祖致词祝贺,省交通厅副厅长任景春、运城地委副书记尚平安、行署副专员安德天出席并讲话。

4月21日 全省交通法制工作会议暨现场会在长治市召开。省交通厅副厅长任景春作工作报告,省司法厅、省法制局领导出席。

4月24日 副省长杜五安在省政府副秘书长王晓林、省交通厅副厅长杨金泉等陪同下,深入京大高速公路山西段调研。要求牢牢把住质量关,争创一流建设和运营水平。

4月25日 经省政府批准,祁临高速公路有限责任公司成立。为国有独资公司,主要负责祁临高速公路建设、管理、运营、养护等。夏淦任董事长,周文全任总经理。

5月10日 副省长杜五安带领省交通厅副厅长杨金泉、省公路局副局长蒋品、总工程师范景相等专程赴灵石附近108国道784公里处,督察1999年5月公路坍塌地段的抢修恢复工程,要求加快施工进度,尽快完成滑坡治理工程。

5月10日 副省长杜五安深入运三高速公路调研。要求不断强化质量意识,完善质量体系,认真把好质量关,确保全线2001年10月1日通车。

5月11日 省委组织部晋组干字〔2000〕185号文印发《关于王晓林等同志任免职务的通知》。经省委常委会2000年5月9日讨论决定:王晓林同志任省交通厅党组书记。免去刘俊谦同志的省交通厅党组书记、杨继刚同志的省交通厅党组副书记职务。经省委组织部部委会议2000年4月29日研究决定:免去任景春同志的省交通厅党组成员职务。

5月15日 省交通厅召开厅机关全体人员及厅直各单位党政主要负责人大会。会议由厅党组原书记、厅长刘俊谦主持,省委组织部副部长邢燕芬宣读省委决定,副省长杜五安代表省委、省政府讲话,充分肯定刘俊谦及其原省交通厅领导班子近年来工作所取得的突出成绩,对今后工作提出新的要求和期望。新任厅党组书记王晓林谈了自己的打算和下一步工作思路。他特别强调要正正派派做人,认认真真学习,扎扎实实办事,与全省交通系统12万职工一道,在历届班子取得成绩的基础上,百尺竿头,更进一步,再创山西交通辉煌。

5月16日 省交通厅党组书记王晓林,在厅党组原书记、厅长刘俊谦陪同下,看望廉平、任先泉两位老厅长及厅机关各处室、厅后勤服务中心、厅资料信息中心工作人员。

5月18日 省交通厅党组书记王晓林深入省交通设计院调研。要求增强责任感、危机感,不断提高设计手段和人员素质,更好地肩负起公路建设"先行官"的重任。

5月21日 省交通厅党组书记王晓林在与中国交通报社社长陶淳及记者站负责人座谈时,要求交通宣传要唱响主旋律,搞好信息服务与舆论监督。

5月22日 省交通厅党组书记王晓林深入省公路局调研。要求实现观念、职能、机制三个转变,为全省改革开放和经济建设提供有力的交通支持。

5月23日 山西日报社主办的《山西内参》19期刊发记者郑风岐撰写的文章:《山西修路的理性思考》。全文约7600字,主要包括4部分内容。一是山西的公路建设超前超量了吗?答案是:差得远呢!二是山西不大修其路不行。三是山西的路该咋修?四是修路的钱从哪里来?文章发表后,立即引起省领导高度重视,田成平、刘振华、刘泽民、杜五安等都先后作出批示。

5月24日 省交通厅党组书记王晓林深入省征稽局调研。要求抓好"三个代表"学习,强化法制意识和手段,搞好以人为本的管理与改革,用科学管理增加费收,防止腐败。

5月25日 省交通厅党组书记王晓林深入省运管局调研。要求按照"三个代表"思想要求,建立统一开放、竞争有序的公路运输市场,服务全省经济建设。

5月26日 副省长杜五安在省交通厅党组书记王晓林、省高管局局长张润等陪同下,视察太旧高速公路。要求科学规划,加大绿化、美化力度,加快改革步伐,切实加强管理,争创全国一流水平。

5月27日 长治汽车运输公司1辆解放牌汽车带挂货车,从河南隋县运粮至平遥县途中,由于车辆制动失效,先后与机动车、摩托车和自行车相撞,造成4死5伤特大事故。

5月30日 省长刘振华签发《山西省高速公路路政管理办法》。共25条,自发布之日起施行。

5月31日 省人民政府晋政任字〔2000〕31号文印发《关于牛仁亮等十八人任免职务

的通知》。接山西省人大常委会〔2000〕6号文通知，经2000年5月28日山西省第九届人民代表大会常务委员会第16次会议通过，决定任命：王晓林为山西省交通厅厅长。决定免去刘俊谦的山西省交通厅厅长职务。

6月2日至3日 副省长杜五安带领省交通厅厅长王晓林、省计委副主任侯殿龙一行9人，赴忻州地区调研，实地考察五台山旅游南线并现场办公。

6月6日 省交通厅厅长王晓林深入省交通建设开发投资总公司调研。要求鼓足信心，创新思维，开拓市场，盘活路产，真正成为全省交通系统改革开放的窗口。

6月7日 经省政府第六次常务会议研究通过，决定任命宋元林、张润为省交通厅副厅长。至此，省交通厅新一届领导班子组成。成员有：王晓林：厅党组书记、厅长；宋元林：厅党组副书记、副厅长；杨金泉：厅党组成员、副厅长；张润：厅党组成员、副厅长；赵龙：厅党组成员、省纪委驻厅纪检组组长；胡玉珍：厅党组成员、厅副巡视员。

6月7日 省交通厅厅长王晓林深入省交通科学研究所调研。要求坚持"技术创新，以人为本"的思想，坚持改革创新原则，以改革促发展，走企业化、市场化道路。

6月12日 省交通厅党组研究同意设立山西省祁临高速公路有限责任公司董事会。决定委派董事长：夏淦；副董事长：周文全、宋穗；董事：马德文、郭贵堂；监事会主席：李志刚。

6月12日 芮城县运输公司1辆挂靠客车，在发往西安途中，因前轮无刹车，急弯下坡时失灵，造成2死13伤的重大翻车事故。

6月20日 副省长、省重点工程领导组组长申联彬，在省建设厅厅长马骏等陪同下，赴京大高速公路山西段调研。

6月21日 副省长杜五安深入省交通厅现场办公，与厅领导共同分析全国、全省公路建设形势，研究加快全省公路建设对策，认真落实田成平书记等省领导关于公路建设的重要批示。厅领导王晓林、杨继刚、杨金泉、宋元林、张润、胡玉珍出席，厅机关有关处室负责人、各重点公路建设项目法人参加。

6月23日 省交通厅召开各地市交通局长座谈会。传达省领导批示精神，研究解决公路建设中存在的问题和面临的困难。厅长王晓林主持并讲话，就加快全省交通事业发展提出新要求。厅领导杨继刚、宋元林、张润出席。

6月28日至30日 副省长杜五安在省交通厅厅长王晓林、副厅长杨金泉等陪同下，深入晋城、长治市调研。重点检查晋焦、长邯高速公路工程建设质量和资金完成情况，要求以高速公路为龙头，再掀公路建设新高潮。

7月4日 祁临高速公路有限责任公司党委、纪委成立。公司党委由夏淦、周文全、李志刚、宋穗、姚惠发5人组成，党委书记：夏淦；副书记：周文全、李志刚；纪委书记：李志刚。

7月5日 省交通厅党组以晋交发字〔2000〕39号文件，印发《关于王晓林等同志任免职务的通知》。按山西省人民政府晋政任字〔2000〕23号、31号、35号，中共山西省委组织部晋组干字〔2000〕185号、312号文件通知：王晓林同志任省交通厅党组书记、厅长；宋元林同志任省交通厅党组副书记、副厅长；张润同志任省交通厅副厅长。免去：刘俊谦同志的省交通厅党组书记、厅长职务；杨继刚同志的省交通厅党组副书记、副厅长职务（正厅级）；任景春同志的省交通厅党组成员、副厅长职务。至此，省交通厅新一届领导班子组成。成员有：王晓林，厅党组书记、厅长；宋元林，厅党组副书记、副厅长；杨金泉，厅党组成员、副厅长；张润，厅党组成员、副厅长；赵龙，厅党组成员、省纪委驻厅纪检组组长；胡玉珍，厅党组成员、厅副巡视员。

7月6日 省长刘振华主持召开省政府常务会议，对加快全省公路建设问题进行严肃认真的讨论。会议要求,为适应全省经济发展需要,适应国家西部大开发战略需要,省交通厅要抓住机遇,以大运高速公路和国道主干线建设为重点,掀起全省公路建设新高潮;要以公路建设为突破口,加快全省基础设施建设步伐,带动相关产业发展。全省各有关部门要为加快全省公路建设给予积极支持。

7月6日 经省政府常务会议研究决定,提高全省客运附加费征收标准,在原基础上每公里提高0.01元,每年可增收5000万元至6000万元,增收部分全额用于公路建设。

7月6日至7日 副省长杜五安在省交通厅厅长王晓林、副厅长杨金泉等陪同下,深入夏汾高速公路调研。要求量力而行,尽力而为,把公路建设作为调整产业结构的突破口认真抓好。

7月7日 保德县发生一起特大交通事故,1辆面包车载客坠入黄河,造成当场死亡17人,重伤1人,轻伤12人,失踪2人。8日,申联彬副省长带领省直有关部门负责人赶赴保德县,组织抢救工作。

7月18日 省交通厅印发《关于成立山西太旧高速公路管理有限责任公司的通知》。为国有独资公司,负责太旧高速公路运营、养护、管理。同时,按省政府批准的时限和标准收取车辆通行费。

7月21日 省运总公司主持召开运输生产经营工作会议,所属13家企业负责人聚会太原,围绕全省交通新形势,畅谈国有企业改革与发展,一致认为组建公路运输集团势在必行。

7月25日 8时,临县清凉寺乡寨上村在修建乡村公路时,发生山体滑坡,造成7人被埋。经过一天紧急抢救,到7月26日上午7时,被埋5女2男全部挖出,已窒息死亡。

8月1日至31日 亚行与中国政府、山西省人民政府正式签署《贷款协议》和《项目协议》。祁临高速公路公司将《土建工程招标文件》报送交通部、亚行审核批复。

8月2日 省交通厅批复山西太旧高速公路管理有限责任公司,同意以太旧路收费权质押,按照贷款的有关规定,向中国工商银行太原市迎泽支行贷款人民币200 532万元,并购山西省高速公路开发有限公司中的太旧路资产。如该路收费不足以偿还贷款时,由省交通厅其他规费收入负责偿还。

8月4日 内蒙古自治区交通厅、山西省交通厅、黄河万家寨水利枢纽有限公司印发《关于加强黄河万家寨库区水上交通安全管理工作的意见》。

8月7日 副省长杜五安与省交通厅副厅长张润、省旅游局局长王锚深赴大同参加云冈旅游节途中,深入京大高速公路山西段调研。要求确保质量早通车,早作贡献早受益。

8月9日 省人民政府发布《关于加快全省公路建设的实施意见》。在认真研究全省近年来公路建设成绩和经验的基础上,按照国家有关政策规定,参照中西部省份公路建设的做法,并结合全省实际,就征地补偿费标准、拆迁征地任务的完成、提高公路客运附加费标准、县乡公路建设养护和管理、多渠道筹措资金5个方面作出具体规定。

8月9日 山西省与马来西亚首次合作建设的大同兴王公路奠基并开工建设,张润副厅长出席奠基仪式并讲话。该路起于大同市南郊区云冈镇兴旺庄村,终于平旺乡王家园村,全长9.85公里,概算投资1.53亿元,其中马来西亚投资1.3亿元,计划于2001年8月竣工。

8月11日 省委常委、纪检委书记金银焕深入忻州地区交通局调研。要求进一步改进工作作风,树立行业形象,争当行风评议"排头兵"。

8月14日 副省长申联彬在省交通厅副厅长张润等陪同下,深入长邯高速公路调研。要求广大建设者狠抓工程质量,加快建设进度,高水平、高标准建好上党第一路。

8月15日 省政府办公厅晋政办发

〔2000〕71 号文，印发省国土资源厅、省交通厅、省工商行政管理局、省煤炭工业局职能配置、内设机构和人员编制方案。明确省交通厅主要职能有 2 项，主要职责有 13 项。

在这次机构改革中，厅机关处室从过去的 15 个精简为 12 个，机关编制由原来的 100 名精简为 58 名，同时厅机关内设机构和职能也进行了调整。一是人事劳资教育处改为人事处，将教育管理职能划出；二是科学技术处改为科技教育处，新增教育管理职能；三是计划统计处改为综合规划处，增挂外资处牌子；四是撤销项目办，其职能并入综合规划处；五是成立运输管理处；六是撤销水运港监船检处，其职能并入运输管理处；七是根据晋办发〔2000〕18 号文件精神，厅离退休干部处编制单列，更名为离退休人员管理处，人员按照公务员条例管理；八是根据省委办公厅晋办发[2000]16 号文件精神，撤销原省审计厅驻交通厅审计处，内审职能由财务征费处承担；九是将机关的后勤服务职能全部划归厅后勤服务中心，同时推进厅机关后勤管理体制改革。内设职能调整后，厅机关设办公室、政策法规处、综合规划处、财务征费处、公路管理处、运输管理处、科技教育处、公安处、交通战备办公室、人事处等 10 个职能处室和机关党委、省纪委驻交通厅纪检组与省监委驻交通厅监察室。厅离退休人员管理处批准编制 5 人，省交通运输工会仍按原批准的编制。

8 月 23 日 省交通厅党组印发《机构改革人员定岗实施意见》。厅机关编制为 63 人，其中正副处长职数 27 名；公路运输工会仍按原批准的编制 11 人，正副处级领导职数按 3 名掌握；处级非领导职数按处级领导职数的 50%掌握。

8 月 24 日 省交通厅召开厅机关机构改革动员大会。厅党组书记、厅长王晓林作动员报告，厅党组副书记、副厅长宋元林主持，杨金泉、张润、赵龙、胡玉珍等厅领导参加。

8 月 24 日 省长刘振华、副省长杜五安深入省交通厅调研，就大运高速公路建设与省交通厅领导进行座谈。刘振华在讲话中，要求以大运高速公路建设为标志，再掀全省公路建设新高潮。厅领导王晓林、宋元林、杨金泉、张润、赵龙、胡玉珍及厅机关有关处室负责人参加。

厅长王晓林代表厅党组向省领导表示：一是要确保 2000 年 60 亿元公路建设目标任务的完成；二是要以抓好太旧高速公路以企业并购形式置换资本金为突破口，确保大运高速公路南线年内开工；三是集中精力抓好大运高速公路建设，努力在 2003 年全线建成通车。

8 月 24 日 省交通厅党组印发《处级领导职位竞争上岗实施办法》。

8 月 25 日 在山西省新编地方志总结表彰大会上，省交通厅荣获组织奖，厅资料信息中心获先进集体一等奖，并被省劳动竞赛委员会荣记集体三等功；《山西通志·交通志·公路水运篇》获省地方志优秀成果一等奖，《山西交通年鉴（1999 年版）》获优秀成果三等奖；杨继刚副厅长获先进工作者，杨惠芹、张岐山和田荣华同志分别获全省地方志工作先进个人并被省劳动竞赛委员会荣记个人二、三等功。

8 月 27 日至 30 日 省交通厅机关举行公开竞争处级领导职位演讲答辩会。厅党组书记、厅长王晓林任竞选主考，厅党组副书记、副厅长宋元林主持，杨金泉、张润、赵龙、胡玉珍等厅领导及省委组织部、省人事厅、省直工委等有关部门负责人担任评委，现场打分考评，厅机关全体干部、厅直单位负责人现场投票参加评议。47 名同志登台演讲，公开答辩。根据个人竞选成绩，经厅党组研究决定，14 名竞选优胜者担任正处级领导职务，16 名竞选优胜者担任副处级领导职务。

9 月 1 日 全国第九次高速公路管理工作研讨会在忻州顿村省交通职工培训中心召开，共有 28 个省、市、自治区 50 多家高速公路建设、管理单位的 140 位代表参加。原交通部副部长王展意、交通部办公厅主任姚明德、体改法规司助理巡视员朱有亮、公路司杨国峰出席。副省长杜五安、厅长王晓林到会祝贺并讲话,副厅长杨金泉介绍山西高速公路建设情况,副厅长张润主持。会议期间,参会代表还考察太原东山过境高速公路松庄收费站自动化收费系统,参观太旧高速公路武宿收费广场、省高管局机械化养护中心,观看有关企业产品演示。

9月2日 上午,省交通厅厅长王晓林深入原太高速公路公司调研。对公司工作给予充分肯定,要求在观念创新、技术创新上动脑筋,做文章,努力搞活经营机制,把公司各项工作搞得更好,取得更大成绩。

9月10日 长治汽车运输公司1辆解放大客车,在执行长治至屯留县丰宜镇班车任务途中,与1辆摩托车相撞,造成当场死亡3人的重大事故。

9月15日 省交通厅印发《山西省公路超限运输检测点管理暂行办法》。主要内容包括总则、场点建设、机构设置、工作职责、执法范围、工作程序、收费管理、责任追究、附则9章42条,从即日起执行。

9月18日 省政府晋政函〔2000〕240号文件印发《关于设置超限运输检测点的批复》。批准在全省境内干线公路及主要公路出省口设置38个超限运输检测点。

9月20日 省政府调整大运高速公路工程建设领导组成员。组长仍由副省长杜五安担任,副组长由省计委主任牛仁亮、省财政厅厅长原崇信、省建设厅厅长马骏、省交通厅厅长王晓林、省国土资源厅厅长李永宏担任。成员有:省重点办主任史应标、省公安厅副厅长孔宪信、省水利厅副厅长菅二栓、省林业厅副厅长霍转业、省电力局副局长刘润来、省环保局副局长李广信、工商银行山西省分行行长助理宋士卿、省电信公司副总经理李云、太原铁路分局局长张光玉和沿线地区行署、市政府分管交通工作的副专员、副市长。

大运高速公路工程建设领导组下设办公室,办公室设在省交通厅。办公室主任由省交通厅厅长王晓林兼任,副主任由省交通厅副厅长宋元林、杨金泉、张润担任,办公室下设综合处、工程管理处、协调处和宣传中心。

9月20日至24日 省委、省政府举行掀起公路建设新高潮“大运行”现场办公活动,省委书记田成平出席京大高速公路通车典礼和大运高速公路奠基仪式,省长刘振华率领省直25个部委厅局、大运高速公路沿线各地市领导同志,并邀请金融部门负责同志,由北到南,长途跋涉,风尘仆仆,不辞辛苦深入到雁门关隧道、韩信岭隧道、仁义沟特大桥等大运高速公路难度大的工程段实地进行现场办公,着力解决面临的重大问题,进一步统一思想,达成共识,坚定信心,明确目标。

刘振华省长在讲话中强调指出,省委、省政府举行这次“大运行”现场办公活动,就是要动员全省人民紧紧抓住中央实施积极的财政政策和西部大开发的历史机遇,振奋精神,发扬成绩,再接再厉,开拓前进,掀起以大运高速公路和国道主干线为重点的新高潮,用3年左右时间建成大运高速公路,为全省经济结构调整和现代化建设打好基础。省委常委、常务副省长薛军,副省长杜五安,省政协副主席徐大毅,省交通厅厅长王晓林、副厅长杨金泉、张润及中央驻晋和省城各新闻单位记者参加了现场办公。

“大运行”现场办公活动期间,省长刘振华一行还深入到大张线大同至阳高段改建工程工地、运三高速公路建设工地进行实地考察,并为晋中市绵山旅游公路竣工通车剪彩。

9月22日 省委、省政府在太原南过境高速公路罗城收费站附近举行大运高速公路建设奠基仪式。田成平、刘振华、刘泽民、薛军、薛延忠、李玉璋、杜五安、徐大毅等省领导与省直有关部委厅局、太原市负责同志为大运高速公路奠基。省委书记田成平在奠基仪式上作重要讲话。省委常委、常务副省长薛军主持。省交通厅领导王晓林、杨金泉、张润出席,王晓林作表态发言。

9月22日 山西省公路建设企业并购贷款签字仪式在忻州顿村省交通职工培训中心举行。根据协议，中国工商银行山西省分行将提供20亿元项目贷款，使山西省能够从太旧高速公路中置换出20亿元资本金用于大运高速公路建设，以此为基础吸引更多的信贷资金。省领导刘振华、薛军、杜五安、徐大毅，省交通厅厅长王晓林，副厅长杨金泉、张润出席。参加省委、省政府"大运行"现场办公活动的省直25个部委厅局、大运高速公路沿线地市负责同志，金融部门负责同志和中央驻晋及省城各大新闻媒体记者参加。

王晓林代表山西省交通厅，隋运生代表中国工商银行山西省分行，分别在贷款协议上签字。

9月25日 省交通厅党组决定，6名党组成员按大运高速公路6条新开工建设路段分工负责，分段包干，亲赴工程一线督察指挥，明确责任，层层负责，精心组织，志在必胜。具体分工是：厅党组书记、厅长王晓林负责新原段，厅党组副书记、副厅长宋元林负责临侯段，厅党组成员、副厅长杨金泉负责祁临段，厅党组成员、副厅长张润负责大新段，厅党组成员、纪检组组长赵龙负责侯运段，厅党组成员、助理巡视员胡玉珍负责太祁段。

9月26日 忻州地区晋西北扶贫公路建成通车。省长刘振华专门发贺信，副省长杜五安亲临祝贺，省交通厅厅长王晓林、副厅长张润及忻州地区四大班子领导参加通车典礼。路线全长288公里，总投资3.4亿元。

9月30日 为了保证2003年大运高速公路全线建成通车总目标的顺利实现，按照分段建设、分段完成、结合实际、因地制宜的思路，经省交通厅党组研究决定，成立山西省大新、新原、临侯、侯运高速公路建设有限责任公司，分别负责大运高速公路大同至新广武段、新广武至原平段、临汾至侯马段、侯马至运城段高速公路的建设。任命董新品为山西省大新高速公路建设有限责任公司董事长、郜玉兰为山西省新原高速公路建设有限责任公司董事长、李万定为山西省临侯高速公路建设有限责任公司董事长、马建新为山西省侯运高速公路建设有限责任公司董事长。至此，加上先前已经成立的山西省太祁高速公路有限责任公司和山西省祁临高速公路有限责任公司，大运高速公路六条新建路段各段的建设有限责任公司全部成立。

10月4日 汾阳至介休一级公路全线贯通。路线全长31公里，1998年11月举行开工典礼，1999年3月正式开工建设。

10月9日 省委书记田成平在忻州地委、行署领导陪同下，深入韩府公路建设工地检查指导工作。

10月10日 省交通厅党组决定用竞争上岗的办法，公开选聘大新、新原、临侯、侯运四个高速公路公司总经理。共有49人报名，35人获得参加竞争的资格。

10月12日 下午，省交通厅召开全省交通系统思想政治工作暨廉政建设工作会议。厅党组书记、厅长王晓林作工作报告，厅党组成员、省纪委驻厅纪检组组长赵龙作专题报告，副厅长宋元林主持，厅领导杨金泉、张润、胡玉珍出席，省直工委书记刘巩、省纪检委常委李潭生、省精神文明办主任韩树勋、省职工思想政治工作研究会副秘书长韦川东应邀出席。

10月12日至13日 省交通厅在太原隆重召开全省交通系统掀起公路建设新高潮动员大会。副省长、大运高速公路建设领导组组长杜五安出席并作了热情洋溢的讲话；省直有关部门领导、厅党组全体成员、厅机关各处室处长（主任）、副处长（副主任），各地（市）交通局局长、书记、纪检书记，各县（市、区）交通局局长，厅直各单位党政一把手、纪检书记，省公路局机关各处室负责人，各公路分局、工程公司、征稽分局、运输企业和党政一把手、纪检书记，大运高速公路六大建设公司项目法人代表参加。副厅长宋元林主持并作总结讲话，厅长王晓林作了题为《贯彻"三个代表”的重要思想,再掀山西公路建设新高潮》的动员报告,副厅长杨金泉宣读《掀起以大运高速公路和国道主干线为重点的公路建设新高潮实施意见》。

大运高速公路六大建设公司项目法人代表董新品、郜玉兰、郭贵平、夏淦、李万定、马建新,厅直单位代表李绍华、张晋鹏、王哲、李铁山,地市交通局代表王永祥、李裕厚,县级交通部门代表李谦宏、李鲜贵分别在大会上作表态发言。

10月19日 省委书记田成平在忻州地委书记梁滨、行署专员吕德功、副专员李玉清等陪同下,由岢岚县出发,经保德县北河岔进入韩府公路建设工地考察,途经8个标段,行程25.7公里。

10月22日 财政部与省政府签署实施《山西道路发展项目》转贷协议,并由省财政厅签署。将亚行提供的2.5亿美元贷款转贷给山西,用于大运高速公路祁临段建设项目的实施。

10月23日 副省长杜五安赴大运高速公路大新段进行实地考察,并在山阴县主持召开现场办公会,解决存在的实际问题和困难。省交通厅助理巡视员胡玉珍、大新高速公路公司董事长董新品等陪同。

10月28日 夏家营至汾阳高速公路竣工通车仪式举行。省领导刘振华、薛延忠、姚新章、李玉璋、杜五安,原省级老领导李立功、张邦应、李玉明出席并剪彩。副省长杜五安、省交通厅厅长王晓林、吕梁地委书记杨安和讲话,专员郭海亮主持,省直有关部门,吕梁地区、行署领导,省交通厅领导宋元林、杨金泉、胡玉珍出席。路线全长56公里,概算投资12.17亿元,1998年10月开工建设。

11月6日 在省交通厅助理巡视员胡玉珍等陪同下,副省长杜五安深入大运高速公路太祁段建设工地调研。要求依法办事,坚持讲政策、讲设计、讲程序、讲法律。

11月11日 全国人大代表一行30人,由省人大常委会副主任张邦应带队,视察晋焦高速公路,对工程建设给予高度评价,并积极献计献策,解决存在的困难和问题。

11月11日至12日 省交通厅公开竞聘大新、新原、临侯、侯运高速公路建设有限责任公司总经理演讲答辩会议在忻州顿村省交通职工培训中心举行,共有29人登台演讲。会议由副厅长宋元林主持,厅长王晓林作动员讲话,副厅长杨金泉宣布竞聘人员名单、演讲答辩规则、评分标准和计分办法。最后确定12名入围考察对象。

11月21日 副省长杜五安在省交通厅副厅长杨金泉、省计委副主任侯殿龙等陪同下,赴大运高速公路南线临侯段、侯运段现场办公。要求开动思想,开动脑筋,加快建设步伐。

12月1日 雁北运业有限责任公司1辆依维柯车行至怀仁县南窑集运站附近时,与1辆解放挂货车迎面相撞,造成5死13伤特大交通事故。

12月8日 省交通厅召开交通工程执法监察工作暨推行《廉政合同》工作会议。省纪委驻厅纪检组组长赵龙出席并讲话。

12月17日 晋焦高速公路丹河特大石拱桥被上海大世界基尼斯总部授予“大世界基尼斯之最”称号。桥总长425.6米,宽24.8米,高81.6米,由1孔跨和7孔边跨组成,各项主要技术指标和难度均为同类桥之最,总投资7000万元。1997年11月开工建设,2000年9月竣工。

12月18日 兴县黑峪口至陕西神木黄河大桥胜利竣工。桥全长723米,宽12米,总投资3700万元,1998年10月开工建设。

12月26日 大运高速公路祁县至临汾段开工仪式暨动员大会在灵石县仁义乡道迁村隆重举行。省领导刘振华、薛军、杜五安,省委办公厅、省政府办公厅、省委宣传部、省军区领导,省交通厅领导杨金泉、张润出席。省长刘振华宣布祁临段高速公路正式开工,并与副省长薛军按动工程启动按钮。副省长杜五安作动员报告,副厅长杨金泉主持。

12月27日 山西太旧高速公路管理有限责任公司正式挂牌运营。副省长杜五安、省交通厅副厅长杨金泉、张润及晋中、阳泉市委、市政府领导出席挂牌仪式。省交通厅厅长王晓林致信祝贺,杜五安、杨金泉、张润为公司揭牌。

2001年

1月16日 省委书记田成平召集副省长杜五安及省计委、省水利厅、省交通厅等部门的负责同志,就“十五”期间进一步加强全省水利、公路等基础设施建设进行座谈,提出重要指导性意见。要求“十五”期间,建成纵贯全省、通达四邻的高速公路网,并以此带动县乡公路、农村公路、旅游公路建设。

1月18日 全省交通系统纪检监察工作会议召开。省交通厅厅长王晓林出席并讲话,副厅长宋元林传达中纪委、交通部、省纪委会议精神,省纪委驻厅纪检组组长赵龙作了题为《重在治本,贵在落实,围绕交通建设全面推进党风廉政建设和反腐败斗争》的工作报告,副厅长张润主持。王晓林还与各市地交通局、厅直各有关单位党政主要领导签订2001年党风廉政建设工作目标责任书。

1月19日 全省交通工作会议在太原隆重召开。省长刘振华发贺信,副省长杜五安出席并讲话。省政府办公厅、省总工会、省计委、省经贸委、省财政厅、省建设厅、省审计厅、省国土资源厅、省物价局、省重点办、省地税局、省安全生产委员会、建行、工行、开发行等单位领导应邀出席。省交通厅厅长王晓林作了题为《把握机遇,加快交通改革发展;争先发展,推进交通世纪工程》的工作报告。副厅长宋元林主持并作总结讲话,厅领导杨金泉、张润、赵龙、胡玉珍,厅老领导廉平、任先泉、郅杰、刘乾、王文祥、赵俊文、李振亚、鄂俊太等出席。各市、地、县交通局长,省公路局领导班子成员,厅属各单位党政负责人,厅机关、省公路局机关各处室负责人参加。

会议还对2000年度完成工作目标责任制优秀单位、先进单位进行表彰。

1月19日 全省交通系统安全生产工作会议在太原召开。省交通厅副厅长杨金泉作工作报告。厅长王晓林与各市地交通局及厅直有关单位主要负责人签订安全生产目标责任书。

2月8日 大运高速公路太原至祁县段开工仪式暨动员大会在交城县义望互通举行。省长刘振华、副省长薛军出席并按动开工按钮,省交通厅厅长王晓林作动员讲话,厅领导杨金泉、张润、赵龙、胡玉珍及沿线各级地方政府领导参加,太祁高速公路公司董事长郭贵平作表态发言,省交通监理总公司、中铁十七局第五工程处和交城县县长刘云晨分别作表态发言。

2月9日 全省掀起公路建设新高潮座谈会在临汾市召开。副省长杜五安出席并讲话,省交通厅厅长王晓林汇报全省“十五”公路建设计划,省计委副主任侯殿龙主持并讲话,省环保局、省文物局、省重点办、国家开发银行太原分行、省财政厅及临汾市领导出席并发言,厅领导杨金泉、张润、赵龙出席,厅直有关单位、厅机关各处室、大运高速公路各项目单位、临汾市直有关部门负责人及大运高速公路临侯段沿线地方政府领导参加。

2月9日 下午,省交通厅党组召开扩大会议,贯彻落实全省掀起公路建设新高潮座谈会精神。省交通厅厅长王晓林在讲话中,要求提高认识,增强紧迫感;加强领导,抓好“质量、工期、投资”三大控制;依法管理,加大宣传力度。

2月9日 大运高速公路侯马至运城段正式开工建设。副省长杜五安出席开工仪式并按动开工按钮,省交通厅厅长王晓林作动员,厅领导杨金泉、张润、赵龙及沿线各级地方政府领导参加,建设单位、沿线政府、施工和监理单位代表作表态发言。

2月15日 省公安厅、省交通厅印发《关于大运高速公路建设期间安全保卫工作的实施意见》。决定成立大运高速公路建设治安支队(支队设在省交通厅公安处)。

2月25日 全省交通征稽工作会议在太原召开。副省长杜五安,省交通厅厅长王晓林、副厅长宋元林出席并讲话,副厅长杨金泉、张润出席。

2月26日 省人民政府发布《关于保障大运高速公路安全施工的通告》。要求沿线各级政府提高认识,顾全大局,认真履行职责,周密安排部署,积极配合公路建设部门做好拆迁、征地、供水、供电、治安环境、群众等各项工作;沿线各级公安机关,要强化服务意识,严厉打击各类干扰、破坏公路建设的违法犯罪活动,维护公路建设的正常秩序。

2月27日 省交通厅召开全省交通行政执法队伍建设工作会议暨"三五"普法总结表彰大会。副厅长宋元林作了题为《统一思想,狠抓落实,努力建设一支高素质的交通行政执法队伍》的工作报告,副厅长张润作了题为《加强法制宣传教育,促进交通事业发展》的总结报告。省司法厅厅长孙秉晨、省人大法制委主任张计书等出席。

3月1日 省交通厅、省公安厅召开大运高速公路建设治安工作协调会议。省人大常委会副主任李玉璋、省交通厅厅长王晓林、副厅长张润、省公安厅副厅长丁松林等出席并讲话。

3月3日 省交通厅召开全省公路建设管理暨质量工作会议。厅长王晓林出席并讲话,副厅长张润作了题为《强化监管,狠抓落实,全力推进全省公路建设质量再上新台阶》的工作报告,副厅长杨金泉主持。

3月9日 上午,全省公路工作会议在太原召开。省交通厅领导王晓林、宋元林、张润出席并讲话。

3月9日 全省道路运输管理工作会议在忻州顿村省交通职工培训中心召开。省交通厅领导王晓林、杨金泉出席并讲话。

3月20日 全省港监船检及水上交通安全工作会议在垣曲县召开。省交通厅领导王晓林、张润、杨金泉出席并讲话。

3月23日 大运高速公路现场办公会议在忻州召开,省委书记田成平、副省长杜五安出席并讲话。省交通厅厅长王晓林主持,副厅长杨金泉、张润分别介绍大运高速公路工程建设进展情况和征地拆迁进展情况,省直有关部门、忻州市委、市政府领导及大运高速公路各项目公司、厅直有关单位、厅机关各处室负责人参加。

3月27日 省委书记田成平在运城市委、市政府有关领导陪同下,深入运三高速公路建设工地调研。

3月27日 全省交通战备工作会议在忻州顿村省交通职工培训中心召开。省交通厅厅长王晓林出席并讲话。

3月28日 省政府召开"大运高速公路优化工程建设环境协调会"。副秘书长刘银才主持,大运高速公路沿线各市地领导汇报工作情况,省交通厅厅长王晓林通报全线征地拆迁和环境协调情况,副省长杜五安出席并讲话。要求坚决贯彻田成平书记指示精神,大力推广运城市经验,依法赔偿,照章办事,加强宣传,发扬艰苦奋斗精神。

3月29日 中国农业银行山西省分行向太祁(阳曲至城赵段)高速公路项目提供贷款10亿元签字仪式在太原举行。副省长杜五安、省政府办公厅副主任刘银才、省农行行长金冠文及省交通厅厅长王晓林、副厅长宋元林出席,省农行副行长薛新成主持,省交通厅、省农行机关有关处室、太原市农行及城南支行负责人参加。

3月30日 交通安居公寓第一期工程开工。原省委书记李立功、省政协副主席万良适,原省政协副主席陈德贵,省交通厅领导王晓林、宋元林出席开工仪式并奠基培土。

4月2日 省委组织部晋组干字〔2001〕129号文印发《关于赵振田等同志任职的通

知》。经省委常委会议2010年3月30日研究决定:赵振田同志任山西省公路局党委书记。经省委组织部部务会议2001年3月28日研究决定:戴飞、李铁山同志任山西省公路局党委副书记;蒋品同志任省公路局党委委员。

4月7日 省交通厅召开进一步加强全省高速公路管理工作会议。决定全省高速公路实行集中统一经营管理。在省交通厅领导下,省高管局对全省高速公路的发展方向、经营管理、资源配置、行业法规建设等实行垂直领导。厅长王晓林出席并讲话。要求全省高速公路系统各部门、各单位实现观念、体制、管理、科技、人才、经营6个创新。

4月17日 副省长王昕及省教育厅有关领导一行在省交通厅厅长王晓林、副厅长宋元林等陪同下,莅临省交通学校,就该校申报成立山西交通职业技术学院进行深入调研。要求尽快办好有关申报手续,扩大教学规模,突出行业特色,逐步向本科层次发展。

4月25日 全省交通系统精神文明建设工作会议隆重召开。交通部政策法规司宣传处处长谷秀英、省委宣传部副部长申存良、省直工委副书记卫克兴出席并讲话。省交通厅副厅长宋元林主持,厅党组全体成员出席,省纪委驻厅纪检组组长赵龙作工作报告。认真回顾总结“九五”期间全系统精神文明建设基本情况、主要特点,提出“十五”期间指导思想、奋斗目标和主要任务。

会议表彰两个行业文明系统、10个文明单位标兵、20个行业文明单位、10个行业文明集体标兵、50个行业文明集体、10个行业精神文明建设标兵、70个行业文明建设先进个人。各市地交通局、厅属各单位、各高速公路公司党政负责人,厅机关各处室负责人,受表彰的精神文明建设先进单位代表、先进个人180余人参加。

4月26日 为确保工程建设顺利进行,进一步优化外部环境,创造良好舆论氛围,省委宣传部和省交通厅决定成立大运高速公路建设宣传领导组,负责协调和领导大运高速公路建设期间的新闻宣传工作。组长由省委常委、省委宣传部部长申维辰担任,副组长由省交通厅厅长王晓林、省委宣传部副部长申存良、省广播电视局局长田惠爱、山西日报总编辑章勇思、新华社山西分社社长卢仲云担任。成员有:人民日报驻山西记者站副站长刘杰,光明日报驻山西记者站站长杨荣,经济日报驻山西记者站站长秦德继,中央人民广播电台驻山西记者站站长李世璞,省交通厅党组成员、纪检组长赵龙,省广播电视局副局长、山西电视台台长董育中,山西人民广播电台台长张敬民,山西经济日报总编辑李勤,山西日报工交部主任桂小纯,省委宣传部新闻出版处处长梁宝印,省交通厅新闻宣传中心主任杨惠芹。领导组下设办公室,办公室设在省交通厅。

4月26日至27日 省交通厅党组集体赴大运高速公路现场办公。两天时间里,厅领导王晓林、宋元林、杨金泉、张润、赵龙、胡玉珍沿南线施工便道驱车800余公里,一路考察工程建设,一路现场办公。先后考察17个施工标段,听取6个项目公司汇报,召开两次现场办公会,研究解决大运高速公路建设面临的困难和难题。全国政协委员、省政协常委周安达源,厅机关各处室负责人、厅直各单位负责人和大运高速公路六大项目建设公司董事长、总经理参加。

4月29日 省交通厅召开全系统省级劳模代表座谈会。副厅长宋元林、助理巡视员胡玉珍出席并讲话。

5月1日 全国著名劳动模范申纪兰深入长邯高速公路建设第一线,在宇通高速公路公司董事长苗宏宇等陪同下,慰问沿线路基、桥梁施工单位员工,与大家共度“五一”佳节。

5月14日至18日 省委、省政府举行全省推动大运高速公路现场办公活动。省领导刘振华、薛军、杜五安、靳承序,省委宣传部、省政府办公厅、省计委、省公安厅、省财政厅、省国土资源厅、省建设厅、省水利厅、省林业厅、省审计厅、省财监办、省重点办、省地税局、省环保局、省物价局、省工商局、省文物局、省电力公司、省电信管理局、省公安厅交管局、国家开发银行、工行、建行、中行、农行、太铁分局等27个省直有关部门领导,太原、晋中、吕梁、临汾、运城、忻州、朔州、大同8个市地市长、专员及有关部门领导,省交通厅领导王晓林、宋元林、杨金泉、张润、赵龙及厅机关有关处室、厅直有关部门负责人参加,部分省人大代表、政协委员、全国劳动模范也应邀参加。

全体参会人员翻山越岭,马不停蹄,在刘振华、薛军、杜五安、靳承序等省领导带领下,深入大运高速公路施工现场,详细了解工程进展情况,视察其中的关键工程和制约工程,慰问沿线广大筑路员工,并就加快大运高速公路建设、确保工程质量提出新的要求和希望,使沿线各级政府和建设、施工、监理单位及广大人民群众备受鼓舞。

5月18日 大运高速公路大同至新广武段开工仪式暨动员大会在怀仁县清河乡举行。省领导刘振华、薛军、杜五安、靳承序,省交通厅领导王晓林、宋元林、杨金泉、张润,参加推动大运高速公路建设现场办公会的省人大代表、省政协委员、全国劳动模范、省直有关部门领导及大同、朔州市委、市政府主要领导出席,省长刘振华宣布正式开工令,副省长薛军发表讲话,省交通厅厅长王晓林作动员,副厅长杨金泉主持。

5月18日 大运高速公路雁门关隧道奠基仪式在代县东水泉村隆重举行。省领导刘振华、薛军、杜五安、靳承序,省交通厅领导王晓林、宋元林、杨金泉、张润,参加推动大运高速公路现场办公会的省人大代表、省政协委员、全国劳动模范、省直有关部门领导,忻州市委、市政府领导出席,副省长杜五安发表讲话,副厅长宋元林主持。

雁门关特长隧道单洞全长5.2公里,总投资约5.9亿元,是全国目前在建高速公路中最长的一座隧道,也是大运高速公路两大制约工程之一。

5月18日 晚8时,省交通厅党组扩大会议召开,迅速贯彻现场办公会议精神。省交通厅党组书记、厅长王晓林主持并讲话,厅党组副书记、副厅长宋元林,厅党组成员、副厅长杨金泉、张润出席,大运高速公路各项目公司董事长、总经理,省公路局、省征稽局、省交通设计院、省交通质监站、厅新闻宣传中心、厅资料信息中心负责人,厅机关部分处长及大运办协调处、工管处负责人参加。

5月25日 经省人民政府常务会议研究(晋政函〔2001〕187号文批复),同意以山西省路桥建设总公司为主体改制组建山西路桥建设集团有限公司暨山西路桥建设集团,为省政府出资设立的国有独资公司,下设22个子公司,总资产15亿元,具有一级企业资质、一级资信登记、交通工程资质、ISO9000认证及对外经营权,是一个集科研、设计、施工、生产、经营、开发与资本运营为一体的大型企业。

5月25日 省委副书记、组织部长李景田在运城市委书记黄有泉、市长王守祯等陪同下,视察运三高速公路。

5月26日 省长刘振华签发经5月22日省人民政府第68次常务会议讨论通过的《山西省实施〈国防交通条例〉办法》,共计30条。凡在本省行政区域内从事国防交通活动,均适用本办法,从公布之日起施行。

5月30日 省交通厅举办"菲迪克网络化工程管理系统演示会"。厅机关各处室及省公路局、省高管局、省交通设计院、厅新闻宣传中心、厅资料信息中心负责人观看。

6月11日 省交通厅与北京豪力海文公司合作共建菲迪克网络化工程管理系统签约仪式在厅机关五楼会议室举行。厅长王晓林代表省交通厅与北京豪力海文公司代表签字,副厅长宋元林、杨金泉、张润,厅机关各处室、大运高速公路各建设公司、厅直有关单位领导出席。

6月13日 《山西公安信息快报》48号

编发“太祁高速公路施工建设受到严重干扰，聂海舟厅长要求公安机关采取措施维护治安秩序，确保工程建设顺利进行”的信息。

6月15日 省委书记田成平在《山西公安信息快报》批示：“请振华、薛军、杜五安同志阅，并将此件发给有关市、县的书记、市县长。事情有关部门要督办解决。更重要的是坏风气一定要刹住，决不能纵容。”

6月17日 由晋城籍台湾首富郭台铭先生投资500万元建造的泽州万芳桥正式通车。副省长范堆相、郭台铭先生夫妇及其好友中科院院士、清华大学教授范守善、晋城市领导张少农、赵魁元等为大桥通车剪彩。该桥主孔跨径60米，全长100米，宽7+2×0.75米，悬高41米，1999年6月12日正式开工建设，2000年10月竣工。剪彩仪式结束后，郭先生又捐赠750万元用于家乡的公路及其他公益事业。

6月19日 副省长杜五安在省交通厅厅长王晓林、副厅长张润等陪同下，赴大运高速公路北线现场办公。朔州市副市长李栋梁、忻州市副市长杨晋生和沿线各市县政府及有关部门负责人参加。

6月23日 共青团山西省委、省公路局在大运高速公路祁临段一标段施工现场隆重举行“为‘十五’计划建功，让青春在大运闪光”主题系列活动启动仪式暨大运高速公路青年突击队授旗仪式。36支优秀青年施工队伍被命名为“青年突击队”。副省长杜五安，团省委书记白云，晋中市委书记刘俊谦，省交通厅副厅长张润，省公路局党委书记赵振田、局长戴飞及大运高速公路六大项目公司有关领导出席。

6月25日 太旧高速公路公司召开纪念建党80周年座谈会。省领导刘振华、杜五安，省政府副秘书长刘银才、李廷勇，省交通厅党组全体成员，阳泉市、晋中市及平定、寿阳县政府领导出席，厅机关各处室、厅新闻宣传中心、大运高速公路六大项目建设公司领导、省公安厅交警总队高速支队代表、省高管局所属各单位代表参加。

6月25日 省交通厅举行大运高速公路建设项目概算投资总包干协议签字仪式。省交通厅代表省政府与大运高速公路六大项目建设公司签订协议。省长刘振华、副省长杜五安出席，省交通厅副厅长杨金泉主持，厅领导王晓林、宋元林、赵龙、胡玉珍参加。

6月28日 省交通厅厅直单位纪念建党80周年暨“创先争优”表彰大会在太原征稽分局会议室隆重召开。省直工委书记刘巩、厅党组全体成员出席。

7月4日 省交通厅厅长王晓林轻车简从，深入大运高速公路祁临段调研。

7月4日至8日 省交通厅厅长王晓林在省公路局党委书记赵振田等陪同下，轻车简从，深入晋中、临汾、晋城、长治4市20余县调研，行程1500余公里。

7月9日至10日 副省长杜五安深入五台县调研，实地考察长城岭出境公路。忻州市委书记梁滨、副书记夏振贵等陪同。

7月11日至16日 中纪委委员、交通部纪检组组长刘锷深入山西交通系统有关单位和部门调研。要求各站点一定要文明服务、文明管理，确保“三乱”治理与超限运输治理工作夺取新的更大胜利。

在晋调研期间，刘锷组长还视察长邯和大运高速公路临侯、祁临、新原、大新段建设工地。要求各项目公司一定要采取得力措施，确保工程质量；同时要下大工夫，积极做好廉政工作。他还代表交通部党组慰问古城收费站职工。

7月13日 省公安厅、省交通厅在清徐县召开集中整治太祁高速公路周边治安秩序大会。省交通厅厅长王晓林，省公安厅党委委员、纪检书记、督察长廉兴有出席并讲话。会议由省公安厅治安总队总队长王武道主持。太原、吕梁、晋中三市地公安处(局)分管治安的处(局)长、治安科(处)长，晋源、清徐、交城、文水、祁县五县区分管公安工作副县(区)长、公安局长、治安科长，沿线各派出所所长和施工单位负责人参加。会议学习省委书记田成平重要批示,讨论《集中整治太祁高速公路周边治安秩序方案》;省公安厅与沿线三市地、五县区公安机关签订《集中整治太祁高速公路周边治安秩序责任书》。

7月15日 省公路局在五寨县韩家楼乡举行韩府二级路通车剪彩仪式。省长刘振华、副省长杜五安致信祝贺,省交通厅厅长王晓林、副厅长张润及厅机关、省公路局机关有关处室负责人,忻州市四大班子领导及沿线政府主要领导,省直有关部门领导出席,局长戴飞主持,郜玉兰介绍韩府公路建设情况,张润、杨增武讲话。总投资2.95亿元。2000年7月正式开工,工期1年。

7月20日至21日 省公路局改革与发展工作会议在晋城召开。会议以发展为主题,全面分析当前面临的新形势,提出下阶段改革方向和奋斗目标。副省长杜五安发贺信,省交通厅副厅长张润、晋城市副市长师建平出席并讲话,省公路局领导、各市(地)、县公路部门负责同志参加。局长戴飞作了题为《深化改革,加快发展,推动公路事业再上新水平》的报告。

7月26日 省交通厅印发《关于对大运高速公路建设实行计量支付管理的通知》及《大运高速公路建设期间计量支付管理办法》。

7月27日 省交通厅在晋中市灵石县召开全省公路工程建设廉政工作会议,围绕省委、省政府提出的"修好一条路,不倒一个人"的廉政建设总目标,安排部署全省公路工程建设廉政工作。省交通厅厅长王晓林出席并讲话,副厅长杨金泉主持,省纪委驻厅纪检组组长赵龙作了题为《认真抓好党风廉政建设和反腐败斗争,为推动全省公路建设提供有力的政治保证》的工作报告。

7月31日 副省长杜五安在省计委副主任令政策、省交通厅领导杨金泉、赵龙陪同下,深入长邯高速公路调研。要求抓质量、保进度,创精品、树一流,弘扬"太旧精神",建好上党第一路。

8月1日 省长刘振华、副省长杜五安、省政府秘书长杨季春、省长助理宋北杉等领导,就公路建设如何促进和带动全省经济发展及全省现代物流、智能交通信息发展深入省交通厅调研。

8月2日 大运高速公路建设宣传领导组在省委宣传部召开第一次会议,讨论和研究大运高速公路建设新闻宣传工作。省委宣传部部长申维辰、副部长申存良、薛俊华,省交通厅厅长王晓林、省纪委驻厅纪检组组长赵龙出席并讲话。申维辰主持,田惠爱、章勇思,杨荣、李世璞、张敬民、李勤及新华社室主任张羽、山西电视台新闻部主任朱海虎、省文化厅副厅长李金海、省文联党组副书记周命超出席。

8月9日至13日 省委宣传部、省文联组织省城艺术家赴大运高速公路建设一线采风,8月9日上午8时30分举行出发仪式。省委宣传部副部长、省文联党组书记李才旺主持;省委常委、省委宣传部部长申维辰,厅长王晓林先后讲话;省委宣传部副部长薛俊华、省纪委驻厅纪检组组长赵龙出席。申维辰亲手把团旗授给省文联副主席、著名诗人董耀章。9时许,采风团启程赴第一站大运高速公路南线起点罗城互通。5天时间内,采风团沿大运高速公路南线太祁、祁临、临侯、侯运段施工一线进行深入采访,掌握大量生动感人的生活素材,共创作散文、诗歌、绘画、书法、素描等作品300余幅。

8月11日 省交通厅召开中央驻晋新闻单位记者座谈会,厅长王晓林主持并讲话。人民日报山西记者站采编部主任安洋、中央人民广播电台山西记者站站长李世璞、经济日报山西记者站主任刘存瑞、工人日报山西记者站站长关明、中国青年报山西记者站站长刘建林等出席。

8月15日 省人大常委会副主任、省总工会主席姚新章带领省劳模慰问团赴大运高速公路太祁段,慰问奋战在施工一线的广大筑路员工,并在晋祠特大桥前举行慰问仪式。副厅长宋元林介绍工程建设情况,郭凤莲代表劳模宣读慰问信,天龙啤酒厂、双合城、南风化工集团公司赠送慰问品。慰问团由李双良、郭凤莲、亢龙田、叶晋庆、田桂兰、武俊英等全国著名劳模、先进工作者、五一劳动奖章获得者和省特级劳模40余人组成。

8月15日 副省长杜五安在省交通厅副厅长张润陪同下,第四次视察大运高速公路太祁段。要求安全第一,质量至上,排除干扰,做好群众的思想疏导工作。

8月15日 山西汽车运输集团有限公司召开10个工作部部长、3个分公司经理竞争上岗演讲答辩会。83名同志经过公开演讲,27人入围,经组织考察,确定13名聘用人选。

8月15日至17日 副省长杜五安在省交通厅副厅长张润等陪同下,视察大运高速公路太祁段、祁临段、新原段工程建设,并在忻州顿村省交通职工培训中心与设计、监理单位及各项目单位领导座谈。

8月21日 省交通厅党组召开大运高速公路建设新闻宣传工作会议,总结回顾开工建设以来新闻宣传工作,安排部署下一步工作重点和任务。省交通厅副厅长杨金泉主持,省纪委驻厅纪检组组长赵龙作了题为《围绕"三个代表",突出创新特色,把大运高速公路新闻宣传工作推向一个新阶段》的讲话。厅新闻宣传中心主任杨惠芹宣读厅党组《关于切实加强大运高速公路新闻宣传工作的实施意见》。大新、大祁、祁临、临侯、侯运5个项目建设公司交流经验。

8月21日 省交通厅召开全省重点公路建设招投标工作座谈会。总结大运高速公路在路基招投标方面经验,传达国家七部委和交通部有关招投标规定,并商讨下一步路面工程招投标方法。省交通厅副厅长杨金泉、张润出席,省纪委驻厅纪检组组长赵龙主持,大运高速公路六大项目建设公司董事长、厅公路管理处、省公路局、省交通质监站等有关部门负责人参加。

8月22日 副省长杜五安就加强全省乡镇船舶安全管理工作作出重要批示。要求各级地方政府要从江泽民总书记"三个代表"的高度出发,充分认识加强乡镇船舶安全管理的重要性,切实采取有效措施,各司其职,各负其责,警钟长鸣,常抓不懈,真正做到安全管理机构、人员、经费、责任"四落实",杜绝重特大事故,确保人民生命财产安全。

8月22日 16位省级老干部在副省长杜五安、省交通厅副厅长宋元林、助理巡视员胡玉珍和省委老干局有关领导陪同下,赴大运高速公路太祁段罗城互通立交、晋祠特大桥、祁临第一合同段施工现场检查指导。

8月23日 省政府在太原召开全省乡镇船舶安全管理工作会议。省政府办公厅副主任刘银才、省交通厅副厅长杨金泉出席并讲话。省公安厅、省水利厅领导应邀出席,副厅长杨金泉作了题为《强化管理,落实责任,开创全省乡镇船舶交通管理新局面》的工作报告。会议由助理巡视员胡玉珍主持,各市地交通局长、经贸委主任、政府秘书长、交通局港监船检所所长、劳动局长参加。

8月25日至27日 副省长杜五安在副厅长杨金泉及大运办、省交通质监站等有关部门负责人陪同下,视察正在建设中的大运高速公路大新段、太祁段、祁临段、临侯段和侯运段,对加强工程管理、确保工程质量提出要求。

8月29日 省交通厅成立《大运高速公路建设系列丛书》编审委员会。主任:王晓林;副主任:宋元林、杨金泉、张润、赵龙、胡玉珍;常务副主任:赵龙;委员有:马建新、王志民、王京荣、王哲、王润民、王联明、尹新平、卢建民、刘玉柱、师国梁、孙跃进、李万定、李应怀、李润平、张岐山、张德仪、范双成、杨俊威、杨惠芹、杨增梅、周文全、郜玉兰、郜学文、赵队家、赵振田、赵善义、赵新民、贾建民、秦国增、郭贵平、郭鹏飞、原建中、曹居月、常二栋、黄勇、康志杰、董新品、戴飞。下设编辑部处理日常具体事务:①《大运高速公路建设管理经验集锦》由厅办公室负责牵头,编辑部主任孙跃进;②《大运高速公路建设群英谱》由厅直机关党委负责牵头,编辑部主任杨俊威;③《大运高速公路建设志》由厅资料信息中心负责牵头,编辑部主任师国梁,总纂张岐山;④《大运高速公路建设画册》由厅新闻宣传中心负责牵头,编辑部主任杨惠芹;⑤《大运高速公路建设新闻文化作品荟萃》由厅新闻宣传中心负责牵头,编辑部主任秦国增;⑥《大运高速公路经济带综合规划研究》由厅政策法规处牵头,编辑部主任曹居月。

9月4日 省长刘振华在省长助理宋北杉、厅长王晓林、副厅长张润和省直有关部门负责人及专家陪同下,赴大运高速公路北线调研。

9月11日 省政府召开全省实施资源整合、构建大运高速公路经济带大会。省长刘振华,副省长薛军,省委常委、省委秘书长申联彬,省人大常委会副主任彭致圭,省政协副主席靳承序,省长助理纪友伟、宋北杉出席。省政府秘书长杨季春主持。

在听取省交通厅厅长王晓林有关实施资源整合、构建大运高速公路经济带汇报,并观看数字大运三维可视系统演示后,省领导刘振华、薛军、彭致圭、靳承序分别就实施资源整合、构建大运高速公路经济带提出指导性意见。

会上,朔州市、平遥县、侯马市分别作了典型发言,大运高速公路沿线8个市地分别作表态发言。

9月12日至14日 省长刘振华带领省政府秘书长杨季春、省长助理宋北杉及省工商局等部门负责人,在省交通厅领导王晓林、杨金泉、张润陪同下,深入大运高速公路南线工程建设工地及沿线市地,就实施资源整合、构建大运高速公路经济带进行调研。

9月18日 下午,在省交通厅厅长王晓林、忻州市市长吕德功等陪同下,省委副书记李景田深入大运高速公路新原段建设工地视察指导工作。

9月20日 为庆祝大运高速公路取得阶段性胜利和平遥国际摄影节开幕,由省委宣传部、省对外文化交流协会、省交通厅主办,中央电视台戏曲音乐部《同一首歌》剧组组织策划、包装、设计的大型歌会,晚8时在省体育场开幕。副省长薛荣哲、厅长王晓林为歌会致词,新原高速公路公司董事长郜玉兰、临侯高速公路公司董事长李万定代表大运高速公路建设筑路员工接受主持人采访。

9月20日 副省长云公民赴大运高速公路大新段视察工作。要求严格树立质量责任意识,严字当头,精益求精,以质量创优的成果实践江总书记“三个代表”的重要思想。

9月29日 省交通厅印发《山西省村通公路、乡(镇)通油路建设项目计划管理暂行办法》。主要内容包括总则、建设标准、投资方式与补助标准、编报项目计划程序、项目的组织实施、附则6章14条,从9月1日起执行。

10月17日至19日 在省交通厅厅长王晓林、副厅长张润陪同下,省政协副主席边鸣涛、秘书长成占一率领省政协常委、委员和省政协机关干部一行20余人,深入大运高速公路南线太祁段、祁临段和临侯段一线工地视察。

10月18日 运城至三门峡高速公路竣工通车。省人大、省政府、省政协领导武正国、薛荣哲、边鸣涛、成占一,省交通厅领导王晓林、杨金泉、张润及省有关部门和运城市领导出席庆典仪式。路线全长42.6公里,1992年开始筹建,1998年正式开工。

10月31日 省交通厅召开大运高速公路建设第一阶段总结表彰大会,总结各项工作,表彰50个先进集体、280名先进个人。省长刘振华,省委常委、省委秘书长申联彬,常务副省长薛军,省人大常委会副主任、省总工会主席姚新章,副省长杜五安,省政协副主席边鸣涛等省领导,省交通厅及省委宣传部、省直工委、省重点办等有关部门领导为先进集体和先进个人代表颁奖。厅党组全体成员、厅机关各处室处长(主任)、厅直各单位党政一把手及受表彰的先进个人、先进集体代表400余人参加。

11月7日至8日 省委书记田成平、省人大常委会副主任纪馨芳在省交通厅厅长王晓林及沿线各市县领导陪同下,深入大运高速公路南线建设工地调研,提出三点要求。一要高质量地按期建设好大运高速公路,力争多拿几个“鲁班奖”;二要抓住机遇,力争明年开工建设侯马至禹门口、侯马至阳城、汾阳至离石、大同至德胜口等几条高速公路,尽快形成通达四邻的高速公路网;三要做好结构调整工作,让高速公路把全省的运输业、商贸业、生态农业等都带动起来。

11月7日至8日 原省委书记李立功、全国人大财经委员会委员王书明、省人大常委会委员冯其福、省审计厅厅长魏德卿、省妇联主席梁豫秦等20余名全国人大代表在省交通厅副厅长张润等陪同下,视察大运高速公路大新段、新原段、太祁段和祁临段。

11月11日 省交通厅召开山西路桥建设集团有限公司组建大会。副厅长宋元林主持,厅长王晓林出席并讲话,副厅长张润作动员报告,省纪委驻厅纪检组组长赵龙宣读省政府批复及集团领导成员任命文件;助理巡视员胡玉珍出席。王义堂任党委书记兼董事长,刘建军任副董事长、总经理,寇振林任董事、党委副书记。

11月14日至16日 交通部副部长胡希捷等一行3人深入山西省交通系统有关单位和部门调研。要求抓住机遇,加快发展;注重质量;加强公路养护和管理;切实加强对危险品运输的管理。

11月19日 《山西日报》刊发省长刘振华署名文章:《用超前意识创新精神构建大运高速公路经济带——关于高速公路带动经济发展的思考》,全文约1万字。在此文中,刘振华将“大运精神”概括为:“坚持改革、与时俱进的创新精神;强化管理、尊重科学的求实精神;敢想敢干、争先发展的拼搏精神;顾全大局、公而忘私的奉献精神”。并集中概括为“创新、求实、拼搏、奉献”8个字。

11月20日 《山西日报》刊发特约评论员文章《大力发掘和弘扬“大运精神”》。该文将“大运精神”概括为:争先发展的进取精神,求真务实的科学精神,改革奋进的创新精神,顾全大局的牺牲精神。

12月7日 省委宣传部、省交通厅在迎泽宾馆联合召开“大运精神”座谈会。省委常委、省委宣传部部长申维辰、副部长申存良,省交通厅厅长王晓林、副厅长宋元林、纪检组组长赵龙出席并讲话,省直工委书记刘巩、省作协主席焦祖尧、省委党校副校长原方、省外宣办主任王建武、省史志院副院长侯文正、《晋阳学刊》总编辑降大任、《山西日报》理论评论部主任席殿晋、省委党校科研处处长杨企玉、省社科院科研处处长杨茂林、《前进》杂志社副社长张晋斌、《山西经济日报》副总编辑李跃祥、《山西日报》记者郑凤岐及厅办公室、厅直机关党委、厅新闻宣传中心、厅资料信息中心负责同志30余人参加。与会者围绕“大运精神”的哲学意义、时代特征、文化价值、基本品格和实践意义;“大运精神”与“三个代表”重要思想的辩证关系;“大运精神”所体现的与时俱进,改革创新特点;如何结合山西经济和社会发展实际,更好地学习、弘扬“大运精神”等内容进行了热烈而深入地探讨。

12月9日至19日 省交通厅厅长王晓林、副厅长张润带领大运高速公路各项目公司董事长、总工程师和厅机关有关处室、厅直有关单位及大运办各处负责人,赴山东、江苏、上海等省市就高速公路建设与管理进行为期10天的学习考察,行程4000余公里。

12月18日 大运高速公路总会计师年度述职会议在太原召开。省交通厅副厅长宋元林出席并讲话。

12月18日至31日 《汽车站无人自动检票客运管理系统》在全国交通工作会议

召开期间进行展示,引起高度关注。交通部副部长胡希捷要求在全国大力推广。

12月25日 山西中北路桥公司挂牌成立。副省长杜五安题词"路远桥长";省交通厅副厅长张润、局长戴飞、王义堂等参加庆典仪式。张润和忻州市政协主席李玉清为公司成立挂牌。

12月25日至26日 山西路桥建设集团召开经营与管理会议。副省长杜五安、省交通厅副厅长张润出席并讲话,省企工委、省经贸委领导参加,董事长王义堂主持,总经理刘建军作工作报告。

12月28日至29日 以弘扬"大运精神",展示全省交通职工精神风貌为主题的"大运杯"演讲赛举行,95名选手参加。省交通厅领导王晓林、宋元林、杨金泉、张润、赵龙、胡玉珍,省总工会党组成员、经费审查委员会主任张海流观看决赛节目并为获奖选手颁奖。

2002年

1月8日至9日 全国交通法制工作会议在太原召开。交通部体改法规司司长朱永光出席并讲话。与会人员建议交通部做好立法协调工作,进一步提高立法层次和质量,确保"依法治交"、"从严治交"落到实处。与会人员参观大运高速公路建设施工现场后,给予高度评价。

1月10日 全省交通工作会议在太原隆重召开。省领导刘振华、李玉璋、杜五安、边鸣涛出席并讲话,省计委、省财政厅、省国土资源厅、省建设厅、省水利厅、省林业厅、省审计厅、省地税局、省文物局、省物价局等省直有关部门领导,各市地分管交通工作的副市长、副专员应邀出席。省交通厅厅长王晓林作了题为《与时俱进,奋发争先,夺取全省交通改革与发展新胜利》的工作报告,副厅长宋元林宣读田成平书记重要批示,副厅长杨金泉作了题为《强化安全意识,提高管理水平,扎扎实实做好2002年全省交通系统安全生产工作》的安全工作报告,副厅长张润作了题为《巩固发展公路建设质量年活动成果,推动公路建设质量管理不断迈上新台阶》的质量工作报告,省纪委驻厅纪检组组长赵龙作了题为《实践"三个代表",加强作风建设,全面开创党风廉政建设和反腐败斗争新局面》的党风廉政工作报告,助理巡视员胡玉珍宣读省交通厅表彰决定。会议期间,王晓林代表省交通厅与各市地交通局、厅直各单位签订2002年度工作目标责任书、安全生产责任书;代表厅党组与厅直各单位党委书记签订党风廉政建设目标责任书。

1月12日 全省交通征稽工作会议召开。副省长杜五安,省交通厅领导王晓林、宋元林、赵龙出席并讲话。

1月21日 下午,省交通厅召开大运高速公路服务区规划方案评审会,邀请有关专家对大运高速公路8个服务区的初步设计方案进行评审。省交通厅厅长王晓林出席并讲话,副厅长杨金泉主持。

2月1日 省委书记田成平约请省交通厅厅长王晓林谈话时,要求2002年交通工作要突出抓好3件大事。即继续集中精力抓好公路建设;加快物流中心的规划建设;切实加强交通管理。

2月6日 省交通厅邀请李立功、阮泊生、王庭栋、李修仁、郭裕怀、霍泛、张长珍、吴达才、万良适、李玉明、阎元锁、孟立正、王民、光敏、陈德贵、武三松等省级老领导、老专家,对大运高速公路服务区规划及重点公路建设规划进行论证,征求老领导、老专家们对"两个规划"的意见。副省长杜五安出席论证会并讲话。

2月10日 农历腊月二十九,省长刘振华、副省长杜五安在省交通厅厅长王晓林、副厅长杨金泉、张润等陪同下,深入原太高速公路原平收费站、大运二级公路阳明堡道班、大运高速公路新原段雁门关隧道工地进行慰问。

2月19日 经省政府批准，省物价、财政、交通三部门联合对全省高速公路车辆通行费收费标准进行规范，实行全省统一的收费标准。

2月24日至25日 在大运高速公路太祁段路面第一合同段运城路桥总公司太祁项目部驻地，发生100余名晋源区村民暴力围攻殴打施工工程技术人员事件，共造成11名施工人员受伤住院。2月28日，靳善忠副省长作出批示，要求省公安厅牵头，省重点办、省交通厅和太原市政府联合调查处理，尽快提出意见，并将结果报省政府。

3月19日 北京军区交通战备工作会议在太原召开，副省长杜五安出席，省交通厅厅长王晓林作经验介绍。

3月20日 全省交通战备工作会议召开。省交通厅厅长王晓林、副厅长张润及北京军区、省军区、省国防动员委员会有关领导出席。

3月22日 山西路桥建设集团有限公司正式挂牌成立。副省长杜五安，省直有关部门领导，省交通厅领导王晓林、宋元林、张润、赵龙出席挂牌仪式。

3月23日 山西省地方海事局正式挂牌办公。省局内设综合办公室、安全监督处、运输管理处等处室。

3月30日至31日 中国公路学会理事长、原交通部副部长李居昌和中国公路学会秘书长焦振芳，在副厅长张润、理事长杨继刚等陪同下，深入大运高速公路祁临段建设工地、山西路桥建设集团、省征稽局、山西新纪元招标有限公司、山西新世纪咨询公司检查指导工作。

4月13日 五台山至盂县公路台怀茹村段连接长城岭二级公路，在台怀镇植物园广场奠基开工。副省长杜五安、省交通厅厅长王晓林、副厅长张润、省直有关部门及忻州市四大班子领导挥锹奠基。工程总投资2.07亿元，全长82.5公里。

4月18日 省长刘振华、副省长杜五安在省交通厅厅长王晓林、副厅长张润等陪同下，赴大运高速公路原太段、新原段，就绿化建设情况进行专题调研。

4月24日 小浪底库区黄河公路大桥胜利竣工。桥面标高282.0米，桥长1456.36米，是通过黄河最高的公路大桥。

4月25日至26日 省政府在长治市召开全省加快县际公路暨农村路网建设现场会。省长刘振华、副省长杜五安出席并讲话，省交通厅领导王晓林、杨金泉、张润及省计委、省财政厅、省国土资源厅等有关部门领导及全省各市(地)县分管副市长(专员)、副县长参加。总体思路是：以“三个代表”重要思想为指导，按照省委八次党代会提出的工作部署，着眼于农村生产力布局优化，服从农村经济调整大局，全面推广长治义务修路经验，再掀县际公路及农村路网建设新高潮，为农村经济发展和社会稳定提供强有力的交通支持，为全国提供好的经验，当好全国试点。

会上，省政府分别向长治市、黎城县颁发500万元和110万元奖金。

省领导刘振华、杜五安及与会代表还深入黎城县各乡镇村，考察村村通水泥路工程。

4月26日 副省长杜五安在省交通厅厅长王晓林、副厅长杨金泉陪同下，深入长邯高速公路施工一线考察。

4月27日 省政府再次召开专题会议，研究全省县际油路改造工程试点方案。副省长杜五安主持，省交通厅领导王晓林、杨金泉、张润，省政府副秘书长刘银才，省计委副主任侯殿龙、省公路局局长戴飞等有关部门领导参加会议。会议听取全省公路交通发展情况汇报后，进行热烈讨论。初步确定全省县际油路改造工程250余条约5000公里。

4月 《山西公路交通史》第二册由山西人民出版社出版发行，55.8万字，大32K。编委会名誉主任：刘俊谦、王晓林；主任：杨继刚、赵龙;副主任:杨惠芹、师国梁、张岐山。主编:杨继刚、赵龙;副主编:吕荣民,田荣华、刘光汉、师国梁、杨惠芹、张岐山、秦生发、原建中、鲁永春。全书主要内容包括第三篇近代公路交通(1949年10月至1990年12月),分为新中国成立初期的公路交通、大跃进和调整时期的公路交通、"文化大革命"时期的公路交通、改革开放时期的公路交通共8章35节,并附有山西省交通厅机构设置及职能演变、中共山西省交通厅党组成员沿革简表、山西省交通厅行政领导沿革简表3个专题。本书系统和全面地阐述了1949年10月至1990年12月底共计41年间全省公路交通事业发展的曲折历程以及取得的辉煌成就,总结和概括了公路交通建设对推动全省国民经济和社会发展所起的积极作用。全书重点突出,结构合理,体例得当,文字精练,表述精确,数字翔实,对于进一步深入研究全省公路交通发展规律,具有重要的参考价值。

4月 《太旧高速公路建设志》由山西人民出版社正式出版发行。全书编纂工作始于1996年3月,脱稿于2001年底,是第一部全面、系统地反映山西第一条高速公路建设历程的志书。该书上限为太旧高速公路开始酝酿的1988年,下限为1997年底,按照志书体例和太旧高速公路建设特点,横分门类,纵写史实,以述为主,志、传、图、表为辅,卷首刊有江泽民、李鹏、乔石、薄一波、邹家华等中央领导同志题词和精美彩色图片40余幅,内容分为概述、决策、机构队伍、建设、管理、保障、人物、通车庆典、大事记、文献文件辑存10篇38章135节,65万字,采用标准16K开本。全书主题突出,结构合理,资料丰富,内容翔实,图文并茂,语言流畅,完整、如实地记载了太旧高速公路建设的全过程,具有十分有益的启迪和借鉴作用。编委会主任:杜五安;常务副主任:刘俊谦、王晓林、杨继刚、宋元林、赵龙;副主任:史锦文、任景春、高贵生、刘传旺、杨金泉、张润、胡玉珍。主编:杜五安;执行主编:刘俊谦、王晓林;副主编:杨继刚、宋元林;执行副主编:赵龙。编辑部主任原建中、杨惠芹;执行主任:师国梁、张岐山;常务副主任:田荣华。

5月10日 全国交通基础设施建设前期工作会议在省城太原隆重举行。

交通部领导黄镇东、胡希捷、张春贤、金道铭,省领导田成平、刘振华、杜五安以及全国各省、自治区、直辖市、新疆生产建设兵团、单列市交通系统有关领导200余人出席。省交通厅领导王晓林、宋元林、杨金泉、张润、赵龙出席。省长刘振华向与会代表介绍山西概况、全省交通发展现状及宏伟建设目标;部长黄镇东作了题为《抓住机遇,开拓进取,夯实21世纪交通发展基础》的主报告。

会议期间,交通部领导还在省政府、省交通厅领导陪同下,考察大运高速公路太祁段、新原段、大新段建设工地和晋焦高速公路,对所取得的成绩给予充分肯定。黄镇东代表交通部党组慰问了道班养路工、征稽收费员,向战斗在一线的交通职工赠送《"三个代表"学习读本》等书籍,对超限运输管理工作和长治村村通水泥路工程给予高度评价。

下午4时,黄镇东、张春贤、金道铭等交通部领导以及部综合规划司、公路司等有关部门负责人,在省政府常务会议室,与省领导刘振华、王显政、杜五安、王昕等召开座谈会,共同就如何搞好山西作为全国县际油路建设试点省的有关工作以及全省其他道路建设情况进行座谈。双方交换意见后一致表示,要认真贯彻落实好朱镕基总理对山西交通建设的有关指示精神,共同努力,描绘更加美好的山西交通与经济发展蓝图。

5月10日 交通部主持召开加快农村公路建设发展座谈会,副部长胡希捷出席并讲话,交通部总工程师凤懋润、综合规划司副司长孙国庆、庞松及各省市公路交通厅局、水运系统、单列市港务局有关领导参加,省交通厅副厅长张润也到会参加座谈。

5月10日 交通部部长黄镇东在副省长杜五安、省交通厅厅长王晓林陪同下,视察晋焦高速公路山西段。

5月11日至13日 交通部副部长张春贤在省领导王显政、杜五安和省交通厅领导王晓林、杨金泉、张润陪同下，考察大运高速公路，对工程进展、质量、管理予以充分肯定。交通部总工程师凤懋润、综合规划司司长董学博随同考察。

5月12日 下午4时，交通部副部长张春贤专程到省交通厅调研。认真观看全省“三纵八横”路网规划沙盘、物流发展规划多媒体三维动画演示及大运高速公路建成后模拟演示，听取省交通厅厅长王晓林、省运管局局长李秀保汇报后，认为山西省物流发展规划动手早，起步快，走在全国前列。陪同调研的有：交通部总工程师凤懋润、综合规划司司长董学博，省交通厅领导宋元林、杨金泉、张润、赵龙等。

5月19日 全国人大常委会副委员长陈慕华在晋城市委书记张少农、市长贺锐陪同下，视察晋焦高速公路山西段。

5月20日 山西电视台“聚焦新大运”电视采访活动启程。副省长杜五安出席出发仪式，勉励采访团深入实际，多出成果。省委宣传部、省交通厅、省广播电视局领导申存良、王晓林、胡玉珍、董育中等为采访团送行。采访团由山西电视台新闻中心抽调20余名电视编辑记者组成，分九路奔赴大运高速公路建设工地，围绕新大运、新山西、新发展的主题，深入挖掘采访，展示大运高速公路建设的丰富内涵和深远意义。

5月23日至24日 省长刘振华带领省计委、省经贸委、省林业厅等有关部门负责人深入大运高速公路临侯段、侯运段，就绿化工作进行调研。要求沿线各级政府一定要高度重视，认真规划，确保成活率，改善生态环境，把大运高速公路建成绿色走廊。副厅长张润陪同。

5月24日 在省交通厅厅长王晓林、厅助理巡视员胡玉珍陪同下，省级老领导王庭栋、王文章、李布德、霍泛、胡晓琴、张长珍、张广有、于鸿礼、刘荫超、安志藩、汤枋德、秦国栋、刘波及其家属一行30余人，赴大运高速公路新原段进行视察指导。

5月28日 全省交通科技创新工作会议召开。副省长王昕、交通部总工程师凤懋润、省科技厅副厅长廉毅敏出席并讲话。省交通厅领导王晓林、杨金泉、胡玉珍出席，赵龙主持。

5月28日 副省长王昕在新原高速公路公司董事长郜玉兰等陪同下，视察中铁十二局承建的大运高速公路新原段第六(A)合同段雁门关隧道工程。

5月29日 省交通厅邀请省计委、省建设厅、省国土资源厅、省林业厅领导、专家，对大运高速公路沿线服务区设计方案进行论证。省长刘振华、副省长杜五安出席并提出指导性意见。服务区建设同样要展现出山西新形象，要求精心设计，博采众长，不断完善，确保8个服务区成为“绿色大运、人文大运、科技大运”的典范。

6月4日 省交通厅与太原市就太原西北环高速公路建设有关事宜进行协调磋商，达成共识。征地拆迁费用由太原市承担，标准按省里出台的有关规定，具体工作由太祁高速公路公司协助完成。省委常委、太原市委书记云公民在讲话中要求太原市各级政府和有关部门尽快行动起来，定班子，定时间，定任务，搞好征迁工作，并在日后为工程建设提供良好施工环境。

6月6日 省委书记田成平在《山西日报》头版刊发署名文章：《基础设施建设要重点抓好三件大事》。全文约4800字，包括3部分内容：①加快退耕还林步伐；②加快公路交通基础设施建设；③加快电力工业建设步伐。按照中央指示精神，从实际出发，省委、省政府确定全省“十五”期间公路建设的目标是：以大运高速公路和重要出省通道建设为重点，建成全省高速公路网；完成县际公路升级改造；实现县与乡之间全部通油路、乡与村之间全部通公路。为此，田成平提出3点要求。即科学规划;千方百计筹措资金;精心组织实施,确保工程质量和进度。

6月6日 全国交通系统老干部工作座谈会在山西省召开。来自全国17个省市交通系统的30多位老干部处领导参加。交通部离退休干部局副局长赵长松、副处长王利军、山西省委老干部局副局长郝天喜、处长张利邦应邀参会。省交通厅助理巡视员胡玉珍出席并讲话。

6月10日 山西省艺术家赴大运高速公路采风活动出发仪式在省交通厅办公楼前举行。副省长杜五安出席并为采风团授旗,省交通厅副厅长张润主持,厅长王晓林致辞。张平、董耀章、王朝瑞、宋富盛、钱骥俊等20余名省内著名作家、艺术家参加,团长由著名诗人董耀章担任,厅机关、大运办各处室、厅新闻宣传中心领导为采风团送行。

6月11日 山西汽车运输集团召开领导班子成员宣布大会。副省长杜五安、省企工委副书记王晓勇、省交通厅厅长王晓林、省纪委驻厅纪检组组长赵龙等有关部门领导出席,集团各子分公司领导、分公司中层以上干部、集团全体职工200余人参加。胡鲜朝代表班子全体成员作表态发言。

6月12日 副省长杜五安在省交通厅领导王晓林、张润、胡玉珍陪同下,赴大运高速公路新原段雁门关隧道北口、大新段路面工程施工现场,考察隧道掘进、油层下面层、水泥路面铺装情况。

6月12日 下午,省交通厅在顿村省交通职工培训中心召开会议,再次对实现"8·18"目标进行动员。副省长杜五安及厅领导王晓林、张润、胡玉珍出席并讲话,厅机关有关处室、厅直有关单位、大运高速公路六大项目建设公司董事长及太原西北环、德大、汾柳、侯禹等未开工项目负责人参加。

6月15日至18日 交通部副部长翁孟勇在副省长杜五安和省交通厅领导王晓林、杨金泉、张润、赵龙、胡玉珍陪同下,就全省交通行业精神文明建设、交通法制建设等方面进行调研。三天半时间,行程千余公里。交通部体改法规司司长朱永光、法律处副处长魏东、宣传处调研员高强华随同调研。

6月26日 副省长薛荣哲深入大运高速公路大新段调研。在听取建设情况汇报后,要求一定要创质量一流、工程一流、管理一流的品牌工程。

6月28日 新组建的山西汽车运输集团有限公司举行隆重庆典仪式。副省长杜五安、省政府副秘书长刘银才、省直工委书记刘巩、省委企业工委纪委书记渠性轩及省直有关部门领导,省交通厅领导王晓林、杨金泉、张润应邀出席。

7月1日 省交通厅在太祁段罗城互通举行大运高速公路建设一线新党员入党宣誓仪式。60名新党员面对鲜红的党旗庄严宣誓。厅党组同时对29个"大运路建设一线先进基层党组织"、100名"大运路上好党员"进行表彰。副省长杜五安、省直工委副书记阎登山,厅领导王晓林、杨金泉、张润、赵龙、胡玉珍出席。

7月2日 在大运高速公路建设进入关键时刻之际,副省长杜五安致信省交通厅党组,要求居安思危,临深履薄,对工程质量进行"回头看"。一是严格检查所有公铁立交,检查所有桥梁、隧道,如有问题,把问题必须解决在通车之前,通车时间服从质量;二是邀请全国桥梁专家,严格检查大桥、特大桥、特高桥的设计,如有隐患,专家修改,项目部修正;三是责成各项目公司逐桥、逐路、逐段"回头看",发现问题,认真解决;四是始终保持清醒头脑,严格监理,严格管理,严格程序,把质量工作做细做深,创国优,创一流,争夺"鲁班奖"。

7月3日 省交通厅党组召开扩大会议,认真学习副省长杜五安致厅党组的一封信。厅领导王晓林、杨金泉、张润、赵龙、胡玉珍出席并讲话,厅机关和大运办各处室、厅直有关单位负责人、各高速公路公司董事长、总经理参加。要求立即在大运高速公路开展

“回头看”质量月活动,以国优工程、“鲁班奖”为标准,从设计开始,对全线工程质量逐桥逐段“回头看”。

7月5日 副省长杜五安在省交通厅副厅长杨金泉陪同下,再次赴太旧高速公路现场办公。要求强化管理,搞好绿化美化,争创全国一流。

7月10日 副省长杜五安在省交通厅厅长王晓林、副厅长杨金泉等陪同下,深入大运高速公路祁临段建设工地调研。要求认真抓好“回头看、查隐患”质量月活动,从思想上引起高度重视,通过各项检查,全面提高公路建设整体水平。

7月11日 在省政府副秘书长刘银才、省交通厅助理巡视员胡玉珍及省高管局、大运办有关处室负责人陪同下,副省长杜五安冒着酷热检查大运高速公路太祁段全线工程建设情况。

7月27日 省委常委、省军区司令员段端武少将带领省军区各位首长,专程赴大运高速公路大新段康庄战备飞机跑道工程建设工地慰问。省交通厅厅长王晓林、副厅长张润等参加。

7月29日 省长刘振华在省交通厅厅长王晓林、副厅长张润陪同下,赴大运高速公路考察朔州段绿化工作及新原段雁门关隧道建设。要求不仅要把大运高速公路建成一条快速通道,而且要改善沿线生态环境,整合沿线资源,带动产业结构调整,促进全省经济快速发展。

8月2日 省人大常委会副主任崔光祖在省交通厅厅长王晓林陪同下,深入大运高速公路祁临、太祁、新原、大新段视察。要求不仅要保质保量建成精品工程,而且要建成黄金通道、绿色通道,实施资源整合,改善沿线生态环境,为促进全省经济和社会发展奠定坚实基础。

8月6日 省长刘振华带领省交通厅等有关部门领导和临汾市领导,再次视察大运高速公路南线临侯段、太祁段,就工程质量、沿线绿化、服务区建设等进行认真调研。要求十分重视工程质量,高标准,严要求,工期服从质量,努力把大运高速公路建成高质量的工程,建成带动山西腾飞的经济走廊,建成改善山西环境的绿色长廊,真正使之成为体现山西形象的窗口。

8月9日 省委副书记张宝顺在省交通厅厅长王晓林陪同下,冒着绵绵细雨深入大运高速公路新原段、大新段调研。对工程建设所取得的成绩给予高度评价,希望精益求精,夺取“鲁班奖”;建设好大运高速公路经济带,为山西经济发展作出更大贡献。

8月9日 副省长杜五安在省交通厅副厅长杨金泉和大运办有关处室负责人陪同下,考察大运高速公路南线祁临、临侯、侯运段,对工程进展及质量控制表示满意,要求精益求精,善始善终,打好最后攻坚战,真正把大运高速公路建成一项放心工程、德政工程。临汾市委书记樊纪亨、运城市委书记黄有泉陪同考察。

8月10日 上午,省交通厅召开大运高速公路雕塑设计方案评审会。厅长王晓林出席并讲话,大运办各处室、大运高速公路六大项目建设公司、京大和原太高速公路公司、厅资料信息中心、厅新闻宣传中心负责人参加。

下午,省长刘振华、副省长杜五安听取有关情况汇报,审看设计效果图,结合山西人文历史发展及地理环境特色,提出具体修改意见。

9月29日 太晋高速公路长治至晋城段开工奠基。省领导刘振华、杜五安,省交通厅领导王晓林、杨金泉、张润、赵龙,省直有关单位、厅直有关单位、金融部门及晋城市、长治市领导出席开工奠基仪式并为工程培土奠基。路线全长93公里。

10月10日 上午,坪曲线樊庄至礼义段新建改建工程竣工庆典仪式在高平市陈庄隆重举行。晋城市公路交通系统和沿线干部群众3000余人参加。副省长杜五安、副厅长张润,晋城市委书记张少农、市长贺锐、市四大班子领导出席并为工程剪彩。路线全长48公里,2001年5月31日开工建设。

10月16日 大运高速公路洪洞至运城段通车剪彩仪式在赵康枢纽和运城互通举行。省长刘振华、省人大常委会副主任白陞、副省长杜五安、省政协副主席徐大毅、66389部队副政委陈世文、省交通厅厅长王晓林、临汾市、运城市主要领导、临侯高速公路公司董事长李万定、侯运高速公路公司董事长马建新、筑路员工代表宫元生等为洪洞至运城段胜利通车剪彩。副厅长宋元林主持,副厅长杨金泉介绍工程建设情况,副厅长张润、厅助理巡视员胡玉珍出席。

路线全长191公里(包括与运三、运风高速公路的连接线),概算投资47亿元,2001年2月开工,分别由祁临、临侯、侯运三大项目建设公司组织建设。

10月18日至21日 全国交通职业教育研究会五届二次理事会在太原召开。交通部科教司副司长陈毕伍、交通部助理巡视员王兰英、全国交通职业教育研究会理事长程景琨、五届常务副理事长、上海水运学校校长毛鸿翱出席,省交通厅副厅长宋元林出席并讲话。

10月19日 五台山旅游公路建设东线(台怀至长城岭)、南线(台怀至茹村)通车庆典仪式在五台县石咀三角交汇处隆重举行。副省长杜五安、副省长薛荣哲,省交通厅领导王晓林、胡玉珍,以及省公路局、忻州市领导出席并剪彩。路线全长82.5公里,概算总投资2.07亿元,2002年4月13日奠基,4月20日开工建设。

10月25日 上午9时,由省委宣传部、省交通厅联合举办的“山西交通建设成就展”在中国煤炭博物馆隆重开幕。省领导刘振华、刘泽民、郑社奎、申联彬、杜玉林、彭致圭、杜五安、边鸣涛和省级老领导李立功、郭裕怀出席开幕式并剪彩,杜五安发表热情洋溢的讲话。省交通厅党组全体成员、厅机关各处室负责人、厅直各单位党政一把手参加。与会领导详细参观各个展区,对展览及交通建设成就予以高度评价。

10月25日 省政府改革与发展研究中心、省交通厅联合召开大运高速公路经济带开发座谈会。副省长杜五安主持,省长刘振华、省人大常委会副主任彭致圭、省交通厅领导王晓林、宋元林、杨金泉、张润、赵龙出席;来自全省各有关部门、大运高速公路沿线各市地党政领导和部分专家、学者参加。座谈会上,省领导还向沿线8个市地及省委政策研究室、省政府改革与发展研究中心赠送《大运高速公路经济带开发综合研究》一书。

10月28日 大运高速公路大同至朔州段通车剪彩仪式在朔州互通隆重举行。省委副书记张宝顺、副省长杜五安、省政协副主席边鸣涛出席剪彩仪式并和省交通厅厅长王晓林、朔州市市委书记梁滨、大同市市长孙辅智、大新高速公路公司董事长董新品一起为通车剪彩。路线全长127公里,总概算投资28.8亿元,2001年5月18日正式开工建设。

通车仪式由张润主持。中国人民解放军66389部队、省军区、省直各有关部门、金融部门、中央驻晋单位的领导,部分省人大代表、政协委员、作家、艺术家及中央驻晋新闻单位和省城新闻单位记者,大同市、朔州市及沿线县(市、区)党政主要领导,厅党组全体成员,厅机关各处室负责人、大运办各处室负责人、厅老领导及厅直各单位党政主要负责人、大运高速公路六大项目建设公司董事长、总经理参加通车仪式及庆贺活动。

10月 省交通厅组织编辑的《大运群英》上卷,由山西人民出版社正式出版。该书集中、系统地反映了全省人民在省委、省政府正确领导下努力改变山西落后面貌的信心和决心,真实、生动地再现了大运高速公路各项目建设公司组织者、管理者和广大筑路员工奋力拼搏、勇于奉献的感人事迹,形象、具体地展示了“大运精神”的深刻内涵。共计40万字,标准16K,王晓林厅长任主编,赵龙组长任执行主编,厅直机关党委书记杨俊威任编辑部主任。上卷共载录纪实通讯和个人事迹简介186篇,包括集体篇目17篇,个人篇目169篇。第一部分"大运之魂",载录纪实通讯53篇,其中集体17篇,个人36篇。载录顺序按类别并依大运高速公路由北向南方向排列(包括大新、新原、原太、太原南过境、太祁、祁临、临侯、侯运8个路段);第二部分"大运之星",载录个人事迹简介133篇,排列顺序同第一部分;第三部分"大运之花",载录在大运高速公路建设各个阶段,省劳动竞赛委员会、大运高速公路建设领导组、大运办、省交通厅等领导机关和部门所表彰的各类先进集体和先进个人名单。载录顺序按类别并依表彰先后顺序排列。

10月 由省交通厅组织编纂的《大运高速公路经济带开发综合研究》一书由山西人民出版社正式出版。全书50万字,标准16K,由刘振华省长任主编,杜五安副省长任副主编,王晓林厅长任执行主编。《大运高速公路经济带开发综合研究》课题是根据省委、省政府有关依托大运高速公路实施资源整合、构建大运高速公路经济带的战略部署,由省交通厅具体组织,省直有关单位、专家和大运高速公路沿线8个市(地)政策研究、计划、交通部门的同志共计40多人集体完成的。课题总负责王晓林,课题总协调赵龙,课题主持曹居月、卢建明、加年丰。该成果包括1个总报告、12个分报告和8个专题报告;书中还载录了省领导刘振华、杜五安,厅领导王晓林、赵龙,省委政策研究室主任李旺明及大运高速公路沿线8个市地书记、市长(专员)以及平遥、侯马两县(市)领导的专稿,共计13篇。全国著名经济学家董辅礽为该书作了热情洋溢的序言。

11月1日 山西省高速公路通车里程突破1000公里暨大运高速公路太原至介休段通车庆典仪式在太原罗城互通隆重举行。省领导田成平、刘振华、刘泽民、张宝顺、金银焕、郑社奎、薛延忠、段端武、申联彬、云公民、申维辰、杜玉林、息中朝、纪馨芳、徐生岚、彭致圭、武正国、白陞、李玉璋、薛军、杜五安、薛荣哲、靳承序、吴慧琴、吴锦文、焉华征以及原省级老领导王庭栋、郭裕怀等出席。庆典仪式由副省长杜五安主持,省长刘振华讲话。应邀出席的还有国家开发银行副行长刘克崮,交通部原副部长、中国公路学会理事长李居昌以及国家计委、国家开发银行、交通部的代表和亚洲银行的官员,部分省人大代表、省政协委员,省直有关部门、金融部门和各市地的负责人,北京、吉林、广东等兄弟省市交通系统的领导,大运高速公路工程建设单位代表和社会各界人士共计300余人。国家计委、国家开发银行、交通部、中国人民解放军66389部队、中国公路建设行业协会以及辽宁、吉林、贵州、重庆、宁夏等省、直辖市、自治区交通厅发来贺信和贺电。

庆典仪式结束后,与会代表驱车参观大运高速公路太原至介休段,对全省高速公路建设和所取得的成绩予以高度评价。

为庆祝山西高速公路通车里程突破1000公里,当日晚,省委宣传部、省总工会和省交通厅一起在湖滨会堂共同主办了题为《历史的跨越》文艺晚会。来自总政歌舞团的演员以舞蹈、独唱、相声等多种形式为观众进行了表演。蔡国庆、程志、马玉涛、克里木及其夫人等演员的精彩表演赢得了观众阵阵掌声。山西汽车运输集团的唢呐重奏、省高管局的舞蹈也为晚会增光添彩。省领导申联彬、杜玉林、白陞、薛荣哲,原省级老领导李立功、王庭栋,省交通厅领导王晓林、宋元林、杨金泉、张润、赵龙、胡玉珍等观看演出。

11月28日 大同市县际公路改造工程开工仪式在浑源县土桥铺举行。省长刘振华、副省长杜五安、省直有关单位领导及县区领导,省交通厅、省公路局领导及有关处室负责人出席。副厅长张润主持,省领导刘振华、杜五安启动开工按钮,整个工程于2003年10月完成。

11月28日 德胜口至大同高速公路奠基仪式在大同市南郊区马站村举行。省领导刘振华、杜五安,省交通厅领导王晓林、杨金泉、张润,省公路局局长戴飞,德大高速公路项目负责人以及厅直有关单位领导,大同市四大班子领导参加。路线全长47.275公里,概算总投资15.73亿元,建设工期3年。

11月30日 长治市召开"村村通"工程总结表彰大会。省长刘振华、副省长杜五安致信祝贺,省交通厅厅长王晓林、副厅长张润及长治市四大班子领导出席。从2001年11月至2002年11月,长治市在一年时间内,修建通村水泥路、油路、石头路、钢砖路共计3138公里,全市80.3%的行政村实现通水泥(油)路目标,创造全国新老区农村路网建设奇迹。

11月 省作家协会主席焦祖尧历时数年,深入大运高速公路建设工地进行艰辛细致采访后创作的长篇报告文学《大运亨通》由作家出版社出版。全书共分20章,33万字,大32K,全景式地再现了修建大运高速公路的艰难历程,反映了人民创造历史、创造新生活的伟大实践,讴歌了中华民族百折不挠和无私奉献的伟大精神,表现了全省人民特别是交通系统干部职工艰苦奋斗创业,与时俱进创新,建设新大运、新山西的动人场景。

11月 省人大常委会副主任崔光祖创作的长诗《大运放歌》由《山西文学》发表。全诗分为5章,1300余行,气势宏伟,感情丰富,生动形象地描绘出了一幅大运高速公路建设的壮丽画卷,讴歌了建设者与时俱进、艰苦创业、无私奉献的崇高品格。

12月11日 太原西北环高速公路征地拆迁暨协调服务总承包合同签字仪式在太原举行。省委常委、太原市委书记云公民,太原市副市长姬和平,省交通厅领导王晓林、张润、胡玉珍,省国土资源厅副厅长高博出席。太原市副市长韩儒英主持,刘玉柱汇报项目进展情况。路线全长42.9公里,永久性占地4914亩,拆迁房屋10.8万平方米。

12月18日 上午,侯马至禹门口高速公路奠基仪式在河津市东互通隆重举行。省委书记田成平、省长刘振华、中国铝业公司总经理郭声琨、中国有色金属协会会长康义、副省长杜五安、牛仁亮,省交通厅厅长王晓林、副厅长张润及有关部门领导出席,副厅长杨金泉主持。路线全长66.6公里,总投资约24.5亿元,其中利用亚行贷款1.24亿美元。

12月23日 省长刘振华致信省交通厅,代表省人民政府,对大运高速公路的特大控制性工程雁门关隧道胜利贯通表示热烈祝贺,希望继续发扬攻坚克难的精神,争取高质量、快速度地把大运高速公路早日建成,创造更加辉煌的业绩。

12月23日 省交通厅致信新原高速公路公司,热烈祝贺大运高速公路雁门关隧道胜利贯通,并向奋战在工程一线的全体筑路员工表示亲切慰问。希望公司全面贯彻"三个代表"重要思想和党的十六大精神,按照"绿色大运、科技大运、人文大运"的要求,再接再厉,鼓足干劲,攻坚克难,乘势前进,早日建成新原高速公路,为全省全面建成小康社会作出更大贡献。

12月24日 省长刘振华、副省长杜五安在省交通厅领导王晓林、杨金泉、张润、赵龙等陪同下,亲赴雁门关隧道,祝贺胜利贯通,并亲切慰问广大筑路员工。

2003年

1月6日 汾柳高速公路奠基仪式举行。省委常委、吕梁地委书记杨安和,副省长杜五安,省交通厅领导王晓林、杨金泉、张润,吕梁地区四大班子领导,国家开发银行等有关部门领导,汾柳高速公路公司董事长张启星等一起培土奠基,副厅长杨金泉主持。路线全长77.7公里,批复概算29.68亿元。

1月20日 省委常委、省军区司令员段端武带领省军区有关部门首长,在厅长王晓林陪同下，赴大运高速公路新原段雁门关隧道视察。高度评价雁门关隧道乃至整个大运高速公路建设的重要政治意义、国防意义和军事战略意义。

1月25日 全省交通工作会议在太原召开。省委、省人大、省政府、省政协对这次会议十分重视，省委书记、省人大常委会主任田成平专门作批示，省长刘振华发来书面讲话，省人大常委会副主任薛军、省政协副主席韩儒英出席，副省长牛仁亮出席并讲话。省政府办公厅、省计委、省财政厅、省建设厅、省林业厅、省审计厅、省地税局、省文物局、省物价局等省直有关部门领导，各市地分管交通副市长、副专员应邀出席。厅长王晓林作了题为《认真贯彻党的十六大精神，全面实施交通率先发展战略》的工作报告，副厅长宋元林主持并作总结，副厅长杨金泉宣读《省交通厅贯彻〈中共山西省委关于贯彻党的十六大精神，全面建设小康社会的意见〉的实施意见》；省纪委驻厅纪检组组长赵龙作了题为《围绕交通率先发展战略，全面加强党风廉政建设》的工作报告；会议表彰农村路网建设、完成工作目标责任制、安全管理、公路建设质量管理、定点扶贫工作先进单位、先进个人。

1月26日 全省公路工作会议在太原召开。省政府副秘书长刘银才，省交通厅厅长王晓林、副厅长张润出席并讲话。

1月27日 山西路桥建设集团有限公司召开2003年工作会议暨首届一次职工代表会议，省政协副主席、省企业工委书记阎爱英，省政府副秘书长刘作舟、刘银才，省交通厅副厅长张润等出席并讲话。

1月29日 省交通厅举办交通新闻宣传春节茶话会。省委常委、省委宣传部部长申维辰，省委宣传部副部长申存良，省交通厅厅长王晓林，新华社山西分社总编杜文峰，人民日报驻山西记者站副站长安洋，中央人民广播电台驻山西记者站站长李世璞，光明日报驻山西记者站站长杨荣，经济日报驻山西记者站站长秦德继、副站长刘存瑞，工人日报驻山西记者站站长关明，紫光阁杂志社驻山西记者站站长杨志刚，山西日报总编辑章勇思，省广播电视局副局长、山西电视台台长董育中、副台长邢书良，山西人民广播电台台长张敬民，山西经济日报副总编辑李晋民等中央驻晋新闻单位和省内主要新闻媒体老总，省委宣传部新闻处、厅办公室及厅新闻宣传中心领导，部分媒体记者共聚茶话会，回首过去，展望未来，共话交通美好明天。

2月11日 《人民日报》开辟“新思路、新突破、新局面、新举措”栏目，首篇推出记者罗盘撰写的报道：《山西依托高速公路构筑“经济脊梁”》，并配发开栏话。文章用生动、精练语言，介绍山西省委、省政府“发展园区经济，打造旅游通道，推进城镇建设”的超前思路和具体做法。

2月13日至14日 北京军区副司令员粟戎生在省委常委、省军区司令员段端武，省军区副司令员马景然，省交通厅厅长王晓林、副厅长宋元林等陪同下，视察山西省交通战备工作，给予高度评价。

2月14日 全国政协委员、中国公路学会理事长李居昌一行来晋调研，重点了解全省关于超限治理和物流规划情况。省交通厅厅长王晓林、副厅长杨金泉、省公路学会理事长杨继刚和厅机关有关处室、厅直有关单位负责人参加座谈。

2月18日 省政协副主席、太原西北环高速公路征地拆迁地方协调领导组组长韩儒英、太原市市长李荣怀等带领有关部门负责人，从南到北，深入征地拆迁一线现场办公，解决存在的具体问题。要求沿线地方政府要进一步加大工作力度，顾大局，识大体，高标准、高质量按期完成全部拆迁任务，努力为工程建设创造良好的施工环境。

3月8日 出席十届全国人大一次会议的山西代表团举行全团会议，继续审议政府工作报告和其他工作报告。当全国人大代表、省交通厅厅长王晓林在发言中谈到大运高速公路党风廉政建设情况时，参加山西代表团会议的中共中央政治局常委、中央纪委书记吴官正对山西省委、省政府提出的“建好一条路、不倒一个人”的廉政建设总目标，以及省交通厅在工程建设中采取源头监管、标本兼治的具体做法，给予充分肯定和高度评价。

3月12日 《大运高速公路出口连接线建设规划》通过专家评审。除已建和在建工程549公里外，这次重新规划1500余公里，建设标准因地而宜，但大部分在二级以上，投资规模超过30亿元，2004年底建成。

3月17日 副省长牛仁亮在省政府副秘书长李福龙等陪同下，深入省公路局调研。

3月25日 省交通厅召开厅长办公扩大会议，厅长王晓林对大运高速公路绿化、服务区、附属设施及2003年高速公路建设提出明确要求。

3月28日 太原西北环高速公路正式开工建设。省领导田成平、刘振华、申联彬、云公民、杨安和、薛军、韩儒英，省政府秘书长李政文出席开工仪式，副省长牛仁亮、省交通厅厅长王晓林、太原市市长李荣怀出席并讲话。路线全长42.9公里，概算投资16亿元。

4月4日 上午，北京军区副政委张海洋专程视察大运高速公路北线战备工程，再次对坚持“平战结合、军民共建”的建设方针给予高度评价。省军区政委郤万曾，驻地某集团军军长息中朝，省交战办主任、省交通厅厅长王晓林，省公路局局长戴飞、省交战办副主任史荣和等陪同。

4月5日 下午，省长刘振华、副省长范堆相、牛仁亮深入省交通厅调研。厅长王晓林汇报2003年全省交通工作总体思路，副厅长杨金泉、张润、宋元林等先后汇报大运高速公路建设情况、大运高速公路连接线建设规划、太原公路主枢纽武宿物流园区规划建设情况。刘振华在讲话中，对交通系统在全省经济建设中所作的突出贡献给予充分肯定。要求争时间，抢速度，高质量、高标准地建设好大运高速公路，达到舒适、安全、快捷、便民、美观要求，体现新山西、新风貌、新发展、新气象，为抓紧实施大运高速公路经济带奠定良好基础。

4月7日至11日 省委、省政府举行大运高速公路建设现场办公活动，进一步促进工程建设进度，解决工程建设中遇到的困难和难题，确保全线2003年“9·28”胜利通车；加快大运高速公路沿线经济带建设步伐，带动全省经济结构战略性调整，推动全省小康社会建设。这是自大运高速公路开工建设以来，省委、省政府举行的第三次现场办公活动。省四大班子领导刘振华、刘泽民、范堆相、薛军、牛仁亮、吕日周及省直有关部门和沿线市(地)负责人参加。该项活动历时5天，行程千余公里，实地视察经济建设类、绿化类、工程建设类三种类型、23个现场，召开北线、南线两个汇报会，听取了8个市地、6个厅局的汇报。

省交通厅领导王晓林、宋元林、杨金泉、张润、赵龙、胡玉珍及厅机关有关处室、大运办、厅直有关单位负责人参加现场办公活动。

4月10日 晚上，省交通厅党组召开扩大会议，认真贯彻落实省委、省政府指示和现场办公会议精神。厅领导王晓林、杨金泉、张润、赵龙不顾连日奔波疲劳，召集参加此次办公会的厅机关有关处室、大运办有关处室负责人、厅直有关单位领导，共同研究部署大运高速公路建设重点工作。会议要求坚决贯彻刘省长指示精神，按照现场办公会要求，统一认识，明确任务，攻坚克难，奋力拼搏，不遗余力地抓好大运高速公路在建工程、经济带开发和绿化三大任务，确保2003年9月28日全线通车运营。

4月19日 省委常委、太原市委书记云公民视察太原汽车站“非典”防控工作。要求统一思想，加强领导，沉着应对，依靠科学，广泛动员，全员参与，切实做好“非典”预防工作。

4月23日 省交通厅召开专题会议，研究安排公路建设领域“非典”防治工作。厅领导王晓林、杨金泉出席并讲话。

4月28日 交通部向山西省赠送16台红外线体温检测仪，省交通厅派人连夜在太原市各个汽车站安装，29日全部投入使用后，运行状况良好，既提高工作效率，又降低漏检率，受到旅客一致好评。至此，太原市6个汽车站全部实现了利用红外线体温检测仪对进出汽车站旅客进行体温检测。

4月29日 上午，交通部部长张春贤打电话给省交通厅厅长王晓林，并通过王厅长向战斗在全省“非典”防治战线上交通职工特别是公路水路旅客运输线上的广大干部职工表示慰问。

4月29日 副省长牛仁亮带领省政府、太原市有关部门负责同志，深入太原市长途汽车站、建南汽车站、太旧高速高速公路武宿收费站、太原西北环高速公路建设工地督导检查“非典”防治工作。省政府副秘书长李福龙，省交通厅领导王晓林、胡玉珍陪同。

5月6日 副省长牛仁亮对全省交通系统“非典”防控工作作出重要批示，要求省交通厅高度关注事态进展，进一步采取非常措施，有效控制疫情蔓延。

5月7日 上午，副省长牛仁亮不打招呼，轻车简从，对省城部分高速公路出入口进行暗访。

5月12日 上午，副省长牛仁亮深入太旧高速公路武宿收费站、旧关收费站、阳泉市客运中心、阳泉火车站、太原东山过境高速公路松庄、郑村消毒检疫站等交通运输一线检查指导工作，要求严格把关，不能漏掉一个人，既要做到文明消毒和服务，还要保证车辆畅通，不得出现任何纰漏。

5月13日 省委书记田成平在省交通厅厅长王晓林、副厅长张润等陪同下，深入大运高速公路新原段施工现场督察“非典”防控工作及工程建设。要求万众一心，众志成城，夺取防控“非典”和工程建设的全面胜利。

5月13日 副省长牛仁亮在省交通厅副厅长杨金泉陪同下，深入榆次、平遥汽车站等地检查“非典”防控工作。要求认真把关，切实落实消毒、测温、登记、留验等项程序，既要做到文明检查，又要确保不漏一个人，不落一辆车。

5月14日 副省长牛仁亮在省“非典”防控工作交通协调领导小组第三次工作会议上，充分肯定交通行业各单位近日来工作中取得的成绩，并提出新要求。

5月17日 下午，省人大常委会副主任薛军深入大运高速公路临侯段襄汾收费站防疫检查站督察“非典”防控工作。要求全体检查人员要增强自我防护意识，万众一心，众志成城，坚决打胜抗击“非典”这场特殊战役。

5月18日 省人大常委会副主任杜五安冒雨检查运风高速公路风陵渡黄河大桥收费站“非典”防控工作。要求运城管理处和芮城县一定要联合坚守好山西南大门，坚决不让未经消毒车辆和高烧患者进入，防止疫情流入。

5月18日 省委常委、省政法委书记杜玉林带领省委“非典”防治检查组一行深入大同市督察“非典”防治工作，并专程赴京大高速公路公司孙启庄留验室检查指导“非典”防控工作。要求一定要认清内蒙古、河北等周边地区疫情形势对大同的不利影响，把好关口，控制住外来人员，同时管好内部人员，统一思想，夺取抗击“非典”的最后胜利。

5月19日 上午，省政协副主席、省委统战部部长吴锦文带领省“非典”防控督察组一行深入晋焦高速公路丹河收费广场消毒检疫站督察指导工作，对该站消毒检疫工作予以肯定。

5月23日 省交通厅举行“抗非典、献爱心”捐款赠送仪式，向省红十字会捐赠人民币10万元。这是全省交通系统广大干部职工慷慨解囊，捐款100万元中的一部分，其余部分已由全省交通系统有关单位以多种形式捐赠当地红十字会或医疗卫生机构。省政协副主席、省卫生厅副厅长周然,省红十字会秘书长冯晋生、副秘书长吴长海,厅领导王晓林、宋元林、杨金泉、张润、赵龙、胡玉珍以及厅机关干部职工参加,副厅长宋元林主持,厅长王晓林代表全省交通系统干部职工将捐款赠送给省红十字会。

5月29日 上午,大运高速公路控制性工程之一的韩信岭桥隧群仁义沟特大桥顺利合龙。省交通厅副厅长宋元林剪彩,并代表厅党组向祁临高速公路公司和承建单位表示祝贺。仁义沟特大桥全长1140米,桥高80米,最大单孔跨径146米,是华北地区最长、最高的T型连续钢构桥梁。

6月2日 省交通厅召开厅长办公会,就抓好交通"非典"防控工作,确保2003年交通建设目标实现进行讨论和研究。厅领导王晓林、宋元林、杨金泉、张润、胡玉珍参加。

6月3日 省交通厅召开全省加快公路建设前期工作会议,专题研究部署重点工程与县际公路、农村路网改造前期工作。厅领导王晓林、杨金泉、张润出席。要求各部门、各单位积极努力,千方百计把"非典"造成的损失夺回来,"客运损失货运补,运输损失修路补,三产损失二产补",公路建设的目标不能变,对经济发展的贡献不能减。

6月5日 省交通厅召开全省县际及农村公路建设北片汇报会。厅领导在朔州与大同、朔州、忻州三市政府领导专题研究县际及农村公路建设。厅长王晓林、副厅长张润出席并讲话,大同市副市长张富文、朔州市副市长李栋梁,厅公路管理处、省公路局有关负责人参加。大同、朔州、忻州三市交通局、公路分局分别汇报县际及农村公路建设任务、工作安排及存在的问题,确定2003年完成的投资目标。

6月11日 省政府召开专门会议,听取大运高速公路建设情况,研究解决面临的困难和问题。省交通厅厅长王晓林汇报大运高速公路建设情况,省长刘振华就加强交通"非典"防控工作和公路建设工作做重要指示,省委常委、常务副省长范堆相,副省长牛仁亮出席。

6月11日 省交通厅召开全省县际及农村公路建设中片汇报会。厅领导与太原、晋中、吕梁、阳泉4市(地)政府(行署)领导专题研究县际及农村公路建设问题。厅长王晓林、副厅长张润出席并讲话,太原市市长助理王建生、晋中市政府秘书长申文康、吕梁行署副专员栾继田、阳泉市副市长樊胜武、厅公路管理处、综合规划处、省公路局有关负责人参加。

6月17日 省委常委、省委组织部部长薛延忠赴大运高速公路新原段视察雁门关隧道、绿化、路面工程等施工情况。

6月18日 上午,省委书记田成平在省委常委、省委秘书长申联彬,省交通厅厅长王晓林、副厅长张润、省交通建设开发投资总公司总经理魏庆飞,晋城市委书记张少农、市长李雁红、市委秘书长郭长青等陪同下,深入到晋焦高速公路丹河消毒检疫站视察"非典"防控工作。要求站在对党、对人民高度负责的态度上,继续做好"非典"防控工作。

6月18日 省委书记田成平视察长晋高速公路,对工程建设表示满意。并听取省交通厅厅长王晓林关于全省高速公路建设管理体制情况的汇报。

6月18日 省委副书记张宝顺在省交通厅副厅长杨金泉、董事长赵振田等陪同下,赴大运高速公路祁临段仁义沟特大桥建设工地考察调研,对工程建设速度和质量感到十分满意。

6月18日 省交通厅召开全省县际及农村公路建设南片汇报会。厅领导与长治、晋城、临汾市领导专题研究县际及农村公路建设问题。厅长王晓林、副厅长张润出席并讲话,厅公路管理处、综合规划处、省公路局、省交通质监站有关负责人,长治市副市长马和平、晋城市副市长李富林、临汾市副市长成洪才参加。

6月20日 省人大常委会副主任薛军

在省交通厅厅长王晓林、副厅长杨金泉等陪同下，带领省人大财经委一行20余人赴大运高速公路祁临段调研。要求用博大精深的三晋文化做好宣传包装，精心打造大运品牌，进一步发挥大运高速公路在全省经济和社会主义建设发展中的巨大作用。

6月30日 踏着蒙蒙细雨，省长刘振华轻车简从，视察大运高速公路祁临段洪洞明姜至介休82公里建设工地。在仁义沟特大桥上，兴致勃勃地摄影留念。要求加快服务区建设，把高速公路两旁绿化工程尽快完成，向全省人民展现一条精美、绿色的发展之路。祁临高速公路公司董事长赵振田、总经理周文全陪同。

7月1日至3日 省人大常委会副主任杜五安在省交通厅副厅长杨金泉陪同下，带领省人大城建环保工委主任李淳、副主任马骏一行，先后视察大运高速公路新原段和祁临段建设工地。希望省交通厅认真总结祁临高速公路利用亚行贷款和国际化管理的经验，再接再厉，提升建设品位，美化生态环境，把全省高速公路建设推向更高阶段，为山西经济建设作出新贡献。

7月9日 省交通厅召开大会，传达贯彻全省经济结构调整总结表彰大会精神。厅长王晓林宣布省政府、省委组织部对王志民等7名厅领导的任命，厅党组副书记宋元林传达全省经济结构调整总结表彰大会精神。王晓林在讲话中，就全省交通系统认真贯彻全省经济结构调整总结表彰大会精神，全面推进交通结构调整进行安排部署。对厅领导班子成员提出5点要求。即加强学习，坚定信念；增进团结，依法办事；继往开来，与时俱进；立足交通，服务人民；艰苦奋斗，廉洁奉公。厅党组全体成员出席，厅直各单位主要领导、厅机关全体人员参加。

7月10日至11日 省高管局召开落实“六高”目标，迎接“9·28”大运高速公路全线通车经验交流现场会。省交通厅领导王晓林、杨金泉、郭贵平出席并讲话。要求理顺管理体制，实现良性循环；搞活管理机制，强化管理手段；完善法制建设，实现规范管理。

7月14日 省委书记田成平冒雨考察大运高速公路祁临段第六合同段油面施工现场和仁义沟、常家山隧道等工程，要求按时保质保量完成，确保9月28日建成通车；以大运高速公路和重点出省通道建设为重点，着力构建纵贯全省通达四邻的高速公路网，为全省经济结构调整提供便利交通条件。

7月14日至16日 副省长牛仁亮带领大运高速公路沿线市地、省直有关部门领导赴大运高速公路现场办公，研究解决工程建设面临的困难和问题。要求倒排工期，加强力量，节约资金，抓好安全，确保9月28日通车和运营。

7月15日 省委书记田成平在忻州市市长张怀文等陪同下，深入大运高速公路新原段建设工地第十一合同段，听取省交通厅总工程师郜玉兰工作汇报，视察刚刚开挖奠基的大运高速公路纪念碑碑址，要求大运高速公路48个出口和出省交界处，都应该设立明显的大运标志，让人们更多地了解大运文化。

7月16日 省交通厅党组印发《关于王志民等同志任职的通知》。接省政府晋政任字〔2003〕52号、省委组织部晋组干字〔2003〕81号文通知：王志民任省交通厅副厅长、党组成员；郜玉兰任省交通厅总工程师、党组成员；张德仪任省交通厅总会计师、党组成员；宋元林任省交通厅巡视员；孙跃进、郭贵平、郜学文任省交通厅助理巡视员；免去宋元林省交通厅副厅长职务。

7月24日 省政府与中国工商银行总行举行《中国工商银行为山西省人民政府提供财务顾问服务协议》签字仪式。省交通厅与工行山西分行经过友好协商，在互惠互利基础上，就太原至长治高速公路项目达成协议。省委书记田成平、省长刘振华、副省长王昕、牛仁亮、省政府秘书长李政文，厅长王晓林、厅总会计师张德仪出席。根据合作协议，省交通厅作为重点支持的优质客户，享受工行山西分行相应金融服务和优惠政策。工行山西分行还将对省交通厅拟建的忻州至阜平、长治至临汾高速公路建设项目提供金融支持。同时,为省交通厅提供全方位金融服务。省交通厅也作了相应承诺。行长隋运生、厅长王晓林分别代表双方在合作协议上签字。

7月27日 省长刘振华深入大运高速公路北线就沿线服务区、配套设施、路面质量等进行调查研究。要求争时间,抢速度,保工期,保质量,确保大运高速公路9月28日顺利通车。

7月30日 上午,全省高速公路联网收费及机电一体化建设动员大会召开,省交通厅厅长王晓林、副厅长杨金泉出席并讲话。要求统一思想,提高认识,统筹规划,抓紧施工,确保9月28日联网收费顺利实现。

8月7日 省委副书记张宝顺在晋城市委书记张少农、市长李雁红等陪同下,视察长晋高速公路晋城段崔庄互通施工一线。要求转变作风,真抓实干,尊重科学,保证质量,确保建成晋城市的开放富民工程,确保晋济高速公路年内开工奠基。

8月8日 由中国作家协会、省委宣传部、省交通厅联会举办的报告文学《大运亨通》研讨会在北京中国作家活动中心召开。省长刘振华作书面讲话,省委常委、省委宣传部部长申维辰,省人大常委会副主任杜五安,省交通厅厅长王晓林出席。研讨会由中国作协副主席陈建功主持,中国作协党组书记、副主席金炳华讲话,翟泰丰、王巨才、张契、张炯、孟伟哉、高洪波、雷达、蔡毅、张胜友等首都与山西文艺界有关专家40余人出席。作品由作家出版社出版,是著名作家焦祖尧历时数年,深入大运高速公路建设工地进行艰辛细致的采访后创作的,全书33万字,全景式地再现了修建大运高速公路的艰难历程。专家们认为,这部长篇报告文学反映人民创造历史,创造新生活的伟大实践,讴歌中华民族不屈不挠、勇往直前的伟大精神,表现建设者与时俱进、自强不息、艰苦创业、无私奉献的崇高品格。

8月17日 下午,大运高速公路建设宣传领导组召开会议,全面部署9月28日全线通车庆典活动期间的新闻宣传工作。省委常委、宣传部部长申维辰,常务副部长申存良,省交通厅厅长王晓林、纪检组长赵龙以及山西日报、山西电视台、山西人民广播电台负责同志出席。

8月22日 上午,省政府召开全省县际及农村公路建设动员电视电话会议,再一次明确今后三年全省县际农村公路建设的目标任务。副省长牛仁亮出席并讲话，同时代表省政府与各市地政府(行署)相关负责人签订目标责任书。省交通厅厅长王晓林作了题为《加强县际与农村公路建设,推动全省全面建设小康社会》的工作报告,副厅长张润及各市地有关领导,省计划、财政、国土、林业等有关部门负责人参加。

8月23日 省长刘振华在省政府秘书长李政文、省交通厅领导王晓林、张润、孙跃进等陪同下，赴大运高速公路太祁段和祁临段调研。要求认真抓好配套设施建设,把大运高速公路真正建设成为能够展示山西新风貌、新形象的一道靓丽的风景线。

8月26日至27日 省人大常委会常务副主任纪馨芳、副主任赵劲夫等领导带领部分全国人大代表和省人大代表50余人,深入大运高速公路视察调研。省交通厅领导王晓林、王志民、郜玉兰、郭贵平及厅机关有关处室和厅重点办有关处室负责人陪同。

8月28日 上午,省政府召开大运高速公路全线通车运营及庆典活动协调会议。副省长牛仁亮主持,省政府秘书长李政文、副秘书长李福龙出席。省计委、经贸委、交通厅、公安厅、审计厅、卫生厅、林业厅、环保局、物价局、电力公司、石油公司、烟草公司等有关部门负责同志，省交通厅领导王晓林、王志民、郜玉兰、郭贵平以及大运高速公路各公司和厅直有关部门负责同志参加。

8月28日 下午，省长刘振华深入大运高速公路新原段大营服务区、雁门关桥隧群建设区、大新段康庄服务区、大同监控中心现场办公。要求在保证质量的基础上加快建设速度，做到功能配套，设施完善，环境优美，通畅顺达，全方位保证9月28日全线建成通车。副省长牛仁亮、省政府秘书长李政文、省交通厅厅长王晓林等参加。

8月28日 省长刘振华在大同听取省交通厅关于大运高速公路工程建设情况及全线通车庆典活动安排的汇报。要求庆典活动要办得隆重、热烈、安全、有序，少花钱，多办事，尽量做到形式与内容的完美统一，并通过一系列活动，把大运高速公路推向全国，推向世界，使之成为山西对外开放的一个重要窗口。

8月29日 省委副书记、太原市委书记云公民深入大运高速公路新原段雁门关隧道、新庄特大桥等工程建设工地视察。

9月5日 省交通厅召开县际及农村公路建设新闻宣传座谈会，邀请中央驻晋新闻媒体及省内各大媒体领导和记者参加。厅长王晓林、副厅长张润、省委宣传部新闻处处长梁宝印、副处长杨建乐及厅县际办、省公路局、厅公路管理处等有关部门负责人参加，厅新闻宣传中心主任杨惠芹主持。

9月12日 省人大常委会副主任杜五安在省人大城建环保委主任李淳，省交通厅领导王晓林、胡玉珍，太原市委副书记丰立祥等陪同下，深入太原西北环高速公路建设工地调研。要求提升建设品位，搞好沿线绿化美化，为促进太原率先发展和全面建设小康社会交一份满意答卷。

9月15日至16日 省人大常委会副主任杜五安在省人大城建环保委主任李淳、省交通厅副厅长杨金泉等陪同下，视察正在建设中的长晋高速公路。要求各建设单位优化设计，确保工程质量；沿线各级政府创造良好施工环境。

9月18日 309国道吉县至壶口段新建二级公路开工，副省长牛仁亮发贺电。省政协副主席阎爱英、省交通厅厅长王晓林、省公路局局长戴飞及临汾市领导张茂才、王国正、刘传旺、段克已、陈保堂等出席。新建路段全长40.825公里，总投资1.42亿元。

9月19日 上午，省委宣传部、省政府办公厅、省交通厅、省旅游局在北京召开“走大运高速，游山西名胜”山西大同至运城高速公路通车新闻发布会，向中央及北京各主要新闻媒体和首都部分旅行社隆重介绍大运高速公路及其沿途的名胜古迹、旅游景区，诚邀四海宾朋在国庆黄金周到山西做客，并宣布国庆节期间(10月1日至7日)前来山西旅游的外埠旅游车可免费通行大运高速公路。省委常委、省委宣传部部长申维辰、副省长宋北杉出席并讲话，交通部总工程师凤懋润、省政府副秘书长李福龙、省交通厅领导王晓林、王志民、赵龙出席。

9月22日 省人大常委会副主任杜五安在省交通厅助理巡视员胡玉珍和省交警支队有关领导陪同下，深入307国道清徐、交城、文水、汾阳境内就超限运输治理情况进行调研。要求加大投入，加强监控，协调配合，联手治理，狠狠打击超限运输。

9月22日 省高管局召开全面落实“六高”目标现场观摩暨迈向全国先进行列誓师动员大会。省交通厅领导王晓林、杨金泉、张德仪出席并讲话。省高管局党委书记李万定作动员，太旧、原太高速公路公司分别作经验介绍。

9月26日至27日 省长刘振华在省政府秘书长李政文、省交通厅厅长王晓林、副厅长张润等陪同下，视察左云、右玉等县村村通水泥路工程。要求各级领导最大限度地调动广大人民群众积极性，征得人民群众拥护和支持，千万不能增加农民负担，要让老百姓真正得到实惠，确保工程建设质量和效益，切实做到人民群众满意。

9月26日至30日 以“开幸运车、走大运路、富三晋人”为主题的“中国·山西‘大运—666'流动汽车展"举行。活动由省高管局、山西汽运集团、省征稽局、省公安厅交通管理局、太原市公安局交警队主办,邀请全国汽车销售商参展,小轿车、越野车、商务车共计100辆,各占60%、20%、20%,自大运高速公路起点大同至终点运城,全程666公里。

9月27日 下午,省长刘振华、交通部副部长胡希捷在省交通厅厅长王晓林、副厅长张润、省公路局局长戴飞等陪同下,冒雨深入浑源县视察全省县际公路试点项目大五线和洗朔线大同境内建设情况,并提出指导性意见。

9月28日 大运高速公路666公里全线建成通车运营并举行通车仪式。老一辈无产阶级革命家、原中顾委副主任薄一波为大运高速公路题词"腾飞之路"。全国政协原副主席任建新向省委、省政府发贺信。全国人大常委会副秘书长、机关党组书记王云龙,交通部副部长胡希捷,原成都军区政委张志坚,原国家气象局局长、全国政协人口资源环境委员会副主任温克刚,国家开发银行总经济师姬巧玲,全国政协委员、香港润海集团董事长周安达源,亚行专家卡尔·克鲁斯,以及国家发改委等有关部门同志以及兄弟省市交通部门负责同志出席。

省委、省人大、省政府、省政协、省军区、驻晋部队和武警总队领导田成平、刘振华、张宝顺、刘泽民、薛延忠、申联彬、申维辰、杨安和、纪馨芳、薛军、杜五安、赵劲夫、王昕、靳善忠、梁滨、张少琴、张正明、吴博威、马景然、叶景亮,省级老领导李立功、王庭栋、李修仁、郭裕怀和各市(地)党政主要负责同志,省直有关部门负责人,中央驻晋单位和新闻单位负责同志,省属院校和省管骨干企业负责人,部分省人大代表、政协委员,大运高速公路建设、设计、施工、监理单位代表参加。

为大运高速公路通车发来贺信、贺电的领导还有:中共中央文献研究室主任滕文生,北京军区司令员朱启,北京市代市长王岐山,山西省原省委书记陶鲁笳、王茂林,山西省原省长王森浩,山西省原副省长白清才,成都军区原政委张志坚,河南省委副书记支树平,甘肃省副省长杨志明等。发来贺信、贺电的单位有:国家开发银行,北京军区,全国各省、直辖市、自治区交通厅、局、委,新疆生产建设兵团交通局,中国民生银行太原分行,中铁隧道集团有限公司,中铁十五局集团有限公司,中铁十七局集团有限公司,中铁十九局集团有限公司,中国葛洲坝水利水电工程集团有限公司,中港第二航务工程局,山东鲁能集团有限公司,河北路桥集团等。

大运高速公路北起大同,南至运城,纵贯山西省南北,穿越8个市地31个县(市、区)132个乡镇495个行政村,全长666公里,是国家二连浩特到河口国道主干线和临汾至三亚重点公路的重要组成部分,是山西省"三纵八横"公路主骨架中最重要的中轴快速通道,是拉动经济发展、实现山西腾飞的"脊梁工程"。大运高速公路也是迄今为止山西省战线最长、投资最多、地质条件最复杂、科技含量最高、施工难度最大的基础设施工程,北穿雁门关屏障,南跨韩信岭险滩,全线约1/4里程在群山沟壑之中,共动用土石方10 656万立方米,建隧道17处、桥梁703座,总概算222亿元,交通部批准工期为5年。2000年9月,大运高速公路奠基;2001年,大运高速公路全线开工建设。在党中央、国务院亲切关怀下,在省委、省政府正确领导下,在全省人民大力支持下,经过8万名筑路员工3年艰苦奋战,大运高速公路建设取得"五年工期三年完、投资概算不突破、工程质量创一流、安全生产无事故"和廉政建设"建好一条路、不倒一个人"的佳绩。

9时整,大运高速公路通车仪式在雁门关主会场举行,省长刘振华主持。省委书记、省人大常委会主任田成平在讲话中,代表省委、省政府衷心感谢党中央、国务院对山西工作的关怀和支持,同时向国家发改委、财政部、交通部、国土资源部、国家开发银行等有关部委表示衷心感谢！向全力支持大运高速公路建设的各级党委、政府和人民以及社会各界表示衷心感谢!向三年来顽强拼搏、勇于奉献的广大筑路员工、项目合作者表示衷心感谢和亲切问候！向参加通车仪式的各位领导、来宾表示热烈欢迎和衷心感谢!交通部副部长胡希捷代表交通部向大运高速公路建成通车表示热烈祝贺。他说，山西公路网的改善，不仅为山西省改革、开放和经济发展作出积极贡献，也为完善全国路网结构，提高路网整体水平，促进全国公路建设作出积极贡献。省交通厅党组书记、厅长王晓林介绍工程建设情况。

田成平、刘振华、胡希捷为大运纪念碑揭幕；田成平、刘振华、王云龙、胡希捷、张志坚、张宝顺、刘泽民、温克刚、王庭栋、李修仁、郭裕怀、马景然、王晓林等为大运高速公路通车剪彩，并现场参观大运高速公路。

15时许，大运高速公路通车仪式(韩信岭会场)由省委副书记张宝顺主持，薛延忠、申联彬、申维辰、杨安和、杜五安、王昕、张少琴、张正明、吴博威、叶景亮等领导、省交通厅厅长王晓林和周安达源先生、卡尔·克鲁斯先生等为大运高速公路通车剪彩。17时30分，大运高速公路通车庆祝活动在运城收费广场举行。

省交通厅党组副书记、厅巡视员宋元林，厅党组成员、副厅长杨金泉、张润，厅党组成员、省纪委驻厅纪检组组长赵龙，厅党组成员、厅助理巡视员胡玉珍，厅党组成员、副厅长王志民，厅党组成员、厅总工程师部玉兰，厅党组成员、厅总会计师张德仪，厅助理巡视员孙跃进、郭贵平、部学文，一同参加通车庆典仪式。

9月28日至10月3日 2003年山西省“天利杯”大运高速公路体育旅游自行车拉力赛在大同开赛，来自全省各地1000多名飞车好手，进行为期6天激烈角逐。省委书记田成平、省长刘振华等省四大班子领导和国家体育总局领导出席开幕式。副省长张少琴主持开赛仪式，副省长靳善忠为大赛鸣枪。本次比赛由省政府主办，省体育局、省交通厅、省旅游局、省公安厅承办，大运高速公路沿线6市人民政府、山西天利集团和省内各新闻媒体协办。

10月12日 大同市县际公路大五线、洗朔线改建工程胜利通车。省长刘振华致信祝贺。省交通厅领导王晓林、张润、赵龙、王志民、张德仪及大同市四大班子主要领导、省公路局局长戴飞、大同公路分局局长乔中剪彩。路线全长211公里，4月26日开工，9月26日圆满完成建设任务，创造征地拆迁7天完成，全线竣工仅用5个月的历史纪录，为全省县际公路建设起到很好的模范带头作用。

10月12日至14日 全省县际及农村公路建设暨廉政工作会议在右玉县隆重召开。省长刘振华发贺信。副省长牛仁亮、省政府副秘书长李福龙出席并考察右玉县“村村通”工程。省交通厅领导王晓林、张润、赵龙、王志民、张德仪、省公路局局长戴飞及大同市、朔州市政府有关领导参加。厅机关有关处室、省公路局、省县际办、省交通质监站有关负责人、各公路分局、各市(地)交通局局长、纪检组长参加。会上，副省长牛仁亮为右玉县、左云县、应县颁发“村村通”奖金，并对全省县际及农村公路建设提出具体要求。

10月12日至14日 2003年全国公路隧道学术交流会议在太原隆重召开，150人参加。中国公路学会理事长李居昌、中国公路学会专家委员会副主任熊哲清、省交通厅副厅长杨金泉、省公路学会理事长杨继刚、中国公路学会隧道工程分会理事长蒋树屏、副理事长吴大元、陈乐生出席。中国工程院院士王梦恕发贺信。

10月18日 太原至长治高速公路开工奠基仪式在小店互通隆重举行。省领导田成平、刘振华、张宝顺、云公民、申联彬、郑传福、郤万增、纪馨芳、杜五安、牛仁亮、阎爱英，省级老领导王庭栋、卢功勋、李修仁等出席并培土奠基。省交通厅领导王晓林、宋元林、杨金泉、张润、赵龙、胡玉珍、王志民、郜玉兰、张德仪、郭贵平、郜学文出席，副厅长杨金泉主持。省直有关厅局和金融部门负责同志，太原、晋中、长治市委、市政府主要领导，省交通厅所属单位领导，太长高速公路沿线县区及交通局、公路分局领导参加。路线全长210公里，其中主线198公里，连接线12公里，投资概算71亿元，建设工期3年。

10月24日 省长刘振华、副省长牛仁亮、宋北杉就大运高速公路经济带建设问题赴省交通厅现场办公。厅领导王晓林、宋元林、杨金泉、张润、王志民、张德仪、孙跃进、郭贵平，省旅游局局长藉振芳、副局长韩和平等出席。省领导在讲话中，希望全省交通系统再接再厉，在大运高速公路经济带建设中做出更大成绩和贡献。

10月30日 省道忻(州)黑(峪口)线兴县明通沟至黑峪口新建二级公路通车剪彩仪式举行。吕梁地委书记郭海亮、省交通厅副厅长张润等出席。路线全长41.065公里，概算1.52亿元。2002年6月5日开工奠基，2003年9月30日建成通车。

11月1日 《山西省高速公路管理暂行办法》正式实施，为期一个月的宣传活动启动仪式举行，省交通厅副厅长杨金泉出席。

11月1日 晋城市陵沁一级公路陵川段、长平线、长晋线、沁东线、周犁路5项县际公路(路网改造)工程竣工通车仪式举行。省交通厅副厅长张润、省公路局有关领导及晋城市四大班子领导出席。

11月4日 省军区司令员郑传福、参谋长李东军、省国动委综合办主任张泽田一行深入省交战办检查指导工作。希望省交战办对大运高速公路的国防功能进一步完善，总结挖掘，力争将其推向全国，成为典型。省交通厅党组副书记宋元林陪同。

11月6日 全省第一条通过全面收购推行公车公营的客运线路——太原至石家庄客运线路正式启动运营。平峰车距30分钟，高峰车距15分钟。

11月18日 运城市闻(喜)垣(曲)二级公路建成通车。至此，在全省首家实现13县(市、区)全部通二级以上高等级公路。全国人大常委会副委员长何鲁丽、交通部发贺信，运城市委书记黄有泉、市长王守祯及四大班子领导参加通车仪式，省交通厅党组副书记宋元林到会祝贺。

11月29日 上午，忻州市忻府区委、区政府隆重召开全区村村通水泥（油）路突破600公里祝捷大会。副省长梁滨，省交通厅领导王晓林、张润、郜玉兰、省公路局局长戴飞等专程祝贺。

12月1日 零点，京、津、冀、晋、内蒙华北五省、市、区联合治理超载超限行动正式开始。零点前夕，副省长梁滨、省政府副秘书长段建国、省交通厅副厅长张润、省交警总队队长宋建华、省公路局局长戴飞等有关部门负责人对208国道太原路政支队小店超限检测点和太旧高速公路辛家庄治超点进行检查。据统计，零点行动共出动路政人员1000余人，车辆110余辆，散发宣传材料2.3万份。

12月23日 《大运高速公路沿线资源整合战略研究》课题通过省科技厅评审。省科技厅副厅长廉毅敏主持，省交通厅厅长王晓林、副厅长杨金泉出席。

12月28日 省交通监理总公司隆重举行成立10周年庆典。省人大常委会副主任杜五安，省交通厅领导王晓林、杨金泉、张润出席。自1993年组建以来，在总经理黄勇带领下，公司立足本省，面向全国，共承担国内21个省区以山西太旧、大运高速公路为龙头的272项高等级公路、房建及水运工程计8110.65公里施工监理任务；承担以原太高速公路为代表的34项高等公路计1862.98公里设计及设计监理任务，为太旧高速公路和太原南过境高速公路小店高架桥荣获“鲁班奖”及其他省内外高等级公路质量上新台阶作出积极贡献，先后获各种荣誉336项。

12月 由省交通厅组织编撰的《大运高

速公路建设管理经验集锦》一书，由山西人民出版社正式出版发行。全书55万字，标准16K，厅长王晓林任主编，省纪委驻厅纪检组组长赵龙任执行主编，厅办公室主任卢建明任编辑部主任，省委书记田成平为该书作序。该书较系统和全面地汇集了大运高速公路建设中在党建、管理、技术等方面创造的经验，分为综合篇(载录文章9篇，其中田成平书记2篇，刘振华省长3篇，杜五安副省长1篇，王晓林厅长3篇)；党建篇(载录文章15篇)；管理篇(载录文章35篇)；技术篇(载录文章11篇)；发展篇(载录文章4篇)；附录(载录省交通厅署名文章“创业的丰碑，创新的壮歌——大运高速公路建设概述”1篇)。该书的出版发行，对于更好地弘扬“大运精神”具有十分重要的推动作用。

2004年

1月8日 上午，太原至澳门的国家重点公路晋城至济源高速公路奠基仪式在晋城市城区圪垯村举行。省交通厅厅长王晓林、厅总会计师张德仪，省重点办副主任刘继承、国家开发银行山西分行副行长郭东，晋城市委书记张少农、市长李雁红、市人大常委会主任马巧珍、市政协主席殷理田、常务副市长李富林、民生银行太原分行业务二部总经理韩晋雄、晋济高速公路公司董事长张三宏等培土奠基。副厅长杨金泉主持。路线全长29.914公里，概算总投资18.66亿元，建设工期3年。

1月16日 全省交通工作暨大运高速公路建设总结表彰会议在太原隆重召开。省委副书记、代省长张宝顺，省人大常委会副主任杜五安，省政协副主席薛荣哲出席并讲话。副省长牛仁亮向大会发来书面讲话。省政府副秘书长李福龙，省纪检委常委黄福莲，省政府有关委办厅局、省总工会、金融部门领导、各市地分管交通工作领导、厅老领导应邀出席。厅领导王晓林、宋元林、杨金泉、张润、赵龙、王志民、郜玉兰、张德仪、郭贵平、郜学文出席。厅长王晓林作了题为《坚持科学的发展观，开创交通率先发展新局面》的工作报告，副厅长杨金泉作了题为《坚持依法治安，强化预防监管，开创全省交通系统安全生产工作新局面》的安全生产工作报告，省纪委驻厅纪检组组长赵龙作了题为《适应改革要求，紧扣发展主题，进一步开创反腐倡廉工作新局面》的党风廉政建设和反腐败工作报告。

会议还对在大运高速公路建设中作出突出贡献的54个先进集体和93名先进个人，全系统2003年完成工作目标责任制9个优秀单位、12个先进单位和31个安全生产管理先进单位进行表彰。其中，受到省劳动竞赛委员会记功表彰的先进集体40个，先进个人93名。

1月17日 全省公路工作会议在太原召开。省政府副秘书长李福龙出席并宣读副省长牛仁亮书面讲话，省交通厅副厅长张润出席并讲话。

1月22日 农历猴年新春佳节。一大早，省人大常委会副主任、省总工会主席姚新章，省总工会常务副主席徐改清和省交通厅领导王晓林、杨金泉、张德仪等带着新春祝福，一起亲切慰问节日期间坚守工作岗位的大运高速公路小店女子收费站员工，同大家一起共贺新春。

1月22日 正月初一，上午7时50分，山西汽运集团三皇侯马运业公司晋L20311华丰客车(核载19人，实载28人)，从侯马市驶往长子县途中，在长晋线高平市西山过境公路谷口路段一拐弯处，先与土崖相撞，后又翻下3米深的路坎下，造成14人死亡、14人受伤的特大交通事故。接到事故报告后，省交通厅厅长王晓林、副厅长杨金泉高度重视，责成厅运输管理处立即向交通部和省政府报告，并派出工作组火速赶赴事故发生地，协助并督导运输企业配合当地政府及公安交警部门做好善后工作,分析交通事故原因。

1月23日 省交通厅召开吸取"1.22"特大交通事故教训、春运安全查隐患堵漏洞紧急会议。通报"1.22"特大交通事故情况、事故原因及受伤人员紧急救助情况;传达省委书记田成平、副省长梁滨、交通部副部长胡希捷有关批示精神,厅长王晓林在讲话中,要求运输企业、运管部门要积极配合当地政府和公安交警部门做好事故善后处理工作。

1月30日 17时10分,临汾交通运业集团蒲县雄达公司晋L80645金龙客车,从太原返回蒲县途中,在108国道756公里+800米处,与对向行驶的一辆双排客货车相撞后,造成客货车起火、车内5人全部死亡的重大事故。

2月18日 省交通厅召开近年来规模最大、规格最高的全省交通系统党风廉政建设干部大会。省纪委副书记李潭生应邀参会。厅领导王晓林、宋元林、张润、赵龙、王志民、郜玉兰、张德仪、郜学文、郭贵平出席。赵龙传达中纪委三次全会、全省党风廉政建设干部大会、省纪委三次全会和全国交通系统纪检监察工作会议精神;王志民传达国务院第二次廉政工作会议精神;张润传达中纪委《关于交通系统部分领导干部违纪违法案件的通报》。厅长王晓林在讲话中,要求各级领导干部要勤学习,善修德,做学习型干部;慎用权,防糖弹,过好权力关;反铺张,戒奢靡,始终保持健康向上生活情趣;重实效,办实事,树立正确政绩观。

各市(地)交通局纪检组长,厅属各单位党政一把手、纪委书记、监察室主任,各重点公路建设公司董事长、总经理、纪检书记,山西汽运集团、路桥集团董事长、总经理、纪委书记,厅机关、重点办、县际办各处室负责人参加会议。

3月12日 在京参加"两会"的省长张宝顺利用会议间隙走访交通部,与部长张春贤共商山西交通发展大业。张宝顺代表省委、省政府感谢交通部近年来给予山西公路交通建设的大力支持,并介绍近几年全省高速公路、农村公路建设基本情况及发展规划。

张春贤在讲话中,高度赞扬山西近年来高速公路、农村公路建设所取得的成绩,要求把公路建设放在特殊重要地位,加快发展,依托高速公路推进山西结构调整,扩大对外开放,增加进京通道,打通与外省的连通,使山西经济融入京津地区;通过开放的交通,促进全省的观念解放、思想解放;通过交通大发展,使山西资源优势、文化优势变为产业优势。并表示2004年交通部将继续给予山西公路建设大力支持。

省交通厅厅长王晓林、副厅长王志民参加座谈会。

3月25日 全省交通战备工作会议在忻州市召开。北京军区联勤部副部长、北京军区国动委委员贾二军,综合办主任王昀东,北京军区联勤部军交运输部副部长、北京军区交战办副主任董华,省军区副司令员、省国动委副主任马景然,综合办主任张泽田,省军区后勤部副部长谢新宁参加。省交战办主任、省交通厅厅长王晓林作工作报告,副厅长杨金泉主持。

3月30日 全省农村公路建设工作会议在太原召开。省长张宝顺出席并讲话,副省长牛仁亮作工作报告。省政府秘书长李政文、副秘书长李福龙出席。省交通厅领导王晓林、张润、王志民、郜玉兰参加,厅长王晓林主持。副省长牛仁亮代表省政府与各市(地)政府签订农村公路建设目标责任书。会议对全省农村公路建设先进县区和优秀项目进行表彰。省县际及农村公路改造工程领导组成员,各市(地)市长(专员),各县(市、区)长,各市(地)计委、财政、交通、公路部门负责人参加。

3月30日 省交通厅、省高管局等单位机关干部和省军区官兵近500人在太原西北环高速公路高架桥下展开军民共建绿色交通义务植树活动。省委常委、省军区司令员郑传福,副司令员马景然、高建国,省交通厅领导宋元林、杨金泉、赵龙、张德仪、郭贵平、郜学文等参加。副厅长杨金泉主持启动仪式，厅党组副书记宋元林讲话。

4月7日至8日 省交通厅领导王晓林、张润、郜玉兰深入忻州市，就农村公路、县际公路和目前正在规划中的五保（五台山至保德）高速公路相关工作进行现场办公，忻州市委书记吕德功、市长张怀文及厅办公室、省公路局、县际办、省交通设计院有关负责人参加。

4月17日 下午2时，交通部部长张春贤轻车简从，从太原出发，视察大运高速公路。听取有关情况汇报后，对山西高速公路系统工作，特别是对全省1100公里高速公路实现联网收费给予充分肯定。在仁义沟特大桥，张春贤看到宏伟壮观景象，十分高兴，并和随行人员合影留念。认为大运高速公路建设工程质量不错，沿线绿化也非常好，特别是联网收费一卡通走在全国前面，建设品位和管理水平也达到全国一流。

4月18日 交通部部长张春贤赴永济黄河铁牛处就旅游路建设进行调研。希望山西继续加大农村公路建设力度，继续保持全国领先地位。

4月19日 省交通厅党组召开扩大会议，传达学习交通部《关于在全国交通系统深入开展学习宣传许振超同志先进事迹活动的通知》精神，要求全系统各单位认真组织开展学习宣传活动，振奋行业精神，树立行业形象，推动交通事业发展。厅领导王晓林、宋元林、杨金泉、张润、赵龙、郜玉兰、张德仪、郜学文出席。

4月21日 交通部部长张春贤赴长治视察重点公路工程及“村村通”水泥路工程，对全省交通建设取得的成就给予充分肯定，特别是对壶关、平顺、襄垣的“村村通”水泥路工程给予高度评价，对山西为全国交通事业作出的贡献表示衷心感谢。省交通厅厅长王晓林、副厅长杨金泉、张润陪同。在平顺县，张春贤还亲切看望十届全国人大代表申纪兰，并同她就平顺县交通发展进行座谈。

4月23日 上午，交通部部长张春贤赴省交通厅机关调研。省人大常委会副主任杜五安、副省长牛仁亮陪同，厅领导王晓林、宋元林、杨金泉、张润、郜玉兰、张德仪、郜学文，厅机关各处室负责人，厅直有关单位领导参加。张春贤观看全省三纵八横路网规划图，听取厅长王晓林关于“十五”以来全省交通建设情况汇报，听取省公路局、山西汽车运输集团、山西路桥建设集团工作汇报和建议后，认为山西交通队伍是个能打硬仗的队伍，是个敢于直言的队伍，是个工作卓有成效的队伍，是个积极发展交通事业的队伍。

张春贤在讲话中，提出5点要求。一要认真学习许振超精神，爱岗敬业，永不满足，争创一流；二要学习西沟精神和申纪兰精神，坚持艰苦奋斗，自力更生，多为农民兄弟修路；三要下决心治理超限运输，坚持科学治理和有效治理，山西要带头，在超限运输治理方面探索出经验；四要高度重视农村公路建设质量，提高路基水平，增强抗灾能力，实现可持续发展；五要特别重视县乡道路养护，挖掘管理潜力，向管理要效益，同时要加快县乡道路养护机制探索。

4月27日 交通部部长张春贤视察大运高速公路北线和县际公路改造工程大五线，圆满结束山西考察活动。厅长王晓林、大同市委书记来玉龙、常务副市长张富文陪同。

一路上，张春贤对大运高速公路平整路面、顺畅线形、优美人文景观、整齐绿化带，特别是科技含量很高的雁门关隧道给予高度评价。在康庄服务区，详细了解大运高速公路国防功能，对“国防大运”理念给予充分肯定，同时称赞整个服务区布局合理，环境幽雅。

视察大五线和恒山旅游路后，张春贤对建设成果给予高度评价。要求一定要抓住机遇，再接再厉，进一步加大县际公路改造力度，确保工程质量，从而提高山西整体路网水平，同时要重视县乡道路养护，加快养护机制探索，实现可持续发展。要抓紧抓好旅游路建设,促使山西的旅游资源优势转化为产业优势。

在京大服务区,张春贤仔细询问服务区运营和京大高速公路超限治理情况后指出,在超限治理方面,山西要带个好头,要坚持科学治理和有效治理,探索出超限治理经验。

在山西、河北交界的孙启庄收费站,张春贤与送行人员一一握手告别,并希望有时间能再来山西,再来看看山西交通建设日新月异的变化。

5月19日 下午,省政协副主席薛荣哲在省交通厅领导王晓林、郜玉兰陪同下,考察忻州至阜平高速公路项目线路走向、连接和受控点。要求当地有关部门要积极配合,尽快实施,设计单位要本着优化设计、减少破坏自然环境原则,建成全省具有生态旅游功能的高速公路。

5月20日 下午3时,省公安厅、省交通厅在大运高速公路小店收费站出口设立宣传点,联合举行超限超载治理集中宣传活动启动仪式。副省长梁滨出席并讲话,省交通厅厅长王晓林主持,省公安厅党委委员、省交管局局长宋建华、省交通厅副厅长张润出席。

5月27日 全省交通基础设施建设廉政工作座谈会召开。省交通厅领导赵龙出席并讲话。

6月7日 全省县际公路和路网改造工程建设青年突击队命名授旗仪式在董榆线建设工地隆重举行。26支青年突击队被共青团山西省委、省公路局命名为“山西省县际公路和路网改造工程建设青年突击队”。团中央第一书记周强,书记处书记尔肯江·吐拉洪,省委副书记、纪委书记金银焕,团省委书记张九萍,省交通厅厅长王晓林、厅党组副书记宋元林、省公路局党委书记赵振田、局长戴飞以及晋中市委、市政府有关领导为青年突击队授旗。戴飞介绍全省县际公路和路网改造工程基本情况。张九萍宣读命名决定。王四小代表被命名的青年突击队作表态发言。

6月9日 省委书记、省人大常委会主任田成平深入太长高速公路建设工地考察。要求以科学发展观为指导,统筹兼顾,依靠科技,加强管理,科学施工,严格执行质量监控制度,在确保工程质量基础上加快建设进度,在推进工程建设中注重生态保护,切实保护好沿线自然景观。省委常委、省委秘书长申联彬一同进行考察。

省交通厅领导王晓林、王志民、郜玉兰、郭贵平等陪同考察,并于6月10日赴南太线左权段改造工地就贯彻落实田成平书记指示进行研究部署,要求保工期,保质量,并做好沿线生态保护。

6月11日 下午,省政府在梅山会议厅召开全省开展车辆超限超载治理工作动员大会暨新闻发布会。参加会议的有各市分管副市长、副秘书长和省交通厅、省公安厅、省发改委、省质监局、省安全监管局、省工商局、省政府法制办、省纠风办、省经委、省物价局、省财政厅、省广电局、省军区后勤部、省公路局、省高管局、省运管局、省征稽局、省公安厅交管局的负责同志。副省长梁滨作动员报告,省政府副秘书长段建国主持会议。会议宣读了省委书记田成平的重要批示、《山西省开展车辆超限超载治理工作实施方案》、《山西人民政府关于全面开展车辆超限超载治理工作的通告》。省交通厅、省发改委、省质监局、省安全监管局、省工商局、省政府法制办、省纠风办、省军区后勤部负责同志作表态发言。

会议明确,此次治理工作由省、市、县政府统一组织领导进行,各级政府是治理工作的第一责任单位,对本辖区的治理工作负全责。各市、县政府要指定一位领导同志主管这项工作,制定周密细致、切实可行的实施方案,成立与省治理工作领导组相对应的专门治理机构,加强领导,明确目标,分解任务,落实责任。各市、县政府要将超限超载治理作为今年的一项重点工作,作为为人民群众办实事的一项重要举措,作为促进经济社会协调发展的一项重要内容,抓紧、抓实、抓出成效，绝不能拖全国的后腿。

会上，梁滨还为山西省车辆超限超载治理工作领导组组织开展的“三晋治超行”新闻采访团授旗。新华社山西分社，人民日报、经济日报山西记者站，山西日报、山西电视台、黄河电视台等新闻媒体领导和记者参加会议。

6月14日 上午，由中共中央宣传部、交通部、全国总工会组织的许振超先进事迹报告会在太原湖滨会堂大礼堂举行。省委书记、省人大常委会主任田成平，省委副书记、省长张宝顺，省政协主席刘泽民，省委常委、省委宣传部部长申维辰，省人大常委会副主任纪馨芳，副省长牛仁亮参加。出席报告会的还有省委办公厅、省委宣传部、省直工委、省国资委、省交通厅、省总工会等有关承办单位负责同志。全省各行各业劳模代表，省直单位处以上干部，企业、农村、高校、部队、社区代表和来自全省交通战线干部职工代表共2300余人参加。

报告会上，身着工装的许振超以《知识改变命运，岗位成就事业》的报告讲述自己立志“当不了科学家，也要争当一名优秀工人”，在平凡岗位上建功立业，为企业发展无私奉献的成长经历，展示他追求理想、岗位成才、奉献企业、报效祖国的赤诚情怀。报告团其他成员，青岛港(集团)公司党委书记王论诚，许振超的工友、青岛港明港公司桥吊队技术主管张寅和《青岛日报》记者辛梅分别从许振超工作、学习、生活等不同角度作了生动感人、催人奋进的报告，向与会人员展示了一名现代港口工人敢闯敢干、苦干实干的生动形象，深深地感染和打动了听众，使在场的干部群众深受教育和鼓舞。报告会场面热烈，生动感人，热烈的掌声经久不息。

张宝顺在讲话中，要求全省上下都要以许振超为榜样，不断进取，勇争一流，为三晋腾飞作出新的更大贡献。

报告会后，许振超来到在场的交通职工中间，和大家交流心得体会。许振超及报告团成员还赴大运高速公路参观。

6月18日 省高管局、省高速交警支队联合召开全省高速公路治超动员大会，统一思想，坚定信心，夺取高速公路治超工作全面胜利。省委常委、省公安厅厅长杨安和，省交通厅厅长王晓林、副厅长张润，省交管局局长宋建华、副局长边智慧，以及省交通厅和省交管局有关处室负责人出席。各高速公路公司管理处党政一把手、分管领导、路政大队大队长和教导员、各高速交警大队大队长及全省95个检测点检测人员，共计450余人参加。省高管局局长董新品作动员报告，省高速交警支队支队长张亚云宣读《山西省高速公路联合治理超限超载的实施意见》。太旧高速公路公司董事长李新喜、高速交警二队大队长陈博厚、京大高速公路公司董事长刘美分别作表态发言。

6月19日 省交通厅下达2004年大运高速公路出口连接线项目建设计划。共计19条连接线，120公里，总投资18 215万元。

6月22日 军委总部检查组一行10人深入省交战办检查指导工作。组长由国家交战办副主任、总后军交运输部副部长刘冀和担任。省委常委、省军区司令员郑传福，副司令员马景然，后勤部部长马彦和，省国动委综合办主任张泽田，省交战办主任、省交通厅厅长王晓林，副厅长杨金泉，省交战办副主任史荣和、宋文兰陪同。省政府副秘书长李福龙致欢迎词。

6月25日 省直关工委召开关心下一代工作省交通厅经验交流现场会。省关工委主任赵雨亭，执行主任崔光祖，省直老龄工委顾问李玉明、陈德贵、吕尚吉，省关工委常务副主任阎广洪，省直工委书记刘巩，省交通厅关工委主任任先泉、厅助理巡视员部学文出席。参加会议的还有省直各单位分管老龄工作和关工委工作的厅局领导、机关党委负责人、老龄工委办公室负责人及各单位关工委主任和副主任，共200余人。

厅关工委主任任先泉、晋城征稽分局关

工委常务副主任张锁顺作经验介绍。

6月25日 太旧高速公路公司举行纪念太旧高速公路通车8周年座谈会。省人大常委会副主任杜五安、省交通厅厅长王晓林出席并讲话。杜五安一行还视察太旧路部分路段,检查路面工程维修,并在太旧英雄纪念碑为献身的8位功臣敬献花圈。

7月5日 副省长牛仁亮在省交通厅厅长王晓林、副厅长张润陪同下,深入晋城市"村村通"公路、县际公路现场,长晋及太长高速公路项目部,就全省公路建设情况进行调研。

7月6日至7日 省长张宝顺、副省长牛仁亮在省交通厅领导王晓林、张润、郜玉兰及厅机关有关处室负责人陪同下,深入太长、长晋高速公路建设工地调研,并检查平顺、左权两县"村村通"工程以及部分旅游公路建设情况。要求强化公路交通率先发展意识,统筹规划,突出重点,加快进度,保证质量,全面提升公路交通建设水平,进一步促进全省经济社会快速发展。

7月14日 省交战办在忻州召开全省交通战备正规化建设经验交流暨现场会。省国动委副主任、省军区副司令员马景然,省军区后勤部副部长谢新宁,省交战办主任、省交通厅厅长王晓林,忻州市国动委、军分区有关领导出席。副厅长杨金泉主持。

7月20日 省交通厅召开贯彻落实全国和全省上半年经济运行分析会精神会议。厅长王晓林就上半年全省交通工作形势、当前存在问题和下半年工作作总结部署。厅党组副书记宋元林主持会议并传达全国、全省上半年经济运行分析会精神,副厅长王志民通报上半年全省交通计划执行情况。副厅长杨金泉、张润,省纪委驻厅纪检组组长赵龙分别就各自分管工作进行分析总结和安排部署。厅总会计师张德仪、助理巡视员郭贵平、郜学文出席。厅直各单位一把手、厅机关、厅重点办各处室负责人参加。

7月21日 省治超办召开第一次全体成员会议,总结前段工作,安排部署下一步工作。省政府副秘书长、省治超办主任段建国主持。彭建生、张润、边智慧出席,省财政厅、省工商局、省物价局、省军区、省纠风办、省政府法制办、省安监局、省质检局、省经委、山西电视台、山西人民广播电台、山西日报等成员单位负责同志参加。

7月23日 省人大人事工委副主任曹喜明、杨竞赛,省政府副秘书长段建国及部分省人大常委、省人大代表深入省交通厅视察指导工作,与厅领导王晓林、宋元林、王志民、张德仪和厅机关各处室负责人座谈,重点了解办理人大代表建议有关情况。"十五"以来,省交通厅共计收到省人民代表建议、批评235件,办复率达到100%。

7月28日 为贯彻落实中共中央、国务院关于做好2004年下半年经济工作、确保电力迎峰度夏的指示精神,缓解煤电油运紧张局面,交通部经过精心筹备,开通了由山西、河北、内蒙至天津港、京唐港的公路水路煤炭联运通道,全力以赴抢运电煤。交通部副部长徐祖远、副省长牛仁亮、省交通厅厅长王晓林、副厅长王志民、大同市委书记来玉龙、市长郭良孝等领导参加在大同举行的开通仪式。此后,徐祖远一行还深入大同煤矿集团公司晋华宫矿了解煤炭生产及运销情况。

8月1日 为了解电煤联运具体情况,解决工作中遇到的实际困难,交通部副部长冯正霖带领有关部门负责同志深入大同市调研。要求坚持政策引导、市场运作、政府监督原则,建立产供销一体、符合诚信标准的运输市场。省交通厅厅长王晓林、副厅长王志民陪同。省运管局、省高管局、山西汽运集团、山西煤运集团、厅运输管理处等有关部门领导、大同市领导及有关县(区)负责同志和参加联运的司机代表,参加当天下午召开的座谈会。

8月20日 全国治理车辆超限超载工作第二次电视电话会议在北京召开。副省长宋北杉,省政府副秘书长段建国,省交通厅厅长王晓林，副厅长张润，省治超办成员单位领导在山西分会场参加。

8月27日 下午，全省车辆超限超载治理工作电视电话会议召开。主要内容是：认真贯彻落实党中央、国务院、省委领导的重要批示和全国车辆超限超载治理工作第二次电视电话会议精神；总结前一阶段全省治超工作情况，分析解决遇到的困难及问题，对下一步治超工作进行再动员、再部署。

省政府副秘书长、省治超领导组副组长、办公室主任段建国主持。省治超领导组及办公室全体成员在太原主会场参会；各市治超工作领导组及办公室全体成员、各县治超领导组组长、副组长及办公室主任、副主任在各分会场参会。副省长梁滨作重要讲话。

会上，省政府办公厅助理巡视员、省治超领导组办公室常务副主任彭建生传达全国车辆超限超载治理工作第二次电视电话会议精神，并宣读中央及省委领导重要批示。王晓林、李连琪、洪发科、石清礼等作表态发言。

8月27日 《雁门关长大公路隧道建设与运营管理成套技术研究》项目通过交通部科教司组织的鉴定。认为该项目圆满完成合同书要求的工作内容，相关研究成果总体上达到国际先进水平。

9月8日 上午，省长张宝顺深入太原市，就环城高速公路建设进行调研。省委副书记、太原市委书记云公民、省政府秘书长李政文参加。省交通厅厅长王晓林、副厅长杨金泉，省建设厅厅长张建民，太原市市长李荣怀、市委副书记丰立祥、副市长乔亮生等陪同。

9月8日 下午，山西悦达京大高速公路有限公司出资协议签字仪式举行。经省政府批准，在省交通厅和江苏悦达集团共同努力下，京大高速公路山西段经营权转让工作取得突破性进展，双方本着平等、互利、合作、共赢主旨，达成一致意见和出资协议。这是省交通厅继太旧高速公路实施企业并购、置换资本金之后，放宽市场准入，吸引社会资本进入高速公路领域的重大举措，开辟全省公路建设筹资工作崭新领域。副省长靳善忠代表省政府表示热烈祝贺，省政府副秘书长李福龙出席。全国政协委员、江苏悦达集团董事局主席胡友林、总裁邵勇、党委副书记石俊先、副总裁潘万渠、副总会计师祁广亚、总裁助理杨玉晴、王晨澜，省交通厅厅长王晓林、副厅长杨金泉、王志民、总会计师张德仪，省高管局局长董新品、京大高速公路公司董事长刘美等双方领导和有关人员参加。邵勇、刘美分别代表合作双方在协议上签字。

9月10日 石楼至清涧二级公路开工仪式在石楼县城西举行。省委副书记、省纪委书记金银焕，省纪委副书记、监委主任王俊忠，省纪委副秘书长高建国，省交通厅厅长王晓林、副厅长张润，省公路局党委书记赵振田，吕梁市委、市人大、市政府、市政协领导郭海亮、聂春玉、白云、李永林、岳培民、李盘盛、刘建明、刘明勇、吴志国、张保福及陕西省榆林市、清涧县有关领导出席，吕梁市常务副市长刘建明主持。石清公路（山西段）全长51.557公里，概算投资1.93亿元。

9月13日 省委组织部晋组干字〔2004〕202号文印发《关于赵振田同志任职的通知》。经省委组织部部务会议2004年8月26日研究决定：赵振田同志任省交通厅党组成员。

9月15日至22日 省交通厅副厅长杨金泉带领厅公路管理处、综合规划处、财务征费处、重点办、省高管局、省交通设计院和京大、侯禹高速公路公司等部门和单位负责人，行程4000余公里，对江苏、河南两省高速公路建设及管理情况进行全面考察。

9月19日 凌晨5时30分，太原市宝通达汽车运输公司五台山分公司晋H67058依维柯客车，行至忻府区外环路108国道542K+700米处超车时，与同向行驶的定襄县大关山晋H07188东风大货车追尾，造成9人死亡、16人受伤、依维柯客车报废的重大恶性道路交通事故。

9月20日至26日 由大运办、省交通厅新闻宣传中心和省高管局组织的“回访大运路”记者采风团,对大运高速公路全线进行深入采访。中央和省城新闻单位20余名记者,从不同角度、不同侧面对大运高速公路通车运营一年来情况进行系列报道,在省内外引起较大反响。

9月22日 全国公路规费征稽局(处)长座谈会在太原晋祠宾馆召开。交通部公路司司长张剑飞、副司长李华出席,省交通厅厅长王晓林致欢迎辞。来自全国31个省、自治区、直辖市的公路规费征稽系统主要领导参加。省交通厅总会计师张德仪,省征稽局党委书记、局长张晋鹏及厅政策法规处、财务征费处负责人也参加座谈会。

9月23日 凌晨7时左右,临猗县角杯乡张郭村吴王渡口以北约5.5公里黄河岸边处(不是渡口),发生一起沉船事故。共69人(有外地1人,男23人,女46人),搜救生还22人,其中男14人,女8人;发现并打捞尸体15具,全部为女性;尚有32人失踪,其中男9人,女23人。这是1992年以来全省发生的一次最大的沉船事故。

事故发生后,中共中央政治局常委、国务院副总理黄菊,国务委员、国务院秘书长华建敏作出重要批示,要求全力做好搜救工作,妥善处理善后事宜。省委书记田成平、省长张宝顺都作出明确指示,要求全力搜救落水人员,治疗受伤人员,核实事故人数,做好善后工作,查清事故原因,作出严肃处理。张宝顺还责成副省长牛仁亮赶赴现场,指挥救援工作。省委副书记金银焕,省委常委、秘书长申联彬,交通部副部长翁孟勇等领导也先后对事故处理作出批示。交通部海事局领导对事故高度重视,多次打电话询问进展情况,还紧急调派东海救捞局5名潜水员连夜赶往出事地点进行抢救和救助。

省交通厅厅长王晓林、副厅长王志民、省安监局副局长苏保生、省公安厅治安总队队长吴志坚、省交通厅安委办主任杨吉平、省地方海事局局长李灵、副局长孙印等先后赶赴现场,参加指导救援工作。

运城市委、市政府,临猗县委、县政府全力以赴,组织抢险救援。抢险指挥部明确责任分工和任务要求,采取果断措施做好救援;同时,成立善后处理工作机构,全力做好遇难及失踪人员家属工作,确保社会稳定。

9月26日 下午,大运高速公路全线通车一周年座谈会召开。对运营管理工作进行实事求是回顾总结,相互交流,相互学习,相互促进,共同提高;对所存在问题科学分析,深究原因,回头看,找差距,制定切实可行措施,予以彻底解决;对社会所关注的焦点、热点问题和行驶在高速公路上广大司乘人员的内在需求进行重点研究,从根本上提高高速公路管理服务水平,树立良好服务形象。

省人大常委会副主任杜五安出席并讲话。省交通厅领导王晓林、宋元林、杨金泉、张润、张德仪、赵振田、郜学文,原厅党组成员、助理巡视员胡玉珍出席。省发改委、省统计局、省工行、省开行等有关部门领导应邀参加。

9月28日 上午,副省长牛仁亮在省政府副秘书长李福龙等陪同下,就2004年前三季度全省交通工作情况深入省交通厅调研。要求吸取和总结国内外先进经验及自身实践,盘活存量资本,通过拍卖、转让经营权等方式,筹措新建公路所需资金;在业主结构、投资体制、管理体制上搞多元化,充分调动各级政府、社会各方面的积极性,在深化改革上做文章。省交通厅领导王晓林、宋元林、杨金泉、张润、赵龙、张德仪、赵振田、郭贵平出席。

10月12日至13日 副省长牛仁亮深入晋中市灵石县、昔阳县和阳泉市盂县检查“村村通”工程建设情况。省交通厅领导王晓林、张润、赵振田及有关单位和处室负责人陪同。

10月21日 省长张宝顺主持召开省政府第35次常务会议,原则通过《山西省高速公路管理条例(草案)》。省领导一致认为,制定该条例对于促进全省高速公路建设，推动交通事业持续快速发展，加快建设小康进程有着重要意义。

10 月 21 日 全国人大代表姜铁军、王维忠、陈小兵取道石太高速公路莅晋，会同山西籍全国人大代表王晓林、王毓钟、马小平，共同调研全省车辆超限超载治理工作。全国人大常委会办公厅联络局代表议案建议办理处副处长孙桂艳、交通部公路司副司长李华等参加。

下午，在省人大常委会副主任赵劲夫主持下，代表们听取省政府副秘书长、省治超工作领导组副组长兼办公室主任段建国关于全省车辆超限超载治理工作情况汇报，并与运输企业代表、汽车制造企业代表、个体运输户、煤焦企业代表及有关部门代表进行座谈，对全省车辆双超治理进行初步了解。省人大、省政府、省治超领导组成员及办公室人员参加汇报会和座谈会。

10 月 23 日 赴晋视察治超工作的全国人大代表与省领导及有关部门领导举行交换意见座谈会，对全省双超治理工作给予充分肯定，认为领导重视，认识到位，投入大，力度大，运行平稳，成果累累。省人大常委会常务副主任纪馨芳、副主任赵劲夫，副省长宋北杉等出席。

10 月 26 日 上午，省公路局举行建局 50 周年庆典活动。省人大常委会副主任杜五安出席并讲话。副省长牛仁亮致信祝贺。省交通厅领导王晓林、宋元林、张润、赵龙、王志民、部学文出席。

山西省公路局自 1954 年成立以来，在省委、省政府和省交通厅正确领导下，在全省广大公路员工努力下，在当地政府和社会各界同仁关心支持下，全省公路交通事业取得长足发展，特别是改革开放以来，全省公路交通事业驶入快车道，尤为突出的是“八五”、“九五”、“十五”时期，在全省掀起全民义务修路、扩大内需加强基础设施建设、以大运高速公路和国省道主干线为重点的三个公路建设高潮，实现高起点、超常规、大跨度发展。一个以省会太原为中心，国道、省道为骨架，县乡道路为脉络，沟通邻省区与省内城乡，衔接铁路、重要矿区、旅游景点、重要经济作物区的四通八达的公路网已经建成，为全省经济发展打下坚实基础。

10 月 27 日 侯禹高速公路跨越黄河的控制工程——龙门黄河大桥正式开工。省长张宝顺启动按钮，省人大常委会副主任杜五安、副省长牛仁亮、省政协副主任吕日周、省政府秘书长李政文、副秘书长李福龙等出席开工仪式。省交通厅厅长王晓林出席并讲话，副厅长杨金泉主持。大桥全长 4566 米，概算投资 7.51 亿元，为亚行贷款项目，是黄河上跨径最大斜拉桥。

10 月 28 日 省人大常委会副主任杜五安在省交通厅厅长王晓林等陪同下，深入即将通车的长晋高速公路和正在建设的太长高速公路全线视察。希望大家集中精力把工程质量和进度抓好，把工程管理、资金管理抓好，2004 年为全省人民交上一份满意答卷。

10 月 28 日 陵沁一级公路竣工通车。省人大常委会副主任杜五安、省交通厅厅长王晓林及省开行、省公路局领导，晋城市四大班子领导参加通车仪式。项目为省道陵沁线一部分，全长 70 公里，概算投资 5 亿元。

10 月 29 日 副省长牛仁亮在省交通厅副厅长杨金泉等陪同下，先后赴长晋、太原西北环高速公路调研，就通车前有关事宜现场办公，提出具体要求。

10 月 29 日 上午，占全省三分之一的忻州 10 项 600 公里国省道县际路网工程通车剪彩仪式隆重举行。省交通厅副厅长张润、省公路局局长戴飞、省发改委、省审计厅、省开发银行等部门领导和忻州市委、市人大、市政府、市政协领导以及当地政府相关部门负责人出席。

10 月 30 日 阳泉市义井至白泉一级公路竣工通车仪式举行。省领导刘泽民、范堆相、张铭及省政府副秘书长李福龙、省交通厅副厅长张润、省人大城环委、省农行、省物价局和阳泉市四大班子领导出席并剪彩。路线全长10.02公里,总概算2.03亿元,其中直接投资1.86亿元。2003年5月16日开工建设,历时17个月,提前210天胜利建成通车。

11月1日 省政府决定从今日起在全省开通鲜活农产品运输“绿色通道”(简称“绿色通道”),并采取5条措施,保障有效畅通。

11月2日 全省“村村通”班车经验交流会在太原召开。总结近两年全省农村客运工作,交流先进经验,研究解决面临的困难和问题,制定加快发展措施,动员各级交通主管部门、运管机构和运输业户在试点基础上,加大力度,加大投入,全面实施“村村通”客运班车工程,并以发展农村客运为突破口,实现全省道路运输业跨越式发展,努力构建“人便于行、货畅其流”的道路客货运输网络,造福全省人民。省交通厅厅长王晓林作动员,副厅长王志民主持。厅党组成员、省公路局党委书记赵振田,省征稽局局长张晋鹏,省运管局局长李秀保,山西汽运集团董事长胡鲜朝出席。交通部公路司运管处处长李志强应邀出席并讲话。

会上,晋中市交通局、长治市交通局、平遥县政府、平顺县政府城市运管处、太原市运管处进行经验交流,并观看平顺县“村村通”客车工程纪录片。

11月5日 省交通厅和长治市政府联合举行现场办公,贯彻落实省委、省政府八路军纪念馆改建扩建会议精神,为抗战胜利60周年大型活动做好交通准备。省交通厅厅长王晓林、副厅长张润,厅公路管理处、综合规划处、财务征费处、厅重点办各处室、厅县际办有关负责人,长治市市长杜善学、市人大常委会主任张松仪、副市长马和平,武乡县、沁县、黎城县领导参加。

11月9日至10日 交通部农村公路投资政策评估调研组一行赴晋调研。调研组听取副厅长张润汇报后,采取现场随机抽查、实地了解、查阅资料的方式,对晋中市部分县农村公路建设、资金、投资政策等进行调研,先后听取太原市、晋中市、长治市交通局及盂县、祁县、阳城、右玉县汇报,对全省农村公路建设成绩给予肯定。

11月11日 省交通厅召开事业单位人事制度改革工作会议。厅长王晓林作动员报告,厅领导张润、赵龙、郜玉兰、赵振田、郭贵平、郜学文出席。厅属各单位党政一把手、人事劳资部门负责人,厅机关各处室负责人,各市交通局人事部门负责人参加。厅党组副书记宋元林主持。

11月16日 上午,长治至晋城高速公路建成通车剪彩仪式在长治、晋城两市举行。省委书记、省人大常委会主任田成平,省委副书记、省长张宝顺,省政协主席刘泽民,省委常委、常务副省长范堆相,省人大常委会副主任薛军、杜五安,省政府秘书长李政文,省交通厅领导王晓林、杨金泉、张润、赵龙、赵振田、郜学文出席。省委常委、秘书长申联彬主持。路线全长93.045公里,2002年9月29日奠基,12月开工建设。

11月17日 省治超工作领导组召开会议,副省长梁滨出席并讲话。要求从讲政治高度出发,立党为公,执政为民,珍惜来之不易的治超成果,坚持打赢这场攻坚战。李连琪、彭建生、张润、宋建华等出席。会议由省政府副秘书长、省治超办主任罗清宇主持。省交通厅副厅长张润通报全省近期治超工作情况,并对下一阶段工作安排提出意见。

11月18日 全省车购税代征系统车辆税费改革工作会议召开。主要任务是:贯彻落实国务院五部委车购税费改革工作会议和交通部车购税费改革工作会议精神,安排部署人员划转分流、业务移交和资产财务审计等工作。省交通厅总会计师张德仪出席并讲话。充分肯定车购费征管队伍为全省公路建设作出的历史性贡献,将永载山西交通史册。

车辆购置附加费开征于1985年5月1日,2000年10月开始税费改革,并于2001年1月1日起实施,车购费改为车购税,由车购税征管部门代征，从 2005 年 1 月 1 日起由国税部门负责征收。按照全国统一安排部署，车购税费改革人员、财产、业务移交工作必须在 2004 年 12 月 31 日前全部完成。

11 月 23 日 省交通厅主持召开《山西省高速公路网规划研究》评审会。省交通厅领导王晓林、杨金泉，交通部规划研究院副院长杨文银、省发改委副主任兰光东、省政府经济研究中心副主任张复明、山西财经大学金融学院院长杨有振参加，省交通厅副厅长王志民主持。

11 月 25 日 省交通厅党组以晋交发字〔2004〕108 号文件，印发《关于史荣和等同志任职的通知》。接省人民政府晋政任〔2004〕55 号、56 号文通知：史荣和同志任山西省国防动员委员会交通战备办公室专职副主任(副厅级)；张晋鹏同志任山西省交通征费稽查局局长(副厅级)；董新品同志任山西省高速公路管理局局长(副厅级)。

11 月 25 日 中共山西省交通厅党组以晋交发字〔2004〕109 号文件，印发《关于李万定同志任职的通知》。接省委组织部晋组干字〔2004〕274 号文通知，李万定同志任山西省高速公路管理局党委书记(副厅级)。

11 月 26 日 省交通厅、省财政厅、省物价局印发《关于太原西北环高速公路收取车辆通行费的通知》。同意设立冶峪、迎西、东社、柴村、向阳 5 个收费站，收费年限为 10 年。

11 月 26 日 太原市国债项目康西二级公路胜利建成通车。省委副书记、太原市委书记云公民，省委副书记薛延忠，25 基地副司令员赵景深，省交通厅厅长王晓林、副厅长张润，省发改委副主任兰光东，省物价局副局长韩国维，国家开发银行山西分行副行长郭东，太原市市长李荣怀，市委副书记、市纪委书记丰立祥及太原市人大、市政协、太原警备区等领导出席通车仪式并剪彩。路线全长 41.5 公里，投资估算 1.28 亿元，其中国债投资 3650 万元。

11 月 28 日 太原西北环高速公路全线通车仪式在迎泽西大街互通隆重举行。省领导田成平、张宝顺、刘泽民、申联彬、薛军、牛仁亮、韩儒英，省政府秘书长李政文以及省交通厅领导王晓林、杨金泉、张润、赵龙、张德仪、赵振田、郭贵平、部学文等出席。省直有关单位、金融部门负责人，太原市四大班子领导及沿线县(区)党政负责同志，省交通厅机关各处室负责人，全省各高速公路公司代表以及项目建设、设计、施工、监理单位代表参加。路线全长 42.9 公里，2003 年 3 月 28 日开工建设。

11 月 由省交通厅组织编纂的大型画册《挺起山西的脊梁——大运高速公路》由山西人民出版社正式出版。该画册分为“科学决策，创新铸大运”、“众志成城，三晋飞彩虹”、“南北通衢，一路好风光”、“挺起脊梁，昂首奔小康”4 部分，精装，国际标准小 8K，166 页，精选图片 214 幅，省交通厅厅长王晓林任主编，省纪委驻厅纪检组组长赵龙任副主编，厅新闻宣传中心主任杨惠芹任编辑部主任。画册多角度、全景式再现大运高速公路三年建设历程，生动、形象地展示大运高速公路建设的辉煌成就和通车一年来给山西带来的巨大变化。图文并茂，主题突出，设计新颖，格调高雅，是一部集中反映大运高速公路这一千秋伟业的历史画卷。

12 月 5 日至 8 日 省交通厅分南北两片，分别在朔州、晋中召开全省交通工作座谈会，详细听取各市 2004 年交通目标任务完成情况和 2005 年交通工作安排部署，为确定 2005 年全省交通建设“大盘子”摸底。厅领导王晓林、张润、王志民、张德仪、赵振田出席并讲话。晋中市市长王雅安、朔州市副市长李发应邀出席，厅机关有关处室负责人参加。

12 月 15 日至 17 日 在省交通厅副厅长张润和大同、朔州两市领导陪同下，副省长梁滨先后深入京大高速公路西河河治超点、圣水沟超限检测点、大运高速公路朔州治超点和神头超限检测点调研。要求在充分肯定成绩同时，更要清醒认识到形势严峻，做好长期奋战、“死治”、“反复治”准备;既要抓集中整治,更要在建立长效机制上摸索出一套行之有效制度。

12月16日至17日 省交通厅领导王晓林、赵振田带领厅公路管理处、办公室有关负责同志,深入晋城、长治、晋中三市,对“村村通”水泥路工程进行调研。希望地方政府继续把蕴藏在广大人民群众中的巨大修路热情引导好、调动好、组织好、保护好,把他们盼望修路的迫切愿望转变为参加“村村通”建设的自觉行动,使农村生产和生活基础设施条件得到更好的改善,全面推进农村小康建设步伐。

12月18日 省交通规划勘察设计院隆重庆祝建院40周年座谈会在迎泽宾馆举行。省人大常委会副主任杜五安出席并讲话,副省长牛仁亮致信祝贺。交通部公路司、中国公路勘察设计协会发贺信。省交通厅领导王晓林、宋元林、杨金泉、张润、赵龙、王志民、郜玉兰出席。

1964年成立以来,省交通设计院始终坚持质量兴院,服从服务于全省公路建设大局,优质高效地为全省公路建设提供了一大批优秀设计产品。前30年,勘察设计以战备公路、晋煤外运公路、大运二级公路、运风一级公路和20余座汾河大桥、3座黄河大桥为代表的各等级公路近1.5万余公里,初步建立了一个以太原为中心,纵横东西南北的国、省道公路网。从20世纪90年代开始涉足高速公路建设领域以来,先后完成太旧、大运等1400余公里高速公路、400余座大桥和特大桥、45座隧道的勘察设计,并有30余项工程获国家和省(部)级优秀勘察设计奖,在全省掀起高速公路建设新高潮中发挥“先行官”作用,为构建“三纵八横”主骨架,促进全省经济发展和社会主义现代化建设作出积极贡献。同时,连续14年保持太原市文明单位、省直文明单位标兵称号,1998年跨入省级文明单位行列,2002年被交通部评为优秀设计单位,被中央文明委授予“全国创建文明行业工作先进单位”,并先后两次荣获山西省“五一劳动奖状”。

12月20日 上午,董榆线、南太线县际公路和秋峪一级公路胜利竣工通车剪彩仪式隆重举行。省委书记田成平,副省长牛仁亮,省委常务副秘书长高卫东,省委副秘书长、政研室主任李旺明,省交通厅厅长王晓林,副厅长张润、王志民,省公路局党委书记赵振田、局长戴飞,晋中市四大班子领导为通车剪彩。路线全长160公里、101公里和9.25公里,投资4.25亿元和0.7248亿元,2003年8月1日开工,2004年10月全部建成。

12月20日至21日 省委书记、省人大常委会主任田成平先后深入晋中市和顺、榆社、左权3县和长治市黎城县,重点考察县际公路改造和“村村通”工程建设情况。要求严把质量关,坚决杜绝“豆腐渣”工程;量力而行,切勿增加农民群众负担,真正把好事办好。

12月23日 省交通厅下达2004年“村村通”水泥(油路)奖励补助资金计划。补助政策为:每完成1公里补助1万元,每县完成超过300公里另奖100万元,超过400公里另奖150万元,超过500公里另奖220万元,超过600公里另奖320万元,超过700公里另奖460万元,超过800公里另奖600万元,超过900公里另奖700万元,超过1000公里另奖800万元。

12月25日 上午,山西路桥建设集团举行庆典活动,隆重庆祝入选“中国企业500强”和“全国优秀施工企业”。省人大常委会副主任杜五安发贺电,副省长靳善忠,省人大常委刘作舟,省交通厅领导王晓林、张润、赵龙出席。集团拥有国家公路工程施工总承包特级资质,注册资金14亿元,有职工1.2万人,各类专业技术人员5059人,年施工能力超过50亿元,施工机械9000余台(件),完全能满足现代化施工建设需要。

12月29日 下午,永济市向省交通厅赠送“村村通工程开辟致富路,巷道硬化情暖万民心”大幅牌匾，省交通厅厅长王晓林、副厅长张润接受赠匾。

2005 年

1月8日 全省交通工作暨农村公路建设表彰大会在太原隆重召开。省委副书记、省长张宝顺，省委副书记薛延忠，省人大常委会副主任薛军，副省长牛仁亮，省政协常务副主席薛荣哲，省政府秘书长李政文，副秘书长李福龙及交通部体改法规司助理巡视员、中国交通报社副社长谷秀英出席。省交通厅领导王晓林、宋元林、杨金泉、张润、赵龙、王志民、张德仪、赵振田、郭贵平、郜学文参加。会议书面传达副总理黄菊在全国交通工作会议上的讲话精神和省委书记田成平视察全省“村村通”水泥路工程时的讲话精神。厅党组书记、厅长王晓林作了题为《以科学发展观统领全局，促进交通率先协调发展》的工作报告；厅党组成员、省纪委驻厅纪检组组长赵龙作了题为《围绕加强党的执政能力建设，进一步加大交通系统反腐倡廉工作力度》的党风廉政工作报告；厅党组成员、副厅长王志民作了题为《以人为本，强化管理，确保安全生产形势稳定好转》的安全生产工作报告。

会议表彰“村村通”水泥(油)路先进市、优秀县(市、区)、先进县(市、区)及农村公路建设优秀项目，表彰2004年度完成工作目标责任制优秀单位和先进单位，表彰2004年全省交通系统安全生产管理工作先进单位和先进个人，签订2005年度工作目标责任书和安全生产工作目标责任书，兑现农村公路以奖代补资金。各市政府、农村公路建设先进县(市、区)政府领导，省委巡视组、省人大财经委、省政府办公厅、省发改委、省财政厅、省审计厅、省物价局、省重点办、开发银行山西省分行领导参加会议。

1月9日 全省治超工作会议在太原召开，副省长梁滨出席并讲话。省政府副秘书长、省治办主任罗清宇与各市治超办主任签订《治超临时卸载点管理责任书》。省交通厅厅长、省治超领导组副组长王晓林通报2004年全省治超工作情况和近期全国治超工作部署。省公安厅常务副厅长、省治超领导组副组长李连琪部署全省开展“路警奋战三十天，重处双超保安全”集中行动。省纪委常委、纠风办主任黄福连，交通部体改法规司助理巡视员谷秀英，省治超领导组全体成员出席，省公路局、省高管局、省公安厅交管局主要领导及其下属有关部门负责人，省征稽局、省运管局，各市政府、纠风办、交通局、交警支队负责人参加。

1月13日 下午，省委副书记、省长张宝顺主持召开省政府第42次常务会议，审议通过《山西省高速公路网规划》。布局方案为人字骨架，9横9环，总规模4000余公里。由以省会太原为中心的3条放射线构成“人”字形主骨架，以9条横线和9条环线为次骨架，以4条连接线为补充，形成纵贯南北、承东启西、覆盖全省、通达四邻的高速公路网络。实现省会到相邻省会、省会到地级市、相邻地级市之间高速通达并连接2020年城镇人口超过15万的所有城市，与一般干线公路网、农村公路网共同构成现代化的公路基础设施网络。届时，全省约90%的市县可在一小时内到达高速公路，为山西全面建设小康社会提供强有力的交通支撑。规划实施后将形成22个高速出口通达周边省区19个大中城市，进一步强化山西与国内各大经济区和相邻省区之间的联系，形成了一个全面对外开放的新格局。

省委常委、常务副省长范堆相，副省长王昕、牛仁亮、宋北杉、梁滨、张少琴，省政府秘书长李政文及省政府有关人员出席，省交通厅副厅长杨金泉、王志民等列席。

1月18日 全省公路工作会议、全省公路系统党风廉政建设暨安全生产工作会议召开。省政府副秘书长李福龙,省交通厅领导张润、王志民出席并讲话。厅党组成员、省公路局党委书记赵振田主持,省公路局局长戴飞作工作报告。

1月19日 全省交通征稽工作既党风廉政建设会议召开。省交通厅厅长王晓林、厅总会计师张德仪出席并讲话。

1月23日 省交通厅召开全省县际暨农村公路建设前期工作会议。厅长王晓林、副厅长张润出席并讲话,省发改委、省财政厅、省交通厅、省公路局机关有关处室负责人参加。

1月30日 省交通厅召开保持共产党员先进性教育动员大会。厅长王晓林作动员报告,厅党组副书记宋元林主持,省纪委驻厅纪检组组长赵龙传达全省保持共产党员先进性教育活动工作会议精神和省纪委五次全会精神,其他在并厅领导出席。省委十四督导组组长李天太出席并提出具体要求,省委督导组全体成员出席。厅机关全体党员、厅直各单位党政主要负责人参加。

2月21日 上午,省人大常委会副主任杜五安深入山西路桥建设集团调研。要求弘扬"太旧精神",调整市场定位,抓好反腐倡廉,再铸新的辉煌。董事长王义堂主持,总经理刘建军作工作汇报。

2月24日至28日 全省重点公路建设系统党员先进性教育活动集中学习培训班在省交通高级技工学校举办。省交通厅党组成员、副厅长杨金泉,厅助理巡视员、巡视一组组长郭贵平参加开学典礼。针对全省重点公路建设线长、点多、较为分散特点,厅重点办组织举办这次培训班,来自得大、太长、汾柳、侯禹等在建重点公路项目建设公司150名党员参加。邀请省委党校专家、教授就保持共产党员先进性,努力提高党的执政能力,坚持科学发展观及当前形势等多方面进行系统讲授,并组织学员收看《牛玉儒先进事迹报告专题片》等资料片,使学员们更加全面系统地接受学习教育。

杨金泉在讲话中,要求充分提高认识,端正学习态度,严明学习纪律,接受系统先进性教育;要把党员先进性教育活动贯穿到工程建设当中,贯穿到工程一线,大干快上,全面优质地建设好工程项目,为推动全省经济建设作出更大贡献。

2月26日 上午,省交通厅组织厅机关、厅直单位百余名党员和党员领导干部赴革命圣地西柏坡参观学习,进行革命传统教育,以此推动全系统保持共产党员先进性教育活动的不断深入。厅领导王晓林、宋元林、杨金泉、张润、郭贵平、郜学文参加。

3月1日 上午,副省长梁滨深入吕梁市,对治超工作进行调研。要求树立打持久战思想,在建立长效机制上下工夫,注重源头治理,注重多元化治理。

3月2日 省交通厅召开保持共产党员先进性教育交流会。厅党组副书记宋元林主持并讲话。

3月15日 省交通厅党组印发《关于杨金泉同志任免职务的通知》。接省政府晋政任〔2005〕3号、6号文通知,经省政府2005年1月13日第42次常务会议通过,决定任命杨金泉同志为山西省国防战备动员委员会交通战备办公室主任(正厅级)。免去其省交通厅副厅长职务。

3月17日至18日 省交通厅厅长王晓林、副厅长张润深入临汾市、运城市检查指导交通工作。

3月26日 省领导田成平、张宝顺、申联彬、申维辰考察太长高速公路太原至武乡段建设。要求沿线各级政府创造良好施工环境,施工单位加快建设步伐,确保8月1日前半幅通车,为抗战胜利60周年纪念活动顺利开展提供交通保证。省交通厅领导王晓林、杨金泉、张润、王志民陪同考察。

3月28日 省交通厅召开党员先进性教育活动第一阶段总结暨第二阶段动员大会。全面总结学习动员阶段活动情况,安排部署分析评议阶段各项工作,动员全系统进一步统一思想,提高认识,明确任务,推动先进性教育活动不断深入。厅党组书记、厅长王晓林作总结动员。省委第十四督导组组长李天太及督导组成员出席。厅党组副书记宋元林主持,在并厅领导及厅各巡视组组长参加。

3月29日 全省2004年度口岸工作会议召开。副省长宋北杉在讲话中,要求太原公路主枢纽武宿货运中心尽快建成全省最大的海关监管场所,发挥内陆口岸功能,促进全省对外开放。

3月29日 上午,全省交通战备工作会议在太原召开。省交通厅厅长王晓林、省交战办主任杨金泉,部队领导郭国庆、高建国、马彦和出席。

3月 省交通厅组织编撰的《山西交通史话》一书由山西春秋电子音像出版社正式出版发行。该书由柴泽民同志题词“赞古道雄关,壮三晋河山”,省交通厅党组书记、厅长王晓林任编审委员会名誉主任,厅党组成员、省纪委驻厅纪检组组长赵龙任主编,副主编为师国梁、张岐山,原运城地区交通局局长剡建华主撰,分为古道、桥梁、关隘、长城与长城道四编,较为全面地勾勒了人类社会自产生以来山西古代道路的基本走向,阐述了山西古代经济在交通影响下的兴衰发展,再现了山西境内桥梁、关隘及古长城的历史风貌,铭记了与交通有关的历史典故及历史事件。

全书大32K,40万字,精装,主题突出,内容丰富,结构严谨,资料翔实,语言生动、形象,以古代山西交通为主要内容,从一个侧面反映交通事业发展脉络,总结若干条历史经验,揭示一定发展规律,对于更好地从事交通工作或研究交通历史发展,均有一定借鉴或资政意义。

4月1日 省政府召开全省治理公路“三乱”电视电话会议,安排部署全省治理公路“三乱”工作。副省长牛仁亮,国务院纠风办纪检监察专员白岩凌,省纪委常委、省纠风办主任黄福莲,省交通厅副厅长张润、省公安厅常务副厅长李连琪出席并讲话,省政府副秘书长李福龙主持。

4月11日 副省长牛仁亮带领所在党支部、省政府办公厅先进性教育督导组和职能处室的负责同志深入省交通厅,以一名普通党员的身份征求大家对省政府及他个人的意见。厅领导王晓林、张润、杨金泉、赵龙、王志民、张德仪、郭贵平、部学文及厅机关各处室、省交通战备办、重点办、县际办负责人和部分厅直有关单位党政一把手参加座谈会。

4月13日 全省交通系统新闻宣传工作会议在太原召开。省交通厅党组成员、省纪委驻厅纪检组组长赵龙,厅重点办及县际办负责人,省公路局、省征稽局、省高管局、省运管局、山西汽运集团、山西路桥集团六家理事单位有关负责人,厅直各单位、各市交通局及全省公路、征稽、高管系统和重点工程建设单位负责人及交通新闻宣传工作者共计180余人参加。厅直机关党委书记杨俊威主持。

4月14日 下午,全省交通系统治理公路“三乱”暨治安综合治理工作会议召开。省交通厅厅长王晓林讲话,副厅长张润作动员,省纪委驻厅纪检组组长赵龙主持。省纪委常委、省纠风办主任黄福莲,省综治办副主任齐玉生出席并讲话。

4月15日 上午,全省“十一五”农村公路路网规划会议在太原召开。省交通厅厅长王晓林、副厅长张润出席并讲话。厅综合规划处、公路处、省公路局、厅规划发展中心、各市交通局等单位有关领导参加。

4月15日 省交通厅党组印发《关于张润等同志任免职务的通知》。接省政府晋政任〔2005〕25号、省委组织部晋组干字〔2005〕114号文通知,经中共山西省委常委会议2005年3月25日研究决定,张润任省交通厅党组副书记。免去宋元林省交通厅党组副书记职务,退休。经省政府2005年3月29日第48次常务会议通过,决定免去宋元林省交通厅巡视员职务。

4月22日 全省重点公路建设工作会议在太原召开。省交通厅领导王晓林、张润、杨金泉、赵龙、张德仪、郭贵平及厅有关部门负责人出席,省发改委、省重点办有关领导应邀出席。会议还对2004年在重点公路建设中作出突出贡献的单位和个人进行表彰,并签订2005年目标责任书。

4月25日 省交通厅党组召开先进性教育活动专题民主生活会。厅长王晓林主持,厅党组成员张润、杨金泉、赵龙、王志民、郜玉兰、张德仪参加。省委第十四督导组组长李天太及督导组成员,省直工委组织部长孙群,省委先进性教育活动领导组办公室协调指导二组组长、省委组织部省直处副处长张培良,省纪委、省委巡视办巡视员韩红到会指导。厅助理巡视员郭贵平、郜学文、巡视三组组长史荣和及厅先进性教育活动领导组办公室成员杨俊威、尹新平、赵新民、蔺建煌、原建中列席。

4月28日 山西悦达京大高速公路公司举行揭牌庆典仪式。省交通厅领导王晓林、张德仪,大同市领导,中国工商银行山西分行、江苏省盐城市、江苏悦达集团及省高管局有关领导参加。

5月9日 晚23时,209国道吉县水洞沟段大面积黄土坍塌,塌方长度250米,高度100米,滑塌土方100余万立方米,有11户村民24人被掩埋,造成209国道交通中断。

5月10日至31日 吉县水洞沟段大面积黄土崩塌地质自然灾害抢险救灾工作在省交通运输厅、省公路局坚强领导下,在临汾公路分局抢险指挥部全体成员精心组织、合理安排、周密部署、有序作业下,继5月24日成功寻找出7名遇难群众之后,5月27日寻找出3名遇难者,5月29日寻找出9名遇难者,5月30日又寻找出2名遇难者,但由于地质条件复杂和寻找难度所限,剩余3名失踪的遇难者无法寻找,经抢险指挥部决定,截至5月31日,抢险工作圆满结束。

与此同时,临汾公路分局组织力量争分夺秒,对该路面进行抢修,5月30日恢复通车。

整个抢险工作从5月10日起,至5月31日止,临汾公路分局共开挖土方73.82万立方米,清运土方40.3万立方米,降低山体104米,寻找出被埋群众21名。分局组织的各种机械、车辆全部安全撤离,无一人员伤亡。

5月13日 省人大常委会副主任薛军带领省人大部分常委、省人大财经委、农工委、法制委等职能部门负责人视察太长高速公路。希望省交通厅在修好高速公路同时,搞好县乡道路建设与管理,特别是在道路管养上要通盘考虑,综合研究,制定出综合配套措施,防止超载车辆损坏道路,在建设上水平同时,管养工作再上新台阶。省交通厅厅长王晓林、副厅长张润陪同。

5月16日 上午,省交通厅党组召开先进性教育活动第二阶段总结暨第三阶段动员大会,对分析评议阶段工作进行回顾总结,对整改提高阶段工作进行动员和部署。厅党组书记、厅长王晓林作总结动员,省委第十四督导组组长李天太出席并讲话。厅领导杨金泉主持,在并厅领导参加。厅党组副书记、副厅长张润通报厅党组专题民主生活会情况。会议还对领导干部民主生活会质量进行测评。

5月19日 全省车辆超限超载治理工作现场交流会在大同召开。重点研究在新形势下如何按照科学发展观,建立治超工作长效机制,推动全省治超工作进一步深入展开。副省长梁滨,省治超办主任罗清宇、副主任张润、宋建华,厅助理巡视员郭贵平,大同市市长郭良孝及各市分管治超工作副市长、各市治超办负责人参加。参会人员还赴浑源县沙岭铺临时卸载点、京大高速公路孙启庄超限检测点、大同县养老洼临时卸载点现场观摩,进行经验交流,听取大同市、运城市、省高管局治超负责人工作汇报。

5月20日 下午,省人大常委会副主任张铭带领省人大部分常委、省人大法制委、财经委、农工委等职能部门负责人,深入省运管局进行视察和立法调研。省交通厅副厅长王志民,厅办公室、政策法规处、运输管理处负责人及省运管局领导陪同。

5月21日 省委常委、省委组织部部长任泽民在省委督导组邓永武、阳泉市委书记程步云、市长谢海等陪同下，视察阳泉市交通局先进性教育活动开展情况。

5月25日至26日 交通部部长张春贤带领部办公厅、规划司、财务司、公路司等有关司(局)负责同志赴晋视察交通工作暨农村公路建设情况。张春贤部长一行与省委书记田成平就山西交通发展进行交谈，视察晋中市、阳泉市、长治市、晋城市高速公路、干线公路、农村公路、农村客运网络建设情况，并与省委、省政府领导交换意见。希望山西在交通已取得成绩基础上，继续提高公路建设质量，科学掌握农村公路建设进度；加强养护；在建设农村公路时，发扬自力更生精神和专业化施工相结合；多研究在高速公路、省级路网、农村公路建设中出现的新问题。省委、省政府领导表示，目前全省交通发展处于历史上最好时期，山西省将在交通部统一规划、指导下，发扬自力更生、艰苦奋斗的精神，积极创造条件，加快全省交通发展。

省委常委、常务副省长范堆相，副省长牛仁亮，省交通厅领导王晓林、张润、王志民、张德仪陪同视察。

5月26日 副省长梁滨带领省重点办、省交管局等部门负责人，深入太长高速公路建设一线检查指导工作。要求地方政府创造良好施工环境，保证建设顺利进行；要求建设者们加强施工组织和管理，千方百计保证质量，科学合理安排工期，突出重点，加快步伐，一定要在抗战胜利60周年纪念活动来临之际如期完工，确保大型车队通过。省交通厅助理巡视员郭贵平陪同。

5月27日 下午，省委常委、副省长范堆相在省交通厅副厅长王志民陪同下，视察太长高速公路路基第三十二合同段和武警交通部队施工现场。要求进度服从质量，在保证工程质量的前提下，采取切实可行措施，加快工程进度，确保今年8月1日半幅通车这一政治任务完成。

6月3日至4日 全省县际路网建设质量现场会在晋中市召开。省交通厅领导王晓林、张润、赵振田及厅公路处、省公路局、省交通质监站和各公路分局等单位负责人参加。晋中市长李永宏、副市长杨随亭应邀参加。参会人员还先后赴108国道、东纵干线和石阳线、董榆线进行实地观摩，观看忻州、阳泉、晋中公路分局工程建设经验交流录像。

6月9日 上午，二河国道主干线大同绕城高速公路西段在大同市马军营村举行开工奠基仪式。副省长牛仁亮，省政府副秘书长李福龙，省交通厅领导王晓林、张润、杨金泉，大同市领导来玉龙、安大钧、张富文、张文堂、于学敏，省军区后勤部副部长万永胜等出席，杨金泉主持。路线全长32.86公里，批准概算11.52亿元。

6月9日 下午，副省长牛仁亮在省政府副秘书长李福龙，省交通厅领导王晓林、张润、杨金泉、大同市领导来玉龙、张富文等陪同下，深入得大高速公路建设工地调研。要求倒排工期，抓紧施工，无条件实现年内建成通车的既定目标。

6月13日至18日 省交通厅领导王晓林、张润、赵振田带领厅公路处、综合规划处、省公路局工管处、厅规划发展中心、省交通设计院负责同志，从偏关县万家寨出发，经忻州、吕梁、临汾、运城几乎全部沿黄县市，抵平陆曹川镇，行程1500公里进行实地考察，并召开四次会议与沿线4市和19县市交换意见。标志着建设沿黄干线正式纳入全省“十一五”公路建设规划，得到沿线各级政府高度评价。一致认为是21世纪山西公路建设史上又一创举，是西部大开发战略在山西的伟大实践，是沿黄人民的一条生命路、致富路、小康路，必将在沿黄人民心中树起一座不朽丰碑。

6月20日 全国车辆超限超载治理工作电视电话会议召开。副省长梁滨在山西分会场介绍全省开展治超工作情况，省交通厅厅长王晓林、副厅长张润参加。

6月21日 省交通厅党组召开党员先进性教育活动群众满意度测评大会。厅领导王晓林、张润、杨金泉、王志民、张德仪、郭贵平、部学文,厅直各单位党政主要负责同志、厅机关全体党员、市交通局代表、服务对象代表、民主党派和群众代表、离退休人员代表参加。

6月25日 省人大常委会副主任杜五安率领省人大城建环保委主任李淳、副主任马骏、李生茂等有关领导视察太旧高速公路。省交通厅领导张润、杨金泉、赵龙及省高管局领导董新品、李万定等陪同视察。

6月28日 祁临高速公路公司洪洞治超检测站职工祁胜利、张鹏等同志,因制止三辆东风牌大型车辆强闯高速公路入口,被七八名手持砍刀的人报复殴打。祁胜利头部、胸部、臂部共受6处重伤,颅骨开裂,当即晕倒在地,歹徒随即迅速驾车逃逸,祁胜利随后被送至临汾骨科医院进行抢救。事发之后,省交通厅、省治超办领导分别作出批示,公司及省高管局领导冒雨赶往现场调查处理,并赴医院对正在进行手术治疗的祁胜利及其家属进行亲切慰问。

中央和省城新闻媒体都给予关注和报道。6月30日,副省长梁滨就此案件作重要指示:"依法予以坚决打击。"

为了表彰祁胜利等同志临危不惧、坚持原则、爱岗敬业的精神,祁临高速公路公司研究决定:对祁胜利等同志通报表彰,并奖励祁胜利人民币10 000元,张鹏、张高玉、阎兴宇、贾瑞每人奖励2000元。

6月29日 省交通厅邀请路网规划专家,研讨沿黄干线公路建设规划。厅领导王晓林、张润、赵振田及省公路局局长戴飞出席。

6月30日 上午,省交通厅纪念"七一"暨先进性教育活动总结、"一先两优"表彰大会隆重召开。省直工委书记刘巩,省委第十四督导组组长李天太及督导组全体成员,厅领导王晓林、张润、杨金泉、赵龙、王志民、张德仪、赵振田、郭贵平、部学文出席。

7月6日 上午,省人大常委会副主任薛军带领魏德卿、王纪仁、贺锐、孔繁珠、曹振声、王正喜、孙权孝、苏高文、赵建平等委员,冒着炎炎烈日赴汾柳高速公路视察。省交通厅领导王晓林、王志民、郭贵平及吕梁市委书记郭海亮等陪同。

7月15日 中共中央政治局委员、书记处书记、宣传部部长刘云山赴晋考察宣传思想工作和精神文明建设工作。一下火车,就换乘中巴,在省委领导陪同下,沿在建的太长高速公路直奔革命老区武乡县。在太长高速公路范家岭隧道旁,听取了迎候在那里的省交通厅党组书记、厅长王晓林有关全省交通建设情况、"十一五"路网建设规划以及太长高速公路建设情况汇报,并不时询问公路建设投(融)资情况。厅党组副书记、副厅长张润一同参加汇报。

7月16日 由省运管局发起并承办的省际客运班线协调座谈会在太原召开,山西、河北、北京、天津、内蒙古、陕西、山东、江苏、辽宁、河南十省、市、自治区运管局局长及各省交通运管部门负责人,就客运班线协调工作进行座谈。省交通厅副厅长王志民、省道路运输协会会长任景春出席。

7月19日 副省长牛仁亮深入太长高速公路调研,了解工程进展,解决存在问题。省政府副秘书长李福龙,省交通厅领导王晓林、杨金泉,太原、晋中、长治三市政府有关领导陪同。

7月20日 下午,全省车辆超限超载治理工作电视电话会议召开。副省长、省治超领导组组长梁滨出席并讲话。要求坚持依法管理,科学治超,强化措施,狠抓落实,不断巩固和扩大治理成果。省政府副秘书长、省治超办主任罗清宇主持,省交通厅厅长王晓林、副厅长张润和省治超领导组成员单位负责人参加省主会场会议,各市治超办及涉路部门在当地分会场参加。

7月28日 上午,省委副书记、代省长于幼军带着新一届省委、省政府领导对交通工作的高度重视和关心支持,亲临省交通厅调研。他在认真听取副厅长张润关于全省交通工作汇报后指出，交通是经济社会发展的“先行官”，全省交通系统要以科学发展观来指导和统领“十一五”交通建设规划，以改革开放、市场经济的思路和更加宽阔的视野谋划交通事业发展，解放思想，转变观念，开阔视野，锐意进取，促进城乡、区域和经济社会协调发展。副省长牛仁亮，省政府秘书长李政文，副秘书长王清宪、李福龙陪同调研。省交通厅领导杨金泉、赵龙、王志民、张德仪、赵振田、部学文以及厅机关各处室负责人，厅直各单位主要负责同志参加。

7月29日 中共中央总书记胡锦涛在长治视察并瞻仰八路军太行纪念馆和八路军总部王家峪旧址，亲切会见当地抗日老战士、老民兵、老支前模范后，视察在建的太长高速公路。

下午4时50分，胡锦涛总书记乘坐的中巴车沿太(原)长(治)高速公路徐徐驶来，在范家岭隧道缓缓停稳。总书记面带笑容，在省委书记张宝顺、代省长于幼军以及其他省领导陪同下走下汽车。迎候在那里的省交通厅党组副书记、副厅长张润快步迎上前去，胡锦涛总书记与他亲切握手，张宝顺书记向总书记作了介绍。在山西高速公路规划图前，张润副厅长代表省交通厅以及因外事活动外出的王晓林厅长，代表正在建设的太(原)长(治)高速公路3万名筑路员工向胡锦涛总书记来建设工地视察表示衷心感谢并致以崇高的敬意，并向胡锦涛总书记汇报全省公路建设情况。

胡锦涛总书记认真听取汇报，尤其是对农村公路建设非常关心。对三年共建成通村水泥路(油路)43 000公里，新增8300多个建制村通水泥路(油路)客运班车，反复询问，点头赞许。认为公路建设成绩很大，规划令人鼓舞。2005年年底高速公路达到1700公里，新规划总里程达到4050公里，任重道远。

8月5日 上午，驻晋解放军人大代表李国辉等10人视察大运高速公路忻州至大同段国防工程。省人大常委会副主任赵劲夫、人事代表工委主任杨静波、副主任申桂英，省政府副秘书长李廷勇，省交通厅党组成员、省交战办主任杨金泉陪同。

8月6日 全省农村公路建设质量现场会在太原召开。总结2002年以来工作，再次部署2005年任务，要求提升农村公路建设质量理念，确保5000公里通乡油路和10 000公里“村村通”水泥(油)路年内圆满完成。省交通厅副厅长张润出席并讲话。与会代表集体乘车赴太原小店区农村公路建设现场进行观摩，太原市小店区政府、太原市交通局、长治市交通局作经验介绍。

8月11日 下午，省交通厅党组召开大会，传达贯彻胡锦涛总书记7月29日至31日视察山西时重要讲话精神。厅长王晓林结合全省交通实际提出贯彻落实意见，副厅长张润传达胡锦涛总书记重要讲话，赵龙主持，厅领导王志民、赵振田、部学义出席。

8月17日 原省级老领导王文章、张邦应、董云海、魏蕴瑜、李玉明、孟立正、孙祥炎、白陞、李玉璋、吴俊洲、赵耀仁、宸耀光冒雨赴正在建设中的太长高速公路视察，省交通厅领导王晓林、杨金泉亲自到省委大院迎接，杨金泉陪同视察。

8月25日 上午，省政协副主席薛荣哲、阎爱英、韩儒英，秘书长田喜荣和15位省政协常委、22位省政协委员一起视察太长高速公路。省交通厅领导王晓林、杨金泉陪同视察。

8月31日 上午，国家交战办主任、总后军交部部长赵占平，北京军区联勤部副部长贾二军一行赴晋视察交通战备工作。称赞山西省在交通基础设施建设中体现国防要求，交通战备各项工作成绩突出，走在全国前列，树立样板。国家交战办副主任孙凤乐，北京军区交通战备处处长王景耀，省军区后勤部部长马彦和、副部长谢新宁，省交通厅领导王晓林、杨金泉等陪同。

8月 《山西交通之最》第一辑出版。全书分为人文回放、历史纵横、机构设置、公路建设、高速公路、桥梁隧道、信息管理、路政管理、水运管理、道路运输、征稽管理、交通教育、设计科研、课题研究、精神文明、新闻宣传、资料宣传、交通综合、会议集锦、铁路建设、民航发展21个栏目,525个条目,44.05万字。主编:赵龙;副主编:师国梁、张岐山。该书比较全面地收集和记录了全省交通事业发展过程中有意义、有价值的人物及事件,可谓系统反映全省交通事业发展新水平,钩沉全省交通事物发端、展示全省交通事业辉煌成就的重要载体。

8月 《大运高速公路建设志》由山西人民出版社正式出版发行。省交通厅组织编纂,厅党组书记、厅长王晓林任主编,厅党组成员、厅纪检组组长赵龙任执行主编,厅资料信息中心主任师国梁、总编张岐山任副主编。该志载录资料上限为大运高速公路工程酝酿时的1992年,下限为2004年12月底,大事记下限为2005年7月31日。志书首设概述,分为决策、机构队伍、建设、管理、保障、人物、竣工通车、大事记8篇,篇下设章,章下设节,尾缀文献文件辑存及后记,上下卷,标准16K,共计310万字。该志以翔实的史料,朴实的文风,充分体现了中共山西省委、省人民政府践行"三个代表"重要思想,与时俱进,改革创新,运筹帷幄,决胜千里,带领全省3300万人民共创兴晋富民伟业,再造山川秀美沃土的信心和决心,全面记录了省直各委办厅局和沿线各级党委、政府同心协力,克服困难,千方百计,优质服务和人民群众舍小家、为国家,拆新房、移果园,迁坟茔、献良田,惊天地、泣鬼神的动人事迹,集中反映了全省交通系统广大干部职工及致力于交通事业的同行们夜以继日,奋力拼搏,精心组织,精益求精和12万筑路员工劈高山、填沟壑,凿隧道、架桥梁,在千里大运线上苦干实干、攻坚克难的历史性雄壮场面。

9月1日至3日 交通部副部长黄先耀带领交通部办公厅、公路司等有关部门负责人赴晋调研交通工作及交通信访工作。先后听取省交通厅工作汇报,参加有关信访座谈会,并视察大运高速公路原平收费站、原平治理超限检测点、208国道雁门关道班和大运高速公路雁门关隧道监控中心、平遥服务区及昔阳县"双通"工程。省交通厅领导张润、杨金泉、赵龙、王志民、张德仪、赵振田、部学文及省公路局、省征稽局、省运管局、省高管局、省地方海事局主要负责人、厅机关有关处室负责人参加汇报会。

省交通厅领导王晓林、张润、王志民分别陪同黄先耀副部长视察昔阳县"双通"工程及大运高速公路平遥服务区。

9月2日 省交通厅召开第一批开展共产党员先进性教育活动巩固扩大整改成果经验交流会。厅领导王晓林、杨金泉、赵振田、部学文出席,赵龙主持。省直工委组织部部长、省直保先办主任孙群应邀出席。

会上,省高管局、省征稽局、省运管局、省交通高级技校代表厅直参加第一批先进性教育活动的单位分别作典型发言;参加第二批先进性教育活动的省公路局、山西交通职业技术学院分别作表态发言。厅直各单位主要领导、党办主任参加。

9月12日 省委副书记、省纪委书记金银焕深入汾柳高速公路汾阳至离石段建设工地视察。希望省交通厅继续抓好党风廉政建设,进一步严格规范招投标制度,并向制度化、规范化迈进,确保在加快经济建设的同时,把党风廉政建设和反腐败斗争进一步引向深入。中纪委监察专员解畅,省纪委领导张陆绪、王俊忠、李潭生、李正印、王水成等一同视察。省交通厅厅长王晓林、助理巡视员郭贵平及吕梁市委书记郭海亮等陪同。

9月14日 副省长梁滨深入吕梁市,对治超工作和汾柳高速公路工程进行调研。要求严格执法,规范行为,加强队伍建设和管理,巩固好来之不易的治超成果;省交通厅副厅长张润、省重点办主任赵建宏、省公安厅交管局局长宋建华、吕梁市市长聂春玉陪同。在夏汾高速公路汾阳治超点,梁滨进入检测磅房慰问一线治超人员,并详细询问近期交通流量和劝返"双超"车辆工作情况。

9月21日 省人大常委会常务副主任纪馨芳在省交通厅领导赵龙陪同下,深入太长高速公路调研。希望再接再厉,抓好工程质量,做好各项准备,为"三小时高速通达"目标实现作出贡献,向省委、省政府交上一份满意答卷。

9月26日 307国道复线坡头至水峪一级公路在阳泉举行开工典礼。副省长牛仁亮发贺信。省政协副主席张正明、省交通厅副厅长张润及中国农业银行、阳泉市四大班子领导出席。路线全长28.8公里,总预算7.8亿元,建设工期3年。

9月26日 上午,309国道吉壶公路竣工通车剪彩仪式隆重举行,省交通厅副厅长王志民及临汾市委、市政府领导出席并剪彩。路线全长40.825公里,总投资1.7亿元,建设工期2年,2003年9月开工建设。

10月10日 省人大常委会副主任张铭在省司法厅、忻州市委、市人大常委会有关领导陪同下,深入忻州征稽分局就"四五"普法和依法治理贯彻执行情况进行视察指导,给予充分肯定。

10月10日 根据省政府2005年第56次常务会议精神。省交通厅向江苏悦达集团转让京大高速公路(山西段)经营权交接仪式在大同市举行。省交通厅领导王晓林、张德仪,大同市常务副市长张富文,全国政协委员、江苏悦达集团董事局主席胡友林及厅机关有关处室负责人、集团有关领导出席。

10月11日 省交通厅与省交通战备办公室举行全省战略物资道路运输保障车队大同总队命名授旗仪式和模拟实战演练。省委常委、省军区司令员郑传福,交通部公路司副司长徐亚华,省交战办第一主任、省交通厅厅长王晓林,副厅长王志民,厅总会计师张德仪,省交战办副主任史荣和及总后、北京军区、省国动委、省军区和大同市有关领导出席。王志民任演练总指挥。授旗仪式结束后,进行防空隐蔽、抢救伤员、灭火、换轮胎、车辆维修等演练。与会领导还观看GPS车辆定位系统。

10月18日 上午,得胜口至大同高速公路胜利建成通车。副省长牛仁亮,省交通厅领导王晓林、杨金泉、赵振田出席通车仪式。路线全长47.368公里,概算投资17.6亿元,2002年11月28日奠基,2003年10月1日开工建设。

10月22日 晚上,省交通厅在太原迎泽宾馆西二楼多功能会议厅举办"小康之路"文艺晚会。交通部副部长冯正霖、省政府副秘书长李福龙、国家发改委交通运输司司长王庆云、交通部公路司司长张剑飞和审计署、财政部等部门领导,以及省交通厅领导和参加全国农村公路座谈会的代表观看。

晚会是为祝贺全国农村公路座谈会而举办的。省公路运输工会具体承办,省歌舞团著名导演邓欣欣编导,省话剧院著名演员张治中、张晶主持。晚会演出节目9个,有小品、山西二人台、说唱表演、山西北路梆子、男女声独唱、唢呐演奏等。演员们热情洋溢的表演,使观众席上掌声不断。特别是西北歌王、左权县民歌手石占明,以富有地方特色的精湛技艺和朴实纯真的歌声,连续表演4首曲目,将晚会推向高潮,受到在场观众一致称赞。晚会在雷鸣般掌声中结束。

10月22日至23日 全国农村公路工作座谈会在太原召开。国家发改委副主任张晓强,交通部副部长冯正霖,省委副书记薛延忠,省委常委、常务副省长范堆相,副省长牛仁亮,省政府副秘书长李福龙,省交通厅领导王晓林、张润、王志民、赵振田等出席。

范堆相致辞;张晓强作了题为《统一思路,提高认识,统筹建养,推进改革,努力开创农村交通发展新局面》的讲话;冯正霖作了题为《加强农村公路建设,推进管养体制改革,为建设社会主义新农村作出更大贡献》的讲话;交通部公路司司长张剑飞宣读国务院办公厅《农村公路管理养护体制改革方案》。

会议期间,与会代表学习国务院办公厅

《关于印发农村公路管理养护体制改革方案的通知》(国办发〔2005〕49号);进行分组讨论,对如何搞好农村公路建设和管理养护工作提出宝贵意见和建议;山西省交通厅、四川省交通厅、陕西省延安市交通局、贵州省遵义县人民政府、江苏省南京市交通局、浙江省金华市人民政府等单位代表作典型发言,介绍各地在农村公路建设方面的经验和做法。与会代表还用半天时间,参观阳泉市、晋中市农村公路建设显著成果,亲身感受农村公路服务"三农"的实际成效。

10月24日至25日 交通部副部长冯正霖深入运城市,就农村公路建设、养护和道路运输进行调研指导。希望运城市在农村公路工作中,进一步创新发展模式、工作模式、建养模式,让"双通"工作成效发挥长效作用。

10月25日 忻分公路举行竣工通车剪彩仪式。省人大常委会原副主任李玉明,忻州市领导吕德功、耿怀英、郭连山等,省交战办主任杨金泉,省公路局局长戴飞出席。建设里程88公里,总投资1.89亿元,2004年4月开工建设。

10月28日 汾阳至离石高速公路胜利建成通车。省政协主席刘泽民,省人大常委会副主任薛军、张铭,副省长牛仁亮,省政协副主席阎爱英,省政府副秘书长李福龙,省交通厅领导王晓林、张润、杨金泉、赵龙、郭贵平出席通车仪式并剪彩。省委副书记薛延忠,省委常委、省公安厅厅长杨安和,省人大常委会副主任、省总工会主席姚新章发来贺信。杨金泉主持。路线全长77.7公里,2003年4月开工建设。

10月28日 离石至军渡高速公路奠基仪式在柳林县王家会村举行。省政协主席刘泽民,省人大常委会副主任薛军、张铭,副省长牛仁亮,省政协副主席阎爱英,省政府副秘书长李福龙,省交通厅领导王晓林、张润、杨金泉、赵龙、郭贵平出席,杨金泉主持。吕梁市委书记郭海亮讲话,柳林县委书记李润林代表柳林县、离石区作表态发言。路线全长38.55公里,概算25.856亿元。

10月29日 国道209线方山大武至离石交口一级公路、省道忻黑线静乐至明通沟二级公路举行竣工通车剪彩仪式。省交通厅副厅长张润、厅长王晓林分别讲话。路线长21.44公里、81.5公里,路基宽25.5米、8.5米,概算投资1.51亿元、1.6亿元。

10月31日 副省长牛仁亮在省政府副秘书长李福龙、省交通厅副厅长王志民陪同下,视察太长高速公路。要求加快通车前各项准备工作,继续搞好相关配套工程,及时地、最大限度地恢复受到破坏的自然生态,在保质保量的前提下按时通车。

11月5日 全国人大常委、全国人大法律委员会副主任王茂林在省交通厅厅长王晓林陪同下,视察太长高速公路。要求搞好服务区配套设施建设,做到与绿化结合,与环境相映,与自然和谐。

11月8日 上午,省委、省政府隆重举行太原至长治高速公路建成通车庆典仪式。省委书记张宝顺宣布山西"三小时高速通达"工程暨太原至长治高速公路正式通车,省委副书记、代省长于幼军发表热情洋溢讲话,并与省领导金银焕、云公民、刘泽民、申联彬、纪馨芳、薛军、杜五安、牛仁亮、薛荣哲、吴锦文、阎爱英、吴博威、周然以及原省级老领导李修仁等共同为太长高速公路通车剪彩。副省长牛仁亮主持,武警交通指挥中心、华夏银行、省有关部门、太原市、晋中市、长治市及太长高速公路建设单位代表参加。省交通厅领导王晓林、张润、杨金泉、赵龙、王志民、赵振田、郭贵平、郜学文,原厅级老领导廉平、任先泉、郅杰、刘乾等参加。交通部向省交通厅发来贺信。厅长王晓林汇报"三小时高速通达"工程暨太原至长治高速公路工程建设情况。

全省"三小时高速通达"工程由省会太原到其余10个地级市政府所在地的5条放射状高速公路和太原绕城高速公路组成,总里程1324公里,概算投资399.3亿元,分16个项目历时12年建成。第一个项目太旧高速公路于1993年开工建设。至2000年底,“三小时高速通达”工程共完成5个项目326公里。太长高速公路建成通车,标志着工程全面完成。太长高速公路全长200公里,加上长邯连接线14公里,合计214公里,概算投资71亿元。

仪式结束后,全体代表乘车全程参观新通车的太长高速公路。

11月15日 省交通厅召开全省交通系统实现所有公路基本无“三乱”专项行动电视电话会议。厅领导王晓林、张润、赵龙、赵振田出席。省公路局、省高管局、省征稽局、省运管局、省交通开发总公司等有关部门和单位负责人在太原主会场参会;各市交通局负责人,各公路分局、征稽分局、高速公路公司有关负责人在各市分会场参会。赵龙主持,赵振田传达全省实现所有公路基本无“三乱”电视电话会议精神,张润宣读《山西省交通系统实现所有公路基本无“三乱”专项行动实施方案》。

11月22日 全省交通系统基础设施建设廉政工作经验交流会在太原召开。省交通厅领导王晓林、杨金泉、赵龙、王志民、张德仪、郭贵平出席。会议还传达全国交通系统基础设施建设廉政工作经验交流会议精神,长治市和夏县交通局、晋城和忻州公路分局、太长和侯禹高速公路公司先后作经验交流。

11月23日 “十一五”交通专项规划临汾座谈会召开。副省长牛仁亮、省政府副秘书长李福龙,省交通厅领导杨金泉、王志民、赵振田及厅综合规划处、公路处、重点办、省公路局有关负责人和临汾、运城两市分管副市长参加。

11月30日 副省长牛仁亮在省政府副秘书长李福龙、省交通厅领导张润、杨金泉陪同下,深入省交通征稽、运输管理系统进行调研。

11月30日至12月20日 在运城市“村村通”工程进入攻坚战阶段,在市委书记黄有泉提议下,运城市交通局和运城市楹联学会发起“村村通”全国有奖征联大赛。活动共收到来自全国31个省、市、自治区和运城市楹联界名家以及广大楹联文化爱好者1300余人应征作品5500多副。

为了公平、公正地评选出优秀作品,市交通局和市楹联学会领导及专家组成评审委员会。评委们按照议定评审程序和评审原则,分别在无署名编号应征作品中以公开评议办法,从初选出的237副优秀作品中评选出132副入围作品,随后,评出一、二、三等奖和优秀奖计32副。

12月9日至11日 交通部副部长黄先耀带领中共中央办公厅、国务院办公厅、交通部有关人员一行8人,深入运城市夏县、永济市就农村公路建设和相关情况进行调研。省交通厅领导王晓林、张润、王志民、张志川,运城市委书记黄有泉等陪同。张润、黄有泉分别介绍全省和运城市农村公路建设情况,国办副处长徐晓伟、中办处长洪伟、交通部公路司副司长郜玉兰、交通部办公厅副主任杜殿虎、省政府副秘书长李福龙也先后在座谈会上讲话。

12月13日 省交通厅召开专门会议,传达全省经济工作会议精神,部署2006年交通工作。厅领导王晓林、张润、杨金泉、王志民、赵振田、张志川、郭贵平、郜学文出席。厅直各单位党政主要领导、厅重点办及县际办负责人,厅机关全体职工参加。张润主持,王志民传达全省经济工作会议精神;王晓林就贯彻落实全省经济工作会议精神,做好2006年交通工作作具体部署。

会前,王晓林宣读关于张志川同志任厅党组成员、副厅长的任命,张志川同志作表态发言。

12月15日 全国人大常委会内务司法委员会副主任委员刘振华在省交通厅厅长王晓林及李万定、张晋鹏、魏庆飞等陪同下,视察太长高速公路。对武乡服务区人性化设计,独特人文景观和良好生态环境表示赞赏。

12月21日 下午,副省长牛仁亮深入太原长风互通建设及东山过境高速公路改造工程调研。要求在保证工程质量同时,做好通车运营各项准备工作,确保12月28日通车,实现景观与环保协调统一,提升运营管理水平真正打造成省城太原的形象工程。省政府副秘书长李福龙,省交通厅领导王晓林、杨金泉、张志川及乔亮生副市长陪同。

12月27日 省委组织部晋组干字〔2005〕317号文印发《关于赵龙同志免职退休的通知》。经省委常委会议2005年12月23日研究决定:免去赵龙同志的省纪委驻交通厅纪检组组长职务,退休;经省委组织部部务会议2005年12月22日研究决定:免去赵龙同志的省交通厅党组成员职务。

12月31日 截至年底,省交通厅领导班子成员为:王晓林:厅党组书记、厅长;宋元林:厅党组副书记(2005年3月25日免)、巡视员(2005年3月29日免);张润:厅党组副书记(2003年3月25日任命)、副厅长;杨金泉:厅党组成员、副厅长(2005年1月13日免),厅党组成员、省交通战备办公室主任(正厅级,2005年1月13日任命);赵龙:厅党组成员、省纪委驻厅纪检组组长;王志民:厅党组成员、副厅长;张志川:厅党组成员(2005年9月27日任命)、副厅长(2005年11月9日任命);郜玉兰:厅党组成员、总工程师;张德仪:厅党组成员、总会计师;赵振田:厅党组成员、省公路局党委书记;孙跃进:助理巡视员;郭贵平:助理巡视员;郜学文:助理巡视员。

2006年

1月15日 中共中央政治局委员、国务院副总理回良玉对运城市农村公路“双通”工程作出重要批示:“交通部调研组谈的意见很好,这是为“三农”办的一件大好事,也是统筹城乡发展的一件实事。”李盛霖部长要求认真学习领会回良玉副总理指示精神,深刻理解加快农村公路建设对建设社会主义新农村的重大意义,下决心完成党中央、国务院交给交通系统的这项任务,切实为“三农”办好事,办实事。

1月20日 上午,全省交通工作会议在太原隆重召开。主要任务是:贯彻党的十六大和十六届五中全会精神,落实省委八届七次全会,省十届人大四次会议和全国交通工作会议部署,按照科学发展观要求,认真总结“十五”交通工作,制定“十一五”发展思路,安排2006年任务。会议号召全行业广大干部职工凝聚智慧和力量,解放思想,改革开放,锐意进取,奋发有为,为实现“十一五”宏伟目标而努力奋斗,在全面建设小康社会,构建社会主义和谐社会的新征途上再创新辉煌。省人大常委会副主任薛军,副省长牛仁亮,省政协副主席薛荣哲及省直有关部门领导应邀出席。厅长王晓林作了题为《全面贯彻科学发展观,构建全省新型能源和工业基地交通运输支撑保障服务体系》的工作报告,厅领导张润、杨金泉、王志民、张志川、郜玉兰、张德仪、赵振田、郭贵平、郜学文参加。

会上,厅长王晓林代表省交通厅与各市交通局长签订2006年度目标责任书,表彰为全省“三小时高速通达”工程建设作出突出贡献的先进集体、先进个人和2005年度完成工作目标优秀单位和先进单位。山西汽运集团、山西路桥集团主要领导,各市分管副市长、省交通厅老领导应邀参加。各市交通局、厅机关各处室、厅属各单位党政主要领导、纪检书记参加会议。

1月25日 省交通厅召开新闻单位迎春座谈会,厅长王晓林出席并讲话。省委宣传部常务副部长申存良、新闻处处长梁宝印等应邀出席。新华社山西分社,人民日报、光明日报、经济日报、中国交通报、中央人民广播电台驻山西记者站,山西日报,山西经济日报,山西人民广播电台,山西电视台,黄河电视台，山西工人日报，山西法制报、山西晚报负责人和记者参加。

2月6日 下午，全国农村公路建设电视电话会议召开。交通部部长李盛霖从全局和战略高度，分析农村公路建设面临的新形势、新特点，并提出具体要求。副部长翁孟勇传达了温家宝总理、黄菊副总理关于农村公路建设的重要批示；副部长冯正霖就“十一五”农村公路建设目标和全年任务作了安排部署。山西省、湖北省、遵义市分别作了经验介绍。会议要求各地认真组织好这次会议精神的传达学习，对“十五”期间工作进行认真梳理和总结，把“十一五”农村公路建设纳入各地社会主义新农村建设总体规划，服务社会主义新农村建设。

在山西分会场，厅长王晓林代表山西首家作了经验介绍，副省长牛仁亮出席并讲话。省政府副秘书长李福龙、省发改委副主任兰光东、省财政厅副厅长张秋明，省委农工办、省政府办公厅、省国土资源厅有关领导，省交通厅领导张润、杨金泉、张志川、赵振田、郭贵平、部学文出席。各市交通局长、公路处长、厅直属有关单位、厅机关各处室负责人参加。

在认真进行收听收看之后，山西省雷厉风行，当即召开会议进行贯彻落实。省交通厅副厅长张润就贯彻落实会议精神，做好全省全年农村公路建设工作进行动员部署。

2月8日 上午，全省公路工作会议召开。省交通厅党组成员、党委书记赵振田主持，省公路局局长戴飞作了题为《以科学发展观统领全局，推进公路事业又好又快发展》的工作报告。省政府副秘书长李福龙，省交通厅领导王晓林、张润、张德仪出席。副省长牛仁亮发贺信。

2月9日 全省高速公路管理工作暨“双五十佳”表彰大会隆重召开。省交通厅领导王晓林、杨金泉、张志川、张德仪及厅机关有关处室负责同志出席。省高管局局长董新品作了题为《全面落实科学发展观，推进“十一五”高速公路事业又好又快发展》的工作报告，省高管局党委书记李万定主持。

2月13日 下午，省委常委、省军区司令员方文平，政委李国辉及省军区党委全体常委视察全省交通战备工作，并予以高度评价。方文平一行认真观看全省国防路网系统沙盘，视察交通战备指挥室、资料室，听取厅长王晓林情况汇报。希望巩固成绩，发扬成绩，为国防建设作出更大贡献。省交通厅领导张润、杨金泉、王志民、张志川、张德仪及省交战办副主任史荣和、厅办公室主任尹新平、省运管局局长李华中陪同视察。

2月22日 上午，全省交通审计工作会议在太原召开。省交通厅领导王晓林、杨金泉、张志川、张德仪、赵振田、郭贵平、部学文出席；张德仪作工作报告；副厅长张润主持。省审计厅党组副书记、副厅长石维景，交通部审计办处长朱传生应邀出席。

2月24日 省交通厅召开精神文明建设“十一五”规划评审会。省交通厅副厅长张润、省文明办创建处处长李永和、省直文明办副主任蒋卫东出席。

3月1日 上午，《山西省高速公路管理条例》正式实施。启动仪式在太原高速公路公司小店收费站广场隆重举行。省人大常委会副主任薛军、财经委副主任孔繁珠、省政府副秘书长李福龙，省交通厅领导王晓林、杨金泉、张志川以及省高管局、省交管局领导董新品、李万定、宋建华出席，并在收费岗亭前发放宣传资料。

3月2日至25日 省运管局、省委政研室负责人带领有关专家、学者兵分两路，赴陕西、四川、重庆、贵州、广西和湖北、浙江、江苏、安徽、河北等省市，通过与10省市运输管理部门座谈、实地察看及走访经营户等多种形式，就城乡客运一体化工作进行全方位考察，尤其是对10省市道路运输管理及立法情况进行调研，借鉴先进经验，提出山西发展思路。

3月17日至18日 中共中央政治局常

委、国务院总理温家宝在省委书记、省人大常委会主任张宝顺,省委副书记、省长于幼军等陪同下深入山西运城农村,考察贯彻全国“两会”精神和春耕备耕情况,听取农民对“三农”工作意见和建议。在两天时间里,温家宝总理深入田间地头、农民家庭、学校和乡村卫生院考察,了解党的惠农政策情况,还听取近年来全省农村公路建设情况汇报。闻喜县委书记荆青莲和夏县县委书记苏安乐向总理汇报了在省委、省政府领导下,在交通部和省交通厅支持下,各县近年来加快村村通沥青(水泥)路工程建设情况,温家宝总理对此表示赞许。

3月23日 晚上,中国人民解放军总政歌舞团举行慰问演出。湖滨会堂座无虚席,气氛热烈。省委常委、太原市委书记申维辰、副省长牛仁亮观看演出。省交通厅厅长王晓林在讲话中,对总政歌舞团艺术家们关心、关注山西交通发展表示衷心感谢。

3月23日 全省交通系统老干部工作暨“双先”表彰会议召开。省交通厅领导王晓林、张德仪、赵振田、郭贵平出席。省委老干部局省直处处长张利邦出席并讲话。杨金泉主持,部学文作工作报告。原厅级老领导廉平、任先泉等出席。会议表彰69名模范离退休人员、10个先进单位、10名先进领导、10个先进部门、32名先进工作者,并进行经验交流。

3月27日至6月30日 太旧高速公路由于不明地质灾害引发路基沉陷后,省交通厅、省高管局、太旧高速公路公司高度重视,启动地质灾害应急预案,采取有效措施,及时分流车辆,并组织专家调查。3月28日下午2时,厅长王晓林亲临塌陷现场进行指挥和部署。3月31日,交通部公路司司长助理陈胜营带领5人专家组抵达太旧高速公路,深入沉陷地段进行现场勘察。4月3日,副省长牛仁亮在厅领导王晓林、张志川、赵振田陪同下,考察太旧高速公路路基沉陷现场。4月4日,经过5天紧张施工,下午5时,太旧高速公路临时绕行便道顺利开通。4月10日,太旧高速公路寿阳塌方段处治方案敲定,方案为原路基修复加固,6月底恢复通车。

3月30日 全省交通战备工作会议在忻州召开,省委常委、省军区司令员方文平,省交通厅领导王晓林、杨金泉及北京军区、省军区交战办领导出席。

3月31日 山西省第十届人民代表大会常务委员会第二十三次会议审议通过《山西省公路养路费征收管理条例》,定于今年5月1日起施行。该条例在原《山西省公路养路费征收管理规定》的基础上,结合时代发展,针对市场经济变化实际,融汇国家新的法律和政策要求,做了大量修改,提升了立法层次,在确保规费应征不漏、便民利民、解决因政策滞后带来的征管矛盾等方面予以诸多改进,以便更加适应当前和今后养路费征管工作需要。《条例》体现四大特点。即严格征费稽查部门及其工作人员执法行为;结合新的政策要求修改相关规定;更加体现便民利民和人性化管理要求;重点解决“晋车外挂”问题。

4月18日 省人大常委会主持召开王晓林厅长述职评议调查动员大会。时限为王晓林厅长2003年本届任职以来的情况,分为准备和动员、谈话和调查、总结和汇报、述职和评议、整改和反馈5个阶段进行,时间3个月。在厅机关五楼会议室,申存良主持,原崇信作动员讲话,孔繁珠宣读《工作方案》。王晓林作表态发言。会上,评议调查组当场对王晓林进行民主测评。厅领导张润、杨金泉、张志川、郜玉兰、赵振田、郭贵平、部学文以及厅机关全体公务员、厅直各单位党政主要负责同志、11个市交通局长和11个县交通局长参加。

分别由申存良、孔繁珠为组长的第一、第二调查组在动员会之后,分赴省交通厅直属部门、企业和各市,采取听汇报、召开座谈会、走访干部职工、进行个别谈话、实地察看、查阅资料、设立征求意见电话和意见箱等多种形式调查。5月26日,省十届人大常委会第24次会议对王晓林履职情况进行大会评议。充分肯定王晓林在省交通厅近几年工作,并提出应关注和解决的问题。5月29日上午,省交通厅党组召开扩大会议，就如何整改及更好地为全省交通发展服务，向省人大评议调查组进行汇报。厅领导王晓林、张润、杨金泉、张志川、张德仪、赵振田、郭贵平出席。

8月4日，省十届人大常委会召开第25次会议，分组对厅长王晓林评议整改工作情况报告进行审议。委员们一致认为，省交通厅和王晓林同志对省人大评议认识高，整改态度端正，整改内容重点突出，整改措施针对性强，整改效果明显。尤其是将省人大调查、评议提出的问题和建议梳理汇总为6个方面23条，像答复代表建议一样，整改措施一一对应，扎扎实实，让人感觉态度诚恳，工作认真，非常值得称道。他们对全省交通工作非常满意，对整改报告非常满意。

4月19日至21日 省人大常委会副主任薛军带领省人大、省政协、省直有关部门领导，就吕梁市公路建设进行深入调研，重点考察沿黄公路建设情况。他强调，黄河是中华民族母亲河，建设沿黄公路对保护母亲河、挖掘弘扬黄河根祖文化具有深远意义，一定要加强领导，加强管理，科学规划，因地制宜，保证质量，建设好沿黄公路。省人大财经委主任原崇信、法制委副主任李鹏、副秘书长李中元、常委程步云、张陆绪，省政协常委刘增民，省质监局、省政府经济研究中心、省总工会、省工商局、省审计厅有关负责同志，省交通厅领导王晓林、赵振田陪同。

4月25日 省交通厅召开“中华魂”读书表彰暨关心下一代工作会议，省交通厅副厅长张润出席并讲话。省关工委常务副主任申桂英、省直关工委副主任李淑敏，原厅级老领导任景春、刘乾、赵俊文出席，助理巡视员部学文主持。厅关工委主任任先泉作工作报告，表彰26个优秀团体、20个先进集体和50名先进个人。

4月28日 省交通厅召开全省交通系统劳模座谈会，来自全省1996年以来荣获省级以上劳动模范代表近20人参加。厅领导王晓林、杨金泉出席，省公路运输工会主席王晓光主持。

4月29日 省人大财经委在省征稽局召开《山西省公路养路费征收管理条例》新闻发布会，向社会通报《条例》有关事项。省人大常委会副主任薛军、副省长牛仁亮、省人大财经委副主任孔繁珠、赵建平、省人大法制委副主任李鹏、省政府法制办副主任王卫星、省发改委总工程师王晓胜、省交通厅领导王晓林、张润、张德仪出席。省人大财经委主任原崇信主持。省政府办公厅、省纠风办、省财政厅、省审计厅、省物价局、省公安厅交管局、省征稽局等有关部门负责同志及中央驻晋各大媒体、省城主要媒体记者、车户代表参加。

5月1日 副省长牛仁亮在省交通厅厅长王晓林等陪同下，深入太原长途汽车站、太原东客站，就节日期间运输安全工作进行检查指导。王晓林在讲话中，要求各运输单位要牢固树立安全生产责任重如泰山理念，时时刻刻放在心上，切实把好“三关一监督”和站务、站前管理；要规范市场行为，坚决杜绝站外发车；各级运管部门要做好节日期间监督管理工作，协调有关部门严厉打击非法营运，为合法经营创造一个良好环境。王晓林对东客站黄金周运输工作安排有序给予表扬。针对两车站提出的问题，王晓林要求面对问题，化解矛盾，协调解决，确保节日期间交通安全畅通。

山西汽运集团董事长胡鲜朝、省运管局局长李华中以及厅办公室、厅运管处、省公路运输工会、厅新闻宣传中心主要负责同志也陪同检查。

5月16日 审计署副审计长石爱中一行莅临山西调研。在省高管局召开的座谈会上，就“贷款修路，收费还贷”政策在山西的执行情况和效果，以及全省近年来公路建设快速发展对社会经济的影响等课题进行调研。副省长牛仁亮，省政府副秘书长李顺通，省交通厅总会计师张德仪及厅办公室、财务处、审计中心、省高管局、省公路局、省征稽局有关负责人参加。

5月20日至21日 在省人大财经委副主任魏德卿带领下,省人大副省长牛仁亮评议调查组赴晋城市深入调研。无论高速公路、省际干线,还是农村公路,给调查组留下深刻印象,无不对全省公路建设成就啧啧称赞。副厅长张志川、助理巡视员郭贵平陪同。

5月30日 省交通厅召开全省交通系统政风行风评议暨治理公路"三乱"工作会议,全面回顾总结前段工作,安排部署2006年任务。厅长王晓林、副厅长张润出席并讲话,省纪委常委、省监委副主任、省纠风办主任黄福莲应邀出席。张润作工作报告。

会议要求,全省交通系统要切实抓好2006年政风行风建设和治理公路"三乱"工作,突出抓好"五个重点"。即坚持"以人为本、以民为本、服务人民、奉献社会"的宗旨;进一步引深文明路、文明站、文明车、文明工地、文明单位和文明窗口创建工作;全面推行规范化、精细化管理;切实解决公路收费站点多、部分路段超载车辆多、薄弱路段堵车多等突出问题;继续抓好交通安全管理、质量管理和廉政建设。努力实现"全省所有公路基本无'三乱'成果进一步巩固,群众对交通政风行风的满意度明显提升,省交通厅进入全省政风行风评议先进行列"的总体目标。

会议对先进集体和先进个人进行表彰。王晓林与相关单位签订治理公路"三乱"工作目标责任书。

5月31日 下午,全省重点公路工程建设工作会议在太原召开。副省长牛仁亮、省政府副秘书长李顺通、省发改委副主任兰光东、国家开发银行山西分行副行长张京辉、省重点办副主任刘继承及省交通厅领导王晓林、杨金泉、张志川、张德仪、郭贵平出席。张润主持,杨金泉作了题为《坚持科学发展,突出改革创新,推动重点公路工程建设又好又快发展》工作报告。

会议表彰优秀单位和先进单位,签订2006年度工作目标责任书,并对有关工作进行安排。

6月15日 省交通厅成立《山西省志·交通志》编审委员会。主任:王晓林;常务副主任:张润;副主任:杨金泉、王志民、张志川、郜玉兰、张德仪、赵振田;委员有:尹新平、曹居月、王京荣、高海青、蒋品、杨吉平、李贵顺、田根、史荣和、蔺建煌、杨俊威、赵新民、李爱和、王晓光、刘清平、李俊生、师国梁、戴飞、胡鲜朝、王义堂、张晋鹏、董新品、李华中、牛世骏、聂承凯、赵队家、常二栋、王赛勇、张文才、肖毓凯、黄勇、魏庆飞、杨原平、张补才、张建刚、许栋、石爱、高文艺、贾永岩、李彦平、李书田、李明芳、贾承建、华志刚、王健康。编委会下设编辑部。编辑部设在厅资料信息中心,具体负责志稿征集、修改、审定及编辑出版事宜。编辑部主任:师国梁(兼);副主任:张岐山、郭富平。

6月16日 上午,经过一年酝酿,全省沿黄干线公路、沿黄扶贫旅游公路分别在吕梁市临县林家坪镇、碛口镇举行开工奠基和揭碑仪式。省委副书记、省长于幼军,省委副书记薛延忠,省政协主席刘泽民,省人大常委会副主任薛军,副省长牛仁亮,交通部总工程师凤懋润,公路司副司长郜玉兰,省交通厅领导王晓林、张润、赵振田、郭贵平、郜学文出席。于幼军、薛延忠、刘泽民、薛军、牛仁亮、凤懋润分别为工程奠基和揭牌。

沿黄干线公路2005年6月开始筹划,2006年4月完成立项,规划里程903公里,新改建里程586公里。估算投资19.8亿元,建设工期2年。沿黄扶贫旅游公路规划里程1295公里,新改建里程1052公里。

6月16日 省委副书记薛延忠、省政协主席刘泽民、交通部总工程师凤懋润、公路司副司长郜玉兰在省交通厅领导王晓林、郭贵平、郜学文及吕梁市委书记聂春玉陪同下,对正在建设中的离军高速公路进行视察指导。路线全长38.55公里,概算投资25.856亿元,2005年12月19日开工建设。

6月28日 北京军区交通战备工作电视电话会议召开。回顾总结"十五"时期工作,研究部署“十一五”期间任务，表彰交通战备工作先进单位和先进个人，并作出推广学习山西省战备全面建设经验的决定。在山西分会场，省委常委、省军区司令员、省国动委常务副主任方文平，副省长宋北杉，省军区副司令员高建国，省军区参谋长、省国动委秘书长姬亚夫，省军区后勤部长马彦和，省交战办主任杨金泉、副主任史荣和以及各有关单位负责同志参加。

6月28日 全省交通战备电视电话会议召开。迅速贯彻落实北京军区交通战备工作电视、电话会议精神。省委常委、省军区司令员、省国动委常务副主任方文平宣读《省国动员委员会关于给省交通战备办公室记功的通令》，副省长宋北杉出席并讲话。

6月30日 省交通厅隆重召开全省交通行业精神文明建设暨纪念建党85周年大会，传达贯彻全国交通行业精神文明建设工作会议精神，回顾总结“十五”行业精神文明和2005年以来的党建工作，安排部署“十一五”任务，表彰“十五”期间行业精神文明建设和一年来“创先争优”活动中涌现出的先进典型。省直工委副书记贾明建、交通部体改法规司法制与文明建设处处长黄克清、省文明办创建处处长李永和应邀参会。厅党组书记、厅长王晓林作了题为《以人为本，务实创新，全面提升交通行业素质文明建设和党建工作水平》的工作报告。厅党组副书记、副厅长张润主持。厅领导杨金泉、张志川、张德仪、赵振田、郭贵平、部学文出席。

会议对厅直单位2006年度30个先进基层党组织、200名优秀共产党员、50名优秀党务工作者，全省交通行业精神文明建设20个先进单位、40个先进集体、100名先进个人和“交通百佳”进行了表彰。大会在全体齐唱《没有共产党就没有新中国》中圆满结束。

7月1日 山西省交通勘察设计协会第一次会员代表大会暨成立大会在太原召开。省人大常委会副主任杜五安，省交通厅领导王晓林、杨金泉、张志川，省民政厅厅长马景龙出席。中国公路勘察设计协会发来贺信。

7月1日 省征稽局召开建功立业暨纪念建党85周年、精神文明建设表彰大会。省交通厅总会计师张德仪及厅直机关党委、省公路运输工会、厅财务处负责人应邀出席。省征稽局党委书记、局长张晋鹏作报告。

7月5日 全省政府系统干部大会结束第三天，副省长牛仁亮深入省交通厅听取贯彻落实情况汇报，督促、检查、指导省交通厅创优行政环境，加强行政效能建设的有关工作。要求承诺要慎重，不能朝令夕改；言出必行，有诺必践；建立科学合理的公职人员民主测评达标平台。省交通厅厅长王晓林汇报，厅领导张志川、赵振田出席，省公路局、省征稽局、省高管局、省海事局，厅机关、省公路局机关各处室主要负责同志参加。

7月5日 上午，省交通厅召开贯彻落实全省政府系统干部大会精神会议，副厅长张志川出席并讲话。省公路局、省征稽局、省高管局、省运管局、省海事局五大局及厅机关各处室负责人参加。

7月6日至8日 按照全国人大代表专题调研工作安排，省人大常委会组织全省14名全国人大代表就全省农村道路运输建设和管理开展专题调研。调研组采取分组与集中相结合方式，分赴大同、长治和阳泉调研。省人大常委会副主任王昕、省交通厅厅长王晓林等8名全国人大代表参加阳泉集中调研。

7月9日 省交通厅与太原市政府就“十一五”期间社会主义新农村公路建设签订协议书。厅长王晓林，省委常委、太原市委书记申维辰等出席。根据协议，省交通厅在“十一五”期间，将向国家开发银行贷款6亿元，支持太原市县乡公路改造。

7月10日 下午，全省交通战备办公室主任工作会议召开。省交通厅厅长、省交战备第一主任王晓林作了题为《高起点规划，高标准建设，推进全省交通战备工作持续发展》的重要讲话。史荣和主持。

7月18日 全省交通经济运行情况分

析会在太原召开。总结分析2006年上半年全省交通经济运行情况,研究解决存在问题,安排部署下半年工作。省交通厅领导王晓林、张润、杨金泉、王志民、张志川、赵振田、郭贵平、部学文参加。副厅长张志川通过翔实数据和直观图表,通报上半年全省交通经济运行情况。各市交通局,省公路局、省征稽局、省高管局、省运管局、省地方海事局及厅重点办主要领导分别就本单位半年来工作作汇报。副厅长张润和省交战办主任杨金泉就所分管工作进行安排部署。

8月9日 上午，到某地执行交通保障任务的省公路工程保障大队出征。省委常委、省军区司令员方文平,参谋长姬亚夫,省交通厅厅长王晓林，省公路局局长戴飞,省交战办副主任史荣和等为队员们送行。他们勉励出征队员珍惜此次机会,发扬“一不怕苦、二不怕死”的精神,严明纪律,抓好基础训练,勇争第一,出色完成任务,展示全省交通战备队伍风采,为省委、省政府、省军区争光,为山西人民争光。

8月9日至10日 交通部副部长徐祖远视察运城市永济、夏县村通油路(水泥路)和村村通客车工程,希望运城市再接再厉,在交通建设方面取得更大成绩,为服务社会主义新农村建设再作贡献。

8月12日 交通部副部长徐祖远、公路司副司长部玉兰等一行6人，在省交通厅厅长王晓林、副厅长王志民,晋中市委书记王雅安、副市长马彦平等陪同下,赴晋中市昔阳县视察“双通”工程。

8月15日 省交通厅厅长王晓林与专程来晋商谈晋冀两省公路建设线路衔接工作的河北省交通厅厅长焦彦龙进行座谈。他们表示,晋冀两省亲如兄弟,搞好两省公路建设线路衔接工作不仅能够促进两省交通建设共同协调发展,而且利国利民,双方将按照便捷通畅的原则,尽快打通两省高速公路和干线公路通道,服务国家西部大开发和中部崛起战略,造福于民。厅领导杨金泉、赵振田和双方有关人员参加。

8月21日 下午，省委宣传部副部长、省文明办主任张明亮深入省高管局调研“千里大运文明高速路” 创建情况。省交通厅副厅长张润主持座谈会。省文明办创建处、厅直机关党委及省高管局负责人参加。千里大运文明高速路北起长城，南至黄河，纵贯南北,包括得大、大运、运风、运三、侯禹和大同环城、太原环城7条高速公路,全长1025公里,是全省南北交通的主动脉和最重要经济增长带。省高管局局长董新品汇报，厅直机关党委书记杨俊威作说明。

8月22日 下午,副省长胡苏平深入晋中市榆次区治超卸载点和太旧高速公路峪头治超检测点调研。要求全省统一行动，联合治超,建立长效机制,保证治超效果。省交通厅副厅长张润做工作汇报，厅长王晓林建议在全省推广晋中市治超经验,开展“政府牵头、综合整治”统一治超行动。

8月25日 交通部副部长冯正霖在副省长牛仁亮及厅长王晓林、副厅长王志民和省高管局有关领导陪同下,冒雨深入太原高速公路公司长风收费站、小店收费站治理超限超载检测点视察。要求通过政策与经济手段管理好计重收费工作,治理好超限超载车辆。

9月5日至6日 交通部科教司司长孙国庆、副司长赵晋和、公路司副司长部玉兰等一行5人赴晋调研。省交通厅领导王晓林、王志民、张志川、郭贵平参加座谈。

9月6日 全省公路养护管理工作会议在运城隆重召开。副省长牛仁亮出席并讲话,要求准确把握面临的形势，进一步强化公路养护管理工作的基础性地位,大力加强依法治路力度,加快构建农村公路养护管理工作长效机制。省交通厅厅长王晓林作工作报告,副厅长张润作总结。

运城市政府、晋中公路分局、太旧高速公路公司作经验交流,10个单位作书面交流,厅机关各处室负责人,厅直属有关单位负责人,各市交通局、各公路分局、各高速公路公司主要领导以及养护、路政部门负责人近200人参加。

9月14日 上午，全省公路工程保障大队圆满完成支前野营训练，凯旋而归。在太原公路分局举行的欢迎大会上，省委常委、省国动委常务副主任、省军区司令员方文平，省国动委秘书长、省军区参谋长姬亚夫，省军区后勤部部长马彦和，省国动委综合办主任张泽田，省军区作训处处长陈丙骞，省交通厅党组书记、厅长、省交战办第一主任王晓林，厅党组成员、省交战办主任杨金泉，厅党组成员、省公路局党委书记赵振田，省公路局交战办和太原公路分局领导与保障队员们亲切握手，迎接归来，并对队员们在这次活动中的突出表现给予高度评价。省交战办副主任史荣和汇报有关情况。

9月15日 全省交通系统依法治交暨第五个五年法制宣传教育工作会议召开。省交通厅领导王晓林、张润、王志民、张志川、赵振田出席。省司法厅副厅长王华善应邀出席。副厅长张志川作工作报告。

9月21日 阳泉征稽分局稽查大队副大队长巩文贵在稽查中遭持械歹徒袭击，身负重伤。事发当晚，医院立即对其进行手术，被擒获的歹徒已移交公安机关。9月28日，王晓林厅长专程赴阳泉看望。阳泉市委常委、秘书长樊盛武，市委常委、副市长王旭明也表示亲切慰问。厅直机关党委、省公路运输工会以及省征费稽查局、省运管局主要负责同志一同进行慰问。

9月26日 下午，省委书记、省人大常委会主任张宝顺一行在省交通厅厅长王晓林、吕梁市委书记聂春玉等陪同下，视察离军高速公路。要求加快工程进度，建成一流工程。

9月26日至28日 省交通厅组团参加第八届国际公路水运交通技术与设备展览会和2006中国交通发展论坛。厅党组成员、副厅长张志川任团长。

9月27日 创建千里大运文明高速路誓师大会在省高管局召开。省交通厅厅长王晓林，交通部体改法规司副司长、文明办副主任王宝成，省委宣传部副部长、省文明办主任张明亮，省总工会副主席郭争荣，省直工委宣传部长、省直文明办主任冯进成出席并讲话。厅领导王志民、赵振田及厅机关有关处室负责人参加。

誓师会上，董新品局长宣读省高管局《关于全面创建千里大运文明高速路的决定》；党委书记李万定作热情洋溢动员讲话；党委副书记、副局长周存信宣读省劳动竞赛委员会、省高管局《关于在全省高速公路管理系统开展“五比五看、服务创优”立功竞赛活动的实施方案》；太原高速公路公司总经理刘玉柱代表沿线各公司作创建表态发言；太长、长晋、晋焦公司董事长魏庆飞代表其他各高速公路管理单位宣读向千里大运文明高速路各公司学习倡议书；太旧高速公路公司党委书记、董事长李新喜作立功竞赛表态发言。

10月9日 运城绕城高速公路西南段和闻喜东镇至垣曲蒲掌高速公路正式开工奠基。副省长牛仁亮，省政府副秘书长李顺通，省交通厅厅长王晓林、副厅长王志民，运城市四大班子领导，河南济源市有关领导参加奠基仪式。王志民主持。路线长42公里、84公里，概算投资10.7亿元、44.26亿元。

运城市长高卫东及盐湖区长、闻喜县长作表态发言。省发改委、省重点办、省文物局、国家开发银行山西分行、厅机关有关处室、厅重点办、省公路局、省高管局、省交通设计院、省交通质监站负责同志出席。

10月9日 上午，运城市沿黄扶贫旅游公路开工誓师大会暨揭碑仪式举行，副省长牛仁亮揭碑，省政府副秘书长李顺通、省交通厅厅长王晓林、副厅长王志民出席。路线全长502.5公里，其中重复里程71.2公里，拟建里程431.3公里，总投资约3亿元。

当日下午，副省长牛仁亮视察永济市村村通工程和沿黄扶贫旅游公路。

10月10日 副省长牛仁亮、河南省副省长张大卫和两省交通部门有关同志共聚运城,正式签订《山西省、河南省加强省际交通合作促进中部地区崛起协议书》,进一步贯彻落实国家促进中部地区崛起战略,加强晋豫两省经济文化交流与合作,促进地区协调发展。山西省交通厅厅长王晓林与河南省交通厅厅长安惠元在协议书上签字。省政府副秘书长李顺通主持。副厅长王志民、省高管局局长董新品,厅机关有关处室负责人,厅直属有关单位领导以及运城、长治、晋城3市分管副市长、交通局长出席,河南省相对应部门负责人出席。

10月18日至19日 全国中心城市道路运输管理工作第二十届研讨会在太原召开。交通部公路司副司长徐亚华、运政处处长刘美银、中国公路学会汽车运输学会理事长郭生海,省交通厅副厅长王志民、厅运管处处长杨吉平、省运管局局长李华中,太原市副市长张春根等出席。研讨会由中国公路学会汽车运输学会主办,太原市道路运输管理局承办。太原市道路运输管理局、上海市行政交通执法总队等17个单位作经验交流。会议从提交的71篇论文中评出17篇优秀论文。

10月20日 上午,省道314线双山至阳曲公路竣工通车典礼隆重举行。厅长王晓林、阳泉市委书记谢海及省公路局有关领导参加。路线全长125公里,阳泉境内89公里。总投资2.6亿元。

10月20日 昔阳县赵壁至水峪农村公路二级化改造工程通车仪式举行。省交通厅党组成员、省公路局党委书记赵振田、晋中市副市长马彦平出席。路线全长15公里,二级标准,6月1日开工建设,完成投资1730万元。

11月3日 上午,国道309西段、省道临午线公路改造工程奠基仪式在临汾市尧都区刘村镇举行。厅领导王晓林、张润、赵振田,省公路局局长戴飞,市委书记王国正、市长李天太等四大班子领导及2000余名干部职工参加。

两条公路改建工程总长174公里,总投资10.4亿元,工期两年。

11月10日 太原市环城高速公路林带提档增绿工程正式启动,省交通厅和太原市委、市政府在西北环高速公路太原服务区举行隆重启动仪式。省委常委、太原市委书记申维辰,省交通厅厅长王晓林,厅总工程师郜玉兰,太原市市长张兵生,省林业厅、省高管局、厅公路处、综合规划处负责人,太原高速公路公司、太原市有关部门和六城区、施工、监理单位人员参加。

11月10日至14日 交通部副部长翁孟勇分别在省委常委、省纪委书记金道铭,省委常委、副省长梁滨,省委常委、省政府秘书长李政文,副省长张少琴及省交通厅领导王晓林、张润、王志民、郜玉兰等陪同下,先后深入晋中市、吕梁市、忻州市进行考察调研。充分肯定山西交通建设成就,高度评价省委、省政府对全省交通工作的重视,并表示交通部将一如既往地支持山西公路建设和交通事业的全面发展。

11月13日 省委常委、朔州市委书记高建民视察右玉通市油路平鲁段工程、榆平公路改造工程、元元公路平鲁段改造工程。

11月14日 全省交通系统推进治理商业贿赂工作会议在忻州召开。省纪委、省监委副秘书长、省治贿领导小组办公室常务副主任卫洪平,纠风室正处级监察员、省治贿领导小组办公室督查二组组长孟庆武应邀参加。省交通厅厅长王晓林、副厅长张润出席。省纪委驻厅纪检组副组长、监察室主任赵新民主持。省交通厅重点办、省公路局、省征稽局、省运管局、省高管局、晋中市交通局、阳泉市交通局、厅公路处8家单位和部门在会上作经验交流。

11月16日 忻州至阜平高速公路在五台县石咀乡石咀村奠基。省委书记、省人大常委会主任张宝顺,省委副书记、省长于幼军,省委常委、省政府秘书长李政文,省人大常委会党组副书记、省公安厅厅长杨安和,省人大常委会副主任杜五安,副省长牛仁亮、宋北杉,省政协常务副主席薛荣哲,省委常务副秘书长吕德功,省交通厅领导王晓林、张润、王志民、张志川、郜玉兰等出席。省政府副秘书长李顺通主持。焦建明介绍项目概况。路线全长124公里,估算投资52亿元。

11月28日至29日 省交通厅召开全省交通发展座谈会,就如何突出科学发展这一主题,进一步落实党的十六届六中全会精神和省第九次党代会精神,建设创新文明和谐交通行业进行了讨论研究。厅领导王晓林、张润、王志民、张志川、郜玉兰、张德仪、赵振田出席。

12月5日 省委组织部晋组干字〔2006〕425号文印发《关于张志川同志正式任职的通知》。张志川同志在副厅长岗位上试用期满,考核合格。经省委常委会议2006年11月24日研究同意正式任职。任副厅时间从2005年11月算起。

12月6日 省人民政府晋政任〔2006〕60号文印发《关于李华中等二人任免职务的命令》。经山西省人民政府2006年11月28日第89次常务会议通过,决定任命:李华中为山西省交通运输管理局局长(高配副厅级)。

12月19日 全省公路运煤通道建设开工仪式在大同市西坪乡坨坊村隆重举行。10个运煤通道项目2006年率先开工建设。副省长牛仁亮启动开工按钮,省政府副秘书长李顺通出席并讲话。省交通厅领导王晓林、张润、赵振田,省公路局局长戴飞,大同市领导丰立祥、张富文等出席开工仪式。

初步确定,"十一五"期间,全省建设公路运煤通道9522公里,估算投资288亿元。

12月25日 省交通厅与中国工商银行山西分行融资合作协议签字仪式在太原举行,厅领导王晓林、张德仪,中国工商银行山西分行领导常瑞明、王明贤出席。厅总会计师张德仪代表省交通厅在协议书上签字。

12月28日 侯马至禹门口高速公路胜利建成通车。副省长牛仁亮,省交通厅领导王晓林、张润、郜玉兰,运城市领导高卫东、尚平安、黄有泉,陕西省交通厅副厅长胡保存等出席通车仪式并剪彩。副厅长张润主持。省直有关部门、金融部门领导,厅属单位领导,运城市四大班子领导及市直有关部门、沿线县(区)党政主要负责同志和新闻记者参加。剪彩仪式结束后,与会代表乘车参观侯禹高速公路龙门黄河大桥。路线全长65.56公里,概算总投资23.075亿元,2004年5月开工建设。

12月31日 下午,副省长牛仁亮在省交通厅厅长王晓林、副厅长张润等陪同下,深入太原汽车客运总站和太原东山过境高速公路杨家峪收费站检查指导工作。要求采取恰当措施,保证运输市场秩序,做好"三关一监督",满足广大群众节日通行需要。

2007年

1月8日 上午,全省交通工作暨农村公路建设表彰大会在太原隆重召开。省人大常委会副主任薛军、副省长牛仁亮、省政协副主席边鸣涛及11个市政府分管领导,省政府办公厅、省发改委、省物价局、省总工会、省管大型交通企业领导,农村公路建设先进县(市、区)政府、先进集体的领导和先进个人代表应邀出席。厅党组书记、厅长王晓林作了题为《围绕"三个服务",着眼"又好又快",建设创新文明和谐的新交通》的工作报告。厅党组副书记、副厅长张润主持。厅党组成员、副厅长王志民作了题为《立足服务人民群众安全便捷出行,着力提升行业安全生产保障能力》的安全生产工作报告。厅领导郜玉兰、张德仪、赵振田、郭贵平参加。

会议表彰全省农村公路建设先进集体和先进个人,表彰完成2006年度工作目标责任制优秀单位(9个)和先进单位(14个)以及安全生产管理工作先进单位和先进个人,并签订2007年度目标责任书。

厅老领导,各市交通局长、运管处长,厅直各单位党政主要负责人,各公路分局、各征稽分局、各高速公路建设管理部门党政主要负责人、总监代表,厅机关、厅重点办各处室负责人参加。

1月16日 省人大常委会副主任杜五安及部分委员在省交通厅领导王晓林、部玉兰及省高管局局长董新品、党委书记李万定等陪同下,视察太原环城高速公路。要求严格依法办事,科学规划林带,精心组织施工,严格资金监管,加强廉政建设,提高投资效益。

1月19日 全省公路工作会议召开。副省长牛仁亮,省交通厅领导王晓林、张润、王志民、赵振田出席并讲话。局长戴飞作工作报告。

1月20日 省交通厅邀请19位交通部和省内知名专家学者汇聚省城太原,共同座谈山西交通发展战略和规划研究方向。省交通厅副厅长王志民出席并认真听取发言。

1月28日 大运高速公路雁门关隧道获第六届中国土木工程"詹天佑"奖。省交通厅总工程师部玉兰及新原高速公路公司、参加工程设计和施工单位代表参加颁奖大会。

2月15日 下午,省委常委、省纪委书记金道铭轻车简从,深入省交通厅慰问,向全省交通系统广大干部职工送上新春祝福。要求按照科学发展观要求,发扬"老区"精神,加强基础设施建设,提升行业文明建设水平,把交通工作做得更好。省交通厅副厅长王志民作汇报。厅领导张志川、部玉兰、赵振田、郭贵平,厅机关各处室负责人,省公路局、省高管局、省运管局、省征费局、省地方海事局主要领导参加慰问座谈会。

2月16日 上午,省高管局和江苏悦达集团有限公司在太原举行大同至呼和浩特高速公路大同至右卫段、汾阳至邢台高速公路汾阳至平遥段项目合作投资建设经营协议签字仪式。省交通厅厅长王晓林、江苏悦达集团董事局主席胡友林出席。

2月26日 全国农村公路工作电视电话会议召开。在收听收看电视电话会议之后,山西省当即召开会议进行贯彻落实。省政府副秘书长李顺通、省交通厅厅长王晓林就贯彻落实会议精神作出安排部署,副厅长张润主持。省发改委、省审计厅、省财政厅、省扶贫办、省新农村建设领导组办公室有关负责人,厅领导张志川、部玉兰、张德仪、赵振田、郭贵平,省公路局长戴飞,各市交通局长、厅直有关单位领导及厅机关各处室负责人参加。

3月12日 省交通厅批复全省干线公路109个收费站计重收费改造工程施工图设计,核准预算22 693万元。

3月20日 全省交通战备工作会议在忻州召开。北京军区国动委委员、联勤部副部长贾二军少将,省国动委秘书长、省军区参谋长姬亚夫出席并讲话。省交通厅厅长王晓林作了题为《坚持交通战备建设方向,努力构建交通战备"三位一体"保障体系》的工作报告。会议还对2006年全省交通战备工作先进单位和先进工作者进行表彰,各市交战办、铁路、民航交战办主任、副主任,厅机关有关处室、厅直单位分管领导参加。

3月23日 全省创建省级文明和谐行业竞赛活动在太原启动。省委常委、宣传部部长、省文明委常务副主任高建民,副省长、省文明委副主任张少琴出席并讲话。副厅长张润代表省交通厅作表态发言,并向社会作出文明执法、优质服务7项公开承诺。

3月23日 下午,受市委、市政府邀请,省交通厅厅长王晓林、厅总工程师部玉兰、省公路局局长戴飞和厅机关有关处室负责人专程赴忻州市,与市委书记张建欣、市长耿怀英、副市长杨晋生共同听取全市交通重点工程汇报。

3月27日 全省高速公路通道绿化工程暨军民共建绿色高速公路活动启动,16个单位同时举行启动仪式,参加人员2500余人,展开绿化工作面100多个。省委常委、省军区司令员方文平少将,省军区政委李国辉少将等军区首长,省交通厅领导王晓林、张润、王志民、张志川、赵振田,太原市副市长张春根,省交战办副主任史荣和,省高管局局长董新品在太原环城高速冶峪至石庄头段省军区机关百亩埴树造林基地出席启动仪式。郜玉兰总工程师主持。

工程涉及22条高速公路1752公里，预计投入资金2500多万元

4月4日 上午，全省交通系统党风廉政建设工作会议在太原召开。省委常委、省纪委书记金道铭，省纪委副书记、省监委副主任张晓亚，省纪委常委张秀萍，省纪委、监委副秘书长、省纪委办公厅主任高建国出席。省交通厅党组书记、厅长王晓林主持。厅党组副书记、副厅长张润作工作报告。厅领导张志川、郜玉兰、张德仪、赵振田、郭贵平参加。会议还传达全省治理公路“三乱”电视电话会议精神，并对2006年度全省交通系统党风廉政、政风行风评议以及治理公路“三乱”工作先进集体和先进个人进行表彰。各市交通局长、纪检组长，厅属各单位党政主要负责人、纪委书记，厅机关全体工作人员参加。

4月4日 下午，全省交通系统创建文明和谐行业暨“千里大运文明高速路”动员会召开。省委常委、宣传部部长高建民，交通部体改法规司司长、文明办主任朱永光，省委宣传部副部长、文明办主任张明亮，省监委副主任、省纠风办主任黄福莲等应邀参会。省交通厅领导王晓林、张润、张志川、郜玉兰、张德仪、赵振田、郭贵平出席。厅党组书记、厅长王晓林作了题为《围绕“三个服务”，坚持创新提高，努力创建人民满意的文明和谐交通行业》的动员报告，厅党组副书记、副厅长张润主持。

会上，朱永光、高建民先后为省高管局创建“千里大运文明高速路”青年突击队、先锋队授旗。省高管局局长董新品、晋中市交通局局长李彦平分别代表厅属单位、各市交通局作表态发言。各市交通局、厅属各单位党政主要领导、文明办主任，厅机关各处室负责人参加会议。

4月10日 省交通厅召开全面创建千里大运文明高速路汇报会议，省交通厅副厅长张润出席并讲话。

4月13日 大运路太原南出口拓宽改造工程开工。省长于幼军宣布开工令，省委常委、太原市委书记申维辰、副省长宋北杉、省政府秘书长张建民，省交通厅厅长王晓林、副厅长张润、省公路局局长戴飞等出席开工仪式。路线全长11.6公里，投资概算8870万元。

4月19日至20日 全国交通系统纠风工作会议在晋召开。国务院纠风办地方组组长李仲华，交通部党组成员、纪检组长杨利民，省委常委、省纪委书记金道铭、副省长靳善忠，省纪委常委、秘书长王水成，省监委副主任、省纠风办主任黄福莲，省交通厅厅党组书记、厅长王晓林，厅党组副书记、副厅长张润出席。张润代表省交通厅在会上介绍全省纠建并举，预防为主，着力解决损害群众利益突出问题的纠风工作经验。“创建千里大运文明高速公路”活动和对全省交通执法队伍进行思想、组织、纪律、作风整顿工作的做法。受到部领导和与会代表高度评价。

4月20日 全省公路集雨灌溉对接现场会在寿阳召开。省委常委、副省长梁滨出席并讲话，要求从2008年起，在全省大面积推广实施公路集雨灌溉工程，为农民增收和社会主义新农村建设作出新的更大贡献。省交通厅总工程师郜玉兰，省财政厅、省水利厅、晋中市政府及各厅相关处室、各市(有关县)水利(水务)局、交通局领导参加。

4月27日 省交通厅在太原召开全省重点公路工程建设第一次联席会议。要求各地建设项目和拟开工项目单位怀决胜信念，展决战姿态，进一步加快施工建设和前期工作进度，确保既定目标实现。省交通厅领导王晓林、郜玉兰、郭贵平出席。

4月28日 《山西省水上交通安全管理办法》经省人民政府第101次常务会议通过，共计20条。从6月10日起正式施行。

5月8日 省长于幼军主持召开省政府常务会议，专题研究加快全省高速公路建设问题。省政府秘书长张建民，省发改委、省财政厅、省国土厅、省交通厅、省水利厅、省林业

厅、省环保局、省文物局、省重点办等单位负责人参加。会议听取省交通厅关于"十一五"全省高速公路规划目标、建设重点、项目进展情况等问题汇报,就加快项目审批、建设资金运作、征地拆迁、工程进度等问题进行专题研究。要求各级政府一定要把高速公路建设摆到突出位置,加强领导协调。当前,必须加大力度、加快推进、抓紧突破项目前期准备、征地拆迁、资金筹措、建设管理等关键环节。省直各有关部门要积极履行各自职责,加强协作配合,主动争取国家有关部门支持,倾力抓好新建高速公路建设各项工作。

5月17日至18日 省高管局在运城召开创建千里大运文明高速路现场会。省交通厅厅长王晓林、副厅长张润,厅直党委书记杨俊威,省高管局局长董新品、党委书记李万定,运城市委常委、副市长柴林山等出席,150人参加。

5月22日 下午,省委书记张宝顺在吕梁市委书记聂春玉、市长董洪运等陪同下,专程到兴县沿黄扶贫旅游公路黑峪口至罗峪口段实地视察。希望吕梁市交通部门抓住机遇,再接再厉,精心组织,如期建成,使沿黄群众早日过上平安富足的幸福生活。

5月23日 全省干线公路重点工程建设推进会召开。省交通厅领导王晓林、张润、赵振田出席,省重点办副主任刘继承传达省长于幼军讲话精神。省公路局局长戴飞作动员讲话。

5月30日 全省重点公路工程建设第二次联席会议暨省交通厅离军高速公路现场办公会召开。省交通厅领导王晓林、郜玉兰出席并讲话,郭贵平主持。

6月6日 下午,省人大常委会副主任杜五安深入忻阜高速公路建设管理处调研。要求依法办事,依法修路,集中精力加快推进前期工作,做到又好又快,好中求快。

6月7日 下午,省委宣传部、省交通厅共同组织召开创建千里大运文明高速路集中采访宣传活动新闻通气会。省委宣传部常务副部长王清宪,省委宣传部副部长、外宣办主任王建武,省委宣传部新闻处等部门负责人,省交通厅党组副书记、副厅长张润,厅直机关党委书记杨俊威、省高管局党委书记李万定、厅新闻宣传中心及省内各大媒体有关负责人参加。周存信汇报千里大运文明路创建情况。

6月11日 中央保持共产党员先进性4个长效机制文件检查组莅临省交通厅,对贯彻落实情况进行检查。中央检查组组长、中央文献研究室副主任杨胜群等检查组一行在省委常委、组织部长任泽民,厅领导王晓林、张润陪同下,检查小店收费站基层党支部建设等情况,观看全省高速公路结构路网图沙盘、省高管局监控中心等。随后,在省高管局召开汇报会。任泽民主持,王晓林汇报贯彻落实情况,省高管局党委书记李万定汇报全省高管系统有关贯彻落实情况。省委副秘书长李平社,省委组织部副部长王树林,省直工委书记刘巩、副书记陈跃刚等陪同;厅领导张润、王志民、郜玉兰、张德仪、赵振田、张志川等参加。

6月18日 "中国·山西黄河壶口'和谐'采水仪式"隆重举行。国家航海办常务副主任李育平,省交通厅厅长王晓林,省委宣传部副巡视员王拉英,团省委副书记雷健坤,临汾市副市长周杰,青岛市政府副秘书长李振山等出席。副厅长王志民主持。

6月19日至24日 省交通厅领导王晓林、郜玉兰、赵振田,省高管局局长董新品及厅综合规划处、重点办、省公路局有关处室、大同市交通局等有关单位和部门负责人赴内蒙,就两省区相接公路规划和建设等事宜,与区交通厅有关负责同志进行会谈,并参观考察呼和浩特至集宁高速公路、省际大通道集宁至乌兰浩特段以及内蒙东部地区的国省干线公路、边防公路、县乡道路等。

王晓林一行考察期间,内蒙古自治区区委常委、军区司令员郑传福,自治区副主席赵双连亲切会见考察团一行,并希望两省区加强合作,相互促进,携手共创晋蒙交通美好未来。

6月25日 太旧高速公路公司在太旧纪念碑前隆重召开纪念中国共产党诞辰86周年大会。省人大常委会副主任杜五安、省人大民族宗教侨务外事委员会副主任杨金泉、省高管局局长董新品出席。会前,杜五安、杨金泉、董新品及太旧高速公路公司领导向为太旧路建设献身的功臣敬献花篮。

6月28日 解州至陌南公路中条山隧道开工建设。省交通厅厅长王晓林与运城市四大班子领导、省公路局局长戴飞出席奠基仪式。项目设计长度7423米,批复概算3.26亿元,开创全省普通公路特长隧道工程建设先河,建成后将成为全国单洞里程最长的双向公路隧道工程,汽车翻越中条山将从原来1小时缩短为10分钟。

6月28日 全省重点公路工程建设第三次联席会议召开。要求进一步加快施工建设和前期工作进度,确保既定目标实现。厅领导部玉兰、郭贵平出席并讲话。

6月29日 省交通厅纪念建党86周年暨"一先两优"表彰大会在省征稽局二楼会议室隆重召开。省委组织部副部长王树林、省直工委副书记贾明建、省委组织部组织处副处长张志刚应邀出席。厅党组书记、厅长王晓林作党建工作报告;厅党组副书记、副厅长张润主持;厅党组成员、副厅长王志民宣读表彰决定;厅领导部玉兰、张德仪、赵振田、郭贵平出席。

6月29日 下午,全省重点公路工程建设工作会议在太原召开。国家开发银行山西省分行、省发改委、省国土资源厅、省林业厅、省重点办、省编办等相关部门负责人应邀出席。省交通厅领导王晓林、郭贵平参加,副厅长张润主持,总工程师部玉兰作了题为《创新理念,科学管理,全力推进重点公路工程建设又好又快发展》的工作报告。

会议表彰2006年度完成目标责任制优秀单位和先进单位。部玉兰与各建设单位签订2007年度工作目标责任书。

7月10日 上午10时,省委书记张宝顺深入太原南过境高速公路小店收费站西北侧,视察太原滨河东路南延工程以及与太长高速公路连接线工程。省委常委、秘书长申联彬,省委常委、太原市委书记申维辰,省交通厅长王晓林以及太原市有关领导陪同。

7月13日 山西省与北京市国防交通战备部门,分别在大运高速公路和北京市昌平区某部综合训练场,参加北京军区举行的军交—2007B国防交通专业保障队伍整训点验,取得圆满成功。两地同步进行,并通过视频会议系统双向传输。省委常委、省军区司令员方文平、副省长胡苏平、省交通厅厅长王晓林代表省国防动员委员会在北京主现场观摩,省长助理刘俊谦在山西省分现场观摩。

7月14日 为纪念建军80周年,中央宣传部、交通部共同组织由新华社、人民日报、经济日报、光明日报、中央电视台、中央人民广播电台、科技日报、农民日报、中国经济导报、中国交通报等中央10多家主流媒体组成的采访团赴晋,深入太行山老区,先后在平顺、武乡、左权、昔阳做了大量深入细致调查研究和采访报道。

省交通厅对这次采访活动非常重视,7月17日,厅长王晓林与采访团进行座谈,并接受中央电视台专访。副厅长张润全程陪同。

7月19日 上午,省道104太原晋祠至古交运煤公路工程正式开工。省委常委、太原市委书记申维辰,太原市政府领导,省政府副秘书长李顺通,省交通厅领导王晓林、赵振田出席开工仪式。副省长牛仁亮宣布工程开工。建设里程60公里,其中新建42公里。估算投资5.98亿元。

7月25日 第四次重点工程联席会议暨勘察设计工作座谈会在太原召开。要求树立新理念,提高新水平,为省交通厅制定重点项目管理办法提供支持。省交通厅厅长王晓林出席并讲话,厅总工程师部玉兰主持。

8月7日 下午,副省长牛仁亮带领省交管局、省物价局有关领导,在省政府副秘书长李顺通,省交通厅领导张润、张志川陪同下,深入太原环城高速公路就计重收费、治超工作进行调研。要求从源头上制止超载车辆进入高速公路,保证道路安全与畅通。省公路局局长戴飞、省高管局局长董新品及省交通质监站、厅机关有关处室负责同志参加。

8月9日 上午,全省重点公路工程建设领导组会议在迎泽宾馆召开。领导组组长、副省长牛仁亮出席并讲话。要求依靠质量保障、部门联动、创新机制、阳光作业和加强领导5个方面保障措施,解决突出问题,把握战略任务,推动重点公路工程建设再上一个新台阶。省政府副秘书长李顺通主持。领导组各位副组长及成员,省发改委、省纠风办、省直有关部门、各市有关负责人,省交通厅领导王晓林、王志民、张志川、部玉兰、张德仪、赵振田、郭贵平及厅直有关单位、厅机关有关处室负责人参加。王晓林作情况汇报。

8月15日 省人大常委会副主任王昕带领部分省人大代表深入省交通厅视察。副省长胡苏平陪同,省交通厅厅长王晓林致辞欢迎,副厅长张润汇报情况。

8月19日至20日 省交通厅厅长王晓林、厅总会计师张德仪带领省高管局局长董新品及厅机关有关处室、各市交通局负责人考察广西高速公路文明创建、管理服务及治超工作。广西壮族自治区交通厅厅长黄华宽、纪检组长陈富芳、高管局党委书记罗华芝陪同。

王晓林在讲话中,要求全省高管系统要学习广西南宁高速公路伶俐治超站准军事化管理、人性化服务、文明执法、热情服务的治超精神,提高治超科技含量,与广西高管局加强交流,共同提高文明服务水平。

8月23日 交通部部长李盛霖赴晋视察,并主持召开华北片区以桥梁为重点的交通基础设施安全隐患排查治理专项行动汇报会,与省委、省政府领导就交通工作交换意见。晚上,省委书记张宝顺在迎泽宾馆会见李盛霖部长一行。

8月24日 上午,交通部长李盛霖带领部办公厅、规划司、公路司、质监总站等部门负责同志,先后来到太原环城高速公路柴村超限检测点、杨兴河大桥、省高速公路桥梁检测中心、208国道太原东柳林河桥,以及太原高速公路晋祠连接线立交桥工地,了解全省以桥梁为重点的交通基础设施安全隐患排查以及超限超载治理工作。省委常委、省纪委书记金道铭,副省长牛仁亮,省交通厅领导王晓林、张润、王志民、张志川、部玉兰陪同视察。

8月24日 下午,华北片区以桥梁为重点的交通基础设施安全隐患排查治理专项行动汇报会在迎泽宾馆召开。交通部部长李盛霖认真听取北京、天津、河北、山西、内蒙交通部门有关汇报,对华北片区危桥隐患排查、改造,以及五省市联合治超进行安排部署,对山西省交通厅厅长王晓林倡议的华北五省(区、市)联手加大治超协调力度、严禁55吨以上重载车上路予以肯定和支持。汇报会结束后,省委副书记、省长于幼军与李盛霖一行在迎泽宾馆进行座谈,双方就全省"十一五"交通发展当前面临的一些问题交换意见。副省长牛仁亮代表省政府汇报全省近年来交通发展情况。

李盛霖表示,交通部将一如既往地全力支持山西能源基地建设。希望部省联手努力,用好国家现有政策,增加资金投入,落实好中央1号文件,加快农村公路建设。交通部各司长就山西交通建设提出的问题一一进行答复。

交通部办公厅主任杨咏、规划司司长董学博、公路司司长张剑飞、国家交通质监总站副站长成平等参加调研活动和座谈会。省政府秘书长张建民主持座谈会。省发改委、省公安厅、省监委、省财政厅、省国土资源厅、省建设厅、省重点办、省物价局等部门主要负责人及省交通厅领导王晓林、张润、王志民、张志川、部玉兰、张德仪、赵振田参加座谈。

8月25日至26日 全国交通职工思想政治工作研究会北方分会第四次年会在晋中市召开。省交通厅厅长王晓林看望与会代表,晋中市委书记李永宏、张润副厅长分别致辞。厅党组成员、省公路局党委书记赵振田主持。

8月31日 副省长牛仁亮在省政府副秘书长李顺通,省交通厅领导王晓林、张润、郜玉兰、张德仪陪同下,专程赴离军高速公路建设工地,对工程进度、质量、安全及存在问题进行深入调研。要求严格管理,精心组织,倒排工期,做好质量排查和安全生产,确保年底建成通车。

8月31日 上午,汾阳至邢台高速公路汾阳至平遥段开工奠基。省政府副秘书长李顺通,省交通厅领导王晓林、郜玉兰、张德仪、赵振田,江苏省盐城市政府副市长周古城,全国政协委员、江苏悦达集团有限公司党委书记、董事局主席胡友林,吕梁市领导聂春玉、董洪运,晋中市领导李永宏、张璞等两市四大班子领导,省发改委、省物价局、省财政厅、省审计厅、国家开发银行山西省分行、中国工商银行山西省分行主要领导,沿线各县市党政主要领导和群众代表出席,郜玉兰主持。路线全长41.7公里,投资估算14.45亿元。

项目由江苏悦达集团投资,省交通厅与江苏悦达集团合作建设,是全省创新高速公路融资模式的又一重要成果。

9月9日 六省十地市公路友好交流联合会第十七届年会在长治市召开,70余人参加。省公路局局长戴飞、长治市副市长尚宪芳出席并讲话。

9月10日 北京、天津、河北、内蒙、河南、陕西、山西征稽部门领导齐聚忻州,交流工作经验,破解业务难题,共商发展大计。省交通厅总会计师张德仪及厅机关有关处室负责人应邀出席。

9月11日 全省重点公路工程建设第五次联席会议在省高管局召开。省交通厅厅长王晓林出席,厅总工程师郜玉兰主持。

9月13日 下午,省交通厅召开服务"煤博会"迎接十七大动员大会。厅领导王晓林、王志民、张志川出席并讲话。

9月18日 省人大常委会党组副书记、副主任杜五安带领省人大常委会环保执法调研组深入山西路桥建设集团和省高管局就环保执法工作进行调研。省交通厅副厅长张润及厅科教处、办公室、法规处有关负责人陪同。

9月19日 晋城至侯马高速公路阳城至翼城段开工奠基。省政府副秘书长李顺通,省交通厅厅长王晓林,省直有关部门、金融部门和晋城、临汾两市领导及厅属有关单位领导出席奠基仪式。省交通厅总工程师郜玉兰主持。路线全长64.792公里,建设工期3年。

9月21日 省交通厅举行全省公路桥梁养护安全管理责任目标签字仪式。省政府副秘书长李顺通,省交通厅领导王晓林、张润、赵振田出席,郜玉兰主持。赵振田宣读《山西省公路桥梁养护安全管理目标责任书》。王晓林分别与全省11市交通局局长,省公路局、省高管局、省交通开发总公司领导签订责任书。

9月22日 下午,省委副书记、代省长孟学农在省政府秘书长张健民,省交通厅领导王晓林、郜玉兰,厅办公室、重点办、省交通科研院、省交通质检站等单位负责人及吕梁市主要领导陪同下,考察正在建设中的离军高速公路,向建设者表示亲切慰问。要求科学合理安排施工,确保工程质量,确保安全生产。

9月25日 上午,副省长牛仁亮在忻州顿村省交通职工培训中心会见交通部副部长徐祖远一行。他代表省政府感谢交通部多年来对山西交通基础设施建设的支持。省政府副秘书长李顺通,省交通厅领导王晓林、王志民、郜玉兰等会见时在座。

9月25日至26日 全国交通系统人才工作座谈会在忻州召开。交通部副部长徐祖远出席并讲话,省委常委、省纪委书记金道铭到会祝贺,厅长王晓林致欢迎辞,省政府副秘书长李顺通,中组部四局副处长李东梅、人才工作局副处长高响鸣,省交通厅副厅长王志民出席,交通部人劳司副司长陈瑞生主持。与会代表在省交通厅副厅长张志川、晋中市副市长郭勇飞陪同下,实地考察昔阳县农村公路。

9月26日 省高管局召开“千里创文明,喜迎十七大”动员大会。省交通厅副厅长张润出席并讲话,党委书记李万定作动员。

9月28日 省运管局、省旅游局和省公安厅在太原市南宫广场举行“迎嘉宾、保安全、打黑车”黄金周旅游客运联合稽查行动启动仪式。省交通厅副厅长王志民及厅运管处有关负责人出席。

10月11日 副省长牛仁亮深入省交通厅调研全省高速公路建设进展情况。省政府副秘书长李顺通,省发改委副主任兰光东、省国土资源厅副巡视员白怀茂陪同。厅党组副书记、副厅长张润汇报,厅领导王志民、部玉兰、张德仪,省公路局、省高管局、省征稽局、省运管局主要领导,厅机关有关处室、厅重点办、厅直有关单位负责人参加。

10月22日至23日 交通部体改法规司副司长柯林春等一行4人,对大运文明高速路运城至太原段创建工作进行检查。省交通厅领导王晓林、张润、部玉兰陪同。

10月26日 下午,全省重点公路工程建设第六次联席会议召开,省交通厅副厅长张润出席并讲话,总工程师部玉兰主持。厅机关有关处室负责人作表态发言。

11月4日 交通征稽文化评审会在省征稽局召开。省交通厅副厅长张润及省征稽局和厅机关有关处室负责同志,交通部体改法规司、交通部交通行业文化研究课题组、国务院发展研究中心、省委宣传部新闻宣传处、太原师范大学、省作协领导和专家出席。

11月6日 晋城至侯马高速公路翼城至侯马段胜利建成通车。副省长牛仁亮,中国交通建设股份有限公司董事长周纪昌,省政府副秘书长李顺通,省交通厅领导王晓林、张润、部玉兰以及临汾市长李天太等剪彩。路线全长66.791公里,总投资25亿元,2005年2月16日正式开工,2007年10月31日完成建设任务。

11月11日 忻州至保德、太原至佳县、太原至古交3条高速公路奠基仪式在忻州市忻府区奇村举行。省委书记、省人大常委会主任张宝顺,省委副书记、代省长孟学农,省政协主席刘泽民,省委常委、省军区司令员方文平,省人大常务副主任纪馨芳,副省长牛仁亮,省政协副主席薛荣哲,省政府秘书长张建民;省交通厅领导王晓林、张润、王志民、张志川、部玉兰出席。省政府副秘书长李顺通主持。

忻州市长耿怀英,太原市政府领导,吕梁市委书记聂春玉先后作表态发言。省直有关部门、金融部门负责同志;太原、忻州、吕梁3市四大班子领导及市直有关部门负责同志,沿线县市党政领导,厅机关、厅直有关单位负责同志等参加奠基仪式。

项目总建设里程422公里,按双向四车道高速公路标准设计,时速80公里,路基宽24.5米,总投资261亿元。

11月16日 省政府、交通部作出《关于命名大同至运城高速公路千里文明高速路的决定》。

11月20日 下午,2007年全国治理车辆超限超载工作电视电话会议召开。全省分别设立省、市分会场。副省长牛仁亮出席山西分会场会议,并向全国介绍华北五省(区、市)联合治超工作情况。省政府副秘书长李顺通,省交通厅领导张润、王志民、张志川、赵振田,省治超领导组成员单位负责人参加。

12月1日至2日 交通部副部长黄先耀调研大运千里文明高速路创建工作,称赞创建活动在全国交通行业是一个新尝试,取得明显成效,为深化行业文明创建积累宝贵经验。希望不断增强辐射带动作用,继续培育更多典型;全国交通行业要学习借鉴创建经验,大力加强交通文化建设,努力为交通事业又好又快发展提供精神动力和智力支持。

12月2日 省政府和交通部在太原南宫隆重召开大会,命名大运高速公路为“千里文明高速公路”,并对创建过程中涌现出的先进集体和先进个人进行表彰。

省委书记张宝顺专门发来贺信。交通部副部长黄先耀,省委常委、宣传部部长高建民，省人大常委会副主任薛军、杜五安，副省长牛仁亮，省政协副主席韩儒英出席命名大会。省政府副秘书长李顺通主持。交通部体改法规司司长何建中，省委宣传部副部长、省文明办主任张明亮，省总工会副主席郭争荣，省直有关单位负责同志，省交通厅领导王晓林、张润、王志民、张志川、郜玉兰、张德仪、赵振田，大运高速公路沿线8市分管交通副市长，创建活动先进集体和先进个人及全省交通系统干部职工代表参加。

高建民宣读省委书记张宝顺的贺信，王晓林介绍创建情况。李万定作表态发言。黄先耀、牛仁亮向省高管局局长董新品、党委书记李万定颁发“千里大运文明高速路”牌匾。省文明委对在创建活动中涌现出的“十佳文明和谐示范窗口”和“十佳文明服务标兵”进行表彰。省劳动竞赛委员会特别为在创建大运千里文明高速路，开展“五比五看、服务创优”立功竞赛活动中作出突出贡献的先进集体和先进个人记功表彰。其中，获五一劳动奖状7个、五一劳动奖章30名，记集体一等功19个、二等功27个、三等功36个，记个人一等功21名、二等功44名、三等功66名。会议同时为获得中国建筑工程“鲁班奖”和第六届“詹天佑土木工程大奖”的新原段雁门关隧道、获得中国建筑工程“鲁班奖”的临侯段赵康枢纽、获得国家优质工程银质奖的原太高速公路公司、获得国家科学进步二等奖的祁临高速公路公司颁奖。

大运高速公路北起长城，南至黄河，全长1025公里，是全省中轴快速通道和最具活力的经济走廊。

12月2日 交通部副部长黄先耀一行在省政府副秘书长李顺通、省交通厅厅长王晓林等陪同下，深入省征稽局视察，听取交通征稽文化课题研究汇报。副厅长张润主持。交通部体改法规司司长何建中，厅领导郜玉兰、张德仪出席。局长张晋鹏汇报。

12月5日 省文明办与省交通厅在太原迎泽宾馆共同举办“大运千里文明高速路共建共享社会论坛”。省直工委副书记阎登山，厅领导张润、郜玉兰及省委宣传部、省文明办、大运高速公路沿线地方政府、省交管局、省煤运公司、山西汽运集团、中石化山西分公司、中石油山西分公司、省高管局、大运各高速公路公司有关领导参加。张明亮主持。郜玉兰致辞，李万定汇报创建情况。张润、李永和、柴林山、郎义、胡鲜朝、杨原平、郑凤岐、刘玉柱先后作精彩演讲。

演讲结束后，张润、郜玉兰、李万定等领导就大运千里文明高速路创建情况和下一步如何巩固创建成果，回答新华社、经济日报、山西经济日报等媒体记者提问。

12月5日 全省治理非法超限超载车辆确保道路交通安全电视电话会议召开。省委常委、省政法委书记、公安厅厅长杜玉林主持，副省长牛仁亮讲话。

会议决定，12月19日12时，全省各县（区、市）高速公路、国省干线、农村公路上将实行无缝隙、拉网式超限超载治理综合行动。根据华北五省（区、市）联合治超《通告》和有关精神制定的《山西省人民政府关于治理非法超限超载车辆确保道路交通安全的意见》，也正式发布施行。

忻州、吕梁、临汾三市介绍治超经验，王晓林代表省交通厅，省公安厅、省委宣传部、省经委、省工商局、省纠风办领导分别作表态发言。省政府副秘书长李顺通、副厅长张志川等参加。各市、县（区、市）政府主要领导及有关部门负责同志在各分会场参加。

12月5日 清徐县村村通客车暨农民医院开通专线班车新闻发布会召开。在全省率先实现村村通客车，解决全县25万农业人口出行难问题。25条客运路线、350个班次确保公交网络覆盖全县，日运送旅客3900余人。

12月12日 全省交通系统治理非法超限超载车辆誓师动员大会召开。省政府副秘书长、省治超办主任李顺通，交通部公路司副司长李华出席。省交通厅厅长王晓林与各市交通局、厅直有关单位签订治超工作目标责任书。副厅长张润主持并传达代省长孟学农批示精神。副厅长张志川作动员,厅领导王志民、张德仪、赵振田参加。

朔州市交通局、吕梁市交通局、省公路局、省高管局、省运管局先后作表态发言。厅机关各处室,各市、县、区交通局,省公路局、省征稽局、省运管局、省高管局、省交通开发投资总公司,各公路分局,各高速公路运营公司主要负责同志和有关人员参加。

12月18日 离石至军渡高速公路竣工通车仪式举行。省人大常委会副主任杜五安,省政府副秘书长李顺通,省交通厅厅长王晓林,吕梁市长董洪运等出席。总工程师部玉兰主持。路线全长38.55公里,2005年10月28日奠基,12月19日正式开工建设,概算投资28.85亿元。

12月18日 下午,全省治理非法超限超载车辆工作新闻发布会召开。省政府副秘书长、省治超办主任李顺通介绍有关情况,省政府秘书长王清宪主持。

12月19日 中午12时,全省新一轮"拉网式、无缝隙"治超总行动全面启动之时,副省长牛仁亮,省交通厅厅党组副书记、副厅长张润,厅党组成员、副厅长张志川,省交管局局长宋建华,省公路局局长戴飞,省高管局局长董新品,省运管局局长李华中以及省治超领导组成员单位有关负责同志,分别到太原环城高速公路迎西收费站和108国道阳曲县司徒洼超限检测点启动仪式现场,身披宣传标语,分发各种宣传资料,现场接受咨询,向司机宣传最新的治超政策。

12月22日 一大早,省政协副主席吕日周在省交通厅厅长王晓林陪同下,深入忻州督导治超工作。要求巩固治超成果,加强管理培训,严格依法治超,并着眼于建立长效机制,防止超限超载反弹。忻州市市长耿怀英等陪同。

12月22日 上午,大同绕城高速公路竣工通车。省政协副主席吕日周,省交通厅党组书记、厅长王晓林,厅党组副书记、副厅长张润,大同市委书记郭良孝、市长丰立祥、副市长张富文出席通车仪式。总工程师部玉兰主持。路线全长32.86公里,投资概算11.52亿元。

12月29日 副省长牛仁亮冒着凛冽寒风,在省交通厅领导王晓林、王志民、张志川陪同下,深入太原长途汽车客运总站检查道路运输安全工作。要求提高安全意识,强化安全措施,防止重特大事故发生。

2008 年

1月6日 全省运管系统治理非法超限超载搞好货运源头管理工作推进会在忻州顿村召开。副省长牛仁亮向大会致信祝贺。省交通厅副厅长张志川出席并讲话。200余人参加。朔州市运管处及长治县、大同县、平顺县、广灵县、清徐县运管所分别作经验介绍。

1月11日 阳泉至五台山高速公路阳泉至盂县段奠基仪式在阳泉郊区杨家庄乡白家庄村举行。省人大常委会党组副书记、副主任薛军,省政协副主席韩儒英,中国建筑工程总公司党组书记郭涛、副总经理刘锦章,省交通厅总工程师部玉兰,阳泉市四大班子领导出席。市长白云主持。主线长41.2公里,一级公路连接线7.008公里,投资估算27.92亿元。

1月11日 省政协副主席吕日周深入吕梁市调研。要求再接再厉,继续保持高压态势,采取更加有效方法和得力措施,巩固成绩,防止反弹,坚决打赢"双超"治理攻坚战。省交通厅副厅长张润陪同。

1月15日 上午,省交通厅召开会议,传达贯彻落实省委九届三次全会、全省经济工作会议、全国交通工作会议精神,总结自2000年以来全省交通工作,安排部署2008年交通工作。省交通厅领导王晓林、张润、王志民出席并讲话，王志民主持。

1月30日 省交通厅召开山西交通新闻宣传迎春座谈会，与中央驻晋新闻媒体、省内新闻媒体领导和记者朋友们欢聚一堂，共贺新春佳节。副厅长张润出席并介绍全省交通发展情况。光明日报山西记者站站长杨荣、中央人民广播电台山西记者站站长李文祥、山西经济日报总编辑尚晋生、山西人民广播电台副总编辑李铁元、山西电视台新闻部副主任樊冬平、山西晚报经济部主任张晓绵、山西日报工交部主任桂小纯等先后发言，对近年来交通事业快速发展予以赞扬，同时表示一如既往地关心、关注、关爱交通，为交通鼓与呼。厅直机关党委书记杨俊威主持，厅办公室、重点办、农管处、厅治超办有关负责同志，厅新闻宣传中心领导班子成员及有关部室负责同志参加。

1月31日 山西省交通厅重点公路工程建设办公室正式挂牌，办公地点搬至厅办公大楼五层。厅长王晓林、副厅长张润揭牌，并与厅重点办全体工作人员进行座谈。

2月1日 全省交通工作暨党风廉政建设工作会议在太原召开。省委常委、省纪检委书记金道铭，省人大常委会常务副主任杨安和，副省长牛仁亮，省纪委检查员、监察厅副厅长黄福莲，省总工会副主席郭争荣，省纪委监察厅纠风室主任潘少音等应邀出席会议并为受表彰的先进集体和个人颁奖。会上，省总工会副主席郭争荣宣读省劳动竞赛委员会关于为国道主干线离军、侯禹等重点公路工程建设先进集体和先进个人记功表彰的决定；厅总工程师部玉兰宣读省厅关于表彰2007年度完成工作目标责任制优秀单位和先进单位的决定；厅总会计师张德仪宣读省厅关于表彰2007年度全省交通系统安全生产管理工作先进单位、先进个人的决定；厅党组书记、厅长王晓林作了题为《坚持“三个并重”推动交通率先科学发展，围绕“三个服务”提升交通服务能力水平》的工作报告；厅党组副书记、副厅长张润作了题为《深入推进反腐倡廉建设，确保全省交通事业持续健康发展》的党风廉政建设工作报告；厅党组成员、副厅长王志民作了题为《全面贯彻安全第一预防为主综合治理方针，努力实现以人为本以车为本安全发展目标》的安全生产工作报告。会议由厅党组副书记、副厅长张润，厅党组成员、副厅长张志川分别主持。厅党组成员、省公路局党委书记赵振田出席。

省厅本届班子从2000年上任，至今已八年。这八年，是全省交通发展史上最好最快的时期，也是全省人民享受交通发展成果最多的时期。一是全省交通建设高潮迭起。累计完成投资1132亿元，公路通车里程由52 807公里提高到12万公里，百平方公里公路和密度由34公里提高到76公里，分别增长1.3倍；高速公路由403公里提高到1893公里，增长3.7倍；二级以上高等级公路由8918公里提高到15 786公里，增长77%；新改建农村公路12万公里，是建国50年的6倍还多；全省乡镇通油路率由85.7%提高到100%，建制村通水泥（油）路率由42.6%提高到84.6%，通公路率由93.5%提高到近100%，通客车率由67%提高到91%，分别提高14.3%、42%、6.5%、24%；交通规费年收入由25.8亿元提高到138.4亿元，增长4.4倍；二是道路运输保障能力进一步增强。全省民用汽车拥有量由49.3万辆提高到150多万辆，增长2倍；道路运输完成客运量、旅客周转量、货运量、货物周转量分别增长52.3%、63.1%、52%、72.3%。三是行业创新能力不断增强，集中攻克一批具有国际国内领先水平的关键技术，形成一套具有山西特色的交通建设技术体系；四是运用市场经济思路和方法推进金融创新和投融资体制改革，走出一条经济欠发达地区公路建设市场化新路子；五是交通安全生产形势稳定，连续8年被省政府评为全省“安全生产先进单位”；六是交通法制建设明显加强。以高速公路管理条例、养路费征管条例、水上交通安全管理办法、公路车辆通行费收取办法等出台为标志，适应市场经济的地方交通法规体系基本建立；七是交通战备综合保障能力不断提升。“国防大运”成为交通基础设施贯彻国防要求样板，交通战备专业保障队伍在历次军交演练和整训点验中发挥重要作用，省交战办被树为全国交通战备一面旗帜；八是党的先进性建设不断加强，精神文明建设硕果累累，全行业基本实现“修好多条路、不倒一个人”目标，并创育大运精神、大运文化、大运千里文明高速路等一批在行业内外有重大影响的先进典型，山西交通行业率先跨入全国交通文明行业行列。

2月1日 下午，全省重点公路工程建设座谈会在厅五楼会议室召开。省交通厅厅长王晓林、厅总工程师部玉兰出席并讲话。厅机关有关处室、厅重点办各处室负责人、各高速公路建设管理处主要负责人参加。

2月2日 上午，省交通厅举行迎春茶话会，厅机关全体人员和离退休老同志欢聚一堂，辞旧迎新。省交通厅厅长王晓林讲话，副厅长张润发表新春祝词，副厅长王志民主持，厅领导张志川、部玉兰、张德仪出席。

2月2日 上午，全省地方海事工作会议召开。省交通厅厅长王晓林、副厅长王志民出席并讲话。

2月3日 上午，副省长牛仁亮在省政府副秘书长李顺通、省交通厅领导王晓林、王志民、张志川及太原市交通局、运管局、公路分局等领导陪同下，深入太原东客站和太原公路分局司徒洼治超检测点检查工作。要求正确处理好治超与运煤关系，对电煤运输车辆做到“三快一优先”，即快速检测，快速处理，快速放行，优先通过。治超工作要常抓不懈，一抓到底。

2月5日 上午，农历春节前夕，省委常委、省纪检委书记金道铭在省交通厅厅长王晓林、副厅长张润等陪同下，冒着严寒，深入厅属单位检查指导工作，慰问坚守岗位一线职工。

2月18日 省高管局召开2008年全省高速公路管理工作会议暨“双五十佳”表彰大会，省交通厅厅长王晓林出席并讲话。

2月20日 上午，省交通厅召开全省农村公路新闻发布会，副厅长张润向新闻媒体介绍全省农村公路发展情况，厅党组成员、省公路局党委书记赵振田主持。

2月20日 省交通科学研究院召开2008年工作会议暨五届六次职代会。省交通厅厅长王晓林出席并讲话，厅总工程师部玉兰发表书面讲话，厅机关有关处室负责同志参加。

2月26日 2008年全省公路工作会议暨党风廉政建设、安全生产工作会议召开。省交通厅厅长王晓林、副厅长张润出席并讲话；厅党组成员、省公路局党委书记赵振田主持，省公路局局长戴飞作工作报告；厅机关有关处室负责同志参加。

3月2日 上午，副省长牛仁亮深入太原市中心医院慰问看望被非法超载车辆司机恶意冲撞，导致双腿截肢的路政治超值勤员乔建宁，给他送去鲜花和慰问金。高度赞扬他爱岗敬业、勇于奉献、不怕牺牲的精神，鼓励他安心养伤，争取早日康复。省政府副秘书长李顺通、孙跃进，省纪委常委、省纠风办主任黄福莲，省公安厅常务副厅长李连琪，省交管局局长宋建华，太原市委常委、副市长李俊明，省交通厅副厅长张润、张志川，省公路局局长戴飞一同慰问。

3月5日 原省政协副主席、省治超办顾问兼总督察员吕日周深入平遥县、沁源县、屯留县、长治市检查治超工作。

3月6日至7日 副省长牛仁亮深入忻州、朔州、大同调研和检查指导治超工作，要求狠抓路面、源头、倒查机制和典型案件“四个重点”，确保责任、机制、经费、队伍管理“四个到位”，逐步探索建立治超工作长效机制，再掀全省治超新高潮。省交通厅副厅长张志川、省运管局局长李华中及省经委、省工商局、省交管局、省纠风办负责人陪同。

3月13日 上午，全省道路运输工作会议在太原隆重召开。会议认真贯彻党的十七大和全国、全省“两会”精神，落实全国道路运输工作会议和全省交通工作会议部署，总结2007年工作，分析当前面临形势，安排2008年任务，动员全省交通运输系统广大干部职工深入贯彻落实科学发展观，围绕做好“三个服务”，转变发展方式，提升产业素质，开创全省道路运输工作新局面。副省长牛仁亮发贺信，省交通厅厅长王晓林出席并讲话，副厅长王志民作了题为《坚持科学发展，围绕“三个服务”，开创全省道路运输工作新局面》的工作报告。

3月18日 全省交通战备工作暨“军交—2007B”活动山西分现场总结表彰大会在忻州顿村省交通职工培训中心召开。北京军区交战办副主任、北京军区联勤部军交运输部副部长万峰大校，省国动委副主任、省军区副司令员何永才大校等应邀出席并讲话。省交通厅厅长王晓林作了题为《奋发有为，求真务实，推动交通战备工作又好又快发展》的工作报告，省交战办副主任史荣和作了“军交—2007B”山西分现场整训点验活动总结报告，厅党组副书记、副厅长张润主持。会议表彰先进单位和先进个人。

3月18日 全长176公里的祁县至临汾高速公路获第七届中国土木工程詹天佑奖，是唯一一个工程全路段获奖项目。杨金泉、史应标、赵振田在北京参加颁奖盛会。

3月20日至22日 省治超工作领导组总顾问、总监督员吕日周深入临汾调研。要求加大突击检查、倒查力度，保持治超高压态势。

3月24日 省委组织部晋组干字〔2008〕67号文印发《关于段建国等同志职务任免的通知》。经省委常委会议2008年3月22日研究决定：段建国同志任省交通厅党组书记。免去王晓林同志的省交通厅党组书记职务。

4月7日 上午，省交通厅召开干部大会，宣布厅主要领导任免决定：段建国同志任省交通厅党组书记、厅长，王晓林同志任省人大常委会城乡建设环境保护工作委员会主任。副省长牛仁亮出席会议并作重要讲话。省委组织部常务副部长刘维佳宣布任免决定。大会由王晓林同志主持。厅领导、厅直各单位党政主要领导、厅机关全体公务员参加。

新任厅党组书记、厅长段建国在大会上讲话。他说，在全省交通建设关键时期，能融入交通行业做一名交通人，非常光荣，同时也感到非常大的压力。他坚信，有省委、省人大、省政府、省政协四大班子关心和支持，有王晓林和历任老厅长艰苦奋斗打下的基础，有一支特别能吃苦、特别能战斗、特别能奉献的交通职工队伍，有全省人民对交通建设的支持，靠改革创新推进交通建设，靠班子团结凝聚力量，靠健全完善廉洁机制带好队伍，一定能和大家一道共同开创全省交通工作新局面。

刚刚卸任即将履新的王晓林同志在讲话中充满深情地回顾了在省交通厅工作的八个春秋，对八年来支持他工作的省委、省人大、省政府领导，共事的班子全体成员，交通系统的广大职工表示衷心感谢，表示将永远心系交通，情系交通，一如既往地关心支持交通工作。他坚信，以段建国同志为班长的交通厅新一届党组，一定会按照省委、省政府决定，贯彻落实科学发展观，使全省交通事业又好又快发展。

副省长牛仁亮代表省委、省政府在讲话中，充分肯定省交通厅工作，并对新一届领导班子提出新要求。

4月7日 下午，厅机关举行座谈欢送会，欢送原任厅长王晓林赴省人大履新，厅领导、厅机关各处室主要负责同志参加。座谈会由厅党组书记、厅长段建国主持。

副厅长张润代表厅党组在座谈会上首先发言。他说，王晓林同志在省交通厅工作的8年，是全省交通发展史上最好最快的时期，也是全省人民享受交通发展成果最多的时期。8年交通工作实践雄辩地证明，王晓林厅长具有驾驭全局、科学决策、应对复杂局面的高超能力，堪称领导干部楷模。他勤奋好学，勤于思考,始终把“人生在于求知、生命在于奉献”作为自己座右铭,在科学高峰上勇于攀登,在知识海洋中孜孜以求,他对交通工作思路、改革创新举措、科学正确决策,都来源于知识积累与实践思考。他尊重人,关心人,理解人,始终把“政治上关心、生活上照顾、关键时刻保护”作为对待同志的根本原则,充分发挥班子成员的积极性和创造性,充分发挥广大干部职工的聪明才智与主观能动性,努力创造“事业大发展、个人能进步、群众得实惠”的环境。

厅领导王志民、部玉兰、张德仪也先后发言,结合自己分管工作和工作经历,表达8年相处的深厚情意。参加座谈的同志们一致祝愿王晓林同志在新的工作岗位上,为全省经济社会发展作出新的更大贡献。

王晓林同志表达难舍之情,并语重心长地希望新班子围绕“三个服务”,坚持“三网并重”,抓住安全质量廉政三个重点,打牢“三基”(基层组织、基础管理、基本素质),开创山西交通工作新局面。

4月8日 太原市交通工作会议召开。省交通厅副厅长张润出席并讲话。

4月10日 全省交通质监站站长座谈会召开,省交通厅总工程师部玉兰出席并讲话。

4月11日 省交通厅召开交通信息化通信专网管道工程建设协调会,省交通厅副厅长张志川作总体安排部署。

4月14日 省高管局就高速公路通行费非现金结算系统建设项目与工商银行山西省分行进行合作洽谈和方案论证。省交通厅总工程师部玉兰主持,副行长于晋萍、省高管局局长董新品等参加。

4月15日 全省高速公路不停车治超检测系统在太原高速公路柴村收费站治超检测点试运行。当日上午,省交通厅厅长段建国、副厅长张志川与有关人员现场调研。要求创新管理,用现代化手段解决治超中的问题。

4月15日 全省重点公路工程建设系统征地拆迁管理工作座谈会召开,省交通厅副巡视员郭贵平出席并讲话。

4月17日 下午,省交通厅与忻州市委、市政府在顿村召开高速公路协调座谈会,达成共识:省交通厅与忻州市政府各负其责,通力配合,共同努力,争分夺秒,倒排工期,争取7月中旬忻阜、忻保高速公路同时开工建设。厅领导段建国、部玉兰、郭贵平及忻阜、忻保、太佳高速公路建设管理处、厅重点办及厅机关相关处室负责人参加。忻州市委书记张建欣、市长李平社代表忻州市委、市政府表示:将全力以赴,为忻州境内高速公路排除障碍,解决困难,并负责在7月10日前办妥土地征用手续,用早日开工建设来解决当前存在的个别矛盾和问题。

4月17日 省交通厅召开会议,传达贯彻全年交通财务审计工作会议精神。厅总会计师张德仪出席并讲话。

4月20日 全国交通征稽文化建设暨规范化管理座谈会在太原举行。来自全国交通征稽系统近100名代表参加,省交通厅领导段建国、张润、张德仪出席。交通运输部体改法规司处长黄克清,公路司处长吴春耕应邀参加。

4月22日 重新调整后的厅关工委召开全委会议,省交通厅副厅长张润出席并讲话。新任厅关工委顾问任先泉、刘乾,厅关工委主任杨继刚,第一副主任任景春,副主任部学文、杨俊威、安正义及委员参加。安正义主持。

4月28日 下午,全省交通系统劳模座谈会召开,省交通厅副厅长张润主持,厅长段建国出席并讲话,赵振田出席。

4月28日 正逢奥运会倒计时100天之际,省高管局作为唯一一个受邀请的地方基层单位,组队赴京参加交通运输部“迎奥运、讲文明、树新风”活动启动仪式,并进行方队和礼仪表演。省交通厅副厅长张润、省高管局党委书记李万定等参加。在启动仪式上,由太原公司组建的路政方队、运城公司组建的收费礼仪方队共50人分别进行军事会操表演和收费礼仪展示。整齐的步伐、规范优雅的收费礼仪及双语会话表演受到部领导一致好评。

5月6日 上午，省交通厅与晋中市政府在榆次召开推进高速公路建设座谈会，研究解决当前影响晋中境内高速公路开工建设的有关问题，推进汾阳至邢台高速公路汾（阳）平（遥）、和（顺）榆（社）平（遥）段及北京至昆明高速公路榆次龙白至祁县城赵段两路4个项目建设，双方达成共识：各负其责，密切配合，以积极稳妥态度，依法创新工作方法，全力推进项目建设。厅领导段建国、张润、部玉兰、郭贵平，晋中市长张璞、副市长马彦平出席，张润主持。4项目共长280余公里。

5月6日 下午，省交通厅厅长段建国、厅副巡视员郭贵平深入晋中市交通局、征稽分局、公路分局调研，详细听取近年来工作情况和“十一五”发展目标汇报，对各单位近年来取得的成绩给予高度评价，并对当前昂扬向上发展态势、队伍精神面貌给予充分肯定。

5月7日 全省交通厅系统纠风暨政风行风评议工作会议召开。省交通厅厅长段建国出席并讲话，副厅长张润作报告，副厅长张志川主持。省交通厅将继续作为2008年全省13个经济管理部门和重点评议单位之一，参加全省政风行风评议活动，其中交通系统的收费站（点）、超限检测点又是评议重点。经省厅研究确定，厅机关、各市交通局、省公路局、省征稽局、省高管局、省运管局、省地方海事局、省交通建设开发投资总公司为省厅重点评议单位。

5月8日 上午，全省交通系统安全生产百日督察专项行动工作会议召开。贯彻落实国家和全省会议精神，结合实际，全面部署，确保安全生产“隐患治理年”各项工作要求落实，努力实现全省交通行业生产形势稳定发展。省交通厅厅长段建国、副厅长王志民出席并讲话。王志民还与各市交通局、厅直各单位签订2008年度安全生产责任书。

5月9日 上午，省交通厅隆重举行“迎奥运、讲文明、树新风”暨“全国交通文明行业”挂牌仪式。省交通厅党组书记、厅长段建国，省直工委常务副书记、省直文明委常务副主任闫登山，省文明办创建处处长李永和出席并讲话。副厅长王志民主持，副厅长张志川宣读交通部表彰决定，总会计师张德仪、副巡视员郭贵平出席。

段建国在讲话中，要求积极行动起来，全力以赴迎奥运，同心同德添光彩；文明礼仪促和谐，优质服务促发展，坚持“三个服务”，争创“五个文明”，取得更大成绩。

5月12日 全省农村公路建设质量年宣传月活动在全省各地启动，省交通厅总工程师部玉兰、太原市副市长王建生出席太原市启动仪式。按照交通部和省厅部署，5月为农村公路建设质量年宣传月，5月12日至16日为集中宣传周，其中5月12日为宣传月活动启动日。主题为“转变农村公路发展方式，提升农村公路建设质量”。

5月13日 省交通厅致信四川省交通厅，就汶川发生强烈地震表示慰问。表示将继续关注灾区灾情，并将最大限度地给予支援和帮助。

5月14日 下午，副省长牛仁亮率省政府办公厅有关人员深入省交通厅调研。要求高速公路加大前期准备工作，加大与省、部沟通、协调力度；干线公路提升等级，整合收费站点；县乡公路加快改造；村村通争取国家政策支持，继续扩大建设成果，继续为农民做实事办好事；全面推广计重收费，做好路桥稳控工作。省政府副秘书长李建功主持。厅长段建国汇报，厅领导张润、王志民、张志川、张德仪、郭贵平，厅机关各处室负责同志、厅直各单位党政一把手、山西路桥集团负责人参加。

5月14日 省政府副秘书长孙跃进、省交通厅厅长段建国、省运管局局长李华中、省公安厅副厅长苏浩、太原市交通局局长张建刚等领导亲临现场指挥，省、市运管部门精心组织，晋龙捷泰运输公司和太原市并州运业公司陆续调用31辆豪华客车，从6时30分，历时6小时，先后将聚集在省人大门口的

130多名农民工和聚集在太原火车站的1300多名农民工进行疏运。此外,全省运管系统调用应急客车100多辆,运送四川籍在晋务工人员5000多人,用实际行动为灾区人民献上一份爱心,得到农民工称赞和社会好评。

5月14日 上午,省交通厅召开会议部署向灾区捐款活动。厅领导段建国、张润、王志民、张志川、郜玉兰、张德仪、赵振田、郭贵平带头捐款,厅机关、厅直各单位干部职工积极响应号召,掀起献爱心热潮。截至15日下午4时,厅机关、厅直各单位已捐款1 186 037.01元,并上解有关部门。

5月16日 副省长牛仁亮在《舆情摘要》第84期上刊载的《山西省交通系统积极推行公路建设阳光操作》一文作出重要批示:"阳光运作、制度入手是反腐倡廉、保护干部的根本之策,希望省交通厅将此项工作一抓到底"。接到批示后,厅领导十分重视,及时组织传达学习,厅长段建国、副厅长张润等领导指示相关处室和单位,认真贯彻批示精神,继续抓紧全系统推行公路建设阳光操作活动的扎实推进。

5月16日 省交通厅厅直系统宣传思想工作座谈会召开。厅直机关党委书记杨俊威主持,厅党组副书记、副厅长张润出席并讲话。

5月20日 由阳泉市交通局组织的赴四川德阳运送赈灾物资车队,圆满完成运送440多吨、价值339万元赈灾物资任务后,安全返回。当天下午,阳泉市专门在市委办公楼对面广场上举行仪式,欢迎车队同志们胜利凯旋。市领导谢海、白云、樊盛武、陈继光等出席,市委副书记郜爱国讲话,副市长王敬瑞主持。

5月20日 大同市委副书记、代市长耿彦波一行赴省交通厅机关,与厅领导就全年大同公路建设有关事宜进行座谈。厅领导段建国、张润、郜玉兰及省公路局、省高管局有关领导以及厅有关部门负责同志参加。

5月21日 根据交通运输部统一安排,省交通厅对支援四川灾区抢通保通公路工作作出部署。要求不惜代价,不讲条件,抽调全行业最优秀专业技术人员和最好的施工机械设备,全力以赴支援灾区,抢通灾区"生命线"。并迅速组建由厅副巡视员郭贵平任总队长、选调150余名政治思想好、作风正派、业务能力强、身体健康的管理技术人员组成3支突击队启程入川。于晚24时赶到灾区德阳市,第一时间与德阳市政府、四川省交通厅抗震救灾指挥部联系,领取抢险任务。

5月21日 副厅长张志川一行莅临晋中市交通局,协调指导通讯线路施工,听取治超工作汇报。

5月21日 全省干线公路建设质量现场会议在临汾市乡宁县召开。回顾总结前两年全省干线公路建设工作,分析当前面临的形势与挑战,安排部署下阶段主要任务和公路建设质量管理工作重点。省交通厅厅长段建国、副厅长张润,省公路局局长戴飞,省重点办副主任刘继承,临汾市委书记夏振贵,市长刘志杰、副市长成洪才等出席。

5月22日 省交通厅厅长段建国一行深入吕梁调研,并就当前公路建设、抗震救灾、奥运保障、安全稳定等任务提出具体要求。

5月23日 上午,省交通厅举行交纳"特殊党费"支援抗震救灾仪式。厅领导张润、郜玉兰、张德仪出席。活动中,厅长段建国带头交纳"特殊党费",厅领导和机关在职党员、离退休老党员踊跃参与,纷纷主动交纳"特殊党费",再一次向灾区人民表达关切之情,尽自己微薄之力,帮助灾区人民早日摆脱困境,重建家园。一些在外地出差的党员也都委托同事代交。特别是80多岁的原老厅长廉平,不顾年事已高,亲自到活动现场交纳,希望灾区人民早日重建家园,感动在场每个人。据统计,厅机关、厅直单位全体党员共交纳"特殊党费"200余万元,共产党员的先锋模范带头作用得到充分体现。

5月23日 上午9时,省交通厅在山西路桥集团一公司办公楼前举行山西省支援四川灾区公路抢通保通突击队出征仪式，副厅长张润主持，副厅长张志川宣读交通运输部紧急通知，厅长段建国讲话并为突击队授旗。厅领导部玉兰、张德仪、赵振田，厅机关有关处室负责人，省交战办、省公路局、省高管局、省运管局、山西路桥集团及一公司主要负责同志，抢险突击队员及中央驻晋新闻单位，省城新闻媒体记者参加。由75名专业技术人员组成的突击队第一梯队携带公路抢通与养护保通机械设备30台，其中包括破碎机、装载机、挖掘机、推土机、油罐车、工程保障车、指挥车、发电机和空压机等。仪式结束后，段建国、张润等登车看望即将出发的突击队员，嘱咐他们克服一切困难，全面完成支援灾区公路抢通保通和各项任务，为山西人争光，为交通人争光。同时希望他们密切关注灾情疫情，时刻保护好自己，特别是要做好预防山体滑坡、泥石流等次生灾害和疫病发生的准备工作，确保施工安全、人身安全。特别嘱咐厅新闻宣传中心记者要把抗震救灾一线的先进事迹采写好、报道好。

5月28日 上午，全省水上安全监管及搜救装备发放仪式在太原市南宫广场举行。省交通厅厅长段建国、副厅长王志民出席并讲话。要求认真做好水上搜救应急训练和搜救演练，有效发挥装备功能。这次共配发20部海事执法车、8艘监督搜救艇、45部对讲机、230个救生圈和230套救生衣等。省安监局、省交战办、厅机关有关处室负责同志参加发放仪式。

5月28日 下午，四川省交通厅党组副书记、副厅长杨占昌一行在山西省交通厅副巡视员郭贵平、省公路局总工程师周文全、山西路桥集团副总经理李晋宏陪同下，深入汉旺镇至堰塞湖段抢通现场实地检查。对突击队5天时间抢通保通县乡公路21.9公里表示非常感谢，对队员们勇于吃苦、无私奉献、不怕牺牲的精神表示非常钦佩。

5月31日 省交通厅召开沿黄公路建设推进会，研究解决目前存在的问题，确保当年沿黄干线公路全面建成、沿黄扶贫旅游公路基本通车。厅长段建国，副厅长张润，厅党组成员、省公路局党委书记赵振田，省公路局局长戴飞出席。

沿黄干线公路全长957公里，概算投资20.68亿元，其中新改建里程627公里。沿黄扶贫旅游公路全长1214公里，估算投资约15亿元，其中新改建里程976公里。

6月3日 全省高速公路养护现场观摩暨经验交流会在运城召开。会议总结近年来全省高速公路养护管理的科学运行规律，对社会所关注的焦点、热点问题进行重点研究，动员全系统广大干部职工迅速行动起来，精心做好“迎奥运、保畅通”各项工作，全力构建更畅通、更安全、更和谐、更高效的高速公路通行环境。省交通厅厅长段建国、总工程师部玉兰出席并讲话，运城市长王安庞、副市长柴林山出席。

6月3日 四川《德阳日报》刊登《劈山斩石的“钢铁队伍”——山西交通抢险突击队抗震救灾纪实》。厅党组副书记、副厅长张润作出批示，《山西交通》6月6日全文转发。

6月3日 早晨6时50分左右，北京冀东广龙物流公司朔州公司车牌号为晋F03210大货车在行至朔州元元公路时，与执行右玉至太原长途客运任务的朔州汽车运输有限公司车牌号为晋F08004依维柯客车相撞，造成22人死亡、2人受伤。这是近年来全省发生的最大一起道路运输恶性事故，给人民群众生命财产造成巨大损失，并在社会上造成严重不良影响。接到事故报告后，在外地出差的厅长段建国要求立即启动安全生产应急预案，副厅长王志民带领有关人员迅速赶赴事故现场，组织交通、运管、运输企业积极协助当地政府和公安交警部门进行伤员救治及善后处理工作。

6月4日 省交通厅厅长段建国带领有关人员在运城市长王安庞和交通相关部门负责人陪同下，深入解陌公路中条山隧道工地检查指导工作。

6月4日 省交通厅召开治安综合治理工作会议,厅领导张润、张志川出席并讲话。会议还表彰2007年度创建"平安小区"、"平安校园"竞赛活动先进单位和先进个人。

6月4日 交通运输部副部长翁孟勇在公路司司长戴东昌、四川省交通厅党组书记、厅长高烽等陪同下,冒着高温酷暑和余震不断危险,莅临山西省援川抗震抢通保通前线指挥部和汉(旺)天(池)清(平)公路抢通保通现场指导抢险工作,并带着120件T恤等慰问品对山西援川抗震抢通保通突击队员表示亲切慰问。要求突击队发挥晋军优势,在确保人身安全情况下,尽最大可能,千方百计采取各种办法清除滑坡体,尽快打通灾区人民的"生命通道"。

6月6日 上午,省委常委、政法委书记、公安厅厅长杜玉林一行在省交通厅厅长段建国,省高管局局长董新品、副局长周存信陪同下,赴祁临公司临汾高速公路服务区视察迎奥运准备工作。要求精心组织,全力以赴,切实做好迎奥运各项准备工作,圆满完成奥运火炬团接待任务。

6月11日 省交通厅领导段建国、赵振田及省高管局、厅直机关党委、省公路运输工会、山西路桥集团主要负责人组成的厅慰问团一行8人,莅临四川绵竹抢通保通公路现场指导工作并慰问一线抢险突击队员。在前线指挥部驻地绵竹市汉旺镇举行全国总工会"山西省交通厅抗震救灾重建家园工人先锋号"授旗暨新党员入党宣誓、老党员重温入党誓词仪式。副巡视员郭贵平陪同并主持授旗、宣誓仪式。段建国在讲话中,要求继续发扬不怕疲劳、连续作战精神,克服困难,顽强拼搏,再接再厉,为支援灾区抗震救灾作出新的更大贡献。

6月12日 省交通厅在德阳市召开支援四川灾区公路抢通保通座谈汇报会。厅领导段建国、赵振田出席并讲话。副巡视员郭贵平主持,省公路局总工程师周文全作汇报。

6月13日 上午,省交通厅在五楼视频会议室组织观看交通运输部组织的"抗震救灾英模事迹报告会"。厅领导张润、王志民、郜玉兰、张德仪及厅直各单位党政一把手、党务工作者、工会主席、厅机关各处室负责同志一同收听收看。

6月13日 下午,省交战办召开分练情况讲评会议,重点对下一步工作进行安排部署。省交通厅厅长、省交战办主任段建国出席并讲话。省军区后勤部副部长、省交战办副主任林保江、省公路局局长戴飞及省运管局等有关部门负责人参加。省交战办副主任史荣和主持。

6月14日 交通运输部党组成员、纪检组长杨利民在四川省交通厅、德阳市和绵竹市政府及交通部门一行20余人陪同下,冒雨莅临汉旺至天池至清平公路现场、汉旺镇万灯村旧营地实地查看公路损毁及山西省援川抗震抢通保通突击队部被洪水冲毁受灾情况,并慰问一线参战人员。希望所有参战队员继续发扬不怕疲劳、连续作战、勇于奉献的精神,克服困难,顽强拼搏,再接再厉,完成部交给的公路抢通保通任务,为支援灾区抗震救灾工作再做新的更大贡献。

6月14日至18日 交通运输部部长政策咨询小组一行9人,对全省农村公路建设、养护情况进行调研。省交通厅副厅长张润陪同调研并出席座谈会。

6月15日 全省新一轮"无缝隙、拉网式"治超总行动自2007年12月19日启动以来,超限超载率大幅下降。截至6月14日,全省公路超限超载率下降到0.2%。尤其是55吨以上车辆超限超载势头得到遏制,超限超载率不到0.2%,全省高速公路杜绝55吨以上非法超限超载车辆的行驶。

6月16日至18日 省交通厅副厅长王志民带领省公路局、省高管局及厅机关有关处室人员,沿大运高速公路进行逐点、逐段演练式检查。要求按照组委会要求,竭尽全力做好交通服务保障各项准备工作。

6月17日 交通运输部在安县山东省

交通厅公路抢通保通前线指挥部召开对口支援四川公路抢通保通单位座谈会，山西、山东、云南、河南、湖北5省交通对口支援单位领导和四川省交通厅、公路局领导参加，部党组成员、纪检组长杨利民出席并讲话，部总工程师周海涛主持。5省分别就前段时间对口支援公路抢通保通工作进展情况、存在问题及今后需要采取的措施和对策等进行汇报。郭贵平、周文全分别代表山西作汇报。

6月17日 下午，全省治理非法超限超载车辆工作会议在太原召开。总结成绩，分析问题，交流经验，表彰先进，并对下一阶段治超工作进行研究和部署。副省长牛仁亮出席并讲话。省交通厅厅长段建国作表态发言。

会上，对考核先进市、县、治超点进行表彰奖励，名列前三名的离石市、宁武县、高平市由省交通厅按二级公路标准各奖励一条城区绕行公路路面和桥涵。

6月18日 上午，交通运输部召开全国运输行业节能减排工作视频会议。山西三皇侯马运业集团公司“GPS全球定位系统和行业记录仪”、长治市第一汽车运输公司“甲醇燃料汽车”两项目作为全国交通行业首批20个节能示范项目被授牌。省交通厅总工程师部玉兰，山西汽运集团、厅直单位、各市交通局、三个节能示范项目单位主管节能减排工作负责人及厅机关有关处室负责同志在山西分会场参加会议。

6月19日 省交通厅厅长段建国带领厅机关有关处室负责人深入长子、襄垣、壶关3县，就太长高速长子连接线、襄垣立交、大峡谷旅游路等工程建设和筹备情况进行调研。并深入长治市汽车客运车站建设工地和市交通局、长治公路分局、征稽分局、高速公路公司进行调研。

6月20日 省政府副秘书长孙跃进、省交通厅副厅长张润等慰问团一行3人，莅临绵竹汉旺至天池至清平再抢通公路现场指导工作并慰问一线抢险突击队员。前线指挥部指挥郭贵平、德阳市人大常委会副主任王远辉、副指挥周文全等陪同视察。

6月25日 上午11时40分许，由北京奥组委、山西组委会、媒体记者、随行人员约600余人、40余辆车组成的奥运火炬团车队缓缓驶入临汾服务区，全体工作人员立即投入到转场接待服务中。副省长张平在省交通厅副厅长王志民陪同下，随团进入。对临汾服务区的服务设施、就餐环境、饭菜质量、文明服务等方面给予高度评价。优美洁净的服务环境、卫生可口的奥运餐、热情周到的服务也受到北京奥组委及其他奥运火炬团成员一致好评。在服务奥运、奉献奥运中充分展现山西交通文明、和谐的良好行业形象。13:20分，送走第二批奥运火炬团成员，圆满完成接待任务。

6月25日至30日 以省交通厅副厅长张润为组长、省公路局副局长惠高峰为副组长、厅直有关部门参加组成的省交通厅支援茂县灾后交通重建调研规划小组不顾随时发生的余震和山体滑坡、泥石流危险，6天行程2000余公里，在详细现场踏勘论证基础上，制定茂县交通三年重建发展规划。

6月26日至28日 省交通厅在忻州顿村省交通职工培训中心举办全省交通行政执法高级培训班。厅长段建国出席开班典礼并作动员报告。要求广泛深入开展两个《办法》和相关法律法规学习，全面提升全系统交通行政执法队伍整体素质。150人参加。

6月29日 新华社、人民日报等12家新闻媒体记者同赴山西省交通厅援川抗震抢通保通突击队抢险一线，即德茂线汉旺至清平段进行集体采访。厅助理巡视员郭贵平接受采访。

6月30日 上午，省交通厅、省高管局与工商银行山西分行联合举行山西省高速公路刷卡收费启动暨工商银行“牡丹晋通卡”首发仪式。厅长段建国、副行长林明为“牡丹晋通卡”揭牌，总会计师张德仪主持，总工程师部玉兰、副行长于晋萍分别介绍全省高速公路刷卡收费工程建设情况、牡丹晋通卡功能特点和服务优势,省高管局、山西分行有关人员回答记者提问,并向首批特卡申请人代表配发"牡丹晋通卡"。省高管局局长董新品、党委书记李万定出席。

6月30日 下午,省交通厅党组书记、厅长、省交战办主任段建国一行慰问"联动—2008B"全体交通战略运输物资保障演练人员,要求服从指挥,沉着应战,力争取得优异成绩。省军区后勤部副部长林保江大校,省交战办、省公路局、省运管局、省公路运输工会负责同志一同参加慰问。

7月1日 《山西省道路货物运输源头治理超限超载暂行办法》和《山西省治理车辆非法超限超载工作责任追究办法》启动仪式在太原举行。省治超领导组组长、副省长牛仁亮宣布两个政府令正式实施。

省治超领导组副组长、省治超办主任李顺通,省交通厅厅长段建国,省监察厅副厅长、省纠风办主任黄福莲,省公安厅交管局副局长边智慧,省工商局副巡视员赵勇出席,交通、交警、工商、质检等执法代表和11个治超示范县交通局长参加。省政府副秘书长、省法制办主任崔国红主持。

启动仪式结束后,副省长牛仁亮在相关领导陪同下,深入清徐县马峪乡碾沟煤矿、高速公路小店出入口处源头企业和治超点进行调研。

7月4日 全省干线公路预防性养护现场会在运城召开。省公路局局长戴飞出席并讲话。局机关有关处室负责人,各分局分管副局长、养护科长、部分公路段段长共80余人参加。副局长王升云主持。

7月6日 上午,德阳市委书记、市人大常委会主任、市抗震救灾指挥部指挥长方小方深入山西省交通厅援川抗震抢通保通突击队绵竹汉旺至清平公路"一把刀"堰塞湖已经抢通现场,检查并指导工作。希望突击队继续发扬不畏艰险、不怕疲劳、连续作战精神,在确保安全前提下,精心组织,统筹协调,攻克艰险,全力推进公路抢通工作,为绵竹灾后重建和产业发展奠定良好基础。

7月9日 国务院法制办工交司交通处处长马森述、交通运输部公路司副司长李华等有关领导和专家一行7人,就《公路保护条例》立法工作赴晋调研。省交通厅副厅长张志川作汇报,省公路局、省高管局、省运管局、省征稽局主要领导、有关部门负责人及厅机关有关处室负责人就相关内容与调研组进行探讨。

7月9日 上午,省人大常委会副主任靳善忠带领省人大财经委相关人员,就2007年全省交通财政预算和部门决算管理工作深入省交通厅调研。要求坚持公路建设与养护管理并重,想方设法加快全省高速公路建设步伐。省交通厅领导段建国、张志川、张德仪、赵振田及厅机关相关处室负责同志参加并汇报。

7月9日至11日 由交通运输部公路司副司长戴贵率领的安全生产综合督察组一行,在省交通厅副厅长王志民及省公路局、省高管局、省运管局、省地方海事局、省交通质监站以及厅运管处主要负责同志陪同下,对太原市、晋中市部分客运站场、客运企业、水库、公路施工、桥梁等进行督察。

7月11日 上午,省道340一级公路改建工程奠基仪式在中阳县举行。副省长牛仁亮发来贺信,吕梁市委书记聂春玉参加。路线全长123公里,总投资15.4亿元,工期2年。

7月15日 上午,交通运输部召开全国交通运输行业弘扬抗震救灾精神报告会,省交通厅领导段建国、郜玉兰、张德仪、赵振田以及戴飞、张晋鹏、董新品、李万定、李华中、孟科等也一同收看。

7月16日 太原高速公路公司举行全国交通行业"文明单位"挂牌仪式,省交通厅副厅长张润出席并讲话。

7月17日 中午,省交通厅援川抗震抢通保通突击队圆满完成交通运输部下达的支援四川灾区公路抢通保通任务,凯旋而归。厅长段建国、副厅长王志民、省公路局局长戴飞及山西路桥集团、厅机关有关处室主要负责同志一同迎接。

在川期间，突击队员冒着余震、山体滑坡、泥石流、堰塞湖溃堤、疫情等次生自然灾害，积极开展公路抢通保通工作。经过近50多天日夜奋战，累计抢通道路59.6公里，排险296处，清理土石方55.036万立方米，疏通铁路、公路道口两处，清理民房废墟12处，圆满完成广济至金华等4条公路抢通保通任务。

7月17日 全省农村公路养护检查观摩总结会在大同召开，回顾总结近年来特别是2006年以来全省农村公路管理养护体制改革工作进程和宝贵经验，进一步动员全系统广大干部职工，继续解放思想，坚持改革创新，推动科学发展，全面推进全省农村公路管理养护体制改革工作再上新台阶。省交通厅副厅长张润出席并讲话。

7月18日 上午，省交通厅厅长段建国与市长王茂设就建设晋城环城高速公路进行座谈。双方表示，要加大合作力度，加快工作步伐，早日建成晋城环城高速公路西北段，力争2009年春天全面开工。同时希望晋城市加大对晋济、阳翼、高新等高速公路建设支持力度，认真做好征地拆迁及各项服务工作，为公路建设提供良好外部环境。厅领导张润、张志川、部玉兰、张德仪及厅机关有关处室负责同志参加座谈，并提出意见和建议。建设里程40.979公里，估算投资19.2亿元。

7月21日 上午，全省首批15辆服务奥运会交通保障车队从太原启程进京，为北京奥运会提供运输服务。省交通厅副厅长王志民出席出发仪式并作动员讲话。

7月21日 下午，全省交通信访工作会议在太原召开。副厅长王志民出席并讲话。

7月23日 上午，在省交通厅五楼会议室，厅副巡视员郭贵平作“抢通生命线，情系重灾区”事迹报告，讲述突击队大爱无疆、不辱使命感人事迹。厅直单位副处级以上老干部、厅机关全体离退休老同志及老干部工作者参加。

7月25日 省交通厅召开全省交通工作推进会。回顾总结上半年交通工作，部署今后一段时期交通发展战略和高速公路建设、人事人才工作，安排下半年任务。表彰2007年全省交通系统人事人才工作和高速公路建设先进集体及先进个人。副省长牛仁亮出席会议并作重要讲话。厅长段建国作了题为《坚持科学发展提升服务能力，为新基地新山西建设提供有力的交通运输保障》工作报告。副厅长张润主持，副厅长王志民宣读《关于表彰全省交通系统人事人才工作先进集体和先进个人的决定》，副厅长张志川宣读《关于表彰2007年度完成重点公路工程建设工作目标责任制优秀单位的决定》。省政府副秘书长李建功，省人大财经委副主任邬敬文，厅领导部玉兰、张德仪、赵振田、郭贵平出席。

2008年，全省交通系统转变发展方式，积极应对新一轮交通“瓶颈”制约，省政府提出的重点工程积极推进，省厅年初确定的各项工作和为民办的8件实事进展顺利。上半年，全省公路建设完成投资46亿元，同比增长9.3%，完成年计划21.9%。全省高速公路MQI值达到95.2；国省干线好路率82.18%，养护质量综合值77.75；县公路好路率82.03%，养护综合值77.72。全省征收交通规费38.6亿元，车辆通行费收入63.82亿元，分别比上年同期增长23.7%、46.8%。全省公路运输完成客运量2.05亿人，旅客周转量103.9亿人公里，分别为上年同期100.7%、94.3%；完成货运量4.35亿吨、货物周转量226.8亿吨公里，分别为上年同期111.6%、110%。

会议分析全省交通发展面临的形势，提出今后一个时期基本思路和主要任务。即“一条主线、七大工程、六化目标”。“一条主线”就是转变发展方式，推动交通运输由传统产业向现代交通运输业转型。“七大工程”就是高速公路加密开放工程、干线公路改造提升工程、农村公路网化完善工程、公路养管治超保养工程、枢纽站场布局配套工程、运输产业转型提质工程和交通信息化工程。“六化目标”就是要努力实现基础设施网络化、城乡区域交通一体化、公路养管长效化、运输服务综合化、行业管理智能化、部门行业规范化，为新基地、新山西建设提供强有力的交通运输服务与保障。

会上，段建国代表省交通厅与各市交通局、厅直各单位签订2008年度工作目标责任书。

7月25日 下午，省公路局召开干线公路建设推进会。省交通厅副厅长张润出席并讲话。要求克服一切困难，千方百计、全力以赴完成全年1400公里国省干线改造任务，确保全省干线公路上新的档次。厅党组成员、省公路局党委书记赵振田，省公路局局长戴飞等出席。

7月28日 下午，省交通厅与大同、朔州市政府在大同召开两市境内高速公路建设推进会。副厅长张润出席并讲话。大同市副市长郝月生、朔州市副市长李发以及两市交通局、国土资源局和厅公路处、规划处、重点办等相关部门负责同志参加。

目前，大同、朔州境内拟开工建设的高速公路项目共4个，总里程约250公里。会议就制约开工建设的土地征用批复、资金筹措、设计、环评、水保等关键问题进行深入细致研究和部署，并达成共识。即高速公路项目要路地共建，各项目要密切配合，建设程序要同步进行，齐心协力，确保12月各建设项目开工建设。

7月28日 省征稽局召开上半年工作通报分析视频会议。省交通厅总会计师张德仪出席并讲话。

7月30日 省高管局在太原小店收费站举行山西省高速公路“迎奥运、促畅通、讲文明、树新风”收费业务技能大赛启动仪式。省交通厅厅长段建国出席，并宣布大赛全面启动；厅总工程师部玉兰及厅有关处室负责同志出席。省高管局局长董新品安排部署，党委书记李万定主持。

7月31日 下午，省交通厅召开庆祝建军81周年座谈会。厅总会计师张德仪，省交战办副主任史荣和，厅办公室、厅直机关党委、省公路运输工会负责同志及厅机关全体复转军人，厅直单位复转军人代表共50余人参加。

8月5日 上午，省交通厅在省征稽局七楼视频会议室举行援川抗震救灾抢通保通先进事迹报告会。厅长段建国出席并讲话；副厅长张润主持，厅领导张志川、部玉兰、张德仪出席。

报告会上，郭贵平、杨海龙、任跃生、白爱梅先后作了《抢通保通抗震救灾的生命线》、《千里驰援，共赴国难》、《用生命抢通》、《无畏先锋张江志》的报告。他们用朴实语言，从不同层次和角度，饱含深情地讲述了在抗震救灾斗争中的亲身经历和真切感受，再现突击队舍生忘死、战天斗地、迎难而上、不屈不挠动人场面。

8月5日 下午，省交通厅召开厅直系统维护稳定工作会议。副厅长张润出席并讲话。要求党政工团齐抓共管，确保行业安全稳定，为北京奥运会创造优良的交通环境。

8月6日 省委组织部晋组干字〔2008〕275号文印发《关于韩日裕同志任职的通知》。经省委常委会议2008年8月1日研究决定：韩日裕同志任省纪委驻交通厅纪检组组长。经省委组织部部务会议2008年8月1日研究决定：韩日裕任省交通厅党组成员。

8月6日 上午，307国道汾阳至离石段改建工程通车仪式在汾阳杏花镇举行。吕梁市委书记聂春玉、市长董洪运，省交通厅领导张润、赵振田及有关单位负责同志出席。路线全长100.13公里，总投资3.39亿元。

8月8日 省交通厅转发省政府《关于加快全省干线公路建设改造的会议纪要》。6月18日，副省长牛仁亮召集省交通厅、省政府发展研究中心、省公路局等有关部门负责同志，就加快全省干线公路建设改造的有关事宜进行专题研究。省政府副秘书长李建功、省交通厅领导段建国、张润、王志民、部玉兰、张德仪、赵振田，省政府发展研究中心副主任张复明，省政府办公厅秘书四处处长陆东参加。

8月13日 省交通厅厅长段建国、厅总工程师部玉兰带领厅机关有关处室负责同志赴省交通设计院和省交通科研院调研。要求抓住时机，精心组织，积极做好工程前期设计工作，确保全年1000公里高速公路开工建设；创新思路，创新理念，发挥人才优势，积极参与市场竞争，研究解决科技难题，真正打出自身品牌。

8月14日至16日 《国家高速公路网交通量调查观测站点布局规划》审定会在太原召开。省交通厅厅长段建国致辞，交通运输部综合规划司副司长于胜英讲话，省高管局局长董新品、厅规划处有关负责人及各省市代表60多人参加。

8月15日 省交通厅援建四川茂县的黑虎、渭永通乡公路两项目测设评审会在茂县召开。四川省公路局、阿坝州茂县以及山西公路专家参加，副厅长张润出席。路线分别长8.5公里、11.79公里。

8月15日 省交通厅召开忻阜高速公路科技示范工程合同签字仪式，厅长段建国、厅总工程师部玉兰，交通部公路科学研究院院长周伟、副院长张劲泉等出席。

8月18日 省政府晋政任〔2008〕50号文印发《关于张润等三人任职的命令》。经省人民政府2008年8月18日第17次常务会议通过。决定任命：张润为山西省交通战备办公室主任（正厅级）；曹燎原为山西省交通厅巡视员。

8月19日 省委书记、省人大常委会主任张宝顺在四川茂县考察期间，亲切慰问交通援建全体队员。希望大家在非常困难条件下，注意安全，平安健康地完成任务，回到家乡。省交通厅党组书记、厅长段建国，厅党组副书记、副厅长张润参加。

中午1时15分，张宝顺还集体会见山西援建茂县的交通、公安、卫生等战线代表，发表热情洋溢讲话，并与大家合影留念。省直有关厅（局）主要负责同志、四川阿坝州以及茂县主要负责同志陪同慰问。

8月19日 下午，省交通厅援建茂县工作组召开各级援建单位负责同志会议，认真传达学习省委书记张宝顺重要讲话，就下一步交通援建工作进行安排部署。副厅长张润出席并讲话。要求牢记责任，不辱使命；尊重科学，攻坚克难；求真务实，注重形象。

8月19日 中午，省交通厅厅长段建国利用午饭时间，到省厅援建茂县工作组驻地和茂县交通局临时办公点看望援建人员及茂县交通局全体干部职工，并与大家合影留念。

8月21日 下午，省交通厅厅长段建国、副厅长王志民带领厅办公室、运管处等机关相关处室负责同志到省运管局调研，并为省运管局获得“省级文明和谐单位”和省运管局政务大厅获“全国交通行业文明示范窗口”揭牌。要求着力抓好源头治超，加强道路运输驾驶员培训，加强全省运管部门信息化基础设施建设，保证运管工作又好又快发展。

8月22日 上午，省交通厅厅长段建国、厅总工程师部玉兰一行深入山西交通职业学院调研。要求加强教师队伍建设，全面深化内涵发展，着力提升学生动手和解决问题能力，办出特色，办出水平，为全省交通事业又好又快发展提供人才保障。

8月24日 全省30辆奥运保障车满载着北京奥运会胜利喜悦和圆满完成保障任务的收获凯旋而归。在京期间，共开行通勤班车线路12条，出车2000多次，行程4.2万公里，运送志愿者近7.4万人次，没有发生一起道路交通安全事故，没有接到一起投诉，得到各方面一致好评。

8月25日至30日 省交通厅重点办联合省重点办、省交通质监站和省内有关专家组成检查组，由厅总工程师部玉兰带队，省重点办副主任刘继承参加，对晋济、运城环城两个在建高速公路项目进行综合检查。

8月26日 省委常委、省纪委书记金道铭深入省公路局调研。要求创新思路,转换观念,切实探索和找到一条适合山西公路又好又快发展的道路;不断总结党风廉政建设和反腐败工作新经验,密切联系公路行业实际,创造性地开展工作。

8月27日 省交通厅党组成员、省公路局党委书记赵振田、局长戴飞、副局长惠高峰及各有关处室负责人深入山西路桥集团公司调研。要求明确思路和目标,进行体制改革与机制转换,精简机关人员,充实生产经营,在改革中不断发展壮大。

8月28日 下午,省交通厅领导段建国、郜玉兰、张德仪带领厅办公室、财务处、公路处、重点办、综合规划处等处室负责同志,深入省交通建设开发投资总公司调研。要求充分发挥引资融资主渠道作用,为全省再掀新一轮公路建设高潮作出新贡献;在巩固现有资金筹措渠道同时,积极探索资本运营新突破口。

8月29日 上午,省直文明和谐单位标兵检查验收组一行对省公路局2008年精神文明创建工作进行检查验收。省交通厅副厅长张润出席座谈汇报会,厅党组成员、省公路局党委书记赵振田代表省公路局作汇报。

8月29日 原省交通厅副厅长刘乾迎来90岁寿辰,厅长段建国送去花篮表示祝贺。副厅长王志民以及厅机关有关处室负责同志到场祝贺。

9月2日 同舟公司2008年董事会在太原召开,省交通设计院承办,省交通厅副厅长王志民出席并致辞。

9月3日至4日 全省农村公路建设现场会在吕梁市召开,动员全省交通系统广大干部职工大力弘扬吕梁精神,进一步加快以沿黄扶贫旅游公路为重点的农村公路建设,为提高交通"三个服务"能力,实现公共交通服务均等化作出新贡献。省交通厅副厅长张润出席并讲话,吕梁市委常委、常务副市长丁雪峰出席。省交通厅党组成员、省公路局党委书记赵振田主持。

9月4日 省直文明委检查验收组对省交通厅文明和谐创建工作进行检查验收。听取省交通厅党组副书记、副厅长张润汇报后,一致认为省交通厅文明和谐创建特色鲜明,机制健全,内涵丰富,载体多样,效果显著。

9月4日至5日 交通运输部总工程师周海涛、中交公路规划设计院副院长逯一新等一行4人,在省交通厅厅长段建国、副厅长张志川、厅总工程师郜玉兰及厅办公室、厅重点办、省交通设计院等有关单位负责人陪同下,考察晋济高速公路。晋城市长王茂设,市委常委、副市长赵学梅陪同考察并座谈。

9月8日 下午,全省重点公路工程建设工作汇报会召开。省交通厅领导段建国、张润、张志川、郜玉兰、张德仪、赵振田、郭贵平出席并讲话。要求看到有利条件和大好机遇,增强信心,咬紧牙关,狠下决心,坚决完成任务;集中智慧和力量,外抓协调,内抓落实,调动各方面积极因素,确保全年开工1000公里高速公路。

9月8日至11日 中国水运报刊全国记者站(通联)工作会议在太原召开,省地方海事局协办,交通运输部体改法规司副司长柯林春出席并讲话,省交通厅副厅长张志川致欢迎辞。

9月9日 省交通厅厅长段建国、厅总工程师郜玉兰带领厅有关处室负责人赴山西交通技师学院进行调研并参加第24个教师节庆祝活动。要求把握交通发展方向,加强高技能紧缺人才培养;坚持以就业为导向,着力提高办学质量;加强师资队伍建设,精心打造教学品牌。

9月10日 上午,省交通厅召开领导干部任职大会,厅党组书记、厅长段建国受省委、省政府委托宣布任命决定。张润任省交通战备办公室主任(正厅级);韩日裕任厅党组成员、省纪检委驻省交通厅纪检组长;曹燎原任厅巡视员。

省纪委副书记李正印出席并讲话,张润、韩日裕、曹燎原作表态发言。表示要牢记使命，维护班子团结，认真履行职责，勤勤恳恳做事，为交通事业又好又快发展作出新贡献。

9月10日 上午，省交通厅召开事业单位机构编制清理规范工作会议，厅长段建国出席并讲话。要求坚持求真务实，大胆探索实践，勇于进取创新，积极主动做好工作，确保完成改革任务，努力为全省积累经验。副厅长张志川传达有关文件精神，副厅长张润主持，厅领导郜玉兰、张德仪、赵振田出席。

9月10日 省交通厅副巡视员郭贵平深入石楼县罗村镇检查指导扶贫工作，并到特困户家中慰问。

9月10日至11日 省交通厅厅直机关党委组织厅直单位党务和纪检干部赴右玉县参观考察，并现场召开“学习右玉精神”座谈会。厅党组副书记、副厅长张润结合交通发展实际情况提出具体要求。

9月16日 下午，省交通厅安委会召开全体成员会议，副厅长王志民出席并讲话。要求吸取教训，警钟长鸣，坚决遏制重特大安全生产责任事故。

9月16日 省交通厅召开全省高速公路建设运营安全工作会议，厅总工程师郜玉兰出席并讲话。要求深入开展安全隐患排查治理，切实加强高速公路安全生产工作。厅副巡视员郭贵平主持。

9月22日 上午，副省长牛仁亮在省交通厅厅长段建国、副厅长王志民陪同下，先后深入太原高速公路、208国道和太原汽车客运总站，对全省公路交通设施安全和汽车客运安全工作进行检查。省高管局、省运管局及厅机关有关处室负责人陪同。

9月22日 下午，省交通厅厅长段建国冒雨检查大运高速公路雁门关隧道消防、排水、通信、通风等设施安全工作。要求提高认识，统一思想，站在一定高度检查安全工作，对雁门关隧道和桥梁进行重点排查监控。

9月22日 由湖南省交通厅巡视员杜翔带队的学习考察组一行5人赴晋，就交通财务管理经验进行学习考察。省交通厅总会计师张德仪与考察组进行座谈交流。

9月25日 省交通厅召开《山西省高速公路网调整规划》评审会，广泛征求意见并通过评审。省委政研室、省政府经研中心、省发改委、省公路局、省高管局、省交通设计院及河北、河南、陕西省交通厅等专家参加。厅长段建国出席并讲话，副厅长王志民主持。要求编制单位尽快根据专家意见修改完善，构建适合山西省情、满足社会发展需要，布局合理、主次分明、功能完善、机动高效的高速公路网，提升城市品位和交通服务水平，为全省经济又好又快发展营造良好环境。

9月25日 省交通厅副厅长张润在厅机关有关处室、省公路局及晋中分局、交通局负责人陪同下，对正在改建的大运公路介霍段和太长线潇河大桥工程进行检查指导。

9月26日 省交通厅召开安全生产工作会议，厅长段建国传达全省安全工作会议精神并对全系统安全生产工作进行部署。厅领导王志民、张志川、韩日裕、郜玉兰、张德仪、赵振田、曹燎原、郭贵平出席。厅直各单位党政一把手、厅机关各处室主要负责同志参加。

9月26日 省交通厅召开纪检工作座谈会，厅党组副书记、副厅长张润主持，厅党组成员、省纪委驻厅纪检组组长韩日裕讲话。驻厅监察室副主任胡建新介绍省厅近三年来纪检工作；省公路局、省高管局、省征稽局和省运管局纪检书记分别就本单位纪检工作情况作汇报。厅直各单位纪检书记以及分管纪检工作领导参加。

9月26日 省交通厅举办高速公路建设被征地农民社会保障工作培训班。副巡视员郭贵平出席开班仪式并作动员。

9月26日至28日 副厅长张润带领厅公路处、厅重点办、省交通设计院、省交通科研院有关人员，踏勘国家高速公路网荣成至乌海公路山西境内灵丘至山阴段。

9月27日 省交通厅与省安监局、省质监局、省交管局召开道路运输安全工作协调会议。厅长段建国、副厅长张志川及省公路局局长戴飞、省高管局局长董新品、省运管局局长李华中、厅机关有关处室负责人参加。段建国在讲话中,希望各部门加强合作,提高道路运输安全水平,为全省交通又好又快发展作出贡献。

9月29日 全省治超领导组办公室主任(扩大)会议召开。省政府副秘书长李建功,省治超办主任李顺通,副主任张志川、潘少音及各成员单位分管领导和治超办主任,各市治超办主任、常务副主任、联络员,各县治超办主任参加,省运管局局长李华中主持。

10月7日 上午,省交通厅机关举行离退休老同志庆祝"九·九"老年节联欢会。廉平、任先泉等原厅老领导、离退休老干部80余人共庆佳节。厅领导段建国、王志民、曹燎原出席并讲话。希望老同志们在今后工作中能一如既往地关心和支持全省交通建设和发展,多提宝贵意见,为交通事业发展继续贡献力量。

10月8日 中共中央、国务院、中央军委授予省交通厅对口支援四川灾区公路抢通保通抢险突击队"全国抗震救灾英雄集体"称号。厅副巡视员、突击队总队长郭贵平代表省厅赴京参加全国抗震救灾总结表彰大会,在人民大会堂聆听胡锦涛总书记重要讲话,并受到中央政治局全体常委等中央领导亲切接见。10月9日载誉而归后,受到省委常委、常务副省长申联彬等领导亲切接见。

10月9日 上午,副省长牛仁亮在省政府副秘书长崔国红,省交通厅厅长段建国、副厅长张润、省公路局局长戴飞及厅办公室、综合规划处、公路处等有关领导陪同下,检查省道东夏线昌源河危桥改造工程。要求坚持百年大计、质量第一原则,加强公路管养举措,继续加大治超力度,为加快新基地新山西建设作贡献。

10月9日 上午,副省长牛仁亮对正在紧张建设的108国道介(休)霍(州)一级路拓宽改造工程进行考察。省政府副秘书长李建功,省交通厅厅长段建国、副厅长张润,省公路局局长戴飞以及晋中市领导张璞、马彦平等陪同考察。路线全长64.399公里,其中介休境内9.5公里,灵石境内44.95公里,霍州境内9.889公里,投资概算10.33亿元。

10月10日 省运管局召开第二届专家咨询委员会第一次会议。省交通厅副厅长王志民出席并讲话,厅机关有关处室负责人、省运管局局长李华中出席。

10月13日 上午,省交通厅党组召开会议,迅速传达10月7日至10日省委举行的全省深入学习实践科学发展观活动动员大会暨第一批学习实践活动单位主要领导干部专题研讨班精神,并围绕省委要求,结合交通工作实际,对全系统开展深入学习实践科学发展观活动进行研究部署。厅长段建国主持,厅领导张润、王志民、韩日裕、张志川、郜玉兰、张德仪、曹燎原、郭贵平及厅办公室、厅人事处、厅直机关党委主要负责同志参加。

10月13日 下午,由省交通厅重点办和厅新闻宣传中心组织的"赴晋济高速公路采访团"举行出发启动仪式,副厅长张志川出席。

10月14日 下午,省交通厅厅长段建国、省公路局局长戴飞带领省厅、省局机关有关处室负责同志,对改建已近尾声的省道太长线潇河大桥进行检查指导,并与晋中市长张璞,副市长马彦平、李年善等就晋中市公路建设进行座谈。

10月15日 上午,省交通厅召开全省普通公路货车计重收费工作准备会,副厅长张润、厅总会计师张德仪、省公路局局长戴飞以及有关单位、部门负责同志出席。

10月16日 省交通厅主持召开高平至新乡高速公路高平至陵川段初步设计外业验收汇报会。副厅长张志川出席。

10月17日 下午,省交通厅召开深入学习实践科学发展观活动动员大会。厅长段建国作动员报告。要求以"坚持科学快速安全协调发展,提升交通运输服务保障能力"为活动主题和载体,进一步解放思想,实事求是,改革创新,推动实践,努力在交通科学发展、加快发展、安全发展、协调发展上取得新突破,开创交通科学发展新局面,为建设新基地、新山西作出新的更大贡献。省委学习实践活动指导检查第三组组长吕德功出席并讲话。副厅长张润主持。厅领导,厅机关全体党员干部,厅直单位党政主要领导及党办主任参加。

省厅参加第一批集中学习实践活动的单位共 24 个, 从 2008 年 9 月开始,2009 年 2 月基本结束,共分为学习提高、调查研究,分析检查、找准问题,解决问题、完善制度 3 个阶段 17 个环节。

10 月 18 日 山西交通职业技术学院迎来建校 50 周年华诞。交通运输部科技教育司、副省长牛仁亮致贺信。省人大常委会副主任王雅安,省政协副主席李雁红,省直工委书记刘传旺,省人大城乡建设环境保护委员会主任王晓林, 省政府副秘书长崔国红,省教育厅副厅长王李金,省交通厅领导段建国、郭贵平,省交战办副主任史荣和,省高管局局长董新品、书记李万定,省运管局局长李华中及厅有关处室、厅直单位负责同志,省内外兄弟院校领导出席庆典活动。

10 月 20 日 下午, 省交通厅深入学习实践科学发展观活动检查指导组召开动员会。自即日起将对各单位展开指导检查工作。副厅长张润出席并讲话。

10 月 21 日 省交通厅召开表彰会,对全省农村公路通达情况专项调查中涌现出的先进单位和个人进行表彰。副厅长王志民出席并讲话。

10 月 21 日 全省重点公路工程建设系统纪委书记座谈会召开。省交通厅党组成员、省纪委驻厅纪检组组长韩日裕出席并讲话。

10 月 22 日 上午, 省公路局召开深入学习实践科学发展观活动动员大会。省交通厅副厅长张润出席并讲话。省交通厅党组成员、局党委书记赵振田作动员,局长戴飞主持。

10 月 26 日 上午, 省交通厅在太原召开全省普通公路计重收费动员视频会议。省公路局、省征稽局、省高管局以及省交通建设开发投资总公司主要负责同志参加。各公路分局、征稽分局相关负责人分别在各征稽分局视频会议室参加。副厅长张润出席并讲话,赵振田安排部署,张德仪主持。

10 月 26 日至 28 日 省交通厅第二期深入学习实践科学发展观活动领导干部培训班在忻州顿村省交通职工培训中心举办。厅领导王志民、韩日裕、郜玉兰、赵振田、曹燎原等参加培训学习并参加各小组讨论, 围绕交通科学发展、快速发展、安全发展、协调发展,围绕扎实开展好这次学习实践活动提出很好意见和建议。厅党组书记、厅长段建国站在政治、战略、全局高度,为学员作了题为《深入学习实践科学发展观, 着力提高领导交通运输科学发展能力》报告,副厅长王志民作总结讲话并提出具体要求。

10 月 29 日 省政协副主席李潭生带领部分政协委员和提案人深入太旧高速公路调研,了解省政协第 226 号提案“关于统筹解决太旧高速公路频繁严重拥堵问题的建议”和第 422 号提案“关于对太旧高速公路进行改扩建的提案” 办理情况。省交通厅副厅长张志川、省高管局局长董新品等陪同调研。

李潭生在讲话中, 对提案办理表示十分满意,认为各级领导重视,办理认真,措施得力,效果明显。尤其是坚持建设、改造、管理三管齐下, 把解决当前问题和从根本上解决结合起来的做法非常值得赞赏。

10 月 31 日 上午, 全省普通公路货车实施计重收费新闻发布会在省公路局召开。省交通厅副厅长张润主持, 厅总会计师张德仪作主题发言,省计重收费领导组副组长李顺通出席并讲话。新华社、人民日报、经济日报、山西电视台、山西人民广播电台等 28 家媒体记者参加,省政府法制办、省公安厅、省质检局、省物价局、省煤运公司、省公路局、省高管局、省征稽局、省交通建设开发投资总公司主要领导以及厅机关有关处室负责同志参加并回答记者提问。

11月1日 上午,全省普通公路货车计重收费启动仪式在太原征稽分局小店收费站广场举行。经省政府批准,9时起,全省普通公路货车计重收费正式启动,涉及国省干线政府还贷性收费公路85条128个收费站。

省政府副秘书长崔国红、省纠风办主任潘少音、省物价局副局长张存登、省质量技术监督局总工程师张岐云、省公安厅副巡视员边智慧,省交通厅领导段建国、张润、张德仪、赵振田和省公路局局长戴飞、省征稽局局长张晋鹏、省高管局局长董新品及厅机关相关处室负责人出席。仪式由省人大常委会内务司法工作委员会主任委员、省计重收费领导组副组长李顺通主持。

厅长段建国介绍全省普通公路实行计重收费有关情况。要求省公路局、省征稽局、省交通开发投资总公司要不折不扣落实好省政府这一决策。崔国红代表副省长牛仁亮讲话。要求全省各级政府坚持“政府统一领导、部门分工负责、交通组织协调”的领导体制和工作机制,认真组织实施好普通公路计重收费工作。

11月3日至4日 省交通厅总会计师张德仪带领厅财务征费处、会计核算中心、综合规划处有关负责同志,围绕“创新投融资体制,适应公路建设快速发展要求”课题深入省征稽局、省高管局调研。张晋鹏、董新品、李万定参加。

11月4日 省交通厅召开交通系统学习贯彻中国工会十五大精神会议。厅党组副书记、副厅长张润出席并讲话,省公路运输工会主席王晓光作为参加中国工会十五大的代表向参会人员讲述大会情况,并传达全国总工会和省总工会有关文件精神。

11月4日 省交通厅党组副书记、副厅长张润深入晋中公路分局就深入学习实践科学发展观活动进行调研。

11月4日 上午,临吉高速公路地方协调工作会在临汾召开,省交通厅副厅长王志民,临汾市委常委、常务副市长成洪才出席并讲话。

11月5日 上午,省交通厅党组中心组召开专题会议,集体学习科学发展观,总结第一阶段学习情况。厅党组副书记张润主持,厅领导段建国、王志民、韩日裕、张志川、张德仪、曹燎原、郭贵平参加,省委第三学习实践活动指导检查组副组长、山西农业大学党委副书记崔富春出席并讲话。

11月5日 上午,省交通厅召开“知荣明耻”主题教育活动先进集体、先进个人表彰大会。省关工委执行主任武正国,厅党组副书记、副厅长张润出席并讲话;厅党组成员、省公路局党委书记赵振田代表厅党组致辞。厅关工委原顾问廉平,厅关工委顾问任先泉、刘乾,厅关工委主任杨继刚、第一副主任景春等出席。

11月6日 副省长牛仁亮在省政府副秘书长崔国红陪同下,深入省交通厅调研,重点就今明两年及未来3至5年内全省公路建设与厅领导进行座谈。要求抓住当前国家加强交通等基础设施建设的大好机遇,以超常规思维,确定大思路,制定大规划,实施大动作,全力以赴,大干快上,为全省经济结构调整和稳定增长,为全省人民安全便捷出行作出新贡献。厅领导段建国、张润、韩日裕、张志川、郜玉兰、张德仪、赵振田、郭贵平参加座谈。

11月6日 全省海事管理正规化建设现场会在晋城召开。省交通厅副厅长王志民出席并讲话。

11月6日 省交通厅党组印发《贯彻落实<建立健全惩治和预防腐败体系2008年~2012年工作规划>的实施意见》。主要包括:①总体要求;②积极完成省委、省政府赋予省交通厅的惩防体系建设任务;③推进反腐倡廉教育;④完善反腐倡廉制度;⑤强化监督制约;⑥深入推进改革创新;⑦纠正损害群众利益的不正之风;⑧保持惩治腐败的强劲势头;⑨切实抓好《实施意见》的贯彻落实。

11月7日 省交通厅副厅长王志民深入阳翼高速公路建设工地调研。

11月10日 下午，省交通厅党组召开“解放思想,推动交通科学发展”大讨论专题会议。厅领导段建国、张润、王志民、韩日裕、张志川、张德仪、赵振田、曹燎原、郭贵平出席,省公路局、省高管局、省征稽局、省运管局、省地方海事局主要领导与厅机关各处室负责同志列席，省委第三检查指导组组长、省人大常委会农村工作委员会主任吕德功出席并讲话。副厅长张润主持。

11月11日 山西省公路交通信息资源整合与服务工程启动仪式举行。省交通厅副厅长张志川出席并讲话。

11月11日 省交通厅召开“走资源节约环境友好之路,实现高速公路建设可持续发展”专题调研座谈会。省交通厅总工程师郜玉兰出席并讲话。

11月12日 下午，交通运输部召开贯彻落实中央决策部署加快交通基础设施建设电视电话会议。省交通厅领导张润、王志民、韩日裕、张志川、郜玉兰、张德仪、赵振田、郭贵平,省公路局、省征稽局、省高管局、省运管局、省地方海事局及厅机关有关处室负责人在山西分会场参加。

11月12日 下午，省交通厅总工程师郜玉兰带领厅有关处室负责人深入省交通科研院进行学习实践科学发展观专题调研。

11月13日 省交通厅领导张润、郜玉兰在省交通设计院就深入学习实践科学发展观进行调研。

11月14日 省交通厅召开深入学习实践科学发展观活动汇报会。厅党组副书记、副厅长张润出席并讲话。

11月15日 朔州市道路建设“六项工程”举行隆重通车庆典仪式。省委常委、常务副省长申联彬，省人大常委会副主任王雅安,省政协常务副主席郭良孝,省交通厅厅长段建国、副厅长张润及朔州市四大班子领导出席。

11月16日 省交通厅副厅长张润带领厅机关有关处室负责同志深入省公路局,就国省干线公路提升改造工程规划工作进行专题调研。赵振田一同调研。

11月18日 下午，省交通厅召开行风监督员座谈会,广泛征求社会各界意见和建议，进一步推动学习实践科学发展观活动深入开展。副厅长张润主持。

11月18日 省交通厅副厅长王志民带领厅直机关党委、厅运管处有关负责同志到省运管局,就深入学习实践科学发展观进行调研。

11月18日至20日 省交通厅巡视员曹燎原带领厅机关有关处室负责人、省公路局等有关领导赴吕梁、阳泉公路分局、征稽分局、交通局、高速公路公司等单位,对信访、离退休人员管理等工作进行调研，并提出“巩固、创新、提高、发展”的要求。

11月19日至21日 省交通厅副巡视员郭贵平率厅第一指导检查组一行4人分赴大同、朔州、悦达京大、忻州高速公路公司,对学习实践活动第一阶段工作进行指导检查。

11月20日 下午,省编办主任何令祚,省交通厅厅长段建国、副厅长张志川,以及省编办综合处、事业处、厅人事处负责人一行9人深入省高管局调研。局长董新品、党委书记李万定及有关处室人员参加。

段建国在讲话中，要求以开阔视野和国际眼光,广泛收集了解国外高速公路先进的管理模式和制度,从科学发展、政企分开、转变职能角度,设计出一套运行顺畅、职能科学、保障公益的高速公路管理体制,有效解决和避免管理中出现的各种问题，积极适应全省高速公路建设和管理发展需求。

11月20日 省交通厅召开厅属院校安全工作安排部署会。副厅长张志川出席并讲话。

11月21日 下午，省交通厅重点办召开座谈会,听取各建设管理单位被征地农民社保工作进展情况汇报，研究部署下一步工作。厅党组成员、纪检组长韩日裕出席并讲话。

11 月 22 日 省交通建设开发投资总公司举行山西交通投资大厦落成暨公司驻地动迁揭牌揭幕庆典仪式。原省人大常委会副主任杜五安,太原市高新区管委会党工委书记王茂建,省交通厅领导张润、王志民、韩日裕、张志川、郜玉兰、张德仪、赵振田、郭贵平,厅直各单位、厅机关各处室负责同志出席。

11 月 24 日 上午，省交通厅召开座谈会,邀请部分党员老干部和党外人士征求意见。省交通厅副厅长张润出席并讲话。

11 月 24 日至 25 日 省交通厅巡视员曹燎原先后深入省交通厅后勤服务中心、省交通建设开发投资总公司调研。

11 月 26 日 上午,省委常委、纪检委书记金道铭在忻州市委书记张建欣等陪同下,深入忻州公路分局南湾收费站视察。勉励收费站人员要以站为家,一如既往地做好通行费征收工作。

11 月 26 日至 28 日 省交通厅巡视员曹燎原带领省厅和省公路局有关人员到忻州和朔州,与公路分局、交通局、征费分局、高速公路公司、建管处等单位领导和职工进行座谈调研。

11 月 27 日 下午，中国银行山西省分行与省交通厅达成合作意向。中国银行山西省分行行长魏国斌、副行长冷杰、张天民,省交通厅厅长段建国、厅总会计师张德仪,省高管局局长董新品及厅机关有关处室负责同志参加座谈。

11 月 27 日 省运管局在吕梁召开全省道路运输行业卫星定位应用系统企业监管平台建设与管理现场会。省交通厅副厅长王志民出席并讲话。

11 月 28 日 省交通厅党组晋交发字〔2008〕46 号文印发《关于段建国等同志任职的通知》。根据晋编办字〔2007〕110 号文中“省重点公路工程建设领导组办公室和省交通厅重点公路工程建设办公室合署办公,一套机构,两块牌子”的规定,经研究决定:段建国同志任省交通厅重点公路工程建设办公室主任(兼)。张润、王志民、韩日裕、张志川、郜玉兰、张德仪、曹燎原、郭贵平任省交通厅重点公路工程建设办公室副主任(兼)。

12 月 1 日至 2 日 全省运管局（处)长和部分县运管所长座谈会在太原召开,省交通厅副厅长王志民出席并讲话。

12 月 2 日 省交通厅召开全省交通基础设施建设安全生产工作会议,省交通厅副厅长张润出席并讲话。

12 月 5 日 省交通厅召开深入学习实践科学发展观活动第一阶段总结暨第二阶段动员大会。省交通厅党组书记、厅长段建国作总结动员，省委第三指导检查组组长吕德功出席并讲话。厅党组副书记、副厅长张润主持。厅领导、厅直各单位党政主要负责人和党办主任、厅机关处级以上干部和离退休干部代表、厅学习实践活动指导检查组全体同志参加。

12 月 9 日下午至 10 日上午 省交通厅党组书记、厅长段建国带领厅机关有关处室负责人深入省交通建设开发投资总公司、省地方海事局调研和指导深入学习实践科学发展观活动。要求认真贯彻落实中央和省委的决策部署,坚定信心,趋利避害,主动谋划对策,积极应对挑战,以良好精神状态,扎扎实实做好本职工作，努力保持全省交通又好又快发展,维护全省交通改革发展稳定大局。

12 月 10 日 省交通厅向省政府呈报《关于省路桥企业深化改革实施方案的报告》。全省路桥企业共有 14 个,其中省公路局监管 3 个，各分局监管 11 个，现有职工 13 366 人。其中在册职工 11 416 人,离退休人员 1950 人，注册资本合计 25.64 亿元,实收资本 7.27 亿元。截至 2008 年 5 月 13 日，企业资产总额 40.99 亿元,负债总额 54.06 亿元，资产负债率 131.87%，所有者权益合计 -13.12 亿元;亏损共 23.79 亿元。

12 月 12 日 省交通厅党组召开学习实

践活动专题民主生活会，对照科学发展观要求，认真分析检查工作中存在的问题，进一步理清思路，制定推动和保障交通新的科学发展具体措施。省委第三指导检查组组长吕德功，副组长崔富春、赵林平，省委组织部省直处郑秀春到会指导。省征稽局、省高管局、省运管局、省地方海事局党组织主要负责人，省厅指导检查组组长及厅学习实践活动领导组办公室有关负责同志列席。

为开好这次专题民主生活会，厅党组广泛征求各方面意见和建议，先后召开各类座谈会21次，发放征求意见表70多份，收集梳理肯定性意见63条，建议93条；厅领导围绕11个调研课题，分别带领有关部门和单位负责人深入联系点展开调研，累计深入26个基层单位调研44次，亲自主持撰写11个调研报告。各位班子成员根据这次民主生活会，对照征求到的意见和建议，结合各自分管工作，会前开展谈心活动，精心准备发言提纲。会上，大家联系思想和工作实际，交流学习实践科学发展观的体会，剖析交通改革发展中存在的突出问题，提出有针对性的整改意见和建议。

吕德功在讲话中，总结这次专题民主生活会有4个特点。即准备充分，紧扣主题，态度坦诚，注重对接。

12月12日 全省交通系统办公室主任会议召开。省交通厅副厅长王志民出席并讲话。

12月16日 省交通厅召开各市交通局长座谈会。厅长段建国出席并讲话，副厅长王志民主持，厅领导张志川、郜玉兰、张德仪、赵振田及省公路局、省征稽局、省运管局、省高管局、省地方海事局、厅机关各处室主要负责人和各市交通局局长参加。

12月17日 代省长王君在省运管局《关于全省运管系统11月份源头治超工作的报告》上批示："华中同志，你们的工作有力度，有成绩，上下反映都很好。望继续努力，加大力度，在治超工作中做出新成绩"。

12月17日 省征稽局召开视频会议，介绍燃油税改革相关情况，安排部署当前各项工作，号召全系统干部职工坚定信心，顾全大局，以稳定求发展，以发展保稳定，落实工作目标，服务交通发展。

12月18日 省交通厅召开厅直单位老干部处(科)长座谈会。巡视员曹燎原出席并讲话。

12月18日 上午8时，省高管局启用"12122"全国高速公路救援电话，成为继陕西、河南、青海等省后，率先开通此公益服务号码的省份。

12月19日 全省新一轮"无缝隙、拉网式"治超总行动整整一周年之际，省治超办在太原高速小店收费广场再次举行声势浩大的现场宣传活动。副省长牛仁亮带领省治超领导组成员单位负责人出席并慰问一线治超人员。省政府副秘书长崔国红、省交通厅厅长段建国等参加。

12月19日 全省启动新一轮"无缝隙、拉网式"治超总行动一年来，在省委、省政府坚强领导下，各市、县政府和有关部门采取"控"、"拆"、"罚"、"记"、"赔"、"拘"等综合措施，通过艰苦努力，全省治超工作取得重大阶段性成果，严重超限超载局面得到有效控制和扭转，赢得全省上下好评。

12月19日至21日 厅党组副书记、副厅长张润专程赴四川茂县，察看工程进展，慰问施工人员。

12月22日 下午，省交通厅学习实践科学发展观活动领导组办公室召开指导检查组长会议，厅党组副书记、副厅长张润出席并讲话。

12月25日 省交通厅党组中心组集体学法报告会举行。厅领导段建国、张润、郜玉兰、郭贵平，厅直各单位、各高速公路建设管理处、厅机关、厅重点办有关负责人参加。副厅长张润主持。报告会邀请北京交通管理干部学院张柱庭教授主讲。

12月25日 省委宣传部、省政府新闻办公室、省交通厅共同组织召开山西省重要政务信息新闻发布会。省政府常务会议已研究通过省交通厅提出的《山西省高速公路网调整规划》和今后两年全省公路建设计划,并纳入今后两年全省基础设施建设6500亿投资计划。规模调整后,全省高速公路网规模由4050公里调整到6160公里,增加2000余公里,路网布局相应调整为"人字骨架、两纵十一横十二环"。其中:国家高速公路网有一射、一纵、三横、一支线穿越全省,里程约2000公里,全省规划里程4000公里。今后两年,全省公路建设规模4.8万公里,项目总投资2435亿元。预计两年可竣工4.57万公里,完成投资1485亿元。这一规模,无论从建设里程看,还是从投资额度看,都将是全省历史上最大的一次。

中央驻晋新闻媒体、省城新闻媒体及境外媒体近50家媒体记者出席新闻发布会。

12月26日 省政府召开第26次常务会。在听取有关厅(局)以及厅长段建国工作汇报后,代省长王君表扬省交通厅工作抓得非常实,厅长段建国有思路,又有办法,太古和太佳两条高速公路召开推进会,又要同省五大银行签署战略合作以及首批贷款协议,工作抓得非常紧、非常扎实。政府部门抓落实,如果都像交通厅厅长段建国这样抓,我们就轻松了。

段建国表示,省交通厅将按照省委、省政府要求,克服各种困难,全力推进当前工作。交通厅自行落实高速公路建设全部资金,对于"五个覆盖"中的农村公路建设全覆盖,请省政府在资金等方面予以支持。

12月26日 太原至古交、太原至佳县(东段)高速公路建设推进大会召开。省委书记、省人大常委会主任张宝顺启动控制性工程开工按钮,省委副书记、代省长王君作重要讲话,省委常委、太原市委书记申维辰,省人大常委会常务副主任杨安和,副省长牛仁亮,省政协常务副主席郭良孝,原省人大常委会副主任杜五安,省政府秘书长王清宪,省交通厅领导段建国、张润、韩日裕、张志川、郜玉兰、张德仪、赵振田及太原市、忻州市领导出席。厅副巡视员郭贵平介绍工程概况。太原市政府领导、忻州市长李平社以及太古、太佳(东段)建设管理处负责人作表态发言。

两个项目全长118.1公里,概算投资92.8亿元。

12月27日 省交通厅与国家开发银行山西省分行、中国工商银行山西省分行、中国农业银行山西省分行、中国银行山西省分行、交通银行山西省分行举行战略合作暨首批贷款签约仪式。这次战略合作,是交通厅与金融机构共同贯彻中央扩大内需政策、推动金融创新的成果,是再掀公路建设新高潮的根本保证,更是山西长远发展的有力支撑。省委副书记、代省长王君,副省长牛仁亮出席签约仪式。省政府秘书长王清宪主持。厅领导段建国、王志民、张德仪以及省直有关部门负责人,中央驻晋新闻单位及省城媒体记者参加。

根据国家扩内需、保增长的宏观调控政策,省委、省政府做出了再掀公路建设新高潮的战略决策,全面启动历史上最大规模的新一轮公路建设高潮。今后两年共安排公路建设4.8万公里,总投资2500亿元。再掀公路建设新高潮,对筹资工作提出严峻挑战,省交通厅通过争取国家支持、招商引资、资本运作等方式积极筹借资金,同时提到金融机构支持。这次框架协议总额为1750亿元,其中,国家开发银行500亿元,中国工商银行350亿元,中国农业银行300亿元,中国银行300亿元,交通银行300亿元。首批贷款合同136亿元,其中,国家开发银行110亿元,交通银行26亿元,这批贷款涉及高速公路和国省干线改造工程60多个项目。

厅长段建国表示,省交通厅作为承贷主体,一定会严格执行合作协议和贷款合同,严格施工管理,仔仔细细花好每一分钱,最大限度地提高资金效益。参加签约仪式的五大银行表示,要积极支持山西交通事业发展,为加快建设新基地、新山西作出应有贡献。

副省长牛仁亮在会上作重要讲话。厅总会计师张德仪代表省交通厅与国家开发银行山西省分行签署战略合作协议和忻州至阜平高速公路忻州至长城岭段项目贷款合同,与中国工商银行山西省分行签署战略合作协议,与农业银行山西省分行签署金融合作意向书,与中国银行山西省分行签署战略合作意向书,与交通银行山西省分行签署长期战略合作意向书和闻喜至垣曲高速公路基本建设借款合同。

12月29日 下午,省交通厅领导班子分析检查报告群众评议大会召开,副厅长张润主持,厅领导段建国、王志民、张志川、郜玉兰、张德仪、赵振田、曹燎原、郭贵平,厅机关各处室,厅直各单位党政负责同志,民主党派、党外人士代表,离退休干部和交通行风监督员代表参加。厅长段建国通报厅领导班子学习实践科学发展观活动分析检查报告,会议代表进行实事求是、客观公正评议。

12月29日 五台山至保德高速公路建设推进会在忻州市忻府区秦城乡秦城村隆重举行。原省人大常委会副主任杜五安出席并为控制性工程开工按下启动按钮,省交通厅厅长段建国出席并讲话。省人大城乡建设与环境保护工作委员会主任王晓林,省直有关部门、金融部门领导,忻州市四大班子领导出席。省交通厅副厅长张润主持,厅总工程师郜玉兰介绍工程情况,厅领导张志川、张德仪、赵振田、郭贵平以及厅机关有关处室、厅直有关单位领导参加。

项目全长316公里,概算165亿元。分为忻州至台山、忻州至保德两段实施。

忻州市长李平社,忻阜、忻保建管处负责人分别作表态发言。

12月30日 晋济高速公路竣工通车。与此同时,晋城西北环、高平至陵川高速公路开工建设。副省长张平,原省人大常委会副主任杜五安,省人大城乡建设环境保护工作委员会主任王晓林,省政府副秘书长崔国红,省交通厅领导段建国、韩日裕、张志川、郜玉兰以及晋城市四大班子领导出席竣工通车仪式。厅总工程师郜玉兰宣读交通运输部贺信。

晋济高速公路全长30.049公里,概算投资21.7亿元,平均每公里造价7221万元。

晋城环城高速公路全长29.5公里,投资15亿元。高陵高速公路,全长62.9公里,概算投资37.1亿元。张平在讲话中,要求各地、各有关部门要充分认识公路建设特别是高速公路建设的重要意义,高度重视,精心组织,密切配合,协同行动,积极做好项目建设中资金、土地、环保、拆迁等相关工作,为高速公路建设创造良好条件。段建国在讲话中,要求各项目建设单位建立健全工程质量保证体系和责任体系,合理安排工期,科学组织施工,严格工程管理,加强现场监控,确保安全生产,争创一流工程、一流管理、一流效益。

通车仪式后,与会人员乘车参观晋济高速公路。

12月31日 《山西交通》评出2008年全省十大交通新闻:①赴四川公路抢通保通突击队获中共中央、国务院、中央军委表彰。5月23日,由75名专业技术人员组成的山西交通公路抢通保通突击队赴四川执行抢通保通建设任务。50余天里,累计抢通公路51.6公里,排险296处,清理土石方55万余立方米;疏通铁路、公路道口2处,清理民房废墟12处,圆满完成广济至金华等4条公路的抢通保通任务,为抗震救灾作出突出贡献。10月8日在中共中央、国务院、中央军委举行的全国抗震救灾总结表彰大会上获"全国抗震救灾英雄集体"荣誉称号。②高速公路刷卡收费正式启动。6月30日,全省高速公路刷卡收费正式启动,中国工商银行"牡丹晋通卡"同期发行,标志着全省成为全国第六家实现高速公路刷卡收费的省份。全省联网收费的1864公里高速公路实现刷卡收费。③交通援建茂县工作全面进入实质性阶段。7月8日,太原和晋中公路分局41名测设人员经过3天长途跋涉到达四川茂县,省交通厅支援茂县灾后交通重建工作全面进行实质性阶段。8月19日,省委书记张宝顺在四川茂县亲切慰问交通援建人员。10月22日,全省援建茂县灾区首个建设项目黑虎羌寨旅游公路开工。期间,省、厅领导多次赴川慰问检查指导工作。④服务奥运交通保障车队圆满完成任务。7月21日和8月3日,为满足奥运会期间运动员、官员以及观众出行需要,应北京奥组委及北京市请求,省交通厅向北京提供的39辆奥运会交通保障车辆分两批赴京。在京期间,共开行通勤班车线路2条,出车2000多次,行程4.2万公里,运送志愿者近7.4万人次。在8月23日召开的总结表彰会上,获北京奥组委、交通运输部和北京市政府表彰。⑤普通公路实施货车计重收费。从11月1日9时起,全省普通公路货车计重收费正式启动,这是继2006年12月9日全省高速公路计重收费之后,全省公路收费制度的又一次重大改革,涉及国省干线政府还贷性收费公路85条128个收费站。⑥超限超载治理取得重大阶段性成果。截至12月19日,全省治超工作取得重大阶段性成果,全省超限超载率由治超前8%至11%,下降到0.2%,全省杜绝车货总重55吨以上的非法超限超载车辆在高速公路上行驶,长途运输中的非法超限超载车辆已基本消除。治超工作由集中治理步入长效治理的法制化阶段,由路面执法为主转入源头治理为主的新阶段。12月17日,王君代省长作出批示,对省运管局源头治理给予肯定。⑦今后两年全省公路建设规模4.8万公里,项目总投资2435亿元。12月25日,山西省重要政府信息新闻发布会发布,今后两年,全省公路建设规模4.8万公里,项目总投资2435亿元。山西省高速公路网规划进行调整,全省高速公路网规模由4050公里调整到6160公里,增加2000余公里,路网布局由"人字骨架、九横九环"相应调整为"人字骨架、两纵十一横十一环"。⑧再掀公路建设新高潮。12月26日和29日,省交通厅隆重召开太原至古交、太原至佳县(东段)、五台山至保德高速公路建设推进大会。这是全省公路发展史上的一件大事,也是全省再掀公路建设新高潮的重要标志。12月27日,省交通厅与国家开发行、工行、农行、中行、交行五大银行的山西分行举行战略合作暨首批贷款签约仪式,框架协议总额为1750亿元,首批贷款合同136亿元,为再掀公路建设新高潮提供根本保证和有力支撑。⑨晋济高速公路建成通车。12月30日,晋济高速公路正式通车。项目是国家高速路网二连浩特至广州主干线在山西的收尾路段,是全省人字形高速公路主骨架的组成路段,北接长晋,南跨太行,贯通两省,辐射中原,是山西的南大门和又一条出口黄金通道。路线全长30.049公里,概算投资21.7亿元,平均每公里造价7221万元。⑩农村公路建设成绩斐然。全年完成县乡公路改造3100余公里,为年计划103%;完成通村水泥(油)路13 000公里,为年计划130%;全长1000公里的沿黄扶贫旅游公路基本建成。全面完成省政府下达的目标任务。

2009年

1月5日 大同至呼和浩特高速公路大同至右玉段开工奠基。省委副书记、代省长王君,省人大常委会副主任靳善忠,省政协副主席令政策,原省人大常委会副主任杜五安出席。副省长牛仁亮出席并讲话。要求高度重视,精心组织,密切配合,协同行动,加强管理,保证质量,努力打造高速公路精品工程。省政府秘书长王清宪主持。省交通厅领导段建国、张润、韩日裕、张志川,省直有关部门、金融部门负责同志,厅机关、厅直有关单位负责同志,大同、朔州市四大班子及市直有关部门领导,沿线各级党政领导和群众代表,项目、施工、监理单位代表参加。大同市长耿彦波、朔州市长冯改朵、大呼高速公路建管处负责人分别作表态发言。路线全长103公里，概算37.41亿元。

1月6日 省交通厅召开全省交通春运暨安全生产工作视频会议，贯彻落实国家发改委、交通运输部和省政府有关会议精神，全面部署春运和安全生产工作。厅长段建国、副厅长王志民出席并讲话，要求突出重点，落实措施；放在首位，搞好服务；加强组织管理，确保“安全、畅通、文明、和谐”目标胜利实现。副厅长张润主持。

1月7日 太原至佳县高速公路西段建设推进会在吕梁市临县境内召开，原省人大常委会副主任杜五安按下控制性工程启动按钮，省政府副秘书长崔国红受副省长牛仁亮委托讲话。省交通厅厅长段建国出席并讲话。要求大力发扬吕梁精神，学习先进技术和成功经验，建立健全工程质量保证体系和责任体系，切实加强反腐倡廉建设，坚决克服腐败现象，圆满建成太佳高速公路。厅领导韩日裕、郜玉兰、郭贵平，省直有关部门、金融部门负责同志，厅机关、厅重点办、厅直有关单位负责同志，吕梁市四大班子及市直单位部门领导，沿线各级党政领导和群众代表，项目设计、施工、监理单位代表参加。厅总工程师郜玉兰主持。副巡视员郭贵平介绍工程概况。吕梁市长董洪运，临县县委书记、县长刘永平，太佳西段建管处负责人分别作表态发言。路线全长120公里，概算89亿元。

1月7日 省交通厅党组副书记、副厅长张润主持召开重点公路建设项目冬季施工安全生产工作专题会议，厅运管处（安委办）、厅公路处、厅重点办、省交通质监站负责同志参加。

1月7日 省政府副秘书长、省应急办常务副主任孙跃进率检查组深入省交通厅调研。省交通厅副厅长张志川汇报应急管理工作。

1月9日 省交通厅召开学习实践科学发展观活动整改落实阶段动员会，总结分析检查阶段工作，安排整改落实阶段各项任务。厅长段建国作动员报告，省委第三指导检查组组长吕德功出席并讲话。副厅长张润主持。厅领导韩日裕、张志川、张德仪，厅学习实践活动领导组成员，厅机关各支部书记，厅各指导检查组组长、副组长参加。

1月9日 上午，省交通厅副厅长张志川深入省交通建设开发投资总公司，就引资融资有关情况进行调研。

1月9日 太原市小店区与忻州市忻府区签署治超工作友好协议书。省治超办主任李顺通、副主任张志川等出席签字仪式。

1月11日 山西长兴路桥工程有限公司举行揭牌仪式。省交通厅副厅长张志川与长治市副市长尚宪芳揭牌。

1月13日 省交通厅专门召开会议，安排部署全系统“改进作风、文明过节”工作。厅党组成员、省纪委驻厅纪检组组长韩日裕出席并讲话。要求加强节日期间作风建设，过一个文明、和谐、清廉节日。

1月16日至18日 省交通厅巡视员曹燎原赴长治、晋城对困难职工、困难劳模、离退休老干部进行春节慰问，并对春运和人员聚集场所安全进行检查。

1月17日 四川省阿坝州副州长、茂县县委书记尼玛木一行8人，代表阿坝州委、州政府和11万茂县人民赴省交通厅慰问。诚挚邀请全省交通系统干部职工去旅游观光，茂县人民将永远铭记援建恩情。厅党组副书记、副厅长张润出席座谈会并讲话，表示一如既往，全力以赴，在规划、技术、资金、设备、智力等5个方面给予支持。

1月20日 上午，全省交通工作会议隆重召开。会议主题是：全面贯彻落实省十一届人大二次会议和全国交通运输工作会议精神，促进交通运输又好又快发展，总结2008年交通工作，安排部署2009年工作任务。省人大常委会副主任靳善忠、省政协副主席韩儒英出席，副省长牛仁亮作重要讲话。省政府副秘书长崔国红，省人大财经委主任赵建平及省直有关部门负责同志应邀出席。

厅党组书记、厅长段建国作了题为《抢抓机遇,奋力进取,开创交通科学发展新局面》的工作报告,厅党组副书记、副厅长张润主持会议并作总结讲话,厅党组成员、副厅长王志民宣读《关于表彰2008年度完成工作目标责任制优秀单位和先进单位的决定》,厅党组成员、副厅长张志川宣读《关于表彰农村公路质量年活动优胜单位和优秀项目的决定》。厅党组成员、省纪委驻厅纪检组组长韩日裕,厅党组成员、厅总工程师部玉兰,厅党组成员、厅总会计师张德仪,厅党组成员、省公路局党委书记赵振田,厅巡视员曹燎原,厅副巡视员郭贵平参加会议。

2008年,在省委、省政府正确领导下,省交通厅新一届党组带领全省交通干部职工同心同德,踏实苦干,抢抓机遇,勇于创新,肩负时代使命,积极应对挑战,全力推进交通各项事业实现新发展、新跨越,省政府提出的各项交通工作目标圆满完成,省厅承诺为民办的8件实事全部兑现。全省公路建设完成投资200.3亿元。其中,高速公路完成40.4亿元,干线公路完成68.9亿元,农村公路完成88.4亿元,运输站场完成2.46亿元。新增公路通车里程4904公里,高速公路72公里,一二级公路988公里;新增通水泥(油)路建制村951个。道路运输完成客运量4.1亿人、旅客周转量213.2亿人公里,分别比2007年增长3.5%、3%;完成货运量8.64亿吨、货物周转量460.4亿吨公里,分别增长5.26%、7.71%。交通规费征收完成168.6亿元,比2007年增长18.5%。其中,汽车养路费及货附费44.5亿元,增长18.9%,在全国分别排第8位、第2位;拖拉机养路费及货附费2.46亿元,增长1.9%;运管费及客附费8.37亿元,增长38.8%;车辆通行费113.3%亿元,增长17.4%。

一年来,全省交通系统深入贯彻落实科学发展观,主要抓好6个方面工作。即抓大事,应急事,全力做好抗灾救灾和奥运交通保障;抓重点,攻难点,全力加强公路建设;抓管理,上台阶,推动交通全面协调可持续发展;抓改革,激活力,创新交通管理体制机制;抓安全,保民生,努力营造和谐稳定发展环境;抓党建,树新风,创建廉洁文明交通行业。截至2008年底,全省公路通车里程达到12.48万公里,公路密度达到79.62公里/百平方公里,分别比1978年增长4.6倍;高速公路从无到有,达到1965公里,特别是建成了以仙神河桥、雁门关隧道为代表的一批在全国有影响的特大桥梁和隧道;农村公路总里程达11万公里,是改革开放前6.4倍,全省100%乡镇、88%建制村通水泥(油)路,具备条件建制村通公路,100%乡镇、94%建制村通客车。民用汽车拥有量是1978年的40倍,公路客运量、旅客周转量、货运量和货物周转量分别比1978年增长16倍、17倍、12倍和40倍。

牛仁亮在讲话中,围绕"十一五"交通规划调整、路桥集团回归、超限治理等方面,简要回顾2008年交通工作,对全省交通系统所取得的成绩给予肯定,代表省委、省政府对全省交通系统广大干部职工对全省经济发展作出的贡献表示感谢,对受到表彰的先进集体和个人表示祝贺。要求立足新形势,站在新起点,把握全省经济发展全局,在省委、省政府正确领导下,团结一心,齐心协力,圆满完成各项任务,为全省经济发展再立新功。

会议还对2008年度完成工作目标责任制优秀单位和先进单位、农村公路质量年活动优胜单位和优秀项目进行表彰。段建国代表省交通厅与各市交通局及厅直单位签订2009年度工作目标责任书。

厅老领导,各市交通局局长、运管处处长、海事局局长,厅直各单位党政主要负责同志,各公路分局、各征稽分局、各高速公路建设管理部门、路桥各企业的党政主要负责人,厅机关各处室主要负责人参加会议。会议还特邀山西汽运集团主要领导参加。

1月20日 下午,全省交通系统2009

年安全生产和党风廉政建设工作会议召开。省交通厅党组副书记、副厅长张润作了题为《全面实施交通运输安全发展战略,扎实推进交通行业安全生产工作》的报告。厅党组成员、省纪委驻厅纪检组组长韩日裕作了题为《深入贯彻落实科学发展观,不断推进全省交通系统反腐倡廉建设》的工作报告。厅领导段建国、张志川、张德仪、赵振田、曹燎原、郭贵平出席,王志民主持。郜玉兰宣读《关于表彰2008年度全省交通安全生产管理工作先进单位和先进个人的决定》。省纪委副书记、省监察厅厅长杨森林,副厅长刘蓉华应邀出席。

会议还对2008年度全省交通安全生产管理工作先进单位和先进个人进行表彰,张润代表省交通厅与各市交通局、厅直各单位签订2009年度安全工作目标责任书。

1月21日 上午,全省道路运输工作会议召开。省交通厅厅长段建国、副厅长王志民出席并讲话。厅机关有关处室负责人参加。省运管局局长李华中作工作报告。

1月21日 下午,全省地方海事工作会议召开。省交通厅厅长段建国、副厅长王志民出席并讲话,省交战办副主任史荣和、厅有关处室负责人参加。省地方海事局局长牛世骏作工作报告。

1月21日 省交通厅副厅长张润在大同市慰问交通系统困难职工、困难劳模和离退休老干部,为他们送上慰问品及慰问金。

1月21日至22日 省交通厅领导郜玉兰、赵振田深入晋中、阳泉、吕梁市交通局和公路、征费分局,听取工作汇报,慰问困难职工、劳模和离退休老干部,并认真检查三市春运安全工作。

1月22日 下午,太原卫星发射中心副主任伍细平少将一行到省交通厅慰问并赠送铜鼎,对帮助解决交通问题表示感谢。厅党组副书记、副厅长、省交战办主任张润,省交战办副主任史荣和参加座谈。

1月23日 上午,省交通建设开发投资总公司召开2009年度工作会议。省交通厅领导段建国、郜玉兰出席并讲话,厅机关相关处室负责人参加。公司总经理魏庆飞作工作报告。

1月23日 下午,省交通厅厅长段建国、厅副巡视员郭贵平在忻州慰问交通系统困难职工和离退休老干部,为他们送上慰问品及慰问金。省公路局局长戴飞、省运管局局长李华中及厅机关相关处室负责人陪同。

1月23日 下午,省交通厅机关举行迎春团拜会。厅党组副书记、副厅长张润代表厅党组向大家送上新春祝福。副厅长王志民主持,厅领导韩日裕、曹燎原出席。

1月24日 上午,省交通厅厅长段建国、厅副巡视员郭贵平及厅机关有关处室负责同志深入省交通建设工程监理总公司进行调研和慰问。

1月26日 牛年第一天。一大早,省交通厅党组书记、厅长段建国冒着严寒,深入太原高速公路滨河收费站,向坚守工作岗位的一线职工拜年。

1月31日 凌晨1时20分,1辆车号为晋K45352的红岩牌四轴大货车,在庄子超限超载检测站受检时,司机未按车辆操作规范停车,将检测站出口处的验票厅撞毁,正在厅里执勤的郝建文同志不幸殉职。肇事司机于2月2日向汾阳市公安局交通警察大队投案自首。

副省长牛仁亮、刘维佳,省治超办主任李顺通,省交通厅厅长段建国、副厅长张润、副厅长张志川等领导获悉情况后,立即作出批示,向郝建文家属表示慰问,并要求迅速查明事故原因,进行严肃处理。同时要求各市治超办和相关部门对所有治超点的防撞设施进行检查加固,防止类似情况发生。2月27日,省交通厅党组作出决定,授予郝建文同志"优秀治超员"荣誉称号并号召全省交通系统开展学习活动。

2月3日 省交通设计院召开2009年工作会议暨七届二次职代会。省交通厅党组书记、厅长段建国,厅党组成员、厅总工程师郜玉兰出席并讲话。

2月5日 省交通科研院2009年工作会议暨五届八次职代会召开。省交通厅党组书记、厅长段建国,厅党组成员、厅总工程师郜玉兰出席并讲话。

2月6日 下午,省人大常委会副主任、省总工会主席郭海亮等一行深入忻阜高速公路凤凰岭隧道工地,亲切慰问春节期间坚守岗位职工,授予中铁十二局忻阜项目部"工人先锋号"旗帜。省交通厅党组书记、厅长段建国,厅党组成员,厅总工程师郜玉兰,省总工会常务副主席高凤平,省总工会副主席、巡视员郭争荣,忻州市人大常委会副主任、市工会主席智俊德,省公路运输工会主席王晓光等出席慰问活动和授旗仪式。

2月6日 上午,省交通厅党组书记、厅长段建国,厅党组成员、副厅长张志川,厅党组成员、厅总会计师张德仪与来访的中国银行山西分行行长魏国斌及中国银行总行公司部客户关系总监唐茂恒、风险部专业审批人牟云清等进行座谈。双方表示,将进一步加强金融合作,努力实现双赢,共同促进山西交通建设及全省经济社会发展。中国银行山西分行副行长冷杰、张天民,省高管局局长董新品及厅机关有关处室领导参加。

2月6日 全省重点公路工程建设技术咨询专家座谈会召开。省交通厅技术专家委员会主任、厅党组成员、厅总工程师郜玉兰出席并讲话。

2月10日 下午,省交通厅党组副书记、副厅长张润专程前往山西路桥一公司,为对口支援四川茂县公路建设的22名工程施工人员送行。

2月10日 晚8时,省交通厅与省城金融系统在太原南宫举行《大路通天》文艺晚会。省委副书记、省长王君,省委常委、宣传部长胡苏平,副省长牛仁亮等领导与交通和金融系统干部职工一同观看演出。

2月11日 上午,全省公路工作会议在太原召开。副省长牛仁亮,省交通厅党组书记、厅长段建国出席并讲话,省政府副秘书长崔国红,厅党组副书记、副厅长张润出席。局长戴飞作了题为《抓住新机遇,迎接新挑战,开创公路事业科学发展新局面》的工作报告。厅党组成员、省公路局党委书记赵振田主持。

2月11日 下午,全省公路系统党风廉政建设暨安全生产工作会议召开。省交通厅党组副书记、副厅长张润,厅党组成员、驻厅纪检组组长韩日裕出席。厅党组成员、省公路局党委书记赵振田主持。省监察厅副厅长刘蓉华应邀出席。省公路局党委副书记、纪委书记李铁山,副局长胡志勇分别在会上作党风廉政建设和安全生产工作报告。

2月11日至17日 省交通厅举办公路工程安全质量管理干部培训班。厅党组副书记、副厅长张润带领学员赴湖南、湖北参观考察。

2月12日 忻阜高速公路开工建设动员大会在忻州召开。省交通厅党组成员、厅总工程师郜玉兰出席并讲话。

2月13日 省交通厅后勤服务中心召开2009年度工作会议。省交通厅巡视员曹燎原出席并讲话。

2月18日 上午,2009年全省高速公路管理工作暨"双百佳"表彰大会在太原召开。省交通厅党组书记、厅长段建国,厅党组成员、副厅长张志川出席并讲话,厅机关有关处室负责人参加。省高管局局长董新品作了题为《抢抓机遇,迎难而上,开创高速公路管理事业科学发展新局面》的工作报告。省高管局党委书记李万定主持。

2月18日 省交通厅新闻宣传中心2009年度工作会议召开。省交通厅党组成员、省纪委驻厅纪检组组长韩日裕出席并讲话,厅机关有关处室负责同志参加。

2月18日 太佳高速公路吕梁段建设动员大会召开。吕梁市委书记聂春玉,市委常委、常务副市长丁雪峰,省交通厅副巡视员郭贵平出席。岚县、方山、临县政府负责人和施工监理单位负责人分别作表态发言。省交通厅与吕梁市政府签订征地拆迁及建设环境总承包合同书，吕梁市政府分别与岚县、方山县、临县签订征地拆迁及地方协调工作目标责任书。建管处处长刘子兴与各施工监理单位签订责任书。路线全长119.55公里，批复概算89.9亿元。

2月23日 下午，省交通厅党组书记、厅长段建国，厅党组成员、副厅长王志民在厅机关有关处室负责同志陪同下，就全省道路运输安全工作情况深入省运管局调研。

2月23日 交通运输部综合规划司副司长于胜英带领部检查组一行8人，对全省公路交通信息资源整合与服务工程建设进行检查指导。省交通厅党组成员、副厅长张志川介绍情况并参加座谈。

2月24日 省交通厅党组成员、副厅长张志川在厅机关有关处室负责人陪同下，深入山西交通技师学院调研并参加学院2009年度工作会。

2月25日 省交通厅副巡视员郭贵平听取厅定点扶贫工作队情况汇报并传达厅党组关于交通扶贫的指示。

2月26日 省交通厅党组书记、厅长段建国带领厅机关有关处室负责人深入阳泉市调研。先后深入307国道复线坡头至水峪段一级公路、郊区新北大街工程和阳五高速公路平定维社隧道等已建成或正在施工的公路建设现场，并与市领导座谈。

阳泉市委书记谢海，市长白云，市委常委、常务副市长王旭明，市人大常委会副主任荆东生，市政协副主席马文建陪同。

2月26日 下午，省交战办召开全体工作人员会议。省交通厅党组副书记、副厅长、省交战办主任张润传达省委议军会议暨省国动委第四次全会精神，提出贯彻落实意见。

2月26日 下午，全省交通信访工作会议召开，省交通厅巡视员曹燎原出席并讲话。

2月27日 省交通厅召开深入学习实践科学发展观活动总结大会。厅党组书记、厅长段建国作总结报告，省委第三指导检查组组长吕德功出席并讲话，厅党组副书记、副厅长张润主持。厅领导王志民、张志川、郜玉兰、赵振田、曹燎原、郭贵平等出席。厅机关全体党员干部、厅直单位党政主要负责人、厅指导检查组全体同志、党外人士、离退休老干部、行风监督员及群众代表130余人参加。

按照全省统一部署，省交通厅第一批深入学习实践科学发展观活动从2008年9月开始，共24个单位5060名党员参加。经过近半年努力，圆满完成3个阶段17个环节工作任务，较好地实现“提高思想认识、增强发展能力、解决突出问题、创新机制体制、推动科学发展”目标要求，群众满意度达99.2%。

2月27日 省交通厅重点办党委、纪委组织全省重点公路工程建设系统各单位在晋城监狱举行“开展深入学习实践科学发展观预防服务犯罪警示教育”活动。厅党组成员、驻厅纪检组组长韩日裕出席并讲话，厅监察室主任胡建新，厅重点办机关全体工作人员及全省重点公路工程建设单位党政主要负责人、纪委书记、总会计师、工程管理部部长等共计100余人参加。

3月2日 上午，临汾市交通工作会议召开。临汾市委副书记、代市长罗清宇，省交通厅党组书记、厅长段建国，市委常委、常务副市长成洪才，市人大常委会副主任梁天运出席。

3月4日 下午，省政府召开全省交通行业安全生产专项整治电视电话会议。省政府副秘书长崔国红讲话，省交通厅党组书记、厅长段建国就全省道路运输安全、水上交通安全、交通基础设施建设安全3项专项整治工作进行部署，厅党组副书记、副厅长张润主持。省安监局、省建设厅、省质监局、省公安厅交管局、省水利厅、省国防工办、山西汽运集团有关负责同志应邀出席。省公路局、省运管局、省高管局、省征稽局、省地方海事局、省交通质监站、省交通设计院、厅重点办、厅新闻宣传中心主要负责同志及相关部门负责人和厅机关有关处室主要负责人在太原主会场参加。各市分管副市长、交通局长、公路、征稽、运管、海事、高速公路负责人在11个市分会场参加会议。

3月5日 上午，全省纪念交通战备恢复30周年暨2009年交通战备工作会议在太原隆重召开。省委常委、省国防动员委员会常务副主任、省军区司令员方文平，北京军区联勤部军交运输部副部长、北京军区交战办副主任庄联营，省交通厅党组书记、厅长段建国出席并讲话。应邀出席会议的还有省人大常委会原副主任杜五安，省人大城乡建设环境保护委员会主任王晓林，原厅党组成员、省交战办主任杨金泉。省交战办专职副主任史荣和，省军区后勤部副部长、省交战办副主任林保江出席。省交通厅党组副书记、省交战办主任张润作了题为《抢抓机遇，奋力进取，在新的起点推进交通战备工作新发展》的工作报告，会议由省军区后勤部部长、省交战办副主任马彦和主持。会议还对30年交通战备工作中作出突出贡献的先进个人、2008年度交通战备工作先进单位和先进个人进行表彰。

省交战办老领导，各市、县两级交战办主任，厅直相关单位行政主要负责同志，厅机关各处室主要负责人参加。会议还特邀山西汽运集团领导参加。

3月6日 省交通厅党组书记、厅长段建国在运城市市长王安庞、市人大常委会副主任张道中陪同下，深入闻垣高速公路建设工地调研。要求加倍努力，加快工程进度，加强安全管理，确保建成优质工程。

3月6日 下午，全省交通系统庆“三八”女职工座谈会召开。省交通厅党组副书记、副厅长张润出席并讲话。

3月10日 全省交通建设质量安全监督工作会议召开。省交通厅党组书记、厅长段建国，厅党组成员、厅总工程师部玉兰出席并讲话。要求严格监督，敢于动真“刀子”；严格监管，决不手软；严格把好质量关，绝不能有丝毫麻痹思想、侥幸心理，努力把各项工作做实、做细、做好。

3月10日 上午，全省交通史志年鉴工作会议召开。省交通厅党组成员、驻厅纪检组组长韩日裕出席并讲话。厅机关有关处室、各市交通局、厅直各单位有关负责同志参加。

3月11日至12日 以省交通厅副巡视员郭贵平为组长的厅安全质量廉政检查组一行7人，对太佳高速公路吕梁段的安全质量廉政工作进行专项督促检查。

3月18日 太原公路分局2009年工作会议暨七届二次职代会召开。省交通厅党组副书记、副厅长张润出席并讲话。

3月18日 上午，省交通厅巡视员曹燎原及厅机关有关处室负责人一行深入山西交通安居置业管理中心调研。

3月19日 上午，省交通厅党组成员、副厅长张志川带领厅机关有关处室负责同志深入山西交通职业技术学院调研。

3月19日 省交通厅党组成员、厅总工程师部玉兰带领有关工程技术专家在闻垣高速公路建设工地调研。

3月20日 上午，全省重点公路工程建设项目第一次调度会议召开。省交通厅领导段建国、张润、王志民、韩日裕、张志川、部玉兰、张德仪、赵振田、曹燎原、郭贵平出席。厅党组书记、厅长段建国讲话，厅党组副书记、副厅长张润主持。厅直有关单位、厅机关有关处室、各高速公路建设管理处负责人参加。会议听取厅重点办、各建管处工程建设情况汇报，围绕省委、省政府全年中心工作，重点确定年度投资完成计划。要求全省交通系统各有关单位明确目标，责任到人，鼓足干劲，加大力度，夺取首季开门红。

3月20日 省高管局党风廉政建设工作会议召开。省交通厅党组成员、驻厅纪检组组长韩日裕出席并讲话。

3月21日 上午，临吉高速公路建设管理处揭牌仪式举行。省交通厅党组成员、副厅长王志民，临汾市委常委、常务副市长成洪才出席并讲话。

3月25日 上午，省交通厅党组书记、厅长段建国带领厅办公室、厅人事处、厅科教处、厅直机关党委等有关处室负责人深入省交通干部学校调研，就学校全面协调可持续发展及需要省交通厅解决的问题进行深入探讨。

3月25日 全省交通系统工会工作会议召开。省交通厅党组副书记、副厅长张润，省总工会副主席梁若洁出席，王晓光主席作工作报告。

3月25日 省交通厅党组成员、副厅长张志川带领厅规划处、厅公路处、厅财务处、厅重点办有关负责同志深入晋城、长治，对高陵、晋城环城、长安3条高速公路建设情况进行调研。

3月27日 下午，省交通厅党组书记、厅长段建国，厅副巡视员郭贵平及厅有关处室负责同志深入忻保高速公路工程建设工地考察。

3月27日 上午，晋中市交通工作会议召开。市委副书记、市长张璞出席并讲话，市委常委、副市长马彦平作动员报告。省交通厅党组成员、厅总会计师张德仪及厅有关处室负责同志应邀出席。

3月28日 上午，太原高速公路有限公司新址揭牌仪式举行。省交通厅党组成员、副厅长张志川，太原市副市长王建生，省高管局局长董新品参加。

3月31日 由省委宣传部与省交通厅共同举办的沿黄公路建设新闻采风活动正式启动。省交通厅党组副书记、副厅长张润，省委宣传部新闻处处长张晋斌出席启动仪式并讲话。

4月3日 下午，大同市政府召开大同市高速公路建设征地拆迁协调会。省交通厅党组书记、厅长段建国，厅党组副书记、副厅长张润出席并讲话，大同市委副书记、市长耿彦波，大同市直有关部门、涉及征地拆迁的县、区及省厅有关处室负责人参加。大同高速公路建设管理处与浑源县政府、灵丘县政府签订征地拆迁总承包合同；大呼高速公路建设管理处与新荣区政府、左云县政府签订征地拆迁总承包合同。

4月8日 省委常委、省纪委书记金道铭带领省纪委副书记李正印，省监察厅副厅长刘蓉华，省纪委常委、秘书长贾毓杰，省纪委监察厅执行室副厅级主任因新中，省纪委监察厅效能室主任郭宏魁深入省交通厅调研。对全省交通工作提出坚持发展第一要务、坚持全面履行职责、坚持搞好反腐倡廉建设的“三个坚持”要求。厅领导段建国、张润、王志民、韩日裕、张志川、郜玉兰、张德仪、赵振田、曹燎原、郭贵平陪同调研。

4月9日 全省道路客运管理工作会议召开。省交通厅党组成员、副厅长王志民出席并讲话。

4月10日 全省重点公路工程建设工作会议在太原召开。副省长牛仁亮出席并讲话。省交通厅党组书记、厅长段建国出席并讲话，厅党组成员、副厅长张志川主持。厅党组成员、厅总会计师张德仪传达王君省长在山西省重点工程建设动员大会上的讲话精神。厅党组成员、厅总工程师郜玉兰作全省重点公路工程建设工作报告。厅领导赵振田、曹燎原、郭贵平、省公路局局长戴飞出席。

会议还签订2009年度重点公路工程建设工作目标责任书。忻保高速公路建设管理处、太佳高速公路（太原段）建设管理处、阳五高速公路公司主要负责人作表态发言。

省发改委、省财政厅、省国土资源厅、省林业厅、省审计厅、省水利厅、省环保局、省物价局、省公安厅交管局以及省重点办等有关单位领导、厅机关各有关处室负责同志、厅直有关单位负责人、各重点公路工程建设单位党政主要负责人、纪委书记、办公室主任参加。

4月10日 沥青路面应用技术讲座在太原举行。省交通厅党组成员、厅总工程师郜玉兰主持，全省交通系统200多名工程管理和技术人员听讲。

4月10日 省委组织部晋组干字〔2009〕87号文印发《关于李万定同志免职退休的通

知》。经省委常委会议 2009 年 3 月 15 日研究决定:免去李万定同志的省高速公路管理局党委书记(副厅级)职务,退休。

4 月 11 日 下午,省人大常委、省人大城乡建设环境保护委员会主任王晓林,省交通厅党组副书记、副厅长张润,省交战办副主任马健在阿坝州副州长、茂县县委书记尼玛木等领导陪同下,深入黑虎旅游公路施工一线检查指导工作。

4 月 14 日 全国县(市、区)交通局长培训项目研发工作会议在太原召开。交通运输部管理干部学院院长丘建华,省交通厅党组成员、副厅长张志川出席并讲话。

4 月 14 日 上午 9 时,省总工会、省交通厅、省高管局、太原高速公路公司机关干部职工 400 多人在大运高速公路太原服务区内进行义务植树活动。省人大常委会副主任、省总工会主席郭海亮,省总工会常务副主席高凤平,省交通厅领导段建国、王志民、张德仪,省公路运输工会主席王晓光、省高管局局长董新品与大家一起培土、浇水,一上午共栽植胡杨、松柏 2100 多株。

4 月 15 日至 16 日 省交通厅党组成员、厅总工程师部玉兰在厅科教处、厅重点办有关负责人陪同下,深入忻阜高速公路调研。

4 月 16 日 交通运输部财务司司长杨省世、副处长卢尚艇、副调研员程侃一行 3 人赴晋调研。工商银行总行公司业务一部副总崔勇、山西分行副行长吕晋铭等有关人员,省交通厅党组书记、厅长段建国,厅党组成员、副厅长王志民,厅党组成员、厅总会计师张德仪,厅规划处、厅财务处、厅核算中心负责人,省高管局有关领导参加。

4 月 16 日 省交通厅副巡视员郭贵平一行在长治调研信访及维稳工作。

4 月 17 日 下午,省交通厅领导段建国、王志民、韩日裕、赵振田、郭贵平及厅机关有关处室、厅直有关单位负责同志赴太原市,与省委常委、太原市委书记申维辰,太原市政府领导等举行会谈,就正在太原市实施的交通工程中存在的问题进行研究,确定计划新建的交通项目。双方还对有关交通项目的方案、资金、征地拆迁等问题进行逐一充分讨论。市委常委、秘书长张贵元,副市长吉久昌、王建生及有关部门负责同志参加座谈。

4 月 21 日 全省治理超限超载工作会议召开。自 2007 年 12 月 19 日启动新一轮“无缝隙、拉网式”治超总行动以来,全省车辆严重超限超载的势头得到有效遏制,治超工作取得重大突破和阶段性成果,为国家挽回路桥经济损失 9.8 亿元。

4 月 21 日 上午,由省编办、省交通厅委托山西财经大学开展的《全省高速公路运营管理体制研究》课题初步完成,取得阶段性成果。省交通厅党组成员、副厅长张志川参加初稿讨论并提出具体要求。

4 月 22 日 由省交通厅定额站与省县际及农村公路改造工程领导组联合编制的《山西省农村公路日常养护预算定额》评审会在太原召开。厅党组成员、厅总工程师部玉兰出席并讲话。

4 月 22 日 全省道路运输协会第三届理事会在太原召开。省交通厅党组成员、副厅长王志民出席并讲话。厅运管处、省运管局、山西汽运集团及理事单位负责人出席。

4 月 24 日 省交通厅党组书记、厅长段建国带领厅机关有关处室负责人深入晋中市,就信访、维稳工作进行调研。要求出以公心,实事求是,依法、依政策办事;要积极主动下访,加大排查力度,捕捉信访苗头,做好超前化解工作。

4 月 24 日 太佳高速公路(太原段)建设管理处召开加快工程建设步伐暨安全生产专项整治动员大会,省交通厅副巡视员郭贵平出席并讲话。

4 月 25 日 忻州交通系统矛盾隐患排查调研会议召开。省交通厅党组副书记、副厅长张润出席并讲话。

4 月 25 日至 26 日 省交通厅党组成员、省公路局党委书记赵振田一行对运城交通系统各单位信访工作进行督察，并对不稳定因素进行排查。

4月28日 下午，省政府召开全省重点公路工程建设推进会，副省长牛仁亮主持并讲话。他强调，高速公路建设是全省重点工程建设的重头戏，必须全力建设，加快推进，为全省扩大内需，拉动增长，走出困境作出应有的贡献。省政府副秘书长崔国红，各市分管副市长，省发改委、省交通厅、省劳动厅、省国土厅、省水利厅、省林业厅、省环保局、省文物局、省重点办主要负责同志参加。

省交通厅党组书记、厅长段建国介绍目前在建项目和待建项目工程进展、前期工作进展情况及存在的主要问题。厅领导王志民、部玉兰、张德仪、赵振田、郭贵平参加会议。

4月28日 忻阜高速公路建设涉及军用通信线路迁改及防护协议在五台县签订。总后勤部黄伟业、总参谋部朱杰等部队首长，省交战办副主任史荣和等出席。忻阜高速公路建管处处长冯建刚、驻忻部队领导李保艳分别代表军地双方签字。

4月29日 全省交通系统"五一"劳模先进代表座谈会在太原召开，在外地调研的省交通厅党组书记、厅长段建国致信祝贺，厅党组副书记、副厅长张润，厅党组成员、省纪委驻厅纪检组组长韩日裕，厅巡视员曹燎原，厅副巡视员郭贵平及机关有关处室负责人出席。

4月29日至30日 省交通厅党组书记、厅长段建国轻车简从，深入临大改建公路建设工地调研。要求以务实高效态度，周密组织，科学施工，把临大路建成一条高标准、高质量的致富路、小康路，早日使临汾西山各县过上小康生活。

路线全长104.5公里，其中一级公路71.5公里，二级公路33公里，概算投资24.266亿元，2009年4月开工建设。

5月6日至8日 省征稽局举办驻楼单位第四届联谊运动会。省征稽局机关、省征稽局职工教育培训中心、厅新闻宣传中心、省交通质监站、交通征稽杂志社、省征稽局资讯中心、省治超办、晋征印刷厂等8家单位参加。省交通厅党组成员、驻厅纪检组组长韩日裕，省公路运输工会主席王晓光等应邀出席开幕式。省征稽局党委书记、局长张晋鹏致词。

5月7日 上午，运城绕城高速公路西南段建成通车仪式在运城市盐湖区池南举行。副省长牛仁亮，省交通厅党组书记、厅长段建国，厅党组成员、副厅长王志民，省直有关部门领导，厅机关有关处室、厅直有关单位负责人以及运城市四大班子领导出席。省政府副秘书长崔国红主持。

主线全长41.51公里，概算投资10.7亿元。2007年4月开工，2008年11月竣工，19个月完成全部工程，刷新全省高速公路建设工期新纪录，打造高速公路建设"品牌工程"。

5月7日 省交通厅党组书记、厅长段建国深入阳翼高速公路工程建设工地调研，要求在确保质量和施工安全前提下，尽可能地加快工程建设进度，为拉动内需、促进全省经济平稳较快增长作出应有贡献。厅党组成员、副厅长张志川，厅公路处、厅重点办、省交通质监站、厅新闻宣传中心、阳翼高速建管处主要负责同志，晋城市市委常委、副市长赵学梅以及阳城、沁水两县政府领导陪同调研。

5月7日 大同至呼和浩特高速公路大同至右玉段掀起建设高潮动员大会在左云县召开。明确2009年路基贯通，2010年正式通车总目标。省交通厅党组副书记、副厅长张润要求全线参战人员要抓住当前黄金施工季节，严格管理，科学施工，做到安全零伤亡，质量零缺陷，廉政零投诉，在保质保量保进度的情况下，把大呼高速公路打造成塞外精品工程。路线全长103.4公里，工程概算37.4亿元。

5月8日 下午，晋中市政府召开汾邢高速公路平遥至榆社段征地拆迁协调会。省交通厅党组成员、厅总会计师张德仪出席并讲话。市委常委、副市长马彦平，晋中市直有关部门、项目沿线各县市政府代表及厅机关有关处室负责人参加。项目全长 83.066 公里,总投资概算 57.43 亿元。

5 月 11 日 上午,省交通厅慰问支援茂县交通建设人员家属并召开代表座谈会。厅党组副书记、副厅长、省交通援川领导组组长张润,厅党组成员、省公路局党委书记赵振田,省公路运输工会主席王晓光,省公路局副局长、省交通援川领导组副组长惠高峰等出席。

5 月 11 日 省委、省政府印发《关于表彰全省援川抗震救灾先进集体和先进个人的决定》。省交通运输厅、太原市交通局、省战略物资道路运输保障车队大同总队、忻州市交通局运输管理处、阳泉市交通局 5 个单位被评为先进集体;张润(省交通厅副厅长、省交通战备办主任)、惠高峰(省公路局副局长)、俞杰(晋中市道路运输管理局科长)、阎献忠(省公路局阳泉分局副局长)4 位同志被评为先进个人。

5 月 12 日 省交通厅向省政府呈报《关于高速公路申请国家按国防战备项目立项的请示》。一是横线五台长城岭(省界)至保德(省界),全长 315 公里;二是横线平定杨树庄(省界)至临县克虎寨(省界),全长 348 公里;三是纵线右玉杀虎口(省界)至芮城刘堡(省界),全长 735 公里,其中待建里程 728 公里;四是纵线天镇马市口(省界)至泽州道宝河(省界),全长 806 公里。

5 月 12 日至 13 日 省委副书记、省长王君,副省长牛仁亮深入忻保、忻阜高速公路建设工地,实地查看忻保高速公路云中河大桥,忻阜高速公路路基填筑、凤凰岭隧道、清水河大桥,详细了解工程进展情况,慰问广大工程建设者。要求各级各部门、各建设单位抓住当前施工的大好时节,加快推进重点工程建设,确保各项重点工程建设任务圆满完成,促进全省经济平稳较快发展。省政府秘书长王清宪,副秘书长崔国红,副秘书长、研究室主任陈永奇,省发改委主任李宝聊,省安全厅厅长李洪,省建设厅厅长王国正,忻州市委书记董洪运、市长李平社,省交通厅党组书记、厅长段建国,厅党组成员、厅总工程师郜玉兰,厅党组成员、省公路局党委书记赵振田等陪同调研。

5 月 13 日 上午,省委常委、纪委书记金道铭深入大呼高速公路建设一线进行调研。要求树立保护生态环境、建设和谐公路、和谐环境意识,采取有效措施保护生态环境。

5 月 14 日 国家交战办主任、总后军交运输部部长赵占平少将一行赴晋检查全省交通战备工作。要求创新思路,开拓进取,实现交通战备工作新发展。

5 月 14 日 下午,省交通厅召开全省重点公路工程建设项目第二次调度会议。认真贯彻落实省领导指示精神,动员全体参建员工抢抓机遇,加快建设,鼓足干劲,再掀高潮,确保全年重点公路工程建设任务顺利完成,为实现“十一五”末高速公路达到 3000 公里的宏伟目标奠定坚实基础。厅领导段建国、张润、王志民、张志川、郜玉兰、张德仪、赵振田、曹燎原、郭贵平及厅机关有关处室、厅直有关单位负责人,各重点公路工程建设管理处党政主要负责人参加。厅党组副书记、副厅长张润主持

5 月 14 日 忻保高速公路建设管理处与忻州市人民检察院召开预防职务犯罪活动启动大会,省交通厅党组成员、省纪委驻厅纪检组组长韩日裕,厅党组成员、省公路局党委书记赵振田出席并讲话。

5 月 14 日 全省公路工程监理行业新风建设活动动员会议召开,省交通厅党组成员、厅总工程师郜玉兰出席并讲话。

5 月 15 日 赵占平少将在省交战办主任、厅党组副书记、副厅长张润,省交战办副主任史荣和,省高管局局长董新品以及省军区有关领导陪同下,赴大运高速公路进行检查指导。

5 月 15 日 国防大学副教育长于国华少将率国防大学交通战备专题班教学组人员和学员 50 余人,在大运高速公路进行为期一

天的现地教学活动。省交通厅党组副书记、副厅长、省交战办主任张润，省交战办副主任史荣和，省高管局局长董新品及省军区有关领导陪同。

5月16日至18日 省交通厅在阳泉市举办第八届老干部运动会暨第十五届门球赛。厅党组成员、副厅长王志民宣布运动会开幕。厅巡视员曹燎原出席开幕式、闭幕式并讲话。省委老干部局副局长郑兰珍，阳泉市委常委、常务副市长王旭明，阳泉市政协副主席赵永红和原厅级老领导刘乾、任景春、部学文出席开幕式。来自全省交通系统27个单位的300多名老干部参加比赛。

5月17日 下午，副省长牛仁亮深入省道临午线改建工程建设工地调研。省政府副秘书长崔国红，省交通厅党组书记、厅长段建国，临汾市代市长罗清宇，副市长赵建民等领导陪同。实际建设里程104.546公里，批复概算24.26亿元。

5月18日 上午，省交通厅召开安排部署庆祝建国60周年系列活动会议。厅党组副书记、副厅长张润主持并提出具体要求，厅直有关单位主要领导和厅机关有关处室负责人参加。

5月19日 省交通厅党组书记、厅长段建国，厅党组成员、厅总会计师张德仪，省高管局局长董新品及厅机关、省高管局机关有关处室负责同志，与中信银行上海分行行长左伟国、中信信托有限责任公司信托业务五部负责人就有关融资事宜进行座谈。中信银行上海分行和中信信托公司将合作发行50亿元信托理财产品，筹集到的资金将全部用于山西高速公路建设。

5月19日 省交通厅党组书记、厅长段建国专程赴太原东环高速桥梁防撞护栏加固改造工地调研。要求严把质量关，注意施工安全，争取工程提前竣工。

5月20日 由省国土资源厅副厅长高博带队的一行7人来到省交通厅，就2009年、2010年国家土地资源使用计划安排及进展情况进行走访。厅党组书记、厅长段建国，厅党组成员、厅总工程师部玉兰，厅党组成员、驻厅纪检组长韩日裕和厅机关有关处室、厅重点办负责人参加座谈会。

5月21日 省交通厅召开全省村通水泥(油)路全覆盖工程建设推进会。会议认真贯彻落实党的十七届三中全会精神，按照中央和省委、省政府保增长、保民生、保稳定的部署，总结近年来农村公路建设工作，部署2009年、2010年的村通水泥(油)路“全覆盖”工程建设，动员全省各级政府、交通部门进一步发扬成绩，一鼓作气，展开村通水泥(油)路“全覆盖”工程建设大会战，向全省人民交一份满意的答卷。副省长牛仁亮，省政府副秘书长崔国红，省农业厅副厅长、新农办常务副主任关建勋出席。省交通厅党组书记、厅长段建国作了题为《政府推动，行业促动，为实现村通水泥(油)路“全覆盖”而奋斗》的动员报告，并与各市交通局签订专项目标责任书。厅党组副书记、副厅长张润主持。

会议印发《山西省“全覆盖”工程村通水泥(油)路施工指南》。

会前，副省长牛仁亮在省交通厅领导段建国、张润陪同下，与各市分管副市长、交通局长一起赴太原市小店区县乡公路改建工程郝南线路基工程施工现场进行实地察看。

各市分管交通副市长，交通局局长、副局长、公路处(科)长，厅机关相关处室负责人，省公路局、省交通质监站行政主要领导、分管领导和相关处室负责人，“全覆盖”任务50公里以上的县(市、区)分管交通副县(市、区)长、交通局局长参加会议。

5月22日 省委组织部晋组干字〔2009〕137号文印发《关于段建国等同志任职的通知》。经省委常委会议2009年5月22日研究决定：成立省交通运输厅党组。段建国同志任省交通运输厅党组书记；张润同志任省交通运输厅党组副书记；韩日裕同志任省纪委派驻交通运输厅纪检组组长。经省委组织部部务会议2009年5月22日研究决定：韩日裕、王志民、张志川、郜玉兰、张德仪、赵振田同志任省交通运输厅党组成员。

5月23日 省交通运输厅党组书记、厅长段建国利用休息日,深入太古高速公路西山特长隧道建设工地调研。要求切实加强工程监管,工程进度服从施工安全,认真落实好各项安全防范措施,确保安全生产。厅副巡视员郭贵平,厅机关有关处室、厅重点办、厅直有关单位负责同志陪同调研。

5月25日 由省委宣传部和省交通运输厅联合举办的"山西水上交通安全新闻采风活动"启动仪式在太原举行,厅党组成员、副厅长王志民出席并讲话。

5月25日至26日 省人大常委会副主任安焕晓、秘书长朱明带领部分省人大代表,先后深入太古、阳五、忻阜高速公路建设工地视察。省交通运输厅领导段建国、韩日裕、张志川、郜玉兰、张德仪、曹燎原、郭贵平参加汇报会或陪同视察。

5月26日 全省交通防汛暨安全生产专项整治第三阶段动员大会召开,省交通运输厅党组副书记、副厅长张润出席并讲话,厅党组成员、副厅长王志民主持。

5月27日 下午,省交通运输厅党组书记、厅长段建国接受新华社、人民日报、经济日报、山西日报、山西经济日报、山西卫视、山西人民广播电台、山西新闻网、黄河新闻网等9家新闻媒体集中采访。厅办公室、厅新闻宣传中心、厅农村路网处主要负责同志参加采访活动。

5月31日 24时，全省一次性取消全省境内政府还贷二级公路收费。取消收费的收费站共155个,包括106条二级公路,总里程6551公里,分别由省公路局、省征费局、省交通建设投资开发总公司以及各市、县人民政府管理。省交通运输厅党组书记、厅长段建国,厅党组副书记、副厅长张润,厅党组成员、厅总会计师张德仪及省公路局局长戴飞、省交通征稽局局长张晋鹏、省高管局局长董新品、省交通建设开发投资总公司总经理魏庆飞等在大运二级公路小店收费站参加停止收费仪式，段建国宣布停止收费令。至此,收费人员全部撤出收费岗亭。

6月1日 省交通运输厅党组书记、厅长段建国深入太原市晋源区海事处和晋阳湖水域调研水上交通安全工作，并现场接受省城新闻媒体记者采访。

6月2日至3日 省交通运输厅党组成员、副厅长张志川深入吕梁高速公路公司调研。省高管局局长董新品陪同。

6月4日 省人民政府晋政任〔2009〕26号文印发《关于洪发科等九人任免职务的通知》。接山西省人大常委会〔2009〕4号文通知,经2009年6月4日山西省第十一届人民代表大会常务委员会第十次会议通过，决定任命段建国为山西省交通运输厅厅长。

6月9日 省交通运输厅党组副书记、副厅长张润,厅党组成员、省公路局党委书记赵振田一行深入汾(阳)平(遥)高速公路中铁四局13标段和中铁十局14标段建设工地，详细了解工地安全防汛情况，检查各项制度落实和物资储备情况。

6月9日 山西爱思开振华沥青有限公司开业庆典仪式在平遥隆重举行。省交通运输厅党组副书记、副厅长张润,厅党组成员、省公路局党委书记赵振田以及平遥县委、县政府主要领导出席。

6月9日至12日 由交通运输部质监总站站长李彦武为组长,部质监总站、监察局、吉林、安徽、湖北、甘肃、上海、新疆等地10位专家组成的交通运输部督察组,在省交通运输厅总工程师郜玉兰陪同下,对闻垣、太佳高速公路(吕梁段)及吕梁沿黄扶贫路柳林段工程建设进行质量安全综合督察。

6月10日 荣成至乌海高速公路灵丘至山阴段开工仪式在大同市浑源县小辛庄村隆重举行。省委副书记、省长王君出席并宣布项目开工,副省长牛仁亮讲话。省政府秘书长王清宪、副秘书长陈永奇,省直有关部门及金融部门负责同志,大同市、朔州市四大班子领导出席。省交通运输厅党组书记、厅长段建国主持,厅党组副书记、副厅长张润介绍工程概况。大同市市长耿彦波、朔州市市长冯改朵,大同高速公路建设管理处处长李应怀分别代表地方政府和参建单位作表态发言。路线全长153.96公里,概算投资83.2亿元。

6月10日至13日 由省交通运输厅党组成员、省纪委驻厅纪检组组长韩日裕担任组长的省重点工程建设监督检查第三组对长治市、晋城市重点工程项目进行监督检查。

6月11日至13日 太长高速公路顺利通过交通运输部组织的竣工验收,被评为优良工程。省交通运输厅党组副书记、副厅长张润参加验收。

6月12日 全省交通系统老干部工作暨"双先"表彰会召开。回顾过去两年来全系统老干部工作,总结经验,分析形势,研究部署下一阶段工作。省交通运输厅党组成员、副厅长、厅老龄工委主任王志民主持,厅巡视员、厅老干部领导组副组长、厅老龄工委常务副主任曹燎原作工作报告,省委老干部局省直处处长张利邦出席并讲话。厅老领导廉平、任先泉、杨继刚、郜学文及厅机关有关处室负责人、厅直各单位主要领导、老干部工作部门负责人、模范离退休人员代表及老干部工作先进个人代表出席。

会议对模范离退休人员、老干部工作先进单位、先进活动中心(室)和先进个人进行表彰。

6月15日 省公路运输工会和厅重点办组织文艺演出队开始赴全省已开工的高速公路建设工地和部分在建的国省道重点工程建设工地进行巡演。

6月16日 以省交通运输厅党组成员、省纪委驻厅纪检组组长韩日裕为组长的全省重点工程建设第三监督检查组一行8人,对运城高速公路、铁路、民航等重点工程项目建设进行检查。

6月16日 省交通运输厅副巡视员郭贵平带领有关部门负责人,深入太佳高速公路吕梁段项目施工现场进行认真检查,并主持召开整改落实会议。

6月17日 上午,省交通运输厅举行全省交通基础设施建设安全生产专项整治培训会。会议安排部署专项整治第三阶段工作,对新组建的专项整治检查组成员进行培训。厅党组副书记、副厅长、厅安委会常务副主任张润出席并讲话。

6月17日 上午,省交通运输厅召开"小金库"治理自查自纠工作推进暨业务培训会议。厅党组成员、厅总会计师、厅"小金库"治理工作领导组组长张德仪出席并讲话。

6月18日 上午,全省重点工程劳动竞赛现场推进会在晋城至侯马高速公路阳城至翼城段黄龙圪梁隧道施工现场隆重举行。省人大常委会副主任、省总工会主席郭海亮,省交通运输厅党组书记、厅长段建国,晋城市委副书记、市长王茂设,省重点办副主任赵建宏,省总工会副主席王兴旺,各市总工会、部分产业工会分管领导以及各在建重点工程项目单位代表出席。会议由省劳动竞赛委员会副主任、省总工会常务副主席高凤平主持。段建国致欢迎词。

6月18日 上午,省交通运输厅党组书记、厅长段建国深入晋城公路分局调研。要求继续强化公路养护管理工作,养好路、管好路、建好路,树立良好行业形象。晋城市委常委、副市长赵学梅陪同调研。

6月18日 中国城市公交行业政研会华北片第七次年会在阳泉召开。省交通运输厅党组成员、副厅长王志民,阳泉市四大班子领导,中国城市公交行业分会理事长郑树森出席。

6月18日 下午,长晋高速公路公司"工人先锋号"揭牌仪式暨第五届军事会操在长晋高速公路高平服务区举行。省交通运输厅党组书记、厅长段建国,晋城市委常委、副市长赵学梅出席揭牌仪式。

6月19日 迅速掀起灵丘至山阴高速公路建设高潮誓师动员会召开。省交通运输厅党组副书记、副厅长张润出席并讲话。要求咬紧目标不放松，全力以赴抓进度，为2010年西段通车、2011年全线贯通打基础。

6月22日至25日 省纪检委在省委党校举办全省第一期建设领域重点工程管理干部廉政教育培训班，省委常委、纪委书记金道铭出席并讲话。要求坚定理想信念，自觉树立大局意识、责任意识，自觉地坚持发展是第一要务思想，不断探索加强监督有效形式，增强交通系统党员领导干部的凝聚力、战斗力，努力自觉地落实科学发展观，为实现山西交通健康发展作贡献。省纪委副书记、监察厅厅长杨森林，省委党校常务副校长李高山，省纪委常委弓跃、荀志坚，省交通运输厅领导段建国、张润、郭贵平等出席开班仪式。

全省各市县交通运输局局长、厅直属单位、厅机关、各重点公路工程建设管理处、各高速公路公司等单位领导和工程负责人近300余人参加。

在开班仪式上，段建国作了题为《充分认识交通领域反腐倡廉新形势，进一步加大从源头上防治腐败工作力度》的辅导报告。

省纪委常委弓跃，省委党校副校长高建生，省交通厅党组成员、副厅长王志民等出席结业仪式。

6月23日 上午，山西省交通运输厅正式挂牌。副省长牛仁亮，厅党组书记、厅长段建国共同揭牌。厅领导张德仪、赵振田、郭贵平，厅机关全体公务员，厅直单位主要领导出席揭牌仪式。厅党组成员、副厅长张志川主持。

根据中央批准的《山西省人民政府机构改革方案》，省委、省政府决定撤销省交通厅，组建省交通运输厅。履行原省交通厅职责和省建设厅指导城市客运职责。

6月25日 上午，平遥至榆社高速公路建设推进会召开。省委副书记、省长王君出席并启动开工按钮，副省长牛仁亮讲话。省政府秘书长王清宪，省直有关部门、金融部门负责同志，晋中、长治两市四大班子领导等参加推进会。省交通运输厅党组书记、厅长段建国主持会议，厅党组成员、副厅长张志川介绍工程概况。晋中市市长张璞、长治市市长张保、平榆高速公路建管处处长杨建红分别代表地方政府和参建单位作表态发言。路线全长83公里，概算总投资57.43亿元。

6月26日 上午，长治至平顺高速公路开工建设，这是全省当年开工建设的第15条高速公路。至此，全省高速公路开工建设里程已突破1300公里。省委副书记、省长王君出席并宣布工程开工，副省长牛仁亮讲话。省政府秘书长王清宪，省直有关部门负责同志，长治市四大班子领导出席开工仪式。省交通运输厅党组书记、厅长段建国主持，厅党组成员、副厅长张志川介绍工程概况。长治市市长张保、长治高速公路公司总经理杨勇、壶关县县委副书记李全心分别作表态发言。路线全长108公里，概算总投资79亿元。

6月26日 上午，山西省、浙江省海事局正式签署山西平陆海员发展合作备忘录，省交通运输厅党组成员、副厅长王志民出席并致词，浙江海事局副局长王长勇、省地方海事局局长牛世骏在备忘录上签字。

6月28日 上午，山西省摄影家协会交通分会、山西省交通运输摄影家协会成立。中国摄影家协会副主席、省摄影家协会主席王悦出席并讲话。省交通运输厅党组书记、厅长段建国，厅党组成员、副厅长王志民任协会名誉主席，厅党组成员、厅总会计师张德仪当选为协会主席。

6月30日 上午，省交通运输厅召开纪念建党88周年暨“创先争优”表彰大会。厅党组书记、厅长段建国出席并讲话；省直工委副书记郭康锋应邀出席；厅党组副书记、副厅长张润主持；厅党组成员、副厅长王志民宣读厅党组《关于表彰厅直系统2009年度先进基层党组织、优秀共产党员和优秀党务工作者的决定》。厅领导张志川、郜玉兰、赵振田、曹燎原、郭贵平及厅直系统各单位党政主要领导、党办主任；厅机关各党支部书记；受表彰的先进基层党组织、优秀共产党员、优秀党务工作者代表参加。

段建国在讲话中,首先代表厅党组向奋战在全省交通运输战线上的广大党员表示节日慰问,向受到表彰的先进基层党组织、优秀共产党员和优秀党务工作者表示祝贺。2008年以来，在省委和省直工委正确领导下,厅直各级党组织认真学习贯彻党的十七大和十七届三中全会精神,紧紧围绕交通运输工作大局,坚持抓党建、促发展、保稳定,特别是10月份开始，按照中央和省委统一部署,厅直系统24个单位、5060名党员参加第一批深入学习实践科学发展观活动,在精心组织、严格程序基础上,集中解决一批与科学发展不符合、不适应及涉及群众切身利益的突出问题,较好地实现"党员干部受教育、科学发展上水平、人民群众得实惠"的预期目标,有力促进交通运输科学发展。

6月30日 下午，省高管局纪念建党88周年暨"一先两优"表彰会召开。省交通运输厅党组成员、副厅长张志川出席并讲话。省高管局局长董新品进行安排部署。

6月30日至7月4日 浙江省公路学会理事长、原浙江省交通厅厅长郭学焕一行赴晋,就全省公路学会工作进行交流,并在省高管局进行座谈。省公路学会第一副理事长、厅党组副书记、副厅长张润,省公路学会理事长杨继刚、秘书长冯尔刚,省高管局局长董新品参加座谈。

7月1日 上午，省运管局召开庆祝建党88周年暨"一先两优"表彰大会。省交通运输厅党组副书记、副厅长张润出席并讲话。

7月1日 省人大常委会内务司法委员会主任李顺通，省交通运输厅党组成员、副厅长、省治超办副主任张志川视察太原东环高速公路防撞护栏改造工地。

7月1日 下午，省交通运输厅党组成员、副厅长张志川在厅有关处室负责人陪同下,深入省高管局就全省高速公路突发事件准备金支出项目进行现场办公。

7月2日 上午，全省重点公路工程建设项目第三次调度会议召开。全面总结上半年各项建设工作，对完成后半年建设任务进行再动员、再部署。省交通运输厅领导段建国、张志川、郜玉兰、张德仪、赵振田、郭贵平出席,张润主持会议。厅机关有关处室、厅直有关单位负责人、全省各重点公路工程建设管理处党政主要负责同志参加。

7月2日 下午，省治超办主任李顺通在省交通运输厅党组成员、副厅长张志川陪同下,深入晋中市视察治超工作。

7月3日 省交通运输厅召开纪念依法治交10周年暨法治交通建设动员大会。省人大财经委主任赵建平，省政府副秘书长兼省政府法制办主任崔国红,省委依法治省领导组办公室常务副主任、省司法厅副厅长王华善应邀出席。厅党组书记、厅长段建国出席并讲话,厅党组副书记、副厅长张润主持会议,厅党组成员、副厅长王志民传达省、部会议精神,厅党组成员、副厅长张志川作依法治交10年工作报告,厅巡视员曹燎原宣读表彰决定。会议对获得省厅依法治交工作先进集体和先进个人进行表彰，运城市交通局局长王健康、省交通建设开发投资总公司总经理魏庆飞分别作经验交流。

各市交通局和厅直各单位行政正职、分管法制工作领导、法制机构负责人;各公路分局、征稽分局、高速公路分管领导、法制机构负责人;厅机关各处室、厅重点办各处室负责人以及部分先进单位和先进个人代表200多人参加。

会前，与会领导和参会人员共同观摩交通执法人员着新式执法服装队列表演。

7月3日至4日 省交通运输厅和省总会计师协会在顿村省交通职工培训中心联合召开全省交通运输行业财务管理学术交通研讨会。省交通运输厅党组成员、厅总会计师张德仪,省总会计师协会会长卢振基、常务副会长王秀森出席。

7月4日 省交通运输厅党组成员、副厅长张志川赴祁临高速公路高边坡现场调研。省高管局局长董新品陪同。

7月5日 省交通运输厅党组为廉平同志90岁生日送上祝福。厅领导段建国、张润、王志民、曹燎原出席,祝廉平同志健康长寿,并送上鲜花和寿桃。厅级老领导任先泉、刘俊谦、王晓林等也到场祝贺。

7月6日 下午,大呼高速公路完成第一阶段目标任务表彰会举行。省交通运输厅党组副书记、副厅长张润出席,并为受到表彰的施工、监理单位颁奖。

7月7日 省交通运输厅党组书记、厅长段建国,厅副巡视员郭贵平,在厅直有关单位、厅机关有关处室负责人和沿线地方政府领导陪同下,深入太佳高速公路太原段调研。要求进一步增强大局意识、忧患意识、责任意识,全力打造优质、廉政、精品工程。

7月7日 全省海事系统行政执法人员岗位培训班举办。省交通运输厅党组成员、副厅长王志民出席开班典礼并作动员。牛世骏局长主持,150余人参加。

7月8日 省交通运输厅党组书记、厅长段建国一行冒雨深入太佳高速公路吕梁段施工现场调研。要求建管处在保安全、保质量前提下,加快工程建设进度;要从源头把好质量关,采取有力措施,建成精品工程、示范工程。吕梁市委副书记、市长张九萍出席汇报会。吕梁市委常委、常务副市长丁雪峰,厅副巡视员郭贵平陪同调研。

7月9日 副省长牛仁亮在省交通运输厅党组书记、厅长段建国,厅党组副书记、副厅长张润等领导陪同下,深入灵丘至山阴高速公路现场办公。要求各级政府及有关部门、单位,要加快工作节奏,迅速解决问题,确保顺利推进建设。省发改委副主任王赋、省林业厅总工程师任建中、省电力总公司副总经理曹福成和朔州市及应县党政主要领导、有关部门负责人参加。

7月9日 全省运管系统源头治超工作推进会召开,省人大内司委主任委员,省治超领导组副组长、省治超办主任李顺通,省交通运输厅党组成员、副厅长、省治超办副主任张志川出席并讲话。省运管局局长李华中作动员。

7月10日 省交通运输厅党组书记、厅长段建国轻车简从,深入汾平高速公路调研。吕梁市委副书记、常务副市长丁雪峰以及孝义市、汾阳市、平遥县领导就建设中涉及的河道施工对防洪影响、电力拆迁以及移路移渠等方面问题进行现场办公解决。项目全长41.7公里,2007年8月30日开工建设。

7月10日 省交通运输厅安全生产委员会会议召开。厅党组副书记、副厅长张润主持并讲话。

7月11日 省交通运输厅巡视员曹燎原冒着酷暑,深入阳盂高速公路检查指导工作。

7月14日 忻阜高速公路6·30总结表彰暨9·30动员大会召开。省交通运输厅党组成员、厅总工程师郜玉兰出席并讲话。

7月14日 省交通运输厅党组成员、厅总会计师张德仪带领省厅第六服务组,深入汾阳至平遥、平遥至榆社、榆次至祁县三条高速公路现场办公,并与晋中市副市长马彦平及相关部门座谈,以协调解决工程建设中遇到的困难和问题为重点,想办法,出主意,服务一线,携手地方政府共同为重点公路工程建设创造良好的外部环境。

7月14日至15日 省委副书记、省政协主席薛延忠,全国政协人口资源环境委员会副主任、原省政协主席刘泽民,省政协常务副主席郭良孝,省政协副主席、省工商联主席韩儒英,省政协副主席李雁红、令政策,省政协副主席、九三学社省委主委刘滇生和部分省政协委员20余人,在省交通运输厅党组书记、厅长段建国,厅党组成员、厅总会计师张德仪,厅副巡视员郭贵平等陪同下,赴正在建设中的全省重点公路工程建设项目太原至佳县(东段)、太原至古交、汾阳至平遥高速公路施工一线调研。

7月15日 省委常委、省军区司令员方文平,省军区参谋长姬亚夫一行在省交通运输厅党组副书记、副厅长、省交战办主任张润，省交战办副主任史荣和，省公路局局长戴飞等陪同下，视察吕梁公路分局承建的省道祁方线、古吴线文水开栅至温家庄段全长29.016公里国防公路。项目2008年11月开工，2009年7月10日竣工。

7月15日至16日 天镇至大同高速公路初步设计外业验收会议召开。省交通运输厅党组成员、厅总工程师郜玉兰，大同市副市长郝月生出席并讲话。

7月18日至19日 由中交规划设计院主办，省交通科研院协办的《公路水泥混凝土路面设计规范》修订技术研讨会在忻州召开，省交通运输厅党组成员、厅总工程师郜玉兰及多位专家参加。

7月20日至25日 全省高速公路施工安全高级管理人员第一期和第二期强化培训班，先后在忻州和太原举办，共630余人参加。省交通运输厅党组副书记、副厅长张润出席开班仪式并作动员讲话。

7月21日 全省地方海事工作上半年暨第三季度安全例会召开。省交通运输厅党组成员、副厅长王志民出席并讲话。

7月21日至23日 省交通运输厅副巡视员郭贵平带领厅机关有关处室负责人和厅重点办、省交通质监站、省交通设计院等单位领导及专家深入太佳高速公路东西段，为工程建设进行服务协调，现场解决存在的困难和问题。

7月22日 下午，赴晋参加全国治理超限超载山西现场会的交通运输部部长李盛霖、副部长冯正霖听取全省交通运输工作汇报。副省长牛仁亮主持座谈会，省政府副秘书长崔国红出席。省交通运输厅党组书记、厅长段建国作全省交通运输工作汇报，厅领导张润、王志民、张志川、郜玉兰、张德仪、赵振田、郭贵平及省公路局、省征稽局、省运管局、省高管局、省地方海事局、省交通建设投资开发总公司主要负责同志及厅机关各处室负责人参加。

李盛霖在讲话中，对全省治超工作所取得的经验和成绩给予肯定，对目前公路交通运输建设发展给予赞誉，表示交通运输部会继续支持山西交通运输工作。

会后，李盛霖、冯正霖在牛仁亮及厅领导陪同下，驱车赶到正在进行桥梁钢护栏改造的太原东山过境高速公路施工现场，听取有关工程进展情况介绍。要求施工人员一定要注意施工安全，提高工程质量。同时，李盛霖还就公路危桥改造提出要求。

7月22日 下午，省交通运输厅再次召开防汛工作会议。厅党组副书记、副厅长张润出席并讲话。

7月23日 上午，交通运输部道路运输司副司长王水平、安全监督司副司长翁垒深入省运管局调研，省交通运输厅党组成员、副厅长王志民陪同。省运管局党委书记、局长李华中就全省道路运输业发展和省运管局近年来的主要工作进行汇报。

7月23日 省征稽局召开全系统党风廉政建设工作会。省交通运输厅党组成员、省纪委驻厅纪检组组长韩日裕出席并讲话。

7月23日 省交通运输厅召开会议，安排部署编辑出版《山西交通60年》画册具体事宜。厅党组成员、省纪委驻厅纪检组组长韩日裕出席并讲话。

7月23日至24日 2009年全国车辆超限超载治理工作现场会在太原召开。会议认真学习和深入贯彻国务院领导批示精神和国务院安委会文件要求，全面总结近两年全国治超工作，交流各地有效经验，分析研究当前面临的形势，研究部署当地及今后一段时期的治超工作任务，进一步推动全国治超工作深入开展和治超长效机制逐步完善，努力开创治超工作新局面。

全国治超工作领导小组组长、交通运输部党组书记、部长李盛霖出席会议并讲话。省委副书记、省长王君出席会议并致欢迎词，省委常委、纪委书记金道铭，省治超领导组顾问兼总监督员吕日周出席会议，副省长、省治超领导组组长牛仁亮介绍全省治超工作的做法和经验。会议由全国治超领导小组副组长、全国治超办主任、交通运输部副部长冯正霖主持。省人大内务司法委员会主任委员、省治超领导组副组长、省治超办主任李顺通，省交通运输厅党组书记、厅长、省治超领导组副组长段建国，厅党组成员、副厅长、省治超办副主任张志川也出席会议。

省委书记、省人大常委会主任张宝顺在会议期间会见李盛霖部长。表示山西的治超工作一刻也不能放松。王君代表省委、省政府对会议的召开表示热烈祝贺，并简要介绍山西省情。他表示，治理车辆超限超载是一项长期任务，山西将以这次会议为契机，进一步做好下一阶段工作。

副省长、省治超领导组组长牛仁亮向大会介绍全省治超工作的做法和经验。

在7月24日上午召开的座谈会上，省交通运输厅党组书记、厅长段建国作表态发言，向与会代表全面介绍全省交通运输系统在治超工作中所取得的成绩和做法，并对下一步治超工作提出一些合理化建设性意见。

7月24日 省交通建设开发投资总公司发行20亿元企业债券经国家发改委批准后，省内外14家投资机构的20余名经理来公司对债券发行主体和项目投资效益进行实地考察，并与公司领导就有关情况和债券发行相关问题作了面对面交流与深入沟通。省交通运输厅党组书记、厅长段建国出席考察交流会。真诚邀请各位机构投资经理在全省交通运输系统多走走，多看看，了解和投资山西交通运输。

7月24日 省交通运输厅召开治理“小金库”重点检查工作组进点会。厅党组副书记、副厅长张润，厅党组成员、省公路局党委书记赵振田出席，厅党组成员、总会计师张德仪主持。厅直各单位负责人参加。

7月24日 《山西省道路运输条例》修订工作汇报座谈讨论会在太原举行，省交通运输厅党组成员、副厅长王志民，省政府法制办党组成员、副主任王卫星等相关部门负责人参加。

7月27日至29日 全省高速公路第四届收费业务技术比武竞赛决赛举行。省人大常委会副主任、省总工会主席郭海亮，常务副主席高凤平，副主席王兴旺、安娜，中华全国总工会女职工部副巡视员钟霞，省交通运输厅党组书记、厅长段建国，厅党组副书记、副厅长张润在长风收费站观摩通行能力操作比赛。厅党组副书记、副厅长张润，省总工会副主席安娜，省妇联副主席韩红及省人力资源和社会保障厅培训处处长李小珠等还在省高管局机关观看成果汇报演出并颁奖。

7月27日至8月1日 由省委宣传部、省交通运输厅共同组织的全省交通重点工程建设新闻采访活动举行。来自省城15家新闻媒体记者、摄影艺术家、书画家40余人参加。省委宣传部常务副部长杨波、新闻处处长张晋斌，省交通运输厅领导段建国、王志民、郜玉兰、张德仪、赵振田、曹燎原、郭贵平出席启动仪式。

7月28日至31日 省交通运输厅党组成员、副厅长王志民先后就分片包干的阳城至翼城、闻喜至垣曲、长治至临汾、临汾至吉县、临汾环城、闻喜至合阳、运城至芮城7个高速公路项目进行“服务月活动”重点帮扶，协调解决工程建设中遇到的困难和问题，为项目开工建设创造良好环境。

7月29日 上午，平阳高速公路建设管理处在盂县揭牌成立。省交通运输厅党组成员、厅总工程师郜玉兰，厅重点办有关负责人和盂县县委、县政府领导出席揭牌仪式。处长郭迎平介绍项目进展情况并作表态发言。路线全长123.32公里，概算投资147亿元，建设总工期3年。

7月30日 晋中市交通建设项目推进会在寿阳县召开，省交通运输厅党组副书记、副厅长张润出席并讲话。

7月31日 下午，省交通运输厅组织厅机关及厅直各单位处级以上复转军人在太原高速公路服务区欢聚一堂，共同庆祝建军 82 周年。厅党组书记、厅长段建国出席并致词，厅党组副书记、副厅长张润主持，厅党组成员、总会计师张德仪，厅副巡视员郭贵平出席。

8月4日 榆次龙白至祁县城赵高速公路初测外业验收会议召开，经专家组审查后顺利通过。省交通运输厅党组成员、厅总工程师郜玉兰，晋中市委常委、副市长马彦平出席。

8月5日 青岛至兰州高速公路临汾至吉县段、临汾市北环、京昆与青兰高速公路山西境临汾连接线开工仪式举行。省委副书记、省长王君出席开工仪式并宣布开工，副省长牛仁亮讲话。省交通运输厅党组书记、厅长段建国主持。省政府副秘书长陈永奇，厅党组成员、副厅长王志民，省直有关部门及金融部门负责人、临汾市四大班子领导出席。厅党组成员、副厅长王志民，临汾市副市长徐树荣介绍工程概况。临吉高速建管处处长郭锁记，临汾市市长罗清宇分别代表参建单位和地方政府作表态发言。路线全长 99.27 公里、19.255 公里、16.03 公里，估算投资约 91.7 亿元、8.57 亿元、14.11 亿元。

8月5日 省交通运输厅召开交通信息化“1166”工程专网设备工程协调会，厅党组成员、副厅长、厅信息办主任张志川出席并讲话，厅直各单位、各市交通局及运管局(处)、各公路分局、各征稽分局有关负责人参加。

8月6日 上午，闻喜至陕西合阳、运城至河南灵宝、河津至运城高速公路奠基开工。至此，全省当年开工的高速公路建设项目已达 21 个，总里程达 1600 公里。省委副书记、省长王君出席开工奠基仪式，宣布工程开工，副省长牛仁亮讲话。运城市委书记高卫东主持，省交通运输厅党组书记、厅长段建国就三个项目建设提出明确要求。省直有关部门和金融部门领导，三个项目沿线市县负责同志及河南省三门峡市、陕西省渭南市领导出席。

路线长 76.2 公里、31.3 公里、80.95 公里，投资 33.98 亿元、25.4 亿元、39.1 亿元。建成后，运城境内高速公路总里程将近 600 公里，出省口将达到 6 个。

8月7日 傍晚，省委副书记、省长王君深入太古高速公路西山隧道施工现场，亲切慰问工程建设者。省委常委、太原市委书记申维辰，省委常委、省军区司令员方文平，省军区政委张少华，副省长牛仁亮，省政协副主席令政策，省政府秘书长王清宪等一同慰问。省交通运输厅领导段建国、张润、郜玉兰、郭贵平陪同。

8月11日 原省人大常委会副主任杜五安深入忻阜高速公路建设一线视察指导工作。省交通运输厅党组书记、厅长段建国，厅党组成员、厅总工程师郜玉兰及忻州市人大常委会副主任智俊德、副市长杨晋生一同视察指导。

8月11日 下午 17:00，参加“跨越–2009”军演的某摩托化部队跨越黄河进入山西境内，拉开全省交通保障序幕。

省委、省政府、省军区、省交通战备办公室、省交通运输厅领导非常重视此次保障工作。12 日上午，省委常委、省军区司令员方文平，省军区政委张少华，省交通战备办公室第一主任、厅党组书记、厅长段建国，省交通战备办公室主任、厅党组副书记、副厅长张润等领导在太原慰问参演官兵。

在这次交通保障工作中，全省担负保障里程 600 余公里，动用千余名交通保障人员，机械设备 50 余台(件)。

8月12日 上午，省道长晋线高平至晋城一级公路开工奠基仪式在晋城市城区七岭店新村举行。副省长牛仁亮致贺信。晋城市委副书记、市长王茂设出席并宣布工程开工；省公路局局长戴飞、晋城市委常委、副市长赵学梅出席并讲话。路线全长 35.775 公里，估算投资 14.6 亿元。

8月13日 下午，全省重点公路工程建设项目第四次调度会议召开。省交通运输厅领导段建国、韩日裕、张志川、郜玉兰、张德仪、赵振田、郭贵平出席,张润主持。厅机关有关处室、厅直有关单位负责人、全省各重点公路工程建设管理处党政主要负责人参加。

段建国在讲话中,充分肯定取得的成绩,希望广大建设单位要正确把握形势,充分认识和正确处理好工程建设管理中出现的新情况、新问题;各单位、各级领导干部要把思想统一到省委、省政府、厅党组决策部署上来,万众一心,真抓实干,确保全年各项建设任务圆满完成,向新中国60华诞献上一份厚礼。

8月13日至14日 全国部分省市运管机构加强车辆超载超限源头治理工作座谈会在太原召开。交通运输部道路运输司副司长徐亚华、货运与物流管理处处长谢家举出席;省治超办副主任、省交通运输厅党组成员、副厅长张志川出席并致欢迎词。北京、天津、内蒙古等12个省市(区)运管局负责人参加。

8月14日 上午,省交通运输厅在并召开"09晋交投债"20亿元人民币企业债券发行信息发布会。副省长牛仁亮发贺信。省政府副秘书长崔国红,省发改委主任李宝卿,厅党组书记、厅长段建国,厅党组成员、厅总工程师郜玉兰及有关部门负责人和中介机构、投资机构负责人出席。厅党组成员、厅总会计师张德仪主持。

8月16日 早8时,参加跨区军演的某摩托化部队跨越太行山脉进入山西境内。省委、省政府、省军区、省交通战备办公室、省交通运输厅领导高度重视交通保障工作。上午11时,省委常委、省军区司令员方文平,省军区政委张少华,省交通战备办公室主任、省交通运输厅党组副书记、副厅长张润,省交通战备办公室副主任史荣和等领导在太原慰问参演官兵。

在这次交通保障工作中,全省担负保障里程500余公里,动用千余名交通保障人员,机械设备30余台(件)。

8月18日 省交通运输厅党组书记、厅长段建国在省公路局、长治公路局有关负责人及长子县领导陪同下,深入长治至长子过境段一级公路改建工程视察指导工作。路线全长25.85公里,概算总投资22 260万元。

8月19日 省交通运输厅党组书记、厅长段建国,厅党组成员、副厅长张志川深入长安高速公路建设工地调研。长治市政府副市长尚宪芳及长治市交通局、长治高速公路公司等有关人员陪同。

8月20日 下午,副省长牛仁亮带领省政府办公厅、省发改委、省交通运输厅、省国土厅、省旅游局、省电力公司等有关部门和单位负责人深入长治市调研。要求省相关部门和单位要进一步加强配合,形成合力,确保全省高速公路建设保质保量按期完成。

8月21日 上午,省交通运输厅党组书记、厅长段建国,厅党组成员、副厅长张志川在晋城市市长王茂设,市委常委、副市长赵学梅陪同下,深入高陵高速公路施工现场调研。要求各施工和监理单位要严格标准,加强监管,保证质量,加紧施工,确保工程如期竣工通车。路线全长62.975公里,总投资371 569万元。2008年12月30日奠基开工。

8月21日 全省在建高速公路项目专项审计调查工作动员会在忻州顿村省交通职工培训中心召开,省交通运输厅党组成员、厅总会计师张德仪出席并讲话。

8月22日 全省交通运输系统庆祝建国60周年暨第四届职工书画摄影作品展在省高管局开幕。省交通运输厅党组书记、厅长段建国,厅党组副书记、副厅长张润,厅党组成员、厅总会计师张德仪及省公路运输工会、省高管局有关负责人为作品展剪彩。共有513件作品参加,进入最后参展作品420件(书法138件、绘画65件、摄影217件)。经专家评审,获一等奖12件、二等奖23件、三等奖35件、优秀奖34件、特别奖9件。

8月25日 下午,全省村通水泥(油)路"全覆盖"现场推进会在阳泉召开。会议通报全省村通水泥(油)路"全覆盖"工程进展情况,并对今后工作进行安排部署。副省长牛仁亮出席并讲话，省交通运输厅党组书记、厅长段建国讲话，厅党组副书记、副厅长张润，厅党组成员、省公路局党委书记赵振田以及省直有关部门领导、各市、县代表参加。省政府副秘书长崔国红主持。阳泉市委书记白云介绍阳泉市基本情况和经济社会发展情况。阳泉市、忻州市、临县、平顺县作经验介绍。

8月25日 上午10时，阳泉市村通水泥(油)路“全覆盖”工程全面竣工。副省长牛仁亮参加竣工仪式并剪彩。省政府副秘书长崔国红，省交通运输厅党组书记、厅长段建国，厅党组成员、省公路局党委书记赵振田以及省直有关部门领导，各市、县代表出席竣工仪式。厅党组副书记、副厅长张润出席并讲话，阳泉市委书记白云宣布“全覆盖”工程全面峻工，市长李栋梁介绍全市基本情况和农村公路建设情况。

竣工仪式后，与会代表实地观摩平定县石门口乡、东回镇孟家掌村、张庄镇浮山村村通水泥(油)路工程建设情况。

8月25日 由省公路学会主办的创新治超模式学术座谈会在太原举行。省交通运输厅党组成员、副厅长张志川出席并讲话。

8月26日 省交通运输厅在阳泉召开贯彻阳泉现场推进会精神座谈会，研究探讨完成全年村通水泥(油)路“全覆盖”任务中的突出问题，制定有效措施，进一步加快“全覆盖”工程建设，确保按时完成任务。厅党组副书记、副厅长张润出席并讲话，省公路局、省交通质监站，各市交通局及厅机关有关处室负责人参加。

8月27日 省交通运输厅党组成员、省纪委驻厅纪检组组长韩日裕深入省地方海事局调研。

8月28日 省交通运输厅党组书记、厅长段建国深入省交通设计院调研。要求加强后续服务，建立回访机制，保障工程质量和进度；围绕全省公路建设“十二五”规划，提前介入，及早准备，搞好专业延伸、资质延伸和向省外市场延伸。

8月28日 全省道路水路运输安全生产专项整治第三阶段省市县三级联动工作检查汇报会召开，省交通运输厅党组成员、副厅长王志民出席并讲话。

8月31日 全省国防交通公路运输保障队伍机动远程指挥演练现场会在阳泉市召开。省委常委、省军区司令员方文平，北京军区交通战备处处长王景耀，省交战办主任、省交通运输厅党组副书记、副厅长张润，阳泉市委书记白云，各市交战办、太原铁路局负责人参加。

9月1日 上午，榆次龙白至祁县城赵高速公路奠基仪式在太谷县水秀乡南郭村举行。这是全省首条由市级政府投资建设的全省首条全标准双向六车道高速公路项目，是全省高速公路建设投资体制改革的一次尝试。省委副书记、省长王君出席仪式并宣布开工奠基，副省长牛仁亮，省政府秘书长王清宪，省交通运输厅领导段建国、张德仪、赵振田，晋中市委副书记、市长张璞等出席，晋中市委常委、副市长马彦平主持并介绍工程概况。建设里程71.496公里。估算投资36.9894亿元。

9月1日 山西汽运集团晋龙捷泰运输贸易有限公司举办40华诞庆典，省交通运输厅党组成员、副厅长王志民出席并致辞祝贺。

9月1日至2日 省交通运输厅党组成员、厅总工程师郜玉兰带领厅重点办、省高管局、省交通设计院、省交通科研院相关负责人，先后深入离军高速公路、太佳高速公路东段调研。

9月3日 平定至阳曲高速公路初步设计评审会召开，省交通运输厅党组成员、厅总工程师郜玉兰出席并讲话。

9月4日 上午，全省交通运输系统维护稳定暨信访工作电视电话会议召开。省交通运输厅党组书记、厅长段建国，厅党组成员、副厅长张志川，厅党组成员、省公路局党委书记赵振田，厅巡视员曹燎原在主会场出席，厅机关各处室、厅重点办各处室负责人，厅直各单位主要领导和信访机构负责人，太原市交通局分管领导、信访机构负责人、运管局长参加。

各市交通局分管领导、信访机构负责人、运管处(局)长,各公路分局、征稽分局、高速公路公司行政"一把手"、分管领导和信访机构负责人在10个市分会场参加。

9月7日 省交通运输厅党组成员、省纪委驻厅纪检组组长韩日裕一行冒雨到省运管局调研指导工作。

9月7日 下午,省行政审批制度改革工作检查第二组逄泽峰书记等一行3人,在省交通运输厅党组成员、副厅长张志川及省纪委驻厅纪检组、厅法规处负责人陪同下,对省运管局政务大厅进行现场检查。

9月8日 在第25个教师节来临之际,省交通运输厅党组书记、厅长段建国,厅党组成员、副厅长张志川和厅机关有关处室负责人,与山西交通职业技术学院、山西交通技师学院和省交通干部学校的教师代表欢聚一堂,共同庆祝教师节。段建国在讲话中,提出四点希望:加强学习,提高素质;为人师表,教书育人;爱岗敬业,勇于奉献;与时俱进,勇于创新。

9月8日 省交通运输厅邀请中央保健局原局长王敏清教授作"健康长寿,养生保健"为主旨的健康讲座。厅副巡视员郭贵平、厅机关以及厅直单位离退休老干部聆听讲座。

9月8日 省地方海事局在太原举办庆祝建国60周年"海事杯"知识竞赛。省交通运输厅副巡视员郭贵平,省交通战备办公室副主任史荣和,厅机关有关处室负责人观看竞赛并为获奖代表队颁奖。

9月9日 大同至天镇,大同至浑源、浑源至广灵、朔州至平鲁4条高速公路开工建设。省委副书记、省长王君分别出席在大同、朔州举行的开工仪式并宣布开工,副省长牛仁亮作重要讲话。要求强化服务意识,切实履行职责,严格基本建设程序,加强廉政建设和安全生产管理。公路沿线各级党委、政府和各有关部门要精心组织,密切配合,协同行动,积极做好征地拆迁和施工保障工作,为高速公路建设创造良好外部环境,共同打造一流高速公路,为全省"三个发展"和新山西、新基地建设作出应有贡献。

省交通运输厅党组书记、厅长段建国出席并讲话。要求做到合理安排工期,科学组织施工,严格工程管理,确保工程质量,确保安全生产,确保廉政建设,圆满完成建设任务。

9月12日 上午10点,省交通运输厅党组成员、副厅长张志川深入四川茂县慰问渭永通乡公路一线干部职工,并转达厅党组书记、厅长段建国和山西交通人对交通援茂人员问候。

9月12日 省交通运输厅组织举办桥隧设计、施工技术讲座培训班。9名在国内外桥梁、隧道界造诣精深、享有很高威望的专家进行为期两天的讲授。厅党组成员、厅总工程师部玉兰与全省交通运输系统直属单位的技术部门及施工单位等200余名技术人员一起认真听讲。

9月12日 全国唯一的第一至第十一届人大代表、长治市人大常委会副主任申纪兰视察长(治)至平(顺)高速公路。在钢筋笼施工现场,她希望吸取好的经验和做法,充分利用现代化新技术,把长治东枢纽工程建设成为最好的工程。

9月14日 全省重点公路工程建设质量安全管理现场会在忻州召开。副省长牛仁亮出席并讲话,省交通运输厅党组书记、厅长段建国作了题为《科学管理,严格落实,推动全省重点公路建设质量安全工作再上新台阶》的报告,厅党组成员、厅总工程师部玉兰,厅党组成员、厅总会计师张德仪,厅党组成员、省公路局党委书记赵振田,厅巡视员曹燎原以及省直相关部门领导,厅机关有关处室负责人、厅直有关单位负责人,各市分管副市长,各高速公路建设管理处负责人,设计代表、总监、项目经理以及中央驻晋新闻单位、省级新闻媒体记者约470人参加。省政府副秘书长崔国红主持。忻州市委副书记、市长李平社致辞并介绍忻州市经济发展和重点工程建设情况。忻保、忻阜、太古、闻垣四个高速公路建设管理处介绍经验。

9月15日至16日 省委常委、统战部长李政文在运城市委书记高卫东、临汾市委书记谢海,省交通运输厅党组书记、厅长段建国及有关部门负责人陪同下,深入闻垣、临吉高速公路建设工地调研。

9月16日 省交通运输厅与省工行在太原工人文化宫举行乒乓球联谊赛。厅领导段建国、张德仪、曹燎原挥拍上阵,并为参加对抗赛的选手助威。

9月18日 上午,省交通运输厅召开电视电话会议,对全省"十一"黄金周期间道路水路运输行业安全稳定工作提出要求并作安排部署。厅党组成员、副厅长王志民出席并讲话,省运管局局长李华中、省地方海事局局长牛世骏分别进行安排部署。

9月19日 《奋进中的山西交通》在2009中国平遥国际摄影大展中精彩亮相。省交通运输厅党组书记、厅长、省交通运输摄影家协会名誉主席段建国,厅党组成员、厅总会计师、省交通运输摄影家协会主席张德仪及厅机关各处室、厅直有关单位主要负责人与交通职工代表共同观看展览。

9月21日 上午,江苏省盐城市委副书记、市长李强率江苏悦达集团董事会一行来省交通运输厅拜访,对省厅近几年对悦达集团的关心和支持表示感谢。厅党组书记、厅长段建国以及在家的厅领导韩日裕、张志川、张德仪、郭贵平在省城迎泽宾馆与客人座谈。希望悦达集团在山西高速公路建设中能够再有所作为,并对悦达集团长期以来对山西交通的支持表示感谢。

9月21日 和榆高速公路建管处在左权县正式揭牌,省交通运输厅巡视员曹燎原出席揭牌仪式并讲话。

9月22日 下午,省政府与中信集团公司在太原签署《全面战略合作协议》。省委副书记、省长王君,省委常委、副省长李小鹏,副省长牛仁亮出席。

多年来,中信集团为全省经济社会发展提供大量资金支持,在全省新一轮公路建设高潮中,将再度予以200亿元信贷支持。省交通运输厅党组书记、厅长段建国与中信银行太原分行行长王晖分别代表双方签署《金融合作协议》。

9月22日 全省交通运输系统庆祝建国60周年"三老"座谈会在太原召开。来自全省交通运输系统的老党员、老战士、老同志及全国劳动模范、先进模范人物代表共计40余人欢聚一堂,追忆峥嵘岁月,畅谈发展历程,共谋交通发展之路。省交通运输厅领导张润、韩日裕、张志川、张德仪、曹燎原、郭贵平和厅机关有关处室负责人以及厅直有关单位负责人出席。厅党组成员、厅总会计师张德仪主持。

9月23日 省交通运输厅召开传达贯彻党的十七届四中全会精神大会,厅党组书记、厅长段建国主持并讲话,厅党组副书记、副厅长张润传达胡锦涛总书记在党的十七届四中全会上讲话的主要精神,厅党组成员、副厅长王志民传达省委书记张宝顺在省委传达贯彻党的十七届四中全会精神大会上的讲话精神,厅领导韩日裕、张志川、张德仪、赵振田、郭贵平出席会议,厅机关全体干部职工,厅直各单位党政主要负责同志参加。

9月23日 第三届中国高速公路服务区管理年会在太原召开。省交通运输厅党组成员、副厅长张志川出席并致词。省高管局局长董新品,交通运输部公路局路网管理处副处长顾志峰,中国公路学会副秘书长巨荣云以及全国各省市高速公路服务区管理工作的代表200多人参加。

9月24日 省交通运输厅党组书记、厅长段建国,厅党组成员、副厅长王志民在厅运管处、厅公安处、省运管局、山西汽运集团等单位有关领导陪同下,深入太原长途客运总站、太原建南汽车站就国庆期间客运安全保障工作进行检查。

9月25日 省交通运输厅党组书记、厅长段建国深入正在紧张封闭施工的太原西北环高速公路调研，并代表厅党组亲切慰问全体建设者。要求继续发扬交通人攻坚克难、连续作战的优良作风，确保西北环主线国庆节恢复通行。厅副巡视员郭贵平、厅机关有关处室、太原市交通局负责同志陪同调研。

9月25日 全省交通运输系统民主评议政风行风听证对话会在厅五楼会议室召开。来自社会各界的群众、普通车主、运输企业的从业人员代表及行风监督员共100多人汇聚一堂，相互对话，答疑解问，共谋发展。省交通运输厅党组成员、省纪委驻厅纪检组组长、厅政风行风评议领导组副组长韩日裕出席并讲话。

9月27日 上午，省委副书记、省长王君，省委常委、常务副省长申联彬，省委常委、纪委书记金道铭，省委常委、宣传部长胡苏平专程来到省高管局宿舍区，亲切慰问被中央授予荣誉称号的先进模范李万定同志。省交通运输厅党组书记、厅长段建国，厅巡视员曹燎原，省高管局局长董新品等陪同。

9月27日 省交通运输厅党组书记、厅长段建国，厅党组成员、省公路局党委书记赵振田，厅巡视员曹燎原深入山西路桥一公司慰问。对公司回归省厅一年多来所做的成绩和在四川援茂项目中的贡献给予肯定，认为公司前景是美好的，发展是有前途的。

9月28日 上午8点30分，省交通运输厅举办的《山西交通运输60年建设成就展》在省征稽局二楼大会议厅开展，厅领导段建国、张志川、张德仪、赵振田、曹燎原、郭贵平剪彩，厅党组副书记、副厅长张润致词，厅党组成员、副厅长王志民主持。

展览用图文并茂、声像结合手法，全面展示新中国成立60年来全省交通运输事业创业发展的光辉历程和辉煌成就，集中反映交通职工团结拼搏、艰苦奋斗、与时俱进、勇于创新的精神风貌。展区设1个综合展和在建高速、高速公路、干线公路、农村公路、交通征稽、运输管理、地方海事、交通战备、科研设计、交通教育、文明创建11个专题展，是全省交通运输60年发展历程的一个缩影，对于交通运输今后的发展具有重要的借鉴、指导和推动作用，也是爱国教育、革命传统教育的重要平台。

厅机关各处室负责人，厅直各单位党政负责人，省公路局领导班子成员及各处室负责人，驻并厅属单位党政负责人，各高速公路建设管理处党委负责人参加开展仪式。

9月28日 上午11时40分，由省委宣传部和省交通运输厅联办，省交通运输厅承办的山西公路建设60年成就展在省展览馆开展。省委书记、省人大常委会主任张宝顺，省委副书记、省政协主席薛延忠，省委常委、常务副省长申联彬，省委常委、太原市委书记申维辰，省委常委、政法委书记杜玉林，省委常委、宣传部部长胡苏平，省委常委、省军区司令员方文平，省委常委、组织部部长汤涛，省人大常委会常务副主任杨安和，省人大常委会副主任安焕晓，省人大常委会副主任、省总工会主席郭海亮，副省长牛仁亮、副省长刘维佳参观展览，并启动成就展开展按钮。

此次展览依托新媒体传播技术平台，采用音视频、沙盘展示、影像资料、摄影图片等表现手段，分为领导关怀篇和山西公路建设60年历程展示厅、高速公路建设成就展示厅、在建高速公路风采展示厅、干线公路展示厅、农村公路展示厅、远景规划及展望厅6个展厅，以上千张珍贵图片、文献资料和丰富多彩的音、视频为充分素材，全景展示新中国成立60年来特别是改革开放30年来山西公路建设取得的辉煌成就和宝贵经验，充分展现山西人民为实现中华民族伟大复兴的豪迈气概和崭新风貌，全面反映全省公路建设发展历程、科学规划、筹资融资、管理创新、拉动经济、科技环保、质量安全、文明和谐、地方支持、人民贡献等主题内容。同时，通过电视和影像的有效传播，让大家切身感受到公路贯南北，巨变到山乡，一串串数字诠释着全省交通30多年的沧海桑田。

省交通运输厅领导段建国、张润、王志民、张志川、张德仪、赵振田、曹燎原、郭贵平以及厅机关各处室负责人，厅直各单位党政负责人，省公路局领导班子成员及各处室负责人，驻并厅属单位党政负责人，各高速公路建设管理处党委负责人参观展览。

9月28日 全省交通征稽系统法律知识竞赛落下帷幕。省交通运输厅党组成员、厅总会计师张德仪，省征稽局党委书记、局长张晋鹏等为获奖单位颁奖。

9月29日 省交通运输厅党组书记、厅长段建国，厅党组成员、厅总工程师郜玉兰带领厅综合规划处、厅公路管理处、厅科技教育处、厅重点办有关负责同志深入省交通科研院调研。希望以推进交通系统整体科技进步为己任，坚持科研和生产相结合，继续向新技术领域拓展，积极当好各建设单位的技术参谋。

9月29日 省交通运输厅在太原高速公路公司举行赴重点公路工程建设一线慰问演出活动总结表彰会。厅党组副书记、副厅长张润出席并讲话。省军区国动委主任车瑞金、省交战办副主任史荣和、省高管局局长董新品、省公路运输工会主席王晓光等出席。太原高速公路公司获“特殊贡献奖”，全体演职人员获省厅、省公路运输工会颁发的“荣誉证书”，省军区演出队获省厅5万元慰问金。

9月30日 下午，省交通运输厅召开会议，安排部署国庆期间有关工作。厅领导段建国、张润、王志民、赵振田，厅机关各处室及厅直各单位主要负责人参加太原主会场会议，各市交通局及驻市交通运输单位在10个分会场参加会议。段建国在讲话中，要求各级各部门要进一步加强领导，明确职责，突出重点，狠抓落实，统筹安排好国庆期间的有关活动和各项工作，确保人民群众度过欢乐、祥和、平安的节日。

10月10日 下午，省交通运输厅党组书记、厅长段建国，厅党组成员、省公路局党委书记赵振田带领厅机关有关处室负责人、省公路局有关负责人深入省公路物资供应总公司进行调研。要求认清形势，立足市场，强化企业信誉质量，提高竞争能力，依托公路建设，不断发展壮大，取得社会效益和经济效益双丰收。

10月10日至13日 省交通运输厅党组成员、副厅长王志民在厅综合规划处、厅财务处、厅公路处和厅重点办有关负责人陪同下，冒着绵绵秋雨，踏着泥泞路基在临汾、运城两市高速公路建设工地调研。要求把握机遇，精心把关，控制质量，安全生产。

临汾市市长罗清宇、常务副市长徐树荣、运城市人大常委会副主任张道中陪同调研。

10月11日 上午，省交通运输厅原任厅长杜五安、王晓林在厅长段建国、副厅长张润等陪同下，参观正在省展览馆展出的山西公路建设60年成就展。杜五安欣然题词“喜看交通绘新图”。

10月12日 省交通运输厅党组书记、厅长段建国，厅党组成员、厅总会计师张德仪深入平榆高速公路施工现场调研。要求严格标准，加强监管，保证质量，加紧施工，确保工程如期竣工通车。厅办公室、厅公路处、厅重点办、省交通质监站以及晋中市政府、晋中市交通局有关负责人陪同调研。

10月12日 上午，山西建美建材有限公司20万立方米粉煤灰砌块项目举行开工奠基仪式。省交通运输厅党组成员、省公路局党委书记赵振田，晋中市委常委、副市长马彦平出席。

10月13日 上午，全省重点公路工程建设项目第五次调度会议召开。30个项目党政负责人以及厅机关相关处室、厅直有关单位和厅重点办负责同志参加会议并先后发言，省交通运输厅领导段建国、张润、韩日裕、郜玉兰、张德仪、赵振田、曹燎原、郭贵平出席。

韩日裕、郜玉兰、张德仪就土地审批手续、廉政监督、设计变更、工程质量和资金管理等方面工作进行安排部署。张润主持，并就冬季施工质量、特别是隧道和混凝土施工、消防安全、交通安全以及队伍、设备、机械等准备与业务技术培训工作方面提出详细要求。

段建国在讲话中,充分肯定各建设项目取得的成绩,要求全省重点工程建设项目每个干部职工要居安思危,未雨绸缪,突出重点,突破难点,统筹做好每一项工作,决战第四季度,全面完成全年各项目标任务。

10月14日 省交通运输厅党组书记、厅长段建国陪同副省长牛仁亮深入晋城视察工作结束后,连夜调研晋城环城高速公路建设,晋城市委常委、副市长赵学梅陪同调研。

此前,段建国还陪同全国人大常委会内务司法委员会副主任刘振华视察晋济高速公路。

10月15日 为了深刻吸取教训,有效遏制事故多发势头,省交通运输厅对"9·5"及"9·20"事故有关单位进行约谈。厅党组副书记、副厅长张润讲话并安排部署下一步安全管理工作。厅公路处、厅运管处、驻厅纪检监察室、厅重点办、省交通质监站及厅机关有关处室负责人参加。

10月16日 全省道路旅客运输座谈会召开。重点针对太原至石家庄、太原至北京动车组开行带来的冲击,探讨应对措施,妥善解决道路旅客运输业面临的困难和问题。省交通运输厅党组成员、副厅长王志民出席并讲话。省运管局局长李华中、省道路运输协会会长任景春,厅运管处、省运管局、太原市交通局、山西汽运集团有关领导,晋龙捷泰公司、并州运业公司等6家全省重点汽运公司主要负责同志参加。

10月21日至23日 省交通运输厅党组书记、厅长段建国率厅办公室、厅公路处、厅重点办、省公路局、省交通质监站等部门负责同志先后赴340省道改建工地、沿黄公路吕梁与忻州段、忻保高速公路建设工地一线调研,检查质量,督促进度,现场解决征地拆迁、资金、技术等难题,并亲切慰问广大筑路员工。厅党组成员、省公路局党委书记赵振田一同调研。

10月22日 省交通运输厅召开新社会组织深入学习实践科学发展观活动动员会。厅党组副书记、副厅长张润进行动员和部署。省交通勘察设计协会会长杨金泉、各有关交通行业协会主要负责人、协会秘书长,各有关行业协会主管部门分管领导、党办主任参加。

10月23日 省交通运输厅党组成员、厅总会计师张德仪带领厅机关及厅直单位有关负责人深入汾平高速工程建设工地调研。要求抓工期,赶进度,确保工程如期完工。省高管局局长董新品及厅重点办、省交通设计院、江苏悦达集团有关领导陪同调研。路线全长41.7公里,总投资14.49亿元,2007年8月31日开工。

10月26日 上午,省交通运输厅领导段建国、张润、王志民、韩日裕、张德仪、曹燎原、郭贵平,原厅老领导、离退休老干部及厅机关有关处室领导在厅机关五楼会议室,欢聚一堂,共庆重阳佳节。段建国在讲话中,希望老同志们继续为全省交通改革发展稳定建言献策,为和谐山西交通作出新贡献,厅党组会一如既往地在生活上、政治上关心大家,并做得更好。

10月26日 运城市交通局举行交通综合执法业务比武活动,全市680余名交通综合执法人员参加。省交通运输厅党组成员、副厅长张志川亲临现场指导并颁奖。

10月28日 省交通运输厅党组书记、厅长段建国深入省交通建设开发投资总公司,对企业改制进行调研。要求通过企业改制,适应市场竞争,把公司不断发展壮大,更好地为全省交通建设作出贡献。

10月28日至29日 省交通运输厅副巡视员郭贵平带领厅规划处、厅公路处、厅财务处、厅重点办主要负责人及相关人员赴太古、太佳东西两段施工工地检查,并于10月30日召开太古、太佳高速公路东西两段建设推进会,对检查结果进行通报,研究解决存在的问题,安排部署下一步工作。

10月29日 省交通运输厅党组书记、

厅长段建国与阳泉市委书记白云，市长李栋梁，市委常委、市委秘书长樊盛武，市委常委、常务副市长王旭明等领导深入阳五高速公路阳盂段建设现场进行调研。希望阳泉市委、市政府与投资方加强合作，周密安排，科学施工，狠抓工程质量和进度，力争早日建成通车。

10月29日 山西援建四川灾区首个公路建设项目茂县黑虎羌寨旅游公路交工验收。省交通运输厅党组副书记、副厅长张润专程赴茂县参加验收仪式并慰问坚守在施工一线的山西路桥一公司施工人员。路线总长8.532公里，2008年10月22日开工，2009年6月25日竣工。

10月29日至31日 省交通运输厅举办全省交通系统行政执法高级培训班，共140余人参加。厅党组书记、厅长段建国出席开班典礼并作动员。要求全系统执法单位要准确把握和认真审视交通执法队伍现状，正确认识交通改革发展形势和任务，进一步增强交通行政执法队伍建设的紧迫性和自觉性；要加强领导、完善机制，强化措施，全面推进行政执法队伍建设。厅党组成员、副厅长张志川出席总结大会并讲话。要求加强行政执法规范化建设，提高执法人员素质和执法水平，为加快交通发展创造良好法制环境和秩序提供坚强法制保证。

10月30日 16时左右。山西金佳通旅游公司佟德伟驾驶车牌号为晋A53772旅游客车，从西柏坡返回太原，行至阳泉市郊区霍头村境内207国道917公里+915米下坡拐弯处时，因雾天，阴雨路滑，由于司机操作不当，客车坠入57米深沟内，造成14人死亡，40人受伤的特大恶性交通事故。

11月2日 下午，省交通运输厅召开庆祝新中国成立60周年系列活动总结表彰大会。厅党组副书记、副厅长张润出席并讲话。省委宣传部宣传处处长李渊应邀参加。厅直机关党委书记杨俊威主持，厅办公室主任尹新平宣读表彰决定，授予17个单位和集体“优秀组织奖”，41名工作人员“先进个人”。厅重点办党委书记刘清平、省公路运输工会主席王晓光和先进个人代表李栋、肖家谦先后发言。

11月3日 省政府召开全省重点公路工程建设推进会，协调解决当前制约全省重点公路工程建设进展的突出问题，研究安排下一阶段工作。副省长牛仁亮出席并讲话，要求加大力度，各方配合；依法依规，规范建设；多方筹资，尽快到位；反腐倡廉，领导带头；早做准备，全面评价。省政府副秘书长崔国红主持。省交通运输厅党组书记、厅长段建国汇报全省公路工程建设情况。

省监察厅厅长杨森林就重点公路工程建设的效率、质量、安检、廉政建设监察工作提出要求；省国土资源厅厅长李建功对制约工程建设的矿产压覆和土地审批问题作了解释，并提出指导意见。各地市分管副市长、省重点公路工程建设领导组成员单位主要负责同志，在并厅领导、厅机关各处室负责人，各建设单位主要领导参加。

11月3日 山西省道路运输管理第二届专家咨询委员会第二次会议在太原召开。省交通运输厅党组成员、副厅长王志民出席并讲话。

11月3日至5日 省高管局召开全省高速公路精细化管理推进会，进一步落实科学发展观，为全系统形成相互交流学习、共同提高的良好氛围搭建平台，提前部署迎接2010年全国干线公路养护与管理检查工作。会议采取现场观摩、观看展览、典型发言、专家点评、分组讨论、大会等形式，展示精细化管理阶段性成果。

11月4日 上午，四川省委副书记、省长蒋巨峰在四川省交通厅厅长高烽，阿坝州藏族羌族自治州州委书记侍俊，阿坝州副州长、茂县县委书记尼玛木，县长高加军等领导陪同下，视察山西省对口援建的茂县黑虎旅游公路。对省厅提出的政治任务与企业行为相结合，综合重建与交通重建相结合，财力、人力、智力相结合，短期支援与长期服务相结合的援建宗旨,给予高度评价与充分肯定。

11月5日 省高管局在运城市组织召开全省高速公路精细化管理推进会,进一步加强新时期、新形势下的高速公路管理工作,不断总结实践经验,全面推进高速公路的精细化管理,构建安全、畅通、和谐、高效的高速公路交通网络,更好地满足经济社会发展和人民群众出行需求。省交通运输厅党组书记、厅长段建国作书面讲话,厅党组成员、副厅长张志川出席并讲话,运城市副市长王健康出席会议并致词。省高管局局长董新品就进一步推进精细化管理进行安排部署。

11月5日 阳翼高速公路建管处隆重召开会议,对路基工程建设作全面总结,对路面、房建、机电、交通安全和绿化工程建设作开工动员。省交通运输厅党组成员、副厅长王志民出席会议并讲话。晋城市副市长赵学梅,省总工会副主席王兴旺,省重点办副主任刘继承及厅机关有关处室负责同志出席。路线全长64.8公里,概算投资41.6亿元,2000年12月全面开工建设。

11月6日 上午,省交通运输厅党组成员、副厅长张志川深入山西交通学院,就甲型流感防控工作进行调研,提出防范要求。

11月6日 根据省交通运输厅党组书记、厅长段建国批示精神和厅党组成员、副厅长张志川具体要求,厅新闻宣传中心邀请省城部分媒体记者召开新闻通气会,通报陕西神木通往兴县路段出现严重堵车情况。厅办公室、厅公路处、厅规划处、厅公安路政处以及省公路局、省高管局有关部门负责同志分别就发生堵车的现象、主要原因、采取措施、协调事项和近期规划等逐一作了说明。

11月7日至9日 省交通运输厅党组副书记、副厅长张润带领厅公路处、厅重点办、省交通设计院、省交通科研院有关负责同志,深入大同市、朔州市全程查看正在建设的灵(丘)山(阴)高速公路和大(同)呼(市)高速公路,要求坚定信心,克难攻坚,坚持质量、安全、廉政、环保、和谐五位一体,全力加快高速公路建设,实现“内实外美、精优致胜”建设目标。

11月9日 下午,由驻交通运输部监察局副局长马小峰一行5人组成的检查组莅晋,对全省扩大内需农村公路建设项目情况和工程建设领域突出问题专项治理工作进行专项检查。省交通运输厅党组成员、副厅长王志民作情况汇报,厅党组成员、省纪委驻厅纪检组组长韩日裕出席座谈会。

11月9日 由省重点办、省交通运输厅重点办和省交通质量监督站联合组成的检查组,开始对全省在建高速公路工程开展综合检查。省交通运输厅党组成员、厅总工程师部玉兰要求把质量和安全放在首位,确保全省高速公路建设质量、安全、按计划有序推进。

11月10日 早上,全省大部分地区出现强降雪天气,暴雪对道路交通运输造成严重影响。部分高速公路和国省干线公路存在车辆和人员被困情况。高速公路车辆人员滞留主要集中在青银高速公路太旧段和吕梁段,共计有1300余辆车、2400余人滞留,其中两条路段服务区还滞留车辆近640辆、1670人;国省干线公路共滞留车辆3211辆、人员5500人。

晚上,省政府组织召开部署强降雪应急减灾工作紧急会议后,省交通运输厅厅长段建国立即召集省公路局、省高管局、省运管局等有关单位负责人连夜召开会议,传达省政府紧急会议精神,全面安排部署道路交通保通畅通和客运安全应急工作,同时启动《山西省公路交通突发公共事件应急预案》一级预警和响应,紧急印发《关于做好应对暴雪灾害确保道路畅通和客运安全工作的紧急通知》,要求各级交通运输主管部门、各级公路管理机构立即调集人员、机构设备、防滑融雪物料,全力以赴开展清雪融冰工作。一是厅领导深入一线,现场指挥抢通救援;二是加大人员机械投入,采取超常措施应急处置;三是千方百计为被困人员提供服务;四是积极争取地方政府支持

冰雪灾情发生以来,全省高速公路共投

入除雪机具647台次，抛撒融雪剂1790吨，国省干线公路共出动除雪设备1705台次，人员8844人次，抛撒防滑材料33 533立方米，融雪剂619.7吨。从11月10日晚8时至12日，青银高速公路共计分流车辆1700余辆，解救分流人员5200余人。其中，吕梁高速公路分流车辆1500余辆，解救分流人员近4000人；太旧高速公路分流车辆220余辆，解救分流人员近1200人。国省干线公路共救援疏导滞留车辆1191辆，安置滞留人员3000余人。

11月13日，省委副书记、省长王君在省委常委、政法委书记杜玉林、省政府秘书长王清宪等陪同下，带领有关市和部门负责人赴太旧高速公路，看望滞留的部分司乘人员以及战斗在一线的广大干部职工，并就高速公路清雪除冰、确保畅通等应对强降雪工作进行实地调研。要求各级各部门要以对人民群众高度负责的精神，把保民生、保运输、保生产放在突出位置，迅速打胜防范应对强降雪这场硬仗。省交通运输厅领导段建国、张润、张志川，省高管局及太旧高速公路公司相关领导陪同。

11月11日 由驻交通运输部监察局副局长马小峰带队的中央扩大内需交通基础设施建设项目和专项治理工作组对临汾市村村通公路建设工作进行检查。省交通运输厅党组成员、省纪委驻厅纪检组组长韩日裕及临汾市交通部门负责人陪同。

11月17日 上午，全省重点公路工程建设项目第六次调度会议召开，对年前各项工作进行安排部署。要求在今后两个月的时间内，抓前期，抓开工，抓建设，抓管理，全面推进高速公路建设。省交通运输厅领导段建国、张润、张志川、郜玉兰、张德仪、赵振田、郭贵平出席。段建国在讲话中，要求一把手要亲力亲为，抓好各项管理工作，争取做到精实细严，确保工程建设质量、安全、进度、投资、廉政各个目标实现。

11月17日 省交通运输厅党组成员、副厅长王志民主持召开“10·30”重大道路旅游客运事故约谈会，督导善后处理工作，分析原因，吸取教训，研究加强道路旅客运输特别是旅游客运安全管理工作。会议听取太原市金佳通旅游服务有限公司、太原市小店区运管所、太原市小店区交通局、太原市运输管理局有关事故救援、善后处理、举一反三、吸取教训、安全整顿等情况汇报。

11月18日 省交通运输厅组织召开全省交通运输系统工程建设领域突出问题专项治理工作电视电话会议，对专项治理工作进行动员部署。厅党组书记、厅长段建国出席并讲话，厅党组副书记、副厅长张润传达省、部有关专项治理工作会议精神。厅党组成员、驻厅纪检组组长韩日裕主持会议并作总结讲话。厅党组成员、省公路局党委书记赵振田宣读省厅工程建设领域突出问题专项治理工作领导组及办公室人员名单。

厅专项领导组成员、办公室主任，厅机关各处室负责人，厅直单位党政主要领导、纪委书记，驻太原有关厅属单位党政主要领导、纪委书记在太原主会场参加会议。各市交通局、各高速公路建管处(含地市项目、BOT项目)、各公路分局、各高速公路公司党政主要领导、纪委书记在全省10个分会场参加会议。

11月18日 省直机关深入基层促“三保”办公室副主任、省委常务副秘书长姜新文，省交通运输厅促“三保”工作组组长、厅党组成员、副厅长张志川，省委机要局局长任兔平，省委办公厅机关党委书记何其山以及省重点办、省征费局、厅机关有关处室负责人一行，来到平遥中学、平遥县岳壁乡岳北村举行下基层促“三保”捐赠仪式。

11月18日 省交通运输厅召开在建高速公路项目财务负责人座谈会。厅党组成员、厅总会计师张德仪出席并讲话。

11月19日 全省交通战备“十二五”发展规划座谈会在忻州召开。省军区副司令员何永才，北京军区联勤部军交运输部部长、交战办主任董华，省交战办第一主任、省交通运输厅党组书记、厅长段建国出席并讲话。省交战办主任、省交通厅党组副书记、副厅长张润主持。省交战办副主任史荣和出席。各市交战办主任、厅机关有关处室、厅直有关单位负责人参加。

11月19日至20日 省交通运输厅先后与中海信托、中信银行、山西证券三家金融机构分别就全省公路建设筹融资进行座谈。厅领导段建国、张润、王志民、张德仪,厅财务处、厅规划处、省公路局、省高管局、省交通建设开发总公司有关负责同志参加。

11月20日 上午,省交通运输厅在厅五楼会议室举办学习党的十七届四中全会精神专题讲座,邀请省委党校教授刘树信辅导。厅党组副书记、副厅长张润主持,厅领导韩日裕、郭贵平以及厅机关党员领导干部,厅直单位党政主要领导同志聆听。

11月25日至27日 省交通运输厅党组成员、厅总工程师部玉兰,省重点办副主任刘继承带领检查组赴汾平、平榆高速公路进行综合检查。

11月27日 省交通运输厅党组书记、厅长段建国赴在建的太古、太佳高速公路(东段),就工程质量、安全和应对雪后高速公路建设、冬季施工等问题进行调研。厅副巡视员郭贵平、厅直机关党委、厅公路处、厅重点办、省交通质检站负责同志陪同。

11月29日 太原环城高速公路太谷连接线工程(清徐段)开工建设,省交通运输厅党组成员、省公路局党委书记赵振田,省公路局局长戴飞,太原市副市长王建生,太原市交通局、太原公路分局、清徐县四大班子等领导参加开工仪式。项目在太原境内全长24.952公里,总投资5亿元,占地1664亩。

12月1日 省交通运输厅党组成员、厅总工程师部玉兰深入晋城环城高速公路现场办公,指导解决路基7标不良地质处治、采空区排查新增采空区治理等技术问题。省重点办副主任刘继承,晋城市委常委、副市长赵学梅一同参加。

12月2日 省公路局召开全省路桥企业党风廉政建设会议。对全省路桥企业一年来的党风廉政建设、工程项目管理情况进行总结,并对下一阶段工作进行安排。省交通运输厅党组书记、厅长段建国,厅党组副书记、副厅长张润,厅党组成员、驻厅纪检组组长韩日裕出席并讲话;厅党组成员、省公路局党委书记赵振田全面总结路桥企业一年来工作,安排部署下一步工作;省公路局局长戴飞主持,省公路局及厅纪检监察室有关负责人出席。各分局、各路桥企业党政主要负责人,一线工程项目部项目经理,忻保建管处负责人,各党风廉政和效能监督检查组成员参加。

段建国在讲话中,要求企业领导加强责任感,积极主动出击,投标、揽活,在工程建设中强化项目施工管理,提升企业竞争力。要培育企业的养护产业,促进转型发展,从纯粹建设型企业向建设养护型企业发展;要始终注重品牌建设,打造自己品牌,在工程建设中多夺取"鲁班奖"。要吸取教训,严格工程管理,按规章制度办事,加强领导班子建设;要正确把握自己,廉洁自律,抓住机遇,重振雄风,为全省公路建设再创新辉煌。

会上,山西路桥一公司、路桥二公司、晋中路桥公司、吕梁公路分局分别作经验交流;省公路局派驻忻保高速公路党风廉政和效能监督检查组介绍一年来工作情况。

12月3日 省交通运输厅与中信基建投资有限公司就全省公路建设投融资方式进行座谈。公司董事长张云亭,厅领导段建国、王志民、张德仪,厅机关有关处室负责人、省高管局局长董新品、省交通建设开发投资总公司总经理魏庆飞等参加。

12月3日 省政风行风考核检查组到省交通运输厅检查2009年度政风行风评议工作。厅党组书记、厅长、厅政风行风评议领导组组长段建国出席座谈会,希望检查组对省厅工作多提宝贵意见。厅党组成员、驻厅纪检组组长、厅政风行风评议领导组副组长韩日裕介绍省厅2009年政风行风评议工作开展情况,厅政风行风评议领导组办公室成员和厅属五大局行评办主任参加会议。

12月4日 全省重点公路工程建设系统突出问题专项治理工作动员会议召开。省交通运输厅党组成员、省纪委驻厅纪检组组长韩日裕出席并讲话,各重点公路工程建设单位党政主要负责人、纪委书记、分管质量、安全工作的领导、办公室主任及厅重点办机关全体干部职工参加。

12月4日至6日 全省交通系统第二届职工乒乓球比赛在太旧高速公路公司体育馆举行,21支代表队共150余名运动员参加。省交通运输厅党组书记、厅长段建国出席开幕、闭幕式,并饶有兴致地参加比赛;厅巡视员曹燎原、省体育局副局长杨凤楼出席闭幕式。

12月5日 北京军区交战办副主任王景耀,北京军区军交部战备处处长助理李雄代表北京军区国动委对全省交通战备工作进行检查指导,省交通运输厅党组副书记、副厅长、省交战办主任张润出席会议并讲话,省交战办副主任史荣和作全省交通战备工作情况汇报。

12月7日 副省长牛仁亮在省政府副秘书长崔国红,省交通运输厅党组书记、厅长段建国,厅党组成员、厅总工程师部玉兰,厅党组成员、省公路局党委书记赵振田,忻州市副市长杨晋生陪同下,冒着严寒,踏着积雪,赴忻保高速公路考察指导。

12月7日 上午,忻阜、忻保、太佳(东段)、太佳(西段)、太古、阳盂高速公路建设汇报会召开。省交通运输厅党组成员、厅总工程师部玉兰,省重点办副主任刘继承出席。

12月7日 省运管局为山西省城市汽车客运管理办公室全体同志举行隆重欢迎仪式。根据省政府机构改革要求,原山西省城市出租汽车客运管理处的主管部门变更为山西省交通运输厅,并更名为山西省城市汽车客运管理办公室,隶属山西省交通运输管理局管理。

12月7日 太长高速公路荣获山西省第五届"太行杯"土木工程奖,赵善义、王玉亮、冯建刚荣获优秀项目经理称号。

12月9日 省交通运输厅党组副书记、副厅长张润专程赴忻州就村村通全覆盖进行调研。要求厅农村路网管理处与省公路局推广忻州经验,彻底把全省农村公路全覆盖实际情况摸清,确保2010年和省政府"五个全覆盖"任务目标按时完成。忻州市副市长杨晋生一同参加调研。

12月9日 全省道路运输行业卫星定位应用系统建设与管理工作总结表彰会召开,省交通运输厅党组成员、副厅长王志民出席并讲话。

12月10日 上午,阳泉至娘子关一级公路水峪至娘子关段奠基仪式隆重举行。阳泉市市长李栋梁主持,市委书记白云,省交通运输厅党组副书记、副厅长张润,厅党组成员、省公路局党委书记赵振田及省公路局、省发改委、省物价局和光大银行、工商银行、农业银行、中国银行、阳泉市四大班子主要领导等出席。项目由中建总公司采用BOT模式投资建设,路线全长约21.96公里。

12月11日至12日 省交通设计院召开设计回访暨技术交流研讨会,省交通运输厅党组成员、厅总工程师部玉兰出席并讲话。

12月13日 全省重点公路工程综合检查工作情况通报会在太原召开。省交通运输厅党组成员、厅总工程师部玉兰,省重点办副主任刘继承出席并讲话。厅重点办、省交通质监站有关负责同志出席。

12月14日 省政府安委办对省交通运输厅2009年度安全生产工作目标进行考核并对安全专项整治工作进行督察。省交通运输厅党组书记、厅长段建国,厅党组副书记、副厅长张润及厅运管处、厅重点办、省公路局、省高管局等部门负责人参加汇报会。

12月17日 全省公路工程试验检测工作会议召开。省交通运输厅党组成员、厅总工程师部玉兰出席并讲话。

12月19日 省人大常委会副主任安焕晓带领部分在晋全国人大代表深入太古高速公路建设工地视察。省交通运输厅党组书记、厅长段建国,厅副巡视员郭贵平等陪同。

12月20日 下午,省交通运输厅召开重点公路工程建设项目第七次调度会议,对春节前各项工作进行安排部署。厅党组书记、厅长段建国,厅党组成员、副厅长王志民,厅党组成员、驻厅纪检组组长韩日裕,厅党组成员、厅总工程师郜玉兰,厅党组成员、厅总会计师张德仪,厅党组成员、省公路局党委书记赵振田,厅副巡视员郭贵平出席,厅党组副书记、副厅长张润主持。厅机关有关处室、厅直有关单位负责人、全省各重点公路工程建设管理处党政主要负责人参加。

12月21日 为进一步搞好工程建设领域突出问题专项治理,省交通运输厅成立专项治理工作领导组办公室并开展工作。厅领导段建国、张润、韩日裕、张志川、郜玉兰等专门到专项治理办公室工作场所进行检查指导,对加强全省交通运输系统开展工程建设领域突出问题专项治理工作提出明确要求。

12月21日 榆社至和顺高速公路建设推进会在左权县石匣水库旁召开。副省长牛仁亮出席并按动开工按钮,省政府副秘书长崔国红代表省政府讲话,省交通运输厅党组书记、厅长段建国主持,厅巡视员曹燎原介绍工程概况。路线全长76.5公里。

12月21日至22日 全省重点公路工程领导干部廉政教育强化培训班开班。省交通运输厅领导段建国、张润、韩日裕、张志川、郜玉兰、赵振田、省公路局局长戴飞、省高管局局长董新品以及厅机关各处室、厅重点办主要负责同志、全省各高速公路建管处、公路分局、高速公路公司主要负责人共150余人参加。厅党组副书记、副厅长张润作动员报告,厅党组成员、驻厅纪检组组长韩日裕主持。

12月25日 全省交通征稽工作总结表彰暨山西省交通运输执法局成立大会召开。副省长牛仁亮,省政府副秘书长崔国红,省委组织部副部长、省编办主任张高宏,省人力资源和社会保障厅副厅长李建刚,省交通运输厅党组书记、厅长段建国,厅党组副书记、副厅长张润,厅党组成员、副厅长王志民,厅党组成员、省纪委驻厅纪检组组长韩日裕,厅党组成员、副厅长张志川,厅党组成员、总会计师张德仪,厅党组成员、省公路局党委书记赵振田出席。各市交通局长、厅机关各处室负责人、厅直各单位主要领导以及全省交通征稽系统的代表参加。

山西省交通运输执法局揭牌仪式由张德仪主持,段建国讲话,牛仁亮和段建国为山西省交通运输执法局揭牌。

全省交通征稽工作总结大会由张润主持,张德仪作总结报告,韩日裕宣读省交通运输厅《关于对全省交通规费征收贡献突出单位和个人进行表彰的决定》。大会为获全省交通规费征收贡献突出单位和个人颁奖。张高宏宣读省编委《关于组建山西省交通运输执法机构的通知》。王志民宣读对山西省交通运输执法局领导班子的任命文件。段建国在讲话中,充分肯定交通征稽22年来取得的重要成就,要求围绕五个方面做好基础工作。省交通运输执法局局长张晋鹏作表态发言。

12月25日 下午,省交通运输厅召开专题会议,传达学习全省经济工作会议精神。厅党组书记、厅长段建国传达全省经济工作会议主要精神和省委书记张宝顺、省长王君在会议上的讲话精神。会议由厅党组成员、纪检组长韩日裕主持,厅党组成员、副厅长张志川,厅党组成员、厅总工程师郜玉兰,厅党组成员、厅总会计师张德仪出席。厅机关各处室领导,厅直各单位党政主要负责同志参加。

12月26日 山西中交翼侯高速公路在完成三年工程建设、两年缺陷责任期整改及通车试运营之后,顺利通过由省交通运输厅组织的竣工验收。厅党组副书记、副厅长张润出席验收会。

12月29日 省公路运输工会组织驻太原地区交通系统各单位分管工会工作的领导

和工会主席召开会议。省公路运输工会主席王晓光传达省厅《关于加强工会工作的意见》,省交通运输厅党组书记、厅长段建国,厅党组副书记、副厅长张润出席并讲话。要求各级工会组织要以职工为本,以职工利益为前提,关心帮扶困难职工,关注弱势群体,真诚倾听职工呼声,真实反映职工愿望,真情关心职工疾苦,真正把工会组织建设成为名副其实的职工之家。

12月30日 下午,副省长张建欣冒着严寒深入太原市迎宾汽车站、晋龙捷泰公司检查指导元旦期间全省道路运输安全工作。省政府副秘书长巨宪华、省公安厅副厅长廉兴有、省安监局副局长霍红义、省交通运输厅副厅长张志川、省运管局局长李华中、省交管局局长边智慧、山西汽运集团董事长胡鲜朝以及太原市政府、市交通局、市运管局、市交警支队等有关人员陪同调研。

12月31日 上午,省交通运输厅召开厅机关各处室负责人、厅直各单位党政主要领导参加的会议,传达贯彻12月30日下午召开的全省和谐社会建设表彰电视电话会议精神。厅党组成员、副厅长张志川传达省委书记张宝顺在全省和谐社会建设表彰电视电话会议上的重要讲话精神。厅党组副书记、副厅长张润主持会议并就贯彻落实会议精神提出要求。

12月31日 《山西交通》评出2009年全省十大交通新闻:①公路建设投资创历史新高。2009年,全省交通运输系统紧紧抓住国家加大基础设施建设,实施积极财政政策和适度宽松货币政策的历史机遇,交通基础设施建设实现超常规跨越式发展,再创历史新高。1月至11月,共完成投资515.7亿元,为上年同期3倍,在全国各省市自治区排名第三。其中高速公路建设356.7亿元,干线公路新改建79.9亿元,农村公路建设77.6亿元,站场建设1.5亿元。新开工建设高速公路项目27个,里程超过2000公里;完成新改建国省干线公路1245公里,完成村通水泥(油)路"全覆盖"工程15 180公里,为带动和支撑全省经济快速回升和"保增长、保民生、保稳定"大局作出突出贡献。②全省取消全部政府还贷二级公路收费。5月31日,根据《国务院办公厅关于转发发展改革委交通运输部财政部逐步有序取消政府还贷二级公路收费实施方案的通知》,省政府于5月27日发布通告,决定取消全省境内全部政府还贷二级公路收费。从5月31日24时起,全省境内政府还贷二级公路收费的收费站共155个全部停止收费。③省交通运输厅正式挂牌。6月23日,山西省交通运输厅正式挂牌。这是全省交通运输发展史上具有里程碑意义的一件大事,标志着山西交通运输事业从此进入一个崭新历史阶段。副省长牛仁亮、厅长段建国共同揭牌。根据中央批准的《山西省人民政府机构改革方案》,省委、省政府决定撤销省交通厅,组建省交通运输厅。新组建的省交通运输厅履行原省交通厅职责和省建设厅指导城市客运职责。④全省治超工作经验在全国推广。7月23日至24日,2009年全国车辆超限超载治理工作现场会在太原召开。全国治超工作领导小组组长、交通运输部部长李盛霖出席并讲话。省委副书记、省长王君致辞。全省近几年治超工作成效显著。8月3日,国务院副总理张德江在全国治超领导小组的报告上作出重要批示:"山西省'治超'工作取得显著成绩,经验值得总结推广。"⑤"09晋交投债"20亿元人民币企业债券成功发行。8月5日至7日,经国家发改委批准,省交通建设开发投资总公司成功发行总额为20亿元人民币的企业债券,期限为10年。此次发行企业债券是山西交通企业首次在国内资本市场进行债券融资,也是山西交投公司第一次在国内资本市场进行债券融资,"09晋交投债"也是2009年以来山西省第一笔获准发行的企业债券,是截至目前山西省内单笔发行金额最大、首只无担保企业债券。⑥省交通运输厅举办建国60周年山西交通建设成就展。9月28日,《山西公路建设60年成就展》在省展览馆开展。省委书记、省人大常委会主任张宝顺,省委副书记、省政协主席薛延忠等参观展览。同日,省交通运输厅举办的《山西交通运输60年建设成就展》开展。这次展览系统地反映了全省交通建设60年艰辛历程和辉煌成就,获得圆满成功。展览期间,先后有十多万社会各界群众参观,有力地扩大了交通在全省的影响。省厅原老厅长廉平当选60位新中国成立以来感动交通人物。⑦龙门黄河大桥荣膺2009年度鲁班奖。由山西侯禹高速公路公司建设、中铁大桥局集团股份有限公司承建的龙门黄河特大桥工程,以其典雅、新颖的外部造型和质量可靠、满足需求的内在功能获中国建筑业协会2009年度中国建筑工程鲁班奖(国家优质工程)。龙门黄河特大桥是侯禹高速公路控制性工程,是国道主干线二连浩特至河口在山西的重要出境路段,该桥全长4566米,是目前全国第一座高矮塔组合式斜拉桥,也是全省里程最长、科技含量最高、投资最大的公路桥梁。⑧抗击暴雪灾害取得圆满成功。11月10日,全省大部分地区出现强降雪天气,50年不遇的大雪对道路交通运输造成严重影响,省交通运输厅于11月10日晚启动《山西省公路交通突发公共事件应急预案》一级预警和响应,并迅速成立前线救灾指挥部,对救灾工作进行安排部署。全省交通系统团结一致,齐心协力,共同投入到抗击冰雪灾害之中。11月13日,省委副书记、省长王君在太旧高速公路清雪除冰一线视察。在这次抗击冰雪灾害中,全省交通运输系统累计出动人员14.06万人次,出动各类机械1.43万台次,抛撒融雪剂、工业盐等10 255吨,撒布防滑料16.5万立方米,提供棉被615套,供应物品共计人民币29.3万元。⑨全省城市汽车客运管理职责移交交通运输管理部门。根据省政府机构改革要求,原山西省城市出租汽车客运管理处的主管部门变更为山西省交通运输厅,并更名为山西省城市汽车客运管理办公室,隶属山西省交通运输管理局管理。⑩全省成品油税费改革基本完成。12月25日,副省长牛仁亮和厅长段建国为山西省交通运输执法局揭牌,标志着全省成品油税费改革任务基本完成。以2009年1月1日国家全面实施成品油价格及税费改革和2009年9月30日省编委批准在省交通征稽机构基础上组建省交通运输执法机构为标志,山西交通征稽圆满完成规费征收历史使命。

12月31日至2010年1月7日 香港《文汇报》刊发“共和国六十周年”专刊,分两期四个版面,对山西交通运输发展、高速公路、干线公路、农村公路建设进行综合宣传和分专题报道,展示全省交通运输取得的辉煌成就。同时,还对省交通运输厅党组书记、厅长段建国进行专访。

2010年

1月15日 以省直工委书记刘传旺为组长的省委党的工作考核组深入省交通运输厅,就党建工作进行检查指导,厅党组副书记、副厅长张润汇报党的工作落实情况,厅机关有关处室负责人参加汇报会。

厅直属机关党委现辖基层党组织452个,党委41个,党总支24个,党支部387个,共有党员5234名。

1月22日 2010年全省交通运输工作会议在太原召开。会议总结2009年交通运输工作,分析面临的形势和任务,安排部署2010年工作。副省长牛仁亮出席会议并作重要讲话。省政府副秘书长崔国红出席会议。省交通运输厅党组书记、厅长段建国作了题为《坚定信心,乘势前进,为实现“十一五”规划目标而努力奋斗》的工作报告,厅党组副书记、副厅长张润主持会议,厅党组成员、副厅长王志民宣读表彰决定,厅党组成员、驻厅纪检组组长韩日裕,厅党组成员、副厅长张志川，厅党组成员、总工程师郜玉兰，厅党组成员、总会计师张德仪，厅党组成员、省公路局党委书记赵振田，厅副巡视员郭贵平出席。

2009年，面对扩大内需保增长的历史责任，省交通运输厅党组与时俱进，改革创新，真抓实干，奋力拼搏，凝聚全行业力量，争取各方面支持，千方百计加大投资规模，再掀公路建设新高潮，使公路建设成为拉动全省经济增长最重要的力量之一。全年公路建设完成投资563亿元，为2008年2.8倍，在全国排名第3。其中，高速公路建设完成投资392亿元，为2008年9.7倍，在全国排名第2，太原至佳县、忻州至阜平等27个项目开工建设，在建里程达到2086公里。国省干线公路完成投资82.25亿元，开工新改建工程85个项目1905公里，竣工1284公里，108国道介休至霍州段一级公路改造工程和大运二级公路山阴至太原段、侯马至运城段改造工程竣工通车，省道临午线一、二级公路路基桥涵工程基本完成。农村公路完成投资85.8亿元，开工县乡公路改造工程5533公里，完工4686公里，太行大峡谷、万荣至后土祠等一批旅游公路开工建设，315基地出口公路等国防公路项目建成通车；完成村通水泥(油)路“全覆盖”工程15 180公里，新增通水泥(油)路建制村2240个，全省96%建制村通水泥(油)路，阳泉、太原、大同、运城4个省辖市在全省率先实现具备条件建制村通水泥(油)路“全覆盖”。运输站场建设完成投资2.8亿元，太原公路主枢纽武宿货运中心等一批重点运输站场开工建设或投入运营。到2009年底，全省公路通车里程达到12.73万公里，增长2557公里，公路密度达到81.3公里/百平方公里。

2009年，面对国际金融危机严重冲击，省交通运输厅积极研究制定应对措施，扶持运输企业，实现回升向好。全省道路运输完成客运量3.11亿人、旅客周转量210.3亿人公里、货运量5.48亿吨、货物周转量906.4亿吨公里，分别比2008年下降0.9%、13.3%、17.9%、17.8%，但从下半年以来开始呈企稳回升态势，12月份运输量达到历史最好水平，完成客运量2686万人、货运量5413万吨，同比分别增长0.3%、6%。此外，加强运输市场建设，建立企业诚信体系，组织对52家客运企业、64家旅游客运企业进行信誉质量考核，对6家旅游客运企业整合重组，取缔4家不符合条件的驾驶员培训机构。在大力发展城市公共交通和农村客运方面，积极支持城乡公共交通基础设施建设，鼓励城乡客运公交化。全年新建乡镇汽车站80个，安装候车亭和招呼站牌各1000个，并在长治、新绛等市县开展农村客运公交化改造试点，全省96%建制村通客车。

牛仁亮在讲话中，对全系统2009年卓有成效的工作给予高度评价。他说，在异常严峻形势下，全省交通运输系统认真贯彻落实省委、省政府提出的“三个千方百计、三个坚定不移”的战略方针，紧紧抓住省委、省政府出台促进经济发展“一揽子计划”的机遇，大力推进交通基础设施建设。一年新开工建设高速公路项目27个2086公里，完成公路建设投资563亿元，不仅在全省所有领域名列第一，而且创历史新高，排全国第三，为全省“保增长、保民生、保稳定”作出积极贡献。这是一个十分了不起的成绩，他代表省政府，对全省交通运输系统广大干部职工表示感谢！在充分肯定2009年成绩的同时，牛仁亮围绕明确任务、抓住关键、突破难点、强化动力四个方面，对全省交通运输工作提出明确要求。

段建国与全系统各单位签订2010年目标责任书，王志民宣读人力资源和社会保障部、交通运输部关于表彰全国交通运输系统先进集体、劳动模范和先进工作者的决定、省交通运输厅关于表彰2009年度完成工作目标责任制优秀单位和先进单位的决定、省交通运输厅关于表彰全省村通水泥(油)路“全覆盖”工程优秀单位的决定，并对先进单位和先进个人进行表彰。

省直有关部门和单位、省交通运输厅老领导出席会议。厅机关各处室、厅重点办负责人,各市交通运输局局长、纪检组长、运输管理局(处)长、海事局长,厅直各单位党政主要负责人、纪委书记,各公路分局、三门峡大桥管理处及各路桥企业党政主要负责人、纪委书记,各征稽分局、霍侯路管理处党政主要负责人、纪委书记,各高速公路运营公司党政主要负责人、纪委书记,各高速公路建设管理处、BOT项目公司党政主要负责人、纪委书记参加会议。

1月22日 下午 全省交通运输安全生产暨党风廉政建设工作会议在太原召开。总结2009年全省交通运输系统安全生产和党风廉政建设工作,分析当前交通运输安全工作面临的形势和任务,安排部署2010年党风廉政建设和反腐败工作的主要任务。省纪委常务副书记刘巩、省安全生产监督管理局副局长霍红义应邀出席会议并讲话。省交通运输厅党组副书记、副厅长张润作了题为《扎实做好行业安全生产工作,努力实现交通运输安全发展》的工作报告,厅党组成员、省纪委驻厅纪检组组长韩日裕作了题为《建设具有交通特色的反腐倡廉新体系,扎实推进全省交通运输系统党风廉政建设》的工作报告。厅党组成员、副厅长王志民主持。厅党组成员、副厅长张志川宣读《关于表彰2009年度全省交通运输安全生产工作先进单位和先进个人的决定》。厅党组成员、总工程师部玉兰,厅党组成员、总会计师张德仪,厅党组成员、省公路局党委书记赵振田,厅副巡视员郭贵平出席。

会议还对2009年度全省交通运输安全生产工作先进单位和先进个人进行表彰,张润与厅属各单位签订2010年度安全生产工作目标责任书。出席上午全省交通运输工作会议的代表参加会议。

1月23日 全省地方海事工作会议在太原召开。省交通运输厅党组成员、副厅长王志民,省安监局副局长霍红义出席并讲话,省地方海事局局长牛世骏作工作报告。

1月24日 大运公路介休至霍州段一级路改建工程竣工通车。副省长牛仁亮,省政府副秘书长崔国红,省交通运输厅领导段建国、张润、赵振田等为工程竣工通车剪彩。项目全长64.339公里,总投资15.6亿元。

1月25日 全省交通运输行业春运工作视频会议召开。会议贯彻落实国务院领导重要指示和省部有关要求,安排部署全省2010年交通运输行业春运工作,确保广大旅客安全便捷出行,保障人民群众春节期间生产生活和重点物资运输。省交通运输厅党组副书记、副厅长张润,厅党组成员、副厅长王志民出席会议并讲话,厅党组成员、副厅长张志川主持。

1月27日 上午,全省道路运输工作会议在太原召开。省交通运输厅党组书记、厅长段建国,厅党组成员、副厅长王志民出席并讲话。省运管局局长李华中作工作报告。

1月27日 省高管局与省公安厅交管局召开2010年第一季度工作联席会议。省交通运输厅党组成员、副厅长张志川,省公安厅交管局党委书记、局长边智慧,局领导董新品、周存信、王联明、魏和平和局有关部门负责人,各高速公路建设管理处主要领导及相关人员参加。

1月29日至30日 省交通运输厅党组副书记、副厅长张润,厅党组成员、驻厅纪检组组长韩日裕带领厅机关有关处室负责同志,走访慰问大同、朔州、忻州交通运输系统部分离退休老干部和困难职工,并对春运工作进行检查指导。

1月29日至30日 省交通运输厅党组成员、副厅长张志川深入长治交通系统走访慰问老干部和困难职工,并就春运、安全生产工作进行检查。

2月1日 上午,省交通科研院召开2010年工作会议。省交通运输厅党组书记、厅长段建国,厅党组成员、厅总工程师部玉兰及厅机关有关处室负责人出席。省交科院院长赵队家作工作报告。

2月2日 省交通设计院召开2010年度

工作会议。省交通运输厅党组书记、厅长段建国，厅党组成员、厅总工程师郜玉兰出席并讲话。

2月2日 省交通厅新闻宣传中心召开2010年工作会议。省交通运输厅党组成员、省纪委驻厅纪检组组长韩日裕出席并讲话。

2月3日 上午，全省公路工作会议召开。副省长牛仁亮出席并讲话；省政府副秘书长崔国红，省交通运输厅党组书记、厅长段建国，厅党组副书记、副厅长张润出席；厅党组成员、省公路局党委书记赵振田主持；省公路局局长戴飞作工作报告；并对2009年先进集体和先进个人进行表彰。

2月3日 下午，全省公路系统党风廉政建设暨安全生产工作会议召开。省交通运输厅党组副书记、副厅长张润，厅党组成员、省纪委驻厅纪检组组长韩日裕出席并讲话。厅党组成员、省公路局党委书记赵振田主持，省公路局党委副书记、纪委书记李铁山，副局长胡志勇分别作党风廉政建设和安全生产工作报告。

2月3日至5日 交通运输部党组成员、纪检组组长杨利民，部公路局局长李华，驻部监察局副局长张健等一行8人赴晋，对全省公路交通春运工作进行检查指导，亲切慰问春运一线干部职工，并听取全省交通运输发展、春运工作情况以及党风廉政建设工作汇报。省交通运输厅领导段建国、张润、韩日裕、张志川陪同检查。

2月5日 下午，省交通建设开发投资总公司召开2010年度工作会议。省交通运输厅党组书记、厅长段建国，厅党组成员、厅总工程师郜玉兰出席并讲话，厅机关相关处室负责人出席。公司总经理魏庆飞作工作报告。

会上，还举行《山西省交通建设开发投资总公司志》首发启封仪式，段建国、郜玉兰首发启封并为太长、长晋、晋焦、高陵高速公路公司赠阅志书。

2月8日 省编制办公室与新组建的省交通运输执法局，举行一场别开生面、欢乐祥和的联欢会。省交通运输厅党组书记、厅长段建国，省委组织部副部长、省编办主任张高宏出席并讲话。大家欢聚一堂，载歌载舞，共叙友情，共贺新春。

2月9日至10日 省交通运输厅党组书记、厅长段建国，厅党组成员、副厅长王志民率省厅春运工作检查组一行在临汾、运城检查春运工作，看望慰问奋战在春运工作一线的广大交通干部职工和筑路员工，以及为全省交通运输事业作出贡献的离退休老干部及困难职工。临汾市市长罗清宇，市委常委、常务副市长徐树荣，运城市人大常委会副主任张道中，副市长王健康分别陪同检查。

2月10日 上午，省交通运输厅在省公路局召开对口援建四川茂县灾后重建交通组座谈会。厅党组副书记、副厅长、交通援川领导组组长张润，厅党组成员、省公路局党委书记赵振田出席，交通援川领导组副组长、省公路局副局长惠高峰主持。

2月11日 上午，副省长牛仁亮在省政府副秘书长崔国红，省交通运输厅党组书记、厅长段建国，厅党组副书记、副厅长张润，厅党组成员、副厅长王志民陪同下，先后深入太原汽车客运总站、太原高速公路公司滨河收费站和108国道太茅路段检查指导春运工作，慰问连日来战斗在保畅通、保春运一线的广大交通运输系统的干部职工，并与他们一道除雪。省公路局局长戴飞、省运管局局长李华中、省高管局局长董新品、省交战办专职副主任尹新平陪同检查。

2月11日 下午，省交通运输厅召开厅机关迎新春茶话会。厅领导段建国、王志民、郜玉兰、张德仪、郭贵平、杨俊威出席茶话会。厅党组副书记、副厅长张润主持。部分原厅级老领导、老干部应邀参加。

2月11日 下午，省交通运输厅与省旅游局召开紧急会议，协调解决相关工作。厅领导段建国、张润、王志民，省公路局、省运管局、省高管局、省交通开发投资总公司等单位主要领导以及厅机关相关处室负责人出席会议,就相关工作进行协商。

2月11日 省交通运输厅党组晋交党发〔2010〕8号文印发《关于尹新平等同志任免职务的通知》。接省政府晋政任〔2010〕4号文件,经省政府2010年1月13日第56次常务会义通过,决定任命:尹新平同志任省交通战备办公室专职副主任。接省委组织部晋组干〔2009〕488号文件,经省委常委会2009年10月30日研究决定,史荣和同志退休。

2月11日 省交通运输厅党组晋交党发〔2010〕9号文印发《关于杨俊威同志任职的通知》。接省政府晋政任〔2010〕3号文件,经省政府第56次常务会议通过,决定任命:杨俊威同志为山西省交通运输厅副巡视员。

2月14日 瑞雪纷飞的虎年初一,省交通运输厅党组书记、厅长段建国,厅副巡视员郭贵平带领省公路运输工会、厅重点办、省交战办、省高管局等单位负责同志,慰问重点工程建设、高管系统一线干部职工。

2月21日 下午3时,2010年全国农村公路工作电视电话会议召开。省交通运输厅党组书记、厅长段建国在会上介绍全省农村公路建设经验。

在山西分会场参加完全国农村公路工作会议后,省厅迅速召开"贯彻全国农村公路工作电视电话会议精神"会议,认真贯彻交通运输部领导重要讲话精神,学习借鉴兄弟省市先进经验,安排部署2010年农村公路建设任务。省政府副秘书长崔国红代表副省长牛仁亮对全省农村公路建设工作提出要求,厅党组书记、厅长段建国对2010年全省农村公路建设工作进行全面部署。厅党组副书记、副厅长张润主持会议。厅党组成员、省公路局党委书记赵振田,省发改委、省财政厅、省国土资源厅、省审计厅等农村公路建设领导组成员单位和省新农办有关负责人,未完成村村通"全覆盖"市分管副市长,各市交通局局长、公路处长,省公路局、省交通质监站及厅机关有关处室负责同志参加。

会议确定,2010年全省农村公路工作的发展目标是:实现"三个覆盖"、"两个基本",即具备条件的建制村通水泥(油)路"全覆盖",具备条件的建制村通客车"全覆盖",农村公路养护管理"全覆盖";基本消灭县道中桥以上、乡道大桥以上危桥,基本消灭县乡公路差等路。

2月21日 下午,省交通运输厅党组成员、副厅长王志民带领厅综合运输管理处人员,深入太原汽车客运总站、太原汽车客运东站等地明察暗访春运工作。

2月22日 全省高速公路管理工作会议在太原召开。省总工会副主席王兴旺宣读表彰决定并颁奖,省交通运输厅党组书记、厅长段建国,厅党组成员、副厅长张志川出席并讲话,省高管局局长董新品作工作报告。

2月22日 上午,省交通运输厅在太原集中收听收看2010年全国交通运输信访工作电视电话会议,并立即召开贯彻落实全国交通运输信访工作电视电话会议精神大会。厅党组成员、副厅长王志民出席并作详细安排部署,厅副巡视员杨俊威主持。厅机关相关处室、厅直各单位分管信访工作负责人和办公室负责同志参加。

2月26日 省交通运输厅在省高管局六楼举办庆新春元宵联欢会。厅党组书记、厅长段建国,厅党组副书记、副厅长张润,厅党组成员、副厅长王志民,厅党组成员、副厅长张志川,厅党组成员、总会计师张德仪,厅副巡视员杨俊威及厅机关各处室、厅直各单位主要负责人参加联欢会。厅党组书记、厅长段建国发表热情洋溢的讲话。

3月1日 山西交通政务大厅和交通数控信息中心正式开工建设。省交通运输厅党组书记、厅长段建国,省委巡视组组长、原厅巡视员曹燎原,厅党组成员、副厅长王志民,厅党组成员、副厅长张志川,厅党组成员、厅总会计师张德仪,厅副巡视员杨俊威出席开工奠基仪式。太原市高新区管委会主任助理、发改局局长刘德勇应邀出席。

3月3日 上午，全省交通援川队员再次出征，重返灾区。欢送仪式在山西路桥一公司举行，省交通运输厅党组副书记、副厅长、交通援川领导组组长张润出席欢送仪式并为队员们壮行。

3月3日 下午，全省交通运输系统安全生产工作春季部署会议召开。省交通运输厅党组书记、厅长段建国出席并讲话。要求全系统进一步增强责任意识，采取切实有效措施，力争做到减少一般事故，控制较大事故，杜绝群死群伤重特大恶性事故，努力实现交通运输安全生产形势良好，为全省转型发展、安全发展、和谐发展作出新贡献。厅党组副书记、副厅长张润主持。厅党组成员、副厅长王志民分别传达省长王君、副省长陈川平在省政府常务会议和省政府安委会第一次会议上的重要讲话精神。厅党组成员、厅总工程师部玉兰，厅党组成员、厅总会计师张德仪出席会议。省运管局，省交通开发投资总公司，闻垣、忻保、灵山三个高速公路管理处分别就道路运输安全管理工作、桥梁隧道运营安全管理工作和工程建设安全管理工作进行汇报与交流。厅安委会成员、厅直单位行政主要领导、在建高速公路建管处处长参加会议。

3月4日 下午，省委常委、省纪委书记金道铭率省纪委有关部门负责人深入太佳高速公路(太原段)、太古高速公路工地一线检查指导工作并慰问筑路员工。要求全省各级纪检监察机关要积极支持交通运输事业，特别是高速公路建设事业，为全省交通运输事业大发展保驾护航。广大建设者要继续振奋精神，攻坚克难，团结进取，进一步把思想统一到落实省委、省政府转型发展、安全发展、和谐发展的战略决策部署上来，狠抓工程质量，确保工程安全，努力把太佳、太古高速公路工程项目建设成为省委、省政府放心，群众满意，沿线人民得实惠的勤廉双优精品工程。

省交通运输厅党组书记、厅长段建国，厅党组成员、驻厅纪检组组长韩日裕，厅副巡视员郭贵平及厅机关有关处室负责人陪同。

3月4日 太佳高速(吕梁段)召开建设再动员大会，动员全体参建人员坚定信心，再鼓干劲，乘势而上，确保年内顺利通车。省交通运输厅副巡视员郭贵平，吕梁市副市长王盛章出席。

3月5日 上午，副省长张建欣在省交通运输厅党组副书记、副厅长张润等陪同下，对旧关收费站进行安全通行及收费管理工作质量检查，听取旧关收费站负责人汇报。

3月5日 上午，省交通运输厅组织公开选拔高速公路建管处总会计师考试。厅党组成员、厅总会计师张德仪巡视考场。

3月8日 省交通运输厅举办全省交通运输系统庆“三八”女职工文体联欢会。厅党组书记、厅长段建国，厅党组副书记、副厅长张润及厅机关有关处室负责人出席联欢会，并为受到表彰的先进集体和个人颁奖，并一同观看联欢节目。

3月8日 下午，全省交通运输“十二五”发展规划安排会召开，省交通运输厅党组成员、副厅长王志民出席并讲话。

3月9日 上午，全省交通史志年鉴工作会议在省厅五楼会议室召开。各市交通运输局、厅直各单位、厅机关各处室有关领导及撰稿人80余人参加。省交通运输厅党组成员、省纪委驻厅纪检组组长韩日裕出席并讲话。

3月9日 省政府法制办组织召开《山西省道路运输条例(草案)》〔以下简称《条例草案》〕立法论证会。省政府法制办、省财政厅、省建设厅、省工商局、省旅游局、省交管局、省运管局和各市运管局(处)有关人员以及法律专家参加了会议。省交通运输厅党组成员、副厅长张志川，省运管局局长李华中出席。会议由省政府法制办副主任王卫星主持。

3月9日 下午，省交通运输厅与省国信投资(集团)公司在太旧高速公路公司体育馆举行乒乓球、羽毛球联谊赛。厅党组书记、厅长段建国，厅党组成员、厅总会计师张德仪,厅副巡视员杨俊威,省国信投资(集团)公司总经理张广慧,副总经理袁东生挥拍上阵,并为参加对抗赛的选手助威。

3月9日至11日 省交通运输厅党组成员、副厅长王志民深入临汾、运城部分重点公路建设工地调研。要求牢记质量第一、安全第一,处理好质量与进度的关系,周密组织,科学施工,打造出具有时代特征的精品工程。

3月10日 榆平高速公路建设管理处召开2010年工程建设动员大会。省交通运输厅党组成员、厅总会计师张德仪参加并讲话。

3月11日 山西交通技师学院召开2010年工作会议。省交通运输厅党组成员、副厅长张志川出席并讲话,校长张文才作工作报告。

3月16日 省交通运输厅召开工程建设领域突出问题专项治理工作领导组会议,回顾前一阶段专项治理工作情况,梳理排查中查找的突出问题,对加强整改工作、组织监督检查提出要求。厅党组成员、驻厅纪检组组长、厅专项治理领导组副组长韩日裕出席并讲话,省厅专项治理领导组成员、厅直有关单位专项治理办公室负责人参加。

近半年来,省厅各部门以及厅属各单位,贯彻中央和省、部的决策部署,加强组织领导,健全办事机构,积极动员部署,强化廉政教育,认真开展排查,注重整改提高,做到开局良好,进展顺利,初见成效。经核查,厅属单位专项治理工程项目194项,投资额共计1687亿元。其中,中央投资项目16项约15亿元,重点工程项目34项约1500亿元,其他工程项目144项约172亿元。包括新建项目、改建项目、公路养护项目和物流中心建设项目。经过反复排查,在5000万元以上的85个项目中,重点排查履行基本建设程序、招标投标活动、工程监督管理、诚信体系建设等四个方面突出问题。会议对排查出的突出问题提出整改意见和措施。

3月16日 忻阜高速公路项目建设2010年度工作会议在忻州召开。省交通运输厅党组成员、厅总工程师郜玉兰,忻州市市长助理韩春出席并讲话。

3月19日 省高管局在太旧高速公路公司体育馆举办全健排舞比赛。来自高管系统14支代表队、近300名职工参加。省交通运输厅党组副书记、副厅长张润,省总工会副主席安娜,省妇联副主席顾青圻,省高管局局长董新品等应邀观看比赛并为获奖队伍颁奖。

3月23日 忻州市交通运输暨党风廉政建设工作会议召开。省交通运输厅党组书记、厅长段建国出席并讲话。要求创优交通建设环境,合理配置运输资源,统筹各种运输方式,实现可持续健康发展,为全省公路建设作出应有贡献。

3月23日 省地方海事局在省军区预备役248团召开军训动员大会。省交通运输厅党组成员、副厅长王志民出席并讲话。

3月24日 中国建筑工程总公司党组成员、中国建筑股份有限公司副总裁刘锦章赴晋,就高速公路建设与省交通运输厅进行商谈。省交通运输厅领导段建国、王志民、韩日裕、张志川、张德仪、赵振田、郭贵平及厅有关处室负责人出席座谈会。

3月25日 《山西省交通战备志》篇目评审会议在太原召开。省地方志办公室党组书记、主任李茂盛,党组成员、副主任刘益龄出席,省交通运输厅党组成员、省纪委驻厅纪检组组长韩日裕主持会议并讲话,省国防交通协会副会长兼秘书长史荣和作篇目编纂草案的说明。与会人员对篇目草案进行认真深入讨论,并就如何进一步修改及完善达成共识。

3月27日 全省交通战备2010年工作会议在太原召开。省委常委、省国防动员委员会常务副主任、省军区司令员方文平,北京军区联勤部军交运输部部长、北京军区交战办副主任庄联营,省军区后勤部部长谢新宁,省国防动员委员会综合办公室主任杨少华,省交通运输厅党组书记、厅长、省交战办第一主任段建国,省军区后勤部副部长林保江,省国防交通协会副会长、秘书长史荣和出席。副厅长、省交战办主任张润主持，省交战办专职副主任尹新平作工作报告。

3月28日 上午，太原至阳泉高速公路开工建设仪式在阳泉盂县隆重举行。省委副书记、省长王君出席并宣布开工，省委常委、常务副省长李小鹏主持，省委常委、省军区司令员方文平，副省长牛仁亮出席。太原市政府领导，阳泉市市委书记白云，阳曲县、盂县政府主要领导，太阳高速建管处处长郭迎平，分别代表沿线市县政府和建管处作表态发言。

3月29日 上午，太原国家公路主枢纽武宿货运中心建设项目正式开工，省交通运输厅党组成员、副厅长王志民，太原市副市长吉久昌、王建生出席开工奠基仪式，厅办公室、厅规划处、厅运管处等负责同志参加。项目占地500亩，总投资8亿元，其中政府投资3.5亿元，社会融资4.5亿元。

3月29日至30日 中国共产党山西省交通运输厅第一次党员代表大会胜利召开。会议高举中国特色社会主义伟大旗帜，以邓小平理论和“三个代表”重要思想为指导，深入贯彻落实科学发展观，全面总结近年来厅直系统党的工作，提出今后的目标任务，选举产生山西省交通运输厅第一届直属机关党委、纪委，动员厅直系统全体党员围绕中心、服务大局，改革创新、求真务实，为实现全省交通运输事业科学快速安全协调发展而努力奋斗。

厅党组书记段建国作重要讲话，省直工委副书记郭康锋到会祝贺并讲话。大会由厅党组副书记张润主持。厅党组成员王志民、韩日裕、张志川、张德仪、赵振田，厅副巡视员郭贵平，省交战办专职副主任尹新平等大会主席团成员在主席台就座。在主席台就座的还有戴飞、张晋鹏、王世峰、李华中、董新品、孟科、魏庆飞、李平、刘清平、胡钢成、王亚虎等主席团成员，厅直机关197名党员代表出席会议。

段建国在讲话中，要求坚持把围绕中心、服务大局作为厅直机关党建工作的基点和方向，着力促进交通运输科学发展；坚持把队伍建设作为厅直机关党建工作的关键，努力为交通运输科学发展提供根本保证；坚持把加强党的执政能力建设和先进性建设作为厅直机关党建的主线，着力推进服务型政府机关建设；坚持把落实党建工作责任制作为厅直机关党建的抓手，着力完善机关党建工作长效机制。

胡钢成受上届厅直属机关党委委托，向大会作了题为《继往开来，和谐奋进，创新跨越，科学发展，努力开创厅直系统党的工作新局面》的工作报告，全面回顾厅直系统各级党组织近年来所开展的工作，总结厅直系统党的建设所取得成绩和经验，并对今后一段时期厅直系统党的工作提出建议与部署。

会议选举王世锋、王亚虎、史晓华、刘清平、李平、周存信、胡钢成、贾山泉（排名以姓氏笔画为序）9名同志为中共山西省交通运输厅直属机关第一届委员会委员，王亚虎、孙印、任良华、任小峰、孟仁贵、杨直清、程跃平（排名以姓氏笔画为序）7名同志为纪律检查委员会委员。在随后召开的厅直属机关第一届党委第一次全体会议上，胡钢成当选为厅直属机关党委书记，王亚虎当选为副书记。王亚虎在厅直属机关第一届纪律检查委员会第一次全体会议上，当选为厅直属机关纪委书记。

3月31日 上午，交通运输部组织召开全国公路水运工程“平安工地”建设活动部署电视电话会议，省交通运输厅党组副书记、副厅长张润在山西分会场参加会议。

省公路局及其监管的路桥企业、省高管局、省地方海事局、省交通质监站、省交通开发投资总公司、各高速公路建管处、省监理总公司的分管领导及安全处室负责人，厅重点办、厅法规处、厅建管处、厅安全处负责人在山西分会场参加会议。

3月31日至4月2日 省交通运输厅党组书记、厅长段建国深入忻阜、忻保、太佳

(东段)高速公路建设工地调研。要求认真组织,科学管理,树立“安全责任重于一切”思想,严格按照安全施工操作规范,责任到人;克服侥幸麻痹思想,认真排查各种安全隐患,抓住事故苗头,积极整改;在确保安全、质量和廉政前提下,争取工期,齐心协力,团结一致,千方百计为实现年内1000公里高速公路通车目标而奋斗。忻州市委书记董洪运、市长李平社、副市长杨晋生,太原市副市长王建生,厅领导郜玉兰、赵振田、郭贵平,厅建管处、厅安全处、厅重点办,省交通质监站等部门负责同志分别陪同调研。

段建国一行深入施工一线,从隧道掘进、桥梁预制工地到路面水稳基层摊铺现场,对各项目部采取的安全措施、质量标准和施工进度进行详细检查,认真听取工程项目建设情况汇报。

4月8日 上午,省交通运输厅党组召开扩大会议,安排部署全系统安全生产大检查工作。会议决定,从当日起至5月底,在全省交通运输系统开展一次安全生产大检查活动。会议要求全系统各单位统一思想,加强领导,精心组织,做好迎接大检查准备工作;各检查组要高度重视,突出重点,加大隐患排查治理力度,确保安全生产大检查取得实效。厅党组书记、厅长段建国作重要讲话,厅党组副书记、副厅长张润主持会议并宣读安全生产大检查实施方案,厅党组成员、副厅长张志川传达国务院安委会、省政府安委会通知精神,厅党组成员、厅总工程师郜玉兰通报全省及全省交通运输系统一季度安全生产情况,厅党组成员、省公路局党委书记赵振田,副巡视员郭贵平出席。

4月8日 省交通运输厅召开全省在建高速公路项目财务负责人座谈会,厅党组成员、厅总会计师张德仪出席并讲话。

4月9日 全省交通运输系统人事人才工作会议召开。省交通运输厅党组书记、厅长段建国出席并讲话,厅党组副书记、副厅长张润主持,副厅长王志民传达全省组织工作会议、全省人力资源和社会保障工作会议和省编办主任会议精神。厅党组成员、副厅长张志川,厅党组成员、厅总工程师郜玉兰,厅党组成员、省公路局党委书记赵振田,厅副巡视员郭贵平、杨俊威出席。厅机关各处室负责人,厅直单位党政负责人及干部人事部门负责人,各公路分局、各市执法局、各高速公路运营公司、各高速公路建管处和公路系统监管的各路桥企业党政负责人及干部人事部门负责人,部分人事人才工作先进个人代表共300余人参加。

段建国在讲话中,要求各级党委要从政治和全局高度,认识人事人才工作的重要性。要珍惜和关心这支能打善战的队伍,确保他们能时刻以饱满工作热情、高昂斗志投入到工作当中。

4月9日 下午,省委常委、太原市委书记申维辰深入太原公路主枢纽武宿货运中心调研。要求加快建设步伐,早日打造成全国一流的现代物流示范工程。省交通运输厅党组书记、厅长段建国介绍相关情况。太原市政协主席姬和平,市委常委、常务副市长李俊明,副市长吉久昌一同调研。

4月9日 省交通运输厅召开宣传贯彻行政处罚自由裁量权基准制度视频会议。厅党组成员、副厅长张志川出席并讲话。

4月12日 省交通运输厅党组成员、厅总会计师张德仪带领工程技术和质量、安全人员赴和榆、榆平高速公路建设一线检查指导工作。

4月12日至16日 省交通运输厅党组副书记、副厅长张润,带领厅安全生产检查组深入大同、朔州,先后对大呼、天大、灵山和同源高速等七个在建项目进行安全生产大检查。

4月13日 全省交通运输系统女职工全健排舞比赛在太旧高速公路公司体育馆举行。10支代表队约200名女职工参加。

4月13日 上午,朔州市神电运煤通道二期工程举行隆重开工奠基仪式。朔州市委书记田喜荣宣布工程开工,市长冯改朵讲话,省交通运输厅党组副书记、副厅长张润与朔州市四套班子领导一起为工程开工奠基。朔州市交通运输局领导介绍工程概况。路线全长20公里，总投资2.4亿元。

4月13日至16日 省交通运输厅党组书记、厅长段建国深入临汾市临午公路改建工程工地、209国道隰县过境路施工现场、沿黄公路大宁至吉县段、临吉高速公路、临汾环城高速公路建设工地一线进行调研和现场办公。临汾市委书记谢海、常务副市长徐树荣一同调研，省公路局局长戴飞，厅建管处、厅安监处、厅重点办、省交通质监站等负责同志陪同调研。

4月16日 省交通运输厅组织召开霍州至永和关高速公路东段初测外业验收会。厅党组成员、厅总工程师部玉兰出席并讲话。

4月18日 下午，中央扩大内需促进经济增长政策落实暨治理工程建设领域突出问题检查组组长、国家行政学院纪委书记杨文明，在省城迎泽宾馆专门召集省交通运输厅党组书记、厅长段建国以及厅重点办、厅机关相关处室负责人召开座谈会，针对加强交通工程建设和专项治理工作进行专题研讨，并对采取扎实有效措施防范交通建设中的各项风险提出要求。

4月19日至20日 省交通运输厅党组成员、厅总工程师部玉兰带领厅安全生产检查组一行8人，对忻阜高速公路进行安全生产大检查。

4月20日至23日 由省交通运输厅副巡视员杨俊威带队的安全检查组一行7人，对太阳、阳五高速公路全线进行安全生产大检查。

4月21日 省交通运输厅党组成员、副厅长王志民带领厅安全生产检查组对运城境内的闻垣、闻合、运芮、河运4条高速公路工程建设的质量、安全及工程进展情况进行全面检查。

4月22日 上午，省委常委、省军区司令员方文平深入太古高速公路建设工地调研。省军区参谋长张韧，省交通运输厅党组书记、厅长段建国，厅党组副书记、副厅长、省交战办主任张润，省交战办专职副主任尹新平，太原市副市长吉久昌陪同调研。

4月22日至23日 交通运输部交通运输安全生产和应急专题研讨会在晋召开，来自交通运输规划研究院、长江海事局等18个部属单位及部份省市交通运输管理部门的30余位代表参加。交通运输部安监司司长王金付，省交通运输厅党组书记、厅长段建国，厅党组成员、副厅长张志川出席研讨会。会议期间，厅党组副书记、副厅长、省交战办主任张润，省交战办专职副主任尹新平，省高管局局长董新品陪同部分与会代表调研太原交通战备基地。

4月27日至29日 省人大财经委主任委员赵建平，省交通运输厅党组成员、副厅长张志川，厅政策法规处处长曹居月，省政府法制办公室法制二处处长杨近泉，省人大财经委办公室副主任门世宾，省运管局局长助理郭峰等一行9人，就《山西省道路运输条例》立法中需要解决的问题深入运城市调研。运城市人大常委会副主任荆青莲、副市长王健康参加座谈讨论。

4月30日 全省交通运输系统劳模座谈会在太原隆重召开，省交通运输厅党组书记、厅长段建国，厅党组副书记、副厅长张润，厅党组成员、副厅长王志民，厅党组成员、省纪委驻厅纪检组组长韩日裕，厅党组成员、副厅长张志川，厅党组成员、厅总会计师张德仪，厅党组成员、省公路局党委书记赵振田，省交战办专职副主任尹新平及厅直有关单位主要领导、厅机关各处室负责人、历届劳动模范集体及个人代表、2010年全国劳动模范个人、省劳动模范单位(集体)、省劳动模范个人出席座谈会，座谈会由省公路运输工会主席王晓光主持。

段建国在讲话中，要求迅速掀起学习劳模高潮，为交通发展作贡献；要保护好劳模的合法权益,积极解决好他们生活工作中的各种困难,形成尊重劳模、支持劳模的良好氛围;要加大对劳模的培训力度,提高业务素质,跟上时代步伐,做新时代的劳动模范,成为交通运输科学、快速、安全、和谐发展的排头兵。

5月4日 省交通运输厅晋交规划〔2010〕184号文向交通运输部呈报普通国道网布局规划建设方案。全省共规划国道22条9969公里,重复里程647公里,净里程9322公里。其中:保留现有国道7条3647公里,重复里程184公里,净里程3463公里。保留国道中,以下路线局部调整:G108线由原来的下北泉至独峪至神堂堡至大营,调整为下北泉至灵丘至王庄堡至大营;G109线由原来的京大高速公路调整为现302孙大线;G208线延长,由原终点长治市八一广场起,延长段沿S226长陵线至杨寨河,沿县乡路经潞城镇、夺火乡、箭眼山接河南修武县。

新增国道15条6322公里,重复里程463公里,净里程5859公里。规划的国道网分为7条纵线和15条横线。

5月6日 省交通运输厅厅直机关团委组织厅机关及厅直单位青年团员130余人,在厅党组副书记、副厅长张润带领下,赴太原东山进行义务植树,以实际行动纪念"五四"青年节。

5月6日 下午,省扩大内需促进经济增长及重点工程和专项治理工作检查组第四组一行9人,在检查组组长、省发改委稽察办主任王成明带领下,深入省交通运输厅检查指导工作。厅党组书记、厅长段建国,厅党组副书记、副厅长张润和厅机关相关处室负责人参加检查工作部署会。

5月7日 上午,交通运输防震减灾专题会议召开,省交通运输厅党组副书记、副厅长张润主持,厅党组成员、副厅长张志川出席会议并讲话。

5月8日 山西省监察学会交通分会一届五次理事会暨二届一次理事会在忻州召开。省监察学会副会长黄福莲,省交通运输厅党组成员、省纪委驻厅纪检组组长韩日裕出席并讲话。

5月9日 全省交通运输建设项目审计工作安排布置会议在忻州市顿村省交通职工培训中心召开,省交通运输厅副巡视员郭贵平出席并讲话。

5月10日 忻州市政协主席张明成、副市长杨晋生带领忻州市交通运输局、定襄县委及相关部门负责同志赴省交通运输厅,就忻州公路建设情况进行座谈协商。厅党组书记、厅长段建国,厅党组成员、副厅长王志民及厅机关有关处室负责人参加座谈。

5月11日 国家开发银行总行 党建巡视二组组长冀忠实,国家开发银行山西省分行行长刘振喜、副行长刘锡和等一行7人莅临省交通运输厅,就全省交通基础设施建设和加强金融领域合作情况进行调研,并就如何更好地开拓合作空间与省厅进行座谈。厅党组书记、厅长段建国,厅党组成员、副厅长张志川,厅副巡视员郭贵平,厅机关有关处室、厅直相关单位负责人参加座谈会。

5月11日 省直机关第三届"智奇杯"职工运动会开幕式在太原市滨河体育中心拉开帷幕。省交通运输厅派出近百名运动员参加乒乓球、篮球等4个项目比赛。厅党组副书记、副厅长张润出席开幕式,省交通执法局、省高管局等厅直有关单位200余名交通职工参加开幕式。来自省高管局的太旧和太原高速公路公司的职工进行健排舞表演。

5月12日 省交通运输厅组织山西交通技师学院2000多名学生开展应急避震、紧急疏散、公务员救护、消防灭火演练活动。厅党组副书记、副厅长张润,太谷县县委书记王建忠及厅机关有关处室负责人观看。

5月13日 《山西省交通战备志》编纂工作正式启动仪式举行。省军区副司令员、省国防交通协会名誉会长何永才,山西省国防交通协会会长王晓林,省交通运输厅党组副书记、副厅长、省交战办主任张润,省地方志办公室党组书记、主任李茂盛，省军区后勤部副部长、省国防交通协会副会长林保江，省国防交通协会副会长兼秘书长史荣和等出席。

当日上午，山西省国防交通协会在省交通干部学校挂牌。何永才、王晓林为协会揭牌。

5月14日 全省重点公路工程建设推进会在运城市召开，副省长牛仁亮出席并讲话。要求各相关单位各负其责，相互配合，抓紧、抓实、抓措施，责任到人，把全省公路建设再推上一个新台阶。省政府副秘书长崔国红主持。省直有关部门负责人、各市分管副市长，省交通运输厅党组书记、厅长段建国，厅党组成员、副厅长王志民、张志川，厅党组成员、厅总工程师部玉兰，厅副巡视员郭贵平及省公路局局长戴飞、省高管局局长董新品、厅直有关单位主要负责人、厅机关有关处室负责人、各重点公路建设项目负责人参加。

会上，段建国与各高速公路项目负责人签定目标责任书，部玉兰宣读《关于2009年度全省重点公路工程建设完成目标责任制和绩效考核的通报》。

会前，牛仁亮在相关部门领导陪同下，深入汾平、临吉、闻垣高速公路建设工地视察，并慰问一线施工人员。

5月15日至16日 2010年“工商银行杯”省直领导干部乒乓球邀请赛在晋举行。省交通运输厅党组书记、厅长段建国代表省厅参加男子单打比赛并打进前十六强，省公路运输工会也获得大赛组委会颁发的“体育道德风尚奖”。

5月18日 省交通运输厅党组书记、厅长段建国，厅党组成员、省纪委驻厅纪检组组长韩日裕率厅办公室、厅直机关党委、厅人事处、厅综合规划处负责同志深入厅新闻宣传中心调研。希望在新一轮交通建设中，适应新形势，改革创新，与时俱进，继续发扬优良传统，发扬交通人勇于奉献精神，把山西交通人在建设中的动人事迹、奉献精神展现在世人面前，再作新贡献。

5月18日 大同高速公路建设管理处召开灵丘至山阴高速公路2010年工程建设攻坚决战动员会。省交通运输厅党组副书记、副厅长张润出席并讲话。

5月19日 由省公路运输工会主办的全省交通运输系统“晋济杯”职工篮球联赛在太旧高速公路公司体育馆拉开帷幕。省总工会副主席王兴旺，省交通运输厅党组书记、厅长段建国，省高管局局长董新品，省体育局副局长杨凤楼，省球类管理中心主任沈广进等出席开幕式并观看比赛。

开幕式上，运动员代表、裁判员代表分别宣誓，大会组委会主任、厅长段建国宣布联赛开幕。

由段建国亲自上场带队的厅机关代表队与太旧高速公路公司代表队进行首场比赛，双方竞争激烈，高潮迭起，加油呐喊声此起彼伏。带球过人，转身投篮，起跳灌篮，无不显示运动员们精湛的技能和团队协作能力，展现山西交通人开拓创新的进取精神。

5月20日 太旧高速公路公司三届一次职代会暨运营管理工作和党风廉政建设会议召开。省交通运输厅党组成员、驻厅纪检组组长韩日裕出席并讲话。

5月20日至21日 副省长牛仁亮在省政府副秘书长崔国红，省交通运输厅党组书记、厅长段建国，厅党组成员、副厅长张志川，晋中市市长张璞，省公路局局长戴飞等陪同下深入晋中市，就国省主干线整治改造、县乡公路建设、村村通工程及部分高速公路重点工程进行调研。

5月20日至24日 省安全生产大检查督察组对全省交通运输系统安全生产大检查工作开展情况进行督察。

5月25日 以交通运输部安全总监刘功臣为组长的国务院安委会安全生产督察组，对山西汽运集团晋龙捷泰公司的安全生产管理工作进行检查。省交通运输厅党组副书记、副厅长张润陪同检查。

5月26日至27日 省交通运输厅与阳泉、忻州、朔州、运城、晋中、晋城六市政府在太原共同组织进行6个区域性公路运输枢纽总体规划评审会。

2007年4月，交通运输部编制《国家公路运输枢纽规划》，确定179个国家公路运输枢纽，太原、大同、临汾、长治、吕梁5市列入其中。省厅高度重视道路运输发展，把枢纽建设作为推进综合运输体系建立完善的切入点，于2007年10月全面启动公路运输枢纽规划编制，要求除5个国家公路运输枢纽外，其余6市也要比照国家公路运输枢纽规划编制办法，根据实际情况编制本地区枢纽规划。

2010年3月，5个国家公路运输枢纽全部顺利通过省内预审。随着本次6个区域公路运输枢纽通过评审，全省11个市公路运输枢纽规划全部通过评（预）审，枢纽规划工作取得重大进展，走在全国前列，对指导"十二五"公路运输枢纽站场建设，发挥公路运输的比较优势，推进综合运输体系的建立和完善，提升山西交通运输整体服务水平，促进全省社会经济发展，具有重要意义，也为进一步争取交通运输部支持奠定良好基础。

5月27日 下午，省交通运输厅召开全省村通水泥(油)路"全覆盖"2010年目标责任书签订大会，部署全年村通水泥（油）路"全覆盖"建设工作，动员全省交通运输系统进一步认清形势，提高认识，再接再厉，一鼓作气，全面完成村通水泥（油）路"全覆盖"工程建设任务，向全省人民交一份满意答卷。省政府副秘书长崔国红出席并讲话。各市交通运输局局长、计划处（科）长、公路处（科）长、质监站站长及厅机关有关处室、省公路局、省交通质监站有关负责人参加会议。

厅党组书记、厅长段建国作了题为《一鼓作气，乘胜前进，全面完成村通水泥（油）路"全覆盖"》的动员报告，并与各市交通运输局长签订专项目标责任书。厅党组副书记、副厅长张润主持并就贯彻会议精神提出要求。忻州市、吕梁市作表态发言。

5月28日 第二期《公路工程竣（交）工验收办法实施细则》培训班在太原举办，310名学员参加。省交通运输厅党组副书记、副厅长张润出席开班仪式并讲话。

6月2日 省交通运输厅党组成员、副厅长王志民深入新落成的太原汽车客运西站检查指导工作。要求从细节入手，精益求精，打造全省乃至全国一流的站场品牌。项目2006年开工建设，净用地74亩，总投资1.2亿元。

6月2日 省高管局召开干部职工大会。省委组织部企事业处副处长赵永胜宣布蒋世欣同志任省高管局党委书记的决定，处长张培梁介绍蒋世欣同志个人情况。省交通运输厅党组成员、副厅长张志川出席。省高管局局长董新品主持。

6月3日 省运管局在忻州市代县预备役247团组织召开为期10天的封闭式军事训练和岗位能力培训。省交通运输厅党组成员、副厅长王志民，预备役83师师长李保，省运管局局长李华中参加开班仪式。

6月3日至8日 交通运输部公路工程质量安全检查组一行11人莅晋，对全省重点公路和农村公路进行综合督察。省交通运输厅党组书记、厅长段建国介绍省情以及交通发展情况。厅党组副书记、副厅长张润汇报全省公路建设情况以及质量安全情况。省交通质检站、忻阜高速、灵山高速以及忻州市交通运输局负责同志分别汇报质量安全工作。厅领导张润、郜玉兰全程参加督察。

6月7日 交通运输部公路工程质量安全综合督察通报会在大同召开。检查组组长、交通运输部质监总站副巡视员彭思义概括为"四个准备"、"五个好"。即思想准备，人才准备，法规制度建设准备，机制保障准备；实现集中预制好，机械设备好，强制性标准好，大型构造物工程比较好，地方政府配合好。这是成功完成2000公里高速公路建设任务的有力保障。省交通运输厅党组书记、厅长段建国，厅党组副书记、副厅长张润，厅党组成员、厅总工程师郜玉兰出席并讲话。

6月9日 省交通运输厅、省公安厅、省安监局在省运管局联合召开全省进一步加强和改进道路客运安全工作视频会议，坚决遏制和防范群死群伤恶性事故的发生。省交通运输厅党组成员、副厅长王志民，省安监局副局长霍红义，省公安厅高管局局长边智慧，省公路局局长戴飞、省运管局局长李华中、省高管局局长董新品在主会场参加会议。厅副巡视员杨俊威主持。

6月9日 下午，山西交通职业技术学院召开教职工大会。省委组织部企事业处副处长王朝晖代表省委组织部、省政府宣读张文才同志任山西交通职业技术学院院长决定。省交通运输厅党组成员、副厅长张志川出席。张文才做简短的就职发言。

6月10日 上午，“全省交通重点工程建设新闻采访活动”启动仪式举行。省交通运输厅党组副书记、副厅长张润介绍全省交通重点工程建设概况，厅党组成员、省纪委驻厅纪检组组长韩日裕主持，省委宣传部新闻出版处处长朱新才讲话。16家省级新闻媒体共30多名记者参加。

6月10日 忻阜高速公路建设推进会召开，省交通运输厅党组成员、厅总工程师部玉兰出席并讲话。决定从当日起倒排工期，关死后门，掀起“苦战100天、确保国庆通”的建设高潮和劳动竞赛热潮。

6月10日至12日 交通运输部道路运输司司长李刚赴晋，就源头科技治超、道路运输安全与应急等问题进行调研。省交通运输厅厅长段建国，副厅长王志民、张志川，省运管局局长李华中作有关情况汇报并陪同调研。

6月13日 “安全生产宣传咨询日”活动举行。省人大常委会副主任靳善忠及相关领导出席，并亲自发放宣传资料，接受群众咨询。省运管局、省海事局、省高管局在省交通运输厅统一组织下，共同参加此次活动。

6月18日 交通运输部公路局在省交通运输厅机关党委协调下，选择与晋中公路分局昔阳公路管理段结成“党建结对、联学共建”单位，在昔阳公路段院内举行“党建结对、联学共建”活动揭牌仪式。厅党组书记、厅长段建国出席并讲话，厅党组副书记、副厅长张润主持，部公路局局长李华，副局长成平、毕忠德，厅党组成员、省公路局党委书记赵振田，局长戴飞，昔阳公路段党支部书记贾录成为结对联学活动揭牌。随后召开“党建结对、联学共建”活动座谈会。

6月19日 交通运输部公路局全体党员登上大寨虎头山，与厅机关、省公路局、晋中分局、昔阳公路段部分党员一起在党旗下重温入党誓词和组织宣誓活动。全国人大常委、大寨村党支部书记郭凤莲介绍大寨基本情况，省交通运输厅党组书记、厅长段建国介绍全省公路建设情况。

部公路局全体人员随后考察太旧高速公路、207国道、忻阜高速公路凤凰岭隧道工程、长原公路等路段。厅领导王志民、张志川、部玉兰、省高管局局长董新品、党委书记蒋世欣及晋中市委副书记、市长张璞，副市长王建林；忻州市副市长杨晋生参加。

6月20日 上午，在忻州调研指导工作的省委书记袁纯清，在省交通运输厅党组书记、厅长段建国等陪同下，专程到正在建设的忻阜高速公路路基五标段古峪沟高架桥施工现场视察。要求一定要保证工程质量，确保施工安全，加快建设进度，为山西公路建设作出更大贡献。

6月23日 省交通运输厅召开厅属单位“中华魂”主题教育活动总结表彰暨关心下一代工作会议。厅党组副书记、副厅长张润出席并讲话。厅副巡视员杨俊威传达中央领导对关工委工作的重要批示，省关工委常务副主任王可福、省直关工委副主任李淑敏，原厅老领导、厅关工委顾问任先泉、刘乾、赵俊文，厅关工委副主任部学文出席，厅关工委第一副主任任景春主持。厅关工委主任杨继刚作工作报告。

6月24日 省委常委、省人大常委会党组书记、副主任申联彬带领有关部门负责同志，深入太原至阳泉高速公路建设工地调研指导工作。省交通运输厅党组书记、厅长段建国，厅党组成员、厅总工程师部玉兰等陪同调研。

6月24日 忻保高速公路工程建设推进会召开，省交通运输厅党组成员、省公路局党委书记赵振田出席并讲话。要求加大力度，加快进度，科学组织，相互帮助，优质安全，大干100天，确保年内建成通车100公里。

6月24日至25日 省交通运输厅党组书记、厅长段建国深入灵(丘)至山(阴)高速公路调研。要求一定要始终如一重视安全质量，抓好安全质量，建设安全优质一流工程。

6月25日 省交通运输厅党组副书记、副厅长张润利用参加大同市国防动员工作会间隙，深入到同源高速公路建设工地检查指导工作。要求建设单位要以工程质量、安全和廉政为重点，全面推行标准化、精细化管理，做到“质量零缺陷，安全零伤亡，廉政零投诉”。

6月25日 省交通运输厅党组成员、厅总工程师部玉兰在厅人事处处长蔺建煌、省交通建设开发投资总公司总经理魏庆飞和高陵高速公路公司领导陪同下，对高陵高速公路31.3公里小循环路段进行调研。要求进一步加大管理力度，确保施工安全和质量，确保年内竣工通车。

6月25日 省交通运输厅晋交办〔2010〕322号文印发《关于认真做好<山西省高速公路建设志>(2008年至2013年)编纂工作的通知》。编委会主任：段建国；常务副主任：韩日裕；副主任：张润、王志民、张志川、部玉兰、张德仪、赵振田、郭贵平、杨俊威、尹新平；委员有：王晋、蔺建煌、曹居月、杨增梅、郭全英、李贵顺、杨吉平、张立承、李英杰、田根、高保全、郭贵堂、胡钢成、贾勇、马健、胡建新、王晓光、刘清平、杨绍波、王润民、王维、师国梁、杨原平、聂承凯、赵队家、李新喜、魏庆飞、张跃峰。编辑部主任：师国梁；副主任：梁锦华。

6月24日至28日 中央军委委员、国务委员兼国防部长、国家国防动员委员会副主任梁光烈上将，率国家国动委各办公室及军地有关部门负责同志赴大同、忻州、太原等地调研国防动员建设情况。北京军区政委刘福连中将一同考察。

梁光烈一行在省委副书记、省长王君，省委常委、省军区司令员方文平等领导陪同下，先后视察大同战略物资运输保障车队、大运高速公路康庄服务区和雁门关隧道，观看《构筑国防交通大道》和《军民融合谱新篇》录像片，听取全省国防动员工作情况汇报。认为山西交通战备工作走在全国前列，在军民融合、国防建设和经济建设结合上，提供许多有益经验。要求继续抓住全省经济社会加快发展有利时机，有重点地推进一批军民融合发展项目，带动和促进国防动员建设与交通战备工作的整体水平提升，进一步提高军民融合式发展层次，建立健全军地联储联供储备体系，提高交通运输保障及抢运抢修能力。省交通运输厅党组副书记、副厅长、省交战办主任张润全程陪同考察。

6月28日 全省治超工作会议在阳泉市召开。省人大常委会副主任郭海亮，副省长、省治超领导组组长牛仁亮，省政协副主席李雁红，省治超领导组顾问兼总监督员吕日周，省治超领导组各成员单位负责人，省治超办主任、副主任及各市、县主要领导负责同志出席。省政府副秘书长、省治超领导组副组长崔国红主持。省治超办主任李顺通作工作报告。会议表彰2009年度治超工作优秀（先进)市、县和治超工作先进集体，阳泉、忻州、吕梁三市作典型发言，省交通运输厅党组书记、厅长段建国与省公安厅、省监察厅、省财政厅、省工商局、省质监局、省安监局等治超成员单位负责人作表态发言。省交通运输厅党组成员、副厅长张志川，省高管局局长董新品，省运管局局长李华中参加。

会前，参会领导和与会代表深入盂县跃进煤矿、盂县苌池零散物资过磅点、阳泉公路分局白泉治超检测站、阳泉市科技治超监控中心，现场观摩学习阳泉市运用IC卡源头科技治超的先进经验。

6月30日 上午，省交通运输厅召开纪念“七一”暨深入开展创先争优活动和推进学习型党组织建设动员大会，纪念中国共产党建党89周年，表彰一年来厅直系统党的工作中涌现出的“先进基层党组织”、“优秀共产党员”和“优秀党务工作者”；同时，动员部署厅直系统深入开展创先争优活动和推进学习型党组织建设。厅党组书记、厅长段建国讲话，省直工委副书记贾明建应邀出席，厅党组副书记、副厅长张润主持，厅党组成员、省纪委驻厅纪检组组长韩日裕宣读表彰决定，厅领导张志川、部玉兰、赵振田、郭贵平、杨俊威、尹新平出席。厅直系统各单位党政主要领导、纪委书记、党办主任；厅机关各党支部书记、各处室负责人；受表彰的先进基层党组织、优秀共产党员、优秀党务工作者代表参加。

6月30日 下午，省运管局召开庆祝建党89周年暨“创先争优”表彰大会。省直工委书记刘传旺，省交通运输厅党组副书记、副厅长张润出席并讲话。

6月30日 下午，省高管局召开纪念建党89周年暨“创先争优”表彰会，省交通运输厅党组成员、副厅长张志川出席并讲话。

7月1日 上午，省委组织部副部长陈跃钢、省直工委副书记郭康锋一行来到省交通运输厅，看望慰问建国前入党的老党员，为他们送上党的关怀和节日祝福。省交通运输厅领导段建国、张润、杨俊威等陪同慰问。

7月2日 副省长张建欣在省交通运输厅党组书记、厅长段建国，省重点办副主任刘继承，厅党组成员、厅总会计师张德仪陪同下，深入汾阳至平遥高速公路建设工地调研，了解工程建设情况，并出席工程建设推进会。吕梁市委书记聂春玉，晋中市委副书记、市长张璞有关市县领导分别陪同调研和参加推进会。

7月2日 省交通运输厅党组副书记、副厅长张润在晋中市副市长王建林陪同下，就农村公路养护管理工作，深入和顺县、介休市进行调研。

7月2日 全省交通运输系统《交通文献资料》征集工作会议在太原召开。省交通运输厅党组成员、省纪委驻厅纪检组组长韩日裕出席并讲话，省图书馆地方文献部主任李齐增介绍有关情况。

7月4日 省委常委、省委秘书长高建民带领省国土资源厅、省重点办有关部门负责同志，深入联系点长治至平顺高速公路建设工地调研指导。省交通运输厅党组书记、厅长段建国，厅党组成员、副厅长张志川，长治市委书记杜善学，长治市副市长尚宪芳等陪同调研。

7月6日 副省长张平带领省政府、省重点办等有关部门负责同志，深入长临高速公路与大运高速公路连接处襄汾县南辛店进行调研指导。省交通运输厅党组书记、厅长段建国，厅党组成员、副厅长王志民，临汾市委副书记、市长罗清宇，市委副书记郭新民等陪同调研。

7月6日 省交通运输厅党组成员、副厅长张志川深入长治高速公路公司和长平高速公路调研。

7月7日 全省交通运输系统工程建设领域突出问题专项治理工作推进会召开。省交通运输厅党组书记、厅长段建国出席会议并讲话，厅党组副书记、副厅长张润传达交通运输部有关专项治理工作会议精神，厅党组成员、驻厅纪检组组长韩日裕主持会议并作总结讲话。厅领导王志民、部玉兰、张德仪、赵振田、郭贵平、杨俊威，省监察厅副厅长、省专项治理办公室副主任因新中，厅机关有关处室负责人，厅直有关单位负责人，各市交通运输局局长，各公路分局局长，各高速公路建管处处长，各高速公路运营公司董事长、总经理参加会议。省公路局副局长惠高峰，闻垣高速建管处党委书记侯兴杰，忻阜高速建管处处长冯建刚，晋中市交通运输局局长苏耀忠作经验介绍。

7月8日 一大早，省委常委、常务副省长李小鹏在省政府副秘书长韩和平，省交通运输厅党组书记、厅长段建国，厅党组成员、副厅长王志民等陪同下，从省城驱车深入联系点临吉高速公路调研并慰问一线筑路员工。

7月9日 综合运输厅(局)际联席会议第一次会议召开。省交通运输厅承办，厅党组书记、厅长段建国主持。厅党组成员、副厅长王志民，省民航机场管理局党委书记、局长郝孝义，太原铁路局总工程师王启铭，省邮政管理局党组成员、副局长李志明，山西地方铁路集团有限公司副总经理杜振国参加并讲话。并分别介绍本部门、本行业的基本情况和发展规划，提出建设性意见和合理化建议。

7月9日 省交通运输厅召开第一次重点公路工程建设项目调度会议，厅领导段建国、王志民、韩日裕、部玉兰、张德仪、赵振田、郭贵平、尹新平出席，张润主持。厅机关有关处室负责人、厅直有关单位负责人参加。

段建国在讲话中，要求明确目标任务，加快建设步伐，抓好工程质量，确保施工安全。

7月10日 省交通运输厅党组副书记、副厅长张润在省高管局局长董新品及有关负责同志陪同下，冒着酷暑深入太旧高速公路调研。

7月13日 全省运管系统及城市客运管理机构上半年工作汇报会在并召开。省交通运输厅党组成员、副厅长王志民，省运管局局长李华中，厅有关处室负责人出席。

7月15日 省委常委、省军区司令员方文平冒雨深入重点工程联系点国家高速公路网荣成至乌海公路山阴至平鲁高速公路建设工地调研指导工作。省交通运输厅党组副书记、副厅长、省交战办主任张润及厅建设和管理处、厅安全监督处、厅重点办、省交战办有关负责人陪同调研。

7月15日 省运管局举行全省运管系统源头科技治超观摩活动启动仪式，省治超办主任李顺通出席并讲话，省交通运输厅党组成员、副厅长张志川为观摩团授旗，省运管局局长李华中宣布观摩活动正式启动。

7月16日 上午，省审计厅审计工作组进驻忻阜高速公路，依法对该项目进行在建审计。省审计厅巡视员王维荣、厅副巡视员郭贵平等出席审计进点会。

7月19日 下午，省交通运输厅在太佳高速公路东段建设工地举行“送清凉、保安全”活动启动仪式，厅党组副书记、副厅长张润，厅副巡视员郭贵平出席并讲话。

7月20日 上午，省纪委、监察厅部分派驻机构工作汇报会在省交通运输厅五楼会议室召开。省委常委、省纪委书记金道铭出席并讲话，厅党组副书记、副厅长张润，厅党组成员、省纪委驻厅纪检组组长韩日裕及驻厅监察室相关人员参加。

省委常委、省纪委书记金道铭等领导对省厅开展廉政风险防范所采取的措施和取得的成效，给予充分肯定。金道铭书记专门在省厅提供的做法材料上批示：“交通运输厅党组、驻厅纪检组按照中央和省委要求，针对机关和行业实际，深入推进反腐倡廉建设，认真查找廉政风险，积极进行风险控制，方向正确，态度积极，思路清晰，方法有力，很有成效，也十分具有针对性和深远意义。望狠抓落实，不断完善，及时总结积累经验，以反腐倡廉的新成果，更加有力地推进全省交通运输事业又好又快发展”。

7月20日至21日 省交通运输党组成员、厅总工程师部玉兰带领有关部门负责人深入忻阜高速公路施工现场全线调研，检查“7·20”节点工程任务完成情况，部署通车前相关工作。

7月20日至21日 省交通运输厅副巡视员郭贵平带领厅机关有关处室领导、全省公路工程建设技术专家和太佳太古两路三项目负责同志，深入太佳东西段和太古高速公路全线建设工地进行现场观摩。

7月21日 上午，忻阜高速公路建设现场办公会在五台山召开。省交通运输厅党组成员、厅总工程师部玉兰出席并讲话。

7月21日 下午，省交通运输厅党组成员、厅总会计师张德仪带领厅规划处、厅财务处、厅建设和管理处及厅重点办有关负责人，与晋中市市长张璞、副市长王建林，晋中市土地、电力、通讯等部门负责同志，龙城高速沿线县、区政府负责人，冒着酷暑，驱车赴龙城高速公路施工一线，察看工程进展情况，并就加快推进工程建设进行座谈。

7月21日 晚上，省军区、省交通运输厅联合组织的"心系公路工程，关爱一线员工"慰问演出活动启动，并在太原高速公路公司太原服务区举行首场演出。省国动委办公室主任杨少华，省交通运输厅党组副书记、副厅长、省交战办主任张润，厅副巡视员郭贵平，与太佳东西段、太古高速公路筑路工代表共同观看。

7月23日 省交通运输厅党组书记、厅长段建国冒着酷暑，赴太原环城高速公路滨河收费站慰问收费员工、路政人员和高速交警，并送去防暑降温用品。

7月23日 下午，历时近3个月的全省交通运输系统"晋济杯"职工篮球联赛在太旧高速公司文体活动中心落下帷幕。省国防动员委员会综合办公室主任杨少华，省总工会副主席王兴旺，省体育局副局长、省篮协主席杨凤楼，省交通运输厅党组书记、厅长段建国，省高管局局长董新品、党委书记蒋世欣等领导出席闭幕式并为获奖代表队颁奖。

7月23日 省交通运输厅党组副书记、副厅长张润，省重点办副主任刘继承，大同市副市长郝月生，先后深入大同4个高速公路项目施工现场观摩。

7月24日 大同、朔州市7个高速公路建设项目现场推进会在大同召开。省交通运输厅党组副书记、副厅长张润，省重点办副主任刘继承，大同市副市长郝月生出席。厅机关有关处室、厅重点办负责人、省交通质监站、省设计单位主要领导，大同高速公路建设指挥部成员，大同市各县(区)长、交通运输局长，大同各建管处，朔州各建管处负责同志参加。路线全长651.4公里，总投资343.9亿元。

7月27日 中国交通职工思想政治工作研究会高速公路分会2010年秘书长会议在太原召开。省交通运输厅副巡视员杨俊威出席并讲话。

7月28日 下午，省委常委、省纪委书记金道铭深入大(同)呼(和浩特)高速公路大同至右卫段建设一线进行调研。省交通运输厅党组书记、厅长段建国，大同市副市长郝月生陪同。希望全体建设者高度重视工程建设质量，确保安全生产，加强廉政建设，把大呼高速建成一条经得起历史检验的精品路，党和人民满意的放心路。

7月28日 省交通运输厅党组书记、厅长段建国在厅办公室、厅重点办负责同志陪同下，对大同境内同源、天大、广源高速和208国道改建工程四个重点公路工程建设项目进行调研。要求各建管处解放思想，锐意创新，在确保工程建设质量和安全前提下，进一步加快建设步伐，确保各个既定目标的实现，为全省实施赶超战略，实现跨越式发展作出新贡献。

7月28日至30日 省质监局组织专家对省高管局组织编制的山西省高速公路精细化管理系列地方标准进行评审，认为已初步达到发布要求，评审修改后准时发布。省交通运输厅党组成员、副厅长张志川，省高管局局长董新品以及省质监局、山西财大有关领导出席会议。

7月29日 省交通运输厅召开2010年上半年交通运输工作汇报会，传达省委书记袁纯清和省长王君重要讲话精神，总结上半年工作，分析当前面临形势，部署下半年工作。厅领导段建国、张润、韩日裕、张志川、部玉兰、张德仪、赵振田、尹新平出席。王志民主持。厅直22个单位提供上半年工作情况总结报告，省公路局等10个单位作大会汇报。厅直各单位党政主要领导、办公室主任、厅机关各处室主要负责人出席。

上半年,全省公路建设完成投资222.2亿元,完成年计划40.4%,在全国排第7名。其中,高速公路完成投资196.2亿元,在全国排第4名;国省干线完成投资16.2亿元,农村公路完成投资9.7亿元。截至目前,全省高速公路在建项目28个2190公里,国省干线在建项目24个991公里,上半年完工118公里,临午线、汾柳线、大忻线、河潞线等重点项目进展顺利,高平至晋城一级公路控制性工程全面开工。围绕实现两个"全覆盖",继续深入推进"村村通水泥(油)路"、"村村通客车"两大工程。村通水泥(油)路"全覆盖"、旅游路、开行贷款项目三批农村公路建设计划全部下达,上半年共开工5588公里,完工1916公里,新增通水泥(油)路的建制村98个。新增农村客运班车212辆,新开和延长农村客运班线93条,新增通客车的建制村251个,全省96.9%的建制村通客车。

段建国在讲话中,充分肯定厅直单位上半年工作,并就下半年工作作出安排部署,提出8点要求。一要全力以赴推进公路建设。下半年是全省公路建设投资高峰期,高速公路前期工作要抓紧。省公路局要抓住大好季节,以超常办法和措施推进国省干线公路建设,确保全年建成1000公里、投资50亿元的既定目标圆满实现。二要力保交通畅通。要继续通过加强养护管理挖掘现有资源潜力,提高公路通行能力。要以迎接全国公路大检查为契机,继续加强公路的养护和管理。三要切实加强运输组织与监管。要加强运输组织,发挥应急保障车队的作用,做好夏季、冬季煤炭运输、国庆"黄金周"旅客运输保障工作。省运管局要协调大同、晋中、临汾3个市加快理顺城市客运管理体制,力争在8月底前完成城市客运管理交接。四要大力加强科技创新与节能减排。要抓住交通运输建设和转型发展急需的关键技术和重大问题,大力加强科技攻关,提升全省交通建设技术水平,为转变发展方式提供理论和技术支持。五要继续深化交通运输改革。要按照分类改革原则和省政府部署,积极推进厅属事业单位改革。六要大力加强行业管理。要结合全国交通执法监督检查,进一步加强执法监督,规范执法行为。继续加强法制建设,抓好道路运输条例、水路交通条例、治超条例等的立法工作,力争年内出台,做好规范性文件清理规范工作。七要切实加强党的建设和精神文明建设。加强廉政建设,深入开展工程建设领域突出问题专项治理,加强审计监督、纪检监督,建立廉政建设风险预警、评估、防控体系。八要高度重视并做好矛盾化解与维护稳定工作。厅直各单位要加强对所属单位矛盾纠纷排查处置工作,把问题解决在基层、解决在内部。省运管局要以客运经营和出租车经营为重点,立即开展运输行业矛盾纠纷排查,对排查出的重大隐患,要查出原因,摸清动向,及时采取有效措施加以解决,努力消除不稳定因素。

7月29日至30日 由交通运输部海事局党委副书记王国华带队的交通运输部全国交通运输文明行业创建检查组,深入忻州公路分局对行业文明创建工作进行检查。省交通运输厅党组成员、省公路局党委书记赵振田,厅副巡视员杨俊威以及相关部门负责人陪同。

7月30日 下午,省交通运输厅召开会议,传达省委书记袁纯清在全省领导干部大会上的重要讲话精神,总结上半年工作,安排部署下半年工作。厅领导段建国、王志民、韩日裕、张志川、郜玉兰、张德仪出席会议,厅党组副书记、副厅长张润主持。厅机关有关处室主要负责人、11个市交通运输局局长参加。

7月31日 省交通运输厅领导段建国、张润、韩日裕带领有关部门负责同志赴省军区慰问。送上慰问品和精彩的文艺节目。省委常委、省军区司令员方文平,政委张少华与厅领导亲切座谈,畅谈交通发展。省交战办专职副主任尹新平、省高管局领导董新品、蒋世欣一同参加慰问。

7月31日 交通运输部精神文明建设检查组组长王国华一行四人，在省交通运输厅副巡视员杨俊威陪同下，深入省地方海事局检查验收精神文明窗口建设工作。

8月2日 省交通运输厅召开新闻发布会，就当前部分国省干线和高速公路交通拥堵情况及采取措施、全省高速公路（国家高速公路网）命名编号和相关标志更换工作、交通大发展等向26家中央驻晋媒体和省城主流媒体记者进行通报，并回答记者提出的相关问题。副厅长、厅新闻发言人张志川主持。省公路局副局长惠高峰介绍全省国省干线公路部分路段的拥堵情况及采取的措施，省高管局副局长周存信介绍全省高速公路部分路段的拥堵情况及采取的措施；厅建设和管理处处长李贵顺介绍全省针对交通堵塞问题加快公路建设的有关情况；厅综合规划处处长杨增梅介绍高速公路及国省干线公路的规划和计划情况；省高管局副局长王联明介绍全省高速公路网路线命名编号及相关标志更换工作情况。

8月4日 省委组织部副部长张葆，省交通运输厅党组副书记、副厅长张润，分别带领省委组织部、省交通运输厅有关处室负责同志，共同赴武乡县监漳镇就交通基础设施建设进行调研。希望武乡县继续抓好县乡公路和农村公路工程建设质量及养护管理，全力以赴完成"村村通"全覆盖工程。长治市委常委、组织部长王维卿，武乡县委书记周涛等参加。

8月5日 全省重点公路工程建设系统纪委书记座谈会在太原召开，对全省重点公路建设系统重点工程建设领域突出问题专项治理工作进行再动员、再部署、再推进。省交通运输厅党组成员、省纪委驻厅纪检组组长、厅专项治理领导组副组长韩日裕出席并讲话。

8月5日 由省国防交通协会组织的《山西交通战备志》编纂工作业务培训班开班，来自全省交通战备系统的40余名同志接受整整一天集中培训。省国防交通战备协会副会长兼秘书长史荣和出席并作动员讲话。

8月6日 省交通运输厅在忻州市顿村交通职工培训中心召开全省村村通水泥（油）路"全覆盖"现场推进会。通报上半年全省农村公路建设质量、安全及进度情况，对下阶段"全覆盖"建设工作进行安排部署。厅党组副书记、副厅长张润出席并讲话。要求各级交通运输部门要以这次现场推进会为新的动力，进一步统一思想，坚定信心，紧紧扭住既定目标不松手，迅速掀起"大干60天"的建设高潮，确保村通水泥（油）路"全覆盖"建设任务圆满完成。忻州市市长助理韩春致欢迎辞。各市交通运输局局长(副局长)、公路处(科)长、质监站站长，2010年"全覆盖"建设任务100公里以上的县(市、区)交通运输局局长参加。厅机关相关处室、省公路局、省交通质监站等主要负责同志参加。由厅党组成员、省公路局党委书记赵振田主持。忻州市交通运输局局长顾占斌、吕梁市交通运输局局长贾永岩、兴县交通运输局局长白鹏昊分别在会上作典型发言。

8月6日 省交通运输厅副巡视员杨俊威带领厅重点办、厅财务处、厅安全监督处和省交通质监站、省交通设计院有关负责人赴阳五高速阳盂段进行调研。要求倒排工期，细化目标，抓住时机，乘势推进。

8月6日至7日 省交通运输厅党组成员、副厅长张志川，带领厅规划处、厅财务处、厅重点办有关负责同志，深入高陵、晋城环城、长平高速公路环城段施工一线调研。要求科学安排，加大力度，尽心尽责，统筹兼顾，保质保量完成建设任务。

8月10日 省高管局在大同召开迎接全国干线公路养护管理检查推进会。省交通运输厅党组成员、副厅长张志川出席并讲话。

8月11日 全省交通运输系统工会主席会议在太原召开。省交通运输厅党组副书记、副厅长张润出席并讲话。

8月18日 省交通运输厅晋交规划〔2010〕412号文批复定襄县一波生态园旅游

公路工程可行性研究报告。四段路线总长9.126公里。投资估算2941万元。其中:省交通运输厅补助1241万元。

8月18日至19日 省直工委书记刘传旺、副书记郭康峰带领省直工委有关部门负责同志,深入太阳、忻阜高速公路建设工地调研指导。省交通运输厅党组成员、厅总工程师部玉兰,厅直机关党委、厅重点办主要负责同志陪同。

8月20日 下午,省交通运输厅党组成员、省纪委驻厅纪检组组长韩日裕与2010年新提任的50多名处级领导干部进行廉政谈话。要求审时度势,遵纪守法,洁身自好,开拓前进。

8月24日 下午,部分驻并省人大常委会组成人员一行23人,对全省道路运输管理工作进行调研。省交通运输厅领导段建国、王志民、张志川陪同。

8月26日 省交通运输厅厅长办公会议听取厅治超处关于全省治超工作有关情况汇报,要求采取有力措施,逐步建立治超工作长效机制。

8月31日 下午,省委常委、省军区司令员方文平,政委张少华,副司令员何永才在省高管局参观精细化管理成果展示。同日下午,省交通运输厅厅长段建国,省财政厅厅长郑建国,省监察厅厅长杨森林也参观成果展示。

9月1日 省交通运输厅、省质量技术监督局召开高速公路精细化管理系列标准新闻发布会。为全国交通运输行业第一个高速公路精细化管理地方标准,并决定于2010年9月17日实施。

省质量技术监督局局长王正喜,副巡视员王国强,省交通运输厅党组成员、副厅长张志川,省高管局局长董新品、党委书记蒋世欣等出席,新华社等12家中央驻晋新闻媒体、山西日报等16家省内主流媒体,人民网山西频道4家网络媒体记者参加。

9月3日 省交通运输厅直属机关党委召开厅机关党支部书记会议,专题研究深入开展创先争优活动和推进学习型党组织建设工作。厅党组副书记、副厅长张润出席并讲话。

9月7日 省交通运输厅召开右玉精神专题讲座暨加强作风建设动员会,特别邀请右玉县原政协主席王德功同志做专题报告。厅党组副书记、副厅长张润主持会议并就加强作风建设提出要求。

9月8日 上午,省交通运输厅党组书记、厅长段建国,厅党组成员、厅总工程师部玉兰与山西交通职业技术学院、山西交通技师学院、省交通干部学校、公路电大的教职工代表及省公路局、省执法局、省运管局、省高管局、省海事局和厅机关有关处室的负责人欢聚在省交通干部学校,共同庆祝第26个教师节。

9月8日 太阳高速公路建管处召开“8·18”劳动竞赛表彰暨“11·8”施工动员大会,省交通运输厅党组成员、厅总工程师部玉兰出席会议并为优胜单位授旗。

9月8日至10日 中国交通职工政研会海事分会长江片区第九届年会在新疆召开。交通运输部海事局党组副书记王国华出席并讲话,省交通运输厅副厅长王志民、新疆自治区交通厅副厅长艾斯卡尔·牙合甫致辞。省地方海事局作为长江片区组长单位出席,局长牛世骏主持并作工作报告。

9月9日 交通运输部在晋举办全国交通运输信访干部培训班。部办公厅主任杨咏出席并讲话,省交通运输厅党组书记、厅长段建国致辞。来自全国各省市区交通运输部门的100余人信访干部参加。

9月9日 省交通运输厅党组书记、厅长段建国,厅党组成员、省公路局党委书记赵振田深入忻(州)保(德)高速公路调研。要求始终如一重视安全质量,抓好安全工作,建设优质工程。路线全长191.45公里,项目投资105亿元。

9月13日 上午,副省长牛仁亮就重点公路工程建设深入运城市、临汾市调研。要求各级政府、交通有关部门以及施工企业,一定要提高认识,高度重视工程质量,加快建设进度,促进全省重点公路工程建设又好又快发展,充分发挥重点公路基础设施建设在全省转型和跨越发展中举足轻重的支撑作用。省政府副秘书长崔国红,省交通运输厅党组书记、厅长段建国,厅党组副书记、副厅长张润,运城市市委常委、副市长武宏文,临汾市委书记谢海等陪同。省公路局局长戴飞,省高管局局长董新品参加。

9月14日 省高管局召开广泛开展"六比六看"深入推进创先争优活动动员大会。省交通运输厅党组副书记、副厅长张润出席会议并讲话。局党委书记蒋世欣作动员,局长董新品主持。

9月19日 省交通运输党组书记、厅长段建国,厅副巡视员杨俊威带领厅机关有关处室负责人,深入省厅扶贫点天镇县三十里铺乡检查指导工作。要求不断提升和强化服务水平与意识,加大帮扶力度,让三十里铺乡的老百姓早日分享改革开放成果。

9月19日下午至20日 冒着萧瑟秋风和绵绵秋雨,省交通运输厅党组书记、厅长段建国深入大同境内在建的4条高速公路天大、同源、灵山、广源建设工地进行慰问和调研,重点检查大梁山隧道、西浮头隧道、恒山隧道、东福窑隧道等各项目控制性工程建设情况。要求千方百计,不惜代价,在保证工程质量和施工安全前提下,加快工程进度。

9月20日 省交通运输厅举行新闻媒体中秋联谊座谈会。邀请中央驻晋新闻媒体、省内新闻媒体领导和记者朋友们共庆中秋佳节,共话交通发展。共计70余人参加,省委宣传部常务副部长杨波出席并讲话,厅党组书记、厅长段建国致辞,厅党组成员、驻厅纪检组组长韩日裕主持,厅党组成员、副厅长张志川出席。新华社山西分社社长、党组书记王存理代表新闻媒体讲话,表示将一如既往地支持山西交通运输事业发展。

9月21日 省委组织部晋组干字〔2010〕179号文印发《关于赵振田同志免职的通知》。经省委组织部部务会议2010年9月20日研究决定:免去赵振田同志的省交通运输厅党组成员职务。

9月25日 国家发改委公路项目全过程监管检查组一行6人,在国家发改委稽察办特派员孙波带领下,赴晋检查忻阜、忻保两个高速公路建设项目全过程监管情况。省交通运输厅领导段建国、郜玉兰、赵振田与检查组成员进行座谈。

9月26日 9时30分,太原环城高速公路长风西互通全线竣工通车仪式举行。省委常委、太原市委书记申维辰出席并讲话,副省长牛仁亮宣布长风西大街暨长风西高速互通工程竣工通车,省交通运输厅党组书记、厅长段建国出席并讲话,太原市副市长王建生主持。省政府副秘书长崔国红,省直有关部门及太原市四大班子领导参加。

9月26日 上午11时,太原武宿国际机场快速路开工仪式举行,省委常委、太原市委书记申维辰出席,副省长牛仁亮宣布太原国际机场快速路工程正式开工,省交通运输厅党组书记、厅长段建国出席并讲话,省高管局局长董新品主持。省政府副秘书长崔国红,省直有关部门及太原市四大班子领导参加。路线全长3.16公里,概算总金额4.55亿元,由省交通运输厅投资建设。

9月26日 省交通运输厅召开全省"十一"黄金周道路水路运输工作视频会议,厅党组成员、副厅长王志民出席并讲话 。

9月27日 临午一级公路改建工程竣工通车。副省长牛仁亮宣布竣工通车,省交通运输厅党组书记、厅长段建国讲话,临汾市四大班子领导出席,省公路局局长戴飞主持。

9月27日 省委组织部晋组干字〔2010〕195号文印发《关于赵振田同志免职退休的通知》。经省委常委会议2010年9月21日研究决定:免去赵振田同志的省公路局党委书记职务,退休。

9月27日 浙江海事局局长高军一行7人赴晋,与省地方海事局签订第二轮"结对子”工作协议。省交通运输厅党组副书记、副厅长张润出席并致辞。

9月28日 全省交通运输行业第五届特有职业技能竞赛暨全国“卡尔拉得杯”机动车检测维修山西选拔赛在山西交通技师学院举行。省交通运输厅党组书记、厅长段建国出席开幕式并讲话,厅党组成员、副厅长张志川主持,省人力资源和社会保障厅副巡视员王泽出席并讲话。

9月28日 下午,太阳高速公路第23标建设工地项目部彩旗飘扬,欢歌笑语,由省军区、省交通运输厅共同组织的“心系公路工程、关爱一线员工”慰问演出活动最后一场在这里举行。省军区副司令员、省国动委副主任何永才,省国动委综合办主任杨少华,省国动委综合办副主任朱德贵,省交通运输厅党组副书记、副厅长、省交通战备办主任张润,省交通战备办专职副主任尹新平,省公路运输工会主席王晓光,厅重点办和阳曲县有关领导等与筑路员工一同观看慰问演出。

9月28日 省交通运输厅重点办在忻保高速公路举办高速公路路面施工技术观摩座谈会,厅党组成员、省公路局党委书记赵振田出席。

9月29日 上午,由省直工委与省交通运输厅共同举办的全省重点公路工程建设创先争优活动表彰会在太古高速公路西山特长隧道施工现场隆重举行。对全省重点公路工程建设系统67个先进基层党组织、232名优秀共产党员以及58名优秀党务工作者予以表彰。省委常委、秘书长高建民发来贺信,副省长牛仁亮出席并讲话,省直工委书记刘传旺,省交通运输厅党组书记、厅长段建国分别讲话。省直工委组织部部长李朝亮宣读表彰决定及名单,省直工委副书记郭康锋主持,厅领导张润、王志民、韩日裕、郜玉兰、杨俊威出席会议。闻垣高速建管处党委书记侯兴杰、大呼高速公路路基第一合同段项目部党支部书记蔚小英、太古高速建管处安全生产部部长郝振平作表态发言。

全省重点公路系统各单位党委主要领导、纪委书记、党办主任,受表彰的先进基层党组织、优秀共产党员、优秀党务工作者代表,厅机关有关处室负责人共600余人参加。

9月29日 下午,省交通运输厅召开国庆“黄金周”安全生产工作会议,厅党组副书记、副厅长张润出席并讲话。

9月29日 《山西省道路运输条例》经山西省第十一届人民代表大会常务委员会第十九次会议审议通过,将于2011年1月1日起施行。同时废止1995年7月20日山西省第八届人民代表大会常务委员会第十六次会议通过的《山西省道路运输管理暂行条例》。

《条例》共8章75条,将大部制改革后划归交通运输部门管理的机动车综合性能检测、汽车租赁、物流服务,以及全省大力开展的超限超载源头治理纳入适用范围。

《条例》明确各级人民政府、交通运输主管部门、运管机构以及公安交通管理部门在道路运输安全监管中的职责,明确了道路运输企业的安全主体责任;将超限超载源头治理的法律依据由政府规章上升为地方性法规;对从事道路客货运输、机动车驾驶员培训、道路运输站(场)、机动车维修和综合性能检测的经营者实行质量信誉考核制度。

9月30日 上午,五台山至忻州高速公路全线通车,通车仪式在省界主线收费站石咀收费站广场隆重举行。省委书记、省人大常委会主任袁纯清宣布通车,省委副书记、省长王君致辞,中国人民武装警察部队交通指挥部主任孟洪喜少将,省委常委、常务副省长李小鹏,省委常委、秘书长高建民,省人大常委会副主任靳善忠,省政协副主席郭良孝,原省级老领导杜五安出席。副省长牛仁亮主持。交通运输部致信祝贺。省交通运输厅党组书记、厅长段建国介绍工程建设情况,忻州市委书记董洪运发言。原厅长王晓林,厅领导张润、王志民、韩日裕、张志川、郜玉兰、张德仪、赵振田、郭贵平、杨俊威、尹新平,省直有关部门,各民主党派、金融机构负责人,各市市长,忻州市领导及沿线县、乡、村代表，建设、设计、施工、监理单位代表参加。沿线市、县、乡村代表，建设、设计、施工、监理单位代表、劳动模范为工程竣工剪彩。

路线全长124公里，批准概算61.6亿元，2009年1月开工建设。

9月30日 省交通运输厅在省公路局举行隆重仪式，欢迎交通援茂队员凯旋。这是山西援川队伍中首家完成援建任务后，第一支凯旋的队伍。厅党组书记、厅长段建国，厅党组副书记、副厅长张润出席欢迎仪式，厅党组成员、省公路局党委书记赵振田主持。张东海代表全体队员讲话。欢迎仪式后，厅领导段建国、张润、赵振田，省公路局领导陈运生、胡志勇、惠高峰及山西路桥一公司领导，与队员们一起座谈并共进晚餐。

10月8日 省交通运输厅再次召开重点公路工程建设项目调度会。对2010年将建成通车的9条高速公路和4条部分路段通车的项目，2011、2012年将建成通车的14条续建项目和17条拟开工建设项目（其中太阳高速于2010年3月开工）工程进展情况进行研究。厅领导段建国、王志民、韩日裕、郜玉兰、张德仪、赵振田、郭贵平、杨俊威、尹新平出席，张润主持。厅机关有关处室、厅直有关单位负责人，各建管处党政主要负责人，厅重点办全体成员参加。

段建国在讲话中，要求全体建设者锐意进取，敢于担当，奋发有为，全力打好攻坚战，胜利完成既定目标，为实现2012年底全省建成5000公里高速公路奋斗目标不懈努力。

10月9日 省人大、省交通运输厅、省治超办联合召开宣传贯彻落实《山西省道路运输条例》，加强超限超载源头治理新闻发布会。省人大常委会副主任靳善忠，副省长牛仁亮，省人大财经委主任赵建平，省人大内司委主任、省治超办主任李顺通，省人大法制委副主任邓永明，省政府副秘书长、法制办主任崔国红，省交通运输厅党组书记、厅长段建国，厅党组成员、副厅长张志川，省运管局局长李华中出席。

10月11日 省交通运输厅在太原召开全省城市客运管理工作座谈会。厅党组成员、副厅长王志民主持并讲话，提出要求。各市交通运输局分管领导及城市客运管理机构负责人，省运管局及省城市客运办公室负责人，厅办公室、厅综合运输管理处、厅人事处、厅政策法规处、厅直机关党委负责人等参加。

10月12日 由省总工会组织的全省企业工会工作观摩团在省人大常委会副主任、省总工会主席郭海亮带领下，深入太原高速公路公司观摩调研。省总工会常务副主席高凤平，副主席梁若洁、安娜、梁克昌及各市总工会领导、全省大型企业工会主席约70多人参加。省交通运输厅党组副书记、副厅长张润，省高管局局长董新品、局党委书记蒋世欣，省公路运输工会主席王晓光等陪同。

10月13日 省交通运输厅党组成员、副厅长张志川深入省高管局调研党建工作。

10月14日 上午，省地方志办公室、省交通运输厅召开《山西省志·交通志》出版座谈会。省地方志办公室党组书记、主任李茂盛，省交通运输厅党组书记、厅长段建国，厅党组成员、省纪委驻厅纪检组组长韩日裕出席并讲话。省地方志办公室党组成员、副主任张晓光主持。省直有关修志单位负责人、厅机关各处室及厅直各单位负责人共计90余人参加。

《山西省志·交通志》全志分为交通工作、公路交通、水路交通3编28章，共183.7万字，2010年7月由中华书局公开出版发行。主要记载改革开放以来1978年至2008年的历史。

段建国在讲话中，要求继续把史志年鉴编纂工作放在重要位置，按照“一纳入、五到位”要求，与业务工作同部署，同考核，同落实，力争早日编纂出版更多更好的史志年鉴书籍，为推动全系统转型发展、跨越发展作出新的更大的贡献。

李茂盛在讲话中，对全省交通运输系统史志编纂工作给予高度评价，认为在全省各厅局中起到模范带头作用,为推动全省第二轮《山西省志》编纂工作做出显著成绩。并希望省交通运输厅做好《山西省志·交通战备志》、《山西省高速公路建设志》、《山西省交通运输工会志》等志书的编纂工作,力争早日送审出版。

座谈会上,省交通运输厅还向省直有关厅局省志承修单位赠送《山西省志·交通志》。

10月14日 上午,华北东北片区交通建设工程质量安全监督网会在太原召开,省交通运输厅党组成员、厅总工程师郜玉兰致欢迎词。省交通质监站站长李新喜介绍全省交通建设工程质量安全监督工作经验。

10月15日 上午,省交通运输厅召开2010年重阳节座谈会。近60名离退休老干部和厅机关部分处室负责人及离退休人员工作处全体同志欢聚一堂,共庆重阳佳节,共话交通发展。厅党组成员、副厅长王志民出席并讲话,厅副巡视员杨俊威主持。

会后,因故未能出席座谈会的厅党组书记、厅长段建国与老干部们共进午餐,祝福大家健康长寿,晚年幸福。

10月21日 省交通运输厅党组书记、厅长段建国在运城市高速公路建设领导组常务副组长张道中等陪同下,深入河津至运城高速公路调研。路线全长80.373公里,总投资39.92亿元。

10月25日 晋城环城、阳城至翼城两条高速公路通车仪式在环城高速南村服务区隆重举行。省委书记、省人大常委会主任袁纯清,省委副书记、省长王君启动通车按钮,省委副书记、省纪委书记金道铭,省委常委、秘书长高建民,副省长张建欣出席通车仪式,省委常委、常务副省长李小鹏讲话,副省长牛仁亮主持通车仪式,省交通运输厅党组书记、厅长段建国介绍工程建设情况。各市市委书记、市长、省直各单位主要领导,厅党组成员、副厅长王志民,厅党组成员、副厅长张志川出席。省直有关部门,金融机构负责人,晋城市领导及沿线县、乡、村代表,建设、设计、施工、监理单位代表以及厅机关各处室负责人、厅直有关单位负责人参加。

建设里程分别为30.8公里、64.8公里,概算投资14.137亿元、41.66亿元。

10月25日 2010年度全省道路客运文明班线创建工作推进会议召开,160人参加。省交通运输厅党组成员、副厅长王志民,省运管局党委书记、局长李华中出席并讲话。

10月25日 下午,省交通运输厅党组成员、副厅长张志川深入高陵高速公路建设工地调研。

10月27日 省交通运输厅召开《山西省村村通水泥(油)路工程建设志》编纂工作会议。厅党组成员、驻厅纪检组组长韩日裕出席并讲话。各市交通运输局、厅机关有关处室、厅直有关单位负责同志60余人参加。

按照志书体例和全省村村通水泥(油)路工程建设特点,志书横分门类,纵写史实,以志为主,述、传、图、表、录为辅,设章、节、目三个层次,时间上限为2001年、下限为2010年,其中2001年至2008年底为第一阶段,2009年至2010年为第二阶段,全书拟载录11个地级市、119个县(市、区)村村通水泥(油)路工程建设,约180万字。

10月27日 省关工委主任武正国一行7人在厅关工委副主任兼秘书长安正义及蒋世欣、李万定、樊子义等陪同下,深入太旧高速公路公司寿阳片区,太原高速公路公司小店收费站、长风收费站,就全省高管系统开展“中华魂”主题教育读书活动情况进行专题调研。

10月28日 平榆高速公路AS6合同段南风沟1#特大桥提前胜利合龙。省交通运输厅党组成员、厅总会计师张德仪出席竣工仪式并讲话。全长2197米,总造价15 890.4万元。

10月29日 省道340汾阳至柳林段一级路改建工程建成通车仪式举行,省交通运输厅党组书记、厅长段建国宣布正式通车。吕梁市委副书记、市长张九萍讲话,厅党组副书记、副厅长张润,厅党组成员、省公路局党委书记赵振田，吕梁市委副书记丁雪峰、市人大常委会主任刘明勇、市政协主席朱锦平，省公路局副局长惠高峰出席。吕梁市副市长王盛章主持。建设总里程123公里，2009年8月正式开工，批准概算15.3亿元。

10月30日至31日 由省人力资源和社会保障厅、省交通运输厅、省总工会、团省委、省文联等联合主办的全省首届机关事业单位“交通运输杯”汽车驾驶员和文秘资料员职业技能大赛在山西交通职业技术学院圆满落幕。省交通运输厅党组书记、厅长段建国，厅党组成员、副厅长王志民，省人力资源和社会保障厅厅长张健，纪检组长李文慧，省总工会副主席王兴旺，省文联秘书长刘廷民，省运管局局长李华中出席。各主办单位相关部门负责人参加闭幕式。省人力资源和社会保障厅副巡视员王泽主持。

11月1日 下午，省交通运输厅举办传达学习党的十七届五中全会精神讲座，邀请省委党校经济学教研部原主任、教授宋建国作辅导报告。厅领导韩日裕、赵振田、郭贵平及厅直单位党委书记、纪委书记、党工部长，厅机关全体干部聆听。

11月1日 下午，省交通运输厅党组成员、副厅长王志民带领省运管局局长李华中、厅运管处处长杨吉平、省城市客运办副主任王建民，对太原市城市客运出租汽车业情况进行调研。要求千方百计保持行业稳定与和谐，提升服务质量和水平，真正使出租汽车行业成为交通系统行业文明使者、城市文明载体，为太原市转型发展、跨越发展作出应有贡献。太原市副市长王建生陪同。

2009年，全市共有出租汽车8292台，从业人员26 000余人，出租汽车企业22家，日客运量37万人次

11月2日 省交通运输厅副巡视员杨俊威带领厅建设和管理处、厅重点办、省交通质监站、省交通设计院有关负责人，深入阳五高速公路阳盂段工地现场办公，要求施工单位全力做好收尾工作，科学组织，加快进度，保证质量，确保年内通车目标实现。

11月7日 由省国防交通协会副会长兼秘书长史荣和带队，厅资料信息中心承办，省交通运输厅组织省地方志工作者40余人赴晋济高速公路参观，并听取晋城高速公路公司董事长张三宏有关建设情况介绍。省地方志办公室党组书记、主任李茂盛，党组成员、副主任张晓光等20余名处级干部参加。大家实地了解交通发展，感受交通变化，对近年来全省交通运输事业尤其是公路建设取得的巨大成就给予高度评价。

11月7日 大同公路分局沙河台机械化养护中心国家级“青年文明号”揭牌仪式在阳高举行。团省委副书记雷健坤，省交通运输厅党组成员、省公路局党委书记赵振田，厅直机关党委书记胡钢成出席。

11月8日 省交通运输厅晋交人〔2010〕621号文印发《关于省交通运输执法（通行费征收费管理）机构设置和过渡期间职能配置的通知》。

11月8日 省交通运输厅晋交人〔2010〕622号文印发《关于省交通运输执法（通行费征收管理）系统人员编制的通知》。

11月10日 上午，阳黎高速公路地方工作协调会在太原召开。省交通运输厅副巡视员杨俊威、晋中市副市长王建林出席。

11月10日至11日 省交通运输厅党组成员、厅总工程师郜玉兰深入临吉高速公路调研。

11月11日 省交通运输厅党组书记、厅长段建国，厅党组成员、省公路局党委书记赵振田一行带着省委、省政府和13万交通人的嘱托，赴川参加援建茂县渭门至永和通乡油路竣工交接仪式。省政府驻茂县前线指挥部及厅办公室、厅建设和管理处、厅新闻宣传中心、省公路局地方道路管理处、省公路局吕梁分局、忻阜高速公路建设管理处和省厅援茂前线指挥部、山西路桥一公司等单位负责人参加。茂县县委副书记、县长高加军对全省交通援建工作给予高度评价。山西省驻茂

县前线指挥部、施工单位代表发言。厅党组书记、厅长段建国向茂县县长高加军递交“钥匙”,表明全省公路援建项目全面完成。

工程2009年4月12日开工建设,四级公路标准,路基宽6.5米,路面宽4.5米,全长11.7932公里,2010年9月26日完工。

在川期间,段建国一行在四川省交通运输厅、厅公路局主要领导陪同下,对四川省高速公路结算中心、成南高速公路淮口服务区、都汶高速公路、213国道、黑虎旅游公路等考察调研,并在茂县渭永路上慰问筑路员工。

11月11日 山西省道路运输管理第二届专家咨询委员会第三次会议召开。省交通运输厅党组成员、副厅长王志民,省运管局局长李华中出席,厅机关、省运管局相关处室负责人参加。长安大学、长沙理工大学、山西大学及省委政研室、省政府法制办等部门13名专家应邀参加。

11月16日 省交通运输厅党组中心组召开理论学习会,专题学习《中共中央关于制定国民经济和社会发展第十二个五年规划的建议》、《中国共产党党员领导干部廉洁从政若干准则》以及袁纯清书记在全省领导干部大会和全省兴起学习弘扬右玉精神新高潮大会上的讲话精神。厅党组书记、厅长段建国主持。厅领导王志民、韩日裕、张志川、赵振田、郭贵平、杨俊威、尹新平参加。

11月16日 省交通运输厅组织有关专家对吕梁环城高速公路初步设计进行评审,厅党组成员、厅总工程师部玉兰出席。

11月23日 省交通运输厅召开厅直治安综合治理工作座谈会暨“宣传月”活动启动会议,决定从11月25日起至12月25日,厅直单位和驻并厅属单位集中开展主题为“大力开展综治宣传,共同创建平安交通”的综合治理宣传月活动。厅副巡视员杨俊威主持,厅党组成员、副厅长张志川代表厅综治工作领导组对2010年以来的综治工作进行回顾总结,并就下一步综治工作作出安排部署。厅党组书记、厅长段建国出席并讲话。要求认真执行领导责任制和责任追究制,一级抓一级,层层抓落实,强化责任意识,确保一方平安。

11月23日 省交通运输厅召开第三次全省重点公路工程建设调度会。会议就年内将建成通车项目、续建项目和拟开工建设项目工程进展情况进行研究,对冬季施工工作进行部署。厅领导段建国、张润、张志川、部玉兰、张德仪、赵振田、郭贵平、杨俊威出席。张润主持。

11月23日 省运管局组织召开《山西省道路运输条例》涉及客运经营宣传贯彻暨全省旅游客运管理工作现场会。省交通运输厅党组成员、副厅长王志民,省运管局局长李华中出席并讲话。

11月23日 山西省太原交通运输执法局正式挂牌成立,标志着全省自成品油税费改革实施后,省交通运输执法机构组建工作基本完成,11个市级交通运输执法局全部挂牌成立。

省交通运输厅党组成员、厅总会计师张德仪受厅党组书记、厅长段建国委托,代表厅党组表示热烈祝贺。

自11月11日,运城交通运输执法局首家挂牌以来,张德仪全程参加11个市局挂牌仪式。

11月24日 省交通运输厅党组召开2010年度民主生活会。省委常委、副省长、太原市委书记陈川平以及省纪委、省委组织部、省直工委有关负责同志到会指导。厅党组书记段建国,厅党组副书记张润,厅党组成员王志民、韩日裕、张志川、部玉兰、赵振田分别围绕贯彻执行《廉政准则》、弘扬“右玉精神”,进一步加强作风建设主题,结合自己一年来工作实际,进行认真剖析,总结经验,查找问题,开展批评与自我批评。

陈川平在讲话中指出,省交通运输厅党组民主生活会准备充分,主题突出,严肃认真,气氛融洽。党组班子内部分工明确,配合默契,团结和谐,民主氛围浓,民主集中制贯彻落实较好。近年来,省交通运输厅党组一班人紧紧围绕省委、省政府和交通运输厅中心工作,统揽全局,科学准确把握新形势、新任务对全省交通运输工作提出的新要求、新挑战,按照省委“转型跨越发展”要求,着力打造政治坚定、思想解放、学习创新、团结民主、勤政廉洁、求真务实的六型领导班子,目标明确,思路清晰,措施具体,各项工作成绩显著。

列席会议的有厅副巡视员郭贵平、杨俊威,省交战办专职副主任尹新平,厅机关各处室负责人,厅直有关单位党政主要领导。

11 月 25 日 省交通运输厅党组副书记、副厅长张润深入晋城环城高速公路检查指导工作。

11 月 26 日 上午,临汾市县乡村三级联网公路建设现场会在尧都区召开。省交通运输厅党组书记、厅长段建国,省公路局局长戴飞,市领导罗清宇、徐树荣出席。

11 月 26 日 全省交通运输系统冬季安全生产工作部署电视电话会议召开。省交通运输厅领导张润、赵振田出席并讲话。

11 月 26 日 全省运管系统新闻宣传暨通联发行工作会议在太原召开,省交通运输厅党组成员、省纪委驻厅纪检组组长韩日裕出席并讲话。

11 月 30 日 省交通运输厅举办应急管理高级培训班,厅党组成员、副厅长张志川出席开班仪式并作动员。

12 月 1 日 省交通运输厅党组成员、副厅长、省治超办副主任张志川深入阳泉市,检查调研科技治超全覆盖工作。

12 月 1 日 省交通运输厅党组成员、厅总工程师部玉兰出席省交通设计院召开的太原以南片区部分在建项目设计回访技术研讨会。

12 月 1 日 省交通运输执法局召开新机构组建后的第一次局(处)长、党委书记会议。安排布置2011年开局前的重要工作。省交通运输厅党组成员、厅总会计师张德仪出席并讲话。

12 月 3 日 省交通运输厅召开重点公路建设项目工程质量专题会议,听取28个重点工程项目工程质量情况汇报及省交通质监站关于全省高速公路建设工程质量检查情况的报告。厅党组书记、厅长段建国在讲话中,要求一定要增强抓好工程质量的忧患意识和责任意识,切实把质量安全工作抓紧、抓好、抓细、抓实,努力推动工程建设质量上新台阶,圆满完成省委、省政府交给的各项建设任务。厅党组成员、厅总工程师部玉兰主持。

12 月 3 日 省道陵沁线晋城至阳城一级公路开工奠基仪式在城区西上庄村举行。副省长牛仁亮致贺信。晋城市委书记张茂才出席奠基仪式并宣布工程开工,省交通运输厅党组副书记、副厅长张润,省公路局局长戴飞出席并讲话。路线全长54.434公里,概算投资22.513亿元。

12 月 3 日 省交通运输厅机关第四党支部全体党员到太原高速公路小店收费站开展“学基层、学业务”联学共建活动。厅党组成员、省纪委驻厅纪检组组长韩日裕参加联学共建活动,向小店收费站赠送图书,并为这次活动进行“党建结对、联学共建”揭匾。省高管局、太原高速公路公司相关领导参加。

12 月 7 日 省交通运输厅党组成员、省纪委驻厅纪检组组长韩日裕深入阳泉交通运输执法局检查指导工作。

12 月 8 日 省交通运输厅党组书记、厅长段建国深入正在建设的平(遥)至榆(社)高速公路调研,实地了解工程进展,现场解决存在问题。晋中市副市长王建林,厅机关有关处室,厅重点办以及晋中市交通运输部门有关负责同志陪同调研。

12 月 8 日 省交通运输厅组织有关专家,对霍州至永和关东段高速公路施工图设计进行评审。厅党组成员、厅总工程师部玉兰出席。

12 月 8 日至 10 日 交通运输部公路局在太原组织召开部颁《采空区公路设计与施

工技术细则》总校会。省交通运输厅党组成员、厅总工程师部玉兰出席。人民交通出版社及主编、参编单位相关人员参加。

12月9日 太原市出席省十一届人大代表对全省高速公路运营管理情况进行集中视察。省交通运输厅党组书记、厅长段建国,厅党组副书记、副厅长张润,厅党组成员、副厅长张志川,省高管局局长董新品、党委书记蒋世欣等陪同视察。

12月10日 省交通运输厅召开《山西省公路水路交通运输“十二五”发展规划》征求意见会,厅党组成员、副厅长王志民,厅机关有关处室负责人出席。

12月10日 上午,省交通运输厅召开新闻发布会,发布全省高速公路不停车收费(ETC)一期工程通车试运行。厅党组成员、副厅长、厅新闻发言人张志川主持。省高管局局长董新品、党委书记蒋世欣及厅机关有关处室负责人出席。中央驻晋及省级主流媒体共38家单位参加。

12月13日 省交通运输厅党组书记、厅长段建国,厅副巡视员郭贵平深入太古高速公路建设工地进行调研。要求坚定信念,统一认识,咬紧牙关,全力以赴,在保证安全和质量前提下,加快建设步伐,力争2011年建成。

12月13日 上午,省政府安全生产工作第六考核督察组一行5人深入省交通运输厅,就2010年度安全生产工作目标责任和安全生产综合工作进行考核督察。厅党组副书记、副厅长张润出席汇报会。

12月14日 太原高速公路公司长风收费站荣获全国交通运输行业“文明示范窗口”称号揭牌仪式举行。省交通运输厅党组副书记、副厅长张润,省高管局党委书记蒋世欣出席并揭牌。

12月15日 上午,山西省交通开发投资集团有限公司领导班子任命大会在交通投资大厦召开,省交通运输厅党组书记、厅长段建国出席并讲话,厅党组副书记、副厅长张润宣读有关决定,厅党组成员、厅总工程师部玉兰主持。

段建国在讲话中,提出4点要求。即统一思想,振奋精神;创新思路,放胆争先;转换机制,创新管理;民主团结、勤政廉政。

新任常务副董事长魏庆飞代表集团班子成员作表态发言,集团公司副董事长、常务副总经理刘宏武也作了表态发言。

12月16日 下午,山西交通职业技术学院邀请省交通运输厅党组成员、副厅长、博士张志川作了题为《认知中国》的精彩讲座,拉开系列讲座序幕。

12月17日 省委宣传部、省政府新闻办召开重要政务信息新闻发布会。省政府副秘书长崔国红,省治超领导组副组长、省治超办主任李顺通,省治超办副主任、省交通运输厅党组成员、副厅长张志川,省治超办副主任、省运管局局长李华中与省监察厅、省纠风办、省公安厅交管局、省质监局、省工商局等主要领导出席,并解答记者们提问。新闻发布会由省委宣传部常务副部长杨波主持。

12月18日 副省长牛仁亮观看山西省新一轮“无缝隙、拉网式”治超总行动成果图片展。

12月19日 省委副书记、省纪委书记金道铭在太原参观全省新一轮“无缝隙、拉网式”治超总行动图片展。

12月19日 省治超领导组在太原高速公路迎西收费站举行“无缝隙、拉网式”治超三周年纪念活动,并慰问路政、公安交警等部门治超人员。省治超领导组副组长、省治超办主任李顺通发表热情洋溢的讲话。省治超领导组副组长、省交通运输厅党组书记、厅长段建国,省治超办副主任、厅党组成员、副厅长张志川,省公路局局长戴飞,省治超办副主任、省运管局局长李华中,省高管局局长董新品等治超领导组成员参加纪念活动。

12月21日 省交通运输厅召开2010年全省农村公路年终检查情况汇报会。厅党组副书记、副厅长张润出席并讲话,省公路局、省交通质监站、厅机关有关处室负责人参加。

12月21日至22日 省交通运输厅机关第一党支部组织全体党员深入一线，与太阳高速公路建设管理处党委结对共建，把学习地点延伸到业务工作最前沿，了解基层，吸取经验。作为厅机关第一党支部党员，厅党组书记、厅长段建国亲自参加结对子联学联帮活动，并一同与厅机关第一党支部书记、厅人事处处长蔺建煌及太阳高速公路建设管理处处长郭迎平、党委书记李爱和为“党建结对、联学共建”揭牌。

12月23日 省交通运输厅机关召开廉政风险防控试点工作推进会，回顾前一时期廉政风险点排查和防控措施制定情况，对深入开展廉政风险防控工作进行安排部署。厅党组成员、省纪委驻厅纪检组组长韩日裕出席并讲话。

2010年以来，省厅紧紧抓住全系统重点环节和关键部位廉政问题易发多发的风险点，探索和实践廉政风险点的防控措施和对策，从创新管理机制、完善规章制度、强化制约监督等方面入手，不断创新廉政风险防控工作。在厅机关17个处室梳理出拥有行政审批权、业务处置权和自由裁量权等权力运行的重要岗位22个，排查出廉政风险点70个，研究落实厅机关廉政防控措施82项；在交通工程建设3个阶段、16个流程、55个关键环节中，查找出工程建设领域廉政风险点172个，制定工程建设领域风险防控措施254条。厅机关和厅属单位都梳理出个性化的权、责、险三位一体的“防控”清单，厅党组逐一审定排查结果和防控措施，形成党组统一领导、纪检监察协调、各部门共同参与的工作局面。

韩日裕在讲话中，提出3点要求。一是加强组织领导，把风险防控工作作为新一年度党风廉政建设的重点工作来抓，按照试点工作方案，统筹协调，分步骤积极推进。二是完善防控机制。结合交通运输行业特点，着眼于超前防范、源头治理，不断推进反腐倡廉制度创新，充分发挥各个方面优势，加强党员干部的廉洁自律和教育培训，加大监督、管理、问责力度，形成综合性的有效防控机制。三是建好防控台账。要按照试点方案要求，从行政管理事项、业务工作流程等方面，逐一排查廉政风险点，逐项制定防控措施，逐人建立风险防控台账；从强化廉洁自律机制、依靠制度约束、加强监督制约、落实责任追究等措施，形成一套完整的廉政风险防范管理机制。

12月23日 大呼高速公路建设管理处召开工程建设总结表彰大会，省交通运输厅党组副书记、副厅长张润出席并讲话。

12月23日 省交通运输执法局举办执法监督业务系列培训，省交通运输厅党组成员、厅总会计师张德仪出席基础业务开班仪式并讲话，局长张晋鹏进行动员。来自全省交通运输执法省、市、县三级机构的主要业务领导、部门负责人和执法人员近350人参加。

12月24日 省委、省政府在太佳高速公路太原段泥屯收费站隆重举行全省高速公路突破3000公里暨太佳高速公路竣工通车庆祝仪式。省委书记、省人大常委会主任袁纯清，省委副书记、省长王君为全省高速公路突破3000公里暨太佳高速公路启动通车操作杆。省政协主席薛延忠，省委常委、省人大常委会副主任申联彬，省委常委、常务副省长李小鹏，省委常委、省军区政委张少华，副省长牛仁亮出席庆祝仪式。庆祝仪式由省委常委、常务副省长李小鹏主持，副省长牛仁亮讲话。

建设四通八达的高速公路，是山西人梦寐以求的愿望，历届省委、省政府对此始终给予高度重视。1993年，省委、省政府带领全省人民开工建设山西第一条高速公路—太旧高速公路，1996年，太旧高速公路全线建成通车。从此，山西人民拥有自己的高速公路，也走上高起点、大跨度、超常规建设高速公路的“康庄大道”。进入“十一五”时期，特别是2008年以来，省委、省政府把加快公路建设、破解交通“瓶颈”作为应对金融危机、促进经济平稳增长乃至转型跨越发展的战略举措，掀起高速公路建设新高潮。经过两年艰苦奋战，全省开工建设高速公路项目41个，总里程

3000公里,胜利建成阳城至翼城、闻喜至垣曲、大同至右玉、汾阳至平遥、太原至佳县(东段)、太原至佳县(西段)、晋城环城、忻州至五台山、闻喜东镇至临猗孙吉、阳泉至盂县10个项目,并有长治至平顺、忻州至保德、灵丘至山阴、陵川至高平4个项目部分建成,总里程达到1037公里,全省高速公路通车里程突破3000公里,达到3002公里,山西高速公路网初步形成,圆满完成全省"十一五"高速公路建设任务。在全国的位次也由17位移至11位,进入全国先进行列。

太佳高速公路全长214公里,概算投资153.5亿元,2009年初开工建设。

省交通运输厅党组书记、厅长段建国在通车仪式上讲话。他说,在2008年国际金融危机对全省经济造成严重冲击的严峻形势下,按照省委、省政府决策,全省交通运输系统两年开工建设3000公里高速公路,并在2010年建成1000公里,使全省高速公路里程突破3000公里,圆满完成全省"十一五"高速公路建设任务。这是省委、省政府正确决策和领导的结果,是各级党委、政府和人民群众大力支持的结果,是全省交通运输系统职工大力弘扬右玉精神、太旧精神,艰苦奋斗,迎难而上,勇于创新,甘于奉献的结果。他表示,全省高速公路里程突破3000公里,是全省高速公路建设的重大跨越,也是交通运输科学发展的新起点。全省交通运输系统将深入贯彻落实科学发展观,按照党的十七届五中全会和省委九届十一次全会要求,把握新形势,适应新要求,抢抓新机遇,推动新跨越,在全省转型跨越中书写畅通交通、高效交通、安全交通、绿色交通的崭新篇章,为再造一个新山西作出新的更大贡献。

牛仁亮在讲话中指出,全省高速公路突破3000公里,是全省交通运输发展史上的一个重要里程碑,是促进山西转型跨越发展的重要工程,也是山西经济社会发展中的一件大事。"十二五"时期是全省推进转型跨越发展,建设中部地区物流大省、经济强省和文化强省的重要时期,希望交通运输部门围绕加快建设畅通、高效、安全、绿色、综合交通运输网络的目标,谋划好新一轮高速公路发展,力争使全省高速公路总里程在2012年突破5000公里,2015年全面建成"三纵十一横十一环"高速公路网,圆满实现省委、省政府提出的省到市3小时、市到市2小时、市到县1小时高速通达和县县基本通高速的目标,进一步提升山西在全国交通网络中的重要枢纽地位。

吕梁市市长张九萍、忻州市副市长杨晋生、太原市副市长王建生也先后发言。

省交通运输厅领导张润、韩日裕、郜玉兰、张德仪、赵振田、郭贵平、杨俊威、尹新平出席庆祝仪式,副厅长张志川在山西电视台大演播厅参加现场直播。

全省11个市政府主要负责同志,省直有关部门、民主党派、群团组织、金融机构负责同志,太原至佳县高速公路建设、设计、施工、监理单位的代表参加庆祝仪式。

12月24日 下午,省交通运输厅举行重要新闻发布会,通报全省2010年新建成1000公里高速公路有关情况、全省交通运输"十一五"经济运行及"十二五"发展规划有关情况和"十一五"公路养护管理及行业改革稳定情况。27家中央驻并主要新闻单位和省城主流媒体的30余名记者出席。厅党组成员、副厅长、厅新闻发言人张志川主持,厅机关有关处室、厅重点办、省交通质监站负责人参加发布会,并回答记者提问。

12月24日 《山西交通》刊发2010年全省建成通车1037公里高速公路共计14条(段)有关情况:①忻州至五台山高速公路。起于忻州市忻府区秦城乡,与大同至运城高速公路相交,并与忻州至保德高速公路相接,穿越忻府区、定襄县、五台县,出省后与在建的河北保定至阜平高速公路相接,全长123.96公里。②太佳高速公路(东段)。起于太原西北环高速公路向阳店互通,经尖草坪区、阳曲县、静乐县,终于娄烦县赤上华村,与太佳高速公路西段相接,全长94.6公里。③太佳高速公路(西段)。起于岚县郭家庄,途经岚县、方山、临县,终于临县克虎镇晋陕两省交界黄河大桥,全长110.83公里。④大呼高速公路。起于大同市新荣区,与已建成的得大高速公路相接,途经大同市新荣区、左云县和朔州市右玉县,终于右玉县右卫镇杀虎口新规划的高速公路相接,全长103.35公里。⑤闻垣高速公路。起于闻喜与大同至运城高速公路相接处,途经闻喜、绛县、垣曲三县,终于垣曲县与河南在建的济源至邵源高速公路相接处,全长82.81公里。⑥闻合高速公路。起于闻喜东镇,终于临猗孙吉镇,接拟建的黄河特大桥,在陕西合阳与西禹高速公路相接,全长76.07公里。⑦阳翼高速公路。起于阳城县北音村,终于翼城县杨家河村北,横跨阳城、沁水、翼城三县,西接翼城至侯马高速公路,东接晋城至阳城高速公路,全长64.8公里。⑧汾平高速公路。起于汾阳市与汾阳至离石高速公路连接处,终于平遥县与大同至运城高速公路相交后接拟建的平遥至榆社高速公路,途经汾阳、孝义、介休、平遥三市一县,全长41.7公里。⑨阳盂高速公路。起于平定西郊村,与太旧高速公路相接,终于盂县元吉村,与石太高速铁路阳泉北客运站连接线相接,全长40.8公里。⑩晋城环城高速公路。起于泽州县北义城镇张庄村,向西跨太焦铁路,穿207国道,终于南村镇朗庄村,全长30.81公里。⑪忻保高速公路。起于忻州至五台山高速公路相接处,途经忻府、静乐、宁武、岢岚、保德五县区,终于保德县杨家湾乡前会村,跨黄河出省后与陕西神府公路相接,全长191.2公里。2010年建成秦城至奇村互通和黄道川至曹虎互通113.6公里。⑫灵山高速公路。起于晋冀交界灵丘驿马岭隧道,经灵丘县、浑源县、应县、山阴县四县,终点接大同至运城高速公路立交枢纽,全长154.4公里。2010年建成浑源枢纽至大运枢纽64.1公里。⑬长治环城高速公路。起点位于潞城市西贾村接长邯高速公路,终点于平顺县河坪辿与长晋高速公路相接,全长58.03公里。⑭高陵高速公路。起于高平市河西镇常乐村,终于陵川县古郊乡营盘村,出省后与河南在建的新乡至晋城高速公路连接,全长62.95公里。2010年建成常乐互通至陵川互通31.75公里。

12月31日 省委副书记、省纪委书记金道铭,省委常委、太原市委书记陈川平,冒着严寒,深入刚刚投入营运的太原汽车客运西站视察,检查指导道路运输工作并慰问交通运输干部职工。

金道铭、陈川平一行先后深入汽车站售票大厅、候车大厅察看售票、行包安检、母婴候车室服务、旅客候车,了解客流、班线、发车情况等,随后听取省交通运输厅党组成员、副厅长王志民关于太原公路主枢纽客运站场规划建设进展情况介绍,听取太原市交通运输局局长张建刚和山西晋达公司董事长、总经理关于太原汽车客运西站运营管理情况汇报。

金道铭、陈川平在讲话中,对太原汽车客运西站建设和管理工作给予充分肯定,并对进一步提升管理和服务水平,加快太原汽车客运东南站、南站建设提出明确要求。

12月31日 《山西省道路运输条例》实施启动仪式在太原南宫举行。省人大财经委主任赵建平、省人大内司委主任李顺通、省人大法制委副主任邓永明、省政府法制办主任王卫星应邀出席并启动《山西省道路运输条例》实施工作。省交通运输厅党组成员、副厅长王志民出席并讲话,省交通运输厅党组成员、副厅长张志川主持,省运管局局长李华中作表态发言。

12月31日 省交通运输厅机关第五党支部与忻州公路分局代县段雁门关道班“结对子”,开展联学共建活动。作为厅机关第五党支部党员,厅党组副书记、副厅长张润参加活动,看望慰问雁门关道班养路工,并与厅机关第五党支部书记、厅政策法规处处长曹居月一同为“党建结对、联学共建”揭牌。

12月31日 截至年底,省交通运输厅领导班子成员有:段建国:厅党组书记、厅长;

张润:厅党组副书记、副厅长、山西省交通战备办公室主任;王志民:厅党组成员、副厅长;韩日裕:厅党组成员、省纪委驻交通运输厅纪检组组长;张志川:厅党组成员(2011年2月28日免)、副厅长(2011年3月免);郜玉兰:厅党组成员、厅总工程师;张德仪:厅党组成员、厅总会计师;赵振田:厅党组成员、省公路局党委书记;曹燎原:厅巡视员;郭贵平:厅副巡视员;杨俊威:厅副巡视员(2010年1月13日任职);尹新平:省交通战备办公室专职副主任(2010年1月13日任职)。下设办公室、人事处、政策法规处、综合规划处、财务收费管理处、建设和管理处、综合运输管理处、安全监督处、科技处、公安处、治超处、审计处、厅直属机关党委、离退休人员工作处14个处室;另有参照公务员管理事业单位1个:山西省公路运输工会;派驻单位1个:省纪委驻厅纪检组、省监察厅驻厅监察室;挂靠单位1个:山西省国防动员委员会交通战备办公室。

12月31日 2010年,省交通运输厅党组认真贯彻落实党的十七大和十七届三中、四中、五中全会精神,坚决执行中央和省委、省政府的决策部署,团结带领全省13万干部职工,不断转变发展方式,加快公路建设,推进运输结构调整,深化体制机制改革,圆满完成各项年度目标任务取得显著成绩,为全省经济社会发展作出新贡献。

交通建设投资再创历史新高。全省公路建设完成投资618亿元,为年计划112.4%,同比增长10%。其中高速公路建设完成506亿元,干线公路建设完成60亿元,农村公路建设完成50亿元,汽车站场建设完成2亿元。公路成为全省巩固应对金融危机成果、促进经济平稳较快增长最重要的力量之一。

高速公路建设保持强劲势头。在2009年开工建设27个项目2000多公里基础上,2010年新开工建设太原至阳泉、山阴至平鲁等14个项目1000多公里,使在建高速公路达到41个项目3069公里,并胜利建成阳城至翼城、闻喜至垣曲、大同至右玉、汾阳至平遥、太原至佳县东段、太原至佳县西段、晋城环城、五台山至忻州、闻喜东镇至临猗孙吉、阳泉至盂县10个项目,另有长治至平顺、忻州至保德、灵丘至山阴、陵川至高平4个项目部分路段建成,共新增里程1037公里,使全省高速公路突破3000公里,在全国位次由17位前移至11位,全省88个县通高速公路,太原大都市圈基本实现高速公路一小时通达。

国省干线公路基本消灭差等路。全年完成国省干线公路路网(路面)改建工程1040公里。其中,完成干线新改建工程726.4公里,路面改造工程313.8公里。国道93.5%、省道81.7%达到二级及以上公路标准,薄弱路段基本得到治理,干线公路路况达到历史最好水平。

实现具备条件建制村通水泥(油)路"全覆盖"。全年新改建农村公路11 688公里。其中,完成具备条件建制村通水泥(油)路4627公里,"通未连通"工程5000公里,新增通水泥(油)路建制村944个。全省28 108个建制村中,除183个不具备条件外,其余27 925个具备条件建制村全部通水泥(油)路,实现"全覆盖"。

运输结构调整迈出新步伐。大力推进运输结构调整,完善综合运输体系,提高运输保障能力。基本实现地级市为一级站、县(市)为二级站、一半左右乡镇有等级站,并开工建设太原公路主枢纽武宿货运中心,为促进各种运输方式有效衔接创造条件。全省营运客车达到15 431辆,其中高级客车3300辆,较"十五"末增长20.3%;客运经营户户均车辆由"十五"末6.7辆增加到23辆,增长2倍多。农村客运实现具备条件建制村通客车"全覆盖"。营运货车达到39万辆,增长49%,其中重型货车、专用货车15.1万辆,增长173%。物流企业发展到200家,农村物流网络进一步完善,年吞吐量达到2亿吨。城市公交车辆达到8245辆,增长70.4%;城市出租汽车达到38 423辆,增长23%。水上交通运输消灭低质量船舶,监管船舶达到3000艘，经营企业发展到39家。2010年全省营业性道路运输完成客运量3.26亿人、旅客周转量215.7亿人公里、货运量6.1亿吨、货物周转量970亿吨公里，比2009年分别增长4.8%、2.6%、11%、7%。全省高速公路通行费收入91.9亿元，同比增长31.4%，并为94.8万辆鲜活农产品运输车辆减免通行费3.29亿元。

截至2010年底，全省公路通车总里程达到131 644公里，公路密度为84公里/百平方公里。其中，有国道4881公里，省道10 190公里，县道19 631公里，乡道46 703公里，专用公路577公里，村道49 662公里；有高速公路3002公里，一级公路1939公里，二级公路14 163公里，三级公路16 859公里，四级公路91 701公里，等外公路3980公里；有二级以上高等级公路19 104公里；有铺装路面和简单铺装路面（高级、次高级路面）里程109 388公里，未铺装路面里程22 256公里。全省有公交车辆8245辆、营运里程11 904公里，有出租汽车38 423辆，客运总量分别为11亿人次、10亿人次；有农村客运班车6526辆，客运班线2927条。

12月31日 《山西交通》评出2010年全省 十大交通新闻。①交通建设投资再创历史新高。2010年，全省公路建设投资将达到600亿元，为年计划550亿元的109%，加上2006至2009年的投资，达到1740亿元，为规划目标900亿元的近2倍，为“十五”的2.7倍。特别是2009、2010年两年，全省公路建设完成投资1175亿元，成为全省应对金融危机、拉动经济增长最重要的力量之一。②全省高速公路总里程突破3000公里。9月30日，忻州至五台山高速公路通车，12月24日，全长214公里的太原至佳县高速公路建成通车。2010年全省建成高速公路1037公里，总里程达到3002公里，70%的县通高速公路，全省高速公路网初步形成。在全国的位次由17位移至11位，进入全国先进行列。③全省具备条件的建制村实现村通水泥（油）路“全覆盖”。2009年，新改建农村公路10 809公里，全省28 108个建制村，除185个建制村不具备条件外，其余27 923个建制村全部完成通水泥（油）路“全覆盖”建设任务。全省具备条件的建制村也都通客车。④全省交通援建四川茂县项目全部完成。11月11日，随着全省援建茂县的第二个项目渭（门）永（和）通乡油路竣工交接，全省交通援建工作圆满结束。渭永路于2009年4月12日开工建设，为四级公路双车道，全长11.8公里。全省第一个交通援建项目黑虎旅游路已于2009年11月建成交工。⑤全省国防交通战备工作成绩显著。全省国防交通战备工作在省国动委领导下，在平战结合、军民融合式发展方面做了大量工作，取得显著成绩。6月24日至28日，国务委员兼国防部长梁光烈上将深入大同、忻州、太原等地调研国防动员建设，对全省国防交通战备工作给予高度评价。⑥全省交通治超成绩斐然。2007年12月19日，全省启动新一轮“无缝隙、拉网式”治超总行动3年来，交通治超成绩显著。2010年，全省超限超载率下降到0.2%以下，大大低于全国6%的目标，道路交通安全形势明显好转，路桥设施得到有效保护。全省高速公路入口全部安装不停车检测系统，普通公路治超站安装率达到90%以上。源头治超全面推广IC卡，在全国也是首创。⑦国省干线基本消灭差等路。2010年，国省干线公路超龄油路和薄弱路段得到全面治理，国道基本实现二级化，省道81%达到二级以上公路标准，国省干线基本消灭差等路和危桥，技术状况和通行能力明显改善，路况达历史最好水平。⑧山西省交通运输执法局组建完成。11月23日，山西省太原交通运输执法局正式挂牌成立，标志着全省自成品油税费改革实施后，11个市级交通运输执法局全部挂牌成立。至年底，全省119个县（市、区）交通运输执法分局全部挂牌成立。至此，省交通运输执法机构组建工作全部完成。新成立的省交通运输执法机构，将致力于构建执行顺畅、监督有力的交通运输执法新体制，规范全省交通运输执法行为，维护社会和百姓利益。⑨《山西省道路运输条例》出台。9月29日，经山西省第十一届人民代表大会常务委员会第十九次会议审议通过,同时废止1995年7月20日山西省第八届人民代表大会常务委员会第十六次会议通过的《山西省道路运输管理暂行条例》。《条例》共8章75条,将大部制改革后划归交通运输部门管理的机动车综合性能检测、汽车租赁、物流服务,以及全省大力开展的超限超载源头治理纳入适用范围。⑩全省首发国内首个高速公路精细化管理地方标准。9月1日,省交通运输厅、省质量技术监督局召开高速公路精细化管理系列标准新闻发布会,发布全国交通运输行业第一个高速公路精细化管理地方标准,并于9月17日起实施。该标准将精细化与标准化、服务公众和自我规范、建立标准化体系和提升管理水平有机结合,标志着全省高速公路精细化管理工作取得新突破。

2011 年

1月6日 由省政协常委、山西省工商联副主席李德志,省政协委员、民盟山西省委秘书长徐佩雄,省政风行风评议办公室副主任董洪源等3人组成的考核组莅临省交通运输厅,对全系统2010年政风行风评议工作进行问卷测评和工作考核。厅党组书记、厅长段建国汇报,厅党组成员、省纪委驻厅纪检组组长韩日裕主持。

1月6日 忻州环城高速公路建设管理处举行挂牌仪式。省交通运输厅党组成员、厅总工程师部玉兰,忻州市人大常委会副主任、总工会主席智俊德,副主任郑红光,副市长杨晋生,市政协副主席王志勇,省公路局副局长蒋品,厅重点办党委书记、综合处处长刘清平,忻州环城高速公路建管处处长李文寿等参加。

1月7日 省交通运输厅党组、省交通运输厅劳动竞赛委员会印发《关于表彰全省高速公路建成通车3000公里先进集体、先进个人的决定》。其中,获五一劳动奖状20个,五一劳动奖章30名,工人先锋号20个,荣记集体一等功54个,二等功91个,三等功60个,记个人一等功146名,二等功180名,三等功172名。

1月11日 省交通运输厅党组书记、厅长段建国在乌鲁木齐出席全国交通运输援疆工作推进会议期间,看望省交通设计院驻新疆办事处职工。对他们远离家乡、长期在外、默默无闻、无私奉献的敬业精神和近年来所取得的成果给予充分肯定。要求抓住机遇,巩固成果,站稳脚跟,再创市场开拓和勘察设计工作新业绩,开辟可持续发展新途径。办事处成立于2004年9月。

1月11日 省交通运输厅召开2011年全省道路水路春运视频会议。传达交通运输部有关春运工作的指示精神,安排部署2011年春运工作,全力确保春运有力、有序、有效进行。厅党组副书记、副厅长张润代表厅党组书记、厅长段建国对春运工作提出具体要求。厅党组成员、副厅长王志民对春运工作进行安排部署。会议由厅党组成员、副厅长张志川主持。视频会议主会场设在太原,各市设立分会场。

1月12日 全省重点公路工程建设系统领导干部廉政教育培训班开班。省交通运输厅党组副书记、副厅长张润作动员。要求严于律己,清正廉洁,牢记宗旨,加强学习,切实筑牢拒腐防变思想道德防线。厅党组成员、厅总工程师部玉兰主持,省纪委培训中心主任王晋斌致辞。厅领导韩日裕、张志川、张德仪、赵振田、尹新平以及厅机关各处室、厅重点办主要负责人,各重点公路工程建设单位党政主要领导、纪委书记共100余人参加。

1月12日 省交通运输厅副巡视员郭贵平深入吕梁市,慰问交通运输系统干部职工。

1月13日 上午,省委副书记、省纪委书记金道铭专程赴山西省党纪教育基地,看望正在参加廉政教育培训的全省重点公路工程建设系统领导干部并讲话。充分肯定全省交通运输系统近年来在改革发展中取得的巨大成就，高度评价将风险防范管理机制引入反腐倡廉工作的实践与探索，认为抓得好，有成效，不仅走在省直单位前面，在全省也是超前的。要求高举"以人为本，执政为民"这面旗帜，从源头上推进防治腐败制度建设，加大创新力度，增强针对性和有效性，加强监督制度建设，做一个让党和人民放心的人。省交通运输厅党组副书记、副厅长张润代表厅党组作表态发言，厅党组成员、省纪委驻厅纪检组组长韩日裕也提出明确要求。

1月13日 省交通运输厅党组书记、厅长段建国在乌鲁木齐出席全国交通运输援疆工作推进会期间，与新疆昌吉州党委常委、副州长热合满江·达吾提等一起看望慰问省厅援疆干部，与昌吉州交通干部职工进行座谈，并为新疆晋昌交通勘察设计研究院揭牌。希望援疆各交通单位、企业要依托自身优势，加强区域合作，实现优势互补，努力在增进晋昌两地友谊、促进共同发展等方面发挥更加重要作用，为晋昌两地搭建起友谊、合作、共同发展桥梁。

1月17日 2011年全省交通运输工作会议在太原召开。全面总结"十一五"交通运输工作，确定"十二五"发展目标与任务，安排部署2011年工作。动员全省交通运输系统广大干部职工进一步解放思想，改革创新，抓住机遇，奋力赶超，加快交通运输转型发展、跨越发展，为再造一个新山西作出新的更大贡献。副省长牛仁亮出席会议并作重要讲话，省政府副秘书长崔国红出席。省交通运输厅党组书记、厅长段建国作了题为《抢抓机遇，奋力赶超，开创交通运输转型跨越发展新局面》的工作报告。厅党组副书记、副厅长张润主持，厅党组成员、副厅长王志民宣读表彰决定，厅党组成员、省纪委驻厅纪检组组长韩日裕，厅党组成员、副厅长张志川，厅党组成员、厅总工程师郜玉兰，厅党组成员、厅总会计师张德仪，厅党组成员、省公路局党委书记赵振田，厅副巡视员郭贵平、杨俊威，省交战办专职副主任尹新平出席。

5年来，特别是2008年以来，全省交通运输系统坚决贯彻省委、省政府扩大内需、应对国际金融危机的一揽子计划，再掀公路建设新高潮，全力推进交通运输改革发展稳定，圆满和超额完成"十一五"规划确定的目标任务，交通运输对经济社会发展的"瓶颈"制约基本缓解，为促进经济平稳较快增长和社会发展、民生改善作出重要贡献。

"十二五"期间，要进一步解放思想，深化改革，以全省建设国家资源型经济转型综合配套改革试验区为契机，以加强基础设施为突破口，以发展综合运输为方向，加快转型跨越发展，大力提升运输保障、行业创新与可持续发展能力，实现交通运输对经济社会发展由"瓶颈制约基本缓解"向"总体适应、适度超前"的跨越，为全省转型跨越发展提供战略支撑。

"十二五"发展重点是构建五大系统。即构建通达、开放的基础设施系统；构建现代、高效的运输装备和组织系统；构建效能、公开的政府监管与公共服务系统；构建先进、适用的信息化管理系统；构建及时、可靠的应急保障系统"五大系统"。

2011年是实施"十二五"规划的第一年，开好局、起好步至关重要。要认真保持交通运输良好发展势头，积极做好8个方面工作。即加强公路建设改造与养护管理，完善路网布局；加强重点工程规范化建设，进一步提升项目管理水平；加强运输保障能力建设，不断提高运输服务质量；加强科技进步与创新，推进人才队伍建设；加强节能减排工作，促进交通运输绿色发展；加强安全监管与应急战备能力建设，保障人民群众生命安全与国防交通安全；加强交通运输行业依法行政，深化体制机制改革；加强党的建设和精神文明建设，为行业发展提供政治保证和精神动力。

牛仁亮在讲话中，对"十一五"期间，尤其

是2008年以来全省交通运输工作取得的成绩给予高度评价,充分肯定厅党组带领全省交通运输系统广大干部职工为全省经济社会发展作出的重大贡献。认为省交通运输厅有一个好思路,一套好办法,一支好队伍,一个好班子,一个好班长。特别是段建国同志为人正派,尊重同事,团结班子,勤奋吃苦,廉洁从政,值得充分肯定。要求2011年重点抓好6项工作。一是高速公路建设完成1000公里,总里程全国排名要进入前10位,高速公路收费突破100亿元;二是干线公路加快提档升级,增加优质公路,大力改造提升二三级公路,解决交通瓶颈,向网络化发展;三是县乡村公路建设要及早布局,把"户户通水泥路、街道硬化"作为一项重要工作,予以技术指导和资金上的帮助;四是进一步加强公路养护,加大文明路创建力度,推进公路标准化、科技化建设;五是继续巩固超限超载治理成果。全省交通运输系统一定要保持清醒头脑,充分认识目前工作中存在的困难、潜在问题和不足;六是廉政建设要以预防和制度建设为主,在全系统特别是重点公路工程建设领域唱响"不是查不出问题,而是没问题可查"的口号。

会议还对2010年度完成工作目标责任制的优秀单位和先进单位进行表彰。

会议还邀请省直有关部门和单位、省厅老领导出席。

1月17日 下午,全省交通运输安全生产暨党风廉政建设工作会议在太原召开。总结2010年全省交通运输系统安全生产和党风廉政建设工作,安排部署2011年安全生产工作和反腐倡廉建设任务。省纪委常委张秀萍、省安监局副局长霍红义应邀出席并讲话。厅领导段建国、郜玉兰、张德仪、赵振田、郭贵平、尹新平出席。厅党组成员、副厅长张志川主持。

会上,厅党组成员、省纪委驻厅纪检组组长韩日裕作了题目为《深入推进党风廉政建设和反腐倡廉工作,为山西交通运输转型跨越发展提供纪律保证》的工作报告,厅党组副书记、副厅长张润作了题目为《真抓实干,严防严管,以安全生产促交通运输转型跨越发展》的工作报告。厅党组成员、厅总工程师郜玉兰宣读《关于表彰2010年度全省交通运输安全生产工作先进单位和先进个人的决定》。

会议还对2010年度全省交通运输安全生产工作先进单位和先进个人进行表彰,张润与各单位签订2011年度安全生产工作目标责任书。

1月18日 上午,全省道路运输工作会议召开。副省长牛仁亮致信祝贺。省交通运输厅党组成员、副厅长王志民出席并讲话。省运管局党委书记、局长李华中作工作报告。

1月18日 下午,全省海事航运工作会议在太原召开。省交通运输厅党组成员、副厅长王志民,省安监局副局长霍红义出席并讲话。省地方海事局局长牛世骏作全面推进海事航运事业健康可持续发展的工作报告。

1月18日 省交通运输厅副巡视员杨俊威带领慰问组深入阳泉市,看望慰问交通运输系统劳动模范、离退休老干部、特困职工,送去厅党组关怀。

1月18日至20日 由省交通科学研究院主办、黄土地区公路建设与养护技术交通行业重点实验室承办的黄土地区公路建设与养护技术交通行业重点实验室学术委员会成立大会暨学术交流会在太原召开。省交通运输厅党组成员、厅总工程师、实验室名誉主任郜玉兰出席。

1月19日 上午,道路春运工作第一天,省交通运输厅党组成员、副厅长王志民在省运管局党委书记、局长李华中,厅运管处处长杨吉平等陪同下,检查太原汽车客运总站和建南汽车站春节旅客运输工作。

1月19日至2月27日 为期40天的2011年道路春运工作圆满结束。期间,全省道路运输共投入营运客车1.5万辆,累计运送旅客1890.25万人,日均发送旅客47.3万人,比上年同期上升5.01%,其中农村客流870万人，占总客运量46%。同时，全省共组织包车958辆，开行加班车2724辆。城市客运共投入公交车8260辆，累计运送旅客1.32亿人，日均发送旅客330万人；投入出租车3.8万辆，累计运送旅客1.2亿人，日均发送旅客300万人。道路春运工作总体平稳有序，安全畅通，无旅客滞留和重特大道路运输安全责任事故发生，有效保障电煤、成品油、节日应市商品等重点物资和生活物资的运输。特点是：安排部署早，科学预测准，运力准备足，保障措施有力，有效满足广大人民群众出行需求。

1月20日 由省纪委副书记张晓亚带领的省目标责任考评组一行 7 人莅临省交通运输厅，对2010年度全省交通运输工作目标责任完成情况和党风廉政建设工作进行考评。厅党组书记、厅长段建国代表厅领导班子向考评组作2010度目标责任完成情况、厅领导班子工作总结和个人述职述廉报告。其他厅领导提供书面述职述廉报告。张晓亚出席考评大会并讲话。

2010年，省交通运输厅超额完成省委、省政府下达的各项目标任务。一是全省公路建设完成投资618亿元，为年计划550亿元的112.4%，比2009年增长10%，在全国排名第六。其中高速公路建设完成506亿元，在全国排名第四；干线公路建设完成60亿元，农村公路建设完成50亿元，汽车站场建设完成2亿元。二是继续抓好2000公里高速公路在建项目，建成忻州至阜平等高速公路1000公里，开工建设太原至阳泉、山阴至平鲁等14个项目1000公里。三是完成国省干线公路改造1000公里，国道基本实现二级化，省道80%达到二级及以上公路标准。新(改)建农村公路10 000公里，完成具备条件建制村通水泥(油)路“全覆盖”工程，为930个建制村新建水泥(油)路4600公里。四是重点项目工程质量实体抽查平均合格率92%以上，关键指标检测合格率95%以上。五是推进运输结构调整，完善综合运输体系，提高运输保障能力。全年公路运输完成客运量3.12亿人，旅客周转量210.9亿人公里，完成货运量5.72亿吨，货物周转量911.5亿吨公里。六是继续巩固治超成果，逐步建立治超工作长效机制，货车超限超载率控制在0.2%以内。七是开展水上交通、道路运输及交通运输基础设施建设安全专项整治，杜绝群死群伤特大事故。八是抓好公路养护管理，开展国省干线标准化建设。高速公路技术状况指数MQI≥92，国省干线公路养护优良路率年平均达到75%，县乡及农村公路优良路率年平均达到70%以上。

省考评组对厅领导班子及成员、2010年度干部选拔任用工作“一报告两评议”和党风廉政工作组织民主测评，进行个别谈话，组织民意调查并查阅有关资料。厅领导、厅机关各处室负责人、厅直各单位主要领导参加。

1月21日 上午，省交通设计院2011年度工作会议暨七届四次职代会召开。省交通运输厅党组成员、厅总工程师郜玉兰出席并讲话。院长聂承凯作工作报告。

1月21日 下午，省交通科学研究院2011年度工作会议暨五届十次职代会召开。省交通运输厅党组成员、厅总工程师郜玉兰出席并讲话。院长赵队家作工作报告。

1月21日 省交通运输厅副巡视员郭贵平带领厅安全处、厅重点办、省交通质监站负责同志，深入太古高速公路西山特长隧道建设工地进行检查指导工作。

1月22日 省交通运输厅党组副书记、副厅长张润冒着严寒，深入大同市看望慰问交通系统离退休老干部和特困党员、特困职工。

1月22日至23日 交通运输部副部长高宏峰、部公路局局长李华等一行7人赴晋，对全省春运工作进行检查指导，并亲切慰问战斗在春运一线的干部职工。要求在春运特殊时期，要付出特殊努力，作出特殊贡献，把安全、稳定作为春运工作的重中之重，确保广大人民群众安全便捷出行，过一个祥和快乐的春节。省政府副秘书长崔国红，省交通运输厅党组书记、厅长段建国，厅党组成员、副厅长王志民、张志川陪同检查。

在晋检查期间,副省长牛仁亮会见高宏峰一行。首先转达省长王君问候,并向交通运输部历年来对山西的大力支持表示感谢。高宏峰表示,交通运输部将会继续加强与山西省合作,部省联动,群策群力,共谋交通运输大发展。

高宏峰还听取省民航机场管理局、省邮政管理局关于春运工作情况汇报。厅领导郜玉兰、张德仪、赵振田、郭贵平、杨俊威、尹新平参加座谈会。

1月25日 省交通运输厅党组书记、厅长段建国深入太原市,走访慰问省公路构件厂、山西路桥一公司、太原市交通运输局、太原市公交公司老劳模、老党员和困难职工,代表厅党组向他们致以亲切问候和新春祝福。

省公路局局长戴飞,省公路运输工会、厅人事处、厅离退休人员工作处、厅新闻宣传中心,太原市交通运输局、太原市公交公司主要负责同志陪同慰问。

1月25日 省交通运输厅党组成员、省公路局党委书记赵振田深入晋中市,走访慰问交通系统7户离退休老干部和困难职工,并送去慰问金及慰问品。

1月25日 上午,省交通战备办公室专职副主任尹新平深入朔州市,慰问交通运输系统老干部和困难职工。

1月26日 省交通运输厅党组成员、副厅长王志民深入运城市,慰问交通运输系统老干部并莅临一线检查春运工作。

1月26日 省交通运输厅党组成员、副厅长张志川深入晋城市,看望慰问交通运输系统离退休老干部和困难职工。

1月26日 上午,省交通运输厅党组成员、厅总工程师郜玉兰深入忻州市,慰问交通运输系统离退休干部和困难职工。

1月26日至27日 省交通运输厅党组书记、厅长段建国深入大同、朔州在建高速公路,就工程建设进展情况进行调研,并看望慰问正在冒着严寒紧张施工的建设者。厅党组副书记、副厅长张润,厅党组成员、省公路局党委书记赵振田、省高管局局长董新品参加在朔州期间的调研活动。

朔州市市长冯改朵,副市长侯新生陪同调研。

1月27日 省交通运输厅党组成员、副厅长王志民在运城市副市长王健康陪同下,深入运城高速公路公司运城东收费站,对“绿色通道”政策宣传、执行情况及春运工作开展情况进行调研。

1月29日 上午,副省长牛仁亮在省政府副秘书长崔国红,省交通运输厅党组书记、厅长段建国陪同下,走访慰问在并的治超功臣祁胜利和太旧功臣彭传直、韩益中遗属,向他们表示慰问并送上慰问品及慰问金。厅党组成员、省公路局党委书记赵振田,省公路局局长戴飞,省高管局局长董新品、党委书记蒋世欣等参加慰问。

1月29日 省交通运输厅党组成员、副厅长张志川赴汾阳市,慰问原吕梁公路分局路政支队庄子公路超限站工作人员郝建文遗属,并送去鲜花、果篮和慰问金。

1月29日 省交通运输厅副巡视员杨俊威利用双休日,赴阳黎高速公路建管处进行工作调研并慰问一线筑路员工。

1月29日 省交通运输厅公安路政处处长田根代表副省长牛仁亮和省交通运输厅,赴朔州应县慰问太原公路分局“治超勇士”乔建宁,并送去鲜花、果篮和慰问金,应县县委、分局有关领导一同慰问。

1月30日 省委副书记、省纪委书记金道铭,副省长牛仁亮深入省高管局,与省交通运输厅领导班子成员座谈,向交通运输系统干部职工送上新春祝福。

希望省交通运输系统在厅党组领导下,在“十二五”开局之年,面对新任务与困难,勇于进取,开好局,带好头。并表示将一如既往地关心支持交通运输各项事业发展。

厅党组副书记、副厅长张润,厅党组成

员、副厅长王志民，厅党组成员、省纪委驻厅纪检组组长韩日裕，厅党组成员、副厅长张志川，厅党组成员、厅总工程师郜玉兰，厅党组成员、厅总会计师张德仪，厅党组成员、省公路局党委书记赵振田，厅副巡视员郭贵平、杨俊威，省交战办专职副主任尹新平以及省高管局局长董新品、党委书记蒋世欣参加座谈。

1月30日 上午，副省长牛仁亮在省政府副秘书长崔国红，省交通运输厅党组书记、厅长段建国，省运管局局长李华中等陪同下，冒着严寒，深入太原西客站检查指导春运工作，并亲切慰问春运一线职工。要求各单位一定要认真部署，周密组织，热情服务，继续做好安全生产各项工作，为全省人民过一个安全、祥和、文明、有序的春节作出更大贡献。

牛仁亮还赴太原高速公路公司迎西收费站，慰问坚守岗位、奋战在一线的员工，向他们致以新春祝福。

1月30日 下午，省交通运输厅2011年春节团拜会隆重举行。厅党组书记、厅长段建国发表热情洋溢的新春致辞，厅领导班子成员全体上台拜年，祝大家新春愉快，阖家欢乐，身体健康，万事如意，祝山西交通运输事业蒸蒸日上，明天更美好。厅党组副书记、副厅长张润主持，厅党组成员、副厅长王志民，厅党组成员、省纪委驻厅纪检组组长韩日裕，厅党组成员、副厅长张志川，厅党组成员、厅总工程师郜玉兰，厅党组成员、厅总会计师张德仪，厅副巡视员郭贵平、杨俊威，省交战办专职副主任尹新平以及原厅级老领导刘乾、杨金泉、鄂俊泰出席。

厅机关全体干部职工、厅直单位党政主要领导和厅机关离退休干部欢聚一堂，辞旧迎新，共贺佳节。

参加团拜会的单位纷纷献上异彩纷呈的文艺节目。其中，诗朗诵、长笛、二胡独奏、三句半等尤其受到观众青睐。演出中间还穿插抽奖环节，为团拜会增添欢乐喜庆气氛。

1月30日 一大早，省交通运输厅党组副书记、副厅长张润，省政府法制办副主任王卫星以及团省委、省国投公司有关负责同志赴帮扶对象——山西物产集团公司物资储运经销公司进行走访慰问，并向特困职工送上慰问金，表示新春祝福。

1月30日 上午，省交通运输厅党组副书记、副厅长张润代表厅党组，赴忻州慰问太旧功臣王飞彪、刘玉亭、彭国斋、杜喜才遗属，为他们送去新春祝福。

1月30日 省交通运输厅召开加强道路春运安保工作视频会议。厅党组成员、副厅长王志民进行全面安排和部署，省公路局局长戴飞及厅机关有关处室和厅直有关单位主要负责人在主会场参加。厅党组成员、副厅长张志川主持。

1月31日 省交通运输厅党组书记、厅长段建国带领厅机关有关处室负责人，专程赴临汾慰问在太旧高速公路建设期间牺牲的郑镇江和李建华遗属，为他们送去新春祝福。要求厅有关部门对困难职工、对为交通运输事业作出特殊贡献尤其是牺牲的职工遗属，形成每年慰问制度，解决后顾之忧。

2月2日至8日 2011年春节黄金周期间，全省共投入车辆60 520辆，其中包车24辆，加班车238辆，共发送旅客190.6万人次。道路春运工作总体平稳有序、安全畅通，未出现旅客滞留和节日应市及重点物资积压，未发生重特大道路运输安全责任事故。

2月3日 大年初一上午，省交通运输厅党组书记、厅长段建国，厅副巡视员郭贵平带领厅机关有关处室负责同志，深入太古高速公路建设工地，向建设者送上慰问品及新春祝福。同时还向太原高速公路公司长风西收费站、东社收费站工作人员拜年，并察看厅机关值班情况。

2月12日 上午，省城50位诗人、50位书法家齐聚省高管局六楼大会议厅，现场填词作诗，挥毫泼墨，讴歌全省交通特别是高速公路建设近年来取得的辉煌成就，演绎一个新时代别开生面的新春联谊会。

省级老领导武正国、杜五安,省文联党组书记宋新柱,省文联主席、省书协名誉主席李才旺,省交通运输厅党组书记、厅长段建国,厅党组副书记、副厅长张润,省高管局局长董新品、党委书记蒋世欣及太原书法院、唐槐诗社和省城各大诗社相关领导,共计100余人参加。张润、蒋世欣先后致辞,董新品介绍情况,武正国、杜五安讲话。

在活动现场,50位诗人以不同形式作诗填词,讴歌全省近年来高速公路迅猛发展;50位书法家通过手中的笔,将诗人们创作的诗词再次创作成一幅幅风格迥异的书法作品后,悬挂于会议大厅。大家在一起吟诗作对,品评书作,如痴如醉,其乐融融。这些作品,不仅是书法艺术与诗词艺术的完美结合,具有浓郁生活情趣、时代气息和深刻思想性、艺术性,而且是一次赞美全省高速公路发展的主题诗词书法展。

2月14日 省交通运输厅党组书记、厅长段建国,厅领导王志民、韩日裕、张志川、郜玉兰、张德仪、赵振田、郭贵平、杨俊威,厅机关相关处室负责人,深入省交通运输执法局调研并现场办公,研究该局职能落实问题。会议要求在当前过渡阶段,要按照决策、执行、监督三分离原则,积极支持省交通运输执法机构开展交通运输执法监督职能,省厅出台监督规定或办法,明确执法监督手段、措施和处理权限,作为执法监督的政策依据。厅机关各处室要积极支持省交通运输执法局的工作,发挥执法监督机构的作用和效能,在厅党组正确领导和各单位、各部门共同努力下,把执法监督事业做实做好。

2月16日 省政府在太原召开全省重点公路规范建设推进会。副省长牛仁亮出席并讲话,要求全省各级交通运输部门和参建单位要高度统一认识,扎实推进重点公路规范建设;严格执行省纪委提出的“十个严禁”和交通运输部的“八不准”制度,切实做到“不是查不出问题,而是没问题可查”,为推进全省转型跨越发展和再造一个新山西,作出新的更大贡献。省政府副秘书长崔国红主持。省直相关部门主要领导,各市分管副市长,省交通运输厅领导、厅机关各处室负责人、厅直有关单位负责人、省公路局班子成员及机关有关处室负责人、山西路桥集团负责人、各高速公路建管处党政主要负责人参加。

厅党组书记、厅长段建国汇报全省重点公路规范建设情况。省监察厅厅长杨森林、省国土资源厅厅长李建功、省环境保护厅厅长刘向东、省发展和改革委员会副主任程泽业、省审计厅巡视员王维荣就相关工作和部门之间的沟通合作进行大会发言。朔州高速公路建设管理处、高陵高速公路公司、和榆高速公路建设管理处作经验交流。

2月17日 省交通运输厅晋交规划〔2011〕61号文印发《山西省公路水路交通运输“十二五”发展规划》。主要包括发展基础和发展形势、“十二五”指导思想和发展目标、“十二五”发展重点、交通建设投资规模、政策措施六部分。

2月19日 上午,省委常委、常务副省长李小鹏,省委常委、太原市委书记陈川平深入太原武宿机场高架快速路施工现场调研,听取省交通运输厅党组书记、厅长段建国有关情况介绍,详细了解工程进度、征地拆迁、竣工时间等,并慰问建设者。要求保证工程按期全面完工,8月15日竣工通车。

调研结束后,省交通运输厅在现场召开会议,与省民航管理局、太原高速公路公司及省路桥二公司、晋中路桥公司主要负责同志研究落实李小鹏、陈川平调研讲话精神。段建国在讲话中,要求施工单位重新调整施工方案,倒排工期,抓紧施工,确保8月15日具备通车条件。

2月19日至22日 山西交通职业技术学院举行教学改革及项目课程开发技术培训,聘请高职教育资深专家、华东师范大学副教授徐国庆、博士张永,进行专业和课程开发技术以及教学方法的理论实训。

院长张文才对培训工作进行总结,并对

学院教学改革进行动员。希望全体教职工相信自己，赶快行动；热爱学生，充满激情；不懈探索，求变求新；不辱使命，走向成功。

2月21日 上午，全省公路工作会议在太原召开。省政府副秘书长崔国红，省交通运输厅党组书记、厅长段建国，厅党组副书记、副厅长张润出席并讲话。要求加快“一核一圈三群”重要运输通道扩容改造和省际“断头路”建设，切实抓好干线公路的提档升级；全面实施干线公路标准化建设，切实搞好公路养护管理。厅党组成员、省公路局党委书记赵振田主持。省公路局局长戴飞作了题为《在新起点上谋转型、促跨越，开启公路改革发展新篇章》的工作报告。

2月21日 下午，全省公路工作座谈会召开。副省长牛仁亮出席并讲话。要求进一步加强一级公路、绕城公路等建设改造，提升公路网整体功能；拓宽融资渠道，采取多种方式积极筹措资金，确保项目有序推进；探索和创新公路管理、养护、收费体制机制，推进公路标准化建设。省交通运输厅党组书记、厅长段建国，厅党组副书记、副厅长张润出席，厅党组成员、省公路局党委书记赵振田，省公路局局长戴飞以及各公路分局局长先后发言。

2月22日 全省高速公路管理工作会议召开，总结“十一五”全省高速公路管理工作，表彰先进单位和先进个人，确定“十二五”发展目标与任务，安排2011年工作任务。省政府副秘书长崔国红，省交通运输厅党组书记、厅长段建国，厅党组成员、副厅长张志川出席并讲话。要求围绕以精细化推动管理规范化、信息化推动行业现代化这两条主线，重点做好10项工作。省高管局局长董新品作了题为《立足新起点，抢抓新机遇，开创高速公路管理事业转型跨越发展新局面》的工作报告，党委书记蒋世欣主持。

2月22日 下午，省高管局在太原高速公路公司召开全系统深化创先争优现场推进会。省直工委副书记郭康峰，省交通运输厅党组副书记、副厅长张润，厅党组成员、副厅长张志川出席。省高管局局长董新品发布动员令，党委书记蒋世欣作动员报告。

2月24日 下午，省关工委主任武正国带领参加省关工委工作会议代表莅临省交通运输厅观摩指导，厅党组副书记、副厅长张润，厅关工委主任杨继刚等陪同。

2月26日 全省重点公路工程建设工程质量培训班开班仪式在中北酒店举行，省交通运输厅党组书记、厅长段建国出席并作动员。要求提高认识，牢固树立“工程质量百年大计”理念，了解和掌握解决问题的方法和手段，在施工中把好质量第一关，圆满完成建设任务。厅党组成员、厅总工程师郜玉兰主持。厅有关处室负责人出席。培训班从2月26日开始至3月1日结束，为期四天，100余人参加。

2月28日 省交通运输厅党组成员集体深入山西路桥集团调研。了解经营情况，及时掌握和解决企业在改革发展中存在问题，为下一步转型跨越发展做好准备。厅领导段建国、张润、王志民、韩日裕、郜玉兰、赵振田、郭贵平及省公路局局长戴飞、省高管局局长董新品参加。

段建国在讲话中，对路桥企业两年来保持稳定健康发展表示肯定。要求立足当前，放眼长远，集中精力把工程施工业务做优做强，高质量、高标准完成在建公路建设项目。

2月28日 省交通厅定额站2011年度工作会议召开。省交通运输厅党组成员、厅总工程师郜玉兰出席并讲话。

2月28日 省高管局召开全省高管系统关心下一代工作会议。省高管局党委书记蒋世欣，局关工委主任李万定，省高管局副局长、关工委副主任范双成，关工委常务副主任樊子义，全省高速公路管理系统关工委负责人参加。厅关工委主任杨继刚、副主任安正义应邀出席。

3月1日 省交通运输厅晋交人〔2011〕66号文印发《事业单位公开招聘人员暂行办法》。主要包括总则、招聘范围及条件、招聘方法及方式、招聘程序、纪律与监督、附则6章19条。

3月2日 下午，省政协副主席令政策带领省政协常委、省政协农村委员会主任姚高宽，省政协常委、省政协教科文卫体委员会主任杨左卿，省政协常委、省政协教科文卫体委员会副主任王建国，省政协经济和人口资源环境委员会副主任李润玺，省委党校省情研究室主任郑延涛，省社科院旅游经济研究中心主任李永宏，省社科院人文中心副主任宋丽莉等深入省交通运输厅，就国家资源型经济转型综合配套改革试验区交通建设情况进行专题调研。

厅党组书记、厅长段建国就有关交通建设情况作汇报。厅党组成员、副厅长王志民，厅党组成员、省纪委驻厅纪检组组长韩日裕，厅党组成员、副厅长张志川，厅党组成员、厅总工程师部玉兰，厅党组成员、厅总会计师张德仪，厅党组成员、省公路局党委书记赵振田及省公路局局长戴飞、省高管局局长董新品、山西路桥集团、厅机关有关处室负责人参加座谈。

3月2日 省交通运输厅在太原召开全省交通新闻宣传工作座谈会，全面总结2010年交通新闻宣传工作，安排部署2011年工作。厅党组成员、省纪委驻厅纪检组组长韩日裕出席并讲话，厅机关相关处室负责人、太原地区相关单位分管新闻宣传领导和部门负责人及中心全体干部参加，厅办公室主任王晋主持。

3月2日 全省路政管理工作座谈会召开。安排部署《山西省公路沿线非公路交通标志设置管理办法(试行)》(晋政办发[2011]2号)贯彻落实工作，并就“十一五”路政管理、2010年路政工作特点和亮点、“十二五”路政工作建议以及当前路政工作存在的主要矛盾、原因及对策等问题进行座谈交流。

3月2日 省交通运输厅晋交人〔2011〕76号文印发《事业单位岗位设置管理实施办法》。主要包括实施范围、岗位类别设置、岗位等级设置、专业技术岗位名称及岗位等级、岗位基本条件、岗位设置程序及审核权限、岗位聘用、组织实施八部分内容66条。

3月3日 由省交通运输厅和省交通企业协会举办的全省第一期公路水运工程施工企业安全生产管理人员培训班在太原开班。厅党组成员、省公路局党委书记、省交通企业协会会长赵振田出席开班仪式并讲话。

3月4日 山西交通职业技术学院2011年工作会议召开。全面总结回顾“十一五”期间学院各项工作，安排部署2011年工作，并提出“十二五”期间总体工作思路。省交通运输厅党组成员、副厅长张志川出席并讲话。院长张文才作工作报告，党委书记孟科主持。

3月5日至7日 国家发改委组织中国国际工程咨询公司专家对省交通设计院承担的京昆高速公路山西境内平定至阳曲段工程可行性研究进行评审。省交通运输厅党组成员、副厅长王志民出席。

3月7日 全省公路施工春季安全暨推进“平安文明工地”创建活动视频会召开。省交通运输厅党组副书记、副厅长张润出席并讲话。要求以迎接全国现场会议召开为契机，全面推进创建活动，进一步健全完善施工现场生产管理制度和标准，加强安全标志和防护设施专项整治。

3月8日 上午，省交通运输厅召开座谈会，纪念“三八”国际劳动妇女节101周年。来自全省交通运输系统各条战线不同工作岗位上的女职工代表欢聚一堂，交流思想，介绍经验，畅谈体会，共同庆祝，一起分享节日喜悦。厅党组副书记、副厅长张润出席并讲话，厅党组成员、厅总工程师部玉兰出席。省公路运输工会主席王晓光主持。

3月9日至10日 江苏省交通运输厅厅长游庆钟、副厅长钱国超一行11人赴晋，重点就治超、公路管养及交通融资等进行考察调研。在9日上午交流座谈会上，厅党组书记、厅长段建国向客人介绍相关情况，厅党组成员、副厅长张志川，省公路局局长戴飞、省高管局局长董新品、省公安厅交管局副局长张顺喜、厅机关有关处室负责人及省运管局和太原市交通运输局有关领导参加。

3月10日 上午，省交通运输厅关心下一代工作会议召开。厅党组书记、厅长段建国，厅党组副书记、副厅长张润出席并讲话。要求各级领导关心青少年思想品德教育，关心青少年生活，一定要培养出对国家有用的人才。厅副巡视员杨俊威、厅关工委领导任先泉、任景春、刘乾、郜学文出席。厅关工委主任杨继刚作工作报告，副主任兼秘书长安正义主持。

会上，段建国代表省厅向厅关工委原主任任先泉颁发"特殊贡献奖"荣誉证书；代表中国关工委、中央文明办向厅关工委副主任兼秘书长安正义颁发"全国关心下一代工作先进工作者"奖。省公路局、省交通执法局、省高管局、山西交通学院、省交通技校有关负责同志在会上作经验交流。

3月11日 省安委办副主任、省安监局副局长霍红义一行莅临省交通运输厅，督察指导"两会"期间安全生产工作。厅党组书记、厅长段建国，厅党组副书记、副厅长张润出席汇报会。省公路局、省运管局、省高管局、省地方海事局、省交通质监站、厅重点办以及厅机关有关处室负责人参加。

3月14日 省交通运输厅晋交政法〔2011〕111号文印发《交通运输行政监督若干规定》。主要包括总则、行政执法监督、治理超限超载监督、生产安全执法行为监督、收费公路管理监督、审计监督、行政责任、附则8章43条，自发布之日起施行。

3月15日 省交通运输厅与太原市就"十二五"期间太原市交通建设规划建议以及具体建设方案举行座谈。省委常委、太原市委书记陈川平，太原市委副书记、代市长廉毅敏，厅党组书记、厅长段建国，厅党组副书记、副厅长张润，厅党组成员、副厅长王志民，厅党组成员、厅总工程师郜玉兰，厅党组成员、厅总会计师张德仪出席。省高管局局长董新品及厅机关有关处室和省公路局、太原公路分局、太原高速公路公司、太原市交通运输局负责人参加。太原市副市长王建生主持。

段建国在讲话中指出，太原是全省人民的太原，太原发展关系着全省发展。太原交通条件好了，将会对全省经济社会发展起到有力推动作用。省交通运输厅将立即启动调整规划程序，争取将有关项目纳入规划，全力以赴，继续对太原交通发展给予高度关注和大力支持。廉毅敏表示，太原市将创造条件，克服困难，抓紧研究，迅速解决，确保省交通运输厅有关项目顺利实施。

3月15日 全省重点公路工程建设项目2011年第一次调度会召开。厅领导段建国、郜玉兰、张德仪、赵振田、杨俊威出席，张润主持。厅重点办、厅机关有关处室负责人、厅直有关单位领导、各重点公路建设管理处党政主要负责人参加。厅党组书记、厅长段建国在讲话中，要求各有关单位要有完成1000公里建设任务的决心和信心，采取措施，科学施工，全身心投入，全力推进，圆满完成。

3月15日 2011年全省交通史志年鉴工作会议在太原召开。传达全省地方志工作会议精神，总结2010年全省交通史志年鉴编纂工作，表彰先进单位和先进个人，安排部署2011年交通史志年鉴工作目标任务。厅党组成员、省纪委驻厅纪检组组长韩日裕出席并讲话，要求根据"十二五"规划蓝图，开拓工作思路，提前谋篇布局，加强组织领导，明确责任目标，增加人员配置，不断营造各部门协调配合参与的良性机制，确保史志年鉴工作稳步推进。各市交通运输局、厅直各单位、厅机关各处室负责人、办公室主任、编纂人员参加。

韩日裕还代表省交通运输厅，与各市交通运输局、厅直各单位签定2011年史志年鉴工作目标责任书。

3月15日至16日 全国部、省道路运输信息系统联网数据清理工作座谈会在晋中市召开。交通运输部道路运输司副司长王水平,省交通运输厅党组成员、副厅长王志民,晋中市副市长王建林等出席。各省、市、自治区交通运管部门负责人共90余人参加。

3月16日 “大众书画走进交通”书画名家笔会在忻州顿村省交通职工培训中心举行。省人大常委会副主任、山西大众书画院院长王雅安,省人大常委会原副主任、山西大众书画院院长杜五安出席。杜五安为笔会开笔。省交通运输厅领导段建国、张润、赵振田出席。50余名省文联、省书协、大众书画院领导和书画名家,共聚一堂,挥毫泼墨,妙笔生辉,热情讴歌交通,极大地增强行业凝聚力和影响力。

3月16日 省交通运输厅党组书记、厅长段建国深入忻保高速公路建设工地调研。要求全力抓好重点公路工程建设,确保年内建成1000公里高速公路,忻保高速要在国庆节前建成通车。厅党组成员、省公路局党委书记赵振田陪同调研。

3月16日 全省交通运输执法工作暨党风廉政建设工作会议在太原召开。总结税费改革以来工作和2010年党风廉政建设工作情况,明确“十二五”交通运输执法工作发展思路,安排2011年主要任务。省交通运输厅党组成员、省纪委驻厅纪检组组长韩日裕,厅党组成员、厅总会计师张德仪出席并讲话。省交通运输执法局局长张晋鹏作了题为《围绕中心,服务大局,努力开创交通运输执法新局面》的工作报告,局党委副书记、纪委书记部学良作了题为《强化教育管理,严明作风纪律,为开创交通运输执法新局面提供坚强保证》的工作报告。局党委书记、副局长王世锋主持。

3月16日 全省高速公路管理系统党风廉政建设工作会议召开。回顾总结2010年党风廉政建设和反腐败工作,安排部署2011年工作任务。省交通运输厅党组成员、省纪委驻厅纪检组组长韩日裕出席并讲话,省高管局局长董新品主持、党委书记蒋世欣讲话,党委副书记、纪委书记魏和平作了题为《深入贯彻落实科学发展观,扎实推进高速公路管理系统反腐倡廉建设》的工作报告。

3月16日 全省交通建设工程质量安全监督工作会议召开。总结“十一五”工作经验,分析“十二五”质量安全形势,为又好又快地完成全年任务作出重点部署。省交通运输厅党组成员、厅总工程师部玉兰出席并讲话。省交通质监站站长李新喜作了题为《面对重任,迎接挑战,全面开创公路工程质量安全监管的新局面》的工作报告。

3月16日 山西汽车运输集团2011年工作会议召开。研究分析当前交通运输新形势和新任务,提出2011年和“十二五”集团发展总体思路。董事长张海青作工作报告,省道路运输协会会长任景春参加。

3月17日 太原公路分局第七届四次职代会暨工作会议召开。省交通运输厅党组副书记、副厅长张润出席并讲话。

3月17日 上午,临吉高速公路建设管理处召开路基第三阶段总结表彰暨路基第四阶段、路面第一阶段、房建工程建设动员大会,号召全体参建人员团结一心,奋力拼搏,再掀建设高潮,确保年内建成通车。省交通运输厅党组成员、副厅长王志民出席并讲话。

当日下午,王志民还在临汾组织召开霍永高速公路建设座谈会。要求集中精力,破解影响工程开工建设的前期难题,从现在就开始对质量、安全、工期控制及廉政工作作出安排,并希望东西两段全方位展开劳动竞赛,推动霍永高速建设全面快速健康发展。

3月17日 王城高速公路有限公司在繁峙县砂河镇举行挂牌仪式。省交通运输厅领导部玉兰、赵振田,忻州市、大同市有关领导出席。项目全长58.657公里,投资概算50.425亿元。

3月17日至18日 全国交通运输法制座谈会在晋召开。交通运输部政策法规司、科学研究院、部分省、市交通运输法制处、执法单位代表参加。交通运输部政策法规司副司长柯林春出席。省交通运输厅党组副书记、副厅长张润致辞，对来晋参会的各位代表表示热烈欢迎，并介绍全省交通运输法制建设情况。厅政策法规处和省交通运输执法局领导参加。

会议期间，与会代表还就推进交通运输执法信息化建设、部省立法工作联系平台试点以及交通运输法治理论与实践课题研究等进行讨论。

3月18日 下午，全省部分路桥企业负责人座谈会在运城召开。省交通运输厅党组成员、副厅长王志民出席并讲话。要求珍惜机遇，完成任务，重树品牌，重振雄风。

3月21日 朔州市召开境内高速公路建设推进会，省交通运输厅党组副书记、副厅长张润，朔州市委副书记、市长冯改朵出席，副市长侯新生主持。

3月22日 省政府召开全省重点公路规范建设专项检查动员培训会。省政府副秘书长、省重点公路工程建设领导组副组长崔国红作动员讲话，省交通运输厅党组书记、厅长段建国主持，厅党组副书记、副厅长张润宣读专项检查工作方案，厅领导部玉兰、张德仪、赵振田、尹新平，各专项检查组成员及厅机关有关处室负责人出席。

3月23日 省交通运输厅党组书记、厅长段建国，厅党组成员、厅总工程师部玉兰赴晋城市，与晋城市代市长王清宪、市人大常委会副主任任建宏、副市长焦光善，就推进五个公路工程建设项目进行座谈。希望晋城市紧紧抓住有利时机，精心做好高陵、高沁高速公路建设工作，继续给予更多支持。

期间，段建国一行还深入高平至晋城一级公路凤凰山隧道和高陵高速公路王莽岭隧道施工现场检查指导工作。

3月23日 省高管局举行全系统创先争优活动先进事迹报告会。省直工委书记李仁和，省交通运输厅党组副书记、副厅长张润，省总工会、团省委及厅机关有关处室负责人应邀出席。省高管局局长董新品主持，党委书记蒋世欣致辞。6位个人和两个集体单位代表用朴实语言和真挚情感，真实生动地讲述先进事迹，用实际行动诠释新时期高速公路人的优秀品质，让全系统党员干部经历一场感人至深、发人深省、催人奋进的精神洗礼。

3月24日 省交通运输厅与长治市政府举行座谈会，重点研究黎霍高速公路路线方案。省交通运输厅党组书记、厅长段建国，厅党组成员、厅总工程师部玉兰，厅副巡视员杨俊威，长治市市长张保，常务副市长董岩，副市长尚宪芳出席。

当日，段建国一行全线调研长平高速公路工程建设情况。要求精心组织，严格施工，确保质量。

3月25日 省交通开发投资集团公司2011年工作会议召开。副省长牛仁亮出席并讲话。要求突出抓好开拓业务、控制风险、加强人才队伍建设、规范公司治理结构、建立健全激励机制五项工作，争取经过10年努力，把集团建设成为山西领先、全国一流、千亿资产、百亿利税的现代化企业。省政府副秘书长崔国红，省交通运输厅党组书记、厅长段建国，厅党组副书记、副厅长张润，省高管局局长董新品以及厅机关有关处室负责人出席。常务副董事长魏庆飞作了题为《加快集团化转型跨越步伐，开创“十二五”科学发展新局面》的工作报告。会议由公司副董事长、常务副总经理刘宏武主持，副董事长、党委副书记李平宣读2010年先进集体及先进个人表彰决定。

3月29日 阳五高速公路公司召开一期工程表彰暨二期工程建设动员会。省交通运输厅副巡视员杨俊威出席并讲话。

4月1日 下午，省交通运输厅党组书记、厅长段建国，厅党组成员、副厅长王志民，厅党组成员、厅总会计师张德仪等领导一行10人，就城市客运及城乡客运一体化问题深入省运管局调研。要求充分认识重要意义，站在城市发展大局上，各市要实施“公交优先”发展战略，加快建立相适应的城市公共交通系统。

4月2日 北京军区联勤部军交运输部部长李海军一行4人莅临省交通运输厅检查指导交通战备工作。厅党组副书记、副厅长、省交战办主任张润出席座谈会。省交战办专职副主任尹新平陪同,并深入正在建设中的太古高速、华北交通战备和物资储备基地调研。

4月2日 省交通厅规划发展中心2011年工作会议召开。省交通运输厅党组成员、副厅长王志民出席并讲话。

4月6日 省交通运输厅召开迎国检工作领导组会议,对迎接全国干线公路养护与管理大检查工作进行再动员和再部署。厅党组书记、厅长、组长段建国,厅党组副书记、副厅长、副组长张润出席并讲话。要求统一思想,提高认识;针对存在问题,加大协调力度,研究解决办法,提高工作效率;细化责任,明确期限,层层落实,确保取得好成绩。省公路局局长戴飞以及省高管局、省交通质监站、省交通开发投资集团公司等成员单位主要领导、厅机关有关处室负责人参加。

4月11日至12日 省人大财经委主任赵建平一行,在吕梁市人大常委会主任刘明勇、厅副巡视员郭贵平陪同下,深入吕梁市,对《山西省水路管理条例(草例)》立法进行实地调研。

4月12日 上午10时,长平高速公路长治环城段正式通车运营。长治市委副书记、市长张保,省交通运输厅党组成员、厅总工程师部玉兰,长治市副市长尚宪芳,省高管局副局长周存信等有关领导出席通车运营仪式。长平高速公路建管处处长李俊生介绍环城段通车情况。路线全长58.243公里,路基宽26米。

4月13日 省交通运输厅召开2011年度机关定点扶贫迎老送新座谈会。厅党组副书记、副厅长张润主持并讲话,厅副巡视员杨俊威,省交战办专职副主任尹新平,省公路局、省交通执法局、省运管局、省高管局等单位主要领导以及在大同市天镇县三十里铺乡定点扶贫队员参加。

4月13日 省交通运输厅召开安排部署"迎中博、创环境、争一流"活动会议。要求厅属驻并单位高度重视,积极行动,抓好落实,以优良交通环境和优质服务迎接中博会召开。厅党组成员、副厅长王志民出席并讲话。

4月13日 省交通运输厅党组晋交党发〔2011〕40号文印发《关于组织开展交通运输系统庆祝建党90周年系列活动的通知》。

4月15日 全省城市客运管理工作座谈汇报会召开。省交通运输厅党组成员、副厅长王志民主持并讲话。

4月15日 中国交通报社2011年记者站工作会议在陕西省西安市召开。《中国交通报》驻山西记者站获"年度最佳记者站"称号。石中生获"年度最佳站长"称号。至此,山西记者站连续24年保持集体殊荣,这是全国38个记者站中唯一连续保持殊荣的记者站。厅党组成员、省纪委驻厅纪检组组长韩日裕出席。

4月15日 神河高速公路建管处挂牌仪式在五寨县三岔镇举行。省交通运输厅党组成员、厅总工程师部玉兰,忻州市政协副主席李效玲、市长助理韩春等领导出席并揭牌。路线全长99.13公里,概算总投资约81.55亿元。

4月16日 2011年全省交通运输系统工会工作会议在晋中召开。省交通运输厅党组副书记、副厅长张润出席并讲话。省公路运输工会主席王晓光作了题为《团结拼搏,锐意进取,努力推动全省交通运输工会工作科学发展跨越发展》的工作报告。

4月16日 省高管局在长治召开全省高速公路管理系统迎国检动员大会。省交通运输厅党组副书记、副厅长张润出席并讲话,省高管局副局长王联明作动员报告,省高管局分管领导分别安排迎检工作,并提出具体要求,党委书记蒋世欣主持。

4月18日 全省街巷硬化全覆盖工程摸底调研动员会在厅五楼会议室召开,省政府副秘书长崔国红,省交通运输厅党组副书记、副厅长张润出席。省发改委、省财政厅、省新农办及各市交通运输局、省公路局、省交通执法局、省交通质监站主要领导及厅机关有关处室负责人参加。

4月18日 省直机关创先争优活动学习观摩会在省高管局召开。省直工委书记李仁和出席并讲话，省直各厅局160余人参加。省交通运输厅党组成员、省纪委驻厅纪检组组长韩日裕出席并向大会致词，省高管局党委书记蒋世欣作经验交流发言。

4月21日 上午，省交通运输厅党组书记、厅长段建国，厅党组副书记、副厅长张润，厅党组成员、省纪委驻厅纪检组组长韩日裕，厅副巡视员郭贵平、杨俊威赴太原东环高速公路，同厅机关、省高管局机关、太原高速公路公司干部职工180多人一起，参加义务植树活动，为绿化东山贡献力量。

4月21日 陕西省交通建设集团公司一行11人赴晋考察。省交通运输厅党组成员、副厅长王志民，与公司党委书记，董事长杨育生，党委副书记、副董事长耿志宏进行座谈。省高管局局长董新品，党委书记蒋世欣及省交通设计院、省交通科研院有关领导参加。

4月21日 省交通运输厅晋交人〔2011〕182号文印发《关于开展全省公路水路交通运输行业人才资源统计调查工作的通知》。截至时间2010年12月31日。领导组组长段建国；副组长张润、王志民。

4月22日 全省交通战备工作会议在晋中召开。回顾总结“十一五”交通战备工作，部署“十二五”交通战备发展规划，安排2011年交通战备工作任务，并表彰先进单位和个人。国家交战办第一副主任、总后军交运输部副部长姜锐刚，省国动委常务副主任、省军区司令员刘云海出席并讲话。省交战办第一主任、厅党组书记、厅长段国主持。省交战办主任、厅党组副书记、副厅长张润作了题为《投送牵引，融合建设，一体保障，加快推进全省交通战备现代化建设步伐》的工作报告。省交战办专职副主任尹新平、省国防交通战备协会副会长兼秘书长史荣和以及北京军区军交部、省军区、晋中市政府、晋中市军分区有关领导出席。

4月22日 下午，全省高速公路管理工作座谈会在太原召开，副省长牛仁亮出席并讲话，要求从公益性、安全性入手，努力实现全省高速公路畅通化、安全化、标准化、信息化和精细化。省交通运输厅党组书记、厅长段建国出席并讲话，厅党组副书记、副厅长张润主持。省高管局局长董新品作工作汇报。截至2010年底，省高管局管辖运营里程2752公里，其中政府还贷公路2224公里，经营性公路528公里，分别由16个高速公路公司和10个建设管理处负责运营管理。“十一五”期间，通行费收入为365.75亿元，是“十五”4.4倍，年公里通行费达到465.19万元，比“十五”末增长115.5%，年平均递增率为16.6%。

4月22日 湖北省交通运输厅副厅长马立军一行4人赴晋考察。省交通运输厅党组成员、副厅长王志民会见并座谈。省高管局局长董新品及厅机关、厅重点办有关处室负责人参加。

4月26日 省人大财经委召开《山西省水路交通管理条例(草案)》立法论证会，听取省人大部分常委、专家的意见和建议。省交通运输厅党组成员、副厅长王志民作说明，省人大财经委主任赵建平主持。

4月29日 全省交通运输系统劳模代表座谈会在太原召开，省交通运输厅党组书记、厅长段建国，厅党组副书记、副厅长张润，厅党组成员、副厅长王志民，厅党组成员、省纪委驻厅纪检组组长韩日裕与历届劳动模范集体及个人代表、2011年全国劳动模范个人、省劳动模范单位(集体)、省劳动模范个人代表欢聚一堂，共同庆祝这一全世界工人阶级和劳动群众的光辉节日，共话劳动者的春天。

4月29日 省妇联与省交通运输厅在太古高速西山特长隧道举行慰问活动。省妇联主席李悦娥，厅党组副书记、副厅长张润参加。

5月4日 省交通运输厅晋交政法〔2011〕206号文印发宣传贯彻《公路安全保护条例》方案。领导组组长段建国;副组长张润;办公室主任曹居月。

5月5日 省交通运输厅党组书记、厅长段建国带领厅机关、厅重点办有关处室负责同志和省交通质监站、省交通勘察设计院有关专家赴灵山高速公路建设一线调研。要求高度重视,迎难而上,在保证施工安全和工程质量的同时,确保2011年建成通车。厅党组成员、厅总工程师郜玉兰一同调研。

5月6日 上午,段建国一行赴广源高速公路施工一线检查指导工作。大同市副市长、市高速公路指挥部总指挥郝月生陪同。

5月8日 由中国建筑按BOT模式在山西投资建设的阳五高速公路阳盂段工程经过近4个月试通车,正式向社会收费运营。主线长40.8公里,一级公路连接线长7.088公里。

5月10日 全省交通运输系统老干部工作会议召开。省交通运输厅党组书记、厅长段建国,省委组织部副部长、老干部局局长陈跃钢,厅副巡视员杨俊威出席并讲话。厅级老领导廉平应邀出席。杨俊威作了题为《努力提升老干部工作水平,服务全省交通运输转型跨越发展》的工作报告。

5月10日 2011年厅直单位综治工作暨综治干部培训会议在太原召开。省交通运输厅党组副书记、副厅长张润,省综治办副主任李曾贵出席并讲话。省交战办专职副主任尹新平主持。

5月10日 山西省交通高级技工学校隆重举行"全国交通中等职业教育示范院校"揭牌仪式。省交通运输厅党组成员、厅总工程师郜玉兰出席并为学校揭牌。

5月10日 省交通运输厅晋交办〔2011〕214号文印发《关于调整厅信息化建设领导组成员的通知》。组长段建国;常务副组长王志民;副组长张润、郜玉兰、张德仪;办公室主任王志民。

5月11日 省交通运输厅党组副书记、副厅长、厅迎国检工作领导组副组长张润带领有关单位和部门负责人,督察指导太原市、晋中市迎国检工作。

5月11日至13日 省交通运输厅党组书记、厅长段建国,厅副巡视员郭贵平,厅重点办及厅机关有关处室负责人赴吕梁、临汾在建高速公路建设工地进行调研。

5月13日 省交通运输厅召开严厉打击非法违法生产经营行为专项行动视频会议。厅党组副书记、副厅长张润做动员和部署。省运管局、省海事局、省交通质监站代表省厅分别就道路运输、水上交通运输行业、公路水运工程施工领域开展"打非"专项行动和"预防坍塌事故"专项整治工作做了安排部署。11市交通运输局在分场参加会议。

5月13日至14日 临汾、长治、吕梁3市国家公路运输枢纽总体规划通过交通运输部组织的专家评审。省交通运输厅党组成员、副厅长王志民出席并讲话。

5月15日 省公路学会第五次会员代表大会在太原召开。省人大常委会原副主任、第二届理事会理事长杜五安,省政府副秘书长崔国红,原厅长、第一届理事会理事长廉平,原厅长、第三届理事会理事长刘俊谦,厅党组书记、厅长段建国,中国公路学会秘书长刘文杰,省科协副主席郝建新,省民间组织管理局局长吴建强,原副厅长、第四届理事会理事长杨继刚,厅党组副书记、副厅长张润等出席。省公路局局长、第四届理事会副理事长戴飞主持。

大会审议通过第四届理事会《工作报告》、《财务报告》、学会会费收支管理办法等会议文件,选举产生理事、常务理事、理事长、副理事长和秘书长。张润当选第五届理事长,戴飞、董新品、张晋鹏、冯尔钢当选副理事长。会议还对省公路学会第四届理事会期间先进集体、突出贡献奖和先进工作者进行表彰。

5月16日 副省长牛仁亮,省政府副秘书长崔国红,太原市副市长王建生及省发改委、省环保厅等有关领导赴太古高速西山特长隧道建设工地现场调研指导，就面临困难和出现问题进行分析研究，并提出相应解决办法。要求精心组织，科学管理，高标准高质量抓好工程建设。省交通运输厅党组书记、厅长段建国，厅党组成员、厅总工程师部玉兰，厅副巡视员郭贵平，省交通质监站及厅机关有关处室负责人陪同。郭贵平简要汇报太古高速公路工程建设进展情况。

5月16日 全省重点公路工程建设项目第二次调度会议在省高管局6楼会议室召开。厅领导王志民、韩日裕、赵振田、杨俊威出席，厅党组成员、副厅长王志民主持。厅机关有关处室，厅直有关单位，各重点公路工程建设单位党政主要负责同志，厅重点办全体工作人员参加。

会议贯彻落实全省重点工程总结表彰暨动员大会会议精神，通报表扬2010年度全省重点公路工程建设完成目标责任制和绩效考核优秀、先进单位，参会的厅领导向各项目单位颁发2010年度全省重点公路工程建设工作目标责任状，听取全省年内1000公里计划建成通车项目（路段）和新开工500公里工作进展情况及全省重点公路工程建设整体情况汇报，省交通质监站通报全省在建项目质量安全检查情况，研究解决存在的问题，并就下一步工作进行安排部署。

王志民在讲话中，要求各级各部门要集中力量攻克难点，确保全年新开工500公里，建成1000公里，为实现年内全省高速公路通车里程突破4000公里，2012年全省高速公路通车里程达到5000公里而努力奋斗。

5月17日 省交通运输厅晋交人〔2011〕234号文印发《关于山西交通职业技术学院内设机构及副处级领导职数设置的批复》。其中，党政管理机构10个，群团机构2个，教学辅助机构6个，教学业务机构11个，党总支委员会10个，核定副处级领导职数39名。

5月18日 灵河高速公路原神段建管处挂牌仪式举行。省交通运输厅党组成员、厅总工程师部玉兰出席并与忻州市人大常委会副主任郑红光、市政协副主席王志勇、建管处处长张补才一起为建管处揭牌。建设里程全长64.47公里，概算投资75.27亿元。

5月19日 神河高速公路召开前期工作总结表彰暨工程建设动员大会。省交通运输党组成员、厅总工程师部玉兰出席并讲话。

5月23日 省十一届人大常委会第23次会议召开。省交通运输厅党组书记、厅长段建国作《山西省水路交通管理条例（草案）》说明。

5月23日 省“迎创争”活动领导组深入省交通运输厅进行环境整治督促检查。省直工委书记李仁和带队，厅党组成员、副厅长王志民及厅办公室、厅直机关党委负责人陪同。

5月26日 省交通运输厅召开会议，听取“迎中博、创环境、争一流”活动环境整治专项检查情况汇报，认真分析存在问题，提出解决办法。同时，结合行业实际，明确公路、站场、办公场所、宿舍楼院、建设工地五个方面的环境整治标准，厅党组成员、副厅长王志民主持并讲话。

5月27日 历时8天的全国干线公路养护与管理检查山西省境内检查工作圆满结束。当日下午，检查组向省交通运输厅反馈检查情况，高度评价全省“十一五”干线公路养管工作。检查组组长由西藏自治区交通运输厅副厅长彭思义担任，副组长由辽宁省交通运输厅公路管理局副局长李江担任。厅党组书记、厅长段建国出席并讲话，厅党组副书记、副厅长张润主持，厅党组成员、省公路局党委书记赵振田，省公路局局长戴飞，省高管局局长董新品、党委书记蒋世欣以及厅机关、省公路局、省高管局有关处室领导和人员参加。

5月27日 省交通运输厅召开会议，安排部署交通运输行政执法评议考核工作和行政监督工作。厅党组书记、厅长段建国出席并讲话,厅党组副书记、副厅长张润主持,厅党组成员、省纪委驻厅纪检组组长韩日裕参加,厅党组成员、厅总会计师张德仪就交通运输行政执法评议考核和行政监督作出具体部署。

5月28日 灵山高速公路抢风岭隧道胜利贯通。省交通运输厅党组副书记、副厅长张润出席仪式并宣布贯通。隧道全长5495米,2009年7月开工建设。

6月1日 交通运输部召开贯彻实施《公路安全保护条例》电视电话会议。省交通运输厅党组副书记、副厅长张润,省公路局、省执法局、省运管局、省高管局及厅机关有关处室主要负责人在厅五楼会议室收听收看会议实况。会议结束后,省交通厅立即召开会议,积极贯彻落实会议精神。

6月1日 受交通运输部综合规划司委托,交通运输部公路科学研究院在太原主持召开大同、太原国家公路运输枢纽规划审查会议。省交通运输厅党组成员、副厅长王志民及厅机关有关处室负责人,两市政府、发改局、规划局、交通运输局等单位负责人参加。

6月3日 省交通运输厅在太原隆重召开全省交通运输科技工作会议。总结回顾"十一五"交通运输科技创新工作,全面部署"十二五"科技创新任务,表彰"十一五"期间在科技进步、技术革新和科技管理工作中作出突出贡献的先进单位和先进个人。厅党组书记、厅长段建国作科技工作报告,厅党组副书记、副厅长张润宣读全省交通运输行业荣获交通运输部科技创新表彰决定和"车、船、路、港"千家企业低碳交通运输专项行动表彰名单。厅党组成员、省纪委驻厅纪检组组长韩日裕宣读省交通运输厅《关于表彰"十一五"全省交通运输行业科技创新先进单位和先进个人的决定》。厅党组成员、厅总工程师部玉兰主持,厅副巡视员郭贵平、省交战办专职副主任尹新平出席。

会议印发《山西省交通运输"十二五"科技发展规划》。

6月3日 下午,省交通运输厅召开公务用车问题专项治理工作会议。厅党组成员、省纪委驻厅纪检组组长韩日裕,厅党组成员、厅总会计师张德仪出席并讲话。

6月8日 下午,省交通运输厅机关全体党员赴太古高速公路西山隧道进行"重温入党誓词、牢记党的宗旨"主题教育活动。厅党组书记、厅长段建国领誓,厅党组副书记、副厅长张润,厅党组成员、厅总工程师部玉兰,厅副巡视员郭贵平参加。

6月8日 省交通运输厅在太原执法局举办了以"党在我心中"为主题庆祝建党90周年演讲比赛决赛。厅党组副书记、副厅长张润出席并致辞。

6月9日 上午,全省治超工作会议在太原召开。省人大常委会副主任、省总工会主席郭海亮,副省长牛仁亮,省政协副主席李潭生,省治超领导组顾问兼总监督员吕日周以及省直各部门和各市、县主要领导负责同志出席。

厅党组副书记、副厅长张润代表省交通运输厅作表态发言。厅领导王志民、韩日裕、部玉兰、郭贵平、杨俊威以及省公路局局长戴飞、省运管局局长李华中、省高管局局长董新品、厅机关有关处室主要负责同志参加。

当日上午,由省治超办和省摄影家协会共同举办的"庆祝中国共产党成立90周年山西治超工作摄影展"开展。

6月10日 省交通运输厅党组成员、厅总工程师部玉兰赴长平高速公路调研。

6月13日 省交通运输厅晋交建管〔2011〕291号文向交通运输部呈报《关于山西省高速公路施工标准化管理指南的报告》。主要包括路基、路面、桥梁、隧道、交通安全设施、绿化、机电、驻地(站4场、试验室)八部分。

6月13日 省交通运输厅晋交建管〔2011〕294号文批复山西省交通136工程(太古高速公路国防工程)。工程主体建筑面积3648.78平方米,隧道平战转换后增加防护面积27.2万平方米,核准概算37 315.99万元。

6月14日 下午3时，全国收费公路专项清理工作电视电话会议在北京召开。省政府副秘书长崔国红，省财政厅、省监察厅、省物价局、省发改委有关领导，省交通运输厅领导张润、王志民、韩日裕及厅机关处室负责人、驻厅监察室、省公路局、省交通运输执法局、省高管局、省交通投资集团有关领导在厅机关五楼会议室收听收看实况。

6月14日 晚上，由著名京剧表演艺术家、国家京剧院副院长于魁智和京剧院一团团长李胜素亲自带团的国家京剧院一团走进山西交通职业技术学院，进行"高雅艺术进校园"专场演出。省级老领导王昕，省交通运输厅党组副书记、副厅长张润，省教育厅副厅长王李金等有关领导与学院近千名师生观看。

学院党委书记孟科与李胜素互赠礼品，院长张文才致欢迎辞，学院还为剧团赠送"高雅艺术进校园，优秀文化传友情"的旌旗。

6月14日至16日 省交通运输执法局举办为期三天的"山西省交通运输执法局机关驻楼单位第五届联谊运动会"。省交通运输厅党组成员、省纪委驻厅纪检组组长韩日裕出席开幕式并讲话，主办方省交通运输执法局局长张晋鹏致开幕词。

6月17日 省交通运输厅党组举办集体学法活动，专题学习《公路安全保护条例》。交通运输部管理干部学院政法系主任张柱庭教授作专题辅导。厅党组书记、厅长段建国参加并讲话。在并厅领导、厅直各单位负责同志、厅机关全体公务员参加。

6月21日 省委书记、省人大常委会主任袁纯清在忻州市调研期间，专程赴在建的高速公路忻（州）保（德）线、岢（岚）临（县）线视察。要求确保质量，快速推进，争取早日建成，为推动晋西北转型跨越发展和全省再造一个新山西战略作出应有贡献。省委常委、秘书长李政文，省交通运输厅党组书记、厅长段建国，厅党组成员、厅总工程师郜玉兰，厅党组成员、省公路局党委书记赵振田，厅副巡视员郭贵平、忻州市委书记董洪运，市长李平社等陪同视察。

6月21日 上午，省交通运输厅领导段建国、郜玉兰、赵振田、郭贵平等深入忻保高速公路建设工地调研。

6月21日至22日 全省运管系统庆祝建党90周年"永远跟党走"大型红歌会演活动在山西省演艺中心举办。活动分为比赛和会演两项内容。6月21日下午，全省运管系统及城市客运管理机构12支代表队的合唱、独（重）唱共23个节目参加比赛。经过激烈角逐，评出合唱类一等奖1名，二等奖2名，三等奖3名；独（重）唱类节目一等奖1名，二等奖1名，三等奖2名及优秀节目奖8名，优秀组织奖6名。

6月22日上午10点，获奖节目参加正式会演。省直工委书记李仁和，省交通运输厅党组书记、厅长段建国，厅党组副书记、副厅长张润，厅党组成员、副厅长王志民，厅机关相关处室负责人，省运管局局长、党委书记李华中及省局领导班子全体成员、省道路运输协会会长任景春等出席，并认真观看。

6月22日 全省重点公路工程建设项目第三次调度会议召开，对全年9个全线通车项目、8个部分路段通车项目以及19个其他项目进展情况进行研究。省交通运输厅领导段建国、王志民、韩日裕、郜玉兰、张德仪、赵振田、郭贵平、杨俊威、尹新平出席，张润主持。厅机关有关处室负责人、厅直有关单位负责同志、各建管处党政主要负责人、厅重点办全体成员参加。

段建国在讲话中，要求同舟共济，负重前行，共度难关，全力打好工程建设攻坚战，胜利完成既定目标，确保资金，为实现2012年底全省建成5000公里高速公路奋斗目标而不懈努力。

6月23日 省交通运输厅党组书记、厅长段建国，厅副巡视员杨俊威走访慰问廉平、任先泉等建国前入党的老党员及离休老干部，为他们送上慰问信、慰问金、慰问品以及增发的离休干部生活补贴，并致以节日问候。

厅人事处、厅直机关党委、厅离退休人员工作处等处室负责人参加。

6月23日 省交通运输厅在太原召开全省道路运输企业联系会议。厅党组成员、副厅长王志民主持并讲话。省运管局局长李华中、山西汽运集团董事长兼总经理张海清以及全省13个道路客货运输企业、3个客运站场、2个物流公司负责人相继发言，厅有关部门、省运管局相关部门、省道协负责人参加。

6月24日 省公路局召开纪念建党90周年暨创先争优表彰大会。省交通运输厅党组成员、省公路局党委书记赵振田出席并讲话，省公路局局长戴飞主持并总结。省公路局党委副书记、纪检书记李铁山宣读表彰决定，受表彰的先进基层党组织、优秀党务工作者、优秀党员代表分别发言。

与会党员还观看党建巡展，并重温入党誓词。

6月25日 太旧高速公路公司开展主题鲜明、内容丰富、形式多样的系列庆祝活动，表达太旧人对党的忠诚和热爱。原省级老领导杜五安，原省厅老领导刘俊谦、杨金泉，厅党组副书记、副厅长张润出席并讲话。希望牢记宗旨，真抓实干，科学管养，用太旧精神服务人，用太旧榜样激励人，用太旧英雄教育人，用太旧作风感动人，永葆企业发展青春。省高管局局长董新品、党委书记蒋世欣等参加。

6月27日 省委书记、省人大常委会主任袁纯清带着党和政府温暖，亲临省交通运输厅机关家属院，看望慰问厅机关退休党员任丁未老人。省委常委、组织部部长汤涛，副省长牛仁亮一同慰问，厅领导段建国、张润、王志民、郜玉兰、郭贵平、杨俊威、尹新平等陪同。

6月28日 省交通运输厅在山西交通学院隆重召开庆祝中国共产党成立90周年暨创先争优表彰大会。厅党组书记、厅长段建国出席并讲话，要求不断巩固深化活动成果，不断创新活动方式，不断强化组织功能，真正使各级党组织成为推动交通发展、服务人民群众、凝聚行业人心、促进社会和谐的坚强堡垒，使广大党员真正成为坚定信念、牢记宗旨、爱岗敬业、勇于进取的先锋模范，为交通运输转型跨越发展提供强大的精神动力和政治保证。厅党组成员、省纪委驻厅纪检组组长韩日裕宣读《关于表彰先进基层党组织、优秀共产党员和优秀党务工作者的决定》；厅领导张德仪、赵振田、郭贵平、杨俊威、尹新平出席；厅党组副书记、副厅长张润主持。省直工委书记李仁和、省直工委宣传部部长段元记应邀出席。厅直系统各单位党政主要领导、纪委书记、党办主任；厅机关各支部书记、各处室负责人；受表彰的先进基层党组织、优秀共产党员、优秀党务工作者代表参加。

会后，参会人员一同观看"颂党恩、唱红歌"歌咏比赛获奖单位汇报演出，与会领导还为获奖单位颁奖。

6月28日 省交通运输厅会同太原铁路局、省民航管理局、省邮政管理局、山西地方铁路集团有限公司等单位联合举行第二次综合运输厅(局)际联席会议。厅党组成员、副厅长王志民主持，厅机关有关处室负责人参加。

6月28日 由山东省交通运输厅原厅长周秋田，吉林省交通运输厅原厅长、省政协经济科技委主任张勇等组成的交通运输部部长政策咨询小组莅临山西，开展"调整运输结构、加强管理、发展绿色交通"专题调研。原厅长王晓林，副厅长王志民以及相关职能部门领导出席座谈会。

6月28日 由省质量技术监督局主办、省交通运输管理局承办的《山西省城市公共汽电车客运服务规范》(地方标准)新闻发布会在太原迎泽宾馆举行。省交通运输厅党组成员、副厅长王志民，省质量技术监督局副局长王国强、省运管局局长李华中等出席并讲话。

6月28日 由祁临高速公路公司和省诗词学会联合主办的全省首届"我诗我书"专题展在并隆重举行。省级老领导武正国、杜五安，省文联主席李才旺，山西诗词学会常务副会长时新以及来自全省11个市的诗词书法爱好者参加启动仪式。展期5天。

6月28日至29日 副省长牛仁亮深入运城、临汾、太原市，对在建的重点公路工程闻合高速、霍永高速（西）、太原南环高速滨河西互通、太原机场高架桥四个项目的建设情况进行实地调研。省交通运输厅党组书记、厅长段建国，厅副巡视员郭贵平，省物价局局长李福龙，省发改委副主任王赋，省治超领导组组长特别助理李顺通等陪同。

6月29日 下午，副省长牛仁亮深入大运高速公路介休收费站匝道入口处，就高速公路超限超载检测系统和治超工作进行专题调研。省交通运输厅党组书记、厅长段建国，厅副巡视员郭贵平，省物价局局长李福龙，省发改委副主任王赋，省治超领导组组长特别助理李顺通，省高管局局长董新品等陪同。

6月29日 全省交通运输执法系统纪念建党90周年暨“七一”表彰大会召开。省交通运输厅党组成员、省纪委驻厅纪检组组长韩日裕，厅党组成员、厅总会计师张德仪出席，220余人参加。会议由省交通运输执法局局长张晋鹏主持并作总结。局党委书记、副局长王世峰作了题为《围绕转型发展，促进事业开局，全面做好新形势下的党建工作》的报告。

6月29日 全省高管系统纪念建党90周年暨“创先争优”表彰大会召开。省交通运输厅副巡视员杨俊威出席并讲话，省高管局局长董新品主持，党委书记蒋世欣作了题为《创先争优求实效，凝心聚力促发展》的工作报告。

6月30日 为适应大太原都市循环圈建设需要，经山西、香港合作双方友好协商，太榆公路许西收费站于2011年6月30日24时正式停止收费。

7月1日 省交通运输厅召开防汛工作领导组成员会议。厅副巡视员郭贵平出席并讲话。

7月1日 由省交通设计院主编的全国性行业技术规范《采空区公路设计与施工技术细则》（JTG/TD31-03-2011）于2011年5月27日以交通运输部2011年第29号文正式发布，并自7月1日起实施。是目前国内首部全国性行业技术规范，也是首部由省级勘察设计单位主编的全国性行业技术规范，是近10年来交通运输部公路工程行业标准制修订计划项目中编制时间最短、通过部级审查最快的技术规范，填补国内公路建设地质病害处治领域的一项空白，采空区处治技术处于国际领先水平。

7月3日 省交通运输厅召开全省交通运输系统汛期安全生产视频会议。厅党组书记、厅长段建国对全省汛期交通运输安全生产工作作动员部署，厅党组副书记、副厅长张润主持并作总结讲话，厅党组成员、省纪委驻厅纪检组组长韩日裕通报2011年上半年交通运输安全生产情况，厅党组成员、厅总会计师张德仪传达省政府办公厅关于做好强降雨天气应对工作的紧急通知精神。厅党组成员、省公路局党委书记赵振田，厅副巡视员郭贵平、杨俊威出席。厅直各单位主要领导和分管安全领导、安全处(科)室负责人、厅机关各处室负责人、山西路桥集团和山西汽运集团负责人、分管领导和安全部门负责人150余人在主会场参加。

7月5日 省交通运输厅在太原高速公路长风东收费站广场举行声势浩大的《公路安全保护条例》贯彻实施宣传活动。厅党组副书记、副厅长张润出席并讲话。省公路局、省执法局、省运管局、省高管局有关领导，厅机关有关处室负责同志，太原高速公路公司部分干部职工参加，并为路政人员代表、司乘人员代表赠送单行本，向过往司乘人员发放宣传资料。

7月6日 下午，副省长牛仁亮在太原会见交通运输部副部长冯正霖一行。牛仁亮首先代表省政府对冯正霖一行来晋检查指导工作表示欢迎,对中央部委长期以来扶持山西各项建设表示感谢。牛仁亮还向冯正霖一行介绍省治超和公路建设有关情况,同时希望交通运输部一如既往地关心支持山西交通建设。

省政府副秘书长崔国红,省交通运输厅领导段建国、王志民以及太原铁路局领导参加会见。

7月6日 上午,省交通运输厅召开水上交通安全隐患大排查专项治理行动动员大会,部署专项治理工作。厅党组副书记、副厅长张润作动员。

7月6日 省交通厅新闻宣传中心召开全体干部大会,厅党组成员、省纪委驻厅纪检组组长韩日裕出席并讲话。要求精心打造一支高素质新闻宣传队伍,努力实现"宣传上台阶、事业开新局、职工得实惠、单位更和谐"的目标。厅人事处处长蔺建煌宣布中心主要领导任命决定,并提出希望。

7月7日 下午,交通运输部副部长冯正霖一行莅临西山特长隧道视察。省交通运输厅党组书记、厅长段建国,厅党组成员、厅总工程师部玉兰等陪同。

7月7日至8日 省交通运输厅党组书记、厅长段建国轻车简从,深入厅扶贫点天镇县三十里铺乡进行检查指导。希望帮扶单位和工作队员发挥行业优势,加大帮扶力度,尽快让三十里铺乡实现街道硬化,创建文明新农村,真正使老百姓过上安居乐业好日子。

段建国还赴三十里铺乡高墙框村特困户高全喜、高家店村特困户王存义家中进行走访慰问,送上食用油、面粉、慰问金。

7月7日至8日 省交通运输厅党组书记、厅长段建国一行顶着烈日,检查天大、同源高速公路路面工程建设情况。希望施工一线人员齐心协力、争创一流,努力把同源、天大两条高速公路建成精品工程,为大同市公路建设再立新功。

7月8日 全省交通运输系统治超工作推进视频会议在厅五楼会议室召开,厅党组副书记、副厅长、厅治超领导组副组长张润出席并讲话。要求加强源头治超,加大路面管控力度,积极推进科技治超;加强领导,营造环境,严格责任,严格奖惩,着力提高应急能力;切实加强队伍建设,坚持巩固成果不动摇,坚持长效治理不放松,以更加坚定信心,更加有力措施,更加扎实作风,夺取治超工作新的更大胜利。厅党组成员、省纪委驻厅纪检组组长、厅治超领导组副组长韩日裕传达全省治超工作会议精神,并通报近期全系统治超工作中存在的有关问题;厅党组成员、副厅长王志民主持。厅治超领导组各成员及厅治超办主任、副主任,省公路局、省交通执法局、省运管局、省高管局、省交通投资集团公司分管领导和治超办主任参加。

7月8日 下午,省交通运输厅副巡视员郭贵平就贯彻落实交通运输部副部长冯正霖视察时的指示精神及安全防汛工作,深入太古高速公路现场办公。

7月11日 下午,江西省地方海事局结"对子"工作访问团一行六人,与省地方海事局有关领导和相关处室负责人在太原召开座谈会,共同签署船检结"对子"协议。省交通运输厅党组成员、副厅长王志民出席座谈会并致辞。

7月12日至13日 省交通运输厅党组副书记、副厅长张润率省公路局、厅直机关党委相关负责人,风尘仆仆,冒着酷暑,深入干部下乡驻(包)村点——天镇县三十里铺乡孙家店村指导工作,并慰问特困户。希望广大干部群众动脑筋,种好粮,搞大棚,养牛羊,办学校,栽杏杨,推动农村经济社会新的发展。期间,张润一行还检查天大、同源、灵山高速公路工程建设情况。要求树立同舟共济、克服困难的信心和决心,千方百计筹措资金;筑牢施工安全防线,切实抓好工程质量,确保按期圆满完成。

7月15日 省总工会副主席王荣一行深入太原武宿机场快速路项目部第TJ2标段工程施工现场慰问,并亲手将防暑度夏用品送到建设者手中，为奋战在炎炎烈日下的基层一线员工送去"清凉"问候和真挚祝福。省交通运输厅党组副书记、副厅长张润陪同。

7月15日 省交通运输厅晋交重建〔2011〕364号文印发《农村街巷硬化"全覆盖"工程规划设计、招投标指导意见（试行）》。主要包括总则、规划、设计、招投标、环境保护与绿化、排水与安全设施、附则7章25条，自发布之日起执行。

7月15日 省交通运输厅晋交重建〔2011〕364号文印发《农村街巷硬化"全覆盖"工程施工指导意见（试行）》。主要包括建设原则、路基、路面材料、水泥混凝土路面、沥青路面、砌块路面、安全生产、附则8章35条，自发布之日起执行。

7月18日 省交通运输厅在山阴至平鲁高速公路第二合同段施工现场组织召开全省重点公路工程建设项目"平安文明工地"创建活动现场推进会。厅党组副书记、副厅长张润，省安监局副局长霍红义，朔州市副市长侯新生出席并讲话。厅党组成员、省公路局党委书记赵振田主持。

7月18日 省人大常委会调研组一行18人，在法制委员会主任委员王凤祥带领下，深入晋城市调研水路交通管理工作。省人大法制委员会副主任委员、法工委主任邓永明，省人大财政经济委员会主任委员赵建平，省文学艺术界联合会党组书记宋新柱，原省人大常委会城乡建设环境保护工作委员会主任王晓林，省人大财经委副主任委员张立新等参加，省交通运输厅党组书记、厅长段建国，厅副巡视员郭贵平陪同。

7月18日 省交通运输厅晋交财〔2011〕372号文印发《关于成立厅收费公路专项清理工作领导组的通知》。组长段建国；副组长张润、王志民、韩日裕、张德仪；办公室主任郭全英。

7月20日 由省人大常委会副主任杜玉林带队，由部分省人大代表组成的省直第四小组对太原至阳泉高速公路建设情况进行视察。充分肯定近年来全省交通运输事业取得的成绩，向日夜奋战在公路建设一线的筑路人员表示慰问和感谢。厅党组书记、厅长段建国，厅党组副书记、副厅长张润，厅党组成员、厅总工程师郜玉兰陪同视察。

7月21日 山西省交通重点工程建设集中采访报道活动启动仪式举行。省交通运输厅党组副书记、副厅长张润，厅党组成员、省纪委驻厅纪检组组长韩日裕出席并讲话。

7月21日至8月20日 由省交通运输厅重点办和厅新闻宣传中心共同组织的全省1000公里通车工程项目集中采访报道活动举行。

省交通运输厅党组书记、厅长段建国作出批示，厅党组副书记、副厅长张润，厅党组成员、省纪委驻厅纪检组组长韩日裕出席活动启动仪式，厅办公室对这次集中采访活动做了大量支持保障工作。记者先后对灵山、广源、天大、同源、朔州、忻保、太阳、太古、龙城、平榆、和榆、长平、高陵、河运、临汾环城、京昆与青兰连接线、临吉高速、太佳黄河大桥18个建设项目进行集中采访，部分中央驻晋媒体和省城主流媒体20家单位记者参加，行程近5000公里。

中央驻晋媒体记者注重网络宣传，省城主流媒体记者综合运用文字、图片、声音、图像等多种手法，开辟专题宣传栏目，播发专题报道。通过采用多种报道形式，极大鼓舞交通人干事创业、奋力拼搏斗志和士气，扩大全省高速公路建设的影响力和感染力。截至9月6日，据不完全统计，共刊播各类形式新闻宣传稿件248篇（条），刊发图片300余幅。

7月22日 晋中国防交通战备物资储备库授牌仪式举行。省交通运输厅党组副书记、副厅长、省交通战备办公室主任张润出席并讲话。

7月25日 全省重点公路工程施工企业座谈会召开。省交通运输厅党组书记、厅长段建国，厅党组副书记、副厅长张润出席并讲话。希望施工单位采取强有力措施，优化组织计划,主动协调争取政府和有关部门支持,共渡资金紧张难关,确保年内通车1000公里目标实现。工商银行山西省分行公司部、省内外16家施工企业、各重点公路建管处负责人参加。

7月26日 全省交通史志年鉴工作座谈会在太原召开。厅党组成员、省纪委驻厅纪检组组长韩日裕,省地方志办公室党组成员、副主任张晓光出席并讲话。省志二处处长任晓燕应邀参加。各市交通运输局汇报上半年工作情况,晋中市交通运输局办公室主任姬怀杰介绍《左权县交通运输志》编纂工作经验。

7月26日 上午,省交通运输厅党组成员、省纪委驻厅纪检组组长韩日裕专程到省电力公司,赠送题有"鼎盛千秋"的铜鼎和写着"感谢对交通事业的鼎力支持"的锦旗,感谢省电力公司对全省公路交通建设给予的支持。厅重点办、太阳高速公路建设管理处也分别向省电力公司赠送锦旗。

7月27日 省交通运输厅党组副书记、副厅长张润深入太旧、太长高速及108国道、208国道部分路段,就防汛抢险和超限超载治理工作进行检查指导,并慰问在酷热下坚守岗位的沿线部分交通职工。

7月28日 省十一届人大常委会第24次会议通过《山西省水路交通运输管理条例(草案)》,共7章41条。10月1日正式颁布实施,填补全省水路交通管理的一项空白。

7月28日 省交通运输厅领导段建国、张润、王志民、韩日裕、郜玉兰、张德仪、赵振田、郭贵平、杨俊威、尹新平分别带队,赴各在建高速公路施工现场进行安全生产大检查,对公路工程施工特别是桥梁、隧道工程进行安全督察。

7月28日 省交通运输厅副巡视员杨俊威带领全省重点公路建设项目安全生产检查组第九组深入阳左高速公路检查指导工作。

7月29日至31日 由省交通运输厅党组副书记、副厅长张润带队,对天大、广源高速公路建设项目安全生产工作进行检查。

8月1日 省交通运输厅党组副书记、副厅长张润带领检查组,对灵山高速公路建设项目进行检查。

8月2日 上午,省交通运输厅党组书记、厅长段建国在厅副巡视员郭贵平、省交战办专职副主任尹新平及吕梁市副市长王盛章等部同下,考察沿黄扶贫旅游公路柳林军渡至临县丛罗峪段,现场查看临县李家山段路基水毁情况。要求建管处和施工单位千方百计加强安全生产管理工作,密切关注土质和含水量变化,保证二次衬砌和逃生管道及时跟进,确保安全优质建成。

8月2日 下午,省交通运输厅组织厅机关及厅直各单位班子成员中50余名复转军人在太旧高速公路公司欢聚一堂,共同庆祝建军84周年。厅党组书记、厅长段建国,厅党组副书记、副厅长张润,省交战办专职副主任尹新平及厅机关有关处室负责人出席。原厅长王晓林应邀参加。

8月2日 下午,省交通运输厅党组书记、厅长段建国带领省厅和省安监局联合检查组第一小组,对太古高速公路进行安全生产大检查。要求建管处和各施工单位必须把安全生产工作放在工程建设突出位置,警钟长鸣,常抓不懈,确保当年安全优质高效建成。省交战办专职副主任尹新平陪同检查。

8月2日 省交通运输厅召开会议,传达贯彻"七一"讲话及全省领导干部大会精神。厅党组副书记、副厅长张润出席并讲话,厅机关各处室主要负责人参加。

8月2日 省交通运输厅副巡视员杨俊威深入住(包)点村天镇县三十里铺乡白小山村检查指导工作。

8月3日至4日 省交通运输厅党组成员、副厅长王志民带领厅机关有关处室、厅重点办和省地方海事局有关人员,对运城市交通基础设施重点建设项目和水上交通进行安全大检查。

8月3日至6日 省交通运输厅党组成员、省纪委驻厅纪检组组长韩日裕率领全省重点公路建设项目联合检查组，对朔州市境内重点公路建设项目进行安全生产大检查。朔州市副市长侯新生陪同检查。

8月9日至10日 省交通运输厅党组书记、厅长段建国带领省厅和省安监局联合检查组赴太阳高速进行安全生产大检查。要求广大建设者克服困难，排除万难，发扬"太旧精神"，以再修一条造福山西人民的"太旧路"的无限自豪感投入到工程建设中，高标准、高质量完成建设任务，向省委省政府、向全省人民交上一份满意答卷。

8月10日 全国人大代表、全国劳动模范申纪兰来到长平高速养护管理中心和路政中队，专程看望慰问一线员工并座谈。要求广大员工永远听党话、跟党走，始终心怀人民群众，廉洁做事，为广大人民群众出行提供优质服务。

8月12日 省交通运输厅召开安全生产百日大检查专项行动动员会。厅党组副书记、副厅长张润出席并讲话。

8月12日 省交通运输厅印发《关于启用新式交通运输行政执法证的公告》。新式交通运输行政执法证包括交通运输行政执法证和交通运输行政执法监督证两种。执法证为交通运输行政执法人员持有，交通运输行政执法监督证为实施对执法人员监督检查的人员持有。自2011年9月1日全省正式启用。

8月13日 交通运输部安全监督司司长王金付一行9人在省交通运输厅党组副书记、副厅长张润、省高管局党委书记蒋世欣、厅机关有关处室负责人陪同下，莅临雁门关隧道管理处进行"学基层、学业务"联学活动。

8月16日 山西省交通运输会计协会成立大会在太原召开。中国交通会计学会、省会计学会、省总会计师学会、省民政厅民间组织管理局、山西财经大学有关领导，厅机关有关处室负责人、各市交通运输局、厅直各单位领导等200余人参加。省交通运输厅党组成员、厅总会计师张德仪当选为会长。要求充分发挥协会自身优势，干在实处，走在前列，扎实工作，勇于创新，为山西交通运输事业发展作出新的更大贡献。

8月16日至19日 由交通运输部公路局副局长成平带队，部公路局、监察局、江苏、山东、广东、河北等地9位专家组成的交通运输部督察组，在省交通运输厅党组副书记、副厅长张润陪同下，对全省在建的太古、临吉高速公路进行质量安全督察，表示满意。

8月19日，督察组在太原进行意见反馈。省交通运输厅党组书记、厅长段建国、厅党组副书记、副厅长张润参加情况反馈座谈会。

8月17日 上午，交通运输部西部交通建设科技项目管理中心在太原主持召开"交通安全保障技术在忻阜高速公路的推广应用"项目成果鉴定验收会。省交通运输厅党组成员、厅总工程师郜玉兰出席并致词。

由交通运输部总规划师戴东昌，湖南省交通运输厅副厅长、教授级高工詹新华，交通部规划院研究员、处长沈永木，交通运输部西部项目办副主任魏道新等9位专家组成的鉴定委员会、验收组听取项目组汇报，审阅相关技术资料，并质询相关问题后，一致认为该项目研究成果总体达到国际先进水平，同意通过验收。并希望加强后续跟踪评估。

8月18日 交通运输部在晋召开忻阜高速公路科技示范工程现场技术交流会。交通运输部副部长高宏峰、部总规划师戴东昌、部科技司副司长张延华，省交通运输厅领导段建国、郜玉兰出席会议并赴现场考察示范工程实施情况。来自全国32个省(市、自治区)交通运输部门和在京部属单位及院校主要负责人出席会议并实地参观忻阜高速公路科技示范公路工程项目。厅党组书记、厅长段建国致欢迎辞，厅党组成员、厅总工程师郜玉兰做主旨发言。

高宏峰在讲话中，要求各级交通运输主管部门及有关科研单位要把成果推广工作摆到更加突出位置，认真按照科技规划明确的目标和任务，进一步发挥科技主管部门指导作用，加强科技主管部门与业主管部门沟通协调，着力提高科技成果的推广应用水平。

高宏峰在晋期间，听取段建国有关全省交通运输工作情况汇报，厅领导张润、王志民、韩日裕、郜玉兰、张德仪、赵振田、郭贵平、杨俊威、尹新平参加汇报会。

8月19日 来自全国29个城市交通局(委)的100多名代表相聚太原市，参加主题为"交通引领城市发展"第28次全国中心城市交通改革与发展研讨会，探讨新形势下城市交通问题。交通运输部副部长高宏峰到会并讲话，部政法司司长何建中作了"城市交通可持续发展"主题演讲。省交通运输厅党组书记、厅长段建国，太原市委副书记、市长廉毅敏出席并致词。

高宏峰在讲话中，要求树立科学城市交通发展理念，适度超前建设交通基础设施，实现不同运输方式有效衔接，加快发展城市公共交通，构建低碳交通运输体系，加强科技引领和自主创新。

段建国在致词中表示：要认真学习各兄弟省市区的好经验、好做法，加快推进城市交通改革与发展，大力支持以省城太原为代表的城市公共交通转型跨越发展，为构建现代城镇体系、服务城市提档升级提供强有力的交通支撑。

会议间隙，段建国陪同高宏峰到太原钢运物流有限公司调研。

8月20日至23日 省交通运输厅举办2011年第一期厅管干部进修班。厅党组副书记、副厅长张润出席开班仪式并讲话。

8月21日 下午，央视新闻中心"治超进行时"栏目在晋采访后，与省超限超载治理领导组主要成员单位负责同志进行座谈。副省长、省治超领导组组长牛仁亮出席并讲话。省政府副秘书长、省治超办主任崔国红，省交通运输厅厅长段建国、副厅长张润，省监察厅副厅长、省纠风办主任李吉山，省政府发展中心主任张复明，省公安厅交管局局长边智慧，省公路局局长戴飞，省运管局局长李华中，省高管局局长董新品以及省委宣传部新闻处、省煤运集团公司、省工商局治超办、省质监局计量处有关领导参加。省治超领导组组长特别助理李顺通主持。

牛仁亮向采访组详尽介绍全省超限超载治理背景、措施方法、取得的成果经验以及存在的主要困难。要求各成员单位积极配合栏目组采访，尽可能提供好的经验、做法，把典型、鲜活的事例推广出去，借央视这个平台，进一步为全省超限超载治理工作创造良好舆论氛围。

8月21日至23日 由省交通运输厅主办，忻州公路分局举办，忻州高速公路公司、忻州交通执法局协办的"忻州公路杯"第九届老干部运动会在忻州顿村省交通职工培训中心召开。26个厅属单位206名老干部运动员参加，厅副巡视员、厅老干部工作领导组常务副组长杨俊威，原副厅长、厅老年体协主席任景春等有关单位领导出席开幕式和闭幕式并讲话。

8月22日至25日 为期两天的国家公路网规划论证会在太原召开。省发改委副主任李永平向大会宣读副省长牛仁亮贺信，省政府副秘书长崔国红致辞。国家发改委基础产业司副司长任虹，交通运输部规划司副司长任锦雄，交通运输部规划研究院院长李兴华、副院长关昌余，省交通运输厅党组书记、厅长段建国，厅党组成员、副厅长王志民出席。来自全国18个省(区、市)发改委、交通运输部门的有关专家出席。任虹介绍全国公路发展情况，交通运输部规划研究院有关专家作编制工作汇报。

8月23日 武宿飞机场高架快速路竣工通车仪式举行。副省长牛仁亮出席并宣布竣工通车，省委副秘书长崔国红主持，省交通运输厅党组书记、厅长段建国出席并讲话。省环保厅厅长刘向东、省审计厅厅长郝志远、省民航机场管理局局长郝孝义、太原市副市长张政以及省、市有关部门、厅机关有关处室和厅直有关单位负责同志出席。路线全长3.16公里,概算总金额4.55亿元,2010年8月22日开工建设。

8月26日 省交通运输厅晋交规划〔2011〕454号文印发《关于山西省高速公路管理资源布局规划的批复》。全省共设置高速公路管理分局11处,设置运营管理处76处(其中包括16个桥隧管理处、3个黄河大桥管理处),路政中队96个,养护站98个。

8月26日 辽宁省交通厅厅长张铁民率团赴晋,就高速公路财务管理、建管体制及政府融资平台管理情况等进行调研座谈。省交通运输厅党组书记、厅长段建国,厅党组成员、厅总会计师张德仪,省高管局局长董新品等参加。双方还就筹融资方式、通行费征收标准等问题进行深入交流和探讨。希望进一步加强交流合作,促进交通事业又好又快发展。

8月26日至28日 中纪委驻交通运输部纪检组、监察局党支部组织全体党员,由驻部纪检组副组长、监察局局长钟华,监察局副局长张建、马小峰带队一行25人赴晋,以“调研了解交通工程建设项目全面开展风险防控工作的实际效果”为主题,与省交通运输厅开展“学基层、学业务”联学活动。厅党组成员、省纪委驻厅纪检组组长韩日裕全程陪同,厅机关有关处室负责人及省公路局有关领导参加。

26日晚上,厅党组书记、厅长段建国,厅党组副书记、副厅长张润,厅党组成员、厅总工程师郜玉兰与考察组座谈。27日上午,中纪委驻交通运输部纪检组、监察局一行赴大寨进行参观学习。下午,在祁县公路段东观道班观看展板,参观道班展览室,随后召开“学基层、学业务”联学活动座谈会,听取全省交通基础设施建设项目全面开展风险防控工作实际效果汇报。

韩日裕在致词中,代表厅党组对驻交通运输部纪检组、监察局来省厅开展联学活动表示欢迎,并表示省厅将把这次联学活动作为对下一步工作的推力,把交通工程建设项目全面开展风险防控工作做得更好,更扎实,取得更大实效。

8月29日 下午,交通运输部召开全国交通运输安全隐患排查治理视频交流会议,总结前一阶段安全隐患排查治理情况,部署下一阶段工作。部党组书记、部长李盛霖作重要讲话,副部长翁孟勇主持。省交通运输厅党组书记、厅长段建国在会上介绍全省交通安全隐患排查治理经验。

8月29日 全国交通运输安全隐患排查治理视频交流会一结束,省交通运输厅立即召开全省交通运输安全生产百日大检查视频推进会议。要求各单位迅速行动,精心组织,把隐患排查治理工作和百日大检查工作结合起来,抓紧抓实抓出成效。厅党组副书记、副厅长张润出席并讲话,厅副巡视员郭贵平主持。

8月29日至9月2日 省交通运输厅举办第二期厅管领导干部进修班,厅党组成员、副厅长王志民出席开班仪式并讲话。

8月30日 省交通运输厅晋交财〔2011〕460号文向省政府并牛仁亮副省长呈报《关于全省收费站公路专项清理工作有关问题的请示》。截至2011年6月底,全省共有收费公路项目82个,累计收费里程4076.27公里,共设250个收费站。其中,高速公路收费站187个,国省道普通干线收费站40个,县乡公路收费站23个。高速公路中,有政府还贷收费公路31条,收费站149个;经营性收费公路8条,收费站38个;普通公路中,有政府还贷收费公路14条,均为一级公路,收费站23个;经营性公路29条,收费站40个。收费公路占公路通车里程131 644公里3.1%,约占二级以上公路通车里程19 104公里21.3%,其中一级公路收费占一级公路1939公里37.74%,经营性二级公路占二级公路14 163公里3.8%。截至2010年底,全省收费公路经管人员共有20 498人,其中政府还贷项目15 506人,政府还贷高速项目

13 843 人(不含省高管局)。通行费收入 106 亿元，其中政府还贷高速公路收入 74.87 亿元，一级公路 6.33 亿元，共计减免通行费 4.28 亿元。其中绿色通道减免 3.33 亿元，其他政策性减免 9546 万元。

9月5日 省地方海事局与浙江海事局在太原就“结对子”工作进行座谈，省交通运输厅党组成员、副厅长王志民，浙江海事局党组书记黄大斌出席并讲话。

9月6日 省交通运输厅党组晋交党发〔2011〕93 号文印发《党务公开实施意见》。主要包括指导思想、基本原则、内容、类型、程序、方式、保障制度、方法步骤、具体要求 9 项内容。附件有 6 个，即公开目录、例行公开制度（7 章 23 条）、依申请公开制度（6 章 10 条）、监督检查制度(4 章 13 条)、考核评价制度(5 章 9 条)、考核评分标准(4 条)、监督员工作办法(11 条)，均自下发之日起施行。

9月6日至8日 由中国海员建设工会全国委员会主办，省交通运输厅、省公路运输工会承办，省交通信息通信公司协办，历时三天的全国交通运输系统“山西信通杯”职工乒乓球赛在太原滨河体育中心举行。

9 月 6 日，中国海员建设工会全国委员会主席李铁桥，交通运输部文明办处长李占川，省交通运输厅党组书记、厅长段建国，省体育局局长苏亚君，省总工会副主席王荣出席开幕式。段建国致欢迎辞。

9 月 8 日，省交通运输厅党组书记、厅长段建国，中国海员建设工会公路工作部副部长、公路交通联系委员会副主作谢观宇，省高管局党委书记蒋世欣，省交通信通公司经理赵文华出席闭幕式，并为获奖单位和个人颁奖。谢观宇致闭幕词。

本次大赛共设男、女单打，领导干部男、女单打项目。参赛人数多，水平高、规模大，是全省交通运输系统首次举办全国性的职工运动会。来自全国各省市区23支代表队共210余名乒乓健儿参加。

9月7日 省交通运输厅召开党务公开工作会议。厅党组副书记、副厅长张润出席并讲话。

9月8日 省交通运输厅党组成员、厅总工程师部玉兰带领厅科教处负责人赴山西交通职业技术学院、山西交通技师学院，与广大教职工欢聚一堂，共同庆祝第27个教师节。

9月8日 省交通运输厅印发《2011年部分事业单位公开招聘工作人员公告》。其中，山西交通职业技术学院招聘20人，招聘职位数12个；山西省交通高级技工学校(山西交通技师学院)招聘7人，招聘职位数6个；山西省交通厅规划发展中心招聘3人，招聘职位数2个；山西省交通厅会核算中心招聘1人，招聘职位数1个；山西省交通基本建设工程质量监督站检测中心招聘5人，招聘职位数3个。

9月9日 下午，省交通运输厅党组书记、厅长段建国，厅党组成员、厅总工程师部玉兰，省交战办专职副主任尹新平和厅机关各处室工作人员一行30人，赴省政府机关事务管理局文体中心，参观全国窃密泄密案例警示教育展览。要求增强保密责任意识，筑牢保密思想防线，确保党和国家机密安全。段建国还在留言簿上留言“观展思危，以案为鉴”。

9月9日 省交通干部学校庆祝第27个教师节座谈会召开。省交通运输厅党组成员、厅总工程师部玉兰出席并讲话。

9月13日 省高管局召开全系统电视电话会议，全面动员部署“迎中博”交通保障工作。省交通运输厅党组副书记、副厅长张润出席并讲话，局党委书记蒋世欣做动员报告，省高管局局长董新品主持。

视频会议召开之前，太原高速公路公司还在长风收费站举行太原环城高速公路荣获省级“青年文明号”授牌暨“迎中博、讲文明、展风采”活动月启动仪式。厅党组副书记、副厅长张润和团省委副书记安华出席，并为太原环城高速公路授牌。

9月15日 交通运输部工程质量监督局在太原组织召开公路水运工程试验检测工

作调研座谈会，副局长张晓冰，省交通运输厅党组成员、厅总工程师部玉兰出席并讲话。

9月15日 省交通运输厅组织对省交通设计院承担的吉县至河津高速公路施工图设计进行评审。厅党组成员、厅总工程师部玉兰出席评审会。路线全长53.278公里。另设吉县连接线5.627公里，乡宁连接线4.885公里，西交口互通连接线1.7公里。

9月21日 代表全省赴京参加第三届全国道德模范候选人载誉归来，荣获全国道德模范见义勇为提名奖、勇救落水女孩的太原高速公路有限公司职工张帆与8位全国道德模范提名奖获得者受到三晋父老乡亲的热烈欢迎。省委宣传部常务副部长杨波亲率省城各界干部群众到车站迎接。

9月21日至24日 省交通运输厅机关第四党支部和太原高速公路公司小店收费站党支部共同组织部分党员赴井冈山参观学习。厅党组成员、省纪委驻厅纪检组组长韩日裕作为一名普通党员，参加此次活动。

9月22日 上午，省交通运输厅党组书记、厅长段建国带领省高管局局长董新品及厅机关相关处室负责人，在晋城市副市长焦光善、省交通开发投资集团公司领导魏庆飞、刘宏武、李平、阎长学陪同下，对在建的高陵高速公路全线检查指导工作。要求科学组织，合理安排，保安全、保质量、保进度，圆满完成建设任务。

9月22日 省交通运输厅党组书记、厅长段建国深入平榆高速公路施工一线检查指导工作。要求在保证质量、安全前提下，力争10月打通分水岭特长隧道，年内尽早打通宝塔山超长隧道，早日完成建设任务。省高管局局长董新品陪同检查。

9月22日 省交通运输厅召开山西交通网系统培训会议。厅党组成员、副厅长王志民出席并讲话。

9月22日 太原滨河西高速互通、滨河西路南收费站正式开通。设6进11出共17个车道，总投资2.5亿元，2011年3月开工建设，由太原高速公路公司负责建设管理。

9月22日至26日 交通运输部第八检查组在湖北省交通运输厅副厅长田文彪带领下一行6人，检查全省交通运输安全隐患排查治理工作，给予充分肯定。省交通运输厅党组副书记、副厅长张润陪同检查。

9月23日 省交通运输厅召开全省“十一”黄金周道路水路运输工作视频会议，厅党组书记、厅长段建国作出安排部署，厅党组成员、副厅长王志民主持。要求切实加强组织领导，狠抓安全生产和安全保卫工作，严防群死群伤事故和各类治安事件发生，确保行业稳定，维护正常道路水路运输秩序，努力实现“零死亡责任事故”、“零服务质量投诉事件”、“零上访事件”和“零旅客滞留”目标。在确保安全同时，尽可能为旅客提供满意服务。

9月26日 上午，出席第六届中国中部投资贸易博览会开幕式和中部论坛太原会议的交通运输部党组副书记、副部长翁孟勇一行深入太旧高速公路公司视察指导工作。省交通运输厅党组书记、厅长段建国，厅党组成员、副厅长王志民，省高管局局长董新品等陪同。

9月26日至10月7日 “中博会”及“十一”黄金周道路旅客运输工作圆满结束。在“一会一节”期间，全省道路运输明显增加，但未形成客流高峰期间的旅客滞留，也未发生重大道路运输安全责任事故。全省共投放营运客车122 745辆次，日均发送班次3.6万个，组织客运包车10 332辆，加班车2760辆，累计运送旅客521.8万人次，客运总量与上年同期相比上升4.5%；共投入公交车8420标台，出租车3.9万辆，累计运送旅客4060万人次。

“十一”黄金周期间，全省投入营运船舶154艘，共输送旅客10.6万人次，比上年同期增长22.5%，水路交通运输事业发展势头良好。

9月27日 省交通运输厅党组书记、厅长段建国，厅党组成员、厅总工程师部玉兰，亲切接见比利时贝卡尔特集团执行副总裁魏汉强先生一行。双方交流寻求建立紧密合作联盟的良好意愿。

9月27日 高速公路边坡稳定及生态技术培训班在忻州顿村举行,这是全省享受交通运输部支持西部干部教育培训政策以来首次举办的培训班。省交通运输厅党组成员、副厅长王志民出席开班仪式并讲话。

9月28日 上午,省交通开发投资集团有限公司干部大会在交通投资大厦召开。省交通运输厅党组书记、厅长段建国出席并讲话,厅党组副书记、副厅长张润主持。张润首先宣读刘宏武、魏庆飞同志的任免决定。经2011年6月3日厅党组会议研究,参照省国资委对国有大型一类企业干部任免模式,经省人民政府同意,决定任命刘宏武同志为集团公司董事长,免去魏庆飞同志现任职务。

9月28日 省财政厅、省交通运输厅晋财建一〔2011〕208号文印发《关于加强农村街巷硬化全覆盖工程专项资金管理的通知》。街道每公里造价20万元,巷道通户道每公里造价10万元,建设投资总额扣除巷道通户道人工费用外,其余建设资金按照6:3:1的比例由省、市、县三级财政分担。不足部分由省交通运输厅作为贷款主体,向农发行统一贷款,由各级财政负责还本付息。共计13条。

9月28日 省委组织部晋组干字〔2011〕556号文印发《关于郭贵平等同志任职的通知》。经省委常委会议2011年9月28日研究决定:郭贵平同志任省公路局党委书记。经省委组织部部务会议2011年9月27日研究决定:惠高峰同志任省公路局党委副书记。

9月28日 省委组织部晋组干字〔2011〕566号文印发《关于戴飞等同志任职的通知》。经省委组织部部务会议2011年9月27日研究决定:戴飞、郭贵平同志任省交通运输厅党组成员。

9月28日 省委组织部晋组干字〔2011〕576号文印发《关于戴飞同志免职的通知》,经省委组织部部务会议2011年9月27日研究,免去:戴飞同志的省公路局党委副书记职务。

9月28日 省交通运输厅、省物价局晋交综运〔2011〕509号文印发《山西省道路汽车运价规划实施细则》。主要包括总则、道路旅客运价、汽车货物运价、价格行为管理、附则5章51条,自10月1日起施行。

9月29日 上午,《山西省水路交通管理条例》新闻发布会暨启动仪式在太原市滨河体育中心举行。省人大常委会副主任靳善忠出席,省人大财经委主任赵建平讲话,省交通运输厅党组书记、厅长段建国介绍有关情况,厅党组成员、副厅长王志民主持,省地方海事局局长牛世骏作表态发言。

9月29日 上午,省交通运输厅召开"九·九"重阳节座谈会。厅党组副书记、副厅长张润出席并讲话。代表厅党组向老干部们通报省厅2011年以来主要工作情况和全省交通运输"十二五"规划。厅副巡视员杨俊威主持,厅机关离退休老干部约60余人参加。

9月29日 省运管局召开全省运管系统暨道路运输行业政风行风监督员听证对话座谈会。省交通运输厅党组成员、省纪委驻厅纪检组组长韩日裕,省纪委监察厅纠风室副主任刘伟出席,政协、新闻、媒体、社区、法律专家、运输企业、经营业户等社会各界代表共计50余人参加。

9月30日 省交通运输厅党组副书记、副厅长张润带领厅农村路网处、厅建设和管理处及省公路局地方公路处等业务部门人员,深入长治市黎城县、屯留县部分乡镇农村,调研指导街巷硬化"全覆盖"工程。

10月11日 上午,副省长牛仁亮在迎泽宾馆会见交通运输部副部长冯正霖一行。希望交通运输部今后能在资金筹措、人才建设等方面给予山西一如既往地支持。省交通运输厅领导段建国、王志民、郜玉兰、赵振田参加会见。

冯正霖表示,交通运输部将继续关注支持山西交通运输事业,加快基础设施建设步伐,为全省转型跨越发展贡献力量。

会见前,冯正霖参加在晋举办的第二届全国交通运输行业"厦工杯"筑养路机械操作手技能竞赛决赛闭幕式。

10月11日至13日 第二届全国交通运输行业“厦工杯”筑养路机械操作手技能竞赛决赛在省城太原落下帷幕。交通运输部副部长冯正霖，中国海员建设工会全国委员会主席李铁桥，交通运输部总工程师周海涛，省政府副秘书长崔国红，省交通运输厅领导段建国、郜玉兰、赵振田，以及交通运输部有关司局、省人力资源和社会保障厅、省公路局、山西交通职业技术学院有关领导出席闭幕式。

经过三天激烈角逐，山西省交通运输厅代表队荣获团体第一名，浙江省、江苏省交通运输厅代表队分获团体第二、第三名。山西省交通运输厅代表队还包揽四个单项个人第一名，选手郝栋、安阳军技压群雄，获个人项目特等奖，以总分前两名优异成绩获“全国五一劳动奖章”，各单项前20名优胜选手被交通运输部授予“全国交通技术能手”称号。山西省交通运输厅还获“竞赛贡献奖”。

10月12日 全国车辆超限超载治理工作电视电话会议召开。副省长牛仁亮代表山西省作经验介绍。省政府副秘书长崔国红、省治超办领导组组长特别助理李顺通，省交通运输厅领导段建国、张德仪、赵振田、郭贵平在山西分会场出席。

全省于2007年12月开始新一轮“无缝隙、拉网式”治超总行动以来，治超工作取得显著成效，超限超载率由13%下降到0.2%以下，交通事故减少4590起，没有新增一座危桥，节省道桥维护费用119亿元，货车提速一倍，客车不再晚点，货运价格合理回归，为全省经济社会发展起到积极推动和促进作用，也为全国治超工作创造可以借鉴的成功经验。张德江副总理在全省治超情况汇报上批示：山西的治超经验很宝贵，希望交通、公安等部门认真总结，在全国推广。

10月12日 省纪委驻省质监局纪检组组长张亥生、省纪委派驻管理室正处级检查员赵双义等四人组成专项检查组，深入省交通运输厅，对执行《廉政准则》工作情况进行专项检查。省交通运输厅党组书记、厅长段建国介绍有关情况，厅党组成员、副厅长王志民，厅党组成员、厅总会计师张德仪，厅党组成员、省公路局党委书记赵振田，厅副巡视员郭贵平出席，厅党组成员、省纪委驻厅纪检组组长韩日裕主持。厅机关各处室主要负责人、厅直单位党政主要领导参加。

10月14日 上午，省交通运输厅党组成员、厅总工程师郜玉兰深入山平高速平鲁枢纽互通工地调研。

10月14日 省交通运输厅晋交规划〔2011〕533号文向省政府呈报《关于组建山西省高速公路集团有限责任公司实施方案的请示》。

10月18日 通过住房和城乡建设部评审、公示，山西路桥集团编制的《嵌挤式砼块路面现浇施工工法》、《大峡谷中塔吊配合整体爬模变截面高墩施工工法》、《大跨度曲线连续梁转体施工工法》被评定为2009至2010年度国家二级工法，实现全省交通运输行业国家级工法零的突破。

该三项国家二级工法分别解决水泥混凝土路面现浇施工、构造物高墩施工、大桥连续梁大跨度施工等问题，进一步增强对恶劣施工条件及地理环境适应性，有效提高工程施工质量和进度，具有很大推广应用价值。

10月18日 省交通运输厅晋交人〔2011〕535号文印发《关于调整厅属事业单位工人技师岗位职数的通知》，共计1663名。

10月19日至21日 全国公路养护管理工作会议在江苏南京召开。厅党组书记、厅长段建国代表省交通运输厅在大会上作了“树立全寿命周期成本理念，大力推广预防性养护”的典型经验介绍。

根据会议通报，山西省在全国“十一五”干线公路养护管理检查中综合排第6名，中西部地区排第1名，剔除4个直辖市，全省在全国各省、区排第4名，比“十五”前移1名，是历次全国公路大检查中的最好成绩，也是此次会上交通运输部表彰的10个“十一五”全国干线公路养护管理工作先进单位之一。会议还表彰荣获“十一五”期间全国交通运输行业“模范养路工”和“模范道班”。忻州公路分局雁门关道班、晋中公路分局东观道班、长治公路分局夏店道班被授予“全国模范道班”,临猗公路段北景道班孙耀军、昔阳公路段机械化养护中心王海生、左云县交通局公路养护站王志强被授予“全国模范养路工”。同时,晋中公路分局祁县公路段工会主席郭彦平代表东观道班在大会上作了模范事迹报告。

10月20日 以省交通运输厅党组成员、厅总工程师部玉兰为组长的省调研督察组一行,在长治市交通运输局局长张治云陪同下,就农村新“五个全覆盖”工程进展情况深入屯留县调研。

10月21日 忻州高速公路公司党委举行座谈会,热烈欢送吕文忠同志作为全省交通运输系统唯一的基层党员代表出席省第十次党代会。

10月21日至22日 省交通运输厅党组成员、厅总会计师张德仪深入和榆、龙城、平榆高速公路建设工地调研。

10月25日 省人民政府晋政任[2011]52号文印发《关于戴飞等四人任免职务的命令》。经省人民政府2011年10月25日第96次常务会议通过,决定任命:戴飞为省交通运输厅副厅长;惠高峰为省公路局局长;刘玉柱为省交通运输厅重点公路工程建设办公室(山西省重点公路工程建设领导组办公室)专职副主任(副厅级)。决定免去:郭贵平的省交通运输厅副巡视员职务;戴飞的省公路局局长职务。

10月25日 《“十二五”期间交通运输服务与管理突出问题研究》评审会在太原召开。省交通运输厅党组成员、副厅长王志民出席并讲话。认为借鉴国内外经验,问题找得准,对策措施针对性强。

10月26日 全省交通新闻宣传工作站站长会议在太原召开,厅党组成员、省纪委驻厅纪检组组长韩日裕出席并讲话。

11月1日 全省城乡道路客运一体化推进会在阳泉市平定县召开。省交通运输厅党组成员、副厅长王志民,省运管局局长李华中,阳泉市人大常委会副主任王振国、副市长董仙桃、政协副主席李裕厚等出席。

11月1日 下午,省交通运输厅党组召开会议,迅速传达全省第十次党代会精神。要求全系统各级各部门认真学习贯彻落实,推动全省交通运输事业率先发展。厅党组书记、厅长段建国主持,厅党组副书记、副厅长张润传达,厅党组成员、厅总工程师部玉兰传达袁纯清在省委十届一次全会上的讲话精神。厅领导张德仪、赵振田、郭贵平、杨俊威、尹新平,厅直单位党政主要负责同志以及厅机关有关处室负责人参加。

11月2日 省交通开发投资集团公司召开以“坚持以人为本、执政为民理念,发扬密切联系群众优良作风”为主题的党领导干部民主生活会。省交通运输厅党组副书记、副厅长张润到会指导,提出要求。

11月7日 下午,省交通运输厅和省公路局分别召开领导干部大会,宣布省委、省政府关于省交通运输厅、省公路局、厅重点办领导干部调整决定。副省长牛仁亮出席并讲话。希望加强学习,搞好创新,大干实干;要求讲团结,讲规矩,讲贡献,为全省公路交通事业再铸辉煌作出新贡献。省政府副秘书长崔国红,厅领导段建国、张润、部玉兰、张德仪、郭贵平、杨俊威、尹新平出席。

11月7日 省交通运输厅召开全省重点公路工程建设第四次调度会,学习传达贯彻省第十次党代会精神,听取全省重点公路工程建设进展情况,通报全省在建项目质量安全检查情况,研究解决存在的问题,加快推进重点公路工程建设,确保全年各项目标任务圆满完成。厅党组书记、厅长段建国出席并讲话,提出具体要求。厅党组副书记、副厅长张润,厅党组成员、厅总工程师部玉兰,厅党组成员、厅总会计师张德仪,厅副巡视员杨俊威，省交战办专职副主任尹新平，厅重点办专职副主任刘玉柱出席。

11月9日 下午，省交通干部学校举行以“人员疏散、消防灭火”为主题的火灾逃生实战演练。

11月10日至23日 省交通运输厅党组成员、省公路局党委书记郭贵平带领新一届局领导班子深入一线进行调研。在近半个月时间里，局领导走遍全省11个市，听取11个分局、4个局管高速建管处、13个路桥企业及三门峡大桥管理处工作汇报，实地查看7条国道、33段省道共计4000多公里干线公路，抽检公路段、治超站、机械化养护中心、道班等基层单位100多个。要求全局上下一定要认真贯彻省第十次党代会精神，解放思想，先行先试，着力破解地根、银根紧缩难题，加快干线公路改造，加快建立科学养护体系，加快以综合服务区为重点的公共服务设施建设，不断完善服务体系，强化服务功能，提高服务水平。

11月15日 省交通运输厅召开山西交通网共建共维工作推进会议。厅党组书记、厅长段建国，厅党组成员、副厅长王志民出席并对栏目进行点评。要求各单位、各处室要高度重视，把网站建设作为大事，精益求精办好，省厅要定期评比考核，不断提高水平。厅直各单位、厅机关各处室分管领导及信息员参加。

11月15日 全省运管系统新闻宣传暨通联发行工作会召开。省交通运输厅党组成员、省纪委驻厅纪检组组长韩日裕出席并讲话。

11月15日至17日 省地方海事局举办全省海事航运业务知识和公文写作培训班。省交通运输厅党组成员、副厅长王志民出席开班仪式并讲话。100余人参加。

11月16日 中央创先争优活动领导小组办公室副主任傅思和一行5人在省委常委、组织部长汤涛，副部长张葆等陪同下，莅临太原高速公路小店收费站现场调研创先争优开展情况。省交通运输厅党组副书记、副厅长张润，厅直机关党委负责人、省高管局主要领导、太原高速公路公司领导班子成员等参加调研。

在小店收费站，傅思和一行重点观看省交通运输厅、省高管局、太原高速公路公司创先争优活动系列展板及太原高速为民服务创先争优公开承诺宣誓仪式。实地考察小店收费站职工工作及生活情况，查阅创先争优活动有关资料，给予充分肯定。希望省厅继续抓好窗口建设，进一步引深创先争优活动，让服务对象真正感受到创先争优活动带来的变化和好处。同时把小店站提出的“干一流、争一流”口号在全行业唱响，力争使该站成为全省乃至全国的典型。

傅思和还接见荣获第三届全国道德模范提名奖的太原高速公路公司职工张帆，并合影留念。

11月16日至19日 省交通运输厅重点办专职副主任刘玉柱带领省交通质监站、厅重点办相关处室负责人，对北片天镇至大同、大同至浑源、灵丘至山阴、广灵至浑源、朔州环城西南段、忻州至保德6个高速公路项目进行调研。

11月18日 省交通干部学校荣获“交通现代远程教育十年办学优秀学习中心奖”。在全国35个办学单位中只有10家获此荣誉。

11月18日 太原交通运输执法局第一次党员大会召开。省交通运输厅党组副书记、副厅长张润出席并讲话。厅直机关党委书记胡钢成，省交通运输执法局局长张晋鹏、党委书记王世锋参加。

11月18日至19日 全省农村街巷硬化“全覆盖”暨农村公路安保工程经验交流会在晋城市召开。省交通运输厅党组书记、厅长段建国出席并讲话。要求各级党委政府和交通运输部门要精心组织，加快推进，倒排工期，一鼓作气；加强监管，规范程序，保证质量，拓宽渠道；总结经验，取长补短；脚踏实地，真抓实干；把农村街巷硬化“全覆盖”工程和农村公路安保工程真正办成民心工程、德政工程、廉洁工程。厅党组副书记、副厅长张润作工作报告,厅党组成员、省公路局党委书记郭贵平主持。晋城市市委常委、纪委书记于若洁,副市长焦光善出席。

会议还听取高平市、介休市、中阳县和长治市等地的工作经验介绍,表彰农村公路质量年活动优胜单位。

11月20日 上午,省妇联主席李悦娥一行莅临太原高速公路公司小店收费站调研。省交通运输厅党组副书记、副厅长张润陪同,厅直机关党委、省高管局及太原高速公路公司负责人陪同,并作表态发言。

11月21日 全省2011年农村街巷硬化"全覆盖"工程年终检查抽验动员会召开。省交通运输厅党组副书记、副厅长张润对检查工作进行安排。省发改委副主任刘峰、省农业厅、各市交通运输局有关负责人及检查抽验组成员参加。

11月21日 就中央电视台曝光山西省公路交警"三乱"现象,省交通运输厅党组书记、厅长段建国作出批示,要求法规处会同省纪委驻厅纪检组、省交通运输执法局,对全省交通运输系统的执法队伍和对外窗口单位进行一次警示教育,严防出现类似问题。要求执法局通过暗访发现问题,一定要维护好交通运输系统良好形象。

11月21日 省交通运输厅党组晋交党发〔2011〕113号文印发《山西省交通运输行业精神文明建设规划(2011年至2015年)》。主要包括现状分析与形势要求、指导思想和主要目标、主要任务和基本要求、保障措施4项内容。

11月21日 省交通运输厅晋交建管〔2011〕628号文印发《关于山西省交通136工程(大古高速公路国防工程)施工图设计的批复》。新增斜井(安全出入口)全长1130米,连接线(斜井外连接道路)长2.195公里。核准预算37 276.91万元。分两期实施。

11月21日 省交通运输厅晋交办〔2011〕630号文印发《2011年度目标责任考核评分标准》。分为四组进行。第一组为11市交通运输局;第二组为省直五大局、厅重点办、省交通质监站、省交通投资集团;第三组为科研、教育院校及省交通监理总公司,第四组为10个中心。

11月21日 省交通运输厅晋交文明〔2011〕631号文印发《山西省交通运输行业精神文明建设表彰管理规定》。主要包括总则、表彰种类、范围条件、评选程序、表彰奖励、监督管理、附则7章33条,自公布之日起实施。并附文明和谐行业(10条)、文明和谐单位(10条)、文明和谐示范窗口(10条)、文明职工(标兵)(8条)、精神文明建设先进工作者(8条)评分标准及申报表。

11月22日 省交通运输厅召开紧急会议,安排部署全省交通运输治超系统开展纪律作风整顿工作。

11月22日 省交通运输执法局召开党政联席会议,制定监督检查实施方案,成立以局长张晋鹏为组长的领导机构,组成11个检查小组,从11月23日开始,采取交叉检查、异地监督、明察暗访等方式,对全省交通运输执法队伍和人员进行监督检查。

11月23日 1230名考生赴山西交通职业技术学院41个考场,在全省交通运输执法人员公开招聘笔试考试中,激烈竞争80个交通执法工作人员岗位。厅党组成员、厅总会计师张德仪,省交通运输执法局局长张晋鹏巡视考场。

11月23日至24日 省交通运输厅重点办专职副主任刘玉柱带领重点办各处室及省交通质监站负责人深入长平高速公路、临吉高速公路建设一线调研。

11月24日 省交通运输厅党组晋交党发〔2011〕117号文印发《贯彻落实党风廉政建设责任制规定实施办法》。主要包括总则、责任内容与责任范围、检查考核与监督、责任追究、附则5章33条,自发布之日起施行。

11月25日 全省交通运输系统精神文

明建设暨创先争优推进大会召开。省交通运输厅党组副书记、副厅长张润代表厅党组作工作报告;厅党组成员、副厅长戴飞主持;厅党组成员、省纪委驻厅纪检组组长韩日裕宣读《关于在全省交通运输系统开展向荣海凤同志和太原高速小店收费站学习的决定》;厅党组成员、省公路局党委书记郭贵平宣读《关于表彰全省交通运输行业精神文明建设先进集体和个人的决定》;厅副巡视员杨俊威出席。

"十一五"期间,全省交通运输行业有1个单位被中央文明委命名为全国文明单位;85个单位荣获省部级"文明和谐单位标兵"和"文明和谐单位"称号;8个单位荣获"全国交通运输行业文明示范窗口"称号。大运高速公路被省政府和交通部联合命名为"千里文明高速路"。全省交通运输行业被授予山西省"文明和谐行业"称号。全省交通运输行业及所属公路、征费、高管系统被评为"全国交通文明行业"。行业精神文明建设在促进交通运输快速科学安全协调发展中发挥重要作用,为圆满和超额完成交通运输"十一五"规划各项目标任务,提供强大动力和有效支撑。

各市交通运输局文明委和文明办主任、创先争优活动领导组组长和办公室主任;山西汽车运输集团文明委和文明办主任、创先争优活动领导组组长和办公室主任;厅属各单位党政主要负责人、党办主任;厅机关各处室负责人和受表彰的先进集体和个人代表共320余人参加。

11月25日 下午,省交通运输厅党组书记、厅长段建国深入正在建设中的和榆高速公路云山特长隧道工地检查指导工作。要求强化安全质量意识,千方百计克服困难,进一步加快工程进展,早日实现又好又快建成通车目标。

11月26日 侯马公路枢纽货运中心项目开工奠基仪式举行。省交通运输厅党组成员、副厅长王志民出席并讲话。

中心位于大运高速公路侯马出口1公里处,距侯马市区5公里,总占地面积308亩,总建筑面积14.9万平方米,预计总投资5.3亿元,

11月27日 下午,在省军区参谋长赵冀鲁,省交通运输厅党组副书记、副厅长、省交战办主任张润等陪同下,北京军区司令部动员部部长赵世荣带领国防动员应急力量建设检查组,对正在建设中的太古高速公路进行检查指导,并到即将开工建设的华北国防交通训练和物资储备基地现场踏勘。

11月28日 省交通运输厅晋交办〔2011〕673号文印发《关于成立厅政务公开领导组的通知》。组长段建国;副组长王志民;办公室主任王晋。

11月29日 山西省道路运输管理第三届专家咨询委员会第一次会议召开。省交通运输厅党组成员、副厅长王志民出席并讲话。

11月29日 山西省交通运输会计协会第一届常务理事会第一次会议召开。省交通运输厅党组成员、总会计师、会长张德仪出席并讲话。

11月30日 上午,省交通运输厅党组副书记、副厅长张润专门赴太旧高速公路公司检查指导除雪防滑工作。

11月30日 省交通运输厅新闻宣传中心民主生活会召开,厅党组成员、省纪委驻厅纪检组组长韩日裕参加并讲话。

12月1日 省工程治理领导组召开全省工程建设领域项目信息公开和诚信体系建设工作协调小组会议。会议传达全国工程建设领域项目信息公开和诚信体系建设工作推进会议精神,省纪委副书记、省工程治理领导组负责人冯改朵在讲话中,充分肯定省交通运输厅在工程廉政、项目公开、信用评价等方面取得的成效,认为经验值得推广借鉴。厅党组副书记、副厅长张润,厅党组成员、省纪委驻厅纪检组组长韩日裕参加。

12月1日 经省编办和省交通运输厅研究决定,山西省交通基本建设工程质量监督站更名为山西省交通建设质量安全监督局并正式挂牌。厅党组成员、厅总工程师部玉

兰出席揭牌仪式。

12月2日 山西省交通干部学校培训公寓暨格林东方酒店举行开业庆典,省交通运输厅党组成员、厅总会计师张德仪及厅机关有关处室负责人出席庆典仪式。占地面积约900平方米,总建筑面积6400余平方米,投资1880多万元,按四星级标准建造,共拥有118间客房。

仪式结束后,张德仪一行还查看培训中心的培训接待设施。

12月2日至4日 2011年山西省“鼎轩杯”党政领导干部乒乓球赛在太原奥力乒羽中心举行。省公路运输工会组织省交通运输厅代表队参赛。厅党组书记、厅长段建国带领5名参赛选手在4场团体比赛中,充分展示交通队伍特有的顽强意志和团队意识及较高球艺,被大赛组委会授予体育道德风尚奖。

12月6日 上午11时,忻阜高速公路晋冀界石咀(主线)收费站正式开通运营,长城岭隧道洞穿太行,晋冀两省畅通无阻,客货运输车辆川流不息,主线车流量爆发式增加,东出西联的运输主通道效应初步显现。

由太原出发经忻阜高速去往五台山为200余公里,去往北京为480余公里,从北京去往五台山仅为280余公里,且无需再绕行石太、京大高速,全国各地游客可以走高速公路直达五台山脚下,浏览世界遗产佛国圣地将享受到前所未有的便利。

忻阜高速公路是全省东出太行、直抵冀中大平原、融入环渤海经济圈的重要通道,位于晋冀两省交界、全长4.7公里的长城岭隧道是全省乃至华北地区目前唯一一条投入运营的双向六车道特长隧道。

12月7日 围绕“坚持以人为本执政为民理念、发扬密切联系群众优良作风”的主题,省交通运输厅党组召开2011年度党员领导干部民主生活会。厅党组书记、厅长段建国主持并发言。要求各党组成员对照干部群众提出的意见和建议,认真分析研究,进一步提出整改意见,并结合创先争优活动,切实抓好下阶段干部群众对厅党组所提意见的整改落实工作。

12月7日 省公路运输工会在太原交通运输执法局召开厅直单位暨太原地区工会主席会议。认真学习十七届六中全会和省第十次党代会精神,传达厅党组及厅长段建国对工会工作的具体要求。即各级工会要组织创作《交通之歌》,进一步增强全系统干部职工的凝聚力和行业荣誉感,在全社会树立交通运输行业良好形象。省公路运输工会主席王晓光传达《关于认真做好2012年元旦春节期间送温暖活动的通知》等有关文件精神。

12月7日 省交通运输厅党组成员、副厅长戴飞对厅应急指挥中心、厅综合机房和山西交通运输公众服务热线96500工作室进行实地调研。

12月8日 下午,省纪委副书记冯改朵一行就工程建设招投标工作及工程建设有形市场的建立深入省交通运输厅调研,对全省公路建设公开、公平、公正的招投标体制机制及办法,规范的公共资源交易平台予以高度评价,并建议参加集中调研的省国土资源厅、省住房和城乡建设厅、省机械设备成套局等学习借鉴。厅领导段建国、张润、韩日裕陪同调研。

冯改朵一行还参观厅建设市场管理中心开标室、评标室和监控室。

12月8日 省交通运输厅召开厅机关及厅直单位负责人会议,安排部署纪律作风集中教育整顿月活动相关事宜。厅党组副书记、副厅长张润出席并讲话。

12月8日 省交通运输厅党组成员、副厅长戴飞带领厅机关有关处室负责人深入省高管局调研。

12月9日 团中央和交通运输部联合授予平遥收费站国家级“青年文明号”挂牌仪式隆重举行。省交通运输厅党组成员、副厅长戴飞,省高管局党委书记蒋世欣揭幕,省交通运输厅厅直机关党委书记胡刚成宣读表彰决定。戴飞在讲话中,要求平遥收费站以荣获国家级“青年文明号”为新的起点，珍惜荣誉，再接再厉，勇攀高峰，坚持科学发展观，继续加强员工素质培训和职业道德建设，强化优质服务意识，带动更多青年集体投身“青年文明号”创建活动，为全省交通运输事业转型跨越发展作出更大贡献。

12月9日 省交通运输厅重点办专职副主任刘玉柱深入河运高速公路调研。

12月10日 山西交通职业技术学院召开2010年至2011年学生表彰大会，省交通运输厅党组成员、厅总会计师张德仪出席并讲话。

12月13日 全省高速公路建设专题新闻宣传工作会议召开。省交通运输厅党组成员、省纪委驻厅纪检组组长韩日裕，厅重点办专职副主任刘玉柱出席并讲话。

12月14日 省交通运输厅召开交通建设工程项目信息公开和诚信体系建设推进会。厅党组副书记、副厅长张润出席并讲话。厅党组成员、省纪委驻厅纪检组组长韩日裕主持。

12月14日 省地方海事局与山东海事局“结对子”工作座谈会在太原召开，省交通运输厅党组成员、副厅长戴飞，山东海事局党组书记范河林出席并讲话。根据交通运输部海事局《关于调整海事“结对子”单位的通知》要求，从2012年开始，山西省地方海事局将与山东海事局开展“结对子”工作。

12月14日至15日 省交通运输厅重点办专职副主任刘玉柱带领厅重点办相关处室负责人对和顺至榆社、平遥至榆社、龙白至城赵3个高速公路建设项目进行调研。

12月15日 由省直纪工委书记卫建友、副书记益毛牙带队的省直机关纪律作风集中教育整顿活动督察组一行5人，对省交通运输厅开展纪律作风集中教育整顿活动情况进行督察。厅党组副书记、副厅长张润，厅党组成员、省纪委驻厅纪检组组长韩日裕出席汇报会。

12月15日 省交通运输厅机关及驻厅单位干部职工捐款10余万元，帮助厅政策法规处主任科员吉燕峰妻子张丽赴北京解放军302医院进行肝癌射频消融手术，术后恢复良好。

厅党组书记、厅长段建国，厅党组副书记、副厅长张润非常重视，安排部署省公路运输工会在厅机关范围内组织捐款；省交战办专职副主任尹新平，省纪委驻厅纪检组副组长、监察室主任胡建新积极出主意想办法，帮助联系赴京治疗事宜；厅政策法规处处长曹居月、厅直机关党委书记胡钢成亲赴医院探望、安慰和鼓励。本来捐款范围仅限于厅机关工作人员，驻厅单位干部职工知道后，也纷纷伸出援助之手，踊跃捐款。短短两三天，捐款额高达10余万元，使吉燕峰倍感交通大家庭的温暖，使他和全家走出阴霾，重新拥有美好人生的希望。

12月16日 省交通运输厅举办全省道路运输安全管理高级培训班。厅党组成员、副厅长戴飞出席并作总结讲话。

12月16日 围绕全省高速公路建成4000公里专题宣传集中采访报道活动正式启动。省交通运输厅党组成员、省纪委驻厅纪检组组长韩日裕，厅重点办专职副主任刘玉柱出席启动仪式。厅新闻宣传中心邀请并组织中央驻晋新闻单位和省城主流媒体的20多名记者参加。

12月16日 交通运输部科技司在太原主持召开“山西忻阜高速公路科技示范工程”项目验收会，专家组对该示范工程给予充分肯定和高度评价，一致同意通过验收。在实施推广20项科技成果过程中，编制的10项技术指南和开发的7项软件，对行业发展和技术进步，具有重要的推动和示范作用。

12月17日 全省治超工作新闻通报会举行。省治超办领导组组长特别助理李顺通，省交通运输厅党组成员、副厅长戴飞，省运管局局长李华中参加，省委宣传部常务副部长、省治超领导组副组长杨波主持，省治超办副主任、省委宣传部新闻处处长朱新才安排部署。省治超办主任、省政府副秘书长崔国红作总结报告。

12月18日 交通运输厅党组成员、厅总工程师部玉兰调研指导临吉高速公路S10标滑坡,并参加滑坡治理方案评审会。

12月19日 国家交通战备办公室副主任黄伟业一行,在省交通运输厅党组副书记、副厅长、省交战办主任张润陪同下,对正在紧张建设中的山西省交通136工程进行调研。希望把"军民融合式发展"宗旨融入工程各个环节,使工程竣工后成为全国样板。

12月19日 省直纪工委副书记益毛牙在省交通运输厅党组书记、厅长段建国,厅党组副书记、副厅长张润陪同下,检查省高管局信息监控指挥大厅,并召开座谈会。听取省高管局党委书记蒋世欣专题汇报,局长董新品主持。

段建国在讲话中,要求把纪律作风集中教育整顿活动长期坚持开展下去,在全系统形成相互交流、学习良好氛围,对好经验、好做法要及时总结推广,同时要注重学习、借鉴其他单位的好经验、好做法,积极构建纪律作风集中教育整顿的长效机制。

12月19日 上午,省交通运输厅在太原高速小店收费站站外广场举行启动全系统新一轮治超总行动实施4周年宣传活动。厅党组成员、副厅长戴飞出席启动仪式并讲话。仪式结束后,戴飞还慰问一线治超员工,向过往司乘人员发放治超宣传资料。

12月19日 神河高速公路2011年度工作总结表彰及业务培训动员会召开。省交通运输厅党组成员、厅总工程师部玉兰,厅重点办专职副主任刘玉柱出席并讲话。

12月19日 省交通运输厅重点办召开"五合一"考核工作动员会。专职副主任刘玉柱出席并讲话,提出具体要求。

12月20日 石清黄河大桥竣工通车。省人大常委会副主任杨安和,省交通运输厅党组副书记、副厅长张润出席通车仪式。总投资9000万元。桥梁全长629米,桥面宽12米。

12月21日 下午,由省治超办常务副主任、省交通运输厅党组成员、副厅长戴飞带领的省政府治超工作督察组深入沁水县运管局检查指导治超工作。

12月21日 省纪委副书记冯改朵一行在省交通运输厅调研期间,专程视察省交通运输厅应急指挥中心、96500客服热线工作室及数据中心综合机房,观看应急指挥系统演示,并与厅计算机通信中心负责人座谈,详细了解信息化建设发展情况。厅党组成员、省纪委驻厅纪检组组长韩日裕,省交通运输执法局局长张晋鹏及有关部门同志陪同。

12月21日 平榆高速公路宝塔山隧道、紫金山隧道胜利贯通。省交通运输厅党组成员、厅总会计师张德仪,厅重点办专职副主任刘玉柱,武警交通指挥部参谋长许茂出席贯通仪式。分别长10.2公里、4.5公里。

12月23日 在省委、省政府隆重召开的对口支援四川省茂县灾后恢复重建工作总结表彰大会上,省交通运输厅、省公路局等5个单位获"先进集体"荣誉称号,周文全等27人获"先进个人"荣誉称号。

12月23日 交通运输部财务司司长陈健一行4人赴晋调研。省交通运输厅党组书记、厅长段建国,厅党组成员、厅总会计师张德仪与调研组进行座谈。

12月24日 省交通运输厅晋交公安〔2011〕781号文印发《关于调整厅治理公路"三乱"工作领导组成员的通知》。组长段建国;副组长戴飞、韩日裕;办公室主任柴洪江。

12月26日 省交通运输厅召开2012年高速公路竣工环保验收专题会,安排部署下一步竣工环保验收工作。厅党组成员、厅总工程师部玉兰,厅重点办专职副主任刘玉柱出席并讲话。

12月27日 省交通运输厅在厅机关五楼会议室举行《行政强制法》专题辅导讲座,专门邀请交通运输部管理干部学院政法教学部主任、法学教授张柱庭专题辅导。厅党组成员、副厅长戴飞主持并讲话。要求各单位做到领导重视，加强学习，深入开展清理工作，确保依法履行职责。

12月27日 省交通运输厅召开全省重点公路工程建设加快征地手续办理推进会。厅党组成员、省纪委驻厅纪检组组长韩日裕出席并讲话。

12月27日 2011路面冷再生技术应用论坛在阳曲县召开。省交通运输厅党组副书记、副厅长张润出席并讲话，150余人参加。

12月27日 省交通运输厅召开2011年财务决算布置暨财务管理座谈会。厅党组成员、厅总会计师张德仪出席并讲话。

12月28日 省交通运输厅党组成员、厅总会计师张德仪深入山西交通技师学院调研。

12月28日 省交通运输厅晋交治超〔2011〕790号文印发《关于调整厅治理非法超限超载车辆工作领导组及办公室的通知》。组长段建国；副组长张润、王志民、戴飞、韩日裕、郜玉兰、张德仪、郭贵平；办公室主任高保全。

12月28日 省交通运输厅晋交公安〔2011〕792号文印发《关于厅社会治安综合治理领导组及其办公室更名的通知》。组长段建国；副组长戴飞、杨俊威、尹新平；办公室主任柴洪江。

12月28日 偏关县委、县政府慰问神河高速座谈会在太原举行。厅重点办专职副主任刘玉柱参加并讲话。

12月29日 省交通运输厅召开纪律作风集中教育整顿推进会。厅党组副书记、副厅长张润出席并讲话，厅党组成员、省纪委驻厅纪检组组长韩日裕传达朔州市纪委有关朔州交通运输执法局主要领导赌博被查处的处理意见，厅党组成员、省公路局党委书记郭贵平，厅机关有关处室负责人及厅直单位主要领导参加。

12月29日 省交通运输厅召开新闻通气会，全省2011年高速公路新建成1000公里，全省高速公路总里程突破4000公里，在全国排第七位。中央驻并主要新闻单位和省城主流媒体22家的30余名记者出席。

12月30日 省委、省政府在忻（州）保（德）高速公路米家山2#隧道入口处广场前隆重举行仪式，庆祝2011年全省高速公路建成1000公里，总里程突破4000公里暨忻保高速公路通车。省委书记、省人大常委会主任袁纯清，省委副书记、省长王君，省政协主席薛延忠，省委、秘书长李政文，省人大副主任安焕晓，副省长牛仁亮，解放军某部副政委张声远少将出席，并与建设单位代表、劳模代表、施工代表、设计代表、监理代表、乡镇代表共同为全省高速公路总里程突破4000公里暨忻州至保德高速公路通车剪彩。省委常委、常务副省长李小鹏主持庆祝仪式。

2008年底，全省掀起新一轮高速公路建设高潮以来，先后开工高速公路项目43个，概算投资2285亿元，总里程3200公里，桥梁、隧道和采空区里程占到1/3。其中，桥梁总里程554公里，隧道总里程378公里，采空区总里程68公里。在2010年建成1000公里基础上，2011年再建成1000公里，使全省高速公路总里程突破4000公里，跨入全国前10名先进行列。在省会到地级市三小时通达基础上，全省82%的县通高速公路，太原、运城、晋城、阳泉四个地级市提前实现县县通高速。

当天建成通车的忻保高速公路，东接京津冀，西通陕甘宁，横贯山西中部，是全省承东启西的战略通道和重要的运输通道，也是2011年建成项目中最长的一条高速公路，全长192公里，项目开工三年来，全体建设者坚持安全低碳、科技引领的建设理念，不断健全工程质量保证体系和安全生产责任体系，严格工程管理，科学组织施工，不仅为晋西北人民铺设一条繁荣文明的幸福大道，也为全省公路建设管理创造宝贵经验。

厅党组书记、厅长段建国在介绍工程建设情况后表示，全省交通运输系统将深入贯彻落实省第十次党代会和全省经济工作会议精神，把握新形势，抢抓新机遇，推动新跨越，为保证2012年高速公路突破5000公里,“十二五”末建成“三纵十一横十一环”高速公路网而努力奋斗。

牛仁亮在讲话中,希望交通运输部门和各级各部门,继续发扬成绩,再接再厉,加快构建“畅通、高效、安全、绿色”的综合交通网络,为实现转型跨越、再造一个新山西作出新的更大贡献!

厅领导张润、王志民、戴飞、韩日裕、郜玉兰、张德仪、郭贵平、杨俊威、尹新平、刘玉柱参加通车仪式。参加通车仪式的还有,省委、省政府办公厅和省直有关部门、金融部门负责人,忻州市委、市政府及沿线县、乡、村代表,忻保高速公路建设、设计、施工、监理单位代表。

12月30日 上午,省交通运输执法局召开全省交通运输执法系统纪律作风教育整顿对照检查整改会议,通报朔州交通运输执法局四名领导干部在单位打麻将赌博事件,并对交通运输执法系统纪律作风教育整顿对照检查整改工作进行安排部署。省交通运输厅党组成员、厅总会计师张德仪出席并讲话。希望全系统广大党员干部,特别是各级领导干部一定要提高认识,吸取教训,加强教育,转变作风。

12月31日 省交通运输厅召开全省农村街巷硬化“全覆盖”工程年终检查情况汇报会。厅党组副书记、副厅长张润主持并讲话。

12月31日 山西省交通运输厅重点公路工程建设办公室正式揭牌,厅党组成员、厅总工程师郜玉兰与厅重点办专职副主任刘玉柱一起揭牌。

12月31日 省交通运输厅举行隆重授卡仪式。厅党组副书记、副厅长张润代表厅党组向张帆同志颁发省委书记袁纯清亲笔题写的新年贺卡。

12月31日 《中国交通报·山西交通》评出2011年全省十大交通新闻:①全省高速公路总里程突破4000公里。2011年,全省高速公路新建成1003公里,总里程突破4000公里,达到4010公里,在全国排名第七位。全省通高速的县(市、区)已达98个,占总数82%,太原、运城、晋城、阳泉4个地级市实现县县通高速公路。高速公路建设全年预计完成投资约582.6亿元,为年初计划500亿元116.5%,投资总额在全国排名第三。②全省干线公路养护管理工作位居全国前列。在全国“十一五”干线公路养护管理检查工作中,全省干线公路管理工作取得综合排名第六、中西部地区排名第一的好成绩。根据会议通报,剔除4个直辖市,全省在全国各省区排第四名,比“十一五”前移1位,是历次全国公路大检查中的最好成绩。③农村街巷硬化“全覆盖”成效显著。2011年,全省农村街巷硬化“全覆盖” 工程开工行政村20 058个, 开工里程93 250公里,19 567个行政村完成“全覆盖”建设任务, 完工里程92 096公里。其中, 街道56 915公里,巷道29 146公里,户道6035公里。全年完成投资166.5亿元,全省行政村覆盖率达69.4%,超出计划目标16.8%。晋中市两年建设任务一年完成, 提前实现农村街巷硬化“全覆盖”目标。④《山西省水路交通管理条例》10月1日正式实施。7月28日,省十一届人大常委会第24次会议审议通过,共7章41条。是全省首部关于水路交通管理的地方性法规,填补全省水上交通管理的法律空白。该条例将安全生产放在首位,重点对全省水路运输中占主导地位的小型船舶的准入条件、安全要求、经营方式等作出明确规定,并确定行政处罚标准,为海事航运机构依法行政和小型船舶依法经营提供法律保障。⑤省交通运输厅100万元重奖科技创新优秀单位和人员。为激发广大交通运输科技人员创新积极性,进一步推动科技行业进步与创新,2011年,省交通运输厅筹资100万元,重奖“十一五”期间全行业科技创新先进单位、优秀科技人员、优秀技术创新人员、优秀科技管理人员及部分科研项目和成果。14个单位、154名个人、58个科研项目获表彰奖励。如此规模、如此声势表彰奖励科技人员,在全省交通运输发展史上还是第一次。⑥行业从业人员技能水平大幅提升。2011年,全省交通运输行业瞄准“开发行业技能人才,提升行业技能水平,促进行业技术进步”目标,在全系统掀起学业务、比技能热潮。在第二届全国交通运输行业“厦工杯”筑养路机械操作手技能竞赛总决赛中,全省代表队荣获团体第一名,并包揽挖掘机、压路机、装载机操作和补坑槽全部单项个人第一名;在第二届全国交通运输行业“宇通杯”机动车驾驶员节能技能竞赛总决赛中,全省代表队取得第四名的好成绩。⑦全省治超经验在全国推广。2007年12月新一轮“无缝隙、拉网式”超限超载治理总行动开展以来,全省治超工作取得显著成效,为全省经济社会发展起到积极作用,为全国治超工作创造可以借鉴的成功经验。在10月12日召开的全国车辆超限超载治理工作电视电话会议上,全省介绍治理经验。张德江副总理在山西省治超情况汇报上批示:“山西的治理经验很宝贵,希望交通、公安等部门认真总结,在全国推广。”⑧对口支援茂县灾后恢复重建工作受到省委、省政府表彰。2008年汶川特大地震发生三年来,全省交通运输系统先后有1600多人投入到对口支援茂县灾后恢复重建工作中,承建的黑虎路比合同工期提前188天,渭永路提前1个月通车,安全、优质、高效、圆满完成省委、省政府交给的援建任务。12月2日,在省委、省政府召开的对口支援茂县灾后恢复重建工作总结表彰大会上,省交通运输厅、省公路局等5单位及27名个人受到表彰。⑨用惩防新体系为工程建设保驾护航。2011年,省交通运输厅继续探索和创新公路建设领域反腐倡廉建设工作机制,新出台有关反腐倡廉制度和办法17项。尤其是在工程建设招投标工作中,大力推行随机开标合理低价法,最大限度减少人为因素,在全国交通运输系统走在前列。通过37张网络运行图,明确4类岗位,努力实现“不是查不出问题,而是没有问题可查”的廉政目标。⑩精神文明建设成绩显著。2011年,全省交通运输行业精神文明建设取得明显成效,促进交通运输事业科学发展。9月20日,太原高速公路公司松庄收费站站长张帆荣获第三届全国道德模范提名奖。11月22日,厅党组作出决定,在全省交通运输系统开展向荣海凤同志和太原高速小店收费站学习活动。11月24日,省妇联发出通知,要求全省窗口单位和服务行业从业妇女开展向太原高速小店收费站学习的活动。

第一编 放开搞活时期

（1978~1992）

第一章　公路建养

1978 年，中共十一届三中全会胜利召开，党的工作重心开始转移，经济建设逐渐成为党和政府的工作中心，国家开始实行对内改革、对外开放政策，公路交通事业和其他各行各业一样，进入放开搞活发展时期。

公路管理体制实现转变。1983 年，省交通厅公路局改为山西省公路局；1986 年，升格为二级局，原有职能科室改为处室。到 1992 年年底，公路局机关职能处室 23 个，其中正式机构 17 个，内设机构 6 个。机关附属单位 6 个，下属事业单位即公路分局 10 个，直属单位 5 个，下属企业 2 个。

重点实施晋煤外运公路及高等级公路“两大建设”，全省干线公路形成以太原为中心的骨架网。山西省得天独厚的煤炭资源优势，晋煤外运成为发展全省经济、实行放开搞活的重要选择。省委、省政府高度重视公路交通建设，1983 年规划并实施 13 条总计 702 公里晋煤外运路建设，对于全省经济发展有着极大推动作用。与此同时，随着改革开放不断深入，为进一步提高国省干线公路的通过能力，全省公路建设由“以普及为主”转向“为提高为主”，由重视数量转变为重视质量，开始大规模进行二级公路和汽车专用公路建设。从此，全省公路进入向高等级公路（二级以上）发展的新阶段。1978 年改建平定至大寨二级路 25 公里，从此打破全省二级公路为零的落后局面。1988 年 9 月太原至晋祠 21.5 公里一级公路通车，结束全省没有一级公路的历史。到 1992 年底，一大批二级及以上高等级公路陆续建成通车。全省以太原为中心的“大”字形高等级公路骨架网基本形成。

农村公路“三通”建设成效显著。1981 年，晋东南地委提出“要想富，先修路”口号，在全省率先掀起自力更生大办县社公路热潮，一年筑路上千公里，走在全国前列。1982 年底，交通部在晋东南召开全国县社公路建设现场会。此后，全省县乡公路事业进入快速发展时期。随着国家对外开放不断深入，全省利用世界粮食计划署的无偿援助，建设总长 294 公里的 9 条县乡公路和 185 公里道路绿化工程，惠及雁北、忻州等 8 个地市 48 万人口。这是全省县乡公路事业在争取外援上取得的第一个重要成果。进入 20 世纪 80 年代后期，群众性义务修路在全省此起彼伏，1988 年，忻州地区首次将每年 9 月 15 日定为秋季义务修路节，号召全区人民义务修建县乡公路，恢复水毁工程，以解决资金不足困难。从此，全省上下迅速掀起党、政、工、青、妇齐上阵的义务修路热潮。截至 1992 年底，全省“三通”建设取得可喜成绩，全省44.9%乡镇通油路，54.8%行政村通公路，96.8%行政村通机动车。

第一节　公路管理体制的发展与演变

1983 年，经省交通厅党组批准（晋交发〔1983〕53 号），将省交通厅公路局改为山西省公路局，其行政业务及党的工作隶属省交通厅。局机关内设 18 个科室，即办公室、党委办公室、保卫科、团委、组织部、宣传部、纪检委、局工会、教育科、物资供应科、财务科、劳资科、生产计划科、养路工程科、县社道路科、机务工程科、技术科、行政科。党委书记赵廷祺；党委第一副书记郭俊楼；副局长赵传训（党委委员）、彭传直、祖璠；总工程师刘大元,总会计师朱再泽。

1985年,山西省行政区划变更,撤销晋东南地区,分别设立晋城市和长治市。经省交通厅批准,将长治公路总段和晋东南公路总段合并,改称晋东南公路分局,统管长治市、晋城市管辖区公路,由省公路局直接领导。

1986年3月26日,根据省政府办公厅通知(晋政办发〔1986〕42号)精神,省公路局升格为二级局。1986年9月,新的领导班子组成人员为:党委书记雷达;局长赵廷祺;副书记李绍华;副局长赵传训(党委委员)、夏淦、张华友;总工程师彭传直。局机关原有职能科室相应更名为处室。共设21个处室。即机关党委、局工会、教育处、老干部处、监察室(纪委)、办公室、计划财务处、养路处、地方道路处、工程管理处、机务工业处、劳资处、审计处、科技处、公安分处、行政处、党委办公室、组织部、宣传部、物资处、质量管理处。

1987年5月13日,根据省经委通知(晋统计字〔1987〕178号),将原平汽修厂、运城汽修厂、离石汽修厂从1987年1月1日起划归山西省公路局管辖。

1988年1月,经省编委批准(晋编字〔1988〕84号),省公路局将晋东南公路分局分设为晋城分局和长治分局,分局机关分别驻晋城市和长治市。

1988年1月,根据省交通厅晋交字〔1988〕84号文件通知,省公路局成立工程质量监理处。

1988年5月1日,经省经委、省体改委研究,同意原平汽修厂交原平县属地管理。

1988年7月15日,根据省编委晋编字〔1988〕84号、省交通厅〔1989〕晋交人字102号通知,省公路局机械修配厂改为企业。

1990年3月29日,根据省政府第14次常务会议决定(晋政任字〔1990〕7号),任命史来臣为省公路局副局长。

1992年9月5日,省政府第14次常务会议决定(晋政任字〔1992〕54、55号);任命刘俊谦为省公路局局长,免去赵廷祺局长职务,任命李兰科为省公路局副局长。

1992年9月,省公路局领导班子的组成人员为:党委书记宋元林(省交通厅党组成员);局长刘俊谦(党委委员);党委副书记李绍华;副局长赵传训(党委委员)、夏淦、张华友、史来臣、李兰科(党委委员);总工程师彭传直。

1992年年底,省公路局机关职能处室有23个,其中正式机构17个,即机关党委、工会、组织部、宣教处、老干部处、监察室、行政办公室、计财处、养路处、地方道路处、工程管理处、机务工业处、劳动工资处、审计处、科学技术处、公安分处、行政处。内设机构6个,即党委办公室、团委、纪检委、宣传部、计划处、工程质量监理处。编制150人,实有人数211人。机关附属单位6个,即物资供应站、劳动服务公司、生活服务队、实验室、幼儿园、俱乐部。

下属事业单位有10个,即雁同分局、忻州分局、阳泉分局、晋中分局、太原分局、吕梁分局、临汾分局、运城分局、长治分局、晋城分局。

直属单位有5个,即省公路局第一工程公司、第二工程处、第三工程处、山西省筑路机械修配厂、山西省公路构件厂。

下属企业单位2个,即离石汽修厂、运城汽修厂。

第二节　晋煤外运公路建设

山西省有得天独厚的煤炭资源优势,而运力不足制约原煤产量,20世纪70年代末,全省公路通车里程27 261公里,二级公路只有178公里,路况标准差,交通闭塞与经济发展极不适应,全省煤炭生产采取"以运定产"方针,正可谓"山西之长在于煤,山西之短在于路"。省委、省政府高度重视交通建设,依托公路发展经济,山西公路建设进入向高等级公路快速发展的新阶段。1983年制定13条晋煤外运公路规划,公路建设得到社会各界高度重视。省交通厅设置重点公路建设办公室,专司其职,公路部门集中技术、施工力量,并对施工管理体制进行改革,工程采取公开招标、投标和依靠地市县承包办法,调动各

方面积极性,加快工程进度,降低造价。晋煤外运公路建设分两步走:

第一步,1983 年开始努力实现和打通与相邻省区之间的 4 条晋煤外运公路。

1. 大同(倍加皂)至孙启庄(一期),通往河北,投资 3161 万元,二级 85 公里,建设年限 1984 年 4 月至 1985 年 9 月;大同(小站)至倍加皂(孙启庄)(二期),通往河北,投资 4023 万元,二级 28 公里,建设年限 1986 年 10 月至 1989 年 12 月。

2. 阳泉白毛岭至地都,通往河北,投资 2187 万元,二级 37 公里,建设年限 1984 年 3 月至 1985 年 9 月。

3. 晋城至张路口,通往河南,投资 1492 万元,三级 44 公里,建设年限 1983 年 3 月至 1985 年 9 月。

4. 晋城至大口,通往河南,投资 3713 万元,三级 83 公里(复线),建设年限 1983 年 3 月至 1985 年 9 月。

以上四条公路线,共投资 10 553 万元,1985 年 9 月完工。

第二步,1985 年至 1989 年,建成 9 条晋煤外运路线。

1. 和顺至董坪沟,通往河北,投资 2893 万元,二级 39 公里,建设年限 1985 年 5 月至 1986 年 10 月。

2. 左权至涉县,通往河北,投资 3410 万元,三级 54 公里,建设年限 1986 年 3 月至 1987 年 10 月。

3. 宁武至长城岭,通往河北,投资 6060 万元,二级 32 公里,三级 82 公里,建设年限 1984 年 12 月至 1986 年 4 月。

4. 长治至下浣,通往河北,投资 6600 万元,二级 64 公里,建设年限 1986 年 11 月至 1988 年 11 月。

5. 荫城至川底,通往河南,投资 4634 万元,三级 76 公里,建设年限 1988 年 9 月至 1992 年。

6. 周村至犁川,通往河南,投资 1320 万元,二、三级 24 公里,建设年限 1986 年 10 月至 1989 年 12 月。

7. 薛村至军渡,通往陕西,投资 917 万元,三级 9 公里,建设年限 1986 年 6 月至 1987 年 11 月。

8. 夺火至修武,通往河南,投资 881 万元,四级 17 公里,建设年限 1985 年 4 月至 1988 年 6 月。

9. 晋城新房洼至省界,通往河南,投资 2547 万元,三级 28 公里,建设年限 1985 年 7 月至 1987 年 10 月。

十三条晋煤外运路线共投资 43 838 万元,建设总里程 702 公里,其中二级路 300 公里、三级路 385 公里、四级路 17 公里,建成通车之后,对于促进全省经济发展,有着极大推动作用。

第三节　高等级公路建设

改革开放以来,为进一步提高国道和省道通过能力,全省公路建设由“以普及为主”转向“为提高为主”,由重视数量转变为重视质量。在平均混合交通量每昼夜大于 5000 车次的路段和重要干线公路、重点路段及重要城市出入口公路,进行二级公路和汽车专用公路的建设。从此,全省公路进入向高等级公路(二级以上)发展的新阶段。

1976 年至 1979 年改建太原至忻州 66 公里,1977 年至 1979 年改建太原小店至东观 47 公里,1977 年至 1978 年改建平定至大寨 25 公里,1978 年至 1979 年改建太原至汾阳段 40 公里,上述路段均改建为二级公路,共计 178 公里。从此,打破全省二级公路为零的落后局面。

太原至晋祠 21.5 公里一级公路于 1987 年开工建设,设计路基宽 23 米,行车道宽 15 米,慢车道宽 8 米,双道行车,投资 6104 万元,1988 年 9 月通车。这条公路建成通车,结束全省没有一级公路的历史。

列入“七五”国家重点交通建设项目的大同至运城全长 737 公里的南北经济干线公路,建设里程 584 公里,按二级公路技术标准设计,总投资76 650万元。它连接全省 7 个地市,即大同、朔州、忻州、太原、晋中、临汾、运城,跨越23个县市(区),即大同市、怀仁县、山阴县、朔州市、宁武县、原平县、忻州市、阳曲县、太原市、清徐县、祁县、平遥县、介休市、灵石县、霍州市、洪洞县、临汾市、襄汾县、侯马市、曲沃县、闻喜县、夏县、运城市,是连接省内主要国道、省道的交通干线。建设中贯彻"近城不进城"原则,路线布设绕城主要城镇,取得快捷便利的通行效果。全线共有土方工程近1400万立方米,石方200万立方米,修建大桥12座,中桥38座,小桥160座,公铁立交8座,涵洞2366道,隧道3处,沥青混凝土路面430公里,水泥混凝土路面153公里。其投资之大、里程之长、标准之高、工程之艰巨,是全省公路史上前所未有的。大运线建设首次尝试工程监理制度,实行政府监督、项目监理、施工单位自检的管理方式,省交通厅成立质量监督站,省公路局成立工程监理处,各施工单位成立工程质量自检体系,确保工程顺利施工和按期保质竣工。全省有47支施工队伍参加建设,1986年5月正式开工,1990年9月竣工通车。它的建成通车,为以后建设大型工程和组织大规模工程会战,积累丰富经验。大运公路建成通车,对于全省经济、文化发展,特别是对能源重化工基地建设,具有特别重要意义和作用。成为全省对外开放的窗口路、信息路、沿线群众的幸福路,为全省经济建设作出突出贡献。

"八五"期间,省委、省政府把"挖煤、输电、修路、引水"作为全省经济建设的战略重点,共有18项交通重点工程开工建设(11项先后交付使用)。到1992年底,新建并完工的二级以上高等级公路重点项目有:①长治至晋城二级汽车专用公路92公里,投资21 700万元;②晋祠至夏家营一级公路29公里,投资11 250万元;③云冈至云西二级公路25公里(第一条贷款收费公路),投资5832万元;④郊里至盂县二级专用公路25公里(二级21公里,三级4.5公里),投资6374万元(1993年完工);⑤风陵渡黄河大桥1407米正在建设;⑥1992年,阳城至济源二级公路40公里、太原至榆次一级公路15.6公里、运城至风陵渡一级86公里、汾阳至柳林二级123公里,共计4项工程进入前期准备阶段。

第四节　大字形骨架网的形成

20世纪80年代前期,全省公路已形成一个网络。由于技术标准低、通过能力差,形不成规模交通,严重制约着工农业生产的进一步发展。省交通部门在制定公路发展第七个五年规划时,提出在现有公路基础上提高技术标准,提高公路等级,提高通过能力的建议。首先实施将几条不堪重负的干线公路改造成高等级公路的计划,"大"字形高等级公路骨架网的概念就此形成,并付诸实施。

"大"字形是以太原为大字的交汇点,从平定旧关至柳林军渡为大字的一横365公里,从大同至运城为"大"字的一撇737公里,从太原至长治、晋城为"大"字的一捺304公里,共计1406公里,计划从"七五"时期开始到90年代中后期完成"大"字形公路骨架建设。1986年大同至运城二级公路改造工程开工,拉开"大"字形高等级公路(二级以上)骨架网建设序幕,到1990年9月工程全面竣工。

第五节　农村公路建设

1978年,中共十一届三中全会胜利召开,国家开始实行对内改革、对外开放政策,公路交通事业和其他各行各业一样,进入新的发展时期。到"五五"末的1980年底,全省县乡公路里程达到17 303公里,占全省公路通车总里程64.4%;全省85.8%的县城通油路,85.3%乡镇通公路,83.8%行政村通机动车。省交通局提出的"三通"目标又取得新成果。

1981年8月,时任中共中央主席胡耀邦

同志视察晋东南地区，在高平县发表关于大修公路的指示后，晋东南地委提出“要想富，先修路”、“公路通、百业兴”的口号，号召群众修路致富，组织10万民工，在全区掀起自力更生大办公路的热潮，一年修筑县社公路1004公里、大中桥梁12座、涵洞864道、隧道3处，相当于三中全会前这一地区8年筑路的总和。1982年12月，交通部在晋东南地区召开全国县社公路建设现场会，参观阳城、沁水等县公路建设，向全国推广晋东南地区发动群众民工建勤修建县社公路的经验，进一步推动全省县社公路发展。全省县乡公路建设走在全国最前列。

1983年，高平县发动群众义务投工188.9万工日，动用土石206万立方米，一年新建改建县社公路58条315公里，铺筑沙砾路面165公里，新建桥涵280余座。1983年9月，省政府在高平县召开全省公路建设现场会，表彰推广他们的先进做法。

在全省上下大办公路交通大好形势下，全省县乡公路事业进入快速发展时期，把公路建设重点从国防公路建设转移到晋煤外运和县乡公路建设上来，全力为经济建设服务；从重数量转变到提高公路等级和质量上来，县乡公路也得到较快发展。吕梁地区坚持统一规划、一次成型、高标准、高质量修建县乡公路原则，1985年一年改建等外公路667公里。到“六五”末的1985年底，全省共有县乡公路18 717公里，其中，二级公路42公里，三级公路710公里，四级公路11 514公里，等外公路6351公里。有路面里程9250公里，占总里程49.4%，其中，次高级路面1616公里，中级路面2483公里，低级路面5151公里。

随着国家对外开放的不断深入，我国与国际组织的交流与合作不断加强。1984年9月，世界粮食计划署与中国政府签署合作协议，全省利用无偿援助的33 900吨小麦、365吨食油，到1987年4月止，建设总长294公里9条县乡公路和185公里道路绿化工程，惠及雁北、忻州、吕梁、临汾、运城、阳泉等8个地市16个贫困山区县56个乡镇中的916个乡村的48万人口，这是全省县乡公路建设在争取外援上取得的第一个重要成果。

群众义务修路在全省有良好传统。进入20世纪80年代后期以来，随着经济建设步伐不断加快，公路交通在国民经济中的基础和先导地位得到全社会普遍认同，群众性义务修路在全省此起彼伏，以整修县乡公路为主，兼修乡村道路。1988年，忻州地区首次将每年9月15日定为秋季义务修路节，号召全区人民义务修建县乡公路，恢复水毁工程，解决资金不足困难。各机关、团体、工人、农民都踊跃参加，开辟“人民公路人民建”的新路子，有效缓解县乡公路建设资金缺乏的困境。与此同时，运城市河津、万荣等县做出发动群众义务修路，允许集体和个人贷款修路的决定，并取得有目共睹的成绩。1991年4月，运城行署将每年11月定为“全民义务修路月”，县乡公路建设热潮遍及全区，进而影响到全省。1992年11月，省政府作出“在三四年内全省实现镇镇通油路、乡乡通公路、村村通机动车”的“三通”重大决策，号召全省人民用3个冬春开展全民义务修路活动，全省上下迅速掀起党、政、工、青、妇齐上阵的义务修路热潮。

截至1992年底，全省县乡公路达到20 578公里，占公路通车总里程31 554公里65.2%。其中，县公路13 658公里，乡公路6920公里；二级公路188公里，三级公路3100公里，四级公路12 404公里，等级公路总计15 692公里，占县乡公路总里程76.3%。就路面结构而言，有路面里程13 778公里。其中，高级、次高级路面3011公里，中级路面3856公里，低级路面6911公里。晴雨通车里程达到7542公里，绿化里程9791公里。全省98.9%乡镇通公路，44.9%乡镇通油路，54.8%行政村通公路，96.8%行政村通机动车。

第二章　道路运输

党的十一届三中全会,吹响改革开放的号角。随着国家放宽、搞活政策的落实,全省道路运输业进入一个划时代的发展时期。僵化的计划经济运输管理体制和国有运输企业独占运输市场的格局被打破,一个多种经济成分、多种经营形式共同发展的运输市场体系逐步形成,道路运输进入行业管理新阶段,困扰多年的运力紧张状况得到缓解。随着改革开放的不断深入,道路运输经济的重要性日益显现。

第一节　"三统一"体制的形成

1978年,省革命委员会印发《山西省公路运输市场管理规定》。明确凡在本省从事公路流通过程的物资运输、搬运装卸(包括生产过程运输、搬运装卸所发生费用结算的交通部门和非交通部门的车辆),均属于运输市场管理范围。必须执行统一货源、统一调度、统一运价的"三统"管理办法。

统一货源。凡属运输市场管理范围的物资运输,一律实行计划运输,统一由当地交通局管理。各级交通部门和物资单位应互相协作,共同做好物资计划运输工作。物资单位应按期向所在地的交通运输管理部门提报物资托运计划,由省、专区、市、县三级平衡安排,逾期提报托运计划的物资,按计划外运输规定办理;任何单位和部门不得擅自承揽和受理社会流通物资运输。

太原、大同、阳泉、长治四市与省属汽车运输公司所在专区、市、县按现营运范围,分别进行受理托运计划,平衡安排运力。各县均由运输管理站统一受理托运计划。按照营运范围,平衡安排运力。为了进一步搞好"合理运输",运输管理站与汽车站应合署办公。

统一调度。凡从事公路流通过程的物资运输车辆、搬运装卸劳力,一律由当地交通局统一调度,发给凭证,参加运输和搬运装卸,否则按违章处理。运力安排上,应按农、轻、重次序,把农业放到首位。本着先安排专业运输车辆后安排非专业运输车辆的原则进行统筹兼顾,合理调度。

坚持合理的运输分工原则,省属运输企业,应以省的重点和跨县、区、跨省物资运输为主,市、县运输企业,以市和县境内的物资运输为主。密切配合,搞好合理运输。

统一运价。凡从事公路运输的车辆,一律执行全省统一制定的运价。各有车单位与物资部门不得自定运价,更不准任意提高或降低。为了严肃运价管理,参加公路货物运输的车辆,一律实行统一货票,运费统一由交通局结算。省属各运输公司在统一平衡安排的基础上,运费自行结算。对未使用统一货票的车辆,所得运费,财务不予列支,银行拒绝划拨。各级财政、交通部门对统一货票的使用,要予以检查监督。

从此"三统"管理体制在全省全面实行。

第二节　社会企事业单位自办运输的高涨

改革开放以来,山西道路运输事业在国家"改革开放、搞活经济"方针指引下,随着公路建设跨越式发展,运输生产力迅速提高,道路运输市场呈现出前所未有的繁荣景象。1979年至1983年,虽然国家政策开始放宽、搞活,使企事业单位自备运力得到发展,但是道路运输市场开放得很不够，依旧沿袭计划经济管理模式。省运各汽车运输公司为了适应日趋激烈的市场竞争和全省煤炭运输需求，借助国家拨改贷和税前还贷政策，积极向银行采取车辆赊销贷款、设备贷款，更新资金贷款等方式，加速老旧汽车更新。到1982年底，省属运输企业共有营运汽车2947辆，比1978年增长28.9%，其中客车净增376辆，货车净增284辆，运输能力有了较大提高。在企业内部，推行经济责任制和利润包干责任制，使省运各运输企业逐步由主要依靠行政手段管理转变到主要依靠经济手段管理上来，调动了职工生产积极性。省运各运输公司开辟和延伸夜宿农村串乡客运班线，开通零担货物运输班车，普遍推行货物合同运输方式，建立货源基地和商务活动网络，提高运输服务质量，促进城乡物资交流，抵御运输市场波动变化，求得企业发展。

1983年至1990年，道路运输市场全面开放，全省道路运输经济成分悄然变化，个体和社会运输车辆迅猛发展，国营企业改革步伐加快。1983年，中共中央印发《当前农村经济政策的若干问题》的1号文件；1984年，交通部根据中央精神，提出了“有路大家跑车，有水大家行船”，实行各地区，各行业、各部门多家经营，坚持国有、集体、个体各种经济形式协调发展的工作方针。道路运输经济发展，打破地域和部门界限，改变国有、集体运输企业独家经营局面，社会个体办运输的积极性空前高涨。通过多方集资，购买车辆从事道路运输，个体运输业迅速发展壮大。截至1985年底，全省个体运输业已拥有客货营运汽车23 664辆，挂车5942辆，其他机动车38 861辆，其中个体客运专业户发展到592户，经营客运班线389条，计有省际班线7条，地市班线201条，县区班线147条，乡村班线34条，已成为全省道路运输业的一支生力军。

此后，为了解决分散经营，资金、技术薄弱，经营信息闭塞等问题，遵循自愿、互利原则，个体运输专业户，纷纷组建各种形式的运输合作社，探索走联合经营之路。到1986年底，全省组建个体联合体810多个，联营汽车达21 800辆。联合经营进一步促进个体运输业健康发展。与此同时，省内各企事业单位车队和运输公司也有较大发展，规模较大的有煤炭运销公司汽车运输公司、粮食局车队、外贸车队、太钢运输公司等。其中，太钢运输公司1985年拥有汽车178辆，省煤炭运销总公司到1990年汽车发展到2468辆。个体和社会运输力的发展，使人民群众“乘车难，运货难”的问题基本得到解决。与此同时，地、县营运输企业迅速发展，到1990年已发展到188个，拥有营运汽车6700辆。

1986年，国务院颁发《全民所有制工业企业承包责任制暂行条例》，全省国有运输企业，按照所有权和经营权分离原则，从改革分配制度入手，由点到面开始试行承包经营责任制。1988年9月，根据国务院“包死基数、确保上缴、超收分成、欠缴自补”的要求，山西省汽车运输总公司进行公开招标，抵押承包，到1989年3月，省运总公司分别与所属12个运输企业签订为期4年的第一轮承包经营合同，开始在企业内部推行两个层次的承包经营责任制，并逐步探索解决国家与企业的责、权、利关系和职工与企业关系的有效途径。省运所属各运输公司，根据本企业特点，采取上缴利润递增包干超收分成、上缴利润基数包干超收全留、租赁承包经营等多种形式，实行了以岗位责任制为中心的层层承包和单项承包。企业承包经营责任制的落实，在一定程度上调动了企业和职工的生产积极性。各运输企业普遍实行客运站、队分家和汽车站对外开放，开展货运产供销一条龙服务，促进生产力发展和生产关系变革。此期间，省运各公司共新开通跨区客运班线92条，直达大型厂矿客运线路16条，全省各地市通往各县班线全部开通，到1990年底，共开通省际班线211条，日发班车600余次，日均客流2万余人，比1978年增长10倍，省内、省际零担货运线路新增60余条，实现8省、市、自治区相连、县县相通，并创造公路晋煤外运最佳效益。

1991年至2006年是山西道路运输经济

由数量型向质量型转变的重要阶段,也是建国以来又好又快的发展时期。1992 年初,邓小平南方谈话,解决改革开放以来困扰和束缚人们思想上的许多认识问题。山西运输企业进一步解放思想,把产权制度改革作为深化改革的突破口,在单车承包经营中采用租赁经营、产权转移、融资经营以及私营车辆挂靠经营等办法,使企业摆脱困境,得到发展。1995 年,交通部下发《培育和发展道路运输市场的若干意见》,全省道路运输系统干部职工以饱满热情,务实精神,采取以客货集散地为依托,吸收社会资金建市场;运输企业以现有运输设备、设施为基础,整合商品生产和销售企业资源,增加投入,完善功能共建市场;部分运输中介组织,以信息为龙头,搭桥牵线建市场。到 2000 年底,全省共建各类货运交易市场 216 个,零担货运站 22 个,货运信息组织 1335 个,日发货运信息 2 万条。省运总公司太原迎泽货运交易市场等一些较大的货运服务机构,基本形成信息服务、货运配载、承托交易、仓储保管、停车食宿、代办结算为一体,初具规模的新型交易市场。新建改建汽车站 90 个,全省达到 242 个,并在一、二级汽车站和部分三级站,推广 SMS 微机管理系统。道路运输市场建设,促进运输生产力发展,规范运输市场,提高企业经济和社会效益。2000 年至 2001 年,交通部先后发布《道路旅客运输企业经营资质管理规定(试行)》、《道路货物运输企业经营资质管理办法(试行)》和《关于道路运输业结构调整意见》,全省道路运输系统以改革为动力,结构调整为主线,整合运输资源,从运输企业实际出发,进行改革和改组,促进运输企业规模化、集约化、网络化经营,改善运力结构,提高服务质量。截至 2006 年底,全省营业性道路旅客运输经营户 1547 户,比 2001 年减少 8777 户,经过调整具备客运资质的企业达到 42 户,山西汽车运输集团有限公司、山西并州高速快客集团进入 2005 年中国道路旅客运输企业 50 强;全省营业性道路班线客车数、总客位数,分别比 2000 年增长 7.1%、10.4%,车型(大、中、小)比率由 2000 年11:64:25调整到 2006 年16:76:8,车辆级别(高、中、普)比率由 2000 年4:20:76 调整到 2006 年14:33:53。全省营业性道路货物运输经营户 2006 年比 2000 年减少 72 967 户。经过调整,具备货运资质的企业达到 184 户,山西汽车运输集团有限公司、长治市第一运输有限公司进入 2005 年中国道路货运企业 50 强;全省营业性道路运输货车数、总吨位数,分别比 2000 年增长75.4%、137%,普通货车、专用车、危货车,分别比 2000 年增长 36.4%、91.9%、90.6%,车型(重、大、中、小)比率由 2000 年8:54:10:28 调整到 2006 年29:20:11:40。由此可见,通过运输结构调整,客货运输经营户减少,车辆增加,企业规模扩大;班线客车车型增大,车辆级别提高,适应客运市场需求。货物运输车辆 8 吨以上的大吨位重型货车迅速增加,适应全省煤炭外运需要;8 吨以下大型货车减少,4 吨以下小型货车增加,适应现代物流配送需求。运输结构的调整,为全省道路运输经济又好又快发展奠定基础。截至 2006 年底,全省民用汽车拥有量达到1 455 872辆,其中营运货车237 673辆,客车73 141辆;完成货运量7.85亿吨,货物周转量402.2亿吨公里,客运量 3.84 亿人,旅客周转量189.7亿人公里。

第三节　行业管理规范的建立

改革开放以来,随着道路运输市场管理由计划向市场转型,新中国成立以来沿用的政企合一管理模式逐步退出。1978 年底,为了加强管理,省革委修订印发《山西省公路运输市场管理规定》,重申"三统政策",强调集中统一。1979 年 1 月,省交通局召开"全省运输平衡会议",要求严格"三统"管理,统一受理货源,搞好合理运输,一切参加社会运输的车辆都必须按规定到当地社会运输管理机构办理运输手续,无货时实行空驶签证,专业运输公司车辆参加运输也要凭有效行车命令。此举本意是想通过"三统"管理来管好道路运输市场。然而,由于社会各种运力参与,无可阻挡地冲破计划经济束缚,运输市场不得不按商品经济规律运行，催促社会主义市场经济管理体制诞生。1983 年，中共中央 1 号文件下发后，个体运输业迅猛发展。为了适应道路运输市场经济发展需要，加强运输管理，省交通厅将社会运输管理处改为运务处，负责全省道路运输管理工作和晋煤外运工作。各地（市）、县运输管理机构名称和职能也随之改变。在强化运输管理同时，积极为运输经营者服务。省厅运务处积极组织运输企业和经营户实行公路、水路联运，搞好晋煤外运。地（市）县运管机构为扶持新生的个体运输业户，深入省内大型工商企业组织运输业务，并派出专人与北京、天津、上海、浙江、江苏等省、市联系晋煤外运。1984 年，原平县段家堡乡亢兰锁倡导本乡私营汽车运输专业户在自愿、互利、平等、以车联营、产权不变，单车核算、自负盈亏原则下，组建全省第一个运输合作社（后更名原平县汽车联营运输总公司第十七公司），忻州地区运管处及时总结经验在全区推广。1985 年，省交通厅在忻州地区召开全省个体运输联合经营座谈会，及时推广原平经验。全省各级运管机构因势利导，引导个体运输经营户走联合经营之路，解决经营过程中的困难，提高服务质量，收到较好经济和社会效益。

1986 年 12 月 19 日，国家经贸委和交通部联合发布《公路运输管理暂行条例》。规定："凡从事公路客货运输、搬运装卸、汽车维修、运输服务的，均属公路运输行业管理范围"，并对企业开业和停业、货物运输管理、旅客运输管理、省际运输管理、搬运装卸管理、运输服务管理、汽车维修管理、运输工具管理、价格及单证管理、运管费征收使用、监督检查和处罚等运输行业管理做出全面具体规定，成为改革开放新形势下政府指导运输行业管理的法规，拉开实施道路运输行业管理的序幕。为了加强全省道路运输行业管理，设置四级运输管理机构。将省厅运务处与省汽车修造公司合并，成立山西省交通厅运输管理处（1992 年改为山西省交通运输管理局），其主要任务和职能是：按照党和国家的路线、方针、政策以及上级有关部门制定的法规，编制全省道路运输发展规划，管理道路运输市场，组织合理运输，调整客货运价，组织市场预测和信息交流。与此同时，地（市）设运管处，县设运管所、乡镇设运管站，并规定相应管理职能。

省交通厅运管处成立后，根据《公路运输管理暂行条例》，制定了一系列管理规范、程序、制度和办法，加强基础管理工作，从 1988 年开始，创造性地推出了至今一直沿用的全省运输行业管理年度目标责任制，并在各个阶段得到创新和发展，使全省道路运输行业管理逐步规范和完善。

交通部印发《关于治理整顿道路、水路运输市场决定》，省政府办公厅以晋政办发〔1989〕95 号文件印发《关于整顿治理道路运输市场的意见》，全省道路运输行业开始为期 3 年的治理整顿。共查处各类违规经营业户 57 211 户，其中：证照不全 34 902 户，黑车黑户 1570 户，公私车牌混挂 1591 户，偷漏税费 7957 户，金额达 2380 万元，倒卖票证 125 户、234 起，倒卖货源非法牟利 423 户、426 起，损害旅客货主利益 810 户、1048 起。在运输市场治理整顿同时，各级运管机构强化内部管理，建立健全各种规章制度，统一规范各种审批程序，在全行业开展"安全优质文明服务竞赛活动"。三年治理整顿，使全省道路运输市场发生深刻变化，规范运输秩序，改善发展环境，弘扬行业新风，促进行业管理。1992 年 10 月，交通部在太原召开"全国治理整顿公路、水路运输市场总结表彰会议"，山西省受到表彰。

第四节　道路运输市场的治理整顿

1989 年 2 月，交通部印发《关于整顿道路、水路运输市场的决定》。此后，省政府印发晋政办发〔1989〕95 号文件，批转省交通厅关于山西道路、水路运输市场整顿治理的意见。主要内容有：①对从事公路客运、货运、旅游、出租、搬运装卸、汽车维修的单位和个人进行经营资格、条件、范围和行为的审查清理，重新核发营运证和营业执照，凡不符合规定者，限期整顿，经整顿仍不合格的，由运管和工商部门责令停业，收回证照。②控制运力投放，保持运力、运量总体平衡，推行按运量供油制度。凡新购营运车辆必须由交通主管部门审批，未经审批者不予核发证照和供油手续。企事业从事客货运输的营业性车辆，须经审核纳入客运市场管理，按章缴纳各种税费。③本着方便群众、合理布局、干支线路统筹兼顾的原则，根据旅客流量和流向，调整客运线路和班次，加强客运“三定”(定线路、站点、班次)管理，客运线路、班次由运管部门分级审批。省营运输企业的汽车站要积极创造条件，向社会客车开放，开办客运业务。④整顿和加强货运管理。对抢险救灾、军事战备及煤炭、粮食等关系国计民生的紧急运输任务，实行指令性计划，安排国营运输企业承担。对重要港站集散物资的运输，实行指导性计划，由公有制运输单位承担。对批量不大的零星物资，纳入市场调节，由社会个体车辆按承运手续完成。⑤加强对维修、装卸及运输服务行业的管理。对汽车维修和零配件销售，开展质量监督和经营资格审查，保证维修质量。严格审查搬运装卸、联营、客运代办、货运委托、货运中转、信息等服务业的经营资格、手续、范围和收费标准，由县以上运管部门核发经营证照，实行统一管理。⑥整顿运输价格管理。对从事客货运输、汽车维修、运输服务的单位和个人，统一执行国家规定的价格标准，严禁哄抬价格和收费标准。⑦整顿交通规费和票证管理，对欠缴和偷漏交通税费者，令其限期缴纳。严禁乱收费、滥罚款。⑧整顿运输秩序和行业风气。要求各级运管和交通公安部门密切配合，严厉打击车匪路霸和私拉白捎、侵吞货款和票款等行为。⑨加强运输市场的监督检查，完善运输制度，规范运输行为，维护旅客、货主以及经营者的合法权益，建立良好的运输秩序。

文件下发后，全省各级运管部门认真贯彻，积极落实，迅速开始对道路运输市场全面治理整顿。各级运管机构联系当地实际，将整顿治理主要内容细化为“七查”(即：查无证经营、查违章违规运输、查偷漏税费、查行业歪风、查垄断货源、查抬价杀价、查乱用单据)，采取“三结合三为主”的整顿治理方法(即：普查和自查相结合，以自查为主；路查和户查相结合，以户查为主；查处和教育相结合，以教育为主)。按照省交通厅规定，先后统一5种基础台账和报表，统一经营户档案的格式和内容，加强票证管理，要求做到有关数据账账相符、账实相符。还统一运输经营户开、停业审批程序和零担货运线路审批程序，建立健全营运证年度审验制度，使运输市场管理基本步入正轨。

从1989年2月至1992年7月，经过三年多的大规模全面整顿，全省交通运输秩序有了明显改观。三年中，共清理无证经营者15 547户；清理公私混挂者3136户；清理不合格经营者8030户；取缔违法经营者4330户，其中搬运装卸33户、汽车维修251户、运输服务7户；查处运输违法案68起；查处非法交易522起，倒卖货源426起，伪造、倒卖票证234起；没收非法所得168万余元，罚款109万余元；补收税金913万余元，补收运管费326万余元，补收养路费26万余元，补收其他规费34万余元。

通过治理整顿，规范运输秩序，增强经营者法律意识，提高运管部门适应市场需要，服务群众、服务业主的自觉性。一是长期存在的“黑车、黑户”问题得到解决；二是公私车牌混挂的问题也因采取“挤、卡、堵、疏”有效措施，得到扼制；三是强制淘汰报废一批老、旧、破车，使车容车况得到进一步改善，大大增强社会运输能力和运输安全系数；四是规范运输经营行为，和工商、税务等部门合署办公，强化票证管理和税费征收手段，堵塞偷漏税费渠道，增加税费收入，打击侵吞货款、票款行为，增加企业运营收入和经济效益；五是打击运输市场中的违法犯罪行为，净化运输环境，保证人民生命财产安全；六是强化行业管理，使拖拉机运输、搬运装卸、维修服务等全部纳入行业管理轨道；七是锻炼管理队伍，使运管人员思想和业务素质明显提高，成为精神文明和物质文明建设的排头兵。

1992年，在太原市召开的全国公路运输管理工作会议上，省运管局及太原、长治市运管处，忻州、运城地区运管处，晋城郊区交通局、永济县运管所、河曲县港监船检所受到交通部表彰奖励。

第三章　规费征稽

中华人民共和国成立后,随着公路交通事业的发展,公路交通规费逐年增加。1950年7月交通部颁布《公路养路费征收暂行办法》后,全省开始规范征收公路养路费。1978年8月,省革委会印发《关于调整全省交通监理、公路养护机构的通知》,全省各地(市)、县设立交通监理机构,由原公路管理段(站)负责的交通安全管理、公路养路费征收工作统一划归交通监理机构负责。1986年10月,国务院印发《关于改革道路交通管理体制的通知》,决定将全国城乡道路交通安全管理工作统一划归公安部门负责,公路养路费征收管理工作仍由交通部门负责。1987年5月30日,省政府根据国务院通知精神,结合全省实际,印发《关于交通监理移交公安部门管理有关问题的通知》,将原交通监理部门负责管理的车辆牌证管理、交通安全管理、交通事故处理、机动车辆年审、驾驶人员考核等五项职能移交公安部门,公路养路费和车辆购置附加费征收管理工作仍由交通部门负责。

第一节　机构建立和工作的开展

1987年6月2日,省编制委员会以晋编〔1987〕48号文印发《关于交通部门设立养路费征稽机构的通知》,省交通厅正式成立交通征费稽查局(正处级建制、事业编制),内设秘书科、政工科、征费科、稽查科,具体负责公路养路费和车辆购置附加费的征稽管理工作。经费除征收车辆购置附加费人员由交通部负责外,其余人员从公路养路费项下列支。各级交通征费稽查机构实行人、财、物由省交通厅统一管理,党、工、团分属地方的双重管理体制。与此同时,在雁同、忻州、太原、阳泉、晋中、吕梁、临汾、运城、长治、晋城设立10个交通征费稽查处,为副处级事业单位。各处机关统一内设办公室、政工科、征费科、财务科等机构,部分处根据情况,自行设立行政科、汽车队、劳动服务公司等机构。

1987年,省交通厅印发《关于设立交通征费稽查机构的通知》规定:"各县(区)设'交通征费稽查所',为科级单位;车辆流量大的路段和乡镇设立'交通征费稽查站',其工作任务是负责所辖范围内公路养路费、车辆购置附加费的征收稽查工作,并对征收拖拉机、畜力车养路费和运管费的工作进行协助。其经费除征收车辆购置附加费的人员由交通部负责外,其余人员从公路养路费项下列支。"截至年底,省交通厅交通征费稽查局下设10个交通征费稽查处,122个交通征费稽查所,61个交通征费稽查站。

为解决交通征稽人员严重不足的困难,1988年,省机构编制委员会以晋编字〔1988〕129号文印发《关于全省交通征费稽查系统增加编制的通知》,同意全省公路养路费征费稽查人员编制在原有700名基础上再增加700名,确定事业编制1400名,初步缓解交通征稽工作任务重、人员紧的状况。

交通征稽部门努力克服机构组建时的困难,1987年完成征收公路养路费、货运补偿费4.57亿元,车辆购置附加费2286万元的费收业绩,迈出艰难第一步。

第二节　征稽管理目标责任制的实施

1988 年 1 月 1 日开始，全省交通征稽系统实行征稽目标管理责任制。省交通厅与省交通征费稽查局、省交通征费稽查局与各交通征稽处、各交通征稽处与基层交通征稽所（站）三级签订目标管理责任书，实行目标管理责任制，一定三年不变。

三年中，全省交通系统规费征收除圆满完成目标管理责任制规定的每年比上年计划递增 5% 的征收计划外，每年超收 5000 余万元。公路养路费比规定协议征收计划超收 1.77 亿元；车辆购置附加费征收比交通部下达的计划超收 747 万元；上解率比规定的指标平均超过 5.5% 至 6%。收回历年公路养路费拖欠 1000 余万元。

1988 年，全省征收公路养路费、货运补偿费 5.01 亿元，车辆购置附加费 2842 万元，三项规费合计 5.29 亿元，比 1987 年增长 13.8%。

1989 年，全省征收公路养路费、货运补偿费 5.59 亿元，车辆购置附加费 2219 万元，三项规费合计 5.82 亿元，比 1988 年增长 6.8%。

1990 年征收公路养路费、货运补偿费 6.20亿元，车辆购置附加费 1925 万元，三项规费合计 6.40 亿元，比 1989 年增长10.1%。

1991 年，遵照省人民政府晋政发〔1991〕72 号文《山西省“八五”交通建设的若干政策措施》精神，在公路养路费征收标准不变前提下，省物价局、省计委、省财政厅、省交通厅联合下文，从 1991 年 10 月 1 日起，全省开征车辆养路附加费，按社会车辆月吨征收 40 元计费，作为公路建设专项基金，全额用于高等级公路建设，并调整拖拉机养路费费率。

1991 年，省交通征费稽查局组织专人，集中时间，每年对原目标管理责任制进行充实和完善，将任务指标化、考核数据化，并派专人下基层，先后与各交通征稽处签订了以“鼓励超收、强化考核、经费包干”为主要内容的目标管理责任制协议书。为使目标责任制得以更好地实施，局、处各级领导还经常深入基层督促检查。

1991 年，全省征收公路养路费、货运补偿费 7.01 亿元，车辆购置附加费 1691 万元，三项规费合计 7.18 亿元，比 1990 年增长 12%。

1992 年，全省征收公路养路费、货运补偿费 8.04 亿元，车辆购置附加费 2386 万元，三项规费合计 8.29 亿元，比 1991 年增长 15.5%。

第三节　典型经验的总结和推广

树立典型，以点带面，推动全面交通征稽工作的整体发展，达到“典型引路，带动全局”的效果，是全省交通征稽管理的重要途径和有益尝试。

1989 年 5 月 16 日至 19 日，省交通征费稽查局在运城交通征稽处召开“山西省公路养路费征收业务‘一条龙’管理工作现场会”，通过经验介绍和实地参观学习，在全省推广运城交通征稽处这一典型经验和做法。公路养路费征收业务实行‘一条龙’管理就是征费业务现场传递流水作业法，共设置六个岗位，即：会计、出纳、票证管理员、票证发放员、台账管理员、报停管理员，做到分人分岗，各负其责，现场传递，程序作业。无论是交费，还是报停，或者启封，必须一环扣一环地按程序办。整个手续要经数人，开票的不发票，发票的不管牌证，坚持了“账、权、钱”三分开，“票、证、牌”三分开的原则，起到了相互制约、互相监督作用。

1989 年，针对交通征稽机构组建时间短、人员少、稽查手段弱、费收任务重的现状，长治交通征稽处在立足自身建设、加强交通征稽管理方面进行有益探索。根据有关管理条例，会同当地法律部门，研究制订了一整套依法清欠的法律文书，依照法律程序开展清欠工作。在全省闯出一条依靠法律手段清理拖欠规费、保障应征不漏、依法管理的典型经验。在大胆探索依法清欠的同时，为堵塞漏洞,加强征费车辆动态管理、做到底清数明,长治交通征稽处在全省率先实行征费车辆档案管理。制订征费车辆档案管理办法,统一了征费车辆档案管理,划分编号,规定征费车辆档案管理的表式和内容。实行一车一档制,按照征费台账,对所辖区域的征费车辆逐一建立车辆档案,做到车数清、内容全、车车有记载、辆辆有档案。同时,他们和公安部门联合,统一了《征费车辆转籍、过户通知单》,凭交通征稽机构签发的《转籍过户缴费清单》,公安部门方可准予办理车辆的转籍过户手续。

1990 年 5 月 28 日,省交通征费稽查局召开"山西省'两费'档案管理依法清欠现场会",总结长治交通征稽处在依法清欠方面取得的成绩,推广和规范档案管理、依法清欠的经验和做法,为依法征稽、强化管理、促进费收、树立文明形象奠定坚实基础。

第四章　国防交通

1978年来,山西省交通战备工作以邓小平理论和“三个代表”重要思想为指导,紧贴使命任务,坚持高起点规划、高标准建设,不断创新实践,探索出一条交通战备“军民融合、一体发展”的路子。交通战备综合保障能力得到有效提升。按照“平时服务、急时应急、战时应战”的总要求,进一步加强基础设施、保障力量、工作机制、信息化四项建设和动员准备,努力提高紧急情况下交通战备平战转换、快速动员、持续保障、综合防护和联合保障中的综合协调五种能力,推动交通战备水平整体跃升,在探索平战结合、军民融合式发展的道路上取得新进展、多次受到上级领导部门表彰和奖励。

1978年11月,根据国务院、中央军委通知精神,山西省交通战备领导小组及办公室成立,从此有了统一的组织管理。在中央军委战略方针指导下,全省交通战备工作得到省委、省政府和省国防动员委员会的高度重视与关怀,得到全省各行各业的大力支持,交通战备工作进入全面建设和有序发展的新的历史时期,其显著特点,一是在党的十一届三中全会确定的以经济建设为中心的总方针指引下,逐步实现国防建设指导思想的战略性转变,即由长期以来立足于“早打、大打、打核战争”的临战状态,转变到和平时期建设轨道上来,交通战备工作要服从和服务于经济建设大局,认真搞好战备效益和经济效益、社会效益的统筹兼顾;二是各级交通战备部门审时度势,因势利导,全面深化平战结合原则,努力实现战备工作同各地区、各部门中心任务有机结合,开始有计划、有步骤地进行国防建设和自身建设;三是交通战备工作范围更加广泛,工作生机和活力进一步增强。省交通战备办公室连续荣获“七五”、“八五”期间全国“交通战备工作先进单位”荣誉。

第一节　交通战备工作机构的建立

1978年来,山西省各级交通战备系统积极适应新形势、新情况,围绕管理体制、机构设置、职责任务和法规制度等建设,通过不断调整,创新发展,建立起比较稳定、高效的交通战备工作体系。

省交通战备工作机构。1978年11月,成立山西省交通战备领导小组及办公室。1980年底,全省11个行署、市和铁路、邮电、民航、水利等部门以及省交通厅下属的省公路局、省汽车运输总公司,相继建立交通战备领导小组及办公室。承担交通战备任务比较重的部分县区,也建立交通战备领导小组和相应办事机构。1984年1月,山西省交通战备领导小组更名为“山西省人民政府、山西省军区交通战备领导小组”,1986年4月整顿政府临时机构,省委办公厅下发〔1986〕16号文件,撤销山西省人民政府、山西省军区交通战备领导小组及其办公室,相应工作由有关部门办理。1986年7月,省编制委员会以晋编字〔1986〕66号文批复,恢复山西省人民政府、山西省军区交通战备领导小组及其办公室,办公室仍设在省交通厅。

省交通战备办公室工作职能。根据交通战备工作“统一领导,分级负责”的原则,省交通战备办公室统一领导全省的交通战备工作。根据《国防交通条例》规定。主要有4个方面职能。即监督职能、管理职能、执法职能、协调职能。其基本职责是:①贯彻执行国防动员委员会和上级交通战备办公室有关交通战备工作的方针、政策和法律、法规，拟定全省有关交通战备工作的规定、办法；②规划全省国防交通网路布局，提出对全省交通建设有关国防要求的建议，参加有关交通战备工程设施的勘察、设计鉴(审)定和竣工验收；③拟制全省交通保障计划，组织交通保障队伍，组织实施应急、应战交通保障；④制定全省交通战备物资储备计划，管理交通战备经费和物资器材，调用交通战备物资器材；⑤组织全省交通战备科研和成果的推广应用，组织开展交通战备正规化建设；⑥指导监督省内铁路、民航、公路、水路等交通运输系统和全省的交通战备工作，协调处理有关问题；⑦按照《国防交通条例》和《民运运力国防动员条例》的规定，开展交通战备行政执法；⑧组织实施全省应急、应战交通动员、运力征用。

成员单位工作机制。吸收政府有关职能部门、驻晋部队等单位作为县级以上人民政府交通战备办公室的成员单位，以成员单位联席会议制度为平台，通过军地之间、行业之间、部门之间的有机协调，形成适应市场经济的交通战备工作机制，实现与经济社会运行机制相一致，与国防动员体制相一致，与平时服务、急时应急、战时应战的“三位一体”组织指挥体制相一致，达到平战一体、政企一体、军地一体、顺畅高效。其主要职能是：①贯彻执行国家、省有关交通战备工作的方针、政策和法律、法规，制定本部门交通战备工作的有关规定、办法；②制定并组织落实本部门交通战备建设规划、保障计划保障方案及技术规范；③负责本部门交通保障队伍建设，完成交通保障任务；④按照有关规定，管理和批准使用本部门的交通战备储备物资和器材；⑤按时参加省交通战备办公室工作会议，提出要求和建议，贯彻省交战办要求和意图。

双向纳入工作机制。1988 年 11 月，省交通战备领导小组、省经济委员会、省交通厅联合下发《交通战备工作纳入企事业单位管理的基本要求及验收标准的通知》，全省交通系统开展交通战备“双向纳入”工作。即承担交通战备任务的交通通信企事业单位，将交通战备工作分别纳入单位主要负责人、有关部门、有关人员的工作职责；纳入单位计划、建设和生产活动；纳入单位总结、检查、评比等管理活动。同时，交通战备办公室要把单位的中心任务和主要工作纳入战备工作。各级、各单位普遍建立了以岗位责任制为中心的工作制度和工作程序，并将交通战备工作的有关内容进行量化分解，纳入各级交通管理部门的年度工作职责，制定《工作目标考核标准》。从 1982 年起，省交通战备办公室就担负起编绘“山西省交通图”的任务。1989 年 9 月，省交通战备办公室召开交通战备纳入企事业单位管理工作现场会，省汽车运输总公司等四个单位在会上介绍开展“双向纳入”工作的经验。

第二节　交通战备与经济建设的协调发展

本着“平战结合，军民兼顾”的原则，通过各种途径，全省新建和改建了一批具有战备和经济意义的交通建设项目。如“七五”期间修建的神池至河曲、阳泉至涉县、孝义至柳林、武乡县城至墨镫、沁县至沁源铁路，不仅是发展地方煤矿、开发山老区经济的重要条件，也是未来战争的重要网络。

1990 年 9 月，建成大同经太原至运城二级公路 737 公里(新建 583 公里)。大运公路的建成，平时为发展山西经济的大动脉，战时是输送战备物资的大干线。各级交通战备部门抓住交通基础设施大发展的有利时机，逐年加大资金投入，不断完善全省战备交通条件，逐步改善部队应急应战通行条件。在安排养路工程和改建公路中，凡是发展国民经济需要而且运输任务繁重、又有重要战备意义的道路，都做到优先安排。先后完成山阴至应县段 35 公里、乡宁至毛则渠段 40 公里、晋城至大口段 52 公里、大同至孙启庄段 50 公里、天镇至走马驿段山西境内 120 公里、阳泉平定巨城至龙庄段 16 公里，以及太原市柴村汾河大桥等国防公路和桥梁建设任务。

第三节　交通专业保障队伍的组建

山西省各级交通战备部门认真贯彻中央军委新时期军事战略方针，以保打赢为目标，以军事斗争交通保障准备为牵引，坚持不懈地开展能力建设，不断提高全省交通保障整体能力。

国防交通专业保障队伍是战时和平时特殊情况下执行人员物资运输、交通工程设施抢修、交通管制等任务的组织，是国防后备力量的重要组成部分。1984 年，全省组建交通保障队伍 55 个，组建战备汽车队 30 个，有汽车 1500 辆。1990 年，全省公路运输整组战备汽车队 17 个，吨位 9676 吨，折合 4 吨汽车 2419 辆，人员达 1864 人。与此同时，不断加强交通战备信息化建设。1989 年，省交通战备办公室以经费补助方式，为 11 个地市交通战备办公室配备计算机，并在 1989 年和 1990 年举办两次“计算机应用和管理”培训班。共 100 余名交通战备干部接受培训，为交通战备信息化建设打下良好基础。

各级交通战备办公室通过制定完善各类应急保障计划、预案及方案，规范动员程序，理顺工作关系，明确任务分工，在平时和应急应战机制转换方面，做到领导负责到位、岗位职责到位、保障人员到位、车辆设备到位、应急预案到位。

运输企业人员和装备的流动性与应急保障快速集结的矛盾，是影响保障队伍快速反应的难点。为提高全省交通战备的快速反应、快速动员、快速投送、快速抢修能力，各级交通战备部门结合生产任务，积极组织汽车抢修演练、道路抢修演练、架设战备钢桥演练、邮电通讯演练、铁路列车抢修演练等交通保障训(演)练。1982 年 5 月，长治汽车运输公司组织 50 多辆汽车进行 1000 公里的战备车队施展演练，行军途中进行车辆集结、紧急出车、防空隐蔽、穿越炮火封锁区、闭灯驾驶和战地抢修等科目。山西人民广播电台播放了演练情况，1982 年 9 月，省交通战备办公室组织太原铁路枢纽倒运研究性演练，太原铁路分局、太原运输公司、太原钢铁公司以及驻铁路军代处、省军区、省交通厅等 30 多个单位参加。1985 年 7 月，运城地区芮城县 5 个乡镇遭受暴雨袭击，山洪暴发，水库决堤，200 余公里路面和 45 座桥涵被毁。灾情发生后，县战备办立即组织人力物力奔赴现场。侦查组查看险情，交通保障队、运输队投入抢险救灾，有效保障灾民的物资供应。1989 年 10 月 18 日，大同阳高发生地震后，雁北地区交通局组织交通战备车队运送煤炭、钢材、木材、草席等救灾物资，为救灾作出贡献。

第四节　各项基础工作的开展

1978 年以来，全省各级交通战备办公室积极适应要求，结合各个时期新任务，谋创新，促发展，扎实抓好各项基础工作。

1984 年，省交通战备办公室开展了以建立健全岗位责任制为核心，以各项工作制度、工作程序、完善工作资料为基本内容的正规化建设。1988 年，根据国务院、中央军委国发〔1988〕55 号文件和蚌埠正规化建设现场会议精神，在北京军区交通战备办公室具体指导下，山西省作为华北地区试点单位开展交通战备正规化建设，首先在太原市、晋中地区进行正规化建设试点工作，1989 年开始逐步向全省推进。1990 年 5 月，组织检查验收，11 个地市全部通过达标验收。

1999 年 5 月，全省交通战备正规化建设经济交流暨现场会在临汾地区召开。会议就全省交通战备正规化建设的经济和成果进行交流与展示，确定今后一个时期交通战备正规化建设总目标和主要任务。

省交通战备办公室在干部队伍能力培养上，年年都实行层层集中培训，请国防大学、后勤指挥学院等军队院校专家教授上门授课辅导，了解国家安全形势，学习军事高新理论，掌握交通战备法规，研究开展工作对策。

1985 年以来，各级交通战备办公室坚持向学术研究和科研攻关要保障力。全省交通战备学术研究氛围浓厚，坚持两年召开一次的交通战备学术理论研讨会，有100多篇学术文章在省级以上报刊发表，连续多年被《国防交通》杂志社评为全国交通战备学术研究先进单位。随着近年来军事斗争准备步伐不断加快，各级交通战备办公室紧密结合未来战时保障的实际需要，在提高和改进交通保障技术与手段上下工夫。1987年，针对山西省桥梁荷载低、不能满足战时运输保障和经济建设需要的现状，省交通战备办公室会同省交通科研所、省公路局等单位，进行顶推进加固拱桥的科研试验，取得成功。1990年，省交战办和吕梁公路分局在离石县北川河从事二铰拱加固科研试验，取得成功。2001年，省高管局组织研制成功"高速公路中断引道桥"和"高速公路飞机跑道活动隔离带"。

第五节 战储器材的管理使用

交通战备储备器材是战时交通保障和平时应急保障的物质基础。如战备钢桥(公路桥梁断口使用)。战备浮箱(渡口通道铺架使用)等。储备一定种类和数量的交通战备物资器材，对于应急应战实施交通保障，具有重要意义。1986年，交通部在山西省储备钢桥41座，长1335米，修建库房5020平方米。每年拨20万元对储备战备钢桥和库房进行定期检查与保养，以保证战时和平时抢险救灾使用。

战备浮箱是克服江河阻拦的有效设备，投资少，见效快，架设拆卸简单方便，也是交通战备重点发展和储备的战储器材。1985年开始制作战备浮箱，当年完成38节(每节10米)，截至1988年底，完成118节制作任务。1987年，汾阳遭受特大洪水，3座桥梁被冲毁，紧急情况下，架设战备钢桥保证救灾物资的及时输送。1990年，风陵渡公路黄河大桥指挥部租用战备浮箱，架设施工便桥，节省大量资金和时间。根据新时期交通战备工作的指导思想，对战备物资实行有偿使用，利用出租战备钢桥和战备浮箱的租赁费，对战备器材进行维修和保养。

1983年10月，大同公路总段与大同市共同筹资，对1972年建成的火车站战备地下候车室进行改造完善。改造后，三防设施配套齐全，室内四季如春，别有"洞天"之感。通过开办"洞天"餐厅、使"闲物变活宝，旧貌换新颜"，经济效益显著，为战备工程再建设提供资金。

第五章　科技创新

公路交通的发展过程，也就是科学技术进步的过程。1949 年前后，全省只有数量极少的简易公路，发展到 20 世纪 50 年代沙砾碎石路面，是一个大的跨越；从 20 世纪 60 年代中期渣油路面起步发展，到 1975 年油路里程发展到 4170 公里，在全省公路交通发展史上是一个质的飞跃；由 20 世纪 80 年代开始建设二级、一级公路，路面铺装由简易油路向沥青混凝土、水泥混凝土高级路面发展，再到 1994 年起步的高速公路建设，这些跨时代的发展轨迹，无不印记着科学技术的先导作用。

1978 年以来，全省交通科技工作坚持实施“依靠科技进步，振兴山西交通”发展战略，紧紧围绕交通科技进步，不断深化科技体制改革，完善配套政策措施，充分调动了科技工作者的积极性，面向交通建设主战场，组织力量进行科技攻关，加快新产品开发和技术改造，重视抓好科技成果转化和新技术推广应用，有力促进道路、桥梁、筑路机械、汽车交通等全领域科学技术水平的提高。

第一节　勘察新技术的研发应用

一、道路测量

公路测量工作技术性很强，不少技术问题在实践中经技术人员多年探索得到解决。但限于先进测量设备还不普及（如激光、航测等），路测工作仍以人工实地测量为主。

1. 1959 年，省公路局工程师刘慕黎、孟肇祥对山岭地区和黄土地区选线进行研究，写出《关于黄土地区公路选线的研究》、《对于山岭公路选线的操作方法》及《对公路的视察与选线的几点意见》等报告。

2. 1965 年，省公路勘察设计院研制《公路路线详细测量操作须知》、《大中桥勘测操作须知》、《柔性路面测设暂行规定》、《表面处治铺筑前的技术综合调查办法》、《公路小桥涵测设补充规定》及《公路勘测设计工作条例》等技术规定。

3. 1966 年和 1984 年，省公路勘察设计院研制扇形断面仪、等式无人跑点测距仪、弯道计算盘、方向盘、支距表等工具。

4. 1972 年和 1984 年，省公路勘察设计院分别编制《公路曲线测设用表》及《公路缓和曲线测设用表》，并铅印发行，供本省及外省使用。

5. 1987 年，在桥梁及路线的测量中开始采用红外线光电测距仪和自动调平仪等先进的仪器设备。

6. 射钉法检测路面砼强度的研究。

为了提高对路面砼的检测技术，山西省公路局承担了“射钉法检测路面砼强度”的开发项目。由梁新华、彭传直、李小健、侯学礼、任予峡组成的课题组，采用四川南山机械厂生产的 SDQ—603 射钉器，在硬化水泥砼路面上进行砼抗析、抗压试验，经过 3 年多的室内外试验，建立了射钉外露长度与现场钻芯取样测砼劈裂强度、抗折强度、抗压强度的经验关系式，相关系数均在 0.9 以上。砼射钉枪成本低廉，仅为钻孔机的五分之一（国产）；效率高，为钻孔机的 15 倍；费用小，不足钻孔机的十六分之一，克服了对构造物及路面损坏的缺陷。该成果于 1991 年 5 月立项，1994 年 5 月完成，1994 年 12 月通过省级鉴定，达国内先进水平。

7. 超声—回弹综合法检测路面砼抗折强度的研究。

由大同公路分局任殿勋、阎桂茹、杨俊民、高平、赵翠英组成的课题组，在检测路面砼抗折强度中，根据超声脉冲在砼中的传播速度与抗折强度的关系，利用回弹仪冲击砼表面强度的关系，建立了超声、回弹与抗折强度三者的关系。该成果可全面、真实检测砼路面施工质量，具有省时、省工、速度快、精度高、代表性好、不损坏路面、成本低等优点，推广价值较大。1991 年 7 月立项，1994 年 12 月完成，1994 年 12 月通过省级鉴定，达国内先进水平。

8. 超声波在水泥混凝土构件中的应用技术研究。

1991 年，省交通科学研究所承担研究任务后，王世忠、贾晓峰、陈德强、赵雪组成课题组，历时 3 年，经室内验证试验和查阅国内外大量资料，借鉴兄弟单位研究成果，试建专用测强曲线，并进行误差分析，然后实施超声脉冲法应用于砼裂缝和内部缺陷探测。通过对砼组成成分的分析研究，结合使用超声脉冲——回弹法综合检测砼强度经验，提出在没有专用测强度曲线情况下，用超声脉冲——回弹法检测砼相对强度的新方法。该课题组应用此成果，对风陵渡黄河公路大桥 7#墩 3#梁段进行结构混凝土相对强度评定，证实 7#墩 3#梁段达到设计标号。同时，应用超声脉冲法对风陵渡桥 21 根工程桩进行检测评定。1994 年 12 月，该成果通过省交通厅组织的专家评审。

二、桥梁测试

桥梁测试为新建桥技术鉴定、质量验收及现有桥梁的检查和旧桥的加固维修提供数据资料，也为新桥的设计提供依据。20 世纪 70 年代以前，省有关部门虽对某些桥作过荷载试验，但手段比较简单。1970 年，省交通科研所会同交通部公路规划设计院、交通部科研院等单位，对灵石县夏门镇 100 米吊桥进行比较正规的荷载试验和鉴定。加载车辆使用 50 吨坦克 1 辆和 15 吨载重汽车 6 辆，分别作静载和动载试验。本次测试还动用先进的测试仪器——电阻应变仪、示波器、测振仪、挠度仪及其他测量仪器。1972 年，对保德府谷黄河桥又进行一次项目较多的测试工作。1986 年 3 月至 1989 年 5 月，以省交通科研所李秀卿为组长的研制组研制完成桥梁测试车。该车结构合理、使用方便、越野性能好，可防尘减震、隔热调温，车上装有先进的动静态测试系统。静态测试同时可测 100 个测点，可测应力、应变位移等项目，方法采用自动采样、平衡、打印输出，灵敏度为 1 毫米，相对误差≤3%，测距可达 80 米。动测系统动应变可测 6 个点，测距可达 100 米。振幅、振频可测 6 个点，并有抗干扰能力强、稳定性能好、容量充足的两套供电系统，有监测等辅助设施。该车除可用于桥梁检测外，还可用于检测项目与精度相同的其他结构——机械工程、城建工程的测试。该车于 1989 年 5 月 4 日通过省交通厅鉴定，并迅速应用到检测实践中，1989 年获山西省科技进步二等奖。

第二节　设计新技术的研发应用

一、修订有关规章制度

为了适应勘察设计新形势需要，省交通设计院修订并印发《公路踏勘调查工作须知》、《公路线路动步测量操作须知》、《公路线路详细测量操作须知》和《生产技术管理办法》，制定《测设量标准》、《公路野外勘测精度要求》、《测工及技术人员应知应会》和《基层单位岗位责任制》等规章制度，使测设工作有章可循，对加强生产技术管理和提高测设质量，起了一定促进作用。

二、确定水文计算公式及直线图

1983 年，省交通设计院对全省 58 个水文站 1000 多个站年的水文资料进行分析计算，做出山西省分区和不分区的流量计算公式及全省 CV 和 CS 等直线图，并参与全国总汇。

三、编制"缓和曲线带圆曲线支距表"

二级公路测设圆曲线时，两端需设缓和曲线，在敷设中，须先敷设缓和曲线后，再敷设圆曲线，计算繁琐，工效低且不易掌握。省交通设计院编制“缓和曲线带圆曲线支距表”,本表可直接在切线上一次将缓和曲线和平曲线敷设好,可提高工效一倍以上。

四、编制“实心圆形钻孔桩配筋计算用表”

过去钻孔桩配筋计算繁琐,须反复试算多次才能成功。工程师利用电算计算了1万多个数据,编制本表,使用方便,配筋数量一查即得,大大提高工效。

五、整理推导小桥涵几何计算公式

在深入实际调研基础上,推导有关小桥涵几何计算公式10余个,为小桥涵设计和施工提供很大方便,克服过去因无公式靠图解或估计的不科学方法。

六、钻探机实现“龙门吊”装卸

过去装卸钻机全靠人抬肩扛,劳动强度大,又不安全,一次至少得6个人,设计“龙门吊”一次能起重3吨,只需2人操作。

七、设计“多跨变截面连续版桥”

这种结构桥梁与普通钢筋混凝土板桥及钢筋混凝土T梁桥相比,可节约钢材,减少混凝土体积。

八、设计“TW积算仪”并完成改装

获省科委四等奖。

九、加筋土薄壁挡土墙研究

获省科委三等奖。

十、出版有关书籍资料

经过专业人员辛勤努力,先后出版《钢筋混凝土板涵参考手册》、《切线支距表》、《缓和曲线表》、《用有限单元法解梁的弯曲问题》和《半无限体边界作用垂直力时的应力和位移》、《空心板上部结构标准图》等技术资料,整理出缓和曲线计算、桥涵结构计算等电算程序,并推广到全省和全国。

十一、参加编制《公路加筋土工程设计规范》

1983年7月中旬,在太原具体筹办全国公路加筋土工程技术经验交流会议,全国28省、市、区79个单位132名代表参加,收到较好效果。

十二、提出晋煤外运道路建设意见

根据全省煤炭能源规划、干支线布局和晋煤外运调查研究课题总要求,省交通设计院安排专业技术人员参加省交通厅课题组,不辞劳苦做了大量调研工作。通过对大同至北京、阳泉至黄骅港两条路线的调查,行程2300多公里,提出大同到北京、阳泉到天津两条试运意见,使晋煤公路外运设想有了实施可能。还调查整理1.4万多个数据,汇总出“煤炭资源及路况的摸底表”,并于1983年编制《1981至2000年山西省交通运输发展规划》,出版《山西省能源化工基地建设综合规划》(草案),提出修建10条晋煤外运路线和25条省内集运公路议案,得到省领导好评。

1978年至1992年,省交通规划勘察设计院获省科技进步三等奖1项;共获优秀工程勘察设计奖5项,其中获山西省优秀工程勘察设计二等奖2项,三等奖2项,山西省优秀工程设计表扬奖1项,交通部优秀勘察三等奖1项。

第三节　路基新技术的研发应用

1956年至1957年在太谷300#专用道路上首次铺筑5.55公里沥青表面处置和2.75公里沥青灌入式面层。1964年在太军线清徐至交城夏家营段10公里路段上铺筑渣油表面处治面层。

1965年以后,以渣油、煤沥青为结合料的表面处治先后在省内各地区推广。同时,省交通科研所结合公路建设条件,对渣油路面及其拌和法施工开展试验研究,并于1966年在忻州公路总段参与下研制成圆盘式沥青混合料拌和机,降低了劳动强度,保证了拌和质量。1966年秋,“拌和法铺筑道路渣油表面处治”研究成果通过省级鉴定,有关技术资料由交通部转发全国,拌和法逐渐取代层铺法,成为沥青路面施工的主要施工工艺之一。1968年,京原线太原经忻州、原平、代县、繁峙至大营长117公里的新建沥青路面开始铺筑。到20世纪70年代末,全省通油路县达到94个,线路标准也有了提高,一些主要干线采用六级或五级路标准。1978年,京原线忻州至太原75公里首次采用二级路标准修建。进入20世纪80年代后,二级公路有了较快的发展。特别是1985年由刘大元建议修建全省第一条二级汽车专用路——大塘线大同至省界段,为解决混合交通问题提供了途径。

1982年开始,全省在二级公路施工中填土路基压实度控制采用重型击实标准。

1989年在大运二级公路施工中,应用土工布处理软土基(介休段)取得较好效果。

为解决黄土地带路基(含构造物台背)稳定,从20世纪90年代开始,针对不同黄土湿陷等级及现场施工环境,分别采用冲碾、强夯、灰土挤密桩等技术措施,取得较好效果。

在软基施工中,采用砂石桩、粉喷桩、旋喷桩、粉煤灰填筑路堤。

对风积砂作为路堤填料采用夹层法施工,保证路基稳定。

围绕主要筑路材料沥青的路面性能及施工手段等诸方面问题,省交通科研部门开展一系列科技研究活动。

一、翻浆处理和路基压实试验

1959年山西设立路基翻浆处理课题,并在浑源县进行综合处理试验。1962年,在太军线清徐至高白段路基翻浆处理中曾钻孔作石灰桩试验。1983年,省交通科研所虞文景撰写《土基压实试验和压实标准》的论文,就土基压实理论提出了看法。

二、土质、水害防治和路基压实研究

1958年"大跃进"运动开展后,境内掀起大规模的筑路高潮。为适应公路建设的需要,长治公路管理段于1959至1962年间,开展境内不同土质的物理化、水性和力学性等方面的科研活动,积累有关资料,为公路设计、施工提出土质分区图及各种技术指标;进行黄土地区路基边坡的研究,提出黄土地区路堑、路堤、边坡设计方法及预防坍塌的方法;进行路基排水及水害防治的研究,提出本地区盲沟、浅水沟、渗水井等的设计方法和较合理的结构形式;同时,在境内原有的公路上,对不同等级道路的土基压实标准与实验方法进行研究试验,确定各级道路土基的压实方法和标准。

三、翻浆和软路基处治试验

1960年前,境内公路翻浆处治通常采用以下三种方法:一是在翻浆严重且需尽快恢复交通的路段,采用草袋装砂石铺垫下轧。二是在砂石充足、条件许可地段,通常采用将泥浆挖出,下层铺以大量碎石块、砂石,上层铺3厘米至5厘米厚的砂石。泥泞期过后,再铺一层沙砾,效果好,能持久。三是在砂石缺乏地段,把泥浆挖出,铺以山柴、禾杆、草皮,严重地段底铺树枝,上层铺禾杆或草皮,解决通车问题。

1995年,省交通厅科研组设立路基翻浆处治课题组,在浑源县有近20年翻浆历史的典型路段上进行综合防治和总结经验。此后,长治公路部门推广应用该次的研究成果,采用不同厚度的"石灰土垫层"和"沙砾隔离层"等措施进行翻浆治理,取得较好效果。

1995年后,随着公路车流量的不断增大和大吨位车辆通行公路的不断增多,翻浆路段相应增加。长治公路分局采取"重翻深治"、"中翻大治"、"轻翻重治"的三项原则,突出科研含量,根据不同翻浆程度进行根治。对已成流动状态的重型翻浆路段,采取"深挖浆泥"、下铺设片石、回填沙砾垫层、再铺设水稳沙砾层的措施予以根治;对路基含水量较大,但未成流浆状态的路段,采取"挖除浆砂"、厚填沙砾垫层、铺设水稳沙砾、沥青表处的方法给予大治;对于轻型翻浆,采取"挖浆晒晾"、按一定比例掺砂、加5%水泥稳定的方法给予治理。

1998年后,长治公路分局进一步加大新技术应用推广力度,治理翻浆和软土路基的技术不断提高。1998年,分局第三工程处在修建太原绕城高速公路中,应用土工格栅沙砾垫层处理软土路基,取得比常规方法节约工程费100万元的可观效益。2004年,长治公路分局在省道李东线上采用木桩处治软土路基和翻浆,浆木桩按桩点位置挤嵌入翻浆和承载力不足的软土路基内,再回填20厘米水稳碎石基层,浇洒透层沥青,铺筑4厘米沥青碎石面层,通过木桩嵌挤作用提高基础承

载力,从而整体提高了路面的强度。同年,又在国道207线采用生石灰桩治理翻浆和加固软湿路基,以较少的投入提高了道路的使用寿命,并在短时间内恢复了通车。

四、陵沁线加筋土挡墙建设

法国工程师维达尔(H. Vdal),于20世纪60年代研究加筋土工程,利用特殊合金钢材,设计加筋土挡墙,先后建造高为4米至23米的直立土挡墙取得成功,并迅速在西班牙、英国、日本、美国等国家推广应用。1978年,省交通厅总工程师鄂俊泰提出推行加筋土结构建议。1980年,由鄂俊泰、张华友、许尤龙组成"加筋土工程科研组",选定在省道陵沁线(原晋陵线)陵川县附城凤山进行试验。是年4月,晋东南地区公路管理总段在科研组指导下施工,11月初竣工。所建墙面长81.7米,最高处12米,为山西省第一座加筋土挡墙。次年5月和8月进行复测,墙体无下沉。又于1982年7月、1983年3月、1988年9月、1991年4月进行多次观察,墙顶边沿顺直,面板无裂纹,墙体无外倾,使用情况良好,仅在墙高2/3处有轻微外凸。该工程造价与同等的片石圬工挡土墙相比,可节省1/3。

加筋土挡墙的建造,先在墙身填土中敷设一定数量的拉筋,并将其固定在墙面板上,填土压实,使挡墙成为一种整体结构。此类挡墙具有柔性结构的性质,对基础强度要求不高,是一种墙面直立的支挡建筑,结构简单施工方便。

该挡墙使用聚丙烯塑料包装带为拉筋,代替了国外所用的防锈钢带或钢筋。使用钢丝网水泥槽型墙面板,加椭圆形钢丝网石屑混凝土面板,代替国外使用的防锈合金钢材弧形面板或混凝土鱼鳞型墙面板。所填土方利用采煤的废弃土。

五、碾压砼处理翻浆

1992年,翼城公路段针对所辖114公里至117公里地段反复翻浆,采用碾压砼取代原先采用的砾石灰土法基层。

碾压砼路面优点为:强度高,水稳性好,工期短,工艺流程简单,很适应在地下水位高且不阻断交通情况下施工。具体工艺流程,即:开挖翻浆坑→清除翻浆基层→碾压砼人工拌和(水、水泥、砂、石子配合比为0.44:1.5:3:6)→干拌、湿拌各2至3遍→摊铺(松铺系数采用1.35)→整平→振动压路机碾压养护→一周后铺装油层。

在具体操作中,因没有振动压路机,改用16吨静压,为了提高强度,增加水泥用量和碾压次数。该工艺使用后效果良好。

第四节　路面新技术的研发应用

党的十一届三中全会以后,山西的公路建设和运输生产得到很大发展。由于公路交通量和荷载日渐增多,20世纪60年代推广的高含蜡量渣油路面高温稳定性差的缺点日益凸显,路面发生臃包推移病害,严重影响行车舒适性。20世纪70年代后期,随着国家油田的开发,胜利100#、大港100#、国内各大炼油厂60#、100#黏稠沥青品种增多,以及进口阿油100#和更高等级沥青面层结构在工程中的应用,渣油表面处治逐渐被取代。1980年前后,山西省开展"大交通量黑色路面结构研究",3年间共在太原、长治、阳泉、晋城等地铺筑国产沥青不同路面结构的试验路7条28段,包含6种国产沥青、11种沥青混凝土级配和4种沥青碎石级配,并连续数年对路面弯沉强度、平整度、摩擦系数、纹理深度、渗水等路面技术指标进行检测,对气温、地温、开裂规律作了调查。与此同时,对试验路所用沥青和沥青混合料,除进行常规指标试验外,还与有关单位配合进行沥青化学组合、光候老化、低温拉伸等多项试验,对沥青混合料作了83组高温三轴、96组小梁抗弯、81组体缩、31组低温劈裂和抗压试验,从理论和实践两方面,不断深化对不同沥青材料和不同路面结构路用性能的认识,指导沥青路面的设计和施工。

20世纪60年代,全省开始对路面材料结构及施工工艺进行研究。当时铺筑高级、次高级路面的主要材料沥青,在价格上比其他材料占有明显优势。到20世纪80年代中期以后,这种优势已不再存在,由于道路运输向"高速、重载"方向发展,沥青材料缺点也日益突出。因此,20世纪80年代后期开始用水泥铺筑路面。在大运二级路建设中,路面基层结构从过去单一灰土基(底)层逐步采用二灰土、二灰碎石、水泥稳定粒料。20世纪80年代,在二级路沥青面层由沥青表处改为上拌下贯。通过总结云冈路的经验教训,省内首次在部分运煤路沥青路面采用新加坡进口沥青。

正规的沥青砼路面施工是1995年太旧路。

在路面实体上首次用改性沥青是在原太路的试验路,用的改性剂是SBR,正式使用是太原南过境,用SBR修SMA面层,全省应用最多、使用效果最好的外加剂是SBS。

一、路面基层研究

1955年以前,全省公路以土路为主。1956年后,太原至军渡、太原至大同等干线公路的路面基层主要采用砾石级配。1964年后,随着沥青路面的发展,级配基层已不适应行车要求。于是,省交通科研所结合生产实践,在太原、晋中、汾阳、忻县各公路段铺筑了大量路面基层试验路,研究开发石灰稳定、水泥稳定、干压碎石等多种基层结构。通过连续多年的观测试验,掌握了道路加铺沥青面层后土基和基层的水分变化规律,测得不同层次强度与湿度的关系以及路面设计有关影响因素,提出回弹弯沉值为设计指标的"经验法"路面设计方法。1972年,省公路局科研所虞文景编著的《黑色路面设计》一书由人民交通出版社出版。

1973年,虞文景编著的《黑色路面使用质量的影响因素》一书由交通部情报所出版。这两本书对提高全省沥青路面设计和建设水平,乃至推动全国沥青路面发展起了重要作用,有关设计方法和参数,也为日后路面设计规范所采用。

1976年至1977年,为修订全国柔性路面设计规范,省交通科研部门主持黄土片区路面设计参数调研工作,提出研究成果,并为全国柔性、刚性路面设计规范所采用。

20世纪80年代以后,随着对工业废渣路用性能研究的深入,高炉矿渣、粉煤灰也被大量用作道路基层。

二、大交通量下的黑色路面结构研究

自1977年开始,省公路科研部门对如何利用山西煤沥青、国产沥青及渣油,采用不同材料和工艺修筑黑色碎石、上灌下拌、灌入式及沥青砼等结构路面进行大量的室内外试验,对几种不同面层结构的适用性作出比较。

三、国产沥青铺筑高级、次高级路面研究

在对路面结构进行研究的同时,1980年,由省交通科研所主持,太原、阳泉、晋东南公路总段协作,对国产沥青路用性能做了研究。该课题被省科委列为山西重大科研项目。同年,东方红炼油厂决定用华北原油试产60#道路沥青,召集10省(市)有关部门和院校人士座谈,议定由省交通科研所任协作组长,同济大学为副组长,对60#沥青的路用性能进行研究。1980年至1990年在山西铺筑国产沥青试验路,通过对试验路段的研究后认为:国产石油沥青的化学成分中饱和烟多,芳香烟少;胶质多,沥青质少;含蜡量高。与环烷基石油沥青相比,国产沥青粘附性虽较差,但能满足中等以上黏附要求;感温性虽较差,但能满足路面热稳性要求;马歇尔稳定度和流值能满足部分标准规定。因此用国产沥青能够铺成不同类型的高级、次高级路面。1983年通过省级鉴定。

四、煤沥青资源在路面工程中的应用

为了充分利用山西炼焦工业的副产品煤焦油,为筑路提供足够结合料,从1980年开始,省交通科研部门以太原钢铁厂、太原化工厂的产品为主,并对临汾钢铁厂、洪洞焦化厂、长治钢铁厂等的煤沥青进行研究。研究结果认为:山西煤沥青的技术性质不如石油沥青,但使用得当,铺筑次高级甚至高级路面还是可能的,关键是在用油量、矿料级配、面层结构、施工工艺等方面采取不同于石油沥青的措施。在使用中,应根据不同要求选用合适的标号,如以石油沥青封面时,则煤沥青的气候老化因素可不考虑,可采用高标号;如

用煤沥青表面处置时，应选用低标号。该项技术，为开发山西煤沥青资源作出贡献，1984年通过省级鉴定。

五、沥青渣油路面旧料的再生利用

由于沥青（渣油）供不应求，早在1972年就有少数基层养护单位进行再生利用尝试，以后逐年扩大。1979年，雁北公路总段总结实践经验，写出《渣油处治层重复利用初探》的总结报告。1980年召开的全省油路技术座谈会，认真总结各地利用旧油层情况，根据沥青（渣油）短缺客观形势，从开源节流、发展全省油路的实际出发，决定把旧油层再生利用作为主题研究。1981年，此项目被省科委列为重点科研项目之一，由省公路局主持，晋东南、吕梁、运城、雁北各总段参加研究。1982年，交通部下达“旧有沥青（渣油）路面再生利用”的研究课题，并将它列为当年交通部重点科技项目之一，主持研究的是同济大学道路与交通工程研究所、西安公路研究所等8个单位。1986年，该项目通过部级评审鉴定，并获山西省科技进步二等奖。该项成果，对旧沥青路面材料利用的再生机理、再生剂选择、旧路面破碎、混合料的设计和拌和设备等关键技术的研究处于国内领先地位，经济效益显著，并具有社会环境效益，在全省各地得到认真推广。

六、氯丁橡胶与沥青混合路面研究

中国生产的石油沥青和渣油大多数为石蜡基沥青，所铺筑的路面夏季易推拥，冬季易开裂。为了改善这种石蜡基沥青的路用性能，根据国内外经验并结合山西化工厂产品氯丁胶乳供应情况，省科委于1984年给省交通科学研究所下达该项目研究任务。1984年至1987年，铺筑氯丁橡胶沥青路面试验路2400米，研究了氯丁胶乳与沥青的混合方式、混合温度及保温搅拌时间等工艺条件和高、低温性能、耐久性及施工特性。研究表明，国产沥青外掺氯丁胶乳后，除了具有普通优质道路沥青应有的技术品质外，在弹性、粘结强度以及使用寿命方面都显示了优越性。1986年，该项目通过省级鉴定。

七、立窑水泥混凝土路用性能的研究

1986年1月至1987年12月，省交通科研所武移风、马钢等人在对山西立窑水泥进行大量调研和试验基础上，提出合理使用立窑水泥铺筑水泥砼路面的设计方法、施工工艺和提高路面质量措施。该成果利用可靠性理论进行砼组成配合比设计，在立窑水泥砼路面施工要点中所提出的砼各组成参数取值，不仅可提高砼抗折强度，且对道路砼的设计提供有力依据，有效地保证立窑水泥检验后的质量，提高强度保证率10%左右，在国内外尚属首创。该成果于1987年11月20日通过省科委鉴定，1991年获省科技进步三等奖。该成果的应用，推动全省水泥路面发展，为立窑水泥开辟新的广阔市场，具有重大的经济价值。

八、重交通水泥混凝土路面结构技术研究

随着交通量增大和交通轴载加重，水泥混凝土路面出现严重结构破坏。1978年1月至1989年8月，以省交通科学研究所武移风为组长的科研组经过室内外大量试验、调研、测试，对水泥混凝土路面的破坏原因进行设计和施工方面分析，提出在E地基上以弯沉（LR）为指标的重交通水泥砼路面结构设计方法，预计可延长路面的使用寿命10年左右（1s≤LR）；根据山西特点，提出超载系数K2的设计方法，可提高路面设计可靠度（交通量）10%至30%（Kp2 = K2 · KR）；根据现有施工水平的变异范围，提出施工不均匀系数Ks，不仅可提高路面的应力计算可靠度10%左右，亦为施工管理提出合理依据。该成果1989年8月11日通过省科委鉴定，1991年获省科技进步二等奖，1992年获省交通厅科技进步一等奖。

九、S型外掺剂在公路路面基层中应用的研究

S型外掺剂是一种高效化学土基剂。它与水混合搅拌，配制成浓度1%的乳白色稀释液，浇于路基混合料（砾石、土、石灰）中，经过配料铺于路面基层，碾压后即可达到规定要求。1987年5月，运城公路分局易昌年、耿文华等人在S型外掺剂在公路路面基层中应用的研究项目中，首次试用S型外掺剂。采用此种表面活性剂，有利于提高基层材料饱水强度，可使灰土尽快有效结成板体结构，又可降低工程造价，提高路基水稳性和强度，减少公路路面环境污染，节约石灰用量40%至50%。1989年1月，该项目通过省科委鉴定，1991年获山西省科技进步三等奖。1992年至1993年，在国道108线366公里至371公里和372公里至373公里间的油路大中修工程路面基层施工中，采用S型外掺剂铺筑，取得明显的经济效益和社会效益。

十、重交通沥青路面结构研究

从1987年1月至1989年8月，以省交通科研所黄勇为组长的科研组，通过理论分析、室内试验、生产路段调查及试验路的观测验证，对重车行驶路段沥青路面容易发生早期破坏的原因进行详细分析，对重交通沥青路面的结构设计、材料组成设计及设计参数进行比较系统深入的研究，对柔性路面运用弹塑性理论进行结构力学分析尝试。重交通沥青路面结构技术在国内首次依据"疲劳等效"原则和超载效应，提出适合半刚性基层沥青路面特点和重交通条件的车辆轴载换算公式，进行路面疲劳寿命预估和路面结构疲劳设计法的探讨。提出在E地基上以弯沉(LR)为指标的重交通水泥砼路面结构设计方法，可延长路面使用寿命10年左右；根据山西特点，提出超载系数K2的设计方法，可提高路面设计可靠度(交通量)10%～30%；根据施工水平的变异范围，提出施工不均匀系数。1989年8月31日，通过省科委组织的专家评审鉴定。1991年获省交通厅科技进步一等奖，1993年获山西省科技进步三等奖。

十一、复合式混凝土路面设计与施工技术研究

为了解决沥青高温稳定性和低温抗裂性较差，难以适应高等级公路需要的难题，省公路局与部分分局、公司共同进行了复合式混凝土路面技术研究。复合式路面是一种新型结构，分4种类型：①上低塑下振碾复合式结构；②上细粒式下粗粒式振碾混凝土复合结构。③上沥青类罩面下振碾混凝土复合式结构；④上低塑下无振碾压式复合式结构。该课题1990年6月通过省科委鉴定，1993年获山西省科技进步二等奖。该项目提出了复合式混凝土路面下层振动碾压砼(RCC)的强度形成机理、最佳材料组成(级配)、室内试件成型和工作度控制方法、以抗折强度为指标的配合比设计方法、主要技术指标间的力学关系、掺粉煤灰RCC合理掺配范围和各种技术要求；提出复合式结构为结合式(以弯曲疲劳强度和钻芯取样测强为依据)，以此建立相应的计算方法；提出不同结构、振动压路机型和工作范围的最佳工艺流程以及相应的"施工须知"；根据施工机型、配合比及结构厚度的合理组合设计，提出复合式混凝土结构设计方法。复合式混凝土路面不掺或掺粉煤灰的建筑费用，分别比普通水泥混凝土节约4.43%和15.77%，全振碾压混凝土路面比普通混凝土路面节约14%以上，二级路每公里复合式砼比普通砼节约水泥150余吨。同时，复合式混凝土路面设计与施工技术具有施工机械化程度高、进度快、结构强度高、耐久性好、平整性强等优点，是建设高等级公路路面、飞机场、停车场、码头和集装箱放置场所的理想材料。

十二、HK乳化剂引进、消化及推广研究

该项目由省交通厅、省公路局及晋中公路分局承担。从1989年3月到1990年5月，由鄂俊泰、韩志强、夏蔚西等组成课题组，通过对原HK乳化剂进行引进和改性，研究开发适合更多沥青品种的新型乳化剂。该项目具有较好的社会和经济效益，可有效解决乳化剂品种少、性能差、价格高的缺点，从根本上解决乳化沥青推广的问题，与热沥青比较，可降低造价20%至30%。该成果1990年7月通过省科委鉴定，1990年8月获省交通厅科技进步一等奖，1993年12月获山西省科技进步三等奖。

十三、YC乳化剂产品的研究

1988年，省公路局、晋中公路分局承担YC乳化剂产品项目研究。夏蔚西、韩志强、张利民等组成课题组，运用系统分析、试验方法，揭示沥青分子的乳化适应特性，针对性地研制出适应全省常用沥青品种的 YC 系列乳化剂,特别对乳化含蜡量较高、使用量大的兰州炼油厂沥青取得新的突破,解决了国内有关此方面的难题。与国内同类中型乳化剂相比,YC 乳化剂造价较低,有较好经济效益。1991 年 8 月通过省交通厅组织的评审鉴定,1993 年获省交通厅科技进步三等奖。

十四、煤沥青乳化及在路面工程中的应用研究

根据全省煤资源丰富、煤焦油产量逐年上升、公路建设速度加快,而石油沥青供应紧缺实际,省交通科学研究所与太原市交通局共同承担煤沥青乳化科技研究项目。由王哲、索平海、席建权、李忠陶、李占文组成的课题组,从 1989 年起,通过查阅国内大量专利文献、外出调研和近 3000 次室内及路面试验,提出 TE－1、TE－2 乳化剂配方,采用以 TE－G 高分子化合物做乳煤的主要乳化剂,有效降低水的表面张力,引起乳分散和增稠,达到足够的贮存稳定性。同时,采用低温不脱水乳化工艺,降低煤沥青的热老化,节约大量能源。这一成果扩大煤沥青临界相对密度,增强贮稳性;能乳化多种标号煤沥青,使煤乳排放的沥青烟中多核芳烃含量比热煤沥青大大降低。研究表明,煤乳不仅能提高路面质量,减轻劳动强度,降低筑路成本,而且对煤炭资源的综合利用和减少环境污染具有较高实用价值。

1992 年 11 月 23 日,该成果在清徐县通过中国科学院、交通部、上海交通大学、同济大学、省科委、省交通厅等单位 20 多位专家学者评审鉴定,确认已达国内领先水平。1994 年获省交通厅科技进步二等奖。

十五、道路沥青及沥青混合料路用性能的研究

1992 年 6 月至 1995 年 12 月,省交通科研所王哲、张德才、张建增等组成的课题组,开展山西省道路沥青及沥青混合料路用性能研究。本项目配合国家"八五"攻关项目,针对全省气候、交通量等特点,提出适用于山西气候条件的沥青及沥青混合料路用性能指标建议值,对省内几条已建成并投入使用的高等级公路沥青及沥青混合料进行评价。该成果使沥青及沥青混合料评价指标更切合路用性能实际,评价体系可与国际接轨。1995 年 12 月通过省科委鉴定,达国内先进水平。

十六、水泥、石灰稳定基层材料路用性能技术研究

针对公路建设遇到的实际问题,省公路局科研所虞文景、胡引娣、李家俊进行该课题的研究攻关,从强度和稳定性方面肯定水泥、石灰稳定基层材料的优越性。该成果在生产中得到推广应用,适宜用作潮湿、过湿路段路面基层,经济效益显著。该课题还按柔性路面设计规范初步测算出了不同材料的材料参数和弹性模量,1980 年 9 月获交通部科技进步二等奖。

十七、玻璃纤维在油路翻修工程中的应用

1998 年,阳泉公路分局根据阳泉所辖道路交通流量大(有的路段高达 18000 车次/昼夜)、道路损坏严重(个别路段龟裂程度每公里高达 5000 平方米以上)的状况,在油路加铺和罩面工作中采用玻璃纤维处理大面积龟裂新技术,大大提高道路质量,获得良好经济效益。

第五节　桥梁新技术的研发应用

1978 年以来,在改革开放方针指引下,全省公路交通实现较快发展。在桥梁建设方面采取的新技术新工艺有:

1978 年 8 月,沁水县潘庄沁河双曲拱大桥落成。单跨 90 米,桥长 136.54 米,高 13 米,是当时华北地区跨径最大的双曲拱桥。

1981 年 11 月,古交摊上村汾河大桥开工建设,为 8 孔跨径 25 米的预应力钢筋混凝土组合箱梁桥,1985 年 5 月竣工通车,是全省第一次采用先张法施工工艺建设的桥梁。

1989 年 1 月,"少筋混凝土肋腋板工字梁组合结构梁桥研究"课题项目通过省科委鉴定,成果达到国内先进水平,并获得省科委科技进步一等奖。

1989 年 5 月,"桥梁测试与测试车的研究"科研项目完成,研制达到国内先进水平,填补国内空白。

1990年4月,洪洞东梁涧河桥吊装成功,胜利合龙,为全省第一座桁架拱桥。

1991年1月,“钢筋混凝土二铰板拱桥加固研究”课题通过省科委鉴定,成果达到国内先进水平,并获得省交通科技进步一等奖和省科委科技进步二等奖。

1991年7月,“预应力弯桥设计与施工技术研究”科研项目通过鉴定。项目研究中,在小半径连续曲线梁上使用顶推法施工工艺获得成功,提出预应力混凝土曲线梁计算程序和空间预应力筋、预应力摩擦损失的计算方式,验证曲线梁理论分析的可靠性和预应力混凝土试验梁受力性能有明显改变特性。成果达到国际先进水平,获得省科技进步一等奖。

一、水文技术

桥梁水文技术的发展始于20世纪50年代末。在此之前,小桥涵孔径的流量计算都是搬用苏联经验公式,没有适合山西实际情况的方法可循。1959年,山西省交通科学研究所组织各地(市)公路部门收集全省大部分雨量站的雨量资料,进行分析整理,于1960年编制山西的径流厚度表,提出用径流形成法计算小桥涵流量的简化公式。从此,山西在公路小桥涵流量计算方面有了第一个计算公式,后经交通部组织全国汇总修改后列入公路规范。

1965年,根据当时为战备而修建低水位桥的要求,交通部科学研究院、河北省公路设计院同省交通科学研究所协作,在山西省进行了漫水桥的壅水、分流、冲刷的模型试验,并提出计算方法。后经几次充实改写,由人民交通出版社出版《公路漫水桥》一书。

1974年至1975年,山西省交通科学研究所参加华北片区公路大、中桥孔径计算方法的研究调查与汇总分析工作,编写华北片区大、中桥孔径计算方法,经全国汇总分析,列入桥梁勘测设计规程。

1977年,省公路设计院收集大量资料进行QCP、CV、CS的研究,提出山西公路大、中桥流量计算方法。

随着公路等级的不断提高,小桥涵在公路建设中的投资比例增大,正确地决定小桥涵孔径成为提高投资效益的关键之一。1982年,由省交通科研所主持,交通部公路科学研究院参加,搜集200余站年资料,分析提出公路小桥涵设计暴雨洪水流量计算方法。该研究成果1984年通过省级鉴定,达国内先进水平,经过在公路测量设计推广使用,于1986年获山西省科技进步二等奖。

二、悬砌拱

1965年,为节约拱架材料、提高经济效益,省交通科研所和交通部科研院、广东省交通科研所合作研究悬砌拱桥施工新工艺。即在桥的中间仅架设一排拱架,在这排拱架和拱圈的基础上向两侧横向悬砌一预制的异型混凝土拱块。这种异型块下有挑臂、上有扣檐,可使邻侧悬砌的预制异型拱块重心,坐落其上,依次向横侧悬砌及至桥宽,这样可节省拱架木材80%左右。以后,又发展到全部悬砌,即采用斜拉索代替中间的一个拱架,先砌中间主圈,利用主圈合龙及斜拉索支持,通过合理分段悬砌,以保持拱轴线的不变形,向横向发展成三排拱块,之后去掉斜拉索,在这三排合龙拱圈基础上再悬砌横向异型拱直至桥宽,既节约木材又不影响桥下的通航通车,并可克服水深不便搭架的困难。当时采用这种新技术,先后修建保德郭家滩二孔15米拱、安泽沁河6孔30米拱、联家庄等数座拱桥。

三、双曲拱桥

1967年,省交通科研所在阳左线平定北䃅石、昔阳松溪河、昔阳东关、左权南关首次设计修建了4座双曲拱桥。此种桥型在施工上最大的特点是采用无拱架施工,将拱圈化整为零,不需要很大的起重设备便可安装,为地方修建桥梁创造条件。截至1986年底,在全省75条干线公路上建有双曲拱桥108座,占干线公路大中桥数22%。县公路上的双曲拱桥也占26%以上。

四、钢桁架桥

1968年,在离石军渡修建全省第一座黄河大桥。该桥上部为36米+3×55米+36米共5孔的上承式连续钢桁架,两端引桥各为2×26米扩3×26米的T型简支梁。钢桁架采用高强螺栓联结，桥墩采用直径7米的钢护筒重力式桥墩，这在当时都是较先进的技术。

五、吊桥

1970年，交通部和军委后勤部在山西省灵石县夏门镇试验100米跨径装配式军用钢吊桥。该桥是利用装配式钢架，经增加悬索及部分构件后改变体系成为吊桥，以扩大跨径，作为军事上抢渡用的战术性桥梁。其特点是：①装配架设快，在48小时内就可将100米跨完成通车，利于战时紧急抢修。②跨越能力大，利用单层单排钢架就可跨100米。③载重能满足战事需要，50吨坦克和15吨载重汽车能顺利通过。

该桥由交通部蔡国宏、省交通科研所唐松林负责设计，部队施工，架设成功后进行鉴定，得到交通部表扬。

六、T型刚构桥

1972年6月，保德府谷黄河大桥竣工通车，此桥是当时全省最大的，在设计、施工方面都属最先进的箱型薄壁预应力钢筋混凝土T型刚构桥。全长639.08米，共15孔。其中东岸桥台及主流河段的6个T型刚构组成7孔(30米+5×60米+30米)共长366.66米，西岸滩流河段为净跨30米双曲拱桥8孔，包括西岸桥台共长272.42米。桥面净宽7米，两侧各附1米的人行道，桥面高出常水位11米，设计荷载为汽-13、拖-60。施工采用了先进的悬臂挂篮现浇、索道吊运及蒸汽养生等新工艺。

七、扁壳桥

1974年，太谷县象峪河上建成山西第一座装配式钢丝网水泥双曲扁壳桥。之后，又在阳曲、霍县、长治等地建有同类型20米跨桥。1978年，该桥型通过交通部鉴定并获得科技大会奖。特点是：受力性能好，强度大；装配化程度高；结构轻，节省材料；省工，省料，便于施工。

进入20世纪80年代后，部分预应力钢筋混凝土极限状态设计新理论以及双滑模、顶推、转体等施工新技术相继提出，加之百米以上大跨的发展和微机的广泛运用，都使桥梁设计、建设的科技水平有了明显提高。

八、桥梁加固技术

20世纪80年代，由于交通运输向高速重载方向发展，70年代修建的大中桥设计荷载标准偏低，引起桥梁严重损坏。80年代中期，省交通科研所和雁北公路总段首次研究采用增设横隔板混凝土喷射及用环氧树脂与松贴钢板新工艺，加固一处钢筋混凝土双曲拱危桥。用锚喷砼加固桥梁，施工期短，不阻车，加配钢筋后还可提高荷载等级，深受生产单位欢迎。

九、设计理论

1960年，首次编制全省径流厚度表，提出采用径流形成法计算流量的简化公式。

1960年，编制公路小桥涵快速设计配套方案，包括：流量计算盘；孔径计算图表；洞身、洞口长度计算图表；小桥涵一版万用设计图；圬工数量计算表。

1974年，省公路设计院楼庄鸿对连拱桥设计进行研究，编著《连拱计算中几个问题的探讨》一书。该书论述拱墩结点水平位移及其转角影响，提出各种拱墩弹性常数的计算方法及等跨、等墩高、多孔连拱内力影响线及2至5孔不等跨连拱的计算公式等，在连拱计算领域中增添丰富内容。

1979年，省公路设计院刘永铿提出柔性桩法计算版式中小桥钻孔桩桥台的建议。在假定上部构造对桥台灌注桩顶不发生相对位移情况下，桩与上部构造事实上形成框架结构，应以柔性桩受力状态计算桩身弯矩，从而使配筋比以往用自由法计算的大大减少，具有较大经济意义。

1987年，省公路设计院武勇编著完成《公路弯、斜、坡桥涵几何设计》一书。提出公路解析几何学范畴，从平面和空间解析公路外形入手，进行各种线形内的桥涵几何设计。

十、公路桥梁恒载的研究

"公路桥梁恒载"属交通部"七五"重点科研项目——公路桥梁可靠研究的一个子项目。1988年立项，1990年完成，由省交通科研所承担。王世忠、张俊成、孙常荣、唐松林等科技人员通过大量现场调查，按概率论对调查资料进行数字处理，推导出公路桥梁上部结构中预应力混凝土和钢筋混凝土构件以及沥青混凝土和水泥混凝土桥梁铺装自重的概率分布函数、标准值模型、标准值。在信度 a = 0.05 时，得到华北片区各种形式构件及桥面铺装的统计参数和分布函数，以及《公路工程结构可靠度设计统一标准》推荐标准值分布函数，为编制以概率论为基础的可靠性设计规范提供重要依据，对估算结构超载能力、提高荷载等级提供定量分析依据。该成果 1991 年 7 月 29 日通过省科委鉴定，1992 年获省交通厅科技进步二等奖、山西省科技进步三等奖。

十一、少筋砼肋腋版工字梁组合结构梁桥研究

1985 年立项，1988 年完成，由省公路局与原晋东南公路分局共同承担。张华友、夏蔚西、李引娥、张华新、王富云组成课题组。在研究中，将肋腋版用在梁桥上，构成组合结构共同受力，使部件更为合理，吸取肋腋和部分预应力工字梁优点，增强桥梁上部结构整体性，提高桥梁承载力，比较好地解决了梁式桥易产生裂缝问题。该结构与 T 型梁相比，可节约砼 10%，节省钢材 35%，节约投资 17%，且不需大型吊装设备，施工方便。结合课题，在沁水县修建一座 3 孔每孔跨径 20 米、全长 75.44 米的试验桥。该桥经过 5 年通车使用，情况良好，并通过动静载试验，表明各项技术指标符合要求。该成果 1989 年 1 月通过省科委鉴定，达国内先进水平，1993 年获山西省科技进步一等奖。

十二、钢筋砼二铰版拱桥加固研究

1988 年 9 月，由省公路局、雁同公路分局、忻州公路分局、吕梁公路分局共同研究，1990 年 12 月完成。期间，由尹德惠、杨大慰、祁义、赵明月、陆庆年组成课题组，对全省二铰版拱桥进行认真、详细调查，根据砼非级性理论，推导出拱端塑性铰的形成及绞心转动机理，改进二铰版拱上结构的内力计算。利用此项成果加固二铰版拱桥，经济效益明显。加固费用仅为新建桥费用的 7.5% 至 15%。该成果于 1991 年 1 月通过省科委鉴定，达国内先进水平，并在全国推广，1991 年获省交通厅科技进步一等奖，1994 年获山西省科技进步二等奖。

十三、预应力砼弯桥设计和施工技术研究

1988 年立项，1989 年完成，由省交通科研所、同济大学桥梁工程系和长治公路分局共同承担。张华新、贾晓峰、杨建红、易建国组成的课题组通过室内模型梁试验，以及对试验桥测试，提出预应力砼曲线梁计算程序（GBFE—88）和空间预力筋、预应力摩擦损失的计算方式，验证了所用曲线梁理论分析方法的可靠性，验证预应力砼试验梁受力性能有明显改变。试验桥上部曲线梁采用单点顶推法，施工工艺为国内首创。由于试验桥曲率半径小（仅为 90 米），并采用全断面单箱梁，施工难度较大。该试验桥的建成，为跨越深沟宽河弯梁桥提供了一个较好施工方法，对中国曲线桥梁发展有很大促进作用。1991 年 7 月 31 日通过省交通厅鉴定，1992 年获省交通厅科技进步一等奖，1993 年获山西省科技进步一等奖。

第六节　防护工程新技术的研发应用

一、山区高等级公路边坡防护技术研究

山西省山区多，修建山区高等级公路破坏原有地貌和生态环境，裸露的公路边坡岩体在各种外动力作用下进一步风化、变动，导致边坡坡面出现冲刷、碎落、剥落等病害，给公路养护、车辆通行带来困难。为了解决这一问题，省交通规划勘察设计院进行山区高等级公路边坡防护技术研究。课题组通过对山西大运二级公路、陕西西铜一级公路、四川成渝高速公路、湖北宜黄一级公路的调查．结合山西地质特性和公路等级，提出植物防护（植草）、灰浆防护（捶面、喷混凝土、锚杆铁丝网喷混凝土）、护面墙、混凝土护面版、浆砌片石护坡、复合防护（拱形骨架 + 种草、土工织物 + 种草、护面墙 + 护面版、方形框格 + 种草）、矮挡墙 + 护坡 7 种防护类型。在太旧高速公路修建中，为了减少和避免因修路引起的水土流失，采用防护措施，全线共建边坡支挡、防护构造物挡墙、护面墙、护坡等浆砌、干砌片块石圬 115.3 万平方米/98.02万立方米，锚钉砼版及锚喷砼防护土石方边坡 10.25 万平方米，有效保护了公路路基，防止了水土流失。

二、玻璃纤维布防治油路网裂的研究

为了解决沥青路面损坏这一普遍性的养护工程技术问题. 太原公路分局和同济大学共同承担“玻璃纤维布防治油路网裂”研究课题。从 1989 年至 1991 年，由张全才、张恩涛、赵风琴、郭彦真、斯志行组成课题组通过大量的室内外研究，提出用玻璃纤维布这一廉价的土工织物，来解决沥青路面损坏问题的方法。实践证明：使用玻璃纤维布防治油路网裂，可使油路有效寿命提高 1 倍至 8 倍，使用疲劳寿命提高 80%，开裂面积降低 50% 至 100%，每年可节约投资 200 万元。该成果 1993 年 7 月通过省交通厅鉴定，达国内先进水平，1994 年获省交通厅科技进步二等奖。

第七节　筑路机械新技术的研发应用

中华人民共和国成立前，全省筑路机械几乎是空白。截至 1949 年，全省仅有 6 台蒸汽压路机、5 台水泥混凝土搅拌机和几台抽水机。建国后，随着公路建设的发展，山西筑路机械行业也有很大发展，先后经历三个阶段。

1949 年至 1965 年为组建阶段。这个时期全省公路修建任务大、速度快，在大量筑路施工中增加了机械作业。大多是从外地购进的通用工程机械。如：静碾压路机、平地机、推土机和自卸汽车等。20 世纪 60 年代初根据筑路需要，革新了一些机具，对机械筑路起了推动作用。

1966 年至 1978 年为发展起步阶段。由于公路等级提高，为保证筑路质量，对筑路机械提出更高要求。1966 年首次研制出圆盘式沥青混合料拌和机，揭开了全省发展筑路机械序幕。为适应机械筑路需要，1970 年，公路局组建山西第一个筑路机械修配厂和筑路机械大队，随后各地（市）相继组建机械队和机修车间。在此期间，全省筑路机械的品种和数量都有较大发展。截至 1978 年，全省有各种筑路机械近两千台（套），科研单位和公路部门也研制和革新出一批性能较好的筑路机械。

1978 年后，全省筑路机械行业进入新的发展阶段。主要特点是：①开发了一批有一定技术水平的新产品；②从国外引进一些先进设备；③筑路机械初步配套；④建立了机械化施工和养护试点。截至 1985 年底，全省共有各类筑路机械 4330 余台（套），机械设备固定资产近 1 亿元。

筑路机械新技术的研发应用，是指筑路机具革新和路面施工及养护设备研制方面内容。前者有十三种，后者有 10 种。共计 23 种。

一、圆盘式沥青混合料拌和机

1966 年，为了加快沥青路面施工速度和保证工程质量，省公路科研所虞文景和忻县公路管理段李有全等人研制出圆盘式沥青混合料拌和机。该机为连续拌和，每小时能拌和沥青混合料 30 吨，人工上料，阀门控制沥青用量。该机是全省研制的第一台沥青混合料拌和设备，其形式为全国首创，交通部曾组织全国性的现场交流会议，推广该拌和机的运用。

二、石料烘干沥青拌和机

1972 年，为实现烘干石料机械化，由公路局科研所王志廷主持、忻县公路管理段于致焜等人参加，研制出全省公路交通部门第一台石料烘干机，并与圆盘式拌和机组合在一起，成移动拖挂式机械。为有效控制沥青用量，该机改连续拌和为间歇拌和，改人工上料为皮带输送上料。其结构形式在全国也属独创。样机在修建峨口铁矿专用公路和忻县至太原二级公路上发挥重要作用。

三、JY－4 型轻型压路机

1974 年，省公路局筑路机械修配厂刘自兴研制出全省第一台轻型压路机。该机为静碾式，自重 3800 公斤，加载后达 4600 公斤，前后轮线压力为每平方厘米 17.8 公斤和 25.4 公斤。在此基础上,改进设计生产了 105 台 JY－5－1 型压路机,主要用于沥青路面日常维修养护的压实作业。

四、ZY－750 型手扶式振动压路机

1979 年,晋中公路总段韩志强等人研制出全省第一台 ZY－750 型手扶式振动压路机。该机为振动压实设备,激振力为 1500 公斤,振频为 3000 次/分,振幅为 0.921 毫米。后改为自行式,投入小批量生产。

五、KH－20 型、KH－30 型黑色粒料拌和机

1983 年,忻县公路管理总段于致焜、公路局修配厂刘义锋等人研制出 KH－20 型和 KH－30 型黑色粒料拌和机。该设备以煤粉为燃料,可节约 50% 劳力,工效提高 3 倍以上,降低成本 30% 至 50%。该研制项目通过省级鉴定,获山西省科技成果三等奖。

六、H60 型振动平板夯

1983 年,省交通科研所赵成朴等人研制出 H60 型振动平板夯。该机为电动,整机重量只有 60 公斤,为国内最轻的振动夯板,激振力为 820 公斤,振频为 4500 次/分,适用于公路养护压实作业,具有简单轻便的特点,通过省级鉴定。

七、HLR－500 型远红外沥青加热器

1984 年,省交通科研所王志廷等人研制成功全省第一台远红外沥青加热器。该设备将远红外加热技术用于熬制沥青,具有加热快、自动化程度高、避免沥青老化、节省劳力、改善劳动条件、减少环境污染等优点,达到国内先进水平。该项目通过省级鉴定,获山西省科技进步三等奖。

八、TLW－15 型太阳能沥青保温仓

1985 年,省交通科研所宁维庆等人研制出全省第一个太阳能熔化加热沥青的专用设备 TLW－15 型太阳能沥青保温仓。该设备采用被动式集热方式,使保温仓内产生温室效应,在 6 月至 8 月份,沥青表面温度可达 80～85°C。保温仓最大容量为 15 吨,最大输出沥青量为 10 吨/日。该项目通过省级鉴定。

九、HQJ－35 型混凝土切缝机

省交通科学研究所在研究有关进口筑路机械的基础上,经过反复试验,研制成功 HQJ－35 型混凝土切缝机。该机额定功率4.8 kw,主轴转速 3000r.p.m,切缝深度 60 至 100 毫米,切缝速度 1～1.5m/min,体积小,重量轻,结构合理,操作方便,不仅是修筑水泥路面、机场跑道、城市混凝土街道和码头堆物场的理想切缝设备,而且也可用来切割预制混凝土版,进行沥青路面的维修。该机自带冷却水箱,采用离心式高压喷水冷却,效益甚佳;有手摇半自动走刀机构,切缝平稳可靠;以小型内燃机为动力,不受电源制约,机动性强。1986 年 9 月,该机通过省交通厅技术鉴定,1987 年获山西省科技进步三等奖,1989 年在筑路施工中得到广泛使用。

十、YH20 型移动式混凝土搅拌设备

由省交通科研所研制的 YH20 型移动式混凝土搅拌设备,是水泥砼路面及工业、民用建筑施工中的有效设备,可生产各种规格、标号的水泥混凝土,适用于公路、铁路、桥梁、水利、港口码头和机场等水泥混凝土集中的工程,也可作为商品混凝土生产厂及混凝土预制件厂的配套设备。该机主要技术参数为:①额定生产能力 20～25m/h;②砂石称量范围 0～1500 千克;③水泥称量范围 0～250 千克;④水计量范围 1～9999 千克;⑤外掺剂计量范围 1～9999 千克;⑥系统计量精度 ±1～3%;⑦整机输入功率每小时 44 千瓦;⑧整机重量 15 吨。

YH20 型机由拌和系统、砂石配料系统、水及外掺剂供给系统、水泥贮存输送系统、电器和气动控制系统及拖运行走系统等部分组成,可对 4 种砂石材料进行自动累计称量,可贮存不同标号的水泥,并对水泥、水和各种外掺剂进行自动输送计量。混凝土搅拌装置的全部工作实行自动控制,并且有手动、半自动、搅拌计数等控制功能。1987 年通过省科委鉴定,同年获山西省科技进步三等奖。

十一、RA－2 型胶乳计量喷洒机

省交通科研所王淑凤等人研制成功的 RA－2 型胶乳计量喷洒机,既可用于橡胶沥青混合料制备作业中胶乳计量喷洒工序，也可用于其他需要将液体（黏度<5mpas）精确计量和喷洒的工程中。其主要技术参数为：①储液箱容积200升；②计量箱容积8升；③喷洒胶乳比例（胶乳/沥青）3%至10%；④计量允许误差±2%；⑤动作时间30～60s，其中：计量10～25S，储备喷洒15～25s，喷洒5～10s；⑥配套空压机型号ZY－0.3/10型。⑦设备输入总功率3.5kw/380v；⑧适用沥青混合料搅拌器容量300～500千克；⑨外形尺寸1400×690×1400毫米；⑩整机重量250千克。

该机结构简单，工作可靠，经济适用，装卸方便，计量准确，适合于厂混式橡胶沥青混合料的生产工艺，为推广应用橡胶沥青创造了一个良好条件。经两年实际使用考核，应用效果良好，其成果达到国内先进水平。

十二、GHTJ－4500型轨道式混凝土摊铺机

由省交通科研所和省公路局共同开发的科研项目GHTJ－4500型轨道式混凝土摊铺机，1988年1月开始研究，1989年12月完成。宁维庆、张惠平、李爱英、陆季廷等科技人员在吸收德国佛格勒公司“I”型水泥混凝土摊铺机组优点的基础上作了较大改进：用圆弧叶轮整平器（已获专利）取代原摆动整平刮板；用自行设计的多曲回大速比专用变速箱（已获专利）取代原复合变速机构，使结构更加合理。

GHTJ－4500型轨道式混凝土摊铺机是修筑水泥混凝土路面必需的关键施工设备，它的研制成功填补了国内空白。作为进口替代产品，可给国家节约大量外汇，经济效益显著。该成果1990年10月通过省级鉴定，达国内外同类产品的先进水平，1991年获太原市“十佳科技成果”奖，1992年获省交通厅科技进步二等奖，1993年获山西省科技进步三等奖。

十三、Ⅳ－80型振动平板夯

省交通科研所任进为组长的课题组，选用日本Ⅳ80型板夯为参考机型进行消化研究，经一年多努力，研制出主要用于公路养护工程、也可用于建筑场地补充压实的Ⅳ－80型振动平板夯。该机重量轻，操作方便，压实效果可达5吨压路机的压实度，是一种机动灵活、实用可靠的小型压实机械。

1989年1月立项，1989年12月完成，填补省内空白，改变过去公路沥青路面坑槽养护修补均不进行压实，而靠人工拍打和行车自然碾压的作法。1989年12月2日通过省交通厅鉴定，1991年获省交通厅科技进步二等奖。

十四、沥青洒布机

1972年，晋城公路管理站在省公路局科研所王志廷的配合下，研制出全省第一台沥青洒布机。该洒布机为拖式，装有195马力柴油机以带动沥青泵。喷洒均匀，改善了生产条件，与人工作业相比，工效可提高3倍以上。1973年，该机参加在徐州召开的全国筑路机械选型会，被列为选型项目，随后在省内外普遍推广。

十五、沥青路面养护机

1973年，省公路局科研所王志廷、王绍汉等人研制出山西第一台沥青路面养护机。该机为自行式自制底盘，可载运300公斤石料和300公斤沥青，采用双轴圆盘式拌和方式，单喷枪喷洒沥青，适用于沥青路面日常小修养护作业。该机参加了徐州全国筑路机械选型会，被列为选型项目。

十六、拖式沥青摊铺机

1979年，临汾公路总段郝甫希、乔秀成等人试制出全省第一台拖式沥青摊铺机。该机是一个简易摊铺框架，由运料车牵引进行摊铺作业，结构简单，摊铺宽度3500毫米，摊铺厚度为25毫米至40毫米，适用于摊铺黑色碎石沥青混合料，1982年通过省交通厅鉴定。

十七、SX－1型石屑撒布机

1979年，雁北公路总段李巨善等人研制出全省第一台石屑撒布机。该机利用拖拉机改装，可将石屑按要求厚度均匀撒在路上，撒布宽度1700毫米，撒布厚度为3毫米至8毫米，结构简单，效果良好。

十八、JBS－1型旧沥青路面破碎筛分机

1982年，省公路局韩志强、袁培钊等人

研制出旧沥青路面破碎筛分机。该机利用两个滚齿差速的撕拉挤压作用,将挖起的旧沥青路面破碎成30毫米左右粒径的小块,并将杂质筛分出去,便于旧沥青路面的再生利用。该机设计合理,结构简单,为国内首创,通过省级鉴定,获山西省科技成果三等奖。

十九、83－1型水泥混凝土摊铺机

1983年,省公路局韩志强等人研制出全省第一台轨道式水泥混凝土路面摊铺机。该机摊铺宽度为4米,每小时能摊铺120平方米,可一次完成计量摊铺、振动提浆、初次抹光等工序。该成果通过省级鉴定,获山西省科技进步三等奖,并参加中国交通工业展览,评为优秀展品奖。

二十、JY型沥青路面养护车

为加强沥青路面日常养护,改变落后的养护机具,从1974年起,由省交通科研所王志廷主持,有关单位和人员参加,根据沥青路面日常养护特点,先后研制出适合不同要求的4种JY型沥青路面养护车系列产品。这些不同型号的养护车,尽管大小不同,结构也有差异,但都是自行式,是在通用汽车底盘上改制的,做到机动灵活、一机多能,能处理沥青路面所有病害,均系国内独创新产品。其中JY－3型通过省级鉴定,获1981年省级科技成果四等奖;JY－4型参加1985年在北京举办的全国交通工业产品展览,获优秀产品奖。

二十一、D－30型洒水器

1983年,晋东南公路总段连仲祥等人研制出D－30型洒水器。该机用东方红30拖拉机做主机,装有水泵、水箱和喷洒装置,水容量300升,喷洒效率30升/分,长度6米,结构简单,使用方便,主要用于砂石路面的养护作业。通过公路局鉴定,小批量生产并投入使用。

二十二、NHC－90型内燃夯锤

1990年1月立项,由省交通科研所承担。张玉虎、杨文科、陈果等科技人员经过多次试验,于1990年12月研制成功。该成果解决了交通建设施工中因压路机不便压实场合的压实施工问题,如挡土墙、涵基、桥背填土压实等,压实力相当于7吨至8吨压路机。该机体积小,重量轻,夯实效果好,机动灵活,操作方便,安全可靠,运用范围广,是蛙式打击机的理想替代产品。1992年4月28日通过省科委鉴定,达国内先进水平,已获国家专利。

二十三、GF40型砼路面灌缝机

1991年1月至1992年6月,省交通科研所赵成朴、葛紫虹、赵中安研究开发。该机功率22千瓦,料罐容积40升,灌缝速度8～17m/min,工作压力0～0.4mpa,清缝速度7～10m/min,重量146千克。该机的研制成功,解决了国内对混凝土路面、机场道面预设缝隙灌入嵌缝料的难题,它既可灌缝又可清缝,结构简单,操作方便,机动灵活,灌缝质量好,工作效率高,可降低劳动强度,减少环境污染。1993年3月通过省科委鉴定,属国内首创。

第八节　汽车运输新技术的研发应用

1978年以来,根据实际生产需要,省汽车运输集团组织有关人员进行了一系列课题研究,为增产节约、降低消耗,提高劳动生产率提供有力的科技支持。

一、M15加油站配比器

晋科1986－03号,获1988年省科委二等奖。研制单位:汾阳汽车运输公司;研制人员:王建存、张宁、李宗寿、耿建平、张炳光等。

二、汽车修理机械

主要包括汽车发动机液压翻转架,晋科1990－314号;东风汽车气门拆卸工具,晋科1990－315号;汽车前后桥液压举升机,晋科1990－316号;研制单位:临汾汽车运输公司;研制人员:曹自学、史青林、段冠亭等。

三、闪光器和调节器

主要包括却贝尔D752柴油机货车转向闪光器,晋科1990－341号;进口汽车发电机调节器,晋科1990－342号;研制单位:雁北汽车运输公司;研制人员:梁荫民、张秀芬、黄悦新等。

四、修补机和发动机

电加热内胎修补机,晋科1990－343号;

桑诺斯客车发动机国产化，晋科 1990－344 号；研制单位：雁北汽车运输公司；研制人员：周志勇、谭科、芦世增、名廷信。

五、变速箱液压举升车

晋科 1990－346 号；研制单位：雁北汽车运输公司；研制人员：史克勤、刘占英。

六、重新修订《汽车维修制度》

晋科 1990－354 号，获软科学三等奖（证书编号：1992－164）。研制单位：省汽车运输总公司、各汽车运输公司（合作）；研制人员：秦启荣、张芷菁、席建华等。1990 年 12 月 18 日，通过专家鉴定，新增维修工艺、检测制度、维修定额以及各项技术标准等内容。使该制度更具科学性和先进性，且技术要求标准化，检测制度程序化，计量检测仪表化，维修工艺规范化和定额指标数量化等特点，有效保障维修稳定性，促进汽车运行安全水平提高。

七、公路客运微机售票和调度管理系统研究

晋科 1992－044 号，获省交通厅 1993 年科技进步二等奖。研制单位：侯马汽车运输公司；研制人员：张成立、杨社教、赵石洪等。

八、发动机润滑油取样器的研究

晋科 1992－045 号，获省交通厅 1993 年科技进步三等奖。研制单位：省汽车运输总公司、汾阳汽车运输公司（合作）；研制人员：张芷菁、智景安、康晋民。

九、“太极盾”特效轮胎自动弥合液试验应用研究

晋科 1992－046 号，获省科技进步三等奖（证书编号：1992－189）。研制单位：省汽车运输总公司、侯马汽车运输公司（合作）；研制人员：张芷菁、席建华、张成立、黄新泉等。

通过专家鉴定。该项目经过刺孔、性能、运行等试验，进一步证实“太极盾”轮胎弥合液自动弥合功能强，具有保胎节能，延长轮胎寿命，降低维修费用，减少司机劳动强度和保证安全运行作用，有较大经济效益和使用价值。

十、手制动报警装置研究

晋科 1992－047 号，阳泉汽车运输公司研发，通过专家鉴定。研制人员：孙学问、刘真理、巩志勇。该项目是一种提醒司机在停车后拉手制动的报警装置。结构简单，成本低廉，适用车型广，经在试验车上安装，对其道路运行和中途停车的可靠性进行试验，能有效预防溜车事故发生。

第六章　依法行政

1978年,全国交通立法尚处于起步阶段,全省交通部门基本无法可依。交通行业管理基本是以省政府、省交通厅制定下发的规范性文件为主要依据。省政府根据当时交通管理实际,先后制定、发布一些规范性文件。1987年,《中华人民共和国公路管理条例》颁布,全国各省陆续出台了一些与路政管理有关的法规,路政管理开始步入依法治路的阶段。

第一节　地方交通法律法规的制定

1978年5月23日,交通部、石油部下发《关于处理石油管道和天然气管道与公路相互关系的若干规定》,首次明确各种管线与公路交叉或接近的处理办法。

1979年5月24日,山西省革命委员会颁布了《公路保护奖惩办法》。

1981年,省经委制定下发《山西省汽车跨省运输暂行规定》。

1982年,山西省人民政府印发《关于禁止在公路上打场晒粮,确保交通安全的通知》。

1983年,国务院印发《关于加强路政管理,保障公路安全畅通的通知》,这是新中国成立以来有关路政管理的第一个专项法规。全省公路系统认真贯彻落实通知精神,切实加强公路路政管理,各级有关部门相继成立公安处、公安科,认真整顿公路秩序,对损坏公路设施,严重影响行车安全的不法行为进行打击,收到明显效果。

1985年,省政府印发《关于加强交通安全管理的通告》;

1985年4月,省交通厅印发《山西省民工建勤修建、养护公路实施办法》。

1986年,由省交通厅起草,经省政府批转下发《关于公路建设和管理体制改革方案》,同时陆续制定公路工程管理、招标投标、工程质量监理等方面的具体管理办法的规定,使全省公路建养和管理体制改革进入一个新阶段。

1987年5月15日,山西省第六届人民代表大会常务委员会第24次会议审议通过《山西省公路管理条例(试行)》,这是全省第一部公路管理的地方性法规。

1987年9月4日,省政府印发《关于加强公路养路费征收稽查工作有关问题的通知》,对公安部门配合交通征费稽查工作,以及交通稽查人员上路设点、拦截、检查和逃漏规费的车辆给予扣证、扣车等执法手段,均作出明确规定。对进一步加强全省养路费、车辆购置附加费征缴工作,起到重要作用。

1987年,省交通厅印发《关于深化企业改革,增强企业活力的实施方案》,全省运输企业在总结企业改革经验基础上,按照所有权与经营权相对分离原则,积极推行承包责任制和租赁经营责任制,引深国有运输企业改革,有力调动企业发展生产的积极性。

1988年,根据交通部《公路运输管理暂行条例》规定,省交通厅制定《山西省公路运输管理暂行条例实施细则》、《山西省公路运输违章处罚暂行规定》;并会同省政府相关主管部门,制定下发《运输管理费征收标准》、《公路客运停车场站统一收费管理办法》、《串乡班车运管费和养路费征收办法》以及《公路客运附加费征收规定》等规范性文件,对整顿运输秩序,规范运输市场,发展公路汽车运输起到重要作用。

1990年11月23日,省交通厅下发《山西省汽车维修行业安全生产规则》和《山西省汽车维修工人安全操作规程》，对促进安全生产管理和生产安全，均起到积极作用。

1990年8月，省交通厅和省物价局联合下发《关于整顿公路汽车货物运价的通知》。10月12日，省交通厅和省税务局联合下发《山西省运输服务业管理暂行规定》，对全省从事货物托运代办、仓储理货、货物中转和信息服务等经营活动进行整顿与规范。

1992年6月8日，省物价局、省财政厅、省交通厅联合颁发《山西省损坏公路路产赔（补）偿收费暂行办法》。在全省范围内统一路政赔偿票据，实施收支两条线管理。

1992年8月25日，省交通厅制定下发《山西省搬运装卸业管理规定》，共5章26条。明确规定交通管理部门在对违反规定的人员进行处罚时，要填写违章处理通知书，并开具财政部门统一的罚款收据，罚没收入上缴同级财政部门。

第二节　法制宣传教育与普法活动的开展

1991年以来，全省交通系统按照中共中央、国务院和省委、省政府对普法工作的统一要求和部署，结合交通行业特点，有计划、有组织、有步骤、分层次地开展“二五”普法工作，取得明显成效。党的十四大以来，随着全国改革开放和经济建设深入发展，社会主义市场经济体制的建立，省交通厅采取多种形式，不断加强“二五”普法宣传教育力度，进一步增强全省交通系统干部群众法律意识和法制观念，提高学法、用法、执法、护法自觉性，使各项工作逐步走上依法行政、依法经营、依法管理轨道，圆满完成“二五”普法工作任务，为全面实施全省“八五”计划，促进全省交通建设快速发展，创造良好法制环境。厅直系统“二五”普法工作，被交通部、省直普法领导组评为先进单位。

成立领导组，制定“二五”普法规划。为了切实加强“二五”普法工作领导，1991年省交通厅成立厅直属系统“二五”普法领导组，下设办公室，办公室设在厅直党委。全系统普法工作由教育处承办。厅属各单位也分别成立“二五”普法组织领导机构。

制订实施方案。1991年底，根据中央和省委有关文件精神，省交通厅制定“二五”普法方案，明确指导思想、学习内容、要求和方法步骤，同时将各级交通执法部门确定为普法重点。1992年，厅直党委组织省公路局、省征稽局、省运管局等有关人员，参加省直普法办《“二五”普法专业知识读本》一书的编写和发行工作，仅厅直系统就发行4000余册。为了便于交通专业法学习，厅直党委还把主要交通专业法汇编成册。1992年组织副处级以上干部参加省直领导干部普法知识竞赛，有5人分别获一、二、三等奖。此外，还结合交通企业深化改革，转换经营机制，组织企业和企业化管理事业单位学习《企业法》、《全民所有制工业企业管理条例》。

第三节　交通执法工作的实施

公路路政管理工作与其他行政执法工作相比，发展历史比较短。山西省路政管理机构和执法单位是在1993年以后逐步组建完善的。路政管理的中心任务是依法管理、保护路产路权，依法制止和查处下列行为：超限运输；损坏公路路基、路面、边坡、桥梁、隧道、排水设施、防护构造物、花草林木、公路标志和标牌；擅自占用、利用公路路产以及在公路、公路用地、公路建筑控制区内修建建筑物、构造物的违法违章行为。

“八五”期间，全省公路系统实行管养并重原则，加快路政管理改革，建立和完善三级路政管理体系，不断加大查处案件力度。1993年至1995年，三年内查处损坏公路路面车辆8000余台，打场晒粮20 000余处，砍伐行道树60万棵，利用公路排水灌溉12 000余处，清理各种违章建筑17万处，清理路障14万处，取缔公路市场800余处，查处损坏公路标志1300个，路产路权得到有效保护。

第七章　教育培训

1978年以来,全省交通系统广大干部职工以邓小平建设有中国特色的社会主义理论为指导,全面贯彻党的教育方针和《中国教育改革与发展纲要》,遵循“发展经济交通先行,发展交通教育先行”这一共识,从实际情况出发,不断深化教育改革,增加教育投入,扩大教育规模,努力使教育更好地服务于交通建设。省交通厅将成人培训任务和要求列入各有关单位年度目标责任书中,进行检查和考核,厅属各单位及各地(市)交通局积极鼓励职工采取自修、上电大、函授、岗位培训等多种形式学习提高。1991年,省交通厅制定并印发《山西交通职工教育管理办法》,明确对全系统各级各类人员实行“统一规划,分工负责,分级培训”的办法;省厅制定全系统教育发展规划,年度工作计划和学历教育计划,采取宏观指导、协调监督的办法、以点带面,指导基层全面工作,全系统形成一个全方位职工教育网络,培养一支作风硬、业务好、素质高的交通职工队伍,在全省能源重化工基地建设中发挥重要作用。

第一节　山西交通职业技术学院

山西交通职业技术学院是经省人民政府批准的全日制普通高等职业技术学院,国家公办,隶属于省交通运输厅,在教学及专业建设方面受省教育厅指导。1978年以来,学院始终坚持以教学为中心,努力提高教育教学质量和人才培养水平,不断加强教育教学改革,加快人才培养模式创新,培养面向生产建设、管理、服务第一线需要,下得去、留得住、用得上,实践技能强、具有良好职业道德的技术应用型人才。改革开放以来,学院抓住山西交通发展有利时机,办学水平不断提升,取得明显成绩。1998年、1999年先后跨入省部级重点和国家级重点中专行列,2001年升格成立职业技术学院。截至2010年底,拥有教职员工301人,其中专任教师230人,高级职称78人。其中,具有硕士学位89人,双师型教师67人。学院设有公路、工程管理、车辆工程、经济管理、信息工程、机械工程6个教学系19个高职类专业,涵盖公路、工程管理、汽车、交通网络、计算机、交通经济等交通运输领域。道路桥梁工程技术专业为国家教学改革试点专业,汽车检测与维修技术专业和公路监理专业为省级教学改革试点专业。汽车检测与维修技术专业被教育部和交通部确定为国家技能型紧缺人才培养基地;物流管理专业被确定为全国物流人才培养基地;汽车检测与维修技术和道路桥梁工程技术专业率先进入省级高职示范实训基地。2007年11月,在省教育厅高等职业院校人才培养工作水平评估中,学院获得“优秀”等级。学院学生参加“金蝶杯”全国大学生创业大赛,连续三年获优秀成绩。从1958年至2010年,52年间共招生23 735人。学院开通助学绿色通道,为学生提供勤工助学资助。学生在校期间,还可享受国家奖学金、国家生活补助补贴。学院开通“专升本”到省内高校继续深造渠道,进一步提高学生学历教育和技能培养。

建校52年来,学院取得显著办学效益和社会声誉,为省内外培养2万多名中、高等交通技术应用型人才。学院毕业生在公路工程建设、汽车营销及售后服务、车辆维修、规费征收一线，大多成长为技术骨干和业务能手，同时也涌现出一批国家级和省级劳动模范。学院的毕业生因其好品行、强技能、高素质而深受用人单位欢迎，2006 年以来，就业率保持在 92% 以上，处于全省同类院校前列。

1978 年，全省交通职业教育的主体是省交通学校，当时设有技工班，实行“技工学校工作条例”，并在路桥专业基础上开设汽车专业。1979 年 8 月 17 日，省交通学校技工班改为山西省交通技工学校，一套人马，两块牌子。从此，形成中专和技工分类培养人才的办学格局。

1986 年，为留住人才，提升办学质量，省交通厅决定将学校迁到太原。1987 年 5 月，省计划委员会批准迁校方案。原校址成立山西省交通技工学校。同年，省交通学校开始迁往太原武宿现校址，开始正规化中专办学的新历程。

一、适应交通发展新形势新专业的开办

1978 年 3 月，学校开始招收恢复高考后的第一批高中毕业生，9 月招收第二批高中生。1979 年，在全国率先开设交通监理专业，成为教育部交通监理主任委员单位，当年开始招生，并受各省委托招收省外学员。同时，为顺应交通监理员必须具备汽车驾驶证要求，汽车驾驶作为一门学业课程，每年培训一期，为期 6 个月。到 1985 年，7 年间共培训 400 名学生。专业设置为公路与桥梁、汽车运用与维修和交通监理等 3 个专业。中专学历，学制三年，其中 1979 年至 1980 年招收学生的学制两年。1987 年，交通监理专业停办。学校为汽车运用工程专业学生进行业务培训，为期两周，每年培训 100 人。1987 年至 1995 年，9 年间共培训 900 人。1978 年至 1985 年，8 年间共招生 1258 人。1978 年至 1992 年，共招生 3233 人。1986 年开设四年制中专，招收四年制中专毕业生。1987 年开设公路工程管理和计划统计专业，1989 年在全国首开土建工程与材料质量检测专业。专业设置为公路与桥梁、汽车运用与维修、公路工程管理、计划统计和土建工程与材料质量检测等 5 个专业。中专学历学制四年，1989 年开始招收两年制公路工程管理、计划统计和土建工程与材料质量检测专业的高中生。1991 年，新增交通运输管理专业。在改革开放之初的 10 余年中，学院主动适应交通建设事业的发展，开设与之适应的新专业，为蓬勃发展的交通运输事业注入新的活力，提供智力支持。

二、办学水平评估工作的启动

1991 年，根据国家教委《关于开展普通中等专业学校教育评估工作的通知》精神，学校开始推行目标管理，启动办学水平评估有关工作。1992 年，学校迎接省部级中专办学水平评估，1996 年被评为“合格”学校。1997 年 3 月，学校成立评估办公室，开始启动中专办学水平评估工作。5 月，学校成立德育办公室，开始启动德育示范学院创建工作。11 月，省教育厅组织专家组检查学校德育工作，经考核评比，学校被命名为首批德育示范学校。

三、教学管理的规范

1988 年，学校规范基础管理，教书育人、管理育人、服务育人的办学理念开始贯穿到各项工作中去。当年，开始推行职称改革工作，截至年底，共有 89 人获得相应专业技术职务任职资格，其中高级职称 7 名，中级职称 21 名，初级职称 61 名。

1985 年，学校引进先进教学管理理念，实行教学质量全面管理，健全教学管理制度，加强教学 5 环节检查，引入教学模糊评价，开展学生评价，使用计算机统计分析，创办校刊《教学与管理》，教学管理走到全国同类学校前列。1989 年，学校教学制度得到进一步规范，“教师课堂教学行为规范”、“教师课堂教学十不准”、“教师工作量量化考核”等制度逐步完善并得到落实。1990 年，学校进一步完善教学管理机构，将教务科与学生科合并成立教务处，将教研组重组为路桥科、汽车科、基础部。在教学管理上，实现计算机排课管理。强化实践教学，初步建成物理、化学、电子、公路筑材、汽车电器等实验室以及计算机室、语音室。当年的实践教学为学校保养汽车 11 辆，完成 15 个班级的勘测、施工、工程监理、计划统计、汽车应用等项目的实习任

务。1991年,在省教育委员会专家组对学校钳工、物理、筑路材料、质量检测四门课程的实验项目统考评估中,学校均达到一级水平。

四、思想政治工作的加强

在1989年春夏之交的政治风波中,学校党政领导坚定不移,旗帜鲜明地与党中央保持高度一致,坚决维护校园稳定。各级党组织、团组织深入学生中开展认真细致的思想政治工作,做到人心不散、工作不乱、有条不紊。有针对性地开展"双清"工作,同资产阶级自由化思潮进行坚决斗争。1989年9月,根据上级指示精神,学院实行党委领导下的校长负责制,建立党委例会制度和党委委员生活会制度,由党委加强对学校的组织领导、政治领导、思想领导,行使管理干部、决策重大问题的职权。同年下半年开始,学校党委持续开展四项基本原则教育、党风党纪教育和做合格党员教育。通过学习党的十三届四中、五中全会精神,学习江泽民同志在国庆四十周年大会上的讲话,学习《党章》和《准则》,增强党员干部坚持四项基本原则的自觉性,加强党的领导和思想政治工作。

1990年,学校根据上级党组织的安排,开展党员重新登记工作,开展"一课三会"活动,提高党员思想认识水平和政治理论水平,开展对学生全方位思想政治教育工作。1991年,学校党委举办《社会主义若干问题学习纲要》干部学习班,对全校140名干部进行系统的社会主义理论培训。

第二节　山西交通技师学院

山西交通技师学院(山西省交通高级技工学校)是全省交通运输行业唯一一所中等职业技术院校。创建于1964年,当时与山西交通学校一套人马、两块牌子。1988年开始独立办学,学校步入发展快车道。1998年学校被省人民政府命名为省(部)级重点技校;1999年跨入国家重点技校行列,同年12月被劳动和社会保障部批准为高级技工学校;2005年10月被省劳动和社会保障厅批准为山西交通技师学院。2006年,学校成为全省唯一、全国仅有的22个国家农民工培训示范基地之一。2009年,学校被人力资源和社会保障部确定为"全国一体化课程教学改革试点院校",2010年,学校被交通运输部命名为"交通职业教育示范院校"。

1978年以来,学校积极探索正规办学道路。1979年,省交通局批准省交通学校附设技工班,称为山西省交通技工学校。从此"山西省交通学校"、"山西省交通技工学校"一套人马、两块牌子,共同发展。

1988年3月6日,经省交通厅党组研究决定(〔1988〕晋交字第338号),将省交通学校与省交通技工学校正式分开,从此,省交通技工学校开始独立发展。为县团级建制,实行党委领导下的校长负责制。

一、职业教育的稳步发展

根据全省社会经济发展需要,按照省交通厅审查批准的招生及分配计划,1977年,学校开始招收第一个路桥专业技工班,招生人数60人,学制2年。1979年增加汽车修理专业,共招生人数194人,从1989年起,在原有路桥专业、汽车修理专业的基础上,专业设置增设汽车驾驶、公路施工、公路测试专业,1990年,增设筑路机修管理等专业,1976年至1992年共招生2870人。

从1988年分校伊始,技工学校及时从大、中专、技校毕业生中补充教师20名,并选派32名教师分赴长沙交通学院、西安公路学院、东北师范大学等10所院校进修,从整体上提高教师队伍的专业水平和教学能力。1990年2月,经省劳动厅验收,评为"山西省合格中级技工学校"。

学校始终坚持社会主义办学方向,贯彻党的职业教育方针。1989年,在全省交通系统思想政治工作会议上,厅党组授予学校"思想政治工作先进单位"称号。同年,宋学俭老师被评为交通部"全国交通教育优秀教师"。

1991年、1992年,学校连续两年被省交通厅授予"交通系统工作先进单位"。1991年,学校政治处主任姚翠花同志被交通部评为“全国交通系统优秀教育工作者”。

二、职工培训的蹒跚起步

从1988年起,学校立足公路交通事业发展,主动适应交通运输发展形势与任务要求,努力满足交通职工接受各类教育培训需要。主动承担各级各类培训,共计培训全省公路分局试验员、水泥路面养护人员、公路施工员等9期752人次。1992年6月5日,太谷县交通局组织的汽车维修行业首届二级维护岗位比武大会在学校汽车修理厂召开,技校代表队获亚军。1992年,学校实习工厂研制的8WQ1703－010(M10＊1)球节总成,由省标准局颁发新产品准予生产合格证。

1978年至1992年,学校引进人才74人。其中本科生48名,专科生14名,其他12名。

第三节　山西省交通干部学校

山西省交通干部学校是伴随着全省交通运输事业发展而不断发展起来的。学校经历了一个从无到有、逐步发展壮大的过程。

山西省交通干部学校系省交通厅主管的成人教育学校。1984年5月,为了加强职工岗位知识与技能及成人学历教育,省交通厅党组决定成立山西省交通厅职工学校,1985年5月,经省政府批准,更名为山西省交通干部学校。1986年1月,经交通部电视中等专业学校批准,成立交通部电视中等专业学校山西分校;1988年10月,经省政府批准,成立山西省交通职工中等专业学校;1989年7月,为了加强全省交通系统党政干部的思想教育和政治理论教育,厅党组决定在省交通干部学校内成立中共山西省交通厅直属机关委员会党校,后来又将1984年创建的西安公路学院山西函授站的教学业务归学校负责管理,使学校成为一套班子、多种功能、多种层次的综合性成人学校,是全省交通系统各级各类干部培训和成人学历教育的重要基地。

一、教学工作的全面开展

1984年至1992年,是学校艰难起步打好基础时期。1984年5月,省交通厅职工学校成立后,由于条件所限,临时租用厅招待所几间客房办公;1986年2月,正式迁到现校址(太原市体育路223号)。为满足教学办公需要,在省交通厅大力支持下,1986年6月在原两层办公楼加盖两层。1992年动工兴建12层教学综合楼,1998年在原办公楼旧址上动工兴建7层学生公寓楼,并投资建设图书室、阅览室和计算机教室,新建现代远程教育卫星小站,尽可能地改善办学条件,同时兴建三栋职工宿舍,解决职工住房问题,稳定人心,也使学校步入快速发展轨道。

这一时期,学校实有编制65人,教职工中具有中级职称15人,初级职称24人。学校占地面积10 500平方米,建筑面积800平方米,其中包括办公、教学混合楼一栋。由于占地狭小,基本建设不能满足教学发展要求,办学条件比较艰苦。建校以来,陆续配置教学仪器、设备600余套(件),建立微机室、图书室、阅览室,拥有较先进的微机8台,图书8万余册,报刊250余种。

学校实行校长负责制,1984年5月,省交通厅任命李保义任校党总支书记,张建中任副校长主持行政全面工作;1986年10月,省交通厅对学校领导班子进行调整,李保义仍担任书记,梁兆云任校长,张建中调厅工作。以后,又陆续配备一名副校长和一名副书记,逐步健全领导班子。

学校以干部教育为主,兼备党校、职工中专、电视中专以及函授高等学历教育等功能。在学校五种职能中,可分为学历教育和非学历教育。学历教育可分为中专、大专、本科三个层次,开设公路与桥梁、汽车运用工程、汽车运输管理、交通财会等五个主要专业,非学历教育指各类党、政干部和业务干部的中、短期培训和岗位培训。几年来,共完成13个专业66个班次培训任务,培养各类人才2700名。截至1989年,在干校设置的西安公路学院山西函授站和山西电视大学太原分校省交通厅教学班等,共为全省交通系统输送本科生204人,大专生143人,大专单科生87人,中专生462人;轮训各类干部近20 004人次。此外,还为内蒙、西安、宁夏等省市代培一批专业管理干部。学校连续三届被西安公路学院评为"全国先进函授站",电大"党政管理干部专修班",1986年被评为太原市电大"先进教学班"。1987年,省经济委员会、省职工教育委员会授予"成人教育先进集体"称号,1988年和1989年又分别被评为省交通厅"先进教育单位"和"在职干部理论教育先进单位"。

为了加强全省交通系统党政干部的思想教育和政治理论教育,1989年7月,省交通厅党组决定在省交通干部学校内成立中共山西省交通厅直属机关委员会党校。厅直党校成立一年来,积极配合党的中心工作,举办8期各类型轮训班,培训干部500多人次。为了提高全省交通系统汽车运输企业厂长(经理)业务素质,干校对全省大中型运输企业的105名经理(厂长)进行短期培训,在国家组织的全国统一考试中,全部及格,考试成绩在全国处于中上水平。

二、高等函授教育的逐步兴起

建校以来,作为全省交通系统唯一的一所成人教育和干部培训基地,1984年7月,学校举办山西省广播电视大学党政管理专业大专脱产班,34名学员经过两年脱产学习,于1986年8月完成规定课程的学习。通过毕业答辩,全部毕业,这是建校以后为全省交通系统输送的第一批合格人才。

当年8月,根据国家和省经委有关文件要求,学校开始面向全省交通系统举办国有大中型企业经理国家统考培训班,第一期培训30名学员,并且在随后几年内,统考培训成为学校建校初期最主要的培训任务。经过全校上下共同努力,认真教学,热情服务,到1991年共举办统考培训班6期,参加培训的领导干部达209名,并通过全国统考,统考培训工作多次受到省、市经委和省交通厅表扬奖励,同时也受到了学员所在单位欢迎。

山西函授站在1986、1988、1989年连续三届的教学评比中,均以最高分优势夺得"全国先进函授站"称号。建站8年来,山西函授站已向全省交通战线输送具有专科和本科学历的毕业生近300名,其中有72%的毕业生获得学士学位,有3人考取硕士研究生学位。这些毕业生在大(同)至运(城)线设计施工中,发挥重要作用。

三、成人中专教育的扎实推进

为了适应交通建设发展要求,提高在职职工文化水平,解决在职人员再教育与素质提高问题,1986年1月,省交通厅党组在学校内设立交通部电视中专山西分校,在全省各地下设10个教学工作站,当年便面向全省招生,仅第一年招收新生520人。严格按照交通部电视中专总校要求,认真组织教学和考试,加强对各工作站管理,教学质量不断提高,并且积极拓宽办学渠道,丰富办学形式,1994年与中国通用航空公司联合办学,将生源扩展到系统外;与省交通技工学校联合,走校际联合办学之路;1996年又招收电视中专脱产直属班。由于这种教学适应形势要求,有效解决工学矛盾,做到学以致用,因而受到学员所在单位广泛欢迎。共培养合格毕业生2028名。

为实施交通部交通教育"七五"扶贫计划,根据省交通厅安排,1987年11月,学校举办交通财会和公路工程管理两个专业的教育扶贫中专专业证书班,为全省贫困地区培养50名专业人才。1988年10月,经省政府批准,成立山西省交通职工中等专业学校。主要是在全省交通系统在职职工中招生,通过全脱产学习形式,培养中等专业人才,当年招收"汽车运输企业管理"和"公路工程管理"两个专业125名学员。相继增设"交通财务会计"、"计算机应用"等专业,并且还根据生产单位需要,开办中专业余班、校外班,培养学员713名,为交通系统输送大批中等实用型人才。学校在招生、教学、考试、毕业等各环节中,严格把关,规范管理,对教学全过程实施监控,不断提高教学质量,受到用人单位和学员家长好评。

这一时期,针对成人教育特点,学校制定"教为所用,用为所学"指导方针,以提高质量为中心,抓好教、学、管三个环节,使中专学历教育扎实前进。1989年招收电视中专和职工中专生255名。

1984年至1990年建校6年来，干校的五种职能都能得到较好发挥，并取得显著成绩，首先在于坚持不懈地提高教师队伍整体素质。干校有、兼职教师，老教师不足10%，教师平均年龄不足30岁，大多是1985年前后毕业的大学生。这些同志有为振兴山西交通事业培养人才的强烈愿望，但也存在教学经验不足的弱点。针对这些特点，学校采取多种形式多条渠道提高教师业务素质。一是加强培训，提高基本素质。学校每年都有计划地选送20%的教师到大专院校参加业务进修；组织全体教师系统地学习《教育学》、《心理学》两门课程。通过考试，全部获得山西大学颁发的单科结业证书。经常开展“如何讲好一堂课”和“三字一话”（毛笔字、钢笔字、粉笔字和普通话）等活动，培养教师基本功。二是强化锻炼，提高教学能力。对于基本具备教学能力的青年教师，学校大胆使用，促使他们走上讲台，在教学实践中提高自己的教育本领，并在奖金分配上给予一定鼓励。安排青年教师进工厂，到工地参加生产实践，增加教学的感性知识。同时，在教学活动中还聘请有经验的教师、学者、专家开办讲座或进行业务指导。通过上述办法，青年教师提高很快，担负起学校80%的教学任务，有的青年教师还成为独当一面的教学骨干。

为了坚持社会主义办学方向和培养德才兼备的“四有”新人，学校发挥思想政治工作优势，加强对学生的德育教育，并加强对学生的日常教育。1989年初，资产阶级自由化思潮在社会上一度泛滥，思想领域较为混乱，学校有计划地在学生中进行形势教育，并召开了“形势教育座谈答疑会”，当场解答学生提出的50多个问题，进一步坚定对社会主义前途和改革的信心。这个做法，得到省直工委好评，并转发开展形势教育的经验。动乱发生之后，学校党团骨干旗帜鲜明地反对动乱。5月18日，学生思想波动，要求上街游行，党总支一班人带领党团骨干深入班级，走进宿舍，通宵达旦地开展思想政治工作，态度坚决地进行劝阻，稳定大多数学生，稳定学校安定的政治局面。

第八章　党建工作

1978年以来，在省直工委和省交通厅党组的正确领导与大力支持下，全省交通系统各级党组织深入贯彻落实党的十二大、十三大及历次全会精神，结合各单位实际情况，认真开展了以学习马克思主义哲学和社会主义理论为主要内容的干部理论教育，不断提高党员领导干部理论水平和拒腐防变警惕性、自觉性；进一步加强党组织建设，广泛开展以"奉献"为重要内容的"创先争优"活动，提高战斗力；有效发挥各级党群团组织的积极作用，加强对精神文明建设的领导。通过大力加强党的建设和思想政治工作，充分发挥厅直各级党组织的战斗堡垒作用和党员的先锋模范作用，保证并促进厅直系统文明建设和各项工作的顺利进行，充分发挥为交通建设发展改革保驾护航的作用。

省交通厅直属机关党委成立于1981年。厅直属单位包括省公路局、省地方铁路局、省汽车运输总公司、省交通学校、省交通干部学校、省交通技工学校、太原征费稽查处、太原客运总站、太原客运公司、省交通器材联营公司等，其党组织关系隶属省交通厅直属党委。共有10个党委、3个党总支、90个党支部、1473名党员。

1981年以来，在上级党委正确领导下，厅直各级党组织认真贯彻党的十一届三中全会以来的路线、方针、政策，坚持四项基本原则，反对资产阶级自由化，旗帜鲜明地反对动乱，维护安定团结政治局面。1989年政治风波平息后，厅直机关党委以深入宣传贯彻党的十三届四中全会和江泽民国庆讲话精神为重点，大力加强党的建设和思想建设工作，较好发挥厅直各级党组织的战斗堡垒作用和广大共产党员的先锋模范作用，推动厅直两个文明建设深入开展。1991年至1992年，厅直机关党委两次被评为省直机关先进党委，1992年被评为全省干部教育先进集体，厅直纪委被评为省直纪检工作先进集体，厅直团委连续几年被评为省直先进团委。

第一节　坚持不懈的思想建设

1978年以来，在思想建设方面，省交通厅党组按照省委和省直工委安排，紧紧围绕经济建设和深化改革这个中心，结合厅直单位实际，采取点面结合，小集中脱产轮训的方法，组织干部学习马克思主义基本理论，党的十一届三中全会以来路线、方针、政策和党的基本知识，使广大干部的马克思主义理论水平、政治觉悟和党性观念有了明显提高。1989年7月，成立厅直党委党校，对干部进行马克思主义理论教育，开辟长期、稳固的阵地。截至1992年年底，厅直1400多名在职干部，受教育面达95%以上，其中有90%的干部参加省直工委统一考试，并领取结业证书。

1990年，厅直系统认真开展社会主义理论教育。一是根据省委、省直工委统一部署，厅直各单位普遍开展以学习《马克思主义哲学学习纲要》和《社会主义若干理论问题学习纲要》为主要内容的社会主义理论教育。先后2次组织厅直单位党委书记、部分理论骨干参加中央党校举办的马克思主义哲学轮训班和社会主义理论轮训班，为全面开展社会主义理论教育作了师资上的准备。同时，在厅直系统进行社会主义问题千人问卷调查,为开展针对性教育提供依据。二是以厅直党校为中心,实现干部理论教育阵地网络化。首先加强厅直党校自身建设,配备和调整党校管理机构,购置必要的教学设备,建立健全校长办公会议、校务会议、财务管理等制度,建立学员档案,制定轮训班纪律,加强管理和考核,在计划安排、组织形式和教学上力求规范化,保证教学质量,使党校整体素质明显提高;其次,区分不同情况,加强对面上学习的宏观调控。在有办学条件的省汽车运输总公司、省交通规划勘察设计院、省公路局第一工程公司、省交通技工学校、省交通科研所等单位建立党校分校;组织无力自办党校的单位,以就近办党校和分散学习与集中辅导相结合的办法进行理论学习。在管理上实行"厅直党委总体部署,厅直党校业务指导,基层分校具体实施,统一考核发证"的原则,保证学习效果。1990 年,两级党校办干部培训班 25 期,轮训干部 1422 名,占厅直系统干部总数 80%,其中处级干部和厅机关干部轮训面分别达到 97% 和 98%。

1992 年,党的十四大召开后,确立邓小平同志建设有中国特色社会主义理论的指导地位。用这一理论武装全党,是今后一个时期党的建设和党员教育工作的根本任务。党的十四大之后,全国经济形势发展很快,交通运输和基础设施建设也出现一个超常规、高起点、大跨度、全方位的良好局面。特别是从全省交通建设发展总体目标来看,无论是任务、投资、环境还是政策,都出现前所未有的大突破。为此,省交通厅要求各级党组织认清形势,以邓小平同志建设有中国特色的社会主义理论为指针,全面贯彻执行党的基本路线,坚持四项基本原则和改革开放这两个基本点,紧紧围绕经济建设这个中心,坚持用建设有中国特色社会主义理论统一全体党员、干部的思想和行动。

1990 年 4 月,省交通厅直属机关党委被省委组织部、宣传部、讲师团、省委党校授予"在职干部正规化理论教育先进单位"称号,被省直工委授予"省直干部理论教育先进单位"称号。

第二节　全面加强的组织建设

1978 年以来,在组织建设方面,全省交通系统重点抓好领导班子建设,加强组织管理和发展党员工作。先后配合厅人事部门进行考察领导班子、考评干部工作,交流和提拔一批年富力强、符合四化标准的中青年干部,配齐厅属各单位领导班子。加强民主生活会管理,厅属各单位的民主生活会基本能够按时召开,质量较以前有所提高。在汇报工作、交换思想的同时,能够开展一定的批评和自我批评,增强班子协调、团结。1991 年以来,厅直党委制定推行基层党组织和党员目标化管理方案及"八五"期间发展党员规划。采取多种形式,在广大共产党员中间广泛开展"三个教育"。即党的基本路线教育,党性原则和党风党纪教育,大力弘扬共产党人崇高的精神教育。坚定社会主义信念,增强党性原则,增强广大党员特别是党员领导干部政治上的坚定性和执行党的基本路线的自觉性。结合交通系统"岗位学雷锋、行业树新风"活动,普遍开展以"奉献"为主题的党员教育。结合改革开放新形势,在全体党员中大力提倡和发扬五种精神。即解放思想、改革创新的精神;尊重科学、真抓实干的精神,顾全大局、团结协作的精神;谦虚谨慎、崇尚先进的精神;艰苦奋斗、无私奉献的精神。要求每一名共产党员和党的干部自觉地用这几种精神规范自身行为,带动和影响群众,自觉抵制一切腐朽东西。为使党员学有榜样,赶有目标,公路、征费、运输系统和三个学校都先后树立一些先进模范人物,对加强党员教育,激励党员奋进,起到潜移默化的作用。

1978 年以来,在加强党员管理方面,全省交通系统认真抓好 4 方面工作。一是坚持"三会一课"制度,上好党课,特别是开好党员生活会,开展批评与自我批评;二是坚持一年进行一次民主评议党员工作,把教育、管理和监督融为一体;三是严肃党的纪律,认真查处党内违纪案件,对违纪党员及时进行处理;

四是强化对党员的日常管理和监督。1992年以来,厅直机关党委认真贯彻全国、全省党建工作座谈会精神。针对党建工作中存在的问题,协助厅党组制定《关于进一步加强和改进党的建设工作的意见》,召开党建理论研讨会,对进一步加强和改进党的建设起到推动作用。试行基层党组织和党员目标化管理。即在前几年加强党的制度化建设基础上,把目标管理引入党建工作中,采取百分分解方法,把基层党建工作和党员教育管理,用制度和目标形式固定下来,作为每年"创先争优"考核的依据。一是在调查研究基础上,制定厅直党委关于推行基层党组织和党员目标化管理方案;二是厅直各单位制定实施细则和具体办法;三是确定试点单位,培养典型,总结经验,指导全面工作。

第三节 扎实严格的作风建设

1978年以来,在作风建设方面,全省交通系统围绕省委提出的党风和廉政建设三件事,主要抓好清房和清理检查用公款吃喝送礼等工作,坚持从严治党,认真查处党内违纪案件。特别是配合省纪委集中力量查处省公路局1991年度公路大检查中用公款超标准吃喝和收受大量礼品的严重违纪案件。清理职工拖欠公款9万余元和用公款支付部分学杂费的46名自费生问题,查处2户3人违反政策"农转非"的问题,取得较好效果。厅直各级党委自身建设进一步加强,在两个文明建设中发挥战斗堡垒作用,推动党的各项工作。

第九章　反腐倡廉

1978年以来，省交通运输厅党组十分重视反腐倡廉工作。1980年6月，专门成立纪律检查组，负责全系统党风廉政建设。在省纪委、省监委正确领导下，厅直各级纪检监察组织始终在政治上、行动上与党中央保持高度一致。紧紧围绕全省交通运输事业建设和发展，做了大量艰苦细致的工作，取得显著成效。

第一节　党风廉政建设的深入开展

1980年以来，全省交通系统各单位在新形势下，紧密围绕党的基本路线，结合交通行业点多线长、流动分散、接触社会面广的特点，从5个重要环节上扎扎实实开展党风廉政建设。

深入开展党员思想教育。从提高党员领导干部清廉勤政的自觉性着眼，广泛深入地开展反腐倡廉和密切联系群众、全心全意为人民服务的教育。结合行业特点，在党员和干部中普遍开展看得见、摸得着的勤政廉洁自我教育。党员、干部受教育面达到98%以上，为深入开展党风廉政建设奠定良好思想基础。

认真细致搞好制度建设。截至1990年底，厅直各单位基本建立健全以“党风廉政建设责任制”、“党员领导干部廉洁从政规定”和“两公开、一监督制度”为重点的一系列党风和廉政制度，使厅直系统党风廉政建设工作逐步迈向制度化、规范化。1989年，厅直纪委先后制定下发《关于加强党员领导干部廉洁从政的制度》、《党风党纪监督员工作制度》等重要制度。同时，还初步建立厅管党员领导干部《廉政档案》，实行纪委书记例会制度和党风党纪自查、互查制度。1990年又制定《关于密切党群联系的实施意见》、《关于加强纪检信访工作的暂行办法》等党风廉政制度。把制度贯彻情况置于上级领导和广大群众监督之下，认真落到实处。

狠抓领导干部表率作用。按照干部逐级负责、层层把关的指导思想，厅直纪委着重管理厅机关党员干部及厅直各单位领导班子和党员领导干部，各单位纪检组织在加强对本单位领导班子监督的同时，管好中层干部。党政领导一级抓一级，任务明确，责任到人，使各级领导干部在廉政建设中严于自律，身体力行，起到表率作用。

完善措施加强监督检查。在1989年初步建立党风廉政监督网络机制及检查制度基础上，1990年厅直系统又充实部分党风和廉政建设监督员，并严格按规定进行自检自查，结合党员重新登记验收和考核干部等活动，进行重点抽查和年终综合检查，有效促进党风廉政建设工作的深入。

大力弘扬正气表彰典型。针对近年来厅直系统涌现出一批清廉清正先进典型的情况，在层层评选基础上，厅直纪委每年都要隆重召开厅直单位党风廉政建设、纪检工作表彰会，大张旗鼓地表彰奖励做出突出成绩的先进单位（集体）和模范个人，有力地弘扬正气，推动厅直系统党风廉政建设工作。1990年5月14日，在厅直单位党风廉政建设、纪检工作总结表彰会议上，厅党组成员、副厅长、厅直机关党委书记智玉莲同志在讲话中，充分肯定十三大以来纪检工作成绩，提出4点要求。一是各单位要结合学习六中全会精神，认真总结本单位党风廉政建设、纪检工作

情况,对照典型经验,进一步改进工作;二是根据厅直纪委意见,结合本单位和部门实际,拿出贯彻六中全会《决定》的具体意见,在工作中依靠群众,置于群众监督之下;三是党风廉政建设、纪检工作总结表彰要形成制度,定期进行。对党风廉政建设、纪检工作中涌现出来的先进模范,不仅要给予必要奖励,而且要作为考核干部革命化的重要依据;四是抓党风廉政建设和纪检工作,一定要紧紧围绕行业特点,从端正行业风气出发,推进全省交通系统的两个文明建设。

第二节　党内外监督网的初步建立

1989年以来,根据省纪委要求,厅直纪检系统初步建立"上下左右、内外结合"的监督网络机制,即上下级之间、领导干部之间相互监督和党内外群众监督相互配合的监督网络机制。在制定各种监督制度基础上,从党内外聘请一批公道正派,敢于向腐败现象作斗争的党风党纪监督员。1990年7月1日前,根据时任副厅长智玉莲提议,厅直党委、纪委聘请部分原厅、处两级离休老同志担任厅直党委、纪委党风党纪监督员。他们是:刘乾、任贵仁、王文祥、李振亚、陈有才、赵俊文、吴倩、李福长、王长才、赵志士、王贤顺、张录成、李顺祥、崔群录、牛甫生、张尔祥、胡凯、刘怀臻、马立亨、范立仁、杜治诚、常治华、张水林、郝金池、刘顺谦、李相荣共26人。同时,还特聘省顾委委员、原厅长、党组书记廉平同志担任监督员。

受聘任的老同志,除帮助党委、纪委加强日常监督工作外,还多次参加党风廉政检查、党员重新登记验收、考察干部等重要活动。老领导们党性原则强,政策水平高,关心党风廉政建设,公道正派,敢于讲话,对广大党员干部起到很好的传、帮、带作用,大大提高监督效能,有力推动厅直系统党风廉政建设工作。截至年底,厅直单位这支"编外"纪检队伍已发展到160余人。与此同时,还设立举报箱,公布20余部举报电话。采取积极措施,鼓励群众监督。同时将领导机关和党员领导干部,特别是把掌管人、财、物一定权力的干部作为监督重点。要求各单位认真开好党员领导干部民主生活会,做到"三落实、一提高"。即人员落实、时间落实、内容落实,提高开展批评与自我批评的质量。

各级纪检组织还经常深入基层,倾听群众意见,把群众反映强烈的意见及时进行归纳反馈,督促有关领导及时纠正错误。

第三节　违规违纪案件的严肃查处

1980年以来,厅直纪委在党风党纪建设中,突出抓好领导干部队伍自身建设,明确要求各级领导干部加强自我约束。要求下面做到的,自己首先做到;要求下面不做的,自己坚决不去做。说到做到,以身作则。1989年,厅直系统实行领导干部廉政述职制度,党员领导干部在党风党纪和廉政建设上做到"年初立账,年内记账,年终交账",收到明显效果。

1989年,厅直纪检系统共受理群众来信来访39件(次),通过"双清"及党风和廉政检查等活动,发现各种党员违纪问题10余起。其中,立案查处9件,查结处理8件,占立案总数89%,基本查清待结案件。在已查结的违纪案件中,有3名党员受到党纪处分。同时,核实处理党内各种违纪问题28件,办结26件,占办理总数93%,基本上做到群众信访案件,件件有着落,事事有结果。

1991年,省纪委驻厅纪检组收到群众来信来访89件(次),其中转办49件,自办40件,占来信总数81.6%。经初步核实,信访立案6件,查结案6件,查结率占信访立案总数100%。同时,对一些案件的扫尾工作也及时进行清理。

1992年,省纪委根据省委、省政府安排部署,省纪委驻厅纪检组着重抓好党风和廉政建设三件事。一是制止用公款吃喝送礼、公费旅游、拖欠公款、侵占公物和大操大办等化公为私、挥霍浪费的不正之风;二是解决违法违纪办理“农转非”户口和一些执法部门在执法中的违法违纪等问题，引深执法队伍的整顿；三是以清理违法违纪违章贷款和用公款支付自费生学费等问题为重点，解决一些重点行业、部门的突出问题，把纠正行业不正之风工作引向深入。

在查处党内违纪案件和核实处理党员违纪工作中，各级纪检组织始终坚持以事实为依据，以党纪为准绳的原则。既坚决查处严惩违纪问题，又坚持以预防和教育为主，震慑少数腐败分子，挽救犯错误的同志，教育广大党员干部，进一步坚定了群众同腐败现象作斗争的信心。

第十章 行业文明

1978 年以来,全省交通运输系统各级、各部门党组织按照《中共中央关于精神文明建设指导方针的决议》,制定“七五”、“八五”行业文明建设计划,进一步明确精神文明建设在全省公路交通发展中的战略地位和根本任务,用共同理想动员和团结全体职工,为实现交通运输现代化而努力奋斗。

第一节 多种形式的创建活动

1982 年以来,厅直精神文明建设工作以党的十二届六中全会通过的《关于加强社会主义精神文明建设的决定》为指针,在太原市精神文明协调委员会具体指导下(当时,按照省里有关规定,精神文明建设实行属地化管理),坚持两个文明一起抓,把精神文明建设列入各级党组织重要议事日程,取得明显成效。1989 年,经太原市精神文明协调委员会和省直工委联合检查审定,省交通厅机关、省运总公司机关、省交通规划勘察设计院、太原征费稽查处、太原客运总站 5 个单位被太原市委、市政府命名为“文明单位”,约占省厅直属在并 13 个单位 40%,至此,省交通厅机关成为自 1984 年以来的七连冠文明单位。

1990 年,厅直属单位各级党组织认真贯彻落实党的十三届四中、五中、六中全会精神,坚持两个文明一起抓的方针,动员和组织广大群众,开展多种形式的精神文明建设活动。以社会主义、爱国主义和集体主义教育为中心的思想道德建设深入人心,学习英雄、奉献在岗以及做文明市民、创文明单位、建文明城市活动的广泛开展,陶冶人们情操,推动厅直系统两个文明建设。省交通厅机关、省交通规划勘察设计院、省汽车运输总公司、太原汽车客运总站等单位,通过省直工委和太原市文明单位验收,保持“文明单位”荣誉称号。太原交通征费稽查处被评为“标兵文明单位”。厅直系统贾鸿谟、寇德炎、霍义正、杜正信、马安厚、陈素琴 6 同志被评为精神文明建设活动积极分子。

第二节 厅直精神文明建设领导组的成立

1991 年,根据全国精神文明建设活动工作会议精神和太原市精神文明建设办公室要求。经厅党组 3 月 6 日会议研究决定成立厅直精神文明建设领导组。组长智玉莲;副组长刘和平、任景春;成员有郝明珠、雷达、吕荣民、赵勇军、张公升、杨惠芹。办公室主任郝明珠。自此之后,精神文明建设成为全省交通运输系统一项重要工作,更加引起各级领导高度重视,步入规范化建设新阶段。

第十一章　劳动竞赛

社会主义劳动竞赛是广大职工充分发挥积极性、主动性和首创精神，以主人翁责任感，又好又快进行交通运输建设的一项重要实践活动。

第一节　劳动竞赛委员会的成立

1979年2月，省交通厅成立社会主义劳动竞赛委员会，副厅长任贵仁担任主任委员，成员由厅机关有关处室负责人组成。委员会下设办公室，办公室设在省交通厅公路运输工会。自此之后，组织全省交通系统广大干部职工开展了一系列丰富多彩、形式多样的社会主义劳动竞赛活动，并负责向全国总工会、山西省总工会、中国公路运输工会、中国海员建设工会推荐表彰的先进集体和先进个人。全省交通系统各部门、各单位自上而下成立竞赛机构，结合自身实际，开展了各种专项劳动竞赛活动。使全系统的劳动竞赛形成一个较为完整的竞赛体系，构成适合交通行业特点、具有行业特色的竞赛格局。

第二节　活动内容和形式的创新

进入20世纪90年代之后，随着公路建设事业的蓬勃发展，劳动竞赛活动的重点贯穿于整个重点工程、重点项目中，特别是在高速公路建设中得到充分体现，发挥重要作用。

1990年，全省交通系统各级工会开展了以提高经济效益为中心、以双增双节为主要内容、以创先赶超国内外先进水平为主攻目标的社会主义劳动竞赛活动。奖励坚持以精神鼓励为主、物质鼓励为辅的原则。同时，广泛开展“学双良、当主人、比贡献、创一流”活动。由此，全省交通系统的劳动竞赛工作进入了一个新阶段。

1991年3月，在全省交通系统开展以“质量、品种、效益”为主要内容的社会主义劳动竞赛。竞赛充分体现行业特点，做到有组织、有计划、有步骤。表彰奖励采取集中与平时相结合的原则，以精神奖励为主，每年进行一次集中奖励。对平时作出突出贡献的集体和个人，及时给予表彰；对竞赛中成绩显著的集体和个人，按其贡献大小分别记集体特等功、一等功、二等功、三等功；对实绩显著且具有推广和指导意义的各种典型人员，分别授予交通系统“优秀企业家”、“优秀思想政治工作者”、“优秀科技工作者”、“优秀班组长”等称号。获得立功的集体和个人，作为评选省劳模、部劳模、“五一”立功奖章、奖状和省级以上表彰的推荐对象。

1991年5月4日，在全省交通职工中开展“我为大运作贡献”立功竞赛活动。各级工会组织尤其是担负大运线工程建设任务单位的工会组织，想大运所想，急大运所急，深入施工现场，宣传大运线建设的经济意义和建设中的好人好事，想方设法为职工解决困难，从而调动职工劳动积极性，加快施工进度，有力保证大运线按期通车。大运线通车后，省劳动竞赛委员会对在建设中作出突出贡献的8个集体、17名个人给予记功表彰。

1991年9月11日，省公路运输工会、省交通厅安全生产委员会和省公安厅交警总队联合在全省交通运输行业开展评选“全国红旗车”和“全省红旗车”活动。全省11 136部客货营运车辆围绕“利润、消耗、周转量、安全、文明服务”5项内容展开竞赛。其中60部被授予“全国红旗车”、100部被授予“山西省红旗车”称号。

十二大以后，全省各级工会组织积极探索劳动竞赛新思路，以提高经济效益为中心，从内容到形式进行改革，取得明显成效。在改革新形势下，全省交通行业的劳动竞赛有了进一步深化，劳动竞赛领域逐渐扩展至科技和管理方面，竞赛的参与者也由生产工人扩大到工程技术人员和管理人员。特别是各种激励措施的出台，竞赛场面已从局部性转变为全局性，逐渐成为交通行业劳动竞赛史上一道亮丽的风景。

第十二章　公安路政

交通公安队伍是国家公安机关的重要组成部分，与铁路、民航、林业公安一样，同为四大行业公安之一，是武装性质的国家行政治安力量。肩负着打击各种违法犯罪活动，维护公路交通、站、车治安秩序，保障公路建设和公路运输顺利进行的艰巨任务。

省交通厅公安处是1986年在原省交通厅保卫处的基础上改设的。保卫处于1983年设立，在此之前全省交通系统的安全保卫工作由隶属于省交通厅政治处的保卫科负责。

第一节　交通公安机构的组建

1983年，针对公路、站车和交通沿线治安问题突出，而地方公安机关由于警力、经费等因素制约无法全部承担交通治安管理的现状，公安部、交通部于1983年、1984年、1985年三年中三次召开会议联合发文，要求各地公安、交通部门协商，尽快组建、健全交通公安机构。根据公安部交通部〔1983〕公发(厅)85号、〔1984〕公发(厅)188号、〔1985〕公发(厅)46号文件要求和山西省人民政府关于在全省交通系统建立公安机构的批示及省编委〔1985〕晋编字43号文件通知，经省公安厅、省交通厅共同研究，正式以两厅〔1985〕晋公发(保)62号文件批准组建。省交通厅公安处列入省公安厅序列，为省公安厅十二处，实行双重领导，即党政以省交通厅为主，业务以省公安厅为主。

交通公安部门的主要职责任务为：负责全省公路、运输系统的治安管理工作和单位内部安全保卫工作，负责查破损害公路设施、盗窃路材路料和扰乱公路运输安全的一般反革命案件、刑事案件和治安案件；协助地方公安机关侦破重大特大反革命案件和刑事案件；维护公路和站车治安秩序，保障公路建设和交通运输的顺利进行。

按照62号文件精神，省交通厅公安处负责管理、指导全省公路运输系统的公安保卫工作，同时担负厅机关内部安全保卫工作。公安处下设政工、业务两个科，定员10人。省交通厅下属的公路局保卫科改为公安科，定员20人，省汽车运输公司保卫科改为公安科，定员10人。这两个科为公安处直属科，业务上受省交通厅公安处直接领导。其职责任务是协助厅公安处分别管理全省公路和运输系统的公安保卫工作，对所属公安保卫组织进行业务指导，并负责本单位的内部安全保卫工作。

各地市公路管理总段保卫科改为公安科，归地市公安处局领导，行使派出所的职权(不含户口管理)，负责所辖域内的公路治安管理工作和内部治安保卫工作。每科定员5至17人，总定员105人(含派驻朔州、灵丘、五台、文水、左权、介休、曲沃、晋城、清徐、永济10个重点公路段公安值勤民警，清徐、灵丘、五台、文水、曲沃、永济、左权后来改为公路公安值勤室)。

省运输公司所属太原、长治、大同、阳泉、运城、临汾、晋城、忻州、侯马、汾阳、介休、离石、五台、宁武县阳方口、原平、浑源、朔县等18个长途汽车站设公安派出所，归县(市区)公安局(分局)领导。行使《汽车站、公路公安派出所工作暂行规定》中的职权。每所定员3至11人，总定员87人(包括原有与地方公安机关合办的太原、长治、临汾、侯马4个汽车站派出所31名民警)。

根据治安工作属地管理原则,交通系统各级公安机关负责查破的各类案件,一律由发案地县(市区)公安机关管理,各单位内部的安全保卫工作,仍由原主管公安机关负责;公安业务实行上级交通公安部门和驻地公安机关双重领导,以驻地公安机关为主。

除上述设立公安机关的单位外,交通系统未设立公安机构的厂、公司、站等单位的保卫组织继续保留,其治安保卫工作仍由原主管公安机关管理,同时接受本系统公安机关的领导。

干警的选配严格按照公安部、劳动人事部《关于吸收人民警察的规定》要求,由组建单位同主管公安机关共同审定,并在主管公安机关备案。公安机关可选派部分骨干充实加强交通公安队伍,各总段、站公安科长、派出所长任免须征得地市公安机关同意,省交通厅公安处处长、科长的任免须征得省公安厅同意后,由交通部门按干部管理权限任免。

交通公安部门在破获案件中缴获的赃款赃物和罚没的款物,按照财政部规定一律上缴国库,不准坐支截流。

交通系统公安干警232名,其编制、交通工具及业务经费、工资福利均由本单位负责解决。干警服装、武器弹药、公安业务器材装备等纳入主管公安机关计划予以价拨。

交通系统公安处、科、派出所的牌子和印章,一律使用全名称。按照统一规定的样式规格,分别由主管公安机关制作并行文使用。

按照文件规定,省交通厅和省公安厅共同建立筹建领导小组,指导全省交通公安机构的筹建工作。各基层公安科、派出所的筹建工作由组建单位和主管公安机关共同负责筹建就绪后,由组建单位写出书面报告,经地市公安机关和省交通厅审核批准,并报省公安厅备案,方可挂牌工作。

交通系统公安机构筹建工作顺利。除省运总公司公安科因公司机构改革暂缓组建及介休、五台汽车站派出所暂缓组建外,其余公安机构于1986年3月全部组建完毕,相继挂牌开展工作。省交通厅公安处于1986年3月2日启用公章,挂牌工作。

征得省公安厅党委同意,省交通厅党组任命陈健、潘雄元、侯晓光三同志为省厅公安处副处长(陈健同志主持工作,潘雄元同志为省公安厅选派),原保卫处干部转为干警。由于厅行政编制紧缺,借调公路公安科干警4名,业务科、政工科科长暂缺,指定两名负责人。

第二节 机构队伍的充实与加强

1986年9月,省公安厅、省交通厅批准山西省公路规划勘察设计院“关于成立公安科的请示报告”(〔1986〕晋公设政字第47号)同意改为公安科,定编6人。隶属省交通厅公安处领导,行使公安派出所职权,按〔1985〕晋公保字62号文件规定的领导关系和职责范围办理。

1987年,根据工作需要,经公安、交通两厅批准,省交通厅公安处内设机构调整为秘书、治安、内保三个科。

1989年,省运输公司公安科组建。

1989年,省公安厅、省交通厅批准省交通厅公安处增编10人(共20人)。

从1987年起,部分汽车站派出所陆续增加编制。1988年经两厅批准,在五寨长途汽车站增设交通公安派出所,人员编制6人。1990年,为加强打击车匪路霸,维护站车治安工作,公安、交通两厅决定在省运输公司所属12个公司组建公安科(〔1990〕晋公安(保)7号),兼并公司驻地汽车站派出所,每科编制10人至30人。保留太原、浑源、原平、五台、五寨、离石6个汽车站派出所,干警编制244人。

1989年,省公路局升为二级局,省公路局公安科改名为山西省公路局公安分处,1992年改名为山西省交通厅公安处公路公安分处(山西省公安厅〔1992〕晋公办269号文)。

1991年,经省公安厅批准(〔1991〕晋公字(保)26号文)省运输总公司公安科改为山西省交通厅公安处运输公安分处。

1992年,省公安厅晋公安(保)131号文

《关于理顺晋中地方铁路局公安科和孝柳铁路公安科隶属关系的通知》,将上述两科编入省交通厅公安处序列,公安业务由驻地公安机关和交通厅公安处双重领导,以驻地公安机关为主。同年又将忻州地方铁路局公安科编入交通公安序列。(晋中地铁公安科下辖昔阳、和顺、左权三个火车站派出所,忻州地铁公安科下辖阴塔火车站派出所,孝柳地铁公安科下辖交口、中阳、柳林、东曹火车站派出所)。至此,各级交通公安机构(处、分处、科、所、值勤室)共53个,总编制540人。其中孝柳地方铁路公安科及所属派出所于2001年改制成立孝柳地方铁路公安局,并入吕梁市公安局。

第三节　打击控制职能的初步显现

交通公安成立后,在省公安厅、省交通厅、交通部公安局领导和地方公安机关配合下,持续开展打击车匪路霸和整治站车秩序专项行动。先后组织了"警鹰行动"、"公路盾牌行动"、"围歼车匪路霸"等专项斗争,结合交通系统行业特点,在省委、省政府及省公安厅统一部署下,还开展了"打黑除恶"、"打团除恶"、"追逃"、"缉枪"、"缉毒"、"扫黄打非"等专项行动。在行动中,各交通公安分处、科、所充分发挥长驻交通线路、运输场站,对司乘人员熟悉、对车匪路霸犯罪规律熟悉的行业专长,精心组织,周密部署,集中优势警力,把打击的重点集中在公路、地方铁路沿线及长途客车上进行团伙作案、拦路抢劫、扒车越货、设赌行骗、洗劫旅客钱财等为霸一方的流氓恶势力。全体交通公安干警不负众望,采取公秘结合、警便结合、站车结合、追缉堵截等灵活多样措施,坚持站上堵、车上查、路上打、沿线挖,以动制动,稳准狠地打击各类违法犯罪活动,攻克一大批有影响的案件。如1990年"8·1"抢劫客车案、"6·1"洗劫卧铺班车案,原太路洗劫客班车案和8人持刀持枪跨省洗劫客车团伙。中国交通报和人民公安报相继报道了山西交通公安"上精兵、出重拳"打击车匪路霸斗争的情况,交通部公安局〔2000〕年13期简报以《山西交通公安机关打击车匪路霸取得成果》为题,向全国交通公安介绍山西省交通公安打击车匪路霸的做法。经过打击行动,站车秩序得到扭转。为了巩固"严打"成果,全省交通公安在持续"严打"的同时,展开站车治安秩序整治。省交通厅、省公安厅相继联合发布了《关于维护客运治安秩序的通告》、《关于维护货运秩序的通告》、《关于维护地方铁路运营秩序的通告》和《严厉打击车匪路霸犯罪活动的通告》,各公安分处、科、所结合自身实际,因地制宜开展整治工作。公路公安结合创建文明路段工作,加强公路沿线巡查,配合路政管理部门依法查处了一大批盗窃路材路料、破坏公路设施、盗伐行道树木等违法案件,为国家挽回损失;地方铁路公安开展具有铁路特色的"整治铁路治安大会战",外抓严打,内挖蛀虫,打掉一批内外勾结、破坏铁路设施、盗窃铁路物资的案件。同时,与地方公安联手开展声势浩大的铁路器材大收缴行动,挽回损失近千万元;运输公安致力于建立"打防控"一体化治安防控体系。一是组建小分队跟车上路,打击车匪路霸;二是严管严查。发挥交通公安查、挖、阻、截优势,架起一道堵截流窜犯、在逃犯、查堵危险品、爆炸品、易燃品及"黄赌假毒"物品防线,保障站车安全,净化交通环境;三是进行秩序整顿。配合运管部门、车站对进站班车、经营摊点、车站旅馆、出租房屋等进行整顿,防止藏污纳垢、违法经营以及发生火灾、挤伤、踩伤等治安灾害事故,维护发车秩序,保证站车正常运营、客货运输安全。还动员司乘人员及旅客检举车匪路霸犯罪嫌疑人,在车站设立车匪路霸活动举报站,客车上设立报案登记簿,推行义务治安员等单车防范措施,同时加强同沿线地方公安机关联动,使在线路上、客车上抓获的违法犯罪人员能及时移交处理,从而保持打击势头。

整治工作取得巨大成效。通过主动出击、架网守候、巡查检查,查获截获大批违禁物品和在逃犯、流窜犯及违法犯罪嫌疑人。

原平汽车站派出所一年内在站车上抓获2名地方公安机关通缉的杀人犯;一名盗窃35 000元的盗窃犯作案一小时即被晋城汽运公安科查获;大运路宁武段持刀伤害抢劫货运司机系列案的6名犯罪嫌疑人被阳方口运输公安科截获;忻州地方铁路公安科按地方公安机关协查要求迅速设卡,成功堵截贩毒桑塔纳轿车一辆,抓获毒贩两名;阳方口汽车站派出所在候车大厅盘查过程中抓获两名人贩子;长治运输公安科民警高度负责,在发往郑州的班车上截获1万枚雷管;太原汽车站派出所查获保护动物黑鹳等珍禽;侯马汽车站派出所查获贩运淫秽光盘20 000张。在每年的春运安全保卫工作中,都查获大量仿真手枪、管制刀具、雷管炸药、鞭炮、假币等违禁物品,堵截盗窃自行车、电视机、电脑等物品。严打整治行动,打出交通公安声威,得到各级领导肯定和广大司乘旅客赞誉。据不完全统计,至1991年底,全省交通公安共查处各类违法犯罪人员98 047名,有效维护运输秩序,确保人民群众安全出行。

第十三章　人事管理

山西省交通厅是隶属于省人民政府的职能厅局,为省政府组成部门之一。1978 年以来,随着全省经济发展和社会变革,为更好地适应全省公路交通运输事业建设发展需要,在改革中当好排头兵,厅机关机构也适时进行了一系列改革。

第一节　省交通厅机构设置及行业管理形式

1979 年 12 月,山西省交通局改称山西省交通厅,省委决定撤销原省交通局党委,成立中共山西省交通厅党组。截至 1979 年底,厅机关内设机构有:办公室、政治处、计划统计处、财务处、工业处、监理处、劳动工资处、科教处、生产调度处、战备办公室、社会运输管理处等 11 个职能处室。

这一时期,山西省交通厅的主要职能有 4 项:①负责全省公路路网规划,公路建设、养护、管理;②负责全省公路运输生产及运输管理工作;③负责全省汽车修理行业管理及交通工业生产组织;④负责全省交通监理工作。

全省交通运输行业包括公路建养、公路运输、地方铁路、水运及汽车修造工业等部门。截至 1989 年底,有职工 107 860 人。其中:固定工 75 768 人,合同制工人 13 533 人,其他职工 18 559 人;公路运输部门职工86 741人;公路工程部门职工 2864 人,公路工业部门职工 9394 人,水上运输部门职工 231 人,其他部门职工 8630 人;有工程技术员 5115 人,汽车驾驶员 13 254 人,养路工人 16 589 人,汽车修理工人 8430 人,船员 84 人。

全省交通运输行业的人事管理工作基本采取两种管理形式。一是直接隶属于省交通厅,以条条管理为主。这些单位有省公路局及其所辖雁同、忻州、太原、晋中、吕梁、阳泉、长治、晋城、临汾、运城公路分局和第一公路工程公司、第二公路工程处、第三公路工程处、筑路机械修配厂、平遥沥青总库、公路构件厂、离石汽修厂、运城汽修厂、物资供应站、试验室、机关生活服务队、幼儿园,计有职工 24 117 人;省汽车运输总公司及其所辖雁北、忻州、阳方口、太原、阳泉、汾阳、长治、晋城、临汾、侯马、运城汽车运输公司和太原汽车客运公司、太原汽车客运总站、侯马汽车修理厂,计有职工 18 690 人;省交通厅直属的省地方铁路局、省交通规划勘察设计院、省交通科研所、省交通学校、省交通技工学校、省交通干部学校、省交通器材联营公司及厅机关,计有职工 1362 人,省交通厅所属的雁同、忻州、太原、吕梁、晋中、阳泉、长治、晋城、临汾、运城交通征费稽查处,计有职工 1629 人。二是人事管理隶属于所在地人民政府,省交通厅在业务上实行行业管理。这主要是各地、市、县交通局及所属企事业单位,计有职工 62 062 人。此外,省交通厅驻外地单位党群部门的领导干部,实行条块结合,以条条为主的管理方式。

1978 年以来,在省交通厅党组正确领导下,全省交通行业组织人事干部坚决贯彻执行党的十三大、十四大及历次全会精神,立场坚定,旗帜鲜明,经受了 1989 年政治风波的严峻考验,以治理经济环境、整顿经济秩序、稳定交通运输形势为主体,充分发挥组织人事工作的职能作用,做了大量具体工作,取得显著成效,为全省交通事业稳步快速发展起到积极促进作用。

第二节　全省交通系统各单位机构沿革

党的十一届三中全会,开创全国改革开放事业新纪元,也是全省交通事业持续、健康、蓬勃发展的重要历史时期。1979 年初,根据省革委〔1978〕137 号文件规定和省交通厅〔1979〕晋交公字第 80 号文《关于改革公路管理体制,实行分级管理的通知》精神,各地区行署和省辖市设公路管理总段,县设公路养护段,实行垂直领导。1979 年 6 月,经省革命委员会批准,省交通科学研究所恢复建制,编制 30 人,并将省公路局科研所并归。同年,山西省公路勘察设计院更名为山西省公路规划勘察设计院。1980 年 6 月,省交通厅成立纪律检查组;1980 年 7 月,省人民政府增设黄河航运管理处,并划归省交通厅管理;1981 年成立编史办公室(临时机构),撤销政治处,成立厅直属机关党委、人事处及厅公路运输工会;1982 年 7 月,成立企业整顿办公室(临时机构);1983 年,生产调度处与工业处合并为人事劳资处,社会运输管理处改为运务处,撤销黄河航运管理处,增设保卫处与老干部处。

1984 年 5 月,省交通厅职工学校成立;1985 年 5 月,经省政府批准更名为山西省交通干部学校。1984 年,成立重点公路办公室(临时机构)、改革办公室(临时机构),并将编史办公室确定为交通史志办公室,增设《中国交通报》驻山西记者站。1985 年 1 月,省交通战备领导小组及办公室更名为“山西省人民政府、山西省军区交通战备领导小组及办公室”。1985 年 7 月,增设审计处,保卫处改为公安处。1985 年 11 月,成立地方铁路局,隶属于省交通厅。

1986 年 3 月 26 日,省政府办公厅印发晋政办发〔1986〕42 号文,省公路局升格为二级局。1986 年,山西省公路规划勘察设计院更名为山西省交通规划勘察设计院。1987 年 8 月,省交通厅成立运输管理处;同年 10 月,省编委印发晋编字〔1987〕76 号文,同意厅运输管理处增挂港监船检处牌子,一套机构,两块牌子。1988 年 7 月 15 日,省编委晋编字〔1988〕84 号文印发《关于省交通厅直属事业单位机构编制整顿报告的批复》。同意整顿后共设事业单位 23 个,其中副厅级 1 个,县级 14 个,副县级 4 个,不定级 3 个。编制共 11 230 名,其中全额预算 205 名,经费自收自支 660 名,养路费开支 10 365 名。1988 年,省交通厅印发晋交人字〔1988〕133 号文,成立省交通厅公路工程定额站,挂靠省交通设计院;经省交通厅批准,省交通学校和省交通技校分设。交通学校迁至太原武宿,技工学校开始独立办学。1989 年 1 月,山西省公路质量监督站成立。

1992 年 9 月,省编委印发晋编字〔1992〕69 号文,同意省交通厅运管处更名为省交通运输管理局。

1979 年组建各级交通监理机构,负责征收公路养路费。1987 年监理体制改革,交通安全划归省公安厅管理,省交通厅只留交通规费征收业务。1986 年 3 月,经省编制委员会批准,厅交通监理处更名为交通监理局(仍为正处级)。各地、市交通监理所更名为交通监理处(副处级);分所更名为交通监理所(正科级);并允许各县(市)交通监理所在车流量大的路段和乡镇可设立交通监理站,在全省形成省、地、县为局、处、所、站四级交通监理机构的管理网络体制。1987 年 6 月 2 日,省编委晋编字〔1987〕48 号文印发《关于交通部门设立养路费征稽机构的通知》,省交通厅正式成立厅交通征费稽查局(正处建制,事业编制)。内设秘书科、政工科、征费科、稽查科,具体职责是负责全省公路养路费和车辆购置附加费的征稽管理工作,经费除征收车辆购置附加费人员由交通部负责外,其余人员从公路养路费项下列支。各级交通征稽机构实行人、财、物由省交通厅统一管理,党、工、团分属地方的双重管理体制。

第三节 行政首长负责制的实施和完善

1988 年 4 月，根据中共中央关于经济体制改革和政治体制改革的精神，按照省委、省政府《关于改革国营企业组织人事制度的暂行规定》，结合全省交通行业实际情况，省交通厅党组晋交发〔1988〕第 21 号文印发《关于全省交通事业单位实行行政首长负责制的意见》。明确厅属事业单位行政首长的任职条件、选聘方式及其职责和权限。厅属各单位推行行政首长负责制首先从全省公路系统和各地、市交通征费稽查处开始。主要是从党政职能分开入手，参照企业三个工作条例，结合各自实际情况，分别制定党委工作制度、局长（经理）工作制度和职工代表大会工作制度，初步理顺党、政、工三方面的关系，基本实现各司其职，各负其责，积极主动，互助配合，使各项工作逐步向制度化、规范化、程序化、科学化轨道迈进。

在厅属汽车运输企业和汽车修理企业中，大规模的企业承包经营工作从 1988 年下半年开始。根据省委〔1988〕晋发 1 号文件精神，结合交通部门工作特点，按照公开、平等、民主、竞争、择优原则，省交通厅党组、省公路局党委、省汽车运输总公司党政领导成员分别按干部管理权限，在省汽车运输总公司、临汾汽车运输公司、太原汽车运输公司、运城汽车运输修理厂、公路构件厂等单位进行公开招标承包经营。通过组织上政审、候选人进行公开演讲、承包评审委员会评审等程序，择优确定主承包人。在确定主承包人过程中，各级组织人事部门按照干部管理权限，积极参与对承包者的资格评审工作，严格按党的干部政策提出意见和建议，努力把好应聘人员综合素质关，有力保证了一批优秀人才被选拔到领导岗位上来。

为了切实加强交通企事业单位的思想政治工作，根据《中共中央关于加强党的建设的通知》和省委《关于加强企业思想政治工作的意见》，结合交通部门在事业单位推行行政首长负责制和企业实行承包经营责任制实际，1989 年 11 月下旬，省交通厅党组召开全省交通系统思想政治工作会议，印发《关于加强交通系统企事业单位思想政治工作的意见》，经过反复征求各方面意见，进行修改，最后以厅党组〔1990〕晋交发字第 20 号文件正式颁发。该《意见》强调“企事业单位中的党组织是党的基层组织，在企事业单位中处于政治核心地位，发挥政治领导、思想领导和组织作用”，重申“企业实行厂长（经理）负责制，是《企业法》的明确规定，要继续执行，在执行中不断加以完善”。“实行行政首长负责制的单位，要在加强党的领导的同时，继续总结经验，不断改进和完善行政首长负责制”。同时根据厅属省交通学校、省交通技工学校、省交通干部学校开展政治思想工作需要，决定实行党委领导下的校长负责制。

按党管干部的原则，《意见》明确厅直各单位领导班子（除省管干部外），由厅党组直接管理任免，厅属其他各县处级企事业单位的党政正职由厅党组管理任免，行政副职由行政正职提名或同级党组织推荐，经党委（总支、支部）集体讨论同意后，报上级主管单位审批。中层行政干部的任免，应由行政正职提名，或由党委推荐，由党委组织部门和行政人事部门联合考察，在党委书记和行政正职充分协商一致后，由党委组织部门提交党政联席会议集体讨论，会议由党委书记主持，党委委员、行政正副职参加，经过充分讨论，一般按照少数服从多数的原则确定，由行政正职任免。如果意见分歧，不要急于做出决定，可以进一步深入考察，交换意见，逐步取得一致意见；如果党委书记和行政正职发生意见分歧，又急需调整任免干部时，由党委书记和行政正职分别向上级党委和主管行政领导机关报告，经共同协商后，做出决定。同时还要求“党组织和行政负责人都要在共同目标下，认真履行各自的职责，坚持做到：在职责上分，思想上合；工作上分，目标上合；制度上分，关系上合，真正使‘两个作用’都得到充分发挥”。

1989 年以后，省交通厅党组根据国内外政治局势变化,坚持干部"四化"(革命化、知识化、年轻化、专业化)方针,按党的组织干部政策,采取积极措施,加强厅属系统各级领导班子建设。一是根据省委组织部《关于全省党政领导干部年度工作考核的意见》,省交通厅党组遵循注重实绩、鼓励竞争、民主监督、公开监督和管人与管事既紧密结合,又合理制约的原则,组织有关人员对雁同、忻州、太原、晋中、阳泉、长治、临汾公路分局,省公路局第一工程公司,雁同、忻州、阳泉、晋中、吕梁、太原、临汾、运城、长治、晋城交通征费稽查处等18个厅属县处级事业单位的90名领导干部进行年度工作考核。省交通厅党组还受省委委托,对省公路局和省地方铁路局这两个厅属二级局9名领导成员进行年度工作考核。厅属其他各单位也分别对党政领导干部进行民主考核。二是根据省委组织部和省直工委有关文件精神,省交通厅党组组织有关人员从11月15日开始,分期分批对厅属42个县处级企事业单位的党、政领导成员及组织人事部门、纪律检查(监察)部门的主要负责同志在政治风波期间表现进行考察。被考察的211名领导干部和76名部门负责人都没有参与,绝大部分同志在这场严峻的政治斗争面前,旗帜鲜明、立场坚定,在政治上始终和党中央保持一致,带头扎扎实实地做好本职工作,为全省交通系统安定团结作出贡献。三是结合厅属事业单位年度考核工作,按干部管理权限,进一步充实和调整各级后备干部队伍。同时还协助省委组织部,对厅级后备干部进行考察了解。

第十四章　改革探索

1978年以来,全省交通行业认真贯彻落实中央和省委、省政府有关经济体制改革的一系列方针、政策,结合实际,勇于探索,取得显著效果。在企业改革中,引入竞争、风险、约束机制,全面实行承包经营责任制,改革劳动人事分配制度,扩大企业生产经营自主权,有效提高企业整体素质和经营管理水平,增强企业活力;在运输行业,实行国营、集体、个人一齐上,多层次、多渠道、多种所有制形式共同发展,运输市场出现繁荣活跃局面;在公路建设中,面向社会,从设计到施工实行工程综合招投标;公路部门和交通科研、设计等事业单位实行行政首长负责制,个别单位实行企业化管理;交通基建工程招投标制度的全面推行以及自上而下工程质量监理机构的建立和完善,使全面质量管理有了良好基础和保证,在降低造价、缩短工期、提高质量和效益方面发挥重要作用。

第一节　全省交通投融资体制的改革实践

一、政府投资力度的加大

（一）九个方面建议

1991年1月3日,根据中央关于对农业、能源、交通建设等方面的建设项目要实行适度倾斜的指示精神和全省实际情况,并参照兄弟省市的一些经验和做法,省交通厅以〔1991〕晋交办字第1号文向省政府呈报《关于对全省"八五"交通建设实行适度倾斜政策的请示》,请求省政府从九个方面对"八五"交通建设实行倾斜政策。

1. 建立公路建设专项基金,专门用于高等级公路建设。一是养路费上交的15%的能源交通税和10%的预算调节基金,全部或部分返还交通部门,作为公路建设专项基金,用于高等级公路建设;二是实行定死基数,包干上缴办法。即以1990年养路费征收6亿元为基数,核定两金及公安经费为1.65亿元。今后凡超过6亿元部分,全部用于新建公路;三是提高省对公路建设投资在省基本建设投资的比重,使其恢复到"一五"、"二五"时期5%的水平,作为专项基金用于高等级公路建设。

2. 批准开征养路费附加费。客货运价提高以后,按照营业额计征养路费的全省交通部门专业运输企业车辆已随营业额的增长相应提高养路费的缴纳额。但是,按吨位计征养路费的社会车辆,目前执行的却仍是调价以前的缴纳标准。全省大吨位汽车之多为全国之首,养路费额之低也属全国下游水平,这些显然是不合理的。因此,拟对社会车辆由现行的月吨位110元增加至159元(取全国中等水平)。增加的40元作为公路建设专项基金,不缴纳两金及公安经费,专门用于高等级公路建设。同时批准开征摩托车养路费(全国已有多数省开征)。三轮摩托车每月15元,二轮摩托车每月10元,养路费附加费和摩托车养路费两项,一年大约可征收1.2亿元。

3. 批准开征货运附加费,主要收货主单位。按吨公里计算,每吨公里征收2分钱,大约一年可征收1亿元。

4. 对重点公路建设征地拆迁继续实行优惠政策,即仍执行大运公路建设征地、拆迁每亩不得超过3000元的规定。

5. 批准对贷款集资修建的公路,独立大桥和隧道收取过路费、过桥费,用于偿还集资贷款,滚动发展交通事业。

6. 解决偿还世界银行贷款的外汇额度。

7. 把公路建设所需钢材、木材和水泥列入各级物资计划，明确规定公路建设所需沙石、土料按最低价就地供应。

8. 银行拨出部分专款，低息或贴息贷款给公路运输企业更新车辆。

9. 石油部门按国家下达的运输计划平价供应专业运输企业油料。

(二)六个方面建议

1991年6月10日，省交通厅再次以〔1991〕晋交办字第199号文向省政府呈报《关于对全省“八五”交通建设实行适度倾斜政策的请示》。请求省政府从六个方面对“八五”交通建设实行倾斜政策。

1. 对养路费上交能源交通建设基金和预算外调节基金实行扣除公路日常养护费即简单再生产费用(月、吨位90元)后上交；或以90年养路费收入6亿元为基数核定“两金”定额上交。

2. 提高社会车辆养路费费率。客货汽车运价提高，按照营业额计征养路费的交通部门专业运输企业车辆，也随营业额的增加而相应提高养路费缴纳额，而按吨位计征养路费的社会车辆仍执行调价前的交纳标准，这显然是不合理的。因此，拟对社会车辆由现行的月吨位110元调整到150元(取全国中等水平)，增加的40元，作为公路建设专项基金，用于高等级公路建设。

3. 征收货运附加费或货运发展基金。对货主运输货物按吨公里计征，每吨公里征收二分钱。

4. 调整拖拉机养路费率，征收摩托车养路费。对专门从事运输经营的营运拖拉机，养路费由现行折合汽车月吨位费率标准40%计征，调整为全额征收。摩托车养路费，三轮摩托车每月征收15元，摩托车每月征收10元。

5. 公路建设征地拆迁。国家和省投资建设的公路永久性占地，补助每亩不超过3000元，旱地、坡地不超过1000元；投资建设的公路占用土地，由地市安排。公路建设临时占地只付青苗补偿费。拆迁公房不补偿，拆迁民房适当补偿。

6. 提倡并鼓励集资、贷款修路架桥，发展商品路，收取过路过桥费偿还集资贷款，滚动发展交通。

(三)省政府决策

1991年8月，山西省人民政府以晋政发〔1991〕72号文印发《山西省“八五”交通建设的若干政策措施》的通知。同意省交通厅有关政策建议。1991年9月4日，省物价局、省计委、省财政厅、省交通厅联合印发《关于颁发<山西省车辆养路费附加费征收管理实施细则>和<山西省公路和货运补偿费征收管理实施细则>的通知》(晋价涉字〔1991〕第207号、晋计交字〔1991〕第1111号、晋财综字〔1991〕第61号、晋交征字〔1991〕第361号)，下发车辆养路费附加费和货运补偿费征收管理办法。公路养路费由原标准每吨每月110元提高到每吨每月150元，增加部分为养路费附加费40元/吨.月；按吨公里征收公路货运补偿费，5吨以下(含5吨)按每吨公里1.5分计征，8吨以下(含8吨)按每吨公里2分计征，8吨以上按每吨公里3分计征。

二、公路建设优惠政策的实行

1992年7月和9月，参照兄弟省市的做法和经验，省交通厅研究提出公路建设征地拆迁等方面的若干政策措施，分别以晋交办字〔1992〕第245号、〔1992〕第363号文向省政府呈报《关于扶持公路发展的若干政策措施的意见》。

1. 公路建设征用土地和临时用地比照国家对铁路、民航建设用地的规定，暂不计征耕地占用税，并免征新莱地开发建设基金和基本农田建设基金。

2. 公路工程施工免征施工营业税；施工单位就近采石、采沙、采土，一律免征矿产资源税，并不再收取其他任何费用，其中占用耕地取土，按临时用地标准补偿；使用矿碴、铁碴、粉煤灰等工业废料，有关方面不得收取任何费用。

3. 公路建设征用的各类土地补偿(含安置补助费)：二级以上汽车专用路和通地市

的二级公路征用水浇地2000元/亩,一般土地(旱地)1000元/亩;青苗补偿最高不超过200元/亩。公路建设征用土地范围内需砍伐的成年挂果树木平均补偿50元至80元/棵,未挂果树木平均补偿20元至30元/棵;未成材的树木平均补偿1元至5元/棵。公路建设临时用地在公路界外的每年每亩按上述土地补偿标准的10%补偿;全民所有制单位使用的国有土地、农转非土地及无收益的荒地、荒山、沙、石料场和成材的非果木林不予补偿。

4.关于拆迁费。凡是公路建设用地范围内地上地下的一切设施,包括建筑物、电缆、管道、电力杆线、有线广播干线、路灯杆线、水井、地下文物、城市树木等,属于全民和集体所有制单位的,由产权单位自行拆迁或加固,费用自理;私人建筑按新旧程序适当补偿,砖木结构60元至100元/平方米,土坯房40元至60元/平方米,非住房20元至30元/平方米,围墙2元至10元/米。公路建设征用土地范围内需迁移的坟墓,三年以内的新坟补偿迁移费200元/座,三年以上的老坟补偿100元/座。声音建筑应无条件拆除,不予补偿;开始协调征地方案后抢建的房屋设施和抢种的作物、树木,一律不予补偿。

5.列入国家或省重点工程项目的二级公路和二级汽车专用路,按其长远规划需改建为一级汽车专用路和高速公路的,要同文明路配套设施建设同步规划,公路两侧修建永久性构造物或设施,其建筑设施与公路边沟(坡脚护坡道、坡顶截水沟)外缘的最小间距为50米,在间距范围内任何单位或个人不得建筑永久性构造物和设施。

6.新建二级以上高等级公路,在其通过的重点城镇和经济区域内征用土地时,根据公路建设和经济开发的实际需要,公路边沟外缘两侧300米范围内的土地由公路部门同时实行一次性征用,作为综合经济开发配套设施用地,任何单位或个人非经公路部门批准,不得建筑永久性构造物或设施。在二级以上高等级公路通过的重点城镇和经济区域内,综合开发利用土地和公路两侧出售土地所得款项,全部纳入公路发展基金。

7.从1993年起免缴养路费上缴的"两金"或返还交通部门,作为公路建设的专项基金,用于解决重点公路建设的资金缺口。

8.为积极利用外资、外商独资、多方合作加快公路建设,请省政府及省中行提供交通建设向外商及财团贷款的担保。

9.凡集资、贷款修建的公路、桥梁、收取的过路(桥)费还清本息后,继续延长收费期限收取的费用全部纳入公路发展基金,滚动发展交通事业。

10.鼓励外商资金和农民资金或土地入股修建公路,建成收费,参与分红。

11.二级以上高等级公路,沿线建设公路检查站点、汽车客运站点、汽车停靠场点、道班房等文明路配套设施用地按上述有关设施建设,免征城市配套费、商业网点费,投资方向调节税按公路工程的税率执行。

12.公路沿线非交通、公安交警部门设置的宣传牌、广告牌等,由公路管理部门按统一规格审批设置,并收取一定的管理费用纳入公路发展基金。

13.为了确保公路工程如期开工建设,公路建设征地拆迁实行边用边征、先拆迁后补偿的办法,保证工程开工用地,任何单位不得借故拖延不办。对无理阻挠施工,辱骂、殴打征地拆迁及施工人员的,由当地公安机关按照《中华人民共和国治安处罚条例》的有关规定予以处理。

14.以上规定适用于本省境内地方投资的县级以上(含县级)公路建设,乡以下公路建设的政策措施由县级人民政府制定。

三、收费标准的提高

为确保公路建设有稳定的资金来源,尽快发展交通事业,促进全省经济上新台阶,根据义务修路总指挥部第三次全体会议的意见,经省人民政府第7次常务会议研究,省人民政府以晋政办发〔1994〕61号文印发《关于调整公路养路费和大运公路车辆通行费征收标准的通知》。决定调整养路费和大运线通行费征收标准。

1.公路养路费由原标准每吨每月150元

(包括养路费附加费40元/吨.月)提高到每吨每月170元。具体调整如下：

(1)客车、货车每吨每月征收170元；

(2)二轮摩托车每辆每月征收5元；

(3)侧三轮摩托车每辆每月征收10元；

(4)客货两用车、挂车、吊车、机械车、后三轮机动车以及其他车辆，按客车和货车标准征收；

(5)拖拉机提高到按现调整后的费额标准60%征收(即每吨每月102元)，原已征收的养路费附加费不再退费。

调标增长部分(含原养路附加费)作为公路建设专项基金单独核算，全额用于公路建设。

2.从五月一日起，通行太原至大同、太原至运城公路的车辆，2吨以下(含2吨)的小型车辆由现行的每车每次5元提高到10元，2吨以上车辆由10元提高到20元。

第二节　全省交通运输行业统计制度的改革实践

1987年，省交通厅下发〔1987〕晋交计字第464号文件，各地、市依照文件精神，积极开展工作，配备专职统计人员，各县及县级以下运管部门统计人员逐渐增多。到1988年底，全省共有统计人员156人，有些地市还自上而下建立统计机构，理顺统计管理关系。

一、公路、水路运输全行业统计

为了全面了解和掌握行业运输发展状况，加强宏观调控和检查社会运输量计划执行情况，1986年，交通部颁发《公路、水路运输全行业统计试行方案》。

经过6年试行，1992年，国家统计局、交通部以统工字〔1992〕239号文下发《关于进一步建立健全公路、水路运输全行业统计工作的通知》，交通部以第36号令发布《公路、水路运输全行业统计工作规定》，制定下发《公路、水路运输全行业统计报表制度》。山西与辽宁、上海、江苏、浙江、山东、陕西省(市)交通厅(局)和西安公路学院、上学海运学院九单位成为交通部汽车、拖拉机、水路运输社会运输量抽样调查统计课题组。经过反复调查研究和方案论证，1993年6月，《汽车运输抽样调查方案》、《拖拉机运输抽样调查方案》、《水路运输抽样调查方案》开始试行。至此，抽样调查范围由载货汽车扩展到其他机动车和拖拉机，由公路运输扩展到水路运输，由货物运输扩展到旅客运输。由于工作量增加较大，交通部明确要求各地要加强对行业统计和抽样调查工作的领导，妥善安排人员，以利工作的全面展开。至此，全省道路运输统计机构逐步建立健全起来。

二、公路运输量抽样调查

随着运输经营形式的变化，全社会一起搞运输，统计对象由原来的国有企业变为全社会的个体、集体和国有企业。过去以原始记录方式为基础的全面统计制度失去基础，统计数据准确性无法保证。1987年，省计委、省经委和省统计局印发《关于加强交通运输行业统计的通知》精神。1988年，全省在全国率先进行公路量抽样调查工作。

为了更好地满足上级和各级交通部门对公路运输行业管理、宏观控制、制定政策和发展规划需要，1990年7月16日，省交通厅以晋交计字〔1990〕257号文印发《关于1990年非交通系统公路运输量抽样调查的通知》，并配发抽样调查方案。1990年10月，交通部在晋召开全国交通运输抽样调查工作现场会，向全国推广省交通厅在抽样调查工作中取得的成绩和经验。

交通运输抽样调查工作由政府统计部门为主，交通部门密切配合，每年进行1次至2次。1993年后，过渡到由交通部门主办。

为了加强领导，保证抽样调查工作稳定、顺利地开展，省交通厅和省统计局联合成立省交通抽样调查领导组，领导组下设办公室，办公室设在省运管局。多年来，全省利用抽样调查法对公路运输量及相关指标进行调查，成绩显著。一些省的运管部门还专门组织市县统计人员赴晋参观学习。

第三节　全省交通勘察设计体制的改革实践

山西省交通规划勘察设计院成立于1964年，初称山西省公路勘察设计院，是全国成立较早的省级交通设计院之一。具有公路行业（公路、特大桥梁、特长隧道、交通工程）设计甲级、工程勘察综合类甲级、工程咨询甲级、工程监理甲级、工程测绘甲级、地质灾害治理工程勘查、设计甲级以及工程检测试验社会一级资质。2000年通过ISO9001：2000标准质量管理体系、ISO14001：1996标准环境管理体系、GB/T28001—2001标准职业健康安全管理体系认证。

建院近50年，省交通设计院由一个原不足百人的单一公路专业设计院发展成为专业齐全、设备一流、技术精良的大型综合设计院。内设5个公路综合勘察设计所、1个桥梁设计研究所、1个交通工程设计室、1个前期环保设计室、1个公路工程试验研究中心、1个计算机应用及信息中心、4个生产技术管理科室、9个机关管理部门，下属9个经济实体。历年来，除承担本省80%以上的公路勘察设计任务外，设计项目遍及国内外，国外的苏丹王国、伊朗、孟加拉、巴基斯坦、老挝等，国内的西藏、新疆、云南、上海、山东、福建、陕西和广东等省都有不同阶段的咨询、勘察设计和审核项目。累计完成各类公路工程勘察设计15 000余公里，其中，高速公路3000余公里；完成大桥和特大桥梁工程勘察设计800余座；完成高速公路隧道勘察设计160余座。在多年的山区高速公路勘察设计中，省交通设计院在路线长大纵坡、超长隧道、泥石流、滑坡、深路堑、高路堤、煤矿采空区等技术的应用与处置中，积累丰富经验。《粉煤灰混凝土在桥梁工程中应用的研究》、《湿排粉煤灰水泥混凝土在公路工程中应用的研究》等达到国家先进水平；《高速公路三维可视化信息系统V2.0》、《山西省公路地质卫星遥感GIP系统》获国家版权局专利。积极参与部颁标准规范的编制工作，主编交通运输部《公路加筋土工程设计规范》和《采空区公路设计与施工技术细则》，还参编部颁《公路路线设计规范》、《公路工程概算定额》、《公路隧道设计细则》、《公路工程地质勘察规范》等国家、行业工程建设标准、规范。先后获得国家、部、省级科技进步奖和优秀工程勘察、设计、咨询奖80余项。省交通设计院还荣获交通运输部“创建全国文明交通行业十佳先进单位”和“全国交通运输企业文化建设优秀单位”称号；交通运输部、人事部“全国交通系统先进单位”称号；中国勘察设计协会“勘察诚信单位”称号；被国家版权局等九部委评为“全国软件正版化工作示范单位”；连续10年被省交通运输厅评为“完成工作目标责任制优秀单位”和全省交通系统唯一“AAA级诚信勘察设计单位”，被省交通运输厅党组评为“先进基层党组织”、“党风廉政建设先进单位”。

1964年3月，经省交通厅批准，山西省公路勘察设计院成立，直属省交通厅领导，全院职工编制100人，分为3个路线队，1个大桥队，1个钻探队，形成公路专业设计力量，开始独立承担各级干线公路测设任务。

内业设计工作使用图板、平板仪、绘图仪、三角板、公路曲线要素表、函数对数表、计算尺、算盘、厘米格纸、复写纸、描图工具。内业设计工作中，设计计算、制图、描图、复写工作量很大，基本依靠传统手工操作。这些测设手段，直到1995年以后才逐渐改善。

外业勘察工作只有经纬仪、水准仪、塔尺、花杆、十字架、竹尺（用于拉链丈量敷设中桩，后来改用绳尺或钢尺），手水准、竹竿（用于测横断）等常规测量工具。测设野外作业条件非常艰苦，敞篷卡车就是最好的交通工具。外业期间一般都是居住民房，测设队员自带铺盖，租住沿线各村镇的土窑洞。

20世纪70年代，测设条件艰苦，设计仪器设备比较差，设计人员凭着常规的勘测仪器，手工计算，手工画图，发挥高度智慧，出色地完成了一条又一条公路测设任务和当时比较先进的桥梁工程设计，并且积累宝贵的技术经验。在70年代完全依靠手动查表设计计算,《公路小桥涵参考手册》在当时是一种非常方便、快捷有效的设计辅助工具,设计工作效率成倍增长。《公路小桥涵参考手册》一直沿用至1990年初期,为促进全院勘察设计事业发挥巨大作用。期间,完成设计钢桁结构桥——军渡公路黄河大桥,全长372米;完成全省第一座预应力混凝土T型刚构桥——保德公路黄河大桥,全长639米。

改革开放初期,省交通设计院更名为"山西省公路规划勘察设计院",承担着全省公路规划工作。内设生产科、规划科、行政科等7个科室,3个路线队,1个大桥队,1个钻探队,1个试验室,逐步发展成为一支勘察设计技术装备较为先进、专业配套齐全、规章制度完善、技术实力雄厚的专业队伍。

1984年,省交通设计院开始实行事业单位企业管理和院长负责制,成为自负盈亏的独立核算单位。院领导班子以此为契机,深化改革,加强管理,稳步推行技术经济责任制,极大地调动了全院干部职工的生产积极性。

1986年,正式更名为"山西省交通规划勘察设计院"。是年,根据地方铁路、航运事业发展需要,成立航运室、地方铁路处和建筑室,随后成立全质办,具体负责全院的技术质量管理。至此,除独立承担公路、桥梁隧道勘察设计外,业务范围延伸到地方铁路、港口码头、工业与民用建筑等领域。

党的十一届三中全会以后,党和国家把工作重点转移到社会主义现代化建设上来,国民经济开始复苏,公路交通量剧增,原有等级标准低、通行能力差的公路,已经远远不能适应。作为全国能源重化工基地的山西,公路交通对经济社会发展的"瓶颈"效应逐渐显现。为适应新形势、新发展需要,全省加大对公路等基础设施投资力度,全省公路系统在加强公路养护、新改建油路路面同时,有计划地对干线公路进行技术改造。

20世纪70年代,省交通设计院陆续勘察设计军渡黄河大桥、保德黄河大桥和20余座汾河大桥,打通延伸至陕西、河南、河北、内蒙的三、四级交通干线,初步建立纵横三晋的干线交通网;80年代,编制出版《山西省能源重化工基地建设综合规划》,勘察设计多条晋煤外运公路,同时承担设计贯通全省南北、全长737公里的大运二级公路;90年代,设计全省第一座特大桥——风陵渡黄河大桥。

风陵渡黄河大桥。位于秦、晋、豫交通要冲,是国家"七五"期间重点建设项目,是当时省内最长一座特大型公路桥梁,是大运公路通往陕西、河南的门户。1990年,省交通设计院承担设计。采用预应力砼连续箱梁结构,主孔桥连续长度972米,连续桥孔九孔,全长1409.64米,位居全国同类桥梁前列。1994年9月,江泽民亲笔题写桥名。

大运二级公路。是全省"七五"时期公路交通建设重点项目。从大同南下经太原至运城公路,是由国道208线大同至太原段、国道108线太原至侯马段、省道太原三门峡线侯马至闻喜水头段和永济线水头至运城段组成,全长736.9公里,其中利用原建成的二级公路160公里,新建477.2公里,改建路线99.7公里。此路线纵贯山西省南北、平行于南、北同蒲铁路,连接雁北地区、大同市、朔州市、忻州地区、太原市、晋中地区、临汾地区和运城地区8个地市、23个县(市、区)。全线征用土地近15 000亩,共有大桥12座,中桥29座,小桥160座,公路铁路立交桥8座,涵洞2366道,隧道3处。

晋祠至夏家营一级公路。是太原通向吕梁地区的必由之路,也是307国道在全省的重要路段。东起晋祠南段东庄村,西至清徐与交城县交界处夏家营,全长28.743公里,一级公路标准,路基宽20米,路面宽19.4米,计算时速100公里。1991年7月开工建设,1993年7月1日竣工通车。

出省运煤专用线。80年代初,在短时间内完成大同至孙启庄、阳泉白毛岭至地都、和顺至董坪沟、阳城至三窑、左权至涉县、柳林至军渡、陵川至小寨门、宁武长城至上阳武等二级公路测设工作。

1982年8月,测设全省第一条二级公路汽车专用线平鲁至朔县公路北邢河至安太堡段中国平朔露天煤矿厂区道路,并获省级优秀设计奖。成为改革开放后,全省引进外资建设的第一条二级汽车专用线公路。

1983 年,承担豆村至万佛洞金阁寺至九龙岗五台山旅游公路等三级公路测设工作。此外,还完成大同至孙启庄段二级公路测设工作。

截至 1992 年底,省交通设计院共勘察设计二级以下公路 3910 公里,一级公路 28.7 公里,桥梁 200 余座,为全省经济发展作出显著贡献。

第四节　全省交通科学研究体制的改革实践

全省交通科学研究体制的改革与国家改革开放的进展息息相关,是高举毛泽东思想、邓小平理论和"三个代表"重要思想的伟大旗帜,在省交通运输厅党组直接领导与关怀下,发生翻天覆地变化的历程。

山西省交通科学研究院(原山西省交通科学研究所)隶属于省交通运输厅,为全省综合性交通科研事业机构,始建于 1958 年。经过"两落三起"的坎坷,1979 年经省编委批准第三次恢复,编制 30 人,经费由养路费支出。当时有 17 人,所长李林昌。办公场地借用省公路局主楼后两排平房,计 210 平方米,依靠过去遗留的少量简陋试验仪器边工作边筹建。1980 年 2 月,在太原召开全省交通科技情报会议,成立省交通科技情报中心站,挂靠省交通科研所。4 月,交通部科研院在平定县召开大交通量黑色路面结构研究总结会议。这是在山西省召开的首次较大规模的全国性重要科研专题会议。

1981 年至 1985 年,是省交通科研所在恢复和稳定中求发展的时期。所党政领导努力贯彻党的十二大精神,认真执行党的科技工作为国民经济建设方针,紧密结合生产,取得较好成绩,特别是一系列具有较高水平科研项目的研究和成果推广,使省交通科学研究所在全国交通科研系统的影响大大增强。如"大交通量下黑色路面结构的研究"获交通部二等奖;"甲醇汽油混合燃料在汽车上的应用研究"、"汽车多孔渗气泡沫管节油装置的研究"、"国产沥青铺筑高级、次高级路面的研究"、"远红外线沥青和沥青路面加热器"、"小桥涵设计暴雨洪水流量的计算方法"、"山西省煤沥青资源在公路路面工程中的应用技术研究"等科研成果,分别获得省人民政府科研成果一、二、三等奖。

"六五"时期,在省交通厅大力支持下,经过多年不懈努力,省交通科研所初具规模。特别是 1983 年开始,位于太原市学府街的办公新区开始启用。至 1985 年底,基建投资近 800 万元,全部占地面积达 26 400 平方米,建筑面积达 18 500 平方米,固定资产达 550 万元,各研究室均建有相应的试验室或中试车间。引进国外 80 年代先进水平的仪器 85 台(套),价值 242.3 万元,全所职工 143 人。1985 年初,虞文景任所长。

1985 年,按照省委晋发〔1985〕26 号文及省委、省人民政府有关科技体制改革的实施方案,省交通科研所全面实行技术合同制及所长负责制,全部取消事业经费拨款,科研和办公经费依靠专题技术合同和科研成果推广(包括技术转让)取得。作为省内以应用技术研究为主的研究所,始终以解决生产中的技术难题为科研主攻方向,同时考虑到交通事业的发展需求,为做好技术储备,开设了一些前瞻性的研究项目。"七五"期间,共计开设 55 个科研(工作)项目,其中 25 项通过省级技术鉴定。达到国内先进以上水平的 13 项,国内首创 3 项,5 项获国家专利授权,4 项获省科技进步奖,8 项成果实现技术转让。即用喷射方法加固双曲拱桥上部结构技术,YH-20 型移动式混凝土搅拌设备研制,重交通水泥砼路面结构研究,桥梁测试与测试车的研究,甲醇——汽油混合燃料 M15 商品化技术研究,慢裂阳离子型沥青乳化剂 RH-C01 中试,HQJ-35 型混凝土路面切缝机研制,在用汽车怠速污染物排放现状及其控制对策研究等。

同时,山西省汽车质量监督检测站和山西省公路工程质量监督站挂牌成立。根据省交通厅规划,省交通科研所将建成全省交通系统科研中心、检测中心和情报中心。因此，省公路工程质量监督站、汽车质量监督检测站、交通科技情报中心站也挂靠在所内。为开展技术咨询服务，所内有技术咨询服务部和设计室，领有设计证并进行营业登记，在改革和实践中，大大提高单位的科研工作水平和能力。

“七五”期间，省交通科研所接受数十名优秀大、专学生和研究生，先后选派13人赴南也门、津巴布韦、孟加拉、丹麦、日本、前西德等国参加援建、考察、研修和培训。截至1985年底，全所有科技人员117人，其中大专以上职工90余人，是全省交通系统科技人才最为集中的地方，职工平均年龄34.4岁，说明当时职工队伍是一支需要锻炼的队伍，也是一支充满希望的队伍。

1985年以来，科研管理体制改革取得明显效果。从1986年起，作为技术开发型研究所全部取消事业经费拨款，实行技术合同制和所长负责制。在省交通厅养路费计划中，列有科技发展基金，省交通科研所可以通过技术合同得到部分基金。列入省科委的项目，按项目象征性地补助1万至2万元。由于人员增加、物价上涨等因素，纵向合同收入比例逐渐减小，不足部分则以横向技术咨询服务或技术转让收入弥补。1986年，在学习重庆、西安等所经验基础上，制订改革方案，包括所内外的技术合同管理办法、奖惩条例和人员聘用办法，制定考勤、考绩等9项规章制度，各科室人员职责范围和岗位负责制，使改革和管理做到有章可循。“七五”期间，所内实行所、室、课题组三级财务核算，收益采取纵横向合并计算，从而有利于研究室内统一协调安排课题和技术服务任务。鼓励横向创收，不搞平均主义，这样就调动了以室和课题组为单位的横向创收积极性。实行民主管理，发挥职代会和学术委员会的作用，做到集思广益，沟通领导和群众的关系，促进了各项工作的开展。1991年省交通科研所被省科委评为全省先进科研单位。

1992年底，韩志强任所长后，对所内机构进行改革重组，将党政机构、研究科室由原来的12个精简为7个。原筑机、汽车、电子研究室合并成立机电研究室，成为机电一体化和科、工、贸一体化的开发生产实体；将原桥梁、道路两个研究室合并成立为公路研究室；将原情报室和电子室的微机部分合并成立信息研究室，原行政科和劳动服务公司合并成立交通科技服务公司，实行对内有偿服务，对外经营服务。1993年初，根据全省建设高速公路需要，对机构又进行调整，将公路研究室划分为公路研究所、公路设计所和桥梁检测所。机关人员由原来37人精简为21人。全所非生产人员仅占职工总数16.6%，剩余人员充实到生产第一线。全所有固定资产1970万元。承担着全省公路交通行业科研、设计、检测、工程监理、汽车应用技术、整车性能检测技术、筑养路机械设计、图书微机检索等任务。

第十五章　离退服务

省交通厅老干部处于1983年从厅政治处分出后成立。1995年3月更名为省交通厅离退休干部处;2000年7月根据晋政办发〔2000〕71号文件,更名为省交通厅离退休人员管理处;2009年6月更名为省交通运输厅离退休人员工作处,负责厅机关离退休人员管理服务工作,并对直属单位离退休人员管理服务工作进行指导、协调、督促、检查。正处级建制,编制5名,处级领导职数2名。2009年,省交通运输厅被省委、省政府授予"老干部工作先进单位"和"支持老干部工作先进单位"等荣誉称号。

1978年以来,省交通厅和厅属各单位广大离退休干部工作部门和工作人员,坚持以建设有中国特色的社会主义理论为指导,以党和政府制定的老干部工作方针、政策为指针,以落实老干部政治和生活的两个待遇为己任,以开创老干部工作新局面为目标,扎扎实实围绕全省交通运输改革新思路,勤勤恳恳工作,任劳任怨服务,默默无闻奉献,保证老干部工作年年有进步,步步上台阶,使老干部满意,厅党组放心。厅离退休干部处从1991年以来,连年被省委、省政府和省委老干部局评为老干部服务"先进工作部门"。

第一节　政治待遇的落实

1983年至1987年,每年组织老同志参观交通建设成果,邀请厅级老干部参加大型会议;建立学习活动场所,经常组织老同志进行政治理论学习;1988年至1993年,成立厅机关老干部党支部,建立每周二、四学习阅文制度,组织老干部上老年大学;经常组织老干部集体学习讨论时事政治,学习中央文件精神,统一思想认识;组织厅直单位老干部党支部书记、委员参加省委老干部局举办的培训班;按照省委、省政府有关规定,经刘和平副厅长批准,为老干部订报(厅级人民日报,处级太原日报,每人1本山西老年);

第二节　生活待遇的落实

1983年至1987年,起草有关老干部生活待遇文件,报厅党组批准后以正式文件印发执行。主要包括:老年节发营养补助费100元;75岁以上老干部每月发护理费100元;每月发交通费;每人每月发电影票、戏票各两张(折合人民币5元);为方便老同志,配备服务老同志专职司机赵建平;落实离休干部李景良、李奎年老红军待遇等;智玉莲厅长每年参与慰问全系统9名1937年7月7日前参加工作的老红军;每年慰问厅直单位老干部1次,从1989年至1992年慰问异地老干部2次。1988年至1993年,组织老干部练"导引养生功",并培训厅直单位骨干;增加人员车辆,向省委老干部局申请汽车(伏尔加)2台,厅离退休干部处和省公路局老干部处各1台;负责接待交通部及兄弟省份老干部来晋学习、疗养。

第三节　精神文化生活的丰富

1983年至1987年,建立图书室、健身室,活动室,从小房间扩展为礼堂,请省内名人名家题诗作画,派专人管理;开展乒乓球、台球活动,成立门球队,聘请教练进行训练并参赛。1988年至1993年,从厅机关老干部趣味活动会(包括运管处老干部)发展到厅直系统运动会,第一届、二届分别在长治和忻州举办;联合省公路运输工会举办老干部书画展、老年国标舞大赛;每年至少组织一次旅游或健康疗养,1988年从延安至黄帝陵,1989年洛阳牡丹少林寺,1990年青岛疗养1周,1991年至1992年无锡、上海、昆明、五台山、大同等;为老干部活动室添置活动椅50把、健身器材、文娱器材等,督促检查厅直单位老干部活动室建设;从1989年开始,每年召开一次厅直单位老干部工作会议,总结经验、表彰先进,开展评比好老伴、好子女、好儿媳活动;1989年以来,厅老干部工作每年都被省委老干部局评为先进单位;1991年,厅长智玉莲被省委、省政府评为重视老干部工作先进领导干部,老干部处被省委、省政府授予先进单位称号。

第四节 老有所为作用的发挥

1983年至1987年,组织召开全省交通系统老干部"讲传统"报告会,赴大同、忻州等地巡回演讲。1988年至1993年,组织厅级老干部下基层调研,先后有李振亚、王文祥、刘乾等撰写有关修水泥公路、运输工作等调研报告;1989年至1990年,经厅直党委、纪委同意,在厅直单位聘请30名党风党纪监督员,厅机关有刘乾、李振亚、陈有才等;1988年成立由刘乾、任贵仁任副会长,李文靖、张开宗任正副秘书长的省老龄人才开发协会交通分会,成立经济实体,先后投资沁源煤矿、河津水泥厂、侯马公路运输业等,为老干部谋福利;帮助厅领导协调老干部上访问题,协助下属单位处理老干部和单位领导间矛盾和问题。

第十六章 汽运集团

党的十一届三中全会以来，在“对内搞活、对外开放”方针指引下，全省公路运输市场出现多种经济成分并存的竞争局面，公路运输行业由国营运输企业独家经营的局面被彻底打破，旧的生产经营管理模式受到严重冲击和挑战，全社会出现千家争运、万车争流的繁荣局面。

为适应全省国民经济调整和运输市场竞争的深刻变化，求得企业发展，从1979年开始，省运公司积极改革创新，完善经营管理，不断探索和深化企业经营机制改革，调整产业结构和经营方式，加快设备更新和技术改造，主动迎接市场挑战，积极参与市场竞争，为全省改革开放和经济建设作出突出贡献。

第一节 客货运输经营的巨大变化

截至1978年底，全省民用汽车为45 716辆，公路运输部门车辆为5348辆，占全省民用车比重11.7%；山西省汽车运输公司共有营运车辆2287辆，占公路运输部门42.76%。辖有雁北、阳方口、忻州、太原、阳泉、汾阳、长治、晋城、临汾、侯马、运城公司和太原汽车站等12个运输企业。其中：货车1598辆，6745个吨位；客车689辆，31 840个座位；挂车1145辆，车型结构中，货车以解放CA10B型及同类型的苏制吉尔164型为主，占到总数96.7%。客车以山西客车总厂改装的解放660型为主。货运以国家指令性、计划性、指导性生产任务为主，客运在全省仅开通长治至涉县、邯郸、林县、安阳、新乡，晋城至焦作，大同至呼和浩特、张家口、保定、蔚县、集宁、阜平，介休至绥德，阳方口至府谷、呼和浩特等班车线路20多条，跨省客运业务量在全部公路客运量中仅占很小比重。本年度全系统共完成换算周转量43 870万吨公里，年人均劳动生产率达到136 971吨公里。

改革开放之后，客流量以每年递增20%左右的速度增长，产生客多车少矛盾。为此，公司狠抓更新改造，除淘汰报废部分老旧车辆之外，客车从1978年末689辆，增加到1982年1065辆，净增376辆，增长54%；座位由27 680个增加到45 620个，增长65%。截至1982年5月，公司车辆总数为2888辆，较1978年增加601辆，车型仍以解放型为主，占到总车数66.5%。1983年以前，全省公路客运基本处于省运公司独家经营，运力难以满足需要，跨省公路客运受条块分割制约，未受重视，发展缓慢，这一期间，全省仅又开通临汾至延安，侯马至济源、洛阳，阳泉至石家庄、邯郸、邢台，忻县至石家庄、阜平，大同至阜平、石家庄，井坪至高石庄、太原至邯郸等客运班线18条。客车结构开始向高、中、低档配套和大中小型齐全方向发展，截至1987年底，客车发展到1285辆，61 095座，较1978年底，分别增加87%和92%，客车发展无论从数量、质量均相对落后于货车发展。

1981年，国家对国营运输企业购车由拨款改为贷款，先后批转《国家计委、国家经委、国家机械委关于更新老旧汽车的报告》，下发《关于加速老旧汽车更新改造的通知》，要求“加速汽车更新改造的步伐”，加上一系列给国有企业松绑放权政策的出台，扩大企业经营自主权。企业不仅可以用国有资金购车，而且有权向银行贷款，税前还贷发展自己。尤其是从1983年开始，公路晋煤外运受到国家重视，省运公司利用晋煤外运机遇，先后争取国家贷款进行数次较大规模的车辆更新换代。1983 年至 1987 年,共购置货车 1662 辆,更新六吨挂车 1470 辆,老旧车辆基本上被淘汰。货车车辆结构由 80 年代初期的单一解放车型变为以大吨位柴油车为主。至 1987 年底,省运公司共有货车 1847 辆,其中:大吨位柴油车 1091 辆,占到 59%;货车吨位达到 14 047 个,其中:柴油车吨位10 282 个,占到 73%;挂车吨位 9039 个,其中:柴油车带挂车 6015 个,占挂车总吨位 67%,货车吨位为 1978 年末的 2.1 倍。

1978 年以前,省运公司在全省公路运输行业处于独家经营地位,一直是按照国家下达的计划组织并完成生产任务,因此,普遍存在依靠上级、待客上门的官商作风,服务态度和运输质量无从谈起。面对新的运输市场,1980 年 5 月,省运公司党委做出在全系统开展运输服务“信得过”活动的决定,使全体干部职工充分认识到独家经营的局面已经结束,改变官商作风势在必行。解决货源不足的问题,一不能依靠行政手段,二不能向上伸手,只能靠提高服务质量、运输质量去争取。因此,在客运方面,发挥客运优势,改进售票方法,实行昼夜售票,增加售票站点,调整班次线路,增开串乡班车、区间班车和夜宿农村班车。在货运方面,建立稳定的货源基地,发挥专业车辆机动性大,既便于集中又便于分散的优势,开展阵地战、持久战、游击战、麻雀战,对大宗货物和重点物资突击运,一般物资不断线,重点发挥煤炭运输优势,抓好产、运、销一条龙运输,开办代购、代销、代运业务。积极发挥各火车站优势,实行分散驻车,驻站运输,各汽车站分散驻车 337 辆。

在活动中,各公司由书记、经理挂帅,分别深入货主单位,登门拜访,找米下锅,千方百计开辟货源,积极建立货源基地,推广合同运输,发挥自身的优势,把建立货源基地和分散驻车以及临时物资运输结合起来,并试行回程优待办法,开展群众性找货活动,大抓服务质量,狠刹私拉白捎、捞“外快”、偷煤偷炭等歪风邪气。自 6 月份以后,大批车辆待货停驶状况得到明显好转。据统计,6 月份待货停车 1152 个车日,较 5 月份减少 7500 个车日,各公司建立较大货源基地 44 个,签订合同运输量 132 万吨。至年底,各公司货源形势大有好转,基本解决运力与运量平衡运作的问题。

“信得过”活动是在改革开放初期,运输企业开始面临竞争,货源极度紧张,生产滑坡的形势下开展的。虽然此项活动仅仅延续不到两年时间,但涉及运输生产的各个方面,对于改变职工思想观念,扭转当时生产被动局面,改变企业管理作风,均起到一定积极作用。

第二节　货物合同运输的全面推行

1979 年至 1988 年,合同运输一直是省运公司所属企业的主要组货手段,期间,合同运量始终占到总运量 80% 以上,不仅扭转货源缺乏的被动局面,还从三个方面促进省运各企业的进步。一是改变官商作风,树立服务意识;二是促进企业管理水平提高;三是稳定货源、运价,增强企业应变能力。直至 1989 年之后,多数公司实行单车承包经营,合同运输量才逐步大幅度减少。

从 1979 年第四季度开始,省运公司所属多数企业出现货源不足问题。仅 1 月至 6 月,全系统待货停车 27 754 个车日,占总车日 5.5%,相当于 1100 辆车停车一个月,影响周转量 1200 万吨公里,致使省运公司 2 月至 9 月连续 8 个月未完成生产计划。面对严峻的货源形势,省运各企业被迫将目光转向原来不被重视的支线和煤山。1980 年 1 月,省运公司召开货运工作现场会,提出“巩固干线,占领煤山”的口号,要求各公司积极建立货源基地,开展合同运输,提高运输质量,建立商务活动网络,下大力气建立和巩固货源基地。1980 年至 1981 年,省运所属各公司有计划、有步骤地将运输工作重点由干线运输转为煤炭运输,抽调专人进行社会调查,走访煤矿(窑)400 多个,拜访用户上千个,在摸清产、供、销情况基础上,先后在浑源、左云、宁武、原平、阳城、晋城、中阳、盂县、乡宁、河津、高平、古交等地建立运输基地45个。其中：煤炭基地39个，产煤量232万吨。1981年，经省经委与外省协商，将外省驻晋车队集运煤炭任务逐渐由山西省接替。加上省运各企业共同努力，采取分散驻车、下浮运价和回程优待等措施，货源形势得到好转，运力和运量基本持平。1979年至1981年，省运公司共完成煤炭运量分别为121万吨、198万吨、241.5万吨，占全部货运量的比重分别为43.7%、55.3%和63.6%，保持较快增长速度。

短途上站集运是晋煤外运的第一个阶段，由于运输距离短（1980年货车每趟平均运距95公里）、实载率低（1979年至1981年货车平均实载率分别为64%、61%、62%）、道路条件差、车辆老旧、消耗高等原因，运输成本偏高（1979年至1981年，省运货运单位成本分别为176.2元、184.3元、173.3元，大大高于1978年的164元和1982年的160.4元），货运生产一直处于微利经营。

1982年至1984年期间，省运总公司70%以上的运力投入晋煤外运。市场呈现三个特点。一是货源不足，虽有地区之间的不平衡，但运价相对稳定；二是批量大，一个合同的运量少则数千吨，多则数万吨乃至数十万吨；三是远距离运输，有较好的经济效益。三年实现利润分别为1258万元、1830万元、2290万元。1983年，省运公司针对运力严重不足矛盾，积极筹措资金，争取贷款，购置大吨位进口柴油车，组织数次跨地区车辆调动，先后重点完成运往京、津、冀、鲁地区厂矿企业及秦皇岛、天津港等地近200万吨，周转量68 048万吨公里的晋煤外运任务。但成本费用开支加大，经济效益并不理想。

1983年10月至12月底，完成为京、津两市抢运8.4万吨过冬煤任务。1984年3月，承担雁北、忻州、阳泉运往秦皇岛21.5万吨煤炭的运输任务，并作为政治任务对待，做了大量准备和安排，贷款购买大吨位柴油车502辆，全部配备挂车，同时抽调所属各公司货车1064辆投入运输。但由于总体组织工作不够周密细致，使此次声势浩大的晋煤外运工作极不顺利。此次晋煤外运共完成运量37 693吨，远未达到上级安排的运量。由于组织工作不力，港口压力及一系列突变，致使省运公司先期投入不能收回，造成经济损失高达60万元以上。

自1984年第四季度起，运输市场全面放开，社会车辆大幅增加，采用降低运价等手段争夺有限货源，对晋煤外运市场形成强烈冲击，晋煤外运也由原来计划调控变为市场调剂。从1985年年初开始，国家和省政府连续出台一系列收费政策。1月份起缴纳城市建设维护税；2月份调整养路费征收标准；9月份恢复“公路旅客意外伤害保险”；10月份开征运管费；材料配件价格上浮20%左右；以及各地“三乱”开始蔓延，导致运输生产费用成本大幅上升，国营运输企业无利可图，并在改革阵痛中处于举步艰难的处境。

1985年，省运总公司坚持干线运输和货源基地运输“两条腿”走路方针，大力推行合同运输，将70%以上的运输物资纳入合同运输。至年底，签订合同185份，合同运量144万吨，占到总货运量40.2%。货源紧张状况得到缓解，基本达到车、货平衡发展的目的。

1986年，省运公司直接运往外省的长途煤炭运输锐减，平均运距较上年度下降39公里。主要有四个原因：一是运价下跌，成本费用上涨；二是“三乱”罚款严重；三是外省小化肥滞销，运费拖欠；四是油料紧张（柴油断档），车辆停驶。上述问题直接导致省运系统全年停驶车日高达2.1万多个，1月至10月份，综合单位成本155.82元，较上年同期142.7元增高8.4%。企业处于微利经营境地。1987年二季度，面对货源严重不足的市场形势，省运公司及时调整经营战略，制定“立足本地、长短并重、整零并举”经营方针，逐步开始压缩省外运输。同时，受公路运输市场“三高一低”（即车价高，原材料，配件价格高，油价高，运价低）局面，以及“三角债”、“三乱”不正之风蔓延等原因，企业增产不增收，经济效益下降，致使企业贷款不能按期归还，银行信用降低，贷款难度加大。实行“利改税”后,企业负担过重,自我积累有限,无法进行较大规模的车辆更新。

1990年与1978年相比,省运公司借改革开放好政策,发生了巨大变化。

一是进行大规模车辆更新换代。不仅使车辆数量成倍增长,更重要的是引进大量国内外先进车型、车辆,技术装备和技术水平产生质的飞跃。截至1990年底,省运所属企业共有汽车3466辆。其中:货车2102辆,15 143个吨位,8吨以上柴油车1083辆,占货车总数51.5%,10 228个吨位,占货车总吨位67.5%,挂车1936辆,10 083个吨位,货车主挂合计25 226个吨位,为1978年货车主挂合计吨位10 180个的2.5倍。客车1364辆,67 935个座位,为1978年末31 840座的2.1倍。

二是促进企业整体素质和竞争能力的提高。完成换算周转量由1978年45 870万吨公里提高到1990年105 107吨公里,增长2.4倍。年人均劳动生产率由1978年36 971吨公里提高到1990年60 811吨公里。至1990年底,省运所属各公司共开通省际班车线路211条,辐射京、冀、鲁、豫、陕、蒙等地,日发班车600余次,日均客流2万余人次,与1978年相比增长10倍以上。

三是及时更新观念,调整经营战略。提出“一业为主、多种经营”方针,利用自身资源、地理、技术等优势,积极建立新的经营阵地,开拓新的经营项目,改变单一运输生产的经营模式,促进企业经营多元化发展。截至1990年底,全系统所属110余个汽车站开办多种经营,近50个站实现以站养站,年收入达到700余万元,为车站发展开辟新路。各公司还相继开辟汽车维修、配件销售、工商贸易、饭店旅馆、加工制造等,形成新型产业结构。

第三节　经营体制机制的不断改革

1988年1月16日,省交通厅以晋交改字〔1988〕第17号文件,批复省运公司报批的《山西省汽车运输总公司章程》,同意省运公司改为“山西省汽车运输总公司”属全民所有制经营服务型经济实体。至此,省运公司正式更名(以下简称“省运总公司”或“总公司”)并一直延续到2001年9月。

1988年至1995年间,省运总公司在新的历史条件下,认真贯彻党的方针政策,从计划经济体制走向市场经济体制,迎接挑战,战胜困难,深化内部改革,转换经营机制,推行和完善多种形式的承包经营,并经历三个不同的历史发展阶段。一是1988年10月至1992年5月的首轮承包经营;二是1992年5月至1995年4月的二轮承包经营;三是1995年4月,省运总公司组建新的一届领导班子。首轮承包经营是省运系统所属各公司在总公司统一领导和安排下,于1988年第四季度陆续开始进行的。实行公开招标,公开竞争,机会均等,风险抵押,承担承包经营终极法律责任;投标形式是集体投标、个人投标、组合投标均可;承包经营期限为三年。考核办法采取工资总额与产量、利润双挂钩否决的形式,各项指标完成与否,直接关系到每个职工的切身利益,彻底打破企业的“大锅饭”局面。

1990年3月22日至24日,总公司召开工作会议,提出“团结奋斗,深入改革,求实开拓,冲出低谷”的指导思想,牢牢掌握工作主动权,在逆境中圆满完成上级下达的承包计划,产量、利润均创历史最好水平。换算周转量107 618万吨公里,为计划103.6%,较上年度增长7.9%,实现“保五争八”速度,为历史最高年;利润总额、财务决算为1434.7万元(实际完成2295.6万元),为计划122.6%,完成思想观念和经营方式两个方面转变,促进了生产的持续发展,创出了历史最好水平。

从1992年5月起,省运总公司开始实行二轮承包经营,至1995年4月结束。期间,由于经营环境逆转,企业管理滑坡,省运公司所属14个企业中1/3微利,1/3潜亏,1/3明亏,全系统生产经营陷入困境之中,跌入历史上最低谷。至1995年底,省运系统共有营运车辆3000余辆,经营线路大量萎缩,企业成本挂账 3100 多万元，潜亏 2000 多万元，银行贷款 17 000 多万元，多数企业发生严重亏损，有的企业资不抵债，广大职工人心不稳，上访、告状、聚众闹事时有发生。

1992 年上半年，全系统的运输生产基本上是在新旧班子换届交替过程中进行的，延续时间较长，给职工思想上带来许多困惑和消极因素，直接影响到运输生产。据统计，到 6 月底，完成运输产量 49 082 万吨公里，为同期计划 97.4%，利润亏损达到 374.5 万元，企业生产直线下滑，出现严重“双滑”局面。

1995 年 4 月 27 日，省交通厅党组决定调整并组建省运总公司新一届领导班子。

第十七章 史志编纂

盛世修志是中华民族的优良传统。两千多年来,代代相传,经久不衰。党的十一届三中全会之后,在全国范围内掀起新的修志热潮。省交通厅历届党组站在讲政治的高度,十分重视编史修志工作。从1980年开始,由1名厅领导分管,设立专门机构,抽调得力人员,按照交通部和省地方志办公室要求,扎扎实实地认真抓好交通史志年鉴编纂工作,取得丰硕成果。

第一节 省交通厅史志办公室机构沿革及职能

1980年7月,交通部决定组织编写《中国公路交通史》丛书,各省、市、自治区交通史列入丛书系列。为了完成《山西公路交通史》编写任务,根据交通部要求,省交通厅成立交通史编修领导机构和工作部门,全面展开交通史编纂工作。

为了加强对全省交通系统编史工作的业务领导,省交通厅专门设立公路交通史编审委员会。首届编委会成立于1980年10月,主任由副厅长李魁年担任,副主任为刘大元、李玉栋、常治华、李林昌、鄂俊泰,委员16人。1981年3月,吕荣民任厅编史办公室主任兼总编。同年4月增补张殿贺、孟肇祥为厅公路交通史编审委员会副主任,并将刘大元、张殿贺、孟肇祥抽调来厅办公。因无正式编制,工作人员均系机关其他处室干部及返聘的离退休干部。

1984年10月5日,厅长办公会议专题讨论研究史志工作,将"山西省交通厅公路交通史编审委员会"改名为"山西省交通厅公路交通史志编审委员会",并决定副厅长任贵仁任主任,鄂俊泰任第一副主任,吕荣民任常务副主任,牛志远、刘大元、卢光权、李玉栋、李林昌、张殿贺、孟肇祥为副主任,委员有17人。编委会下设史志办公室,为处级常设设构,定员20人(10名在职干部,10名聘用离退休干部),在职干部占厅机关事业编制,经费从公路养路费中列支。

1986年10月,省交通厅调整编委会组成人员名单。任贵仁任主任,鄂俊泰、吕荣民、刘大元、卢光权、李林昌、张殿贺、牛志远、李玉栋、孟肇祥任副主任,委员18人。吕荣民任办公室主任兼总编,刘光汉为副主任兼副总编。1987年12月调整编委会成员,任贵仁任主任,杨继刚、鄂俊泰、吕荣民任副主任,委员17人。1988年11月3日,吕荣民调省汽车运输总公司,秦生发任史志办公室主任。1989年刘光汉退休。

1990年5月,省交通厅调整编委、总编、副总编组成人员,秦生发任总编,张岐山任副总编。到1990年底,厅史志办公室实有工作人员13名,其中在职干部为秦生发、张岐山、田荣华、黄土诚、鲁永春,司机张金万,聘用离退休人员有宋剑、贾克昌、张增荣、王明轩、张桂花等人。1992年,秦生发调厅纪检组,史志办工作由副总编张岐山主持至1995年11月。

1995年以前,厅史志办主要工作职能为:完成自身担负的史志年鉴书稿编写任务,对各地、市交通局史志工作进行业务指导,培训全省史志业务队伍,组织各种审稿会,评审省、地(市)交通史志书稿等。

第二节　各市及厅属单位史志编纂机构沿革及队伍建设

1981年以后,各地(市)交通局公路交通史志领导机构和工作机构陆续设立。领导机构名称不一,有的为公路交通史志领导组,有的称编委会。早期大多数都设立编史办公室,工作人员由借调在职干部和聘用离退休人员组成,一般为临时机构。经费由省交通厅下文,从拖拉机养路费项下列支。工作做得比较好的有大同市、忻州地区、阳泉市、临汾地区、运城地区、长治市、晋城市交通局。

1988年初,针对各地(市)编史工作的实际情况,省交通厅专门印发《关于重整编史工作的通知》。要求各地(市)交通局整顿健全编史机构,并就经费来源、工作人员生活福利待遇、职称评定等问题作出原则规定。此后,长治市、晋城市、晋中地区、忻州地区交通局调整史志机构,充实人员。他们根据各自情况,有的侧重于编史,有的致力于修志。到后期,史志年鉴编纂作为一项经常性工作,一般由各单位办公室负责完成,经费由各单位自行解决。

县一级修不修交通史志,省交通厅未作统一要求。根据各县、市(区)地方志编纂需要和地(市)交通局要求,很多县、市(区)交通局也设立临时性机构,从事县、市(区)交通史和专业志的纂写工作,并负责为该县、市(区)志提供交通部分资料。

厅属各单位史志工作,大张旗鼓地开展于1981年,到1985年前后即告一段落。省汽车运输总公司各基层公司在1981年前后,建立企业史编写组11个,抽调10余人从事编纂工作。省汽车修造公司及省交通学校等单位,抽调专人开展史志编纂工作。由于史志年鉴工作的特殊性及工作任务的不确定性,厅直各单位没有设专门业务领导机构,但明确有主管领导负责此项工作。在有工作任务时成立临时机构,一些临时性的工作一般由办公室明确专人负责完成。

交通史志年鉴编纂工作业务性较强,从事这一工作需要有较高的文字能力和丰富专业知识。省交通厅十分重视专业队伍建设工作,结合工作实践,通过各种形式进行培训。在培训过程中,既注重举办专门培训班,以授课方式提高业务素质;又通过参加各种专业会议,开阔眼界,吸取他人经验;还利用评审书稿机会,评学结合,博采众长,提高业务水平。

举办各种专业培训班。省交通厅直接领导和承担了全省交通史志年鉴业务人员的培训工作。在地(市)交通局配合下,先后在运城、长治、榆次举办三期专业人员业务培训班,由省交通厅史志办同志负责讲课。讲授内容有:"史志的异同和篇目设计"、"资料的收集、筛选、整理"、"史志基本知识"、"志书的写作"、"史书的论述"、"建国以来交通部门若干重大问题的认识"等。参加培训学员有百余人次,授课70余课时。

在评审书稿中提高业务素质。在审稿实践中,厅史志办坚持评学结合原则,通过评审书稿,既把好书籍质量关,又提高编写人员业务水平。从1985年开始,省厅组织参与较大规模的评稿会5次,其中评审省公路交通史1次,评审地区公路交通史(志)3次,评审企业史1次。共参加200多人(次)。

1986年,省交通厅编纂的《山西公路交通史》(第一册)初稿脱稿。厅编委会主持在大同市召开审稿会,30多人参加。其中有山西大学历史系教授、交通部编委和人民交通出版社领导,还有交通部门的老同志和史志工作业务骨干。通过评稿,大家聆听专家学者发言,收益很大。

1982年,厅编委会在临汾召开《临汾地区交通史》部分章节试写稿评稿会,吸收各地(市)交通史志编写人员参加,使大家初次了解史书写作规范。同年,又召开《晋城汽车运输公司企业史》评稿会,吸收省属运输企业编史人员参加,推动史志纂写任务早日完成。1983年,在阳泉市召开《阳泉公路交通史·公路篇》评稿会。1988年,在运城召开《运城地区交通志》初稿评审会。除开好各种审稿会外,厅史志办公室还认真审阅交通部、各省、自治区、直辖市交通厅(局)及各地(市)有关书稿。在审稿过程中,学习他人之长,弥补自身不足。通过这些实际工作,专业人员触类旁通,以他人前辙为鉴,学习本职业务看得见,摸得着,提高很快。到20世纪90年代后期,省交通厅先后利用《大同交通志》、《晋城交通志》、《娄烦交通志》、《晋中交通志》、《临汾公路交通史》、《忻州交通志》、《太原交通志》、《吕梁交通志》、《长治交通志》审稿会的机会,邀请各地市交通史志编写人员参加,互相促进,互相提高,很好地促进史志工作开展,为第一届修志任务完成奠定良好基础。

*参加各种业务会议。*30多年来,交通部编审委员会、省地方志办公室、中国版协年鉴协会曾多次召开各种专业会议。厅史志办把参加会议看作学习兄弟省市、兄弟单位先进经验的好途径,认真做好会前资料准备工作,布置业务骨干纂写论文,开展专业理论研究,提高修史人员业务水平。根据交通部有关规定,全国交通史工作划分片区管理、协调。在每年的华北、东北片区学术研讨会上,省厅史志办都派人出席,并安排人员在大会宣读论文,交流史稿,讨论和交流经验、体会及得失。1981年以来,参加交通史志研讨会议20余次,参加人员达100次,交流资料50多份,宣传论文近20多篇。

对于省地方志召开的业务会议,由于不受地域限制,厅史志办力争多派人员参加。1982年9月全国八省市地方志研究会在太原召开时,厅史志办及全省交通志专业人员共45人参加,收到很好培训效果。

*理论探讨与研究。*对交通史志理论进行探讨和研究,一方面澄清历史史实,使史志工作树立正确方向;另一方面在深入研究问题的同时,不断提高编写人员思想和业务素质。截至1992年底,全系统史志工作人员共在正式出版发行的部、省级专业杂志上发表论文50余篇,约20万字。

第三节　交通史志书籍编纂出版成果

省交通厅史志办公室自成立以来,在省交通厅党组正确领导和鼎力支持下,在交通部编委会、省地方志办公室精心指导和关心帮助下,全体干部职工克服重重困难,圆满完成各项工作任务,编纂出版多部交通史志年鉴书籍。

伴随着改革开放大潮的洗礼,全省交通系统史志工作者以崇高的使命感和神圣责任感,任劳任怨,不懈努力,千方百计搜集、整理资料,用辛勤汗水和乐于奉献的精神,将全省交通运输事业建设发展辉煌业绩永载史册,彪炳千秋。

一、《山西公路交通史》(第一册)(古代道路交通、近代公路交通)

1980年7月,交通部主持编写《中国公路交通史》丛书,并于同年11月在北京召开第一次编写工作会议,将编写任务布置到各省、市、自治区交通厅(局)。这套丛书由全国公路交通史即《中国公路史》、《中国公路运输史》和各省、市、自治区公路交通史组成,共约百余册。省交通厅于1981年4月成立山西省公路交通史编审委员会,同时设立编写办公室,着手进行此项工作。

《山西公路交通史》原计划分为古代、近代、现代(下限至1985年)三部分,公路和运输各自成篇,分别编写,单独成册。1985年春,近代部分初稿脱手,主编曾组织编写人员对此稿进行自审,认为公路和运输分篇编写,背景材料的叙述多有重复,篇章结构也不尽严谨,于是决定对整体结构进行调整,将公路和运输揉合在各章中叙述,于1986年6月完成第二稿。同年7月13日,在大同市召开审稿会,经交通部《中国公路交通史》编审委员会、人民交通出版社、省内史学界人士以及交通部门有关同志审议,提出许多宝贵意见,厅史志办根据这些意见又作了修改补充。此时,古代部分也已编纂修改税稿,发现史料缺口较大,不宜单独出书。于是修改原成书计划,将古代和近代部分合并成两篇,定名为《山西公路交通史》第一册。现代部分(1949

年至1985年）为《山西公路交通史》第二册。以后续写，再按第三册、第四册出书。由于这一变更，对古代部分初稿和近代部分第二稿再次进行结构上的调整，于1986年底完成第三稿。1987年1月由人民交通出版社责任编辑在太原审稿，根据提出的意见，又进行两次修改。第一篇初稿由孟肇祥、刘大元、狄解民、詹克灿、吴润生、张广烜、李承权分工执笔，后由张增荣对其中一些章节作了删节、合并；第二篇初稿由石麟章、姚昌寿分工执笔，后由吴润生、黄土诚分工作全面调整、增删和改写，完成第二稿。第三稿、第四稿又由吴润生、黄土诚根据修改后的篇目，作了结构上的调整和增删。绪论由吕荣民执笔，大事记由张广烜整理。最后由吕荣民、刘光汉核实史料，全面修改、加工，总纂成书。于1988年12月由人民交通出版社出版出行。编审委主任任贵仁，第一副主任鄂俊太，常务副主任吕荣民，副主任牛致远、卢光权、刘大元、李林昌、李玉栋、孟肇祥、张殿贺，委员有17人。主编吕荣民，副主编刘光汉，编写人员有石麟章、刘大元、吕荣民、狄解民、吴润生、李承权、孟肇祥、张广烜、姚昌寿、黄土诚、詹克灿。本书是中国公路交通史丛书之一，是一部地方专业史书。全书用翔实史料，简洁文字，记述上自先秦，下至1949年数千年间山西道路交通发生、发展的历史，对道路交通在全省社会发展中的地位和作用、在不同历史时期的兴衰演变，特别是对近代公路在山西兴起的内在因素和外在动力及其发展过程中所呈现的特点与规律作了探索与论述，具有一定学术价值，是一部研究地方史的重要参考书。全书大32K，共22.2万字。

二、《山西公路交通史》（第二册）（现代公路交通）

本书时限为1949年10月至1990年12月，是第一册的延续，专题部分时间延续至2001年底。为编年体专业史书，以时为经，以事为纬，根据全国经济建设与全省交通事业发展情况设计篇目，按时代分篇，按时期设章，以事物分节、目。此书以马列主义、毛泽东思想和邓小平理论为指导，运用辩证唯物主义和历史唯物主义的观点、方法，力求实事求是和全面、客观、准确地反映山西从新中国成立到1990年41年间各个历史时期公路交通事业发展的进程和特点，总结重大成就和经验教训，起到存史、资政和育人的作用。

此书编纂工作曾因机构改革和人员变动而几起几落，先后有5届厅史志办领导组织编纂。从1981年到1988年，由吕荣民、刘光汉先后主持编纂，提出史书最早篇目，并组织完3万余字试写稿。1990年至1991年，秦生发主持编写工作，张增荣完成公路部分近20万字第一稿，田荣华完成1万余字大事记。1995年厅资料信息中心成立后，在原建中、张岐山组织协调下，对史书篇目进行修改。1996年初，又组织厅直有关单位人员组成写作班子，除公路部分外，开始其他内容第一稿编写工作。其间，参与编写公路运输部分的有：宋剑、田复兴、郭汉江、薛文绍、张海珠、王文富、陈维钧；参与交通工业部分编写的有：麻达、于长发、郭万美、任敏德；参与交通监理、交通规费部分编写的有：杜士平、赵有恭、武瑞香、郝如恒、郝卫国；参与交通科技部分编写的有张宁；参与交通教育部分编写的有李英杰。第一稿于1996年底完成。1997年初，张岐山、田荣华、鲁永春在第一稿基础上，按章分别对上述稿件进行重写或改写。1997年底，第二稿完成。1997年10月，在华北东北片区公路交通史第9次学术研讨会上，参加会议的交通部公路交通史编审委员会领导和专家对书稿进行审阅。根据领导和专家意见，中心组织专人对书稿又进行一次修订。杨惠芹主任继任后，1998年6月，省厅印发晋交办字〔1998〕366号文成立《山西公路交通史》第二册编审委员会，确定主编、常务副主编、副主编。名誉主任刘俊谦，主任杨继刚，副主任杨惠芹，委员26人。主编杨继刚，常务副主编吕荣民，副主编田荣华、刘光汉、杨惠芹、张岐山、秦生发、原建中、鲁永春，总纂吕荣民。2000年初，根据工作需要，中心特聘请太原汽车运输有限公司总经济师田向东对公路运输部分进行改写。2001年6月底，吕荣民完成全书总纂，田荣华完成全书概述纂写。

2000年11月，厅资料信息中心领导班子调整后，把编辑出版《山西公路交通史》第二册列入重要议事日程，提出具体要求，明确专人负责，限期高标准、高质量完成；2001年9月，省交通厅还专门成立以厅党组书记、厅长王晓林为名誉主任，厅党组成员、省纪委驻厅纪检组组长赵龙为主任的新一届编审委员会，确定新主编、副主编。名誉主任王晓林；主任赵龙；副主任师国梁、张岐山；委员王志民、王京荣、尹新平、孙跃进、史荣和、张德仪、杨吉平、杨俊威、杨增梅、郜学文、赵新民、郭鹏飞、曹居月、窦林彬。主编赵龙；副主编师国梁、张岐山。终纂张岐山、师国梁；纂稿田向东、田荣华、师国梁、张岐山、张增荣、宋剑、鲁永春；编辑师国梁、张岐山、梁锦华、赵国荣。

2001年7月，中心组织专人，对史稿进行认真审阅，对全书体例及文字作了进一步修订和完善；师国梁完成山西省交通厅机构设置及职能演变、中共山西省交通厅党组领导沿革简表、山西省交通厅行政领导沿革表等资料的整理和纂写工作。9月，将书稿送交通部中国公路交通史编审委员会审定，部编委领导和专家对书稿提出十分宝贵意见。特别是编委主任、原交通部副部长王展意在肯定成绩的同时，就史稿观点、史实及措词等方面提出30余条修改意见。据此，师国梁、张岐山又对书稿进行最后一次总纂和修订，12月，书稿正式送山西人民出版社付梓。本书分概述、新中国成立初期的公路交通（1949年至1951年）、大跃进和调整时期的公路交通（1958年至1965年）、“文化大革命”时期的公路交通（1966年至1978年）、改革开放时期的公路交通（1979年至1990年）四章及山西省交通厅机构设置及职能演变、中共山西省交通厅党组成员沿革简表、山西省交通厅行政领导沿革简表三个专题、大事记。系统和全面叙述1949年10月至1990年12月底共计41年间山西公路交通事业发展的曲折历程以及取得的辉煌建设成就，总结和概括公路交通建设对推动山西国民经济和社会发展的积极作用。全书重点突出，结构合理，体例得当，文字精练，表述准确，数字翔实，对于研究山西公路交通发展及规律具有重要参考价值。该书大32K，60万字，2002年4月由山西人民出版社公开出版发行。

三、《山西航运史》

20世纪80年代初期，交通部和中国航海史研究会组织编写《中国水运史》丛书，厅史志编审委员会遂组织力量，于1985年开始编纂《山西航运史》一书。石凌虚在查阅大量历史文献资料、分析研究基础上，历时4年多积累大量资料，草纂成稿，后经厅史志办一年多时间充实修改，基本完成。然而，由于机构变革，人员更换，书一直没有出版。中心成立后，续接编纂工作。1997年7月，省厅晋交办字〔1997〕第371号文印发《通知》，成立《山西水运史》编审委员会。名誉主任刘俊谦，主任杨继刚，副主任任景春、刘传旺、高贵生、杨金泉、宋元林，委员有26人。其间，原建中做了积极努力，较好地协调了各方面关系；吕荣民主持对书稿篇目审定，组织有关部门人员对书稿进行审读，提出很好修改意见。刘光汉对书稿现代部分进行审读，核实部分史料。该书通过大量历史文献和考古资料，系统再现山西地区古代、近代和现代航运发展历史，力图系统地钩沉山西历代航运开发原貌，并从社会政治、经济、军事、科技、文化和自然环境变迁诸方面探讨这一地区航运兴衰的具体原因及历史规律，填补全省航运史研究空白，为当代航运事业建设和发展提供历史借鉴。全书分绪论及先秦时期航运兴起、秦汉时期航运蓬勃发展、魏晋南北朝时期航运相对低落、隋唐时期航运空前发展、宋金时期航运兴衰转变、元明清时期航运延续、近代航运急剧衰落、中华人民共和国成立以来航运开发八章及附录，15.6万字，大32K，1998年6月由人民交通出版社出版发行。

四、《山西交通指南》

1992年，省人事部门清理省级机关临时机构，厅史志办公室未列入核定编制，原史志办工作由副总编张岐山主持。鉴于机制不顺，很多工作难以全面展开。在此情况下，张岐山带领史志办全体人员顽强作战，坚持职守，绕开难题，主动请缨，自加压力，用两年时间，编辑出版《山西交通指南》（地图册）。该书的出版，走出一条完全不要国家出版经费的新路子。厅史志办人员首先深入图书市场认真调研，确认交通旅游类书籍尚为省内空白，而且市场亟须。于是直接向分管领导副厅长智玉莲打报告，得到大力支持，争取到厅战备办鼎立协助。此后，大家集思广益，走向社会，面向市场，积极联系协作单位，求得省交警总队、省人民保险公司、省公路局大力支持，自筹资金10万元，委托省测绘局予以技术支持，顺利完成该书的文字纂稿和地图编绘任务。1993年由山西人民出版社出版，海军印刷厂印制，是省内首部公开出版的地图类书籍，填补全省此类出版物空白。

第四节　交通年鉴书籍编纂出版成果

《山西交通年鉴》是全省交通系统逐年记事体系列丛书。自1990年创刊以来，省厅专门成立编审委员会，主任由厅长兼任，分管厅长担任常务副主任，厅领导担任编委会副主任，各市交通局、厅直各单位党政领导、厅机关各处室负责人担任委员。厅直各单位都确定一名分管领导，明确专人负责具体纂稿任务。

本着“总揽全局”、“把握局部”、“大事不丢、要事不漏”，反映时代主旋律和年度特色原则，《山西交通年鉴》真实、全面记载1990年以来全省交通改革发展建设情况，充分反映交通行业日新月异变化和改革开放时代特色，尤其是突出反映1993年以来全省交通事业高起点、超常规、大跨度发展情况。内容丰富，资料翔实，受到省史志院赞扬和社会各界肯定。《山西交通年鉴》起步不仅早于省直其他厅局，也早于全国其他省交通部门。尤其2000年以后，每年都在3月初召开全省交通史志年鉴会议，由分管领导讲话，中心主任作上年度工作报告，以省厅文件形式安排部署当年编纂工作，表彰年鉴工作先进集体和个人，交流经验。先后有192个先进集体和200余名个人受到省厅表彰。

在厅党组高度重视和大力支持下，年鉴编纂质量不断提高，内容丰富多彩，载录单位齐全，形式不断创新，做到当年编辑，当年出版，由于时效性强，信息量大，图文并茂，彰显年度特色，成为反映全省交通系统各单位三个文明建设的重要载体，受到厅属各基层单位读者喜爱，省史志研究员多次给予表扬，在省外也有一定影响。

一、1990年版《山西交通年鉴》

为年鉴系列丛书第一本。《山西交通年鉴》编辑工作虽策划较早，但因种种原因搁置不前。直到1990年5月，省交通厅调整编委，由秦生发、张岐山分别担任总编、副总编，才将这一工作纳入日程。厅史志办集中力量，突击奋战半年，完成40多万字纂稿、组稿和改稿任务，又从数百万字资料中辑选若干重要历史文献和专业论文资料，编辑成全省交通行业第一部专业年鉴。编委会主任杨继刚，副主任鄂俊泰、秦生发（常务），委员22人。主编秦生发，副主编张岐山（常务），编辑田荣华、黄土诚、宋剑、张增荣。

年鉴因系首部，所以时限及内容立足1989年，上溯建国初，囊括全省公路建设、公路运输、内河航运、地方铁路建设等事业。全面记述全省交通部门职工在省委、省政府领导下，同心同德，团结奋进的40年历程，总结历史经验，探索经济建设发展规律。特别是对1978年党的十一届三中全会以来，全省交通系统各项工作，作了实事求是总结和概括，树立全省交通建设里程碑。融交通行业历史概况、科研成果、业务知识和数据资料为一体，兼备权威性、资料性和可读性，是组织职工开展国情教育、了解本行业基本情况的资料性、历史性专业书籍。全书70万字，1994年11月由山西人民出版社出版。分“山西交通事业发展概况”、“1989年山西交通事业新成就”两大栏目。“山西交通事业发展概况”栏目下分“公路建设事业、公路运输事业、交通测设事业、内河航运事业、地方铁路事业、公路交通工业、交通科技事业、交通体制改革、交通史志编纂、交通战备、交通职业教育”11个类目。“1989年山西交通事业新成就”栏目下分公路建养(28个条目)、公路运输(18个条目)、地方铁路建设(10个条目)、交通勘察设计(11个条目)、交通征费稽查(12个条目)、交通科研(16个条目)、交通战备(16个条目)、思想政治工作(12个条目)、交通公安(9个条目)、交通审计(12个条目)、人事管理(13个条目)、劳动工资管理(10个条目)、学会活动(9个条目)、地市交通事业简况(12个条目)、专文(9篇)、交通事业论文集萃(22篇)、政策法令文献(包括国务院、交通部、省人民政府、省政府有关委厅局法律法规53篇)、全省交通事业统计资料(32项)、厅属单位简介(42条目)、光荣榜(3条目)、1989年大事记等。书前刊有厅党组书记、厅长智玉莲作的序言,另有编辑说明及图片资料45幅。

二、1991年版《山西交通年鉴》

为年鉴系列丛书第二本。记事时限为1990年1月1日至12月31日,收载范围囊括全省公路交通行政和企事业单位工作。全书基本延续1990年版框架结构,以保持年鉴内容相对稳定,增强各类资料年度连续性和纵向可比性。1995年,省厅印发晋交办字〔1995〕第474号文《关于成立〈山西交通年鉴〉编审委员会的通知》,第一次设立年鉴编审委员会,主任杨继刚,副主任秦生发,委员23人。主编秦生发、副主编张岐山(常务)、田荣华,编辑张岐山、田荣华、鲁永春、宋剑。1996年1月17日至18日在交通大厦召开审稿会议。1996年12月由山西人民出版社出版发行,80万字。全书真实、全面、系统地记载了全省交通系统各单位、各部门1990年发展与改革的工作业绩。共设“全省交通建设”、“地市交通建设概况”、“交通企事业单位工作业绩”、“统计资料”、“专题资料”、“政策法规文件辑选”、“光荣榜”7个栏目。其中“全省交通建设”下有16个类目245个条目,“地市交通建设概况”、“交通企事业单位工作业绩”下分别有12个和9个单位工作情况介绍;“统计资料”包括21项内容;“专题资料”下有7个条目,“政策法规文件辑选”包括39条内容。光荣榜包括部省厅三级。另有图片资料36幅,地图1幅。该书封面刊有厅长杜五安亲笔题写的书名“山西交通年鉴”。

第二编

加快推进时期

（1993~2002）

第一章　公路建养

1992年,邓小平发表南方谈话后,全国又一次掀起改革浪潮,全省公路事业迎来又一个春天,进入加快推进的历史时期。

积极开展投资和养护体制两项改革。一是实行投资体制改革,实现投资主体多元化。20世纪90年代初,全省经济社会发展还相对落后,仅以财政投资建设公路基本上无此可能,财政投资只能解决实际所需公路建设资金5%,95%的资金缺口需要贷款、借款、集资、垫款等途径解决。从筹资渠道看,投资来源有银行、有单位、有个人,还有施工队伍。1997年,《中华人民共和国公路法》颁布实施,进一步确定收费公路的法律地位,收费公路建设如雨后春笋,蓬勃发展。全省国省道干线公路建设新改建路段大多以收费公路形式开发建设,"贷款修路,收费还贷",建设收费公路已成为提高国省道干线公路等级的重要手段,为改变全省公路交通落后状况起到积极促进作用。二是实行养护体制机制改革。主要目标是解决好投资与效益关系,使有限的养护资金发挥较大效益,提高现有路网服务水平。主要是推行养护工程费制度,实行路基养护社会化、路面养护专业化,建立起机械化养护中心,大力发展第三产业。同时根据新的养管形势,整章建制,建立和完善养管制度,初步实现公路管理与养护生产分离,积极培育和发展公开竞争、规范有序的公路养护工程市场。

公路建设实施"三大工程"。一是收费公路工程大发展。在国家收费公路政策扶持下,借鉴先进省市发展经验,抓住有利时机,迅速起步,逐步展开国省道干线收费公路的建设和发展。1993年,省委、省政府为加快公路基础设施建设步伐,出台支持公路交通事业发展的优惠政策《山西省征收出省公路及大交通量路段车辆通行费实施办法》(晋政发〔1993〕65号)文件,一次性批准开征出省公路及大交通量路段收费站(点)93个。虽然后来对收费站点进行部分调整,但这个《办法》一直有着举足轻重的地位,成为山西干线公路通行费收工作的重要政策支撑。二是实施全民义务修路拓宽改造工程。20世纪90年代,"要致富,先修路"、"大路大富,小路小富,无路不富,高速公路快富"的共识基本形成,抓公路建设不再单纯是交通部门的事。省公路局响应省委、省政府号召,开展公路部门与地方政府共同进行低等级公路拓宽为二级公路改造工程,五年内共投资90 088万元,拓宽二级路2760公里,对改善公路路况、提高道路等级发挥巨大作用。三是农村公路全面发展。1995年10月,省委、省政府在万荣县召开全省义务修路现场会,有力推进县乡公路快速发展。震撼全省、享誉全国的"锡崖沟精神"激励全省人民,掀起"乡乡镇镇通油路、村村通公路"的"新三通"建设高潮。"八五"期间,全省新增通油路镇135个,通公路乡26个,通机动车村1296个。到2002年底,全省通油路镇达到549个,占镇总数560个98%;通油路乡554个,占乡总数638个86.8%;通公路行政村30 667个,占行政村总数32 145个95.4%(其中50.09%的行政村通油路),"新三通"建设取得阶段性胜利。

依法治路全面启动。一是路政管理全面加强。1987年10月13日,国务院正式颁布《中华人民共和国公路管理条例》,1988年6月28日,交通部发布《中华人民共和国公路管理条例实施细则》,第一次用法律形式确

定路政管理在公路工作中的职责及地位。从1993年6月起,省公路局相继成立从省局到分局、公路段三级路政管理机构,标志着全省公路工作开始依法治路、建养管并重的格局。进入2000年以来,路政管理工作进一步强化,实行全天候上路巡查。在依法行政中,普遍建立路产台账和路政案件举报网络,及时打击损害路产路权案件,有效维护路产路权,保障公路安全畅通。二是治超工作全面启动。从20世纪90年代开始,车辆超限超载现象已非常严重,且呈愈演愈烈之势,2000年交通部颁布2号令《关于超限超载车辆行驶公路管理规定》,为依法保护公路提供法律依据。全省境内干线公路及主要出省口设置固定超限运输检测点,治超工作取得可喜成绩。有效保护公路和桥梁安全。

科学调整和规划干线公路网络。一是路网调整。为优化国、省、县、乡公路发展结构及布局,提高路网整体功能,经省政府同意,国省道公路调整工作从1993年6月开始实施。调整后的国道为7条,总里程3243公里,调减784公里;省道共计73条,总里程8047公里,调增1312公里。调整后的国省道布局进一步趋于平衡,基本形成以国道为主骨架、省道为主通道的网络结构,明确路线走向,公路运输进一步畅通,社会经济效益得以充分发挥。二是科学规划干线公路。根据交通部《关于编制1991年至2020年全国公路网规划的通知》(交计字〔1991〕707号)要求,省交通厅组织有关单位编制全省30年公路网规划。

第一节 建设投资主体多元化与收费公路大发展

改革开放以后,全省国省干线公路经过十几年发展,虽然有了很大进步,但依然不能满足经济社会快速发展需求,客观上要求干线公路必须以更大力度、更快速度实现高速发展。而制约公路发展的第一要素是建设资金,投资不能到位,公路建设就是一句空话。着力解决公路建设投资,成为当时最紧迫、最重要、最困难的问题。

20世纪90年代初,全省经济社会发展还相对落后,仅以财政投资建设公路基本上无此可能。财政投资只能解决实际所需公路建设资金5%,95%的资金缺口需要通过其他途径解决。正是这一时期,全国各地收费公路建设热潮兴起,为全省国省道干线公路建设事业带来一线曙光。

一、发展收费公路的背景

20世纪80年代,随着社会主义商品经济迅速发展,公路交通现状越来越不适应国民经济发展需要,公路建设与经济发展之间的矛盾日益突出。在国家财政投资有限情况下,一些理念超前、经济发展相对较快的省市相继出现利用贷款、集资、外资等多渠道筹集资金建设公路、大桥和隧道,建成后收取合理通行费用以偿还贷款,在很大程度上缓解公路建设资金压力,对加快公路建设起到积极作用。

为了充分调动社会各界修桥筑路积极性,本着统一设站收费条件,合理制定收费标准,加强宏观控制,规范收费行为的原则,1988年1月5日,交通部、财政部、国家物价局联合印发《关于发布<贷款修建高等级公路和大型公路桥梁、隧道收取车辆通行费规定>的通知》(交公路字〔1988〕28号),为收费公路发展奠定良好基础。

1997年,《中华人民共和国公路法》出台,进一步确定收费公路法律地位。收费公路建设如雨后春笋,蓬勃发展。全省国省道干线公路建设新改建路段大多以收费公路形式开发建设,"贷款修路,收费还贷"成为当时公路人挂在嘴边的最常用名词。建设收费公路已成为提高国省道干线公路等级的重要手段,为改变全省公路交通落后状况起到有力促进作用。

二、第一条收费公路的诞生

既有国家收费公路政策扶持,又有先进省市发展收费公路的经验,在这样背景之下,省公路局抓住有利时机,迅速起步,逐步展开国省道干线收费公路建设和发展事业。

省公路局第一条收费公路(1997 年《中华人民共和国公路法》颁布之前叫商品公路,颁布后确定为收费公路)109 国道云冈至云西公路由大同分局修建于 1991 年,建设标准为二级平微区全幅式水泥砼路面,全长 24.07 公里,投资 5900 万元,1992 年竣工通车,结束省公路局没有收费公路的历史。

三、收费公路的全面起步

1993 年 4 月 13 日,经省编委批准,省公路局增设收费处。赵金田任副处长,主持收费处工作。同时在国省道干线公路交通量大的路段及出省公路上一次性设立 27 个收费站,从此掀起国省道干线收费公路建设的高潮。1996 年,收费处与财务处合并,改称财务收费处。李秀萍任处长,负责财务收费处全面工作;赵金田副处长继续分管收费工作。

起步之初,由于缺乏相关法律和政策指导,管理制度和措施很不完善,群众对收费工作认识不够,车辆通行费开征时出现收费管理秩序混乱现象。通过两年大力整顿,省公路局明确提出 1995 年为"收费管理年",并于年初先后出台《山西省公路局车辆通行费征收业务管理办法》、《山西省车辆通行费票证管理办法》、《山西省车辆通行费会计核算办法》及一系列行之有效的实施细则和管理制度,从注重落实和考核出发,结合具体工作,分解目标责任,量化经济指标,收费管理制度逐步健全、完善、落实,有力促进全省收费管理工作,各地收费站点管理水平及收费人员的素质和行为有了明显提高。

2005 年,财务收费处更名为财务征费处。赵金田任处长,李兴昌副处长分管收费工作。

四、政策扶持发展收费公路

1993 年,省委、省政府为加快公路基础设施建设步伐,出台支持公路交通事业发展的优惠政策《山西省征收出省公路及大交通量路段车辆通行费实施办法》(晋政发〔1993〕65 号),对全省收费公路的组织实施、缴费范围、收费标准、通行费收支原则、通行费用于偿还贷款和重点公路建设、法律责任等作出比较明确规定。这个办法,在其后十几年中一直有着举足轻重地位。

《实施办法》施行后,一次性批准开征出省公路及大交通量路段收费站(点)93 个。

由于实施仓促,缺乏可借鉴的先进经验,同时背离"二部一委"规定,直接导致政策性"三乱"的发生。各地相继搭车收费,收费站时停时开,在社会上造成很大负面影响。1994 年,省委、省政府发现问题的严重性,及时采取果断措施,在全省范围内治理"三乱",省公路局收费站(点)减少到 27 个,收费站点逐渐步入科学化、规范化、制度化轨道。

批准设置的收费站在相当长一段时期内,一直处于核心位置,成为省公路局收费工作中的排头兵。直到 2009 年取消政府还贷二级公路时,该办法批准设站收费的收费站还保有 26 个,占省公路局收费站总量23.6%。

《实施办法》虽然规定偿还贷款条款,之前也零星批准几条收费公路,积累一些经验和教训,但在 1993 年大规模发展收费公路时,批准设站收费的公路绝大多数并没有贷款,有悖交通部、财政部、国家物价局交公路字〔1988〕28 号文件精神,且建设规划和管理也很不规范,批准收费后就直接在批准收费的路段上建几个收费站开征收费,有的甚至只在批准收费的公路上建个简易收费亭或者干脆拎个包就开始收费工作。针对这些问题,省公路局从 1994 年开始用三年时间,本着"贷款修路、收费还贷"宗旨,先后投入 34 881万元,把不符合"二部一委规定"的项目逐步改造成为既符合政策规定,又符合群众利益的收费公路。

五、投资主体多元化

收费工作起步之初,全省干线公路路况普遍较差,车辆通行不畅,经常发生堵车事故,司乘人员叫苦连天。

解决的办法只有一个,加大投入,新建或改造收费公路。但是省财政底子薄弱,没有能力投入更多资金建设公路。为了解决建设投资问题,省公路局想方设法拓宽筹融资渠道,主要通过以下四种途径解决。

贷款。主要是通过收费权质押贷款方式筹资,实现新改建收费公路目的。银行贷款是最主要的筹资渠道。

借款。积极协商同行业兄弟单位、相关行业单位及其他行业单位,有偿借款修建收费公路。

集资。广泛发动公路系统职工群众,有偿集资修建收费公路。集资款虽不多但也能起到聚沙成塔、集腋成裘的作用,也是收费公路建设资金的有益补充。

垫款。施工单位先垫付工程款,用收取的车辆通行费偿还欠付的工程款。

投资主体有银行、有单位、有个人、还有施工队伍。即便如此,建设资金也还是不能满足公路建设需求。因此,在省交通厅主持下,引进外资合作经营。1997 年至 1999 年,先后成立四家中外合资公司,一定程度上缓解公路建设资金压力。

第二节　养护机制改革

改革的主要目标,是解决好投资与效益的关系,使有限养护资金发挥较大效益,提高现有路网的服务水平。省公路局通过推行养护工程费制度,实行路基养护社会化、路面养护专业化,初步实现公路管理与养护生产分离,积极培育和发展公开竞争、规范有序的公路养护工程市场。

路基养护。路基养护生产变行政管理为合同管理,逐步实现社会化。各公路段将路基养护任务按线或片分标段向路基养护生产单位或个人招标承包,签订承包合同,进行合同管理。鼓励和支持原公路段人员积极参与路基养护的承包工作。

路面养护。各公路段在原有油料厂、机械队等基础上,设立路面机械化养护中心。在生产上,公路段与机械化养护中心是业主与承包商的关系,实行合同管理。经过招标投标,优胜劣汰,每个分局重点扶持几个辐射半径合理、施工信誉好、工程造价低的机械化养护中心。中心实行事业单位企业化经营管理,省局对各分局机械化养护中心进行总量控制和市场准入证制度。

改革公路养护投资方式。逐步推行养护工程费制度。各公路段采取公开招标或内部竞标的方式,选择养护生产单位。

发挥行业优势,搞活第三产业,安置富余人员。利用“点多、线长、面广”优势,拓宽思路,以公路为依托,利用原有场地、设施,大力开发路域经济,积极发展种植、养殖、广告、材料供应、设备租赁、餐饮、旅游、园林绿化等产业。

完善各项管理制度。根据实际工作需要,建立起一整套公路养护工程管理、评价办法和检查制度。如公路养护工程市场管理办法、公路养护工程招投标办法、养护定额编制办法、养护质量检查制度评价标准等,使工程和行业管理有章可循,有法可依,减少人为因素,不断提高管理和决策水平。

第三节　全民义务修路的拓宽配套工程

进入 20 世纪 90 年代,“要致富,先修路”、“大路大富,小路小富,无路不富,高速公路快富”的共识基本形成,抓公路建设不再单纯是交通部门的事。1992 年 11 月,省政府发出《关于全省动员开展义务修路的通知》。1993 年 10 月 13 日,省委、省政府召开“三项建设”电视动员大会,会上出台《山西省义务修路实施方案》,确定义务修路总目标,义务拓宽“两纵六横”干线公路和改造县乡公路,力争在三四年内实现镇镇通油路、乡乡通公路、村村通机动车(简称“三通”)任务。

“七五”末(1990 年底),全省二级以上公路仅为 1598 公里,占总里程(30 784 公里)5.2%。如果仅靠每年有限财力对现有公路进行全面新建、改建来提高等级,既不现实却又很紧迫。为尽快解决干线公路通过能力低的问题,省公路局响应省委、省政府号召,开展公路部门与地方政府共同进行低等级公路拓宽二级公路改造工程。地(市)县政府用公路部门定额补助费,发动群众拓宽改造干线公路;政府负责征地拆迁修路基,群众义务投工投料,降低工程造价;公路部门负责铺路面保证工程质量。五年内,干线公路共投资90 088万元,拓宽二级路2760公里,平均每公里补助32.6万元。

5年义务修路拓宽配套工程,始终得到省委、省政府和省交通厅正确领导和地方各级政府大力支持。全省拓宽配套工程克服点多面广、资金短缺、时间紧、任务大、质量要求严等困难,抓质量,抓管理,争进度,创效益,取得显著成绩。

5年中,义务修路拓宽配套经过不断实践探索,不断总结提高,形成比较完善的管理体系。在指导思想上,坚持"三个转变":即由部门行为转变为政府行为,由行业行为转变为社会行为,由一家积极性转变为多家积极性。坚持"三个依靠":即土方靠群众,征地拆迁靠政府,修建靠部门,由地方政府担任建设单位,专业部门行使行业管理职能,相互协调,积极配合。在项目安排上,实行"统一规划,合理布局,集中资金,突出重点",坚持"三先三后"原则。即先国道,后省道;先大交通量地段,后小交通量地段;先重点线路,"两纵两横"(即东西两纵和第五横第六横)路网骨架二级路改造,后一般线路。坚持"三个结合",即与大修工程相结合,改善路面结构、提高道路承载力、缓解工程投资不足;与文明路和GBM工程建设相结合,设置绿化平台、进行路缘镶边和路肩硬化;与路基达标工作相结合,确保路基宽度、边坡坡度和边沟尺寸。为解决资金不足,从四个方面多渠道筹措资金,即省公路局补助投资、地方政府负责征地拆迁和提供筑路材料、群众义务完成路基土方、集资贷款。在设计中,以利用和改造为原则,加强设计前基础数据调查,严格工程技术标准,该裁弯的裁弯,该降坡的降坡。在施工中,始终把工程质量放在首位,坚持"高严细实",严把材料关、施工工序关、竣工验收关。在管理上,建章立制,规范操作。在省公路局统一领导下,各分局均推行工程项目责任人制、目标责任制和合同管理制,相继制定《拓宽配套工程管理办法》、《工程质量管理条例》和针对不同工程的施工操作手册;完善施工原始记录、试验和自检表格;在许多工程中,还采用机械化流水作业,优化施工工艺。在质量管理机构中,实行分局监督、社会监理和工地自检的三级质量管理体系。中间质量检查的深度、广度不断加强。工程质量检测手段不断完善,奖优罚劣力度进一步加大。同时对30万元或50万元以上工程实行监理制,严格开工审批程序。对工程进行全方位、全天候质量检查,有效提高和保证工程质量。1997年,省公路局对原《山西省干线公路拓宽配套工程管理办法》进行修改和完善,使拓宽配套工程管理更加科学、合理、有效。

第四节　路政管理工作的加强

20世纪80年代,全省公路管理无法可依,道班工人在负责道路养护的同时,也负责路产路权保护。然而,伴随着改革开放,经济快速发展,上路车辆与日俱增,尤其是山西作为能源重化工基地,道路上的运煤车辆每年呈几何级数增长,非法超限超载导致公路破坏严重;交通要道的路边饭店、旅社又如雨后春笋般发展起来;农民上路打场晒粮在各地农村还被视为天经地义,为公路安全埋下巨大隐患;划损路面、毁坏路产、侵害路权的案件也呈几何级数上升。

建路养路的同时,护路工作便显得刻不容缓。

1993年6月,省公路局把路政管理正式从养路处和计划处分离出来,省公路局成立路政处,各分局相应成立路政科,各公路段成立路政管理所。路政机构的成立,标志着全省公路工作开始呈现建养管并重格局。

经过10多年体制变化,全省干线公路逐步发展为路政处1个,路政支队11个,路政大队115个,超限运输检测点37个。省公路局内设机构为路政处,负责全省干线公路的路政管理业务工作;各分局内设路政科(对外为路政支队),负责本市干线公路的路政管理工作;各县公路管理段内设路政大队,具体负责本县干线公路路政管理业务工作。全省干线公路的超限运输检测点隶属各分局路政支队管理。

全省三级路政机构组建后,为顺应公路法制化进程,使路政执法进入规范管理轨道,省公路局及时加强路政队伍建设,提高路政人员依法治路意识,分期分批对全省路政执法人员进行法律法规和纪律培训。

省公路局还向社会公开举报电话,公开执法内容、执法标准、执法程序,自觉接受社会监督。

全省路政执法人员实行半军事化管理。路政人员每年都要进行3至5天脱产培训,有条件的还邀请驻地官兵担任教练,内强素质、外树形象,严格路政人员纪律,在交通部全国公路大检查中,路政人员出色完成任务。

为取得社会各界理解支持和配合,省公路局还通过悬挂大幅标语、散发宣传品、张贴标语、媒体宣传、出动宣传车、法律咨询、制作发放宣传磁带等手段,开展《公路法》、《行政处罚法》、《中华人民共和国公路法》、《路政管理规定》等法律法规宣传,以及联合治超大行动、超限检测点"五整顿"和全国治超行动等大型宣传活动。

以开展路政宣传和规范化队伍建设为前提,路政管理工作得以顺利实施,全省依法治路效果明显。在1993年后的3年时间里,全省查处划损公路路面车辆8000余台,打场晒粮20 000余处,砍伐行道树60万棵,利用公路排水灌溉12 000余处,倾倒垃圾700余人次40万立方米,清理各种违章建筑17万处,清理路障14万处,取缔公路市场800余处,查出损坏公路标志1300个,路产路权得到有效保护。

1996年至2000年,路政管理工作进一步强化,实行全天候上路巡查。在依法行政中,普遍建立路产台账和路政案件举报网络,以打击损害公路设施、建筑红线控制和过村镇路段治理为重点,共查处路政案件94万起,拆除违章建筑16万平方米,治理过村镇路段49万平方米,清理路障93万平方米,有力保护路产,维护路权。2001年至2002年,全省查处路政案件556 750起,清理路障5 163 263平方米/72 193处,拆除广告牌40 670块/22 298处,拆除违章建筑235 944平方米/9875处,治理过村镇路段2 058 603平方米,路政处罚案件18 695起,有效维护路产路权,保障公路安全畅通。

第五节 治超工作的启动

20世纪90年代开始,车辆超限超载现象已非常严重,且呈愈演愈烈之势,车辆改装企业生意兴隆,标15吨的上路后立即成为30吨、40吨,最后车辆制造厂干脆推出所谓"百吨王",车货总重100吨以上,行驶在公路上犹如一节一节火车皮,公路告急,桥涵告急。

2000年,交通部颁布2号令《关于超限超载车辆行驶公路管理规定》,为依法保护公路提供法律依据。

2000年4月,全省规模宏大的治超工作拉开帷幕。4月1日到7月底历时4个月,围绕交通部2号令,全省展开大规模宣传活动,形式多样,如散发传单,在电视、广播播出,摄影图片展览,用大量事实向广大司乘人员介绍超限运输危害性,通过确凿事实、血的教训,使人民群众进一步了解治理超限运输的意义。

《山西日报》、《太原日报》等10多家新闻媒体开辟超限运输管理专栏,并由省公路局牵头,组织百名记者南下运城,西行吕梁,东上太行,北过雁门,连续40天进行全方位、多角度追踪报道,为顺利开展超限运输治理发挥重要作用。

为确保全省公路无"三乱"现象,经省政府批准,山西省率先实行设立固定超限运输检测点检测车辆。全省境内干线公路及主要出省口设置38个固定超限运输检测点。

2000年10月9日零点,全省干线公路超限运输治理工作正式启动,省公路局和各分局领导按照分工,深入到所负责的检测点进行指挥,切实做到万无一失。

治超工作虽然经历几次反弹,但通过全省公路治超执法人员努力,取得可喜成绩。有效保护干线公路和桥梁安全。

第六节 干线公路网的调整

改革开放以来，全省公路事业在省委、省政府直接领导下，在各级地方政府支持配合下，得到迅猛发展。“七五”、“八五”时期，先后有一大批重点公路建成通车，公路通过能力进一步提高，但同时也出现路网布局不尽合理，路线零乱，配套管理跟不上等现象。特别是1986年全国统一实施国道名称以后，全省干线公路布局被打乱，省道路线名称与实际不符；国、省、县、乡公路发展结构及布局不相适应；公路管理相互交叉，机构重叠，使全省公路发展、规划以及各地市路网布局和公路管理等方面都受到很大影响。为此，调整国省道路线势在必行。经省政府同意，国省道公路调整工作于1996年3月全面展开。

此次调整遵循8个原则。一是依据全省“发展中部开发两翼”的国民经济发展战略的指导方针布设；二是根据全省公路交通“九五”建设计划、30年路网规划远景发展目标和“三纵七横”为骨架综合考虑；三是按照《公路管理条例》规定，将公路分为国家级干线公路(国道)、省级干线公路(省道)、县级公路(县道)、乡级公路(乡道)和专用公路；四是根据全省能源重化工基地发展和晋煤外运公路需要，国道调整方案以打通出省公路为主，相应考虑连接煤炭集运公路；五是根据政治经济和社会发展需要，全面考虑县县通国道、省道问题；六是根据公路重要性及交通量大小，将一部分县乡公路调整为省级干线公路，同时将一些路线较短、构不成公路网而且交通量不大的省级干线公路调整为县乡公路；七是根据交通部有关规定，对公路路线穿越大中城市，由于已形成城市街道，将其交由市政管理；八是根据《公路路线命名编号和编码规则》(GB917.1—89)要求，省道路线编号顺序从北向南，从东向西排列，编号办法同国道基本一致，编号为“1”的表示路线走向以太原市为中心向外辐射，编号为“2”的表示路线走向为南北方向，编号为“3”的表示路线走向为东西方向。出省路线的名称称至邻省相邻近的县市。

调整后的国道共计7条，分别是：G108公路里程716公里，G109公路里程203公里，G207公路里程435公里，G208公路里程401公里，G209公路里程760公里，G307公路里程348公里，G309公路里程380公里，总里程3243公里，调减784公里。

调整后的省道共计73条，总里程为8047公里，调增1312公里。取消一般干线1296公里，统一由公路部门管理，原由有关地市交通局管理的一般干线17个养护段：定襄、五台、河曲、和顺、榆社、浮山、汾西、永和、古县、襄汾、垣曲、芮城、平陆、绛县、长子、壶关、陵川，由公路部门统一管理。

第七节 干线公路网的规划

根据交通部《关于编制1991年至2020年全国公路网规划的通知》(交计字〔1991〕707号)要求，省交通厅组织省计划委员会、省交通厅、省公路局、省汽车运输总公司、省交通设计院、省交通科研院、省交通监理公司等有关单位编制《山西省30年公路网规划》，并通过省政府和交通部的审批。

根据交通部要求，此次公路规划基年为1990年，规划期为30年，近期1991年至2000年，中期2001年至2010年，远期2011年至2020年。重点规划省域内的国、省干线公路，其余公路只确定其规划期的总里程。

在规划制订中，从3个方面充分考虑全省干线公路网发展建设目标。一是以充分发挥资源优势，适应全省经济开发和能源重化工基地的战略需要为原则，发展速度上以交通必须先行为原则，达到“近期明显改善，中期初步适应，远期基本适应”。二是发展建设的步骤是以太原市为中心，以出省和连接省内各主要城市为重点，逐步建设快速便捷的运输通道，并加强现有路网技术改造，不断提高公路通行能力。三是依据全省“依托中部,发展两翼”经济发展战略和综合运输发展情况,在全省现有公路基础上,向着等级结构合理、集散快速便捷的方向发展,逐步建成以太原为中心、大致呈“大”字形的放射状等高等级公路网主骨架,并配之以由两纵六横的主干道所组成的二级以上公路网和其他省道建设,进一步完善全省交通运输网络、促进国民经济持续、快速、健康地发展。

《山西省30年公路网规划》将全省干线公路规划布局分三个层次:

第一层以太原为中心,直通省外、连通省内11个地市的“大”字形公路主骨架。由纵贯全省南北的国道主干线二连浩特至河口、青岛至银川在山西境内段和太原至长治至晋城段公路组成,技术等级为二级以上(高等级公路),具有全国政治经济意义,起着连接省内外中心城市和综合运输通道的作用。由“三纵八横”中的中纵、东纵中的长治至道宝河段、第四横、第八横中的侯马至禹门口段和其他主要经济干线组成。

第二层是沟通邻省区域内大中城市、社会经济发达地区、综合开发重点以及重要的能源重化工基地之间直接联系的干线骨干道路,由两纵(天镇马市口至长治、偏关水泉堡至平陆黄河桥)七横(阳高孙启庄至平鲁二道梁、灵丘下北泉至保德黄河大桥、五台长城岭至兴县黑峪口、和顺董坪沟至临县克虎寨、黎城清泉至永和关、黎城下浣至吉县七狼窝、晋城张路口至河津禹门口)9条线路组成,技术等级多在二级以上,其功能是起地区间通道的作用。

第三层是在上述两个层次基础上,连通各个县市,或具有特殊意义的省道以及各地、市、县与高等级公路的连接线,技术等级达到二级标准,实现以省会为中心的省、地、县、乡、村“四级辐射”和地、县“两级循环”公路网络化,达到县县通干线,这也是促进贫困地区开发的一个基本战略。

2000年前,主要建设干线公路网布局中的第一层次和第二层次以及“四辐射、两循环”。使之形成一个连接区域内各主要城市,沟通内外联系的快速通道,以及地市间由二级以上高等级公路连接,县与县之间由三级以上公路连接的两级循环,彻底改善全省交通基础设施落后状况,促进全省改革开放和经济建设。2010年前,继续重点建设干线公路布局中的第一层次和第二层次。使之由太原为中心,直通省委,连通省内11个地市的高等级公路主骨架全部建成,技术标准达一级以上;两纵七横全部二级化,省、地、县、乡、村“四级辐射”和地、县“两级循环”干线辐射范围及技术标准进一步提高,使公路交通状况达到一个新水平。2020年前,全面完善县乡道路,提高整体路网等级结构。不但能够适应全省社会经济发展需要,而且还有一定储备能力,形成一个干支结合、纵横交错、四通八达、快速通畅的高等级现代化公路网,跨入全国先进行列。

第八节　公路普查

一、1996年全省国省道公路普查

为了尽快实施1996年国省道路网调整方案,澄清全省国省道公路状况,省公路局于1996年5月至12月开展全省国省道普查工作。普查内容有:路线状况、调查文字说明、路基、路面、平曲线、纵坡、桥梁、涵洞、平交立交明细、其他构造物、垭口、隧道、地名。

普查的外业调查与里程碑设置同步进行。原省道上的里程碑、百米桩按国标色彩要求粉刷喷新,集中安排在起讫点为本地区的省道路段上,国道和跨区省道的里程碑尺寸按标准进行制作。

二、2001年全省第二次全国公路普查

1993年以来,全省交通事业发展迅猛,每年新增公路里程1000公里以上,全省路网结构发生很大变化。为全面、准确掌握全省公路的数量及构成情况,为制定全省公路发展战略、编制规划提供科学依据,2001年,根据交通部、国家统计局《关于开展第二次全国公路普查工作的通知》,进行全省第二次全国公路普查。普查对象为全省范围内所有国道、省道、县道、乡道、专用公路。省交通

厅、省统计局联合成立全省公路普查领导协调小组,负责领导和协调公路普查工作。

经过全省普查人员共同努力,全省公路普查结果如下:

全省境内共有国道主干线2条325.134公里,国道7条3328.3公里,省道81条8598.136公里,县道545条14 897.977公里,乡道3216条27 331.973公里,专用公路98条860.299公里,共有里程55 341.82公里,车道里程91 372.414公里。

其中:高速公路509.442公里,占总里程0.92%;一级公路674.382公里,占总里程1.22%;二级公路8220.613公里,占总里程14.85%;三级公路15 292.817公里,占总里程27.63%;四级公路28 159.071公里,占总里程50.88%;等外路2485.495公里,占总里程4.49%。

高次级路面里程29 387.74公里,占总里程53.10%;中级路面里程8571.391公里,占总里程15.49%;低级路面里程15 493.803公里,占总里程28%;无路面里程1888.886公里,占总里程3.41%。

有桥梁6622座245 116延米,隧道159道36 429.5延米,涵洞64 328道。

全省共有乡镇1326个,通公路1326个;有行政村32 134个,通公路行政村30 150个,不通公路行政村占6.17%。

国省道普查后调整情况如下:G035减少4.255公里,实际里程为209.745公里;G040减少2.611公里,实际里程115.389公里;G046调整为省道S340;G108减少17.825公里,实际里程723.395公里;G109增加22.824公里,实际里程233.824公里;G207减少1.145公里,实际里程442.855公里;G208增加1.821公里,实际里程410.821公里;G209减少2.371公里,实际里程763.629公里;G307增加24.698公里,实际里程388.698公里;G309减少2.902公里,实际里程365.098公里;81条省道共增加34.546公里(80条减少53.623公里,新增S340线路汾柳88.169公里,相抵后增加34.546公里),实际里程8598.136公里。

第九节　农村公路建设

改革开放政策实行10多年来,全省农村公路建设进入高起点、超常规、大跨度、全面发展时期。1993年10月13日,省委、省政府召开修路、农田基本建设、重点工程建设"三项建设"电视动员大会,出台《山西省义务修路实施方案》,一场全民义务修路热潮在三晋大地兴起。1995年10月,省委、省政府在万荣县召开全省义务修路现场会。对全省义务修路的15个先进集体、26名先进个人进行表彰奖励,对义务修路落后的5个县进行点名批评。在全省人民共同努力下,"八五"期间,全省新增通油路镇135个,通公路乡26个,通机动车村1296个。到"八五"期末的1995年底,全省初步实现县县通油路、乡乡通公路、村村通机动车的战略目标,使县乡公路面貌有了根本改观,山区人民乘车难、行路难的问题基本得以解决,并有力带动当地经济发展。与此同时,随着市场经济逐步发展,商品路也开始建设。到1997年,全省共有县乡公路31 405公里,其中一级公路22公里,二级公路1335公路,三级公路8087公里,四级公路19 420公里,等外公路2541公里。就路面结构而言,有路面里程28 151公里,占总里程89.6%,其中,高级、次高级路面13 335公里,中级路面4136公里,低级路面10 680公里。

进入"九五"以来,随着太旧高速公路、汾柳一二级汽车专用公路、东山过境高速公路等一批高等级公路的建成通车,全省地方公路建设又进入高速发展阶段。1997年12月,省委、省政府在陵川县召开全省义务修路现场会,震撼全省、享誉全国的"锡崖沟精神"又一次激励全省人民再接再厉,再创佳绩,掀起"乡乡镇镇通油路、村村通公路"的"新三通"建设高潮。2001年,长治市黎城县在市政府每公里补助1万元基础上,全县一年建成220公里村通水泥路,使全县86.1%的行政村通水泥路。在这一壮举激励下,

2002年,长治市12个县(市区)一年完成2933公里村通水泥路,占到当年全省新建村通水泥路6551公里的44.7%,使全市80.13%的行政村通水泥路,远远走在全省前列。这一成绩的取得,也拉开了全省大规模开展"村村通"水泥(油)路建设的历史序幕。

2002年3月,国务院总理朱镕基视察临汾至壶口公路时,提出建设县际及农村公路网的要求。省委、省政府紧紧抓住这一机遇,于2002年4月25日在长治召开全省加快县际公路及农村路网建设现场会。提出集中两三年时间,实现县际通油路和村村通公路目标。以此为契机,全省掀起县际公路和农村路网建设的热潮。

截至2002年底,全省农村公路总里程达到46 833公里,占全省公路通车总里程59 611公里78.6%。其中县道15 156公里、乡道30 805公里、专用公路872公里。

随着通车里程的迅猛增加,公路技术等级也在不断提高,截至2002年底,全省农村公路等级公路达到44 740公里,占到农村公路总里程95.5%,其中,一级公路108公里,二级公路2665公里,三级公路12 436公里,四级公路29 531公里。

农村公路路面结构也在不断优化。截至2002年底,全省农村公路有路面里程达到45 141公里,占总里程96.4%。其中,高级、次高级路面20 600公里,中级路面7893公里,低级路面16 648公里。晴雨通车里程达到28 490公里,绿化里程23 259公里。

到2002年底,全省通油路镇达到549个,占镇总数560个98%;通油路乡554个,占乡总数638个86.8%;通公路行政村30 667个,占行政村总数32 145个95.4%(其中50.09%的行政村通油路),"新三通"建设取得阶段性胜利。

第二章　高速公路

山西省位于巍巍太行山下，滔滔黄河之滨，历来被称之为“京之翼”、“畿之围”。山西境内西有吕梁盘亘，东有太行阻隔，北有长城锁关，南有黄河断底，境内70%以上是丘陵山地。多少年来，“行路难”使这个地处内陆的能源输出大省蜗居井底，经济发展严重受制。

20世纪80年代初期，作为全省东部的主通道，原307国道仅为四级山区公路，车流量却达到设计标准10倍，而且事故频发，堵车严重，几乎是小堵天天有，大堵三六九，少则七至八小时，多则三到四天，甚至更多，被称之为“亚洲三大交通热点之一”，是全省交通“瓶颈”中的“瓶颈”。

“山西之长在于煤，山西之短在于路”。进入20世纪90年代，山西煤炭年产量已高达2.92亿吨，占全国总量1/4以上，供应全国26个省市和12个计划单列市。当时公路上的景象是“有路就有拉煤车”。由于受交通“瓶颈”制约，煤炭运不出去，堆积如山，日晒风化，以致自燃，造成极大资源浪费和环境污染，山西由此承担的直接经济损失每年多达3至4亿元。更为严重的是，这样的公路状况还直接导致全省流通不畅，市场封闭，商品输出受阻，国内外投资者尽管对拥有丰富物产资源的山西表现出浓厚兴趣，但一看到全省的交通状况后，都望而却步。路不通不畅，极大地影响了全省的改革开放和经济建设。

“要想富，先修路；想快富，修高速”，一语道出交通基础设施建设对社会经济发展的重要性。打通东大门，走出娘子关，修建太旧高速公路是全省人民的殷切希望。1993年6月，3000万人民的千年梦想终于在太旧高速公路建设大军隆隆的炮声中揭开新的一页，1995年10月1日，太旧高速公路东西两段建成通车，结束山西没有高速公路的历史，实现高速公路“零”的突破。

1996年，太旧高速公路建成通车，其在推动全省经济建设发展的同时，也让全省广大干部职工切实感受到高速公路的优越性。为了适应社会主义小康建设需要，提高公路通行能力，省交通厅提出在“九五”期间将大运公路建成高速公路，并就受资金短缺限制提出分段实施的建议，得到省委、省政府的大力支持，先后出台《山西省“九五”交通建设若干政策措施》和《关于加快建设高等级公路的若干政策规定》，提出贷款修路、引资修路的设想。此后，在省委、省政府大力支持下，省交通厅通过拓宽融资渠道，合理举债建设，使大运高速公路建设概算总投资222亿元全部落实到位，并很快掀起以大运高速公路为重点的公路建设新高潮，太原东山过境、晋阳、原太、太原南过境、京大、夏汾、运三、长邯、晋焦、侯运、太祁、临侯、大新等高速公路相继建成通车。2002年，全省高速公路通车里程突破1000公里。

第一节　太旧高速公路的建设与管理

太原至旧关高速公路是国家和山西省“八五”期间重点工程建设项目，也是全省第一条全封闭、全立交的高等级公路。1993年5月18日开工建设，1996年6月25日全线建成通车。起点位于太原市武宿立交枢纽，经榆次、寿阳县、阳泉市、平定县，止于省界旧关，出省后与河北省石家庄至山东省青岛市高速公路相连接，全长144公里，总投资28.5

亿元。全线采用平原微丘区、重丘区和山岭区标准设计，其中，武宿至峪头段属平微区，路基宽度26米，设计行车时速100公里；峪头至寿阳段属重丘区，路基宽度24.5米，行车时速100公里；寿阳至平定西郊为山岭区，路基宽度21.5米，设计行车时速60公里；平定西郊至旧关段属山岭区，路基宽度23米，设计行车时速60公里。最小平曲线半径200米，最大纵坡5%，桥梁荷载为汽车—超20级、挂车—120，设计洪水频率1/100，抗震烈度8度，路面为沥青、混凝土。全线设武宿、峪头、寿阳、阳泉、平定五处互通式立交；设武宿、峪头、寿阳、阳泉、平定、旧关六个收费站。太旧高速公路的建成，不仅结束山西没有高速公路的历史，而且直接与京石、京津唐高速公路相连接，进一步加强山西同北京联系，大大缩短与环渤海经济圈、沿海港口城市的距离，从根本上改善山西落后的交通条件，给全省带来巨大的经济效益和社会效益，大大提高山西在全国的知名度，改变山西形象。

1993年4月12日，经省政府批复成立太旧高速公路建设指挥部，负责太旧高速公路建设。在建设中，省交通厅为加强对高速公路建设的管理，先后成立太旧高速公路建设总指挥部、中段建设指挥部、武宿立交枢纽工程建设指挥部。各指挥部克服建设资金短缺、地质条件差、施工难度大等重重困难，吸取国内外先进管理经验，运用国际建筑市场通行的菲迪克条款进行科学管理，引进招标机制，择优选用施工、监理队伍；建立健全施工调度、质量保证、成本控制及安全管理体系，狠抓各项施工管理中规章制度和施工规范的制定与实施。为了加强舆论宣传工作，1995年2月，省交通厅专门组建太旧高速公路建设宣传指挥部。各指挥部组织开展“比全局思想、赛团结协作，比完成任务、赛工程进度，比科学管理、赛工程质量，比规章制度、赛安全生产，比精打细算、赛经济效益”和“弘扬太旧精神，争当太旧功臣”的劳动竞赛活动，创造“五年工期三年完，概算投资不突破30亿元，工程质量达‘鲁班奖’”的辉煌业绩，走出一条“投资省、效益好、质量高、速度快”为特点的进行大型现代化基础设施建设的新路子，创育了享誉全国的“自力更生、艰苦奋斗、不屈不挠、勇于奉献”的太旧精神。

为了搞好太旧高速公路的养护和管理，1995年9月25日，经山西省机构编制委员会办公室批准，省交通厅专门组建太旧高速公路管理局；2000年11月1日，省政府晋政函〔2000〕78号《关于成立山西太旧高速公路管理有限责任公司》，成立山西太旧高速公路管理有限责任公司，实行企业化运作。1995年9月29日，省政府晋政发〔1995〕111号《关于印发太旧高速公路通行费征收使用管理暂行规定的通知》，对太旧高速公路通行的征收、使用等做出明确规定；省交通厅、省财政厅、省物价局联合下发晋交财字〔1995〕第358号《关于发布〈太原至旧关高速公路车辆通行费征收标准〉的通知》，确定太旧高速公路的车辆通行费征收标准；1996年5月20日，省物价局、省财政厅、省交通厅联合下发晋价费〔1996〕第1号《关于调整太原至旧关高速公路车辆通行费征收标准的通知》，确定新的车辆通行费征收标准。1996年6月20日，省政府第25次常务会议通过《山西省太旧高速公路路政管理暂行办法》；2000年5月30日，省政府第143号令发布《山西省高速公路路政管理办法》。太旧高速公路管理局及山西太旧高速公路管理有限责任公司始终把太旧路作为山西改革开放的窗口，以“畅、平、净、美、全”为目标，按照“严格管理、科学养护、文明收费、优质服务”的方针，建立局(公司)、处、站(区)三级管理机构，组建收费、养护、路政等管理队伍，制定《太旧高速公路养护管理办法》、《太旧高速公路养护技术规程》、《太旧高速公路收费管理办法(暂行)》、《山西省太旧高速公路路政案件处理程序》等管理制度，逐步实现道路养护机械化、通行收费自动化、路政管理法制化、综合服务标准化、道路环境绿色化、队伍管理军事化、社会监督制度化、全面管理现代化，取得物质文明和精神文明建设双丰收。截至2002年12月，累计征收通行费16.53亿元，为发展全省公路交通事业提供有力支持。

第二节　一路一公司(处)建设和管理模式的探索

1996 年太旧高速公路建设通车后,全省相继开工建设晋阳、原太、太原南过境、京大、夏汾、运三等高速公路,并采取一路一公司或一路一管理处的运营模式。高速公路建设实行“一路一公司(处)”体制,在加强各级政府特别是省政府对高速公路建设的宏观调控作用、加快高速公路建设速度,统筹各地区高速公路建设,加强高速公路运营管理等方面,发挥非常明显作用。

一、太原东环高速公路

太原东环高速公路是国道主干线二连浩特至河口公路在太原市内过境公路,也是国道 108、208 及大运高速公路在太原的过境线,是全省“大字形”公路规划网的中心路段。1993 年 7 月 1 日开工建设,1996 年 10 月 27 日建成通车。起点位于太原市北郊区阳曲镇 108 国道 596 公里处,向南途经后沟村西,枣沟村东,杨家峪、松庄、赵北坟和马庄村西,南坪头村西南,止于武宿立交枢纽,与太旧、太原南过境高速公路相接,全长26.042 公里,概算投资 5.69 亿元。该项目按重丘区高速公路技术标准设计,路基采用整体式断面,宽 24.5 米,设计行车时速 100 公里;最小平面线半径 1000 米,最大纵坡 4%,桥涵设计荷载;汽—超 20 级,挂—120,桥面与路基同宽,大中桥为上下行分离式断面。主线有大桥 7 座,中桥 2 座 162.5 米,分离式立交 10 座,跨线桥 9 座,互通立交 2 处。

项目沿线出口多,与市政道路连接多,大中桥梁多,管理压力大。太原管理处始终按照省交通厅、省高管局部署,认真贯彻“合理规划、协调运转、把握规律、防治科学、反应快捷、作业规范、提高质量、保障畅通”的养护管理方针,全面实施经常性、预防性和及时性养护。以“完善设施、保障畅通”为目标,认真分析研究道路管养和桥梁养护面临的困难和区域特点,结合实际,制定《公路天桥和出入口连接线养护管理实施办法》、《桥梁养护管理办法》、《重点桥梁巡查管理办法》等一系列规章制度,加强桥梁安全防护,在 8 座桥梁的防撞护栏改造工程中,采用国内领先技术安装“双 S”(SS)级防撞钢护栏,成为目前国内利用该技术进行桥梁防撞改造的首项工程。

二、晋阳高速公路

晋阳高速公路是全省和晋城市“九五”公路建设的重点工程,是全省继太旧、太原东环高速公路之后的第三条高速公路,也是第一条由地方政府集资兴建的高速公路。1996 年 5 月 1 日奠基开工,1997 年 12 月 25 日竣工通车。项目东起泽州县南村镇牛匠村,连接 207 国道,西至阳城县凤城镇东关村,连接阳济公路,与后期建设的长晋、晋焦、晋济、环城、阳翼高速公路相连,全长 36.029 公里,投资概算 6.6 亿。其中全幅高速公路 27.62 公里,路基宽 21.5 米,设计行车时速 60 公里;平曲线最小半径 600 米,最大纵坡 4.9%,设计交通量 8203 辆/昼夜,路面设计累计轴次 3.285 × 107 次/每车道。半幅高速公路 8.475公里,路基宽 12 米,设计行车时速 60 公里,平曲线最小半径为 230 米,最大纵坡为 6.1%,设计交通量为 3578 辆/昼夜,路面设计累计轴次为 1.895 ×107 次/每车道。全线桥涵设计荷载为汽—超 20 级,挂—120,桥涵设计洪水频率为 1%。全线共有五佛山、牛王山、天坛山、小岭头、官道岭 5 座隧道,其中牛王山隧道全长 1880 米,为建设时期华北地区公路隧道长度之最。明洞 1 座,桥梁 38 座,大桥 5 座、中桥 5 座、小桥 12 座、跨线天桥 16 座。主线涵洞 59 道、匝道涵洞 8 道。全线共设周村、北留、润城、阳城 4 个收费站。项目建设和运营,对于加快阳城电厂建设步伐,沁水煤田深度开发,沟通晋城沁河、丹河两大经济区,缓解太焦、侯月两大铁路运力,完善晋城市公路交通网络,进一步改善山西省东南部投资环境,更好地发挥晋城独特区域优势、自然资源优势以及促进中西部地区经济协调发展,具有十分重要意义。

1995 年 12 月 29 日,晋市政办印发〔1995〕184 号文,同意成立晋城至阳城高速公路建设指挥部,并抽调一批懂技术、会管理、能吃苦，具有一定施工、设计经验的领导和工程技术骨干对工程建设实施全面管理。指挥部本着对党和人民高度负责态度，遵循“公开、公平、公正、规范、廉洁”方针，面向社会公开招标，并邀请市纪检委、纠风办、公证处等单位人员现场监督，择优选择出了一批技术一流、水平一流的施工、监理队伍。为了确保项目高质量、高标准完成，在建设过程中，指挥部提出“学习太旧，质量至上”口号，建立项目法人责任制，建立健全施工调度、质量保证、成本控制及安全生产管理体系，狠抓各项施工管理规章制度落实工作，同时要求各施工单位强化质量意识，做到工期服从质量、投资服从质量，一切工作围绕质量这个中心环节，详细制定施工组织计划，积极应用新技术、新材料、新工艺，严把地质关、施工图设计关、材料进场关、施工工艺关和三级质检关。全线监理工作采用国际通用的“菲迪克条款”，对工程质量进行全过程、全方位监控，监理人员严格按照监理程序办事，并做到“五坚持、五认真、五过关”。为激发筑路员工生产热情，推动工程建设开展，指挥部根据工程任务和难易程度组织开展劳动竞赛活动，并组织各施工、监理单位互相观摩学习，掀起先进带后进、后进赶先进的生产热潮。在施工期间，指挥部多次进行评比，做到奖惩兑现，大大促进工程总体任务的顺利完成。

项目建成通车后，晋城市人民政府将此路移交省交通厅管理。1997 年 10 月 18 日，省交通厅批准成立晋阳高速公路管理筹备组；1998 年 1 月 1 日正式接管，负责晋阳高速公路的运营管理，1 月 12 日开始营运收费。1998 年 12 月 21 日，省太旧高管局批复成立晋城管理处，1999 年 4 月 18 日正式挂牌，1999 年 9 月 6 日更名为山西省高速公路管理局晋城管理处。1997 年 12 月 26 日，经省政府批准，晋阳高速公路设站并对过往车辆收取通行费，货车以核定吨位计征通行费，客车以核定座位数收费，收费期限至 2002 年底。2002 年 12 月 26 日，经省政府批准，将收费期限延长至 2015 年底。在省交通厅、省高管局正确领导下，晋城管理处紧紧围绕“六高”目标，积极建设“五大工程”，突出“服务”与“发展”两大主题，坚持“科学管理、精心养护、文明收费、优质服务、开拓创新、与时俱进”管理理念，狠抓基础管理，提高基本技能，强化基本素质，建立完善各项规章制度，健全收费、路政、养护服务机制，完善星级考核办法、目标考核办法和绩效考核办法，着力提高道路通行能力、快速放行能力、依法行政能力、精细化管理能力和应急保畅能力，全面提升管理水平和公共服务能力。同时，实行质量及职业健康安全体系，建立层次分明、各司其职、各尽其责、高效闭合的规范化管理体系。1998 年至 2002 年征收通行费87 932 550元，年增长率 16.58%，通行量 7 966 639 辆次，年增长率 10.34%，为服务地方经济社会发展和人民安全便捷出行，提供有力保障。

三、原太高速公路

原平至太原高速公路是国家和山西省“九五”重点公路建设项目之一，是国道主干线二连浩特至河口公路在山西的重要路段，是全省第一条双向六车道、全封闭、全立交高速公路，也是全省大运高速公路最早建成运营的路段之一。1996 年 11 月 18 日开工建设，1998 年 9 月 26 日建成通车。起点位于原平市张村西，途经河铺、忻口、金山铺、河拱、解原、兰村、豆罗、峰东、柏井、青龙镇、阳曲镇，终点与太原东山过境高速公路相接，全长 94.019 公里，概算投资 26 亿元。全线采用平原微丘、山岭重丘区标准设计，双向 6 车道沥青砼路面，设计车辆荷载汽—超 20 级、挂—120；最小平曲线半径 2000 米，最大纵坡 4% 其中，原平至忻州高蒲段约 53 公里，采用平原微丘区高速公路标准建设，设计行车时速 120 公里，路基宽 28 米。忻州高蒲至太原段约 41 公里，采用山岭重丘区高速公路标准建设，设计行车时速 100 公里，路基宽 27 米。全线共设原平、三家村、顿村、忻州、高蒲、大盂、黄寨、阳曲 8 个收费站，原平、忻州、大盂 3 个养护工区和原平、大盂 2 个服务区。项目建成通车，对全省经济，特别是忻州地区经济发展，以及社会诸多方面都产生积极影响，有力拉动地方经济发展，带动商流、物流、人流、信息流,大大改善投资环境,扩大忻州对外开放及脱贫致富奔小康步伐,也为大运高速公路建成运营积累丰富管理经验。

为搞好原太高速公路建设,1996年6月23日,省交通厅成立原太高速公路建设总指挥部,负责原太高速公路建设。建设者们从开工之日起,就确立优质高效的目标,严抓工程管理,以强有力行政手段和技术力量保证与国际惯例接轨,严格执行合同要求和施工规范。要求高起点高标准施工,技术指标平均高于国家标准1%;同时细化规范,对每一个技术环节提出具体要求,最后以严格检查手段保证达到技术指标。在工期总体目标内,总指挥部制定分阶段合理工期,先求质量,再求速度,使工程质量和工期保证有机统一。从招标开始,就对建设单位提出严格要求,参建队伍必须是具备较高施工能力和水平,业绩突出。监理单位人员素质和装备水平在全省公路建设中首屈一指,他们与建设单位自检、政府部门监督共同形成严密的监控体系。新技术、新工艺、新材料的应用在原太路建设中发挥不可替代的作用。针对滹沱河1号、2号特大桥施工中遇到的复杂地质条件,采用钻孔压力灌浆法新工艺。在路面施工中,采用浮动式基准梁施工,有效提高路面平整度。经交通部及省有关部门检查,原太路路基、路面压实度达到100%,路面平整度及弯沉值达到100%,路面平整度指标达到全国最高水平,砌筑工程尤其被誉为"工艺品",60多个"样板工程"更为以精美取胜的整体工程增光添彩。整个工程建设仅用1年零10个月,比交通部核定工期提前2年2个月。1998年9月23日至29日,省交通厅组织省交通质监站、总指挥部、设计单位、建设单位等有关单位对原太高速公路进行交工验收。在竣工验收中,由交通部组织的竣工验收委员会对原太路进行全面检查,根据检查结果,工程质量评分95.67分,综合评分95.09分,达到优良标准;中国环境总站对原太路的考评结果为优良水平;省档案局对原太路工程项目竣工档案资料检查结果为:完整率98%,准确率100%,案卷合格率99%。

1998年9月26日,经省政府批准,国有独资企业原太高速公路有限公司(简称原太公司)正式成立,负责原太高速的运营管理。作为全省"一路一公司"改革的试点单位,原太公司积极探索和创新现代企业制度下高速公路的运营管理,突破传统思维模式,创立独具原太特色的"6M"管理模式,即:确立以人为本的理念,强调人的因素第一的观点;发挥党的政治优势,坚持"两手抓,两手硬"的方针;促进企业高效运行,实行"高层决策、中层管理、基层执行"三级管理,即:实行董事会领导下的总经理负责制,在设立董事会、党委会、监事会、工会以及由总经理、副总经理、总工程师、总会计师组成的高层决策机构基础上,设有中层管理机构、基层执行机构。其中人事、财务、技术等二级机构实行职能制管理,费收、养护、开发、路政等重点业务部门实行事业部制管理,三级执行机构由对口事业部归口管理;推行"工作目标责任制、干部聘任制、会计派出制、员工劳动合同制"四项制度塑造原太形象;认真落实"高、严、快、活、优"五字要求,打造原太品牌;努力实现"高质量工程、高效率管理、高品位服务、高效益经营、高素质队伍、高科技应用"的六高目标。6M管理模式的科学应用,既取得良好经济效益,通行费收入从1999年3000多万元每年以40%左右的速度增长,又很好地解决了高速公路在管理和发展过程中建设与管理、商品性与公益性、物质文明与精神文明三大关系,为全省高速公路企业化管理提供可资借鉴的经验。在行业文明建设方面,原太公司以"文明单位"、"青年文明号"等为载体,大力开展群众性精神文明创建活动,将管理、服务、效益、文化等有机结合,取得良好效果。先后获得国家级"青年文明号一条路"、省直"文明单位标兵"、中国企业文化促进会"企业文化建设先进单位"、中国质量协会用户委员会"全国质量服务满意单位"、全国市场诚信建设组委会"质量、服务、诚信示范单位"等荣誉称号,树立良好的社会服务形象。

四、太原南环高速公路

太原南环高速公路是交通部规划的二连

浩特至河口、青岛至银川两条国道主干线的重合段。1998年3月28日开工建设,10月20日竣工通车。起点位于武宿立交枢纽西出口,与太原东山过境高速公路相连,途径太原市小店区、晋源区,终点位于晋源区罗城,与太祁高速公路相连,全长14.10公里。全线采用平原微丘区标准设计,路基宽度28.5米,设计行车时速120公里,平曲线最小半径1300米,最大半径8000米,最大纵坡1.87%;设计洪峰频率为50年一遇,地震烈度为8度。全线有高架特大桥1座,大桥1座,中桥2座。

1999年,太原南环高速公路通车运营。作为国道二广线和青银线的合并段,该路段车流量每年持续增高。据统计分析显示,车流最高峰时每日高达8万辆,年公里收费额达到1500万元,居全省第一。针对南环高速公路车流量大、管养任务重的特点,太原管理处在日常养护管理中,加大养护资金投入,学习借鉴先进的养护技术工艺、设备,制定实施《日常养护管理办法》、《养护大中修工程管理办法》,确保坑槽修补不超过24小时,设施恢复不超过48小时。创新管养体制机制,公司设养护工程部和工程技术部,专门负责道路日常养护、大中修工程、施工组织管理、监督检查和日常考核。在日常保洁中,采取市场化运作方法,与保洁方签订合同,提出具体标准要求,严格落实每日全程清扫制度,由养护部门每日进行督促检查,使道路始终保持干净整洁;应用"高速公路综合养护管理系统",紧密结合道路日常养护特性,切实提高日常养护的科学化水平。

五、京大高速公路

北京至大同高速公路孙启庄至大同段(以下简称京大高速公路山西段),是国道北京至拉萨山西境内的重要组成部分,是全省"九五"重点公路建设项目之一,也是为满足晋煤外运重载货车需要而设计建设的国内第一条高荷载水泥混凝土路面高速公路。1998年8月15日开工建设,2000年9月21日建成通车。起点位于山西、河北交界大同市阳高县孙启庄村,途经阳高县神泉堡镇、大同县西坪镇、南郊区马连庄村,止于西河河村,主线全长58.548公里,设计标准为平原微丘区高速公路,双向六车道,路基宽28.5米,桥梁荷载为汽车—超20级、挂车—120,平曲线最小半径3000米,最大纵坡为3%,地震基本烈度8度,设计行车时速120公里,小桥涵设计洪水频率为1/50,大中桥设计洪水频率为1/100,全线路面采用水泥混凝土路面。项目建成通车,敞开全省北大门,实现晋北塞外地区高速公路零的突破,对改善晋北地区交通结构和投资环境,产生积极作用。特别是作为煤炭运输公路主干线和旅游通道,对促进晋煤外运,加强晋、冀、蒙和山西与西部地区经济联系,推动以云冈石窟、北岳恒山等历史文化遗产闻名的古城大同的整个旅游资源开发,拉动相关产业发展,带动经济结构调整,有着十分重要意义。

1998年7月,省交通厅批准成立京大高速公路山西段工程建设总指挥部;1998年8月15日开工建设,2000年9月21日,正式通车运营。开工后,省交通厅批准成立山西京大高速公路有限责任公司。总指挥部与公司两个机构、一套人马,前期工程建设管理以总指挥部体制为主,后期工程收尾阶段,总指挥部体制逐渐向公司体制过渡。全部工程对内管理、对外衔接均由山西京大高速公路有限责任公司(以下简称京大公司)负责。在建设过程中,京大公司实行工程质量进度目标责任制,强化工程合同管理,完善资金内控程序和制度,形成一套严格的经过监理计价、结算的工程价款拨付办法。各工程指挥分工明确,责任到人,按分项工程负责质量把关和兑现各施工合同承诺;坚持现场蹲点,监督检查工程质量及施工进展情况,并逐月考评工作业绩。在工程收尾阶段,面对剩余工程量大、各地施工单位技术力量不平衡、资金紧缺等诸多困难和按期通车现实,为确保圆满实现建设目标,京大公司及时细化目标,成立以法人代表挂帅的指挥中心和工程一线三个指挥组、一个督察组,加大一线施工管理力度,主攻剩余工程难点;突出抓住东段三家路面施工单位剩余的路面工程及一座铁路跨线桥卡脖子工程重点，兼顾全线交通工程管理和监控安装，按时圆满完成工程建设，实现质量创优和一次性通车目标。在收费管理中，京大公司细化星级考核，完善各项规章制度，加大激励奖惩机制，提高收费工作质量，增强服务意识，创新服务手段，深化服务内涵，拓宽服务领域，优化服务过程，尽量挖掘吸引车辆上路潜力，使通行费收入逐年稳步提升。在养护管理中，引进中外灌缝新科技、新工艺处理路面裂缝、断板病害，保障路面无大的病害。路政部门建立完善快速反应机制，昼夜奋战，边协调配合交警治理“双超”，边进行错综复杂的交通管理，执法工作受到上级好评。监控中心充分利用硬盘录像加大稽查力度，充分利用可变情报板加强宣传，努力提高设备维护出车率，确保机电设施正常运行和车辆快速通行。为了适应市场经济需求，各服务区按照“依法经营，照章纳税，精心管理，稳步提高”原则，全面深入研究探讨和进一步规范服务区在不同经营形式下的经营与管理，加强员工队伍建设，严格执行服务标准和行为规范，从而保证服务质量，提高服务效率，打造大同高速服务区的服务品牌。截至2002年底，累计征收通行费1.3亿元，为全省公路交通事业持续健康发展作出显著贡献。

六、夏汾高速公路

夏家营至汾阳段高速公路是国道主干线青(岛)银(川)线重要组成部分，是全国西北和东部地区联系纽带，也是全省晋煤外运高速公路网重要组成部分。1998年10月开工建设，2000年11月底建成通车。起点位于交城县义望乡青村，途径交城县、文水县、汾阳市，止于汾阳市河北村，与汾离高速公路相连，全长54.958公里，总投资12.19亿元。全线采用平原微丘区高速公路技术标准设计，路基宽26米，水泥混凝土路面，双向四车道，设计行车时速100公里，平曲线最小半径1800米，最大纵坡3.115%，设计洪水频率：大中桥为1/100，小桥涵及路基为1/50，地震烈度7度设计，全线桥梁设计荷载均为汽车超—20级，挂—120，桥面净宽2×11.25米。全线共有大中型桥梁25座，互通式立交5处。项目由吕梁高速公路公司运营管理。

养护管理。牢固树立养护第一的思想，把养护管理工作作为头等大事来抓。首先是通过招标，建立高素质的养护队伍，成立第一养护工区，制定养护管理制度和养护管理考核办法，扎实做好养护工作。其次是在精、细、美上做文章，美化亮化道路，以互通立交为点，以中央分隔带为线，上下边坡为面，点面结合，进行立体化绿化美化，先后整修边坡170万平方米，植树11万株，种植花草7000余株，种植草坪5000平方米，修筑花池267个。通过精心养护，养护管理迈上新台阶，路面整洁，标志齐全，设施完善赢得社会各界好评。2001年，好路率100%，综合值99%，遗留工程、养护工程、配置工程合格率100%。

收费管理。一是狠抓建章立制，规范收费工作，制定出文明用语十二规范，收费岗位职员十二必须等一系列行为准则。二是全面开展收费员星级达标活动，制定相应考核办法，实行一月一考核，一季一评比。年终总结评比时，把星级评比与工资、奖金挂钩，有力调动收费员工作积极性。三是开展选树服务标兵活动，先后选树收费业务尖子梁变云，文明用语标兵董一平等典型，有力带动全公司服务水平的提高。通过抓收费管理，当年完成通行费任务1736万元。

路政管理。一是提高路政人员综合素质，规范执法行为。2001年3月至4月，分两次组织全体路政人员到省交干校进行业务培训。2001年4月至10月，又分两期对全体路政人员进行军事科目训练比赛。二是坚持全天候巡查，有效保护路产，维护路权。三是坚持路政案件公开、公平，把执法活动置于社会监督之下。设置监督台、投诉电话，制作路产示意图和办案程序图。在省直机关2001年度高速公路路政规范执法问卷调查中，满意度90%。当年路政案件发现率99%，案件查处率98%，路产赔偿率98%，路产恢复率为99%。

服务区管理。开办停车、加油、修理、餐饮、住宿等服务项目，完善配套设施，开展文明服务竞赛，以良好服务吸引顾客。

安全生产。坚持“预防为主、综合治理”方针,狠抓安全生产不放松,当年事故发生率、事故死亡率、百万元经济损失均为0。

2002年,吕梁公司在进一步巩固高速公路运营管理工作成果的基础上,继续加大养护监管力度,大力开展形式多样的收费文明比武活动,运营管理各项工作有了新突破。一是进一步完善各项管理制度和岗位职责,改革工资分配形式,全公司自上而下实行岗效工资,通过兴办实体和充实一线办法,先后分流机关人员10多人,有效解决公司机关工作效率不高问题。二是坚持抓养护工作不放松,加大日常养护、日常保洁力度和缺陷遗留工程建设力度,共完成遗留工程和缺陷工程投资500多万元。同时在高速公路沿线植树30 050株,完成低路堤植草种花75 940平方米,道路面貌有了很大改善。当年好路率达到100%,养护质量综合值达到99%。三是想方设法筹措资金,开通杏花村连接线,方便当地村民进出高速公路。四是狠抓收费管理,在全体收费员中开展经常性的岗位练兵和军事化训练,制定业务考核实施方案,强化文明礼仪服务意识,进一步提高了收费服务质量。同时,针对收费额不高问题,对行驶车辆实行通行费包缴制度,还对C类以上车辆在主线出口处发放服务区免费就餐券,司乘人员回程走高速公路时可凭此券在杏花村服务区免费就餐。这些举措,对完成通行费征收任务发挥积极作用。当年共收取通行费3105万元。五是狠抓规范化管理。2002年4月,着手开展了ISO9001质量体系认证工作,2002年11月份获得北京正天德认证公司颁发的质量体系证书,公司各项管理纳入体系管理中,逐步迈上科学化、规范化、程序化的管理轨道。六是安全生产成效显著。2002年,夏汾高速公路全线未发生任何安全生产责任事故,为运营管理工作稳步发展奠定坚实基础。

七、运三高速公路

运城至三门峡高速公路是209国道跨出山西南大门的咽喉路段,是山西省“九五”、“十五”期间“三纵八横”公路网建设十大重点工程项目之一。1998年6月29日正式开工,2001年9月28日竣工。北起盐湖区安邑办事处东王村,途径盐湖、夏县、平陆三县(区),南至三门峡黄河公路大桥北引道,全长42.57公里。全线采用双向四车道,设计路基宽度分为24.5米(平原区)、20.5米(山岭区)和23米(黄土塬区),设计行车时速100公里(平原区)、60公里(山岭区)、80公里(黄土塬区),设计荷载为汽—超20级、挂—120,平曲线最小半径140米,最大半径2350米,最大纵坡4.9%,设计洪水频率:大中桥为百年一遇,小桥涵及路基为50年一遇,地震裂度为8度。项目建成,对全面改善全省路网结构布局,缓解日益严峻的交通运输压力,带动相关产业发展,拉动经济增长,促进运城市及全省政治、经济快速发展,有着十分重要意义。

运城市政府(原运城行署)1998年3月23日以运署秘发〔1998〕28号文件,同意成立运平高速公路建设指挥部(后因该路终点延至三门峡黄河公路大桥,改名为运三高速公路建设指挥部)。指挥部管理期间,完成路基、桥梁工程招投标、征地拆迁及除大型桥梁以外的路基主体工程施工任务。运三高速公路是在边完善设计、边组织施工的情况下进行的。工程建设一开始,省交通厅、运城市委、市政府就明确提出工程建设质量目标,要求把运三路建设成为优质工程,并力争达国优。在工程建设中,指挥部一方面遵循国际通用的工程建设管理模式,即菲迪克条款,充分依靠和发挥监理人员作用,使其真正站在业主立场上行使职责;为保证工程质量,从上到下坚持“抓质量、创样板、争国优”的指导思想,制定施工质量检验标准和控制办法。在路面、交通工程施工中,印发全面、系统的工程管理软件——《施工过程控制》、《工程管理办法》等;采取“一日一巡查、半月一检查、一月一评比”巡检办法,使施工过程检测控制明显得到加强;成立“路面平整度跟踪检测小组”,为确保路面平整度发挥出重大作用等。所有这些,都极为有效地提高工程质量,取得明显成绩。2001年12月,省交通质监站对运三高速公路全线工程质量进行全面检测鉴定,工程质量全部达优良工程标准,特别是路面平整度和基层整体强度均创全省第一。

为了搞好运三高速公路的运营和管理工作。2000年1月6日,省交通厅成立运城高速公路有限责任公司,负责运三高速公路的续建及建成后的管理工作;2001年10月26日,省交通厅、省财政厅、省物价局联合下发《关于运城至三门峡高速公路收取车辆通行费的通知》,对运三高速公路收费站的设立,通行费的征收、使用,收费期限做了明确规定;2001年10月29日,省物价局、省财政厅、省交通厅联合下发《关于下发运城至三门峡高速公路车辆通行费暂行标准的通知》,明确运三高速公路车辆通行费征收标准;2002年2月1日,省物价局、省财政局、省交通厅联合下发《关于规范全省高速公路车辆通行费标准的通知》,规范高速公路车型分类、新收费标准等。运城公司始终以争先发展为主题,以科学管理为目标,不断创新管理机制,夯实管理基础,规范工作程序,改进工作作风,提高服务质量,各项工作逐渐迈入科学化、规范化发展轨道。针对运三高速公路交通量大、属重交通型高速公路实际,树立"建设是发展,养护管理也是发展"的指导思想,按照"预防为主,防治结合"方针,推行"路基养护社会化、路面养护专业化、设施维修市场化"的创新型养护管理机制,以创新养护技术为支撑,确保各项养护工作正常开展;编写《收费业务规范化操作手册》,全过程规范收费业务岗位操作程序;制定巡查控制、路政案件控制、清障控制、交通管制控制等工作程序,出台《路政人员考核管理办法》、《路政服务规范》等绩效考核办法。在路政管理中,初步建立起工作有程序、办事有规矩、考核有标准、奖惩有依据的规范化管理格局。

八、长邯高速公路

长治至邯郸高速公路是国家高速公路网青(岛)兰(州)高速公路的重要组成部分,是晋东南链接河北省邯郸通往首都、东北地区和黄海、渤海地区的一条主要经济干线。2000年3月3日开工建设,2002年9月28日建成通车。起点位于长治市黄碾镇,途径长治郊区、潞城市、黎城县,止于黎城县东阳关镇下湾村,全长54.137公里,概算总投资12.98亿元。全线采用全封闭四车道标准建设,路基宽度整体式为24.5米,分离式为12.5米,设计行车时速平原微丘区100公里、山岭重丘区80公里;平曲线最小半径620米,最大纵坡5%;构造物设计荷载标准为汽—超20级、挂车—120;设计洪水为频率特大桥1/300,大、中、小桥、涵洞为1/100;地震基本烈度8度。项目建成通车,不仅结束长治地区没有高速公路历史,而且与河北、京津、山东等地的高速公路相连接,大大缩短与环渤海经济圈、沿海港口城市的距离,从根本上改善落后交通条件,给上党革命老区带来巨大经济效益和社会效益,大大提高长治在全国的知名度。

1998年10月1日,经省发改委及省交通厅批复,成立长治高速公路建设指挥部有限责任公司,负责长邯高速公路(山西段)的建设与管理。项目建设期间,为全面加强质量管理,长治公司抽调技术骨干成立东段、中段、西段三个督察组,克服地质条件差、施工难度大等重重困难,并吸取国内外先进管理经验,运用国际建筑市场通行的菲迪克条款进行科学管理,引进招标机制,择优选用施工、监理队伍;建立健全施工调度、质量保证、计量支付、成本控制、安全管理、廉政管理等体系,狠抓各项施工管理中规章制度和施工规范的制定与实施,在全线组织开展"比质量,看谁的工程无缺陷;比进度,看谁的工期抓得紧;比安全,看谁的生产无事故;比效益,看谁的概算未突破"劳动竞赛活动,积累"湿陷性黄土软基处理"和"当年完工、当年绿化"等成功经验,所建项目被上级领导及有关专家誉为"投资省、效益好、质量高"的优质工程,并最终荣获山西省土木工程"太行杯"大奖。

2002年9月28日,长邯高速公路由建设转入运营。公司实行企业化运作,组建收费、信息、养护、服务区等管理队伍,引进ISO9001质量管理体系标准,确立"以人为本、依法管理、与时俱进、争创一流,把长邯高速公路建设成为安全、畅通、舒适、优美的文明大道"的质量方针,把全力打造"绿色长邯、科技长邯、人文长邯"作为魅力长治的文明窗口,以"畅、平、净、美、全"为养护与管理的目标,并紧紧围绕省交通厅提出的"六高"目标以及省高管局提出的"五大工程"建设要求,始终坚持以科学发展观为统领,立足"三个服务",弘扬"崇尚实干、注重实绩、务求实效"的"三实作风",为打造"绿色、科技、人文、诚信、和谐、文明"的长邯品牌奠定坚实基础,为运营管理工作全面、协调、健康、可持续发展提供有力保障。逐步实现道路养护机械化、通行收费自动化、路政管理法制化、综合服务标准化、道路环境绿色化、队伍管理军事化、社会监督公开化、全面管理现代化,取得物质文明和精神文明建设的全面丰收。

九、晋焦高速公路

晋焦高速公路(山西段)是山西省东南大门,连接晋豫两省建设最早的高速公路。1997年10月开工建设,2002年12月22日建成通车。起点位于晋城市城区东上庄,途径泽州县金村镇、柳口乡,在韩家寨村进入河南省焦作市,与焦作至郑州高速公路相接,全长32.052公里,总投资16.39亿元。全线最大纵坡5%,最小平曲线250米,分离式双向四车道,路基宽山岭区21.5米、重丘区23米,设计行车时速60公里至100公里,设计荷载汽车—超20级、挂车—120。全线有桥梁22座,隧道11处,其中,丹河特大石拱桥单孔跨度146米,创大世界基尼斯纪录。牛郎河隧道全长3955米,是当时的全国第二、华北地区高速公路最长隧道。项目建成,使晋城至郑州的公路里程缩短60公里,使山西"大字形"公路主骨架得以完善,且能充分利用京广、京九、陇海三大铁路和郑州航空港以及连云港、日照港两大出海通道,大大改善山西投资环境,对实现大市场经济条件下人流、物流、信息流、资金流的主体流动,以及晋城人民观念更新和争先发展,发挥十分重要的作用,取得显著经济和社会效益。

项目是山西利用外资建设的第一条高速公路。1997年8月22日,省交通厅与晋城市政府共同组建成立晋焦高速公路建设指挥部,负责晋焦高速公路工程建设。1997年底,在省交通厅主持下,省交通建设开发投资总公司与香港新世界基建有限公司(港方)就合作建设和经营管理晋焦高速公路(山西段)达成意向,并签署合作意向书。1998年6月,总公司与港方合作成立山西新泽等六家合作公司,商定总公司以40%比例、投资5.76亿元,港方以60%比例、投资8.64亿元,共同建设晋焦高速公路。建设后期,由于多种原因,港方提出撤资。2001年4月29日,省政府决定同意港方撤资要求,由省交通建设开发投资总公司融资10亿元,收购港方股权,新组建山西省晋焦高速公路有限公司,对晋焦高速公路实行独资经营管理,负责晋焦高速公路的收费、路政、养护、桥隧管理和经营开发等工作。2002年11月27日,省政府印发《关于晋城至焦作高速公路收取车辆通行费的通知》,对晋焦高速公路收费期限、公路性质等做出明确规定;省交通厅、省财政厅、省物价局联合下发《关于晋城至焦作高速公路收取车辆通行费的通知》,批复晋城至焦作高速公路收取车辆通行费相关事宜;省交通厅、省财政厅、省物价局联合印发《关于晋城至焦作(山西段)高速公路车辆通行费标准的通知》,确定晋焦高速公路的车辆通行费征收标准。

第三节 高速公路集中统一管理体制的探索和初步建立

在坚持以科学发展观为统领,加快高速公路建设的同时,省交通厅始终坚持建养管并重原则,把养管放在与建设同等重要的位置,1995年,"山西省太旧高速公路管理局"挂牌成立,对山西第一条高速公路——太旧高速公路进行管理,开启全省高速公路管理的历史。此后建成通车的太原东环、晋阳、原太、太原南环、京大、夏汾、运三、晋焦等高速公路均采取一路一公司或一路一管理处的运行管理模式,全省高速公路处于路段管理阶段。

1998年,经省编办批准,"太旧高速公路管理局"更名为"山西省高速公路管理局";2000年12月,"山西省高速公路管理局"正式成立,作为全省高速公路的行业管理机构,在省交通厅领导下,对全省高速公路运营工作实行资产、行业统一管理、分级负责,各路段公司(处)对所辖路段具体负责。2001年以来,省高管局紧紧围绕"建设一流、管理一流、服务一流、效益一流"总目标,确立"依法管理、科学养护、文明收费、优质服务"管理方针,率先在全国高速公路行业中引入质量管理,建立ISO9002质量管理体系,使全省高速公路管理逐渐步入规范化、标准化、科学化的轨道。

第四节　大运高速公路建设的全面启动和推进

大运高速公路是全省继太旧高速公路之后,又一条规模更大、通车里程更长、施工条件更艰苦的国家重点公路交通工程。北起大同,南至运城,纵贯全省大同、朔州、忻州、太原、晋中、吕梁、临汾和运城的31个县(市、区),132个乡镇,495个行政村,全长666公里,是国家二连浩特至河口国道主干线和临汾至三亚国家重点公路的重要组成部分,也是全省"三纵八横"公路主骨架中最重要的中轴快速通道和公路交通建设的标志性工程,更是拉动经济发展、实现山西经济腾飞的脊梁工程。

在大运路开工建设时,省交通厅按照省委、省政府实施资源整合、构建大运经济带的发展战略,树立"新世纪、新大运、新山西"的全新建设理念,提出"绿色大运、科技大运、人文大运和国防大运"的全新建设思路,确立全线"保部优、争国优"的奋斗目标。为了加强各段施工管理,省政府批准成立大运高速公路建设领导组,又根据工程情况,先后成立祁县至临汾、太原至祁县、大同至新广武、新广武至原平、临汾至侯马、侯马至运城等高速公路建设有限责任公司,形成强有力的工程建设组织管理体系;6个项目建设有限公司严格按照国家有关规定,建立"业主负责、政府监督、社会监理、施工单位自检"的四级质量保证体系,并结合国情和省情,把国际通用的菲迪克条款与全省公路建设实际结合起来,择优选用施工、监理单位,加强领导,精心组织,科学管理,严格监理,大力开展劳动竞赛,全面掀起大运高速公路建设高潮。

一、祁临高速公路

祁县至临汾高速公路是国道主干线二连浩特至河口段公路在山西省境内的一段,是全省规划建设的"三纵八横"公路网中沟通全省南北"中纵主干线"大同至运城高速公路的重要组成部分,2000年12月26日正式开工建设。起点位于祁县城赵镇,止于临汾市泊庄村,途径祁县、平遥、介休、灵石、霍州、洪洞、尧都7个县(市),全长176公里,概算投资65.77亿元,资金由亚洲开发银行贷款2.5亿美元(折合人民币20.75亿元)、交通部专项补助8.74亿元、国家交通银行贷款4亿元、省交通厅投资32.28亿元四部分组成,是全省首次利用国际金融组织亚洲开发银行贷款修建的高速公路项目。全线分别采用平原微丘区和山岭重丘区高速公路技术标准,其中祁县至介休、洪洞至临汾段路基宽度28.5米,双向六车道,设计行车时速120公里,平曲线最小半径2080米;介休至灵石段路基宽26.5米,双向六车道,设计行车时速100公里,平曲线最小半径2000米;灵石至洪洞段路基宽24.5米,双向四车道,设计行车时速80公里,平曲线最小半径1000米;桥梁设计荷载汽车—超20级、挂车—120,设计洪水频率1/100、特大桥3/100,地震烈度7度至9度。全线主要工程量:路基土石方共计3320万立方米。全线共有特大桥5座,大中桥39座,小桥15座,涵洞516道,分离式立交桥及天桥107座,互通式立交桥10处。

祁临高速公路有限责任公司成立后,不断创新管理,创建既符合国际惯例和亚行指南要求,又适应中国国情和山西实际的管理模式,建立业主、承包商、监理工程师各司其职、相互配合、相互制约、公开运作的管理体制;在招标工作中,实行国际通用的最低价中标规则,择优选择施工、监理单位;严格执行菲迪克条款,建立以合同管理为主导、主动索赔与反索赔相结合、优质优价的经营机制;加强投资管理,严格实行分类融资、细化管理的投融资制度,对不同项目投资进行调整,既确保建设资金专款专用,又使资金使用更加合理;严格实行月成品计量和季综合报告的支付制度,有效防止超前计量和超量计量,提高资金使用率;实行集体研究、分级负责的设计变更审批制度,严把设计变更关,杜绝随意变更现象的发生;全面推行廉政合同,实行《廉政合同》和《经济合同》双合同考核制度,聘请廉政监督员,设立监督电话和举报信箱,加强监督管理。

二、太祁高速公路

太原罗城至夏家营至祁县高速公路是国道主干线青岛至银川公路、二连浩特至河口公路在山西境内的重要路段,全长61.657公里,其中罗城至夏家营段主线全长37.431公里,夏家营至祁县段主线全长全长24.226公里,匝道全长17.172公里。2001年2月8日开工建设。起点位于太原市罗城,终于祁县城赵镇,途径太原、吕梁、晋中3市,晋源、清徐、交城、文水、祁县5个县区。北接太原环城高速公路,南连祁临高速公路,西接夏汾高速公路,东连太旧高速公路,是沟通全省南北"中纵主干线"大运高速公路的重要组成部分。全线总投资17.47亿元,采用平原微丘区标准,双向六车道,设计行车时速120公里,路基宽28.5米;设计车辆荷载为汽车—超20级、挂车—120,平曲线最小半径2000米,最大纵坡3%;桥涵设计洪水频率1/100,特大桥3/100,地震烈度7度至8度。共有特大桥1做,大桥14座,中桥45座,小桥40座,涵洞238道。

太祁高速公路有限责任公司成立后,按照省委、省政府和省交通厅要求,建立健全质量保证体系,强化施工现场管理,加大检查力度,严把质量关;加强思想动员,明确目标任务,组织开展多种形式的立功竞赛活动,推动工程建设有序进行;合理制定施工组织计划,加大人、财、物的投入,切实搞好地方协调,优化施工环境,全力加快工程进度,高水平、高质量完成建设任务。

三、侯运高速公路

侯运高速公路是大运高速公路最南端的一段,也是山西省"大"字形高等级公路主骨架的重要组成部分。于2001年2月开工建设。起点位于运城市东新绛县店头,途经新绛、侯马、闻喜、夏县、盐湖区五县(市、区),终于运城市西盐湖区南庄,全长100.199公里,概算投资23.5932亿元。分别与运(城)风(陵渡)、运(城)三(门峡)、侯(马)禹(门口)高速公路相连。全线为双向六车道,设计行车时速100公里,平曲线最小半径1400米,最大纵坡3.9%;桥梁设计荷载为汽车—超20级,挂车—120,洪水频率1/100,地震烈度7度。全线共有特大桥1座,大桥10座,中桥8座,互通立交7处,分离式立交72座,涵洞154道。

2000年9月,侯运高速公路建设有限责任公司成立后,按照省交通厅要求,确立"科学管理,精心施工,确保部优,争创国优"的奋斗目标,制定《工程管理办法》和各项规章制度,建立起了工程管理、质量监督、协调保障三条线的内部管理工作体系;在沿线新绛、侯马、闻喜、夏县和盐湖区成立5个县(市、区)指挥部,具体负责工程建设用地的征用、拆迁、补偿和地方关系协调,排除各种干扰,确保工程建设顺利进行。公司创新管理模式,把国际通用的菲迪克条款运用到工程建设中,构建以工程质量为中心,公司管监理,监理管施工单位,公司授权监理对工程质量、进度、计量支付进行全面管理与监督"一个中心,两个管理,三个授权"的管理模式,把施工全过程地动态置于监理的有效控制之下,又把对监理的管理也全过程地动态置于公司的有效控制之下,提高管理效率,使工程管理始终处于高度受控状态,全面推进工程建设。

四、大新高速公路

大新高速公路是国道主干线二连浩特至

河口公路途径山西省的重要路段，是大运高速公路最北端的一段，也是全省“三小时高速通达”工程中轴快速通道的龙头段。2001年5月18日正式开工。北起大同市南郊冯庄，与京大高速公路相连，南至朔州山阴县新广武，途径大同市南郊区、朔州市怀仁县、应县、山阴县，全长97.009公里；朔州支线30.560公里，共计127.569公里，工程概算28.8亿元。主线路基宽28.5米，双向六车道，平曲线最小半径3000米，最大纵坡3%，设计行车时速120公里，荷载汽车—超20级、挂车—120；支线路基宽24.5米，双向四车道，平曲线最小半径3000米，最大纵坡2.98%，设计行车时速100公里，荷载汽车—超20级、挂车—120。

2000年9月，大新高速公路建设有限公司成立后，按照省交通厅部署，以创精品工程为主题，以依法行政、科学管理为主线，以控制质量、工期、资金三大目标为重点，认真抓好协调地方关系、强化工程管理、强化合同和资金管理、推进科技进步与创新、加大对施工和监理单位监管力度5项工作，采用微机化网络管理和ISO9000质量标准体系等现代化管理技术，确保实现“新优并举、精美制胜”的工程建设思路；积极推广应用新技术、新工艺、新材料，开展“盐渍土砼碱集料反映预防措施的研究”、“砼抗盐蚀技术措施研究”等技术攻关，提高工程建设科技含量；用足用活省政府“依法办、取低限、开绿灯、作贡献”的政策，搞好地方协调，妥善处理各种矛盾和问题，优化施工环境；以实现阶段性目标为保障，开展阶段目标劳动竞赛，采取重奖重罚激励机制，保证阶段性目标的完成和总体目标的实现，全面推进工程建设。

五、新原高速公路

新原高速公路是国道主干线二连浩特至河口公路在山西境内的主要路段，是大运高速公路的重要组成部分。2001年8月11日开工建设。起点位于山阴县新广武村，与大新高速公路相连，途经山阴、代县和原平3个县市，终点位于原平市城东与原太高速公路相连，全长57.505公里，批复概算29.98亿元。其中，新广武至原平咸阳村段执行山岭重丘区标准，长35.3公里，设计行车时速80公里，路基宽24.5米，双向4车道；咸阳村至终点原平K614+300至K636+600执行平原微丘区标准，长22.3公里，设计行车时速120公里，路基宽28.5米，双向6车道。路面采用沥青混凝土，全线平曲线最小半径900米，最大纵坡4.9%。共有大桥34座，中桥23座，小桥71座，天桥6座。互通立交3处，分离立交3处，公铁立交1处，涵洞124道。

2000年9月，新原高速公路建设有限责任公司成立后，认真实践“三个代表”重要思想，确立以创优良工程总揽全局，大规模作战，高强度管理，确保总工期、总投资，整体推进的指导思想；坚持全线工程质量创优良、雁门关隧道工程夺取“鲁班奖”，确保2003年建成通车、确保资金不突破概算投资、确保国家和人民生命财产安全的“一创三保”工作思路；明确“依法建路、以人为本、科技创新”建设管理理念，强化组织管理，严格质量控制，实行科技创新，有力推进工程建设。

六、临侯高速公路

临汾至侯马高速公路是国道主干线二连浩特至河口公路在山西的重要路段，2002年3月1日开工建设。起点位于临汾市尧都区泊庄乡，终于运城市新绛县店头乡，途经临汾市尧都区、襄汾县、运城市新绛县，全长48.058公里，概算投资12.22亿元。全线按照平原微丘区高速公路技术标准设计，路基宽28.5米，设计行车时速120公里，平曲线最小半径1750米，最大纵坡2.8%，地震烈度7～8度；桥梁设计荷载均为汽车—超20级、挂车—120，洪水频率1/100。全线共有大桥6座，中桥1座，小桥5座，分离式立交10座，互通式立交3处，涵洞127道。项目建设，对改善晋南地区投资环境，提高公路通行能力，加强山西南北经济联系，促进临汾市东西两山丰富煤铁资源开发，推动以根祖尧庙、丁村遗址、壶口瀑布、小西天为重点的旅游资源开发，带动大运经济带建设，促进西部大开发和全省经济结构调整，加快全省经济发展和社会进步，具有十分重要的战略意义。

2000年9月,临侯高速公路有限责任公司成立后,始终把管理作为生产力,把创新管理当作实现总体建设目标的重要手段,解放思想,与时俱进,求真务实,勇于实践,扎实开展建设体制、资金、工程建设、科技、质量、合同、安全等管理方面的创新,使管理工作步入科学化、规范化、集约化的管理轨道,确保工程建设的顺利进展。

七、太原西北环高速公路

太原西北环高速公路是国道主干线二连浩特至河口公路与大运高速公路的重要组成部分,2003年3月28日开工建设。起点位于阳曲互通,止于太原市罗城,全长42.9公里,总投资16.05亿元。全线设计标准为双向四车道,采用整体式路基,总宽度24.5米,路面结构为沥青混凝土,设计荷载汽车超—20级、挂车—120,设计行车时速80公里。全线共有特大桥3座、大中桥32座、互通立交6处、通道43道、涵洞103道、分离立交7处、天桥24座。

第五节 早期养护、收费、路政、服务区管理等业务的开展

一、养护管理

太旧高速公路建成通车,开启全省高速公路养护管理的历史。太旧高速公路的养护管理工作由太旧高速公路管理局承担。针对太旧高速公路地形、地质复杂,全线144公里有122公里穿越在太行山的崇山峻岭中的实际情况,太旧高管局按照特路特养和科学养护方针,制定《太旧高速公路养护技术规程》、《太旧高速公路养护管理办法》和《安全作业规定》等制度,把路面、桥梁和路容保洁作为养护工作重点,定期进行路况普查并建立路况档案,组织开展"太旧高速公路路面、桥梁变化规律等综合观测研究"等科研活动,在冬季路面病害处置中推广应用冬季常温施工处理沥青路面等新技术,使太旧路好路率保持在95%以上,确保道路畅通无阻。

随着太原绕城东段、晋城至阳城、运城至风陵渡、原平至太原等高速公路相继建成通车,1999年11月,太旧高速公路管理局正式更名为山西省高速公路管理局(简称省高管局),对全省建成通车的高速公路实行行业管理。全省高速公路养护管理确立"统一领导、分级管理、区为基础"的三级管理模式,省高管局作为全省高速公路主管单位,代表省交通厅履行高速公路行业管理职能,负责全省高速公路养护监督和管理,承担高速公路养护工作的组织、协调、指导和监督以及养护工程方案和预算的审核、审批或申报以及监管工作,确保全省高速公路养护管理工作健康发展;各高速公路公司(处)为管理单位,具体负责所辖高速公路的养护管理工作,确保所辖高速公路安全畅通;各养护管理单位为组织实施单位,具体负责高速公路日常维修保养、保洁等养护生产活动的组织实施,确保养护作用的高效、优质、安全、低耗。这一管理模式,既提高效率,又使地方区域养护管理力量得到加强,养护积极性得到提高,有效保证高速公路畅通、安全、舒适、快捷、美观的服务目标。日常养护经费实行定额管理,专项工程实行审批制。

山西省高速公路的养护管理工作遵循"合理规划、协调运转、把握规律、科学防治、反应快捷、作业规范、提高质量、确保畅通"的21字养护管理方针,以"畅、洁、绿、美、全"为目标,在日常养护工作中,从坑槽修补、裂缝灌注等细微之处着手,从设备配置、材料选用多方面,积极探索新工艺和新方法,努力使管养更便捷、更及时,成本更低。在养护管理手段上,积极寻求利用现代化的综合检测设备,加强道路病害检测,减少人工上路调查不安全的危险,摸索和尝试利用手机等通讯工具第一时间快速上传各种病害及设施损坏情况汇报;利用委托桥检和桥梁自检等多种方式,加强桥梁管护,把桥梁病害消灭在萌芽状态。在预防性养护中,从贯彻落实科学发展观、建设节约型行业出发,认真落实交通部提出的"预防为主、防治结合"的养护方针,尽可能实现全寿命周期公路养护成本最小化,太旧、临侯、侯运、大新、原太等多条高速公路通过路面微表处等养护措施,延长路

面使用寿命，延缓路面病害的大面积发展；大新高速公路水泥路面更换封缝料，有效防范雨水渗入，减少板底脱空、断板、坏板现象发生，节约投资；强调小修保养的时效性，早花钱、花小钱、少花钱的管养理念逐步贯穿于养护管理全过程。在养护工程管理方面，制定《山西省高速公路工程管理办法》，加大对工程全方位的有效监管。在科技应用方面，省高管局推广运用高速公路养护管理系统，建立养护管理动态数据库，实现全省高速公路养护管理工作的信息化、网络化。

二、收费管理

太旧高速公路运营初期，采用封闭式人工收费方式，入口发放通行卡，出口根据通行卡站名计程收费。1996 年 5 月，从法国 CSee 公司引进微机控制半自动电子收费系统，车辆在入口处领取通行卡，于出口处交回通行卡，通过微机读出磁卡所存信息，自动计算出应缴费额付费放行，完成收费过程。1998 年太原至原平高速公路建成通车后，开始尝试区域联网收费。2002 年 12 月 1 日，实施北、中、南部小循环联网收费，2003 年 9 月 28 日大运高速公路全线贯通后，以大运线为主骨架，连接太旧、夏汾、京大、运风、运三 1100 公里的高速公路实现联网收费一卡通。

从太旧高速公路开通运营起，全省高速公路收费工作就确立了以服务为根本，创建山西高速收费“窗口”形象的工作思路。提出以“服务人民，奉献社会”为宗旨，内强素质，外树形象，文明收费，优质服务，最大限度地满足广大司乘人员需求，提高快速放行能力，努力实现高效率管理和高品位服务的工作指导思想。省高管局成立后，设立收费处，各管理公司（管理处）成立收费稽查部和直接从事收费工作的收费站。省高管局收费处为全省高速公路收费管理的职能部门，主要负责全省高速公路收费业务的管理、指导和检查工作；收费稽查部是高速公路管理公司（管理处）主管收费管理的职能部门，是收费工作的直接管理者和组织者；收费站是收费工作的直接实施者，主要负责车辆通行费收取，为社会提供快速的通行条件与必要的便民服务等收费基础工作。

全省高速公路车辆收费标准主要包含客车车型收费标准和货车计重收费标准两部分。现行客车收费标准是 1998 经省物价局、省财政厅批准制定的，车型划分按照车辆的物理属性（车辆的轮轴数及车辆前轴处总高度）确定。按照这一标准划分车型，一是为了适应国际通行的做法，即按车头高度和车辆轮轴数分类收费，以车辆对路面形成的物理作用大小进行科学的分类收费；二是随着科技快速发展，车辆自动分类系统可以准确认定车辆的不同物理特性，车辆分类收费标准的制定需为此打下基础；三是由于全省借鉴高速公路早期通车运营的广东省高速公路的做法，目前广东省高速公路仍主体沿用此种分类标准的收费标准。全省高速公路小型客车收费为 0.36 元/车公里（乙类），在全国处于最低水平。

三、路政管理

路政管理是高速公路管理的重要组成部分。为加强高速公路交通行政执法管理，省高管局根据《公路法》及其他有关法律、法规规定，全力推进高速公路体制管理改革。由省高管局路政处对全省高速公路路政工作实行统一领导，按照分级负责的管理模式，加强路政执法队伍建设，提高执法人员装备质量，明确路政管理工作职责，省高管局和所属公司、管理处牢固树立“执法为民，贡献社会”的服务理念，严格实行“四公开一监督”制度，坚持手段创新，机制创新和队伍管理创新，大力实施“阳光执法”战略，路政管理水平不断迈向新台阶。

1996 年 6 月 24 日，在太旧路正式通车运营的前一天，省政府颁布《山西省太旧高速公路路政管理暂行办法》。对于维护太旧路路产路权，保证太旧路安全畅通起到积极作用，特别是路政管理加大应急事件处理能力，增强清障工作力度，提高制止违法行为效率，使路政管理有了实质性进展，也为全省高速公路立法奠定坚实基础。2000 年 5 月，省政府颁布《山西省高速公路路政管理办法》（143 号令），迈出了由太旧路向全省高速公路转换的立法工作的第一步,为保护路产维护路权提供强有力的法律武器。为认真履行好"保护路产,维护路权"这一神圣职责,山西省高速公路路政管理机构根据《公路法》及其他有关法律、法规和规章规定,为维护公路管理者、经营者、使用者的合法权益,实施保护公路、公路用地及公路附属设施的行政管理。其路政管理职责包括宣传、贯彻执行公路管理的法律、法规和规章,保护路产,实行道路巡查,管理公路两侧建筑控制区,维护公路养护作业现场秩序,参与公路工程交工、竣工验收,依法查处各种违反路政管理法律、法规、规章的案件和法律、法规规定的其他的职责。

山西省高速公路路政执法队伍最早于1995年12月由山西省太旧高速公路管理局批准成立,共两个大队,名称为:山西省太原旧关高速公路管理局路政一大队、二大队,履行太旧高速公路的路政管理职责。之后又相继成立山西省太旧高速公路管理局路政三大队、四大队、五大队、分别负责太原东山过境高速公路、晋阳高速公路、运风高速公路的路政管理工作。1998年9月,原太高速公路建成通车,省交通厅批准成立"原太高速公路路政管理支队",由省交通厅直接派驻执法。2005年5月,京大高速公路建成通车,省交通厅又成立"大同高速公路路政管理支队",2000年12月,夏汾高速公路建成通车,批准成立"吕梁高速公路路政管理支队"。

四、服务区管理

高速公路服务区是确保高速公路安全畅通、促进高速公路效益整体增长的重要设施。服务区建成投入营运后,各高速公路运营管理单位按照"依法运营、照章纳税、精心管理、稳步提高"的原则,不断加强经营管理,提高服务水平和经济效益,确保国有资产保值增值。

高速公路运营管理单位对服务区采取承包、租赁、授权等多种经营形式,并按照《企业国有资产监督管理暂行条例》等有关法律法规的规定,建立健全各项监督管理制度和岗位责任制,加强员工的岗前和岗位培训。高度重视质量管理,一个重点是服务质量,主要是服务设施的功能完好整洁和服务人员的工作到位,切实做到让顾客舒心满意;另一个重点是商品质量,严把进货关,杜绝假冒、伪劣、腐烂变质商品进入,切实保证产品油品质和计量合格达标。抓好两个重点不断提升优质服务水平。高度重视服务区公益性设施的管理和维护,对公厕、场地、绿化、供水、配电、供暖等设施,要求各服务区配备专人,明确责任,加大投入,为经营服务工作正常进行提供有效保证,从而使服务区的经营在短时期内转入正常。同时,把安全工作作为重中之重来抓,抓紧员工人员、生产经营、消防、治安、餐饮、资金使用和现金管理等各方面的安全,做到有安全隐患不放过、有事故苗头不放过、事故责任人不放过。

第三章　道路运输

从1993年起，全省运输管理工作重点转到培育和建设运输市场上来。1994年党的十四届三中全会作出《中共中央关于建设社会主义市场经济体制若干问题的决定》，1995年交通部下发《培育和发展道路运输市场的若干意见》，要求加快建设全国统一、开放、竞争、有序的道路运输市场。之后，全省各级运管机构积极探索，不断实践，采取“学习外地，培养典型，总结经验，全面推开”的做法。按照“因地制宜、注重实效、不搞一刀切、不求一个模式”、“先发展、后规范、边建设、边规范”等工作思路和原则，积极组织引导运输、仓储、信息、配载等交通运输企业，充分吸纳各方资金设备、设施，因地制宜“大建市场，建大市场”。并从1994年开始连续3年，组织召开全省货运市场建设流动现场会，推动此项工作的开展，一批有形、有规、有序、有网、有效的运输交易市场和要素市场开始形成，并发挥重要作用。自1995年10月1日《山西省道路运输管理暂行条例》颁布实施后，省交通厅先后出台一系列规范性文件，这一时期，各级运管机构综合应用经济、法律、行政手段，通过严把市场准入关，制定费收优惠政策，实行“价格浮动”，客运线路有偿使用，货物合同运输等方法和手段，使高、中档客车和重型、零担、特种货车迅速增长；夜宿农村班车客运、卧铺客运、跨省长途班车客运和厢式、特种货物运输得到长足发展；汽车维修企业类别、网点布局趋于合理，特约维修、快速维修、品牌连锁经营业务迅速拓展，一个门类齐全、方便、及时的汽车维修网络基本形成；汽车驾驶学校和驾驶员培训管理，自1993年纳入道路运输行业管理后，经过全面整顿验收，制订发展规划，完善管理制度，一个布局合理，培训规范的驾驶员培训网络开始形成。

第一节　《山西省道路运输管理条例》的颁布实施

1994年，省人大常委会、省人民政府分别将道路运输管理条例的立法项目列入当年立法计划。根据省立法计划，省交通厅召集各地、市有关人员召开座谈会，并成立由两位厅领导挂帅，有关人员参加的起草小组，1994年4月拿出初稿。5月将初稿印发全省各级交通和运管部门征求意见。在7月召开全省各地、市和部分县交通局长、运输管理处（所）长参加的会议，又对修改后的征求意见稿进行讨论。9月又征求省人大财经委和省政府法制局的修改意见，10月份与省人大财经委和省政府法制局有关人员到全国人大法工委、交通部征求意见。1994年11月，形成《条例》送审稿。省政府法制局征求11个地（市）和省直有关部门意见。在多次协调基础上，12月又组织有关人员对有关重点问题进行调查研究，并在12月9日召开专家论证会。1995年3月，省政府法制局、省交通厅派人去北京，就有关问题请示国务院法制局。根据请示结果和有关部门意见，省交通厅对条例又进行修改。省政府常务会议讨论，通过后又对个别问题进行修改。1995年7月20日，山西省第八届人民代表大会常务委员会第16次会议审议通过《山西省道路运输管理暂行条例》。从同年10月1日起施行。

第二节 货运市场的建立

20世纪80年代,省营运输企业独家经营局面被打破,运力结构发生变化,尤其是社会运力得到长足发展。钢铁、粮食、物资、外贸、煤炭等几大行业各自投资增加运力,满足自身需求,初步形成当时全省道路货物运输以专业运输企业为主,社会车辆运输为补充的格局;随着改革开放和市场经济逐步推进,由于道路货运准入门槛低,投资回报快,一度成为许多个体经营者的首选,大批民间运力也投入社会营运,形成运力供应充足,甚至过剩局面。根据山西煤炭能源重化工基地建设特点,省营运输企业重点发展晋煤外运经济,进一步贯通全省乃至全国各地的整车、零担货运网络,充分体现国有运输企业在运输市场中的主渠道作用。初步形成以太原为中心向四周辐射,各地(市)、县、乡向太原交汇,地区(市)与地区(市)纵横,县(市)与县(市)交错,干线直达贯通,支线联网成片的全省货运网络,跨省货运能力进一步得到提升。

20世纪90年代,全省公路建设进入蓬勃发展时期。特别是1996年6月25日太旧高速公路通车,道路运输业进入划时代发展阶段。20世纪末,山西交通社会化大生产经营体制基本形成,国营、集体、个体运输得到全面发展。车型结构实现高、中、低档和大、中、小型全面配套,货物运输网络覆盖面进一步加大,跨省货运线路通达全国各地,基本满足社会物资流通和人民生活需求。

进入21世纪后,全省货物运输由数量型向质量型转变,围绕现代物流发展,向货运服务和零担配送延伸,并调整运力结构,推进资源整合,形成新的货运生产力,建设成为以快速货运为龙头,普通货运为基础,集装箱、大件、危货、鲜活、特种货物运输为补充,物流配送为重点的贯南北、跨东西、覆盖全省、辐射全国的道路货物运输网络。

拖拉机货运在道路等级差、通过能力低的年代,曾以其道路适应性强,快装易卸和按马力计费较汽车按吨位交纳养路费低,柴油较汽油便宜等优势,占据相当市场份额。随着高速公路和等级公路增加,以及运输市场多元化,消费信贷和市场竞争加剧,淘汰老旧车辆的速度越来越快。作为高污染、低效率的拖拉机运输业越来越不景气,到2005年几至绝迹。为适应市场需求,货运汽车快速增长,车型向重型和小型两极发展,而5吨左右的车型则逐年减少,形成重型车承担中远距离货物运输,中小型车承担近距离货物运输和短途货物配送的格局。

1994年以后,全省各级运管部门把运输市场的培育和建设作为中心任务,积极发展,稳步推进。1994年、1995年、1996年,省运管局先后在本省南部、中部、北部连续3次召开培育和建设货运市场物流现场会,省运管局副局长孟潞安、货运科科长张海珠、各市运管处分管领导、货运科长参加。通过现场观摩,交流总结各地因地制宜培育建设货运市场,发展信息网络和联营组织的做法与经验,推动全省货运市场建设蓬勃发展。一是以货物集散地和交通中转要道为依托建立市场。如大同五里店火车站每天货物吞吐量达千吨,引进百余辆车。大同运管处在有关部门配合下,对货运秩序进行整顿,组建五里店货运中心,派驻专人到货场,建立管理制度,规范交易程序,促进交易活动。二是以信息服务为龙头,以自发市场为基础,牵线搭桥建设市场。曲沃县运管所组建信息服务中心,在11个乡镇选配信息联络员,上东北,下西安,与许多省市建立信息来往和协作关系,为承托双方提供优质服务,活跃市场。三是以厂矿企业和鲜活货物产地为基地,围绕生产建市场。山西化肥厂是一个年产40万吨的大型企业。长治市潞城运管所在政府支持下,组织50多辆社会车辆和250人搬运队伍,成立三个骨干车队,在山西化肥厂建立一个制度健全、功能齐全的货运市场。长子县年产蔬菜10亿斤,县蔬菜办和运管所一起,筹集资金160万元,建成占地20亩,基础设施2000平方米的蔬菜运销市场,为菜商和车户提供停车、食宿、集装箱运输等综合服务，使长子县蔬菜运销全国20多个省市及加拿大、日本、澳大利亚等10多个国家。四是以国有运输企业和社会联营组织为骨架，联合各方力量建市场。临汾地区运管处利用临运公司设施设备和技术骨干建立货运服务中心。忻州、文水、临猗等县市运管部门，将个体车户组成松散联营公司，集体对外承揽业务，统一办证缴费，代办运费结算，提供停车、加油、修车、处理事故等服务，形成以联营组织为主体的货运市场。1994年共建立货运交易场所209个，货运信息服务中心370个，货运中介代理业户197个，建立专用物资站69个。

1996年，省运管局发出“大建市场，建大市场”号召，进一步掀起培育货运市场高潮。晋城市率先实施“三个一百”工程，建成一百个货运有形市场、一百个货运联营组织和一百个货运信息网络。

1991年至1995年，全省建立货运有形市场201个，信息服务和客货运中介组织1115个，联营组织286个，多种营运服务站场248个。一个以地、市、县货运交易场所为依托，仓储、配载、信息、运输一体化的货运服务体系基本形成。

1995年5月18日，为促进阳泉市货运站场向现代物流业发展，省运阳泉汽车运输公司河下货运站正式落成并投入使用。1984年批准立项，1986年开始动工，近10年时间先后7次投入资金1209万元，分3期完成征地、三通一平、办公楼、公寓楼、联检室、保修车间、食堂及场地硬化等主要生产、办公、生活设施的建设与配套，完成建筑面积4万多平方米，建筑分上、下两个停车场，能同时停放200辆大吨位汽车。地处太旧高速公路中段，是太旧高速公路上第一个先期完成的配套设施。从1996年到2000年，全省共筹措资金1500万元，建成有形市场123个，站场面积52万平方米。

2004年，全省有货运站31个，其中一级站1个，二级站7个，三级站3个，四级站20个，平均日换算货物吞吐量达2.34万吨。

2005年，全省有货运站13个，其中一级站2个，二级站4个，三级站1个，四级站6个，平均日换算货物吞吐量达2.86万吨。

2006年底，全省有货运站12个，其中一级站1个，二级站4个，三级站1个，四级站6个。

2007年底，全省有货运站7个，其中一级站1个，二级站3个，四级站3个。货运站全年投资33.5万元。

2008年底，全省有按交通部部颁标准审定的货运站37个，其中一级站1个，二级站7个，三级站4个，四级站25个。平均日换算货物吞吐量达3.97万吨。货运站全年投资1000万元。截至2010年底，全省货运站达到64个，其中一级站1个，二级站15个，三级站7个，四级站41个。截至2010年，全省营运汽车达到46万余辆，其中，营运货车39万辆，平均吨位8.26吨，厢式货车3.8万辆，危货车辆5397辆；营运客车近7万余辆。2010年完成货运量6.1亿吨、货物周转量969.9亿吨公里，客运量3.26亿人、旅客周转量215.7亿人公里。有不少货运站场和货运有形市场形成信息配载、电子商务、承托交易、代办结算、仓储保管、食宿停车加油、修车等服务设施齐全的新型货运站，进一步提高经济效益和社会效益，为物流业发展打下基础。

第三节　客运市场的建立

20世纪80年代，为客运事业发展鼎盛时期，特别是个体客运专业户异军突起，迅速发展，从根本上扭转“坐车难”局面。国营运输公司也在激烈的竞争中发挥优势，得到更快发展。特别是在脱贫致富奔小康过程中，人民群众对道路客运服务方式要求更加多样化。全省各级运管机构统筹协调各种运输方式，使之相互配合，分工合作，形成多种各具特色的营运方式，使人民不同层次和类型的客运需求得到更好满足。

随着经济发展，社会进步，全省道路旅客运输发生翻天覆地变化。从运输工具到车辆性能，从站务设施到旅行条件，从经营方式到服务质量，都有超常规发展和跨越式提高。

截至2006年底,全省共有道路旅客运输经营业户1415户,其中班车客运1186户、出租车客运104户、旅游客运49户、公交客运60户;营运载客汽车1.68万辆、总座位33万个,其中班线客车1.23万辆,高、中级客车占到46%,旅客出行条件明显改善;开通农村客运班线2657条,投放客车5936辆,日发1.4万个班次;旅游客运市场逐步规范,纳入行业管理的旅游客车895辆,其中高级客车占到70%以上;纳入交通部门行业管理的出租车2257辆。全省共有省际及省内市际、县际、县内各类客运班车线路4440条,跨省客运班线通达全国22个省、市、自治区,省内全部乡镇、大部分行政村开通客车和客运班线,全省三分之二的农村客运班车实行城乡一体化,农民群众出行更加安全便捷。

截至2008年底,全省有道路旅客运输业户1247户,其中经营班车客运1169户,出租客运25户,旅游客运64户,公交客运5户。有客运从业人员47 487人,其中客运驾驶员24 523人,乘务员15 492人。有客运车辆21 216辆、426 324个客位。其中班车客运车辆15 118辆、337 366客位;出租客运车辆4283辆、21 410客位;旅游客车1322辆、44 796客位;其他客运车辆493辆、12 752客位。客运线路合计5307条,平均日发班次31 985.3班。其中高速公路客运线路472条,平均日发班次1923.1班;跨省线路630条,平均日发班次1352.8班;跨地市线路861条,平均日发班次3897.5班;跨县客运线路1161条,平均日发班次8368班;县内客运线路2655条,平均日发班次18 367班。

截至2010年,全省现有道路客货运输业户达到22.6万户,营运汽车46万余辆,其中,营运客车近7万余辆,班线客车1.4万辆,旅游客车1265辆,农村客运车辆6526辆,城市公交车辆8086辆,城市出租车3.9万辆;各类道路运输营运驾驶员60万人,从业人员近160万人。开通了辐射25个省、市、自治区和省内各市、县、乡、村的客运线路7993条,年均日发班车49 187个,年均日发送旅客44万人次。

第四节　汽修网络市场的建立

1993年,全省运管部门将运输市场管理工作重点由治理整顿转向培育和建设,汽车维修市场经过积极扶持和引导发展,也日趋繁荣和规范。1994年,全省汽车维修企业纷纷更新机具设备,仅阳泉、忻州、晋城、太原四地市就新增固定资产638万元,新增设备1028台。

1995年7月20日,《山西省道路运输管理暂行条例》颁布后,对规范维修市场管理起到重要保障和促进作用。1996年8月1日,经山西省第八届人民代表大会常务委员会第23次会议批准,《太原市汽车维修企业管理条例》颁布,自1996年11月1日起施行。这是全国汽车维修行业第一个地方性法规,为全省乃至全国维修行业管理带了个好头。1995年底,全省有汽车维修业7034户,是1990年1.3倍。其中一类维修企业261户,二类维修企业2372户,三类维修企业4563户。

1997年,GB/16739—1997国家标准《汽车维修业开业条件》颁布实施后,使全省汽车维修行业结构进一步调整,整体素质明显提高,行业面貌有了较大改观。省运管局对维修企业增置先进机具和检测仪具高度重视,对边远经济落后地区,要求维修企业按照开业条件增置必备的维修机具和检测仪具,对于大、中城市,特别是承担进口车维修的企业,鼓励其参与竞争,更新先进维修设备、检测仪具。多次组织地市维修企业参加全国各地举办的汽车维修、检测设备展销会。1997年,全省维修企业专用设备比上一年增加6055台。

与此同时,汽车维修企业组成结构和经营体制发生明显变化。1987年4394户汽车维修企业中,国有、集体、个体不同经济类型的比例为33∶26∶41;1990年发展到5498户,其中国有、集体、个体不同经济类型总量比例为8.2∶13.4∶78.3。为弘扬行业正气、树立良好形象,促进全省机动车维修行业健康发展,1996 年,省运管局在全省汽车维修行业中组织开展"质量、服务"信得过企业活动。经省、地、县三级认真评选,共评出 42 户省级双信企业和 140 户地(市)级双信企业。

1997 年底,全省共有汽车维修企业 6776 个,其中一类企业 237 个、二类企业 1955 个、三类企业 4584 个,从业人员 50 113 人。其时,边远经济落后地区已能胜任对国产货车进行维修,中心城市可对进口货车、高级轿车进行维修,一个进出有序、平等竞争,能够满足全省道路运输发展,各界各层次需要的机动车维修市场已经初步形成。

随着维修行业组成结构的悄然变化,为搞好售后服务,拓宽销售渠道,扩大市场份额,各汽车厂家纷纷在各地寻求有一定实力的汽车修理厂家实行联营,建立汽车售后特约维修基地,并进行整车和配件销售及信息服务,致使一些三位一体和四位一体的特约维修站,即所谓的"3S"、"4S"店和一批设备精良、技术先进、管理科学的汽车维修企业相继在全省大、中城市出现,并在日趋激烈的市场竞争中凸显其优势。1981 年,太原汽车修配厂先后与"一汽"、"二汽"、"南汽"签订协议,在本厂建立"解放"、"东风"、"跃进"特约维修服务中心,承担这三种车型的质量三包和技术传授。由此,汽车特约维修站开始在山西省建立。1984 年,太原东风汽车修理厂同北京汽车总公司和上海拖拉机汽车公司协作,建立"北京 BJ212"吉普车和、"上海 SH760"小轿车特约维修站。1985 年,大同、侯马汽车修配厂分别与中国第二汽车制造厂联营,建立大同、侯马汽车修配厂"二汽特约维修服务站"。两站分别由两修配厂经营,负责东风牌汽车整车、配件的销售和汽车售后维修服务工作,由第二汽车制造厂给予两厂一定数量的开办资金,优惠提供东风牌汽车配件,并提供技术帮助和经营管理指导。其后,山西省内各种车型的特约维修服务站不断发展增多。最初以修理实力较强的交通部门办的修配厂、保修厂为多,后来,其他行业的修理厂和私营汽车维修厂家也纷纷效仿。1986 年 3 月,成立上海大众汽车有限公司太原特约维修站;1987 年 8 月,成立东风汽车公司长治销售技术服务站 4S 店;1989 年 10 月,成立北京吉普汽车有限公司太原特约维修站;1994 年,中国一汽在临汾设立总代理;1995 年 6 月,成立第一汽车集团股份有限公司运城销售服务站;1996 年 11 月 28 日,上海大众汽车特约维修站进入临汾维修市场。之后,在很短几年内,夏利、普桑、二汽等十几个汽车品牌厂商相继落户山西,很快推动汽车修理业进一步发展。

1997 年,全省各类车型特约维修站发展到近 50 个,这些维修站大部分设备先进,人员技术服务素质高,车辆维修优质快捷,配件进货渠道畅通,价格优惠,代表汽车维修发展的方向。

4S 模式于 20 世纪 90 年代传入中国,从 2000 年起,山西省大昌等维修企业对企业品牌经营策略采用 4S 模式。为保证和提高汽车特约维修服务质量,拓宽整车和配件销售市场,各汽车制造厂普遍实行考查制度,定期派员到设立于各地的特约维修站,对其基础设施、维修设备、员工素质、经营条件等进行考查,并进行技术帮助和经营指导,对不符合经营条件的特约维修站令其限期整顿或撤销其代理资格。各特约维修站为争取到汽车制造厂家的优惠维修权,普遍注重内部管理,努力提高工艺装备水平,提高员工技术服务素质,使全省汽车特约维修整体能力不断提高。对于特约维修站和 4S 专卖店在山西省呈如火如荼发展态势,省运管局给予积极扶持,涌现出一大批经营规模较大、工艺设备先进、人员素质较高、服务快捷高效的汽车特约维修厂家和维修站。如上海大众有限公司太原特约维修站、山西黄河车辆服务有限公司、太原轻型汽车总厂、北京吉普汽车有限公司太原特约维修服务站、东风汽车公司长治销售技术服务站、大同中日合资三泰维检有限公司、介休市桑塔纳汽车特约维修站、第一汽车集团股份公司运城销售服务站、太原大昌进口汽车维修中心、侯马市公共汽车修配有限公司、山西侯运集团东风车修配厂等。这些4S店和特约维修站抢滩登陆山西,也促使原有维修企业改善工艺装备,提高人员素质,自加压力,做大做强,崛起成为新兴的现代维修企业。

到2000年底,全省汽车维修企业从1996年7054户减至6061户,其中一类企业177户,占2.9%,二类企业1546户,占25.5%,三类业户3348户,占55.8%,摩托车修理业户954户,占15.7%。可见汽车维修企业多、小、散、弱的状况有了改善。整个汽车维修行业依托中心城市,合理布点,形成了以一类企业为骨干、二类企业为基础、三类企业为补充,门类全、质量好、方便及时的维修网络,初步建成进出有序,平等竞争,能初步满足省内道路运输发展需要的汽车维修市场。通过引导企业跟踪世界汽车制造业的先进科技,在电子诊断与检测、清理尾气排放、贯彻I/M制度方面有了突破性发展。在特约维修、品牌连锁、特许经营等特色服务和急修、快修、装膜、美容、清洗等延伸维修项目基础上,初步建立车辆维修救援网络。全省基本实现汽车大修不出县,高档进口车维修不出市,长期以来修车难的局面基本解决。维修与检测实现年产值6.8亿元。而且,迅速崛起并逐渐增多的具有现代经营理念的3S、4S连锁店和特约维修站,越来越成为全省汽车维修企业效仿的楷模。如投资1200万元新建的"山西大昌",投资980万元新建的"介休华日"等。这些新兴维修企业规模较大,建筑豪华,拥有宽敞明亮的业务大厅,干净整洁的维修车间内,一排排举升机及各种维修机具设备和检测仪器一应俱全,甚至于门面装修、地面瓷砖铺设,都按制造商要求和规定进行,使人们对汽车维修行业刮目相看。特别是计算机在汽车控制领域上的广泛应用,彻底改变现状,开创全新汽车维修理念。过去传统汽车维修技术,由于技术落后,设备跟不上,仅停留在车床、刨床、铲床、磨床的机加工设备及锻、铸、镗、钳等工种,是以单纯机械修理工艺为基础的手工操作技能,其技术延续的方式主要以师徒相传为主,其工艺特征主要表现为手工工具的应用,以零配件拆检诊断,修修补补、敲敲打打。而现代化的维修车间,不解体检测诊断的换件修复取代大拆、大卸的加工修理。机修车间配备有发动机故障分析仪、波型分析仪、制冷剂鉴别仪、防冻液分析仪、自动变速箱免拆清洗机、内窥镜、四轮定位,各种故障维修前就能精确诊断。钣金车间配备有奔腾事故车整型平台、局部整型机、二氧化碳保护焊机、可将一辆辆变形的事故车恢复到原状。专用烤漆车间,意大利烤漆房使事故车的烤漆恢复到最佳状态。在汽车维修业带动下,与汽车用品、汽车维修相关的汽车美容,汽车装饰、汽车养护项目也随之发展起来。

2002年12月,太原汽车运输责任有限公司成功组建金龙客车太原重汽特约服务站。公司按照金龙客车厂要求,并结合现代高客维修特点,对维修站进行CI策划、形象设计,对车间进行全面改造、装修。得到山西汽车运输集团和金龙厂领导的一致认可。该站认真执行"用户第一、质量第一、信誉第一"的服务宗旨,"热情、方便、及时、周到"地为用户提供优质服务,推出了以"顾客为关注焦点",设立特约服务热线,24小时值班等举措。

截至2006年底,全省所有市都采用4S模式的维修企业,并将623户小规模汽车维修经营户也纳入行业管理,其中包括307户洗车、装潢车的经营者。全省共有机动车维修业6863户,其中一类维修企业192户,二类维修企业1402户,三类维修企业4721户,摩托车维修548户,机动车维修从业人员达6万人,固定资产13.5亿元。共维修机动车2 131 435辆次,其中整车修理5161辆次,总成修理34 484辆次,二级维护351 050辆次,专项修理1 740 740辆次,维修救援40 675辆次,全省维修行业实现产值6.75亿元。

2008年底,全省有机动车维修业8785户。其中一类维修企业205户,二类维修企业1418户,三类维修企业6606户,摩托车维修556户,机动车维修从业人员达75 366人,其中技术负责人11 081人,质量检验员4601人,其他维修技术人员34 553人。共维修机动车 3 071 548 辆次,其中整车修理 11 522辆次,总成修理 66 330 辆次,二级维护 512 686 辆次,专项修理 2 481 011 辆次,维修救援 45 826 辆次。

截至 2010 年,全省机动车维修业户达到 9286 户,其中,一类企业达到 225 户,二类企业达到 1444 户,三类企业达到 7164 户,完成机动车维修量 422.4 万辆次,机动车综合性能检测站达到 70 户,年完成检测 57.64 万辆次,机动车维修救援企业达到 347 户,机动车维修与救援检测从业人员达到 8.5 万人,年产值达到 13 亿元。

第五节 收费项目的清理

全省道路运输开征的运管规费有道路运输管理费和公路客运附加费(1993 年至 2000 年期间曾称为公路客运站场建设费)。是经中央和省政府批准并纳入财政预算管理的行政事业性收费,列入财政部、税务总局财税字〔1997〕117 号文件不征收营业税的收费(基金)项目名单,属于不征收营业税项目的收费和基金。

运管规费由车籍所在地县级以上运政管理部门负责按期征收,实行全省统收统支、收支两条线的预、决算管理办法,各县级运管部门规费征收按期逐级全额上解市、省道路交通运政管理部门,由省运管局统一集中解缴省财政。省财政厅、省运管局、市运管处逐级返还。各级运管部门严格执行国家专款专用财政规定,将运管规费按规定分别用于道路交通运政事业管理和道路客运基础设施建设。

2009 年,根据国务院实行燃油税改革规定,全省各级运管机构停止征收道路交通运输管理规费。

一、运输管理费

道路运输管理费是根据国家规定向应征者征收取之于运输车辆,用之于道路运输行业管理的专项行政事业经费。

(一)征收

20 世纪 70 年代中期,社会运输业渐趋繁荣。为规范对运输和运输市场管理,国务院及各级地方政府层层定条例、下规定、发指示,对运输市场实行"三统"管理,并要求各级交通部门组建专门机构。为贯彻省革命委员会《关于加强运输市场管理的通知》,1974 年,省交通局、财政局、商业局制定具体实施办法,并以〔1974〕晋革运字第 11 号、〔1974〕晋革财企字 210 号、〔1974〕晋革商工字 285 号文件联合发文,要求在加强运输市场管理的同时,收取运输管理费(简称运管费)。规定凡经交通运输部门组织参加社会流通过程中物资运输的社会车辆及农副业车辆,所得运费归各单位,交通部门从各单位总营运收入中提取 2% 的运输管理费,县运管部门每月从所收运管费总数中提取 5% 上缴地区。

1978 年,省财政厅、省交通厅联合以〔1978〕财企字 1521 号、〔1978〕晋交社字第 606 号发文,对运管费提取范围和费率作了规定:机关、厂矿、企事业单位的车辆,农村各种运输工具搬运装卸劳力,凡参加物资运输和搬运装卸发生运费结算或变相运费结算的(包括以销带运,产品运费混合计算的),一律按照规定收取运管费。经批准自办调度拉运物资的,按营业收入 0.5% 提取运管费,但承运本部门以外的物资,仍按 2% 提取。

1980 年前后,各地市、县(市)社会运输管理部门相继成立,运输管理费在全省普遍开征。但 1980 年至 1985 年间,此费实行由货物所在地运管部门征收的办法。就全国而言,由于各地征收费率及征收办法不统一,出现运管费漏征、重征、乱征等问题,给运管工作带来极大不便。为此,交通部统一规定全国运输管理费的征收办法和费率。1985 年 6 月 20 日,省交通厅以晋交〔1985〕291 号文件印发《山西省公路运输管理费征收办法》,明确政策,统一费率,纠正征收中的不合理现象。根据国家经委、交通部经交〔1983〕594 号文件有关规定,山西对可以考核营运收入的企业或车辆,运管费按最多不超过营业额 1% 的费率计征。对难以按营业额考核计算的,按车辆吨位折算征收,折算征费标准限于相当正常营运收入总额的 1% 以内,每月每吨位以5元至7元计征。并根据交通部规定,统一均由车籍所在地运输管理部门负责征收,对非营运车不得征收。

1986年11月,交通部、财政部印发公路运输管理费征收和使用规定,运管费征收标准按经营者营业收入最高不超过1%计征。凡从事营业性公路客货运输、搬运装卸、运输服务的单位和个人以及部队车辆参加地方营业性运输的,均需交纳运管费。

1990年11月,随着公路客、货运输价格调整,省物价局、省财政厅、省交通厅又联合颁发《公路运输管理费定额计征费率标准的通知》,规定全省公路运输管理费仍按运输营业额1%计征,将运价调整后的运管费计征标准定为:载货汽车(包括挂车)8元至11元/吨月;拖拉机(按核定挂车吨位计)7元至9元/吨月;客车,大型1元至1.4元/座月,中型(不含司、助座)1.4元至1.6元/座月,小型(不含司、助座)1.6元至2元/座月。

1994年1月,根据国家计划委员会、财政部、农业部《关于涉及农民负担部分收费项目修改意见的通知》,省运管局印发〔1994〕第2号文件,规定对本省从事运输的农业拖拉机和农用汽车,征收运管费标准由当时执行按营业额1%计征调整为按0.7%计征。定额征收相应下降30%,且不再层层上解。

1997年5月,省财政厅、省交通厅结合实际情况规定,汽车维修和驾驶员培训也须交纳运管费。为加强机动车驾驶员培训的管理工作,1996年4月,省财政厅、省物价局、省交通厅印发《关于驾驶员培训及驾校管理收费立项有关问题的通知》,规定收费项目为:学员培训费、管理费、证件工本费。之后,省物价局、省财政厅专门印发《驾驶员培训及驾校管理收费标准》,规定驾校运管费收费标准按培训费总额4%计征。1997年12月15日,国家计划委员会、财政部印发《关于第一批降低22项收费标准的通知》,公路运输管理费收费标准从最高不超过营运(营业)收入1%,降低到最高不超过营运(营业)收入0.8%。

2005年,省物价局印发晋价行字〔2005〕240号文件,把运管费定额计征费率调整为每月每吨不超过23元。

由于运输条件改进,营运车辆迅速增加,运管费收入以每年平均9.2%的增长率递增。1987年全省征收1365万元,1991年征收5321万元,1995年征收7300万元,1996年突破亿元大关,达10 918万元。1997年征收13 638万元,2006年征收一跃达到3.83亿元,2008年为6.47亿元。

(二)管理

为了搞好运管费征收工作,全省各级运管机构进一步建立和完善运管费台账,把货物运输经营户按一定顺序编排记入台账,征收运管费按月缴或包缴分别记入账内,报停车辆也随时根据报停单如实记载,月底核查,漏缴的进行补缴,有发生重大事故或其他特殊原因的,按特殊情况处理。既做到规范化、程序化管理,又保证运管费应免不征、应征不漏。

1986年7月6日,交通部公路局印发〔1986〕公路运管字171号文件《公路运输管理费征收和使用规定》。明确提出运管费由省、自治区、直辖市运管部门统一征集,按比例分级安排使用,收支两条线的办法管理。分级使用比例为县70%;市、地20%;省、自治区、直辖市9%;交通部1%。随之,省交通厅、省财政厅印发《改进公路运输管理费的现行管理办法》,决定将1981年以来实行的按比例留缴办法,改为由省运管部门统一征收,分级提成,专款专用,收支两条线的管理办法。各地(市)运管部门须将所辖市、县、区运管部门逐月征收的运管费总额,按月列表报省运管部门。各级运管部门征收的运管费,需在当地银行单独立户,单独建账。账目须日清月结,费款进入专户上解,严格遵守财经纪律,严格按财务制度办事,并接受审计、财政部门的审计与监督。

1996年底,省财政厅、省交通厅根据执行情况,决定从1997年1月1日起,对道路运输管理费实行全省统收、统支,收支两条线的预、决算管理制度。即收入全额上解,支出按批准预算逐级拨付,任何单位和个人都不准截留、挪用和拖欠;各地(市)、县运管部门每月底一次性将所征收的运管费,逐级全额上缴省运管局运管费专户,由省运管局将征收的运管费上缴省财政厅财政专户。已实行财政专户资金划转的地(市),由地(市)财政部门直接划转省财政专户,纳入预算外资金管理。省财政部门按计划给省运管局下拨经费,再由运管部门逐级下拨所属各单位的支出专户。每年10月省运管局按照“量入为出,收支平衡”原则,编制下年度全省运管费收支、预算,报省交通厅、省财政厅审批后执行。运管部门征收运管费时,应使用省财政厅统一印制和管理的运输管理费票据。票证的领用按省财政规定程序办法执行,运管部门负责票证的使用管理和缴销、核查工作。

2004年,省运管局进一步加强运管规费审计与管理。一是认真贯彻落实省交通厅、省财政厅2004年1月15日印发的《关于加强道路运输管理费、公路客运附加费“收支两条线”管理有关问题的通知》精神,“两费”纳入省财政预算内管理,建立完善的省、市、县三级财务预算管理体制,实行资金直接拨付,保证资金“专款专用”,解决截留、坐支、挤占、挪用等问题,提高运管资金的使用效果;二是加强“两费审计力度,对审计中暴露出来的问题提出整改措施,逐条纠正,责任到人;三是加强和规范“两费”票据的领、发、缴、销管理制度和资金管理制度,杜绝违纪行为发生。

(三)使用

1986年,交通部印发《公路运输管理费征收和使用的规定》,强调运管费必须坚持专款专用原则,用于行业管理,任何单位和个人不得挪作他用。并对其开支范围做了分项规定:①职工工资及提取的职工福利基金;②业务开支和管理费用;③离、退休人员的费用;④固定资产购置(包括工作用车、通讯、宣传、纪录、计算、检测等设备)和基本建设投资(包括办公用房、职工宿舍及行业的服务设施);⑤奖励基金及工会经费;⑥智力开发和人才培训的经费开支;⑦按规定的比例上交部分。同时还规定,属于经费开支部分的,按事业单位开支标准编制预算;属基本建设部分的,按基建规定程序报批,经批准后支用。

1997年5月,省财政厅、交通厅印发《山西省道路运输管理费征收使用管理实施办法》,强调运管费由省运管局提出计划报省交通厅、财政厅审批,统筹规划,安排使用。

二、客运附加费

(一)征收

经省政府批准,从1988年9月1日起,在全省范围内开征公路客运附加费,作为公路客运基础设施建设的专项资金,用于公路客运站场建设。同年10月,省交通厅制定公路客运附加费具体实施办法,规定由省交通厅负责统一征收,分级管理,专款专用。各地(市)、县交通局运管处、所为该费征收承办单位。确定凡在山西境内经营公路旅客运输业务的单位和个人,都要向当地运管部门交纳客运附加费。此费由客运经营者向旅客代征,每人公里为0.003元,并入客票票面金额内,在售票时一次核收,不另发行票据,在客票票面上注明“含客运附加费”字样。运管部门向代征单位个人征收客运附加费一律按车座定额计收,标准为:本县境内运行客车9元/座月,跨省、县运行的客车10元/座月,计时包车每座每小时人民币0.05元。

1992年,国家将燃油价格放开,使汽车运输成本增加。省物价局、省交通厅据此在调整运价的同时增收客运附加费,将征收费率增加到每人公里0.005元。同年7月22日,省交通厅对客运附加费具体办法作了规定:对从事公路客运业务的国营、集体专业运输企业及统计资料完整的代征单位,其计征标准,按客票总收入的9.19%收取,代征单位按时、按标准上解征收部门;对定额结算计征单位,按行车执照核定的车座定额征收,代征单位和个人向运管部门交纳的附加费增加为本县境内营运车15元/座月,跨省、县营运的车辆17元/座月,计时包车每座每小时0.08元。对已办理全年包缴客运附加费的经营户按规定补交7月至12月增加的客运附加费。

1993年6月19日,为加快全省公路建设速度,省政府制定若干政策。根据这些政策,客运附加费更名为客运站场建设费,并将费率提高到每人公里0.015元。代征单位和个人向运管部门交纳的费用增加为本县境内运行的车辆45元/座月,跨省、县运行的车辆50元/座月,城市公共汽车、旅游车及出租车跨出市政道路10公里以内的10元/座月,20公里以内20元,超出20公里50元/座月。由于客流量不稳定,客运竞争激烈,车辆实载率偏低等原因,此征收费率实际显得偏高。同年9月,省交通厅决定该费征收分两步到位,第一步从10月1日起,按每人公里0.01元计征,上交运管部门的按《实施办法》原定费额的三分之二计征,其标准是:本县境内运输的30元/座月,跨省地县运行的客车33元/座月,城市公共汽车、旅游车及出租车跨出市政路10公里以内7元/座月,20公里以上33元/座月。

2000年12月,省政府晋政发〔2000〕47号文件批转省物价局、省财政厅、省交通厅《关于规范公路客运附加费增加公路建设资金的意见和通知》,确定公路客运站场建设费规范为公路客运附加费(以下简称客运附加费)。确定客运附加费征收标准:按乘车里程,在公路客票价外每人每公里加收人民币2.5分,并入客票金额核收。客运附加费中,每人公里1分继续用于全省公路客运站场建设,其余部分全额用于公路建设。2001年2月7日,省交通厅晋交财字〔2001〕41号印发《山西省公路客运附加费征收管理办法》,确定一律按车座定额计收客运附加费。征收标准:在本县境内营运客车70元/座月,跨省、市(地)、县营运客车82元/座月,城市公共汽车、旅游车、出租车跨出市政道路10公里以内17元/座月,跨出市政道路10公里至20公里32元/座月,跨出20公里以上82元/座月;计时包车按核定座位征收,每座每小时0.4元。

客运站场建设费征收每年呈递增趋势,1989年全省征收1371万元,1991年为1498万元,1992年为1899万元,1993年为2534万元,1994年为3736万元,1995年为4143万元,1996年为4119万元,1997年为4962万元。2001年为1.21亿元,2008年为1.90亿元。

(二)管理

客运站场建设费是为改善公路客运基础设施开征的,实行分级管理,专款专用。为了加快地方公用客运设施建设,把客运附加费定为由省、地(市)、县三级留成,具体为4∶3∶3。省留部分主要用于中心城市一、二级站建设和部分县级站建设补助,地市留成部分主要用于县级站建设和乡(镇)、站(点)补贴,县留部分主要用于客运招呼站的设立,修建候车亭等。

(三)使用

1991年到1995年间,全省征收场站建设费1.3亿元。为了用好这笔资金,客运站建设坚持统一规划,合理布局,方便旅客和经营业户,有利于管理的原则,采取没有汽车站的优先建站,汽车站不适用的优先建站,资金筹集到位的优先建站,中心城市优先建站。中心城市两站或多站,县城一城一站,避免重复建设,资金浪费。5年间,全省建成一级汽车站4个,二级汽车站3个,三级汽车站16个,在建未完工的一级站1个,三级站4个,招呼站、风雨棚260个。通过新建、改建客运站,初步改善了大部分中心城市的一些陈旧站场设施,改善候车条件。太原、侯马汽车站还增加站场科技投资,在全省率先实行微机客运调度售票、退票等管理。与此同时,全省公路货运场站建设也得到相应改善。

1996年到2000年间,全省新建、改建、扩建客运汽车站90个,客运汽车站总数达到253个。主要有太原公路主枢纽之一太原客运西站、太原建南客运站、太原汽车东客站、长治、阳泉、运城、忻州等市客运中心站,朔州市客运站、旅游胜地五台山客运站及临猗县汽车站、介休汽车站、宁武汽车站、方山汽车站、山阴、闻喜、天镇、左云、汾阳市(县、区)级客运站等。把好钢用在刀刃上,尽快充分发挥站场建设费的投资效益。

2001 年至 2006 年间，全省先后建设改造汽车站 211 个，总投资 22 984 万元。其中一级站 5 个，二级和三级站 56 个，乡镇汽车站 150 个；续建、新建项目 189 个，改造项目 22 个。建成农村客运候车亭 1305 个，招呼站牌 8459 个。

2005 年 5 月 16 日，省交通厅印发《关于下达 2005 年农村客运站建设计划的通知》。2005 年安排全省农村客运站项目 94 个，其中省客运附加费 940 万元。

为了用好管好客运附加费，进一步规范站场规划、建设和运营管理工作，理顺体制，加大投入，加快建设，加强管理，2004 年 5 月 19 日，省交通厅、省财政厅向省人民政府呈报《关于将客运附加费全额用于客运站场建设的请示》。内容包括：①客运附加费征用情况；②全省客运站场建设现状；③汽车客运站场建设改造投资需求情况；④建议。并于 2005 年 6 月 28 日印发《关于成立山西省交通厅汽车客货运输站场建设管理领导组的通知》。组长：王志民；成员有：杨吉平、李贵顺、吴秀武、郭全英、赵新民、李华中。办公室主任：杨吉平；副主任：吴秀武。

2005 年，省交通厅印发《山西省汽车客运站场规划建设运营管理办法》，并首次召开客运站场建设规划运营管理工作会议，明确汽车站从规划、项目前期工作、审批程序、项目招投标管理、站场等级及补助资金、项目资金管理、工程质量管理、竣工验收管理、营运管理等具体事宜。嗣后，多数市、县交通运管部门对站场建设非常重视，认真做好前期工作，积极自筹资金，资金使用也较规范。如大同市交通局、运管处对站场建设统一规划、统一设计，外出参观，学习好经验，把站场建设作为交通行业形象工程来抓，2005 年开工建设的汽车站就有 6 个。

站场建设费的规范征收和严格管理使用，有效加快全省客运基础设施建设，改善站场设施滞后的局面。到 2006 年底，全省基本上实现较大城市一城多站，中小城市一城一站，乡镇村有停车点的客运市场新格局。

第四章 规费征稽

1993年至2002年,在省委、省政府的亲切关怀和省交通厅党组正确领导下,全省交通征稽系统自力更生,艰苦奋斗,与时俱进,奋力拼搏,取得显著工作成就。

规费征收成绩辉煌。从1993年到2002年,共征收养路费、货运补偿(附加)费169.61亿元,车辆购置附加费(税)50.79亿元,新增车辆费(从1993年3月1日开征,2000年7月停征)7.93亿元,车辆通行费14.76亿元,五项规费累计征收243.09亿元。充分发挥交通公路建设筹资主渠道作用。

精神文明建设硕果累累。从1993年至2002年底,全系统实现文明单位"满堂红",涌现出大量可歌可泣的先进事迹,每年都有许多单位、集体和个人受到省(部)级和地(市)级的表彰奖励。到2002年底,全系统局直省级文明单位达到15个,地(市)级文明单位达到117个,有23个单位被授予国家、省级"青年文明号"称号。

征稽队伍建设扎实有效。党组织、纪检监察、工会、共青团机构健全,作用突出;征稽职工由组建初期700多名发展到4315名,大专以上学历占到40.4%,有专业技术职务占正式职工总数46.2%,78%的职工通过行政执法专业考试,取得行政执法证;档案管理达省三级以上标准单位占95.5%,其中1个达到国家二级,53个达到省一级;交通征稽队伍严格依法行政,实行军事化管理树立良好社会形象,被誉为"文明之师、威武之师、胜利之师"。

征稽管理有质的飞跃。全系统积极推进科技进步,征费业务管理由原始的手工操作到微机征费,由单一微机征费发展到计算机IC卡网络管理,实现了质的飞跃;实现全省计算机联网、全系统办公自动化和笔记本电脑稽查,通行费收费站实行电子监控管理。第三代微机征费软件全面投入使用,笔记本电脑和掌上通电脑稽查系统升级。开通全国交通征稽信息资源共享。

先进典型和成功经验层出不穷。主要包括:运城分局明确分工,定岗定责,相互制约,公开监督,账、权、钱三分开,征费业务"一条龙"管理经验,"围绕费收抓党建、抓好党建促费收"的党建工作经验;长治分局与地方法院密切配合,成立巡回法庭,依法拍卖逃欠费车辆,注重资料积累归档的"依法清欠、档案管理"经验;朔州分局管理严、作风硬、工作实的"基础管理经验"和基础管理"十化标准"经验;大同分局查黑车、堵漏洞、"真抓实干,敢于碰硬,顽强拼搏,奋勇争先"经验;太原分局强化费源管理、提高服务质量的"车户专管员"经验和车辆购置附加费征收"前台征费、后台管理"经验;临汾"公安交警、交通征稽协作配合"打击"三无"车和逃欠费车辆的经验;长治、吕梁分局"严格管理、文明服务"的车辆通行费征管经验;晋城分局依法清欠、治理"大吨小标"车辆经验。全省交通征稽部门在这些先进经验的带动下,结合实际,大胆实践,促进了交通征稽各项工作的开展。晋中分局为强化源头管理,实施了乡镇征管服务办法,为提高队伍素质开展了"百日双训"活动;阳泉分局率先实行公路养路费包缴办法,在全系统领先;太原分局设立培训基地,常年开展职工培训,成效显著;长治分局以宣传一条路为中心的"五个一工程"开展得扎实有效;忻州分局率先实行军事化管理的做法,在全省起到良好示范作用;晋城分局、太原分局在全系统军事化管理队

列表演赛中荣获全省第一名。这些先进典型和成功经验涵盖了交通征稽工作的各个方面，是山西交通征稽致力于不断创新的结晶，也是全省交通征稽系统从事创新实践的起点，具有很强的指导性和操作性，有力地推动了山西交通征稽事业的全面发展。

注重征稽法规建设。积极开展交通征稽理论研讨和创新活动，参与《山西省公路管理条例》、《山西省公路养路费征收管理规定》等法规以及省政府通告的调研起草和制订工作；编写多种交通征稽业务用书和征费政策汇编，发表征稽专业论文360多篇。

基础设施得到根本改善。1987年，在全国道路交通管理体制改革之初，交通监理分家时，全系统有60%的单位没有办公用房；到2002年底，94%的单位都有独立的办公场所，各单位都配备比较先进的交通工具和通讯设备；全系统固定资产价值达4亿多元，职工生活水平明显提高。

交通征稽影响日益扩大。各种新闻媒体大量报道交通征稽的先进事迹和经验，营造良好征稽氛围，赢得了社会各界最广泛的理解、关心和支持。成立山西交通征稽协会，承办全国征稽行业《交通征稽报》，有30个省（市）同行来山西省进行交流学习，山西交通征稽在全省乃至全国的影响愈来愈大。

第一节　征稽机构的升格

1993年7月23日，省交通厅交通征费稽查局对内设机构进行调整，设办公室、监察科、稽查审计科、车辆通行费征收科、养路费征收科、车辆购置附加费征收科、计划财务科等7个科室。

为了缓解交通征费稽查人员不足矛盾，加强车辆购置附加费征收工作，1994年10月11日，省编制委员会以晋编字〔1994〕60号文件印发《关于山西省交通厅车辆购置附加费征收管理机构编制的批复》。同意在省、地（市）、县（市、区）交通征费稽查局、处、所增挂车辆购置附加费征收管理办公室牌子，人员经费从交通部车购费收入返还中解决。同年，由于行政区域重新调整，大同市、雁北行署合并，经厅党组研究决定，雁同交通征稽处改为大同交通征稽处，同时成立朔州交通征费稽查处。至此，全省11个地、市全部设立交通征费稽查处。

1996年，省编制委员会晋编字〔1996〕11号文件《关于交通征费稽查机构编制的通知》，经厅党组研究决定：省交通厅交通征费稽查局更名为山西省交通征费稽查局，各地、市交通征费稽查处更名为交通征费稽查分局（同时仍挂车购费征收管理办公室的牌子）。更名后，各交通征费稽查处单位规格由原副处级升格为正处级建制，为厅直属自收自支事业单位。1996年4月，省交通征费稽查局对内设科室进行调整，设办公室、监察室、稽查科、审计科、车辆通行费征收科、养路费征收科、车辆购置附加费征收科、计划财务科、票据科、装备科10个科室。

1997年，经厅党组同意，并报上级党组织批准，成立中共山西省交通征费稽查局委员会，实行党委领导下的行政首长负责制。局内设机构为征稽工委、办公室、党务工作部、纪检监察部、人事劳资教育科、计划财务科、养路费征收管理科、计算机中心、车辆购置附加费征收管理科、通行费征收管理科、稽查科（同时挂稽查大队牌子）、审计科。另外，所属单位有山西省交通征稽管理协会、《交通征稽报》社、晋征印刷厂和受省交通厅委托管理的山西省交通厅招待所。

1998年10月12日，车购费征收管理科分设为综合办公室、稽核科、信息科；经省计委、省交通厅批准，省征稽局增设山西省铁路道口安全管理费征收管理办公室。

2001年6月21日，根据省政府〔2001〕14次会议纪要精神，霍侯路由临汾地区交通局整体移交省交通厅（霍侯路征费管理处的前身是临汾地区交通局霍侯路开发有限公司），并组成霍侯路接收和筹备组，由省交通征费稽查局直接领导。2001年12月20日，经省编委批准，霍侯路征费管理处成立；2002年3月12日，正式挂牌。有正式职工296

人,下辖5个收费站,担负着临汾霍侯一级公路车辆通行费的征收管理工作。

2002年11月,经晋编办字〔2002〕178号文件批准,同意在山西省交通征费稽查局增挂山西省公路通行费征收管理局牌子,统一负责全省公路通行费征收管理工作。

第二节　硬件设施的完善

一、基础设施建设

自组建以来,全省交通征稽系统的办公条件、办公环境、基建装备经历困难时期、建设时期和发展完善时期。在历届省交通厅党组大力支持下,办公条件发生根本变化。征稽装备由简陋逐步向微机管理发展,办公条件由交通监理时期租房办公发展到独立办公。截至1998年底,全省新改建办公楼150座,独立办公的分局、所数达到165个,占全省征稽分局、所总数90%。

1999年,山西省征稽局教育基地于国庆节部分竣工。是集教学、办公、培训、科研、微机联网中心一体,包括餐饮、住宿等配套服务的综合性场所。

2002年,省征稽局想基层所想,急基层所急,经费明显向基层一线倾斜。新建和维修改建49个单位办公用房,购建3个所办公业务用房,维修改造和更换38个单位锅炉,为9个收费站配备空调,解决14个所(站)历史遗留问题。

二、车辆装备

稽查用车、稽查装备无论从数量上还是质量上都有了巨大的飞跃。截至1998年底,全省共拥有交通征稽专用车辆386辆。2001年根据工作需要,省征稽局自筹资金,委托政府采购中心购置普桑99新秀选装车42辆,时代超人2000款15辆,别克GL8公务旅行车1辆。给各分局及霍侯路征管处配备66辆业务用车。2002年,省交通征费稽查局加大对基层所(站)的经费支持力度,给各分局配备94辆业务用车,为基层配备70多部稽查用车。

三、现代化装备

(一)办公自动化建设

1998年,各分局、所(站)全部装备计算机,省局和11个分局与省交通厅开通办公自动化微机联网。2000年,投资4.7万元为省局购置电子通讯设备,投资21.3万元为各分局配备电脑设备。2001年,投资29万元为省局配备电脑设备,投资228.5万元为各分局配备电脑及服务器等设备。2002年,投资59.9万元为省局配备电子通讯设备,投资749.2万元为各分局配备电脑、打印机、服务器等,给小店、落里湾收费站安装监控设备。同时,受全国同行委托,《交通征稽》杂志开通中国交通征稽网,实现全国交通征稽信息资源共享。办公自动化和全省监控联网系统前期工作基本就绪。

(二)通行费收费站电脑监控

1995年,根据省交通厅部署,为进一步加强通行费收费站(点)管理工作,省征稽局决定对大(同)运(城)公路上的8个通行费收费站实行电脑监控管理。投资165万元购置监控仪器,分别为大同落里湾,忻州下王庄,太原阳曲、小店,晋中东观、夏门,临汾林城,运城禹都等8个通行费收费站配备电脑监控设备。此项收费站电脑监控工程由华北工学院负责安装调试,1995年10月5日系统投入使用。

1996年,在大(同)运(城)公路收费站全面推行电脑监控基础上,省征稽局投资144万元,购置先进监控仪器,分配至太(原)榆(次)公路义棠、许西、使赵收费站,晋(祠)夏(家营)公路晋祠、夏家营收费站,东(观)长(治)公路永(安)、子洪、常村收费站,1996年全面投入使用。至此,全省交通征稽系统所辖通行费站全部实现微机电脑监控,为增收通行费提供科技保障。

2000年,部分收费站实行自动化微机监控收费。2001年,完成8个收费站微机收费和电子监控系统技术改造,加强对通行费收费工作的监控管理。2002年,进一步加强通行费收费站改造,局管22个收费站(点)有18个实现微机收费和电子监控。

（三）公路养路费微机征收

1990 年，省征稽局投入资金，开发征费软件，进行试点；1994 年区域推广；1995 年，省征稽局投入资金，购置设备配至全省 9 个交通征稽处（除晋城和大同交通征稽处），从 10 月开始，正式启动微机征费。至此，沿用 8 年的手工征收终于被现代化设备代替，实现征费方式上的第一次质的飞跃。

随着征稽管理日益完善、交费车辆逐步增多和科学技术不断发展，1996 年，省征稽局与南洋发展公司联合开发养路费征收 IC 卡管理网络。

1996 年 11 月起，IC 卡养路费征收系统在全省征稽系统开始全面启用。

1998 年 2 月，在全省实行养路费征收 IC 卡网络管理，全省车辆交费数据实现联网。省征稽局投资购置便携式电脑配至全省各交通征稽所（站），实现便携式电脑上路稽查。

1998 年 3 月，IC 卡管理网络系统财务软件设计完成。省征稽局投资购置设备配至全省各交通征稽所（站），交通征稽“两费”财务部分全部实现微机处理。同年，养路费征收全省微机联网。

（四）车辆购置附加费微机征收

1994 年 4 月，根据交通部安排部署，经省征稽局研究决定，对全省各地（市）车辆购置附加费征收管理办公室及省车购办配置微机，应用交通部车购费征收管理系统网络软件，在全省车购费征管业务方面全面实行微机管理。

第三节 费收项目和标准的调整

山西省开征的交通规费主要有：公路养路费、车辆通行费、车辆购置附加费、货运补偿费（2001 年后改为公路货运附加费）、新增车辆费（2000 年 7 月取消）等。

一、公路养路费

公路养路费是国家按照“以路养路”的原则，规定由交通征稽部门向有车单位和车主征收，用于养护和改善公路的事业费。

1994 年 7 月，为确保公路建设有稳定的资金来源，山西省再次提高养路费征收标准：

（1）公路养路费由原标准每吨每月 150 元（包括养路附加费 40 元/吨月）提高到每吨每月 170 元，二轮摩托车每辆每月征收 5 元，侧三轮摩托车每辆每月征收 10 元。

（2）拖拉机按汽车调整后费额标准的 60% 征收，即每吨每月 102 元。

（3）提高后的标准从 5 月 1 日起执行，1991 年开征的车辆养路附加费即行停止。

按新标准征收费额计算办法为：应征费额 = 征收标准 × 核定吨位或折合吨位（辆）× 包缴或减征车辆的应征比例 × 缴费月数。

1994 年 8 月，山西省人民政府以第 52 号令发布《山西省公路养路费征收管理规定》。主要内容包括：

1. 养路费一律按费额征收，应征费额计算办法为：应征费额 = 征收标准 × 核定吨位或折合吨位（辆）× 缴费月数 × 包缴或减征车辆的应征比例。

征收吨位或折合吨位按下列标准核定：

（1）货车按出厂标定的载质吨位计征，无标定载质吨位的按实际吨位计征。

（2）大客车按照同类型货车底盘标定的载质吨位计征，无标定载质吨位的，按出厂核定的乘客人数每 10 人折合 1 吨计征。卧铺客车按每铺 3 座计算和设定的座位合并后每 10 座折合 1 吨计征。

（3）小客车（含小轿车、吉普车、旅行车、面包车）按同类型货车底盘标定的载质吨位计征。无标定载质吨位的按核定座位 5 座以下的按 0.5 吨计征；6 座至 10 座的按 1 吨计征；11 座至 15 座的按 1.5 吨计征；16 座至 20 座的按 2 吨计征。各类出租汽车按费额标准的 2 倍计征。

（4）同时载客载货设有两排或多排座位的客货车和厢式货车，除扣除前排座位以外，其余的座位按每座折合 0.1 吨与核定载质吨位合并计征。

（5）大型平板车核定载质吨位 20 吨以下的按全额计征，20 吨（不含 20 吨）以上的超过部分按 50% 计征。

(6)不能载客载货的专用汽车和专用机械车辆,按其自质(包括固定装置的质量)吨位的50%计征。

(7)汽车拖带的挂车按核定吨位的70%计征。

(8)二轮、侧三轮摩托车和畜力车按辆征收。后三轮摩托车和三轮机动车,核定载质吨位在0.5吨以下的按0.5吨计征;超过0.5吨的按1吨计征。

(9)拖拉机和胶轮机械车按核定载质吨位计征;无核定载质吨位的按发动机马力每20马力折合1吨计征(不足10马力的按10马力计,10马力以上不足20马力的按20马力计)。

前款按核定吨位或折合吨位计征的车辆,不足0.5吨的按0.5吨计征;超过0.5吨不足1吨的按1吨计征,依此类推。

2.缴费月数可按月、按季、按年度计算,不足1个月的可按旬计算。包缴车辆按下列规定计征:

(1)2吨(不含2吨)以上的货车、客货两用车、拖拉机和20座(不含20座)以上的客车,可实行按季、年度一次性包缴。季度包缴费额不低于应征费额的92%,半年包缴费额不低于应征费额的85%,全年包缴费额不低于应征费额的80%。

(2)摩托车全年包缴费额不得低于10个月的应征费额;三轮机动车全年包缴费额不得低于9个月的应征费额,半年包缴费额不得低于5个月的应征费额。畜力车全年包缴费额不得低于9个月的应征费额。

(3)2吨以下的小货车、客货车(包括厢式货车)、拖拉机与小客车,全年包缴费额不得低于应征费额的80%,半年包缴费额不得低于应征费额的85%,季度包缴费额不得低于应征费额的92%。

摩托车、三轮机动车以及2吨(含2吨)以下的小货车、客货车(包括厢式货车)和20座(含20座)以下的小客车以及畜力车必须实行包缴。

实行包缴的车辆,必须一次缴清费款。包缴期间一律不办理报停和退费手续,包缴车辆不得调换、顶替,包缴后的新增车辆须另行缴费。

3.减征车辆按减征后的应征比例一次足额缴清全年养路费。新增车辆一次缴清本年度剩余月份的养路费。外省转入本省的车辆,从转出地交通征稽机构出具的缴费截止日期起,一次缴清本年剩余月份的养路费。

4.外国籍和台、港、澳地区的车辆,按省级以上人民政府认定的双边协议征收,没有协议的按国家规定征收。

1995年1月,省交通厅印发《关于公路部门所属公路养护和公路工程车减免养路费的暂行规定》。主要内容包括:

(1)对省公路局和地(市)公路分局机关的车辆,凡5座(含5座)以下的小轿车一律暂予免征,5座以上的客、货车以及客货两用车一律减征70%。

(2)各级公路养护管理部门所属的基层养护部门的公路养护专用机械、特种车和专用养护车辆暂予办理免征手续。

(3)凡属公路部门所属公路工程单位的施工机械和工程车辆以及施工车辆,一律减征50%。

(4)省、地(市)、县公路部门所属的企业及劳动服务公司的车辆一律全额征收。

(5)对于公路部门新增的工程和养护车辆,要坚持按季审批,按季办理,季度中期新增车辆当季全额缴费。

1995年12月,省征稽局印发《关于统一拖拉机、三轮机动车征费吨位的通知》,对《山西省公路养路费征收管理规定》中有关拖拉机、三轮机动车无核定载质吨位的按发动机马力折合征费吨位的规定,统一按下列规定执行:

(1)不足10马力的按0.5吨计征。

(2)10马力以上(不含10马力)不足20马力的按1吨计征。

(3)20马力以上(不含20马力)不足30马力的按1.5吨计征。依此类推。

1996年2月,省交通厅印发《关于老干部专用车辆减免养路费的暂行规定》。主要内容包括:

（1）省直各厅、局、委、办、各地（市）老干部局所属的直接为老干部服务的在本单位编制内的专用车辆，可按5座以下小轿车免征，5座以上生活用车减半征收。

（2）对于各县老干部局所属在编的直接为老干部生活服务的专用车辆，暂定5座以下小轿车免征一辆；5座以上生活用车减征一辆，按50%征收费款。

（3）各地（市）干休所所属在编的为老干部生活直接服务的车辆，限定5座以下小轿车免征两辆；5座以上生活车减征两辆，按50%征收费款。

1996年3月，省物价局、省交通厅转发国家计委、交通部《关于六轮农用运输车养路费征收标准的批复》。规定：对采用或仿制130型汽车底盘生产的六轮农村运输车，属汽车改装产品，应按汽车改装产品更名，并比照BJ130、NJ130型载货汽车计征养路费，即配置390、395Q型柴油发动机的，统一按1.5吨计征养路费；配置485、490、495型柴油发动机的，统一按2吨计征养路费；配置4102型柴油发动机的，统一按2.5吨计征养路费。

1996年3月13日，省征稽局印发《关于妇幼保健机构专用救护车辆减免养路费的暂行规定》、《关于卫生防疫专用车辆减免养路费的有关规定》。主要内容有：对于各地（市）县妇幼保健院、站，由省卫生厅统一分配的专用救护车暂予定额免征，每地（市）县妇幼保健院、站限免一辆。对于各地（市）县卫生防疫站（不含企事业单位所属的专职防疫机构）由省卫生厅统一分配的防疫专用车（含计免疫苗运输车），符合专用标志和装置规定要求的，可以减免。各地卫生防疫站限定免征一辆，减征一辆。各县卫生防疫站限定免征一辆。

1996年11月25日，省交通厅印发《关于太旧高速公路管理局车辆缴纳养路费问题的批复》。规定：

（1）高速公路管理局机关的车辆5座以下的小轿车暂予免征；5座以上的客车、货车、客货两用车减征70%。

（2）高速公路管理局所属单位设有固定装置的公路养护专用机械车和洒水等特种车予以免征；其他养护专用的通用型货车减征50%。

（3）新增车辆按季审批，按季办理。季度中间新增车辆当季全额缴费。

（4）减征、免征的车辆如改变使用性质，变更使用单位，均按规定的费额标准缴费。

1997年3月，省征稽局印发《关于对散装水泥专用罐车减征养路费的通知》。规定：凡属山西省散装水泥办公室统一配备给水泥生产企业的散装水泥专用罐车，暂按车辆载质吨位的50%一次足额缴清全年养路费。

1997年3月27日，省物价局、省财政厅、省交通厅转发国家计委、财政部、交通部《关于外国籍和台、港、澳地区车辆在中国境内行驶公路养路费征收标准的通知》。规定：对外国籍和台、港、澳地区车辆在中国境内行驶的公路养路费按省级以上人民政府认定的双边协议征收，没有协议的按与在中国驻地或最先入境地中国籍车辆相同的养路费标准征收。同时取消交通部、国家计委、财政部、原国家物价局联合颁布的《公路养路费征收管理规定》中关于征收双倍公路养路费和收取可汇兑的外币或外汇兑换券的规定。

1997年3月28日，省征稽局印发《关于红十字会专用救灾指挥车和救护车免征养路费有关事项的通知》。规定：各地（市）级红十字会（不含行业性红十字会和红十字会下属机构），经省红十字会批准，统一配备的救灾指挥车和专用救护车，符合规定的车型、标志及装置要求的，可各免征一辆。

1997年7月8日，省交通厅印发《关于军车和军队生产经营车辆改挂地方车辆号牌后有关规费征收问题的通知》。规定：对改挂地方号牌的车辆每年定额包缴8个月养路费（含货运补偿费）。

1997年11月17日，省征稽局印发《关于1998年度社会福利企事业单位及军供站车辆减免养路费的通知》。规定：

（1）凡经民政部门批准开办的残疾人福

利企业和事业单位的生产、生活自用车辆,减免养路费仍继续按照晋交征稽字〔1995〕47号、〔1996〕145号文件减免规定和审批程序办理。

(2)军用饮食供应站比照行政机关车辆减免养路费,即县处级(含县级)以上单位在编的5人座(含5人座)以下的小轿车和吉普车免征,自用生活车按规定费额减半征收。超编车辆按规定费额征全费。

(3)县级以上(含县级)的军队离退休干部休养所(站)的车辆,5人座以下(含5人座)的小轿车免征,生活用车每个单位限一辆,按规定费额减半征收。

1997年12月30日,省交通厅印发《关于机动车驾驶员培训学校教练车免征养路费的通知》。规定:经交通行业主管部门批准,已核发"机动车驾驶员培训学校培训许可证",具有自备教练场、按期缴纳机动车驾驶员培训学校管理费,并通过交通行业主管部门年审合格的机动车驾驶员培训学校及持有教练车标志牌、教练车证并在教练场内进行封闭训练的教练车免征养路费。

1998年1月17日,省政府印发《关于实施煤制甲醇——代用燃料汽车试验车队示范工程的通知》。规定:从1998年开始,对山西省范围内使用的煤制甲醇代用燃料汽车试验车队及继后研制和改制的用于城市公交出租、机关家庭用车和城际客运使用的轻型客车、卧车免收养路费。

1998年12月10日,省交通厅印《关于交通部门所属专业汽车运输公司车辆征收公路养路费、货运补偿费有关问题的通知》。规定:

(1)省级交通部门所属或控股的专业汽车运输公司车辆1998年3月31日前在省交通征费稽查局建档的车辆,除教练车外,其纳费事宜按晋交财字〔1996〕600号文件和晋交征稽字〔1996〕50号文件的有关规定执行,但省运总公司应按月向省征稽局解缴包干费款并报收入报表;教练车与1998年4月1日后新增(新购、更新、转入)以及不在省征稽局建档的车辆,到车籍所在地征稽机构按有关规定办理纳费手续。新增、更新、转入的营运车辆暂按全额标准的75%计征公路养路费、货运补偿费。

(2)各地交通部门所属或控股的专业汽车运输公司营运车辆从1999年起暂按费额标准75%的定额标准按月计征或不低于定额标准80%的比例包缴征收;新增、更新、转入的营运车辆按费额标准80%的定额标准计征"两费",非营运车辆按费额标准计征养路费、货运补偿费;符合省交通厅晋交财字〔1997〕690号文件规定的教练车可按其规定免征养路费、货运补偿费。

1998年12月31日,省政府办公厅印发《关于出租汽车按国家标准征收养路费的通知》。规定:从1999年1月1日起,出租汽车不再征收双倍养路费,按国家费额标准征收。

2000年3月20日,省征稽局印发《关于减征散装水泥专用车辆公路养路费的通知》。规定:凡属山西省境内的水泥生产、运输、使用单位的散装水泥运输罐车、砼搅拌运输车和泵车,暂按车辆载质吨位的50%一次足额缴清全年公路养路费。

2000年12月6日,省交通厅印发《关于交通部门业务用车减(免)养路费事项的通知》。规定:厅直单位(不含其下属企业和省运系统、高速公路公司)及各公路分局的自用车辆,凡5座(含5座)以下的小客车暂予免征,5座以上的客车、货车、客货车暂予减征70%;各公路分局所属公路养护段和厅直高速公路公司设有固定装置的公路养护专用机械车、特种车和专用养护车(大型货车)暂予免征;公路部门所属工程单位的施工机械车、工程车及施工车辆(大型货车)暂予减征50%;各级港监船检机构喷有明显标志的港监船检专用车(仅指小客车型)和公路管理单位喷有明显标志的路政管理专用车(仅指小型客车)暂予免征,其他车辆按规定全额征收。

同日,省交通厅印发《关于交通部门所属专业汽车运输企业征收公路养路费、货运补偿费有关问题的通知》。规定:直接从事营运的车辆按费额标准75%的定额标准以月计征,不得拖欠;按定额标准的80%以全年包缴计征,分月付款,不得拖欠和报停;新增、更新、转入的营运车辆按费额标准以月计征,不得报停。非直接从事营运的车辆全额计征。

2001年12月3日,交通部、国家计委、财政部印发《关于对计划生育流动服务车免征公路养路费的通知》。规定:计划生育服务机构装备的集计划生育宣传、技术服务为一体的且拥有国家计划生育委员会核发的使用许可证的多功能计划生育流动服务车免征公路养路费。但上述车辆改变使用性质、超出使用范围、变更使用单位、参加营业运输的,均应按规定全额缴纳公路养路费。

二、公路货运附加费

公路货运附加费(2001年1月前为公路货运补偿费)是为了改变山西省因公路通车里程少,技术标准低,车流量大,大吨位车多,超载车多,使公路、桥梁超过设计负荷服役的状况,规定由交通征稽部门向有货运车辆的单位和车主征收的一种用于公路建设和公路养护的补偿性事业费。从1991年10月1日起开征。

1991年9月4日,省物价局、省计委、省财政厅、省交通厅联合颁发《山西省公路货运补偿费征收管理实施细则》。规定:

1. 对有完整吨公里记载的货运车辆,按吨公里计征补偿费。征收标准为载重5吨(含5吨)以下的货运车辆每吨公里0.015元;8吨(含8吨)以下的每吨公里0.02元;8吨以上的每吨公里0.03元。

2. 对没有完整吨公里记载的货运车辆按运输企业货运车辆吨公里生产水平,经测算确定折合征收标准如下:载重5吨(含5吨)以下的货车每吨每月20元;8吨(含8吨)以下的每吨每月30元;8吨以上的每吨每月45元。同时还规定了吨位的核定办法:客货两用车、厢式货车、一般货车按核定吨位计征;汽车带的拖挂车折半吨位计征;小型货车核载不满半吨按半吨计征,超半吨按1吨计征;无核定吨位的车辆按发动机每20马力折合1吨计征。

1998年12月10日,省交通厅印发《关于交通部门所属专业汽车运输公司车辆征收公路养路费、货运补偿费有关问题的通知》。规定:

(1)省级交通部门所属或控股的专业汽车运输公司车辆1998年3月31日前在省交通征费稽查局建档的车辆,除教练车外,其纳费事宜按晋交财字〔1996〕600号文件和晋交征稽字〔1996〕50号文件的有关规定执行,但省运总公司应按月向省征稽局解缴包干费款并报收入报表;教练车与1998年4月1日后新增(新购、更新、转入)以及不在省征稽局建档的车辆,到车籍所在地征稽机构按有关规定办理纳费手续。新增、更新、转入的营运车辆暂按全额标准的75%计征公路养路费、货运补偿费。

(2)各地交通部门所属或控股的专业汽车运输公司营运车辆从1999年起暂按费额标准75%的定额标准按月计征或不低于定额标准80%的比例包缴征收;新增、更新、转入的营运车辆按费额标准80%的定额标准计征“两费”,非营运车辆按费额标准计征养路费、货运补偿费;符合省交通厅晋交财字〔1997〕690号文件规定的教练车可按其规定免征养路费、货运补偿费。

2000年8月11日,省征稽局印发《关于对优势企业和重点扭亏企业减征部分行政事业性收费的通知》。规定:本次减征比例统一定为原征收标准的40%,减征时间从2000年6月1日起至2002年6月30日止。2002年7月1日起恢复原规定标准征收。

2000年12月6日,省交通厅印发〔2000〕557号文件《关于交通部门所属专业汽车运输企业征收公路养路费、货运补偿费有关问题的通知》。规定:直接从事营运的车辆按费额标准75%的定额标准以月计征,不得拖欠;按定额标准的80%以全年包缴计征,分月付款,不得拖欠和报停;新增、更新、转入的营运车辆按费额标准以月计征,不得报停。非直接从事营运的车辆金额计征。

2001年2月16日,省征稽局转发省交通厅《山西省公路客货运附加费征收管理办法》。规定:5吨及其以下,按每吨每月20元征收;5吨至8吨(含8吨),按每吨每月30元征收;8吨以上,按每吨每月45元征收。

三、车辆购置附加费(税)

车辆购置附加费是国家规定向车辆的购买者(或使用者)征收的用于公路建设、保证公路建设长期稳定发展的专项资金。

1985年4月2日,国务院发布的《车辆购置附加费征收办法》。规定:国内生产或组装的车辆,以生产(组装)厂实际销售价格为计算依据,费率为10%;国外进口的车辆以计算增值税务的计费组合价格(即到岸价格加关税加增值税)为计算依据,费率为15%。1993年11月22日,国务院以国办通〔1993〕35号文件,对原规定作了部分修改和调整。将车辆购置附加费耐费率由原国产车10%、进口车15%统一改为10%。为此,交通部、财政部于1993年12月21日印发交财字〔1993〕1356号文件,对国务院35号文件贯彻问题作了具体安排,并决定从1994年1月1日起执行。

2000年10月22日,国务院发布第294号令《中华人民共和国车辆购置税暂行条例》。规定:

(1)车辆购置税实行从价定率的办法计算应纳税额。应纳税额的计算公式为:应纳税额=计税价格×税率。

(2)车辆购置税的税率为10%。车辆购置税的税率调整,由国务院决定公布。

(3)车辆购置税的计税价格根据不同情况,按照下列规定确定:纳税人购买自用的应税车辆的计税价格,为纳税人购买应税车辆而支付给销售者的全部价款和价外费用,不包括增值税税款;纳税人进口自用的应税车辆的计税价格的计算公式为:计税价格=关税完税价格+关税+消费税;纳税人自产、受赠、获奖或者以其他方式取得并自用的应税车辆的计税价格,由主管税务机关参照本条例第七条规定的最低计税价格核定。

(4)国家税务总局参照应税车辆市场平均交易价格,规定不同类型应税车辆的最低计税价格。纳税人购买自用或者进口自用应税车辆,申报的计税价格低于同类型应税的车辆的最低计税价格,又无正当理由的,按照最低计税价格征收车辆购置税。

四、新增车辆费

1993年,省人民政府印发《关于加快建设高等级公路的若干政策规定的通知》和《山西省征收新增车辆费实施办法》,决定自1993年3月1日起,在全省范围内新购或新转入的车辆,由车辆购置者或使用者一次性缴纳新增车辆费。

1993年,省人民政府印发《山西省征收新增车辆费实施办法》。规定:

(1)国内生产、组装的各种汽车和机械车,每年征收2000元。

(2)国外进口(含使用过的)各种汽车和机械车,每车征收3000元。

(3)各类挂车(不分国产、进口)凡核定吨位在一吨以上的,每车征收1000元。

(4)各类摩托车(不分国产、进口)征收标准为轻骑每车征收50元,二轮摩托车每车征收100元,三轮(包括侧三轮、后三轮)摩托车每车征收200元。

2000年6月27日,省财政厅、省物价局印发晋财综字〔2000〕126号文件转发财政部、国家计委《关于公布取消部分交通和车辆收费项目的通知》。规定取消新增车辆费,从2000年7月1日起停止收费。

五、车辆通行费

车辆通行费是对通过集资贷款等方式筹措资金修建的高等级商品化公路(含县公路)、桥梁、隧道的过往机动车辆收取的一种费用。

车辆通行费收费标准是按照公路、桥梁、隧道的长度,还贷额度,收费期限,交通量大小,车辆负担能力及便利通行等因素来确定的。

1990年7月30日,省交通厅、省财政厅、省物价局印发《关于石太、阳井两线公路贷款改建收取车辆通行费的批复》。规定收费标准为:汽车、拖拉机(包括挂车)不分空重车均以一个车次计算。核定吨位1吨至4吨(不含4吨)每辆每次收2元;核定吨位4

吨至10吨(含4吨)每辆每次收5元;10吨以上(不含10吨)每辆每次收10元。

1993年3月1日,省政府印发《关于山西省大运公路车辆通行费征收办法》。规定以车辆载重吨位为收费单位,确定收费标准:

(1)货车及拖带的挂车按车辆的核定吨位合并计算。

(2)客车按每座位折合0.1吨计算。

(3)客货两用车除前排座位外,客货合并计算。

(4)特种车和无核定吨位的车辆按自重计算。

凡通过大运公路的车辆,按上述标准折合吨位后,按下列标准收费:

(1)2吨以下(不含2吨)每车每次5元。

(2)2吨以上每车每次10元。

(3)凡从交叉路口收费点驶入大运路在两个收费站之间行驶,以两吨为界,各按2元和4元收费。

(4)定班客车和短途运输车辆,可按下列包缴办法予以优惠:按月包缴的,为应缴费款的80%;按季包缴的,为应缴费款的70%;半年包缴的,为应缴费款的60%;全年包缴的,为应缴费款的50%。

1993年3月19日,省交通厅、省财政厅、省物价局联合印发《关于长治至晋城二级汽车专用公路征收过路费的批复》。规定,长治至晋城二级汽车专用公路收费标准为:

(1)2.5吨以下(不含2.5吨)的货车(包括挂车、半挂车)和小客车(包括卧车、吉普车、20座及以下的面包车、旅游车和机动三轮车)每辆次收费5元。

(2)2.5吨(含2.5吨)至8吨的货车和客车(20座以上)每辆次收费10元。

(3)8吨(含8吨)至15吨每辆次收费20元。

(4)15吨以上(含15吨)每辆次收费25元。

1993年6月19日,省交通厅、省财政厅、省物价局联合印发《关于晋祠至夏家营一级公路收取车辆通行费的批复》。规定收费标准为:

(1)2.5吨以下(不含2.5吨)的货车(包括挂车、半挂车)和小客车(包括卧车、吉普车、20座及以下的面包车、旅游车、机动三轮车)每辆每次收费5元。

(2)2.5吨(含2.5吨)至8吨的货车和客车(20座以上)每辆每次收费10元。

(3)8吨(含8吨)至15吨每辆每次收费15元。

(4)15吨以上(含15吨)每辆每次收费20元。

1994年7月5日,省政府办公厅印发《关于调整公路养路费和大运公路车辆通行费征收标准的通知》。规定从5月1日起,通行太原至大同、太原至运城公路的车辆,2吨以下(含2吨)的小型车辆由现行的每车每辆5元提高到10元,2吨以上车辆由10元提高到20元。从5月1日起执行。

1995年9月26日,省交通厅印发《关于贷款修建1208国道东观至长治段收取车辆通行费有关事项的通知》。规定:凡通行东观至长治二级汽车专用公路的车辆不分轻、重车,主车、挂车合并计算,具体标准是:

(1)2.5吨以下(不含2.5吨)的货车(包括挂车、半挂车)和小客车(包括卧车、吉普车、20座及以下的面包车、旅游车和机动三轮车)每辆每次收费5元。

(2)2.5吨(含2.5吨)至8吨(不含8吨)的货车和客车(20座以上)每辆每次收费10元。

(3)8吨(含8吨)至15吨(不含15吨)每辆每次收费15元。

(4)15吨以上每辆每次收费20元。

1995年12月26日,省政府办公厅印发《关于改变大运公路车辆通行费征收管理及调整收费标准的通知》。改按段收费为按站收费,即每通过一个收费站、点,收费一次。具体标准(不分轻、重车,主挂合并计算)是:

(1)5座(含司机座)以下的卧车、吉普车,每辆每次2元。

(2)2.5吨以下(不含2.5吨和5人座卧车、吉普车)每辆每次5元。

(3)2.5吨以上(含2.5吨)的货车和客车(20座以上)每辆每次收费10元。

调整费额从1996年1月1日起执行,收费期5年。若在规定收费年限内未还完贷款,需按规定程序重新报批。

1997年2月27日,省物价局印发《关于核定汾阳至柳林公路车辆通行费标准的通知》。规定:凡通行汾阳至柳林公路的机动车辆,不分轻、重车按核定载重吨位,主挂车合并计算,按次收取通行费。

具体征收标准为:

(1)2.5吨以下(含2.5吨)的客货车,农用三轮车和20马力以下的拖拉机,每车次收费5元。

(2)2.5吨至8吨(含8吨)的客货车和20马力以上的拖拉机,每车次收费10元。

(3)8吨至15吨(含15吨)的机动车辆,每车次收费15元。

(4)15吨以上的货车,每车次收费20元。

(5)30吨以上每车次收费50元。

1998年2月20日,省物价局印发《关于调整晋城至长治二级汽车专用公路车辆通行费标准的通知》。规定:凡通行长治至晋城二级汽车专用公路的机动车辆,不分轻、重车,按核定载重吨位(主挂车合并计算)征收。具体标准为:

(1)2.5吨以下客货车、农用三轮车、20马力及以下拖拉机,每车次收费5元。

(2)2.5吨(含2.5吨)以上至5吨客货车和20马力以上的拖拉机,每车次收费10元。

(3)5吨(含5吨)以上至10吨客货车,每车次收费15元。

(4)10吨(含10吨)以上至15吨的机动车辆,每车次收费20元。

(5)15吨(含15吨)以上至30吨的机动车辆,每车次收费25元。

(6)30吨(含30吨)以上的大型车辆,每车次收费50元。

1998年8月8日,省政府办公厅印发《关于调整大运公路车辆通行费征收标准的通知》。对大运公路通行费收费标准调整如下:

(1)2.5吨及以下的客货车、农用三轮车和20马力及以下的拖拉机,每车次收费5元。

(2)2.5吨及以上至5吨客货车、20马力以上的拖拉机,每车次收费10元。

(3)5吨以上至10吨的车辆,每车次收费15元。

(4)10吨以上至15吨的车辆,每车次收费20元。

(5)15吨以上至30吨的车辆,每车次收费25元。

(6)30吨以上的车辆,每车次收费50元。

1999年11月12日,省政府印发《关于同意霍州至侯马一级公路收取车辆通行费的批复》。同意霍侯公路通行费收费标准按核定载重吨位,主挂车合并计算。拖拉机比照货车执行。无标准吨位的按每20马力折合一吨计算。具体标准为:

(1)2吨以下货车(含2吨)、20座以下客车(含20座),每车次收费5元。

(2)2吨以上至4吨货车(含4吨)、20座以上至40座客车(含40座),每车次收费10元。

(3)4吨以上至8吨货车(含8吨)、40座以上客车,每车次收费15元。

(4)8吨以上至15吨车辆(含15吨),每车次收费20元。

(5)15吨以上至30吨车辆(含30吨),每车次收费30元。

(6)30吨以上车辆,每车次收费50元。

鉴于全省车辆通行费标准明显偏低现状,经报省人民政府批准,2002年7月23日,省物价局印发《关于提高一、二级公路车辆通行费标准(第一批)的通知》。第一批提价的收费公路为:出省公路、中外合作经营的公路(隧道)、一级公路及大型公路桥梁(详见表1、表2)。

全省第一批提价的一、二级收费公路(隧道、大型公路桥梁)情况表

表1

序号	公路名称	收费站点名称	技术等级	备注
1	韩府公路	保德东关站	二级砼	出省
		韩家楼		
2	阳济公路	王沟站	二级	出省
		蛤蟆站		
3	汾介一级公路	阳城站	一级	一级
		东董屯站		
4	祁介一级公路	东观站	一级	一级
		穆家堡检查点		
		义棠站		
5	晋夏公路	晋祠站	一级	一级
		夏家营站		
6	霍侯一级公路	襄汾站	一级	一级
		甘亭站		
		侯马站		
		霍州站		
7	307国道阳泉段	阳泉东站	一级	一级
		阳泉西站		
8	汾柳路	胡家窑站	二级	出省
		柳沟站		
9	太长线王里堡至北寨段公路	北寨站	一级	合资
		王里堡站		
10	北京昆明线	北阳站	一级	合资
11	太原至榆次路	许西站	超一级	合资
12	108国道榆次过境鸣李至东长寿公路	杨村站	一级	合资
13	太佳线	西铭站	二级砼	合资
		古交站		
		柴化验票点		
14	109国道	高山站	二级砼	合资
		云西站		

序号	公路名称	收费站点名称	技术等级	备注
15	109 国道	马站站	二级砼	合资
		吴官屯站		
16	风陵渡黄河大桥	黄河桥站		出省大桥
17	三门峡黄河大桥	黄河桥站		出省大桥
18	荫林线	东井岭站	二级	出省
19	207 国道	衙道收费站	二级	出省
20	周沁线	天水山岭站	二级	出省
		拦车验票点		
21	108 国道	河津禹门站	二级	出省
22	马走线	马头关站	二级	出省
23	109 国道	神泉堡站	二级	出省
24	208 国道	古店站	二级	出省
25	坪曲县	陵川杨寨河站	二级	出省
		陵川冶头站		
26	国道 207 线孟县十盘至元吉公路	盂县洞沟站	二级	出省
27	307 国道太石段	小桥铺征费所		出省
28	青银线	柳林薛村站	二级	出省
29	云丰公路	新荣站	二级	出省
30	大张线	张西河站	二级	出省
31	长治至邯郸公路	赵店桥站	二级	出省
32	207 线沁涉线	左权桐峪站	二级	出省
33	太原至梅洞沟公路	新太站	二级	合资
34	太原梅洞沟至古交公路	新园站	二级	合资
35	襄光汾河桥	襄光桥		合资
36	赵克公路	堤村	二级	合资
		刘家垣		
37	襄台公路	古城站	二级	合资
		光华站		
38	神阜公路(桥梁隧道)	神堂堡站		出省合资
39	黄古线小店段(桥)	小店汾河站		合资
40	国道 309 线史回至官庄段公路	史回站	二级	合资
		官庄站		

序号	公路名称	收费站点名称	技术等级	备注
41	香炉寺山隧道	香炉寺山隧道		合资
42	柴化路	化客头站	二级	合资
		柴化站		

全省一、二级收费公路(隧道、大型公路桥梁)收费标准一览表

表2

单位:元/车次

车辆分类 \ 公路等级	一级公路和二级砼公路收费标准	普通二级公路(含隧道、大型公路桥梁)收费标准
≤2.5吨	10	10
>2.5吨≤5吨	15	15
>5吨≤10吨	20	20
>10吨≤20吨	30	25
>20吨≤30吨	60	50
>30吨以上	70	60

注:太佳线柴化验票点由2元/车次相应变为5元/车次,4元/车次相应变为8元/车次,6元/车次相应变为10元/车次,10元/车次相应变为15元/车次。

经省人民政府同意,从2002年8月5日起,提高山西省出省公路、中外合作经营公路(隧道)、一级公路及大型公路桥梁的车辆通行费标准。鉴于少数出省公路上报有遗漏,有些已提价的收费站收费标准要与邻省收费衔接等原因,2002年11月18日,省物价局印发《关于提高一、二级收费公路车辆通行费标准(第一批)的补充通知》。《通知》规定,提价的收费公路及收费标准为:

一级公路:榆邢公路榆次过境改线段与太旧高速公路榆次连接线(大东观收费站),209国道上马台至米家湾段(西位口和樊家庄收费站点,通行全程只收费一次)。

二级砼公路:大运二级公路北段(落里湾收费站),石凉线怀仁至左云段(吴家窑收费站),砂河至应县段(川草坪收费站),云店公路(尖口山收费站、纸方头验票点,全程只收费一次)。

执行普通二级公路收费标准的出省公路为:甘林公路(石城收费站),榆赞公路(东冶头收费站),阳井公路(娘子关收费站)。

山西省交通征费稽查局收费公路收费标准一览表

表3

<table>
<tr><th rowspan="2">线路名称</th><th rowspan="2">类别</th><th rowspan="2">收费站</th><th rowspan="2">批准文件</th><th colspan="2">收费标准</th></tr>
<tr><th>车类</th><th>标准(元/车次)</th></tr>
<tr><td>晋夏公路</td><td rowspan="4">一级公路</td><td>晋祠　夏家营</td><td rowspan="4">山西省物价局、
山西省财政厅、
山西省交通厅晋价费字
[2002]201号</td><td>≤2.5吨以下</td><td>10</td></tr>
<tr><td rowspan="3">霍侯路</td><td rowspan="3">霍州、甘亭、马务桥、襄汾、侯马</td><td>>2.5吨≤5吨</td><td>15</td></tr>
<tr><td>>5吨≤10吨</td><td>20</td></tr>
<tr><td>>10吨≤20吨</td><td>30</td></tr>
<tr><td rowspan="2">大运公路北段</td><td rowspan="2">二级水泥路</td><td rowspan="2">落里湾</td><td rowspan="2">山西省物价局、
山西省财政厅、
山西省交通厅晋价费字
[2002]310号</td><td>>20吨≤30吨</td><td>60</td></tr>
<tr><td>>30吨以上</td><td>70</td></tr>
<tr><td>汾柳</td><td rowspan="6">二级公路(出省)</td><td>胡家窑、柳沟</td><td rowspan="3">山西省物价局、
山西省财政厅、
山西省交通厅晋价费字
[2002]201号</td><td>≤2.5吨以下</td><td>10</td></tr>
<tr><td>石太</td><td>小桥铺</td><td>>2.5吨≤5吨</td><td>15</td></tr>
<tr><td>长邯</td><td>赵店桥</td><td>>5吨≤10吨</td><td>20</td></tr>
<tr><td rowspan="3">阳井</td><td rowspan="3">娘子关</td><td rowspan="3">山西省物价局、
山西省财政厅、
山西省交通厅晋价费字
[2002]310号</td><td>>10吨≤20吨</td><td>25</td></tr>
<tr><td>>20吨≤30吨</td><td>50</td></tr>
<tr><td>>30吨以上</td><td>60</td></tr>
<tr><td rowspan="6">大运公路</td><td rowspan="6">二级公路</td><td rowspan="6">下王庄、阳曲、
小店、夏门、
禹都</td><td rowspan="6">省政府办公厅
晋政办发[1998]61号</td><td>≤2.5吨</td><td>5</td></tr>
<tr><td>>2.5吨≤5吨</td><td>10</td></tr>
<tr><td>>5吨≤10吨</td><td>15</td></tr>
<tr><td>>10吨≤15吨</td><td>20</td></tr>
<tr><td>>15吨≤30吨</td><td>25</td></tr>
<tr><td>>30吨以上</td><td>50</td></tr>
</table>

线路名称	类别	收费站	批准文件	收费标准	
				车类	标准（元/车次）
东长公路	二级公路	永安、子洪、常村	山西省物价局、山西省财政厅、山西省交通厅晋价费字[1995]356号	<2.5吨	5
				≥2.5吨<8吨	10
				≥8吨<15吨	15
				≥15吨	20
长晋公路		司马	山西省物价局、山西省财政厅、山西省交通厅晋价费字[1998]41号	<2.5吨	5
				≥2.5吨<5吨	10
				≥5吨<10吨	15
				≥10吨<15吨	20
				≥15吨<30吨	25
				≥30吨以上	50

第四节　征稽大会战的组织

1995年，副省长兼省交通厅党组书记、厅长杜五安深入交通征稽系统调研，寻找工作突破口，确立“以费收为中心，以稽查为龙头”的工作方针。1995年7月17日他带领省交通厅、省征稽局领导及全省交通征稽系统的广大干部职工，冒雨进行封闭式大稽查，在北起大同、南至运城的各主要路段，打了一场查处逃漏费“黑车”的漂亮仗。这次全省雨夜封闭大稽查，共查获逃漏费车辆448台，补征规费30余万元。副省长杜五安亲自上路稽查，在全系统乃至全社会引起强烈震撼。以此为契机，遵照杜五安副省长指示，从8月15日到11月25日，全省交通征稽系统开展轰轰烈烈的“百日稽查大会战”，这是全省交通征稽系统组建以来规模最大、时间最长、范围最广、影响最大的一次大会战。

1996年初，大同交通征稽处开展“打假扫黑”行动。为了增收堵漏，牢牢抓住稽查这个龙头，采取灵活多样战略战术，将白天查和夜间查相结合，定时查与不定时查相结合，公路查与煤台查相结合，各所单独上路与全处联合大稽查相结合，向“三无车”、“出租车”、“假军车”展开强大的攻势，掀起一次又一次稽查高潮。完成并超额当年计划征收交通规费1.7亿元。

1996年2月10日，“全省交通征稽系统基础管理朔州现场会”在朔州召开，会议确定全省交通征稽基础管理“十化”标准，即：“所容整洁化、牌表统一化、办公干净化、环境优美化、管理科学化、制度规范化、服务标准化、办事程序化、政策公开化、处罚透明化。”“十化”达标竞赛活动的开展，掀起全省交通征稽系统加强基础管理工作的热潮。

1996年，太（原）旧（关）高速公路通车在即,资金筹措尤为迫切,稽查工作亟待加强。5月6日,一场封闭式联网大稽查在全省又拉开帷幕。大稽查刚刚开始,副省长杜五安在省交通厅党组书记、厅长刘俊谦、厅公安处处长王军、省交通征稽局局长刘书茂、副局长张晋鹏、邓军生、冯德等陪同下,深入收费站、征费所、稽查点看望一线征稽人员,极大地鼓舞了全员士气。

1998年,是全省交通系统实现公路建设学赶山东目标的重要一年,也是交通征稽面临"费改税"考验的关键一年。4月,省征稽局召开三个经验流动现场会。即推广太原分局的车户专管员经验,推广运城分局"围绕费收抓党建,抓好党建促费收"的党建工作经验,推广临汾分局与公安交警协作配合、加大稽查力度的经验。为了认真落实全省公安交警交通征稽工作协作暨经验交流会议精神,省征稽局与省公安厅交通管理局共同研究决定,统一于5月20日到25日,在全省范围内对"无车牌、无执照、未缴养路费"车辆实施联合稽查。在5天联合稽查中,共查扣汽车、摩托车7981台,处理车辆5791台,补费211.1万元,收缴滞纳金25.3万元,罚款22.2万元,清理欠费14.6万元,合计273.3万元,不仅取得明显经济效益,而且有力打击不法车户,查到潜在费源,壮大交通征稽声势,开创交警与交通征稽联合协作的新局面。针对"费改税"对交通规费征收产生的巨大影响,8月21日,省征稽局在吕梁分局胡家窑通行费收费站召开全省交通征稽系统通行费征管工作现场会;9月6日,召开全省交通征稽费收攻坚再动员大会。

1999年,为了切实发挥稽查的龙头作用,省征稽局印发文件,要求全系统抓稽查,促费收。3月8日,又专门召开抓稽查保费收动员会。3月19日,召开全省交通征稽工作会议,确定1999年征稽工作的指导思想和工作方针。5月6日,省征稽局组成4个督察组,对全省各分局及45个所(站)的各项工作开展督察。6月18日,省征稽局印发《稽查清欠促费收,管理整顿保稳定活动方案》,在全系统掀起"大干二百天,促费收保稳定"活动。9月17日,召开"打好打胜三个硬仗"动员会;9月30日,省征稽局与省公安厅交通管理局联合印发《关于开展"百日查漏补征交通规费"专项活动的紧急通知》。为了打好"三个硬仗",省征稽局指挥部下发第2号令、第3号令,就依法清欠工作作了具体安排,各分局也根据实际情况加大稽查力度。晋中分局与交警支队联合印发《关于进一步加强公路养路费等交通规费征收与稽查工作的通知》,忻州分局与地区中级人民法院联合发文,把依法清欠落实到费收工作中。

2000年10月12日至14日,省征稽局统一部署,在全省进行为期3天的全封闭稽查行动。3天查扣车辆3340台、9810个吨位,补费91万元。

2002年,根据省政府《关于治理公路"三乱"的通知》精神,采取省征稽局统一安排,各分局具体组织,有的放矢,集约型、效率型的稽查模式。充分利用掌上通、车牌通等先进设备,改变稽查人员多、稽查站点多、稽查投入多的粗放型稽查模式。全年共稽查欠漏费车辆8万多台,约30多万个吨位,通过稽查增收规费1亿多元。

第五节 规费征收计划的超额完成

1993年,全省征收养路费、货运补偿费8.95亿元,通行费4179万元,车辆购置附加费6870万元,新增车辆费2742万元,5项合计10.33亿元,比1992年增长24.8%。同口径合计(3项)9.64亿元,比1992年增长16.4%。

1994年8月,为确保太旧高速公路建设资金,全省交通征稽系统以稽查为龙头,确保费收。仅1994年一年,就查处违章漏费车辆4.37万台,补征各种交通规费3591.1万元,清理欠费2253.6万元,清欠率达到89.9%。1994年,全省征收公路养路费、货运补偿费13.73亿元,车辆通行费8606万元,车辆购置附加费3.34亿元,新增车辆费1.16亿元,5项合计19.09亿元，比1993年增长84.8%。被交通部评为全国交通系统先进单位。

1995年，省征稽局继续实行交通征稽目标管理责任制，层层签订目标责任书，并将交通征稽管理、费收上解、领导班子、队伍建设、政治思想、精神文明、廉政建设等工作细化为19项考核指标，制订严格奖惩制度和细致考核办法。8月15日至11月25日，在全省范围内开展"百日稽查大会战"。全省出动稽查人员3.8万人次，查扣各种违章车辆1.5万台，补征交通规费2000多万元，有效打击逃费、漏费车辆，遏制交通规费"跑、冒、滴、漏"现象发生。全年全省征收养路费、货运补偿费16.80亿元，车辆通行费1.27亿元，车辆购置附加费4.76亿元，新增车辆费1.18亿元，5项合计24.01亿元，比1994年增长25.8%。

1996年4月18日，在全省交通征稽工作会议上，确定以"太旧精神"统率全省交通征稽队伍，弘扬"太旧精神"，大打交通征稽攻坚战，并制订"1122433"攻坚工程。即：弘扬一种精神（太旧精神），扭住一个中心（规费征收），加大两个力度（稽查和宣传），强化两个管理（基础管理、军事化管理），搞好四项整顿（思想、作风、纪律、组织），推进三项建设（队伍、班子、作用），严堵跑、冒、滴、漏，争超3亿元费收。全年全省征收公路养路费、货运补偿费19.87亿元，车辆通行费1.51亿元，车辆购置附加费6.21亿元，新增车辆费1.58亿元，5项合计29.17亿元，比1995年增长21.5%。圆满完成省局制订的"弘扬太旧精神，大打征稽攻坚战"的"1122433"攻坚工程和厅党组提出的"213"政治任务。实现交通征稽历史上的四个第一：完成费收任务第一、年度费收增幅第一、稽查收入第一、费收入库第一。在征费车辆拥有量居全国中下游水平，征费标准居中的情况下，取得交通规费征收名列全国同行业前茅的骄人成绩，实现"带好队伍征好费，争创全国第一流"的奋斗目标。

1997年，全省交通征稽系统坚持以费收为中心，弘扬"太旧精神"，大打征稽会战，全面推行太原分局车户专管员制度，实现公路养路费征收IC卡网络系统全省联网，进一步加强费源管理，堵塞漏洞。全年征收公路养路费、货运补偿费19.62亿元，车辆通行费2.01亿元，车辆购置附加费4.42亿元，新增车辆费1.04亿元，5项合计27.09亿元，比1996年下降7.1%。

1998年，由于受东南亚金融危机影响，煤焦滞销，造成全省运输市场疲软；国有企业尚未摆脱困境，生产经营步履维艰，导致运输车辆报停率、封存率上升，新增车辆大幅度减少。1998年前两个月，交通规费征收与1997年同期相比呈严重下降趋势，新增车辆中大吨位车辆增长比例下降，造成新增车辆费、车辆购置附加费征收大幅度下降，车辆征费吨位增长缓慢，加之邻省调整交通规费征收政策和标准，使山西辖区的邻省县（区）的新增车辆落籍外省，费源向外省流失。在3月23日召开的全省交通征稽工作会议上，认真分析面临形势，提出全年交通征稽工作的指导方针：紧紧围绕费收中心，大力弘扬"太旧精神"，深化改革，搞活机制，整体推进，再铸辉煌。在费收形势十分严峻情况下，1998年征收公路养路费、货运补偿费18.85亿元，车辆通行费1.87亿元，车辆购置附加费4.32亿元，新增车辆费1.06亿元，5项合计26.10亿元，比1997年下降3.7%。

1999年是全省交通征稽经受严峻考验的一年。广大交通征稽干部职工克服煤焦运输市场持续疲软，报停封存车辆大幅度增加，征费吨位下降，偷、逃、暴力抗费现象剧增，多处收费站（点）停收，征收环境急剧恶化等重重困难，加大工作力度，紧紧围绕"强化管理，稳定队伍，依法行政，狠抓费收，维护形象，搞好改革"的工作方针，在稳定中求发展，在发展中保稳定。在重重困难的情况下，全年征收养路费、货运补偿费15.76亿元，车辆通行费1.42亿元，车辆购置附加费4.00亿元，新增车辆费1.12亿元，5项合计22.30亿元，比1998年下降14.6%。

2000年，在面临运输市场疲软、报停、封存车辆大幅度增加、超限运输车辆大幅减少、征费吨位下降、税费改革一波三折、规费征收难度加大等严峻的费收形势下，全省交通征稽部门强化形势教育，加大科学决策力度；强化管理，加大源头征费工作力度；舞好龙头，加大上路稽查工作力度；强化手段，加大依法清欠力度；强化制约，加大督导检查力度；奖优罚劣，加大考核奖惩力度。广大职工同心同德，尽职尽责，排除干扰，埋头苦干，以费收为中心的各项工作扎实有效。全年全系统征收公路养路费、货运补偿费16.23亿元，车辆通行费1.43亿元，车辆购置附加费5.70亿元，新增车辆费5166万元，5项合计23.88亿元，比1999年增长7.0%。

2001年，在厅党组正确领导下，全省交通征稽系统大力弘扬太旧精神，忠实实践“三个代表”重要思想，以“十五”全省交通征稽工作指导思想和工作方针为指导，认真贯彻落实全省交通征稽工作会议精神，围绕“一个统揽，四个确保”扎实工作，依法征费，文明服务，挖潜堵漏，奋力增收。全年共稽查各种违规车辆19.4万台次，稽查、清欠收入达1.60亿元，占两费收入8.6%，百车漏费率控制在省局规定的指标之内。全年征收养路费、货运附加费(2001年前为货运补偿费)17.76亿元，车辆通行费1.77亿元，车辆购置附加费7.10亿元，四项合计26.63亿元，比2000年(同口径对比)增长11.5%。

2002年，全省征稽系统注重从源头上抓管理、抓费收，变“以稽查为龙头”为“以费源管理为龙头、以高效稽查为手段”，在全系统大力推广运城分局用制度促管理、向服务要管理、以管理促费收和晋城分局依法清欠、治理“大吨小标”车辆的经验，初步实现“两个转变”、“两个加强”。全年征收养路费、货运附加费22.02亿元，车辆通行费2.19亿元，车辆购置附加费10.14亿元，4项费收合计34.35亿元，比2001年增长28.9%。2002年全省交通征稽系统所取得的规费征收成绩是空前的，不但各项费收指标均取得历史性突破，而且公路养路费、货运附加费征收增长比例在全国交通征稽系统位居前列。

第五章　国防交通

1998年以来，国防和军事领域，随着世界格局的变化和全国军事方针战略的调整，从过去应付全面战争转变为立足打赢一场高技术条件下的局部战争，做好新时期军事斗争准备成为国防建设和军队建设的首要任务。省交通战备办公室坚持以邓小平理论和“三个代表”重要思想为指导，以军事斗争交通保障准备为牵引，认真贯彻落实科学发展观，交通战备建设实现跨越式发展。省交通战备办公室连续荣获“八五”、“九五”、“十五”期间全国“交通战备工作先进单位”。2002年被省劳动竞赛委员会授予“山西省五一劳动奖状”。

第一节　交通战备机构的进一步理顺

1995年初，在机构改革中，省交通战备办公室与省交通厅公安处合并，一度使交通战备工作受到影响。根据国务院和中央军委有关文件精神，经多方努力，同年8月，省委办公厅、省编委分别下发文件，明确“省交通战备办公室机构单设，配6名工作人员（原5名）”。

1996年5月21日，山西省国防动员委员会成立。山西省人民政府、山西省军区交通战备领导小组自行撤销，原领导小组办公室改称“山西省国防动员委员会交通战备办公室”，简称“山西省交通战备办公室”。归口省国防动员委员会领导，办公室挂靠在省交通厅。山西省交通战备办公室是省国防动员委员会的办事机构，也是省政府主管交通战备工作的办事机构，与所在单位的关系为挂靠性质。截至1996年底，全省11个地市全部成立国防动员委员会。2001年以来，省编办发文，对各级交通战备机构的设置编制、行政级别、职能作用进行明确。主任为正厅级、专职副主任为副厅级和正处级。

第二节　国防交通工程设施建设力度的加大

2003年以来，各级交通战备办公室认真按照“平战结合、军民兼融”的原则，逐年加大国防交通工程设施建设力度，在大型交通基本设施建设中，认真贯彻国防要求，切实把军事需求融入交通基本建设的各个环节。形成国防交通网路建设与地方交通建设同步规划、同步建设、同步发展的格局。省交通战备办公室紧紧围绕全省公路建设，采取多条腿走路方式，积极争取国防投资贷款，先后完成夏县至南沟、阳泉平定巨城至龙庄、阳泉平定白羊墅至娘子关（移穰至娘子关段）、忻府区三交镇至阳曲东庄村、五台东冶至寿阳太安驿（东冶至西烟段）、原平西山循环（原平大营至西梁段），以及临汾市平阳汾河大桥、临汾市马务汾河大桥、太原市南郊区小店汾河大桥和平陆县茅津渡晋航1号改造工程、大同至新广武高速公路飞机场跑道等国防公路、桥梁。

为保证国防交通工程质量，省交通战备办公室分别与各地市签订协议书。对资金来源和控制、招标方式、施工质量、预算和变更设计、建设工期，都提出明确要求。北京军区交通战备办公室多次到山西省国防交通工程建设工地进行监督检查，对全省国防公路工程质量给予充分肯定。

2001年以来，省交通战备办公室结合高

速公路建设,适时提出在高速公路建设全程搭载国防功能的要求,使高速公路建设全过程贯彻"高速公路与快速通道相结合,服务区与兵站相结合,隧道与隐蔽工程相结合,高速路段与飞机跑道相结合,高速枢纽与战储基地相结合"的"五结合"原则。通过科学设计、精心施工、实现高速公路五大国防功能。即:飞机跑道的应急起降功能、大型隧道的隐蔽指挥功能,服务区的兵站服务功能,全路无障碍的部队快速机动功能,交通战备基础的仓储、培训功能。高速公路建设贯彻国防要求的做法,受到交通部、国家交通战备办公室、北京军区的充分肯定,成为全国公路建设贯彻国防要求的典范。

第三节　交通保障能力的提高

1998年以来,山西省国防交通专业保障队伍建设坚持以军委新时期军事战略思想为指导。以反"台独"军事斗争准备为牵引,以改革创新为动力,以如期形成交通保障能力为目标,按照"规模适度、队伍精干、编成合理、专业齐全、工种配套"的原则,着眼打赢抓队伍,瞄准一流搞建设,高起点规划,高标准建设,用政策支撑组建,用合同加强管理,用制度规范队伍,用训(演)练提升素质,推动国防交通保障队伍在瞬息万变的市场经济条件下顺势发展,构建了平时服务、急时应急、战时应战的"三位一体"交通保障体系,形成"省有拳头、市有骨干、县有队伍"的格局,增强国防交通专业保障队伍综合保障能力。1999年,省交通战备办公室组建5支公路运输专业保障大队和12支公路工程专业保障大队。各市、县、区根据本区域应急应战情况下可能承担的保障任务,组建区域性各类交通保障队伍。2000年3月,北京军区交通战备办公室在山西省召开交通专业保障整训现场会,点验晋中公路工程保障大队,并命名授旗。省交通战备办公室每年都有重点地组织对国防交通专业保障队伍进行整训点验。

为了规范国防交通专业保障队伍的建设和管理,省交通战备办公室制定《山西省国防交通专业保障队伍建设内容体系》、《山西省国防交通专业保障队伍建设质量标准体系》、《山西省国防交通专业保障队伍建设评估体系》和《山西省国防交通专业保障队伍管理暂行办法》等。对保障队伍建设和管理起到了积极促进作用。

省交通厅、省交通战备办公室从国防建设和应对突发事件需要出发,从经济建设和全国新型能源工业基地建设的大局出发,认真研究和探索在市场经济条件下建立道路运输应急保障长效机制的问题,并积极采取措施,着力构建一支关键时刻"拉得出,用得上,打得赢"的道路运输保障车队,有效应对煤电油运持续紧张状况。

面对在新形势下保障军队执行多样化军事任务的需要,在总结、借鉴高速公路建设贯彻国防要求的经验基础上,省交通战备办公室提出建设"国防高速"大通道的思路,并把他上升为一种理念,"国防高速"的核心是加强交通战备体系建设,建立高效顺畅的指挥体制、工作机制和运行机制,实现各种保障力量平转战的快速反应;加大贯彻国防要求力度,在地方交通基础设施建设中,充分考虑军事对交通网络布局、路线走向、技术等级等要求,结合高速公路建设和国省道、县乡道的改扩建,改善和提高主要方向、重点部队机动道路的通行条件,实现战时部队快速机动;做好国防交通动员准备,明确任务,摸清潜力,制定预案,确定对象,规范程序,确保保障力量的快速动员。

2000年9月,省委、省政府做出修建贯通全省南北的大同至运城高速公路的战略决策。经过三年苦战,全长666公里的大运高速公路于2003年9月通车。在大型交通基础设施建设中,省交通战备办公室边设计、边实践、边总结,提出建设"国防大运"的新理念,创造性地提出高速公路"五结合"的平战建设思想。即高速公路与快速通道相结合,服务区与兵站相结合,隧道与隐蔽指挥相结合,高速公路与飞机跑道相结合,高速公路与物资储备基地相结合。大运高速公路在设计和建设上实现“五大军事功能”，即高速公路飞机跑道应急起降功能，大型隧道军事功能，交通战备基地物资仓储功能，十大服务区兵站保障功能，全路无障碍快速机动功能。大运高速公路成为全国高速公路建设落实国防要求的示范工程。

2000 年，省交通战备办公室制定“需求牵引、平战结合、重点突破、逐步实施、建用并重、整体提升”的交通战备信息化建设新思路，广泛吸纳国内外交通运输系统信息化建设的最新成果和前瞻理念，从装备设施建设、网络通道建设、数据资源建设、应用系统建设和人才队伍建设等方面入手，多形式、多渠道投入资金，精心组织，科学实施，全面展开信息化建设。在硬件建设方面，建成具有集中控制、实时指挥的省交通保障指挥中心；实现省交通战备办公室与省国防动员委员会、各行署、市交通战备办公室的网络互联。在软件建设方面，研制开发《交通战备数据库存》、《交通战备工作资料自动化管理系统》、《交通战备保障自动化辅助决策系统》、《交通战备综合应用系统》等应用系统。制作电子信息沙盘，使地形地貌和各类交通保障目标更加形象直观，方便工作需要。依托省交通厅“1166”工程，建立规范、统一的交通战备数据平台。省交通战备办公室投资 50 万元，更新办公电脑，并结合全交通运输信息资源整合与服务工程建设，提出交通战备技术需求；按照《国防交通信息管理系统》和《国防交通基础设施建设系统》要求，对数据库资料进行一次彻底的更新和完善。

第四节　交通战备正规化建设的探索

2001 年 5 月，国家交通战备办公室印发《交通战备工作正规化建设规定》，同年 10 月，省交通战备办公室制定印发《山西省交通战备工作正规化建设实施办法》。正规化建设重点逐步从规范工作秩序向做好军事斗争准备转变，并在实践中不断拓展建设内容，赋予其新的意义。在建设中，重实际，求实效，搞创新，谋发展，摸索建立交通战备正规化建设“五化”标准要求。即：工作机制规范化、基础设施配套化、资料信息网络化、决策指挥智能化、交通保障高效化。

正规化建设取得 5 项主要成果。一是组织机构健全。按照巩固省级、加强市级、推动县级、带动企业的建设思路，规范各级交通战备组织机构。省交通战备办公室和省编制办公室，先后发文对各级交通战备机构的设置编制。行政级别、职能作用进行明确。全省市、县级交通战备办公室全部进行定机构、定编制、定人员的“三定”工作，铁路、民航、公路交通管理部门均设有交通战备工作机构，配备专（兼）职干部。二是工作机制规范。建立了单位成员工作机制、“双向纳入”工作机制和“双向服务”活动机制，通过军地之间、行业之间、部门之间的有机协调，形成与经济社会运行机制相一致，与国防动员体制机制相一致的适应市场经济的交通战备工作机制。三是工作目标明确。将交通战备工作的有关内容进行量化分解，纳入各级交通运输部门的年度工作职责，制定《工作目标考核标准》。年初层层签订目标责任书。实行“一把手”责任追究制，年底对交通战备工作完成情况进行专题检查考核，严格落实奖惩。四是经费来源保障。省有关部门先后制定一系列优惠政策和规定，出台战备物资道路运输保障车队交通规费减免办法，每支车队每年可减免交通规费约 120 万元；建立基金保障制度，省交通厅每年拨款 100 万元设立交通战备专项基金，用于全省交通战备工作的正常开展。地市也建立本级的交通战备基金，有力缓解资金不足矛盾。五是规章制度健全。根据《国防法》、《国防交通条例》和《民用运力国防动员条例》，结合本省实际，先后制定实施了《山西省实施国防交通条例办法》、《山西省交通战备正规化建设实施办法》、《应急交通保障暂行规定》等制度，按照《交通战备工作正规化建设标准》，规范岗位职责、工作程序、工作制度、建立岗位职责 15 类，工作制度 18 项，工作程序 10 个，做到工作有目标、考核有标准、检查有依据、实现交通战备工作制度化、程序化和标准化。

2003年以来,省交通战备办公室坚持以人为根本,在干部队伍能力培养上年年都实行层层集中培训,请国防大学、后勤指挥学院等军队院校专家教授上门授课辅导,了解国家安全形势,学习军事高新理论,掌握交通战备法规,研究开展工作对策。1999年以来,省交通战备办公室选拔130余名优秀年轻干部到后勤指挥学院等军队院校进修学习,系统提高交通战备工作素质和能力。截至2010年底,98%的学业有成已经毕业,获得军队院校本科学历。交通保障队伍平时结合公路养建工作,进行以提高应急保障能力为目标的快速拉动、快速抢修、技术比武等训练活动,培养了一批思想作风优良、技能全面过硬的新型道路交通保障队伍。

1995年2月24日《国防交通条例》颁布后,省交通战备办公室及时下发通知,积极同《山西日报》、《山西公路报》联系,全文刊登,加大宣传力度。并于6月中旬召开学习宣传贯彻《条例》座谈会,互相促进,共同提高。1996年3月在《条例》颁布一周年之际,组织较大规模的《条例》知识有奖问答活动。铁路、民航、邮电和交通系统干部职工5700余人积极参与,踊跃答卷,回收率达96%以上。

1997年3月14日《国防法》颁布。《国防法》和《条例》的颁布实施,不仅使交通战备工作有法可依,而且把各级交通战备工作机构纳入行政执法队伍序列。省交通战备办公室及时组织县级以上交通战备干部进行培训,集中时间系统学习,使参训人员对两个法规有了更深刻更全面更系统的认识和了解。通过对两个法规的贯彻落实,进一步深化交通战备正规化建设。

为提高全省交通战备的快速反应、快速动员、快速投送、快速抢修能力。各级交通战备部门结合生产任务,积极组织交通保障训(演)练。1997年,侯马汽车运输公司组织运输保障队伍演练时,结合同货源、同卸货地、大运量的运输生产任务进行,30辆东风140演练车队行程200多公里,中途进行车队集结与编队、防空闭灯驾驶、防空疏散、车辆维修、快速装卸等9个演练科目。既圆满完成生产任务,又使保障队伍得到锻炼,为今后应急保障积累经验。铁十七局等单位结合桥梁施工,多次实施军用梁墩快速拼装等战备演练。

1999年,北京军区在晋中市组织专业保障队伍整组试点工作。2000年3月,北京军区对整组的晋中公路工程专业保障大队进行点验,北京军区首长为保障队伍授旗。

第五节 各项交通保障任务的圆满完成

"八五"以来,各级交通战备办公室始终着眼于国防与经济建设需要,发挥交通战备体系的多种服务保障功能和交通战备资源的多重保障效益,既在平时经济建设中发挥主力军作用,又为急时应急提供有力保障。截至1995年底,全省组建重点保障道路和桥梁保障队伍180个、83 161人,运输保障队伍82个。铁路、民航、邮民系统都结合自己战时和突发事件保障任务特点,整组战时交通保障队伍。在1998年全国抗洪斗争中,晋城汽车运输有限公司应急保障车队接到命令后,紧急出动12辆大货车,完成总运量100余吨、周转量11万吨公里的抢险救灾运输任务,把物资顺利送到湖北。晋城市应急保障车队被国家交战办授予"在抗洪抢险交通保障中作出突出贡献的'先进单位'"。

各级交通战备部门先后完成"北国利剑"、"黄河93"、"北线联合-96"、97军演、统一2000、挥戈-2001、05-活动、09-活动等10余次重大军事活动的交通保障任务。共组织出动保障人员6000余人次、动用机械设备1500台次,整修路面120余公里,抢建、抢修便道60余公里,跟进保障行程300余公里,沿途通过地区没有出现一处堵车、塞车和压道现象,出色完成每次交通保障任务,受到参演部队一致好评。同时锻炼交通保障队伍的应急抢修和快速反应能力,充分显示交通战备工作的重要地位和作用。

第六节　战储器材的开发利用

随着改革开放的不断深入和市场经济体制的逐步确立，为适应市场的需要，根据国家交通战备办公室的规定和要求，在保证应急应战需要前提下，从20世纪90年代开始，全省逐步探索战备储备器材的开发利用，储备器材从静态的封闭式管理向动态的开放式管理转变。交通战备器材的开发利用，不仅为器材的更新换代提供资金保障，而且大大增强交通战备工作的生机和活力，步入良性循环、滚动发展轨道。但在开发交通战备器材时，要依据交通运输部和山西省有关规定办理手续，严格按照市场经济规律处理租赁业务。

华北国防交通培训物资储备基地是山西省国防工程的一个重要建设项目。在调研立项过程中，确立该项目建设要坚持平时与战时结合，以平时为主；军民两用结合，以民用为主；战备仓储与经营结合，以经营为主的"三结合三为主"原则，使基本建设从调研、立项、规划、设计阶段，就贯彻平战结合、军民融合的思想。

战备钢桥在工程施工、抢险救灾以及便民利民等方面发挥重要作用。1994年6月23日，朔州境内突降特大暴雨、致使208国道、朔蔚线省道和北同蒲铁路同时中断。省交通战备办公室接到通知后，立即带领有关人员连夜赶赴现场，迅速组织应急保障队伍进行抢修。果断动用42延米战备钢梁，经过12小时连续奋战，架起21延米战备钢梁桥，使208国道在短期内恢复交通，受到社会各界好评。

1998年，经过多方调查研究，在临汾地区汾河上架设一座长124米，宽4.8米的交通战备浮箱桥，从1992年至1998年，全省共开发6座战备浮箱桥，年创社会经济效益2千多万元，对当地经济发展起到积极促进作用。同时，积累资金滚动发展，建起两座永久桥。

1994年10月13日，临汾地区在襄汾县贾罕乡架设第一座交通战备浮箱桥后，乡政府发动群众集资贷款，修建13.5公里的二级公路。沿路新增年产值30万元以上的乡镇企业19个，蔬菜大棚240个，形成"一桥促一路，一路沿线富"的局面。1998年8月，中央电视台《国防万象》节目制作组，专程来晋摄制《战备浮箱利国利民》专题片，在全国播放。

第六章　科技创新

1993年以来，全省交通系统科技工作者认真落实省交通厅党组“科教兴交”战略，不断加大科技开发与创新力度，积极追踪行业科技发展新技术，增强科研开发实力，大力推进科技成果转化，全面完成“八五”“九五”交通科技发展计划，使全行业基础技术得到普遍提高。“九五”期间，5年累计拨付科研经费4000万元，开展科研项目230项，已完成150项，有51个项目获奖。其中，获国家科技进步二等奖1项，交通部科技进步奖9项，交通部行业联合科技攻关奖2项，省科技进步奖20项。一大批科技成果在全省及全国公路建养、运输管理和规费稽查中得到推广应用，大大提高了全省公路建养和交通运输企业的基础技术水平。

“八五”期间，开展厅级以上科研项目170项，其中开发项目85项，完成107项，有14项获省科技进步奖，4项达到国际先进水平，37项达到国内领先水平，2项获国家专利，18项列入交通部、省科委科技成果推广应用推荐项目。

第一节　勘察新技术的研发应用

一、微机系统辅助控制乳化沥青生产

由于传统的乳化沥青生产工艺粗糙、设备简陋及纯人工机械操作的生产方式，生产出的乳化沥青成品无论在油水比还是稳定度方面都很难达到用户要求指标。1995年，为了从根本上改变由于生产工艺落后而造成的产品质量问题，阳泉公路分局在大量调查研究基础上，聘请太原工业大学有关科技人员，针对乳化沥青生产线的基础技术、关键技术问题进行协作攻关，研制开发高性能、可综合考虑多种因素的STD—A微电子控制技术，从微观上控制整个生产过程，并采用PID计算机算法，通过微机显示屏直观地对生产过程各项即时指标进行有效监控，变过去的人工机械控制为精确的微机数字控制，提高乳化沥青生产线的自动化程度，保证产品质量稳定。

二、计算机辅助设计系统的研究

伴随着社会的进步与发展，公路建设等级与设计标准不断提高，阳泉公路分局在公路勘测设计中，计算机辅助设计系统逐步得到推广和普及。1995年引进交通部公路工程XJTG造价系统软件、1998年引进辽宁设计院路线CAD设计软件、1999年引进北京跨世纪软件公司桥梁大师CAD软件、2001年引进珠海同望软件公司WCOST2000公路造价软件、2002年引进西安立德公路工程咨询有限公司维地道路CAD路线系统软件和哈尔滨建筑交通学院APDS沥青路面设计软件、2003年引进重庆海特公司PCV2000公路涵洞CAD软件等一系列设计软件，相继用于207国道十八盘至元吉、东纵干线会里至二院、省道314阳曲至双山、307国道旧关至新店等分局属新、改建工程及历年养护工程的勘察设计中，设计质量和效率进入“计算机化”设计阶段。

三、计算机桥梁、路面管理系统的研究

为了加大养护基础管理工作的科技含量，提高养护管理水平，1996年，针对桥梁养护管理上的不足，阳泉公路分局根据省局统一安排，成立由分管技术副局长挂帅的桥梁系统管理工作组，下设2个CBMS数据采集组，购置电脑及常规检查器具，对所辖124座

桥梁技术状况进行全面的摸底调查,初步完成 CBMS 数据采集及整理工作。在此基础上,1997 年进行数据录入、校验、图像扫描等工作,经过调试系统投入正常运行。路面管理系统于 1997 年着手对所辖路段路面状况进行调查、评定整理;1998 年完成数据录入及调试运行工作;1999 年数据更新、录入及系统改版后投入正常运行。

至此,分局桥梁、路面养护管理工作摆脱手工查阅资料、统计计算、评价等落后的决策手段。通过管理系统,可直观地查询每座桥梁或每段路面的各项技术指标,并能通过系统分析提供养护及维修对策、施工方案、预算费用等,逐年为桥梁维修和养护大修提供决策依据,提高决策效率和科学性,使有限的养护资金得到合理、有效的利用。

四、公路桥梁管理系统(CBMS)的应用

公路桥梁管理系统(CBMS)是交通部"八五"期间重点科技推广通达计划和国家经贸委 100 个重点新技术推广项目。其主要应用于现有公路桥梁的日常养护、维修加固、评价决策与投资管理。其科学管理手段、现代化决策技术和先进管理办法,能够提高桥梁管理信息的准确度和资金使用效益,增强对运营桥梁监控,延长其使用寿命,达到促进公路桥梁管理现代化和决策科学化的目的。

1996 年至 1997 年,长治公路分局通过对有关技术人员的培训,进行数据采集和计算机录入等工作,已经可以利用该管理系统对全市干线公路桥梁技术状况进行评价分析、排序,为编制桥梁养护维修计划提供科学依据。

五、湿排灰粉煤灰水泥混凝土在边坡防护中的应用研究

获中国公路学会科学技术奖二等奖。该项目研究各龄期下湿排粉煤灰、激发剂对混凝土强度、干缩及耐久性的影响,首次将高参量(50% 至 70%)湿排粉煤灰混凝土用于公路工程,其造价比普通混凝土降低约 20% 至 40%,同时拓宽粉煤灰利用途径,降低工程成本,节约能源,具有明显的经济、社会、环保效益,在同类研究中达到国际先进水平。

六、"道路 CAD 系统的二次开发"研究

时间为 1991 年 10 月至 1997 年 3 月,获省应用科研三等奖。该项目针对山区高等级公路的路线设计特点,在原"路线 CAD 系统"基础上进行二次开发,根据路基高度和土质情况系统给出四种戴帽方式,满足山区复杂地形、地质情况的特殊设计要求;增加随路基宽度变化的涵洞计算和绘图程序;增加路线设计中爬坡车道和减速车道设计程序,编制路基土石方分类数量计算和调配程序;提高计算缓和曲线内各桩坐标的精度。经太旧高速公路等多条高等级公路路线的设计应用,证明可有效地提高工作效率,缩短设计周期;系统操作简便,便于为广大设计人员掌握使用,运行可靠。该项目成果在先进性和实用性方面,处于国内同行业同类软件的先进水平。

七、振动沙石桩处理液化地基的研究

时间为 1997 年 6 月至 1998 年 12 月,获省应用研究类二等奖。课题结合工程实际,通过工地现场取样,对可液化地基进行动三轴试验研究,通过试验确定地基土抗液化剪应力和累计动孔压的发展规律,并建立孔隙水压力累计和消散作用的耦合方程,在理论上达到较高研究水平;考虑路基填土压载增加地基抗液化作用,结合已有大型振动台试验结果和有关震害调查资料,提出可液化地基处理界限,在设计理论上有重大突破;该成果成功地应用于原太高速公路可液化地基处理,经济效益明显。该研究成果达到国际先进水平。

八、AC/RCC 复合式路面的试验研究

时间为 1995 年 4 月至 1997 年 12 月,获省应用科研三等奖。项目建立 AC、RCC 复合式路面的力学计算模型,并编制相应荷载应力和温度应力的计算程序。在此基础上,提出以 RCC 板板底弯拉应力、AC 层拉应力和剪应力为控制指标的设计方法;全面分析 AC－RCC 复合式路面中 AC 层产生反射裂缝的原因,筛出采用防裂夹层减缓反射裂缝的措施与施工工艺要求;提出 AC/RCC 复合式路面施工及质量控制要点,在全省具有良好的经济效益和实用价值。其成果达到国内领先水平。

九、公路路堤可靠性研究(黄土地区)

时间为1993年10月至1998年12月，获交通部二等奖。项目对黄土地区的地基土和路堤土的土性参数进行室内外试验，并进行统计分析，基本掌握全省土性参数变异性规律；通过可靠性指标计算，得出路堤稳定性可靠指标β和稳定性系数K的相关关系，初步定出不同道路等级路堤稳定性的目标可靠指标，建立黄土特性的稳定和沉降计算模式，技术先进，对全国路基设计规范按可靠度原则进行修订，具有参考价值，总体达到国内先进水平。

十、设计有关应用软件

“便携式微机外业数据采集CAD软件”，时间为1994年12月至1995年12月；“自然煤矸石混凝土在公路工程中的应用研究”，时间为1995年5月至1997年9月；被评价为达到国内同行业领先水平；“微机涵洞CAD软件”，时间为1991年1月至1997年3月，被评为达到国内先进水平。

十一、桥面铺装结构及材料的研究

通过省科委评审，科研成果达国内领先水平；《高速公路三维可视化信息系统的研究》获全省勘察设计软件一等奖，同时申报国家级软件奖和山西省科技进步一等奖；另外，20项课题分获省交通厅科研应用一至三等奖。《高速公路设计、施工、养护信息一体化系统》、《山西省公路地质卫星遥感GIS系统》的研究已初见成果。

十二、新技术、新材料的大力推广和应用

在汾阳至军渡、阳城至侯马高速公路设计中，采用钢管混凝土中承式拱桥和矮塔斜拉桥新结构跨线桥设计；在大运高速公路路面设计中，采用沥青混合料多级嵌挤级配新技术；在交通工程通信系统设计中，采用SDH新技术；在绿化美化景观环保设计中，采用湿法喷薄、客土喷薄边坡植被建植新技术、新工艺；在阳城至侯马高速公路设计中，与法国专家合作，选取其中部分路段进行多方案比选，优化设计，使具有省交通设计院特色的山区高速公路勘察设计核心技术逐步形成。

1993年至2002年，省交通设计院获科技进步奖等奖项11项，其中，获山西省科技进步一等奖1项、三等奖1项，山西省应用研究二等奖1项、三等奖2项，交通部科学技术二等奖1项，厅应用研究一等奖2项、二等奖1项、三等奖2项。

1993年至2002年，省设计院共获优秀工程勘察设计咨询等奖项23项，其中获国家级优秀工程银奖3项，国家级优秀工程咨询成果二等奖1项，山西省优秀工程设计一等奖4项、二等奖4项、三等奖1项，山西省优秀工程勘察一等奖1项，交通部优秀设计三等奖1项，山西省优秀工程咨询成果一等奖7项、二等奖1项。

第二节　路基新技术的研发应用

一、石灰桩处理沉陷和软基技术的研究

侯马段所辖侯风线隘口沟地段建于1992年，由于当时施工工艺差等原因，自建成通车后路面逐年整体下沉，截至1997年最大沉陷处达85厘米。为确保国省道行车安全畅通，侯马公路段于1997年11月引进“白灰桩”处治沉陷技术，对侯风线14公里400米至15公里700米路段病害进行处治。具体施工方法为：①对原路面油层进行处理；②在路面上散布点对间距为1米的梅花桩；③用钻机打桩，孔径为20厘米，孔深至高填方段的原地面或硬基层，最深孔为35米，一般孔为20米左右；④3厘米至5厘米生石灰块回填，每次填50厘米用15公斤圆吊锤夯实一次，最后1米用6%细粒式水稳沙砾回填。采取上述办法之后，经修复的地段病害得到根治。

1999年，翼城公路段承揽本县“治污”涵洞一座，全长200米，跨径3米。由于在河道上修建，遇到软基问题。遂采用石灰桩技术，操作为：在基础上每0.5平方米打一直径为20厘米、深为1米的孔，呈梅花式布桩，然后在孔内用生石灰进行灌注，并捣实利用白灰遇潮膨胀的作用增强地基的承载力。

二、新技术的应用

在运城高等级公路及桥梁建设中，运城公路分局及各有关承建单位先后学习并引进多项新技术，应用于工程建设中。

1. 对软弱地基采用"换填沙砾"、"换填灰土"、"重锤夯实"、"注浆"、"旋喷桩"、"粉喷桩"、"预压＋塑料插板"、"振动沙（碎）石桩"、"沙砾垫层＋土工格栅"、"沙砾垫石＋抛片石"等工程技术措施；对湿陷性黄土、墓穴等不良地质路段，进行地质处理和加固，成功防止桥涵等各种构造物基础或路基的不均匀湿陷。

2. 在水泥砼面板中掺入15%至20%的粉煤灰，具有很好的经济效益和社会效益。

3. 在沥青砼路面施工中，采用SBS改性技术，并对规范中的配比进行了调整，提高了路面使用的耐久性。

4. 在路面基层、底基层和墓穴处理中，广泛利用粉煤灰等工业废渣，获得良好社会效益和经济效益。

5. 在桥梁施工中，首次采用性能较好、造价适中的国产"毛勒缝"；安装使用"二次反控槽"的施工新手艺，成功解决因桥梁伸缩缝处理不当而形成跳车的技术措施。

6. 为解决桥头高填土堤方路基的砂土液化问题，侯运高速公路建设有限责任公司课题组大胆提出利用"振动砂石桩"及"旋喷桩"等方案，取得成功。其"振动砂石桩"课题通过省科委组织的技术鉴定。

第三节　路面新技术的研发应用

1993年以来，省委、省政府从兴晋富民迫切需要和经济发展客观要求出发，制定交通优先发展战略，带领全省人民大打公路建设翻身仗，取得辉煌建设成就。

沥青路面新技术成为加速全省高速公路发展的重要因素。1998年起连续4年在原太、太原南环、晋焦等高速公路上采用SBR改性沥青和SMA面层结构取得成功；2001年运三高速公路42.6公里沥青面层采用SBS改性沥青取得良好效果，这一技术开始在全省推广应用。这一时期，全省交通系统有142项科研项目获省科技进步奖，362项获厅科技进步奖，42项达国际水平，37项达国内领先或先进水平，22项获国家专利，18项列为交通部、省科委科技成果推广应用和推荐项目。

一、道路沥青及沥青混合料路用性能研究

"八五"国家重点科技项目（85－403－02－01），专题研究密切结合道路工程实践，直接为沥青路面设计、施工服务。可作为修订沥青路面有关技术规范的依据，具有良好的推广应用前景。并将在工程实践中产生重大的经济效益和社会效益。项目取得4项主要研究成果：一是对我国有代表性的道路沥青品种的质量和使用性能做出科学评价，具有很大实用价值；二是首次提出影响沥青路面性能的高温、低温、降水量等气候因素的技术指标及气候分区图，对合理选用道路沥青具有指导意义；三是首次提出不同气候条件下道路沥青及沥青混合料路用性能的关键技术指标和分级界限值，为沥青材料选择及沥青混合料配合比设计及检验提供技术依据；四是对SBR、SBS及NOVOPHALT等改性沥青应用于高等级道路沥青路面进行科学评价，对今后研究工作具有指导意义。

该项目获得1997年度交通部科技成果一等奖，1998年获国家科技进步二等奖。

二、沥青玛蹄脂碎石混合料（SMA）应用技术研究

为结合全省气候特点和交通条件，消化吸收和科学推广SMA路面，省交通厅立题，推广应用5项创新成果：①提出SMA混合料空隙率、矿料间隙率控制技术指标；②提出SMA路用性能的结构参数和SMA－16混合料级配范围；③提出全省宜采用的沥青改性剂类型及合理剂量；④研制"颗粒状木质素纤维自动加料机"；⑤编写《SMA路面施工实施细则》。

该项目获得2002年度山西省科技进步二等奖，应用于原太、太原南环高速公路的改性SMA路面,均取得良好路用效果,从整体上提高了SMA路面的技术水平。

三、利用山西地方材料修筑沥青路面抗滑表层的研究(省交通科研所报送)

项目是交通部下达的“八五”行业联合科技攻关计划项目。沥青路面抗滑表层主要用于高等级公路表面层,使路面具有良好抗滑性能,减少交通事故发生,以实现车辆快速、安全、舒适地运行,而且可以充分利用全省丰富的硬质石料资源,开发生产大量路用抗滑石料。为提高沥青路面抗滑性能,交通部立题,研究取得3项创新性成果:一是对全省酸(基)性石料的性能及分布情况进行系统、全面调查分析,编制“山西省耐磨石料磨光值指示图”;二是选定适用于全省酸(基)性石料的化学抗剥落剂品种及合理用量,且对石灰粉抗剥落效果进行系统研究,解决了酸性石料与沥青粘附性差的技术难题;三是提出全省高等级公路沥青路面抗滑表层适宜的矿料级配类型及抗滑表层施工工艺要点。

该项目获1997年度省交通厅科技进步一等奖、1998年度交通部科技进步三等奖,应用该研究成果修筑的沥青路面抗滑表层,具有良好抗滑性能,与用石灰岩碎石修筑的面层相比,预计可延长耐磨寿命5年以上,可有效地减少交通事故。

四、沥青路面抗滑技术推广应用

为推广应用“利用山西地方材料修筑沥青路面抗滑表层的研究”技术成果,省科委立题。该项目进一步完善原有课题成果,并结合重点工程建设,解决沥青路面抗滑表层修筑中抗滑石料厂开发建设(料点选定、破碎设备选型、料厂建设)、沥青混合料合理的配合比设计、抗剥落剂选型、施工工艺等技术难题,建成抗滑石料厂2处,修筑抗滑表层近300公里,在全省高速公路修建中推广覆盖率达到100%。

该项目获1998年度山西省交通厅科技进步推广一等奖、1999年度省科技进步三等奖。

五、利用地方材料修筑沥青路面抗滑表层的研究(省公路局报送)

1994年初,省交通科研所承担交通部下达的“八五”行业联合科技攻关计划项目“利用山西地方材料修筑沥青路面抗滑表层的研究”。由韩萍、张德才、范妙祥、赵润明等组成的课题组经过两年多研究,首次对全省酸(基)性石料的性能及分布进行系统、全面调查分析,编制全省耐磨石料磨光值指示图,对20余个代表性石料进行取样分析;选出适用于山西酸(基)性石料的沥青抗剥落剂品种,确定其合理的用量;提出山西高等级公路沥青路面抗滑表层适宜的矿料级配类型及抗滑表层施工工艺要点。并在调查试验基础上,协助太旧高速公路建设指挥部建成玄武岩、花岗岩石料厂两个,为高速公路抗滑表层提供适用的抗剥落剂类型与最佳剂量及抗滑表层沥青混合料配合比。应用该研究成果修筑的沥青路面抗滑表层与用石灰岩修筑的面层相比,可延长耐磨寿命5年以上。沥青路面抗滑表层在太旧高速公路推广144公里,在208国道推广10公里,在太原东环高速公路推广26公里。1996年3月31日通过交通部鉴定,在抗剥落剂选型试验研究和抗滑表层系统技术实体工程应用方面达国内先进水平,1997年获省交通厅科技进步一等奖。

六、山西柔性路面典型结构设计方法研究

1990年7月始,省交通科研所李贵顺、孙向前、马钢、省公路局夏淦组成的课题组在全省11个地(市)广泛调查沥青路面结构和使用性能,对30多个重点路段进行测量调查,开展了大量室内外设计参数的试验和调查。通过实践经验总结和理论分析,提出山西省柔性路面典型结构和相应的设计指南。根据工程地质、气候、水文等情况提出全省公路三级自然区划图及不同自然区划的主要特征指标和对公路工程的影响;提出土基回弹模量和压实度与稠度关系,室内模拟回弹模量和野外回弹模量关系,土基回弹的确定方法和不同稠度土基回弹模量推荐值;初步确定半刚性基层材料的强度增长规律、快速测定方法和路面材料参数建议值。1996年3月25日,该成果通过省科委鉴定,达国内先进水平。1997年获省交通厅科技进步一等奖。

七、冬春季节如何处治高寒地区的油路坑槽研究

针对平陆地处中条山脉实际，平陆公路管理段范月玲、薛克强、陈爱婵、吴雅玲、张伟林和张爱心等通过课题研究，探索出乳化沥青修补法和分期分层修补法。乳化沥青修补法的工艺流程为：①画线定位。认定病害，确定范围。要求划成平行公路中线的矩形或方形。②刨坑。按线刨坑，要求坑壁垂直，坑底平整，深度等于原路面厚度，最小不得小于3厘米。③清扫。清除油皮、杂物，打扫干净整洁（特别是坑壁底部和角部）。④喷（刷）粘层油。用热沥青喷（刷）坑壁和坑底，要均匀到位。⑤填上补强料。补强料最好是水泥稳定砂，因其稳定性好，有随补随铺油层的优势。⑥夯实。用铁夯夯捣密实。⑦推铺底层料。用机拌的粗油石料，摊铺油面底层，要求按病害面积大小，放料到位，用量准确推平。⑧烙平夯实。用烙铁整平，用铁夯夯捣密实。⑨摊铺表层料。用机拌细油石料，铺筑油面表层。要求按病害面积大小，放料到位，用量准确，摊平。⑩烙平。用烙铁烙平、拍整。要求表面平整、密实，形状方正，四周衔接良好。⑪碾压。用8至12吨光轮压路机碾压，要求碾压平整、密实。⑫四周刷油。用乳化沥青在坑槽四周灌缝刷油，以加强修补部位与路面整体的连接性，刷油要求宽度10厘米，厚度均匀，形状方正。⑬撒料养护。人工撒块料，撒足撒匀。值得注意的是，若是在冬季修补坑槽的话，就必须使用乳化沥青，因为乳化沥青只要在8℃以上的晴天就可达到理想效果。

分期分层修补法的工艺流程为：在部分目前还没开始推广乳化沥青技术或一时没有乳化沥青的公路段，可以采用分期分层修补法，该修补法是在冬春季首先用水泥稳定沙将坑槽的补强层铺筑好，并夯实成型（要注意的是在铺筑补强层时一定要留出4厘米至6厘米的厚度铺油面层），然后在计划铺油面层的这一层面上铺上2厘米大小的沙石料（一是便于行车平衡，二是有利于保护补强层）。到夏季气温升高后，再挖掉补强层面上的那一层沙石料，铺上拌合剂配好了的油料即可。上述两种方法，经平陆公路管理段养护中心道工在长期的公路养护实践中反复验证，有很好的社会效益和经济效益。

八、粉煤灰筑路技术的应用

用粉煤灰修筑高等级公路，不仅可以降低公路建设成本，解决粉煤灰的储存和环境污染问题，还可以提高公路路基特别是潮湿地段公路路基的修筑质量。在修筑运风一级公路时，运城公路分局组织有关专家，有目的、有计划地进行研究，先研究配方，后与施工人员现场讨论施工技术，并在室内外试验成功的基础上，进行全方位现场操作。一是在修筑路面时，先在水泥中掺入20%至40%的粉煤灰，搅拌成粉煤灰水泥，铺在路面底层上，再在上面铺筑沥青混凝土作面层；二是在湿软地段全部用粉煤灰筑路基；三是在比较湿软的地段，在沙砾、黄土中加入粉煤灰作路基。实践证明，由于粉煤灰和易性好，路面不仅有强度而且很少出现蜂窝、麻面现象。后两者与完全使用黄土、沙砾的路基相比，路基的沉降度最多降低20%，而且由于粉煤灰干燥，受雨季影响小，工期也比单用黄土、沙砾提前许多。在侯运高速公路建设中，粉煤灰筑路技术是处理湿软地段的主要措施。

九、沥青封闭养生技术的应用

运城公路分局在探讨如何提高公路养护质量、延长道路使用年限、使其更好地发挥养护资金的投资效益中，发现沥青封闭养生技术在公路翻修、挖补方面，特别是对行车干扰严重又无便道绕行的施工路段是一种行之有效的办法。

沥青封闭养生技术就是在路面翻修、挖补的半刚性基层上喷洒一层沥青乳液，然后铺筑沥青混合料，取消或缩短基层养生期，使基层面层紧密结合，即可提高处治质量，又缩短施工工期的一项超常规养生技术。

通过各项指标比较分析，沥青封闭养生技术具有3个特点：①可适用性。各项指标均符合规范要求，且前期强度是常规养生的1.5倍。②经济性。养生费用节约60%，进度加快80%，管理费用减少50%。③社会效益性。可保障干线公路正常通行，减少车辆

磨损和交通事故发生。这一项目从2002年起,被广泛应用到全省国、省道养护中,其施工技术不断完善。

十、"JK型混凝土快速修补剂"在水泥砼路面病害处置中的研究

随着砼路面里程逐年增长,面对超载车辆多、交通量大所造成的砼路面病害处理难题,传统的补修作业方式工期长、施工难度大。1996年,阳泉公路分局在阳石线25公里678米至25公里805米路段208平方米范围内采用JK－24型砼快速修补剂进行补修试验,通过对砼施工配合比的不断调整,在水泥:砂:碎石:水:JK－24型掺加剂＝1:1.4:3.2:0.35:0.16的配合比情况下,两天砼抗压强度可达32.7Mpa,抗折强度达4.10至4.18Mpa,也就是说由于普通路面中掺加JK－24型新材料,砼路面铺筑2天后其强度可以达到设计强度70%以上,满足通车要求。

在阳石线取得成功经验基础上,1997年在207线930公里至934公里段加以推广,完成修补面积536平方米。具体做法是:①对旧水泥砼路面病害进行调查,对严重破碎板确定修补面积和修补结构层;②挖除旧水泥砼路面,检查基层破损情况;③挖除破损基层,应用添加"JK型快速修补剂"的混凝土恢复基层;④同样方法恢复面层。随着分局砼路面管养里程的增加,1999年又在阳石线24公里至27公里、207线930公里800米至934公里800米段范围内、2002年在207线931公里至933公里段480平方米范围内、2004年在207线886公里600米至998公里500米段340平方米范围内进行了病害处治。其间,不仅对此项技术的掌握逐渐成熟,也使这一新技术在砼路面养护中发挥了积极的作用。

实践证明:江苏省建筑科学研究院研制成功的JK－24型水泥混凝土快速修补剂,具有快硬高早强的特点,而且收缩小,与老混凝土粘结力强,耐磨、耐久。"九五"期间,全省先后在国道109线、207线、208线、307线及省道太小线、大忻线、平万线7条路线上进行水泥混凝土路面快速修补技术的推广应用,共修补水泥混凝土路面54 999平方米。证明采用JK－24型水泥混凝土快速修补剂配制的混凝土,施工和易性好,养生周期短,24小时内的强度发展迅速,24小时后强度逐渐趋于平稳,与老混凝土的接合紧密。快速修补技术的应用,还减少由于修补工程带来的对于硬化路肩、路缘镶边和路旁绿化的破坏,避免重复投资,经济效益显而易见。

十一、常温沥青混合料冬季修补沥青路面坑槽技术的研究

常温沥青混合料是由常温沥青和矿料通过人工加工和机械搅拌混合而成的一种新型混合料。其关键技术是常温沥青的配制,常温沥青是在普通道路石油沥青中根据施工季节温度和特定施工条件下掺入不同剂量的外加剂制备而成。由省公路局太原分局惠高峰、郝毅庆、马安厚、燕国华、杨红顺和省公路局技术处李引娥、任予峡组成的课题组完成该项目的研究,1999年3月30日通过省科委鉴定。

该技术的研究成功,彻底解决沥青路面冬季病害处理难的问题,使沥青路面做到"全天候养护",全年365天可随时对沥青路面进行养护,大幅度降低道路大修费用,延长公路使用寿命。该技术同时具有施工操作方便、简单的特点。1996年开始被太原分局列为日常养护项目,并先后被阳泉、吕梁、运城、朔州、太旧高速公路等国省道采用,利用该技术修补路面病害,共计使用混合料698吨,外加剂4吨,约修补沥青路面病害116 250平方米,共计节约投资432.45万元,使用情况良好。由于国、省道交通量非常大,冬季及时修补病害可以为行车节省耗油,降低行车修理费,节省大量行车时间,也为社会创造更大效益。

十二、山西省干线公路超龄油路养护技术研究

1998年,由省公路局吴夏生、张兴顺、宋元林、李安渠、阎哲民等组成的课题组,调查分析了全省干线公路超龄油路现状和发展变化情况,对超龄油路一年四季变化情况进行选点、观测、分析和研究。铺筑试验路,对试验工程铺筑前后及铺筑过程进行拍照、观测、分析和研究。通过试验得出采用强度系数（SS1）和路面综合破损率（DR）两项主要指标确定养护措施的方法，提出趋于程序化、规范化和标准化的《山西省干线公路超龄油路养护操作规程》（以下简称《操作规程》）。

该项目研究内容符合全省干线公路超龄油路多、油路改造相对滞后和养护经费明显不足的实际。《研究报告》详述超龄油路不同季节的变化情况，油路病害产生、发展和演变的主要原因，养护措施及其适用条件和相关建议等，为公路部门提供了很好的养护思路和方法。

2000 年 1 月 26 日通过省科委鉴定。省公路局在全省干线公路上全面推广应用该项研究成果，推广覆盖面达 100% 。

十三、聚氯乙烯对煤沥青路用改性的研究

该课题研究的内容是在煤沥青中掺入聚氯乙烯对煤沥青进行改性，使改性后煤沥青满足道路工程需要。由刘升泉、耿文华、魏国平、王民、贾建民等组成的课题组，通过大量室内外研究，得出 5 点结论。一是聚氯乙烯对煤沥青进行改性后，可以改善煤沥青的温度稳定性和耐老化性，有效扩大温度应用范围；二是改性后的煤沥青混合料具有良好的稳定性和耐久性；三是聚氯乙烯煤沥青的配制工艺采用直接加入法，具有简便易行的特点，能适应目前国内公路部门的技术装备，便于扩大应用；四是解决煤沥青面层与基层的连接问题。聚氯乙烯煤沥青面层与基层有良好的黏结力，可免洒透层油；五是聚氯乙烯煤沥青路面的施工工艺与石油沥青一样，不增加施工的难度；矿料的拌和温度不宜超过 80°C。项目 1998 年 8 月 18 日通过省科委鉴定。

十四、激光技术在公路施工放线中的应用

由省公路局晋中分局王玉亮、陈孟喜、温广沛、杜爱如、自鸿莲等组成的课题组完成该项研究，于 1999 年 3 月 30 日通过省交通厅验收。激光挂线系统主要是利用激光的强光源性、强方向性及不发散性三大特点，通过从挂线仪中射出的一条红色射线，得到路线各点高程，然后迅速挂出施工线，从而实现从间断性点到连续性线的飞跃，再通过仪器旋转实现从连续性线到连续性面的飞跃。此技术的运用，起到降低施工放线人员劳动强度、提高放线速度、解决夜间放线难题、推动施工速度的作用，更好地适应了公路建设需求。

十五、路面新技术在高速公路建设中的使用

太旧高速公路是全省第一条高速公路，也是国内首条山区重交通高速公路。为预防车辙，沥青面层采用 4 厘米 AC－16（LH－20I）＋5 厘米 AC－25＋6 厘米 AC－30结构；为保证质量，全线采用进口沥青；为预防元坪水库饮用水质污染以及便于隧道施工，在 144 公里路段中，有两段共 3.9 公里沥青面层变更为 26 厘米水泥混凝土路面。以后沥青路面成为省内主导路面结构类型，到 2002 年底，在已通车的 946.2 公里高速公路中，沥青路面为 833.5 公里，占总量的88.1% 。

山西作为全国能源大省，由于晋煤外运需要，高速公路交通量中，货运车比例大。为适应轻、重车明显分流的特点，1999 年京大高速公路选用水泥混凝土路面结构，重车方向混凝土板厚 30 厘米，轻车方向 26 厘米，并在省内首次采用滑模施工，缩缝全部增设传力杆。此后，水泥路面滑模施工在夏汾、大新等高速公路中得到推广应用。截至 2002 年底，共铺水泥路 112.7 公里，占总里程的11.9% 。

为了解决水泥路面行车舒适性差、噪声大等问题，晋焦高速公路采用复合式路面结构，在 24 厘米厚、配筋率 0.3% 的连续配筋水泥混凝土路面上，全线不设缩缝，上面层铺双层厚沥青面层，复合式路面占高速公路总里程 1.9% 。

1996 年，由于阳泉地区 7 月份连续数日高温，太旧高速公路东段大纵坡的上坡方向出现深达 2 至 6 厘米车辙。纵坡越大车辙越深，管理单位认识到单纯采用进口沥青和大料径 II 型面层结构，解决不了重载、长大纵坡慢速交通路面热稳定性问题。1997 年至 2000 年间，全省对 3 种沥青改性剂进行研究，并采用改性 SBR（U－II）铺筑 SMA 试验路和生产路，在此期间，国内引进 NO-

VOPHALTPE现场改性技术落后，以及SBR、SBS改性生产应用成功，加之对国内外高速公路所用沥青材料的分析，翻译了日本《改性沥青手册》等资料，对高速公路使用改性沥青的必要性和可能性有了充分了解与认识。2001年运三线40公里上面层全线采用SBS改性沥青，取得良好使用效果。因此自2002年起，山西高速公路上面层全部采用了SBS改性沥青材料。

在沥青路面结构中，以密级配沥青混凝土AC结构为主，并在高速公路使用实践中，逐步加深对合理配合比设计的认识。1998年，在原太高速公路试铺2.5公里试验路，取得成功后，又在太原绕南环、晋焦线大规模生产中得到应用，全省共铺SMA结构面层50公里，在沥青路面中占3.48%。

第四节　桥梁新技术的研发应用

1993年以来，省委、省政府高举“改革开放”和“艰苦奋斗”两面旗帜，从兴晋富民和经济发展客观要求出发，把公路建设作为重中之重来抓，掀起轰轰烈烈全民义务修路热潮，取得辉煌建设成就。

1993年6月，太旧高速公路破土动工，1996年6月25日全线通车。该路创下了当时三项全国之最：工期最短，造价最低，质量最优。1997年4月，太旧路通过交通部组织的竣工验收，工程质量达优良等级。同年12月获全国建筑行业质量最高奖“鲁班奖”。

同时，一大批科技成果在全省及全国公路建养中得到推广应用。在公路施工中，大跨径桥梁建设技术和一体化检测、试验设备等得到推广应用，原材料的试验检测、大型桥梁的施工监控、成桥检测、旧桥加固设计等从无到有开始急速发展，科学技术在交通发展中发挥着越来越重要的作用。

科研成果主要有：①公路路线、桥梁CAD系统的引进、研究；②基桩动测新技术的应用研究；③钢筋混凝土保护层厚度及钢筋位置测定方法的应用技术研究；④提高现有桥梁(梁板式桥)承载能力的研究；⑤“桥梁伸缩缝伸缩量的研究”成果达到国际先进水平，获省科技进步二等奖；⑥“特大跨径石拱桥设计与施工关键技术研究”成果达到国际领先水平，获省科技进步一等奖；⑦风陵渡黄河公路大桥长期使用功能的研究；⑧高强混凝土在桥梁工程中应用的研究；⑨桥梁动静载试验数据自动化处理及分析系统的开发研究。

其中，“特大跨径石拱桥设计与施工关键技术研究”课题，以世界最大跨径石拱桥丹河大桥为依托，解决许多关键技术问题。1997年7月，专门成立课题组，完成原材料试验及砌体力学性能试验、1：10模型试验、实桥静动载试验以及大跨度分步施工石拱桥的设计分析方法对比研究、仿真技术与施工控制技术等多项研究内容。该成果填补国内高标号小石子混凝土砌体物理力学性能指标空白，首次发现分步施工石拱桥拱脚高应力区，找到理想的拱上轻质填料，掌握大跨径分步施工石拱桥的仿真技术与施工控制方法，补充有关规范内容，为丹河大桥的设计与施工控制以及安全性评价提供可靠的科学参数与技术保障。丹河大桥为大跨径、高荷载石桥设计与施工提供成功范例，同时也大大丰富中国石拱桥的科技内涵。2001年4月，在课题鉴定会上，由中国工程院院士和国内知名桥梁设计大师与教授组成的专家组认为，这项课题研究成果达到国际领先水平，获得省科技进步一等奖。丹河大桥被正式列入吉尼斯世界纪录。

依托武宿立交枢纽开展的课题“武宿立交枢纽工程设计、施工技术研究”，为实体工程解决多项技术难题，在加快施工进度、节约投资等方面取得可观的经济效益。该成果获省交通厅科技进步特等奖、省科技进步一等奖。

山西省交通科学研究院在完成风陵渡黄河公路大桥整桥检测之后，于1997年又承担风陵渡黄河公路大桥长期观测任务及梁体、裂纹修补和补强技术工作，高质量、高标准完成该项任务，为旧桥加固在技术、工艺等方面积累了丰富经验。

全省地处太行山与黄河北干流峡谷之

间，位于我国三大阶梯状地形上第二阶梯中部的前缘地带，华北大平原的西侧。四周环山，北有恒山与内蒙古和河北接壤，西界吕梁山临黄河与陕西相望，南横中条山隔黄河与河南为邻，东依太行山与河北及河南毗邻，是晋陕黄土高原的主要组成部分，水土流失严重。复杂多变的地形、地貌、丰富多样的区域文化传统，对公路桥梁建设提出很高要求。桥梁作为不可轻易变更的固定物，不仅要满足预定功能要求，而且在一定程度上也是当地民俗、民族特性的体现，同时还代表着时代的精神与审美特征。

随着全省高速公路建设的发展，桥梁建设取得长足进步，各种类型的大路径桥梁不断出现，桥梁的设计及施工技术有了很大发展。全省依靠交通科学研究院，对特种类型的桥梁的设计、施工、监控及监测进行深入研究，先后开展“武宿立交枢纽工程方案设计、结构设计和施工关键技术研究”、“特大跨径石拱桥设计、施工关键技术研究"、“大跨径预应力混凝土桥梁健康监测技术研究”等课题的研究，提高了全省高速公路建设中桥梁技术水平，研究成果成功地应用于实际工程中，取得较显著社会、经济效益。

一、TST碎石混合料填充桥梁伸缩缝技术

1997年，阳泉公路分局针对旧的桥梁伸缩缝力学性能差、使用寿命短的现状，经过调查分析，采用由TST弹塑体和碎石组成的碎石填充型桥梁伸缩装置，对阳石线秀水河大桥及玉河桥2座桥6道伸缩缝进行填充试验。与旧的伸缩缝相比，桥面平整无缝，行车平稳舒适，施工简单、快捷。在取得初步成效的基础上，1998年在阳石线9座桥、阳井线4座桥安装TST碎石混合料桥梁伸缩缝共计26道；在该项技术逐步成熟的基础上，2002年在阳井线水峪西桥、南桥2座桥4道伸缩缝实施；2003年结合分局县际及路网改造情况，在东纵干线5座桥12道伸缩缝进一步实施该项技术，有效提高了桥梁伸缩缝的使用寿命和行车的舒适性。

二、山西省公路桥梁伸缩缝修复方法研究

公路桥梁伸缩缝损坏是国内公路桥梁常见的病害，因伸缩缝损坏，引起桥梁接缝处下沉，桥面损坏，有的甚至造成行车事故，影响公路的正常营运。为解决这一难题，由省公路局梁新华、宋元林、张兴顺、李引娥、赵高峰组成的课题组，对全省9条国省道路上298座大中桥梁的770道伸缩装置进行调查，分析研究各种伸缩装置损坏的形式和原因，对国内外桥梁伸缩装置进行广泛调研，寻找适合省内桥梁特点、交通运输和气候条件的伸缩装置。通过各种伸缩缝对比，选出“TST碎石桥梁弹性接缝”（以下简称“TST装置”）。1995年4月至5月在大运线交通繁忙的祁县昌源河桥、平遥兰村桥和气候寒冷的朔州尚希庄桥、怀仁路庄桥等修建的14道试验缝进行研究，运行6年，完好率100%。由于该伸缩装置和上部结构之间的锚固是牢固的、耐久的，能满足上部结构之间的位移要求，能够抵抗机械磨损、碰撞，且耐化学物质的腐蚀，具有气候稳定性好（在常温情况下，保持其延伸性能不变）、行车平稳舒适、造价低、施工方便、可半幅通车、不中断交通等优点，尤其适宜旧桥伸缩缝的更换。该项技术彻底解决旧桥伸缩缝修复的难题，基本上消除桥上跳车现象，在全省得到广泛应用，除国省道干线公路外，霍侯一级公路、长邯高速公路新建桥梁也全部采用“TST装置”，省设计院设计的大运高速公路中的跨线桥也全部采用“TST装置”。“TST装置”和全省以至全国普遍采用的橡胶伸缩缝造价基本持平，且比橡胶伸缩缝延长寿命5年至8年，经济、社会效益十分显著，应用前景广阔。该研究成果达国内领先水平。该项目2000年1月26日通过山西省科委鉴定。

三、粉煤灰混凝土在桥梁工程中的应用研究

2001年3月，为确保桥梁工程质量，侯运高速公路建设有限责任公司、省交通规划勘察设计院以“粉煤灰混凝土在桥梁工程的应用”为课题，从对新拌灌注桩粉煤灰混凝土的性能及参数指标、耐久性、灌注桩施工工艺等方面进行研究，对于高质量、高标准完成侯运高速公路桥梁建设及提前竣工，起到很大作用。

四、武宿立交枢纽工程方案设计、结构设计和施工关键技术研究

武宿立交枢纽工程是太旧高速公路的龙头,处于5条公路交汇处,规模宏大,线形复杂、设计施工技术含量高,施工难度大。为了解决武宿立交枢纽工程总体方案设计、结构设计和工程施工关键技术,为大型公路立交枢纽工程的设计和施工积累宝贵经验,开展《武宿立交枢纽工程方案设计、结构设计和施工关键技术研究》,针对特定条件下由多条高等级公路交汇形成的武宿立交枢纽工程方案比选问题,提出线型布局合理、使用功能齐全、建设规模适当、总体景观协调美观的总体设计方案;根据汽车行驶条件和特定线形方案,在当时新的公路路线设计规范尚未公布,提出科学适用的互通变速车道设置原则、交织路段处理措施和匝道端部平纵横几何设计方法,对完善公路路线设计规范有一定的参考价值;对宽体箱形梁受力进行空间分析,根据梁体应力横向分布分析结果,调整染体配筋、配束的横向位置,使梁体受力更合理可靠;对宽体大吨位箱形梁,在国内首次采用尾端单点顶推单箱四滑道施工技术,成功解决该工程跨越电气化铁路的难题,并总结了一套应用这项新技术的施工经验;结合工程特定条件,针对混凝土钻孔灌注桩基础,在国内首次采用后张法无黏法预应力技术,成功解决受拉桩基础的设计与施工难题,在理论分析和实践验证的基础上,提出预应力混凝土的使用设计计算方法;通过实体工程实践,总结了一整套无黏结预应和钻孔灌注桩基础的施工工艺,填补国内空白。

《武宿立交枢纽工程方案设计、结构设计和施工关键技术研究》课题研究成果总体上达到国际先进水平,在单箱滑道、宽体大吨位箱梁的尾端单点顶推施工技术方面达到国际领先水平,2000年获得山西省科技进步一等奖。

五、特大跨径石拱桥设计、施工关键技术研究

《特大跨径石拱桥设计、施工关键技术研究》课题主要开展特大跨径石拱桥设计分析方法、拱上建筑共同作用的影响程度、基础变位和温度变化对其结构受力变形的影响、几何非线性问题对主拱圈受力变形影响、合理拱轴线的选择、拱在加载顺序与砌筑工艺以及主拱圈落架技术的研究;大型砌体结构力学性能研究(包括材料的物理、化学、力学性能及配合比试验);主拱圈模型试验及施工仿真模拟分析;拱上轻质填料试验与施工工艺研究;施工监控技术及桥梁荷载试验的研究。

该课题首次将多类型离散体联合建造大跨拱桥控制技术运用于石拱桥分步施工中,并发现分步施工石拱桥桥拱脚高应力区,取得大跨径石拱桥设计方法及施工安全的创新性成果;首次在国内拱桥中采用加气混凝土,减轻自重,改善结构受力,并总结出一套相应的施工工艺;首次采用在主拱圈砌筑中,成拱后及腹拱砌筑后的三次落架工艺,使结构受力更趋合理,提高了施工的安全性;通过砌体试验研究,填补现行规范中高标号小石子混凝土设计指标的空白;通过对施工控制过程中应力应变观测原件的选择、埋设与采集技术的研究,解决了离散不均匀结构在分步施工过程中的控制技术,为同类结构的力学观测提供成功的经验:运用多种计算方法对比分析、模型试验、施工监控、成桥动静载试验相互验证,指出传统设计与分析方法对大跨度分步施工石拱桥的不适应性,提出一整套大跨径石拱桥可行的设计计算方法。

该课题研究成果总体上达到国际领先水平,在2002年获得山西省科技进步一等奖。应用该成果设计修建的146米跨径的晋焦高速公路上的丹河石拱桥,其单孔跨径居世界同类桥型首位,将当时世界纪录提高26米,而且在修建桥梁中合理地利用天然石料资源,节约建设资金约400万元,每年可节约养护费用200万元,其使用寿命要比其他类型结构延长2至3倍。该课题成果还在陕西省安康地区紫洄公路汝河大桥、山西泽州万芳大桥、河南许沟大桥等多处得到应用,桥梁的长期观测数据以及通车两年后的荷载试验检

测数据表明，该桥的使用状况良好。

六、高墩大跨径刚构——连续组合体系桥设计、施工关键技术研究

课题主要研究刚构——连续组合桥梁的受力特点、使用条件、桥型选择方法及结构设计方法等，提出该桥型合理、可行的设计方法，为该桥形设计、结构分析提供一整套技术依据；研究桥墩形式、刚度对组合体系结构内力、变形的影响情况，及双薄壁墩和单薄壁墩的特点和刚度结构的适应性，得出下部结构刚度的取值与组合体系的匹配关系；研究得出刚构——连续组合体系桥梁温度对结构内及变形的影响关系，为施工控制提供科学参数，总结出一套较系统、较完善的高墩大跨度刚构——连续组合体系统工程桥梁设计、施工及监控的成套技术。

该课题研究成果总体上达到国际先进水平，其中桥梁悬浇施工线形控制的研究，通过结构动力特性对桥梁结构质量的评定和使用性能评价的研究达到国际领先水平。课题研究成果直接应用在祁临高速公路仁义河特大桥、石村沟特大桥、新原高速公路小沟特大桥、白草口 3 号大桥设计、施工及施工控制中，提高设计效率，优化结构设计，优化施工方案，有效地控制施工精度，为工程安全、经济、合理、高效地建成提供保证，取得良好经济和社会效益。

第五节　隧道新技术的研发应用

山西省是一个多山省份，80% 左右的国土是山地。在高速公路尚未开始建设之前，公路建设的一般作法是盘山绕行或高填深挖，只是在确实无法按标准通过的情况下，才会采用最短隧道通过。当时所采用的隧道形式也简单，基本上都用直墙式，大部分用浆砌块石砌筑，整体式衬砌。高速公路建设初期，因技术标准提高，隧道工程的应用提到议事日程，但慎用隧道的观念依然存在。在高速公路建设实践过程中，很快认识到劈山会造成许多高边坡，为滑坡、塌方等严重病害留下隐患，且会加重环境影响，破坏自然景观，造成水土流失。省交通厅根据全省山多沟深的特点，从自然环境不受破坏和少受破坏，在高速公路建设中，尽量减少地质病害以及提高路线技术标准出发，在有条件的情况下应首先考虑采用隧道方案，尽管其前期投入较大，但对环境和公路使用质量提高有百利而无一害。为此，十分重视隧道工程建设。在高速公路建设中，在隧道工程的方案选择、地质勘察以及测设、施工、监理、监控、管理等各方面，取得宝贵实践经验。隧道工程建设的发展，为全省高速公路在提高路线技术标准，加强环境保护，减少地质病害，减少急弯陡坡，减少机械磨损，缩短营运里程等方面，起到重要作用。

第六节　养护管理新技术的研发应用

一、沥青封闭养生技术的应用

即在路面翻修、挖补的半刚性基层上喷洒一层沥青乳液，然后铺筑沥青混合料，取消或缩短基层养生期，使基层面层紧密结合，既可提高处治质量，又可缩短施工工期，是一项超常规养生技术。

通过各项指标比较分析，沥青封闭养生技术具有 3 个特点：①可适用性。各项指标均符合规范要求，且前期强度是常规养生 1.5 倍。②经济性。养生费用节约 60%，进度加快 80%，管理费用减少 50%。③社会效益性。保障公路正常通行，减少车辆磨损和交通事故发生。这一项目从 2002 年起，被广泛应用到国、省道养护中，其施工技术不断完善。

二、小型铲车改造

2002 年，平陆公路管理段自行设计、自行安装，自行调试，将两部陈旧机械改造成多功能小铲车，一是将一部 12 马力的陈旧小四轮（已到报废程度）改造成多功能小铲车——省力 1 号；二是利用 495 旧发动机革新成微型小铲车——省力 2 号。

省力 1 号设计车长 4.2 米，车宽 1.2 米，车高1.2米，铲长0.8米，铲宽0.9米，铲高0.34米，12马力双轮驱动；省力2号设计车长4.6米，宽1.5米，高2.4米，铲宽1.2米，铲深0.6米，铲口1.35米，容量0.6立方米。改造后的小铲车生产效率明显提高，单开挖边沟一项每小时就可节约经费200余元，装运材料每个台班节约经费1100元，速度快，灵活方便，极大提高了养护生产效率。小型铲车省力1号、2号获省公路局2002年技术革新二等奖。

三、沥青洒布车

夏县公路管理段利用报废华山490农用车改制成沥青洒布车，主要由车体、保温罐(3吨)、柴油机、齿轮沥青泵、喷吸油系统5部分组成，喷油系统用15马力柴油机作动力，带动齿轮沥青泵完成装油、喷油、罩面工作程序。喷油泵系统设计为两部分：一是整体多管喷头(20)，可任意调整高度，适用于大面积整公里罩面任务；二是单管喷头，装有一根高温橡胶管，人工掌握喷油，主要用于小面积局部刷油罩面等。该车集大面积、局部喷油罩面功能为一体，可自动装油、自动喷油，油层厚度及用油量可灵活调节，每小时最高喷油量可达5吨，所喷油量薄厚均匀，符合技术规范要求。它的质量性能与正牌厂家生产的沥青洒布车不相上下，同租赁机械市场价格相比，仅此一项可节约经费9800元。该洒布车荣获省公路局2002年技术革新三等奖。

四、LM－113型扫路机

2002年由临猗公路管理段研制成功。该机主要由牵引架、工作架、行走轮链条传动系统、三角带传动系统、锥形齿轮变速箱、推拉式变速装置、帚把及吏盘、尖帽等部分组成。工作时由12马力拖拉机牵引前进，由橡胶轮胎传递动力，通过链条传动系统，传递给三角带传动系统，通过推拉离合器，将力传给锥型变速箱，带动帚把吏盘旋转，通过角度调整达到清扫效果。最大特点是方便生产，成本较低，效率高，比人工扫路快15倍，同时可以不分昼夜，连续作业。在养护生产中广泛应用，大大推进机械化养护进程，降低养护人员的劳动强度，提高劳动生产率，降低养护成本，提高作业质量，并在社会上得到广泛推广应用。在2002年省公路局技术革新评选中，荣获三等奖。

五、绿化挖坑机

该机是解决被利用的原路面灰土基层挖坑难题而专门研发的高效节能机械，其构造主要采用钻井机原理，靠横向传动，螺旋式旋转来完成。为了防止坑内有砖瓦碎石等坚硬杂物，特别在螺旋刀架上焊制合金刀头。坑的大小由螺旋刀架确定，深浅则由升降控制随意变动。其挖坑速度是人工20倍至30倍，经济效益、社会效益非常显著。该机用50拖拉机作动力，钻坑精度高，成坑速度快，操作简便，移动灵活，节能降耗，是理想的公路绿化钻坑机械，已被广泛应用于公路绿化、城市建设和农田植树之中。临猗公路管理段于2002年研制成功。

六、公路养护管理系统(HMS1.0)软件的应用

针对公路养护市场化、社会化发展趋势，于2002年研制成功。该软件主要解决的问题是在新的养护体制下，实现对公路养护市场化、社会化的系统管理。具有档案、技术、计划、管理(工程、合同)、结算、统计等六大主功能。一是对公路养护大修、中修、绿化、水毁等养护工程项目，实行招投标管理，其程序为：项目计划→招投标→计量支付→竣工验收。二是对公路小修保养的养护实体，实行合同化管理：小修计划→合同管理→计量支付→成本核算。三是使用计划编制、技术标准、实施方案、结算及基础管理一机完成。实现公路养护管理流程化、规范化、高效化。

在实际应用中，该软件实现新体制下的招投标管理和合同化管理，初步实现管理手段现代化，提高了科技含量、工作质量、工作效率，查询更加方便，达到开发初的预期目的。获省公路局2002年技术革新一等奖。

七、FCX－1型除雪机

国内生产的可用于公路的除雪机械，主要用来清除较厚的积雪，通过后，不同程度地留有一定量的残雪，同样影响到行车安全。国外已有可实现“无残留”除雪机械，其作业

原理主要以滚刷清扫,辅助以高压空气系统吹送残留积雪,滚刷与吹送为主、辅关系,被清扫后的积雪会堆积于作业面的一侧。

FCX－1型除雪机技术上采用扫滚梳松积雪、气力输雪的原理,由高速气流直接抛出,不会形成堆积。该机主要性能指标是:除雪厚度≤20毫米;除雪宽度2.5米;除雪速度5至20千米/小时;发动机功率70.6千瓦;总重1076千克;外形尺寸3935＊2600＊2380,主要用于高速公路的"无残留"除雪作业,作业工况为小于20(自然状态)未压实的积雪。作业时配备适当数量的机械,以连续、巡回的作业方式,保持在降雪过程中,路面不形成较厚的积雪,雪停路净,达到降雪时不封路或少封路。

该机为高速公路除雪提供一种全新的除雪工具,对一般降雪可不封闭交通;降雪量大时,可实现快速、彻底清除路面积雪,迅速恢复交通,充分体现高速公路安全、快捷、畅通的特色。

八、HXC－300湿式护栏清洗车的研制

HXC－300湿式护栏清洗车主要作业原理是在自行车辆底盘上安装工作装置,以电动滚刷辅以射水原理完成护栏清洗作业,整机驱动功率为60＋5(千瓦);作业速度/转移速度为5至10千米/小时/80至100千米/小时;清洗宽度为300毫米至350毫米;滚刷直径及转速为600毫米/560r. p. m;水箱容积为1500L/10L;外形尺寸为5000＊1700＊2100毫米;整机重量为＜4000千克。

该机替代人工擦洗护栏,提高了作业效率和质量,是一种适合中国国情且使用成本较低的护栏清洗设备,可以广泛应用于高速公路防撞护栏的清洗作业。

九、LLX－350公路护栏清洗车

LLX－350公路护栏清洗车是将原机械式护栏清洗车改为自动式,在工作车上安装电脑控制各电磁阀,电磁阀控制液压系统,液压系统驱动工作头带动仿形轮转动进行清洗护栏,在清洗轮的两侧配有四个特殊的水喷嘴,对于污垢较厚的难以清洗的地方,电脑可控制水喷嘴,喷射水和清洗,从而保证清洗质量。该车的清洗行进速度为6千米至13千米/小时;清洗机宽度为350毫米;行进时横向移动范围(外侧与轮距护栏距离)为345毫米至885毫米;清洗装置高度调节范围为750毫米至1250毫米;清洗水溶液流量为10升/min;水箱容积为600L。

该护栏清洗车在全国推广使用,可以给国家和社会节约大量资金,并且提高生产效益,降低劳动强度,对改善养护生产手段,养护技术水平,以及大力推广和发展公路养护机械化起着不可估量的作用。

十、FPX型抛雪机

FPX型抛雪机作业原理是由柴油机驱动高压风机产生高速气流,以此为载体将粉状积雪抛向路外。该机发动机功率为16千瓦;风机参数为核动力650毫米H20;流量为400立方米/小时;抛雪量为3立方米/min;抛雪距离为5米至20米;重量为575千克;外形尺寸为2450＊1100＊1650;工作装置主要有集料斗、喷嘴、导管三部分。

FPX型抛雪机的料斗和导管采用玻璃钢制成,解决了与雪的黏附问题,且制造工艺简单;采用喷射原理使雪不经过风机,解决路面抛洒物进入风机容易造成损坏的问题,提高了可靠性。该机不仅扩展清扫车功能,而且克服专用除雪机械由于作业期短,长期闲置的问题,而且已完全国产化研制,FPX型风力抛雪机作为其配套产品,扩展使用功能,增强与同类机械的竞争实力。

十一、HZ320A型波型板护栏整形机

HZ320A型多功能护栏整形机的工作原理是摩擦冲击模压式,它采用980KM摩擦式压力机为主机,专门设计冲压整形模具,经过多次试验,确定模具的材质外形尺寸。该机的主机压力为980KN;工作频率为900次/小时,整机输入功率为10千瓦/380V;整机外形尺寸为1200＊800＊3200毫米;作业效率为40至50块/天;操作人员为3人。该机可以通过更换模具,适宜于国内各种形式护栏板的整修工作,通过更换模具形式,还可用于路缘砖及六棱砖等路用结构体的压制。

护栏整形机的研制成功,填补了全国此

项空白。该机在全国高速公路推广使用,可为国家节约大量资金,同时也减少废旧材料在场区乱堆、乱放造成的环境污染。

第七节　信息化新技术的研发应用

1996年6月25日,太旧高速公路全线建成通车,引进技术成熟的法国半自动收费系统CS电子收费系统,成为当时国内为数不多的道路开通即安装使用电子收费系统的路段之一。在近一年运行过程中,该系统有效提高高速公路收费管理工作水平,避免人工收费带来的弊端,也使全省高速公路管理初步接触了电子收费概念。

1997年7月,全省完成收费卡及相应系统的软硬件升级更改,全面完成该系统的国产化改造并投入试运行。该系统在消化吸收法国CS系统基础上,突破当时普及的接触式IC卡应用,在国内率先启用非接触式IC卡,完善系统软件功能,有效解决因卡污损带来的信息读写失败问题,增强系统防作弊能力;采用二级式计算机监控系统管理,收费站计算机监控系统实时对车道收费操作、交易及设备运行情况进行监管与核实,增强系统防舞弊能力。系统采用运行自诊断技术,保证系统稳定可靠运行。该系统投入使用与引进进口设备相比,可节约成本50%,具有较高经济社会效益和普遍推广应用价值。以此项目为基础的课题研究被鉴定为国际先进水平。该系统的研究应用,大大推动全省高速公路收费系统电子化进程,实现国外先进系统的引进、吸收、消化与创新推广,与同年11月沪宁高速公路收费系统的电子化,一并推动全国高速公路收费跨入IC卡时代。

收费系统国产化改造在太旧路取得初步成效后,1998年至1999年底,以太旧路机电系统模式为基础,在太原东环路、原太路大胆尝试电子收费新技术,首创自动计费收费模式。该模式主要特点是:

1. 入口无人值守、自动发卡。车辆进入车道时,车型全自动分类系统根据车辆的物理几何特征参数自动判别出车辆类型;车辆牌照自动识别系统自动识别出车辆牌照号码和牌照颜色;然后系统将自动识别的车型、车牌号、车牌颜色、入口广场、入口时间、车道等相关信息传送至室外型自动发卡系统,全自动发卡系统将信息写入IC卡后,根据车辆类型选择上下不同的出卡口,自动吐出IC卡;司乘人员取卡后,系统打开自动栏杆、放行车辆,整个收费口发卡、放行过程无人工参与。

2. 出口计算机全自动计费。车辆通过出口收费岗亭时,车型全自动分类系统自动判别出车辆类型(或人工判别分类),车辆牌照自动识别系统自动识别出车辆牌照号码和牌照颜色,司乘人员将IC卡投入自动收卡系统(或收费员人工收卡后,系统自动将出入口车型分类情况和车牌识别情况进行对比,对比无误则显示费额,由收费人员收款、打票及放行车辆;对比有误则上传监控室,由监控人员进行处理和干预。从而实现了计算机全自动计费、收费人员收款打票的收费放行方式。若配合储值卡的发行和使用,出口则可以实现无人值守的自动收费模式。

3. 收费中心远程监控处理。车道发生车牌不符、车类不符、军免车、公务车、超时卡、无效卡等各种现场收费特殊情况时,采用远程收费实时监控干预处理系统,实时地处理,并根据具体情况将监控权下放站级监控室或收回。同时,收费监控中心可对IC卡的各种状态如库存、在途、待发、已收、流失等进行全程跟踪管理,从而极大地强化监控力度,有效地防止了通行费的流失。此外,中心还具有汇总统计各种报表、下传系统参数、复核通行费拆分账情况等功能。

同时,将卡箱、卡包、卡机概念纳入收费业务管理思路中并付诸于实践,一是避免IC卡流失;二是替代人工数卡方式,减少人员劳动强度与工作量,节省相应管理费用。逐步形成较为成熟的单路段运行机电系统和与之相适应的管理模式。

这期间,结合收费模式新尝试,先后进行《非接触式IC卡自动发卡系统》、《高速公路收费监控中心、分中心系统》和《车辆牌照自动识别系统》等新技术课题的研发应用工作。其中《非接触式IC卡自动发卡系统》“填补国内同类产品空白,使用该系统后,可实现入口无人值守,带来了收费模式的变革”;《高速公路收费监控中心、分中心系统》“监控权动态调配管理模式及中心、分中心计算机软件系统均属国内首创,处于国内领先水平”;《车辆牌照自动识别系统》“首次将底色识别技术应用在收费系统中”,“在封闭式收费系统中的应用方面处于国际先进水平”;由车型全自动预分类系统、自动发卡机、牌照自动识别系统配合“实现封闭式收费系统入口无人值守属国际首创,处于国际领先水平”。

第八节　筑路机械新技术的研发应用

一、水泥砼二次搅拌设备的研制

1994年10月,省交通科研所承担国家联合攻关项目“403”课题子项目水泥砼二次搅拌设备的研制。孟繁荣、杨文科、温金中等科研人员组成课题组,在澳大利亚进口的稳定土连续式搅拌机末端增设间歇式搅拌机,解决该设备因搅拌时间不足,不适合拌制RCC混合料的技术难点,解决了间歇式搅拌机连续生产的自动控制问题。该设备控制方法先进实用,通过二次拌和保证RCC拌和质量。1996年3月21日,通过省科委鉴定,达国内先进水平。1997年获省交通厅科技进步一等奖。

二、碾压砼路面抗滑料撒布装置的研究

碾压混凝土路面用于铺筑高等级道路,是国家“八五”攻关项目之一。为了解决碾压砼路面抗滑难题,省交通科研所承担了碾压砼路面抗滑料撒布装置研制项目。当时国外采用全厚高硬石料造价高、浪费大、经济性差,而国内采用嵌入法、裸露法提高抗滑性能路面寿命作用有限。为此,课题组采用撒布薄层高硬石料解决路面抗滑技术。在不改变摊铺机结构前提下,研制可在摊铺熨平板前部、后部布置前置式和后置式两种耐磨集料摊铺装置形式。在前置式摊铺装置中,得出并验证推料板布置高度与撒布厚度关系;在后置式摊铺装置中,为提高集料与主料结合强度,设计先耙松表层、后摊铺耐磨集料的专用机构。经长治公路分局第三工程处实践证明,利用该装置无需改变原摊铺机结构及施工工艺,操作简便实用,可使摊铺的RCC路面具有较好耐磨性和表面强度。与全厚彩和耐磨石料工艺相比,经济效益显著,每公里可节约石料费用20万元以上。本项研究首创性地解决了混凝土路面一次摊铺两层不同混合集料的技术难题。1996年3月21日通过省科委鉴定,达国际先进水平。在1996年美国世界发明大会上获金奖,1997年获省交通厅科技进步一等奖。

三、振动压路机钢轮裹胶技术研究

单纯采用钢轮压路机作为碾压设备,容易造成路面表层松散、微裂纹较多、强度不足现象,但国外有关报道表明:采用裹胶振动压路机或水平振荡压路机是提高碾压混凝土路面抗滑性能和耐久性的一个有效措施。1994年10月,省交通科研所韩志强、卜润怀、宁维庆、王哲、杨金泉组成课题组,借鉴国外有关成果,结合科研和生产需要,进行振动压路机钢轮裹胶的技术研究。经研究与试验,较好解决橡胶材料及黏结剂选用、钢轮与橡胶黏合成型等技术,制成样机,并在施工现场进行作业试验。试验表明:使用裹胶钢轮振动压路机对碾压混凝土路面进行碾压,改善路面成型条件,提高路面抗滑性能和耐磨性,从而提高路面使用功能和寿命。1996年3月22日,由省科委主持,在省交通科研所召开课题鉴定会,经检索查验,该课题在国内首次成功使用于RCCP路面碾压施工,效果良好,达国内先进水平。1997年,该成果获省交通厅科技进步一等奖。

四、山西扫路王QS280T型清扫车

为解决煤运等原因造成的全省公路上块状物垃圾的清扫问题,山西客车总厂、省筑路机械厂、省交通科研所组成联合课题组,共同进行瑞典波德威扫路机引进消化暨山西扫路王QS280T型清扫车的研制。瑞典波德威扫路机是世界上最先进的扫路机之一。

课题组在吸取瑞典波德威扫路机优点基础上,采用国产发动机、液压系统、液压元件进行改进设计。改进生产的山西扫路王QS280T型清扫车由卡车牵引,整个清扫作业自始至终由拖车驾驶室内的遥控装置操作,垃圾由两边刷扫向机器中央,再由滚刷扫入提升机,最后由皮带输送机送入卡车车厢。液压系统由国产四缸发动机驱动,液压阀控制部分采用先进的螺纹插装阀集成块式结构,使系统控制部分体积大大缩小。另外,系统对油液过滤等控制、保护装置有警报措施,便于对系统的监测控制。该车的研制,替代了同类产品进口。按1995年进口价格计算,每替代一台进口机可节约人民币50万元。同时,与人工清扫相比,5年内可节约清扫费735.7万元。在高速公路上使用该清扫车,可改变公路运输环境,减轻养护工人劳动强度,确保公路营运效率。1997年11月,该成果通过省科委鉴定。

五、HXC－300型高等级公路湿式护栏清洗车

随着公路交通事业的发展,防撞护栏的清洗作业量越来越大,人工作业已无法满足工作需要。1996年1月,省交通科研所和太旧高速公路管理局联合承担高等级公路湿式护栏清洗车研制项目。宁维庆、杨彩芸、王京荣、王哲、张润组成课题组,在小型解放汽车底盘上研制安装工作装置,以电动滚刷辅以射水原理完成护栏清洗作业,替代人工擦洗。该设备采用射水湿式作业方法和较大功率的动力尼龙滚刷,采用国产载重车底盘,设计独立电动及集中有线遥控系统,操作方便,易于维修。经实际运用证明,HXC－300型高等级公路湿式护栏清洗车的技术性能达到设计要求,得到太旧高速公路管理局认可。

六、碾压砼路面传力杆设置工艺及设备的研究

水泥混凝土路面在大气温度周期性变化作用下,会产生各种形式温度变形。与沥青路面相比,刚性水泥混凝土路面变形在很大程度上容易受到约束而转变为温度内应力,使路面板产生裂缝或被挤碎。为解决这一难题,省交通科研所以韩志强为组长的课题组结合碾压混凝土路面生产需要,在摊铺机上附设射枪式拉杆装置,随着水泥混合料的铺筑及摊铺机的前移,使横拉杆就位于水泥砼路面中的适当位置。碾压砼路面设置拉杆后,提高荷载传递能力,减薄路面厚度,俭省渗水和纵缝宽度,可延长公路使用寿命。1996年3月22日,经省科委组织鉴定,认为该课题简单而有效地解决国内外尚未解决的大型机械化全幅式路面施工设置拉杆技术难题,具有开创性,达到国际先进水平。该成果还获得1996年美国世界发明大会金奖和1996年北京国际发明大会金奖,1997年又获省交通厅科技进步一等奖。

第九节　交通工程新技术的研发应用

一、强化玻璃反光路钉的研制

1993年8月至1994年12月,由省交通科研所王哲、任进、袁培钊、赵中安和省公路局梁新华、刘自兴、郭安林、王永康等组成的课题组完成该项目研究。

强化玻璃反光路钉是由强化玻璃基体加金属反光镀膜及保护层组成,产品具有坚固耐用、抗老化、耐磨损、耐腐蚀、耐冲击、反光强度好、不集尘、全方位反光、自洁性能好等优点,可用于公路路面行车线的夜间诱导装置,对提高司机视觉、改善夜间行车安全有明显的效果,是公路交通诱导器中的新产品。项目达到国际同类产品先进水平。

二、弹性防撞轮廓标的研制

省公路局阳泉分局依靠科技、大胆创新,紧紧围绕公路养建,在科研与新技术推广方面取得新突破,开发弹性防撞轮廓标。

轮廓标作为公路附属安全设施,是用以提示道路方向、车行道边界的警示标志,对保证通行车辆行车安全有着极其重要作用;标体通常采用玻璃钢、聚丙烯、聚氯乙烯、砼等刚性、半刚性材料制作,由于其断面积较小,受外力后极易损坏。弹性防撞轮廓标的研制,从材料构成、内部结构、生产方式着手,使轮廓标的

力学性能发生根本性转变，由刚性或半刚性体变为弹性体，耐撞击性能明显改观。

弹性防撞轮廓标以废旧轮胎等橡胶制品及制粉过程中的废料——轮胎纤维、旧钢丝绳为主要原材料，利用橡胶通用设备，经废旧橡胶切割粉碎→塑炼→配料（再生胶原粉及其他原辅材料）→混炼→成型→硫化→喷漆→检验→包装入库制作完成。该轮廓标标体经化工部沈阳橡胶研究设计院理化测试中心检测，其强度、硬度、脆性温度、热空气老化等技术指标均符合国家橡胶产品相关标准和使用要求。其主要特点是：废旧利用，耐疲劳，耐刺穿，耐撞击，回弹恢复能力强，使用寿命长。是一种经济、环保型公路轮廓标。

1999 年经省科委组织鉴定，认定达国内领先水平；2000 年获国家专利；2001 年获阳泉市科技进步二等奖。

研制开发及推广使用情况：1997 年应用废旧轮胎代替水泥做原料，开始研制开发，并试制出第一批柔性轮廓标；1998 年完成构件的试制与检测；1999 年对原材料及生产工艺进行进一步改进，顺利通过省科委、省交通厅组织的成果鉴定。2000 年，弹性防撞轮廓标正式批量生产，相继在阳泉境内、吕梁分局、晋中分局、朔州分局、忻州分局、大同分局、汾介线等路段内进行推广使用，收到良好经济效益和社会效益。2001 年，依托该项目技术成果，通过对生产工艺改进和模具改造，又延伸开发短纤维橡胶锥形交通路标，为废旧橡胶制品在公路交通工程中的应用提供新思路。

第十节　汽车运输新技术的研发应用

一、JFT1525JFT257 型汽车发动机集成厚膜调节器的研制

晋科 1993－339 号，研制单位：运城汽车运输公司；研制人员：陈留见、牛全定、王文革、韩刚等。

二、汽车辅助管理系统软件的开发

主要包括两个项目，即汽车电子衡微机辅助管理系统，晋科 1994－337 号；汽车材料计算机辅助管理系统，晋科 1994－338 号；研制单位：侯马汽车运输公司，研制人员：胡智能、燕再奎、姚百平、王兵海等。

三、车辆选购与配置咨询服务系统研究

晋科 1994－339 号；研制单位：省汽车运输总公司；研制人员：刘玉明、张芷菁、席建华、曹继祥、张宝亭。

四、汽车润滑节能技术应用的研究

晋科 1994－340 号，获科技进步三等奖（证收编号：1997－3081）。研制单位：省汽车运输总公司、晋城汽车运输公司、侯马汽车运输公司（合作）；主要研制人员：张芷菁（总公司）、贺洪申、宋书龙等。

五、万灵霸节能润滑添加剂的研制

晋科 1994－341 号；研制单位：省汽车运输总公司、各汽车运输公司；研制人员：张芷菁、韩刚、张炳光、邓立奇。

六、在用车辆油电路检测技术研究

晋科 1994－342 号；研制单位：省汽车运输总公司、阳泉汽车运输公司（合作）；研制人员：席建华、阎林义、王子华等。

七、公路运输企业计算机网络信息管理系统研究

晋科 1997－044 号，获省应用科研三等奖（证书编号：1999－A－3－015）。研制单位：省汽车运输总公司、各汽车运输公司；研制人员：张芷菁、席建华、姚百平、王兵海等。

八、汽车发动机"汽改柴"技术推广应用研究

晋科 1997－045 号，获 1996 年度山西省职工百项技术难题攻关优秀成果奖。研制单位：省汽车运输总公司及临汾、运城、晋城、长治等汽车运输公司（合作）；研制人员：张芷菁、席建华、张宝亭、毕余则、史青林、乔志全、谢保国等。

九、车辆技术管理对策的研究—车辆技术管理条例

1997 年 6 月 3 日，通过省交通厅组织的专家鉴定；研制单位：省汽车运输公司、各汽车运输公司；研制人员：张芷菁、席建华、韩刚、牛树杰、王东伟、郭峰、李良法（侯马公司）等。该项目紧密结合运输企业多种经营

方式的实际,提出车辆技术管理办法和技术措施,经过长时间试行验证,具有良好的科学性、技术性和实用性,适用于在市场经济条件下对运输企业多种经营方式的车辆全过程综合管理,尤其对车辆资产的保障增值,规范车辆管理,促进企业技术及安全生产具有积极的作用。

十、能源利用检测评价办法的研究

晋交科成1997－078号;研制单位:省交通科学研究所、省汽车运输总公司(合作);研制人员:谢素华、张芷菁、智景安等。

十一、汽车子午线轮胎的研制

省科委晋科推字〔2000〕第001号;研制单位:省汽车运输总公司、各汽车运输公司;研制人员:张芷菁、席建华、张宝亭、贺洪申、李良法、张新有等。

十二、汽车综合节能技术优化组合研究

晋科2000－013号;研制单位:省汽车运输总公司、各汽车运输公司;研制人员:张芷菁、贺洪申、王东伟、张宝亭、李良法、张新有等。

十三、汽车站无人自动检票客运管理系统研究

省科委交科鉴字〔2000〕第050号;QK－9901微机管理系统,“QK－9301”证书编号〔1993〕晋科鉴字340号,“网线监视器”证书编号〔1993〕晋科鉴字341号,“色带补油器”证书编号〔1993〕晋科鉴字342字,获省应用二等奖(证书编号:1996－2021),省交通厅1995年科技进步一等奖。研制单位:省汽车运输总公司、太原汽车客运总站;研制人员:张芷菁、席建华、曹继祥、魏庆飞、郝立勋、杜友华、邓希等。

此外,省汽车运输总公司还组织开展汽车综合节能技术的推广应用(负责人张芷菁,1993年3月至1994年12月)、人事档案微机管理系统(负责人:刘玉明,1994年5月至1994年12月)、润滑油膜强度测试机的研究(项目负责人:张芷菁,1994年5月至1995年4月)、节能产品的推广应用研究(负责人张芷菁,1994年10月至1996年12月)、公路运输企业会计电算化(项目负责人王彩霞,1997年8月至1998年6月)、“矫马牌”高级润滑油试用(项目负责人王彩霞,1997年8月至1998年6月)、运输车辆燃料利用检测评价方法GB97－02(项目负责人王彩霞,1998年4月至1998年12月)等课题的研究工作,对推动汽车运输行业节能降耗,提高工作效率,起到十分积极作用。

第十一节　交通征稽新技术的研发应用

1996年,省交通征稽局领导从报纸上看到某省在一市范围内实现IC卡网络管理,便及时抓住这一契机,认为是发展趋势,萌生了在全省范围内实现IC卡网络管理的想法,提出向科学管理要效益、将全省征稽系统的现代化管理建成“全国一流”的战略目标。在对该市进行调研和对全省征稽系统微机应用状况进行全面摸底基础上,陆续投资3000万元,与北京南洋公司合作,着手在全省推行第二代养路费征收系统,项目采用BOT方式,涉及全省11个市147个所站,截至1997年底,初步建成并运行全省范围内的养路费征收计算机IC卡网络管理系统。1998年2月,在全省车辆交费数据实现联网基础上,省交通征稽局投资购置便携式电脑配至全省各交通征稽所(站),实现便携式电脑上路稽查。1998年3月,IC卡管理网络系统财会软件设计完成,省交通征稽局投资购置设备配至全省各交通征稽所(站),交通征稽“两费”财务部分全部实现微机处理。至此,全省征稽信息化建设第一次实现质的飞跃。1998年11月,省科委对IC卡网络系统进行省级鉴定,给予“国内领先”的评价。认为该系统实现省局、分局、所站三级联网,集征费、会计、稽查于一体,建立覆盖全省的养路费、货补费征收网络管理体系;并在全国率先实现利用便携式电脑全省联网稽查,改变以往逢车必拦的落后的稽查方式,经济效益和社会效益明显,且首先实现全省征稽数据联网,对加强管理,提高效率,规范程序,促进工作,保证费收,都起到积极推动作用。

第七章　依法行政

从1992年至2005年，交通法制建设实现历史性突破。交通立法工作重点从原来主要填补空白逐步转变到进一步提高立法质量、提升立法层次上来，全国交通立法逐步实现交通行业发展有法可依，交通法律法规数量大幅增长，对交通事业发展发挥了重要保障作用，长期困扰交通行业的"立法滞后"问题得到初步解决。

第一节　地方交通法律法规的制定

1993年，省交通厅先后制定下发《山西省大运公路车辆通行费征收管理办法》、《山西省车辆通行费票证管理办法》、《山西省征收公路客运站场建设费实施办法》、《山西省新增车辆费征收实施细则》。对进一步搞好交通规费征收，增加公路建设资金，促进交通发展和改善管理，都起到积极作用。一些管理办法一直成为行业规范化管理的依据。

1994年7月，国务院印发《关于禁止在公路上乱设站卡乱罚款乱收费的通知》，省交通厅随即成立治理公路"三乱"办公室，并根据全省实际情况和存在问题，印发《关于治理公路"三乱"的实施意见》等一系列文件。通过全面检查和落实治理措施，不断规范交通行政执法行为，查处违法违纪现象，加强执法监督，巩固治理成果。

1994年8月14日，省政府第16次常务会议审议通过《山西省养路费征收管理规定》，共7章38条。这是全省交通征稽管理的第一部规章，对于加大规费征缴力度，支持全省重点工程建设，发挥十分重要的作用。1998年2月修改后，省政府印发《关于修改<山西省公路养路费征收管理规定>的决定》。

1994年9月29日，山西省第八届人民代表大会常务委员会第11次会议审议通过《山西省公路管理条例》。共7章47条，从1995年1月1日起施行。原《山西省公路管理条例(试行)》同时废止。1997年12月4日，山西省第八届人民代表大会常务委员会第31次会议审议通过《关于修改〈山西省公路管理条例〉的决定》。《条例》的实施，对进一步加快全省公路建设，更好地依法保护路产路权，特别是加大路政执法工作力度和交通规费征稽工作，均发挥重要作用。

1995年7月20日，山西省第八届人民代表大会常务委员会第16次会议审议通过《山西省运输管理暂行条例》。共8章42条，从1995年10月1日起施行。这是全省第一部道路运输管理地方性法规，有效保障全省道路运输市场有序运行。

1996年6月28日，经太原市人大第33次常委会议审议通过，省人大常委会8月1日批准，《太原市汽车维修管理条例》颁布，1996年11月1日正式施行。

1996年10月16日，省政府第38次常务会议审议通过《山西省社会筹资修建公路暂行办法》。对于充分调动全省社会力量筹集资金，加快公路建设意义重大。

1996年6月24日，省政府第25次常务会议审议通过《山西省太旧高速公路路政管理暂行办法》，共25条。使高速公路管理纳入法制轨道，取得明显效果。

2001年5月22日，省政府第68次常务会议审议通过《山西省实施<国防交通条例>办法》，共30条，是全省第一部规范交通战备工作的地方政府规章,对于加强国防交通建设,保障战时和特殊情况下国防交通顺畅,具有重要意义。

第二节 普法工作的开展

实施普法执法目标责任制。1993年,省交通厅与省普法领导组签订责任书后,按照"谁主管、谁负责"原则,及时召开直属单位分管领导会议,从共学法和专业法两方面,逐一落实任务,确保目标责任制实施。1994年,《山西省公路管理条例》颁布后,省交通厅以此为契机,在全省开展路政宣传月活动。全省公路系统共投入路政宣传经费达180万元,出动宣传车4000余次,书写悬挂大幅标语6381条,利用电台和电视台宣传306次,散发宣传教材38万份,设立咨询网点700多个,并在山西电视台《五彩缤纷》节目中进行专题宣传。

省交通厅把普法学习教育作为各级领导班子中心组学习的重要内容,多次组织厅领导和直属单位负责人参加省直领导干部法制报告会。省公路局对全省1000多名专、兼职路政管理人员,分期分批进行路政法规培训。"三五"普法开始后,省交通厅及时成立普法领导组,明确办事机构,制订实施方案。1996年9月18日,全省交通法制工作会议在太原召开,副厅长任景春主持。会议总结"二五"普法工作,安排部署"三五"普法教育。省厅与11个地市交通局、17个厅直单位签订责任书。

宣传贯彻《行政处罚法》。1996年10月1日正式施行。按照交通部和省政府法制局要求,结合交通系统实际,省交通厅印发《通知》,对全系统贯彻实施作出具体安排。1996年8月下旬,省交通厅与省法制局联合举办《行政处罚法》骨干培训班。各地(市)交通局和厅属各单位紧密结合行业管理实际,制定各自培训计划。1997年5月28日,省交通厅召开"全省交通法制工作座谈会",对培训工作进行总结。1997年6月4日省交通厅又制定下发《补充通知》,在对全系统培训工作进一步提出要求的同时,规定对各地市交通局所属副科级以上干部以及厅属单位全部人员进行验收考核,由厅体改法规处统一命题考试和发结业证;未参加培训的不得申领执法证。培训工作于1997年7月底结束,全系统共培训8500多人次,总合格率98.2%。通过学习培训,有效增强广大执法人员依法行政法律意识,提高交通执法人员素质,规范执法行为,促进依法行政和依法管理。

宣传贯彻《道路运输行政处罚规定》。1998年4月1日实施。省交通厅印发《通知》作出安排。5月1日宣传月第一天,副厅长任景春在山西人民广播电台做了"宣传3号部令,规范运政执法"讲话,既概括主要内容,又对各级运政机构提出具体要求,进行宣传总动员。5月2日,《山西日报》全文刊登。5月16日,全省运管系统统一开展集中宣传活动。1998年9月17日至28日、1999年6月7日至17日,省运管局在忻州市进行两期岗位培训,150余人参加。

宣传贯彻《行政复议法》。1999年10月1日起施行。省交通厅将宣传贯彻《行政复议法》作为1999年普法重要内容之一。1999年6月23日至25日,在太原举办为期三天培训。聘请北京交通干部管理学院张柱庭教授授课,100余人参加。6月29日,全系统统一开展集中宣传活动。

宣传贯彻《公路法》。1997年10月颁布,1998年1月1日正式施行。这是一部交通行业管理的基本法,其社会性较强,关系到人民群众切身利益。省交通厅多次召开会议,并下发《通知》,对宣传贯彻有关工作安排部署。1998年1月、5月和7月、1999年7月、2000年9月先后5次在全省范围内开展声势浩大、规模空前的集中宣传。据统计,各地各部门先后出动1万多人次,宣传车辆千余辆次,张贴标语近两万条,解答咨询3000余人次,印发宣传资料500万份,制作宣传录音带500盘,制作各种护路标语牌1万块,深入沿路村镇、厂矿近300人次。由厅长刘俊谦、副厅长杨继刚、任景春带队，向行人散发宣传资料，解答咨询，副省长杜五安在山西电视台专题讲话。在集中宣传同时，全系统充分发挥各种宣传舆论作用，在各地各部门自办的报纸杂志上开辟《公路法》宣传专栏，并采取图片展览、录像播放、知识竞赛以及在公路沿线、汽车站点、运输客车等地方张贴、悬挂标语等多种方式，开展长期、广泛的宣传活动。通过宣传，广大群众有了初步了解，增强依法用路观念，为贯彻执行《公路法》营造一个良好社会氛围。与此同时，省交通厅将《公路法》学习作为交通行政执法人员"三五"普法的重要内容，按计划开展专门培训。全系统组织不同形式的短期培训、研讨会、座谈会，分期分批组织学习。1997年11月初至12月初，省交通厅与交通协会联合举办3期短期培训班，由参与制定《公路法》的北京交通干部管理学院张柱庭教授授课，530余人参加。

宣传贯彻《立法法》。2000年3月颁布实施后，省交通厅对贯彻实施进行安排。先后组织厅机关、厅直单位法制机构20多名同志参加由省法制局举办的培训班，由这些同志对本系统进行再传达和辅导学习，取得较好效果。

成立普法依法治理领导组。2000年9月25日，省交通厅印发《通知》，成立普法依法治理领导组。组长：王晓林；副组长：张润；成员有曹居月、孙跃进、杨俊威、郜学文、王京荣、郭鹏飞、王军、张晋鹏、李秀保、罗清宇、王永茂、胡钢成。领导组下设办公室，办公室设在厅政策法规处。办公室主任：曹居月；办公室副主任：胡钢成。

编印《公路建设常用法规汇编》。2001年5月编印，作为普法教材下发全系统。共选编47部法律、法规、规章及其他规范性文件。内容包括公路建设、文物保护、土地管理、环境保护、水土保持、电力设施保护、森林保护等。

组织"三五"普法考核验收。2000年，按照省普法办要求，省交通厅本着查漏补缺、夯实基础原则，对全系统"三五"普法工作进行考核验收。考试分设12个考点、400个考场，采用AB卷，厅直属单位16 000多人参加，及格率99.9%，其中领导干部及格率100%，得到省普法办肯定。2000年6月10日前全部结束。2000年10月，省交通厅组织人员采取听汇报、开座谈会、查看文字记载、实地检查、现场测试等方式，对全系统"三五"普法工作进行抽查验收。

召开"三五"普法总结表彰大会。2001年2月27日，省交通厅召开全省交通行政执法队伍建设工作暨"三五"普法总结表彰大会。厅党组成员、副厅长宋元林出席并讲话，概括5条基本经验。即加强领导是关键；提高执法人员素质是基础；牢固树立为人民服务宗旨是落脚点；树立先进典型，发挥示范导向作用是有效方法；不断完善监督机制是重要措施。厅党组成员、副厅长张润作了《加强法制宣传教育，促进交通事业发展》工作报告。

启动"四五"普法工作。2001年9月，山西省"四五"普法法制宣传教育暨依法治省工作会议在太原召开，"四五"普法工作正式启动。2001年1月，全省交通系统"四五"法制宣传教育和依法治交工作会议召开，贯彻落实全省会议精神，深入分析面临的新形势、新任务，对"四五"普法工作进行认真安排，周密部署。一是健全普法机构。全系统层层组建由党委"一把手"任组长、分管领导任副组长、法制机构、办公室、党委等有关部门负责人为领导组成员的"四五"普法领导组；同时设立由法制机构牵头的普法领导组办公室，负责具体工作，形成上下通畅的工作机制，为普法工作顺利开展提供组织保障。二是周密部署，制定普法规划。在认真总结"三五"普法工作基础上，结合实际，省交通厅印发《山西省交通系统开展法制宣传教育依法治交第四个五年规划》，明确指导思想、总体目标、主要任务、学习内容、教育对象和步骤方法。全系统各单位根据省厅规划要求，结合本单位实际，也相应制定普法实施方案。三是举办骨干培训班。2002年7月22

日至25日,省交通厅在省交通干部学校举办“四五”法制宣传教育骨干培训班,100余人参加。2002年,省委依法治省领导组办公室举办“山西省领导干部法律知识竞赛”,省交通厅经过精心准备,努力拼搏,最终获得竞赛第一名。2002年12月20日下午,省交通厅在省征稽局举办“交通行政执法及交通立法”讲座。厅直各单位党政负责人,厅机关、省公路局、省征稽局、省高管局、省运管局干部300余人参加,北京交通干部管理学院张柱庭教授主讲。

第三节　规范执法证件、文书和车辆的使用及管理

开展执法人员岗位培训。为切实抓好交通行政执法人员队伍建设,从1998年至2000年,全省交通系统开展交通行政执法人员资质性岗位培训工作。先后成立领导组,印发《全省交通行政执法人员三年岗位工作实施方案》和《行政执法人员三年岗位工作安排意见》,建立以省交通干校为中心的13个基层执法人员培训基地,形成从省交通厅到各地市交通局、厅直公路系统、征稽系统和各级运管部门统一指导、分级负责的培训机制。培训课程以执法专业和职业道德为主,教材采用交通部编审的全国统一教材,并由省交通厅统一发放。师资人员实行任教资格认定制。培训实施半军事化管理,副处以上领导干部学习时间为两周(脱产),总课时不少于60学时。基层业务部门负责人及新上岗和未经系统培训的执法人员由省交通厅统一组织的脱产、函授(其中面授课时数不少于100学时)培训,学习不少于240学时。执法人员培训后,省交通厅统一组织考试,合格者发给交通部统一印制的《岗位培训证书》,该证书作为申领交通行政执法证件的必备条件。三年来,全系统共组织培训176期,培训执法人员12 048人,占应培人数96%,圆满完成全省交通执法人员三年岗位培训任务。2000年,交通部组织进行“示范验收”后,在全国交通系统推广山西经验。

统一执法证件。《行政处罚法》颁布之前,全省交通行政执法门类多,执法证件不统一,缺乏严格管理。1997年,省交通厅认真组织开展全省各门类执法人员《山西省行政执法证件》的发证工作。在认真组织培训考试基础上,制定申领证件范围、条件和逐级审查等项制度,制定发证工作程序,对申领证件人员逐一进行资格审查,明确规定凡未经培训或培训不合格的、不直接从事交通行政执法工作和非正式在编人员一律不发执法证件。截至1999年底,全系统共有8700多名执法人员领到《山西省行政执法证》,为交通行政执法实行持证上岗、亮证执法,全面规范执法行为创造条件。同时根据交通部规定,1998年省交通厅组织颁发全国统一样式的交通部《交通行政执法证》。全省交通系统的路政、规费征稽、运管和水运等执法部门共1.2万人经过审核后领到执法证件。

制定管理规范。根据有关文件和规定,省交通厅先后印发《交通行政执法证件管理暂行规定》、《行政执法证件管理补充规定》、《关于统一刻制和规范使用交通行政处罚专用印鉴的通知》、《交通行政处罚文书及专用印鉴管理暂行规定》。此外,为规范管理,省交通厅建立交通行政执法人员管理数据库,将全省交通行政执法人员基本情况和证件号码全部输入微机,实现执法队伍信息化管理;为适应国家行政机关关于公文格式改革的要求,省交通厅印发《关于统一启用A4型格式交通行政执法文书的通知》,规定各级交通部门从2001年3月1日,开始启用A4型格式交通行政执法文书(15种)。

第四节　法规、规章和规范性文件的清理

2001年,按照省政府办公厅《关于全省规范性文件清理工作方案的通知》精神和省委常委、常务副省长薛军讲话要求,省交通厅印发《通知》,对全省交通系统规范性文件清

理工作进行认真研究和部署。

成立领导组。组长：王晓林；副组长：宋元林、张润；成员单位有各地市交通局；省公路局、省征稽局、省运管局、省高管局、省交通质监站；厅机关各处室。领导组下设办公室，办公室设在厅政策法规处，负责日常工作。办公室主任：曹居月。

确定范围。包括建国后到2000年底全省地方性交通法规、规章和其他规范性文件，重点是党的十一届三中全会以后到2000年底制定的地方性交通法规。根据工作方案，对照《行政处罚法》、《立法法》等法律法规、规章和其他规范性文件。

工作分工。省交通厅领导负责全系统规范性文件清理工作；各地市交通局负责本单位及本地市归口管理单位产生的规范性文件清理工作，并对厅机关及其厅直有关单位文件提出清理建议；省公路局、省征稽局、省运管局、省高管局、省交通质监站及其他厅直单位负责本部门、本单位规范性文件清理工作，并对厅机关及其他有关单位文件提出清理建议；厅机关各处室负责清理厅机关属本处室职责范围内及由本处室起草的规范性文件清理工作。

清理步骤和时间安排。2001年2月20日开始，至4月10日结束。一是安排部署阶段（2月20日至25日）。各单位及厅机关各处室对本单位、本处室清理工作进行安排部署，制定清理工作计划；二是摸底阶段（2月26日至3月4日）。对属于本单位、本处室清理对象要摸清底数；三是审查阶段（3月5日至3月25日）。各单位、各处室对所确定的清理对象逐件审查，提出该规范性文件继续有效、应予修改或应予废止的具体书面意见；四是验收阶段（4月1日至4日）。由省交通厅会同各单位抽查验收。据统计，全系统共查阅文件835份，经整理审核属于清理范围规范性文件234件。其中由省交通厅代政府拟定的规范性文件39件，建议继续使用16件，重新修订8件，废止15件；由省交通厅和厅直各单位发布的规范性文件195件，拟继续使用107件，应重新修订16件，应废止74件。2001年6月13日，省交通厅将上述清理情况报送省政府法制办审查。

第五节　行政执法责任制工作的启动

根据省八届人大第26次会议审议通过的《关于推行执法责任制实施方案的通知》要求，从1997年开始，全省交通系统启动推行行政执法责任制工作。

成立领导组。组长：刘俊谦；副组长：杨继刚、任景春；成员有：高贵生、杨金泉、赵龙、宋元林、胡玉珍、张润、孟考祥、孙跃进、戴飞、孟科、李灵、赵跃、张德仪、史荣和、刘书茂、郭新民、许晋贤、曹居月、张守斌。领导组下设办公室，办公室设在厅体改法规处。办公室主任：孟考祥（兼）；副主任：曹居月（兼）。工作人员有：薛晓明、秦培兰、李海涛、杨开奇。各地、市交通局、厅直单位也都成立相应领导组和办事机构。

制定《实施方案》。在《全省交通系统推行执法责任制实施方案》中，明确交通系统执法责任制有关法律、法规、规章；明确交通系统推行行政执法责任制的行政执法机关为：省交通厅及各地、市、县（区）交通局，省公路局及所属各分局，省征稽局及所属各分局，省运管局及各级运管机构，省太旧高速公路管理局及所属各管理处；对省交通厅、各地市县（区）交通局、省公路局、省征稽局、省运管局、省高管局的职责范围进行分解。根据省交通厅要求，市级以上交通部门均制定相应实施方案，积极开展推行行政执法责任制工作。

确认执法主体资格。根据《行政处罚法》规定，省交通厅确认由省交通厅委托行政执法的组织为省公路局、省征稽局、省运管局、省高管局、省交通基本建设工程质量监督站，并分别办理委托执法手续，签订委托执法责任书。

制定相关制度。根据交通部“关于加强行政执法监督检查工作”等7项制度规定，省交通厅制定《交通行政执法监督制度》、

《交通行政执法重大行政处罚决定备案审查制度》、《交通规范性文件备案审查制度》、《交通行政赔偿案件备案审查制度》、《法律、法规、规章和规范性文件实施情况年度报告制度》、《交通行政执法错案追究制度》、《交通行政执法年度工作报告制度》等7项执法责任制度。此外,还制定《交通行政执法检查制度》、《交通行政执法基本规范》、《交通行政执法领导干部岗位政治素质要求》、《交通行政执法一般干部岗位政治素质要求》等配套制度。1999年,省交通厅将上述制度编印成《交通行政执法责任制度汇编》,印发给各地市交通局和厅直执法单位,起到示范作用。各地市交通局也制定编印各自责任制度。

推广先进经验。1998年4月,省交通厅在运城召开现场会,听取地区交通局经验介绍,参观永济市交通局推行执法责任制执法现场示范。省交通厅推行执法责任制的工作,多次受到省人大有关领导表扬,在1998年12月省人大召开的全省推行执法责任制经验交流会上,厅长刘俊谦向大会作了《深化认识,狠抓落实,加强监督,逐步完善》的典型经验介绍和工作汇报,受到省领导和各厅局领导一致好评。

第八章　教育培训

1993年以来,全省交通教育工作以党的十五大、十六大精神和邓小平理论为指导,认真贯彻实施交通教育"八五"、"九五"发展纲要,转变观念,深化改革,注重实效,开拓创新,以提高交通职工队伍素质为核心,以人力资源开发为导向,不断优化教育资源配置,努力提高成人教育和培训质量;不断加强宏观管理和行业教育指导;以交通行政执法人员岗位培训为重点,带动其他岗位性培训;注重引导资格性培训向规范化、科学化、制度化方向发展,适应性培训向经常化、多样化方向发展,使培训教学向解决工作和生产实际问题方向发展,有力推动全系统各级各类教育工作的全方位开展,使全系统干部职工队伍整体素质不断提高,为加快全省交通事业持续快速健康发展步伐作出积极贡献。

第一节　山西交通职业技术学院

进入20世纪90年代,在国家大力发展职业教育政策指导下,全省交通职业教育培训步伐逐步加快,迎来新的发展时期。

一、专业建设实现新突破

1994年开办计算机应用专业,专业拓展到8个。分别为公路与桥梁、汽车运用与维修、公路工程管理、计划统计、土建工程与材料质量检测、工程监理、交通运输管理和计算机应用专业。中专学历学制四年,1994年开始招收三年制职业中专学生。1996年至2000年,学校出现快速度、大跨度的强劲发展势头,招生规模逐年上升,这一时期达到3898人。1997年增加会计电算化和工程施工机械运用与维修专业,汽车运用与维修专业经交通部评估达到A级。1998年开办小型土木工程专业,1999年新增高等级公路养护与管理、工程测量技术专业,2000年开办信息工程专业。专业设置为公路与桥梁、汽车运用与维修、公路工程管理、土建工程与材料质量检测、工程测量技术、高等级公路养护与管理、小型土木工程、工程施工机械运用与维修、会计电算化、计算机应用和信息工程等10个专业,中专学历学制四年。职专教育学制三年。2000年开始招收五年制(3+2)高职学生。2002年增加汽车电子技术和物流管理专业,专业增加到12个。学院从2002年开始招收三年制高职学生。2002年1月,为了适应高职办学需要,学院对教学机构进行重新划分,设立五系一部,分别为:公路系、车辆工程系、工程管理系、经济管理系、信息工程系和基础部。并逐步开始运作院系两级教学和学生管理。4月,学院公路与桥梁专业、汽车检测与维修专业被省教育厅确立为教学改革试点专业。其中,公路与桥梁专业成为国家级改革试点专业,汽车检测与维修专业成为省级改革试点专业。伴随着交通建设事业快速发展,学校专业建设紧紧围绕行业发展对人才需求,培养了一大批技能型人才。1993年至2002年,学院招生人数达到7205人。从1996年开始,学校与山东交通学院合作开办专业证书班,共培养专科人才320人。2000年与同济大学交通运输学院开设研究生班,至2003年,培养交通运输工程硕士54名;2004年与同济大学软件学院开设研究生班,培养软件工程硕士25人。

二、师资队伍建设不断加强

从1993年开始,学校加强师资培训工作,以实现教师本科化为目标,鼓励教师积极参加专升本学习和第二学历进修。截至1999年,学校师资队伍本科化水平达到95%以上,职称结构和学历结构得到进一步优化。2001年,为更好地适应高职教育要求,学校制定《"十五"人才资源开发规划》、《教师学历进修规定》,有计划地分批选送教师报考和进修硕士研究生学历、学位,全面提高教师的学术水平和教学、科研水平。

三、产学结合培养学生实践技能

从1993年开始,学校利用公路与桥梁专业方面人才和设备优势参与地方公路建设,在强化学生实践技能培养的同时,正式开始对外创收。1996年,学校发挥路桥专业的人员和技术优势,承揽原太高速公路的测设和监理任务。有18名教师、200余名实习生参与该项目,实践教学能力进一步增强,当年创收达到80万元。先后完成吕梁地区离临柳石扶贫攻坚二级公路60公里路段测设任务、晋中地区左权县二级公路20公里路段测设任务。独立完成黄河保德大桥加固设计任务。先后参与太旧、原太、大运、太长高速公路及山东滨博(滨州—博山)高速公路等国家级重点工程的勘察、设计和监理,累计产值4500万元以上。2009年8月,承揽临吉高速公路21.5公里监理任务,价值2366万元以上。20余名专业教师、50余名学生到生产一线顶岗锻炼,提供难得的实践教学平台,促进教学水平不断提升。

1998年,学校深入贯彻国家教委《面向21世纪深化职业教育教学改革的原则意见》文件的精神,教学改革进一步推进,开设珠算登记证、汽车维修工等级证、筑路机械维修工等级证、汽车驾驶证、计算机等级证、会计等级证等专业等级的培训和考试,并将其纳入教学主渠道,形成一专多能的新型培养机制。

1998年3月,学校召开首届毕业生洽谈会,当场签订用人意向的毕业生80人。学校毕业生共350人,到年底340人已分配派遣,毕业生就业率达到97%,高于全省平均水平近30%,在全省中专中居领先地位。1999年,毕业生428名,就业派遣393名,就业率达到91.2%。在省计委、省教育厅召开的"1999年全省大中专院校毕业派遣工作总结大会"上,学校受到省毕业分配办公室表扬。2000年,毕业生470人,一次就业人数350人,就业率继续保持全省领先地位。2002年,高职毕业生有298人,90%达成就业意向。

2002年12月21日,学院隆重举行揭牌庆典,副省长王昕出席并讲话。省交通厅党组书记、厅长王晓林,厅党组成员、省纪委驻厅纪检组组长赵龙、省委办公厅、省政府办公厅、省教育厅、省高校工委等有关部门领导、兄弟院校、友邻单位、社会各界领导参加。

四、党建和精神文明建设的加强

1993年以来,学校以弘扬和学习"太旧精神"为主题,以半军事化管理为载体,以培训学生共产主义、爱国主义、集体主义精神为目标,开展多层次、多类型的精神文明建设和德育教育活动。开展文明单位、文明部门、文明岗位的创建活动,扎实推进精神文明建设。全校师生为本省部分遭受洪涝灾害的地区捐款1万余元,衣物200余件。1998年12月,省政府"德育示范学校"评估检查组进驻学校检查工作。通过"一听、二看、三查、四谈",对创建工作给予较高评价。在全省申请验收的18家中专学校中,学校荣获一等奖第二名的好成绩。两个德育示范方向——"弘扬太旧精神,深化德育精神,推动学校两个文明建设"、"实行半军事化管理,强化养成教育,全面提高学生素质",获全省最高分。

2001年,院党委制定精神文明建设"十五"规划,以创建文明单位为重点,深入开展群众性的精神文明创建活动。以德育教育为抓手,以多层次主题活动为载体,大力加强精神文明建设,结出丰硕果实。

五、"九五"目标的胜利实现

"九五"期间,抓住交通大发展历史机遇,学校制定工作目标。1995年12月,学校召开第一次职工代表大会,选举产生了学校新一届工会委员会和职工代表大会成员。校长在工作报告中,提出"打好一大战役,实现五项工程"目标。"一大战役",即进重点,上大专,创一流,办学规模达到1500人;"五项工程”,即硬件工程、软件工程、造血工程、动力工程和文明工程。

为了实现“九五”目标,学校开展“硬件工程”建设,争取省交通厅3500万元建设资金,上马教学综合大楼、食堂、报告厅,新建职工宿舍,硬件办学条件走在同等学校先列;开展以整章建制为核心的“软件工程”建设,出台《规章制度汇编》,学校各项工作逐步纳入规范化、制度化轨道;开展以产学研为载体的创收“造血工程”建设,平均每年以150万元的纯收入增加办学实力,提高教职工收入;推进以干部人事制度改革和分配制度改革为主要内容的“动力工程”建设,逐步打破大锅饭、平均主义,实现干部和教职工职务能上能下,能高能低;实施以文明单位创建为载体的“文明工程”建设,1995年进入太原市文明单位行列,1998年进入省级德育示范学校和省级文明学校行列,同年进入省直系统文明单位标兵行列。经过几年的艰苦奋斗,学校实现三年三个新台阶的跨越式发展:1999年进入省部级重点中专,2000年进入国家级重点中专,2001年升格成山西交通职业技术学院。“九五”目标的实现,为学院今后发展奠定良好基础。

第二节 山西交通技师学院

1993年,交通运输部党组提出大力发展交通职业教育号召。学校抓住大好时机,办学规模不断扩大,呈现出良好发展势头。

一、办学层次的不断提升

1995年3月,根据晋交发字〔1995〕第30号文件“关于厅属三所学校实行校长负责制的通知”精神,学校实行校长负责制。1996年1月,学校被交通部电视中专学校山西分校批准建立工作站,全称为“交通部电视中专专业学校山西分校省交通技校工作站”。为进一步提升办学水平,1997年,积极申报省级重点技工学校,同年10月,“山西省重点技工学校评估组”对学校进行评估验收,认为学校符合《山西省重点技工学校评估标准》。1998年5月,省人民政府〔1998〕28号文命名技校为“省(部)级重点技工学校”。省交通厅党组书记、厅长刘俊谦,厅党组成员、副厅长任景春等出席学校“省(部)级重点技工学校”授匾仪式。

以此为契机,学校进一步强化管理,深入推进一系列教学改革,稳步提升教学质量,一鼓作气向国家重点技工学校迈进。1999年1月,劳动和社会保障部授予交通技校“国家重点技工学校”称号,同年12月,被劳动和社会保障部批准为“高级技工学校”。两年时间,学校迈出三大步。

二、双文明建设的丰硕成果

1993年7月,学校被省劳动厅、省教委评为“全省技术等级统考组织先进单位”。1993年9月,杨巨华老师获交通部“全国交通系统优秀教师”称号。1995年,赵来寿被交通部评为“全国交通系统优秀教师”。任保欢被省教育委员会评为“优秀教师”。乔杰获人事部、交通部授予的“全国交通系统先进工作者”称号。1995年5月,学校代表队在交通部培训司组织的首届公路类技校测量比武大赛中获优胜奖。学校分别被省劳动厅、省教委评为山西省合格中级技工学校、全省技术等级统考组织先进单位;

1993年以来,学校十分重视实习工厂建设。1996年,载重汽车用“浮动支座”在学校实习工厂——万向球节厂开发成功。研制的球节总成系列产品在长春“国家汽车质量监督检验中心”顺利通过国家级检验。省汽车配件产品质量监督检验站授予学校实习工厂——省万向球节厂“汽车配件产品质量信得过单位”称号,并颁发荣誉证书及铜匾。

1997年6月21日至22日,学校承办由省交通厅、省劳动厅、省公路运输工会主办的首届全省交通行业汽车驾驶员技能竞赛,周密组织、周到服务赢得组委会一致好评,保障竞赛圆满成功。

学校还先后获得太谷县汽车维修行业首届二级维护岗位比武大赛亚军、首届全国公路类技校测量比武大赛优胜奖、全国交通类技工学校路桥专业教师材料物理性能检验技能竞赛团体二等奖、全省交通系统教师赛讲团体一等奖;学校汽修厂先后获得“省级双信企业”称号、交通部“1998 年至 1999 年汽车维修文明企业”荣誉称号。

1993 年以来,学校加大专业建设力度,新增公路施工(高级)、公路测试、高等级公路养护、筑机修理、汽车与摩托车修理、汽车修理(高级)、汽车驾驶、文秘与驾驶、计算机安装调试与维修、计算机应用 10 个新专业。1993 年至 2002 年,共招生 2852 人。

三、教学改革的深入进行

1994 年,由学校申弄斌老师主编的全国交通系统技工学校通用教材《桥涵工程》出版发行。《汽车电气结构与检修图解》、《汽车发动机结构与检修图解》、《汽车底盘结构与检修图解》由山西科学技术出版社出版;《公路概论》、《公路施工与养护技术》、《汽车材料》、《汽车交通安全与营运知识》、《汽车指导驾驶员培训教材》、《汽车钣金工艺》、《新思路解题突破》由人民教育出版社出版。1994 年年 9 月,在山东德州召开的全国交通系统公路学科公路专业(技工)委员会联席会议上,由宋学俭老师编制的《理论、实验教师、实习指导教师教学工作综合考评实施方案》审议通过,以交通部职业技术学校教学指导委员会公路(技工)学科委员会的署名,10 月正式出版,在全国公路技工学校中推广实施。1994 年,“加强师资队伍建设是提高教学质量的关键”的办学经验在劳动部组织召开的全国技工学校工作会议上进行交流;交通部职业技术学校教学指导委员会、公路(技工)学科委员会高等级公路养护专业教学计划、大纲审定会和交通部汽车运输技工学科委员会“全国汽车驾驶员培训学校教员培训教材统稿会”在学校召开;学校教师自编教材《筑(养)路机械修理工》由山西省人事厅、省交通厅推广使用。

为强化实践教学,突出技能培养,1994 年 4 月,学校与山西省侯马汽车运输公司签订协议书,投资 20 万元在公司建立学校汽车修理专业学生实习基地。1994 年 9 月,建筑面积 2962 平方米的学校实验楼竣工,内设汽修实验室、钳工实验室、机械库等实验室 25 个,有各种大中型设备 100 台件,总价值为 180 万元。

1995 年 8 月,为适应技校教学特点,经教务会议研究决定将教务科一分为三,成立实习科、教研室,并将教研室升格正科级建制。

1995 年 12 月,占地面积 2752 平方米、建筑面积 10 280 平方米的学校 11 层综合教学大楼竣工,建有阶梯教室 2 个,普通教室 25 个,可容纳学生 1000 余人。建设建筑面积 1856 平方米的水泥混凝土篮球场;改造总面积为 2264 平方米的汽车修理实习车间;购置 34 亩汽车驾驶员训练场。

四、学生培养模式的创新

1993 年至 2002 年,学校共招生 2852 人。从 1993 年 6 月起,毕业生开始实行毕业证和技术等级证“双证制”。根据交通部指示精神,学校从 1994 年开始实行学生半军事化管理,按照“自我教育、自我管理、自我服务”的宗旨,规范学生一日学习生活行为,提高学生全面素质。2000 年起,随着市场经济发展,学校开始自主招生,并先后与全省各地市影响大、经济效益好、信誉高的 60 多家企业签订用人合同;2001 年毕业生首次走出山西到北京、深圳、东莞等地就业。

1993 年以来,学校注重职工素质提升,不断加大专业教师实践锻炼力度。1999 年 8 月,省环保局批准在学校成立“山西省祁临高速公路环境监测站”,2000 年承接祁临高速公路 176 公里工程建设的环境监测任务。2001 年 12 月,经省环保局批准,在监测站基础上,成立山西省交通环境监测中心。从事交通环境监测与研究,为交通建设提供技术支持。2001 年 9 月,公路专业教师承接太谷县范村至白村二级公路测设任务,里程 30 公里,全部工作于 10 月结束。2002 年 12 月,在全国交通类技工学校路桥专业教师材料物理性能检验技能竞赛中获团体二等奖。王桂林、任丽青二位老师获个人优胜奖。

1993 年 2 月至 2002 年,学校共承担全省公路系统路面养护人员、汽车修理工、领工员等工种培训,培训总计 2968 人。

2000年，学校成立山西大学成人教育学院函授站，与山西大学联合举办成人大专班，当年招收“公路施工”专业107人，“计算机应用”专业60人。2000年至2002年，共招收公路与城市道路工程专业、计算机及应用专业学生315人，为推动全省交通运输事业持续、快速发展输送大批合格人才。

第三节　山西省交通干部学校

1993年以来，全省交通事业实现持续、健康、蓬勃发展，为学校加快发展步伐提供重要前提，学校成人学历教育和干部培训工作获得长足进展。学历教育分中专、大专和本科三个层次。职工中专开设专业由2个发展到4个；电视中专开设交通运输管理、汽车运用与修理、公路与桥梁、公路规费征收、运输会计5个专业；函授大专、本科开设公路与桥梁工程、汽车运用工程、交通运输会计、公路工程管理、交通土建工程和计算机应用6个专业。1991年以来，学校培养中专生643人；函授大专毕业生444人；本科生219人，大专专业证书班结业59人；培训各类干部860人；党校轮训干部1371人次，圆满完成各项教学任务。1991年、1993年和1995年，学校分别被省交通厅授予“教育先进单位”和“先进工作单位”。1991年，西安公路交通大学山西函授站被交通部教育司函授教育研究组评为“全国交通函授教育先进函授站”，1992年被西安公路交通大学评为“先进函授站”。电视中专山西分校在1992年交通部电中总校组织的评估中，以88.5分的成绩进入A级系列；职工中专在1992年省教委组织的成人中专教育教学评估中，以91.5分的成绩名列第六名，被省教委授予“山西省成人教育先进学校”，在1995年省教委组织的省部级示范性成人中专学校评选中，被评为省、部级重点成人中专学校；1993年国家经贸委、人事部和中组部联合检查团来山西检查干部教育工作时，对学校工作给予好评。

为满足人们对高等学历教育需求，学校根据全省交通发展实际，积极拓宽办学专业和办学形式，加大教学改革力度。在教学形式上，采取集中教学、函授教学、开门办学、联合办学、电化教学等形式，广开办学渠道，取得优异成绩。

一、干部培训的全方位进行

自1991年开始，学校采取集中教学与分片定点设班函授相结合的办法，进行运输企业经理岗位培训；并采取开门办学、联合办学形式，送教到基层，先后与临汾地区汽车运输公司、阳泉矿务局、柳林县交通局、省公路局等单位，联合举办汽车车队长、运输管理干部、业务技术干部以及县公路段段长培训班。先后举办退伍转业人员培训班，县交通局长、党委书记、纪检干部岗位培训班，共培训各类人员2350多人次。1997年，学校培训工作突破单一的干部岗位培训模式，转向全方位、多层次培训模式。1997年，完成地（市）、县交通局公务员过渡考试师资培训任务，培训学员92人。完成了交通系统人事干部业务培训，培训学员102人。学校举办县处级干部十五大理论轮训班2期，新提拔干部培训班2期和入党积极分子培训班1期，共培训学员540人（次）。同时，为推动办公自动化建设，用一个月时间，对学校教职工进行计算机应用全员培训，经过考试，有54人领取结业证。

1998年开始，学校承担全省交通行政执法人员岗位培训工作，并具体组织实施全省培训工作。通过三年艰苦努力，截至2000年10月底，圆满完成培训任务，培训科股级干部2689人；组织完成全省12 048名执法人员培训、考试、验印工作，顺利通过交通部试点验收，获得“全国交通行政执法人员岗位培训先进单位”称号。

1999年，举办统计人员上岗培训4期，培训学员340人；举办公路施工企业项目经理培训2期，培训学员217人，举办公路工程招投技巧及标书制作培训3期，培训90人；举办入党积极分子培训1期，培训119人；举办纪检干部培训2期，培训316人。各类培训人员达2332人。

2000年,学校举办公路工程造价电算化、公路辅助设计软件、全省交通系统统计人员和会计人员继续教育等培训18期,举办厅直党校入党积极分子培训班1期,共培训学员1205人。

2001年,全省掀起以大运高速公路和国道主干线为主的公路建设新高潮。学校主动适应社会需要,积极举办项目经理、交通行政执法人员、科技干部、会计统计人员继续教育等培训班,截至2001年底,共培训学员2950人;作为被省教委批准的"全省计算机应用能力考核点",2001年共举办5期培训班,培训学员220人,全部获得省教委计算机应用能力考核办公室颁发的合格证书。

这一时期,学校紧密围绕全省交通发展实际,面向全行业举办施工企业项目经理、工程造价软件计算机应用能力、会计统计人员继续教育等各种资格性和适应性培训。同时积极与系统内外各单位联系,为基层单位提供培训服务。相继与原太高速公路公司、省公路局第一工程公司、太原运输公司、山西路桥集团等单位,先后举办中层干部、路桥知识培训、计算机培训等各种有针对性培训。除此之外,还认真组织开展地方交通管理干部的新一轮培训。

二、学历教育的多层次开展

从1993年开始,学校先后与古交市交通运输管理所和省公路局联合办学,开职工中专校外班先河。电视中专为拓宽办学渠道,不仅与中国通用航空公司联合办学,将生源扩展到交通系统以外,而且与省交通技工学校联合,实行毕业生双证制度,受到各方面欢迎。在教学内容上,学校十分注重加强实践课教学,注重学生能力培养和技能训练。在干部培训过程中,克服教学内容与实际相脱节现象,根据"干什么,学什么;缺什么,补什么"的原则开设课程,增加新知识、新内容,安排学员到省内外先进企业参观学习,并要求在结业前,根据所学理论分析所在企业的生产经营状况。在职工中专教学中,注重培养学生的动手能力和社会适应能力,并根据交通事业发展实际,于1994年增设计算机应用专业。在平时教学过程中,严格按教学计划开设实习实验课,每个专业学生毕业前都安排不少于两个月的毕业实习,并要求学生撰写毕业论文,进行答辩,成绩合格者方可毕业。对计算机和财务会计专业学生,要求其在毕业前必须分别取得珠算等级合格证和计算机操作等级证书。94级交通财会专业学生中,有83%的学生取得太原市珠算协会六级以上合格证书;并在非计算机专业学生中开设英语和计算机课程。再次,在教学方法上,不断探索改进,采取启发式、案例式教学法,激发学员学习积极性。

学校增加大专层次、专科起点的本科层次,并且在1995年招收西安公路交通大学首届脱产大专班。1997年,函授大专招收"道路与桥梁"专业新生142人;大专起点本科招收新生31人。电视中专新建工作站1个,累计招收新生263人;职工中专招收"计算机应用"、"道路与桥梁"两个专业新生87人,其中应届初中毕业生61人,累计招收大中专学生523人,超额完成了预定招收390人的招收任务,使学校各类学历教育在册人数达1424人。1997年培养职工中专合格毕业生141人,电视中专毕业生267人,函授大专毕业生12人。

根据交通部对交通行政执法人员的学历要求,为了解决基层单位一部分专业知识缺乏、年龄又偏大骨干职工的教育需求,从1998年开始,连续三年与北京交通管理干部学院、西安公路交通大学和长沙交通学院联合举办高等教育专业证书教育,共有2332人取得大专专业证书。

为了满足职工知识更新的需求,1999年,学校设立武汉交通科技大学山西函授站和省电大直属班,新招函授大专生153人,专科升本科30人,电大23人,共206名,中专招收新生73人;与北京交通管理干部学院和西安公路交通大学联合举办公路工程管理等专业大专专业证书班,招收学员360人。同时,从1999年开始,学校适时地与西安公路交通大学、长沙理工大学、河北工业大学联合举办研究生课程进修班，共有144名学员取得结业证书。1999年底，全校各类学生在册人数超过2000人，办学层次从中专、专业证书到大专、本科，一直到研究生教育，形成比较完整的成人教育体系。1999年，共培养大专生95名，中专生439名。

2000年，学校新建长沙交通学院山西省交通厅函授站，与北京交通管理干部学院、长安大学、太原理工大学、长沙交通学院联合举办成人高等教育专业证书班，与长安大学、长沙交通学院联合举办高职班，研究生课程进修班。招收函授大专学生153人，专升本45人，高升本37人，电视中专学生30人，高职班学员21人，专业证书班学员520人，研究生课程进修班学员61人，学校各类在册人数达到2000人。圆满完成函授大专、专升本97级的毕业设计和答辩工作，受到长安大学、武汉交通科技大学及基层单位好评。被评为“武汉交通科技大学先进函授站”，为交通系统培养合格本科生45人，大专生99人，中专生695人，专业证书班478人。

2001年，学校及时转变观念，将成人高等学历教育和非学历教育、干部培训作为发展重点，充分发挥多层次、多功能综合办学优势，新招函授专科、专升本和高升本316人；太原理工大学教育点招收脱产道路与桥梁专业教学班学员30人，共计招收大专及本科学员346人，招收专业证书班学员654人。全校各类在册学生人数达到2200人。

2002年，学校与北方交通大学合作，设立北方交通大学现代远程教育山西教学中心，使学校办学形式更加丰富多彩。共开办各类培训班47期，培训各类干部3040多人。全年招收函授大专以上学员513人；远程教育招收大专、本科学员374人，专业证书班学员600余人，自学考试招收大专、本科学员274人，研究生课程进修班招收学员60多人。培养合格的大专毕业生120人，本科生29人，大专专业证书结业678人，研究生课程进修班结业141人。

三、教学管理规范与教学质量的提高

1933年以来，学校不断强化管理，先后制定“学校教学工作管理制度”、“教师教学质量考评办法”、“关于稳定教学秩序、严明奖惩的规定”等一系列规章制度，用于规范学校的教学工作。不仅有长远发展规划，还有年度工作计划，并将工作任务以目标责任形式分解到各科室，任务具体，职责明确。

学校十分注重师资管理和提高教师业务素质。每年都坚持按不低于教师总数20%比例，选派教师到对口院校进修、学习或到生产一线实习。到1995年，已有28人次参加不少于一学期的进修、学习，7人到生产一线实习，12名教师参加学历教育，其中有4人还参加函授研究生班学习。2000年，选派4名教师参加有针对性的知识更新培训。学校制定“教学成果奖励试行办法”，鼓励教师积极进行教学研究，撰写论文和编写教材，教师整体素质有了较大的提高。几年来，教师们参加编写《现代企业管理》、《新编交通运输会计》、《中国特色社会主义理论问题解答》、《爱国主义教育140题》等10种教材；在各级各类报刊发表论文200余篇；获国家专利成果2项，省部级科研成果1项。1997年，有1位教师参与交通部教育司国家重点科研项目《成人高校管理系统》软件的开发工作，有2名教师承担学校在省交通厅立项的《学校管理系统》软件的开发工作。2000年，组织完成《山西省交通行政执法人员状况分析及对策》、《树形评估系统数据处理在教师履行岗位职责考核中的应用》两项科研项目。

1993年以来，学校注重提高教师授课水平。坚持每学年一次听课评教活动，坚持执行在教研组内相互交流、探讨教学方法和经验制度。学校每年组织一次赛讲活动，把教师基本功的“三字一话”（黑板字、钢笔字、毛笔字、普通话）融入比赛内容。1997年11月进行教师课堂教学比赛，由校领导、高讲和部分讲师组成评委会，根据教师教学质量考评体系进行认真评分、评议，28名参赛教师中，有7人分别获得一、二、三等奖。1999年，40多名教师参加赛讲，有5名教师代表学校参加省交通厅组织的厅直学校课堂教学比赛，取得第一、第五和团体第二名的好成绩。

为保障正常教学秩序,学校注重教师环节管理。对教师的备课、授课内容、作业批改、晚自习辅导、教学文件及试卷的准备、阅卷、试卷分析等教学主要环节,由教研组、教务处认真考核,将考试结果作为晋升职称依据,每年进行一次。对教师上课、下课时间严格要求,严格调课审批管理,每学期末由教务处根据学生填写的教师日志和平时抽查结果,进行考核,对教学稳定率在98%以上的教师,予以总课时10%的奖励。

为保证毕业生质量,严格考核管理。学校每次考试,教师命题3份,由教务处随机抽考,试卷由专人负责印制管理。考试采取单人单桌,拉开距离,实行由科室负责人为主考的主考负责制和校领导巡视制。试卷密封判阅,专人负责拆封登分,保证考试真实、可信,每个任课教师在考试结束后,都要写出试卷分析,从中解决考试中存在的问题。

严格学生管理,加强班主任工作。一方面注重学生思想品德教育,除开设德育和政治理论课,融思想理论教育于课堂教学之中,还通过观看革命传统和爱国主义影视片,参观刘胡兰、牛驼寨等烈士纪念馆,组织健康向上的文艺活动等形式进行教育。同时,加强学生的日常思想品德考核,由班主任按“学生学籍管理办法”和“学生思想品德考核办法”严格考核。另一方面,严格请销假制度,采取考勤与考试成绩挂钩办法,缺课1/3者不得参加考试。对班主任严格按“班主任考核办法”进行考核,并将考核结果与班主任津贴挂钩,极大调动班主任工作积极性。他们关心学生,大胆管理,注重做差生转化工作。在教学管理上所采取的一系列措施,既保证教学工作正常进行,也确保毕业生质量,省教委对此给予充分的肯定。

为增强办学能力,学校千方百计改善办学条件。1991年新建教工宿舍1栋,基本解决教工住房问题。坚持调动教职工工作积极性,每年举办一次全校师生运动会,活跃校园生活;每年对教工进行一次体检;1995年在省厅大力支持下,解决教师职称问题,35名教师中有高级讲师职称5人;有讲师职称23人。1995年,还开办印刷厂、八达科教开发公司和山西省交通建设监理公司第八监理部,解决学校部分经费不足。1993年以来,逐年增加投入,购置必要的办学设施,购置微机、空调、投影仪等设备。2000年,学校还投资10余万元,积极推进校园网络化建设,与电信局联系建立201校园网。使学校办学条件得到进一步改善。

学校十分重视教学基地和教学设施建设。在省交通厅大力支持下,1993年动工兴建12层教学综合大楼,1995年投资建立计算机教室,添置微机26台,逐年增加图书资料订购款项,使其不断满足教学需要。1997年投资近10万元,新购测量仪器20套,并组织学生到东山进行为期一周的实地测量。1999年,在经费大幅度缩减情况下,投资20多万元,新建标准微机室1个,配置比较先进的微机20多套;添置课桌、椅150套。1998年,学校动工兴建建筑面积为6478平方米的学校公寓和建筑面积为3000多平方米的教工宿舍楼。集资兴建的教工宿舍楼于1998年已通过竣工验收,学生公寓主体完工。学生公寓楼于2000年底竣工交付使用。

经过几年艰苦努力,学校五种功能协调发展,都有长足进步。干部培训从单一领导干部培训向多方位全员培训发展;职工中专从2个专业系统招生发展到5个专业向社会招生;电视中专从过去系统考试招生,发展为面向社会考试生、免试生、资格生等多种形式的招生;函授大专、本科,开始招收脱产学生,开办专升本等,为全省交通系统培养一大批各级各类专业人才。据学校1991年、1994年、1995年的三次毕业生追踪调查表明,学校90%以上毕业生已成为用人单位骨干,20%以上毕业生还被提拔到领导岗位。经校培训过的运输企业经理中,有80%以上在各自岗位上发挥着越来越重要作用。

第九章　党建工作

1993年以来，全省交通系统各级党组织高举邓小平理论伟大旗帜，深入贯彻党的十四大、十五大及历次全会精神，按照省直工委和省交通厅党组的安排部署，大力弘扬太旧精神、大运精神，坚持党建工作为交通建设和改革服务，机关工作为基层服务，围绕社会主义市场经济体制下如何抓好党建工作这一重大问题，认真学习、全面深刻地理解邓小平关于党建工作的思想理论和基本观点，紧紧围绕加快全省交通事业发展步伐要求，坚定不移地确立围绕交通抓党建、抓好党建促发展的指导思想，从思想上、组织上、作风上全面加强党的建设，进一步加大精神文明建设力度，为厅直单位贯彻落实十五大、十六大提出的各项任务，提供强有力的思想保证和组织保证，取得显著成绩。

1996年，厅直机关党委作为全国先进基层机关党委代表，参加全国机关党建工作座谈会，并交流经验，得到中组部领导和与会代表一致好评。1997年“七一”前夕，被省直工委树为省直机关“红旗基层党组织”。1998年，省交通厅机关被人事部、交通部联合授予“全国交通系统先进集体”荣誉称号，并跨入省级文明单位行列。

第一节　坚持不懈的思想建设

这一时期，全省交通系统各级党组织以从根本上提高广大党员、干部的思想政治素质为目的，狠抓党的思想建设。1993年，厅党组坚定不移地贯彻执行“一个中心，两个基本点”的基本路线，紧密结合全省交通建设和改革开放实际，以解放思想为先导，不断强化为经济建设服务意识。先后组织马克思主义生产力理论学习和讨论；举办学习贯彻邓小平同志南方重要谈话研讨班，举办中国特色社会主义理论干部轮训班，坚持用邓小平建设有中国特色的社会主义理论武装广大党员和干部头脑，坚持每年对副处级以上领导干部和理论骨干集中轮训一次。1992年至1993年，先后举办10期政治理论学习班，轮训党员、干部677人次；在厅直系统建立6所厅直党校分校，负责抓本单位处级以下干部的学习和轮训。同时，多次组织党务干部走出去学习考察，开阔视野。为适应建立社会主义市场经济新体制需要，明确提出：党务工作者要率先解放思想，转换脑筋，摆正“一个关系”，实现“三个转变”。即：摆正党的建设与经济建设的关系，树立“围绕经济抓党建，抓好党建促经济”新观念，使党的各项工作向“服务型”、“参与型”、“渗透型”转变，坚持和运用“三个有利于”衡量党建工作，把党建工作和“创先争优”活动贯穿、渗透到交通建设和各项经济工作中去，使广大党员的思想进一步解放，观念进一步更新。

1994年，有计划分层次地深入开展建设有中国特色社会主义理论教育。一是抓好三个层次集中轮训。副厅级以上领导干部分期分批参加省委党校组织的轮训；厅机关全体党员、干部和厅直各单位的处级干部及理论骨干参加厅直党校组织的轮训；一般党员干部参加本单位组织的轮训，三个层次培训面均达到90%以上。二是抓好日常学习。多数单位较好地坚持政治理论学习制度，为学员、干部购买《邓小平文选》一至三卷及《邓小平同志建设有中国特色社会主义理论学习纲要》等学习资料。结合党员思想实际，开展共产党人的"三观"教育、党的优良传统教育、党的根本宗旨教育、党风党纪教育和"太旧精神"教育5个方面教育活动,有效解决在社会主义市场经济条件下部分党员和干部的理想、信念和价值观等方面存在的问题。

1995年,坚持以邓小平同志建设有中国特色的社会主义理论为指针,认真贯彻落实党的十四届四中、五中全会精神,围绕省委、省政府确定的打好"四大战役"、完成"五个一工程"的总体部署和加快交通事业发展的需要,紧密结合太旧高速公路建设任务,大力加强党的建设、精神文明建设和思想政治工作。首先,有计划、分层次地深入开展建设有中国特色的社会主义理论教育。为党员、干部购买十四届四中、五中全会文件辅导材料等学习资料,要求通读、精读,深刻领会精神实质。二是抓好厅级、处级和一般党员干部三个层次集中轮训。厅级干部分期全部参加省委党校组织的轮训;处级干部和理论骨干参加厅直党校组织的轮训。厅直党校共举办两期建设有中国特色社会主义理论培训班,培训处级干部和理论干部178名;一般党员干部参加厅直党校各分校和本单位组织的培训。三个层次轮训面均达到90%以上。三是理论学习教育有计划、有安排、有监督、有检查。厅属各单位都坚持中心组学习、每周一次的政治理论学习和党日活动制度。厅直机关党委组织部分厅直单位党委(总支、支部)书记参加由全国党的建设研究会在昆明举办的"建设有中国特色社会主义理论纲要和党章研讨班";组织厅直单位800余名党员和干部参观由省委宣传部举办的《邓小平同志生平事迹展览》。四是利用多种形式,认真开展"三观"教育、党的优良传统教育、党的根本宗旨教育、党风党纪教育等方面的教育活动。大张旗鼓地开展学习孔繁森、裴庆生和太旧英模活动,教育党员、干部树立正确的人生观、世界观、价值观。以抗日战争和世界反法西斯战争胜利50周年为契机,开展历时40多天的以歌咏比赛为主要形式的纪念活动。通过大唱革命歌曲,在厅直单位广大党员、干部和群众中进行一次爱国主义、英雄主义和党的优良传统教育。在厅直系统组织党建知识竞赛、职业道德知识竞赛活动,组织参加省直工委组织的竞赛,配合厅纪检组在厅直系统和厅机关组织党纪党规千人百题知识竞赛活动。

"八五"期间,省交通厅坚持以邓小平建设有中国特色社会主义理论为指针,认真学习贯彻党的基本路线、方针、政策,紧紧围绕交通建设特别是太旧高速公路建设,大力加强党的建设和精神文明建设,大力开展思想政治工作,广泛深入地开展反腐败斗争。5年来,在思想建设方面,重点抓好党员、干部的"三基"(党的基本理论、基本路线、基本方针)教育和"三观"(世界观、人生观、价值观)教育,积极开展向先进模范人物学习活动,有效提高广大党员、干部思想政治素质和贯彻执行党的路线、方针、政策,为交通建设事业发展建功立业的自觉性和积极性;在作风建设方面,认真进行党风党纪教育,深入开展反腐败斗争,严肃查处党内违纪行为,加强对党员领导干部民主生活会管理与监督,坚持民主评议党员制度,有效提高党员干部思想政治水平,增强廉洁勤政、克己奉公意识,有力推动厅直单位党风廉政建设健康、有序、顺利开展。在组织建设方面,建立健全基层党组织,加强对党员的管理教育,深入开展"争先创优"活动,注重入党积极分子队伍建设,努力做好发展党员工作,充分发挥基层党组织的战斗堡垒作用和党员的先锋模范作用,有效增强各级党组织的凝聚力和战斗力。

"八五"期间,厅直单位党的各项工作较前上了一个新台阶。厅直党委连续5年被评为省直系统先进党组织;1990年被评为全省干部正规化教育先进单位;1992年和1995年均被评为全省干部教育先进单位;1995年,被评为山西省"二五"普法先进集体;1995年3月,厅直纪委被省委、省政府授予"纪检工作先进集体"称号;厅直系统近1/3的单位分别获省级文明单位、市级文明标兵单位和市级文明单位称号。

1996年,结合党员实际,抓好三方面工作。一是引深学习邓小平同志建设有中国特色社会主义理论和党章活动。先后印发《关于进一步引深学习邓小平同志建设有中国特色社会主义理论的通知》和《关于加强和改进党组(党委)中心组学习的意见》。集中学习江泽民总书记《领导干部一定要讲政治》等重要文章和省委书记胡富国《致全省各级领导干部的一封信》;学习邓小平建设有中国特色社会主义理论和党章;学习江泽民“七一”重要讲话,学习十四届六中全会和省委七届三次全会精神以及山西日报评论员文章《理论联系实际是个重大的政治问题》,并认真组织讨论。对处级以上领导干部进行轮训,轮训面达到95%。举办两期处级干部轮训班,培训人数292人。二是认真开展共产党员“三观”教育、党的优良传统教育、党的根本宗旨教育、党风党纪教育和“太旧精神”教育5个方面教育活动,有效解决在社会主义市场经济条件下部分党员和干部的理想、信念和价值观等方面存在问题。三是认真开展学习先进人物活动。先后开展向温谦、包起帆、孔繁森、刘俊谦、赵雪芳等英雄模范人物和锡崖沟人及太旧英模学习活动,并专场举办温谦同志先进事迹报告会、包起帆同志先进事迹报告会。厅机关及一些厅直单位还组织职工到太旧路施工现场学习“太旧精神”,组织党员和团员参观太原解放纪念馆、刘胡兰烈士陵园,并充分利用“一课三会”、广播、板报、演讲比赛、知识竞赛等形式,广泛地对党员、干部和群众进行思想教育,从而激发职工爱党、爱国热情和艰苦奋斗、开拓进取斗志。

1997年,认真学习贯彻党的十五大精神,深入学习开展“双学”“三讲”教育活动,大力加强党的思想建设。继续深入开展“学理论、学党章”的“双学”活动。在前两年学习教育基础上,引深学习。3月份,印发《关于在厅直机关进一步引深“双学”活动的通知》,5月份,对厅直单位学习情况进行检查。6月,省交通厅开展“双学”活动的经验在全省党员“双学”活动经验交流会上进行交流,得到好评。深入开展“讲学习、讲政治、讲正气”的“三讲”教育活动,印发《关于在厅直机关副处级以上干部中开展“三讲”教育活动的通知》,成立以厅党组书记、厅长刘俊谦任组长的“三讲”活动领导组,研究制定“三讲”教育活动方案,转发胡锦涛在全国机关党建工作座谈会上的讲话,作为“三讲”教育活动指导性文件,为厅党组成员和厅直副处级以上干部配备中宣部编印的《讲学习、讲政治、讲正气》一书,加强督促检查。组织收看十五大开幕式的实况转播,制定学习方案,购买学习教材,组织知识竞赛,组织对全体党员干部轮训,轮训面达到90%以上。12月,在厅直党校举办两期学习贯彻十五大精神培训班,对厅直副处级以上干部和党务政工部门负责同志进行系统脱产培训,共培训297人。通过抓领导、抓督察,举办不同层次、各种形式的学习培训班,有效提高广大党员、干部的思想政治素质。“双学”活动得到省委“双学”领导组办公室好评。同时,以香港回归为契机,结合党员和干部职工思想实际,深入开展社会主义、爱国主义和集体主义教育活动。举办“迎回归,庆七一”香港知识竞赛活动,参加省直系统庆香港颂回归歌咏演唱会。厅直各单位也分别以座谈会、歌咏比赛、知识竞赛、演讲比赛和参观革命传统教育基地等多种形式,对干部职工进行教育,有效解决在社会主义市场经济条件下部分党员、干部的理想、信念和价值观等方面存在的问题。

1998年,高举邓小平理论伟大旗帜,大力弘扬伟大的抗洪精神和太旧精神,深入贯彻党的十五大精神和十五届三中全会、省委七届八次会议精神。认真组织开展学理论、学党章的“双学”活动,坚持用邓小平理论武装头脑,指导工作,开展讲学习、讲政治、讲正气的“三讲”教育活动,特别是着重抓好贯彻落实党中央和省委关于深入学习邓小平理论的《通知》和《实施意见》精神。在中央发出学习邓小平理论通知后,率先召开深入学习邓小平理论工作会议,厅属各单位党政一把手和党办主任、厅机关各支部书记共140余人参加。印发《关于在全省交通系统深入学习邓小平理论的实施意见》,明确学习邓小平理论的三个重要内容、四个专题和要着重解决的四个主要问题,对深入学习邓小平理论作了全面部署并提出具体要求。举办两期“厅直单位深入学习邓小平理论暨三讲教育培训班”,在课程安排、教师选聘、课堂管理和学习考核等各个环节上,严格把关,严肃要求,严明纪律,保证培训效果。厅直单位副处级以上领导干部、理论骨干和厅机关全体干部近280人参加培训。组织党员干部认真学习江泽民《在纪念党的十一届三中全会召开二十周年大会上的讲话》。同时,把开展“双学”和“三讲”活动作为掀起学习邓小平理论新高潮的有效载体,坚持督学、考学、评学制度。各单位在组织党员开展学习《邓小平文选》的同时,组织学习江泽民在全国抗洪抢险总结表彰大会上的讲话,学习社会主义市场经济知识、现代科技知识和法律知识,基本做到学习材料、时间、措施、效果“四落实”。在省直工委组织的“双学”考试中,成绩优秀率达96%,得到省委组织部、省直工委表扬。省交通干部学校、省交通技校加强对青年学生学习邓小平理论的教育,把邓小平理论作为一门课程,列入教学计划。围绕纪念十一届三中全会20周年和纪念真理标准讨论20周年,组织厅直单位全体党员开展“纪念党的十一届三中全会20周年知识竞赛”,有20名同志获一等奖,有50名同志获二等奖,有100名同志获三等奖。举办厅直单位纪念十一届三中全会20周年职工书法展,歌颂改革开放20年来党的光辉历程和全省交通建设取得的丰硕成果。共收到书画作品72幅,评选出一等奖3个,二等奖5个,三等奖8个。组织厅机关百名职工参加“省直机关辉煌的历程歌咏大赛”,获二等奖。

1999年,继续把“三讲”教育作为党建工作的头等大事抓紧抓好,进一步兴起学习邓小平理论新高潮。理论学习重点内容是邓小平文选、十五大报告、江泽民在纪念十一届三中全会上的讲话、三讲教育规定的必读书目、九届人大二次会议精神及各类经济知识。组织党员干部认真学习中发[1998]第17号文和江泽民在中国共产党成立78周年座谈会上的重要讲话及省委“三讲”教育有关文件,精读35篇“三讲”必读篇目。邀请理论专家为副处级以上领导干部举办“三讲”教育专题讲座;结合党的十届四中全会及全省调整产业结构会议精神,印发《关于认真学习贯彻党的十五届四中全会精神的通知》。针对法轮功问题,在全体党员中集中开展一次学习教育活动,印发《关于贯彻落实在党内抓紧处理和解决“法轮功”问题的部署,在全体党员中集中开展一次学习教育活动的通知》和《关于深入开展马克思主义唯物论和无神论教育的意见》。以江泽民重要讲话和中央关于“法轮功”问题的指示精神为指导,深入开展马克思主义唯物论和无神论教育,进行马克思主义唯物论基本原理教育、现代科技知识教育以及党的宗教政策和有关法规教育。广泛开展科普活动,深入普及与群众日常生活密切相关的科学知识。进一步引深开展“双学”活动。出台《中共山西交通厅党组关于进一步加强和改进党组(党委)中心组学习的意见》和《中共山西省交通厅党组中心组理论学习管理办法》。深刻领会贯穿邓小平理论始终的科学态度和创造精神,把学习和运用重点放到正在攻克的难点问题上。厅直党委加大检查力度,重点检查中心组学习,对各单位理论学习情况,全面检查通报不少于两次。厅直各级党组织积极开展以思想作风建设和工作机制为重点的理论研究,进一步促进厅直单位理论学习。组织国庆50周年“祖国颂”文艺会演,获一等奖。厅直单位也分别以文艺会演、歌咏比赛、知识竞赛、演讲比赛、篮球比赛等各种形式对干部职工进行教育。另外,在抓好对交通企事业单位职工思想政治工作研究和指导的同时,结合机构改革、费改税等情况,加大对广大干部职工党的基本理论、基本路线和基本纲领等教育,积极引导广大干部职工服从、服务于改革开放的大局,服从、服务于交通建设大局,保稳定、促发展,确保各项工作顺利进行。

2000年,深入学习贯彻落实《中共中央关于加强和改进思想政治工作的若干意见》和江泽民在中央思想政治工作会议上的重要讲话及全省思想政治工作会议精神及田成平重要讲话。厅党组在采取新办法、新措施,在狠抓落实工作上下工夫,先后组织召开公路、运输、厅直系统思想政治工作座谈会,广泛征求各部门加强和改进全系统思想政治工作的意见。在此基础上,专门召开全省交通系统思想政治工作暨廉政工作会议,出台《中共山西省交通厅党组关于进一步加强和改进全省交通系统思想政治工作的实施意见》,制定具体措施,明确目标任务,强化组织领导。厅直党委还收集整理编印《思想政治工作资料汇编》,使全系统广大党员干部职工统一思想,提高认识,增强责任感和使命感,思想政治工作的优势在各单位得到较好发挥。一年来,以学习"三个代表"重要思想为重点,坚持理论武装不放松。及时印发《中共山西省交通厅党组关于认真学习贯彻江泽民同志关于"三个代表"重要论述的安排意见》,从目的意义、学习内容、学习时间、方式等方面作出具体要求。专门召开"三个代表"专题报告会,特邀中央党校教授为厅属单位副处级以上领导干部作专题报告。圆满完成厅属县处级事业单位"三讲"教育工作,取得明显成效。同时,为了巩固"三讲"教育成果,厅党组制定《关于"三讲"集中教育结束后开展"回头看"活动的实施方案》,认真组织厅机关处级干部及下属单位处级干部"三讲"回头看工作,应用"三讲"教育的成功经验,切实加强各单位党的建设工作。严格执行《中共山西省交通厅党组关于进一步加强和改进党组(党委)中心组学习的意见》和《中共山西省交通厅党组中心组理论学习管理办法》,认真组织开展中心组学习。广大党员干部职工发扬马克思主义学风,深入学习邓小平理论和党的基本路线、"三个代表"重要思想,加强以马克思主义唯物论、无神论教育为重点的理想信念教育和对《党章》、政策法规、经济理论知识的学习,广大党员干部的理想信念更加坚定,理论思想素质进一步得到提高。厅直党委还结合党的十五届五中全会精神,及时下发《中共山西省交通厅党组关于认真学习贯彻党的十五届五中全会精神的安排意见》,为制定交通系统"十五"计划,起到指导和促进作用。印发《关于进一步加强和改进全省交通系统思想政治工作的实施意见》。共分为认清形势、明确任务,改进方法、采取措施,加强领导、狠抓落实3大部分内容。2000年10月12日,省交通厅召开全省交通系统思想政治工作暨廉政建设工作会议。旨在全面落实江泽民总书记"三个代表"的重要思想,深入贯彻落实中央、省、交通部纪检监察工作会议精神,为完成省委、省政府交给的各项目标及任务,提供强有力的思想动力和纪律保证。

2001年,不断引深邓小平理论和"三个代表"重要思想的学习教育,认真学习贯彻党的十五届六中全会精神。把学习贯彻党的十五届六中全会精神,同学习江泽民"七一"重要讲话紧密结合起来。认真学习六中全会对江泽民同志"七一"讲话的高度评价、新时期党的作风建设的指导思想和总体要求。"七一"前夕,明确要求有关处室,认真组织机关干部集中收看纪念中国共产党成立80周年庆祝大会;7月1日,机关干部集中收看庆祝大会实况转播,完整学习江泽民重要讲话,并随即召集党组中心组成员和机关处级干部,召开党组中心组学习会议(扩大),对讲话精神进行讨论。随后,又召开学习贯彻"七一"重要讲话交流会,对江泽民同志《讲话》的要点进行传达,并根据《讲话》精神和省委关于学习贯彻《讲话》的通知要求,对全系统学习贯彻"七一"重要讲话作出新部署。先后印发《厅党组中心组及厅机关处级干部学习江泽民同志"七一"重要讲话安排表》、《关于深入学习江泽民同志"七一"重要讲话的通知》、《关于认真学习贯彻江泽民同志在山西考察时的重要讲话精神的通知》等一系列文件,对厅直单位学习活动进行具体安排部署。

2002年,以"三个代表"重要思想为指导,认真学习贯彻十六大和省委八届三次全会精神,紧紧围绕全省交通建设、改革、发展中心工作,加大党建、精神文明建设和反腐败斗争力度,思想政治建设得到进一步增强。一是认真抓好"三个代表"重要思想、"5·31"讲话、江泽民论有中国特色社会主义(专题摘编)、十六大精神、省委八届三次全会精神等的学习。二是各级领导班子认真贯彻《省直工委关于加强和改进党委中心组、处级以上领导干部理论学习和考核的实施意见》精神,坚持中心组学习制度,在理论学习活动中发挥表率作用,进一步推进党员领导干部理论学习的制度化、规范化建设。厅党组中心组坚持每月集中学习一次,对有关重要学习内容和会议精神,坚持以召开党组中心组扩大会的形式学习贯彻。同时,为强化学习,厅党组每周一厅长办公会上专门增加专题学习内容,中心组成员还自觉抽出时间坚持自学,写了大量读书笔记和学习心得,形成理论学习"班子带骨干,骨干带群众,一级带一级"的良好局面。三是各级党组织进一步创新理论学习形式,改进理论学习方法,收到明显成效。厅党组成员深入基层和大运高速公路建设一线宣讲"5·31"讲话,及时分片包点到基层单位宣讲十六大精神;厅直各单位采取干部政治学习与工作任务完成情况同步考核、理论考试、实行理论学习一票否决制等形式,进一步改进学习方法,加强理论学习,提高学习效果,保证学习质量。四是大力加强爱国主义、集体主义、社会主义和理想信念教育。组织厅直系统干部参观省委宣传部、省交通厅联合举办的庆祝党的十六大全省交通建设成就展,观看《声振长空》、《荔枝红了》等十六大献礼影片。厅直各单位开展"坚决跟党走"、迎十六大书画展、演唱会、演讲会、征文等活动,进一步增强广大干部职工对党的信心和信任。在与法轮功邪教组织斗争中,各级党组织加大教育力度,认真开展解决法轮功问题的"四个纳入"活动。即:纳入党的基层组织建设,纳入社会治安综合治理,纳入精神文明创建活动,纳入"三个代表"重要思想的学习教育活动。广大党员干部职工更加坚定理想信念,进一步增强识别、抵制伪科学和邪教的能力,旗帜鲜明地与"法轮功"邪教作坚决斗争。

"九五"以来,全系统各级党组织狠抓理论武装工程不放松,坚持用邓小平理论和"三个代表"重要思想教育干部职工,指导交通改革和建设实践。在学习教育活动中,各单位紧密结合全省交通改革发展实际,紧紧抓住解放思想、实事求是这个精髓,牢牢把握"抓住机遇、加快发展"主题和改革、发展、稳定工作大局,深刻认识"发展就是硬道理"的科学论断,不断增强改变交通落后面貌的历史责任感和紧迫感,不断破除因循守旧、封闭保守的陈腐观念,紧紧抓住中央实施西部大开发战略和积极财政政策契机,提出加快全省交通改革发展的新思路、新方案,加快公路交通基础设施建设,建立和完善交通运输市场,加强行业管理,搞好国有交通企业,促进全省交通事业快速发展。在职工思想道德建设方面,各单位坚持以"双学"、"三讲"、"三个代表"重要思想的学习教育为主线,以理想信念教育为核心,深入开展党的基本理论、基本路线和基本纲领教育,开展马克思主义世界观、人生观、价值观教育,开展以为人民服务为核心、以集体主义为原则的社会主义道德教育,开展民主法制教育和维护改革、发展、稳定大局教育等,极大提高广大干部职工的思想政治觉悟。针对交通行业点多、线长、工作艰苦以及社会性、服务性强等行业特点,各单位将宣传教育和思想政治工作与经济工作紧密结合起来,围绕工程建设、公路养管、交通征稽、公路运输和体制改革等中心工作,不断探索两个文明建设的有机结合点,涌现出一大批精神文明建设的先进集体和模范人物,在全系统初步形成崇尚先进、爱岗尽责、艰苦创业、开拓进取、顾全大局、勇于奉献的良好风尚。与此同时,全系统认真贯彻实施"依法治交"、"科教兴交"战略,有计划、有组织、有步骤地开展"三五"普法工作,大力加强交通法制建设,大力开展职工教育,推动科技进步和创新,使交通工作逐步走上依法经营、依法管理、依法行政的轨道,使过去交通系统职工队伍知识结构水平低、科技教育文化落后状况得到根本改观。

第二节　全面加强的组织建设

1993年以来,全省交通系统各级党组织以保持党组织和党员先进性为目的,狠抓党的组织建设。

一、认真贯彻落实中央和省委有关会议精神

省交通厅党组先后印发《关于进一步加强和改进党的建设工作的意见》、《关于贯彻落实十四届四中全会 <决定> 和省委〈实施意见〉的意见》。十四届四中全会和省委六届八次会议召开后,厅直机关党委立即行动,迅速组织传达学习两个会议精神,很快筹备召开全省交通系统贯彻四中全会和省委六届八次会议精神的大会,及时举办一期专职党务干部集训班,认真查找厅直单位党建工作中存在的问题,并制定针对性工作措施。1997年,大力加强厅直机关党委自身建设,制订一整套党委工作制度,并汇编成册。同时,根据省交通厅党组统一要求,制订厅直机关党委1997年工作目标责任书,并分解到党委每一个工作人员肩上、各负其责,认真执行,圆满完成各项工作任务。在1998年召开的两次领导干部民主生活会上,各单位领导班子都对执行民主集中制情况进行检查。以团结、奋斗、廉洁、勤政为目标,加强党委(总支、支部)班子建设。厅直机关党委组织党员领导干部学习江泽民同志在十五大报告中强调的"关键在党、从严治党、加强三个建设、发挥三个优势"等一系列重要讲话,教育党员领导干部越是在经济工作繁忙时候,越要用邓小平理论指导工作,关心政治,关心职工的思想和精神状态,强化经济方面的政治,在新的历史时期,毫不动摇地坚持党的领导,全力推进经济工作。同时,不断加强对各单位党组织换届选举工作的领导。把能否按照党章规定按期进行换届,配齐配好各基层党委班子作为党建和精神文明建设考核的重要内容,加强督促指导。按照"党对企业在政治上的领导权绝不能削弱"的原则,厅直党委不断加强对厅直改制企业组织工作的领导。

2002年,各级领导班子加强自身建设,政治核心作用得到较好发挥。各级领导班子认真贯彻江泽民同志提出的"集体领导、民主集中、个别酝酿、会议决定"的16字方针,坚持分工负责制,班子成员之间相互尊重支持,做到分工不分家,同心协力,团结协作;认真落实中纪委、中组部《关于提高县以上党和国家机关党员领导干部民主生活会质量的意见》,坚持民主生活会制度。各级党组织主要负责人严格履行党内民主生活会第一责任人职责,班子成员勇于开展批评与自我批评,及时交换意见,改进工作,切实发挥民主生活会的作用。通过加强领导班子建设,提高领导班子科学决策能力,增强领导班子的战斗力、凝聚力和领导班子成员的组织纪律性。

二、充实调整厅直各单位党组织

1993年至1995年,结合机构改革,省交通厅党组调整充实厅直19个单位党组织,并突出抓好各级领导班子民主集中制建设。结合干部交流制度的贯彻落实,调整和提拔14名副处级以上党务干部。本着精干、高效原则,基本健全厅直单位党组织办事机构,绝大多数单位都配备相应职级的专职党务干部。1996年,根据机构变动和工作需要,及时成立原太高速公路总指挥部临时党委、太旧高速公路管理局党委和省交通厅宣传教育中心党支部,并将省运管局和太原征稽分局由党总支改建为党委。1997年,成立山西交通报刊社党支部,并将省交通科学研究所党总支改建为党委,省交通征稽局所有党支部改建为党委,同时实行党委领导下的局长负责制,将省交通物资供应总公司和省交通建设工程监理总公司由支部改建为党总支。

1998年,厅直党委按照中组部、民政部《关于社会团体中建立党组织有关问题的通知》精神,批准成立省公路学会党支部,在太原南过境高速公路建设开工前,批准成立南过境高速公路建设指挥部临时党委,加强党对工程建设的领导。原太路竣工后,及时成立原太高速公路公司党委、纪委,健全党的组织。省运总公司党委对下属运输公司改制后党的建设加强指导,有7个公司相继召开党员代表大会,选出新的党组织领导机构负责人。

2000年,基层党组织建设进一步规范。不断加大对基层党组织工作指导力度,加强对年度目标责任制中党建目标考核,加强对各单位党组织换届选举工作领导,把配齐配好各级基层党委(总支、支部)领导班子作为党建工作的重点考核内容。新成立党委2个。

2002年,成立党委5个,党支部1个。有3个单位完成换届选举。特别是以大运高速公路实现"三循环"通车为契机,进一步加大大运路建设一线党组织建设,各高速公路建设公司临时党委全部改建为党委,有效发挥基层党组织在重点工程建设中的政治核心作用和战斗堡垒作用。

三、进一步加强党员管理和组织发展工作

在党建工作中,全省交通系统各单位认真抓好3项工作。一是严格半年至少一次民主生活会制度,注重提高民主生活会质量,在解决实际问题上下工夫;二是认真坚持民主评议党员活动;三是做好发展党员工作。

在坚持标准、保证质量前提下,1993年至1995年,发展新党员116名,先后举办两期入党积极分子培训班,培训重点考察对象161名。

1996年,在上级党组织支持下,先后在太旧路建设一线、征稽系统和交通建设一线发展党员210名。

1997年,制订《厅直系统"九五"发展党员规划》;下发关于认真做好1997年发展党员工作的意见;按照省直工委批准的年度计划,发展新党员81名。在原太路建设一线和原太路测设一线吸收180名符合条件,做出显著成绩的优秀分子加入党组织。

1998年,加大"推优"工作力度,使共青团组织成为推荐优秀青年入党主渠道;重视在生产、教学、科研一线人员和青年中发展党员,建立起一支与交通建设重任相符的积极分子队伍和党员队伍。在工作中,努力探索把党建工作与重点工程建设密切结合起来的新思路,把在重点工程建设一线发展党员工作作为"围绕工程抓党建,抓好党建促工程"的切入点和结合点,建立健全工程建设一线各级党组织,增强党组织凝聚力和吸引力,建设一支有足够数量的高素质入党积极分子队伍;在此基础上加强培养,使火线发展党员工作得到进一步规范,有力保证和促进工程建设顺利进行。1998年,厅直党校举办三期入党积极分子培训班,共培训284名,在重点工程建设一线发展新党员162名"。"七一"前夕,在原太高速公路建设工地隆重举行"一线新党员入党宣誓",新老党员共500多人参加宣誓仪式。建立健全党费使用审批制度,厅直党委对各单位上缴比例、上缴情况进行检查。

1999年,加大党建工作力度,全面推进高标准基层党组织建设。全面贯彻《中国共产党党和国家机关基层党组织工作条例》,加强党委班子建设,按时完成换届选举工作。健全党委抓党建、主要负责人带头抓党建的工作责任制。各单位根据实际情况,制定、修改、完善党委(总支、支部)工作制度,认真做好党员管理和党员发展工作,大力开展"创先争优"活动,推动高标准基层党组织建设。

2000年,对入党积极分子培养教育和发展党员工作提出新要求,按照"坚持标准、保证质量、改善结构、慎重发展"16字方针,注重将共青团组织作为推荐优秀青年入党的主渠道,稳步推进"推优"工作;重视在生产、教学、科研一线人员和青年中发展党员,建立起一支与交通建设重任相符合的积极分子队伍和党员队伍;把在重点工程建设一线发展党员工作继续作为"围绕工程抓党建,抓好党建促工程"的切入点和结合点。厅直党委《健全制度,狠抓教育,确保重点公路建设发展党员质量》的发展党员经验,参加年底召开的全省发展党员工作座谈会,并作大会经验交流。2000年,厅直党校举办1期入党积极分子培训班,共培训积极分子138名,发展新党员134名。

2002年,培训入积极分子198名,举办1期大运高速公路建设一线入党积极分子培训班。新发展党员125名,大运路一线发展党员60名。此外,还成立厅直机关党员干部计划生育登记建制工作领导小组,厅直党委负责对1450名党员干部进行登记建制工作。

四、全面推行基层党组织和党员目标化管理制度

1993年以来,厅直机关党委在加强党的制度化建设方面,着重把目标管理引入党建工作中,采取百分分解方法,把基层党组织建设和党员教育管理用制度及目标形式确定下来,作为每年“创先争优”考核的依据。1992年3月,印发《关于基层党组织和党员目标管理的实施意见》,开始在厅直单位全面推行基层党组织和党员目标管理制度。各单位普遍结合实际制订方案,认真贯彻实施,采取“两挂钩”方法,即把党建目标化管理同“创先争优”活动和年度总结表彰挂起钩来,作为考核评比的依据,对加强党的建设、促进“创先争优”活动制度化、规范化,起到积极作用。

在党建工作中,厅直机关党委坚持把基层党组织工作及党员教育管理工作,用制度和目标的形式确定下来,实行工作目标责任制,使党组织和党员管理、教育、监督、考核、奖惩逐步走上目标化、制度化、规范化的轨道。不断加强对党员的管理、教育,加强对基层党组织工作的指导,加强对“一课三会”制度和目标管理的执行监督。购买《新时期党支部工作指南》、《党员管理手册》,分发到各直属党委、党总支和党支部。与此同时,认真贯彻落实《党和国家机关基层组织工作条例》和《省直机关党建工作责任制》(试行),用改革精神研究党的建设,把思想、组织、作风建设、廉政建设、精神文明建设作为机关党建理论研究重点。在1998年全省机关党建工作经验交流会上,厅直党委作了“适应重点工程建设需要,做好一线发展党员工作”的经验交流。在全省机关党建研究工作研讨会上,有6篇论文获奖。厅直党委还举办纪念十一届三中全会20周年理论研究征文活动,评出一等奖4篇,二等奖7篇,三等奖11篇,优秀论文47篇,有力促进厅直单位党建理论研究工作。厅直党委参加“纪念中国共产党成立七十七周年祝福您,伟大的党志庆献辞”活动,被省委组织部、省党建研究会命名为献辞荣誉单位。

1993年以来,厅直单位涌现出一大批在党的各项工作中做出显著成绩的先进集体和优秀个人。每年“七一”前夕,厅党组都要召开大会,进行隆重表彰,使全体党员干部学有榜样,赶有目标,充分发挥先进典型的带动和示范作用。厅党组书记、厅长刘俊谦同志荣获全省“优秀领导干部”、“省直系统优秀共产党员标兵”称号。1997年6月,大张旗鼓地表彰在加快发展交通建设事业中涌现出来的先进基层党组织19个,优秀共产党员97名,优秀党务工作者38名。其中,厅直单位有5个党组织、12名党员、5名党务工作者受到省直工委表彰。2002年“七一”前夕,厅直党委对大运高速公路建设一线涌现出的29个“大运路建设一线先进基层党组织”、100名“大运路上好党员”受到表彰。

第三节 扎实严格的作风建设

1993年以来,全省交通系统各级党组织以提高战斗力和凝聚力为目的,狠抓作风建设。按照省纪委和省直工委统一部署,深入开展反腐败斗争。一是坚持狠抓反腐倡廉教育,健全和落实党风廉政建设制度,发挥领导干部表率作用,加强监督检查和严肃查处党内违纪案件。做到年初安排部署,年内重点抽查,年终综合检查,收到较好效果。在各类评先选优活动中,实行“违法违纪一票否决”制度,即班子主要成员有严重不廉洁习惯的,该班子集体不能评先选优,并且追究主要领导责任;领导干部有不廉洁行为的,同样取消评先选优资格,并要严肃查处。这些做法,收到明显效果,得到上级领导机关和有关部门充分肯定。二是认真搞好副处级以上领导干部廉洁自律工作。坚持管好“车头”发挥领导干部在廉洁勤政中的表率作用。在抓好日常管理教育基础上,厅直单位副处级以上领导干部,对照中纪委两个“五条规定”和省委、省政府“十不准”规定,利用民主生活会形式,严格按照上级要求程序,进行认真自查自纠,主动查找领导班子集体和个人在思想、作风、纪律等方面存在的主要问题。绝大多数领导干部在自查自纠中能够正视问题,主动整改,带头廉洁自律,受到广大干部群众好评。三是严肃查处党内违纪案件。对虽未构成严重违纪但有错误的同志,进行认真批评教育,并限期改正。通过查处违纪案件,惩治腐败分子,教育广大党员干部,起到扶正祛邪作用。四是认真扎实地抓好机关作风整顿。根据省委和省直机关整顿作风领导组统一部署和要求,集中对"三个淡漠",即政治观念淡漠、纪律观念淡漠、根本宗旨观念淡漠问题进行认真整改。通过整顿,使厅直机关广大党员干部的精神状态和工作作风发生明显变化,收到振奋精神、促进工作的良好效果。

1996年,重点抓好廉政建设和案件查处工作。结合召开民主生活会,认真抓好厅直单位副处级以上领导干部的廉洁自律。同时,围绕"全省学交通厅、交通厅怎么办"这一主题,狠抓机关作风整顿,要求广大干部职工不断加强自身建设,努力当好全省排头兵。

1997年,重点学习贯彻江泽民总书记《大力发扬艰苦奋斗精神》的重要讲话精神,及时召开全省交通系统"大力发扬太旧精神,反对奢侈浪费"动员大会,以厅党组名义印发《关于大力发扬艰苦奋斗精神、反对奢侈浪费的规定》和《关于在厅直单位学习贯彻<廉政准则>和<中国共产党纪律处分条例>的通知》,组织党风党纪知识竞赛,收到较好效果。

1998年,坚决开展反腐败斗争,全面推进党风廉政建设。一是继续加强党纪党风教育,提高纪检干部素质。厅直党委以中宣部编印的《讲学习、讲政治、讲正气》为主要学习材料,以反骄破满为主要目的,进行严肃整风。特别是9月份安排理论学习时,要求各单位领导班子巩固反对官僚主义斗争成果,继续解决反骄破满问题,集中一段时间,以整风精神开展"三讲"教育活动。12月初中央部署开展"三讲"活动以后,厅直党委邀请省委党校教授许国生在厅直单位副处级以上干部理论培训班上作"三讲"专题讲座。通过警钟长鸣,经常教育,使厅直单位领导干部在思想、政治、作风、纪律上有明显提高和增强。与此同时,认真组织党员、干部学习邓小平、江泽民同志关于党风廉政建设的论述和中央、省委关于党风廉政建设的各项法规制度,学习厅纪检组、监察室编印的《党风廉政建设法律法规选编》;组织厅机关各党支部学习《关于实行党风廉政建设责任制的规定》;组织公路、征费系统新上岗的纪检干部参加省直纪工委组织的纪检干部岗位职务培训班;组织厅直单位党员、干部参加"行政监察法知识竞赛"。由于组织措施得力,竞赛成绩优秀率高,受到省直纪工委表扬,省交通厅获得"行政监察知识竞赛优秀组织奖",有7名同志获个人奖。二是深入开展反对官僚主义斗争,加强对领导干部贯彻落实十五大精神的监督检查。从1998年4月份开始,集中4个月时间,组织动员厅属单位全体党员、干部,大张旗鼓地开展了一场反对官僚主义的斗争,取得明显成效。指导各直属党委、总支、支部建立健全党内监督制度,充分发挥纪检监察部门对党政领导干部的监督职能作用,加强对一年两次党员领导干部民主生活会的指导工作。各单位重视生活会质量,采取背靠背、无记名投票等形式进行群众评议,领导干部既述职又述学,群众评得认真,领导班子成员检查得深刻,生活会质量得到提高。三是认真组织厅属单位开展反对官僚主义斗争。厅反对官僚主义斗争领导组办公室设在厅直党委。厅党组先后3次召开大会进行安排部署,厅直单位召开各类会议171次,设立举报电话71部,举报箱71个,下发调查问卷1635份,厅里制定《反对官僚主义十条措施》,坚持"联系实际,深刻揭摆,边整边改,务求实效"的原则。厅属各单位按照省委提出的五条标准,加大力度,搞好自查,不留死角。在揭摆阶段,厅党组和厅直24个单位领导班子都召开民主生活会。厅党组专门召开会议研究揭摆出的问题和意见、建议,指派专人负责,限期解决,取得较好效果。1997年8月底,省交通厅顺利通过省委反对官僚主义斗争检查验收,验收组给予很高评价。

1999年,切实整顿和加强党的纪律,继

续推进党风廉政建设和反腐败斗争。认真学习贯彻江泽民在中纪委三次全会上的讲话精神，严肃党的纪律，特别是政治纪律，把查处违反政治纪律案件放在重要位置，增强组织观念，凡重大问题和重要情况及时请示汇报。继续坚持中央确定的反腐败指导思想、基本原则、领导体制和工作格局，突出重点，整体推进，标本兼治、综合治理，加大从源头上预防和治理腐败的工作研究力度。认真学习贯彻《关于实行党风廉政建设责任制的规定》，认真分析本单位党风廉政建设现状，制定实施细则。继续抓好党员领导干部廉洁自律工作，狠刹奢侈浪费之风，注重提高民主生活会质量。通过开展"三讲"教育，进一步增强党员干部自律观念，加强自下而上的群众监督。

2000 年至 2001 年，根据中央和省委统一部署，在厅级领导班子和领导干部、厅属事业单位领导班子和领导干部中认真进行"三讲"集中教育，对照中央提出的四个方面问题和五个方面要求，认真查摆和解决党性党风方面存在的问题，进行一次深刻的马克思主义再教育，进一步增强各级领导干部廉洁自律自觉性，增强各级领导班子的凝聚力和战斗力。集中教育结束后，又认真组织"三讲"回头看工作，应用"三讲"教育成功经验，推动各单位党风廉政建设。在加强正面教育同时，各单位还以胡长清、成克杰以及四川省、湖北省交通厅原领导违纪、违法案件为反面教材，在领导干部中开展反腐倡廉警示教育。根据行业实际，各部门、各单位突出抓好工程建设和"管钱、管人、管项目"等重点领域、重点部门、重点人员反腐败工作，从源头上加大预防和治理腐败的力度。与此同时，积极推进干部人事制度改革，端正用人导向，匡正用人机制，杜绝干部人事工作中腐败现象的发生。在厅机关机构改革中，厅党组严格按照省委、省政府要求，对机关正副处级领导职位采取全员下岗、竞争上岗办法，公开、公正、公平、择优选拔干部，同时对大运高速公路四个公司总经理实行公开招聘，为推动全系统干部人事制度改革起到良好带头作用。几年来，全系统按照常抓不懈、综合治理、标本兼治、重在治本的指导思想，深入持久地开展以治理公路"三乱"为重点的行业纠风工作，严肃查处一批"三乱"案件，实现和巩固全省干线公路基本无"三乱"的目标。各级党组织还把治理"三乱"与推行政务公开、厂务公开结合起来，同加强行业管理、开展行风评议结合起来，树立交通行业良好形象。

2002 年，认真贯彻落实党的十五届六中全会《关于加强和改进党的作风建设的决定》精神，按照厅党组《关于贯彻中共中央关于加强和改进党的作风建设的决定的实施意见》要求，对照"八个坚持、八个反对"要求，采取措施，认真解决思想作风、学风、工作作风、领导作风和干部生活作风建设上存在的问题。特别是在解决领导干部作风上收到实效。一是加强警示教育。组织广大党员干部观看电视剧《大地有江河》和《清风颂》文艺晚会，参加省纪委举办的"反腐倡廉"书画展，开展"人人都是软环境，公仆先是好公民"和"向汪洋湖同志学习"等活动。二是规范从政行为。通过民主生活会、群众来信来访等渠道，监督检查各级领导干部贯彻"八个坚持、八个反对"、遵守廉洁自律"七项规定"执行情况。三是完善监督机制。对厅属600 多名副处级以上领导干部的个人"廉政档案"进行完善，把副处级以上领导干部的工作圈、生活圈和交际圈全部纳入监督范围。各级领导干部廉洁自律意识明显增强，有效推进党风廉政建设责任制的贯彻落实，反腐倡廉抓源治本工作取得新成绩。落实党风廉政责任制，做到任务分解到位、责任落实到人，建立"党委统一领导、党政齐抓共管、纪委组织协调、部门各负其责、依靠群众支持参与"的反腐败领导机制和工作机制。在针对人权、财权、事权关键环节上，召开学习贯彻《干部任用条例》，深化干部人事制度改革工作会议。严格执行"收支两条线"，清理整顿私设"小金库"、账外账等行为。进一步加大重点工程建设、党风廉政工作，有效从源头上遏制腐败现象的发生。四是进一步加大查处案件和综合治理公路"三乱"力度。全年收到各类举报信件 184 件次，按干部管理权限逐级办理,信访处理率达100%,对3名处级干部违纪问题作出处理;对全省185个公路收费点进行检查,有28个站点列入首批撤销范围,查处“三乱”案件87件,处理违法人员15人。

1993年至2002年10年来,全省交通系统认真贯彻落实从严治党、从严治吏方针,从维护党和人民群众根本利益出发,紧紧围绕交通建设中心工作,切实加强党风廉政建设,不断加大反腐败和纠正行业不正之风工作力度,突出重点,标本兼治,狠抓落实,有力保障全省交通改革和建设事业的健康发展。

第四节　省交通厅厅级领导班子和领导干部“三讲”教育

1999年11月8日至2000年1月18日,按照省委统一部署,省交通厅开展厅级领导班子和领导干部“三讲”教育工作。这次“三讲”教育,先后分4个阶段,历时72天。

在“三讲”教育中,体现出五大特色。一是领导重视,精心组织,把“三讲”教育作为首要政治任务来抓。首先,加强领导,健全机构。厅党组及时成立厅“三讲”教育领导组和办公室,由厅党组书记、厅长刘俊谦任组长,厅党组副书记、副厅长杨继刚,厅党组成员、省纪委驻厅纪检组组长赵龙任副组长。2000年又增补厅党组成员、省公路局党委书记、局长宋元林为副组长。其次,明确责任,狠抓落实。明确党组书记是“三讲”教育第一责任人,对“三讲”教育负总责、总负责,班子其他成员尽职尽责,共同推动“三讲”教育深入开展。再次,精心组织,周密安排。二是集中精力,端正态度,把学习提高作为一项基础工作来抓。按照学习安排和要求,厅党组成员制定详细学习计划,做了大量读书笔记,撰写多篇学习心得体会,并召开专题讨论会,相互交流。紧密联系1992年以来工作实际和思想实际,边学习,边反思,总结经验教训。在民主评议和民主测评中,广大干部群众对厅党组及班子成员剖析材料给予充分肯定,满意和基本满意率都达2/3以上。其中,对厅党组满意和基本满意率为97.1%,对班子成员满意和基本满意率为80%以上。三是依靠群众,发动群众,把群众满意不满意作为衡量“三讲”教育每个阶段、每个环节工作质量的重要标志。坚持开门搞“三讲”,发动群众,相信群众,依靠群众,通过设立征求意见箱、召开民主评议大会等办法,多渠道、多形式、多层次征求群众意见。仅第一阶段,厅党组就召开老干部、科技人员、劳动模范、基层干部4个座谈会,个别谈话30多人次,发放征求意见表300多份。四是严格标准,注重质量,把开展批评与自我批评作为修正错误、坚持真理、化解矛盾、增强团结的有力武器。在“三讲”教育动员会上,厅党组主动查找问题,明确提出自身存在6个方面的突出问题。在第一阶段的集中学习中,厅党组联系班子成员工作实际和思想实际,又查出4个方面问题;进入自我剖析阶段后,厅党组领导班子成员努力做到解剖自己不怕严,亮出问题不怕丑,听取意见不怕刺,追究思想不怕疼,并严格按照中央要求,从世界观深处进行深刻剖析。五是立说立行,注重实效,把边整边改作为确保“三讲”教育不走过场的根本措施。“三讲”教育期间,厅党组先后制定、完善并出台《关于进一步加强和改进党组(党委)中心组学习的意见》、《中共山西省交通厅党组中心组理论学习管理办法》、《关于进一步加强干部培训工作的意见》、《关于因公出国(境)管理工作实施办法》等规章制度;印发《关于进一步改进领导班子工作作风的通知》、《关于进一步完善项目法人责任制的通知》、《关于高速公路服务区的设置规范问题的通知》。

2000年1月18日,省交通厅召开厅级领导班子和领导干部“三讲”教育总结表彰大会。厅长刘俊谦代表厅党组进行总结,并就下一步工作进行安排;省委“三讲”教育巡视组组长王善出席并讲话。厅党组成员、厅直各单位党政领导、厅机关各处室负责人、正处级以上离退休干部参加。厅级领导班子和领导干部“三讲”教育从1999年11月8日开始,历经“思想发动、学习提高、自我剖析、听取意见,交流思想、开展批评,认真整顿、巩固成果”4 个阶段,72 天。第一阶段,即“思想发动、学习提高”阶段,从 1999 年 11 月 8 日开始,到 11 月 21 日结束,历时 14 天,着重抓了大会动员、征求意见和集中学习三个环节;第二阶段,即“自我剖析、听取意见”阶段,从 11 月 22 日开始,到 12 月 17 日结束,历时 26 天,着重抓了撰写剖析材料和民主评议两个环节;第三阶段,即“交流思想、开展批评”阶段,从 12 月 18 日开始,2000 年 1 月 3 日结束,历时 17 天,着重抓了谈心和召开民主生活会两个环节;第四阶段,即“认真整改、巩固成果”阶段,从 2000 年 1 月 4 日开始,到 1 月 18 日结束,历时 15 天,着重抓了思想整改与总结、制定整改措施和制度、召开总结大会三个环节。

刘俊谦在讲话中,要求着眼长远,狠抓落实,把“三讲”教育引向深入。一是提高认识,扎实工作,推动“三讲”教育继续深入发展;二是认真落实各项整改措施,把思想上的收获切实转化到实际工作中去;三是切实抓好县处级领导班子和领导干部“三讲”教育;四是巩固和发展“三讲”教育的成果,努力开创全省交通工作新局面。

通过这次“三讲”教育,厅领导班子、领导干部受到一次深刻的党性党风再教育,在思想、政治、作风、团结、纪律上都有明显进步,达到中央和省委要求。一是增强树立正确理想信念的自觉性,坚定建设有中国特色社会主义的信心和决心;二是增强政治意识、大局意识和责任意识,提高正确贯彻中央以及省委、省政府大政方针的自觉性;三是增强全心全意为人民服务的宗旨意识和廉洁自律意识,提高防腐拒变的自觉性;四是增强贯彻执行民主集中制的自觉性和维护团结的责任感,提高解决领导班子自身矛盾的能力;五是振奋精神,改进作风,增强开拓进取精神和兴晋富民当好先行官的责任感、紧迫感。

第五节　省交通厅厅属县处级事业单位“三讲”教育工作

根据中央和省委的安排部署,2000 年 2 月底至 5 月中旬,省交通厅开展了厅属县处级事业单位“三讲”教育工作。参加这次“三讲”教育的厅属县处级事业单位领导班子共有 38 个。其中:公路系统 12 个单位,征稽系统 12 个单位,厅直系统 14 个单位。参加这次“三讲”教育的县处级领导干部共有 323 名。

为了切实加强对厅属县处级事业单位“三讲”教育工作的领导和指导,省交通厅党组及时调整充实“三讲”教育领导组。领导组下设办公室,具体负责“三讲”教育的组织实施。在深入调查研究基础上,根据全省交通系统实际情况,制定“三讲”教育实施方案,进一步明确指导思想、基本原则、目的和要求、时间和范围、方法和步骤以及组织领导。为了切实加强厅属县处级事业单位“三讲”教育工作,厅党组决定,厅党组成员每人联系一个开展“三讲”教育单位,省公路局领导班子成员每人联系一个公路系统下属单位,帮助指导联系单位的“三讲”教育工作。

为了确保质量,省交通厅党组从全系统抽调 64 名政治素质好、作风正派、有党务工作经验的同志组成 16 个巡视组,巡视组长均由正处级调研员或已离退休的正处级老干部担任,成员从厅属单位党务、纪检、组织人事、工会、团委等政工部门抽调。2 月 25 日至 26 日,召开有全体巡视组成员、厅属各单位党委书记参加的培训会议,对厅属县处级单位领导班子和领导干部“三讲”教育工作进行安排部署。在“三讲”教育工作中,始终坚持依靠群众,开门整风原则,充分调动群众积极性和参与热情。《征求意见表》和《民主评议表》的回收率达到 85% 以上,有的单位达到 100%。在民主测评中,38 个县处级事业单位领导班子的满意率和基本满意率全部在 80% 以上,其中满意率和基本满意率达 100% 的单位有 12 个,满意率和基本满意率在 90% 至 100% 之间的单位有 21 个,满意率和基本满意率在 80% 至 90% 之间的单位有 5 个;参加测评的 242 名领导干部中,满意率和基本满意率达 100% 的有 42 人,满意率和基本满意率在 90% 至 100% 之间的有 154 人,满意率和基本满意率在80%至90%之间的有36人,满意率和基本满意率在70%至80%之间的有6人,满意率和基本满意率在66.67%至70%(三分之二以上)的有2个,满意率和基本满意率不达三分之二的有2人。

2000年5月31日,省交通厅党组召开厅属县处级事业单位"三讲"教育总结大会。厅党组书记、厅长王晓林作总结报告,要求从8个方面巩固和扩大"三讲"教育成果。厅党组成员、省纪委驻厅纪检组组长赵龙主持,厅领导宋元林、胡玉珍、张润出席,厅属县处级事业单位党政负责人、"三讲"教育巡视组组长、厅机关各处室负责人参加。共有38个县处级事业单位、328名县处级领导干部参加这次"三讲"教育活动。

经过这次"三讲"教育,厅属各单位领导班子和领导干部进一步树立正确的理想信念,坚定建设有中国特色社会主义的决心和信心,找准党风方面存在的问题,增强政治意识、大局意识和责任意识,提高了正确贯彻执行党的路线、方针、政策的坚定性和自觉性,受到一次深刻的马克思主义教育。

第十章　反腐倡廉

1993年以来，在省纪委、监委和省交通厅党组正确领导下，全省交通系统纪检监察部门干部职工高举邓小平理论伟大旗帜，认真贯彻落实党的十四大、十五大精神，按照中纪委、省纪委的要求部署，紧紧围绕全力推进全省交通事业持续、快速、健康发展这个中心，积极履行纪检监察部门"保护、惩处、监督、教育"四项职能，按照反腐败工作三项格局，以党风廉政建设和反腐败工作为重点，狠抓领导干部廉洁自律，认真查处违法违纪案件，纠正行业不正之风，治理公路"三乱"，搞好纪检监察队伍建设等方面的工作，使全系统党风廉政建设和反腐败工作不断深入，卓有成效，为促进和推动全系统两个文明建设作出积极贡献。

第一节　认真抓好纪检监察干部队伍的自身建设

根据中央有关精神，1993年中央纪委和监察部机关正式合署办公。同年2月9日，省委讨论通过本省纪检监察合署办公，并经中央纪委同意。2月11日，省纪委、省监察厅召开两机关及派驻单位全体人员大会，宣布方案，进行动员，开始组织实施。驻省交通厅纪检组、监察室亦随之合署办公。

一、建立健全机构配齐干部

省纪委驻省交通厅纪检组，省监委驻省交通厅监察室实行两块牌子，一套人马，合署办公，并受省纪委、监委，省交通厅党组的双重领导。厅纪检组、监察室对全省交通系统各单位纪委、监察室在业务上实行领导和指导。厅属公路、运输、征费，厅直53个县处级单位，除征费系统和厅直少数单位外，46个单位都成立纪检、监察机构，并配备纪检监察干部。其他未成立机构的单位，均设立专职、兼职纪检监察干部。

1997年，省交通厅为省征稽局和全省11个地（市）征费稽查分局配备副处级纪委书记，核定专门机构编制，为搞好征稽系统反腐败工作和党风廉政建设提供强有力组织保证。同时，也为搞好全省交通系统纪检监察工作，深入开展反腐败斗争，从人员和机构上创造良好条件。截至年底，全省交通系统已有38个县处级单位成立纪委，从事专职纪检监察工作的干部达220余人；不能成立纪委的单位也都成立监察室，至少保证有1名专职人员从事纪检监察工作。其中，省公路局按照晋办发〔1994〕30号文件精神，为全省公路系统配备专职纪检干部88人；全省征稽系统配备专职纪检干部72人；省运系统配备专职纪检干部43人，厅直单位专职纪检干部有20多人。厅党组、厅纪检组对纪检干部在工作上、政治待遇上给予特别关怀，尤其是个人的政治待遇普遍较高。不少纪委书记，还兼任本单位党委副书记。为进一步指导、规范纪检监察工作，促进党风廉政建设和反腐败斗争深入开展，1999年5月26日，省交通厅党组印发《关于进一步加强纪检监察工作的意见》，从4个方面提出具体意见。即加强党员、干部、职工的政治思想、党纪、政纪、法制教育，提高防腐拒腐能力；加强监督，预防腐败行为发生；严惩违法违纪行为，打击腐败分子；保护干部，保护改革者，保护执纪执法人员。《意见》的实施，有力促进全省交通系统党风廉政建设和反腐败工作再上新台阶。

二、加强培训提高干部素质

为提高纪检监察干部政治素质和业务水平，特别是监督和办案能力，省纪委驻厅纪检组一方面要求广大纪检监察干部从工作需要出发，自觉学习有关知识和政策，提高运用政策水平；另一方面要求各单位每年都拿出一定经费，举办培训班。1997年6月20日至29日，省纪委驻厅纪检组对厅属单位纪委书记、监察室主任和专职纪检员共91人进行培训。通过集中培训，使广大纪检干部较系统地了解、掌握纪检监察业务知识和处理问题技巧，提高业务素质和工作本领，增强政治观念、群众观念和纪律观念。与此同时，厅纪检组还注意通过岗位锻炼、以老带新、专题研究、总结交流等形式，在工作实践中，锻炼提高纪检监察干部的工作能力。

随着反腐败任务的不断艰巨和日趋复杂，随着干部队伍的不断更新，针对纪检监察干部素质亟待提高的状况，1999年6月4日至16日，省纪委驻厅纪检组组织全系统近60余名新上岗的纪检监察干部进行为期半个月的全封闭培训。培训班以“全国纪检监察干部培训教材”为主要内容，聘请省委党校教授、省纪委具有丰富经验专家进行授课。通过培训，使这些同志们基本掌握纪检监察工作的理论知识，提高理论水平和工作能力，素质得到很大提高。

为进一步提高政治和业务素质，适应新形势新要求，省纪委驻厅纪检组于2002年4月对厅属单位2000年以来调整到纪检监察岗位的纪委书记、监察室主任共80人进行为期一周的业务知识培训。同时按照省交通厅统一安排，根据征费、公路、高管、运管系统自身行业特点，对有关人员进行岗位培训，进一步提高其政策水平和工作能力，为深入扎实地搞好反腐败和党风廉政建设工作创造有利条件。

三、聘用党风廉政建设监督员

2001年12月11日，为了在大运高速公路工程建设中进一步加强党风廉政建设工作，省纪委驻厅纪检组、省监察厅驻厅监察室在厅属单位职工中聘请24名党风廉政建设监督员，并颁发聘书，同时制订《山西省交通厅聘请党风廉政建设监督员办法》。详细规定监督员条件，职责、权利和义务，为监督员有效履行监督职能提供有力保证。

被聘请的24名党风廉政建设监督员是：乔建青、师炳河、李生斌、王小南、张少怀、杨泽林、刘友祥、陈建华、刘享琪、郭王买、苏福泽、解如意、荆劲峰、荆冰寅、李保定、赵润良、温风岐、樊子庭、吕春生、张瀚鑫、张学山、申弄斌、郝保平、夏淦。此后，大运高速公路六个项目公司也分别聘请160余名党风廉政建设监督员。

四、举办知识竞赛活动

1995年9月10日至11月10日，省纪委、监察厅驻厅纪检组、监察室主办《党政领导、纪检监察干部党纪政纪条规千人百题知识竞赛》活动。共发出试卷2714份，实际交回2281份，占发出试卷83.49%。收回实际有效试卷2266份。根据竞赛规则，评出一、二、三等奖和组织奖。其中，一等奖415人，成绩为185分以上；二等奖754人，成绩为180分至184分；三等奖1008人，成绩为165分至179分。组织奖20个。

通过这次竞赛活动，使厅属单位广大党员干部较全面地受到一次党风廉政教育，增强遵纪守法和廉洁自律意识，为进一步推动厅属单位反腐败斗争深入开展，奠定良好基础。

1996年，根据中纪委、监察部、省纪委、监察厅的安排，省纪委驻厅纪检组组织厅属单位党员干部参加党纪、政纪条规知识竞赛。为搞好本次竞赛活动，省纪委驻厅纪检组召开动员会，制定竞赛方案。会后，各单位纪检监察部门积极组织参赛。厅党组成员带头学习，积极参赛，利用业余时间集体学习讨论，亲自答题。在厅党组一班人带领下，厅直3000多名党员干部参加竞赛。其中有5名同志在全省竞赛抽奖中分别获二、三等奖。省交通厅获省直机关知识竞赛先进单位。

通过竞赛活动，大大促进厅属单位广大党员干部认真学习掌握党纪政纪条规知识的积极性，进一步提高党员干部政治素质，增强遵纪守法自觉性和廉洁从政意识以及拒腐防变能力，逐步形成学习遵守条规的良好氛围。

1997年9月15日，全省运输管理系统

"党风廉政建设和职业道德行为规范"知识竞赛在太原举行。各地、市、县层层选拔的12支代表队参加竞赛。竞赛内容包括:《山西省运输管理系统职业道德行为规范实施细则》、《山西省运输管理机关廉政建设10项规定》、《山西省运输管理人员廉洁从政10项规定》、《中国共产党纪律处分条例》和《廉政准则及相关条规》等。通过预决赛,共评选出一等奖1名,二等奖2名,三等奖3名,优秀奖6名,组织奖2名。通过竞赛,进一步规范各级运管人员言行,树立良好职业道德风尚,遏制以权谋私等行业不正之风,对推动运管系统精神文明建设,加快道路运输市场步代,起到示范、推动作用。

五、完善、规范各项规章制度

在搞好党风廉政建设工作的同时,按照上级纪检监察领导机关要求,省纪委驻厅纪检组、省监察厅驻厅监察室狠抓全省交通系统纪检监察制度建设。从1993年开始,先后制定和完善《纪检监察工作人员守则》、《纪检组的职责和工作任务》、《监察室的职责和工作任务》、《纪检组组长职责》、《纪检组副组长职责》、《纪检员职责》、《党风党纪教育制度》、《监督制度》、《接待群众来信来访制度》、《查办案件制度》、《学习制度》、《请示报告制度》、《行文制度》、《文件审批制度》、《印章管理制度》、《保密制度》、《档案管理制度》,翻印省交通厅《关于贯彻 < 山西省人民政府关于办理政纪案件程序的规定 > 的实施意见》等21项制度。这些制度的制定和完善,使纪检监察工作日趋制度化、程序化、规范化,为搞好全面工作打下坚实基础。

第二节　廉洁自律意识的有效增强

1994年,为满足全省交通系统各级纪检、监察部门及其工作人员要求,使之能够更好地担负起维护党的路线、方针、政策的贯彻执行,协助党组织和行政部门搞好党风廉政建设和履行保护、惩处、监督、教育的职能,适应建立市场经济新体制对纪检监察干部的要求,省纪委驻厅纪检组、省监察厅驻厅监察室编印《党纪政纪条规选编》。主要选编中纪委、监察部、省委、省政府、省纪委、省监察厅近年来颁发的部分实用性强,便于操作的有关规定和重要文件,为纪检监察机关处理违纪党员和行政监察对象违纪问题提供依据。

1995年,为使广大党员干部自觉抵制各种腐朽思想侵蚀,增强各级领导干部廉洁从政意识,提高党员干部特别是领导干部遵纪守法的自觉性,省纪委驻厅纪检组、省监察厅驻厅监察室汇编《领导干部廉洁自律手册》,其中包括中纪委提出的两个《关于党政机关领导干部廉洁自律五条规定》和中纪委《关于党政机关县(处)级以上领导干部廉洁自律的补充规定》以及省委、省政府对党政机关领导干部廉洁自律"十不准"等20项有关规定和实施意见。这些具体规定和要求,是对各级领导干部廉洁自律教育的好教材,也是各级领导干部在廉洁自律方面的行为准则。手册发至厅属单位科级以上党员干部手中。

1996年,省交通厅纪检监察部门紧紧围绕"全省学太旧,交通怎么办;全省学交通厅,交通系统怎么办?"这一主题,认真贯彻落实省委、省政府两个决定精神,抓住有利时机,从正反两方面狠抓党风廉政教育和党纪教育。

2000年,根据中纪委、省纪委和交通部要求,组织广大干部收看《存亡警世》、《金权蚀》和《10·20特大受贿案始末》等10余部反映反腐倡廉工作的专题录像片。为了提高纪检监察干部业务素质,省纪委驻厅纪检组选送部分纪委书记外出培训学习,同时,组织开展向优秀纪检干部曹克明、吴天祥、冯养合学习的活动。省公路局还组织纪检监察干部进行集中培训,并组织去延安进行革命传统教育。此外,各级纪检、监察部门普遍加大反腐倡廉宣传工作力度,注重发挥舆论宣传、教育和导向作用。通过狠抓党风廉政建设教育,使广大党员干部树立正确的世界观、人生观和价值观,进一步提高领导干部廉洁自律意识,增强拒腐防变能力。

2000年,全省交通系统各级领导干部认真执行《廉政准则》,对照"五不准"规定,组织党员领导干部认真进行自查自纠,普遍受到深刻教育,纠正存在问题。省交通设计院严格要求,认真检查,同时对近年来领导干部在下属单位兼职所领取的报酬62 452元,全部进行清退,在广大干部职工中,诚恳地做了自查自纠。厅属500多名处级领导干部对照"五不准"进行检查,各单位一把手签字把关,纪检监察部门造册登记,有效制止违纪违规问题发生。各级纪检监察部门通过开展任前廉政谈话、诫勉谈话,建立廉政档案等方式,切实加强对领导干部的日常监督。按照省纪委统一部署,全系统对借用小汽车和移动电话进行"两清",清退借用小汽车5部,清理移动电话127部。其中,单位拍卖41部,封存2部。

2001年,全省交通系统各部门、各单位认真贯彻执行中纪委、省纪委有关深化领导干部廉洁自律七项规定,通过组织观看《厦门特大走私案》、《胡长清案件警示录》等录像片,使各级领导干部受到深刻警示教育。对照《廉政准则》和"七项规定",各级纪检监察部门对全系统3000多名副科级以上干部进行调查摸底和自查自纠,先后上交各种违规现金、礼品和购物卡,仅省高管系统就收回6000余元;对照七项规定,全系统各部门、各单位均召开民主生活会,参会的副处级以上干部达613人,占应参加人数89%。全系统还进一步健全领导干部廉政档案,在原有厅机关处级干部廉政档案基础上,又将厅属14个运输公司、11个公路分局、3个工程公司、11个征稽分局、4个高速公路公司及厅直28个单位的689名在职副处级以上领导干部,均建立个人"廉政档案",把他们的工作圈、生活圈和社会圈全部纳入监督范围,实现群众监督与党风监督的有机结合。

2001年,为了进一步落实领导干部廉洁自律有关规定,根据省纪委要求,8月27日,经厅领导研究决定设立省交通厅廉洁自律专用户。开户行:中国工商银行山西省分行营业部太原迎泽支行;户名:山西省纪委驻交通厅纪检组;账号:0502121129024942414;地址:太原市迎泽大街328号。交款时只要填清楚开户名称、开户行、账号后,均可在本人所在地的工商银行营业部办理廉政专户缴款业务。向廉政专户缴入现金、有价证券和支付凭证,提倡署本人真实姓名;不愿署真实姓名的,在姓名栏内署本单位即可。不管是否署实名,均要将银行交款收据妥善保存,视为上交组织。截至2001年底,已收回违规金额6万余元。

2001年,按照中纪委《关于重申和建立党内监督五项制度的实施办法》,省交通厅不仅要求全系统各部门、各单位严格执行,而且厅党组成员从自身做起,率先垂范,做好表率。一是厅纪检监察部门参与干部考察工作,把党风廉政建设作为提拔任用干部的重要考核内容。一年来,先后参与50多名被推荐副处级干部的考察工作;二是实行廉政考核一票否决。廉政建设不过关的干部不能提拔;对群众反映强烈的后备干部,先派人调查了解情况,如果举报属实,取消后备干部资格;如果不实,澄清事实后大胆使用;三是把好纪检监察干部选拔任用关。厅党组严格执行中纪委对纪检干部提名、任免、兼职、调动,各级组织、人事部门必须事先征得上级纪检监察机关同意的规定。一年来,全系统先后调整、配备纪检干部15名,其中提拔纪委书记8名,厅纪检组还为基层推荐纪委书记候选人17名。这些有力措施,对于匡正用人导向,克服用人上的不正之风,提高干部队伍政治素质,均起到十分重要的作用。

2002年,全省交通系统把"提高廉洁意识,构筑思想防线"作为抓好领导干部廉洁自律工作的重点,深入开展一系列"学教"活动。先后组织全系统副科级以上干部开展《网住邪念》读书活动以及向汪洋湖同志学习活动,并组织广大党员干部收看电视剧《大地有江河》和《清风颂》文艺晚会,参加省纪委组织的"反腐倡廉"书画展。利用各种形式和多种渠道,广泛宣传,强化引导,通过正反两个方面典型事例的学习和反思,进一步增强领导干部廉洁自律意识。全省交通系统结合落实党的十五届六中全会提出的“八个坚持、八个反对”，通过民主生活会、群众来信来访等渠道，强化监督，全面落实《廉政准则》和中央、省委有关规定。特别是自上而下对照领导干部廉洁自律“七项规定”，组织所属单位集中治理领导干部收受礼金和有价证券、违规修建住宅、豪华办公楼等问题，综合运用宣传教育、审计监督、财务监管等手段，形成强大声势和氛围，激发领导干部拒贿的自觉意识和内在动力，为在全系统深入细致地开展党风廉政建设和反腐败斗争，打下坚实思想基础。

第三节 从源头上治理腐败工作力度的不断加大

1999年，根据党风廉政建设和反腐败工作中存在的薄弱环节及问题，针对交通系统机构庞大，人员繁杂，项目多，资金调用频繁等特点，省交通厅党组提出“上船监督”的工作思路。全系统各级纪检监察人员深入到各单位中心工作中去，加强全过程监督。特别是参与到人事任免、资金使用、工程发标与招标、工程质量检查以及一些热点、难点和重大决策中。1999年，根据厅党组安排，省纪委驻厅纪检组直接参与7名副处级以上干部提拔使用考察。在工程发标、招标中，共组织、参与4个工程项目的招投标工作，进行有效监督，防止不按程序办，不按规定办；防止“三边”工程发生；防止不具备资质的施工单位进入公路建设市场；防止工程招标和工程建设中腐败现象的发生。在监督形式上，全系统普遍采取参与监督，即党内监督、法律监督、群众监督以及舆论监督等多种形式，基本形成全员、全方位监督的良好氛围，客观上预防和制止了一些腐败行为的发生。

1999年9月20日，根据党中央、国务院《关于实行党风廉政建设责任制规定》及省委、省政府关于贯彻落实《规定》的实施办法，党中央、国务院及交通部、省委、省政府具体要求，省交通厅党组结合全省交通系统实际，制定《党风廉政责任制实施细则》。将责任内容进一步细化、量化、具体化，落实到厅领导、处室负责人及各直属单位领导头上；将责任细化到每项工作，划分到每个部门工作职责内，明确责任及具体考核办法，规定具体奖励和处罚措施。这两个制度，对于加强纪检监察工作，促进党风廉政建设和反腐败斗争，起到良好促进作用。

2001年，根据交通部及省纪委要求，省交通厅制定《反腐败抓源头工作实施办法》，对全系统腐败问题易发、高发部位及主要源头进行剖析，并采取相应对策，变事后监督为事先防范，不断将反腐败斗争关口前移。一是加强法纪和廉政教育，进一步提高广大干部的政治思想觉悟和廉洁从政自觉性。特别是在执法队伍中，开展了以理想信念教育、全心全意为人民服务宗旨教育、文明执法法制教育和职业道德教育为主要内容的“四有”教育；二是加强制度建设。2001年，省交通厅先后制定下发《关于加强治理公路“三乱”监管力度的通知》、《全省交通执法队伍管理办法》、《通行费征收工作纪律》等规章制度，进一步规范执法行为；三是积极推行审批制度改革。按照省委、省政府和交通部统一部署，对交通行政审批项目多次清理消减，2001年共清理消减审批项目9项；四是配合财政制度改革，强化资金管理。在要求各单位严格执行“收支两条线”规定的同时，对全系统所有单位的银行账户进行全面清理，未经财政部门批准的账户一律撤销，预防和解决开户多过、过滥，预算外资金应交不交、坐支挪用、私设“小金库”等问题。有效地从源头上预防和制止腐败现象发生。

2001年，全省交通系统各部门、各单位认真贯彻落实省交通厅《关于落实党风廉政建设责任制实施办法(试行)》，坚持党委统一领导，党政齐抓共管，纪委组织协调，部门各负其责，依靠群众支持及参与的领导体制和工作机制。党风廉政建设纳入各级党政领导班子、领导干部目标管理，与改革开放、经济建设、精神文明建设和其他业务工作紧密结合，一起部署，一起落实，一起检查，一起考核。对于不履行或不正确履行党风廉政建设职责的党政领导班子和领导干部,实施组织处理和纪律处分等责任追究方式。在全省交通工作会议上,厅长王晓林与各地市交通局、厅属各单位和各高速公路公司党政负责人分别签订《党风廉政建设责任书》。会议之后,省纪委驻厅纪检组对全省交通系统党风廉政建设及反腐败工作进行责任分解,全系统各单位都结合实际,制定具体实施措施,将各项具体任务落实到每个领导和有关科室,做到工作有目标,考核有标准,奖惩有依据,尤其是突出责任追究制度。2001 年,京大路发生路政人员贪污票款问题后,除对本人作出严肃处理外,厅有关部门还对 4 名责任人予以开除。曲辉公路因存在质量问题,18 名当事人受到责任追究。

为了切实加强通行费管理工作,提高队伍素质,严格收费秩序,规范执法行为,2001 年 12 月 5 日,省交通厅提出全省公路通行费收费工作纪律。主要包括 3 项内容。

一是八个做到:统一着装,文明收费;照章收费,应征不漏;精通业务,保证畅通;坚守岗位,履行职责;言语规范,礼貌待人;制度健全,责任明确;站容整洁,注重形象;公开承诺,接受监督。

二是十五个不准:不准酒后上岗;不准使用服务忌语;不准带钱上岗;不准放人情车;不准收售废票、假票;不准无故封堵或少开车道;不准证件不齐、不挂工号牌上岗;不准在收费亭内吸烟、喝酒、看书、吃零食、听录音等;不准将传呼和手机或其他通讯工具带入收费亭;不准私装票款;不准违反规定多收或少收通行费;不准收线不给票或少给票;不准利用权力吃拿卡要车户。

三是三个必须:对违反收费工作纪律,尚未构成贪污私吞票款的人员,必须给予停岗、待岗、下岗的处理。对违反工作纪律,形成贪污私吞票款事实的人员,必须予以除名;对数额较大、情节严重的,必须移交司法部门处理。对于因管理不善、制度落实不到位而出现收费人员违规违纪行为的,必须追究该站领导的责任;对由此而形成较大社会影响,损害收费形象的,根据情节必须对其做出调离岗位、降职、免职、撤职等行政处分。

2002 年,全省交通系统结合行业管理特点,从三个方面加大从源头上治理腐败力度。一是深化干部人事制度改革。认真贯彻落实《党政领导干部选拔任用工作条例》,积极推行干部考察、竞争上岗、民主推荐等项机制。省纪委驻厅纪检组积极参与厅属单位领导干部和班子考评,全年共对 40 余名副处级以上后备干部、劳模、公务员录用等人员的推荐、考察、任免进行监督,进一步匡正用人风气。二是深化财政管理制度改革。在财务管理方面,制订出台《厅财务征费处内部管理办法》,从七个方面强化财务监管;严格经济责任审计,印发《2002 年交通审计工作计划》;严格执行"收支两条线"规定,清理整顿私设"小金库"、账外账等行为;加强票据管理工作力度,对收费和赔(补)偿收入实行票款分离,各执收部门的全部财务收支活动由单位财务部门统一归口管理,有力确保资金使用安全。三是积极推进行政审批制度改革。全年共取消、下放、转移行政审批权力 45 项,废止规范性文件 800 件。

第四节 反腐败斗争的深入进行

1993 年以来,全省交通系统纪检监察部门按照省纪委、省监察厅要求,以邓小平理论为指导,把学习、贯彻党的十四大、十五大精神作为首要任务,紧紧围绕经济建设这个中心,全面履行保护、惩处、监督、教育职能,把反腐败作为工作重点,切实纠正交通行业不正之风,加强党风廉政建设,为保证全省交通事业发展迈上新台阶打下坚实基础。

1993 年 9 月,省交通厅党组成立厅直机关反腐败斗争领导组。组长:智玉莲;副组长:贾银环、任景春;成员有:宋元林、高志林、游守光、李小昌、郭耀威、部学文、郭鹏飞、杨俊威。办公室主任:郭耀威;副主任:秦生发、杨俊威、赵新民。成员有:王志国、杨吉平、詹伟。

根据省委、省政府关于在全省深入开展

反腐败斗争动员大会精神，1993年9月，省交通厅党组研究制定《实施意见》，并及时召开动员大会，全面安排部署厅直机关深入开展反腐败斗争工作。主要分四步进行，即广泛动员，深入学习，统一思想，提高认识阶段；自查自纠，查处违纪案件阶段；制定完善党风廉政建设及反腐败规章制度阶段；总结、验收阶段。

1993年，主要解决八个方面问题：①县处级以上领导干部要严格按照省委、省政府对县处级以上领导干部廉洁自律提出的“十不准”认真对照检查，自查自纠，作出表率；②重点解决公路乱设卡、乱收费、乱罚款问题；③清理少数干部未经批准在企业兼职的问题。领导干部不准经商办企业，不准从事有偿的中介活动，不准领取企业付给的各种报酬；④新成立的实业开发总公司、建设开发总公司、工程监理总公司、信息通信公司，要从机构、编制、经费、人员等各方面与机关脱钩。扶持新建企业支付4个公司的铺底资金，要在3年内收回；⑤要清理离退休和调离厅工作岗位干部占用厅机关的办公室等公物；⑥清理厅直机关未经控办批准私自购买的小汽车和调用下属单位的小汽车；⑦严禁以参观、学习、培训、考察的名义公费出国、出境、出省旅游或变相旅游；⑧加强工程项目管理。今后，所有工程项目一律实行公开招标，择优定标，坚决杜绝走后门、拉关系等不正之风，健全制度和手续，堵塞漏洞，严禁个人接受回扣。

1993年11月22日，根据交通部、省纪委有关规定，省交通厅出台《关于厅机关反腐败斗争和职业道德建设中若干问题的处理意见》。共计12条：①各级领导干部和机关工作人员要自觉执行党和国家在加强党风廉政建设方面的各项规定，在反腐败斗争和纠正行业不正之风中作出表率。②按照省委办公厅晋办发〔1992〕9号文件，机关工作人员下基层进行公务活动，一律吃工作餐，就餐标准按当地会议标准。带车的，每人每天交5元；不带车，每人每天交2.5元。凡1993年1月20日前，下基层没有交饭费，且报销出差补助的，要在12月底前，将饭费差额部分从所领补助费中退出。从1993年11月20日以后，按晋办发〔1993〕44号文件精神办理。③领导干部不设专车，距离单位1公里以内居住的，非特殊情况不得用小车接送。不准用公车办私事。凡1992年以来用公车办私事的，要在12月底前，按每公里1元补交费用。④凡1992年以来接受下属单位或业务单位土特产，累计价值在50元以上的，要在12月底前折款补交。⑤凡将应由个人支付的各种费用在下属单位或其他企事业单位报销的，要在12月底前全部退出。⑥凡在公务活动中接受礼金和有价证券的，要在12月底前全部清退。⑦用公款参与高消费娱乐活动所支出的费用，必须在自查自纠中清理，并于11月底前将清理结果报上级反腐办。⑧党政机关干部（包括到龄未办离、退休手续人员），凡在企业兼职或进行有偿中介活动的，所领取的报酬要在12月底前全部退出，在企业集资的，不准参与集资分红。集资款在12月底前抽出。⑨用公款购置配备的办公用品，如照相机、录音机、放像机、保密箱、自行车、通讯设备等，没有上账的一律登记上账，使用者在工作调动或离退休时，公物必须上交。此项工作。在12月底前清理完毕。⑩领导干部为子女、亲友和身边工作人员谋求特殊照顾的，按照有关规定进行申报和清理纠正，应回避而没有回避的，要一律实行回避制度。⑪凡离职、离岗仍占用原办公室、办公桌等办公设施的，要在12月底前清退。⑫凡在自查自纠中补交、清退的款物，均由各单位反腐败办公室、职业道德建设办公室会同有关部门如实登记后，报厅反腐败办公室，并严格按照有关规定处理。

1994年9月24日，省交通厅调整厅直属机关反腐败斗争领导组成员。组长：杜五安；副组长：杨继刚、刘传旺；成员有：宋元林、郭耀威、部学文、李小昌、李灵、杨俊威、游守光；办公室主任：郭耀威；副主任：秦生发、杨俊威、赵新民；成员有：王志国、赵存忠。

1995年6月16日上午，省交通厅直属单位反腐败斗争工作会议召开。副省长杜五安出席并讲话。要求把加强教育与严明纪律结合起来,领导干部要首先接受教育,接受监督。要抓重点,主要是公款大吃二喝、铺张浪费和清房工作。交通系统还有治理公路乱设卡、乱收费、乱罚款的问题,这也是全国抓的重点。纪检干部要旗帜鲜明,敢于与腐败行为作斗争;各级领导要高度重视,抓经济工作要硬,抓精神文明和反腐败斗争也要硬;各单位领导要在交通系统怎样抓好反腐败工作问题上,提出具体措施和工作方案。

1996 年 3 月 23 日,省交通厅党组调整厅反腐败斗争领导组成员。组长:杜五安;副组长:刘俊谦、杨继刚、刘传旺;成员有:史锦文、任景春、宋元林、杨俊威、李小昌、李秀保、王永茂。领导组下设 5 个办公室,其组成人员如下:①反腐败领导组办公室主任:刘传旺;副主任:郭耀威、杨俊威、赵新民;②整顿财经纪律、反对铺张浪费办公室主任:史锦文;副主任:张德仪;成员有:孙跃进、赵跃、赵新民;③反对官僚主义办公室主任:刘俊谦;副主任:郜学文;成员有:杨俊威、王志国;④国有企业廉洁自律办公室主任:任景春;副主任:秦生发;成员有:杨俊威、孟考祥、郭鹏飞;⑤清房办公室主任:刘传旺;副主任:郭耀威、赵新民;成员有:孙跃进、杨俊威。

为确保反腐败工作落到实处,1996 年 5 月,省交通厅党组印发厅反腐败斗争领导组办公室制定的《关于落实 1996 年反腐败工作任务的实施意见》。将领导干部廉洁自律、案件查处、纠正行业不正之风三项任务,分解为 13 项内容,分别落实到有关部门具体负责。

与此同时,为拓宽反腐败工作思路,引深反腐败斗争,根据省纪委要求,省纪委驻厅纪检组组织开展进一步加大反腐败工作力度调研工作。通过深入基层,广泛听取群众意见和建议,并就当前腐败问题的表现、特点,腐败现象滋生蔓延的主要原因;加大反腐败工作应从哪些方面入手,采取哪些相应的措施;为有效遏制腐败现象的滋生蔓延,如何从全局和宏观上进一步加大反腐败工作的力度;纪检监察机关如何从思想、观念、体制和业务上加以改进,以适应反腐败斗争的长期需要等方面,组织座谈讨论。形成纪检监察干部人人参与调研,个个为反腐败斗争出谋献策的工作氛围。通过广泛调研,向省纪委写出《坚持查处大要案件,不断引深反腐败斗争》的调查报告,并在全省纪检监察机关调研汇报会上进行交流。

1997 年,根据工作需要,省交通厅党组对厅反腐败斗争领导组及下设办公室成员进行调整。组长:刘俊谦;副组长:杨继刚、刘传旺;成员有:任景春、高贵生、杨金泉、宋元林、郭耀威、杨俊威;办公室主任:刘传旺;副主任:郭耀威、杨俊威;成员有:赵新民、孙跃进、郜学文、张德仪、赵跃、秦生发、王志国、张学山。同时成立 4 个专项办公室:①整顿财经纪律、反对铺张浪费办公室主任:张德仪;成员有:孙跃进、赵新民、赵跃、杨转科;②反对官僚主义斗争办公室主任:郜学文;成员有:杨俊威、王志国、刘耀龙;③国有企业廉洁自律办公室主任:秦生发;成员有:郭鹏飞、杨俊威、张学山;④清房办公室主任:郭耀威;成员有:孙跃进、赵新民、杨俊威、李文考。

1997 年 4 月 7 日,省交通厅党组印发《关于 1997 年反腐败任务的实施意见》。提出 4 项主要任务:一是领导干部要落实廉洁自律各项规定。要重点解决"吃、住、行"及利用职权为配偶、子女和亲友经商办企业提供优惠条件,加强对领导干部身边工作人员管理等问题,切实抓好国有企业领导干部的廉洁自律工作。认真执行《关于领导干部报告个人重大事项的规定》,进一步落实领导干部收入申报、礼品登记、国有企业实行业务招待费使用情况向职代会报告等项制度。二是不断引深"一整两反"工作。整顿财经纪律的重点是整顿会计工作秩序,对预算内、外资金进行专项检查;反对铺张浪费,要严格执行中央 8 项规定;反对官僚主义,重点解决工作漂浮不负责任和反骄破满的问题。三是查办案件。要继续重点查办处以上领导干部违法违纪案件,特别要加强对执法部门和组织人事工作中违法违纪案件的查处。四是纠正部门和行业不正之风。对于治理公路"三乱"要继续狠抓落实,同时要减轻厅属国有企业不合理负担,依法行政,继续推行政务公开制度。

《实施意见》对具体任务进行分解,并明确责任制。7月底前,重点是贯彻学习《廉政准则》,认真做好自查自纠。8月至年底,对重点问题综合治理,狠抓落实。

《实施意见》还提出要加强反腐败工作的组织领导。要求厅属各单位党政一把手要切实加强对反腐败斗争的领导,亲自分管反腐倡廉和纪检监察工作。各级纪委书记要参加同级党委的书记碰头会,参与研究本单位重大事项。厅属各单位反腐败斗争领导组及其办公室要层层建立反腐败工作领导责任制,认真掌握党的政策,严格依法依纪办事。要掌握"自查自纠宽,组织查处严,明令禁止前宽,明令禁止后严"的原则,确保反腐败工作取得实效。

1997年4月29日,省交通厅党组在交通大厦召开反腐败暨党风廉政建设工作会议。省纪委副书记王俊忠,省纪委常委、省纠风办主任郝志远,省纪委常委李谭生,厅领导刘俊谦、杨继刚、任景春、刘传旺、高贵生、杨金泉和厅老领导廉平、任先泉出席。厅直各单位党政主要领导、纪委书记、监察室主任,厅机关各处室负责人、各支部书记,受表彰的先进集体和先进个人代表共240余人参加。

会议认真传达贯彻中纪委八次全会、国务院第五次反腐败工作会议和省纪委四次全会精神,回顾总结省交通厅两年来党风廉政建设,特别是深入开展反腐败斗争的工作情况,重点安排部署1997年反腐败斗争工作任务,表彰两年来纪检监察工作中涌现的16个先进集体、61名先进个人,交流部分先进典型经验。会议号召各级党组织和纪检监察部门要按照党中央、国务院和省委、省政府以及省纪委、监委要求,振奋精神,坚定信心,把全省交通系统反腐败斗争和党风廉政建设不断引向深入。

会上,厅党组书记、厅长刘俊谦就如何在全系统开展反腐败暨党风廉政建设提出5点意见;省纪委副书记王俊忠、省纪委常委郝志远分别作重要讲话;厅党组成员、省纪委驻厅纪检组组长刘传旺作工作报告。全面回顾总结1995年以来反腐败暨党风廉政建设工作情况,安排部署1997年工作任务,并对今后工作提出新要求。

第五节　"一整两反"活动的积极开展

1995年6月5日,根据省委、省政府《关于在全省开展反对铺张浪费的实施意见》精神,为了狠刹用公款吃喝歪风,省交通厅党组结合实际,以晋交发字〔1995〕58号文印发《关于严格禁止用公款吃喝、宴请的规定》。要求厅机关工作人员不准接受项目立项,资金确定,工程项目投标、招标,资质审批,项目验收;审批运输线路,运输计划,新增运力,审批机构;审批物资供应计划,核定财务预算,审定价格费率,资金融通;干部考核、任免、调配,核定工资总额和工效挂钩基数,职称评定,发展党员;查办案件,财务审计,专项检查;审批案件,财务审计,事故调查处理,专项检查;审批出国(境)团组及科技成果鉴定等影响正常执行公务的宴请。不准接受与本厅有业务关系的单位和群众团体以及厅属单位的宴请。外出工作期间,不准接受与本厅有业务关系的非接待单位的宴请;在接待单位用餐,不得提出超出接待标准的要求。参加有关单位和部门必须的应酬性宴请,处级干部需经主管厅长同意;厅级干部由厅办公室登记。任何个人不得私自赴宴。

《规定》要求全体机关工作人员严格执行,违者严肃处理。第一次违反,予以批评教育,责令本人作出检查;第二次违反,在厅机关通报批评,并收缴宴请费用个人平均数额;第三次违反,除交宴请费用个人平均数额外,要给予党纪政纪处分,对情节严重、影响恶劣和屡教不改的,要从严从重处理。

1996年,省交通厅成立清理检查预算外资金领导组及办公室。组长:刘俊谦;副组长:张德仪、孙跃进;成员有:孟科、赵跃、赵新民、夏淦、刘书茂、郭新民、王永茂;办公室主任:张德仪。

1996年,根据省委、省政府关于整顿财经纪律、反对铺张浪费、反对官僚主义的决定和方案,省交通厅成立整顿财经纪律、反对铺张浪费办公室和反对官僚主义办公室。两个办公室按照厅反腐败领导组要求,分别制订方案,积极开展工作。

整顿财经纪律重点解决5个问题。一是乱设账户,搞账外账、造假账隐瞒收入、偷税漏税;二是将预算内资金转移到预算外,损害国家利益;三是侵占、截留国家和单位收入,私设小金库;四是预算外资金脱离财政管理和监督,来源和使用混乱;五是财务支出和国有资产管理不严,损公肥私、化公为私、严重流失和挥霍浪费问题。厅整顿财经纪律办公室对厅属单位首先进行调查,然后进行全面财务检查。据统计,厅属单位应查435户,已查412户,查出有问题单位105户;查出违纪金额37.9万元,其中24.9万元属乱挤乱摊成本现象,清理检查后已作财务调整的金额为12.5万元;查出预算外资金总额22 904.88万元,违规支出金额20万元,检查后应交财政预算金额160.4万元,已交财政13.4万元。

反对铺张浪费重点解决"吃、住、行"三方面的问题。在公款吃喝玩乐方面,严格按照厅党组《关于严格禁止用公款吃喝玩乐的规定》执行,公务接待除特殊情况经领导批准外,一般都要安排在内部招待所接待。厅属单位也基本上按照这种办法进行公务接待。据统计,1996年厅属19个单位的业务招待费比上年下降近30%,厅属事业单位的业务招待费下降幅度也在15%以上。住房问题经过1995年清房,1996年上半年厅纪检组对厅直单位清房中遗留的6名处级干部多占住房、两名处级干部用公款购商品房问题进行处理。乘坐小汽车方面,在1995年清理没收超标小汽车后,1996年财务检查中,又查出8辆超标车,其中已拍卖3辆,5辆作调整使用,还有1辆未经控办审批车待做处理。另外还有挪用专项资金购置的237辆摩托车,其中有60辆未经控办审批,进行了严肃处理。

反对官僚主义,重点围绕克服和纠正脱离实际、脱离群众、不关心群众疾苦、害怕艰苦、追求享受、遇事推诿、不负责任、玩忽职守、失职渎职等问题,除进行思想教育提高干部素质外,从制度上规范领导干部行为,从源头上铲除滋生官僚主义土壤。反对官僚主义办公室会同有关部门,制定出台《关于加强厅管干部选拔任免的工作意见》、《认真贯彻执行<中共山西省委关于从严治"吏"的规定>的意见》、《关于加强培养选拔青年干部的实施意见》,转发省委组织部《关于领导干部向党组织回复制度及党组织和领导干部谈话诫勉制度》(暂行意见)等12项规定,进一步健全干部管理监督机制。

1997年,中共中央、国务院做出《关于党政机关厉行节约、制止奢侈浪费行为的若干规定》后,省纪委驻厅纪检组及时组织厅直单位有关人员召开会议,传达中纪委、省纪委全国、全省电视、电话会议精神,迅速贯彻落实,并结合本厅实际,制定具体办法,提出明确要求。截至1997年底,厅属单位仅压缩会议、控制庆典活动就节约资金157.5万元;停建办公楼、降低装修标准两项节约资金1.73亿元;按规定清理移动电话和住宅电话,严格控制话费限额,电话费支出大幅度下降;严格实行公务接待审批制度,公款吃喝玩乐的歪风明显收敛。

1998年,厅直单位按照统一部署,深入开展反对官僚主义斗争。在全省4月17日的反对官僚主义斗争大会之后,省交通厅党组立即召开会议进行安排部署,厅直各单位先后召开各种类型会议171次,设立举报电话71部,举报箱71个,下发调查问卷1635份。省交通厅制定《反对官僚主义十条措施》。按照"联系实际,深刻揭摆,边整边改,务求实效"原则和省委提出的5条标准,各单位认真自查,不留死角。在揭摆阶段,厅机关及厅直24个单位领导班子全部召开民主生活会,省公路局、省高管局、省征稽局、省运管局、省运总公司等单位采取"五查五看"方法,共揭摆问题36条,提出意见及建议195条,给厅党组和厅机关提出意见及建议62条。针对这些意见和建议,厅党组专门召开会议进行研究,指派专人负责,限期进行解决。

1998年,省交通厅机关及厅属各单位纪检监察部门认真贯彻中央《若干规定》和《廉政准则》,取得明显效果。一是严格住宅电话和移动电话管理。省纪委驻厅纪检组制定《关于规范管理厅机关及有关单位移动电话和住宅电话的意见》,收缴属于清理范围的移动电话121部,除经省"一整两反"办公室、省控办批准的15部外,其余99部拍卖给个人,封存2部,注销2部,退还2部,年节约经费40余万元。对104户公款安装的住宅电话做过户处理。二是限制用公款吃喝玩乐。厅机关和厅属各单位普遍建立定点接待和招待费用支出、审批专项制度。省纪委驻厅纪检组向厅属单位转发省征稽局制定的《关于进一步加强廉政建设,严格财经纪律的规定》,省交通设计院、省交通科研所等许多单位均制定有关客饭管理规定。三是严格控制出国考察和以学习为名的公款旅游活动。省交通厅党组制定《外事管理制度》,严格控制厅机关和厅属单位领导干部及工作人员出国活动,仅厅直单位就节约出国费用79.5万元。

1998年8月28日,省委反对官僚主义斗争检查验收组对省交通厅反对官僚主义斗争进行检查验收。听取厅党组书记、厅长、厅反对官僚主义斗争领导组组长刘俊谦汇报后,给予高度评价,概括为五个特点。即领导重视,认识有高度;发动群众有广度;揭摆问题有深度;整改措施有力度;极大推动交通建设快速发展。一是省交通厅党组把反对官僚主义斗争与全省交通建设紧紧地联系在一起,正确处理两者关系,使两方面工作都取得明显成效;二是在抓共性问题的同时,结合本单位特点,紧紧抓住"反骄破满"这一主要问题,并提到重要议事日程,这个切入点和突破口选得准,抓得好;三是每个阶段不仅从整体上精心部署,而且在每个环节上,都具体、及时予以指导;四是领导带头学习,带头揭摆,带头整改,特别是厅长刘俊谦,几次会议都是亲自动员,为大家做出榜样;五是全省交通建设取得显著成果,达到预期目的。验收组同志们认为:省交通厅反对官僚主义斗争扎实有效,中心工作成绩突出,不论是厅党组从整体上的组织领导,还是厅反对官僚主义办公室的具体协调运作,工作很出色。省交通厅是已验收的9个单位中搞得最好的一家,完全符合省委提出的5条标准,走在省直机关前列。一致同意省交通厅反对官僚主义斗争转入经常化轨道。

第六节　"收支两条线"规定的贯彻实施

1998年5月25日,全国、全省"收支两条线"电话会议以后,省政府将省交通厅确定为重点抓好单位。厅党组非常重视,决定成立"收支两条线"领导组,下设办公室,省纪委驻厅纪检组、厅财务处、厅监察室负责具体工作,对厅属各单位进行全面检查。经核查,省公路局管理的41个收费站点从1993年开始就严格执行"收支两条线"和"专款专用"规定,受到上级主管部门肯定。太旧高管局自1995年成立以来,车辆通行费和路产赔偿费严格按照"收支两条线"规定执行,并且通过加强财务管理,使财会工作规范化。省运管局从1997年起改进公路运管费使用管理办法,全面实行"收支两条线"的预决算管理。省征稽局及其下属的11个分局、144个养路费征稽所(站)、19个通行费收费站,从1987年成立以来,就认真执行"收支两条线"规定,较好地杜绝违纪违规行为。厅直各单位这些好的做法,多次受到交通部、省人大财经委的肯定和表扬。

1999年5月,根据全国"收支两条线"电视电话会议精神,省交通厅召开会议,安排部署全省交通系统贯彻落实工作,并与各有关单位签订落实"收支两条线"工作责任书,明确任务,强化责任。一是全系统开展清理账户、清理"小金库",对厅属38个执收执罚单位的银行账户进行彻底清理,撤销不符合规定账户。经省"收支两条线"整顿领导组验收和财政部门批准,厅属执收执罚单位都取得人民银行核发的开户许可证,并在一家银行设立唯一的预算外资金收支账户,收取的预算外资金按规定及时上缴、入库;二是切实加强对票据的管理。各执收执罚单位均按规定,使用省级财政统一印制(监制)的票据,制定核销制度;三是对所有执收执罚部门和单位的各种行政事业性收费及罚没项目,进行全面彻底清查纠正。

2000年,按照省纪委统一部署,省纪委驻厅纪检组继续抓好"落实收支两条线"规定工作,对厅属所有执收执罚单位全部实行"收支两条线"管理。在巩固上年成果基础上,不断完善各种规章制度,加强规范化管理。按照交通部要求,根据"收支两条线"管理的6条标准,全面进行自查自纠。省交通厅组织力量,对重点单位进行抽查,有力促进"收支两条线"规定的贯彻执行。

第七节　公路"三乱"问题的严格治理

为了认真贯彻交通部、公安部和国务院纠风办联合召开的治理公路"三乱"全国电话会议精神,切实加强全省交通部门治理公路"三乱"工作的组织领导,1995年4月24日,省交通厅党组研究决定成立治理公路"三乱"领导组,并以晋交发字[1995]40号文印发通知。领导组组长:杨继刚;副组长:刘传旺;成员有:孙跃进、郭耀威、王军、夏淦、李小昌、郭新民。办公室主任:郭耀威;副主任:李小昌;成员有:赵金田、王学义、樊庆宏、张立承。

1995年6月13日,省交通厅治理公路"三乱"领导组办公室召开工作会议,传达贯彻交通部治理公路"三乱"工作座谈会精神,认真学习交通部部长黄镇东、副部长洪善祥、国务院纠风办副主任王宝良等领导重要讲话,学习兄弟省、市先进经验。

会议讨论交通部提出的《关于进一步治理公路"三乱",正确执行"贷款修路、收费还贷"政策的若干意见》(征求意见稿),结合本省实际,提出6条贯彻落实意见。即尽快将交通部座谈会精神传达贯彻到全省交通系统各行业,各单位要制定具体实施意见;认真贯彻落实副省长杜五安在全省交通系统治理公路"三乱"座谈会上的重要讲话和省交通厅《实施意见》;落实治理公路"三乱"工作责任制,纳入年度工作考核内容;抓好大运线文明样板路的创建工作,做到以线带面,促进全面工作的开展;加强调查研究,认真研究深层次政策问题;组织检查组在近期内进行一次检查。

《实施意见》中提出的治理和整改措施是:经省政府批准,但设站条件不成熟的公路收费站(点),暂停开设;省政府批准收费,但未办理收费许可证的站(点),立即停止收费;统一收费票据,由省交通厅征费稽查局统一管理收费站(点)业务;建立社会监督机制,通过新闻媒介向社会公布各收费站(点)名称、批准文件、收费标准、收费期限、监督电话等;加强廉政建设,对违法违纪者,发现一个开除一个。截至年底,省交通厅治理公路"三乱"案件18起,撤销合并6个收费站(点),对有关收费项目进行清理;取消公路抛洒污染费、出省车辆超限费等21项不合理收费项目;处理不按规定收费或卖废票等违法违纪人员13名;收缴违纪金额;取得治理公路"三乱"阶段性成果,受到省纠风办表彰。

1996年3月23日,省交通厅党组研究决定调整厅治理公路"三乱"领导组。组长:杨继刚;副组长:史锦文、任景春、刘传旺、秦生发;成员有:孙跃进、王军、李小昌、夏淦、郭新民;办公室主任:秦生发;副主任:李小昌;成员:郝如恒。

1996年,省交通厅继续把治理公路"三乱"工作作为纠正部门行业不正之风、密切党群关系的一项政治任务来抓。

首先,加强对治理公路"三乱"工作的组织领导。3月份调整充实厅治理公路"三乱"领导机构,5月28日召开全省交通系统治理公路"三乱"工作会议,安排部署1996年治理公路"三乱"工作。会议期间,副厅长杨继刚代表领导组分别同11个地(市)交通局、省公路局、省征稽局、省运管局签订目标责任书。责任书中明确提出9个方面的指标和措施,年终用百分制进行量化考核,并且要在选先评优中实行一票否决制。这一做法,受到省纠风办的充分肯定,并在全省推广。

其次,采取多种形式,加强社会监督,巩固治理成果。一是通过公路万里行活动,对全省公路“三乱”情况进行细致调查;二是在全省交通系统开展治理公路“三乱”万人问卷调查,从问卷中可以看出,省道上的“三乱”现象基本上得到遏制。三是建立监测站,聘请监督员。在全省交通系统建立10个监测站,重点监控大运线和108国道上的1000公里路段,确保大运公路建成文明样板路;从13个运输企业中聘请200名司机担任监督员,持省纠风办统一制发的治理公路“三乱”监督检查证开展工作,及时反馈信息。

再次,加强内部管理,规范执法行为,从源头上制止公路“三乱”发生。全省交通系统经省政府批准设立的78个收费站点,全部实行对车主“四公开”的监督制度(即收费单位、收费政策、收费标准、收费用途公开),接受社会监督。太旧高速公路收费站使用微机管理收费。晋中征费处先后建立从处到收费员的9个岗位职责和军事化管理等15项规章制度。忻州地区交通局制定“五抓、五把关”和“一到位”的治理措施(即抓素质,把好“人关”;抓形象,把好“德”关;抓票据,把好“钱”关;抓政策,把好“权”关;抓制度,把好“法”关)。在落实“五抓、五把关”的同时,实行监督检查到位,成立“忻州地区交通执法纠察队”,专门纠察和处理内部管理人员违法行为,监督各项制度落实,有效理顺运输市场管理,促进交通规费征收,使山西省进入全国无公路“三乱”省的行列。

第四,加大“三乱”举报信件的查办、督办力度,使信访举报件件有落实。厅治理公路“三乱”办公室设置举报电话,配备专人接待群众举报,配备交通工具,经费上给予充分保证。凡是信访举报,分管领导都要亲自审阅并作出批示。1996年,厅治理公路三乱办公室收到信访举报13件,电话举报3件,除1件交公安派出所处理外,其余全部结案。并按照要求上报上级有关单位,同时都做了善后工作。1996年处分违纪人员6名,使案件查处率达到100%。1996年5月,省纪委驻厅纪检组、省监察厅驻厅监察室被省纠风办评为纠风工作先进单位。1996年11月28日,交通部、公安部、国务院纠风办公布山西省为第二批国、省道基本无“三乱”省。

1997年,全省交通系统共有144个交通征费稽查所,102个通行费收费站,其中公路部门37个,征稽部门15个,其他部门50个。有征稽、运政、路政3支交通执法队伍。为防止“三乱”回潮和反弹,厅治理公路“三乱”领导组结合实际,及时提出“内启动力,外增压力,纠建并举,纠中有建,建中有纠,在集中治理中着眼于抓好建设,在建设中巩固成果”的工作思路,并采取一系列措施。一是坚持明察暗访,发现问题及时纠正。年初,抓住元旦、春节期间高发期,组织3个检查组分赴全省11个地(市)进行明察暗访。检查部分收费站,走访4个专业运输公司的部分司机。6月,组织人员对一些重点路段,特别是对出省路口的收费站进行突击检查,发现问题后及时纠正。12月初,厅党组书记、厅长刘俊谦带领有关部门工作人员夜查收费站点,对个别通行费收费站关闭部分车道,造成车主不方便的行为给予严厉批评,并要求国、省道上的收费站全部开通所有车道,方便车主。二是加强队伍建设,严格实行岗位培训,持证上岗。全省征费系统各公路通行费收费站和太旧高管局全部实行军事化管理及“两公开一监督”制度。2月上旬,有关部门又对所有收费人员进行以职业责任教育、职业道德教育、职业纪律教育为主要内容的岗位培训,普遍提高收费人员素质。太旧高管局还自觉地把管理寓于服务之中,积极开展为车户服务活动。自成立到1997年底,未发生公路“三乱”事件。三是坚持依靠科技进步,加大科技投入。全省11个征稽分局全部实现微机联网,用先进装备和设备武装征稽队伍,实现征稽手段硬件和软件的同步提高,既确保工作效率和服务水平全面提高,又堵塞许多漏洞。全省通行费收费站,大部分使用监控装置,部分运输企业也实行微机管理。四是推行车管员制度,逐步减少上路查车。各征稽所设立车管员,分片包干负责,深入车户检查规费缴纳情况,并将征费任务落实到人,逐月考核,与个人奖惩挂钩。这种做法,方便车户纳费,减少上路查车,也有效遏制公路"三乱"现象的发生。五是坚持从快、从重处理公路"三乱"案件。一年来,厅治理公路"三乱"办公室受理群众举报和来访的"三乱"案件18起,除3起正在处理之外,其余15起全部结案处理完毕。对4起确系执法人员有法不依,趁机敲诈勒索事件,进行严肃处理。

为贯彻落实1997年11月27日全省制止公路"三乱"电视、电话会议精神,从309国道潞城、黎城发生的公安交警乱罚款事件中吸取教训,引以为戒,大力整顿交通执法队伍,严禁公路"三乱"现象发生,11月29日,省交通厅召开由全省各地(市)交通局局长、厅属各公路分局、交通征稽分局局长和征费基层所、站长共160多人参加的专题工作会议。要求全系统交通执法队伍以这一事件为反面教材,立即行动起来,揭摆问题,还制定出台15条有效措施,被交通部治理公路"三乱"办公室在全国推广。

1999年,根据交通部有关清理整顿收费站(点)文件会议精神,结合全省实际,分步实施。一是与省纠风办、省纪委、省财政厅、省物价局协调,提出清理整顿实施意见和方案,上报省政府;二是对全省所有公路收费站进行详细全面审计,发现并及时整改12个方面问题;三是按照创建并举方针和"谁主管、谁负责"原则,围绕巩固国、省道基本无"三乱"和实现县乡公路无"三乱"目标,继续推行治理公路"三乱"责任制,明察暗访,不断加强公路"三乱"检查工作,查处国家纠风办、交通部、中央电视台明察暗访组提出的许西收费站、杨村收费站、西坡收费站和介休路政人员设卡收费问题,对5名违纪人员进行处理。

2000年,为实现省政府确定的所有公路基本无"三乱"目标,在巩固原有成果基础上,省纪委驻厅纪检组、省监察厅驻厅监察室坚持"纠建并举,常抓不懈,突出重点、综合治理"的方针,使全省治理公路"三乱"工作取得明显成效。一是加强领导,明确责任。专门召开全省交通系统治理公路"三乱"工作会议,并根据工作需要及时调整和充实治理公路"三乱"领导组,修订《山西省交通厅治理公路"三乱"实施意见》,明确谁主管谁负责。二是加强"三乱"易发期的整顿与管理。在"两节"期间,集中开展思想、作风、纪律和组织四项整顿。三是改变传统管理方式,从源头上有效遏制公路"三乱"现象发生。如在全省高速公路全部实行微机自动收费,缩短停车收费时间。四是加大检查力度,查处"三乱"案件。全年厅领导先后带队上路检查共8次,检查公路累计里程5400公里,覆盖全省公路总里程10.2%。一年中,共收到群众举报和来访信件13人次,都进行了调查核实,妥善处理;先后解聘不合格收费人员100多名,处理违纪人员8名。

2001年,省交通厅以申请全省所有公路基本无"三乱"达标为契机,纠建并举,标本兼治,狠刹公路"三乱"不正之风。3月6日,召开全省治理公路"三乱"工作会议,省交通厅与各市(地)交通局签订工作目标责任书,做到分级负责,层层落实。一年来,省交通厅组织有关人员分别于1月、8月、12月明察暗访3次,行程1万多公里。特别是年初,组织由省公路局、省征稽局、省高管局、省运管局为主的4个检查组,对全省219个公路收费站点、38个超限检测点进行一次大规模的检查和整顿;全年培训执法人员3942人,辞退执法队伍中不称职临时工、合同工136人,注销行政执法证230个;"小桥铺"收费站问题发生后,省交通厅专门召开全省公路通行费收费秩序整顿大会,开展思想、纪律、作风3项整顿。12月25日,省交通厅还召开各市地交通局长、厅直有关单位负责人参加的会议,认真传达省委书记田成平对偏关"三乱"问题的批示,制定具体贯彻落实措施,要求坚决刹住公路"三乱"不正之风。全年共查处"三乱"案件154件,处理违纪人员23人,有效巩固治理成果。与此同时,省交通厅还把治理公路“三乱”同文明创建活动紧密结合。在抓查处违纪案件同时,树立文明建设窗口单位,涌现出一批以武宿收费站、胡家窑收费站为代表的全国、全省先进典型和“文明示范窗口单位”。

2002年,全省交通系统继续以争创所有公路基本无“三乱”为目标,坚持“谁主管、谁负责”的原则,把治理公路“三乱”工作作为纠正行业不正之风的一项重要内容,纳入各单位工作责任制考核范围,统一部署、统一检查和统一考核,多管齐下,有力巩固和扩大治理成果。

严部署,明责任。全系统分别于年初和9月份专门召开全省交通系统治理公路“三乱”工作会议,根据不同阶段公路“三乱”出现的新特点,提出任务和要求;继续推行“省交通厅每季检查一次,市地每月检查一次,县(区)每半月检查一次”的工作机制,并由分管厅长与各单位负责人分别签订目标责任书,保证治理措施到位。

重调研,提思路。2002年,省交通厅邀请省政府调研室有关人员组成联合调研组,就如何从源头上治理公路“三乱”,进一步规范公路车辆通行费征收管理课题进行为期一个半月调研。调研组通过走访交通部及河北、江西、陕西等省市交通厅,了解省外情况,明确政策方向,吸取有益做法,写出《关于对全省公路车辆通行费实行统一管理的建议报告》,为省政府领导决策提供有益参考,为出台《山西省人民政府关于治理公路“三乱”的通告》提供有力事实依据。

抓结合,重落实。省交通厅在参与起草制定《通告》过程中,多次召开会议,广泛征求各方面意见,使《通告》的出台既符合广大人民群众利益,又符合全省交通系统实际,初步解决执法过程中标准不统一的问题。为了保证落到实处,8月2日,还及时召开动员大会。省公路局、省征稽局、省运管局也分别在本系统召开贯彻《通告》动员会,统一部署,明确要求,对进一步提高执法水平,规范执法行为,杜绝“三乱”现象发生,树立良好窗口形象,起到积极推动作用。

重源头,抓整顿。2002年,根据国办发〔2002〕31号文件及省政府要求,省交通厅成立山西省清理整顿公路通行费收费站点办公室,下发《关于报送收费公路收支审计情况的紧急通知》和《山西省清理整顿公路通行费收费站点实施方案》,摸清全省185个收费站点的基本情况,并对照有关文件逐一审核,初步澄清有28个站点不符合设收费站的要求,列入首批撤销站(点)的范围。

抓查处,严纪律。2002年共受理公路“三乱”信访案件27起,接到群众举报60件次,全部进行处理。明察暗访中现场处理21件次,直接处分和批评教育责任人15名。

第八节 重点工程项目的执法监察

1996年以来,按照中纪委六次全会重申和建立的加强党风监督的有关规定,全省交通系统认真贯彻执行省委、省政府办公厅《关于开展建设工程项目执法监察的实施意见》和省纪委、省监察厅《关于建设工程项目实施中若干纪律的规定》,分别成立工程项目执法监察领导组,加大执法监察力度,引深反腐败斗争;紧密结合行业特点,深入开展建设工程项目的执法监察工作,突出抓好公路工程建设项目的报建、招标投标、建筑合同和审计决算等环节,基本杜绝建设工程项目承发包中的腐败现象。

1997年,省交通厅结合交通行业特点,继续加大专项效能监察和工程项目执法监察工作力度。省纪委驻厅纪检组、省监察厅驻厅监察室牵头,结合全省运输企业改组、改制新形势,积极开展效能监察工作。运城汽车运输公司成立由监察部门负责,运务、审计等部门参与的劳动合同管理委员会,负责企业经济活动中各种合同的签定和核审,把纪检工作贯穿于经济活动始终。阳泉汽车运输公司纪委参与单位实体部门开发三产的选项、立项和决策工作,并发挥监督职能。临汾、侯马汽车运输公司在重新修订目标责任制时,增加反腐倡廉内容。忻州汽车运输公司结合查案,为企业挽回巨大经济损失。按照省纪委、省监察厅要求,省纪委驻厅纪检组、省监察厅驻厅监察室在全省公路系统积极开展工程项目执法监察工作,成立工程项目执法监察领导组,不断加强对工程项目和施工队伍的领导管理及对工程管理、材料管理、机务管理、财务管理的监督力度。阳泉公路分局全年5项工程,全部实行项目监理和施工合同制,杜绝专项资金挪用、挤占。长治公路分局纪委书记路江峰,亲自担任荫林公路常务副总指挥,直接参与工程监督,取得良好效果。

1998年5月,省交通厅党组重新调整充实工程执法监察领导组,增加执法工作人员,并决定由厅党组成员、省纪委驻厅纪检组组长赵龙担任组长兼办公室主任。按照"上路监督"的工作思路,加大对公路工程建设执法力度,逐步建立公开、公正、公平竞争秩序。各位成员亲临工程现场,到各个标段实地考察,研究评标办法,对招投标全过程进行监督;同时加强保密工作,有效实施监督。在成立公路建设指挥部时,纪检监督人员同步到位,保证工程有效监督,走出一条新形势下工程执法监察工作的新路子。

厅直纪委把参加中纪委、监察部、人事部、司法部联合举办的《行政监察法》知识竞赛,作为对党员干部进行党性党风教育的一项重要内容。从1998年5月20日至7月20日,组织厅直单位837人参加竞赛。参赛人员取得优异成绩,有7名个人获奖,省交通厅获组织奖。

2000年,根据交通部《在交通基础设施建设中加强廉政建设的若干意见》要求,各级纪检监察部门按照分级管理原则,不断加大对交通工程执法监察力度,对所有国债资金项目进行全面执法监察,按省监察厅要求逐项提出整改意见。对新建项目工程的招投标工作,按照"上船监督"要求,不断加大监督力度,参与资格审查、标底编制和开标、评标工作,杜绝暗箱操作,预防腐败现象滋生。

2000年6月,为了确保国债资金合理有效使用,省交通厅组织厅监察室、厅计划处、厅财务处、厅审计处、厅公路处等有关处室人员,对太原南过境高速公路、109国道云冈改线工程、夏汾高速公路、晋焦高速公路、原太高速公路、韩家楼至禹庙公路、长邯高速公路等利用国债资金建设公路项目的管理使用情况进行执法监察,及时纠正违章违纪问题,严肃查处违法违纪案件。

2000年,按照交通部《关于在工程建设项目中推行廉政合同的通知》要求,省交通厅及时召开工程执法监察和推行廉政合同工作会议,进行安排部署,并在祁临高速公路公司进行试点,在签订《工程合同》的同时签订《廉政合同》。祁临高速公路公司结合实际,制定印发《廉政手册》,集中汇集中纪委、省纪委、交通部和省纪委驻厅纪检组关于加强党风廉政建设方面的有关规定,在资格预审、招标和工程建设中严格按照合同范本执行。通过试点,总结经验,规范程序,为2001年在全省推行《廉政合同》工作奠定基础。

2000年12月8日,省交通厅召开交通工程执法监察工作暨推行《廉政合同》工作会议。领导组成员、省公路局及各分局纪委书记、省高管局纪委书记及大运高速公路各项目负责人,各地市交通局纪委书记参加,厅党组成员、省纪委驻厅纪检组组长赵龙出席并讲话。

根据交通部《在交通基础设施建设中加强廉政建设的若干意见(试行)》、《关于在交通基础设施建设中推行廉政合同的通知》精神,结合全省实际情况,省交通厅制定《山西省交通工程建设执法监察办法》和《在交通基础设施建设中推行<廉政合同>的实施办法》,这对于更好地确保在全省交通工程建设中依法行政,依法管理,预防和遏制腐败行为滋生,保障交通工程建设项目管理规范,建设资金安全和有效使用,获得良好经济效益,起到有力保障作用。赵龙在讲话中,要求各项目单位负责人要切实担负起公路建设党风廉政建设第一责任人的责任,放在心上,抓在手上,落实在行动上。各级纪检监察部门要按照交通部要求,认真全面地推行好《廉政合同》制度,在全省公路建设中真正起到应有作用。

2001年，根据《中华人民共和国招标投标法》和《行政监察法》的有关规定，结合大运高速公路及部分重点工程项目，省交通厅党组认真贯彻落实省委、省政府提出的“建好一条路，不倒一个人”的廉政建设总目标，对交通基础设施建设工程实施全过程执法监察。一是组织到位。大运高速公路6大建设公司均设纪检监察机构，配齐专职纪委书记，并聘请24名党风廉政监督员；二是对大运高速公路建设中14个工程项目的资格预审、工程招标进行全过程监督；三是全面推行廉政合同制。所有重点工程单位在与施工部门签订工程合同的同时，必须签订廉政合同，否则不予拨付工程款项。先后有144家施工单位与建设公司签订《廉政合同》，做到两个合同一起签，两个建设一起抓，形成互相监督、互相制约、互相促进的工作机制。7月27日，在大运高速公路建设再次掀起高潮的关键时候，省交通厅党组专门召开全省公路工程建设廉政工作会议，总结和推广祁临高速公路公司及各有关单位廉政建设工作的成功经验，有效推动重点工程建设中党风廉政建设和反腐败斗争。截至2001年底，尚未发现有大的违规违纪问题，有力地推动大运高速公路建设的顺利进行。

第九节　违规违纪案件的严肃查处

1993年以来，省交通厅在加强对党员干部教育管理的同时，清理纠正一批自查自纠中发现的问题。公路系统停收公路抛洒费、污染费；征费系统停收工本费、铅封费等，撤销和停止53个收费站（点），清退一批公物，不少同志还认真清退礼品和下基层单位就餐费。配合省纪委、省直纪工委、省纪委驻厅纪检组严肃查处省地铁局原党组书记、局长高志林，省公路局工程一公司原经理王润栓等错误严重、影响较大的违纪者。同时，核实处理了一批违纪问题。

1994年，针对交通行业治理整顿存在的一些问题，着重抓了纠正行业不正之风工作。撤销收费站7个，暂停收费站12个，停止收取抛洒费、出省车辆超限费等收费项目，向社会公布经有关部门批准的收费站（点）；先后处理不按规定收费、卖废票等违纪人员65人（次），收缴违纪金额1.085万元，罚款0.5万元，调离收费岗位66人，没收不按规定着装上路人员的服装28套；清理拖欠公款、公物现象，清退拖欠公款40多万元，公物750件，折款25.2万元；清理公费出国旅游人员的几项费用计0.8万元，全部上缴财政。

1996年，及时召开案件分析排查会议，认真筛选案件，确定立查对象，多方面抽调组织人员查处一批案件。省纪委驻厅纪检组共收到群众举报信93件，上级纪检机关及有关部门转办32件。其中属省公路系统40件、省征稽系统40件、省运输系统25件、厅直单位6件、其他14件。在处理这些信件过程中，省纪委驻厅纪检组按照省纪委信访处理规定，专人负责登记，分送领导批阅。在125件信访信件中，除36件重复信件外，已经转办62件，自办26件。转办信件中要结果的18件，其中16件已在规定时限内上报结果。

1996年，全省交通系统共处分违纪党员37人。其中，涉及县处级干部9人，开除党籍7人，开除公职4人，给予党内严重警告处分9人，党内警告15人，行政降级3人，移交检察机关逮捕审理5人。这些案件的查处，有力惩处违纪者，为国家挽回各种经济损失约270万元。由于省纪委驻厅纪检组重视群众来信来访，积极主动拓宽案源，建立领导包查疑难案件目标责任制，对一些重大案件进行重点突破，主动发挥组织协调优势，加强办案力量，先后查实16起大要案件。1996年5月，在全省信访案件工作会议上，受到省纪委表彰；并在同年12月省纪委召开的纪检监察工作经验交流会上，介绍了《坚持查处大要案件，不断引深反腐败斗争》的经验。

1997年，学习借鉴江苏省纪委查处案件的经验和做法，省纪委驻厅纪检组认真受理群众举报，定期召开案件分析排查会议，力求做到情况明，底数清。在筛选案件线索时，始终把涉及党员领导的案件以及顶风违纪、违纪金额大、影响恶劣的案件作为重点,确定立查对象,多方面抽调组织人员,集中力量抓查处。一年中,共收到群众来信来访873件(次),上级纪检监察机关转来24件,其中重复举报14件。信件中涉及公路系统32件(次),运输系统28件(次),征稽系统20件(次),厅直单位3件(次)。来信中,反映县处级以上干部12件13人,反映科级干部29件34人,反映其他问题42件36人。省公路局纪委受理群众来信75件,省征稽局纪委受理群众来信29件,省汽车运输总公司纪委受理群众来信59件。根据群众举报,查处违纪案件16件,给予党纪、政纪处分9人,其中处级干部5人。

1998年,省纪委驻厅纪检组和厅直属各单位纪检监察部门把查处违纪案件作为反腐败的有效手段,进一步加大查处力度。省纪委驻厅纪检组、省监察厅驻厅监察室共收到来信来访126件(次)。其中,省纪委交办10件,来人来访25人次,来信85件,国外电传举报1件。反映处级干部信件占到来访一半。转由下属各纪检监察部门查办的31件,省纪委驻厅纪检组自办6件。并重点查处1998年前遗留下来的案件和省纪委交办的案件,这些案件全部查处结案,并对违纪人员进行严肃处理,重点处理6名副处级以上领导干部。

1999年,省交通厅党组高度重视挪用原太路建设资金修建培训中心被国家计委通报和省交通征稽局借《交通征稽报》开会之名,公款旅游被查处问题的严重性。根据省领导要求,多次召开会议进行研究,积极汇报情况,责成专人负责,主动配合上级纪检监察部门进行调查,厅党组及有关领导主动检查,主动请求处分。9名干部受到党纪政纪处分。其中厅级干部4名,处级干部4名,科级干部1名。厅党组还抓住这两起典型案件,举一反三,引深全系统党风廉政建设和反腐败工作的开展。省纪委驻厅纪检组、省监察厅驻厅监察室全年共收到来信来访148件,其中省纪委交办39件,反映处级干部42件,所有案件全部进行自办和转办。重点查处5起县处级干部的案件。纪检部门采取联合查、交叉查、重点查等形式,突破区域和单位保护主义,使查案工作顺利进行,有力惩治腐败,维护党纪政纪严肃性,保证交通改革和发展的顺利进行。

2000年,厅属各级纪检监察部门克服各种困难,加强案件排查。对举报的各类案件,按照干部管理权限分级核查,使一些久拖不决的案件在短期内得到核实,有力惩处违纪违规行为,教育党员干部。全年厅和厅直单位纪检监察部门共收到群众来信来访261件(其中举报县处级干部信件86件),转办186件,自办75件,落实查办省纪委、省监察厅交办的39件,处理率达100%。此外,省纪委驻厅纪检组、省监察厅驻厅监察室还重点查证核实一些反映处级干部案件,对16名处级干部问题进行初查落实,对7名处级干部进行批评教育和诫勉谈话。

2001年,全省交通系统各级纪检监察部门认真受理和分析群众信访举报,排除各种干扰,认真做好案件排查工作。为了防止“袒护”被举报人和人情案,厅里成立案件协调组,对副处级以上的被举报人采用交叉查案办法,由省交通厅统一组织,交叉核查。一年来,共收到各种举报信件238件次,涉及处级以上干部36件次,按照干部管理权限,逐级办理,信访处理率达100%,初核28件,立案查处12件,对省纪委要结果的5个案件作了调查结案,按时上报。受到党纪政纪处分干部18人,包括处级干部4人。对8名处级干部的问题进行初步调查,澄清事实。原省交通征稽局第一副局长兼省车购办主任兰润亭,在负责省征稽局基建工程期间,收受施工单位礼金6.5万元,根据省直纪工委意见,经厅党组研究同意,给予开除党籍和行政撤职处分。在受理群众来信来访中,省纪委驻厅纪检组十分注重发现和解决带有苗头性、倾向性的问题,对群众比较关注、反映比较强烈的问题及时核实了解,化解矛盾。如省运总公司8名老干部署名反映公司领导有关问题后,及时派人了解,澄清事实,避免一些集体上访现象的发生。此外,省纪委驻厅纪检组、省监察厅驻厅监察室还积极从群众举报信中分析,发现一些虽构不成违纪但有不廉洁行为的干部,及时与本人进行诫勉谈话,提出廉洁自律要求,收到显著效果。

2002年,省交通厅党组把查处违法违纪案件作为取信于民的实际行动,全力支持纪检监察部门查办案件。全系统共受理群众信访举报案件184件,接待群众来访80余人次,其中厅纪检组直接阅处37件,涉及县处级干部18人。落实查办省纪委、监察厅交办的2件,落实省政府督察办交办的1件,处理率达100%。省纪委驻厅纪检组、省监察厅驻厅监察室重点对群众反映11名处级干部的问题进行初核,澄清事实,对3名处级干部违纪问题作出处理,对5名处级干部进诫勉谈话。全系统把查处处级以上领导干部违纪案件作为纪检监察工作重点,坚持系统交叉办案的方法,有力推动案件查处工作。各级纪检监察部门在抓好信访主渠道、依靠群众反腐败的同时,主动出击,明察暗访,查处违纪案件;将查处与整改相结合,惩前毖后,治病救人,收到了查处一个,教育一片,规范一块的效果。

第十一章　行业文明

1993年以来，全省交通运输系统各级、各部门党组织以马列主义、毛泽东思想和邓小平建设有中国特色社会主义理论为指导，坚持党的基本路线和基本方针，全面贯彻党的十四届六中全会精神，高举山西省委提出的改革开放和艰苦奋斗两面旗帜，以培育有理想、有道德、有文化、有纪律的职工队伍，提高交通行业文明程度为根本目标；以加强职工思想道德文化建设和以科学的理论武装人，正确的舆论引导人，高尚的精神塑造人为主要任务；以全面实施精神文明建设典型塑造工程、文明创建工程、"窗口"形象工程、舆论引导工程和科技进步工程"五大工程"为主要内容，深入开展"内学太旧精神，外学包起帆、'华铜海'轮、青岛港，创建文明行业"的"两学一创"活动重点，有力促进全系统社会主义精神文明建设再上新台阶，为实现全省交通事业跨世纪赶超发展战略目标作出新贡献。

第一节　精神文明建设机构的调整

1999年2月4日，省交通厅党组研究决定，调整厅精神文明建设委员会组成人员。主任刘俊谦；第一副主任杨继刚；常务副主任赵龙；副主任：任景春、高贵生、杨金泉；委员有杨俊威、原建中、孙跃进、郜学文、赵新民、孟考祥、张德仪、孟科、郭鹏飞、李绍华、张晋鹏、李秀保、罗清宇、王永茂、张明旺。办公室主任杨俊威；常务副主任原建中；副主任张明旺。

1999年3月30日，省交通厅成立厅直单位精神文明建设委员会。名誉主任赵龙；主任杨俊威，副主任原建中。委员有杨吉平、赵新民、王志民、蔺建煌、李绍华、张晋鹏、李秀保、罗清宇、王永茂、王庆绵、姚翠花、张明旺、牛世骏。办公室主任赵胜利。

2000年9月30日，省交通厅党组调整厅精神文明建设委员会组成人员。主任王晓林，第一副主任宋元林，常务副主任赵龙，副主任杨金泉、张润、胡玉珍；委员有杨俊威、原建中、孙跃进、郜学文、赵新民、曹居月、张德仪、王志民、戴飞、杨吉平、王京荣、窦林彬、郭鹏飞、李绍华、张晋鹏、李秀保、罗清宇、王永茂、张明旺。办公室主任杨俊威。

第二节　"文明路"的创建活动

1991年7月，省委、省政府和省军区联合做出关于军民共建大运文明路的决定，拉开全省文明路建设序幕。省交通厅制定《山西省军民共建大运文明路总体规划》，按照"统一规划，分级负责，条块结合，军民共建"原则，明确大运文明路建设标准、任务和各级各部门职责，并在祁县召开大运文明路建设现场会。会上，由省交通厅与各单位、各部门领导签订责任书。省公路局在养路费紧缺情况下，挤出4200万元列为大运公路GBM工程建设费。本着突出"畅、洁、绿、美"的原则，制定"大运公路GBM工程规划"、"大运公路GBM工程标准及有关规定"等办法和方案。1992年在原平召开大运公路GBM工程现场会。到1993年底，大运文明路初步建成。公路的通过能力和抗灾能力大大提高，路容路貌有了根本性转变。1994年，交通部验收合格，达标率94.6%。

在大运文明路建设带动下，特别是1994年10月、1995年7月先后两次召开全省公路文明建设现场会促进下，全省其他路线上的文明路建设迅速开展。截至1995年底，全省包括大运线在内的15条国省干线上建成文明路1340公里。

1997年，全省新建文明路采取与新改建工程和大中修工程结合，高起点、高标准一次性配套完成，避免重复建设。全年新建文明路722公里，比1996年增长60.5%。

2001年，全省干线公路文明路建设继续朝着标准高、管理严、服务好的方向发展。至年底，全省新建文明路102公里，文明路建设里程累计达3185公里，占干线公路养护里程27%，超过全国平均水平。

2002年，文明路创建水平明显提高。厅党组把抓好以“千里大运文明路”为龙头的文明路建设列为重中之重。首先理顺创建工作组织领导体制和工作机制，明确文明路创建工作由省交通厅规范管理，厅文明办牵头组织协调，省交通厅组织评比和表彰命名。2002年底，厅文明办组织有关部门以“畅、平、绿、美、净，管理规范，配套服务设施及功能齐全”为主要标准，对全系统各类已命名及新申报的162条段共4308公里文明路进行了一次全面检查考核。其中，有116条段共计3523公里基本符合省交通厅规定的文明路标准。

第三节 “青年文明号”的创建活动

“青年文明号”是以青年为主体，在服务、生产、经营、管理第一线创造出高度职业文明和一流业绩的优秀青年集体。“青年文明号”活动作为共青团组织实施跨世纪青年文明工程的重要组成部分，旨在动员和组织广大青年爱岗敬业，优质服务，推动经济和社会协调发展。1994年12月31日，省交通厅在武宿立交枢纽晋城公路分局工地举行“公路系统青年文明号”命名授匾仪式。省委书记胡富国、副书记梁国英、副省长纪馨芳、团省委书记梁滨、副书记张九萍、省交通厅厅长杜五安、省公路局党委书记兼局长宋元林、副书记李绍华参加命名仪式。有20个单位被团省委、省劳动厅、省公路局命名为“青年文明号”。

1995年，各级共青团组织引导广大团员和青年积极投身交通建设，特别是在太旧路等重点公路建设工地上成立青年突击队，开展“青年文明号”活动，充分发挥党的助手作用和经济建设突击队及生力军作用。

1996年7月30日，省交通厅和共青团山西省委决定，在全省交通系统广大青年中大力开展争当“青年岗位能手”和创建“青年文明号”活动。并成立领导小组，具体负责争创活动的组织、推荐、指导、检查、考核、命名和表彰工作。厅党组书记、厅长刘俊谦任组长，团省委书记高建民任副组长。

1998年，厅直团委对交通系统1997年度94个省级以上青年文明号进行复查，经验收考核，全部予以重新认定。同时，认真组织1998年申报工作，年底又有9个单位被团省委命名为省级青年文明号。在创建活动中，重点抓好“太旧青年文明号一条路”的创建工作，对太旧路路政、养护、收费站、服务区等14个单位进行考核，均达到验收标准。同年，厅直团委在原太高速公路建设工地，组织近百支青年突击队，以“两创、两保、一争”为竞赛内容，开展青年突击队竞赛活动。在原太路竣工之际，团省委、省重点办、省交通厅联合授予20支青年突击队为“山西省重点建设优秀青年突击队”光荣称号，团省委授予50名同志“山西省新长征突击手”荣誉称号。

1999年，全系统新增省级青年文明号集体8个，地、市级青年文明号集体30个。太旧路被团省委命名为省级青年文明号一条路。

2000年，全系统新增省级青年文明号集体15个。对全系统104个省级青年文明号集体进行复查工作，重新认定102个。

第四节 “文明示范窗口”的创建活动

1997年,根据全国交通系统示范“窗口”工作会议精神,结合全省交通系统实际,省交通厅党组印发《关于在全省交通系统推行文明示范“窗口”的实施意见》。交通部南京会议后,初步确定5个示范“窗口”:太旧高速公路武宿收费站、旧关收费站、太原许西收费站、大同征稽分局驻公安交管所、太原客运总站。1997年5月增加到18个,包括省公路局中的公路收费站、路政管理部门,省运输部门的汽车站、汽车队,省征稽部门的征稽所,运输管理部门的运管所、站等。为加强管理,省交通厅制定标准,加强指导,分别制定各类示范“窗口”标准。如:全省公路路政管理文明示范“窗口”服务标准、全省公路收费站文明服务示范“窗口”标准、全省交通征费稽查所文明示范“窗口”标准、省运文明客运汽车站标准、省运文明客运汽车队标准、全省道路运输行业管理文明示范“窗口”服务标准、全省道路客运文明示范“窗口”服务标准、全省汽车维修行业管理文明示范“窗口”服务标准八大类。

2002年,在各部门推荐、厅文明办检查考核、《山西交通报》社会公示、广泛征求意见基础上,命名全行业首批50个“文明示范窗口”。其中,公路系统13个,运管运输系统13个,征稽系统13个,高管系统11个。为搞好这项活动,省交通厅拨出100万元专项经费,全部用于“文明示范窗口”的创建活动。全系统用于文明示范窗口活动的经费超过2000万元。

第五节 “文明单位”的创建活动

1995年,厅直单位精神文明建设以创建文明单位、培养“四有”新人为突破口,坚持重在建设,贵在创新,取得新的进展。厅机关第九次被评为太原市文明单位,并重获连续三年以上文明单位荣誉;太原征费处和客运总站跨入省级文明单位行列;省交通设计院保持“市级文明单位标兵”称号;省公路局机关也跨入市级文明单位行列。

1996年,厅机关第十次被评为太原市文明单位,被太原市委、市政府评为十佳文明机关,太原征稽分局和客运总站保持“省级文明单位”称号,省交通监理总公司、省交通学校获得市级文明单位称号;厅机关和省公路局申报市级文明单位标兵,省征稽局、省高管局、省运管局、省公路局工程一公司申报市级文明单位。与此同时,全省交通系统树立一批两个文明建设的先进典型。在太旧路建设中,先后有93个集体、703名个人立功受奖,20个集体、40名个人被省劳动竞赛委员会授予“省重点工程建设功臣单位”和“省重点工程建设功臣”称号,省交通厅党组书记刘俊谦同志被树立为全省精神文明建设标兵,4名同志被省精神文明指导委员会树立为“刘俊谦式的模范干部”,2名同志被树立为“赵雪芳式的模范知识分子”,5名同志被树为“李双良式的模范工人”,两个企业被树为精神文明先进企业。1996年12月,交通部在南京召开全国交通系统创建文明行业大会,推广太旧高速公路建设“修筑一条公路,带好一支队伍,创育一种精神”的成功经验,并播放反映太旧精神的政论片《热土壮歌》,产生轰动效应。

1997年,省交通厅先后出台厅党组贯彻十四届六中全会决议的《实施意见》、《精神文明建设“九五”规划》、《开展创建文明单位活动的实施办法》、《关于在全系统开展“两学一创”活动的决定》等一系列重要文件,加强对全系统精神文明建设的领导,广泛深入地开展“内学太旧精神,外学青岛港、华铜海轮、包起帆,创建文明行业”的“两学一创”活动,在全系统实施典型塑造、文明创建、“窗口”形象、舆论引导和科技进步“五大工程”,收到显著成效。7月27日,厅党组召开全系统精神文明建设先进典型暨示范“窗口”命名表彰大会,表彰一批先进集体和个人,从而使全系统学有榜样,赶有目标,营造良好精神文明建设氛围。10月，成功筹备全国公路系统创建文明行业大会。编印《三晋交通精神文明建设荟萃》一书，摄制《山西交通精神文明建设巡礼》电视片。省交通厅搞好精神文明建设的做法和取得的成绩，得到交通部领导和与会代表高度评价。交通部专门做出决定，在全国交通系统推广学习太旧精神。1997年，全系统共有15个省级文明单位，公路部门97%的分局、95%的公路养护段进入文明单位行列，交通征稽部门的文明单位达到85%。厅直单位文明单位数接近50%。

1998年，按照“讲文明、树新风”活动要求，全省交通系统继续开展“两学一创”活动，厅机关、省公路局机关等5个单位进入省级文明单位，交通征稽部门的文明单位达到100%，厅直系统文明单位数达到60%。省交通技工学校被命名为地级文明单位。

1999年，根据工作需要，厅党组重新调整省交通厅和厅直单位精神文明建设领导机构，成立省交通厅和厅直单位精神文明建设办公室。根据厅党组要求，厅直系统各级党组织结合各自情况，调整充实本单位精神文明建设机构，制定本部门、本行业创建文明行业的总体目标。厅文明办先后出台《精神文明建设委员会工作制度》、《全省交通系统创建文明行业实施办法》、《全省交通系统创建文明行业考核条件和评分标准》，全系统创建文明行业走上规范化、制度化轨道。省公路局机关等4个单位被评为省级文明单位。

2000年，全省交通运输系统深入开展以创建文明行业为重点的“两学一创”群众精神文明创建活动。各单位、各部门加大力度，建立健全领导体制，落实监督检查机制，把“讲文明树新风”融入各种形式的精神文明创建活动中。特别是“窗口”单位坚持服务宗旨，改善服务态度，服务水平得到进一步提高。在创建文明行业中，注重培养树立先进典型，以点带面，有效推进整体工作。2000年，在公路、运输、征稽、地市交通局系统开展文明行业评选活动，经过层层选拔，推荐公路系统出席全国交通系统文明评选。各单位也进一步加大创建文明单位工作力度，11个单位获准重新申报省直文明单位标兵、省直文明单位，5个单位正式申报省直文明单位标兵、省直文明单位。

“九五“以来，全系统以提高交通职工素质和文明程度为目标，以深入开展“两学一创”活动为重点，大力实施“五大工程”，开展一系列具有行业特点的群众性精神文明创建活动，规模大，范围广，内容丰富，效果好。“九五”期间，省委、省政府作出“关于在全省开展学习太旧精神活动的决定”和“关于向省交通厅学习的决定”，省交通厅被交通部和省委、省政府树为两个文明建设先进典型；在厅属处级单位中，先后有1个单位进入国家级文明单位行列，19个单位进入省级文明单位行列，29个单位进入地市级文明单位行列；全系统有10个“窗口”单位被省文明委命名为“文明示范点”，有5个企业被命名为“精神文明先进企业”；有4名同志被省委命名为“模范领导干部”，有5名同志被命名为“模范知识分子”，有10名同志被命名为“模范工人”，全系统有58个集体荣获省部级先进集体称号，有179人被评为省部级劳动模范，有267人受到省劳动竞赛委员会记功表彰。同时，还有一些站所、车队、班组荣获国家级或省级青年文明号，一批工作在交通生产、科研教育和管理工作岗位上的先进青年代表，获得国家级青年岗位能手、省跨世纪杰出青年、杰出青年企业家等荣誉称号。全省交通改革和建设事业为社会所瞩目，受到各级政府肯定和广大人民群众赞誉。

2001年，文明行业创建工作力度不断加大，文明程度显著提高。厅党组于4月和11月，分别召开全系统精神文明建设工作会议和传达贯彻交通部创建文明行业会议精神大会，印发精神文明建设“十五”规划，对深入开展“两学四建一创”活动作出安排部署；以党组会议纪要形式，作出进一步加强全行业精神文明建设工作的四条决定，在厅直党委增挂厅文明办牌子；每年保证不少于100万元的精神文明建设专项经费；加大创建文明行业工作在年度目标责任制中所占分值；把创建工作和中心工作进一步紧密结合起来。

这些措施,为文明行业创建工作的深入开展提供有力保障。厅文明办进一步明确当前和今后一段时间文明行业创建活动6个重点。即培育大运文化,建设千里大运文明路,职工队伍特别是行政执法队伍素质建设,文明窗口建设,国道主干线文明路建设,文明运输企业建设。围绕工作重点,对文明示范窗口建设、“人便于行、货畅其流,满意在交通”文明服务月活动、深入学习贯彻《公民道德建设实施纲要》、开展“人人都是软环境,公仆先是好公民”活动等,作出具体安排部署,推动文明行业创建活动的有序开展。厅直各级党组织认真落实厅党组和厅文明办部署,广泛开展形式多样的创建活动,取得明显成效。省公路系统跨入全国交通系统文明行业行列,武宿收费站被命名为全国交通系统文明示范窗口单位,一大批先进集体和个人受到省、厅的表彰。16个单位重新获准申报省直文明单位标兵、省直文明单位,5个单位正式申报省直文明单位标兵、省直文明单位。

2002年,全省交通运输系统坚持“重在创建,贵在坚持,创建与升级并重”的指导思想,各级领导高度重视,有关部门齐抓共管,广大职工积极参与,文明单位创建实现新突破。全省命名的“省级文明单位”中,交通行业有40个,为各行业、各地市之首。中央文明委命名的山西省17个“国家级文明单位”中,交通行业有3个,全系统共有“国家级文明单位”5个,占全省总数1/7;“省级文明单位”40个,占全省总数近1/11,同时还涌现出一大批新的“市地级文明单位”、“县级文明单位”。公路征费两个系统几乎所有独立核算单位全部进入“文明单位”行列。厅直单位中,有17个单位进入“文明单位”行列。其中,省交通设计院年初被中央文明委命名为“全国精神文明建设示范单位”。省公路局首批进入“全国交通系统文明行业”。省高管局也正式申报“全国交通系统文明行业”。同时,创建“国家级青年文明号”6个,“省级青年文明号”144个和一大批“市地级青年文明号”。

第六节　关心下一代工作的积极开展

山西省交通运输厅关心下一代工作委员会(以下简称厅关工委)自1996年12月初成立以来,在厅党组正确领导下,以邓小平理论和“三个代表”重要思想为指导,以科学发展观为统领,以“急党政所急,想青少年所需,尽关工委所能”为工作方针,把竭诚为厅属系统广大青少年健康成长服务,作为全部工作的出发点和归宿,坚持围绕中心,服务大局,发挥优势,主动作为,积极创新机制、创新方法、创新发展,不仅很快打开工作局面,而且不断取得新成绩,努力实现新跨越。2004年6月,省直工委召开“山西省省直机关关心下一代工作经验交流现场会”,总结推广厅关工委的基本经验和做法。2008年7月,厅关工委被省关工委、省文明办、省委老干部局联合命名为“山西省关心下一代工作十佳先进集体”。2010年6月,厅关工委被中国关工委、中央文明办授予“全国关心下一代工作先进集体”称号。

1996年11月4日,经厅党组会议研究决定,并于12月3日以晋交发字〔1996〕81号行文,厅关工委由下列人员组成。顾问廉平;主任任先泉;副主任郅杰、刘乾、赵俊文;秘书长杨俊威;副秘书长窦林彬;委员有部学文、孙跃进、郭鹏飞。

为了进一步加强厅直单位关心下一代工作,根据省关工委有关要求,结合省交通厅工作实际,厅党组于2002年7月1日以晋交发字〔2002〕66号行文,对厅关工委组成人员进行调整。顾问廉平;主任任先泉;副主任郅杰、刘乾、赵俊文、王文祥、杨继刚、鄂俊泰、任景春;秘书长杨俊威;副秘书长窦林彬、闫爱华;委员有部学文、孙跃进、郭鹏飞、王志民、张德仪、雷达、魏润福、杨中杰、霍庆玲、安正义、郭耀威。

1996年以来,厅关工委主要围绕“建规章,打基础,起好步,走对路”的基本思路,做了一些探索性、开拓性工作,并取得一定成果。

提出实施意见。1997年3月4日,厅关工委提出《关于做好厅直单位青少年教育工作的意见》，并由厅党组于6月23日批转执行，使开展关心下一代工作有了可靠依据，明确努力方向。

组建工作队伍。基本完成厅直各单位及所属县处级单位关工委的建立完善工作，初步形成一支以“五老”（老干部、老战士、老专家、老教师、老模范）为主体，有关党政部门、群众团体负责同志参加的工作队伍，为搞好关心下一代打下良好基础。

撰写调查报告。采用无计名调查问卷、召开座谈会和个别访谈等形式，在部分厅属单位3700余名青少年中进行思想摸底调查，形成《关于当前青少年思想状况的调查报告》，并印发厅直各单位关工委参阅，使其更好地有针对性地开展青少年思想道德教育工作。

积极开展活动。在青少年中普遍组织开展“三观”（世界观、人生观、价值观）、“三德”（社会公德、职业道德、家庭美德）、“三爱”（爱党、爱国、爱人民）和社会主义、爱国主义、集体主义教育。此外，还结合重大事件和重要纪念日，组织开展“庆七一，迎（香港）回归”、学习邓小平理论和“中华魂”（伟大的旗帜）主题教育活动、纪念建国50周年、庆祝建党80周年以及学习“三个代表”重要思想等活动，使广大青少年在活动中接受教育，升华思想，争做“四有”新人。期间，还于1998年11月在吕梁公路分局召开现场会，推广该分局加强关工委建设和开展青少年教育工作的经验。由于活动扎实，富有成果，厅关工委于1999年9月首次获得山西省“中华魂”主题教育活动“优秀团体奖”，并于2002年4月荣获“山西省关心下一代工作先进单位”称号。

制定规章制度。在厅关工委成立之初，各位领导十分注重研究制定各项工作制度和有关工作计划，理顺日常工作经费开支渠道，并着手创办《关心下一代工作简讯》，用以指导日常工作开展。后期还根据工作需要，特别成立“三失”青少年帮教组，较好地适应青少年教育需要。

第七节 锡崖沟精神的总结与弘扬

锡崖沟村是陵川县东南边境的一个小山村，传说仙人曾在此冶锡炼丹而得名。该村与河南省辉县接壤，隶属陵川县古郊乡，距陵川县城60千米，离古郊乡政府所在地25千米。据县志载：“东有马东岭之屏障，西有白桦山之阻隔，北有王莽岭之险峰，南有青峰围之对峙——四山夹隙之地称锡崖沟。因地形险恶，无行路之便，沟人多自给自足，自生自灭。偶有壮侠之士舍命出进。”村人自古与外界交通几乎隔绝，出入的道路只有通向河南省辉县市上八里乡的“蚂蚁梯”和“搭沟梯”，连煤油、食盐等必需的日常生活用品都难以运入，村内土特产品输出更无从谈起。新中国成立后，锡崖沟村人在当地党委和政府领导下，开始把盼路的愿望变成开山筑路的实际行动。

一、挂壁公路的诞生

1962年秋，当时的陵川县委书记骑马到锡崖沟，行到村北陡峭的王莽岭上，到处找不到一条下山的路，他所骑的马被眼前的险境吓得浑身发抖，数日后死去。回到县城后，他亲自拨给锡崖沟村筑路资金3000元。于是，锡崖沟村党支部书记董怀跃立即召集党支部会议，作出修路的决定，由党支部副书记杨文亮负责组织筑路工程队，历时6个月，在悬崖峭壁上凿出一条通往陵川县城的“之”字形羊肠小道，可供人担畜驮勉强通行。锡崖沟人时称之为“驴道”。

1972年，锡崖沟村人再次整修道路，因资金缺乏，中途停止。1976年，锡崖沟村人又上山修路，历时2年，耗资4万元，仅修了1千多米“路”，因工程艰险，不得已中断，工程停止后常有野狼出入，人们便戏称为“狼道”。

1979年，锡崖沟人重整旗鼓，计划开凿1800米长的隧道，穿透王莽岭。但洞内缺氧，结果只打了30米，被迫停工。后来，已开凿的隧道成了羊圈，又被人们称为“羊窑”。

锡崖沟人几经挫折，不断总结经验教训。1982年冬，村党支部第二任书记赵全妞，率领村里群众，以先易后难、从外向内的方式修筑道路。至1984年3月底,修通了东庙华至隧道口2.5千米公路。之后,继任村党支部书记林小保,带领群众继续修筑,历时2年,至1985年底开凿隧道132米。

1986年1月,第四任村党支部书记宋志龙,经过反复勘察,制定修路方案,以从上向下,从下向上,中间向两头开凿的方式,开辟五个工作面同时作业,历经5年艰辛,终于于1991年打通1245米长的瓢皮山洞,并修建石桥2座,修筑洞口引道2公里,使锡崖沟村有了通向外界的道路。

从1962年至1991年30个年头,四任村党支部书记始终坚持修路,长达7.5千米的锡崖沟村公路终于贯通。仅1982年至1991年10年间,锡崖沟村人义务投工10.7万个,动用土石方22.5万立方米,耗资55.9万元。第一任党支部书记董怀跃、村民宋双宝壮烈牺牲在筑路工地,另有1人终生致残,5人身负重伤。为了修路,锡崖沟人变卖了集体财产,花光了私人积蓄。1991年6月28日,陵川县委、县政府为锡崖沟公路举行隆重的通车剪彩仪式。

1991年秋冬,锡崖沟人再接再厉,筹资10万元,修通了至河南省界张沟村的3千米出口公路。因两边绝壁陡直无坡,头上壁立千仞,脚下百丈深渊,开不成环绕而上的盘山公路,只得依山就势,顺崖凿洞,天窗排渣,螺旋上升,这一创举使公路穿行在绝壁腰间,远远望去,若隐若现,如挂壁上,便有了挂壁公路这形象的名字。

二、鲜血凝成的不朽丰碑

锡崖沟村自力更生、艰苦奋斗修筑道路的壮举,成为晋城市、山西省乃至全国的先进典型。1994年6月22日,《人民日报》发表了以"一座几代人用血脉筋骨铸成的不朽丰碑——"为眉题,以一个硕大的头号黑体"路"字为正题,以"山西省陵川县锡崖沟村艰苦奋斗三十年"为副题的长篇通讯,全面报道锡崖沟村人修筑道路的模范事迹,并配发评论,指出:"锡崖沟人几十年艰苦奋斗的历史,就是中国人民在中国共产党的领导下,奋发图强,排除万难,建设自己伟大祖国的缩影"。中共山西省委书记胡富国视察后,欣然题词"锡崖沟精神万岁"。《山西日报》将锡崖沟精神概括为:"百折不挠、水滴石穿的坚韧精神;不畏艰难、愚公移山的无畏精神;自力更生、艰苦奋斗的创业精神;牺牲自我、造福后代的奉献精神"。据陵川县编辑出版的《锡崖沟》一书载,省级以上报刊专门报道锡崖沟筑路先进事迹的文章达16篇,约13万余字。省委办公厅、省政府办公厅发出"关于发扬锡崖沟精神,进一步掀起全民义务修路热潮的通知",晋城市委、陵川县委分别作出向锡崖沟党支部学习的决定,共青团山西省委、省交通厅分别作出向锡崖沟学习的决定。与此同时,人民日报摄影中心、晋城市委、市政府、陵川县委、陵川县政府以"路"为题,制作了分镜头电视剧,一些文艺工作者、作家与电视台、剧团以锡崖沟人筑路先进事迹为原型,分别创作编导了《沟里人》、《山里人》、《走出大山》、《美哉,锡崖沟》等多部剧目,在中央和地方电视台先后播放。

三、巨大的社会效应

1993年,县委、县政府作出了实施通道战略的重大举措,县交通局制定出"212"公路建设规划。陵川人民在锡崖沟精神鼓舞下,高起点,大跨度,超常规,上规模,掀起了1993年至1997年又一轮全民义务修路和重点公路建设的高潮。5年间,累计义务修路投工2千多万个,义务投入机械台班50多万个,动用土石7千多万立方米,完成投资2.6亿元。共拓宽改造和新建5条出境公路143千米,县乡村道路150多条580多千米。尤其是1993年秋后的陵修公路路基改造工程大会战,11个乡镇和机关干部1.5万余人,在陵修公路支起帐篷,搭起窝棚,垒起126口大锅,奋战100天,投工17万个,动用土石56万立方米,完成一期工程二级路基16千米。5年间,共新增通车里程115千米、二级公路66千米、三级公路14千米、四级公路157千米。新增通油路乡(镇)7个,达到12个;新增通油路村30个,达到52个;新增通公路村14个,达到360个;新建商品公路2条75千米。在全省率先实现镇通油路、乡通公路、村通机动车的大目标，连续5年被省政府、省交通厅评为义务修路先进县、标兵县，成为全省学习的榜样。

1994年7月4日，省委书记胡富国在锡崖沟视察调研中，作出了用锡崖沟精神解决建设太旧高速公路资金难的决定。7月23日，《山西日报》发表评论员文章《发扬锡崖沟精神，坚定不移地建成太旧高速公路》；10月17日，原交通部副部长林祖乙、省委书记胡富国、省长孙文盛等省领导为陵修公路等5项工程竣工剪彩。1995年至1997年，全省11个地市交通系统的干部、职工及公路建设项目单位万余人，先后到锡崖沟参观取经，把锡崖沟精神推向全省。

1997年12月24日至26日，全省义务修路现场会在陵川县召开。省委书记胡富国、省长孙文盛、省人大常委会副主任孟立正、副省长杜五安出席并讲话。会议期间，400余名代表赴锡崖沟参观取经。会议还表彰了1997年度义务修路先进县（市），提出"九五"后三年全省公路建设的任务，号召全省人民学习和推广陵川县和锡崖沟坚持义务修路的做法与经验，大干"九五"后三年，再掀全面义务修路的新高潮。

2002年11月16日，县委、县政府响应省市政府号召，发扬锡崖沟精神，带领县直相关单位、12个乡镇领导和西部8个乡镇的相关项目村支书，计200多人，参观学习壶关县建设水泥路的成效和经验，并在陵川县宾馆召开"陵川县加快农村公路建设动员大会"，作出用三年时间基本实现村村通水泥路的大目标。先后动员机关干部捐款捐物、号召社会各界大力支持、安排114个单位结对帮扶，从而掀起了一场声势浩大的村通水泥路大会战。2003年至2004年，在每千米只有3万元的上级补助投资下，陵川县115个单位机关干部职工为"村村通水泥路"捐款1 218 937元；县128个单位帮扶投资361万元，帮扶水泥2685吨；晋城市42个单位帮扶259万元，帮扶水泥7345吨。崇文、附城、礼义、平城、西河底、杨村、秦家庄、古郊、六泉9个乡镇的120个村318名村主要干部以个人名义，为工程贷款911万元。12个乡镇339个村义务投工折款、捐款和筹资达1017万元，建成村通水泥路841千米。

2004年至2005年，晋城市和陵川县两级政府用锡崖沟精神发展陵川经济，打造锡崖沟未来。市政府常务会议纪要决定由山西兰花煤炭集团有限公司和陵川共同投资，建设王莽岭旅游公路锡崖沟跨省隧道6700米，建成三级公路沥青砼路面6.9千米，完成投资7300万元。县政府、县交通局投资230万元，建成锡崖沟至辉县市回龙红岩大峡谷景区（省界）四级水泥路面2千米。

2005年1月19日，《中国路谱》编辑部发来信函，陵川锡崖沟"挂壁公路"入选《中国路谱》首批名录。

2003年11月16日，省交通厅厅长王晓林到陵川考察，参观锡崖沟水泥路工程，鼓励继续发扬锡崖沟精神，把村通水泥路完成好。

2005年5月26日，交通部部长张春贤到陵川视察调研工作，参观锡崖沟，看着挂壁公路在山壁上曲折三层，写成"之"字攀上山顶时，称赞这是公路史上的伟大创举，不简单；在锡崖沟村，他和当年参加修路的老英雄亲切座谈，对他们发扬愚公精神、40年挖山不止的事迹大加称赞："你们都是老英雄，我代表交通系统，谢谢大家这种筑路精神，希望你们健康长寿，安度晚年"。

2006年9月7日至8日，中共中央政治局常委、国家副主席曾庆红由省委书记张保顺、市委书记李雁红等陪同，到锡崖沟"挂壁路"视察。

出山路修通之后，锡崖沟人抓住建设王莽岭景区的机遇，发挥独特山水优势，向发展旅游建设新农村迈开大步。1994年建成招待所，1996年建成宾馆，接着改造"挂壁路"。1998年至2004年，共筹资120万元，投工2万个，建成通往辉县市西林寺旅游区的800米隧道和2千米公路。2003年在"挂壁路"上，建成通村宽4米厚20厘米长7千米的水泥路面。

近年来，在建设社会主义新农村进程中，锡崖沟人更是发扬锡崖沟精神，争先发展，大搞街道硬化、庭院绿化、山坡美化、小学校寄宿化、灶台沼气化、接待农家化。截至2010年底,已种植山桃、山杏2000亩,建成农业观光采摘园150亩;路旁、河道植树5.6万株;硬化街巷5千米;与兰花集团“联姻”建成寄宿制小学一所;创办500余个床位的农家乐小院旅店38户、小饭店24个、小商店5个、土特产品摊位60个、钓鱼池2个;90户的沼气池投入使用。

锡崖沟人为走出大山,靠自己的一双手,自力更生、艰苦奋斗30年,用锤子、钎子,在悬崖峭壁上开凿出一条长达7.5公里长的“挂壁公路”,造就了闻名华夏的“锡崖沟精神”。锡崖沟挂壁公路于2009年7月荣登《中国路谱》典型农村公路榜首,2009年9月入选新中国60大地标。2010年9月8日,央视十套《走近科学》栏目组再次来到锡崖沟,一连5天驻扎在锡崖沟村,对当年参与修路的村民进行采访。当摄制组成员近距离感触锡崖沟挂壁公路的雄奇壮观时,赞叹“鬼斧神工难以比拟”。他们全面录制了筑路历程和锡崖沟挂壁公路“依山就势,顺崖凿洞,天窗排渣,螺旋上升”的筑路技术。将制作的节目定名为《解密锡崖沟挂壁公路》。他们说,要让全国人民都了解锡崖沟挂壁公路建设以及“锡崖沟精神”诞生的光辉历程。锡崖沟挂壁公路是不可多得的精神遗产和人类创造的奇迹,是中国人民战天斗地精神风貌的真实写照。

第八节　太旧精神的总结与弘扬

“太旧精神”是在太旧高速公路建设过程中,全省广大干部群众、特别是5万筑路员工和沿线人民群众共同创造出来的。这种精神是在特定历史时期、特定环境下形成的,有着深刻的社会基础。

“太旧精神”这一提法始见于1994年11月。当时太旧高速公路建设总指挥部创办了一份《太旧公路建设信息》,在同年11月15日出版的第5期第1版上发表了题为《振奋太旧精神》的署名文章,文章是由省交通厅党组成员、副厅长、太旧高速公路建设常务副总指挥刘俊谦写的。文章写道:“相信立志献身的全体太旧人,在日后的奋战中,一定能弘扬和光大我们的太旧精神。”之后,“太旧精神”这一提法便在太旧高速公路建设工地中传开,省内报刊和有些领导讲话中也开始用“太旧精神”这一提法。1995年1月25日,省交通厅劳动竞赛委员会、太旧高速公路建设总指挥部联合发出《关于在各指挥部、施工、监理单位开展“弘扬太旧精神、争当太旧功臣”竞赛活动的通知》,这个活动的主题之一就是弘扬“太旧精神”。其时,“太旧精神”经副省长杜五安提议,并报省委常委会议通过,概括为16个字。即“自力更生,艰苦奋斗,不屈不挠,无私奉献”。

1995年4月11日,省委宣传部、太旧高速公路建设宣传指挥部、省委党校、省广播电视厅、省社会科学院、《山西日报》社、省委《前进》杂志社联合发出《关于举办“太旧精神”理论研讨会的通知》,要求各地(市)、县委宣传部、党校、各地(市)、县广播电视局、文化局、交通局,太旧高速公路建设各分段指挥部,各大专院校、社科研究部门,要围绕“弘扬太旧精神、加快兴晋富民步伐”这一主题,全方位、多视角、深层次地研究“太旧精神”的内涵及其时代特征;分析“太旧精神”形成的历史渊源、现实因素、形成过程以及不同阶段的特征;论证“太旧精神”的理论意义和现实价值;探讨弘扬“太旧精神”的途径和方法,并成立“太旧精神”理论研讨会组委会。到同年7月31日,收到论文103篇,其中72篇编入论文集,53篇获奖。论文对“太旧精神”做了深入探讨,揭示了“太旧精神”对全省各条战线的鼓舞作用。同年9月12日至13日,“太旧精神”研讨会召开。省委书记胡富国作了题为《大力弘扬“太旧精神”,为振兴山西而不懈奋斗》的讲话;省长孙文盛作了题为《总结太旧经验,弘扬“太旧精神”,推动全省经济建设再上一个新台阶》的讲话,省委、省政府领导对“太旧精神”给予高度评价和充分肯定,研讨会上获奖论文作者和应邀参加会议的代表25人发言。会后编辑出版《“太旧精神”研讨会论文选》一书。这次研讨会对进一步宣传、弘扬“太旧精神”,奠定了扎实基础。

1996年1月26日,中共山西省委、山西省人民政府以晋发〔1996〕13号文做出了《关于在全省开展学习“太旧精神”的决定》。《决定》指出:通过太旧高速公路这一宏大工程的建设,用心血和汗水铸就了自力更生、艰苦奋斗、不屈不挠、勇于奉献的“太旧精神”。这种精神是新的历史时期中华民族的伟大创业精神在全省现代化建设中的具体表现;是全省人民在各个时期形成的可贵精神在新形势下的发扬光大,是全省人民摆脱贫困、奋发进取精神风貌的集中反映;是改革开放的时代精神、艰苦奋斗的光荣传统与兴晋富民的伟大实践三者的有机统一。“太旧精神”应当成为我们在新形势下建设山西、振兴山西的巨大力量源泉和宝贵精神财富。在此,太旧精神中的“无私奉献”正式改为“勇于奉献”。1996年4月,中共中央总书记江泽民听取省委书记胡富国关于太旧高速公路建设情况和太旧精神的汇报后,给予充分肯定,并指示在场的胡锦涛同志很好地宣传一下。6月,中共中央政治局委员、国务院副总理邹家华出席太旧路全线通车庆典仪式后在山西指导工作时指出:“在太旧路建设中,省委、省政府总结群众经验,提出‘太旧精神’,这里特别要提出‘太旧精神’是经济工作和政治工作结合在一起所产生的结果。邓小平同志讲的两个文明一起抓的思想、物质和精神的关系,在太旧路建设中得到了很好体现。由此我们可以总结出很多经验。所以,对‘太旧精神’的认识,还要总结,还要提高,使其成为社会主义建设的力量源泉和经验,成为一种财富。”国务院副总理李岚清在山西考察时指出:“山西修了一条太旧路,是山西经济发展和改革开放的一次重要的基础设施。创造出一种‘太旧精神’来,这种精神深入人心。我到各个地方去,老百姓都知道‘太旧精神’。”原中顾委副主任薄一波专门题写“太旧精神”内容。交通部部长黄镇东在太旧路全线通车庆典仪式上发表的讲话中指出:“三年的艰苦奋战,形成了‘自力更生、艰苦奋斗、不屈不挠、勇于奉献’的太旧精神,取得了两个文明建设的丰硕成果。‘太旧精神’不仅有力地促进了太旧高速公路建设,也推动了山西交通事业及其他事业的发展,对全国的公路建设也产生了积极的影响。太旧高速公路建设充分说明了社会主义现代化建设必须发扬自力更生、艰苦奋斗的精神。”交通部副部长刘松金在视察山西公路交通时指出:“‘太旧精神’体现了中华民族自力更生、艰苦奋斗、拼搏奉献、自强不息的精神,这和党中央倡导的精神是一致的。艰苦奋斗是毛泽东、邓小平和江泽民三代领导人一再倡导的民族精神,是宝贵的精神财富。‘太旧精神’不但在山西、而且在全国都有普遍的教育意义。”交通部副部长李居昌在山西召开的全国交通扶贫工作会议上指出:“山西全省上下共同努力创造了‘太旧精神’,这是我们在公路建设上取得的一个重要的精神文明成果。太旧路实现了投资少、速度快、质量好的目标,是为我国公路建设史创造的一个佳绩,这是建设社会主义的积极性和科学严谨精神结合的产物,值得学习和推广。”交通部副部长洪善祥视察山西时指出:“太旧路建设打了一个政治仗,不仅修了一条好路,锻炼了一支队伍,而且创造了一种精神,把菲迪克条款与思想政治工作有机地结合起来,艰苦奋斗,科学管理,最大限度地发挥了人的主观能动性,创造了经验。”

1996年2月6日,省委、省政府《关于在全省开展学习“太旧精神”活动的决定》在《山西日报》头版刊出后,省交通厅连夜召开会议,副省长兼省交通厅厅长杜五安主持会议,专题研究部署贯彻省委、省政府《决定》的工作。会后,很快下发了《中共山西省交通厅党组关于深入学习贯彻省委、省政府<关于在全省开展学习“太旧精神”活动的决定>的通知》,对全省交通系统深入开展学习“太旧精神”活动,提出具体要求。

1996年2月8日至9日,省交通厅在交通大厦召开贯彻省委、省政府学习“太旧精神”决定动员大会。厅党组全体成员、厅属各单位党政主要领导、太旧路建设各指挥部领导及厅机关各处(室)主要负责人共160余人参加。省委书记胡富国于2月9日上午亲临会议并作重要指示。副省长兼省交通厅厅长杜五安传达省第七次党代会精神,并作了关于在全省交通系统认真学习"太旧精神"、大力弘扬"太旧精神"的动员报告。省交通厅党组作出关于深入学习贯彻省委、省政府《关于在全省开展学习"太旧精神"活动的决定》的通知。胡富国书记在讲话中指出:第一,"太旧精神"是全省人民学习的典型。学习"太旧精神",要抓好落实,不能流于形式;第二,一定要让"太旧精神"首先在交通系统发扬光大,交通行业要成为学习"太旧精神"的榜样;第三,要用"太旧精神"建设好各级领导班子,特别是要搞好各级领导班子乃至整个交通职工队伍的作风建设;第四,公路建养要上新台阶,努力实现质量标准化、管理现代化、路旁绿色化、监督制度化。"九五"期间,山西交通要有一个大发展,大干五年,赶上山东省"八五"末的水平。杜五安在讲话中阐述了"太旧精神"产生的时代背景、形成过程及其深刻内涵,认真学习"太旧精神",大力弘扬"太旧精神"的现实意义和历史意义,并就如何学习和贯彻省委、省政府《决定》,发扬"太旧精神",对全省交通系统提出具体要求。他指出,"太旧精神"是省委、省政府和全省3000万人民共同创造和培育起来的,是高举改革开放和艰苦奋斗两面旗帜的光辉典范。他要求全省交通系统要按照省委、省政府要求,带着感情学,联系实际学,切实解决好政治上、思想上、作风上、工作上存在的差距和不足,像打太旧路硬仗一样弘扬和光大"太旧精神",推动全省交通工作上台阶。会议期间,公路系统、运输系统、征稽系统、厅直系统、厅机关及太旧路各指挥部分成5个小组进行讨论。会后,厅属各单位及时传达动员会精神,并制订学习计划和落实措施,掀起群众性的学习"太旧精神"、实践"太旧精神"、弘扬"太旧精神"的热潮。厅直属机关党委牵头,与山西省交通建设开发总公司、山西交通报刊社联合组织学习"太旧精神"百题知识竞赛。活动为期2个多月,发出竞赛题1万余份,共有7000多人参加。经过评卷,最后评出优秀组织奖10个、一等奖5名、二等奖10名、三等奖30名,并于1996年8月16日在省交通建设开发总公司举行颁奖仪式。

学习、宣传和大力弘扬"太旧精神",极大地促进了全省交通系统各项工作的顺利开展,保证了太旧高速公路于1996年6月25日提前全线通车。为此,中共山西省委、山西省人民政府于1996年6月23日做出《关于向省交通厅学习的决定》,号召全省各级党委、政府、省直各部门充分认识开展向交通厅学习活动的重要意义,进一步改进工作作风,提高工作效率,更好地推动本地、本单位、本部门的工作,为实现全省国民经济和社会发展"九五"计划及2010年远景目标作出新的更大贡献。

第九节　大运精神的总结与弘扬

大运高速公路建设的实践,孕育了宝贵的"大运精神"。对这一重要的精神成果,省委书记、省人大常委会主任田成平给予高度重视,多次认真深入总结大运高速公路建设的成功经验。省委副书记、省长刘振华,副省长杜五安在多种场合上强调,不仅要建设一条路,而且要为后人留下精神成果,发掘"大运精神"。省交通厅党组明确由厅党组成员、省纪委驻厅纪检组组长赵龙负责此项工作。赵龙组长多次召集厅办公室主任孙跃进,厅直机关党委书记杨俊威、副书记原建中,厅政策法规处处长曹居月,厅新闻宣传中心主任杨惠芹、书记秦国增,厅资料信息中心主任师国梁、总编张岐山等同志,围绕"大运精神"和"大运文化"的提法,如何发掘等问题,进行深入探讨和研究。厅新闻宣传中心提出具体实施方案。省委常委、省委宣传部部长申维辰,副部长申存良对此十分关注和支持。在大运高速公路建设中,决策者、建设者在继承和发扬"自力更生、艰苦奋斗、不屈不挠、勇于奉献”的“太旧精神”的同时，进行了新的发展与创新。

2001年10月31日，省长刘振华在大运高速公路建设第一阶段总结表彰大会和11月19日《山西日报》发表的署名文章中，将“大运精神”的内涵总结概括为：坚持改革、与时俱进的创新精神；强化管理、尊重科学的求实精神；敢想敢干、争先发展的拼搏精神；顾全大局、公而忘私的奉献精神。并将“大运精神”进一步提炼为：创新、求实、拼搏、奉献。

2001年11月20日，在省委宣传部直接策划下，《山西日报》发表《大力发掘和弘扬“大运精神”》的特约评论员文章，将“大运精神”概括为：争先发展的进取精神、求真务实的科学精神、改革奋进的创新精神、顾全大局的牺牲精神。

2001年12月，省委宣传部和省交通厅邀请省城部分学者、专家联合召开“大运精神”座谈会，对“大运精神”内涵进行更加科学、系统地概括和提炼。通过发掘和研讨“大运精神”，将大运高速公路建设中宝贵的精神财富加以总结提炼，上升到理论高度，从而更好地指导大运高速公路建设，为加快山西发展，实现兴晋富民战略目标提供强大的精神动力和智力支持。

2003年9月28日，在大运高速公路通车仪式上，省委书记田成平在讲话中将“大运精神”概括为：“与时俱进、勇于奉献、讲求科学、争创一流”的时代精神。同年10月，田成平在为《大运高速公路建设管理经验集锦》一书所作的序言中，再次提到了“大运精神”的上述内容。

“大运精神”植根于充满生机和活力的三晋大地，创育于火热的大运高速公路建设实践，建立于厚重的山西传统文化之上，体现出建设有中国特色社会主义现代化的时代特点。“大运精神”是实践江泽民总书记“三个代表”重要思想的成果，也是弘扬为实现社会主义现代化而不懈奋斗的“五种精神”的具体体现。“大运精神”是艰苦奋斗的优良传统和改革创新的时代精神的有机结合。“大运精神”的创育和形成充分表明，它是新的历史条件下建设先进文化的具体体现。正如省长刘振华指出的那样：“像大运路这么宏大的工程，这么多单位和地区参战，不但能建好大运路，而且肯定有很多的精神财富的积累，需要我们去总结、去挖掘、去开发。只要我们善于运用‘三个代表’重要思想，去认真研究就能发现，山西的改革开放和现代化建设事业的兴衰成败，在很大程度上取决于全省党员干部和人民群众思想文化素质的提高。要特别注意继承和发扬山西的优秀传统文化，努力进行文化创新，形成既有中国特色，又有包含山西特点和山西内容的社会主义先进文化。要认真总结和提炼大运高速公路建设的精神价值，为全省现代化建设提供精神力量和优秀的文化产品。”

2003年8月8日，由中国作家协会、省委宣传部、省交通厅联合举办的报告文学《大运亨通》研讨会在北京中国作家活动中心召开。省长刘振华作了书面讲话，省委常委、宣传部长申维辰，省人大副主任杜五安、省交通厅厅长王晓林出席，中国作家协会副主席陈建功主持，中国作协党组书记、副主席金炳华讲话，翟泰丰、王巨才、张契、张炯、孟伟哉、高洪波、雷达、蔡毅、张胜友等首都与山西文艺界的有关专家40余人出席。由作家出版社出版的长篇报告文学《大运亨通》是著名作家焦祖尧历时数年，深入大运高速公路建设工地进行艰苦细致采访后创作的，全书30万字，全景式地再现了修建大运高速公路的艰难历程。专家们认为，这部长篇报告文学反映了人民创造历史，创造新生活的伟大实践，讴歌了中华民族伟大精神，表现了建设者与时俱进、自强不息、艰苦创业、无私奉献的崇高品格。

以奋发争先的创业精神和与时俱进的创新精神为主要内容的“大运精神”，是山西长期保持的艰苦奋斗的创业精神和改革创新的时代精神的有机结合，具有鲜明的时代特征和普遍的精神文化价值，它将成为全省人民忠实实践“三个代表”重要思想，加快兴晋富民步伐，夺取全省改革开放和社会主义现代化建设新胜利的新的强大精神力量。

第十二章　劳动竞赛

围绕全省交通运输事业持续、健康、快速发展战略,1993年以来,全省交通行业劳动竞赛形式不断创新,竞赛方式和内容发生很大变化。

第一节　活动内容和形式的创新

1993年,省公路运输工会积极探索新形势下劳动竞赛新路子,适时改进竞赛内容和方法。在总结以往劳动竞赛活动基础上,组织全系统开展目标责任超百分"争优夺标"劳动竞赛活动,考核指标同工作目标责任指标相统一,用超百分竞赛形式促进工作目标超额实现。在运输系统组织开展"三比三看"(比贡献,看谁的营收高;比思想,看谁的服务好;比纪律,看谁迟到早退)和"五无、两防、一创收"(无违章肇事、无贪污票款、无劣质服务、无打架斗殴、无浪费失盗、防火、防洪,千方百计实现站站增收、车车创利)竞赛活动。全系统劳动竞赛开展得有声有色,有效推动全省交通工作再上新台阶。

1994年,厅劳动竞赛委员会在全系统深入开展"三项建设"劳动竞赛,分为地市县政府、地市交通局、公路、运输、征稽和厅直单位6个赛区。各赛区结合实际,开展以优质、快速、安全、高效为主要内容的"五比五赛"竞赛活动,并结合年初签订的目标责任制和劳动竞赛要求,制定竞赛内容和条件。表彰采取集中与平时相结合方法,一年一次小表彰,两年一次大表彰,对作出突出贡献的集体和个人,随时给予表彰奖励。

1996年初,省公路运输工会与省交通运输管理局、省公安厅交通管理局联合在全省开展评选红旗客车活动。经过逐级推荐、选拔和评委会审议,评出全国红旗客车18部、山西省红旗客车25部,同年4月10日召开隆重表彰大会。此次活动,对加强安全运输生产,减少交通事故,提高服务质量,树立良好职业道德,起到积极推动作用。

1999年,在中国海员建设工会、中国公路运输工会、交通部联合举办的"船舶、班组安全竞赛"活动中,省公路运输工会组织全省交通系统500艘船舶、1082个班组、75个汽车站参加竞赛。在交通部召开的全国公路养路道班建设经验交流会上,大同堡子湾道班进行典型发言,4个道班被交通部授予"文明道班"称号,3个道班班长被交通部授予"优秀养路工"称号。2000年5月,全系统1名同志被国务院授予"全国先进职工"、3个单位和5名个人受到省劳动竞赛委员会表彰。

第二节　围绕重点公路工程建设搞好服务

太旧高速公路建设初期,太旧路建设指挥部围绕速度一流、质量一流、效益一流的奋斗目标,响亮提出"发扬创业精神,争当太旧功臣"和"谁英雄,谁好汉,太旧路上比比看"的口号,并制定劳动竞赛方案和考核评比办法,形成强有力的竞赛激励机制。1994年8月12日,省委、省政府召开建设太旧高速公路誓师大会,省交通厅党组提出"成也太旧,败也太旧"的口号,激励广大建设者决战太旧、决胜太旧。同年12月28日,厅劳动竞赛委员会开展"为太旧,建功绩"立功竞赛活动,对竞赛范围和对象、内容和条件、考核依据和评比办法、表彰奖励形式和办法、组织领导等做出明确规定。

1995年1月25日，厅劳动竞赛委员会、太旧高速公路建设指挥部再次对太旧路竞赛活动做出规定，竞赛范围和对象为所有参加太旧高速公路建设的设计、施工、监理、管理的各单位、各部门和职工。以坚定不移地实现太旧高速公路建设总体目标为活动内容，以高标准、高质量、按期完成建设任务为目标。同年，厅劳动竞赛委员会与山西广播电台联合举办《太旧功臣榜》节目，播出稿件50余篇，极大地鼓舞了广大交通职工干劲，推动太旧高速公路建设。此后，太旧路再次掀起一个阶段争优良、全线创优质、人人争立功的竞赛高潮。

在太旧路工程建设中，各指挥部相继成立领导组和竞赛办公室，制定竞赛方案，有组织、有计划、有步骤地开展劳动竞赛活动。5万筑路员工以高度责任感和使命感投身工程建设，“其身人不歇足，马不停蹄；其心如临深渊，如履薄冰；其志坚如磐石，志在必成”地投入建设之中。在太旧路建设的3年间，大会战有十几次，每次都有专项劳动竞赛活动，竞赛战役一个接一个，各方面力量和各种积极因素都充分调动起来，凝聚到优质、快速建设太旧路上，凝聚到万众一心建太旧的劳动竞赛活动中。筑路员工们克服时间紧、任务重、质量要求高、施工难度大等困难，冬战严寒，夏冒酷暑，脱皮掉肉，浴血奋战，在不突破工程概算的情况下，用心血和汗水提前、优质、高效的完成任务，创造“五年工期三年完”、“概算资金不突破30亿”、“工程质量创全国一流”的辉煌业绩和“自力更生、艰苦奋斗、不屈不挠、勇于奉献”的“太旧精神”，涌现出一大批敢打敢拼、善打硬仗的英雄集体和无私无谓、可歌可泣的模范人物。经逐级评比、选拔、审核，省劳动竞赛委员会、厅劳动竞赛委员会、各指挥部分别对选拔出的先进集体和个人进行表彰奖励，太旧高速公路荣获国家“鲁班奖”。

太旧高速公路建设中劳动竞赛的成功经验，为全省重点公路工程建设提供宝贵精神财富，为重点公路建设积累丰富竞赛经验。

1996年11月，原太高速公路开工以来，在厅劳动竞赛委员会组织领导下，围绕省委、省政府、省交通厅提出的“保质量、保工期、保投资”三大目标，根据工程建设总体目标，建设指挥部从强化管理、科学布局、宏观控制入手，对工程建设进行总体部署，将工程质量、进度、安全生产、工地党建和精神文明以及地方关系处理等5个方面工作目标和要求一并纳入劳动竞赛中考核，开展“抓质量、创样板、争国优”的竞赛活动，建设工地形成你追我赶、争当模范良好局面，取得令人鼓舞成就，工程全部达到优良标准，实现四年工期两年完、质量创全国一流目标，涌现出一批先进集体和个人。省劳动竞赛委员会、省交通厅先后于1997年12月、1998年9月两次对参加原太高速公路建设的68个先进集体和249名先进个人进行表彰奖励。

2000年12月，大运高速公路开工建设后，在劳动竞赛委员会领导下，省公路运输工会具体组织劳动竞赛活动。6个项目公司相继成立以总指挥或总经理为主任的劳动竞赛委员会，按照“快、严、新、绿、细、康、实、优”8字要求，不断创新活动内容、活动方式、活动载体和活动机制。以“概算不突破，质量创精品、管理创一流”为指导思想，以“创新、奉献、优质、高效”为主题，先后组织8万建设者开展“四比四看”（比质量，看谁工程过得硬；比进度，看谁工期赶得紧；比安全，看谁安全无事故；比文明，看谁企业形象好）、“五比两创”（比进度、比质量、比投资控制、比安全生产、比现场管理、创优质工程、创优良秩序）、“大干100天，路基桥涵主体完成”、决战“8.18”等劳动竞赛活动。这些活动贯穿于每一战役、每一阶段乃至工程建设全过程。在竞赛中，引入激励机制，赏罚分明，奖惩兑现，干得好的单位重奖，干得差的单位重罚。

大运高速公路劳动竞赛活动，不仅为夺取工程建设胜利奠定基础，而且为全省乃至全国培养和锻炼了一支政治合格、作风过硬、业务精良、敢打必胜的交通建设队伍。从2000年开工建设至全线竣工通车的3年间，

8 万多筑路员工心系大运、决战大运、奋斗大运、奉献大运，克服重重困难，全面实现精美取胜的“五大目标”，即“五年工期三年完，投资概算不突破，工程质量创一流，安全生产无事故、”和“修好一条路，不倒一个人”，并创育了“与时俱进、勇于奉献、讲求科学、争创一流”的“大运精神”。这种精神，成为新时期建设交通、发展交通的宝贵财富和实现交通率先发展的强大精神动力。3 年来，省劳动竞赛委员会和大运高速公路建设指挥部、厅劳动竞赛委员会先后两次对 142 个先进集体和 173 名先进个人进行记功表彰，有力地带动全系统劳动竞赛活动的深入开展。

第十三章 安全监管

全省交通运输系统集道路运输、水上交通、公路建设、公路养管等安全生产重点行业,一个时期还承担着道路交通安全监理任务。长期以来,特别是改革开放以来,安全生产工作一直是行业的重点工作之一。1978年以来,全省交通运输系统认真贯彻党中央、国务院以及省委、省政府有关安全生产工作的方针政策,认真实施安全生产法律法规和规章,努力提高对安全生产工作重要性的认识,不断加强对安全生产工作的组织领导,严格落实安全生产责任制和各项工作措施,逐步夯实安全生产管理基础,巩固和发展安全生产工作成果,较好地遏制重特大事故发生,并长期处于全省安全生产先进行列,为交通运输事业持续、快速、健康发展,创造较为稳定的安全生产环境。

第一节 交通安全监管机构的建立

行业安全生产工作一直受到厅党组重视,并不断健全和完善组织领导体系及工作机构。从1987年起至今,以厅党组书记、厅长为组长,分管厅领导为副组长,有关处室及厅直单位负责人为成员的厅安全生产委员会一直保持,并随着人员的变动及时进行调整充实,及时召开厅安委会会议,研究部署安全生产工作,不断加强对全省交通系统安全生产工作的领导。同时还设立领导组办公室,具体负责行业安全生产工作协调指导和督促检查,做到领导落实、机构落实、责任落实,为搞好全省交通系统安全生产工作,奠定重要组织基础和领导保证。

1978年至1987年,省厅履行交通安全管理和行业安全生产监管职责。交通安全管理工作由厅交通监理处承担,分管厅领导为廉平(1978年至1983年)、杨继刚(1983年至1987年);安全生产监管工作由厅生产调度处承担,分管厅领导为杨继刚。

1987年成立厅安全生产委员会。1987年至1992年,厅安委会主任任先泉;副主任杨继刚;成员有厅机关各处室负责人。厅安委会办公室设在厅生产处。

1992年至1994年,厅安委会主任智玉莲;副主任杨继刚;成员有厅机关各处室负责人。厅安委会办公室设在厅企业管理处。

1994年至1997年,厅安委会主任杜五安;副主任杨继刚、任景春;成员有厅机关有关处室及省公路局、省运总公司负责人。厅安委会办公室设在厅企业管理处、体改法规处。

1997年至2000年,厅安委会主任刘俊谦;副主任杨继刚、任景春;成员有厅机关有关处室及省公路局、省太旧高速公路管理局、省运总公司负责人。厅安委会办公室设在厅水运处(厅安全监督处)。

2000年2月至10月,厅安委会主任杨金泉;副主任李灵、王升云、寇林田;成员有厅机关有关处室及省运总公司负责人。厅安委会办公室设在厅水运处(厅安全监督处)。

2000年11月至2002年12月,厅安委会主任王晓林;副主任杨金泉;成员有厅机关有关处室及省公路局、省运管局、省高管局、省征稽局、省运总公司负责人;厅安委会办公室设在厅运输管理处。

第二节 安全生产责任制的实行

实行安全生产责任制,是加强安全生产工作的一项重大举措。省政府从1991年开始与省直各单位签订年度安全生产目标责任书,并不断完善考核指标和考核内容。很长一个时期的主要考核指标为:肇事频率小于2.7次/百万车公里,死亡率小于0.23人/百万车公里,伤人率小于1.4人/百万车公里,不发生一次死亡10人以上重大责任事故,不发生一次死亡6人以上水上交通事故。

省政府建立年度安全生产责任制以来,省交通厅也层层建立安全生产责任制,每年与11个地(市)交通局、厅直各单位、高速公路建设单位签订安全生产责任书,并认真考核,评比先进,表彰奖励。1991年至2002年,省交通厅连续12年受到省政府表彰,被评为全省安全生产先进单位。

第三节 宣传教育及培训工作的组织

无论是计划经济时期,还是计划经济向市场经济转变时期,乃至进入市场经济时期,对全省交通系统广大干部职工进行安全生产宣传教育和培训,一直是各单位、各部门、各企业安全生产工作的重要内容,每年都要开展不同形式、不同内容、不同层次的安全生产宣传教育和培训工作,不断增强交通从业人员的安全生产意识。

一、"安全生产周"活动的深入开展

根据国务院要求,从1991年开始至2001年,先后11年在5月份开展"安全生产周"活动,省交通厅每年就"安全生产周"活动印发通知,做出部署,提出要求,明确主题,并认真组织检查和总结。"安全生产周"活动每年一个主题。1991年第一个安全生产周以"安全就是效益"和"提高职工安全意识"为主要内容;1992年第二个安全生产周以"为国营大中型企业创造良好的安全生产环境"和"提高全社会的安全生产意识"为主题;1993年第三个安全生产周以"遵章守纪,杜绝三违"为主题;1994年第四个安全生产周以"勿忘安全,珍惜生命"为主题;1995年第五个安全生产周以"治理隐患,保障安全"为主题;1996年第六个安全生产周以"遵章守纪,保障安全"为主题;1997年第七个安全生产周以"加强管理,保障安全"为主题;1998年第八个安全生产周以"落实责任,保障安全"为主题;1999年第九个安全生产周以"安全、生命、稳定、发展"为主题;2000年第十个安全生产周以"掌握安全知识,迎接新的世纪"为主题;2001年第十一个安全生产周以"落实安全规章制度,强化安全防范措施"为主题。各单位利用广播、电视、录像、报刊等宣传媒介,采取张贴标语、悬挂横幅、办黑板报、举办演讲会、分析案例等多种形式,开展宣传教育工作。

二、"反三违月"活动的深入开展

根据交通部的安排部署,全省交通系统从1994年开始至2001年,先后8年在5月份开展以反违章指挥、反违章操作、反违反劳动纪律为主要内容的"反三违"活动,省交通厅坚持把开展"反三违月"和开展"安全生产周"活动结合起来,同安排,同部署,同检查,同考核,把开展"反三违月"活动与安全生产大检查结合起来。各单位、各部门、各企业普遍开展"三违"隐患自查自纠工作,重点整顿客车、客船、油库、危桥险路、开山放炮工地等现场安全生产秩序。省交通厅多次组织检查组深入基层督促检查。

三、安全生产知识培训活动的组织

全省交通系统十分重视安全培训工作。1979年至1980年,交通监理部门举办驾驶员安全培训班336期,培训驾驶员32 072人,占到全省驾驶员总数三分之一左右。多年来,省交通厅每年都要举办安全生产培训班,采取专题培训、以会代训、参观学习等形式进行培训,先后多次组织水上交通安全培训班、道路运输安全培训班、公路建设安全培训班、交通行业安全生产培训班以及建筑施工"三类人员"(企业负责人、项目经理、安管

部门负责人）培训班等，重点宣传贯彻《安全生产法》、《道路交通安全法》、《内河交通安全管理条例》、《危险化学品安全管理条例》、《建筑施工安全管理条例》、《重特大事故报告及调查处理条例》、《安全生产许可证条例》、《道路运输条例》、《山西省水上交通安全管理办法》等内容。为了提高培训质量和效果，厅安委办专门派人赴北京购买安全生产培训教材和电视录像，省道路运输协会和省交通质监站专门从长安大学、石家庄铁道学院聘请专家教授讲课。厅属各单位也都结合实际开展安全生产培训工作。1995 年，省交通厅委托武汉交通管理干部学院举办公路运输安全生产管理培训班。2001 年，省交通厅举办了安全生产管理培训班，组织 100 多名交通系统行业安全生产管理干部进行技术培训和教育，学习国内外安全生产管理先进经验和技术，提升安全生产意识和安全管理业务水平。2002 年，省交通厅举办公路施工安全员（质量安全员）岗位培训。通过培训，有效提高各级领导干部及管理人员对安全工作重要性的认识，为搞好交通安全生产打下良好基础。

第四节　安全生产大检查的不断开展

长期以来，全省交通运输系统每年组织开展安全生产大检查，并把安全生产大检查与安全生产责任制落实情况检查、吸取重特大事故教训、专项整治工作检查等结合起来，层层检查，狠抓落实，相互促进，有时每年组织两到三次安全检查。1984 年，全省开展交通安全大检查、大宣传活动，全省先后召开各种动员会、座谈会 6831 次，散发安全材料 40.4 万份，出动宣传车 71 台，更新标语橱窗 51 个，放映电影、门灯 90 场次。交通监理部门实行安全检查责任制，采取路检路查与定点检查相结合，检查车辆 44.73 万辆次，纠正违章 19.80 万条；1986 年，省公安厅、省交通厅、省农机局和省保险公司联合开展交通安全与机动车法定保险大检查，推行第三者责任法定保障和车辆损失险、承运货物责任制度，强化车主及司机的安全意识；1990 年 10 月，省交通厅印发文件，安排部署开展以“查思想、查管理、查纪律、查隐患”为主要内容的历时 20 天的全省交通系统秋季安全生产大检查；1991 年 5 月，针对年内接连发生重特大道路运输事故的严峻安全生产形势，组织开展为期 1 个月的安全生产大检查，重点检查安全生产领导责任制的建立和落实情况，企业承包方案和考核目标中纳入安全生产条款情况，安全生产各项制度落实情况，事故隐患排查治理情况等；1993 年 10 月至 11 月，省交通厅结合贯彻省政府《关于进一步加强领导抓好安全生产工作的紧急通知》精神，抽调 12 名业务骨干，组成 4 个检查组，先后对 11 个地市交通局、12 个县（市、区）交通局以及 39 个公路运输企业进行检查，特别是重点全面检查 13 个省营运输企业及太原客运总站。并印发《全省交通系统安全大检查情况通报》，重点提出 5 个方面问题和 5 项工作要求；1997 年 1 月，省交通厅组织开展以“查思想、查管理、查规章制度落实情况、查隐患”为主要内容的全省交通系统安全生产大检查，并在同年 10 月，针对下半年重大道路旅客运输事故频发和公路施工等事故时有发生的安全生产形势，组织开展全省交通系统秋季安全生产大检查，采取各地、市交通局，厅直单位具体检查和省交通厅重点抽查办法；2000 年 12 月，根据省安全生产委员会《关于立即开展全省冬季安全生产大检查的通知》精神，针对 5 月底以来多次发生道路运输事故和省交通学校发生水箱坠落砸死实验员事故，暴露出的安全管理问题，发出通知，组织开展秋冬季安全生产大检查；2001 年以来，全省交通系统每年组织春运安全生产大检查、“五一”旅游黄金周安全生产大检查、国庆旅游黄金周安全大检查等多次检查，厅长王晓林、副厅长王志民亲自带队，深入基层明察暗访，现场解决存在的实际问题，把安全管理各项措施落到实处。

第五节 以法治安工作的启动

依法治安是交通行业安全生产工作发展的方向和目标，也是促进交通行业安全生产工作持续发展的重要依据。改革开放初期，全国安全生产法制建设比较滞后，道路运输行业普遍贯彻实施交通部1963年颁发的《汽车安全生产工作条例》以及省交通厅编印的驾驶员《安全手册》等，交通企业制定并实施一些安全生产操作规章制度等。随着改革开放不断深入，全行业认真贯彻国务院及省政府、交通部有关安全生产方针政策；1988年，省政府发布《关于加强交通安全管理的通知》，同年8月，省交通厅制定《山西省交通规章处罚办法》，共7章16条，对驾驶员实行安全记分考核办法。凡违反交通规则者，根据其违章情节给予批评教育、警告、罚款等处罚并记分，违章记分累计50分以上的驾驶员一律吊销驾驶证。1988年，省人民政府办公厅印发《关于加强船舶安全管理的通知》(晋政办发〔1988〕90号)，对船舶安全管理提出7条规定和要求。同年，省交通厅印发试行《全省水上安全工作目标及奖惩办法》(〔1988〕晋交运字第155号)；1997年，省交通厅制定印发《山西省客船、旅游船安全管理暂行规定》和《山西省船舶检验暂行规定》；1999年，省交通厅联合陕西省交通厅制定印发《晋陕两省黄河水上交通安全联检联合实施办法》。

“九五”末、“十五”以来，特别是2002年11月《中华人民共和国安全生产法》颁布施行以来，全国、全省及全省交通系统安全生产法制建设步入快速发展轨道。

第六节 安全生产基础工作的加强

新中国成立之后到1987年交通监理体制改革之前，全省交通系统安全生产管理的格局没有大的变化。交通安全管理、道路运输安全管理、水上交通安全管理、公路建养施工安全管理等，一直由交通部门负责。1987年，按照国务院交通管理体制改革意见，将交通安全管理职责划归公安部，交通部门不再承担交通安全管理任务。省交通厅依托省公路局对干线公路施工安全进行管理，依托省汽运总公司对省运企业安全生产进行管理，依托各市交通局对市属道路运输企业及县乡公路建养安全生产进行管理；一段时间，依托省交通运输管理局对水上交通安全进行管理，依托省汽车修造公司对省属各汽车修理厂安全生产进行管理。“九五”末以来，特别是《安全生产法》施行以来，由于党中央、国务院以及省委、省政府和交通部对安全生产的高度重视，由于社会各界对安全生产工作的普遍关注，特别是2000年新的党组组建之后，把质量、安全、廉政作为三项重点工作来抓，交通行业安全生产管理体制不断理顺，安全生产管理机制不断完善。全省运管机构从“十五”期间开始实现由不履行道路运输安全监管职责向严把“三关一监督”转变，公路部门从只重视自身生产安全向保障车辆运行安全和保障桥梁运行安全转变，安全生产工作在全行业的地位不断提高，广大干部职工安全生产意识不断增强。

第七节 沉痛的事故教训

改革开放以来，全省交通系统特别是道路运输行业安全生产事故一直呈上升趋势，道路运输生产事故死亡人数占到各类事故总数95%以上。1978以来，全省发生的道路运输生产重大特大事故有：

1.1979年发生1起重大道路交通事故。6月26日，五台县高洪口公社驾驶员刘来栓驾驶04－53719号货车，行驶至忻长线57公里＋500米处时，翻入8米深的沟底，车上47人中有25人死亡、16人重伤、6人轻伤。

2.1984年发生2起重大道路交通事故。1月12日，忻州汽车运输公司宁武分公司

191 次班车司机王堂则中途将车辆交给搭车司机郝晋忠驾驶，并在险恶路段高速行驶，行至店临线 94 公里 +20 米处时，翻入水平长度 88 米、垂直高度 40 米的沟中，造成 25 人死亡、33 人受伤，客车毁坏；同年 10 月 31 日，司机刘新荣驾驶个体运输户刘长保、刘仁保的大客车，载客 77 人，从暖泉开往中阳途中，将车交给只有货车驾驶证而无客车驾驶证的王根耿驾驶，行至万沙线 5 公里 +800 米处时，因与同向行驶的阳高县工商局司机伍金元驾驶的 04 -64806 号解放挂大货车相互超越，客车翻下公路右侧坡长 46.6 米的山沟，造成 9 人死亡、20 人重伤、33 人轻伤，客车严重损坏。

3.1986 年发生 1 起重大道路交通事故和 1 起特别重大水上交通事故。4 月 11 日，临县克寨镇一艘渡船在超员 61 人的情况下摆渡过河，渡船航行中遇浪翻沉，造成 125 人死亡、失踪；6 月 22 日，忻州汽车运输公司繁峙分公司客车驾驶员居六九驾驶 04 -56463 号东风大客车，载运北京石景山区八宝山联合公司旅客 64 人，从繁峙火车站开往五台山，司机严重违反操作规程，关闭电门脱挡滑行，致使气压不足，制动失效，行至石凉线 33 公里 +150 米右转弯时，坠入 221.5 米深的沟中，造成 31 人死亡、35 人受伤，客车报废。

4.1989 年发生 1 起重大道路交通事故。8 月 15 日，汾阳公司一辆执行柳林至太原班车任务的东风客车，实载 50 人，行至薛公岭弯道处（307 线 590 公里 +600 米）时，因刹车失灵，车辆失控，坠入（垂直高度 41 米）深沟内，造成当场死亡 17 人，经医院抢救无效死亡 1 人，伤 29 人。

5.1992 年发生 1 起特别重大水上交通事故。6 月 13 日，柳林县石西乡后河底渡口一艘“三无”船舶，非法营运，载客 98 人，严重超载，船上人员全部落水，造成 47 人死亡、失踪。

6.2000 年发生 1 起“三无”客车重大交通事故。7 月 7 日，保德县一辆无牌无证无照的“三无”客车，非法客运，翻入黄河，造成 17 人死亡、2 人失踪和 12 人受伤。

第十四章 公安路政

交通公安组建以来,在省交通厅、省公安厅、交通部公安局的正确领导下,充分发挥职能作用,无论在优化干线公路、运营地方铁路治安环境、维护站车秩序、打击“车匪路霸”,还是在保障重点公路、地方铁路工程建设安全保卫以及维护单位内部稳定、治安安定包括治安综合治理等方面,都做出骄人成绩。这支年轻的队伍在短时期内扭转了交通治安被动局面,受到地方政府、公安、交通部门的肯定和社会的认同。实践证明交通公安是一支维护交通治安秩序、保障运输安全畅通、人民群众出行安全、重点交通工程建设进行不可缺少的治安力量。建立和加强这支队伍,是中国交通事业发展需要,更是交通治安形势需要。正当这支队伍携“严打整治”势头,摩拳擦掌准备大展身手的时候,1992 年公安机关开始实行“警衔制”,与交通公安同属国家专业公安机关的铁路、民航、林业以及交通港航与地方公安机关同步授衔,另外还新组建了海关缉私督察和铁路建设公安局,唯独地方交通公安机关的警衔问题久拖未决。究其原因,主要是 1986 年国家交通管理体制改革以来,交通部与公安部在道路管理分工意见分歧所致。警衔问题不解决,执法地位无保障,特别是公安部有关规定出台,交通公安的职权受到限制,制约了交通公安队伍建设和业务工作开展。面对困难,全省交通公安没有坐等改革,而是积极调整工作思路,转变工作重点,继续为交通建设改革、为交通运输治安服务。

第一节 理顺交通公安体制的努力

这一时期,省政府进行三次大的机构改革,在交通公安积极要求和省交通厅、省公安厅支持下,交通公安以不同形式得以保留。

1995 年,省交通厅机构改革,公安处与交通战备办公室合并成立战备公安处。

1996 年,省交通战备办公室分设,公安处挂靠公路处。

2000 年,省交通厅机构改革,公安处予以保留并单独设立。

2002 年,省编办晋编办字〔2002〕210 号批复山西省交通厅公安处挂山西省公安厅交通公安处牌子。

1998 年,省公安厅《关于全省企事业公安机构体制改革的意见》(晋公字93 号)请求省政府增加地方编制,理顺全省交通公安机构。

2001 年,省公安厅、省交通厅联合向省政府、省编办报告(晋公字〔2001〕107 号),请求调整理顺全省交通公安机构。

2001 年,省编办批准省交通厅晋交人字〔2001〕576 号请示(晋编办字〔2001〕138 号文),交通厅公安处挂路政管理处牌子,根据《公路法规定》,负责全省路政管理工作。其主要职能是:①负责宣传、贯彻和执行路政管理的有关法律、法规和规章,制定全省有关路政管理的规范性文件;②督促指导全省各级路政管理机构和保护公路路产,实施路政巡查,依法查处各种违反路政管理法律、法规、规章的行为,以及对建筑红线控制区的管理;③审批从地下、地面、上空穿(跨)越公路的各种实施事宜;审批在公路用地范围内非公路标志的设置;④对经路政许可特殊占用、利用挖掘公路等行为实施监督检查;⑤督促、指导全省各级路政管理机构维护公路、公路桥梁、公路隧道和公路渡口安全,维护公路、施工作业的正常秩序；⑥根据有关规定，负责公路标志的设置和标志设施的管理，参与公路设计审批、交竣工验收和路产交接工作；⑦依法代表省交通厅向收费公路、经营性公路、中外合资（或外方独资）建设运营性公路、中外合资（或外方独资）建设运营公路派驻路政管理人员，进行路政管理工作；⑧法律、法规、规章规定的其他职权。

第二节　确保交通建设和运输安全畅通

针对干警思想波动，省交通公安处加强思想政治工作，结合全国公安机关开展的大讨论活动，统一干警思想，保持队伍稳定。虽然没有授警衔，但交通公安职责任务没有变，即使不承认是警察，但还是保卫人员，一样可以为交通改革发展尽一份力。

一、全力维护稳定

面对敌对势力破坏、干扰、捣乱和企业改制、职工下岗以及因公路建设中征地拆迁、拖欠工程款等引发的各种不稳定因素，交通公安牢固树立“稳定压倒一切”的思想，积极防范和妥善处置因人民内部矛盾引发的群体性事件。采取强有力措施，将中央、省委、省政府维护稳定的决心，变成交通系统各级领导维护稳定的实际行动。一是建立维稳责任制。各单位党政主要领导是维稳第一责任人，对本单位稳定负总责，发生问题追究责任。二是狠抓矛盾纠纷排查调处工作，早发现，早控制，早解决，将问题、纠纷解决在初始，解决在基层。三是建立应急队伍，增强快速反应及时处置能力。四是妥善处理群体性事件，在化解、缓解矛盾上下工夫。慎用警力，针对打砸抢烧和伤害企业领导人事件且需当地公安机关批准。截至2002年底，厅公安处协助厅领导、厅办公室及有关部门处理群访事件1000余起。比较有影响的有因客运班线问题群访、路桥职工因集团改革群访、养路协议工群访、高速公路民工讨薪及沿线农民因征地拆迁群访等。由于处置得当，没有一起激化、酿成事故。五是加强对“法轮功”人员的教育转化工作和对少数“法轮功”顽固分子防控查阻工作。在“敏感期”和中央公开处理“法轮功”问题期间，为防止其继续进京聚集滋事，省交通厅领导从大局出发，牺牲经济利益，果断作出全省客运班车停发北京一星期的决定，并加强汽车站、高速公路站卡的查堵劝阻工作。六是加强节假日、重大活动安全保卫工作。“元旦春节”、“两会”、“国庆”、“香港澳门回归”、“亚运会”以及敏感时期来临之际，公安处都及时布置，要求各单位及时掌握影响稳定动态，加强内部安全保卫，加强爆炸物管理，加强三品检查，加强值班备勤，确保安全稳定不发生问题，当好“首都护城河”。

二、保障重点工程建设

“九五”以来，全省重点公路工程建设快速发展。从太旧高速公路建设开始，先后建成太原东环、南环、原太、夏汾、运三、晋焦高速及忻台旅游公路等一批重点公路工程。2001年大运高速公路全线开工，交通公安处把维护工地治安、保障公路建设工程顺利进行作为义不容辞责任，克服重重困难，想方设法为工程建设提供治安服务。在广泛调研基础上，省公安厅、省交通厅支持公安处组建治安队伍进驻施工现场。太旧高速公路建设期间组建三个治安队，原太高速公路建设期间组建两个治安队，太原南环高速公路建设期间组建一个治安队，忻台旅游公路建设期间组建两个治安队，大运高速公路开工以后，组建治安支队并七个治安大队，支队长由厅公安处处长尹新平担任，省公安厅治安总队长王武道兼任政委。按照省委、省政府《大运行现场办公会议纪要》和省公安厅《加强公路建设安全保卫工作五条措施》的要求，省公安厅、省交通厅联合下发《关于加强大运高速公路安全保卫工作的通知》及《实施意见》，代拟《保障大运高速公路建设的通告》，由省政府发布。省交通厅与省公安厅联合召开建设沿线治安协调会，形成治安保障合力。治安队伍进入工地后，在建设指挥部领导下，与沿线地方公安机关密切配合，按照“重在防范，适时严打”的方针，会同当地公安机关查处治安、刑事案件，查禁“黄赌毒”，加强暂住人口管理,整顿周边废旧物品收购站点,打击处理盗窃施工材料、强买强卖、强索施工设备、殴打施工人员、堵路等妨害阻碍施工的违法犯罪分子;督促各施工单位建立治安综治领导机构和治安防范队伍,签订治安消防责任书并进行日常监督检查;会同有关部门做好矛盾纠纷排查调处工作,加强施工单位使用爆炸物品管理,搞好工地交通疏导工作,宣传发动沿线群众爱路护路,支援工程建设。沿线公安机关与治安队密切配合,不间断地开展各项严打整治工作,为工程建设排除干扰。建设时期,各治安队共查处干扰破坏施工案件2000余起,打击处理各类违法犯罪人员17 000余人,比较有影响的有发生在太祁路的"3・24"施工人员与村民械斗案件,"9・20"、"10・18"和祁临路"3・11"阻碍施工案件,造成众多人员受伤、1人死亡、长时间停工的后果。这些案件发生后,交通公安总是第一时间赶赴现场,控制事态,配合有关部门妥善处置,尽快恢复施工,保证工程按时高质量完工。治安队工作得到各级领导赞誉,副省长杜五安题词"太旧卫士",省政法委书记张秉法对交通公安保卫工程建设的做法高度评价:"省交通厅的治安综治工作与高速公路一起拓展延伸"。宁夏回族自治区交通公安处专程来晋取经,交通部公安局在全国推广山西省交通公安保障工地治安的经验。

三、治安综合治理工作的加强

治安综合治理是党中央、国务院的重大决策,公安处作为厅综治办事机构和综治主力军,按照中共中央、国务院、全国人大加强社会治安综合治理两个《决定》精神,积极当好厅领导参谋,认真履行职能,全力推进综治工作。一是工作部署到位。按照综治工作年初有安排、年中有检查、年底有考核的总体安排,每年年初召开综治工作会议,对上一年综治工作总结、通报,表彰先进集体和个人,下发新一年度综治工作重点,并签订综治工作目标责任书,肯定成绩,找出不足,明确综治方向。二是综治工作措施到位。以抓领导责任制为龙头,按照"谁主管、谁负责"和"治安一票否决"的原则,明确单位法人负总责,分管领导负责和逐级负责制。把综治工作好与差、能否保一方平安作为考核各单位党政领导主要政绩和是否称职的重要内容,与本人晋升晋职、评先评优挂钩,从而使综治措施落实到基层,落实到重要部门,实现综治工作有人抓、有人管,出了问题追究责任;以创建"安全文明单位、安全文明小区"为载体,把创建工作作为综治工作的一项重要内容,因地制宜开展创建工作。各单位对照创建标准,制订规划,加大人财物投入,找差距、查问题,缺什么、补什么,有什么问题就解决什么问题,使防控体系建设达到一个新高度;以加强管理和法制教育为基本任务,健全完善各项规章制度和综治组织队伍及人防、物防、技防措施,进一步加强综治基础工作、综合普法教育,全面提高职工家属法制观念和防范、自控能力,预防和减少犯罪,实现秩序好、发案少、职工满意的工作目标。三是督察检查到位。按照省综治委"省交通厅的综治工作要向下延伸"的指示精神,厅公安处(综治办)不断加强对厅直单位的检查督导,收到良好促进效果,创建达标单位逐年增多。1992年,省交通厅被省综治委评为"社会治安综治先进单位";1996年,省交通厅机关被太原市委、市政府授予"十佳文明机关";1997年,省交通厅机关、宿舍区被太原市综治委授予"安全文明单位"、"安全文明小区";1997年6月24日,省综治委在省交通厅召开现场会,推广省交通厅的创建经验;1998年6月12日,交通厅宿舍区被太原市综治委授予"安全文明模范小区";从1997年起,省交通厅连年被评为"省直机关治安综治先进单位"。至1999年,驻太原市厅直单位宿舍区全部建成"安全文明小区";省公路局宿舍、省监理总公司宿舍、省运管局宿舍被授予"安全文明模范小区";省交通学校、阳泉汽运公司、晋城汽运公司、朔州公路分局、吕梁公路分局经省公安厅、省经贸委、省保险公司考核验收,被评为省级治安合格单位。省综治委领导对省交通厅的综治工作高度评价,总结为"五高一体现",即:领导认识高,群众评价高,管理水平高,科技标准高,创建标准高,是太旧精神的具体体现。

第十五章 人事管理

1993年以来,在省交通厅党组正确领导下,全省交通系统各单位、各部门认真贯彻执行国家有关组织、人事、劳动工资方面的方针、政策和法规,以深化改革为突破口,以完善人事劳资制度为途径,大胆创新,积极探索,努力建立与社会主义市场经济相适应的人事劳动管理制度,进一步加强厅属单位领导班子思想作风建设和组织建设,加强交通系统干部队伍建设,全面开展厅属企业建立现代企业制度的改革实践,完善各项管理制度,采取多种形式提高人事劳资干部政治业务素质,圆满完成各项人事、劳动工资、科技干部管理培养、下乡扶贫等工作,为推动全省交通运输事业发展提供优质服务,取得显著成绩。

第一节 省交通厅机构设置及职能调整

1995年,省政府机构进行大规模改革。按照省委、省政府批准的三定方案,省交通厅机关内设机构有:办公室、人事劳资教育处、计划统计处、财务征费处、公路管理处、港监船检处、科学技术处、体改法规处、离退休干部处、厅直机关党委、审计处、纪检组与监察室(合署办公)、公路运输工会、交通战备办公室14个处室。1996年,为了适应公路交通建设引进外资工作需要,经省编办批准增设项目办,专门负责交通引资工作。

这一时期,山西省交通厅的主要职能有11项:①贯彻执行党和政府关于交通管理工作的方针、政策、法规,研究制定全省公路、水路交通行业的地方性政策、法规,并负责监督执行;②组织编制全省公路和水路交通行业发展规划,制定交通基础设施、运输生产、规费征收及交通工业、科技、教育的年度计划和中长期计划,并负责组织实施和检查监督;③负责全省公路设施的建设、养护和管理。组织全省交通重点工程建设的实施;负责交通工程监理工作;④会同有关部门负责公路、水路交通运输汽车维修和基础设施建设市场的管理;主要是制订规划,建立服务体系,发布信息,监督经营行为,为企业和行业发展搞好市场服务;⑤负责全省养路费、公路通行费、车辆购置附加费、运输管理费等交通规划的征稽工作,并按照专款专用原则,统筹安排使用和进行审计监督;⑥负责全省公路、水路交通运输行业管理工作。主管公路路政、运政和水运航政工作;协同或会同有关部门制定公路、水路投资、价格、劳动工资及其他交通行业的经济政策;负责动员、组织重点物资运输和公路紧急抢修工作,指导直辖市城乡客货运输的衔接工作;⑦负责公路、水路交通技术管理和开发工作。拟定交通技术规范、标准;组织重大交通科研攻关;负责公路运输车辆技术、检测、维修、汽车驾驶学校和驾驶员培训工作的行业管理;⑧负责交通行业体制改革。指导交通企业转换经营机制,优化结构,提高效益;负责对省交通厅所属单位国有资产管理和保值监督;负责组织全省交通行业基本情况统计信息工作;⑨负责交通教育、职工培训工作,指导交通系统精神文明建设,管理厅机关和厅属单位人事劳资工作;协助有关部门管理交通公安工作;⑩负责交通涉外工作和引进外资工作;⑪承办省委、省政府交办的其他事项。

截至1995年底,省交通厅领导班子成员

有:副省长兼厅长:杜五安;厅党组书记、副厅长:刘俊谦;厅党组副书记、副厅长:杨继刚;厅党组成员、副厅长:史锦文;厅党组成员、副厅长:任景春;厅党组成员、副厅长:高贵生;厅党组成员、省纪委驻厅纪检组组长:刘传旺;厅党组成员、省公路局党委书记兼局长:宋元林;厅党组成员、厅长助理:杨金泉。

省交通厅机关各处室及厅直有关单位负责人员有:省交通厅办公室主任:孙跃进;厅人事劳资教育处处长:郜学文,副处长:蔺建煌;厅计划统计处处长:孟科,副处长:王志民、宋穗;厅财务征费处处长:张德仪,副处长:张婵仙;厅公路管理处处长:戴飞,调研员:胡立柱(正处);厅港监船检处处长:李灵,副处长:李明;厅科学技术处处长:孟繁荣,副处长:王京荣,调研员:安德平(副处);厅体改法规处处长:孟考祥,调研员:霍斌素(正处)、蔡贤政(副处);厅离退休干部处处长:李爱和,副处长:窦林彬,调研员:高文馨(正处)、王应德(副处);厅交通战备处、公安处处长:王军,副处长:韩振赞(正处)、潘雄元,调研员:侯晓光(副处);厅直机关党委副书记兼纪检委书记:杨俊威(正处),副书记:杨惠芹;厅审计处处长:赵跃,调研员:石义璧(副处);省纪委驻交通厅纪检组副组长、省监委驻交通厅监察室主任:郭耀威,副组长:赵新民,副处纪检员、监察室副主任:王志国,调研员:秦生发(正处);省公路运输工会主席:郭鹏飞,副主席:阎爱华、吴晓梅,调研员:张廷盛(正处);《中国交通报》驻山西记者站站长:安正义,副站长:田建江;山西电视台驻交通厅记者站站长:邵若驹;省交通厅宣传教育中心主任:张明旺,副主任:师国梁、邵若驹;省交通厅资料信息中心主任:原建中,副主任:张岐山;省交通厅后勤服务中心主任兼党支部书记:史荣和;副主任:赵存忠、张培英;省公路局党委书记兼局长:宋元林,党委副书记:李绍华,副局长:夏淦,副局长兼总工程师:张华友,副局长:史来臣(保留副厅级待遇),党委委员、副局长:王昇云,党委委员、副局长:王义堂,党委委员、纪检委书记:李铁山。

2000年8月,根据中共山西省委、山西省人民政府晋发〔2000〕22号文《关于印发山西省人民政府机构改革方案的通知》精神,设置山西省交通厅,为正厅级建制,是省人民政府主管全省公路和水路交通的组成部门。8月15日,根据省政府办公室晋政办发〔2000〕71号文件批准的职能配置、内设机构和人员编制方案,省交通厅再次进行机构改革。

这次厅机关机构改革,以江泽民总书记"三个代表"重要思想为指导,坚持德才兼备、党管干部原则和公开、公正、公平、竞争、择优原则,以精简机构、压缩编制为手段,以转变职能、提高效率为目标,重点解决政企、政事、事企不分问题,科学规范职能,依法实施行政,努力建设一支政治合格、业务精良、作风过硬的高素质行政管理干部队伍和办事高效、运转协调、行为规范的交通行政管理体系。

8月14日,省交通厅党组成立机关机构改革领导组。组长:王晓林;副组长:宋元林。成员有:杨金泉、张润、赵龙、胡玉珍。领导组下设办公室,办公室主任由厅人事劳资教育处处长郜学文担任。同时成立申诉办公室,办公室主任由省纪委驻厅纪检组副组长、省监察厅驻厅监察室主任郭耀威担任。

8月22日,省交通厅党组向省人事厅报送《关于"山西省交通厅机构改革人员定岗实施意见"的审批报告》。主要包括人员定岗的指导思想、原则、范围、基本条件、内设机构及职数、办法、组织领导、工作要求8项内容。

8月23日,省交通厅党组印发《机构改革人员定岗实施意见》。主要包括人员定岗的指导思想、原则、范围、基本条件、办法、内设机构及职数、组织领导、工作要求8个方面。厅机关内设:办公室、政策法规处、综合规划处(外资处)、财务征费处、公路管理处、运输管理处、科技教育处、公安处、交通战备办公室、人事处、机关党委、驻厅纪检组、监察室、离退休人员管理处。编制为63人,其中正副处长职数27名;公路运输工会仍按原批准的编制11人,正副处级领导职数按3名掌握;处级非领导职数按处级领导职数的50%掌握。

8月24日,省交通厅召开厅机关机构改革动员大会,学习传达省委办公厅、省政府办公厅《关于印发〈山西省人民政府机构改革人员定岗实施办法〉的通知》和《关于印发〈山西省人民政府机构改革中人员分流实施办法〉的通知》精神,宣布了省委办公厅、省政府办公厅《关于印发省交通厅职能配置内设机构和人员编制方案的通知》和《山西省交通厅机构改革人员定岗实施意见》,安排部署这次机构改革的中心任务和实施步骤,提出改革的目标和要求。厅党组书记、厅长王晓林作动员报告,厅党组副书记、副厅长宋元林主持会议,杨金泉、张润、赵龙、胡玉珍等厅领导参加会议并讲话。王晓林在动员报告中,提出4点要求。一是要转变观念,转变职能,实行政企分开、政事分开,规范行政行为,理顺各种关系,解决职责交叉、关系不顺、效率低下的问题,把厅机关的职能真正转变到集中精力研究制定交通发展战略和规划、政策指导、执法监督、组织协调以及为企业和公众提供服务上来,转变到加强和改善对厅属国有大中型企业的稽查和监管上来。二是要切实精简人员编制和内设机构,加强机关建设,整顿机关作风,认真落实好机构改革方案,为职能转变提供重要条件和组织保障。三是要做好人员定岗、轮岗工作。大力推行竞争上岗,创新用人机制,匡正用人导向,优化人员结构;要坚持“以人为本”的方针,以素质论人才,以实绩用干部;要坚持干部“四化”标准,引入竞争机制,既要体现能力和水平,又要体现政绩和民意,还必须体现党管干部的原则。四是要高度重视并做好人员分流工作。要积极贯彻落实《山西省人民政府机构改革人员分流实施办法》和《山西省人民政府分流人员培训实施办法》等政策规定,做好分流人员的思想政治工作,解决分流人员的后顾之忧,根据每个人的不同情况要妥善给予安排。

8月27日至30日,省交通厅机关举行公开竞争处级领导职位演讲答辩会。厅党组书记、厅长王晓林任竞选主考,厅党组副书记、副厅长宋元林主持,杨金泉、张润、赵龙、胡玉珍等厅领导及省委组织部、省人事厅、省直工委等有关部门负责人担任评委,现场打分考评,厅机关全体干部、厅直单位负责人现场投票参加评议。这次公开竞选,坚持德才兼备原则、党管干部原则和公开、公正、公平、竞争、择优原则,采取个人志愿申报、公开演讲答辩、群众民主评议和组织决定的办法。公开竞选中,47名同志登台演讲,公开答辩。根据个人竞选成绩,经厅党组研究决定,14名竞选优胜者担任正处级领导职务,16名竞选优胜者担任副处级领导职务。

10月10日,省交通厅党组发文,正式任命厅机关各处室处长(主任)及调研员。经过演讲答辩、民主评议和厅党组成员对干部历年来政治素质、理论素养、工作实绩、党风党纪、组织协调能力5个方面情况进行综合考核,最后经厅党组集体研究决定。厅办公室主任孙跃进,副主任苏敏,调研员孟科,副处级保密员刘小英;厅政策法规处长曹居月,副处长胡钢成,助理调研员杨转科;厅综合规划处(外资处)处长王志民,副处长王东旭、李贵顺,调研员王蕾;厅财务征费处处长张德仪,副处长郭全英,调研员赵跃,助理调研员高海青;厅公路管理处处长戴飞,副处长杨增梅,调研员张婵仙;厅运输管理处处长杨吉平,副处长李明,调研员孟考祥,助理调研员滑晋生;厅科技教育处处长王京荣,副处长李英杰,调研员李灵;厅公安处处长尹新平,副处长张立承;省交通战备办公室副主任史荣和(正处),副主任宋文兰(副处),助理调研员李改蓉;厅人事处处长部学文,副处长蔺建煌,调研员吴晓梅;厅直机关党委书记杨俊威,副书记原建中(正处);省纪委驻厅纪检组副处长、省监察厅驻厅监察室主任赵新民,省纪委驻厅纪检组副处级纪检员、省监察厅驻厅监察员王志国;厅离退休人员管理处处长窦林彬,副处长田书平,调研员李爱和;省公路运输工会主席郭鹏飞、副主席田建江、逯美玲,调研员阎爱华,助理调研员田荣华。

在这次机构改革中,厅机关处室由过去

15个精简为12个,机关编制由原来100名精简为58名。同时,厅机关内设机构及其职能也进行调整。一是人事劳资教育处改为人事处,将教育管理职能划出;二是科技处改为科技教育处,新增教育管理职能;三是计划统计处改为综合规划处,增挂外资处牌子;四是撤销项目办,其职能并入综合规划处;五是成立运输管理处;六是撤销水运港监船检处,其职能并入运输管理处;七是根据晋办发[2000]18号文件精神,厅离退休干部处编制单列,更名为离退休人员管理处,人员按照公务员条例管理;八是根据省委办公厅晋办发[2000]16号文件,撤销原省审计厅驻交通厅审计处,内审职能由财务征费处承担;九是将机关后勤服务职能全部划归厅后勤服务中心,同时推进厅机关后勤管理体制改革。内设职能调整后,厅机关设办公室、政策法规处、综合规划处、财务征费处、公路管理处、运输管理处、科技教育处、公安处、交通战备办公室、人事处10个职能处室和机关党委、省纪委驻交通厅纪检组与省监委驻交通厅监察室。厅离退休人员管理处批准编制5人,省公路运输工会仍按原批准的编制11人。

经过这次机构改革后,山西省交通厅的主要职能有2项:一是根据政事、政企分开的原则,将原直属单位承担的公路建设、养护、交通运输管理、汽车维修管理、汽车驾驶员培训、行业管理等行政职能,划入省交通厅机关承担。二是将交通厅机关承担的属于企业生产经营和投资决策的职能以及技术性、服务性职能划出。主要职责有13项:①贯彻执行党和国家关于交通工作的方针、政策、法律和法规,研究拟定全省公路、水路交通行业的地方性发展战略、法规和规章,并监督执行;②组织编制全省公路和水路交通行业发展规划,拟定交通基础设施、交通运输生产、交通规费征收、交通科技教育年度计划和中长期计划,并组织实施和检查监督;③主管全省公路及其设施的建设、养护、规费征稽和路政运政的管理工作,并按照专款专用原则,会同有关部门统筹安排使用和进行监督;主管水运基础设施建设、维护、规费征稽和水上交通安全监督、船舶技术检验及港航设施建设的行业管理;组织实施交通工程建设,负责交通工程质量监督管理工作;④主管全省公路、水路交通运输的行政管理工作,会同有关部门负责交通基础设施建设市场管理;制定市场规划,建立市场服务体系,发布市场信息,监督市场经营行为;⑤主管全省交通客运、货运、汽车维修、汽车场站规划管理、交通企业资质审定、汽车驾驶员培训管理工作;负责公路运输车辆技术、车辆维护检测工作;⑥主管公路路政、运政、水运航政行业管理工作;维护公路和水路交通行业平等竞争秩序;引导交通运输行业优化结构,协调发展;拟定公路、水路投资、价格、劳动工资及其他有关交通行业的经济政策;负责动员、组织重要物资运输和公路紧急抢修工作;指导协调城乡客、货运输的衔接工作;协助建设部门搞好城市出租车管理工作;⑦组织公路、水路交通技术开发和管理工作;拟定全省交通行业技术标准和规范;组织重大交通科研攻关;推动行业技术进步;⑧组织指导交通行业体制改革;负责对所属单位国有资产管理和保值增值监督;组织全省交通行业统计和信息引导;⑨主管全省交通系统教育、职工培训工作;指导交通系统精神文明建设;承办厅机关和厅属单位人事劳资、机构编制管理工作;按规定管理厅属县处级单位领导班子和领导干部;指导交通行业职工队伍建设;管理交通系统公安保卫工作;⑩负责交通行业涉外工作和引进外资工作;开展省际、国际经济合作与交流;⑪主管全省地方各级交通部门业务工作;⑫组织、管理、指导全省交通战备工作;⑬承担省委、省政府交办的其他事项。

截至2001年底,省交通厅共有32个厅直单位,73个厅属单位。全省119个县市区中,有114个县、市、区交通局。其中,大同市城区、矿区,阳泉市城区、矿区,长治市城区未设交通局。

第二节　全省交通系统各单位机构沿革

1993年以来，为适应全省交通运输事业建设发展改革需要，经省编制办公室批准，对厅属事业单位机构进行了调整和充实。

1993年4月1日，省交通厅印发晋交人字〔1993〕118号文，同意成立山西省交通建设开发总公司、山西省交通建设工程监理总公司、山西省交通信息通信公司。1995年，地方铁路局独立，从省交通厅划出。1995年2月，为适应厅机关后勤服务改革需要，成立厅后勤服务中心；1995年3月，撤销厅编史办，省编办印发晋编办字〔1995〕14号文，同意成立厅资料信息中心，同时挂“山西省交通史志年鉴编辑部”牌子，县处级事业单位，编制6人，领导职数1正1副；1995年8月，经省编委批准，山西省公路质量监督站更名为山西省交通基本建设工程质量监督站，正处级建制，编制15人，领导职数1正2副。1995年12月，省编办印发晋编办字〔1995〕117号文，同意成立厅宣传教育中心，县处级事业单位，编制11人，领导职数1正1副。

1996年5月21日，山西省国防动员委员会成立。山西省人民政府、山西省军区交通战备领导小组自行撤销，原领导小组办公室改称“山西省国防动员委员会交通战备办公室”，简称“山西省交通战备办公室”。归口省国防动员会领导，办公室挂靠在省交通厅。山西省交通战备办公室是省国防动员委员会的办事机构，也是省政府主管交通战备工作的办事机构，与所在单位的关系为挂靠性质。1996年10月20日，省编办印发晋编办字〔1996〕83号文，确定省公路局第二、第三工程处为副县（处）级事业单位。10月30日，省编办印发晋编办字〔1996〕79号文，同意成立山西省风陵渡黄河公路大桥管理处，为副处级建制事业单位，隶属省公路局。11月20日，省编办印发晋编办字〔1996〕96号文，同意省公路局试验室更名为山西省公路工程质量检测中心，为县（处）建制事业单位。1996年12月，省编办印发晋编办字〔1996〕106号文，同意成立山西交通报刊社，县处级事业单位，编制16人，领导职数1正2副。1997年1月30日，省编办印发晋编办字〔1997〕16号文，同意成立省公路局多种经营管理中心，为县（处）级建制自收自支事业单位。1998年4月1日，省编办印发晋编办字〔1998〕38号文，同意省公路局增设地方道路处，编制在省公路局机关内部调整，核定处级职数2人。1998年11月6日，省编办印发晋编办字〔1998〕116号文，批复省高管局机构编制。同意将太旧高管局更名为山西省高速公路管理局，同时挂山西省高速公路开发有限（集团）公司的牌子。内设11个科室，核定事业编制84名，领导职数4名，总工程师1名，总会计师1名。下设太原、晋中、阳泉、晋城管理处，增为副处级建制，核定编制分别为85名、228名、156名、53名；核定副处级领导职数各2名。1999年12月，省交通技校被劳动和社会保障部批准为高级技工学校。2000年11月，为适应新闻宣传改革需要，由厅宣传教育中心、山西交通报刊社、《中国交通报》山西记者站、山西电视台驻厅记者站共同组建厅新闻宣传中心。

1994年10月11日，省编委印发晋编字〔1994〕60号文《关于山西省交通厅车辆购置附加费征收管理机构编制的批复》。明确在省、地（市）、县（市）交通征费稽查局、处、所增挂车辆购置附加费征收管理办公室牌子，人员经费从交通部车购费收入返还中解决。同年，由于行政区域重新调整，朔州交通征费稽查处挂牌成立。至此，全省11个地、市全部设立交通征费稽查处。1996年，省编委晋编字〔1996〕11号文印发《关于交通征费稽查机构编制的通知》，同意省交通厅征费稽查局更名为山西省交通征费稽查局，各地、市交通征费稽查处更名为交通征费稽查分局（同时仍挂车购费征收管理办公室牌子）。更名后，各交通征费稽查处单位规格由原副处级建制升格为正处级建制，单位性质为省交通厅直属自收自支事业单位。2001年12月30日，省编委印发晋编办字〔2001〕188号文，同意成立山西省交通征费稽查局霍侯路征费管理处,正处级建制,承担临汾霍侯一级公路车辆通行费的征收管理工作。2002 年 11 月,省编办印发晋编办字〔2002〕178 号文,同意在山西省交通征费稽查局增挂山西省公路通行费征收管理局牌子,统一负责全省公路通行费征收管理工作。

2001 年 10 月 15 日,经省编办〔2001〕138 号文批准,省交通厅机关增设路政管理处,与厅公安处合署办公;9 月 2 日,经省编办晋编办字〔2001〕112 号文批准,成立山西省地方海事局,正处级建制,编制 10 人,领导职数 1 正 1 副;4 月 20 日,经省编办晋编办字〔2001〕49 号文批准,同意从省高管局总编制中划拨 20 名事业编制给大运高速公路工程建设领导组办公室,核定处级领导职数 3 名;5 月 11 日,经省政府晋政函〔2001〕172 号文批复,同意以山西省交通学校为主成立山西交通职业技术学院,为专科层次的高等职业学校,副厅级建制;5 月 25 日,经省政府晋政函〔2001〕187 号文批复,同意山西省路桥建设总公司改制为"山西路桥建设集团有限公司",董事会由 9 人组成;9 月 19 日,经省政府晋政函〔2001〕344 号文批复,同意山西省汽车运输总公司改制为"山西汽车运输集团有限公司",董事会由 7 人组成。

2002 年 1 月 20 日,经省编办晋编办字〔2002〕4 号文批准,成立山西交通安居置业管理中心,正处级建制,编制 7 名,领导职数 1 正 1 副;2 月 22 日,经省编办晋编办字〔2002〕29 号文批准,成立山西省物流中心,县处级建制,编制 10 名,领导职数 1 正 1 副;8 月 8 日,经省编办晋编办字〔2002〕118 号文批准,成立山西省交通厅规划发展中心,县处级建制,编制 10 人,领导职数 1 正 1 副;同年 9 月,经省编办晋编办字〔2002〕45 号文批准,成立山西省交通厅公路交通工程定额站,县处级建制,编制 10 人,领导职数 1 正 1 副。

第三节　竞争上岗办法的推广应用

2000 年以来,为适应全省交通事业蓬勃发展需要,省交通运输厅党组对厅属事业单位人事制度实施了一系列改革,特别是竞争上岗办法的推广应用,为全系统干部队伍管理增添了新的活力。

9 月 18 日,省汽车运输总公司借鉴厅机关竞争上岗的人事制度改革经验,在汾阳汽车运输公司试行民主推荐董事长和总经理的做法。根据投票结果,经总公司党委研究并报省交通厅党组同意,王小明任党委书记、董事长,邓立奇任总经理。

9 月 30 日,为了保证 2003 年大运高速公路全线建成通车总目标的顺利实现,按照分段建设、分段完成、结合实际、因地制宜的思路,经省交通厅党组研究决定,成立山西省大新、新原、临侯、侯运高速公路建设有限责任公司,分别负责大运高速公路大同至新广武段、新广武至原平段、临汾至侯马段、侯马至运城段高速公路的建设。任命董新品为山西省大新高速公路建设有限责任公司董事长、郜玉兰为山西省新原高速公路建设有限责任公司董事长、李万定为山西省临侯高速公路建设有限责任公司董事长、马建新为山西省侯运高速公路建设有限责任公司董事长。至此,加上先前已经成立的山西省太祁高速公路有限责任公司和山西省祁临高速公路有限责任公司,大运高速公路六条新建路段各段的建设有限责任公司全部成立。

10 月 10 日,省交通厅党组决定用竞争上岗的办法,公开选聘大新、新原、临侯、侯运四个高速公路公司总经理,并成立了由厅长王晓林任组长、厅领导宋元林、杨金泉、张润、赵龙、胡玉珍为成员的公开选聘领导组,下设办公室。办公室主任由郜学文担任,副主任由蔺建煌担任,具体负责公开选聘的日常事务工作。消息公布后,引起很大反响。厅属各单位认真组织,广泛动员,全系统广大干部职工积极参与,踊跃应聘,经过个人报名、组织推荐、资格审查、厅党组研究等程序,在报名的 49 人中,共有 35 名同志获得了参加竞争的资格。

10 月 10 日,省交通厅党组印发大新、新原、临侯、侯运四个高速公路建设有限责任公司总经理竞争上岗实施方案。主要包括指导思想、基本原则、竞争岗位、应聘人员范围和条件、方法和步骤、组织领导6项内容。

11月11日至12日，省交通厅公开竞聘大新、新原、临侯、侯运高速公路建设有限责任公司总经理演讲答辩会议在忻州顿村省交通职工培训中心举行，共有29人登台演讲。会议由副厅长宋元林主持，厅长王晓林作动员讲话，副厅长杨金泉宣布竞聘人员名单、演讲答辩规则、评分标准和计分办法。在演讲答辩过程中，采取先演讲、后答辩、现场抽题、现场打分的办法。为了保证评分的公开、公正，大会工作人员从下属单位抽调，评委由厅党组成员、交通系统有关专家、领导，4个公司董事长共15人组成。王晓林任主考，杨金泉任副主考。评委根据演讲答辩评分标准计分，去掉一个最高分和一个最低分，加权平均计算出竞聘者的演讲答辩成绩。演讲答辩时间为18分钟，其中演讲10分钟，答辩8分钟。100分中，演讲占50分，答辩占40分，综合印象占10分。竞聘职位顺序是大新、新原、临侯、侯运，竞聘同一职位的采取现场抽签决定排名顺序，演讲答辩后，组织民主测评。民主测评采取无记名投票方式进行，现场发票，现场投票，现场统计，现场公布测评结果。厅党组全体成员、厅机关各处室处长（主任）、省公路局领导班子成员和各处室处长（主任）、公路系统各单位党政一把手、厅直有关单位党政一把手参加民主测评。

根据演讲答辩和民主测评综合得分结果，按照《竞争上岗实施方案》规定，最后确定12名入围考察对象：大新高速公路公司为李应怀、赵善义、聂奇聆；新原高速公路公司为王润民、李生会、马德文；临侯高速公路公司为李晋宏、姚惠发、靳航；侯运高速公路公司为贾建民、米慧杰、马东强。12人中，平均年龄37.07岁。其中，具有研究生学历2人，大学本科学历9人，大专学历1人。

11月13日至14日，省交通厅召开干部人事制度改革经验交流会。提出当前和今后一个时期，全省交通系统干部人事制度改革的总体思路是：以江泽民同志“三个代表”重要思想为指导，认真总结推广厅机关机构改革的经验，以建设高素质队伍为目标；以厅属企事业单位干部人事制度改革为重点，围绕政企分开、事企分开，在事业单位推行聘任制和岗位管理制，围绕建立现代企业制度在国有企业创新适应《公司法》要求的选人用人机制；以解决干部能上能下问题为着力点和突破口，更新思想观念，构建创新体制，激活用人机制，匡正用人导向，优化人才结构，提高工作效率，全面推进交通系统干部人事制度改革。

厅党组全体成员出席会议，厅党组书记、厅长王晓林作了题为《创新体制激活机制，全面推进交通系统干部人事制度改革》的重要讲话。王晓林在讲话中，要求全系统各单位要站在全局角度、充分认识推进干部人事制度改革的重要性和紧迫感，不断增强搞好干部人事制度改革的紧迫感和责任感。

会上，厅党组还印发《关于推进厅属企事业单位干部人事制度改革的意见》、《关于加强领导班子、领导干部年度考核工作的意见》、《关于领导干部任前公示制的暂行办法》、《关于在企事业单位推行公开选拔领导干部的实施意见》、《关于干部选任程序监督审核的暂行规定》、《关于干部选拔任用工作失察失误责任追究的暂行规定》6个文件，提交大会进行讨论。

厅党组副书记、副厅长宋元林作总结讲话。就如何贯彻好会议精神提出6点要求。一要迅速传达贯彻，动员广大干部职工积极参与和支持改革；二要摸清实际情况，各单位要借会议东风，安排一次干部人事制度改革调查活动，摸透情况，吃准问题；三要拿出措施办法；四要抓住工作重点，解决关键问题，务必抓出实效；五要加强组织协调，正确处理好各方面的关系；六要建立抓落实责任制。

自1993年以来，按照省有关规定，省交通厅机关没有从企事业单位调入或从社会上录用过主任科员以下工作人员，机关人员一直空编。2002年，根据厅党组安排，经省委组织部、省人事厅批准，省交通厅首次面向社会公开招考录用8名国家公务员和省公路运输工会2名机关工作者。这次招考完全按照《公务员暂行条例》,从报名、笔试、面试到考察,坚持公开、公平、公正的原则,严格按照有关程序进行。在报名过程中,审查的相关证件材料有:单位介绍信、工作证、学历证书、学位证书、身份证、户口本等,同时审查所学专业和基层工作经历。笔试、面试由省委组织部、省人事厅统一组织,对进入考察范围的人员由省交通厅组织,进行认真考察,主要考察德、能、勤、绩、廉五个方面。这次招考录用,共从88名报考人员中为厅机关录用8名国家公务员,从22名报考人员中为省公路运输工会录用2名机关工作者。这10名人员中,1人为研究生学历,8人为本科学历,1人为硕士学位,8人为学士学位,年龄均在35周岁以下,所学专业有法律、公路桥梁、计算机、历史学、中文、经济管理等。这次招考录用人员,给省交通厅机关工作带来新的活力,厅机关工作人员的知识结构、专业结构和年龄结构得到进一步优化,机关工作人员整体素质不断增强,工作效率也得到较大提高。

第十六章 改革探索

1993年以来,在省委、省政府正确领导下,省交通厅党组解放思想,身先士卒,以非凡的胆略和勇气,对一切束缚职工的旧观念和旧体制进行大胆改革。

在企业改革中,打破企业吃国家大锅饭、职工吃企业大锅饭体制,放开手脚,引进贤才,使企业成为自主经营、自负盈亏、自担风险、自我发展的主体;在公路建设中,面向全国,优选施工队伍,建立"政府监督、社会监理、企业自检"三级质量保证体系;围绕太旧、大运等重点工程建设,成立指挥部或项目公司,全面负责工程建设或项目管理,确保工期、质量、投资不突破;为解决巨额公路建设资金缺口,不断创新投资融资体制,如转让已建成公路部分股权引进港资,与地方政府合作建设公路,盘活省交通厅路产等;不断深化科研、设计体制改革,面向国内外大市场,全力拓宽服务领域,走出一条集约化经营、规模化发展的新路。

第一节 全省交通建设项目预算管理方法的改革实践

2001年,按照全省财政改革要求,省交通厅资金收支全部按照部门预算的模式管理。具体模式为:一是全面推行部门预算,改变资金归口管理的做法,预算要完整地反映省厅所有收入和所有支出,涵盖部门所有公共资源,提高财政资金的使用效益,硬化预算约束,提高管理水平。二是各项财政性资金收入足额列入预算盘子,做到应收尽收,应列尽列。省厅各项资金属于预算外资金,收入计划应高于上年预计完成数,事业单位经营收入计划应与其经营规模相适应。三是按照部门预算要求,实现预算内外资金统筹安排,综合平衡。省厅各项资金属于预算外资金,纳入预算内管理。预算收入统一由省财政调控8%,其余资金与预算内资金统筹安排。四是收支平衡,不打赤字。预算安排坚持先维持、后发展、先重点、后一般的原则,按照排定的项目次序依次安排,不超过财力安排支出。各项支出安排次序为:应负担的工资性支出、按定额安排的公用经费、社会保障支出、专款专用支出、政策性补贴支出、救灾及抚恤救济支出、法律法规和省委省政府确定的重点支出,各项生产建设性支出,预备费,专项事业费及业务费,一般购建支出,其他支出。五是坚持"个人部分按实际,公用经费按定额,专项经费视财力"的原则,全面推行零基预算。

根据预算管理要求,省交通厅坚持以人为本、全面协调、可持续的科学发展观,坚持三网并重、建养管并重、公路建设与运输发展并重,有重点、有步骤地安排全省计划和预算,不断研究、改进计划预算管理办法,加强宏观管理和政策指导,减少审批环节,提高工作效率和管理的科学化、精细化。在深入调研全省公路养护管理实际情况和国家相关定额标准以及周边省份公路养护管理相关标准的基础上,结合全省经济发展需要,省交通厅组织制订并出台《高速公路通行费预算管理试行办法》、《成品油价格消费税交通资金管理暂行办法》、《山西省干线公路日常养护定额标准》、《山西省城乡道路客运成品油价格补助专项资金管理实施细则》、《山西省岛际和农村水路客运成品油价格补助专项资金管理实施细则》、《车辆购置税用于一般公路建设项目交通专项资金管理办法》等，为搞好全省交通系统预算管理打下坚实的基础。

第二节 全省交通投融资体制的改革实践

1993 年以来，省交通厅紧紧抓住 1998 年中央加大基础设施建设，扩大内需，拉动经济增长的机遇，积极争取国内各大银行贷款和国际金融组织贷款，吸引外资，在投融资体制改革方面进行有益探索。

一、积极争取银行贷款支持

1998 年，国家实行积极的财政政策，各大金融机构纷纷关注公路建设项目。省交通厅紧紧抓住这个机遇，积极同各大银行谈判，争取贷款支持。国家开行交环函〔1998〕249 号文印发《关于承诺山西省原平至太原等六条公路项目贷款的函》，支持原平至太原、夏家营至汾阳、大同至孙启庄、运城至风陵渡、运城至平陆 5 个高速公路项目、霍州至侯马一级公路，共 6 个公路项目贷款 44.8 亿元；建行支持大同至孙启庄高速公路、武宿至罗城高速公路贷款 8 亿元；工行支持长治至邯郸高速公路贷款 7.9537 亿元；中行支持东观至介休一级公路公路贷款 3.5317 亿元；并积极向国家计委申请国家财政债券 6.255亿元。

2002 年，国家开发银行为全省普通干线公路贷款(一期)20 个项目，建设里程 1566 公里，其中：一级公路 150 公里、二级公路 1416 公里，总投资 37 亿元，国家开发银行贷款 25 亿元。

二、申请国际金融组织贷款

(一)亚行贷款

项目贷款是亚洲开发银行主要和传统的贷款方式。全省利用亚行贷款的项目是祁县至临汾、侯马至禹门口两个高速公路项目。

1996 年，祁临高速公路被国家正式列入亚行备选项目。1998 年 9 月至 12 月，亚行派出技援团对该项目进行现场考察。1999 年 3 月 9 日，亚行预评估团一行 6 人抵达太原，对项目进行为期七天的预评估工作。3 月 21 日，预评估团在北京与财政部、交通部举行会谈，最后形成《预评估备忘录》。6 月亚行启动团对该项目进行正式评估，签署《谅解备忘录》。1999 年 8 月，由财政部牵头，国家计委、交通部和山西省组团赴菲律宾与亚行进行贷款协定谈判，并草签贷款协定。1999 年 9 月 30 日，亚行批准对中国政府的 2.5 亿美元贷款，用于祁临高速公路项目。

2001 年，侯马至禹门口高速公路列入亚行备选项目。建设标准为高速公路，概算总投资 227 353 万元，其中亚行贷款 1.2 亿美元(折合人民币 102 000 万元)。2003 年开工建设，2006 年建成通车。

(二)世行贷款

为振兴山区经济，帮助农民脱贫致富奔小康，全省使用世行贷款建设运城地区 6 条扶贫公路。线路分别为：平关公路位于平陆县东南部，同西公路、磨垣公路位于绛县东部，泽关公路位于新绛县北郊，老下公路位于河津市北部，夏祁公路位于夏县东部。6 条公路全长 204 公里，总投资 13 982 万元，其中世行贷款 5759 万元，省交通厅补助 3149 万元，地、县自筹 5074 万元。

1992 年开始争取，1996 年获得贷款并开始实施，1999 年 12 月 7 日 6 条公路全部通过验收。除平(陆)关(窑)公路为合格工程外，另 5 条公路均被评为优良工程。

三、努力引进外资投资

(一)太原东山过境高速公路

是全省第一条引资修建的高速公路，是太原市建设项目。1993 年开工建设，1997 年建成通车，历时 5 年，主要原因是资金筹措困难。根据 1994 年省政府办公会议纪要，项目包干建设，资金比例为省 75%、太原市 25%；省交通厅积极协助太原市政府筹措项目资金，1995 年争取交通部增加部车购费补助 900 万元、部委托贷款 4000 万元；1996 年、1997 年省交通厅又为项目提供贷款担保 10 588万元，并引进外资 2836 万美元用于项目建设。

(二)晋城至焦作公路

1998 年 6 月，省交通建设开发投资总公司与香港新世界基建有限公司合作组建山西新泽等六家高速公路公路有限公司，共同兴建和经营晋焦高速公路山西境内段。建设里程33公里，概算总投资143 789万元。资金来源为：公路建设基金11 515万元，地方财政债券15 000万元，部委托贷款31 000万元，外资86 274万元。1997年开工建设，2001年建成通车。

因该公路河南段工程滞后，2001年4月，香港新世界基建有限公司提出撤资要求。经2001年4月29日下午省政府第67次常务会议纪要原则同意。2002年9月，由省交通建设开发投资总公司向工商银行融资10亿元并购晋焦高速公路港方股权。

（三）109国道云冈改线

建设里程26公里，二级公路标准，概算总投资22 906万元。资金来源为：交通部补助2200万元，公路建设基金3136万元，地方财政债券850万元，建行贷款9200万元，外资7520万元。1998年开工建设，1999年建成通车。

四、探索经营权转让

1997年，省交通厅委托省交通建设开发投资总公司，与香港路劲基建有限公司合作建设经营太原至榆次17公里一级公路、108国道榆次鸣李至东长寿16.6公里、小店汾河桥及引道5.5公里和太佳线西铭至古交41.5公里二级公路，签约项目总投资65 459万元，引进外资41 416万元。

第三节 全省交通运输行业统计制度的改革实践

一、抽样调查

为实现按月提供全社会公路、水路运输量统计资料，满足各级交通主管部门进行行业管理和国家统计局定期发布统计数据的需要，交通部交规划发〔1999〕32号文印发《关于开展全社会公路水路运输分月度抽样调查和测算工作的通知》。要求在2000年将分月抽样调查纳入各级道路运输统计部门的正常工作制度，并选定山西省作为交通部分月抽样调查试点单位。因此，从1999年起，全省开始在11个地市进行分月抽样调查工作。

由于分月抽样调查工作量极大，牵扯到的人力、物力、财力很大。为此，交通部明确规定各省要保障抽样调查所需经费，保障所需人力、物力、财力。经过12年运行，此项工作进展良好，为全省公路运输政策制定、领导决策提供了必要依据。

二、道路运输全行业统计

1996年10月7日，交通部交公路发〔1996〕839号文颁布并实施《道路运输统计报表制度》。本报表制度实施以来，极大地规范全省道路运输行业统计工作，市级道路运输管理机构基本都设立专门统计机构，明确专职统计人员。全省道路运输统计工作连续多年受到交通部表扬。

三、专项统计

在做好公路运输行业统计与道路运输统计工作的同时，根据国家宏观经济发展现状与特点，按照部、省要求，省交通厅先后圆满完成《黄金周交通运输部门客运情况上报表》、《煤炭运输统计日报表》、《山西省煤炭油粮运输统计周报表》等多个专项统计工作任务。

第四节 全省交通勘察设计体制的改革实践

“要得富，先修路”。随着改革开放政策的进一步深入，尽快打通通向东部沿海城市的出省快速通道，改善投资环境，加快招商引资，成为推动全省经济发展步伐的重要途径。省委、省政府把修建高速公路作为当时全省工作的“重中之重”，放在第一位。高速公路的建设，能从根本上提高公路运输能力和运输质量，降低运输成本，提高运输效益，使各种交通运输方式之间形成良性竞争和补充。

1993年以来，省交通设计院紧紧抓住以

太旧高速公路为龙头的测设任务,贯彻“多完成任务不外推,抓住机遇不放松,提高质量不马虎,开拓创新上水平”的工作方针,主要参与或独立完成太旧高速公路、大运高速公路、太原至榆次超一级公路的勘察设计。共设计其中二级及二级以下公路2600公里,一级公路570公里,高速公路1100多公里,折合里程3780公里。

为适应市场发展需求,不断扩大技术服务范围,省交通设计院积极申领行业内各类专业资质,先后拥有建设部核发的“四甲一乙”资质证书。即工程勘察综合甲级、公路设计甲级、特大桥梁设计甲级、特大隧道设计甲级和交通工程设计乙级。具备了同时从事公路工程的规划、可行性研究、勘察设计、技术咨询等工作。综合实力和技术力量更加雄厚,各种硬件配备精良,成为山西省内首屈一指的公路勘察设计甲级单位,并且在全国同行业中排名第11位。

2002年7月1日开始实施勘察设计项目招投标制后,为进一步增强市场竞争能力,在现有任务暂时饱满情况下,省交通设计院加大经营工作力度,积极参与投标竞争。制定下发《勘察设计招投标管理办法》,通过多种渠道获取投标信息,院领导亲自带队参加河北、新疆、山东、湖南等省的勘察设计招投标项目,积累经验,为今后中标奠定坚实基础。除完成全省公路工程设计项目,积极参与省外项目投标外,还承担完成巴基斯坦、南也门、老挝、卢旺达、孟加拉国等援外公路工程的勘察设计、施工监理工作。

在这一时期,省交通设计院根据职能资质发展与市场经营需求,积极引进一批高技术、高学历、高职称人才,在近10年的快速发展中,全院职工达到400余人。院内设机构也适时补充调整,设立总工办、生产经营科、规划科、审核室、电算室、建筑室、桥隧中心、试验中心、交通工程环保中心等职能、业务部门。同时,根据内部发展需要和岗位编制,引进竞争机制,开始实行竞争上岗,定编定岗,极大地调动职工工作热情,培养一批既懂技术,又懂管理的年轻骨干。

与此同时,大力实施内部经营制度改革。根据国家经济发展政策和市场经营需求,围绕公路建设市场,适时组建9个不同业务职能的实体公司,通过有效地宏观指导和审计监督,各公司独立经营,自己创业,自谋发展,逐渐发展壮大。一方面是对院主体业务经营的有效补充,建立并开展房建、地勘、监理和工程可研等相关项目;另一方面挖掘内部人员潜力,分流安置闲置人员,进一步优化院主体人员结构,在市场竞争中的整体实力更加壮大。

太旧高速公路。1990年,受省交通厅委托,省交通设计院承担太原至旧关的可行性研究,以及太原至寿阳段的初测、初设、详测、施工图设计。专门成立综合测设队与一、二、三测设队,共同完成任务,组织最强大的阵容投入到一线。太旧高速公路采用纸上定线,实地放线的测量方法确定路线线位。由于路线采用高标准的几何线形,线位采用坐标控制,曲线半径大、弯道路长、计算烦琐,要求放线具有较高精度,传统的测量手段和计算方法,很难适应高速公路测量需要。在太旧高速公路测设工作中,使用红外线光电测距仪和夏普PC－1500微型计算机,采用极坐标法与弦支距法相配合的方法敷设中桩,圆满完成路线中桩放线工作。结束多少年来公路直线由花杆对中,公路曲线由查表求弦支距参数,钢尺拉链丈量,进行敷设中桩的传统测量方法。此外,对太旧高速公路的方案设计、指标选用、方案评审、降低造价等方面,省交通设计院都做了大量工作,交通部规划院和省公路部门专家全面详细评审后,提出宝贵意见和建议,使设计更趋完善和合理经济。

大运高速公路。全长666公里,纵贯全省8个地(市),25个县(市),穿越全省主要工矿区和农业区,是国家规划并重点建设的“五纵七横”国道主干线二连浩特至河口公路在山西境内的重要路段,也是西部开发的重要通道之一。省交通设计院凭着雄厚技术实力和良好信誉,在投标竞争中胜出,获得大运高速公路勘测设计牵头工作。先后完成原平至太原、太原至祁县、祁县至临汾、新广武

至原平、大同至新广武、临汾至侯马、侯马至运城、运城至风陵渡、运城至三门峡等10余条高速公路的勘察设计任务，还承担国道307线汾阳至柳林段高阳矿特大高架桥的设计等项目。

太原至榆次超一级公路。起点太原市学府街东口，终点至榆次市新建汽车站，全长17.28公里，一级公路标准，按城市道路建设标准修建，设计为上下行4条快车道和两条慢车道，路基宽32米。

由于先后承担太旧、大运高速公路勘察设计工作，测设地形地质呈现多样复杂，大大增加数据采集难度。为提升测设精准度，省交通设计院积极引进使用先进设备。通过新仪器与传统技术相结合，使技术员队伍整体综合实力和技术水平大幅提高。高速公路的快速发展，勘察设计作为交通建设的先行军、排头兵，也受到省交通厅党组的高度关注。省交通厅厅长王晓林上任后第二天，深入省交通设计院调研，勘察设计各项工作也得到厅领导充分肯定与好评，并委以承担全省高速公路网前期设计重点项目的重任。

第五节　全省交通科学研究体制的改革实践

1993年以来，省交通科研所坚持“经济建设必须依靠科学技术，科学技术必须面向经济建设”的指导方针，积极为公路交通事业开展科研工作，为公路交通发展作出较大贡献。

作为公路交通行业专业研究单位，省交通科研所具有人才密集、设备先进、信息量大等优势，在省交通厅高度重视下，全省公路交通行业开展的科研项目中，占有较大比例。通过签订课题合同，“八五”期间，交通部拨款90万元，省科委拨款3万元，省交通厅拨款899万元。

至“八五”末，科研工作取得可喜成绩，立题承担58项科研课题的开发研究及技术推广与运用工作，参与制定4项部颁标准及全省行业科技发展规划。获省科委科技进步一等奖1项、二等奖2项、三等奖6项，申报国家专利7项。这些获奖项目，都达到国内领先或国际先进水平，为推动全省公路交通上新台阶起到重要作用。如获省一等奖的“预应力砼弯桥设计和施工技术”成果达国际先进水平，被列入全省“八五”科技成果推广项目。

“九五”期间，遵照国家“稳住一头，放开一片”的指导思想，在厅党组领导下，省交通科研所立足于体制改革并逐步完善，出色完成所承担的科研工作，特别是注重面向生产第一线，解决很多重点公路工程建设、管理、养护中的技术难题。围绕太旧高速公路等多项重点公路工程建设，开展一系列科研项目，取得多项公路工程建设急需的科研成果。一是为太旧高速公路武宿立交枢纽设计、建设进行技术论证和大量的工程计算，为其顺利建成通车并获全国“鲁班奖”提供科学依据；二是组织“6·25”义务科技服务队，为太旧路突破大量技术难关、按时建成通车做出积极努力；三是承担风陵渡黄河大桥技术检测工作，为通过交通部验收提供第一手资料；四是承担运城至风陵渡公路20公里路面施工的监理任务；五是在某些技术领域取得突破性进展。如承担的“碾压砼路面施工成套技术”(国家85-403重点攻关项目)在山西省208国道太长路段进行规模推广应用，获得交通部科技成果二等奖，其他3个子项目“碾压砼路面拉杆设置技术”、“抗滑料撒布装置”、“微波加热含水量测定仪”获世界发明金奖(1996，美国洛杉矶)，受到国际、国内有关专家及同行的极大关注。

此外，省交通科研所承担的另一个“八五”国家重点科技项目(85-403-02-01)，密切结合道路工程实践，其成果直接为沥青路面设计、施工服务。可作为修订沥青路面有关技术规范的依据，具有良好推广应用前景，在工程实践中产生重大经济效益和社会效益。一是对全国有代表性的道路沥青品种的质量和使用性能做出科学评价，具有很大实用价值；二是提出影响沥青路面性能的高温、低温、降水量等气候因素的技术指标及气候分区图，对合理选用道路沥青具有指导意义;三是提出不同气候条件下道路沥青及沥青混合料路用性能的关键技术指标和分级界限值,为沥青材料选择及沥青混合料配合比设计及检验提供技术依据;四是对 SBR、SBS 及 NOVOPHALT 等改性沥青应用于高等级道路沥青路面进行科学评价,对今后研究工作具有指导意义。该成果通过鉴定后,获得 1997 年度交通部科技成果一等奖,1998 年获国家科技进步二等奖(国际先进水平)。

1998 年,所领导班子进行较大调整,赵队家同志出任所长。新的领导班子突出年轻化、专业化特点。在新班子带领下,全所人员解放思想,更新观念,大胆改革,走"兴科研、强管理、重效益、活实体"的创新路子,充分发挥所里技术人才及仪器设备优势,全力拓宽工作领域,加速科技发展。不断强化内部管理机制改革,积极开拓新的工作领域,向市场要效益,走科技集团模式路子。1999 年被省政府授予"全省科技体制改革先进单位"。

截至 2000 年底,取得科学研究、新技术推广以及科技产业迈上多元化、规模化新台阶的丰硕成果,成功实现新一届院领导班子提出的"一年打基础、两年见成效、三年大变样"奋斗目标。全年完成产值 7717 万元,是 1999 年 2.76 倍,其中科技产业贡献率占 85%,职工人均收入不低于 1.8 万元,新增固定资产 500 余万元。2000 年 9 月 29 日,省交通厅党组按照上级指示,以晋交发字〔2000〕66 号文,批准山西省交通科学研究所更名为山西省交通科学研究院。至 2002 年底,省交通科学研究院各项工作都迈上一个新台阶,为加快推进全省交通事业发展作出新贡献。

第六节 全省交通工程监理体制的改革实践

山西公路交通建设工程监理是 20 世纪 80 年代后期从大(同)运(城)线二级公路扩建、改建工程中开始试行的。其监理模式是以工程建设单位内部监理为主。

1991 年 8 月至 1993 年 7 月,在太原晋祠至交城夏家营一级公路建设中,正式实行监理质量否决制,由山西省公路学会咨询部(山西省交通建设工程监理总公司第二、第六监理部的前身)监理。这是一种独立于业主和承包商之外的第三方监理,山西省质量监督站为此批准了专项监理资质。1993 年,太原至榆次超一级公路、太原至旧关高速公路等山西省 6 条重点公路陆续上马,省交通厅报省有关部门和交通部批准,成立全省交通系统第一个专业化的监理公司即山西省交通建设工程监理总公司(以下简称省交通监理总公司)。至此,全省的公路交通工程监理制度开始全面推行,并逐步和国际工程监理的"菲迪克"条款接轨。

太旧高速公路是国家"八五"重点公路建设项目,是全省第一条全封闭、全立交高等级公路,也是全国施工难度最大的高速公路工程之一。80% 的路段处于崇山峻岭的太行山腹地,仅有 22 公里处于平原微丘区,其难度非常大。建设伊始,省交通厅党组毅然决定要在太旧路全线实行"政府监督、社会监理、企业自检"的三级质量保证体系。1994 年 8 月,省交通监理总公司组建太旧高速公路总监理工程师办公室,承担东西两段全部路基桥涵工程和中段部分路基桥涵及路面工程的施工监理任务,并统一协调已开工路段的监理工作,成为太旧路监理的主力军。此外,北京育才、华宏、华通等监理公司也承担部分工程的施工监理任务。

建设之初,由于监理制度形成对封闭式的自建、自管、自用、建设单位与施工单位合为一体的传统管理体制的极大冲击,全省全面推行监理制度起步较晚,建筑市场经济体制处于转轨阶段,完全与国际建筑市场衔接的内、外部环境和观念尚未形成,建设单位、监理单位、施工单位和设计单位之间千丝万缕的人际关系、工作源渊又相当密切,特别是在法制还不十分健全,监理人员整体素质不太高,人们普遍对监理工作的性质缺乏了解,对监理体制的重要性和必要性认识不足,抵触情绪很大,有的甚至认为监理费挤占了工程投资,不能很好地支持与配合。针对这些情况,为使监理工作创造一个良好外部环境,省交通厅一方面采取多种方式和渠道，深入宣传实行监理制的重要性、必要性和国家的方针政策；另一方面要求监理企业加强自身建设，通过监理人员卓有成效的工作以及实行监理制后太旧高速公路建设取得的实际工程效果，摆正和明确建设方、施工方、监理方和设计方四方之间的位置，确立了监理工作应有地位。在太旧高速公路施工监理过程中，广大监理人员依据交通部“严格监理、热情服务、秉公办事、一丝不苟”的16字监理工作原则，坚持始终把质量放在首位，以科学数据为依据，把好开工审批、材料进场、工序检测、计量支付四个关口，坚持旁站和巡视相结合，开好工地监理例会，将国际上公认的科学的“菲迪克”条款和太旧路的实际情况有机地结合起来，探索出一条适合国情、省情的公路工程施工监理之路，为提高工程质量和进度，控制工程成本，减少施工干扰，加强参建各方信息交流，都起到不可替代的作用。1997年11月，太旧高速公路荣获国家建筑工程质量最高奖——鲁班奖，成为全国第一条获此殊荣的高速公路。交通部质监总站在1997年《全面推行工程监理，促进交通建设工程质量上新台阶》报告中特别提到“山西省近三年来受监的六条高等级公路，通过严格监理，不仅提高了工程质量，而且节省投资2000余万元。”此外，推行监理制，逐步实现了与国际通用管理制度的接轨，改善投资软环境，吸引更多外资投入国内交通建设，促进全国交通建设发展，使全国交通建设队伍能较好地适应国际惯例与市场机制，增强参与国际建筑市场竞争的能力。随着越来越多的人认识监理，理解并支持监理，监理工作得到许多业主和主管部门的肯定与赞扬，有的业主深有感触，“有监理没监理就是不一样”；时任副省长杜五安同志说：“太旧高速公路段段优良工程和监理工作是分不开的。尤其是在监理过程中，监理人员艰苦奋斗，任劳任怨，同施工单位一道同甘苦、共患难，共同创造了太旧精神。全部段段优良工程是工程队干出来的，也是监理人员监理出来的”。交通部把“太旧精神”树为全国创建文明行业的公路建设先进典型，在全国交通系统推广。

2000年12月，伴随着大运高速公路的全面开工建设，经过太旧、原太高速公路建设摸爬滚打并逐渐成长和发展起来的省交通监理总公司，已同时持有交通部、建设部颁发的甲级监理资质，在山西交通系统首家通过ISO9002质量认证，在全省乃至全国交通监理行业拥有专业技术人员最广、各项管理制度最全、监理业绩最多，又投入到大运高速公路建设上，承担太祁、祁临、临侯、大新、新原高速公路项目监理任务，成为大运高速公路施工监理中的一支主导力量。大运高速公路的监理工作更加科学规范，做到“三个到位”，即监理组织机构、人员和规章制度到位；技术设备、资金到位；工作责任、工作手段和后方管理到位。“四种意识”，即监理人员对工程建设高度重视的思想意识，参建人员全员参与的质量意识，强烈维护监理企业本身信誉的意识，布置安排和检查、检点的意识。“四个重点”，即抓好监理工作人员的工作质量；抓好监理人员行风建设；抓好事前监理，严格事中控制，严肃事后处理；保证国家制定的有关法规、规范、规程和标准在所监工程中不折不扣地全面落实。“四个结合”，即所监大运高速公路工程项目的实际情况和国家的规范相结合，国外省外已有经验和省内实际相结合，省内太旧、原太和南过境高速公路的成功经验与所监工程相结合，思想政治工作、解放思想和实事求是、尊重客观规律的科学态度相结合。在监理实施过程中，省交通监理总公司各监理项目部除努力实现公司“诚信、科学、公正，严谨、求实、规范”的12字质量方针外，还结合项目部实际情况和多年工作经验，提出富有特色的监理工作方法。如临侯高速项目部提出“七到位一保证”，即监理人员到位、监理服务到位、监理工作制度到位、试验检测到位、监理工作奖惩到位、后勤服务到位、保证监理工程满意率100%；太祁高速项目部提出“五勤”，即脑勤、眼勤、嘴勤、手勤、腿勤；祁临高速项目部提出“四项承诺”，即服务承诺、时间承诺、技术承诺、廉政承诺，在实践当中都收到良好工作效果。

与此同时,随着国民经济发展,国家基础设施建设速度呈现出高起点、大跨度、超常规、跳跃式的增长趋势,建设监理制在“十五”期间得到全面推行,经过太旧、大运公路建设等省内重点工程实践,全省公路建设工程施工监理从无到有,在经历试点、稳步发展阶段后,由低级向高级、由无序到有序、由不成熟到成熟、由不规范向规范方向迈进,一方面对提高工程质量、建设管理水平和投资综合效益均发挥重要作用,另一方面锻炼和造就了一支思想作风硬、专业技能精、职业道德好、合同意识强、检查督促勤和工作效率高的监理队伍,已基本形成一个统一开放、竞争有序的监理市场体系。省内监理队伍从摸索实践到完善提高,立足山西,面向全国,走向世界,得到各级领导关注和社会各界肯定。

第七节　全省交通建设开发投资体制的改革实践

改革开放初期,百废待兴,交通先行,大量公路需要修筑,资金短缺摆在决策者面前。原来的“以工代赈”等方式已不能满足建设需要,在借鉴其他省经验前提下,省交通厅采用国家补助一部分、地方贷款一部分、社会集资一部分的办法修建公路,并通过收取过路费偿还贷款和集资款,这种修路方式,为公路建设大规模发展,开辟新途径。

山西省第一条收费还贷公路周梨公路于1986年11月15日开工,1990年5月1日全线竣工。总投资950万元,其中国家投资补助400万元,银行贷款550万元,其余370万元占有土地补偿费用,作为沿线乡镇和群众集资款投入工程,通过征收过路费偿还贷款和集资本息。

在依靠自身力量的同时,省有关部门还积极争取国际组织支持。联合国世界粮食署在1984年至1987年无偿援助全省小麦32230吨、食油518.8吨,先后建设五台教场至盂县青口头等九条共294公里公路。

1993以来,交通运输行业发展步伐明显加快,原来的投资体制已严重不适应交通发展需要。省交通厅不断创新投资体制机制,开创多种投资模式,为日后全省交通跨越发展奠定坚实基础。

一、成立公司破解融资难题

1993年,省交通厅专门成立山西省交通建设开发总公司(以下简称总公司),重点负责引资融资,并参与项目开发及经营管理。当年,山西省第一条高速公路太旧高速公路开工建设,4月6日,公司与美国万德福股份有限公司(美方)签订合同,合作成立山西晋美高速公路有限公司,拟共同投资合作建设并经营太原至旧关高速公路,旨在为太旧高速公路筹集建设资金,后因美方迟迟不予履行协议,此项引资于次年2月被迫终止。

太旧高速最后资金来源主要为交通部补助、养路费、公路建设基金、交通部委托贷款、银行贷款、群众捐款等。太旧高速公路建设可以说穷尽了当时所有的投资方式。

二、转让已建成公路部分股权

1996年,总公司以转让太原东山过境高速公路部分股权的方式,与香港晋昌、晋通公司合作,引资2.72亿元,属山西省交通第一个引进外资项目,所引资金全部上缴省厅用于公路建设。

1997年,总公司与香港路劲基建有限公司合作经营太榆路、榆次西外环路、小店汾河桥,引资2.43亿元,所引资金全部上缴省厅用于公路建设。

1998年,总公司与香港新世界基建有限公司合作成立山西新泽等六家高速公路有限公司,共同兴建和经营晋焦高速公路,引资8.6亿元,为缓解晋焦高速公路工程建设投资难题发挥了重要作用。

与此同时,还积极争取国际组织的支持。1996年,世界银行贷款5759万元用于修筑山区公路,帮助农民脱贫致富。1999年,亚洲开发银行贷款2.5亿美元用于祁临高速公路项目。

三、与地方政府合作建设经营公路

1997年,总公司与国家投资公司和阳城县政府三方合作建设阳济二级公路,2000年清偿其他两方投资,开始独资经营管理阳济公路，成为全省第一条实行"一路一公司"模式的公路，2009年经省政府确认为经营性公路。

四、盘活省交通厅路产

1999年5月，为扩充壮大企业资产规模和发展实力，更好地盘活路产开辟融资渠道，经省政府批准，省交通厅将大同至运城726公里二级路、东观至长治162公里二级路、汾阳至柳林126公里二级路共1014公里公路资产划拨给总公司，为该公司开展更大规模的引资融资业务，提供强有力的支持和保障。

五、开创BOT投资建设新模式

2001年，中国交通集团采用BOT方式，投资37亿元建设晋侯高速公路关门至侯马段。

第十七章　离退服务

1993年以来,省交通厅离退休人员管理处和厅属各单位离退休干部管理部门及广大老干部工作者坚持以邓小平理论为指导,认真贯彻党和国家关于离退休干部工作的方针政策,全心全意为广大离退休干部服务,以落实离退休干部生活费、医药费为工作重点,深入开展为老干部"送温暖、办实事、抓落实"深化服务百日活动、开展新老干部心连心活动、开展老干部再创人生第二个春天活动等,全面落实离退休干部政治待遇和生活待遇,实现离退休干部"老有所养、老有所医、老有所学、老有所教、老有所乐、老有所为"的目标,在促进和保障公路交通事业发展等方面,取得明显成效,多次受到厅党组和省委老干部局表彰。

第一节　政治待遇的落实

1993年至1995年,实现离退休干部统管,完善老干部阅文、参加重大会议和活动、党政领导联系老干部、重大节日走访慰问、重大决策和改革方案征询老干部意见等制度,有效加强老干部学习教育和管理。1996年,按照党章要求改选党支部,制订《离退休干部党支部工作规定》,组织老同志学习十四届六中全会精神,使广大离退休干部受到极大鼓舞;太旧路全线通车之际,组织离退休干部参观太旧路,学习太旧精神;10月份走访慰问老红军、老同志并召开厅机关纪念红军长征胜利60周年座谈会。1997年,按照省委组织部、省委老干部局晋老字〔1996〕79号文件要求,在全系统开展"新老干部心连心"活动,年初选派三名老干部党支部书记参加省委老干部局举办的培训班,在此基础上举办厅属单位老干部培训班,邀请省委党校和省委讲师团专家讲授十五大精神。1998年,认真落实省委老干部局《关于进一步落实离退休干部政治待遇的通知》(晋老字〔1998〕38号)和《关于认真学习贯彻〈中共中央关于在全党深入学习邓小平理论的通知〉和江泽民同志重要讲话的通知》,使老同志及时掌握政策,对个别卧床不起老同志送学到家;为各位老同志订阅(两报一刊,即《山西交通报》、《老友报》和《中华老年报》、《山西老年》);9月份组织参观原太、太原南过境高速公路,组织老同志参加厅直机关党委举办的学习十五大精神培训班和十五大精神知识竞赛,真正增强老同志解放思想、更新观念、适应新形势的自觉性。1999年,根据中组部《关于加强离退休干部党支部建设的意见》,进一步加强老干部支部建设;根据中央《关于在县级以上党政领导班子、领导干部中深入开展以"讲学习、讲政治、讲正气"为主要内容的党性党风教育的通知》,举办"三讲"教育培训班,安排老党员学习,在老党员中开展"创先争优"活动。特别是在揭批"法轮功"邪教组织,反对"台独"势力等政治斗争中,及时组织广大老干部看新闻、读报刊,提高政治敏锐性和鉴别力,在政治上和党中央保持一致。2000年,认真贯彻中组部等四部委《关于加强退(离)休干部思想政治工作的通知》和本省《关于加强和改进老干部思想政治工作的意见》,凡具备条件的单位都单独建立老干部党支部和党小组,已建立党支部的要配齐支部班子;各党支部进一步建立和完善政治学习制度、组织生活会制度、党员目标管理制度等。2000年底,全系统单独设立老干部党总支1个,党支部34个,党小组

107个。省运管局、长治公路分局、太原汽车运输公司等6个单位老干部党支部受到厅党组表彰,厅机关老干部党支部受到省直工委和省委、省政府表彰。2001年,认真组织老干部学习江总书记“七一”讲话及党的十五届六中全会精神,深入开展揭批“法轮功”等歪教邪说斗争,积极引导广大离退休干部参与全省交通改革,参观全省交通建设成果。2002年,各单位把老干部政治理论学习纳入整体规划中,做到有计划、有组织、有安排、有制度地组织广大老干部认真学习江泽民同志“三个代表”重要思想和“5·31”重要讲话,收听、收看十六大盛况,购置学习资料,推进离退休干部“政治坚定、思想常新、理论永存”,认真开展新老干部“心连心”活动,及时疏通和化解矛盾,消除不稳定因素,维护改革稳定大局;各单位为老干部办起阅览室、阅文室,每半年向老干部通报一次情况;单位主要领导和老干部“结对子”,定期沟通,在重要节日走访慰问关心老同志;“九·九”老年节组织60多名老干部参观大运高速公路雁门关隧道,使广大老同志感受到厅党组关怀和温暖。

第二节 生活待遇的落实

1993年至1995年,坚持为老干部体检和疗养制度,更新老干部用车(奥迪100、普桑和丰田面包)。1996年,开展第三届为老干部“送温暖、办实事、抓落实”服务活动,解决厅属单位拖欠104名离退休干部三个月以下离退休费9.6万余元,督促各单位经费专款专用,保障老同志基本生活和日常活动需要;厅离退干部处坚持原则,对省运系统汾阳、大同公司老同志反映“两费”落实中存在问题及时向厅领导报告,拿出方案帮助解决生活待遇政策上的问题,维护老同志利益;结合《中华人民共和国老年人权益保障法》实施之际,加大宣传力度,促进各单位提高对老干部生活待遇落实工作自觉性;分三批、两线组织老同志到北京、承德健康疗养。1997年,在迎接香港回归和党的十五大召开前夕,各单位对离退休干部“两费”落实情况进行逐人逐项检查和清欠。省公路、征稽系统保证“两费”落实到位;省运系统想方设法优先保证老干部离退休费发放和医药费报销,省交通厅和总公司先后筹资200余万元帮助清理“两费”拖欠;省公路系统进一步完善“九坚持”、“四落实”、“六从优”制度,省征费系统提出“一包一”管理服务体系,省运输系统把尊重关心爱护老干部、做好老干部工作纳入目标责任制等。1998年,第五届百日活动期间,各单位积极协调有关部门解决老同志衣、食、住、行方面存在的问题,凡是解决不好,造成老同志来信来访的在年度工作目标考核中实行一票否决制;5月至6月,厅党组把清理离退休干部“两费”与开展百家困难企业千家困难户结对子活动结合起来,副厅长杨继刚深入省客车厂调研,当场指示有关部门筹资13万元,帮助客车厂清理拖欠离休干部“两费”,厅党组还筹资109.6万元帮助其他厅属困难企业清欠,使老同志真正感到组织的关怀和温暖。1999年,认真贯彻晋发〔1998〕40号文件和《全省落实离休干部“两费”太原座谈会纪要》精神,建立和完善“两费”落实保障机制,继续做好“两费”清欠扫尾和查漏补缺工作。1月12日至2月13日,厅领导刘俊谦、杨继刚、任景春、杨金泉、赵龙亲自带队,深入厅属50多个单位个别走访慰问老干部103人,发放慰问品、慰问金7万余元。厅属各单位党政领导深入到每个老同志家,发放慰问品和困难救济款8.5万元。认真解决老干部公用经费、特需费和活动经费问题,保证全部足额到位,对有特殊困难的老同志予以特别关心。2000年,根据中央和国务院两办下发的中办厅字〔2000〕61文件《关于落实离休干部离休费、医药费的意见》,继续完善离休干部“两费”落实保障机制,保证离休费按时足额发放,个别单位如忻州汽运公司参加当地社会医疗保险;抓好清理离休干部“两费”拖欠工作。省厅和有关部门领导先后深入厅属30多个单位调查,加大清欠力度,绝大多数单位都及时兑现;积极解决老干部住房、乘车、疗养及特困户困难问题,厅属各单位党政领导定期不定期看望慰问老干部,给予困难救济或生活补助,帮助解决实际问题。2001 年,按照中央和省委、省政府要求,把离休干部"两费"落实兑现作为老干部工作重中之重,厅属企业单位都参加当地离退休干部离退休费社会统筹,厅属事业单位建立"一把手"负总责责任制度和离休费落实目标责任制,清理拖欠离休干部"两费"近 100 万元。

第三节 精神文化生活的丰富

1994 年,在晋中成功举办省交通厅第三届老年门球赛;1996 年,结合建党 75 周年和红军长征胜利 60 周年纪念活动,7 月份组织老同志参加省委老干部局组织的革命歌曲演唱会。5 月份在太原成功举办厅属单位第六届老年门球运动会,厅长刘俊谦亲自参加开闭幕式,约 150 人出席,年龄最大 77 岁。离休干部高仲华因交通事故住院,全处工作人员通过各种方式给予照顾;王丽琴、亢天喜两位同志因病长年卧床,想看太旧路,全处人员把他们背到太旧路参观;1997 年,在组织开展"心连心"活动中,厅党组书记、厅长刘俊谦四次参加老干部会议。4 月召开全系统离退休干部暨老干部工作"双先"表彰会,表彰先进,总结经验,在全系统掀起"争创双先"活动热潮;1998 年 4 月份在太原成功举办第 8 届运动会,100 多人出席。结合建党 77 周年和香港回归一周年纪念活动,6 月份组织 60 多名老同志参加省委老干部局举办的"庆七一和香港回归一周年"歌咏比赛。第六届百日活动中,厅长刘俊谦亲自带队深入大同慰问,虽然感冒发烧,仍冒着零下 20 度严寒到大同运输公司老同志家嘘寒问暖,老同志们把一篇 2000 多字的感谢信寄到省委老干部局;1999 年,结合纪念建国 50 周年、澳门回归和国际老年人年,举办老干部书画展、卡拉 OK 比赛,在长治举办厅第三届老干部运动会和厅直第一届老年城市高尔夫球比赛等活动;2000 年,各单位利用活动室向老同志传授医疗保健、文学艺术、文娱体育、书法绘画、市场经济等知识。9 月份厅里组织厅直第二届老年城市高尔夫球比赛;2001 年 9 月份,组织厅第三届老年城市高尔夫球赛,10 月份组织厅第四届老干部运动会;2002 年,继续发挥老同志特长优势为两个文明服务,先后组织老年人健康走步活动,厅第四届城市高尔夫球赛及省"大运杯"老年人运动会。根据晋办发〔2001〕55 号文件《关于加强老干部活动中心(室)建设和管理的意见》,拉开老干部活动阵地建设序幕。截至 2002 年底,全系统建立不同类型规模老干部活动室 30 多个,面积 5000 多平方米,投资上千万元,为丰富精神文化生活奠定基础。

第四节 老有所为作用的发挥

1996 年,以"再创人生第二个春天活动"为契机,广泛开展以"安康、有为"为内容的各项活动。6 月 25 日太旧路胜利通车,老同志在修路困难时捐款近万元;在太旧高速公路建设紧张时期,老厅长廉平、任先泉同志替党分忧,分工把口,被杜五安副省长称为九牛(指厅党组成员)二虎中的二虎;省公路局老龄委组织老同志建立路达实业公司,为太旧路制作标牌标志等;全系统还有 40 多名老同志奋战在太旧路第一线直接参与建设。全省人民义务修路再掀高潮之际,由老厅长廉平牵头,任先泉、王文祥等近 20 名老同志组成义务修路检查组代表厅党组分赴各地义务检查,为厅党组决策提供重要参考;1997 年,以开展"新老干部心连心"活动为契机,在厅机关和厅属各单位普遍成立老龄委、关工委、老年人才开发协会等组织。在厅属 2400 多名离退休干部中,协助组织培养考察干部、进行党风廉政纪律监督有 60 余人,参与培养教育青少年、关心下一代工作有 50 多人,重新被本单位或其他单位聘用 80 多人,创办经济实体 40 余人,从事其他各种生活和管理服务活动 130 多人。1998 年,根据省交通厅实际,实行以老龄委协调组织为主,各种老年事业组织合署办公，共同合作，相互促进的体制。各级老龄委、关工委、老年体协各负其责，开展工作。全系统2489名离退休老同志中有910余人在不同单位、不同岗位上继续发挥余热，再创人生“第二春天”。1999年，继续引深“老干部开创人生第二春天”活动，组织他们深入基层宣传邓小平理论和十五大精神，参与教育青少年和干部考察、党的基层建设、党风廉政建设等工作，为全省交通改革和重点工程建设献计献策；组织有技术专长老干部在科技服务、技术咨询等方面发挥作用，对居住农村的老同志继续发展种植业、养殖业，为农民脱贫致富作出贡献。到2000年，在公路施工管理、交通规费征稽、汽车运输生产、交通科研教育和其他各种社会公益活动，直接发挥作用有750多人，占到离退休干部总数30%。2001年，厅老龄委和厅属许多单位老龄委在组织老同志开展日常活动同时，举办老龄经济实体，取得良好经济效益。组织开展青年学生夏令营和其他爱国主义教育活动，定期不定期地举办卫生保健、书法讲座、科普讲座，受到广大老干部欢迎。

第十八章 汽运集团

1995年,面对二轮承包经营亏损局面,省运总公司新一届领导班子重点开展三项工作。一是组织学习邓小平南方讲话精神,统一思想,提高认识。二是于7月中旬召开所属企业经理书记会议,对生产结构调整、经营机制转换、实行"三制"(人事、工资、养老保险)改革、拓宽经营、开办三产等作出具体安排,重点研究扭亏工作,制订相关措施,响亮提出"8月停亏、9月减亏、年底彻底消灭亏损"的奋斗目标,动员全省掀起"扭亏增盈大会战"。经过上下努力,胜利实现"7月会议"提出的奋斗目标,8月停亏,盈利7.2万元;9月继续好转,完成换算周转量8214万吨公里,实现利润50.7万元。三是相继召开安全、客运、财务"三清"、燃油料供应、公安稽查等会议,选聘基层单位副职近70名党政副职于9月底全部到位。同时,积极转换经营机制,测定承包基数,完善承包责任制,多支柱生产、多产业经营,落实"四借两引两联一插足"方针,第三产业开发有了新突破,调整双文明建设领导机构,培养造就"四有"职工队伍,为迎接党的十四大胜利召开,迈开新一轮承包步伐。

第一节 "三步走"发展战略的制定实施

1994年底,省交通厅党组在临汾汽车运输公司召开"厅直企业扭亏增盈现场经验交流会",向全省发出学习"临运经验"活动的号召。省汽运总公司新领导班子上任之后,果断提出先从"制"上突破,再从"股"上探索的改革思路,制定了"一年扭亏增盈,二年发展壮大,三年体制创新"的改革发展三步走战略。强化企业管理,深化内部改革,完善经营承包责任制,团结带领广大干部职工真抓实干,苦练内功,克服重重困难,促使全系统方方面面发生可喜变化,"两个文明"建设迈上新台阶。省运全系统在全省运输行业普遍不景气的情况下,夺得全省交通系统当年无亏损企业的好成绩。至此,连年超额完成省交通厅下达的各项任务,1995年至1996年,固定资产增值3亿元,更新车辆1800台,连续两年超额完成生产任务,被省交通厅评为"完成工作目标责任制先进单位",并授予"先进企业"荣誉称号。同时,厅党组授予总公司党委"先进党组织"荣誉称号。总公司按照省交通厅部署,先后完成所属13个公司三项制度改革(人事劳资、工资分配、职工养老保险金)工作,于1995年底全部签订集体劳动合同。对于进一步增强企业生机和活力,调动广大干部职工创造性和积极性,起到积极推动作用。

1995年是全省汽车站建站投资数额量大、建站数目较多、发展速度较快的年份之一。省运系统汽车站多数建于六、七十年代,场地窄小,设施陈旧,远远不能适应当时国民经济发展和人民群众生活需要。总公司根据当地政府城建规划要求,本着轻重缓急原则,先后向省交通厅写出书面报告,拟对所属太原、长治、汾阳、运城、侯马、忻州、阳泉等公司12个汽车站进行新建、改建和扩建;省厅高度重视,先后三次批准上述项目,并分别纳入年度计划。

党的十一届三中全会之后10多年间,由于受计划经济约束和行业界限划分,第三产业发展极为缓慢。随着改革开放不断深入,省运总公司充分认识到发展第三产业的重要性和必要性,广泛宣传,发动群众,号召全系统广大干部职工解放思想,更新观念,勇于探索,大胆实践,打破传统的经营模式,打破地区界限,充分发挥各自地理位置和设施优势,本着以地为主、因地制宜原则,大力发展第三产业。总公司及所属13个公司群策群力,广开门路,第三产业涉及烟酒、副食、五金、交电、服装、医药、餐饮、住宿、文化、娱乐等各个行业、各个领域。随着第三产业滚动发展和经济实力不断增强,省运系统的第三产业又从商业型步入生产型发展轨道,开发领域又逐步扩大到工业、化工业、房地产、宾馆、商场、金融市场、修理、铸造等行业,形成规模经营,并成为省运所属企业的经济支柱。

"八五"期间,总公司共计完成货运量1431.3万吨,货运周转量364 331吨公里,客运量22 058.6万人,旅客周转量1 398 983.1万人公里,实现营业收入125 599万元,利润997万元。(注:1992年亏损708万元)

第二节　省运系统国企形象的重塑

进入"九五"期间,省运总公司重点抓好扭亏为盈、翻身工程、股份制改造以及总公司重组改制等工作。

一、扭亏为盈目标的全面实现

面对全系统生产经营严重亏损局面,1995年以来,总公司新一届领导班子带领全体职工抓改革,严管理,练内功,闯市场,弘扬太旧精神,学习临运经验,克服暴雨成灾、桥毁路断、车辆大面积停驶、外省道路限载等前所未有的困难,大打扭亏增盈攻坚战,取得显著成效。9月底,阳泉、汾阳两公司停亏,分别实现利润2.1万元、2.2万元,10月底,忻州、大同两公司扭亏转盈,分别实现利润1.9万元、0.8万元,截至11月底,所属13个运输企业全面实现扭亏为盈,实现利润160.9万元,为年计划114.9%,提前一个月超额完成省交通厅下达的利润指标任务,实现利税1375万元,更新车辆900余台,使企业的两个文明建设得到长足发展。

二、百台依维柯翻身工程的实施

1997年,总公司抓住机遇,乘势而上,超前思维,以重塑省运形象为主题,组织13个运输企业,大力实施"百台依维柯"进军市场战略和名牌产品战略。通过股份制、挂靠、融资等途径,多方筹资3000万元,先后投入依维柯车辆170余台、沃尔沃等中外客运车辆40余台,在全省率先首创"高速客运"品牌,产生巨大社会效应。

三、所属企业的股份制改造

1997年11月至1998年7月,在省交通厅正确领导下,总公司按照建立现代企业制度要求,集中优势兵力,排除干扰,全力推进第三步改革战略——股份制改造。经过8个月强力攻坚,14个企业先后改造为股份制企业,其中:组建运输集团2个,股份有限公司1个,有限责任公司13个。至此,所属各公司均成为自主经营、自负盈亏的独立法人企业。

1996年至1998年,总公司累计完成客、货换算周转量38亿吨公里,年递增13.3%;实现利税4821万元,年递增4.2%,连续三年居全省同行业之首;新增客货运输车辆3731辆,运输能力将近翻一番;固定资产增值42 578万元,年递增21.3%;客运经营线路达到1162条,营运里程达到63 947公里。货运经营精、特、专多方式并存,工农商等多物种运输的新格局已经形成。多种经营继续上规模、上等级、上水平,多角延伸,连片发展。"汽车站无人售票客运管理系统"、"车辆二级维护质量管理与质量保证体系"、"依维柯客车维修技术"、"合计计算机推广应用"、"汽车综合节能优化组合"、"子午线轮胎综合节能"、"汽车能源检测评价方法"等一大批新技术、新产品研究推广项目再结硕果。总公司连续四年被省交通厅评为"完成目标责任制优秀单位"和"先进单位",所属14个企业分别进入省、地、县级文明单位行列。

第三节 省汽车运输总公司的重组改制

2001年伊始,省交通厅党组按照交通部组建大公司、大集团的指导意见,提出山西道路运输企业体制改革方案,决定以体制改革为突破口,以集约化、规模化、品牌化经营为导向,对原山西省汽车运输总公司及下属14个子公司进行改制重组,成立山西汽车运输集团有限公司。为此,总公司在酝酿重组改制之际,及时制定"与时俱进、奋发有为"的企业精神,提出以全新的经营理念,建成国内一流道路运输企业的愿景,并具体化为"1150"工程,即:组织大型一类企业,获得交通部客货运双一级经营资质,跨入全国交通行业50强行列。

2001年9月19日,省人民政府以晋政函〔2001〕344号文印发《关于同意设立山西汽车运输集团有限公司的批复》。至此,集团重新组建,标志着山西省道路运输业从此开始走上集约化发展进程。

第十九章　新闻宣传

全省交通新闻宣传工作伴随着交通事业不断发展壮大。但真正在全省乃至全国交通系统有一定影响是在太旧高速公路建设时期。1995 年 2 月，在太旧高速公路建设之初，省交通厅专门组建宣传指挥部，负责整个工程建设的宣传工作。太旧路工程建设的实践证明，新闻舆论宣传工作在统一思想、凝聚人心、鼓舞士气、营造氛围、改善环境等方面，起到不可替代的作用。经省编办批准，1995 年 12 月，成立山西省交通厅宣传教育中心；1996 年 12 月，成立山西交通报刊社。2000 年 11 月，省交通厅党组将交通系统新闻宣传资源进行内部整合，将厅宣传教育中心、山西交通报刊社、《中国交通报》驻山西记者站和山西电视台驻省交通厅记者站一并纳入管理，合并组建厅新闻宣传中心，全面负责指导全省交通系统新闻宣传工作。

第一节　厅直新闻宣传机构沿革及干部调整

一、山西省交通厅宣传教育中心

1995 年 12 月，经省编办晋编字〔1995〕117 号文件批准成立。当时从太旧高速公路建设宣传指挥部抽调 15 人，组建为正处级建制的自收自支事业单位，核定编制 11 人、领导职数 2 人。中心共设 4 个部（室），即办公室、通讯部、影视部、理论部，经省交通厅直属机关党委批准，1997 年 5 月成立党支部。主任、党支部书记张明旺；副主任、党支部委员师国梁、邵若驹。中心成立以来，紧紧围绕省交通厅党组中心工作，创造性地开展全省交通系统宣传工作。先后组织举办“太旧高速公路建设好新闻”评选活动、“山西省首届交通杯新闻大赛”、“山西省第二届交通杯新闻大赛”；协助省委办公厅和省交通厅组织召开“太旧效应”座谈会，筹备《太行丰碑颂》、《三晋腾飞路》、《太旧精神结硕果，吕梁扶贫谱新篇》等大型图片展览，完成太旧路工程纪念碑揭碑仪式布展工作，组织“迎接十五大、重访太旧路”活动，策划组织原太高速公路建设记者座谈会等；编辑出版大型报告文学集《三晋筑路潮》、《太旧高速公路建设新闻作品集》、《太旧高速公路建设诗歌散文报告文学选》、《太旧效应座谈会论文选》、5 本一套的《太旧高速公路建设小丛书》以及《学习·思考·实践》、《辉煌的历程》等一系列大型图书，编辑出版大型画册《精美原太路》、《中国交通 50 年成就与展望·山西卷》等。与此同时，还在《人民日报》、《经济日报》、《光明日报》、《山西日报》等国家级和省级媒体组织专刊、发表新闻稿件 1100 余篇，有效宣传全省交通建设成就，取得显著成绩。

二、山西交通报刊社

1996 年 12 月，经省编办晋编办〔1996〕106 号文件批准成立。为正处级建制的自收自支事业单位，核定编制 16 人、领导职数 3 人。主要负责《山西交通报》和《山西交通》杂志的采编、出版、发行，内设机构有办公室、报纸编辑部、期刊编辑部、通联发行部 1 部 3 室。总编兼社长秦国增，副总编邓之新，总编助理李兴。《山西交通报》为省内内部报纸，对开四版，由《山西公路报》演变而来，到 2002 年底，共出版 610 余期；《山西交通》为省内内部刊物，双月刊，到 2000 年底，共出版 20 期。一报一刊的出版发行，为及时宣传全省交通系统两个文明建设辉煌成就，充分展示全省交通系统广大干部职工与时俱进、奋发争先、扎实工作的精神风貌,起到巨大作用,进一步凝聚人心,鼓舞士气,促进工作。

三、《中国交通报》驻山西记者站

根据交通部〔1984〕交政字2116号文件精神,经省交通厅党组1984年12月18日会议研究同意,并由中国交通报社批准,于1984年12月成立,为独立的县处级单位。并推荐厅体改办主任安正义兼任站长,单瑞琪为副站长,田建江为专职记者。另推荐孙跃进、原建中、石中生为特约记者。原挂靠于省交通厅。交通部人劳字〔1991〕795号文件给山西站下达编制3人,但因种种原因未落实到位。建站以来,从1987年开始到2002年3月,山西记者站连续14年被中国交通报社评为"先进记者站"、"优秀记者站"。安正义任职期间,从1987年至2000年连续12年被中国交通报社评为"优秀驻地记者";单瑞琪任职期间,1989年、1992年两年被中国交通报社评为"优秀驻地记者";田建江任职期间,从1987年至1999年连续10年被中国交通报社评为"优秀驻地记者";石中生任特约记者期间,连续5年被中国交通报社评为"优秀特约记者"。根据省交通厅晋交发字〔2000〕88号文件精神,《中国交通报》驻山西记者站从2000年11月21日起,归并厅新闻宣传中心管理。为了加强山西记者站工作,2001年2月12日,中心上报中国交通报社,推荐杨惠芹兼任站长、秦国增兼任副站长、中心通联部部长石中生为专职记者(负责记者站日常工作);2001年6月22日,中国交通报社复函同意。任职期间,杨惠芹被中国交通报社评为"2003年度优秀驻地记者"。

四、山西电视台驻省交通厅记者站

经省有关部门批准,1989年成立,成为全省首批12家记者站之一,并下发晋视字〔1989〕第11号文件,明确双方职责。记者站采回的新闻按照本台消息对待,各大厅局若发生重大突发性新闻、重大新闻事件,山西电视台新闻部将统一组织力量报道,记者站记者与本台记者一样,每年都有给中央电视台和山西电视台提供新闻的任务,原则上负责本系统的新闻报道。1996年并入山西省交通厅宣传教育中心,2005年更名为山西广播电视总台驻交通厅记者站。

第二节　省交通厅新闻宣传中心组建及职能

2000年11月21日,省交通厅党组晋交发字〔2000〕88号文印发《关于组建厅新闻宣传中心的通知》。为进一步加强全省交通新闻宣传工作,经厅党组11月20日研究决定:将厅宣传教育中心、山西交通报刊社、《中国交通报》驻山西记者站、山西电视台驻省交通厅记者站合并组建厅新闻宣传中心,为正处级建制、自收自支事业单位,编制23名。同时挂山西交通报刊社、《中国交通报》山西记者站、山西电视台驻省交通厅记者站牌子。主任杨惠芹,党支部书记秦国增;11月27日,邓之新、李兴任中心副主任;2001年11月5日,宋建华任中心副主任。中心内设1室4部1站,即综合办公室、编辑部、摄影部、通联部、外宣部、电视台记者站。经省交通厅直属机关党委批准,2001年4月13日,成立中心支部委员会。办公室主任宋建华,副主任王小萍;通联部部长石中生、副部长彭梁柱;编辑部部长杨春兰,副部长张晓枫、李奋先;影视部部长崔鸣原、副部长苏军;党支部委员:秦国增、杨惠芹、邓之新、李兴、宋建华。2002年1月31日,聘任彭梁柱为交通文化发展公司总经理。

根据厅党组有关文件精神及全省交通新闻宣传工作特点,中心主要工作职能有11项:①以"三个代表"重要思想为指导,以交通建设和改革发展为中心,立足交通,把握全局,全面宣传贯彻马列主义、毛泽东思想、邓小平理论和党的基本路线,全面宣传贯彻党的一系列方针政策;②围绕省交通厅党组的中心工作,充分利用报刊、广播、电视、图片、资料等新闻宣传手段,对全省交通系统两个文明建设情况进行全方位宣传,鼓舞和激励全省交通系统干部职工团结进取,奋力拼搏,为推动山西交通事业再上新台阶作贡献；③负责主办《山西交通》(周二刊)；④负责山西广播电视总台驻交通厅记者站的电视新闻报道和管理工作；⑤负责为山西交通网提供新闻信息；⑥负责与交通部、《中国交通报》和各兄弟省市交通厅(局)的宣传联络和信息交流；负责《中国交通报》驻山西记者站日常工作的调查研究、稿件组织采编和信息反馈；⑦负责与省内及中央驻晋新闻单位的日常联络与工作协调，并为他们的工作提供服务；负责协助《山西日报·交通周刊》、《山西经济日报·交通周刊》做好采编工作；⑧负责对全省交通系统新闻宣传网络及宣传教育活动的指导、策划和组织、协调、培训工作；⑨负责交通理论宣传和理论研究工作，树立典型，总结经验，深入实际，调查研究，为领导决策提供有价值的分析报告、理论探索和交通发展战略研究的文章；⑩负责全省交通对外宣传工作；负责全省交通系统重大活动的新闻宣传组织策划工作；⑪负责为省交通厅新闻发言人制度提供组织、资料和新闻信息。

第三节 新闻宣传舆论导向作用的发挥

厅新闻宣传中心成立以来，全省公路建设再掀高潮，大运高速公路等一批重点交通基础设施建设工程和“三小时高速通达”工程全面完成，“3216”工程全面实施。全省新闻宣传工作服从服务于全省交通建设和改革开放大局，不断加大宣传力度，改进宣传手段，强化内部管理，取得可喜成绩，有力推动交通经济建设，受到交通部、省领导、省交通厅领导及社会各界广泛好评。

一是及时有效地宣传报道全省交通系统认真践行“三个代表”重要思想和深入学习贯彻党的十六大及历次全会精神，深入开展党员先进性教育和贯彻科学发展观的典型经验与做法。2000 年以来，中心充分利用广播、报纸、电视等多种新闻手段，深入宣传厅党组一班人及全省交通系统各单位、各部门努力践行“三个代表”，深入开展党员先进性教育和贯彻科学发展观，实施交通率先发展战略、全面建设小康社会的新思路和新举措。新闻宣传的舆论导向作用得到充分体现，较好地把全省交通系统广大干部职工的思想统一到“三个代表”重要思想和科学发展观上来，统一到厅党组中心工作上来，有力促进全省交通系统团结和稳定，推进交通建设改革与发展。

二是大张旗鼓地开展全省交通发展“九五”成就回顾和“十五”规划宣传。为宣传贯彻好全省交通“十五”规划，在山西人民广播电台、山西电视台和各级报刊上以较大篇幅，连续报道全省交通“九五”回顾，对“九五”期间交通建设与改革取得的巨大成就和“十五”规划的目标、任务及主要措施进行重点报道，使全省交通“3216”工程深入人心，产生良好社会宣传效应。与此同时，还于 2002 年 4 月和 10 月，分别在北京和太原成功举办“山西交通建设成就展”，充分展示全省交通建设走过的光辉历程和取得的辉煌业绩，产生较大社会影响。

三是重点突出大运高速公路建设及运营等方面宣传。大运高速公路建设，是全省政治、经济生活中的一件大事，省委、省政府、省交通厅党组对大运高速公路建设的新闻宣传工作高度重视。为进一步加强对大运路新闻宣传工作的组织领导，省委宣传部和省交通厅专门组建大运高速公路宣传领导组。厅党组专门召开大运高速公路宣传工作会议，印发《关于切实加强大运路宣传工作的实施意见》。新闻宣传工作紧紧围绕工程建设不同时期的侧重点，突出“新大运，新山西”这一主题，创办《大运专刊》，编印宣传资料，组织采访活动，对工程奠基、征地拆迁、开工建设情况、省领导现场办公、社会各界视察慰问、构建大运路经济带、发掘和弘扬“大运精神”等进行全面深入的宣传报道。三年建设期间，通过对大运高速公路大跨度、全方位、深层次的宣传报道，产生巨大社会影响和宣传效果。大运路全线通车运营后，及时报道通车运营中的好经验好做法。

山西电视台记者站自成立以来,始终立足于本系统、本行业的电视新闻宣传。多年来,在《山西新闻联播》中播发的新闻数量在各大记者站中始终名列前茅,并连续多年被评为电视新闻宣传先进集体和先进个人。多年来,记者站恪尽职守,紧紧围绕厅党组中心工作,精心组织策划,对本系统各条战线上的新闻事件及时、准确、保质、保量地通过山西电视台《新闻联播》、中央电视台《新闻联播》向社会广泛发布,有效地推进交通行业各项工作,为全省交通事业建设发展改革创造良好舆论氛围。特别是"九五"以来,全省第一条高速公路太旧高速公路开工建设后,记者站充分发挥电视传媒优势,真实、生动、详尽地拍摄建设者风采,从不同视角向社会传递着一个个生动感人的细节,得到社会各界广泛支持和理解,为推动全省公路交通建设事业蓬勃发展起到有力的促进作用。在人员少、设备落后、资金短缺的情况下,记者站工作人员发扬"太旧精神",紧紧围绕省交通厅党组中心工作,对全省高速公路、农村公路及三网并重、九纵九横等各项规划的进展和实施工作进行全方位、多角度报道,并为全省公路交通建设积累大量详细的影视资料。其中,《大路朝阳越太行》于1996年6月18日在中央电视台地方部30分栏目、山西电视台《记者调查》栏目播出;《三晋腾飞路》于1996年6月23日至24日在中央电视台地方部30分栏目、山西电视台《记者调查》栏目播出;太旧路通车新闻于1996年6月25日在中央电视台、山西电视台新闻联播播出;《筑路人》于1996年7月16日在中央电视台地方部30分栏目、山西电视台《记者调查》栏目播出;《太旧精魂》于1996年8月13日在中央电视台《中国报道》栏目、山西电视台《记者调查》栏目播出;《为朝天大路喝彩》于1996年8月24日在山西电视台《记者调查》栏目播出;《天路》于1996年10月4日在中央电视台第四套节目播出;《难点突破》于1997年9月13日在中央电视台二套节目、山西电视台《记者调查》栏目播出;《原太效应》于1998年9月30日在山西电视台《记者调查》栏目播出;《精美原太路》于1998年10月15日在黄河电视台播出;《走进京大》于1999年1月24日在山西电视台《记者调查》栏目播出;《走进大运》于2001年6月19日在山西电视台《记者调查》栏目播出。及时有效的新闻宣传工作,为推动全省交通运输事业蓬勃发展,起到十分有力的促进作用。

第四节　太旧高速公路建设宣传

一、组建太旧高速公路建设宣传指挥部

太旧高速公路建设宣传指挥部组建于1995年2月。其主要职能是围绕太旧高速公路建设开展全方位宣传工作,鼓舞5万筑路员工士气,扩大影响,求得社会各界舆论支持,推动太旧高速公路建设。2月18日,省交通厅召开宣传指挥部筹备会议,2月25日,正式成立太旧高速公路建设宣传指挥部,并任命指挥部领导。担任太旧路宣传指挥部总指挥的杜五安副省长对此项工作非常重视,亲自担任宣传指挥部总指挥,经常深入第一线指导工作。常务副总指挥刘传旺高度重视,全面部署,认真负责,解决难题;副总指挥张明旺呕心沥血,精心组织,一丝不苟,勇创一流;邵若驹、沈可成两位副总指挥主动工作,积极配合;指挥部全体工作人员夜以继日,加班加点,真抓实干,奋力拼搏,有力地保证了太旧路宣传工作的顺利进行。

1995年3月,太旧路建设进入高潮,宣传工作刻不容缓。在一无人员、二无办公设备情况下,省交通厅采取"硬抽人、抽硬人"的方法,从厅机关及厅属单位、省地市县党政机关、工矿企业、学校、文化事业单位先后抽调50余名政治理论水平高、业务能力强、有敬业精神的工作人员充实到宣传指挥部,迅速开展工作。2月25日,省交通厅党组印发《关于成立太旧高速公路建设宣传指挥部的通知》。指挥部暂定在厅招待所办公,内设10个部室,即办公室、《太旧路建设大事记》编辑室、《太旧路英雄谱》编辑室、《太旧高速

公路建设通讯》编辑部、理论宣传室、太旧路画册编辑室、太旧电视政论片编创室、太旧电影编创室、太旧碑文征集室和太旧书画征集室。

3 月 21 日,太旧高速公路建设宣传工作会议在阳泉市召开。副省长、省交通厅厅长、总指挥杜五安,副厅长、副总指挥杨继刚、刘俊谦,厅纪检组组长、副总指挥刘传旺,厅长助理、副总指挥杨金泉等出席。会议由刘传旺主持并作总结,杜五安作了题为《紧紧围绕太旧高速公路建设,大张旗鼓地做好宣传工作》的重要讲话。太旧路建设全线各指挥部、各施工单位领导及负责宣传工作的同志 150 余人参加。宣传指挥部的成立,是太旧高速公路建设中的一件大事。通过各种宣传舆论形式,系统地总结建设成绩和经验,全面反映 5 万建设者可歌可泣的英雄事迹,大力弘扬自力更生、艰苦奋斗、不屈不挠、勇于奉献的"太旧精神",对于激励和鼓舞全省交通系统干部职工全面落实省委、省政府兴晋富民战略决策,进一步振兴山西交通事业,促进全省经济再上新台阶,都具有十分重要的意义。太旧路宣传指挥部的主要任务是:编辑出版《太旧路建设大事记》、《太旧路英雄谱》、《太旧路画册》和半月刊《太旧高速公路建设通讯》,组织拍摄电影、电视片,举办太旧路建设书画展览,征集纪念碑文等。

杜五安在讲话中,提出 3 点要求。一是统一思想,坚定信念,充分认识做好太旧路宣传工作的重要意义,勇于开拓,真抓实干,团结协作,奋力拼搏,创造性地完成各项任务;二是常抓不懈加强领导,建立一支素质高、作风正的工作队伍,发扬"太旧精神",深入基层,深入一线,吃苦耐劳,勤奋工作,大力宣扬工程建设中的英雄人物和英雄事迹;三是立足本省,面向全国,搞好物质文明建设和精神文明建设,把太旧高速公路建设宣传工作提高到一个新水平,使"太旧精神"在全省、全国产生更加广泛的影响,为山西经济再上新台阶作出新的更大贡献。

会后,太旧路建设各指挥部把宣传工作列入重要议事日程,由一名领导负责,并配备专职宣传骨干。各施工单位也相应建立宣传通讯队伍,使宣传工作自上而下形成网络。宣传指挥部还委派专人,深入到工地帮助各指挥部、各施工单位,落实宣传工作机构和人员,建立工作网络。由于领导重视,太旧路宣传指挥部上马快,起步好,很快形成紧张有序的工作局面。

宣传指挥部先后聘任杨吉平担任办公室主任(后期杨原平担任),牛世骏担任副主任(后期张学山担任);师国梁担任《太旧路英雄谱》编辑室主任,田绿化担任副主任;秦国增担任《太旧高速公路建设通讯》编辑部主编,李兴、马英虎担任副主编;曹居月担任理论宣传室主任,田建江、赵胜利担任副主任;张岐山担任《太旧高速公路建设大事记》编辑室主任;贾山泉担任太旧路画册编辑室主任,张沛担任副主任;邵若驹兼任《热土壮歌》电视政论编创室主任;李文锦担任太旧碑文征集室主任;赵紫峰担任太旧书画征集室主任(兼美术)指导;沈可成兼任太旧电视编创室主任。

二、新闻媒体的集中宣传

太旧高速公路建设,自始至终得到党中央、国务院领导亲切关怀,受到省委、省政府领导高度重视和全省 3000 万人民关注。5 万筑路员工劈山填沟、铺路架桥,工程建设高潮迭起。广大新闻工作者以极其饱满政治热情,及时宣传报道太旧路建设情况。建设期间,人们从电视中可以看到太旧路建设的宏伟场面;从电台中收听到太旧路决策者、组织者和建设者的壮志豪情。新闻媒体发挥了重要的舆论导向和宣传激励作用。

1994 年 6 月,已开工 11 个月的太旧高速公路由于工程艰巨,国外投资者知难而退,资金缺口大,工程建设进入低谷。6 月 25 日,省城各大新闻媒体记者随同省委、省人大、省政府、省政协领导和 11 个地(市)委书记及省直有关厅局负责人深入太旧路现场办公。省委书记胡富国表示:就是卖掉省委办公大楼,也要坚决修通这条翻身路、志气路!《山西日报》以头版头条的画栏标题报道这一天新闻:6 月 25 日,太旧路建设翻开新的一页。同时,《山西日报》发表题为《坚定不移建成太旧高速公路》的社论,山西电视台、电台都作了现场新闻报道。山西电视台推出"万众一心建太旧"的专题节目,连续报道太旧路建设情况和社会各界对太旧路建设的支持。《山西日报》记者深入太旧路第一线采访报道;山西人民广播电台利用报道灵活、传送迅捷、真实感强的特点,4名记者徒步走访太旧路建设者,每天通过电话发布现场报道;山西电视台还专门组织了以太旧路建设为专题的文艺节目。各新闻各单位以最快速度、最强记者阵容,组成太旧高速公路建设中的一支"快速反应部队",用最好的版面在黄金时段,对太旧路建设进行全方位、多侧面、多形式深入报道,把工程的每一环节展现在人们面前,使太旧高速公路建设成为全省的新闻热点。人们通过收听、收看电视新闻和阅读报纸,越来越深刻理解太旧路建设对全省经济和社会发展的重要意义。各行各业人士为太旧路建设自愿捐款,到太旧路工地义务劳动,慰问演出,为太旧路建设牺牲个人利益的事迹层出不穷。新闻媒体紧密围绕太旧路建设,对各个方面的动人事迹作了报道,在省内外形成强大助推合力,促进工程建设的顺利发展。

新闻媒体以正面宣传报道为主,同时对太旧路建设质量也进行实事求是报道,起到舆论监督作用。铁十二局二处在参与太旧路施工中,以一流队伍投标、二流施工设备、三流技术力量施工,造成一定质量问题。对此,报纸、广播、电视均及时进行追踪报道,对太旧路参建单位震动很大。《山西日报》还派记者就质量问题对太旧路进行全面、深入、细致调查,以整版篇幅发表《太旧路质量报告》,详尽披露太旧路建设中遇到的困难、解决的办法、处理的结果及专家和权威部门的评论。

在太旧路建设中,各新闻单位紧扣"弘扬太旧精神"这个主题组织报道。如反映太旧路筑路员工以工地为家的拼搏精神;报道太旧路沿线群众不惜牺牲个人利益,为大家,舍小家,各级政府配合拆迁的奉献精神;为太旧路献身的太旧功臣刘玉庭妻子中秋节给省委书记胡富国捎月饼等典型事迹。通过太旧路建设,把领导和群众的心紧紧地连在一起。在太旧路开工一周年之际,《山西日报》、山西电视台等新闻单位以较大篇幅回顾进行总结。1995年6月25日,《山西日报》发表《风展红旗如画——太旧高速公路建设一年来的回顾》,全面、客观地总结太旧路曲折建设历程,取得的骄人业绩。

在太旧路建设中,各新闻单位领导重视,精心组织,还经常带队到施工第一线采访报道。1995年春节期间,省广播电视厅厅长谢洪涛带领40余人,分10个组到武宿立交桥工地进行慰问采访。《山西日报》多次由总编辑、副总编辑带队到一线采访报道。除夕之夜,副总编辑章勇思带领6名记者,对太旧路中段进行节日采访;副总编辑任思霖带领数名记者3次深入太旧路建设现场,做了大量艰苦细致的调查工作,写出很有分量的《太旧路质量报告》。《山西日报》经济新闻部主任杨晓宁、记者贾华越、薛广勤,山西电视台记者郭大国、郭京娟,山西人民广播电台记者任小青等同志,都为太旧路建设新闻宣传作出突出贡献。

中央各大新闻机构以及邻省、市新闻单位也十分关注太旧路建设。1995年5月,新华社、《人民日报》、《光明日报》、《经济日报》、《工人日报》、《中国青年报》、《中华工商时报》、《瞭望》周刊、《经济参考报》、北京人民广播电台等10家新闻单位派记者对太旧路工程建设作了全面采访,从不同角度进行了宣传报道,扩大了在全国的影响。

1996年,各新闻媒体对太旧路建设更加关注。《人民日报》、《光明日报》、《经济日报》、《中国青年报》、《国际商报》、《紫光阁》杂志都在头版或显著位置,以较大篇幅报道太旧路建设情况,宣传"自力更生、艰苦奋斗、不屈不挠、勇于奉献"的太旧精神。省城新闻单位更是责无旁贷,《山西日报》、山西电视台、山西人民广播电台进一步加大宣传的力度。《山西经济日报》、《人民代表报》、《山西政协报》、《山西工人报》以及《太原日报》，都以较大篇幅，讴歌太旧路建设者。1996年6月，对太旧路的宣传报道达到高潮。1996年6月15日，省委、省政府在北京人民大会堂举行太旧高速公路通车新闻发布会。之后，中央人民广播电台、中央电视台、中国国际广播电台以及北京、天津、河北和山西人民广播电台、山西电视台近20多名记者组成《大路朝阳越太行》广播电视记者采访团，对太旧路沿途及通车庆典情况进行采访，并宣传报道太旧路建设以及全省交通建设情况。中央电视台《中国报道》栏目和《经济半小时》栏目，都对太旧路情况进行数次专题报道。

三、战地宣传形式及效果

在太旧路建设期间，为及时反映工程建设情况，各指挥部组织创办不定期刊物，印发各施工单位学习交流。

（一）创办宣传刊物

《太旧公路建设信息》。1994年8月，太旧路建设总指挥部创办，半月刊，共编辑出版69期，267万字，每期印发230份，责任编辑宋雷。厅长杜五安题词“当好先声，服务太旧”。该刊高质量、快节奏地记载上至省委、省人大、省政府、省政协领导，下至普通筑路员工万众一心建太旧的情况，集中反映工程建设动态，广泛宣传郑镇江、李建华、王飞彪、李树平等一大批英雄模范人物，起到学习英雄、鼓舞士气的作用。

《工程动态》。1995年2月，太旧路中段建设指挥部创办，每10天出1期，共编辑出版52期，约12万字。

《战地快报》。1995年4月，武宿立交枢纽工程建设指挥部创办，共印发12期，处理各类稿件近1000篇，分发近500份。

各施工监理及设计单位也相应编发了各自的内部简报。

这些刊物，积极响应省委、省政府和省交通厅号召，配合各指挥部工程管理、质量控制和工程进度，从工程动态、工程管理、新人新事、大事记录等许多方面开展宣传，有力推动工程建设。此外，中段建设指挥部还别开生面地创办《战地诗歌》，以短小精悍形式，反映工程建设情况和筑路员工生活，讴歌先进事迹和英雄模范人物，极大地鼓舞广大筑路员工士气，丰富工地文化生活。

（二）《太旧高速公路建设通讯》

1995年4月15日，由太旧高速公路建设宣传指挥部编辑的《太旧高速公路建设通讯》创刊发行，副省长杜五安题写刊名。该刊是以服务太旧路建设、宣传太旧路业绩，弘扬太旧精神，加快兴晋富民为办刊宗旨的新闻性半月刊。主要发行对象为太旧路施工第一线、全省交通系统所属各单位、厅机关各处室，省直各部委（办）、厅（局），各地、市委、行署，同时呈送省委、省政府领导；还与全国各兄弟省、市、自治区交通厅（局）及交通报社进行交换。1996年6月太旧路全线通车后停刊，共发行20期，约80万字。

第五节　太旧高速公路建设宣传成果结晶

一、太旧高速公路建设好新闻评选

省交通厅和省新闻工作者协会共同组织，1997年1月13日，在太原并州饭店召开“太旧高速公路建设好新闻”评选颁奖大会，这是全省首次高速公路建设好新闻评选活动。杜五安、温幸、刘俊谦、任景春、高贵生、祝福训等领导出席颁奖大会，中央及省城30多个新闻单位和部分获奖作者参加。本次活动，共评出一等奖27个，二等奖13个，三等奖62个，优秀奖29个，宣传组织奖15个。评委会名誉主任：杜五安；主任：刘俊谦、温幸；副主任：杨继刚、史锦文、任景春、高贵生、刘传旺、宋元林、杨金泉。评审办公设在省交通厅。办公室主任；张明旺；副主任：师国梁。评审具体工作由省交通厅宣传教育中心承办。

二、《太旧路英雄谱》

《太旧路英雄谱》由省交通厅组织编纂，是新中国成立以来全省第一部反映高速公路参建单位和员工先进事迹的书籍，分为上下两卷，共计246万字。上卷于1995年9月出版，下卷于1996年6月出版。全书载录了太旧高速公路建设中筑路架桥、设计监理、交通工程、征地拆迁、捐款捐物、宣传舆论等方面涌现出的先进集体、先进个人事迹400篇,从不同侧面、不同角度反映了5万筑路员工奋战太旧高速公路的战斗场面和全省3000万父老乡亲勒紧裤带鼎力支持、社会各界踊跃捐助的动人情景,展示了山西人民团结一致不甘落后、奋发进取、不屈不挠的精神风貌。

该书由胡富国、孙文盛担任顾问,胡富国题写书名。编委会主任:杜五安;副主任:杨继刚、史锦文、刘俊谦、任景春、高贵生、刘传旺、宋元林、杨金泉、宋富盛。审稿委员会主任:焦祖尧、刘传旺;副主任:毋小红、张明旺、师国梁。主编:杜五安;执行主编:刘传旺;副主编:张明旺、师国梁、李文锦、田绿化。

三、《太旧高速公路建设大事记》(上、下卷)

《太旧高速公路建设大事记》由省交通厅组织编纂,是新中国成立以来全省第一部专题记载重点交通工程始末的大事记。该书采用编年纪事体,上溯太旧高速公路项目酝酿之初的1988年,下限为全线通车的1996年6月25日,时跨9年,囊括工程建设的各个方面,是太旧高速公路建设的真实记录,也是全省人民齐心协力、团结奋斗的真实记载。分为上下两卷,各35万字,上卷于1995年9月出版,330个条目;下卷于1996年12月出版,360个条目。编委会顾问:胡富国、孙文盛。编委会主任:杜五安;副主任:杨继刚、史锦文、刘俊谦、任景春、高贵生、刘传旺、宋元林、杨金泉。主编:杜五安;执行主编:刘传旺。主编纂:张岐山;副主纂:田荣华。

四、《太旧高速公路建设志》

《太旧高速公路建设志》由省交通厅组织编纂,是新中国成立以来全省第一部反映重点公路工程建设的志书。2002年4月,由山西人民出版社出版发行。编委会主任杜五安,常务副主任刘俊谦、王晓林、杨继刚、宋元林、赵龙;副主任史锦文、任景春、高贵生、刘传旺、杨金泉、张润、胡玉珍;委员23人。主编杜五安;执行主编刘俊谦、王晓林;副主编杨继刚、宋元林;执行副主编赵龙。编辑部主任原建中、杨惠芹;执行主任师国梁、张岐山;常务副主任田荣华;编辑师国梁、张岐山、杨惠芹、田荣华、梁锦华、宋剑;特约编辑姜中石、袁璞、冀岚、马健中。志书为标准16K,65万字,上限为太旧高速公路开始酝酿的1988年,下迄1997年底。分为决策、机构队伍、建设、管理、保障、人物6篇26章,前有概述,后有特载通车庆典、大事记、文件·文献辑存及后记,由副省长杜五安作序,并配有党和国家领导人江泽民、李鹏、乔石、薄一波、邹家华题词,交通部、省委、省政府领导视察及各个建设时期图片49幅。该志资料丰富,富有特色,以实事求是、客观可靠资料,如实记载太旧高速公路建设全过程,并努力反映特点,进一步总结经验,吸取教训,为指导以后的高等级公路建设提供借鉴。

五、《太旧高速公路建设新闻作品集》

为进一步弘扬太旧路建设辉煌成就,全面展现太旧路新闻宣传突出成绩,厅宣传教育中心组织专人,通过翻阅省内外多种报刊,将收集整理的反映太旧高速公路建设的大量新闻作品,编辑成《太旧高速公路建设新闻作品集》,经省新闻出版局批准后,内部出版发行。全书收录1993年5月至1997年12月期间,中央、省、地各级新闻报刊发表的反映太旧高速公路建设的全部新闻作品,共857篇130万字,为读者了解太旧路建设提供翔实可靠的第一手资料。主编:张明旺;副主编:师国梁;编辑:宋建华、吉安生、王晴红、田绿化、郑毅、苏军、彭梁柱、张晓枫、邱四清。

六、太旧路小丛书

为了全面系统展示太旧高速公路建设艰难历程,向省内外宣传太旧高速公路建设辉煌业绩,省交通厅宣传教育中心与太旧高速公路管理局共同组织编辑太旧高速公路建设小丛书,并于1998年6月由山西经济出版社出版发行。该丛书一套5本,共计58万字,分别为《太旧高速公路建设八位特等功臣事迹》、《太旧高速公路建设与管理》、《太旧精神论文选》、《太旧效应论文选》、《太旧高速公路建设诗词散文报告文学选》。由于书中作品主题突出,资料翔实,短小精焊,内容丰富,很受读者欢迎。

七、《三晋筑路潮》

《三晋筑路潮》由省交通厅宣传教育中心组织编辑,是全省第一部反映全民义务修路辉煌历程的大型报告文学集,1997 年 9 月由北岳文艺出版社正式出版发行。顾问:胡富国、孙文盛;编委会主任:杜五安;编委会副主任:刘俊谦、杨继刚。主编:刘俊谦;副主编:张明旺、师国梁、张晓枫。该书全面总结 1993 年以来全省全民义务修路的成绩和经验,真实记录四年来全民义务修路的艰难历程和动人事迹,共载录先进集体事迹 97 篇,先进个人事迹 173 篇,标准 16K,115 万字。

八、《跨世纪发展之路——太旧经济开发带区域规划综合研究》

太旧高速公路建成之后,对沟通山西与东部发达地区以及环渤海经济圈联系,促进全省对外开放,带动沿线经济快速发展,起着十分重要的作用。为更好地发挥太旧高速公路的作用,开发沿线经济,根据省委书记胡富国指示精神,省交通厅与省社科院等单位联合组织太旧高速公路沿线开发带区域经济规划综合研究,太原、晋中、阳泉等地、市的 60 余名领导干部和经济专家参加调研活动。副省长杜五安参加经济专家座谈会,对太旧路沿线区域经济规划发展研究工作提出具体要求。该项研究成果通过省科委组织的专家评审。课题总指导:杜五安;总负责:刘传旺;主持:雷仲敏;协调:曹居月;主编:杜五安;执行主编:刘传旺、雷仲敏;山西出版社,1996 年 5 月第 1 版,16K,45 万字。

九、《三晋第一路》画册

《三晋第一路》画册由省交通厅组织编辑,1996 年 12 月由山西人民出版社正式出版发行。画册为 8K,206 页,选录照片 600 余幅,分为"亲切关怀"、"正确领导"、"坚强指挥"、"筑路壮歌"、"奉献之歌"、"世纪通途"六章,生动、形象、翔实地再现太旧高速公路的艰难建设历程,取得的辉煌成就,对推动全省经济和社会发展的重要意义。书前刊有江泽民、李鹏、薄一波、邹家华等中央领导同志题词,以及李居昌、胡富国、孙文盛、郑社奎、卢功勋、郭裕怀、冯芝茂、杜五安等交通部和省领导题词。书名题字:邹家华;编委会主任:杜五安;副主任:刘俊谦、杨继刚、史锦文、任景春、高贵生、刘传旺、宋元林、杨金泉。主编:杜五安;执行主编:刘传旺;副主编:邵若驹、贾山泉。出版工作委员会主任:贾鸿鸣;副主任:张成德、张凤瑞、张茂才;执行主任:宋富盛、崔元和、赵志光。画册主题突出,结构严谨,设计新颖,照片精美,出版后在全省产生较大影响。

十、电视作品

(一)电视政论片《热土壮歌》

1995 年,为全面反映太旧路建设情况,由太旧路建设宣传指挥部与省委组织部党员电教中心合作,拍摄 5 集电视政论片《热土壮歌》。在拍摄过程中,先后整理 140 余盘反映太旧路建设情况的录像资料带和大量文字资料,并得到太旧路各指挥部大力支持。从策划拍摄到制作完成,历时 9 个月,是一部主题鲜明,融思想性与艺术性为一体,弘扬时代主旋律的好作品。1996 年 1 月 11 日,省委书记胡富国,省委副书记郑社奎,省委常委、省纪检委书记冯芝茂,省委常委,省委组织部部长支树平,副省长纪馨芳,副省长兼省交通厅厅长杜五安和省广播电视厅领导,从上午 11 点至下午 2 点,用近 3 个小时审看该片后,给予高度评价。认为情感到位,画面到位,解说到位;讴歌牺牲的烈士和活着的英雄,讴歌改革开放、艰苦奋斗的时代精神,是当前加强社会主义精神文明建设、弘扬时代主旋律的一部好教材。中共中央政治局委员、国务院副总理邹家华观看此片后批示:"这是党中央、国务院正确领导的胜利,是省委、省政府正确领导的结果,这也是山西人民建设社会主义的伟大胜利。"1996 年 1 月。此片在山西电视台正式播出,社会各界评价甚高。

(二)电视剧《走进太旧》和《情洒太行》

电视片《走进太旧》由太原电视台拍摄。在拍摄过程中,太旧路宣传指挥部积极配合,提供大量早期音像资料,并直接派人参与具体拍摄制作工作。播出后,在社会上引起很大反响,大家普遍评价这部电视剧拍得好,选的角度好,看后很受启发。此外,太旧路宣传指挥部还协助省广播电视厅拍摄了以太旧路建设为题材的电视剧《情洒太行》。

十一、太旧高速公路建设工程纪念碑

1996年12月26日,太旧高速公路建设工程纪念碑揭幕仪式在太原武宿立交枢纽隆重举行。省委书记胡富国、省长孙文盛及省四大班子领导出席。纪念碑高42.5米,基座为四面双层大台阶结构,高6.25米,内部设有展厅,陈列着反映太旧高速公路艰难建设历程和辉煌成就的图片、录像、实物等资料,陈列着江泽民、李鹏、乔石等中央领导和在山西工作过的省部级领导题词,陈列着国内著名书画家题词及书画作品。碑体四面分别镌刻着江泽民、李鹏、邹家华、薄一波题词。该碑落成后,使太旧高速公路建设者的英雄业绩彪炳青史,同时为山西省又增加一个对党员和青少年进行艰苦奋斗教育的基地。

第六节　大运高速公路建设宣传

一、大运高速公路建设宣传领导组

2001年2月,大运高速公路南线全面开工建设后,为了营造良好舆论环境,确保工程建设顺利进行,宣传工作显得尤为重要。省委宣传部、省交通厅党组决定进一步加大宣传力度,组建宣传领导组,进一步加强对大运高速公路工程建设宣传工作的组织领导。

2001年4月26日,省委宣传部以晋宣字〔2001〕16号文印发《关于成立"大运高速公路建设宣传领导组"的通知》。领导组组长:申维辰(省委常委、省委宣传部部长);副组长:王晓林(省交通厅厅长),申存良(省委宣传部副部长),田惠爱(省广播电视局局长),章勇思(《山西日报》总编辑),卢仲云(新华社山西分社社长)。成员有:刘杰(《人民日报》驻山西记者站站长),杨荣(《光明日报》驻山西记者站站长),秦德继(《经济日报》驻山西记者站站长),李世璞(中央人民广播电台驻山西记者站站长),赵龙(省交通厅党组成员、省纪委驻厅纪检组组长),董育中(省广播电视局副局长、山西电视台台长),张敬民(山西人民广播电台台长),李勤(《山西经济日报》总编辑),桂小纯(《山西日报》工交部主任),梁宝印(省委宣传部新闻出版处处长),杨惠芹(省交通厅新闻宣传中心主任)。领导组下设办公室,办公室设在省交通厅新闻宣传中心,具体负责组织和协调大运高速公路建设期间的新闻宣传工作。大运路宣传领导组成立后,紧密结合工程建设实际,下大力气搞好舆论宣传,组织完成大量卓有成效工作,为推动大运高速公路工程建设发挥重要作用。

省委、省政府非常重视大运高速公路宣传工作。省长刘振华多次就大运路的宣传工作作出重要批示,省委常委、省委宣传部部长申维辰,省委宣传部副部长申存良多次主持召开大运路宣传领导组会议、新闻通气会,专题研究和部署大运路宣传工作。特别是为配合大运路路基、路面两个百日大会战和"8·18"目标实现,大运路"三循环"通车暨全省高速公路通车里程突破1000公里,以及"9·28"大运路全线通车等重要活动,宣传领导组多次进行认真研究、周密策划和细致部署,发动中央各大新闻媒体和省内新闻媒体,不断掀起宣传高潮,全方位宣传大运路各项创新和建设成就,为工程建设营造良好舆论氛围。

二、省交通厅43216宣传规划

经过充分酝酿讨论,结合太旧路建设宣传经验,为进一步搞好大运高速公路建设宣传工作,2001年8月,省交通厅党组以晋交发〔2001〕85号文印发《关于切实加强大运路新闻宣传工作的实施意见》。明确大运路新闻宣传的总体设想是:以江泽民总书记"三个代表"重要思想为指导,以宣传"新大运,新山西"为主线,围绕工程建设特点和实际,实施以"43216"为主要内容的宣传计划。"4"即掀起4个宣传高潮:大运路开工、"8·18"目标实现、2002年底实现小循环、2003年底全线通车;"3"即每年选树100名大运路好党员,100名大运路精神文明建设标兵,100名大运路劳动模范;"2"即总结和塑造出两种精神成果，一种是大运理念，一种是大运文化；“1”即摄制一部反映大运路建设的电视新闻纪录片；“6”即编辑出版《大运路建设管理经验集锦》、《大运群英》、《大运高速公路建设志》、《大运高速公路建设画册》、《大运路新闻文化作品荟萃》、《大运路经济带开发综合研究》6种精品书籍。

2001年8月21日，省交通厅党组召开大运高速公路建设新闻宣传工作会议，总结回顾大运路开工建设以来的新闻宣传工作，安排部署下一步宣传工作重点和任务。大运路6个项目建设公司分管宣传工作领导、厅直属有关单位、厅机关各处室、大运办各处负责人、省城主要新闻媒体记者参加。会议由厅党组成员、副厅长杨金泉主持。厅党组成员、省纪委驻厅纪检组组长赵龙作了题为《围绕“三个代表”，突出创新特色，把大运高速公路新闻宣传工作推向一个新阶段》的讲话。厅新闻宣传中心主任杨惠芹宣读厅党组《关于切实加强大运高速公路新闻宣传工作的实施意见》。大新、太祁、祁临、临侯、侯运5个项目建设公司交流抓好宣传工作的经验。

赵龙在讲话中，要求大运高速公路宣传要以江泽民总书记“三个代表”重要思想和“七一”讲话精神为指导，以“新大运、新山西”为主线，按照“43216”宣传计划，突出创新特色，加大宣传力度、深度和广度，使大运高速公路新闻宣传高潮迭起。要坚持眼前与长远、内容与形式、务实与轰动相结合的原则，要组织开展好以“大运行、大运情、大运风、大运心”为内容的主题活动，通过报纸、电视、广播、专项活动等多种形式，把大运高速公路建设中具有创新性、深层次和有价值的东西反映出来。同时，要尽快组织专家学者对大运理念和大运文化进行研讨定位，及早动手编纂《大运高速公路建设志》、《大运群英》等图书，抓好文字、图片、影视资料的积累工作，选树好一大批优秀党员、建设标兵、劳动模范等先进典型；厅机关和厅直各单位要积极参与，搞好配合。杨金泉在总结讲话中，要求各单位要做到认识到位，组织到位，工作到位，切实采取措施，把会议精神落到实处，把大运高速公路新闻宣传工作搞得更加有声有色。

会议之后，在大运办、厅办公室、厅直党委、厅法规处、厅新闻宣传中心、厅资料信息中心等部门积极努力和相互配合下，在大新、新原、原太、太祁、祁临、临侯、侯运高速公路建设公司大力协助下，“43216”宣传规划得到很好落实。其中，4个宣传高潮形式多样，有声有色，规模大，格调高，在海内外造成一定影响；大运理念业已形成，大运文化脱颖而出，并得以发展；《大运高速公路建设纪实》电视新闻纪录片于2002年底制作完成并在山西电视台播放；为确保6部书籍的编纂质量和如期出版，省交通厅专门成立统一的“大运高速公路建设系列丛书编审委员会”。主任：王晓林；副主任：宋元林、杨金泉、张润、赵龙、胡玉珍；常务副主任：赵龙；编委（以姓氏笔画为序）有：马建新、王志民、王京荣、王哲、王润民、王联明、尹新平、卢建明、刘玉柱、师国梁、孙跃进、李万定、李应怀、李润平、张岐山、张德仪、范双成、杨俊威、杨惠芹、杨增梅、周文全、郜玉兰、郜学文、赵队家、赵振田、赵善义、赵新民、贾建民、原建中、秦国增、郭贵平、郭鹏飞、曹居月、常二栋、黄勇、康志杰、董新品、戴飞。

在强有力的组织领导下，系列丛书陆续编纂完成，由山西人民出版社正式出版，公开发行。《大运高速公路经济带开发综合研究》、《大运群英》（上册）于2002年9月大运路“三循环”通车期间出版；《大运路建设管理经验集锦》、《大运放歌——大运路新闻文化作品荟萃》、《大运群英》（下册）于2003年9月出版；《挺起的脊梁——大运高速公路建设》画册于2004年11月出版；《大运高速公路建设志》于2005年8月出版。

三、新闻媒体宣传

（一）中央新闻媒体宣传

中央新闻媒体对大运路建设给予极大关注。新华社、中国新闻社、《人民日报》、中央电视台、中央人民广播电台、《经济日报》、《光明日报》、《工人日报》、《中国交通报》、《中华工商时报》、《中国青年报》等中央各大新闻媒体,都对山西交通工作特别是大运路建设成就进行多次报道,人民日报社《时代潮》、《紫光阁》、《中华英才》、《锦绣中华》、《国情研究报告》、《中国国情研究报告》、第六届华商大会宣传专刊等刊物,也先后进行报道。特别是山西高速公路通车里程突破1000公里、大运路"三循环"通车和"9·28"全线通车等一系列重大事件,引起中央及部分海外新闻媒体广泛关注。新华社除刊发新闻外,还编发《内参清样》,中央电视台在《新闻联播》、经济频道和西部频道及时播发消息及专题片,《经济日报》、《中国交通报》、《中华工商时报》、《中国新闻》、《紫光阁》、《公路》等报纸杂志作了一系列深度报道;此外,香港《大公报》、《商报》和新浪、网易、搜狐等知名媒体和网站,也进行多次宣传报道,产生良好社会效果。

据统计,大运路开工建设以来,中央新闻媒体和刊物共刊发(播)有关大运路建设的稿件800余篇(件),使大运路建设在国内外产生广泛影响。

(二)省内新闻媒体宣传

省内新闻媒体对大运路建设非常重视,纷纷制作专题,开辟专栏,连续进行宣传报道。《山西日报》开辟"来自大运路一线的报道"、"大干100天,大运掀高潮"专栏;《山西经济日报》开辟"大运路建设纪实"、"来自大运高速公路的风采"等栏目;山西人民广播电台开设"建好大运公路,造福三晋人民"专题节目;山西电视台在保持大运路报道优先发、不间断的同时,还在《记者观察》、《内陆看谈》、《追踪报道》、《周末聊天室》等栏目,制作和播发专题片,举办"聚焦新大运"电视新闻采访活动;山西电视台经济频道拍摄制作"高速·大运"系列报道;黄河电视台举行"国庆大运行"采访活动。《前进》杂志、《山西政报》、《支部建设》、《"三个代表"在山西》大型画册、《中国与世界》(山西卷)、《省情与发展》、《山西文学》、《黄河》、《山西工人报》、《人民代表报》、《山西政协报》、《山西法制报》、《监督时报》、《山西青年报》、《山西妇女报》、《山西晚报》、《山西商报》、《都市生活报》、《三晋都市报》、《生活晨报》等报刊,也对大运路建设进行大量报道。特别是在大运路建设的体制、机制、融资、管理、科技创新等方面和路基、路面两个百日大会战、"8·18"目标实现、大运路"三循环"通车暨山西高速公路通车里程突破1000公里,以及大运路"9·28"全线通车期间,省内媒体高度关注,以报刊、电台、影视、资料、网络等多种宣传形式,进行及时、全面、深入报道,宣传高潮一浪高过一浪,声势大,效果好,积极营造全社会了解大运、关心大运、支持大运的良好氛围,有力促进工程建设的顺利进行。

第七节　大运高速公路建设宣传成果结晶

一、全省首届"交通杯"新闻大赛

省交通厅和省新闻工作者协会共同组织,1997年4月14日,在省委文秘中心召开全省首届"交通杯"新闻大赛颁奖仪式。省委宣传部、省广播电视厅、山西日报社、省新闻出版局、省交通厅直属单位有关领导及中央驻晋新闻单位、省城各大新闻单位及交通系统获奖单位代表和个人共计100余人参加。厅长刘俊谦在讲话中,全面回顾大赛组织情况及取得的显著成绩,殷切希望新闻界朋友们继续关心交通,支持交通,为推动全省交通事业持续、健康、快速发展再作新贡献。共有263人(次)报送参赛作品1186篇(件)。经过严格初评、复评,共评出一等奖16篇(件),二等奖37篇(件),三等奖53篇(件),优秀奖28篇(件);评出写稿奖(写稿数量奖)一等奖8人(512篇),二等奖5人(155篇),三等奖15人(198篇)。会议还对1996年度新闻宣传组织工作出色,成绩显著的8个单位授予组织奖。

二、《精美原太路》画册

1999年1月,由省交通厅宣传教育中心、原太高速公路有限责任公司共同组织编辑的《精美原太路》画册,由中国经济出版社出版。该画册主题突出,图文并茂,全面、系统地记录、总结大运高速公路原太段工程建设历程和成功经验,集思想性、艺术性、技术性、纪实性、史实性于一体。全书分"时代的呼唤"、"情系千秋业"、"不负众望谱新篇"、"原太序曲"、"千军万马战犹酣"、"原太路的质量报告"、"精神文明花开原太"、"通向新世纪"八章,16开,124页,共选录290余幅图片,4.6万文字。副省长杜五安作序。编委会主任:刘俊谦;副主任:杨继刚、任景春、高贵生、杨金泉、赵龙、宋元林、胡玉珍、张润。主编:胡玉珍;副主编:张明旺、肖毓恺;编辑部主任:师国梁、张晓枫。

三、《中国交通50年成就·山西卷》大型画册

1999年10月,人民交通出版社正式出版大型画册《中国交通50年成就·山西卷》。该画册为中国交通50年成就大型系列丛书之一,由交通部统一组织编纂,为建国50周年献礼图书。该画册认真回顾新中国成立以来,特别是党的十一届三中全会以来,全省交通运输事业和公路建设的发展历程;展示了全省3000万三晋儿女在省委、省政府的坚强领导下,高举邓小平理论伟大旗帜,真抓实干,奋力拼搏,气壮山河,志在必胜的英雄气概;描绘2010年,特别是今后5年全力推进全省交通事业持续、快速、健康发展,打好交通翻身仗的跨世纪宏伟蓝图。是新中国成立以来全省第一部全面、系统、准确地反映交通建设辉煌成就的历史画卷,是全省交通行业精神文明建设的一项重要成果,具有重要的现实意义和历史价值。为了圆满完成厅党组交给的任务,省交通厅宣传教育中心抽调得力人员成立编辑部,对新中国成立以来反映全省公路交通事业发展的文字材料和照片进行认真搜集、整理、拍摄和纂写,截至1998年6月,写成文字稿20余万字,搜集、拍摄照片2000余幅。在此基础上,厅宣传教育中心反复征求厅属各单位、厅机关各处室及有关人员的意见,召开两次专题座谈会,根据交通部印发的编写要求,不断调整结构和内容。先后对文稿进行10多次修改,到1998年12月底正式定稿。该画册主题突出,内容丰富,图文并茂,制作精美。共选录图片480余幅,图表16幅,中文10万字,英文14万字,12开,270页。副省长杜五安作序。编委会名誉主任:杜五安;主任:刘俊谦;副主任:薛庆祥、张忠晔、杨继刚、任景春、高贵生、杨金泉、赵龙、宋元林、胡玉珍、张润。主编:刘俊谦;副主编:张明旺、师国梁。编辑部主任:吴志山;中文纂稿:师国梁;英文翻译:权胜;版式设计:王建功、王晴红。

四、《大运高速公路经济带开发综合研究》

《大运高速公路经济带开发综合研究》由省交通厅组织编纂,2002年10月由山西人民出版社正式出版发行。全书50万字,标准16K,由省长刘振华任主编,副省长杜五安任副主编,省交通厅厅长王晓林任执行主编。"大运高速公路经济带开发综合研究"课题是根据省委、省政府有关依托大运高速公路实施资源整合、构建大运高速公路经济带的战略部署,由省交通厅具体组织,省直有关单位、专家和大运高速公路沿线8个市(地)政策研究、计划、交通部门研究人员共计40多人集体完成的。课题总负责王晓林,总协调赵龙,主持曹居月、卢建明、加年丰。该成果包括1个总报告、12个分报告和8个专题报告;书中还载录省领导刘振华、杜五安,厅领导王晓林、赵龙,省委政策研究室主任李旺明及大运高速公路沿线8个市地书记、市长(专员)以及平遥、侯马两县(市)领导的专稿,共计13篇。全国著名经济学家董辅礽为该书撰写热情洋溢的序言,认为"在开工建设一条高速公路的同时,就研究如何开发建设公路周边地带,以便充分发挥高速公路的作用,山西省是首创"。同时希望"各地在建设高速公路时能参考山西省的做法,作类似本书的研究"。

五、《大运群英》

《大运群英》由省交通厅组织编辑。厅党组书记、厅长王晓林任主编,厅党组成员、省纪委驻厅纪检组组长赵龙任执行主编,厅直机关党委书记杨俊威任编辑部主任。该书充分反映全省人民在省委、省政府正确领导下,努力改变山西落后面貌的信心和决心,真实、生动地再现了大运高速公路各项目建设公司组织者、管理者和广大筑路员工奋力拼搏、勇于奉献的感人事迹,生动、具体地展示了“大运精神”的深刻内涵。该书分上、下两卷。共载录纪实通讯和个人事迹简介360篇,其中集体篇目41篇,个人篇目319篇,共计90万字。

《大运群英》上卷于2002年10月由山西人民出版社正式出版发行,40万字,标准16K。共载录纪实通讯和个人事迹简介186篇,包括集体篇目17篇,个人篇目169篇。第一部分“大运之魂”,收录纪实通讯53篇,其中集体17篇,个人36篇。收录顺序按类别并依大运高速公路由北向南方向排列(包括大新、新原、原太、太原南过境、太祁、祁临、临侯、侯运8个路段);第二部分“大运之星”,载录个人事迹简介133篇,排列顺序同第一部分;第三部分“大运之花”,载录大运高速公路建设各个阶段,山西省劳动竞赛委员会、山西省大运高速公路建设领导组、大运办、省交通厅等领导机关部门所表彰的各类先进集体和个人名单。收录顺序按类别并依表彰的先后顺序排列。

《大运群英》下卷于2003年9月由山西人民出版社正式出版发行。全书50万字,标准16K。共载录纪实通讯和个人事迹简介174篇,包括集体篇目24篇,个人篇目150篇。第一部分“大运之魂”,载录纪实通讯71篇,其中集体篇目24篇,个人篇目47篇。收录顺序按类别并依大运高速公路由北向南方向和设计、科研、监理、质监、宣传部门依次排列;第二部分“大运之星”,载录个人事迹简介103篇,排列顺序同第一部分;第三部分“大运之花”,载录在大运高速公路建设后期,受到大运高速公路工程建设领导组办公室和省交通厅党组表彰的各类先进集体、先进个人名单。收录顺序按类别并依受到表彰时间的先后排列。

六、《大运放歌——大运高速公路建设新闻文化作品荟萃》

《大运放歌——大运高速公路建设新闻文化作品荟萃》由省交通厅组织编辑,2003年9月由山西人民出版社正式出版发行。全书40万字,标准16K。厅党组书记、厅长王晓林任主编,厅党组成员、省纪委驻厅纪检组组长赵龙任执行主编,厅新闻宣传中心党支部书记秦国增任编辑部主任,省文联主席李才旺撰写热情洋溢的序言。该书用多种文学艺术形式,再现大运高速公路建设的丰功伟绩,抒发全省人民与时俱进、艰苦创业建设大运高速公路的豪情壮志,讴歌大运高速公路建设中涌现出来的时代英雄。全书分为“浓墨重彩笔”、“一线写真集”、“诗文颂伟业”、“银幕映丹心”、“书画展宏图”、“长镜聚大运”六部分,共载录通讯及报告文学20篇、新闻报道21篇、诗歌散文92篇、电视电影文学剧本1部、书画作品53幅、摄影作品14幅。该书的出版发行,不仅总结和丰富大运文化,而且对于繁荣全省文化创作、加强文化建设,都具有积极推动作用和有益启发。

七、《大运高速公路建设管理经验集锦》

《大运高速公路建设管理经验集锦》由省交通厅组织编纂,2003年12月由山西人民出版社正式出版发行。全书55万字,标准16K。厅党组书记、厅长王晓林任主编,厅党组成员、省纪委驻厅纪检组组长赵龙任执行主编,厅办公室主任卢建明任编辑部主任,省委书记、省人大常委会主任田成平为该书作序。该书较系统和全面地汇集了大运高速公路建设中在党建、管理、技术等方面创造的经验,分为综合篇(载录文章9篇,其中省委书记田成平2篇,省长刘振华3篇,副省长杜五安1篇,厅长王晓林3篇);党建篇(载录文章15篇);管理篇(载录文章35篇);技术篇(载录文章11篇);发展篇(载录文章4篇);附录(载录省交通厅署名文章“创业的丰碑,创新的壮歌——大运高速公路建设概述”1篇)。该书的出版发行,对于更好地弘扬“大运精神”,具有十分重要的推动作用。正如田成平在《序言》“宏伟的工程,宝贵的经验”中所指出的那样:“大运高速公路建设中积累的成功经验和形成的时代精神,是全面建设小康社会的宝贵财富和强大动力,对推进经济建设和社会各项事业,具有重要意义,要认真推广和运用。”

八、《挺起的脊梁——大运高速公路建设》画册

《挺起的脊梁——大运高速公路建设》画册由省交通厅组织编辑,2004年11月由山西人民出版社正式出版发行。厅党组书记、厅长王晓林任主编,厅党组成员、省纪委驻厅纪检组组长赵龙任执行主编,厅新闻宣传中心主任杨惠芹任编辑部主任。分为"科学决策,创新铸大运"、"众志成城,三晋飞彩虹"、"南北通衢,一路好风光"、"挺起脊梁,昂首奔小康"四大部分,精装,国际标准小八开,精选图片214幅,166页。该画册多角度、全景式地再现大运高速公路3年建设历程,生动、形象地展示大运高速公路建设成就和通车一年来带来的巨大变化。图文并茂,主题突出,设计新颖,格调高雅,是一部集中反映大运高速公路千秋伟业的历史画卷。

九、《大运高速公路建设志》(上下卷)

《大运高速公路建设》由省交通厅组织编纂,2005年8月由山西人民出版社正式出版发行。编委会主任王晓林;主编王晓林,执行主编赵龙,副主编师国梁、张岐山。编辑师国梁、张岐山、梁锦华、赵国荣、杜小鹏;特约编辑陆峰波。全书310万字,标准16K,分为上下两卷,志书载录资料上限为大运高速公路开始酝酿的20世纪80年代末,下限为2004年12月底,"大事记"下限为2005年7月31日。志书首设概述,分为决策、机构队伍、建设、管理、保障、人物、竣工通车、大事记8篇,篇下设章,章下设节,尾缀文献文件辑存及后记。全书以翔实资料、朴实文风,严谨完整结构和层次,充分体现中共山西省委、省人民政府践行"三个代表"重要思想,与时俱进,改革创新,运筹帷幄,决胜千里,带领全省3300万人民共创兴晋富民伟业,再造山川秀美沃土的信心和决心;全面记录省直各委办厅局和沿线各级党委、政府同心协力,克服困难,千方百计,优质服务和人民群众舍小家、为国家,拆新房、移果园,迁坟茔、献良田,惊天地、泣鬼神的动人事迹;集中展示全省交通系统广大干部职工及致力于交通事业的同行们夜以继日,奋力拼搏,精心组织,精益求精和12万名筑路员工劈高山、填沟壑、凿隧道、架桥梁,在千里大运线上苦干实干,攻坚克难的历史性雄壮画面。该志将大运高速公路建设业绩永载史册,彪炳千秋,出版后受到业内人士广泛好评。

十、《大运放歌》(长诗)

《大运放歌》(长诗)由当代诗人、省人大常委会副主任崔光祖创作,《山西文学》2002年第11期刊发。该诗气势宏伟,情感丰富,共5个章节,1300余行,生动形象地描绘出了一幅大运高速公路建设的壮丽画卷,歌颂建设者与时俱进、自强不息、艰苦创业、无私奉献的崇高品格,讴歌中华民族的伟大精神,表达作者的敬仰之情并展现其创作风格。

十一、《大运亨通》(长篇报告文学)

《大运亨通》(长篇报告文学)由著名作家、省作协主席焦祖尧历时数年,深入大运高速公路建设工地进行大量艰辛细致的采访创作而成。以纪实手法,全景式地再现修建大运高速公路的建设历程,反映人民创造历史、创造新生活的伟大实践。该书坚持正确创作方向,表现时代精神,弘扬主旋律,从一个侧面表现社会发展和进步,具有自己独特风格。全书30万字,于2002年底由《黄河》文学和作家出版社正式出版发行。2003年8月8日,中国作家协会和省委宣传部在北京共同举办研讨会。与会领导和专家认为,《大运亨通》是对建设大运高速公路这一功在当代、造福后代的重大工程全面真实、形象生动的记录,集中反映和再现全省人民和交通职工奋力开拓,不断进取,建新大运、新山西的精神风貌。纵贯全省南北的大运高速公路,是山西基础设施建设中的一个最新收获,是山西人民在党的领导下,对"三个代表"重要思想的生动实践。《大运亨通》的创作,贯彻落实了"三个代表"重要思想,用优秀作品、先进文化引领、激励人民建设社会主义的决心与信心,为推进社会主义现代化建设作出积极贡献。

十二、《大运高速公路宣传背景资料汇编》

为了及时全面地向各级领导、社会各界

和新闻媒体提供有关建设情况、背景资料和新闻线索,从大运路开工建设、2002年“三循环”目标实现到2003年全线建成通车,省交通厅新闻宣传中心先后组织编印大运高速公路彩色折页3册、《大运高速公路宣传资料汇编》11期以及《大运高速公路新闻宣传线索》、《大运高速公路建设好人好事集锦》、《大运精神座谈会背景材料》、《大运路宣传通气会背景材料》、《记者座谈会背景材料》等大量相关资料。为加强大运高速公路宣传工作,进一步促进工程建设,起到良好推动作用。

十三、《战地简报》

①《大新简报》。由大新高速公路建设有限责任公司宣传报道组编印,2001年5月1日创刊,至2002年12月停刊,共编印126期。

②《新原战报》。由新原高速公路建设有限责任公司党委办公室编印,2001年5月创刊,至2003年10月停刊,共编印45期。

③《原太战报》。由原太高速公路建设总指挥部编印,1997年3月创刊,1998年12月停刊,共编印36期。

④《简报》。由太原东山过境高速公路建设指挥部编印,1994年3月25日创刊,至1996年10月停刊,共编印32期。

⑤《太祁信息》。由太祁高速公路有限责任公司新闻宣传组编印,2001年2月创刊,至2002年12月停刊,共编印23期。

⑥《祁临战报》。由祁临高速公路有限责任公司主办,为4开4版,彩色印刷,2001年4月25日创刊。设有一线报道、战地巡礼、摄影专刊、党建园地、专题报道、综合消息、运营之窗、文艺副刊等栏目,内容丰富,形式多样,读者较为喜爱。2003年7月停刊,共出版18期,累计发行万余份。

⑦《临侯高速》。由临侯高速公路建设有限责任公司办公室编印,2000年12月27创刊。主要反映工程动态,交流工程经验,报道工程建设中的典型经验、先进事迹等;同时反映工程建设中存在的主要问题。到2002年10月14日临侯段交工验收时停刊,共编印72期。

⑧《侯运高速》。由侯运高速公路建设有限责任公司办公室编印,2000年12月27日创刊。主要反映工程动态,交流工程经验,报道工程建设中的典型经验、先进事迹等,同时反映工程建设中存在的主要问题。2002年10月18日侯运段交工验收,10月20日编印最后一期。累计编印41期。

第二十章　史志编纂

1993年以来，全省公路交通建设进入持续、快速、健康发展的快车道。省交通厅历届党组两个文明一起抓，在认真搞好交通基础设施建设的同时，把史志年鉴编纂工作摆到重要议事日程，按照中国地方志指导小组办公室"一纳入、五到位"要求，认真落实，措施到位，做到"修路修志同抓共责，潜心谋篇精益求精"，把全省交通运输建设发展改革的辉煌业绩永载史册，彪炳千秋。

第一节　省交通厅资料信息中心成立及职能

1995年3月，经省编委晋编办字〔1995〕14号文批复省交通厅，同意成立山西省交通厅资料信息中心，同时挂"山西省交通史志年鉴编辑部"牌子，核定为县处级事业单位，编制6人，领导职数2名。

1995年11月，正式组建厅资料信息中心，原建中任主任，张岐山任副主任。中心成立后，面临许多编辑出版任务。为组织编纂好《山西公路交通史》（第二册）、《山西通志·交通志·公路水运篇》、《山西交通年鉴》、《太旧高速公路建设志》、《山西重点公路工程志》等书籍，1996年4月13日，省交通厅印发晋交办字〔1996〕第162号文《关于成立山西交通史志年鉴编辑部的通知》，即在厅资料信息中心设山西交通史志年鉴编辑部。组成人员有总编原建中，副总编张岐山、田荣华、鲁永春。

1998年2月25日，厅党组任命杨惠芹为厅资料信息中心主任，原建中调任厅直机关党委副书记，张岐山任中心副主任，田荣华任副处级调研员。正式职工有梁锦华、赵国荣、史晨鸣；借调人员有郑太平、张桂花。

2000年5月，省委、省政府对省交通厅领导班子进行调整。11月20日，厅党组专题研究新闻宣传及史志编纂工作，并对有关单位领导干部进行调整。厅资料信息中心主任杨惠芹调任厅新闻宣传中心主任，厅宣传教育中心副主任师国梁调任厅资料信息中心主任。张岐山任中心副主任，2001年2月13日兼任中心总编辑（正处），2005年3月改任正处调研员，退居二线。同年9月，郭富平担任中心副主任。

2000年11月17日，根据工作需要，中心成立资料信息部和综合办公室两个职能科室，经中心领导集体研究，并请示分管厅领导批准，梁锦华任资料信息部部长，史晨鸣、赵国荣任综合办公室副主任。2003年12月10日，中心调整综合办公室主任和资料信息部部长，经中心领导班子集体研究决定，梁锦华任综合办公室主任，赵国荣任资料信息部部长。2001年2月21日，梁锦华任《山西交通年鉴》编辑部主任；2007年10月18日，省交通厅晋交办字〔2007〕434号文印发《关于调整山西交通史志年鉴编审委员会成员的通知》。编委会下设编辑部，编辑部设在厅资料信息中心。任命总编辑师国梁；副总编辑张岐山、梁锦华。

1995年厅资料信息中心正式成立后，主要职能是：建立交通资料信息库，为社会和交通行业提供信息咨询服务；负责《山西公路交通史》、《山西公路交通建设志》、《山西交通年鉴》编辑工作；负责收集和专题记载全省交通事业中的重大事件和重大项目；承办《山西交通综合信息》、《全国报刊资料汇编》

刊物的编辑印发,同时负责指导全省交通系统史志年鉴编修工作。1998年2月,根据厅党组安排,增加软科学研究和调研职能。

第二节 交通史志书籍编纂出版成果

一、《太旧高速公路建设志》

根据1993年省委、省政府办公厅23号文件和省史志研究院、省重点办关于联合组织编纂《山西省重点工程建设系列丛书》文件精神,为将太旧高速公路建设辉煌业绩彪炳千秋,永载史册,1996年3月21日,省交通厅以晋交办字〔1996〕第119号文印发《关于组织编纂〈太旧高速公路建设志〉的通知》。7月10日,省厅以晋交办字〔1996〕第231号文印发《关于成立〈太旧高速公路建设志〉编委会的通知》。1997年4月,召开首次编委会暨《太旧高速公路建设志》篇目评审会。后九易提纲,于11月确定编写篇目,由中心具体组织编纂工作。

为一条高速公路建设修志,在全国尚属首例,无现成经验可借鉴,无一定体例可遵循。中心及有关编修人员边摸索,边总结,边完善,发扬太旧精神,兢兢业业修志。1997年12月完成第一稿。因内容不尽完善,表述不够准确,分类尚欠科学,中心重新组织人员进行编纂。在编纂过程中,中心自始至终把搜集资料放在首位,并以采编合一方法,边搜集资料,边编纂,边打印,边修改,边校对,边审定。1998年底,120万字第二稿编校完毕后,邀请省史志研究院和全省交通系统有关专家、学者,对书稿进行审定。2000年12月,根据评审意见,再次对全书进行结构调整、篇幅增删和文字加工。2001年3月,第三稿编纂完毕后,又分送各编委审定和修改。从2001年6月开始,根据各编委意见,中心组织有关专家,对全书体例及文字作进一步修改、调整和补充,并由师国梁、张岐山负责对全书进行总纂及统改。2001年底,本书编审、校改全部完毕,正式付梓。2002年4月,由山西人民出版社出版发行。编委会主任杜五安,常务副主任刘俊谦、王晓林、杨继刚、宋元林、赵龙;副主任史锦文、任景春、高贵生、刘传旺、杨金泉、张润、胡玉珍;委员23人。主编杜五安;执行主编刘俊谦、王晓林;副主编杨继刚、宋元林;执行副主编赵龙。编辑部主任原建中、杨惠芹;执行主任师国梁、张岐山;常务副主任田荣华;编辑师国梁、张岐山、杨惠芹、田荣华、梁锦华、宋剑;特约编辑姜中石、袁璞、冀岚、马健中。

志书为标准16K,65万字,上限为太旧高速公路开始酝酿的1988年,下迄1997年底。分为决策、机构队伍、建设、管理、保障、人物6篇26章,前有概述,后有特载通车庆典、大事记、文件·文献辑存及后记,由副省长杜五安作序,并配有党和国家领导人江泽民、李鹏、乔石、薄一波、邹家华题词,交通部、省委、省政府领导视察及各个建设时期图片49幅。

本志是对单项高速公路建设的专门记载,这在全国尚属首例。该志资料丰富,富有特色,以实事求是、客观可靠资料,如实记载太旧高速公路建设全过程,并努力反映太旧高速公路建设特点,进一步总结经验,吸取教训,为指导以后的高等级公路建设提供借鉴。

二、《太旧高速公路建设大事记》(上、下卷)

为了全面记载太旧高速公路建设历史,认真总结全省高速公路建设经验,铭记国家对山西交通事业的关心和支持,铭记省委、省政府领导的战略决策,铭记全省人民对太旧路的支持和奉献,铭记全省交通系统广大职工的积极贡献,1995年2月至1996年12月,厅资料信息中心配合太旧高速公路建设宣传指挥部编纂《太旧高速公路建设大事记》。分上、下两卷,主编杜五安,执行主编刘传旺,主编纂张岐山,编纂田荣华。上卷时限为1988年至1995年6月30日,35万字,363个条目,侧重记载太旧路工程建设中征地拆迁、东西两段建设情况以及各级领导、社会各界、全省人民群众对太旧路建设所作的贡献等,1995年8月由山西人民出版社出版;下卷从

1995年7月1日始至1996年6月30日止，35万字，361个条目，附录4条。着重记载太旧路中段工程路基、路面、桥梁和交通工程建设情况，1996年12月由山西人民出版社出版。上、下卷均由副省长、太旧高速公路建设总指挥杜五安作序，载有党和国家领导人题字、题词及视察，省委、省政府领导和各界人民群众支持太旧路建设照片63幅。

在编辑过程中，编辑人员深入施工现场，了解工程进展情况和在太旧路建设中发生的重大活动，及时掌握各方面动态。为提高编辑质量，太旧路宣传指挥部在中段建设指挥部召开会议，专门研究《大事记》编辑问题，征求筑路员工意见。上、下两卷初稿在审定时，还邀请省城知名专家学者进行评审，编辑人员对书稿进行反复修改。

《太旧高速公路建设大事记》是全省第一部专题记载重点交通工程始末的资料性书籍，上溯太旧路酝酿之初的1988年，下限太旧路全线通车的1996年6月25日，时跨9年，囊括工程建设各个方面。该书注重太旧路建设过程中的勘察设计、工程施工、政治活动、组织指挥等，是太旧路建设的忠实记录，也是全省人民齐心协力、团结奋斗的真实记载。较全面地反映了太旧路建设全过程及“自力更生、艰苦奋斗、不屈不挠、勇于奉献”的太旧精神。

三、《山西通志·交通志·公路水运篇》

本志是省史志研究院牵头编纂的《山西通志》大型志书第21卷，是全面、客观、科学、系统地记述山西交通事业发展的历史与现状的典籍，由厅资料信息中心具体组织编纂。该篇上限为清道光二十年(1840年)，下限为1997年，内容包括公路交通、内河航运两部分。全书设篇、章、节、目等层次，卷首置绪言，卷末设附录，体例以志为主，辅以记、图、表、录等。

新编《山西通志》共计50卷，66册，5000余万字，截至2002年6月底，已经全部出版。主修刘振华、郭裕怀；总纂梁志祥、侯文正；编辑部主任袁培钢；副主任杨志忠、刘益龄；编辑张全盛、王仰东、焦永萍、任小燕、王会世、侯春燕、郝世文。

《山西通志·交通志·公路水运篇》编纂工作始于1985年，山西省公路交通史编审委员会责成厅史志办编写，到1988年底完成50万字初稿。由于机构人员变化，中途搁浅，厅资料信息中心成立后，续接编修工作。1995年12月20日，召开续编会议，厅党组副书记、副厅长杨继刚，中心主任原建中、原史志办主任吕荣民、原史志办副主任刘光汉及田荣华参加，初步商定该书继续补充、修订、完善等问题。为编好这本书，根据工作需要，1997年省厅印发晋交办字〔1997〕第372号文，成立《山西通志·交通志·公路水运篇》编纂委员会。主任杜五安；副主任刘俊谦、杨继刚；编委由厅机关有关处室、厅直有关单位负责人担任，共计16人。主编杨继刚；常务副主编吕荣民；副主编杨惠芹；审定梁志祥、侯文正；审稿袁培钢；责任编辑焦永萍、李岩；编辑白江、侯春燕、王仰东、郝世文、王会世。由于成书较早，下限只写到1985年，难以反映以太旧高速公路建设为重点的山西公路建设高起点、超常规、大跨度发展的宏伟壮观场面和突出成就。根据副省长杜五安意见及省史志院要求，中心于1998年8月重新组织人员对该书进行修订，并将下限延至1997年，部分内容延续至1998年。为了圆满完成这一艰巨任务，在厅领导支持下，中心从全省交通系统抽调政治思想水平高、熟悉交通行业情况、写作能力较强的10余人组成写作班子，加班加点，夜以继日，采取集中纂写与分工负责相结合方式，突击进行编写。经过多次修改，专家统稿，2000年3月，由山西人民出版社出版发行。全书以马克思列宁主义、毛泽东思想和邓小平理论为指导，坚持辩证唯物主义和历史唯物主义观点，全面、科学、系统、宏观地论述了山西公路交通和水运事业发展历史，特别是改革开放以来20多年全省公路交通高起点、大跨度、超常规发展的史实，记述省委、省政府加强交通基础设施建设重大决策及全省高速公路建设和全民义务修路情况。全书主题突出，内容丰富，结构合理，语言准确，数字翔实，印制精美，精装

16K,109.8万字,配有直观、生动体现150余年不同历史发展时期交通发展情况特色的图片109幅,公路和航运图表6幅。编辑出版后,受到省领导和厅领导高度评价,填补全省交通志书的一项空白。2000年8月25日,在省政府召开的全省新编地方志总结表彰大会上,获山西省地方志优秀成果一等奖。

四、《大运高速公路建设志》(上、下卷)

志书是记载大运高速公路辉煌建设业绩,弘扬大运精神的重要载体,是省交通厅党组"十五"规划中"43216"宣传规划的重要内容。作为《大运高速公路建设》系列丛书之一,也是继《太旧高速公路建设志》之后,又一部山西省重点公路工程志书。2001年8月29日,省交通厅成立编委会,主任王晓林,副主任宋元林、杨金泉、张润、赵龙、胡玉珍,常务副主任赵龙,编委委员包括厅机关有关处室、大运高速公路六大项目建设公司和原太高速公路公司董事长、总经理,省高管局、省公路局、省交通设计院、省交通科研院、省交通监理总公司、省交通质监站、省交通厅资料信息中心、省交通厅新闻宣传中心负责人。立项后,按照厅里要求,中心及时制定详细实施方案,进行安排部署。2002年、2003年着重抓好资料收集、整理、归纳工作。大运高速公路各建设公司和厅直各有关单位把这项工作放在与工程建设同等重要位置,成立专门机构,责成专人负责,认真抓好落实。大新、原太、侯运三个公司领导重视,工作扎实,报送的志稿资料丰富,重点突出。厅综合规划处、省交通设计院、省交通科研院、省交通质监站克服时间跨度长、资料要求严、涉及人员多的困难,按照省厅要求,圆满完成任务;各有关单位资料收集人员在资料分散、杂乱,由于人员流动频繁造成的资料遗失等各种困难面前,迎难而上,抓紧抓好,基本完成任务。2004年5月,中心统筹兼顾,按照篇目结构和内容要求,精心组织人力、物力,对厅直各有关单位、各个项目建设公司报送的第一手资料稿件,在1600余万字初稿和500万字附录基础上进行综合,9月完成初稿后,中心领导加班加点,对全书进行多次修改和补充完善,经过统稿、润色,确保资料齐全无遗漏,圆满完成厅党组交给的光荣任务。2005年8月由山西人民出版社正式出版发行。主编王晓林,执行主编赵龙,副主编师国梁、张岐山。编辑师国梁、张岐山、梁锦华、赵国荣、杜小鹏;特约编辑陆峰波。全书310万字,标准16K,分为上下两卷,志书载录资料上限为大运高速公路开始酝酿的20世纪80年代末,下限为2004年12月底,"大事记"下限为2005年7月31日。志书首设概述,分为决策、机构队伍、建设、管理、保障、人物、竣工通车、大事记8篇,篇下设章,章下设节,尾缀文献文件辑存及后记。全书以翔实资料、朴实文风,严谨完整结构和层次,充分体现中共山西省委、省人民政府践行"三个代表"重要思想,与时俱进,改革创新,运筹帷幄,决胜千里,带领全省3300万人民共创兴晋富民伟业,再造山川秀美沃土的信心和决心;全面记录省直各委办厅局和沿线各级党委、政府同心协力,克服困难,千方百计,优质服务和人民群众舍小家、为国家,拆新房、移果园,迁坟茔、献良田,惊天地、泣鬼神的动人事迹;集中展示全省交通系统广大干部职工及致力于交通事业的同行们夜以继日,奋力拼搏,精心组织,精益求精和12万名筑路员工劈高山、填沟壑、凿隧道、架桥梁,在千里大运线上苦干实干,攻坚克难的历史性雄壮画面。该志将大运高速公路建设业绩永载史册,彪炳千秋,出版后受到业内人士广泛好评。

第三节　交通年鉴书籍编纂出版成果

一、1996年版《山西交通年鉴》

为年鉴系列丛书第3本。因机构人员调整等原因,1991年版《山西交通年鉴》出版后,数年不能为继。到1995年,厅资料信息中心成立后,才将此项工作继续开展下去。为不断档,本年鉴为年鉴系列第三本,时限为1991年1月1日至1995年12月31日,时间跨度囊括整个"八五"5年时间,体例方面依照1991年版年鉴，根据实际情况，略有调整。编审委名誉主任杜五安，主任杨继刚，副主任原建中、孙跃进，编委委员37人。主编原建中、张岐山；副主编田荣华（常务）、鲁永春；编辑田荣华、张岐山、胡舒蔚、鲁永春。该书真实、全面、系统地记载了全省交通系统各单位、各部门1991年至1995年发展与改革的工作业绩。是中心正式成立后编辑出版的第一本年鉴。为保证质量，中心于1996年9月17日至18日在交通大厦召开审稿会。全书设特载、专文、地市交通发展概况、厅直单位工作业绩、全省交通建设成就、精神文明建设、交通行业管理、统计资料、大事记、政策法规辑录、光荣榜11个栏目，744个条目，图片34幅，90万字，1998年3月由山西经济出版社出版发行。

二、1997年版《山西交通年鉴》

为年鉴系列丛书第4本。记事时限为1996年1月1日至12月31日，收载范围涵盖全省交通系统各单位、各部门工作业绩。为保持年鉴内容相对稳定，栏目设置承接上年体例，分栏目、类目和条目三个层次。和上年相比，增设“交通行业管理”和“精神文明建设”两大类目。编审委名誉主任刘俊谦，主任杨继刚，副主任原建中、孙跃进。主编原建中、张岐山，副主编田荣华（常务）、鲁永春，编辑张岐山、田荣华、鲁永春、胡舒蔚。全书真实、全面、系统地记载了全省交通系统各单位、各部门1996年发展与改革的工作业绩。主要内容包括特载(6篇)、专文(3篇)、地市交通发展概况(11篇)、厅直单位工作业绩(15篇)、全省交通建设成就(9个类目222个条目)、交通行业管理(12个类目115个条目)、精神文明建设(5个类目106个条目)、大事记、统计资料(7种)、政策法规辑录（国家部委12项，省政府厅局15项）、光荣榜（包括部省厅三级)11个栏目，另有图片23幅。全书80万字，1998年8月由山西经济出版社出版发行。

三、1998年版《山西交通年鉴》

为年鉴系列丛书第5本。记事时限为1997年1月1日至12月31日，收载范围包括全省交通系统各单位、各部门工作业绩。为了提高年鉴质量，中心在增加信息含量、缩短编纂周期方面采取有力措施，加快组稿、编辑、审稿、印刷时间，体现在两个方面。一是和上年相比，在“全省交通建设成就”中增设“公路设计”；在“交通行业管理”中增设“交通法制建设”、“交通扶贫”；在“精神文明建设”中增设“职工生活”类目。增录优秀论文名单、领导干部名单。二是出版时间由8月提前到6月。编审委名誉主任刘俊谦，主任杨继刚，副主任杨惠芹、孙跃进。主编原建中、杨惠芹，副主编张岐山，常务副主编田荣华，编辑田荣华、张岐山、宋剑。全书真实、全面、系统地记载了全省交通系统各单位、各部门1997年发展与改革的工作业绩。主要内容包括特载(6篇)、专文(5篇)、地市交通发展概况(11篇)、厅直单位工作业绩(15篇)、全省交通建设成就(10个类目178个条目)、交通行业管理(14个类目180个条目)、精神文明建设(6个类目115个条目)、大事记、统计资料(25种)、政策法规辑录（国家部委4项，省政府及各厅局7项)、光荣榜（包括部省厅三级)11个栏目，另有图片36幅。全书98万字，1999年6月由山西经济出版社出版发行。

四、1999年版《山西交通年鉴》

为年鉴系列丛书第6本。记事时限为1998年1月1日至12月31日，收载范围包括全省交通系统各单位、各部门工作业绩。和1998年版相比，在“精神文明建设”中增设“档案工作”类目。编审委名誉主任刘俊谦，主任杨继刚，副主任杨惠芹、孙跃进。主编杨惠芹，副主编张岐山，常务副主编田荣华，编辑张岐山、田荣华、梁锦华、史晨鸣、赵国荣。全书真实、全面、系统地记载了全省交通系统各单位、各部门1998年发展与改革的工作业绩。主要内容包括特载(5篇)、专文(4篇)、地市交通概况(11篇)、厅直单位工作业绩(16篇)、全省交通建设成就(10个类目222个条目)、交通行业管理(14个类目168个条目)、精神文明建设(7个类目181个条目)、大事记、统计资料(17种)、政策法规辑录（全国人大1项、交通部7项，省政府及各厅局10项)、光荣榜(包括部省厅三级)、优秀论文名录、领导干部名录及图片资料(25幅)14个栏目。在编纂过程中,中心牢固树立精品意识,办出行业特色,尝试着进行先进典型宣传彩页征集工作。共征集太旧高管局、省运管局、省公路局、晋城市交通局、大同市交通局、忻州地区交通局、晋中地区交通局、阳泉市交通局、山西省水运港监船检处、厅后勤中心、省汽车运输公司、省交通建设监理公司、忻州征费分局、省公路局沥青库、省公路局印刷厂、太原市交通局、绛县交通局、省交通设计院科技咨询部、山西路晟交通设计公司计19个单位先进典型宣传彩页20页图片81幅。全书90.7万字,2000年7月由山西经济出版社出版发行。在2000年省政府召开的全省新编地方志总结表彰大会上,荣获山西省地方志优秀成果三等奖。

五、2000年版《山西交通年鉴》

为年鉴系列丛书第7本。记事时限为1999年1月1日至12月31日,收载范围包括全省交通系统各单位、各部门工作业绩。编审委名誉主任刘俊谦,主任宋元林,副主任杨惠芹、孙跃进。主编杨惠芹、师国梁,副主编张岐山,常务副主编田荣华,编辑张岐山、田荣华、梁锦华、史晨鸣、赵国荣。全书真实、全面、系统地记载了全省交通系统各单位、各部门1999年发展与改革的工作业绩。主要内容包括特载(2篇)、专文(5篇)、地市交通概况(11篇)、厅直单位工作业绩(16篇)、全省交通建设成就(10个类目186个条目)、交通行业管理(14个类目162个条目)、精神文明建设(6个类目144个条目)、大事记、统计资料(22种)、政策法规辑录(全国人大2项、国家部委5项,省政府及各厅局4项)、光荣榜(包括部省厅三级)、优秀论文名录、领导干部名录、图片资料(17幅)和先进典型宣传(14个单位54幅图片)15个栏目。全书91.2万字,2001年4月由山西经济出版社出版发行。

六、2001年版《山西交通年鉴》

为年鉴系列丛书第8本。记事时限为2000年1月1日至12月31日,收载范围包括全省交通系统各单位、各部门工作业绩。编审委名誉主任王晓林,主任赵龙,副主任孙跃进、师国梁、张岐山,编委委员94人。主编师国梁、张岐山,副主编田荣华,编辑部主任梁锦华,编辑师国梁、张岐山、梁锦华、史晨鸣、赵国荣;特邀编辑39人。全书真实、全面、系统地记载了全省交通系统各单位、各部门2000年发展与改革的工作业绩。在栏目设置上,一是增加“大事记”栏目分量;二是新增“省领导调研摘记”、“厅领导调研摘记”两个栏目,重点记述省领导和省交通厅领导视察、指导全省交通工作内容;三是将“大运高速公路建设”单列栏目,全面展示大运高速公路建设艰辛历程。共设16个栏目、36个类目、581个条目,照片171幅,字数97.5万字,全书全面系统反映了全省交通系统各部门、各单位2000年改革与发展和两个文明建设辉煌业绩。2001年9月由山西人民出版社出版发行。

七、2002年版《山西交通年鉴》

为年鉴系列丛书第9本。记事时限为2001年1月1日至12月31日,收载范围包括全省交通系统各单位、各部门工作业绩。编审委名誉主任王晓林,主任赵龙,副主任孙跃进、师国梁、张岐山。主编师国梁、张岐山,编委委员117人。编辑部主任梁锦华,编辑师国梁、张岐山、梁锦华、赵国荣;特邀编辑32人。全书真实、全面、系统地记载了全省交通系统各单位、各部门2001年发展与改革的工作业绩。在栏目设置上,一是新增“厅属单位工作业绩”栏目,第一次全面载录各公路分局、征稽分局、车购办、高速公路公司、路桥公司及运输公司60个厅属单位业绩。二是新增“部领导调研摘记”栏目,重点记述交通部领导视察、指导全省交通工作内容。三是将“大运高速公路建设”单列栏目,分领导决策、新闻宣传、资料宣传、反腐倡廉、质量管理、资金监管、治安保障、科技创新、弘扬大运精神、市地领导现场办公、厅直单位支持、工程建设、总结表彰等类目,全方位展示大运高速公路建设艰辛历程,全景式描绘工程建设浩大场景;增设“大运高速公路建设先进典型集锦”专栏，集中宣传27个优秀施工、监理单位（项目部）先进经验。四是在“厅直单位工作业绩”栏目，载录新成立的山西路桥建设集团、山西汽车运输集团、省车购办、省地方海事局、山西交通安居中心，大运办及大新、新原、太祁、祁临、临侯、侯运、长治市宇通高速公路公司共计13个单位业绩。栏目设置更加合理，内容更加全面，视野更加开阔。从总体上看，由2001年版16个栏目、36个类目、581个条目增加到2002年版18个栏目、42个类目、660个条目，字数由97.5万字增加到126万字。照片299幅，全书直观、形象、生动、具体反映了全省交通系统各部门、各单位2001年度改革与发展和两个文明建设辉煌业绩，为各级领导提供可读、可信、可鉴的丰富资料。2002年9月由山西人民出版社出版发行。

八、2003年版《山西交通年鉴》

为年鉴系列丛书第10本。记事时限为2002年1月1日至12月31日，收载范围包括全省交通系统各单位、各部门工作业绩。编审委主任王晓林，副主任宋元林、杨金泉、张润、赵龙、胡玉珍、王志民、部玉兰、张德仪、孙跃进、郭贵平、部学文；常务副主任赵龙，编委委员95人。主编师国梁、张岐山；编辑部主任梁锦华；编辑师国梁、张岐山、梁锦华、赵国荣。特邀编辑26人。全书真实、全面、系统地记载了全省交通系统各单位、各部门2002年发展与改革的工作业绩。为保持年鉴内容相对稳定，栏目设置承接上年体例，分栏目、类目、条目三个层次。在内容安排上，根据实际情况，略作调整充实。本着高标准，出精品，常编常新原则，在编纂过程中，严把三关。一是严把栏目设置关。首先是适应交通改革需要，取消“厅属单位工作业绩”栏目，增设“公路系统、征稽系统、车购办系统、高管系统、重点公路建设工程单位、交通开发单位工作业绩及山西路桥建设集团工作业绩、山西汽车运输集团工作业绩”栏目，收载单位达121个，占到省厅县处级以上单位99%，收载单位最全，资料更完整。其次是更加突出反映全省交通建设成就。在“大运高速公路建设”栏目增加“太原西北环高速公路建设”类目，在“全省交通建设成就”栏目增加“重点公路工程建设”类目，“交通行业管理”囊括交通工作各个方面，使年鉴分类更加科学，内容更能反映年度特色，更具可读性。再次是栏目内容更加丰富完整。“大事记”栏目线索更加清晰；“部领导调研摘记”、“厅领导调研摘记”栏目重点突出，指导性强；“特载”、“统计资料”、“政策·法规辑录”、“光荣榜”、“领导干部名录”资料性更强；“图片资料”、“先进典型集锦”栏目则集中反映全省交通系统各部门、各单位三个文明建设的成就，图文并茂，信息量也更大。二是严把编纂关。不仅要求报送初稿稿件需精心选取，能突出反映交通大事、要事，而且要求字斟句酌，反复修改，达到语言精练，言简意赅，差错率低。三是严把出版关。时间上环环相扣，倒排工期，装帧设计注重美观大方，印刷过程讲求效率。2003年10月由山西人民出版社出版。共25个栏目、63个类目、738个条目，291幅图片，158万字，收到较好宣传效果。

第二十一章　后勤保障

山西省交通厅后勤服务中心组建于1993年11月,是按照国务院关于政府机构改革的有关规定,作为省直机关改革试点,由原行政处从厅机关分离出来,经省编办〔1993〕94号文批准成立,为县处级建制的自收自支事业单位。领导职数3名,编制自定。省交通厅晋交人〔1996〕30号文核定中心编制80名。主要职能是为厅机关各处室及工作人员创造良好的工作、生活环境和条件。具体包括:房产管理及维修、职工福利、机关汽车及交通安全管理、医疗卫生、计划生育、文印打字、通讯、劳动服务、环境卫生、社会性公益活动等。

第一节　中心机构沿革及干部的适时调整

省交通厅后勤服务中心首届领导班子成立于1995年3月(晋交发字〔1995〕第22号),主任史荣和,副主任赵存忠、张培英。工作人员由成建制从机关划出的23人(晋交人字〔1995〕第155号)及从外单位借调人员组成。划出的工作人员是:史荣和、赵存忠、张培英、李文考、王书和、杨新建、杨洁、刘继纯、刘国梁、梁素珍、范业奥、熊小丽、张承业、李连计、武俊平、郝先马、王海宽、韩聪堂、郝征集、戴蕊兰、王玲、王翠香、张金万。

1996年10月,中心对中层干部进行调整(晋交发〔1996〕14号文)。办公室主任:孙华丽;副主任:杨建平、王群生;人事劳资科副科长:高洪生;财务科副科长刘文胜;医务室主任:戴蕊兰;副主任:王玲;经营科科长:郭慧森,副科长:郝征集;房产维修科科长:苏定年,副科长:王柏茂(正科级);劳动服务公司经理:谢聿明。

1998年3月,省交通厅党组(晋交发字〔1998〕20号)调整中心领导班子。牛世骏任主任、李月星任总会计师;同时免去史荣和中心主任兼党支部书记职务。1998年8月,苏定年任副处级调研员(晋交发〔1998〕79号)。

1998年4月12日,按照晋交后字〔1998〕7号文件,中心内设办公室、财务科、经营科、机关管理科、医务所、机关保卫科、汽车队7个科室及劳动服务公司、通畅公路工程有限公司、交通国旅3个企业,有职工91人。

1998年4月,中心对部分中层干部进行调整。杨新建任机关管理科科长;武俊平任副科长;王津林任经营科科长;王柏茂任机关保卫科科长;王丽川任办公室副主任。

2001年2月,省交通厅党组(晋交发字〔2001〕17号)调整中心领导班子。牛世骏任主任兼党总支书记;王津林、温二虎任副主任。免去赵存忠副主任职务、李月星总会计师职务;2002年6月,苏定年到龄退休。

2001年3月,中心对部分中层干部进行调整。王柏茂任办公室主任;孙华丽任人力资源部部长(兼工会副主席);刘文胜任计财部部长,杜利萍任副部长;杨开奇任经营部部长;王丽川任机关事务部部长,武俊平任副部长;高洪生任生活服务部部长;李廷政任机关保卫部部长;王玲任医务所所长,赵晋秀任副所长;杨建平任物业公司经理,刘国良任副经理;薛晓明任汽车队队长;杨新建任基建办主任。

2001年5月30日,按照晋交后字〔2001〕13号文件,中心设办公室、人力资源部、计财部、经营部、机关事务部、机关保卫部、生活服务部、汽车队、医务室9个职能部室及劳动服务公司、通畅公路工程有限公司、物业公司、交通国旅4个企业。

截至2002年底,中心中层干部任职情况为:王柏茂任主任助理兼办公室主任;杨开奇任机关服务部长;杨建平任机关物业管理处处长,李廷政任副处长(正科),刘国良任副处长;王群生任汽车队副队长;郭富生任通畅路顺达公司经理;任震龙任劳动服务公司公理;陈晓明任交通国旅副经理。中心实有在册正式职工87人,退休职工5人,共计92人(其中:处级职务6人,科级职务12人;中级职称6人;大学本科学历15人、专科学历24人)。

第二节　后勤保障服务体系的逐步建立

一、精心服务周到细致

中心成立以来,始终坚持以人为本理念,不断改进服务方式,提高服务质量,认真落实"十字文明用语"和"随叫随到,保证质量"的服务要求,先后实行服务承诺制和服务质量督察制,积极采取有效措施,努力减少服务差错率,基本解决服务"冷"、"横"、"硬"的问题,服务质量明显改进。物业、食堂、医务等各项服务做到相对规范、有序、合理,得到厅领导及厅机关广大干部职工和老干部的基本认可。

1.物业管理。从机关建设和广大干部职工、离退休老同志的需求出发,及时上门服务,积极搞好服务。1998年4月12日至2002年10月13日,先后完成厅机关办公楼、宿舍"两区"新建安装400千伏箱式变压器及附属配电工程;1999年6月14日,新增70毫米四芯电缆主电源工程;2001年4月至2002年7月15日,完成厅机关食堂、澡堂改造工程、食堂平房装修改造及小二楼餐厅加建工程;2000年6月,完成办公楼屋顶防水工程;2001年2月17日至5月13日,完成南楼宿舍供热主管及新建自管热力站工程;2002年6月,完成配电改造工程、钢结构围墙改造工程;2002年,为厅机关及住户更换或维修灯泡、插座、开关、水嘴、软管、阀门1300余个;清理污水管道300米、化粪池5个、污水井26个;检修箱式变压器2次,检修维护无塔供水设备4次;并完成宿舍区自来水主管道破裂和供暖设施应急抢修、职工食堂隔音墙工程及厅机关办公楼房顶防水处理工程等。

2.医疗保健。积极开展门诊就医、上门服务,较好地完成医疗服务、会议保障、药品采购、报销管理、计划生育等工作任务。基本上做到"随叫随到",全程服务。按时组织厅机关干部职工进行健康体检,受到厅机关广大干部职工及老同志们的一致好评。此外,积极参加市、区计生部门组织的大型宣传活动,组织参加培训,较好完成与街道办事处签订的《人口与计划生育目标管理责任书》。

3.食堂管理。食堂从2000年8月开始试运营。2000年8月15日至2004年9月30日,共接待就餐人员近40万人次,先后有省委办公厅、省委党校、省公安厅等20多个单位来中心交流物业、食堂管理经验。友邻单位37中、滨河小学、日化所、证券办等单位的教师、学生也纷纷来就餐。食堂管理人员十分注意保障健康需求,努力在营养配餐上下工夫,开动脑筋调剂伙食,不断调整花色品种,多途径改进服务质量。

4.服务保障。大力推行服务合同制和服务费用结算制度。从1999年实行服务合同以来,用合同形式规范双方的服务行为,转换服务运行机制,不仅规范服务内容、服务标准和取费标准,而且有力促进服务质量的提高。在此基础上,积极推行服务承包制和经济目标责任制。打字室从2001年承包给省公路局印刷厂后,文印成本从宏观上得到有效控制,文印质量和工作效率有了很大提高。

二、强化管理严格认真

1993年来,围绕提高后勤服务质量和效率,中心先后制订和完善各项工作岗位职责、规章制度,坚持服务质量督察制、签到制度、各部室实体工作业绩月报表及费用台账制度,为不断提升后勤服务水平奠定坚实基础。

特别是针对机关食堂、物业维修、医疗服务、综合治理等工作,细化工作统计数据,实行成本费用核算;保安实行社会化管理;物业管理全部建档,并以图版形式上墙;所属企业坚持开源节约并重的方针,管理逐步得到加强;广大职工依法行政的意识普遍增强。后勤管理制度化、规范化已成为广大职工的自觉行动,基本做到依法行政,有章可循。此外,加强工资分配制度管理。2002 年 3 月 21 日,中心下发《关于职工实行考勤与误餐补助费挂钩办法的通知》,中心从职工工资里拿出 150 元误餐补助,实行误餐与个人考勤挂钩的办法。2005 年 10 月 12 日,为每名职工增发 300 元出勤奖,有力调动广大职工积极性。

三、深化改革激活机制

1993 年以来,中心努力适应交通发展对厅机关后勤服务提出的新要求,不断深化改革,强化管理,按照"精简、统一、效能"的原则,积极稳妥地推进后勤改革。一是深化干部人事制度改革。坚持党管干部原则,尊重民意,打破干部任命制,全面推行聘任制。2000 年 4 月,开展中心副主任竞争上岗,对中层干部实行聘任制,定期进行民主评议、末位轮岗或调整,激活用人机制,增强干部职工危机感和责任感,形成一支团结协作、充满朝气和活力的干部队伍。二是深化中心机构改革。通过实行事业部制和定编、定岗、定员,优化机构和管理层。中心职工由 1998 年 91 人精简为 2002 年在岗人员 75 人,中层干部由 17 人精简为 14 人,管理层和服务层由 12 个部室精简为 8 个,机构臃肿、人浮于事的问题初步得到解决,初步形成大物业服务和小企业经营的格局。

四、经营创收屡创新高

在人才、资金、技术力量严重短缺的情况下,中心始终把经营创收作为提高后勤保障能力和推动全面发展的战略工程来抓,带领广大干部职工积极采取措施,培育新的经济增长点。一是想方设法,拓宽经营创收渠道。通过联营、股份制等途径,在先后组建中外合资山西路顺达道路设施有限公司、交通国际旅游有限公司、物资供应站、汽修厂 4 个企业的同时,还开展合作经营保险代理业务等。二是紧紧抓住全省高速公路建设的良好机遇,承揽交通工程。1998 年经营创收实现零的突破,1999 年经营创收翻了一番。2002 年,通畅公路工程有限公司与路顺达道路设施有限公司在大运高速公路交通工程投标中,一举中得六个标段的交通标线工程,工程总量达 1145 万元。经过参建员工奋力拼搏,取得段段优良工程的好成绩,实现利润 300 余万元,为中心打出品牌,争得荣誉。三是调整产业结构,培育优势产业,全力打造交通国旅,作为带动后勤经济发展的主导性产业。2001 年初成立的交通国旅,立足山西,积极开辟国际国内市场。经过努力,不断扩大经营规模,成为全省十大国际组团旅行社之一。先后开辟河南云台山、大连、青岛专线,并首次开辟韩国旅游线,受到游客一致好评。两年来,交通国旅累计接待中外游客 13 800 余人次,安全行程 80 万公里,营业收入累计 1000 余万元,特别是 2002 年营收达 660 余万元,比上年翻了一番。四是围绕后勤服务社会化要求,大力推进物业管理产业化。在抓好已有经营项目的同时,积极调整投资方向和发展方向。抓住全省实施交通安居工程的机遇,积极培育物业管理这一新兴产业,主动参与市场竞争。2002 年将原物业管理处改制为山西交通物业管理有限公司,通过市场运作,承担太原交通安居小区的物业管理工作。并积极与省直机关、大型企业、厅属单位联合,走服务社会化路子,努力使其成为中心生存和发展的支柱产业之一。

五、福利水平日益提升

自成立以来,中心党总支坚持把提高厅机关及后勤职工生活水平作为重要任务来抓,立足使机关广大职工得到更多看得见、摸得着的利益。1998 年以来,职工福利保持平稳发展的势头,在做好日常节、假日福利品供应的同时,中心累计拿出 400 万余元,用于为厅机关职工和离退休人员增加福利,大大改善广大职工的生活。还拿出 302 万元,为后勤职工解决养老、医疗、失业 3 项保险,从根本上解决职工后顾之忧。积极改善职工住房条件，在厅领导关怀下，1998 年一次性解决中心职工住房 63 户，后又陆续调整 5 户，基本解决后勤职工住房问题。与此同时，认真落实国家调资政策，按时发放职工工资，职工收入明显提高。

1998 年至 2002 年，中心连续五年保持山西省和太原市“精神文明标兵单位”、“安全文明标兵单位”和“安全文明模范小区”的光荣称号；连续五年被省交通厅评为完成年度目标责任制先进单位和先进基层党组织，厅交安委连续五年被太原市评为先进交通安全委员会，在 2003 年召开的全省交通工作会议上，中心被省交通厅评为 2002 年度完成工作目标责任制优秀单位。

第三编

跨越发展时期

（2003~2010）

第一章　前期工作

第一节　规划的编制

2001年以来,全省交通运输行业认真学习党的十六大、十七大及历次全会精神,以邓小平理论和"三个代表"重要思想为指导,深入贯彻落实科学发展观,科学编制各项规划。以规划为指导,统筹公路建设与养护,转变发展方式,大力发展现代交通运输业,交通运输对经济社会发展的"瓶颈"制约基本缓解。

一、制定"十五"规划

2001年,省交通厅制订《山西省公路、水路交通发展"十五"规划》。

指导思想:坚持以邓小平理论为指导,认真贯彻落实党的十五届五中全会和省委七届十次全会精神,以发展为主题,以结构调整为主线,按照健全、畅通、安全、便捷的现代化综合运输体系要求,实施两个优化(优化路网结构和优化运输结构),构建六大网络(高速公路网络、物流配送网络、快速客运网络、站场枢纽网络、汽车维修网络、信息服务网络),抓好四项创新(投融资体制创新、建养体制创新、管理创新和科技体制创新),建立和完善统一开放、公平竞争、规范有序的交通运输市场,努力提高公路水路交通发展的质量和效益,不断满足国民经济发展和社会发展的需求。

原则:量力而行,尽力而为,适度超前;优化结构,协调发展;可持续发展;科教兴交。

主要目标:以大运高速公路为主干的大字型高速公路主轴和省会到地(市)三小时高速通达工程基本建成,出省通道、农村产业开发路、扶贫路和旅游路建设取得重大进展,逐步形成以"三纵八横"为骨架、干支相连、纵贯全省、通达四邻、安全便捷的公路网络;交通运输结构调整取得显著成效,路网技术等级大幅提升,路网结构和布局进一步优化,公路通达深度明显提高,运输能力和运输结构与经济发展和结构调整大体适应;交通运输生产发展的体制性障碍基本消除;交通科技创新能力和管理水平达到一个新的层次。

"十五"期间,公路运输在综合运输体系中的地位进一步提高,客运量、货运量与国内生产总值的弹性系数分别保持在1.0和0.6左右。

公路建设目标:到2005年,全省公路通车里程达到60 000公里以上,公路密度达到38.4公里/百平方公里,高速公路达到1340公里,二级以上高等级公路达到12 000公里,高级次高级路面里程达到32 500公里,消灭干线公路等外路。

公路养护目标:现有公路的通行能力得到保障。5年建成GBM工程4463公里,绿色通道工程9618公里,好路率保持在85%以上;公路养护的机械化不断加快,建成50个标准化大道班。

客货运输站场建设目标:以"三纵八横"公路网骨架为依托,建好"1个网络、2个平台)"(即以太原为主枢纽的省、市、县三级客运站场网络;以太原为主枢纽,大同、侯马为支枢纽的物流平台和信息平台),形成省内干线快速直达公路运输体系和相应的集散运输服务网络。技术装备、站场服务功能明显增强,形成与客货流分布相协调、布局合理、设施先进、功能完善、高效运作的客货运输站场网络系统,站场对运输活动的组织、协调、服务和信息沟通功能进一步增长。

公路运力目标:到2005年,全省民用车辆总数达到90万辆,年均增长10.5%。其中,载客汽车 50 万辆,年均增长 15.5%;载货汽车 38 万辆,年均增长 6%。民用车辆中,营运客车达到 4.2 万辆,年均增长 9%,高档客车比例提高到 15%;营运货车达到 16.6 万辆,年均增长 3.3%,重型货车比重提高到 15%,专用货车比重提高到 5%。

黄河航运目标:港口泊位建设取得新进展,黄河航运初步发挥廉价运力优势,黄河航道整治取得成效,建成壶口至石坪段、三门峡至潼关段 5 级至 7 级航道 176 公里。

体制改革目标:推动政府职能转变,组建一厅三局四集团(即省交通厅,省公路局、省运管局、省征费局,山西高速公路集团、山西路桥集团、山西公路运输集团、山西交通旅游集团),并逐步完善建管体制,实现政企、政事和事企分开。

支持系统建设目标:从交通运输和行业管理的需要出发,以信息化带动交通运输业现代化,坚持科技创新,加强管理,改善手段,培育交通人才队伍,完善社会支持保障体系,为公路交通的快速发展提供有力支持。

实施两个优化:一是优化路网结构。即构建高速公路主轴网、强化骨架路网、改造区域干线路网、延伸农村路网;二是优化运输结构。即调整运力结构,改进企业组织结构,调整客运结构,调整货运结构,拓展运输服务网络。

构建六大网络:高速公路网络、物流配送网络、快速客运网络、站场枢纽网络、汽车维修网络、信息服务网络。

抓好四项创新:一是投融资体制创新。即创新公路投资体制,创新公路建设融资渠道;二是建养体制创新。即创新公路建设体制,创新养护管理体制;三是管理创新;四是科技体制创新。

二、制定“十一五”规划

2006 年 7 月 18 日,省交通厅印发《山西省交通发展“十一五”规划》。

指导思想:“一个统领、五个统筹、三个并重、三个加快、一个体系”。即认真贯彻党的十六届五中全会和省委八届七次全会精神,以科学发展观统领全局,统筹经济社会与交通发展,统筹区域经济与交通发展,统筹城镇化建设与交通发展,统筹新农村建设与交通发展,统筹资源环境与交通和谐发展,坚持高速公路、干线公路、农村公路“三网”并重,建设与养护管理并重,建设与运输发展并重的方针,加快推进改革创新,加快推进扩大开放,加快推进结构调整与增长方式转变,着力构建全省建设新型能源和工业基地的交通运输支撑保障服务体系。

总体要求:“一条主线、两个平台、三个基础、四项工程、五项创新、六大网络”。即紧紧围绕加快发展和构建新型能源与工业基地交通运输支撑保障服务体系这条主线,加快建立交通发展的科技平台、人才平台,切实抓好安全、质量、廉政三项基础工作,大力实施高速公路网络化工程、干线公路改造养护工程、农村公路通达通畅工程、运输产业规模化集约化工程,积极推进理念、科技、体制、融资、管理五项创新,努力形成功能完善的高速公路、干线公路、农村公路、运输站场、现代物流、信息服务六大网络,树立负责任、有作为、讲文明、求和谐、勤廉政、谋发展的行业新形象。

指导原则:坚持适度超前的发展目标,坚持市场化的取向,坚持“以人为本”,坚持统筹协调,坚持科技创新,坚持按经济规律办事,坚持环保节约。

总体目标:到 2010 年底,交通运输基本适应经济社会发展要求。

1. 公路建设目标及重点

建设目标:公路通车里程达到 80 000 公里,路网密度达到 50 公里/百平方公里以上。二级以上高等级公路里程达到 17 000 公里,占公路通车总里程 21.2%;有铺装、简易铺装路面里程达到 56 000 公里,路面铺装率达到 70%。在省会到市 3 小时通达的基础上,基本实现市到县 2 小时、县到乡 1 小时通达。

高速公路。打通吕梁山,贯通太行山,连通东中西,总里程达到 3000 公里,“9 横 9 环”建成 5 横 5 环,高速公路出省通道达到 15 个,本省与相邻东部河北省形成 6 条高速公路通道,与相邻中西部河南、陕西、内蒙三省区各形成2条以上高速公路通道。所有市30分钟上高速公路,87%的县城1小时上高速公路。

干线公路。连通所有县级以上行政中心、经济中心和重要旅游景区、交通枢纽,总里程达到13 000公里。85%达到二级以上标准,其中国道全部达到二级以上标准,市到县90%实现二级以上公路连接,县与县之间85%实现二级公路连接。

农村公路。实现县到乡等级公路连接,总里程达到64 000公里,全省具备条件的建制村通水泥(油)路,所有的建制村通公路。

建设重点:

高速公路。重点加强高速公路网中的"九横"建设。续建侯马至河津禹门口、晋城至济源、大同西北环、侯马至翼城关门、离石至柳林军渡5个项目,新开工建设大(同)呼(和浩特)高速公路大同至右玉杀虎口段,灵(丘)平(鲁)高速公路灵丘至山阴段、山阴至平鲁段,五(台山)保(德)高速公路五台山至忻州段、忻州至保德段,太(原)佳(县)高速公路太原至古交段、古交至临县段,汾(阳)邢(台)高速公路和顺至榆社段、榆社至平遥段、平遥至汾阳段,长(治)吉(县)高速公路长治至临汾段、临汾至吉县段,以及榆次龙白至祁县城赵、阳城至翼城关门、闻喜至济源、运城南外环、运城至三门峡、高平至陵川、长治至安阳、阳泉至盂县共20个项目。5年建设里程约1900余公里,其中建成1300余公里。

干线公路。按照"三纵十六横"的总体布局,重点抓好包括运煤通道在内的经济干线、沿黄扶贫干线、旅游干线公路改造。5年新改建干线公路5000公里。

农村公路。深入推进农村公路建设,继续完善农村路网结构,改善农村通行条件。重点抓好"村村通"工程、县乡公路改造及晋西北和太行山两大革命老区扶贫公路、沿黄扶贫旅游公路、社会主义新农村试点村公路建设。5年新改建农村公路8万公里。

国防公路。重点抓好国防公路和部队驻地进出口通道建设。

2.公路养护管理目标及重点

高速公路。加强高速公路养护的科学化管理和人性化服务,提高高速公路养护的规范化、机械化和专业化水平,改进管理方式,提高养护质量,为用户提供安全、舒适、快捷、优美的行车环境。全面推进预防性养护,注重日常养护,到"十一五"末,全省高速公路平均优等路率达到95%。

干线公路。加大养护资金投入,全面提高路况水平。继续实施安全保障工程,集中改造危桥险路,完善标志标线,改造超龄油路及薄弱路段,建设3000公里文明样板路。到2010年底,干线公路基本消灭危桥,平均好路率保持在88%。宜林路段绿化率100%,文明路达到8000公里,养护实现良性循环。

农村公路。按照以县为主体、乡镇实施、行业管理、分级负责的原则,逐步建立起机构健全、职责明确、资金稳定、运行平稳的农村公路养护管理体制和运行机制。到2010年底,县公路平均好路率、乡村公路路面平均完好路率分别达到76%。

3.道路运输发展目标及重点

客运站场建设。重点建设太原客运枢纽南站、西站、北站,大同客运枢纽东站等12个一级客运站和50个二级客运站、460个乡镇客运站,实现市市有一级客运站、县县有二级客运站、50%的乡镇有等级客运站、85%的建制村有候车亭(牌)。

货运站场建设和现代物流。加快太原、大同、临汾、长治4个现代物流综合枢纽建设,推进物流配送中心建设,初步构筑起覆盖全省、布局合理的物流网络和信息平台。引导交通运输、仓储配送、货运代理、多式联运等企业延伸服务功能,向第三方物流企业转变。积极推进物流规范化和标准化,树立物流服务品牌。

运输结构调整。运力结构、组织结构进一步优化,高级长途客车在全省营运客车中的比重增长3%;城际客运和旅游客运中高级客车达到90%;专用货车在营运货车中的比重增长20%,重型车增长30%;长途客运和货运市场集中度分别提高15%。全省实现中型城市之间当日往返,全省具备条件的建制村通客车。

4.水运建设目标及重点

到2010年底,重点水域的重点渡运设施得到全面改善,水上安全监管水平明显提高。新建和改造分布在黄河、汾河水库、漳泽水库等重点水域的52处渡口,完善水上交通安全监管救助设施,改善渡运监管条件。

5.科教创新目标

到2010年底,适应交通现代化建设需求、符合交通科技发展规律的科技创新体系基本形成,自主创新能力明显提高,数字交通技术实用化程度和行业管理信息化达到新水平,交通安全保障、资源利用和环保节能技术取得明显进步,推动交通向运输安全型、质量效益型、资源节约型、环境友好型方向发展。

6.人才队伍建设目标

进一步健全和完善人才引进、培养、使用、成长的机制和环境,形成一支具有行业特色、结构合理、素质优良的管理型人才队伍、专业技术型人才队伍和技能型人才队伍,人才在交通改革发展中的地位和作用更加凸显。

7.行业文明及廉政建设目标

职工思想道德、科学文化、民主法制素质和行业文明程度明显提高,教育制度监督并重的惩治和预防腐败体系基本形成,“两个负责任”的行业形象得到树立。

交通建设投资规模:根据规划目标和建设任务,结合“十五”时期资金筹措情况,“十一五”期间交通建设投资规模约900亿元,其中高速公路建设600亿元,干线路网建设100亿元,农村公路建设200亿元,站场、水运、物流等设施建设10亿元。

三、制定山西省高速公路网规划

2005年1月13日,省政府第42次常务会议审议通过《山西省高速公路网规划》。3月18日,省发改委以晋发改规划发〔2005〕275号文印发《关于〈山西省高速公路网规划〉的批复》。

指导思想:以邓小平理论和“三个代表”重要思想为指导,牢固树立和落实科学发展观,服从服务于国家及全省经济社会发展大局,坚持“以人为本、安全至上,节约资源、综合利用,远近结合、统筹规划”的方针,构建适合山西省情、满足发展需要、布局合理、功能完善、便捷高效的高速公路网,为全面建设小康社会提供强有力的交通支撑。

规划原则:前瞻性、开放性、系统性、协调性、可持续性。

功能定位及发展目标:根据全省交通发展特点,借鉴国家高速公路网功能定位,功能定位为:高速公路网是山西省公路网中层次最高、功能相对独立的子系统,它处于由山西省国家高速公路、国道、省道组成的山西省干线公路网的最高层次,是山西省干线公路网的主干网,是省内外客货运输的大通道。完善的高速公路系统,能够提高运输效率,保障运输安全,有力促进区域经济均衡、协调发展,增强国家安全保障能力,完善现代综合运输体系,带动全省经济健康、持续发展,促进社会全面进步。

规划期限:2003年为基年,规划目标年为2020年。

发展目标:构建纵贯南北、承东启西、覆盖全省、通达四邻的高速公路网,实现省会到相邻省会、省会到地级市、相邻地级市之间高速公路通达并连接2020年城镇人口超过15万的所有城市,与一般干线公路网、农村公路网共同构成现代化的公路基础设施网络。届时,全省约90%的市县能在一小时内到达高速公路,为全省全面建设小康社会提供强有力的交通支撑。

布局方案:布局规划为人字骨架,9横9环。由以省会太原为中心的3条放射线构成人字型主骨架,以9条横线和9条环线为次骨架,以4条连接线为补充,形成纵贯南北、承东启西、覆盖全省、通达四邻的高速公路网络。

人字骨架(共计1152公里):新荣得胜口至芮城风陵渡831公里;太原至泽州道宝河321公里。

9横(共计2286公里):阳高孙启庄至右玉杀虎口175公里;灵丘驿马岭至平鲁二道

梁276公里;五台长城岭至保德340公里;太原袁家庄至临县克虎寨202公里;平定旧关至柳林军渡367公里;和顺董坪沟至介休156公里;霍州至永和县永和关165公里;黎城下浣至吉县七郎窝340公里;泽州韩家寨至河津禹门口265公里。

9环(共计1013公里):大同环线67公里;太原环线90公里;长治环线73公里;晋城环线60公里;运城环线76公里;朔州区域环线145公里;太原区域环线202公里;晋中区域环线175公里;临汾区域环线125公里。

连接线(共计269公里):平顺河坪辿至长治南垂64公里;陵川营盘至高平60公里;垣曲蒲掌至闻喜东镇84公里;运城至平陆61公里。

人字骨架、9横9环及连接线共4720公里,扣除重复里程后,布局规模总计4051公里。

四、调整山西省高速公路网规划

2008年,省交通厅组织开展《山西省高速公路网规划》的调整工作,2009年初,经省政府第24次常务会议通过;2月13日,省发展改革委员会以晋发改规划发〔2009〕188号文印发《关于＜山西省高速公路网调整规划＞的批复》。

1. 指导思想:以邓小平理论和“三个代表”重要思想为指导,牢固树立和落实科学发展观,服从服务于国家及全省经济社会发展大局,按照国家促进中部地区崛起战略的总体要求,坚持“以人为本、安全至上,统筹规划、集成资源,完善网络、提升服务”的方针,构建适合山西省情、满足发展需要、布局合理、主次分明、功能明确、机动高效的高速公路网,为推动全省转型发展、安全发展、和谐发展提供交通支撑服务保障。

2. 调整原则:坚持适应需求和引领发展相统一的原则,进一步增强规划的前瞻性;注重衔接协调,进一步推进综合运输体系的建立完善;注重资源集成,进一步推进可持续发展;注重通道建设,进一步增强路网的开放性;注重网络完善,进一步增强路网的可靠性。

3. 规划期限:调整规划期限为2009年至2020年,目标年为2020年。

4. 发展目标:构建纵贯南北、承东启西、覆盖全省、通达四邻的高速公路网,实现省会到相邻省会、省会到地级市、相邻地级市之间高速公路直接连通,与干线公路网、农村公路网共同构成现代化的公路基础设施网络。全省县(市)全部纳入高速公路半小时覆盖范围内,为全面建设小康社会提供强有力的交通支撑。

5. 布局方案:布局调整规划为3纵11横11环。由3条纵线、11条横线、11条环线及连接线组成,形成纵贯南北、承东启西、覆盖全省、通达四邻的高速公路网络。

3纵(共计2382公里):东纵天镇马市口至泽州道宝河806公里;中纵新荣得胜口至芮城刘堡790公里;西纵右玉杀虎口至芮城风陵渡786公里。

11横(共计3260公里):第一横阳高孙启庄至右玉杀虎口180公里;第二横广灵加斗至平鲁二道梁231公里;第三横灵丘驿马岭至偏关天峰坪361公里;第四横五台长城岭至保德316公里;第五横平定杨树庄至临县克虎寨348公里;第六横平定旧关至柳林军渡366公里;第七横和顺康家楼至柳林军渡327公里;第八横黎城下浣至永和永和关342公里;第九横黎城下浣至吉县七郎窝335公里;第十横陵川营盘至河津禹门口287公里;第十一横垣曲蒲掌至临猗孙吉167公里。

11环(共计1029公里):太原环线85公里;大同环线103公里;朔州环线175公里;忻州环线75公里;晋中环线85公里;阳泉环线83公里;吕梁环线63公里;长治环线122公里;晋城环线60公里;临汾环线93公里;运城环线85公里。

11条连接线(共计657公里):太原至古交23公里;太原小店至长治200公里;大同马连庄至肥村14公里;东阳至祁县城赵40公里;平顺河坪辿至逢善41公里;泽州韩家寨至沁水139公里;安泽至沁水57公里;明姜至南尹壁22公里;垣曲华峰至古城22公里;阳城至蟒河37公里;运城张金至平陆62公里。

3纵11横11环及连接线共7328公里,扣除重复里程后,布局规模6302公里。

五、制定"十二五"规划

(一)指导思想

深入贯彻科学发展观，全面贯彻落实党的十七届五中全会和省委九届十一次全会精神，进一步解放思想、深化改革，加快转变发展方式，以全省建设国家资源型经济转型综合配套改革试验区为契机，以加强基础设施建设为突破口，着力构建五大系统(即通达开放的基础设施系统、现代高效的运输装备和组织系统、效能公开的政府监管与公共服务系统、先进适用的信息化系统、及时可靠的应急保障系统)，努力提升运输保障、行业创新与可持续发展能力，推进建立现代交通运输体系，实现交通运输对经济社会发展由"瓶颈制约基本缓解"向"总体适应、适度超前"的跨越，为加快全省转型跨越发展提供强有力的交通运输支撑。

(二)发展目标

到2015年，畅通高效、安全绿色、科技引领、服务优质的现代交通运输体系初步形成，交通运输总体适应经济社会发展要求并具有一定的储备。

基础设施建设目标：全省公路通车里程达到14.2万公里，公路密度达到91公里/百平方公里。"三纵十一横十一环"高速公路网全面建成，总里程达到6300公里，高速出省口达到31个，基本实现县县通高速，省会到地级市3小时、相邻地级市之间2小时、地级市到所属县(市)1小时、县城到高速公路半小时通达，山西与周边省区高速通达；干线公路里程达到14 000公里，干线公路二级以上公路11 000公里，达到干线总里程78%，县城到高速公路实现二级以上公路连接，省际通道技术标准与相邻省份基本匹配；县城到乡镇三级以上公路连通，乡镇到乡镇四级以上公路连通。

养护管理目标：公路基础设施使用效率和服务水平显著提升。平均路面使用性能指数(PQI)高速公路、干线公路、县乡公路分别达到95、80和65以上；平均公路技术状况指数(MQI)分别达到90、75和60以上；国省干线公路平均运行速度达到60公里/小时；干线公路隐患路段基本消除，危桥处治率达到100%，农村公路四、五类危桥全部消灭；干线公路和县公路重要路段标志、标线达到标准化要求；公路货运超限超载率控制在0.2%以内；公路路政案件的发现率、查处率、结案率达到98%以上。

运输发展目标：运输服务更加安全、便捷、个性化，运输装备更加专业化、标准化，运输组织化程度明显提高，现代物流网络和信息平台基本建成，安全便捷、城乡一体的公共客运服务体系和符合现代物流发展要求的货运组织形式基本形成，实现城际客运多样化、农村客运班车化、城市公交主体化、货运服务物流化。城市公交在市民出行方式中的比重进一步提高，公交出行分担率努力达到20%以上；中高级客车在客车中的比重提高到68%；重型、专用、厢式货车在货车中的比重努力达到25%、20%、25%，甩挂运输、多式联运、集装箱运输等新型货运组织方式得到快速发展；道路运输费用占物流总成本的比重下降到20%。

公共服务目标：基本形成行为规范、运转协调、公正透明、高效便民的交通运输行政管理体系与功能完备、整洁美化、舒适便利的交通服务环境，交通运输安全生产和应急保障能力明显提高。高速公路联网电子不停车收费(ETC)平均覆盖率达到60%；高速公路运行实时监测覆盖率达到100%，普通干线达到60%，初步实现高速公路和干线公路可测、可视、可控；建成具备24小时内预报、6小时内预警国省干线公路气象监测网络和预报预警服务体系；实现一般灾害情况下公路应急救援2小时内到达，公路应急抢通24小时内完成。

可持续发展目标：初步形成节约、集约、低碳、绿色的交通运输体系，科技教育及人才在交通建设和运输管理中的作用显著增强。全省公路平均绿化率达到80%，其中高速公路和干线公路宜林路段绿化率达到100%；交通污染得到有效控制，清洁燃料在道路运输中得到广泛应用，营运客、货车辆污染物排放量分别下降15%和20%，噪声污染程度全面降低,营运车辆燃油消耗全部达到规定限值。资源利用明显改善,公路建设的耕地平均占用量比“十一五”降低5%,高速公路、干线公路和县公路的养护废旧路面材料循环利用率分别达到100%、70%和40%。系统完整、层次分明、专业对口的人才梯队初步形成,全省交通系统各级党政领导干部全部具备大学专科以上文化程度;交通专业技术人员占职工总数的比例提高到30%以上,80%以上的专业技术人员达到大专以上文化程度,形成国家、省、市、局四级专家队伍网络,力争有国家级专家3至5人、省级专家8至10人;技师、高级技师在高技能人才中的比重提高10%至15%。

(三)发展重点

按照上述要求,重点构建“五大系统”。

1. 构建通达、开放的基础设施系统

以增加总量、盘活存量、完善路网为切入点,继续加快高速公路建设,加强干线公路和农村公路改造,加强公路运输枢纽及站场建设,加强以安全、应急、救援为主的水运基础设施建设,大力提升交通运输基础设施服务能力。

高速公路。续建2219公里,新开工1096公里,全面建成全省规划的“三纵十一横十一环”高速公路网。

干线公路。坚持扩容与提质并重,提高干线公路在全路网和二级以上公路在干线路网中的比重,新纳入国省干线里程2150公里。新改建一级公路1000公里、二级公路500公里,路面改造600公里,改建干线公路县市过境路段500公里。

农村公路。坚持巩固成果、完善设施、提高能力,实施县乡公路改造工程、安保工程和桥梁新改建工程。新增公路通车里程7000公里,改造县乡公路2100公里,其中路面改造1000公里,技术等级提升1100公里;实施村通油路改造工程8000公里,改造危桥27 000延米、渡口115个;实施旅游景区、农林产业区、工业园区“三区”公路连通工程3500公里。

公路运输枢纽。加强公路与铁路、航空、水运、管道等其他运输方式的有效衔接,启动国家级、省级和区域性公路运输枢纽建设,试点建设太原、大同、长治、临汾4个综合客运枢纽;在基础设施和管理服务上,与其他运输方式主动对接,示范带动其他公路枢纽建设,推进综合运输体系建设。以公路货运枢纽为依托,构建物流基础设施网络,新建项目按物流中心规划建设,改建项目同步植入物流功能。建设太原国际化内陆无水港和物流园区,规划建设大同、侯马等物流中心,促进生产性服务业大省建设。支持陕蒙边界煤炭战略储备中心和晋冀、晋豫煤炭出口物流节点建设。

水运基础设施。续建黄河小浪底库区老鸭石至马蹄窝段47公里航道工程。

2. 构建现代、高效的运输装备和组织系统

加快运输组织结构调整。引导运输企业走集约化、规模化路子,改变市场主体过小过散和挂靠经营状况。通过市场准入和信誉质量考核等措施,引导企业兼并重组,形成一批具有核心竞争力、能够主导行业发展的大企业和企业集团。

加快运力结构调整。引导营运车辆向标准化、专业化、节能化、清洁化方向发展。鼓励发展集装箱、厢式、冷藏、散装、液罐、城市配送等专用运输车辆和多轴重载大型车辆,限制发展高能耗、高排放车辆;长途客运应以安全、舒适、快捷为出发点,大力发展中高级客车;农村客运应以发展安全、实用、经济型客车为主;城市客运要发展大运量、中高档、智能化的新型城市公共车辆,进一步提高公共车辆的节能环保水平;大力推进全省船舶标准化,逐步形成技术装备先进、安全高效、适应能力强的运输船舶,实现客运船舶快速化、舒适化,货运船舶标准化、专业化。

加快运输经营结构调整。适应全省“一核一圈三群”的城市化格局以及人口向这些区域集聚的运输需求,加强城市公交和农村客运的衔接。提高公路货运组织化、网络化程度,用现代物流理念和技术改造传统公路货运业,货运装载、运输等环节要符合物流标准化要求,大力发展甩挂运输、托盘运输、厢

式运输等现代运输方式,引导公路货运企业向现代物流企业转型。

3. 构建效能、公开的政府监管与公共服务系统

加强公路、水路基础设施养护和路政管理。进一步加大养护工程和预防性养护资金投入,推进科学养护、预防性养护,及时组织实施公路大、中修工程和灾害防治工程;落实农村公路养护责任主体,加大政府投入;逐步提高路政管理设施与装备水平,创新路政管理手段,继续加强治超工作,完善治超监控网络,强化源头治理力度,建立健全治超工作长效机制。

加快推进城乡基本公共客运服务均等化。强化公交优先战略,完善和优化城市公交客运网络,加快城市公交车辆更新步伐,加大城市公交财政投入,构建以大运量公共汽车为主体、出租车等交通方式为补充的城市客运体系。大力发展农村客运,继续延伸农村客运服务,提高通达深度,推动建立农村客运财政补偿机制,促进城乡基本公共交通服务均等化。

加强市场监管。严把道路运输市场准入关、车辆技术状况关和从业人员资格关,严格运输企业信誉质量考核,进一步完善市场准入、退出机制,加强市场主体监管和企业诚信建设,促进形成统一开放、竞争有序的运输市场;严格执行招投标制度,加强对招投标重要操作环节的监督;严把建设市场准入关,严厉打击转借资质,严格控制不合格企业进入公路建设市场,积极推行公路建设工程"阳光操作";加强质量监管,建立质量责任体系,实行终身负责制和责任追究制。

加强安全生产监管。坚持"安全第一,预防为主,综合治理"的方针,坚持把安全生产和基础设施建设、运输经济发展同步规划、同步推进;深入开展公路运输和施工领域安全生产专项整治活动,及时排查治理各类安全生产隐患;认真落实行业管理部门的安全监管责任,严厉打击非法施工、非法运营行为,持续开展治理超限超载行动;进一步加强危险品运输管理;全面落实施工和运输企业安全生产主体责任,加大投入,提高安全技术、装备和设施保障水平,加强职工安全技能培训,夯实安全生产基层基础。

4. 构建先进、适用的信息化管理系统

建立规范的信息标准体系、信息安全、政策法规环境,夯实信息化发展的基础环节。继续推进交通运输信息化"1166"工程建设,加大信息技术在公共服务领域的应用,建立以互联网技术为支撑、面向公众的电子政务、行政许可、出行服务、应急调度、市场监管网络系统,试点并推广全省联网售票系统建设。加快公路网运行监测体系建设,加强高速公路和重要干线公路日常监控设施建设,形成完善的公路网运行信息监测网络,实现对高速公路、国省干线公路网重要路段及收费站、服务区、治超检测站等重要节点的路网运行状态监测,为合理利用路网资源、公众出行服务和应急处置提供支撑。加强治超信息系统联网、行政执法监督、工程建设和运输市场的诚信信息体系建设,完善交通运输安全和应急信息支撑体系建设。加快建设适合山西地方产业特征的物流公共信息平台,实现公铁空水等多种运输方式的信息沟通和共享,推动全省综合运输体系建设和现代物流业发展。

5. 构建及时、可靠的应急保障系统

加快公路网管理与应急处置平台建设,全面推进省级公路网管理与应急处置中心建设,实现部省两级平台联网互通,形成信息互通、协同高效的公路网管理和应急处置平台体系。

完善公路旅客运输、战略物资运输应急保障体系和机动车维修、水上应急指挥和救援体系。健全公路抢险保通运行机制,建立省市公路应急物资储备基地,确保公路在应急救灾关键时刻发挥作用。及时制定和调整应急预案,加强应急演练,提高应急实战能力。

贯彻国防要求,落实国防要求目录制,努力实现大型交通基础设施军地兼容、军民两用。大力推进国防交通基础设施建设,规划建设部队进出口道路及战备训练物资储备基地、高速公路飞机跑道、交通战备库、兵站服务区等基础性工程,完善国防交通战备体系。

（四）交通建设投资规模

根据规划建设任务，“十二五”期间交通运输固定资产投资规模约2600亿元，是“十一五”完成投资的1.5倍。其中，高速公路建设2000亿元，干线公路建设445亿元，农村公路建设100.5亿元，枢纽建设42亿元，交通战备工程建设2亿元，水运设施建设0.5亿元，教育基础建设10亿元。

第二节 予工可审批

2008年以来，省交通运输厅抓住中央应对国际金融危机、扩大基础设施建设，拉动内需的发展机遇，先后完成49个高速公路网规划内项目的工程可行性研究工作。为了保证项目顺利开工，在厅党组成员、副厅长王志民领导下，厅综合规划处两任处长王京荣、杨增梅多次召集前期工作单位，抓进度、抓质量。在省交通运输厅召开的重点项目推进会上，厅党组书记、厅长段建国也多次强调要抓好前期工作质量和进度。有关设计单位通力协作，加班加点，高质量完成49个高速公路项目的工程可行性研究工作。

国家和省发展改革委要求，在批复工可前，需完成土地报批、环评、水保、地震评价等工作。在省领导的协调下，省发展改革委同意工可批复与土地环评等工作同时进行，大大加快了前期工作进程。

一、国家项目

截至2011年底，国家发展改革委员会批复8个项目。即二连浩特至广州高速公路山西境内段大同绕城西北段、晋城至济源高速公路；第四横五保高速公路长城岭至忻州段；第二横荣城至乌海高速公路山西省境内段灵丘至山阴、山阴至平鲁；第九横青岛至兰州高速公路山西境内段长治至临汾、临汾至吉县；第五横北京至昆明高速公路山西境内段平定至阳曲。

二、省级项目

截至2011年底，省发展改革委员会批复41个项目。即第一横大同至呼和浩特高速公路大同至右卫段；第二横浑源至广灵高速公路；第三横浑源王庄堡至繁峙、繁峙至原平大营、原平大营至神池、神池至河曲；第四横五保高速公路忻州至保德段；第五横太原至佳县高速公路（东段、西段）、太佳高速公路临县黄河桥；第七横汾阳至邢台高速公路汾阳至平遥、平遥至榆社、榆社至和顺段；第八横霍州至永和关东段、霍州至永和关西段；第十横高平至新乡高速公路高平至陵川段、高平至沁水、阳城至翼城高速公路、晋城至侯马高速公路翼城至侯马段；第十一横垣曲蒲掌至闻喜东镇高速公路、闻喜东镇至临猗孙吉高速公路；

西纵朔州环线西南段高速公路、岢岚至临县、临县至离石、河津至运城高速公路、运城解州至陌南高速公路；东纵天镇至大同高速公路、大同至浑源高速公路、五台山至盂县、盂县至阳泉高速公路、阳泉至左权高速公路；

环城高速公路：运城绕城高速公路西南段、晋城环城、祁临高速公路临汾市北环段、忻州环城、吕梁环城、阳泉环城高速公路；

联络线：太原至古交、京昆与青兰两条国家高速公路山西境临汾联络线、榆次至祁县高速公路、长安高速公路长治至平顺段。

第二章 公路建养

进入21世纪以来,随着全省国民经济持续快速发展,老百姓盼路、修路的愿望十分强烈,全省公路交通事业步入跨越发展新时期。

公路建设高潮迭起。一是实施县际公路和路网改造工程。紧紧抓住时任国务院总理朱镕基视察时将山西作为全国县际油路改造试点省的历史机遇,从2003年到2005年,用三年时间集中兵力大打歼灭战,全省共计完成115项4440.69公里,完成投资763 589.2万元,覆盖(通达)全省115个县区的公路建设工程,全省国省干线公路一、二级公路由"九五"末6426公里提高到8943公里,公路通行能力大大提高,基本缓解交通运输特别是超大吨位车辆运输压力,适应全省公路交通运输发展需要。二是实施沿黄干线公路建设工程。沿黄干线公路主要经过晋西北和吕梁山等革命老区及贫困地区,沿黄干线公路修通后,全省纵贯南北的干线公路达到4条,干线公路网更加完善,为推动黄河区域资源共享和优化配置,促进全省扶贫开发起到重要作用。三是农村公路突飞猛进。"十五"后三年,开展"乡乡镇镇通油路"攻坚战和"村村通"水泥路油路大会战,到2005年底,全省1195个乡镇实现100%通油路,全省76.93%行政村通水泥(油)路,在全国引起巨大反响。进入"十一五",全省农村公路主要实施县乡公路改造工程、"村村通"工程和"全覆盖"等"三大工程",并建成全长1065公里、影响区域人口500多万的沿黄扶贫旅游公路。到"十一五"末,全省27 925个具备条件建制村全部实现水泥(油)路"全覆盖"。

公路管养硕果累累。一是实施干线公路超龄油路及薄弱路段路面改造工程。项目始于2006年,历时4年,是省公路局建局以来养护投入最大、大修里程最多、实施效果最好的项目之一。4年里,按照省委、省政府和交通部要求,认真落实副省长牛仁亮提出的"走到哪里都是好路"的重要指示,根据省交通厅统一部署,从工程建设、管理、质量、服务设施到公路养护中,都取得可喜成绩。截至2010年底,共完成路面改造工程3341公里,完成投资68亿元,为全省经济发展作出积极贡献。二是开展干线公路养护技术比武活动。自2002年至2009年,省公路局成功举办六届全省干线公路养护技术比武,大力推广新技术、新材料、新工艺、新设备。一方面,在全系统掀起"钻业务、搞创新、抓质量、重效益"竞赛热潮,大大激发全省养路员工学知识、学技能、搞创新的热情;另一方面,每次比武都是对全省养路员工技术素质和业务技能的一次大检阅,为广大养路员工提供切磋岗位技能、提高业务水平的大好机会,对于推动全省养路职工队伍整体素质上台阶和养路员工走岗位成才之路,都具有非常重要的现实意义。三是实施干线公路安保工程。按照交通部总体步骤,全省自2004年起,用三年时间,在全省范围开展"消除隐患、珍惜生命"为主题的安保工程建设活动,对全省范围内的国省干线公路中的急弯、陡坡、连续下坡,视距不良,路侧危险等路段开展综合整治,改善安全防护设施,为行车安全创造条件。历经三年努力,圆满完成干线公路安保工程建设任务。四是开展干线公路桥梁管理专项工作。建立"户籍式"桥梁管理档案。运用桥梁普查成果,以检测数据为基础,对全省桥梁逐桥建立技术档案,建立公路桥梁管理信息系统和数据库,实行一桥一档,一家一库,资源共享。同时,将危桥改造纳入公路日常养护，设立危桥改造专项资金，对危桥实行动态管理，发现一座，改造一座，保证公路桥梁安全。五是推行预防性养护。按照交通部有关要求，结合全省实际，牢牢把握预防性养护这一崭新命题，在保持公路完好、提高服务水平、延长道路使用寿命、降低公路周期养护成本、实现社会效益和自身效益最大化上大做文章，全省路况有了明显提高，路网服务水平得到大幅提升，逐步实现预防性养护和周期性养护的良性循环。

依法治路亮点频频。一是开展干线公路路域环境综合治理。从 2006 年 8 月开始，经过三年努力，全省 11 662 公里国省道干线公路基本实现过村镇路段排水畅通、路边店隔离、平交道口硬化，无新增违章建筑，非公路标志标牌得到有效控制，公路绿化、美化，将干线公路提升成及人文、环保、绿色为一体的安全文明通道，为全省经济腾飞提供有力交通保障。二是开展声势浩大的治超工作。按照省政府决定，全省开展无缝隙、拉网式治超行动，加大对非法超限超载车辆治理力度，加强对超限运输检测点建设和管理，设立公路超限检测站，加大对通过重点路段和短途超限运输车辆的流动稽查力度。2009 年，全国治超工作现场会在晋召开，山西的经验在全国得到学习和推广。

在集中力量抓好干线公路建养管同时，按照国家和省里有关政策要求，全省撤销政府还贷二级公路收费站；自 2008 年 5 月起，恢复对路桥企业监管。

第一节　县际公路和路网改造工程的实施

县际公路是指相邻县与县之间公路，包括经济干线、口岸公路和省际公路。2002 年 4 月，时任国务院总理朱镕基在晋视察时，将山西作为县际油路改造的全国试点省。全省公路部门认真贯彻落实朱镕基总理指示精神，多方筹集建设资金，调动全社会的力量，在全省迅速掀起县际公路建设新高潮。

为当好试点，出好经验，按期完成建设任务，确保工程质量，保障国家建设资金的安全有效使用，国家发改委、交通部、省发改委、省交通厅、山西省公路局根据《中华人民共和国公路法》、《中华人民共和国招标投标法》等（八个）国家有关法律、规章的规定，在县际公路建设期间出台计划、财务、工程管理等一系列管理办法。省交通厅还提出“县际公路建成后，三年不小修，五年不中修，八年不大修”质量要求。

在县际公路建设中，省公路局遵循“因地制宜，量力而行”原则，以改建二、三级为主，充分考虑配套资金落实情况，把握好项目建设标准和工程造价。对建设条件困难、配套资金难以落实的项目，本着“线形基本不变，充分利用原路，局部加宽改造，提高路面等级，完善排水安全设施”原则进行建设。在项目设计和实施过程中，与文明路建设相结合，统筹考虑。同时，紧紧依靠地方政府，充分发挥积极性，努力创造良好施工环境。

在项目建设中，省公路局根据实际情况，采取九项措施。即加强领导，建立健全组织机构；强化制度，规范项目管理；统筹规划，周密部署，明确目标，强化责任；精心组织，突出一个“早”字；突出解决制约工程建设的资金和建设环境问题，确保工程建设进度；狠抓工程建设质量，提升质量品味；加强督察和服务工作；深入开展“创优良工程，建生态工程，创文明工地，建廉政工程”为主题的社会主义劳动竞赛；认真开展工程建设领域拖欠工程款和农民工工资清欠工作。

截至 2006 年底，共完成 115 项 4440.69 公里县际公路和路网改造工程，其中一级公路 202.6 公里，二级公路 3422.78 公里，三级公路 815 公里，完成投资 763 589.2 万元。

第二节　沿黄干线公路建设

沿黄公路是全省“十一五”规划的交通建设重点项目，途经忻州、吕梁、临汾、运城 4 市，包括偏关、河曲、保德、兴县、临县、柳林、石楼、永和、大宁、吉县、乡宁、河津、万荣、临猗、永济、芮城、平陆，辐射84个乡镇，受益人口近600万。沿黄公路包括沿黄干线公路和沿黄扶贫旅游公路，这两条公路从2007年6月起陆续开工建设，分别按二级和三级公路标准修建。其中沿黄干线公路由省公路局负责实施。

沿黄干线公路起点设于偏关县万家寨镇黄河大桥，主要经过晋西北、吕梁山等革命老区和贫困地区，终于平陆县圣人涧沟镇，全长957.14公里，新改建里程714.8公里，利用原有公路243.4公里，分四段建设，除河津上寨村至米家湾段16.4公里为一级公路技术标准外，其余均采用二级公路技术标准，路基宽10米至15米，总概算350 116万元，建设资金来源为部补投资29 750万元，省补助92 790万元，开发银行贷款227 576万元。2007年6月开工，2009年10月全线竣工。

为确保实现“精品化工程、和谐型公路”建设目标，省公路局遵循“创新管理，精细施工，注重环保，廉洁高效”思路，落实“耐久、安全、环保、经济”理念，全面加强各项管理，采用6项措施。

*健全机构，完善制度，落实责任。*针对沿黄干线公路建设里程长、任务重、工期短的特点，采用“小业主、大监理”管理模式，抽调精兵强将，按市划分组建4个精干、高效的项目管理机构，制定工期计划、质量管理、计量支付、设计变更、资金监管、劳动竞赛等较为全面的各项工程管理制度。根据建设目标与4个项目法人签订质量责任书，责成各项目法人层层分解质量责任，把保证工程质量责任分解到每位参建者，从单位工程分解到每一个分部工程、分项工程，直到每一道工序。

*紧紧依靠当地政府完成征迁工作。*在省政府、省交通厅支持和帮助下，在项目实施前，省公路局多次与工程沿线4个市政府联系、沟通，并与4个市政府签订《征地拆迁承包合同书》，委托地方政府具体负责征迁工作。项目实施中，建立路地联席会议，及时通报征迁进度、征迁难点和因征迁引起的施工干扰，大大促进征迁工作进度，整体进展顺利，有力促进工程建设。

*统筹安排，精心组织，全力促进工程进度。*针对沿黄干线公路工期紧、任务重、质量要求高的实际情况，科学制订实施方案，结合实际，制定分阶段目标和进度计划，千方百计地解决好征地拆迁、交通管制、施工组织等环节问题，采取加强巡回检查、组织劳动竞赛、落实激励机制等措施，对影响工期的关键工程制定相应措施和预案，在保证工程质量前提下加快工程进度。

*注重工程细节，强化质量管理。*为把沿黄干线公路建设成“优良工程”和“放心工程”，省公路局倡导树立“全过程、无缝隙”理念，按照精细化要求，狠抓“政府监督、法人负责、社会监理、企业自检”的四级质量保证体系建设，强化现场质量管理，注重施工中各环节质量控制。加强一线人员质量教育和岗前培训，提高一线人员素质；突出事前控制，严格审查施工组织方案，检查主要管理人员、关键设备和检测仪器进场情况，落实好全员技术交底制度，切实把好开工关；推行进场材料准入制，严格原材料进场前抽检，坚决堵住不合格材料进入施工现场；突出过程控制，严格按施工图纸和批准的施工工艺组织施工，注重抓好施工过程中细节控制，严格落实试验检测和工序交验制度，强化监理职能，加强施工资料管理；加强巡回检查，落实好奖罚制度，对造成质量事故的，严肃追究单位和责任人责任。从质量检测数据看，工程质量始终处于受控状态。

*落实安全责任，抓好安全生产。*安全生产责任重大，省公路局始终把安全生产作为工程建设的一项重要工作来抓，健全安全生产组织机构和制度，与各参建单位签订安全生产责任书，狠抓安全生产制度落实。对各参建单位安全生产条件、安全保障措施和安全投入提出明确要求，安全生产费用足额到位、专款专用；加强安全隐患排查，发现安全隐患，立即督促整改。

*加强建设监管，严格依法建设。*成立两个干线公路建设督导组，对沿黄干线公路全线进行随机抽查，重点督察技术风险大、质量安全隐患大的工程部位和环节，督察工程质

量措施和安全生产措施落实情况,实地抽查工程关键部位质量,督察施工和监理单位施工资料可靠度与真实性,督察结果在全省进行通报。充分发挥纪检监察的监督作用,落实廉政合同制度和纪检派驻制度,围绕公路建设市场准入、市场诚信体系、工程建设若干关键环节,建立公路建设领域反腐倡廉的长效机制,努力把沿黄干线建设成“廉政工程”。高度关注民生,进一步完善农民工用工管理规章制度,制定农民工工资支付担保制度,规范劳务用工合同,确保农民工工资按时、足额发放。

沿黄干线公路建成后,有效改善了全省西部交通状况。对于进一步完善全省公路网络、拉动黄河沿岸经济社会发展、加快城乡一体化步伐、推动产业结构调整改善和提高当地人民群众生产生活水平,均有着十分重要意义。

第三节　超龄油路及薄弱路段的路面改造工程

“十五”期间,全省集中资金对国省干线公路进行了大规模改造,路网使用寿命大大延长。但随着经济快速发展,交通流量迅猛增加,全省干线公路养护所面临的形势仍十分严峻,主要表现在四个方面。一是“十五”期末,全省国省干线公路三、四级公路占到总里程32.1%,总体路网技术等级偏低,特别是一部分路段现有技术状况远远满足不了交通量增长需要,车与路的矛盾比较突出。如国道307线阳泉至旧关、临午线临汾至蒲县段等。二是超龄油路急需进行大修。县际及路网改造工程,解决1800多公里超龄油路,但20世纪90年代及以前建设的油路已进入超龄高峰期,2955公里超龄油路中,超过设计使用寿命10年以内1930公里,超过设计使用寿命10年以上1025公里,占到超龄油路的34.7%。如果不加快超龄油路大修步伐,一方面超过10年以上超龄油路难以维持路况,另一方面超龄油路将越积越多,势必影响全省干线公路整体路况质量。三是未达到设计使用年限的薄弱路段逐年增多。由于受修建时投资影响,过去干线公路路面结构大部分采用3厘米沥青表处或沥青碎石,有不少公路是“八五”、“九五”期间群众义务修路拓宽配套建设而成,随着大吨位车辆增加,这些路面达不到设计使用寿命就严重破损。如大运、汾柳、国道208东观至长治全长1095公里的“大字”型二级路主骨架,有近400公里路段没有达到设计使用年限,就已经形成薄弱路段,急需进行大修。四是干线公路整体路况质量还不够高。据统计,“十五”期末,全省管养的11 883公里干线公路中,可以靠日常养护巩固路况的优良路段有7624公里,只需进行中修处理路段1636公里,而急需进行大修的次、差路段2623公里,占总养护里程22.1%,这些路段靠日常养护已难以维护。

鉴于此,省公路局领导班子积极部署,制定《山西省干线公路超龄油路及薄弱路段路面改造工程实施方案》。该项目于2006年开始实施,历时4年。为确保路面改造工程顺利实施,将副省长牛仁亮提出的“走到哪里都是好路”的重要指示落到实处,省公路局积极探索公路建设与养护相结合的可持续发展路子,以规范制度为根本,严格程序,超前运作。

首先,将全寿命成本理念贯穿前期工作始终。在对既有公路状况、路面病害、排水设施、路面弯沉、路基干湿类型、交通量及车辆类型和荷载等级,以及超载超限情况进行详细调查基础上,编制项目实施工程可行性报告,并组织有关专家从路面结构、实施方案及效益等方面进行论证,做到设计方案科学合理。

其次,以强化管理为手段,狠抓全过程质量控制。省公路局将招投标制、合同管理制和监理制引入路面大修工程,确立“以规范制度为根本,严格程序、超前运作;以规范现场管理为切入点,严把人员、材料、设备进场关;以抓典型树样板为导向,带动工程质量的全面提高”的工作思路。召开现场会,通过典型带路,促进各分局间劳动竞赛开展。以提升公共服务能力为目标,狠抓路面平整度质量，提高行车舒适性，大力实施绿化、美化，提高公路服务性；注重安保工程建设，提高行车安全性。

再次，应用科技成果，为打造精品工程。以技术创新为根本，大搞科技攻关活动，大力推广新材料、新技术、新工艺的研究和应用。晋中分局将90#沥青变为70#重交通A级沥青，并采用最大密度线法进行配合比试验，提高沥青路面高温稳定性；临汾分局采用进口PR抗车辙沥青改性剂应对309国道重交通路段路面推移；吕梁分局针对旧水泥混凝土路面破碎效率低、废渣难以处理的状况，引入并掌握旧水泥混凝土面板冲击压实技术；忻州分局在五台山旅游区施工中，为保证旅游路线周边环境不受污染，采用沥青再生剂替代常用的石屑罩面处理裂缝工艺，既减少粉尘对环境污染，又取得良好处治效果。

干线公路超龄油路及薄弱路段路面大修工程，是省公路局建局以来养护投入最大、大修里程最多、实施效果最好的项目之一。2006年至2010年4年间，共完成路面改造工程3341公里，完成投资68亿元。

第四节　养护技术比武活动的举办

2002年至2009年，省公路局成功举办六届全省干线公路养护技术比武，引起全国同行关注，得到交通部和省交通厅领导肯定。

比武项目有挖补坑槽、大颗粒罩面、沥青路面灌缝、水稳碎石基层质量控制、水泥剂量测定、路况分析、桥梁病害检查与技术状况评定、公路技术状况评定以及养护机械操作，前三届将养护知识竞赛作为单项比武内容，后三届将部分参赛人员参与的养护知识竞赛改为所有参赛人员都必须参加的养护知识理论测试，而且测试成绩与实际操作成绩按比例计入总成绩。

在六届养护技术比武中，晋中分局5次、运城分局1次取得全能第一名成绩，运城分局3次、晋中分局1次、大同分局1次、长治分局1次取得第二名的名次，太原分局5次、忻州分局1次获得第三名。这些单位取得优异成绩的经验是：首先是行政一把手重视，分管领导责任心强，班子成员思想统一，能够妥善解决生产任务重和备战省局比武任务紧的矛盾，激发参赛队员的集体荣誉感和团结协作精神，坚定参赛队员完成任务的信心和决心。其次是根据省局拟订的实施方案，制定详细备战方案和措施，分阶段、有计划、有步骤地组织参赛队员进行集训，指定专人专职负责整个集训活动推进，并有目标地进行考核，优中选优，最终确定参加省局比武的参赛队员进入冲刺阶段。再次是善于及时将参赛的好经验、好方法、好技术以及小窍门、小绝活进行总结、完善和提高，制订长效奖惩机制，对表现突出并取得优异成绩的参赛队员不仅有物质奖励，而且予以提拔重用，既有利于挖掘这些优秀人才潜力，又极大地调动他们投身公路养护事业的工作积极性。

多方面、多层次的养护技术比武，不仅检阅全省养路员工技术素质和业务技能，也为广大养路员工切磋岗位技能、提高业务水平提供良好平台。竞赛活动的开展，一是大大激发全省养路员工学知识、学技能、搞创新的热情，在全省范围内掀起“钻业务、搞创新、抓质量、重效益”竞赛热潮，对于推动全省养路职工队伍整体素质上台阶和养路员工走岗位成才之路，都具有非常重要的现实意义。二是促进在养护生产中新技术、新材料、新工艺、新设备的推广，“创新、科学、规范、发展”养护新理念不断在全省公路养护工作中生根开花结果。

第五节　安保工程建设

全省公路80%以上处于山岭重丘区，初建标准低，由于坡陡、弯急、路侧险要、视距不良等需要修建安保设施的地段较多，尤其是线形不良或线形组合不良以及视距受山体等自然条件限制路段，加之原路侧危险路段没有设置任何防护措施或防护设施强度严重不足，还有标志设置不合理、标线缺损等问题，对安全行车构成很大危险。

为完善公路安全设施，降低公路交通事故发生率，从2004年起，按照交通部部署，省公路部门在全省开始实施以“消除隐患、珍惜生命”为主题的公路安全保障工程。

为进一步抓好试点工作，除被交通部确定为试点路段的109国道外，省公路局又选择地形、线形较为复杂、具有代表性的国道208线雁门关段29公里作为试点路段。按照“主动引导、被动防护、因地制宜、经济实用”设计总原则，由省公路局、忻州分局按照实验段道路具体情况和需要的防护等级，采取多种形式防护措施。包括设置双波形钢板护栏、片石或钢筋砼护栏、示警桩、分道黄色反光道钉、凸面反光镜、车辆制动降温水槽，更换和新增标志牌，新增弯道热熔反光标线，增设减速标线。从实施效果看，安保工程实施之后，有效减少了车辆坠崖和死亡率，引导司机准确驾驶，减少因司机操作不当引起的事故。省公路局在忻州分局召开全省干线公路保障工程现场会，对实验段安保实施现场和实施效果进行观摩。会议推广该试点段实施安保工程的经验和做法，并对全省干线公路实施安保工程做了具体安排与部署。忻州安保现场会的召开，标志着全省干线公路安全保障工程全面启动。

为保证全省干线公路安保工程顺利开展，省交通厅、省公路局采取一系列有效措施和办法。

一是成立组织机构。省交通厅向社会公开承诺，把公路安保工程作为全省交通系统为民办的10件实事之一。从省厅、省局到各分局都成立一把手为组长的安全保障工程领导组。

二是制定下发《山西省干线公路安全保障工程实施方案》、《山西省国省干线公路安全保障工程管理办法》、《山西省国省干线公路安全保障工程质量控制要点》等，为安保工程顺利进行提供政策性、技术性支持。

三是制定近期规划和年度实施计划。认真落实实施地段及项目负责人，层层签订目标责任书，一级抓一级，一级对一级负责，做到计划、项目、责任、检查考核、奖惩五落实。严格管理，规范程序，从工可报告、初步设计、施工设计、施工准备、组织施工到竣工验收，一步步严格按照建设程序办事。

四是狠抓设计和施工两个环节，强化监督，确保质量，把住设计龙头。坚持“主动引导、突出重点、适度防护”原则，具体分析每一个路段存在影响行车安全的主要缺陷以及危险程度，找准主要矛盾，有选择设防，对设计方案反复比选论证，在源头上确保工程实施效果。在施工中，健全质量保证体系，制定质量管理制度，落实质量责任制，办理质量监督申请手续，组织设计技术交底和质量检查，严格执行巡回检查制度。省局成立各相关部门参加的督导组，定时不定时对全省干线公路安保工程的工程质量进行检查，及时发现问题，并将检查结果向全省通报。这些办法对确保全省干线公路安保工程质量起到有力促进作用。

第六节　桥梁的管理

随着国省干线公路建设里程不断增长，公路桥梁数量也在逐年增加。截至2010年底，国省干线公路共有公路桥梁3361座，其中按桥梁跨径划分，有大桥280座，中桥769座，小桥2312座；按汽车荷载划分，有公路－Ⅰ级标准470座，公路－Ⅱ标准641座，汽－超20标准120座，汽－20标准1238座，汽－15标准734座，<汽－15标准158座；按技术等级划分，有一类桥梁1707座，二类桥梁1513座，三类桥梁123座，四类桥梁18座。

如何管护好现有桥梁，保障安全通畅，充分发挥公路交通的社会和经济效益，已经成为公路养管工作中的一个重要环节和内容，也成为社会关注的一个热点。2003年以来，省公路局认真贯彻落实国务院、交通部领导关于加强桥梁管理工作的重要指示，不断加大桥梁管理和危桥改造力度，取得明显成效，对促进和提高全省公路桥梁养护水平、保障公路安全畅通,起到非常重要作用。

一、高度重视列入议事日程

进入“十一五”时期以来,为进一步提高公路服务水平和通行能力,省交通厅提出桥梁管理“五个百分之百”和“五个依靠”。“五个百分之百”,即100%检测率、100%建档率、100%日常养护管理覆盖率、100%危桥治理率、100%责任追究率。“五个依靠”,即依靠法制,依靠制度,依靠科技,依靠信息化,依靠高度的工作责任心。从2006年起,省公路局要求各分局每年对所有桥梁进行一次全面普查,对于各分局评定的四、五类桥梁,省公路局委托专业检测机构进行核查,保证危桥评定的准确性和危桥改造资金的合理使用。各分局都确定以主要领导负总责,分管领导抓落实,技术人员抓现场,各司其职,层层负责的组织领导机制,把桥梁养护工作作为贯彻落实交通部“三个服务”要求、保障人民生命财产安全、增强公路通行能力的重要工作来抓,形成领导亲自挂帅、上下齐抓、协调各方的良好局面。

二、管理规范建立养护责任制

根据现行公路管理体制,明确省交通厅为全省公路桥梁省级政府主管部门,省公路局为干线公路桥梁养护安全监管主体,各公路分局为桥梁养护安全管理责任主体,公路养护管理段(养护中心)为公路桥梁养护安全管理实施主体。每一座桥梁都确定具体的养护安全管理责任人和桥梁工程师,各桥梁养护管理责任人为直接责任人,桥梁工程师为技术责任人,桥梁养护安全管理责任人和桥梁工程师对所负责桥梁的养护安全分别负直接责任和技术责任。形成一个纵向到底、横向到边、分级负责、责任到人的桥梁养护安全管理责任制网络。

为进一步提高公路交通应急保障和公共服务能力,省公路局按照《交通部公路交通阻断信息报送制度》规定,制定信息上报制度和应急预案。建立和完善自然灾害预报、预警、预防和救助体系。

三、广泛普及应用新科技新技术

在养护工作中,各级公路部门加大各种国内外成熟新技术、新工艺和新材料的应用范围。如对桥梁伸缩缝普遍采用毛勒缝进行更换,不仅保证行车安全舒适,还有效延长使用寿命;在桥梁加固中,采用钢丝索等体外预应力加固新技术,比新建节约资金60%,同时还有效提高桥梁承载能力,减少环境污染;在双曲拱桥加固中,采用改变结构体系法,在大大缩短工期的同时,还有效增强结构整体性;采用波形钢板衬砌修复危旧石拱桥涵,施工简单,工期短,且不影响车辆通行。另外,碳纤维加固技术以及顶推法削除桥台位移,碎石桩、石灰桩、旋喷桩、粉喷桩加固软地基,衬砌法加固石拱桥等技术也都得到有效运用。

与此同时,积极开展桥梁养护专题性研究和现场研究,深入开展科技攻关,使桥梁施工、养护技术研究取得实实在在效果。特别是针对桥梁养护开展许多科研项目。如省公路局与交通部公路研究院合作的“国省干线中小跨径梁桥承载能力评估及提高承载研究”科研项目。经常组织科技人员研究存在的问题,并把危旧桥梁检测鉴定和加固改造看成是技术大练兵,在实践中总结经验,不断提高桥梁养护维修能力。在省公路局连续举办的六届养护技术比武中,把桥梁管理系统操作和现场桥梁技术等级评定作为比武项目,锻炼和培养了一大批技术骨干。同时还培养了一批研究和管理桥梁专家,经常对桥梁现状和动态管理中发现的问题进行交流分析,总结有效处治办法。

四、建立信息化管理系统

在养护实践中,全省公路部门建立“户籍式”桥梁管理档案。运用桥梁普查成果,以检测数据为基础,对全省桥梁逐桥建立技术档案。在此基础上,还建立公路桥梁管理信息系统和数据库,实行一桥一档,一家一库,资源共享。在每座桥梁档案中,包括桥型结构、建设时期、病害描述及各种技术数据150多项。自1999年建立桥梁管理系统以来,全省紧跟科技发展步伐,不断更新、使用最新版本的桥梁管理系统,始终走在全国前列。省交通厅为公路管理部门配备桥梁检测车、桥梁检测仪等设备,桥梁管理部门和桥梁管理责任人定期对桥梁技术状况进行检测,并根据检测结果及桥梁养护改造情况及时更新档案技术数据,保证数据常新。

五、加快危桥改造步伐

"十一五"以来,随着全省经济结构调整不断深入,公路运输在交通运输体系中的作用愈发突出。交通量剧增,原设计标准偏低(部分路段超出原设计日交通量的4倍至7倍),重载车辆较多,致使干线公路不堪重负,桥梁处在超饱和疲劳受力状态。为了将危桥改造纳入正常化轨道,省交通厅将危桥改造纳入公路日常养护,设立危桥改造专项资金,要求公路管理部门对危桥实行动态管理,发现一座,改造一座,保证公路桥梁安全。省公路局对国省干线公路已确认的四、五类桥梁,按轻重缓急,落实计划、资金,及时组织实施。对三类桥梁也提前考虑并采取加固措施,防止病害扩大。聘请专家组成专家组对所有加固方案进行评审,逐桥制定加固改造或重建方案。根据现有普通道路重车交通量逐渐加大实际,将方案确定为改造上部或重建的均按公路-Ⅰ级荷载标准进行设计。

六、有效加强公路桥梁通行管理

近年来,各级公路管理部门对已确认的五类桥梁,立即协调公安交管部门采取封闭措施,禁止车辆通行。对已确认的四类桥梁,设置限重、限速、限高障碍,完善标志和标识,严禁超限超载车辆上桥;设专人24小时值守,发现危险情况,及时报告、及时处置;具备条件的都开通便道,组织车辆绕行;无法开设便道的,路政人员配合交警疏导交通,避免交通堵塞,保障绕行便道安全畅通。对20世纪80年代以前建设的老旧桥、汽-15级以下的轻型结构桥(包括双曲拱桥、扁壳桥、微弯板桥、刚架拱桥、空心板桥等)、大跨度高墩桥梁也采取相同办法。所有黄河大桥、交通流量较大特别是重载车集中的桥梁,设立明显限制标志,及时完善各种道路安全设施,严禁车货总质量超过55吨的重载车上桥。

七、加大治理车辆超限超载力度

山西是能源大省,不可避免地成为超载运输重灾区。2000年以前,车辆超限超载致使全省公路每年损失达10亿到15亿元,甚至在2007年出现超载车辆连续压垮3座桥梁。尽管从2000年起,超限超载车辆治理取得一定成效,但随着煤炭市场升温,超限超载车辆时有出现,致使许多公路、桥梁刚刚投入使用不久就出现路面损坏、桥面板断裂等现象,大大缩短桥梁的正常使用期限,使许多三、四类桥梁迅速发展成为五类危桥,成为公路行车的安全隐患。2007年交通部华北五省市座谈会会议后,省公路局严格落实省交通厅制定的"不能上、不能放、不能堵"的原则,积极协调公安交警部门和地方政府,加大路面执法与源头治理力度,采取"源头治、入口堵、路上查、站点卸、桥头守"等办法,严厉打击恶意超限超载的"五类"车辆。同时积极配合公安交警部门,做好交通疏导工作,防止交通堵塞,保障公路畅通。

第七节　预防性养护

2006年以来,省公路局按照交通部《"十一五"公路养护管理事业发展纲要》要求,在全国推行预防性养护要求,按照"先试点,后推广"原则,选择部分路段进行试验。2008年7月,召开全省干线公路预防性养护现场会,总结推广试验路段经验,至此,在全省范围内全面推开预防性养护工作。面对预防性养护这一新命题,省公路局在保持公路完好、提高服务水平、延长道路使用寿命、降低公路周期养护成本、实现社会效益和自身效益最大化上大做文章。

一、树立科学养护理念

随着国民经济发展,国省干线公路交通流量快速增长,公路部门养护工作量日趋繁重。在公路及其沿线设施出现病害、损毁,甚至出现较严重病害后,才采取补救性养护措施进行修复的传统养护方式,是"头痛医头,脚痛医脚"的被动矫正式养护措施。这种养护措施,已远远不能满足养护工作需求。省公路局首先对预防性养护的必要性、紧迫性进行深入调研，达成共识。研究表明，一条质量合格的公路，在整个路面寿命周期内进行3次至4次预防性养护，可以延长使用寿命10年至15年，节约养护费用45%至50%。如果对全省干线公路按15年一个周期进行大修来算，每年最少需要安排800公里大修，每公里按130万元计算，每年仅用于路面大修的费用最少要10多亿元。通过采取路面预防性养护措施，可以延缓大修期限，延长路面使用年限，降低路面养护成本，以最小资金投入，最大限度地延长公路使用寿命。

与此同时，随着产业结构升级加快，工业化、城镇化、市场化、国际化步伐进一步加快，人民生活水平质量的提高，交通需求不仅表现在数量的快速增长，也表现在高品质服务要求上。除满足及时、方便外，对舒适、快捷、安全的要求也在日益提高。采取预防性养护措施，及时阻止路面状况急剧下降，可以确保在路面使用寿命期间，始终能维持较好的公路服务水平，产生良好社会和经济效益。

二、编制预防性养护手册

从2006年全国公路养护管理工作会议之后，省公路局对预防性养护进行深入调研，于年底形成《山西省干线公路预防性养护调研报告》。在此基础上，参照交通部委托山东省交通厅公路局和另外10多个省公路交通部门共同编写的《预防性养护政策及关键技术研究报告》(2007年11月)，于2008年6月编写《山西省干线公路预防性养护指导意见》(征求意见稿)，同年7月，在预防性养护开展比较好的晋城、运城召开全省预防性养护现场会，通过现场演示、会议交流和讨论，正式在全省范围内推行预防性养护。通过三年准备工作，2009年3月30日，正式印发《山西省干线公路预防性养护指导意见》，成为全省干线公路预防性养护工作的指导性文件。之后，各养护单位结合实际情况，制订各自的预防性养护实施方案、细则、指南等规章制度，为深入开展预防性养护提供技术支持。

三、科学制定预防性养护方案

省公路局在加大对预防性养护研究力度，建立动态管理系统和病害、交通量监测体系，完善科学决策机制的同时，充分利用路面管理系统和桥梁管理系统等现有资源，通过研究对比各项技术性能指标，科学分析路面、桥梁技术状况的衰变规律，实现公路病害及交通状况预警，进而合理确定路面、桥梁的最佳养护时间、周期以及最佳养护手段，制定科学的预防性养护方案，达到大幅提高养护管理的科学决策水平和资金的使用效益的目的。

在工作中，全省公路部门把路面养护作为整个道路养护工作的重点。省公路局明确要求各养护单位持续开展对路面、路基、桥隧及其他沿线设施的日常检查，定期检查和检测评定，特别是在春融期、雨季，加强对路基稳定性调查，尤其是对高填方、深挖方边坡、桥隧涵洞等构造物进行重点排查，认真分析，制定预防性养护方案和措施，及时消除存在问题和隐患。同时，针对全省路面主要结构类型为沥青路面的特点，采用沥青再生剂、机械开槽灌缝机灌缝、微表处技术、路面同步碎石封层等新材料、新技术、新设备与新工艺。

为确保预防性养护工作顺利开展，省公路局投资900万元购置用于公路性能检测的设备，同时，逐步配备用于预防性养护的检测、分析、评定设备，并且每年专门拿出3000万元至5000万元资金用于预防性养护，彻底打破"坏路优先"的计划安排原则，确保预防性养护工作顺利展开。

预防性养护的实施，使全省路况有了明显提高，路网服务水平得到大幅提升，逐步实现预防性养护和周期性养护的良性循环。全省2010年末优良路率达83.03，公路技术状况指数MQI达到86.97。

第八节 路域环境的综合治理

2006年8月份开始的全省干线公路三年综合治理活动，是为了巩固全省公路建设养护成果，有效提高公路通行能力，将干线公路提升成人文、环保、绿色为一体的安全文明通道,有计划、有步骤开展的一项活动。经过三年努力,全省11 662公里国省道干线公路基本实现过村镇路段排水畅通、路边店隔离、平交道口硬化,无新增违章建筑,非公路标志标牌得到有效控制,公路绿化、美化,为全省经济腾飞提供有力公路交通保障。

在综合治理工作中,省公路局积极研究探索,转变观念、创新思路、创造性地开展路政管理工作。在三年实施干线公路综合治理基础上,逐步探索新路政管理模式。一是建立路地共管机制,对公路管理实现由部门行为向政府行为和社会行为的转变,各分局都由所在地市政府出台路地共管办法,设立领导机构,聘请分管交通副县(市)长为辖区总路长,乡镇长为分路长,村委会主任为路长,具体负责辖区路段管理工作。二是建立目标管理责任制。年初公路段与乡镇、村委签订路政共管责任书,明确责任、义务,并定期进行考核。对公路按乡镇村所有过村镇路段责任到村,责任到人,包段包点,严格考核,督察到位,奖惩兑现的机制。通过开展一系列共建共创活动,不断提高路政管理知名度,使爱路护路意识深入人心,路政案件发现率60%以上来源于公路沿线群众举报,应急处置能力也得到新提高。

第九节　超限检测站的设置

2007年12月19日,省政府决定开展无缝隙、拉网式治超行动。省公路局认真贯彻落实交通部等国家九部委《关于印发全国车辆超限超载长效治理意见的通知》、华北五省(区、市)人民政府《关于治理非法超限超载车辆确保道路交通安全的通告》和《山西省人民政府关于治理非法超限超载车辆确保道路交通安全的意见》精神,不断加大对非法超限超载车辆治理力度,加强对超限运输检测点的建设和管理。省政府陆续批准设立公路超限检测站97个,陆续建成部规范化站30个,77个站逐步实行不停车检测,各超限检测站实行昼夜24小时值班制度。流动稽查工作加大对通过重点路段和短途超限运输车辆的查处力度,真正使治超工作做到高密度、无缝隙。

全省公路治超工作,经过2000年至2004年公路一家治超,2004年至2007年华北五省市联合治超,2007年10月9日以来由政府牵头治超三个阶段,取得显著效果,2009年全国治超工作现场会在晋召开。

现场会上,交通运输部部长李盛霖、省委书记张宝顺、省长王君和副省长牛仁亮都作了重要指示。会议期间,来自全国28个省市400余名代表赴小店超限检测站参观学习治超先进经验。中央2台经济频道、中央电视台新闻频道、中央电视台《焦点访谈》等栏目均进行了采访报道。

截至2010年底,全省山西干线公路货运车辆超限运输率已降至0.2%以下,55吨以上非法超限超载车辆基本杜绝,短途非法超限超载得到有效控制。

第十节　依法治路工作的加强

2003年以来,省公路局不断加大依法治路工作力度。以明确执法责任、规范执法行为、强化执法监督为核心,以提高执法质量、服务构建和谐社会为目标,坚持法制教育与法制实践相结合,取得长足进步。2006年,省公路局被山西省依法治省领导组授予"2001年至2005年普法依法治理先进单位"荣誉称号,2010年被交通运输部授予"五五"普法先进单位,晋城分局被交通运输部评为"文明执法示范窗口单位",长治分局、运城分局被省政府表彰为"省级依法行政示范单位"。省公路局依法治理工作的主要亮点有:

一、法制机构的设立

2005年,为了适应建设法制部门需要,加强法制工作,深入推动依法治理工作开展,省公路局对内设机构进行调整,设立政策法规处,专门负责普法依法治理等法制工作。此后,各公路分局陆续成立法制科或相应法制机构。2006年,省公路局重新调整依法治理及推行行政执法责任制领导组。由党委书记赵振田担任组长,局长戴飞及其他领导班子成员担任副组长,各处室处长担任成员。领导组下设办公室,由法规处处长曲俊荣兼任主任。省公路局还制订《山西省公路系统2006年至2010年依法治路工作规划》。此后,局领导每年定期召开会议,专项讨论依法治路工作,下发法制工作要点,具体部署年度普法、依法治理工作。全省依法治路工作逐步形成主要领导亲自抓,分管领导具体负责,各有关部门齐抓共管的良好局面。

二、法规的贯彻实施

为深入贯彻《中华人民共和国公路法》及国务院有关公路管理及保护方面的法规,使全省公路建设、养护、管理等工作有法可依,省政府及有关部门相继出台和修订一系列公路行业法规、规章及其他规范性文件。

2005年2月25日,省人民政府第46次常务会议通过的《山西省公路车辆通行费收取办法》;

2006年3月31日,山西省第十届人民代表大会常务委员会第23次会议审议通过的《山西省公路养路费征收管理条例》(已废止);

2008年1月8日,省人民政府第118次常务会议审议通过《山西省公路养路费征收管理规定》;

2008年4月2日,山西省第十一届人民代表大会常务委员会第一次会议审议通过《大同市农村公路养护管理条例》;

这一时期,全省出台的交通运输相关制度有:《山西省交通厅行政执法重大行政处罚决定备案审查制度》、《山西省交通厅行政赔偿案件备案审查制度》、《山西省交通厅行政执法证件管理暂行规定》、《山西省行政执法检查规定》等。

这一时期发布的规范性法律文件有:《山西省公路局关于新增设超限检测点建设及有关情况的通知》(晋公路政发〔2003〕789号);《山西省人民政府关于全面开展车辆超限超载治理工作的通告》(晋政发〔2004〕20号);《山西省人民政府办公厅关于转发省交通厅、省公安厅山西省开展车辆超限超载治理工作的实施方案的通知》(晋政办发〔2004〕48号);《山西省公路局关于设立超限运输检测点流动稽查大队的通知》(晋公路政发〔2004〕251号)等。

此外,省公路局还结合实际,编印并下发《公路法律汇编》、《公路建设养护管理安全生产常用法规汇编》、《路政管理办法汇编》、《公路路政管理实施细则》等各项规章制度汇编。

这些法律法规及规范性法律文件,进一步健全全省公路系统监督制约机制,初步形成与上位法律法规相配套的基本适应全省公路实际工作需要的法律法规体系。

三、开展宣传培训

省公路局非常重视法律法规培训工作。2005年,为配合《信访条例》正式实施,用以会代训方式,组织局属各单位分管信访工作领导和省局机关有关处室负责人进行新《信访条例》的培训学习;2006年,参与组织由省交通运输厅举办的全省交通系统执法和执法监督培训班,全局1700余名执法人员参加;2007年,举办《劳动合同法》专题讲座,特邀中国劳动关系学院霍起迈教授授课;2009年,举办公路系统路政执法人员培训班,培训主要内容是交通部交通行政执法风纪等5个规范;2010年,针对二级公路撤销收费站,大量收费人员转岗到路政执法、治超岗位,为了使新上岗执法人员尽快熟悉业务,各分局都开展岗前培训,特别是法律法规培训。2011年,举行《公路安全保护条例》培训班,聘请北京交通管理干部学院政法系主任,法学副教授,比较经济特约研究员、《今日说法》常任嘉宾张柱庭教授对《条例》做深入讲解,省局领导及局属各单位近200余名干部职工参加。通过组织开展这些比赛和培训,有力推动全省依法治路进程。

与此同时,全局上下采用多种形式进行法制宣传,包括利用公路挡墙、护坡、龙门架刷写标语,制作各类宣传版面、出动宣传车、接受群众咨询、散发宣传品,以及通过电视台、电台等方式，对公路法制信息进行多方位的宣传报道。2010 年 12 月 4 日，按照省依法治省领导组要求，省公路局举行声势浩大的“12·4”法制宣传日活动，局长戴飞、副局长胡志勇等局领导，以及相关处室负责人参加。现场发放宣传单 5000 余份，接受群众咨询 10 余次。此外，还将张柱庭教授《公路安全保护条例》专题讲座制成光盘，分发到局属各单位供系统内广大干部职工学习。

据不完全统计，2005 年至 2010 底，省公路局在开展普法宣传活动中，悬挂大幅标语 1 万余条，散发宣传品 1500 余万份，张贴宣传画 8000 余张，墙贴标语 8.3 万余幅，媒体宣传 1000 余次，出动宣传车 17 000 次，行驶公路 30 万公里，法律咨询 2 万余次，制作宣传磁带 2000 余盒。

四、落实执法监督

2003 年至 2010 年，省公路局严格按照《山西省交通厅交通执法证件管理暂行规定》、《山西省交通厅交通行政执法证件管理补充规定》，对执法人员执法证件、执法车辆的审批严格把关，对于不符合办证条件的一律不予办理。各分局也根据自身实际情况制定录用程序，进行公开考试、考核，择优录取。2010 年，省公路局还开始执行执法人员、执法车辆年报制度，对于每年系统内执法人员、执法车辆数量的变动做到心中有数。截至 2010 年底，全省公路系统有行政执法人员 2680 人，其中路政执法人员 1597 人，超限执法人员 1083 人。

在严格执法人员、执法车辆监督管理的同时，省公路局还定期对执法工作开展监督检查。2010 年，对局属各单位开展“五五”普法和行政执法监督检查。检查内容包括普法组织领导机构和干部、职工和执法人员学法用法情况，以及执法培训、执法文书、执法证件等情况。省委依法治省领导组检查组检查后，认为：省公路局在普法依法治理工作方面能够紧密结合工作实际，有创新，有亮点，有成效，达到省级“五五”普法示范单位的申请标准。同年，省公路局被交通运输部评为“五五”普法先进单位。

五、维护路产与依法治超

详见第九节“超限检测站的设置”。

第十一节　通行费的征收与管理

“八五”以来公路快速发展的历程表明，发展收费公路是解决公路建设中资金严重不足，公路等级低、路况差等问题的重要途径之一。进入“十五”时期，省公路局进一步把收费工作提到重要议事日程，鼓励并支持大力发展收费公路，在改造原有收费公路的同时，大力开发建设干线公路路网及县际收费公路。

一、完善国省道干线公路路网结构

“十五”是调整国省道干线公路路网结构的关键时期，省公路局本着“加大投入，贷款修路，规范站点，加快发展”的思路，通过银行贷款、集资等筹融资方式投入大量资金，全力开发建设和改造收费公路，国省道干线公路等级和路况水平有了显著提高。

2002 年至 2005 年新（改）建工程项目 116 个，建设里程达 4445 公里，其中用收费公路模式开发建设路网改造工程项目 20 个，县际公路工程项目 13 个，新增收费里程 2530 公里。全省路网结构得到进一步调整和优化。“九五”末，省公路局收费公路只有 39 条，建设里程 1651 公里；到“十五”末，发展为 77 条，建设里程达 4437 公里。

“十五”时期，省公路局管理收费公路数量和质量有了质的飞跃，发展规模更大，起点更高，布局更趋合理。

二、集中整治违规减免特权车人情车通行费

特权车、人情车是费源流失的主要环节之一，在很大程度上制约收费工作的正常进行，扰乱收费公路发展步伐。2007 年 1 月，按照国家有关政策精神，省公路局打响集中清理整顿违规减免特权车、人情车车辆通行费战役，并建立长效机制，特权车人情车基本得到治理。一是完善组织领导机构，统一思想，提高认识，加强对清理工作的组织领导，杜绝轻视、懈怠的麻痹思想，确保工作顺利开展。

二是全面接受地方纠风部门监督和指导。主动汇报有关情况以及清理过程中存在的问题和难题,争取地方纠风部门理解和支持,夯实清理违规减免车辆通行费工作基础,扩大社会认知深度和广度。三是广泛开展政策宣传,在收费站收费岗亭张贴交通部《关于集中清理违规减免特权车人情车车辆通行费的实施方案》文件,通过电台、电视、报纸等新闻媒介,开展多种形式宣传,让国家收费公路有关政策和车辆通行费减免范围家喻户晓,促进公路收费阳光操作,营造自觉按章交费的社会氛围,大大缩小特权车、人情车活动空间。

三、创办山西公路信息收费专刊

2007年6月,为了进一步提升收费工作形象,使收费工作达到透明化、制度化、规范化,省公路局财务收费处创办旨在立足行业高度、发表导向观点、强化行业管理、提升行业形象的山西公路信息收费专刊,各方面反应良好。专刊的发行面很宽,发放范围涵盖省局领导、机关处室,各分局(公司)党政一把手、收费工作分管领导、财务收费部门、各收费站以及业务代管地方政府和经营性收费单位、收费站。通过这种形式,使省公路局收费工作情况完全透明化,使各单位和全体收费人员都可以看到全省总体情况,在比较中认识自身不足和缺点,起到鼓励先进、鞭策后进的作用。

四、实施激励奖惩机制

2008年底,为了调动收费员积极性,完善奖惩机制,省公路局以有关法律、法规和政策为依据,借鉴兄弟省市区先进经验,编制《山西省干线公路车辆通行费使用管理办法》,报省财政厅批准后(晋财建〔2008〕409号),明令执行。其中,设立专项业务补助费,主要用于收费稽查、事业发展、职工奖励及宣传促销等工作。对不能按照国家有关规定偿还贷款、集资借款本息的政府还贷公路收费站,作出不允许提取专项业务补助费的规定。

专项业务补助费的设立,既可以提高收费效益好的收费站的积极性,又可以对收费效益差的收费站起到鞭策作用。

五、全面实施普通公路货车计重收费

2008年10月28日,省政府向社会公开发布《关于普通公路实施货车计重收费的通告》,批准普通公路在2008年11月1日正式对通行的货车实施计重收费。为顺利实施计重收费,省公路局做了大量辛苦而细致的工作。

首先,根据全省普通公路实际情况,研究制定适合全省普通公路货车计重收费标准,经省政府批准后实施。主要经过三个重要阶段。2007年1月18日,省公路局研究完成《山西省开放式收费公路计重收费标准研究》课题,并通过省科技厅成果评审,认为该研究成果达到国内领先水平;2007年9月10日,省交通厅组织的《山西省收费公路载重货车计重收费费率论证会》在省公路局召开,副厅长张润主持,陕西、河北、安徽及山西省有关专家参加。专家组充分肯定省公路局制定的普通公路货车计重收费标准,并提出建设性意见和建议;2008年7月30日,省公路局协助省物价局组织召开省政府有关部门负责人、行业有关单位领导、经济物流专家代表、运输单位代表和个体运输业户代表等参加的山西省普通公路货车计重收费标准座谈会。大家认为收费标准价格定位比较合理,符合全省实际情况。2008年9月18日,省政府审核批准省公路局制定的普通公路货车计重收费标准。

其次,按照省交通厅安排,全省普通公路计重收费系统设备供货与安装招标工作由省公路局负责组织实施。省公路局多次召开局长办公会议及计重收费专题会议进行安排部署。2007年4月中旬,成立领导组,搭建公开招标平台,完成方案制订、资格预审和招标文件编制等前期准备工作。严格按照规定程序组织招标,各分局及时与中标单位签定计重设备供货与安装合同,并于2007年年底全部安装调试完毕。

再次,狠抓各项筹备工作,确保计重收费工作顺利实施。2008年10月,局领导班子成员包片负责、机关处室蹲点参与,对计重收费实施工作进行全面督导和检查;2008年10

月29日之前,各单位先后领取质量技术监督部门核发的计量检定合格证,取得实施计重收费的资格,并换领新收费许可证。在实施计重收费前,对设备进行复验和校核,减少计重在实施过程中可能出现的问题和矛盾。集中开展为期一个月的计重收费宣传活动,营造良好实施环境。全面开展收费人员计重业务培训,组织两次计重收费模拟运行工作,建立信息报告制度,并为每个收费站配备一定数量的公安干警、路政人员,加强治安管理和交通疏导,为正式实施计重收费奠定良好基础。

从实施计重收费两年多的情况看,运行平稳,效果良好,基本上达到预期效果。良好效果的获得,得益于三个方面。一是领导重视。对内建立领导班子成员包片负责、机关处(科)室蹲点参与指导的工作机制,对计重收费实施工作进行全面的督导和检查;对外领导班子成员亲自出马,积极与省政府及各有关部门协调沟通,争取有利于计重收费顺利实施的一系列政策。二是标准合理。省公路局制定的计重收费标准经省科技厅评审达到国内领先水平,实现实施计重收费前后收费总额基本持平的目标,没有增加社会负担,获得社会各界的理解和认可。三是宣传到位。省公路局采取集中宣传和分散宣传相结合的办法,通过发放资料、流动宣讲、专访谈话、媒体宣传、上门宣传、设置计重收费标志等形式,进一步加大宣传力度,营造实施环境。

六、健全稽查制度

省公路局始终把强化监督体系、加大稽查力度和做好监控管理作为规范收费工作的重要环节来抓。首先是建立一个完整的监督管理体系,对内实行上下级之间互相监督,党群之间互相监督,干群之间互相监督,人与人之间互相监督;对外设立监督电话,接受政府监督,社会监督,舆论监督,新闻媒体监督,并接受内外审计监督。其次是经常组织精干力量,定期不定期地对收费站进行明察暗访,发现问题及时处理。再次是严格收费监控管理。对收费现场和收费行为进行全天候监控,并如实填写监控记录备查。

经过“十五”期间的清理整顿,全省上下统一思想,提高认识,加强领导,严格政策,创新机制,落实责任,强化管理,在实际工作中形成一整套比较先进、健全和完善的稽查监督机制。国省道干线公路“三乱”现象得到有效控制,收费秩序更加规范。

“十一五”期间,为了进一步强化收费稽查工作,省公路局还尝试开展基层单位之间互相交叉明察、交叉暗访以及省局暗访组稽查等大规模稽查活动。在省局稽查组基础上,依托基层各单位稽查力量成立了12个稽查分队,健全和完善了稽查工作体系。

为了充分调动工作积极性,省公路局进一步健全和完善稽查奖惩制度。一是查获违法违纪行为者获得奖励,玩忽职守纵容违法违纪行为者接受惩罚。二是发现问题及时处理、上报,不姑息迁就。充分发挥远程监控优势,对收费站进行实时监控,特别对重点时段和重点岗位进行有效监督。三是安排专人对收费站录像进行随机抽查审核,对发现的问题和存在的不规范行为及时通报。四是重申责任追究和连带责任制度,实行站长问责制。五是加强与地方政府和公安等部门协调,联合整治收费秩序和收费环境。通过各种机动灵活方式,进一步提高监督稽查的效率和效果。

“十一五”期间,省公路局稽查队共查处收费人员140余人次,基本上遏制各种违规违纪行为发生,确保国省道干线公路收费工作的正常运转。

七、严格执行“绿色通道”政策

“十五”、“十一五”时期,省公路局严格按照国家“绿色通道”政策开展工作,完善投诉电话制度,规范指示牌的设置,制定造册登记制度,加强检查,并进一步开展便民优质服务,为鲜活农产品运输提供帮助,排忧解难。

与此同时,省公路局坚决打击乱收费、乱罚款、乱扣车行为,做到应收不漏,应免不收,确保鲜活农产品运输“绿色通道”的安全畅通和收费工作的正常秩序,有力保障全省蔬菜、水果、活畜禽及鲜肉、鲜奶、鲜蛋、水产品等鲜活农产品的运输通畅,增强农产品市场竞争力,促进农业增效、农民增收,取得良好社会效益。

"十一五"期间,省公路局所辖收费公路共减免"绿色通道"车辆通行费超过2500万元。

八、逐步提高通行费专用票证管理水平

"十五"、"十一五"时期,省公路局票证管理水平不断提高,管理工作不断规范。一是采用并完善三级管理、分级负责的票证管理体制,有利于各个部门对本环节管理做到合理安排,有利于发挥部门自行管理职责,有利于票证管理的规范化和程序化。二是投资建成全省交通系统最大的设置规范、管理严谨、设施齐全的车辆通行费票据库,进一步严格票据保管、领用、发放和核销程序。三是发放票证采用限量不限时原则。既要保证当月票证用量充足,又要保证不能积累过多库存,有效降低票款不符现象的发生概率,提高票证管理和使用的效率。四是针对每年收费站年度审计不规范和省公路局收费站数量多且比较分散,票证核销耗时过长、困难较大的实际情况,建立由省局统一委托审计事务所对所有政府还贷性收费站进行年度审计,以确保顺利完成收费许可证年审。

九、不断创新和完善收费管理机制

"十五"期间,省公路局借鉴先进经验,将讲创新、求发展理念贯穿于收费工作始终。先后制订出台《山西省公路局收费站点奖惩办法》、《补充规定》、《文明承诺》《收费公路养护管理办法》、《路网管理办法》、《设站实施细则》、《山西省公路局车辆通行费收取管理办法》等一系列行之有效的管理制度和实施细则,从注重落实和考核出发,结合具体工作,分解目标责任,量化经济指标,收费管理制度逐步健全、完善、落实,有力促进全省收费管理工作,各地收费站点管理水平和收费人员素质有了明显提高。

1993年至2010年征收情况为:1993年4608万元,1994年10 713万元,1995年15 590万元,1996年19 125万元,1997年22 189万元,1998年22 486万元,1999年22 875万元,2000年22 780万元,2001年30 341万元,2002年40 680万元,2003年42 202万元,2004年712 45万元,2005年101 155万元,2006年123 185万元,2007年117 191万元,2008年148 809万元,2009年62 719万元,2010年39 591万元。截至2010年底,共征收916 944万元。

第十二节　政府还贷二级收费公路的撤销

2009年5月31日24时,按照省政府统一安排部署,全省国省干线公路取消政府还贷二级公路收费。省公路局一次性撤销所管全部101个政府还贷二级公路收费站,累计债务余额319.3亿元(经省政府认定并上报财政部债务余额为307.45亿元,认定率96.29%;财监办认定债务余额274.34亿元,认定率85.92%)。

为了实现取消政府还贷二级公路收费工作的平稳过渡,确保交通运输安全快捷,省公路局实施一系列行之有效措施。

一、积极稳妥推进取消收费工作

2009年5月初,省公路局成立以局长戴飞为组长、局党委副书记李铁山、局长助理张兴顺为副组长,局办公室、人事处、计划处、养路处、建设处、技术处、财务收费处等相关处室负责人为成员的取消政府还贷二级公路收费工作领导组,各单位也相继成立领导小组,建立统筹、指挥取消收费相关工作的领导体系。省公路局还多次召开专题会议,研究取消收费后锁定债务、安置人员、处置设备等相关事宜。印发《山西省公路局关于取消政府还贷二级公路收费工作预案的通知》(晋公财字〔2009〕180号),对各基层收费单位的人员安置、债务锁定、设施设备处置、通行费收入解缴、票证管理等工作都作了预安排,并提出具体要求。6月1日至30日期间,省公路局对全省取消收费工作进行巡回督导检查,发现问题,就地解决,不留死角。积极态度和良好措施,确保全省取消政府还贷二级公路收费工作的平稳过渡。

二、配合完成债务余额审计和核查

2009年7月10日,省审计厅组成23个审计组,在省公路局密切配合下,对全省取消

收费的政府还贷二级公路债务余额进行全面审计,先后共出据审计报告70份。2010年3月22日至2010年5月24日,财政部驻山西省财政监察专员办事处(简称财监办)分三组对省公路局政府还贷二级公路债务余额及里程审计情况进行为期2个月的专项核查。为配合好这次债务审计和专项核查,省公路局于2009年7月12日组织召开政府还贷二级公路收费站及债务余额专项审计工作安排部署会议,并于同月16日,成立以局长戴飞为组长,党委副书记兼纪检书记李铁山、副局长惠高峰、局长助理张兴顺为副组长的锁定政府还贷二级公路债务余额工作领导组,负责全局债务余额锁定及专项审计的统筹、安排、协调和配合等工作。在整个审计和核查过程中,省公路局严格按照国家有关政策和规定整理债务余额认定资料,始终坚持不多报、不虚报、不瞒报、不漏报的原则开展工作,做到客观公正、有理有据。

三、协助做好收费人员安置

二级公路收费人员安置,既是确保成品油价格和税费改革平稳顺利推进的基本前提和重要保证,也是维护社会稳定、构建和谐社会、确保长治久安的现实需要。省公路局全局上下及早动手,密切配合,认真了解收费人员思想状态,主动争取收费人员生活保障措施,深入探讨分流安置途径和方法。明确各单位主要领导为分流安置第一责任人,坚持"谁主管、谁负责"原则,把人员分流安置工作作为考核各级领导班子和领导干部的重要指标。2009年12月23日,根据省交通运输厅《关于厅属政府还贷二级公路收费人员分流安置的意见》(晋交人字〔2009〕697号),制定省公路局系统分流安置方案,即"各分局改革涉及的正式工作人员由各分局负责于2010年4月30日前转岗安置到分局所属超限治理检测站和公路养护基层单位;三门峡大桥管理处改革涉及正式工作人员于2010年2月28日前转岗安置到超限治理监测站;晋路公司改革涉及正式工作人员于2010年2月28日前完成转岗安置工作;从地方政府接受的收费站正式工作人员由接收单位妥善分流安置到新设立的超限监测站。提出再就业申请的合同用工人员通过公开、公平、竞争、择优的考试考核,结合岗位要求,逐步有序地实现再就业。"

四、拆除收费设施确保公路安全畅通

各单位在规定时间内,全部实现安全拆除。在具体实施过程中,将拆除设施和恢复路面结合进行,认真做好交通疏导工作,维护交通秩序,增设必要警示标志和照明设施,消除安全隐患,确保安全施工、安全通行。设施拆除后,各单位对收费设施设备进行详细分类,登记造册后,制定良好保护措施,基本上做到分类入库,专场存放,摆放整齐,专人看管,确保国有资产不流失、不损毁。

五、做好最后通行费收入上解和票据回收

2009年5月31日24时全省普通干线公路政府还贷二级公路取消收费后,省公路局及时作出部署,要求各单位取消收费的收费站从取消收费之日起所有车辆通行费收入必须在3个工作日内全额上解,不得截留、挪用和坐支;所有未使用车辆通行费票证必须在三个工作日内交回分局收费主管部门,已使用票根留存等待核销。各单位在第一时间加强了对收费站票证使用和回收情况的监管力度,及时对票款进行认真细致的清点和核查,没有出现票款不符现象。同时认真执行收支两条线的规定,票款收入做到不截留、不挪用、不坐支,全额上解,及时上解,统一上解。

六、争取相关政策和保障措施

为了维护政府还贷二级公路取消收费后的稳定,2009年6月2日,省公路局发函汇总基层各单位留守人员、路面恢复、收费设施设备拆除、资产清查、审计配合等所需经费的详细情况,及时上报省财政厅、省交通运输厅。2009年6月24日,省财政厅、省交通运输厅联合下发《关于落实政府还贷二级公路取消收费后应急维稳资金的通知》(晋财建〔2009〕162号),同意并落实政府还贷二级公路取消收费后的应急维稳资金,给予国省道干线公路及时有力的资金支持。

第十三节　安全生产工作的全面发展

2003年以来,省公路局坚定不移地贯彻执行党的政策和政府有关安全生产的法律、法规和规章,坚持"安全第一、预防为主"方针,坚持"谁主管、谁负责"原则,结合公路部门行业特点,突出工程施工安全、养护生产安全、道路交通安全和工作生活环境安全四个重点,狠抓基层基础建设,狠抓安全责任制落实,全系统安全生产形势持续稳定发展。2005年、2006年省公路局被省交通厅评为"安全生产管理工作先进单位",2008年至2010年,省公路局连续3年被省政府和省交通运输厅评为"安全生产先进单位"。

一、建立安全生产管理机构

省公路局安全生产委员会领导全省公路系统安全生产工作。局长任安委会主任,是全省公路系统安全生产第一责任人。安委会办公室设在局劳动工资处(2005年前),2006年后改设在政策法规处(国有资产管理处)。局属各单位也相应成立由一把手任组长、分管领导负责、有关部门参加的安全生产委员会,负责本单位的安全生产日常管理工作。

2005年,省公路局内设处室由17个调整为15个,劳动工资处被撤销,该处全省公路系统安全生产管理职能移交到新成立的政策法规处(国有资产管理处)。各局属单位也相应调整负责安全生产工作的科(室),并配备必要的安全管理人员,做到安全生产管理机构落实、人员落实,工作逐步规范,能够较好地发挥组织协调职能。

二、完善安全生产责任体系

2003年以来,全省公路系统把安全生产指标纳入年度考核内容,实行安全生产"一票否决制",即年终考核安全生产指标不达标的单位(部门)和个人一律不能评先评模。各单位以安全目标为基础,坚持"谁分管、谁签字、谁负责","管生产必须管安全"原则,按照"纵向到底、横向到边"要求,把安全生产责任落实到每个岗位、每个环节、每个人头,建立"主要领导全面负责、分管领导具体组织、其他领导一岗双责、成员单位各负其责、安全部门协调管理"的安全生产责任制和安全管理机制。

三、健全安全生产规章制度

省公路局十分重视安全生产制度建设,先后制订《山西省公路局安全生产管理检查暂行办法》、《山西省公路系统安全管理暂行规定》、《山西省公路系统安全生产"十一五"发展规划》,编写《公路建设养护管理安全生产常用法规汇编》(上、下册),共计100余万字,分发到局属各单位。各单位也进一步健全安全生产各项规章制度,包括学习培训制度、形势分析会议制度、安全生产检查制度、隐患排查整改制度、事故报告制度、事故应急预案制度、安全奖惩制度、事故责任追究制度等。

为了发动全系统广大干部职工自觉主动参与安全生产工作,省公路局实行安全隐患有奖举报制度。凡在第一时间内实名举报安全隐患,经查证属实,对安全工作有贡献的,对举报者给予现金奖励。举报范围包括三大类共18个方面,涉及公路养建管各个方面。奖励标准为:一般隐患500元至1000元,重大隐患10 000元,特大重大隐患100 000元。并规定,对隐患排查不力,治理不彻底的,视情节轻重给予单位责任人行政处分。

四、深入开展安全生产宣传教育和培训

全系统每年6月份开展"安全生产月"宣传活动,每年活动主题根据当年安全生产形势和工作重点各有不同。2003年为"实施安全生产法,人人事事保安全";2004年为"以人为本,安全第一";2005年为"遵章守法,关爱生命";2006年为"安全发展,国泰民安";2007年为"综合治理,保障平安";2008年为"治理隐患,防范事故";2009年为"关爱生命,安全发展";2010年为"安全发展,预防为主"。

在加强宣传教育基础上,加大培训力度。2004年举办一期安全生产管理人员培训班,系统讲述《安全生产法》及国务院、省政府有关安全生产法律、法规,全省公路建设安全工作规范及公路养护安全工作规范,以及道路交通安全及消防安全等知识。2009年,邀请

长安大学专家就如何做好公路安全设计、保证公路施工安全等，对全系统技术人员、监理人员进行专题培训；邀请交通部和省内的专家学者对全省公路段段长进行安全管理、应急管理等工作方面进行培训。2010年，在忻州举办全省公路系统安全生产管理培训，聘请省安监局、浙江衢州市公路管理处、省交通质监站等单位多名专家授课，采取课堂讲授、讨论交流、考试促学等方式，对安全生产形势与对策、规范安全生产基础管理档案资料、公路安全文化建设与公路安全管理、公路建设施工安全现场管理等内容进行全面系统学习。

五、以安全检查促生产安全

全系统每年组织春季、半年、冬季三次大检查，之外还根据工作需要组织检查，促进各单位重视安全生产工作，确保安全稳定。

2006年，开展公路建设安全专项整治活动，对国省道公路上1000米以上隧道和墩高10米以上且单孔跨径40米以上桥梁进行排查。对所有公路隧道和桥梁工程、公路建设施工现场等进行检查，对发现的隐患及时进行整治。

2007年，开展以桥梁为重点的隐患排查治理专项行动，对全省在建、运营桥梁进行专项检查，桥梁检测率、建档率达到100%。针对检查中发现问题，立即安排整改，有针对性地采取防范措施和整改措施，力争建立保障桥梁安全运营的长效机制。

2008年是国务院确定的隐患治理年。全省公路系统以“隐患排查治理”为主题，深入开展安全隐患排查整治工作。坚持综合治理，标本兼治，不断加强安全生产隐患治理工作的组织领导；加大检查、督察力度，深入开展隐患排查、督察、挂牌督办等工作；逐步建立和健全隐患排查治理制度和重大危险源监控长效机制，保证隐患治理工作深入开展。全省公路系统共排查出一般隐患357项，重大隐患65项，其中挂牌督办的重大隐患14项，都一一得到治理。

2009年，全省公路系统开展安全生产专项整治活动，省公路局成立以局长戴飞为组长、有关局领导和局属各单位行政领导为副组长的专项整治领导组，同时成立综合稽查组、公路建设工程安全生产稽查组、公路养护安全生产稽查组、治超收费安全稽查组四个稽查组，制定下发《安全生产专项整治实施方案》、《干线公路养护安全生产整治方案》、《干线公路新改建工程项目施工安全生产专项整治隐患排查治理公示销号实施办法》、《山西省国省干线公路限速标志设置的指导意见》，指导督察局属各单位、局监管路桥企业、局管高速建管处的安全生产工作。

六、全面推行企业法人承诺制

2010年，按照省政府办公厅和省政府安全生产委员会办公室要求，在全省公路系统实施生产经营单位法定代表人安全生产承诺制工作。全局共有71个法定代表人签订安全生产承诺书，进一步落实企业安全生产主体责任。

七、坚持抓机械设备安全管理

省公路局从1987年开始，每年对全省公路系统机械设备进行检查，主要是筑养路机械设备的技术状况和基础管理、红旗设备竞赛等方面内容。同时坚持对操作手进行年审，促使全系统机务管理和机械安全不断迈上新水平。2006年，省公路局被中国设备管理协会授予“第七届全国设备管理优秀单位”。

八、建立安全生产应急预案体系

省公路局于2007年下发安全生产总体应急预案，结合每年工作实际进行补充完善。主要包括六个体系。一是应急指挥体系，即建立以省局为主的指挥机构，建立以事发地分局为主、地方政府和相关部门协调配合的领导责任制；二是信息报送体系，即依托正在规划建设中的公路信息化网络，把对重点桥梁、重点路段的远程实时监控作为重点优先实施，逐级开通24小时值班电话，确保信息随时畅通；三是应急处置体系。包括指挥协调、人员撤离、医疗救治、现场控制、配合司法部门查处肇事人员以及应急处置队伍的组建和演练等；四是应急物资储备体系；五是恢复重建体系；六是舆论引导体系。

第十四节 重新开始对路桥企业的监管

2001年11月,省交通厅本着政企分开、事企分开原则,在原省公路局4个直属事业性施工单位、11个公路分局所属工程处和路桥公司基础上,改制组建山西路桥建设集团有限公司。2002年6月,移交省企业工委管理。2005年由省国资委监管。2006年底,路桥集团所属部分企业陷于停产、半停产状态,职工频繁上访,社会负面影响很大。2008年5月12日,省政府8次常务会议决定,将路桥集团及其所属14个子公司,作为独立企业法人,按照原隶属关系划归省公路局和各公路分局监管。

2008年5月,省交通厅、省公路局派出75人组成的15个稳控工作组进驻各路桥企业,开展接收和稳控工作。在一个多月时间里,省交通厅、省公路局领导多次深入基层,分别与职工代表、企业班子成员、分局领导举行座谈,传达省政府和省厅会议精神,疏导职工情绪,解决群众实际生活困难。在资金紧张情况下,筹集1亿元资金借给各路桥企业,专项用于保障职工生活,确保各路桥企业职工工资和中北、吕梁、太行3个路桥困难企业的职工生活费。各分局领导班子和稳控工作组主动深入群众,通过集中开会、少数座谈和接待上访等形式,及时掌握企业存在的困难和问题,了解职工思想动态,有效消除各种不稳定因素。与此同时,各工作组认真组织路桥企业展开人、财、物的填报登记工作。

2008年6月,为妥善解决拖欠职工工资和离退休老职工待遇问题,省公路局制定《路桥企业离退休人员发放补充养老金办法》,理顺企业离退休人员管理,企业离退休人员待遇人均提高700元,并解决企业历年拖欠职工工资及“三险一金”3.62亿元。

省交通厅出台扶持政策,解决路桥企业参与投标的省内公路工程的保函问题;为路桥企业落实省内高速公路、国省干线公路施工工程;解决省内高速公路工程历年拖欠路桥企业的工程款1.6亿元。

2008年7月至11月,省交通厅、省监察厅、省审计厅联合发文,对路桥企业进行清产核资。省公路局协调省市两级审计、监察部门,抽调人员组成15个清产核资工作组进驻各路桥企业,对2001年至2008年5月13日企业成立前后的资产、负债、所有者权益、经济状况、拖欠职工工资及“三险一金”及拖欠企业工程款等情况进行清查核实。经过近4个月工作,初步核清各路桥企业财务资产状况、拖欠职工工资和“三险一金”情况,以及省内高速公路项目拖欠工程款情况。从清产核资反映的情况来看,截至2008年5月13日,路桥企业资产总额为40.99亿元,负债总额为54.06亿元,资产负债率达131.87%,所有者权益为-13.12亿元,有10个企业资产负债率超过100%,资不抵债,面临破产。15个路桥企业亏损共计23.79亿元。其中,账面亏损21.24亿元,拖欠职工工资和“三险一金”3.62亿元。

2008年6月至2009年8月期间,为进一步规范对路桥企业管理,促进改革和发展,结合路桥企业实际,省公路局制订《路桥企业领导人员管理办法暂行规定》、《关于加强路桥企业人员管理的意见》、《路桥企业专业技术职务任职资格评审工作规定》以及《路桥施工企业工程项目监督管理办法(试行)》、《路桥企业国有资产监督管理办法(试行)》、《公路工程项目党风廉政和效能监督检查组工作方案》等,指导各路桥企业完善内部管理制度,初步建立起符合现代企业制度的管理体系,为路桥企业实现稳步发展创造良好内部环境。

2008年9月至2009年3月期间,省交通运输厅、省公路局在千方百计帮扶路桥企业扭亏、解困同时,积极筹划企业长远发展。省交通运输厅党组10余次召开会议专题研究路桥改革发展问题。省公路局时刻把路桥企业改革发展作为一项主要工作,制定解决路桥企业改革发展问题一揽子方案,提出“用5年左右的时间,分三步走,第一步解困,第二步扭亏,第三步发展,依托政府扶持政策,逐步使全省路桥企业摆脱困境，扭亏为盈，步入良性发展轨道”的发展目标。初步提出“做大做强第一类，关停破产第二类，扶持盘活第三类”的发展规划。2009年3月，发展规划上报省政府批准后付诸实施。

从2009年开始，为进一步加强路桥企业管理，建立和谐积极的约束和激励机制，对路桥实行企业经营目标责任制。通过有效的绩效管理和考核，依法明晰界定监管单位与路桥企业双方职责，充分调动路桥企业管理者、经营者和全体职工的工作积极性，促进路桥企业健康有序发展。

2010年7月，为了加强路桥企业内部管理，规范全省路桥企业管理行为，提高内部工作效率，改进工作作风，提升企业文明形象，省公路局编印较为全面的《山西省公路局路桥企业管理制度汇编（试行）》内部管理制度。

省交通运输厅、省公路局积极支持路桥集团发展。2011年1月，依托特级资质优势山西路桥集团，于2011年1月，以BOT方式建设王家堡至繁峙高速公路，实现监管以来的首个BOT高速公路项目，成为全省新的交通建设融资平台，为路桥企业转型发展发挥示范带头作用。

2011年2月至2011年6月期间，为适应全省交通建设需要，发挥路桥企业在全省交通建设中的积极作用，确保路桥企业长期、稳定、健康发展，省公路局结合全省交通发展状况和路桥企业的现状，按照省政府、省交通运输厅关于路桥企业维护稳定，深化改革的精神，制订《全省路桥企业深化改革转型发展实施方案》，并上报省交通运输厅。

从2009年至2010年，路桥企业发展平稳，人心思定、人心思进，任务基本饱满，历史包袱逐渐减少，经济实力稳步增强。2009年全面解决拖欠职工工资和“三险一金”，实现经营合同额195亿元，完成产值97亿元，实现解困目标；2010年实现经营合同额228亿元，完成产值147亿元，企业减亏一半以上。

第十五节　农村公路建设

在全省加快县际公路及农村公路路网建设大好形势下，全省集中力量开展“乡乡镇镇通油路”攻坚战。经过2003年至2005年三年拼搏，到“十五”末的2005年底，全省1195个乡镇实现100%通油路。

长治市在“村村通”水泥路建设的伟大实践中，铸就了“资金不足精神补，水泥不够石头补，机械不足力气补”的“长治精神”，极大地鼓舞全省人民自力更生、艰苦奋斗的创业精神。2004年3月30日，全省农村公路建设工作会议在太原召开，省长张宝顺亲临大会并作重要讲话，要求全省上下认真学习长治经验，掀起“村村通”建设高潮。一场“村村通”水泥（油）路大会战在三晋大地迅速铺开，并在全国引起巨大反响。4月21日，交通部部长张春贤专程赴长治视察“村村通”水泥路建设工程，对壶关、平顺、襄垣三县的“村村通”水泥路工程给予高度评价。2003年至2005年3年间，全省共新建“村村通”水泥（油）路69 324公里，全省86个县一年完成“村村通”水泥（油）路超过300公里，其中有5个县一年完成“村村通”水泥（油）路超过1000公里。到2005年底，全省76.93%行政村通水泥（油）路，比2002年提高26.84%。自此，全国各地交通部门赴长治取经学习的单位和团体纷至沓来，络绎不绝，全省农村公路建设又一次走在全国最前列。

进入“十一五”以来，国家和省政府进一步加大对农村公路的投资和扶持力度，全省农村公路步入发展最快的历史时期。主要实施县乡公路改造工程、“村村通”工程和“全覆盖”等“三大工程”。一是省交通运输厅在国家开发银行统贷60亿元，用于全省各地县乡公路改造工程；二是交通部车购税对“村村通”水泥（油）路工程予以专项补助，全省共计40亿元；三是面对2008年爆发的国际金融危机，省委、省政府利用地方国债35亿元，在2009年至2010两年间实施符合条件的建制村水泥（油）路“全覆盖”工程。

在实施“三大工程”的同时，全省还建成全长1065公里，贯穿4市19县，涉及30多个旅游资源景点，影响区域人口500多万的沿黄扶贫旅游公路。它的建成，不仅打通沿黄群众交通屏障，解决当地农民出行难问题，而且有助于黄河沿线农副产品运输和旅游产业发展，带动地方经济发展，对沿线人民加快脱贫步伐，走上致富道路，具有非常重要意义。

“十一五”期间，全省农村公路建设累计完成投资近400亿元，新改建县乡公路15 416公里，新建通村水泥(油)路98 821公里，全省27 925个具备条件的建制村全部实现水泥(油)路“全覆盖”，比“十五”末提高22%，提前两年完成部省协议目标(水泥(油)路通村率达到90%以上)。特别是2009年以来实施的村通水泥(油)路“全覆盖”工程，极大地改善广大农村出行条件，促进地方经济发展。

截至2010年底，全省农村公路通车里程达到116 573公里，占到全省公路通车总里程131 644公里88.6%。其中，县道19 631公里，乡道46 703公里，专用公路577公里，村道49 662公里。全省农村公路等级公路达到112 592公里，占到农村公路总里程的96.6%，其中，一级公路521公里，二级公路5337公里，三级公路15 281公里，四级公路91 453公里。全省农村公路有铺装、简易铺装里程达到94 315公里，占总里程80.9%。其中，有铺装路面67 610公里，简易铺装路面26 705公里。

第三章　高速公路

2003年，随着大运高速公路全线贯通和全省高速公路联网收费及机电一体化工程的实施，全省高速公路步入路网管理阶段。省高管局按照“集中统一、特许高效、调整完善”的原则，根据省交通厅提出的“六高”目标（即高质量工程、高效率管理、高科技应用、高素质队伍、高品位服务、高效益经营），以经济效益和社会效益为中心，全方位加强行业监管，组建山西省高速公路信息监控中心、山西省高速公路收费管理结算中心，重新整合各路段路政大队，高速公路集中统一管理的格局基本形成；不断规范运营管理，建立起了规范化管理、目标考核、服务质量监督三大科学管理体系；全面实施畅通、形象、阳光、温馨、素质“五大工程”，公共服务能力明显提高；养护、收费、路政、服务区协调发展，路网运行效能显著提升；完善管理、服务、运行、责任、监督、约束和发展机制，构建起了集收费、监控、通信、信息、指挥、救援等为一体的智能交通专网，培育具有山西高速的特色文化，在全社会树立了行为规范、运转协调、公正透明、廉洁高效、朝气蓬勃、奋发有为的良好形象。

“十一五”期间，在省交通运输厅党组正确领导下，省高管局以科学发展观为统领，紧紧围绕“三个服务”和“六高”目标总要求，按照“集中统一、依法监管、保障公益”的原则，大力推进高速公路新型产业率先向现代服务业转型，以精细化推进行业规范化，以信息化推进管理现代化，以运营一体化推进路网效能最大化，以发展集约化推进资产经营规模化，以服务最优化推进社会效益最大化，全面实施畅通、形象、阳光、温馨、素质“五大工程”，着力提升安全保畅能力、公共服务、突发事件处置和行业创新“四种能力”，完成10个地级市高速公路区域路段整合，建立具有行业特色的“六大”运行管理体系（精细化管理体系、新型薪酬激励体系、科学绩效考核体系、顾客满意度测评体系、突发事件应急管理体系、国有资产监管体系），运营管理能力显著增强，公共服务水平明显提高，公众出行环境不断改善，综合经济效益节节攀升，行业文明硕果累累，党的建设持续加强，为全省经济社会快速发展提供强有力的服务支撑保障。

“十一五”期间，全省高速公路通行费收入达到365.75亿元，是“十五”4.4倍，年公里通行费达到465.19万元，比“十五”末增长115.5%；共减免鲜活农产品和抗震救灾物资运输车辆285万辆次、通行费8.56亿元；服务区营业总额达到69.64亿元，服务车辆3897万车次、顾客5728万人次；MQI平均值达96.2，优等路率达99.9%；案件发现率达98%，查处率达98%，赔偿率达98%，恢复率达100%，建筑控制区控制率达98%；非法超限超载率降至0.2%，车货总重55吨以上的非法超限超载车辆基本杜绝。大运高速公路被省政府和交通运输部共同命名为“千里文明高速路”。省高管局荣获“全国五一劳动奖状”、“全国交通系统文明行业”、“全国交通行业抗灾保通先进集体”、“全国交通运输行业文明单位”、“全国模范职工之家”、“山西省文明和谐单位”等。全系统先后有12个单位被授予“山西省五一劳动奖状”，42名个人被授予“山西省五一劳动奖章”，111个集体（单位）、241名个人受到省劳竞委的记功表彰。

第一节　大运高速公路全线建成运营

一、大新高速公路

大新高速公路于2002年12月1日建成通车，由山西省大新高速公路有限责任公司负责运营管理。2006年6月15日，公司更名为山西省朔州高速公路有限责任公司。

运营以来，在省交通厅、省高管局坚强领导下，公司以科学发展观为统领，贯彻落实“三个代表”重要思想，坚持“以人为本，强化服务，做精做细，追求卓越”的管理理念，完善规章制度，加强运营管理，提高干部职工综合素质，全面推行精细化管理，注重企业文化建设，大力创建文明行业，公司上下形成“企业有生气，服务有名气，领导有正气，员工有士气”的发展环境，通行费逐年递增，八年累计征收通行费15.71亿元；公路养护质量连年创优，年均道路质量指数达96.5，全部达优等路标准；路政管理成效显著，共处理路政案件1053起，路政案件发现率100%、结案率99%，路产恢复率、建筑红线控制率均达100%；累计检测货车800万余辆，治超工作阶段性的明显成效；服务区经营效益成倍增长，顾客满意度逐年提高；行业文明创建工作成效显著，公司获省“五一劳动奖状”，并立功受奖三次，有3个收费站获省级青年文明号，1个收费站获省级文明和谐单位和“全国服务明星”先进班组称号，2005年至2006年被省局评为完成工作责任目标先进单位，2007年至2009年被省局评为完成工作责任目标优秀单位，2010年，被省局评为完成工作责任目标标兵单位，公司党委历年被厅党组、局党委评为“先进基层党组织”。

二、临侯高速公路

临侯高速公路于2002年12月1日正式通车，由山西省临侯高速公路建设有限责任公司负责运营管理。2006年4月27日，经省交通厅批准，更名为山西省临汾高速公路有限公司，负责临汾高速公路50.482公里的管养工作。

通车运营以来，公司以科学发展观为指导，认真贯彻“六高”目标，以“服务人民、奉献社会”为宗旨，紧紧结合高速公路管理实际，牢牢把握高速公路发展目标，按照“集中统一、特许高效、调整完善”的原则，以提高社会效益和经济效益为中心，以推进精细化管理为目标，深化“五大工程”建设，全面提升临汾高速公路的安全保畅能力、公共服务能力、突发事件处置能力和创新发展能力，实现临汾区域内部分高速公路整合目标，取得良好经济效益和社会效益。累计收取通行费13.55亿元，年平均增幅17%，通行量956.14万辆；共检测306.99万余车次，劝返2106车次；养护质量指数≥90，好路率100%；累计收取路赔款1096.31万元，路政案件发现率、路政案件查处率、路政赔偿率、路产恢复率均达100%；襄汾服务区完成营业额1.99亿元，为190万人次、140万车次提供优质、温馨服务，连续3年被省高管局评为“五佳服务区”；综合信息系统共受理查询、救援热线电话3000余次，向社会发布信息28 688多条，为司乘人员提供极大便利。公司获得1个国家级“巾帼文明示范岗”、1个国家级“青年文明号”、3个省级“文明示范窗口”、1个市级“文明单位”和历年省厅“先进基层党组织”、优秀党务工作者等多项文明荣誉，文明称号覆盖率达100%。

三、侯运高速公路

2002年12月1日，侯运高速公路正式通车运营，由山西省侯运高速公路有限公司负责运营管理，下设运城、夏县、闻喜、东镇、侯马5个收费站，1个路政大队，1个养护工区和1个服务区。

运营以来，在养护管理中，积极探索高速公路现代化养护管理模式，对养护工程建设实行招投标，实现公路管理与养护生产相分离，吸纳有养护资质和实力的企业参与竞争，逐步培育起高速公路养护市场；以机械化养护作业为手段，提高养护生产效率和效益，保证高速公路的安全与畅通。在收费管理中，夯实管理基础，建立规章制度，完善内控机制，实现管理工作的整体优化；健全服务体系，延伸服务广度，深入挖掘服务特色，公开服务承诺，强化服务监督，全力打造优质的服务品牌。在路政管理中，建立完善行政执法责任制、错案责任追究制等制度，推行“首问负责制”和“一次告知制”，提高执法效能；结合“文明服务年”活动，在高速公路上全面推行“送油、送餐、送配件、送信息”的四送服务，及时为司乘人员排忧解难。大力开展文明创建活动，3 个收费站获省级“青年文明号”，6 个收费站获省级“文明示范窗口”等荣誉称号。

四、新原高速公路

2003 年 9 月 28 日，新原高速公路正式通车，由山西省新原高速公路建设有限责任公司负责运营管理。

公司始终坚持“以人为本，真诚服务，创新管理，持续改进，立足雁门，奉献社会，为用户提供快捷、畅通、优美、文明的平安大道”的质量方针，牢固树立运营工作和建设收尾工作两手抓、两手都不误的指导思想，与时俱进，开拓创新，求真务实，真抓实干，全面建设“畅通、形象、阳光、温馨、素质”五大工程，积极构建节约型和谐企业，运营工作一年一个新台阶，以优异成绩开创运营工作新局面，取得物质文明、政治文明和精神文明建设的丰硕成果。2004 年，公司被省高管局授予“安全生产工作先进集体”、“完成工作目标责任制先进单位”；2005 年，公司被省直工委精神文明建设指导委员会授予“省直文明单位”，被省高局授予“完成工作目标责任制优秀单位”；公司党委于 2004 年和 2005 年连续两年被省交通厅党组授予“先进基层党组织”，全公司 100% 的基层单位建成“县级文明单位”，100% 的收费站建成“市级青年文明号”，50% 的收费站被省交通厅授予“文明示范窗口”称号。

2006 年 7 月，根据省厅片区整合要求，原太高速公路与新原高速公路整合，成为忻州高速公路，原太公司与新原公司实施整合，成立山西省忻州高速公路有限责任公司。在管理体制上，采用公司、处、站区三级管理模式，以 50 公里左右路段为一个管理单元，设立三个运营管理处，解决战线长、站点多、管理难度大的问题。为全面推进管理升级，增强公司发展的内动力，2008 年，公司率先引入战略管理思想，明确“一年强化基础、两年提升质量、三年实现跨越发展”的战略步骤，绘制宏伟发展蓝图；在整合优化原太、新原原有管理制度、管理经验基础上，进行“质量、环境、职业健康安全”三标一体管理体系的贯标认证，开展了管理体系内部审核百分考核，引进中介组织参与管理体系内部审核活动，运营管理工作步入规范化轨道；率先引入卓越绩效管理模式，制定并实施《卓越绩效管理办法》，使规范化管理更加完善；为实现管理升级，2008 年公司率先引入精细化管理理念，2010 年以“提升服务质量、提高管理效率、降低管理成本”为目标，按照“用程序管事、用岗位管人、用标准管评”的要求，在贯彻落实省局精细化管理系列标准体系基础上，建立起公司较为完善的精细化管理体系，实现了规范化管理向精细化管理迈进。

公司着力优化基础管理，全面提升服务品质，公共服务能力实现新突破。原太路段实现“十年无大修”目标，公路技术状况指数 MQI 始终保持在 94 以上，绿化保存率、成活率均保持在 98% 以上，三个养护工区先后被省高管局评为“五佳养护单位”。通行费收入逐年递增，整合后累计实现通行费收入 31.81 亿元。服务标准手势使用率、微笑服务率、文明用语使用率均达 100%。先后有 5 个收费站被省交通厅评为“文明和谐示范窗口”，6 个收费站被省高管局评为“十佳收费站”，顿村收费站被授予“山西省十大杰出女子班组”，并荣获“五一劳动奖状”。案件发现率、路产恢复率均达 100%，结案率始终保持在 98% 以上，建筑红线控制率 99%，原太路政大队、新原路政大队多次被评为“五佳路政大队”。3 个服务区共完成营业额 10.08 亿元，大营服务区先后荣获“十佳文明和谐示范窗口”、“中国高速公路特色产品营销优秀服务区”称号。公司连续 4 年被省局评为“完成工作目标责任制优秀单位”，被省直文明委评为“文明和谐单位标兵”，2010 年被中国质量协会评为“全国实施卓越绩效模式先进企业”和“全国质量管理小组活动优秀企业”,被交通运输部评为“全国交通运输行业文明单位”,被省委、省政府评为“山西省模范单位”,被省高管局评为“完成工作目标责任制标兵单位”。

五、太祁高速公路、太原西北环高速公路

2002年11月1日,太祁高速公路竣工通车;2004年11月28日,太原西北环高速公路竣工通车。2005年,太祁高速公路有限责任公司、太祁高速公路有限责任公司西北环项目部和省高管局太原管理处统一整合为山西省太原高速公路有限公司,实行决策、执行、操作三级管理模式,下设罗夏祁、东南环、西北环三个运营部、三个养护中心、三个服务区、一个开发公司和小店等18个收费站。

通车运营以来,道路养护质量技术指数MQI始终保持在95.4以上,优等路率达100%,桥梁技术状况评定等级一类桥占到60%以上,二类桥达到100%,坑槽修补不超过24小时,设施恢复不超过48小时,确保雪后6小时及雪天11时至17时具备开通条件;水毁重复发生率和安全责任事故为零;累计通行费43亿元,三个服务区加油站、超市和快餐等营业总额6.9亿元。2008年,太原西北环高速公路汾河双矮塔斜拉桥荣获山西省科技进步“二等奖”;2007年至2010年,公司先后荣获省“五一”劳动奖状、全国交通行业“文明单位”、全省职业道德建设“十佳单位”和全国交通企业质量认证管理“优秀企业”称号;连续5年荣获省直和太原市“文明和谐单位标兵”;连续5年荣获省高管局完成目标责任制“优秀单位”。

六、祁临高速公路

2003年9月28日,祁临高速公路176公里全线贯通。运营以来,祁临公司以邓小平理论和“三个代表”重要思想为指导,认真落实科学发展观,紧紧围绕交通运输部提出的“三个服务”和省高管局提出的安全畅通、公共服务、突发事件处置和行业创新“四种能力”建设,全力实施素质、畅通、形象、温馨和阳光“五大工程”,扎实开展“千里文明大运路”,“五比五看、服务创优”和“六比六看、创先争优”活动,以精细化推进规范化、以信息化促进现代化,全面提升管理水平,实现顾客需求、社会效益和经济效益的和谐发展。2004年至2009年连续六年获得省高管局“完成工作目标责任制先进单位”,2010年被省高管局评为“完成目标责任制优秀单位”。2010年10月,公司在服务类企业中,被中国质量协会、全国用户委员会评为“全国用户满意服务企业”(山西省交通系统唯一,全国交通系统共两家)。

第二节　全省高速公路机电一体化和联网收费

2003年9月28日,伴随大运高速公路全线贯通及1086公里高速公路网的形成,省高管局全面实施高速公路机电一体化建设工程,实现全省1086公里高速公路联网收费“一卡通”,在全国率先一次性完成1000余公里高速公路三大机电系统的联网。整个工程包括一个省级收费监控中心,7个收费监控通信分中心和75个收费站的通信、监控、收费系统。紧密结合机电一体化联网建设,进行《山西省高速公路机电一体化研究》课题研究,该课题在2005年被鉴定为国内领先水平,以此为标准依据,在近两年的高速公路建设中,先后完成600余公里高速公路的机电联网工程,保证新建系统与原系统平滑衔接。出台《山西省高速公路联网收费标准规范》,为收费系统联网标准化、规范化奠定基础。

一、收费系统

省高管局开发满足不同技术需求与管理需求的功能齐全、界面友好、具有扩容升级功能的收费软件系统,实现收费站——片区中心——省中心收费数据的实时传输,保证联网收费拆分账的正常进行与收费业务及图像稽查的远程管理。网络结构为省中心收费监控局域网、各片区中心收费监控局域网、各收费站收费监控局域网共同形成全省高速公路收费业务广域网。收费数据通道为:收费站——片区中心采用 E1 通道传输方式，片区中心——省中心采用以太网 10/100M 口传输。实现全省联网高速公路的 MTC + ETC 组合式收费，并在部分路段 44 个收费站开通 88 条 ETC 车道。双界面双片式 ETC 技术的 MTC + ETC 组合式收费系统，根据需要可在全省任意收费车道增加 ETC 车道，而全省的收费系统均兼容双片式 ETC 技术，无须做任何改动，做到无级平滑地升级过渡到 ETC 系统，使整个联网收费系统具有较强前瞻性和扩展性。

二、监控系统

视频监控实现全省三级联网。以 IP over SDH 技术进行图像的远距离传输，全天候监控整个高速公路网，视频监控范围 230 公里，实现收费监控站、分中心、省中心三级省域的 IP 视频图像监控网络并自由切换和控制图像。各片区中心可直接调用控制所属各收费站广场、车道、岗亭及主干线图像，省中心可调用控制全省各联网高速公路所有视频图像。所采用的是模拟 + 数字的混合视频组网及三网合一的组网方式，即收费站至分中心采用模拟或数字非压缩光端机传输方式，分中心至省中心采用数字压缩方式以 IP over SDH 技术进行远距离传输。另外有一个片区采用全数字化的三网合一方式，图像在收费站直接进行数字压缩编码，通过通信系统 IP over SDH 技术和组播方式向分中心和省中心传输。省中心和三网合一的片区采用计算机网络控制方式，其他片区采用矩阵硬件控制方式。这样既优化传输方案和控制方案，又充分利用旧路段原有设备，保护已有投资，同时减少通信系统配置，极大降低省中心扩容压力。

全省高速公路监控系统除视频监控外，还涉及视频车检系统、可变情报板、可变限速标志、气象检测装置等道路交通信息、路况信息、气象信息的采集与发布系统以及隧道监控系统，在一些路段还采用了如“无线遥控可变交通标志光纤信息显示屏”、“高速公路太阳能雾区警示系统研究”课题成果，对一些新技术进行有益尝试。

三、通信系统

全省高速公路通信系统采用 SDHSTM - 162.5G 光纤同步数字干线传输系统与 STM - 1 或 STM - 4 光综合业务接入网系统相结合的传输体制，为全省联网高速公路通行费拆分账数据、监控图像、交通指挥调度以及语音信息的传输提供通道。大运主线采用2.5G 干线传输，太旧、吕梁为 622M 干线传输，各综合业务接入网采用 STM - 4622M 或 STM - 1155M 传输方式。为引入竞争机制，避免造成技术垄断，选用深圳中兴和深圳华为两家国产设备，基本以太原为界，分为南北两个骨干网，北网主要采用华为通信系统，南网主要采用中兴通信系统，省中心设两台 ADM（分插复用设备）设备，两套网管系统。

开通全省统一的特服热线 96565，实现有关高速公路的业务查询、业务咨询、用户投诉、紧急救援、增值等业务，全天候服务于社会。

四、隧道监控系统

针对雁门关等长大隧道监控系统实际情况，确定公路隧道监控系统交通信息采集子系统、诱导子系统、隧道通风和照明控制系统、环境检测子系统、闭路电视子系统、火灾报警子系统、紧急电话子系统、隧道广播子系统、监控中心计算机系统、供配电系统及电力监控系统、超高检测系统、横通道控制系统等，真正实现长大隧道智能化管理，不仅有效提高对紧急事件的应急能力，也为事后分析问题、完善应急措施提供技术支持，提高管理水平与效率，保证通车安全。

雁门关隧道监控系统的研究，在通风管理、综合控制等多方面填补全国长大隧道运营管理空白，该课题于 2004 年被评为省科技进步二等奖。

第三节　集中统一管理体制的全面确立

按照省交通厅党组赋予的“全省已通车运营的高速公路由省高管局实行集中统一管理；全省已投入运营的高速公路党组织由省高管局党委统一领导”，省高管局着力推动高速公路由管理型向服务型、由传统管理向现代化管理、由行政管理型向效能服务型“三个转变”,对全省高速公路全方位加强行业监管,有力保障高速公路的公益属性。

2006年以来,省高管局认真贯彻落实《山西省高速公路管理条例》,围绕保障高速公路完好、安全、畅通,着力在保证公众消费需求和合法权益方面加强监管,依法管理。一是全面加强高速公路统一领导、统一指挥、统一调度,组建省高速公路收费管理结算中心、信息监控中心、路政总队,并列入省高管局行政职能处室序列。二是加快高速公路资源整合步伐。以11个地级市为单元,先后完成10个高速公路区域路段公司(除阳泉市以外)的整合,通过区域集中统一管理,有效推进全局运营管理的一体化。三是采取有效措施搞好行业管理。抓住“制定行业标准,提供指导服务,加强监督检查,实施考核评比”四个环节,出台一系列行业管理标准和规章制度,对所属各单位实行统一的目标考核责任制;确立全省高速公路“集中统一、依法监管、保障公益”的管理原则,探索构建适应高速公路投资多元化、管理一体化要求的体制;建立从经营性公路通行费中提取“5%公路质量保证金”,从收费还贷公路通行费收入中提取“3%突发事件准备金、2%专项业务补助、5%专项工程费用”的工作机制,大力实行对经营性路段不达标准的强制履约,重点保障高速公路基础设施的完整统一及路网运行的安全有序,维护公众出行的合法权益,保障高速公路的公益属性;加大治超力度,巩固和扩大治理成果,综合运用法律、行政、经济手段,形成治理非法超限超载新格局。四是以抓好党组织建设。以加强高速公路系统党组织建设为切入点,实行对不同投资主体运营单位党委书记由省厅党组统一派出,省高管局党委统一领导,形成全省高速公路党组织领导与行政管理架构共同推进运营一体化的新格局。

第四节　《山西省高速公路管理条例》的颁布实施

“十五”是全省交通事业发展最快最好的时期之一,高速公路是这一时期最能代表交通发展成就、最令山西人民精神振奋的突出亮点。省人大、省政府对进一步加强和规范高速公路管理高度重视,2004年和2005年,省人大连续两年将《山西省高速公路管理条例》(以下简称《条例》)列为正式立法项目。这部地方性法规从2004年着手起草,省人大法制委、财经委领导多次到高速公路管理一线进行调研,并充分听取和征求省直有关部门、地方人民政府的意见。根据《公路法》等有关法律法规,并借鉴兄弟省市先进经验,结合全省管理实际,数易其稿,最后形成《条例》文本。

2005年12月2日,山西省第十届人民代表大会常务委员会第二十一次会议审议通过《山西省高速公路管理条例》,共7章48条,自2006年3月1日起施行。这是全省第一部全面规范高速公路管理的地方性法规,也是全省交通法制建设取得的重大成果。《条例》的颁布实施,对促进全省高速公路事业又好又快发展,具有非常重要意义。

《条例》贯彻以人为本理念,专章规定了高速公路经营管理单位养护、服务方面义务,同时,规定高速公路经营单位必须提供的公益性服务以及清障、救援、信息发布、确保收费道口通畅等方面义务,确保高速公路完好通畅,确保服务收费公平合理。这些规定,将为民、便民和利民思想融入整个《条例》之中,成为贯穿其中的主线。

《条例》强化对路政执法的规定,充分体现科学执政、民主执政和依法执政要求。在设定交通主管部门及其所属高速公路管理机构管理职权的同时,进一步强化对行政主体的规定。严格规定高速公路管理机构对养护方面、监督检查方面和交警部门在交通安全管理方面的要求。同时,对管理部门设定严厉的法律责任。这些规定,进一步强化执法者的责任意识。

第五节　经营性高速公路建设与管理的探索

建设资金是发展高速公路事业的关键。山西底子薄，自然条件差，经济发展水平低，建设资金一直制约着高速公路事业发展。为了筹集高速公路建设资金，省交通厅不断进行融资创新，引进港资修建晋焦高速公路；通过太旧路资产置换、从国内外银行贷款修建大运高速公路；委托省交通投资开发总公司进行资本运作，采用企业化运作模式，修建太长、长晋高速公路；引进民间资本、采取BOT方式修建翼侯高速公路；转让京大高速公路部分经营权，采用股份制方式进行管理。全省高速公路在运用市场机制，采取多元方式建设和管理高速公路方面，进行许多积极探索。

一、长晋高速公路

长晋高速公路是国道二连浩特至广州在山西省境内的重要一段，也是全省规划的“三纵十一横十一环”的重要组成部分，分别与晋焦、晋济、晋阳、晋城环城、高陵、太长高速公路相连。起于长治市下秦村，终于晋城市牛匠村，途经2市5县区、27个乡镇、108个行政村，全长93.045公里，投资24.7亿元。按全立交、全封闭和全控制出入的双向四车道的标准设计，路基宽24.5米，设计行车时速100公里，平曲线最小半径1026.27米，最大纵坡4.0%，最小坡长249米；设计荷载汽车－超20级，挂车－120；设计洪水频率：大桥1/300，其他1/100；构造物抗震烈度6度。2002年12月开工建设，2004年11月16日通车运营。它的建成通车，对完善全省路网结构，改善投资环境，提升长治和晋城区位优势，促进晋东南地区乃至全省对外开放，具有十分重要意义。

长晋高速公路通车运营以来，在省交通厅、省高管局和省交通投资集团正确领导下，长晋高速公路公司以科学发展观为统领，以提高企业综合管理效能为目标，坚持“开放包容、良性互动、合作共赢”的管理理念，充分吸收平安管理文化精髓，深化股权合作经营管理，健全企业法人治理结构，优化现代企业制度，树立股权合作经营企业的良好典范。全面推进“五大工程”建设，采取积极营销策略，创优服务发展环境，强化内部控制管理，深入开展“星级信誉”考核活动，2个收费站达到AAA标准；深化管养分离模式，加强专项工程管理，不断提高路网保畅能力，大力实施道路美化、绿化工程，道路通行环境明显改善；以“提高执法效能，增强为民服务”为重点，不断提高文明规范执法水平，完善清障救援机制，巩固超限治理成果，确保道路安全畅通；以完善基础服务设施、提高服务质量为重点，投入725万元改善基础服务设施，全面推进服务区的特色化经营，为广大顾客提供优质化服务，高平服务区连续4年保持“四星级”服务区；深入开展创先争优活动和文明创建，努力实现管理规范化、服务优质化、效益最大化的经营管理目标。累计征收通行费14.57亿元；高平服务区累计接待客流量750万人次，营业额3.8亿元；路政案件查处率、结案率在98%以上，路产恢复率达100%，建筑“红线”控制率达99%；公司被省劳动竞赛委员会荣记集体一等功、二等功各一次，连续4年保持省级“文明和谐单位”称号，为推动实现全省交通率先发展战略和服务地方经济作出了积极的贡献。

二、太长高速公路

太原至长治高速公路是国道二连浩特至广州高速路在山西省境内的重要一段，是全省规划的“人”字形高速公路主骨架的重要组成部分，也是全省实现从省会到各市“三小时通达”工程的重要部分。起点接线于太原南过境高速公路小店互通，经榆次、太谷、榆社、武乡、襄垣、屯留、长治，终点接线于长晋高速公路，全长212公里，项目概算71.92亿元。全线设计路基宽度24.5米和26.0米，为沥青混凝土路面，双向四车道，设计行车时80公里和100公里，设计荷载汽车－超20级，挂车－120。全线有特大桥4座，大桥68座，中小桥20座，涵洞258道，互通立交12处，分离式立交及天桥119座，通道155

座,连拱隧道10座,分离式隧道5座。2003年10月18日开工建设,2005年11月8日建成通车。太长高速公路的建设是继大运高速公路建设之后,全省投资最多、规模最大、战线最长的基础设施建设项目,它的建成通车,对于完善全省高速公路路网结构,改善全省投资环境,推动经济社会全面发展,具有十分重要意义。尤其重要的是,太长高速公路的建成通车,使山西省"人"字形高速公路主骨架基本形成,而且使省城太原到各市实现"三小时高速通达",为全省形成"三小时经济圈"奠定基础。

在工程建设中,太长高速公路公司以"三年工期二年完,投资概算不突破,争创国优工程"为目标,提出打造集"科技、人文、生态、景观"为一体的现代化高速公路的建设理念,把"五年不小修、十年不中修"作为质量目标,精心组织,科学部署,强化质量,勇于探索工程管理新路子,积极引进和运用新科技、新材料、新工艺,通过菲迪克现代化网络管理,高效内部运作机制,实现既定目标。

太长高速公路通车运营以来,在省交通运输厅、省高管局及省交通投资集团正确领导下,公司以科学发展观为统领,紧紧围绕"五大工程"和"六高"目标,坚持"畅通、高效、安全、绿色"八字方针,提出了以提升"道路科学养护能力、收费站快速通过能力、服务(停车)区驿站服务能力、路政应急保障能力"等为主要内容的大畅通理念,全面构建良好的现代服务保障体系。不断完善养护管理体制,将预防性养护等作为延长高速公路全寿命周期的有效举措,加大投入,及时开展预防性养护,因地制宜地搞好绿化美化,加强桥梁等构造物的养护维修保养,公路技术状况指数、路面使用性能指数均保持在98左右,优等路率始终保持100%,二类桥以上达100%。以提升收费人员服务品质和操作技能为重点,深入开展文明礼仪竞赛,全面推进"星级信誉"考核活动,积极搭建与社会共同考核的平台,建立健全对服务质量的有效监管保障体系,大力推进以品牌收费站等建设为重点的形象工程建设,打造出了以"争创山西高速微笑之路"为主要内容的服务品牌。以努力打造全省乃至全国一流服务区为定位,紧紧依托国内高速公路独创的服务区大通道优势,全力实施服务区亮化、美化、酒店化、特色化服务工程,广泛开展"餐饮质量提高年"和"顾客体验管理文化年"活动,努力打造具有鲜明太长特色的品牌家园,三个服务区达到四星级服务区。运营以来,累计征收通行费近41亿余元,共计免费放行鲜活农产品运输车辆,绿色通道减免通行费1240万元、44 543辆;发布实时路况等信息8200多条,接救援电话1500余次;公司获省直"文明和谐单位",榆次站被省直工委命名为"十佳窗口";武乡收费站被团省委、省交通厅命名为"青年文明号",武乡服务区一直保持省交通运输厅"文明和谐示范窗口",公司党委连年被省交通运输厅、省高管局评为"先进基层党组织"。

三、京大高速公路

2005年,省交通厅与江苏悦达集团有限公司共同投资组建合资企业——山西悦达京大高速公路公司,负责京大高速公路的运营管理。公司注册资本3.2亿元,其中:江苏悦达集团占80%股份,省交通厅占20%股份;总投资14.05亿元,经营期限为2005年10月至2025年10月,共计20年。

公司的成立,是省交通厅继太旧高速公路实施企业并购、转换资本金之后,放宽市场准入、吸引社会资本进入高速公路领域的重大举措,开辟了全省公路建设筹资工作的崭新领域。转让京大高速度公路部分经营权,引进江苏悦达集团合资经营,对于全省加快公路建设,深化投资体制改革,具有十分重要意义。与此同时,引进先进的管理、技术、理念和优秀人才为我所用。全省交通系统以京大高速公路转让经营权为契机,进一步深化交通建设投资体制改革,充分发挥市场配置资源的基础性作用,引导社会资本进入交通基础设施领域,让社会资本在交通基础设施建设、经营和管理各个方面充分发挥作用,促进全省交通事业更好更快地发展。

公司成立以来,围绕"三个转变"成功实

施机制转换。作为全省高速公路行业第一家实行经营权转让的合资合作股份制企业，公司正式运营以来，紧紧围绕从企业经营理念由事业单位向企业单位转变，内部管理由粗放型向精细化转变，用人、薪酬制度由传统模式向一切以绩效考核模式转变开展工作，按照双方股东和行业主管部门的总体目标要求，坚持以收费为中心，坚持深化改革，坚持创新管理。至2010年底，实现收入61 479万元，上缴税收2036万元，为地方经济发展作出新贡献。

四、翼侯高速公路

翼侯高速公路是全省第一个高速公路BOT项目。山西中交翼侯高速公路有限公司由中交股份公司和山西国能集团有限公司按89.78%、10.22%的比例共同出资组建，2004年取得企业法人资格，负责翼侯高速公路的建设与运营。

项目起于翼城县桥上镇，途经翼城县、曲沃县、侯马市、襄汾县、新绛县，与大运高速公路赵康枢纽相交，终点位于运城市新绛县，东承阳翼高速公路，西接侯禹高速公路，全长66.791公里。按照双向四车道高速公路标准建设，路基宽24.5米(山区23米)，设计行车时速平微区100公里，山区80公里。投资预算24亿元。2005年2月26日开工建设，2007年11月26日通车运营。

翼侯高速公路运营的前三年是经济形势比较低迷的阶段，二期阳翼高速、侯马连接线未能尽早贯通，直接影响着翼侯高速公路经济效益和社会效益的发挥。公司制定三年三大步，即“头年上路子、两年上台阶、三年创牌子”的目标，按照省高管局要求并根据BOT模式特点，完成两级管理机构设置和建立各项规章制度，保证养护、收费、路政、服务区管理主营业务四大板块的规范运作和安全有效。收费系统围绕增加通行费收入和文明服务两个中心，坚决贯彻“应征不漏、应免不征”方针，建立大客户走访机制，开展免费车辆专项稽查活动，强化收费站文明服务，用精细化管理手段提高工作质量和服务水平。养护战线以畅通、安全、和谐、美化、高效、经济为核心，着力提高养护技术人员业务能力和技术素质，用好路面管理系统，强化路况巡查、质量评定和周期性养护的基础管理；研究完善预防性养护对策和预防性养护机制，开展路面病害成因分析和养护对策技术探讨，不断增强预防性养护的时效性，提高预防性养护工作能力；完善日常养护、专项工程、设施恢复、质量检评、工程结算等工作流程，广泛应用新材料、新工艺、新技术，提高养护质量。路政大队坚持以保障畅通、保护路产、维护路权、保障权益为主线，建立以信息指挥为核心，路政、交警、协警、收费、服务区、养护联动互动救援机制，做到快速救援，快速清障，快速引导疏通，切实保障公路畅通；加大对破坏高速公路设施尤其是盗窃标志、毁坏护网、破坏交通设施等行为的打击力度，维护好高速公路权益；进一步巩固治理超限超载成果，继续加强对超限车辆的治理。截至2010底，全路段通行费收入累计达1.57亿元，共减免鲜活农产品和救灾车辆32 442辆次、通行费408.62万元；服务区租赁收入720万元，广告位租赁收入64万元，其他收入144.25万元。

第六节　青银高速公路山西段全线贯通与疏堵保畅

一、汾离、离军高速公路

汾阳至离石高速公路是国道青岛至银川在山西境内的重要路段，是吕梁地区与东西部地区连接的重要通道，是全省“十五”规划的重点公路工程之一。起于汾阳市河北村，与夏汾高速公路相接，经杨家庄镇至薛公岭穿越薛公岭隧道，再经吴城镇和吕梁市区，止于离石区乔家塔村，与离军高速公路相接，全长77.77公里，概算投资29.68亿元。全线采用双向四车道高速公路标准，路基宽24.5米，设计行车时速80公里；设计荷载汽车—超20级、挂车—120，地震烈度6度至7度。全线共有隧道2处，特大桥1座，大桥39座，中桥11座，小桥22座，天桥33座，匝道桥7座。2003年4月开工建设，2005年10月建成通车。

离石至军渡段是国道青岛至银川国道主干线和山西省"人字骨架、九横九环"高速公路网的重要组成部分,也是山西省西跨黄河、直达秦蜀的重要通道。东起离石区乔家塔村,途经柳林县李家湾乡、柳林镇、穆村镇、薛村镇、庄上镇、石西乡等6个乡镇,至石西乡榆皮塔村,全长38.55公里,概算投资25.85亿元。全线采用重丘区高速公路技术标准设计,双向四车道,路基宽24.5米,设计行车时速80公里。全线共有特大桥4座,大桥30座,中桥4座,小桥10座,天桥5座,隧道8座。2005年11月开工建设,2007年12月建成通车。

汾离、离军高速公路建设,对进一步完善国家和全省高速公路网、发挥山西省承东启西的区位优势,促进全省对外开放和吕梁市经济发展,有着巨大推动作用。汾离、离军高速公路建成,不仅能够极大地缓解吕梁市交通运输压力,而且使吕梁东连环渤海、西接大西北的区位优势凸显,对改善投资环境,扩大对外开放,加强区域合作,具有十分重大的战略意义。

针对车流量大的实际情况,从2007年起,吕梁高速公路公司把通行能力建设作为一场硬仗来打。一是打好收费站口拓宽改造硬仗。从2007年到2010年4年间共投资近1亿元,先后实施交城、文水、汾阳、汾阳西、离石东、离石西和开栅7个收费站的车道拓宽工程,新增车道21条,新增车道相当于交城夏家营至汾阳段5个收费站原有车道的总数。同时配套拓宽连接线和收费广场,其中拓宽文水连接线长度达1700米,汾阳连接线及内外广场由原来12米扩宽到23米,在10年至15年间不会出现由于站口车道不足而造成的车辆拥堵问题。二是打好收费设备改造硬仗。对各收费站的收费岗亭、收费亭线路、车道显示器、语音监听器、广场及车道配电栏、监控系统等收费设施进行大规模改造,极大提高设备运营效率。

同时,公司把道路安全整治作为保畅通的一项重要举措,2007年以来投资566万元在汾离路段三处事故易发段建设避险道、临时停车场、车辆降温池三大安保工程,将薛公岭至汾阳西下坡路段1897米小半径平曲线路段中央分隔带波形护栏改造为水泥混凝土防撞墙,改造全线标志标线等道路安全设施。2008年按照吕梁市委、市政府部署,大战100天,开展保安全、保畅通活动,大搞道路安全整治。利用沿线天桥制作交通秩序提示牌,提醒司机按交通规则和交通秩序行驶,在高速交警警力不足情况下,协调地方政府调动地方交警上路整治交通秩序,道路交通秩序好转,堵车和交通事故大幅减少。

二、太旧高速公路

太旧高速公路是山西省第一条高速公路。近年来,随着经济快速发展,车流量增长异常迅猛,每年以12.2%的速度增长,设计运载能力已远远赶不上经济发展速度,处于超饱和运行状态。太旧高速公路也是晋煤外运的重要通道,大型货运车辆占交通流量47%以上,因重型车辆占用道路资源相当于标准车型4倍至6倍,并且这些车辆在高速公路上相互超车,长时间占用超车道,严重影响着太旧路的通行效率。同时,太旧路地处重丘陵、高山区,受地质、地貌和地势条件限制,纵向爬坡和连续下坡以及急弯视距不良路段占到总里程60%,弯道急、坡度大,车辆行驶缓慢,使道路的通过能力大幅降低,太旧全线的拥堵点基本分布在这些区域,经常发生交通事故,而太旧路又不具备分流条件,处理事故常常采取封路、借道等措施,又使得道路出现拥堵和行驶缓慢的被动情况。

针对以上情况,太旧高速公路公司提出"安全畅通是首要责任"的管理理念,收费站全车道开放,加大车辆放行速度;养护工程弹性施工,尽可能减少施工占道时间;通过各级网站、道路和入口可变情报板、客服综合语音系统、交通广播等媒介,对外及时向社会公众发布相关实时路况信息,引导车辆合理选择出行路线;加大安全隐患整治力度,全面消除路网安全隐患;把改造"瓶颈"路段和站点作为重要工作,先后对旧关、阳泉收费站实施扩容改造,完成太石方向15.4公里的爬坡车道扩容改造,提升太旧路路网通行能力;加强应急处置能力建设,完善突发事件应急预案,优化应急物资储备布局，提升路段片区指挥分中心的指挥调度和掌控能力，初步建立起公司应急指挥中心、路段应急指挥分中心、事发现场三级应急指挥网络；建立路警联动机制，完善路警联席会议制度，协调交警部门开展治理货车长期占用超车道行车等专项行动，加强重点路段、重点时段特别是恶劣天气的巡逻管控力度，强化事故现场快速处置，在确保安全前提下，积极采取管制分流和借道通行措施，尽力避免造成长时间的交通堵塞。

第七节　“五大工程”建设的不断深化

大力实施“五大”工程建设，是全省高速公路近10年来有效提升整体运行管理水平的主要抓手。2001年以来，省高管局大力促进养护、收费、路政、服务区、综合管理与畅通、形象、阳光、温馨、素质工程建设的协同共进，形成科学发展的强大合力。

一、畅通工程

以“畅、安、舒、快、美”为目标，印发《山西省高速公路“十一五”养护管理实施意见》，制定《山西省高速公路桥梁养护管理办法》，完善《山西省高速公路养护管理办法》，确立全省高速公路“十一五”养护管理发展的基本框架。全面加强“四基”工作，不断规范养护工程建设程序，积极推行五级挂牌公示，严格执行桥梁工程师制度，基本实现养护管理的“四个闭合”。坚持全寿命周期养护成本理念，大力推进周期性、预防性、及时性养护，有效提升养护的科技含量，升级《路面养护管理系统》、《养护质量评价管理系统》；科学划分路况等级，委托高速公路开发公司养护检测中心实行对所有路段每季度路况普查，围绕加快适应期、延长稳定期、延缓衰减期、缩短恢复期，不断加大日常养护及小修保养的投资比重，确保全省高速公路路况水平的持续稳定。着力解决特殊气候通行、施工路段堵车等问题，向社会倾力推出大中雪后每日必须保证6－8小时通车的服务承诺，为社会公众出行提供良好通行环境。

二、形象工程

2003年，省高管局开展创建“五大工程”活动，收费站作为全省对外交流的重要窗口，全面开展以树立良好“窗口”形象为重点的“形象工程”建设。同年9月，省高管局印发《开展“形象工程”活动实施方案》，确立以改善站容站貌、提高服务水平为重点，着力解决车流不断增大与放行速度矛盾，提高快速放行能力的工作方案，狠抓行为规范，公开服务承诺，完善监督体系，开展考核评比，全力树立良好收费窗口“窗口形象”。

2003年，收费工作以全局开展的“管理年”活动为契机，强化制度建设与队伍培训，为“形象工程”进一步开展奠定良好基础。2004年，为进一步提升收费管理和服务水平，全力打造以“优质服务、诚信服务、人文服务”为主要内涵的山西省高速公路服务品牌形象，全省高速公路收费系统以“服务人民，奉献社会”为宗旨，以“爱岗敬业，树高速公路窗口形象为主题”，开展“树高速公路形象，争当文明服务尖兵（十佳收费站、五十佳收费员）”活动等形式多样的竞赛活动，推动“形象工程”建设，规范收费业务。2005年，全省高速公路收费系统通过开展党员先进性教育活动，认真贯彻“三个代表”重要思想，以广大人民群众利益为一切工作的出发点和落脚点，着力解决了行业风气和服务质量方面存在的突出问题。针对人民群众关注的问题，采取切实可行的改进措施，实施规范管理和优质服务，最大限度地满足司乘人员需求，推进“形象工程”向纵深发展。2006年，为解决车流量不断增加与出口放行速度间的矛盾，形象工程建设重心逐渐向努力提高出口放行速度转移，进一步提出收费管理“快、畅、准、优、全”的工作目标，重申以快速放行为重点的服务标准。

在此基础上，全省高速公路收费系统坚持进行每年四次定期顾客满意度调查，主动了解司乘人员需求，广泛听取社会各界意见，不断完善自身形象。通过多年努力，逐步树立山西高速优质品牌形象。2006年，全省高速公路顾客平均满意度高达99.4％。

2003年,省局制定收费员文明服务标准,提倡微笑服务、委屈服务,礼貌待人,文明执勤,服务周到。"九五"期间,全省高速公路收费服务方式、内容及水平不断提升,一是制定文明服务标准。以文明用语、礼仪着装、手势操等内容的收费服务标准,以"车辆通行快速畅通,文明礼貌微笑服务,收费高峰开足车道,对待司乘顾客至上,发卡收费唱收唱付,计重收费公平合理,便民服务竭诚服务,投诉来访举报即查,信息咨询有问必答,群众建议件件落实"为标准的服务承诺和以"八个做到"、"十五个不准"、"三个必须"等内容的收费工作纪律,规范收费人员工作程序。二是积极开展便民服务。各收费站设置便民服务台、医药箱,提供开水、药品及简单修理工具。节假日期间,收费站还会提供交通图、旅游景点介绍与分布图等便民服务卡、宣传册。三是延伸服务工作内容。省高管局提出收费人员要做好"八大员"的服务工作要求。"八大员",即首先做好"收费员";维护岗上秩序,要做治安员;掌握消防知识,要做"消防员";积极开展便民服务,要做"服务员";有关收费政策要做"宣传员";面对争议要做好"调解员";提供延伸服务做好"咨询员"、"汽车维修员"。至2006年底,全省各收费站共帮助受困人员两万人次,收到感谢信、锦旗等共计926件。2006年收费工作会议上,省高管局提出实现服务方式由被动性服务向主动性服务转变;管理式服务向人性化服务转变;由粗放式服务向科学化服务转变;由封闭式服务向开放式服务的"四个转变",进一步提升服务水平与质量。

三、阳光工程

在路政执法中,为全面推进路政"阳光工程"建设,各级路政部门牢固树立"服务人民,奉献社会"宗旨,严格实行"四公开一监督",大力实施"阳光执法"战略,着力打造全省高速公路路政管理的"阳光"品牌。全省高速公路路政部门将"阳光工程"建设作为中心任务,坚持以人为本,切实做好队员的政治思想教育和执法培训,深入开展以政治理论、服务宗旨、职业道德、法制观念为主要内容的"四项教育"活动,狠抓以班子建设、业务建设、文化建设为主要内容的"四大建设",并按照省高管局"队伍建设军事化"要求,对路政队伍实行军事化管理。各大队根据各自管理实际,制定规范的《军训制度》和《内务管理制度》,并严格落实,长期坚持,使路政队伍具备"忠于职守、纪律严明、作风顽强、雷厉风行"的良好军事素质,在全省高速公路管理队伍中独树一帜。同时,组织开展全省高速公路"五佳路政队"和"十佳路政员"评选竞赛活动,极大地调动各级路政部门和全体路政队员的工作热情,形成人人争先、队队创优的奋发向上的良好局面,涌现出太旧路政大队、临侯路政大队和王洪江等一大批先进典型和模范人物,为"阳光工程"活动的开展注入蓬勃生机和活力。

建立高效率的管理机制,不断提升执法水平,是完善管理机制,严格执法程序,实施"阳光工程"的重要保证。省高管局先后制定《山西省高速公路行政执法责任制》、《违法行为和错案责任追究制》、《执法公示制》、《持证上岗制》等多项制度,完善和统一《路政巡查工作程序》、《路政案件查处程序》、《案件处理逐级备案、审批和集体讨论程序》、《路产恢复通知检查验收程序》、《路政许可工作程序》等,编辑出版《山西省高速公路规范化管理——路政篇》,并要求各路政大队严格执行,使全省高速公路路政执法做到制度健全,标准统一,程序规范。在此基础上,各路政大队根据管理实际,积极探索和总结适合资深管理需要的管理模式和管理机制,充分体现各自特色。太旧路政大队总结和实行了以"一联合、两负责、双负责、三分离"为主要内容的"1223"工作模式,各环节管理更加严密有序,较好地实现内部权力的相互约束和制衡,做到职能明确,权责清晰,收到良好效果。临侯路政大队提出"路产恢复总负责制",为路政管理积累新经验,闯出新路子,得到省高管局认可,并在全省加以推广。

在社会监督方面,坚持实行"阳光办案",在全省高速公路路政大队全部建立"阳光办案大厅",同时坚持做到执法依据、办案程序、处罚(赔偿)标准、处理结果“四公开”,全面推行案件回访制度、问卷调查制度、行风评议制度、义务路风监督员制度等,并在所辖路段和大队驻地公开投诉举报电话,设立执法监督台,多层次全方位主动接受社会监督,真正使路政执法全过程置于社会监督的“阳光”之下,保证执法的公正、公平和公开。

为了进一步规范执法行为,统一办案程序,省高管局积极开发并推广运用《路政管理系统》,增强服务功能,不断创新服务理念,扩宽服务渠道,延伸服务功能,努力打造全省高速公路路政管理高品位的服务品牌。在执法工作中,要求全体路政队员坚决遵守《交通行政执法人员职业道德规范》,严格执行省交通厅行政执法人员“六条禁令”,切实做到文明执法、秉公办案,杜绝任何形式的“三乱”行为。二是因地制宜开展各种便民服务活动,千方百计为司乘人员排忧解难,做到“有求必应、有难必帮、有困必解”,不断充实和完善阳光办案大厅的服务功能,全面实行《首问负责制》、《首办负责制》、《路政案件限时办结制》和《路政业务“一站式”办结制》等服务制度。同时省高管局还在省交通厅路政服务大厅设立高速公路服务窗口,统一受理全省高速公路各类行政许可申请事宜,为群众办理业务提供更加便利、敏捷服务。2005年,省高管局首次向社会作出全省高速公路事故免费清障承诺,各路政大队严格履行承诺,赢得社会各界广泛称赞。三是努力提高重大事件应急处置能力。省高管局与高速公路交警支队制定《山西省高速公路交通管制预案》,各大队根据所辖路段的实际情况,分别制定《路政管理紧急救援预案》,对重大交通事故、雨雪雾恶劣天气、重大自然灾害等各类特殊情况和重大事件应对,做了详细要求,建立健全科学有效的应急机制,不断强化路政管理的能动性。在全省高速公路开通统一的免费应急救援电话,推行“5·30”救援机制,即接到指令,救援人员5分钟出动,30分钟到达现场,并明确提出“一般交通事故1小时开通,重大交通事故3小时清理现场具备开通条件”,尽最大努力提高救援速度,减少人民生命财产损失,减少封路等交通延误,为广大司乘人员提供安全、快捷的行车环境。

四、温馨工程

在服务区开展“温馨工程”活动,就是要从最大限度满足顾客的需求出发,以齐全功能、舒适设施、优美环境、良好秩序为标准,以“关心员工、温暖顾客、严格管理、优质服务”为理念,通过标准规范管理、诚信务实经营、新颖特色的服务,把全省高速公路服务区建成广大司乘人员旅途驿站、温馨家园。通过在全省高速公路服务区范围内选树“五佳文明服务区”和“十佳文明服务员”,不断促进和提升服务区经营管理与服务营销水平,确保全省高速公路经济效益和社会效益全面提高。

为了最大限度地满足顾客旅途需要,全省高速公路服务区借鉴参考国内外高速公路服务区的先进经验,把人性化、以人为本理念,落实到各项服务设施的使用功能上和舒适程度上,落实到员工服务程序和具体操作中。在满足一般司乘人员同时,针对老、弱、病、残、孕、儿童、外宾等特定顾客群体的消费和服务需求,不断完善和提高设施服务功能的适应性、实用性和休闲娱乐效能。各服务区按照《大运高速公路部分标识标准》,设置服务和公共信息图文符号标识,根据所处地理位置和条件,结合当地经济、文化、民俗、旅游资源等状况,因地制宜地进行环境建设和装饰店面、橱窗、招牌以及公共服务场所的整体形象,突出地域化、个性化和风格化的特点与特色,使服务区真正做到功能齐全、设施舒适、环境优美、秩序良好,为实施“温馨工程”打好硬件基础。

全省高速公路公司(管理处)根据所属服务区的经营形式,签订具有法律效力的经营合同,明确资产所有者和经营者各方管理职责,采取承包、租赁经营形式的服务区相关公司(管理处)派驻专职管理人员,服务区管理班子对开展建设“温馨工程”活动的具体实施负全面责任。各级管理人员认真抓好服务过程中的员工操作、设施维护、顾客需求、服务营销四个要素的管理,对员工注重系统培训、严格管理、关心生活、工作育人;对设施注重精心管理、不断完善、抓好维护、确保使用;对顾客注重研究需求、满足供给、交流互动、妥善沟通;对服务要注重过程控制、突出特色、创新超越、细致入微。通过全面做好服务过程要素管理,为实施“温馨工程”提供强有力的软件支持。

在实施“温馨工程”过程中,各高速公路公司(管理处)和服务区经营管理者,按照“积极稳妥、逐步推进”原则,结合全省产业结构调整和全省高速公路经济带建设,针对当地经济发展特点和服务区实际,与物流业协作,建立货运信息服务站点;服务区超市销售的商品以本省农牧业深加工产品和名优特产为主,形成山西特产专卖展销的规模效应;地处全省重点名胜旅游区的服务区,与旅游部门协作,积极宣传当地旅游资源,设立名胜游览导向服务站点;各服务区与新华书店协作,开辟图书超市;经医药管理部门批准后,设立医药销售点等。各个服务区在开拓经营服务领域,完善和提高服务功能,为实施“温馨工程”提供有效保障的同时,也提高经济效益,形成双赢格局。

五、素质工程

2001年以来,省高管局大力推进人才强局发展战略,以数量充足、素质优良、结构合理为目标,统筹“三支队伍”建设和教育培训体系建设的有机结合,统筹教育培训和技能比武的有机结合,统筹职业道德培训和业务技能培训的有机结合,不断深化素质工程建设。

引入竞争机制,拓宽选人用人渠道,营造人才脱颖而出的良好工作环境。省高管局把在全系统推行中层干部竞争上岗和公开招聘引进人才两项工作作为深化干部人事制度改革的突破口,并作为创新人事管理机制,实现良性互动的具体手段,着力推进,取得明显成效。各运营管理单位普遍开展中层职位竞岗工作,竞聘上岗的中层干部中35岁以下的占80%以上,100%具有大专以上学历,呈现出勃勃生机和强劲实力。实行竞争上岗,不仅建立正确用人导向,确立好的选人作风,优化中层干部队伍结构,更重要的是为人才脱颖而出搭建一个公正舞台,初步实现“人适其岗、岗适其人、各尽其能、各得其所”的改革目标。

人才工作始终是组织人事工作的重中之重,一支高素质的人才队伍是高速公路建设事业快速、协调、持续发展的重要支撑。省高管局根据全省高速发展实际情况,紧紧围绕构建和谐交通总目标,积极优化人才结构,努力营造发现人才、挖掘人才、留住人才的氛围,积极为高速发展积聚能量,储备人才。截至2010年底,全省高管系统各类专业技术人才达到1866人,其中成绩优异高工15人,高级职称229人,中级职称739人。在继续保持公路桥梁、公路专业人才优势基础上,加快引进培养高速公路行业未来发展所需的智能交通、电子通讯、信息技术方面的专业人才,使这类人才比例达到20%以上。

随着全省高速公路事业不断发展,职工队伍也在不断扩展壮大。职工教育培训工作紧紧围绕着高速公路建设与运营管理这个重心,以提高职工队伍素质为目标而展开,取得显著成效。2001年以来,职工教育培训,坚持以需求为导向,立足于高速公路建设与运营管理以及事业发展实际需要,抓住工作中的重点和难点问题,在培训内容方面力求针对性、实用性,在培训方式上讲求灵活多样的培训。除了开展岗位培训之外,省高管局还积极支持鼓励职工根据自身情况参加在职学历教育,努力改善知识结构和提高文化水平。据统计,在学历结构方面,全省高速公路管理系统研究生人员占2.4%,大学本科人员占37.4%,大学专科人员占46.7%。

第八节　区域管理的不断整合

为适应科学发展要求,按照“集中统一、特许高效”原则,省交通厅党组决定全省投入运营的高速公路公司党组织由省高管局党委统一领导,局党委协助厅党组加强对高管系统各公司领导班子和领导干部进行管理,为高管系统健康发展,提供坚强组织保证;全系统大力推进高速公路管理体制改革,积极探索适应全省高速公路体制管理模式。按照省交通厅关于全省高速公路按行政区域进行管理的战略构想,2004 年 9 月 28 日,根据省交通厅《关于运城片区高速公路管理机构整合的批复》文件精神,山西省侯运高速公路建设有限责任公司、省高管局运城管理处、山西省运城高速公路有限责任公司(运三高速公路)整合为山西省运城高速公路有限责任公司;2004 年 10 月 17 日,根据省交通厅《关于太原片区高速公路管理机构整合的通知》文件精神,太祁高速公路有限责任公司、太祁高速公路有限责任公司西北环项目部、省高管局太原管理处整合为太祁高速公路有限责任公司;2006 年 4 月 27 日,根据省交通厅《关于山西省临侯高速公路建设有限责任公司更名的批复》文件精神,山西省临侯高速公路建设有限责任公司更名为山西省临汾高速公路有限公司;2006 年 6 月 15 日,山西省交通厅《关于刘根生等同志任免职务的通知》文件精神,山西省大新高速公路有限责任公司更名为山西省朔州高速公路有限责任公司;2006 年 6 月 15 日,根据省交通厅《关于乔中等同志任免职务的通知》文件精神,京大高速公路有限责任公司、得大高速公路有限责任公司整合为山西省大同高速公路有限责任公司;2006 年 9 月 5 日,根据省交通厅《关于山西原太高速公路有限公司更名的批复》印文件精神,山西原太高速公路有限公司更名为山西省忻州高速公路有限责任公司;2006 年 9 月 15 日,根据省高管局《关于启用"山西省忻州高速公路有限责任公司"印章的通知》文件精神,山西原太高速公路有限公司、山西新原高速公路建设有限责任公司整合为"山西省忻州高速公路有限责任公司";2007 年 1 月 16 日,根据省交通厅《关于晋中高速公路有限责任公司挂牌的通知》文件精神,祁临高速公路有限责任公司增挂"晋中高速公路有限责任公司"牌子;2009 年 1 月 29 日,根据省交通厅《关于吕梁高速公路公司和汾离高速公路建设有限责任公司机构和领导班子整合的通知》文件精神,撤销汾离高速公路建设有限责任公司,将汾离、离军高速公路划归吕梁高速公路公司管理;2009 年 2 月 11 日,根据省交通厅《关于成立晋城高速公路有限责任公司的通知》文件精神,晋城高速公路建设管理处和省高管局晋城管理处整合成立晋城高速公路有限责任公司。至此,完成了除阳泉之外的运城、太原、大同、忻州、朔州、临汾、晋中、长治、吕梁、晋城 10 个省辖市区域内已投入运营高速公路的机构整合,构建起了全省高速公路运营管理的新的体制框架,有效促进全省高速公路的集中统一管理;理顺省高管局与省交通信息通信公司、省高速公路开发有限公司与省交通物资供应总公司的隶属关系,在解决省交通物资供应总公司和省交通信息通信公司生存问题的同时,也促进企业发展,实现资源的优化配置,构建出和谐、稳定、发展的良好环境。

第九节　管理体系的探索和创新

在全省高速公路运营管理中,省高管局不断完善管理机制,着力突破运营管理中具有基础性、牵动性的关键问题,不断增强创新发展的动力,初步建立起符合全省高速公路发展的运营管理体系。

一、规范化管理体系

为全面提升全省高速公路运营水平,达到管理制度化、程序化、标准化工作目标,2003 年,省高管局抽调全系统业务骨干,历时一年多编写 200 余万字《山西省高速公路规范化管理丛书》,分为管理、养护、收费、路政、经营开发、机电、信息 7 个篇目,建立起指导全局管理发展的纲领。几年来,省高管局所属各运营单位深入贯彻落实,制定具体实施细则,实现各项运营管理工作制度、程序、标准、考核的高度统一,形成层次分明、各司其职、各尽其责、高效闭合的管理系统。深入贯彻九千质量管理体系标准,不断提高全员质量意识、管理效率,所辖 14 个运营管理单位通过 ISO9001 体系认证,初步建立高效有序、运转协调、持续改进的工作机制,实现管理的程序化、制度化、标准化。

二、科学绩效考核体系

2007年,在全省高速公路管理工作会议上提出构建科学绩效考核体系,坚持定量定性相结合,将考核重点放在运营业绩、效能监测、服务评价、国有资产保值增值以及综合实力评估等指标的量化考核,达到软指标硬化、硬指标量化的预期目的;坚持工作过程考核和管理效能考核相一致,建立考核侧重点不同的三级指标体系,实现工作过程与工作结果共同考核目标;坚持科学高效,充分发挥不同投资主体管理方式的比较优势,初步建立起了收费还贷公路管理目标与国有资产保值增值的绩效考核体系、经营性公路行业目标与保证公益属性相结合的监管考评体系,形成标准规范、工作流程、考核目标三位一体的综合考评体系,近年来得到了全系统上下的一致认可。

三、国有资产监管体系

加强高速公路资产管理是新时期提高财务管理综合能力的需要,也是维护国有资产权益实现资产保值增值的需要。省高管局按照"集中控制、分级管理、规范运行、保值增值"的原则,建立全省高速公路国有资产实行三级管理运行机制,制定《对外投资、担保、抵押、转让管理规范》、《固定资产管理实施细则》、《实物资产管理责任追究制度》,完善运营管理单位资产购置、调拨、租赁、报废、处置程序,形成预防监管约束为一体的财务运行管理体系,保证高速公路国有资产完整、安全和有效使用,确保高速公路资产的保值增值。

四、顾客满意度测评体系

面对"十一五"期间全省经济社会快速发展、全省高速公路实现大联网、高速公路通行量猛增,高速公路的安全性、畅通性、舒适性、服务及时性等功能越来越受到公众重视的新形势,省高管局从加强高速公路运营管理能力建设、更好地服务经济社会发展和人民群众安全便捷出行角度出发,从2007年起,在全国交通运输行业率先引入第三方顾客满意度测评,委托权威测评机构——山西省社情民意调查中心,采用定量研究和定性研究相结合、国际通行配额和随机抽样相结合的测评方法,每年调查总样本量为7.2万个;测评重点是社会公众对全省高速公路管理在养护、路政、收费、服务区、综合信息等方面的满意度以及对各高速公路运营单位管理服务的满意度;测评周期为每半年一次。

每年年初,山西省社情民意调查中心提出当年顾客满意度测评项目执行方案,确定当年测评样本量及问卷设计,并提出项目组织实施具体方法,依据项目执行方案开展测评工作;测评结束后,对当次测评数据进行处理和分析,撰写出当次顾客满意度测评报告。省高管局及各运营单位认真研究中心出具的《顾客满意度测评报告》,对报告中提出的问题及建议,分析原因,提出切实有效的整改措施,严格落实,认真整改,持续改进运营管理各项工作。同时,省管局每年还要组织专人对中心的顾客满意度测评工作进行跟踪验证,对测评工作提出改进意见,促进提高测评工作质量。2007年至2010年,中心共开展7次高速公路顾客满意度测评。全省高速公路总体顾客满意度由2007年79.6上升到2010年86.78,整体呈上升趋势,客观反映全省高速公路运营管理状况。

委托第三方进行满意度测评,确保公正客观,测评机构站在第三方而不是管理者角度,了解消费者需求,探寻管理和服务当中不足,可以有效避免管理者自我评价所带来的局限性,确保全面准确,全局通盘考虑。通过测评,不仅对全省高速公路顾客满意度做出评价,而且对各条路段顾客满意度也做出客观评价,避免不同路段之间因测评指标、测评方法等不同而造成测评结果参差不齐且与实际不符的情况,确保专业科学。山西省社情民意调查中心作为权威测评机构,拥有庞大的消费者数据库、成熟的满意度研究模型和数据挖掘技术、专家顾问团队以及专业研究平台,测评工作更具科学性。

通过委托第三方开展顾客满意度测评,省高管局不仅准确分析全省高速公路管理服务水平与客户预期的差异程度,及时掌握不同时期顾客需求的变化趋势；而且针对顾客满意度测评中提出的薄弱环节和问题，有针对性地制定切实可行的整改措施并认真整改，形成测评数据（测评报告）——分析原因——持续改进的闭合循环，有力促进全省高速公路整体管理服务水平的提高。

五、新型薪酬激励体系

2003年大运高速公路建成通车后，各高速公路公司根据自身实际情况，各自制定工资方案。2006年底，根据省交通厅领导意见和全省高速公路实际，省高管局开始筹备制定《山西省高速公路公司员工收入分配方案》，统一全省员工收入分配制度。2008年3月17日正式出台试行，以收费员工作量定额工资为平均基数，核定各工作岗位工资，积极推进岗位工资制度改革，坚持效率优先、兼顾公平，初步建立起了"岗薪挂钩、岗变薪变、突出业绩、绩效考评、按岗取酬、充分激励"的按劳取酬工资分配激励机制。

六、突发事件应急管理体系

分为三个层面：一是编制全省高速公路与各运营路段总预案、专项预案和部门预案，形成上下相互衔接、完整配套的应急预案体系。二是组建省局、公司两级应急抢险队伍，建立覆盖全省高速公路区域范围的17个应急物资储备库，建设由30余台大中型清障车、大型起重设备和沿线有关单位大型吊装设备配合组成的应急保障基地，形成路政巡逻、片区中心、省中心三级联动信息报送网络，完善全省高速公路应急基础管理体系。三是制定省高管局、省交管局高层季度联席会议制度，建立公司与高速交警合署办公、联勤联动工作机制；成立60公里范围内的路政中队、养护工区、收费站、服务区及高速交警为一体的56个突发事件应急小组；完善与冀陕豫省界路段路况信息互通机制，尤其是针对青银高速日通行量均大大超过设计负荷，省界路段拥堵频发，省高管局与陕西交通建设集团签订晋陕共建文明高速框架协议，山西太旧高速与河北石青高速、山西吕梁高速与陕西吴靖高速均建立应急处置联动和定期会商机制，全方位的应急处置联动架构初具规模。

第十节 信息化建设

2003年9月28日，山西省高速公路机电一体化建设工程竣工，实现全省1086公里高速公路联网收费及一卡通行。随着高速公路建设的迅猛发展，2005年600余公里高速公路纳入大联网系统；2005年11月8日，完成全省1686公里高速公路联网收费改造工程，全省高速公路实现省中心统一管理的九大片区中心、17个路段公司机电系统管理体系。2006年以来，省高管局以智能化促进管理现代化，坚持以资源整合、信息共享为理念，深入开展"八项工程"建设，全面推进高速公路信息化建设。

一、1166交通通信专网工程

新建管道76.477公里，置换管道63.1公里，布放光缆224.74公里，构建了以省交通运输厅为核心，辐射全省各地级市交通、运管、执法、高管等各业务单位的通信骨干网，实现全省交通系统数据、视频图像的正常上传和视频会议电视、应急指挥平台业务功能。

二、省信息监控中心二期工程

构建全省高速公路片区中心到省中心收费数据传输公网备份链路，建立全省高速公路收费网络网管系统与网络安全系统，搭建以GIS系统、信息采集系统与手机定位系统为主的高速公路监控业务子系统，实现车流量实时采集，及时处理拥堵。

三、高效照明试点改造工程

应省发改委、省财政厅及省交通运输厅对高效照明产品推广工程要求，对小店收费站、清徐收费站、清徐服务区、燕家岭隧道等进行LED节能照明改造，用LED灯更换传统高压钠灯，并通过对改造前后节电率、光照度、投入产出比等指标的对比分析，为高速公路节能减排积累实际分析数据与技术经验。吕梁、长邯、晋阳等路段也分别在隧道以及部分收费站、服务区进行灯具改造，取得明显效果。

四、全省治超联网工程

为有效整合和优化配置路政治超管理资源,提升治超管理智能化水平,实现省域治超数据与图像联网共享,做好干线公路大检查迎检工作,在省交通运输厅、省高管局领导下,积极推进全省高速公路治超联网系统一期建设项目,建设规模为134个治超检测点的136条不停车检测车道(检测线)、15个路段治超办及省高管局治超办的系统改造与联网,实现治超数据、治超图像三级联网共享。

五、内网审计及安全工程

组织实施收费网络内网审计及安全整改工程以及网络防病毒软件部署项目,通过9个片区中心、2400个点的软件布设,实现全省收费系统的外设端口、移动介质、文件拷贝等的集中监控管理,与杀毒软件、入侵检测和防火墙系统构建起全省高速公路收费系统坚固的安全防护体系。

六、服务区信息化

统筹规划建设标准体系,提供技术指导支持,在24个服务区分别安装电子监控和可变情报板,80%的服务区实现刷卡消费,为过往司乘人员提供优质服务和良好消费环境。

七、非现金结算系统

围绕省交通运输厅"在高速公路推行收费站刷卡交费"的便民承诺,进行全省高速公路非现金结算系统项目建设,搭建专用传输通道,优化收费网络质量,提升网络安全等级,扩大核心设备容量,实现通行费电子支付目标。

八、办公自动化

加强电子政务建设,积极推行网上办公,建成覆盖省高管局机关的计算机局域网络,初步实现网上公文流转,提高办公效率。各基层单位中,已建成OA系统的有11个公司,为全省管理信息系统省域联网和OA办公系统整合,奠定坚实基础。

省高管局紧紧围绕信息化建设,不断加大科技创新力度,2007年开展《山西省高速公路联网收费系统接口软件开发》、《高速公路收费网络监管及安全管理策略》、《高速公路隧道照明控制系统应用研究》、《高速公路管理信息网省域联网规范》、《OA系统深层次开发》等课题研究,为全省高速公路收费系统互联互通、收费网络安全、智能化监控联网、信息系统全省联网等提供规范化指南。2008年加大H.264视频技术研发及推广力度,与长安大学共同开发自主知识产权的被动兼容解码包以及控制协议,以实现多家H.264视频流的统一解控与互联互通,最终打破一家垄断局面,减轻通信压力,提升对外服务能力,提高对内管理水平。同时,结合全省高速公路视频监控现状,开发综合视频管理平台,实现H.264与现有MPEG2+模拟视频传输体系有机融合。2009年组织完成《收费网络安全监管策略研究》、《高速公路监控联网智能化管理平台》、《山西省高速公路管理信息网省域联网规范化研究》等课题研发工作,为高速公路收费网络安全、智能化监控联网、信息系统全省联网提供规范化指南,3个课题项目经省科技厅鉴定,均达到国内领先水平。2010年完成《山西省高速公路紧急事件运营调度应急管理研究与系统开发》和《山西省高速公路通信网技术要求研究》等课题研发工作,为建立高速公路现代化交通应急保障体系和应急处置协调联动机制、通信系统全省联网提供规范化指南,2个课题项目经省科技厅鉴定,均达到国内领先水平。同时,为保证新建高速公路视频监控顺利并网,与相关科研设计机构协作研究,在国内首家制订出《山西省高速公路监控联网技术要求》,重点制定H.264视频编解码硬件互通标准,并在此基础上开发技术测试平台,保证新建路段的视频监控联网,为新路段设备选型提供依据。

第十一节　超限超载治理

山西省煤炭储量占全国四分之一,既是全国煤炭能源基地,也是超限超载重灾区,全省60%的公路为运煤公路,运输车辆85%以上为超限超载车辆,特别是高速公路作为全省公路网络主骨架,更是备受其害。从2004年全国集中治理超限运输行动开始后,省高管局坚持“不准放、不准罚、不准卸”的工作原则，全面落实治超各项政策，充分发挥高速公路封闭式管理优势，重点加大入口治理力度，高速公路超限超载运输势头得到明显遏制。2006年年底，高速公路实施计重收费后，有力促进全省经济发展，在运用经济手段治理超限超载方面发挥积极作用。但仍有部分运营者受利益驱动，变本加厉，损害高速公路路面和桥梁，造成严重交通安全隐患，治超面临严峻形势。

为了确保全省高速公路道路、桥梁等设施完好，降低交通事故，保护人民生命财产安全和高速公路建设成果，创造良好的道路交通运输环境，2007年12月19日，省政府启动拉网式、无缝隙治超总行动，对非法超限超载车辆展开新一轮治理。在“政府主抓、部门联动、属地管理”的总体框架下，在省交通运输厅正确领导下，省高管局以科学发展为指导，以杜绝非法超限超载为目标，以精细化管理为手段，以科技创新为特色，以省政府223号、224号令为保证，成立以局长为组长的治超工作领导组，任务层层分解，责任明确到人，严格实行行政“一把手”负责制，领导分级包片、包点、包站，形成省高管局、各高速公路运营单位、各治超检测点三级垂直管理体系。积极推进综合治理、联防联控，全面实施计重收费，形成全省高速公路法律、行政、经济共同治超的新局面；充分利用自身优势，建立出口联网计重收费数据对入口治超检测点的核对倒查机制，自主研发治超不停车快速检测系统，并在具备条件的202个治超检测点安装使用，完成省高管局、运营单位、检测站点三级治超联网监控，在全省范围内形成以“科技治超”为引领的高速公路网络化治超体系。截至2010年12月31日，全省高速公路入口共检测货运车辆101 239 487万辆次，劝返超限超载车辆比例下降至0.20%，杜绝55吨以上非法超限超载货运车辆驶入高速公路。

第十二节　计重收费、刷卡收费和不停车收费

一、计重收费

高速公路实施计重收费是按照建立和完善社会主义市场经济体制要求，建立公平、合理、科学的车辆通行费征管机制的一次重大实践；是通过经济手段消除车辆超限超载运输利益驱动，适当降低合法运输户运输成本，规范货运市场经济秩序的一项重大改革；是依法保护公路桥梁、保障交通安全畅通，促进交通事业健康发展的一项重大举措。

2005年12月30日，副省长牛仁亮在省高管局调研时指出：在高速公路推行计重收费，不仅可以解决高速公路还本付息、治理超限超载、治理公路“三乱”问题，并且会降低高速公路损坏率，有效增强高速公路养护能力和资金保障能力。2006年7月12日，省长于幼军主持召开省政府第75次常务会议，听取省交通厅关于对全省收费公路全面实施载货类机动车计重收费方案的汇报，认为山西长期以来收费公路以车辆核定装载质量为依据，按照车型分类的方式收取车辆通行费存在着一定的弊端，计重收费是一种更公平、更合理、更科学的通行费征收方式。会议批准了省交通厅《关于收费公路货车计重收费方案》，并要求相关部门高度重视、协调解决有关问题，统筹推进计重收费工作。2006年8月26日，省政府副秘书长李顺通专门出席在太原环城高速小店收费站举行的计重收费宣传月活动启动仪式。2006年12月6日，省人民政府专门印发《关于高速公路实施货车计重收费的通告》（晋政发［2006］44号），明确指出：地方各级、各有关部门要形成法律、行政、经济手段共同治理超限超载的合力，进一步加强治理超限超载工作，巩固治理超限超载成果，严厉打击扰乱收费秩序行为，对恶意拥堵收费车道、破坏计重设备、寻衅滋事的人员要严肃处理。2006年12月9日，全省高速公路正式实施计重收费。

货车计重收费价格标准是关系到计重收费能否平稳运行的关键，也是关系到计重收费能否达到预期目标的核心。与江苏、山东、天津等省计重收费标准比较，山西省高速公路计重收费标准具有鲜明特色：一是基本费

率适中,天津是0.10元/吨公里,江苏是0.09元/吨公里,山东是0.08元/吨公里,山西省作为中部欠发达省份,定位在0.09元/吨公里,可信度是比较高的。二是对本省车辆占到三分之二以上的2轴6轮C类车型由于分车型定价水平形成的历史原因,为了使这部分车辆实行计重收费以后不增加负担,促进本地区运输发展,消除矛盾冲突,在分类分析基础上,实行对这部分车辆按照基本费率80%或85%计收通行费的优惠政策。同时把交通部指导意见中确定的线形优惠起点,从20吨提前到10吨。三是对由一级路改建的晋阳高速公路和运风高速公路,由于技术等级和服务功能等原因,在分类分车型收费时执行丁类标准。为了做到计重收费价格水平"总体不增长、分类也不增长"的原则,提出在实施大修改造之前,按照基本费率的80%计收通行费。四是充分考虑全省高速公路建设山区多、采空区多、地质复杂等实际情况,依据《收费公路管理条例》有关规定,在计重收费标准中单独设置500米以上隧道的收费标准0.32元/吨公里,这在全国是比较领先的,为"十一五"高速公路网建设及投资回收提供制度准备。五是为了做好比较分析,为完善计重收费价格标准提供技术支持,参照河南省办法,对晋焦高速公路实行合法装载部分仍然执行分类分车型收费标准,超限运输执行统一的征收道路补偿费处罚标准的过渡政策。

二、刷卡收费

高速公路推行非现金电子支付收费方式,是省交通厅按照省委、省政府要求,认真贯彻落实科学发展观,从解决社会公众和广大司乘人员最关心、最迫切问题入手,推进交通智能化建设,减缓收费站拥堵压力,进一步提高便民、利民服务能力的一项重要措施。

根据省发改委《关于山西省高速公路非现金结算系统建设项目工程可行性研究报告的批复》,非现金收费改造工程主要建设内容为,建设山西省高速公路管理及非现金结算中心1处,对全省高速公路系统9个片区中心、130个收费站、588条出口车道的软硬件进行扩容改造,项目投资估算5590万元。

按照改造内容和改造工期要求,项目工程建设分两期进行。一期是在省交通运输厅牵头组织协调下,由省高管局联合中国工商银行山西省分行,在原高速公路收费系统基础上增加牡丹晋通卡交易核心功能,实现高速公路通行费非现金电子支付。在软件方面,对车道、收费站、片区软件进行升级,省高速公路收费管理结算中心新增加非现金数据库系统、通信服务器的交易、对账系统、电子支付清算系统、通信传输监视系统的部分功能;在硬件和数据传输方面,更换读写器,增设无线交易POS机,搭建非现金结算网络平台和非现金交易信息记录、对账、结算系统,于2008年6月底完成;二期是以省高管局为建设单位,在实现上述基本功能基础上,对收费系统整体进行升级改造,使收费系统在实现非现金收费管理功能的同时,整体功能和性能得到进一步升级优化,2011年8月底完成。

(一)一期工程项目设计及主要技术路线

在充分调查研究、分析论证基础上,选择高速公路电子收费系统与银行卡的有效对接,与广大公众使用银行卡购物消费方式类似,将高速公路收费站的出口收费车道作为银行消费终端,对凡持有工商银行牡丹晋通卡者均可实行非现金缴费通行。在全省实行联网收费的高速公路收费站均安装读卡器、POS机等电子收费设备,通过对现有高速公路联网收费专网、收费站、片区中心和省结算中心的技术改造升级,实现与工商银行前置网连接,实现全天候在线交易。非现金收费技术路线的选择和技术方案的确定,既充分利用现有联网收费设施,节约投资,加快建设进度,又为下一步拓展银联卡应用提供条件,是继江苏、广东、吉林等省高速公路开通电子支付系统后,又一次大胆创新和实践,山西成为全国高速公路系统第6家率先实现非现金收费的省份。

经过省高管局和中国工商银行山西省分行的共同努力,联合推出"牡丹晋通卡",是集磁条、接触式芯片、非接触式芯片为一体的三界面卡,既具备牡丹贷记卡金融功能,又具有在全省境内高速公路缴费的信用功能。卡片采用共同发行联名卡方式,在IC卡的行业应用区采用双方商定的交通部密钥进行高速公路通行费缴费认证。“牡丹晋通卡”通过高速公路收费站出口车道读卡器读取卡号、计算费额,经专用网络与银行连接进行在线交易,当网络传输或银行系统有故障时,采用POS机刷卡缴费,“牡丹晋通卡”应用过程中无需手工输入密码,无需持卡人签字,并建立自动对账差错纠正系统,极大方便广大司机和车主。据实地测试,一次性完成交易时间大约为2-3秒钟,车辆通行高速公路收费站的时间大约在10秒钟。比现金收费缩短近50%的时间。

(二)二期工程升级优化成果

在一期工程顺利完成的基础上,通过多方调研学习,二期工程在充分借鉴国内多家发达省份先进管理思想和成熟经验,吸收多省在系统构建方面独具特色的功能需求和创新理念,并有机结合全省运营实际和管理要求基础上,按照“优化软件设计,减少岗亭操作,强化后台监管,提高放行速度”的建设原则,形成具有先进指导意义的系统整体优化升级设计方案,特别是针对省级管理平台创新性地提出了具有山西特色的“863”收费运营监管平台体系。

8个日常监管功能:

1.车道开启状态自动监控,避免随意关闭车道的现象;

2.收费员放行速度自动记录,自动考核;

3.建立公众满意度测评制度,自动记录,不能修改,考核不满意度;

4.建设收费站小视频的即时服务提示系统,为司乘人员提供天气、节日等温馨提示,提供人性化服务;

5.建立收费广场车辆状态监控平台,为相关科室人员在平台上进行实时有效管理提供必要条件;

6.建立PSAM卡安全管理监控系统;

7.建立车道站级收费设备运行状态检测系统,使收费设备运行状态能够在收费中心终端显示;

8.建立发卡及收费交卡差错率自动记录系统。

6个日常指标调度机制:

1.建立省中心实现网上下发应急指挥命令和日常管理工作的通知机制;

2.建立省中心统一颁布免费车辆白名单系统(他人无权修改),提高免费车辆放行速度;

3.建立非正常车辆自动排查和稽查平台;

4.建立上级管理公司情况汇报和紧急请示通道;

5.建立收费数据上传、拆分的实时记录和上下访问机制,解决目前“人工收费,手工拆分”的问题;

6.建立黑名单车辆及特殊车辆的管理机制。

3个数据分析挖掘系统:

1.建立车流量、通行费的日、旬、月的自动拆分、汇总、对比分析平台;

2.建立不同车型不同车流量通行费自动生成和分析对比的数据系统,自动生成坐标图、圆饼图、柱状图等直观展示形式,以方便管理人员决策;

3.建立收费车道通行量考核分析平台,为领导层决策车道是否需要改造扩建提供帮助。

按照“863”平台体系和优化升级方案改造后的全省高速公路收费系统,在系统稳定性、兼容性、拓展性、一致性等方面都有明显提升,可进一步为管理者提供更具深度和广度的经营分析与决策辅助。从工程建设规模和方案实施上来讲,此次工程改造在国内同行业领域内鲜有先例,是一次具有山西鲜明特色的探索创新。工程实施的成功经验,促成《山西省高速公路收费系统联网技术要求(试行)》这一地方性技术规范的及时出台。《技术要求》在立足全省收费管理运营现状同时,充分着眼未来全省高速公路6300多公里的规划需求,为未来新建并网的高速公路联网收费建设打好扎实的规范性基础。

三、不停车收费(ETC)

高速公路电子不停车收费(简称ETC)是指运用射频识别技术,通过安装在车辆挡风玻璃上的车载电子标签与收费车道的微波天线之间的专用短程通讯,在无需司机停车和收费员采取任何操作情况下,车辆在时速20公里行车速度下通过收费车道时,系统自动完成收费全过程。

推广高速公路联网电子不停车收费(ETC),是交通运输部确定的进一步改善高速公路通行环境,提高车辆放行能力,节省停车交费时间,缓解收费站拥堵,促进节能减排,提高高速公路收费智能化水平,利用信息技术提升高速公路通行效率和服务质量的重点项目,具有十分重要的现实意义。山西的ETC建设是在交通运输部组织试点完成"京津冀和长三角区域高速公路联网不停车收费示范工程",并在我国东中部地区进行推广应用基础上,充分借鉴示范工程和东中部地区成功经验并有效结合全省高速公路运营实际后实施的。

2010年3月3日至7日,省交通运输厅副厅长张志川带队,由省财政厅、省物价局、省交通厅、省高管局、省信通公司等部门组成的调研组,对"京津冀和长三角区域不停车收费示范工程"进行详细调研和考察,在交通运输部公路科学研究院国家智能交通工程技术研究中心举行专题座谈,拉开山西联网电子不停车收费建设序幕。4月12日,省交通厅厅长办公会议专题研究全省高速公路不停车收费系统建设情况,第10号厅长办公会议纪要明确了"统一规划、统一设计、统一标准、分步实施"的建设原则,确定2010年先行实施一期工程。6月7日省发展和改革委批复山西省高速公路不停车收费系统(一期工程)工程可行性研究报告,批复工期6个月。7月7日省交通运输厅批复山西省高速公路不停车收费系统(一期工程)一阶段施工图设计,核准工程预算1.65亿元,ETC收费站覆盖率达到32%,在通往地级市收费站、重要旅游景点收费站、主要出省收费站等43个收费站建成88条ETC车道。建成功能完备的山西省高速公路不停车收费拆分结算中心和运营服务中心。运营服务中心包括客服中心、呼叫中心、资金管理中心、网站系统等对外服务子系统。呼叫中心咨询电话:0351－7337793,服务内容包括业务咨询、消费信息查询、投诉受理等。客服网站地址:www.sxgsetc.com,包括业务介绍、业务咨询、表格下载、账单查询、投诉建议等。2010年11月15日,省交通运输厅正式批准成立"山西省高速公路不停车收费运营服务中心",由省高管局委托省交通信息通信公司组建非营利的专营中心,具体负责ETC系统的运营管理和技术服务,实现客服网点地级市全覆盖。在全省11个地级市各开通一个客服网点,包括大同公司大同南站、朔州公司朔州站、忻州公司原平站、太原公司滨河西站、太旧公司阳泉站、吕梁公司离石西站、晋中公司介休站、临汾公司临汾站、运城公司运城北站、太长公司长治西站、晋城公司晋城西站,负责电子标签和卡的发行与安装及售后服务工作。

山西省高速公路ETC缴费卡简称"山西快通卡",是具有储值功能,用于山西省高速公路通行费支付的专用双界面CPU卡。卡内记录用户信息、暂存款及使用情况等。分为储值卡(A卡)和记账卡(B卡),实行一车一卡,与车载电子标签(OBU)捆绑,不可转借,不可交换使用。其中,储值卡(A卡)采用实名制,用户需通过山西省高速公路不停车收费运营中心在卡内预存一定额度的现金,其车辆在通过高速公路收费站时,由高速公路ETC收费系统直接从卡内扣除当次应缴纳的通行费额。记账卡(B卡)主要面对具有一定车辆规模和良好信用的法人单位。用户需在山西省高速公路不停车收费运营中心后台建立团体车辆预存款账户并预存一定额度的资金,其车辆在通过高速公路收费站时,由高速公路ETC收费系统记录交易信息,在账户中扣除通行费额。

个人用户办理ETC业务时,需要出具车主及办理人身份证,办理车辆登记证书;填写电子标签及ETC卡办理申请表;用户交费后,客服人员为用户安装车载电子标签。

单位用户办理ETC业务时,需提交单位委托书、营业执照、组织机构代码证,委托办理人身份证,办理车辆的行车证;填写电子标签及ETC卡办理申请表;用户交费后,客服人员为用户安装车载电子标签。

在通过收费站时，ETC 用户具有“四种通行方式”：

第一种：ETC 车道入→ETC 车道出，采用这种通行方式，车辆出入均无需停车，系统自动完成交易。

第二种：ETC 车道入→MTC 车道出，ETC 用户通过 ETC 专用车道驶入高速公路，在驶出 MTC 收费站时，用户只需将 ETC 卡从车载电子标签取下，交 MTC 车道收费员，收费员通过车道读写刷卡设备完成缴费。

第三种：MTC 车道入→MTC 车道出，这种通行方式下，ETC 用户在出入口均需从车载电子标签取下 ETC 卡，交收费人员进行写卡和缴费操作（ETC 车辆进入 MTC 收费站时，需要向收费员提交 ETC 卡，不能领取 IC 卡。否则，驶出收费站时不能使用刷卡缴费）。

第四种：MTC 车道入→ETC 车道出，ETC 用户通过 MTC 车道进入高速公路时，需将 ETC 卡从车载电子标签取下，交入口收费员进行写卡处理，入口不再领取通行卡，否则驶出收费站时，不能使用 ETC 车道。

为提高广大用户使用 ETC 积极性，体现 ETC 规模运行的社会效益，加大推广力度，扩大社会影响，经相关部门批准，运营初期采取积极的推广措施和优惠政策。

一是向相关机构和个人免费赠送电子标签和 ETC 卡 2 万个，赠送对象包括省直机关公务用车、各地级市机关公务用车、交通系统公务用车、客运车辆、牡丹晋通卡和其他客车通行量较高的用户。

二是使用 ETC 储值卡的用户三年内享有缴纳通行费 2% 的折扣优惠。

三是对经常通行高速公路的客户，在电子标签和 ETC 卡销售时采取一定优惠政策，以 2010 年第三季度统计数为依据，考察一个季度期间的车辆通行数据：

客车在高速公路行驶趟数平均每天两个往返的免费赠送。

平均每天一个往返的享受五折优惠。

平均每天一趟的享受七折优惠。

平均每两天一趟的享受八折优惠。

四是不在免费赠送范围内的用户，可向 ETC 客服网点申请购买，根据省物价局批准，电子标签及 ETC 卡的销售价格为 390 元/套。

不停车收费的推广应用，是高速公路转变服务方式，为公众提供一种方便快捷通行方式，减少停车缴费时间，最大限度节省道路使用者的出行时间，提高管理和服务水平，体现以人为本、用户至上的服务理念；ETC 车道通行能力为 MTC 车道的 3 至 6 倍，将大大提升收费站通行效率；减少车辆停车交费时间，降低燃油消耗，有力促进节能减排，产生良好经济和社会效益。

ETC 的运营实践证明，实施高速公路联网电子不停车收费，是通过技术手段解决高速公路收费站堵车、提高高速公路通行效率的有效措施，是促进交通运输节能减排、节约用地的重要举措，是适应高速公路网络化管理趋势、发挥高速公路网整体效益和服务水平的现实需要，是推广应用高科技成果、发展现代交通运输业的重要载体。

第十三节 大运千里文明高速公路的创建

大运高速公路北起长城、南至黄河，全长 1025 里，纵贯山西南北，途经大同、太原、运城等 8 个市及 44 个县（市、区），是全省南北交通主动脉。为充分发挥大运高速公路的带动和辐射作用，真正把大运高速公路建设成为设施先进、功能齐全、方便快捷、用高科技打造的现代化高速公路，成为既体现山西传统文化特点、又体现山西现代文明的文化长廊，成为带动辐射作用较强的经济走廊，成为全国有影响的精神文明建设精品工程，2006 年 9 月，省高管局党委坚决贯彻落实省交通厅党组决定，向全系统发出总号令，明确提出创建千里大运文明高速公路，积极打造“人文大运、科技大运、绿色大运、和谐大运”的服务品牌，全面提升山西高速的管理能力与服务水平，为全省国民经济和社会发展营造良好的交通运营环境。

针对高速公路管理点多、线长、面广的行

业特点,省高管局以提高素质为根本,着力于“三支队伍”建设,即建设一支政治强、业务精、作风正的干部队伍,建设一支“有理想、有责任、有能力、形象好”的党员队伍,建设一支具有良好思想道德素质、过硬科学文化素质和健康心理体魄素质的职工队伍,充分发挥干部的带头表率作用、党员的先锋模范作用和职工的主人翁作用,大力加强党风廉政建设,从未出现党员干部违法违纪现象,在社会上树立高速公路行业的良好形象。

以文明共建为突破口,用行业文化建设来统领、提升高速公路管理单位的企业文化建设,用文化凝聚人心,塑造颇具特色的“和”文化和“路”文化,形成以“和谐包容,智慧诚信,务实创新,与时俱进”为内容的高速公路行业文化。把“和”文化引入行业文化建设当中,着眼于解决经济社会和人民群众日益增长的多样化交通运输需求与交通运输生产力相对滞后的矛盾,坚持以人为本,实现行业与员工和谐共赢;做到诚实守信,实现行业与客户和谐共赢;不断追求卓越,实现行业与社会和谐共赢,使广大人民群众尽享交通改革与发展的丰硕成果,不断增强高速公路管理行业对社会各界的亲和力和影响力,呈现广大人民群众充分信任高速公路管理、积极支持高速公路管理、主动参与高速公路管理的良好局面。培育以标识、标志、标线、标准字、标准色等为内容的高速形象文化,由桥梁、隧道、站所、构造物等设施构成的高速物质文化,以全新的领导制度、管理制度、组织制度等为内容的高速制度文化,以现代理念、服务宗旨、经营理念、职业道德、行业新风、奉献精神为内容的高速精神文化,沿线设计内容不同、各具风格、反映不同地区文化特点的雕塑、壁画和景观,把晋北古建佛教文化、晋中晋商民俗文化、晋南黄河根祖文化以及晋祠、平遥古城、壶口瀑布、关帝庙、鹳雀楼、绵山、芦芽山、恒山、五台山等三晋悠久丰厚的历史文化资源有机地结合在大运高速公路上,给司乘人员以文化熏陶和审美享受,努力把大运高速公路建设成为一条文化艺术长廊,做到“以路认省”,从而在总体上形成以人为本观念为主体、以主流价值为核心、以先进文化为引导、以规章制度为保障的涵盖路况、路标、路貌、路风、路魂等方面的高速公路“路”文化。

为改善大运高速沿线生态环境、投资环境和旅游环境,还给世人一个山清水秀的山西,展现给外界一个焕然一新的山西,使大运高速公路真正成为展现山西新风貌的重要窗口,省委、省政府一方面要求沿线政府在大运高速公路护网外两侧建设50米至200米宽的绿化带,另一方面要求大力实施大运高速公路通道绿化工程。省高管局坚持“科学规划、因地制宜、景观协调、易于养护”的原则,以防风固沙、保护路基、稳定边坡、美化环境、满足高速公路交通安全和交通功能为目标,统筹规划,分段设计,突出特点,注重特色,体现和谐,将通道绿化工程划分为四个区来组织开展。一是晋北防风固沙区,海拔高,风沙大,树种以新疆杨、榆树、刺槐等为主;二是晋西黄土丘陵区,山地多,山高风大,树种以新疆杨、漳河柳等为主;三是中部土石山区,海拔在500米至1000米之间,树种以窄冠杨、臭椿、垂柳、旱柳、火炬等为主;四是中南部盆地区,海拔低,风力小,气候温暖,树种以毛白杨、泡桐、国槐、垂柳、旱柳、馒头柳等为主。投资4000万元,栽植高大乔木80万株;突出“安全舒适、和谐愉悦”主题,大规模地种树、种草、种花,乔、灌、草、花、果合理布局,带、林、网、片、点、景相互配合,将沿线地带建成春花、夏荫、秋果、冬青四季为景的一道亮丽风景线,给人一种“人在车中坐、车在画中游”的美感。

省政府把“大运高速公路环保走廊”建设列为主要任务之一,明确提出要把大运高速公路及两侧规定范围建成清洁绿色的环保走廊,两侧各5公里范围内,建立产业发展的四级“梯度生态准入”标准,两侧各1公里区域为生态禁建区,严格禁止各类开发建设活动,并通过植树、种草等建立“绿色屏障”。两侧各1公里到2公里区域为严格控建区,2公里到5公里区域为一般控建区,大运路互通周围2公里范围内为自然生态区。同时,积极实施蓝天碧水工程。省高管局按照“蓝天碧水工程”有关技术标准和要求，投入190多万元，对大运高速公路沿线各收费站、养护工区等驻地单位使用原煤的26台套茶浴炉和食堂炉灶全部进行更换。

为了更好地提升高速公路运营管理水平，提高公共服务能力，积极引导和组织全系统广大干部职工在深入落实“六高”目标、全面创建千里大运文明高速路过程中建功立业。2006年8月，省高管局与省劳动竞赛委员会联合开展养护管理比技能看保畅能力，收费管理比放行看窗口建设，路政管理比规范看执法效能，服务区管理比温馨看服务质量，综合管理比素质看工作绩效的“五比五看、服务创优”立功竞赛活动，制定细则，严格考核。通过全员学，经常练，相互比，有效提高广大职工的综合素质和业务操作水平，一大批服务能手和先进个人在竞赛活动中脱颖而出，高速公路管理形象受到社会各界的一致认可。进一步加大共建力度，广泛与交警、司乘人员、地方政府、沿线村民、大型企业开展“共建文明大运，共创和谐高速”互动活动，与武警总队医院联合建立“高速公路急救中心”，与武警消防总队联合建立“消防指挥中心”，与交警形成联动机制，大运路雪天不封路，险情路段护送通行，通过发放“告知书”、“服务卡”、“征求意见卡”、悬挂标语条幅等，发出“用文明语、开文明车、行文明路、做文明人”倡议，畅通社会监督渠道，主动接受社会各方面的意见和建议，加强沟通，定期交流，建起沟通平台，架起友谊的桥梁，与省委宣传部联合制定宣传方案，与各大新闻媒体座谈、沟通、交流，开展采风活动，在《中国交通报》、《山西日报》、《山西交通》报开辟专栏，广泛宣传创建成果，表扬先进，批评后进，寻找差距，交流经验，充分发挥舆论的监督作用和媒体的导向作用，营造良好创建氛围，使创建工作得到社会各界广泛关注。广大群众积极支持创建，主动参与创建，分享创建成果，创建气氛日渐高涨，创建格局逐步壮大，人民群众行大运，走大运，实现创建的共建共享。

通过在全系统扎扎实实地开展创建活动，2007年12月2日，省政府和交通运输部在太原召开命名表彰大会。大运高速公路被省政府和交通部联合命名为“千里大运文明高速路”。

第十四节　精细化管理的全面推进

精细化管理理念源于西方发达国家工业生产和管理经验，是指企业在规范化和标准化基础上，对具体生产流程、管理流程进行科学精细化和合理优化的过程。其主要特征：一是一种现代的管理理念；二是一个全面化的管理模式；三是对规范化、标准化管理的提升；四是能有效地控制管理成本。对于高速公路管理来讲，还要增加一个特征，那就是能持续提高服务品位。

2007年，在全省高速公路管理工作会议上，省高管局提出：“全省高速公路系统开展管理创新年活动，要以提升“基础管理、基本技能、基本素质”为立足点，继续推进“五大工程”建设，着力提高通行保畅能力、快速放行能力、依法行政能力、精细化管理能力、网络运行保障能力。”这是在全省高速公路管理中首次提出精细化管理的概念。

2008年，在全省高速公路管理工作会议上，省高管局提出：“要立足“三基”工作，大力提升精细化管理水平。”并对倡导实施精细化做了系统要求：实施精细化管理首先必须确立做精、做细的工作理念，从提高员工基本素质入手，大力培养员工精细化管理服务的思维习惯，有效提升员工的责任意识和敬业精神，真正树立“高速公路无小事”的工作理念，并使其根置于创新管理的发展中，渗透到日常管理的行动中。精细化管理要以提高基础管理为着力点，在做精、做实、做密上下大工夫，不断充实完善制度内容，整合优化工作流程，以规范管理有效性实现基础管理精细化。用数据化检验精细化管理有效性，实行对工作过程的严抓细管、对工作效能的细化考核，实现对工作结果的精益求精，以精细化管理促进提高全省高速公路运营水平。精细化管理要以提高基层组织的执行力为突破口,在做严、做细、做透上花大力气。各级基层组织要以提高精细化管理能力为切入点,细分目标,细分任务,细分标准,严格责任落实,努力在运营管理上做到精耕细作,在服务手段上做到精雕细琢,以精细化管理推动全省高速公路的可持续发展。

2009 年,全省高速公路管理发展的总体思路提出:“创新发展方式,以信息化推进管理现代化,以精细化推进行业规范化,以运营一体化推进路网效能最大化,以发展集约化推进资产经营规模化,以服务最优化推进社会效益最大化”。11 月,在运城召开全省高速公路精细化管理推进会,省高管局开展全方位观摩交流,要求深入理解精细化管理的深刻内涵,着力抓住精细化管理的实质内容,从根本上解决全省高速公路存在的对精细化管理思想认识不足、责任意识不强、工作作风懒散、执行力不到位的四大问题。提出从三个方面狠下工夫:一是以提高运行服务质量为核心。将为社会提供的服务项目、服务内容、服务标准、服务流程做精、做细、做实、做密,把公众的感受作为评判标准,从根本上提高公共服务体系的有效供给能力。二是以提高运行管理效率为核心。以省局已建立的六大运营管理体系为基础,进一步量化工作内容,细化工作标准,优化工作流程,大力提高运行效能,全面提升运营管理水平。三是以提高运营管理效益为核心。以节约运营管理成本为突破口,大力完善日常管理费用的定额标准,着力加强运行成本费用控制;大力构建节约型行业,建立健全促进节约的工作机制。并明确高速公路管理发展的主要任务,全面推动精细化管理再上新台阶,有力促进全系统精细化管理工作的开展。

2010 年,全省交通运输工作会议把大力推广和实施精细化管理作为全年十项任务之一,提出要从全省交通运输行业管理实际出发,以公路建设和养护为重点,全面推广精细化管理,以精细化管理提升工程质量和公路养护,提升行业科学管理、科学发展水平。

2010 年,全省高速公路管理发展总体思路提出:“抓住精细化管理这条主线,突出应急保障、迎接部检两大重点,推动全省高速公路运营管理再上新台阶。”全年工作要转变发展方式,全面推动精细化管理再上新台阶,把推进精细化管理的着力点放在全面提升高速公路管理的“四种”能力上,努力在提高运行服务质量、运行管理效率、运营管理效益、降低运行管理成本四个方面有实质性的突破,引领全省高速公路运营管理工作再上新台阶。按照“标准作先导、体系作支持、项目作基础、活动作平台、组织作保障、业绩作品牌”的发展框架,2010 年 4 月,全面启动全省高速公路精细化管理系列标准编制工作。省高管局组织人员开展精细化管理系列标准编制工作,在省质监局、省交通运输厅领导的高度重视、超常规、大力度支持下,在山西财经大学、省质量检查信息所以及相关专家辛勤努力下,完成了《高速公路精细化管理标准体系总则》和《高速公路养护精细化管理规范》、《高速公路收费精细化管理规范》、《高速公路路政精细化管理规范》、《高速公路服务区精细化管理规范》、《高速公路信息监控精细化管理规范》以及配套的精细化工作标准、管理标准、技术标准的编制工作,并于 8 月由省质监局正式发布实施,成为指导全系统运营管理的纲领性文件,成为全国高速公路同行业首个地方标准,精细化管理工作取得新突破。

第十五节　业务管理内容的拓展和水平提升

一、养护管理

“十一五”期间,在省交通运输厅正确领导和大力支持下,全省高速公路养护管理工作紧紧围绕“合理规划、协调运转、把握规律、科学防治、反应快捷、作业规范、提高质量、确保畅通”的 32 字养护管理工作方针,正确定位管理权限,狠抓“四基工作”(即基层工作、基础管理、基准程序、基本数据)和队伍素质,以提高管理水平为出发点,以提高路况水平为落脚点,以管理水平促进路况水平提高,以路况水平体现管理水平层次,高速公路平均路面使用性能指数 PQI > 95,高速公路平均优等路率达到 95% 以上,次、差路率为 0,公路技术状况指数(MQI)的各分项指标(PQI、SCI、BCI、TCI)单公路应保持 80 以上;桥梁技术状况评定等级为一类、二类的要达到 100%,评定等级为一类的要占到总数的 60% 以上。

(一)以日常维修保养为主线,努力确保高速公路的畅、洁、绿、美、全

日常维修保养是养护工作的基础。省高管局始终坚持"预防为主、防治结合"的方针,着眼于细微之处,提出明确目标和承诺:

1. 路面平整无明显跳车,病害处治及时、快捷、优质,坑槽修补不过夜。

2. 路容路貌整洁、美观,绿化长势良好。抛洒杂物清除及时、无枯死苗木和绿化空白路段。

3. 沿线设施规范、齐全,恢复及时。中央分隔带护栏呈封闭状态,急弯、陡坡及视距不良路段安全设施完善,隧道照明、通风、消防、监控功能发挥正常,设施损坏恢复不过天。

4. 路基及边坡稳定,排水设施完善、畅通。无沉陷,无冲刷,无碎落,无堵塞。

5. 桥梁、隧道等构造物保持完好状态。无破损,部件功能发挥正常。

6. 防汛抢险、除雪防滑预案完善,措施到位,效果明显。雨季不断路;大运高速公路力争实现雪天不封路,其他高速公路雪停后 6 小时具备开通条件。

7. 养护作业规范,现场管理有序。养护作业现场安全标志齐全,人员着标志服、面向来车作业,车辆涂橘红色,不逆向行驶。

同时,建立和完善省高管局监管、高速公路公司(处)管理、养护工区(养护中心、处)自检的三级质量保证体系,并加强监督检查和考核,确保高速公路养护管理工作的健康发展。

(二)以 ISO9000 质量管理体系为基础,不断加强规范化管理

高速公路养护管理系统基本上建立九千质量管理体系,完善管理程序、工作标准和监督、检查及考核办法,先后制定《山西省高速公路规范化管理手册》(养护篇)、高速公路维修保养管理办法和专项、大修工程管理办法以及高速公路养护技术操作规程、质量要求等规范性文件,为高速公路规范化管理奠定基础。2003 年,省高管局聘请富有高速公路管理咨询经验的公司对全系统养护管理工作进行咨询指导,并在年底通过认证。工作中,一方面注重不断总结、完善相关办法,一方面狠抓落实,如在贯彻部颁养护质量检评办法时,注意把路况水平率减幅度和对管理工作指导力度有机结合起来,使全省高速公路养护工作基本走上规范化管理道路。结合多年来养护规范化管理经验,2009 年,省高管局又出台《山西高速公路精细化管理规范》地方标准,《山西高速公路精细化管理手册》,进一步规范和加强行业管理。通过一系列程序管理明确责任,紧紧围绕四基工作强化落实。2009 年,进一步核实完善基础数据统计工作,规范养护资料整理,截至 2010 年底,全省运营通车高速公路主线里程共计 1965 公里,主线桥梁 1892 座(其中特大桥 23 座,大桥 454 座,中桥 417 座,小桥 998 座);隧道 108 座(其中特长隧道 10 座,长隧道 21 座,中隧道 26 座,短隧道 51 座);互通 140 个。基层工作的不断完善,有效保证和提高工作效率,管理能力得到明显加强。

(三)以防汛抢险和除雪防滑为重点,确保高速公路安全畅通

全省高速公路大多处于山区,再加上北方地区特有的自然条件,夏、秋季节容易形成山洪,直接威胁高速公路安全,冬季降雪不易融化,又会对高速公路行车带来很大安全隐患。2003 年以来,省高管局在养护系统大力实施畅通工程,建立联防联控工作机制,完善长效预案,加大巡察和治理力度,践行对社会的公开承诺。

(四)以狠抓安全生产为核心,杜绝各种责任事故的发生

为加强养护生产安全管理,规范养护行为,防止和减少各类交通责任事故发生,2003 年以来,省高管局积极开展职业健康安全管

理体系认证工作，完善各项规章制度，将所有规章制度和岗位责任制都加入明确的安全责任条款；自上而下层层签订安全责任书，把安全工作落实到每一个人；专人负责安全检查，定期进行安全教育，及时处理、纠正安全隐患和生产管理中的不规范行为及各种违章操作。在养护作业中，为了确保施工作业现场交通安全，坚持执行“两个不准”，即施工单位没有施工安全方案不准开工，没有经过安全教育的人员不准参加现场作业；认真做到“五个落实”，即安全管理措施落实到位，施工作业现场安全标志规范落实到位，人员穿着标志服并在划定区域内作业，车辆涂橘红色并不得逆向行车，活动护栏处于封闭状态。

（五）加强养护专项工程管理，提高养护资金使用效益

2003 年以来，全省高速公路做到养护工程实施、储存、调研相结合，并实行申报、审核、审批制度。一般由各高速公路公司（处）提出，省高管局审核、审批（小型项目）、申报，省交通厅审批立项。具体实施由各高速公路公司（管理处）负责，并实行项目法人负责制、合同制，逐步推行招投标制和监理制，走市场化管理路子。省政府高管局负责监督管理和中间质量检查。小型养护工程验收由各公司自行组织，大型养护工程验收工作由省高管局主持。

（六）狠抓高速公路绿色通道建设，营造舒适、美观的行车环境

省交通厅非常重视高速公路绿色通道建设，做到高速公路绿化工程与主体工程建设同步进行，特别是 2003 年 9 月 28 日全线通车的大运高速公路，以“绿色大运、人文大运”为宗旨，建成以互通立交为点、中央分隔带为线、上下边坡为面，点、线、面相结合的立体绿化新格局。在养护管理中，省高管局非常注重人性化管理、针对北方地区干旱少雨、不利苗木生长的实际，制定切实可行的绿化管护措施，加大对绿化工作的投入力度，并积极吸纳绿化专业人员，聘请有经验的绿化技术专家定期进行指导，巩固和提高整体绿化效果，基本实现“车在路中行、人在花中游”的定性指标。

（七）加大投资，增强机械化养护作业

2003 年以来，各高速公路公司均按照机械设备配备标准，合理配备日常养护管理用机械，并达到规范管理、使用。同时全省还设有晋北、晋中、晋南三个养护中心，完成路面的集中、专项维修。共投资近 2 亿元，购买 400 多台养护机械设备，达到全省高速公路从保洁、日常维修到各项大中修、专项养护作业全部机械化操作的目标。

（八）加强桥梁养护管理，提升养护管理水平

1. 明确桥梁养护管理工作要求及质量目标。认真落实桥梁养护管理工作制度，做好桥梁检查与评定工作，及时科学合理进行桥梁病害处治，使桥梁构造物保持完好状态。技术状况评定等级为一类桥梁达到总数 60% 以上，技术状况评定等级为一类、二类桥梁达到总数 100%，确保桥梁经常处于良好技术状况。

2. 应用高速公路综合养护管理系统，做好桥梁技术档案管理工作。全省各高速公路运营管理单位均应用高速公路综合养护管理系统，在数据库中进一步完善有关桥梁基础资料、管理资料、检查资料及养护维修资料，及时更新相关数据，力争做到高速公路桥梁技术档案的真实完整，并实现电子化管理。

3. 认真做好桥梁检查、评定及上报工作。各高速公路运营管理单位负责完成所管养桥梁经常检查及记录表的填写、整理工作。各高速公路运营管理单位委托有关部门完成全省桥梁定期检查及评定工作。各高速公路运营管理单位每季度将桥梁技术状况评定等级上报省高管局，省高管局汇总整理后进行季度通报，并上报省交通厅。

4. 着力加强桥梁养护监管。全省高速公路系统建立桥梁养护管理逐级考评体系和责任追究制度，明确相关单位责任和义务。建成比较完善的桥梁技术管理体系、行政管理体系和监督检查体系，全面提高桥梁的养护管理水平。建立桥梁养护工程师制度，明确上岗条件和责任义务。桥梁养护工程师是桥梁

养护的技术第一负责人,行政一把手是桥梁养护的行政第一负责人。特大型桥梁和评定等级在二类以下的桥梁,一并纳入省高管局监管范围,其养护质量情况与每季一次的养护质量评定报告同时上报,全省对桥梁检查中发现的病害高度重视,及时制定科学合理处置方案,进行治理,确保高速公路安全畅通。

5. 对部分特大桥实施桥梁运营状态健康监测系统的应用。桥梁运营状态健康监测系统能够对桥梁进行应变、挠度、振动、温度、轴重五个方面的实时在线监测,并通过分析中心,系统对原始数据及与处理后的数据进行分析判断,对监控期间的桥梁运营工作状况进行评价,对桥梁养护维修提出建议。

(九)以“六高”目标为要求,进一步完善和提升服务功能

2003 年,针对高速公路管理实际,省交通厅提出全省高速公路管理的“六高”目标,即:“高质量工程、高效率管理、高科技应用、高素质队伍、高品位服务、高效益经营”。其中高质量工程是基础,高效率管理是核心,高科技应用是手段,高素质队伍是保证,高品位服务是社会目标,高效益经营是经济目标。为此,省高管局积极探索、努力实践,以养护管理作为各项工作基础,推广应用高速公路养护管理系统,建立高速公路动态数据库,实现资源共享,提高养护管理工作的科技含量,同时探索高速公路养护管理费用成本定额,以人为本,以车为本,实行能本管理,不断提升和完善高速公路的服务功能,努力实现“六高”目标。

二、收费管理

2003 年 4 月,为适应全省联网收费需要,省高管局成立收费管理结算中心、联网办公室,撤消局收费管理处。中心主要负责全省高速公路通行费征收业务的管理工作;负责全省联网收费系统运行管理和通行费征收业务管理,协同有关单位建立和完善收费管理制度,制定收费业务规范;协调全省联网收费单位的业务关系,并对其通行费收入按照路段进行拆分账和结算;负责全省高速公路收费业务的指导和检查工作,及时纠正差错,堵塞漏洞,健全规章制度,完善服务体系;负责全省高速公路收费稽查工作;吸取国内外先进技术,结合全省实际,参与收费设施统一规划与设计、收费设备更新改造与软件升级。

(一)实施收费站扩容改造工程

对单车道日通行量超过 1000 辆次的收费站推进扩容改造(按照2008 年上半年通行量排查,共有 68 个收费站需要进行扩容改造)。对高峰期或“黄金周”短时间内出现拥堵的收费站推进“一岛双亭”收费模式。对因客观条件限制无法在原位址新增车道的收费站,推进复式收费站建设。共完成 24 个收费站的整体改扩建任务,新增 37 入、49 出共 86 条收费车道;在 5 个收费站建设 17 条一岛双亭收费车道。以管理公司为单位,整合和优化 55 台收费便携机的管理和应急使用,建立收费系统快速反应应急管理机制。收费站拥堵问题初步得到缓解,司乘人员满意度调查得到认同和好评。

(二)建立全省统一的高速公路收费管理系统平台

自 2003 年全省收费系统大联网以来,持续扩大的路网规模、不断增长的车流量和数据总量、管理需求的日益精细化已使目前的系统突显出多种问题和弊端。为有效解决这一弊端,经过公开招标,省高管局与北大千方/紫光捷通联合体签订服务合同。在原有系统基础上,对联网收费系统进行整体优化升级,重点主要是优化完善数据结构和数据传输机制,增强丰富应用功能等。

(三)组织开展技术比武活动

从 2006 年起,组织开展五届收费业务技能比武活动。活动以“岗位当能手、服务做明星、通行提速度、行业树形象”为目标,坚持全员练兵、全员参与。一线收费员 100% 参与技术比武活动,通过开展收费技能比武等活动,引导广大收费员树立立足本职、爱岗敬业、刻苦钻研、争创一流意识,激发学技能、提素质、树形象工作热情,在全面提升业务技能基础上,选拔一批岗位服务标兵和业务技术能手,提高收费系统整体素质。

2009 年,高速公路收费系统首次作为一

个单独工种,参加了由省总工会、省妇联、省劳动和社会保障厅举办的"第二届女职工职业技能大赛"。在竞赛中,以严明组织纪律、高超业务技能和文明服务形象获得竞赛组委会高度评价。竞赛共有16个集体、16名个人获得省总工会、省劳动竞赛委员会奖励,6人次打破单项竞赛纪录。

2010年,收费系统组织各相关公司参加省交通运输厅和省人力资源和社会保障厅组织的"第五届山西省交通运输行业特有职业技能竞赛"活动,高速公路收费系统在团体成绩中分获第一、第二名,在个人成绩中获得全部4个单项中3个第一名的好成绩,共有7人次获得单项前三名,1人获得大赛优秀贡献奖。

(四)创新稽查手段,提升稽查管理水平

根据收费管理实情,创新稽查手段,加强稽查力度,多次组织开展了春运、两会、治理人情车特权车、全省高速公路漏费点收费稽查拉网式排查、通行费征管等专项稽查活动。对个别倒卡、换卡、持假证件等逃漏车辆通行费等不法行为,与公安部门配合,共追回直接经济损失480万元,刑拘社会不法分子8人。积极推进围绕防范货车偷逃通行费行为的技术攻关措施。针对货车在计重收费过程中,出现利用各种不规范行为逃漏通行费的情况,在认真分析研究基础上,进行防作弊软件研发并与计重设备厂家共同实施对计重设备和称重软件程序的升级改造,合理调整计重设备参数,建立防范矫正数据模型,增设称重信息异常报警功能,有效减少货运车辆恶意逃费行为。有效维护收费工作纪律和收费秩序稳定,为收费管理全面协调可持续发展奠定良好基础。

(五)保障"绿色通道"畅通,践行三个服务

实行高速公路鲜活农产品"绿色通道"优惠政策,是收费系统落实国家"三农"政策、践行交通运输部"三个服务"的重要体现。5年来,对通行全省高速公路所有收费站的鲜活农产品运输车辆实行免费快速放行,为保障鲜活农产品、季节性农资运输提供良好通行环境。同时,在若干特殊时点下,也为支援抗冰冻灾害、支援四川抗震救灾、服务奥运等方面提供重要交通保障,得到社会各界充分肯定,实现经济效益和社会效益双赢。

(六)推行"八颗牙"微笑服务和"双百千亿无差错"劳动竞赛

为了推动收费服务工作上水平、上台阶,2008年,省高管局全面推广收费人员"八颗牙"微笑服务活动。从提高收费队伍整体形象入手,通过编制《山西高速公路文明礼仪服务手册》,统一规范全省收费人员仪容仪表、文明用语、礼仪手势等行为标准和收费站站容站貌要求、便民服务设施设置、延伸服务要求形象标准。通过认真落实《手册》标准要求,建立奖惩机制等有效措施,调动收费人员工作积极性。

"双百千亿"无差错评比活动,是对在收费工作中累计通行费征收达到百万元、千万元、亿元无差错或累计收发卡达到百万张、千万张、亿张无差错的收费人员进行的一种表彰,目的是降低收费差错与发卡差错,提高收费员业务技能和工作效率。活动开展以来,省高管局先后表彰277名劳动能手(其中:最高纪录旧关陈海红3821万元),有力提升一线职工工作积极性和爱岗敬业精神,提高收费服务质量满意度,树立良好收费窗口形象。

(七)开展"星级信誉考核"公示评比活动

2007年,收费管理系统将当年确定为"服务创新年"。收费系统大胆改革原有管理模式,在实行自查与互查相结合基础上,引入第三方调查机制,形成以各收费站互查、运营单位自查、省局抽查及省民意调查中心满意度调查四环节总分评定收费站管理与服务等级,并挂牌接受社会监督的考核体系,使真正考核区别于内部目标责任制检查体系,突出收费管理在文明服务、文明创建、社会监督、应急情况处置等人民关心、社会关注的热点问题上的工作成绩,体现星级信誉考核制度服从于民意、满足于民心的目标。

三、路政管理

为认真履行好"保护路产,维护路权"这一神圣职责,2003年以来,省高速公路路政管理部门以"内强素质、外树形象"为目标,

以培训、考核、竞赛为手段，定期组织军事训练，建立和完善执法人员轮训制度，有针对性地组织开展技能比武和竞赛活动，不断加强路政队伍建设。严格落实每日4次巡查和特殊天气全天候巡查制度，积极构建社会协作机制，与沿线政府、学校、厂矿、公安派出所签订共建协议，发动各种社会力量爱路护路；与交警建立路警联动执法体系，加大对逃逸案件的打击力度，严厉打击损坏路产、侵害路权的违法行为，形成社会参与、群防群治、标本兼治、综合治理的公路保护新格局，有效保护路产路权。继续深入开展"阳光工程"建设，加强路政执法监督检查，建立一套比较完善的路政执法监督检查机制，保证高速公路路政执法的公开、公正、公平。积极推进"数字化"路政建设进程，建立健全抢险救援体系，全面推广和使用路政管理系统、巡逻车车载移动监控系统、远程对讲系统，实现真正意义上的实时、动态管理，拓宽管理领域，提高工作效率，提升路政管理的规范化、网络化、信息化水平。全面加强生命绿色通道、消防安全通道、清障救援通道建设，结合实际不断完善、健全各项应急预案，成立保畅应急队，配备较为先进的救援装备。通过高科技应用、高效管理机制及日常预案演练，确保高速公路的安全畅通。

四、服务区管理

（一）实行星级考核，加强跟踪管理

为了全面落实《山西省高速公路服务区管理办法》，加强全省高速公路服务区经营管理，提高服务区的经营服务质量，省高管局制定《山西省高速公路星级服务区评分标准》，全省高速公路星级服务区划分为一星至五星级：五星服务区，即单项分95分以上，总均分98分以上；四星服务区，即单项分80分以上，总均分85分以上；三星服务区，即单项分75分以上，总均分80分以上；二星服务区，即单项分65分以上，总均分70分以上；一星服务区，即单项分60分以上，总均分65分以上；考评工作每年度进行一次，由省高管局授予星级服务区称号。

2003年以来，省高管局全面加强星级服务区的跟踪管理工作，积极探索和建立星级服务区长效管理机制，制定和实施星级服务区自检、内评、抽查与复核等管理制度与考核办法。2008年初，省高管局对全省高速公路星级服务区标准进行较大幅度的标准提升修订，在原有考核标准上，增加经营、服务、管理、形象、环境卫生等十个方面将近40%的考核内容，使之更加全面、细化、量化和具体，更便于操作。2010年底，100%的服务区达到星级标准，三星级以上占到93.5%。

（二）提高服务质量，加强规范管理

2008年，省高管局出台《山西省高速公路服务区餐饮企业经营规范实施细则（试行）》，以开展"餐饮质量提高年"活动为载体，在餐饮行业有关专家指导下，对全省服务区餐饮超市的经营与服务采取标准化、规范化治理整顿。通过近一年循序渐进的分阶段实施，取得明显成效。全省投入运营的30个服务区55个餐饮企业，后厨与前厅相应设施、设备得到较大改善；环境卫生有了明显提高；餐饮与超市在形式、质量、品种、特色等方面有较大幅度改观；从业人员职业培训得到了加强。实践证明：服务区餐饮超市经营服务与顾客生理需求和切身利益密切相关，只有更好、更快地改善和提高餐饮超市经营服务水平，才能做好"服务人民群众安全便捷出行"，这是提高现代交通业公共服务能力的一项必然选择。在服务区经营多元化形势下，按市场经济规律，以标准化、规范化为主导实施行业管理，就能保障服务区有效提高社会效益和经济效益，切实提升高速公路整体服务形象。

（三）成立行业协会，加强自身建设

2006年，经省民政厅批准，省高管局成立山西省高速公路服务区协会。宗旨是：遵守宪法、法律、法规和国家政策，遵守社会道德风尚，贯彻国家产业政策，参与实施行业管理，维护会员的合法权益，为山西省高速公路各企事业单位及其经营管理者服务。主要职能是：受政府行业管理部门委托，开展行业调查研究；根据高速公路服务区经营的特殊性，制定自律性的行规行约；代表本行业向政府和行业管理部门反映会员单位的愿望和要求,维护会员单位的合法权益;做好信息咨询服务工作;发布行业信息、价格协调、行业准入资格审核等;协调高速公路服务区行业之间经营管理、合作中的问题,推动横向联合、协作、资产和资本运营;协助主管部门或根据实际需要,开展对从业人员的教育和培训;组织服务区行业会展招商以及产品推介活动;承担政府和行业管理部门交办的其他工作。近年来,协会充分发挥服务、自律、协调的职能作用,及时收集、分析和交流会员单位的信息与动态,发挥积极促进与引导作用,对服务区市场发展的消极因素进行干预与制约,对经营者在自由竞争和创新发展、和谐共赢等方面给予必要的帮助与支持。

为改变全省服务区汽车修理业存在着经营困难、管理水平低下、服务质量不高的状况,省高管局经营开发部门充分发挥行业管理的主导作用,组织全省服务区汽车修理业主在自愿基础上,实现"山西省高速公路服务区汽车修理连锁业",实现了统一店面管理、统一标识、统一经营方针、统一服务规范、统一修理和配件价格、统一工作服装等"五统一"连锁经营,形成全省高速公路服务区汽车修理规模经营的现代服务方式,对提高全省高速公路服务区行业管理效果发挥重要作用。

五、信息监控管理

全省高速公路信息监控系统以精细化管理为主线,以提高机电设备完好率为基础,以提高机电系统整体效能为目标,扎实稳步开展各项管理工作。以提高运行质量和运行管理效率为着力点,编写、制定、出台《高速公路信息监控与机电设备精细化管理规范》和《山西省高速公路精细化管理岗位工作标准应用手册(信息监控篇)》,并在实际工作中加以运用和严格控制,以精细化推进行业现代化,全面推动信息监控工作的协调有序发展。建立全省高速公路机电系统信息化管理平台,通过机电系统信息化管理平台的推广、应用和考核,统筹掌握各路段机电系统设备配置情况和运作状况,规范机电专项工程审批管理流程,并逐年形成年度全省机电系统运行分析报告,为全省机电系统管理水平持续改进、不断提高,提供指导依据,积累宝贵经验。以年度目标考核指标为依据,细化考核内容,控制考核环节,严格考核程序,全面形成"以制度管人,用事实说话"的考核氛围,"十一五"以来,全省通信系统平均完好率达到99.53%,监控网络平均完好率达到98.95%,收费系统平均完好率达到99.36%,比"十五"期间分别提高0.46%、0.83%、0.25%。重点建立防病毒、入侵检测、安全认证、数据加密、容灾备份等系统,按照"等级保护、分域防护"策略,建立起系统分域保护框架,制订《山西省高速公路管理局办公内网安全管理办法》、《山西省高速网站安全及保密制度》等一系列相关制度,不断提高安全防范能力。建立完善机电系统故障抢修应急预案与处置流程,并着重加强对预案的日常应急演练,增强应急意识,提高了应急能力,保证各系统突发故障后的及时恢复和稳定运行。建立系统标准准入机制,充分考虑新旧系统的兼容性和扩容性,组织通信、监控系统联网技术要求的编制工作,并于2010年10月由省交通运输厅正式颁布执行。为新建路段机电系统规划、设计、施工与并网,提供必要的技术指导方案和技术要求。

全省高速公路信息服务工作始终在提升服务水平、拓宽服务渠道上下工夫,完成客服电话96565向12122平稳过渡,通过信息媒体宣传、双号并轨运行、应急预案保障等工作,确保热线服务的无缝隙有效衔接;升级省信息监控中心的短信发布平台,对"12122"客服系统和网站服务器等信息发布系统的硬件进行升级改造,并对山西省高速公路网站进行改版,着手山西高速公路网站群的开发建设,初步建立起集数据采集、信息发布、出行服务为一体的综合信息服务体系。建立以路政巡逻、公司及省局信息中心的三级信息责任报送体系,逐步形成以省市交通台、12122客服电话、沿线可变情报板为主干的信息发布系统,信息发布的渠道和终端数量不断增加,不仅对信息发布工作提供强有力保障,而且得到广大司乘人员认可,确保运营管理和服务的高效有序。健全省中心与各公司信息中心、各公司信息中心之间以及与周边省份之间的多元化、全方位信息交互、突发事件应急联动机制,加强对突发应急事件的分析总结和过程评价,进一步完善《山西省高速公路信息监控工作突发事件应急预案》,优化应急处置流程,提高快速反应能力。

六、安全生产管理

2003 年以来,省高管局以科学发展观统领安全生产工作,紧紧围绕高速公路管理中心工作,坚持“安全第一,预防为主,综合治理”的工作方针,以“保从业人员生产安全、保收费资金安全、保网络监管安全、保路政治超畅通安全、保重点工程施工安全、保道路桥梁运营安全、保服务区食品油品安全”为重点,认真落实两个“主体责任”,健全和完善安全生产责任制,严格贯彻执行“谁主管、谁负责、谁签字”原则和“管生产必须管安全,抓生产必须抓安全”方针,行政一把手挂帅,分管领导具体负责,明确目标,责任到人。创新安全监管思路和方法,夯实安全生产工作基础,建立完善重特大事故责任追究、消防安全、安全检查、安全例会等各项管理制度,强化各级安全生产工作责任,确保安全管理规范化。采取“单位自查和省局随机抽查相结合”、“单位全面检查与省局重点检查相结合”、“前一年的隐患整改巩固与后一年的隐患排查相结合”的“三结合”方式,深入开展“隐患治理年”、“安全生产百日督查”、“安全生产年”和“安全生产月”活动,认真做好安全隐患排查工作。对排查出的安全隐患,进行全面梳理、分类、建档,做到“一患一档”,并指定专人跟踪、督促整改。对一般隐患,要求限期整改消除,对短期不能完成整治的重大隐患,要求采取预防措施,制订应急预案,加强预警监控,逐级上报解决,隐患治理率达到 100%,坚决防止各类事故特别是重特大事故发生,为促进全省高速公路管理事业又好又快发展提供良好环境。

第十六节　“五比五看”立功竞赛和全系统各级技术比武活动的开展

2006 年 8 月以来,省高管局结合深入落实“六高”目标和创建大运千里文明高速路活动,在全系统开展“养护管理比技能,看保畅能力;收费管理比放行,看窗口建设;路政管理比规范,看执法效能;服务区管理比温馨,看服务质量;综合管理比素质,看工作绩效”的“五比五看、服务创优”立功竞赛活动。为了让全体职工充分认识活动重要性,省高管局通过召开动员大会、再动员大会、视频会议,进一步统一思想认识,明确竞赛活动主要任务,并成立以主要领导亲自抓、班子成员分工抓、专业部门具体抓、党政工团齐抓共管领导组织机制。局领导多次亲自奔赴一线督促指导,将活动的主要任务、内容、步骤和要求传达至每一位职工,安排部署竞赛活动,提供坚强领导保证。各高速公路公司按照省高管局要求,纷纷开展了形式多样的竞赛活动,迅速在全系统掀起竞赛热潮。

在实际工作中,省高管局将竞赛活动作为管理上台阶、服务上水平、整体工作出成绩的良好时机。在提高服务质量、加强内部细节管理和提高业务操作能力上下工夫,夯实基础,苦练内功。通过实行分管领导具体部署、业务部门具体组织、各单位具体落实的竞赛格局,在收费方面开展现场点钞、收费车道放行速度、优秀监控班月评和票款核算竞赛等活动,并举办收费业务比武;在路政方面开展遇警快速反应、清障救援速度、军事会操、办案效率和法律法规知识竞赛等活动;在养护方面,开展修补坑槽、机械化日常养护、机械化操作、抢修速度和应急预案启动等技术比武;在服务区方面,开展加油速度、餐饮服务、厨艺展示、消防演练、汽修技能和综合知识测试等一系列活动;在机关,一方面各部门指导基层工作,另一方面进行管理人员综合知识测试和公文竞赛活动。在各类技术比武中,系统全员参与,五大行业战鼓声声、争相斗艳,不但使业务尖子和技术能手脱颖而出,而且也使各个岗位技能、社会综合地位和管理水平得到提升。

"五比五看、服务创优"立功竞赛活动是全省高管系统组织的首次大规模、高标准、高质量的劳动竞赛。为了保证活动取得实效,省高管局加大投入,建立健全竞赛活动经费投入机制,把有限资金用在宣传和奖励上。活动开展以来,通过在各收费站广场悬挂各类条幅、标语,发放宣传材料,利用可变情报板进行24小时不间断滚动播出,并以《中国交通报》、《山西日报》、《山西交通》报等为宣传平台,及时报道进展情况,大力宣传先进典型事迹,营造全社会关心支持竞赛活动良好文明创建格局。

与此同时,省高管局紧紧围绕活动主题,把竞赛活动与提高职工综合素质相结合,健全职工培训长效机制;与规范化管理工作相结合,按照精细化管理要求,狠抓薄弱环节,强化管理基础,创新竞赛机制,保证竞赛质量;与服务功能相结合,在业务比武中,将文明服务作为重要考核指标,通过开展岗位练兵提高优质服务,通过严格创建标准拓展服务内涵,通过日常工作检验服务质量;与培养典型相结合,通过在集体之间、个人之间展开竞争,强化职工成就感和事业心,为职工成长和岗位成才提供广阔舞台,激发爱岗敬业热情,调动各单位集体创造力,涌现出一大批先进典型。竞赛中,有7个公司被省劳动竞赛委员会授予"五一劳动奖状";30名个人被授予"五一劳动奖章";19个集体被荣记"集体一等功";27个集体被荣记"集体二等功";36个集体被荣记"集体三等功";21名个人被荣记"个人一等功";44名个人被荣记"个人二等功";66名个人被荣记"个人三等功"。

第十七节 行业文化建设

先进的行业文化是社会主义先进文化的重要组成部分。高速公路是现代文明的象征,是展示和传播先进文化的重要窗口与有效载体。在高速公路建设中,山西人民充分发扬勇敢顽强、勇于牺牲的"太行精神",自强不息、开拓进取的"吕梁精神"和自力更生、战天斗地的"大寨精神"等,克服地质条件差、施工难度大、资金严重短缺等重重困难,实现从"零"的突破到"迅猛发展"的飞跃。同时,创育享誉全国的"太旧精神"、"大运精神",成为新时期山西交通人共同的价值追求和精神动力。

2007年,省高管局在所属各单位推进企业文化建设的基础上,启动行业文化建设工作,明确由局党委总牵头负责文化建设实施全过程。根据工作需要,首先成立山西高速行业文化建设课题组,聘请国家级专家、教授、博士生导师6人,博士研究生10人,硕士研究生16人,相关研究人员30人,共同参与课题研究。进行山西高速行业文化理念梳理和解读,重点完成了对各类文件资料、所属各单位文化建设大纲及工作视频资料的汇总、整理、分类、解读;组织开展山西高速行业基层单位调研,采取深度访谈法、投射法、问卷调查法和小组访谈与问卷相结合的方法,针对全省高速行业制度层、形象层、文化层所表现出来的问题,分别对太原、运城、临汾、祁临、太长、长治、忻州、朔州高速公路公司8个运营单位进行深度访谈和问卷调研活动;编制完成《行业文化手册》,从"理念识别"、"行为识别"和"视觉形象识别"三个层面,对发展方略、价值体系、行为规范、标志形象等进行全面系统定位,形成山西高速公路行业文化体系的初步架构。

一、行业理念识别系统(MIS)

行业理念识别系统是山西高速公路行业文化建设(TIS)的精神层面。主要包括:行业核心价值观体系、行业文化实践和行业发展战略三部分。其中,行业核心价值观体系主要包括:行业使命、行业宗旨、行业愿景、行业核心价值观、行业精神、行业作风、行业形象、职工誓词;行业文化实践主要包含服务理念、安全理念、学习理念、创新理念、廉洁理念、人才理念、团队理念;行业发展战略,是指行业的远景目标和为实现目标所进行的总体性、指导性、系统性谋划，分行业战略目标、战略重点和战略保障三部分。

1. 行业使命：发展高速事业，构建和谐社会。

2. 行业宗旨：融入国家高速大格局，服务山西发展新局面，提供人车便行大通道。

3. 行业愿景：国家放心，用户满意，职工自豪的全国一流行业。

4. 核心价值观：责任至上，服务至上。

5. 行业精神：乐于奉献，追求卓越。

6. 行业作风：严谨高效，积极向上。

7. 行业形象：高度负责的社会形象，真诚规范的服务形象，协调高效的管理形象，团结进取的团队形象。

8. 山西高速公路行业职工誓词：

我是山西高速公路人，

我们的使命是"发展高速事业，构建和谐社会"；

我们的宗旨是"融入国家高速大格局，服务山西发展新局面，提供人车便行大通道"；

我们要把山西高速建设成为"国家放心，用户满意，职工自豪的全国一流行业"；

"责任至上，服务至上"，用我的行动，让山西高速更美好！

二、行业行为识别系统（BIS）

行为识别系统是山西高速公路行业文化建设的执行层面，是行业精神理念在工作流程、行为规范、公共关系等方面的表现。共由六部分组成：第一部分是基本行为规范，是总册，主要包括《山西高速公路行业职工守则》、《山西高速公路行业职工形象规范》、《山西高速公路行业职工礼仪规范》、《山西高速公路行业职工文明用语规范》；其余五部分主要以业务工作划分，分别建立《收费系统职工行为规范》、《路政系统职工行为规范》、《养护系统职工行为规范》、《经营开发系统职工行为规范》、《信息监控系统职工行为规范》。

三、行业视觉形象识别系统（VIS）

视觉形象识别系统是山西高速公路行业文化建设的物质层面，是通过对"山西高速"行业标识的规范推广，将行业使命、行业远景、行业精神等具体化、视觉化、外显化，使行业员工和社会公众能够一目了然地接受行业信息，产生认同感。视觉形象识别系统包括《总册》、《分册》两部分，《总册》由实施细则、分类概况、手册使用流程、基础要素系统、办公事务系统、公关广告宣传系统、办公环境识别系统组成。《分册》由收费系统、养护系统、经营开发系统组成。

第四章 道路运输

随着2004年4月14日《中华人民共和国道路运输条例》经国务院第48次常务会议审议通过,并于7月1日正式实施,交通部随后制定出台《国际道路运输管理规定》、《道路货物运输及站场管理规定》、《机动车维修管理规定》、《道路危险货物运输管理规定》、《道路旅客运输及客运站管理规定》、《机动车驾驶员培训管理规定》、《道路运输从业人员管理规定》7个部门规章。这一时期,全省道路运输管理机构积极组织多种形式宣传、培训活动,按照《道条》及配套规章,较好地解决了行政许可主体错位、缺位、越位及扩大许可条件、增加许可程序和超越审批时限等问题,制定完善行政许可、行政处罚、行政监督、市场管理等制度规范,落实执法责任制和责任追究制,并在道路运输市场建设、秩序整顿、运输结构调整基础上,坚持"三个服务"(即:服务国民经济的社会发展全局,服务社会主义新农村建设,服务人民群众安全便捷出行),促进道路运输经济又好又快发展方面做了大量工作。

第一节 信息化建设的全面展开

随着社会经济持续发展和人们生活水平不断提高,对道路运输需求越来越多,对服务质量要求也越来越高,而高质量的运输服务必须由信息化来支撑。省运管局充分认识到这一点,特别是《道路运输管理条例》颁布实施以来,全力加快道路运输信息化系统建设步伐,将信息化系统建设与管理列入重要议事日程,建立决策咨询制度,聘请省内外知名专家组成专家咨询委员会,加快"数字运管"、"智能运管"建设步伐,促进全省交通运输信息资源的整合与共享,也促进监管方式、服务理念的变革,为实现道路运输行业跨越式发展构筑坚强支点。

一、网络建设

按照统筹规划、资源共享原则,省运管局在确保安全可靠情况下,局域网、广域网、互联网建设稳步推进。

2004年4月,省运管局运输信息中心成立后,开始着手建设机关局域网。在资金紧张、人手不足情况下,中心工作人员克服各种困难,亲自布线、联网,完成机关局域网组建工作,初期联通节点20多个,实现局域网内所有电脑互联互通,文件、打印机等资源共享。2005年、2006年,随着局机关电脑增加及工作需要,局域网节点不断增加。2005年8月,对机关局域网进行重新规划、综合布线,整个局域网节点数达到150多个。

广域网是指全省运管机构省、市、县运政专网。按照"统一规划、统一标准、统一管理、分级负责"原则,2003年12月完成省到市广域网建设。通过2M的SDH线路连接,运管局与各市运管处形成一个跨区域互联互通的通信网络。2005年12月,由省运管局统一出资,各市运管处具体实施,通过2M的SDH线路连接,完成市到县广域网建设,全省运管机构省、市、县三级运政专网建成。通过运政网络,省运管局与各市运管处开通视频会议和IP电话,实现运政管理数据实时传输和全省共享。

互联网建设紧跟网络发展趋势,进行多次升级。2002年2月,省运管局申请开通ADSL专线接入互联网,带宽512K;2003年5

月,将互联网接入方式由 ADSL 升级为网通 2M 光缆接入;2005 年 6 月,新增一条网通 2M 光缆接入互联网,其中一条用于机关局域网电脑接入互联网,另一条用于网站等。

二、运政管理系统

随着计算机及网络通信技术日趋成熟,传统手工管理和操作,不论从工作效率,还是准确性方面,显然都已经落后于经济发展,不能适应工作需要。省运管局结合实际,将计算机、网络等现代技术逐步引入运政管理。1997 年至 2006 年,《山西运政管理系统》经历四个阶段发展,功能得到不断增强和完善,涵盖道路运输管理工作各个方面,基本实现全省运政管理微机化、网络化。

1997 年 7 月,通过省交通厅立项,获得资金补助,省运管局开始启动《山西运政管理系统》第一代开发研究工作,实现对客运、货运、维修三大市场的车辆、线路,业户和人员档案的微机管理,及证照(如经营许可证、营运证、准驾证等)的电脑打印。2001 年 3 月 27 日系统通过省科技厅鉴定,在全省推广应用。

2003 年 2 月,通过对山东、河北、深圳、广州、重庆、浙江等多家软件公司比选,引进河北鸿阳软件公司的《运政管理系统》,在结合山西省运政管理需要进一步修改完善后,形成第二代。采用 C/S 结构模式,增加业务模块,增强管理功能,但仅能单机运行。

2004 年 10 月,通过对第二代升级,形成第三代。采用 C/S 和 B/S 相结合,省、市两级数据库模式,县级运管机构电脑安装 C/S 版,通过市、县网络连接,市运管机构数据库进行业务办理,市级数据库定时将数据上传省运管局。

2005 年,全省运管系统信息化建设工作全面启动。6 月 21 日,省运管局在晋中召开会议,安排部署全省运管系统信息化工作,并进行运政管理系统、运政联网移动稽查项目现场演示和典型经验交流。

2006 年 1 月,按照交通部《关于启用新版道路运输证件的通知》要求,省运管局积极开展《山西运政管理系统》升级完善工作。通过对河北、北京、太原三家软件公司比选,确定采用山西同昌信息技术实业有限公司开发的第四代。基于省、市、县三级运政专网完全采用 B/S 结构,全省建立统一运政数据库。

《山西运政管理系统》主要功能包括:旅客运输管理、货物运输管理、机动车维修管理、机动车驾驶员培训管理、从业资格管理、站场管理、规费征收管理、道路运输行政处罚管理、票证管理、综合报表、文件管理、论坛、聊天室、工作通知、触摸式查询系统等,是连接运管系统各级各部门的业务管理系统。实现运管部门内部信息交流,省、市、县三级运管部门之间业务数据的网上传递、交换、处理;建立统一的运政管理信息数据库,数据充分共享和多点应用。

三、视频会议与网络电话建设

为有效利用网络资源,运管局利用省、市专网 2 米的 SDH 线路,开通视频会议系统和 IP 电话。

(一)视频会议系统

2003 年 12 月,省市两级视频会议系统项目开始筹备建设,2004 年 1 月,省运管局组织有关专家论证后,进行完善和实施。2004 年 5 月 29 日,省市两级视频会议系统全面建设完成,正式启用。

视频会议系统适用的会议模式包括讨论模式、演讲模式、文稿模式、VCD 模式等。讨论模式适用于参会的所有会场均进行发言的会议;演讲模式适用于仅主会场进行发言的会议;文稿模式适用于需进行 WORD 文档、EXCEL 表格、PPT 幻灯片演示的会议;VCD 模式适用于需进行播放 VCD 或 CD 光碟的会议。以上四种会议模式可单独使用,也可综合使用。系统正式建成后,省运管局组织各市处系统操作人员进行两次培训,并建立相关操作流程和管理制度。

2004 年 10 月,针对存在问题,省运管局对视频会议系统进行升级。一是在会议室安装补光单元,有效解决视频效果差问题;二是重新配备一台性能高、效果好、性价比强的终端设备,解决视频终端反应速度慢、显示效果差的问题。

2006年8月,省运管局对省、市视频会议系统进行更新改造,将原来软硬件结合的视频会议系统升级为纯硬件视频会议系统,增加MUC及12个视频会议终端,增强系统稳定性,操作更加简单,画面更加简单,画面声音传输更加流畅,实现电视电话会议、可视指挥调度、动态图像传输等在内的多功能综合图像应用;具有交互式、讨论式、广播式等多种电视会议模式;图像稳定、可靠,画面清晰、逼真,层次感强,唇音同步,无停顿、黑屏等现象;声音清晰流畅,无失真,立体感强;操作截面采用文字与图像相结合方式,具有网管功能,能实现对全网设备运行状态监视及相关参数修改;解决调试工作烦琐,突发故障多的问题。

视频会议系统应用,改变以往会议必须召集到一起进行的模式,避免无谓的空间转移所造成的时间和金钱浪费,节约大量人力、财力,并且使一些重大政策、精神得以及时向下传达,提高了工作效率和会议质量。

(二)VOIP网络电话

2005年9月,省运管局开始建设全省运管系统VOIP网络电话,经过一个月联网测试运行,10月正式开通使用。其硬件网络结构为:省局作为网络核心,放置1台网守,为各地市提供电话呼叫管理,全省11个市局、处各安装一台语音网关,作为语音通讯终端设备,从而实现VOIP网络内部通话。

VOIP网络电话的应用,使省运管局和各市运管处可以通过内部数据网络拨打电话,不需要经过运营商转接,不受外界通讯线路影响,保密性能好,且不需交纳高额长途通讯费用,实现运管系统内部“零”费用通话,大大节约办公经费支出、降低管理成本,提高办公效率。

四、卫星定位应用系统

2005年6月,省运管局组织专人,编导《山西省道路运输行业GPS安全管理服务系统》可行性研究报告书,在大量研究与论证基础上,2006年3月20日,省交通厅以晋交规划字[2006]113号文件批复。确定系统建设资金共计950万元,其中省交通厅投资省、市两级平台硬件建设300万元,软件投资140万元,系统维护及升级费用50万元,车载终端补助460万元(每台车补助500元)。批准建设省级平台1个,市级平台15个,企业平台100个,推广安装GPS终端设备9200台。

为了尽快筹备和建成卫星定位应用系统,2005年6月22日,省运管局召开《山西省营运车辆GPS安全调度平台项目可行性报告》评审会,确定项目立项。2005年11月24日,省交通厅印发《关于加快推进全省道路运输行业GPS安全管理服务系统建设的通知》明确领导机构、建设思路和原则、政策和措施。

2005年12月26日上午,省运管局召开新闻发布会。省运管局负责建设全省道路运输行业GPS安全管理服务系统。该系统由省、市、县三级平台组成,省级平台设在省运管局;市级平台设在各市运管局、处;企业级平台设在各道路运输企业。省、市两级平台由省运管局统一组织建设,各市运管局、处配合,企业级平台由企业自主建设,省运管局给予指导和技术支持。对于符合技术要求,纳入全省道路运输行业GPS安全管理服务系统平台管理的车辆,按照每台GPS行驶记录仪车载终端500元标准,省交通厅给予补助。全省第一批纳入范围的是营业性高速客运车辆、超长客运线路(200公里以上)车辆、危险货物运输(不含军品运输)车辆、战略物资保障车辆。经过公开招标,专家评判,确定GPS系统软件预中标单位4家,GPS终端设备预中标单位7家。2006年6月3日,对11家预中标单位进行二次评审。专家评审组听取有关单位汇报后,确定GPS终端设备最终中标单位为北京紫光捷通科技有限公司、山西同昌信息技术实业有限公司、山西金长城新技术有限公司,硬件设备建设单位为山西同昌信息技术实业有限公司。

2006年11月30日,省级平台建设完成并通过专家验收,开始全面启动市级(二级)平台建设工程。省运管局对515辆战备运输保障车辆都建立电子档案,安装GPS卫星定位系统,并建设战略物资运输保障体系 GPS 运营管理平台。通过省、市、车队(企业)三级管理平台,有效、直观、快捷地实施战略物资道路运输保障车队的指挥调度。截至 2007 年 8 月,全省 11 个市运管局、处卫星定位应用系统二级平台全部建设完毕,建成运营企业平台 20 多个,安装车载终端 4555 辆。

省 GPS 总中心建设。以省运管局信息中心为主体建立省级 GPS 总中心,提供下级中心各项基础技术接入(包括短信、GPRS/CDMA1X、WEBGIS、手机 GPS 等业务),同时可以监管下级中心及企业的 GPS 运营情况,极大加强对运营车辆的监督与管理。

市级 GPS 分中心建设。在省级中心直接领导下建立 11 个地市级 GPS 分中心,每个中心各负责本管范围内的 GPS 车辆安全运营服务,并将相应企业运营管理报表报上级管理部门。

安装 GPS 车载终端,实现用户对车辆的实时直观监控,实现了车辆动态位置查询、车辆运行轨迹动态查询、车辆状态监控、车辆超速自动报警、驾驶超时自动报警、远程调度、远程控制(防盗、防抢)等功能,提高行业管理部门对运输企业的安全监管能力。

五、96566 运政热线系统

2005 年 5 月,省运管局开始筹备 96566 运政热线系统建设,经过四个多月的系统安装调试,9 月 10 日,96566 运政热线系统通过全省联网测试,进入试运行阶段。12 月 30 日,举行 96566 运政热线系统全省开通仪式。

"96566"运政热线系统通过统一的客户服务系统平台,基于省、市两级 2M 的 SDH 光缆,应用 VOIP 技术构建运政热线管理平台,既节省通话费用,又提高通话质量。以"全天候 24 小时、站式首问负责制"的服务方式服务于社会公众,不仅服务内容涉及广泛,而且创建全新服务体系。服务功能有:提供道路运输政策、法规咨询服务;提供道路运输旅客出行信息服务;提供车辆维修与救援信息服务;提供驾驶员培训信息服务;提供营运车辆安全调度服务。监督作用有:负责受理道路运输企业、经营者及人民群众对道路运输管理机构人员工作作风、工作质量、工作效率等方面的意见、建议和批评;受理人民群众对道路运输企业和经营户的意见、建议和批评;受理人民群众在道路运输方面存在的热点、难点问题;受理人民群众对道路运输行业改革和发展方面的意见和建议。

96566 运政热线系统是社会公众直接与运管部门对话的窗口,是打击非法和违章道路运输经营行为的利剑,使行业管理更加规范化,真正实现为民服务,树立良好社会形象。同时,利用运政专网进行公文收发,96566 全省零话费相互转接,提高工作效率,减少资源浪费,仅 2006 年就节约办公经费 50 多万元。

六、山西交通运输网站

在政府从管理型向服务管理型转变过程中,网站已成为政府加强管理和改善公共服务的重要依托。随着国民经济社会信息化的发展,尤其是互联网的普遍应用,全国交通运输网站建设和发展速度加快,网站已成为各级交通运输部门在互联网上发布交通运输政务信息、提供在线出行服务、与公众互动交流的重要平台。为了更好地落实国务院办公厅《关于加强政府网站建设和管理工作的意见》,山西省交通运输管理局筹建并在全省推广使用"山西交通运输网站"(WWW.SX-TRANS.COM)。

2005 年 2 月,"山西交通运输网站"开始筹备建设,经过一年多需求调研、开发完善,2006 年 11 月 28 日通过验收。11 月 30 日,举行剪彩仪式,正式启用。

《山西交通运输网站》采用"1 + 11 + 134"集群模式,即 1 个省局 + 11 个地市 + 134 个县。全省运管部门分支机构只需登陆同一网站(www.sxtrans.com),每个地市或县所都拥有自己独立页面,可实现与省局相同功能。网站模式一致,功能全面,管理职能划分明确,各网站互不影响。由 146 个网站合并为一个网站,大大减少运管系统各部门网站建设投资和网站维护成本,形成对外宣传的统一规模。网站由省运管局统一出资,统一申请域名,统一设立服务器,统一负责技术性维护。

网站内各单位内容，由各自单位根据权限自行维护。网站栏目主要包括：政务公开、政策法规、网上办公、文明建设、行业知识、动态信息、在线调查、分支机构、联系我们等。

第二节　战略物资道路运输保障车队的建立

2004年，在"迎峰度夏、公水联运、抢运电煤"过程中，车辆组织曾出现很大困难，凸显出运管机构对货运车辆管理控制能力的有限性。2005年3月22日，省交通厅印发《山西省构建战略物资道路运输保障体系建设试点工作方案》，主要包括指导思想和原则、组织保障、运力保障、道路保障、政策保障、措施保障6项内容。确定大同、晋城、阳泉三个试点市。省交通厅对试点车队提出严格条件和要求：每个车队组织50辆技术等级为一级的重型车辆(3轴以上)或厢式(8吨以上)货运车辆；试点车辆必须是企业统一经营管理，没有挂靠经营和租赁经营现象；配备有从业资格证的、驾龄3年以上且无重大安全责任事故的驾驶员60人以上；配备押运员3人以上；配备随车维修人员3人以上；配备医护人员1人；保障人员必须进行岗前培训；接到集结命令起8小时内将第一批车辆20辆至30辆到达指定地点；12小时内全部车辆到达指定地点；进行演练或完成战略物资保障运输任务时，企业要给每辆车配备铁锹、绳索、灭火器、手电筒等必要工具；给保障人员配发必要食品、饮用水、日常用药、手套等防护用品；保障人员着统一服装(包括迷彩服、迷彩帽、迷彩胶鞋)并佩戴胸卡。

按照"先试点、后推广"总体要求，在省交通厅、省交战办、省运管局及有关市交通和运管部门大力支持与积极努力下，依托两个国有运输企业和一个民营运输企业，组建晋城、大同运输保障试点车队。共100辆货运汽车，总吨位3050.39吨。其中大同车队由大同市天润运业有限公司组建，车辆50台，总吨位1930.39吨；晋城车队由晋城汽车运输有限公司组建，车辆50辆，总吨位1120吨。2005年8月14日，省交通厅、省交战办、省运管局在晋城市举行"山西省战略物资道路运输保障车队晋城总队授旗仪式及集结演练"。10月11日，由省运管局和大同市交通局承办，在大同市举行"山西省战略物资道路运输保障车队大同总队授旗仪式暨模拟实战演练"。演练代号为"晋演—0510"。指导思想是：以军事斗争需求为牵引，立足战时，贴近实战、提高保障队伍的快速反应能力和综合保障能力。演练项目为跨区战略物资运输，包括防空隐蔽、抢救伤员、灭火、车辆维修、抢换轮胎、通过复杂路段等项目。参演单位为山西省战略物资道路运输保障车队大同总队(大同天润运业有限公司)，参演人员130人。出发前，保障大队全体人员进行宣誓，表示听从命令，服从指挥，保证在关键时刻拉得出、用得上，坚决完成运输任务。0510行动副总指挥、省运管局局长李华中向车队下达模拟实距演练命令，省运管局副局长、演练现场指挥孟潞安为总领队，带领参演的50辆汽车共装载1883吨价值百万元的战略物资，从大同编队出发，途径晋、冀、京、津两省两市，行程650公里，历时17小时全部运达目的地，安全、圆满完成模拟演练行动和运输任务。充分展现山西运管机构应对突发事件能力，受到交通部、北京军区、省军区领导的充分肯定，并在全国进行推广。

大同、晋城车队的成功组建，走出一条在市场经济条件下，组织和集结民用运力完成应急保障任务的路子，为全省战略物资运输保障体系建设提供成功经验。随后，省运管局根据省厅要求，在全省货运管理会议上进行安排部署，加大组建力度。厅党组成员、副厅长王志民，省运管局局长李华中多次深入试点企业进行指导和督察工作。为了做到将战略物资运输保障和战备运输保障相结合，战时和平时相结合，充分发挥保障车队整体优势和综合战斗力，李华中还专门将省运管局战备办公室调整到货运处，新配备传真机、激光打印机、照相机、专用指挥车等，确保紧急情况下，能够拉得出，用得上，打得赢。同时对已组建的战略保障车队，不但享受交通规费减免的优惠政策，即减半征收养路费和货运附加费，免征运输管理费。而且按年度，从“组织领导、运力保障、岗位培训、维修保障、设备保障、集结时间保障”等方面进行量化考核。

2008 年，在“南方冰雪灾害”和“汶川地震”中，战略物资保障车队圆满完成 6.75 万吨电煤抢运任务和 7.8 万吨抗震救灾物资、33 448套过渡板房运送任务。汶川大地震后，组织应急保障客车 200 多辆，运送四川民工近 9000 人返乡。截至 2010 年底，全省共有战略物资保障车队 12 支，车辆总数 600 辆，车辆总吨位 13 057 吨。

第三节　城乡客运一体化步伐的加快

城乡客运一体化发展的前提是多年来全省开展的“村村通客车工程”。通过服务“三农”，解决农村交通不便、农民进城难问题，使农民实现早进城、晚归村，随时串亲访友的愿望。从 20 世纪 90 年代开始，灵石、文水、介休的民营企业及农村客运户就开始从农村始发地发车进县城，进中心城市经营城乡旅客运输，顺便携带当地农副产品进城销售和送货。如文水县保贤村，全村有一半人作牛肉生意，是全省重要的牛肉加工销售基地，每日早班车顺便就把整箱牛肉送省城各供货点，被当地农民誉为“客车拉出来的致富村”。

从 2003 年开始，晋中市进行 3 个县级、15 个乡镇客运站及村候车亭的城乡客运基础设施改造建设，至 2006 年底，全市成立城乡公交客运公司 22 个，开通城乡客运线路 267 条，介休、寿阳、祁县、榆社、左权、昔阳等六县市实现城乡客运一体化。

随着农村客运的逐步发展，道路客运发展的体制性障碍越发凸显。此前，全省道路客运市场由交通、城建两家管理，造成城乡客运市场分割，管理部门互相掣肘，有碍城乡交通统筹发展，不利于城乡经济一体化。2002 年 12 月 6 日，交通部曾致函省交通厅，要求认真调查处理有关市地擅自开行晋中至太原两城市间的公交线路问题，并提出四条处理原则；还要求迅速采取有效措施，做好各项工作，切实维护良好的道路运输市场秩序。12 月 19 日，省交通厅向省人大常委会呈报了《关于太原至晋中互通公交车有关问题的报告》。

全省交通运管机构从服务于全面建设小康社会出发，关注农村，支持农业，服务农民，践行让农民“走上水泥路，坐上便民车”的承诺，在积极推进农村客运网络化工程的同时，不断探索、积极推进城乡客运一体化工作。

2003 年初，为改善城乡交通环境，切实营造方便、快捷、舒适、畅通、及时的城乡大交通网络，阳城县运管所结合本县客运市场实际，特批复华源公共汽车公司开通县城至乡镇的 10 条公共客运线路，解决广大群众“出行难”问题，广受社会各界好评。

2004 年，阳泉市运管处科学规划，狠抓落实，大力推进农村客运事业发展。在省交通厅、市政府大力支持下，盂县政府召开协调会，解决盂县城市公交车辆和农村客运车辆多头管理、职能交叉问题。平定、盂县城乡汽车旅客运输做到由道路运输管理部门统一规划、统一管理，使城乡客运管理体制进一步规范，实现城乡客运一体化。

2004 年 11 月，平顺县城建部门购置 20 辆小型客车，并成立青羊公交公司。运营以来，由于县城小，班车、出租车和公交车之间常因运行区域问题发生冲突。为此，运管所多次向县交通局和县政府汇报。交通运管部门深入全县 12 个乡镇、263 个建制村实地调查，本着多通村庄、多通旅游景点、多覆盖人口、方便群众就近乘车的原则，制定了以原有客运线路辐射乡村循环客运线，达村直通线，同时建立乡镇客运信息服务中心，形成以县城为中心，乡镇为节点，中心村辐射周边村的客运网。这些举措，得到领导高度重视。县政府领导及时批示，明确规定县城公交车归交通部门一家管理，并出台《平顺县城乡客运公交一体化实施方案》。之后，为解决资金不足这一难题,省运管局补助50万元,平顺运管所以“谁投资、谁经营、谁受益”方式,筹资290万元,开通农村客运班线36条,投入运营车辆184辆,建成乡村候车亭60个,站牌120个,形成重点枢纽有站、乡镇有亭、建制村有牌的城乡客运一体化格局。宽敞候车室、漂亮候车亭、醒目招呼牌,成为平顺城乡一道亮丽风景线。

与此同时,平顺县出台优惠政策,对10多项收费项目实行减免;举行公交票价听证会,达到经营者和乘客双方满意;整合客运资源,对县城、乡镇、村通客车实行统一配置,经营车辆全部纳入城乡客运一体化系统,既优化运力结构,又方便城乡居民;严厉打击车匪路霸、欺行霸市、抢客、宰客、甩客等行为,取缔“三无”车辆,形成城乡一体、资源共享、机会均等、待遇平等的城乡客运一体化格局。

在此期间,平顺县县长亲自坐镇,省交通厅、市交通局帮助指导,打破该县城乡二元分割,率先在全省将城乡客运工作统一划归由交通部门一家管理,形成交通部门主管、乡镇重点管、建制村具体管、车户自觉管的“四级”管理体制;实现交通规费、乘车票价、服务标识、管理服务“四个一体化”,做到零距离换乘、招手即停和安全有序运行。2005年7月5日,平顺县运管所举行交接仪式,将车上原“城建公交”标志改为“交通公交”。同年,在杭州召开的全国农村客运网络试点工作经验交流会上,平顺县县长张富梅作为全国唯一的县级政府代表,介绍经验。平顺县的做法起到很好示范作用。截至2005年底,长治市有7个县市,全省有29个县市实现一体化。山西省从2004年全面开展“村村通客车”工作,到2005年底,全省100%乡镇、83.6%建制村通客车,覆盖4/5农村人口。

2005年和2006年,省委、省政府把村村通客车作为为民办的10件实事之一,写入《政府工作报告》,纳入政府年度工作目标进行考核,更加激励各级领导、广大人民群众和全省运管人员搞好村村通客车的决心和信心。全省11个市、119个县(市区)都相应成立村村通客车领导小组,由书记、(市)县长亲自挂帅强力推进;各级交通、运管部门精心组织,全面安排,认真稽查,严格考核。

2006年1月2日,方山县城乡一体化公交客运管理归口为县运管所。县委四套班子领导、县交通局、县城建局、县工商局、县地税局、县公安局、县物价局、县交警队、县保险公司等相关部门,在县影剧院广场为城乡一体化公交客运开通举行剪彩仪式。此举冲破城乡区域限制,形成大交通运输格局,有利于客运业和谐健康发展。

按照省委、省政府“十一五”发展规划中提出的关于“积极推进城乡交通一体化”的总体要求,2006年3月2日至15日,省运管局局长李华中、驾培中心主任聂保平邀请省委政研室、省交通厅等部门组成调研组,兵分两路,赴陕西、四川、重庆、贵州、广西和湖北、浙江、江苏、安徽、河北等西部和沿海10个省(市、区)进行专题调研。通过与运管部门座谈、实地察看及走访经营户等多种形式,就城乡客运一体化工作、道路运输管理及立法情况等进行全方位考察调研。3月25日上午,省委政研室、省运管局领导及相关处室负责人放弃休息,就调研结果进行汇总讨论,达成共识后,提出关于全省实现城乡客运一体化的调研报告。省委书记张宝顺专门作出批示。省交通厅、省运管局同时还组织人员深入晋中等市进行实地调研,提出全省实现城乡客运一体化的思路和对策,并争取地方政府开展试点,使全省城乡客运一体化工作取得突破性进展。2006年7月19日,省交通厅向省政府法制办报送《关于加快城乡客运一体化的报告》。

2006年8月24日,晋城市召开市长办公会,会议决定成建制将城市公交移交交通部门管理,率先在全省实现中心城市突破。2005年,地处边远山区的沁水县,有2家公交公司、4家出租公司先后投入运营,本应缓解群众“出行难”现象,却使沁水县客运和出租车市场趋于无序失控状态。沁水运管所提出推行城乡交通一体化构想,得到县政府、县交通局大力支持。2006年10月24日,经县长办公会决定,将原先城建局管辖的公交车、出租车管理职能移交交通局管理。晋中市营造宽松的市场环境,采取优先开业审批,优先线路审批,优先安排班次,优先核发牌证,优先年度审验,适当减免养路费、运管费、客运附加费、车辆检测定级费及站务收费的五优先、五减免的倾斜政策,并积极协调各级政府部门减免或取消部分收费或摊派,减轻城乡客运经营者负担。另外,晋中市交通运管部门还加强市场监管力度,打击非法经营、车匪路霸及倒、甩、卖、宰旅客等经营行为,按照"三关一监督"的要求,强化安全及职业道德培训,确保城乡客运安全。

2006年,长治市13个县(市、区)有11个县(市、区),山西省119个县(市、区)中,除23个市辖区外,其余96个县市中已有69个县(市、区)实现城乡客运一体化,占全省应实行一体化总数的三分之二。

2007年2月8日晚7时,中央电视台新闻联播头条以《山西:"农村公交"让1700万农民告别"出行难"》为题,报道了全省村村通客车情况。这些典型经验,起到积极引导和示范作用。到2007年10月,全省119个县(市、区)中,已经有76个县(市、区)实行城乡客运一体化(其中,政府发文明确管理职能的有42个)。至2008年底,全省119个县市区中,有77个县市区实行城乡客运一体化(其中,政府发文明确管理职能的有55个)。一体化实施,有效克服城乡客运"二元"体制带来的政府部门职能交叉、客运市场人为分割等弊端,实现农民进城"零换乘",极大促进当地经济大发展、树立当地政府良好形象。

第四节 超限超载源头的综合治理

超限超载运输是长期困扰交通运输管理部门的老大难问题,山西治超由来已久,曾出现多年治理、多次反弹的情况。联合华北五省市治过、牵头全国各省市也治过,本省更是治过多次,均未能长期奏效。2007年底至2008年初,山西省借华北五省(区、市)联合治超之际,启动"无缝隙,拉网式"治超大行动,全省治超工作取得重大突破和阶段性成果。

从2000年起,山西就开始治理车辆超限超载工作,期间经历华北治超、全国治超等几个重要阶段。虽历时8年,但由于超额利润驱使,加之政府及部门领导责任不明确,措施不得力,管理不到位,特别是缺乏治本之策,致使每次治超工作效果不够明显,成果难以巩固。

2003年,有多家新闻媒体报道称,山西运煤车辆100%超载,超载量一般超过核定载量2倍至5倍,有的甚至超载5倍以上。超载导致公路受损,事故频发。2003年6月19日凌晨,两辆大货车因严重超载无法制动,在208国道沁县段相撞,造成两车报废、人员一死两伤的重大交通事故。就在同一天同一路段,一辆超载大货车经过一条公路涵洞时,因载货过重,将涵洞压塌,造成一人死亡、损失13万元的重大交通事故。同年7月13日,一辆大货车严重超载,结果压爆轮胎、方向失灵,撞上由代县开往朔州方向的一辆小轿车,两车同时翻入路旁深沟,造成当场死亡1人、伤5人的重大交通事故。调查表明,全省高速公路2002年至2003年发生的事故中,近50%是因大货车超载引起。超载,成为引发事故的最大祸首。

面对越来越严重的超载现象,国家有关部委2003年5月31日召开晋、冀、内蒙古、京"治超联席会",要求各方采取切实措施,坚决消除超载违章。山西省省长刘振华也于6月23日指示,组织落实好,形成综合治理长效机制。从6月25日至7月25日,全省集中1个月时间,开展一场治超专项攻坚战。1个月中,共查扣超载大货车12万辆,卸煤5000余吨,治超工作取得明显成效。

2004年6月11日上午,国务院七部委联合召开全国治理车辆超限超载工作电视电话会议,交通部部长张春贤代表治理领导小组作动员部署。省委书记田成平在省交通厅报送的《关于加强车辆超限超载治理工作的报告》上作出批示:"治理车辆超限超载已搞了多年,但反反复复,始终未能从根本上解决问题。这次,国务院作了统一部署,省政府制订了实施方案,有关的各方面要通力合作,坚持不懈地把这件事真正办好。”同日下午,省政府在梅山会议厅召开全省开展车辆超限超载治理工作动员大会暨新闻发布会。进一步统一思想,提高认识,保证治理工作顺利进行,并对全省开展集中治理行动进行动员和部署,同时召开新闻发布会。参加会议的有各市分管副市长、副秘书长和省交通厅、省公安厅、省发改委、省质监局、省工商局、省政府法制办、省纠风办、省经委、省物价局、省财政厅、省广电局、省军区后勤部、省公路局、省高管局、省运管局、省征稽局、省公安厅交管局的负责同志。副省长梁滨作动员报告。省政府副秘书长段建国主持。

2004 年 7 月 13 日,国务院总理温家宝在交通部关于治超工作专题报告上作出重要批示:“请黄菊、永康同志阅示。治理公路超限超载运输工作取得了明显成绩,要坚持彻底治理。在治理过程中要注意及时解决出现的问题,把治理与严格规范公路收费结合起来,保证农副产品绿色通道畅通,鼓励依法增加运量,缓解当前运输紧张状况。”

2004 年 8 月 20 日,全国治理超限超载工作第二次电视电话会议在北京召开。会议传达国务院总理温家宝、副总理黄菊、国务委员周永康对治超工作的批示,宣布调整后的全国治超领导小组成员名单。增加中宣部作为小组成员,治超工作变为八部委联合。会后,山西省治超领导组对下一步治超工作进行研究部署,并决定 8 月 27 日召开全省治理超限超载电视电话会议。8 月 27 日下午,全省治超电视电话会议如期召开。副省长梁滨出席并讲话。要求各级政府及有关部门要立足长远,顾全大局,摒弃地方保护主义和部门利益思想,站在经济发展的全局高度,把治超工作抓紧、抓实,抓出成效。

但是,虽经多年治理,往往仅收暂时之效,难奏长期之功。2004 年 11 月 26 日,《人民日报》刊发“山西公路又见超载奇观”一文。称:“在大同通往河北阳源的 109 国道上,大吨位的超载运煤车一辆接一辆,超载车扬起的尘土遮天蔽日。”文中指出“山西今年治超规模创历年之最”,“但反弹痼疾依然存在”。

2005 年,全国治超工作进入“巩固成果、依法严管、重点突破、有效推进”阶段,工作重点是严厉打击少数恶意超限超载的违法分子,基本解决车辆“大吨小标”问题,探索完善长效治理机制。2 月 20 日上午,省交通厅厅长王晓林、副厅长王志民召集省运管局、厅运管处负责人研究春运中存在的问题。要求认真调查处理神池汽车站、原平汽车站出站客车严重超载问题,严肃追究汽车站有关责任人及驻站运管人员和当地运管机构责任。为贯彻落实国务院办公厅《关于加强车辆超限超载治理工作的通知》,部署下阶段工作,6 月 20 日,全国车辆超限超载治理工作电视电话会议召开。副省长梁滨,厅领导王晓林、张润在山西分会场参加。会议总结自 2004 年 6 月 20 日全国治理车辆超限超载统一行动以来,山西省认真贯彻全国两次治超工作电视电话会议和治超领导组会议精神,严格按照《全国开展车辆超限超载治理工作的实施方案》和《2005 年全国治超工作要点》要求,广泛深入开展治超工作,基本形成政府主抓、交通牵头、公安配合、部门联动的工作格局,治超工作取得可喜成绩,有力促进运输市场健康发展。

2007 年,面对治理超限超载新形势,为真正实现对车辆超限超载“治得住、控得住、稳得住”,省治超办责成运输管理部门对运输企业或经营户实行停业整顿并记入信誉不良档案,直至吊销营运资格。一旦发现车货总重超过 55 吨的非法超限超载车辆在公路上行驶,除按规定现场消除违法状态外,同时按照九部委《实施意见》明确的部门职责,实施责任倒查,依法追究政府相关部门、车辆生产或改装厂家以及运输企业和厂矿企业的责任。为把源头治超工作落到实处,省运管局起草《山西省货物源头管理办法》。要求源头企业对那些无牌无证、非法改装车辆不得配载、不得装货,如果违反规定,将对企业法人和相关人员实行处罚。

2007 年 12 月,省运管局召开搞好货运源头治超工作动员会议。省运管局党委书记、局长李华中在讲话中,要求各级运管机构提高认识,重拳出击,全面打赢治理非法超限超载攻坚战。充分认识治理“双超”工作的长期性、艰巨性、复杂性;摸清各辖区内货运企业、政府公示的源头企业和货运车辆底数;继续加大对“三源头一路口”的监督管理,强化监管和巡查,并要深入开展货运源头基本无“双超”市县创建试点工作;建立治超长效机制,努力做到部门行为政府化,行业行为社会化。会议决定从 6 个方面抓好全省运管系统治理非法超限超载工作:一要按照省政府《意见》要求,制订本辖区实施细化方案。二要进驻经当地政府批准并向社会公示的大型及重要的货源单位,对一般的货源单位实行巡查管理。三要建立健全规章制度,制定《货源管理办法》、《源头监督检查制度》。市县两级运管机构要设立举报电话,推行政务公开,将职责权限、办事依据、工作程序、办理时限等内容在装运现场进行公示,明确具体标准和责任人,接受社会监督。四要切实负起对货源单位的监管职责,规范源头单位的经营行为,使其建立和完善车辆进站、装载起运及安全生产制度;对进站营运车辆要逐车验证道路运输证和驾驶员从业资格证;对进站车辆要按照核定吨位装载货物;建立健全进出站营运制度,严禁无证车辆进站营运,严禁超限超载车辆出站;对出站车辆逐车进行登记,签发运单。五要组织好调查工作,摸清本辖区货运源头的分布情况,确定货运源头单位,并报当地政府。六要建立完善货运企业和营运驾驶员信誉档案,一年内有 3 次以上超限超载行为的驾驶员,吊销其从业资格证;对运输企业所属车辆一年内累计发现 10 辆次以上超限超载行为的,按照交通部 2005 第 6 号令的规定,进行处罚。各市运管局、处负责人作表态发言,并与省运管局签订工作目标责任书。会议还决定将治超工作列入年度工作目标进行专项考核。

运城市运管系统建立治超常设机构,组建专门队伍,在货运源头监管上,采取三种监管方式。一是派驻制。选派 112 名运管人员进驻政府公示的 93 家重要货源企业,按照规定进行监督管理。二是重点巡查制。抽调 145 名运政执法人员,对政府公示的 401 家由煤炭、国土部门进驻监管的货运源头场(站)企业进行重点巡查。三是流动巡查制。对乡镇企业和农副产品集散地及重要路口,由各县(市、区)运管所组织稽查执法人员进行不定期流动巡查。重点是短途超限超载运输。截至 2007 年年底,全市共登记源头出站货运车辆 150 176 辆次,其中,限制出站货车 611 辆,限制货物超载量 3012 吨。在巡查中,共查扣超载车辆 52 辆,卸载货物 166.5 吨,处罚违规装载源头企业 3 家,罚款 3 万元。在各相关部门配合下,取缔非法改装企业 16 个,拆卸非法拼、改、组装车 107 辆,没收非法拼、改、组装车 7 辆,严厉打击非法改装企业和超限超载违法行为,确保超限超载车辆不出监管范围。运城市运管处被省运管局评为治超工作先进单位。

2008 年 5 月 26 日,省治超办、省法制办共同起草《山西省道路货物运输源头治理超限超载暂行办法》和《山西省治理车辆非法超限超载工作责任追究办法》,经省政府第 10 次常务会议审议通过,以政府 223 号和 224 号令形式颁布,7 月 1 日起实施。标志着全省治超工作有了法规保证,治超长效机制正在建立,治超成果将继续保持下去。

2007 年 12 月 11 日下午,省运管局召开贯彻落实《山西省人民政府关于治理非法超限超载车辆确保道路交通安全的意见》座谈会。省公安厅交管局、省公路局、省高管局、省运管局、省征稽局有关领导以及相关部门负责人与来自全省货运企业、货运站场负责人、驾驶员、个体养车户 60 余人面对面座谈。厅党组成员、副厅长张志川出席并讲话。大家在发言中,对省政府的治超行动完全拥护,拍手称快,并表示要做出表率。

据统计,从 2007 年 12 月 19 日全省新一轮集中治超大行动拉开帷幕起,至 2008 年 6 月 14 日,全省货运交通事故率同比下降

18%，伤亡人数同比下降6%，直接财产损失同比下降22%。全省大治超还改善运输环境，全省货车日通行量增加到21.5万辆，增长1.8倍，公路和桥梁得到有效保护。

治超使货运价格得到合理回升。2008年5月28日，省运管局对全省九类与人民生产、生活息息相关的主要公路运输货物运价进行调查。以2007年12月19日治超前运价为基准，煤炭及制品短途运输运价上涨62.3%，长途运输运价上涨37.7%；油短途运输运价上涨29.8%，长途运输运价上涨21.8%；粮短途运输运价上涨18.3%，长途运输运价上涨25%；金属矿石短途运输运价上涨35.7%，长途运输运价上涨24.4%；钢铁短途运输运价上涨56.6%，长途运输运价上涨19.5%；建材短途运输运价上涨17%，长途运输运价上涨24%；危险货物短途运输运价上涨47.1%，长途运输运价上涨11.2%；日用品短途运输运价上涨28.4%，长途运输运价上涨27%；蔬菜等农产品短途运输运价上涨22.4%，长途运输运价上涨31%。总之，全省9类主要公路货运产品短途运价平均上涨32%，长途运价平均上涨26%。

2008年7月7日，省运管局确定大同市左云县、朔州市平鲁区、忻州市宁武县、阳泉市盂县、吕梁市离石区、晋中市和顺县、太原市清徐县、长治市长治县、晋城市高平市、临汾市尧都区、运城市河津市11个县(市、区)为源头治超示范县。

2009年7月23日，全国车辆超限超载治理工作现场会在太原召开。会议认真学习和深入贯彻国务院领导批示精神及国务院安委会文件要求，全面总结两年来全国治超工作，交流各地有效经验，分析研究面临的形势，研究部署今后一段时期治超工作任务，进一步推动全国治超工作深入开展和治超长效机制逐步完善，努力开创治超工作新局面。

全国治超工作领导小组组长、交通运输部部长李盛霖出席并讲话。省委副书记、省长王君出席并致辞；省委常委、省纪委书记金道铭，副省长、省治超领导组组长牛仁亮，省治超领导组顾问兼总监督员吕日周出席会议。会议由全国治超工作领导小组副组长、全国治超办主任、交通运输部副部长冯正霖主持。

冯正霖指出，这次会议之所以选在山西召开，是因为山西省近几年治超工作成效显著，在地方政府主导、部门齐抓共管、区域协同作战等方面积累好多经验，值得各地学习和借鉴。特别是2007年年底开始的新一轮全省“无缝隙”、“拉网式”治超总行动成效显著。截至2007年6月30日，全省超限超载率由治理前11%下降到0.2%，为国家挽回公路基础设施直接经济损失10亿多元。作为资源大省，治超工作取得如此成绩十分不易。

山西省人民政府、江西省交通运输厅、北京市治超办、河南省交通运输厅、山东省交通运输厅、陕西省交通运输厅、广西壮族自治区治超办、安徽省交通运输厅、青海省交通厅以及山西省忻州市政府10个单位代表作大会交流发言。山东、陕西两省强化源头监管、实行“一超四罚”的做法，北京市公安、交通两部门联合办公、联合执法、联合建站、联合督察、联合宣传举措，河南省工商、公安、交通部门联合治理非法改装车辆行动，江西等省落实机构编制、构建长效机制探索，安徽等省取消政府还贷二级路收费后将收费站成建制转为治超站的举动，都给与会代表留下深刻印象。

7月23日下午，全体与会代表实地参观清徐县亚鑫焦化厂运输源头监管工作、208国道小店治超监测站、小店高速公路入口不停车检测系统和晋中市治超综合信息管理系统。山西大力推进依法治超、科技治超和源头治超的做法，受到与会代表一致好评。

7月24日上午，全体与会代表再次进行座谈交流。公安部交管局副局长李江平、安监总局监管二司副司长苏洁、工业和信息化部产业政策司副司长卢希分别讲话。一致肯定各地各部门治超取得的成绩，要求大家进一步加强沟通协调和支持配合，推动治超工作更好发展。

最后，交通运输部部长李盛霖作重要讲话。他说：这次现场会是贯彻落实国务院领导同志最近关于加大治超工作力度批示精神的一次重要会议。从会议交流和现场考察情况看,山西经验受到与会代表一致好评。大家普遍反映,山西省委、省政府对治超工作高度重视,认识深刻,体制有效、机制灵活,力度大,措施硬,手段多,抓得实,效果好。山西经验管用有效、可学可鉴。同时,他强调,今明两年是巩固治超成果、建立长效机制的关键时期。全国治超工作的总体要求是:以科学发展观为指导,全面学习推广山西治超经验,坚持政府主导,加强部门联动和区域联动,坚持路面执法与源头监管并重,综合运用法律、行政、经济、技术手段,强化责任追究,建立完善治超长效机制,坚决遏制反弹,努力推动治超工作再上新水平,促进交通运输快速发展、科学发展、安全发展、协调发展。

交通运输部、国家发改委、公安部、国家工商总局、国家质检总局、国家安监总局、国务院法制办、国务院纠风办、工业和信息化部等全国治超工作领导小组成员单位有关司局负责同志,各省(区、市)和新疆生产建设兵团治超工作领导小组、交通运输部门负责同志,山西省治超领导组的组长、副组长、成员单位负责同志参加会议。山西省各市治超领导组组长、治超办主任列席会议。

继全国治超工作会后,2009 年 8 月 13 日上午,全国部分省市运管机构加强车辆超载超限源头治理工作座谈会在太原晋祠宾馆召开。交通运输部道路运输司副司长徐亚华、货运与物流管理处处长谢家举等出席。来自内蒙古、北京、河北、天津、河南、湖北、陕西、贵州、山东、海南、黑龙江等全国 20 余名省、自治区、直辖市运管代表参加。省治超办副主任、省交通运输厅副厅长张志川出席会议并代表省交通运输厅致欢迎辞,简要介绍山西省情及治超工作。随后播放《源头治超全覆盖》专题片。

2009 年 8 月 13 日下午,全体参会领导与各省市代表现场观摩清徐县亚鑫焦化厂、小店运管所及晋中市运管局科技治超监控平台的源头治超情况,认真听取工作汇报,并结合实地调研,对山西省源头治超工作给予充分肯定。

2009 年 8 月 14 日,省运管局局长、党委书记李华中介绍全省运管系统源头治超背景及主要做法、体会。各省市参会代表简要汇报本地源头治超情况,并结合各自实际及推广山西省经验做法中存在的困难与问题,充分讨论《关于加强道路货运源头车辆超限超载治理工作的通知》(讨论稿),提出许多修改意见,使其切合实际,在源头治超工作当中发挥指导性作用。

徐亚华在讲话中指出:山西运管系统响应国家、省委、省政府号召,从大局出发,从运管队伍自身发展需要出发,积极主动地投入到源头治超工作当中,思想认识到位,办法、措施定位准确,探索出源头治超的正确道路,值得借鉴。各省道路运输管理机构要认真学习山西现场会精神,重点学习李部长讲话,全面推广山西源头治超经验,深刻领会,并结合自身情况,在本地开展源头治超工作;积极贯彻党组决定,切实承担起货物装载源头监管责任,力争 2010 年前在全国范围内建立运政派驻和巡查制度;尽快以部的名义下发通知,落实部党组加强源头治理的决策部署,明确运管部门工作职责,督促完善相关管理规定和政策措施,为源头治理创造良好条件;加强对源头治理工作研究,有步骤、有重点地解决运管部门开展源头治超工作中存在的困难和问题。

第五章　规费征稽

省交通征费稽查局从1978年组建以来,截至2002年底,内设办公室、党务工作部、工会工作委员会、纪检监察室、政策法规处、人事劳资教育处、计划财务处、审计处、养路费征收管理处、通行费征收管理处、票证票据管理处、资产装备处、离退休人员管理处等14个处室,下设11个分局、1个通行费管理处(霍侯路征费管理处),164个所(站)和16个国省道主干线上的通行费收费站(点)。省局机关另有职工教育培训中心、资讯中心、稽查总队、信息中心4个直属单位,全系统有44个业务管辖的政府还贷普通公路通行费收费站(点)。截至2008年底,全系统共有正式在职职工2317人(含霍侯路296人),离退休人员393人。人、财、物实行垂直领导,分级管理。

根据中央编办等部门有关文件精神,2004年底,省征稽局完成车辆购置附加费的移交划转工作。2008年12月18日,国务院印发《关于实施成品油价格和税费改革的通知》,决定自2009年1月1日起实施成品油价格和税费改革,取消公路养路费、航道养护费、公路运输管理费、公路客货运附加费、水路运输管理费、水运客货运附加费等6项收费,逐步有序取消政府还贷二级公路收费。

22年来,在省委、省政府亲切关怀和省交通厅党组正确领导下,全省交通征稽系统干部职工发扬艰苦奋斗、勇攀高峰的创业精神,自强不息、团结奋进的拼搏精神,与时俱进、不断开拓的创新精神,顾全大局、爱岗敬业的奉献精神,以筹集公路"粮草"为己任,埋头苦干,默默无闻,笃志躬行,为全省公路交通事业率先发展作出突出贡献,为全省公路建设提供强有力资金支持,充分发挥交通公路建设筹资主渠道作用。从1978年到2008年,为国征费548亿元。

回顾22年费收发展历史,1978年组建时征收交通规费不足5亿元,1996年底累计突破100亿元,1999年底突破200亿元,2003年底突破300亿元,2005年底突破400亿元,2007年底突破500亿元,2008年底接近550亿元,每一个台阶都是一座历史丰碑。年征收规费从1987年4.8亿元增加到2008年46亿元,翻了3番多,提高近10倍。"八五"征收73.52亿元,比"七五"22.41亿元增长228%;"九五"征收129.09亿元,比"八五"增长76%;"十五"征收197.69亿元,比"九五"增长53%。"十五"以来,山西交通征稽的费收总额始终位居全国前列,中部首位。2008年公路养路费费收总额位居全国第八、增长比例跃居全国第二。

第一节　征稽费源的全力培植

2003年,省征稽局把服务寓于执法之中,树立执法就是服务、管理就是服务、征费就是服务的思想,大力推行程序化作业、军事化管理、规范化执法,变被动服务为主动服务,采取上门催缴、留置催缴、代办票证、延长服务时间等多种形式,为车户提供最大方便,树立良好行业形象。交通征稽系统把代表广大人民群众根本利益与打击非法经营、维护公平竞争的市场秩序有机统一起来,着力找准规费征收与车户利益的最佳结合点,积极扶持租赁公司,有效治理"晋车外挂"、"大吨小标"现象,严厉打击假票证、假军车、逃费车,规范无籍车、挂靠车,涵养费源,促进费收增长。全年共稽查欠漏费车辆13.45万台、52.67万个吨位,补征规费1.46亿元;清理历年欠费511万元。与上年相比,车辆实征率提高2.49%,2003年费收欠费率下降1%,免征率下降0.18%。

2004年,省征稽局牢牢抓住发展第一要务,坚持开源与堵漏并重,切实抓好规费征收中心工作。按照科学发展观要求,横向上均衡推进,保持费收与当地经济同步发展;纵向上提升水平,通过挖掘费收潜力、培育新的费收增长点,保持费收快速增长。牢牢抓住费源管理不放松,努力培养新的费收增长点。加大对无籍车、工程施工车、企业内部车及农用车、摩托车的有序管理。拖拉机规费征收也逐步实行微机化管理。搞好外挂车的管理和服务,以优惠政策、优质服务吸引其回归本省缴费。严格管理,挖潜堵漏,努力保证各项规费应征不漏。改进稽查方式,保持稽查强度,充分利用先进科技设备,开展高效稽查,增强稽查针对性,控制和降低百车漏费率。进一步加强对"大吨小标"车辆治理,加大依法清理历年欠费力度。对滞留车辆公开拍卖,对既不履行行政处罚决定又不申请复议和行政诉讼的,坚决申请法院强制执行。强化目标责任考核,继续实行第一责任人负责制,按月对各征收单位费收指标完成情况进行通报。严格规费减免和包缴审批程序,努力提高实征率,控制减免征、报停和封存率。超额完成年初提出的各项工作任务,费税征收迈上新台阶。全年"三费一税"征收突破50亿元大关,其中征收公路养路费、货运附加费31.26亿元,完成年计划126.3%,比2003年增长30.03%。

2005年是交通征稽全面实现"十五"目标,争创"全国一流"的决战之年。省征稽局紧抓费源管理,确保规费征收持续较快增长。注重费源涵养和培植,确保规费征收持续增长。在征费理念上,把征稽部门与车户之间的关系定位于"鱼水关系",把征稽工作着力点放在改善运输市场环境、促进区域经济发展上来。在工作部署上,坚持"造池、蓄水、养鱼"三步走,即创造良好外部环境,制定最优惠政策,实行最优质服务和最便捷征管方式,服务运输市场,强化费源管理,不断培育和扩大新的费收增长点。规费征收再创历史新高,征收公路养路费、货运附加费、车辆通行费40.03亿元,完成省交通厅下达计划的103.38%,比2004年增长12.23%,其中征收养路费、货运附加费34.84亿元,比2004年增长11.04%。

2006年以来,受公路外运调控、煤炭限量生产、煤矿安全整顿等因素影响,与"两费"紧密相关的煤炭公路运输市场低迷;受高速公路通车分流、道路维修和撤站等因素影响,通行费车流量急剧下滑。面对新问题和新挑战,全系统广大干部职工迎难而上,坚持费收中心不动摇,抓住机遇,加快发展,致力于全系统思维、观念转变。利用《山西省公路养路费征收管理条例》出台的大好时机,加强宣传,强化费收管理力度;针对变化的市场实际,提出"找准车户利益与规费征收的最佳结合点,实现规费征收与车户利益最大化"的理念。将征稽部门与车户之间关系定位于"鱼水关系",实施"造池、蓄水、养鱼"三步走战略,改变传统的征管模式,稳步建立以费收征管质量为核心、以费源管理为龙头、以依法清欠为重点的新型征管模式,稳步扩大费源,有效提高征管质量。一些大型运输企业年缴费额接近亿元,一批租赁公司做大做强,公路汽车吨位实征率明显提升,欠费率稳步下降,为实现费税征收可持续发展奠定坚实基础。全年共征收公路养路费、货运附加费和车辆通行费39.51亿元,完成省厅下达计划的100.05%。其中,"两费"征收35.03亿元,车辆通行费征收4.48亿元,代省政府征收铁路道口安全管理费1530万元。

2007年是交通征稽工作把握机遇、迎接挑战、乘势而上、继续前进的一年。全省交通征稽系统坚持以科学发展观为统领,积极贯彻厅党组各项重大决策,围绕做好"三个服务",强化科学征管,注重行业创新,胜利完成各项任务,取得新成绩,在又好又快发展道路上迈出坚实步伐。全年征收公路养路费、货运附加费、车辆通行费39.6亿元，完成省厅下达计划的101.5%，同比增长1.48%。其中征收公路养路费、货运附加费37.4亿元，完成计划105.4%，同比增长6.83%，提前56天完成全年征收任务。

2008年是交通征稽"十一五"规划承前启后的一年。省征稽局全面贯彻党的十七大精神，深入贯彻落实科学发展观，紧紧围绕费收中心，坚持创新驱动、文化带动、管理促动、党建保证，推动交通征稽科学发展。全年共征收公路养路费、货运附加费和车辆通行费46.16亿元，占全省年度计划113.62%。其中：公路养路费、货运附加费完成44.49亿元，占计划115.17%，车辆通行费完成1.67亿元，占计划88.26%。另外，代省政府征收铁路道口安全管理费2088万元。公路养路费费收总额位居全国第八、增长比例跃居全国第二。

第二节 科技兴征战略的实施

2003年，省征稽局把管理贯穿于征稽工作全过程，按照征稽发展全面提速要求，扎扎实实组织开展"征稽管理年"活动和"严格执法纪律，规范征稽管理"的专项整顿。依靠科技进步，运用信息技术提升传统管理，夯实管理基础，加快征稽管理现代化、规范化建设，取得新成效。省局收费监控中心正式投入使用，局管21个收费站有18个实现微机收费和电子监控，全省通行费收费实现三级联网、数字传输；养路费征收网络和系统进一步完善；完成办公自动化、会计电算化建设和交通征稽网站改版；全系统规费征收、机关办公基本上纳入信息化统一管理，"数字征稽"的硬件条件基本具备。

面对科学技术日新月异带来的挑战和人民群众对交通征稽服务要求的日益提高，2004年至2008年，全省交通征稽系统进一步加快建设"数字征稽"进程，在13个方面取得创新，有的在全国同行业达到领先水平。一是全面推行公路养路费、货运附加费银行代征。2003年7月1日，先在太原、阳泉两市进行试点，增加缴费网点94个。12月份在全省推广后，又在另外9个中心城市开通银行代征网点57个，有效缓解缴费高峰带来的压力。随后，经过完善银行代征网络覆盖面，网点扩大到273个，遍及每一个市县，部分地区扩展到乡镇。二是实现全省公路养路费异地征收。三是建成较为完善的车辆通行费三级监控系统，实现对车辆通行费收费工作的全程实时监控。经省科技厅组织鉴定，达到国内开放式车辆通行费收费监控领先水平，大大提高收费效益。四是完成公路养路费征收管理软件升级工作，全省公路养路费征收实现一库管理，当日数据，随时共享，提高稽查准确性，有效避免误拦误查现象。五是在各通行费收费站安装养路费征收识别系统。六是票证票据全部实行微机化管理。七是铁路道口安全管理费征收告别手工操作，实行微机征收和银行代征，实现与"三费"的同步发展。八是全面实现财务电算化。九是实现办公自动化。十是实现短信平台稽查。将稽查处理纳入计算机管理，建立"稽查管理平台"，"088555"车辆养路费信息查询系统开通。十一是开通96567客户服务热线。日均受理各界投诉、咨询、举报电话30余个，极大方便车户。十二是投入694万元，建立完善视频会议系统。十三是研究开发流动征费软件系统，在全国率先实行流动征费和稽查现场处理。

第三节 交通征稽文化建设

交通征稽文化是随着交通征稽事业和社会发展而产生的，是征稽人通过实践、探索，逐步培育形成的，是一个不断发展的过程。交通征稽部门从成立之日起，就有着不平坦的发展历程。

一、积累和实践

1987年全省交通征稽机构组建后，经历监理体制分家后的阵痛，渡过基础设施从无到有、队伍建设由弱到强的艰苦岁月，经受交通税费改革的挑战和考验，22 年的风雨历程铸就征稽辉煌。正是有了这样的历史，才形成交通征稽特殊的厚重文化基础。立足于中华民族优秀文化传统，传承交通行业文化特色；吸取现代管理思想，有效应用于公路交通建设。不仅大力弘扬中华民族以爱国主义为核心的团结统一、艰苦奋斗、勤劳勇敢的伟大民族精神，而且发扬了交通行业大服务、大贯通的行业精神，同时积淀了有着鲜明行业特色的征稽精神。

2002 年，省征稽局提出建设征稽文化、实施文化管理的思路，并且以运城分局为试点进行实践，充分探索、积极践行文化建设和管理。通过不断地实践、宣传和贯彻，在 2005 年形成包括核心理念系统和应用理念系统在内的一套比较丰富、完整的文化理念体系。

（一）核心理念系统

包括精神理念体系与思想理念体系

1. 精神理念体系

共同目标：创建全国一流，实现全国领先。

共同使命：发展征稽，富裕员工；服务交通，奉献社会。

核心理念：以人为本，和谐发展。

征稽精神：自强不息、团结奋进的拼搏精神，与时俱进、不断开拓的创新精神，文明执法、科学管理的求实精神，顾全大局、爱岗敬业的奉献精神。

征稽作风：求精、求实、求新、求活。

管理理念：以人为本，依法依征，科技兴征，早严细实。

2. 思想理念体系

大局意识：个人服从组织，局部服从整体。

责任意识：在岗一分钟，奉献六十秒（岗位观）。

创新意识：超越自我，追求卓越。

效能意识：转变作风提效率，便民践诺树诚信。

形象意识：形象关乎全局，细节决定成败。

服务意识：群众利益无小事，服务车主严细实。

征管理念：固本、开源、增效。

（二）应用理念系统

包括文明创建体系、文化建设保障体系、优质服务体系、征稽人员行为规范体系、征稽形象标识识别体系等内容。

山西交通征稽文化十分注重突出文化管理特色，注重在实践中积累经验，同时也借鉴兄弟单位的研究成果，结合自身理论探索与创新，创造性地提出核心理念系统（精神理念体系与思想理念体系）和应用理念系统，提炼出交通征稽文化的两层系统。核心理念体系使交通征稽文化达到科学与周密表述，应用理念体系保证“文化落地”最终目标的实现，实现文化建设可操作性，具有较高价值。

二、课题研究的背景和目的

党的十七大明确提出实现全面建设小康社会的奋斗目标，文化建设是其重要内涵。为有效落实社会主义精神文明和社会主义文化建设，2006 年初，交通部部长李盛霖在讲话中，要求建设具有鲜明行业特点和时代特征的交通行业文化。2006 年 11 月，交通部印发《交通文化建设研究工作方案》，交通文化建设正式启动。交通征稽文化是交通文化 22 个研究课题之一，由山西省交通厅承办。接到通知后，在厅党组副书记、副厅长张润领导下，成立课题领导组和工作组，由省交通厅、省征稽局、《交通征稽》杂志社、运城征稽分局有关人员组成，并邀请国务院发展研究中心以及有关企业文化研究的各方专家学者担任技术指导。课题研究的主要目标和价值定位，是总结、整理、挖掘、提炼、整合全国各交通征稽单位征稽文化建设的宝贵经验，培育、形成、创新和发展全国交通征稽文化，振兴征稽事业，构建和谐征稽，造就一支高素质的交通征稽队伍。

三、课题研究的过程及成果

研究过程主要经历九个阶段：一是对课题的工作进度和分工进行详细安排；二是起草上报并通过研究大纲。2007 年 1 月 21 日，在南京交通文化工作会议上，课题研究大纲通过交通部有关专家通过；三是搜集整理研究文献资料;四是设计、发放、回收、录入、统计、分析调查问卷;五是开展有奖征稿活动;六是到典型单位实地调研;七是多次参加交通部交通文化建设课题研讨会;八是广泛征求意见,完善书稿。2007年11月4日,对书稿进行初评,邀请部领导、交通系统、政府部门和高校有关文化研究专家学者参加;2007年11月10日,在江西南昌召开的全国交通征稽工作座谈会上,征求全国征稽部门意见。在综合两次征求意见基础上,课题组又聘请专业人员对初稿进行大幅度调整和修改。2008年4月20日,《交通征稽》编委会组织召开全国交通规费征稽文化建设座谈会,对初步成果在全国交通征稽系统进行全面征求意见,取得征稽同仁的基本认可,并进一步获得许多好的意见和建议;九是评审通过后,正式出版。2008年5月8日,交通运输部在北京召开《交通规费征稽文化》专著书稿评审会,获得通过。会后,课题组根据专家评审意见进行修改、完善,专著和手册于2008年底由人民交通出版社出版发行。

对交通征稽文化的研究,课题组主要采用实证分析与专业构建相结合的办法。实证分析在于实事求是,从历史文化积淀中求得特色文化内涵。实证分析细分为文献法、问卷法、现场调研法与统计分析法,课题组参阅各省市提供的资料、网络资料和《交通征稽》杂志等基础资料;深入6省、22个征稽单位进行实地调研和访谈,访谈对象500多人次;发放各类问卷3万份,回收员工问卷、单位问卷、车户问卷6569份,对回收的问卷建立数据库,进行统计、分析,同时对收集到的1万余条有关征稽文化建设信息进行编码处理,形成现状分析报告。专业构建细分为文化诊断与定位、文化体系研究、文化建设与实践研究,采用专家研讨与征稽部门研究相结合的方法,借鉴国内外优秀的文化建设理论和成果,结合征稽工作实际,确立征稽文化理论和建设的框架与层次。

通过文献分析、问卷调查、现场调研、专题研讨等系列过程,并在定量、定性分析基础上,课题组对共同认同的交通规费征稽文化价值体系进行整合、提炼和系统诠释,对制度、物质、行为、精神文化及视觉系统等内容进行建议性设计,最后形成《交通征稽文化研究报告》、《交通征稽VI形象识别系统》等四个研究成果。

交通征稽文化主体由交通征稽精神文化、交通征稽制度文化、交通征稽行为文化、交通征稽物质文化四部分构成。其中交通征稽精神文化包括核心理念、征稽使命、征稽精神、征稽信念、征稽准则、征稽情感、征稽作风、征稽人格等八部分。

核心理念:立足和谐共赢,放眼现代交通。

征稽使命:为国家征费,为兴路开源。

征稽精神:忠于责任,勇于开拓,甘于奉献。

征稽信念:与路同在,与车同行。

征稽准则:依法、文明、公正、公平。

征稽情感:心系交通,情暖车户。

征稽作风:敬业、廉洁、诚信、求实。

征稽人格:以国立志,以人立情,以公立德,以法立行。

四、交通征稽文化的应用

省征稽局决定:从2008年开始至2010年,用三年时间,基本建立起标准化管理体系和征稽文化体系。在全国交通系统率先起步,开展标准化建设的目的,是建立相对超前但通过努力能够达到的标准规范工作秩序,并在较短时间内缩小管理发展差距。2008年出台《标准化建设实施大纲》和《工作手册》,在对原来《征稽所(站)标准化建设规范》和《通行费收费站标准化建设规范》进行修订的基础上,对各项工作标准作定性规定,对硬件建设统一形象标志。

文化建设是行业发展的命脉,是需要每一位职工用心参与、精心培育、细心体验、真心实践的系统工程和长远战略。为了保证这项工程顺利实施,省征稽局将2008年定为文化学习年,2009年定为文化实践年,2010年定为文化创新年。各单位将征稽文化建设纳入日常工作之中,扎扎实实抓好学习、实践、创新工作,努力创造出更多具有本单位特色的文化产品,不断增强文化对建团队、促管理、树形象工作的影响力、渗透力。

第四节　车辆购置税人员的划转分流

为了进一步深化财税体制改革，理顺税费关系，贯彻落实《中华人民共和国车辆购置税暂行条例》，2002 年 1 月 14 日，国务院办公厅国办发[2002]4 号文转发了中央编办等部门《关于车辆购置税费改革人员划转分流安置意见的通知》。就积极稳妥地做好车辆购置税费改革人员划转分流安置工作，提出 6 条意见。

1. 人员划转工作原则。车辆购置费稽征人员划转分流安置工作，必须坚决贯彻机构改革的精简原则，坚持公开、公平、公正和积极稳妥、实事求是的原则。要充分利用现有人力资源，优化队伍结构，保证人员素质，确保社会稳定。

2. 划转人员基数核定。以交通部 1999 年 4 月下发车辆购置费稽征人员冻结令时的在册人数，及冻结令之后按照国家政策接收的军转干部和大专院校毕业生为基数，由各级交通、国家税务局（以下简称国税局）及编制部门联合核定。

3. 干部和职工划转。原从事车辆购置费稽征工作的人员，按以下标准由各级国税局审查考试录用：公务员经审查后全部划转给国税局系统；事业编制干部，由税务总局会同人事部进行统一考试录用，原则上录用现有人员的 80%；职工按照国税局系统录用职工标准，由税务局组织考试录用，原则上录用现人有员 20%。临时工全部予以清退。

4. 离退休人员划转。凡从车辆购置费稽征工作岗位离退休的人员，经核定后，与其经费一起全部划转给国税局系统。

5. 分流人员安置。经考试未录用人员，由各级交通部门和国税局组成分流人员安置小组，商地方政府制定分流安置方案并实施。分流人员的工资补助，按照当地机构改革的有关政策执行，从中央财政车辆购置税人员专项经费中列支。

6. 编制核定。国税局系统录用人员所需行政编制，待考试录用工作结束后另行核定。

为贯彻落实国办发[2002]4 号文件和中央编办、人事部、国家税务总局、交通部《关于核定车辆购置税人员编制及有关问题的通知》（中央编办发[2003]12 号）等文件精神，做好车辆购置税（以下简称车购税）费改革人员、财产和业务划转移交等工作，2004 年 10 月 29 日，国家税务总局、交通部、人事部、财政部、中央编办印发《关于做好车辆购置税费改革人员财产业务划转移交工作的通知》（国税发[2004]114 号）。要求各级国税、交通部门一定要站在讲政治高度，顾全大局，切实抓好各项工作落实。做到人员思想不散，工作秩序不乱。

各省车购税费改革人员划转录用接收工作于 2004 年 12 月 31 日前全部完成，车购税代征同时停止。此前车购税征收管理工作按当时规定执行；2005 年 1 月 1 日起，按国家税务总局的规定执行。

同时，国家税务总局、交通部、人事部、财政部、中央编办印发《车辆购置税费改革人员财产业务划转移交工作方案》。主要包括指导思想、机构设置与人员编制、各类人员的划转接收、财产移交、业务资料的移交五部分内容。

2004 年 5 月 21 日，省征稽局党委召开会议，研究车购税费人员、财产划转移交及分流安置方案。会议原则通过省车购办起草的车购税费人员、财产划转移交及分流安置方案。2004 年 11 月 13 日，省征稽局党委会议又讨论研究车购税改革划转移交事宜。会议决定成立以张晋鹏为组长，李华中为常务副组长，牛长庆、张志坚、范建华、杜建英、李春菊、葛水清为副组长的车购税划转移交领导组。12 月 31 日，省征稽局党委会议议定有关省车购办移交过程中核销债权、债务的办法。截至 2004 年底，车购税划转移交工作顺利完成。

第五节 国家成品油价格和税费改革的实施

2008年12月18日,国务院印发《关于实施成品油价格和税费改革的通知》(国发〔2008〕37号),决定自2009年1月1日起实施成品油价格和税费改革,取消公路养路费、航道养护费、公路运输管理费、公路客货运附加费、水路运输管理费、水运客货运附加费等六项收费,逐步有序取消政府还贷二级公路收费。在这次改革中,交通征稽机构的主要职能被取消,交通征稽机构进入人员安置、机构调整的改革过渡阶段,国家规定改革过渡期为三年。

根据国务院办公厅《关于转发发展改革委交通运输部财政部逐步有序取消政府还贷二级公路收费方案的通知》(国办发[2009]10号)以及省政府关于撤销政府还贷二级公路收费工作通告等文件精神,省政府决定从2009年5月31日24时起,全部取消本省境内政府还贷二级公路收费。省交通征稽系统共撤除管辖的11个政府还贷二级公路通行费收费站,分别为:落里湾、下王庄、阳曲、小店、夏门、禹都、永安、常村、高阳、柳沟、司马收费站。

2009年9月30日,省编委下发《关于组建山西省交通运输执法机构的通知》,确定全省交通征稽系统改革转型的目标。《通知》规定:在省交通征费稽查系统现有机构框架(省交通征费稽查局、市交通征费稽查分局、县交通征费稽查所)的基础上,整体转变职能,组建山西省交通运输执法机构,省、市、县相应机构的名称分别为"山西省交通运输执法局"、"山西省＊＊交通运输执法局"、"山西省＊＊交通运输执法局＊＊分局",在省交通运输厅授权和委托范围内,组织实施交通运输行政执法,规范和监督管理执法活动及通行费征收管理等工作,逐步向综合执法过渡。

2009年12月25日,山西省交通运输执法局挂牌成立。2010年3月25日,山西省机构编制委员会办公室下发《关于山西省交通运输执法局职能配置机构设置和人员编制的通知》(晋编办字[2010]43号)。山西省交通运输执法系统机构设置为:省局(挂山西省通行费征收管理局牌子,内设14个副处级处室);省局直属事业单位(职工教育培训中心、资讯中心、督查总队、网络监控中心);各市交通运输执法局(在11个地级市设立;每个市局另成立一个正科级建制的交通运输执法督查支队);县(市、区)交通运输执法分局(按照山西省县市区行政区域,将原交通征稽所站整合后设立,共119个)。全系统仍实行省、市、县三级垂直管理体制,人员编制2084名(经费从国家燃油税转移支付资金中解决)。霍侯路征费管理处机构、编制及经费形式维持不变。

2010年11月8日,省交通运输厅下发《关于省交通运输执法(通行费征收管理)系统人员编制的通知》、《关于省交通运输执法(通行费征收管理)机构设置和过渡期间职能配置的通知》。文件明确山西省交通运输执法局过渡期间职能配置为:①对公路路政、道路运政(包括城市客运管理)、水路运政和地方海事执法实施监督;②对交通运输行业治超工作政策、制度和标准执行情况及路面治超、道路货物运输源头治超实施监督;③对收费公路的收费实施监督,做好全省通行费收费站(点)的设置审批、撤销和收费许可证年检等工作;负责所辖收费站(点)的收费管理工作;④对交通运输安全生产执法行为实施监督,参与安全生产突发事件的应急处置工作;⑤负责交通运输行政执法、治超工作和安全生产执法等相关投诉案件的调查,并经调查核实后提出处理建议;⑥承办省交通运输厅厅属企事业单位财务收支、预算资金、固定资产投资项目等的内部审计,以及重大交通基础设施建设项目的跟踪审计;⑦研究指导全省交通运输综合执法改革工作,推进交通运输行政执法体制创新;⑧承办省交通运输厅交办的其他事项。

2010年8月至10月,省交通运输厅对交通运输执法系统完成厅管干部调整。11

月11日至24日，省交通运输执法局组织运城、临汾、大同、朔州、忻州、长治、晋城、吕梁、阳泉、太原、晋中11个交通运输执法局挂牌成立。

2010年10月至12月，省交通运输执法局完成全系统局管干部调整。2010年12月至2011年1月，全省119个县(市、区)交通运输执法分局挂牌成立。至此，省交通运输执法机构组建工作全部完成，山西省交通征稽机构提前完成改革过渡任务。

改革过渡时期，全省交通征稽(交通运输执法)系统主要做好三方面工作。

一是千方百计保持队伍高度稳定。2008年底至2010年，全系统自上而下把稳定作为一项重要的政治任务来完成。两年多来，交通征稽(交通执法)系统正确把握改革、稳定、发展三者关系，高度重视并采取有力措施保持队伍高度稳定。首先，靠政策稳定人心。认真组织学习国务院《关于实施成品油价格和税费改革的通知》、省政府、省交通运输厅领导的重要讲话，把“转岗不下岗，待安置期间级别不变、合规合理的待遇不变”等安置原则和各级领导关心宣传到每个干部职工，让职工安心。其次，靠教育引导，严明纪律，维护稳定。各级领导班子和领导干部做了大量艰苦细致的思想政治工作，教育职工理解改革、支持改革、参与改革，在改革中求生存、求发展。同时，严明组织纪律，绝不允许发生与改革不相适应的言行。广大干部职工识大体、顾大局，表现出良好的队伍素质。再次，靠措施妥善安置人员。第一步，协调配合有关部门完成过渡税务部门人员的考试录用工作，共有243人到国地税部门工作。第二步，交通征稽正式职工全部转岗，从事交通运输执法工作。第三步，妥善分流安置编制外用工。其中，按照省厅分流安置人员政策，通过经济补偿方式自愿自谋职业1313人，通过省厅提供就业岗位转岗安置129人。

二是加快全员转岗培训步伐。采取集中培训与自学考试相结合，基础培训与专业培训相结合，理论培训与实践培训相结合的方式，省交通征稽(交通执法)局先后分别组织9次法律法规骨干培训、财务审计专业培训、交通行政执法业务培训，参训人员达1749人次。在集中培训的同时，按照省交通运输厅安排，组织全系统财务审计人员于2009年8月至10月，2010年5月至7月、9月至12月，对全省31条在建高速公路进行审计调查。抽调32人，组成8个核查小组，对全省村村通水泥(油)路“全覆盖”有关项目进行实地核查。交通征稽(交通执法)干部职工在干中学、学中干，理论和实践融会贯通，专业素质明显提高。

三是建立必要的规章制度，夯实发展基础。明确新机构的领导分工、内设机构和直属单位职能，出台《山西省交通运输执法局工作规则》，确定运行机制和议事决策机制。以省交通运输厅名义，印发《山西省交通运输行政监督若干规定》等一系列规章制度，为交通运输执法工作全面启动提供制度保障。

第六章 国防交通

2003年以来,山西省交通战备工作坚持“平战结合,军民兼容”的原则,积极主动适应改革开放和现代化建设新形势,从加强正规化建设入手,强化国防意识,树立国防观念,大力开展国防交通基础设施建设,做了大量卓有成效的工作。在为国家经济建设、国防建设和应对各类公共突发事件中,提供强有力运输保障。省交通战备办公室所创建的工作经验,走在全国前列,已成为全国交通战备工作的一面旗帜。2004年,被国家国防动员委员会授予“交通战备工作正规化建设先进单位”;2005年,被全国双拥工作领导小组、中央宣传部、中央文明办、民政部、总政治部授予“军民共建社会主义精神文明先进单位”;2006年6月,被省国防动员委员会荣记集体二等功一次,北京军区国防动员委员会做出了《深入开展学习山西省交通战备工作全面建设经验活动的决定》;2007年,被省劳动竞赛委员会再次授予“山西省五一劳动奖状”。

第一节 全省交通战备工作体系的形成

截至2010年年底,全省交通战备机构设置分四个层面。

一是县级以上人民政府设立的交通战备办公室。全省县级以上人民政府交通战备办公室共123个,其中省级交通战备办公室1个,市级交通战备办公室11个,县交通战备办公室111个,全部挂靠在交通运输厅、局,机构为行政编制,有专职干部53名,兼职干部229名,办公室主任由交通运输厅、局长兼任。

二是铁路、民航系统交通战备办公室,有中铁3局、中铁12局、中铁17局、太原铁路分局、山西民航管理局交通战备办公室,共有专兼职交通战备干部24名。

三是全省交通运输系统交通战备办公室。有省公路局、省高速公路管理局、省交通运输管理局、省地方海事局、省交通征费稽查局、省交通规划勘察设计院、山西路桥建设集团有限公司、山西汽车运输集团有限公司交通战备办公室,有专兼职交通战备干部46名。

四是承担交通战备任务的交通企事业单位交通战备办公室。全省11个市的公路分局、运输公司、路桥公司,均建立交通战备办公室,有专兼职交通战备干部66名。

第二节 “国防要求”的创造性贯彻

“十一五”期间,各级交通战备部门紧紧抓住全省交通基础设施大发展的有利时机,创造性地贯彻国防要求,不断完善国防交通路网结构,努力改善部队通行条件。阳泉市在国防公路建设中,始终坚持前期工作要落实、配套资金要落实和并网养护要落实的“三落实”要求,三条国防公路建成全省样板国防公路。

大新高速公路飞机跑道工程是全省贯彻国防要求的一项重要项目,在建设理念上有了较大突破和创新。道路中央分隔带采用活动式防撞护栏板,服务区建有指挥塔台、停机坪、回转道和加油、维修设施等,具备应急机场标准,实现平战结合,军民两用。2003年8月29日,国家交通战备办公室委托北京军区交通战备办公室组织对高速公路飞机跑道工程进行竣工验收。专家一致认为,该跑道各项战术技术指标均符合国家公路飞机跑道工程建设标准,工程质量总体达到优良,并且在设计理念上有较大突破和创新,贯彻平战结合、军民两用的方针要求,体现交通基础设施和战备资源储备的完美结合,有效提高公路飞机跑道的综合保障能力和应急保障能力。

太古高速公路西山隧道所在处战略位置和工程规模,决定其巨大的军事价值。在规划、设计和建设过程中,融入国防要求,实现三大军事功能,即作战指挥所功能、人员装备掩蔽部功能和防空袭功能。北京军区首长视察山西交通战备工作后,对全省在大型交通基础建设中贯彻国防要求的做法,给予充分肯定。

第三节　交通保障力量体系的基本形成

2003 年以来,以改革创新为动力,以如期形成交通保障能力为目标,高起点规划,高标准建设,用政策支撑组建,用合同加强管理,用制度规范队伍,用训(演)练提升素质,推动国防交通保障队伍在瞬息万变的市场经济条件下顺势发展,增强综合保障能力。省交通战备办公室每年有重点地组织对国防交通专业保障队伍进行整训点验。2008 年,省交通厅、省交通战备办公室,组建完成了 24 支战略物资道路运输保障车队,车辆总数达 1122 辆。其中,有客运车队 11 支,车辆数 583 辆,座位数 16 960 个;货运车队 13 支,车辆数 539 辆,车辆总吨位 11 966.5 吨。同时组建一支危货运输保障车队。每辆货车都安装 GPS 卫星定位系统,对保障车辆实行动态监管和适时调动。配备双驾驶员;每个车队都配备必要的押运员、维修保障人员、医护人员。同时,建立保障队伍人员通讯网络,承担交通保障任务的企业设立专用电话,保证能够快速反应,快速集结。

在应对突发事件中,山西省交通专业保障队伍发挥重要作用,受到各级政府肯定。省民航机场管理局圆满完成北京奥运会、上海世博会、国庆 60 周年、广州亚运会交通保障任务。2008 年,在四川汶川"5·12"特大地震抢险救灾中,各级交通战备部门主动靠前,在当地政府统一领导下,迅速行动,服从指挥,第一时间调用 13 支国防交通专业保障队伍进入一线救灾,向灾区运送救灾物资 77 943吨,并积极配合政府有关部门征用民用运力,运送抢险救灾物资,圆满完成政府赋予的各项保障任务。截至 2010 年底,全省铁路、公路、民航共组建各类专业保障队伍 63 支,编组机械装备 3105 台(件),队员 8765 余人。

2005 年 10 月,进行大同至唐山港跨区机动战略物资输送演练,动员组织 50 台载重 40 吨的车队,横跨山西、河北、北京、天津四省市,行程 650 公里,沿途设置防空袭、越雷区、抢修抢运、自救互救、复杂道路、指挥协同、通信联络等 10 个战术科目。

2006 年 9 月,参加北京军区"攻坚 - 2006"演习。先后获得"训练示范单位"、"后勤管理示范单位"和"攻坚 - 2006"演习优胜单位等称号。

2007 年 7 月,组织参加北京军区国防交通专业保障队伍整训点验活动,进行高速公路飞机跑道应急启用、摩托化部队快速脱离高速公路和应急保障车队快速支援等科目的演练。这次整训点验活动,共动员各类保障队伍 25 支,参加人员 3200 余人,运输车辆和大型机械装备 350 余台,涉及军队和地方 100 余个单位。国务院、中央军委四总部和北京军区首长在北京主现场,通过视频末端观看整训点验演习。称赞说:"山西搞得很好,全国向你们学习"。

2008 年 7 月,参加山西省应对多种安全威胁军警民联合实兵演习。共组织运输车辆 17 台,大型工程机械设备 6 台,人员 60 余名,参加阅兵分列式和防空作战物资抢运两个科目的演习。

2009 年 8 月,在完成"跨越 - 09"和 27 集团军摩托化机动军演交通保障任务中,省交通战备办公室根据部队机动的路线和时间,积极协调各有关部门发挥军地联合保障优势,实行每条线路、每个路口、每个收费站专人负责,各级交通战备办公室按照属地保障原则,出动交通保障人员1000余人,机械设备30余台(件),全力做好交通疏导和道路抢修维护等保障工作,累计保障500余公里,保证参演部队机动道路全线畅通。全省交通战备应急保障能力得到进一步检验,受到兰州军区和北京军区的通报表彰。

第四节 正规化建设内容的深化

全省各级交通战备办公室积极适应新时期要求,努力搞好正规化建设。2004年7月,在忻州市召开全省第二次交通战备正规化建设现场会,进一步推动正规化建设发展,省、市交通战备办公室正规化"五化"建设目标基本实现。同年10月,国家国防动员委员会授予省交通战备办公室和忻州市、太原市、晋中市交通战备办公室"正规化建设先进单位"称号;北京军区交通战备办公室授予朔州市、长治市、晋城市、省高管局、山西汽运集团、省公路局交通战备办公室"正规化建设先进单位"称号。

2007年9月中旬,举办"从实际出发,为长远建设着想,实现保障有力"为主题的山西省国防交通持续发展高峰论坛。

2008年3月,成立山西省国防交通协会,编辑印发《山西国防交通》季刊。在全省范围内开展了以"总结30年经验,弘扬优良传统,提高交通保障能力,发挥更大作用"为主题的系列活动,全省有40余篇论文在省级以上报刊发表。

2003年,太原铁路局交通战备办公室组织有关部门完成《铁路拆装式桁梁模拟拼装系统》课题,通过省科技厅组织的国内专家鉴定。专家组认为:"该成果设计合适、开发技术先进、使用方便,在同类研究中达到国内领先水平,具有较高的推广应用价值。"2005年,省公路局完成《山西省干线公路及桥梁抢修技术保障手段的研究》课题,通过军地专家认定,达到国内先进水平,在交通保障抢修抢通中发挥重要作用。

在封闭式管理向开放式管理转变中,战储器材重点抓好三个方面工作。一是完善管理制度。省海事局交战办制定冲锋舟管理制度,每年进行安全技术检查。省公路局交战办完善器材管理有关规定和制度,完成忻州库、晋中库战备器材入库核定清查工作。二是加强维修保养工作。太原铁路局交战办投入120万元,对辖区内战备器材库和战储器材进行维护与保养。省公路局交战办每年都在汛期前对国防交通储备器材进行一次全面检查,2006年以来,5年共投入250万元专项资金,对钢桥零部件进行维修和保养。三是开展租赁业务。在抓好战备物资储备管理的同时,科学把握"平时服务、急时应急、战时应战"的发展方向,扩大使用功能,为全省经济建设和急、难、险、重任务提供服务。

回顾全省交通战备工作机构组建以来走过的历程,各级领导高度重视,成绩巨大;展望"十二五"时期工作,13万职工时不我待,重任在肩。真可谓:

风雨兼程三十年,交战旧貌换新颜;
技术装备日臻善,保障队伍设施全;
平战结合勇创新,万水千山路途坦;
硕果累累遍三晋,继往开来宏图展。

第七章　科技创新

2003年以来，全省交通运输行业科技工作者以邓小平理论和“三个代表”重要思想为指导，坚持科学发展观，紧紧围绕全面实施交通率先发展总目标，坚定不移地推进“科教兴交”战略，开拓进取，扎实工作，圆满完成“十五”、“十一五”交通科技发展规划，科学编制“十二五”交通科技发展规划，继续深化科技单位内部管理体制改革，强化行业科技创新能力，大力推进交通信息化建设，加速推动科技成果产业化步伐；在科技攻关中，继续坚持以需求为导向，以应用促开发，突出先进成熟科技成果的推广应用和产业化；着力解决全行业发展的关键技术问题。项目涉及行政、建设及运营管理，道路运输及现代物流，工程建设养护及环境保护，重点公路及农村公路，技术开发及技术标准等，既提高工效，又保证安全生产，取得良好经济效益和社会效益。

第一节　勘察设计新技术的研发应用

自2005年以来，全省高速公路建设陆续进入地形险峻、地质复杂、建设条件极为艰难的山岭区，使高速公路的勘察设计难度陡增。广大设计人员对黄土地区的高填深挖路基、高边坡防护、高墩大跨桥梁、特长隧道及隧道群、采空区处治设计及施工等多方难题进行攻关，逐一破解，把高速公路的勘察设计及科技创新提升到一个新高度。同期，一批新技术、新材料、新结构、新工艺得到大力推广，“四新”应用达到一个新水平。

一、T型刚构桥梁加固技术研究

时间为1997年12月至2006年12月，获省科技进步二等奖、中国公路学会科学技术二等奖。项目针对20世纪70至80年代修建的T型刚构桥梁，特别是跨中设铰的此类桥梁的一些通病和其他病害，在详细分析结构特性和病害成因基础上，提出综合改造和加固的方法，并通过分析和试验，得出一些比较通用的理论，成果达国际领先水平。

二、桥隧下伏采空区处治关键技术研究

时间为2006年3月至2009年1月，获省科技进步二等奖。本项目以青岛至银川高速公路山西柳林段下伏采空区“四隧两桥”工程为背景，采用现场勘察、室内试验、理论分析、数值模拟和现场监测综合集成研究方法，对桥隧下伏采空区稳定性评价技术、三维可视化技术、治理与检测技术和采空区剩余变形预测技术、覆岩垮落与离层实测技术等展开攻关，成功解决制约相关高速公路桥隧下伏采空区处治方面的诸多关键技术难题，成果达国际领先水平。

三、大运高速公路三维可视化系统研究

时间为2001年5月至2003年12月，获省科技进步二等奖及山西省十佳技术创新成果奖。本项目是以公路为核心的一种新的信息管理技术，综合应用地理信息（GIS）、虚拟现实（VR）、数据库管理等先进技术而建立的具有公路真实景观的人机交互，查询、调用、编辑的系统平台，简称公共平台。在此平台上，可以建立各种与公路相关的专业系统。成果达国际先进水平。

四、黄土连拱隧道设计施工技术研究

时间为1999年10月至2006年12月，获省科技进步二等奖及山西省十佳技术创新成果奖。本项目采用有限元数值分析和室内模型实验，得出有关黄土连拱隧道设计施工

的技术参数,通过汾阳至离石高速公路离石黄土连拱隧道依托工程,对所得出的结论进行验证后,总结出关键施工技术,并在现场对依托工程进行施工动态监控量测,最终得出黄土连拱隧道设计施工的技术方法。成果达国际先进水平。

五、山西省公路地质卫星遥感 GIS 系统的应用

时间为 2003 年 11 月至 2007 年 9 月,获省科技进步二等奖、2008 年度中国公路学会科学技术三等奖、山西省优秀计算机软件二等奖。该项目以全省高速公路为基础,利用 ETM 卫星数据和 1:25 万电子地图,建立全省卫星遥感图像、不良地质分布图、高速公路综合信息数据库,在此基础上构架网络服务环境下覆盖全省高速公路的 GIS 信息平台,成为全省交通信息化管理的主要平台。成果达国际先进水平。

六、高烈度地震区特高桥设计的研究

时间为 1999 年 11 月至 2008 年 12 月,获省科技进步二等奖。项目针对桥墩高度超过 30 米的高墩桥梁震害进行研究,以全省境内具有钢筋混凝土简支梁桥、钢筋混凝土连续梁桥、预应力钢筋混凝土连续刚构桥等结构形式的 11 座高墩桥梁为依托,采用数值计算、模型试验等方法和手段,对高烈度地震区特高桥在地震灾害发生时的力学和变形以及破坏机理进行深入研究,提出大跨径、特高桥梁抗震设计从建模分析计算到抗震构造措施的一套实用设计方法。成果达国内领先水平。

七、山西省高速公路滑坡发生发展机理及防治技术研究

时间为 2003 年 7 月至 2006 年 10 月,获省科技进步三等奖。本项目全面系统地查清全省已建和在建高速公路沿线滑坡的基本类型、分布规律和特点。通过多项监测、测试、试验和数值计算分析,揭示沙泥岩顺层滑坡的发生和运动机理。通过大量现场测试,揭示新型支挡结构的受力特点,验证工程治理效果,提出微型桩的设计计算方法,并在工程中得到成功应用。提出预应力锚索框架和预应力锚索桩的优化设计方法,使设计计算更为合理。成果达国际先进水平。

八、高速公路沥青路面改造技术研究

时间为 2006 年 3 月至 2009 年 1 月,获省科技进步三等奖。本课题以运城至风陵渡高速公路为实体工程,分析半刚性基层沥青路面病害产生的原因,提出半刚性基层沥青路面破坏状态的评价方法。以有限元软件 ANSYS 为计算工具,应用弹性和塑性理论,对重载沥青路面进行数值分析,研究路面结构在双轮车辆荷载作用下的力学响应;分析讨论超重荷载、不同路面类型与结构组合对沥青路面的应力应变、承载能力等方面的影响,同时探讨不同超限量对路面关键响应的变化规律。最后,针对旧路改建的特点分析,提出相应的路面设计方法,并分析加铺厚度及模量参数变化对路面结构力学影响,并由此给出适宜的路面改造方案。同时针对不同的破坏状态,提出不同的维修和改建方法,并对路面改造再生技术和层间处治技术进行研究。成果达国内领先水平。

九、重交通道路沥青混合料 GTM 设计方法的应用研究

时间为 2000 年 11 月至 2005 年 12 月。本项目紧密结合重交通沥青路面易产生车辙、推臃这一病害,用 GTM 方法进行理论分析、结构计算及大量室内试验,研究沥青混合料配合比设计和施工工艺,将交通荷载、材料设计及路面结构设计有机地结合起来,使设计更科学、更合理,促进沥青路面设计的进步。成果达国际先进水平。

十、ITS 技术与公路网规划技术的综合应用研究

时间为 2004 年 4 月至 2005 年 3 月。项目主要针对公路网规划技术中存在的问题,提出在 ITS 技术支撑下的公路网规划方法。结合全省公路运输特点和适用的 ITS 技术,构建全省智能公路网规划技术的体系结构,有效利用 ITS 技术进行公路网规划。成果通过省科学技术厅鉴定,达国内领先水平。

十一、特立尼达湖沥青应用研究

时间为 2003 年 12 月至 2006 年 1 月。项目紧密结合全省重载交通特点,试验研究

70#和90#重交通沥青在不同掺量下,特立尼达湖沥青及其混合料的路用性能,并采用多级嵌挤密级配理论进行沥青混合料矿料级配设计,为性能良好的沥青混凝土提供科学设计依据。成果通过省科学技术厅鉴定,达国内领先水平。

十二、平微区高速公路合理路堤高度研究

时间为1992年12月至2006年8月。项目在对国内多条已建成平微区高速公路路堤高度进行调查、分析基础上,对土石方数量、占地亩数、构造物间距、工程造价等因素与路堤高度的相关关系进行研究,初步建立路堤高度与上述因素之间的数学模型。成果通过省科学技术厅鉴定,达国内领先水平。

十三、山西省公路养护工程造价应用软件开发研究

时间为2004年3月至2006年12月。项目利用先进成熟的软件开发技术,基于Windows操作系统和Access数据库,使用VB开发工具和MVC技术开发完成。系统总体设计合理,功能齐全,实用性强。软件具有较高的可扩展性和配置灵活性,成功实现公路养护工程预算编制计算机化。软件具备即时剖析功能,能快速对养护工程中某一分项工程进行分析计算,而无需运行整个运算过程。软件内置两套养护工程招投标清单模板,极大方便养护工程招标限价、清单报价的编制工作。成果通过省科学技术厅鉴定,达国内领先水平。

十四、高填土涵洞采用聚苯乙烯泡沫板减荷的试验研究

时间为2005年5月至2008年12月。项目以离石至军渡高速公路高填土拱涵工程为依托,通过现场测试、有限元分析,采用EPS板减荷方法,对高填土拱涵的减荷措施及受力情况、沉降情况进行深入研究。成果通过省科学技术厅鉴定,达国内领先水平。

十五、太原市快速公共交通系统前期研究

时间为2002年9月至2005年3月。课题通过省科学技术厅鉴定,成果达国内先进水平。此外,还有"高等级公路黄土挖方边坡种(植)草防护技术的研究",时间为2001年7月至2005年3月;"中小跨径桥梁标准化设计研究",时间为2001年1月至2006年5月;"新型复合加筋带在临侯高速公路加筋挡墙中的应用研究",时间为2001年1月至2006年5月;"高速公路跨线桥标准化研究",时间为2002年4月至2008年12月;"太旧高速公路改扩建方案研究",时间为2003年7月至2008年12月;"高速公路桥梁病害及加固措施研究",时间为2003年7月至2008年12月;均通过省交通运输厅验收。

十六、主编、参编行业技术标准、规范

主编完成交通运输部《采空区公路设计与施工技术细则》,创立全国公路采空区设计、施工及检测方面的技术标准和要求,填补全国公路建设采空区处治设计规范的空白;参编交通运输部《公路工程地质勘察规范》、《公路路线设计规范》、《公路工程概算定额》、《公路工程抗震设计规范》和《公路隧道设计细则》共5项,并颁布实施。

十七、编制完成《山西省高速公路勘察设计指南》

作为全省高速公路勘察设计的地方标准文件,成为全省高速公路勘察设计的主要指导依据。

2005以来,全省高速公路项目大都在太行、吕梁山区,地形地质条件复杂,桥隧比例高。围绕山区高速公路勘察设计急需的关键技术,省交通设计院形成一批核心技术。其中,湿陷性黄土地基处理和连拱隧道设计、采空区处治勘察设计、特长隧道和特高大跨径桥梁设计、采空区下伏区桥梁隧道设计等技术已步入全国同行前列;分离式路基、桩板墙及加筋土路基的设计和应用,使路基设计更加经济合理。

在阳城至侯马、汾阳至离石、汾阳至军渡高速公路的设计中,率先在全国设计黄土连拱隧道;在桥梁设计中,采用130米以上跨径连续刚构桥、主跨为135米的矮塔斜拉桥和260米钢管砼拱桥的设计,使全省大跨径桥梁和隧道的设计水平得到明显提高。在运风高速公路全线通讯管道中,采用硅芯管新材料;在青岛至红其拉甫和威海至乌海国家重点公路山西境内预可阶段,运用卫星遥感判断项目区域地质情况,取得良好效果,并完成"车辆微机管理系统"软件开发,已投入使用。

全国第一座黄土连拱隧道在隧道衬砌参数及施工工艺取得突破;全国公路行业首家独立完成的全国第二特长隧道——太古高速公路西山隧道(13 680 米)在复杂水文地质、采空区、瓦斯共存条件下的结构设计和施工方案,救援、消防、通风等综合设计取得全国领先;阳翼高速公路主跨 260 米钢管混凝土结构的北深沟大桥,无论是结构跨径还是桥梁抗震及施工挠度控制,居全国同类桥梁前列;临吉高速公路主跨 175 米、桥高 158 米的吉县壶口黄河大桥抗风、抗震、抗冰凌撞击及超高墩稳定性研究,取得重大突破,居全国领先;风陵渡黄河大桥加固设计方案在国内同类桥梁加固技术中达到先进水平。

2003 年至 2010 年,省交通设计院获科技进步奖等奖项 15 项,其中获山西省科技进步二等奖 7 项、三等奖 3 项,中国公路学会科学技术一等奖 1 项、二等奖 2 项、三等奖 2 项。

2003 年至 2010 年,省交通设计院共获优秀工程勘察设计咨询等奖项 79 项,其中获国家级优秀工程银奖 1 项、铜质奖 1 项,国家级优秀工程咨询成果三等奖 3 项,全国优秀工程设计软件银质奖 1 项,全国优秀测绘工程铜奖 1 项,建国 60 周年公路交通优秀勘察设计经典工程 3 项,山西省优秀工程设计一等奖 3 项、二等奖 2 项、三等奖 1 项,山西省优秀工程勘察二等奖 1 项、三等奖 1 项,公路交通优秀设计一等奖 1 项、三等奖 2 项,公路交通优秀勘察二等奖 2 项、三等奖 3 项,山西省优秀工程咨询成果一等奖 4 项、二等奖 8 项、三等奖 7 项,山西省优质测绘工程三等奖 2 项,山西省十佳设计成果 2 项,山西省优秀计算机软件一等奖 1 项、二等奖 1 项,太行杯土木工程大奖 5 项,山西省优秀结构设计一等奖 1 项、二等奖 5 项、三等奖 1 项、表扬奖 1 项,山西省交通建设优秀结构设计奖 2 项,太原市城乡建设优秀勘察设计一等奖 3 项、二等奖 3 项、三等奖 4 项,厅级优秀工程勘察一等奖 2 项、二等奖 1 项。

第二节　路面新技术的研发应用

2003 年以来,全省掀起以大运高速公路和国道主干线为重点的公路建设新高潮,改性沥青等各种新技术在全省得到大量推广,公路工程建设紧紧依靠科技进步与创新,建成一批在全国有影响的公路。

2003 年以来,省交科院公路与交通工程研究所开展 67 项科研项目,其中 22 项获得省科技进步奖。"山西省超重交通水泥混凝土路面合理结构的研究"、"山西省运煤重载水泥混凝土路面典型结构的研究"2 项获省科技进步一等奖;"公路路基压实合理检测方法的研究"、"高性能沥青混凝土路面结构研究"等 9 项获省科技进步二等奖;"沥青混合料添加剂 PRPLASTS 性能研究"、"胶粉改性沥青技术研究及推广应用"等 11 项获省科技进步三等奖。

一、山西省超重交通水泥混凝土路面合理结构的研究

山西省是全国能源重化工基地,煤炭资源在山西乃至全国占有举足轻重地位。为加快晋煤外运,道路上车辆超载、超限情况十分严重,大大超过公路部门限载标准(总重 40 吨,单轴－单轮 6 吨,单轴－双轮 10 吨,双轴－双轮 18 吨)。鉴于以上情况,省科技厅立项,研究取得 7 项创新成果:①利用煤检站的地磅进行车辆轴载称量,摸清全省运煤线路的超重轴载谱;②引进当量损坏系数概念,定量评价不同交通组成对路面的损坏情况;③采用新的荷载作用图式,利用有限元法进行荷载应力计算,得出重载下的轴载换算公式;④采用新的地基模型,对现行规范中地基回弹模量的取值进行修正;⑤增加特重车辆一次破坏作用检验的设计标准;⑥提出承受特重交通的水泥砼路面合理结构设计方法;⑦给出承受特重交通的水泥砼路面标准结构。

该项目获得 2003 年度山西省科技进步一等奖,成果纳入水泥混凝土路面设计规范(2000 版)。该项成果的应用,使特重刚性路

面设计指标与参数更符合实际情况,设计更加合理可靠,对于提高道路服务水平,延长道路使用寿命,降低建设、运营成本方面,具有巨大经济效益和社会效益,对全国水泥混凝土路面设计、建设和养护,具有深远意义。

二、山西省运煤重载水泥混凝土路面典型结构的研究

该项目针对重载引起的水泥混凝土路面过早损坏问题,从混凝土路面结构损坏特点及原因、重载车辆荷载特征及轴载预估、结构设计指标和方法、典型结构等方面开展深入研究。取得3项创新成果:一是摸清重载水泥路面损坏原因和重载车辆荷载特征,得出车辆荷载作用图式,提出全新的累计当量轴载预估方法;二是对基层超宽进行研究并提出影响系数及影响规律,建立适宜于运煤重载的平面不等尺寸混凝土板结构力学模型,分析基层面层荷载应力、面层温度疲劳应力并实现温度应力系数公式化,建立考虑目标可靠度的控制基层面层综合疲劳破坏准则的重载水泥路面结构设计方法;三是提出重载水泥路面典型结构及材料设计参数,并集中铺设多种重载结构形式的试验路段,为开展现场研究提供大型野外观测平台。

该项目获得2011年度山西省科技进步一等奖,研究成果纳入新版公路水泥混凝土路面设计规范。在山西省、内蒙古自治区等地的运煤重载道路、矿区道路得到成熟稳定的应用推广,取得显著技术经济和社会效益。

三、公路路基压实合理检测方法的研究

土基的强度和稳定性是保证公路工程特别是高等级公路工程质量的关键问题。因此对土基必须进行认真压实控制。全国现行路基压实控制方法只控制土体的干密度,认为重型击实标准的最大干密度越大,强度越高,稳定性也越好,却未考虑土体黏聚力和水对路基强度和稳定性的影响。因此,使粉性土和黏性土路基压实质量得不到应有保证,高填土路基尤为突出。鉴于以上情况,省交通厅组织立题,取得5项创新性成果:一是当含水量较小时,即小于重型击实标准的最佳含水量时,无论采用多大击实功,其浸水CBR值均较小,而且膨胀量都显著增大,即稳定性差,含水量较大时浸水前后CBR值变化小,有较强的水稳定性;二是水的浸入量随空隙率减小而减少,对于黏性土来说,当空隙率Va<8%时,其浸水强度及变形都保持相当水平,具有较强的强度和水稳定性。因此,控制压实土体空隙率是保持路基强度与水稳定性的重要条件;三是不同土质试验结果表明,浸水CBR强度与压实后土体的空隙率有密切关系,用空隙率作为土基压实控制标准更切合实际,更能比较真实反映土体的压实稳定情况;四是空隙率指标控制路基压实,即控制土体的干密度,又控制土体的含水量,从而能够保证路基的强度和稳定性;五是提出不同土质合理的压实检测、控制标准。

土中<0.074mm颗粒含量	检测方法	检测指标	备注
<20%	干密度比法	K≥95%	砂性土
20~50%	空隙率法	Va≤13%	粉性土
≥50%	空隙率法	Va≤8%	黏性土

注:挖方路堑路床检测深度为0~30厘米。

该项目获得2004年度山西省科技进步二等奖,研究成果在省内外广泛使用。

四、高性能沥青混凝土路面结构研究

该项目依据沥青及沥青路面方面的研究成果和全省沥青路面实际情况,以及公路建设中的一些亟待解决问题,从改性沥青、沥青混合料、基层类型、面层厚度、改性沥青施工技术等方面进行研究。取得7项创新成果:①分析改性沥青的力学特性,指出改性沥青在性能方面差异;②分析矿料级配组成,提出性能优良的改进AC型沥青混合料;③提出不同基层的设计参数及相关施工技术指标;④分析面层结构厚度受外界荷载应力和温度应力作用的变化规律;⑤应用模拟技术研究混合料热量散失机理和影响因素,得出最佳碾压工艺和控制标准;⑥铺设7公里长具有2种沥青路面结构的大型道路野外试验和观测平台;⑦分析野外条件下沥青路面裂缝的产生、发展等规律。

该项目获得2009年度山西省科技进步

二等奖,研究所提出的控制指标、设计参数、路面结构组合等先后在山西省及周边省份1000多公里高速公路建设中得到广泛应用。为增进全国公路建设整体实力,赶超世界发达国家科技水平打下坚实基础。

五、沥青路面层间结合检测方法及指标研究

沥青路面结构设计要求层间接触为完全连续,对于沥青层与沥青层或沥青层与半刚性基层(水泥砼)之间的接触程度和黏结性能缺少研究成果。山西省以此立题,项目研究取得5项创新成果:①提出基于拉拔强度的沥青路面层间黏结检测指标及检测方法;②提出沥青路面层间结合黏结强度的控制指标为0.3MPa,室内抗剪切强度的控制指标为0.6MPa;③提出黏结强度与抗剪切强度服从线性关系;④提出黏结强度的温度修正系数;⑤提出沥青路面层间黏结温度修正图。

该项目获得2011年度山西省科技进步二等奖,研究成果已经在全国多条高速公路进行推广应用。

六、粉煤灰在公路工程中的综合利用研究

为合理配置资源、节能减排,省交通厅立题。研究取得3项创新性成果:①提出粉煤灰混凝土滑模施工、高掺量粉煤灰混凝土配合比设计方法及质量控制指标;②提出粉煤灰贫混凝土基层对粉煤灰的质量技术要求;③对掺粉煤灰的混凝土抗硫酸盐侵蚀性能和预防碱集料反应进行综合系统研究,提出对粉煤灰质量等级要求和适宜的掺量。

该项目研究获2007年度山西省科技进步二等奖,研究可促进在公路工程中大量利用粉煤灰,有利于加快工业废渣利用。

七、山西省地方标准《公路改性沥青路面施工技术规范》的制定

针对全省交通荷载、地形、气候特征,省交通厅立题。研究取得5项创新性成果:①依据"八五"科技成果,应用全省气候分区来选择沥青、改性沥青,修订技术指标;②结合全省气候分区、交通特点,修订沥青混合料不同气候区的技术指标;③针对全省石材资源丰富,修订质量控制指标;④修订密级配沥青混凝土矿料级配范围,提出混合料渗水检验指标;⑤提出重点、可操作的沥青路面具体的施工工艺和质量控制要点。

该研究成为省质量技术监督局批准发布的地方标准,具有合理性和前瞻性。

八、胶粉改性沥青技术研究及推广应用

为倡导"节能减排",针对全省废旧轮胎胶粉利用,省交通运输厅立题。研究取得3项创新成果:①自主研发回弹恢复试验仪,应用于橡胶沥青的弹性恢复能力的评价;②研制出可作为应力吸收膜和填缝材料使用的高掺量聚合物橡胶沥青玛蹄脂;③提出橡胶沥青加工工艺和路用性能评价标准,确定斜交胎胶粉合理目数为60目、适宜掺量为20%,子午胎胶粉合理目数为40目、适宜掺量为30%。斜交胎胶粉改性沥青的性能优于子午胎胶粉改性沥青。

该项目获2010年山西省科技进步三等奖。

九、山西路用材料地理信息系统研究

为加强资源配置利用,便于公路设计、施工、养护等信息交流,省交通运输厅立题。研究取得5项创新性成果:①完善公路行业岩石划分原则和标准;②完善石料场开发一般原则;③完善料场评价方法与内容;④绘制山西省路用材料分布图;⑤提供交互地理信息系统。

该项目研究获2009年度中国公路学会科学技术三等奖。研究成果提出全省筑路材料资源分布特征,为新建公路的建设和已有公路养护提供翔实筑路材料信息,为全省公路工程前期、设计、施工等方面提供信息决策支持,充分体现"因地制宜,就地取材"原则。该研究成果在大呼、太佳、灵山、山平、闻垣、阳盂等高速公路和全省干线公路改造项目中得到广泛的应用。

此外,针对山西省重载交通、长大纵坡和气候特征引发的早期车辙损坏,先后开展"外掺纤维沥青混合料的路用性能研究"、"沥青混合料添加剂PRPLASTS性能研究"、"高等级公路大纵坡路段路面典型结构和材料研究”、“运煤重载交通沥青路面结构的研究”、“大粒径沥青混合料 LSAM 设计方法与路用性能研究”等材料结构性能研究；针对水泥混凝土路面，先后开展“高速公路滑模摊铺水泥混凝土路面施工技术的推广”、“合成纤维高性能水泥砼的应用研究”、“钢纤维混凝土在公路桥面中应用研究”、“高性能水泥混凝土路面接缝材料开发与性能研究”、“液体聚合物沥青改性剂工业化生产物推广应用”等材料和工艺研究。还开展了“强夯法和强夯成孔挤密灰土桩法在长邯高速公路湿陷性黄土治理中的应用技术研究”、“沥青混凝土桥面铺装材料与技术研究”、“乳化沥青温拌混合料(EWMA)生产应用研究”、“彩色改性乳化沥青微表处应用技术的研究”等课题项目。

为将创新性科研成果付诸实施，并通过实体工程进行验证，科研工作者在开展科研基础上，还对科技成果进行大面积推广和应用，推广和应用主要包括修筑课题试验路和工地现场指导两方面。

课题试验路是有效检验课题研究成果是否适用于当代高等级公路的必要方法和最直接方式，并要为室内科研结果反馈大量的信息，是准确修正室内研究结果和完善课题内容的有效行为，一直沿用至今。课题试验路一般通过课题组成员自行落实方式实施修筑，由于和施工紧密联系，因而为科技成果的推广和应用起到非常关键作用。

技术专家组和工地实验室在课题研究成果技术推广方面发挥很大作用。他们深入施工一线为解决建设中面临的实际问题献计献策，并指导施工人员将先进科研成果运用于生产实践，进行详细的阐述，千方百计解决工程中出现的问题和困难，积累丰富的经验和实验数据，及时修正，不断提高，丰富研究成果。

十、土工布技术的应用

土工布是一种由聚酯制造的土工织物，能忍受 220℃ 高温而不发生明显收缩的材料。土工织物对沥青路面盖层的作用，起缓裂或防裂功效。2004 年，大同公路分局在 109 国道吴官屯至右玉界改建工程中，间断性地铺装 1800 米海川路威 R010/140 系列沥青铺面专用土工布；2005 年，在 109 国道 391 公里至 392 公里 065 米段重车道的水泥砼路面与沥青加铺层间，加铺土工布。至 2005 年底，两段路段的返浆裂缝及防裂、缓裂效果十分明显。

十一、冲击压实技术在水泥砼路面翻修中的应用

2005 年，阳泉公路分局在 207 国道路面翻修工程中，针对 930 公里至 934 公里段原有水泥混凝土路面破损情况，采取冲击压实新工艺，使用 5YT20 五边形压实机具，对原有混凝土路面进行全面冲击破碎，获得一定沉降，使原路面保持一定嵌锁作用，将其作为底基层发挥旧路面的残余承载能力，然后采用三种补强方案：一是为避免冲压时产生的冲击力对周围建筑物造成破坏，在二院段路线右侧采取挖除旧混凝土路面，通过补强验算确定补强层厚度，并与左幅路面齐平。结构层为 23 厘米水稳沙砾找补层 +20 厘米水稳沙砾基层 +4 厘米中粒式沥青混凝土 +3 厘米细粒式沥青混凝土；二是采用冲击破碎旧混凝土路面后，加铺 20 厘米水稳沙砾基层及 4 厘米中粒式沥青混凝土 +3 厘米细粒式沥青混凝土面层；三是作为对比试验，在冲击破碎旧混凝土路面后，加铺 15 厘米水稳沙砾基层及 4 厘米中粒式沥青混凝土 +3 厘米细粒式沥青混凝土面层。从路面使用情况来看，路面平整度、弯沉满足要求，效果良好。

十二、温拌沥青混合料的生产应用

温拌沥青混合料具有环保、节能、性能优良等特点，可用于薄层摊铺，适用于各等级公路沥青路面及各层位的铺筑，对空气质量要求高的地区有重要的推广价值。我省自 2008 年开始在晋济、忻阜、长平、阳盂等高速公路上推广使用温拌沥青。从渗水系数，压实度方面来看，晋济高速公路仙神河大桥、长平高速公路温拌沥青混凝土，忻阜高速公路文山隧道温拌沥青混凝土都达到了设计要求，构造深度及摩擦系数和热拌混合料相当。从现场来看，施工环境得到很好的改善。

十三、废旧沥青混凝土路面材料回收利用的成套设备及技术研究

该课题对废弃旧混和料为主料制作新的常温拌合料进行了开创性研究,研制了专用设备,制定了其制作工艺,研究了其制作条件,材料配比和性能分析,成功实现了其再生过程;具有热风循环加热方式的燃烧室,燃烧器采用轻油燃烧器,热效率高,燃烧室配有油料供给系统和热风发生装置,油料供给系统保证燃油的供给;热风发生装置使加热的热空气进入滚筒,并且防止火焰直接对旧沥青加热。同时加入热风循环系统,将加热滚筒产生的高温尾气,由耐高温引风机引入燃烧室,进行二次燃烧,燃烧充分,有效地防止污染。

本项研究集节能、环保、材料重复利用等特点,利用公路翻新和改造时所遗弃的废弃沥青混凝土材料为主料,经破碎、加热软化、配料拌和工序后,生成新的路用热混合料或沥青常温拌和料,可作为普通沥青路面和高等级沥青路面日常修补材料,也可以作为乡村公路、路肩、庭院、便道、停车场的铺筑材料。本设备采用了先进的热风加热循环系统、加长加热滚筒、冷料上料系统和双轴强制拌和等设备组成。

该机的主机生产率(含水理4%)≥4吨/小时;搅拌器生产能力7000千克/批次;搅拌周期3－5min;沥青含量偏差±0.2%;出料温度稳定精度±10℃;矿料计量精度±0.5%;主机装机功率约≤300千瓦。

废旧沥青混凝土路面材料回收利用、再生利用技术,能够满足路面的使用要求,有助于解决沥青路面维修改造所产生的大量废料对环境的污染问题。

十四、沥青混凝土废料(铣刨)再生技术的应用

该课题主要对高速公路路面修补中的沥青铣刨料进行了实验分析,并通过添加新骨料、新沥青的方法改善其性能,使之达到工程需要的级配。同时,按照设计的再生工艺进行了设备改造,即在原有A. TOM6000ABP型沥青间歇式拌和设备基础上,增设沥青铣刨料加工装置,它不影响原有设备拌和的性能;将废弃的沥青铣刨料加以回收利用,减少了环境污染,降低了养护成本;该设备工作性能可靠,计量准确,操作简单,成本低,具有很好的推广应用价值。

该设备及再生技术适用于沥青老化程度不严重或未老化,在实际生产中无需添加再生剂的沥青路面铣刨料,在太旧、东山过境等高速公路上应用后,效果良好。

第三节　桥梁新技术的研发应用

2003年以来,全省交通运输系统深入开展以桥梁为重点的交通基础设施安全隐患排查整治专项行动,全省高速公路、国省道公路桥梁逐步建立技术档案,对排查出的危桥分类制定改造方案和计划。在科学研究、桥梁施工监控、长期健康监测、荷载试验等领域取得丰硕成果。

蓬勃发展的高速公路为桥梁建设提供了前所未有的发展机遇,多年来,经过广大建设者的不懈努力,全省桥梁经历了结构从简单到复杂、形式从单一到多样、跨径从不足百米到350余米这样一个跨越式发展过程。一大批结构新颖、感染力强、造型独特的新桥型相继屹立于三晋大地。雄居世界石拱桥跨径第一的丹河大桥、位于全国钢管混凝土搭桥跨径第七的主跨径260米的北深沟特大桥、全长4566米多种结构形式组合的侯禹高速公路龙门黄河特大桥、离石和太原汾河两座部分预应力混凝土矮塔斜拉桥、主径180米预应力混凝土连续刚构的南河特大桥、运三高速公路立交脊骨梁桥等,一批具有国内先进水平的桥梁,充分见证了全省桥梁建设水平的快速提升。

一、PC矮塔斜拉桥设计、施工与监控关键技术的研究(省交通科研院报送)

项目依托太原绕城高速公路汾河矮塔斜拉桥工程进行,对矮塔斜拉桥的设计、施工和监控技术进行深入研究,取得5项创新成果。一是通过理论分析和模型试验,得出矮塔斜拉桥设计关键参数(主梁高跨比、拉索截面积、无索区分布和塔高跨径比等）取值范围，对该类型桥梁设计具有指导意义。边中跨比、梁高跨径比、塔高跨径比、中跨无索区长度等关键设计参数的取值范围，对矮塔斜拉桥设计具有指导意义。二是通过模型试验和研究，取得矮塔斜拉桥箱梁应力分布、抗扭性能、拉索应力幅等结构行为规律，对全面掌握该结构受力特点提供科学依据。三是通过足尺模型试验，验证内外套管鞍座的抗滑锚固和局部受力性能合理性。采用索鞍结构设计和施工工艺合理，对同类型桥梁设计和施工均具有借鉴与指导作用。四是采用参数识别方法对施工中的变形进行误差分析，分析研究非线性温度场对结构变形和索力影响，并应用到实际监控中，效果显著。五是对矮塔斜拉桥在施工各关键阶段的自振特性进行计算分析和现场实测研究，揭示该类型结构动力特性的规律。

该项目获得 2008 年度山西省科技进步二等奖。

二、桥梁板式橡胶支座快速处置技术的研究

项目主要是通过对公路桥梁板式橡胶支座使用状况的调查，掌握支座病害类型，分析支座坏损原因，结合室内模拟工作状态加载试验以及计算机仿真模拟分析，得出不同病害条件对支座使用性能的影响，从而可以有针对性地研究支座在各种病害情况下处置的新工艺和新技术。取得 4 项创新成果。一是将 CM－9 测试仪引入支座橡胶保护层厚度的测定中，并通过对比试验进行模型及参数修正，经验证，测试结果满足要求。二是针对调查内容研制出适用于检测公路桥梁橡胶支座裂缝的专用设备（命名为 XZ－FJ1），使裂缝观测达到可量化分析程度和现场可视化。三是对支座各种工作状态进行模拟加载试验和计算机仿真分析，进一步摸清支座病害工作、非正常工作条件等特殊使用状态时的受力、变形等工作性能。在此基础上，提出公路桥梁板式橡胶支座失效性判定的参考指标。四是针对支座病害情况，有针对性地开展试验研究，从中优化筛选出快速修补方法。同时通过对各种处置方法比较，总结出一套较为完整的支座现场处置流程，结合工程实际进行现场支座更换处置技术应用。

该成果获 2009 度山西省科技进步二等奖。

三、大跨径预应力砼梁桥健康监测技术的研究（省交通科研院报送）

项目围绕桥梁界普遍关心的大型桥梁结构健康监测技术与方法，展开系统、全面的技术研究，建立了一套适用于大跨径预应力砼梁桥结构健康状态监测的测试系统，并在新原高速小沟特大桥上得到应用，实现超远距离对该桥状态参数的采集、分析、桥梁健康状态的技术评价。取得 5 项创新成果：一是自主研发了具有动、静挠度测试功能的连通式光电液位挠度仪，与其他大跨径柔性桥梁测试方法相比，它具有动态响应好、测试精度高等优点，解决大、中跨径桥梁不能实时动态采集、变形测试精度低的技术难题，为大、中跨径预应力砼梁桥的变形提供一种新的、准确可靠的监测方法，同时该设备还具有动态实时连续采集、静态长期测试的功能，野外工作环境适应性强，价格低廉。二是自主研制开发了基于嵌入式以太网处理器技术的数据采集系统，适合桥梁监测信号源数量多、全桥散布、实时性强的要求。克服传统数据采集方式在组网、传输距离、传输速率、测试点数量以及测试系统环境耐受性、可靠性等方面存在的局限性，实现在线监测、超远距离传输与监测控制等功能。三是开发研制一整套基于 IE 互联网数据采集控制处理软件和数据库管理分析软件，其源程序形象直观，易修改，易扩充，数据采集准确可靠，数据传输速率快，实现对被测参量的边采边显，监测数据自动入库保存；数据库查询灵活、方便、快捷，用户界面好，并具有意外停机后的自动恢复能力。四是提出一套基于准静态识别统计对比诊断桥梁结构整体性能的评估方法。该方法以车辆荷载作为准静态荷载，监测车辆过桥过程中桥梁结构的各种响应，通过对比分析，进行桥梁结构健康状态诊断和评估，实现对桥梁结构整体性能和行车安全的预报预测。五是建立了一套适用于大、中跨径预应力砼梁桥长期健康监测系统。实现超远距离桥梁状态的监测控制,具有桥梁状态参数的自动采集、自动传输显示,超载后自动报警,自动入库分析等多项功能,为这类型桥梁的安全监测提供了很好借鉴。

该成果获2010度山西省科技进步二等奖。

四、黄河特殊地质长大直径钻孔灌注桩施工技术及承载性能研究(省交通科研院报送)

该课题以侯禹高速公路龙门黄河大桥为依托,对黄河特殊地质条件下的长大直径钻孔灌注桩施工技术及承载性能进行深入研究,总结出适合黄河特殊地质条件下长大直径钻孔灌注桩施工工艺,并研究该类型桩的承载性能评价方法,提出相应的施工和设计指南。取得2项创新成果:一是针对黄河特殊地质条件,提出深孔大直径桩基施工技术,并编写《黄河特殊地质条件下的长大直径钻孔灌注桩基设计与施工指南》。二是采用自平衡试桩法研究长大直径钻孔灌注桩受力机理,掌握长大直径钻孔灌注桩的工作性状和承载性能。

该项目成果获2008年度山西省科技进步三等奖。

五、山西省河流洪水糙率的研究

该项目围绕公路工程水文分析计算、桥涵设计和河道整治等工程,准确客观地反映全省不同类型河流的糙率情况,对提高水文分析计算精度进行研究。提出山西省河流洪水糙率综合成果,解决生产实际中选用洪水糙率困难问题。

该研究成果在同类研究中达到国际先进水平,获得省科技进步二等奖。

六、高墩大跨度钢构－连续组合体系桥梁设计、施工及监控关键技术研究(省交通科研院报送)

仁义河特大桥位于祁临高速公路上,全长1146.5米,主桥桥跨组成为:80米＋4×145米＋80米钢构－连续组合体系,钢构墩采用双薄壁空心墩,连续梁墩采用薄壁空心墩,主桥桥墩高度在40米至80米之间。该课题组对其施工进行全面监控和成桥后的荷载试验。通过实验研究,为该类桥梁设计、施工及监控总结出一整套成熟、系统和完整的技术成果。研究成果达国际先进水平,并获得省科技进步二等奖。

七、《公路钢筋混凝土及预应力混凝土桥梁加固技术规程》的编制

该项目在充分研究国内外有关桥梁加固材料以及加固方法的基础上,通过对桥梁加固工程实践、效果验证,编制《公路钢筋混凝土及预应力混凝土桥梁加固技术规程》。主要有两个创新点:一是编写国内第一部用于指导公路桥梁加固工程技术的省级地方规程,便于工程技术人员掌握,可操作性强。二是系统编制公路桥梁加固工程标准并完善相应的加固方法。

该项目研究成果为国内编制和完善桥梁加固工程技术标准提供科学参考依据。研究成果达到国内领先水平。

八、山西省桥梁健康动态管理及诊断系统的研究

该项目通过对全省主要桥型结构检测内容、检测方法及桥梁评估方法的分析研究,编制《山西省公路桥梁数据采集方法指南》;建立较为适合全省桥梁现状的桥梁安全性、缺损状况、耐久性、适应性能等技术状况的评估模型、标准、方法和流程,研发了"山西省桥梁健康动态管理与诊断系统"专用软件。主要有3个创新点:一是将桥梁结构的力学性能指标引入安全性评价,使评价结果更为科学合理。二是优化公路桥梁技术状况等级评价权重指标,使等级评定更切实际,提升桥梁养护管理工作的决策水平。三是研发功能齐全、操作性强的"山西省桥梁健康动态管理与诊断系统"专用软件。

研究成果达到国际先进水平。

九、山西省重载交通条件下的桥梁荷载标准研究

该项目结合全省重载交通的现状,对多条高速、干线公路的交通状况、车辆荷载及荷载效应进行深入全面研究,利用数理统计方法,建立符合全省交通特征的荷载模型,提出重载车道概念,为国家桥梁设计荷载标准的修订提供了依据。项目有3个创新点:一是提出重载车道概念,为确定重载交通条件下桥梁荷载的分布状况提供了一种新方法。二是在车辆荷载流的模拟中,引入马氏距离进行判别分析,使车辆荷载流的确定更为科学。三是提出重载交通条件下的荷载值,为国家桥梁设计荷载标准修订提供依据。

研究成果达到国际先进水平。

十、科研新成果在桥梁建设中的应用

试验检测和监控工作在这一时期实现了飞跃发展和重大突破。首次承担并完成了黄河特大桥的试桩工作,第一次开展新原小沟桥长期健康监控系统集成、安装设计和试验工作。

(一)桥梁施工监控

主要是大跨径预应力混凝土连续梁、连续刚构桥的施工监测控制。通过对桥梁施工过程中的结构温度、应力、线形、节段尺寸和质量、混凝土材料的弹性模量等指标的监测与分析,对桥梁结构计算所采用的参数进行识别和修正,以消除或减小实际线形、结构应力与设计目标值的偏差,确保桥梁各结构在施工过程中(尤其是主梁悬臂施工中)的受力状态和变形的安全度,使得成桥后主梁线形和结构恒载受力状况均接近设计期望值,最终确保桥梁施工中的安全和顺利合龙,确保结构内力处于最优状态、确保成桥线形符合设计要求。

在施工监控过程中,对于每一个发生或可能产生的影响因素进行分析、预测和计算,并通过监控所采集数据,将理论值与施工实际值进行及时比较和分析,并进行误差分析和调整,提出施工依据,从而形成监控的一个闭环控制系统。即:一个施工阶段-跟踪测量-参数识别-误差修正-预告参数-新施工阶段的往复循环过程。近年来,承揽完成闻垣高速公路刘庄冶大桥和西阳河大桥、平榆高速公路惠济河桥、浊漳河桥和榆社互通立交桥、临吉高速公路壶口黄河大桥、高陵高速公路窄相大桥、平阳高速公路温和特大桥以及风陵渡黄河公路大桥加固施工监控工作。

(二)桥梁长期健康监测

随着桥梁最大跨径和数量的增加,桥梁结构的安全状况也越来越受关注。虽然合理保守的设计是结构安全的根本保证,但是限于当前对大型复杂结构的认识程度及许多不定时或不可确定预知因素,诸如超期服役、飓风、腐蚀、疲劳,甚至突发性地震,车、船冲击和碰撞等危害性事件,人们并不都能有效地控制或预测。目前,国内外许多桥梁都存在不同程度的安全隐患,这部分桥梁结构的安全目前还是一个盲点。

通过新原高速公路小沟特大桥和风陵渡黄河公路大桥的健康检测,针对大跨径预应力砼梁桥的特点,进行适用于大、中跨径预应力砼梁桥健康监测的项目、监测方法、监测配套设备、测点优化布设研究;进行健康监测系统的构成设计研究;数据采集系统的设计研究;数据分析与处理系统的研究;桥梁健康状态评估系统的研究。自主研发具有动、静挠度测试功能的连通式光电液位挠度仪,对大跨径预应力砼梁桥的变形提供一种新的、准确可靠的监测方法;开发网络数据采集与处理软件和数据库管理软件,软件可移植性好,并具有意外停机后的自动恢复能力;研制一套基于以太网技术、适合超远距离信号传输、多通道高效实时的网络数据采集系统;提出基于准静态识别的桥梁诊断评估方法,并将其应用到预应力砼梁桥健康状态评估中。在上述研究成果基础上,完成对新原高速公路小沟特大桥长期健康监测系统的建立,并实现超远距离桥梁状态控制,桥梁状态参数可自动采集、自动传输显示,具有超载后自动报警,自动入库分析等多项功能,实现对小沟桥健康状态的技术评价。

通过桥梁健康监测系统的建立,可及时了解和掌握桥梁的整体工作性能和损伤情况,为桥梁养护、维修及管理提供科学依据,可提高检测效率,节省养护维修费用,保证车辆的运营安全。

(三)桥梁荷载试验

随着桥梁建设的迅猛发展,桥梁结构的设计方法和设计理论都有根本性变化。然而,影响桥梁工程质量的许多不确定因素仍然存在,对于建成后的桥梁工程质量,人们更希望了解和掌握其使用性能和效果。通过对桥梁实施荷载试验,检验设计和施工质量是否满足设计与标准规范要求,评定桥梁实际使用状况。

该项检测技术由来已久,但是在这一时期从检测设备和计算方法上看,都有较大发展和进步。先后完成离军、晋济、太佳、大同、长平、内蒙赤大、赤通高速上百座桥梁的动静载检测。通过技术和设备革新,大大缩短检测时间,提高检测的安全性和检测精度。

十一、大跨径预应力混凝土梁桥健康监测技术研究(省高管局报送)

该课题结合新原高速公路小沟特大桥的长期监控项目,主要研究适用于大跨径预应力混凝土梁桥健康监测的测试项目;适用于大跨径预应力混凝土梁桥健康监测的监测方法及配套设备;适用于大跨径预应力混凝土梁桥健康监测测点的优化布置;长期健康监测系统的设计与实施;长期健康监测系统软件的开发应用;通过长期健康监测系统评价桥梁的健康状态。

该课题成果可以对大开支桥梁结构进行健康监测;可以合理地进行交通管理,保证生命与财产安全;实现适时的操作检测,对桥梁结构任何时候出现的损伤性、定量分析,实现防患于未然;可对检测出来的损伤进行损伤原因分析,提出有针对性的加固建议,降低维修加固费用,延长桥梁使用寿命;监测所得到的数据和分析结论,对于桥梁结构的设计和建设者都是十分宝贵的资料,可以提高人们对大型复杂结构的认识,为今后桥梁设计提供依据。因此有着广泛的应用前景和社会经济效益。

十二、PC 矮塔斜拉桥设计、施工和监控关键技术研究(省高管局报送)

矮塔斜拉桥是20世纪90年代出现的一种新型的桥梁结构形式,汾河矮塔斜拉桥为全国建设的第四座PC矮塔斜拉桥。该课题以该桥为依托,对矮塔斜拉桥进行了系统研究。

该课题依托工程的跨径达到150米,合龙精度达到1.3厘米。得出了关键设计参数取值范围;依托汾河矮塔斜拉桥,通过理论分析和模型试验,得出了矮塔斜拉桥设计关键参数对该类型桥梁的设计具有指导意义;通过模型试验和研究,取得了矮塔斜拉桥箱梁的应力分布、抗扭性能、拉索应力幅等结构行为规律,对全面掌握该结构受力特点提供了科学依据;通过索鞍足尺模型试验,验证了内外套管鞍座的抗滑锚固和局部受力性能的合理性。采用的索鞍结构设计及施工工艺合理,对同类型桥梁的设计和施工均具有借鉴和指导作用;采用参数识别方法对施工中的变形进行误差分析,分析研究了非线性温度场对结构变形和索力的影响,并应用到实际监控中,效果显著;对矮塔斜拉桥在施工各关键阶段的自振特性进行了计算分析和现场实测研究,揭示了该桥型结构动力特性的规律。

该课题的研究成果为矮塔斜拉桥的设计、施工、监控技术提供了参考依据,已成功应用于侯禹高速公路龙门黄河大桥、汾柳高速公路离石高架桥等多座矮塔斜拉桥的设计、施工,大幅降低了工程造价,取得了良好的经济效益。近年来,国内新建和在建的矮塔斜拉桥有十几座,随着矮塔斜拉桥这种桥型在我国公路建设中的大量应用,项目研究成果推广应用前景广阔。

十三、黄河特殊地质长大直径钻孔灌注桩施工技术及承载性能研究(省高管局报送)

该项目以龙门黄河大桥为依托,采取室内试验和室外试验相结合的研究方法,对黄河特殊地质条件下的长大直径钻孔灌注桩施工技术及承载性能进行了深入研究,总结出了适合黄河特殊地质条件下长大直径钻孔灌注桩施工工艺,并研究了该类型桩的承载性能评价方法,提出了相应的施工和技术指南。

课题针对黄河特殊地质条件,以侯禹龙门黄河大桥为依托,进行了超大桩施工技术及承载性能的研究,为该大桥的桩基设计优化、施工工艺提供了科学的理论和实践依据;采用自平衡试桩法,对黄河特殊地质条件下的长大直径钻孔灌注桩进行了静荷载试验,并根据试验研究结果,确定了依托工程钻孔灌注桩的竖向极限承载力,获得了分层岩土摩阻力、极端阻力、桩身弹性压缩和岩石塑性变形。基于桩基承载性能的试验研究结果，对黄河特殊地质条件下长大直径桩承载特性进行了分析，包括桩身轴力分布，桩侧摩阻力、桩端阻力发挥性状，并对桩侧摩阻力－位移关系，桩端阻力－位移关系采用双曲线函数进行了拟合。基于桩基承载性能的试验研究结果，对黄河特殊地质长大直径钻孔桩设计中有关问题进行了研究，包括桩侧阻力和端阻力分项系数、桩身自重、桩端阻力的取值、桩身压缩量的考虑等影响系数。在原位试验结果的基础上，采用大型有限元计算程序，对黄河特殊地质长大直径钻孔桩进行了数值模拟分析。分析了桩径、桩长、桩身弹性模量、桩端土体参数变化对长大直径桩承载性能的影响，具有重要的参考价值。编写出了黄河特殊地质条件下长大钻孔灌注桩基设计与施工指南，为今后同类型工程提供了一整套实用的理论和实践依据。

黄河特殊地质长大直径钻孔灌注桩施工技术及承载性能研究，有效提高设计效率，优化设计方案，保证测试质量和安全，节约时间，提高效率，取得良好效果。该项目适用于国内类似桥梁的设计施工。

十四、高墩大跨度刚构－连续组合体系桥梁设计、施工及监控关键技术研究（省高管局报送）

课题在设计关键技术中研究了刚构—连续组合体系桥梁的受力特点、适应条件、桥型选择方法及结构设计方法等，得出该种桥型合理、可行的设计方法，为该类桥型的设计、结构分析提供了一整套技术依据；研究了桥墩形式、刚度对组合体系结构内力、变形的影响情况，及双薄壁空心墩和单薄壁空心墩的特点和适应性等，得出下部结构的刚度的取值与组合体系的匹配关系；研究得出预应力混凝土刚构—连续梁温度分布特点及温度对结构内力及变形的影响关系，为施工控制提供了科学的参数；对该种桥型关键问题如箱梁裂缝控制、悬臂施工线形控制及合龙等关键技术问题进行研究，得出相应的设计控制措施；针对桥梁结构的特殊性，对箱梁0#块大体积高强砼浇筑技术、水化热控制及施工质量控制进行了专门分析研究，得出箱梁高强度混凝土水化热规律及控制措施、控制标准及相关技术问题的解决方法。在施工关键技术中针对高墩、大跨度刚构—连续组合体系桥梁施工技术特点，研究了箱梁0#块底板，箱梁腹板、悬臂板裂缝产生原因进行分析，找出开裂防治措施和方法；研究了高强混凝土箱梁施工速度的控制问题，找到影响因素及防控方法；研究了箱梁悬臂施工中的高程控制技术、合龙技术，得出合理可行的测量方法及关键技术，保证桥梁的结构稳定。在施工监控技术中研究得出了预应力对结构挠度效应的滞后及相应的滞后时间，通过实际测量得出预应力挠度效应比张拉工序滞后时间，为箱梁施工线形控制提供了科学依据；施工过程中箱梁应力影响因素较多，受力复杂，尤其是在体系转换前后，应力实测值与理论值存在一定的差异，随着时间的推移，应力实测值和理论值趋于一致；主桥箱梁施工部分工况下箱梁应力存在滞后现象，因此，施工中必须保证必要的工况时间，是保证结构受力合理，及成桥结构的安全；对于大跨径刚构—连续组合体系桥梁，在施工控制中采用卡尔曼滤波法进行误差分析所得结果规律性强、可信度高；通过对箱梁内外大气温度测试及非线性温度场测试分析，找出日照温差和主梁挠度之间的关系，为主梁线形控制提供参考数据；研究了箱梁悬臂施工箱梁张拉后变形迟滞、箱梁合龙等待及各“T”不平衡等实用技术，总结出一套实用性较强的施工控制技术；通过对高墩大跨度刚构—连续组合体系桥梁——仁义沟特大桥结构动态测试和结构模态分析，得出桥跨结构振动特性，为通过结构动力性能对大跨度刚构—连续体系桥梁结构质量的评定和使用性能评价进行了探索和尝试。

该桥型在山区高速公路建设和跨越大江大河时有着较为显著的优势，目前，全国高速公路建设发展迅速，特别是山区高速公路的大规模建设，修建高墩大跨度连续梁桥、连续刚构桥及刚构—连续组合体系桥梁较多，未来五年内，国家将在山区建设高速公路2000多公里，投资700多亿元，其中跨越深沟江河的桥梁建设占很大比例,该项研究成果,必将在今后被广泛应用,在全国桥梁建设中发挥重要作用。

十五、高速公路桥梁管理系统的推广应用

以现有高速公路桥梁为对象,研究其计算机化的运营管理,编码标准,检查手段,评价方法,维修措施,加固对策,费用分析和投资决策等一系列应用项目,以提高桥梁养护资金的使用效益,增强对运营中桥梁的监控,延长其使用寿命,提高桥梁管理决策水平为目的。高速公路桥梁管理系统是高速公路桥梁管理者的重要参谋和决策工具;是配套完整、实用、具有广泛应用价值的综合管理技术。它吸收了国内外先进的高速公路桥梁管理经验,集高速公路桥梁静态数据库、动态数据库、文档数据库和 AHP 层次分析法,费用分析及旧桥加固对策人工智能为一体的桥梁综合管理系统。整个系统先进实用,为高速公路桥梁养护管理、统计规划、图像处理,加固对策等提供多方位的信息服务和辅助决策,适用于所有高速公路桥梁的养护管理。

第四节 隧道新技术的研发应用

一、雁门关长大公路隧道建设与营运管理成套技术研究

《雁门关长大公路隧道建设与营运管理成套技术研究》课题主要研究了隧道施工中超前地质预报与量技术;隧道运营通风与防灾技术;隧道快速掘进技术;大型隧道工程建设管理。

在雁门关隧道建设过程中,以“科技大运”为主题,积极开展科研工作,以科研促生产,在生产中多方面组织科技攻关活动,配备 TSP 地质预报仪、控地雷达、全站仪、断面仪等一系列先进的数据信息处理设备,采用“新奥法”施工原理,以超前地质预报为先导,创新大半断面分部快速开挖法,改变旧的直线作业循环为立体作业循环等,雁门关隧道 V 级软弱围岩交错出现,同时还存在 27 条断层和大量涌水等诸多不良地质地段,通过推行格式化管理、工厂化生产、规范化作业,创造了单洞日掘进 14.2 米和月衬砌 570 立方米的高产纪录,实现 19 个月综合成洞 5235 米。这一成绩的取得,创造全国特殊地质条件下长大公路隧道快速施工的最高纪录,同时还取得一批科研成果,值得推广应用。

二、大运高速公路雁门关监控系统研究

雁门关隧道监控系统由 10 个子系统组成,该系统应用最先进的 OPC 技术,实现不同设备、不同系统间的无缝隙连接,减少中间环节,减少投资,提高系统集成的可靠性,达到国际先进水平;应用识别技术开发出险情自动定位系统,不仅有效提高对紧急事件的应急能力,也为事后分析问题原因、完善应急措施提供技术支持。

雁门关隧道监控系统的运行,在通风管理,综合控制等多方面填补全国长大隧道运营管理的空白,整个系统的体系结构和所采用的先进技术可广泛应用在各等级公路隧道,地铁隧道等的管理中。以通风系统和照明系统为例,采用多模态智能通风控制技术和分时控制照明亮度技术,用电量可大幅降低。初步估算,每天的电费由 3 万元降低到 1.8 万至 2 万元,大大降低了劳动成本。

三、大运高速公路雁门关段隧道及高危边坡工程地质病害处治应用技术研究

本课题主要以大运高速雁门关段隧道和高边坡工程中集中出现的工程地质病害为研究对象,根据岩(土)体工程地质力学的原理,从岩(土)体稳定性和工程地质性质入手,总结出在不同工程地质条件下施工中出现的病害类型和特征,提出最终施工及处治方案和适用条件。研究成果整体上达到了国际先进水平,其中“耐高压厚壁异径井管与上托盘式止水法”达到了国际领先水平。该项目已于 2004 年 8 月 1 日通过省科技厅组织的科技成果鉴定。

四、祁临高速公路隧道穿越采空区治理技术研究

课题针对公路隧道围岩中的采空区治理技术,通过对其治理方法、材料的选择、浆液

配比及浆体与围岩整体胶接强度关系等方面的研究,达到经济上合理、技术上可行。其核心技术原理是采用地面压力注浆的方法,对采空区内的塌陷碎裂岩石进行密实充填,其整体胶结(固结),提高地基的有效承载力,以满足工程需要。通过钻探、取芯进行治理前后技术指标对比,解决隧道围岩采空区治理工程质量检测技术问题;通过抗压试验,检测被加固围岩强度(要求达到5－8MPa),解决隧道围岩采空区治理后围岩整体强度提高及围岩类别重新划分的问题;结合工程实例验证治理工程施工工艺的合理性、可靠性,解决不同空洞胶结式注浆材料、配合比及施工工艺的问题。

该科研成果可广泛应用于公路隧道围岩空洞的治理工程,并对铁路及工民建对空洞地基及破碎软弱地基的特殊处理有显著的指导意义。

第五节　养护管理新技术的研发应用

一、公路路肩杂草切碎机

是临猗公路管理段王红芳、翟精通、李怀保、尚满福等在生产实践中自行研制的一台新型机具。该机装配日本本田汽油发动机,通过三角皮带带动主轴高速旋转,安装在主轴上的刀片同时转动,即将杂草、硬草切碎。该机每小时可切除杂草、硬草300平方米至400平方米,灵活、方便、经济,很好地解决了每年秋冬季杂草粗大,用人力不好处理,用火烧又经常出现烧伤树木花草问题。它的问世,不但大大减轻一线职工劳动强度,而且有效提高生产率,在经济上取得明显效益。2003年,该段用此切碎机共切除杂草28 200平方米,如果用人工除草需47 000元,使用该机具只需开支4834元,节约资金达42 166元。实践证明,该机具有操作简便、机动、灵活、经济实惠的特点,是绿化、除草工作的理想机具。

二、冬春季油路面坑槽的处治

国道108线河津段是晋煤外运的主要通道之一,交通流量大,特别是车辆超载严重,致使路段坑槽补好旧的又出新的。对冬春季节出现的坑槽,只好先用泥土或沙石料将坑槽填平,待夏季气温升高后,再挖起泥土,重新补强铺油层。河津公路管理段李振宇、杨占喜和柴良俊认为采用这种只解燃眉之急的办法来修补坑槽,一是浪费人力、财力。冬春季填下沙石料压实,气温回升后又将挖起来重新补强,一填一挖的工时造成白白浪费。二是填进坑槽的泥土或沙石料伸缩性太大,车轮通过时产生的"弯沉值"所带来的剧烈弹性,会导致一连串重复坑槽。

2003年冬春季,经过试验,终于探索出修补油路坑槽的"乳化沥青修补法",取得比较好的效果。具体操作办法是:

1. 挖坑。根据路面破坏面积大小,划与路线垂直或平行的挖坑轮廓线(正方形或长方形),用切割机切除,并将坑内清除干净(如基层破坏,先处理基层)。

2. 乳化沥青混合料的拌和。乳化沥青用量为9%至11%。乳化沥青混合料的拌和采用路拌法,人工拌和。

3. 摊铺。采用人工摊铺,摊铺厚度同热拌沥青混合料厚度。

4. 碾压。先采用8吨至10吨压路机初压,稳定混合料,确保路面平整度,再用12吨至15吨三轮压路机复压,以达到路面压实度,然后用8吨至10吨压路机终压,消除轮迹。

5. 封边。在坑周围四边,用乳化沥青刷油,然后撒上细料。

6. 开放交通。在碾压完成后4小时到6小时,开放交通。

三、烘干设备改造

由平陆公路管理段张应仟和张红心改造的烘干机,总长为4.8米,总高为3.8米,利用1辆50车,将烘干桶吊设安装并加长在拖车上,利用烘干桶和拌和机的高差,直接将料进入拌和机。运用这一设备,解决历年用人工上料问题。过去平陆段料场用人工上料,不得少于30人,每人每天15元,单这一项费用就节省2万余元,还可节省烘干吊设费2000余元,共计2.3万余元。经过革新后,现在只用50车就能将烘干设备运走,并且也减少运输费用。该设备于2003年4月投入使用后,料场只用5人至6人,就可以进行工作。其安全系数大,适用性强,但在安装过程中,应注意衔接的坚固和间接适当。该项目与国内外同类技术相比较,具有操作简便,成本低的特点。

四、加热烙平器加热烤火器

为改变传统柴火烘烤、污染严重等现象,达到持续恒温,保持低温时的油石温度,提高处治质量,稷山公路管理段侯旺杰、孙世杰负责研制了加热烤火器和加热烙平器。即通过在牵引机具上配制气化装置,采用喷灯工作原理,气化柴油后充分燃烧,使烙平器在短时间内持续加热,迅速烘烤坑槽、石料、工具,加热沥青等。2003年4月应用证明,携带方便,污染小,烙平效果明显,平整度好,表处质量明显提高,避免前补后坏现象。这两种机具特别适合于低温季节养护作业。在运城公路分局、省公路局养护技术比武中受到各级领导一致好评,并荣获省公路局2003年技术革新三等奖。不足之处是缺少点火配置装置,燃烧不太充分。改进措施是增加点火装置,改进气化装置。

五、提高沥青混合料拌和质量的研究

县级公路养护段大多采用KH20或30型烘干拌和设备进行沥青混合料生产。从整个生产过程来看,普遍存在着拌和成本高、生产效率低、劳动强度大、环境污染严重且拌和质量得不到根本保证现象。为彻底解决上述问题,新绛公路管理段郭天喜、杜建军、孙荣生、陈建防对混合料拌和设备进行全面更新改造。

*一是改革沥青加温以及配送供应系统。*采用燃煤闷罐式加热装置,并将其安装放置在沥青储存容器中(60吨钢板油池),通过高温沥青输送管道,对接于混合料搅拌机。

*二是对混合料搅拌系统进行改造。*①将KH20型搅拌机的标高从±0升高到3.5米,并增设操作平台。②将烘干筒倾斜角在原设计基础上,加大2倍左右,使高温矿料快速供给上料系统。改进高温矿料上料系统。设计安装高温矿料的机械化提升装置,使高温矿料定量、快速供给混合料搅拌机。③将高温矿料提升控制器和高温沥青自动化配送控制器以及其他生产设备的控制器一并安装在操作平台上。

*三是对设备运行和混合料的拌和进行改造。*全部设备的运行和关闭,由操作人员在操作平台上通过操作控制器予以完成。混合料的拌和由操作人员操作相应的控制器,保证高温沥青和高温矿料供给,从而确保混合料配合比和拌和质量,取得显著经济效益和社会效益。

六、冬春季节处治高寒地区油路坑槽研究

平陆公路管理段范月玲、薛克强、陈爱婵、吴雅玲、张伟林和张爱心等针对平陆地处中条山脉的实际,通过课题研究,探索出乳化沥青修补法和分期分层修补法。

乳化沥青修补法和工艺流程为:①画线定位。认定病害,确定范围。要求划成平行公路中线的矩形或方形。②刨坑。按线刨坑,要求坑壁垂直,坑底平整,深度等于原路面厚度,最小不得小于3厘米。③清扫。清除油皮、杂物,打扫干净整洁(特别是坑壁底部和角部)。④喷(刷)粘层油。用热沥青喷(刷)坑壁和坑底,要均匀到位。⑤填上补强料。补强料最好是水泥稳定沙,因其稳定性好,有随补铺油层的优势。⑥夯实。用铁夯夯捣密实。⑦推铺底层料。用机拌的粗油石料,摊铺油面底层,要求按病害面积大小,放料到位,用量准确推平。⑧烙平夯实。用烙铁整平,用铁夯夯捣密实。⑨摊铺表层料。用机拌的细油石料,铺筑油面表层。要求按病害面积大小,放料到位,用量准确,摊平。⑩烙平。用烙铁烙平、拍整。要求表面平整、密实,形状方正,四周衔接良好。碾压:用8吨至12吨光轮压路机碾压,要求碾压平整、密实。⑪四周刷油。用乳化沥青在坑槽四周灌缝刷油,以加强修补部位与路面整体的连接性,刷油要求宽度10厘米,厚度均匀,形状方正。⑫撒料养护。人工撒块料,撒足撒匀。值得注意的是,若是在冬季修补坑的话,就必须使用乳化沥青,因为乳化沥青只要在8℃

以上的晴天就可达到理想效果。

分期分层修补法的工艺流程为：首先用水泥稳定砂将坑槽的补强层铺筑好，并夯实成型（要注意的是在铺筑补强层时一定要留出4厘米至6厘米的厚度铺油面层），然后在计划铺油面层的这一层面上铺上2厘米大小的沙石料（一是便于行车平衡，二是有利于保护补强层）。到夏季气温升高后，再挖掉补强层面上的那一层沙石料，铺上拌合剂配好的油料即可。

上述两种方法，经平陆公路管理段养护中心道工在长期的公路养护实践中反复验证，有很好社会效益和经济效益。

七、四轮小铲车

夏县公路管理段南运城、芦学联和梁晓东本着修旧利废、经济实用、降低职工劳动强度原则，结合公路养护生产需要，参照河南省巩义市鑫华机械厂生产的ZLD06A型装载机械形式改装而成的四轮小铲车，主要用于烘干拌和机上料，清除山区路段小范围山体塌方和清除路肩杂物。该产品小巧灵活，操作简单，节能减耗，省时省工，适合小范围作业，是公路养护不可缺少的小型机具。该产品使用效果良好，易维修，为公路养护节省了一定人力和经费。自2003年应用以来，虽然与河南鑫华机械厂生产的同类产品技术性能基本一致，但还存在机械马力小、装载力低、液压系统易出故障等问题，改进方向应该逐步向中小型化发展。

八、砼边沟一次成型机

为解决山区道路沟坡地段排水问题，运城公路分局技术人员于2003年结合实际需要研制出砼边沟一次成型机。它由支模、添加砼、振捣夯实、抹平、拆模5个程序，简化为只经过添加砼、移动机2个程序就能完成。该机具配置科学，操作简便，通过自备动力牵引向前移位，自动振捣，使砼边沟支模、振捣、挤浆一次成型，缩短施工时间，降低工程成本，且表面平整、密实、美观。用该机具可节约人力30%，节省时间45%，节约材料5%。在省公路局2003年技术革新评选中，该机具荣获技术革新二等奖。

九、XGL100型沥青洒布车

由华山牌农用车3.5吨保温沥青罐、12马力柴油机、100型齿轮沥青泵、喷吸沥青五部分组成，适合大面积沥青路面喷油罩面和局部喷洒沥青。其喷洒最大宽度4.5米，喷油厚度可用行驶速度调节，每小时喷油量最高可达20吨。设备质量与效益可与正规厂家生产的同类设备媲美。

该设备由运城公路分局技术人员研制而成，自2003年投产使用以来，连续完成运风高速公路、侯风线、侯马至运城段、209国道等多条线路约120余公里单双层罩面任务。所洒布的油层薄厚均匀，符合规范要求，设备性能与质量受到各级领导好评。该设备投资低、见效快，投产后3个月即收回全部成本，3年累计创收近10万元。该设备最大优势在于：投资少，见益快，操作简便灵活，适应范围广，可承担各种沥青路面的喷油罩面任务。吸装油速度快，省人省力，喷油罩面一般2人至3人即可操作，极适应路面养护作业。所存在的劣势主要是管道复杂、笼头阀门使用寿命短，需要做进一步的改进。

十、移动式强制水稳拌和机

运城公路分局畅良臣、雷崇国、侯旺杰、张怀祥和孙世杰研制成功移动式强制水稳拌和机，系采用卷扬机和强制搅拌的工作原理，按计量科学合理地将沙砾和水泥提升后进入拌和间，同时利用自吸泵，按规定含水量（时间控制）进水，均匀拌和后，通过出料口直接进入所要处理的坑槽，完成该程序约需2分钟至4分钟，一次最大可完成拌料0.25立方米。操作简单，拌和均匀，减少劳力，降低劳动强度，特别适合于小面积水稳基层处理。该拌和机荣获省公路局2003年技术革新二等奖。

十一、LED电子显示移动交通标志

为推动公路行业科技创新，责成技术人员结合公路养护中水毁、超载、危桥、险路时有发生实际情况，以安全、实用、机动灵活为出发点，研制成功电子显示移动交通标志。

该移动交通标志具有机动灵活、搭载方便，从安装到操作简单，显示标志醒目，供电方式多样，使用寿命长，安全系数高，可全天候使用等特点。已广泛应用在水毁、危桥、险路段修复施工中。在省公路局2003年技术革新评选中荣获一等奖。

十二、公路施工照明系统

针对公路养护范围线多面广、公路养建施工流动性强,为便于野外作业,及时保证公路畅通,公路局技术人员充分考虑实用、机动、方便、多用等内容的基础上,研制成功该产品。

该照明系统具有体积小,重量轻,全方位照明,能随时根据工程需要随车照明或进行人工跟踪照明等特点。因其配套飞利浦节能增效设备,故比原碘钨灯亮度提高3倍,亮度高,照射范围大。并可采用升降支架、调式灯盘,以随时根据需要调整角度及高度。该照明系统成本低廉,1公升汽油可保证供电2小时以上;用途广泛,既可用于夜间公路抢修,也可用于道班的照明和小型机具修理,又可用于会场,具有广泛的使用和商业价值,可谓一机多能;其操作简单,启动方便,一般人经短时间学习便可熟练操作。该照明系统荣获省公路局2003年技术革新三等奖。

十三、输油管道电热器

垣曲县地处中条山脉腹地,气温较低,故除盛夏季节外,沥青输油管道不畅时有发生。为了解决这一难题,提高工作效率,垣曲公路管理段技术人员经过反复试验,于2003年研制成输油管道电热器。

该输油管道电热器形状为长10厘米、直径为5厘米的半圆形。安装时把两个半圆形电热器用螺丝固定于沥青输油管道上,间隔20厘米。电热器内部为电热板,插入电源后,电热板温度升高,输油管内温度随着电热板温度而升高为所需温度,可随时疏通输油管道。

电热器安装使用后,保证油料顺利输送,既经济,又方便,每工作日还可节约资金600元。使用3年间,为垣曲公路管理段节约资金5万余元。在2003年省公路局技术革新评选中,该电热器荣获二等奖。

十四、小型挖坑机具

2004年2月,平陆公路管理段刘建北和石铁项研制成功小型挖坑机具,即用8厘米钢板做成长19.5厘米、宽8.5厘米的矩形后,在矩形面上靠一端做一个长7.4厘米圆柱形孔,安装上木头尾巴。该机具主要解决坑槽的坑壁垂直问题,使新、旧沥青面层更好衔接,提高油补坑槽质量。经过两年使用,一致认为:对处理小面积坑槽、沉陷效果良好。若能给其安装上小型发电机,则更能发挥作用。

十五、空压机配合风镐开挖基层器

2004年2月,稷山公路管理段阎世英和杨迎福本着减轻员工劳动强度,提高劳动生产率的目的,研制成功空压机配合风镐开挖基础器。其工作原理是利用空气压缩机产生的高压气,输送给风镐产生冲击力,带动镐头做功,开挖路面基层、深度可随镐头更换调整,可达50厘米,日工作量可达80平方米至120平方米。

该器具优越性有三:一是减轻员工劳动强度,由原来人工铁镐开挖变为机械开挖;二是提高劳动效率,较人工开挖提高15倍至20倍;三是与三轮机动车配合,采用一个动力源,减轻动力配置,提高运行速度,达到“一机两用”,减少1台机器的成本投资。每平方米可节约8元至10元。

项目不足之处是:空压机产生的高压气体储存瓶与风镐工作利用率不相匹配;风镐缸体易损,有待进一步改进。

十六、竖向塑料排水板处理软土地基

平陆公路管理段范月玲和张爱云开发的竖向塑料排水板处理软地基技术,是用塑料排水板将地基中的水排除,以增加作用于土颗粒的有效应力来加速地基固结沉降,达到提高强度的目的。其排水板是工厂生产的,质量容易控制,成本较低;在施工过程中没有排水孔断面不均匀和受堵塞的情况;断面小,对地基扰动小;打设机械轻,可用于较软的基地。塑料排水板采用SPDII型塑料排水板。每一批塑料排水板应经指定检验部门检验,且附有出厂合格证及试验、检验报告。在使用时应经常检查塑料排水板外套薄膜是否完好无损。土工布采用型号CEF2006的有纺土工布。砂采用中粗砂,含泥量》3%,渗透系数 6×10—3 至 6×10—2cm/s，也可用沙砾、石屑（不含石粉）替代。施工技术要求为：塑料排水板打入深度不小于设计值，垂直度≤1.5%；沙垫层压实度≥90%，厚度≥2厘米。

在处理软地基施工中，要严把四关。一是测量放样。根据设计资料提供的起讫桩号打出控制桩，再每隔 10 米至 20 米放出路线中心桩，并按照打设的宽度放出边桩及护桩。二是地面清理及整平。将施工范围内的树木、杂物清理干净，并挖除树根；再将施工场地大致整平。若设计有整平标高时，应按设计标高整平，作成 >1% 的双向横坡，并进行压实（压实度 >85%）。三是沙垫层铺设。沙垫层总厚度为 30 厘米（压实）分两层铺筑，各 15 厘米。第一层铺设 15 厘米，然后施打排水板，最后再铺设其余的 15 厘米，并压实到要求的密实度（>90%）。沙垫层推铺必须做到均匀、平整，形成双向横坡。同时注意避免泥土、杂物混入沙层。其压实应用静压式压路机进行，不得振碾。四是铺设土工布。在沙垫层铺设碾压完毕经验收合格后，再铺设土工布。土工布横向铺设，可不必绷紧，但也不要折皱、扭曲。土工布沿线方向的铺设方法视铺筑第一层填料的推进方向而定。如填料由西向东铺筑，则土工布就由东向西搭接，即后一层土工布压在前一层土工布之上，相邻土工布间的搭接长度不应小于 30 厘米。为避免已铺好的土工布长期曝晒，土工布铺设好应尽快填筑第一层填料，间隔时间不宜过长。如必须延长时间时，土工布上应铺 30 厘米土保护，并禁止施工车辆在土工布上行驶。

十七、路面基层破碎开挖机

近年来，由于超载车辆多，造成路面基层严重破坏，在处理过程中消耗大量人力，机具开挖速度慢，难以做到当日开挖，当日回填，存在一定安全隐患。万荣公路管理段樊世龙、董福杰和姚国杰以此为课题，参照植树挖坑机、煤矿煤层破碎开挖机等相关技术，创新发明路面基层破碎开挖机。

该机具是以 18 马力拖拉机机械能为动力，通过液压增压、合金钢钻头旋转破碎、叶轮旋转传输，以达到破碎基层及清运基层杂物功效。具有移动速度快、开挖快、连带影响小的特点，适用小面积基层处理。在 2004 年 4 月初步使用的过程中，具有一定的可行性，大大提高破碎开挖基层速度，每个工作日可破碎开挖 200 平方米基层，经济效益明显提高。该设备与国内外同类技术的多功能路面破碎机比较，具有破碎、传输两大功能，且处理面积较大。但与其相比较无冲击振动系统，在使用改善过程中，应增加振动增压系统，使之更加完善。

十八、U 型钢板处理桥梁伸缩缝

2004 年 5 月，为保证伸缩缝与桥面连接整体性和伸缩性能良好，河津公路管理段侯毅力、李振宇和台景学结合养护实践，研制成 U 型钢板处理桥梁伸缝缩缝的新技术。

该技术使用材料为：5 毫米厚钢板、切缝机、膨胀螺丝、沥青麻絮、沥青砼。主要机具为：切缝机、压缩空气吹风机、电钻机、压路机。操作工序为：①用切缝机将伸缩缝两边各 5 厘米的沥青路面切缝凿除，并将杂物清除，用压缩空气吹风机吹净凿内尘土，刷一层黏结沥青。②按图纸加工 U 型钢板，并将加工好的 U 型钢板槽除锈，双面涂防锈漆，装入伸缩缝，用电钻每隔 30 厘米在钢板两侧交错钻孔，并用膨胀螺丝固定。③用沥青麻絮填入槽中，与 U 型槽顶平齐，并捣实。④用沥青砼处理好面层，用压路机压实后，即可通车。经过近两年应用检测，该项目与国内外同类技术相比较，节约成本，性能良好，损坏率低 1.3%，经久耐用。

十九、水泥混凝土铣刨机

2004 年 6 月，为了解决水泥混凝土路面及路边石的平整度问题，保证工程质量，垣曲公路管理段王志锋、娄金虎、刘荣红和车瑞根据生产需要，研究创新出水泥混凝土铣刨机。该机形状为长 1.0 米、宽 0.44 米、高 1.0 米的长方体，底盘装有 4 个转动轮，由人力推动扶手匀速前进，其主要动力设备为汽油机，通过皮带传动，驱动齿轮连接轴（两根）转动，连接轴上固定有刀具，通过高速转动对路面上的不平整地段进行修整,达到平整目的。在扶手旁安装有手动油门,可以调整转速高低。

该机的主要技术参数为:型号YQ—SPM;重量66千克;外形尺寸(长×宽×高):1000×440×1000(毫米);铣切刀笼(直径×宽度)104×226(毫米);工作深度(铣深度)毫米,工作转速2400(rpm)。最大输出:6.0HP/4000rpm;最大扭矩:1.90KGM/2600rpm;燃油:93#汽油;机油:SAE30#。

铣刨机投入使用后,平整路面效果好,平整速度快,省时省力,降低成本,极大提高工作效率,加快工程进度。但在处理干燥路面时,会产生大量粉尘,对人体造成较大危害,因此,使用者需佩戴防尘面罩,或安装吸尘装置。

二十、LM－50型综合刷油机

2004年6月,为了减轻养路员工的劳动强度,提高工作效率,临猗公路管理段王红芳、范社家、翟精通和孙耀军研制出LM－50型综合刷油机。

该机具由储油箱、加热系统、行走系统及工作系统四部分组成。外形规格为75厘米×60厘米×75厘米;储油量:50吨;加热器功率2000瓦。实践证明,该机具操作简便灵活,使用性能良好,工作效率高,质量好,省工省力,是路面刷油、坑槽封边的理想机具。

二十一、路肩画线机

为适应公路事业发展,美化公路,改变传统人工作业,降低成本,提高工作效率。芮城公路管理段朱敏峰、杨松勤和任筱本着"质量、速度、效益"相统一的原则,在小麦播种机基础上改制成路肩画线机,该机身长90厘米,宽70厘米,高75厘米,自重28千克,三轮承载。

根据该机具性能特点,其效果主要表现为:技术先进,操作简便;划线均匀,线形美观;速度快;降低成本,提高工效;实用性强,人力或机械牵引均可,一次完成画线。

二十二、YCGL－10型、YCGL－100型红外线沥青路面再生利用修补器

是运城公路管理段技术人员在生产实践中自行研制的新型机具,大大减轻一线职工劳动强度,有效改善施工工艺和病害处治质量,提高工作效率,取得明显经济效益。该技术可使待修补区的沥青路面材料现场全部再生利用,节约沥青用量25%至75%,降低维修成本,简化修补工艺,减少操作人员和设备,同时无废弃物产生,节能环保,处治后即可开放交通,行车干扰小,适应各种季节和天气。2004年7月投入使用,至年底共处理路面病害41 000平方米,节约养护资金3万余元。在省公路局2004年技术革新评选中,荣获二等奖。

二十三、YCGL－8型多功能养护车

2004年,由夏县公路管理段技术人员研制的多功能养护车,具有沥青自动拌和、沥青洒布、水泥(沥青)路面切割、风镐破碎、基层夯实、路面标线喷涂、施工供电、夜间照明等8项作业功能,可提高功效2倍至3倍。该设备操作简便,一般机械操作工均可操作,适用于多个养护作业项目,尤其适用于远距离、小面积路面病害处理,节省人力2倍以上,且不需再配置其他设备。路面喷涂标线2人即可完成操作,每小时可完成3公里至5公里标线任务,质量好,速度快,同时可节省人工费、机械费50%以上。荣获省公路局2004年技术革新一等奖。

二十四、ZSZ－200型金刚石钻芯取样机

2004年12月,为进一步提高施工质量,提升工作效率,减轻劳动强度,发挥闲置机具的作用,夏县公路管理段南运城、樊永师、梁晓东和何玲燕本着经济、实惠、易操作原则,利用冬季空闲时间,研制成功钻芯取样机。

该机具电机部分采用型号为YSGOH4三相一步电机,电压380V,功率为1500w,频率为50Hz,主机转速为1400转/C,最大钻孔直径为180毫米。机具主要使用于水泥混凝土层、水泥稳定粒料层、沥青碎石及沥青混凝土层的钻芯取样。该机与国内外同类机具相比,具有轻便、灵活、机动、好操作的优点,钻头可根据需要随时更换,钻取深度可随意调整。适用于公路、基建等移动比较多、取样地点较零散的工程。因自身比较轻,钻取过程中震动比较大,所以不适合于大面积钻取。

二十五、牵引式多功能热管沥青洒布车

2005年4月,针对公路养护作业中沥青加热速度慢、操作费力费时等亟待解决的问题,新绛公路管理段阎世英、董国栋和贾宏生从公路养护的实际出发,彻底改变传统设计模式,大胆采用高效传热元件——超导热管加热沥青,研制成多功能热管洒布车,容量达1000千克,其主机为12马力柴油机,点火至产出高温沥青时间不大于60分钟,燃煤消耗不大于每小时20千克沥青。具有操作方便、快速升温,并且沥青泵、阀门、管道自动加热、保温等特点。用后高压空气吹风,管道无沥青残存。自动离合,多挡位控制,改变了以往用时加热油,用后要清空的费力、费时现象,真正达到罐内只要有存油,随时加热随时用,60分钟出热油。并且集沥青储存、加温、放热油、手动洒布、手动灌缝、自动洒布为一体,大大提高路面养护工作效率,降低生产成本,减轻劳动强度。该设备与同类产品相比,具有加热速度快,节约燃煤,少时、省力等优点。

二十六、采用重锤强夯技术对旧水泥混凝土路面补强技术

2005年4月,为处理万临线万荣辖段水泥路面出现的严重沉陷、板面破碎、板面裂缝等问题,提高工程质量,简化操作程序,减少和充分利用废弃石块,万荣公路管理段樊世龙、李居礼、孙宗基和姚国杰以此为课题,进行研究以改进施工工艺。针对板面严重沉陷破碎板、板面裂缝、板角断裂等不同的面层破损情况,创新出采用重锤强夯技术进行补强,即依据不同面层破损,采用5吨/米重锤落差8米强夯及4米至6米轻夯、平整碾压、水泥石屑灌缝、洒水养护等多种措施,做到坚定、平整无缝裂。同时,对废弃的大石块作为浆砌片石边沟的片石原料,进行再利用,达到预期施工效果。该项技术能够实现路基夯实与破碎清除原路面有机结合;简化施工操作程序,提高工程进度,降低施工成本;改善路基材料结构组成,提高抗压强度;减少和利用废弃物,保护环境,节约资源。这种施工工艺与传统的破碎机破碎路面,挖除后重新处理比较,优点是:施工进度快,成本低,废弃物少,适宜于较大面积破损面层处理。但缺点是:机械化程度高,不挖除破损面层,容易造成原路基状况存在一定的隐蔽性,容易存在隐蔽不达标路基,所以不适宜于小面积破损面层处理。在省公路局2005年技术革新评选中,荣获三等奖。

二十七、KH-30型沥青搅拌机电器控制系统

KH-30型沥青搅拌机电器控制系统,是绛县公路管理段郭俊杰、吕成明、董永柱和张丰宝在省公路局调拨的设备基础上研制的。设备由原来的粗放式无保护操作,改进为简便安全的按钮式操作,安全系统由原来的零增加到90%以上,设备运行隐患消除。

该电器控制系统具有以下特点:①所有开关由刀闸改进为按钮控制,增加安全系数;②增加电机保护系统,减少电机和设备器材的损坏;③电柜全部接地,电器不易出现漏电现象;④电柜内配线更换为符合运行电流的配线,保证了安全。在省公路局2005年技术革新评选中,荣获三等奖。

二十八、180拖拉机改装小型装载机

2005年4月,为提高工效、节约养护费用、减轻道工劳动强度,闻喜公路管理段王吉福、张月琴将180拖拉机改装为小型装载机。该装载机铲料斗容量控制合理,不突破180拖拉机最大功率;承重臂采用河南专业厂家生产的产品,与机身结合牢固且使承重力均匀分布整个机身,确保满足生产需要;液压起重臂采用两侧双向支撑,提高稳定性能;液压油箱安装在车身尾部,并设小型集料斗,起到整机平衡作用。

该机铲料斗采用由单独手柄控制全液压系统,操作轻便灵活,由于采用180拖拉机作动力,整体体积小,转弯转向灵活,便于在狭窄场所如行道树之间从事清障。系统管路布置简洁,便于维护,具备铲装、平整、短距运送、推装等诸多性能。在省公路局2005年技术革新评选中,荣获三等奖。

二十九、路基养护刮平机

2005年,永济公路管理段阎和平、冯艳兵、田运峰借鉴农用机械结构和平地机工作原理,经过多次试验改进,发明路基养护刮平机。

该机械采用农用小四轮液压系统拖挂，具有以下特点：用途较为广泛。对治理路肩反坡、段落挖补、路基整平、路面杂物清除、沙石路面平整效果明显；制作成本低廉；使用方便，操作灵活；减轻劳动强度，提高劳动效率；一机多用，降低养护成本；经济实用，维修成本低；解决小范围内大型机械无法操作的问题。在使用中，刮板的角度可通过调节拉杆和调节孔任意调节，可通过增加负重调整刮板力度，达到刮平最佳效果。荣获省公路局2005年技术革新三等奖。由于拖挂机械小四轮属于被淘汰机械，故不利于广泛推广。

三十、标线覆盖车

2005年，临猗公路管理段王红芳、荆海岗、马茂羊研制标线覆盖专用机械，由主车架、行走轮、转动辊等部分组成。主车架的作用是承载和固定转动辊，使其稳定旋转；焊接在车架尾部的两只长臂，便于掌握和推动；行走轮采用胶式轮胎，转动灵活，行走自如；转动辊的作用是缠绕覆盖材料，在其两端安装有滚动轴承，运用力学原理，可以提效、增速、省工。

该覆盖车集收、放、覆盖材料为一体，可以有效防止路面标线污染，提高覆盖效率，较人工布设速度快，效果好。具有操作简便、使用灵活、工作效率高等特点，适宜于高等级公路罩面时标线防护之用。首次在省公路局大颗料罩面技术比武项目中亮相后，得到有关领导和专家以及各市同行一致好评，具有较好使用推广价值。故荣获省公路局2005年技术革新三等奖。

三十一、GSIL－2700碎石撒布车

稷山公路管理段雷崇国、薛宏太、苏海生、孙世杰和吴绥林研制的GSIL－2700碎石撒布车，属气控系统，由挡料系统、料门开启、料门控制、抛料系统、导料喷撒系统、操作台和控制柜七部分组成，后挂于自卸车上，倒行撒布石料。其型号为JSGL－3－2700型，设开关3支，撒布宽为2.7米，集料规格0.5米至200米。

该碎石撒布车是一种用于路面RAT封层、透层、沥青表面处治、沥青贯入式路面等中、小修工程的施工机械，具有性能好、效率高、操作便捷、污染小、费用低特点。经使用检测，其使用性能稳定、可靠，撒布均匀度高。同时有效节约人力资源，提高劳动效率，降低人员劳动强度，节约养护经费。该项目与国内同类技术综合比较，已达到同类产品工作效能。荣获省公路局2005年技术革新一等奖。

三十二、路面铣刨机

2005年8月，为了解决路面养护中对沥青路面臃包、波浪、坑槽、松散等病害，以及水泥混凝土路面平整度难以控制和病害处治速度慢、质量差的难题，垣曲公路管理段王志峰、李水财和娄金虎创新研制出路面铣刨机。该机形状为长1.0米、宽1.0米、高1.5米的长方体，底盘有四个转动轮，靠人力推动匀速前进。其主要技术参数为：重量66千克；外形尺寸1000×1000×1500毫米×宽×高)；铣切刀笼300毫米(直径×宽度)；工作深度50毫米(铣深度)；工作速度0～11m/min。该机为十字连接轴用汽油机驱动，轴上固定有两根刀架，刀头浮动在刀架上发动汽油机，带动十字连接轴上的刀架转动，刀头亦随之转动，如此通过高速运转产生向心力，刀头切削路面病害处，达到清除打磨目的。

该机投入使用后，在处治路面病害中发挥极大作用，既提高速度，降低成本，又保证处治路面病害质量；既经济，又方便。该项目与国内外同类技术综合比较，存在问题是路面铣刨机在干燥路面作业时易产生粉尘，对人体产生危害。因此使用者需佩戴防尘面罩，或安装吸尘装置。也可在铣刨机上安装雾化较好的洒水设备，使工作时的路面病害处保持湿润，减少粉尘产生和刀头的磨损。在2005年省公路局技术革新评选中，荣获二等奖。

三十三、高速公路水泥混凝土路面预防性养护技术研究

高速公路预防性养护，就是在路面结构良好或是路面病害发生初期，即对其进行养护，不让道路病害进一步向更深层次发展，从而达到延长路面使用寿命、保持道路完好率和平整度、提高道路质量、降低道路寿命成本、延长中修或大修期限为目的的作业方式和实用手法。它与矫正性养护“坏了才修、不坏不修”的原则截然不同，强调早期预防性。

该课题主要对高速公路水泥混凝土路面的典型病害及检测方法、预防性养护的参数指标及标准、预防性养护技术措施进行了研究，并以夏汾高速公路水泥混凝土路面为例进行案例分析，运用技术参数指标和标准提出预防性养护决策方案。课题提出了高速公路水泥路面预防性养护技术参数和预防养护时机标准；提出了适宜于高速公路水泥混凝土路面预防性养护评价体系和工作流程；提出了适宜于重载高速公路水泥混凝土路面预防性养护技术措施；提出了混凝土板底脱空检测技术及脱空程度判定标准；提出了高速公路水泥混凝土路面预防性养护技术措施。该课题成果适用于高速公路水泥混凝土路面的预防性养护。

第六节　汽车运输新技术的研发应用

一、"柴油机节油器"节油效果验证

2009年以来，山西汽车运输集团先后开展研究，取得良好效果。

二、道路运输企业安全管理体系及信息化建设课题研究

山西汽车运输集团开展此项课题研究。2011年6月，顺利通过省科技厅项目评审，给予高度评价，认为研究成果达到国内领先水平。

三、铁哥们汽车制动间隙调整臂项目研究

2006年3月，侯马汽车运输公司研发，通过专家鉴定。通过制动间隙自动调整臂能够实现制动间隙的自动调整，使车辆制动毂和蹄片之间的间隙始终保持在一个正常值范围内，不仅有效提高车辆制动性能，减少制动隐患，降低维护成本，而且确保车辆行驶的安全性。

四、GPS在道路运输企业节能减排中的应用项目

2007年度，侯马汽车运输公司研发，研究成果获得交通运输部认可，于2007年成为全国交通运输行业首批节能减排示范项目。

五、甩挂运输与车辆检测技术

2010年，侯马汽车运输公司研发《甩挂运输在山西省道路运输企业的开展与研究》、《车辆检测技术在道路运输企业安全中的应用》等项目，取得显著效益。

六、客运管理与油改气项目

2003年以来，晋城汽车运输公司先后研发《客运营收及调度管理系统》(2003年)、《汽车学员管理系统》(2004年)、《非生产车辆"油改气"项目》(2008年)。

七、道路运输企业安全管理信息系统

2010年至2011年，晋龙捷泰公司开始研发，研究成果获得国家版权局软件注册权。

八、科技新产品开发

2006年以来，山西宇星客车有限公司开展多项新技术研究。2006年度，开展《中空壁缠绕管生产线开发》项目，改进PE缠绕管生产工艺；开展《静音管生产线研制》项目，改进PP三层复合管生产工艺；开展《多功能弯管机改进》项目，改进钢管折弯生产工艺。2007年度，开展《PP－R生产线开发》项目，用于生产PP—R管；开展《PE－RT生产线开发》项目，用于生产PE－RT地暖管。开展《静音管行业标准编制》工作，研究成果获得建设部认可，成为推荐行业标准《聚丙烯静音排水管材及管件》，标准编号CJ/T273－2008。2008年度，开展《静音管管件模具研制》项目，改进管件生产工艺；开展《静音管生产线改进》项目，改进PP三层复合管生产工艺。2009年度，开展《大口径Φ160PP—R生产线研制》项目，用于新型PP—R管生产；开展《专用工具及H型排气排水管件和带清扫口90°弯头等设备的研制》项目，改进管道工程产品生产工艺。2010年度，开展《4毫米平冲型波形梁护栏成型机组开发》项目，用于生产波形梁护栏；开展《防阻块生产线改造》项目，改进防阻块生产工艺；开展《镀锌工艺改进》项目，改进交通工程产品镀锌生产工艺。2011年度，开展《聚丙烯静音排水管材项目》研究，该项目顺利通过省科技厅鉴定，研究成果处于国际先进水平。

第七节　交通征稽新技术的研发应用

一、数字征稽战略的提出和实施

“十五”时期,省征稽局把“解放思想转变观念,坚定信心谋求发展,以人为本依法行政,立足征稽一流管理,面向未来二次创业”作为“十五”交通征稽的工作方针。把“创优异费收业绩,创优秀征稽队伍,创优质服务体系,创优良工作秩序,创优美工作环境,实现全国一流征稽”作为“十五”交通征稽的工作目标。

为实现“一流”目标,信息化建设再次提到重要议事日程,并正式命名为“数字征稽”。在全系统明确要把数字化作为覆盖交通规费征管事业发展全局的重大战略举措来抓,确立“着眼长远、总体规划、加大投入、先行建设”的总体指导思想,明确以技术创新为手段,不断加大征稽管理科技含量。到“十五”末,全系统实现费收、通信、办公、检测、记录、统计现代化的数字化建设目标,明确加快建设“三网一库”(内网、外网、专业网、数据库)、“两大系统”(养路费征收识别系统、养路费异地征收网络系统)的数字化建设重点。从此,全省征稽管理的科技化、现代化蓝图基本构架,接下来便是紧锣密鼓的落实与行动。

在通行费数字化建设领域,从2000年起,省交通征稽局相继投资2000万元左右,组织实施对下辖的18个通行费收费站进行计算机收费监控系统的推广应用。该系统主要包含四部分内容。一是数字监控系统。由监控室和车道的音视频系统组成,可以对所有通过车辆、车型和收费员收费全过程时时监控、监听、对讲和录像,对异常情况的报警可实现包括监控室在内的全站情况的站长分控。二是微机收费系统。由监控室计算机和车道计算机联网组成,可完成对收费票据及车流量数据的保存、汇总及相应制表工作,完成收费、语音报价、费额显示、档车器自动控制、车牌自动识别、报警控制、信号灯等的控制工作和票据的打印工作。三是流程监控系统。由省局监控中心、全省各分局机关及收费站的远程网络组成,实现三者图像的同步。四是远程报表系统。可随时对收费站的各种数据进行汇总和统计。局管21个收费站有18个实现微机收费和电子监控,全省通行费收费实现三级联网、数字传输。截至2004年底,该局已全面实现通行费征收的三级监控,省局、分局可以在同一时间对收费站进行实时监督,促进通行费征收工作制度化、规范化。经省科技厅2005年1月鉴定,认为该系统达到国内领先水平,各项经济指标明显,社会效益突出。经过4年实践,通行费实征率提高13%,累计多征收通行费1.2亿元,并通过规范化管理,有效促进精神文明建设,实现收费站文明单位“满堂红”,其中有1个国家“青年文明号”,3个省级文明单位,14个省级“青年文明号”,10个市级文明单位,7个省交通厅文明示范窗口单位。

在养路费征收领域,经过大量基础性建设,2004年建成全省统一数据库网络,做到当日数据,随时共享,全面掌握包括12个二级征管单位、156个征稽所站的随时随刻的征收动态。2004年7月,省征稽局与中国工商银行山西分行开始合作,先行在太原、阳泉两个城市实行养路费代征试点,缴费网点增加94个,12月份在全省推广后,又在其余9个中心城市开通银行代征网点57个,截至2005年6月底,又在10个县(市)予以开通,加上省征稽局固有的156个征稽所站,实际上服务车户缴费的部门已经达到以前两倍,有效缓解缴费高峰带来的压力,为车户提供更便捷服务。与此同时,2004年7月份开始进行同一分局之间异地征收的模拟运行,11月份全系统实现同一分局间的异地征收,至2005年6月底,全省实现全面的异地征收,任何一台车可以在全省任一征稽所和任一银行代征网点进行缴费。养路费征收网络和系统进一步完善。

在与养路费征收密切相关的稽查、财会和票证票据领域,车牌通和掌上通自动稽查系统全面升级换代,全省12个二级单位、156

个征收单位的经费会计、养路费会计、货运附加费会计及通行费会计全部纳入电算化，票证票据实行微机化管理。机关办公领域，内网电话、全省视频会议系统、业务内网查询、信息互联网发布等硬软件建设均已完成，并逐步建立现代化征管设备的管理、使用、保养等一系列规章制度和操作程序。

二、科技网络的全面形成

“十一五”时期，全省交通征稽系统瞄准可持续发展的目标，在“十五”信息化建设基础上，以加速度方式快步领跑。重点在六个方面进一步加强和完善信息化建设，建立全面、交叉、网络状的现代化运营体系。一是着手实施办公自动化系统建设，在部分单位试行有关文件查阅、行政审批、档案管理网络化等网上办公试点基础上，逐步推广直至全省实现。二是完善银行代征网络，扩大代征覆盖面，保证每个县市区至少有两个缴费点。条件成熟后，稳步组织向乡镇一级延伸，为车户提供最大的方便条件和最优的服务。三是加快养路费征收识别系统与通行费收费、监控系统并网，充分利用通行费征收三级监控系统、车辆自动识别系统和养路费的一库管理，实现通行费与养路费的整合效益，发挥收费站在养路费稽查中的作用，增强稽查的长期性、稳定性和针对性，提高稽查效益和效率。实现联合后，不仅能够减少上路频次，缓解车主与征稽人员矛盾，还能起到极大震慑作用。四是利用养路费一库管理，通过实现笔记本无线上网手段，在三级网络无法覆盖到的边远山区，征稽人员主动上门为车主服务。五是在稽查工作方面着手开通全省手机短信查询系统，将稽查工作推进到一个新的领域，同时也能方便车户查询。六是逐步实现省征稽局数据库与交警数据库的对接联网，实现数据共享，推进管理水平。

经过努力，各项目标基本实现，有的在全国同行业达到领先水平。一是养路费、货运附加费银行代征网点扩大到273个，遍及每一个市县，部分地区扩展到乡镇；二是完成养路费征收管理软件升级工作，全省养路费征收实现一库管理，当日数据，随时共享，提高稽查准确性，有效避免误拦误查现象；三是在各通行费收费站安装养路费征收识别系统，票证票据全部实行微机化管理；四是铁路道口安全管理费征收告别手工操作，实行微机征收和银行代征，实现了与“三费”的同步发展；五是全面实现财务电算化、办公自动化；六是实现短信平台稽查。将稽查处理纳入计算机管理，建立“稽查管理平台”，“088555”车辆养路费信息查询系统开通；七是开通96567客户服务热线。日均受理各界投诉、咨询、举报电话30余个，极大方便车户；八是建立完善视频会议系统并研究开发流动征费软件系统，在全国率先实行流动征费和稽查现场处理。

第八章　依法行政

“十一五”期间,在交通运输部和省委、省政府及厅党组的正确领导下,全省交通运输法制工作坚持以邓小平理论、“三个代表”重要思想为指导,全面落实科学发展观,紧紧围绕交通改革与发展的中心工作,以贯彻国务院《全面推进依法行政实施纲要》和《国务院办公厅关于推行行政执法责任制的若干意见》为重点,紧密结合行业实际,坚持以交通运输立法为基础,以法制宣传教育工作为保障,以推进政府职能转变、深入推行行政执法责任制、规范行政执法行为为重点,全面推进依法治交工作,为全省交通运输事业快速发展提供有力保障。

“十一五”期间,圆满完成《全省交通系统2006年至2010年依法治交工作规划》确立的各项任务目标,全系统依法行政水平进一步提高,领导干部和公务员依法决策、依法行政的能力更加增强,执法人员的执法能力显著提高,特别是行政处罚、行政许可进一步文明、规范,全系统未发生重大违法执法行为。行风评议在省直各部门中排名逐年提高,省厅被省委依法治省领导组评为“依法治理示范单位”,“2007年度政府法制工作目标责任制考核先进单位”、被省政府评为“依法行政十佳单位(1999－2009)”;2009年,被中共中央宣传部、司法部评为全国“五五”普法中期先进单位。

第一节　地方交通法律法规的制定

2003年9月17日,省政府第10次常务会议审议通过《山西省高速公路管理暂行办法》,2003年11月1日起施行。共7章56条。主要解决6个问题,即管理体制和规范内容,超限运输管理,路政执法强制措施,收费与服务,交通安全及治安管理,建筑控制区。

2005年2月25日,省人民政府第46次常务会议审议通过《山西省公路车辆通行费收取办法》,2005年7月1日起施行。共5章32条。主要解决5个问题,即通行费收取管理,平衡还贷资金,政府还贷公路通行费资金管理,收费票据管理,通行费收取环境。

2005年12月2日,山西省第十届人民代表大会常务委员会第21次会议审议通过《山西省高速公路管理条例》,2006年3月1日起施行。共7章48条。这是全省第一部全面规范高速公路管理的地方性法规。主要解决5个问题:即规范内容,超限运输管理,驶入高速公路车辆实行超时限制,收费与服务,交通安全及治安管理。

2006年3月31日,山西省第十届人民代表大会常务委员会第23次会议审议通过《山西省公路养路费征收管理条例》,2006年5月1日起施行。共6章36条。重点解决6个问题,即实行缴(免)费登记制度,规范养路费征收管理,充分体现为民、便民、利民宗旨,对“晋车外挂”治理,相关部门协作,公路货运附加费的征收管理。

2007年4月28日,省人民政府第101次常务会议审议通过《山西省水上交通安全管理办法》,2007年6月10日起施行。共20条。这是全省第一部规范地方水上交通安全的政府规章,填补全省水上交通管理法规空白。

2008年1月8日,省人民政府第118次常务会议审议通过《山西省养路费征收管理规定》,2008 年 1 月 9 日起施行。共 6 章 45 条。这部规章是对《山西省公路养路费征收管理条例》的完善和细化,解决条例操作性不强的问题。

2010 年 3 月 31 日,山西省第十一届人民代表大会常务委员会第 15 次会议决定:废止 2006 年山西省第十届人民代表大会常务委员会第 23 次会议通过的《山西省公路养路费征收管理条例》。从 2009 年 1 月 1 日起,全国实施成品油价格和费税改革,在全国范围内统一取消了公路养路费、公路运输管理费、公路客货运附加费等 6 项交通规费。国务院于 2008 年 12 月 27 日,对《中华人民共和国公路管理条例》进行修订,删除或修改了有关养路费等交通规费的内容。因此,全省已经依法停止公路养路费等交通规费的征收行为。鉴于国家已经取消公路养路费等交通规费,且上位法也已进行修订,《山西省公路养路费征收管理条例》失去上位法依据,因此予以废止。

2010 年 9 月 29 日,山西省第十一届人民代表大会常务委员会第 19 次会议审议通过《山西省道路运输条例》,自 2011 年 1 月 1 日起施行。《条例》共 8 章 75 条。一是明确道路运输安全责任。从安全监管责任、责任主体、禁止行为等方面,对道路运输安全管理做出明确规定;二是明确道路货物运输源头治超工作机制。从治理方式、治超原则、工作机制、源头单位义务、责任追究等方面进行规范,为源头治超提供法律依据,形成全省道路运输地方性法规的鲜明特色;三是明确道路运输便民服务工作。对道路运输管理机构及其工作人员应当公开办事制度,简化工作程序,组织制定行业服务标准和管理制度,文明执法,秉公办事,提供优质服务等方面作出规定,符合依法行政高效便民原则;四是明确规范市场监管措施。从监督检查、规范执法、强制措施、保管义务、信息共享、吊销和注销许可证等六个方面进行规定,为道路运输管理提供法律依据,便于对执法行为有效监督,推动道路运输管理依法行政。

2010 年 10 月 9 日,《山西省道路运输条例》新闻发布会在太原召开。省人大、省政府、省治超办、省治超领导组成员单位、省交通运输厅、省运管局、各市治超办、各市交通运输局及各市运管局(处)领导出席。会议由省人大常委会财经委主任赵建平主持。新华社、人民日报、中国交通报、山西日报等 20 多家新闻媒体记者参加。省治超领导组副组长、省交通运输厅厅长段建国就《山西省道路运输条例》主要内容、修订背景进行说明。省治超领导组副组长、省治超办主任、省人大内务司法委员会主任李顺通就《山西省道路运输条例》中超限超载源头治理有关内容进行发布。副省长牛仁亮、省人大常委会副主任靳善忠分别讲话。

2010 年 11 月 26 日,山西省第十一届人民代表大会常务委员会第 20 次会议审议通过对《山西省城市公共客运管理暂行条例》的修正。《条例》明确规定:省人民政府交通运输行政主管部门负责指导全省城市公共客运的监督管理工作;设区的市、县(市、区)人民政府交通运输主管部门具体负责本行政区域城市公共客运监督管理工作。

第二节　法制宣传教育活动的开展

*宣传贯彻《路政管理规定》。*2003 年 3 月,交通部出台《路政管理规定》第 2 号令。省交通厅将 3 月份定为宣传月。通过广播、电视、报刊等新闻媒体广泛宣传的同时,于 4 月 1 日在全省开展街头宣传。通过发放宣传品、出动宣传车辆以及接受咨询、采访,形成广泛社会影响。省公路系统对路政执法人员进行大规模培训,共举办 35 期,培训 2500 人。

*宣传贯彻海事法规。*2003 年 6 月 8 日为全国安全生产咨询日,省海事局以及临汾、运城、忻州等市以开展"安全生产月"为契机,走上街头,大力宣传《安全生产法》、《内河安全管理条例》和《水路运输管理条例》。

*宣传贯彻《突发公共卫生事件应急条例》以及防治传染病法律法规。*2003 年全国发生"非典型肺炎"重大疫情,山西是重灾

区。在省委、省政府和厅党组坚强领导下,全省交通系统干部职工万众一心,努力奋战,抗击“非典”。全系统共编印和购买有关宣传资料约5万余册,共制定规范性文件47件。

宣传贯彻《山西省高速公路管理暂行办法》。省交通厅下发《通知》,利用大运高速公路全线通车及国庆旅游黄金周,掀起学习宣传高潮。

宣传贯彻《中华人民共和国宪法》、《中华人民共和国行政许可法》、《中华人民共和国交通安全法》、《中华人民共和国道路运输条例》。省交通厅下发《通知》,充分利用报刊、电视、广播、国际互联网等媒体,举办专题讲座,知识竞赛,切实加大宣传力度。设立咨询台、公布咨询电话或设立咨询电子邮箱。

召开全系统法制工作座谈会。2005年1月21日,全省交通系统法治工作座谈会在太原召开。厅党组成员、副厅长张润出席并讲话。会议传达全国交通法制工作座谈会精神,对两年来全系统交通法治工作进行总结,并就全系统2005年交通法治工作做出安排。

宣传贯彻《收费公路管理条例》、《山西省公路车辆通行费收取办法》。省交通厅下发《通知》,提出要求;深入学习,正确理解;广泛宣传,家喻户晓。

组织“四五”普法总结验收。2005年1月27日,印发指导意见和标准。2005年8月29日考试。参考人员2100余人,合格率100%。2005年10月,省依法治省领导组进行验收,给予高度评价。2006年5月31日,在“山西省依法治省暨第五个五年法制宣传教育工作会议”上,被评为2001年至2005年依法治理示范单位。省交通厅印发《关于表彰“四五”普法依法治理先进集体和先进个人的决定》。其中,表彰依法治理先进单位25个,法制宣传教育先进单位26个,普法依法治理先进工作者75名,先进个人80名。

调整领导组及办公室。根据人事变动,2006年8月29日,省交通厅调整普法依法治理及推行行政执法责任制领导组组长:王晓林;副组长:张润、杨金泉、王志民、张志川、部玉兰、张德仪、赵振田、孙跃进、郭贵平、部学文。成员有曹居月、尹新平、王京荣、赵新民、杨吉平、蔺建煌、田根、高海清、戴飞、张晋鹏、董新品、李华中、牛世骏。办公室设在厅政策法规处。主任:曹居月(兼);副主任:胡刚成(兼);成员有:杨继勇、武安瑜、刘光飞、郭继和。

召开“四五”普法总结暨“五五”普法动员大会。2006年9月15日,全省交通系统依法治交暨第五个五年法制宣传教育工作会议召开。会议总结“十五”期间的依法治交和“四五”普法工作,部署今后五年依法治交和“五五”普法工作任务。厅党组书记、厅长王晓林出席并讲话,省司法厅副厅长王华善应邀出席并讲话,厅党组成员、副厅长张志川作工作报告,厅党组副书记、副厅长张润作总结,厅党组成员、省公路局党委书记赵振田出席。王晓林厅长与各市交通局、厅直单位主要负责人签订《“五五”普法依法治交目标责任书》。厅党组成员、副厅长王志民宣读《关于表彰“四五”普法依法治理先进单位和先进个人的决定》。会议还印发《全省交通系统依法治交暨第五个五年法制宣传教育工作规划(征求意见稿)》。

制定“五五”普法规划。根据省依法治理暨“五五”法制宣传教育工作会议精神,结合近年来全省交通运输事业发展实际,在充分征求全系统意见基础上,及时制定并印发《山西省交通系统2006年至2010年依法治交工作规划》,确定“十一五”期间依法治交工作的指导思想、总体目标、工作原则和主要任务。厅党组专门召开会议安排部署,明确要求各级交通运输主管部门要把法制宣传教育和依法治交工作作为一项事关交通运输发展全局、事关交通运输长远发展的重要工作纳入议事日程,统筹安排,稳妥推进。各级领导干部特别是党政主要领导要严格落实领导责任制,及时解决普法教育、依法治交、交通执法工作面临的重大问题,以新理念、新思路,健全“五五”普法领导机制、运行机制、监督机制、考评机制、激励机制、保障机制。全省交通运输系统所有单位均成立由党政一把手担任组长的普法依法治理领导组,并分别

成立或明确法治工作机构为常设的普法职能部门和办事机构，形成自上而下、归口管理、相互协调、分工明确、责任到人的领导组织机构，为全系统的普法依法治理工作提供强有力组织保障。

“五五”普法期间，省交通厅坚持“依法治交”理念，积极推进广大干部职工法制教育的制度化、规范化，着重从提高交通运输行政执法人员特别是领导干部法律素质和执法水平入手，以点带面，逐步提高全省交通运输干部职工的法律素质。全系统干部职工坚持自觉学法用法，通过法制讲座、培训班、自学等多种形式，不断普及法律知识，增强法律意识，转变管理观念，努力构建“办事依法、群众信法、为官学法、行政用法”的浓厚氛围。被省政府法制办公室评为2007年度政府法制工作目标责任制考核先进单位。

建立领导干部学法制度。5年来，各单位党组(委)中心组每年集体学法不少于两次，厅机关坚持每年至少举办两次法律讲座或培训。2007年7月，厅党组中心组举办《中华人民共和国物权法》讲座，厅党组成员、厅直各单位主要负责人、厅机关各处室负责人及工作人员近百人听取。

加强机关干部学法用法培训。2008年，组织厅直各单位业务机关进行《劳动合同法》专题培训班。省运管局落实经费，购买新出台的法律法规规章等普法资料，并组织职工集体学习，交流经验，切实提高法律素质。2007年，组织全省交通运输系统公职人员进行法律知识考试，参加人员包括厅机关和厅直事业单位全体人员及厅直企业副科级以上干部。通过学习和教育，增强爱岗敬业、秉公执法、克己奉公的职业道德，提高全系统依法管理的能力和水平。

加强执法人员法律教育培训。5年来，省厅每年组织开展两期交通行政执法人员培训，邀请有关专家对执法人员进行行政执法文书写作、行政法律基础知识、路政执法知识、运管执法知识等培训，同时要求各市交通运输主管部门对行政执法人员加强法律知识更新学习培训，行政执法人员每年学习时间不得少于20天。为认真贯彻国务院《行政复议条例》、《山西省道路货物运输源头治理超限超载暂行办法》和《山西省治理非法超限超载工作责任追究办法》，2008年6月26日至28日，省交通厅在忻州顿村举办为期三天的全省交通行政执法高级培训班，对全系统交通法制和治超骨干力量进行全面系统培训。厅党组书记、厅长段建国出席开班典礼并作动员报告，厅党组成员、副厅长张志川主持。150人参加。2009年10月，省交通厅举办全省交通运输系统行政执法高级培训班，140余人参加。2007年1月，省厅与省政府法制办公室共同组织，对全省近万名行政执法人员进行执法培训，并统一组织考试。经考核确认，参加培训的执法人员共9741人，其中考核合格9659人，不合格和缺考80人，合格率99.2%。对不合格人员和无故缺考人员，一律吊销交通运输行政执法证件，调离执法岗位。针对运政执法中普遍存在的对法律条文理解错误以及执法文书填写不规范等问题，省运管局举办多期运政执法实务培训，共培训1000余人。

编印《交通行政执法法规汇编》。1998年12月，为方便全省交通系统广大职工学法用法，推进依法治交和普法工作，省交通厅结合“五五”普法和交通法制建设要求，组织有关人员汇编整理。全书主要收录国家和全省施行的与交通管理，特别是与交通行政执法密切相关的法律、法规、规章、规范性文件和司法解释(截至2008年7月)84部(件)，共计88余万字。分为综合、公路、运输、规费、海事和相关法规6编。

编印《山西省高速公路管理条例》释义。省政府法制办、省交通厅组织部分参与起草人员编写。25万字，全面介绍起草背景、立法目的以及要解决的主要问题，并对具体条款进行详细阐述。2006年11月，由山西人民出版社出版发行。主编：曹居月、李士俊。副主编：杨继勇、武安瑜、孙吉亮。

组织“五五”普法检查验收。根据交通运输部、省委依法治省领导组办公室有关《通知》精神，省厅对全省交通运输系统各单位贯彻执行“五五”普法工作情况进行了检查验收。2010年4月中旬开始，年底结束。共分为动员部署、开展自查、组织检查、评比表彰四个阶段。检查主要采取听取汇报、查阅资料、召开座谈会、问卷调查、实地考察等方式进行。省交通运输厅、省公路局被评为全国交通运输系统“五五”普法先进集体。2010年11月15日，根据省委依法治省领导组安排，完成厅机关公务员、厅属事业单位全体人员、厅属企业干部职工的“五五”普法总结验收考试。

第三节　行政审批制度改革

2003年以来，在省审改办和许可办指导下，各级交通部门认真开展行政审批制度改革，特别是以贯彻落实《行政许可法》为契机，不断加大工作力度，狠抓行政审批项目的清理和行政审批服务窗口建设，以窗口建设为载体，规范审批行为，提高审批效率，方便群众办事，各项工作取得了明显成效。

加强领导，制订方案。厅党组高度重视，多次召开专题会议研究部署，按照“领导落实、机构落实、人员落实、任务落实”要求，成立由厅党组书记、厅长任组长，分管副厅长任副组长，各有关业务单位和厅机关有关处室负责人为成员的交通行政审批制度改革领导小组，建立健全工作机构，配备专门工作人员。印发《关于深化省交通厅行政审批制度改革若干实施意见》、《关于规范行政审批项目的通知》，从制度、机构、人员上提供有力保证。

建立和完善各项规章制度。为交通行政审批制度改革提供有力的制度保障，着力在“减量”和“规范”上下工夫，对照有关政策规定，省交通厅多次对审批项目进行清理。通过取消、下放、转移、合并等方式，行政审批项目由最初114项减为21项。其中行政许可项目20项，保留非行政许可审批项目1项。制定出台《行政许可(审批)项目工作流程》，对厅直单位行政许可全过程进行细致明确规定，建立行政许可限时办结制度、政务公开制度、A、B角零缺位制度等相关制度。进一步健全完善以审批责任、审批公示、监督和责任追究制度为主体的制度体系，保障行政审批行为规范、运转协调、公正透明、廉洁高效。

狠抓规范建设，确保窗口健康高效运行。在狠抓项目清理同时，着力在规范审批行为上下工夫。按照“项目要公开、程序要规范、环节要简化、效能要提高、监督要加强”的总体要求，从建立规范运作机制、责任追究制度、严格审批范围、实行审批公开、接受社会监督、实施审批项目动态管理等方面做工作，重点实施行政审批便民工程、行政审批阳光工程和行政审批提速工程。2007年，厅行政审批制度改革领导组办公室根据交通行政审批制度改革实际，专门制定《贯彻省政府关于改进机关作风优化政务环境全面提高政府公信力和执行力的决定的实施意见》等五个制度性文件，制定《落实〈山西省行政机关工作人员过错责任追究暂行办法〉实施细则》，进一步健全和完善比较科学管理机制、规范运行机制、严密监督机制。按照“集中统一、公开透明、简约高效、便于监督”总体要求，提出“窗口”建设《实施方案》。按照“集中受理，统一对外，内部协作，限时办结”机制，实行内转外不转一条龙服务模式。根据保留审批项目的类别、分布特点、办公场所情况，分别建立道路运输服务大厅、公路路政服务大厅、水路行政服务大厅。

建立完善行政审批和电子监察系统。按照统筹规划、资源共享、面向公众的要求，投资开发《行政网上审批系统》并投入运行。在搞好内部局域网建设基础上，按照先易后难原则，构建统一标准、资源共享、面向企业、服务群众的网上行政审批平台。各政务大厅与各地级市窗口联网，2008年，厅机关和厅直单位共受理行政审批(许可)33 783件，2009年上半年共受理行政审批(许可)35 580件，无一例超时办结，得到社会各方普遍赞许。

第四节 推行执法责任制工作的引深

“十一五”期间，省交通运输厅认真贯彻落实国务院办公厅《关于推行行政执法责任制的若干意见》，深入推行交通运输行政执法责任制工作，取得明显效果。一是加强领导，制订方案。省厅成立推行行政执法责任制领导组，印发《引深全省交通系统行政执法责任制的实施方案》。市(地)级以上交通部门均相应成立领导组织机构，并制订具体方案。二是制定《交通行政执法检查制度》、《重大行政处罚决定备案审查制度》《行政执法错案追究制度》等七项制度，将交通运输行政执法队伍的管理纳入规范化、制度化轨道。三是完成执法依据梳理工作。根据省政府要求，组织对交通运输法律、法规和规章进行全面梳理，确认交通运输行政执法主体、行政执法依据、行政执法行为等交通运输行政执法职责内容，并在相关政府网站和山西交通网予以公布。四是落实岗位职责，合理分解行政执法职责。结合省政府开展的行政效能建设活动，以“三定”方案为基本依据，合理划分执法岗位，依法确定每个岗位的职责范围、工作内容、权限责任、具体标准、工作流程。同时以界定的岗位责任制为载体，将执法职责合理分解到每一个岗位，明确每个岗位责任。五是建立和完善行政执法责任制配套制度。2009 年，根据交通运输部和省政府的要求，省交通运输厅组织人员在分类研究和集中论证的基础上，对交通运输行政执法涉及的公路建设、路政管理、收费公路管理、道路运输以及水上交通管理等 10 个类别的 309 条行政处罚的规定情节和幅度予以细化，在全省各行业中首家出台《行政处罚自由裁量权基准制度》和《行政处罚自由裁量权基准》，于 2010 年 5 月 1 日正式施行。全面规范行政处罚自由裁量权，合理限定行政处罚自由裁量幅度，对进一步推进依法行政工作，构建惩治和预防腐败体系，具有非常重要意义。六是贯彻落实《政府信息公开条例》。成立厅政府信息公开领导组及办公室，制定《政府信息公开管理办法》、《政府信息公开指南》、《山西省交通厅政府信息公开目录》，对公开范围、公开形式、公开时限、办理程序等内容作出具体规定。基本上形成了一套较完善的行政执法责任制度。

第九章　教育培训

2003年以来,在省交通运输厅党组正确领导下,全省交通教育工作者以邓小平理论和“三个代表”重要思想为指导,认真贯彻落实科学发展观,以党的十六大、十七大及历次全会精神为指针,紧紧围绕交通改革与发展这一中心工作,大力实施“人才强化”战略,不断深化教育改革,优化办学条件,扩大办学规模,加快人才培养步伐,在努力发挥交通教育基础性作用的同时,最大限度地满足全系统职工的教育需求。拓宽在职教育渠道,举办成人学历教育;加强硬件建设,不断提升交通职业院校的办学水平;突出行业急需,搞好相关培训,逐步建立“先培训后上岗”制度,为全省交通现代化建设和可持续发展,为全省教育实现转型跨越目标,提供有力的智力支持和人才保障。

第一节　山西交通职业技术学院

进入21世纪以来,在国家大力发展职业教育政策的指导下,2003年以来,省交通厅大力实施“科教兴教、人才强交”战略,学院努力提高教学质量和人才培养水平,坚持面向生产建设、管理、服务一线,更好更快地培养实践技能强、具有良好职业道德的技术应用型人才,为推动全省交通运输事业持续、快速、健康发展作出新贡献。

一、专业建设再上新水平

2003年以来,学院进一步明确办学指导思想,坚持科学定位,着重加强专业建设。2003年4月,学院首次开始对外招聘专职辅导员,进一步加强对学生的日常管理和思想教育。同年开设交通执法与管理专业,公路与桥梁专业被确定为国家级改革试点专业。2004年和2005年先后开办交通投资与理财和工程造价专业。2004年汽车运用与维修、工程监理专业被确定为省部级改革试点专业,汽车运用与维修专业被列为国家级紧缺型人才培养基地。专业设置为公路与桥梁、汽车运用与维修、会计电算化、物流管理、工程施工机械运用与维修、信息工程、计算机网络技术、工程监理、等级公路养护与管理、汽车电子技术、工程测量技术、交通投资与理财、工程造价和计算机应用等13个专业。学制有,高职五年,中专三年。2006年,学院当年招收学生1091人。开办汽车技术服务与营销专业。信息工程系开发新课程体系,创新教学模式,开设电脑美术、动画设计等课程,形成自己专业特色;2008年,增加公路工程检测技术、汽车整形技术两个新专业。2006年至2008年,累计开设8个新专业。2009年,工程机械系独立建系,新增工程机械服务与营销、地下工程及隧道工程技术。2010年,申报通过交通安全与智能控制、保险实务(机动车)、会计与审计等新专业。至年底,学院高职类专业达到19个。中专和大专学制均为三年,取消五年制(3+2)高职教育。期间,国家级改革专业试点路桥专业、省级改革专业试点汽车专业和工程监理专业继续健康发展,为快速发展的交通建设事业提供人才支持和智力保障。

二、名师建设工程的实施

2003年开始,学院实施“名师工程”,着手进行学院拔尖创新人才和学科带头人的评选工作。全年推荐14名教师在读硕士学历,完成2名教师晋升教授、2名高级讲师转聘副教授工作。在省交通厅支持下,在全系统建立包括40名教授级高工、专家的客聘教授人才库，启动客聘教授专题讲座。截至2010年底，有61位教师通过学习深造，取得研究生学历。出台《教学名师建设工作规范》、《教学团队建设工作规范》、《双师型教师建设工作规范》、《新教师岗前培训工作规范》等制度。加强对青年教师教学能力培养，举办全校性教学能手和说课比赛，推出一批院级优秀教师和骨干教师。持续开展名师建设工程，制定双师型教师建设工作规范等4个师资建设程序文件，完善师资建设制度，完成优秀教学团队申报工作。

"十一五"期间，学院共引进专业技术人才92人，其中研究生24人、大学本科68人，来自生产一线的中高级专业人才20人。有30名教师取得硕士研究生学位，具有硕士学位的教师由59人增加到89人。继续推进双师培养，现有双师型教师资格人数达到67人，专业教师中的双师型比例增加到80%。扎实开展名师建设工程，评选9名理论教学能手和3名实践教学能手。实施师德建设工程，制定《教师职业道德规范》、《教书育人工作条例》等制度，树立了10名"师德师风标兵"作为教师典范。学院现有被省教育厅授予的"双师型教学名师"1名，"双师型优秀教师"6名。学院开通多门类网上课程，组织编写60余册自编教材、大纲和实习指导书。《公路工程检测技术》、《道路桥梁工程制图》、《汽车发动机燃油喷射技术》3门被列入省级精品课程。《养护机械工程》、《工程造价》被列为校级精品课程。

三、人才培养工作水平评估的组织实施

2004年12月，学院正式启动高职高专人才培养工作水平评估。由评建办公室牵头，动员教学、管理、后勤服务部门，按照"以评促建，以评促改，以评促管，评建结合，重在建设"的方针，落实目标责任制，严把质量关，按照"全力争优"的评估目标进行各项准备工作。

2005年6月，省交通厅成立评估工作领导组。组长张润；副组长王京荣、王赛勇；成员有孟科，厅科教处、人事处、机关党委、综合规划处有关负责人。2006年5月23日，省交通厅召开专题会议，张润要求学院要咬定"优秀"目标不动摇，保证"优秀"目标顺利实现。7月2日，学院隆重召开迎接评估誓师大会。省交通厅党组副书记、副厅长张润，省教育厅高教处副处长师东海，厅科教处副处长李英杰出席。张润在讲话中，希望学院继续明确目标、责任到人，再发动、再部署、再动员、再安排，硬件不足软件补，资金不足精神补，前期不足后期补，为夺取评估工作全面胜利而共同奋斗。10月12日至13日，6位专家对学院进行为期两天的预评估。10月28日，张润带领厅综合规划处、厅人事处、厅科教处、厅直机关党委有关负责同志，深入学院召开评估工作现场办公会。12月12日，学院召开迎接评估战前动员大会，全面部署评估前准备工作。院长王赛勇提出评估要求，党委书记孟科作评估动员。12月19日至22日，山西省高职高专人才培养工作水平评估专家组对学院进行为期4天评估。专家组通过听取学院汇报、查阅资料、听课、座谈、实地察看、技能考核、学生研讨会等环节的考察后，于12月22日下午，进行意见反馈，认为学院自升格为职业技术学院以来，积极转变观念，办学特色明显，成绩主要体现在六个方面：一是办学思路清晰，定位准确，目标明确，办学效益显著；二是主管部门领导到位，支持到位；三是实训基地建设成效显著，示范性强；四是产学研结合特色鲜明，实训基地建设有力度；五是教育教学改革不断深入，科研成果取得阶段性成效；六是人才培养质量较高，社会效益好，就业率高。同时也指出学院存在的问题和不足。一是在今后办学中需进一步优化师资结构，加强"双师型"教师队伍建设；二是进一步注重高等职业教育理念，探索高等职业教育规律；三是进一步提高整体教学水平，提高质量管理水平。专家组建议学院和省交通厅加快新校区建设步伐，进一步完善和充实提供的特色材料。张润在听取了专家意见反馈后，对学院提出三点要求：一是继续巩固评建工作成果，创新发展评建工作成果，在今后工作中应用展示评建工作成果；

二是要珍惜专家意见建议，正视不足和差距，制定详细整改方案，狠抓落实，圆满完成评估工作；三是抓住千载难逢的历史机遇，齐心协力、全力以赴抓好新校区建设的前期工作。省教育厅高教处处长李换珍对学员的整改工作也提出要求。

2007年6月26日，评估整改工作专家组进驻学院进行整改验收。专家组认为，学院高度重视评估工作，认真贯彻“以评促建、以评促改、以评促管、评建结合、重在建设”的指导方针，扎实开展评建工作。在评估整改阶段，学院坚持师资队伍数量与质量两手抓，继续深化教学改革取得成效，注重各专业平衡发展，科研工作取得突破，教学管理质量持续改进，现代化实训基地建设进一步加强，新校区建设获得重大进展，教育教学水平和人才培养质量得到进一步提高，各项事业实现新发展。主管部门对学院发展的高度重视和大力支持，对学院快速健康发展起到积极推动作用。

2007年11月，学院在全国高职高专院校人才培养工作水平评估中，荣获“优秀”称号。12月21日下午，学院召开总结座谈会。张润出席并讲话，代表厅党组对学院评估工作获得优秀表示热烈的祝贺！要求学院要认真总结经验，巩固成果，抢抓机遇，实现进入省级示范院校目标。

四、教学管理及质量的稳步提升

2004年10月以来，学院在教学管理方面，开展“教学质量月”活动和“教学质量攻坚月”活动，整顿教学纪律，强化教风、学风建设。2006年，结合评估体系要求，学院建立ISO9000教学质量管理体系标准，启动教学管理软件系统。2007年，加强教学情况的量化指标考核，促进教学规范化、标准化，实行“周检月考”管理办法，采用发展性评价体系监控教学质量，建立学生评教和教师评教结合机制。

2008年，教学管理水平不断提高，教学质量采用发展性评价体系，教学检查实行全体教师参与制，增加公开、公正、透明性，促进相互学习和共同提高；学生评教和教师评教密切结合，在内容、范围、层次、手段上有新突破，提高评教效果。在教师中形成钻研教学、努力工作、争优创先的良好教学工作氛围。2009年，教学改革有所推进，理实一体化、模块教学、工学交替等教学模式继续推向深入。结合学院教学水平评估要求和教育教学工作实际，不断深化教学制度建设，先后出台完善《题库建设工作规范》、《安排教学任务工作规范》、《留级学生修业课程认定办法》、《专业带头人管理工作规范》、《理论课教学评价标准》、《实训课教学评价标准》、《顶岗实习教学评价标准》、《学年学分制管理制度实施办法》，为教育教学工作顺利、有序开展奠定基础。出台《关于进一步加强和改进师德建设的实施意见》。2010年，围绕人才培养工作中心任务，以“好品行、高技能、有品位”为目标，加强教学日常管理，推进教育教学改革，学生理论考试、毕业实习质量稳步提高，课堂教学稳定率持续保持99.5%以上。加快教学手段现代化建设，重点专业课程教学基本实现网络化和多媒体化。

五、教育科研工作的新成就

学院成立以来，制定出台教研科研管理办法和鼓励政策，引导教师积极开展应用型科研攻关。从1993年起，学院创办《山西交通职业技术学院学报》，截至2010底共出版39期，年均出版编辑费用近5万元。

从“九五”开始，学院在加强校企合作的同时，注重科研作用发挥，先后与忻州公路分局合作完成山西保德黄河大桥加固设计和新旧混凝土接合、公路路面管理系统等科研任务；与中铁十二局联合完成沿汾河二十公里软地基处理科研任务。承担省交通厅立项科研课题15项，其中教学改革课题10项，仅2006年上半年就有5个课题通过省教育厅评审。在科研活动方面，利用每周教研活动时间，经常举办各种类型学术活动。聘请同济大学、太原理工大学、山西大学、山西省委党校等院校专家学者举办学术讲座，拓宽教师学术视野，营造与高校相适应的人文环境和学术氛围。

“十一五”期间，教研科研工作取得新成

就。2008年有6项课题通过省交通厅验收,2项课题通过省教育厅验收,2009年有1项德育工作课题获得全国德育工作研究会立项。五年中省教育厅厅立4项课题均已完成,省交通运输厅厅立课题3项,完成1项;教师在各类刊物发表论文218篇、编写教材87部。省交通厅的科研经费累计投入36万元。

2006年,在省教育厅组织的教育科研成果评比中,学院科研课题"ISO9000管理体系在教育教学中的应用"获得省级教学成果二等奖。2007年,"高职学生特点分析及教育对策"获得交通部教学科研一等奖。在科技项目上,学院实现零突破,黄河保德大桥加固工程通过国家科技鉴定,获得"国际一流"的评价。

2005年和2008年,经学院推荐,交通运输部科教司组织评审,院公路系教授张美珍、车辆工程系教授任成尧获得第四届、第五届"吴福——振华交通教育优秀教师奖",分别获得奖励基金8000元。开展教师岗位练兵活动,教师素质不断提高,双师型教师培养力度加大。在2010年全省高校中青教师教学基本功竞赛中,学院选送的三名教师获奖并被省劳动竞赛委员会荣记一、二等功。全年共完成省交通厅厅立科研项目1项;教师在省级以上刊物上发表论文50篇,有5篇论文在国家级刊物上发表,有50多名教师参加全国性各类学术会议。

六、校企合作办学模式的探索

2003年以来,学院面向交通行业,服务交通企业,积极树立"一切以市场为准,行业和社会需要什么人,就培养什么人"的观念,积极探索与交通系统企事业单位进行多种形式的合作办学,引人、引资、引项目,探索"定单"培养,建立完善路桥、汽修、物流、规费征管等实训基地。

"十五"期间,学院先后与路桥集团公司、汽运集团公司、省公路局、省物流中心、省交通科学研究院、省交通征费稽查局、省交通规划勘察设计院、一汽丰田汽车销售有限公司、丰田汽车中国投资有限公司、韩国汽车人技术协会以及太原大昌、东龙、金谷源、雷克萨斯等企业进行办学合作,与企事业单位联合创办校外实训基地,各专业均建立稳定的专业对口的实习基地。从1996年至今,开办太原育通科工贸服务中心、公路交通试验检测室、太原华宝通工程监理有限公司、山西育通达工贸有限公司汽修厂、汽车驾驶员培训学校等校办实体。与路桥集团合作成立交通工程有限公司、山西路桥建设咨询设计有限公司、山西振兴有限公司等校外实体。

"十一五期间",学院先后与一汽丰田、沃尔沃、三一重工等中外企业建立校企联合办学合作,汽车、路桥两个主干专业率先进入省级高职示范实训基地,专门开辟汽车实训中心。新增2个语音室、16个多媒体教室、13个专业实验室、3个校内实训基地。多渠道投入,加强校内汽车实训基地建设。截至2010年底,共创办41个校内实训基地,70个校外实训基地,开展订单培养,推行工学结合。2004年,汽车运用与维修专业被评为全国首批技能型紧缺人才培养基地。2006年,与一汽丰田开展项目合作,被授予首批全省高职高专示范性实训基地。2009年,经管系ERP沙盘实验室荣获教育部高等学校高职高专工商管理类教学指导委员会授予的"示范实训中心",公路实验室成为全省高职示范性实训基地。大力加强以路桥、车辆为主的实训基地建设,以全省示范性实训基地为突破,带动实训基地建设工作再上新水平。增设机械实训中心,汽车检测与维修专业经申报获准成为中央财政支持的实训基地建设项目,新增投资达340万元。与一汽丰田、丰田汽车中国投资公司签订并启动的T—TEP培训项目,提升汽车专业的办学水平。

七、实践技能的培养和提高

2004年底,学院成立山西交通职业技术国家职业技能鉴定所,为公路、汽车、工管、筑机四个专业、7个工种的学生进行初、中、高级职业技能鉴定。自开展此项工作以来,技能考核8000多人次,平均通过率高达90%。学院学生在全省计算机应用能力考试、全国英语等级考试、全国英语口语大赛、全省数学建模大赛、教育部职教司委托举办的“金蝶杯”全国高校企业经营实战模拟精英赛、山西省首届一汽丰田“专业对车、诚意待人”服务技能大赛等,都取得优异成绩。尤其是“金蝶杯”大赛,经过省内、华北(北京)和全国(深圳)三轮决赛,学院取得全国高校总决赛一等奖,继2007年与2008年连续获“金蝶杯”大赛一等奖后,2009年6月,学院学生代表队再次荣获“金蝶杯”全国大学生创业大赛北方区一等奖的优异成绩。学院学生代表队连续三年参加“金蝶杯”大赛,均获一等奖。

2009年10月,全国交通高职高专“南方杯”工程测量技能竞赛在杭州举行。全国50多所交通类高职高专院校组团参加,经过选拔,共有27所院校的81名选手进入决赛阶段角逐。学院获得大赛颁发的团体优秀奖,参赛选手分获个人全能等级奖、两位老师获优秀指导教师称号。2010年4月,在全省第四届高职院校专业技能大赛中,学院代表队在汽车与物流技能大赛中双双夺冠。同时,学院承办全省汽车专业的“意中意”杯技能大赛,圆满完成各项任务,大赛的筹备工作受到省教育厅的好评。2010年10月,在湖北武汉举办的全国交通高职高专院校“刚毅杯”路桥工程材料试验技能竞赛中,学院代表队取得优秀成绩。在来自全国28所交通职业院校,近200名参赛选手角逐的技能竞赛中,学院参赛选手取得1个个人全能一等奖、二等奖,2个单项一等奖、1个单项二等奖;学院获得团体三等奖。

八、成人继续教育的蓬勃发展

学院立足交通,面向社会,服务全省经济和社会发展,持续开展职工培训,取得累累硕果。

职工培训。从1987年开始,学院开始承担为交通系统和社会培训职工工作。23年间共举办中短期培训约80余期,培训职工42 163人次。1987年学校为临汾公路分局举办汽车驾驶员培训班,培养97名学员。1996年,学校开始承办第一期全省机关事业单位汽车驾驶员高中级工培训,当年有3000余人次参加。从1997年至2010年,每年承办全省机关事业单位汽车驾驶员高、中、初等级工和技师培训,14年间共计培训31 000余人。2001年,学院承办全省机关事业单位筑路机械工培训,培训人数500人。2004年,学院培训全省机关事业单位汽车修理工500人次。2004年至2005年,学院连续两年承办全省驾校汽车教练员岗前培训共计5000人,并承办两届“春兰杯”全省驾校汽车教练员技能比武大赛。2004年12月,省总工会在学院挂牌成立“全省职工培训基地”,并于2004年和2005年先后为省总工会培训全省各单位工会干部共400余人。

驾校培训。1995年9月,学校投入10万元资金和三辆1021旧车,成立驾驶员培训学校。驾校成立至今,固定资产达到180多万元,共培训驾驶员4680人,被交通部授予“文明汽车驾驶学校”等荣誉称号。

短期培训。随着社会对检测需求的增加,交通系统检测人员队伍不断壮大,积极利用和发挥学院教学资源优势,与省内多家单位合作开展的各种类型的短期培训,举办临汾公路分局试验员培训、检测工程师考前培训、晋中农村公路试验检测培训、工程造价人员考前培训班、中铁六局集团太原铁路建设有限公司职工岗前培训班、中国平安财产保险股份有限公司学员培训班,完成多期业务培训,共培训近700名职工,大大提高他们的业务素质。

函授教育。2004年,学院挂牌成立山东交通学院成人教育学院山西函授站,2005年开始招生。专业设置为土木工程、计算机科学与技术、交通运输、公路与城市道路工程、汽车运用技术、高等级公路管理、物流管理和会计电算化等8个专业。2005年至2006年,共招生161人。截至2010年底,共培养本、专科函授毕业生300余人。2006年,挂牌成立同济大学现代远程教育太原学习中心,当年招生68人。专科教育专业设置为物流管理、建筑工程管理、家电一体化和计算机应用技术专业;本科教育专业设置为行政管理、物流管理、土木工程和计算机科学与技术专业。受到交通行业和社会各界广泛好评。

九、名列前茅的学生就业工作

1978 年至 2010 年 32 年间，学院共招生 20 868人。招生工作做到早动手，多渠道，广泛开展招生宣传；实施"阳光工程"，做到公开、公平、公正，维护广大考生和家长利益。

2004 年，学院 700 名毕业生，一次签约率达到 45%，就业率达到 82%。2005 年，学院高职毕业生 1270 人，中专毕业生 360 人，总数达 1630 人，有 40 多家用人单位参加。有 60% 的毕业生一次达成就业意向，汽车检测与维修、工程机械运用与维修专业呈现出供不应求的局面，路桥、监理、养护等专业就业形势良好。2006 年至 2010 年，五年共毕业学生 5976 名，就业率保持在 92% 左右。2006 年 3 月 5 日，学院举行 2006 届毕业生与用人单位双向选择洽谈会，学院 1000 多名毕业生和 80 多家用人单位参加，有 70% 的毕业生达成就业意向，当年就业率达 91%。组织年度大型双选会和 30 多场专场招聘会，与 100 多家用人单位建立稳定的就业合作关系。被省教育厅授予"2009 年度高校毕业生就业工作先进单位"。

学院开设就业指导课程，帮助学生树立正确择业观念，提高就业能力。2010 年下半年，启动就业跟踪服务体系建设行动计划，对 2007 年以来毕业的 17 个专业总计 4762 名学生进行就业跟踪调查，并对就业困难的毕业生提供就业帮助。2010 年 12 月 17 日，学院举行 2011 年度毕业生双选招聘会。《山西日报》、《山西交通》、山西卫视记者对"双选会"进行报道，97 家用人单位为学院 2011 届毕业生提供 1800 多个工作岗位。其中，《山西日报》记者 12 月 18 日刊发的"82 家单位到交职院抢人"并在山西新闻网上发布，在社会上引起强烈反响，受到广泛关注。

十、素质教育取得明显成效

2003 年以来，学院十分注重学生素质教育，认真做好七方面工作。一是加强思想政治教育。开通思想政治教育主题网站，组织开展各类主题教育活动，拓展素质教育途径，促进学生全面发展。"心·路"网站被省教育厅评为"大学生思想政治教育主题网站达标单位"，大学生心理健康教育与咨询中心被省教育厅评为达标单位。二是完善制度和机制。完善班主任值班、跟班量化考核制度，提高班主任待遇，严格奖惩兑现。以安全、和谐、文明公寓建设为目标，加强公寓管理队伍，强化公寓管理，公寓成为文明载体、和谐家园，学风学纪、考风考纪明显好转，教学秩序稳定率达到 99% 以上。三是建立完善学生素质教育管理考核档案。发挥党团组织、班主任、辅导员队伍主力军作用，形成学校、社会、家庭三结合德育网络。开展高雅艺术进校园活动，聘请专家学者和英模人物给学生做讲座和报告。四是扎实开展贫困生帮扶、资助工作。2004 年以来，学院在严格落实国家政策的同时，不断完善内部资助奖励制度。相继出台《学生奖学金发放管理办法》、《学生先进个人、先进集体奖励条例》、《勤工助学管理办法》和《贫困家庭学生的评选与资助办法》、《学生资助管理实施办法》。省交通运输厅每年向学院拨付 280 万元专项资金。2007 年至 2010 年，学院向 22 人次发放国家奖学金达 17.6 万元；向 402 人次发放国家励志奖学金达 201 万元，向 5035 人次发放国家助学金达 925.9 万元，向 12 812 人次发放生活补贴达 150.09 万元，向 6313 人次发放校内奖学金达 295.36 万元，向 361 人次发放校内生活补助达 36.1 万元，向 364 人次发放勤工助学补助达 46.78 万元，为 52 人办理校内国家助学贷款 30.26 万元，发放以奖代补资金 21 人 1.5015 万元，办理生源地助学贷款 69 人次 39 万元；新生通过绿色通道入学 68 人，缓交费用 31 万元；资助"5·12"地震灾区籍学生及患重病学生等 10 余万元；减免学费 10 余人；几年来，没有 1 名学生因家庭经济困难辍学。建立学生资助网站，真正实现资助工作信息化、网络化。学院拓展资助渠道，完善资助体系，增强资助实效，形成以奖学金为主，勤工助学、国家助学贷款、绿色通道、生活补贴相结合的多元化资助体系，实现物质帮助与精神帮助相结合，奖励与资助相结合，国家资助与学院资助相结合的完整扶助体系,帮助家庭经济困难学生树立自尊、自强、自信、自立意识,让他们学会感恩,懂得珍惜,推动和谐校园建设。五是加大对优秀学生奖励力度。从2004年开始,累计表彰院级三好学生1154人次,三好学生标兵287人次,优秀学生干部849人次,先进班集体63个;优秀学生会5个。发放奖励金额达30万元。奖学金额一、二、三等分别为:1000元、600元、400元,发放校内奖学金14 423人次,班级奖学金109个,发放奖学金额达514.695万元。评选省级优秀毕业生125人,省级三好学生20人,省级优秀学生干部20人,省级先进班集体19个。吴福——振华交通教育优秀学生奖2人,奖励金额5000元。六是校园文化和社团活动丰富多彩。创新团的主题活动,结合校庆50周年、建国60年、五四运动90周年等主题,开展暑假三下乡社会实践、喜迎祖国60华诞、高雅艺术进校园、"我爱我的祖国"征文比赛、红歌传唱、学生助学贷款感恩征文、师生书画展等活动;荣获教育部颁发的全国优秀组织奖,多名师生获全国、全省作品、节目和论文奖;学院武术队参加全省大学生体育武术比赛,取得总团体第一的优异成绩,两名运动员获得省级优秀运动员称号。七是加强心理健康教育。成立心理健康工作领导组和心理健康教育中心,组建心理健康教育队伍,完善心理健康教育制度体系,加大投入力度,通过网络、报纸、活动、专门咨询等方式,普及心理健康知识。3年中,有100余名学生通过心理辅导解决心理问题,促进学生全面发展与和谐校园建设。

十一、平安校园、和谐校园的创建

2003年以来,学院不断加大校园综合治理力度,重点抓好校园周边环境治理和校园校风整顿工作。加大治安安全硬件、软件建设,加强对"五管要害"部门管理,加强对师生的宣传教育工作,坚决同"法轮功"邪教组织进行斗争,确保学院政治稳定,确保学习工作正常进行。2005年开展"平安校园"创建活动,2006年开展创建"和谐校园"活动,努力建设育人型校园、规范型校园、平安型校园、人文型校园、服务型校园、节约型校园和学习型校园。开展以"勤奋学习、知行合一,创良好学风、建和谐校园"为主题的系列活动,有力推动学院改革和发展。加强对值班工作检查和考核,维护师生正常教学生活秩序,应对和处置突发事件。开通院长信箱,收集、处理职工、学生反映的对学院改革发展有益的各种意见和建议,努力营造团结向上、和谐互助的校园氛围。多次受到省公安厅、省教育厅好评。

2007年3月,党委启动和谐校园建设工程,成立"和谐校园建设指导委员会",由党委书记孟科担任主任,王赛勇等其他领导任副主任,统一规划、指导、协调和谐校园建设工作,出台《实施意见》,把创建工作纳入学院年度工作目标责任制考核。

2008年,在省综治委、省教育厅、省公安厅和省安监局组织的省级平安校园验收检查工作中,学院首次被授予全省创建平安校园先进单位称号。从1997年至2008年,连续保持治安综合治理工作先进单位荣誉。2003年至2006年,获得省交通厅"平安交通"创建工作先进单位称号,学院被省交通厅评为2007年完成工作目标责任制优秀单位、2008年完成工作目标责任制先进单位、党风廉政建设先进单位,被省交通厅评为2009年至2010年依法治理先进单位、"2009年度山西省创建'平安校园'暨学校安全专项整治工作先进单位"等称号。

十二、党建和文明建设结出丰硕果实

2005年7月,学院开展"保持共产党员先进性"教育活动,100多名党员干部通过集中学习、自我剖析、民主生活会、集中评议等形式,进一步加强党员先进性意识,提高基层党组织的战斗堡垒作用和党员的先锋模范带头作用,为搞好学院各项工作提供有力组织保障。

2009年3月1日起,学院开展深入学习实践科学发展观活动。全院205名在职党员、23名离退休党员以及全体中层干部,按照活动方案要求,结合工作实际深入开展活动。针对归纳整理影响制约学院发展的41个问题,制定整改方案。活动期间,废止政策制度1项,修订完善政策制度9项,新制定出台政策制度16项。学院师生满意度达到99%以上,学习实践活动取得明显成效。

"十一五"期间,学院共发展新党员245人。2008年,学院组织"众志成城 抗震救灾"捐款活动,师生累计捐款24.8525万元,党员缴纳特殊党费7.5万元;3000多名师生为汶川地震中遇难同胞举行"愿逝者安息、让生者坚强"5·12赈灾烛光祈愿活动。

学院连续11年保持省直机关"文明和谐标兵单位"称号;被省总工会评为"全省学习型组织建设先进单位",被省交通运输厅文明委授予"全省交通行业文明建设先进单位",被省交通运输厅授予"中华魂主题教育先进单位"。在教育部组织的全国大学生艺术展中,获得优秀组织奖和九个单项奖。在迎国庆60周年歌咏比赛中,获二等奖。"十一五"期间,有150余人次先后受到省、厅各级党组织的表彰奖励。

2008年10月18日,山西交通职业技术学院迎来建校50周年华诞。交通运输部科技教育司、教育部高等教育司、副省长牛仁亮发来贺信表示祝贺。省人大常委会副主任王雅安,省政协副主席李雁红,省直工委书记刘传旺,省人大城乡建设环境保护委员会主任王晓林,省政府副秘书长崔国红,省教育厅副厅长王李金,省交通厅领导段建国、张润、韩日裕、张志川、赵振田、曹燎原、郭贵平,省交战办副主任史荣和,省高管局局长董新品、党委书记李万定,省运管局党委书记、局长李华中及厅机关有关处室、厅直单位负责同志,省内外兄弟院校领导出席庆典活动。省交通厅拨付50万元用于校庆专项工作,兄弟单位给学院捐助近200万元的项目支持,捐款120万元。

省交通厅党组书记、厅长段建国在讲话中,希望学院紧紧把握交通发展方向,牢固树立"把学生培养成为社会需要的人才就是最大成功"的理念,充分发挥高等职业教育优势,扎扎实实培养行业急需的紧缺型人才、实用型人才,努力把交通高等职业教育办出特色、办出水平、办出效益,把教学活动与交通生产实践、社会服务、技术推广及技术开发紧密结合起来,大力推广"订单式"培养,提升特色,完善特色,壮大特色,提高学院竞争能力和办学优势,不断更新教学理念、丰富教学内涵,改进教学方法,提高教学质量,努力为行业、为社会培养更多的有用人才。

2010年6月9日,新班子组建以来,学院按照省交通运输厅党组"坚强有力、奋发有为"的总体要求,制定了"一轴一带四区"的校区规划和建设方案,确定3年3个亿投资计划。进行暑期专业教师技能培训,组织青年教师到一线锻炼,又与三家企业签订校企合作协议,申报成功三个新专业,学生技能大赛成绩喜人。启动十大行动计划,开展毕业生跟踪调研和文明和谐宿舍创建工作。进行首次2010级新生班主任军训,完成"三定"方案的编制和上报工作,积极推进校园网络改造和综合信息平台建设等工作。

在省交通运输厅领导大力支持下,校区建设在2010年取得实质性突破。人行天桥为师生架起生命安全通道,集中供热工程保障学生温暖过冬,新建餐厅成为学院接待亮点,综合教学与图书楼、两栋学生公寓楼项目前期工作正在抓紧进行,简易操场已经开工,通过竞拍购回15亩土地,103亩土地协议正在履行中。2011年年初,成功入驻山西省高校新校区,在新校区征地519亩,开展新校区建设。

"十二五"期间,学院要贯穿一条主线——大力开展创先争优和创建学习型组织活动,围绕一个理念——夯基础,抓内涵,强特色,做示范,创一流,推进十大行动计划。即:校区基础能力建设行动计划,岗位绩效管理改革行动计划,专业课程建设行动计划,师资队伍建设行动计划,管理服务创新行动计划,信息化建设行动计划,素质教育行动计划,就业跟踪服务体系行动计划,文明和谐校园创建行动计划,学校文化建设行动计划。经过3到5年努力,全面提升办学水平和办学质量,在规模、质量、效益社会影响等方面跃上一个新台阶,为全省交通运输行业转型、跨越发展提供更加强劲的人才和智力支持。

第二节 山西交通技师学院

2003年6月，学校新一届领导班子上任，张文才任校长，徐利民任党委书记。新班子上任以来，沐浴着国家大力发展职业教育春风，踏着山西交通跨越式发展鼓点，在先进办学思想的指导下，深化改革，调整结构，全面实施"科技兴交"、"人才强交"战略，扩大办学规模，改善办学条件，调整办学方向，加强人才引进，学校管理步入标准化、规范化、程序化轨道。2003年4月，省交通厅晋交科教字[2003]152号文印发"关于山西交通职业技术学院中专部设在山西省交通技工学校的通知"，从2003年9月开始设立中专教学班，当年招收路桥专业、汽车应用与维修、计算机应用三个专业，5个教学班共计204人。2005年10月，顺利步入技师学院行列，2006年12月，成为全国农民工培训示范基地，形成一种生源素质有改善、就业出路有保障、教学技师逐年稳步提高的良性互动局面，在省内技工领域和全国交通技工教育领域的知名度和影响力明显提升。

一、新办学思想的牢固确立

新一届领导班子上任后，从2003年6月起，在全校范围内开展"聚精会神抓教学，一心一意谋发展"的学习大讨论活动。这次大讨论活动，汇集群众意见11个方面387条，形成部门整改意见18份。

2003年8月，汇集群众意见建议，领导班子提出"12355"改革发展思路。即：贯穿"一条主线"（以"三个代表"重要思想为指导，聚精会神抓教学，一心一意谋发展）；面向"两个市场"（招生、就业市场）；搞好"三项改革"（教学、人事、分配改革）；抓好"五项工程"（凝聚力、信息化、人才培养、制度建设、文明创建）；实现"五个目标"（日校生数稳定在2000人左右；毕业生就业率达到90%以上；职工收入逐年稳步提高；跨入省（部）级文明单位行列；顺利通过国家重点技校的复评，争取进入技师学院的行列）。"12355"目标的提出，为学校大发展指明方向，使职工群众看到学校未来和希望，大大激发教职工的工作热情，凝聚人心，振奋精神。

在此基础上，2004年，校领导班子进一步明确"立足交通、面向社会、适应市场、服务顾客"的办学定位，遵循"适度规模，内涵发展，诚信办学，质量兴校"的办学方针，以就业为导向，以应用能力培养为主线，以校结合、校企结合为途径，积极探索中职教育发展模式，形成鲜明特色。

二、管理体系的健全完善

2004年3月，学校邀请北京千秋业教育顾问有限公司咨询师对教职工进行IS09001《标准》知识培训并指导骨干人员开始编写质量体系文件，以此为标志，正式启动贯彻IS09001质量管理标准工作。2004年8月举行文件发布会，标志着IS09001质量管理体系的建立并通过认证，确立"从严治校，倡导先进理念，推进学校持续发展；全面育人，注重品德培养，争取超越顾客期望；突出技能，加强专业建设，造就适应市场人才"的质量方针。

建立以全员聘用制为核心的考核评价管理体系。2003年8月，实行教务系统中层干部竞争上岗；11月，进行党务、行政系统机构改革和中层干部竞争上岗，进一步匡正用人导向，激活用人机制，营造健康活泼、民主和谐、团结向上的人文环境。在此基础上，中层干部实行竞聘上岗制、试用期制和聘期制，两年一轮次，实现知识化、年轻化。从2004年起，教师专业技术职务实行评聘分离、竞聘上岗制，形成教师专业技术职务能升能降、待遇能高能低；教职工实行岗位聘用制；建立岗位日常考核与学期、年度考核相结合的考核评价制度和奖惩挂钩机制。

2003年4月，学校出台《学生半军事化管理条例》，正式对学生进行半军事化管理。几年来，不断健全完善全封闭半军事化学生日常行为管理教育体系，用学生训练学生，靠学生管理学生，兼以行为养成教育，锻炼自主管理能力，为打造学生"好品行"找到一条好途径，形成学院鲜明育人特色。这一成功经验,在全国技工教育领域产生一定的影响。2008 年以来,吸引不少兄弟学校领导来校考察学习。

建立信息化管理服务体系。2004 年 1 月,按照“12355”改革与发展思路,学校成立信息化建设工程领导组。组长:张文才;副组长:张铮。办公室设在学校办公室,制定《信息化建设总体规划》,2004 年 8 月,校园网工程建设实行公开招标,正式启动建设工程。建起校园信息网络平台,实现网上办公,门户网站成为外界了解学院的重要载体。2009 年,毕业生就业跟踪服务系统和网上报名系统及招生就业在线问答的开通,加快信息化带动教育现代化的步伐。

三、多专业发展格局的快速形成

2003 年 9 月,学校新开设“数控机床加工”、“电子技术应用”两个新专业。2004 年新增“公交驾驶与维修专业”,12 月,举行开学典礼。2005 年 6 月,学校共招收新生 1031 人。在校生总人数达到 2657 人。

学院不断加强宽口径专业与小专门化专业建设,构建汽车工程系、公路工程系、信息工程系、机电工程系、公共管理系五个教学系,专业涉及汽车维修(机电方向、营销方向)、汽车电器维修、农用机械维修、汽车钣金与涂装、汽车装饰与美容、汽车检测、筑路机械操作与维修、公路工程测量、公路试验与检测、公路施工与养护、计算机广告制作(平面设计方向)、计算机网络应用、汉字速录、电气自动化设备安装与维修、数控加工、焊接加工、酒店服务与旅游(交通旅游方向)、高速公路运营管理等 19 个专业。由建校初期的厂校合一,发展成为一业为主、多业并举,多元化、多层次、多学制办学,集技师培养、中高级技工教育、中专教育、成人高等教育、职业技术培训、职业技能鉴定为一体,以职业教育为基础,多专业共同发展的职业技术学院,在全省乃至全国职业教育领域产业重要影响。

四、人才培养模式的改革创新

2003 年以来,学校坚持以就业为导向,积极推行模块化、分层次、“工学结合”的“订单式”人才培养模式;引入“行为引导型教学法”和“项目教学法”、“情境教学法”、“任务驱动教学”等方法;用生活化教学、体验式教学,启动专业教学标准和课程标准的开发。广泛开展专业技能比武,学生在第三届全国交通类技工院校学生技能竞赛决赛中,汽车专业学生获团体三等奖;路桥专业学生获试验工团体二等奖、测量工团体三等奖;在全省第三、第四届技工学校学生技能大赛中,汽车维修工程代表队获得团体第一名,并包揽个人前四名,计算机工种代表队获得团体第三名和个人第二名;在全省首届“北大青鸟”杯网页设计大赛中,获得“最佳项目团队奖”与“最佳活动组织奖”。

学院以“双师型”都是队伍建设为重点,不断加强师资技术技能训练,通过选派骨干教师外出培训、青年教师深入生产一线锻炼提高等方式,专业建设和教学工作需要的专兼结合的教学团队初步形成。教师在 2006 年全国交通类技工院校教师技能竞赛中,公路专业教师代表队荣获交通部路桥专业技能大赛“交通工程测量团体二等奖”和“交通工程试验团体二等奖”,汽车专业教师代表队荣获团体“最佳组织奖”和个人优秀奖;在 2008 年第三届全国交通类技工院校路桥专业教师技能竞赛决赛中获试验工团体二等奖、测量工团体三等奖。2003 年,学校职工全年在各级各类刊物发表论文 39 篇。

2003 年 9 月,学校承接阳曲至盂县二级公路测设任务,全部工作于 11 月结束,测设里程 25 公里。

2003 年,学校所属驾校全年培训汽车驾驶员 134 人。共培训电工、计算机等 52 个工种 1845 人。

2003 年以来,学校积极开展各类工作技术等级培训考试任务,与省交通企业协会合作开展公路建设和养护企业的中高级工培训鉴定,为山西路桥集团进行人员培训,为高速公路运营管理人员进行培训等。年培训人数 3000 人以上。学校内设的汽车驾驶员培训学校在驾培市场渐趋规范的大好形势下,乘势发展,连获“合格驾校”、“先进企业”、“三星级驾校”等称号,被省交通厅命名为“全省交通行业文明示范窗口”和“精神文明先进集体”。

2003年8月,全国技工教育研究会公路、汽车类教学大纲统稿会在学校召开。2005年10月9日,省劳动和社会保障厅厅长李顺通、巡视员邢林先,省交通厅厅长王晓林、副厅长张润,就学校申办技师学院到校调研。随后,省劳动和社会保障厅下发《关于批准山西汾西煤化等六所技师学院的通知》(晋劳社培[236]号)文件,批准学校增挂“山西交通技师学院”的牌子,进入全省首批技师学院行列。2006年5月28日,学校举行“山西交通技师学院揭牌仪式暨2006年学生就业洽谈会”。省人民政府副秘书长李顺通,省交通厅党组书记、厅长王晓林,厅党组副书记、副厅长张润,省劳动和社会保障厅厅长张健出席。揭牌仪式上,张文才校长做了题为《承前启后,再创辉煌》的报告。

2005年,学院与上海电气李斌技师学院联合办学,第一批学生赴上海学习。2006年1月,学校与省财政税务专科学校正式签订校校联合办学协议书,并举行“汽车技术服务与维修教学实训基地”授匾仪式。2006年8月,学校与广州冶金技师学院联合办学;2006年10月,学校与山西汽车运输集团举办“校企合作培养高技能人才座谈会”。此外,学校还先后与北京路政局技校、上海东方职业学校、省财政税务专科学校、山西省管理职业学院、运城职业技能学校实行了校校合作,开辟了与长三角地区、珠三角地区和京津地区的联系通道;与上海大众汽车集团、北大青岛APTECH公司、山西兰田集团、上海大众汽车临汾特约维修站、山西艾逊汽车检测有限责任公司实行了“校企合作办学”;与山西汽运集团、晋中公交公司、山西喜悦发道路养护有限公司等实现“订单培养”;与省内外近百家有良好信誉和效益的企业建立密切联系,形成就业信息网络;建立全省交通系统、长三角地区、京津塘地区、太原经济技术开发区等稳定的学生就业实习基地。

五、可持续发展能力的有效增强

2005年10月,省编办下发《关于山西省交通高级技工学校机构编制的通知》(晋编办字[2005]22号)文件,同意学校增挂“山西交通汽车驾驶技术培训中心”牌子,并增加事业编制35名。2005年,紧紧抓住国家大力发展职业教育的有利机会,在省交通厅大力支持下,自筹奖金600万元,新建两栋共5400平方米学生公寓楼;2006年,学院被确定为目前全省唯一全国农民工培训示范基地,基地建设项目得到国家开发银行的优惠贷款2380万元,省厅补助600万元,购置太谷县职业中学作为北校区,新增土地30.3亩,新增建筑面积1.8万平方米;新建总面积3200平方米的实训楼。该项目获得中央专项资金补助300万元,省煤炭可持续发展基金补助100万元;投资共450万元的南校区29米连接天桥,以及1418平方米的学生综合服务楼项目刚刚交付使用。目前,学校建筑面积由2003年的44 076平方米增加到70 931平方米,固定资产由2003上的4130万元增加到9000万元。教学设备总值2300万元,极大地改善教学实训条件,解决学校发展后劲中的一系列问题,从而使学校成为同类院校中教学设备精良的学校之一。

六、浓郁校园文化的建设发展

校园占地252.7亩,有各类专业实训室73个,校外实训基地4个,装备先进的实验实训设备,在同类院校中处于领先地位。截至2010年底,有专职教师126人,中、高级职称占90%,“双师型”教师占60%。在校学生3500余人。实训中心、教学大楼、图书馆、体育馆、餐饮中心、活动中心、办公楼和师生公寓等教学生活设施充满现代化气息。

学院十分注重校园文化创建、培植和积淀,始终贯彻依法治校、品牌至上方针,通过校园文化环境改造、师德师风、校风校纪教育、校园文化活动等,不断优化校园文化育人氛围,全院“办精品高职、创就业名牌”的理念深入人心,“至艺立人”的校训成为师生工作和学习的共同行为准则,“花园式学校”等校园文化建设项目全面落实。《山西日报》、《党的生活》、《山西农民报》、《山西经济日报》、《山西交通》、《交通政务信息》、山西交通放手电台《交广传真》栏目、山西长城广播电台《教育在线》栏目、山西广播电台《周日论坛》等媒体对学校的两个文明建设工作均作多次报道。

2003 年以来,学校获得多项荣誉称号。

2004 年,被晋中市教育局、市劳动和社会保障局、晋中市经济贸易委员会评为“晋中市职业教育先进单位”。校长张文才、公路专业科科长卫申蔚被评为“教育先进工作者”;2004 年至 2009 年,连续 6 年被省交通运输厅授予“完成工作目标优秀单位”;2005 年 4 月,被省交通厅授予“全省交通职业教育工作先进单位”称号,校长张文才授予“全省交通职业教育工作先进工作者”称号;2006 年,被劳动和社会保障部授予“学习型组织·中国优秀组织奖”;在省政府召开的全省职业教育工作会议上,学校荣获“全省职业教育先进单位”荣誉称号;2009 年,被人力资源和社会保障部、交通运输部授予“全国交通运输系统先进集体”;被交通运输部命名为“全国交通行业文明单位”;2010 年,被教育部、人力资源和社会保障部命名为“全国中等职业学校德育工作先进集体”;被中华全国总工会授予“全国工人先锋号”;被人力资源和社会保障部确定为山西唯一的“全国一体化课程教学改革试点院校”。2003 年至 2010 年,学校连续七年荣获“省直文明和谐单位标兵”称号。

第三节 山西省交通干部学校

2003 年以来,在省交通厅党组正确领导下,在几届校领导班子带领下,全校教职员工解放思想,艰苦奋斗,开拓进取,求真务实,奋力拼搏,干部培训和成人学历教育得以飞速发展。10 年来,学校紧紧把握时代前进和交通发展脉搏,始终坚持“科教兴国”、“科教兴交”战略,坚持社会主义办学方向,坚持“立足交通,服务社会,诚信为本,服务至上”的办学宗旨,明确“以服务为宗旨,以干部培训为核心,以全面提高交通运输系统职工综合素质为根本任务,努力推动学校文明和谐发展”的办学目标。确定明确办学思路。即突出一个核心(干部培训),拓展两个市场(社会培训市场和省外培训市场),巩固三块阵地(长安大学、太原理工大学、北京交通大学成人教育),实现两个目标(学校良性健康和谐发展和教职员工收入逐年增加),走多层次立交办学之路。通过狠抓班子建设和教师队伍建设,不断深化学校内部改革,拓宽办学渠道,优化办学条件,大力开展各级各类培训,着力探索学历教育、非学历教育的新模式、新形式,办学规模进一步扩大,办学效益不断提高,多次受到上级主管部门表彰奖励,受到学员和所在单位欢迎。

一、新办学模式的积极探索

针对职工中专生源枯竭的严峻形势,学校积极探索走联合办学之路,不断拓展再教育领域。在原有西安公路学院函授站基础上,陆续开办长沙交通学院山西函授站、长沙交通学院自考点、武汉科技大学山西教学点、山西省广播电视大学教学点。2005 年与阳泉公路分局联合办学,成立交通远程职业学校山西分校阳泉教学中心,送教上门,服务基层,首批招收两个专业 50 多名学生。2005 年全年招收新生 550 余名,培养专、本科毕业生 800 多名。2006 年招收新生 505 名,培养专科以上学生 674 人;2007 年培养合格的本专科毕业生 208 名,自考毕业生 84 名,函授毕业生 201 人。在 2007 年北京交通大学远程教育年会上,学校被评为交通远程教育“办学先进单位”。太原教学部、长沙教学部、长安教学部顺利通过省教育厅评估专家评估。2008 年招收新生 378 人,培养合格大专及以上毕业生 425 人;2009 年招收新生 720 人,培养学生 478 人。2010 年招收新生 480 人,培养学生 364 人。截至 2010 年底,学校已与八所大学合作,建有三个函授站、一个教学中心、两个教学点,成人教育的形式包括函授教育、自学考试、远程教育、电大、夜大、高职等六个门类,共培养合格的成人大专、本科毕业生 2600 多人,大多已成为各单位领导和业务骨干,奋战在交通建设一线,在读的各类在册生仍有2100多人。

2003年以来,根据交通率先发展形势需要,学校不断加大培训力度,举办各种适应性和资格性培训,充分发挥学校作为全省交通系统干部教育培训基地的职能。2005年学校举办各级各类培训达4200人次,2006年举办培训47期,培训学员3426人次;2007年举办培训班37期,培训干部4252人次。其中,培训厅直属单位入党积极分子184人,培训会计人员279人,全国土地估价师资格培训334人,高级政工师培训201人。2008年举办培训班43期,培训各类干部4500多人次;2009年举办培训班40期,培训各类干部4566人次。其中,培训交通行政执法人员922人,培训会计人员286人,全国土地估价师资格考试培训251人,高级政工师培训451人,省高管局票据人员培训351人。作为交通运输部"1+32"干部培训平台建设的首批入选单位,学校还承担交通运输部干部培训平台建设协作组《县市交通局长培训项目规划》的研发工作,为新一轮县市交通局长培训奠定基础。2010年,学校举办培训班22期,培训各类干部2598人次。

干部教育培训紧密结合全省交通运输系统实际,开拓创新,多措并举,在提升行业素质中发挥骨干作用,开创新局面。得到社会各界、省交通运输厅领导、送培单位和培训学员一致好评。经调查,培训学员、送培单位满意率已连续多年达到99%以上。因为成绩突出,学校培训处也被省交通运输厅命名为"文明和谐示范窗口"。

二、职工综合素质的全面提升

2003年以来,学校注重健全完善规章制度,规范各项管理工作,各项规章不断得到完善。根据省教委有关规定,结合实际,学校先后制定《学校教学工作管理制度》、《教师教学质量考评办法》、《关于稳定教学秩序严明奖惩的规定》、《学生学籍管理办法》等一系列规章制度,使学校教学管理逐步向正规化、规范化和科学化迈进。

学校高度重视教师业务水平提高,为交通系统培养和输送更多合格有用人才。从建校伊始,就注重提高教师素质。首先是把好进人关,坚持新上课和上新课试讲制。对担任教学任务的教师,都要经过听课——试讲——备课——上讲台的过程,每位新教师上课,学校都要安排1至2名老教师"传、帮、带"。为了使每位教师都有扎实基本功,学校定期组织课堂教学赛讲,"三字一话"比赛,"听课评教活动";积极争取上级支持,专列教师培训经费,培训规划。采取"送出去、请进来"的办法,有计划、有目的地选派教师外出进修学习和参加生产实践。2007年选派部分教师赴北京交通大学参加有针对性的知识更新培训和到生产一线实践锻炼。并通过持续有效地举办专家讲座活动,开阔视野,提高教师素质。在1998年省厅组织的厅属三校教学观摩比赛中,学校包揽前三名。学校教师在二级以上刊物发表论文近300篇,参加编写各种教材10余种,完成12项厅立科研项目。积极创造条件开展校园科技活动,2007年组织完成"远程教育在交通行业应用模式研究","构建以能力建设为重点的干部教育培训机制研究"两项厅立科研项目。

10年来,学校组织建设逐步加强,中层干部、党员、师资、职工队伍建设得到巩固,为学校快速发展提供坚强组织保证。为缓解学校因严重超编导致经费不足、职称比例失调等矛盾,学校积极争取省编委批准新增15个事业编制。进行人事制度改革,本着公开、公平、公正原则,公开选聘中层干部,职工进行双向选择,人员分流,匡正用人风气。加大职称评聘改革力度,成为省交通厅首家实行专业技术职务评聘分离试点单位,解决多年来存在的职称评聘难题。经上级党委批准,学校党总支于2004年底改为党委,班子建设得到进一步加强,为推动学校各项工作健康稳定发展完善提供有力组织保证。

学校将精神文明建设落在实处,坚持虚事办实,实事办好,职工文化生活不断丰富。让"三个代表"走入课堂,爱国主义教育、革命传统教育经常开展。雁门关前,现场学习大运精神;西柏坡下,党员重温入党誓词;黄崖洞外，深切缅怀革命英烈；能吃苦、能战斗、能奉献的西沟精神时刻激励着每一位教职员工；在南街村、八路军旧址、太钢渣厂、太原支部旧址都留下每个人学习的记忆；中心组学习保质坚持，民主生活会不走过场，先进性教育扎实有效。在连续三年被省直文明委表彰为“精神文明单位”之后，2004 年荣获省直“精神文明建设单位标兵”称号，学校党委 2007 年被评为“先进基层党组织”，学校培训处也被评为省交通厅文明和谐示范窗口，激发了全校职工工作热情，呈现出良好精神风貌。

10 年来，认真抓好党风廉政建设和反腐败工作，为保证学校健康、稳定、持续发展提供政治保证。一是认真贯彻落实厅党组《关于在全省交通系统构建教育、制度、监督并重的惩治和预防腐败体系的实施意见》，做到机构健全，制度完善，措施有力。修订完善《校领导接待制度》、《来人来客接待制度》、《物资管理办法》、《物资购置办法》、《财务开支审批制度》、《财务管理办法》、《货币资金使用规定》等制度，用制度规范各项管理；推行重大事项报告制度，重大决策、重大项目安排和大额度资金使用经过班子集体讨论并经职代会通过；坚持“先审核、后审批”和“预算控制”原则，严格按照“收支两条线”规定办理各项经济业务，没有发生坐支、挪用、滞留预算资金的现象；高度重视治理商业贿赂工作，根据学校实际，将治理方向明确为工程建设招投标、教学和办公设备购置、重大经济活动和教育收费等环节，通过学习有关文件和要求，开展严肃认真的治理商业贿赂活动，对重大经济活动（如学校的各项工程）进行单独审计，节约经费开支，收到实际效果；认真开展“三项治理”工作；制订行风评议实施方案，并将责任制进行分解，制订具体行评措施，聘请三名校内外行评监督员，将他们请回来座谈，虚心接受批评和建议，公布行评举报电话，采用召集在校学生座谈、发放行评调查表、向兄弟单位发函、明察暗访等手段，广泛征集意见，整个行评工作扎实有效，受到厅行评办肯定和表扬；廉政警示教育常抓不懈，将党风廉政建设贯穿于具体工作始终，经常组织职工观看正、反两方面廉政警示教育内容，邀请上级纪检部门同志进行廉政建设专题讲座，并在年初与各科室签订廉政建设责任书，严禁设立小金库，严格收费项目和程序，坚决杜绝乱收费现象，坚决杜绝吃、拿、卡、要等现象，严禁用公款参加娱乐活动，校领导班子全体成员自觉遵守领导干部廉洁从政的各项规定，并向全校职工公开做出廉政承诺，诚恳接受大家监督。

三、硬件设施的不断完善

2003 年以来，省交通厅党组从政策、资金、人员上予以倾斜，增加投入，扩大规模，学校面貌发生巨大变化，发展成为功能齐全、设施先进、师资雄厚的成人学校。从学校长远发展出发，急群众所急，想群众所想，抓好七项工作。一是更换教学主楼电梯，消除安全隐患；二是解决困扰职工多年、制约学校发展的缺水少电问题；三是解决学校集中供热问题，节约开支；四是安装消防设施及安全监控系统，加强安全保卫工作；五是完成教学楼内 60 个标准间的客房改造，进一步改善住宿条件；六是完成校园网建设，加强学校信息化办公；七是教学设备得到很大改善，微机房、卫星小站、多媒体教室、图书室、阅览室等都得到建设，为学校发展储备后劲。

2008 年，学校投入 160 万元，2009 年投入 30 万元，更新消防安全设施，完成校园监控“天眼”工程，增强技防、物防能力。投入 50 多万元，安装办公自动门，更换自来水管道，粉刷办公楼墙壁、围墙，学校环境得到改善。

2010 年，学校充分利用地理优势和市场，挖掘资源潜能，向市场要效益、要发展。经学校申请、厅长办公会研究、省财政厅批复，同意采用公开招标方式，引进外部经营管理实体经营。经过半年多精心筹划，通过公开、公平、公正招投标程序，最终确定格林豪泰酒店（上海）有限公司为承租人，年租金 400 万元，同时由承租方全额投资装修一个准四星际酒店为干部培训配套服务。揭开学校勇于改革、知难而上、智慧发展新篇章。学生公寓楼经营权出租,为干部教育培训工作提供良好食宿环境和能力(标间近180个,同时满足220人就餐),提升整体服务水平,拓宽融资管理渠道,为学校发展引入外来资金,增强了学校服务交通、服务社会的功能。

经过全体职工20多年齐心协力,共同奋斗,学校从无到有、从小到大,从弱到强,取得辉煌成就。到“十一五”末,学校发生了巨大变化。从没有办公场所到占地10 500平方米,建筑面积近20 000平方米,有一栋12层教学办公综合楼和一栋7层学生公寓楼,建有图书室1个、阅览室1个、微机室2个、远程卫星小站1个,学校从不到10人到现有教职工91人,其中离退休职工20人。45名教师中,具有硕士学位10人,具有高级讲师等高级职称30人;教职工中,具有大专以上文化程度占84.7%。学校开设有“公路与桥梁”、“汽车运用工程”、“汽车运输管理”、“交通财会”、“公路工程管理”、“计算机应用”、“交通土建工程”等专业。“十一五”期间,学校培养本专科学生1913人,专业证书班学员285人,研究生课程进修班学员83人;培训各级各类干部20 996人次。

10年来,学校多次受到交通部、省交通厅、省教委和太原市教委表彰奖励,曾被评为“山西省交通成人教育先进单位”、“省交通厅工作目标责任制完成优秀单位”、“综合治理先进单位”、“创建安全文明工作先进单位”、“科技工作先进单位”,被省直工委评为“精神文明建设先进单位标兵”、“全国交通远程教育先进办学单位”等,为实现交通率先发展提供强有力的人才和智力支持。

第十章 党建工作

2003年以来,全省交通运输系统各级党组织以邓小平理论和“三个代表”重要思想为指导,全面贯彻党的十六大、十七大及历次全会精神,认真学习贯彻省委八届、九届、十届及历次全会精神,坚持解放思想,实事求是,与时俱进,紧紧围绕全省交通建设改革发展中心任务,大力加强党的思想建设、组织建设、作风建设,并把制度建设贯穿其中,充分发挥党组织的战斗堡垒作用、党员的先锋模范作用和领导干部的表率作用;大力加强精神文明建设,为交通率先发展提供有力智力支持、思想保证和精神动力;大力加强党风廉政建设和反腐败工作,努力营造健康的好环境。厅直系统广大党员干部团结奋进,为全省交通事业发展作出积极贡献。

2003年以来,省交通运输厅党组高度重视党建工作,作为交通运输总体工作的重要组成部分,列入议事日程。省厅每年召开工作会议,都要将党建、精神文明建设、党风廉政建设作为重要内容,与交通运输中心工作同部署、同动员,并层层签订工作目标责任书,与省交通运输中心工作同考核、同奖罚,做到任务、目标、责任三明确。机关党委书记列席党组重要会议,省厅重要干部任免、奖罚事项,事先都要听取机关党组织意见和建议。

2003年以来,厅直机关党委按照省直工委要求和省交通运输厅党组安排部署,不断细化目标责任内容,及时下发每年工作要点,指导直属单位全年工作。厅直机关党委还定期分析研究厅机关及直属单位党建情况,并在年初集体研究制定全年工作计划,年底对全年厅直党建工作进行认真总结,重大事项都要召开委员会议集体研究决定。厅直机关党委协助厅党组认真坚持每月一次的集中学习,同时利用每周一例会进行重点学习,为推动全省交通事业又好又快发展提供有力的思想保障和精神动力。

第一节 坚持不懈的思想建设

2003年以来,全省交通运输系统各级党组织坚持用马列主义、毛泽东思想、邓小平理论和“三个代表”重要思想武装党员队伍和职工队伍,认真贯彻落实科学发展观,理论学习进一步规范化、制度化、经常化。

2003年,以邓小平理论和“三个代表”重要思想为指导,全面贯彻党的十六大精神和省委八届三次全会精神,大力推进理论武装工作,努力提高广大干部职工队伍的政治思想素质。年初对厅直各单位学习贯彻“三个代表”重要思想进行详细安排部署,并于2月份在省交通干校举办两期学习十六大精神培训班,组织厅直单位近300名处级干部、理论骨干进行系统理论学习,8月份组织全系统共青团干部和青年骨干进行“三个代表”重要思想学习培训。按照中央和省委兴起学习贯彻“三个代表”重要思想新高潮的总体部署,厅党组高度重视,专门召开党组扩大会议,学习传达中央和省委通知精神,下发《关于认真组织学习〈“三个代表”重要思想学习纲要〉的通知》和《关于在全省交通系统兴起学习贯彻“三个代表”重要思想新高潮的通知》,对全系统掀起新高潮进行安排,并在“七一”暨“双先”表彰会上进行再动员。在学习贯彻活动中,各级党组织认真组织,高度负责。厅党组专门听取厅直单位学习贯彻

"三个代表"重要思想情况汇报，提出进一步加强学习意见。厅直机关党委对厅直各单位学习贯彻情况进行全面检查，有力推动学习贯彻活动不断深入。在"三个代表"重要思想学习贯彻活动中，厅直机关党委把各级领导干部和厅机关干部学习作为重点，把学习情况作为干部考核重点内容，要求厅机关干部和各单位、各部门领导干部要学在前，用在前，做持久学、深入学习的表率，成为学以致用、用有所成的模范。在学习贯彻活动中，机关党委把抓好中心组学习作为加强干部理论学习的重要环节，在年中组织了以"学习'三个代表'，理清发展思想"为主题的中心组专题学习活动，收到良好效果。配合"三个代表"重要思想学习，及时购置《"三个代表"重要思想学习纲要》、《胡锦涛同志"七一"讲话学习读本》、《党的十六届三中全会〈决定〉学习辅导百问》等学习资料，编写《全省交通系统处级干部学习"三个代表"重要思想思考题》100问，指导面上的学习。组织厅直单位所有处级干部参加了省直工委组织的"三个代表"重要思想学习培训班。组织厅机关全体工作人员以及全省交通系统300名处级干部分别进行学习"三个代表"重要思想考试，考试结果在《山西交通报》公布。

一年来，厅党组中心组学习制度雷打不动，先后制定加强和改进党委中心组理论学习和考核的实施意见、厅直单位创建学习型机关的实施意见，对500多名副处级以上干部进行"十六大"报告专题培训。厅党组成员还先后三次分别深入到基层单位和大运高速公路建设工地宣讲"三个代表"重要思想，与基层一线的干部职工共同学习座谈，交流心得体会。各单位采取集中与分散相结合、辅导与自学相结合、组织讨论与知识竞赛相结合等方式，系统学习江泽民同志"七一"讲话、"5·31"讲话和"十六大"报告等理论文献。通过学习，广大党员干部进一步坚定马克思主义的理想信念，增强实践"三个代表"重要思想的自觉性。在与"法轮功"等邪教组织斗争中，广大党员干部旗帜鲜明、立场坚定，始终保持与党中央高度一致。

2004年，按照省直工委和省交通运输厅党组要求，厅直机关党委组织全系统干部职工在继续深入学习《"三个代表"重要思想学习纲要》基础上，紧密联系交通率先发展实际，重点抓好树立和落实科学发展观、正确政绩观、人才观、群众观。认真学习党的十六届三中全会、四中全会和胡锦涛同志在邓小平同志诞辰100周年大会上的讲话精神以及省委八届六次全会精神，学习《中国共产党党内监督条例》、《中国共产党纪律处分条例》、《全面推进依法行政实施纲要》、十届人大二次会议政府工作报告等。在推动面上学习同时，突出抓好各级党委中心组集中学习、集中培训、专题报告会和知识竞赛等。全年共举办两期处级干部树立和落实科学发展观培训班，300多名处级干部参加培训；举办学习两个《条例》报告会，400多名处级干部聆听；组织党支部书记培训班、团干和优秀青年干部培训班、入党积极分子培训班。组织厅机关及厅直各单位210名处级以上干部参加"党员领导干部廉洁从政知识测试"等。全年累计培训人数达1100余人次。

一年来，全省交通运输系统以纪念邓小平同志诞辰100周年和庆祝建国55周年活动为契机，深入开展爱国主义、集体主义、社会主义宣传教育，组织合唱队参加省委宣传部、省直工委联合举办的《祖国颂》歌咏比赛，在省直36个合唱队中，夺得金奖。广泛开展学习宣传先进典型活动，组织厅机关和厅直单位开展向"交通局长的楷模"赵家富学习活动；开展学习宣传许振超先进事迹活动；开展学习全省交通系统典型——全国首届"中国青年学习成才奖"获得者刘少文先进事迹活动。组织厅直系统1500人参加"崇尚科学、反对邪教"主题知识竞赛，组织开展以两个《条例》和科学发展观为主要内容的党内法规知识竞赛活动。

2005年，省交通厅党组全面加强理论武装工程。组织开展"树立落实科学发展观"中心组专题学习活动，按照学理论、议大事、转观念、出思路、建班子的工作思路，大力弘扬理论联系实际的学风，在注重提高领导和决策水平上下工夫，在运用马克思主义立场、观点、方法上下工夫。各单位中心组把工作难点作为学习重点，把调查研究作为增强学习的重要环节，坚持一月一次的中心组理论学习和党支部“一课三会”制度，广大党员干部特别是领导干部政治素质和理论素养得到进一步提高。厅直党委还积极组织党支部书记、团干和优秀青年干部培训，组织入党积极分子培训。从2005年1月开始，省交通厅厅直系统各级党组织紧紧围绕“提高党员素质，加强基层组织，服务人民群众，促进各项工作”的任务目标，强化“关键是要取得实效”、“成为群众的满意工程”，“让党员受教育，使群众得利益”的要求，把学习“三个代表”与加强班子、队伍建设相结合，与加强基层党组织自身建设相结合，强化执政意识、提高执政能力，更好地坚持科学行政、民主行政、依法行政相结合，与完成各项任务目标、推动交通率先发展相结合，按照三个阶段7个环节工作任务，既严格把握政策，又创造性地开展工作，坚持理论联系实际，坚持正面教育、自我教育，坚持发扬民主、走群众路线，坚持领导干部带头发挥表率作用，坚持区分情况分类指导、抓落实求实效贯穿始终，按照党员先进性教育活动的任务目标要求，高标准、高质量地全面落到实处。活动中，党员集中学习时间人均达到100个小时以上，参学率达到100%。党员领导干部共作形势报告19次，讲党课38次。全系统开展谈心活动679次，组织召开座谈会164次，参加座谈党员群众达到3478人。通过9个多月活动，经汇总整理，全系统有583个问题得到整改，同时建立健全各项制度196项，较好地形成一批针对性强、操作性强、体现行业特点、符合时代要求、适应任务需要的、始终保持共产党员先进性的工作机制。特别是通过周密计划系统学，讨论交流相互学，及时总结引深学的方法和措施，广大党员对“三个代表”重要思想入心入脑上取得新成效，形成浓厚学习氛围。省交通厅党员先进性教育活动受到省委先进性教育活动领导小组办公室和第十四督导组的充分肯定与高度评价。2005年6月，厅党组中心组学习成果在“省直机关树立和落实科学发展观经验交流会”上进行典型经验交流。

“十五”期间，通过开展“学习‘三个代表’、理清发展思路”、树立和落实科学发展观、构建和谐社会、提高执政能力等专题学习活动，大大增强广大干部职工践行“三个代表”重要思想的自觉性和坚定性。

2006年，全省交通运输系统各级党组织坚持以党的先进性建设促进文明和谐建设，通过文明和谐建设，更好地服务人民群众。注重文化和精神力量，加强职工思想建设。以社会主义核心价值体系为主线，强化中国特色社会主义理想信念教育，加强民族精神和时代精神的培育，打牢交通职工团结奋斗的共同思想基础。广泛开展社会主义荣辱观学习实践活动，用构建文明和谐交通的实践丰富社会主义荣辱观的内涵，使社会主义荣辱观成为广大交通职工的行为规范和道德准则。加强宣传思想政治工作，把广大职工的思想和行动、信心和智慧凝聚到交通又好又快发展过程中。与此同时，深入开展《公民道德建设实施纲要》学习教育活动，着力抓基本行为规范，培养良好道德习惯，把职业道德要求融入管理、服务规范之中；大力开展“做人民满意公务员”、“创文明机关、当人民公仆”活动，开展争当“交通百佳”活动，广泛开展志愿者、送温暖、献爱心等活动，逐步完善服务承诺制、社会公示制等有效制度，广大职工在日常生活工作中遵守公民道德的自觉性进一步增强。加强职工教育培训，开展创建学习型机关、学习型单位、学习型行业活动，大力营造全员学习、终身学习、自觉学习的良好风气，有效提高交通职工队伍的科学文化素质。高素质职工队伍，为“十五”交通发展提供有力支撑，尤其是在抗击“非典”斗争中，广大干部职工上下一心，顾全大局，群控群防，共渡难关，实现交通不断、货流不断、人流不断、传染源切断的目标，为确保社会经济秩序正常运转作出重要贡献。交通部非典防控工作检查组称赞山西交通队伍是“一支关键时刻能站得出来，冲得上去，打漂亮仗的队伍”。

2007年,全省交通运输系统掀起学习宣传贯彻十七大精神新热潮。一是在十七大召开前,省交通厅党组专门召开会议,对学习宣传贯彻工作进行安排部署;十七大召开之际,组织广大党员干部通过电视收看大会开幕式盛况,认真听取胡锦涛向大会所作报告,并组织召开厅党组扩大会议和厅直单位党员领导干部大会进行传达动员。二是厅党组成员坚持在厅党组中心组会议上集体学习十七大报告,起到示范引领作用。厅领导多次深入基层进行宣讲,对十七大提出的新形势、新任务、新要求进行深入解析,并引导大家把学习贯彻工作与交通改革发展实际结合起来,与各自岗位工作结合起来,将十七大精神转化为团结奋进、发展创新实践的动力,增强贯彻落实科学发展观的自觉性和坚定性,增强党性观念和做好本职工作的自觉性。三是厅直机关党委制订计划,加强学习培训。按照厅党组总体部署,厅直机关党委制定具体的学习宣传计划和实施方案,印发《关于在全省交通系统兴起学习宣传贯彻党的十七大精神热潮的通知》,为厅直系统全体党员配齐学习资料。在全系统开展十七大"百题万人"知识竞赛活动,举办"回顾奋进历程,贯彻十七大精神"党的十六大以来交通成就展。邀请省委党校专家教授,对全系统近600名处级以上干部分3期进行为期6天集中培训,加深对十七大重要意义和精神实质的理解与认识。四是各级党组织认真落实,整体推进。组织广大党员干部通过电视收看大会开幕式盛况,认真听取十七大报告。并坚持在中心组学习时进行系统学习,在交流中加深理解。2007年10月份以来,按照省直工委和厅党组要求,厅直党委通过组织理论征文、专题研讨、专题辅导、座谈会、报告会等灵活多样形式,在全系统范围内组织开展党章学习教育活动。重点对党的十七大党章修正案进行系统学习,使广大党员对修改的必要性、修正的基本内容、重大意义有了较深入掌握,增强党员意识和党性观念。同时,各级党组织大力弘扬理论联系实际学风,通过专题会议、中心组干部理论学习、一课三会等形式,系统学习《江泽民文选》、胡锦涛总书记6·25重要讲话和在庆祝中国共产党成立86周年大会上的重要讲话精神。厅党组成员带头深入基层宣讲,组织专题报告会,使广大党员干部进一步理解领会党的十六大以来以胡锦涛同志为总书记的党中央提出的科学发展观、构建社会主义和谐社会、加强党的执政能力建设和先进性建设等一系列重大战略思想,不断加深对贯穿其中的新思想、新观点、新论断的认识,增强贯彻落实的使命感和责任感。

2008年,全省交通系统各级党组织认真贯彻落实党的十七大和十七届三中全会精神,坚持用科学发展观武装党员队伍、指导工作实践、提高执政能力。根据中央和省委部署,省交通厅党组认真组织开展深入学习实践科学发展观活动,厅领导班子成员带头学习科学发展观、带头实践科学发展观、带头领题调研、带头分析检查,形成11个专题调研报告。厅领导班子分析检查报告得到广大党员干部的一致认可。厅援川突击队临时党委坚持把党组织建设放在首位,领导干部靠前指挥,共产党员冲锋在前,党支部、党小组集体攻坚,为完成公路抢通保通任务提供坚强政治保证。省交通征稽局党委坚持抓党建不松劲,努力锻造一支听党指挥、勇于负责的职工队伍。交通征稽机构22年历经3次改革,特别是在成品油价格税费改革中,广大征稽人员始终信念不移、思想不散,以实际行动和优异成绩,塑造了忠于责任、勇于开拓、甘于奉献的交通征稽精神,值得全省交通运输战线的同志们学习。

2009年,省交通运输厅直属机关党委共有基层党组织452个,党委41个,党总支24个,党支部387个,共有党员5234名。在省直工委正确领导和厅党组强有力指导下,厅直机关党委紧紧围绕交通运输工作大局,坚持抓党建,促发展,保稳定,用党的创新理论武装党员干部职工,扎实推进党的建设,重点抓好中心组的理论学习,以中心组学习带动和促进厅直各级党组织学习的深入开展。主要学习党的十七大、十七届三中、四中全会和省委九届十次全会精神;特别是厅领导干部带头学习，带头宣讲，带头调研，在“真”字上下工夫、作表率，自觉做到真学、真懂、真信、真用，带动各级领导干部的学习风气，进一步推动省厅“学习型”党组织建设。一年来，先后组织处级干部轮训和中青年干部培训，组织入党积极分子培训。全年党员干部集中学习培训达到1000余人次，干部培训覆盖率达100%，党员干部队伍的政治理论水平明显提高。

2010年，积极推进学习型党组织建设。厅党组和各级党组织分别成立以一把手为组长的推进学习型党组织建设领导小组，把学习型党组织建设作为一项政治任务来抓，坚持把理论武装放在首位。各级中心组健全完善学习制度，发挥领导干部表率作用，用中心组学习成果带动和影响基层党员干部的学习；各级领导干部注重把提高理论素质和加强学习作为第一需要，第一爱好，工作学习化、学习工作化，努力把学习成果转化为谋划工作的思路、解决问题的本领、改进工作的措施、促进发展的动力；厅直机关党委加强领导，多次召开动员会、促进会；厅机关各党支部以支部为单位成立学习小组，厅领导作为普通一员参加支部学习，与大家共同交流学习体会，共同研究发展主题，共同解决发展难题；邀请省委党校知名教授、省纪委副书记、右玉县原政协主席，围绕党的十七届五中全会精神、领导干部廉政准则、学习弘扬“右玉精神”等党员干部关注的热点问题，搭建学习平台。在学习内容上进行拓展，学好以科学发展观为主要内容的基础性理论，以贴近工作实际为主要内容的应用性理论和以交通运输发展为主要内容的前瞻性理论。厅直党委为厅党组中心组成员购买《党委中心组学习理论读本》，编印《交通运输厅领导干部民主生活会学习资料》，为厅直机关每名党员干部购买《推进学习型党组织建设读本》、《在基层党组织和党员中深入开展创先争优活动读本》、《胡锦涛在全党学习实践科学发展观活动总结大会上的重要讲话精神学习问答》、《理论热点七个怎么看》、《中国共产党党员领导干部廉洁从政若干准则》学习读本、《十七届五中全会精神学习问答》等各类学习图书两千余本。在学习方法上灵活多样。厅机关7个党支部把学习内容延伸到基层，分别与雁门关道班等7个基层偏远、散、小单位组织开展了以党委帮困企、支部联班组、党员结穷亲为主要内容的“党建结对、联学共建”活动，拉近与基层一线职工的距离，增进干群感情。为丰富学习形式，厅直机关党委结合形势和国情、省情每月下发干部理论学习计划、开办手机党校、理论学习培训班。全年举办2期厅直机关党务干部培训班，培训党务干部260人；发挥厅直党校主阵地作用，培训各类干部510人；积极参加干部自主选学，有189人参加省委有关部门组织的培训；同时，还组织厅机关党员团员青年到锡崖沟参观学习，组织接待省质量技术监督局机关干部到重点工程参观学习，成功完成交通部与昔阳县公路段组织的“学基层学业务”联学共建活动，率领省公路局、省高管局、省交通设计院、省交通开发总公司等单位党务干部走出去，到北京、湖南参加企业文化、文化建设培训，既开阔视野，又宣传山西交通形象；既拓展学习形式，又增强学习效果。

按照省委、省直工委安排，厅直机关党委采取有力措施，狠抓“右玉精神”的学习贯彻。在全省兴起学习弘扬“右玉精神”新高潮大会之后，厅党组、厅机关全体干部集中时间、集中人员，认真学习省委书记袁纯清在大会上的讲话精神，统一思想；11名厅领导、2000多名党员干部走出去，到右玉实地参观学习；请进来，让老右玉人讲“右玉精神”，邀请右玉县原宣传部长、政协主席王德功到厅机关进行“右玉精神”专题讲座，厅领导、机关全体干部、各单位负责同志听讲；召开“大力弘扬‘右玉精神’，深入开展创先争优活动推进会”，各单位党委书记、纪委书记、党工部长和厅机关党支部书记参加。认真学习省委副书记、纪委书记金道铭在全省兴起学习弘扬“右玉精神”新高潮工作汇报会上的讲话精神，部署了在深入开展创先争优活动中学习弘扬“右玉精神”工作安排。通过大力宣传和深入思想发动，广大党员干部更加认识到学习弘扬“右玉精神”新高潮的重要性和紧迫性。各级党组织把“右玉精神”作为一面镜子,反复对照,纠正在作风建设上的偏差,让“右玉精神”成为党员干部作风建设的指南。厅党组和各党委、党总支相继召开专题民主生活会,以学习“右玉精神”为主题,坦诚相见,对照右玉找差距,紧扣发展查不足,从思想深处挖根源,使许多群众关心的热点、难点问题得到解决。先后两次对党政机关工作人员吃喝玩乐享受歪风明察暗访,并对“吃喝风、玩乐风、闲话风”进行集中整顿。之后,又出重拳把人民群众反映强烈的赌博风、奢侈风、吃拿卡要风、大操大办风等问题作为重点进行专项整治;以一名同志上班时间在休闲娱乐场所打麻将给予党内严重警告处分为反面典型,自上而下在全系统进行严肃的警示教育。组织专门人员通过明察暗访、电话查询等方式,对每个单位干部职工在岗工作状况进行督察,并对发现的问题进行通报。通过学习“右玉精神”,在全省交通运输系统形成良好工作秩序,树立讲真话、办实事、守规矩、干事业的风气。先后两次在全省掀起学习“右玉精神”新高潮大会上作典型发言。

第二节　全面加强的组织建设

一、严格目标责任制管理

2004年3月,根据省直工委安排,结合保持共产党员先进性教育活动准备工作,厅直党委组织对厅直单位党建工作和党员状况进行专题调研,并于4月份召开厅直单位党委书记、纪委书记会议,就新时期加强和改进党建工作进行深入研讨。在充分调研和征求基层党组织意见基础上,制订出台《厅直单位党的工作责任制考核办法》,进一步推动厅直单位党的工作朝着制度化、规范化、科学化方向不断发展。

2005年,不断加大对厅直各单位党建工作指导督察力度。厅党组书记、厅长王晓林对机关党的工作负总责,大力支持机关党组织履行职责,对全局性工作和重点工作提出指导性意见。厅党组副书记、巡视员宋元林,厅党组副书记、副厅长张润先后分管党建工作,统筹安排,具体指导,及时帮助解决工作中遇到的困难和问题。

2003年以来,省交通厅每年召开工作会议时,都要将党建、精神文明建设、党风廉政建设作为重要内容,与交通运输中心工作同部署、同动员,并与厅直各单位签订目标责任书,与交通运输中心工作同考核、同奖罚,做到任务、目标、责任三明确。厅直机关党委细化目标责任内容,为保证机关党的工作开展,省交通厅将机关党组织活动经费纳入年度行政经费预算。在全年工作中,厅党组成员及厅直机关党委负责人经常深入基层单位调查研究,指导工作,研究党建工作的思想、组织、作风建设等方面的重大问题。厅党组定期听取机关党委工作汇报,机关党委书记列席厅党组重要会议;省交通厅重要的干部任免、奖惩事项,事先都要听取机关党组织的意见和建议,有力推进机关党的各项工作的深入开展。厅直机关党委按照省直工委要求和厅党组安排部署,细化目标责任内容,及时下发工作要点,指导直属单位全年工作。厅直机关党委还定期分析研究厅机关及直属单位党建情况,并在年初集体研究制定全年工作计划,年底对全年厅直党建工作进行认真总结,重大事项都要召开委员会议集体研究决定。厅直机关党委协助厅党组认真坚持每月一次集中学习,同时利用每周一的例会进行重点学习。

认真回顾“十五”、“十一五”党组织建设工作,可以总结为四条基本经验。

一是加强组织领导。省交通厅党组高度重视机关基层党建工作,将其作为总体工作的重要组成部分列入工作议程。厅党组书记、厅长对机关基层党的工作负总责,大力支持机关党组织履行职责,对全局性工作和重点工作提出指导性意见。厅党组副书记分抓此项工作,具体指导机关党的工作,及时解决工作中遇到的困难和问题。厅直机关党委按照省直工委要求和厅党组安排部署,在做好厅直机关党建工作的同时,细化目标责任内容,及时下发工作要点,指导直属单位全年工作,加大对基层党建工作的指导督察力度。

二是严格责任目标管理。在实践中,不断完善《厅直党的工作目标责任制考核办法》,将党建工作纳入年度目标责任考评体系,在省交通运输厅与厅直单位签订工作目标责任书同时,逐级签订党的工作目标责任书,从组织建设、思想建设、作风建设、廉政建设、精神文明建设五个方面对40个项目进行严格考核,并在考核中加入群众测评内容,将党建工作所占分值由原来10%,提高到16%。公路、征稽、高速公路等行业也都制定操作性较强的考评细则。

三是优化党建工作格局。省交通厅党组定期听取机关党委工作汇报;厅党组成员及厅直机关党委经常深入基层调查研究,研究机关基层党的思想、组织、作风建设等方面重大问题,进一步强化单位党委(党组)统一领导,职能部门各司其职、密切配合的工作格局。

四是严格落实组织工作条例。严格落实《中国共产党和国家机关基层组织工作条例》和省委《实施办法》规定,机关党委书记列席党组重要会议,省厅重要干部任免、奖罚事项,事先都要听取机关党组织的意见和建议,通过机关党组织及时了解机关和厅直单位对重要决策及廉洁自律等方面的反映与意见,做到持续改进。

2007年8月,成立山西省思想政治研究会交通分会,成功举办全国交通职工政研会北方分会第四次年会。北方片区19省(市)代表,参观交通系统行业文明建设先进典型,并在会上进广泛深入交流,取得明显效果。政研会成立后,积极开展工作。组织系统广大党务干部和思想政治工作者深入进行理论研讨,认真总结探索新形势下开展思想政治工作新经验、新举措,编印《文明和谐行业创建经验集锦》。大运高速公路被省政府和交通部联合命名为"千里文明高速路";全省交通行业率先跨入"全国交通文明行业"之列,山西交通跨入全国公路交通先进行列。

"十五"以来,通过不断加强和改进思想政治工作,最大限度地激发广大职工以最大热情投身于交通率先发展,及时排除各种错误思想干扰,保证党的路线方针政策和厅党组各项重大决策落实,为交通率先发展提供有力的思想政治保证。一是深化理想信念教育。坚持以社会主义核心价值体系为主线,坚持以马克思主义中国化的最新理论成果武装头脑,大力弘扬以爱国主义为核心的民族精神和以改革创新为核心的时代精神,打牢交通职工团结奋斗的共同思想基础;二是开展职业道德教育。大力开展社会主义荣辱观普及教育,推动社会主义荣辱观教育进机关、进工地、进所站、进课堂。开展《公民道德建设实施纲要》学习教育活动,编印《山西省交通行业职工行为守则》、《文明和谐行业创建实践与探索》等职工教育读物,把职业道德要求融入管理、服务规范之中,最大限度地激发广大职工以最大热情投身于交通率先发展;三是强化职业技能教育。充分发挥厅属院校教育基地作用,进一步拓展教育渠道,加强与高等院校联合,多层次举办各类成人学历教育、电子远程教育、自考成人教育等,培养更多交通发展需要的高层次人才。广泛开展创建学习型机关、学习型单位、学习型行业活动,通过专题讲座、报告会、知识竞赛等形式,增强学习效果,并对交通行政执法人员、路政员、收费员等重点岗位进行先培训后上岗的职业资格准入制度,职工业务技能进一步提高;四是突出文化引领作用。加强交通物质文化、制度文化和精神文明建设,交通征稽文化研究报告、文化专著、文化手册、形象识别系统四个成果已通过交通运输部评审,建立起具有交通行为特点的文化体系。大力弘扬"太旧精神"、"大运精神",不断增强行业凝聚力和影响力,激发广大交通职工服务群众、奉献社会的自觉性。

二、全面加强领导班子建设

2003年以来,省交通运输厅领导班子认真贯彻落实胡锦涛总书记在中纪委十七届三次全会上的讲话中关于"六个着力、六个切实"的要求,全面加强自身建设,不断提高领导科学发展、促进行业和谐的能力,保证省委、省政府的各项决策落到实处、取得实效。一是认真贯彻落实民主集中制，提高科学决策能力。厅党组坚定不移地贯彻“集体领导、民主集中、个别酝酿、会议决定”的议事决策制度，严格执行党的民主生活会制度，按时召开民主生活会，厅领导班子成员之间开展严肃认真的批评与自我批评，并对照群众意见和批评意见，狠抓问题整改，加强自身建设。二是坚持群众路线，广开言路，民主决策。厅领导班子认真贯彻执行全心全意为人民服务的宗旨，深入基层，深入群众，开展调查研究，听取各方面意见和建议，切实解决群众困难，深入基层、深入群众，开展调查研究，听取各方面意见和建议，切实解决群众普遍关心的热点、难点问题。建立专家咨询、社会听证和行业、政府领导联系制度，最大限度地把来自基层、来自群众、来自社会的合理的、可行的意见吸收到决策中。在厅领导班子带动下，全厅各级领导班子自身建设得到加强，执政能力和领导水平有了明显提升，执行力、创新力、凝聚力得到进一步增强。

2003年以来，省交通运输厅不断深化干部人事制度改革，大力选拔重用靠得住、有本事、作风正的中青年干部，各级领导班子的知识结构、年龄结构更加合理，认真贯彻民主集中制原则，建立健全党委决策程序和议事规则，领导班子的凝聚力、战斗力、创造力和班子成员的组织纪律性进一步增强。根据《中国共产党和国家机关基层组织工作条例》，进一步加强基层党组织建设。特别是加强重点公路建设中的党组织建设，所有高速公路建设管理处都建立党委。注重在重点工程建设一线和重大突发事件中考察和锻炼干部、培养和发展党员。2003年，评选200名大运路上好党员，并有60名积极分子在公路建设一线入党，占当年厅直单位新党员总数四分之一，在大运高速公路等重点工程建设和抗击“非典”斗争中，各级党组织统揽全局、科学决策，各级领导干部靠前指挥、率先垂范，广大共产党员不畏艰险、冲锋在前，树立新时期共产党员新形象，党委的政治核心作用、党支部的战斗堡垒作用和党员的先锋模范作用得到充分发挥。

2003年以来，在厅党组大力支持下，厅直机关党委坚持把配齐、配好基层党委、党总支、党支部作为加强基层组织建设一项重要工作来抓。所有新成立的单位都同步建立党组织，所有不健全的组织都进行及时调整充实。

2004年，厅直系统新组建党委6个，有4个单位党组织按规定完成换届工作，3个单位党组织、纪检组织及时充实调整班子组成人员。“七一”前夕，厅直机关党委组织召开表彰大会，对厅直单位在“创先争优”活动涌现出的34个“先进基层党组织”、123名“优秀共产党员”、38名“优秀党务工作者”进行表彰。

2005年，省交通厅直属单位共设党委33个，党总支22个，党支部284个，拥有党员3259名。在建设、生产、教育、科研一线发展党员，培训入党积极分子186名。6月30日，厅直机关党委隆重召开表彰大会，对50个“先进基层党组织”、188名“优秀共产党员”、58名“优秀党务工作者”进行表彰。

2007年，省交通厅直属单位共设党委34个、党总支22个、党支部318个，有党员4000多名。积极落实中央四个长效机制文件和省委实施意见以及省委提出的“狠抓落实年、作风建设年”要求，巩固和扩大先进性教育成果，整体推进机关基层党建工作，不断深化行业文明建设。省交通厅代表全省基层党组织接受中央四个长效机制检查组检查，受到高度评价。

2008年，按照中央和省委统一部署，全省交通运输系统厅直25个单位、5200名党员参加第一、第二批深入学习实践科学发展观活动。活动期间，在省委正确领导下，紧密结合交通运输实际，确立“坚持科学快速安全协调发展，提升交通运输服务保障能力”的活动主题和载体，集中解决一批与科学发展不符合、不适应以及涉及群众切身利益的突出问题，较好实现“党员干部受教育、科学发展上水平、人民群众得实惠”的预期目标。活动结束后，认真开展“回头看”，深化整改，兑现承诺。

2010年，按照省委、省直工委要求，省交通运输厅党组以运输科学发展为主题，以广泛开展“六比六看”（即：比学习看能力素质、比创新看科学发展、比业绩看工作表现、比管理看安全生产、比服务看惠民实效、比形象看群众反映）活动为载体，在所属58个直属党委、27个党总支、448个基层党支部、5684名党员中深入开展创先争优活动。在山西交通网开辟创先争优活动专页，及时督导全系统活动开展情况。活动以“坚持围绕中心，服务发展大局；坚持分类指导，确立争创主题；坚持贴近基层，设计活动载体；坚持群众参与，营造良好氛围”为基本原则，以“推动交通运输科学发展、促进行业和谐稳定、服务人民群众、加强基层组织”为总体要求，以“五个好”、“五带头”为争创先进基层党组织、争当优秀共产党员主要内容，从6月底到7月为动员部署阶段。2011年1月为领导点评阶段。活动开展期间，厅直机关党委3次召开专题会议，研究创先争优工作，3次发出通知，具体部署指导创先争优活动。在承诺阶段，认真学习省委书记袁纯清、省委常委、组织部部长汤涛讲话精神，提出立足岗位抓承诺，突出右玉精神在行业、单位和岗位中的作用发挥；服务群众抓承诺，突出正确的政绩观，把群众参与、群众评议、群众监督、群众实惠作为创先争优活动的评议标准，让群众得到实实在在的好处；加强作风抓承诺，突出党员密切联系群众、艰苦奋斗、不怕困难的思想作风，真抓实干、奋力拼搏的工作作风，清正廉洁、执政为民的纪律作风。厅直机关党委建立党员承诺台账，检点党员承诺落实情况；加强检查督导，邀请省直工委领导刘传旺、贾明建、郭康锋等到省高管局、省海事局指导活动开展；厅创先争优活动领导小组及时总结推广省高管局“六比六看”、厅重点工程办公室“八比八看”经验，用简报指导活动开展。活动开展以来，共出简报26期；召开全省对口援建茂县灾区重点公路工程建设先进基层党组织和优秀党员创先争优表彰会，有力推动活动开展。结合文明工地、安全建设情况开展创先争优活动，受到省委组织部部长汤涛的肯定与表扬。

三、逐步提高基层党组织和党员干部规范化水平

党的基层组织是党执政的基础。2003年以来，省交通运输厅厅直党委以造就高素质党员干部队伍为重点，抓住“三基工作”这个根本，大力加强组织建设。

一是强化基层组织建设。针对近年来全省交通发展较快、新增单位较多的实际情况，不断加大组织建设力度。所有新成立的单位都及时健全党组织，重点加强在建工程项目党组织工作，参建单位在进驻工地的同时都健全党组织，并根据项目变更和党员调整情况及时调整组织设置，把党的基层组织建到工队、班组。全系统所有基层单位全部建立健全基层党组织，积极开展党的工作，保证厅党组决策及时贯彻落实到基层，保证党的政治优势的发挥。2009年，厅直系统新组建党委8个，及时调整和完成3个党组织换届选举工作。为了确保全年任务落实，推动厅直党的工作制度化、经常化，厅直机关党委按照《厅直党的工作目标责任制考核办法》，对厅直单位党的工作进行全面检查。

二是强化基础管理。结合《中国共产党流动党员活动证》发放工作，各级党组织把发证工作与流动党员摸底登记、党员教育、关心爱护党员相结合，2008年完成全系统34个党委、22个党总支、318个党支部、4000多名党员基础信息采集、录入与审核等工作，完成党组织及党员信息库建设，严密党的组织体系。坚持以目标责任考核为依托，将党费收缴、使用和管理纳入目标考核范围。2009年完成全系统41个党委、24个党总支、387个党支部、5000多名党员基础信息采集、录入与审核等工作。“七一”前夕，对40个“先进基层党组织”、204名“优秀共产党员”、50名“优秀党务工作者”进行表彰。

三是提高党员基本素质。继续贯彻“坚持标准、保证质量、改善结构、慎重发展”方针，严把“入口关”，积极向上级党组织申请增加发展党员计划，重点在建设、生产、教育、科研一线发展党员。在加强政治理论学习培训的同时,通过严格组织生活,强化党员意识,增强党性观念,特别是对"一课三会"制度、党日活动制度、民主评议党员制度、开展"创先争优"活动制度等,从活动内容、要求、记录等方面严格要求,定期进行检查,同时通过党员先锋岗、党员突击队、劳动竞赛等形式,为党员服务群众、加强党性锻炼搭建平台,有效提高党员队伍整体素质,逐步培养起一支有理想、有责任、有能力、形象好的"三有一好"党员队伍。党员队伍已经成为交通运输行业的中坚力量和业务骨干队伍。2008年,发展新党员270名。在援川抗震救灾抢通保通战斗中,30名队员火线入党。2009年共发展党员260余人。

2010年,经省直工委批准,召开中国共产党山西省交通运输厅直属机关第一次党员代表大会,197名代表参加。大会通过《中共山西省交通运输厅直属机关委员会工作报告》、《中共山西省交通运输厅直机关纪律检查委员会工作报告》,选举产生山西省交通运输厅第一届直属机关党委、纪委。大会全面总结近几年厅直系统党的工作,提出今后一段时期厅直系统党的工作的指导思想、总体要求和目标任务,为加强党的全面建设提供组织保证。按照有关规定,对所属党委、党支部进行换届改选,基本解决基层单位到期不换届问题。针对重点工程建设加快,党的力量需要加强的问题,下发《关于在重点公路建设中加强党的建设的意见》。认真学习贯彻《条例》,基层组织建设进一步加强。新的《中国共产党党和国家机关基层组织工作条例》下发后,厅直机关党委及时印发学习通知,按照《条例》规定,进一步落实党建工作责任制。坚持业务学习、交流制度。机关党委每周都要利用两个半天时间,召开处务会,研究工作,学习业务,相互沟通,交流思想,提高业务能力。建立健全党员教育管理和党内激励、关怀、帮扶机制。全年培训入党积极分子670人,发展新党员465人;机关党委对102名特困党员进行慰问,发放慰问金3.9万多元。加强对党员领导干部民主生活会的督促,检查和指导。机关党委参加多个单位民主生活会,厅直党员领导干部民主生活会质量有了明显提高。对困难企业进行帮扶,发放慰问金3万多元;全年对254名政工职称进行评定,加强政工队伍建设。

通过强化"三基"工作,增强党组织的凝聚力、战斗力和创造力,充分发挥广大党员的先锋模范作用,为交通运输各项工作又好又快发展提供坚强政治保证。

第三节　扎实严格的作风建设

2003年以来,全省交通运输系统各级党组织坚持从严治党、从严治政,按照"八个坚持、八个反对"的要求,不断完善党风廉政建设机制,加大从源头上治理腐败的力度。一是建立和完善领导干部任前公示、述职述廉和民主评议制度。2003年对厅管600多名副处级以上干部全部建立廉政档案;全面推行政务公开、企务公开;向重点工程建设单位委派纪委书记,聘请24名党风廉政监督员,全面推行工程建设、廉政建设双合同制,各级领导干部的廉洁自律意识明显增强,重点工程实现"建好一条路,不倒一个人"的目标,受到中共中央政治局常委、纪委书记吴官正的高度评价。二是进一步加大查处案件和治理公路"三乱"的力度。2003年查处"三乱"案件87件,处理违纪人员15人,全省国省干线基本无"三乱"成果得到巩固和发展。2004年组织厅机关及厅直各单位210名处级以上干部参加"党员领导干部廉洁从政知识测试"等,全年累计培训人数达1100余人次。

2003年以来,全省交通运输系统各级党组织把党风廉政建设放在突出位置来抓。一是认真学习宣传贯彻两个《条例》,加强党内监督。认真落实"八个坚持、八个反对","为民、务实、清廉"和"四大纪律、八项要求",加强党内民主建设。二是坚持科学执政,民主执政,依法执政。2006年,建立和落实决策咨询、专家论证、群众听证、省市联系和决策制度,推动决策科学化、民主化。三是不断加大反腐倡廉力度。在全系统推行工程建设廉政合同制、廉政责任制、纪委书记派驻制、总会计师委派制，出台交通基础设施廉政建设十项制度，在工程建设中邀请省人大、省纪委、省高检院、省发改委、省审计厅、省重点办等部门参与监督，使工程建设招投标等各个环节的工作更加公开、透明，有效遏制腐败特别是商业贿赂问题的发生。四是注重发现和宣传廉政典型，推广经验，鼓舞士气，进一步增强全行业反腐倡廉，加快发展的信心。特别是在重点公路工程建设中"修好一条路，不倒一个人"的经验，受到了吴官正同志的充分肯定。五年通过立足防范，标本兼治，综合治理，大力加强行风建设，开展危险品货物运输、旅客运输、客运站场秩序、驾驶员培训、汽车维修、工程监理和安全生产七项整顿，行业管理进一步加强。五是开展专项治理，较好解决拖欠征地拆迁补偿费和农民工工资等关系群众切身利益的问题。六是深化行政审批制度改革。交通行政许可项目经三次精简，由114项精简为23项，对外审批项目全部纳入审批窗口集中管理。七是加大治超力度。全省超载超限车辆由治理前80%下降到10%左右。八是坚持不懈地抓好治理公路"三乱"工作，加大案件查处力度，并把治乱与纠结合起来，认真开展行风评议工作。先后聘请400多名行风监督员，并在新闻媒体上开辟行风热线栏目，组织多次行风听证对话会，就社会关注的热点问题做出承诺，全年落实承诺10项，2007年又承诺5项。各级交通部门以行风评议为契机，大力开展树形象、创一流活动，行业风气进一步好转，受到社会各界好评。在行业精神文明建设中，省交通厅每年为民办十件实事，认真落实，确保兑现。特别是村村通水泥(油)路、村村通客车、养路费银行代证、异地征缴业务、绿色通道开通以及农村客运优惠政策的出台，受到社会各界一致好评。"修好农村路、服务城镇化"，成为各级党委、政府的共识，"让农民兄弟走上水泥路和油路"受到农民欢迎，被称为是党和政府为农民办的一件实实在在的大好事。

2009年，深入开展正反两方面典型教育和权力观、价值观、荣辱观教育，组织重点领域、重点岗位上300多名党员领导干部参加省纪委举办的廉政教育培训班，营造反腐倡廉良好氛围；及时制订下发建立健全惩治和预防腐败体系2008年至2012年实施方案，出台《山西省交通厅党组巡视工作办法》，修订完善公路建设领域领导干部廉洁自律有关规定，并按照中央和省委、省政府要求，深入开展工程建设领域突出问题专项治理工作，较好地遏制腐败特别是商业贿赂现象发生。

2010年，运用党委中心组和机关理论学习报告会等形式，认真学习《党员领导干部廉洁从政若干准则》。年初及时总结厅直纪委工作经验，指出存在问题，强调纪律工作重点。开展廉政文化进机关活动，开展手机送廉政短信、收看警示教育片、参观廉政教育基地等形式多样活动，加强警示教育。厅直纪委受理群众举报8件，通过调查核实，及时对相关人员进行廉政谈话，对违纪人员进行处理，给举报人满意答复。省纪委《山西反腐倡廉工作》转发了省交通运输厅弘扬右玉精神、加强作风建设的经验和具体做法。

第四节 党员先进性教育活动的深入开展

2005年1月30日，省交通厅保持共产党员先进性教育活动动员大会在厅五楼会议室召开。厅党组书记、厅长王晓林作动员报告，厅党组副书记、巡视员宋元林主持并作总结，厅党组成员、省纪委驻厅纪检组组长赵龙传达全省保持共产党员先进性教育活动工作会议精神和省纪委五次全会精神。在并厅领导出席。省委保持共产党员先进性教育活动十四督导组组长李天太出席，并提出要求。省委督导组全体成员参加。

先进性教育活动的指导思想是：以邓小平理论和"三个代表"重要思想为指导，贯彻党的十六大和十六届三中、四中全会精神，树立和落实科学发展观，按照立党为公、执政为民的要求，坚持党要管党、从严治党的方针，紧密联系交通改革发展稳定工作实际和党员队伍建设现状，以学习实践“三个代表”重要思想为主要内容，引导广大党员学习贯彻党章，坚定信念，坚持党的宗旨，增强党的观念，发扬优良传统，认真解决党员和党组织在思想、组织、作风以及工作方面存在的突出问题，促进影响交通改革发展稳定、涉及群众切身利益的实际问题的解决，不断增强党员队伍和党组织的创造力、凝聚力、战斗力，为实现全面建设小康社会和交通率先协调发展的宏伟目标，提供坚强的政治保证和组织保证。为贯彻这一指导思想，关键是要抓住“四个一”。即抓住学习实践“三个代表”重要思想“一条主线”，把握保持共产党员先进性“一个主题”，明确提高党的执政能力“一个着眼点”，坚持党要管党、从严治党“一个方针”。要始终做到“五个坚持”。即坚持理论联系实际，务求实效；坚持正面教育，认真开展批评与自我批评；坚持发扬党内民主，走群众路线；坚持领导干部带头，发挥表率作用；坚持区别情况，分类指导。在目标要求上，要全面落实提高党员素质，加强基层组织，服务人民群众，促进各项工作“四句话”的总体要求，着力促进各项事业的发展。

王晓林在讲话中，要求明确步骤，精心组织，扎扎实实地做好先进性教育活动的各项工作。省交通厅参加第一批先进性教育活动的单位共有37个，时间从1月开始，到6月底结束。具体到每一个单位，首先进行三个月的集中学习教育，按照学习动员、分析评议和整改提高三个阶段组织实施。集中学习教育基本结束后，用两到三个月的时间，做好巩固和扩大整改成果的工作。各级党组织要切实加强领导和指导力度，严格按照活动的指导思想、指导原则和方法步骤，健康有序地推进教育活动，从一开始就坚持标准、严格要求，确保不流于形式，不走过场。要抓住关键，突出重点，高度重视和认真解决好部分党员世界观、人生观、价值观的问题，党性观念不强、精神状态不佳、作风不扎实的问题和部分党组织战斗力不强的问题，确保先进性教育活动卓有成效。

2月18日，省交通厅召开保持共产党员先进性教育活动汇报座谈会，厅党组副书记、巡视员宋元林，厅助理巡视员、巡视二组组长部学文，巡视三组组长史荣和以及厅机关有关处室负责人参加。省委党员先进性教育活动第十四督导组组长李天太出席并讲话。自动员大会以来，省交通厅从3个方面认真抓好党员先进性教育活动。一是认真准备，层层发动，集中力量抓好开局起步工作。为加强对面上活动的组织领导，厅先进性教育活动领导组分别向参加第一批活动的20个厅直单位派出4个巡视组，分别由4名副厅级干部担任组长，全面加强对活动的指导、督察。厅党组成员分别建立7个联系点，并努力把联系点建成开展先进性教育的示范点，发挥以点带面的作用。二是精心组织，分类指导，扎实有序地推进每个环节的工作。针对公路工程建设一线点多、线长、流动、分散的特点，省交通厅专门成立了省重点办临时党委，全面加强对全省五个重点公路工程建设工地先进性教育活动的指导和管理，确保横向到边，纵向到底，不留死角。二是因势利导，稳步推进，扎实有效地把先进性教育活动引向深入。通过聘请专家教授做专题辅导，组织党员观看先进典型的教育片，并且把“边学、边查、边改”和“两不误、两促进”的要求，始终贯穿在整个教育活动的过程中。

2月25日上午，省交通厅举办保持共产党员先进性教育专题讲座，邀请省委党校副校长高建生教授进行专题辅导。厅领导王晓林、宋元林、杨金泉、张德仪、郭贵平、部学文和厅机关全体党员、厅直各单位党政一把手、省征费局机关、省高管局机关、厅新闻宣传中心、厅后勤中心全体党员近400人一起聆听。

2月26日，省交通厅组织厅机关、厅直单位百余名党员和党员领导干部赴革命圣地西柏坡参观学习，进行革命传统教育，以此推动全系统保持共产党员先进性教育活动的不断深入。厅领导王晓林、宋元林、杨金泉、张润、郭贵平、部学文参加。在老一辈革命家曾经工作过的旧址，在七届二中全会旧址，在西柏坡纪念馆，大家认真回顾党中央在西柏坡领导人民进行艰苦卓绝斗争并取得革命胜利的辉煌历史，亲自感受中国共产党人当年蓬勃向上的革命朝气，百折不挠的斗争意志，脚踏实地的创业精神，与人民群众的血肉联系。在七届二中全会旧址前，厅党组书记、厅长王晓林带领全体同志庄严地举起右手，面对党旗重温入党誓词："我志愿加入中国共产党，拥护党的纲领，遵守党的章程，履行党员义务，执行党的决定……"厅党组成员、副厅长杨金泉带领大家学习毛泽东同志在党的七届二中全会上的报告节选，重温"两个务必"的重要论述。厅党组副书记、巡视员宋元大在讲话中，要求永远铭记老一辈革命家创下的丰功伟绩，继续保持谦虚谨慎、不骄不躁作风，继续保持艰苦奋斗作风。经受考验，永葆共产党人本色。

3月2日，省交通厅召开保持共产党员先进性教育学习交流会，组织厅直参加第一批先进性教育活动单位的党务负责人交流体会，学习经验。厅党组副书记、巡视员宋元林主持并对下一步工作提出具体要求。厅助理巡视员郭贵平、部学文及各巡视组组长、厅先进性教育领导组办公室主任、副主任参加。省高管局、省征稽局、厅机关、厅重点办、省交通高级技校、省交通设计院等党委、党支部分别结合各自工作实际，交流开展情况和取得的成效，并提出下一步工作努力方向。宋元林在总结讲话中，概括为4个特点，并提出4点要求。即领导重视，机构健全，制度完善；领导带头，严格督导，典型引路；精心组织，方式灵活，完成规定；边学边改，专题突出，实效显现。一是五查五看，抓回顾；二是延长时间，抓引深；三是明确要求，抓讨论；四是求真务实，抓保障。厅先进性教育活动领导组办公室主任杨俊威就近期组织的先进性大讨论、学习测试等活动提出具体要求。

3月28日，省交通厅召开保持共产党员先进性教育活动第一阶段总结暨第二阶段动员大会。会议全面总结省交通厅学习动员阶段的活动情况，安排部署分析评议阶段的各项工作，动员全系统进一步统一思想，提高认识，明确任务，推动先进性教育活动不断深入。厅党组书记、厅长王晓林作第一阶段总结和第二阶段动员报告。省委第十四督导组组长李天太及督导组成员出席，厅党组副书记、巡视员宋元林主持，在并厅领导及厅各巡视组组长参加。省交通厅保持共产党员先进性教育活动从2005年1月30日开始，到目前为止已经进行46个工作日，全面完成学习动员阶段的工作任务。厅直各级党组织高度重视，精心组织，坚持组织领导到位、思想发动到位、安排部署到位、指导督促到位、宣传导向到位，为活动健康有序地开展提供有力保证。同时，厅直各级党组织丰富内容，创新方法，做到周密计划系统学、严格制度保证学、形式多样灵活学、率先垂范带动学、典型引路启示学、讨论交流相互学、摸清思路针对学、及时总结引深学，收到良好效果，推动学习教育的不断深入。在这一阶段中，各级各部门统筹兼顾，整体推进，把学习实践"三个代表"重要思想和统一思想、提高认识贯穿于学习教育活动的始终，坚持边学边查边改，努力在改进作风、解决突出问题上下工夫、求实效，认真开展保持共产党员先进性具体要求大讨论，坚持"两促进、两不误"，推动各项工作，确保第一阶段工作卓有成效。

根据学习动员阶段活动情况，经省委先进性教育活动第十四督导组批准，省交通厅先进性教育活动从即日起转入分析评议阶段，这一阶段活动总时间安排为六周。就如何做好分析评议阶段工作，王晓林提出4点要求。一是切实增强做好分析评议阶段工作责任感；二是扎实抓好七个环节工作，确保分析评议质量；三是认真落实好五个方面的要求，推动分析评议阶段活动不断深入；四是把握方向，加强领导，确保分析评议阶段工作收到明显成效。李天太在讲话中，对省交通厅第一阶段工作给予充分肯定。认为领导高度重视，工作迅速到位；动员广泛深入，部署明确有力；学习扎实推进，培训初见成效；努力改进作风，做到边学边改，取得明显成效。对做好分析评议阶段工作，要求正确做估价，坚定信心；明确任务，突出重点；加强领导，精心组织。宋元林在总结讲话中，要求厅直各级党级组织要细化要求，制订方案；精选内容，引深学习；征求意见，找准问题；广泛谈心，开展批评；领导带头，边议边改；加强领导，务求实效。

4 月 25 日，省交通厅党组召开保持共产党员先进教育活动专题民主生活会。会议由厅党组书记、厅长王晓林主持，厅党组副书记、副厅长张润，厅党组成员、省交战办主任杨金泉，厅党组成员、省纪委驻厅纪检组组长赵龙，厅党组成员、副厅长王志民，厅党组成员、总工程师郜玉兰，厅党组成员、总会计师张德仪参加。省委第十四督导组组长李天太及督导组成员，省直工委组织部部长孙群，省委先进性教育活动领导组办公室协调指导二组组长、省委组织部省直处副处长张培良，省纪委、省委巡视办巡视员韩红到会指导。厅助理巡视员郭贵平、郜学文、巡视三组组长史荣和及厅先进性教育活动领导组办公室成员杨俊威、尹新平、赵新民、蔺建煌、原建中列席。

开好专题民主生活会是搞好先进性教育活动的一个重要环节，是保持先进性教育活动不走过场，取得实效的重要措施。为此，厅党组进行充分认真准备。一是在前一阶段学习基础上，党组成员深入学习党章、胡锦涛总书记在新时期保持共产党员先进性教育专题报告会上的讲话和贵州考察时就保持共产党员先进性教育活动所作的重要讲话，进一步提高认识。二是广泛征求意见。通过召开不同层次、不同类型的座谈会，发放征求意见表等形式，广泛征求交通系统和社会各界对厅党组和党组成员的意见。三是广泛开展谈心活动。厅党组书记、厅长王晓林带头与每位厅党组成员谈心，党组成员也相互开展谈心活动，并主动与分管部门同志谈心，听取意见。四是党组成员认真撰写党性分析材料，在第一阶段学习基础上，结合自己分管工作，深入思考和认真反思，查找在思想信念、宗旨、作风、廉洁自律等方面存在的差距和不足，从世界观、人生观、价值观、权力观、地位观、利益观等方面深刻剖析思想根源，明确努力方向，为开好民主生活会打下良好基础。

在民主生活会上，厅党组书记、厅长王晓林带头进行自我剖析、自我批评，其他党组成员踊跃发言。大家对照新时期保持共产党员先进性基本要求，紧密联系思想和工作实际，结合征求到的意见，敞开思想，畅所欲言，推心置腹，坦诚相见，严肃认真地开展批评与自我批评，重点检查在理想信念、宗旨、作风、坚持科学发展观、正确政绩观、求真务实、联系群众、廉洁自律等方面存在的问题，深刻剖析思想根源，提出下一步整改意见。大家认为，这次民主生活会认真回顾厅党组近年来工作和自身建设情况，思考改革发展稳定中的一些重大问题，统一思想，增进团结，取得相互勉励、共同提高的效果，增强进一步做好交通工作的信心。李天太在讲话中，对近年来全省交通事业的跨越式发展和对山西经济的巨大拉动作用给予充分肯定，认为得益于省交通厅有一个好领导班子，一支好队伍，一个科学思路，一系列得力措施及一向扎扎实实工作。对这次民主生活会，给予充分肯定，称是一次民主的、团结的、和谐的而又不无批评、监督和帮助的生活会，呈现准备充分、规范严格、氛围好、效果好四个特点。每位班子成员都能按照省委“五查五看”要求，结合征求到的意见，联系思想工作实际，尤其是结合全系统党风、政风、行风，交通事业改革发展稳定和群众提出的其他问题，进行深入剖析。自我批评做到直奔主题、直面其过，不回避，不掩饰；批评做到从团结、帮助、关心同志愿望出发，既严肃又健康，没有走过场，更没有出偏差，为下一步先进性教育各个环节进行奠定良好基础。边整边改，能改的立即改，创造条件改，确实暂时解决不了的要研究一套行之有效的解决办法。张培良、孙群、韩红等同志也在会上发了言。

5 月 16 日上午，省交通厅召开保持共产党员先进性教育活动第二阶段总结暨第三阶段动员大会，对分析评议阶段工作进行回顾总结，对整改提高阶段工作进行动员和部署。厅党组书记、厅长王晓林作总结动员。省委第十四督导组组长李天太出席会议并讲话。会议由厅党组成员、省交战办主任杨金泉主持，在并厅领导参加。一个多月来，全系统上下严格按照先进性教育活动的指导思想、

“五个坚持”原则、“四句话”目标要求和分析评议阶段“七个环节”的方法步骤，牢牢把握学习实践“三个代表”重要思想这条主线，始终坚持以正面教育、自我教育为主，高度重视，加强领导，精心组织，稳步实施，各项工作扎实推进，健康发展，取得明显成效。王晓林在讲话中，要求各级党组织紧紧围绕“三个环节”工作，紧密结合单位自身实际，结合党员思想实际，切实搞好转段动员；要继续注重发挥领导机关和领导干部的带头作用，紧密结合交通改革发展稳定抓整改，着手研究健全和完善保持共产党员先进性的长效机制；要继续加大组织领导和指导力度，落实好领导责任和工作责任；要正确掌握政策，进一步加大巡视指导力度，进一步加强党支部自身建设，加大宣传和舆论导向力度，并结合整改做好群众满意测评工作，确保整改提高阶段工作卓有成效。李天太在讲话中，对省交通厅第二阶段工作给予充分肯定，认为进展顺利，扎实有效，取得阶段性成果，达到省委要求，并对第三阶段工作提出三条指导性意见。即努力增强做好整改提高阶段工作信心；下工夫搞好这一阶段的各项工作；加强领导，强化监督，确保整改阶段工作取得实效。厅党组副书记、副厅长张润通报厅党组专题民主生活会情况。会议还对领导干部民主生活会质量进行测评。

6月15日，省交通厅召开保持共产党员先进性教育活动整改情况通报会，厅领导杨金泉、赵龙、郜学文出席。厅党组成员、省纪委驻厅纪检组组长赵龙主持。厅直机关党委书记、厅先进性教育活动领导组办公室主任杨俊威通报整改情况。作为全省第一批参加保持共产党员先进性教育活动的单位，省交通厅严格按照中央要求和省委部署，紧紧围绕“提高党员素质，加强基层组织，服务人民群众，促进各项工作”的目标，扎扎实实地完成每个阶段任务。在学习动员、提高认识基础上，厅党组通过发放征求意见卡、召开座谈会等多种形式，真诚、广泛、深入、具体地征求党内外群众意见，共征求到意见建议1124条，经梳理汇总，共涉及到五个方面107条。对这些建议和意见，厅党组高度重视，坚持边学边议、边查边改，特别是进入整改提高阶段以来，按照中央和省委对整改提高阶段集中时间、集中精力解决问题、抓落实、见实效的要求，积极制订方案，分解任务，落实责任，全面整改，取得阶段性成果。截至目前，已经整改65条，剩余42条，包括目前正在抓紧整改的27条，需要通过建立长效机制整改的5条，需要与有关部门协调解决的10条。这42条建议和意见，厅党组已经提出明确的整改措施和整改时限，并逐条落实到每个成员、每个部门。赵龙在总结讲话中，希望各单位继续加大整改工作力度，主动接受群众监督，结合整改情况通报，认真搞好满意度测评，并对先进性教育活动进行认真总结。

6月21日上午，省交通厅党组召开保持共产党员先进性教育活动群众满意度测评大会。省委先进性教育活动领导小组办公室和第十四督导组领导陈晓敏、王建廷、陈宫应邀出席。厅领导王晓林、张润、杨金泉、王志民、张德仪、郭贵平、郜学文及厅直各单位党政主要负责同志和厅机关全体党员、各市交通局代表、服务对象代表、民主党派和群众代表、离退休人员代表参加。厅党组副书记、副厅长张润主持。厅党组书记、厅长王晓林通报省交通厅第一批先进性教育活动开展情况。按照全省统一安排，省交通厅参加第一批先进性教育活动的单位共20个，共有党委29个、党总支12个、党支部219个，参加活动的党员共有2927名。5个月来，各级党组织严格按照中央、省委要求和厅党组安排部署，扎扎实实完成三个阶段13个环节任务。主要采取六项措施。一是强化机构，加强领导，坚持组织领导到位；二是统一思想，提高认识，坚持思想发动到位；三是细化任务，明确要求，坚持安排部署到位；四是领导带头，加强巡视，坚持指导督促到位；五是加强宣传，营造氛围，坚持宣传导向到位；六是开门教育，群众参与，坚持民主监督到位。会议进行群众满意度测评，下发《群众满意度测评表》，围绕提高党员素质、加强基层组织、服务人民群众、促进各项工作的目标，进行5个方面

19项内容测评。张润作总结讲话。

6月30日上午,省交通厅隆重召开纪念“七一”暨保持共产党员先进性教育活动总结、“一先两优”表彰大会。省直工委书记刘巩,省委先进性教育活动第十四督导组组长李天太及督导组全体成员,厅领导王晓林、张润、杨金泉、赵龙、王志民、张德仪、赵振田、郭贵平、部学文出席。厅党组副书记、副厅长张润主持。厅党组书记、厅长王晓林在讲话中,对过去一年党建、精神文明建设工作及省交通厅开展第一批先进性教育活动的主要情况进行总结。要求继续抓好巩固和扩大先进性教育活动成果工作,扎实抓好第二批先进性教育活动。厅党组成员、省纪委驻厅纪检组组长赵龙就省交通厅先进性教育活动群众满意度测评情况进行通报,群众满意率为98.05%,满意度为97.63%,充分说明省交通厅先进性教育活动取得明显成效。厅党组成员、省交战办主任杨金泉,厅党组成员、副厅长王志民分别宣读厅党组《关于表彰全省重点公路建设先进基层党组织、优秀共产党员和优秀党务工作者的决定》和《关于表彰厅直单位2005年度先进基层党组织、优秀共产党员和优秀党务工作者的决定》。参加会议的厅领导、省直工委领导及省委督导组领导为受到表彰的先进基层党组织、优秀党员和优秀党务工作者颁发奖品及证书。刘巩、李天太在讲话中,对省交通厅在党建和先进性教育活动中所取得的成绩给予充分肯定,并希望再接再厉,戒骄戒躁,继续努力,巩固好、扩大好、发展好经验和成果,全面落实科学发展观,为全省经济发展,全面建设小康社会、和谐社会再作更大贡献。厅党组副书记、副厅长张润在总结讲话中,要求坚持不懈地抓好整改措施落实,在建立健全党员“长期受教育、永葆先进性”的长效机制上下工夫,使各级党组织真正成为“三个代表”重要思想的组织者、推动者和实践者,使广大党员真正成为践行“三个代表”重要思想的模范。

7月12日上午,省公路局召开保持共产党员先进性教育活动动员大会。省交通厅党组成员、省纪委驻厅纪检组组长赵龙,省直工委第五督导组组长窦明生及全体成员莅临大会指导。厅党组成员、局党委书记赵振田作动员报告。会议由局党委副书记、局长戴飞主持。赵龙在讲话中,要求提高认识,正确对待,合理安排,确保实效。从动员会开始就要把整改工作贯穿始终,充分发挥党员先锋模范作用、党支部战斗堡垒作用、党委领导核心作用、各级领导干部率先垂范作用,切实达到党员受教育、群众得实惠的目的。

7月12日下午,山西交通职业技术学院隆重召开保持共产党员先进性教育活动动员大会。省直工委第五督导组组长窦明生、副组长郭江海,组员元文、张海龙应邀出席。省交通厅党组成员、省纪委驻厅纪检组组长赵龙参加并讲话。赵龙在讲话中,要求以饱满政治热情、高度政治责任感、严肃政治态度,切实把先进性教育活动落到实处,保证完成这一光荣而艰巨任务。

9月2日,省交通厅召开第一批保持共产党员先进性教育活动巩固扩大整改成果经验交流会。厅党组书记、厅长王晓林,厅党组成员、省交战办主任杨金泉,厅党组成员、省公路局党委书记赵振田及厅助理巡视员部学文参加,厅党组成员、省纪委驻厅纪检组组长赵龙主持。省直工委组织部部长、省直先进性教育活动领导小组办公室主任孙群应邀出席。

省交通厅从6月份开始巩固和扩大整改成果工作两个多月来,取得较为明显成效。厅党组查找出107个问题已有96个得到整改,整改率达到90%,剩余11个问题正在整改之中。全系统参加第一批先进性教育活动的20个单位共查找出725个问题,目前已有583个得到整改,占到问题总数81%,剩余142个问题正在进行整改。厅机关制订建立健全长效机制工作计划,计划出台28项制度,目前已出台11项,剩余制度正在起草制订之中。全系统共建立健全各种制度196项,通过建章立制工作,较好形成一批针对性强、操作性强、体现行业特点、符合时代要求、适应任务需要的,始终保持共产党员先进性的工作机制。各级党组织在对查找出的问题进行认真整改的同时,围绕贯彻落实胡锦涛总书记视察山西时的重要讲话精神，坚持以科学发展观指导新的实践，进一步理清发展思路，明确发展方向和目标，确立"一个统领、五个统筹、三个并重"的文明和谐交通、构建全省建设新型能源和工业基地的交通运输支撑保障服务体系的发展思路，初步形成"十一五"规划的基本框架。按照中央和省委安排，省交通厅下一步巩固扩大整改成果和"回头看"工作总的要求是：把胡锦涛总书记视察山西时重要讲话中提出的三个方面重要问题作为整改重点，继续深入整改，扩大成果，狠抓落实，加强保持共产党员先进性长效机制建设，确保先进性教育活动取得实效，真正成为群众满意工程。

王晓林在讲话中，提出3点要求。一是要用胡锦涛总书记讲话精神进一步统一思想认识，不断增强搞好巩固扩大整改成果工作和"回头看"的责任感、自觉性，突出重点，注重实效，继续扎实抓好突出问题的整改，不断巩固和扩大成果。二是要在促进科学发展上、在构建和谐社会上、在切实转变作风上、在建立健全先进性教育长效机制上下工夫、求实效，加强领导，强化落实，努力使省交通厅先进性教育活动成为群众的满意工程。三是要继续加大组织指导力度。要扎实抓好"回头看"，抓好培养选树典型工作，营造良好舆论氛围。要继续抓好"四个作用"的发挥，扎扎实实地完成好第一批先进性教育活动巩固和扩大整改成果工作，推进第二批先进性教育活动；要以扎实有效的工作，全面实现提高党员素质，加强基层组织，服务人民群众，促进各项工作的预期目标，为交通率先发展提供坚强保证。孙群在讲话中，提出3点要求。一是提高认识，增强搞好先进性教育活动的自觉性；二是突出重点搞好整改，强化整改措施；三是加强组织领导，抓好落实，选树典型，以此推动各项工作的圆满完成。会上，省高管局、省征稽局、省运管局、省交通高级技校代表厅直参加第一批先进性教育活动的单位分别作典型发言；参加第二批先进性教育活动的省公路局、山西交通职业技术学院也分别作表态发言。厅直各单位主要领导、党办主任参加。

2007年6月11日，中央保持共产党员先进性四个长效机制文件检查组莅临省交通厅，对贯彻落实中央保持共产党员先进性四个长效机制文件情况进行检查。中央检查组组长、中央文献研究室副主任杨胜群等检查组领导一行在省委常委、组织部长任泽民，厅领导王晓林、张润等陪同下，检查小店收费站基层党支部建设等情况，观看全省高速公路路网图沙盘、省高管局监控中心等。随后，在省高管局参加汇报会。任泽民主持。厅党组书记、厅长王晓林汇报全省交通系统贯彻落实中央四个长效机制文件情况，省高管局党委书记李万定汇报全省高管系统有关贯彻落实情况。省委副秘书长李平社，省委组织部副部长王树林，省直工委书记刘巩、副书记陈跃刚等陪同检查；厅党组副书记、副厅长张润，厅党组成员王志民、郜玉兰、张德仪、赵振田、张志川等参加汇报会。

2001年以来，在全省交通事业大发展的同时，省交通厅高度重视党的执政能力建设和先进性建设，坚持注重和发挥各级党组织的政治核心和战斗堡垒作用，大力加强党的思想建设、组织建设、作风建设和制度建设。尤其是通过开展保持共产党员先进性教育活动，贯彻落实中央《关于加强党员经常性教育的意见》等四个长效机制文件，有力保证全省交通各项事业又好又快地发展。中央四个长效机制文件印发后，省交通厅及时印发学习贯彻《实施意见》和《保持共产党员先进长效机制文件汇编》等学习资料，认真组织宣传学习。通过学习，使广大党员较好地掌握四个长效机制文件基本内容，明确目标要求和方法措施，增强贯彻落实文件精神的自觉性。在认真总结先进性教育活动成果基础上，结合四个长效机制文件的学习贯彻，就永葆先进性、推动科学发展、促进行业和谐开展理论研讨。广大党员干部踊跃参与，建言献策，征集论文200余篇，整理编辑出版《基层党的先进性建设思考》书籍，有效提高党员干部的党性修养、理论水平和实践能力；厅直机关党委认真对照四个长效机制文件要求，在贯彻落实过程中,按照行得通、做得到、管得住、用得好的要求,对先进性教育活动以来的制度文件进行认真梳理,出台23项基础管理制度。通过建章立制工作,建立落实四个长效机制文件长效机制。在具体落实过程中,将四个长效机制文件的贯彻落实与党的思想建设、组织建设、作风建设、制度建设及反腐倡廉建设相结合,与推动交通事业又好又快发展相结合。在实际工作中,突出抓好“一个推动、两个促进、两个保证”,以党的先进性建设促进管理水平的提高,促进行业文明和谐,以“四个作用”的发挥保证任务目标的实现。厅党组加强党的先进性建设的成功做法,厅直系统特别是省高管局党委和太原高速公路公司小店收费站党支部加强党的先进性建设的工作情况,得到中央保持共产党员先进性长效机制检查组领导的充分肯定和高度评价。通过扎实有效的党建工作,广大党员学习实践“三个代表”重要思想、落实科学发展观的自觉性不断提高,党性观念、党员意识进一步增强,先锋模范作用更加突出,基层党组织的政治核心、战斗堡垒作用充分体现,创造力、凝聚力和号召力明显增强,有力推动各项工作。

第五节　学习实践科学发展观活动的深入开展

按照中央和省委统一部署,2008年10月至2009年2月,全省交通运输系统厅直25个单位、5200名党员参加第一、二批深入学习实践科学发展观活动。活动期间,在省委正确领导下,紧密结合交通运输实际,确立“坚持科学快速安全协调发展,提升交通运输服务保障能力”的活动主题和载体,集中解决了一批与科学发展不符合、不适应以及涉及群众切身利益的突出问题,较好地实现“党员干部受教育、科学发展上水平、人民群众得实惠”的预期目标。集中活动基本结束后,认真开展“回头看”,深化整改,兑现承诺。此外,还认真组织省交通征稽管理协会、省道路运输协会等8个新社会组织82名党员参加第三批学习实践活动。为确保学习实践科学发展观活动有效开展,要求具备成立条件的7个协会成立临时党支部。

2008年10月13日,省交通厅党组召开会议,迅速传达10月7日至10日省委举行的全省深入学习实践科学发展观活动动员大会暨第一批学习实践活动单位主要领导干部专题研讨班精神,并围绕省委关于全省开展深入学习实践科学发展观活动等工作要求,结合交通工作实际,对全系统开展深入学习实践科学发展观活动进行研究部署。会议指出:新时期新阶段,落实科学发展观对交通运输提出更安全、更畅通、更便捷、更经济、更可行、更和谐的新要求。各级领导班子和领导干部在学习实践活动中,要积极探索交通改革发展新体制、新途径、新方法,转变发展方式,优化结构布局,增强发展动力,加快交通由传统产业向现代服务业转型,努力为群众提供更加安全、便捷、舒适的交通运输服务,让人民群众切实感受到学习实践活动带来的实惠。同时要正确处理好学习实践活动与做好当前各项工作的关系,既不能脱离中心工作单纯搞学习实践活动,也不能片面强调工作而忽视学习实践活动,要保证有足够的时间和精力投入到学习实践活动中,把开展学习实践活动作为推动工作的动力和机遇,以各项工作的新成果衡量学习实践活动的新成效,真正做到学习实践活动与当前工作“两不误、两促进、两提高”。会议研究确定《省交通厅开展深入学习实践科学发展观活动实施方案》和省交通厅学习实践活动领导组及其工作机构和组成人员,并对活动开展的范围、阶段步骤、时间以及厅领导课题调研等作了具体安排。

10月17日下午,省交通厅召开开展深入学习实践科学发展观活动动员大会,启动并全面部署交通系统开展深入学习实践科学发展观活动。厅深入学习实践科学发展观活动领导组组长、厅党组书记、厅长段建国作动员报告。省委学习实践活动指导检查第三组组长吕德功出席并讲话。厅深入学习实践科学发展观活动领导组副组长、厅党组副书记、副厅长张润主持。其他厅领导，厅机关全体党员干部，厅直单位党政主要领导及党办主任参加。

根据省交通厅统一部署，参加第一批集中学习实践活动共分为学习提高、调查研究，分析检查、找准问题，解决问题、完善制度三个阶段17个环节。具体到每个单位，集中活动时间不得少于3个月。为了确保学习实践活动有序开展并取得实效，开展活动的各单位要严格按照学习实践活动的指导思想、指导原则和方法步骤，扎实有序地做好各个阶段的工作。

段建国在动员报告中，要求以“坚持科学快速安全协调发展，提升交通运输服务保障能力”为活动主题和载体，进一步解放思想、实事求是、改革创新、推动实践，努力在交通科学发展、加快发展、安全发展、协调发展上取得新突破，着力转变不适应不符合交通科学发展的思想观念，着力解决影响和制约交通运输科学发展的突出问题以及党员干部党性党风党纪方面群众反映强烈的突出问题，着力构建更有活力、更富效率、更加安全、更为协调、更有利于交通运输又好又快发展的体制机制，为人民群众安全便捷出行，为新基地新山西建设提供强有力的交通运输服务和保障。吕德功在讲话中，要求认真学习贯彻中央和省委精神，牢牢把握学习实践活动的正确方向。要正确理解学习实践活动的指导思想，始终把握坚持解放思想、突出实践特色、贯彻群众路线、正面教育为主、注重改革创新5条主要原则，努力达到提高思想认识、增强发展能力、解决突出问题、创新体制机制、促进科学发展的目标要求。省交通厅参加第一批集中学习实践活动的单位共24个，活动时间从2008年9月开始，2009年2月基本结束。

10月20日，省交通厅召开深入学习实践科学发展观活动指导检查组动员会，即日起对各单位展开指导检查工作。厅党组副书记、副厅长张润出席并作动员。在学习实践活动中，各指导检查组的主要任务是：重点看活动方案是否紧紧围绕“坚持科学快速安全协调发展，提升交通运输服务保障能力”这一主题，是否初步提出学习实践活动要解决的突出问题，明确符合本单位实际的具体活动目标，设计了有特色、能够吸引广大党员干部广泛参与的实践载体，确定切实可行的方法步骤；有没有把中央、省委和厅党组的精神向广大党员干部讲清楚，把本单位的目标任务和安排部署讲清楚，把干部群众最关心的问题讲清楚。指导联系单位紧紧围绕贯彻落实科学发展观，实事求是地查找存在的突出问题，深刻分析主客观原因，开展批评和自我批评，把民主生活会开成一个民主、团结、务实、创新的会议；指导联系单位按照厅党组要求撰写分析检查报告，加强对分析检查报告接受群众评议工作的督促检查；督促联系单位认真执行整改落实方案，着力解决突出问题，积极创新体制机制；指导联系单位科学设计测评方案，合理确定测评内容、参评人员范围。张润在讲话中，要求提高认识，先学一步，吃透精神和政策，提高指导检查工作水平，牢牢把握主动权，扎实有序推动学习实践活动迅速开展，掀起高潮，取得实效，形成特色。

10月23日至25日，省交通厅深入学习实践科学发展观活动领导干部首期培训班在忻州顿村省交通职工培训中心举办，厅机关全体党员干部和厅直属单位副处级以上领导干部及党办主任130余人参加。首期培训班邀请省委党校理论教师作为主讲人，分别就准确把握科学发展观的重大意义、科学内涵、精神实质和根本要求，如何结合全省实践进一步深入学习、深刻领会和认真实践科学发展观进行深入浅出解读。省委驻厅指导检查组副组长、山西农业大学党委副书记崔富春到班作了题为《开展学习实践科学发展观活动，全面建设小康社会》的专题辅导。厅党组副书记、副厅长张润参加首期培训并讲话。要求各级党组织要站在全局战略的高度，精心安排，周密部署，切实做到组织领导到位，安排部署到位，宣传发动到位，指导检查到位。厅领导张志川、张德仪、郭贵平也参加首期培训。

10月26至28日,省交通厅深入学习实践科学发展观活动领导干部第二期培训班在忻州顿村省交通职工培训中心举办。厅领导王志民、韩日裕、郜玉兰、赵振田、曹燎原等参加培训学习及各小组讨论,围绕交通科学发展、快速发展、安全发展、协调发展,围绕扎实开展好这次学习实践活动提出很好意见和建议。厅党组书记、厅长段建国站在讲政治和战略及全局高度,为培训班学员作了题为《深入学习实践科学发展观,着力提高领导交通运输科学发展能力》的报告,厅党组成员、副厅长王志民做总结讲话。段建国在报告中,要求以学习实践活动为契机,在推进实践中深化学习,通过深入学习推动实践,特别要针对制约交通又好又快发展的主要矛盾和突出问题,在"依法依规"与"超常超态"、"严格程序"与"好中求快"、"解放思想"与"脚踏实地"、"改革创新"与"尊重科学"、"敢闯敢冒"与"遵章守纪"等方面做好文章,进一步强化工作措施,推进任务落实,把实践特色贯穿于活动全过程。要认真做好规定动作,因地制宜地创新活动内容、活动方式和活动载体,努力创造出交通系统深入学习实践科学发展观活动的新亮点,统筹兼顾,做到两手抓、两不误、两促进。王志民在总结讲话中,要求深入思想发动,明确努力方向,迅速进入状态,积极行动起来,形式灵活多样,创新学习方法,增强针对性和实效性。

11月5日上午,省交通厅党组中心组召开专题会议,集体学习科学发展观,总结全省交通系统第一阶段学习情况。中心组成员结合自己分管工作和调研课题,围绕"深入实践科学发展观,推动山西交通科学快速安全协调发展"分别进行讨论发言。厅党组副书记、副厅长张润主持,厅领导段建国、王志民、韩日裕、张志川、张德仪、曹燎原、郭贵平参加,省委第三学习实践活动指导检查组副组长、山西农业大学党委副书记崔富春出席并讲话。按照中央、省委统一部署,全省交通系统厅直24个单位,包括两个副厅级领导班子,22个处级领导班子,420名处级领导干部,36个党委,22个党总支,325个党支部,共4156名党员参加第一批学习实践活动。截至11月4日,厅直单位和所有二级单位动员会已全部召开,集中培训也陆续完成,全省交通系统正进入集中组织研讨和领导干部专题调研阶段。厅直机关党委书记、厅学习实践科学发展观活动领导组办公室主任杨俊威向省委第三检查指导组总结汇报省交通厅第一阶段学习实践工作情况,厅领导张润、王志民、韩日裕、张志川、张德仪、曹燎原、郭贵平分别结合所分管工作和调研课题,紧紧围绕落实学习科学发展观,如何科学快速推动全省交通工作进行深入浅出发言和认真讨论分析。厅党组书记、厅长、厅学习实践领导组组长段建国在发言中指出,发展是第一要务,只有发展才能解决目前交通系统所面临的矛盾和问题,牢牢把握以人为本的核心理念,把安全发展放在突出位置抓实抓好,降低事故发生率,确保工程建设质量安全和廉政安全,进一步创新体制机制,推动全省交通工作又好又快发展。崔富春对省交通厅学习实践活动给予较高评价。认为全省交通系统对此次学习科学发展观活动认真负责,很有特色和代表性。希望全省交通系统广大党员干部针对存在的问题,紧密围绕交通行业实际情况,继续深入学习实践科学发展观,推动交通科学、快速、安全、协调发展。

11月10日下午,省交通厅党组召开"解放思想,推动交通科学发展"大讨论专题会议,进一步把科学发展观学习实践活动引向深入。厅领导段建国、张润、王志民、韩日裕、张志川、张德仪、赵振田、曹燎原、郭贵平出席,省公路局、省高管局、省征稽局、省运管局、省地方海事局主要领导与厅机关各处室负责同志列席,省委第三检查指导组组长、省人大常委会农村工作委员会主任吕德功莅临并讲话。开展解放思想大讨论是按照省委关于深入学习实践科学发展观活动部署的一项重要内容。会议由厅党组副书记、副厅长张润主持。会议紧紧围绕"进一步解放思想,推动山西交通科学快速安全协调发展"主题,并结合11月9日国务院常务会议精神和11月6日副省长牛仁亮在省交通厅调研时的“一超三大”指示精神，进行全方位、深层次、针对性强的深入认真讨论。王志民、张志川、张德仪结合所分管的交通工作和调研课题，就构建综合运输体系、交通职能宣传、创新筹融资体制等进行精彩独到的专题发言。厅党组书记、厅长段建国在听取省公路局局长戴飞、省征稽局局长张晋鹏关于全省公路、征稽系统当前工作和开展学习实践科学发展观活动的总结汇报后，就全省交通系统学习实践科学发展观活动进行阶段总结和交流讨论。针对存在高速公路开工建设总量不足、重建轻养、体制机制不顺畅、工作作风不够扎实等问题进行深入分析研究，并就如何面对机遇，进一步解放思想进行安排部署。要求全省交通系统各级党员干部要用超前理念谋划交通发展，打破按部就班传统观念，紧密联系工作实际，创新工作机制，努力改进工作作风，畅通各种渠道，深入基层一线，广泛听取群众意见，换位思考，实事求是，转变观念，切实增强各级党员和领导干部的责任感、使命感，推动全省交通工作科学快速发展。吕德功在讲话中，希望全省交通系统各级党员干部抓住新一轮发展机遇率先实践，通过用科学发展观思想来破解交通工作中遇到的难题，在国家发展大交通格局中抢位，在整合大运输体系效能中领跑，用解放思想成果在创新经营体制和管理水平中激活，在服务最广大人民群众中尽职尽责，为人民大众提供更便捷的交通环境。

11 月 14 日，省交通厅召开深入学习实践科学发展观活动汇报会，总结前一阶段学习实践活动，对进一步引深第一阶段学习实践活动进行再部署。厅党组副书记、副厅长张润出席并讲话。厅直机关党委书记杨俊威传达省委学习实践领导小组《关于深入扎实做好学习提高调查研究阶段工作的通知》精神。厅学习实践活动指导检查组 5 位组长对前段指导检查工作进行汇报。张润在讲话中，要求努力抓好 5 项工作。即创新思路，打破陈规；跳出圈子，审视不足；学习经验，丰富自己；深入下去，夯实基础；改进作风，实事求是。要广泛开展“创建五型机关，促进四个发展”主题实践活动，真正把学习实践活动与落实先进性长效机制、推进党建工作创新、完成各项工作任务结合起来，统筹兼顾，合理安排，切实做到两不误、两促进。

11 月 24 日上午，省交通厅召开座谈会，邀请部分党员老干部和党外人士，结合正在开展的深入学习实践科学发展观活动，向他们征求意见。厅党组副书记、副厅长张润，厅深入学习实践科学发展观活动领导组办公室相关同志出席。杨俊威通报省交通厅开展深入学习实践科学发展观活动第一阶段总体情况，以及下一阶段安排。参会的党员老干部和党外人士结合自己学习和思想实际畅所欲言。张润在讲话中，希望老干部继续发扬优良传统，关注全省交通发展，多提好的意见和建议，促进全省交通持续快速健康发展。

12 月 5 日，省交通厅召开深入学习实践科学发展观活动第一阶段总结暨第二阶段动员大会，回顾学习实践活动第一阶段工作，部署第二阶段工作任务。厅党组书记、厅长段建国作动员报告，省委第三指导检查组组长吕德功出席并讲话。厅党组副书记、副厅长张润主持。在并厅领导、厅直各单位党政主要负责人和党办主任、厅机关处级以上干部和离退休干部代表、厅学习实践活动指导检查组全体同志参加。活动开展以来，厅直各级党组织和广大共产党员，特别是党员领导干部，紧紧围绕“党员干部受教育，科学发展上水平，人民群众得实惠”总体要求，以饱满政治热情，“七个到位”抓落实，“三个重点”求实效，“五点共识”谋发展，即组织领导到位、思想发动到位、安排部署到位、指导检查到位、汇报沟通到位、示范引领到位、舆论引导到位；在学习培训上求实效，在专题调研上求实效，在解放思想大讨论上求实效；在发展方向、发展目标、发展方法、发展措施、发展保证上基本形成共识，学习实践活动起步扎实，开局良好，推进有序，取得明显成效。段建国在报告中，要求扎实做好分析检查阶段四个环节工作，认真组织专题民主生活会，认真撰写领导班子分析检查报告，及时通报分析检查情况，严格组织群众评议，确保分析检查质量。吕德功在讲话中,要求广泛征求意见,找准问题,分析原因,理清思路,明确方向,扎实做好第二阶段各项工作。

12月12日,省交通厅党组召开学习实践活动专题民主生活会,对照科学发展观要求,认真分析检查工作中存在的问题,进一步理清科学发展思路,制定推动和保障交通新的科学发展的具体措施。省委第三指导检查组组长吕德功,副组长崔富春、赵林平,省委组织部省直处郑秀春到会指导。省征稽局、省高管局、省运管局、省地方海事局党组织主要负责人,省交通厅指导检查组组长及厅学习实践活动领导组办公室有关负责同志列席。

为开好这次专题民主生活会,厅党组广泛征求各方面意见和建议,先后召开各类座谈会21次,发放征求意见表70多份,收集梳理肯定性意见63条,建议93条;厅领导围绕11个调研课题,分别带领有关部门和单位负责人深入联系点展开调研,累计深入26个基层单位调研44次,亲自主持撰写11个调研报告。各位班子成员根据这次民主生活会要求,对照征求到的意见和建议,结合各自分管工作,会前开展谈心活动,精心准备发言提纲。会上,大家联系思想和工作实际,交流学习实践科学发展观的体会,剖析交通改革发展中存在的突出问题,提出有针对性的整改意见和建议。段建国在发言中,要求努力做好5项工作。一要抓住机遇再掀公路建设新高潮,努力使交通基础设施建设在质和量上实现双突破;二要解放思想,加大改革创新力度,全力化解制约交通发展的突出问题;三要统筹兼顾,落实"三个并重",促进交通事业全面协调可持续发展;四要以人为本,抓住突出问题,不断发展,实现和维护广大人民群众根本利益;五要大力加强干部队伍建设,切实加强厅党组自身建设。吕德功在讲话中,认为这次专题民主生活会准备充分,紧扣主题,态度坦诚,注重对接,下一步要抓好第二阶段其他环节工作,高质量完成分析检查报告,分析要深刻,检查要到位,主要领导和班子成员要全程把关分析检查报告。他说,当前,交通发展机遇比较好,但行业发展任务大,行业改革矛盾多,行业稳定风险高,行业安全责任重,大家必须同心同德,团结一致,在厅党组领导下,解放思想,共同破解制约交通新发展的突出问题;抢抓机遇,科学指导,全力推动交通大发展的启动步伐;营造氛围,完善与地方政府的共建机制,强化共建责任,最后形成共建合力。

12月22日下午,省交通厅学习实践科学发展观活动领导组办公室召开指导检查组组长会议,传达学习习近平同志在深入学习实践科学发展观活动视频会议上的讲话精神、张宝顺同志在山西分会场的讲话精神及省委第三指导检查组会议精神,并对分析检查阶段工作进行部署。厅党组副书记、副厅长张润出席并讲话。要求齐心协力,全力以赴,按要求完成好分析检查报告,把问题找准确,把根源弄明白,把思路理清楚,把对策定科学,做到解决问题有的放矢。

12月25日上午,省交通厅党组召开扩大会议,专题研究讨论领导班子分析检查报告。厅党组书记、厅长段建国主持。在听取厅领导班子分析检查报告的通报后,与会人员进行认真讨论。大家一致认为,厅领导班子分析检查报告内容翔实,实事求是,总结贯彻落实科学发展观取得的成效客观实在,不夸大成绩,点到为止,查摆问题深入准确,不遮遮掩掩,分析原因深刻透彻,发展思路符合全省交通实际,整改措施切实可行,很有针对性,是一个令人鼓舞、质量很高的报告。会上,大家还结合工作实际,提出许多修改建议。厅党组高度重视分析检查工作。厅党组书记段建国同志亲自指导,厅党组副书记张润同志全程主持分析检查报告的起草,并先后组织召开两次座谈会,广泛听取对分析检查报告的意见和建议。此次修改完善,为下一环节群众评议和整改落实打下坚实基础。

12月29日下午,省交通厅领导班子分析检查报告群众评议大会召开。厅党组副书记、副厅长张润主持,厅领导段建国、王志民、张志川、郜玉兰、张德仪、赵振田、曹燎原、郭贵平,厅机关各处室,厅直各单位党政负责同志，民主党派、党外人士代表，离退休干部和交通行风监督员代表参加。厅党组书记、厅长段建国通报厅领导班子学习实践科学发展观活动分析检查报告，会议代表进行实事求是、客观公正评议。深入学习实践科学发展观活动进入分析评议阶段以来，厅党组充分吸收和运用前一阶段学习成果，紧扣学习实践活动主题和载体，紧密联系交通改革发展稳定和厅党组中心工作，深入分析寻找影响制约交通科学发展、快速发展的突出问题和党性党风党纪方面群众反映的突出问题。厅党组召开民主生活会后，形成贯彻落实科学发展观的分析检查报告。段建国从党的十六大以来厅领导班子贯彻落实科学发展观所取得的成效以及形成的共识、存在的问题和主观原因分析、推进全省交通运输科学发展思路和主要举措、按照科学发展观要求加强厅领导班子建设4个主要方面进行总结通报。会议要求，全省交通系统各单位要继续加强组织领导，做好领导班子分析检查报告群众评议结果公布工作；厅指导检查组要加强督促检查，并充分接受群众监督；要突出实践特色，做好整改落实准备工作；把解决问题贯穿于分析检查阶段全过程，扎实推进各项工作；各单位要进一步拓宽工作思路，与总结当年工作、谋划明年各项工作结合起来，切实做到两手抓，两不误，两提高。

2009年1月9日，省交通厅召开学习实践科学发展观活动整改落实阶段动员会，总结分析检查阶段工作，安排整改落实阶段各项任务。厅党组书记、厅长段建国作动员报告，省委第三指导检查组组长吕德功出席并讲话。厅党组副书记、副厅长张润主持，厅领导韩日裕、张志川、张德仪，厅学习实践活动领导组成员，厅机关各党支部书记，厅各指导检查组组长、副组长参加。省交通厅学习实践活动自2008年12月5日转入分析检查阶段以来，严格按照学习实践活动的指导思想、目标要求和分析检查阶段"四个环节"的方法步骤，紧紧围绕"坚持科学快速安全协调发展，提升交通运输服务保障能力"主题，突出处级以上领导干部和领导班子重点，高度重视，精心组织，加强领导，扎实推进，在省委第三检查指导组的有力指导下，圆满完成分析检查阶段各项任务，较好地实现了思想认识上有新提高、解决问题上有新举措、推动工作上有新成效。

段建国在讲话中，要求把保持经济平稳较快发展作为当前学习实践科学发展观最具体的实践，紧紧围绕促进交通科学发展、快速发展、安全发展、协调发展，抓住制定整改落实方案、集中解决问题和创新体制3个环节，统筹做好当前各项工作，下工夫解决影响制约科学发展的突出问题、影响行业和谐的突出问题和党员干部党性党风党纪方面群众反映强烈的突出问题，办几件群众迫切希望办的好事实事，制定完善一批当前迫切需要的制度政策，体现学习实践活动成果，努力创建群众满意工程。吕德功在讲话中，要求抓好3个环节工作。制订方案要做到"四明确一承诺"，即明确整改落实项目，明确整改落实目标和时限要求，明确整改落实措施，明确整改落实责任，对整改落实作出公开承诺；集中解决问题环节，要紧紧围绕省委提出的转型发展、安全发展、和谐发展和交通科学发展、快速发展、安全发展、协调发展这一主题，实事求是，避免短期行为；要按照科学发展观要求，更加注重推进体制机制创新工作，充分借鉴调研成果，充分运用领导班子分析检查报告，充分听取各方面意见和建议，做好"废、改、立"的工作。

2009年2月13日，省交通厅召开学习实践科学发展观活动整改落实阶段推进会。会议由厅直机关党委书记杨俊威主持。通报前段工作情况，提出近期工作重点。厅学习实践活动领导组办公室副主任，厅指导检查组组长，厅直各单位负责人，厅机关党支部书记参加。会议指出，按照省委统一安排，第一批学习实践活动整改落实阶段于2月底基本告一段落。各单位下一步要继续做好两项工作：一是集中解决问题；二是创新体制机制。各单位、各部门要尽快安排整改落实阶段后两个环节工作，认真总结宣传学习实践活动尤其是整改落实阶段的好做法、好经验，以有效、深入宣传,扩大影响,推进学习实践活动深入广泛开展。

2009年2月27日,省交通厅召开深入学习实践科学发展观活动总结大会。厅党组书记、厅长段建国作总结报告,省委第三指导检查组组长吕德功出席并讲话,厅党组副书记、副厅长张润主持。厅领导王志民、张志川、部玉兰、赵振田、曹燎原、郭贵平出席。厅机关全体党员干部、厅直各单位党政主要负责人、厅指导检查组全体同志、党外人士、离退休老干部、行风监督员及群众代表130余人参加。按照全省统一部署,省交通厅第一批深入学习实践科学发展观活动从2008年9月开始,共24个单位5060名党员参加。活动开展以来,在省委正确领导和省委第三指导检查组强有力指导下,厅直系统各级党组织经过近半年努力,圆满完成学习实践活动3个阶段17个环节的工作任务,较好地实现了"提高思想认识、增强发展能力、解决突出问题、创新机制体制、推动科学发展"的要求,群众对省交通厅学习实践活动情况的满意度达99.2%。

段建国在报告中,总结省交通厅学习实践活动的做法和特点主要体现在六个方面。一是坚持强化领导,注重分类指导。为加强对活动的组织领导,省交通厅成立厅学习实践活动领导组及办公室,并向参加第一批学习实践活动的24个单位派出5个指导检查组,同时还及时成立新建高速公路建设管理处党组织,加强对高速公路建设单位的领导。二是坚持全员参与,保证活动效果。针对行业特点,省交通厅采取深入一线、强化指导,结合实际、送学上门等措施,保证学习实践活动纵向到每个基层党支部,横向到每一名党员。省交通厅在学习实践活动中"不留一个死角,不落一名党员"的做法,受到省委指导检查组的充分肯定。三是坚持领导带头,发挥表率作用。学习实践活动开展以来,厅直各级党员领导干部充分发挥模范带头作用,带头学,带头讲,带头深入到党员群众中去,带头参加各个环节的活动。四是坚持群众路线,勇于开门纳谏。为把影响和制约交通科学发展的问题找准摸透,参加学习实践活动的各单位坚持走群众路线,吸收群众参与,广泛征求社会各界意见和建议。五是坚持舆论引导,把握正确方向。各单位高度重视宣传和舆论导向工作,并努力把这项工作贯穿于学习实践活动始终。六是坚持实践特色,推动科学发展。在厅机关率先组织开展"创建五型机关,促进四个发展"主题实践活动,并紧紧抓住国家实施积极财政政策、适度宽松货币政策和扩大内需、促进经济增长10项措施这一难得的发展机遇,突出实践特色,用足用好政策,加大投资力度,扩大建设规模,以思想大解放推动交通大发展。与此同时,各级党组织广泛开展"进万家门、解万家难、暖万人心"活动和向南方灾区"送温暖、献爱心"捐款捐物活动。

段建国指出,经过近半年扎实工作,省交通厅学习实践科学发展观活动取得阶段性成果,成效明显。一是在加深理解和自觉贯彻落实科学发展观上实现新提高。通过学习实践活动,广大党员干部在破除思维定式、陈旧观念,克服自满心理、畏难情绪,增强大局意识、责任意识等方面取得明显进步。厅党组在认真总结经验、全面分析形势基础上,形成5点共识。二是在解决突出问题、创新体制机制上取得新成果。坚持突出实践特色,坚持边学边改,着力在解决影响和制约交通科学发展及群众反映强烈的突出问题上下工夫,对征集到的5个方面25个主要问题逐项进行整改或部署。三是在推动全省交通运输科学发展上开创新局面。坚持把学习实践活动成果转化为推进交通工作的强大动力,在圆满完成学习实践活动任务的同时,交通基础设施建设、交通运输生产、交通行业管理、机关作风建设以及行业文明创建各项工作,均取得重要进展。四是厅领导班子和干部队伍建设得到新加强。增强贯彻落实科学发展观的自觉性和坚定性,提高决策的科学化、民主化水平和领导干部的战斗力,加强反腐倡廉工作,进一步匡正用人风气,端正用人导向。

段建国最后强调,学习实践科学发展观

既是当前一项重大的政治任务,也是一项需要常抓不懈的重要工作。因此,要继续推进思想大解放,继续推进交通科学快速安全协调发展,继续抓好整改落实,继续建立完善长效机制,继续加强干部队伍建设,进一步巩固和扩大学习实践活动成果,进一步推进交通改革和发展。

吕德功在讲话中,对省交通厅的学习实践活动给予充分肯定。认为省交通厅党组严格按照省委部署,围绕"党员干部受教育、科学发展上水平、人民群众得实惠"总体要求,紧密联系交通实际,扎实开展深入学习实践科学发展观活动,圆满完成各项任务,并把学习成果快速转化为实践。在活动中,省交通厅党组参与的广度、研讨的深度、实践的速度、整改的力度都很有特色,主要领导率先垂范,班子成员态度认真,分管领导和办公室同志尽心尽责,保证学习实践活动取得明显成效。他希望省交通厅各级领导干部在以后的工作实践中,始终不懈地深入学习科学发展观,继续深化对科学发展观的理解与认识,不断提高落实科学发展观水平,在践行科学发展观的道路上开辟新的通道。

10 月 22 日,省交通运输厅召开新社会组织深入学习实践科学发展观活动动员会。厅党组副书记、副厅长张润对新社会组织第三批深入学习实践科学发展观活动进行动员和部署。省交通勘察设计协会会长杨金泉、各有关交通行业协会主要负责人、秘书长,各有关行业协会主管部门分管领导、党办主任参加会议。

省厅依法登记的社会团体有 8 个,即省国防交通学会、省道路运输协会、省交通征稽管理协会、省高速公路服务区协会、省交通勘察设计协会、省交通企业协会、省汽车维修与检测行业协会、省物流学会。会议要求各协会或学会于月底前成立党组织,以加强对学习实践活动的领导,尽快召开动员大会,制订实施方案,扎实做好学习实践活动的各项工作。

张润在讲话中,提出具体要求。一要深刻认识在新社会组织开展学习实践活动的重要意义。是促进新社会组织科学发展的重大举措,是加强新社会组织党建工作的迫切需要,是发挥新社会组织积极作用的现实需要,是在新社会组织领域扩大党的群众基础的必然要求。二要明确新社会组织学习实践活动的目标要求。即明确学习实践活动的指导思想、对象、目标任务和具体要求。通过这次学习实践活动,要努力实现党的建设有新突破,自身建设有新加强,功能作用有新发挥。要按照学习调研、分析检查、整改落实三个阶段进行。同时,要保证集中活动时间不少于 4 个月,并安排 2 个月时间用于充分做好准备工作和巩固扩大学习实践活动成果。三要扎实有序地开展好学习实践活动。即加强领导和指导,落实工作责任;突出特色,正面教育;搞好宣传,营造氛围;合理安排,协调推进。要以饱满政治热情、神圣政治使命感和高度政治责任感投入到学习实践活动当中,全力以赴,尽职尽责,扎实工作,通过卓有成效的学习实践活动,不断开创全省交通运输新社会组织建设与管理工作新局面。

第六节　中共山西省交通运输厅第一次党员代表大会

2010 年 3 月 29 日上午,中国共产党山西省交通运输厅第一次党员代表大会在太原胜利召开。会议高举中国特色社会主义伟大旗帜,以邓小平理论和"三个代表"重要思想为指导,深入贯彻落实科学发展观,全面总结近年来厅直系统党的工作,提出今后的目标任务,选举产生山西省交通运输厅第一届直属机关党委、纪委,动员厅直系统全体党员围绕中心,服务大局,改革创新,求真务实,为实现全省交通运输事业科学快速安全协调发展而努力奋斗。厅党组书记段建国作重要讲话,省直工委副书记郭康锋到会祝贺并讲话。大会由厅党组副书记张润主持。厅党组成员王志民、韩日裕、张志川、张德仪、赵振田,厅副巡视员郭贵平,省交战办专职副主任尹新平等大会主席团成员在主席台就座。在主席台就座的还有戴飞、张晋鹏、王世峰、李华中、董新品、孟科、魏庆飞、李平、刘清平、胡钢成、王亚虎等主席团成员,厅直机关197名党员代表出席会议。

中共山西省交通运输厅直属机关第一次党员代表大会的召开,是厅直机关广大党员政治生活中的一件大事、喜事,对深入贯彻落实党的十七大和十七届四中全会精神,深入学习实践科学发展观,以改革创新精神加强和改进厅直机关党的建设,服务全省交通运输事业又好又快发展,具有十分重要意义。

段建国在讲话中,充分肯定厅直机关党建工作在促进交通运输发展中发挥的作用。近年来,特别是"十一五"以来,在交通运输跨越式发展和历史性巨变过程中,厅直机关党委和各基层党组织坚持围绕中心、服务大局,不断加强党的思想、组织、作风、制度和反腐倡廉建设,在全面推动交通运输改革发展稳定的重大任务中,尤其是在应对国际金融危机,适应国家体制改革的新要求,推进行业重大改革和发展方式转变,深入开展学习实践科学发展观活动和加强机关效能建设,推进精神文明建设、行业文明建设等方面,充分发挥党组织政治核心作用和党员先锋模范作用,为交通运输科学发展提供有力政治保证。当前和今后一个时期,是推进交通运输发展的关键阶段。充分发挥党建工作优势,进一步加强厅直机关党的建设和作用,对于促进交通运输科学发展具有非常重要意义。加强厅直机关党的建设,是完成新任务、促进交通运输快速高效发展的客观要求,是迎接新挑战、促进交通运输安全稳定发展的迫切需求,是适应新要求、促进交通运输科学、协调发展的有力保证。厅直机关党建工作必须适应交通运输发展的新要求、新任务,进一步创新思路、创新机制、创新方法,提升监督能力,以党的先进性保证交通运输生产力的先进性,在新的起点上不断向前推进。

段建国在讲话中,要求坚持把围绕中心、服务大局作为厅直机关党建工作的基点和方向,着力促进交通运输科学发展;坚持把队伍建设作为厅直机关党建工作的关键,努力为交通运输科学发展提供根本保证;坚持把加强党的执政能力建设和先进性建设作为厅直机关党建工作主线,着力推进服务型政府机关建设;坚持把落实党建工作责任制作为厅直机关党建工作抓手,着力完善机关党建工作长效机制。郭康锋在讲话中,高度评价全省交通运输工作,充分肯定厅直系统党建工作为全省交通运输事业提供的思想、政治、组织保障,提出5点要求。即切实抓好理论武装,进一步夯实基础工作,继续加强作风建设,坚持改革创新,进一步加强组织领导,争取再上新台阶,为完成省交通运输厅中心任务,为发展现代交通运输事业、服务山西转型、安全、和谐发展,作出新的更大贡献。

胡钢成受上届厅直属机关党委委托,向大会作了题为《继往开来,和谐奋进,创新跨越,科学发展,努力开创厅直系统党的工作新局面》的工作报告,全面回顾厅直系统各级党组织近年来所开展的工作,总结厅直系统党的建设所取得成绩和经验,并对今后一段时期厅直系统党的工作提出建议与部署。

指导思想和总体要求是:坚持以邓小平理论和"三个代表"重要思想为指导,深入贯彻落实科学发展观,认真落实党的十七大和十七届四中全会精神,紧紧围绕交通运输工作大局,以提高党的执政能力、保持和发展党的先进性为核心,以继续解放思想、推动科学发展、促进社会和谐为关键,全面推进党的思想建设、组织建设、制度建设、作风建设和反腐倡廉建设,努力开创厅直系统党的工作新局面,为全省交通运输科学发展提供坚强的政治保障。

按照这一总体要求,主要做好六方面工作:着眼于提供精神动力和思想保障,强力推进学习型党组织建设;着眼于提高战斗力、凝聚力和创造力,切实加强党的基层组织建设和党员队伍建设;着眼于提高效能和改进服务,不断强化作风建设;着眼于加强制度建设和完善组织监督,深入推进反腐倡廉建设;着眼于提升行业形象和优化发展环境,努力构建和谐交通;着眼于强化责任和提高队伍素质,不断创新厅直党建工作新格局。

会议选举王世锋、王亚虎、史晓华、刘清平、李平、周存信、胡钢成、贾山泉(排名以姓氏笔画为序)9名同志为中共山西省交通运输厅直属机关第一届委员会委员,王亚虎、孙印、任良华、任小峰、孟仁贵、杨直清、程跃平(排名以姓氏笔画为序)7名同志为纪律检查委员会委员。在随后召开的厅直属机关第一届党委第一次全体会议上,胡钢成当选为厅直属机关党委书记,王亚虎当选为副书记。王亚虎在厅直属机关第一届纪律检查委员会第一次全体会议上,当选为厅直属机关纪委书记。

3月30日上午,中共山西省交通运输厅第一届委员会第一次全体会议在省交通运输执法局二楼会议室召开。新当选的第一届党委委员参加。

会议对新一届党委书记和副书记进行无记名投票选举,胡钢成同志全票当选为新一届厅直机关党委书记,王亚虎同志全票当选为新一届厅直机关党委副书记。

胡钢成同志在讲话中,首先对各位委员的信任和支持表示感谢!充分肯定这次党员代表大会的成果。认为这次大会是一次解放思想、团结务实的大会,是一次继往开来、和谐奋进的大会。他说,今后几年,是实现全省交通运输事业科学快速安全协调发展的重要时期,也是厅直系统党的工作大有可为、开创新局面的重要机遇期。作为中共山西省交通运输厅直属机关第一届党委,使命光荣,责任重大。一定要紧紧依靠省直工委和厅党组的坚强领导和指导,一定要传承历届厅直机关党委班子的光荣传统和先进经验,在全体党员共同努力下,以昂扬向上工作热情,与时俱进精神状态,拼搏进取工作干劲,求真务实工作作风,振奋精神,凝神聚力,团结协作,在新的实践中,不断开创厅直系统党建工作新局面。一要融入中心,服务大局,努力推动全省交通运输事业又好又快发展。要切实把党员干部的思想统一到厅党组确定的工作目标上来,大力构建和谐交通,以典型示范作用和精神力量教育人、引导人、鼓舞人,营造一种聚精会神抓工作、一心一意谋发展、恪尽职守作贡献和倍加顾全大局、倍加珍惜和谐、倍加维护团结的良好氛围。二要内强素质、外树形象,树立新一届党委的崭新面貌。做政治坚定,善谋全局的模范;做勤于学习、甘于奉献的模范;做团结协作、坦诚相待的模范,把厅直机关党委建设成一个充满活力、充满创造力、富有战斗力的坚强集体。三要求真务实、开拓创新,全面推进新时期厅直系统党的工作上水平。要不断创新工作思路,在工作定位上,要围绕服务中心、建设队伍两大任务,找准开展活动、发挥作用的着力点,把能否完成本单位各项任务、推动交通运输科学发展,作为评价各级党组织成效的主要标准。在工作方法上,坚持统筹兼顾,日常性工作抓规范,创新性工作抓突破,要创新活动载体,创新制度机制,保证机关党建各项任务的落实。全省交通运输系统广大党员,要进一步解放思想,振奋精神,同心同德,开拓创新,为实现交通"科学发展、快速发展、安全发展、协调发展"而努力奋斗!

第十一章 反腐倡廉

2003年以来,在省纪委和省交通运输厅党组正确领导下,全省交通运输系统各级纪检监察部门干部职工认真贯彻落实改革创新、惩防并举、统筹推进、重在建设的基本要求,突出抓好以工程建设领域为重点的源头治理,以治理超限超载为重点的执法监督,以纠风治乱为重点的行风建设,以履职尽责为重点的领导干部作风建设,配套建立具有交通运输特色的惩防腐败体系,为促进全省交通运输事业又好又快发展,提供坚强有力的政治保证。

第一节 廉洁自律工作的逐步深化

2003年,省委、省政府决定在全省范围内开展以清车、清房、制止奢侈浪费为主要内容的“三项治理”工作。全省交通运输系统从实践“三个代表”重要思想高度出发,将其作为进一步改善党群关系、改进作风建设的重要突破口,不折不扣地贯彻执行有关政策规定,使全系统“三项治理”工作取得阶段性成果,领导干部廉洁自律工作取得新进展。一是清车经过自查、申报、公示、审核、纠正处理等几个阶段工作,共对厅属系统73个县处级单位、1381辆公务用车进行摸底调查。对清理范围内11个单位的22辆超标车进行纠正。其中上缴省财政8辆,履行报批手续9辆,进行调剂处理5辆。另外,还收回离退休老干部占用车辆6辆,退回企业1辆。通过清车工作,有效遏制购置超标小汽车势头。二是按照全省统一安排,共对厅直19个单位、345名副处级以上领导干部住房情况进行摸底申报,对公有住房2418套、经济适用房60套逐一进行审核登记。三是制奢工作中,各单位认真贯彻省委、省政府两办通知精神,将监督检查与整章建制相结合,针对自查中存在的问题,特别是对反映部分出入高消费娱乐场所人员进行廉政谈话和通报批评。全系统各单位从招待费用开支管理、会议审批、收支两条线、公务出国和各类业务培训审批等方面,进一步修订完善内部管理制度,逐步建立领导干部廉洁自律长效运行机制,铺张浪费现象得到有效遏制。为积极配合“三项治理”工作开展,各级党组织和纪检监察部门抓教育,筑防线,组织学习郑培民、陈德华、梁雨润等同志的先进事迹,开展“艰苦奋斗、廉洁从政”主题教育活动,使全系统领导干部的廉洁自律意识有了明显提高。

2004年,全省交通运输系统把“四大纪律”、“八项要求”作为廉洁自律的行为规范,立足教育,构筑防线。深入开展以弘扬党员先进性为主题的学习许振超、赵家富同志先进事迹活动,以中纪委一号通报为主题的警示教育活动,以两个条例为主要内容的党纪条规教育活动。2月18日,省交通厅召开近年来规模最大、规格最高的全省交通系统党风廉政建设干部大会。省纪委副书记李潭生应邀出席。厅领导王晓林、宋元林、张润、赵龙、王志民、郜玉兰、张德仪、郜学文、郭贵平出席。厅党组成员、省纪委驻厅纪检组组长赵龙传达中纪委三次全会、全省党风廉政建设干部大会、省纪委三次全会和全国交通系统纪检监察工作会议精神,副厅长王志民传达国务院第二次廉政工作会议精神,副厅长张润传达中纪委1号通报“关于交通系统部分领导干部违纪违法案件的通报”。

厅党组书记、厅长王晓林结合交通实际,就贯彻落实中央和省部“五个会议、一个文件”精神,做好全年交通系统反腐倡廉工作进行安排部署。要求突出把交通基础设施建设中的党风廉政建设抓出新成效,把解决群众反映强烈的突出问题抓出新成效,把对权力运行的监督抓出新成效,把领导干部廉洁自律抓出新成效,把源头治理、案件查处抓出新成效。要着力解决好十个方面的突出问题:一是坚决纠正在公路建设中侵害农民利益的问题;二是坚决纠正在农村公路建设中的乱集资、乱摊派,保证不增加农民负担;三是坚决纠正交通执法中的违法乱纪行为;四是坚决纠正企业重组改制和破产中侵害职工合法权益、侵吞国有资产的问题;五是进一步加大治理公路“三乱”的工作力度,特别要抓好治理公路超载超限运输工作;六是加大安全生产管理和事故责任追究力度;七是进一步加大“三项治理”工作力度;八是绝不能搞不切实际、劳民伤财的政绩工程;九是绝不能搞经不起考验的劣质工程、“豆腐渣”工程;十是绝不能搞权钱交易的腐败工程,从而进一步加强党风廉政建设和反腐败工作,为交通率先发展提供坚强政治保证。

在2005年召开的全省交通工作会议上,厅党组书记、厅长王晓林代表省交通厅党组公开六项承诺:一是自觉遵守“四大纪律”、“八项要求”,带头执行领导干部廉洁自律各项规定,做廉洁自律的表率;二是认真贯彻党风廉政建设责任制。切实抓好分管范围内的领导干部廉洁自律工作,特别是要在交通基础设施建设中实行“阳光作业”,党组成员不介入工程建设的招投标活动,不打招呼,不写条子,不介绍施工队伍;三是决不收受他人钱物。凡送钱、送有价证券及贵重物品的一概拒收,或立即上交组织,并对当事人进行严肃的批评教育,并请纪检监察部门记录在案,按照有关规定和程序处理;四是自觉执行《党员领导干部选拔任用工作条例》,对跑官要官的坚决拒绝,并向有关人员提出批评,责成组织人事部门记录在案;五是管好自己的亲属、子女和身边工作人员。决不允许他们在自己分管范围内经商办企业、承揽工程、提供物资供应,帮助别人联系有关经营性事宜,干预和插手干部人事工作。无论什么人,凡以领导名义办私事、谋私利的,有关部门和单位要一概拒绝,并向领导本人或有关部门报告;六是自觉加强作风建设,带头做到求真务实。下基层工作坚持轻车简行,拒绝迎来送往,杜绝奢侈浪费。不参与高消费娱乐活动,坚决抵制并不参与赌博。“六项承诺”提出之后,在全系统产生积极反响。各单位党组织按照省交通厅党组要求,认真治理并坚决制止向领导干部送钱送物、跑官要官、打着领导旗号谋私利和领导干部参与赌博、借机敛财五股歪风。在清理纠正领导干部拖欠公款、投资入股煤矿、狠刹奢侈浪费歪风的同时,把清房工作作为重点,共对申报范围内的42名省管干部、288名处级领导干部的住房面积逐一进行审核、外调,共纠正处理88人,其中退房9套,加租21套,补交房款330万余元,纠正通知书发放率和纠正到位率均为100%,通过省“三项治理”办和省直“三项治理”办验收。厅属各单位党政主要领导先后结合本单位实际,提出廉洁自律承诺。自觉接受监督,主动开展监督的意识进一步增强。按照省纪委安排,各级纪检监察部门集中开展纠正领导干部兼职、公款为领导干部购买商业保险以及以清车、清房、制止奢侈浪费为主要内容的“三项治理“等活动。清车工作在清理规范基础上,健全相关制度,修订完善《小汽车编制管理办法》、《购置配用车辆管理制度》等公务用车管理规定,顺利通过省三项治理领导组检查。清房工作先后对申报范围内的39名省管干部、276名处级干部涉及19个厅直单位的2947套公房个人申报情况进行审核、公示、外调。制奢工作先后对定点招待、职务消费、严格控制会议及文件等方面工作进行督察,完善《行政经费管理办法》、《会议组织》、《公务接待》、《财务管理》等方面的25项管理制度,进一步增强各级领导干部的廉洁自律意识和勤政为民自觉性。

2007年,为深入贯彻党的十七大和中纪委七次全会精神,按照省、部关于加强廉政工作要求,全省交通系统开展形式多样的廉政文化活动,有力促进教育、制度、监督并重的惩防腐败体系建立,形成反腐倡廉工作的整体合力。各单位积极响应厅党组号召和要求,紧紧围绕交通改革发展中心工作,紧密结合反腐倡廉实际,创造性地参与交通廉政文化活动。共收集交通廉政调研课题论文14篇,评选优秀论文10篇;征集廉政书法绘画摄影作品65件,评选优秀作者31人;征集廉政短信120条,评出优秀作者18人;另外,有3个交通廉政文艺节目推荐到省纪委迎新联谊会演出。交通廉政文化建设的深入开展,有力推进反腐倡廉工作创新。

2007年,省纪委在全省开展反腐倡廉课题调查研究活动。在厅领导支持指导下,由省纪委驻厅纪检组牵头,组织厅属单位开展“交通领域易发多发腐败现象的根源及对策”课题的调研工作。共收到厅机关、省公路局、省交通设计院、省交通科研院、省交通监理总公司等单位调研论文14篇。文章结合交通行业特点,坚持用实事求是和创新精神,了解情况,弄清问题,寻求新思路,探索新办法,提出落实反腐倡廉新措施,对策具有较强前瞻性、指导性、可操作性。其中,省纪委驻厅纪检组撰写推荐的《强化标本兼治,坚持综合治理,构建从源头上预防和治理腐败新体系》、《交通领域易发多发腐败现象和构建惩防一体反腐倡廉新机制带来的启示》,分别获中纪委驻交通部纪检组优秀论文(调研报告)评比二等奖、省纪委优秀论文(调研报告)评比三等奖,受到省纪委和中纪委驻交通部纪检组的表彰奖励。

2008年,省交通厅不断强化反腐倡廉教育,以树立正确的权力观为重点,先后组织作风建设、中纪委二次全会精神、中央惩防体系《工作规划》、学习“右玉精神”和科学发展观的学习教育,深入开展正反两方面的典型教育,组织党员干部收看抗震救灾英模报告,结合王月喜、苗元礼、宋建平案件和交通系统的违规违纪案件,及时进行警示教育,吸取教训,引以为戒。省交通厅还组织重点公路建设单位纪检书记参加交通部举办的纪检工作培训班。集中开展廉政文化活动,采取征集廉政书画作品、征集群发短信、组织文艺节目等多种形式,在全系统营造反腐倡廉的良好环境,评比表彰一批开展交通廉政文化建设的先进单位和个人。厅领导和纪检工作人员在各种报刊发表廉政方面的文章10多篇,并上报省纪委,中纪委驻交通部纪检组关于交通行业反腐倡廉研讨调研文章3篇,配合和促进廉政教育开展,省纪委《简报》转发省交通厅加强节日期间廉政建设的措施,省纪委驻厅纪检组撰写的反腐倡廉研讨论文在全国交通监察年会上进行大会交流,省交通厅被交通运输部表彰为全国交通行业廉政文化建设征文活动优秀组织单位。

2009年,省交通运输厅严格执行《关于领导干部进一步改进工作作风、严肃工作纪律的若干规定》,紧密结合交通运输工作实际,坚决克服形式主义、官僚主义;改进会风和文风,精简会议和文件,认真执行会议、公务接待和差旅费管理有关规定;认真执行中央有关厉行节约、反对铺张浪费的规定,严禁用公款大吃大喝、游山玩水和进行高消费娱乐活动;坚决纠正以学习考察、招商引资等名义公款旅游特别是出国(境)旅游的不正之风。

2010年,省交通运输厅按照省纪委《关于进一步加强和改进纪检监察干部队伍建设的若干意见》的要求,切实加强对厅属单位纪检监察干部的教育、管理和监督,严格落实纪检监察干部“五严守、五禁止”,建立健全纪检监察部门内部管理制度和制约监督机制。积极为纪检监察干部履职尽责创造条件,加大对纪检干部的关心、使用、交流力度,根据重点公路建设需要,新派驻高速公路建设管理处纪委书记9名。强化纪检监察干部教育培训,积极参加全省组织的干部自主选学课程培训,纪检监察干部队伍综合素质和专业化水平不断提高,服务、保障、促进交通运输发展大局的能力进一步增强。

第二节　警示教育活动的有效开展

加强党风廉政建设和反腐败斗争,关键是要有一批政治素养高、作风扎实的领导干部和纪检监察工作者。

2003年以来，省交通厅党组结合交通工作实际，以深入学习贯彻党"十六大"、"十七大"历次全会精神和"三个代表"重要思想为契机，深入开展先进人物学习活动，"三个代表"重要思想，"十六大"、"十七大"历次全会精神等理论学习活动，努力从政治理论、廉洁从政、示范引导等多个层次锻炼和培养干部队伍，力求在思想观念、工作方法、工作作风、工作方式上实现与时俱进。省纪委驻厅纪检组作为党风廉政建设责任制落实的组织协调部门，立足建立一支素质过硬、业务精通的纪检干部队伍。在抓好业务工作同时，毫不放松对纪检干部的培训提高。年内，厅纪检组对全系统40余名纪检干部进行脱产10天培训，从服务于交通工作大局着眼，努力提高干部素质，为反腐倡廉工作全面开展提供坚实保证。

为了提高交通系统各级领导干部的廉洁自律意识，进一步增强反腐倡廉的主动性和自觉性，根据省委要求，2005年第4季度，全省交通系统集中开展警示教育系列活动，收到明显成效。活动期间，各级党政主要领导亲自上党课38期次，组织各类形式的反腐败形势报告会19次，组织广大党员干部收看《牛玉儒先进事迹报告会》、《铁纪》、《李真腐败案件剖析》等教育片50余次。省纪委驻厅纪检组编印5500余册《廉洁自律手册》，发放到各级领导干部手中。各单位结合工作实际，认真组织学习《邓小平论党员领导干部廉洁自律》、《以案施教警钟长鸣》等学习材料，相继召开警示教育专题民主生活会，在深刻吸取侯伍杰、邵建伟、武保安等腐败案件教训基础上，从干部思想和工作存在的实际问题出发，有针对性地举办一系列活动。省公路局进行局机关及直属单位党员领导"廉政宣誓"大会；省征费局专门开展廉政承诺，并印发廉政誓词。部分单位与当地检察机关共同开展"预防职务犯罪图片展"。公路、征费、高管等单位还充分利用办公自动化系统和影视等媒体，发布警示教育有关文件、体会文章、专题报告和播放反腐倡廉的影视片。警示教育系列活动的深入开展，有力营造廉政氛围，增强廉政理念，提高廉洁意识。

2007年，全省交通系统认真学习贯彻胡锦涛总书记在中纪委七次全会上的重要讲话精神，落实省委省政府"转变工作作风，狠抓工作落实"要求，大力开展领导干部作风建设。省交通厅制定《关于加强作风建设狠抓工作落实的意见》，提出20项加强作风建设方面的工作要求。厅党组成员率先垂范，身体力行，主动转变工作作风，把主要精力放在解决关系交通发展重大问题和涉及群众利益的突出问题上。厅属单位结合实际，开展不同形式的教育活动。如省征稽系统组织"八个主题教育"、省公路系统组织"八个一"等系列教育活动，广大党员干部服务群众的宗旨廉洁意识进一步增强。8月初，按照省纪委安排，在全系统纪检干部队伍中开展作风纪律整顿，及时召开纪检监察干部作风纪律整顿动员会，厅党组副书记、副厅长张润作动员讲话，提出明确要求。全系统结合实际，查找和纠正思想、作风、工作中存在的问题，进一步增强纪律意识、创新意识、责任意识和实干精神，以良好的纪检监察干部队伍形象和扎实作风，推进交通廉政工作深入开展。党的十七大召开后，厅党组及时采取中心组学习、专题培训、党课教育等形式，组织各级党员干部学习贯彻十七大报告中关于加强反腐倡廉建设的论述，增强大家落实党风廉政建设责任制的自觉性，努力做到"一个坚决、三个更加注重"，推进交通行业反腐倡廉建设。通过组织专题讲座、观看相关典型案例影像资料等形式进行宣传教育，特别是为基层工程建设处播放反腐教育片《贪路无归》、警示教育片《赌之害》等，用典型案件教育大家，取得显著效果。

2009年，省交通运输厅创新教育模式，反腐倡廉教育有了新起色。一是扎实开展廉政教育。反腐倡廉教育以树立正确的权力观为重点，先后组织中纪委十七届三次、四次全会及省纪委四次全会精神和机关作风建设的学习教育，深入开展正反两方面典型教育。元旦春节期间，集中开展廉政文化活动，组织开展群发廉政短信,安排部署“扬正气、促和谐”廉政公益广告展播活动,在全系统营造反腐倡廉的良好环境。二是强化专题廉政培训。2 月,组织重点工程建设单位党政领导、纪委书记、总会计师、工程管理部部长等共计 100 余人开展深入学习实践科学发展观预防职务犯罪警示教育活动;3 月、4 月、8 月分三次组织厅属单位纪检监察干部 150 余人进行业务培训;6 月,配合省纪委和省监察厅举办全省第一期建设领域重点工程管理干部廉政教育培训班,省交通运输厅机关、厅属各单位主要领导、各市(县、区)交通运输局局长、各有关工程建设单位重要岗位负责同志 290 余人参加为期四天的廉政教育培训;12 月,利用冬闲时间,组织举办为期 9 天的全省重点公路工程领导干部廉政教育强化班,150 余人参加太原的集中授课培训,还特别组织厅机关有关处长、厅重点办处长、各高速公路建管处处长、纪委书记等重点岗位的 57 名干部到中国井冈山干部学院进行革命传统教育培训。三是推进廉政文化创新。组织开展反腐倡廉建设与“三个发展”主题研讨活动理论征文活动,通报表彰全系统 33 篇优秀研讨论文,选送 7 篇研讨论文上报省纪委、交通运输部纪检组参加评选,有 4 篇论文被省、部评为优秀论文受到表彰奖励;组织厅党组廉政建设“六项承诺”和交通运输部关于工程建设“八个不准”的宣传教育,创造清正廉洁的环境和氛围。

2009 年 2 月 27 日,组织全省重点公路工程建设系统处级以上干部到省监狱管理局晋城监狱举行“开展深入学习实践科学发展观预防职务犯罪警示教育”活动。省交通运输厅党组成员、省纪委驻厅纪检组组长韩日裕,驻厅监察室主任胡建新,厅重点办机关全体工作人员及全省重点公路工程建设单位党政主要负责人、纪委书记、总会计师、工程管理部部长等共计 100 余人参加。在晋城监狱,大家首先参观服刑人员监舍、学习、生活场所,在晋城监狱大礼堂召开全省重点公路工程建设系统警示教育大会。监狱负责同志介绍监狱基本情况;两名服刑人员进行现身说法;随后举行帮教活动仪式,韩日裕代表省交通运输厅向晋城监狱爱心助春蕾基金会捐款。

韩日裕在讲话中指出,未来五年,全省净投资 2000 亿元,建设 3180 公里高速公路,反腐倡廉工作尤为重要。举办如此大规模的警示教育活动,是全省交通基础设施建设领域第一次以警示教育为主要内容的预防职务犯罪的主题活动,也是进一步加快以教育、制度、监督并重的惩治和预防腐败体系建设的一项重要举措。全省重点公路工程建设系统要将此类警示教育活动作为建立预防教育的长效机制,防患于未然,切实加强干部队伍思想政治教育,切实抓好反腐倡廉制度建设,切实加强对领导干部的监督制约,切实把党风廉政建设责任制落到实处。

庄严的国徽,森严的高墙,冰冷的铁窗,让每一个与会人员都真切、直观、生动地上了一堂警示教育课。大家一致表示,要始终保持清醒头脑,时刻警惕权利和金钱诱惑。堂堂正正做人,清清白白做官,踏踏实实做事,决不辜负厅党组信任,决不辜负人民群众重托。在今后的重点公路工程建设领域中,要结合实际,进一步树立正确世界观、人生观,不断增强大局意识、奉献意识、自律意识,不断健全制度,加大对权利的监督制约力度,以决策和执行为重点环节,以人财物管理为重点领域,进一步加强对工程建设概算控制、招标投标、转包分包、设计变更、资金拨付、物资采购等关键环节的监督检查,积极推行工程建设“十分开”,打造“阳光工程”,防止和杜绝腐败问题发生,争做建设优质工程典范、廉政工程楷模。

2009 年 12 月 21 日至 28 日,省交通运输厅利用工程建设冬闲期,与省人民检察院联合举办全省重点公路工程建设管理处领导干部廉政教育强化班。培训主题以工程建设领域突出问题专项治理为重点,坚持从源头上构建预防和治理腐败体系,进一步把握公路建设中预防职务犯罪和反腐败斗争的特点与规律,做到完善机制,堵塞漏洞。厅领导段建国、张润、韩日裕、张志川、郜玉兰、赵振田、省公路局局长戴飞、省高管局局长董新品以及厅机关各处室、厅重点办主要负责同志、全省各高速公路建管处、公路分局、高速公路公司主要负责人共150余人参加。厅党组成员、省纪委驻厅纪检组组长韩日裕主持，厅党组副书记、副厅长张润作动员报告。

强化班利用3天时间在太原进行专题授课辅导，省纪委副书记张晓亚、省检察院副检察长严奴国、省高级人民法院副院长刘冀民、省审计厅交通建设处处长张宏良分别作了《重点工程建设领域预防职务犯罪形势及对策》、《从近年来全省查处违纪违法案件谈加强廉政教育的体会》、《经济犯罪的特点和预防措施》、《重点工程历次审计中揭示的主要问题通报》等针对性很强的专题辅导报告。随后，部分参训人员57人赴中国井冈山干部学院进行为期5天的党性党风党纪教育培训。依托井冈山丰富的革命历史资源，结合全省交通工程建设实际，使大家进一步坚定理想信念，增强党性修养，提高廉洁从政意识，为保持党员干部队伍先进性和纯洁性，奠定坚实基础。

2010年，省交通运输厅通过多形式、多渠道的廉政教育和培训，不断提高党员干部拒腐防变的意识和能力。先后组织全省交通运输系统101名纪检监察干部参加廉政风险防控业务培训，举办财务审计、评标专家等重点岗位200多人参加的业务知识和岗位廉政学习培训，开展《廉政准则》、《交通基础设施建设领域领导干部八项规定》、《行政监察法》等宣讲活动，激发党员干部廉政勤政的自觉性和坚定性。同时，结合工程建设进程、重大节日等时机，广泛开展群发廉政短信、监察知识培训、预防职务犯罪答题竞赛等活动，利用《交通廉政》杂志平台，开展反腐倡廉理论研讨征文活动。在全系统通报表彰的26篇优秀研讨论文中，选送6篇上报省纪委、驻部纪检组参加评选。《围绕交通工程建设关键环节，着力构建廉政风险防控新体系》等3篇论文被省、部表彰为优秀论文；省纪委多次以《简报》形式，转发省交通运输厅廉政教育培训和开展廉政文化活动的做法。

第三节 惩治和预防腐败体系的积极构建

实践证明：要想从根本上遏制腐败，必须依靠体制创新和制度约束。

2003年，全省交通运输系统认真贯彻《反腐败抓源头工作的实施意见》，不断丰富工作内容，改进工作方法，通过源头治理，使全系统反腐倡廉工作与业务工作得到有机结合。一是继续深化行政审批制度改革，在“减量”、“下放”、“规范”、“提效”方面下工夫。通过摸底调查，厅属单位共对114项行政审批项目进行审核，核定行政审批项目60项。为加强持续监管，省交通厅编印《行政审批项目汇编》，先后下发《关于规范行政审批项目管理的通知》和《关于深化行政审批制度改革工作的若干实施意见》等文件。按照规范化、程序化要求，省运管局与省海事局设立联合审批窗口，省征费局公开向社会承诺并设立对外审批窗口，规范行政审批工作。二是进一步深化干部人事制度改革。根据《党政领导干部选拔任用工作条例》，结合交通系统实际，省交通厅草拟《领导干部任命公示制度暂行办法》、《干部选任程序监督审核的暂行规定》，建立和完善干部任用与考察制度。与此同时，在干部选拔方式上积极探索新路子，相继实行任人唯贤的竞争上岗制、效益为先的项目法人制、财务管理的干部委任制、监督为主的纪检干部派驻制等，进一步匡正干部选拔任用风气，做到用好的制度选拔人，用好的风气引导人，用好的干部带动人。三是进一步加强财务制度改革。在继续推行会计人员委派、财务核算电算化、会计达标升级等措施基础上，在新开工建设的高速公路项目中，积极推广大运高速公路实行的财务管理模式。下发《关于对全省高速公路建设项目全部实行计量支付管理的通知》，制订《高速公路计量支付管理办法》、《山西省县际公路建设资金管理办法》，通过专户储存、专款专用、单独建账、单独核算，切实保证资金的安全有效使用。

2004年,全省交通系统继续加大源头治理腐败的工作力度,不断深化“三项制度”改革。一是积极推行行政审批制度改革。紧紧抓住《行政许可法》实施契机,对全省交通系统行政许可项目进行清理规范,由原来的114项精简为42项。在加强后续监管的同时,设立道路水路、公路路政、交通规费三个服务窗口,大大方便广大人民群众的出行和从业行为。二是配合财政制度改革,强化资金管理。在要求各单位严格执行“收支两条线”规定的同时,在交通基础设施建设中实行公路建设资金“专户存储、专款专用”和“计量支付”,有效地从源头上预防和制止腐败现象的发生。三是积极推行干部人事制度改革。根据《党政领导干部选拔任用工作条例》,严格执行考察预告、任前公示等程序,把党风廉政建设作为提拔任用干部的重要考核内容,建立和完善干部任用与考察制度,匡正用人导向,防止用人上的不正之风。

2005年,围绕中共中央颁布的《关于建立健全教育、制度、监督并重的惩治和预防腐败体系实施纲要》,全省交通系统结合实际,坚持把贯彻落实《实施纲要》作为加强党风廉政建设和反腐败工作的主线,积极构建具有交通特色的惩防腐败体系。《实施纲要》颁布后,省交通厅党组先后三次召开专门会议进行研究,责成专人进行深入调研,在广泛征求各方面意见基础上,2005年11月,审议通过《关于在全省交通系统建立健全惩治和预防腐败体系的实施意见》,提出6个方面29项具体工作任务,为全省交通系统结合行业特点,分阶段、有重点地开展党风廉政建设和反腐败工作,制定科学的总体规划和目标。

一年来,全省交通系统各级各部门以《实施意见》为指导,把学习贯彻《纲要》作为建没“廉政交通”的重要工作,先后开展各类学习座谈活动70余次,举办知识竞赛、专题讨论30余次,营造学习、贯彻、落实《纲要》的良好工作局面。在贯彻落实《纲要》过程中,各单位坚持抓落实与建机制并重原则,把教育制度监督等廉政措施落实到各项交通工作之中,客运线路经营权、物流园区设计公开招标等资源市场化改革逐步深入,政务公开及督察等监督机制逐步形成,先进性教育、警示教育活动中健全完善的廉政教育长效机制得到巩固和完善。全系统围绕落实《实施纲要》,坚持改革创新,反腐败抓源头在五个方面取得新的进展。一是认真开展政务事务公开。制定出台《政务公开意见》和《政务督察办法》;二是继续加大行政审批制度改革力度。通过申报、反复讨论和专家指导,经批准,改变管理方式4项,取消13项。截至年底,全系统行政许可项目23项,保留非行政许可审批项目1项,加强后续监管,全面推行行政许可监督检查及责任追究制度;三是认真贯彻《国务院关于投资体制改革的决定》,研究制定《全省公路建设投融资体制改革的意见》并上报省政府,为“十一五”期间更加合理引进社会资本、规范投资行为提出指导性意见;四是继续深化干部人事制度改革。结合贯彻落实《公务员法》,制定出台《厅机关干部人事管理暂行办法》。坚持民主推荐、民意测评、民主评议、任前公示、考察预告等制度,大力推行岗位交流、异地交流。积极解决厅二级机构的干部管理权限问题,严格任职条件,大力发扬民主,有效杜绝用人上的不正之风;五是进一步理顺财务管理职能,成立厅会计核算中心,提高财务管理工作的规范化水平。与此同时,充分发挥审计中心职能,与省纪委、省监察厅审计中心联合,共同加强交通行业内部审计工作。教育制度监督并重的工作格局初步形成。

2006年,省交通厅党组把建立健全惩治和预防腐败体系纳入交通发展总体布局,继续坚持用改革和创新手段推进工程廉政建设。先后制定出台《关于进一步加强重点公路工程建设系统党的建设和党风廉政建设的意见》、《农村公路建设与管理十项制度》,切实加强对招投标等重点环节的监督制约。严格市场准入,实行新的资格预审办法。利用长线系数改进招标办法,有效遏制恶意竞争。加强市场诚信机制建设,在部分项目招投标过程中,采取履约保证金和诚信保证金等信用保证措施。各级监管部门始终保持对工程建设领域市场行为的动态监管。组织全系统开展工程转包分包专项检查，先后对省内部分高速公路项目建设中群众反映的问题进行调查核实，严肃处理个别单位违规行为，并对典型问题在全系统通报批评。经过全行业共同努力，工程廉政建设工作继续保持良好发展态势，继祁临高速公路公司之后，临侯、大新高速公路公司受到交通部通报表彰。

2007 年，省交通厅结合行业实际，通过修改完善各项有关规范行政审批、工程监督、惩治和预防腐败等方面规章制度，制定落实措施，积极建立交通系统反腐败长效机制，做到制度前置，关口前移，预防为主，源头治理。

在交通基础设施建设方面，贯彻落实《关于进一步加强交通基础设施建设领域廉政工作的实施意见》，修改完善《工程廉政建设监督管理制度》等规定，严格规范领导干部、从业人员、代理单位、评标专家行为，使交通工程建设在规章制度约束下组织实施，有效预防和遏制腐败现象发生；在行政执法和收费管理方面，省交通厅和所属单位通过执行《关于对偷逃通行费及收费舞弊行为举报奖励暂行办法》、《收费管理责任追究办法》、《稽查工作票据使用规范》、《交通征稽系统稽查清欠工作程序规范》、《省公路局、省高管局集中清理违规减免特权车人情车车辆通行费实施方案》，避免特权车、人情车和在行政审批、许可环节中的违纪行为；在规范工作程序方面，厅党组成员首先公开承诺，不干预工程招标投标，不打招呼，不写条子，不介绍施工队伍，不推荐机械设备和施工材料，并在工程管理过程中严格执行“八个严格”：严格依法办，严格按程序办，严格公开招投标，严格设计和工程变更，严格合同管理，严格控制概算及计量支付，严格不拖欠农民工工资，严格不拖欠征地拆迁款。

省交通厅还不断深化和推进四项制度改革，启动网上审批系统和行政审批电子监察系统，规范审批程序；积极参与干部选拔任用工作监督，严格民主推荐、考察预告、民主决策、任前公示等项程序，堵塞用人进人上的漏洞；配合财务部门稳步推进财政国库集中支付制度改革，除通行费和系统还贷资金外，全部纳入国库集中支付系统进行管理；积极参与投融资体制改革，及时介入投资人招标、公路经营权转让的全过程。

2007 年下半年，针对车辆超限超载的严峻形势，全省交通系统纪检监察部门为保证全省新一轮“无缝隙、拉网式”治超行动顺利展开，落实华北五省（市、区）《通告》和省政府《山西省道路货物运输源头治理超载暂行办法》、《山西省治理车辆非法超限超载工作责任追究办法》，及时建立规范的监控监察体系，进一步明确治超人员“五个不准、十个严禁”，规范站点管理和执法程序，认真组织治超人员政策规定培训，完善持证上岗、轮岗交流制度，保证治超人员严格规范执法、文明执法。对超限点、临时卸载点、源头派驻站实施监督检查和明察暗访，对查获的非法超限超载车辆按照例查、问责、追责程序，一查到底，逐级追究监管责任。监督执法人员秉公办事，公正廉洁，严肃查处违规违纪行为，确保治理非法限超限载的有效进行。

2008 年，省交通厅围绕权力运行、工程建设、行政审批、干部人事制度等方面加大力度，落实领导干部重大事项报告、述职述廉、民主评议、谈话诫勉、选拔任用等制度规定，强化管理监督，从源头上预防腐败。着重修改完善《重点公路联合监督办法》、《厅党组议事制度》、《督察工作制度》、《责任审计联席会议制度》、《依法理财承诺制》、《政务信息公开办法》、《厅党组巡视工作暂行办法》等规章制度，各项制度都在新的交通网站上对社会公开公布，厅党组和所属单位健全议事规则、决策程序和规章制度，对“三重一大”的各个环节进行强有力监督，重点对大额度资金投入的工程项目招投标及建设过程中物资采购、设计变更、资金拨付、所有权转让、质量验收等环节实施全程监控。厅党组成员和处级以上干部都建立个人重大事项申报登记和述职述廉制度，配套建立廉政档案，有效预防和治理交通领域的腐败现象。

厅党组把交通基础设施作为建设和谐、廉洁交通的重点环节，推行项目法人责任制、招标投标制、纪检人员派驻制、双合同制、农村公路巡查制,做到事前、事中、事后监督,相互结合,加强对工程建设概算控制、招标投标、转包分包、设计变更、资金拨付、物资采购等关键环节的监督检查。

为了加强高速公路建设招投标监督,维护公路建设市场秩序和招投标活动的公平、公正、公开,促进高速公路建设健康有序发展,根据国家相关法律、法规、规章,省交通厅会同省人大财经委、省人民检察院、省发展和改革委员会、省监察厅、省审计厅、省重点工程建设领导组办公室七部门联合制定颁发《高速公路建设招投标联合监督办法(试行)》,在全省高速公路建设招标中试行。

《联合监督办法》明确,全省境内的高速公路建设,包括公路、桥梁、隧道、立交交通工程及沿线设施的勘察、设计、施工、监理、主要材料设备采购等招标投标活动,均由省交通厅会同七部门对项目法人组织的招标投标活动实施监督。

《联合监督办法》专门设置条款,规定联合监督的范围、监督方式、基本程序和要求。主要监督招标投标活动是否符合法律法规,强制性技术标准的规定是否公平、公正、公开,招标结果是否合法有效及招标投标工作人员遵纪守法情况,依法受理和调查关于招标投标活动的投诉,查处违法违规行为。对招标投标过程中发生的违法违纪行为,明确处理的法规依据。

《联合监督办法》的实施,对于加强招投标管理,改进和规范招投标行政监督工作,建立和完善公正、高效的招投标投诉处理机制,加强招投标监督管理队伍建设,及时受理投诉并查处违法行为和招投标活动中的腐败与不正之风,提高依法行政的依法监督水平,起到积极有效作用。

2008年,省交通厅加强对工程验收项目施工现场和合同履行情况的监督检查,突出廉政合同落实情况的验收考核,并配合省重大项目稽查办、省监察厅执法室,完成对晋城至济源高速公路招投标工作的专项稽查。

2008年,省交通厅党组认真贯彻落实中央及全省党风廉政建设和反腐败工作部署,多次召开党组扩大会议、厅属单位党政负责同志和纪委书记会议,传达上级有关部署和要求,谋划交通廉政工作和惩防体系建设。厅领导班子调整后,及时充实调整党风廉政建设各个领导组的组成人员和领导机构,为工作落实提供坚实基础。5月4日,厅党组研究决定对厅党风廉政建设责任制领导组成员进行调整。组长段建国,常务副组长张润,副组长王志民、张志川、郜玉兰、张德仪、赵振田、郭贵平,成员有史荣和、尹新平、曹居月、王京荣、郭全英、蒋品、杨吉平、李贵顺、田根、蔺建煌、杨俊威、赵新民、王晓光、李爱和。领导组下设办公室,负责日常工作,主任赵新民,副主任杨俊威、蔺建煌,成员有胡建新、李征远、郝左军。10月8日,省纪委驻厅纪检组研究决定对厅反腐败斗争和案件查办协调领导组及其成员进行调整。组长韩日裕,副组长胡建新,成员有李铁山、魏和平、郜学良、刘志斌。领导组下设办公室,主任由胡建新兼任,成员有李征远、郝左军。10月13日,厅党组研究决定成立山西省交通厅惩治和预防腐败体系建设领导组。组长段建国,副组长张润、韩日裕,成员有尹新平、曹居月、王京荣、郭全英、蒋品、杨吉平、李贵顺、田根、蔺建煌、杨俊威、王晓光、李爱和。领导组下设办公室,主任韩日裕,副主任杨俊威、蔺建煌,成员有胡建新、李征远、郝左军。厅党组还分别召开纠风和政风行风评议、治理非法超限超载、纪委书记座谈会等专项会议,厅主要领导对反腐倡廉建设提出具体要求,厅属各单位迅速传达贯彻,结合实际制定落实措施,促进反腐倡廉工作的落实。厅党组结合年初安排部署的反腐倡廉建设7个方面工作,将任务分解为42项,明确厅领导和各部门责任分工,逐级制订计划和措施。驻厅纪检组及时把握各项工作进程,加强对厅属单位纪检监察工作进行帮助指导,一季度专门抽调10多名纪委书记,对厅属单位党风廉政建设责任制落实情况进行考核。厅党组及时把握纪检监察工作进程,年内多次对厅属单位落实责任制进行检查指导,督促党风廉政建设责任制的落实。

根据中央颁发的《工作规划》和省委《实施办法》，厅党组结合全省交通系统实际，研究加强惩治和预防腐败体系建设的具体任务及措施，出台《山西省交通厅党组贯彻落实＜建立健全惩治和预防腐败体系2008年至2012年工作规划＞的实施意见》，明确今后5年全省交通运输系统以科学发展观为指导，推进惩防体系建设的工作思路和目标，对省委、省政府赋予省厅的1项牵头任务、6项协办任务进行重点部署，对惩防体系中的教育、制度、监督、改革、纠风和惩处6个方面的工作整体推进进行周密安排，为今后一个时期全省交通系统的惩防体系建设提供重要依据。省纪委《简报》连续两次转发省交通厅贯彻落实《工作规划》的措施和做法。

2009年，省交通运输厅围绕工程廉政建设、建立巡视工作制度、推进干部选拔任用监督等方面任务，不断加大改革力度，落实领导干部重大事项报告、述职述廉、民主评议、谈话诫勉、选拔任用等制度规定，强化管理监督，从源头上预防腐败。一是完善工程廉政监督制度。进一步贯彻落实《关于进一步加强交通基础设施建设领域廉政工作实施意见》、《山西省交通厅工程廉政建设监督管理十项制度》，新研究出台《关于加强全省公路建设项目招标投标活动监督管理的意见》、《交通建设工程招标代理机构实行公开比选实施办法》、《关于加强公路建设市场监督管理工作的通知》、《山西省交通运输厅交通建设项目委托审计监督管理办法》、《山西省高速公路工程设计变更管理办法》、《山西省高速公路工程建设管理绩效考核办法（试行）》等6个《意见》和《办法》，这些制度，涵盖从项目立项审批到经营权转让各个主要环节。二是建立巡视工作制度。为了健全和完善党内监督和行政监察机制，保证党的路线、方针、政策和决议以及省委、省政府和厅党组决策的贯彻执行，厅党组制定出台《巡视工作暂行办法》，先后用两个多月时间抽调专人派出巡视组，对运城高速公路公司和临汾公路分局的工作进行巡视，全面细致地了解这两个单位的工作情况，及时发现存在的问题，为厅党组决策提供参考意见和建议，保证厅党组决策在基层单位的贯彻执行。三是构建反腐败长效机制。厅党组和所属单位进一步完善议事规则、决策程序和规章制度，对“三重一大”的各个环节进行强有力监督，重点对大额度资金投入的工程项目招投标及建设过程中物资采购、设施变更、资金拨付、所有权转让、质量验收等环节实施全程监控，规范权力运行和执法行为，做到制度前置，关口前移，预防为主，源头治理。四是推进干部选拔任用监督机制。按照《党政领导干部选拔任用工作条例》和《党政领导干部选拔任用工作监督检查办法（试行）》要求，加强对党员干部考察、考核、推荐、选拔、任用等各个环节监督，以经常性考察与年度考核相结合、日常工作考察与承担急难险重任务考察相结合、工作圈考察与社会圈生活圈考察相结合，对考察对象实行全方位考察，保证干部提拔使用的公平、公正。厅党组成员和处级以上领导干部都建立个人重大事项申报登记和述职述廉制度，有效促进监督机制创新。

2010年，省交通运输厅以开展“制度落实年”活动为契机，积极推进具有交通运输特色的反腐倡廉制度创新，做到制度前置，关口前移，预防为主，源头治理。一是配套反腐倡廉制度体系建设。对近年来有关“三重一大”执行和监督等方面的制度、文件进行清理，在183项行政规章和规范性文件中，查找出70项反腐倡廉制度，经过筛选评定，修改4项，废止3项，新出台13项，逐步形成用制度规范从政行为，按制度办事，靠制度管人的有效机制。二是完善工程廉政监督制度。在坚持原有的项目法人制、招标投标制、纪检人员派驻制、双合同制、农村公路巡查制等监督机制的基础上，新研究出台《关于加强工程廉政建设和领导干部廉洁自律的若干意见（试行）》、《关于加强全省公路建设项目招标投标活动监督管理的意见》等工程廉政监督管理制度8项，进一步规范工程建设各个环节，促进工程优质、资金安全、干部廉洁。三是构建廉政风险防控机制。省交通运输厅承担全省廉政风险防控试点工作后,积极制订实施方案,建立廉政风险台账,指导全系统开展风险防控工作。在厅机关涉及权力运行的22个关键环节中,排查出廉政风险点70个,研究落实廉政防控措施82项;在交通工程建设的3个阶段、16个流程、55个主要环节中,查找出廉政风险点172个,制定风险防控措施254条。编印《廉政风险防控指南(试行)》和《廉政风险防控实务(试行)》,作为加强廉政风险防控的重要依据。10月13日,省交通运输厅党组晋交党发〔2010〕108号文印发《关于组织廉政风险防控试点工作的实施方案》。主要包括指导思想和总体要求、工作内容和方法步骤、工作要求三部分。分4个步骤,即制订工作方案(9月20日至10月15日)、进行风险排查(10月15日至11月20日)、建立和完善防控机制(11月21日至12月20日)、认真总结经验(12月21日至12月31日)。省交通运输厅专门成立廉政风险防控领导组。组长:段建国;副组长:张润、韩日裕;成员有王晋、蔺建煌、曹居月、杨增梅、郭全英、李贵顺、杨吉平、李英杰、田根、高保全、郭贵堂、胡钢成、胡建新。办公室主任:胡建新。省交通运输厅加强廉政风险防控工作的做法,得到省纪委、交通运输部纪检组的充分肯定,多次转发经验和具体做法,并在全省纪检工作大会上进行交流发言,《中国交通报》以专版形式进行报道。四是深化巡视工作制度。按照厅党组《巡视工作暂行办法》,分3次抽调专人组成4个巡视组,对7个厅属单位的工作进行巡视,全面掌握这些单位的工作情况,为厅党组决策提供参考意见和建议,保证厅党组决策在基层的贯彻执行。根据近两年巡视工作开展情况,编写《巡视工作手册》,进一步规范巡视工作。

第四节　政风行风建设的稳步推进

2003年,根据省政府[2003]34号文件精神,为了优化发展环境,改变行业作风,省政府决定在全省46个省直单位开展行风评议活动,省交通厅也是其中之一。厅党组非常重视行评工作,于8月11日成立行风评议工作领导组及办公室。组长:王晓林;副组长:宋元林、杨金泉、赵龙;成员有:厅机关各处室负责人、省公路局、省征费局、省运管局、省高管局党政领导;8月12日,省交通厅召开"树立行业新风、优化发展环境"行风评议动员大会,厅长王晓林、厅党组副书记宋元林、省纪委驻厅纪检组组长赵龙分别作了动员报告和工作部署。

厅行评办成立后,制订六条工作职责。一是具体组织、协调、实施、监督检查、指导全系统行风评议的各项工作;二是负责省交通厅行风评议活动文件的起草及报批、发放;三是承担行风评议信息汇总、统计及会议的筹办;四是负责全系统行风评议活动的调研和明察暗访;五是受理群众来信、来电、来访,新闻媒体转来和省行评办批转的有关行风问题及行风案件登记、报批、转办、交办、督办、查办等方面工作;六是完成领导组交办的其他工作。

2003年,厅行评办主要抓好四个方面工作。首先,公开承诺,在强化监督上下工夫。9月21日,厅长王晓林带领省征费局、省运管局、省公路局负责人参加山西人民广播电台现场直播节目《行风热线》,就有关行风建设的重点问题,老百姓反映的热点问题,全社会关注的焦点问题,现场进行解释。10月28日,厅长王晓林又接受黄河电视台《行风承诺》节目专题采访,就交通系统开展行风评议工作情况作了介绍,并向社会做出八项承诺,公布举报电话,真诚欢迎社会各界监督。厅行评办还在山西交通网站、《山西交通报》上开辟行评专栏,及时刊登全系统在行风建设方面的工作情况,树立典型,交流经验,揭露问题,接受举报和投诉,使行风评议工作做到既轰轰烈烈,又扎扎实实。

其次,依靠群众,转变作风,在解决突出问题上下工夫。为了切实解决交通系统自身存在的不足和薄弱环节,省交通厅向省人大代表、省政协委员和省直46个部门、厅属60

个单位充分征求意见,共发放征求意见卡1300余份。厅公安路政处在大力整治超限运输的同时,向车主发公开信,积极宣传有关法律法规;厅人事处主动向基层单位征求书面意见,不断改进人事干部管理工作;厅办公室召开全系统办公室主任座谈会,研究解决新世纪、新阶段办公室管理和信访、服务等工作,进一步提高政务工作水平。厅直各单位也都结合实际,抓住行风建设方面存在的突出问题,制定措施,认真整改,行业面貌有了较大改善,服务水平有了进一步提高。

第三,严查案件,在完善工作机制上下工夫。开展行风评议工作以来,共查处行风案件27起,特别是省高管局杨家峪收费站收费员收黑钱、新绛下船庄桥渡非法收费等案件查处后,极大地震慑公路"三乱"和其他违规、违纪行为,推动纠风工作,治理公路"三乱"工作和行风评议工作不断向纵深发展。在抓好案件查处的同时,进一步完善行评工作机制,建立行评工作人员岗位责任制,规范工作人员办事程序,明确任务,使行评工作做到有条不紊。

第四,加强考核,在落实责任上下工夫。厅行评办严格按照《山西省交通厅行风评议考核办法》,对厅直18个单位进行第一阶段工作考核,检查组按照听、看、查、评的程序进行考评,评出优秀单位3个,先进单位13个,并将此考评结果在全系统进行通报,起到鼓励先进,激励后进,进一步推动全系统行评工作开展的作用。

2005年,全省交通系统政风行风建设工作,围绕"服务人民,奉献社会"宗旨,以解决人民群众关注的热点、焦点和难点问题为着力点,以保持共产党员先进性教育活动为契机,坚持纠建并举,标本兼治,积极打造"诚信交通"品牌,努力树立行为规范、运转协调、公正透明、廉洁高效、朝气蓬勃、奋发有为的良好形象,为广大人民群众提供一个安全、舒适、便捷的交通环境,做到以实际行动推动政风行风建设向更高水平迈进,基本实现行业由管理型向服务型转变,由管理型向管理研究型转变。一年来,全系统各单位以七项承诺为重点,制定具体兑现措施和责任追究制度,全面推行"首问责任制";各单位按照总体要求,先后推出一系列便民措施和促进行风建设的监督制约机制。省运管局于6月27日正式启动"行政首长接待日",由省运管局局长和全省11个市运管处、130多个县市运管所行政一把手率先值班,接待道路运输经营业户上访,积极为群众排忧解难;省征费局各下属单位普遍公开交费电话,实行电话预约交费服务,同时在月末交费高峰期坚持12小时工作制,赢得群众好评;省公路局于6月中旬组织人员,分两组对全省35个在建工程项目、46个收费站、30个超限检测点进行检查,针对存在问题,制定强化监督检查、建立激励竞争机制的措施。全系统把倾听群众呼声作为改进和促进政风行风建设的重点,先后聘请行风监督员260余名。各单位以走访服务对象、召开座谈会、发放问卷调查、分级普查、分类专项调查等各种方式,深入了解交通行业中存在的事关人民群众切身利益、影响发展环境的问题,通过省《政风行风热线》、《政风行风面对面》等专题节目和咨询宣传、听证对话等大型活动,先后受理群众咨询、建议2889件次,并全部予以落实回复;注重长效机制建设,健全完善相关制度14项。先后查处各类政风行风案件42起,处理违纪人员109人。

2007年,全省交通系统不断采取有效措施,加强政风行风建设。省交通厅制订下发《交通系统民主评议政风行风工作实施方案》,将任务分解到相关职能部门,对政风行风评议工作的组织领导、计划安排、公开承诺、监督渠道、明察暗访、整改反馈等环节作出具体部署。厅长王晓林还在黄河电视台《政风行风面对面》节目作出"八项承诺",向社会公布监督方式和监督电话,争取群众对行风建设的支持。为加大评议和治理效果,厅领导多次深入厅属单位指导行风建设,并对有关单位进行明察暗访,及时纠正和解决发现的问题。厅领导带领机关有关处室和厅属五个主管局领导,5次进入广播电台、电视台行风热线直播节目,现场解答群众关心的行政审批、治理超限、公路“三乱”等热点问题,并对反映的突出问题进行及时反馈和解决。同时从行政效能、政务公开、履职尽责、行业服务、作风建设5个方面多次进行检查指导和评议。在评议中,将与群众直接接触的基层单位作为评议重点,集中解决群众普遍关注和反映的乱设卡、乱收费、乱罚款、吃拿卡要和以权谋取小团体利益、个人利益的问题。省交通厅在4月份召开的全国交通系统纠风工作会议上介绍做法和经验,受到与会代表好评。2007年11月,为加大政风行风建设力度,省交通厅对厅属重点单位行风建设进行检查督导,并组织召开听证会、对话会和问卷调查,征求社会和群众对交通行业政风行风建设的意见及建议,增强今后工作的针对性。

2008年,省交通厅认真开展评议工作,行风建设深入推进。专门召开全省交通系统纠风暨政风行风评议工作部署会,明确纠风工作责任制,安排部署5项重点任务,提出具体要求和落实措施。厅领导、农村路网处和厅属四个主管局领导,4次进入山西人民广播电台《行风热线》直播节目,现场解答群众关心的行政审批、公路“三乱”等热点问题,对反映的突出问题进行及时反馈和解决。5月4日,厅党组研究决定对厅纠风工作领导组成员进行调整。领导组及办公室负责全省交通系统的政风行风建设和行风评议工作。组长段建国;副组长张润;成员有尹新平、曹居月、杨吉平、田根、杨俊威、赵新民、戴飞、董新品、张晋鹏、李华中、牛世俊。领导组下设办公室(行风评议办公室),主任赵新民;成员有胡建新、李征远、樊真德、戎斌生、陈星、杜锋。12月15日,厅党组书记、厅长段建国在《行风热线》节目中,对省交通厅年初向社会承诺的八件实事落实情况进行反馈,得到全社会认可。全省交通系统还专门在党政机关、企事业单位、新闻媒体、社区居民、服务对象等人员中聘请政风行风评议代表850人,省交通厅和各级交通部门还专门组织行风监督员座谈会,接受全社会对交通行业风气建设的监督。全省交通系统积极开展文明创建活动,促进政风行风建设。省交通运输厅被授予全国交通文明行业,厅属6个基层单位、6名个人被交通部表彰为精神文明先进集体和个人,省公路局、省征费局被表彰为全省政风行风评议先进单位。省行评办对省交通厅政风行风建设进行专项检查,对省交通厅的做法和取得成绩给予充分肯定。

2009年,省交通运输厅在全省交通运输系统党风廉政建设工作会议上,专门对政风行风评议工作进行部署,明确行风工作责任制,提出具体要求和落实措施。5月11日,省交通厅调整纠风和政风行风评议工作领导机构成员。组长:段建国;副组长:韩日裕、张志川;成员有:戴飞、张晋鹏、董新品、李华中、尹新平、曹居月、杨吉平、田根、杨俊威、胡建新、牛世骏、刘清平;办公室主任:胡建新;副主任:田根、李征远、秦培兰。厅领导、农村路网处和厅属相关主管局领导5次进入山西人民广播电台《政风行风热线》直播节目,解答群众关心的行政审批、客运班线、农村公路等热点问题,对群众反映的26个问题进行及时解决。根据省政府部署,撤销太原市小店收费站等155个政府还贷二级公路收费站。为确保撤站工作顺利进行,省交通厅分6个监督组,对11个地级市撤站工作进行全程督察,保证路况良好,安全畅通。省行评办对省交通运输厅政风行风建设的做法和取得的成绩给予充分肯定,省运管局被省行评办表彰为“全省政风行风评议工作先进单位”。省交通运输厅还组织召开全省交通运输系统民主听证对话会,解答7名代表提出的10个问题。全系统各参评单位累计举办听证对话会38次,参加单位257个,参加群众1182人,群众现场提出问题191个,已全部得到解决。厅政风行风领导组成员多次带队对基层单位进行明察暗访,全系统共进行明察暗访132次,明察暗访单位125个,发现问题97件,并及时全部处理。省委、省政府决定在全省党政机关和事业单位开展“小金库”专项治理以来,省交通运输厅扎实推进厅属单位“小金库”自查自纠工作,对厅属事业单位进行督察,配合省治理“小金库”督察组对厅属单位和二级单位进行全面检查。从检查结果来看,尚未发现大的问题。

2010 年,省交通运输厅努力拓宽联系群众渠道,搭建沟通平台,把政风行风调查、广泛征求意见作为同服务对象增进感情、加强与群众联系、自觉接受社会监督的机会。

*一是采取多种形式,深入开展政风行风调查。*省交通运输厅从各级人大、政协、新闻媒体、服务对象等社会各阶层聘请 86 名“政风行风监督员”,专门组织行风监督员对道路运输管理和高速公路管理中存在的问题,先后两次进行专题调研,并开展群众满意度调查,主动征求意见,改进不足。厅领导和各直属专业局领导结合分管工作,主动深入基层,问政于民,问计于民,问需于民,广泛听取群众意见。在更多时间里,从电话、网络和信访等渠道收集民意,开通 3 条服务监督热线,实行 24 小时值班,及时向社会提供咨询服务和受理投诉举报。责成专人每天浏览各大网站,随时掌握网络动态和网民意向,对重要的网络信息、网民留言和信访反映,厅领导都要亲自作出批示,责成相关部门跟踪调查,能解决的立即解决,一时不能解决或不符合政策的,也要向当事人做出实事求是的答复。

*二是积极参加《政风行风热线》,架设与百姓沟通的桥梁。*省交通运输厅努力拓宽联系群众渠道,搭建沟通平台,把政风行风调查、广泛征求意见作为加强与群众联系、自觉接受监督的机会,先后参加山西人民广播电台《政风行风热线》直播节目 9 次,现场解答和落实解决群众关心的热点问题 32 个。利用政风行风热线、行风监督员座谈会、听证对话会等渠道,征求群众对全省公路网规划、建设情况、村村通水泥(油)路、收费和超限站(点)设置的意见与建议,及时对问题进行反馈,达到让群众满意的效果。厅党组书记、厅长段建国两次带领相关处室及单位负责人走进“政风行风热线”节目,与社会各界进行交流,现场收集解答群众关心的难点、疑点问题。对群众反映的问题,省纪委驻厅纪检组高度重视,专门安排分解意见,要求各有关单位整改落实。对能解决的或通过努力能解决的问题,要求限时解决;对一时无条件解决的问题,制订出整改计划。

*三是认真组织听证对话会,面对面了解群众的困难。*组织召开全省交通运输系统道路运输行业民主听证对话会,来自社会各界的群众代表、交通运输行业服务对象和政风行风监督员 30 余人共聚一堂,主要围绕道路运输管理等方面工作进行对话,有关单位领导和相关业务部门负责人圆满解答 21 名代表提出的 17 个问题。

*四是开展巡视工作,了解基层单位工作情况。*分 3 次抽调专人组成 3 个巡视组,对 7 个厅属单位的工作进行巡视,全面细致地了解这些单位的工作情况,及时发现存在的问题,为厅党组决策提供很好的参考意见和建议,保证厅党组决策在基层单位的贯彻执行,也为更好地改进政风行风提供依据。对巡视中发现的有关政风行风方面的问题,厅党组都要召开专题会议进行研究,责令相关单位整改,并且听取整改情况汇报。

*五是加强明察暗访,严肃处理违规违纪行为。*针对群众反映强烈的收费站点、公路治超点、高速公路服务区等社会服务窗口和机关工作纪律问题,全系统共进行明察暗访 819 次,明察暗访单位 125 个,其中省交通运输厅集中组织的明察暗访有 6 次。此外,将省交通运输厅监督投诉电话在全省所有公路收费站公示栏上进行公布,仅省监察驻厅监察室接到有关行风方面的群众举报信和来电来访 77 件次,处理率达 100%。对经查实确有问题的有关单位、当事人和责任人,都按照干部管理权限分别做出处理,进行责任追究。

第五节　交通行政效能的全面提升

2006 年,按照全省政府系统干部大会精神要求,全省交通运输系统以厅机关、省公路局、省征费局、省高管局、省运管局、省海事局、省交通质监站为重点,进一步加强行政效能建设。省交通厅研究制定《贯彻省政府关于改进机关作风优化政务环境全面提高政府公信力和执行力的决定的实施意见》、《山西省交通厅行政许可(审批)项目工作流程》、《山西省交通厅落实<山西省行政机关及其工作人员行政过错责任追究暂行办法>实施细则》、《山西省交通厅行政效能投诉处理办法》、《山西省交通厅机关社会、行政职能规范》5个制度性文件,建立和完善行政首长负责制、首办负责制、一次告知、服务承诺、限时办结等项制度。重新修订汇总《部门职责》和《岗位职责》。21项对外行政审批(许可)项目,全部按照厅长王晓林在全省政府系统干部大会上的承诺,压缩审批时限,明确工作流程。充分利用科技手段,提升行政服务效能,建立覆盖全省各市县的养路费代征网络,缴费网点达到468个。提出并启动信息化建设"1166"工程,并把电子政务、行政审批、公众服务3个公众网作为信息化建设的重中之重,力争实现网上管理、网上审批、网上办公,为提升行政效能打下坚实基础。

2007年,省交通厅行政效能领导组积极研究提高行政效能的有效措施,坚持利用科技创新、管理创新来推进行政效能建设工作。与科研单位共同开发建立新交通办公资源网和网上行政审批系统,实现网上审批、网上监督,工作效率和服务效率得到提升。机关以处室为单位,处长为责任人,建立健全管理制度,公开办事程序,明确业务流程,落实岗位职责,完善落实具体环节,实行首办责任制和限时办结,强化监督,力求建立职责明晰、运转协调、监督高效的长效机制。各级纪检监察部门加大对行政效能的监督检查工作力度,厅行政效能办先后5次分别对厅机关、厅直有关单位行政效能建设工作进行督察,并重点对三个行政审批大厅履行承诺情况进行检查指导。7月初,根据省行政效能办和厅自查中的问题与建议,及时召开改进行政审批工作会议,讨论修改审批流程及办法,明确政务大厅责任,坚持能现场办结的绝不拖延,能提前办结的绝不缓办,有效提高行政效能。两个政务大厅及厅机关有关处室21个行政审批种类全部上网公布,全年共受理行政审批(许可)4042件,无一例超时办结。

2008年,省交通厅坚持公开办事程序,行政效能不断提升。落实《政府信息公开条例》,注重健全管理制度,制定信息公开办法程序,明确业务流程,落实首办责任制和限时办结制,强化监督。更新全省交通信息网,建立网上审批制度,加强各项事务的公开,重大项目审批、建设开工、招标中标、干部任免等工作,坚持在交通网站、《山西交通》报等媒体进行公示,接受各方面的监督和意见反馈。5月4日,厅党组研究决定对厅行政效能监察领导组成员进行调整。组长段建国;副组长王志民;成员有史荣和、尹新平、曹居月、王京荣、郭全英、蒋品、杨吉平、李贵顺、田根、蔺建煌、杨俊威、赵新民、王晓光、李爱和。领导组下设办公室,主任赵新民;成员有胡建新、李征远、张俊生。厅行政效能办多次分别对厅机关、厅直有关单位效能建设和行政执法工作进行督察,重点对行政审批大厅的履行承诺情况进行检查指导。省厅21个行政审批项目全年共受理行政审批(许可)33 783件,无一例超时办结。

2010年,省交通运输厅大力加强行政效能建设。坚持公开办事程序,落实首办责任制和限时办结制,接受各方面的监督和意见反馈。9月13日,省交通运输厅调整厅行政效能监察领导机构成员。组长段建国;副组长韩日裕、张志川;成员有王晋、蔺建煌、曹居月、杨增梅、郭全英、李贵顺、杨吉平、张立承、李英杰、田根、高保全、郭贵堂,胡钢成、贾勇、胡建新、王晓光。办公室主任胡建新;副主任王晋、蔺建煌、曹居月、胡钢成;成员有李栋然、田建江、米娟、李武军、王亚虎。厅行政效能办分6次对厅机关、厅直有关单位效能建设、作风建设和行政执法工作进行督察,全系统开展明察暗访819次,组织水上执法检查10次。积极推进网上行政审批,开展电子监察,省交通运输厅全年受理行政审批(许可)项目106 698件,无一例超时办结。

第六节 纠风治乱工作力度的不断加大

2003年,省交通厅重点从三个方面抓好治理公路"三乱"工作。一是狠抓治理乱收费和整顿道路站点工作。2003年2月11日,省交通厅印发《关于贯彻<省政府治理向机动车辆乱收费和整顿道路站点的通知>的实施方案》。主要包括重要意义、指导思想和原则、范围与内容、实施步骤、组织实施、有关要求6项内容。并专门成立治理向机动车辆乱收费和整顿公路站(点)领导组。组长:王晓林;副组长:宋元林、张润、赵龙;成员有:尹新平、孙跃进、曹居月、王志民、张德仪、杨吉平、蒋品、部学文、赵新民、李铁山、董新品、张晋鹏、李秀保、李灵、魏庆飞。领导组下设办公室,办公室设在省交通征稽局。办公室主任:尹新平;副主任:李铁山、张志坚、张翼。2月11日下午,省交通厅召开全省交通系统治理向机动车辆乱收费和整顿道路站点动员大会。厅党组成员、省纪委驻厅纪检组组长赵龙宣读省交通厅实施方案,厅党组副书记、副厅长宋元林出席并讲话,提出3点要求。一是进一步加大公路站点清理整顿力度,全面清理和规范向机动车辆乱收费,抓好汽车检测站的清理整顿,加大从源头上治理"大吨小标"车辆力度。抓好收费项目和道路站点报批工作,严格规范资金管理,提高执法效率和执法水平,推进体制创新与管理创新,为交通率先发展打好基础,为全省改革开放和经济建设,为全面建设小康社会创造良好交通环境。省交通厅抽调专人对全省11个地市270个收费站和38个超限检测站进行检查考核,落实责任。二是狠抓治理公路超限运输工作。各级领导分片包干,蹲点督办。各职能部门广泛宣传,加强巡视,按章查处。并积极配合华北五省开展集中治理工作,有效遏制超限运输行为蔓延势头。三是狠抓案件查处工作,切实加强执法人员管理和教育。严格按行业技能标准考核执法人员,实行末位淘汰制、错案追究制和连带责任制。全年共处理"三乱"案件27起,处理违纪执法人员15名,清退不合格执法人员21名。通过加强教育、强化监督,使执法人员法律意识和执法水平有了明显提高。

2004年,全省交通运输系统把解决损害群众利益的突出问题作为纠风治乱工作重点,结合行风评议工作开展,进一步加大以治理公路"三乱"为重点的纠风工作力度。省交通厅先后召开全省交通行业行风工作和治超工作动员会,并与各单位签订工作目标责任书。全系统各参评单位结合实际,先后举行各级各类行风听证及宣传咨询等活动108次,发放宣传资料42 000份,现场接待群众5000余人次,解答热点问题140多条,落实服务对象及各级人大、政协代表的意见和建议83件次。全行业聘请行风监督员400余名,与各级行评部门以各种形式开展明察暗访38次,行程10万余公里,查出公路"三乱"及管理、落实方面的问题16项,全部进行整改。围绕治理公路"三乱",全系统各单位严格执行治超工作"五不准"和交通执法人员"六条禁令",加大整治力度。按照省监察厅等部门要求,圆满完成统一着装问题,收回制式服装6392套,制式标志13 000余套。大力开展清理整顿收费站点,在全面核查基础上,对317个收费站点中不符合收费条件和效益极差的17个收费站点停止收费,撤除5个收费站。同时,加大"三乱"案件的查处力度,受理群众投诉举报40余次,给予党纪政纪处分64人。严肃处理一批造成不良影响的"三乱"案件。通过集中治理,以公路"三乱"为主的行业不正之风受到有力打击,全系统政风行风建设取得明显成效。

2005年,进一步加大治理公路"三乱"力度。实行党组成员分工负责、分片包干,厅属各执法管理单位各负其责的工作机制。以治理公路"三乱"目标责任制为主线,明确责任,强化落实,建立联合监督、明察暗访、有奖举报、直查快办四项机制,形成全行业共同参与、共同治理的工作局面。结合交通实际,认真开展"双清"工作。继续加强和完善举报投诉、联合通报和责任追究制度。全年累计清偿拖欠工程款31 446.26万元,积极探索和完善预防拖欠的长效机制,全面推行工程价款支付合同、竣工决算审计等项制度,有力保证完成清欠任务。

2006年,全省交通系统进一步加大纠风治乱工作力度,把解决人民群众反映强烈的突出问题作为重要突破口,出台《农民工工资支付管理办法》,将建立农民工工资专户作为资格预审的强制性条件,初步解决拖欠农民工工资等损害群众利益的行业难题。把提高交通服务能力作为政风行风建设的根本目标,全省交通系统对外承诺的8件实事全部兑现。高速公路3分钟路况信息刷新、服务区24小时开放、运政延时服务、跟踪服务等一批"提速"便民的措施,得到广大人民群众好评。全省交通系统在24个评议部门综合排名第11位,位次有所上升。与此同时,全省交通系统坚持把治理公路"三乱"作为纠风工作重点,严格工作责任制,实行直查快办、督察督办、明察暗访、责任追究四项工作机制,开展治理公路"三乱"回头看活动,建立领导包点机制。进一步加强明察暗访和执法监察,共查处违纪案件12起,处理违纪人员42人。严肃处理柳林"9·13"事件等一批造成恶劣影响的案件。以执法队伍建设为重点,举行为期三个月的交通执法队伍思想、组织、纪律整顿,启动全省1万余名交通执法人员的全员培训工作,为进一步巩固全省所有公路基本无"三乱"治理成果奠定扎实基础。省纪委驻厅纪检组、省监察厅驻厅监察室、省公路局、省高管局以及省厅三名同志分别被交通部授予治理公路"三乱"先进集体和先进个人荣誉称号。

2007年,省交通厅和所属单位充分利用舆论和社会监督,通过发放宣传资料和监督卡,聘请监督员,制定举报、投诉奖励等项制度,形成行业主抓、舆论牵动、社会参与的治理"三乱"工作格局。为加大对"三乱"行为的打击力度,除厅领导亲自带队组织开展3次明察暗访外,省交通厅及厅所属有关单位也都成立直查快办小分队,省征费局、省运管局、省高管局分别组建稽查总队督察支队,对群众举报和发现的问题,实施从严从重从快查处,有效遏制"三乱"问题发生,促进治理公路"三乱"工作落实。第四季度,结合华北地区联合治理超限行动,厅属各单位采取有效措施,严格执法;明确规定,严禁杜绝在治理超限中的"三乱"行为。与此同时,省交通厅坚持把清理收费站点、加强收费管理作为纠风和治理公路"三乱"工作的一项重要内容。按照交通部《收费公路管理条例》和《关于加强治超站点管理的通知》要求,对全省交通收费站点基本情况逐一进行核查,坚决撤销已还清贷款、收费期满、收费站间距不符合规定的收费站点,经省政府批准及时撤销8个收费站点。在审批拟设的收费站点时,严格按照有关规定,统筹规划,科学设置,搞好实地考察,实行总量控制,防止因收费站点过多或设置不合理、不科学,从而引发公路"三乱"发生的现象。厅属各单位还加大技术投入,依靠科技进步改进执法和服务手段。全省高速公路系统安装执法现场图像传输和定位系统,对执法全过程进行全程监控,提高执法透明度。省高管局还自主研发具有图像识别功能的智能IP卡。省交通征稽系统与移动公司合作开发"08855"车辆养路费信息查询系统,运用手机和电脑开展稽查。同时将收费站车辆信息与养路费征收系统进行联网,稽查人员在经过收费站时就掌握车辆缴费信息,减少执法人员上路频次;全省运管系统实现全省车辆和驾驶员信息的移动网络稽查,有效克服执法盲目性,稽查效率大幅提高。全省高速公路和国省干线收费站点基本实现集中监控,强化收费环节监督,大幅度减少违规行为。

2008年,省交通厅进一步落实华北五省(市、区)《通告》和省政府《实施意见》、《源头治理暂行办法》、《责任倒查与追究暂行办法》,建立治超工作责任制,明确岗位职责,形成规范监督体系。一是注重规范站点管理和执法程序。认真组织治超人员进行政策规定培训,完善持证上岗、轮岗交流制度,保证治超人员严格规范执法、文明执法。二是加强责任倒查。查获的非法超限超载车辆按照倒查、问责、追责程序，逐级追究监管责任。对治超不作为和乱作为的部门和单位，追究主要领导责任。省交通厅先后发放责任倒查通知13份，查处倒查责任10余起，尤其是严肃查处太原公路分局所属3个治超站点的违规违纪行为，30名相关责任人受到纪律处分。在全国交通系统纠风工作会议上，对山西省治超工作给予肯定，省纪委《山西纪委监察信息》刊发省交通厅加强治超治理监督的做法。三是坚持不懈深化治理，严防“三乱”反弹。全省交通系统充分发挥查处公路“三乱”快速反应机制的作用，加大上路明察暗访力度，省交通厅和厅直单位先后30多次对收费站点、路政执法人员工作进行监督检查，及时纠正行政执法不规范和乱收费、乱罚款现象。继续落实收费站点清理工作，严格二级公路收费站审批程序，对到期站点及时进行核查，对不符合要求的坚决不予延期，撤销清徐贯中桥收费站，对3个收费站进行整改。各级各部门有关单位还贯彻落实有关要求，抓好涉农优惠“绿色通道”畅通、奥运火炬传递和抗震抢险救灾车辆的顺利通行，保证应急任务的圆满完成。全省交通系统40个单位被省政府表彰为治理公路“三乱”工作先进集体。

2009年，省交通运输厅严格落实华北五省（市、区）《关于治理非法超限超载车辆、确保道路交通安全通告》和省政府《实施意见》、《源头治理暂行办法》、《责任倒查与追究暂行办法》等，制定出台《全省运管系统源头治超工作考核办法（试行）》。4月13日，省交通厅调整厅治理非法超限超载车辆工作领导组及办事机构。组长段建国；副组长张润、王志民、韩日裕、张志川、郜玉兰、张德仪、赵振田；成员有各市交通运输局局长，戴飞、张晋鹏、李华中、董新品、魏庆飞、杨原平。办公室主任田根；副主任张立承。一年来，继续实行全省“无缝隙”、“拉网式”治超，收效明显，车辆超限超载率由治理前11%下降到0.01%。在4月召开的全国交通运输系统纠风工作会上，省交通厅介绍的治理超限超载管理监督经验，得到与会领导肯定。为了学习推广全省在治超方面的经验做法，同年7月份，交通运输部又在太原召开全国车辆超限超载治理工作现场会，省交通厅交流经验和做法。与会领导和参会代表参观货运源头检测点、治理超限超载检测点，观摩治超调度中心等，得到与会代表一致好评。

2010年，省交通运输厅坚持把纠风治乱作为提高行业形象、维护群众根本利益的重要措施来抓，突出治理非法超限超载、治理公路“三乱”，全面落实治超治乱监督。10月28日，省交通运输厅调整厅治理公路“三乱”工作领导组成员。组长：段建国；副组长：张润、韩日裕、张志川；成员有：各市交通运输局局长，戴飞、张晋鹏、李华中、董新品、王晋、蔺建煌、曹居月、郭全英、李贵顺、杨吉平、田根、高保全、胡钢成、胡建新。办公室主任：田根；副主任：柴洪江、李征远。一年来，全省交通运输系统进一步落实治超工作责任制，实行政府挂帅、部门联动、源头监管、综合治理的监督管理机制，强化责任倒查和责任追究，形成规范的监控监察体系。全省交通运输系统各级领导十分注重巩固治理公路“三乱”成果，注重监督规范站点管理执法程序，加强责任倒查，监督完善持证上岗、轮岗交流制度，保证交通行政执法人员规范行为、文明执法。执行国家“绿色通道”新规定、新措施，全年为130万辆车次减免通行费3.5亿元，确保惠民政策的贯彻落实到位。

第七节　重点工程建设体制的改革创新

以工程执法监察为重点，标本兼治，是积极预防遏制工程建设领域腐败现象的有效措施。

2003年以来，针对工程建设领域腐败现象易发、多发实际，省交通厅把工程建设作为开展党风廉政建设和反腐败工作的重要阵地。从加强监管、完善机制入手，积极遏制腐败现象发生。随着大运高速公路建成通车，初步实现省委、省政府提出的“建好一条路，不倒一个人”廉政建设总目标。在大运高速公路建设期间推行的廉政措施，受到中共中央政治局常委、中纪委书记吴官正同志的充分肯定。为了巩固成果,进一步加大对工程廉政建设监督力度,2003 年 7 月,省交通厅先后制定下发《关于加强全省交通基础设施建设领域廉政工作的意见》、《全省交通基础设施实施纪检监察人员派驻制度的暂行办法》、《山西省交通基础设施领域廉政合同考核暂行办法》等一系列制度措施,规范全省交通基础设施建设领域廉政工作,切实加强对基础设施廉政建设工作的指导力度。

为推动工程廉政建设工作的全面开展,2003 年,全省交通系统自上而下成立工程廉政建设领导机构。落实对 8 个重点工程项目、46 个县际路及部分农村公路建设项目建设中的派驻工作。10 月 12 日,在大同召开全省县际及农村公路建设廉政工作会议,参照重点工程模式,在县际及农村公路建设中积极推行工程项目廉政建设责任制、纪检监察人员派驻制、廉政合同制、纪检监察部门全程监督机制,工程廉政建设工作基本覆盖全省交通基础设施建设领域。为了促进各项措施落实,厅工程廉政领导组办公室还于年内组织人员,分赴全省各地,对 17 个单位、134 个国债项目建设中双合同制落实情况进行检查考核,进一步促进工程廉政建设的深入开展,有效杜绝腐败现象的发生。

2004 年,全省交通系统以落实中纪委一号通报精神为契机,积极构建反腐败防御机制。厅属各有关单位认真落实中纪委关于严禁领导干部利用职权干预和插手工程招投标工作的有关规定,加大招投标工作的监督力度。先后邀请省人大、省纪委、省检察院、省发改委、省审计厅以及省重点办共同参与对高速公路工程招投标工作的监督,杜绝招投标过程中人情、关系影响,增强招投标工作透明度。为了提升工程廉政建设整体水平,省交通厅先后三次召开工程廉政建设座谈会,总结推广祁临高速公路公司等 8 个单位的先进经验。通过互相交流学习,明确工作重点以及工程廉政建设思路;各级纪检监察部门以"廉政合同制"和"纪检监察人员派驻制"为载体,坚持突出重点环节,大力开展工程执法监察;及时纠正和严肃查处工程建设中的违法、违规问题。结合执法监察工作开展,省纪委驻厅纪检组从加强制度建设、完善监督机制入手,牵头组织相关部门,对工程招投标、设备物资采购、设计变更等重点环节进行监督。先后出台《公路工程招投标监督管理办法》、《设计变更监督管理办法》等"廉政建设监督管理十项制度"。在体制机制方面,根据工程建设实际,制定完善廉政建设党委集体负责制、工程廉政建设分级负责制、董事长任命制、总经理竞争上岗制、纪检书记派驻制、财务人员委派制等十项制度。双十项制度的出台,进一步提高工程廉政建设工作的制度化、规范化水平。

2005 年以来,全省交通系统针对省委巡视组的反馈意见,进一步查找和分析工程廉政建设薄弱环节,继续推行廉政合同制、工程建设纪检监察人员派驻制等项制度,深入贯彻落实《廉政建设监督管理十项制度》。出台《关于进一步规范全省公路建设招投标活动意见》,改革评标办法,尽可能减少人为因素影响,采用合理低价法,评标阶段不再打分。对技术含量较低、规模较小的工程可采用最低评标价法,适当提高履约保证金形式,防止低价抢标。将投标阶段对投标人技术能力、管理水平、财务能力和以往业绩信誉的审查前移到资格预审阶段,实行资格预审结果网上公示制。加强中标后施工队伍的监管和施工现场管理,防止投标承诺与施工过程脱节。建立《重点公路计量支付管理办法》、《重点工程设计变更管理办法》。进一步加强重点公路建设项目的组织领导,成立重点办党委、纪委。积极受理群众投诉举报,坚持工程建设全过程监督,全年共受理工程建设方面举报 13 件次,先后对离军、晋济、侯禹高速公路建设中群众反映的有关问题全部予以核实,严厉查处北京华宏、山西路畅等单位扰乱交通建设市场行为,保证工程建设顺利进行。以选树典型为重点,总结推广太祁高速、长治市交通局等六家建设单位的工程廉政建设经验,有力促进工程廉政建设的深入开展。

2007 年,省交通厅把交通基础设施作为建设和谐交通、廉洁交通的重点环节，着眼规范交通建设秩序，严格监督管理，积极采取措施，使工程建设全过程处于阳光操作。一是落实纪检监察派驻和巡查制，积极抓好工程建设全程监督。在实行省纪委、省人大、省检察院、省重点办、省发改委、省审计厅六家单位联合监督机制的基础上，根据重点公路建设项目、县际公路及路网改造、县乡公路建设实际，分三个层次开展纪检监察人员派驻工作。对各工程建设项目招投标及建设过程中物资采购、设计变更、资金拨付、质量验收等环节实施全程监督。高速公路建设项目全部派驻纪委书记；县际公路及路网改造工程1亿元以上项目派驻专人，1亿元以下项目派驻兼职纪检监察人员；县乡公路建设由项目所在的各市交通局，有选择、有重点地进行派驻，并明确工作职责。一年中，厅党组为8个开工建设的高速公路建设项目派驻纪委书记，对工程建设全过程实施监督。结合实际，在全省农村公路建设项目实行纪检监察巡查制，重点对农村公路建设程序、征地拆迁、招标投标、材料采购、质保体系、安全生产、资金管理等环节实施监督检查。省交通厅从参与权、监督权入手，授予各派驻机构和人员及时参加各种会议，加强对重大事项、重大决策的监督，充分行使监督职权，起到较好作用。在工程建设中，全面推行工程合同、廉政合同的“双合同”和“双检查”制，为落实各项廉政措施提供易于操作、便于监督的有效载体和平台。二是防止围标、串标、陪标、恶意竞标行为，及时改进和规范招投标评标办法。在原有办法基础上，调整资格审查办法，由资格预审调整为资格后审，严格对投标人技术能力、管理水平、财务能力和以往业绩信誉审查；放开限制投标单位数量要求，在交通工程建设中增加投标队伍家数，并规定关联企业不得通过同一标段的资格审查，有效防止串通投标行为；对公路建设招投标方法反复改进，与国际招投标方式接轨，运用最低价中标法进行评标，首先在晋济高速公路建设中试行，取得很好效果。为最大限度减少专家在评标阶段打分的作用，专家只对投标文件是否存在重大偏差进行审查，促进评标过程的公平公正。三是创造公开公平竞争环境，规范市场秩序。在交通基础设施建设中，推广“十公开”阳光工程，做到从立项到验收各个环节全部公开；推进交通行业信用体系建设，积极采取措施，搭建信用平台，对从业单位和主要从业人员表现进行考核评价，建立信用档案，对这些单位和人员在招投标、签订和履行合同中的信用情况进行记录并向社会公布；实行投标单位行贿犯罪档案查询制度，对通过资格预审的投标单位向检察机关查询行贿犯罪纪录，对有行贿犯罪纪录的投标单位，坚决取消投标资格，并列入“黑名单”，未查询的不准进入下个环节。

2008年，省交通厅出台《关于开展“推行公路建设阳光操作，打造优质安全廉政工程”活动的实施意见》，全省公路建设以政务透明、政策公开、准确及时为基本要求，以明确责任、强化监督为管理手段，严格实施公开阳光操作，坚持公开、公正、依法办事，将有关公路工程建设工作向社会公开，主动接受社会各界监督，全力打造优质、安全、廉政工程。实施公开的事项包括：公开项目建设计划，公开项目审批结果，公开招标过程，公开征地拆迁管理，公开建设资金使用情况，公开施工过程管理，公开工程设计变更，公开质量检查结果，公开履约管理考核情况，公开交工竣工验收结果等。并明确阳光操作实施公开的主体单位，是公路工程建设项目管理、设计、施工、监理单位，主体单位法定代表人是实施阳光操作的第一责任人。全省公路工程建设涉及的有关行政管理部门和各从业单位精心组织，认真落实，切实把坚持公路工程建设、实施公开阳光操作与权力公开透明运行、预防职务犯罪、治理商业贿赂工作相结合，与业务工作、业绩评定、年度考核相结合。通过规范和公开有关公路工程建设方面的依据、程序和结果，真正把权力运行置于阳光之下，达到公开、透明、规范的目的，保障人民群众的知情权和监督权。为推进公路建设阳光操作，各职能部门加强监督检查，积极整合监督资源，创新监督机制，加大监督力度，提高监督的整体效能。通过推行重点公路建设联合监督制、纪检监察派驻制、农村公路巡查制、工程建设“双合同”制等活动,重点对公路建设工程招标投标、转包分包、设计变更、材料采购、资金拨付、经营权转让等重点环节和重点部位进行监督。及时了解和掌握推行公路工程建设公开阳光操作的落实情况和薄弱环节,对措施不到位的,有针对性地提出解决办法,不断完善交通建设领域规章制度。广泛听取社会各界的意见和建议,充分发挥法律监督、行政监督、社会监督、舆论监督的作用。通过严格实行公开,达到权力运行规范、程序严密、结果公正、监督有力的目标。与此同时,加大对违反制度行为的责任追究力度,严肃查处党员干部违反规定,干预、插手工程建设招投标等以权谋私行为,促进公路建设全过程依法、依规、依纪顺利展开。阳光操作法被新华网、中国公路网、山西日报等多家新闻媒体进行报道,省政府《舆情摘要》、省纪委《山西纪检监察信息》刊发信息。省交通厅的做法得到副省长牛仁亮充分肯定,省纪委还转发了《着眼交通工程建设领域特点,积极构建惩治和预防腐败新体系》的典型材料。

2009年,省交通运输厅针对工程建设项目多、任务重、监督难的实际,不断完善监督机制,推进阳光操作,开展专项治理,工程廉政建设取得新成效。一是完善工程建设监督机制。坚持把预防腐败工作全程介入工程建设各个环节,做到事前、事中、事后监督相互结合。加强对重点工程派驻纪委书记的管理,配合交通运输部对全省公路工程质量和安全进行监督抽查,部检查组在听取省交通运输厅关于纪委书记派驻情况汇报后,给予充分肯定。继续推行重点工程建设联合监督机制,高速公路建设项目邀请省人大、省检察院、省重点办、省监察厅等七部门联合实施监督,强化对招投标全过程的监督,杜绝规避招标、虚假招标,打击串通投标、出借资质、低价抢标、暗箱操作等违法违规行为。二是改进招投标评标办法。在原有办法基础上,主要针对发现的围标、串标、陪标、恶意竞标行为,对高速公路工程项目招标代理机构试行比选,严格对评审专家的管理,强化对招投标全过程监督。并利用信用评价体系,对从业单位和主要从业人员的表现进行考核评价,建立信用档案,形成诚信激励和失信惩戒机制;严格资格审查,认真落实投标单位行贿犯罪档案查询制度,创造公平竞争、秩序规范的良好氛围;坚持放开限制投标单位数量的要求,增加投标队伍家数,有效防止串通投标行为;对招投标方法反复改进,提高抽取各种系数的层次和科学性,最大限度减少专家在评标中的人为因素,促进评标公平公正。三是推进工程建设阳光操作。严格按照省交通厅《实施意见》要求,积极推进防止和杜绝腐败问题发生。四是开展专项治理工作。按照省、部要求,组织开展工程建设领域突出问题专项治理工作,成立厅治理工程建设领域突出问题工作领导组和工作机构,制定下发《实施方案》,组织召开全省交通运输系统专项治理工作电视电话会议,对专项治理工作进行周密部署。厅属各单位和各市交通运输局积极行动,也分别成立领导机构,制定工作实施方案,展开治理工作;太古、忻阜、忻保、高陵、临吉、大同等高速公路建管处建立工程廉政预警机制和预防职务犯罪联动机制,促进工程领域专项治理。同时,结合专项治理,深入开展治理商业贿赂工作。

2010年,省交通运输厅坚持惩防并举、专项治理与建立长效机制相结合的工作思路,从排查入手,严格整改,加强督察,深入开展专项治理工作。全系统排查专项治理工程项目797项,投资额共计1664亿元,包括新建设项目、改建项目、公路养护项目和物流中心建设项目。排查出工程招投标、基本建设程序、工程管理实施、环境影响评价、物资采购和资金安排使用6个方面存在的问题,并进行整改落实。厅专项办还重点对5000万元以上的85个建设项目开展监督检查。针对监督检查中发现的突出问题,省交通运输厅先后下达37份整改通知、5份督办通知(函),提出要求进行严格整改,确保督促整改到位。省专项办以《简报》形式,转发省交通运输厅加强排查和整改的做法。

第八节 治理商业贿赂长效机制的初步建立

2006年,按照中央要求和省委、省政府统一部署,全省交通系统把治理商业贿赂工作作为党风廉政建设和反腐败工作的一项重点,加强对治理工作的组织领导,制定下发《实施方案》,提出交通“六个重点环节、八个重点对象、两类违规违纪行为”。“六个重点环节”,即建设项目招标投标、工程转包分包、工程设计变更、设备材料采购、质量监督以及公路经营权转让环节;“八个重点对象”,即交通主管机关、建设项目业主、施工企业、咨询、设计、监理及有关中介组织、社团组织;“两类违规违纪行为”,即在经营活动中违反商业道德和市场规则的不正当交易行为,交通行政机关工作人员利用职权参与或干预企业事业单位经营活动谋取非法利益和索贿受贿行为。

为了确保治理工作在全系统逐级推进,省交通厅将省公路局、省运管局、省重点公路工程建设领导组办公室作为治理工作重点联系点,并建立健全信息专报、通报和定期报告制度。厅治贿办先后两次面向全系统调查摸底,对在建的公路工程基本情况,公路系统、征费系统、运管系统、高管系统及厅直其他单位容易发生不正当交易行为的主要环节、关键岗位以及不不正当交易行为的主要手段和表现形式进行摸底调查。在此基础上,制定下发《自查自纠工作方案》,以“七查七对照”推进自查自纠工作。一是对照法规查制度;二是对照制度查程序;三是对照程序查台账;四是对照台账查资金;五是对照行政许可法规查找有无影响公平竞争的准入门槛,有无涉及地方保护的行业管理制度;七是对照交通系统领导干部廉洁自律有关规定,查找行政工作人员有无利用职权参与、干预企事业单位经营活动或通过牵线搭桥等方式,谋取非法利益和索贿受贿行为。全省交通系统相继对30多个单位500个工程建设项目进行调查摸底,参加自查自纠人员达7082人。各单位分别在相关媒体上开辟治理商业贿赂专栏,公开举报电话和举报信箱,大力拓宽监督渠道。各职能部门结合工作实际,进一步加强长效机制建设。在招投标工作中建立行贿犯罪档案查询机制,在运政管理中实施客运线路分权审批,在通行费减免中实行一刀切及内部审计监督等一些预防商业贿赂行为的有效措施,治理工作得到省治贿领导组充分肯定,取得阶段性成果。

2007年4月,在全省交通系统党风廉政工作会议上,省交通厅对治理商业贿赂工作进行专门安排部署,分别明确领导、机关和厅属单位的责任与任务,形成横向到边,纵向到底,主管领导亲自抓,分管领导具体抓,一级抓一级的责任落实体系。接到上级关于检查评估通知后,厅治贿领导组高度重视,迅速召开领导组会议,专题研究部署检查评估工作,制定下发《检查评估实施办法》,把宣传动员、查找问题、分类处理、问题整改4个方面情况26项内容作为检查评估工作的重点,明确各项要求。通过听取汇报、查阅资料、实地考察、征求群众意见、发放调查问卷、召开座谈会等形式,在组织自评、全面审查和重点核查基础上,对各单位自查自纠情况进行等级评定,并对重点单位及在全面审查时发现问题较多的单位进行重点核查。

按照省交通厅确定的五个治理整顿重点,深入开展自查自纠工作。一是工程建设中的商业贿赂行为。以在建的工程项目为切入点,围绕工程招标投标、工程转包分包、工程设计变更、设备材料采购、质量监督等主要环节开展自查自纠;二是产权交易中的商业贿赂行为。着重抓企业改制、公路经营权转让过程中商业贿赂行为;三是营运线路审批环节中商业贿赂行为;四是交通规费减免环节中商业贿赂行为;五是行政审批、行政许可、行政执法环节中商业贿赂行为,不断引深自查自纠工作。为确保自查自纠不留死角,厅治贿办确立“七查七对照”工作方法和自查与纠正相结合、自查自纠与专项检查相结合、行业指导监督与单位分级负责相结合、自查自纠与其他工作相结合的原则。全省推进治理商业贿赂电视电话会议召开后,省交通厅于5月30日迅速召开厅直各单位治理工作负责人会议,厅党组副书记、副厅长张润对深入推进治理工作作出部署,全系统各单位围绕在建工程项目进一步开展自查自纠"回头看",从项目管理、施工管理、队伍管理方面查找容易滋生商业贿赂的薄弱环节,深入查找问题,督促并协助有关单位和部门建立健全相关的监督管理机制。在7月、11月两次检查评估中,对省交通厅的综合评定在全省6个先进单位中排名首位,得到省治贿办的充分肯定。

2007年6月25日上午,省交通厅党组集体学习中共中央纪委《关于严格禁止利用职务上的便利谋取不正当利益的若干规定》的通知,省纪委书记金道铭的讲话及省纪委《实施意见》,成立贯彻落实领导组和办公室,对全系统贯彻落实提出意见和方案。厅党组成员以民主生活会形式,分别表明对落实《规定》的态度,对照"八条禁令"进行自查。

6月25日下午,省交通厅召开学习贯彻中纪委"八条禁令"电视电话会议,全体党组成员和厅直单位党政主要负责同志、纪委书记、厅机关全体党员干部,厅属各单位党政主要负责人、纪委书记,共计228人分别在主会场和各市分会场参加。厅党组书记、厅长王晓林主持并讲话,厅党组副书记、副厅长张润宣读中纪委《规定》和通知,传达省委书记张宝顺的重要批示和省委常委、省纪委书记金道铭讲话精神,对落实"八条禁令"进行安排部署,积极开展专项治理。在贯彻落实专项治理整顿过程中,厅党组成员和各单位领导都带头展开工作,严格遵守"八条禁令"的政策规定,按党风廉政责任制要求,督促指导好分管单位、部门人员的贯彻落实。省交通厅组织22个厅属单位7000多名党员干部进行自查、省交通厅及厅属各单位分别提出班子成员不插手招投标、运政及征稽人员不得参与车辆运营等落实规定的具体措施,制定交通领域工程招投标、设计变更、计量支付、养路费减免、客运线路审批等重点环节的预防措施,进一步增强全系统各级领导干部的廉洁自律意识。

2008年12月24日,省交通厅调整厅治理商业贿赂组织领导机构及办公室成员。组长段建国;副组长韩日裕;成员有尹新平、曹居月、王京荣、郭全英、蒋品、杨吉平、田根、杨俊威、胡建新、刘清平、戴飞、张晋鹏、李华中、董新品、牛世骏、张跃峰、魏庆飞。办公室主任由胡建新兼任。强有力的组织领导,为搞好此项工作奠定坚实的组织基础。

第九节 违规违纪案件的严肃查处

案件查处是惩治腐败、加强监督最有力的手段,也是推进党风廉政建设和反腐败斗争的一个关键环节。

2003年,全省交通系统在查处案件方面突出两个"围绕"。一是围绕"非典"防控大局,对部分把关不严、措施不力的责任人进行处理;二是围绕党组中心工作,严肃查处违纪违规案件。在查办案件中,各级纪检监察部门坚持两个"结合",即把案件查处工作与干部选拔任用相结合,与交通基础设施建设相结合。一年来,共受理信访举报案件370余件,接待群众来访90余人次,初核违纪线索60余条。查处各类案件40余件,处理各类违规违纪人员92人。其中,落实查办省纪委、省监察厅交办案件5件,落实部纪检组交办案件1件,查处率100%。省纪委驻厅纪检组对群众反映的5名处级干部进行初核,对9名处级干部进行诫勉谈话。充分发挥案件查处工作的规范、教育作用,为交通事业健康稳步发展,营造良好环境。

2004年,全省交通系统各级纪检监察部门围绕交通中心工作,把案件查处工作作为引深党风廉政建设和反腐败斗争的突破口,从净化交通干部队伍,优化交通发展环境高度,加大对案件查处工作的组织领导,为全省交通事业改革发展创造良好政治环境。一年来,全系统各级纪检监察部门共受理信访举报200余件,其中涉及县处级领导干部18

名，全部按干部管理权限责成有关部门进行调查核实，处理率100%。针对群众比较关注、反映比较强烈的问题及时核实了解，先后对群众反映个别领导干部的问题进行初核。用大量信服的证据，澄清事实，化解矛盾，保护群众和干部两方面积极性，为交通率先发展营造良好工作氛围和环境。各级纪检监察部门根据违法违纪案件日趋隐蔽复杂的情况，坚持与时俱进，创新办案思路，整合办案力量，依靠信访主渠道以及审计监督、舆论监督等，严肃党纪政纪，对一些单位和个别领导干部的违纪问题进行查处。并针对案件查处过程中发现的问题，以全系统通报的形式，提出加强管理、强化监督的要求。坚持查、纠、建并举，有力发挥案件查处工作的教育、惩处和规范作用。

2005年，全省交通系统把案件查处重点放在基础设施建设领域和党政各级主要领导干部。一是充分发挥信访主渠道作用，不断提高案件查处工作的整体水平。全系统全年共受理信访举报381件，按照干部管理权限全部进行转办和核实。厅党组先后对通信公司原负责人侯巨祥长期脱岗问题进行党内、行政双除名的处理，对晋中征稽分局原党委书记邓军生贪污受贿问题予以党内和公职"双开除"处理。省纪委驻厅纪检组还对群众反映的2名厅管处级领导干部的问题进行初核，并进行诫勉谈话。二是以惩治交通建设领域的违纪违规行为为重点，严肃查处山西路畅道桥工程有限公司、北京华宏路桥工程咨询监理公司违规问题，提出整改措施，充分发挥案件查处工作的综合效应。

2006年，结合实际情况，全省交通系统把案件查处重点放在基础设施建设领域和代表交通行业形象的重点部门。一年来，共受理信访举报484件，全部按照干部管理权限和举报线索分别进行处理。各级纪检监察部门对工程招投标、干部选拔任用、拖欠农民工工资、贪污受贿等群众反映的问题进行调查核实。初步核实案件线索188件，其中涉及处级干部3件，初核上级交办信访问题3件，立案查处9件，党纪政纪处分17人，对3名处级领导干部进行诫勉谈话，严肃处理临汾公路分局原党委书记段希珍收受贿赂行为，撤销其党委书记职务。通过查办案件，有效维护党纪政纪严肃性和单位部门的和谐稳定。

2007年，全省交通系统高度重视信访工作，注重发现和解决带有苗头性、倾向性问题，坚持把治理重点放在案件查处上，对确有问题的作出严肃处理，让广大党员干部从中吸取教训，接受警示教育。省纪委驻厅纪检组全年共受理群众举报和来访84件次，信访处理率达100%，厅属各单位需要回复结果的也全部上报调查核实情况。除协助检察机关处理古交征费所2名干部受贿问题外，还查实其他违纪案件14起，处理违规违纪人员34名，对5名处级领导干部进行诫勉谈话；有些举报按照干部管理权限，分别作出处理。尤其是朔州公路分局神头超限点行政不作为，对主要负责人作出处理；严肃处理东镇、温家庄、金山铺、丰泽等超限运输检测点只罚不卸、形同虚设，造成不良社会影响案件。受理关于招投标、质量验收、工程转包等方面举报、投诉22件，全部进行核实，对反映属实的一一进行澄清和查处，对反映情况不属实或有偏差的也进行反馈，努力为建设单位创造公平竞争的良好环境。

2008年，省交通厅积极完善联合办案机制，成立联合办案领导组，并通过执法、治贿、纠风治乱等工作发现案件线索，加大对违纪违法问题的发现力度和查办案件的组织协调力度。全年共受理群众举报和来访77件次，信访处理率达100%，省纪委驻厅纪检组、省监察厅驻厅监察室按时上报省、部有关部门要结果6件，查实初核涉及处级干部6件，1名处级干部受到行政记大过处分，对3名处级干部进行诫勉谈话，有些举报按照干部管理权限分别做出处理。还受理工程招投标、质量验收等方面举报、投诉12件，全部进行核实、澄清。在处理信访和案件过程中，注重树立大局意识，坚持把握政策界限，尤其是协助厅党组较好地处理路桥集团上访事件，落实省政府关于路桥建设集团公司由省国资委改由省交通厅监管的决定。省纪委驻厅纪检组抽调15名纪委书记深入各单位进行稳控、冻结结算账户的协助工作。还协助检察机关对支援四川地震灾区的机械设备进行核实；配合省效能办对交通安全隐患整改情况进行专项督察；配合省纠风办对公路收费站点设置进行专项调查。与此同时，结合案件和倾向性问题，及时开展警示性教育和治理整顿，总结经验教训，堵塞漏洞，完善制度，发挥查办案件的治本作用。

2009年，通过执法、治贿、纠风治乱、“小金库”治理等工作发现案件线索，加大对违纪违法问题的发现力度和查办案件的组织协调力度。省纪委驻厅纪检组全年共受理群众举报和来电来访105件次，信访处理率达100%。对有关当事人和责任人按照干部管理权限分别做出处理，对经查实确有问题的有关单位、当事人和责任人进行责任追究。初核涉及处级干部7件，对5名处级干部进行诫勉谈话。对重大交通事故中的4名相关责任人给予党纪政纪处分，1名副处级干部被免职；对一个班子6名成员集体进行诫勉谈话。还受理工程招投标、质量验收等方面举报、投诉14件，全部进行核实、澄清，对属实的一一进行查处，清退1个施工队伍、取消2个路基和1个机电投标人的中标资格；对不属实或有偏差的也进行反馈，为建设单位创造公平竞争环境。在处理信访和案件过程中，注重树立大局意识，坚持把握政策界限，配合省纪委、省直纪工委对有关山西路桥集团举报案件进行核查。

2010年，省交通运输厅不断加大信访案件查处力度，切实维护人民群众利益。省纪委驻厅纪检组、省监察厅驻厅监察室全年共受理群众举报和来访32件次，信访处理率达100%，按时上报省、部有关部门要结果的6件，查实初核涉及处级干部4件，对7名处级以上干部进行诫勉谈话，其余的按照干部管理权限分别做出处理。严肃处理阳泉郊区“10·30”重大交通事故，对相关责任人作出行政处分。工程建设专项治理以来，受理工程招投标、质量验收等方面举报、投诉30件，逐一进行核实、澄清。将在农村公路建设中出现质量问题的1个工程队伍列入“黑名单”。

第十二章　行业文明

2003年以来，全省交通运输系统广大干部职工以邓小平理论和“三个代表”重要思想为指导，坚持“依法治国”与“以德治国”相结合的战略方针，深入贯彻落实党的十五大、十六大、十七大及历次全会精神，省委七届、八届、九届、十届历次全会精神，认真落实中央和省委思想政治工作会议确定的各项任务，坚持以科学发展观统领行业文明建设工作，按照构建和谐社会和交通率先发展要求，着眼于巩固马克思主义在意识形态领域的指导地位，着眼于服务交通率先发展的中心工作，着眼于全行业职工队伍素质和文明程度的稳步提高，以人为本、与时俱进，求真务实、力求实效，服务人民、奉献社会，不断创新观念、创新方法、创新机制、创新载体，不断创优服务环境、改进服务方式、提高服务质量、提升管理水平、提升行业形象，全面加强行业文明建设，为实现交通“十五”、“十一五”任务目标提供强大智力支持、精神动力和思想保证。

第一节　精神文明建设机构的调整

2006年2月6日，省交通厅党组调整厅精神文明建设委员会成员。主任王晓林；常务副主任张润；副主任：杨金泉、王志民、部玉兰、张德仪、赵振田、张志川。委员有张晋鹏、李万定、李铁山、李华中、李灵、杨俊威、尹新平、蔺建煌、赵新民、王晓光、刘清平、贾勇。办公室主任杨俊威；副主任贾勇、原建中。

2008年4月28日，省交通厅党组调整厅精神文明建设委员会成员。主任段建国；常务副主任张润；副主任王志民、部玉兰、张德仪、赵振田、张志川、郭贵平；成员有：张晋鹏、李万定、李铁山、李华中、牛世骏、杨俊威、尹新平、蔺建煌、赵新民、王晓光、刘清平、贾勇。办公室主任杨俊威；副主任贾勇、原建中。

2008年12月17日，省交通厅党组调整厅精神文明建设委员会成员。主任段建国；常务副主任张润；副主任：王志民、韩日裕、张志川、部玉兰、张德仪、赵振田、曹燎原、郭贵平；委员有：张晋鹏、李万定、李铁山、李华中、牛世骏、尹新平、蔺建煌、胡建新、王晓光、刘清平、贾勇；办公室主任：杨俊威；副主任：贾勇、原建中。

第二节　“文明路”的创建活动

2003年，按照《千里大运文明路建设规划》和建设“绿色大运、科技大运、人文大运、国防大运”要求，继续加大创建力度。在大运路建设中，选树100名“大运路精神文明建设标兵”，在省高管系统深入开展创建文明行业活动。千里大运高速公路已成为代表山西公路建设和管理最高水平的品牌路。在重点公路和县际及农村公路建设中，组织开展“文明施工先进集体”、“精神文明建设标兵”竞赛活动。省交通厅印发《关于在全省重点公路和县际及农村公路建设中开展文明创建活动的实施意见》，从施工工地现场、队伍建设、安全生产、创建活动、任务完成、环境保护等方面提出明确的要求。1月24日，原太高速公路省级“青年文明一条路”挂牌仪式在忻州收费站隆重举行。12月12日上午，省高管局和省交管局在太旧高速公路武宿收费站广场隆重举行共创山西文明高速公路启动仪式。分为组织发动、创建落实、自查整改和总结四个阶段,时间从2003年9月开始,2004年9月结束。

2004年,新建高标准文明路862.6公里,使文明路建设里程累计达到4661.7公里,占到干线公路养护里程39.6%。通过2003年至2004年两年创建,在全行业选树100个“文明施工先进集体”、200个“精神文明建设标兵”。

2005年,省交通厅以文明管理、规范执法、安全运输、优质服务为主要内容,实施交通运输文明畅通工程,全省文明路达到5000余公里。各有关单位把“文明路”创建与日常养护工作相结合,与行风评议工作相结合,与文明窗口建设相结合,与县际公路改造和安保工程相结合,与全国、全省公路大检查相结合,与双超治理相结合,与清理整顿收费站点相结合,使“文明路”创建涵盖道路、收费点、治超点、养护段、道班等各个方面。特别是大运高速公路,交通部评为全国交通行业“十佳交通运输文明畅通工程”。9月底,国道109线山西段文明样板路顺利通过全国干线公路养护与管理检查组的验收。

第三节 “文明车”的创建活动

1992年,省交通厅直属机关团委针对运输部门青年司机多,工作流动、分散等特点和个别司乘人员有贪污票款等行为问题,组织开展争当“青年先锋号车”和“辛苦我一个,方便千万客”、“假如我是一个旅客”等活动。当年收到表扬信件23封,做好人好事4830人(次)。这种立足本职、奉献在岗位的实践活动、大大激发团员青年工作热情,提高企业经济效益和社会效益,受到群众和旅客好评。

2004年,按照省交通厅要求,省高管局、省道路运输协会联合开展“道路旅客运输优质文明竞赛活动”,大力开展“优秀运输企业、优秀客车”竞赛活动。

2005年,省交通厅开展“文明车”竞赛评选活动。各级交通主管部门将创建活动与整顿市场经济秩序相结合起来,不断加强行业监督。以“春节”和“五一”、“十一”长假为契机,在全行业开展“人便于行、货畅其流,满意在交通”文明服务月活动,开展“道路旅客运输优质文明竞赛活动”和“优秀运输企业、优秀客车”竞赛评选活动,有效带动全行业文明建设。“十五”期间,共创建文明客车541辆。

第四节 “文明职工”的创建活动

“十五”期间,省交通厅开展选树百佳交通职工活动。百佳交通职工包括:十佳养路工、十佳收费员、十佳驾驶员、十佳教师、十佳交通执法工作者、十佳科技工作者、十佳思想政治工作者、十佳管理工作者、十佳公务员。

2004年,在文明职工队伍建设中,结合学习许振超先进事迹,厅文明办组织开展“争当百佳交通人”活动。

2005年,多形式、多经验、大范围进一步引深“文明职工”创建活动,取得喜人成绩。

2006年6月30日,省交通厅印发《关于表彰全省交通行业精神文明建设先进单位、先进集体、先进个人和“交通百佳”的决定》。对省公路局等20个全省交通行业精神文明建设先进单位、太原高速公路公司小店收费站等40个全省交通行业精神文明建设先进集体、贾建新等100名全省交通行业精神文明建设先进个人予以表彰;授予魏存科等10名同志“十佳筑路工”荣誉称号、李友志等10名同志“十佳养路工”荣誉称号、郭青社等10名同志“十佳收费员”荣誉称号、崔永忠等10名同志“十佳驾驶员”荣誉称号;任成尧等10名同志“十佳教师”荣誉称号;于金柱等10名同志“十佳交通执法工作者”荣誉称号、姚惠发等10名同志“十佳科技工作者”荣誉称号、贾勇等10名同志“十佳思想政治工作者”荣誉称号、张文才等10名同志“十佳管理工作者”荣誉称号、李明芳等10名同志“十佳公务员”荣誉称号。

第五节　“文明示范窗口”的创建活动

2003年，全省交通系统不断扩大“文明示范窗口”创建工作覆盖面，新增山西路桥集团系统、厅直单位和市（地）交通局系统，使“文明示范窗口”创建工作覆盖全行业，形成“系统成串、市地成片、全行业成网”，点、条、块全面开花的局面。2003年初厅文明办统一安排，10月底组织检查验收，从72个申报创建单位中好中选优，选树50个“文明示范窗口”。其中，省交通厅重点扶持20个，各有关部门扶持30个。

2004年，以收费站为重点，专门制订下发《收费站开展文明示范窗口创建活动的实施方案》，成立创建领导组。8月3日召开创建活动汇报交流会，9月份对新申报创建的60个“文明示范窗口”进行检查验收，对2002年、2003年度已经命名的100个“文明示范窗口”进行复查。2004年，全行业共有47个窗口单位被命名为全省交通行业“文明示范窗口”，其中公路系统9个，高管系统14个，征稽系统10个，运管系统3个，山西路桥集团2个，山西汽运集团2个，厅直单位7个。同时，有两个单位（襄汾县汽车站、朔州征稽分局山阴征稽所）因创建工作滑坡，内部管理不严被撤销“文明示范窗口”称号。截至2004年年底，全行业共创建“文明示范窗口”145个。

2005年，新创建“文明示范窗口”11个，有10个单位成为“全省交通行业示范窗口标兵”，并向交通部推荐“全国交通行业文明示范窗口”4个。12月9日，按照《山西省交通行业文明示范窗口管理办法》有关要求，省交通厅将2005年度拟命名表彰的“全省交通行业文明示范窗口标兵”和新命名表彰的“全省交通行业文明示范窗口”单位在《山西交通》进行公示。其中，“文明示范窗口标兵”单位10个，“文明示范窗口”单位11个。

“十五”期间，全省交通行业共创建文明示范窗口150个、文明示范窗口标兵10个。征稽部门以文明收费、优质服务为目标，开展“2111文明”竞赛活动，每年选树20个文明征稽所（站）、10个文明收费示范窗口、10个文明征稽所（站）长标兵和100名文明征稽员，树立文明征稽新形象。高管系统以“六高”为目标，抓中心、抓基础，抓根本、抓关键，抓载体、抓特色，大力实施畅通、形象、阳光、温馨、素质“五大工程”，切实让司乘人员感受到“满意在站区，服务在全线，舒适在旅途，安全到终点”。

第六节　“文明单位”的创建活动

2003年，全省交通系统以提高素质为目标，开展创建学习型机关、学习型企业活动。深入开展“三讲一树”活动，厅机关、省高管局、省交通开发总公司成为省级“文明单位”，省高管局同时成为全国交通系统文明行业。

2004年，按照“六好”要求，在巩固成绩基础上又有新突破，厅直17个文明单位全部通过年检，并有两个单位升级为省直“文明单位标兵”。2月25日，山西省2002年至2003年度精神文明建设总结表彰大会召开。全省交通系统共有两个单位获省级文明单位标兵，56个单位获省级文明单位。

2005年，文明单位创建活动在全省交通系统深入人心，产生广泛影响，认识程度和重视程度明显提高，各级各部门都把文明单位创建作为推动三个文明协调发展的重要载体，形成众心思创，踊跃争创良好局面。12月29日，省征费稽查局举行“全国交通行业文明行业”暨“省直文明单位标兵”挂牌仪式。

“十五”期间，全省高速、征费、高管三大系统创建为全国交通系统文明行业，大运高速公路被评为全国“十佳交通运输文明畅通工程”。全行业有104个集体和234名个人受到省部级以上表彰，6个单位被交通部评为“创建文明行业先进单位”，4个基层单位被交通部命名为“全国交通行业文明示范窗口”,109国道山西段成为全国“文明样板路”,全省跨入所有公路基本无“三乱”行列。到“十五”末,全行业省级文明单位达到70个,占全省总数九分之一。国家级“青年文明号”达到11个,省级“青年文明号”达到148个。

2006年,全省交通行业紧紧围绕交通率先发展中心任务,以“服务人民、奉献社会”为宗旨,以提高职工队伍素质、提高行业文明程度为目标,大力开展“两学四建一创”活动,干部职工队伍整体素质不断提高,行业凝聚力、战斗力进一步增强,行业风气进一步好转,行业形象显著提升,为交通建设改革发展提供坚强保证。

2007年,作为全省首批20个行业之一,省交通厅积极参加全省文明和谐单位(行业)创建竞赛活动,坚持把“学树创”和“五比两推动”作为新载体与突破口,比创建氛围、比形象文明、比行业和谐、比服务质量、比社会贡献,推动各行业进一步解决自身存在的突出问题,树立“文明执法、优质服务”良好社会形象。命名表彰忻州公路分局雁门关道班等11个“文明和谐示范窗口标兵”单位,大同公路分局辛寨道班等152个“文明和谐示范窗口”单位。

2007年,在交通行政管理领域,深入开展“创建文明和谐机关、当好人民公仆”活动,培育“团结、求实、廉洁、高效”的工作作风;在交通基础设施建设领域,深入开展创优质工程、安全工程、廉政工程、文明工程活动,促进施工文明,促进交通建设与资源环境相协调,建人民满意放心工程;在交通服务领域,深入开展“为人民服务,树行业新风”活动,为人民群众提供优质满意服务;在交通行政执法领域,开展文明执法创建活动,规范交通行政执法行为,提升交通行政执法队伍整体素质和依法行政能力;在交通青年、妇女和全体职工中开展争创青年文明号、青年岗位能手、巾帼建功等群众性创建活动,形成浓厚创建氛围。结合社会主义新农村建设,积极开展创建文明农村公路、文明农村客运班车活动。同时,积极参加当地政府职能部门组织的帮困助学、扶弱助残等各种捐助活动和社会公益活动,积极参与当地文明和谐城市、文明和谐村镇、文明和谐社区等创建活动,使交通行业精神文明建设覆盖全行业各个领域、各个层次和发展全过程。积极开展联企帮困送温暖活动。厅机关作为牵头单位,会同省政府法制办、团省委、国信投资公司定点联系太原制药厂,每年中秋、春节等重大节日进行慰问,把党的温暖送到广大困难职工心里。对定点扶贫的吕梁市石楼县每年投入资金300余万元。厅直党员与群众结成帮扶对子990对,帮扶困难职工825人。厅机关单位慰问困难党员职工资金达30万元。省交通厅机关已经连续10年被省直工委评为“文明单位标兵”,全行业有253个基层单位获得省部级以上精神文明建设先进称号,厅直系统“文明和谐单位”总数达到24个,“文明和谐单位”覆盖率达到82%。11月16日,省人民政府、交通部作出《关于命名大同至运城高速公路千里文明高速路的决定》。12月2日,省人民政府和交通部在太原南宫隆重召开命名大会,并对创建过程中涌现出的先进集体和个人进行表彰。

2008年,省交通厅坚持把文明和谐创建工作同群众性精神文明创建活动有机结合,不断创新载体,丰富内涵,持续深化文明和谐创建活动,推动行业文明创建上新台阶。全省交通系统跨入“全国交通文明行业”之列。新命名3个“文明和谐示范窗口标兵”单位,10个“文明和谐示范窗口”单位。广泛开展以纪念改革开放30周年和“迎奥运、树新风、促和谐”为主题的文明和谐创建活动,开创“文明和谐行业人人共建、文明和谐成果社会共享”新局面。厅直机关党委组织参加交通运输部在青岛举办的“与奥运同行”迎奥运交通形象展示活动和“迎奥运、讲文明、树新风”文明礼仪知识竞赛,荣获“优秀组织奖”。

2009年,针对交通运输行业的特点和实际,围绕庆祝新中国成立60周年,结合群众性精神文明创建活动,全省交通运输系统深入开展“迎国庆、讲文明、树新风”活动,坚持以机关党建工作推动行业文明和谐建设，通过文明和谐创建活动的蓬勃开展，优化发展环境，增强行业合力。通过开展“创建五型机关、促进四个发展”主题活动、庆祝建国60周年歌咏比赛、书画摄影展、“百题万人”知识竞赛等，在全系统营造团结进取、共建和谐的良好氛围。一是认真组织开展新中国成立60年来100位为新中国建设作出突出贡献的英雄模范人物和100位新中国成立以来感动中国人物，以及60位新中国成立以来感动交通人物的评选宣传活动。原老厅长廉平当选由交通运输部在全行业组织开展的“60位新中国成立以来感动交通人物”。二是太旧高速公路和大运二级路入选新中国60项公路交通勘察设计经典工程。三是对全省交通运输系统内新中国成立前参加工作的老战士、老同志、革命烈士遗属、伤残军人、全国劳动模范和被中央授予其他荣誉称号的先进模范人物以及全国道德模范进行走访慰问。共走访慰问110人，省、厅两级发放慰问金10余万元。四是按照省文明办的安排部署，厅机关、省公路局、省运管局、省高管局分别与晓义村、上戈村、丰泽村、夏店村开展结对帮扶共建文明和谐村活动。省厅确定的15项帮扶项目全部完成，共投入431.2万元，结对帮扶共建文明和谐村活动取得明显成效。此外，还开展“送温暖、献爱心”活动，为因暴雪受灾群众捐款90余万元。

2010年，全省交通运输系统积极组织开展“学树创”活动，厅机关和省公路局被交通运输部评为全国交通运输文明行业，省交通运输执法局等5个单位被评为全国交通运输行业文明和谐单位，山西省阳高公路段等4个单位被评为全国交通运输行业文明示范窗口，运城高速公路收费员崔景云等5名同志被评为全国交通运输行业文明职工标兵，太原高速公司党委书记张京平被评为全国交通运输行业精神文明建设先进工作者。有60家单位被评为省级文明单位。有9个单位被评为省直机关文明和谐单位、21个单位被评为省直机关文明和谐单位标兵。组织开展精神文明结对帮扶活动，有6个单位与贫困企业和贫困村结成对子。组成三个工作组对新申报的18个文明和谐示范窗口、1个文明和谐示范标兵窗口进行检查，对29个已命名的文明和谐示范窗口和标兵窗口进行复查，撤销1个不合格文明和谐示范窗口。参加交通部组织的对省公路局、阳泉交通运输局等4个单位的精神文明示范窗口的检查；宣传吕文忠等一大批精神文明道德先进典型。在团员中，开展争创“青年文明号”活动，与团省委、联通公司、民航等单位开展“青年文明号”论坛活动。组织省厅93支青年突击队参加全省重点公路工程建设青年突击队竞赛活动，促进广大青年在重点工程建设中的生力军和突击队作用的发挥。在全系统组织开展“节水捐款、抗旱救灾”活动，共为贵州省黔西南州普安县白沙乡铁厂村捐款295 025元，支助修建应急饮水工程。青海玉树地震发生后，积极组织开展向青海玉树地震灾区捐款活动，厅领导带头捐款，全系统广大干部职工积极行动，踊跃为灾区奉献爱心，共捐款1 581 352.5元。

“十一五”期间，全省交通运输行业紧紧围绕促进交通运输科学发展这个中心，以“学先进、树新风、创一流”活动为载体，以持续提高交通运输行业干部职工队伍整体素质为重点，以深入推进交通运输系统政风行风建设和文化建设为抓手，不断增强工作的主动性、针对性和实效性，行业精神文明建设在促进交通运输快速发展、科学发展、安全发展、协调发展中发挥重要作用，为圆满和超额完成交通运输“十一五”规划各项目标任务提供强大动力和有效支撑。一是文明单位创建成果丰硕。“十一五”期间，全省交通运输系统获得中央文明委表彰的全国文明单位1个，85个单位荣获省部级“文明和谐单位标兵”和“文明和谐单位”称号；8个窗口单位荣获“全国交通运输行业文明示范窗口”称号。大运高速公路被省政府和交通部联合命名为“千里文明高速路”。全省交通运输行业被授予山西省“文明和谐行业”称号。全省交通运输行业及所属公路、征费、高管系统被评为“全国交通文明行业”。特别在支援汶川抗震救灾的伟大斗争中，省交通厅援川公路抢通保通突击队全体队员，发扬不怕牺牲、不怕疲劳、连续作战的精神，圆满完成广济至金华等4条公路抢通保通任务，被党中央、国务院、中央军委授予"抗震救灾英雄集体"称号，被交通运输部评为"全国交通运输行业抗震救灾先进集体"，被中华全国总工会授予"抗震救灾重建家园工人先锋号"称号。二是"五个文明"创建活动成果丰硕。共建成文明路8120公里、文明车541辆(条)、文明和谐示范窗口154个、有600余人荣获"文明职工"称号。三是共创共建成果丰硕。在省文明办组织开展的省市"文明和谐单位"和"社会主义新农村建设重点推进村"结对帮扶、共建文明和谐村活动中，厅机关和厅直单位积极参加，投入500多万元，共完成20余个帮扶项目，取得明显社会效益。在抗震救灾及献爱心活动中，厅直系统广大党员干部职工积极行动，踊跃捐献，为汶川、玉树地震灾区捐款700多万元，为贵州普安县铁厂村抗旱捐款29.5万元，体现厅直系统广大干部职工"一方有难，八方支援"的优良传统和爱国精神。

2011年11月11日，省交通运输厅党组晋交党发〔2011〕113号文印发《山西省交通运输行业精神文明建设规划(2011年～2015年)》主要包括现状分析与形势要求、指导思想和主要目标、主要任务和基本要求、保障措施四章。

2011年11月11日，省交通运输厅晋交文明〔2011〕631号文印发《山西省交通运输行业精神文明建设表彰管理规定》。分为总则、表彰种类、范围条件、评选程序、表彰奖励、监督管理、附则7章33条，自公布之日起执行。并附文明和谐行业、文明和谐单位、文明和谐示范窗口、文明职工(标兵)、精神文明建设先进工作者评选标准及申报表。

2011年11月25日 省交通运输厅召开全省交通运输系统精神文明建设暨创先争优推进大会。厅党组副书记、副厅长张润代表厅党组作工作报告；厅党组成员、副厅长戴飞主持；厅党组成员、省纪委驻厅纪检组组长韩日裕宣读《关于在全省交通运输系统开展向荣海凤同志和太原高速小店收费站学习的决定》；厅党组成员、省公路局党委书记郭贵平宣读《关于表彰全省交通运输行业精神文明建设先进集体和个人的决定》；厅副巡视员杨俊威出席。

"十一五"期间，全省交通运输行业精神文明单位积累三条基本经验。即必须加强领导，健全机制；必须以人为本，提高素质；必须围绕中心，创新载体。

"十二五"时期，全省交通运输行业精神文明建设工作的指导思想是：坚持以邓小平理论和"三个代表"重要思想为指导，深入贯彻落实科学发展观，以践行社会主义核心价值体系为主线，以"学先进、树新风、建体系、创一流"活动为载体，紧紧围绕全省交通运输发展目标，坚持高举旗帜、围绕中心、服务大局、改革创新的总要求，把精神文明建设、党的建设和文化建设结合在一起，进一步深化群众性文明创建活动，不断提高全省交通运输系统职工文明素质、行业文明程度和"三个服务"水平，为全省交通运输转型跨越发展提供精神动力和思想保证。

基本原则是：坚持理论武装，坚持服务大局，坚持以人为本，坚持文化兴交，坚持继承创新，坚持齐抓共管。

总体目标是：践行交通运输核心价值体系，行业价值理念深入人心，干部职工素质大幅提升，行业文明程度明显提高，精神文明创建活动更加充满活力；文化建设取得明显成果，行业发展环境更加和谐，科学管理水平和社会评价满意度明显提升，精神文明建设和文化建设走在全国交通运输系统和全省各行业前列。

具体任务是：经过5年努力，巩固和创建3个全国文明单位、3个部级文明和谐行业、100个省部级文明和谐单位。积极开展国家级高速文明路和108国道全国文明示范路创建活动；在全国交通运输系统打造1个全国交通运输文化品牌、3个全国交通运输文化建设示范单位和20名全国交通运输行业先进典型。

为确保目标任务完成，要重点抓好五方面工作：一是推进学习型交通运输行业建设，全面提高职工队伍素质；二是加强交通运输行业文化建设，精心打造行业品牌；三是深入开展“学树建创”活动，努力增强创建工作活力和品牌效应；四是抓好行风政风建设，着力提高公共服务满意度；五是要加强交通运输宣传工作，不断提高宣传引导能力。

张润在报告中，要求全省交通运输系统各级党组织要把开展窗口单位为民服务创先争优活动和“三晋先锋在行动”主题实践活动，作为当前和今后一个时期创先争优活动的一项重点工作来抓，准确把握开展为人民服务创先争优活动的目标任务，不断丰富开展为民服务创先争优活动的载体，切实加强对开展为民服务创先争优活动的组织领导和工作指导，确保取得实效。各窗口单位要广泛开展“三亮（亮标准、亮身份、亮承诺）、三比（比技能、比作风、比业绩）、三评（领导点评、党员互评、群众评议）”活动，激发创先争优自觉性、主动性和积极性，创树一批群众满意窗口、优质服务品牌、优质服务标兵。

各市交通运输局文明委和文明办主任、创先争优活动领导组组长和办公室主任；山西汽车运输集团文明委和文明办主任、创先争优活动领导组组长和办公室主任；厅属各单位党政主要负责人、党办主任；厅机关各处室负责人和受表彰的先进集体和个人代表共320余人参加。

第七节 关心下一代工作的深入推进

为进一步加强厅属单位关心下一代工作，经厅党组2008年1月14日会议研究决定，并于1月21日以晋交发字〔2008〕8号行文，对厅关工委组成人员进行调整。顾问：任先泉、刘乾、赵俊文；主任杨继刚；第一副主任任景春；副主任部学文、安正义、杨俊威；秘书长安正义（兼）；委员有蔺建煌、尹新平、王京荣、郭全英、李贵顺、王晓光、张应珍、部学良、李万定、聂保平、贾山泉、徐利民、张廷盛、闫爱华、李月星。

本次厅关工委组成人员调整后，一直延续至2011年底。

这一时期，厅关工委主要围绕“在巩固中发展，在发展中创新，在创新中提高”的基本思路，努力在实现关工委工作创新发展、科学发展上下工夫，并逐步形成了以“抓组织、抓基层、抓调研、抓典型”为主要内容的“四抓”工作法。适时提出关工委工作坚持“三创三进”，即“创新机制、创新方法、创新发展”和“与时俱进、开拓奋进、团结共进”新要求，各项工作均较前一时期取得长足进步，实现关工委工作由全省先进迈向全省“十佳”、再跃上全国先进的历史性跨越。

一、抓组织着眼长远

2003年以来，厅关工委和厅属各级关工委，都基本上做到根据人员变化情况和工作开展需要，适时进行调整充实，并在调整充实中不断加强关工委班子的领导力量，确保关工委工作有人管，有人抓，不断档，不停顿。一是在先期普遍完成厅直及所属县处级单位关工委组建工作的同时，侧重督促帮助新建单位，主要是省高管局完成新成立（或整合）的各高速公路公司（处）关工委的组建，为全省高速公路系统关心下一代工作的蓬勃开展提供组织保证。二是基本完成厅属县处级以下基层单位，包括各段、所、站、队、区等基层关工小组的组建，基本实现厅属系统关工委组织的网络化，为关心下一代工作的进一步深化提高创造有利条件。三是积极动员离退休或退居二线的老领导、老同志投身关心下一代工作，以“五老”为主体的工作队伍有所扩大。四是建立和完善关工委有关学习、工作、会议等项制度。积极建立有关资料档案，努力开辟及拓展青少年活动阵地、教育场所，在先期普遍建立“两室”（图书室、活动室）基础上，新增书吧、电子阅览室、健身房、家长学校、业余学校和青少年德育教育基地等阵地，在促进青少年健康成长中发挥积极作用。

二、抓基层开拓创新

持续开展“中华魂”主题教育活动，着力

打造读书活动“知名品牌”。为加强对该项活动的组织领导,省厅根据省组委会要求,于2006年2月成立“中华魂”主题教育活动领导组,确保该项活动持续深入开展。厅关工委继1999年首次荣获全省“中华魂”主题教育活动“优秀团体奖”之后,又5次荣获该项活动的“优秀组织奖”或“先进集体”奖。并从2006年始,连续5年荣获全国“中华魂”主题教育活动“先进集体”奖、“优秀组织奖”或“团体优胜奖”,光荣地出席了在北京人民大会堂召开的全国“中华魂”主题教育活动15周年纪念暨先进表彰会。

深入推进社会主义核心价值体系宣传教育活动。胡锦涛总书记关于树立“八荣八耻”社会主义荣辱观的重要指示发表后,厅关工委在“第一时间”做出学习贯彻部署,并于2006年至2008年,连续三年扎实深入开展了以确立社会主义荣辱观为基本内容的“知荣明耻”主题教育活动,总结出开展该项活动的“六好”经验,并把这些经验推广运用到社会主义核心价值体系宣传教育活动之中,促进该项活动不断向纵深发展。

组织开展大型主题活动。先后开展“继承光荣传统,弘扬太行精神”——纪念中国人民抗日战争胜利60周年、纪念改革开放30周年、“迎奥运、树新风”、“弘扬抗震救灾精神”、纪念新中国成立60周年等大型主题活动。

广泛组织了以弘扬爱国主义精神和继承革命传统为主题的“红色之旅”活动,利用暑期开展各种主题“夏令营”活动以及社会实践活动、青年志愿者行动等。

努力为青少年健康成长做好事、办实事,体现贴心服务。如倡导创设“关爱基金”或“爱心基金”,使该项“基金”在部分单位逐步建立完善;大力推广省交通设计院等单位实行的职工子女奖(助)学金制度或学费补助制度,使建立该项制度的单位不断增多;开展“三失”青少年帮教工作,把可能出现的失学、失业、失足问题解决在萌芽状态;致力培养“一专多能型”人才,青工综合素质培养和技能培训得到普遍加强;积极参加社会扶贫助学助教活动,对社会青少年弱势群体给予更多关爱;“五老”工作者积极投身单位和社会网吧监督等。

总结推广先进经验。先后总结推广晋中公路分局关工委开展“家庭与育人”活动、创办“家长学校”的经验,长治高速公路公司东阳关收费站创办青工“业余学校”的经验,朔州高速公路公司毛皂、怀仁收费站分别开展“路地开建”、“警民共建”活动的经验等,使未成年子女教育和青工教育不断改进提高。

积极参加文明创建活动。与有关部门密切配合,广泛动员青少年投身“文明和谐单位”、“青年文明号”、“巾帼文明示范岗”、“文明示范窗口”等各种文明创建活动,努力为构建和谐交通、和谐社会作贡献。

大力做好舆论宣传工作。坚持办好《关心下一代工作简讯》,较好地体现指导性、及时性、贴近性、服务性。截至2010年底,出刊133期。同时,在机关家属院创办“青少年园地”(后更名为“关工园地”)黑板报,至2010年底共出刊37期。同时,各基层单位采取办简报、开网站或广播站、在自有文化小报上开设专栏等多种形式,不断加大关心下一代工作的宣传力度,使该项工作的影响力不断提升,吸引力不断增强。

以上各项活动的开展,使厅属系统广大青少年进一步坚定中国特色社会主义共同理想,树立正确的世界观、人生观、价值观、荣辱观,提高弘扬以爱国主义为核心的民族精神和以改革创新为核心的时代精神的自觉性,增强为建设和谐社会、和谐交通及本系统、本行业、本单位“三个文明”作贡献的决心和本领,大量好人好事和优秀青少年不断涌现。

三、抓调研务实求真

在这一时期,尤其是2004年《中共中央国务院关于进一步加强和改进未成年人思想道德建设的若干意见》发表和省直工委召开经验交流现场会议之后,厅关工委不断加大对日常工作的调研、检查和指导力度。2004年下半年至2005年,厅关工委主要领导多次亲自带队,深入基层,开展调查研究,实行面对面、手把手的工作指导,足迹遍及全省11

市的几十个厅属单位及基层段、所、站、区，调研内容涉及关工委工作的方方面面。在普调普查基础上，先后写出《大力宣传贯彻〈中央若干意见〉，切实加强未成年人思想道德建设》的工作报告，《关于厅直单位关心下一代工作开展情况的调查报告》、《关于当前省交通高级技校在校学生思想状况的调查报告》等。2008年7月和2009年6月，厅关工委领导班子成员先后赴太原公路分局和娄烦公路管理段，对开展关心下一代工作情况进行集体调研。此外，在这一时期，厅关工委有关领导还多次与省公路局、省高管局等单位关工委领导一起，共同对所属基层单位的关心下一代工作实施联合检查或调研，总结经验，发现问题，及时指导。上述《工作报告》、《调查报告》和各次检查、调研情况，都及时以厅关工委文件或《工作简讯》形式上报下发，有的被收入省关工委时任主任赵雨亭主编的《学习与实践》一书中，还有不少文稿被省《关心下一代》刊物采用发表。深入细致的调查研究，对指导和推动基层工作健康有序开展，特别是及时总结经验，克服不足，有的放矢地搞好青少年针对性教育发挥重要作用，较好地保证了厅关工委工作能够抓得准、见成效，坚持与时俱进，不断创新发展。

四、抓典型推动发展

厅关工委自成立以来，历任领导都十分重视发挥典型引路的示范作用，在及时发现典型、致力培养典型、积极选树典型、宣传推广典型上做了很多功课。多年来，通过会议或《工作简讯》等有效形式，大张旗鼓地宣传表彰了一批"五老"领军人物和在基层关工委组织建设、队伍建设、阵地建设及工作开展中成绩突出的先进单位（集体）、先进个人。2007年8月30日，召开厅属单位"五老"暨关工小组典型经验交流会议，集中推出25个先进典型，并将他们的典型经验材料汇编成册，学习推广。其中，有"五老"先进个人典型10个，基层关工小组先进集体典型11个，组织领导先进单位和个人典型4个，对推动厅属系统关心下一代工作的创新发展科学发展发挥了典型示范引路作用，得到出席会议的省交通厅、省关工委、省直关工委领导以及全体与会同志的充分肯定与一致好评。2010年6月，又在以省厅名义召开的厅属单位"中华魂"主题教育活动总结表彰暨关心下一代工作会议上，集中推出8个开展"中华魂"主题教育活动先进集体、先进个人典型，对进一步引深活动开展，打造"知名品牌"发挥积极作用，使参加该项活动的青少年越来越多，活动质量越来越高，活动效果越来越好。2010年10月27日，省关工委主任武正国等领导专程赴省交通运输厅、省高管局及其所属的太旧、太原高速公路公司，武宿、寿阳收费站、晋中养护工区、小店、长风收费站，着重就组织开展"中华魂"主题教育活动情况做了专题考察调研，并给予高度评价。在此次考察调研中，还把省高管局确定为省关工委的青工教育联系点，进一步增添全省交通运输系统继续搞好关心下一代工作的信心和力量。

1999年9月，厅关工委荣获省组委会颁发的山西省"中华魂"（伟大的旗帜）主题教育活动"优秀团体奖"；2000年5月，任先泉荣获中国关工委颁发的"全国关心下一代先进工作者"奖；2002年4月，厅关工委荣获省关工委颁发的"山西省关心下一代工作先进单位"奖。

2003年12月，厅关工委荣获省组委会颁发的山西省"中华魂"（高举光辉旗帜　誓做时代新人）主题教育活动"优秀组织奖"；

2005年4月，厅关工委荣获省组委会颁发的山西省"中华魂"（弘扬民族精神　全面建设小康社会）主题教育活动"优秀组织奖"；安正义荣获省关工委颁发的山西省"中华魂"（弘扬民族精神　全面建设小康社会）主题教育活动"先进个人"一等奖，任小峰荣获"先进个人"二等奖；同年7月，任先泉荣获中国关工委颁发的"全国关心下一代先进工作者"奖；2006年3月，厅关工委荣获省组委会颁发的山西省"中华魂"（崇尚真善美　学做诚信人）主题教育活动"优秀组织奖"；孟学文荣获省关工委颁发的山西省"中华魂"（崇尚真善美　学做诚信人）主题教育活动“先进个人”一等奖，聂文君、杨磊荣获“先进个人”二等奖，张晓、宋扬荣获“先进个人”三等奖；安正义、张锁顺、武瑞祥荣获“优秀辅导员”奖；同年7月，厅关工委荣获中国关工委、教育部关工委、全国组委会颁发的全国“中华魂”（崇尚真善美　学做诚信人）主题教育活动“优秀组织奖”；同年10月，厅关工委荣获省关工委颁发的“山西省关心下一代工作通讯先进集体”奖；

2007年7月，厅关工委荣获中国关工委、教育部关工委、全国组委会颁发的全国“中华魂”（团结互助友爱　共建和谐社会）主题教育活动“团体优胜奖”；

2008年7月，厅关工委荣获省关工委、省文明办、省委老干部局颁发的“山西省关心下一代工作十佳先进集体”奖；省公路局晋中分局关工委、省交通征稽局晋城分局关工委、省公路局太原公路分局娄烦公路管理段荣获“山西省关心下一代工作先进集体”奖；安正义、武瑞祥、张锁顺、郭新德荣获“山西省关心下一代工作先进个人”奖；同年8月，厅关工委荣获中国关工委、教育部关工委、全国组委会颁发的全国“中华魂”（知荣明耻　从我做起）主题教育活动“先进集体”奖；安正义荣获中国关工委颁发的全国“中华魂”（知荣明耻　从我做起）主题教育活动“先进个人”一等奖，戎斌生荣获“先进个人”三等奖；钱恒达、孙宗斌荣获“优秀辅导员”奖；厅关工委荣获省组委会颁发的山西省“中华魂”（知荣明耻 从我做起）主题教育活动“先进集体”奖；李月星荣获省关工委颁发的山西省“中华魂”（知荣明耻　从我做起）主题教育活动“先进个人”一等奖，王燕峰荣获“先进个人”二等奖，许莎莎荣获“先进个人”三等奖；孟科、锁德元、翟晋余、王海锦荣获“优秀辅导员”奖；樊子义荣获“先进工作者”奖；同年9月，任先泉荣获省直工委、省直老龄工委颁发的山西省直属机关“老有所为”先进个人奖；

2009年6月，厅关工委荣获省组委会颁发的山西省“中华魂”（心系奥运　健康成长）主题教育活动“先进集体”奖；要亚娟荣获省关工委颁发的山西省“中华魂”（心系奥运　健康成长）主题教育活动“先进个人”二等奖，司芳芳、于欣荣获“先进个人”三等奖；锁德元荣获“优秀辅导员”奖；师光荣获“先进工作者”奖；同年7月，厅关工委荣获中国关工委、教育部关工委、全国组委会颁发的全国“中华魂”（心系奥运　健康成长）主题教育活动“先进集体”奖；王瑜荣获中国关工委颁发的全国“中华魂”（心系奥运　健康成长）主题教育活动“先进个人”一等奖，牛帅荣获“先进个人”二等奖，李明、吉孟夏荣获“先进个人”三等奖；张艳芬荣获“优秀辅导员”奖；安正义荣获“先进工作者”奖；

2010年6月，厅关工委荣获中国关工委、中央文明办颁发的“全国关心下一代工作先进集体”奖，安正义荣获中国关工委、中央文明办颁发的“全国关心下一代工作先进工作者”奖，李菁荣获省关工委颁发的山西省“中华魂”（祖国在我心中）主题教育活动“先进个人”一等奖，周文君、申毅荣获“先进个人”二等奖，赵静、乔俏荣获“先进个人”三等奖；樊子义、张友瑞荣获“优秀辅导员”奖；李月星荣获“先进工作者”奖；同年7月，厅关工委荣获中国关工委、教育部关工委、全国组委会颁发的全国“中华魂”（祖国在我心中）主题教育活动“先进集体”奖；王燕峰荣获中国关工委颁发的全国“中华魂”（祖国在我心中）主题教育活动“先进个人”一等奖，申吉庆荣获“先进个人”二等奖，马婧、王福桥荣获“先进个人”三等奖；田天义荣获“优秀辅导员”奖；安正义荣获“先进工作者”奖。

第十三章 劳动竞赛

2003年以来，特别是“十一五”时期，劳动竞赛活动开展得轰轰烈烈，有力推动全省交通运输事业发展。各项活动始终紧扣时代脉搏、与经济社会发展和交通运输发展同步进行，体现鲜明时代特色，广大职工也在劳动竞赛中得到全面发展。

第一节 活动内容和形式的创新

“十五”时期，在厅劳动竞赛委员会领导下，省公路运输工会组织全系统深入开展争先夺标和全局性、阶段性、突击性劳动竞赛活动的同时，狠抓了以经济建设为中心、以劳动竞赛为载体的建功立业机制建设。同时，围绕交通发展大局，先后组织开展“两学四建一创”（外学包起帆、华铜海轮、青岛港等先进典型，内学太旧精神和大运精神，建设交通基础设施优质廉政工程、交通行政执法素质形象工程、交通运输通道文明畅通工程、交通运输企业安全效益工程，创文明行业）和以重点工程、重点项目为重点的“十五”创新立功竞赛活动。各级工会积极创新竞赛体制，运用科学有效手段，全方位、多层次、灵活多样地组织劳动竞赛活动。“十五”时期，省劳动竞赛委员会、厅劳动竞赛委员会对高速公路专项表彰3次，表彰先进集体146个、先进个人293名。2005年，为了体现“科教兴交”重要性，在教师节之际，厅劳动竞赛委员会还对3所院校中作出突出贡献的16名模范教师进行表彰。

为充分发挥先进典型的表率作用，促进重点公路建设又好又快发展，在“三小时高速通达”的重要组成部分—太长、汾离、得大高速公路建设和太原东山过境高速公路改建工程中，厅劳动竞赛委员会组织开展立功竞赛活动。省重点公路建设领导组办公室规定评比推荐原则、条件、程序和名额分配等，并对评选推荐申报提出具体要求。评选推荐坚持公开、公平、公正和自上而下、群众公认，坚持面向基层、面向一线，坚持评选条件、严格评选程序、接受群众监督的3个原则。所有评选推荐的先进集体和个人都经过单位公示，党委、纪检加注意见，厅重点办审核，厅劳动竞赛委员会办公室初审，厅劳竞委研究，省劳动竞赛委员会审定并确定表彰名单。2006年，省劳动竞赛委员会对以上四个工程的83个先进集体、279名先进个人进行记功表彰。

2003年以来，为表彰全省农村公路建设中作出突出贡献的先进集体和先进个人，省交通厅劳动竞赛委员会组织全省119个县（市、区）、11个地级市交通局、厅直有关单位约150个单位开展“两建、两创、三规范”（建优良工程、廉政工程；创文明工地、文明公路；规范建设程序、建设市场和工程管理）的立功竞赛活动，有效促进县际及农村公路健康快速发展。2006年6月，省劳动竞委员会对117个先进集体和157名先进个人进行记功表彰。

“村村通客车工程”是省委、省政府为民办的事实之一。全省各级人民政府特别是各级交通部门及运管机构，把“村村通客车工程”作为惠泽百姓、服务“三农”的民心工程和社会主义新农村建设的先导工程，当作交通运管部门贯彻落实中央统筹城乡经济社会发展、服务“三农”的切实体现，高度重视，科学规划，精心组织，强力推进。

从2004年起，由厅劳动竞委员会组织、

省公路运输工会承办、省交通运输管理局具体实施,在全省运管系统组织开展了以交通发展为主题、以结构调整为主线、以改革创新为动力、以服务“三农”为主题的“村村通客车工程”劳动竞赛活动。同时,省运管局提出经营公司主体化、运行模式公交化、运作过程市场化、规范管理标准化的“四化”目标,指导农村客运事业健康发展,使城乡客运网络化建设取得突出成绩。2007年1月,省劳动竞赛委员会对89个先进集体、185名先进个进行记功表彰。

2006年,省公路运输工会不断引深竞赛活动内涵,突出抓好重点工程、重点路段劳动竞赛和三小时高速通达工程、全省农村公路建设、村村通客车工程的记功表彰工作,开展“三保五好”(保质量、保安全、保工期,工程质量好、成本控制好、现场管理好、技术创新好、劳动关系好)为主题的劳动竞赛及“安康杯”、创建劳动关系和谐企业活动。特别是省劳竞委授予省交通厅“五一劳动奖状”荣誉称号,在山西也是不多见的。同年,厅劳动竞赛委员会还表彰全省交通征稽系统建功立业的6个先进单位和60名先进个人。

2007年初,省委、省政府授予临汾公路分局翼城段西坞岭路基养护班长梁荣“山西省劳动模范”称号,授予山西省交通征费稽查局忻州分局“山西省模范单位”称号。省劳动竞赛委员会对重点工程建设的289个先进集体、621名先进个人进行记功表彰。同年,为响应中国海员建设工会号召,省公路运输工会在全省交通系统重点工程建设中继续开展以“三保五好”为主题的劳动竞赛及“安康杯”活动。省公路局开展“争先夺标”活动,举办第五届公路养护技术比武,参赛人员达300名,沥青道路冷修补综合养护车和沥青烘干拌和设备分别达到国际先进和国内领先水平;省征稽局坚持开展以争当“征稽先锋”为主题的社会主义劳动竞赛;省高管局开展“五比五看”立功竞赛活动,大运高速公路被交通部和省政府联合命名表彰为“千里大运文明高速路”,7个单位荣获“山西省五一劳动奖状”、30名同志荣获“山西省五一劳动奖章”、82个集体和131名个人被省劳动竞赛委员会记功表彰。

第二节 “工人先锋号”活动的创建

2008年,全系统各级工会组织在总结以往劳动竞赛活动经验基础上,围绕“当好主力军、建设‘十一五’,和谐奔小康”主题,抓好两方面工作。一是组织开展内容丰富、形式多样的全局性、阶段性劳动竞赛活动。省公路局在道班、站、段开展“为公路添彩,为单位争光,为社会作贡献,为自己树形象”的“四为”劳动竞赛活动,培养创建出一批以西坞岭道班为典型的“民主型、温馨型、娱乐型、学习型、公寓化、园林化”的职工小家,有力推动公路管理养护事业发展;省运管局在运管系统举办“全国奔腾杯汽车维修钣金喷漆技能竞赛(山西赛区)暨山西省交通行业职业技能竞赛”和“全省机动车驾驶员培训教练员岗位练兵技术比武”,以及服务“三农”劳动竞赛活动,极大地推动“村村通客车工程”建设迈上新台阶;省征稽局深入开展“十佳百优”竞赛活动,大力表彰先进,在全系统营造良好竞赛氛围。二是组织实施创建“工人先锋号”竞赛活动。全系统小到班组,大到局、院,层层组织,层层参赛,涌现出一批立足本职、勤奋工作、争创一流的站、所、队、道班。经过严格考核验收,有四家单位荣获省总工会命名的山西省“工人先锋号”。有一家单位荣获中国海员建设工会命名的全国“工人先锋号”。隶属各市总工会上报的单位中,公路、征稽、运管等单位也都有基层单位获此殊荣。省高管局获得全国总工会颁发的“五一劳动奖状”,6个基层站所获得省总工会“工人先锋号”。朔州公路分局、忻州公路分局获得中国海员建设工会“农民工平安返乡(岗)安全优质服务竞赛”先进集体称号。省交通厅援川抗震救灾抢通保通突击队被全国总工会授予“工人先锋号”称号。

第三节　同舟共济保增长活动的创建

2009年,围绕全省交通运输发展中心工作,省公路运输工会重点突出“同舟共济保增长,建功立业促发展”主题,通过劳动竞赛,团结动员广大职工在促进经济平稳较快增长中发挥主力军作用,在“保增长、扩内需、调结构”中科学应对挑战,努力实现交通运输的“四个发展”,严把工程质量,加快工程进度,创建精品工程,提高“三个服务”水平,全系统各单位开展各具特色的竞赛活动。重点公路工程建设单位开展“安全生产好、工程质量好、科技创新好、工程进度好和劳动关系和谐”的“四好一和谐”劳动竞赛活动。全省26条在建高速公路和国、省干线公路建设单位始终把竞赛活动贯穿整个工程全过程,做到哪里有重点工程建设项目开工,哪里就有劳动竞赛活动。省公路运输工会还不断引深“工人先锋号”创建工作,在全系统继续全力推进,由点向面扩展,由窗口单位向其他单位延伸,把创建活动引申到一线车间、班组和站所。省总工会对交通系统的“工人先锋号”创建活动高度重视和关心,省人大常委会副主任、省总工会主席郭海亮等领导深入忻阜高速和阳翼高速工地慰问一线职工,并授予两个施工项目部“工人先锋号”旗帜。运城闻垣高速公路建管处处长贾建民获得全国“五一劳动奖章”,山西交通技师学院农民工培训基地、山西路桥二公司闻垣项目部“T梁预制队”获得全国“工人先锋号”,太原高速公司晋祠收费站获得全国交通职工建功立业标兵岗称号,晋中公路分局、运城公路分局获得“山西省五一劳动奖状”,厅公安处处长田根等26人获得山西省“五一劳动奖章”,晋中公路分局勘测设计所获得山西省集体一等功,太原公路分局勘测设计所、交口公路段获得山西省集体二等功,省交科院、昔阳县通达筑路公司获得山西省集体三等功,长晋高速公司晋城东收费站获得山西省“工人先锋号”,运城路桥二公司工程师张伟斌获得山西省职工技术创新能手称号,永济市交通局局长李海军等8人获得山西省个人一等功,临猗县公路段段长王红芳等6人获得山西省个人二等功,霍州市运管所所长孟援军等2人获得山西省个人三等功。

2010年,省公路运输工会以评选“工人先锋号”为平台,针对交通运输系统工作特点,继续在广大职工中开展以“同舟共济保增长,建功立业促发展”为主题的具有交通运输特色的建功立业劳动竞赛活动,重点工程、重点路段的劳动竞赛开展得有声有色。全省在建的28条高速公路及国、省干线公路建设单位,将竞赛活动贯穿工程建设全过程。省高管局在营运高速全线继续深入开展旨在提高管理水平的劳动竞赛活动,高速公路管理更加科学合理、规范有序,经济效益稳步提高。省交通监理总公司以开展劳动竞赛和创建工人先锋号为契机,充分发挥职工群众主力军作用,忻保项目监理部和临吉项目监理部获得中国海员建设工会“工人先锋号”称号。全系统各单位解放思想,抢抓机遇,在构建和谐交通运输事业过程中争当排头兵,将劳动竞赛开展得如火如荼。

2010年1月,省劳动竞赛委员会对全省交通运输系统重点工程建设中涌现出的先进集体和先进个人予以表彰,来自全省交通运输系统及全国各地246家单位、533人被评为先进(其中,荣获五一劳动奖状的20家,五一劳动奖章的30人,工人先锋号20个,集体一等功的55家,集体二等功的90家,集体三等功的60家,个人一等功的146人,个人二等功的180人,个人三等功的175人)。

“十一五”时期,劳动竞赛活动在交通运输建设新高潮中取得丰硕成果,全系统围绕交通运输发展中心任务,坚持将劳动竞赛作为加快基础设施建设、推动运输市场稳定发展、规范交通行政执法、加强职工队伍建设的重要抓手,有力推动全省交通运输行业转型发展、跨越发展、安全发展、和谐发展。

第十四章 安全监管

2003年以来，全省交通运输系统认真学习贯彻党的十六、十七大精神，以邓小平理论和“三个代表”重要思想为指导，深入贯彻落实科学发展观，牢固树立“以人为本”、“以车为本”、“安全发展”的理念，始终坚持“安全第一、预防为主、综合治理”的方针，紧紧围绕保障交通从业人员安全、保障人民群众安全便捷出行、保障交通安全畅通的目标，突出道路旅客运输安全、道路危货运输安全、水上交通安全、公路桥梁运营安全、重点公路施工安全“五个重点”，深入开展安全“隐患治理年”、“安全生产百日督察”和“全国安全生产月”等活动，不断推进依法治安、科技兴安、发展创安，进一步加强和夯实安全生产基础，提升安全生产监管与保障能力，遏制一度时间出现的重大事故多发势头，保持较为稳定的交通安全生产形势，全面和超额完成省政府下达的安全生产目标任务。

第一节 机构的调整及主要职责

2003年1月至2004年1月，省交通厅安委会主任王晓林；副主任杨金泉；成员有厅机关有关处室及省公路局、省运管局、省高管局、省征稽局、省运总公司负责人；厅安委会办公室设在厅运输管理处。

2004年2月至2005年12月，省交通厅安委会主任王晓林；副主任王志民；成员有厅机关有关处室及省公路局、省运管局、省高管局、省征稽局、省车购办、省地方海事局、厅新闻宣传中心、山西汽运集团、山西路桥集团负责人。厅安委会办公室设在厅运输管理处。

2006年1月至2008年4月，省交通厅安委会主任王晓林；副主任王志民；成员有厅机关有关处室、省公路局、省运管局、省高管局、省征稽局、省地方海事局、厅新闻宣传中心、省交通建设工程质量监督站负责人。厅安委会办公室设在厅运输管理处。

2006年，省交通厅印发《关于调整厅安委会组成成员及职责分工的通知》（晋交运字〔2006〕4号）中明确规定厅安委会主要职责。即在厅党组领导下，研究协调重大安全问题，指导全局性的安全生产管理工作，督促检查交通系统各单位贯彻执行国家和省有关安全生产的决定及法律、法规和标准，组织全行业安全生产检查，督察事故隐患整改，负责交通行业安全生产事故投诉处理。协调有关部门查处重特大责任事故，组织、协调、管理跨行业、跨部门的重大安全活动、重大安全问题等对上对外事宜，组织开展安全生产经验交流和安全生产先进集体、先进个人评比表彰工作等。同时还规定厅安委会各成员单位和部门建立健全主要负责人全面负责，其他副职在各自职责范围内分口把关，其他岗位人员对职责范围内的安全生产负责的“一岗双责”制度，按照“谁主管谁负责、谁分工谁负责、谁审批谁负责、谁签字谁负责”的原则和“一岗双责”的要求，既对分管业务工作负责，又对分管工作的安全生产负责，切实做好各自职责范围内的安全生产监督管理和厅安委会交办的工作。

具体职责是：厅运输管理处负责厅安委办的日常工作，负责全省交通系统安全工作监督管理；

厅公安路政处负责厅直单位的消防安全生产工作；

厅公路管理处负责全行业防汛安全工作；

厅人事处负责厅属系统劳动保护工作；

厅监察室负责参与重特大事故调查处理及事故责任追究监察；

省公路运输工会负责安全工作群众监督和群众性安全生产活动的组织，参与重特大事故调查处理；

省公路局负责全省干线公路养护、建设质量安全、施工安全、运营安全的监督和管理工作，并会同各市交通局负责全省农村公路养护、建设质量安全、施工安全的监督管理工作；

省高管局负责全省高速公路养护质量安全、施工安全、运营安全的监督管理工作；

省运管局负责全省营业性公路旅客运输、货物运输、危险化学品运输以及机动车维修、驾驶员培训等方面的安全生产监督管理工作；

省征稽局负责征稽系统安全生产监督管理工作；

省地方海事局负责全省地方海事、港监船检和全省水上交通安全监督管理工作；

省交通建设工程质量监督站负责全省公路水运交通建设工程安全生产监督管理工作。

2008 年 5 月至 2008 年 10 月，厅安委会主任段建国；副主任王志民；成员有厅机关有关处室、省公路局、省运管局、省高管局、省征稽局、省地方海事局、省交通建设工程质量监督站、厅新闻宣传中心。厅安委办设在厅运输管理处；

2008 年 11 月至 2010 年 12 月，厅安委会主任段建国；常务副主任张润；副主任王志民、张志川、郜玉兰、张德仪、郭贵平；成员有厅机关有关处室负责人、省公路局、省征稽局、省运管局、省高管局、省地方海事局、省交通建设工程质量监督站、厅重点办、厅农村公路处主要负责人。厅安委办设在厅运输管理处（2008 年 11 月至 2009 年 12 月）、厅安全监督处（2010 年 1 月至 2010 年 12 月）。

第二节　安全生产考核指标的修改及完善

随着道路运输业的飞速发展和经营主体的深刻变化，原有百万车公里肇事率、死亡率、伤人率三项指标，已很难准确统计和科学考核。为了提高目标责任制考核的科学性、有效性，省交通厅于 2006 年初向省安委会提出修改考核指标的建议并得到采用，将当年的考核指标确定为：营业性运输车辆万车死亡率小于 19、一次死亡 10 人以上重大道路运输责任事故起数小于 2 起、一次死亡 6 人以上水上交通责任事故起数 0 起，一次死亡 6 人以上公路、水运建设施工责任事故起数 0 起。采用国际上通用的万车死亡率考核指标。2003 年、2006 年至 2007 年，省交通厅先后 13 年被省政府评为年度全省安全生产先进单位，2005 年以及 2008 年至 2009 年 3 年被省政府评为年度安全生产专项整治先进单位，2010 年，被省政府评为安全生产特别贡献奖单位，2004 年因发生 4 起一次死亡 10 人以上重大道路运输事故而落选年度先进单位。2007 年被全国安全生产月活动组委会评为全国安全生产月活动优秀单位。

2001 年以来，省交通厅先后表彰奖励安全生产先进单位 409 个（次）、安全生产先进个人 1435 人（次）。极大地调动全系统安全生产工作争先创优的积极性，推动安全生产工作深入开展。

经过多年不懈努力，全省交通运输系统建立纵向到底、横向到边的安全生产责任制体系，考核指标量化、细化、具体化，考核办法更加科学、准确、有效，有力促进安全生产各项措施的落实。

第三节　宣传教育及培训工作的加强

随着全省公路交通建设新高潮的不断掀起，安全生产的任务越来越重。省交通厅党组及全省交通运输系统安全生产管理部门下大力气，抓好宣传教育及培训工作。

一、“全国安全生产月”活动的深入开展

按照中宣部、团中央、国家安全生产监督管理总局、中央电视台等部门的安排部署，省交通厅从 2002 年开始，每年组织全省交通系

统开展“安全生产月”活动,“全国安全生产月”活动每年一个主题。2002年第一个安全生产月主题为“安全责任重于泰山”;2003年第二个安全生产月主题为“实施安全生产法、人人事事保安全”;2004年第三个安全生产月主题为“以人为本、安全第一”;2005年第四个安全生产月主题为“遵章守法、关爱生命”;2006年第五个安全生产月主题为“安全发展、国泰民安”;2007年第六个安全生产月主题为“综合治理、保障安全”;2008年第七个安全生产月主题为“治理隐患、防范事故”;2009年第八个安全生产月主题为“关爱生命、安全发展”;2010年第九个安全生产月主题为“安全发展、预防为主”。在活动期间,全省交通运输系统各单位编印散放安全生产宣传资料和图书,展出安全生产宣传图板,解答群众疑问,宣传交通行业安全生产知识;厅分管领导每年带队参加省安委会组织的集中宣传咨询日活动,交通运输系统各单位也都积极参加当地安委会组织的各项活动,高速公路系统和各市中心汽车站利用电子显示屏开展安全生产信息传递活动,省交通厅还多次举办安全生产知识竞赛活动。2007年,省交通厅被全国安全生产月活动组委会授予“全国安全生产月活动优秀单位”称号。

二、安全生产知识培训活动的组织

2004年,省交通厅举办道路系统安全高级技术培训班和公路施工安全培训班,120名运输企业、运输机构人员和580名公路施工企业干部参加培训,并对施工企业干部进行安全生产知识考试;2005年,省交通厅举办全省交通运输安全技术培训班、水路交通安全应急预案培训班以及公路施工企业经理、分管安全经理、项目经理“三类人员”建筑安全业务培训班,120名货运管理经理和安全科科长、车队队长、海事局长和800名公路施工企业的“三类人员”参加。此外,公路施工企业的“三类人员”还参加了省建设厅和我厅组织的公路施工安全业务知识培训;2006年,省交通厅组织人员参加交通部组织的危险货物运输事故应急预案培训班,举办道路运输和公路施工两个安全生产培训班,培训安全管理骨干400多人,并组织安全生产知识竞赛活动;2007年,省交通厅举办公路施工安全交通技术培训班和管理工程师安全培训班,150名公路建养施工管理人员和170名管理工程师参加;2008年,省交通厅组织4期汽车客运站站长及“三品”检查人员安全培训班,8期公路施工企业“三类人员”培训班、继续教育培训班、管理工程师安全培训班,500多名汽车站站长及“三品”检查人员、1890名公路施工企业“三类人员”及管理工程师参加;厅党组还组织举办厅党组中心组学习建筑施工安全法律法规报告会,以点代训;2009年,省交通厅组织34名公路建设管理部门负责人赴长沙理工大学进行安全集中培训,组织620名交通公路建设、施工管理单位安全负责人进行施工安全强化培训,组织300多名干部进行道路运输、水上交通、交通基础设施建设安全生产专项整治培训,对500多名交通公路建设管理人员进行现场安全教育和重特大事故警示教育培训;组织200名危险货物运输企业经理进行危险化学品运输安全培训,组织1040名运政管理人员进行道路安全执法培训,组织522名公路施工管理“三类人员”进行安全管理教育培训;2010年,省交通厅组织企业法定代表人、项目经理、专职安全管理人员、特种作业人员和重要工种一线农民工安全技能培训班,并进行考核;组织120名干部参加厅安全应急管理高级培训班。多年来,省公路局、省运管局、省征稽局、省高管局、省地方海事局、省交通建设工程质量监督站及厅重点办,也都结合行业实际,组织了一系列安全技术培训,使交通运输行业广大人员安全生产意识和管理能力大幅提升,为全省交通运输业安全发展奠定重要思想基础和管理基础。

第四节 安全生产专项整治活动的开展

多年来,全省交通系统以安全生产专项整治为载体,以安全生产大检查为手段,不断加强行业安全生产工作。

1990 年至 1991 年上半年，根据全国地方水上交通安全工作会议要求，省交通安全生产委员会联合组织开展全省航运企业、乡镇运输船舶安全整顿工作；2000 年，根据交通部安排，开展“安全生产管理年”和“水上运输安全管理年”活动，突出重点单位、要害部门和薄弱环节督察，突出客运车辆、渡船、油库、危桥、险路等现场安全管理和事故隐患整治；2001 年，开展“安全生产管理年”、“水上交通安全管理年”、“水上交通安全专项整顿”、“危险化学品运输整顿”；2002 年至 2003 年，持续开展道路旅客运输、危险货物运输、水上交通运输安全生产专项整顿；2004 年，开展预防道路交通事故“五整顿、三加强”活动；2005 年，根据国家质检总局、交通部等五部委局《关于开展危险化学品罐车专项检查整顿工作的通知》，组织开展为期 2 个月的危险化学品罐车专项整治，并按照交通部等四部委局部署，会同省安监局、省农业厅、省水利厅、省国防科工委开展低质量船舶专项整顿；2006 年，继续开展低质量船舶专项整顿和渡口渡船专项整顿，会同省安监局、省纠风办、省工商局、省旅游局联合开展打击黑车非法营运专项行动；2007 年，开展船舶防超载、防碰撞、防泄漏专项整顿，开展重点行业和领域安全隐患排查整治专项行动；开展以桥梁为重点的交通基础设施重大安全隐患排查整治专项行动等；2008 年，组织开展“安全生产百日督察”、“渡口渡船整治”等安全生产专项行动，省运管局与公安交警实施联合执法，打击“黑车”非法营运专项行动；2009 年，按照省政府要求，开展为期一年的道路运输安全、水上交通安全、交通基础设施安全三个专项整治，同时开展安全生产普法教育、安全生产执法、安全生产治理“三项行动”，排查整治各类安全隐患 1440 项，其中一般安全隐患 1421 项、重大隐患 19 项，排查各类生产经营单位 14 954 个，其中无证经营企业 2444 个、证照不全企业 1064 个、证照齐全企业 11 446 个；2010 年，按照国务院、省政府和交通运输部继续开展安全生产年活动部署，组织开展安全生产隐患排查治理专项行动、预防道路交通事故专项行动、打击非法违法生产经营建设行为专项行动、平安文明工地创建活动等，排查治理隐患企业 14 545 户、各类隐患 19 100 余项，其中一般隐患 19 045项、重大隐患 103 项。在打击非法违法生产经营建设专项行动中，检查企业 13 868户，查处非法违法行为 2758 项，责令停产整顿 518 户，关闭取缔 80 户，经济处罚 734 户。通过持续多年的安全生产专项整治行动，安全生产隐患得到及时排查和治理，行业本质安全水平有了大幅提升。

第五节　安全生产大检查的深入开展

实践证明，安全生产大检查是加强安全管理工作十分有效的手段之一。2003 年以来，省交通厅安全主管部门加强协调，认真组织，在原有工作基础上继续把此项工作抓紧抓好。

2003 年，省交通厅会同省安监局，并组织省运管局组成安全生产联合检查组，深入 11 个市的交通主管部门、运管机构、海事机构和重点道路运输企业进行检查，并责令 4 个运输企业限期整改安全隐患；2004 年，针对“1.22”重大道路旅客运输事故暴露出的问题，在全省道路运输行业开展堵漏洞、查隐患安全生产大检查，认真吸取事故血的教训；2007 年，先后开展重点行业和领域安全生产隐患排查整治工作检查，以桥梁为重点的交通基础设施安全隐患排查专项行动检查，并会同省安监局组织开展重点公路建设施工安全生产督察等；2008 年，省交通厅组织 30 多个安全生产检查组，对旅游黄金周安全、奥运安全、重点公路施工安全以及省政府挂牌督办的交通运输安全重大隐患，省道路交通事故预防领导组提出事故多发路段整治工作进行检查和督察；2009 年，省交通运输厅除组织开展春运安全和旅游黄金周安全大检查外，重点组织 11 个交通运输安全生产专项整治检查组，深入各市进行道路运输安全、水上交通安全、交通工程设施建设施工安全进行检查,各市、县交通运输局也层层组织检查,通过检查,推进专项整治工作的深入开展;2010年,省交通运输厅组织开展春季安全生产大检查,冬季安全生产大检查,特别是组织14个检查组,由厅领导带队,对11个市、34个县交通运输主管部门及24个重点公路建设项目所涉及的道路运输、公路施工建设、公路桥隧养护、水上交通、出入口场所消防安全进行检查。

这些不同形式、不同内容的检查活动,对进一步加强交通安全管理,起到十分明显的推动作用。

第六节 以法治安步伐的加快

2003年以来,全省交通运输系统认真学习贯彻国家《安全生产法》、《道路交通安全法》、《劳动法》、《消防法》、《突发公共事件应对法》,学习贯彻国务院《内河交通安全管理条例》、《危险化学品安全管理条例》、《建设工程安全生产管理条例》、《工伤保险条例》、《安全生产许可证条例》、《道路运输条例》、《生产安全事故报告和调查处理条例》、《大型群众性活动安全管理条例》,学习贯彻交通部《道路旅客运输及客运站管理规定》、《道路货物运输及站场管理规定》、《机动车维修管理规定》、《汽车驾驶培训管理规定》、《危险货物运输管理规定》、《道路运输从业人员管理规定》、《公路水运工程安全生产监督管理办法》和《山西省安全生产条例》、《山西省危险化学品安全管理办法》、《山西省水上交通安全管理办法》、《山西省安全生产监督管理办法》等,结合行业实际,制定一系列安全生产管理制度和工作规范。2003年,省交通厅制定印发《山西省道路旅客运输行业安全工作规范》、《山西省道路货物运输行业安全工作规范》、《山西省水上交通行业安全工作规范》、《山西省公路建设行业安全工作规范》、《山西省公路养管行业安全工作规范》、《山西省高速公路营运行业安全生产工作规范》、《山西省交通征稽行业安全工作规范》、《山西省交通厅直属单位安全工作规范》,并制定《山西省交通系统特大安全生产险情及事故应急预案》,强化行业安全生产基础管理工作。2004年,省交通厅制定印发《山西省交通系统安全管理暂行规定》、《山西省交通厅安全生产管理检查暂行办法》等;2005年,省交通厅制定印发《全省道路旅客运输承运人责任险团购实施办法》,实现少量增加保费、大幅增加保额的目标,在保费平均增长0.92倍的情况下,保额平均增长5.7倍,由原来的每座每月保额3万元增加到10万元、20万元、30万元;2006年,省交通厅制定印发《山西省公路交通公共突发事件应急预案》、《山西省水路交通公共突发事件应急预案》、《山西省水路交通事故搜救应急预案》,编制《山西省公路水路交通运输安全"十一五"发展规划》;2007年,争取省政府支持,省交通厅制定印发《山西省水上交通安全管理办法》;2008年,省交通厅制定印发《山西省交通厅安全生产委员会制度》、《山西省交通运输安全生产厅(局)际联席会议制度》、《山西省交通运输安全生产联合执法制度》、《山西省交通运输安全生产事故隐患治理制度》、《山西省交通运输安全生产责任事故约谈制度》、《山西省交通厅安全生产隐患和事故举报制度》、《山西省交通运输重大危险源监督管理制度》、《山西省交通运输安全生产专项督察制度》共8项制度,修订《山西省交通运输安全生产事故应急预案》,出台道路运输安全"三关一监督"源头管理"十项措施";2009年,省交通运输厅制定印发《高速公路建设高危工程施工安全强制性要求》、《山西省小型客船运输经营资质管理暂行办法》、《高速公路安全专项经费计量支付办法》和道路运输安全源头管理"二十项规定",争取省政府出台《山西省水上搜救应急预案》、《山西省城市公共交通突发事件应急预案》;2010年,省交通运输厅制定印发《公路工程施工安全检查评价办法》、《山西省公路水运工程施工行业安全生产管理认真考核管理实施细则》、《道路旅客运输安全考核评价办法》，争取省人大、省政府支持，修订出台《山西省道路运输条例》，经过多年不懈努力，全省道路运输行业安全管理逐步步入法制化、规范化道路。

第七节 安全生产基础工作的加强

2003年以来，省交通运输厅党组把安全生产工作摆在十分重要位置，认真贯彻落实全国、全省安全生产工作会议精神，扎扎实实抓好各项基础管理工作。

一、及时研究和安排部署行业安全生产工作

“十五”以来，省交通厅每年都要召开全省交通安全生产工作会议、全省地方海事工作暨水上交通工作会议、全省道路水运春运工作电视电话会议，总结工作成绩，分析安全形势，部署工作任务，表彰先进单位和先进个人，签订安全生产目标责任书。厅党组、厅长办公会议经常研究决策安全生产重大问题，厅安委会和办公室定期召开安全生产工作例会。2007年，省交通厅12次厅党组会议和17次厅长办公会议上，研究安排有关安全生产工作事宜，省交通厅还转发印发60多份有关安全生产文件；2008年，省交通厅10多次召开安全生产工作专项会议，部署安全生产工作，14次召开厅党组会议和厅长办公会研究安全生产工作；2009年，省交通运输厅先后50多次召开安全生产工作方面会议，并印发、转发安全生产内容的文件100多份；2010年，省交通运输厅18次召开安全生产工作专项会议，14次在厅党组会和厅长办公会议上研究安排安全生产工作。这些会议召开和文件印发，有效学习贯彻上级有关安全生产工作的部署和要求，及时研究解决安全生产工作中存在的突出问题，有力推进全行业安全生产工作不断跃上新台阶。

二、全面落实各有关部门监管责任

2003年以来，各级交通运输主管部门及运管机构、海事机构不断加强安监机构及队伍建设，履行安全生产“三关一监督”的职责。从省交通运输厅到市交通运输局、从省运管局到各市运管局(处)，从省海事局到市海事局，都普遍设立安监处和安监科，有水运业务的市、县还健全地方海事机构，实现水上交通安全监管“全覆盖”。各级运管机构努力把好道路运输市场准入关、车辆技术状况关、从业人员资格关，加强汽车安全生产监督。各级海事机构努力把好水路运输市场准入关、船舶技术检验关、船员适任关，加强渡口码头安全生产监督，并督促地方县乡人民政府加强乡镇船舶安全管理。

三、落实企业安全生产主体责任

2003年，省交通运输主管部门对企业进行安全生产状况评估和信誉质量考核，对重特大安全生产责任事故企业及责任人进行查处。企业推行驾驶员内部上岗证制度、安全嘱咐制度、安全家访制度、承运人责任险制度等，不断推进集约化经营和公司化管理水平，强化对联营挂靠承包租赁车辆的安全管理和考核。

四、加强道路运输安全生产装备建设

2003年以来，省交通厅先后投资1200万元建设全省道路运输卫星定位应用系统，到2009年底，由1个省级平台、11个市级平台和195个企业平台组成的全省道路运输卫星定位应用系统全面建成并投入营业，8360多辆客车、危险货运车辆安装车载终端，提高对运输车辆安全的预警预控能力。2000年以来，省交通运输厅累计投资6467万元，为94个汽车站装备“三品”安全检查仪，为17个汽车站装备安全生产监控系统，为105个汽车站装备汽车站智能化管理系统。投资1000余万元进行地方海事机构安全装备建设。

五、提升公路安全保障能力

2004年以来，全省交通运输系统持续开展公路安全保障工程，重点整治急弯陡坡、临崖、临水路段，增设防撞栏护墩和标志标线，同时开展事故多发路段整治和危桥改造工程。每年用于公路安全保障工程、危桥改造工程及事故多发路段整治工程的投资都在2

亿元以上,大大改善公路交通条件,提升公路的安全保障能力。

六、强化公路建养安全生产管理工作

从2004年开始,全省公路建设严格执行建设安全生产许可证制度,严格工程招标、资格审查,严禁无安全生产许可证的企业参加工程建设。从2006年开始,省交通厅将公路建设施工现场安全生产监管任务交由省交通建设工程质量监督站负责,把质量监督与安全监督结合起来,同时强化施工监理单位现场安全监理责任,把质量监理与安全监理有机结合起来,形成公路施工安全管理封闭网络体系。

七、掌握交通安全生产工作主动权

2003年以来,省交通运输厅采取多种途径,牢牢掌握交通安全生产工作主动权。一是开展交通行业安全生产发展规划研究,制定并实施《山西省公路水路交通安全生产“十一五”发展规划》;二是开展《山西省道路运输安全对策研究》,建立道路运输安全管理考核评价指标体系;三是开展安全生产事故应急救援研究,制定《山西省交通系统特大安全生产险情及事故应急预案》、《山西省水上搜救应急预案》等。这些工作的深入开展,为把全省交通运输安全生产工作提高到一个新水平,奠定坚实基础。

第八节　沉痛的事故教训

1978年至2010年33年间,全省交通运输系统发生一次死亡10人以上重大特大事故22起,造成523人死亡、387人受伤。其中:道路运输重特大事故21起,造成303人死亡、387人受伤;水上运输重特大事故3起,造成221人死亡。

1.2004年发生4起重大道路交通事故和1起特别重大农用船沉船事故。①1月22日凌晨(大年初一),山西汽运集团三皇侯马运业股份有限公司晋L20311华丰客车,行至长晋线高平市西山过境公路谷口段一拐弯处时,因疲劳驾驶、违法超员、弯道超速等原因,先与土崖相撞,而后翻入3米深的路坎下,客车核载19人,实载28人,造成14人死亡、4人重伤、10人轻伤;②2月6日,山西皇马实业有限公司晋C8965号沈阳金杯普通客车非法营运,从临县驶往太原,行至交城县境内时,与太原清徐荣通货运有限公司晋A19466号解放牌中型货车会车时相撞,造成10人死亡、11人受伤;③2月11日,长治运东汽运公司晋D30549解放自卸货车行至208国道895公里+700米处时,与山西汽运集团太原汽运有限公司晋A05244依维柯客车相挂,造成12人死亡、9人受伤,主要是货车超速、超载行驶所致;④9月19日,太原市宝通达五台山分公司依维柯客车行驶至忻府区外环路108国道542公里+700米处时,撞在接受治理超载检查的太钢矿业公司劳动服务公司的一辆东风货车尾部,造成10人死亡、8人受伤,主要原因是客车驾驶员无证驾驶、超员、超速。货车未经年审、灯光不全;⑤9月23日,临猗县张郭村农民驾驶自备的无甲板农用船,去黄河滩地抢收棉花,搭载村民71人,在行至离对岸约10米时,发动机缺油熄火,失去动力和控制被河水冲沉,60人掉入水中,造成49人遇难、失踪。

2.2005年发生3起重大道路交通事故。①1月5日,运城新万通汽运有限公司客运客车非法营运,从洛阳返回运城,行至平风线9公里+650米处急弯下坡时,制动失灵,发生翻车,造成13人死亡、11人受伤;②8月27日,太原市宝通达汽运有限公司阳曲县恒运分公司晋A89284依维柯客车,核载17人,实载23人,在行至忻台线49公里处下坡时,机件失灵,方向失控,翻入桥下,造成11人死亡、12人受伤;③11月14日,长治市黎城县白龙运输有限公司东尼153大货车由黎城开往沁源郭道方向,由于司机疲劳驾驶,行至汾屯线115公里处时,冲入出早操的学生队列之中,造成21人死亡、16人受伤。

3.2008年发生3起重大道路交通事故。①6月3日,北京冀东广龙物流公司朔州公司霍志峰驾驶车牌号为晋F03210欧曼重型货车(空车)行至省道朔州董源公路36公里

+43 米处时，与执行右玉至太原长途客运任务的朔州汽车运输有限公司驾驶员郭鹏奎驾驶的车牌号为晋 F08004 依维柯客车（核载 17 人，实载 24 人）相撞，造成 22 人死亡、2 人受伤；②7 月 17 日 10 时 5 分许，太原并州鑫立公司驾驶员徐广明驾驶车牌号为晋 A49187 中通客车早 7 时 20 分从太原客运西站发车，执行太原至柳林客运任务（核载 47 人，实载 47 人），行至青银高速 684 公里（距离石东 13 公里）处时发生事故，造成当场死亡 7 人，送医院抢救无效死亡 7 人，27 人受伤；③8 月 18 日 21 时 30 分许，介休市绵山风景开发区责任公司驾驶员张孝平驾驶车牌号为晋 K13322 金龙客车，行至吕梁孝义市孝石线与孝义市迎宾南路十字交叉路口处时，与张兵娃驾驶的车号为晋 M25128 豪沃大货车相撞，造成客车当场死亡 7 人、送医院抢救无效死亡 5 人，其余 20 人受伤。

4. 2009 年发生 2 起重大道路交通事故。①2 月 12 日，山西汽运集团阳方口汽车运输有限责任公司驾驶员张福军驾驶车牌号为晋 H11938 大客车（核载 31 人，实载 26 人），执行忻州至河曲客运任务，行至省道韩河线 22 公里 +800 米处时，因雨雪天气路面结冰，驾驶员操作不当，致使车辆翻入路侧 22.3 米深沟，造成 8 人当场死亡、2 人在抢救途中死亡、16 人受伤；②10 月 30 日，山西金佳通旅游公司驾驶员佟德伟驾驶车牌号为晋 A53772 旅游客车从西柏坡返回太原途中，行至阳泉市郊区霍头村境内 207 国道 917 公里 +915 米下坡拐弯处时，因雾天、阴雨路滑、司机操作不当，坠入 57 米的沟内，造成 14 人死亡，40 人受伤。

5. 2010 年发生 1 起重大道路交通事故。3 月 14 日，大同市晋港旅游汽车公司驾驶员周勇驾驶车号为晋 B36085 金龙客车（核载 47 人，实载 30 人）执行内蒙古乌兰察布市察右后旗至太原包车任务，行至大同绕城高速公路 7 公里 +600 米处时，车辆侧翻并撞断护栏，造成 13 人死亡、17 人受伤。

第十五章 公安路政

由于交通公安警衔与体制及职权等问题18年之久得不到解决,这一时期公安(路政)处的工作重点不得不做出调整。由过去侧重于打击“车匪路霸”,维护站车及建设工地治安转为治安综合治理,推进“平安交通”建设和路政管理、治理车辆超限超载,公安工作与路政管理工作齐头并进。

第一节 安全保卫工作模式的创新

一、保持交通公安队伍稳定

交通公安体制问题直接影响到交通治安工作和交通公安队伍建设,干警思想波动大,加之山西汽车运输集团改制及部分运输企业破产等原因,直接影响到干警们的生活,引发运输公安干警上访。对此,省交通厅公安处一方面积极向省公安厅、省交通厅领导及有关方面反映,寻求解决办法;一方面加强思想政治工作,引导干警们正确对待,坚守工作岗位,以合理合法的形式反映诉求。与此同时,出台一系列规章制度,加强队伍管理。如《警车管理规定》、《枪支警械管理规定》、《公安干警十不准》、《五条禁令》等,有力保证交通公安队伍不出现违纪行为,不发生枪支警械和警用车辆使用问题。

二、保障站车路及工地治安

受体制、职权所限,交通公安各项业务受到制约,职能不能发挥。省交通厅公安处领导创新思路,采取与地方公安机关紧密协作、联合作战等形式,维护站车秩序与工地治安。2009年,厅公安处与省公安厅刑侦处协作,在全省范围内开展打击“车匪路霸”维护客运秩序专项活动,由省公安厅与省交通厅联合发布“打击车匪路霸违法犯罪活动的通告”,交通公安与公路沿线公安机关共同战斗,取得可喜成绩。为巩固打击成果,两厅积极探索,维护站车治安长效机制。两厅发文规定:除设有交通公安派出所外的汽车站、发车点由地方公安机关设立值勤室或派驻值勤民警;后根据形势变化,交通公安又探索推广忻州汽运公安科、太原客运东站与驻地公安派出所联合设立汽车站警务区的做法,克服无法办案的治安短板,站车秩序得到有效控制;针对高速公路运营治安秩序问题,厅公安处会同省高速公路管理局,在全省高速公路推广“太原市公安局驻太原高速治安办公室”和“吕梁高速公路治安支队”的成功经验。此举大大缩短报案时间,提高快速处置能力;太佳高速公路建管处主动联系,积极协助太原市公安局,联手打掉一个专门在重点工程建设项目进行敲诈勒索的犯罪团伙,保证建设项目顺利推进。

三、推进“平安交通”创建工作

根据省综治委“平安三晋”建设要求,省交通厅公安处从2000年开始,在全系统全面开展以“平安单位、平安小区、平安校园、平安大道、平安工地”为主要内容的“平安交通”创建工作,取得优异成绩,得到省综治委肯定。“三个严明、四个突出、五抓”的创建工作经验在全省推广。三个严明,即在领导责任制方面严明主要领导、分管领导和班子成员责任;在目标管理责任制方面严明主管单位、责任主体单位和监管部门责任;在奖惩措施上严明一票否决权制。通过“三个严明”,积极构建和落实综治领导责任体系,建立主要领导亲自抓、分管领导具体抓、班子成员配合抓、责任部门主动抓、基层单位直接抓、党政工团齐抓共管,“下级对上级负责,一级抓一级,层层抓落实”的工作机制,进一步落实社会治安综合治理领导责任制。“四个突出”,即一是突出矛盾纠纷排查和调处。首先是健全工作机制,完善信息报送工作,推动排查和调处工作经常化、规范化、制度化。其次是采取有效措施,从源头上预防和化解矛盾纠纷,解决好关系群众切身利益的突出问题。再次是发挥“条块结合、以块为主”的优势,把地区排查、系统排查和单位排查有机结合,全方位、多层面排查,把群众最关心、最直接、最现实的利益问题了解清楚,使群众的合理诉求得到解决。第四是配合公安机关,积极做好社会治安重点地区排查整治专项活动,严格排查管控重点高危人员,明确监管责任,落实教育和防范措施。二是突出民爆物品专项整治。加强对重点公路工程中涉及民爆物品购买、运输、使用、储存各个环节的监管,确保“不丢失、不炸响”。三是突出“平安交通”创建活动的深入推进。进一步统一思想,明确责任,强化措施,规范管理,积极探索新路子,推进创建活动深入发展。通过层层分解责任、细化创建目标,以部分促整体,以小安定保大安定。四是突出基层基础建设,强化综治组织机构、力量配备、物质保障各个环节建设。健全和完善综治工作各项规章制度,采取有效措施和手段,加大人财物投入,强化人防、物防、技防建设,提升管控功能。加强同驻地综治部门联系,建立协作联动机制,实现矛盾联调、治安联防、工作联管、问题联治、平安联创、突发事件联勤。“五抓”,即:一抓教育。综治内容进课堂、进院校,把治安综治内容和消防知识编入教学大纲,列入教学计划,纳入学员必修课。同时加强对保安员、治安员、义务消防员进行专业知识培训,提高应对解决问题的能力。利用板报、专栏、新闻媒体、高速公路电子显示屏等进行宣传,举办专题讲座、培训班、知识竞赛等,提高社会知晓率,增强各单位和广大职工参与综治工作及平安交通建设的积极性与主动性。二抓管理。积极构建以“技防为主导、人防为根本、物防为基础”的防控体系。经过几年建设,全省交通运输系统各单位在重点场所、要害部位的视频监控设施全部安装到位,科技防范手段正在发挥着积极作用。三抓预防。要求各单位制订应急预案,组织消防、治安及自然灾害应急演练,做好防火、防盗、防破坏和防治安灾害事故的宣传教育,定期组织开展安全大检查,发现问题及时解决,消除隐患,堵塞漏洞。四抓保障。用硬措施保障硬任务,在人、物、钱上搞好保障,使单位治安综治有人管事、有钱办事。五抓督察。加强对各单位综治工作目标管理责任制的落实情况督导检查,总结推广典型经验,对工作不到位的单位加强指导,督促整改,鼓励先进,鞭策后进。

第二节　超限超载车辆的治理

自 2001 年,省交通厅公安处增挂路政管理处牌子以来,在深入调研基础上,以规范路政管理行为为突破口,做了大量卓有成效的工作。一是整顿队伍,统一路政管理机构名称。按照国省道、高速公路、县乡道路管理分工,省公路局路政总队辖各公路分局路政支队、大队;各地市交通局设立路政支队、大队;经省编委批准,统一高速公路路政管理,省高管局成立路政总队并 4 个支队,各高速公路公司设路政大队、中队。二是统一法律文书。按照公路法、路政管理条例要求和《交通部行政处罚文书格式》统一制作下发;三是按照省政府政务公开统一要求,设立“省交通厅路政服务大厅”,增加审批透明度,方便群众,提高效率;四是结合全国公路大检查,开展路容路貌整治行动,清理整顿公路控制线违法建筑,打击毁路、违章占路、私设广告、盗伐行道树等行为,大力开展文明示范路建设,路容路貌大为改观;五是开展治理超限超载工作。先是于 2003 年与华北五省区联合发起,开展联动治超工作,又于 2004 年 6 月 20 日按全国治超办统一部署,启动第一轮治超工作。以省交通厅为主,组成省治超办并省交通厅治超办,按照国家七部委和省政府治超方案要求,制定阶段性目标和长远目标,精心组织,严格实施,形成政府主抓、交通牵头、部门联动工作格局。截至2004年底,超限超载车辆比例从治理前85%下降到10%左右,超限超载势头得到有效遏制。2005年1月召开的全省治理超限超载电视电话会议,总结确定"政府领导是根本,部门联动是基础,源头治理是重点,用经济调节手段是关键"方针,并强调落实7项工作。即:整顿规范公路沿线煤场专项工作,研究解决公路疏堵问题,厢式专用货车的研究、试点、报批,解决检测称重计量不准问题,加强煤矿源头治理,加强对路面执法工作的检查督导。从2005年1月10日至2月8日,省交通厅与省公安厅在全省开展"路警奋战三十天,重处双超保平安"的集中行动。在行动中,交警进驻治超点,统一执行全国治超办制定的双超认定标准。2005年6月20日全国治超电视电话会议以后,全省对治超工作再部署,要求进一步加大执法监管力度,依法对超限超载严厉处罚,严厉打击治超工作中出现的粗暴执法行为,坚决查处干扰治超工作的不法分子,继续落实治超工作"五不准"规定,严肃查处"三乱"行为和违法违纪人员。进一步加大源头管理治理力度,通过重点督办,确保"大吨小标"车辆更正率达到95%以上。通过对车辆源头、装载源头以及路面行驶环节实行封堵,有效遏制车辆超限超载。全省高速公路劝返超载车辆的做法,得到全国治超办肯定,进而总结出"高速公路堵、干线公路查、县乡道路限高、限宽"的治超经验。对鲜活农产品实行"不扣车、不卸载、不罚款"的政策,确保治超与运输保障双赢。从开展治超至2005年7月,交通、公安部门共出动执法人员134万人次,检测车辆1338万辆次,查处超限车辆68.8万辆,卸载货物41.28万吨,全省共恢复"大吨小标"车辆11.3万辆,超限超载车辆比例下降至9%左右。2005年底,全省在高速公路实行计重收费,利用经济杠杆调节,对治理双超起到促进作用,并在干线公路推广。2008年5月28日,省长孟学农签发第223号、第224号令,省政府颁布《山西省道路货物运输源头治理超限超载暂行办法》(20条)、《山西省治理车辆非法超限超载工作责任追究办法》(31条),自2008年7月1日起施行。结合全国治超站点规范化、全国超限超载车辆监控网络体系建设、厢式货车、源头治理等措施落实,人员、经费的落实,治理的长效机制正逐步形成。2009年,针对个别路段短途驳载超限问题和个别地方治理工作放松,治超出现反弹的情况,全省开展了新一轮"无缝隙、拉网式"治超行动,截至2010年底,全省超限超载率始终控制在0.2%以下,高速公路杜绝非法超限超载,长短途运输中的非法超限超载车辆得到有效控制,55吨以上的非法超限超载车辆基本消除。全省开发的高速公路不停车检测系统和实行运管人员驻厂源头治理经验,在全国进行推广,全国治超办在山西专门召开现场会。

第十六章　人事管理

2003年以来，在省交通运输厅党组正确领导下，全省交通运输系统各单位、各部门以邓小平理论和“三个代表”重要思想为指导，坚持科学发展观，认真学习贯彻党的十六大、十七大和历次全会精神，全面贯彻落实全省组织部长、人事和劳动保障工作会议精神，坚持“人才强交”战略，紧紧围绕干部队伍、公务员队伍和专业技术人员队伍建设，不断深化干部人事制度改革和事业单位机构体制、人事制度改革，全面提高交通系统干部工作水平，统筹推进各项工作，为全省交通持续、快速、健康发展，提供坚强的组织保障和人力资源支持。

第一节　省交通运输厅机构设置及职能调整

2008年2月，党的十七届二中全会审议通过《关于深化行政管理体制改革的意见》。2008年8月，中共中央、国务院印发《关于地方政府机构改革的意见》，明确提出地方机构改革要着力转变政府职能，理顺职责关系，明确和强化责任，调整优化组织结构，规范机构调协，完善管理体制，严格控制机构编制。对交通运输行政管理体制政策的要求是：促进各种交通运输方式相互衔接，发挥整体优势和组合效率，加快形成城乡一体的交通运输体系。2009年3月12日，省委、省政府晋发[2009]13号文件印发《山西省人民政府机构改革方案》，明确提出要适应全省交通运输大建设、大发展需要，组建省交通运输厅，促进交通运输快速发展。2009年9月4日，省人民政府办公厅晋政办发[2009]139号文印发《山西省交通运输厅主要职责内设机构和人员编制规定》。

一、主要职能及部分职能的调整

根据《中共山西省委、省人民政府关于印发<山西省人民政府机构改革方案>的通知》精神，设立山西省交通运输厅（以下简称省交通运输厅），正厅级建制，为省人民政府组成部门。

根据省政府办公厅139号文件规定，省交通运输厅主要职责有11项：①贯彻执行国家关于交通运输的法律法规和方针政策，拟定全省交通运输行业的地方性法规规章和发展战略建议。②承担涉及全省综合交通运输体系的规划协调工作，会同有关部门组织编制全省综合交通运输体系规划。指导全省交通运输枢纽规划和管理。③组织拟订并监督实施全省公路、水路行业规划、政策和标准。参与拟订全省物流业发展战略和规划，拟订有关政策和标准并监督实施。指导全省公路、水路行业有关体制改革工作。④承担全省道路、水路运输市场监管责任。组织制定全省道路、水路运输有关政策、准入制度、技术标准和运营规范并监督实施。负责交通运输行政执法行为的监督管理；指导城乡客运及有关设施规划与管理工作，指导出租汽车行业管理工作；指导城市地铁和轨道交通的运营管理；承担省内水路运输及航道管理工作。⑤承担水上交通安全监管责任。负责水上交通管制、船舶及相关水上设施检验、登记和防止污染、水上消防、航行保障、应急救助、通信导航、船舶与渡口设施保安及危险品运输监督管理等工作。负责船员管理的有关工作。负责全省水上交通安全事故、船舶及相关水上设施污染事故的应急处理。指导市、县水上安全监管工作。⑥负责提出全省公路、水路固定资产投资规模和方向、国家及省级财政性资金安排意见，按国务院及省人民政府规定权限审批、核准规划内和年度计划内固定资产投资项目;拟订公路、水路有关规费政策并监督实施,提出有关财政、土地、价格等政策建议。⑦承担公路、水路建设市场监管责任。拟订全省公路、水路工程建设相关政策、制度和技术标准并监督实施;组织实施公路、水路重点工程建设和工程质量、安全生产监督管理工作。指导和组织全省交通运输基础设施管理和维护,承担有关重要设施的管理和维护。按规定负责渡口规划和岸线使用管理工作。负责国省道和高速公路等重点交通运输基础设施建设、维护、运营、路政、监控、收费、治超等管理工作。⑧指导全省公路、水路行业安全生产和应急管理工作。按规定组织协调重点物资和紧急客货运输;负责全省高速公路及干线公路网运行监测和协调;承担国防动员交通战备有关工作;指导交通运输行业公安保卫工作。⑨指导全省交通运输信息化建设、监测分析运行情况,开展相关统计工作,发布有关信息。组织和指导全省公路、水路行业科技开发、环境保护和节能减排等工作。⑩指导交通运输行业职工队伍建设。负责交通运输行业涉外工作和引进外资工作,开展国际、省际合作与交流。⑪承办省人民政府交办的其他事项。

在厅机关改革实质性操作阶段,厅党组多次召开会议,认真研究厅机关三定方案的起草工作,反复、广泛听取厅机关各处室和群众意见,并在省政府主要领导和有关部门支持下,不断完善机构改革方案,先后15易其稿,最终形成三定方案。与省交通厅2000年三定方案相比,此次省交通运输厅三定方案变化有:

职责调整。省交通运输厅职责调整,原则上是依据省政府关于机构改革规定、交通运输部职责和2000年省交通厅职责内容来确定的,涉及三个方面。一是划入两项职能。即将原省交通厅职责、原省建设厅指导城市客运职责整合划入省交通运输厅。二是取消两项职责。即取消国务院、省政府已公布取消的行政审批事项;取消公路养路费、航道养护费、公路运输管理费、公路客货附加费、水路运输管理费、水运客货运附加费等六项交通规费的管理职责。三是强化三项职能。即加强综合运输体系的规划协调职责,优化交通运输布局,促进各种运输方式相互衔接,加快形成便捷、通畅、高效、安全的综合运输体系;加强统筹区域和城乡交通运输协调发展职责,优先发展公共交通,大力发展农村交通,加快推进区域和城乡交通运输一体化;继续探索和完善职能有机统一的交通运输大部门体制建设,进一步优化组织结构,完善综合运输行政运行机制。

二、内设机构的调整及主要职责

本次机构改革,内设机构设置总的原则是根据厅机关职责和任务来合理确定,同时考虑与交通运输部内设机构设置相对应和全省交通运输发展实际需要,对内设机构做了部分调整。一是增设三个处室。根据工作需要,内设12个处室和机关党委、离退休人员工作处。即办公室、人事处、政策法规处、综合规划处、财务收费管理处、建设和管理处、综合运输管理处、安全监督处、科技处、公安处、治超处、审计处。另外,省交通战备办公室实行挂靠管理。与原交通内设机构数量相比,等于在原内设机构的基础上增设三个处室:安全监督处、治超处、审计处。二是六个处室更名。综合规划处(外资处)更名为综合规划处(招商引资处)。主要考虑全省到目前为止交通基础设施建设中吸引外资非常有限,基本上还是以吸引国内资本为主,所以将外资处更名为招商引资处比较名副其实;财务征费处更名为财务收费管理处。主要原因是成品油价格和税费改革后,财务征费处所承担的养路费等三项交通规费征收管理职责已经取消,但通行费的收费管理职能还保留,所以更名为财务收费管理处;公路处更名为建设和管理处。主要原因有两个:一是交通运输部和省编办都有明确要求,有专业管理局的部门,其内设处室不再重复设置;二是公路已不仅仅承担公路建设和管理职责,还承担其他交通基础设施建设和管理职责,更名后更能体现其职责;运输管理处更名为综合运输管理处,增挂出租汽车行业指导办公室牌子。有两个主要原因:一是其不仅要承担全省道路和水路运输市场监管职责,还要参与拟定全省综合运输体系发展战略和规划,承担综合运输体系建设与发展的协调工作。二是要与运管局名称相区别;科技教育处更名为科技处,主要是考虑与交通运输部科技司相对应;离退休人员管理处更为离退休人员工作处,这是省编办统一要求的,主要体现离退休人员工作要从管理向服务转变。三是四个处室增挂牌子。对处室增挂牌子,编办有统一要求,一是原来经省政府和省编办批准增挂牌子的,此次仍予以保留。因此综合规划处增挂招商引资处、公安处增挂路政管理处和公安厅交通公安处牌子予以保留;二是国家部委有增挂牌子的可以增挂,所以根据与交通运输部上下一致对应的原则,综合运输管理处增挂出租汽车行业指导办公室牌子,安全监督处增挂应急办公室牌子。四是处室职责调整。按照先总体后具体的原则,三定方案中先明确各处室主要职责,具体职责待机关人员定职定位后再进行细化。处室主要职责调整的大体有:新闻宣传明确由办公室负责。综合规划处增加三项职责:组织编制全省综合运输体系规划和发展战略,承担有关协调工作;参与拟定物流业发展战略和规划,提出有关政策和标准,资金预算(2000年厅三定方案中资金预算职责在财务处,但因工作需要一直由综合规划处行使,这次予以明确)。财务收费管理处取消养路费等征收管理职责,将资金预算职责划给综合规划处,将审计职责划给审计处。建设和管理处负责交通基础设施建设和管理职责。综合运输管理处增加或明确四项职责:参与拟定全省综合运输体系发展战略和规划,承担综合运输体系建设与发展的协调工作;承担交通枢纽、运输场站初步设计审核、建设和运营管理工作;承担物流市场有关管理工作;指导城市客运管理,承担公共汽车、出租汽车、汽车租赁、城市地铁和轨道交通的运营等指导工作;将交通运输安全监管职责划给安全监督处。公安处将治超职责划给治超处。五是处室排序。处室序列是由省编办依据行政管理规程和交通运输部内设机构序列,结合原省交通厅内设机构序列统一重新排列的。六是工会。工会虽然是事业编制,但其属于参照公务员管理,且一直是按厅机关内设机构对待。由于其机构性质是党群序列,经请示省编办,工会不在此次政府机构三定方案中体现。同时,厅党组决定省公路运输工会申报更名为省交通运输工会,并争取参照全省其他产业工会的规格和模式进行管理。

为便于开展工作,晋政办发[2009]139文件进一步明确各处室具体职责。

办公室:①组织协调厅机关日常工作;②承办综合性报告、综合性文件起草工作;③负责有关重要会议、活动的组织;④承办厅机关文秘、政务信息、督察、机要、新闻宣传、信访、支书档案、保密、值班、财务、接待等工作;⑤牵头组织交通运输目标责任制考核和议案、提案办理工作;⑥负责厅机关后勤行政管理工作。

人事处:①承担机关和厅属单位的人事劳资、机构编制管理工作;②承担厅属单位领导班子管理工作;③承担交通运输行业干部教育培训、职业资格制度建设、技术职称评审、职业技能鉴定工作;④承担有关智力引进和对外劳务合作工作;⑤承办有关外事工作;⑥主管社会团体相关事务;⑦指导全省交通运输行业人才队伍建设工作。

政策法规处:①研究提出全省交通运输行业发展政策、体制改革与结构调整方案并组织实施;②组织起草交通运输地方性法规规章草案,承担有关立法规划和协调工作;③承办交通运输规范性文件的合法性审核工作;④负责交通法制宣传教育;⑤承办相关行政执法、行政复议、行政应诉和行政赔偿工作;⑥负责交通运输行业行政执法行为监督;⑦负责交通运输行业行政执法人员的培训和资格审查,行政执法证件核发,执法支书、执法车辆及服装的监督管理工作。

综合规划处(招商引资处):①组织编制全省综合运输体系规划和发展战略,承担有关协调工作;②组织起草公路、水路行业规划、中长期发展规划和专项规划;③参与拟订物流业发展战略和规划,提出有关政策和标准;④承担有关规划和建设项目可行性研究前期工作审核;⑤提出全省交通运输有关专项资金投资政策、资金安排建议和预算,并监督实施;⑥承担本行业招商引资工作;⑦负责和指导交通行业统计、信息工作;⑧指导交通运输枢纽和场站规划。

财务收费管理处:①拟订全省交通运输行业财务会计、国有资产和专项资金管理制度并组织实施;②负责交通运输发展资金的筹集、管理和使用;③负责专项资金、决算、政府采购、外汇、信贷以及利用外资等有关财务工作;④起草公路、水路有关规费,政策并监督实施,负责收费公路有关管理工作;⑤负责对厅属企事业单位国有资产的监督管理;⑥指导全省交通行业的财务会计工作。

建设和管理处:①组织拟订交通基础设施建设、维护相关政策并监督实施;②承担公路、水路建设市场监管工作,维护公路、水路建设市场的平等竞争秩序;③承担重点公路、水路工程设计审批、施工许可、工程造价、质量监督、竣工验收;④承担高速公路、重要干线路网运行监测和协调;⑤指导公路、水路交通安全设施建设工作;⑥参与公路、水路年度计划和中长期发展规划的拟订工作;⑦参与质量安全事故调查工作;⑧指导农村公路建设工作。

综合运输管理处(出租汽车行业指导办公室):①参与拟订全省综合运输体系发展战略和规划,承担综合运输体系建设与发展的协调工作;②承担全省道路和水路运输市场监管,指导全省道路、水路运政管理工作,拟订相关政策、制度和标准并监督实施;③承担交通枢纽、运输场站初步设计审核、建设和运营管理工作;④承担物流市场有关管理工作;⑤参与道路、水路运输事故调查工作;⑥指导城市客运管理,承担公共汽车、出租汽车、汽车租赁、城市地铁和轨道交通运营等的指导工作;⑦承担跨省客运管理;⑧承担港航监督、船舶技术检验管理工作。

安全监督处(应急办公室):①拟订并监督实施公路、水路安全生产政策和应急预案;②指导全省交通运输行业安全生产和应急处置体系建设;③承担交通基础设施建设和公路、水路运输企业安全生产的监督管理工作;④负责危险化学品道路、水路运输的安全监督管理工作;⑤依法组织或参与有关事故调查处理工作;⑥组织协调国家重点物资运输和紧急客货运输;⑦指导全省交通防汛、防疫、防震、消防等工作,协调全省突发公共事件交通运输保障工作。

科技处:①组织拟订交通运输行业科学技术、教育、信息化、环境保护、节能减排政策和交通基础设施建设、维护技术规范、规程并监督实施;②编制交通运输行业科技、技术改造、技术培训中长期发展规划和年度计划;③负责交通运输职业技术教育管理和交通行业技术培训工作;④承担有关标准、质量和计量工作;⑤开展交通科技开发、成果推广、对外技术合作和交流工作;⑥承担涉及综合运输体系的标准协调工作。

公安处(路政管理处、省公安厅交通公安处):①承担交通运输公安、保卫、路政、综合治理及维护稳定工作;②指导全省交通运输公安管理工作;③承担厅机关的安全保卫工作。

治超处:①组织拟订交通运输行业治超工作政策、制度和标准并监督实施;②组织路政等公路交通行政执法人员开展路面执法,查处违法超限超载运输车辆;③负责道路货物运输源头治理工作;④承担公路治超站点的规划、建设和管理;⑤负责治超信息管理系统的建设和运行管理。

审计处:①指导全省交通运输行业内部审计工作;②承担厅属企事业单位财务收支、预算内外资金、厅管领导干部任期经济责任、固定资产投资项目、交通费收、交通基础设施建设资金使用等行业内部审计工作;③负责外部审计的协调配合及审计成果的应用工作。

机关党委:负责机关及直属单位的党群工作。

离退休人员工作处:负责机关离退休人员管理服务工作,指导直属单位离退休人员管理服务工作。

省国防动员委员会交通战备办公室(简称省交通战备办):承担省国防动员委员会交通战备的日常工作,挂靠省交通运输厅。

负责组织、管理、指导全省交通战备工作。

纪检监察机构：按晋办发[2005]17号文件执行（行政编制5名已划转省纪检委统一管理）。

人员编制。省交通运输厅机关行政编制为84名（含离退休人员工作处编制5名）。其中：厅长1名，副厅长3名，总工程师1名，总会计师1名，省交通战备办主任1名（按正厅长级配备）、专职副主任1名（按副厅长级配备）；正副处级领导职数36名（含机关党委专职书记1名、离退休人员工作处领导职数2名、省交通战备办正处级领导职数1名）。

三、需要明确的其他事项

晋政办发[2009]139号文件还明确6项其他事项。

1. 由省交通运输厅牵头，会同省发展改革委等部门建立综合交通运输体系协调配合机制。省交通运输厅会同省有关部门组织编制综合运输体系规划，承担涉及综合交通运输体系规划有关重大问题的协调工作。省发展改革委负责综合运输体系规划与国民经济和社会发展规划的衔接平衡。

2. 城市地铁轨道交通方面的职责分工。省交通运输厅指导城市地铁、轨道交通的运营；省住房和城乡建设厅指导城市地铁、轨道交通的规划和建设。两部门要加强协调配合，确保城市地铁、轨道交通规划与城市公共交通整体规划的有效衔接。

3. 河道采砂管理的职责分工。河道采砂管理按《山西省河道管理条例》和《山西省矿业权公开出让暂行规定》的规定执行。由省水利厅牵头，会同省国土资源厅、省交通运输厅等部门，负责河道采砂监督管理工作，统一编制全省河道采砂规划及计划。

4. 节能减排职责的分工。省发展改革委负责全省节能减排综合协调工作；省经信委负责全省节能降耗工作；省环保厅负责全省污染减排工作。省发展改革委具体负责第一产业、第三产业（不含房地产业）节能工作；省经信委具体负责工业和信息化领域节能工作；省交通运输厅具体负责交通运输节能工作；省住房和城乡建设厅具体负责建筑节能工作和城镇生活减排有关工作；省政府机关事务管理局具体负责公共机构节能工作。

5. 将原省建设厅直属的省城市出租汽车客运管理处成建制划转省交通运输厅管理。

6. 所属事业单位的设置、职责和编制事项另行规定。

第二节　改革方案的实施及主要特点

2009年10月27日，省交通运输厅党组召开所有公务员参加的机关机构改革动员大会，厅党组成员、省纪委驻厅纪检组组长韩日裕主持对部分处级领导和非领导职位进行民主推荐。11月3日，厅党组又召集厅直单位党政负责人，对机关部分处级领导和非领导职位进行民主推荐。依据民主推荐结果，按照《党政领导干部选拔任用条例》有关规定，结合实际工作需要，经厅领导反复酝酿，有25名同志被厅党组确定为机关处级和非处级领导职位考察人选，2名同志被确定为省交通计算机通信中心主任和厅会计核算（审计）中心主任考察人选。确定考察对象人选后，厅党组共组成3个考察组，每个考察组考察9人，从11月18日到23日，采取个别谈话、查阅档案等方式，对27名公务员进行组织考察。通过考察，考察组认为27名同志均符合晋升条件，建议厅党组提拔使用。12月8日，厅党组召开会议，对机关机构改革进行研究，并于当日在机关办公楼一楼电子屏对拟任职人选进行公示，接受群众监督。12月11日，又在《山西交通》报上进行公示，接受全系统监督。截至公示期满，对公示的27名拟提任人选，未接到任何反映。公示一结束，厅党组立即将本次干部调整情况上报省委组织部。12月25日，省委组织部批复同意厅党组关于干部调整名单。12月28日，省交通运输厅党组书记、厅长段建国与厅机关新任免处级干部集体进行谈话，提出5点要求。即认识到位，廉洁自律，加紧学习，勤奋工作，团结共事。至此，各处室人员调整基本到位。

调整后，定岗人员共87人，其中厅领导

10名(含2名副巡视员和省交战办专职副主任1名),处级干部共57名(含调研员14名,副调研员4名),科级干部16名,军转未定级干部4人。处级干部中,新调入11名,其中1人从外系统调入,10人从厅属单位调入。

截至2010年底,省交通运输厅领导班子成员为:厅党组书记、厅长段建国;厅党组副书记、副厅长,山西省国防动员委员会交通战备办公室主任张润;厅党组成员、副厅长王志民;厅党组成员、省纪委驻交通运输厅纪检组组长韩日裕;厅党组成员、副厅长张志川;厅党组成员、总工程师部玉兰;厅党组成员、总经济师张德仪;厅党组成员、省公路局党委书记赵振田;厅巡视员曹燎原;厅副巡视员郭贵平;厅副巡视员杨俊威;省国防动员委员会交通战备办公室专职副主任尹新平。厅办公室主任王晋;副主任、省交通计算机通信中心主任苏敏,副主任郭富平,调研员田建江;厅人事处处长蔺建煌,副处长、调研员侯一方,副处长、调研员郝振清,副调研员郝左军;厅政策法规处处长曹居月;副处长杨继勇、李武军;厅综合规划处处长杨增梅,副处长、调研员吴秀武,副处长郭晓军、武建勇,调研员王京荣;厅财务收费管理处处长郭全英,副处长、厅会计核算(审计)中心主任高海青;副处长、调研员张翼,副处长许有志,调研员赵忠清;厅建设和管理处处长李贵顺,副处长、调研员董占文,副处长张俊生、丁吉喜;厅综合运输管理处处长杨吉平,副处长解宝平、靳茂林;厅安全监督处处长张立承,副处长李新杰;厅科技处处长李英杰,副处长郭炳华,调研员赵晓宙;厅公安处处长田根,副处长、调研员柴洪江,副处长要前进,副调研员樊真德;厅治超处处长高保全,副处长赵振伟,副调研员武安瑜、贠岩龙;厅审计处处长郭贵堂,副处长、调研员杨转科,副处长部勇刚;厅直属机关党委书记胡钢成,副书记王亚虎;厅离退休人员工作处处长贾勇,副处长、调研员田书平,副处长阎宇驰;省国防动员委员会交通战备办公室(挂靠单位)副主任(副厅级)尹新平,副主任(正处级)马健,调研员李改蓉;省纪委驻交通运输厅纪律检查组副组长、省监察厅驻交通运输厅监察室主任胡建新,驻交通运输厅监察室副主任(正处级)李征远,省纪委驻交通运输厅纪检组、省监察厅驻省交通运输厅监察室副处级检查员、监察员秦培兰;山西省公路运输工会主席王晓光,副主席、调研员王大为,副主席李宇洵。

2011年1月20日,省交通运输厅晋交办〔2010〕33号文印发《关于启用山西省交通运输厅内设机构印章的通知》。根据省政府办公厅《关于印发山西省交通运输厅主要职责、内设机构和人员编制规定的通知》(晋政办发〔2010〕139号)文件精神,省厅内设机构已经组建,为便于工作,现启用下列印章:①山西省交通运输厅办公室;②山西省交通运输厅人事处;③山西省交通运输厅政策法规处;④山西省交通运输厅综合规划处;⑤山西省交通运输厅招商引资处;⑥山西省交通运输厅财务收费管理处;⑦山西省交通运输厅建设和管理处;⑧山西省交通运输厅综合运输管理处;⑨山西省交通运输厅出租汽车行业指导办公室;⑩山西省交通运输厅安全监督处;⑪山西省交通运输厅应急办公室;⑫山西省交通运输厅科技处;⑬山西省交通运输厅公安处;⑭山西省交通运输厅路政管理处;⑮山西省交通运输厅治超处;⑯山西省交通运输厅审计处;⑰中共山西省交通运输厅直属机关委员会;⑱山西省交通运输厅离退休人员工作处。

山西省国防动员委员会交通战备办公室、山西省公路运输工会使用原印章。

总结本次机构改革工作,主要有三个特点。

一、领导重视稳妥推进

对此次机构改革,省交通运输厅党组十分重视,多次召开专题会议进行研究,结合厅机关实际情况,从职能转换、内设机构、职数设置等多方面,认真分析改革可能遇到的困难和阻力,研究职能转换、过渡的对策和办法,对机构改革工作进行深入细致部署。一是早安排,早部署,早准备。自党中央、国务院作出新一轮机构改革的决策后,厅党组就将此作为深入推进交通运输体制改革的一项重要内容,纳入重要议事日程。通过学习全省和交通部机构改革有关会议精神，及时掌握机构改革的具体政策、有关动态，为后期组织实施改革各项任务，奠定扎实基础。二是统一思想，营造良好氛围。先后召开厅机关和直属单位机构改革动员大会，宣读机构改革相关文件，进一步明确改革要求。深入阐述机构改革对完善交通运输管理体制、转变政府职能、理顺各方面关系、提高工作效率的重要意义，真正把广大干部职工的思想统一到中央和省委省政府重大决策部署上来。三是做好深入细致的思想政治工作，减少震动，减少改革带来的负面冲击。在实施“三定”方案之前，厅党组分别找离岗退养人员和“改非”人员交心谈心，讲清形势，清除顾虑，减少阻力，使他们退得愉快，“改”得舒心，为深入推进改革创造和谐氛围。

二、发扬民主准备充分

在整个机构改革过程中，省交通运输厅都将充分发扬民主、走群众路线作为一项重要工作原则和工作方法贯穿始终，把政策交给群众，依靠群众，从而调动干部群众参与改革的积极性。既凝聚智慧，又减轻阻力。一是在落实改革方案的制度上充分发扬民主。针对机构改革“三定”方案的落实，分别征求省委省政府、交通运输部和省编办意见，同时借鉴吸收外地一些成功经验。此后，又多次召开厅机关座谈会、直属单位主要负责人座谈会，广泛征求意见，使这个“三定”方案落实工作，既坚决贯彻执行中央、省委、交通运输部提出的指导思想、目标和原则，又集中全系统智慧，紧密结合全省交通运输行业实际。二是在干部问题上充分发扬民主。在进行人员定岗之前，进行认真摸底调查，对符合晋升条件、平职调整条件、转任非领导职务等情况进行深入细致摸底工作。在此基础上，召开干部大会，发放《民主测评表》和《民主推荐表》，组织厅机关和直属单位主要负责人，对厅机关副处级以上干部进行民主推荐和测评。在干部定岗定职上，客观地反映干部个人自身能力、群众满意率和工作需要等方面情况。

三、进展顺利成效明显

自机构改革实施以来，从领导干部到一般干部，都经受一次改革洗礼，完成一次自身角色转换和位置变化。截至2010年5月，省交通运输厅机构改革各项工作基本到位，改革取得初步成效。

一是改革基本符合国家行政机构改革思路的总体要求，为最终实现真正意义上的综合交通运输迈进一步。这次省交通运输厅机关机构改革，基本做到同交通运输部改革相对应。凡综合交通运输体系中交通运输部已承担的职责省交通运输厅也相应承担，具体讲就是增加综合运输体系的规划协调、加强统筹区域和城乡交通运输协调、指导城市客运和城市地铁、轨道交通的运营等职责。同时规定继续探索和完善交通运输大部门体制建设，为将来时机成熟时完善综合交通运输行政运行机制预留空间。

二是适应交通行业强化交通运输管理职能这一重要特征的重大转变。本次机构改革成立省交通运输厅，不仅是名称改变，更重要的是不断加强综合交通运输体系的规划协调，优化交通运输布局，促进各种运输方式相互衔接，加强交通运输管理，进而从职能上强化交通运输管理。

三是进一步明确厅机关总体职责，基本达到内设机构科学布局、人员编制和职数合理配置的效果。首先，重新核定省交通运输厅总体职责，转变机关行政职能。本次机构改革，重新明确省交通运输厅的主要职责是以宏观管理为主，切实将贯彻执行国家关于交通运输工作的方针、政策、法律、法规，研究拟定全省交通运输行业的地方性发展战略、法规、规章并监督执行，加强综合运输体系规划协调的职能承担起来，真正成为全省交通运输行业的决策层和服务机关，而不是具体事务的执行层。其次，厅机关的内设机构及职责按实际工作需要相应进行合理调整。此次机构改革，省交通运输厅属于职能增加、职责增强的部门。因此，在此次机构改革中，厅机关内设机构按照职责需要进行相应调整。第一，将公路处更名为建设和管理处，将运输管理处更名为综合运输管理处;第二,新成立安全监督处,同时挂应急管理办公室牌子,主要是对全省公路、水路行业安全生产进行监督管理,并负责交通运输系统的应急保障体系建设工作;第三,重新成立审计处,主要承担行业内部审计工作;第四,新成立治超处,主要负责全省交通运输行业治超管理工作。再次,根据职责合理配置人员编制和职数。由于新增加部分职责,同时考虑到交通基础设施建设大发展和交通运输管理职能加强需要,本次机构改革省交通运输厅人员编制增加5名,总编制由原来的79名增加到84名。在具体进行人员配置时;将人员编制向业务处室倾斜。处级领导职数也根据内设处室设置情况进行适当调整。同时,为了加强厅机关业务技术领导力量,从有关单位选调11名交通行业技术领域业务骨干、且具有丰富基层工作经验的优秀中青年处级干部进入厅机关业务部门。又次,程序规范,充分体现"三公"原则。在落实"三定"方案过程中,干部定岗定职是一个干部群众关注度最高的环节。为了落实广大干部职工的知情权、参与权、监督权,省交通运输厅对这次机构改革涉及的机构设置、岗位设置、职数设置、人员情况通过多种方式进行公开,同时在民主推荐、结果汇总、组织考察等全过程都由省纪委驻厅纪检组进行监督,保证公开、公平、公正。

本次机关干部调整,厅党组从全省交通运输大局、工作需要、岗位特点、本人条件出发,严格按照省委、省政府机构改革要求和《党政领导干部选拔任用条例》实施,充分体现任人唯贤、德才兼备原则,体现发展导向、作风导向和用人导向相统一,经过慎重考虑,认真研究,做到公道正派,风清气正,取得领导满意、被调整干部满意、群众满意的结果。为进一步转变政府职能,匡正用人导向,创新用人机制,优化干部结构,提高机关工作效率,扎扎实实推动全省交通运输事业持续、快速、健康发展,打下坚实基础。

第三节 全省交通运输系统各单位机构沿革

2003年以来,全省交通运输事业实现持续、健康、快速发展,交通率先发展战略取得辉煌业绩,交通运输队伍也得到不断发展壮大。

2003年8月18日,省编办印发晋编办字〔2003〕99号文,同意成立山西省交通厅会计核算中心,正处级建制,编制20人,领导职数1正2副。8月18日,省编办印发晋编办字〔2003〕98号文,同意成立山西省交通厅雁门关桥隧管理处和韩信岭桥隧管理处,均为正处级建制事业单位,人员编制分别为30名,领导职数均为1正2副。

2004年1月9日,省编办印发〔2003〕211号文,同意将省公路局职工文化教育培训中心更名为职业技术培训中心;2月25日,经省编办〔2004〕9号文批准,撤销大同至运城高速公路工程建设领导组办公室,同意成立山西省重点公路工程建设领导组办公室,人员编制从原大运办划转,仍为20名,核定处级领导职数1正3副;4月5日,经省编办〔2004〕49号文批准,省交通厅重点办增挂"农村路网管理处"牌子,增加事业编制5名,处级领导职数1名;4月5日,省编办印发晋编办字〔2004〕50文,同意成立山西省高速公路信息监控中心,正处级建制,核定事业编制30名,领导职数1正2副;5月28日,经省交通厅党组会议研究决定,将厅五台山职工培训中心委托省公路局忻州分局管理,其机构、名称、性质、规格不变;7月13日,省编办印发晋编办字〔2004〕114号文,同意成立省公路局信息中心,为正处级建制自收自支事业单位;8月26日,经省编办〔2004〕162号文批准,省交通厅重点办增挂民营资本项目管理处牌子,增设处级领导职数1名;8月26日,省编办印发晋编办字〔2004〕147号文,同意成立山西省征稽局后勤服务中心,副处级建制,核定事业编制20名,副处级领导职数2名;11月8日,省编办印发晋编办字〔2004〕212号文,同意成立山西省高速公路收费管理结算中心,正处级建制,核定事业编制20名,处级领导职数1正2副;11月8日,省编办印发晋编办字〔2004〕217 号文，同意成立山西省交通环境保护中心站，正处级建制，编制 20 名，领导职数 1 正 2 副。

2005 年 1 月 5 日，经省编办〔2004〕282 号文批准，同意山西省交通厅会计核算中心增挂山西省交通厅审计中心牌子，其他均不变。5 月 20 日，省编办印发晋编办字〔2005〕92 号文，同意对省公路局三定方案进行调整，内设处室由 17 个调整为 15 个，人员编制由 154 名精简为 128 名，局领导仍为 1 正 3 副，总工程师 1 名，正副处长职数 42 名（含副总工程师、副总会计师各 1 名）。7 月 11 日，省编办印发晋编办字〔2005〕130 号文《关于山西省交通运输管理局部分事业单位机构编制的通知》。主要内容包括：①山西省汽车驾驶员培训管理中心更名为山西省汽车驾驶员培训学校管理中心，由原来的挂牌变为独立设置，为正处级建制事业单位，核定自收自支事业编制 16 名，处级领导职数 1 正 2 副；②成立山西省运政稽查总队，为正处级建制事业单位，核定自收自支事业编制 18 名，总队长（正处级）1 名，政委（正处级）1 名，副队长（副处级）2 名；③成立山西省道路运输管理培训中心，副处级建制事业单位，核定自收自支事业编制 5 名，副处级领导职数 1 名；④成立山西省战略物资道路运输应急保障指挥调度中心，副处级建制事业单位，核定自收自支事业编制 5 名，副处级领导职数 1 名。2005 年 10 月，省交通高级技工学校被省社会和劳动保障厅批准更名为山西交通技师学院。

2006 年 6 月 20 日，省编办印发晋编办字〔2006〕107 号文，同意成立山西省征稽局稽查总队，副处级建制，核定编制 15 名，领导职数（队长、政委）2 名；同意成立山西省征稽局信息中心，副处级建制，核定编制 15 名，领导职数 1 名；2006 年，省编办印发〔2006〕294 号文，同意省交通厅规划发展中心增加编制 7 人，共计 17 人。

2007 年 2 月 28 日，省编办印发晋编办字〔2007〕8 号文，同意成立山西省交通征费稽查资讯交流中心，正处级建制，核定编制 10 名，处级领导职数 1 正 1 副。

2007 年，省编办印发晋编办字〔2007〕63 号文，批准龙门黄河大桥管理处为县处级建制事业单位，编制 16 名，核定领导职数 1 正 2 副。

2007 年，省编办印发晋编办字〔2007〕68 号文，同意成立山西省交通运输管理局后勤服务中心，副处级建制，编制 7 名，核定领导职数 1 名。

2008 年，省编办印发晋编办字〔2008〕49 号文，同意省地方海事局增挂省航运管理局牌子，并增加事业编制 10 名，副处级领导职数 2 名。编制总数为 31 名，核定领导职数 1 正 3 副。

2008 年，省编办印发晋编办字〔2008〕231 号文，批准厅公路交通工程定额站增加编制 8 名，总编制 18 名。

2008 年，省编办印发晋编办字〔2008〕287 号文，批准省运管局治超办公室为正处级建制的事业单位，编制 28 名，核定领导职数 1 正 2 副。

2009 年 11 月，省编办印发晋编办字〔2009〕276 号文，批准省城市汽车客运管理办公室为正处级建制事业单位，编制 11 名，核定领导职数 1 正 1 副。

第四节　厅属事业单位人事制度改革的实践

建设一支高素质干部队伍，是加强党的执政能力建设的关键，是实现交通率先发展的决定因素。2001 年以来，省交通厅党组认真贯彻中央《党政领导干部选拔任用工作条例》和《深化干部人事制度改革纲要》，以“三个代表”重要思想统领干部人事工作，以建设一支高素质干部队伍为核心，不断深化干部人事制度改革，扩大民主，完善考核，推进交流，加强监督、创新机制，逐步形成竞争上岗、公开选拔、民主推荐、民主测评、考试录用、差额考察、任前公示、述职述廉、谈话诫勉、辞职回避和任期制、试用制、交流制、派驻制、聘任制、委派制等多形式、多渠道选拔干部，分级、分类管理干部，科学、全面考核干部的用人格局,营造一个鼓励人们干事业、干成事业、放手让一切优秀人才脱颖而出的环境,一大批政治上靠得住、工作上有本事、作风上过得硬的中青年干部走上重要领导岗位,民主、竞争、科学成为干部人事工作主流。

一、改革取得积极成果

2001 年以来,伴随着交通事业蓬勃发展和交通改革不断深化,全省交通运输系统事业单位人事制度改革扎实推进。厅属各事业单位认真贯彻中组部、人事部《关于加快推进事业单位人事制度改革的意见》、《关于在事业单位试行人员聘用制度的意见》和省人事厅《事业单位人事制度改革试点工作方案》、《事业单位实行人员聘用制度暂行办法》,统一思想,积极实践,试点先行,整体推进,在改企转制、精简机构、推行人员聘用制、改革分配等方面进行积极探索,为全面推进厅属事业单位改革打下良好基础。

(一)改企转制取得重大进展

一是下决心解决政企不分、事企不分的问题,把厅属 14 个运输企业、1 个客车厂和附属于省公路局、各公路分局的工程公司、工程处、科研所、设计所 66 个事业单位共 3.5 万余人,从母体中剥离出来,分别组建汽车运输、路桥建设两个集团公司,彻底推向市场,大大增强企业抵御市场风险的能力。两大集团分别进入全国道路运输、公路建设行业“百强企业”行列。二是狠抓交通科研、设计单位的改企转制工作。省交通科研院充分利用国家对科研机构的改革政策,加快转轨变型,建立现代企业制度,成为全省交通行业第一个科技企业。省交通设计院以改企转制为契机,外抓市场,内抓改制,培育支柱产业和核心竞争力,所属 8 个经济实体全部完成股份制改革。

(二)改革试点成效明显

省交通运输厅在对厅属 56 个事业单位整体情况深入调查摸底基础上,学习借鉴外省成功经验,把省征稽局霍侯路征费管理处确定为厅属事业单位改革试点。厅人事处和省征稽局精心指导、严格把关,试点取得明显成效。一是坚持满负荷、高效率、不养人,科学确定内设机构和岗位。定机构,定职数,定编制,以岗定人,真正实现由身份管理向岗位管理的转变。科级干部岗位由 37 个精简为 26 个,职工岗位由 1117 个精简为 296 个。二是坚持岗位靠竞争,大力推行竞争上岗和全员聘用制。所有管理岗位和工勤岗位实行公开竞聘上岗,签订聘用合同,人事档案全部由临汾市人才交流中心托管,实现职工由国家用人向单位用人的转变。三是坚持收入靠贡献,推行动态工资制度。将职工工资分为固定工资和效益工资两部分,效益工资实行以岗定薪、岗动薪动、薪随岗动,并与个人贡献直接挂钩,形成奖优罚劣、赏罚分明的激励机制,收到较好经济效益和社会效益。霍侯路征费管理处的试点经验,为全系统事业单位人事制度改革发挥典型示范作用。省交通高级技校从“三定”工作入手,推进人事制度改革,全面推行中层干部竞争上岗制、全员岗位聘用制和管理目标责任制,有力促进学校教学质量的提高。

(三)整合资源、精简机构进展顺利

省交通运输厅按照高速公路集中、统一、高效、特许原则,加大整合力度,提出条块结合、以块为主的高速公路管理体制,并首先在运城、太原进行试点。将运城境内的侯马至运城、运城至三门峡、运城至风陵渡三条高速公路及其管理部门整合为运城高速公路公司,将太原境内罗城至祁县和太原绕城两条高速公路及其管理部门整合为太祁高速公路公司,此后,将忻州境内的原平至太原、朔州境内的新广武至原平高速公路及其管理部门整合为忻州高速公路公司,将吕梁境内的汾柳高速公路、汾离高速公路及其管理部门整合为吕梁高速公路公司,将大同境内大同至新广武、得胜口至大同高速公路及其管理部门整合为大同高速公路公司,将晋城境内晋城至济源、晋城环城高速公路整合为晋城高速公路公司等等。截至 2010 年底,全省 11 个地级市均有高速公路公司,进一步提高高速公路经营管理集约化、规模化水平。运城高速公路公司科学设置机构,全面推行竞争上岗制、全员聘用制、末位淘汰制、岗位工资制、富余人员市场代管制，实现平稳过渡，提高经营管理效率。

全省公路系统把建立市场化养护机制与推进管理机构改革结合起来，以养护市场化促进上层建筑改革。多年来，公路系统集公路养护、公路施工、附属企业和经营性实体为一体，事企不分，机构臃肿，人浮于事，机制不活，效益低下。这种计划经济下形成的体制和运行机制，越来越成为制约全省公路事业持续、快速、健康发展的障碍。2000 年，新一届局党委组建后，把公路改革放在突出位置，下大决心推进。在深入调研、反复论证的基础上，局党委确立改革总体思路，即：坚持以"事企分开、建养分开、管养分开"为原则，推进公路管理体制改革；坚持以搞活公路运行机制为原则，推进干部人事制度改革。坚持"事企分开"，即把附属于省局、分局的公路施工企业和附属于省局、分局、公路段三级管理机构的企业和经营性实体剥离出来，实现事业与企业的剥离；坚持"养建分开"，就是把公路建设与改造和公路养护分离开来，把公路建设与改造纳入企业化、市场化轨道，组建公路开发公司；坚持"管养分开"，就是要把公路养护管理与具体的养护生产作业分离开来，推行路基养护社会化、路面养护专业化，逐步实现养护作业行为的市场化、企业化。在完成"三分开"基础上，把分离出来的企业逐步组建三个松散型的企业联合体，即公路开发、公路养护和公路产业三个联合体，实现事业与企业的彻底分开，最终形成"事业加企业"的新型公路管理体制，即省局、分局、公路段加三个企业联合体的格局。思路确定后，省局党委及时在晋城召开全省公路事业改革发展工作会议，对公路改革工作进行安排部署，拉开全局改革序幕。三年来，公路管理体制改革有了重大突破，迈出可喜步伐。2001 年，完成施工企业剥离，协助组建路桥集团；组建起 12 个公路开发公司，路网建设步入市场化、企业化轨道；在公路段一级组建 111 个机械化养护中心，实行路面养护专业化；路基养护向社会招投标，实现路基养护社会化。公路养护作业逐步向市场化、企业化迈进。

公路管理体制的改革涉及干部人事制度改革，要圆满实现改革目标，就必须推进干部人事制度改革。为此，局党委坚持两手抓，在抓公路管理体制改革的同时，同步推进干部人事制度改革，提出以精简机构人员为基础，以推行干部聘任制度为先导，以改革协议工制度为突破口，以探索新的分配制度为动力的人事制度改革思路。

局党委经过深入调查研究，几经修改，出台《关于公路管理体制改革的实施意见》，全面推进分局、公路段两级机构改革。在省公路局统一指导下，各分局重新设置机关职能科室并核定人员编制，定岗定编定职，压缩机构，精简人员。改革以后，截至 2004 年底，11 个分局机关科室由 2000 年底 213 个减少为 128 个，精简率达 40%；机关管理人员由 2000 年底 1396 人减少为 799 人，精简率达 43%。各分局机关科室全部控制在 12 个以内，人员控制在 80 人以内。公路段机关股室统一设置为工程技术股、财务资产股、综合办公室和路政大队，段领导职数核定为 3 人至 4 人，机关人员控制在 13 人至 16 人，共分流人员 1800 余名。另将 9000 余名农民合同工、协议工一次性买断工龄，转变为季节性临时工。初步建立精简高效、职能明确、权责一致、运转协调、办事规范的新型公路管理机构。

（四）分配制度改革迈出新步伐

厅属各事业单位结合实际，在多种形式分配制度方面进行有益探索。省征稽局、省高管局推行经费包干、超收奖励的分配制度，大大调动基层职工工作积极性，促进费收提高。吕梁征稽分局结合费收管理工作，推行万元费收工资含量考核，将所站职工工资、津贴、补贴奖金等与费收业绩挂钩，实行月考核月兑现，年终总评比，打破多年的"大锅饭"、平均主义，有力促进费收任务完成和服务质量提高。

省公路局在改革中，分类指导，大胆尝试，扩大单位分配自主权，积极推行岗位工资制和绩效工资制。对有条件的事业单位，试行工资总额包干制度，对转制为企业和实行企业化经营管理的单位,实行企业分配制度,其主要经营者可试行年薪制。对省公路局和各公路分局机关工作人员,仍按国家规定的事业单位统一工资标准执行。各公路段试行岗效工资制度,原工资标准统一进入档案管理。改革后职工工资由三部分组成:基础工资+岗位津贴+效益工资。基础工资即原档案工资中"职务等级工资"或"技术等级工资"部分;岗位工资和效益工资标准由各单位根据实际情况制定实施。各分局在分配方式上,做了不少有益探索。临汾分局翼城公路段机关工作人员收入以档案工资为基数,与责任目标挂钩;养护人员不单列人员工资,实行工程费制;三产经营人员则把每个人的档案工资中的"津贴"和"保留津贴"作为固定部分,"基础工资"和"工资补贴"提出来实行岗位效益工资,干什么岗位挣什么工资。晋中分局灵石公路段则在90年代初就建立新分配机制,实行工资收入全部由工作岗位及性质决定,不同岗位收入差距很大,在灵石段职工心目中已经没有档案工资概念。对于在竞争上岗中产生的待岗人员,第一年发基础工资和岗位津贴,第二年仍未上岗的,发给第一年工资80%,第三年还不能上岗,则只发给当地城市居民最低生活保障金,以激励待岗职工的竞争意识。分配激励机制的逐步建立,有力促进人事制度改革的稳步推进。

二、改革的目标和任务

根据全省事业单位人事制度改革总体部署,厅属事业单位人事制度改革的指导思想是:坚持以邓小平理论和"三个代表"重要思想为指导,认真贯彻党中央、国务院和省委省政府关于事业单位人事制度改革的重大部署,以合理配置人才资源、优化人员结构、提高厅属事业单位社会效益和经济效益为核心,以全面推行人员聘用制为重点,深化分配制度改革,激发内在活力,增强厅属事业单位自我发展能力,为推进交通率先发展提供强有力的组织保证和人才支持。

总体目标是:用2至3年的时间,逐步建立起符合交通行业特点的政事职责分开、单位自主用人、人员自主择业、政府依法监督、配套措施完善的分类管理体制;建立健全竞争和激励机制,搞活用人和分配制度,努力形成人员能进能出、职务能升能降、待遇能高能低,人才结构合理,有利于优秀人才脱颖而出,充满生机与活力的人事管理机制,实现事业单位人事管理的法制化、科学化。主要任务是:

(一)全面推行人员聘用制度

推行人员聘用制是事业单位人事制度改革的重中之重,时间紧,工作量大,任务艰巨。计划经济体制下形成的人员能进不能出、干部能上不能下的用人格局尚未打破,行政管理色彩浓厚,法制化观念淡漠,人浮于事,效率低下,这种用人制度很难适应市场经济和交通事业的发展,已到非改不可地步。因此,必须废除这种传统的用人制度,在事业单位中全面推行聘用制。单位与职工在平等自愿、协调一致基础上,通过签订聘用合同确立新型人事关系,明确双方权利和义务,从而实现由固定用人向合同用人、由国家用人向单位用人、由身份管理向岗位管理"三个转变"。

(二)积极推进分配制度改革

分配形式单一、自主权不够、平均主义色彩过浓过重,依然是厅属事业单位职工积极性、创造性难以充分发挥的主要原因。因此,要进一步扩大事业单位内部分配自主权,建立起重实绩、重贡献,向优秀人才和关键岗位倾斜,形式多样、自主灵活的分配激励机制。一要积极推行工资分类管理办法。对已经改企转制的单位,实行企业工资管理办法;对人事制度改革进入规范阶段单位,经批准,可试行工资总额包干制度,在包干范围内,单位自主决定内部工资分配办法;新实行人员聘用制单位,要积极探索工资总额同工作业绩、创造效益挂钩和岗位工资分配的办法,逐步试行档案工资与实际工资分离。二要建立和完善职工奖励制度。对有突出贡献的专家、学者和科技人员,要继续推荐享受政府特殊津贴;对作出重大贡献的专业技术人员,要给予不同程度的奖励;对边远地区和关键或特殊岗位工作人员,要在工资待遇上给予优待、优厚;对年度考核优秀、合格、基本合格的工作人员,可将年终一次性奖金分档次发放。三要积极探索按劳分配与按生产要素分配相结合的多种分配形式。制定信息、技术和管理等生产要素参与分配的办法,允许和鼓励专业技术人员通过转化科技成果先富起来。

(三)大力优化人才资源配置

"人才资源是第一资源"。人才是兴业之本、发展之基。因此,要把进一步理顺人才成长体制、优化人力资源配置作为根本任务,努力实现人才数量增加、质量提升。要坚持"以人为本"科学人才观,努力营造人才成长创业环境。更加注重人才发挥自身特长、追求工作成就感的价值取向,用感情留人才,用事业留人才,用产业聚集人才,用项目吸引人才,充分调动人才的积极性和创造性。要坚持"三个有利于",努力营造人才成长的政策环境。坚决消除体制和政策上对人才的障碍,探索固定与流动、专职与兼职相结合的"人才共享"机制,积极引导和鼓励人才创办、领办经济实体,推进科技成果和专利技术向现实生产力转化。

三、确保改革的顺利进行

(一)建立健全工作机构,加强组织领导

2004 年 11 月 10 日,省交通厅成立事业单位人事制度改革领导组,组长:王晓林;常务副组长:宋元林;副组长:杨金泉、张润、赵龙、王志民、郜玉兰、张德仪、赵振田;成员有:蔺建煌、杨俊威、赵新民、曹居月、苏敏、李贵顺、郭全英、逯美玲、戴飞、张晋鹏、李万定。领导组下设办公室,具体承办改革日常工作,办公室设在厅人事处。办公室主任:蔺建煌;副主任:杨俊威、赵新民、侯一方。2009 年,省交通运输厅对厅属事业单位人事制度改革领导组成员进行调整。组长:段建国;常务副组长:张润;副组长:王志民、韩日裕、郜玉兰、张德仪、赵振田;成员有:蔺建煌、胡钢成、曹居月、王晋、李英杰、郭全英、王晓光、戴飞、张晋鹏、董新品。办公室主任:蔺建煌;副主任:胡钢成、胡建新、侯一方。厅属各单位均成立人事制度改革领导组和工作机构,各级领导班子尤其是"一把手"对人事制度改革亲自抓、总负责,亲自组织方案制订,定期听取工作汇报,认真解决改革中出现的各种矛盾和问题,使改革稳步推进。

(二)紧密结合实际,精心组织实施

为了规范指导好厅属事业单位人事制度改革,2004 年 11 月 9 日,省交通厅制定下发《事业单位人事制度改革实施意见》(7 章 25 条)、《事业单位人员聘用制暂行办法》(9 章 62 条)、《关于领导干部任前公示制的暂行办法》;2011 年 3 月 1 日,省交通运输厅印发《事业单位公开招聘人员暂行办法》(6 章 19 条),2011 年 3 月 2 日,省交通运输厅印发《事业单位岗位设置管理设施办法(试行)》(8 章 66 条)。这些意见和办法,规范性和操作性都很强。厅属各单位在调查研究基础上,制订改革方案和配套措施,认真组织实施。各单位在方案制订过程中,充分尊重群众的参与权、知情权和监督权,改革方案均提交职代会讨论通过,广泛征求各层次各方面意见,逐步修改完善,使方案更加合理,更加符合本部门、本单位实际,取得大多数职工支持。实施时间、工作步骤和措施办法实事求是,先易后难,整体规划,分步到位。

(三)讲究工作方法,积极稳妥推进

人事制度改革涉及面广、政策性强,工作复杂,必须慎重对待。在实施过程中,各单位认真抓好三方面工作。一是正确处理好科学制订方案与充分发动群众的关系。制定好实施方案是进行改革的基本前提,但再好的方案,如果不被群众所接受,就很难推行。各单位在推进改革中,认真搞好宣传发动,讲清改革的意义和利弊得失,得到干部职工理解和支持,最大限度地减少改革阻力。同时,广泛发动干部职工积极参与改革,在制订改革方案、签订聘用合同、处理人事争议等各个方面,充分听取群众意见,加强思想沟通。二是正确处理改革、发展、稳定的关系。既要大胆改革,积极推进,又要充分考虑群众的接受和承受能力,稳妥实施,逐步到位,保持稳定。十分注重兼顾国家、集体、个人三者利益,努力把好事办好,实事办实,达到三者都满意。特别注意做好落聘、待岗、试岗、高职低聘人员的思想工作,妥善解决实际困难。三是处理好灵活性和原则性的关系。在改革中,允许各单位结合自身实际,探索不同形式方法,但不得与中央和省里政策相抵触。严格组织纪律,任何单位和个人不得借改革之名搞“小团体”,排斥异己,打击报复。厅改革领导组和办公室不断加强检查监督,及时发现和严肃查处违纪问题,确保改革顺利推进和健康发展。

第五节 厅属事业单位的清理与规范

为进一步加强厅属事业单位机构编制管理,切实做好机构编制清理规范工作,根据省委办公厅、省政府办公厅《关于对省直事业单位机构编制进行清理规范的意见》(以下简称《清理规范意见》)精神,结合全省交通运输系统实际,省交通运输厅制定《厅属事业单位机构编制清理规范方案》,并于2010年2月6日以晋交人〔2010〕44号文正式向省编制办公室报送《关于〈山西省交通运输厅厅属事业单位机构编制清理规范方案〉的报告》。

一、指导思想、基本原则和目标任务

指导思想:以邓小平理论和“三个代表”重要思想为指导,全面贯彻落实科学发展观,从促进全省交通运输事业又好又快发展出发,认真梳理、界定厅属事业单位的职能性质,优化配置事业资源,激发事业单位的生机和活力,为推进事业单位分类改革奠定良好基础。

基本原则:以有利于提升事业资源综合效益、有利于促进交通运输事业健康发展、有利于为社会提供更多的公共交通运输产品和更便捷的公共交通运输服务为原则,按照政事分开、事企分开和管办分离的原则,积极稳妥地进行。

目标任务:按照《清理规范意见》安排,结合省交通运输厅所属事业单位实际,特别是成品油价格和税费改革、治理超限超载长效机制建立带来的具体情况,对厅属事业单位区别对待,分类处理。对具备条件的事业单位,严格按照此次清理规范要求完成。从机构名称、职责任务、机构规格、人员编制、经费形式、领导职数、内设机构等方面进行重新确定,使事业单位的设置更加科学合理,机构编制管理更加规范有序。对已经或将启动机构改革,职能、编制等需调整的事业单位,在此次清理规范中暂不体现。

组织领导:为切实搞好厅机关机构改革工作,省交通运输厅专门成立由厅党组书记、厅长段建国为组长,厅党组副书记、副厅长张润为常务副组长,其他厅领导为副组长,厅人事处、厅直机关党委、省监察厅驻厅监察室、厅办公室、厅政策法规处、厅综合规划处、厅财务收费管理处、省公路运输工会等处室负责人和厅属有关单位负责人为成员的事业单位改革领导组。领导组下设办公室,办公室设在厅人事处。在厅事业单位改革领导组的具体领导下,办公室统筹规划,认真履行职责,精心组织实施,确保清理规范工作顺利进行,确保按规定完成清理规范任务。

二、厅属事业单位基本情况

截至2010年1月底,省交通运输厅共有经省编办批准的事业单位79个,其中副厅级事业单位2个,县处级事业单位74个(其中副处级11个),正科级事业单位3个。

(一)厅直系统

共有事业单位27个,包括2个副厅级事业单位(省公路局、山西交通职业技术学院)、24个县处级事业单位(含1个参照公务员管理的省公路运输工会),1个科级事业单位(省交通基本建设工程质量监督站检测中心)。具体如下:

1. 山西省公路运输工会(参照公务员管理)

2. 山西省公路局

3. 山西省交通运输执法局(原山西省交通征费稽查局)(同时增挂山西省公路通行费征收管理局牌子)

4. 山西省交通运输管理局

5. 山西省高速公路管理局

6. 山西省地方海事局(同时增挂山西省航运管理局牌子)

7. 山西省交通规划勘察设计院(省编办批复改企)

8. 山西省交通科学研究院(省政府批复改企)

9. 山西省交通基本建设工程质量监督站

10. 山西交通职业技术学院

11. 山西省交通高级技工学校(同时增挂山西省交通汽车驾驶技术培训中心牌子)

12. 山西省交通职工中等专业学校(同时增挂山西省交通干部教育培训学校牌子)

13. 山西省交通厅后勤服务中心

14. 山西省交通厅宣传教育中心

15. 山西交通报刊社

16. 山西省交通厅资料信息中心

17. 山西交通安居置业管理中心

18. 山西省交通厅规划发展中心

19. 山西省物流中心

20. 山西省交通厅会计核算中心(同时增挂山西省交通厅审计中心牌子)

21. 山西省交通环境保护中心站

22. 山西省交通厅公路交通工程定额站

23. 山西省交通计算机通信中心

24. 山西省(交通厅)重点公路工程建设领导组办公室(农村路网管理处、山西省重点公路工程建设民营资本项目管理处)

25. 山西省交通职工顿村培训中心

26. 山西省交通厅五台山职工培训中心(副处级)

27. 山西省交通基本建设工程质量监督站检测中心(科级)

(二)公路系统

共有事业单位20个,包括18个处级事业单位、2个科级事业单位。具体如下:

1. 山西省公路局大同分局

2. 山西省公路局朔州分局

3. 山西省公路局忻州分局

4. 山西省公路局吕梁分局

5. 山西省公路局太原分局

6. 山西省公路局晋中分局

7. 山西省公路局阳泉分局

8. 山西省公路局临汾分局

9. 山西省公路局运城分局

10. 山西省公路局长治分局

11. 山西省公路局晋城分局

12. 三门峡黄河公路大桥山西管理处

13. 山西省公路局生活服务中心(副处级)

14. 山西省公路工程质量检测中心

15. 山西省公路局多种经营管理中心

16. 山西省公路局物资供应站(副处级)

17. 山西省公路局平遥沥青总库(科级)

18. 山西省公路局幼儿园(科级)

19. 山西省公路局职工技术教育培训中心

20. 山西省公路局信息中心

(三)原征稽系统(省交通运输执法局下属单位均未挂牌)

共有事业单位16个,全部为处级事业单位。具体如下:

1. 山西省交通征费稽查局大同分局

2. 山西省交通征费稽查局朔州分局

3. 山西省交通征费稽查局忻州分局

4. 山西省交通征费稽查局吕梁分局

5. 山西省交通征费稽查局太原分局

6. 山西省交通征费稽查局晋中分局

7. 山西省交通征费稽查局阳泉分局

8. 山西省交通征费稽查局临汾分局

9. 山西省交通征费稽查局运城分局

10. 山西省交通征费稽查局长治分局

11. 山西省交通征费稽查局晋城分局

12. 山西省交通征费稽查局霍侯路征费管理处

13. 山西省交通征稽职工教育培训中心(同时增挂山西省交通征稽票证票据印制中心牌子)

14. 山西省交通征费稽查资讯交流中心

15. 山西省交通征费稽查局稽查总队(副处级)

16. 山西省交通征费稽查局信息中心(副处级)

(四)高管系统

共有9个处级事业单位(含已按行政区域整合到相应高速公路公司的运城、太原、晋城管理处)。具体如下:

1. 山西省高速公路信息监控中心

2. 山西省高速公路收费管理结算中心

3. 山西省高速公路路政总队

4. 山西省交通厅雁门关桥隧管理处

5. 山西省交通厅韩信岭桥隧管理处

6. 龙门黄河大桥管理处

7. 山西省高速公路管理局太原管理处(副处级)

8. 山西省高速公路管理局运城管理处(副处级)

9. 山西省高速公路管理局晋城管理处(副处级)

(五)运管系统

共有事业单位7个,全部为处级事业单位。具体如下:

1. 山西省汽车驾驶员培训学校管理中心

2. 山西省运政稽查总队

3. 山西省道路运输管理培训中心(副处级)

4. 山西省战略物资道路运输应急保障指挥调度中心(副处级)

5. 山西省交通运输管理局后勤服务中心(副处级)

6. 山西省交通运输管理局治超办公室

7. 山西省城市汽车客运管理办公室(机构改革后接收单位)

三、清理规范的范围

暂不列入这次清理规范的事业单位有:省公路运输工会、省交通规划勘察设计院、省交通科学研究院、省公路局机关、山西交通职业技术学院、省(交通厅)重点公路工程建设领导组办公室、省高速公路管理局部分单位、省交通运输执法系统等。具体情况是:

(一)明确不列为清理规范的单位

作为参照公务员管理单位的省公路运输工会,省政府、省编办已批复转企的省交通规划勘察设计院、省交通科学研究院,省编办明确不列为此次清理规范对象。

(二)省公路局和山西交通职业技术学院

两个单位"三定"方案正在起草上报阶段,省编办明确这两个单位的清理规范随"三定"同步进行。

(三)省(交通厅)重点公路工程建设领导组办公室

理顺重点公路工程建设管理体制,是省交通运输厅正酝酿进行的改革,所以省(交通厅)重点公路工程建设领导组办公室暂不在此次清理规范予以体现,随后以重点公路建设管理体制改革专题报省编办审批。

(四)高速公路管理体制改革

目前,全省高速公路管理存在事企难分、定性不准、管理难度大的问题。各高速公路管理单位由各高速公路管理公司进行行业管理和执法,由企业来进行行业管理明显不符合要求。根据省政府对事业单位机构编制清理规范的要求和全省高速公路运营管理体制现状,省交通运输厅曾配合省编办进行广泛深入的调研论证,提出按省公路系统建制模式,将各高速公路管理公司整合为区域高速公路分局或高速公路管理处(包括已整合完成的太原管理处、运城管理处、晋城管理处),为全额拨款事业单位,经费从高速公路通行费中列支,主要负责高速公路养护、费收、路政、监控四大职能,并统一由省高速公路管理局进行管理。为此,省高速公路管理局太原管理处、运城管理处和晋城管理处机构编制清理规范工作暂缓,待高速公路管理体制改革时一并考虑。

(五)交通运输执法机构组建

关于新组建的山西省交通运输执法机构的工作开展,省交通运输厅意见是围绕五个方面做好职能确定:一是围绕加强重点公路、干线公路审计监督开展执法工作;二是围绕加强治超监督开展执法工作;三是围绕加强安全生产监管开展执法工作,分别从道路运输、水路运输、工程施工三方面入手,加强对行业监管部门和运输企业、施工企业安全生产工作的综合监督;四是围绕依法行政开展执法工作,代表省交通运输厅加强对全省交通运输系统所有执法单位和执法人员的监督,规范执法行为,纠正违法行为;五是认真履行通行费管理局职能,加强对车辆通行费征收管理的监督,特别是要加强对经营性公路的监督。总之,在省交通运输厅授权或委托范围内组织实施交通运输行政执法,规范和监督管理执法活动及通行费征收管理等工作,逐步向综合执法过渡。目前,省交通运输执法局已经挂牌成立,但交通运输执法局及所属单位职能、编制和内部机构等均未明确,交通运输执法系统事业单位的机构编制清理规范应与职能调整同步进行。

除上述特殊情况外,其他厅属事业单位均属此次清理规范范围。

四、存在的主要问题

省交通运输厅所属事业单位是全省交通运输管理和服务体系的重要组成部分。总体上看,机构编制是能够适应工作需要的,对于促进交通运输事业健康发展有着重要意义。但是,随着市场经济不断发展和法律法规不断完善,特别是经过交通运输事业迅猛发展,多数厅属事业单位原核定的机构编制已不能满足实际工作需要,需要重新审视各事业单位在机构编制方面存在的问题,认真分析原因,分类采取措施,切实加以解决。

(一)机构名称需要适应形势发展要求

省交通运输厅机关机构改革基本完成,现有厅属事业单位名称既要反映其地域位置或隶属关系、基本工作内容或工作性质和机构组织方式的中心词,同时不得与已成立的交通运输厅名称相冲突。所以有必要按照清理规范要求,重新规范厅属事业单位名称,做到名实相符。

(二)职责任务需要规范表述

省交通运输厅机构改革在职能定位上进行了调整和加强,厅属单位原有职责任务需要与之相配套相适应,除依据法律法规授权和省编办核定职责外,需要根据厅机关机构改革后确定的职责,在不与厅机关包括处室具体职责发生冲突的前提下,重新梳理厅属事业单位的职责任务,合理分解具体行政执行职能,进行职责规范表述,重点解决职能交叉、职能越位和职能缺位等突出问题,为下一步事业单位分类改革做好准备。

(三)人员编制和领导职数普遍偏紧

客观地讲,经济社会发展对交通运输快速增长的需求,使交通运输行业承担的建设和管理任务越来越繁重,服务的领域和范围越来越广,管理的深度和难度越来越大,但原核定的人员编制和领导职数难以适应形势发展需要。如省公路局、省高管局等系统超编人员很多,应根据各单位实际,核实情况,适当予以调整。

(四)经费形式亟待理顺

《清理规范意见》规定,事业单位的经费形式应根据事业单位的职能属性合理确定。省交通运输厅所属绝大部分事业单位因历史原因被列为自收自支事业单位,随着国家财政管理体制改革的深入,从2000年起,原由省交通运输厅负责征收的汽车公路养路费、公路运输管理费、公路车辆通行费(政府还贷)等资金全部纳入省级财政预算管理,事实上由上述经费列支的事业单位已转为全额财政拨款,已不属自收自支事业单位。2009年成品油价格和税费改革后,上述收费项目均被取消,省交通运输厅多数事业单位经费已转由中央转移支付的成品油价格和税费改革交通专项资金中列支,而该资金属财政一般预算资金,由该资金列支经费的单位事实上已成为财政全额拨款单位。因此,在经费形式上需要重新理顺,应以全额拨款方式作为省交通运输厅所属事业单位的主要经费形式。

五、省交通运输厅的清理规范意见

(一)整合的事业单位

厅宣传教育中心和山西交通报刊社两个单位,鉴于省交通运输厅已在内部进行整合,成立厅新闻宣传中心。在此次清理规范中按合并单位报送审批。

(二)更名的事业单位

1. 山西省交通运输管理局更名为山西省道路运输管理局;其下属单位后勤服务中心、治超办公室相应更名为山西省道路运输管理局后勤服务中心、山西省道路运输管理局治超办公室;

2. 山西省交通高级技工学校更名为山西交通技师学院(同时保留山西省交通高级技工学校、山西省交通汽车驾驶技术培训中心两块牌子);

3. 山西省交通职工中等专业学校(同时

挂山西省交通干部教育培训学校牌子)更名为山西省交通干部学校,同时增挂"山西省交通运输厅党校"的牌子;

4.山西省交通基本建设工程质量监督站更名为山西省交通建设质量安全监督局;

5.山西省交通厅公路交通工程定额站更名为山西省交通运输厅工程造价监督管理局;

6.山西省交通厅后勤服务中心更名为山西省交通运输厅后勤服务中心;

7.山西省交通厅新闻宣传中心更名为山西省交通运输厅新闻宣传中心;

8.山西省交通厅规划发展中心更名为山西省交通运输厅发展规划研究中心;

9.山西省交通厅资料信息中心更名为山西省交通运输厅资料信息中心;

10.山西省交通厅会计核算中心(山西省交通厅审计中心)更名并分设为山西省交通运输厅会计核算中心和山西省交通运输厅审计中心;

11.山西省交通计算机通信中心更名为山西省交通运输厅信息中心;

12.山西省交通厅五台山职工培训中心更名为山西省交通运输厅五台山职工培训中心;

13.山西省交通厅雁门关桥隧管理处更名为雁门关高速公路桥隧管理处;

14.山西省交通厅韩信岭桥隧管理处更名为韩信岭高速公路桥隧管理处。

(三)理顺经费形式的事业单位

一是省交通运输管理局及其所属单位、省地方海事局、厅新闻宣传中心、厅资料信息中心、厅规划发展中心、厅会计核算中心、省交通计算机通信中心等从中央转移支付的成品油价格和消费税中列支的事业单位确定为全额拨款事业单位。

二是省高速公路管理局系统经费形式由自收自支理顺为财政全额拨款(高速公路通行费列支)。

三是两个学校(省交通高级技工学校、省交通职工中等专业学校)列为省财政全额拨款单位,解决行业办学校的问题。

四是省交通基本建设工程质量监督站、厅公路交通工程定额站因分别收取的质量监督费、定额测定费项目已于2009年取消,在此次清理规范中列为财政全额拨款单位。

五是除上述单位外,厅属其他事业单位列为全额拨款(从中央转移支付的成品油价格和消费税中列支)的事业单位。

(四)理顺职责的事业单位

省编办下文明确职责的单位有:省高速公路管理局、省交通基本建设工程质量监督站、厅资料信息中心、省交通计算机通信中心、省城市汽车客运管理办公室等,其中省高速公路管理局、省交通基本建设工程质量监督站等需要调整职责(详见有关单位具体清理规范方案)。

省编办下文未明确职责、此次清理规范需要明确职责的单位有:省交通运输管理局及局直单位、省高速公路管理局及局直单位、省地方海事局、省高级交通技工学校、及交通职工中等专业学校、厅后勤服务中心、厅新闻宣传中心、厅规划发展中心、省交通安居置业管理中心、厅会计核算中心、省物流中心、厅公路交通工程定额站、省交通环境保护中心站、省交通职工顿村培训中心、厅五台山职工培训中心、省交通基本建设工程质量监督站检测中心等单位(详见每个单位具体清理规范方案)。

(五)规范领导职数的事业单位

核定省交通运输管理局、省高级交通技工学校、省交通职工中等专业学校领导职数分别为7名、7名和5名。厅后勤服务中心、厅规划发展中心、厅公路交通工程定额站各增加1名领导职数。

(六)规范内设机构的事业单位

厅属多数事业单位需要对内设机构进行重新规范,详见各单位具体清理规范方案。

(七)省公路局下属事业单位的清理规范方案,另行上报

六、方法步骤

厅属事业单位机构编制情况清理规范工作分四个阶段进行。

制订方案。根据《清理规范意见》要求,结合省交通运输厅所属事业单位实际情况,在对事业单位进行深入摸底、调查研究的基础

上,研究制订省交通运输厅《关于对厅属事业单位机构编制进行清理规范的实施方案》。

审核批复。省交通运输厅事业单位机构编制清理规范工作的实施方案报省编办审核,并报省编委审批。

组织实施。待省交通运输厅的实施方案批复后,抓紧做好实施工作,与省编办加强联系沟通,确保批复实施方案贯彻落实。

检查验收。

清理规范结束后,认真对清理工作进行自查和总结,并将结果报省编办,同时,做好接受省编办检查的准备工作。

七、清理规划方案

(一)公路管理系统

2010 年 2 月,根据省委办公厅、省政府办公厅《关于对省直事业单位机构编制进行清理规范的意见》和省政府《山西省机构编制管理规定》精神,按照省编办和省交通运输厅对事业单位机构编制清理规范工作的安排部署,结合实际情况,省公路局制定《山西省公路局及所属事业单位机构编制清理规范方案》。

1. 指导思想:以邓小平理论和"三个代表"重要思想为指导,全面贯彻落实科学发展观,认真贯彻党的十七大精神,从促进全省公路事业又好又快发展、和谐稳定的大局出发,结合取消政府还贷二级公路收费工作,认真梳理、界定公路系统各类事业单位的职能性质,优化配置事业资源,激发事业单位的生机与活力,为推进事业单位分类改革奠定良好基础。

2. 基本原则:坚持"科学定位、配套改革,先易后难、分步实施,人有去处、利有保证,积极推进、确保成效"这一总的工作原则。

3. 机构编制现状

截至 2010 年 1 月底,省公路局共有经省编办批准的事业单位 21 个,其中副厅级自收自支 1 个,正处级自收自支 15 个,正处级企业化管理 1 个,副处级企业化管理 2 个,正科级自收自支 1 个,正科级企业化管理 1 个,编制 9646 名(不含省局机关 132 名),管养里程 11 917 公里,实有人员 23 635 人,其中正式职工 10 104 人(不含省局机关 131 人),编外用工 13 531 人。

(1)省公路局。副厅级自收自支事业单位,编制 132 名,局领导职数 1 正 3 副,总工程师 1 名,内设 15 个处室,均为正处级建制,正副处长职数 42 名(含副总工程师、副总会计师各 1 名)。内设处室分别为:办公室、党委工作部(机关党委)、人事处、计划统计处、养路处、建设处、技术处、财务征费处、政策法规处(国有资产管理处)、公安路政处、地方公路处、审计处、监察室(纪委)、工会、离退休人员管理处。实有正式职工 131 人,局领导 9 人,正副处长 42 人。

(2)垂直管理的 11 个公路分局。名称为山西省公路局××分局,均为正处级自收自支事业单位,省编办批准编制 9089 名,实有人员 22 925 名,其中正式职工 9585 名,编外用工 13 340 名,内设科室 151 个,科级单位 359 个(包括 111 个公路管理段,99 个政府还贷二级路收费站,10 个政府还贷一级路收费站,43 个超限运输固定检测点,96 个其他科级单位)。

(3)9 个直属事业单位。分别为:4 个直属正处级自收自支事业单位(三门峡黄河大桥山西管理处、省公路局职业技术教育培训中心、省公路局信息中心、省公路局多种经营管理中心),1 个直属正处级企业化管理的事业单位(省公路工程质量检测中心),2 个直属副处级企业化管理的事业单位(省公路局生活服务中心、省公路局物资供应站),1 个直属正科级自收自支事业单位(省公路局幼儿园),1 个直属正科级企业化管理的事业单位(省公路局平遥沥青总库)。

以上 9 个单位省编办批准编制 557 人,实有人员 710 名,其中正式职工 519 名,编外用工 191 名。

4. 本次清理规范的主要内容

(1)机构名称:全省公路系统大部分单位名称基本能够体现自身特点,同时与承担任务及所在区域相对应,名实相符。

①省公路局物资供应站拟更名为省公路局物资储备总站;

②省公路局生活服务中心拟更名为省公路局后勤服务中心。

（2）职责任务：

省公路局的职责任务在“三定”方案中另行上报；省编办批准的省公路局职业技术教育培训中心、省公路局信息中心、省公路局多种经营管理中心职责明确，继续予以保留；对于省编办批准但职责当时未明确的，职责任务详见第四部分。

（3）机构规格：

①省公路局后勤服务中心：建议与其他同类单位规格一样，确定为正处级。

②省公路局物资储备总站：建议确定为正处级。

其他单位保持不变。

（4）人员编制：

本次清理规范拟对编制进行调整。编制调整的主要原因是：

①11 个公路分局。

全省公路系统 11 个公路分局的编制是省编办 1988 年按当时正式职工人数核定的，1996 年按照省政府《国省道调整方案》，省公路局共接收原由地方管理的公路段 17 个，管养里程 1654 公里，正式职工 1208 人，但编制未增加。

根据省交通厅国省道管理体制调整的要求，部分原地方收费站陆续移交给省公路局所属晋城、晋中和临汾分局管理，接收的原地方收费站正式人员 302 人（晋中 17 人、临汾 173 人、晋城 112 人），编制未增加。

以上两项共计 1510 人。

②9 个直属事业单位。

现编制 557 名，拟定 519 名，减少 38 名。分别为：三门峡黄河大桥山西管理处，编制 50 名；省公路局职业技术教育培训中心，编制 25 名；省公路局信息中心，编制 10 名；省公路局多种经营管理中心，编制 40 名；省公路局幼儿园，编制 42 名；省公路工程质量检测中心，编制 81 名；省公路局后勤服务中心，编制 101 名；省公路局物资供应站，编制 92 名；省公路局平遥沥青总库，编制 78 名。

近年来，局属事业单位引智工作因超编无计划已基本停滞（含大中专毕业生），通过 10 余年的自然减员，现仍超编 458 人。因此，建议局属事业单位（不包括省局机关）按实有正式职工数 10 104 名核定编制，比现编制 9646 名增加 458 名。

（5）经费形式

省公路局大部分事业单位经费形式文件上确定为自收自支（由养路费开支），但这种经费形式不符合现在实际情况，实际经费形式为财政拨款（成品油消费税），主要理由如下：

①省公路局各事业单位的经费形式是在 1995 年以前核定的，因当时养路费为预算外资金，省编办核定为自收自支事业单位（由养路费开支）。1996 年 7 月国务院印发的《关于加强预算外资金管理的决定》（国发〔1996〕29 号）文件规定：“从 1996 年起将养路费等 13 项数额较大的政府性基金（收费）纳入财政预算管理”；1996 年 9 月财政部印发的《关于养路费及公路建设基金纳入财政预算管理的通知》（财工字〔1996〕300 号）文件规定：“养路费、公路建设基金自 1997 年 1 月 1 日起纳入财政预算管理”；1997 年 3 月省财政厅印发《关于养路费纳入预算管理有关问题的通知》（晋财综字〔1997〕25 号），至此，省公路局经费形式（养路费）已由预算外资金管理纳入财政预算管理；2008 年 12 月国务院印发《关于实施成品油价格和税费改革的通知》（国发〔2008〕37 号），成品油价格和税费改革后，省公路局事业单位的经费形式已完全由财政负担（成品油消费税）。

根据以上文件规定，省公路局各事业单位的经费来源事实上从 1996 年起已由财政拨款，但一直未以文件的形式重新确定。依据《山西省机构编制管理规定》（省政府令第 216 号），事业单位的经费来源分为财政拨款、财政补助和自收自支三类，省公路局的职能及经费渠道完全符合财政拨款类事业单位。

②公路行业是国民经济的基础性产业，它的健康成长关系到整个国民经济的发展。公路作为政府为社会提供的公共产品，具有全社会都需要且又离不开的社会公益性。

③按照《中华人民共和国公路法》、《中

华人民共和国公路管理条例》及《实施细则》、《路政管理规定》、《超限运输车辆行驶公路管理规定》、《山西省公路管理条例》等法律法规以及省公路局"三定方案"，省公路局作为全省公路事业的主管部门，既承担着公路行政管理职能，又承担着公路行政执法职能。

为此，本次清理规范工作应将省公路局各事业单位经费形式重新确定，具体为：

①省公路局：按照省政府办公厅《印发山西省公路局职能配置内设机构和人员编制方案的通知》（晋政办发〔1995〕87号）规定，省公路局是全省公路事业的主管部门，是完全承担行政职能的事业单位，建议按照省委《山西省事业单位分类改革方案》（晋发〔2009〕16号），列为"转行政"名单，转为行政机构。

②11个公路分局、三门峡黄河大桥山西管理处、省公路局信息中心、省公路局物资储备总站、省公路局职业技术教育培训中心、省公路局后勤服务中心、省公路局平遥沥青总库建议改为财政拨款事业单位。

③省公路工程质量检测中心、省公路局幼儿园建议改为财政补助事业单位。

④省公路局多种经营管理中心仍为自收自支事业单位。

（6）领导职数：

①省公路局按照现有省管干部9名，分别为党委书记1名；局长、副书记1名；副书记、纪委书记1名、副局长5名、总工程师1名。按此确定职数为2正7副。

②11个公路分局为2正5副，三门峡黄河大桥山西管理处为1正3副，省公路局职业技术教育培训中心为1正2副，省公路局信息中心为1正1副，省公路工程质量检测中心为2正3副，省公路局后勤服务中心为2正3副，省公路局物资储备总站为2正3副，省公路局幼儿园为1正3副。

（7）内设机构：

①按照2008年5月12日省政府第8次常务会议精神，由省公路局代省交通厅行使对14个路桥企业的监管职责。路桥企业现有职工13 366人，根据清产核资结果，截至2008年5月13日，路桥企业共亏损23.79亿元，共拖欠职工工资及"三险一金"3.62亿元。路桥企业由省公路局监管后，其在经营管理过程中累积的矛盾和问题以及一些历史遗留问题集中显现。为此，拟增设企业监管处，主要职责是：指导推进局属企业的改革和重组；组织监管企业清产核资工作；建立和完善企业绩效评价体系并负责组织实施；拟订国有企业收入分配制度改革的指导意见。

②各公路分局机关内设科室控制在14个以内。详见第四部分。

③各公路分局下设科级事业单位规范为276个，其中：公路段112个，名称为山西省××公路管理段；经省政府晋政函〔2009〕125号批准设置的公路超限检测站96个（包括三门峡1个），名称为山西省公路局××分局××公路超限检测站；经省政府批准设置的政府还贷一级公路收费站10个，名称为山西省公路局××分局××收费站；其他科级事业单位58个。

5. 本次清理规范后事业单位机构编制情况

根据晋办发〔2008〕14号《关于对省直事业单位机构编制进行清理规范的意见》和工作需要，省公路局清理规范后事业单位确定为：山西省公路局，山西省公路局大同分局，山西省公路局朔州分局，山西省公路局忻州分局，山西省公路局太原分局，山西省公路局晋中分局，山西省公路局阳泉分局，山西省公路局吕梁分局，山西省公路局长治分局，山西省公路局晋城分局，山西省公路局临汾分局，山西省公路局运城分局，三门峡黄河公路大桥山西管理处，山西省公路局职业技术教育培训中心，山西省公路局信息中心，山西省公路局物资储备总站，山西省公路局后勤服务中心，山西省公路工程质量检测中心，山西省公路局多种经营管理中心，山西省公路局平遥沥青总库，山西省公路局幼儿园等21个单位。

（1）山西省公路局

具体见《山西省公路局"三定"方案》。

（2）山西省公路局大同分局

机构规格:正处级

经费形式:财政拨款事业单位

领导职数:2 正 5 副

人员编制:1219 名

核定分局机关事业编制 90 名,其中管理岗位 45 名,专业技术岗位 36 名,工勤岗位 9 名。内设机构 14 个。分别为:办公室、党委工作部、人事科、计划统计科、养路科、工程科、技术科、财务科、资产设备科、公安路政科、审计科、监察室(纪委)、工会、离退休人员管理科。

核定下属单位事业编制 1129 名,其中管理岗位 220 名,专业技术岗位 258 名,工勤岗位 651 名。下属单位 27 个,均为正科级。具体为:

公路管理段 9 个,分别为:山西省大同县公路管理段、山西省浑源公路管理段、山西省左云公路管理段、山西省广灵公路管理段、山西省灵丘公路管理段、山西省天镇公路管理段、山西省大同市公路管理段、山西省阳高公路管理段、山西省新荣公路管理段。

公路超限检测站 13 个,分别为:山西省公路局大同分局圣水沟公路超限检测站、山西省公路局大同分局马头关公路超限检测站、山西省公路局大同分局神泉堡公路超限检测站、山西省公路局大同分局李佩沟公路超限检测站、山西省公路局大同分局古店公路超限检测站、山西省公路局大同分局沙圪坨公路超限检测站、山西省公路局大同分局东肖河公路超限检测站、山西省公路局大同分局千佛岭公路超限检测站、山西省公路局大同分局宜兴公路超限检测站、山西省公路局大同分局西坊城公路超限检测站、山西省公路局大同分局四十里铺公路超限检测站、山西省公路局大同分局武灵公路超限检测站、山西省公路局大同分局固定桥公路超限检测站。

其他事业单位 5 个,分别为:山西省公路局大同分局勘察设计所、山西省公路局大同分局工程质量检测中心、山西省公路局大同分局物资储备站、山西省公路局大同分局后勤服务中心、山西省公路局大同分局信息中心。

单位职责:为本辖区内国省道干线公路畅通提供养护与管理保障;承担辖区内公路养护路政管理,收费公路管理,公路、桥梁设计施工管理,公路行业信息管理等相关社会服务。

(3)山西省公路局朔州分局

机构规格:正处级

经费形式:财政拨款事业单位

领导职数:2 正 5 副

人员编制:368 名

核定分局机关事业编制 80 名,其中管理岗位 35 名,专业技术岗位 40 名,工勤岗位 5 名。内设机构 13 个。分别为:办公室、党委工作部、人事科、计划统计科、养路科、工程技术科、财务科、资产设备科、公安路政科、审计科、监察室(纪委)、工会、离退休人员管理科。

核定下属单位事业编制 288 名,其中管理岗位 43 名,专业技术岗位 88 名,工勤岗位 157 名。下属单位 17 个,均为正科级。具体为:

公路管理段 6 个,分别为:山西省朔城区公路管理段、山西省平鲁公路管理段、山西省山阴公路管理段、山西省怀仁公路管理段、山西省应县公路管理段、山西省右玉公路管理段。

公路超限检测站 5 个,分别为:山西省公路局朔州分局神头公路超限检测站、山西省公路局朔州分局丁堡公路超限检测站、山西省公路局朔州分局王家堡公路超限检测站、山西省公路局朔州分局杀虎口公路超限检测站、山西省公路局朔州分局鸳鸯会公路超限检测站。

收费站 1 个,山西省公路局朔州分局铺上收费站。

其他事业单位 5 个,分别为:山西省公路局朔州分局物资储备站、山西省公路局朔州分局勘测设计所、山西省公路局朔州分局质量检测中心、山西省公路局朔州分局后勤服务中心、山西省公路局朔州分局信息中心。

单位职责:同上

(4)山西省公路局忻州分局

机构规格:正处级

经费形式:财政拨款事业单位

领导职数:2 正 5 副

人员编制:876 名

核定分局机关事业编制 90 名,其中管理岗位 45 名,专业技术岗位 35 名,工勤岗位 10 名。内设机构 13 个。分别为:办公室、党委工作部、人事科、计划统计科、养路科、工程技术科、财务科、资产设备科、公安路政科、审计科、监察室(纪委)、工会、离退休人员管理科。

核定下属单位事业编制 786 名,其中管理岗位 346 名,专业技术岗位 177 名,工勤岗位 263 名。下属单位 31 个,均为正科级。具体为:

公路管理段 15 个,分别为:山西省忻州公路管理段、山西省定襄公路管理段、山西省台山公路管理段、山西省五台公路管理段、山西省繁峙公路管理段、山西省代县公路管理段、山西省原平公路管理段、山西省静乐公路管理段、山西省宁武公路管理段、山西省神池公路管理段、山西省五寨公路管理段、山西省岢岚公路管理段、山西省河曲公路管理段、山西省保德公路管理段、山西省偏关公路管理段。

公路超限检测站 11 个,分别为:山西省公路局忻州分局三岔镇公路超限检测站、山西省公路局忻州分局阳方口公路超限检测站、山西省公路局忻州分局元宝山公路超限检测站、山西省公路局忻州分局五台公路超限检测站、山西省公路局忻州分局保德公路超限检测站、山西省公路局忻州分局南庄公路超限检测站、山西省公路局忻州分局石家庄公路超限检测站、山西省公路局忻州分局崞阳公路超限检测站、山西省公路局忻州分局川口公路超限检测站、山西省公路局忻州分局安头公路超限检测站、山西省公路局忻州分局刘家塔公路超限检测站。

其他事业单位 5 个,分别为:山西省公路局忻州分局物资储备站、山西省公路局忻州分局勘察设计所、山西省公路局忻州分局工程质量检测中心、山西省公路局忻州分局后勤服务中心、山西省公路局忻州分局信息中心。

单位职责:同上。

(5)山西省公路局太原分局

机构规格:正处级

经费形式:财政拨款事业单位

领导职数:2 正 5 副

人员编制:566 名

核定分局机关事业编制 80 名,其中管理岗位 44 名,专业技术岗位 30 名,工勤岗位 6 名。内设机构 14 个。分别为:办公室、党委工作部、人事科、计划统计科、养路科、工程科、技术科、财务科、安全资产科、公安路政科、审计科、监察室(纪委)、工会、离退休人员管理科。

核定下属单位事业编制 486 名,其中管理岗位 52 名,专业技术岗位 162 名,工勤岗位 272 名。下属单位 19 个,均为正科级。具体为:

公路管理段 6 个,分别为:山西省太原南公路管理段(原山西省南郊公路管理段更名)、山西省太原北公路管理段(原山西省北郊公路管理段更名)、山西省古交公路管理段、山西省娄烦公路管理段、山西省清徐公路管理段、山西省阳曲公路管理段。

公路超限检测站 8 个,分别为:山西省公路局太原分局油房堡公路超限检测站、山西省公路局太原分局小店公路超限检测站、山西省公路局太原分局司徒洼公路超限检测站、山西省公路局太原分局邢家社公路超限检测站、山西省公路局太原分局西殿公路超限检测站、山西省公路局太原分局西会公路超限检测站、山西省公路局太原分局张花公路超限检测站、山西省公路局太原分局镇城底公路超限检测站。

其他事业单位 5 个,分别为:山西省公路局太原分局物资储备站、山西省公路局太原分局勘察设计所、山西省公路局太原分局工程质量检测中心、山西省公路局太原分局后勤服务中心、山西省公路局太原分局信息中心。

单位职责:同上。

(6)山西省公路局晋中分局

机构规格:正处级

经费形式:财政拨款事业单位

领导职数:2 正 5 副

人员编制:1439 名

核定分局机关事业编制 90 名,其中管理岗位 26 名,专业技术岗位 64 名。内设机构 14 个。分别为:办公室、党委工作部、人事科、计划统计科、养路科、工程科、总工办、财务科、资产设备科、公安路政科、审计科、监察室（纪委）、工会、离退休人员管理科。

核定下属单位事业编制1349名，其中管理岗位236名，专业技术岗位255名，工勤岗位858名。下属单位32个，均为正科级。具体为：

公路管理段11个，分别为：山西省榆次公路管理段、山西省太谷公路管理段、山西省祁县公路管理段、山西省平遥公路管理段、山西省介休公路管理段、山西省灵石公路管理段、山西省榆社公路管理段、山西省左权公路管理段、山西省和顺公路管理段、山西省昔阳公路管理段、山西省寿阳公路管理段。

公路超限检测站12个，分别为：山西省公路局晋中分局梁家圪垯公路超限检测站、山西省公路局晋中分局雅安公路超限检测站、山西省公路局晋中分局平松公路超限检测站、山西省公路局晋中分局桐峪公路超限检测站、山西省公路局晋中分局寿阳东公路超限检测站、山西省公路局晋中分局东冶头公路超限检测站、山西省公路局晋中分局白村公路超限检测站、山西省公路局晋中分局粟城公路超限检测站、山西省公路局晋中分局蔺郊公路超限检测站、山西省公路局晋中分局寿阳西公路超限检测站、山西省公路局晋中分局永安公路超限检测站、山西省公路局晋中分局曲旺公路超限检测站。

收费站2个，分别为：山西省公路局晋中分局东观收费站、山西省公路局晋中分局穆家堡收费站。

其他事业单位7个，分别为：山西省公路局晋中分局物资储备站、山西省公路局晋中分局勘察设计所、山西省公路局晋中分局工程质量检测中心、山西省公路局晋中分局后勤服务中心、山西省公路局晋中分局信息中心、山西省公路局晋中分局沥青技术研究中心。

单位职责：同上。

（7）山西省公路局阳泉分局

机构规格：正处级

经费形式：财政拨款事业单位

领导职数：2正5副

人员编制：416名

核定分局机关事业编制80名，其中管理岗位41名，专业技术岗位30名，工勤技能岗位9名。内设机构14个。分别为：办公室、党委工作部、人事科、计划统计科、养路科、工程技术科、总工办、财务科、安全资产科、公安路政科、审计科、监察室（纪委）、工团工作部、离退休人员管理科。

核定下属单位事业编制336名，其中管理岗位71名，专业技术岗位111名，工勤岗位154名。下属单位18个，均为正科级。具体为：

公路管理段4个，分别为：山西省郊区公路管理段、山西省平定公路管理段、山西省盂县公路管理段、山西省盂县东公路管理段。

公路超限检测站8个，分别为：山西省公路局阳泉分局西郊公路超限检测站、山西省公路局阳泉分局白泉公路超限检测站、山西省公路局阳泉分局交口公路超限检测站、山西省公路局阳泉分局沙井公路超限检测站、山西省公路局阳泉分局梁家寨公路超限检测站、山西省公路局阳泉分局上社公路超限检测站、山西省公路局阳泉分局槐树铺公路超限检测站、山西省公路局阳泉分局东梁公路超限检测站。

其他事业单位6个，分别为：山西省公路局阳泉分局物资储备站、山西省公路局阳泉分局勘察设计所、山西省公路局阳泉分局工程质量检测中心、山西省公路局阳泉分局后勤服务中心、山西省公路局阳泉分局信息中心、山西省公路局阳泉分局旧关隧道管理中心。

单位职责：同上。

（8）山西省公路局吕梁分局

机构规格：正处级

经费形式：财政拨款事业单位

领导职数：2正5副

人员编制：1395名

核定分局机关事业编制90名，其中管理岗位50名，专业技术岗位40名。内设机构13个。分别为：办公室、党委工作部、人事科、计划统计科、养路科、工程技术科、财务科、资产设备科、公安路政科、审计科、监察室

(纪委)、工会、离退休人员管理科。

核定下属单位事业编制1305名,其中管理岗位325名,专业技术岗位211名,工勤岗位769名。下属单位26个,均为正科级。具体为:

公路管理段13个,分别为:山西省交城公路管理段、山西省文水公路管理段、山西省汾阳公路管理段、山西省孝义公路管理段、山西省交口公路管理段、山西省石楼公路管理段、山西省中阳公路管理段、山西省柳林公路管理段、山西省离石公路管理段、山西省临县公路管理段、山西省兴县公路管理段、山西省岚县公路管理段、山西省方山公路管理段。

公路超限检测站5个,分别为:山西省公路局吕梁分局庄子公路超限检测站、山西省公路局吕梁分局温家庄公路超限检测站、山西省公路局吕梁分局阳会崖公路超限检测站、山西省公路局吕梁分局西洼公路超限检测站、山西省公路局吕梁分局桃红坡公路超限检测站。

收费站3个,分别为:山西省公路局吕梁分局盛地收费站、山西省公路局吕梁分局阳城收费站、山西省公路局吕梁分局东董屯收费站。其他事业单位5个,分别为:山西省公路局吕梁分局物资储备站、山西省公路局吕梁分局勘察设计所、山西省公路局吕梁分局工程质量检测中心、山西省公路局吕梁分局后勤服务中心、山西省公路局吕梁分局信息中心。

单位职责:同上。

(9)山西省公路局长治分局

机构规格:正处级

经费形式:财政拨款事业单位

领导职数:2正5副

人员编制:804名

核定分局机关事业编制90名,其中管理岗位45名,技术岗位45名。内设机构14个。分别为:办公室、党委工作部、人事科、计划统计科、养路科、工程技术科、财务科、资产设备科、公安路政科、审计科、企业监管办公室、监察室(纪委)、工会、离退休人员管理科。

核定下属单位事业编制714名,其中管理岗位185名,专业技术岗位154名,工勤岗位375。下属单位25个,均为正科级。具体为:

公路管理段12个,分别为:山西省长治市公路管理段、山西省长治公路管理段、山西省长子公路管理段、山西省襄垣公路管理段、山西省武乡公路管理段、山西省黎城公路管理段、山西省潞城公路管理段、山西省平顺公路管理段、山西省壶关公路管理段、山西省屯留公路管理段、山西省沁源公路管理段、山西省沁县公路管理段。

公路超限检测站8个,分别为:山西省公路局长治分局下黄公路超限检测站、山西省公路局长治分局东井岭公路超限检测站、山西省公路局长治分局停河铺公路超限检测站、山西省公路局长治分局发鸠山公路超限检测站、山西省公路局长治分局司马公路超限检测站、山西省公路局长治分局正中公路超限检测站、山西省公路局长治分局马堡公路超限检测站、山西省公路局长治分局石城公路超限检测站。

其他事业单位5个,分别为:山西省公路局长治分局物资储备站、山西省公路局长治分局勘察设计所、山西省公路局长治分局工程质量检测中心、山西省公路局长治分局后勤服务中心、山西省公路局长治分局信息中心。

单位职责:同上。

(10)山西省公路局晋城分局

机构规格:正处级

经费形式:财政拨款事业单位

领导职数:2正5副

人员编制:582名

核定分局机关事业编制80名,其中管理岗位55名,专业技术岗位20名,工勤技能岗位5名。内设机构13个。分别为:办公室、人事科、计划统计科、养路科、工程技术科、总工办、财务科、资产设备科、公安路政科、审计科、监察室(纪委)、工会、离退休人员管理科。

核定下属单位事业编制502名,其中管理岗位70名,专业技术岗位117名,工勤岗位315名。下属单位21个,均为正科级。具体为:

公路管理段6个,分别为:山西省晋城北

公路管理段、山西省晋城南公路管理段、山西省陵川公路管理段、山西省沁水公路管理段、山西省阳城公路管理段、山西省高平公路管理段。

公路超限检测站8个,分别为:山西省公路局晋城分局狸猫泉公路超限检测站、山西省公路局晋城分局西岭头公路超限检测站、山西省公路局晋城分局阁河公路超限检测站、山西省公路局晋城分局冶底公路超限检测站、山西省公路局晋城分局寺庄公路超限检测站、山西省公路局晋城分局端氏公路超限检测站、山西省公路局晋城分局王寨公路超限检测站、山西省公路局晋城分局营礼公路超限检测站。

收费站2个,分别为:山西省公路局晋城分局高都收费站、山西省公路局晋城分局西上庄收费站。

其他事业单位5个,分别为:山西省公路局晋城分局物资储备站、山西省公路局晋城分局勘察设计所、山西省公路局晋城分局工程质量检测中心、山西省公路局晋城分局后勤服务中心、山西省公路局晋城分局信息中心。

单位职责:同上。

(11)山西省公路局临汾分局

机构规格:正处级

经费形式:财政拨款事业单位

领导职数:2正5副

人员编制:1118名

核定分局机关事业编制90名,其中管理岗位61名,专业技术岗位21名,工勤技能岗位8名。内设机构14个。分别为:办公室、党委工作部、人事科、计划统计科、养路科、工程科、技术科、财务科、资产设备科、公安路政科、审计科、监察室(纪委)、工会、离退休人员管理科。

核定下属单位事业编制1028名,其中管理岗位219名,专业技术岗位246名,工勤岗位563名。下属单位31个,均为正科级。具体为:

公路管理段17个,分别为:山西省临汾公路管理段、山西省襄汾公路管理段、山西省曲沃公路管理段、山西省侯马公路管理段、山西省翼城公路管理段、山西省浮山公路管理段、山西省安泽公路管理段、山西省古县公路管理段、山西省洪洞公路管理段、山西省霍州公路管理段、山西省汾西公路管理段、山西省隰县公路管理段、山西省蒲县公路管理段、山西省永和公路管理段、山西省大宁公路管理段、山西省吉县公路管理段、山西省乡宁公路管理段。

公路超限检测站9个,分别为:山西省公路局临汾分局良马公路超限检测站、山西省公路局临汾分局秦岗公路超限检测站、山西省公路局临汾分局京安公路超限检测站、山西省公路局临汾分局小榆公路超限检测站、山西省公路局临汾分局西坡公路超限检测站、山西省公路局临汾分局壶口公路超限检测站、山西省公路局临汾分局一平垣公路超限检测站、山西省公路局临汾分局林城公路超限检测站、山西省公路局临汾分局退沙公路超限检测站。

其他事业单位5个,分别为:山西省公路局临汾分局物资储备站、山西省公路局临汾分局勘察设计所、山西省公路局临汾分局工程质量检测中心、山西省公路局临汾分局后勤服务中心、山西省公路局临汾分局信息中心。

单位职责:同上。

(12)山西省公路局运城分局

机构规格:正处级

经费形式:财政拨款事业单位

领导职数:2正5副

人员编制:802名

核定分局机关事业编制90名,其中管理岗位45名,技术岗位35名,工勤岗位10名。内设机构14个。分别为:办公室、党委工作部、人事科、计划统计科、养路科、工程技术科、财务科、资产设备科、公安路政科、审计科、企业监管办公室、监察室(纪委)、工会、离退休人员管理科。

核定下属单位事业编制712名,其中管理岗位169名,专业技术岗位171名,工勤岗位372名。下属单位28个,均为正科级。具体为:

公路管理段13个,分别为:山西省运城

公路管理段、山西省永济公路管理段、山西省芮城公路管理段、山西省河津公路管理段、山西省万荣公路管理段、山西省垣曲公路管理段、山西省新绛公路管理段、山西省绛县公路管理段、山西省闻喜公路管理段、山西省夏县公路管理段、山西省稷山公路管理段、山西省临猗公路管理段、山西省平陆公路管理段。

公路超限检测站8个,分别为:山西省公路局运城分局杨赵公路超限检测站、山西省公路局运城分局通化公路超限检测站、山西省公路局运城分局东镇公路超限检测站、山西省公路局运城分局横水公路超限检测站、山西省公路局运城分局南樊公路超限检测站、山西省公路局运城分局长直公路超限检测站、山西省公路局运城分局禹门口公路超限检测站、山西省公路局运城分局杜家坡公路超限检测站。

收费站2个,分别为:山西省公路局运城分局通化收费站、山西省公路局运城分局北景收费站

其他事业单位5个,分别为:山西省公路局运城分局物资储备站、山西省公路局运城分局勘察设计所、山西省公路局运城分局工程质量检测中心、山西省公路局运城分局后勤服务中心、山西省公路局运城分局信息中心。

单位职责:同上。

(13)三门峡黄河公路大桥山西管理处

机构规格:正处级

经费形式:财政拨款事业单位

领导职数:1正3副

人员编制:50名。其中管理岗位25名,专业技术岗位20名,工勤岗位5名。

内设机构:7个。分别为办公室、党委工作部、人事科、财务科、养护工程科、后勤中心、养护中心。

下属单位:1个,三门峡黄河公路大桥山西管理处茅津渡公路超限检测站。

单位职责:负责对三门峡黄河公路大桥及北引道养护路政管理、安全保卫及过境车辆超限超载的检测管理。

(14)山西省公路局职业技术教育培训中心

机构规格:正处级

经费形式:财政拨款事业单位

领导职数:1正2副

人员编制:25名。其中管理岗位13名,专业技术岗位12名。

内设机构:5个。分别为办公室、教务科、培训科、财务科、总务科。

单位职责:负责公路系统职工文化教育和业务培训工作。

(15)山西省公路局信息中心

机构规格:正处级

经费形式:财政拨款事业单位

领导职数:1正1副

人员编制:10名。其中管理岗位5名,专业技术岗位5名。

内设机构:2个。分别为办公室、综合业务科。

单位职责:负责全省公路系统信息发布及路况统计工作,对公路系统信息网进行规划、设计、开发及运行维护工作。

(16)省公路局物资储备总站

机构规格:正处级

经费形式:财政拨款事业单位

领导职数:2正3副

人员编制:92名。其中管理岗位18名,专业技术岗位47名,工勤岗位27名。

内设机构:12个。分别为:办公室、党委办公室、财务科、采购计划科、物资供应科、行政科、车管办、库房、综合服务公司、机械设备经销处、建筑材料经销处、石化经销处。

单位职责:负责全省公路建养物资的仓储、供应和服务工作;承担着全省战备、水毁以及公路抢险预案中的物资储备、保障工作。

(17)山西省公路局后勤服务中心

机构规格:正处级

经费形式:财政拨款事业单位

领导职数:2正3副

人员编制:101名。其中管理岗位22名,专业技术岗位28名,工勤岗位51名。

内设机构:7个。分别为办公室、房地产管理科、机关事务科、开发经营部、医务室、汽

车队、物业公司。

单位职责:为省公路局机关提供后勤服务,承担物业管理,提供相关社会服务。

(18)山西省公路工程质量检测中心

机构规格:正处级

经费形式:财政补助事业单位

领导职数:2 正 3 副

人员编制:81 名。其中管理岗位 42 名,专业技术岗位 27 名,工勤岗位 12 名。

内设机构:9 个。分别为综合办公室、资产财务部、人力资源部、质量管理办、车辆设备管理部、技术部、第一检测试验室、第二检测试验室、第三检测试验室。

单位职责:为公路建设提供质量检测服务。包括材料试验、工程质量检测、监理咨询、为解决质量纠纷提供质量检测数据和相关报告等。

(19)山西省公路局多种经营管理中心

机构规格:正处级

经费形式:自收自支事业单位

领导职数:1 正 2 副

人员编制:40 名。其中管理岗位 12 名,专业技术岗位 13 名,工勤岗位 15 名。

内设机构:4 个。分别为办公室、财务科、就业指导科、后勤科。

单位职责:负责对全省公路系统第三产业进行组织协调、指导服务和三产人员的岗前培训、就业登记等工作。

(20)山西省公路局平遥沥青总库

机构规格:正科级

经费形式:财政拨款事业单位

领导职数:2 正 3 副

人员编制:78 名。其中管理岗位 10 名,专业技术岗位 37 名,工勤岗位 31 名。

单位职责:为全省公路建养提供沥青储备。

(21)山西省公路局幼儿园

机构规格:正科级

经费形式:财政补助事业单位

领导职数:1 正 3 副

人员编制:42 名。其中管理岗位 22 名,专业技术岗位 20 名。

单位职责:从事幼儿学前教育工作。

(二)高速公路管理系统

1. 山西省高速公路管理局

(1)机构编制现状

1998 年,省编办以晋编办字〔1998〕116 号文件批准山西省高速公路管理局为正处级建制的事业单位,经费自收自支,编制 84 名,2005 年接收军转干部增加编制 2 名,2009 年接收军转干部 3 名(尚未增编),现编制为 86 名。核定领导职数 4 名,总工程师 1 名,总会计师 1 名。2003 年,省编委以晋编字〔2003〕44 号文件批准山西省高速公路管理局局长、书记可由副厅级干部担任。2008 年经省交通厅批复,其内设机构为 14 个,正副科级职数 30 名。

山西省高速公路管理局现有 113 人,实有领导 6 名,其中局长(高配副厅级)1 名,正处级 5 名。现有 14 个内设机构,包括办公室、党委工作部(团委)、人事劳资处(老干部处)、计划财务处、执法监督处、总工办(技术处)、经营开发处、机务设备处、养护管理处、工程管理处、纪检监察室、审计处、政策法规处、工会,实有科级干部 26 人。

(2)本次清理规范的主要内容

①主要职责:在法律法规规定的范围内,受山西省交通运输厅委托,承担全省高速公路运营监管责任,并依法行使高速公路行政管理职责。

②领导职数:局长、书记高配副厅级,另外正处级职数 5 名。

③内设机构及领导职数:设办公室、党委工作部(团委)、人事劳资科(老干部科)、计划财务科、执法监督科、总工办(技术科)、经营开发科、机务设备科、养护管理科、工程管理科、纪检监察室、审计科、政策法规科、安全监督科、工会等 15 个内设机构,科级职数 32 名。

④经费形式:全额拨款(政府性基金列支)

2. 山西省交通厅韩信岭桥隧管理处

(1)机构编制现状

2003 年,省编办以晋编办字〔2003〕98 号文件批准山西省交通厅韩信岭桥隧管理处为县处级建制的事业单位,编制 30 名。2004

年,省编办以晋编办字〔2004〕50 号文件,从该处划拨 15 名编制至山西省高速公路信息监控中心,现编制为 15 名。经费从高速公路通行费列支,核定领导职数 1 正 2 副。

山西省交通厅韩信岭桥隧管理处现有 30 人,实有领导 1 正 2 副,现有 3 个内设机构,包括综合办公室、桥隧监控室、电力消防室,实有科级干部 6 人。

(2)本次清理规范的主要内容

①机构名称:韩信岭高速公路桥隧管理处

②主要职责:负责韩信岭仁义沟特大桥、韩信岭隧道群及附属设施、机电设备、监控信息系统及设备的管理工作。

③内设机构及领导职数:设综合办公室、桥隧监控室、电力消防室等 3 个内设机构,科级职数 6 名。

④经费形式:全额拨款(政府性基金列支)

3. 山西省交通厅雁门关桥隧管理处

(1)机构编制现状

2003 年,省编办以晋编办字〔2003〕98 号文件批准山西省交通厅雁门关桥隧管理处为县处级建制的事业单位,编制 30 名。2004 年,省编办以晋编办字〔2004〕50 号文件,从该处划拨 15 名编制至山西省高速公路信息监控中心,现编制为 15 名。经费从高速公路通行费列支,核定领导职数 1 正 2 副。

山西省交通厅雁门关桥隧管理处现有 30 人,实有领导 1 名,现有 3 个内设机构,包括综合办公室、桥隧监控室、电力消防室,实有科级干部 6 人。

(2)本次清理规范的主要内容

①机构名称:雁门关高速公路桥隧管理处

②主要职责:负责雁站关特大桥、隧道及附属设施、机电设备、监控信息系统及设备的管理工作。

③内设机构及领导职数:设综合办公室、桥隧监控室、电力消防室等 3 个内设机构,科级职数 6 名。

④经费形式:全额拨款(政府性基金列支)

4. 龙门黄河大桥管理处

(1)机构编制现状

2007 年,省编办以晋编办字〔2007〕63 号文件批准龙门黄河大桥管理处为县处级建制的事业单位,编制 16 名,经费为自收自支,核定领导职数 1 正 2 副。

龙门黄河大桥管理处现有 35 人,实有领导 1 正 2 副,现有 3 个内设机构,包括综合办公室、桥隧监控室、电力消防室,实有科级干部 6 人。

(2)本次清理规范的主要内容

①主要职责:负责龙门黄河大桥、隧道及附属设施、机电设备、监控信息系统及设备的管理工作。

②内设机构及领导职数:设综合办公室、桥隧监控室、电力消防室 3 个内设机构,科级职数 6 名。

③经费形式:全额拨款(政府性基金列支)

5. 山西省高速公路收费管理结算中心

(1)机构编制现状

2004 年,省编办以晋编办字〔2004〕212 号文件批准山西省收费管理结算中心为县处级建制的事业单位,编制 20 名。2005 年接收军转干部增加编制 2 名,2006 年接收军转干部增加编制 2 名,现编制为 24 名。经费从高速公路通行费列支,核定领导职数 1 正 2 副。

山西省高速公路收费管理结算中心现有 23 人,实有领导 1 正 2 副,现有 5 个内设机构,包括综合办公室、收费科、技术科、稽查科和财务科,实有科级干部 10 人。

(2)本次清理规范的主要内容

①主要职责:承担全省高速公路收费业务的管理工作;负责收费设施、设备的规划、设计、更新改造及软件的升级;负责对收费系统进行运行管理;负责通行费收拆分账和结算;负责通行费收入核算和收费稽查。

②内设机构及领导职数:设综合办公室、收费科、技术科、稽查科和财务科等 5 个内设机构,科级职数 10 名。

③经费形式:全额拨款(政府性基金列支)

6. 山西省高速公路信息监控中心

(1)机构编制现状

2004年,省编办以晋编办字〔2004〕50号文件批准山西省高速公路信息监控中心为县处级建制的事业单位,编制30名。2006年接收军转干部增加编制1名,2007年接收军转干部增加编制3名。现编制为34名,经费从高速公路通行费中列支,核定领导职数为3名。

(2)本次清理规范的主要内容

①主要职责:承担全省高速公路智能交通系统(ITS)规划、建设与管理工作;负责全省高速公路信息服务、监控调度的规划、审核、指导、考核及相应经费计划等管理工作;搭建高速公路信息监控服务平台,为社会公众提供路况、出行、资费、定位、救援、交通诱导等服务;对片区高速公路监控中心进行监管。

②内设机构及领导职数:设综合办公室、监控科、技术科、通信科、信息科等5个内设机构,科级职数10名。

③经费形式:全额拨款(政府性基金列支)

7. 山西省高速公路路政总队

(1)机构编制现状

2006年,省编办以晋编办字〔2005〕283号文件批准山西省高速公路路政总队为正处级建制的事业单位,编制15名,2008年接收军转干部增加编制3名,现编制为18名,经费从高速公路通行费中列支,核定领导职数1正2副。路政总队下设路政直属支队四个,均为副处级建制事业单位,分别核定事业编制5名,共20名,副处级领导职数各1名。四个支队下设大队19个,分别核定事业编制3名,共57名。

山西省高速公路路政总队现有18人,实有领导1正2副,现有4个内设机构,包括综合办公室、路产保护科、技术装备科和治超科,实有科级干部8人。到目前为止,任命支队长2名、副支队长1名。

(2)本次清理规范的主要内容

①主要职责:负责全省高速公路路政管理及治理超限超载工作,承担高速公路两侧建筑控制区管理,维持养护作业现场秩序,承办违反路政管理法律、法规、规章案件的处理事宜。

②内设机构及领导职数:设综合办公室、路产保护科、技术装备科和治超科4个内设机构,科级职数8名。

③经费形式:全额拨款(政府性基金列支)

(三)运管系统

1. 山西省交通运输管理局

(1)机构编制现状

1992年,省编委以晋编字〔1992〕69号文件批准山西省交通厅运输管理处更名为山西省交通运输管理局,为县处级建制的事业单位。1987年,省编委以晋编字〔1987〕76号文件批准编制7名;1988年,省编委以晋编字〔1988〕84号文件批准编制43号;1996年,省编办以晋编办字〔1996〕21号文件批准增加编制8名;2006年,省编委以晋编字〔2006〕9号文件同意山西省交通运输管理局局长高配为副厅级。从1996年至2009年间,接收军转干部增加编制25名,现编制83名,经费从运管费列支。

山西省交通运输管理局现有83人,实有领导数7名,其中局长(高配副厅级)1名、正处级6名,现有19个内设机构,包括办公室、党委工作部、纪检监察室、人事劳资教育处、政策法规处、综合管理处、行政许可受理处(政务大厅)、站场旅游管理处、客运班线管理处、货运管理处、机动车维修管理处、规划财务处、审计处、统计和票证管理处、科技信息化中心、宣传中心、离退休人员管理处、团委、安全监督和应急处,实有科级干部40名。

(2)本次清理规范的主要内容

①机构名称:山西省道路运输管理局

②主要职责:在法律法规的规定范围内,受山西省交通运输厅委托,负责实施全省道路运输管理工作,指导各市县道路运输管理机构工作。

③领导职数:局长高配副厅级,另外正处级职数6名。

④内设机构及领导职数:设办公室、党委

工作部、纪检监察室、人事劳资教育科、政策法规科、综合管理科、行政许可受理科(政务大厅)、站场旅游管理科、客运班线管理科、货运管理科、机动车维修管理科、规划财务科、审计科、统计和票证管理科、科技信息化中心、宣传中心、离退休人员管理科、团委、安全监督和应急科等19个内设机构,科级职数40名。

⑤经费形式:全额拨款(中央转移支付的成品油价格和消费税列支)

2. 山西省汽车驾驶员培训学校管理中心

(1)机构编制现状

2005年,省编办以晋编办字〔2005〕130号文件批准山西省汽车驾驶员培训学校管理中心为正处级建制事业单位,编制16名,经费从运管费列支,核定领导职数1正2副。

山西省汽车驾驶员培训学校管理中心现有16人,实有领导1正2副,现有3个内设机构,包括综合管理处、驾校管理处和营运驾驶员管理处,实有科级干部6人。

(2)本次清理规范的主要内容

①主要职责:负责全省机动车驾驶培训行业的指导、监督检查和管理等工作。

②内设机构及领导职数:设综合管理科、驾校管理科和营运驾驶员管理科等3个内设机构,科级职数6名。

③经费形式:全额拨款(中央转移支付的成品油价格和消费税列支)

3. 山西省运政稽查总队

(1)机构编制现状

2005年,省编办以晋编办字〔2005〕130号文件批准山西省运政稽查总队为正处级建制事业单位,编制18名;2008年,省编办以晋编办字〔2008〕199号文件增加编制5名。现编制为23名,经费从运管费列支,核定领导职数2正2副。

山西省运政稽查总队现有23人,实有领导1正2副,现有3个内设机构,包括内勤支队、外勤支队和督察支队,实有科级干部7人。

(2)本次清理规范的主要内容

①主要职责:承办道路运输市场违法行为的稽查、取证和处理工作;负责全省96566运政服务热线电话的管理工作;指导和监督检查各市运管机构执法工作。

②内设机构及领导职数:设内勤支队、外勤支队和督察支队3个内设机构,科级职数7名。

③经费形式:全额拨款(中央转移支付的成品油价格和消费税列支)

4. 山西省交通运输管理局治超办公室

(1)机构编制现状

2008年,省编办以晋编办字〔2008〕287号文件批准山西省交通运输管理局治超办公室为正处级建制事业单位,编制28名,经费从运管费列支,核定领导职数1正2副。

山西省交通运输管理局治超办公室现有28人,现有3个内设机构,包括文秘处、源头巡查处、源头督察处,实有科级干部9人。

(2)本次清理规范的主要内容

①机构名称:山西省道路运输管理局治超办公室

②主要职责:负责对全省货运源头治超工作进行督促、指导、监督和检查等。

③内设机构及领导职数:设综合科、源头巡查科、源头督察科3个内设机构,科级职数9名。

④经费形式:全额拨款(中央转移支付的成品油价格和消费税列支)

5. 山西省城市汽车客运管理办公室

(1)机构编制现状

1990年,省编委以晋编字〔1990〕72号文件批准山西省城市出租汽车客运管理处为正处级建制事业单位,批准编制10名;2009年1月,省编办以晋编办字〔2008〕428号文件批准增加编制1名(军转干部);2009年11月,省编办又以晋编办字〔2009〕276号文件批准编制11名,核定领导职数1正1副。该机构成立初期,性质定为自收自支事业单位。1998年,根据财政部、国家发改委财综字〔1998〕112号文件和财预字〔1998〕372号文件精神,该机构收取的"出租汽车管理费"随之被取消,并从1999年起至今,按照省财政厅晋财工字〔1999〕41号文件,该机构工作经费由省财政全额解决,已成为事实上的财政全额拨款单位。

山西省城市汽车客运管理办公室现有11人,实有领导1正1副,现有3个内设机构,包括综合业务处、出租业务处和公交业务处,实有科级干部8人。

(2)本次清理规范的主要内容

①主要职责:负责对全省城市公共汽车、出租汽车行业进行管理、指导、监督和协调等工作。

②内设机构及领导职数:设综合业务科、出租业务科和公交业务科3个内设机构,科级职数5名。

③经费形式:全额拨款(省财政列支)

6. 山西省道路运输管理培训中心

(1)机构编制现状

2005年,省编办以晋编办字〔2005〕130号文件批准山西省道路运输管理培训中心为副处级建制事业单位,编制5名,经费从运管费列支,核定领导职数1名。

山西省道路运输管理培训中心现有5人,实有领导1名,实有科级干部2人。

(2)本次清理规范的主要内容

①主要职责:负责全省运管系统人员及道路运输行业从业人员的培训考核和监督管理等工作。

②内设机构及领导职数:科级职数2名。

③经费形式:全额拨款(中央转移支付的成品油价格和消费税列支)

7. 山西省战略物资道路运输应急保障指挥调度中心

(1)机构编制现状

2005年,省编办以晋编办字〔2005〕130号文件批准山西省战略物资道路运输应急保障指挥调度中心为副处级建制事业单位,编制5名,经费从运管费列支,核定领导职数1名。

山西省战略物资道路运输应急保障指挥调度中心现有5人,实有领导1名,实有科级干部2人。

(2)本次清理规范的主要内容

①主要职责:负责全省战略物资、紧急指令计划物资、重点物资、抢险救灾物资以及生产生活必须物资、特种危险品等物资道路运输的组织、调度和协调等应急保障工作;负责协同有关部门做好机动车救援的组织、协调、指挥和调度等工作。

②内设机构及领导职数:科级职数2名。

③经费形式:全额拨款(中央转移支付的成品油价格和消费税列支)

8. 山西省交通运输管理局后勤服务中心

(1)机构编制现状

2007年,省编办以晋编办字〔2007〕68号文件批准山西省交通运输管理局后勤服务中心为副处级建制事业单位,编制7名,经费自收自支,核定领导职数1名。

山西省交通运输管理局后勤服务中心现有7人,实有科级干部4名。

(2)本次清理规范的主要内容

①机构名称:山西省道路运输管理局后勤服务中心

②主要职责:承担省道路运输管理局的后勤服务保障工作。

③内设机构及领导职数:科级职数2名

④经费形式:全额拨款(中央转移支付的成品油价格和消费税列支)

(四)山西省地方海事局

(1)机构编制现状

2001年,省编办以晋编办字〔2001〕112号文件批准山西省地方海事局为正处级建制的事业单位,编制10名,经费自理,领导职数1正1副;2008年,省编办以晋编办字〔2008〕49号文件批准增挂山西省航运管理局的牌子,并增加事业编制10名、副处级领导职数2名;从2002年到2008年间,接收军转干部共增加编制11名,现有编制总数为31名,核定领导职数1正3副。

山西省地方海事局(山西省航运管理局)现有30人,实有领导1正1副,现有8个内设机构,包括综合办公室、安全监督处、规划建设管理处、船舶检验处、运输管理处、财务处、政务大厅、工会,实有科级干部9人。

(2)本次清理规范的主要内容

①主要职责:在法律法规规定的范围内,

受山西省交通运输厅委托，承办水上交通管制、船舶及相关水上设施检验、登记和防止污染、水上消防、航行保障、应急救助、通信导航、船舶与渡口设施保安及危险品运输监督管理等工作；承办船员管理的有关工作；承办全省水上交通安全事故、船舶及相关水上设施污染事故的应急处理；指导市、县水上安全监管工作。

②内设机构及领导职数：设综合办公室、安全监督科、规划建设管理科、船舶检验科、运输管理科、政策法规科、财务科7个内设机构，科级职数13名。

③经费形式：全额拨款（中央转移支付的成品油价格和消费税列支）

（五）山西省交通基本建设工程质量监督站

（1）机构编制现状

①1995年8月，省编办以晋编办字〔1995〕82号文件批准山西省交通基本建设工程质量监督站为县处级建制的事业单位，编制15名，处级职数3名。2004年，因接收军转干部增加编制1名。2006年，省编办以晋编办字〔2006〕164号文件批准，增加编制20名，现编制为36名，经费形式为自收自支，核定领导职数4名。

山西省交通基本建设工程质量监督站现有26人，实有领导2正3副，现有5个内设机构，包括综合办公室、监督科、安全监督科、监理科、检测科，实有科级干部6人。

②2008年，省编办以晋编办字〔2008〕70号文件批准山西省交通基本建设工程质量监督站检测中心为正科级建制的事业单位，编制5名，经费形式为自收自支，隶属山西省交通基本建设工程质量监督站。

（2）本次清理规范的主要内容

①山西省交通基本建设工程质量监督站检测中心并入山西省交通基本建设工程质量监督站。

②机构名称：山西省交通建设质量安全监督局

③人员编制：41名

④主要职责：在法律法规规定的范围内，受山西省交通运输厅委托，承办全省高速公路建设质量和施工安全监督管理工作，承办全省交通建设工程监理和试验检测市场的管理工作，指导各市交通建设质量监督机构的工作。

⑤内设机构及领导职数：设综合办公室、质量监督科、安全监督科、市场管理科、行业管理科和检测鉴定科6个内设机构，正副科长职数14名。

⑥经费形式：全额拨款（省财政列支）

（六）山西省交通高级技工学校

（1）机构编制现状

1989年，省编委以晋编字〔1988〕84号文件，省交通厅以〔1989〕晋交人字第86号文件，批准山西省交通技工学校编制为183名。2004年，省编办以晋编办字〔2004〕46号文件同意更名为“山西省交通高级技工学校”。2005年，经省劳动和社会保障厅批准，增挂“山西交通技师学院”牌子。2005年，省编办以晋编办字〔2005〕222号文件，同意增挂“山西交通汽车驾驶技术培训中心”牌子，并增加事业编制35名。2007年12月，经省事业单位登记管理局核准，主校名正式变为“山西交通技师学院”。现经省编办批准的事业编制为218名。经费从养路费中列支。

山西省交通高级技工学校现有202人，实有领导2正5副，现有22个内设机构，包括办公室、党委工作部（纪检监察室）、人事科、计划财务科、工会、离退休人员管理科、学生处（团委）、保卫科、招生就业指导办公室、教务处、教育研究室、公路工程系、汽车工程系、信息工程系、机电工程系、公共管理系、培训处、信息网络管理中心、总务处、膳食科、驾驶员培训学校、汽车修理厂，实有科级干部27人。

（2）本次清理规范的主要内容

①机构名称：山西交通技师学院，保留“山西省交通高级技工学校”和“山西交通汽车驾驶技术培训中心”的牌子。

②主要职责：为交通运输事业培养高、中级技能型人才，负责交通技术人才培训及相关的技能培训工作。

③领导职数:处级职数7名

④内设机构及领导职数:设办公室、党委工作部(纪检监察室)、人事科、计划财务科、工会、离退休人员管理科、学生科(团委)、保卫科、招生就业指导办公室、教务科、教育研究室、公路工程系、汽车工程系、信息工程系、机电工程系、公共管理系、培训科、信息网络管理中心、总务科、膳食科、驾驶实训中心、汽车修理实训中心22个内设机构,科级职数31名。

⑤经费形式:全额拨款(省财政列支)

(七)山西省交通职工中等专业学校

(1)机构编制现状

山西省交通职工中等专业学校的前身是山西省交通厅职工学校,成立于1984年5月。1985年7月,经省政府批准更名为山西省交通干部学校。1988年7月,省编委以晋编字〔1988〕84号文件,核定编制50名,为县处级建制的事业单位;1988年12月,省编委以晋编字〔1988〕148号文件,更名为"山西省交通职工中等专业学校"。2004年6月,省编办以晋编办字〔2004〕92号文件批准增挂"山西省交通干部教育培训学校"牌子,增加编制15名,增编后编制为67名,经费从养路费中列支。2006年,因接收军转干部增加编制1名,现有编制68名。

山西省交通职工中等专业学校现有71人,实有领导2正3副,现有15个内设机构,包括综合办公室、政治处、工会、纪检监察室、教务处、培训部、财务部、太原教学部、长沙教学部、长安教学部、北京教学部、后勤保卫部、物业保卫部、经营开发中心、培训中心,实有科级干部20人。

(2)本次清理规范的主要内容

①机构名称:山西省交通干部学校,同时增挂"山西省交通运输厅党校"的牌子。

②主要职责:承担交通运输系统干部、党员培训教育和交通运输系统成人高等学历教育工作。

③领导职数:处级职数5名

④内设机构及领导职数:设综合办公室、党委办公室、工会、纪检监察室、教务科、培训科、财务科、太原教学部、长沙教学部、长安教学部、北京教学部、后勤保卫科、物业管理科、经营开发科14个内设机构。科级职数18名。

⑤经费形式:全额拨款(省财政列支)

(八)山西省交通厅后勤服务中心

(1)机构编制现状

山西省交通厅后勤服务中心是按照国务院关于政府机构改革的有关规定,作为省直机关改革试点由原行政处从厅机关分离出来,经省编办以晋编字〔1993〕94号文件批准成立,隶属于省交通厅管理的县处级事业单位,领导职数3名,编制自定。1996年,省交通厅以晋交人字〔1996〕30号文件核定人员编制为80名。

山西省交通厅后勤服务中心现有71人,实有领导1正3副,现有6个内设机构,包括综合办公室、人力资源部、计财部、机关物业管理处、车队、物资供应站,实有科级干部12人,享受待遇1人,共计13人。

(2)本次清理规范的主要内容

①机构名称:山西省交通运输厅后勤服务中心

②主要职责:承担省交通运输厅的后勤服务保障工作。

③领导职数:处级职数4名

④内设机构及领导职数:设综合办公室、人力资源部、计财部、机关物业管理科、车队、物资供应站6个内设机构,科级职数12名。

⑤经费形式:全额拨款(中央转移支付的成品油价格和消费税列支)

(九)山西省交通厅新闻宣传中心

(1)机构编制现状

①1995年,省编办以晋编办字〔1995〕117号文件批准山西省交通厅宣传教育中心为县处级建制的事业单位,编制11名,经费自理,核定领导职数2名。

省交通厅宣传教育中心现有12人,实有领导1正2副,现有4个内设机构,包括综合办公室、理论部、影视部、通讯部,实有科级干部8人。

②1996年,省编办以晋编办字〔1996〕

106号文件批准山西交通报刊社为县处级建制的事业单位,编制16名,经费自理,核定领导职数3人。

山西交通报刊社现有18人,实有领导3副,现有4个内设机构,包括综合办公室、编辑部、通联部、期刊部,实有科级干部8人。

③2000年11月,省交通厅以晋交发字〔2000〕88号文件,将山西省交通厅宣传教育中心、山西交通报刊社合并组建为山西省交通厅新闻宣传中心。

(2)本次清理规范的主要内容

①机构名称:山西省交通运输厅新闻宣传中心

②主要职责:利用报刊、广播、电视、图片、资料等新闻宣传手段进行宣传;主办《山西交通》报,并为山西交通网站提供新闻信息支撑;负责山西广播电视总台驻省交通运输厅记者站、《中国交通报》驻山西记者站的管理;负责全省交通运输系统重大活动的新闻宣传组织策划。

③人员编制:30名

④领导职数:处级职数5名

⑤内设机构及领导职数:设办公室、新闻采编部、影视部、通联部、外宣部5个内设机构,科级职数11名。

⑥经费形式:全额拨款(中央转移支付的成品油价格和消费税列支)

(十)山西省交通厅规划发展中心

(1)机构编制现状

2002年,省编办以晋编办字〔2002〕118号文件批准山西省交通厅规划发展中心为县处级建制的事业单位,编制10名,经费自理,核定领导职数1正1副。2004年,因接收军转干部增加编制1名。2006年,省编办以晋编办字〔2006〕294号文件批准增加编制6名,现共有编制17名。2005年1月,省编办以晋编办字〔2004〕280号文件批准其列入养路费支出预算事业单位。

山西省交通厅规划发展中心现有11人,实有领导1正1副,现有3个内设机构,包括综合办公室、公路规划所、战略研究所,实有科级干部2人。

(2)本次清理规范的主要内容

①机构名称:山西省交通运输厅发展规划研究中心

②主要职责:受山西省交通运输厅委托,承办全省交通运输规划编制和交通运输发展战略研究工作。

③领导职数:1正2副

④内设机构及领导职数:设综合办公室、战略研究所、规划所等3个内设机构,科级职数4名。

⑤经费形式:全额拨款(中央转移支付的成品油价格和消费税列支)

(十一)山西交通安居置业管理中心

(1)机构编制现状

2002年,省编办以晋编办字〔2002〕4号文件批准山西交通安居置业管理中心为县处级建制的事业单位,经费自收自支,编制7名,核定领导职数1正1副。

山西交通安居置业管理中心现有4人,实有领导1正1副,现有3个内设机构,包括综合办公室、财务部、工程部,实有科级干部2人。

(2)本次清理规范的主要内容

①主要职责:负责太原地区交通安居工程的规划、设计、建设等工作;指导各市交通安居工程的规划、设计、建设等工作。

②内设机构及领导职数:科级职数2名

③经费形式:全额拨款(中央转移支付的成品油价格和消费税列支)

(十二)山西省交通厅资料信息中心

(1)机构编制现状

山西省交通厅资料信息中心前身系山西省交通厅史志办公室,成立于1984年10月,为省交通厅机关内设临时机构。1995年,省编办以晋编办字〔1995〕14号文件批准成立山西省交通厅资料信息中心,为县(处)级事业单位,自收自支,事业编制6名,领导职数2名。1996年,根据省交通厅晋交办字〔1996〕第162号文件《关于成立山西省交通史志年鉴编辑部的通知》精神,挂"山西省交通史志年鉴编辑部"牌子。

山西省交通厅资料信息中心现有6人,

实有领导2名,现有2个内设机构,包括综合办公室、资料信息部,实有科级干部2人。

(2)本次清理规范的主要内容

①机构名称:山西省交通运输厅资料信息中心

②主要职责:负责收集整理交通资料信息,编辑有关刊物、年鉴;负责收集和专题记载全省交通建设中的重大事件和重大项目;负责交通资料信息的文字编辑工作。

③内设机构及领导职数:科级职数2名

④经费形式:全额拨款(中央转移支付的成品油价格和消费税列支)

(十三)山西省交通厅会计核算中心

(1)机构编制现状

2003年,省编办以晋编办字〔2003〕99号文件批准山西省交通厅会计核算中心为正处级建制事业单位,核定事业编制20名,领导职数1正2副,所需要经费从养路费列支。2004年,省编办以晋编办字〔2004〕282号文件批准增挂"山西省交通厅审计中心"的牌子。

2004年,省编办以晋编办字〔2004〕212号文件批复省交通厅成立山西省高速公路收费管理结算中心,从省交通厅会计核算中心划转事业编制10名给省高速公路收费管理结算中心。划转后,省交通厅会计核算中心编制由原来20名减为10名。

山西省交通厅会计核算中心现有7人,实有领导1名,现有4个内设机构,包括综合办公室、资金核算科、通行费管理科、审计办公室,实有科级干部4人。

(2)本次清理规范的主要内容

根据工作需要,将会计核算中心和审计中心分设。

甲

①机构名称:山西省交通运输厅会计核算中心

②主要职责:受山西省交通运输厅委托,承办全省收费公路的管理监督和山西省交通运输厅资金核算及会计基础管理工作。

③人员编制:7名

④领导职数:1正1副

⑤内设机构及领导职数:科级职数3名

⑥经费形式:全额拨款(中央转移支付的成品油价格和消费税列支)

乙

①机构名称:山西省交通运输厅审计中心

②主要职责:受山西省交通运输厅委托,承办交通运输系统内部审计及财会、审计人员教育培训、管理工作;承办山西省交通财会审计协会的日常事务工作。

③人员编制:7名

④领导职数:1正1副

⑤内设机构及领导职数:科级职数3名

⑥经费形式:全额拨款(中央转移支付的成品油价格和消费税列支)

(十四)山西省物流中心

(1)机构编制现状

2002年,省编办以晋编办字〔2002〕29号文件批准山西省物流中心为县处级建制的事业单位,编制10名。2005年因接收军转干部增加编制1名,现编制为11名,经费自理,核定领导职数1正1副。

山西省物流中心现有12人,实有领导1正1副,现有4个内设机构,包括综合办公室、人事劳资处、规划投资处和建设管理处,实有科级干部6人。

(2)本次清理规范的主要内容

①主要职责:负责山西省交通运输厅投资的物流园区规划建设、招商引资及组织运输、仓储、加工、配送、培训等工作。

②人员编制:12名

③内设机构及领导职数:设综合办公室、规划投资科和建设管理科3个内设机构,科级职数5名。

④经费形式:全额拨款(中央转移支付的成品油价格和消费税列支)

(十五)山西省交通厅公路交通工程定额站

(1)机构编制现状

2002年,省编办以晋编办字〔2002〕145

号文件,批准山西省交通厅公路交通工程定额站为县处级自收自支事业单位,核定领导职数1正1副,编制10名。2008年,省编办以晋编办字〔2008〕231号文件,批准增加编制8名,现编制为18名。

山西省交通厅公路交通工程定额站现有14人,实有领导1正1副,现有4个内设机构,包括综合办公室、造价管理科、定额管理科、信息技术科,实有科级干部8人。

(2)本次清理规范的主要内容

①机构名称:山西省交通运输厅工程造价监督管理站

②主要职责:受省交通运输厅委托,承办全省交通基础设施建设估算、概算、预算、招标控制价、工程决算的审查工作,承办造价从业人员的培训、资格考核、认证、再教育等工作。

③领导职数:1正2副

④内设机构及领导职数:设综合办公室、造价管理科、定额管理科、信息技术科4个内设机构,科级职数7名。

⑤经费形式:全额拨款(省财政列支)

(十六)山西省交通环境保护中心站

(1)机构编制现状

2004年,省编办以晋编办字〔2004〕217号文件批准山西省交通环境保护中心站为正处级建制的事业单位,核定自收自支事业编制20名,处级领导职数1正2副。

山西省交通环境保护中心站现有20人,实有领导1正1副,现有4个内设机构,包括综合办公室、环评室、监测室、总工办,实有科级干部1人。

(2)本次清理规范的主要内容

①主要职责:承办交通环境影响评价、交通环保工程技术咨询等工作。

②内设机构及领导职数:设综合办公室、环评室、监测室、总工办4个内设机构,科级职数8名。

③经费形式:全额拨款(中央转移支付的成品油价格和消费税列支)

(十七)山西省交通计算机通信中心

(1)机构编制现状

1996年,省编办以晋编办字〔1996〕53号文件批准山西省交通计算机通信中心为县(处)级建制事业单位,核定自收自支事业编制15名,领导职数3名。

山西省交通计算机通信中心现有工作人员8名,实有领导1正1副。

(2)本次清理规范的主要内容

①机构名称:山西省交通运输厅信息中心

②主要职责:承办省交通运输厅机关基础性、重大综合类信息项目的建设、管理和维护;会同有关部门加强信息化规划、计划、立项、实施和经费使用等行业管理;指导厅属单位交通信息化建设等工作。

③内设机构及领导职数:设综合办公室、工程技术部、运营管理部3个内设机构,科级职数6名。

④经费形式:全额拨款(中央转移支付的成品油价格和消费税列支)

(十八)山西省交通职工顿村培训中心

(1)机构编制现状

1998年,省编办以晋编办字〔1998〕50号文件批准山西省交通职工顿村培训中心为县处级建制的事业单位,核定自收自支事业编制50名,处级职数3名。2002年,省编办以晋编办字〔2002〕145号文件批准划拨该中心10名编制给山西省交通厅公路交通工程定额站,现实有编制40名。

山西省交通职工顿村培训中心实有领导2名,现有4个内设机构,包括综合办公室、财务部、工程部、后勤服务中心。

(2)本次清理规范的主要内容

①主要职责:负责为全省交通运输系统职工提供培训、教育服务等工作。

②内设机构及领导职数:设综合办公室、财务部、工程部、后勤部4个内设机构,科级职数12名。

③经费形式:全额拨款(中央转移支付的成品油价格和消费税列支)

(十九)山西省交通厅五台山职工培训中心

(1)机构编制现状

1997年,省编办以晋编办字〔1997〕123号文件批准山西省交通厅五台山职工培训中心为副县级建制的事业单位,核定自收自支事业编制15名,副处级领导职数1名。

山西省交通厅五台山职工培训中心实有领导1名,现有4个内设机构,包括办公室、财务科、人事科、培训科。

(2)本次清理规范的主要内容

①机构名称:山西省交通运输厅五台山职工培训中心

②主要职责:负责为全省交通运输系统职工提供培训、教育服务等工作。

③内设机构及领导职数:设综合办公室、财务部、培训部3个机构,领导职数6名。

④经费形式:全额拨款(中央转移支付的成品油价格和消费税列支)

八、省编制办公室的批复意见

2011年10月17日,省编制办公室以晋编办字〔2011〕87号文印发《关于山西省交通运输厅所属事业单位清理规范意见的通知》。

(一)合并更名的事业单位

山西省交通厅宣传教育中心和山西交通报刊社合并为山西省交通运输厅新闻宣传中心;山西省交通基本建设工程质量监督站检测中心并入山西省交通基本建设工程质量监督站;将山西省交通厅会计核算中心(挂山西省交通厅审计中心牌子)分设为山西省交通运输厅会计核算中心和山西省交通运输厅审计中心;山西省交通厅重点公路工程建设办公室(山西省重点公路工程建设领导组办公室、农村路网管理处、山西省重点公路建设民营资本项目管理处)更名为山西省交通运输厅重点公路工程建设办公室(山西省重点公路工程建设领导组办公室);山西省交通运输管理局更名为山西省道路运输管理局,其所属单位山西省交通运输管理局后勤服务中心、山西省交通运输管理局治超办公室相应更名为山西省道路运输管理局后勤服务中心、山西省道路运输管理局治超办公室;山西省交通厅公路交通工程定额站更名为山西省交通运输厅公路交通工程定额站;山西省交通高级技工学校(挂山西交通技师学院、山西交通汽车驾驶技术培训中心牌子)更名为山西交通技师学院(挂山西省交通高级技工学校牌子);山西省交通厅后勤服务中心更名为山西省交通运输厅后勤服务中心;山西省交通厅规划发展中心更名为山西省交通运输厅发展规划研究中心;山西省交通厅资料信息中心更名为山西省交通运输厅资料信息中心;山西省交通计算机通信中心更名为山西省交通运输厅信息化管理中心;山西省交通厅五台山职工培训中心更名为山西省交通运输厅五台山职工培训中心;山西省交通厅韩信岭桥隧管理处更名为山西省交通运输厅韩信岭桥隧管理处;山西省交通厅雁门关桥隧管理处更名为山西省交通运输厅雁门关桥隧管理处。

(二)保留的事业单位

清理规范后,省交通运输厅所属事业单位机构编制情况如下:

1. 山西省交通运输厅韩信岭桥隧管理处

主要职责任务:承担高速公路韩信岭仁义沟特大桥、韩信岭隧道群及附属设施、机电设备、监控信息系统及设备的管理工作。

正处级建制,核定处级领导职数1正2副;内设3个科,科级领导职数3正3副。

调整核定自收自支事业编制16名,其中管理人员编制10名,专业技术人员编制5名,其他人员编制1名。

2. 山西省交通运输厅雁门关桥隧管理处

主要职责任务:承担高速公路雁门关特大桥、隧道群及附属设施、机电设备、监控信息系统及设备的管理工作。

正处级建制,核定处级领导职数1正2副;内设3个科,科级领导职数3正3副。

调整核定自收自支事业编制16名,其中管理人员编制10名,专业技术人员编制5名,其他人员编制1名。

3. 龙门黄河大桥管理处

主要职责任务:承担龙门黄河大桥及附属设施、机电设备、监控信息系统及设备的管理工作。

正处级建制,核定处级领导职数1正2

副;内设3个科,科级领导职数3正3副。

核定自收自支事业编制16名,其中管理人员编制10名,专业技术人员编制5名,其他人员编制1名。

4. 山西省高速公路收费管理结算中心

主要职责任务:承担全省高速公路收费系统及设施的管理工作;承担全省高速公路通行费收入拆分和结算工作;开展全省高速公路通行费收入核算和收费稽查工作。

正处级建制,核定处级领导职数1正2副;内设5个科,科级领导职数5正5副。

核定自收自支事业编制24名,其中管理人员编制13名,专业技术人员编制11名。

5. 山西省高速公路信息监控中心

主要职责任务:承担全省高速公路信息化及智能交通系统管理工作;开展高速公路信息、机电系统建设与管护指导服务工作;承担高速公路路网应急调度工作;提供全省高速公路信息咨询服务。

正处级建制,核定处级领导职数1正2副;内设5个科,科级领导职数5正5副。

核定自收自支事业编制35名,其中管理人员编制10名,专业技术人员编制25名。

6. 山西省高速公路路政总队

主要职责任务:承担全省高速公路路政管理及超限超载治理工作;承担高速公路两侧建筑控制区管理,管理养护作业现场秩序;承办全省高速公路路政管理违法行为的处置工作。

正处级建制,编制18名,核定处级领导职数1正2副,内设4个科,科级领导职数4正4副。下设直属支队4个,均为副处级建制,编制均为5名,共20名;核定支队长(副处级)领导职数各1名,共4名;副支队长(正科级)职数各1名,共4名。四个支队下设大队19个,均为正科级建制,编制均为3名,共57名;核定大队长(正科级)领导职数各1名,共19名。

共核定自收自支事业编制95名,其中管理人员编制80名,专业技术人员编制10名,其他人员编制5名。

7. 山西省高速公路管理局太原管理处

主要职责任务:承担太原东山、南环过境高速公路的运营、收费、路政、资产等管理工作。

副处级建制,核定副处级领导职数2名;内设6个科,科级领导职数6正6副。

调整核定自收自支事业编制80名,其中管理人员编制56名,专业技术人员编制21名,其他人员编制3名。

8. 山西省高速公路管理局运城管理处

主要职责任务:承担运风高速公路和风陵渡黄河公路大桥的运营、收费、路政、资产等管理工作。

副处级建制,核定副处级领导职数2名;内设6个科,科级领导职数6正6副。

核定自收自支事业编制65名,其中管理人员编制48名,专业技术人员编制13名,其他人员编制4名。

9. 山西省高速公路管理局晋城管理处

主要职责任务:承担晋城至阳城高速公路的运营、收费、路政、资产等管理工作。

副处级建制,核定副处级领导职数2名;内设6个科,科级领导职数6正6副。

核定自收自支事业编制53名,其中管理人员编制35名,专业技术人员编制15名,其他人员编制3名。

10. 山西省汽车驾驶员培训学校管理中心

主要职责任务:承担全省机动车驾驶员培训行业管理的具体工作;承担全省机动车培训教练员和从事经营性客货运输驾驶员从业资格培训管理的具体工作。

正处级建制,核定处级领导职数1正2副;内设3个科,科级领导职数3正3副。

核定自收自支事业编制16名,其中管理人员编制10名,专业技术人员编制6名。

11. 山西省运政稽查总队

主要职责任务:承办道路运输市场违法行为的取证、处置和运政市场的稽查工作。

正处级建制,核定总队长领导职数1名(正处级),政委领导职数1名(正处级),副处级领导职数2名;内设5个支队(正科级),科级领导职数5正5副。

核定自收自支事业编制23名，其中管理人员编制19名，专业技术人员编制4名。

12. 山西省道路运输管理局治超办公室

主要职责任务：指导全省货运源头治超的业务工作；承担全省货物运输源头超限超载重大违法案件的调查取证处置工作。

正处级建制，核定处级领导职数1正2副；内设7个科，科级领导职数7正7副。

核定自收自支事业编制30名，其中管理人员编制22名，专业技术人员编制8名。

13. 山西省城市汽车客运管理办公室

主要职责任务：承担全省城市公共汽车客运、出租汽车客运行业管理工作。

正处级建制，核定处级领导职数1正2副；内设4个科，科级领导职数4正4副。

核定自收自支事业编制18名，其中管理人员编制12名，专业技术人员编制6名。

14. 山西省道路运输管理培训中心

主要职责任务：承担全省道路运输管理系统从业人员培训考核的具体工作。

副处级建制，核定副处级领导职数1名；正科级领导职数1名。

核定自收自支事业编制5名，其中管理人员编制3名，专业技术人员编制2名。

15. 山西省战略物资道路运输应急保障指挥调度中心

主要职责任务：承担全省战略物资、紧急指令计划物资、抢险救灾物资以及生产生活必需物资等物资道路运输应急保障的具体工作。

副处级建制，核定副处级领导职数1名；正科级领导职数1名。

核定自收自支事业编制5名，其中管理人员编制3名，专业技术人员编制2名。

16. 山西省道路运输管理局后勤服务中心

主要职责任务：为省道路运输管理局提供后勤服务和物业管理；提供相关社会服务。

副处级建制，核定副处级领导职数1名；正科级领导职数1名。

核定自收自支事业编制7名，其中管理人员编制2名，专业技术人员编制1名，其他人员编制4名。

17. 山西省地方海事局（山西省航运管理局）

主要职责任务：依法承担全省水路运输、全省通航水域水上交通安全监督的管理工作；承办船舶污染、水上交通事故调查处置工作；开展船舶及水上浮动设施检验；承担航行保障、港航及水上基础设施建设行业管理的具体工作；指导各市地方海事机构的业务工作。

正处级建制，核定处级领导职数1正3副；内设7个科，科级领导职数7正7副。

核定自收自支事业编制31名，其中管理人员编制21名，专业技术人员编制10名。

18. 山西省交通基本建设工程质量监督站

主要职责任务：承办全省高速公路建设质量和施工安全监督的具体工作；承办全省交通建设工程监理和试验检测市场管理的具体工作；开展交通建设工程竣（交）工验收的质量检测工作；承担全省干线公路和农村公路建设质量监督的业务指导工作。

正处级建制，核定处级领导职数2正2副；内设8个科，科级领导职数8正8副。

核定自收自支事业编制42名，其中管理人员编制13名，专业技术人员编制29名。

19. 山西交通技师学院（山西省交通高级技工学校）

主要职责任务：开展中等职业教育；承担交通运输系统的业务和继续教育培训工作。

核定处级领导职数2正5副；内设党政管理机构10个，教学辅助机构3个，科级领导职数13正13副。

核定自收自支事业编制218名，其中管理人员编制25名，专业技术人员编制168名，其他人员编制25名。

20. 山西省交通职工中等专业学校（山西省交通干部教育培训学校）

主要职责任务：开展中等职业教育；承担交通运输系统干部教育培训和继续教育工作。

核定处级领导职数2正3副；内设党政

管理机构8个,教学辅助机构3个,科级领导职数11正11副。

核定自收自支事业编制68名,其中管理人员编制13名,专业技术人员编制51名,其他人员编制4名。

21. 山西省交通运输厅后勤服务中心

主要职责任务:为机关办公提供后勤服务;承担机关物业管理;提供相关社会服务。

正处级建制,核定处级领导职数2正2副;内设10个科,科级领导职数10正10副。

核定自收自支事业编制76名,仍实行企业化管理,其中管理人员编制20名,专业技术人员编制14名,其他人员编制42名。

22. 山西省交通运输厅新闻宣传中心

主要职责任务:承担全省交通运输宣传工作;为山西交通运输网站提供新闻资讯;负责新闻媒体驻省交通运输厅记者站的管理工作;开展交通运输系统宣传通讯员培训工作;编辑《中国交通报·山西交通》。

正处级建制,核定处级领导职数2正2副;内设6个科,科级领导职数6正6副。

调整核定自收自支事业编制30名,其中管理人员编制9名,专业技术人员编制21名。

23. 山西省交通运输厅发展规划研究中心

主要职责任务:承办全省交通运输规划的编制工作;开展交通运输发展战略研究及交通发展中重大问题的研究。

正处级建制,核定处级领导职数1正2副;内设3个科,科级领导职数3正3副。

核定自收自支事业编制17名,其中管理人员编制5名,专业技术人员编制12名。

24. 山西交通安居置业管理中心

主要职责任务:承担太原地区交通安居工程的规划、设计、建设等工作。

正处级建制,核定处级领导职数1正1副。

核定自收自支事业编制7名,其中管理人员编制2名,专业技术人员编制5名。

25. 山西省交通运输厅资料信息中心

主要职责任务:收集和记载全省交通建设的重大事件和项目,组织编纂全省交通史志年鉴及刊物;建立交通文献资料信息库;为社会和交通行业提供信息咨询服务。

正处级建制,核定处级领导职数1正1副。

核定自收自支事业编制6名,其中管理人员编制2名,专业技术人员编制4名。

26. 山西省交通运输厅会计核算中心

主要职责任务:承担全省收费公路的会计管理监督和省交通运输厅系统资金核算、监督及会计基础管理工作。

正处级建制,核定处级领导职数1正1副。

调整核定自收自支事业编制7名,其中管理人员编制2名,专业技术人员编制5名。

27. 山西省交通运输厅审计中心

主要职责任务:承办全省交通运输系统内部审计工作,协调配合外部审计的相关工作,开展审计人员的教育培训工作。

正处级建制,核定处级领导职数1正1副。

调整核定自收自支事业编制7名,其中管理人员编制2名,专业技术人员编制5名。

28. 山西省物流中心

主要职责任务:承担物流基础设施和信息平台的规划、建设和管理;整合物流资源,培育现代物流市场。

正处级建制,核定处级领导职数1正1副;内设3个科,科级领导职数3正3副。

核定自收自支事业编制12名,其中管理人员编制8名,专业技术人员编制4名。

29. 山西省交通运输厅公路交通工程定额站

主要职责任务:承担全省交通基础设施建设项目造价文件审核工作;承办造价管理制度执行情况的监督检查工作;承办造价从业人员职业资格管理的具体工作。

正处级建制,核定处级领导职数1正2副;内设4个科,科级领导职数4正4副。

核定自收自支事业编制18名,其中管理人员编制6名,专业技术人员编制12名。

30. 山西省交通环境保护中心站

主要职责任务:开展交通环境影响评价工作,提供交通环保工程技术咨询服务。

正处级建制,核定处级领导职数1正2副;内设4个科,科级领导职数4正4副。

核定自收自支事业编制20名,其中管理人员编制3名,专业技术人员编制14名,其他人员编制3名。

31.山西省交通运输厅信息化管理中心

主要职责任务:协助编制全省交通运输信息化规划;负责信息化重大项目的建设和管理;会同有关部门加强信息化计划、立项、设计、实施、运维和经费使用等工作。

正处级建制,核定处级领导职数1正2副;内设3个科,科级领导职数3正3副。

核定自收自支事业编制16名,其中管理人员编制6名,专业技术人员编制10名。

32.山西省交通职工顿村培训中心

主要职责任务:为全省交通运输系统职工提供培训、教育服务。

正处级建制,核定处级领导职数1正2副;内设4个科,科级领导职数4正4副。

核定自收自支事业编制40名,其中管理人员编制30名,专业技术人员编制2名,其他人员编制8名。

33.山西省交通运输厅五台山职工培训中心

主要职责任务:为全省交通运输系统职工提供培训、教育服务。

副处级建制,核定副处级领导职数1名,正科级领导职数1名;内设3个科,科级领导职数3正3副。

核定自收自支事业编制15名,其中管理人员编制8名,专业技术人员编制1名,其他人员编制6名。

34.山西省交通运输厅重点公路工程建设办公室(山西省重点公路工程建设领导组办公室)

主要职责任务:承担全省高速公路工程建设的质量、安全、进度、市场、廉政建设监督管理的具体工作;承担全省县际及农村公路建设、改造工程监督管理的具体工作;承担社会资本投资建设的经营性公路项目的质量、进度、安全监督管理的具体工作。

核定专职副主任1名(副厅长级),处级领导职数11名。

核定自收自支事业编制33名,其中管理人员编制25名,专业技术人员编制8名。

35.山西省交通运输执法局及所属事业单位

清理规范意见按2010年3月25日晋编办字〔2010〕43号文件执行。

主要职责:在省交通运输厅授权和委托范围内组织实施交通运输行政执法,规范和监督管理执法活动及通行费征收管理等工作,逐步向综合执法过渡。

机构设置

山西省交通运输执法局。挂山西省通行费征收管理局牌子。仍实行省、市、县三级垂直管理体制,正处级建制,局机关核定自收自支事业编制63名,领导职数8名(2正6副,局长仍高配为副厅级)。内设副处级处室14个,分别为:办公室、人事处(挂离退休人员工作处牌子)、党务工作部、工委、纪检监察室、政策法规处、综合行政执法处、计划财务处、审计处、执法监督处、安全生产监督处、收费公路管理监督处、资产装备管理监督处、票证票据管理处,内设机构核定副处级领导职数14名,正科级领导职数16名。

省局直属事业单位:

(1)原山西省交通征稽职工教育培训中心更名为山西省交通运输执法职工教育培训中心,仍为正处级建制,核定自收自支事业编制27名,处级领导职数1正2副。内设6个科,科级领导职数6正7副。主要职责:承办交通执法人员、交通执法监督人员的教育培训工作,负责省执法局机关及省交通运输厅部分事业单位的后勤保障服务工作,负责做好票证票据的制印、保管、发放工作。

(2)原山西省交通征费稽查资讯交流中心更名为山西省交通运输执法资讯中心,仍为正处级建制,核定自收自支事业编制10名,处级领导职数1正1副。内设2个科,科级领导职数2正2副。主要职责:负责交通运输执法相关信息的收集、整理和对外交流,负责政策法规及相关工作对外宣传的组织协调工作。

(3)原山西省交通征费稽查局稽查总队更名为山西省交通运输执法督查总队,仍为副处级建制,核定自收自支事业编制16名,副处级领导职数2名。内设3个科,科级领导职数3正3副。主要职责:负责交通运输行政执法法律法规执行情况的监督检查;负责交通行政执法车辆及服装使用的监督工作;负责重大执法活动的组织实施和现场监督检查;负责全省交通运输非法超限超载车辆的专项治理和监督检查工作;负责交通运输执法人员的风纪纠察。

(4)原山西省交通征费稽查局信息中心更名为山西省交通运输执法网络监控中心,仍为副处级建制,核定自收自支事业编制16名,副处级领导职数1名。内设3个科,科级领导职数3正3副。主要职责:负责交通运输执法信息化建设和网络管理、监控、维护;负责对全省交通运输执法信息化建设进行指导与监督。

各市交通运输执法局。省交通运输执法局在11个地级市设立11个市局,仍为正处级建制,其中太原市局处级领导职数2正5副;大同、忻州、晋中、吕梁、临汾、运城和长治市局领导职数各2正4副;朔州、阳泉和晋城市局领导职数各2正3副。各市局内设10个职能科室(太原市局11个,增设离退休人员管理科),科级领导职数分别为10正15副(太原市局正、副科级领导职数各增1名)。每个市局另成立一个正科级建制的交通运输执法督查支队。

霍侯路征费管理处保持不变。

县(市、区)交通运输执法分局。按照全省县(市、区)行政区域整合为119个交通运输执法分局。正科级建制,领导职数设置原则上编制在十二人以上(含12人)的分局(支队)按2正2副配备,12人以下的分局(支队)按1正2副配备。

省交通运输执法局系统共核定自收自支事业编制2084名(根据成品油价格和税费改革的相关政策要求,经费从国家燃油税转移支付资金中解决),霍侯路征费管理处机构、编制及经费形式维持不变。

各市、县(市、区)交通运输执法局(分局)机构设置及人员编制情况,详见表4

全省各市、县(市、区)交通运输执法局(分局)
机构设置及人员编制情况表

表4

序号	单位名称		机构规格	领导职数	编制
1	太原	山西省太原交通运输执法局	正处级	2正5副	44
2		山西省太原交通运输执法局小店区分局	正科级	2正2副	33
3		山西省太原交通运输执法局迎泽区分局	正科级	2正2副	30
4		山西省太原交通运输执法局杏花岭区分局	正科级	2正2副	30
5		山西省太原交通运输执法局尖草坪区分局	正科级	2正2副	30
6		山西省太原交通运输执法局晋源区分局	正科级	2正2副	23
7		山西省太原交通运输执法局万柏林区分局	正科级	2正2副	23
8		山西省太原交通运输执法局古交市分局	正科级	2正2副	13
9		山西省太原交通运输执法局阳曲县分局	正科级	2正2副	13
10		山西省太原交通运输执法局清徐县分局	正科级	2正2副	16
11		山西省太原交通运输执法局娄烦县分局	正科级	2正2副	12
12		山西省太原交通运输执法局督查支队	正科级	2正2副	19
		编制小计			286

序号	单位名称		机构规格	领导职数	编制
13	大同	山西省大同交通运输执法局	正处级	2正4副	43
14		山西省大同交通运输执法局城区分局	正科级	2正2副	20
15		山西省大同交通运输执法局矿区分局	正科级	2正2副	12
16		山西省大同交通运输执法局南郊分局	正科级	2正2副	15
17		山西省大同交通运输执法局新荣分局	正科级	2正2副	15
18		山西省大同交通运输执法局大同县分局	正科级	2正2副	14
19		山西省大同交通运输执法局天镇县分局	正科级	1正2副	9
20		山西省大同交通运输执法局灵丘县分局	正科级	1正2副	9
21		山西省大同交通运输执法局阳高县分局	正科级	2正2副	13
22		山西省大同交通运输执法局左云县分局	正科级	1正2副	9
23		山西省大同交通运输执法局广灵县分局	正科级	1正2副	7
24		山西省大同交通运输执法局浑源县分局	正科级	1正2副	10
25		山西省大同交通运输执法局督查支队	正科级	2正2副	12
		编制小计			188
26	朔州	山西省朔州交通运输执法局	正处级	2正3副	42
27		山西省朔州交通运输执法局朔城区分局	正科级	2正2副	12
28		山西省朔州交通运输执法局平鲁区分局	正科级	1正2副	8
29		山西省朔州交通运输执法局山阴县分局	正科级	2正2副	12
30		山西省朔州交通运输执法局右玉县分局	正科级	1正2副	7
31		山西省朔州交通运输执法局应县分局	正科级	1正2副	7
32		山西省朔州交通运输执法局怀仁县分局	正科级	1正2副	8
33		山西省朔州交通运输执法局督查支队	正科级	2正2副	12
		编制小计			108
34	忻州	山西省忻州交通运输执法局	正处级	2正4副	43
35		山西省忻州交通运输执法局忻府区分局	正科级	2正2副	16
36		山西省忻州交通运输执法局原平市分局	正科级	2正2副	14
37		山西省忻州交通运输执法局代县分局	正科级	1正2副	8
38		山西省忻州交通运输执法局神池县分局	正科级	1正2副	8
39		山西省忻州交通运输执法局五寨县分局	正科级	2正2副	12
40		山西省忻州交通运输执法局五台县分局	正科级	2正2副	14
41		山西省忻州交通运输执法局偏关县分局	正科级	1正2副	8
42		山西省忻州交通运输执法局宁武县分局	正科级	1正2副	8
43		山西省忻州交通运输执法局静乐县分局	正科级	1正2副	8
44		山西省忻州交通运输执法局繁峙县分局	正科级	1正2副	8
45		山西省忻州交通运输执法局河曲县分局	正科级	1正2副	8
46		山西省忻州交通运输执法局保德县分局	正科级	1正2副	8
47		山西省忻州交通运输执法局定襄县分局	正科级	1正2副	8
48		山西省忻州交通运输执法局岢岚县分局	正科级	1正2副	7
49		山西省忻州交通运输执法局督查支队	正科级	2正2副	12
		编制小计			190
50	吕梁	山西省吕梁交通运输执法局	正处级	2正4副	35
51		山西省吕梁交通运输执法局离石区分局	正科级	2正2副	12
52		山西省吕梁交通运输执法局孝义市分局	正科级	2正2副	12

序号	单位名称		机构规格	领导职数	编制
		山西省吕梁交通运输执法局汾阳市分局	正科级	2正2副	12
53		山西省吕梁交通运输执法局文水县分局	正科级	2正2副	12
54		山西省吕梁交通运输执法局中阳县分局	正科级	1正2副	8
55		山西省吕梁交通运输执法局兴县分局	正科级	1正2副	7
56		山西省吕梁交通运输执法局临县分局	正科级	2正2副	12
57		山西省吕梁交通运输执法局方山县分局	正科级	1正2副	7
58	忻州	山西省吕梁交通运输执法局柳林县分局	正科级	1正2副	8
59		山西省吕梁交通运输执法局岚县分局	正科级	1正2副	7
60		山西省吕梁交通运输执法局交口县分局	正科级	1正2副	8
61		山西省吕梁交通运输执法局交城县分局	正科级	2正2副	12
62		山西省吕梁交通运输执法局石楼县分局	正科级	1正2副	7
63		山西省吕梁交通运输执法局督查支队	正科级	1正2副	7
64		编制小计			166
65		山西省晋中交通运输执法局	正处级	2正4副	43
66		山西省晋中交通运输执法局榆次区分局	正科级	2正2副	18
67		山西省晋中交通运输执法局介休市分局	正科级	2正2副	15
68		山西省晋中交通运输执法局昔阳县分局	正科级	1正2副	9
69		山西省晋中交通运输执法局灵石县分局	正科级	2正2副	16
70		山西省晋中交通运输执法局祁县分局	正科级	2正2副	15
71	晋中	山西省晋中交通运输执法局左权县分局	正科级	1正2副	9
72		山西省晋中交通运输执法局寿阳县分局	正科级	1正2副	10
73		山西省晋中交通运输执法局太谷县分局	正科级	2正2副	14
74		山西省晋中交通运输执法局和顺县分局	正科级	1正2副	9
75		山西省晋中交通运输执法局平遥县分局	正科级	2正2副	14
76		山西省晋中交通运输执法局榆社县分局	正科级	1正2副	9
77		山西省晋中交通运输执法局督查支队	正科级	2正2副	12
		编制小计			193
78		山西省阳泉交通运输执法局	正处级	2正3副	40
79		山西省阳泉交通运输执法局城区分局	正科级	2正2副	12
80		山西省阳泉交通运输执法局矿区分局	正科级	2正2副	12
81	阳泉	山西省阳泉交通运输执法局郊区分局	正科级	2正2副	12
82		山西省阳泉交通运输执法局平定县分局	正科级	2正2副	12
83		山西省阳泉交通运输执法局盂县分局	正科级	2正2副	12
84		山西省阳泉交通运输执法局督查支队	正科级	1正2副	7
		编制小计			107
85		山西省长治交通运输执法局	正处级	2正4副	43
86		山西省长治交通运输执法局城区分局	正科级	2正2副	15
87		山西省长治交通运输执法局郊区分局	正科级	1正2副	12
88	长治	山西省长治交通运输执法局潞城市分局	正科级	1正2副	9
89		山西省长治交通运输执法局长治县分局	正科级	1正2副	9
90		山西省长治交通运输执法局长子县分局	正科级	1正2副	9
91		山西省长治交通运输执法局平顺县分局	正科级	1正2副	8

序号	单位名称		机构规格	领导职数	编制
91	长治	山西省长治交通运输执法局襄垣县分局	正科级	2正2副	12
92		山西省长治交通运输执法局沁源县分局	正科级	1正2副	8
93		山西省长治交通运输执法局屯留县分局	正科级	1正2副	9
94		山西省长治交通运输执法局黎城县分局	正科级	1正2副	8
95		山西省长治交通运输执法局武乡县分局	正科级	1正2副	9
96		山西省长治交通运输执法局沁县分局	正科级	1正2副	8
97		山西省长治交通运输执法局壶关县分局	正科级	1正2副	9
98		山西省长治交通运输执法局督查支队	正科级	2正2副	12
99		编制小计			180
100	晋城	山西省晋城交通运输执法局	正处级	2正3副	42
101		山西省晋城交通运输执法局城区分局	正科级	2正2副	13
102		山西省晋城交通运输执法局高平市分局	正科级	2正2副	12
103		山西省晋城交通运输执法局泽州县分局	正科级	2正2副	12
104		山西省晋城交通运输执法局陵川县分局	正科级	1正2副	12
105		山西省晋城交通运输执法局阳城县分局	正科级	2正2副	12
106		山西省晋城交通运输执法局沁水县分局	正科级	1正2副	9
107		山西省晋城交通运输执法局督查支队	正科级	2正2副	12
		编制小计			124
108	临汾	山西省临汾交通运输执法局	正处级	2正4副	43
109		山西省临汾交通运输执法局尧都区分局	正科级	2正2副	12
110		山西省临汾交通运输执法局侯马市分局	正科级	2正2副	12
111		山西省临汾交通运输执法局霍州市分局	正科级	2正2副	12
112		山西省临汾交通运输执法局汾西县分局	正科级	1正2副	7
113		山西省临汾交通运输执法局吉县分局	正科级	1正2副	7
114		山西省临汾交通运输执法局安泽县分局	正科级	1正2副	7
115		山西省临汾交通运输执法局大宁县分局	正科级	1正2副	7
116		山西省临汾交通运输执法局浮山县分局	正科级	1正2副	7
117		山西省临汾交通运输执法局古县分局	正科级	1正2副	7
118		山西省临汾交通运输执法局隰县分局	正科级	1正2副	7
119		山西省临汾交通运输执法局襄汾县分局	正科级	1正2副	7
120		山西省临汾交通运输执法局翼城县分局	正科级	2正2副	12
121		山西省临汾交通运输执法局永和县分局	正科级	1正2副	7
122		山西省临汾交通运输执法局乡宁县分局	正科级	2正2副	12
123		山西省临汾交通运输执法局曲沃县分局	正科级	2正2副	12
124		山西省临汾交通运输执法局洪洞县分局	正科级	2正2副	12
125		山西省临汾交通运输执法局蒲县分局	正科级	2正2副	12
126		山西省临汾交通运输执法局督查支队	正科级	2正2副	12
		编制小计			214
127	运城	山西省运城交通运输执法局	正处级	2正4副	43
128		山西省运城交通运输执法局盐湖区分局	正科级	2正2副	20
129		山西省运城交通运输执法局河津市分局	正科级	2正2副	12
130		山西省运城交通运输执法局永济市分局	正科级	2正2副	12
131		山西省运城交通运输执法局闻喜县分局	正科级	2正2副	12

序号		单位名称	机构规格	领导职数	编制
132	运城	山西省运城交通运输执法局新绛县分局	正科级	1正2副	9
133		山西省运城交通运输执法局平陆县分局	正科级	1正2副	9
134		山西省运城交通运输执法局垣曲县分局	正科级	1正2副	9
135		山西省运城交通运输执法局绛县分局	正科级	1正2副	8
136		山西省运城交通运输执法局稷山县分局	正科级	1正2副	9
137		山西省运城交通运输执法局芮城县分局	正科级	1正2副	9
138		山西省运城交通运输执法局夏县分局	正科级	1正2副	8
139		山西省运城交通运输执法局万荣县分局	正科级	2正2副	12
140		山西省运城交通运输执法局临猗县分局	正科级	2正2副	12
141		山西省运城交通运输执法局督查支队	正科级	2正2副	12
		编制小计			196
编　制　合　计					1952
142	霍侯路征费管理处		正处级	2正3副	296

36. 山西交通职业技术学院

其“三定”规定，按2011年1月29日晋编字〔2011〕6号文件执行。

主要职责：开展高等职业教育，承担交通运输系统的业务和继续教育培训工作。

机构设置：

①党政管理机构10个，具体设置由学院自行确定，报省编办备案。

②教辅机构6个：学生就业服务指导中心（校企合作办公室）、培训部（成人教育部）、图书馆、电教网络中心、土木实训中心、机械实训中心。

③教学业务机构由学校根据有关规定和教学需要设置，报省编办备案。

人员编制：重新核定自收自支事业编制402名。

领导职数：

①核定院级领导职数7名，其中：书记、院长各1名（副厅级），副书记兼纪委书记1名，副院长4名（正处级）。

②核定党政管理机构、教学辅助机构副处级领导职数18名（含工会、团委）。

③教学机构按照《中国共产党党和国家机关基层组织工作条例》设立的党总支，其专职负责人比照党政管理机构级别确定。

37. 山西省公路局及所属事业单位

清理规范意见另文下达。

38. 山西省高速公路管理局

清理规范意见另文下达。

39. 山西省道路运输管理局

清理规范意见另文下达。

（三）其他事项

1. 省交通运输厅所属事业单位原经费渠道不变。

2. 自发文之日起，省交通运输厅所属事业单位原定机构编制事项一律废止。

九、省交通运输厅的贯彻实施意见

（一）山西省高速公路收费管理结算中心

2011年11月23日，省交通运输厅晋交人〔2011〕643号文印发《关于山西省高速公路收费管理结算中心主要职责领导职数人员编制的通知》。根据省编办《关于山西省交通运输厅所属事业单位清理规范意见的通知》（晋编办字〔2011〕87号），现将清理规范后中心主要职责、领导职数、人员编制通知如下：

主要职责：承担全省高速公路收费系统及设施的管理工作；承担全省高速公路通行费收入拆分和结算工作；开展全省高速公路通行费收入核算和收费稽查工作。

领导职数：正处级建制，核定处级领导职数1正2副；内设5个科，科级领导职数5正5副。

人员编制：核定自收自支事业编制24名，其中管理人员编制13名，专业技术人员编制11名。

(二)山西省高速公路信息监控中心

2011年11月23日,省交通运输厅晋交人〔2011〕644号文印发《关于山西省高速公路信息监控中心主要职责领导职数人员编制的通知》。根据省编办《关于山西省交通运输厅所属事业单位清理规范意见的通知》(晋编办字〔2011〕87号),现将清理规范后中心主要职责、领导职数、人员编制通知如下:

主要职责:承担全省高速公路信息化及智能交通系统管理工作;开展高速公路信息、机电系统建设与管护指导服务工作;承担高速公路路网应急调度工作;提供全省高速公路信息咨询服务。

领导职数:正处级建制,核定处级领导职数1正2副;内设5个科,科级领导职数5正5副。

人员编制:核定自收自支事业编制35名,其中管理人员编制10名,专业技术人员编制25名。

(三)山西省高速公路路政总队

2011年11月23日,省交通运输厅晋交人〔2011〕645号文印发《关于山西省高速公路路政总队主要职责领导职数人员编制的通知》。根据省编办《关于山西省交通运输厅所属事业单位清理规范意见的通知》(晋编办字〔2011〕87号),现将清理规范后中心主要职责、领导职数、人员编制通知如下:

主要职责:承担全省高速公路路政管理及超限超载治理工作;承担高速公路两侧建筑控制区管理,管理养护作业现场秩序;承办全省高速公路路政管理违法行为的处置工作。

领导职数:正处级建制,编制18名,核定处级领导职数1正2副;内设4个科,科级领导职数4正4副。总队下设4个直属支队,均为副处级建制,编制均为5名,共20名;核定支队长(副处级)领导职数各1名,共4名;副支队长(正科级)职数各1名,共4名。4个支队下设大队19个,均为正科级建制,编制均为3名,共57名;核定大队长(正科级)领导职数各1名,共19名。

人员编制:共核定自收自支事业编制95名,其中管理人员编制80名,专业技术人员编制10名,其他人员编制5名。

(四)山西省交通基本建设工程质量监督站

2011年11月23日,省交通运输厅晋交人〔2011〕646号文印发《关于山西省交通基本建设工程质量监督站主要职责领导职数人员编制的通知》。根据省编办《关于山西省交通运输厅所属事业单位清理规范意见的通知》(晋编办字〔2011〕87号)和《关于山西省交通基本建设工程质量监督站更名的通知》(晋编办字〔2011〕137号),同意将山西省交通基本建设工程质量监督站检测中心并入山西省交通基本建设工程质量监督站;将山西省交通基本建设工程质量监督站更名为山西省交通建设质量安全监督局。现将清理规范后山西省交通建设质量安全监督局主要职责、领导职数、人员编制通知如下:

主要职责:承担全省高速公路建设质量和施工安全监督的具体工作;承办全省交通建设工程监理和试验检测市场管理的具体工作;开展交通建设工程竣(交)工验收的质量检测工作;承担全省干线公路和农村公路建设质量监督的业务指导工作。

领导职数:正处级建制,核定处级领导职数2正2副;内设8个科,科级领导职数8正8副。

人员编制:核定自收自支事业编制42名,其中管理人员编制13名,专业技术人员编制29名。

(五)山西省交通厅重点公路工程建设办公室(山西省重点公路工程建设领导组办公室)

2011年11月23日,省交通运输厅晋交人〔2011〕647号文印发《关于厅重点办更名及主要职责领导职数人员编制的通知》。根据省编办《关于山西省交通运输厅所属事业单位清理规范意见的通知》(晋编办字〔2011〕87号),同意山西省交通厅重点公路工程建设办公室(山西省重点公路工程建设领导组办公室、农村路网管理处、山西省重点公路建设民营资本项目管理处)更名为山西省交通运输厅重点公路工程建设办公室(山西省重点公路工程建设领导组办公室)。现将清理规范后山西省交通运输厅重点公路工程建设办公室(山西省重点公路工程建设领导组办公室)主要职责、领导职数、人员编制通知如下:

主要职责:承担全省高速公路工程建设的质量、安全、进度、市场、廉政建设监督管理的具体工作;承担全省县际及农村公路建设、改造工程监督管理的具体工作;承担社会资本投资建设的经营性公路项目的质量、进度、安全监督管理的具体工作。

领导职数:核定专职副主任1名(副厅长级);处级领导职数11名。

人员编制:核定自收自支事业编制33名,其中管理人员编制25名,专业技术人员编制8名。

(六)山西交通技师学院

2011年11月23日,省交通运输厅晋交人〔2011〕648号文印发《关于省交通高级技工学校更名及中心主要职责领导职数人员编制的通知》。根据省编办《关于山西省交通运输厅所属事业单位清理规范意见的通知》(晋编办字〔2011〕87号),同意山西省交通高级技工学校(挂山西交通技师学院、山西交通汽车驾驶技术培训中心牌子)更名为山西交通技师学院(挂山西省交通高级技工学校牌子)。现将清理规范后山西交通技师学院(山西省交通高级技工学校)中心主要职责、领导职数、人员编制通知如下:

主要职责:开展中等职业教育;承担交通运输系统的业务和继续教育培训工作。

领导职数:核定处级领导职数2正5副;内设党政管理机构10个,教学辅助机构3个,科级领导职数13正13副。

人员编制:核定自收自支事业编制218名,其中管理人员编制25名,专业技术人员编制168名,其他人员编制25名。

(七)山西省地方海事局

2011年11月23日,省交通运输厅晋交人〔2011〕649号文印发《关于山西省地方海事局主要职责领导职数人员编制的通知》。根据省编办《关于山西省交通运输厅所属事业单位清理规范意见的通知》(晋编办字〔2011〕87号),现将清理规范后山西省地方海事局(山西省航运管理局)主要职责、领导职数、人员编制通知如下:

主要职责:依法承担全省水路运输、全省通航水域水上交通安全监督的管理工作;承办船舶污染、水上交通事故调查处置工作;开展船舶及水上浮动设施检验;承担航行保障、港航及水上基础设施建设行业管理的具体工作;指导各市地方海事机构的业务工作。

领导职数:正处级建制,核定处级领导职数1正3副;内设7个科,科级领导职数7正7副。

人员编制:核定自收自支事业编制31名,其中管理人员编制21名,专业技术人员编制10名。

(八)山西省交通职工中等专业学校

2011年11月23日,省交通运输厅晋交人〔2011〕650号文印发《关于山西省交通职工中等专业学校主要职责领导职数人员编制的通知》。根据省编办《关于山西省交通运输厅所属事业单位清理规范意见的通知》(晋编办字〔2011〕87号),现将清理规范后山西省交通职工中等专业学校(山西省交通干部教育培训学校)主要职责、领导职数、人员编制通知如下:

主要职责:开展中等职业教育;承担交通运输系统干部教育培训和继续教育工作。

领导职数:核定处级领导职数2正3副;内设党政管理机构8个,教学辅助机构3个,科级领导职数11正11副。

人员编制:核定自收自支事业编制68名,其中管理人员编制13名,专业技术人员编制51名,其他人员编制4名。

(九)山西省交通运输厅新闻宣传中心

2011年11月23日,省交通运输厅晋交人〔2011〕651号文印发《关于厅新闻宣传中心主要职责领导职数人员编制的通知》。根据省编办《关于山西省交通运输厅所属事业单位清理规范意见的通知》(晋编办字〔2011〕87号),同意将山西省交通厅宣传教育中心和山西交通报刊社合并为山西省交通

运输厅新闻宣传中心。现将清理规范后山西省交通运输厅新闻宣传中心主要职责、领导职数、人员编制通知如下:

主要职责:承担全省交通运输宣传工作;为山西交通运输网站提供新闻资讯;负责新闻媒体驻省交通运输厅记者站的管理工作;开展交通运输系统宣传通讯员培训工作;编辑《中国交通报·山西交通》。

领导职数:正处级建制,核定处级领导职数2正2副;内设6个科,科级领导职数6正6副。

人员编制:调整核定自收自支事业编制30名,其中管理人员编制9名,专业技术人员编制21名。

(十)山西交通安居置业管理中心

2011年11月23日,省交通运输厅晋交人〔2011〕652号文印发《关于山西交通安居置业管理中心主要职责领导职数人员编制的通知》。根据省编办《关于山西省交通运输厅所属事业单位清理规范意见的通知》(晋编办字〔2011〕87号),现将清理规范后山西交通安居置业管理中心主要职责、领导职数、人员编制通知如下:

主要职责:承担太原地区交通安居工程的规划、设计、建设等工作。

领导职数:正处级建制,核定处级领导职数1正1副。

人员编制:核定自收自支事业编制7名,其中管理人员编制2名,专业技术人员编制5名。

(十一)山西省交通运输厅公路交通工程定额站

2011年11月23日,省交通运输厅晋交人〔2011〕653号文印发《关于厅定额站更名及主要职责领导职数人员编制的通知》。根据省编办《关于山西省交通运输厅所属事业单位清理规范意见的通知》(晋编办字〔2011〕87号),同意山西省交通厅公路交通工程定额站更名为山西省交通运输厅公路交通工程定额站。现将清理规范后定额站主要职责、领导职数、人员编制通知如下:

主要职责:承担全省交通基础设施建设项目造价文件审核工作;承办造价管理制度执行情况的监督检查工作;承办造价从业人员职业资格管理的具体工作。

领导职数:正处级建制,核定处级领导职数1正2副;内设4个科,科级领导职数4正4副。

人员编制:核定自收自支事业编制18名,其中管理人员编制6名,专业技术人员编制12名。

(十二)山西省交通运输厅发展规划研究中心

2011年11月23日,省交通运输厅晋交人〔2011〕654号文印发《关于厅规划发展中心更名及主要职责领导职数人员编制的通知》。根据省编办《关于山西省交通运输厅所属事业单位清理规范意见的通知》(晋编办字〔2011〕87号),同意山西省交通厅规划发展中心更名为山西省交通运输厅发展规划研究中心。现将清理规范后山西省交通运输厅发展规划研究中心主要职责、领导职数、人员编制通知如下:

主要职责:承担全省交通运输规划的编制工作;开展交通运输发展战略研究及交通发展中重大问题的研究。

领导职数:正处级建制,核定处级领导职数1正2副;内设3个科,科级领导职数3正3副。

人员编制:核定自收自支事业编制17名,其中管理人员编制5名,专业技术人员编制12名。

(十三)山西省物流中心

2011年11月23日,省交通运输厅晋交人〔2011〕655号文印发《关于山西省物流中心主要职责领导职数人员编制的通知》。根据省编办《关于山西省交通运输厅所属事业单位清理规范意见的通知》(晋编办字〔2011〕87号),现将清理规范后山西省物流中心主要职责、领导职数、人员编制通知如下:

主要职责:承担物流基础设施和信息平台的规划、建设和管理;整合物流资源,培育现代物流市场。

领导职数:正处级建制,核定处级领导职数1正1副;内设3个科,科级领导职数3正3副。

人员编制：核定自收自支事业编制12名，其中管理人员编制8名，专业技术人员编制4名。

（十四）山西省交通运输厅资料信息中心

2011年11月23日，省交通运输厅晋交人〔2011〕656号文印发《关于厅资料信息中心更名及主要职责领导职数人员编制的通知》。根据省编办《关于山西省交通运输厅所属事业单位清理规范意见的通知》（晋编办字〔2011〕87号），同意山西省交通厅资料信息中心更名为山西省交通运输厅资料信息中心。现将清理规范后山西省交通运输厅资料信息中心主要职责、领导职数、人员编制通知如下：

主要职责：收集和记载全省交通建设的重大事件和项目；组织编纂全省交通史志年鉴及刊物；建立交通文献资料信息库；为社会和交通行业提供信息咨询服务。

领导职数：正处级建制，核定处级领导职数1正1副。

人员编制：核定自收自支事业编制6名，其中管理人员编制2名，专业技术人员编制4名。

（十五）山西省交通运输厅后勤服务中心

2011年11月23日，省交通运输厅晋交人〔2011〕657号文印发《关于厅后勤服务中心更名及主要职责领导职数人员编制的通知》。根据省编办《关于山西省交通运输厅所属事业单位清理规范意见的通知》（晋编办字〔2011〕87号），同意山西省交通厅后勤服务中心更名为山西省交通运输厅后勤服务中心。现将清理规范后山西省交通运输厅后勤服务中心主要职责、领导职数、人员编制通知如下：

主要职责：为厅机关办公提供后勤服务；承担厅机关物业管理；提供相关社会服务。

领导职数：正处级建制，核定处级领导职数2正2副；内设10个科，科级领导职数10正10副。

人员编制：核定自收自支事业编制76名，仍实行企业化管理，其中管理人员编制20名，专业技术人员编制14名，其他人员编制42名。

（十六）山西省交通运输管理局

2011年11月23日，省交通运输厅晋交人〔2011〕658号文印发《关于山西省交通运输管理局更名的通知》。根据省编办《关于山西省交通运输厅所属事业单位清理规范意见的通知》（晋编办字〔2011〕87号），同意将山西省交通运输管理局更名为山西省道路运输管理局。

（十七）山西省交通运输厅五台山职工培训中心

2011年11月27日，省交通运输厅晋交人〔2011〕668号文印发《关于厅五台山职工培训中心更名及主要职责领导职数人员编制的通知》。根据省编办《关于山西省交通运输厅所属事业单位清理规范意见的通知》（晋编办字〔2011〕87号），同意山西省交通厅五台山职工培训中心更名为山西省交通运输厅五台山职工培训中心。现将清理规范后山西省交通运输厅五台山职工培训中心主要职责、领导职数、人员编制通知如下：

主要职责：为全省交通运输系统职工提供培训、教育服务。

领导职数：副处级建制，核定副处级领导职数1名，正科级领导职数1名；内设3个科，科级领导职数3正3副。

人员编制：核定自收自支事业编制15名，其中管理人员编制8名，专业技术人员编制1名，其他人员编制6名。

（十八）山西省交通职工顿村培训中心

2011年11月27日，省交通运输厅晋交人〔2011〕669号文印发《关于省交通职工顿村培训中心主要职责领导职数人员编制的通知》。根据省编办《关于山西省交通运输厅所属事业单位清理规范意见的通知》（晋编办字〔2011〕87号），现将清理规范后山西省交通职工顿村培训中心主要职责、领导职数、人员编制通知如下：

主要职责：为全省交通运输系统职工提供培训、教育服务。

领导职数：正处级建制，核定处级领导职数1正2副；内设4个科，科级领导职数4正4副。

人员编制:核定自收自支事业编制 40 名,其中管理人员编制 30 名,专业技术人员编制 2 名,其他人员编制 8 名。

(十九)山西省交通环保中心站

2011 年 11 月 27 日,省交通运输厅晋交人〔2011〕671 号文印发《关于省交通环保中心站主要职责领导职数人员编制的通知》。根据省编办《关于山西省交通运输厅所属事业单位清理规范意见的通知》(晋编办字〔2011〕87 号),现将清理规范后山西省交通环境保护中心站主要职责、领导职数、人员编制通知如下:

主要职责:开展交通环境影响评价工作,提供交通环保工程技术咨询服务。

领导职数:正处级建制,核定处级领导职数 1 正 2 副;内设 4 个科,科级领导职数 4 正 4 副。

人员编制:核定自收自支事业编制 20 名,其中管理人员编制 3 名,专业技术人员编制 14 名,其他人员编制 3 名。

(二十)山西省交通运输厅信息化管理中心

2011 年 11 月 28 日,省交通运输厅晋交人〔2011〕678 号文印发《关于省交通计算机中心更名主要职责领导职数人员编制的通知》。根据省编办《关于山西省交通运输厅所属事业单位清理规范意见的通知》(晋编办字〔2011〕87 号),同意山西省交通计算机通信中心更名为山西省交通运输厅信息化管理中心。现将清理规范后山西省交通运输厅信息化管理中心主要职责、领导职数、人员编制通知如下:

主要职责:协助编制全省交通运输信息化规划;负责信息化重大项目的建设和管理;会同有关部门加强信息化计划、立项、设计、实施、运维和经费使用等工作。

领导职数:正处级建制,核定处级领导职数 1 正 2 副;内设 3 个科,科级领导职数 3 正 3 副。

人员编制:核定自收自支事业编制 16 名,其中管理人员编制 6 名,专业技术人员编制 10 名。

(二十一)山西省道路运输管理局后勤服务中心

2011 年 11 月 28 日,省交通运输厅晋交人〔2011〕679 号文印发《关于省运管局后勤服务中心更名及主要职责领导职数人员编制的通知》。根据省编办《关于山西省交通运输厅所属事业单位清理规范意见的通知》(晋编办字〔2011〕87 号),同意山西省交通运输管理局后勤服务中心更名为山西省道路运输管理局后勤服务中心。现将清理规范后山西省道路运输管理局后勤服务中心主要职责、领导职数、人员编制通知如下:

主要职责:为省道路运输管理局提供后勤服务和物业管理;提供相关社会服务。

领导职数:副处级建制,核定副处级领导职数 1 名;正科级领导职数 1 名。

人员编制:核定自收自支事业编制 7 名,其中管理人员编制 2 名,专业技术人员编制 1 名,其他人员编制 4 名。

(二十二)山西省战略物资道路运输应急保障指挥调度中心

2011 年 11 月 28 日,省交通运输厅晋交人〔2011〕680 号文印发《关于山西省战略物资道路运输应急保障指挥调度中心主要职责领导职数人员编制的通知》。根据省编办《关于山西省交通运输厅所属事业单位清理规范意见的通知》(晋编办字〔2011〕87 号),现将清理规范后中心主要职责、领导职数、人员编制通知如下:

主要职责:承担全省战略物资、紧急指令计划物资、抢险救灾物资以及生产生活必需物资等物资道路运输应急保障的具体工作。

领导职数:副正处级建制,核定副处级领导职数 1 名;正科级领导职数 1 名。

人员编制:核定自收自支事业编制 5 名,其中管理人员编制 3 名,专业技术人员编制 2 名。

(二十三)山西省道路运输管理培训中心

2011 年 11 月 28 日,省交通运输厅晋交人〔2011〕681 号文印发《关于省道路运输管理培训中心主要职责领导职数人员编制的通知》。根据省编办《关于山西省交通运输厅所属事业单位清理规范意见的通知》(晋编办字〔2011〕87号),现将清理规范后中心主要职责、领导职数、人员编制通知如下:

主要职责:承担全省道路运输管理系统从业人员培训考核的具体工作。

领导职数:副正处级建制,核定副处级领导职数1名;正科级领导职数1名。

人员编制:核定自收自支事业编制5名,其中管理人员编制3名,专业技术人员编制2名。

(二十四)山西省汽车驾驶员培训学校管理中心

2011年11月28日,省交通运输厅晋交人〔2011〕682号文印发《关于省汽车驾驶员培训学校管理中心主要职责领导职数人员编制的通知》。根据省编办《关于山西省交通运输厅所属事业单位清理规范意见的通知》(晋编办字〔2011〕87号),现将清理规范后中心主要职责、领导职数、人员编制通知如下:

主要职责:承担全省机动车驾驶员培训行业管理的具体工作;承担全省机动车培训教练员和从事经营性客货运输驾驶员从业资格培训管理的具体工作。

领导职数:正处级建制,核定处级领导职数1正2副;内设3个科,科级领导职数3正3副。

人员编制:核定自收自支事业编制16名,其中管理人员编制10名,专业技术人员编制6名。

(二十五)山西省运政稽查总队

2011年11月28日,省交通运输厅晋交人〔2011〕683号文印发《关于山西省运政稽查总队主要职责领导职数人员编制的通知》。根据省编办《关于山西省交通运输厅所属事业单位清理规范意见的通知》(晋编办字〔2011〕87号),现将清理规范后总队主要职责、领导职数、人员编制通知如下:

主要职责:承办道路运输市场违法行为的取证、处置和运政市场的稽查工作。

领导职数:正处级建制,核定总队长领导职数1名(正处级),政委领导职数1名(正处级),副处级领导职数2名;内设5个支队(正科级),科级领导职数5正5副。

人员编制:核定自收自支事业编制23名,其中管理人员编制19名,专业技术人员编制4名。

(二十六)山西省城市汽车客运管理办公室

2011年11月28日,省交通运输厅晋交人〔2011〕684号文印发《关于省城市汽车客运管理办公室主要职责领导职数人员编制的通知》。根据省编办《关于山西省交通运输厅所属事业单位清理规范意见的通知》(晋编办字〔2011〕87号),现将清理规范后办公室主要职责、领导职数、人员编制通知如下:

主要职责:承担全省城市公共汽车客运、出租汽车客运行业管理工作。

领导职数:正处级建制,核定处级领导职数1正2副;内设4个科,科级领导职数4正4副。

人员编制:核定自收自支事业编制18名,其中管理人员编制12名,专业技术人员编制6名。

(二十七)山西省道路运输管理局治超办公室

2011年11月28日,省交通运输厅晋交人〔2011〕685号文印发《关于省道路运输管理局治超办公室更名及其主要职责领导职数人员编制的通知》。根据省编办《关于山西省交通运输厅所属事业单位清理规范意见的通知》(晋编办字〔2011〕87号),同意将山西省交通运输管理局治超办公室更名为山西省道路运输管理局治超办公室。现将清理规范后山西省道路运输管理局治超办公室主要职责、领导职数、人员编制通知如下:

主要职责:指导全省货运源头治超的业务工作;承担全省货物运输源头超限超载重大违法案件的调查取证处置工作。

领导职数:正处级建制,核定处级领导职数1正2副;内设7个科,科级领导职数7正7副。

人员编制:核定自收自支事业编制30名,其中管理人员编制22名,专业技术人员编制8名。

第十七章　改革探索

2003年以来,在省委、省政府正确领导下,省交通厅党组一班人带领全系统干部职工与时俱进,改革创新,紧紧围绕全省经济社会全面发展,积极适应国家“大部制”改革要求,不断研究和探索交通运输管理新体制,把“以人为本”理念贯穿于经济调节、市场监管、社会管理、公共服务全过程。专门成立重点工程建设领导组及办公室,统一负责全省高速公路建设;增设农村路网处,负责抓好全省农村公路建设及村村通水路(油)工程全覆盖工作;为加快公路建设步伐,采取省投省建、省投市建、省市共建、市投市建、BOT、BT、融资租赁等多种模式,有效地解决资金缺口;大胆探索科技优势与市场运作有机结合、规划设计实现生产要素最佳配置的有效途径,不断深入研究和推进干线公路管理体制、农村公路养护机制创新和事业单位改革,实现政企分开、政项分开、事企分开,逐步建立起与市场经济相适应的交通管理体制。

第一节　全省交通建设前期工作的改革实践

一、认真贯彻交通运输部颁布的新编制办法

20多年来,随着公路交通运输事业的飞速发展,原交通部于1988年颁布的《公路建设项目可行性研究报告编制办法》的部分内容已不能适应新形势、新发展、新要求。为进一步规范公路建设项目可行性研究及报告编制工作,加强前期工作管理,提高公路建设项目决策的科学性,在认真总结旧版编制办法执行情况基础上,2010年4月12日,交通运输部颁布实施新版《公路建设项目可行性研究报告编制办法》。为了正确执行新版编制办法,2010年9月,由省交通运输厅主办、省交通设计院承办的全省交通系统宣传贯彻会议在太原举行。相对于旧版编制办法,新版编制办法有5个特点。

1.增加“公路用地”篇章。合理利用土地和切实保护耕地,是国家的基本国策。在公路建设中,应实行最严格的耕地保护制度,控制用地数量,实现社会全面、协调、可持续发展。新版编制办法要求对公路建设项目的用地进行评价,论述对当地土地利用规划的影响,验证与《公路建设项目用地指标》的符合性,并提出节约使用土地的措施。

2.增加“节能评价”篇章。公路运营期间的节能消耗是一种长期的连续投入,主要体现在运输过程中各种公路运输工具的燃油消耗。随着公路运输的日益发展,汽车燃油消耗愈来愈大。因此,在建设大项目过程中进行运输燃油节约,对国民经济具有一定意义。新版编制办法要求对建设期和运营期的耗能进行分析,计算建设项目投入运营后使用者的燃油节约量,据此评价公路建设项目对当地能源供应的影响、节能效果,并提出主要节能措施。

3.增加“社会评价”篇章。社会评价是把社会分析和公众参与,融入发展项目的设计及实施的一种方法与手段。进行社会评价,有利于国民经济发展目标与社会发展目标协调一致,防止单纯追求项目的财务效益;有利于项目与所在地区利益协调一致,减少社会矛盾和纠纷,防止可能产生的不利社会影响和后果,促进社会稳定;有利于避免或减少项目建设和运营的社会风险,提高投资效

益。新版编制办法要求分析项目所在地社会的正、负面影响，调查当地政府、企业、居民及道路主要使用者对建设项目的支持程度，不同利益群体对项目的态度和参与程度，各部门或组织对项目的态度及支持程度，进行社会风险分析。

4. 增加“风险分析”篇章。要求对于特殊复杂的重大项目，应进行风险分析，识别项目主要风险，确定风险等级，提出相应的规避和防范措施。

5. 增加“工程环境影响分析”篇章。为了减缓工程建设对周边环境的不良影响，要求分析建设项目对工程环境的影响，提出减缓环境影响的对策。

在公路工程可行性研究中，全面贯彻环保理念，按照“安全、环保、舒适、和谐”的原则，坚持环保选线，以最小破坏实现对环境最大的保护。省交通厅要求工可编制单位合理确定建设规模和技术标准，并邀请环保专家参与选线，将环保比选作为方案选择的一项重要内容。对于法律明确禁止穿越的自然保护区、饮用水水源地、文物保护单位等环境敏感区域，尽量采取绕避的路线方案，并适当增加桥隧比例，减少高填深挖，在平微区降低路基高度，尽量降低公路建设土地占用，减少资源压覆，最大限度地减少占地和保护沿线生态环境。

二、适应新形势需要编制新办法

2003 年以来，省交通厅从高速公路连接线建设、管理养护的实际情况出发，本着“满足功能、适度超前、统筹考虑、投资合理”的原则，制定印发《山西省高速公路连接线管理办法》。为加强高速公路环境影响评价和水土保持方案专项评估的质量管理，规范专项评估单位的选择程序，依据有关法律、法规及规定，制定印发《山西省高速公路环境影响评价和水土保持方案专项评估单位比选管理办法（试行）》。

第二节　全省交通投融资体制的改革实践

2003 年至 2010 年期间，在省委、省政府领导下，全省交通系统认真贯彻党中央、国务院方针政策和省委、省政府决策，全面落实科学发展观，坚持“三个并重”（高速公路、干线公路、农村公路“三网”并重，建设、养护与管理并重，公路建设与运输发展并重），提高“五种能力”（交通运输适应经济社会发展需求能力，交通运输统筹规划和协调发展能力，交通运输公共服务和组织保障能力，交通运输和建设市场依法监管能力，交通安全管理和重大突发事件应急处置能力），资金筹措取得重大突破，全省交通事业实现跨越式发展，交通对经济社会发展的“瓶颈”制约得以缓解。

一、投资规模的持续增长

2003 年至 2010 年，全省累计完成交通建设投资额 2228 亿元，新增通车里程 72 033 公里。从 2006 年开始，42 465 公里村道计入通车里程。公路通车里程由 59 611 公里增长到 131 644 公里，其中等级公路由 60 837 公里增长到127 664公里；高速公路从 1070 公里达到 3002 公里；一级公路由 734 公里增长到 1939 公里；二级公路由 8852 公里增长到 14 163 公里；三级公路由 15 517 公里增长到 16 858 公里；四级公路由31 077公里增长到 91 701 公里；等外公路由 2361 公里增加到 3980 公里。

二、资金来源的不断拓宽

2003 年以来，全省公路建设形成“国家投资、地方筹资、社会融资、利用外资”的投资格局。这期间，全省公路建设共争取到中央预算内、国债资金、以工代赈和车购税补助 181 亿元，使用国内银行贷款 900 亿元。通过采用资产并购、重组、置换等方式，对太旧、夏汾、汾离、太长、长晋等高速公路资本运作、盘活路产，筹集到 50 亿元高速公路建设资本金，走出了一条市场经济条件下经济欠发达地区加快公路建设的新路子。通过采用 BOT，引进社会资本 198 亿元；通过转让经营权、股权，收回资金 34.3 亿元；通过加强与国际金融组织和外国政府合作，引进外资 16 亿元。全省第一个高速公路 BOT 项目关门至侯马高速公路建成通车,亚行项目祁县至临汾、侯马至禹门口高速公路顺利建成通车。

三、国家有关政策法规的出台

1.《收费公路管理条例》,经2004年8月18日国务院第61次常务会议审议通过,9月13日国务院第417号令公布,自11月1日起施行。第十一条明确规定:“建设和管理政府还贷公路,应当按照政事分开的原则,依法设立专门的不以营利为目的的法人组织。省、自治区、直辖市人民政府交通主管部门对本行政区域内的政府还贷公路,可以实行统一管理、统一贷款、统一还款。经营性公路建设项目应当向社会公布,采用招标投标方式选择投资者。经营性公路由依法成立的公路企业法人建设、经营和管理”。

2.《经营性公路建设项目投资人招标投标管理规定》,经2007年9月28日第10次交通运输部部务会议通过,自2008年1月1日起施行。

3.《收费公路权益转让办法》,于2008年8月由交通运输部、发展改革委、财政部共同发布,自10月1日起施行。

4.2009年5月25日,国务院以国发〔2009〕27号文印发《关于调整固定资产投资项目资本金比例的通知》,明确规定公路项目资本金最低比例为25%。

国家政策法规的出台,为全省公路建设发展提供有力的法律依据,使全省公路建设掀起新一轮高潮。

四、成立开发性金融领导小组

为更好地开展与国家开发银行的金融合作,根据国家开发银行建立专项融资平台的有关管理办法和2005年第27期总行贷委会纪要有关要求,2006年1月5日,省交通厅以晋交规划字〔2006〕5号印发《关于成立山西省交通建设开发性金融领导小组的通知》。主要负责组织、协调省级交通建设专项融资平台的建设和相关协议的谈判、签订、执行工作;负责制定相关政策及资金使用监督等管理办法;负责项目筛选、贷款资金使用、贷款偿还等重大事项的决策;负责处理双方合作中出现的重大问题。领导小组不定期召开协调会议,解决出现的问题,推动工作进程。领导小组下设办公室,落实领导小组的各项决策,反馈执行中出现的问题,负责与开发银行联系,推动各项具体工作的开展。组长王晓林;副组长王志民、张德仪;成员有戴飞、董新品、王京荣、蒋品、范双成、张兴顺。办公室主任王志民;成员有吴秀武、高海青、郭全英、王巧霞、李宏。

五、成立招商引资工作领导组

为进一步加强招商引资工作,扩大交通投资领域的对外开放,拓宽投资融资渠道,促进“十一五”交通建设的快速发展,2006年6月7日,省交通厅以晋交规划〔2006〕227号文印发《关于成立厅招商引资工作领导组的通知》。组长王晓林;副组长张润、王志民、张志川、张德仪;成员有董新品、戴飞、李华中、王京荣、高海青、蒋品、杨吉平、刘清平、安小平、王钦华、赵新民。领导组下设办公室,办公室设在厅综合规划处。办公室主任吴秀武;副主任王蕾;成员有范双成、王巧霞、车雄伟、郝剑、高新文。

六、交通建设开发性金融合作平台的建立

2006年,为了确保全省“十一五”交通建设顺利进行,根据国家开发银行“十一五”发展战略和重点,省交通厅与国家开发银行在多次磋商、达成共识的基础上,在建立交通建设开发性金融合作平台。

根据国家产业政策和双方领导座谈会精神,按照全省高速公路网和干线公路网规划的实施步骤,省交通厅与国家开发银行建立开发性金融合作平台后,双方合作的主要领域是高速公路建设和干线公路改造。“十一五”期间,省交通厅与国家开发银行合作的方式是:“一次承诺、分项核准”。合作规模为:省交通厅申请开行软贷款150亿元、硬贷款565亿元,合计715亿元。

前提是建立省级信用融资平台,依据组织增信原理,与政府共同合作,双方通过共建信用体系和制度体系来防范风险,充分依靠和发挥政府的组织优势,完善体制和制度建设,培育市场信用。省交通厅为山西交通信用融资平台并作为借款人统借统还。交通规费在某一阶段出现资金缺口不能足额偿还开行贷款本息时,省财政予以补足。

(一)高速公路

2002年,国家开发银行落实阳城至翼城高速公路贷款23亿元,承诺忻州至五台山、忻州至保德、长治至临汾、临汾至吉县、灵丘至山阴、山阴至平鲁6个项目贷款。

(二)国省干线公路

2004年,国家开发银行二期贷款96个项目。主要用于县际公路建设,其中已收费县际公路10个项目、非收费县际公路86个项目,建设里程1566公里。其中:一级公路38公里、二级公路2006公里、三级公路796公里,总投资22.1亿元,国家开发银行贷款14.5亿元。

2005年,落实国家开发银行三期贷款。用于6个新改建项目和路面改造项目,建设里程3115公里,总投资53.1亿元,国家开发银行贷款43.2亿元。

2008年,落实国家开发银行四期贷款64.7亿元。其中:新改建项目24个,建设里程1486公里,总投资92.8亿元,国家开发银行贷款58.2亿元。路面改造项目10个,建设里程420公里,总投资12.46亿元,国家开发银行贷款8.5亿元。

(三)农村公路

2006年,落实国家开发银行贷款50亿元(贷款期30年),切块分配各市,全部用于农村公路建设。一是贷款资金主要用于县乡公路改造,由各市自主安排建设项目。二是对列入"两区"的59个贫困县各增加安排专项补助1000万元,用于"十一五"通村公路建设补助和解决"十五"期间村村通公路项目的工程补助及工程配套设施的完善。为用好开行贷款资金,省交通厅下发《关于对59个贫困县专项资金管理使用有关问题的通知》,规范贫困县专项资金管理使用。并严格执行《山西省县乡公路改造工程开行贷款项目管理办法》,对贷款项目进行备案审查。

七、吸引国有企业投资的建设项目

(一)晋侯高速公路关门至侯马段

建设里程67公里,由中国交通集团采用BOT方式建设,企业自筹25亿元。

2001年1月,省交通厅与山西中昌集团有限公司多次协商,达成由公司全额投资建设并经营阳城至侯马段高速公路协议。公司出资约37亿元人民币,以该路投资取得经营权,经营期限30年。

2004年3月,山西中昌集团有限公司及所属相关企业向中国港湾建设(集团)总公司依法转让山西阳侯高速公路有限公司51%的股权。

2004年11月,中国港湾建设(集团)总公司和山西中昌集团有限公司共同设立山西中港晋侯高速公路有限责任公司,负责山西阳侯高速公路项目的融资、建设、经营和管理。该公司注册资本6.85亿元,其中,中国港湾建设(集团)总公司占89.781%,山西中昌集团有限公司占10.219%。

2005年9月22日,省交通厅以晋交规划字〔2005〕478号文向省政府呈报《关于与山西中港晋侯高速公路有限责任公司换签BOT合同的请示》。鉴于晋侯公司在一期工程中已投入巨额资金及二期工程资金筹措中遇到的实际困难,为确保该项目尽快建成通车,省交通厅同意晋侯公司退出晋侯高速公路二期工程的建设和运营,并由省交通厅另行安排二期工程建设。同时,省交通厅与晋侯公司对原BOT合同进行换签。

项目于2009年建成通车。

(二)阳泉至五台山高速公路阳泉至盂县段

根据省委、省政府《关于进一步扩大对外开放的决定》以及省政府《关于改善投资环境扩大招商引资的实施办法》,阳泉至五台山高速公路被列为全省"珠洽会"招商引资项目。经过考察、洽谈,在2007年8月18日"珠洽会"上,省交通厅、阳泉市政府、忻州市政府共同与中国建筑工程总公司签订由中国建筑工程总公司以BOT方式建设阳泉至五台山高速公路的合作协议。

项目按前期工作进展情况分两期建设。一期工程为阳泉至盂县段47公里,估算投资27.35亿元;二期工程为盂县至五台山段。

2007年12月18日,省交通厅作为行业主管部门,与中国建筑总公司、阳泉市人民政府签订《阳泉至五台山高速公路阳泉至盂县段项目投资协议书》。12月28日,省交通厅与中国建筑总公司、阳泉市人民政府签订《山西阳泉至五台山高速公路项目投资框架协议书》。2008年5月5日,省人民政府以晋政函〔2008〕64号文印发《关于同意中国建筑工程总公司建设经营阳泉至五台山高速公路阳泉至盂县段的批复》。5月26日,省交通厅以晋交规划〔2008〕198号文印发《关于采用BOT方式建设阳泉至五台山高速公路的通知》,转发山西省人民政府的批复。7月9日,省交通厅与中国建筑总公司、阳泉市人民政府签订《阳泉至五台山高速公路阳泉至盂县段建设、运营、移交协议书》。

截至2010年底,阳泉至盂县段41公里已建成通车,盂县至五台段75.2公里筹备开工。

(三)王庄堡至繁峙高速公路

在2010年9月召开的能博会上,省交通运输厅与山西路桥建设集团有限公司签订采用BOT方式建设王庄堡至繁峙高速公路的协议。

2010年11月17日,山西路桥建设集团有限公司成立山西王城高速公路建设有限公司。12月4日,省政府以晋政函〔2010〕133号文印发《关于同意山西路桥建设集团有限公司采用BOT方式建设王庄堡至繁峙高速公路的批复》。2011年1月17日,山西路桥建设集团按照投资人管理要求,向省交通运输厅缴纳工程投资履约担保金1.26亿元。1月18日,省交通运输厅与山西路桥建设集团有限公司签订《山西王城高速公路投资协议书》。

八、经营权转让的尝试

(一)京大高速公路

2003年10月,省交通厅与江苏悦达集团有限公司签订意向书,商定成立合作公司,转让京大高速公路80%股权,投资17亿元。同时,省交通厅以晋交规划〔2003〕540号文向省政府呈报《关于合作经营大同至孙启庄段高速公路的请示》。2004年11月,省政府以晋政函〔2004〕187号文印发《关于同意山西京大高速公路有限公司与江苏悦达集团有限公司合作经营大同至孙启庄段高速公路的批复》,随后,省交通厅以晋交规划〔2004〕512号文印发《关于同意成立京大高速公路山西段项目公司的批复》。

2006年9月8日,山西悦达京大高速公路有限公司成立和出资协议签字仪式正式举行。这是省政府继太旧高速公路实施企业并购、置换资本金之后,放宽市场准入、吸引社会资本进入高速公路领域的又一重大举措,开辟全省公路建设筹资工作的崭新领域。

(二)太原至晋城(省界)高速公路

2005年,按照省政府统一安排部署,省交通厅整体转让太原至焦作(省界)高速公路经营权。

2005年12月,省交通厅在山西交通网上连续58个工作日发布公告。2006年3月24日,邀请省发改委、省国资委、省财政厅、省物价局、省纠风办、省审计厅、省交通厅、开行山西分行和有关专家召开招商陈述会议,对拟投资人进行综合评价后确定:与综合评价排序第一的平安信托投资有限责任公司开展谈判工作。4月12日,省交通厅举行资产评估项目招标会,经有关专家评议,确定由山西中新资产评估有限公司、山西国元资产评估有限公司、中保资产评估有限公司开展太原至焦作(省界)高速公路资产评估工作。经对比分析后,决定选择成本法评估结论,并报省政府国有资产监督管理委员会核准评估结论。评估基准日账面净资产35.4亿元,评估后净资产51.8亿元,评估增值16.47亿元人民币。2006年5月,省交通厅积极与平安公司开展转让的相关谈判工作,分析诸多转让方式后,拟采取股权转让方式实现高速公路经营权转让。经省政府〔2006〕76次常务会议纪要批准该转让方式,转让期限25年。

2007年3月21日,省人民政府晋政函〔2007〕56号文印发《关于同意太原至焦作(省界)高速公路合作经营有关事宜的批复》。本次股权转让项目整体转让比例为

41%，其中：太长高速公路公司30%、长晋高速公路公司60%、晋焦高速公路公司60%，本次转让价格为22.7565亿元，转让收费年限自股权交割日起25年。

九、投资人招标工作的开展

2006年，省交通厅委托路华通公司先后进行山西垣曲蒲掌至闻喜东镇高速公路项目和运城绕城高速公路西南段项目、运三高速公路三门峡黄河大桥（山西省境内）项目、汾阳至邢台高速公路平遥至榆社段项目和榆社至省界段项目、高平至新乡高速公路高平至陵川段、大同至浑源高速公路的投资人招标工作。先后成功完成汾阳至邢台高速公路平遥至榆社段项目和榆社至省界段项目、高平至新乡高速公路高平至陵川段两个项目投资人招标工作。

（一）汾阳至邢台高速公路平遥至榆社段项目和榆社至省界段项目

2007年8月9日，省交通厅在《山西日报》、《中国采购与招标网》《山西招标投标网》对上述两项目发布投资人招标公告。8月9日至8月15日，汾阳至邢台高速公路平遥至榆社段项目出售4份招标文件，汾阳至邢台高速公路榆社至省界（和顺康家楼）段项目出售5份招标文件。截至9月5日10时开标，共收到6份投标文件。9月5日上午，在省发改委、省法制办、省商务厅、省财政厅、省物价局和省纪委驻交通厅纪检组监察室的监督下，进行公开开标和评标。最终确定中铁三局集团有限公司为两项目的中标单位。经营年限均为25年。9月7日至9月13日18时，中标结果在《中国采购与招标网》及《山西招标投标网》进行公示，在公示期内无异议。9月18日，向中标单位发出中标通知书。

根据招标文件规定，10月12日，中铁三局集团有限公司向省交通厅交纳3.5亿元人民币投资履约担保金。10月16日，省交通厅与中铁三局集团有限公司签定《汾阳至邢台高速公路平遥至榆社段和榆社至和顺康家楼段投资协议书》。12月12日，省政府晋政函〔2007〕220号文印发《关于同意中铁三局建设经营汾阳至邢台高速公路平遥至榆社段及榆社至和顺康家楼段的通知》。12月18日，省交通厅以晋交规划字〔2007〕584号文转发省政府批复。12月18日，省交通厅与项目建设公司山西和平榆高速公路有限责任公司签订《汾阳至邢台高速公路平遥至榆社段和榆社至和顺康家楼段建设、运营、移交协议书》。

2008年，因受政策影响，中铁三局退出项目建设。经省政府批准，项目改为政府还贷公路建设。

（二）高平至新乡高速公路高平至陵川段

2008年7月22日，省交通厅在《中国采购与招标网》、《山西招标投标网》、《山西交通网》上发布投资人招标公告。7月22日至8月19日出售3份招标文件。截至9月23日10时，共收到投标文件3份。9月23日上午，在省发改委、省法制办、省商务厅、省财政厅、省物价局和省纪委驻交通厅纪检组监察室的监督下，进行公开开标和评标，开标过程合法有效。最终确定山西省交通建设开发投资总公司为中标单位，中标经营年限25年。9月23日至9月29日，中标结果在《中国采购与招标网》及《山西招标投标网》进行公示，在公示期内无异议。10月6日，省交通厅向中标单位发出中标通知书。

根据招标文件规定，2008年10月10日，省交通建设开发投资总公司向省交通厅交纳1.27亿元人民币投资履约担保金。11月16日，省交通厅与公司签定《高平至新乡高速公路高平至陵川段投资协议书》。11月27日，省交通厅以晋交规划字〔2008〕550号文向省政府呈报《关于采用BOT方式建设经营高平至新乡高速公路高平至陵川段的请示》。2009年1月1日，省政府晋政函〔2009〕2号文印发《关于同意山西省交通建设开发投资总公司建设经营高平至新乡高速公路高平至陵川段的通知》。1月12日，省交通厅晋交规划字〔2009〕17号文印发省政府批复。

项目于2010年底建成31.75公里，2011

年全线通车。

十、创新融资租赁方式

2003年以来,省交通厅先后与国家开发银行山西省分行、国家开发银行国银金融租赁有限公司合作,用原平至太原、运城至三门峡、运城至风陵渡三条高速公路现有公路资产进行融资租赁,置换资本金60亿元,期限11年;与交行、昆仑租赁有限公司合作,用太原西北环、南环两条高速公路现有资产进行融资租赁,换取资本金25亿元,期限10年。与其他融资方式筹集的资本金相比,具有期限长、利息低的特点,有效缓解高速公路建设资本金短缺的状况。

十一、提高贷款比例

2009年4月29日,国务院常务会议审议通过《关于2009年深化经济体制改革工作的意见》,决定调整固定资产投资项目资本金比例。为保证2009年至2010年两年开工建设44个高速公路项目的顺利进行,省交通运输厅按总投资额75%的比例申请银行贷款,开展灵丘至山阴、临汾至吉县、山阴至平鲁、五台山至忻州、忻州至保德、太原至佳县东段、太原至佳县西段、太原至古交、平定至阳曲、大同至右玉、天镇至大同、大同至浑源、浑源至广灵、朔城环线、平遥至榆社、榆社至和顺、临汾环城、岢岚至临县、吕梁环城、京昆与青兰高速公路临汾联络线、霍州至永和关、闻喜东镇至临猗孙吉、运城至芮城、河津至运城、长治至平顺、晋城环城、黎城至长治拓宽改造27个项目的贷款以及新增贷款的申请落实工作,落实贷款895亿元。其中,灵丘至山阴、临汾至吉县、山阴至平鲁、五台山至忻州、忻州至保德、太原至古交、大同至右玉、大同至浑源、浑源至广灵、平遥至榆社、榆社至和顺、京昆与青兰高速公路临汾联络线、霍州至永和关、闻喜东镇至临猗孙吉、运城至芮城、河津至运城、长治至平顺项目,均按75%的比例给予贷款,或增加贷款。

十二、争取地方政府债券投入

加快县际及农村公路建设步伐,是全省践行"三个代表"重要思想,切实解决"三农"问题的一项战略决策,是省交通厅党组实施"三网"并重,发挥路网效益的重要举措。

(一)县际公路建设

从2003年到2005年,全省共规划县际公路建设项目146个,建设里程2817公里,总投资约42.85亿元;通乡(油)路342项8470公里,总投资43.58亿元。

2003年4月,为加快县际及农村公路建设,忻州、晋中、大同等市政府分别出台公路建设优惠政策。主要内容包括:①市县两级财政从每年新增的地方财政收入中拿出2%左右的资金,从外销煤炭销售收入中每吨提取1元至2元作为公路建设基金,由市政府专项用于县际及农村公路网改建项目;②县际及农村路网改建项目征地拆迁、手续申办及有关费用由地方政府负责,公路两侧占地范围内工程建设需要的国有土地、林地及占地以外的国有荒山、荒坡、河滩,按规定上报审批后,实行无偿划拨;③工程建设所需沙石和路基取土,由地方政府无偿划定料场;④公路两侧绿化由所在市县区负责完成;⑤路网改建项目涉及的各类行政事业性收费一律免收,地方向国家、省重点公路建设征收的营业税等实行"先征后返"和"即征即返"。

(二)通村公路建设

2003年至2008年,农村公路建设安排通公路村2240个,建设里程10 017公里,总投资24.5亿元,其中车购税补助10亿元;通油路村6145个,建设里程25 410公里,总投资53.6亿元,其中车购税补助24.1亿元。到2008年底,全省实现具备条件的建制村通公路。

2008年,通村水泥(油)路建设到了攻坚阶段,剩下的都是贫困、偏远山区项目,地理地质条件复杂,施工难度大,资金需要多。为了从根本上解决农村经济发展问题,省政府下决心解决通村公路问题,提出用两年时间(即"十一五"末),全省实现具备条件的建制村实现村村通水泥(油)路"全覆盖"目标。为此,省十一届人大常委会第十次会议批准全省2009年地方政府债券省本级安排30亿元用于农村公路建设,实施建制村通水泥(油)路"全覆盖"工程。

2009年3月30日，省政府副秘书长崔国红召集省发展改革委、省财政厅、省交通运输厅共同研究，确定用于“全覆盖”项目30亿元地方债券的使用管理办法，计划由省发展改革委会、省交通运输厅下达，资金由省财政厅负责拨付。

经省政府批准，省发改委和省交通运输厅联合安排项目5945个，共涉及6263个建制村，建设里程24 160公里，安排债券资金30亿元，配套资金37.13亿元，总投资67.13亿元。累计实施5934个项目，全省6252个建制村通水泥（油）路，新改建农村公路24 098公里。截至2010年底，全省实现具备条件建制村通水泥（油）路“全覆盖”，农村交通基础设施得到根本改善，极大地方便农民出行。中央和省两级对村通水泥（油）路工程补助标准达到贫困县25万元/公里、其他县20万元/公里，解决约83%的建设资金，对实现村通水泥（油）路“全覆盖”起到决定性作用。

十三、申请国家专项资金

2003年以来，全国经济增长继续保持强劲态势，国内用电总量大幅攀升，电力需求旺盛，加之“迎峰度夏”，各大电厂电煤库存短缺，电煤供应形势十分严峻。为了缓解电煤供应中运力相对不足、道路通行不畅的矛盾，努力提高供给条件，根据交通部要求，省交通厅立即组织有关人员赴大同，对修建电煤公路运输通道和集运公路进行全面考察与总体规划。

大同是全国的煤炭基地，素有中国“煤都”之称，尤其以优质电煤闻名全国。全市共有煤矿445座，其中年产15万吨以上的有115座，主要分布在左云、南郊、新荣、阳高等县区。大同煤一直都是华东和东南沿海各大电厂的主要煤源，全市每年煤炭总产量约8300万吨，每年运往外省煤炭6200多万吨，由于铁路运输能力有限，每年只能运输3000多万吨，其余的则全部依靠公路外运。

大同运煤向东公路通道主要有四大出口。即109国道大同至河北阳原（省界）67公里二级运煤通道；大同至北京（省界）59公里高速公路；大同至张家口（省界）101公里二级运煤公路；大同经浑源、广灵至河北蔚县（省界）137公里二级运煤公路。但由于路面损坏严重，经常出现堵车现象，成为制约电煤运输的瓶颈路段。地方公路运煤专线95条1163公里，大部分标准较低，路面破坏严重，车辆时速仅为10至20公里，煤炭运输极为困难。

由于煤矿至高速公路及国省干线的连接公路等级偏低，大批煤矿出口不畅，成为制约电煤运输的重要因素。大同市3个重点产煤县区（南郊区、新荣区、左云县）的煤矿，均分布于崇山峻岭之中，煤矿至干线公路之间缺少等级公路连接，路面损坏严重，不少煤矿有煤运不出，全市每年积压煤炭约500多万吨。一方面煤炭积压，一方面国家电煤极其紧张，二者形成对峙局面。省交通厅领导站在全局高度，下决心消除公路运输电煤不畅的“瓶颈”，重点解决115座年产15万吨以上煤矿与国省干线或高速公路的连接问题，即建设电煤公路通道和集运公路，有效提高公路煤运速度，降低运输成本，提高电煤运输量。项目建成后，大同市每年可增加电煤外销2500万吨，有效满足全国电煤需求。为此，省交通厅提出建设“一条电煤公路运输通道，九条电煤集运公路，243.7公里煤矿专用线”的建设方案。2006年3月1日，省交通厅又以晋交规划字〔2006〕119号文向交通运输部呈报《关于申请煤炭运输通道等公路建设项目投资的请示》。包括上述10个项目和G207平定至大寨段项目。交通部于2006年9月28日，以交函规划〔2006〕367号文印发《关于小站至孙启庄等煤炭运输公路建设项目即投资安排的意见》，下达项目补助资金62 290万元。

第三节　全省交通运输行业统计制度的改革实践

一、应对突发事件

为了及时、全面、准确掌握全省交通建设、公路运输、规费征稽动态情况，为各级领导加强“非典”防控、制定促进交通发展决策提供可靠的数据和信息依据,2003年6月,省交通厅以晋交规划字〔2003〕252号文印发《关于“非典”疫情期间增加统计半月电子快报的通知》,开展交通建设、公路运输、交通规费征收等应对疫情影响统计工作。

二、煤炭运输统计、煤炭油粮运输统计周报表

2003年12月,交通部明传电报印发《关于保证华北五省(区、市)元旦、春节期间生产生活物资道路运输工作的紧急通知》。为了准确及时完成《华北五省(市、区)煤炭运输统计报表》的报送工作,2004年1月,省运管局以晋交运统字〔2003〕231号文制定下发《关于报送<山西省煤炭运输统计报表>的通知》。要求从1月12日起,各市运管处货运管理部门和统计部门安排专人负责,按时报送本地区上周组织煤炭运输的日平均数据。

2004年6月14日,省政府办公厅印发《关于做好当前煤电油运信息报送工作的通知》。省交通厅党组成员、副厅长王志民要求运管处商综合规划处按通知要求,按期报送。省运管局印发《通知》,制定下发《山西省煤油粮运输统计报表》,明确各市运管处于当年7月12日开始报送,由货运管理部门和统计部门安排专人负责,每周一上午11点前,将上周组织煤粮油运输的数据按要求报送。

三、全行业运输统计制度的实行

2006年11月,交通部对实施10余年的《道路运输统计报表制度》进行较大幅度修改,并颁布实施。

修改后的报表制度主要统计范围为全国所有从事道路运输(道路旅客运输、道路货物运输)以及道路运输相关业务(站场经营、机动车维修经营、机动车驾驶员培训)的经营业户;统计内容包括道路运输经营业户、道路运输相关业务经营业户、道路运输从业人员、营运载客汽车、营运载货汽车、道路客货运站、机动车维修业及汽车综合性能检测站、机动车驾驶员培训、道路客运线路班次、农村道路客运、道路危险货物运输、国际道路运输、港澳台及外商投资道路运输业、道路运输车辆、业户及从业人员市场退出情况;新的报表制度由各级交通主管部门及道路运输管理机构组织实施,统计数据采用数据软盘、电子邮件或网络传输方式上报。

四、山西省公路水路运输量专项调查

2008年,为适应公路水路运输市场特点,解决交通统计中存在的总量数据失真、统计口径不全、结构性和区域性运输量数据缺失等问题,按照交通部统一要求,省交通厅决定在全省范围内统一组织开展全省公路水路运输量专项调查。摸清全口径公路水路运输量基数,准确掌握结构性和区域性运输量数据和规范统计范围口径。并借此机会研究建立新型公路水路运输量统计调查工作模式和调查方法,健全统计数据的质量保障和结果评估体系,形成公路水路运输量统计的长效运行机制。

调查时间:一是公路运输量专项调查。时间为2008年11月1日至31日。具体调查对象的数据记录时间为:客运站,2008年11月1日至31日;营业性载客汽车与货运车辆,2008年11月的某一周;非营业性载客汽车与货运车辆,2008年11月的某三天;二是水路运输量专项调查。时间为2008年6月1日至30日。客运船舶与货运船舶,2008年6月1日至30日;渡船2008年6月的某两天。

调查内容。本次专项调查的主要指标为公路水路客(货)运量、旅客(货物)周转量、燃油消耗、运输经营情况和运输结构。运输结构指标主要包括分营业性质运输量、分车辆(船舶)类型运输量、分区域运输量及分货类运输量。

调查机构。为确保专项调查工作顺利开展,省交通厅和省统计局联合成立省公路水路运输量专项调查领导小组。由省交通厅、省统计局领导及省运管局、海事局有关领导同志组成。领导小组下设专项调查办公室。办公室设在省交通厅综合规划处,负责全省专项调查的组织工作。领导小组组长王志民、卢建明;副组长王京荣、李华中、牛世骏、徐建中;成员有吴秀武、史晓华、穆俊有、鹿庆华、李宏、杨斌、崔旭莲。办公室主任吴秀武;

副主任史晓华、穆俊有、徐建中；成员有解宝平、张耀红、崔旭莲、胡志莲、董艳平、张卫兵、郭莉芳、毛世伟、王翠莲、陈志强、李建平、付建光。公路运输量专项调查办公室设在省运管局票证统计处，具体负责专项调查的组织实施及日常技术性文件办理等工作。为加强组织领导，建立健全工作体系，结合全省实际情况，地市县分别成立领导组，负责组织实施专项调查工作，办公室分别设在各市、县运管局、处、所，具体承担市、县公路运输量专项调查工作。

培训实施。2008年4月26日至27日，组织全省市级以上道路运输统计人员参加交通部在湖北宜昌组织的培训，为全省开展专调工作做好人员准备；经过学习，结合本省实际，先后制定《山西省公路水路运输量专项调查组织方案》、《山西省公路运输量专项调查技术方案》、《山西省公路运输量专项调查程序操作手册》、《山西省公路运输量专项调查调查表填写说明》、《山西省公路运输量专项调查员手册》。2008年9月26日至29日，在太原组织全省市县两级统计人员和部分公路运输经营业户代表约200余人进行专项调查培训；各市县专调办对基层调查员进行全面培训。全省培训人数达5000余人。

全省公路运输量专项调查的所有内业、外业工作分别由省、市、县三级运管机构的统计部门具体负责实施；共投入工作人员约4200余人，车辆约600余辆，笔记本电脑135台。

预备调查。进入预备调查阶段以后，主要工作是落实所需调查车辆样本量和调查车辆基础信息。为此，省、市运管局、处主要负责指导和督办，县市区运管局(所)负责落实。通过电话方式，进一步落实样本车辆在专调规定的时间内参加专调工作。并填写预调查表，确定被调查样本，录入信息系统。

正式调查。根据部方案规定的载客和载货汽车分省样本量，全省按照方案的要求将样本量分配到各市，并利用部里统一下发的专用软件进行随机抽取，及时下发到各市运管局(处)，再由其下发到各县运管所。载客汽车样本总量为4200辆(其中班线客车1357辆、其他营业性客车207辆、非营业性客车2196辆)，参与经营情况调查649辆，符合规定在调查范围内的客运站共81个。营业性载货汽车样本总量为5638辆(其中普通货车4743辆、专用货车777辆、危险品118辆)，营运农用运输车287辆、营运拖拉机56辆、非营业性载货汽车581辆、建制村参与调查的农用运输车1654辆、拖拉机930辆，参与经营情况调查1080辆。

调查期结束后，各市县调查机构对辖区的调查情况进行评估并上报省级调查办公室，由省专项调查办公室对各市专调数据进行审核、汇总，并组织全省公路运输量专调数据评估。

通过分类计算样本车辆的各类指标，并通过对每一类样本车辆实际调查期内的实际情况的最大值、最小值和平均值的比较分析，对有疑问数据进行电话逐一回访后，认为全省各类样本车辆的各类实际调查情况均能够反映其所代表的每一类车辆总体的基本特征，也反映了全省公路旅客运输的实际情况。数据真实可靠，达到预期工作效果。

第四节　全省交通勘察设计体制的改革实践

2003年以来，省交通设计院党政一班人与时俱进，改革创新，集中行业和部门优势，在市场竞争中不断发展壮大。为了更好地适应院改企后勘察设计任务面临竞争的实际情况，省交通设计院不断加大工作力度，拓宽改革思路，积极参与市场投标竞争，迅速打开被动局面，奠定实现全院第二次创业跨越发展的坚实基础。

在太长高速公路勘察设计投标工作中，一共有21家竞标单位。面对如此激烈的市场竞争，省交通设计院投入相当大的人力、物力和财力，终于一举中标两个标段，为全院真正走向市场迈出可喜的第一步。在完成全省公路重点工程的同时，院党政一班人审时度势，超前谋划，抢抓机遇，积极向市政交通工程勘察领域发展。2009年完成太原武宿机场3.2公里的城市快速路设计工程。项目为太原市2010年1号重点工程,也是全院完成的首个市政重点设计工程项目。

到"十五"末,全省实现每个地级市通高速公路的目标。在省内新上高速公路设计项目不足情况下,省交通设计院结合省情,实施全员经营的构想和早期介入、跟踪项目等经营方法,采取"高速公路项目不足一般公路项目补,省内项目不足省外项目补"的战略思想,在跟踪省内高速公路、开展一般公路测设市场的同时,努力向省外延伸,继续在全国各地积极开展投标,并在广州、云南、福建等省市建立工程建设信息网络。2004年10月,设立新疆办事处,中标新疆连霍国道主干线哈密过境高速公路,累计里程近160公里;承揽新疆莎车至喀什一级公路以及乌什至别迭里口岸公路等不同公路等级、不同阶段的项目共计4项,约200公里,极大地缓解了省内勘察设计任务不足的压力,逐渐扭转任务严重不足的被动局面,达到预期目标。同期,还新增公路(交通工程)甲级资质、地质灾害治理勘察甲级和设计甲级资质、项目后评估乙级资质。

截至2010年底,全院干部职工达到575人。其中,拥有享受国务院特贴专家4人,各类执业注册工程师33人,教授级高工15人。拥有中级以上职称282人,注册人员33名。职工知识结构、技术结构发生巨变,逐步形成以硕士研究生为主,院主体本科以上学历占职工总数81.2%。硕士以上研究生达到74人,占到主体在职在岗人员近四分之一。在内部建立公开竞争上岗、民主推荐的竞争机制,通过轮岗调整充实中层干部岗位,激发大家创业工作热情。

2003年以来,全省掀起高速公路建设高潮,勘察设计项目第一次呈现集中、大规模的良好形势。省交通设计院抢抓机遇,乘势而上,先后完成青银国道路主干线汾阳至军渡高速公路离石至军渡、得胜口至大同、大同至呼和浩特、天镇至大同、北京至新疆(山西境内段)、繁峙至大营、汾阳至平遥、平遥至榆社、榆社至和顺、忻州至阜平、忻州至保德、高平至陵川、吉县至河津、太原至阳泉、阳泉至盂县、五台至盂县、大营至神池、吉河至神池等10多条高速公路设计任务,以及多条环城高速公路。广大干部职工斗志昂扬,顶酷暑,冒严寒,"白加黑"拼搏,"5+2"急赶,战胜一个又一个困难,攻克一个又一个技术难关。平均年完成测设任务近"千"公里,不断刷新历史纪录,创造新的奇迹。

在此期间,签订合同产值年均增长率达27%;营业收入年均增长率达20%以上。高速公路技术服务保障能力显著增强。2004年以来,先后承担高速公路技术服务项目达到23项,里程约1500余公里,是自太旧高速公路建设到2004年期间的项目与里程总和。

为保障省交通厅党组确定的全省重点公路工程建设任务,省交通设计院在勘察设计工作上不惜成本,不计得失,投入大量资金和新设备,不断更新仪器设备、程序软件。在外业放线测量工作中,广泛配备使用GPS全球定位仪,采用全站仪或自动水准进行水准测量。先进设备的广泛应用,为高速公路建设前期工作快速推进和准确设计发挥巨大作用。由于新型设计软件系统的使用,特别是数字地模在设计中的应用,大大提高设计工作效率。

2008年,全省再掀高速公路建设新高潮以来,高速公路进入历史上最大规模建设时期,省交通设计院先后承揽高速公路项目35项、一般项目132项。完成高速公路工程可行性研究1527公里,初步设计1666公里;施工图设计1657公里。设计的特大、大中桥约320公里,隧道双洞平均长度约270公里,其中3公里以上特长隧道25座140公里,10公里以上3座35.4公里,桥隧总计约590公里,超过太原到北京的距离。同时,还完成全省高速公路计重收费车道改造、55个高速公路收费站扩容改造、20个出省治超站点改造,以及全省高速公路网命名和编号、标志更换工程设计等紧急任务。

在勘察设计中,省交通设计院始终把培育核心技术放在突出位置,坚持走科技创新的道路,先后获得国家、部、省级科技进步奖和优秀设计奖90余项。特殊的地理环境，造就省交通设计院对湿陷性黄土地基处理、下伏煤矿采空区处治和特长隧道勘察设计等技术日趋成熟。设计的全国第一座黄土连拱隧道—离石隧道已建成通车，全国第二长公路隧道—太原西山隧道（13.6公里）正在建设中。2003年至2010年，省交通设计院共勘察设计3227.5公里，其中省内二级及二级以下公路230公里，一级公路445公里，高速公路1980多公里；省外二级及二级以下公路256公里，一级公路129公里，高速公路187.5公里。

太长高速公路。总投资71亿元，全长212公里，设计路基宽24.5米和26.0米，双向四车道，行车时速80公里和100公里。是国家重点工程太原至澳门的重要一段，是全省"大字形"公路主骨架的组成部分，也是从省会到地（市）三小时高速通达工程重要组成部分。它的建成，使全省逐步形成以"三纵八横"为骨架、干支相连、通达周边、安全便捷的公路网络。项目纵贯3市9县23个乡镇121个行政村，2003年10月19日开工，2005年11月8日正式竣工通车。

哈密过境段高速公路。位于新疆维吾尔自治区哈密地区哈密市境内，是国家规划的高速公路网G045线（连云港至霍尔果斯）在新疆境内的一段；是亚洲公路网规划的重要组成部分；是新疆维吾尔自治区规划的"两纵三横两环八通道"公路网的重要组成部分。东接连霍国道主干线星星峡至哈密公路，西接哈密至梯子泉公路，全长46.882公里，设计时速120公里，整体式路基宽度28.0米，分离式路基宽度2×13.75米。

太原至古交高速公路。全长23公里，太原西山隧道长13.6公里，时为国内第二长公路隧道。在勘察设计中，针对埋深深（最大埋深743米）、地应力大、地层中岩熔发育且赋存地下水等情况，采用相应技术设计，特别是在超长隧道的通风、消防、照明、监控和救援等方面，在借鉴国内外先进经验基础上，创新思路，创新方法，取得满意效果。

第五节　全省交通科学研究体制的改革实践

2003年以来，在交通厅党组正确领导下，省交通科研院不断深化科研体制改革，狠抓科研工作与生产经营的有机结合，紧密围绕全、省交通发展实际，走多元化发展之路，积极发展具有前瞻性优势产业，加速技术品牌扩张，努力突破一批较具影响力的关键性技术难题，树立交通科研市场化理念，引进和培养一大批科技骨干力量，实现经济指标和职工收入快速增长，全面完成"十五"计划发展目标，实现第一次创业目标。

一、完整交通科技创新体系的建立

为使全院机构更趋合理，更能适应当前和今后发展要求，根据市场需求及具体情况，对原有机构进行重新调整。拥有6个专业研究所、3个质量检测中心、12个产业化实体。其基本模式按下面5个体系发展。院领导会议一级形成以创新与发展为宗旨的战略管理及决策体系；各研究所形成以技术创新为主的科技保障体系；院各科部室形成以执行、控制和协调为基本功能的职能支持体系；各实体（公司）形成以利润为中心特征的生产经营体系；咨询、物业、仪器等形成以服务与经营为中心的中介服务体系。"十五"期间，全面实施"12345工程"，即，一个重点、两个建设、三个扶持、四个加强、五个发展。一个重点，即加强科技队伍力量，大力培养学术带头人，提高全院整体科研水平；两个建设，即加强工程质量检测中心站和桥梁结构试验室建设，加大这两个部门的设备仪器更新力度；三个扶持，即信息研究所的图书资料室，做到全、新、多，筑机中试车间和汽车检测站，在技术人员培养、引进、设备更新上加大扶持力度；四个加强，即加强设计、监理、检测、技术咨询力量；五个发展，即试验实体工程施工、桥梁加固维护、桥梁伸缩缝公司、交通信息工程及特种材料，对这5个产业加强管理，拓宽市场空间，在"十五"期间有大发展。

"十五"期间，圆满完成ISO9001：2000

质量管理体系建立和认证审核工作,取得国家CANCR认证和国际UKAS认证证书,为全院工作加快与国际接轨奠定基础。

"十五"期间,省交通科研院取得国家工程咨询甲级证书、公路工程监理甲级证书、公路工程试验检测甲级资质证书、公路工程设计、综合勘察、特大桥梁、特长隧道设计甲级资质证书、交通工程施工、国家收费、监控、照明、通讯系统甲级资质证书和地质灾害处理甲级资质证书等。具备较强实力的综合性科技产业实体,形成全方位参与公路建设实力。全院呈现出科研出成果、成果快转化、实体创效益的良好发展态势。

二、关键技术研究项目的研究与创新

2003年以来,省交通科研院干部职工紧密结合全省高速公路建设实际情况,结合工程中遇到的新问题进行技术探索和攻关,完成一大批具有影响力的关键技术,创出交科品牌,为工程建设提供有力技术支持。"十五"期间,共完成鉴定验收科研项目61项,获省以上科技成果奖16项。其中影响较大和水平较高的主要有:沥青玛蹄脂碎石混合料(SMA)应用技术研究、山西省超重交通水泥砼路面合理结构的研究、特大跨径石拱桥设计与施工关键技术研究、桥梁伸缩缝伸缩量的研究、雁门关长大隧道建设与运营管理成套技术研究、高墩大跨径刚构连续组合体系梁设计与施工和监控关键技术的研究、特长隧道施工关键技术研究等。

这些研究成果,不仅具有良好经济和社会效益,而且使省交通科研院在路面、桥梁、隧道、岩土工程等方面的技术水平一直处于国内前沿。

截至2005年底,全院研发和产业完成总产值达2.6亿元,是"九五"末完成总产值的3.4倍;新增固定资产765万元,是"九五"末新增固定资产500万元的1.53倍;员工人均可支配收入达4.5万元,是"九五"末员工人均可支配收入1.8万元的2.5倍。实现科研与效益的跨越式发展。在精神文明建设上,连续多年被省直工委授予"文明单位标兵",被省交通厅授予行业"文明单位标兵"等荣誉称号。

"十一五"期间,省交通科学研究院大力推进科技创新和企业文化建设,不断提升企业的核心竞争力,注重全面提高员工专业素质和综合素质,注重培养各专业领域的学科带头人,注重提高中层各级岗位领导同志的宏观协调和组织行为能力,全院的凝聚力、向心力和执行力明显提高,"山西交科"品牌效应的辐射面又一次得到升华,成为全省乃至全国交通系统重要的科技开发、成果转化和产业化基地。一是加大投资力度,大力提高科研和试验检测能力。投资近2000万元,彻底改善办公条件,购置国际领先的设备仪器,达到国家一类甲级设计院的基本条件,奠定大力发展勘察设计产业的物质基础;对质量检测中心大楼进行扩建,增加国内外先进的试验和检测仪器设备,新增并完善环保站中心试验室、岩土工程试验室、机电工程监控试验室,增加各类专业检测和试验项目50余项,并制定相应的试验检测管理制度。汽车检测站的环保站建设取得新进展,纳入太原市环保站建站规划。二是紧紧抓住交通建设重大技术疑难问题进行研究和攻关,完成大量高等级道路建设急需的研究项目。高性能沥青砼路面结构研究、高等级公路沥青路面抗疲劳破坏措施与方法研究、桥面铺装材料及技术研究、液体聚合物沥青改性剂的工业化生产及推广应用、改性沥青路面性能的稳定性研究、矢量和法在黄土高边坡稳定中的评价研究、黄土地区土基强度控制指标CBR与E_0关系的研究、黄土地区不同沥青路面结构长期工作状态评价研究、40t/h改性沥青成套设备的研发、地源热能在高速公路站区建设和运行中的应用、高速公路重载交通下路面设计与施工技术、高速公路地方性材料应用技术、凤凰岭隧道建设关键技术、山西省运煤重载水泥砼路面典型结构研究、大跨径预应力砼梁桥健康监测技术的研究、沥青路面层间结合检测方法及指标的研究等。

这些科研成果,有力推动全国交通事业发展,起到积极促进作用。特别值得提到的是其中某些成果,不仅在国内的推广应用中

取得显著成效，而且已走出国门，成功参与国际公路工程的竞标。如汽车检测站完成的“变速箱不解体检测装置”已为多家日本本土汽车检测单位采购配置；机电工程研究所完成的“40t/h 改性沥青成套设备”于2006年通过省交通厅和省科技厅联合组织的技术鉴定，确认成果达到国际先进水平（成果转化的产品型号为JKLG40）。至今，该成果仍保持着下述多个国内和省内的第一：①省交通厅投入的科研经费最多（120万元，筑路机电领域）；②当年立项，当年完成，完成的成果当年即以转化成新产品的形式投入国家重点工程建设（如太长高速公路和东山过境高速公路等）并出色完成任务；③单一新成果创造的经济效益最多，截至2010年底，直接产值（仅计设备生产和销售）已达5000万元以上，可以计算的间接效益更达数10亿元以上；④JKLG40具有40t/h的高产量，是目前全国自主研发生产和在用最大产量的同类设备，具有一次剪切完成（该性能为国际领先）的突出特点。实际工程应用表明，与传统工艺相比，可节约改性沥青制作成本40%，生产周期缩短60%，同时还设计集改性、乳化和改性乳化功能于一机的多功能设备。因此，本项内容实际是创造全国第一；⑤出口国外用于国际公路工程施工（北非阿尔及利亚东西高速）。这是全省筑路机械成套技术密集型产品的首次出口。省交通科学研究院以自身筑路机电领域的技术优势和良好服务，为国家争得荣誉。

截至2010年底，全院完成总产值达到10.39亿元，职工人均可支配收入也得到同步提高，达到8万元以上；全年新增经营性固定资产945台（套），达到4309万元。共开展科研项目33项，新上项目11项，完成鉴定验收9项，其中已有5个项目获2010年度省科学技术进步奖；完成6项国家发明专利的申报工作，科技研发和攻关能力得到进一步优化提升。继续保持“省直文明和谐单位”和省交通运输厅“先进基层党组织”等荣誉称号。

经过改革开放以来30多年的持续发展，省交通科学研究院已成为科研实力一流，技术力量雄厚，设施装备精良，专业门类齐全，以公路、桥梁、隧道、岩土、筑养路机械与电子、汽车应用、环境保护工程、交通科技信息、信息系统工程、交通工程、建筑工程、新型材料、结构维护与加固、桥梁附件加工安装等专业为主的集科学技术研究、勘察设计、试验检测、产品开发及科技产业一体化的国有综合性科技型企（事）业集团。

继续推进和深化科技改革是交通科技事业发展的基础，在内外环境变化和竞争激烈的市场经济条件下，建成交通行业最具竞争能力的以自主创新为主的科技型企业集团，始终是省交通科学研究院全体干部职工的不懈追求，发展的终极目标是在国内交通行业成为科技含量高、市场份额多、品牌影响力大、发展前景广阔的国内一流的高科技企业。

实践证明，科技改革是促进各项工作的基础和动力。紧紧围绕公路交通建设的大目标，坚持以邓小平理论和“三个代表”重要思想为指导，贯彻落实科学发展观，团结务实，勤俭自强，勇于开拓，创新体制机制，全省交通科技事业在今后会取得更大进步，为全省乃至全国交通事业发展的贡献率会进一步提高。

第六节 全省重点公路工程建设的改革实践

2001年以来，在省交通运输厅党组正确领导下，全省重点公路工程建设系统广大干部职工以邓小平理论和“三个代表”重要思想为指导，全面落实科学发展观，围绕每年全省交通运输工作会议和全省重点公路工程建设工作会议的总体部署，抓目标、严考核，抓监管、保质量，抓检查、保安全，抓制度、强规范，抓党建、重管理，抓廉政、扬正气，抓宣传、力造势，抓协调、优环境，抓服务、提素质，不断强化管理、监督、协调、服务职能，全力推动全省重点公路工程建设又好又快发展。

一、机构设置、人员及项目建设

2001年4月，根据省编办《关于为大运高速公路工程建设领导组办公室划拨编制的通知》(晋编办字[2001]49号)文件,成立大运高速公路工程建设领导组办公室,从省高速公路管理局总编制中划拨核定事业编制20名,处级领导干部职数3名,属临时机构,经省政府批准,设立综合处、工程管理处和地方协调处3个职能处室。根据省政府晋政办函[2002]106号文件,省编办在2003年10月大运高速公路建成后,于2004年2月下发《关于山西省重点公路工程建设领导组办公室机构编制的通知》(晋编办字[2004]9号)文件,撤销大运办,成立山西省重点公路工程建设领导组办公室,内设机构及人员编制整体划转,核定处级领导干部职数4名,仍属临时机构;同年4月,省编办《关于省交通厅重点办增挂农村路网管理处牌子的通知》(晋编办字[2004]49号)文件,增挂农村路网管理处牌子,核定事业编制5名,处级领导干部职数1名。同年8月,省编办《关于山西省重点公路工程建设领导组办公室增挂山西省重点公路建设民营资本项目管理处牌子的通知》(晋编办字[2004]162号)文件,增设民营资本项目管理处(2007年省厅以晋交人字[2006]254号文件上报省编办更名为社会资本项目管理处),增加处级领导干部职数1名。2007年5月,根据省委书记张宝顺、副省长牛仁亮重要批示及《公路法》、交通部《公路建设监督管理办法》和省政府[2007]19次专题会议纪要要求,省编办下发《关于山西省重点公路工程建设领导组办公室机构编制的通知》(晋编办字[2007]110号)文件,成立山西省交通厅重点公路工程建设办公室,与山西省重点公路工程建设领导组办公室合署办公,一套机构两块牌子,增加事业编制8名,核定事业编制33名(包括农村路网管理处事业编制5名)。增加处级领导干部职数5名,为事业性质的常设机构。

截至2010年底,厅重点办设有综合处、工程管理处、地方协调处、社会资本项目管理处、农村路网管理处(主要负责全省县际及农村公路工程领导组办公室日常工作)5个职能处室。主要职责是:负责全省重点公路工程建设的监督、管理、协调、服务,对高速公路建设期间的工程监督管理提供工程技术指导和服务;负责高速公路征地拆迁的监督管理和前期工作,依据国家有关法律法规制定征地拆迁标准和政策;对全省高速公路建设单位党的建设、党风廉政建设、班子队伍建设和工作人员实行统一领导和管理。农村路网管理处主要职责是:负责全省县际及农村公路建设、改造工程的管理、监督、协调、服务、指导和宣传报道工作。共有工作人员34名,在册正式人员25人,借调人员9人。正式人员中,占重点办编制任命到建管处3人(李俊生、张于良、石建高),厅办公室借调1人(李栋)。其中,正处8人(刘清平、赵伟、杨绍波、王润民、王维、申水旺、田志发、郭富平);副处2人(冀常军、卫小红)。正科7人(武桂香、李栋、温炳、杨晋涛、梁仁义、张礼宁、杨欣);副科5人(张力、任晓亚、孟九文、梁奇、申浩)。

截至2010年底,全系统续建、新建项目33个,其中,省投省建项目14个,省投市建项目11个,市投市建项目1个,省公路局监管项目4个,BOT、BT项目3个。

厅重点办办公经费从2001年成立大运办以来,一直从公路建设管理经费中列支,2006年正式纳入财政预算经费从高速公路通行费中列支。农村路网管理处的办公经费是从省公路局正式纳入财政预算,经费从公路通行费中列支。建设管理单位经费从项目建设管理费中列支。

针对在建高速公路工程建设战线长、管理分散的特点,经厅党组同意,厅直机关党委研究,于2005年6月正式成立厅重点办党委、纪委,对全省高速公路建设单位党的建设、党风廉政建设、班子队伍建设和工作人员实行统一领导和管理。截至2010年底,厅重点办先后对大同、朔州、长平、太古、平阳、和榆、榆平、岢临、阳黎、高沁、吉河、原神、神河、闻合黄河大桥、太佳黄河大桥16个省投省建项目的党委、纪委进行批复。

全省高速公路从1993年开始修建,到2008年底,已建成太旧、太原东环、晋阳等29个高速公路项目1965公里;到2010年底,有阳城至翼城、晋城环城、闻喜至垣曲、大同至右玉、太原至佳县公路东西段、汾阳至平遥、平遥至榆社、阳泉至盂县、闻喜东镇至临猗孙吉10个项目734.9公里全线通车;有忻州至保德、灵丘至山阴、长治至平顺、陵川至高平4个项目379公里部分路段通车,使全省高速公路总里程突破3000公里,在全国位次由2009年17位前移至11位,全省88个县通高速公路,圆满实现省委、省政府提出的"十一五"高速公路建设目标。

2009年开工高速公路项目27个,建设总里程2071.4公里,概算总投资1296.6亿元,共占用土地约18.68万亩。分别是:阳城至翼城、晋城环城、闻喜至垣曲、忻州至保德、五台山至忻州、大同至右玉、太原至佳县东段、太原至佳县西段、灵丘至山阴、平遥至榆社、汾阳至平遥、阳泉至盂县、太原至古交、临汾环城、运城至芮城、闻喜东镇至临猗孙吉、京昆与青兰高速公路临汾联络线、陵川至高平、大同至浑源、长治至平顺、河津至运城、临汾至吉县、天镇至大同、朔州环城西南段、榆社至和顺、浑源至广灵、榆次至祁县。

2010年开工高速公路项目14个,建设总里程1027公里,概算总投资870.2亿元,共占用土地约10.09万亩。分别是:太原至阳泉、山阴至平鲁、霍州至永和关东段、霍州至永和关西段、临县至离石、五台山至盂县、吕梁环城、阳泉环城、浑源王庄堡至繁峙、繁峙至原平大营、高平至沁水、岢岚至临县、忻州环城、阳泉至左权。

2011年计划开工高速公路项目11个,建设总里程510公里,概算总投资451亿元,共占用土地约5.05万亩。分别是:太佳黄河公路大桥、左权至黎城、原平大营至神池、神池至河曲、吉县至河津、长治至临汾、黎城至长治拓宽改造工程、三门峡公铁黄河大桥连接线、芮城黄河公路大桥、京新高速公路在晋、临猗黄河大桥。

2011年高速公路预备项目6个,建设总里程501公里,概算总投资366亿元,共占用土地约5.01万亩。分别是:离石至隰县、隰县至吉县、黎城至霍州、神池至岢岚、右玉至朔州环线、朔州环线至神池。

二、认真抓好九项工作

自成立以来,根据省委、省政府战略目标,按照省交通厅决策部署,厅重点办分工负责,各负其责,积极协调当地政府和相关部门,主动靠前,扎实工作,为推动全省重点公路工程建设作出显著成绩。

(一)抓目标,注重各项工作的考核落实

为把全省交通运输发展规划和年度工作任务真正落到实处,实现全省年度重点公路工程建设目标,从2004年开始,每年在全省交通工作会议之后,组织召开全省重点公路工程建设工作会议,在认真总结上年工作经验教训基础上,针对当年工程建设目标和工作任务,将工程质量、进度、安全管理、投资控制、党的建设、廉政建设、精神文明建设以及前期工作和基础管理等逐项分解,制定出全省重点公路工程建设项目年度工作目标责任书,在全省重点公路工程建设工作会议上,与各建设单位签订工作目标责任书并按要求进行日常和年度考核,并以全省重点公路工程建设联席会议方式,通报建设单位完成情况,以此推动工作。尤其是2008年新一轮高速公路建设以来,厅重点办集中全系统智慧和力量,协助分片包干厅领导,外抓协调,内抓落实,调动各方面积极因素,全力加快项目前期工作和加大项目开工力度。按照厅党组统一安排,除参与每月省重点工程调度会议,为会议提供资料以外,厅重点办还组织召开每月一次全省重点公路工程建设调度会,通报全省在建高速公路建设质量检查情况,研究解决项目存在的问题,并对在建高速公路建设项目进行排队打分,共为会议提供相关汇报材料近300多万字,并按时下发调度会议纪要;每月及时动态更新、汇总上报项目前期进展情况统计报表,为厅领导决策提供参考依据;同时,厅重点办党委班子成员及各处领导经常分赴全省各个建设工地检查工程建设进度,帮助解决工程建设难题。经过几年的工作实践和逐步完善充实,全系统目标责任考核体系基本完善,自上而下一级对一级考核管理和自下而上一级对一级负责的责任网络基本形成。

(二)抓监管,注重质量控制和管理水平的提高

为进一步加强质量的监督控制,厅重点办采取加强工程管理的有效措施,落实岗位责任,执行工程质量责任终身制,建立"工程质量责任卡",完善质量档案,明确责任目标,实现质量管理程序化,质量控制全过程。各建设项目严格按照精细管理要求,严格落实全省公路建设高危工程强制性要求和安全检查评价标准,树立全过程、无缝隙的工程管理理念,建立一环扣一环管理链,严格遵守技术规范与操作规程,优化施工工艺。对工程管理链条中出现的任何薄弱环节和管理死角,在工程的任何细节出现缺陷,都要以"零容忍"的责任心防范和处理。根据在建项目进展情况,适时组织建设管理单位对桥涵、隧道、路基、路面等重要部位、关键工序、隐蔽工程、薄弱环节等进行检查排查;重点管控项目,以派出质量督察组、专家督导组等形式进行重点督察。尤其是新一轮高速公路建设以来,厅领导每月主持召开一次重点公路建设调度会,了解工程进展情况和质量检查情况,督察落实整改措施。同时,厅重点办每年还联合省重点办、省交通质监站等单位,抽调有关专家和技术人员,对所有在建项目进行为期1月至2个月的工程质量大检查,查资料、看现场、做试验、量实体、对数据,针对问题,及时通报,现场处理;不能现场处理的,限期整改。先后建立高速公路隧道、高墩大跨桥梁等重大危险源监管台账,实行动态监管,严肃查处质量安全问题,完善质量监管体系。截至2010年底,所有建成通车的高速公路工程项目,质量达到优良标准。

与此同时,为进一步加强重点公路工程建设市场,提高管理水平,除坚持几年不间断、不定时开展工程转包和违法分包专项检查外,还根据交通部《公路建设市场信用体系指导意见》和省交通运输厅《山西省公路建设市场信用评价管理办法》等有关规定,结合全省实际,制定出台《山西省重点公路工程建设项目从业单位履约管理及考核办法》,明确建设管理单位的管理责任,细化量化从业单位履约考核内容和标准,建立从业单位履约台账,完善动态记录、月终汇总、季度考核、年度综合评价履约考核体系;制定下发《高速公路工程设计变更管理办法》、《高速公路工程建设管理绩效考核办法》等,层层建立质量责任制,加强质量档案体系建设。截至2010年底,在建的高速公路建设项目工程质量始终处于有效受控状态。

(三)抓安全,注重工程建设的隐患排查与监管

安全是重点公路工程建设的生命,抓安全排隐患这根弦始终没有放松。自成立以来,全系统自上而下始终坚持"安全第一,预防为主"的方针,严格执行《山西省交通运输厅公路建设项目高危工程施工安全强制性要求》和《山西省公路工程施工安全检查评价办法(试行)》,强化安全生产专项整治工作,建立严密的安全生产责任制体系,加强安全生产宣传教育,定期进行安全检查和监督。成立安全生产领导组和工作机构,建立安全生产责任制,认真组织开展"质量安全年"活动、"安全生产隐患排查、安全生产专项整治"活动和公路工程"监理企业树品牌、监理人员讲责任"行业新风建设活动以及"平安文明工地创建"活动,加大履约考核管理力度,特别是重点对高危工程和安全问题易发、高发工序进行拉网式排查,做到早发现,早解决,早落实。同时,树立"以人为本"、"安全建设"理念,在广大筑路员工中广泛开展安全生产宣传教育,加强日常安全管理,特别对桥涵、隧道、防护工程施工作业,地质灾害多发地段以及汛期到来之前,都要提前进行专项排查和检查。每年,厅重点办都配合省安监局、省建设厅、厅运管处、省交通质监站等部门,联合对在建工程进行大规模的专项检查,发现隐患,及时纠正,及时排除,限期整改,追踪到底,做到万无一失,确保全系统近几年来无一起重大安全生产事故发生。厅重点办连年获得省厅安全生产先进单位称号。

(四)抓制度,注重规范夯实基础管理

为进一步规范管理,加强制度建设,根据

省交通厅制定出台的工程廉政建设十项制度和《中共山西省交通厅党组关于进一步加强重点公路工程建设系统党的建设和党风廉政建设的意见》、《山西省交通厅关于全省重点公路工程建设系统人员管理暂行办法》文件，结合全省实际，先后制订出台《全省重点公路工程建设联席会议制度》、《山西省高速公路工程变更管理办法（暂行）》、《山西省重点公路工程保障农民工工资办法（试行）》、《山西省重点公路建设项目从业单位履约管理及考核办法（试行）》、《山西省重点公路工程建设项目从业单位履约管理及考核办法》、《山西省重点公路工程建设系统人事管理暂行办法》、《山西省重点公路工程建设系统科级干部职数审批管理办法（暂行）》、《山西省高速公路工程建设征地拆迁管理办法（暂行）》等30多项管理制度。为使广大高速公路从业单位、管理单位和工作人员切实了解和真正掌握国家、省、厅及有关部门关于高速公路建设管理的各项法律、法规和规章，本着实用便于操作的原则，组织有关人员将近年来国家、省以及交通、建设、发展和改革、国土资源、林业、文物、水利、环境保护、电力、电信等部门颁布实施的高速公路工程建设管理相关法律、法规和文件，重新进行归类、筛选、整理，编印《山西省重点公路工程建设工作手册》，分党务行政、工程管理、征地拆迁3个分册和《山西省农村公路建养管理工作手册》，共272个法律法规和规章制度，为建设单位实际工作提供规范的操作规程，为工程建设管理提供制度保障，使重点公路工程建设系统管理工作逐步走上规范化、制度化、正规化轨道。2010年，厅重点办又组织编印《全省重点公路工程建设管理制度汇编》上下册，并下发给各项目建设单位，使厅重点办机关及项目建设单位工作有章可依。制度的建立和完善，大大提高各级机关的办事效率，综合管理能力得到大幅度提升，为全省重点公路工程建设事业健康发展奠定坚实基础。

（五）抓党建，注重厅党组重大决策的贯彻落实

为把省交通厅党组《关于进一步加强重点公路工程建设系统党的建设和党风廉政建设的意见》真正落到实处，全面加强全系统建设期间党的建设、党风廉政建设、班子队伍建设，重点办党委组织党员干部学习贯彻党的十六大、十七大、十七届四中、五中全会精神和党的路线、方针、政策，认真落实厅党组重大决策，制定出台厅重点办党委会议、党员学习、组织生活、“一课三会”等20多项制度，适时举办政治理论培训班，认真组织开展先进性教育、科学发展观教育、学习型党组织建设和创先争优、劳动竞赛等系列活动，建立健全党的基层组织。凡是行政领导班子健全的建设管理处，按组织程序都成立党的基层委员会和纪律检查委员会，并理顺党的组织关系；凡是中标进驻重点公路工程建设工地的承包商，在组建工程建设项目管理机构的同时，都要相应成立党的基层组织，加强流动党员管理，在建设管理处党委统一指导下组织开展党的各项工作。截至2010年底，全省重点公路工程建设系统共有28个党委、532个党支部、5047名党员。绝大多数从业单位也相应建立工地党、工、团组织，把企业文化延伸到施工一线，组织建设进一步得到加强。与此同时，根据《山西省交通厅关于加强重点公路工程建设系统人员管理的意见》、《关于进一步加强重点公路工程建设系统人员管理的通知》等，对在建项目的机构、编制进行核定，对人员加强管理。每年组织召开党委书记座谈会，深入推进“围绕工程抓党建，抓好党建促工程”的工作思路和工作措施，不断总结重点公路工程建设领域加强和改进党建工作的经验，切实增强基层党组织和党员干部的凝聚力、创造力和战斗力。2008年至2010年，有95个单位、562名同志分别被省交通运输厅党组、厅直机关党委授予“先进基层党组织”和“优秀共产党员”、“优秀党务工作者”称号；有68个单位、568名同志分别被省交通运输厅评为“先进集体”、“先进单位”和“先进工作者”、“先进个人”；有280个单位、764名同志立功受奖；有166名同志加入党组织。厅重点办党委、纪委连续5年获厅党组先进基层党组织称号；同时厅重点办

2009年被省交通运输厅授予“庆祝新中国成立60周年系列活动优秀组织奖”;被中国海员建设工会表彰为“2009年春运农民工平安返乡(岗)安全优质服务劳动竞赛先进集体”,被人社部和交通运输部授予先进集体,在全省交通运输系统第二届高速杯职工乒乓球比赛活动中荣获“团体第二名”及“优秀组织奖”;2010年被中共山西省直工委授予“山西省重点公路工程建设系统创先争优活动先进基层党组织”荣誉称号,被山西省公路运输工会授予“山西省交通运输系统晋济杯职工篮球联赛优秀组织奖”;2006年、2010年被山西省劳动竞赛委员会授予“山西省五一劳动奖状”,;2010年,厅重点办综合处、工程管理处、地方协调处、社会资本项目管理处4个处室分别被省劳动竞赛赛委员会荣记集体二等功一次,还有其他个人获得省、部、省厅荣誉称号等。党委的政治核心作用、党支部的战斗堡垒作用和党员的先锋模范作用得到充分发挥,保证厅党组重大决策的贯彻落实,推动全省重点公路工程建设总体目标和任务的圆满实现。

(六)抓廉政,注重惩治和预防腐败体系的建立和完善

近年来,厅重点办党委、纪委高度重视反腐倡廉工作,坚持标本兼治、综合治理、惩防并举、注重预防的工作方针,着力在构建教育、制度、监督并重的惩治和预防腐败体系上下工夫,将反腐倡廉建设寓于推进交通运输改革发展的各项政策措施之中,严格程序,严格制度,严格监督,把“不是查不出问题,而是没有问题可查”作为全系统各级党组织及每个人从政办事的总要求,不断完善教育、制度、监督并重的惩防体系。各项目建设单位全面推行廉政责任制、廉政合同制,严格执行交通基础设施廉政建设十项制度,对工程招标投标、设计变更、资金使用、物资采购等容易滋生腐败的关键环节作了进一步规范,纪检监察部门全程参与工程投标、招标、评标监督,有效克服工程建设中的腐败现象。在项目建设管理过程中,始终把反腐倡廉建设放在突出位置,紧紧抓住教育、制度、监督三个关键环节,突出四个重点。即:以严明政治纪律为重点,确保中央和上级党组织重要决策部署的贯彻落实;以执行《廉政准则》为重点,深化各级领导干部的廉洁自律工作;以开展工程建设领域突出问题专项治理为重点,打造健康阳光工程;以实行问责制为重点,提高各级党政领导干部的责任意识。大力开展治理商业贿赂、“十公开”和“阳光工程”活动,严格按照《全省重点公路工程建设系统建立健全惩治和预防腐败体系2008年至2012年实施方案》,着力构建全省重点公路工程建设特色的惩治和预防腐败体系;认真组织开展全省重点公路工程建设领域突出问题专项治理工作,对招标投标、设计变更、计量支付、资金使用、物资采购、工程转包、违法分包等工程建设重点环节进行有效监督和专项检查,公布举报电话、举报信箱,设立举报箱,畅通举报渠道,主动接受社会各界监督。同时,加强信访接待工作,认真解决群众反映的征地拆迁补偿费不到位、拖欠工程款和农民工工资等突出问题,并以采取请进来邀请专家教授举办廉政讲座、培训班和走出去到各省学习参观,召开工程建设廉政工作经验交流会、座谈会、现场会,用身边的事教育身边的人,大力选树和宣传廉政典型等方式,始终将反腐倡廉寓于推进高速公路建设又好又快发展的各项政策措施之中,为重点公路工程建设提供坚强政治保证。

(七)抓宣传,注重营造和谐建设氛围和舆论造势

按照省交通运输厅党组安排和厅领导指示,厅重点办连续多年与厅新闻宣传中心,联合组织新华社山西分社、人民日报山西记者站、山西日报、山西人民广播电台等10多家新闻主流媒体记者,组成采访采风团,及时宣传重点工程建设成就;创办《山西省重点公路建设》内部刊物,及时发布政策法规、经验交流、理论探讨等信息,深入挖掘典型经验,提炼筑路文化,为全系统工作交流提供载体,为全省重点公路工程建设项目创造良好的建设环境和舆论氛围。同时,为进一步激发广大筑路员工的建设热情,按照厅党组要求,每

年组织省内各界新闻媒体对在建项目进行采风活动，组织文艺队和省军区宣传队分赴各在建项目进行巡回慰问演出，极大地鼓舞全省高速公路建设者斗志；2009年，在举国欢庆、喜迎建国60周年之际，厅重点办按照厅党组安排，承担了由省委宣传部和省交通运输厅联合主办的“山西公路建设60年成就展”筹备任务，为山西公路建设创造良好外部建设环境提供重要平台，得到省四大领导班子领导和社会各界广泛好评，为全省重点公路工程建设各项年度目标任务圆满完成提供强大精神动力。

（八）抓协调，注重沿线群众和农民工利益的有效保障

为切实维护全省重点公路沿线人民群众和广大农民利益，针对全省尚无统一征地拆迁补偿标准实际，从2006年开始，在厅领导组织下，起草出台《山西省高速公路工程建设项目征地拆迁管理办法》、《山西省高速公路拆迁补偿安置标准》，与省国土厅确定的《山西省高速公路征地补偿暂行标准》一并下发执行，征地拆迁补偿费标准大幅提高，沿线农民利益基本得到保障。同时，结合重点公路工程建设领域农民工工资管理状况，相继制定《保障农民工工资的管理办法》、《保障农民工工资补充管理办法》，定期不定期组织专人对在建管理单位、从业单位进行农民工工资专项检查和落实，完善农民工进出机制，实行每月从施工单位计量支付中暂扣5%资金作为解决农民工工资储备金制度。同时，加强对从业单位履约行为的考核管理，初步建立起重点公路工程建设领域诚信市场的监督管理体系，按年度公布信用评价结果。

大规模建设的序幕拉开后，省领导直接联系重点公路工程建设项目，先后多次分别深入各自联系的高速公路施工现场进行督导，进一步督促有关职能部门加强协调配合，解决工程建设中存在的困难和问题，全力以赴服务推进重点公路工程建设；省重点工程建设领导组每月召开一次调度会，省领导听取公路建设汇报，并亲自主持解决工程建设中的诸多难题，省四大班子其他领导也多次深入施工现场慰问指导，为全省重点公路工程建设项目创造良好建设环境和舆论氛围；省发改委、财政、劳动、国土、环保、建设、水利、林业、文物、公安、省重点办、通信、铁路、电力等部门，想交通所想，急交通所急，积极主动为重点公路建设创造条件。地方各级政府把公路建设作为本地区最重要的重点工程来抓，积极改善投资环境，主动承担项目建设，有力推动工程建设。在各级领导关怀下，在各兄弟单位配合下，厅重点办协助厅领导按照分片包干责任，不断加强内部督导、横向协调、上下沟通，积极主动为高速公路建设项目服务，妥善解决好项目用地、审批等问题，有效化解路地矛盾，切实维护广大农民群众和农民工的利益，为工程建设创造良好外部环境。近几年来，基本上未发生拖欠工程款、征地拆迁补偿费和农民工工资群访事件，省交通运输厅对外承诺的实事基本兑现。

（九）抓素质，注重服务质量和工作效率的提高

为把全省交通运输发展规划和年度工作任务真正落到实处，实现全省年度重点公路工程建设目标，厅重点办党委一班人十分注重提高机关工作人员素质，提升服务质量和工作效率。始终把工作着力点放在一切工作面向工程建设一线，充分发挥监督、管理、协调、服务职能，竭尽全力为厅领导做好参谋，当好助手，加强学习培训，注重工作人员素质的全面提高，努力创建学习型机关；切实转变工作作风，大力倡导团结协作、民主集中、开拓创新、务实奉献的风气，努力创建团结型机关；注重工程建设一线新情况、新问题的分析、研究、解决，努力创建效能型机关；注重工程质量、安全、廉政等工作目标责任管理体系的充实完善，全面实行制度化、系统化、标准化、规范化管理，努力创建创新型机关；注重贯彻落实厅领导指示和协调解决基层实际困难，努力创建服务型机关。先后协助省交通厅牵头组织工程建设项目奠基、通车仪式等大型活动40余次，承办全省重点公路工程建设领导组会议、工作会议、重点公路工程建设联席会、推进会、座谈会、经验交流会、现场会

以及与地方政府及省直有关部门协调会议370余次,协调组织并陪同国家、省、部、厅领导视察重点公路工程80余次,举办各类讲座、培训班46次,组织外出学习考察16次,组织开展全系统各类大型专项检查30余次,接待群众来信、来访、来电1100余件次,帮助基层建设单位解决和化解各类大型纠纷事件120余件。机关工作作风明显好转,工作质量、运作效率和服务水平明显提高,有力保证全省重点公路工程建设整体向前推进。

第七节　全省村村通水泥(油)路全覆盖工程建设的改革实践

2001年以来,在省委、省政府正确领导下,在交通运输部大力支持下,全省交通系统广大干部职工认真学习实践科学发展观,贯彻"三个代表"重要思想,服从服务于"三农"工作大局,大力实施通乡油路、村村通水泥(油)路工程,加快农村公路建设,取得巨大成绩。2005年所有乡镇通水泥(油)路,2007年99.9%行政村通公路,2008年88%行政村通水泥(油)路,2009年96%行政村通水泥(油)路,2010年实现具备条件建制村通水泥(油)路全覆盖。全省农村公路建设的主要做法是:发挥"一个优势",推动"两个转变",履行"三项职责",搞好"三个结合";围绕"全覆盖"目标,加强监督指导;坚持建养并重,实现可持续健康发展。

一、发挥一个优势

即山西人民自强自立、艰苦奋斗的精神。

修路架桥,被推崇为行善积德、泽被后世的善举,虽然历史上对路没有太多记载,但在历朝历代都有所发展。进入21世纪,党带领人民修路,是实践"三个代表"重要思想,坚持立党为公、执政为民,全面建设小康社会的具体行动,是造福人民的民心工程。正如老百姓所讲:唐朝修庙,宋朝修祠,明朝修墙,清朝修园,几千年的工程都是为统治者利益服务的,共产党领导人民修路,这才是真正为老百姓办实事。

截至2000年底,全省仍有254个乡镇不通油路,18 289个行政村不通油路,1945个行政村不通公路。农村长期落后的局面、农产品长期滞销的无奈、农村资源长期得不到开发利用、抱着银碗讨饭吃的痛苦,以及东部地区改革开放的变化,使山西人民更感到路的重要,广大人民群众盼路、修路的愿望越来越迫切。2001年,长治市黎城县一年基本实现村村通水泥路的伟大创举,使全省农村公路建设出现新的转机。黎城县委、县政府带领人民大搞义务修路,在政府每公里只补助1万元的情况下,全县人民一年完成通村水泥路220公里,使全县86.1%的行政村通水泥路。从黎城县,看到的不仅仅是220公里,更重要的是,看到山西人民自强自立、艰苦奋斗的拼搏精神,这才是全省农村公路发展的希望所在。

在市场经济不断发展的新形势下,精神的作用到底有多大?带着这个问题,省交通厅领导在长治进行试点。长治人民在这场新时期的"上党战役"中,大力发扬太行精神和老八路的优良传统,资金不足精神补,水泥不足石头补,机械不足力气补,一年完成通村水泥路3138公里,使全市基本实现村村通水泥路,创造全省农村公路建设的"奇迹"。

如果说黎城经验是省交通厅领导萌发农村公路建设新思路的话,那么长治市推广黎城经验的试点成功,则是这个思路形成的过程。黎城、长治的成功实践使厅领导深深感到,人民是推动历史前进的根本动力,群众才是真正的英雄。山西虽然穷,但在长期的革命、建设和改革中,山西人民形成了一种不向困难低头、不服输、不服气、不甘落后的性格,形成了一种自强自立、艰苦奋斗的精神。全国人大代表申纪兰就是其中的典型代表。长治市和黎城县一年实现村村通水泥路的实践证明,这种精神不仅是过去取得革命和建设胜利的法宝,而且是今天发展事业的宝贵财富和力量源泉,永远是夺取胜利的优势所在。

二、推动两个转变

即农村公路建设由部门行为向政府行为转变,由政府行为向社会行为转变。

在第一个转变过程中,主要是实施引导、

规划、协调"三部曲"。

搞好汇报。长治市村村通水泥(油)路成功后,省交通厅立即向省委、省政府分别作了专题汇报,结合党和国家对"三农"工作及对农村公路建设的方针政策,以及全省农村公路现状,汇报农村公路建设对解决"三农"问题的紧迫性,农村公路对实现脱贫致富达小康的重要性,并向各市(地)广泛宣传长治、黎城的成功经验,太行老区人民群众战天斗地、艰苦奋斗的精神,争取各级政府的支持。

搞好规划。结合"三网"并重原则,省交通厅组织编制农村公路建设方案,提出"十五"期间农村公路建设的目标、任务及措施,为省政府科学决策提供依据。

搞好协调。积极争取交通部、国家发改委等部门,加大对全省农村公路建设的投入,并协调省发改委、省财政厅及金融部门,从政策上、资金上给予指导和支持,协调新闻宣传部门,加大农村公路建设宣传力度,营造良好舆论氛围。

国家的政策、人民的呼唤特别是人民群众在"村村通"工程中表现出来的巨大热情与可贵精神,进一步坚定省委、省政府加快农村公路建设的信心和决心。2002 年 4 月,省政府做出了加快农村公路建设的决定,成立由分管副省长挂帅的农村公路建设领导组办公室,并出台《加快农村公路建设实施意见》。以省政府在长治市召开全省县际公路暨农村路网建设动员大会为标志,一场牵动 2000 万农民根本利益的农村公路建设大决战在三晋大地正式拉开序幕。2002 年以来,省委、省政府定期听取农村公路建设工作汇报;每年召开一次全省农村公路建设工作会议,书记、省长亲自动员、亲自部署;每年与各市地签订农村公路建设责任书,严格考核,严格兑现。几年来,省政府把建设通村水泥(油)路列为为民办的十件实事之一,农村公路建设成为各级政府必须抓、必须抓好的一项重要工作。

实现第二个转变的主要做法是"四轮驱动"。

第一,政府推动。从省里到乡村,政府"一把手"对农村公路建设亲自抓,实行"五长"(省长、市长、县长、乡长、村长)攻坚责任制,层层签订责任状,明确目标,责任到人,一级抓一级,一级带一级,一级对一级负责,一级向一级交账,年初建账,年中查账,年底算账。各级党委、政府把农村公路建设作为促进农村经济发展的重要措施,纳入本地经济建设总盘子,全党动员,全民发动,对公路建设项目实行"六包",即政府包面,领导包乡,部门包村,包工程量,包工期,包质量,一包到底。长治市四套班子同时上阵,分片包干,实行"三个一"制度:即包好一个乡,修成一条路,修通一个村;市直属单位对口帮扶,每个单位包一个困难村。阳泉市 39 个市级领导每人联系一个乡,86 个市直属单位对口帮扶 102 个困难村,实行责任、进度、结果"三公示",保证公路建设整体推进。忻州市为把当地丰富的青石资源利用到农村公路建设上来,分管副市长专门带领各县区分管副(区)长实地考察云南的弹石路面。在农村公路建设中,各级领导干部身先士卒,率先垂范,主动深入公路建设一线指导工作,发动群众,参加劳动,验收工程,涌现出了一批"路书记"、"路市长"、"路县长"。特别是各县(市、区)委书记和交通局长们,主动放弃节假日、公休日,与群众一起吃住在工地,现场办公,现场督导,现场解决问题;乡村干部冲锋在前,吃苦在前,舍"小家",为"大家",勇挑急、难、险、重任务,不仅在实践中摸索经验,取得领导工作主动权,而且用实实在在行动,教育、感染和激励广大人民群众。群众从干部身上看到党和政府为民办实事、办好事的决心和信心,从而进一步激发修路热情。黎城县日出勤人数最高峰时达到 5.3 万人之多,占全县总人口的 33.8%。

第二,政策调动。为进一步调动地方修路积极性,省交通厅打破以往对地方县乡公路建设切块补助的办法,引入竞争机制,实行以奖代补,鼓励积极性高的市地,多干多补,少干少补,不干不补,超额重奖。年底由省公路局组织验收后,通村水泥路(油路)按每公里 1 万元补助。对一年内完成 300 公里以上的县(区、市),再奖100万元;完成400公里以上的,奖励150万元;完成500公里以上的,奖励220万元;完成600公里以上的,奖励320万元;完成700公里以上的,奖励460万元;完成800公里以上的,奖励600万元。奖励资金实行专款专用,主要用于安全、排水、防护工程完善,其目的就是要激励地方既要多修路,又要修好路;既要提高路网通达深度,又要提高公路通行能力、抗灾能力和安全保障能力,保证公路安全畅通。2002年至2005年,省交通厅仅在村村通工程上,就拿出补助奖励资金8.7亿元,虽然公路建设资金十分紧缺,但宁肯多贷款多负债,也要兑现承诺。市县两级政府抓住机遇,结合本地实际,也出台了一系列扶持政策,加大对农村公路建设投入。税费征收能免则免,能减则减,并积极开辟新的资金渠道。有的从地方财政收入中切出一块专门用于农村公路建设,有的从煤炭等矿产品销售收入中提取一定比例作为农村公路建设专项基金。阳泉市每年从财政中拿出1000万元用于农村公路建设;晋中、大同、忻州实行重点工程建设地方税收先征后返,并从新增的地方财政收入中切出一块,从吨煤销售收入中提取1元、非煤矿产品中提取2元,专门用于农村公路建设。晋城市在省补助到位之前,市政府贴息,市交通局贷款同步兑现省补助资金。高平市政府取消建市庆典活动和政府办公楼改造工程,把省下的钱全部用于农村公路建设。俗话说,人叫人干人不干,政策调动千千万。这些政策,大大调动了全社会修路的积极性。全省农村公路建设由开始的发动修到后来比着修,最后成了群众抢着修、逼着干部修。朔州市应县把县里补助资金变成水泥供应,老百姓主动请缨:只要拉回250吨水泥,就能修出1公里水泥路。由于县水泥厂生产不出水泥,有几个村的干部没能拉回足够水泥,差点被村民炒了鱿鱼。公路沿线企业从修路中看到了企业效益,主动捐资修路,少的几万元,多的达几百万元。灵石县公路沿线受益煤矿,一年共为农村公路建设捐资1.2亿元。

第三,典型带动。典型就是导向,典型就是力量。在这次农村公路建设大决战中,省交通厅把长治市作为先进典型推向全省,在全省县际公路与农村路网建设动员大会上,省政府对长治市重奖500万元,省交通厅厅长亲自参加长治市“村村通”工程总结表彰大会,为先进县市和先进个人颁奖。同时,省政府和省交通厅两次组织各市地县分管副市长、副专员、副县长和交通局局长赴长治市实地参观学习。各市县对照长治找差距,以长治经验为动力,苦干、实干、大干,使长治经验深入人心,真正成为全省农村公路建设战线上的一面旗帜。许多老百姓说:“论地形,我们不比长治差;论体力,我们不比长治人弱;论智慧,我们不比长治人傻;长治人能办到的,我们也能办到,而且要办得更好。”在长治经验带动下,全省又涌现出一大批农村公路建设的新典型。2002年至2005年,全省共完成村通水泥(油)路75 875公里,一年完成通村水泥路1000公里以上的市就达到5个。特别是太行、吕梁山区的几个国家级贫困县,群众义务修路热情高,力度大,成效显。阳城县一年完成700公里,忻府区、平定县一年完成600公里,壶关县一年完成534公里,右玉县一年完成384公里,平顺县一年完成347公里。

第四,舆论促动。各级党委、政府充分发挥党的政治优势,层层召开公路建设动员会、鼓劲会、誓师会,层层组织,层层宣传,层层发动,充分发挥新闻宣传部门的舆论优势,开辟专栏、专版、专访,开动一切宣传机器,全方位、多角度、深层次宣传报道,大力宣传“三个代表”重要思想,宣传农村公路建设的重大意义,宣传农村公路建设中涌现出来的先进典型,为农村公路建设造势鼓劲,摇旗呐喊,营造了一个大干氛围。修路的声势越来越大,范围越来越广,力量越来越强。黎城县实施舆论发动“千百万工程”,从县直属机关抽调1000名干部,深入到100个重点村,联系10 000个农户,进行重点联系、重点发动,把工作做到每村、每户、每个人。长治市组织13位作家走进山区,走上蜿蜒乡村水泥路,采访人物,体验生活,一部反映当代“上党战役”的报告文学《感动太行》问世。

“两个转变”不仅使农村公路建设深得民心，而且实现“民心工程”人民建。在农村公路建设中，全省人民不计得失，不讲报酬，义务投工投劳，不惜捐款捐物，涌现出了许多感人事迹。全国唯一第一至十一届全国人大代表申纪兰老大姐不顾年迈，带领群众“扛着撅头，挑着箩头，啃着窝头，斗着石头，越干越有劲头”。壶关县鹅屋乡发动全乡3500余人，连续大干40天，动用路基土石方12万立方米，人均16立方米。襄垣县狐燕窝村男女老少齐上阵，沁源县赵寨村15个70岁老汉，每天坚持战斗在工地一线，村民们称他们是“七十老汉赛黄忠，修通大路为子孙”。长治人民为了修通致富路，老人拿出棺材钱，姑娘取出嫁妆钱，小孩掏出压岁钱，有的农民还献上卖猪、卖羊、卖粮钱，市直属各单位和人民群众共为农村公路建设捐资近5000万元。晋城市630个市直属、县直属单位，共为村村通工程捐资6212万元。平顺县黄坪村党支部书记常书发，身患肝癌仍带领群众战斗在修路一线，14岁的女儿心疼父亲，将留了好几年的长辫子剪下卖了90元钱给父亲买药，可常书发却把钱捐出去修了路。当一条8公里的水泥路修成，群众载歌载舞欢呼时，常书发同志却永远离开了他深深热爱的故土。出殡那一天，长治市市委书记亲自为他抬棺，1000多名群众挥泪为他送行。

对于交通部门领导来讲，深深感到：“两个转变”最大的成功就是解决了长期困扰农村公路建设的资金问题。在建设中，全省通村水泥路工程的资金大体由五块构成。一是省里补助资金，二是地方财政投入，三是政府机关、事业单位和公路沿线企业帮扶资金，四是农村在外工作人员捐资，五是群众义务投工投劳。据统计，2002年至2003年，全省仅通村水泥路建设就完成投资35亿元，除省交通厅补助的2亿元及地方财政、机关企事业单位配套和帮扶的8亿元外，其余25亿元基本上是靠群众义务投工投劳及捐资捐物完成的，占完成总投资71%。也就是说，省交通厅用2亿元资金，调动社会各界力量，完成35亿元工程量，真正起到“四两拨千斤”的作用。实践再次证明，当政府部门的决策与群众的利益相一致时，群众就会迸发出极大的革命热情，并转化为巨大的精神力量和物质财富。

三、履行三项职责

即规划设计、技术服务、质量监管。

农村公路建设不仅需要各级党委、政府的强有力组织和人民群众的热情参与，更需要交通部门的科学指导与严格把关。在农村公路建设中，各级交通部门加强行业管理，搞好技术服务，从而保证农村公路建设的健康发展。

*第一，科学规划，注重实效。*省交通厅从促进城乡经济协调发展出发，制定了“尽力而为、量力而行，注重实效、确保质量，因地制宜、就地取材，保护生态、改善环境”的农村公路建设原则，并从保证质量的角度出发，制定通村水泥路施工最低技术标准，路面宽度不低于3.5米，厚度不少于18厘米。地方各级交通部门组织专业技术人员实地勘察，对线路走向、线形和建设标准进行科学规划与设计，对村庄相对集中的平原及微丘地区，力求形成循环；对地形复杂的山岭重丘区，以相对集中的乡村连通为原则进行规划；对人口稀少的偏僻山庄，暂不进行规划。在建设中，实事求是确定路面结构和建设标准，不搞“一刀切”。路面结构选择注重发挥当地资源优势，省交通厅之所以鼓励建设水泥路面，是因为全省水泥资源丰富，与之相配的石子、沙子也很丰富；修筑水泥路面，不仅成本低，还可拉动地方产业发展；水泥路面坚固耐用，使用周期长，维护既方便又成本低；水泥路面施工工艺简单，有利于充分利用劳动力资源。对于建材丰富的乡村，因地制宜设计耐火砖路面、石板路面等，既减轻乡村资金压力，又发挥农村的人力、物力资源优势。路面宽度的确定尽量考虑需要与可能的关系，在保证路面不低于3.5米前提下，经济发达地区可宽一些，设置会车带和安全防护设施，保证行车安全。

*第二，加强技术指导，搞好技术服务。*各

级交通部门对各乡村实行“三支援”,即技术支援、设备支援、人才支援,把工程建设的具体操作规范和技术标准编印成手册,分发到各乡村,组织技术人员深入工程一线现场指导,为乡村培训技术骨干,提供服务,培养一批“土专家”,并使大多数群众基本上掌握施工要领;大力推广和应用先进技术、先进工艺,引导重点工程建设施工企业为沿线乡村提供必要的机械设备和施工、监理服务,既优化重点工程建设外部环境,又使农村公路建设提高工效,降低成本。

第三,加强监督,严把“三关”。质量、廉政、农民负担事关党和政府的形象,事关农村公路建设成败。省交通厅在全省交通系统设立质量、廉政、农民负担三条高压线,严格监督,狠抓落实。一是建立责任制,严把质量关。省交通厅把质量管理作为农村公路建设的头等大事来抓,从工程设计到建成投入使用,从设计、用料到施工、监理实行全过程、全天候、全方位监督与管理,层层签订质量责任状,实行质量责任追究制,并把每条路段负责人和技术质量负责人的名字刻在石碑上,对工程质量终身负责。各级交通部门都成立技术质量监督组,坚持群众投工投劳与专业队伍施工、人工作业与机械作业“两个结合”,严把备料、路基压实、路面铺装、工程验收“四道工序”,上道工序不合格者不得转入下道工序。在路基整修阶段,新填路基必须经交通部门验收合格后方可铺路面,对达不到要求的路基坚决不铺装路面;对采备的路面材料,必须经质量监督部门逐村逐段进行严格检查,不符合要求的退掉重备;路面完工后,必须经交通部门验收,验收不合格不得投入使用。出现质量问题时,从严追究责任。二是严格资金管理,严把廉政建设关。对公路建设资金,实行专款专用、专人管理;不提一分管理费,不养一个人,不报一张条子,全额用于工程建设。即使是购买水泥、沥青或租赁设备,也要精打细算,货比三家,优中选优,优中选廉,使有限的资金发挥出最大效益。同时加强审计监督,严防资金挪用和贪污浪费。三是严格执行国家政策和法律,严把农民负担关。不论是通村水泥路,还是通乡油路,都必须执行党在新时期的“三农”政策,严格按《公路法》等法律法规办事,工程技术标准充分征求农民意见,义务投工、捐款捐物完全按照农民自愿原则组织,不搞行政命令,不搞乱摊派、乱收费、乱集资,不增加农民负担。正是由于省交通厅严格把住了这几条原则,农民把村村通水泥路与费税改革、农网同价一道,誉为当前农村的三大喜事。记者就此问题曾采访全国人大代表申纪兰同志,她说:“修路、种树、打粮食是农民的三大任务,农民出力给自己修路,就好比自己出力给自己盖房,怎么能说是增加负担呢?”

四、搞好三个结合

即农村公路建设与生态建设、公路养管、客运网络建设相结合。

在工程建设中,省交通厅坚持科学发展观,农村公路建设尽量利用旧路资源,尽量避免大开大挖,防止破坏生态、水土流失。公路建成后,同步实施绿化工程,特别是与高速公路、干线公路、旅游景区相连接的农村公路,因地制宜设计中央绿化带和两侧绿化带,以树为主,以绿为主,以活为主,改善农村生态环境,实现公路与自然的协调发展,公路成为展示现代新农村形象的靓丽风景线。

在工程建设中,省交通厅坚持建成一条,养好一条,积极探索市场经济条件下农村公路养管的新路子。在资金紧缺的情况下,省交通厅每年切出一块资金补助农村公路养护,每年召开一次公路养管现场会,先后推广曲沃、临猗等县和长治市的公路养管经验。全省各地不断加大农村公路养管投入,理顺农村公路养管体制,并把加强公路养护与实施 GBM 工程、文明路建设、绿色通道建设结合起来,分别形成符合本地实际的养管模式,使农村公路养护逐步走上健康发展轨道。

在工程建设中,省交通厅坚持修一条,发挥效益一条。在抓好农村公路建设的同时,按照“立足需求、合理布局、政府引导、市场运作、集约经营、规范管理、安全经济、协调发展”的思路,加快推进农村客运网络化进程。加强农村客运站场规划建设,制订农村客运站场建设规划及实施方案，加大对农村客运站场和简易停靠点建设力度，尽快形成县、乡、村三级配套、功能完善的农村客运站场网络，努力实现公路运输的“无接缝”衔接。加大村村通班车工程实施力度，制定扶持政策，对达到标准的新建公路，积极开通定线定点客运班线，到2008年底，全省95%的行政村通客运班车，从根本上解决农村交通落后的问题。

农村公路建设，促进农村经济社会发展，农民成为公路发展的受益者。一是拉动地方产业和地方企业发展。据测算，仅2001年至2003年3年间，全省农村公路建设就使用沥青23万吨、水泥286万吨、石灰188万吨，可直接增加GDP35亿元。潞城市以路为媒，先后引来外省10多个投资老板，兴建钢铁公司、发电厂、机修厂等7个大中型民营企业，总投资额达1.8亿元。二是促进农村经济繁荣、农民收入增加和区域经济发展。万荣县农民沿公路建成30万亩果园，苹果外销量6年增加6倍，财政收入3年翻两番。吕梁离临柳石扶贫公路通车第二年，该地区吨煤价格提高20元，红枣价格每公斤提高2元，辐射区内70万贫困人口人均增收150元。三是推动小城镇建设，促进农村城镇化，加快全面建设小康社会进程。阳泉市荫营镇村村通油路后，全镇18个村联合打造中国耐火材料基地，一跃成为现代化的工业城镇。右玉县实现村村通水泥路后，县城与周围乡村经济连成一片、生态连成一片，该县一跃成为晋北的一个生态旅游县。

五、全面完成目标任务

即再鼓干劲，不懈努力，围绕实现村村通水泥(油)路“全覆盖”目标，向省委、省政府和全省人民交上一份满意答卷。

2009年，在省委、省政府正确领导下，省交通运输厅全面贯彻党的十七大和十七届三中全会精神，深入学习贯彻科学发展观，按照全国农村公路电视电话工作会议精神和省委、省政府安排部署，围绕“三个服务”，以村通水泥(油)路“全覆盖”建设为重点，加强工程管理，强化过程监督，大力提升管养水平，圆满完成年初制定的各项任务目标，行政村通水泥(油)路率达96%，通客车率达到96%，鲜活农产品运输车辆和季节性化肥运输快速放行96万辆，减免通行费2.66亿元。

具备条件的建制村通水泥(油)路作为省政府五个“全覆盖”最重要任务之一，是全省2009年、2010年农村公路工作中的重中之重。项目计划分三批全部下达，建设资金全部落实并及时拨付。全年完成村通水泥(油)路15 180公里，通村率达到96%，比2008年提高8%，累计完成投资39亿元，新增通水泥(油)路行政村2240个，全面完成2009年“全覆盖”建设任务。另外，阳泉、太原、运城和大同四市已率先完成建设任务，提前实现村通水泥(油)路“全覆盖”。2009年，全省县乡公路改造开工5533公里，完工4686公里，累计完成投资45.1亿元，超额完成年初制定的任务目标。完成危桥改造项目213座8319延米，完成投资1.7亿元，其中中央车购税补助2000万元，省煤炭基金3000万元，其余部分由各市自筹；全省完成社会主义试点推进村2000个，完成村内街巷硬化村1753个，使广大农村交通环境得到极大改善。

2010年，全省新建村通水泥(油)路4627公里，完成投资13.8亿元，新增通水泥(油)路建制村944个，具备条件建制村通水泥(油)路率达到100%，全省28 108个建制村中，除183个不具备条件外，其余27 925个具备条件的建制村全部通水泥(油)路，全面完成省委、省政府交给的“全覆盖”建设任务，同时也兑现了省厅向全省人民的承诺；全省完成农村公路“通未连通”项目、通达项目、县乡公路改造等共计7061公里，完成投资34.9亿元；全省完成危桥改造81座4165.6延米，完成投资1.1亿元；全省完成安保工程处治773处420公里，完成投资0.2亿元。为了将村通水泥(油)路“全覆盖”这项顺乎民心、符合民意、惠及民众的民心工程抓好、抓实，省交通运输厅多次召开专题会议进行安排部署，把各项工作落到实处。

*首先，加强领导，层层发动。*一是明确任

务,落实责任。根据各市上报实际情况将任务分解,将建设计划及时下达到各市,各市又将任务分解到各县,做到任务明确,责任到人。二是各级地方政府坚持“一把手”亲自抓,安排部署,协调服务,及时掌握项目开工、施工管理、进度质量等情况,解决工程建设过程中出现的问题,有效地推动工程建设。如忻州市政府与各县(市、区)签订责任书,并明确要求各县级人民政府要按照职责分工,落实工作责任,层层签订项目工程建设责任书。临汾市为进一步加快工程建设进度,建立“十天一通报、一月一督察、年终总考评”三项制度,有效推动工程顺利进行。另外,各级政府和各市交通运输局层层签订目标责任状,将目标和责任层层落实到县、乡、村,落实到每一级领导头上,一级管一级,一级对一级负责,一级向一级交账,并将其作为年终政府绩效考核的一项重要内容。三是通过召开动员会、鼓劲会,层层发动,层层推进,在全省迅速掀起大干高潮。2009 年 5 月 21 日,经省政府批准,省交通运输厅召开全省村村通水泥(油)路“全覆盖”工程建设推进会;2010 年 8 月 6 日,省交通运输厅在忻州市再次召开全省村通水泥(油)路“全覆盖”工程建设推进会,动员各级政府和交通部门加大力度,加强管理,切实把目标落到实处,确保任务按时完成。通过召开现场会,充分调动各级政府和交通运输部门积极性,进一步坚定广大交通工作者信心,有力推动工程建设,为全面完成全年建设任务目标奠定坚实基础。

*其次,加强前期工作,加快项目开工。*一是按照“注重实效、确保质量,因地制宜、就地取材,保护生态、改善环境”的原则,加快项目设计。为了有效利用施工工期,在国家计划下达之前,积极协调有关部门,及时下达“全覆盖”项目预安排计划,明确建设项目和补助计划,各级交通部门组织专业技术人员迅速开展线路勘察和工程设计,掌握地质资料,确定路线走向、路面结构和构造物标准与设置,尽量避免因设计不合理造成浪费和进度滞后。二是科学安排,提高效率。市县交通部门根据实际,统筹安排各项目、各阶段前期工作,简化程序,加快推进。对“全覆盖”项目,统一实行一阶段设计,市交通局接到项目设计后,抓紧审查、抓紧审批,尽量提高审批效率。

再次,加强工程管理,建设优质工程。“全覆盖”工程单个项目规模小,技术难度不算大,但管理难度不算小。在工程建设过程中,采取四项措施。一是严格建设标准。村通水泥(油)路补助标准提高后,工程建设决不能停留在原先只求过得去上,必须在标准、服务、效益上有相应提高。为此,省里专门印发了《村通水泥(油)路建设标准》和《村通水泥(油)路建设施工指南》。要求路基宽度不少于 4.5 米,路面宽度不少于 3.5 米,水泥混凝土路面厚度不少于 18 厘米,沥青混凝土路面厚度不少于 4 厘米。二是组织开展农村公路建设质量年活动。从健全质量管理制度和保证体系入手,建立质量责任档案,严格落实质量责任制和责任追究制,把每一分项工程、每道工序的质量责任都落实到人,并向社会公布,公开接受监督。哪个环节出了问题,追究哪个环节责任。三是搞好技术指导。发挥省、市两级交通运输部门技术人才优势,加强对基层交通运输部门、乡村一级建设单位和当地农民工的技术培训,使其掌握基本施工技能和要领。同时,针对吕梁、忻州等地任务重、工程进展较慢实际,省里派出工作小组深入吕梁和忻州,进行蹲点服务与监督,推动工程进展。四是强化监理作用。坚持和落实“政府为主、群专结合”的监管模式,注重发挥各级质监机构技术质量监督和人民群众民主监督作用,保证工程质量。经质监部门检测,“全覆盖”工程全部达到准四级建设标准,并尽可能完善排水及安保设施,合理设置会车带。

*第四,抓好安全管理和廉政建设,建设安全廉洁工程。*一是切实加强安全生产现场监管,对任何工程、任何环节都按照“零死亡率”标准严格要求,督促施工企业落实安全生产保障措施,提倡文明施工,纠正违章作业,加强地质灾害防治,确保施工安全。二是把廉政要求贯彻落实到加强工程管理的各项

制度和措施之中，建立和完善防腐制度体系，严格执行农村公路巡查制，积极推行项目公开，畅通监督渠道，完善监督管理机制，有效预防腐败现象发生。

六、加快养护管理体制改革

即坚持“建养并重”，认真履行行业管理职责，在建设发展中不断探索改革的新路子。

2006年以来，按照“建设是发展，养护管理也是发展”的养护管理工作理念，省交通运输厅认真履行行业管理职责，积极推进农村公路管理养护体制和运行机制改革，有效解决农村公路管养缺失、机制不灵等问题，使全省农村公路养护质量稳步提升，路网结构明显优化，机制体制日趋完善，服务内涵充分拓展。

首先，以县为主体的管养体制改革有了新进展。认真贯彻落实《山西省人民政府办公厅关于农村公路管理养护体制改革的实施意见》（晋政办发〔2007〕5号）文件精神，进一步明确省、市、县、乡、村五级政府在农村公路管理养护工作中的职责。各地按照“政府主导、行业管理、分级负责”原则，进一步强化各级人民政府特别是县级人民政府在农村公路养护管理中的主体地位。通过几年努力，全省基本上建立起“县局有所、乡镇有站、村委有队员”的三级养管机构，使履行农村公路养管职责有了实实在在的支撑。长治市屯留县交通运输局农村公路养护管理中心，县编委正式确定为事业机构，编制6人；乡镇成立养管站，每个乡镇配备1名专职交管员；行政村也落实管养人员，建立县乡村三级养护网络体系。另外，每年都组织开展全省养护大检查，有效推动全省农村公路管养工作。同时，结合实际，经过广泛调研和征求意见，省厅出台《农村公路日常养护作业指导意见》和《农村公路养护定额》，使农村公路养管逐步走上制度化轨道。

其次，落实财政预算内养护资金又有新收获。实行成品油价格和税费改革后，取消公路养路费等6项收费，农村公路养护资金来源成为养护管理工作的关键。为保证公路建设养护资金需要，省厅严格按照国务院和财政部文件精神，要求各地对养护资金的安排做到“三个不变”。一是比例不降低。返回各地的替代公路养路费的部分首先用于公路养护，资金比例不低于80%。二是标准不减少。即县道7000元/公里年、乡道3500元/公里年、村道1000元/公里年。高于标准的，不得调低，确保改革后中央税通过转移支付方式投入到农村公路上的养护资金不低于原有水平。三是财政投入有保证。即按要求把农村公路正常养护纳入地方公共财政支出范畴，实现公共财政投入制度化、常态化。通过这些政策措施调整，较好地调动地方财政资金投入的积极性，确保农村公路日常养护工作的正常开展。另外，鉴于全省地方财政资金普遍紧张的实际，各级有关部门积极想办法，多方开辟筹资渠道，采取“上头拨一点，财政挤一点，社会各界捐一点，受益群众出一点”的办法，充分调动地方、农民群众、受益企业的积极性，多方筹集养护资金，确保养护需要。山阴、柳林及乡宁等县从财政收入中拿出一部分专项资金，并将其列入年初财政预算，专门用于农村公路养护，有效解决养护资金不足的问题。

再次，实行管养分离，推进农村公路养护市场化方面有了新成效。管养分离，实行公路养护市场化，是农村公路管理养护改革的方向。截至年底，全省119个县级交通主管部门中，绝大多数将直接从事大中修等养护工程人员和相关资产进行重组，成立具备公路养护资质的养护工程公司、养护站或养护中心，承担农村公路的养护工程作业。介休市积极推行养护管理市场化，养护大中修工程通过招标形式全部由专业养护公司施工；右玉县推行农村公路日常养护包养到户，初步实现管养分离、养护生产社会化的改革目标。

第四，农村公路的整体路况和机械化服务水平有了新提高。一是农村公路品味不断提升。晋中市以公路“绿化、美化、标准化”为切入点，全面提升公路服务品位。①对县乡村公路实行“442”绿化工程，即县公路每侧两行树，一行为杨树，一行为柳树；乡公路每侧两行树，全部为杨树；村公路每侧一行树,树种因地制宜。②对重点路段和乡、镇、村所在地,建设不少于100平方米的美化景点,实现"一路一品、一村一景"的公路美化目标。2010年,全市共建设农村公路美化景点180处。③以实施公路安保工程为龙头,围绕路基、路面、桥涵、标志标线、安保防护工程及整治公路两侧违章建筑等,大力提高农村公路服务水平,达到"畅、安、舒、美",路、景、物交织协调的良好效果。长治市屯留县、临汾市安泽县、晋城市阳城县、运城永济市在公路绿化美化方面也做出许多努力,取得较大成效。二是积极推行养护机械化,不断提高养护质量和效率。运城市交通运输局投入资金数百万元,为每个县定购综合养护车、自走自振小型压路机和路面画线机等养护机械,逐步淘汰"铁锹加扫把"的传统养护装备,开始向机械化养护迈进,特别是在农村公路养护上,率先组织开展技术比武活动,有力提高职工技能技巧,提高工作效率和养护质量。晋中市以奖励形式,也给每个县(区、市)配备综合养护车。大同、阳泉在推行机械化养护上也取得一定进展。

第五,农村公路开始走上管理信息化发展轨道。太原市将GPS公路数据维护系统、农村公路基础数据库系统、公路信息资源管理平台三套系统整合后,全部推广应用到县区交通运输局,并创建了公共服务信箱,文件、资料、数据真正得到共享。以阳曲县为试点,开发《太原市农村公路管理管养信息系统》,将全市农村公路管理机构、管理人员、养护单位、危桥改造、水毁工程、工作简报等相关信息全部纳入该系统,真正实现农村公路养护管理信息化。

"十二五"期间,全省农村公路发展要从以"建设促发展、以扩大增量为重点"转移到"建设养护改造并重、更加注重提升现有通道资源通行能力、发挥路网整体效能"上来,一手抓建设改造,一手抓养护管理,努力实现县乡公路标准化、乡村公路网络化、管理养护长效化。

2011年的任务目标是:完成投资25亿元,新增通车里程1000公里。完成农村路网改造2000公里,县公路养护优良路率年平均达到65%。

第八节　全省交通工程监理体制的改革实践

建设监理制在全国从试点到推行的20年,是在国家有关方针政策指引下,建设工程管理水平大幅度提高、建设监理制度得到政府和社会认可的20年,也是不断发现问题和解决问题的20年。近年来,监理行业在快速发展中暴露出一些突出问题,特别是监理服务收费标准问题成为制约行业可持续发展的突出问题。1992年9月18日,国家物价局、建设部以价费字第479号文印发《关于发布工程建设监理费有关规定》,其目的是为了规范建设工程监理及相关服务收费行为,促进工程监理行业健康发展。随着经济发展和社会进步,人们生活水平不断提高,物价水平也在不断增长,监理企业的服务成本逐年递增,而取费标准还停留在1992年水平上,使监理企业不堪重负,难有积累,监理人员的工资待遇远远不如设计和施工人员,高风险与低报酬的矛盾得不到有效缓解。加之近年来监理执业风险不断加大,使得监理人才储备严重不足,导致诸如企业之间恶性竞争、人员无序流动、履约能力差等问题,行业健康发展受到严重限制。2007年,国家发展改革委和建设部印发《建设工程监理与相关服务收费管理规定》(发改价[2007]670号)文件,从2007年5月1日起执行。交通部[2005]230号文件规定工程监理费率为工程建安费的2%。作为招标限价,交通运输部[2008]419号文规定,执行政府指导价的施工监理费率不得低于指导价的80%,即1.6%,这个费率标准基本能够满足监理作为高技术、高风险行业的需求。国家对建设监理服务费用进行重新制定,其意义重大。但是,在新标准执行过程中,有的省份的某些高速公路建设项目未能执行部颁2%的标准,有的虽然执行了这个标准,但却达不到最高限价1.6%,更有甚者还存在隐性挤占监理费现象,新监理费率的执行严重不到位。

2008 年 11 月，山西某高速公路进行招标，在路基桥隧施工监理标前会上，业主就监理单位提出的监理取费执行标准问题明确答复“执行旧的取费标准”，这意味着山西的交通监理市场仍将徘徊在低费用、低水平怪圈，监理企业依然不能摆脱人才流失、企业亏损、危机四伏的噩运。省交通监理总公司就监理费新标准执行问题，多次向有关部门奔走呼吁，并向省交通运输厅递交专题报告，在厅长办公会上，该公司再次向厅党组汇报监理费新标准执行问题，得到厅党组成员的一致支持，同意并下发文件明确要求各交通建设项目执行新标准。厅长段建国在报告上批示：“请按国家规定标准办”。自那以后，不但大的高速公路项目，即使标准低一些的二级路、三级路，也大都执行新的监理费标准。提高费率后，不仅救活省交通监理总公司，公平而利润较为合理的山西交通监理市场，也吸引大量外地监理企业。2010 年，在全省的外地监理企业占总数 44%，而两年前只有 20% 左右，相当一部分高速公路建设项目，本省监理企业中的标不到一半，很多外地监理企业都是第一次进入山西市场。良好的竞争机制，有力地促进行业健康发展，也极大促进本省监理企业在竞争中不断提高自身管理水平，不能依赖“吃偏饭”，要实实在在靠品牌和实力说话。2009 年 4 月，《中国交通建设监理》记者专程赴晋，对段建国厅长进行采访。2009 年 11 月，在交通运输部公路施工企业管理和管理部门座谈会上，山西省交通建设工程监理总公司总经理张跃峰作为全国唯一的监理企业代表参加并发言，再次呼吁和反映全国新监费率执行情况。2010 年第 6 期《中国交通建设监理》杂志以《山西样本》为题再次进行专题报道，在全国交通监理行业引起很大反响，为促进国家新监理费率标准的实施起到较大推动作用。合理利润空间、规范监督管理、公平竞争机制，使得监理队伍明显稳定，行业吸引力、凝聚力明显增强，山西的监理市场逐步规范。

“十一五”期间，山西省计划完成 1100 公里高速公路建设任务，高速公路迎来新一轮建设高潮。省交通监理总公司牢牢把握历史机遇，科学分析形势和自身条件，深刻吸取发展中的经验教训，实施了一系列大的战略调整，明确提出“抓管理、促稳定，抓省内、选市场，理思路、拓领域，把握机遇、提升优势，凝聚人心、储备人才，解放思想，创新管理”的整体工作思路，积极拓展省内外监理市场。在投标工作中，坚持以新费率为基准，以省内新开工项目为重点，最大份额地占有省内项目市场，继续巩固和拓展省外优质市场，多头并举。选择投标项目时做好合同评审、前期策划和成本核算工作，加大项目前期工作力度，开拓具有战略意义的新市场，使生产经营保持良好势头。在项目管理中，实行成本核算管理和分管领导、总监理工程师（下简称“总监”）分级负责制，确定“成本控制，经济核算，利益同享，风险共担”的项目管理原则，制定出台《项目成本核算管理办法》，又相继讨论制定了人员、设备、车辆、核算奖励等配套管理办法，把单一利益主体整合为一个从体制到机制的综合系统，充分调动项目部和职工积极性，促进生产经营的良性循环，为工程建设质量安全等各项目标的顺利实现打下良好基础。“总监负责制”，即监理项目的总监作为总公司在项目的授权委托人，在总公司授权范围内，带领监理项目团队以总公司名义为业主提供监理服务，行使权力和履行义务，对业主和总公司负责。监理项目团队（包括总监、专业工程师和驻地工程师）为责任主体，共同完成监理任务。经过一段时间实践，“总监负责制”对有效落实监理职责，提高监理工作质量起到很好的促进作用，取得较好效果，为交通运输部制定公路水运工程施工监理总监负责制实施办法提供一定参考作用。在内部管理中，不断完善制度和流程，加强对项目过程监管和审计监督，开源节流，用两年时间还清内债外债，最大限度地维护企业稳定和职工队伍稳定，使生产经营保持良好势头，管理成本大幅降低，职工收入水平和福利待遇不断提高。2008 年至 2010 年，连续三年人均年产值和年利润创历史新高。公司还尝试多元化发展,拓展公路工程施工监理以外的其他相关业务。咨询、房建监理、养护监理业务、国际业务和监理代建管理项目实现零突破,组建业主中心试验室和技术专家组,为业主提供更为全面专业服务,也积累一定业绩和经验。公司用三年时间,不仅走出困境,彻底扭转被动局面,而且为企业走上科学发展轨道打下良好基础。2009年,交通运输部组织为期三年的“监理企业树品牌监理人员讲责任”行业新风建设活动;2011年5月,新风建设活动进入总结评价阶段,中国交通建设监理协会组织进行优秀品牌监理企业评选,这是中国交通监理行业首次高规格推选,山西省交通建设工程监理总公司在千家交通监理企业中成为获得“中国交通建设优秀品牌监理企业”称号的九家品牌监理企业之一,在全国打造和树立起了“山西交通监理”的金字招牌。

第九节　全省交通建设开发投资体制的改革实践

2003年以来,公路交通基础设施建设投资方式逐步由单一形式走向多元化,由原来的国家补助、社会集资逐步发展到银行贷款、引进外资、股份合作、企业投资建设等多种方式并存的格局,为全省公路交通事业快速发展奠定坚实基础。

一、贷款建设高速公路

在全省掀起新一轮公路建设热潮,大运高速公路开工建设之际,决策者们把目光投向高速公路“人”字型主骨架的一“捺”——太晋高速公路。项目全长293公里,总投资93.7亿元,由于多方面原因,巨额建设资金未能落实。最终,省交通厅决定由山西省交通建设开发投资总公司筹集资金建设,此后,公司将项目分为太原至长治和长治至晋城两段,分阶段进行建设。

2002年9月,公司通过市场化运作,投资建设长晋高速公路,并实行投资与建设相分离的“五方制衡”机制,是全省实行市场化运作建设的第一条高速公路。项目总投资22.27亿元,其中公司资本金7.5亿元,交通部补助3.26亿元,其余为银行贷款。于2004年11月16日建成通车运营。

2003年10月,公司投资建设太长高速公路,是继长晋高速公路之后通过市场机制,以企业化运作方式投资建设的第二条高速公路,也是全省高速公路建设里程最长的重点工程。项目总投资71.44亿元,全部由省交通建设开发投资总公司负责筹集,于2005年11月8日建成通车,确保全省“十五”末顺利实现建成高速公路“人”字形主骨架和“省到市三小时快速通达工程”的建设目标。

由公司投资建设长晋、太长高速公路,创新高速公路建设机制,打破政府投资高速公路的单一模式,走出了国有企业在经济欠发达地区利用市场机制经营建设高速公路的新路子,也使企业发展实现由量变到质变的跨越。

二、转让部分股权

2003年,省交通厅与江苏悦达集团有限公司签订意向书,由悦达集团出资17亿元购买京大高速公路80%的股权,2006年9月8日举行出资协议签字仪式,这是全省继太旧实施企业并购、置换资本金后,放宽市场准入、吸引社会资本进入高速公路领域的又一项重大举措,开辟全省公路建设筹资工作的崭新领域。

2006年,公司响应省委、省政府关于扩大对外开放的号召,在省交通厅支持和指导下,积极开展太焦高速公路,包括太原至长治、长治至晋城、晋城至焦作(省界)高速公路的股权转让工作。7月27日,“港洽会”期间,总公司与中国平安保险集团信托投资公司就太焦高速公路转让部分股权达成协议。按照协议,太焦高速公路转让股权41%,其中太长、长晋、晋焦三条高速公路股权具体分别转让30%、60%和60%。2007年7月20日,举行“太长、长晋、晋焦高速公路部分股权交割仪式”。此次部分股权转让,共获得收入22.7565亿元。此后该合作项目又进行债务重组,当年节省费用8000余万元,这是全省继京(北京)大(大同)高速公路转让经营权,以BOT方式建设阳城至侯马高速公路之后,高速公路建设投融资体制改革的又一次成功实践，是国内保险资金首次融入交通领域，进一步盘活公路存量资产，拓宽融资渠道，提高融资能力，降低政府负债。此次股权转让，使太焦高速公路的国有资产增值16.4亿元。

三、发行企业债券

2009年8月5日，经国家发改委批准，总公司成功发行总额为20亿元人民币的企业债券。这是山西省交通企业首次在国内资本市场进行直接融资，开创全省企业凭借良好信誉、无担保发行债券的先例，是全省发行的第一支非煤焦领域企业债券，也是全省近年来单笔发行金额最大的一笔企业债券。资金主要用于总公司以BOT方式中标投资建设的高平至陵川高速公路，项目是总公司以BOT方式投资建设的第一条高速公路。

四、创新投资模式

2008年以来，山西省加快公路建设步伐，资金缺口日益增大，省交通厅积极创新思路，拓宽渠道，采取省投省建、省投市建、省市共建、市投市建、BOT、BT、融资租赁等多种模式，盘活路产，同时引导地方政府和社会资金进入高速公路建设领域，为全省交通事业特别是高速公路快速发展提供资金保障。

第十八章　离退服务

2003年以来,在省交通运输厅党组正确领导下,在省委老干部局直接指导和全体老同志协调配合下,厅离退休人员工作处按照胡锦涛总书记“全面做好离退休干部工作”的要求,认真贯彻落实交通运输部、省委省政府及厅党组有关工作部署,深怀尊老之心,恪守敬老之责,增强爱老之情,善谋为老之策,多办便老之事,圆满完成厅党组交给的各项工作任务,有力地服务了全省交通运输事业转型跨越发展。

第一节　政治待遇的落实

2003年,省交通运输厅离退休人员工作处及时购置大量学习辅导材料,认真组织老干部学习党的十六大精神,多次组织老同志参加省里、厅里十六大宣讲报告会。特别是在突如其来“非典”期间,把学习科学防控知识同树立正确人生观、坚定共产主义信念教育结合起来,与“创先争优”活动结合起来,取得抗击“非典”斗争胜利;2004年,在组织广大老干部认真学习“三个代表”重要思想和十六大精神同时,深入贯彻学习党的十六届四中全会精神。各单位党政主要领导干部和老干部“结对子”,定期联系沟通,有力推动各项政治待遇落实。2005年,在开展“保持共产党员先进性教育”活动中,老同志们坚持边学、边查、边改相结合,从自查自检入手,提出整改措施,增强党支部战斗力和凝聚力。为纪念抗日战争暨世界反法西斯战争胜利60周年,厅机关老干部于7月26日、8月10日分别参观《太行精神光辉千秋》大型展览和太长高速公路及武乡革命纪念馆,亲自参加过“黄崖洞保卫战”的84岁离休干部王长才更是心潮澎湃,与大家共同回忆那场太行儿女浴血奋战,抗击外来侵略的历史场景。9月2日,厅党组召开抗日战争老同志、老战士座谈会,厅党组书记、厅长王晓林亲自参加并与老同志合影留念。厅党组在举行重大庆典活动,如太长高速公路通车时邀请廉平等老厅长参加。2006年4月份,组织厅机关老干部参观晋济高速公路工地。10月,按党章规定进行老干部党支部委员换届选举。“七一”前夕,厅机关老干部党支部受到厅直机关党委表彰。

“十一五”期间,组织广大老同志深入学习党的十七大、十七届四中、五中全会和省委九届十一次全会和省委主要领导同志的讲话精神。2010年,在深入学习实践科学发展观和“创先争优”活动中,采取集中学习与个人自学相结合、理论辅导和座谈讨论相结合、理论学习与参观考察相结合等多种形式,学习活动不留一个死角,不落一名党员。开展“创先争优”活动以来,按照活动领导组要求,厅老干部党支部先后召开6次支委扩大会集中学习讨论,支部党员都做出书面承诺,支部书记和处领导在会上公开作出承诺。按照厅直党委要求,和省交通技师学院老干部党支部“结对共建”,并组织支委一班人赴学院相互交流学习。“创先争优”活动期间,先后有10个党支部被各级党委评为先进党支部、30名老同志被评为优秀党员,83岁的朱庆祥同志光荣加入党组织,充分体现党组织的凝聚力和战斗力。各单位始终把落实政治待遇摆上重要位置,每年定期向老同志通报主要工作和单位情况,主动接受监督,听取意见。各单位坚持为离退休人员订阅两报一刊,组织老同志参观全省重点工程和工农业建设,使老同志感受到改革开放以来的可喜变化和交通运输事业的快速发展。厅机关根据老同志特殊情况,每年召开"九九"重阳节座谈会,会上由厅主要领导通报交通运输情况,形成长效机制。厅机关老干部党支部每年组织支委及党小组长开展"纪念七一"主题活动。各项政治待遇的落实,使广大老同志始终保持轻松愉悦心情和昂扬向上精神状态,营造心齐、气顺、团结、和睦的大好局面。

第二节　生活待遇的落实

2003 年,厅属事业单位离休干部"两费"在年度预算中足额安排,厅属企业单位离休干部离休费在劳动保障部门从基本养老保险统筹基金中优先支付;2004 年,根据全国建立和完善离休干部"三个机制"工作座谈会精神,厅机关和各直属单位积极配合有关部门,做好建立和完善"三个机制"有关工作;2005 年,元旦、春节期间慰问老干部活动作为一项制度确定下来,每年由厅领导带队赴各市及厅直单位慰问离退休干部代表和特殊困难离退休人员;2006 年,全系统认真贯彻落实晋组通字〔2005〕21 号文件精神,建立和完善离休干部离休费保障机制、医药费保障机制和财政支持机制,着力在建机制、清拖欠、促改善上下工夫。厅机关根据老同志实际情况,把就医定点医院从 1 个扩大为 6 家省级医院。根据中央组织部关于在纪念红军长征胜利 70 周年期间开展慰问老干部的通知精神,由副厅长王志民带队,赴晋中、晋城、长治等地看望廉平、梁广霖、袁金生、王育才、王铭三、张儒 6 位第一、第二次国内革命时期参加工作的老干部。

"十一五"期间,进一步建立和完善离休干部离休费保障机制、医药费保障机制,制定离休干部医疗管理办法,保证落实离休干部医疗费按规定实报实销政策,老干部医疗费优先保障,全系统未发生拖欠离休干部"两费"问题。定期组织离退休人员健康体检和健康疗养,对家庭经济困难的给予适当补助。全系统每年为老同志补贴医疗费 300 余万元,为特殊困难老同志共 100 人次补助 150 余万元,为高龄老同志 300 人次补助 30 余万元。针对全系统老同志人数多、"两高"(高龄期、高发病期)多实际,坚持"四访一庆"(生病住院必访、重大节日必访、后事料理必访、重大困难必访、生日必庆贺),广大老同志生日当天还会收到一份生日祝福(一个蛋糕、一束鲜花、一句祝福)。定期慰问长期住院或卧病在床的老同志,厅党组成员每年春节前走访慰问全系统老同志代表,日常生活关怀备至,老同志生病需要车辆接送的,保证随叫随到。2010 年,恢复厅机关医务室,使离退休人员享受到更加便捷的医疗服务,并定期对长期卧床的老同志进行检查。2009 年,集中精力研发《全省交通运输系统离退休人员服务管理信息系统》,为进一步做好老干部工作提供快速便捷的服务平台。热情接待老同志来信来访,对反映的实际困难耐心解释,能够解决的及时答复,起到稳人心、暖人心、得人心的作用。

第三节　精神文化生活的丰富

2003 年,在积极做好抗击"非典"工作同时,组织开展大量文化活动。9 月份举办第五届老干部运动会、省直老干部植树造林活动、省直"交通怀"老年网球赛、纪念毛泽东同志诞辰 110 周年老年书画比赛等;2004 年,厅机关组织参加"正大红花展"活动,赴晋中参观,开展健康走步活动,承办所在片区老年门球赛,5 月份厅老干部麻将代表队在全国麻将王暨大师赛中取得团体第一和个人第一佳绩;2005 年,厅老龄工委组织厅属单位学习贯彻《老年法》知识竞赛,组队参加省直学习贯彻《老年法》知识竞赛并获团体第三名。9 月份举办第六届老干部运动会,厅老干部麻将队在省直比赛中取得团体第二佳绩,厅老年体协被省直老年体协评为先进集体;2006 年 5 月份,厅机关老年麻将代表队获省直比赛第二名，刘乾和陈健两位老同志获“运管杯”书画赛特别奖。

“十一五”期间，大力推进阵地建设，促进老干部活动中心（室）跨越发展，开展老干部活动中心（室）“达标创优”活动。“十一五”以来，全系统累计投入资金1000余万元，新增活动中心（室）面积4200余平方米，总面积近9000平方米，总数达78个，全系统“先进”和“达标”老干部活动中心（室）分别增加到8个和13个。定期添置更新活动设施，较好满足老同志多层次需求。根据老同志各自的兴趣、爱好，分别成立门球队、老年合唱团、太极拳（剑）队、老年书画室等文体组织，组织开展门球赛、歌咏赛、征文赛、棋牌赛、球类赛、舞蹈赛、书画赛等形式多样、内容丰富的文体活动，尽可能地使所有老同志参加到活动中来，为两年一届的全省交通运输系统老干部运动会顺利召开奠定基础。截至2010年底，全系统共成立各种形式的文体组织50个，开展各类比赛100多场次，先后有1000余人参加活动。同时，根据老同志愿望和健康状况，积极组织开展户外活动。先后组织参观毛泽东故居、游览新三峡、九寨沟疗养等活动，激发离退休人员为服务交通运输跨越发展的巨大热情。

第四节　老有所为作用的发挥

2003年，针对突如其来“非典”疫情，各级老干部工作部门积极宣传科学防非典知识，为老同志准备各种防治药品，做好工作场所消毒，使全系统老同志无1人感染。厅老龄委员会更名为老龄工作委员会，更好地指导老龄工作；2004年，厅机关和各直属单位重点调整充实老龄工委、关工委、老年体协等组织；2005年，认真贯彻落实胡锦涛同志在全国老干部“双先”表彰大会上的重要批示，较好地为厅党组决策发挥参谋作用。厅党组印发《关于进一步加强老干部工作的意见》（晋交发字［2005］49号），对开展老干部工作起到重要指导作用。厅关工委组织青少年赴革命圣地参观，开展“继承光荣传统、弘扬太行精神”系列活动；厅关工委主任任先泉同志荣获“全国关心下一代先进工作者”称号；2006年，采取多种有效方式，利用老龄工委、关工委、老年体协等平台，注意引导好、发挥好老干部政治优势和经验优势，省直老龄工委对厅老龄工委工作给予充分肯定，并作为山西省先进单位代表报送全国老龄工委。

“十一五”期间，各项重大决策、重大活动、重要会议前，通过多种途径，认真听取老同志意见和建议，并作为决策的重要参考，老同志通过建言献策等形式发挥智囊作用；积极引导老同志围绕交通运输中心工作，走基层，搞调研，很多理论调研成果被采纳应用，为改革发展发挥参谋作用；广大离退休人员在汶川大地震、玉树地震、舟曲特大泥石流等灾难面前，踊跃捐款捐物，缴纳特殊党费，为灾区恢复重建发挥先锋模范作用；根据离退休同志身体状况，组织参加社区公益活动，协助做好社区美化、安全保卫等工作，协调邻里关系、维护安定团结，为和谐交通发挥推动作用；因志趣爱好和专业特长不同，以各自居住社区为平台，开展文明小区、文明家庭等创建活动，为精神文明建设发挥表率作用。目前，全系统有千余名老同志活跃在未成年人思想道德建设、社会治安综合治理、促进经济建设和社会发展的各个领域，成为和谐社会建设的一支重要力量。近年来，共收到意见建议100余条，有20余篇调研成果被采纳，缴纳特殊党费50余万元。2009年，廉平同志当选60位新中国成立以来感动交通人物；省交通科研院退休干部虞文景同志被中组部授予“老有所为”先进个人；晋城公路分局离休干部梁广霖被评为全省十大杰出老人；厅关工委荣获全国“中华魂”主题教育活动先进集体。

第十九章　信息工程

“十一五”期间，山西省交通运输信息化按照“统筹规划，整合资源；协调发展，突出重点；以人为本，服务社会”的发展思路，先后建设全省交通信息化“1166”工程、全省公路交通信息资源整合与服务工程，稳定有序地推进全省公路水路交通运输信息化发展和建设，并取得可喜成绩。经过几年不断探索和努力，进一步完善信息基础网络，逐步建立数据资源体系框架，发展环境保障得以改善，公共信息服务取得明显成效，行业信息化管理能力得到显著提高。交通运输信息化实现跨越式发展，为全省交通运输业稳步发展提供强有力支撑。同时，对交通运输信息化的认识、管理体制、信息共享机制、资金保障、信息化政策法规和标准体系、信息化人才等方面进行积极探索与总结，积累宝贵经验。

山西省交通计算机通信中心是1996年7月17日经由山西省机构编制委员会办公室晋编办字[1996]53号文件批复成立的县(处)级建制事业单位，核定自收自支事业编制15名，领导职数3名。其主要职责是：对交通系统通信、信息网进行规划、设计、开发及运行维护等服务工作。2001年6月，省编办晋编办字[2001]75号文件在下达1998年省直军转干部事业编制的通知时，又给中心增加编制1名。

1996年7月中心成立后，一直与山西省交通信息通信公司“一套人马，两块牌子”并行运作。为了适应全省交通信息化建设发展需求，2006年8月，省交通厅党组([2006]16号会议纪要)决定，将山西省交通计算机通信中心编制收回厅里，承担山西省交通信息化规划的组织实施、信息工程项目的建设管理等任务。中心编制收回厅里后，重新进行法人登记注册，开设银行账户，承担相关建设和管理职责。承担主要职能包括：①贯彻、落实厅党组和厅信息化领导小组关于交通信息化建设方针、政策、决定，制定实施细则和贯彻意见；②负责全省交通信息化规划的编制，组织、协调和落实全省交通信息化规划的实施工作；③负责全省交通信息化建设的监管，会同有关部门加强对交通信息化建设的规划、计划、立项、组织实施和经费使用等的行业管理；④组织研究全省交通信息化建设中涉及的关键技术，协调制订有关共性的技术和应用的标准；⑤负责厅机关、厅基础性和重大综合类信息项目的建设、管理和维护工作；⑥完成厅信息化领导小组交办的其他任务。

2007年9月29日，重新开始运作以来，中心主要承担了厅机关信息化系统建设、交通信息化“1166”工程、山西省公路交通信息资源整合与服务工程、行业信息化建设指导和管理等一系列工作。

第一节　厅机关信息化系统建设

一、建设机关办公局域网

在厅机关建设覆盖机关各处室、驻厅各单位的局域网，为办公业务资源网应用奠定基础。同时，建设了与交通运输部、省政府和省财政厅等各级政府部门相连的政务内网，实现政务网络化。

二、建设办公业务资源网

2007年，《山西交通办公业务资源网》完成新版系统的开发和运行工作，较旧的系统在建设理念、功能实现等方面有较大提升。

运行至2010年,已进行了多次升级改造与业务功能完善。系统以先进成熟的计算机和通信技术为手段,将以数据处理和工作流程为核心的旧系统提升到以知识管理为核心、面向全省交通运输系统的协同政务办公系统;在系统应用过程中,根据业务流程变化、处室职能调整、办公人员变动等情况,对系统功能模块和业务流程不断进行优化,并结合厅领导办公客观实际,开发离线办公模块,实现离线公文审阅及批阅功能。办公业务资源网的建设与推广应用,显著优化公文批办流程,大大提高公文流转效率。

三、建设山西交通政府门户网站

对山西交通网(www. sxjt. gov. cn)进行全面改版,并于2003年底正式运行。网站运行以来,依据政府门户网站建设要求和管理办法、交通运输部对门户网站的风格和界面要求,对网站进行完善,对栏目设置、信息公开、信息更新等进行升级改造;同时,为适应不同需求,分别建设"众志成城抗震救灾"、"交通信息化建设"、"开展深入学习实践科学发展观活动"、"辉煌60年交通巡礼"、"工程建设领域项目信息和信用信息公开共享"、庆祝"建党90周年"等专栏。山西交通政府门户网站在政府门户网站评比中多次名列前茅,为省交通厅在信息公开、政务公开、信息服务等方面作出重要贡献。

四、建设省市视频会议系统

根据省交通厅关于交通运输信息化建设的总体规划,为充分利用已建通信专网资源,提高全省交通运输系统电子政务水平,节约会议费用,提高工作效率,2010年6月,实施省交通运输厅到各市交通运输局的视频会议系统建设。系统基于交通专网,在省厅配置视频会议服务器和终端,各市交通运输局分别进行会议室装修与视频会议系统建设,2010年底系统运行以来,召开多次省市交通运输视频会议,进一步提高效率,节约成本,取得良好应用效果。

第二节　交通信息化"1166"工程

根据省交通厅党组[2006]24号会议纪要精神,全省交通信息化"1166"工程开始实施。主要建设内容为:一个交通通信专网、一个省级交通数据中心、六个服务平台(电子政务平台、公众服务平台、指挥调度平台、业务管理平台、市场监管平台和决策分析平台)和六个业务系统(公路综合管理系统、征稽综合管理系统、运管综合管理系统、高管综合管理系统、海事综合管理系统和战备综合管理系统)。项目坚持以需求为导向、以应用促发展的方针,按照"整合资源、信息共享、系统集成、优化管理、强化监管"的宗旨,坚持"统一规划、统一计划、统一标准、统一管理,分部门建设、分阶段实施"的原则,在以人为本、协调、可持续发展的科学发展观指导下,全面推动山西交通信息化建设,提高全省交通行业内管理信息化和社会服务信息化水平,为全省公路水路交通率先发展战略服务,为提高全省交通政府部门的执政能力服务。

2007年6月,省交通厅委托交通部公路科学研究院进行"1166"工程可行性研究。经反复论证完善,2008年12月16日,省发展和改革委员会以晋发改交通发[2008]1570号文件,批复山西省交通信息化"1166"工程可行性研究报告。建设工期三年,分两期进行建设。其中,一期工程包括交通专网、数据中心、六个服务平台建设,二期工程包括六个综合业务系统建设。

按照厅信息化建设领导组总体部署,"十一五"期间主要完成3项。

一、交通通信专网建设

以高速公路专干传输网为依托,通过管道自建、租赁、置换方式相结合,解决"最后一公里"问题,搭建联通省交通运输厅、地级市交通运输局、厅直各单位的交通行业专网。省厅委托各市交通运输局承担当地高速公路出口到市交通运输局的管道工程建设。除太原市外,各市高速公路口至市交通运输局全部为新建通信管道,通过置换运营商管道,连接当地交通运输局至当地公路、执法、运管和交战办等相关单位。截至2009年底,通信管道建设、光缆敷设及通信设备安装基本完成,并进行联网调试。大同市因城市改造,无法实施交通通信专网管道工程建设,经与运营商合作,租用专线实现高速公路出口到市交通运输局的连接。2009年12月,交通专网正式开始使用,主要承载省交通运输厅数据中心、行业运行分析、应急指挥调度系统、视频会议系统等多项业务。

二、应急指挥中心和综合机房建设

综合数据机房面积近200平方米,2010年2月初建设全部完工。工程分两个部分:一是硬件集成工程;二是装修工程,主要包括机房墙面、吊顶、地面装修以及机房供配电、防雷接地、空调、新风、漏水检测、消防、门禁、环境监测等系统建设。新建机房,从场地面积、消防、防雷、防辐射、安全等方面全部符合国家相关技术规范,大大改善原厅机关机房面积狭小,分布散乱,标准低,环境差的局面,为省级数据中心和业务平台提供良好硬件支撑环境,也为今后信息化发展预留扩容空间。

为进一步提高全省交通运输系统面对突发事件的处置和应急能力,满足应急指挥调度需求,省交通运输厅建设了厅应急指挥调度中心、应急会商室和热线服务工作室。应急指挥大厅包括面积约为135平方米的应急指挥调度中心和面积约为50平方米的会商室,包括显示系统、视频系统、音频系统、数字会议系统和中央控制系统5个子系统。热线服务工作室面积约50平方米,是全省交通运输服务热线96500和厅应急值班电话工作场所。

应急指挥调度中心充分利用原有显示大屏,会议桌安装可升降液晶显示器,场内设备和系统实现全数字化管理。根据平战结合原则,应急指挥调度中心既可以满足应急状态下指挥调度系统应用,各种固定视频和移动视频接入,应急事件态势展现,对应急事件从接警、分析研判、会商、处置、指挥、调度等全流程管理;常态下,还可作为具有较高技术含量的现代化厅机关重要办公会议的场所。

三、综合管理系统建设

2009年至2011年是全面建设全省交通信息化建设“1166”工程的重要阶段,也是夯实基础,为“十二五”信息化发展铺就基石的关键时期。为了全面有序推进“1166”工程建设,2009年6月,厅信息化建设领导组办公室明确相关内容建设主体及资金渠道,并按照“统一规划、分步实施”原则,对“1166”工程进行分解,将建设任务下达各相关单位,由各有关单位进行建设方案编制,报经厅信息化建设领导组办公室审核后,开始相关设计及施工工作,2012年“1166”工程全面完工。

第三节　山西省公路交通信息资源整合与服务工程

为推广2005年至2006年交通信息资源整合工程工作经验,全面推动交通信息化工作,2007年,交通部确定省交通厅为部推广工程省级交通信息资源整合与服务工程的承担单位。根据部《关于山西省交通厅公路交通信息资源整合与服务工程建设方案(代工可)的批复》(交规划发[2007]626号)和《关于山西省交通厅公路交通信息资源整合与服务工程初步设计的批复》(交公路发[2008]83号),工程总投资2028.2128万元。主要包括:搭建省级数据交换平台,重点对主要业务局已有业务管理信息系统的数据资源进行合理整合,建设山西省交通行业基础数据库,初步建成省级交通数据中心。基于交通信息资源整合,建设交通综合运行分析系统,对主要行业管理数据资源进行挖掘分析;建设平战结合、多网联动、响应快速、处理有效的山西省交通应急知道平台。充分利用和整合已有信息资源,建设公路公众出行信息服务系统,进一步提高交通行业面向社会公众的综合信息服务能力。

2008年8月至9月,省交通厅按照招投标有关规定和程序,完成项目公开招投标工作。11月11日,省交通厅组织召开项目启动会,山西省公路交通信息资源整合与服务工程正式启动。截至2010年4月,按照工程目标和任务,相关建设已经完成,并已投入运行。

通过山西省公路交通信息资源整合与服

务工程，整合各业务局公路基础、建设、养护、管理、运输和费收等方面的数据资源，整合分散的各类GIS数据，初步制订信息资源标准体系和统一标准的GIS数据体系；编制《山西省交通数据中心数据质量校验规范》、《山西省交通数据中心数据质量保障方案》、《山西省交通运输厅数据资源目录体系》和《山西省交通数据中心数据交换采集方案》。通过统一的数据交换和共享平台，初步建成省级交通数据中心，实现数据的交换与共享。

针对全省交通运输行业业务，深度挖掘需求，确立统计主题，建立分析模型，建设包括公路基础设施、交通量、通行费、建养、超限治理、客运管理和货运管理七个子系统，共300个分析主题。系统采用从宏观到微观逐渐细化的多层分析模式，按照时间看趋势、空间看分布、结构看占比的分析理念，通过多层面、多方位和多角度综合分析，为省交通运输厅各业务处室、各业务局业务管理和科学决策，提供强有力的智能化工具。

通过出行网站为公众提供客运班线、联网售票、出行规划、大型互通立交行车指南等出行信息查询；开通统一的山西交通"96500"公众服务热线，提供业务信息和出行信息咨询，以及接受意见、建议和投诉等，为公众提供全方位服务。通过短信平台，可以让出行者以手机短信形式，在任何时间、任何地点查询到需要了解的出行信息。与山西交通广播电台和太原交通广播电台实现出行信息共享，为公众提供及时翔实的出行信息。设计完成可在服务区等公共场所张贴海报，便携式宣传书册；通过多种媒体方式，让更多用户了解省交通运输厅为出行者提供的综合交通信息。通过基于WEBGIS、呼叫中心、出行网站、广播电台、短信平台和宣传文档的公众出行交通信息服务系统建设，提高利用综合信息服务社会公众能力，以信息化手段树立省交通运输厅服务公众的文化标志。

针对交通运输行业应急业务特点，建设成一个业务协同、平战结合、快速响应、处理有效的应急指挥调度系统，完成值守管理、预警管理、预案管理、辅助方案、资源管理、应急评估、态势展现和系统管理等功能模块的开发；结合应急指挥视音频系统，实现对应急事件从接警、分析研判、会商、处置、指挥和调度等全流程的协同管理。采用3G技术建设路政及应急指挥移动视音频系统。启动交通运输部"交通移动应急通信指挥平台"建设。系统建设实现应急预案的数字化管理和应用；可以在掌握现状基础上，对事件发展态势进行分析，为决策提供参考，使处置方案的生成更加准确有效，提高决策科学性和及时性。应急指挥调度系统的建设和应用，提高全省交通运输系统日常值守监控预警能力和应对突发事件的指挥调度能力，全面提升应急业务管理水平。

作为交通运输部示范工程的推广与深化，山西省公路交通信息资源整合与服务工程建设以山西省交通各项业务应用为导向，以交通信息资源整合为核心，本着整合信息资源原则，通过工程建设打破业务管理条块分割局面，实现资源共享，优化和规范行业管理，解决了全省交通行业管理和公众服务中存在的不足，站在更高起点上，为行业监管、领导决策和社会公众提供服务，为全省交通又好又快发展提供必要的支撑和保障。

第二十章　汽运集团

山西汽车运输集团从2001年组建以来的10年，是从计划经济向市场经济发展的10年，是从传统运输业向现代运输服务业转型的10年，更是集团艰苦探索、奋力拼搏、实现快速、健康、可持续发展的10年。从依赖政策到搏击市场、从收费经济到自主经营、从多小散弱到集约化规模化经营，走出一条独具特色的创新求变之路，实现具有历史意义的跨越式发展。

第一节　“1150”发展目标的制定

道路运输业由于开放较早，原有的国有运输企业受到的冲击也较大。集团成立时，虽在全省各市已将原来的省属运输企业全部改制为子公司，但它们之间在经营上一直各自为政，十分不利于国有运输企业发展。为把分散的力量聚合起来，实现优势互补，杜绝资源浪费、重复投资现象，2001年，根据当时企业发展内外部环境，集团董事会及时制定“1150”发展目标。即：组织大型一类企业，获得交通部客货运双一级经营资质，跨入全国交通行业50强行列。提出“巩固客运、发展货运、占领维修市场”的经营方针，对集团全系统资产进行重组，不仅扩大整体规模，而且达到资源共享，优势互补，整合力量的目的。同时，紧紧抓住“道路运输结构调整”和“客货运资质评审”两大契机，积极推行体制、机制、技术和管理创新，充分发挥品牌、规模、站场网络和经营管理四大优势，在发展车辆数量、提高质量档次上下工夫。按照公路等级合理选型，客车车型以高档、豪华为主；货车要向大吨位、厢式、特种专用车发展，努力提高车辆新度系数和质量；采取兼并、重组、收购、控股等方式，积极构筑高速客运、物流配送、汽车维修、场站枢纽和运输信息五大网络；拓展规模经济，在保证客货运主业不变的情况下实行多种经营，扩大经营范围，实现低成本扩张。上述战略在各子分公司均得到实施，不到三年时间，集团不仅形成适应大公司运行机制的现代管理模式，而且在全省道路运输市场上占据一定主导地位。

第二节　“七项重点工作”的全面推进

2001年，集团重组之后，按照现代企业制度要求，实施规范化、制度化、科学化管理，积极适应道路运输业结构调整需要，努力构建新的管理工作体系。一是针对原省属运输企业体制不顺、机制不活等突出问题，于2002年初制定董事会、监事会、经理层工作条例，明确职责权限，规范决策程序和经营管理制度。二是经过两年摸索、实践，于2004年6月出台《企业规章制度汇编》，涵盖公司章程、工作条例、干部管理、职工管理、职工培训、经营、财务、安全、技术、科技、信访、消防、综治、公文处理等43项管理制度、规定、标准、指导意见和办法等，成为企业管理工作的准则。三是组织开展机关规范化建设工作，重新调整设置机关处室（由“部”改为“处”），明确工作目标与岗位职责，于2007年1月出台《集团机关规范化管理手册》。主要包括集团组织机构、机关处室（20个）设置和人员编制、机关处室职责、重要工作流程（5项）、机关工作制度（30项）等内容，使各项管理更加规范化、科学化、流程化。同时，逐步建立和完善经营、党建、安全、综治等工作目标责任制，建立多层次、全方位考核体系，基本达到创建现代运输服务业的目的。

在2008年度工作会议上，集团领导在《工作报告》中，明确提出要认真抓好，“七项重点工作”。这是在原“三大主业”(道路客货运输、汽车场站经营、车辆维修服务)的基础上演变而来的。“七项重点工作”是实现转型发展的重要支撑，也是企业发展的主要抓手，并将其作为2至3年内主要工作内容。一是逐步建立以控股经营、公司化经营为主的客运公司。在客运发展空间有限条件下，通过加大投资方式，提高客运股份比例，提高利润率。二是建立以货源基地为中心的货运公司。要以组织货源为基础，加强货源基地与物流基地建设，逐步由单纯的挂靠车辆模式向自主经营、自控货源与挂靠相结合的模式转型。三是建设以地区汽车站为中心的汽车站场网络。以多元化投资形式完成站场改造，建设以集团总部所在地为中心，各公司所在地为节点的站场网络，实现网络化经营。四是按照现代物流业要求，建立以配送、仓储、运输等为一体的物流基地。五是建立以“4S”为中心的维修服务基地，提升服务品牌，拓展维修救援网络。六是建立以驾培为中心的综合培训基地。开展多种形式与内容的培训，集驾驶员、站务员、乘务员、修理工等培训为一体，把驾校建成运输行业的综合性培训基地。七是实施资本运作。即由“转让土地”向“自行开发或合作开发”转变，盘活存量资产，既要取得土地增值收益，又要获得开发利润和提高开发收益。三产发展上，变房屋租赁为自主经营，既能安置下岗职工，又能增加经营利润。

“七项重点工作”的开展，为实现规模化、集约化、网络化经营，创建运输安全高效、服务文明诚信、节能减排主导、技术装备先进、规范有序运营、健康持续发展的现代运输服务业，努力提高“三个服务”的能力与水平，进一步奠定集团发展新格局。

第三节　客运公司的建立与运营

客运发展主要经历规模扩张、品牌创建、集约发展三个阶段。第一阶段是以扩大客运规模、组建客运网络为主体时期，全集团客运量较组建初期增长20.87%；第二阶段是以经营规模、客运档次、服务质量三项并进的品牌创建时期。全集团客运量较上一阶段增长22.38%；第三阶段是深入推进客运公司化经营，向质量效益型企业转型的关键时期。2010年，全集团拥有客车5201辆，座位数135 076个，完成客运量11 792万人次，完成旅客周转量1 121 955人公里，分别是集团组建初期的7.2倍、7.5倍、3.2倍、3.6倍。

2002年，集团获得客货运一级道路运输经营资质后，首先是审时度势，率先发展。紧紧抓住大运高速公路建成通车带来的机遇，与运城、侯马、临汾、忻州、阳方口、雁北6个子公司共同发起组建“大运快客公司”，统一购置金龙车62辆(但后因种种原因，未及上线运作便夭折)。其次是召开站场治理整顿工作会议。推广运城、晋城公司以站为主、全面发展的经营管理经验，提出将县级汽车站转变为分公司，初步形成以车站为龙头，带动相关产业全面发展的新格局。所属各公司通过兼并、收购、托管公司、收复场站、恢复班线、新增线路、增加车次、收编车辆、购置豪华车辆等方式，争得客运主动权，提高市场竞争力，壮大企业经营规模，为初步形成货运、客运、站场服务三足鼎立的经营模式打下良好基础。再次是创造条件，发展客运。继续加大省会和大中城市以及跨省长途客运线路发展力度，强化高速客运和骨干公路客运，有重点地做好大中城市间和较大经济区、工业区的客运线路扩展以及县乡客运班线发展工作，形成辐射全国20多个省、市、自治区的客运服务网络和省内区域性客运网络的合理运输布局。

2005年，集团通过采取整合改造、整顿规范、清理退出的方法，对安全服务质量差、车辆技术状况差、外表形象差、人员素质差、统计不真实、负盈不负亏的车辆和人员进行清理整顿，清退、转户、报停不合格车辆846辆，解聘、辞退不称职驾驶员478名，极大地提升企业知名度与美誉度。之后，提出坚持“提高客运档次，壮大货运规模，占领维修市场”的经营方针，采取五项措施，使客运步入良性发展快车道。一是通过线路整合和并购重组办法，实现企业扩张经营。二是深化车辆产权结构改革。采取“整合改造一批、整顿规范一批、清理退出一批”的办法，有效解决企业空壳化问题，初步达到“线路经营权明确、车辆产权清晰、企业管理规范、服务质量特别是安全管理明显改善”的目标。三是抓住村村通水泥路、通班车机遇，大力发展农村客运，实现农村客运公交化。四是抢抓旅游发展机遇，组建旅行社，开辟旅游班线，开展个性化服务，旅游服务初见成效。五是加强服务品牌塑造，开展“一争两上三树四化五好”活动，面向广大旅客开展“六心服务”(即:定购车票省心，候车服务顺心，乘车服务放心，途中服务专心，个性化服务称心，特殊照顾舒心)活动，促进集团服务质量的提高。各公司均创建不同服务品牌，如侯马公司的“三皇运业，保您满意”，晋城公司“情系旅途”，临汾公司“满意在临运”活动和“航空式”服务，晋龙捷泰公司“微笑服务”等。服务品牌的创建，有效提升服务质量，使企业诚信服务形象大大提升。

2007年，针对道路客运市场变化纷繁复杂，挂靠经营体制已经远远不能适应道路运输市场高速发展需要的实际情况，集团采取有力措施应对。一是在客运班线精化与延伸上下工夫，积极创建文明班线，通过提供优质服务提升经济效益，市场占有率达到20%以上，巩固了集团在全省客运市场中的主导地位。二是积极推进客运公司化经营。加大在客运体制、经营机制、经营策略、经营管理等方面的转变与创新，积极稳妥地推进客运股份制改革，适时调整客运参股比例，单车收益率由参股前21%提高到38%，客运盈利水平得到全面提高。三是积极开发农村客运市场，延伸发展旅游客运，农村客运班线和新增客车数逐年增加。初步形成以高速、骨干线路和省际班线为主，旅游、农村客运为必要补充的多层次客运经营体系，不断提升集团生产经营的抗风险能力。四是创新服务内容，把文明班线创建与提升服务质量、转换企业经营机制结合起来，创建文明班线13条，实现企业、旅客与社会的和谐发展。

2008年，按照“抓两头、带中间”的经营思路。即抓住高速客运、农村客运与旅游客运两头，带动普通客运。集团专门召开农村客运工作现场会，明确发展指导思想和实现“布局网络化、经营集约化、运行公交化、服务品牌化”发展目标，并按照“六统一”管理模式，采取灵活经营方式，加快农村客运发展步伐，开发客运线路40余条，新增农村客车100多辆。集团所属宇星客车有限公司抓住农村客运发展机遇，大力销售农村客车，安装农村候车亭3500多套，站点牌1万多个。同时，自主研究设计了城镇版候车亭，并通过省交通厅、省运管局验收。集团紧紧抓住旅游发展的大好机遇，充分利用客运经营优势延伸发展旅游业务，成为集团新的经济增长点。

2009年，按照“翔实测算、互利共赢、分类指导、逐步推进”的原则，集团采取合作经营、股份经营、全资经营等多种模式，全力推进以企业控股为主的客运公司化经营。由于测算准确，管理严格、工作推进扎实，客运经营效益显著提升。集团及时调整经营布局，适应城乡客运一体化发展趋势，构建区域客运网络，客运经营逐步由过多依赖长途线路向中长途客运、旅游客运、城乡客运、城市公交和出租等全面发展转变。与此同时，集团狠抓新增车辆和在线车辆的股权结构调整，积极参与地方道路客运企业的重组整合。截至2010年底，全系统客运车辆已经占到全省营运客车33.7%，其中，公司化经营车辆达到657台，市场导向力进一步增强，客运基础地位进一步巩固。

第四节 货运公司的建立与发展

货运和物流营业收入占集团主营业务收入70%,是集团主要支柱产业。集团重组之前,所属各子分公司基本上没有物流概念,只是传统货运。在发展过程中,集团积极适应市场环境变化,适时调整经营模式,一手抓传统货运,一手抓现代物流,不仅在货运方面逐步由数量扩张型向质量效益型转变,更重要的是在总体上实现由传统货运向现代物流转型,取得显著成果。截至2010年底,全集团拥有货车9747辆,吨位数144 308个,年完成货运量2256万吨,完成货物周转量536 897万吨公里。

组建伊始,集团紧紧抓住交通道路货运资质评定契机,制定了“巩固客运,发展货运,占领维修”的战略方针,确立集团未来三年货运发展的方向和总体目标。一是按照“转化货运体制,走股份制公车公营道路”的经营目标,创新体制,掀起发展货运车辆、扩大车辆规模、拓展货运业务、延伸服务功能、积极筹建网络、发展小件快运及专线快运的高潮,货运发展由数量型向质量型、经营向集约化、规模化转变。充分利用集团品牌、场地、管理、地域和当地社会、人力、资金等优势,通过引导、整合、理顺、收购等办法,以联营、合股、融资、合作等多种方式,大力发展控股车辆与有经营权的车辆,努力把车源基地延伸到公司所在地的周边县区,拓宽车辆发展区域。二是加强货源组织工作,做到以货源基地建设带动车辆发展。各公司大力拓展货源品种,变单一煤炭运输为煤炭运输与非煤运输并重,不仅在公司所在地,而且在周边县市开拓货运信息网点,创建站场、货车、货源紧密衔接的货运发展模式,形成以货源带动运力,以运力促进货源的运销一体化的良性互动发展局面。三是树立“货主(用户)是上帝、网络是基础、服务做保障”的思想,围绕“抓住货主、联系买主、组织车主”建立新型货运关系链,通过加强组货能力建设,逐步建立以货源基地为中心的货运公司,提高货运经营管理水平、盈利能力和服务质量。

2006年,集团按照“两头延伸、发展中间”的思路,积极发展大吨位、专用车等,重型货车达到5460辆,较2005年增加588辆,全年共完成货物周转量38亿吨公里,占到客货运输换算周转量82.6%。紧紧抓住货源、信息两个货运发展重点,加强货源组织,增加货源品种,防范由于货源品种单一带来的经营风险。进一步完善小件快运网络建设,延伸发展货运网络,加快由单一货运向现代物流的转变步伐。配合全省物流发展宏观规划,积极与地方政府协调,参与当地物流园区建设,取得积极进展。

运输业的发展,为相关产业如维修、驾校等带来前所未有的发展商机。一是提升维修人员素质,更新硬件设备,提高服务水平。通过对现有维修人员进行考核,提高业务素质,降低维修返修率,用诚信服务赢得市场。二是转变经营理念,创新服务手段,变等客上门为主动上门服务,倡导“关爱每一部车,关怀每一位顾客”的服务理念。三是开展“讲诚信、创品牌”活动,延伸服务触角,构筑维修网络。四是抓住机遇,发展驾培业务。通过实施联合、兼并、股份等形式,整合驾校资源,实现双赢。

2008年,在大力发展车辆基础上,集团按照“转化货运体制,逐步实现由货物承运人向物流经营者转变”的指导思想,由传统运输业向现代物流业转变。围绕全省建设“一轴两翼”物流带的发展思路,以建设物流基地和区域物流园区(中心)为重点,构建自身物流网络,形成集仓储、配送、包装、分拣、加工、商贸、信息为一体的,专线运输、零担快运、大件货运、城市配送、特种运输、煤焦运输相结合的的物流运输网、信息传递网和受理配送网。截至2010年底,“三网”一体的现代物流网络新格局已经基本形成。主要体现在:一是物流园区建设得到长足发展。新建4个,在建5个,形成集团在全省物流网络布局中的若干辐射点。二是深入研究市场。为客户降低成本费用,提高效率,缩短流通周期，赢得客户信任，形成具有一定规模的仓储、配送中心。三是依托客运业务。基本形成通达省内、辐射全国的快运网络和太原市的小件快运业务配送网络。四是推进物流信息化建设。积极在组货和为大宗用户服务上做文章，构建华北最大的物流信息服务平台。截至2010年底，集团拥有固定大宗货源基地36个，完成组货量同比增长99.8%，实现组货收入同比增长80%，实现零担收入同比增长232%，为建设现代物流网络服务体系奠定可靠基础。

2001年以来，各公司按照《关于建立以运输、仓储、货代、配送为一体物流基地的指导意见》，以加快物流基地建设为工作中心，以市场需求、服务顾客为导向，以现代信息技术为依托，全力推进集团现代物流发展。迎泽物流依托自身优势，加快第三方物流发展步伐，由单一经营物流市场逐步向第三方物流迈进。长治公司牵头注册长治物流中心公路货运枢纽有限公司，占地227亩的物流基地正式奠基建设。晋城公司苗匠物流园区投资4000多万元，年底全部竣工并投入使用，成为当地最具影响力的物流集散中心。运城公司空港物流园区被省政府列为全省服务业“1+10”商贸流通业的示范带动项目之一，被市政府列为运城市三大物流基地之一。阳方口公司、忻州公司新建物流基地，积极培育物流市场。在抓好物流基地建设的同时，集团牵头积极开展物流软件研发和信息平台建设。年底，平台建设方案已经通过专家论证。至2010年底，集团拥有运营物流园区（中心）9个，物流及小件快运网点98个，零担专线43条。长治物流中心即将进入开工建设阶段。山西省现代物流配送网络项目（一期工程）已报省发改委审批，集团物流网络布局基本成型。

第五节　站场网络的建立

“拥有车站，就等于拥有了市场”。10年来，集团为改变一些站场设施陈旧、功能丧失、管理不到位、服务质量不高等现象，先后开展多次站务整顿工作。针对存在问题，提出整改要求，全面推广运城、晋城公司“以站为主、全面发展”的先进管理经验，提出将县级汽车站转变为分公司，形成以车站为龙头，带动相关产业全面发展的新格局。同时，制定《站场发展意见》，为全面提升客运站场管理水平，培育服务品牌，创建文明窗口，奠定坚实基础。围绕“创建文明行业、塑造集团形象”主题，开展“除陋习、讲卫生、树新风”及优质文明竞赛等站场治理整顿专项活动，极大地促进全系统服务、质量、经济效益和社会效益提高，形成诸如“温馨太运”、“牵手运汽，感受亲情”、“满意在临运”等服务品牌及“忻州至太原”、“忻州至大同”等文明班线，“晋城至北京”、“晋城至郑州”、“临汾汽车站服务二组”等8个省级青年文明号集体。此次活动的开展，受到省交通运输厅领导及社会各界的一致好评。制定《站场建设管理暂行办法》、《站场建设改造方案》。明确“站场数量不能减，土地总量不能减，站场功能不能减，站场经营不能退”的原则。进一步加强对站场建设与开发的管理力度，通过土地资本运作方式，解决站场建设与改造资金，盘活站场资源。围绕“重点放在一、二级站的建设改造”建站方针，以多元化投资形式，对现有站场进行改造，恢复功能，站场服务功能日趋完善，实现企业、职工、社会“三满意”，取得较好经济效益和社会效益。制订《关于建立以地市汽车站为中心的汽车站场网络》的指导意见，确定以太原为总枢纽、各公司所在地站场为节点的全省客运站场网络体系建设目标和各公司以地市级汽车站为主体、周边县市级汽车站为结点的地区站场网络体系目标。同时要求客运站场实现管理信息化、联网售票、网上预定、调度、管理和小件快运的网络化、一体化、规模化，逐步构建布局合理、站网顺畅、功能完善、形象良好、服务优质的集客货运输、汽车维修、旅游服务、液化气加气站、多种经营为一体的综合型多功能站场。

集团作为全省道路运输的主导企业，依托站场优势，发挥站场公益职能，全力服务广大人民群众出行。一方面按照《道路旅客运输及客运站管理规定》、《汽车站质量信誉考核体系》和《汽车客运站安全生产规范》等法规要求,努力提高"三个服务"的能力和水平,认真落实交通部"三优、三化"标准,围绕安全生产、运转顺畅、功能完善、方便快捷、优质服务的总体要求,强化管理,精心服务,为广大人民群众提供安全、舒适、便捷的出行环境。另一方面坚持自主经营、控股经营、租赁经营相结合的原则,以专业化发展、网络化经营为目标,通过资本运作,积极参与新站建设与经营管理,并对现有站场进行提升、改造。晋城公司一级客运站已完成主体建设;临汾公司一级客运站、忻州公司忻州、原平一级客运站已经奠基建设。晋城公司收购的高平站、阳城站正在建设之中,区域网络优势进一步增强;长治公司武乡站、平顺站已投入使用,长子站、壶关站、屯留站、襄垣站的建设亦已完成,区域网络基本形成;忻州公司加快对所属汽车站的建设步伐,静乐站、岚县站即将投入运营;阳泉公司左权站、运城公司万荣东站、西站相继投入使用。集团以地市汽车站为中心,县市汽车站为节点的客运站场网络得到进一步巩固与完善,服务能力进一步提升。2010 年,集团所属太原、大同、晋城 3 个汽车站被评为全国"首届旅客最满意汽车客运站"。忻州、临汾、大同等汽车站正在规划建设,离石、原平、阳城、屯留、黎城等汽车站基本完工,襄垣、壶关等汽车站投入使用。至年底,集团拥有客运站场 110 个,站场网络体系进一步完善。

第六节 维修服务基地的建立

面对金融危机和煤矿关停并转的严重影响,各公司围绕《关于推进建立以"4S"店为中心的维修基地指导意见》,以提高质量、强化服务、拓展市场为目标,在市场低迷形势下,全面加强内部管理,积极开展职工培训,增加优质服务项目,调整车辆品次与结构,为市场回暖后营业收入快速回升奠定良好基础。与此同时,加快建设技术先进、效益一流、服务优质的维修服务企业。长治公司在南垂汽贸园区建立一汽、重汽、比亚迪、荣威、名爵、莲花等品牌在内的维修集群基地;临汾公司在抓好解放、东风"4S"店基础上,新增柳特、莲花轿车"4S"店,取得东方红皮卡临汾市总代理权;晋龙捷泰公司新增莲花"4S"店、福田皮卡、轻卡"4S"店;忻州公司新增比亚迪"4S"店。特别是侯马公司积极拓展维修市场,投资建设机动车综合检测线,将交警车管业务、运管审验、尾气环保检测业务引入公司浍南园区,不仅带动维修业发展,而且进一步增强公司影响力、控制力。截至 2010 年底,集团拥有各类维修厂站 38 个,其中:一类维修企业 19 个,二类维修企业 17 个,特约维修服务站 120 个,基本形成覆盖全省的维修救援网络,初步形成全省范围内整车销售、售后服务、配件供应、信息反馈等四位一体的"4S"维修网络体系。

第七节 综合培训业务的拓展

2001 年以来,各公司按照《关于建立以驾培为中心的综合培训基地的指导意见》,以提高培训质量和提升服务能力为重点,增加基础设施,改善办学条件,对所属驾校的软硬件设施设备进行升级改造。其中,晋城公司苗匠生态园林式驾校综合培训基地已正式投入使用,顺利通过一级驾校验收;晋龙捷泰公司恢复一级驾校资质;运城公司投资 900 余万元新增设备,建设全新驾培基地;侯马、临汾、长治、忻州公司凭借完善教学设施和雄厚师资力量,拓展综合培训业务,新增客运、危货、乘务员、押运员从业资格培训、驾驶员违章培训、驾驶证注销恢复培训等业务,与行业主管部门联办驾驶员申报中高级职业资格、汽车修理工等综合培训,较快实现由单一驾驶员培训向综合培训基地转变。截至 2010 年底,全集团共有一级驾校 3 所,二级驾校 6 所,年培训人数达 2.5 万人,实现营业收入 2300 万元。

第八节 资本运作与低成本扩张

2001年以来,集团充分利用土地授权经营管理的政策优势,通过资本运作,将有限资产最大限度地转化为支持企业发展资金,取得显著成果。忻州公司通过资本运作,既解决场站建设资金和建设用地,又净增土地面积150余亩。阳方口公司神池汽车站成功用3亩授权土地置换70亩出让土地,不仅解决汽车站建设用地,而且还开发汽配市场,收益达到2000万元。晋龙捷泰公司通过并购重组,低成本扩张资本,拓展客运市场份额,相继收购宝通达公司、金路公司、金领运业公司及其所属驾校,快速获取营运线路125条,增加客运车辆520台,客运市场份额增加至80%以上。晋城公司成功并购高平市道路客运中心,整合客车162台;临汾公司成功收购城北客运站及其所属驾校,为公司下一步发展打下坚实基础。

建设加油、加气站两个项目是集团发挥整体规模优势,延伸运输产业链,实现转型发展、创新发展的新的经济增长点。2009年4月,集团在海南召开创新发展工作会议,集中研究撬装加油装置建设、车用压缩天然气加气站建设等四项工作。本着"资源共享,优势互补,真诚合作,互利共赢"原则,集团与中石油昆仑天然气利用有限公司共同出资注册"山西中石油昆仑天然气利用有限公司",并制定在全省建设75个加气站的工作规划。2010年,此项工作由于体制、机制等多方面原因搁浅,之后由集团独资经营,变更并理顺股权关系,又重新注册山西汽运集团天然气利用有限公司。与此同时,集团又与山西晋油燃料技术有限公司达成合作建设撬装加油装置协议。双方采取股份制经营、规范化管理、专业化服务,联手推动该项目发展,总体规划建设70个撬装加油装置。截至2010年底,完成20个汽车站的装置安装,实现开机即可加油,为下一步发展奠定坚实基础。

第九节 集团重组十年的发展变化

"十五"时期,经过实施"四个调整"(即组织、运力、经营、运输组织)和推行"五项创新"(即战略管理、组织体制、用人机制、管理办法、品牌管理),集团总资产达到20亿元,净资产4亿多元。营运车辆1.4万余辆。客运站场136个,营运线路辐射全国20多个省市,覆盖全省各地市县乡村。高级客车、重型货车和专用载货汽车比重迅速上升,车辆更新换代速度加快,其中:高级客车较"九五"末增幅296.1%;重型车增幅410.8%;专用车从无到有,实现质的飞跃。运输能力提高和运输装备改善,大大促进运输业发展。全年完成客货运输换算周转量较"九五"末增长127.8%,其中:旅客周转量和货物周转量分别比2000年增长29.7%、163.1%。集团在全省道路运输行业中的主导地位进一步得到增强。

"十一五"时期,集团提出"23453"战略目标。即坚持以创建"两个一流"(创建一流企业、塑造一流品牌",把集团建设成为国内一流的道路运输企业,塑造中国道路运输一流服务品牌)为基本要求,以"三大主业"(道路客货运输、汽车场站经营、车辆维修服务)为龙头,以"四项措施"(强化站场功能、调整客运体制、发展现代物流、提升维修档次)为着力点,以"五大网络"(客货运输网络、物流配送网络、站场枢纽网络、维修救援网络、信息服务网络)为基础,努力实现"三个根本性提高"(管理水平、盈利能力和职工收入)为目标,进一步加快实现从传统道路运输业向现代运输服务业转型,突出狠抓"五个转变"。即抓好车辆产权由挂靠向股份转变;抓好发展方式由数量增长向质量提高转变;抓好管理由粗放型向精细化转变;抓好经营方式由收费经济向自主经营转变;抓好企业资产由虚向实转变。并在"五个方面"下工夫,即着力推进企业改革,增强发展动力;着力提升站场服务功能,发挥企业基础优势;着力强化资本运营管理,提高发展质量;着力整合运力资源,实施公司化经营,扩大企业规模;着力加大投入,调整经营结构,寻找新的经济增长点。通过打造完整的运输产业链,在提高利润率、提高效益上下工夫,转变经济增长方式,经济总量不断增长,发展质量持续提升,集团初步形成独具特色的"四个唯一"(在全国同行业中唯一全省成企业集团建制的公司,唯一控制全省大部分汽车站场资源的公司,唯一土地授权经营的公司,唯一国有独资大型一类企业)优势,克服车辆挂靠经营弊端,积极转变经营方式,努力提高运输效率,全面提升服务水平,经营效益明显提升,企业竞争力、影响力、导向力进一步增强,位列中国道路运输百强诚信企业10强,全国道路运输50强,交通企业100强,中国服务业500强第244位。

"十一五"末,集团总资产达到33.4亿元,同比增长66.9%;净资产达到7亿元,同比增长42.9%;利润达到1356万元,同比增长629%;换算周转量完成64.9亿吨公里,同比增长14.4%;安全生产工作平稳有序,均未超过安全控制指标。下属17个子分公司,分布于全省各地,员工3.6万多人,客货车辆14 948部。其中:客车5201台(高级客车1797台),总座位约13万个;货车9747台(重型大吨位车6499台),总吨位约15万吨;车辆平均技术等级为1.25级。客运汽车站125个,客运线路1696条,物流货运站9个,大中型货源基地36个,零担专线43条,维修厂(站)37个,驾驶员培训学11所。进入省国资委"经营业绩考核A级企业",被省委、省政府授予"模范单位"光荣称号,跻身全国道路运输企业50强、全国交通企业100强、全国物流企业100强、全国道路运输诚信企业100强、全国服务业500强,成为交通运输部重点联系企业之一。

第十节　集团改制及所属7个企业破产工作的启动

2006年2月6日,省国企改革专题调研座谈会在集团所属交通大厦召开,省长于幼军、副省长靳善忠及省政府办公厅、省发改委、省财政厅、省劳动和社会保障厅、省国土资源厅、省交通厅、省建设厅等有关厅局负责人在听取山西汽运集团、山西路桥集团、山西建工集团和山西地方铁路四个大型企业关于国有企业改革情况与设想的汇报后,就各公司提出的问题给予答复,并对今后企业改革发展提出具体指导意见。会议肯定汽运集团提出的"三个一批"的改革方案。会后,集团认真落实专题调研时针对集团改革提出的导向性指导意见,先后组织学习领导讲话和国企改革"1+13"系列配套政策文件,召开全系统改革动员大会,企业改制、破产重组座谈会;成立改革领导组,全面负责改革的组织和领导工作,并组建调查组,从5月到12月,深入所属15个企业就企业人员、财务、资产、土地、经营状况、思想动态、改革成本等进行彻底调查摸底,全面掌握各公司基本情况;同时,提出"旗帜不倒、组织不散、改革改制、发展壮大"的改革目标,确立了走"大企业、大集团"发展之路;按照"三个一批"的基本思路,制定改革基本框架方案,并得到省国企改革领导组办公室批准,为集团整体推进企业改革作好充分准备工作。

2008年至2010年,集团所属汾阳公司和阳方口、忻州公司所属六个三级子公司等七户企业均已经当地人民法院正式宣告破产。特别是汾阳公司的破产工作极其艰难,工作组的同志们做了大量艰苦、细致工作,确保破产期间企业稳定。截至2010年底,职工清算、债权债务清理等工作正在依法合规有序推进,但仍面临诸多政策性难题,后续工作仍然十分艰难。忻州公司兼并云母厂工作久拖未决,经与忻州市政府多次磋商沟通,由市政府整建制接收,企业改制工作取得阶段性成果。

2010年12月30日,山西汽运集团隶属关系由原省国资委改为山西能源交通投资有限公司管辖,系其四个子公司之一(其他三个企业为:山西能源产业集团有限责任公司(能源集团)、山西地方铁路集团有限责任公司(地铁集团)、山西省物资产业集团有限责任公司(物产集团)。

第二十一章 新闻宣传

2003年以来，厅新闻宣传中心坚持服从服务于全省交通运输行业改革发展大局，坚持“团结、稳定、鼓劲、正面宣传为主”的方针，紧紧围绕厅党组中心工作，努力做好新闻宣传舆论工作，起到“交通新跨越，舆论是先导”的作用。

第一节 机构沿革及干部调整

2003年以来，根据工作需要，省交通运输厅党组对厅新闻宣传中心领导班子成员进行了适时调整，内设机构也在不断完善。

2004年7月2日，杨原平任中心党支部书记；2005年3月28日，邓之新任副处级调研员；9月30日，石中生、杨春兰任中心副主任；12月31日，崔鸣原任中心副主任。2007年12月13日，杨原平任中心主任。2011年6月3日，李兴任中心主任，石中生任中心党支部书记。

2003年1月22日，组建中心团支部，曹湛任团支部副书记（副科）；3月13日，经省公路运输工会批准，成立中心工会委员会，王小萍任工会副主席（正科）；8月25日，对中层干部进行调整。聘任杨春兰为总编助理；张晓枫为办公室主任；李奋先为编辑部部长；苏军为摄影部部长；郑太平为办公室副主任；左丽峰为编辑部副部长；王建功为摄影部副部长；党峰为通联部副部长；杜改爱为文化发展公司副经理。续聘：崔鸣原为电视台驻厅记者站站长；石中生为通联部部长；王小萍为办公室副主任（正科）。

2005年12月2日，中心内设1室4部。聘任：张晓枫为主任助理兼综合办公室主任；彭梁柱为主任助理兼文化发展公司总经理；李奋先为总编辑助理；左丽峰为编辑部部长；王建功为外宣部部长；党峰为通联部部长；杜改爱为摄影部副部长；王晴红为综合办公室副主任；徐爱莉为外宣部副部长；韩涛、牛宇为编辑部副部长；刘建枝为通联部副部长。

2005年12月2日，经职工大会民主选举，王小萍任中心工会主席。2010年12月28日，聘任：王建功为办公室主任；徐爱莉为外宣部部长；刘建枝为通联部部长。

第二节 工作思路和工作手段的创新

2003年以来，在厅党组正确领导下，中心领导班子客观正视面临的新形势、新任务，不断创新工作思路和工作手段，努力推动整体新闻宣传工作迈上新台阶。

一是不间断地对重点公路工程建设、“三小时高速通达工程”及高速公路突破3000公里进行宣传报道。从2004年后半年开始，不断加大对太原西北环、长晋、汾柳、得大、太长、晋济、侯禹等高速公路建设项目及“三小时高速通达工程”的宣传报道，坚持动态报道和深度报道相结合，提高宣传频率，扩大宣传范围，大造舆论声势。2004年9月大运路通车一周年之际，邀请中央驻晋及省内主流媒体记者全程回访大运路，同时，还举办大运路艺术摄影展，从艺术角度展示优美壮观的大运高速公路，产生十分明显的社会影响。2005年4月26日至6月2日期间，分四批组织中央驻晋及省内主流媒体记者赴重点工程一线采风；2005年7月29日，在胡锦涛总书记视察太长高速公路并听取全省公路建设情况汇报后，中心领导亲自动笔，迅速在《中国交通报》、《山西交通》、山西交通网站等媒体推出《胡锦涛总书记寄语山西交通》、《亲切关怀，巨大鼓舞》等侧记报道，并在省内主流媒体和交通系统内部宣传平台上撰写文章、开辟专栏，大力宣传全省交通系统各单位认真学习贯彻胡锦涛总书记视察山西时重要讲话精神的先进经验和典型事迹。2005年11月8日，在"三小时高速通达工程"暨太长高速公路通车庆典活动中，中心除了组织社会各级媒体宣传报道好外，还专门组织航空拍摄，制作电视专题片，提供新闻背影资料和标语口号，并连续出版两期《山西交通》彩版，组织《全省实现"三小时高速通达"》综述、《山西"三小时高速通达"工程项目明细》、《全省高速公路突破三千公里》等重点稿件报道，刊登特稿和画刊，产生巨大社会影响。2006年及2007年，除抓好常规宣传外，又组织"创建千里大运文明高速路暨雁门关集中采访"、"老区新路记者行"等数次大型采访活动。2007年5月7日，分别与厅重点办、农村路网处组织两次大型重点在建公路及新农村公路采风活动。2008年，组织策划"众志成城，抗震救灾"、"迎奥运，保安全"、"治理超限超载"、"全省交通公路计重收费"、纪念改革开放30周年等大型活动。

二是加大对县际及农村公路建设方面的宣传。采取"突出重点、以点带面"的方法，重点宣传县际公路改造及农村公路建设先进典型，以点带面，推动全局发展。并邀请有关媒体多次组织大型采风活动及制作电视专题片，紧密配合建设情况进行宣传报道，为全省县际及农村公路建设创造良好的舆论环境。

三是阶段性地开展交通体制改革及事业单位人事制度改革宣传。依托媒体，配合运输企业改制、公路系统改革和干部人事制度改革，大张旗鼓地宣传厅党组关于深化改革的总体思路和具体做法，起到较好示范宣传效果。

四是大力开展超限运输、交通规费征收及科技教育等方面的新闻宣传。大力宣传国家和省有关治理超限运输的法律法规及华北五省联合治超现场会，全方位支持治超日常宣传工作；同时，还突出宣传全省交通征费、车购系统在公路建设中的"粮草官"作用，大力宣传全省交通系统"科教兴交"方面取得的成就以及三所交通院校建设情况。

五是扎实开展交通行业文明建设、党建和党风廉政建设方面的新闻宣传。积极关注全系统党建和党风廉政建设情况，对各级党组织深入学习贯彻党的十六大、十七大及历次全会精神，全面加强党的建设，不断加强政风、行风建设，治理公路"三乱"、加强党风廉政建设，从源头上预防和治理腐败进行有效宣传。同时，加大对企业文化、行业文化、大运路文化建设方面的宣传。对创建青年文明号、建设文明一条路、争做文明职工、争创文明班组等活动也给予重点报道。

2008年以来，中心和厅办公室、厅重点办30余次组织新闻记者赴大呼、忻阜、忻保、太佳、太古、长平、高陵、临吉、阳翼、闻垣、天大、灵山等40多个重点公路工程建设工地采访，进一步扩大交通影响力，吸引社会各界更多人关注交通，关心交通。2009年3月，与省宣传部共同组织省城新闻记者赴沿黄干线公路和沿黄旅游公路进行采访活动；2009年，围绕村村通水泥(油)路全覆盖，全省取消政府还贷二级公路收费，山西交通运输60年建设成就展等重大活动搞好新闻宣传。

2010年，省厅组织各类重大活动较多，每项重大活动，中心都积极参与。比如，国务委员、国防部长梁光烈上将来晋视察交通战备工作；省委书记袁纯清视察忻阜高速；省委副书记、省长王君，省委常委申联彬、申维辰、金道铭、李小鹏，副省长牛仁亮、张平、张建欣视察在建高速公路以及交通部纪检组组长杨利民在晋检查春运工作等，都及时进行宣传报道。并参与组织了重点公路建设表彰及大型慰问演出活动以及太阳高速公路开工奠基活动，创建平安建设工地万人签名活动，以及厅领导政务活动等。并为厅机关及社会媒体提供大量文字和图片资料。

第三节　稿件质量和宣传水平的日益提高

在充分依托社会媒体进行宣传的同时，中心不断提高所属《山西交通》、《中国交通报》驻山西记者站、山西电视台驻厅记者站等宣传平台的宣传质量和宣传水平，取得显著成绩。

一是《山西交通》宣传重点突出，充分发挥行业新闻宣传主阵地作用。《山西交通》作为厅党组喉舌和全省交通系统重要的舆论阵地，不断改进办报思路，不断提高办报质量，努力贴近全系统交通职工，贴近一线，并配合不同时期的中心工作，开辟栏目，加大宣传深度和力度，受到广大干部职工喜爱。特别是认真做好各项政务活动和有关会议新闻报道工作、调研活动和省厅有关会议的新闻宣传报道。2010 年，共派出记者 115 余次 300 余人次，其中省部领导活动 20 次，厅领导活动、会议 80 次，部队领导活动 3 次，厅直有关单位活动 60 余次。另外，厅机关、厅直单位有关公告、公示，都及时在《山西交通》予以公布。2003 年以来，先后选派记者 1928 人次参加各种新闻采访活动 846 次，其中省部领导活动 84 次，厅领导活动 462 次，部队领导活动 32 次，厅直单位活动 232 次，大型新闻记者采访活动 36 次。8 年来，共出报 800 余期，发稿 4 万余篇，新闻图片近 8000 幅，其中专项宣传报道 350 余块版面，圆满完成出报任务。2004 年 8 月，成立《山西交通》办刊理事会后，中心进一步提高办报质量，增设栏目，健全制度，加强策划，得到 6 家理事单位大力支持。2007 年，进一步提高出版质量，正式改印为彩报。

作为交通新闻宣传的重要平面媒体，2010 年，中心坚持政治性、时效性、艺术性三统一原则，进一步强化采编工作，不断提高办报质量，成立《山西交通》内部编委会，并围绕厅党组中心工作，开辟“关注重点工程建设”、“关注村村通水泥(油)路全覆盖”栏目；面向基层，开设“知荣辱、树新风、促和谐”、“服务新农村”、“行风在线”、“公路管养”、“安全生产”、“交通科技”、“队伍建设”等 20 余个专栏；在“纵与横”中，开设“海事知识问答”、“治超进行时”、“他山之石”、“域外传真”、“百姓关注”等 10 个专栏；编发文摘副刊 10 期，并在其中开辟“健康园地”、“人物春秋”、“环球扫描”、“社会观察”、“影视看台”等专栏，为全省交通运输系统职工开辟一个休闲娱乐的阵地。其中，刊发省厅重大会议消息 70 条，重大新闻事件 50 条；编发图片版 46 期约 500 多幅照片。全年出版 98 期，约 300 多万字。

2010 年 3 月下旬，根据厅领导指示，制订交通新闻宣传改革方案，进一步明确做好新闻宣传工作的目标和任务，区分责任，提出具体改革措施、方案，得到厅党组高度重视。5 月 18 日，厅党组书记、厅长段建国，厅党组成员、省纪委驻厅纪检组组长韩日裕深入中心调研，为下一步发展指明方向。尤其是提出与中国交通报社合办《山西交通》的发展思路，解决长远发展问题。此项工作经过与中国交通报社协商后，正式签署协议，2011 年 1 月 1 日正式改版。运行一年，取得显著社会效益。

二是创办《交通周刊》，进一步扩大行业影响。从 2005 年起，中心与《山西日报》工交部共同开办《交通周刊》，与《山西经济日报》专题部开办《交通周刊》。截至 2010 年底，先后出版 500 余期，充分利用省内两大主流平面媒体宣传交通，起到十分明显的宣传效果。

三是《中国交通报》宣传版面多，力度大，取得骄人业绩。《中国交通报》驻山西记者站于 2003 年通过省新闻出版局重新登记后，在领导兼职、记者兼管、工作头绪多、任务繁重的情况下，能够及时按照报社要求搞好采访、发行，组织稿件，完成通联工作。2003 年以来，《中国交通报》共采用山西稿件 700 余篇，其中驻地记者稿件近 600 余篇，连续 24 年分别被中国交通报社评为全国“优秀记者站”、“先进记者站”。2004 年 6 月，杨惠芹、秦国增因工作变动，不再兼任站长、副站长职务；2005 年 11 月 23 日，省交通厅推荐中心党支部书记杨原平兼任站长,副主任石中生兼任副站长;2007年5月28日,报社聘任杨原平为中国交通报社驻山西记者站站长,石中生为专职副站长(主持记者站全面工作)。2002年至2010年,石中生连续9年被中国交通报社评为全国"优秀驻地记者"称号;2005年至2010年连续6年被中国交通报社聘为"首席记者"。2000年7月,被省劳动竞赛委员会荣记二等功1次;2006年6月,被省劳动竞赛委员会荣记个人一等功1次;2007年12月2日,被省劳动竞赛委员会授予"山西省五一劳动奖章"荣誉称号;2008年5月,石中生参加省交通厅支援四川灾区公路抢通保通突击队,任前线指挥部成员、临时党委委员、宣传组组长。在援川近1个月时间里,他不顾个人安危,采写的50余篇稿件(图片),先后被中国交通报、山西日报、山西经济日报、山西新闻网、黄河新闻网等多种媒体采用,为搞好援川宣传作出突出贡献。被省交通厅授予"抗震救灾优秀共产党员";同时被省劳动竞赛委员会授予"山西省五一劳动奖章";被中国交通报社授予"抗震救灾先进个人"。2005年3月,采写的《让治超政策家喻户晓》在"山西治超好新闻奖"评比中荣获二等奖;2005年3月,采写的《山西大同:"五到位"使超载车难出产煤区》在"山西治超好新闻奖"评比中荣获三等奖;2005年6月,采写的《不超载,理直气壮一路畅行》在第十五届山西新闻奖(2005年度)评选中荣获三等奖;2006年8月,采写的《山西:城乡客运一体化突破"围城"》在第十六届山西新闻奖(2006年度)评选中荣获三等奖;2007年4月,采写的《山西平顺:农村物流中心对农民心思》在第十七届山西新闻奖(2007年度)评选中荣获三等奖;杨原平采写的《山西:公路集雨灌农田》稿件获2007年度中国交通报好新闻二等奖,采写的《山西平顺:农村物流中心对农民心思》稿件获2007年度中国交通报好新闻三等奖。2003以来,记者站及时将全省交通动态、重大活动、先进经验在《中国交通报》刊登。2010年,共发稿360多篇(条)。《山西:力争实现走到哪里都是好路》、《"全覆盖"托起三晋农村发展新希望》等6篇稿件在一版头条见报,并出版地方交通专刊50.5期,从不同角度宣传全省交通运输工作,起到很好宣传效果,使社会各界更了解、更理解、更支持全省交通运输工作。

四是电视宣传直观形象,及时给力,受到广泛好评。山西广播电视总台驻厅记者站围绕省交通厅党组中心工作,在抓好消息报道的同时,还阶段性地组织专题报道,上稿条数多,宣传效果好,2003年以来,共播发新闻近1100余条,制作各类专题片42部。其中,《挺起山西的脊梁》于2003年9月18日在山西电视台《记者调查》栏目播出;《为民修筑致富路》于2003年9月27日在山西电视台《记者调查》栏目播出;大运路通车新闻于2003年10月1日在中央电视台、山西电视台新闻联播播出;大运路实现小循环新闻于2003年9月28日在中央电视台、山西电视台新闻联播播出,产生良好的社会效应。太长路通车新闻于2005年11月8日在中央电视台、山西电视台新闻联播播出;《山西1700万农民告别出行难》于2006年2月8日在中央电视台新闻联播头条、山西电视台新闻联播播出;《山西村村通工程》于2007年10月6日在中央电视台新闻联播《喜迎十七大》、2007年10月11日在山西电视台新闻联播播出;其中部分专题片在中央电视台二套、四套节目中播出后,在全国及海外引起全社会对山西公路建设的极大关注。特别是"十五"以来,全省交通飞速发展,广大干部职工为全省人民加快致富步伐,解决出行难问题付出极大努力,作出突出贡献。站长崔鸣原以他独到的新闻敏感性精心组织策划,将全省交通基础设施建设取得的辉煌成就,真实生动地进行翔实报道,平均每年在中央台新闻联播中播发反映全省交通面貌变化的新闻达2条至4条,得到交通部领导充分肯定。其中,《山西1700万农民告别出行难》在中央台新闻联播中以头条播出后,得到社会各界一致好评。为纪念改革开放30周年,记者站积极策划,经过近两个月实地采访拍摄,制作大型纪录片《大路小康》、《数字看山西》,

全面系统地记述了全省高速公路发展历程，在山西电视台播出后，引起社会各界关注。2009 年，拍摄《沧桑巨变》、《辉煌 60 年》、《荡气夯歌》专题片，生动形象地展示了全省交通运输事业建设发展改革取得的辉煌业绩。2010 年，累计在山西电视台新闻联播中播发反映全省交通运输工作的各类新闻 70 余条，中央台播出 3 条，电视专题片 2 部。此外，省厅专门拨款 100 万元，解决记者站设备更新问题。2008 年至 2010 年底，记者站累计在山西电视台新闻联播中播发反映全省交通工作的各类新闻 280 余条，制作《新里程、新跨越》、《转型跨越之路》、《大道如虹》、《黄河作证》、《一路高歌铸辉煌》等电视专题片 12 部在山西电视台和太原电视台播出，连续 17 年被省广播电视总局评为全省电视新闻宣传先进记者站；站长崔鸣原同志先后荣获省劳动竞赛委员会五一劳动奖章 1 次、二等功 2 次、三等功 1 次，并连续 18 年被山西广播电视总台评为全省电视宣传先进个人、先进记者站，每年有多件作品获全国和山西省优秀新闻奖。

第四节　新闻宣传工作体系的建立和完善

一是抓好建立交通新闻宣传网络工作。在抓好新闻宣传工作的同时，《中国交通报》、《山西交通》新闻站工作得到加强和巩固。2003 年以来，陆续建立和调整全省各市 20 多个新闻站，扩大原有通讯员队伍。每年组织召开全省交通新闻宣传工作座谈会，举办“两报”通讯人员新闻培训班。2004 年后半年，又加强 6 家理事单位新闻站建设。截至 2010 年底，已在全系统县（处）级以上单位建立新闻宣传工作站 45 个，并聘任站长、副站长、特约通讯员，下发新闻宣传工作站管理办法。5 月，中心还组织全省 20 多名骨干通讯员参加中国交通报社在深圳组织的培训班。11 月，组织《山西交通》全体采编人员赴北京中国交通报社学习，为《中国交通报·山西交通》正式出版做好准备工作。与此同时，中心还起草通讯员考核办法，建立新闻工作站及通讯员激励和约束两个机制，分季度定期公布通讯员上稿统计等，进一步加强全省交通新闻工作站工作。全省各级新闻宣传工作者辛勤耕耘，爱岗敬业，作出突出贡献。特别是基层通讯员作为交通新闻宣传的主要力量，写稿质量高，上稿数量多，尽职尽责，默默无闻，勤奋努力，乐于奉献，紧密结合工作实际，采写大量根植于基层的好新闻，既宣传本单位、本部门工作成绩，也扩大交通影响，产生很好的社会宣传效应。

二是积极做好与省城新闻媒体的组织协调工作。交通新闻宣传工作离不开省级主管部门和新闻单位的支持配合；交通运输又是一个受到社会普遍关注的行业，其固有的社会性和服务性特征，比较容易成为社会和新闻媒体关注的焦点。为此，中心采用举办迎春座谈会或中秋联谊活动等形式，加强与省委宣传部、省委外宣办、省政府新闻办和省新闻出版局的联系，经常主动走访有关部门领导，请他们关注交通、关心交通、支持交通。与此同时，充分依靠中央驻晋新闻单位和省内新闻媒体，不断加大对山西交通的宣传力度，及时向社会发布交通行业的重要信息，始终注意把握和扩大全省交通运输行业在全省乃至全国的影响，使交通运输行业影响力不断上升，凝聚力不断增强，有力促进全省交通运输事业改革、发展和稳定。

三是不断加强对外宣传。交通新闻宣传工作的形式、方法、手段不断得到改善，逐步体现“立体化”和“外向型”特点。通讯、报纸、杂志、广播、电视、画册、网络等各种宣传形式都得到有效应用，形成一种立体化宣传态势，向国内外及时传递全省交通建设信息，提升宣传水平和品位。据不完全统计，2003 年以来，在全国和省内社会媒体播发反映全省交通运输的报道文章共 3800 余篇。同时，根据对外宣传工作需要，为社会新闻媒体和有关宣传刊物提供新闻稿件及背景资料共计 300 余万字。

四是积极稳妥地开展舆论监督。首先是抓好舆论监督。利用《山西交通》开辟“广角镜”栏目,对交通系统各单位特别是“窗口”单位树立行业新风、文明服务、规范管理、廉洁执法的良好形象,及时给予图文并茂的宣传展示。同时也对存在的一些不文明现象、不良风气及时进行曝光,引起有关部门重视,从而提高管理服务水平。其次是营造积极健康的行业舆论氛围。重点配合高管、公路、征费、运管等行政执法部门及窗口单位开展的行风评议工作进行宣传报道和新闻监督,打击歪风邪气,营造良好社会氛围,展现了崭新行业风貌。

*五是资料宣传成果丰硕。*中心积极配合大运高速公路建设及全省交通重点工程项目建设,搞好资料宣传。先后组织编印《大运放歌——大运高速公路建设文化作品荟萃》、《挺起的脊梁——大运高速公路建设》画册;2005 年,为配合全国农村公路建设座谈会在山西召开,编辑出版《农村路建设画册》;为认真总结“十五”交通建设成就,在较短时间内,组织编写《山西交通发展丛书》共 5 卷。全面总结“十五”期间全省公路发展、运管、征稽工作以及高速公路和农村公路建设成就。2006 年编辑《高歌挺进谱新篇——山西在建高速公路记者采风活动新闻宣传作品集》。同时,为山西交通运输网及时提供信息支撑。为更好地做好交通新闻宣传工作,2003 年以来,将每期《山西交通》头版要闻及二版新闻,包括图片新闻等,及时向山西交通网提供,每年共提供文字、图片信息近 2000 条。2003 年以来,共计提供 16 000 条,为山西交通运输网站提供有力的新闻信息支撑。2009 年 12 月,编辑《交通辉煌 60 年》画册。

*六是认真抓好《山西交通》赠阅工作。*每期都按时邮发到各市党政主要领导、分管领导和全省交通运输系统乃至所、站、段、道班等基层单位,及时送到省领导、驻省全国人大代表、政协委员、省直有关厅局、厅领导、厅机关、厅直单位,并报送交通运输部,与多个兄弟省、市、自治区交通运输厅(局)及时进行交流。每年赠送《山西交通》约 96 万份,涉及 1700 个基层单位。2003 年以来,共计赠送报纸 768 万份。

第二十二章　史志编纂

2003年以来，随着大运高速公路全线通车，全省公路交通建设高潮迭起，精彩纷呈。大规模、高水平、立体化交通建设，为史志年鉴编纂工作创造了取之不尽、用之不竭的宝贵资源。省交通运输厅历届党组把史志年鉴编纂工作提到讲政治高度来认识，每年召开一次全省交通运输系统史志年鉴工作会议，分管厅领导出席并讲话，提出任务要求，年底进行考核，严格奖惩兑现，表彰先进典型；从2010年起，将史志年鉴编纂工作列入省厅对各有关单位年度工作目标责任制考核内容，提出更高、更严、更细要求；厅直单位、各市交通运输局均建立健全机构，明确专人负责，工作一丝不苟，为搞好史志年鉴编纂工作打下良好基础。

2008年新一届厅党组组建以来，提出“创一流编纂业绩，争一流出版水平”的要求，厅资料信息中心全体同志夜以继日，加班加点，奋力拼搏，乐于奉献，紧紧围绕厅党组中心工作，先后编纂完成《山西交通志》、《山西路谱》、《大路人生——山西交通改革发展30年回顾与展望》、《山西省志·交通志》、《辉煌的历程——山西交通运输建设发展改革60年回顾》、《大路颂歌——山西交通文化资料集锦》、《山西公路交通史（1978～2010）》、《山西省村村通水泥（油）路工程建设志》等一系列史志年鉴书籍，为推动全省交通运输事业转型跨越发展作出积极贡献。

第一节　干部队伍建设及中心职能演变

自1995年组建以来，中心职工队伍超常稳定，尤其是中层干部，一直没有晋升的机会。中心负责人多次向厅领导反映，由于种种原因未能解决。2008年4月，厅长段建国到任后，中心负责人又多次反映职工队伍老化，青黄不接，干部晋升渠道狭窄，可持续修志面临严峻挑战的实际，引起高度重视；2008年9月，省交通厅党组成员，省纪委驻厅纪检组组长韩日裕到任并分管厅资料信息中心工作后，中心负责人又全面汇报史志年鉴编纂工作，尤其是干部队伍建设问题。其中，综合办公室主任梁锦华1988年大学毕业分配到交通系统工作已有20多年时间，任正科职务已有10年；资料信息部部长赵国荣1996年分配到中心工作，已有10多年，任正科职务已有5年。2000年11月，师国梁接任中心主任以来，两位同志克服重重困难，圆满完成各项工作任务，作出显著成绩，多次受到省交通运输厅、省史志研究院表彰。2009年9月，中心调研员张岐山达到退休年龄，专业修志人员青黄不接问题更显突出。

在厅领导高度重视下，在厅人事处大力支持下，两位同志得到合理使用。2010年5月，赵国荣同志担任晋城高速公路公司纪委书记；2010年6月，梁锦华同志担任厅资料信息中心副主任。

2006年以来，全省掀起第二轮修志热潮。中心承担的编史修志任务日益繁重。从2009年开始，中心负责人向厅领导提议：选调优秀专业人才到中心工作，加强职工队伍建设。厅长段建国对史志年鉴编纂工作高度重视，认为是与公路建设同等重要的工作，要求把优秀人才选调进来。分管厅领导韩日裕提出“干出一流工作、选择一流人才“的要求。在厅领导高度重视和厅人事处大力支持下，中心选调山西大学历史系硕士研究生陈瑞丽、厅新闻宣传中心办公室副主任王晴红,分别接替梁锦华、赵国荣两位同志原来承担的工作任务,真正做到知人善任、量才使用。两位同志到职后,很快熟悉业务,承担起繁重的工作任务。

为了圆满完成厅领导交办的各项工作任务,中心利用各种机会组织职工加强学习,提高综合素质和办事能力。特别是采用以会代训的办法,效果特佳。2010 年 3 月 25 日,中心全体同志参加《山西省交通战备志》编目评审会议,听取省地方志办公室主任李茂盛、副主任刘益龄讲话及二处处长任小燕、副处长杨颖、副编审王仰东辅导讲话;5 月 13 日,中心全体同志参加《山西省交通战备志》编纂工作会议,听取省军区副司令员何永才、省地方志办公室主任李茂盛讲话;8 月 5 日,参加《山西省交通战备志》编纂业务培训会议,听取省地方志办公室副主任刘益龄、省志一处处长焦永萍专题讲座;12 月 23 日,全体同志到左权,参加《左权县交通运输志》评审会议,听取省地方办公室市县志处副处长王仰东、晋中市史志研究院老院长刘俊礼等专家评点。此外,中心职工还参加厅里组织的经济学专家讲座、职工健康讲座等。这些丰富多彩的活动,对提高中心全体职工编史修志业务素质,起到非常好的教育和启示作用。此外,还选派职工参加省人力资源和社会保障厅组织的有关事业单位改革及岗位设置业务培训,省会计协会举办的会计继续教育培训等。高素质职工队伍,为完成省厅布置的各项工作任务,打下良好基础。

随着全省交通运输事业蓬勃发展,以及各级领导对史志年鉴编纂工作日益重视,中心工作职能不断增加,范围不断扩大。截至 2010 年底,厅资料信息中心主要工作职能有:①根据中国地方志工作指导小组、省委、省政府和交通运输部要求,制定全省交通运输系统史志编纂工作长期发展规划、五年发展计划和年度工作计划;②按照省史志研究院、交通运输部史志编审委员会工作安排,根据交通运输系统实际情况,制定具体贯彻实施意见;③受省交通运输厅委托,对厅直各单位史志年鉴编纂工作进行督察指导,制定评比先进集体和先进个人标准,提出奖惩意见;④组织全系统史志编纂人员参加社会主义劳动竞赛,提出记功表彰推荐名单及意见;⑤向上级史志主管部门推荐史志年鉴编纂工作先进集体和先进个人;⑥建立交通资料信息库,为全省社会各界和交通运输行业提供信息咨询服务;⑦负责《山西公路交通史》、《山西公路交通建设志》、《山西交通年鉴》编纂工作;⑧负责收集和专题记载本省交通事业中的重大事件及重大项目;⑨负责向《中国交通年鉴》、《山西年鉴》、《山西经济年鉴》、《中共山西年鉴》提供稿件;⑩承办《山西交通综合信息》、《全国报刊资料汇编》的编辑印发工作;⑪负责向省委、省政府、交通运输部及省直有关单位提供全省交通运输改革、建设、发展成就有关资料及图片;⑫围绕厅党组中心工作,搞好软科学课题研究工作;⑬完成厅领导交办的其他工作。

第二节 交通史志书籍编纂出版成果

一、《山西交通史话》

《山西交通史话》初稿由原运城地区交通局局长剡建华提供。厅资料信息中心组织专人数易其稿,反复修改、整理加工和补充完善。2005 年 3 月,由山西春秋电子音像出版社正式出版发行。柴泽民题词“赞古道雄美,壮三晋河山”。编审委名誉主任王晓林,主任赵龙,副主任师国梁、张岐山。主编赵龙,副主编师国梁、张岐山,主纂剡建华。全书分古道、桥梁、关隘、长城与长城道四编,较为全面地勾勒了人类社会自产生以来山西古代道路基本走向,阐述山西古代经济在交通影响下的兴衰发展,再现山西境内桥梁、关隘及古长城历史风貌,铭记与交通有关的历史典故和历史故事。全书大 32K,43.2 万字,精装,主题突出,内容丰富,结构严谨,资料翔实,语言生动、形象,以古代山西交通为主要内容,从一个侧面反映了交通事业发展脉络,总结若干历史经验,揭示一定发展规律,对于更好地从事交通工作或研究交通历史发展规律,均有一定借鉴或资政意义。

二、《山西交通之最》(第一辑)

《山西交通之最》是全面反映全省交通运输事业发展新水平,钩沉全省交通事物发端,展示全省交通事业辉煌成就的重要载体。自2002年开始至2004年,中心明确专人负责,用三年时间,搜集大量有关全省交通事业改革发展成就资料。经筛选、整理,于2005年8月经省新闻出版局批准,在全省交通系统内部出版发行。编审委名誉主任王晓林,主任赵龙,副主任师国梁、张岐山,委员有13人。主编赵龙,副主编师国梁、张岐山,编辑师国梁、张岐山、梁锦华、赵国荣、杜小鹏,特约编辑陆峰波、韩金廷、陈兰英,终纂师国梁、张岐山。全书以邓小平理论和"三个代表"重要思想为指导,坚持辩证唯物主义和历史唯物主义立场、观点和方法,站在全省高度,实事求是地记述典型人物和事件,比较全面地收集和记录全省交通事业发展过程中有意义、有价值的人物和事件。分为人文回放、历史纵横、机构设置、公路建设、高速公路、桥梁隧道、信息管理、路政管理、水运管理、道路运输、征稽管理、交通教育、设计科研、课题研究、精神文明、新闻宣传、资料宣传、交通综合、会议集锦、铁路建设、民航发展21个栏目525个条目,44.5万字。全书条目系统,内容全面,资料完整,阐释准确,语言生动,数字翔实,是全省交通史志年鉴编纂工作取得的又一丰硕成果。

三、《科学发展铸辉煌》(上、下卷)

为了生动完整地记述"十五"时期全省交通系统各部门、各单位改革发展建设辉煌业绩,全面系统地总结"十五"时期成功经验,广泛探讨新形势、新机遇下对交通发展规律认识,更加出色地完成"十一五"宏伟规划中提出的艰巨任务,凝聚全行业智慧和力量,加快构建全省新型能源和工业基地建设的交通运输支撑保障服务体系,为后人留下一份可资借鉴和弥足珍贵的公路交通史料,根据交通部、省史志研究院有关文件精神,借鉴外省市成功经验,省交通厅决定编辑出版《科学发展铸辉煌》一书。

为了认真做好编纂工作,高水平、高质量地将"十五"期间全省交通改革发展建设辉煌业绩永载史册,省交通厅以晋交办字〔2006〕197号文印发《关于认真做好〈科学发展铸辉煌〉一书编辑出版工作的通知》,专门成立编审委员会。主任王晓林,常务副主任张润,副主任杨金泉、王志民、张志川、郜玉兰、张德仪、赵振田;主编王晓林,执行主编张润,副主编师国梁、张岐山;编辑师国梁、张岐山、郭富平、梁锦华、赵国荣、杜小鹏。为了尽早完成资料收集任务,2006年6月,中心专门召集各市交通局、厅直各单位、厅机关各处室分管领导和纂稿人召开编纂工作会议。厅党组副书记、副厅长张润对全书编纂工作提出希望和具体要求。全书除载录每位厅领导署名文章及厅机关、厅重点办各处处长有关"十五"回顾与"十一五"展望文章外,主要载录厅属单位党政主要领导署名文章:①11个市交通局及所属各县、市、区交通局;②厅直县处级以上单位;③各重点公路工程建设公司(项目部);④各公路分局、公路段及成绩突出的收费站;⑤各征稽分局及成绩突出的征稽所、收费站;⑥11个市运管处及成绩突出的运管(所)站;⑦各高速公路公司(管理处)及成绩突出的收费站。截至2006年12月底,共收回省交通厅机关稿件34篇,厅直属单位19篇,公路系统130篇,交通征稽系统57篇,高速公路系统18篇,运输管理系统25篇,重点工程建设单位10篇,各市县区交通局97篇,山西汽车运输集团及下属单位16篇,共406篇稿件。在稿件质量参差不齐情况下,中心全体编辑加班加点,废寝忘食,夜以继日地对原稿进行加工、修改、补充、完善,圆满完成编辑出版任务,全书242万字,分上下两卷,2007年8月由山西人民出版社出版发行。

四、《山西交通志》

为了完整地记述1978年以来全省交通系统各部门、各单位改革发展建设辉煌成就,全面展示改革开放给山西交通事业带来的巨大变化,集中反映全省12万交通职工自力更生、艰苦奋斗、不屈不挠、勇于奉献的不朽业绩,认真总结公路水路交通三十年发展规律和经验教训,更加出色地完成“十一五”宏伟规划中提出的艰巨任务,为后人留下一份可资借鉴和弥足珍贵的公路交通史科,根据省委、省政府要求,按照《山西省第二轮＜山西省志＞编纂工作实施方案》,2006年6月,省交通厅领导高度重视,迅速启动《山西交通志》编纂工作,为搞好《山西省志·交通志》打下坚实基础。

中心领导高度重视,从讲政治高度认真抓好组织协调工作。经过反复调研,研究酝酿,拟写篇目框架,经多次征求厅领导及相关部门意见,8易其稿,最终确定2006年安排部署,2007年搜集资料、编辑整理,2008年修改定稿,2009年出版发行。编审委主任王晓林、段建国,常务副主任张润,副主任王志民、韩日裕、张志川、郜玉兰、张德仪、赵振田、曹燎原、郭贵平。编委由厅机关各处室负责人、厅直各单位党政一把手、各市交通局局长共计52人组成。各有关单位都成立相应机构,明确分管领导和具体承办人,将任务层层分解,责任到人,明确要求和时限,认真开始资料收集工作。2007年6月上旬,中心分别召开由各市交通局、厅直各单位、厅机关各处室有关部门人员参加的座谈汇报会,督促检查《山西交通志》进展情况。座谈会上,大家就编纂过程中存在的一些具体问题进行讨论交流,商定解决办法。2008年3月,在全省交通史志年鉴工作会议上,厅党组副书记、副厅长张润在讲话中,再一次强调要高度重视编纂工作,以高度负责的精神,竭尽全力,高水平、高质量地完成任务。2008年5月至6月,中心又分别召集各市交通局、省公路局、省征费局、省海事局、省运管局、省高管局有关人员召开会议,检查进度,交流资料收集、编纂方法和途径。随后,中心领导深入各市交通局和厅直各单位,解决编纂过程中存在的各种问题,为顺利完成资料报送任务奠定基础。截至2008年底,各单位报送的志书初稿约1200万字。从2008年6月开始,厅资料信息中心主任师国梁用6个月时间,集中对志稿进行修改、补充和完善,将初稿删改至600万字左右。全书分为公路交通、水路交通、行业文明建设、廉政建设、汽车运输集团、人物、大事记8篇32章562.88万字,前有序言、概述,后综合文献辑存、图表资料、后记。2008年12月报出版社审定,2009年4月由山西人民出版社公开出版,上中下三卷,562.88万字。主编张润;执行主编师国梁;副主编张岐山、梁锦华;编辑师国梁、郭富平、张岐山、梁锦华、赵国荣、杜小鹏。省交通运输厅党组书记、厅长段建国作序。全书还收集整理了全省交通运输系统各个历史时期具有代表性和典型意义的图片资料138幅,更加直观、鲜明地印证30年改革开放的伟大成就。

五、《山西路谱》

2005年,交通部专门发文,要求各省组织编纂《路谱》、《桥谱》等书籍。由于厅资料信息中心编纂任务重,人员少,未能及时开展此项工作。2008年,在《山西交通志》(1978—2008)资料收集整理过程中,各市交通局报送了大量农村公路资料,由于篇幅所限,“十一五”期间尤其是2006年以来农村公路重要建设成就的县乡村公路无法在《山西交通志》中一一详述。为此,在向厅领导汇报后,中心决定专门编纂出版《山西路谱》一书。

全省各市县、乡村公路数量庞大,里程不一,等级层次差别较大。为了做到全书资料完整和体例统一,编辑部多次召开专门会议安排部署有关资料报送工作,提出完成时限和明确要求。厅党组副书记、副厅长张润还亲自批示有关市交通局,要求认真做好农村公路资料报送工作。由于时间紧,农村公路数量难以统计,各市交通局报回来的资料标准不一,修改难度极大。为了确保《山西路谱》一书编纂质量,圆满完成出版任务,资料信息中心3位领导分工负责,各把一方,进行多次校改及有关资料的补充完善工作。

《山西路谱》是全省第一部以农村公路为主要记载内容的专业志书,该书分县级公路、乡级公路、村级公路、专用公路四编44章

375 节,前有序言、概述,尾辍后记。全书详细记载全省各县、市、区公路建设情况,内容全面,涵盖面广,是一部资料性、专业性很强的工具书,也是《山西交通志》的很好补充,填补全省公路专业书籍空白。全书共 145 万字,2009 年 9 月由山西人民出版社出版发行。编审委主任:王晓林、段建国;常务副主任张润;副主任王志民、韩日裕、张志川、部玉兰、张德仪、赵振田、曹燎原、郭贵平;委员有厅机关各处室、厅直各单位、各市交通局负责人。主编张润;执行主编师国梁;副主编张岐山、梁锦华;编辑师国梁、郭富平、张岐山、梁锦华、赵国荣、杜小鹏。

六、《大路人生——山西交通改革发展 30 年回顾与展望》

2008 年 4 月 25 日,省厅以晋交办字〔2008〕145 号文印发《通知》,决定编纂出版《大路人生——山西交通改革发展 30 年回顾与发展》一书。稿件征集对象为厅机关和厅直单位副处级以上干部;厅属县处级以上单位党政主要负责人;各市交通局副局级以上领导;山西汽车运输集团中层以上干部及各分公司党政主要负责人;厅机关、厅直各单位及各市交通局、山西汽车运输集团 1978 年以后离退休老干部(副处级以上职务或副高级以上职称)。内容以 1978 年改革开放以来,个人亲身经历或所见所闻为题材,或以某一个单位前后变化为脉络,从某一个侧面见证或反映全省交通系统改革发展建设成就,探讨和总结经验教训,对今后工作提出若干建议及思路。资料上限为 1978 年 1 月 1 日,下限为 2008 年 8 月 31 日。

为了加强领导,高水平、高质量完成资料征集及编纂任务,省厅成立编审委员会。编审委主任王晓林、段建国;常务副主任张润;副主任王志民、韩日裕、张志川、部玉兰、张德仪、赵振田、曹燎原、郭贵平、胡鲜朝;委员由厅机关各处室处长、厅直各单位党政一把手、各市交通局局长担任。

文件下发后,各市交通局、省公路局、省征稽局、省运管局、省高管局、厅重点办、山西交通职业学院、山西交通技师学院、省交通干部学校、省交通设计院、省交通科研院、省交通开发总公司等单位都高度重视,均成立编纂机构,确定党政主要领导负总责,分管领导分工负责,专职或兼职人员具体负责稿件的征集及修改工作的责任体系,迅速行动起来,采取有力措施,积极完成任务。省公路局为激发大家踊跃纂写稿件的积极性,以征文形式开展活动,收回稿件 120 多篇;省征稽局、山西交通技师学院、山西汽车运输集团认真组织,分别报送稿件 48 篇、36 篇和 63 篇。截至 2009 年 3 月,共报回稿件 320 篇。稿件内容方面,有以单位的发展壮大为落脚点的;有以某个历史事件为切入点的;还有以个人的成长为背景,展现交通发展成就的;有对比现在和过去,反映发展变化的;更多的是个人的体会及对改革开放带来巨大变化的感激之心,激动之情。

经资料信息中心三位主编、副主编全力以赴,尽心尽力,认真审稿和修改,共采用稿件 205 篇。全书分为改革纵横 16 篇、公路建设 67 篇、征稽管理 25 篇、道路运输 6 篇、设计科研 20 篇、教育培训 13 篇、规划发展 4 篇、舆论宣传 8 篇、农村公路 4 篇、汽运集团 42 篇,共 205 篇 100 万字,精装,16K。于 2009 年 10 月由山西人民出版社出版发行。

七、《山西省志·交通志》

《山西省志》是由省人民政府主持编纂的一部大型书籍。主修王君;编委会主任李小鹏;副主任李茂盛、王清宪、郑建国;委员赵解虎、刘益龄、郑小豹、张晓光。总主编李茂盛,编辑部主任刘益龄;副主任任小燕、焦永萍、杨建中;编辑王仰东、董剑云、杨颖、向建伟。全书共 95 卷,9800 余万字,《交通志》是其中第 20 卷。2006 年 6 月 13 日,省人民政府主持召开《山西省志》编纂工作会议,拉开了第二轮《山西省志》编修工作序幕。

为了搞好《山西省志·交通志》编纂工作,省交通厅专门印发通知,成立《山西省志·交通志》编审委员会。2007 年 2 月 28 日,省交通厅印发晋交办字〔2007〕66 号文件,就认真做好编纂工作,从组织机构、指导思想、编纂原则、志书体例等方面提出具体要求。

2006年7月以来，厅党组十分重视《山西省志·交通志》的编纂工作。从省厅到厅直各单位、各市、县交通部门均成立编审委员会，各单位均由党政一把手挂帅，分管领导主抓，明确有关部门和专人具体承办。志稿经过基层单位、主管部门、厅资料信息中心三级层层把关、审核、修改、完善后，2009年3月完成送审稿，报送省地方志办公室审定。5月26日，省地方志办公室印发审读意见，对志书质量给予充分肯定，并提出许多具体修改意见。包括全书字数、内容补充、章节顺序、超限部分内容处置、图表序号排列、照片搜集等。厅领导十分重视，厅党组副书记、副厅长、《山西省志·交通志》主编张润同志亲自主持召开厅机关各处室、厅直各单位负责人会议，听取厅资料信息中心主任师国梁有关情况汇报后，一一提出整改落实措施和意见，明确具体时间、质量，要求各有关单位必须限期完成。厅党组书记、厅长、编委会主任段建国同志听取汇报后，要求一丝不苟，精益求精；不仅要出成品，而且要出精品，把山西交通改革建设发展30年的辉煌业绩永载史册，传承后人。厅资料信息中心按照省地方志办公室和厅领导要求，积极搜集资料，补充内容，调整结构，理顺章节。6月29日，再次听取省地方志办公室领导及有关专家意见后，中心全体同志废寝忘食，加班加点，夜以继日，认真修改，确保质量，力争早日完成修改任务。7月5日，《山西省志·交通志》出版稿修改完成后，经省交通运输厅领导审查批准，报送省地方志办公室再次审定。8月20日，省地方志办公室完成全书政治、体例、内容等方面的审查和文字编辑工作，决定年底送中华书局出版发行。

为了生动、形象地集中展示党的十一届三中全会以来全省交通运输系统各有关单位和部门的辉煌成绩，客观、真实地记录全系统12万职工真抓实干、拼搏奉献、不懈奋斗的英雄业绩，更好地发挥交通志书"存史、资政、育人"的独特功能，根据省地方志办公室晋志函〔2009〕1号文《关于同意在〈山西省志·交通志〉中集中宣传先进典型辉煌业绩的通知》精神，2009年9月4日，省交通运输厅以晋交办字〔2009〕522号文件印发《关于认真做好〈山西省志·交通志〉先进典型宣传工作的通知》。要求各级领导高度重视，认真组织，责任到人，精心选送，圆满完成有关先进典型业绩及图片资料报送任务。

9月22日，由厅党组成员、省纪委驻厅纪检组组长韩日裕主持，召开厅直各单位分管领导、办公室主任和志书纂稿人参加的座谈会，对先进典型宣传工作进行安排部署，提出完成时限及具体要求，载录范围包括全省交通运输系统各有关单位。即所有厅直单位、各公路分局、征稽分局、高速公路管理公司、高速公路建设管理处，部分成绩突出，受到县处级以上单位表彰的公路段、养护道班、征稽所、收费站，承担公路建设任务的施工单位、监理单位等。报送的图片要求做到重点突出，画面清晰，布局合理，层次感强，《山西省志·交通志》为国际标准大16K，每版需提供彩色图片5张至8张，并写清文字说明(包括时间、地点、人物、事件，主要人物要标明所处位置)，并提供单位简介800字。

经省地方志办公室专家严格筛选，截至2009年10月底，全省交通运输系统共入选先进典型131个单位，195页，精选图片2000余幅，真正使志书做到图文并茂，形式新颖，向全省人民充分展示交通建设发展改革辉煌成就，使之留传后世，永载史册；为更好地激励和鼓舞全系统广大干部职工同心同德，脚踏实地，按照全省转型发展、安全发展、和谐发展要求，再掀公路建设新高潮，奋力开创交通运输工作新局面，为提升交通运输服务保障能力，推动全省经济实现全面、协调、可持续发展，再创新业绩，再作新贡献，发挥有力宣传作用。《山西省志·交通志》于2010年7月由中华书局公开出版发行。编审委主任：王晓林、段建国；常务副主任：张润、韩日裕；副主任：王志民、张志川、郜玉兰、张德仪、赵振田、曹燎原、郭贵平；委员由厅机关各处室负责人、厅直各单位党政一把手和各市交通局长担任，共计39人。主编：张润、韩日裕；执行主编师国梁；副主编张岐山、梁锦华；纂稿人师国梁、张岐山、郭富平、梁锦华、赵国荣、杜小鹏等88人；审定李茂盛；审稿刘益龄、任小燕、焦永萍；责任编辑王仰东、向建伟。

《山西省志·交通志》是全省“十一五”期间大型文化建设工程《山西省志》中的一部重要专志。它的出版发行，是全省第二轮编修《山西省志》以来首批出版的专业志书，也是全省志书出版史上一件具有开创意义的大事。全志分为交通工作、公路交通、水路交通3编28章，共183.7万字，国际标准大16K，精装，24版综合照片，主题集中，内容丰富，图文并茂，数字翔实，集中反映改革开放30年来全省公路、水运事业飞速发展状况，特别是真实、全面、系统地记述了全省交通运输系统各单位、各部门兴建山西高速公路网、改革道路征稽方式、革新道路运营体制等方方面面的建设成就和辉煌业绩。

2010年10月14日，省地方志办公室与省交通运输厅共同召开《山西省志·交通志》出版座谈会。省地方志办公室党组书记、主任李茂盛，党组成员、副主任张晓光，省交通运输厅党组书记、厅长段建国，厅党组成员、省纪委驻厅纪检组组长韩日裕出席并讲话，省人力资源和社会保障厅、省住房和城乡建设厅、省林业厅、省商务厅、省卫生厅、省煤炭厅、省城镇办、省测绘局、省档案局、省中小企业管理局、省国税局、省物价局、省供销社、省社会科学院、省电力公司等省志承修单位代表，省地方志办公室有关处室负责人，省交通运输厅机关各处室负责人、厅直各单位党政主要负责人，山西日报社、山西电视台、山西人民广播电台、《山西交通》报等新闻媒体记者共90余人参加。

座谈会由张晓光主持，段建国作了题为《实行目标责任制，修路修志齐抓共管，落实“一纳入”、“五到位”，提供有力保障》的讲话，李茂盛作了题为《学习借鉴省交通运输厅修志经验，努力推动全省掀起二轮修志新高潮》的讲话，韩日裕作了题为《树立崇高历史使命，爱岗敬业乐于奉献；记载交通辉煌业绩，无怨无悔再谱新篇》的汇报。省人力资源和社会保障厅刘延德、省物价局马润卯、省供销社司昌平发言。

各位领导和专家在发言中，对志书编纂成果给予充分肯定，认为该志“观点正确，资料翔实，体例完备，编纂科学，特色突出，行文规范，装帧典雅，是全省交通文化建设的一项重要成果，也是一部特质鲜明的良志佳作”。

会上，省地方志办公室、省交通运输厅领导向省直有关厅局省志承修单位赠送《山西省志·交通志》。张晓光在总结讲话中指出：《山西省志·交通志》的公开出版发行，对于更好地推动全省第二轮修志工作，将起到十分重要的示范作用。我们衷心地希望全省交通运输系统各级领导和同志们继续发扬重视编史修志工作的好传统、好做法，在抓好中心工作的同时，认真做好读志用志工作。要集中精力和时间，下一番苦工夫，全面总结改革开放30年来交通运输事业建设辉煌成就，认真探讨自身改革发展内在规律，使交通运输事业更好地为促进全省经济社会发展发挥积极作用。与此同时，在新的起点上，以更高要求，加倍努力，真抓实干，努力拼搏，抢抓机遇促转型，上下同心谋跨越，充分发扬过去重视编史修志工作的好传统，真正把“一纳入、五到位”落到实处，力争早日编纂出版更多更好的交通志书，为实现“十二五”全省交通运输事业的宏伟蓝图，创造无愧于时代的新业绩而努力奋斗！

八、《辉煌的历程——山西交通运输建设发展改革60年回顾》

为了隆重纪念中华人民共和国成立60周年，深入宣传新中国成立以来全省交通运输建设发展改革取得的辉煌成就，充分展示交通运输事业对全省经济建设和社会发展的巨大拉动作用，认真总结60年来道路运输全面协调可持续发展的宝贵经验，积极探索创新交通管理体制机制、营造和谐稳定发展环境、创建廉洁文明行业的新思路、新做法，2009年2月10日，省交通厅以晋交办字[2009]46号文件，印发《关于认真做好<辉煌的历程——山西交通运输建设发展改革60年回顾>一书编辑出版工作的通知》，正式启动全书的编纂工作。为了进一步做好稿件征集工作，2010年2月23日，省交通运输厅以晋交办字[2010]66号文件，印发《关于认真做好<辉煌的历程——山西交通运输建设发展改革60年回顾>一书编辑出版工作的补充通知》,再次明确稿件的征集对象为:各市交通运输局及所属各县、市、区交通运输局;直管的地级市汽车站;厅直各单位;各公路分局及所属公路段;各市运管局(运管处);山西汽车运输集团,各分公司、子公司及省辖地级市汽车站。

文件下发后,各市交通运输局、省公路局、省交通征稽局、省运管局、省高管局、省交通设计院、省交通科研院、山西交通学院、省交通投资总公司、厅重点办、山西汽车运输集团等单位都高度重视,均成立编纂机构,确定党政主要领导负总责,分管领导分工负责,专职或兼职人员具体负责稿件征集及修改工作的责任体系,迅速行动起来,采取有力措施,积极完成任务。载至2010年底,共报回稿件322篇约210万字。经过中心编辑部全体人员加班加点,精心修改,载至2011年2月底,全部稿件修改完毕送出版社审定。共载录文章280篇,其中,省交通运输厅1篇,厅直属单位21篇,地级市交通运输局11篇,公路分局及路桥公司15篇,征稽分局(处)12篇,高速公路公司17篇,道路运输管理处(所)9篇,山西汽车运输集团23篇,县市区交通运输局110篇,公路管理段62篇。精装,标准16K,178.5万字,2011年6月由山西人民出版社公开出版发行,省交通运输厅党组书记、厅长段建国作序。编审委主任:段建国;常务副主任:韩日裕;副主任:张润、王志民、张志川、郜玉兰、张德仪、赵振田、郭贵平、杨俊威、尹新平、胡鲜朝;主编:韩日裕;执行主编:师国梁;副主编:梁锦华;编辑:师国梁、梁锦华、陈瑞丽、王晴红、杜小鹏。

九、《大路颂歌——山西交通文化资料集锦》

新中国成立以来,全省交通运输事业得到快速发展,发生翻天覆地变化。各有关单位和部门为配合交通运输改革建设发展需要,纂写了大量的格言警句、标语口号,记述公路建设艰难历程的碑文及对联、诗歌,有力地发挥不同文学形式的激励鼓动作用,充分反映全省人民对党富民政策的感激之情,极大地丰富交通文化建设内容,集中体现广大干部群众喜闻乐见的文学作品所具有的旺盛生命力、较强感染力和深刻教育意义。2010年2月20日,省交通运输厅以晋交办〔2010〕67号文印发《关于认真做好〈大路颂歌——山西交通文化资料集锦〉一书编辑出版工作的通知》。

一年来,各市交通运输局、厅直各单位高度重视,组织专人进行收集整理,截至年底,有关资料报送工作告一段落。其中,各市交通运输局、省公路局、省高管局、省运管局、山西汽车运输集团等单位都精心组织,报回大量资料,尤其是晋城、临汾、晋中等市交通运输局还报回大量碑文,圆满完成资料征集工作。截至2011年3月,完成全部稿件修改工作。全书共载录格言警句2286条,对联1118副,标语口号2698条,碑文148篇,诗词156首,修志琐忆18篇。全书体裁多样,形式活泼;内容丰富,重点突出;语言精练,生动形象,有较强的感染力和鼓动性;体现时代特色,彰显辉煌业绩,有一定的文化品位和可读性。省交通运输厅党组书记、厅长段建国,厅党组成员、省纪委驻厅纪检组组长韩日裕分别纂写热情洋溢序言,对全书编辑出版给予高度评价。精装16K,68万字,2011年8月由山西人民出版社公开出版发行。编委会主任:段建国;常务副主任:韩日裕;副主任:张润、王志民、张志川、郜玉兰、张德仪、赵振田、郭贵平、杨俊威、尹新平、张海清;主编:韩日裕;执行主编:师国梁;副主编:梁锦华;编辑:师国梁、梁锦华、陈瑞丽、王晴红、杜小鹏。

十、《山西公路志》

《山西公路志》是全省第一部记载公路事业发展壮大的专业志书。全书分为古代道路,公路,农村道路,桥梁、隧道,公路建设,公路养护,科技、教育,公路管理,行业文明与廉政建设体系,人物共10编52章,记载了古、近代时期全省境内道路概貌和民国时期公路雏形,尤其是1949年中华人民共和国成立以来至2005年56年间全省公路发展历程,清晰地看到山西公路近代发展脉络,客观反映全省公路发展四个高峰时期的公路建设情况,并配有全省地势、政区、1933 年、1973 年、2005 年公路交通图以及 54 幅精美照片。图文并茂,数据翔实,印刷精美,信息量大,实用性强。2010 年 3 月由人民交通出版社正式出版发行,共 211 万字,精装,大 16K。省交通运输厅党组成员、省公路局党委书记赵振田,省公路局局长戴飞作序。编委会主任:赵振田、戴飞;常务副主任:胡志勇;副主任:王升云、李铁山、陈运生、蒋品、惠高峰、周文全、张兴顺;编审办公室主任:胡志勇(兼);副主任:王晋、袁海鸿、王育庆(常务);主编:郭俊楼;副主编:石虎山。

十一、《山西省道路运输管理志》

《山西省道路运输管理志》是全省第一部道路运输管理专业志书,分为机构、行业、企业、行政许可、市场监管、公共服务、科技与信息化、法制建设、价格与收费、规费征管、计划统计、队伍建设、文明创建、行业宣传共 14 章,56 节,附有大事记、各市道路运输管理概况、文献辑存、名词术语、行业发展统计表。该志上溯民国,下讫于 2008 年,对全省道路运输沿革、兴衰更替,尤其是中华人民共和国成立后的快速发展,作了详细记载,具有鲜明时代特色和地方特色,是一部纵览建国 60 年,涵盖全省运管系统各层面工作的发展志。在全国交通运输系统尚属首例,较好展现全省运管系统广大职工不屈不挠、顽强奋斗的精神,特别是对改革开放以来的巨大发展做了全面总结与叙述,对其发展规律和历史经验进行有益探索,有效宣传运输管理工作,弘扬运管行业文化。2010 年 11 月由人民交通出版社出版发行。省交通运输管理局局长、党委书记李华中作序。共 120 万字,精装,标准 16K。总顾问:王晓林、段建国;顾问:王志民;编委会主任:李华中;副主任:杨吉平、孟潞安;主编:李华中;执行主编:孟潞安;编辑部主任:刘庆。

十二、《山西省交通建设开发投资总公司志》

《山西省交通建设开发投资总公司志》于 2006 年 10 月开始组织编纂,2008 年 9 月评审稿装订成册,并立即分送省史志院、省交通厅有关处室审阅。2008 年 10 月,先后召开三次评审会议进一步修改完善。第一次是在 11 日至 12 日(周末双休日)召开老同志评审座谈会,公司领导和老同志认真回顾公司的发展历程和重大事项,进一步理清发展脉络,从宏观上提出修改意见;第二次是 16 日至 17 日召开评审会,邀请专家学者按照正式出版发行要求,重点从体例、谋篇布局和政治观点等方面进行把关。应邀参加评审会议的有省史志院地方志研究所所长刘益龄、处长任小燕;省交通厅资料信息中心主任师国梁、调研员张岐山、副主任郭富平等;太原、阳泉、大同、忻州、长治等市交通志主编;第三次是 21 日召开内部评审会,召集各经营单位分管领导、主要纂稿人进行评审,重点就志书的具体内容和基本史实,包括时间、地点、人名、数字等方面进行把关,并要求各单位的修改意见要经公司领导签字,加盖公章,以增强责任感,确保真实性。

在历次评审中,应邀专家学者及本公司相关人员均以严谨认真和高度负责态度进行评审,从各个不同角度严格把关,提出许多宝贵的修改意见和建议,为善始善终完成志书编纂和出版发行,提供重要保证。

全书分为机构、产业开发、管理、党群工作、人物 5 章,省交通运输厅党组书记、厅长段建国,公司总经理魏庆飞,党委书记李平分别作序,前置概述、大事记、尾缀 2007 年、2008 年年鉴及专有名词解释、编后记。2009 年 11 月由人民交通出版社公开出版发行,精装,16K,46 万字。全志翔实记录公司从无到有,从摆脱困境到多元发展,从资本积累到资本运营不平凡的发展历程,为社会主义市场经济条件下企业独辟蹊径、创新经营并取得成功提供一个范例。涉猎广泛,层次深入,对研究企业经营、部门和谐乃至行业发展、地方经济、人文社会颇有启发。编委会主任:魏庆飞;副主任:李平、张庆华;编纂办公室主任:张庆华;副主任:宗庆文;主编:郑跃峰。

十三、《大同干线公路志》

《大同干线公路志》是一部记载大同古代道路演变、沿革及新中国成立以来大同干线公路建设、管理、养护的专业志书。在编纂过程中,尊重历史,尊重客观、内容充分,结构严谨,图文并茂,全面概括记载了大同公路人顽强拼搏、艰苦创业、历尽艰辛致力于大同干线公路发展的历程,真实书写了大同公路人在三晋公路建设中创立的功绩,充分展示其精神风貌,并运用丰富、翔实史实,对公路建设的发展规律和历史经验作了有益探索及总结。全书主要包括古道、国省道、桥隧、公路建设、公路养护、规费征收、公路管理、科技文化、人物等内容,共设10章38节,前有概述,后有大事记和附录,精装16K,约53万字,2006年9月由山西人民出版社出版。编委会主任刘美,副主任李忠、刘彪;特别顾问刘俊谦、张润、张富文、赵振田、戴飞、董新品;总纂稿;高青;编辑办公室主任:张绪月。省交通厅党组书记、厅长王晓林题词并作序。题词为:"以史为鉴,传承文化"。

十四、《忻州公路志》

《忻州公路志》是全省第二轮修志高潮中正式出版的第二部地级市公路专业志书。该志记事上溯周秦,下限为2008年底,分为概述、古道、公路、建设、养护、管理、党群组织、人物、大事记8篇20章,前有概述,尾辍附录。志书以详今略古为宗旨,以翔实史料,真实客观地记述了忻州公路交通部门,在发展公路事业的各个历史阶段所作出的杰出贡献,讴歌了公路人"拓荒牛"、"铺路石"的大无畏精神,使人们能够全面系统地了解历史,借鉴当今,吸取前人经验教训,创造更加宏伟业绩。书前刊有原副省长杜五安题词:"编史修志,功在当代,启迪后人。"省交通运输厅党组书记、厅长段建国题词:"造福人民。"厅党组成员、厅总工程师郜玉兰题词:"编史修志记述公路历程,修路架桥再铸交通辉煌。"省公路局局长戴飞题词:"路桥铸就交通辉煌,史志谱写忻州历史。"忻州市副市长杨晋生、山西省公路局忻州分局局长张利民分别作序,并配发精美图片56幅。共70万字。精装,大16K,2010年10月由三晋出版社出版发行。编委会主任:焦建明(前)、张利民、杨中平;常务副主任:郜树实;副主任:李智荣、王斌俊、刘庆珍、张贵良;编志办公室主任:郜树实(兼);副主任:刘汉轶、阎美龙、袁补全;主编:张天安。

十五、《太原公路志》

《太原公路志》是太原市有史以来第一部公路专业志,分为古代道路、现代道路、公路养护、科研与职工教育培训、公路管理、精神文明建设、党群组织建设7编29章,前有概述,附录有专业技术人员花名、改革开放30年征文、人物传。志书全面、系统地记载了1949年以来太原干线公路建设发展改革的历史与现状,书前配发有精美图片62幅。共45万字,精装,大16K,2010年9月由山西人民出版社出版发行。山西省公路局太原分局局长李润平、党委书记赵湧文作序。编委会主任:李润平;副主任:赵湧文、曹力群、蔡双寿、锁文录、徐俊德、韩国琦、吴胜斌、蒋映东、苏贵玉、宋玉佩、李培如;主编:李润平;副主编:宋玉佩、张夏玲;总纂稿:郑毅。

十六、《左权县交通运输志》

《左权县交通运输志》是第二轮修志工作开展以来,正式编纂出版的第一部县(市、区)交通运输专业志书。作为革命老区、国家级贫困县,县交通运输局领导把编写志书工作放在重要位置,在十分繁忙的工作之余,抽调专人,挤出经费,千方百计搜集资料,详细记载全县交通运输建设发展改革70年历史,实属难能可贵。

2010年12月21日上午,志书评审会在县政府迎宾馆召开。省地方志办公室副编审王仰东,省交通厅资料信息中心主任师国梁、调研员张岐山,晋中市史志研究院老院长刘俊礼、副院长李新文,左权县县志办公室主任、副研究员刘伏生,副主任、副编审张俊平,晋中市交通运输局副局长杨兴龙、办公室主任姬怀杰、公路处副处长王跃东,平遥县交通运输局办公室主任梁明杰,左权县交通运输局局长、主编张保伟,局总工程师、副主编霍跃南,执行主编史文彪、程旭恩等出席。会议由姬怀杰主持,史文彪作编志情况汇报。

诸位专家认真审阅志稿和听取编写情况汇报后,给予志书高度评价。认为各级领导重视,指导思想明确,编写脉络清晰,架构完整合理,基本要素齐备,资料内容翔实,用语准确流畅,具备出版要求,但还需修改完善,进一步提高志稿水平。在发言过程中,与会专家提出许多指导性意见和50余条具体要求。

该志编纂工作始于1996年,完成于2009年,三易其稿,历时13年。志书全面系统反映1942年以来,在党和政府正确领导下,左权县公路建设与交通运输事业改革发展近70年的历史和现状,突出展示改革开放30年来,16万老区人民自力更生,艰苦奋斗,真抓实干,奋力拼搏,付出大量心血和汗水取得的辉煌建设成就。全志设道路、运输、管理、交通、监理稽查、人物荣誉、大事记6编,卷首设概述,附文存辑录,共10章。2011年6月由山西人民出版社正式出版,大16K,85万字。编委会顾问:王兵;名誉主任:高儒林;主任:张保伟;副主任:霍跃南;主编:张保伟;副主编:霍跃南;执行主编:程旭恩、史文彪。全书设计新颖,图文并茂;层次分明,内容丰富;资料翔实,语言准确;是一部全面反映县市区交通运输行业辉煌业绩的精品志书。

省交通运输厅领导十分重视该志编纂工作。厅党组书记、厅长段建国题词:“大路朝阳”;厅党组成员、省纪委驻厅纪检组组韩日裕题词:“铺就太行致富路,建设老区新农村。”“通途如虹出太行,神采左权沐金光。”

十七、《山西省村村通水泥(油)路工程建设志》(2001~2010)

实现“五个全覆盖”,是省委、省政府深入贯彻落实科学发展观,促进全省转型发展、安全发展、和谐发展的重大决策部署,是省十一届人大二次会议上省长王君在《政府工作报告》中向全省3400万人民作出的庄严承诺。为了客观全面地记载“五个全覆盖”工程取得的重大成就,充分展示这一民生工程、德政工程的重要成果,根据省长王君和常务副省长李小鹏批示,以及晋志发〔2010〕47号文件通知精神,省政府决定由山西省地方志办公室组织编纂《山西省“五个全覆盖”工程建设志》。村村通水泥(油)路建设工程是其中十分重要的五大工程之一。

为了认真总结全省村村通水泥(油)路工程建设的成功经验,圆满完成省政府安排布置的志书编纂任务,2010年10月25日,省交通运输厅晋交办〔2010〕595号文印发《关于做好〈山西省村村通水泥(油)路工程建设志〉(2001~2010)编纂工作的通知》。全文共分决策、前期工作、建设养护、运输、保障、管理、舆论、宣传、人物10章,前有概述,尾辍文献辑存、统计资料。时间上限为2001年,下限为2010年。其中2001年至2008年底为第一阶段,2009年至2010年为第二阶段,全书载录11个地级市、119个县(市、区)村村通水泥(油)路工程建设情况。编委会主任段建国;常务副主任韩日裕;副主任张润、王志民、戴飞、郜玉兰、张德仪、郭贵平、杨俊威、尹新平;委员有厅机关各处室处长(主任)、厅直有关单位负责人及各市交通运输局局长。省交通运输厅党组书记、厅长段建国作序,主编韩日裕;执行主编师国梁;副主编梁锦华;编辑师国梁、梁锦华、王晴红、陈瑞丽、杜小鹏。2012年10月由山西人民出版社出版,精装,标准16K,160万字。

十八、《山西公路交通史》(1978~2010)

为了集中反映1978年以来全省交通运输事业改革建设发展取得的辉煌成就,认真总结改革开放30年来交通建设拉动全省经济社会发展的宝贵经验,深刻探求公路交通事业可持续发展的内在规律,为推动“十二五”全省交通运输事业再上新台阶提供有益借鉴,省交通运输厅决定组织编纂《山西公路交通史》。2011年2月15日,省交通运输厅晋交办〔2011〕89号文印发《关于认真做好〈山西公路交通史〉第三册(1978~2010)编纂工作的通知》。内容载录时限为1978年1月1日至2010年12月31日,其中“大事记”下限为2011年12月31日。全书共分为序言、凡例、概述、大事记、放开搞活时期(1978年至1992年)、加快推进时期(1993年至2002年)、跨越发展时期(2003年至2010年)、表目提示、领导干部、附录、后记十一部分。放开搞活、加快推进、跨越发展三个时期,又各自包括前期工作、公路建养、高速公路、道路运输、规费征稽、国防交通、科技创新、依法行政、教育培训、党建工作、反腐倡廉、行业文明、劳动竞赛、安全监管、公安路政、人事管理、改革探索、离退服务、信息工程、汽运集团、新闻宣传、史志编纂、后勤保障23章。编委会主任段建国;常务副主任韩日裕;副主任张润、王志民、戴飞、郜玉兰、张德仪、郭贵平、杨俊威、尹新平;委员有厅机关各处室处长(主任)、厅直各单位负责人。省交通运输厅党组书记、厅长段建国作序。主编韩日裕;执行主编师国梁;副主编梁锦华;编辑师国梁、梁锦华、陈瑞丽、王晴红、杜小鹏。2012年5月由山西人民出版社公开出版发行,精装,标准16K,190万字。

第三节　交通年鉴书籍编纂出版成果

一、2004年版《山西交通年鉴》

为年鉴系列丛书第11本。记事时限为2003年1月1日至12月31日,收载范围包括全省交通系统各单位、各部门工作业绩。编审委主任王晓林;副主任宋元林、杨金泉、张润、赵龙、胡玉珍、王志民、郜玉兰、张德仪、孙跃进、郭贵平、郜学文;常务副主任赵龙。主编师国梁、张岐山;编辑部主任梁锦华;编辑师国梁、张岐山、梁锦华、赵国荣。真实、全面、系统地记载了全省交通系统各单位、各部门2003年发展与改革的工作业绩。2004年3月全省交通史志年鉴工作会议之后,各市交通局、厅直各单位领导和厅机关各处室负责人高度重视,将任务层层分解,落实到人。全体特邀编辑不辞辛苦,精心纂写和组织稿件。无论是单位概况,还是条目,都较全面完整地反映了2003年全省交通系统各单位工作情况,确保了年鉴出版时间和质量。全体编辑精心组织,严格把关,优化框架设计,增加信息含量,内容突出"新",形式体现"美",准确定位年鉴整体形象。增加了"交通史志年鉴会议专辑"、"'非典'疫情防控"、"县际及农村公路建设"三大栏目,内容增至27个栏目、67个类目、800个条目、图片271幅,字数166余万字。全书以"三个代表"重要思想为指导,紧扣"落实科学发展观"这一主题,围绕厅党组中心工作,精心选材,合理取舍,全书详略得当,内容全面,时效性强,2004年9月由山西人民出版社出版,受到广泛好评。

二、2005年版《山西交通年鉴》

为年鉴系列丛书第12本。记事时限为2004年1月1日至12月31日,收载范围包括全省交通系统各单位、各部门工作业绩。编审委主任王晓林;副主任宋元林、杨金泉、张润、赵龙、王志民、郜玉兰、张德仪、赵振田、孙跃进、郭贵平、郜学文;常务副主任赵龙,编委78人。主编师国梁、张岐山;编辑部主任梁锦华;编辑师国梁、张岐山、梁锦华、赵国荣。真实、全面、系统地记载了全省交通系统各单位、各部门2004年发展与改革的工作业绩。全体编纂人员在时间紧、工作量大、各单位报送稿件质量参差不齐情况下,牢固树立"质量第一"思想,从贯彻落实"三个代表"重要思想高度,把握交通发展重点、热点问题,从纂稿、编辑、核实、校对、装帧、印刷等各个环节入手,精心筛选条目,严格入编范围,着重在内容求实、质量求精、形式求新上下工夫。全书真实、全面、系统地反映了全省公路交通建设辉煌成就及全省交通系统各单位、各部门2004年改革与发展和三个文明建设成就,突出全年交通中心工作,体现出年度特色。新增"超限超载治理"、"县际及农村公路建设"两大栏目,增加"山西省县际及农村公路改造工程领导组办公室"、"山西太长高速公路有限责任公司"、"山西省侯禹高速公路有限责任公司"等新组建单位和部门工作业绩。共设25个栏目、600余个条目,图片226幅,171万字。2005年9月由山西人民出版社出版。

三、2006年版《山西交通年鉴》

为年鉴系列丛书第13本。记事时限为2005年1月1日至12月31日,收载范围包括全省交通系统各单位、各部门工作业绩。编审委主任王晓林;常务副主任张润;副主任杨金泉、王志民、郜玉兰、张德仪、张志川、赵振田。主编师国梁、张岐山;编辑部主任梁锦华;编辑师国梁、张岐山、郭富平、梁锦华、赵国荣。秉承实事求是、质量就是生命原则,把握时代特征,与时俱进,在规范基础上,不断创新发展,真实、全面、系统地记载了全省交通系统各单位、各部门2005年发展与改革的工作业绩。首先在结构上兼顾稳定性和年度特点,在内容上以突出反映各单位、各部门改革与发展业绩为重点,从贯彻落实"三个代表"重要思想高度,选取有年度特色的重大事项进行专题载录。增加"中央领导调研摘记"、"开展保持共产党员先进性教育活动专辑"两大栏目。其次是针对稿件质量参差不齐问题,反复修改,交叉审稿,严格把关,精炼文字,突出重点,增大信息量,提高可读性。再次是文字语言、条目标题、书写格式、名字称谓、计量单位,均按照国家有关规定书写,精益求精,确保质量。共设25个栏目、53个类目、710个条目,图片211幅,精装,16K,176万字。2006年9月由山西人民出版社出版。

四、2007年版《山西交通年鉴》

为年鉴系列丛书第14本。记事时限为2006年1月1日至12月31日,收载范围包括全省交通系统各单位、各部门工作业绩。编审委主任王晓林;常务副主任张润;副主任杨金泉、王志民、张志川、郜玉兰、张德仪、赵振田、郭贵平。主编师国梁、张岐山;副主编梁锦华;编辑师国梁、张岐山、郭富平、梁锦华、赵国荣。全书以党的十六大精神和科学发展观为指导,遵循交通发展脉络,把握交通发展重点,关注热点、焦点问题,具有鲜明行业特色,真实、全面、系统地记载了全省交通系统各单位、各部门2006年发展与改革的工作业绩。一是收录单位涵盖全省交通系统各有关部门和单位。二是在资料全面性、真实性上下工夫。比如"大事记"栏目,可以说是全年交通工作缩影,详尽全面,涵盖面广,全年大事要事都可以在大事记中查到。三是在条目选取上,严格把关,精心选取那些能积极反映交通建设成就及特点,能综合反映一个单位或部门工作的条目,宁缺毋滥。四是图片内容丰富,形式生动活泼。一方面紧跟时代步伐,着重表现上级领导和厅领导对交通工作的重视;另一方面对先进典型进行大力宣传,对搞好全省交通系统各项工作起到积极推动和示范作用,取得明显宣传效果。五是认真负责,一丝不苟。在编辑出版过程中,从各单位特邀编辑到中心各位编辑,都尽心尽力,保证年鉴质量。共设25个栏目、48个类目、600余个条目,178万字,2007年10月由山西人民出版社出版发行。

五、2008年版《山西交通年鉴》

为年鉴系列丛书第15本。记事时限为2007年1月1日至2007年12月31日,收载范围囊括全省交通运输系统各单位、各部门工作业绩。编审委主任王晓林、段建国;常务副主任张润;副主任王志民、韩日裕、张志川、郜玉兰、张德仪、赵振田、曹燎原、郭贵平。主编师国梁、张岐山;副主编梁锦华;编辑师国梁、张岐山、郭富平、梁锦华、赵国荣、石中生、张俊萍。该书以党的十七大精神和科学发展观为指导,立足全省交通运输工作实际,真实、全面、实事求是地反映了全省交通运输系统各单位、各部门2007年发展与改革的工业业绩。主要内容包括特载(6篇)、交通史志年鉴工作会议专辑(2篇)、大事记、各市交通局工作业绩(11篇)、厅直单位工作业绩(22篇)、公路系统单位工作业绩(18篇)、征稽系统单位工作业绩(12篇)、高管系统单位工作业绩(18篇)、重点公路工程建设单位工作业绩(7篇)、交通开发单位工作业绩(3篇)、山西汽车运输集团工作业绩(16篇)、部领导调研摘记、省领导调研摘记、厅领导调研摘记、全省交通建设成就、交通行业管理、精神文明建设、统计资料、政策法规辑录、光荣榜、领导干部名录、图片资料、山西省交通厅抢通保通抢险突击队业绩、先进典型集锦等24个栏目。其中"山西省交通厅抢通保通抢险突击队业绩"为新增栏目,旨在突出反映"5·12"汶川特大地震后,厅党组果断决策,在最短时间内派遣以副巡视员郭贵平为总队长的公路抢通保通抢险突击队,开赴灾区,帮助灾区人民重建家园的典型事件,具有强烈的时效性和年度特色。图片精心挑选,文字说明简练,做到图文并茂,充分反映全省交通建设辉煌成就。全书共收录照片194幅,字数164万字,2008年10月由山西人民出版社出版。

六、2009年版《山西交通年鉴》

为年鉴系列丛书第16本。记事时限为2008年1月1日至12月31日,收载范围包括全省交通运输系统各单位、各部门工作业绩。编审委主任段建国;常务副主任韩日裕;副主任张润、王志民、张志川、郜玉兰、张德仪、赵振田、曹燎原、郭贵平。主编师国梁、张岐山;副主编梁锦华;编辑师国梁、张岐山、梁锦华、赵国荣、石中生、张俊萍。全书真实、全面、系统地记载了全省交通系统各单位、各部门2008年发展与改革的工作业绩。主要内容包括"特载(6篇)、交通史志年鉴工作会议专辑(2篇)、大事记、各市交通局工作业绩(11篇)、厅直单位工作业绩(22篇)、公路系统单位工作业绩(14篇)、征稽系统单位工作业绩(11篇)、高管系统单位工作业绩(18篇)、重点公路工程建设单位工作业绩(5篇)、交通开发单位工作业绩(3篇)、山西汽车运输集团工作业绩(16篇)、部领导调研摘记、省领导调研摘记、厅领导调研摘记、深入学习实践科学发展观活动专辑、援川抗震救灾、治理超限超载、全省交通建设成就、交通行业管理、精神文明建设、统计资料、政策·法规辑录、光荣榜、领导干部名录、图片资料(12幅)、先进典型集锦(28个单位),共26个栏目。其中"深入学习实践科学发展观活动专辑"、"援川抗震救灾"、"治理超限超载"为新增栏目。"深入学习实践科学发展观活动专辑"旨在突出反映全省交通系统认真开展学习实践科学发展观活动的全过程;"援川抗震救灾"重点反映"5·12"汶川特大地震后,厅党组果断决策,派遣公路抢通保通抢险突击队开赴灾区,帮助灾区人民重建家园和捐款捐物的典型事件;"治理超限超载"重点反映全省源头治超具体做法、取得的重大成果,以及在实际工作中总结的成功经验。这些栏目,具有强烈的时效性和年度特色。该书涵盖面广,收载内容全面。共收录照片196幅,字数164.5万字,2009年12月由山西人民出版社出版。

七、2010年版《山西交通年鉴》

为年鉴系列丛书第17本。记事时限为2009年1月1日至12月31日,收载范围包括全省交通运输系统各单位、各部门工作业绩。编审委主任:段建国;常务副主任:韩日裕;副主任:张润、王志民、张志川、郜玉兰、张德仪、赵振田、曹燎原、郭贵平、杨俊威、尹新平。主编:师国梁;副主编:梁锦华;编辑师国梁、梁锦华、赵国荣、陈瑞丽、王晴红、杜小鹏。全书真实、全面、系统地记载了2009年全省交通运输各单位、各部门发展与改革的工作业绩,内容丰富,资料翔实。主要内容包括特载(5篇)、中共山西省交通运输厅直属机关第一次党员代表大会专辑(7篇)、交通史志年鉴会议专辑(2篇)、专文、大事记、各市交通运输局工作业绩(11篇)、厅直单位工作业绩(22篇)、公路系统单位工作业绩(28篇)、征稽系统单位工作业绩(12篇)、高管系统单位工作业绩(18篇)、重点公路工程建设单位工作业绩(9篇)、交通开发单位工作业绩(4篇)、山西汽车运输集团工作业绩(16篇)、部领导调研摘记、省领导调研摘记、厅领导调研摘记、重点工程建设、全省交通建设成就、交通行业管理、精神文明建设、统计资料、政策法规辑录、文件选编、表彰决定、光荣榜、领导干部名录、图片资料27个栏目,168万字,精装,标准16K,2010年12月由山西人民出版社出版发行。

八、2011年版《山西交通年鉴》

为年鉴系列丛书第18本。记事时限为2010年1月1日至2010年12月31日,收载范围包括全省交通运输系统各单位、各部门工作业绩。编审委主任段建国;常务副主任韩日裕;副主任张润、王志民、戴飞、郜玉兰、张德仪、郭贵平、曹燎原、杨俊威、尹新平。主编师国梁;副主编梁锦华;编辑师国梁、梁锦华、陈瑞丽、王晴红、杜小鹏。全书真实、全面、系统地记载了全省交通系统各单位、各部门2010年发展与改革的工作业绩。主要栏目分为特载(4篇)、《山西省志·交通志》出版座谈会专辑(9篇)、交通史志年鉴工作会议专辑(2篇)、专文(2篇)、大事记、厅机关各处室工作业绩(17篇)、厅直属单位工作业绩(22篇)、公路系统单位工作业绩(21篇)、交通执法系统单位工作业绩(12篇)、高管系统单位工作业绩(18篇)、重点公路工程建设单位工作业绩(8篇)、山西省交通开发投资集团工作业绩(4篇)、各市交通运输局工作业绩(11篇)、山西汽车运输集团工作业绩(16篇)、中央领导视察、部领导调研摘记、省领导调研摘记、厅领导调研摘记、重要会议集锦、援川抗震救灾、全省交通建设成就、交通行业管理、精神文明建设、志鉴论坛、统计资料、法规辑录、文件选登、表彰决定、光荣榜、领导干部名录、图片资料等31个栏目,190.3万字,精装,标准16K,2011年10月由山西人民出版社出版发行。

第四节　30年编纂工作基本经验

编志修史是中华民族的优良传统,两千多年来,代代相传,历久不衰。省交通运输厅编史修志工作从1981年10月开始以来,经过30年努力,全省交通运输系统编纂出版了一大批史志年鉴书籍及其他有关资料,在传承历史、资政育人及实现全省交通运输转型发展、和谐发展、科学发展中发挥了重要作用。

1995年以来,在交通运输部、省地方志办公室(省史志研究院)和历届省交通运输厅党组的正确领导下,在各市交通局和厅直各单位领导重视和积极支持配合下,省交通厅资料信息中心坚持以马列主义、毛泽东思想、邓小平理论和“三个代表”重要思想为指导,认真贯彻落实科学发展观,遵循党的十一届三中全会以来的路线、方针和政策,以历史唯物主义和辩证唯物主义为指针,坚持史志双修原则,坚持资料信息为经济建设和改革开放服务的指导方针,紧紧围绕全省交通经济发展战略目标和厅党组中心工作,解放思想,实事求是,大胆创新,锐意改革,充分发挥“资政、存史、育人”的独特功能,准确记载历史事实,认真总结历史经验,努力探讨交通事业发展规律,交通史志年鉴事业得到长足发展,史志年鉴编纂硕果累累,逐步形成相对完整、系统的以编纂史志书籍和年鉴为主体的工作格局。先后编辑出版《山西公路交通史》(第一册)(1998年12月出版,22.2万字)、《太旧高速公路建设大事记》(上、下卷)(1995年8月、1996年12月出版,共70万字)、《山西航运史》(1998年6月出版,15.6字万字)、《山西通志·交通志·公路水运篇》(1999年12月出版,109.8万字)、《山西交通年鉴》(1990年版、1991年版、1996年至1999年版6本计508.7万字)。

2000年以来,交通基础设施建设在社会经济生活中的地位日益突出,全省交通事业迎来千载难逢的发展机遇,进入快速发展时期。在厅党组书记、厅长王晓林、段建国及分管厅领导赵龙、张润、韩日裕的高度重视下,在厅机关各处室及各市交通运输局、厅直各单位大力支持下,在交通部中国公路交通史编审委员会、省地方志办公室(省史志研究院)精心指导下,中心适应新形势、新任务、新要求,以交通率先发展为己任,遵循科学发展观,全体干部职工在主任师国梁带领下,不怕寂寞,甘于清贫,凝聚力量,乘势而上,默默无闻地在史志年鉴工作岗位上苦干实干,交通史志年鉴工作进入整体推进的新阶段。随着厅党组对交通史志年鉴工作的重视程度越来越高,中心的工作思路也越来越清晰,工作创新力度越来越大,工作环境越来越有利,工作成效越来越明显,取得可喜成绩。先后编辑出版《山西公路交通史》(第二册)(2002年4月出版,60万字)、《太旧高速公路建设志》(2002年4月出版,65万字)、《山西交通史话》(2005年3月出版,43.2万字)、《大运高速公路建设志》(上下卷)(2005年8月出版,310万字)、《山西交通之最》(2005年8月出版,44.5万字)、《科学发展铸辉煌》(上下卷)(2007年8月出版,242万字)、《山西路谱》(2009年6月出版,145万字)、《大路人生——山西交通改革发展30年回顾与展望》(2009年10月出版,100万字)、《山西省志·交通志》（2010 年 7 月出版，183.7 万字）、《辉煌的历程——山西交通运输建设发展改革 60 年回顾》（2011 年 6 月出版，178.5 万字）、《大路颂歌——山西交通文化资料集锦》（2011 年 8 月出版，68 万字）、《山西公路交通史》（1978～2010）（2012 年 4 月出版，190 万字）、《山西省村村通水泥（油）路工程建设志》（2012 年 10 月出版，160 万字）及《山西交通年鉴》（2000 年至 2011 年版计 1940 万字），以及《太旧高速公路建设系列丛书》、《大运高速公路建设系列丛书》、《山西交通文化建设系列丛书》、《中国交通 50 年成就·山西卷》、《精美原太路》画册等书籍 60 余种。

此外，在全省各市（县、市、区）交通史志编写过程中，中心还承担着业务指导职能，经常协助解决各种有关问题，保证各市史志年鉴工作有人员、有经费，为实现全省交通系统编史修志工作满堂红奠定坚实基础。全省 11 个地级市交通运输局全部完成《交通志》书稿，除临汾市、朔州市外，均已公开出版；全省三分之二的县、市、区交通运输局也都先后编纂出版《交通志》和反映交通建设业绩的《英模谱》、《画册》、《大事记》220 余种。厅直单位中，《山西公路志》、《山西省交通征稽志》、《山西省交通运输管理志》、《山西省交通建设开发投资总公司志》都已公开出版发行；《大同干线公路志》、《忻州公路志》、《太原公路志》等一批反映干线公路建设、发展、养护的志书，以精美印制、丰富内容赢得好评。这些丰硕成果，进一步扩大交通影响，为社会各界更好地了解交通、支持交通，发挥不可替代的作用，充分发挥史志书籍“存史、资政、育人”的独特功能。

在 2000 年省政府召开的全省新编地方志总结表彰大会上，省交通厅获组织奖，厅资料信息中心获先进集体一等奖并被省劳动竞赛委员会荣记三等功，《山西省志·交通志·公路水运篇》、《山西交通年鉴》（1999 年版）荣获山西省地方志优秀成果一、三等奖。2003 年 10 月，中心被山西省劳动竞赛委员会荣记集体一等功，师国梁、张岐山 2 人记个人一等功，梁锦华、赵国荣、杜小鹏、陆峰波 4 人记个人二等功，杨原平、田向东、刘邦晋 3 人记个人三等功。2010 年 11 月，师国梁被中国地方志指导小组评为“全国地方志系统先进工作者”。2006 年至 2011 年，厅资料信息中心每年都被评为全省地方志系统先进集体。

30 年来，全省交通史志年鉴工作者在无比艰辛和清贫的工作岗位上，发扬“自力更生，艰苦奋斗，不屈不挠、勇于奉献”的太旧精神，在困境中求发展，在发展中求突破，产生和积累了不少新认识、新经验，这对于在今后工作中，进一步提高各级领导对交通史志年鉴工作重要性的认识，不断把交通史志年鉴工作推向新阶段，有着十分重要的意义。

一、领导重视，机构健全，常抓不懈，是坚实基础

30 年来，省交通运输厅历届党组站在讲政治高度，一贯高度重视史志年鉴工作，视为基础性交通文化建设系统工程，当作一项为两个文明建设服务的重要项目来抓。30 年来，不论在什么情况下，交通史志年鉴工作做到机构不撤，队伍不散。按照李铁映同志和国务院办公厅要求，按照省委、省政府要求，做到“一纳入、五到位”。即把编写史志年鉴工作纳入各单位、各部门改革和发展总体规划及工作责任制中，列入重要议事日程，坚持领导到位、机构到位、经费到位、队伍到位、条件到位。2000 年以来，每年都召开全省交通史志年鉴工作会议，会上由分管厅领导出席并作工作报告，安排部署全年交通史志年鉴工作，年中召开座谈会，督促检查工作进展情况，不断听取中心工作情况回报。先后制订《 < 山西交通年鉴 > 工作百分考核方法》和《2010 年全省交通史志年鉴工作目标责任制百分考核实施方案》，加强对各单位史志年鉴工作情况的考核。出台《山西省交通厅关于认真贯彻 < 山西省新一轮修志工作规划（2001—2015） > 的实施意见》，从指导思想、目标任务、保障措施等方面提出省厅新一轮修志工作规划。此外，每年对先进单位进行表彰，对先进个人进行奖励，对有出书计划的单位进行指导，保证史志年鉴工作有序开展。

在2010年全省交通运输工作会议上,交通史志年鉴工作列入年度工作目标责任制百分考核当中,占1分,对进一步搞好全省交通运输系统史志年鉴工作打下坚实的基础。

二、关心支持,检查督促,精心指导,是重要前提

交通部中国公路交通史编审委员会、省地方志办公室作为全省史志年鉴工作的上级主管部门,多年来给予交通史志年鉴编纂工作无微不至的关怀与支持,为编好一流交通史志书籍起到十分重要的推动作用。2001年9月,厅资料信息中心将《山西公路交通史》第二册书稿送交通部中国公路交通史编审委员会审定时,部编委领导和专家对书稿提出十分宝贵的意见。编委主任、原交通部原副部长王展意在肯定成绩的同时,就史稿的观点、史实及措词等方面提出30余条修改意见。在新一轮《山西省志》修志过程中,省地方志办公室领导对《山西省志·交通志》的编纂工作给予充分肯定。省交通厅作为先进典型,在2006年9月26日,在省地方志办公室组织召开的省直系统修志工作汇报会上,师国梁代表省交通厅作了题为《修路修志同抓共责,潜心谋篇精益求精》的典型发言,为《山西省志·交通志》编纂工作开了个好头。从体例把握、篇目制定到内容删繁就简过程中,省地方志办公室主任李茂盛、副主任刘益龄、赵群虎及省志二处处长任小燕,副编审王仰东、编辑向建伟亲自审核,认真把关,一丝不苟,字斟句酌,精益求精,仔细推敲,确保全书出版时间及质量。在《山西省志·交通战备志》、《山西省高速公路建设志》、《山西省公路运输工会志》等篇目审定过程中,办公室各位主任及省志一处、二处的全体同志不厌其烦、不辞劳苦,认真研究,反复商榷,为今后编纂工作顺利开展打下良好基础。

三、内容求实,质量求精,形式求新,是关键环节

质量是史志年鉴的生命,也是其价值所在。一部史志年鉴书籍能否经得起历史考验和社会检验,关键在质量。在编纂工作中,中心始终坚持质量第一原则,不断强化质量意识,正确处理进度与质量关系,坚持做到以马列主义、毛泽东思想、邓小平理论和“三个代表”重要思想、科学发展观为指导,观点正确,资料翔实,体例完备,行文规范,突出行业特色。为了保证质量,有的书多次征求意见,反复修改;由于资料丰富,取舍得当,删繁就简,重点突出,《山西省志·交通志》在内容方面突出“四个体现”。即体现历届厅党组带领全省交通运输系统广大干部职工艰苦奋斗、开拓创新的发展历程,客观反映交通事业发展的延续性;体现交通系统各行各业发展进程和取得的重大成就,客观反映交通事业发展的现实性;体现交通系统在现代化建设实践中所创造和积累的有益经验及做法,客观反映交通事业发展的时代性;体现在建设和谐社会、实践科学发展观过程中的创举,客观反映交通运输事业发展的独特性。质量方面,体现“客观、准确、科学、创新”八字方针,做到志书内容与形式与时俱进,使志书具有更强时代特征。

四、强化措施,明确责任,狠抓落实,是有力手段

作为全省交通史志年鉴工作业务指导部门,中心在积极组织编辑出版全省交通史志年鉴书籍同时,不断加强对厅属各单位、各市、县(市、区)交通运输部门交通史志年鉴工作的督促检查和指导。一是将史志年鉴工作纳入全省交通运输系统目标责任考核中,分年度对各单位进行考核。年初安排布置工作任务,年中检查指导,年底根据百分考核标准,就资料报送、先进典型宣传和发行工作进行打分、评比,对优秀单位和先进个人以省交通运输厅名义进行表彰。二是对在史志年鉴编纂过程中遇到的难题,诸如体例把握不当,篇章结构设置不合理,语言表述不够规范等问题进行业务指导,对编纂完成的史志书籍审核把关,提出修改意见。三是尽量帮助编纂人员解决在工作中遇到的困难,如待遇、工资、办公条件等,使他们能安心工作。多年来,中心领导经常深入基层参加审稿会,进行业务指导。每年都召开会议,总结工作,表彰先进。做到有安排,有检查,有落实,使“软任务”变成“硬指标”,确保各项工作有条不紊,如期完成。

五、爱岗敬业,真抓实干,奋力拼搏,是不竭动力

交通史志年鉴工作之所以取得今天的成绩,十分重要的一点,就是广大交通史志年鉴工作者始终抱定不畏艰辛、甘于清贫、献身志苑的决心,坚持发扬自强不息、坚忍不拔、奋发有为的创业精神,在长年累月夜以继日、任劳任怨的埋头苦干中实现着崇高的人生追求。多年来,涌现出了一批素质过硬、业务精通的先进分子。他们忘我劳动,无私奉献,做出骄人业绩,为繁荣交通史志年鉴事业作出贡献,赢得同行和社会的尊敬。如原编史办主任吕荣民、原建中、杨惠芹,总编辑张岐山,现任主任师国梁、副主任梁锦华以强烈事业心和高度责任感,切实履行自己职责,奋发有为,不辱使命,创造性地开展工作,通过“有为”达到“有位”;勤勤恳恳,无怨无悔,把一生中最美好的光阴奉献于传承历史,书写史实,成为全省交通史志年鉴工作的突出代表。副总编田荣华、资料信息部长赵国荣、工会组长杜小鹏,地市交通局王九存、史晋阳、高青、刘邦晋、韩金廷、郑跃峰、陆峰波,厅直单位徐媛丽、范彦军、张慧萍、王国忠、许艳红,山西汽运集团陈富根等都是其中杰出的代表。正是由于一大批先进人物的示范带动作用,有力保证任务的圆满完成。

党的十七大提出发展社会主义先进文化、构建社会主义和谐文化、推动文化大发展大繁荣的战略目标,对于中国特色社会主义伟大实践中进行的文化创造提出新的要求。党的十七届六中全会作出《中共中央关于深化文化体制改革推进社会主义文化大发展大繁荣若干重大问题的决定》,对实现中华民族伟大复兴具有重大而深远的意义。史志年鉴作为社会主义文化的组成部分和重要载体,在文化大发展大繁荣中肩负着重要使命。因此,每一位史志年鉴工作者,都要以十七大六中全会精神为统领,充分认识史志年鉴工作在交通文化发展中的重要作用,努力搞好交通史志年鉴工作,为社会主义文化大发展大繁荣作出应有的贡献。

“十二五”期间,全省交通史志年鉴工作目标宏伟,任重道远。因此,一定要深入贯彻落实党的十七大、十八大及历次全会精神,坚持以邓小平理论和“三个代表”重要思想为指导,深入学习实践科学发展观,按照全省交通运输工作会议确定的目标任务,提高认识,加强领导,精心组织,一丝不苟,切实增强做好交通史志年鉴工作的责任感、紧迫感和自觉性、主动性,精心打造更多史志年鉴佳作,用优异成绩向厅党组交一份满意答卷;发扬连续作战作风,真抓实干,乐于奉献,史志双修,相得益彰,用不同笔法和体例,记载全省交通运输事业建设改革发展的辉煌成就,为全系统13万职工学史用志提供更加鲜活丰富的精神文化食粮,拓展更加博大深邃的领域和空间。

第二十三章　后勤保障

2003年以来,中心紧紧围绕省交通运输厅中心工作大局,深入贯彻落实科学发展观,把搞好厅机关后勤服务作为首要任务,把拓展后勤服务水平作为重要内容,把提高后勤保障能力作为关键举措,按照改革发展、加强管理、强化服务、夯实基础的基本思路,高度负责地承担起厅机关后勤服务工作的使命,全面推进厅机关后勤服务事业全面科学可持续发展,圆满完成厅党组下达的各项工作任务,为实现全省交通运输转型跨越发展作出新贡献。

第一节　中心机构沿革及干部的适时调整

2004年7月,厅党组调整中心领导班子。温二虎调任交通信息通信公司副经理(晋交发字〔2004〕47号);王津林调任山西交通安居置业管理中心副主任(晋交发字〔2004〕65号)。

2005年1月,中心对部分中层干部进行调整。王柏茂兼汽车队队长;孙欣梅任人力资源部副部长;温兆彬任机关物业管理处副处长;雷玉生任党总支秘书(副科级);谢聿明任通畅公司副经理,杜建武任汽车队副队长。

2006年1月,省交通厅党组(晋交发字〔2006〕23号)调整中心领导班子。杨建平、杨开奇任副主任;王柏茂任党总支副书记。同时免去牛世骏主任职务中心。中心聘任郑太平为车队调度(副科级)。

2006年7月,省交通厅党组(晋交发字〔2006〕83号)调整中心领导班子。张补才任主任;免去牛世骏党总支书记职务。

2006年,通过精简机构,进一步深化改革,中心设有办公室、人力资源部、计财部、机关物业管理处、医务室5个职能部室及交通小区物业管理有限公司、中心物资供应站、劳动服务公司、通畅公路工程有限公司四个企业,有职工83人。截至2010年底,中心设有办公室、人力资源部、计划财务部、机关物业处4个职能部室和山西通畅公路工程有限公司、交通物业小区、物资供应站3个经营实体。有正式职工72人。

2007年3月,郭富生任交通小区物业管理处党支部书记。

2008年3月,中心调整部分中层干部。杜建武任汽车队队长;孙欣梅任人力资源部部长;陈晓明任办公室副主任(正科);温兆彬任交通小区物业管理处处长。

2010年3月,雷玉生任办公室主任。5月,杨爱萍任计财部副部长、王新梅任物业管理处副处长。

2010年10月,张补才调任灵河(原神段)高速公路建设管理处处长(晋交发〔2010〕112号)。

截至2010年底,中心实有在册正式职工70人,退休职工12人,共计82人(其中:处级职务6人,科级职务15人;高级职称5人,中级职称5人;研究生学历2人,大学本科学历25人,专科学历13人)。

2011年7月,杨建平任中心主任(晋交发字〔2011〕59号)。

2011年8月,刘文胜任经营开发部部长,张小卫任副部长。

截至2011年底,中心有正式在编职工72名,退休职工12名,共计84人(其中:处级职务6人,科级职务15人;高级职称5人,中级职称

4人;研究生学历2人,大学本科学历25人,专科学历13人)。内设机构有7个,即综合办公室、人力资源部、计财部、经营开发部、汽车队、机关物业管理处、交通小区物业管理处。

第二节 后勤保障服务体系的日益完善

2003年以来,中心坚持以人为本思想,积极倡导"后勤服务无小事、小事当做大事办"的服务理念,坚持把为机关干部职工提供优质、高效、便捷服务作为工作的重中之重,把机关干部职工满意不满意、赞成不赞成作为检验后勤工作的基本标准。在积极引导和教育中心广大干部职工更新服务观念,端正服务态度,增强服务意识的同时,提倡换位思考,坚持24小时值班制度和零距离、人性化、个性化服务,努力为厅机关广大干部职工及家属营造一个和谐有序、文明整洁的工作与生活环境。

一、不断完善考核体系,实行昼夜优质服务

物业管理与维修工作坚持"热情主动,随叫随到,文明礼貌,优质服务,24小时值班"的服务宗旨。从机关建设和广大干部职工及离退休老同志的需求出发,细化实施《后勤服务质量评价体系》,不断加强机关及宿舍院保安、绿化、保洁工作,确保水、电、气、暖正常运行等日常服务。一是针对管理环节不严,出现问题相互推诿扯皮等现象,对维修管理程序做了适当调整,理顺程序,不断提高工作效率和服务质量。二是明确职责、工作范围和保洁频率的同时,专门制作检查表,将每个岗位具体工作内容、工作要求及完成时间逐点细化罗列成表,既方便保洁人员自我检查,也方便督察人员监督检查。月底汇总情况,进行绩效考核,奖惩兑现。三是配合中心财务部,就收据管理和现金管理做相应调整,并根据工作实际,对查表、收费、缴费、审核等方面也作出明确规定。查收缴核,一清二楚。2010年共收取各种费用615 715.3元,其中:水费29 617.3元,电费154 217.1元,网络费14 480元,取暖费417 400.9元。四是做好日常维修工作。2010年,共上门为厅机关及住户更换修理灯管、灯泡、插座、开关、水管、闸阀、门窗、便池、空调等1300余次;对厅机关南楼宿舍区的污水管道、化粪池集中清理2次;停电检修自备箱式变压器1次;在大家共同努力下,未发生一起因自身工作失误而造成的停水、停电、停暖事故,保证厅机关和宿舍区197户职工正常办公和生活。全年累计完成专项维修工程4项。保洁工作实现垃圾日产日清、24小时保洁。五是认真做好集中修缮工作。在圆满完成日常物业服务工作基础上,对水电暖及安防等系统的薄弱环节,利用节假日时间,集中进行修缮,确保各个服务保障系统平安正常运行。2003年8月23日,完成厅机关大院自动门更换修缮工程;2004年7月22日,完成机关自来水主管道维修工程及办公楼内墙粉刷等工程;2004年4月30日,完成新泽巷5号院楼顶隔热设施加固维修工程。2007年4月23日,完成惠民北巷排污工程、机关宿舍区宽带网安装工程;2007年8月1日至2007年10月30日,完成厅机关办公楼加层改造工程。2004年4月至2005年6月间,还先后累计完成电热饮水器安装、楼梯间内墙粉刷、监控报警系统改造、喷水池改造及美化、照明灯具检修、厅重点办门厅装修改造工程及厅机关大院停车线、交通标志更新等项专项维修工程,较好地完成治安、卫生、绿化管理工作。此外,交通安居小区物业管理取得新进展,2006年9月19日,进一步修订完善小区物业管理制度,印发《山西省交通物业管理有限公司物业管理办法》,狠抓物管队伍建设,完善配套管理措施,为争创一流安居小区奠定基础。2010年,先后共完成10项维修改造任务。具体是:①2010年7月至8月10日,经过多方考察、论证,组织协调省建六公司对厅办公楼挑檐进行修缮及防水处理,使厅机关办公楼外观焕然一新;②组织完成厅机关部分办公室调整,对30余间办公室进行室内粉刷及修缮,并为部分办公室配置办公家具、沙发等物品;③组织协调太原高速公路公司为厅领导办公室更换LED节能灯具;④

组织完成省交战办一楼六间库房的内墙抹灰、粉刷、通风管、库门、照明安装等修缮项目,并为库房统一制作货架;⑤组织完成后勤一楼大车库改汽车队办公室修缮项目,新增车队办公室2间;⑥在完成日常机关办公、宿舍“两区”物业管理、服务的同时,对办公区、宿舍院进行地面修补、硬化;对排污管网集中进行清理;对自备变压器进行检修;对文源巷及惠民北巷宿舍楼部分屋顶进行防水修缮;⑦组织完成机关职工食堂办公室、宿舍内墙粉刷及修缮项目,并对平房小餐厅、员工卫生间进行内部装修;⑧先后投入5万多元,对厅机关办公楼、厅重点办、省交战办及厅后勤服务中心饮水设备统一进行更新,使机关干部职工喝上放心健康水;⑨根据厅领导安排,对文源巷宿舍院旧楼改建事宜进行前期调研,并提出前期初步规划方案;⑩修理铁艺大门4处;办公楼五楼更换防滑条64.2米;机关院内修补地面258.8平方米。通过这10项专项维修,极大地改善厅机关办公条件、办公环境和住户居住环境,基本理顺水电暖各个重要系统功能,扭转物业疲于应付的被动局面。

二、主动关心职工生活,全力维护合法权益

按照省人事厅及相关部门要求,按时发放职工工资。特别是对临时用工,严格执行省市有关规定,办理养老、医疗、失业等相关保险,有效维护临时用工的合法权益;积极帮助厅机关及中心职工解决子女入学问题。2008年以来,累计解决职工子女上小学和初中共计20余人,实实在在为职工排忧解难。此外,抓好职工福利,全年共发放鸡蛋、大米、白面、食油、水果等价值100余万元的福利品。

三、着力搞好食堂服务,积极改善就餐环境

2005年6月以来,在进一步建立、完善各项规章制度的基础上,不断强化员工服务意识。根据平衡膳食要求,坚持每周制定“一周食谱”,努力为厅机关干部职工及家属提供干净可口饭菜、优质服务和舒适就餐环境。职工食堂确实起到服务机关、方便职工与家属的后勤保障作用。2010年,在厅领导大力支持下,厅机关职工食堂就餐方式由窗口售饭改为自助餐。机关干部职工122人,老干部89人,厅后勤服务中心79人,驻厅单位及机关借调人员90人,共计380人,于2010年5月12日起正式享用自助餐。与此同时,狠抓食堂管理工作不放松,坚持每周一例会制度,并结合就餐人员不同需求,及时调整“一周菜谱”,适时增加花色品种。在物价不断上涨情况下,保持质量好、服务好、环境好,饭菜价格平稳。2010年的食堂服务工作,不仅使厅机关职工就餐环境及饭菜质量发生质的飞跃,而且也得到机关职工、老干部、厅领导的一致认可与好评。2006年9月13日至10月30日,重新完善澡堂设施,为机关广大干部职工提供方便;克服重重困难,解决厅机关南楼供暖、遮阳、东楼宿舍供暖等“老大难”问题,保证南楼住户喜迁新居;中心协调解决厅机关、后勤中心干部职工及老干部累计近200余名子女入学、升学问题。通过开展先进性教育,千方百计帮助协调解决老同志交叉住房矛盾,如在厅领导重视下,圆满解决南楼7户职工住房和乔淑平、陈维君、刘光汉三位老干部的住房问题。

四、时刻做好应急装备,圆满完成临时任务

2003年,经过中心全体职工通力合作,圆满完成突如其来的“非典”防控任务。作为厅机关防控“非典”的责任部门,先后制订40多项防控措施,采取一系列有效防控手段,保证厅机关及宿舍区无一例感染“非典”疫情。为厅机关宿舍区安装健身器材,制作文明卫生警示牌60余块,进一步提升厅机关及宿舍区的卫生保洁、绿化美化效果,受到厅党组通报表彰。2005年元旦,为厅机关办公楼前安放石头雕塑;此外,从2003年7月以来,中心作为厅清房工作的具体组织者,组织带领全系统在并19个单位的40多名清房工作人员,加班加点,节假日不休息,完成了42名省管干部、288名处级干部住房的个人申报、外调、审核、纠正、清理工作。截至2005年10月底,共清退住房8套;补缴超标款近300多万元;加收房租18人。省交通厅机关及下属单位涉及的88名应纠正清理人员,其纠正通知书发放率达到100%,纠正到位率达到98.63%。清房工作得到厅党组、省"三项治理"办的充分肯定与认可。此外,1998年2月至2010年2月,连续13年组织完成元宵节厅机关花灯布置;完成社区、街道办事处安排的摆花、挂标语等公益性工作;完成省领导来厅现场办公和厅机关文明单位验收所必需的环境美化、卫生清理等工作以及大运高速公路三小时通达工程、高速公路实现三千公里等庆祝活动的后勤保障工作。

五、综合治理全面细致,树立机关良好形象

2003年以来,中心始终坚持"群防群治、预防为主"的方针,结合厅机关工作实际,不断强化厅机关及宿舍区的安全保卫、和谐创建工作,并逐步完善突发事件预防协调机制,认真落实安全工作责任制和追究制。一是抓源头,把好第一道关口。切实加大对大门人员进出关、物品采购关、车辆安全管理关、水电气暖安全检修关等安全管理工作,全年无政治、刑事案件,有效防止和杜绝突发事件及安全责任事故发生,维护厅机关和谐有序的良好局面。二是抓重点,创优美环境。组织机关干部消防安全知识培训、现场灭火及逃生训练,发放灭火器400具,为保安配备强光手电、警棍等巡逻用品,确保办公区及宿舍区安全。加强对重点部位和重点人员的安全管理工作。对机关大门、楼门等重点部位坚持执行来客、车辆登记制度,指定专人负责保安监督检查工作,坚持每周例会制度,确保机关正常的工作、生活秩序。特别是2009年底以来,根据厅办公室安排,中心与保安公司签订较为详细的"服务合同",进一步明确双方责、权、利,规范保安工作。三是抓好平安创建,强化综合治理。中心专门成立组织领导机构,对重点安保设施实行资金倾斜,明确各部门责任范畴,严格检查落实,做到防治结合。特别是配合厅机关,对近年来下属单位不时有群众集体性上访等事件,做好耐心细致工作。为此,负责综合治理的同志们加班加点,放弃休息,积极上下沟通协调,有效预防突发性事件发生,为建设"平安交通"、树立厅机关良好形象作出积极贡献。四是责任到人,高度重视交通安全管理。厅交安委所属厅直18个单位,有机动车辆720余台,驾驶员530人。多年来,始终坚持每月一次的交通安全例会,及时传达上级指示精神。每年对所属驾驶员进行2次交通安全培训,查事故,查隐患,时刻把交通安全意识放在首位,未发生一起重大交通事故,多次被评为交通安全先进单位。进一步健全和完善机动车、非机动车、驾驶员及交通事故四种档案,制定《春季交通安全检查实施方案》、《冬季安全行车措施》、《交通事故隐患的排查监控和整改措施》等规章制度。同时,针对节假日交通事故高发情况,坚持层层签订交通安全责任书,做到节前有动员教育,节后有总结批评,把经常化的宣传教育工作贯彻始终,使交通安全形成规范化、制度化的管理模式。此外,配合交管部门开展"交通安全宣传周"、"百日交通安全无事故"等为主题的宣传教育活动,受到交管部门好评。在车辆调配使用管理方面,坚持服务机关、安全正点,合理调配车辆,保证机关干部职工工作用车。

六、健全制度规范经营,稳步发展多方创收

2003年以来,中心紧紧抓住"十一五"交通建设发展机遇,围绕全省"三网并重"公路建设新高潮,利用资源优势,努力拓展"十五"经营创收范围。2007年,中心物资供应站通过前期努力,已成为上海晋明灯具山西代理经销商,经过市场调研,积极投入在晋冀、离军、晋阳、晋焦高速公路隧道建设中的灯具配备和更新业务;通畅公路有限公司依靠行业优势,通过多方努力,积极参与大同绕城高速公路交通工程的标线投标工作,取得良好经济效益。2010年,在基础薄弱条件下,经过努力,融雪剂供应量达到800多吨,创利5万元。1998年,通畅公路工程有限公司与路顺达道路设施有限公司先后承揽完成霍侯一级公路、夏汾、京大、运三、祁介路、晋祠路、忻台路、大运高速公路、得大、太长高速公路的画线工程。2010年,通畅公路工程公司多方合作，密切关注全省公路交通建设项目，积极参与交通工程招投标工作，全年创收15万元。

2003年以来，厅机关先后被交通运输部、省精神文明办授予“全国交通系统行业文明单位”和“省级精神文明标兵单位”等称号；2003年至2010年，中心连续多年被省厅评为完成年度目标责任制先进单位、先进基层党组织、交通安全优秀单位。特别是2010年，中心被省厅表彰为“完成年度工作目标责任制”优秀单位、机关后勤工作“先进集体”、“模范职工之家”、“综合治理”先进单位、《山西省志·交通志》编纂工作先进单位，被省劳动竞赛委员会荣记全省高速公路通车1000公里集体二等功。

领导干部

第一章　省交通运输厅领导班子成员沿革 ……………… (925)

第二章　中共山西省交通运输厅党组成员沿革 ………… (929)

第三章　省交通运输厅正厅级以上干部 ………………… (933)

第四章　省交通运输厅副厅级干部 ……………………… (938)

第五章　省交通运输厅厅直单位副厅级干部 …………… (949)

第六章　山西汽车运输集团领导干部 …………………… (953)

党的十一届三中全会以来，省交通运输厅历届党组带领全省交通行业广大干部职工认真贯彻党的基本理论、基本路线、基本纲领和基本经验，及时把全行业工作重心转移到经济建设上来，坚持四项基本原则，坚持改革开放，在有中国特色社会主义理论体系指导下，认真贯彻党中央、国务院提出的关于“交通运输是国民经济的战略重点，必须优先发展”、“发展以综合运输体系为主轴的交通业”等战略方针，贯彻省委、省政府“三基四重”、招商引资、扩大开放等重大战略及掀起以大运高速公路和国道主干线为重点的公路建设新高潮，加强以交通为重点的基础设施建设等重大决策，不断建立健全适应市场经济要求的交通管理体制和运行机制，健全完善交通发展的政策措施，推进交通又好又快发展。特别是2008年以来，新一届厅党组坚决贯彻省委、省政府战略决策，积极应对国际金融危机，适应国家体制新要求，再掀公路建设新高潮；加强公路养护管理、运输组织和安全监管，积极推行行业重大改革和发展方式转变，实现改革发展稳定相互支撑、相互促进，超额完成省委、省政府下达的各项目标任务，为全省“保增长、保民生、保稳定”作出突出贡献。

第一章　省交通运输厅领导班子成员沿革

1949年4月24日，太原解放。中国人民解放军太原军事管制委员会公路运输摩托接管组随军入城，接管阎锡山政府的省建设厅公路局和交通部第八区公路工程局工程处。同年6月15日，公路摩托接管组改组为山西省公路运输局；1953年3月，改称山西省人民政府交通局；1954年3月，改称山西省人民政府交通厅；1955年2月，改称山西省交通厅；2009年5月，改称山西省交通运输厅（详见表5）。

山西省交通运输厅领导班子成员沿革情况一览表

表5

名　　称	负责人及任职时间
太原市军事管制委员会公路运输摩托接管组 （1949.4～1949.6）	组　　长：霍清林　（1949.4～1949.6） 副组长：胥德林　（1949.4～1949.6） 军代表：李铁民　（1949.9～1949.6）
山西省公路运输局 （1949.6～1949.11）	局　　长：霍清林　（1949.6～1949.11） 副局长：赵舒甫　（1949.6～1949.11）
山西省人民政府交通局 （1949.11～1953.3）	局　　长：霍清林　（1949.11～1952.6） 副局长：赵舒甫　（1949.11～1951.8） 李景良　（1949.11～1953.3） 王振德　（1952.9～1953.3）

<table>
<tr><th>名　　称</th><th>负责人及任职时间</th></tr>
<tr><td>山西省人民政府交通局
(1953.3～1954.3)</td><td>局　　长:王振德　(1953.3～1954.3)
副 局 长:霍清林　(1953.3～1954.3)
李景良　(1953.3～1954.3)
张惠源　(1953.3～1954.3)</td></tr>
<tr><td>山西省人民政府交通厅
(1954.3～1955.2)</td><td>厅　　长:王振德　(1954.3～1955.2)
副 厅 长:李景良　(1954.3～1955.2)
张惠源　(1954.3～1955.2)</td></tr>
<tr><td>山西省交通厅
(1955.2～1955.4)</td><td>厅　　长:王振德　(1954.2～1955.4)
副 厅 长:李景良　(1954.2～1955.4)
张惠源　(1954.2～1955.4)</td></tr>
<tr><td>山西省交通厅
(1955.4～1967.9)</td><td>厅　　长:赵国屏　(1955.4～1967.9)
常务副厅长:王振德　(1955.4～1958.3)
张步英　(1958.6～1967.1)
副 厅 长:李景良　(1955.4～1958.6)
张惠源　(1955.4～1963.7)
史进贤　(1958.1～1964.6)
孟繁馨　(1960.3～1962.6)
赵希贤　(1960.11～1965.3)
廉　平　(1963.3～1967.1)
总工程师:张　楠　(1957.10～1967.1)</td></tr>
<tr><td>山西省革命委员会生产组交通办公室
(1969.8～1970.1)</td><td>主　　任:齐大寿　(1969.8～1970.1)
副 主 任:廉　平　(1969.8～1970.1)
张更新　(1969.8～1970.1)</td></tr>
<tr><td>山西省革命委员会交通局
(1970.1～1973.4)</td><td>局　　长:齐大寿　(1970.1～1973.4)
副 局 长:廉　平　(1970.1～1973.4)
张更新　(1970.1～1973.4)
张　明　(1972.3～1973.4)</td></tr>
<tr><td>山西省革命委员会交通局
(1973.4～1975.3)</td><td rowspan="2">局　　长:廉　平　(1973.4～1979.12)
副 局 长:张更新　(1973.4～1973.12)
张　明　(1973.4～1973.7)
赵　伟　(1975.1～1978.9)
王文祥　(1977.5～1979.12)
刘　乾　(1979.6～1979.12)
任贵仁　(1973.7～1979.12)
温秉公　(1978.1～1979.12)
雷　达　(1978.1～1979.12)
李魁年　(1979.2～1979.12)
政治处主任:赵俊文　(1975.3～1979.12)</td></tr>
<tr><td>山西省交通局
(1975.3～1979.12)</td></tr>
</table>

名　称	负责人及任职时间
山西省交通厅 (1979.12～1983.5)	厅　　长:廉　平　(1979.12～1983.5) 副 厅 长:刘　乾　(1979.12～1983.5) 王文祥　(1979.12～1983.5) 李魁年　(1979.12～1983.5) 任贵仁　(1979.12～1983.5) 温秉公　(1979.12～1983.5) 雷　达　(1979.12～1983.5) 李景良　(1980.2～1981.11) 政治处主任:赵俊文　(1979.12～1983.5)
山西省交通厅 (1983.5～1990.12)	厅　　长:任先泉　(1983.5～1990.12) 副 厅 长:任贵仁　(1983.5～1986.9) 杨继刚　(1983.5～1990.12) 智玉莲　(1983.5～1990.12) 郅　杰　(1983.11～1990.12) 总 工 程 师:鄂俊泰　(1983.5～1990.12) 副厅级调研员:陈有才　(1984.9～1990.12) 李振亚　(1984.9～1990.12) 赵俊文　(1984.11～1990,12) 王文祥　(1986.8～1990.12)
山西省交通厅 (1990.12～1994.7)	厅　　长:智玉莲　(1990.12～1994.7) 副 厅 长:贾银环　(1992.1～1994.7) 杨继刚　(1990.12～1994.7) 刘和平　(1990.9～1991.12) 史锦文　(1990.12～1994.7) 纪 检 组 长:任景春　(1990.12～1994.7) 总 工 程 师:鄂俊泰　(1990.12～1994.7)
山西省交通厅 (1994.7～1996.12)	厅　　长:杜五安　(1994.7～1996.12) 副 厅 长:杨继刚　(1994.7～1996.12) 史锦文　(1994.7～1996.12) 刘俊谦　(1994.7～1996.12) 任景春　(1994.7～1996,12) 高贵生　(1994.12～1996.12) 纪检组组长:刘传旺　(1994.7～1996.12) 厅 长 助 理:杨金泉　(1994.12～1996.12)
山西省交通厅 (1996.12～2000.5)	厅　　长:刘俊谦　(1996.12～2000.5) 副厅长(正厅级):杨继刚　(1996.12～2000.5) 副 厅 长:任景春　(1996.12～2000.5) 高贵生　(1996.12～1999.10) 杨金泉　(1996.12～2000.5) 纪 检 组 长:刘传旺　(1996.12～1998.3) 赵　龙　(1998.3～2000.5) 助 理 巡 视 员:胡玉珍　(1997.8～2000.5) 享受副厅级待遇:张　润　(1997.8～2000.5)

名　　称	负责人及任职时间
山西省交通厅 (2000.5～2008.4)	厅　　长:王晓林　(2000.5～2008.4) 副 厅 长:宋元林　(2000.5～2003.6) 杨金泉　(2000.5～2005.1) 张　润　(2000.5～2008.4) 王志民　(2003.6～2008.4) 张志川　(2005.11～2008.4) 纪检组长:赵　龙　(2000.5～2005.12) 总工程师:郜玉兰　(2003.6～2008.4) 总会计师:张德仪　(2003.6～2008.4) 巡 视 员:宋元林　(2003.6～2005.3) 助理巡视员:胡玉珍　(2000.5～2003.12) 孙跃进　(2003.6～2007.6) 郭贵平　(2003.6～2008.4) 郜学文　(2003.6～2006.9) 省交通战备办公室专职副主任: 史荣和　(2004.11～2008.4)
山西省交通厅 (2008.4～2009.5)	厅　　长:段建国　(2008.4～2009.5) 副 厅 长:张　润　(2008.4～2009.5) 王志民　(2008.4～2009.5) 张志川　(2008.4～2009.5) 纪检组长:韩日裕　(2008.8～2009.5) 总工程师:郜玉兰　(2008.4～2009.5) 总会计师:张德仪　(2008.4～2009.5) 巡 视 员:曹燎原　(2008.8～2009.5) 副巡视员:郭贵平　(2008.4～2009.5) 省交通战备办公室专职副主任: 史荣和　(2008.4～2009.5)
山西省交通运输厅 (2009.5～　　)	厅　　长:段建国　(2009.5～　　) 副 厅 长:张　润　(2009.5～　　) 王志民　(2009.5～　　) 张志川　(2009.5～2011.3) 戴　飞　(2011.10～　　) 纪检组长:韩日裕　(2009.5～　　) 总工程师:郜玉兰　(2009.5～　　) 总会计师:张德仪　(2009.5～　　) 巡 视 员:曹燎原　(2009.5～　　) 副巡视员:郭贵平　(2009.5～2011.10) 杨俊威　(2010.1～　　) 省交通战备办公室专职副主任: 史荣和　(2009.5～2009.10) 尹新平　(2010.1～　　)

第二章　中共山西省交通运输厅党组成员沿革

1951年2月,成立中共山西省人民政府交通局分党组;1953年6月,改称中共山西省人民政府交通局党组小组;1954年3月,改称中共山西省人民政府交通厅党组小组;1955年2月,改称中共山西省交通厅党组小组;1956年2月,改称中共山西省交通厅党组;2009年5月,改称中共山西省交通运输厅党组(详见表6)。

中共山西省交通运输厅党组成员沿革情况一览表

表6

名　称	负责人及任职时间
中共山西省人民政府交通局分党组 (1951.2～1953.6)	负　责　人:霍清林　(1995.2～1953.6) 成　　　员:赵舒甫　(1951.2～1951.8) 李景良　(1951.2～1953.6)
中共山西省人民政府交通局党组小组 (1953.6～1954.3)	组　　　长:王振德　(1953.6～1954.3) 成　　　员:霍清林　(1953.6～1954.3) 李景良　(1953.6～1954.3) 胥德林　(1953.6～1954.3)
中共山西省人民政府交通厅党组小组 (1954.3～1955.2)	组　　　长:王振德　(1954.3～1955.2) 成　　　员:李景良　(1954.3～1955.2) 胥德林　(1954.3～1955.2)
中共山西省交通厅党组小组 (1955.2～1956.2)	书　　　记:王振德　(1955.2～1956.2) 副　书　记:李景良　(1955.2～1956.2) 委　　　员:胥德林　(1955.2～1956.2) 李正一　(1955.2～1956.2) 郭进田　(1955.2～1956.2) 曹治华　(1955.2～1956.2) 范立仁　(1955.2～1956.2) 张忠贤　(1955.2～1956.2) 赵新方　(1955.2～1956.2)
中共山西省交通厅党组 (1956.2～1959.2)	书　　　记:王振德　(1956.2～1958.3) 副　书　记:李景良　(1956.2～1958.6) 成　　　员:胥德林　(1956.2～1958.6) 李正一　(1956.2～1959.2) 范立仁　(1956.2～1957.7) 曹治华　(1956.2～1956.2) 刘子刚　(1956.2～1957.8)

<table>
<tr><th>名　称</th><th>负责人及任职时间</th></tr>
<tr><td>中共山西省交通厅党组
(1959.2～1967.1)</td><td>书　　记:张步英　(1959.2～1967.1)
副 书 记:史进贤　(1959.2～1964.6)
廉　平　(1963.2～1967.1)
成　　员:张忠贤　(1959.2～1964.1)
杜茂林　(1959.2～1964.12)
陈全录　(1959.2～1967.1)
强作楫　(1959.2～1967.1)
刘洪太　(1961.3～1967.1)
田培华　(1961.3～1967.1)
赵希贤　(1963.3～1965.3)</td></tr>
<tr><td>中共山西省革命委员会交通局党委
(1972.3～1973.4)</td><td>书　　记:齐太寿　(1972.3～1973.4)
副 书 记:廉　平　(1972.3～1973.4)
张更新　(1972.3～1973.4)
委　　员:牛甫生　(1972.3～1973.4)
程　文　(1972.3～1973.4)
胡　凯　(1972.3～1973.4)
李仲荣　(1972.3～1973.4)
张　明　(1972.3～1973.4)</td></tr>
<tr><td>中共山西省革命委员会交通局党委
(1973.4～1975.3)</td><td rowspan="2">书　　记:廉　平　(1973.4～1979.12)
王德俊　(1973.10～1973.12)
副 书 记:张更新　(1973.4～1973.12)
张　明　(1973.4～1973.7)
赵　伟　(1975.1～1978.9)
王文祥　(1977.5～1979.12)
刘　乾　(1979.6～1979.12)
委　　员:牛甫生　(1973.4～1979.12)
程　文　(1973.4～1973.3)
胡　凯　(1973.4～1976.4)
李仲荣　(1973.4～1973.7)
任贵仁　(1973.7～1979.12)
赵俊文　(1975.3～1979.12)
赵正英　(1975.3～1975.5)
刘洪太　(1975.3～1977.9)
温秉公　(1978.1～1979.12)
雷　达　(1978.1～1979.12)
李魁年　(1979.2～1979.12)</td></tr>
<tr><td>中共山西省交通局党委
(1975.3～1979.12)</td></tr>
<tr><td>中共山西省交通厅党组
(1979.12～1983.5)</td><td>书　　记:廉　平　(1979.12～1983.5)
副 书 记:刘　乾　(1979.12～1983.5)
王文祥　(1979.12～1983.5)</td></tr>
</table>

名　　称	负责人及任职时间
中共山西省交通厅党组 (1979.12～1983.5)	成　　员:李魁年　(1979.12～1983.5) 任贵仁　(1979.12～1983.5) 温秉公　(1979.12～1983.5) 雷　达　(1979.12～1983.5) 牛甫生　(1979.12～1983.5) 赵俊文　(1979.12～1983.5) 李景良　(1980.2～1981.11) 胡　凯　(1981.2～1983.5) 程　文　(1981.3～1983.5)
中共山西省交通厅党组 (1983.5～1990.12)	书　　记:任先泉　(1983.5～1990.12) 成　　员:任贵仁　(1983.5～1986.9) 智玉莲　(1983.5～1990.12) 郅　杰　(1983.11～1990.12) 杨继刚　(1986.6～1990.12) 鄂俊泰　(1983.5～1990.12)
中共山西省交通厅党组 (1990.12～1994.7)	书　　记:智玉莲　(1990.12～1994.7) 副 书 记:贾银环　(1992.3～1994.7) 成　　员:杨继刚　(1990.12～1994.7) 刘和平　(1990.12～1991.12) 史锦文　(1990.12～1994.7) 任景春　(1990.12～1994.7) 宋元林　(1992.9～1994.7) 鄂俊泰　(1990.12～1994.1)
中共山西省交通厅党组 (1994.7～1996.1)	书　　记:杜五安　(1994.7～1996.1) 副 书 记:杨继刚　(1994.7～1996.1) 成　　员:史锦文　(1994.7～1996.1) 刘俊谦　(1994.7～1996.1) 任景春　(1994.7～1996.1) 宋元林　(1994.7～1996.1) 刘传旺　(1994.7～1996.1) 高贵生　(1994.12～1996.1) 杨金泉　(1994.12～1996.1)
中共山西省交通厅党组 (1996.1～2000.5)	书　　记:刘俊谦　(1996.1～2000.5) 副 书 记:杨继刚　(1996.1～2000.5) 成　　员:任景春　(1996.1～2000.5) 刘传旺　(1996.1～1998.3)

<table>
<tr><th>名　　称</th><th>负责人及任职时间</th></tr>
<tr><td>中共山西省交通厅党组
(1996.1～2000.5)</td><td>高贵生　(1996.1～1999.10)
杨金泉　(1996.1～2000.5)
赵　龙　(1998.3～2000.5)
宋元林　(1996.1～2000.5)
胡玉珍　(1997.8～2000.5)
张　润　(1997.8～2000.5)</td></tr>
<tr><td>中共山西省交通厅党组
(2000.5～2008.3)</td><td>书　　记:王晓林　(2000.5～2008.3)
副 书 记:宋元林　(2000.6～2005.3)
张　润　(2005.3～2008.3)
成　　员:杨金泉　(2000.5～2006.8)
张　润　(2000.5～2005.2)
赵　龙　(2000.5～2005.12)
胡玉珍　(2000.5～2003.12)
王志民　(2003.6～2008.3)
郜玉兰　(2003.6～2008.3)
张德仪　(2003.6～2008.3)
赵振田　(2004.8～2008.3)
张志川　(2005.9～2008.3)</td></tr>
<tr><td>中共山西省交通厅党组
(2008.3～2009.5)</td><td>书　　记:段建国　(2008.3～2009.5)
副 书 记:张　润　(2008.3～2009.5)
成　　员:王志民　(2008.3～2009.5)
韩日裕　(2008.8～2009.5)
张志川　(2008.3～2009.5)
郜玉兰　(2008.3～2009.5)
张德仪　(2008.3～2009.5)
赵振田　(2008.3～2009.5)</td></tr>
<tr><td>中共山西省交通运输厅党组
(2009.5～　)</td><td>书　　记:段建国　(2009.5～　)
副 书 记:张　润　(2009.5～　)
成　　员:王志民　(2009.5～　)
张志川　(2009.5～2011.3)
戴　飞　(2011.9～　)
韩日裕　(2009.5～　)
郜玉兰　(2009.5～　)
张德仪　(2009.5～　)
赵振田　(2009.5～2010.9)
郭贵平　(2011.9～　)</td></tr>
</table>

第三章　省交通运输厅正厅级以上干部

1979年12月组建省交通厅以来，截至2009年5月，共30年期间，先后担任厅党组书记、厅长职务的有7人，分别是廉平、任先泉、智玉莲、杜五安、刘俊谦、王晓林、段建国；担任厅党组副书记、副厅长职务的有6人，分别是刘乾、王文祥、贾银环、杨继刚、宋元林、张润；担任厅巡视员职务的有2人，分别是宋元林、曹燎原；担任省交通战备办公室专职主任职务的有2人，分别是杨金泉、张润；享受正厅级待遇的1人，即杨继刚。2009年5月，省交通厅改称省交通运输厅，首任厅党组书记、厅长、省交通战备办公室第一主任段建国，厅党组副书记、副厅长、省交通战备办公室主任张润，厅巡视员曹燎原。

廉　平　男，1920年7月出生，忻州市五寨县人，中共党员。1937年5月加入“牺牲救国同盟会”，并担任南关支部负责人。1938年调五寨县二区担任牺盟会秘书。牺盟会公道团合并后担任牺公联委会秘书。同年，加入中国共产党并担任区委宣传委员。1940年到延安中共中央党校学习，参加大生产运动。1941年中央党校结业，调中共中央社会部工作，参加1942年整风运动和1943年审干运动。1945年调回晋绥工作，担任五寨县区委书记。1947年调晋绥二分区贸易局(后改为工商局)工作，担任党支部书记、政治协理员。1948年调任中共晋绥二地委秘书。1949年中共晋西北中心地委成立后，任秘书处副处长，同年秋担任五寨中心县委书记兼武装部第一政治委员。中共山西省委成立以后撤销中心县，在五寨县第一次党员代表大会上当选为县委书记。中国共产党兴县地委成立后，1950年调任中共兴县地委秘书长。1952年调太原钢铁厂任党委宣传部副部长、部长。1956年冬调任冶金工业部第七冶金总公司党委副书记。第七冶金总公司和太钢合并后，调任山西省设计院党支部书记、副院长。1960年担任山西冶金专科学校党委书记兼校长。1963年2月至1967年1月任省交通厅党组副书记、副厅长。1965年秋赴晋城矿务局开展四清工作并任工作团团长。“文化大革命”开始后，工作团撤销仍回省交通厅工作。1967年“靠边”。1968年省交通厅实行军管后，军管组指定廉平抓运输和公路工作。1969年8月任省革命委员会交通办公室副主任，在此期间参与组织民兵修建太焦铁路。1970年1月任省交通局副局长；1972年任省交通局党委副书记、副局长；1973年4月，军代表撤走后任党委书记、局长。1979年12月任省交通厅党组书记、厅长；1983年5月离任。1984年受省委指派，任省统计局工作组组长。1985年在中共山西省第四次代表大会上，被选为中共山西省顾问委员会委员。1991年顾问委员会撤销后参与组建“老区建设促进会”和“关心下一代工作委员会”，并分别担任两会副会长和副主任。1994年离休。2009年入选交通运输部“60位新中国成立以来感动交通人物”。

任先泉　男，1929年出生，长治市武乡县人，中共党员，高中文化程度。1944年7月参加革命工作，先后任太岳新华日报秘书科干事、会计科会计、会计股长；省总工会财务部副部长、部长、办公室主任；省委党校党委委员、办公室主任；临汾钢铁公司党委书记。1983年5月至1990年12月，任省交通厅党组书记、厅长。后任山西省人民政府经济咨询委员会副主任，1994年离休。2000年、2005年，分别获"全国关心下一代先进工作者"称号；2008年，获省直工委、省直老龄工委"山西省直属机关老有所为"先进个人

智玉莲　女，1943年出生，太原市阳曲县人，中共党员，研究生学历，高级经济师。1968年太原工学院毕业后，分配到太原工具厂，先后任技术员、厂团委书记。1975年调省交通厅工作，历任团委书记、工会主席、人事处处长等职。1983年5月，任省交通厅副厅长、党组成员；1990年12月至1994年7月，任省委委员，省交通厅党组书记、厅长；1994年8月调任省政府副秘书长；2000年任省外事办公室党组书记、主任。2002年8月因病去世，享年58岁。

杜五安　男，1943年6月出生，忻州市定襄县人，中共党员，大专文化程度。1973年8月参加工作，任定襄县神山公社党委副书记；1974年任定襄县委副书记、县革委会主任；1976年后任定襄县委书记、神池县委书记。1982年任省委打击严重经济犯罪领导小组副组长；1983年4月任省粮食厅厅长、党组书记，同年9月任临汾地委书记；1988年任省政府副秘书长，1989年至1991年兼任省农办主任；1992年任省林业厅厅长、党组书记；1994年8月1日，任省交通厅厅长、党组书记；1995年2月26日，在山西省第八届人民代表大会第三次会议上补选为山西省副省长（兼任省交通厅党组书记至1996年1月24日、兼任厅长至1996年12月）；2003年，在山西省第十届人民代表大会上当选为山西省人大常委会副主任，同时任省人大常委会党组副书记；2008年任山西省环境与资源保护协会会长。曾任第九届全国人大代表，第八届省委委员。

刘俊谦　男，1947年8月出生，河北省阜平县人，中共党员，研究生学历。1968年7月毕业于呼和浩特交通学校，分配到呼和浩特市食品公司工作。1970年起先后任内蒙古自治区战备汽车团技术员，雁北公路总段副段长，临汾公路分局局长，山西省公路局驻津巴布韦项目部经理、党支部书记，省交通厅重点办公室主任等职。1992年9月任省公路局局长；1994年7月任省交通厅党组成员、副厅长、太旧高速公路建设总指挥部副总指挥、常务副总指挥；1995年11

月兼任太旧高速公路管理局局长兼党委书记;1996年1月24日任省交通厅党组书记,1996年12月任省交通厅厅长。2000年5月,任中共晋中市委副书记、晋中行署专员,2000年9月,任晋中市市委书记,2005年1月任山西省省长助理。2008年1月至2010年12月,任省政协常委、农村委员会主任。为第七届中共山西省委委员;中共十五大、十六大代表。先后荣获多项荣誉称号。1995年4月,被中共山西省委授予“优秀领导干部”称号;1996年2月,被交通部授予“学习包起帆先进个人”;1996年10月,被中共山西省委树为“精神文明建设先进典型”;1996年11月,被省总工会授予“山西省职业道德十佳标兵”称号,1998年5月,被省委、省政府授予“特级劳动模范”称号。

王晓林　男,1947年11月出生,忻州市五台县人,中共党员,博士研究生,教授。1968年1月参军,在陆军38军113师侦察连任班长;1973年,从部队到太原市光学仪器厂工作,先后任车间党支部书记、科长、副厂长;1977年至1981年,在清华大学学习,任系学生会主席;1982年,任太原煤气公司计量仪器厂厂长;1984年,任太原五一机器厂厂长;1988年任太原索斯沃斯升降台有限公司董事长;1989年4月至1991年,任太原市政府办公厅副主任兼太原高新技术开发区管委会主任、党组书记;1993年任太原市人民政府副市长;1997年5月,任省政府副秘书长兼万家寨引黄工程总指挥部副总指挥,太原城市供水工程指挥部总指挥;2000年5月至2008年4月,任省交通厅党组书记、厅长、山西省交通战备办公室第一主任。2008年4月,任省人大常委会城乡建设环境保护工作委员会主任。2008年3月18日,任省国防交通协会会长。为中共山西省委第八届委员会委员,第十届全国人大代表。先后荣获“全国火炬计划先进工作者”、“建设部试验小区建设优秀市长”、“建设部物业管理优秀市长”、“国家房改先进城市市长”、“山西省优秀市长”、“太原市劳动模范”、“山西省优秀企业家”等荣誉称号。1995年荣获山西省“青年科学家”奖。

段建国　男,1956年1月出生,山西省洪洞县人,中共党员,研究生文化程度。1973年10月至1975年12月,在蒲县插队;1975年12月至1976年6月,在蒲县发电厂当工人;1976年6月至1978年3月,在蒲县县委宣传部通讯组工作;1978年3月至1982年1月,在山西大学中文系就读。1982年1月大学毕业后,分配到省人事局工资处工作;1984年11月至1996年2月,在省政府办公厅调研室工作,先后任科员、主任科员、助理调研员、副主任;1999年9月,天津财经学院国际贸易专业研究生毕业;1996年2月至2000年8月,任省政府办公厅信息处处长;2000年8月至2001年12月,任省政府办公厅秘书一处处长;2001年12月至2003年4月,任省政府办公厅助理巡视员;2003年4月至2007年5月,任省政府办公厅党组成员、省政府副秘书长;2007年5月至2008年4月,任省政府发展研究中心党组书记、主任;2008年4月,任省交通厅党组书记、厅长。2009年6月,任省交通运输厅党组书记、厅长。2011年10月,参加省第十次党代表大会,并当选为十届省委委员。

参加工作以来,多次荣获“先进工作者”、“优秀党员”、“优秀公务员”、“优秀信息工作者”等荣誉称号。2008年4月担任厅长以来,段建国同志坚决贯彻执行省委、省政府的决策部署,积极应对国际金融危机,带领厅党组一班人,九牛爬坡,个个出力,群策群力,不辱使命,与时俱进,改革创新,真抓实干,奋力拼搏,圆满和超额完成"十一五"规划确定的目标任务。全省高速公路2010年建成1316公里,2011年建成1003公里,连续跃上3000公里、4000公里两个台阶,进入全国排名第11位、第7位;治超经验在全国进行推广,国省干线走到哪里都是好路。在全国"十一五"干线公路养护管理大检查中,综合评分排第6名,各省、自治区排第4名,中西部地区排第1名;全省实现具备条件建制村通水泥(油)路、通客车全覆盖;为促进全省经济平稳较快增长和社会发展、民生改善作出重要贡献。

杨继刚 男,1942年出生,上海市人,中共党员,大学文化程度,教授级高级工程师。1965年上海同济大学道路桥梁专业毕业,分配到太原公路总段工作。先后担任技术员、副科长、科长、工程师等职务;1983年5月任省交通厅副厅长、党组成员;1994年7月任省交通厅党组副书记、副厅长,并从1996年起享受正厅级待遇;2000年5月退休后,担任山西省公路学会理事长、山西省老科技工作者协会副会长兼交通分会会长、中国公路学会地质分会理事长、省交通厅关心下一代工作委员会主任、山西省招标协会副会长等职务。

宋元林 男,1945年2月出生,运城市绛县人,中共党员,大学文化程度。1970年太原工学院土木工程系毕业;1970年至1973年在侯马汽修厂实习;1973年至1981年任侯马汽修厂团委负责人,热冷加工车间党支部书记;1981年至1987年任运城汽修厂厂长;1987年至1992年任临汾公路分局党委书记、局长;1992年至1994年任省交通厅党组成员、省公路局党委书记;1994年7月至2000年6月,任省交通厅党组成员、省公路局党委书记兼局长;2000年6月,任省交通厅党组副书记、副厅长;2003年6月任省交通厅党组副书记、巡视员。2005年5月退休。曾荣获山西省劳动模范等荣誉称号。

杨金泉 男,1947年出生,内蒙古自治区呼和浩特市人,中共党员,研究生学历。1967年呼和浩特交通学校毕业后,分配到山西省交通规划勘察设计院工作,先后担任技术员、助理工程师、工程师、主任工程师,测设队长等职;1990年6月,调省交通厅机关工作;1993年,任厅科学技术处副处长;1995年,任省交通厅党组成员、厅长助理、太旧高速公路建设总指挥部副总指挥,武宿立交枢纽工程建设指挥部副总指挥、现场总指挥;1996年至2006年,任厅党组成员、副厅长;2006年1月至9月,担任省交通厅党组成员、省国防动员委员会交通战备办公室主任。2006年10月,任省人大民族宗教侨务外事工作委员会副主任。

张　润 男,1955年出生,朔州市应县人,中共党员,大学文化程度,在职研究生,工程硕士,高级工程师。1976年毕业于山西省交通学校,1983年9月至1985年1月福州大学道路桥梁工程专业进修,1999年9月至2000年1月中央党校学习,2000年9月

至2003年9月上海同济大学道路运输工程专业攻读工程硕士学位。1976年参加工作后，先后任雁同公路分局技术员、工程处副处长、处长，1992年11月任大同公路分局副局长；1994年2月至1995年10月，任朔州公路分局局长，期间兼任太旧高速公路建设总指挥部副总指挥；1996年8月，任太旧高速公路管理局局长；1997年8月，任省交通厅党组成员兼省高速公路管理局局长（副厅级）；2000年5月任省交通厅党组成员、副厅长；2005年5月任省交通厅党组副书记、副厅长；2008年8月起兼任省交通战备办公室主任。2006年10月，当选为九届省纪委委员。参加工作以来，获得多种荣誉称号。在太旧路建设中被评为“太旧功臣”，并被授予山西省“优秀党员标兵”、“刘俊谦式的模范干部”称号；1996年被省委、省政府评为第二批“山西省优秀专家”；2006年被评为“全国森林防火先进个人”；2009年，获“全省援川抗震救灾先进个人”。

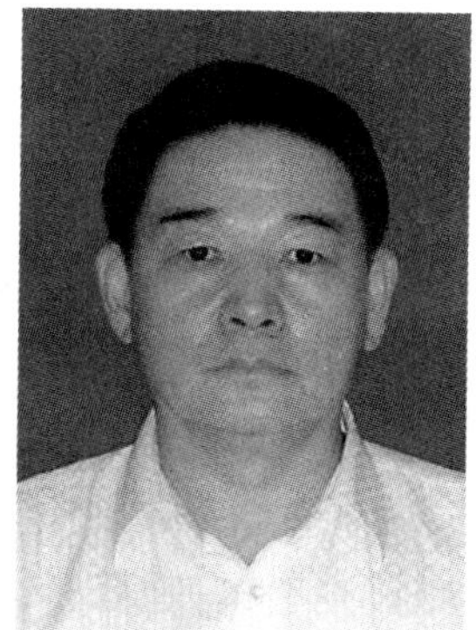

曹燎原　男，1953年8月出生，江苏省吴江县人，中共党员，大学文化程度。1970年12月至1975年8月在部队服役；1977年7月至1984年5月，任省卫生厅器械处（公司）党委委员兼行政办、党办秘书、主任；1986年6月至1989年3月，任省纪委信访室干部；1989年4月至1992年8月，任省纪委信访室副主任；1992年9月至1995年9月，任省纪委信访室正处级检查员，期间，1993年9月至1995年6月挂职灵石县委副书记，并在省委党校学习（经济管理）；1995年12月至2000年5月，任省纪委执法监察室主任（副厅级）；2000年6月至2002年5月，任长治市委常委、纪检委书记（期间2000年9月至12月主持黎城县委工作）；2002年6月至2008年7月，任长治市委副书记、纪检委书记（期间2008年3月至7月兼任长治市委秘书长）。1996年3月至2011年，任省纪委委员。2008年8月至2009年4月，任省交通厅巡视员，同时抽调担任省委、省政府煤焦领域反腐败专项斗争领导组办公室常务副组长。2009年5月，任省交通运输厅巡视员；2009年9月，任中共山西省委巡视三组组长。

第四章　省交通运输厅副厅级干部

1979年12月组建省交通厅以来，截至2009年5月，共30年期间，先后担任副厅长职务的有21人，分别是刘乾、王文祥、李魁年、任贵仁、温秉公、雷达、李景良、杨继刚、智玉莲、郅杰、贾银环、刘和平、史锦文、刘俊谦、任景春、高贵生、杨金泉、宋元林、张润、王志民、张志川；担任省纪委驻交通厅纪检组组长职务的有4人，分别是任景春、刘传旺、赵龙、韩日裕；担任厅党组成员、省公路局党委书记职务的有2人，分别是宋元林、赵振田；担任厅总工程师职务的有2人，分别是鄂俊泰、部玉兰；担任厅总会计师职务的有1人，即张德仪；担任副厅级调研员职务的有4人，分别是陈有才、李振亚、赵俊文、王文祥；担任厅助理巡视员职务的有4人，分别是胡玉珍、孙跃进、郭贵平、部学文；担任厅副巡视员职务的有1人，即郭贵平；担任省交通战备办公室专职副主任职务的有1人，即史荣和。

2009年5月，省交通厅改称省交通运输厅，截至2011年12月31日，担任副厅长职务的有4人，分别是张润、王志民、张志川、戴飞；担任省纪委驻交通运输厅纪检组组长职务的有1人，即韩日裕；担任厅党组成员、省公路局党委书记职务的有1人，即郭贵平；担任厅总工程师职务的有1人，即部玉兰；担任厅总会计师职务的有1人，即张德仪；担任厅副巡视员职务的有2人，分别是郭贵平、杨俊威；担任省交通战备办公室专职副主任职务的有2人，分别是史荣和、尹新平。

刘　乾

男，1919年7月出生，河北省安平县人。1938年1月参加冀中抗日人民自卫军，被选入自卫军干部培训队学习，入党；1938年至1943年夏在冀中军区、第四军分区所属部队任连指导员、营教导员；1943年夏至1945年在冀中第四军分区(后改为第九军分区)政治部组织科任干事、副科长、科长；1946年至1949年在晋察冀军区三纵队(后改为六十三军)所属563团、561团任政委；1950年在中国人民解放军野战部队第十九兵团政治部组织科任科长；1951年至1953年夏，在六十四军后勤部、190师政治部任副主任、主任；1953年至1958年10月，在军委总干部处任副处长；1958年11月至1960年7月，在中国人民解放军政治学院学习；1960年底至1966年3月在总字150部队物质保证部(后改为炮兵工程学院院务部)任政委；1966年3月31日炮兵工程学院撤销后，转业到山西省委组织部待分配。1968年在山西省供销社主持工作；1969年至1974年春在省革委业务组政工办公室、干部办公室任副主任、主任；1974年春至1976年秋在省委组织部任处长；1976年秋至1979年夏在省化学工业厅任党组书记、副厅长；1979年6月任省交通局党委副书记、副局长，1979年9月至1983年5月，任省交通厅党组副书记、副厅长。1983年6月离休。

郅 杰 曾用名郅岐芝，男，1930年2月出生，河北省武安市人，1946年加入中国共产党，同年参加革命工作，初中文化。1948年毕业于太行区公立漳滨中学。历任太行区第六专署财政科科员、太行行署财政处审计科员。新中国成立以后，任省财政厅行政财务处科员、副科长。1956年调西藏工作。先后任西藏自治区筹委会畜牧处财计科副科长、青藏公路交通运输管理局党委办公室秘书、青藏公路管理局办公室主任、西藏公路管理局桥梁工程处党委副书记、西藏自治区交通处计统科副科长、西藏自治区党委三大教育工作团四清工作队副队长、波密县米巴乡工作队队长、左贡县沙龙区工作队党委书记、西藏公路管理局党委副书记、西藏交通厅政治部副主任、办公室主任、拉萨汽车修配厂党委书记；西藏自治区交通厅党委委员、副厅长。1983年11月至1990年12月，任省交通厅党组成员、副厅长。1991年离休（享受正厅级待遇）。2008年1月16日去世。

李景良 男，1914年出生，辽宁省昌图县人，中共党员，高中文化程度。“九一八”事变流亡进关。1936年2月，在西安参加“民先”，在东北军中为红军搞“兵运”工作；1937年2月至1937年8月，经组织决定到延安参加红军，在红军大学学习；1937年8月至1937年12月，被派到“友军”新五军搞上层统战工作，担任八路军代表；1937年12月至1938年6月，在晋豫游击司令部任参谋长，兼晋豫军政干部学校教育长；1938年6月至12月，任八路军晋豫游击第二支队支队长；1938年12月至1939年12月，任八路军晋豫边区司令部副参谋长；1940年1月至4月，任八路军新一旅代参谋长；1940年4月至1942年12月，任太行第四军分区参谋长；1943年1月至12月，任太行第五军分区参谋长兼情报处长；1944年1月至1945年4月，在太行区党委党校整风、审干；1945年4月至1949年8月，在“漳泽训练班”协助训练高级俘虏。1949年8月至1950年6月，在省政府办公厅任秘书主任；1950年6月至12月，任省交通局秘书主任；1951年2月，任省人民政府交通局分党组成员，1951年11月，任省人民政府交通局副局长；1953年6月，任省人民政府交通局党组小组成员；1954年3月至1958年6月，任省交通厅副厅长、党组副书记。1958年7月至1962年12月，错划为右派反党分子，被开除党籍、工作，劳动教养四年有余。解除劳教后重新安排工作。1963年1月至1970年6月，任省交通厅下属汽车运输公司秘书；1970年6月至1973年9月，下放蒲县插队；1973年9月至1976年3月，分配到洪洞焦化厂管运输；1976年3月至1979年8月，因病调回省交通厅。1980年2月至1981年11月，任省交通厅党组成员、副厅长，1982年至1983年退居二线为顾问，1993年病故。

王文祥 男，1928年8月出生，河北省博野县人，初中文化程度。1946年1月加入中国共产党并参加革命工作。解放战争时期，曾任青年团区委书记。新中国成立后，历任华北第一建筑公司团委组织部部长，华北大同总公司团委副书记，中共大同市委工业部科长，大同市经委办公室主任。1964年调入交通部门工作，先后任大同市交通局党委副书记、局长、党委书记。1977年5月，调任省交通局党委副书记、副局长；1979年12月至1983年5月，任省交通厅党组副书记、副厅长。1983年6月至1990年12月，任省交通副厅级调研员。

李魁年　曾用名林毅，男，1915年7月出生，山西省太原人，中共党员，高中文化程度。1936年参加革命工作，1937年10月加入中国共产党，历任山西新军决死二纵队四团三营八连指导员、连长、营教导员、民运科长；先后担任过抗日民主太原县、文水县、洪赵县县长职务；1950年初任四川省金堂县县长、县委书记，1953年任绵阳专署副专员；1956年至1958年在中央党校学习；1958年任北京煤炭工业干部学校党委副书记；1960年调二机部任第五研究所党委书记，21局副局长；1965年调天津任二机部605所副所长；1973年调山西任二机部华北卫生辐射防护研究所党委书记；1979年2月，调任省交通局副局长，局党委委员；1979年12月至1983年5月，任省交通厅副厅长，党组成员；1985年离休，1989年8月去世。

任贵仁　男，1923年11月出生，山西省沁源县人，初中文化程度。1938年5月加入中国共产党，同年参加革命工作。1938年8月，在十八集团军联络处受训半年，分配到沁源县儿童团部工作；1939年奉命回沁源城关河西村任村长；1940年春在太岳三地委党校培训后，分配到沁源一区、四区、三区任青救会主席、游击队指导员；1943年底到沁源县青救会担任组织部长；1944年12月在太岳一地委学校学习；1945年8月日本投降后，调任河南孟县六区农委、六区区委、县团委工作部长、书记；1949年初调任长治地委组织部办公室干事；1950年7月任黎城县农业科科长、县政府秘书；1952年7月调太原矿山机器厂任车间党支部书记、科室党总支书记、厂组织部部长；1958年任太原矿山机器厂党委书记、厂长；1965年调省委工交政治部长治钢铁厂四清工作团任副团长；1966年至1969年底，参加省革委会解放干部学习班、石家庄中央学习班；1970年在省革委业务组政治办公室任保卫组组长；1973年7月，任省革命委员会交通局副局长、党委委员；1975年3月，任省交通局副局长、党委委员；1979年12月至1986年9月，任省交通厅副厅长、党组成员；1986年10月离休，2008年去世。

温秉公　男，1924年1月出生，山西省文水县人，中共党员，初中文化程度。抗日战争时期，成为避窑民兵，参加过割日伪电线等活动。1945年10月以公开身份参加西旧城反伪干部的贪污斗争等活动。1946年3月加入中国共产党，任村长、民兵指导员，经常和敌人进行武装斗争。1946年5月将民兵组建成区参战队。后调区工作，从一区到四区，担任过民政助理和武工队党小组长等职，从事游击战争。1948年文水解放后，先后担任四、一、三区区长，三区区委书记；1953年回县后被选为副县长；1955年调榆次专署任交通科长；1957年调省交通厅任路政科长和副处长，1964年任省公路局局长。1967年1月20日被夺权后按走资派受审。1970年解放任省公路局革委会副主任。1975年调回省交通局任政治处主任，1978年1月任省交通局副局长，局党委委员；1979年12月6日至1983年5月，任省交通厅副厅长、厅党组成员；1983年6月离休。

雷 达 男，1931年5月出生，山西省寿阳县人，中共党员，中学文化程度。1943年8月至1949年8月在太钢工作；1949年8月至1950年2月，山西职工学校学员；1950年2月至8月在太钢工作；1950年8月至1955年12月任太钢团支部书记、团委组织部长；1955年12月至1970年1月，任太原市共青团委青工部副部长、部长；1970年1月至1975年12月，任忻州运输公司办公室主任、党委副书记；1975年12月至1976年2月，任太原汽车运输公司党委书记；1976年2月至1978年3月，任山西省运输公司党委书记；1978年1月，任省交通局副局长、局党委委员；1979年12月至1983年5月，任省交通厅副厅长、厅党组成员；1986年9月至1992年9月，任山西省公路局党委书记。2010年9月11日去世。

鄂俊泰 男，1931年11月出生，辽宁省风城县人，满族，中共党员。抗战期间全家西迁至西北。1954年毕业于西北工学院，分配到交通部公路总局任技术员，配合主管工程师对华东地区国防公路进行技术管理工作。1958年因国家撤销公路总局建制，分配到山西省公路局测设队工作。1959年1月加入中国共产党，1966年初任省公路设计院技术室主任；1975年任主管技术、生产的革委会副主任，1979年任副院长兼总工程师；1983年5月至1994年7月，任省交通厅总工程师、厅党组成员。1994年退休后任太旧高速公路中段建设指挥部副指挥兼总工程师；1996年至2003年，经厅党组批准成立高等级公路设计监理部，任总监。

贾银环 男，1941年出生，山西省平定县人，1962年12月加入中国共产党，中央党校研究生学历，1966年9月参加工作，先后担任阳煤集团二矿矿长、矿党委书记，阳泉市委常委、组织部长、市委副书记等职。曾被选为中共山西省第六、第七次党代会代表。1992年1月至1994年7月，任省交通厅党组副书记、副厅长。1994年8月，任省建筑工程总公司党委书记、副董事长，2001年退休。

刘和平 男，1946年10月出生，山西省夏县人，1973年加入中国共产党，大专学历，高级经济师。1969年在襄汾县6611库参加工作，任库管员、团支部书记；1971年调夏县大吕公社，任团委副书记、书记、党委副书记；1977年调省委组织部一处工作，任干事、省选举委员会组织负责人；1983年调任临汾市市长；1989年任市委书记，期间在山西师范大学进修，取得大专学历；1990年9月，调任省交通厅副厅长、厅党组成员；1992年1月，调任省计量局党组书记、局长；1994年调任省测绘局党组书记、局长；2006年12月退休。

史锦文 男,1935年1月出生,山西省沁县人,中共党员,大专文化程度,高级经济师。1952年毕业于沁县一中,同年参加工作,1956年加入中国共产党,历任山西省工业厅基建处干事,省计委基建处(即投资处)副处长、处长;1990年12月至1996年12月,任省交通厅副厅长、厅党组成员,1997年退休。

任景春 男,1940年5月出生,山西省汾阳市人。1961年参加工作,1965年加入中国共产党,高级职称。1958年汾阳中学毕业后考入太原机械工业学校。1961年毕业后分配到太原金星工具厂工作。1964年考入中共山西省委党校。1968年毕业后分配到山西省汾阳汽车运输公司工作,历任政治处干事,车队、保养厂党支部书记,公司副经理、党委副书记、书记。1982年调任山西省交通学校党委书记。1990年12月至1994年7月,任省纪委驻交通厅纪检组组长、厅党组成员;1994年7月至2000年5月,任省交通厅副厅长、厅党组成员。2000年6月退休后,担任省道路运输协会会长。

高贵生 男,1939年7月出生,山西省宁武县人。1956年6月参加工作,1965年加入中国共产党,中专文化程度,高级经济师。1956年至1959年在岢岚县公安局工作;1959年至1962年在省冶金专科学校学习。1962年至1965年,任五台运输公司业务调度员;1965年至1971年,任副经理、经理;1971年至1973年,任书记兼经理。1973年至1975年,任五台县委副书记。1975年至1980年,任忻州地委工交建政治部副部长、地区经委副主任;1980年至1982年,任忻州地区交通局副局长;1982年至1983年,任忻州地区经委副主任、阳方口煤矿党委书记,主持全面工作。1983年至1994年,任忻州地区交通局局长;1994年12月至1999年10月,任省交通厅副厅长、厅党组成员。2000年退休,2003年5月因病去世,享年64岁。

刘传旺 男,1956年出生,山西省阳曲县人,中共党员,研究生学历。1975年参加工作,任阳曲县温川乡党委办公室秘书;1978年至1981年在山西大学历史系学习;1981年12月被组织选拔到省委办公厅工作;1991年2月,任省委办公厅正处级秘书;1993年9月,任晋城市委组织部第一副部长;1994年7月,任省纪委驻交通厅纪检组组长、厅党组成员;1998年3月,任临汾行署副专员;1999年,任中共临汾地委委员、组织部部长;2000年,任临汾市委副书记兼组织部部长;2006年2月任省委副秘书长(正厅);2008年3月,任省直机关工委书记;2010年,任省机构编制委员会办公室主任。2001年9月,当选为省第八次党代会代表;2002 年 12 月,当选为山西省第十届人民代表大会代表;2006 年 10 月,当选为省第九次党代会代表,并选为九届省纪委委员。2011 年 10 月,参加省第十次党代表大会,当选为省第十次党代表代表,参加省第十次党代会,并当选为十届省委委员。

赵　龙　男,1947 年出生,山西省襄垣县人,中共党员,大学文化程度。1964 年在襄垣县从事教学工作,同年应征入伍,在山西省武警宁武县中队服役。1968 年调至稷山县人武部工作,1970 年任稷山县消防队指导员。此后,先后在稷山县公安局和省公安厅警卫处工作。1983 年任沁县副县长;1986 年任沁县师范学校党委副书记;1989 年调省政府办公厅工作,任保卫处处长;1998 年 3 月,任省纪委驻交通厅纪检组组长、厅党组成员;2005 年 12 月退休后,任山西省监察学会交通分会会长。

王志民　男,1961 年 2 月出生,山西省河津市人,中共党员,研究生学历。1982 年毕业于太原工学院;1982 年 9 月至 1984 年 11 月,在省汽车运输公司计划统计处工作;1984 年 12 月至 1993 年 3 月,在省交通厅计划统计处工作;1993 年 3 月至 1995 年 6 月,任厅计划统计处副处长,主持工作;1995 年 7 月至 1997 年 11 月,在柳林县挂职锻炼,任副县长;1997 年 11 月至 2000 年 8 月,任厅计划统计处副处长(正处级);2000 年 8 月至 2003 年 6 月,任厅综合规划处处长;2003 年 6 月,任省交通厅党组成员、副厅长;2009 年 5 月,任省交通运输厅副厅长、厅党组成员。先后荣获“第二次全国公路普查先进个人”、“全省水土保持监督工作先进个人”、“优秀共产党员”荣誉称号,被省劳动竞赛委员会荣记“个人一等功”,获国家统计局“全国统计科学技术进步二等奖”、“山西省职工百项技术难题攻关优秀成果一等奖”;在国家公务员考核中,多次被评为“优秀公务员”。

韩日裕　男,1956 年 10 月出生,山西省平鲁县人,中共党员,硕士研究生学历。1975 年 9 月至 1978 年 9 月,在山西师范学院学习;1978 年 9 月至 1983 年 12 月,在共青团山西省委工作;1984 年 1 月至 1987 年 9 月,先后担任团省委组织部副部长、统战部副部长,下派锻炼任朔县常委兼神头镇党委副书记、县经委副主任;1988 年 8 月至 1989 年 3 月,任团省委青农部部长;1989 年 4 月至 1994 年 12 月,任朔州市工商局局长;1995 年 12 月至 2003 年 6 月,任朔州市建委主任;2003 年 6 月至 2008 年 7 月,任省纪委驻国土资源厅纪检组组长、厅党组成员;2008 年 8 月,任省纪委驻交通厅纪检组组长、厅党组成员;2009 年 5 月,任省纪委驻交通运输厅纪检组组长、厅党组成员。

张志川　男,1964 年 9 月出生,河南省荥阳市人,中共党员,武汉大学工学博士,美国马里兰大学毕业,华北水利水电学院兼职硕士生导师,享受政府津贴的河南省优秀专家、高级工程师。通过公开选拔,2005 年 9 月,任省交通厅党组成员,2005 年 11

月,任省交通厅副厅长;后兼任山西省治超办副主任、山西省青年联合会常委;2009年5月至2011年2月,任省交通运输厅副厅长、厅党组成员;2011年3月,任省外事办公室主任、党组书记。2011年10月,参加省第十次党代会,并当选为十届省委候补委员。

戴　飞　男,1957年10月出生,山西省五寨县人,中共党员,大学学历,成绩优异高级工程师。1974年12月至1976年7月,在五寨县新寨乡任党委秘书兼机关党支部书记;1976年8月至1978年8月,在省交通学校道桥专业学习;1978年8月至1983年3月留校任教;1983年3月至1993年3月,任省公路局第三工程处处长;1993年3月至1995年3月,任省公路局工程管理处处长;1995年3月至2001年3月,任省交通厅公路管理处处长;2001年3月,任省公路局局长、党委副书记。2011年9月,任省交通运输厅党组成员;2011年10月,任省交通运输厅副厅长。

郜玉兰　女,1956年4月出生,山西省忻州市人。中共党员,研究生学历,教授级高级工程师,交通部专家委员会委员。1981年参加工作,历任山西省公路局第三工程处副经理,省路桥总公司副总经理,太旧高速公路中段建设指挥部副指挥,省交通厅公路处副处长,忻州公路分局局长,新原高速公路建设有限公司党委书记、董事长等职。2003年6月,任省交通厅总工程师、厅党组成员;期间,曾任交通部公路司副司长(挂职);2009年5月,任省交通运输厅总工程师、厅党组成员。

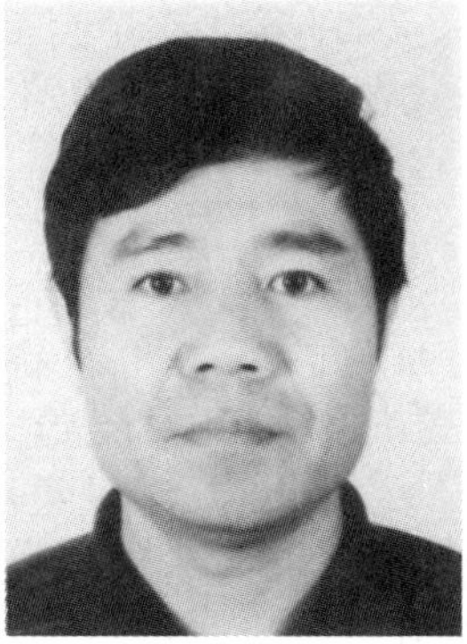

张德仪　男,1954年9月出生,山西省太原市人,中共党员,大学文化程度,高级会计师。1972年12月至1977年5月在空军高炮17师服役;1977年6月至1978年8月在太原工具厂工作;1978年9月至1982年7月在山西财经学院读书;1982年8月开始在省交通厅工作。1988年任厅财务征费处副处长,1991年任处长。2003年6月,任省交通厅总会计师、厅党组成员;2009年5月,任省交通运输厅总会计师、厅党组成员。2009年6月,任山西省摄影家协会交通分会、山西省交通运输摄影家协会主席,2011年10月,任山西省交通运输会计协会会长。先后荣获"全国交通系统财会工作先进个人"、"太旧路建设优秀共产党员"、"全省交通系统模范知识分子标兵"、"太原市重点公路建设二等功"、"厅直机关优秀共产党员"、"2000年度山西省劳动模范"等荣誉称号。连续多次被评为"优秀公务员"。2005年被评为中国总会计师年度人物;2006年被评为山西省十佳总会计师,荣立一等功;2008年被评为中国总会计师协会优秀协会工作者。

胡玉珍　男,1943年出生,山西省忻州市人,中共党员,大专文化程度,高级政工师。1973年2月至1980年8月,任忻县县委副书记、县革委副主任;1980年9月至1983年12月,任忻县秦城乡党委书记;

1984年1月至9月，任忻州市科委主任；1984年10月至1989年8月，任忻州市委农工部副部长、市政府农委副主任；1989年9月至1992年10月，先后任静乐县县委常委、政府副县长、县委常务副书记；1992年11月至1994年11月，任关帝山森林经营局党委书记兼局长；1994年12月，任忻州公路分局党委书记、太旧高速公路建设中段指挥部副总指挥，为太旧路建设立下汗马功劳，被省交通厅荣记"个人一等功"，被省劳动竞赛委员会授予"山西省重点工程建设功臣"荣誉称号；1996年6月，任原太高速公路建设总指挥部常务副总指挥；1997年8月，任省交通厅党组成员、厅助理巡视员，兼任原太高速公路有限责任公司董事长、党委书记；2003年12月退休，2009年3月17日因病去世，享年67岁。2003年，原太路荣获国家优质工程"银质"奖，这是全省交通系统唯一获此荣誉的工程，也是原太高速公路获"汾水"杯后的又一殊荣。胡玉珍被省劳动竞赛委员会荣记"个人特等功"。

赵振田　男，1950年8月出生，山西省太谷县人，中共党员，大学文化程度，高级经济师。1968年7月参加中国人民解放军，1973年1月在山西省公路局政治处工作，1982年9月至1985年1月在西安公路学院经济系学习，1985年1月任省公路局组织部部长兼人事处处长。1992年9月至1993年12月在省经济管理干部学院培训班学习，1992年9月至1994年12月在中央党校经济管理专业函授学习。1994年4月任山西省公路局晋中分局局长；2001年3月，任省公路局党委书记。2004年8月，任省交通厅党组成员；2009年5月，任省交通运输厅党组成员。2010年，任山西省交通企业协会会长，2010年9月退休。多次被省交通厅党组、省直工委、省重点办评为"优秀共产党员"、"先进工作者"；1996年被省民政厅授予"抗洪救灾模范个人"称号；1997年荣获山西省"五一劳动奖章"；1998年被评为"山西省特级劳动模范"，同年荣获"全国交通系统先进工作者"称号；1999年又获山西省"五一劳动奖章"和山西省职业道德"十佳标兵"称号；2000年受到国务院表彰，荣获"全国先进工作者"称号。

陈有才　男，1925年6月出生，山西省偏关县人，中共党员，大学本科学历。1944年冬晋绥边区第二中学毕业，分配到偏关县二区担任助理员。1947年调县四区担任助理员。1948年调偏关县人民武装委员会担任副主任。同年8月，带领民兵参加解放军，担任连副指导员、指导员；1950年担任营部干事，1952年担任军分区政治部组织干事，1953年担任山西省军区政治部宣传干事，1954年担任省军区兵役局秘书，1956年担任省军区后勤部副科长；1959年入解放军后勤学院学习3年，毕业后分配到山西省军区后勤部担任副处长；两年后担任处长。1969年担任晋中军分区后勤部长，1971年担任吕梁军分区后勤部长；1978年转业到省交通局任财务处长，1984年9月至1990年12月担任副厅级调研员，1985年离休。2010年8月14日去世。

李振亚　男，1926年7月出生，河北省平山县人，初中文化。1944年3月参加工作，1945年5月加入中国共产党。1944年3月，平山县县立短期师范学校毕业后，在平山县政府参加革命工作，任文书;1944 年 8 月在洪子店国营天德总店任文书;1946 年 3 月在洪子店国营裕丰源药店任营业员;1946 年 6 月在冀晋贸易公司会计培训班学习;1946 年 10 月在冀晋纺织厂一分厂任会计;1948 年 3 月在晋察冀边区交通局任科员;1948 年 10 月在太原市军管会公路摩托接管组任总会计;1949 年 6 月任省交通局会计室主任;1951 年 4 月,任财务科科员;1952 年 3 月,任计划统计科主办科员;1954 年 10 月,任省交通厅计划统计科副科长;1956 年 10 月,任科长;1961 年 10 月,任计划统计处副处长;1970 年 7 月,任雁北运输公司党支部书记、副主任;1974 年 12 月,任雁北矿业公司党委书记;1978 年 8 月,任省交通厅办公室主任;1983 年 8 月,任省交通厅正处级调研员;1984 年 9 月至 1990 年 12 月,任副厅级调研员;1991 年离休。2004 年 8 月 21 日去世。

赵俊文 男,1929 年 4 月出生,山西省沁县人,小学文化。1945 年 6 月参加中国共产党,同时参加革命工作。1946 年 9 月,任沁县第四完校教员,沁县四区人民政府教育助理员。1948 年 10 月,任岳北地委和沁县建团工作组组长。1949 年 11 月,任中共沁县五区区委委员、团委书记。1950 年 2 月,任沁县团县委学生部部长,沁县团县委书记。1952 年 12 月,率领沁县青年参军入伍(抗美援朝),曾任中国人民志愿军 39 军 117 师炮兵团青年助理员,政治指导员,党支部书记。1954 年 7 月,由部队转业地方,任共青团山西省委青农部国营农场科科长。1956 年 9 月,任团省委军体部副部长、青农部副部长、第三届候补委员,省体委委员。1959 年 11 月,任团省委副秘书长,机关党总支书记、第四届团省委委员,省委晋城四清工作队副队长。1963 年 10 月,任团省委统战部部长兼财贸部部长、组织部部长,第五届团省委常委;山西省青年联合会秘书长、常委;第四届全国青年联合会委员;山西省第三届政治协商会议委员。1966 年 7 月,任省科委办公室主任,中央学习班学员。1970 年 8 月,任省科技局党委委员,办公室主任。1973 年 8 月,任省革委交通局政治处副主任,局党委委员。1976 年,任省委农村工作队队长,中共屯留县委副书记一年。1975 年 3 月,任省交通局政治处主任,厅直属机关党委书记、局党委委员。1984 年 11 月,任副厅级调研员,思想政治研究会副会长、顾问。1989 年 12 月离休。1993 年任省交通厅关心下一代工作委员会副主任。2011 年 2 月 28 日去世。

孙跃进 男,1957 年 12 月出生,山西省沁源县人,中共党员,研究生学历。1975 年 8 月至 1977 年 10 月在平遥县南城大队插队;1977 年 10 月至 1978 年 8 月在太原技校上学,1978 年 8 月至 1980 年 8 月在太原一九三三所工作;1980 年 9 月至 1984 年 7 月在山西大学经济系学习;1984 年 8 月至 1987 年 5 月,在省交通厅办公室工作;1987 年 6 月至 1990 年 5 月,任省公路局第一工程公司办公室主任;1990 年 5 月至 1993 年 3 月,任省交通厅秘书;1994 年 12 月,任省交通厅企业管理处副处长;1994 年 12 月至 2003 年 6 月,任省交通厅办公室主任;2003 年 6 月至 2007 年 6 月,任省交通厅助理巡视员。2007 年 6 月至 2011 年 1 月,任省政府副秘书长,兼任省政府应急办专职副主任;2011 年 1 月至 12 月,任省政府副秘书长;2011 年 10 月,参加省第十次党代会,并当选为十届省委候补委员;2011 年 12 月,任省商务厅厅长、厅党组书记。先后荣获"全国交通系统优秀工作者"、"省直机关后勤工作十大标兵"、"优秀信息工作者"、"档案工作先进个人"、"优秀领导干部"、"优秀共产党员”、“优秀公务员”等光荣称号，并多次受到省劳竞委记功表彰。

郭贵平　男，1957年5月出生，山西省临县人，中共党员，硕士研究生，高级工程师。1973年6月在临县水利局打井队参加工作；1977年1月加入中国共产党；1978年12月调汾西矿务局基建工程处矿建一队工作；1981年7月调临县公路管理段任机械班班长；1984年3月调任省公路局吕梁分局机械工程处副处长，1985年9月任处长；1992年3月任吕梁分局副局长，1995年3月任局长；1999年5月调任山西省太祁高速公路有限公司董事长；2001年3月兼任太原公路分局局长；2003年6月，担任省交通厅助理巡视员；2008年5月，兼任厅对口支援四川灾区公路抢通保通抢险突击队总队长、前线指挥部指挥兼临时党委书记；2009年5月，任省交通运输厅副巡视员。2011年9月，任省交通运输厅党组成员、省公路局党委书记。1995年至2007年，先后荣获“山西省优秀企业家”、“山西省劳动模范”；“全国五一劳动奖章”、“山西省重点工程建设功臣”、“山西省社会主义劳动竞赛一等功”、“山西省特级劳动模范”、“山西省跨世纪杰出青年人才”、“大运路上好党员”、“山西省五一劳动奖章”、“太原市劳动模范”；山西省交通厅“精神文明建设标兵”、省直工委“非典”防控先进个人、省扶贫“模范大队长”称号。2008年，在援川抗震救灾中，安全顺利地完成交通运输部对口支援四川灾区公路抢通保通抢险任务，受到四川省抗震救灾总指挥部、各级地方政府、省交通厅等部门高度赞扬和人民群众一致好评，为山西省和省交通厅赢得荣誉。被中共中央、国务院、中央军委授予“全国抗震救灾英雄集体”，被中华全国总工会授予“抗震救灾重建家园工人先锋号”和“全国五一劳动奖状”；被省政府授予“全省抗震救灾先进集体”，被省总工会授予“山西省社会主义劳动竞赛五一劳动奖状”，被省委组织部授予“全省抗震救灾先进基层党组织”。

郜学文　男，1946年7月出生，山西省太原市清徐县人，中共党员，大专文化。1967年7月山西财经大学毕业后分配到霍县商业局工作。先后在县百货公司、商业局、县委组织部、山西汽车运输总公司工作；1982年调省交通厅工作。1986年10月，任厅人事处副处长；1993年3月，任厅人事劳资处处长；1995年3月，任厅人事劳资教育处处长；2003年6月，任省交通厅助理巡视员；2006年9月退休。省交通厅定点扶贫工作连续13年受到省委、省政府表彰。多次被评为“优秀共产党员”、“清廉勤政模范党员”、“优秀公务员”、“优秀领导干部标兵”、“全省先进军转工作者”、“知识分子工作先进个人”、“教育先进工作者”。

杨俊威　男，1952年12月出生，山西省祁县人，中共党员，大学文化程度。1968年9月，在祁县晓义供销社参加工作；1970年10月，任县化肥厂车间主任、调度员、团支部副书记；1976年9月，任省交通学校政治处干事、保卫科副科长（主持工作）；1989年5月调省交通厅任厅直属机关党委纪检员（正科级）；党委副书记（主持工作）、纪委书记（正处级）；1998年起任省交通厅直属机关党委书记、纪委书记。任职期间,先后兼任厅“一整两反”办公室副主任、厅“三讲”办副主任、厅案件查处协调办副主任、厅稳定办主任、厅610办主任、厅“非典防控办”主任、厅文明办主任等职务。2010年1月,任省交通运输厅副巡视员。由于工作成绩显著,1995年获交通部“全国交通系统普法先进个人”;1997年被省委评为“全省一整两反先进个人”;1999年被省直工委评为“优秀党务工作者”,被省文明委评为“全省精神文明建设积极分子”;2001年被省委评为“全省优秀党务工作者”,被省交通厅党组、大运路建设领导组评为“大运路上好党员”;被省劳动竞赛委员会荣记二等功;2003年在抗击“非典”中,被省政府荣记一等功,被省委组织部授予“抗击‘非典’优秀共产党员”称号;2004年,被交通部、人事部联合表彰为“全国交通系统先进工作者”;被团中央表彰为全国“青年文明号十年成就奖”先进个人;2006年,被中央组织部授予“全国优秀党务工作者”称号;2007年,被省劳竞委授予“五一劳动奖章”。

史荣和 男,1949年11月出生,山西省五台县人,本科学历,高级政工师。1968年应征入伍,在总装备部第21试验训练基地工作。在部队期间,历任班长、排长、副连长、基地司令部参谋、科长、副团长、团长等职务;1988年被授予上校军衔。1990年转业后,历任省交通科学研究所党支部书记、厅后勤服务中心主任兼党支部书记,1998年任省交通战备办公室副主任(正处级),2004年11月任省交通战备办公室专职副主任(副厅长级)。曾荣获国家交战办“先进工作者”称号;省“五一劳动奖章”、省双拥工作“先进个人”、北京军区“军交—2007B”先进个人等称号。在参加北京军区“攻坚—2006”演习中荣获三等功。2008年3月18日,任省国防交通协会副会长兼秘书长。2009年10月退休。

尹新平 男,1964年9月出生,山西省兴县人,中共党员,研究生学历。1980年9月至1982年7月就读于解放军工程技术学院,毕业后在解放军57341部队任参谋。1986年1月转业后,先后在兴县二轻局、团县委、山西青年干部管理学院任科员、书记、主任科员、办公室副主任;1996年调省交通厅办公室任秘书、副主任;2000年8月任厅公安处处长。2004年起任厅办公室主任,2007年12月起兼任省交通厅计算机管理中心主任。2010年1月,任省交通战备办公室专职副主任(副厅长级)。由于工作成绩突出,多次获得省交通厅“优秀共产党员”和“优秀公务员”荣誉称号。2001年6月被省交通厅党组授予“大运路上好党员”;2001年10月被省劳动竞赛委员会荣记个人二等功;2003年10月被省交通厅荣记抗击非典个人二等功;2005年被省政府授予政务信息工作先进个人;2006年1月被省劳动竞赛委员会荣记个人一等功;2007年12月被省劳动竞赛委员会授予“山西省五一劳动奖章”。

第五章　省交通运输厅厅直单位副厅级干部

根据省政府机构改革方案，1986年3月，山西省公路局升格为二级局；局党委书记、局长分别享受副厅级待遇；"十五"期间，随着全省公路交通事业的蓬勃发展，2002年6月，山西交通职业技术学院升格为副厅级事业单位，院党委书记、院长分别享受副厅级待遇；2004年11月，省高管局党委书记、局长，省交通征稽局局长高配为副厅级干部；2006年11月，省运管局局长高配为副厅级干部；2011年11月，厅重点办专职副主任高配为副厅级干部。共计10人。

孟　科　男，1956年2月出生，山西省闻喜县人，中共党员，大学本科学历，硕士研究生。1974年1月参加工作，曾在省农机局、省人事厅、省人民政府办公厅工作。1994年12月任省交通厅计划统计处处长，2000年8月任厅办公室调研员，2002年6月，调任山西交通职业技术学院党委书记；2007年7月至2010年6月，主持学院党务行政全面工作。

王赛勇　男，1947年出生，北京市人，中共党员，副教授。1969年在太原汽车运输公司参加工作。1983年调省经委工作，1984年至1986年在北京交通干部管理学院学习，1986年至1992年任省交通干部学校办公室主任。1992年起，任省交通学校副校长，1994年主持工作，1995年任校长。从2002年7月起，任山西交通职业技术学院党委副书记、院长。1998年以来，先后获人事部、交通部"全国交通系统先进工作者"称号；被全国总工会授予"金桥奖"；获省政府"全省中专学校德育工作先进个人"；国家档案局"档案工作先进个人"；省交通厅"模范干部标兵"称号。

李万定　男，1949年3月出生，山西省襄汾县人，中共党员，大专文化程度，高级经济师。1965年参军，在国防科工委第21核试验基地历任班长、排长、连长、营长、团参谋长、团长等职务。1984年转业后，任临汾公路分局党委副书记、书记、局长、临汾市第一届人大代表。2001年8月兼任临侯高速公路公司董事长。2003年6月任省高管局党委书记，2004年11月起享受副厅级待遇。2009年3月退休，山西省第十届人大代表。1993年被省劳动竞赛委员会授予“优秀思想政治工作者”;1994年被省委授予“山西省优秀企业家”;1995年被省劳动竞赛委员会授予“山西省劳动模范”;1996年被国务院军转办、人事部、总政治部授予“模范军转干部”,受到江泽民、李鹏等党和国家领导人亲切接见。同年被省委、省政府授予“山西省重点工程建设功臣”;1997年获得省劳动竞赛委员会“山西省五一劳动奖章”;1998年获得国家劳动竞赛委员会“全国五一劳动奖章”;2000年被省劳动竞赛委员会荣记个人一等功;2001年荣获“山西省特级劳动模范”称号和“山西省五一劳动奖章”,被省交通厅党组树为“大运路上好党员”;2003年被省交通厅党组树为“大运路精神文明建设标兵”。

董新品 男,1956年2月出生,山西省应县人,中共党员,大学本科学历,高级工程师。1978年8月从省交通学校毕业后分配到应县公路段工作,先后任技术员、应县公路段副段长、段长;1986年9月在福州大学深造学习;1989年8月毕业后在雁同公路总段工程处任副处长、处长;1992年10月任雁同公路分局副局长;1994年3月至1995年12月任朔州公路分局党委书记;1996年1月任朔州公路分局局长;2000年9月,任大新高速公路公司董事长、党委书记。2002年11月,任山西省高速公路管理局局长。2004年11月起享受副厅级待遇。先后获雁北地直机关“优秀共产党员”称号;省公路局“劳动模范”;1996年被雁北地区劳动竞赛委员会荣记个人一等功;1996年获国家“八五”科技攻关重大科技成果奖;省劳竞委授予“重点工程建设功臣”;省交通厅授予“先进科技工作者”;1997年获省交通厅“模范干部标兵”;1998年获山西省“劳动模范”;1999年获全省“优秀共产党员”称号;2001年获“山西省五一劳动奖章”;2002年获“全国五一劳动奖章”。

张晋鹏 男,1953年10月出生,山西省武乡县人,中共党员,研究生学历。1972年12月参军,在中国人民解放军第69军管理处工作。1983年11月至1995年12月,先后担任阳泉汽车运输公司汽车队队长、副经理、经理。1995年12月至1997年8月,任省交通征稽局副局长(正处);1997年9月至1999年9月,任省征稽局党委书记;1999年9月至2001年11月,主持省征费局党政全面工作;2001年12月,任省征稽局党委书记、局长。2004年11月起享受副厅级待遇。2009年12月,任省交通运输执法局局长(副厅级)。先后荣立部队三等功一次,被评为阳泉市“十大杰出青年企业家”,当选为阳泉市城区第六届人大代表,2003年2月获“山西省五一劳动奖章”,同年12月被中华全国总工会授予“第八届全国职工职业道德建设先进个人”荣誉称号。

李华中 男,1956年8月出生,山西省襄垣县人。1971年4月参加工作,中共党员,中央党校在职大学学历,高级经济师、高级政工师。1971年4月至1972年12月,任省铁建兵团三团二连通讯员;1972年12月至1976年4月,任武警襄汾消防队驾驶员;1976年4月至1988年2月,任太原市第二汽车运输公司汽车队小队长、副大队长、大队党支部书记、大队长;1988年2

月至1990年11月，任副经理；1990年11月至1992年12月，任经理、党委副书记。1992年12月至1995年12月，任太原市第一汽车运输公司经理、党委副书记。1995年12月至1997年10月，任太原市交通征费稽查处处长；1997年10月至2002年1月，任省交通征稽局太原分局局长、党委副书记；2002年2月至2005年3月，任省车辆购置附加税征收办公室主任，同时任省征稽局副局长、党委副书记；2005年3月，任山西省交通运输管理局局长、党委书记，2011年6月起不再担任局党委书记职务。2006年11月起享受副厅级待遇。其间多次获得省部级各种荣誉和奖励：1998年5月获“全国交通系统先进工作者”荣誉称号；1998年获“三晋英才”称号；1999年8月获“山西省杰出青年管理者”称号；1999年获省直精神文明建设先进工作者称号；2000年获“全省交通征稽系统优秀党务工作者”称号；2001年荣获“中国改革之星”称号；2002年7月获第四届“山西省青年科技奖”，山西省职工职业道德先进个人；2006年4月获省劳动竞赛委员会五一劳动奖章。

蒋世欣　男，1957年2月出生，河北省威县人，中共党员，硕士研究生学历。省第十一届人大代表。中国书法家协会会员、省书法家协会主席团委员。1974年12月参军，历任中央军委外事办公室秘书、参谋，空军航空兵某师副师长，省军区副参谋长等职务。2010年5月转业后，任省高速公路管理局党委书记。

张文才　男，1964年3月出生，山西师范大学教育管理硕士，中央党校马克思主义哲学研究生。自1985年参加工作以来，历任省交通学校教务处主任、省交通厅厅直机关党委组织部负责人、省交通干部学校副校长、山西交通技师学院院长。2010年6月任山西交通职业技术学院院长。兼任中国交通教育研究会常务理事，中国交通教育研究会技工教育分会副理事长，交通职业教育教学指导委员会公路（技工）专业指导委员会副主任、委员，《交通职业教育》编委会委员，山西省社会学学会副会长。由于工作成绩突出，曾荣获“优秀共产党员”、“优秀党务工作者”、“晋中市职业学校突出贡献校长”、“山西省技工教育优秀校长”、“中国技工院校杰出校长”等荣誉称号。

惠高峰　男，1960年4月出生，汉族，山西省永济市人，1994年4月入党，中央党校在职研究生学历，成绩优异高级工程师。1981年9月，任省公路局工程管理处技术员；1988年8月，任副主任科员；1992年2月，任省公路局大运办主任科员；1993年5月，任养路处副处长；1994年3月，任省公路局晋中分局副局长、代总工程师；1996年1月，任省公路局太原分局局长；2001年3月，任省公路局太原分局党委书记、副局长；2003年6月，任省公路局副局长；2005年7月，任省公路局党委委员、副局长；2011年9月，任省公路局党委副书记；同年10月，任省公路局局长。由于工作成绩突出，1996年至2002年，每年均被评为太原市劳动模范；1998 年被省青年联合会授予优秀青年厂长（经理）称号，2000 年被省劳动竞赛委员会荣记个人一等功 1 次，2006 年获省五一劳动奖章，2009 年被省委、省政府授予援川抗震救灾先进个人。

刘玉柱　男，山西省太原市人，汉族，1960 年 3 月出生，中共党员，大学毕业，成绩优异高级工程师，山西省新世纪学术技术带头人。1981 年 9 月至 1988 年 7 月，任省公路局工程管理处科员；1988 年 8 月至 1993 年 1 月，任省公路局监理处副处长；1993 年 2 月至 1996 年 1 月，任省公路局工程管理处副处长；期间，1994 年 8 月至 1996 年 6 月，借调太旧高速公路指挥部，任工程管理处第一副处长；1996 年 2 月至 1999 年 5 月，任省公路局晋中分局党委委员、副局长（正处级）；期间，1996 年 6 月至 1997 年 11 月，借调原太高速公路建设指挥部，任副总指挥；1997 年 12 月至 1999 年 12 月，借调太原南过境高速公路指挥部，任副总指挥；1996 年 6 月，任山西省太祁高速公路有限公司总经理（正处级），兼任太原西北环高速公路建设项目负责人；2003 年 7 月至 2004 年 10 月，兼任太原高速公路公司党委书记；2004 年 10 月，任总经理；期间，2009 年 1 月至 2010 年 6 月，兼任太古高速公路建设管理处党委书记；2009 年 7 月，兼任太佳高速公路建设管理处（太原段）党委书记；2006 年，任省高管局党委委员；2011 年 11 月，任省交通运输厅重点公路工程建设办公室（山西省重点公路工程建设领导组办公室）专职副主任（副厅级）。由于工作业绩突出，1999 年被省劳动竞赛委员会荣记一等功；2000 年获省科委 SMA 沥青混凝土技术推广二等奖；2001 年获省科委振动碎石桩处理软基研究二等奖；2002 年荣获全省“重点工程建设先进个人”；2002 年获全省交通系统优秀科技工作管理者；2003 年获省五一劳动奖章，省直工委优秀党员；2003 年被交通部特聘为“全国招标评标专家组专家”；2005 年获全省重点工程建设优秀管理者；2007 年获全省公路交通建设特级工程大师；2008 年获太原市优秀人大代表称号；2008 年荣获交通部“全国交通行业文明职工标兵”；2009 年荣获山西省“科技奉献奖先进个人一等奖”；2009 年被评为全省“333 新世纪学术技术带头人”；2009 年被省重点办聘为“山西重点公路技术咨询专家”；2011 年享受国务院特殊津贴专家。

第六章　山西汽车运输集团领导干部

2001年6月，根据省政府有关文件批复，山西省汽车运输总公司改制为山西汽车运输集团有限公司，为省内大型一类企业，主管单位由省交通厅变更为山西省国有资产管理委员会。

胡鲜朝　男，1950年6月出生，山西省太原市人，中共党员，工商管理硕士，高级经济师。1968年参军。历任班长、排长、连长、副营长、营长、副团长、参谋长、团长。1989年2月转业，先后担任太原煤气化公司多经局局长、公司副总经理；1997年11月至2001年5月，担任太原双塔刚玉(集团)股份有限公司副董事长兼总经理；2001年6月至2005年12月，调任山西汽车运输集团有限公司董事长兼党委书记；2005年12月至2010年12月，任山西汽车运输董事长、党委副书记；2010年12月，任山西能源交通投资有限公司总顾问。先后获山西省“劳动模范”和省“五一劳动奖章”。

郭鹏飞　男，1951年6月出生，1987年8月至1996年1月，山西省盂县人，中共党员，大专学历，高级政工师。1970年5月参加工作，历任省交通厅办公室秘书、副主任，省委驻中阳县农村工作队队长。1996年1月至2002年4月，任省公路运输工会主席。2002年4月至2005年12月，任山西汽车运输集团党委副书记、纪委书记、工会主席；2005年12月至2008年4月，任集团党委书记、董事；2008年4月至2010年12月，任集团党委书记、副董事长；2010年12月，任山西能源交通投资有限公司党委副书记、山西汽车运输集团有限公司党委书记、副董事长。

王永茂　男，1948年12月出生，山西省沁县人，中共党员，大专文化程度，高级经济师。1965年参加工作。1975年3月至1992年4月，先后任山西省阳方口汽车运输公司办公室主任、车队长、党总支副书记、党总支书记、党委副书记、副经理等职；1992年4月，调任山西省临汾汽车运输公司经理；1995年5月，调任山西省汽车运输总公司经理兼党委书记；2001年6月至2002年4月，任山西汽车运输集团有限公司副董事长兼总经理；2002年4月至2008年6月，任集团董事、总经理、党委委员；2008年7月退休。先后被省委、省政府授予“劳动模范”称号；两次被交通部、人事部授予“全国交通系统劳动模范”、“全国交通系统包起帆式的先进个人”、“全国交通系统先进个人”等称号;被省劳动竞赛委员会荣记“二等功”,被省直工委授予“优秀共产党员”,被省交通厅授予“模范干部标兵”称号。

张海清 男,1959年1月出生,山西省宁武县人,中共党员,大学文化,MBA硕士,高级职业经理人,高级经济师。1975年1月至1978年12月,在宁武东庄大队插队劳动,任团支部书记、民兵连指导员;1978年12月至1982年6月,任阳方口汽车运输公司劳资科科员;1982年至6月至1984年1月任忻州汽车运输公司政治处科员;1984年1月至1994年8月任省汽车运输总公司经理办副主任、行政处副处长、劳资处副处长、安全处副处长、劳资处处长、办公室主任等职;1994年8月至1995年6月,任省交通厅办公室任秘书;1995年6月至2002年4月,任山西汽车运输总公司副总经理、党委委员;期间,2006年3月至2008年3月,兼任长治运输公司董事长、党委委员;2008年4月至2009年10月,任山西汽车运输集团有限公司总经理、董事、党委委员;2009年10月至2010年12月,任山西汽国运输集团有限公司副董事长、总经理;2010年12月,任山西能源交通投资有限公司副董事长、副总经理、山西汽车运输集团有限公司董事长、总经理、党委委员。1996年2001年,被省直工委、省交通厅、太原市多次评为优秀党务工作者、先进个人、文明文明标兵;2008年4月,荣获山西省社会主义劳动竞赛个人二等功;2010年5月,被省委、省政府授予“山西省劳动模范”。

附录

大同市公路交通史 …………（957）
朔州市公路交通史 …………（969）
忻州市公路交通史 …………（993）
太原市公路交通史 ………（1011）
吕梁市公路交通史 ………（1013）
晋中市公路交通史 ………（1020）
阳泉市公路交通史 ………（1040）
临汾市公路交通史 ………（1092）
运城市公路交通史 ………（1113）
长治市公路交通史 ………（1126）
晋城市公路交通史 ………（1152）

目　　录

大同市公路交通史

概　述 …… (957)
第一编　放开搞活时期（1978 年～1992 年） …… (957)
　第一章　公路建设与养护 …… (957)
　第二章　道路运输管理 …… (958)
　　第一节　道路运输市场的全面整顿 …… (959)
　　　一、三年治理整顿 …… (959)
　　　二、治理整顿经济秩序 …… (960)
　　第二节　道路运输市场专项整顿 …… (960)
　　　一、客运市场专项整顿 …… (960)
　　　二、货运市场专项整顿 …… (961)
　　　三、危险货物运输市场专项整顿 …… (962)
　　　四、汽车维修市场专项整顿 …… (963)
　　　五、驾驶员培训市场专项整顿 …… (963)
　第三章　交通征稽管理 …… (964)
第二编　加快推进时期（1993 年～2002 年） …… (964)
　第一章　公路建设与养护 …… (964)
　第二章　道路运输管理 …… (965)
　第三章　交通征稽管理 …… (965)
第三编　跨越发展时期（2003 年～2010 年） …… (966)
　第一章　公路建设与养护 …… (966)
　第二章　交通征稽管理 …… (968)

朔州市公路交通史

概　述 …… (969)
第一编　开放搞活时期（1978 年～1992 年） …… (971)
　第一章　公路管理 …… (971)
　　第一节　公路管理体制的发展与演变 …… (971)
　　第二节　科学养护活动的开展 …… (971)
　　　一、推进科学养护管理 …… (971)
　　　二、探索科学养护方法 …… (971)
　　第三节　农村公路建设规模化发展 …… (971)
　第二章　道路运输管理 …… (972)
　　第一节　“三统”体制的形成与消亡 …… (972)

第二节　行业规范管理的形成与完善 …………………………………… (973)
第三节　道路运输市场的治理整顿 …………………………………… (974)
第四节　道路运输管理费征收 ………………………………………… (974)
第三章　规费征稽管理 ……………………………………………………… (975)
第一节　征收机构沿革 ………………………………………………… (975)
第二节　征收项目 ……………………………………………………… (975)
第三节　征收方式 ……………………………………………………… (975)
第四节　征稽工作的开展 ……………………………………………… (975)
第四章　国防交通 …………………………………………………………… (976)
第一节　自身建设 ……………………………………………………… (976)
第二节　工作的开展 …………………………………………………… (976)
一、编制报表 ………………………………………………………… (976)
二、双向纳入 ………………………………………………………… (976)
第二编　加快推进时期（1993 年～2002 年） ………………………………… (977)
第一章　公路管理 …………………………………………………………… (977)
第一节　全民义务修路拓宽配套工程的全面开展 …………………… (977)
第二节　路政管理的加强与治超工作的启动 ………………………… (977)
第三节　县、乡、村公路路网的规划与实施 ………………………… (978)
第四节　农村公路建设高潮的兴起 …………………………………… (978)
第五节　专用公路的建设 ……………………………………………… (978)
一、煤炭专用公路 …………………………………………………… (978)
二、旅游专用公路 …………………………………………………… (979)
第二章　道路运输管理 ……………………………………………………… (979)
第一节　《山西省道路运输管理暂行条例》的颁布实施 ……………… (979)
第二节　货运市场的建立 ……………………………………………… (979)
第三节　客运市场的建立 ……………………………………………… (979)
第四节　维修网络市场的建立 ………………………………………… (980)
第五节　驾驶员培训市场的建立 ……………………………………… (980)
第六节　道路运输管理费征收 ………………………………………… (981)
第三章　规费征稽管理 ……………………………………………………… (981)
第一节　征收机构沿革 ………………………………………………… (982)
第二节　征收项目 ……………………………………………………… (982)
第三节　征稽工作的开展 ……………………………………………… (982)
第四章　国防交通 …………………………………………………………… (982)
第一节　机构沿革 ……………………………………………………… (982)
第二节　正规化建设 …………………………………………………… (983)
一、组织建设的加强 ………………………………………………… (983)
二、着力做好基础设施配套化工作 ………………………………… (983)
三、实现资料整理规范化、管理制度化 …………………………… (983)
四、不断提高干部队伍整体素质 …………………………………… (983)
第三节　交通保障 ……………………………………………………… (983)
第四节　国防建设 ……………………………………………………… (984)

第三编　跨越发展时期（2003 年 ~2010 年） …… (984)
第一章　公路管理 …… (984)
第一节　农村公路和路网改造工程的实施 …… (984)
第二节　农村公路养护机制的改革 …… (985)
第三节　危桥改造与桥梁安全的综合治理 …… (985)
第四节　超限检测站的设置 …… (986)
第五节　依法治路工作的加强 …… (987)
第二章　道路运输管理 …… (988)
第一节　信息化建设的全面展开 …… (988)
一、网络建设 …… (988)
二、《山西运政管理系统》软件应用 …… (989)
三、视频会议与 VOIP 网络电话 …… (989)
四、96566 运政热线 …… (989)
五、车载运政联网移动稽查系统 …… (989)
六、卫星定位系统应用 …… (989)
第二节　城乡客运一体化步伐的加快 …… (989)
第三节　超限超载源头的综合治理 …… (990)
一、构建源头治超无缝隙管理长效机制 …… (990)
二、充分应用科技治超手段 …… (990)
第四节　道路运输管理费征收 …… (991)
第三章　规费征稽管理 …… (991)
第一节　交通规费征收政策的变化 …… (991)
第二节　征稽工作的开展 …… (991)
第四章　国防交通 …… (992)
第一节　机构沿革 …… (992)
第二节　双向优质服务 …… (992)
第三节　应急保障车队的组建 …… (992)

忻州市公路交通史

概　述 …… (993)
第一编　放开搞活时期（1978 年 ~1992 年） …… (995)
第一章　公路管理 …… (995)
第一节　公路管理体制的演变 …… (995)
第二节　公路建设的基本方式 …… (995)
一、民工建勤 …… (995)
二、以工代赈 …… (996)
三、民办公助 …… (996)
第三节　科学养护活动的开展 …… (996)
第二章　道路运输管理 …… (997)
第一节　社会自办运输的兴起 …… (997)
第二节　行业管理的建立与完善 …… (998)
第三章　交通规费征稽管理 …… (999)
第一节　征收机构沿革 …… (999)

第二节 交通规费征收项目 …… (999)

第二编 加快推进时期（1993 年~2002 年） …… (1000)

第一章 公路管理 …… (1000)

第一节 全民义务修路活动的开展 …… (1000)

第二节 县际路网的形成 …… (1000)

第三节 晋西北扶贫公路 …… (1000)

第四节 路政管理的加强 …… (1001)

第二章 道路运输管理 …… (1001)

第一节 汽车维修市场的建立和规范 …… (1001)

第二节 驾驶员培训 …… (1002)

第三章 国防交通 …… (1003)

第一节 机构沿革 …… (1003)

第二节 正规化建设 …… (1003)

第三节 国防公路建设 …… (1003)

第三编 跨越发展时期（2003 年~2010 年） …… (1004)

第一章 公路管理 …… (1004)

第一节 村村通水泥（油）路工程建设 …… (1004)

第二节 农村公路养护机制改革 …… (1005)

一、建立养护机构 …… (1005)

二、确保资金投入 …… (1006)

三、创新养护模式 …… (1006)

四、责任落实到人 …… (1006)

第三节 沿黄干线公路的建设 …… (1006)

第二章 道路运输管理 …… (1007)

第一节 运输工具的进步 …… (1007)

第二节 客货运输的组织 …… (1007)

第三节 行业管理的加强 …… (1008)

第三章 超限超载的综合治理 …… (1008)

第四章 交通征稽管理 …… (1009)

第一节 机构沿革 …… (1009)

第二节 征稽工作的开展 …… (1010)

太原市公路交通史

概 述 …… (1011)

吕梁市公路交通史

概 述 …… (1013)

第一章 全民义务修路高潮的兴起 …… (1016)

第二章 建设离临柳石扶贫攻坚公路 …… (1016)

第三章 建设沿黄旅游公路 …… (1018)

晋中市公路交通史

概　述 …………………………………………………………………………………… (1020)
第一编　放开搞活时期（1978 年～1992 年） ………………………………………… (1021)
　第一章　公路管理 ………………………………………………………………… (1021)
　　第一节　晋煤外运公路的建设 ………………………………………………… (1021)
　　第二节　科学养护活动的开展 ………………………………………………… (1021)
　　第三节　农村公路建设 ………………………………………………………… (1022)
　第二章　道路运输管理 …………………………………………………………… (1022)
　　第一节　社会企事业单位自办运输的高涨 …………………………………… (1022)
　　第二节　行业管理规范的建立 ………………………………………………… (1022)
　　　一、货物运输计划管理 ……………………………………………………… (1022)
　　　二、签订运输合同 …………………………………………………………… (1022)
　　　三、合同管理 ………………………………………………………………… (1023)
　　第三节　道路运输市场的治理整顿 …………………………………………… (1023)
　第三章　交通征稽管理 …………………………………………………………… (1024)
　　第一节　机构的建立和工作的开展 …………………………………………… (1024)
　　第二节　征稽管理目标责任制的实施 ………………………………………… (1024)
　第四章　国防交通 ………………………………………………………………… (1024)
第二编　加快推进时期（1993 年～2002 年） ………………………………………… (1025)
　第一章　公路管理 ………………………………………………………………… (1025)
　　第一节　建设投资主体的多元化 ……………………………………………… (1025)
　　第二节　全民义务修路的拓宽配套工程 ……………………………………… (1025)
　　第三节　路政管理的加强 ……………………………………………………… (1025)
　第二章　道路运输管理 …………………………………………………………… (1026)
　　第一节　货运市场的建立 ……………………………………………………… (1026)
　　第二节　客运市场的建立 ……………………………………………………… (1027)
　　第三节　汽车维修市场的建立 ………………………………………………… (1028)
　　第四节　驾培市场的建立 ……………………………………………………… (1028)
　第三章　交通征稽管理 …………………………………………………………… (1029)
　第四章　国防交通 ………………………………………………………………… (1029)
第三编　跨越发展时期（2003 年～2010 年） ………………………………………… (1030)
　第一章　公路管理 ………………………………………………………………… (1030)
　　第一节　县际公路和路网改造工程的实施 …………………………………… (1030)
　　第二节　通乡油路改造 ………………………………………………………… (1030)
　　第三节　养护体制机制的改革 ………………………………………………… (1030)
　　　一、建章立制，明确责任 …………………………………………………… (1031)
　　　二、多种形式并存，创新养护模式 ………………………………………… (1031)
　　　三、建立专业养护队伍，提升养护覆盖面 ………………………………… (1031)
　　　四、多方筹资，确保农村公路养护工作顺利推进 ………………………… (1031)
　　第四节　安保工程的实施 ……………………………………………………… (1032)
　　第五节　危桥改造与桥梁安全的综合治理 …………………………………… (1032)
　　第六节　农村公路建设 ………………………………………………………… (1032)

第七节 村村通水泥（油）路建设 …… （1033）
第二章 道路运输管理 …… （1033）
第一节 信息化建设的全面展开 …… （1034）
第二节 战略物资道路运输保障车队的建立 …… （1035）
第三节 城乡客运一体化步伐的加快 …… （1035）
第四节 治超工作的启动 …… （1036）
第五节 超限超载源头的综合治理 …… （1037）
第三章 交通征稽管理 …… （1037）
第一节 征稽费源的全力培植 …… （1037）
第二节 征稽文化建设 …… （1037）
第四章 国防交通 …… （1038）

阳泉市公路交通史

概 述 …… （1040）
一、公路建设 …… （1040）
二、公路运输 …… （1041）
三、规费征收 …… （1043）
四、企业发展 …… （1043）
五、“双超”治理 …… （1044）
六、精神文明 …… （1044）
第一编 放开搞活时期（1978年～1992年） …… （1045）
第一章 公路管理 …… （1045）
第一节 公路管理体制的发展与演变 …… （1045）
第二节 高等级公路的建设与路网的形成 …… （1046）
第三节 科学养护活动的开展 …… （1046）
一、推进科学养护管理 …… （1046）
二、实施干线公路路面黑色化 …… （1046）
三、探索科学养护方法 …… （1047）
第四节 农村公路建设的规模化发展 …… （1047）
第二章 道路运输管理 …… （1047）
第一节 “三统”体制的形成与消亡 …… （1048）
第二节 社会企事业单位自办运输的兴起 …… （1048）
第三节 行业规范管理的形成与完善 …… （1049）
第四节 道路运输市场的治理整顿 …… （1051）
第五节 道路运输管理费征收 …… （1051）
第三章 交通规费征稽管理 …… （1051）
第一节 交通规费征收机构沿革 …… （1051）
第二节 交通规费征收项目 …… （1052）
一、公路养路费 …… （1052）
二、公路货运补偿费 …… （1053）
第三节 交通规费征收方式 …… （1054）
第四节 交通征收稽查工作的开展与成就 …… （1054）

第四章 国防交通 …… (1055)
第一节 机构沿革 …… (1055)
第二节 自身建设 …… (1055)
第三节 交通战备工作的开展 …… (1056)
一、编制报表 …… (1056)
二、战备演练 …… (1056)
三、双向纳入 …… (1057)
四、应急交通保障 …… (1057)
第二编 加快推进时期（1993 年～2002 年） …… (1058)
第一章 公路管理 …… (1058)
第一节 全民义务修路拓宽配套工程全面展开 …… (1058)
第二节 路政管理的加强与治超工作的启动 …… (1058)
第三节 县、乡、村公路路网的规划与实施 …… (1059)
第四节 农村公路建设高潮的兴起 …… (1059)
第五节 专用公路的建设和发展 …… (1060)
一、旅游公路 …… (1060)
二、煤运公路 …… (1061)
第二章 道路运输管理 …… (1061)
第一节 《山西省道路运输管理暂行条例》的颁布实施 …… (1061)
第二节 货运市场的建立 …… (1061)
第三节 客运市场的建立 …… (1062)
第四节 维修网络市场的建立 …… (1063)
第五节 驾驶员培训学校的建立与发展 …… (1063)
第六节 道路运输管理费征收 …… (1064)
第三章 交通征稽管理 …… (1065)
第一节 交通规费征收机构沿革 …… (1065)
第二节 交通规费征收项目 …… (1065)
一、公路养路费 …… (1065)
二、公路货运附加费 …… (1066)
三、铁路道口安全管理费 …… (1066)
四、车工建勤费 …… (1067)
第三节 交通规费征收业务规程 …… (1067)
第四节 交通规费征收方式 …… (1068)
一、征费包缴 …… (1068)
二、一车一票制 …… (1068)
三、分片包干责任制 …… (1069)
四、微机征收“一条龙”操作规程 …… (1069)
五、依法清欠 …… (1069)
第五节 交通征收稽查工作的开展与成就 …… (1069)
第四章 国防交通 …… (1069)
第一节 机构沿革 …… (1069)
第二节 正规化建设 …… (1070)
第三节 交通保障建设 …… (1071)
一、组建应急交通保障队伍 …… (1071)

二、应急交通保障图的绘制 ……………………………………………………（1071）
三、应急物资的运送 ……………………………………………………………（1071）
第四节　国防公路建设 …………………………………………………………（1071）
一、巨龙国防公路 ………………………………………………………………（1071）
二、东太国防公路 ………………………………………………………………（1071）
第五节　表彰先进典型 …………………………………………………………（1072）
第三编　跨越发展时期（2003 年～2010 年） ……………………………………（1072）
第一章　公路管理 ………………………………………………………………（1072）
第一节　农村公路和路网改造工程的实施 ……………………………………（1072）
第二节　农村公路养护机制的改革 ……………………………………………（1074）
第三节　危桥改造与桥梁安全的综合治理 ……………………………………（1075）
第四节　通行费征收 ……………………………………………………………（1076）
一、阳井线娘子关收费站 ………………………………………………………（1076）
二、石太线小桥铺收费站 ………………………………………………………（1077）
三、307 国道复线大村收费站……………………………………………………（1078）
第五节　超限检测站的设置 ……………………………………………………（1078）
一、乱流治超检测站 ……………………………………………………………（1078）
二、东回治超检测站 ……………………………………………………………（1078）
三、岔口治超检测站 ……………………………………………………………（1079）
四、娘子关公路超限检测站 ……………………………………………………（1079）
五、乌玉超限检测站 ……………………………………………………………（1079）
六、活川口治超检测站 …………………………………………………………（1079）
七、驼岭头公路超限检测站 ……………………………………………………（1079）
八、白泉公路超限检测站 ………………………………………………………（1079）
九、西郊公路超限检测站 ………………………………………………………（1079）
十、交口公路超限检测站 ………………………………………………………（1079）
十一、沙井公路超限检测站 ……………………………………………………（1079）
十二、上社公路超限检测站 ……………………………………………………（1080）
十三、梁家寨公路超限检测站 …………………………………………………（1080）
十四、槐树铺公路超限检测站 …………………………………………………（1080）
十五、东梁公路超限检测站 ……………………………………………………（1080）
第六节　依法治路工作的加强与推进 …………………………………………（1080）
第七节　新技术的应用 …………………………………………………………（1081）
一、利用煤矸石作为公路路床填料试验成功 …………………………………（1081）
二、307 国道复线工程采空区治理成功…………………………………………（1082）
第二章　道路运输管理 …………………………………………………………（1082）
第一节　信息化建设的全面展开 ………………………………………………（1083）
一、网络建设 ……………………………………………………………………（1083）
二、《山西运政管理系统》软件应用……………………………………………（1083）
三、视频会议与 VOIP 网络电话…………………………………………………（1083）
四、96566 运政热线………………………………………………………………（1083）
五、车载运政联网移动稽查系统 ………………………………………………（1083）
六、阳泉市道路运输管理网站 …………………………………………………（1083）
七、卫星定位系统应用 …………………………………………………………（1083）
第二节　城乡客运一体化步伐的加快 …………………………………………（1084）

第三节 超限超载的源头综合治理 …… (1085)
一、构建源头治超无缝隙管理长效机制 …… (1085)
二、创新道路货运源头管理方式 …… (1085)
三、充分应用科技治超手段 …… (1085)
第四节 道路运输管理费征收 …… (1086)
第三章 交通征稽管理 …… (1087)
第一节 交通规费征收政策的变化 …… (1087)
第二节 交通征收稽查工作的开展与组织形式 …… (1087)
第三节 国家成品油价格和税费改革的实施 …… (1088)
第四章 国防交通 …… (1088)
第一节 机构沿革 …… (1088)
第二节 保障车队的组建 …… (1089)
第三节 实战模拟演练 …… (1089)
第四节 应急保障物资的运送 …… (1090)
一、抗击雨雪冰冻灾害 …… (1090)
二、抗震救灾 …… (1090)
第五节 国防工程建设 …… (1090)
一、白娘国防公路 …… (1090)
二、部队进出口道路 …… (1091)

临汾市公路交通史

概 述 …… (1092)
第一编 开放搞活时期（1978 年～1995 年） …… (1093)
第一章 公路管理 …… (1093)
第一节 管理体制的沿革 …… (1093)
第二节 高等级公路的建设与路网的形成 …… (1093)
一、大运二级公路临汾段建设 …… (1093)
二、县县通油路工程 …… (1094)
三、“三通”工程建设 …… (1094)
第三节 科学养护活动的开展 …… (1094)
第二章 道路运输管理 …… (1095)
第一节 社会企事业单位自办运输的兴起 …… (1095)
第二节 道路运输市场的治理整顿 …… (1096)
第三章 国防交通 …… (1096)
第一节 机构沿革 …… (1096)
第二节 交通战备工作的开展 …… (1096)
第二编 加快推进时期（1996 年～2002 年） …… (1097)
第一章 公路管理 …… (1097)
第一节 管理体制沿革 …… (1097)
第二节 霍侯一级公路建设 …… (1097)
第二章 道路运输管理 …… (1098)
第一节 客运市场的建立 …… (1098)
第二节 货运市场的建立 …… (1098)

第三节 维修网络市场的建立 …………（1099）
第四节 驾驶员培训市场的建立 …………（1100）
第五节 站场物流市场的建立 …………（1101）
第三章 国防交通 …………（1102）
第一节 正规化建设 …………（1102）
第二节 国防公路建设 …………（1102）
第三编 跨越发展时期（2003年～2010年） …………（1102）
第一章 公路管理 …………（1102）
第一节 公路建设 …………（1102）
一、国道108城区过境公路建设 …………（1103）
二、沿黄扶贫旅游公路建设 …………（1103）
三、祁临高速公路临汾市北环段工程、京昆与青兰高速公路山西境内临汾联络线工程建设 …………（1103）
四、临汾市区内环工程公路 …………（1103）
第二节 农村公路养护机制改革 …………（1104）
第三节 危桥改造与桥梁安全的综合治理 …………（1105）
第四节 商品公路的兴起 …………（1105）
第五节 超限检测站的设置 …………（1106）
第六节 依法治路工作的加强与推进 …………（1107）
第二章 道路运输管理 …………（1108）
第一节 信息化建设的全面展开 …………（1108）
第二节 城乡客运一体化步伐的加快 …………（1108）
第三节 超限超载源头的综合治理 …………（1109）
一、定制度，严管理，提高案件结案率 …………（1109）
二、抓科技，强手段，治超管理长效化 …………（1110）
三、重宣传，抓培训，源头治超法制化 …………（1110）
四、保运力，保稳定，应急保障规范化 …………（1110）
第四节 道路运输管理费征收 …………（1110）
第三章 国防交通 …………（1111）
第一节 正规化建设 …………（1111）
第二节 战略物资道路运输保障车队的组建和实战演练 …………（1111）
第三节 应急保障物资的运输 …………（1112）

运城市公路交通史

概 述 …………（1113）
第一章 放开搞活时期的公路交通（1978年～1989年） …………（1113）
第一节 摸着石头过河的“运城现象” …………（1113）
一、全省第一条商品公路建设 …………（1114）
二、全省第一条接受外“援”的公路 …………（1114）
第二节 “民工建勤、民办公助”政策的科学运用 …………（1114）
第三节 大运二级公路运城段建设 …………（1115）
一、各级领导重视，层层负责 …………（1115）
二、以政策法规为依据，做到经济补偿兑现 …………（1115）

三、做好思想工作，舆论先行 …… (1115)
四、发挥部门作用，协同作战 …… (1115)
五、实行科学规划，合理用地 …… (1115)
第二章 加快推进时期的公路交通（1990 年～2000 年） …… (1115)
第一节 交通发展新思路的形成 …… (1115)
第二节 “五轮驱动”战略的实施 …… (1116)
一、改制启动 …… (1116)
二、利益驱动 …… (1116)
三、政策调动 …… (1116)
四、组织推动 …… (1117)
五、“龙头”带动 …… (1117)
第三节 艰苦卓绝的攻坚战 …… (1118)
第四节 巨大的“两通”效应 …… (1118)
第三章 跨越发展时期的公路交通（2001 年～2010 年） …… (1119)
第一节 站在新的历史高度重新认识“双通” …… (1119)
第二节 “双通”工程的全面实施 …… (1120)
一、村村通水泥（油）路工程 …… (1120)
二、村村通客车工程 …… (1121)
第三节 全覆盖工程的建设成就 …… (1121)
一、加快农村物质文明建设 …… (1122)
二、促进农村精神文明建设 …… (1123)
三、促进农村和谐社会建设 …… (1124)
四、加强农村基层党组织建设 …… (1124)

长治市公路交通史

概 述 …… (1126)
第一章 放开搞活时期的公路交通（1978 年～1992 年） …… (1129)
第一节 县乡公路建设的新成就 …… (1129)
一、县乡公路建设高潮的掀起与发展 …… (1129)
二、世界粮食计划署援建公路和扶贫路的修建 …… (1130)
第二节 二级公路的建设 …… (1131)
一、长陵公路长治至经坊段二级路建设 …… (1131)
二、长邯二级公路建设 …… (1131)
三、荫城至林州公路的修建 …… (1131)
第三节 公路、桥梁新技术的应用 …… (1131)
一、高级、次高级路面结构的发展和新技术采用 …… (1131)
二、桥梁和路基建设新技术的发展 …… (1132)
第四节 公路体制改革和建养力量的加强 …… (1133)
一、公路管理体制改革 …… (1133)
二、走向公路建设市场的尝试 …… (1133)
三、公路养护力量的加强 …… (1133)
第五节 运输市场百舸竞流新局面的形成 …… (1134)
第六节 运输企业自主权的扩大和经营管理方式的改革 …… (1135)
第七节 运输行业管理和运输市场治理整顿 …… (1136)

第八节　监理机构的调整和手段的创新 …… (1137)
第九节　征稽机构的组建和征收办法的改革 …… (1138)
第二章　加快发展时期的公路交通（1993年～2000年） …… (1138)
第一节　公路建设和全民筑路活动的开展 …… (1138)
一、国省道公路的新建和拓宽改造 …… (1139)
二、全民义务修筑县乡路 …… (1139)
第二节　公路养管事业的发展 …… (1140)
一、大道班建设和道班升级竞赛活动 …… (1140)
二、以路面养护为中心的养护活动的开展 …… (1140)
三、路政管理力量的加强 …… (1140)
第三节　交通建设融资和养路费的征收 …… (1140)
第四节　公路建养新技术的推广与应用 …… (1141)
一、翻浆和软路基处治 …… (1141)
二、乳化沥青稀浆封层技术应用 …… (1141)
三、路面病害处治新技术的推广应用 …… (1141)
四、公路路面管理系统（CPMS）和公路桥梁管理系统（CBMS）的应用 …… (1141)
五、螺旋筋制作钢筋混凝土空心板内膜的研究 …… (1142)
六、桥梁加固技术的推广应用 …… (1142)
七、碾压砼路面抗滑料撒布装置及拉杆设置的实验 …… (1142)
第五节　公路运输事业的大发展 …… (1142)
一、客货运输车辆和运输量的持续增长 …… (1142)
二、公路客运班线网的快速发展 …… (1142)
第六节　运输企业产权制度改革和多种经营方式的开展 …… (1143)
第七节　运输市场的培育和依法治理 …… (1144)
第三章　飞跃发展时期的公路交通（2001年～2010年） …… (1145)
第一节　干线公路路网改造工程的实施 …… (1145)
第二节　县通一级公路的建设 …… (1146)
第三节　村村通水泥（油）路工程建设 …… (1147)
第四节　公路建养体制的改革 …… (1148)
第五节　道路客货运输事业的进一步发展 …… (1148)
一、旅客运输 …… (1149)
二、货物运输 …… (1149)
第六节　道路运输行业管理水平的提高 …… (1150)

晋城市公路交通史

概　述 …… (1152)
第一章　前期工作 …… (1154)
第一节　规划的编制 …… (1154)
第二节　预、工可研究 …… (1155)
一、高速公路 …… (1155)
二、县乡公路 …… (1155)
第三节　资金筹措 …… (1156)
第四节　勘测设计 …… (1157)

第二章 公路管理 …… (1157)
第一节 养护体制变化和养护工作的加强 …… (1157)
第二节 县乡公路改造和村村通工程建设 …… (1159)
第三节 晋煤外运出口公路的建设 …… (1161)
一、晋城至大口第一条复线公路的修建 …… (1161)
二、长治至晋城第一条二级汽车专用公路的修建 …… (1161)
三、周犁公路的修建 …… (1161)
四、陵（川）修（武）线的修建 …… (1162)
第四节 投资主体多元化与收费公路的大发展 …… (1162)
一、阳城至济源公路 …… (1162)
二、八（甲口）芹（池）公路 …… (1162)
三、坪曲线晋城境内的收费公路 …… (1163)
四、端氏至润城一级公路 …… (1163)
第五节 大型桥梁的修建 …… (1163)
一、泽州县东交河丹河大桥 …… (1163)
二、沁水县沁河潘庄大桥 …… (1164)
三、晋焦高速公路丹河特大桥 …… (1164)
四、晋济高速公路南河特大桥 …… (1164)
五、晋济高速公路仙神河大桥 …… (1164)
第六节 大型隧道的开凿 …… (1165)
一、昆山瓢皮峒 …… (1165)
二、陵川锡崖沟隧道 …… (1165)
三、晋焦高速公路牛郎河特长隧道 …… (1165)
四、晋焦高速公路省界连体隧道 …… (1165)
五、晋阳高速公路牛王山隧道 …… (1165)
第三章 高速公路建设 …… (1165)
第一节 晋（城）阳（城）高速公路 …… (1166)
第二节 晋（城）焦（作）高速公路 …… (1166)
第三节 长（治）晋（城）高速公路 …… (1166)
第四节 晋（城）济（源）高速公路 …… (1166)
第五节 晋（城）侯（马）高速公路 …… (1167)
第六节 晋城环城高速公路 …… (1167)
第四章 运输管理 …… (1167)
第一节 “三统”管理体制的形成 …… (1167)
第二节 社会企事业单位自办运输的高涨 …… (1168)
第三节 行业管理规范的建立和施行 …… (1168)
第四节 运输市场的治理整顿和依法规范 …… (1169)
第五节 《山西省道路运输管理暂行条例》的贯彻实施 …… (1170)
第六节 货运市场的建立 …… (1170)
第七节 客运市场的建立 …… (1171)
第八节 机动车驾驶员培训 …… (1171)
第九节 维修市场监管 …… (1172)
第十节 站场经营和物流 …… (1172)
第十一节 市场准入的实行 …… (1172)

第十二节　市场的全面监管 …………………………………………（1173）
第十三节　城市公交隶属关系的调整和全面发展 ……………………（1173）
第十四节　出租车客运的起步和规范管理 …………………………（1174）
第五章　社会公共服务 …………………………………………（1174）
第一节　城乡客运一体化的实施 …………………………………（1174）
第二节　春运和“黄金周”假日运输……………………………（1175）
第三节　“非典”的防控 …………………………………………（1176）
第四节　战略运输保障车队的组建 ………………………………（1176）
第五节　汽车维修救援网络的建设 ………………………………（1176）
第六节　绿色通道的开通…………………………………………（1177）
第七节　汶川抗震救灾运输的组织 ………………………………（1177）
第八节　奥运期间的维稳安保工作 ………………………………（1178）
第九节　节能减排工作的推行 ……………………………………（1178）
第十节　公路安保工程的实施 ……………………………………（1179）
第十一节　危桥治理 ………………………………………………（1179）
第十二节　抗灾救险 ………………………………………………（1180）
第六章　行业安全监管 …………………………………………（1180）
第一节　路政机构的成立和路政违法案件的查处 …………………（1180）
第二节　“三关一监督”的提出及安全源头管理…………………（1181）
第三节　客车挂靠经营的清理 ……………………………………（1182）
第四节　危险货物运输的整治 ……………………………………（1182）
第五节　超载超限运输的治理 ……………………………………（1183）
第七章　规费征稽使用 …………………………………………（1185）
第一节　公路养路费 ………………………………………………（1185）
一、征收 ……………………………………………………………（1185）
二、使用 ……………………………………………………………（1185）
第二节　车辆通行费 ………………………………………………（1186）
第三节　道路运输管理费…………………………………………（1186）
一、征收 ……………………………………………………………（1186）
二、管理使用 ………………………………………………………（1187）
第四节　客运场站建设费…………………………………………（1187）
第五节　道路损坏赔（补）偿费 …………………………………（1188）
第八章　交通战备 ………………………………………………（1188）
第九章　依法行政 ………………………………………………（1191）
第一节　规范性文件的调研、起草 ………………………………（1191）
第二节　法制机构建设……………………………………………（1191）
第三节　行政执法主体资格的明确 ………………………………（1191）
一、道路运输管理行政执法主体 …………………………………（1191）
二、路政管理行政执法主体 ………………………………………（1192）
三、海事管理执法主体资格 ………………………………………（1192）
四、公路工程质量监督执法主体资格 ……………………………（1192）
五、城市客运行政执法主体资格 …………………………………（1192）

第四节 普法宣传教育 …… (1192)
一、培训教育 …… (1192)
二、法律宣传 …… (1192)
第五节 执法行为的规范 …… (1193)
一、日常监督 …… (1193)
二、专项监督 …… (1193)
第十章 党风廉政建设 …… (1194)
第一节 反腐倡廉力度的加大 …… (1194)
第二节 政风行风活动的开展 …… (1196)
第三节 治理公路“三乱”的推进 …… (1197)
第四节 行政效能的提高 …… (1197)
第十一章 行业文明创建 …… (1198)
第十二章 科研成果应用 …… (1199)
第一节 陵沁线加筋土挡墙的试验成功 …… (1199)
第二节 东交河丹河大桥采用土牛拱胎 …… (1199)
第三节 研制公路清扫机 …… (1200)
第四节 晋焦高速公路的施工工艺创新 …… (1200)
第五节 丹河特大跨径石拱桥设计与施工关键技术研究 …… (1200)
第六节 王莽岭长隧道采用新奥法施工 …… (1200)
第七节 沁水县仙翁山隧道采用大直径中空直眼微震爆破和防水混凝土等新技术 …… (1200)
第十三章 信息网络建设 …… (1201)
第一节 货物运输网络运营管理系统的研发 …… (1201)
第二节 交通运政综合业务系统的推广应用 …… (1201)
第三节 晋城高速公路公司的信息化管理系统 …… (1201)

大同市公路交通史

概　述

大同以"煤乡"著名全国，是国家首批公布的全国24个历史文化名城之一，为山西第二大城市。位于晋之北部，介于内外长城之间，地处黄土高原的边缘地段。地理坐标为东径112°59'～114°33'，北纬39°03'～40°44'。境域轮廓略呈西北—东南斜立的"T"字形。地广136.9公里，袤189公里。东与河北怀安县、阳原县、涞源县和蔚县相连，北隔长城与内蒙古丰镇市接壤，西与朔州市毗连，南与忻州市为邻。总面积14 152平方公里，约占全省面积9.1%。市区东距首都北京283公里，南离省城太原355公里，北距国境460公里。

大同历史悠久。中华人民共和国成立后，市属虽几经变更，但一直称市，并为行署之驻地。1972年3月改为省辖市。1993年7月10日，雁北行署撤销，其部分辖县移交市府管辖。截至2010年底，大同市辖4区7县，总人口331万人。

由于大同地处晋、冀、蒙咽喉要冲，是连接蒙古高原和华北平原的纽带，因此自古以来交通比较发达。特别是新中国成立后，交通运输事业进入一个全新发展时期。1978年以来，大同市交通运输事业得到快速持续发展，为推动当地经济和社会发展作出了积极贡献。

第一编　放开搞活时期（1978年～1992年）

第一章　公路建设与养护

1978年后，为推动公路建设快速发展，以适应车辆日益增多的需求，按照国家规划，大同市开始对公路实行分级管理。采取吨煤提1元人民币、多方集资修路、全民义务修路等多种渠道进行公路建设。1988年，大同市南郊区实现乡乡通油路，公路形成网络化。新荣区从1979年开始加大公路建设投资，使破鲁至镇河、甘庄至上深涧、西梁至黄土坡、新荣至赵家窑水库、李佩沟至堡子湾、甘庄矿至麻村煤台以及新荣经由郭家窑、东胜庄、破鲁27公里换线等公路进行全面改造。阳高县于20世纪80年代初逐步将干线公路和县乡公路互相贯通，又多方集资建起5座桥梁，结束中部地区往来大同北绕阳高的历史。天镇县提出"消灭等外路，沟通山庄窝铺"，实现"三通、两环"口号，全民义务修路高潮迭起。灵丘县1989年通车里程达到1425.7公里。左云县集中投资，集中力量，把公路建设转移到以提高质量、等级和通载能力轨道上来，到1985年底，水泥路面、沥青路面里程达到70公里。同时，大力发展煤炭专用公路。1990年，全县公路里程达到289公里，其中煤炭专用公路8条49公里。大同市公路管理逐步走向规范化、科学化、法制化轨道。

按照[1979]晋交公字第80号文件《关于改革公路管理体制实行分级管理的通知》精神，从3月1日起，"干线公路由固定工人和协议工组成专业道班养护，每公里配备1.5人；县公路由县级公路部门管理，由建勤代表工组成养路队养护，每公里配备1人；乡镇公路及厂矿、林区等专用公路，由乡镇（人民公社）及使用单位自建自养。"地市公路管理总段及下属各县公路养护段，将代表工转为协议工，建立健全专业养路道班，具体负责干线公路的养护和管理。

1984年，为应对煤炭运输骤增局势，省政府决定打通"晋煤外运"4条出口公路，即晋城大口、晋城张路口、阳泉旧关和大同孙启庄。后又增加至10条出省路。建设标准为三级公路。经多次论证，4条晋煤外运路之一的倍加皂至孙启庄线，建设标准是原路改建，仍为三级标准，作为辅道；在原路南侧新建一条二级汽车专用线，双线分流运行。1984年4月开工，1985年9月完工。新路通车后，行车通畅，平均时速由40公里提高到55公里。这种将原路作为辅道，并行新建一条汽车专用线，是公路建设史上的一个创新，对运输繁忙路段分流车辆、提高运输效率有显著的功效。

1978年以后，随着交通量迅速增大，对公路养护提出的要求也越来越高。大同市交通局、公路分局会同各级公路管理段（站）按线路制定出小修保养、水毁预防等计划，下发各道班和保养组，由管理段（站）检查督促。每年进行巡回检查，评定路况，奖励先进，批评落后，并以此作为下一年度制定养护计划的参考。由于加强公路养护管理，全市绝大多数线路都达到路面无坑槽，路肩无塌方，路道无缺口，路基无杂草。在实行公路分级管理后，为更好的搞好养护工作，除严格编制好养护任务指标和费用预算外，大同市交通局和公路总段坚持路检，认真进行路况鉴定、质量检评，严格奖惩制度。

第二章　道路运输管理

1978年，大同市拥有民用载货汽车2658辆，完成货运量676万吨。其中交通运输部门有货运汽车213辆，完成货运量206万吨。另有简易拼装机动车188辆，畜力车209辆，货运人力车183辆，作为公路运输短途搬运的补充部分，完成货运量108万吨。1980年至1984年，民用载货汽车进入第一个发展阶段，以每年1000辆速度递增，到1984年底，民用载货汽车达7732辆，比1978年增长2.9倍，完成货运量869万吨，比1978年增长1.3倍。1984年以来，市交通局认真贯彻省交通厅《关于认真贯彻执行中央一号文件，加强交通运输的通知》精神，大力改革公路运输管理体制，进一步全面开放搞活公路运输市场，鼓励多家经营，公平竞争，交通运输业进入第二个高速发展阶段。到1989年底，全市拥有民用载货汽车14 393辆，比1978年增长5.4倍，平均每年递增1332辆，完成货运量3552万吨，货物周转量90 778万吨公里，比1978年分别增长5.3倍和10.6倍。其中，交通运输部门有载货汽车1055辆，完成货运量409万吨，货物周转量38 404万吨公里。1990年后，交通运输转为平稳、持续发展阶段，在车辆结构上有了大幅度调整，大吨位车大量增加，老旧报废车辆更新加速，在车辆技术状况上有了明显提高。截至1993年底，全市（含雁同合并后的7县）有载货汽车1.9万辆，其中，营业性载货汽车14 399辆，占载货汽车75.78%，完成货运量4794万吨，货物周转量183 431万吨公里。在货物运输中，通过公路外运煤炭量呈逐年上升趋势，从1984年50余万吨，上升到1993年300多万吨，有力支持全国现代化建设。多家经营，鼓励竞争的公路运输市场，有力促进全市运输生产稳步增长，使运输结构，车辆结构得到调整。

大同市公路旅客运输是从1984年开始起步，并迅速发展起来的。截至1989年底，全市有社会营业性客运汽车217辆（城市出租车，1990年后归口城建部门管理），开辟客运线路54条，完成客运量186万人，客运周转量9161万人公里。到1993年底，全市有公路线路班车553辆（含晋运大同公司），营运线路184条，其中，跨省64条（晋运大同公司37条，社会营运客车12条），跨地市的46条（晋运大同公司37条，社会营运客车9条），跨县32条，县（区）境内的42条，通车里程27 622公里。通车乡镇208个，全市95%的乡镇通了客车，完成客运量638万人，客运周转量44 351万人公里。此外，河北、内蒙、太原、忻州、朔州等地进入大同市的公路线路班车254辆，日客流量在3万人次以上。大大改善农民特别是山区农民乘车难的状况。

公路旅客运输的迅速发展，大同市和进入大同市的社会营运客车平均在650辆左右，为维护客运秩序，方便旅客乘车，做到车进站，人归点，实现“三定”（定站点、定线路、定班次）管理，1989年，市交通局运管处大力加强客运站场建设，采用联合办站、租赁场地和鼓励社会、企业办站等多种形式，建起东门、北门、东风、站前4个客运站，将大同市及进入大同市的公路客车全部纳入站场管理。在全省同行业中，较早实现“三定”管理。1990年以来，不断改善和健全站场设施，初步建起一个舒适、文明、方便、及时的乘候车环境。与此同时，加强公路客车停靠站点建设，现已在大同市繁华地区和旅客集散地建起了停车站点，既方便旅客乘车，又制约客车随意停靠，影响交通的现象。1993年雁同合并后，全市各级交通部门积极贯彻省交通厅关于国营运输公司汽车站要对外开放的精神，与有关部门联系协商，先后有阳高、平旺两个国营站对外开放，到1993年底已有5个国营车站对外开放，有效解决县（区）公路客车进站问题，全市公路客车实现“三定”管理。

从1982年开始，大同市逐步由“三统”管理向全行业管理过渡。

1986年至1990年，省交通运输管理局确定在全省运管系统实现行业目标管理。根据这一目标，大同市各级运管机构抓好三方面工作。一是对所有公路客货运输业者以及为公路交通运输服务和配套的部门与个人，不论其隶属关系和经济形式如何，一视同仁实施行业管理；通过方针政策指导、行业经济规划建设和运用经济杠杆调节，对运输经济从宏观上进行调控；通过立法和必要行政手段予以干预，为交通行业发展提供良好的环境，保障公路交通运输的安全和良好秩序。

大同市运管机构根据有关文件精神，推行运输行业源头管理，采取"两审"（开业审批、年度审验）办法，实行新增营运车辆额度管理和购前预审批制度，加强和完善市场准入管理。

1997 年 10 月 1 日，在全市营运货车中使用道路货物运单，为规范经营行为，减少运输纠纷，净化运输市场创造条件，也为运管机构强化货运市场管理，收集真实可靠的统计原始资料提供保障。

2001 年，按照交通部《道路货物运输企业经营资质管理办法（试行）》，在全市开始道路货物运输企业经营资质评定工作。按净资产、车辆与设施、经营资历、人员素质、企业管理水平、经营网络情况和营运收入等七个方面条件，划分为五个等级。个体货运经营业户不参加。

在加强日常监管同时，各级运管机构根据省、市交通主管部门，省运管局的有关精神，不失时机地开展多次运输市场的全面整顿和专项整治。

第一节　道路运输市场的全面整顿

一、三年治理整顿

1989 年 8 月，在市政府领导下由市经委牵头，成立交通、工商、税务、物价、公安等部门组成的运输市场整顿治理领导组。在此整顿中，首先对全市各经营户的经营条件、经营资格、经营执照、经营范围、经营行为等方面进行摸底调查，初步摸清运输车辆的运输经营户的基本情况。截至 1989 年底，全市公路运输从业单位 4292 个，从业人数 38 737 人，其中专业运输企业 9 个，从业人员 6545 人。全市载货汽车总计 10 713 辆，总吨位55 555吨，挂车总计 2631 辆，总吨位 11 774 吨。营运拖拉机 705 辆，总吨位 1765 吨，人力车 10 辆，畜力车 612 辆。雁北地区共有载货汽车 4925 辆，拖拉机 1936 辆。同时也摸清运输行业在经营行为上存在的主要问题是：无证经营、偷逃税费、不使用统一票证、非法运输以及垄断货源、欺行霸市、贪污票款、私吞运费、索取回扣等。针对调查摸底结果，全市（区）交通部门对运输市场进行以"七查"（查违法运输、查无证经营、查乱用票据、查偷逃税费、查行业歪风、查垄断资源、查抬价刹价）为主要内容的整治行动。在方法上采取走乡串户，从票据、账簿入手，"顺查、倒查、跟踪查"，查根据、查手续、查证照、查账目、查管理；全面清查、重点突破；路查和户查相结合，以教育提高为主。为了将整顿工作落到实处，市交通局运输管理处组成稽查队和货运、客运、维修业等整顿小组，60 多天奔走 1965 个运输专业户，占总经营户 65.3%，在工作中总结出"5个结合"并取得较好效果。即突击整顿与正常管理相结合，集中管理与分散检查相结合，一家主管与相关部门配合相结合，强化管理与积极疏导相结合，重点整顿与全面审验相结合。雁北地区由地、县运管部门会同工商、物价、税务、交警、征费等管理部门共同组成治理整顿运输市场办公室。整顿中充分利用电台、电视台、有线广播、报纸、墙报、板报、印发宣传材料等多种方式，进行广泛宣传发动，至 1989 年底，经审验合格的运输经营户有 1212 户，占应审户 33%；审验合格客货汽车有 1948 辆，占应审车辆 36%；对无证经营和整顿不合格的予以取缔。在整顿中，共查出不使用统一结算凭证金额达 1000 万元，偷漏税款 10 余万元。在整顿同时，市（区）交通局还重点强化内部基础管理，建立健全各项规章制度，规范办证程序。全市（区）按照省厅规定，先后统一 5 种基础台账和报表，统一经营户档案格式和内容，加强票证管理，要求做到有关数据账账相符、账实相符。还统一运输经营户开、停业审批程序和零担货运线路审批程序，建立健全营运证年度审验制度，使运输市场管理基本步入正轨。

通过治理整顿，规范运输秩序，增强经营者法律意识，提高运管部门适应市场需要、服务群众、服务业主的自觉性。一是通过整顿，长期存在的"黑车、黑户"问题得到解决；二是公私车牌混挂的问题也因采取"挤、卡、堵、疏"的有效措施，得到扼制；三是强制淘汰报废一批老、旧、破车，使车容车况得到进一步改善，增强社会运输能力和运输安全系数；四是规范运输经营行为，和工商、税务等部门合署办公，强化票证管理和税费征收手段，堵塞偷漏税费渠道，增加税费收入，打击侵吞货款、票款的行为，增加企业运营收入和经济效益；五是打击运输市场中的违法犯罪行为，净化运输环境，保证人民生命财产安全；六是强化行业管理，将拖拉机运输、搬运装卸、维修服务等全部纳入行业管理的轨道。同时，锻炼管理队伍，使运管人员的思想和业务素质明显提高。

1993 年开始，全市（区）运输管理工作重点由治理整顿向培育和建设新的运输市场转变。一是以大同市货物集散地为龙头，以大型厂矿为依托，以货运服务站为载体建市场;二是以大宗货源单位和运输经营者为主体建市场;三是以无货源或货源不固定的地区和货运中介服务组织为依托建市场。1996年,培育建立五里店、平旺货场两个大型货运交易市场和东河河、双河、十里店、金马、张寺窑等货运市场。至1997年底,市郊共有16个联营公司,其中百辆以上大吨位车的公司达到8个。规范货运管理的“两审”,即按照开业条件,对经营户进行重新审核,年度审验,对不符合条件的经营者和车辆提出限期整改措施。强化源头管理、危险品运输车辆管理和合同运输管理。通过换发道路运输证和营运证,强化对车辆的管理,减少路检路查。而且通过合同运输,大大减少货损货差等运输纠纷,提高运输质量。

二、治理整顿经济秩序

2001年,在市政府领导下,市运管处组织大规模的“清理整顿宣传周”活动,重点抓清理收费项目,打击非法营运,取缔无证经营,危险货物运输专项治理整顿,开展“安全生产管理年”活动。全市共检查车辆14 530辆次,其中查处“三无”车辆301辆次,查处违章违规车辆1519辆次。特别是对道路化学危险品运输进行专项治理整顿,层层签订责任制,全面培训危货经营业户,健全规章制度,使全市道路客货运输市场秩序有所好转,经营环境有所好转,服务质量明显提高,推动客货运输业健康发展。

2002年,交通部和省交通厅要求,继续开展道路运输市场秩序清理整顿工作,重点抓好5个方面工作。一是及时召开动员会,进行具体安排部署;二是在全市范围内开展以客运站场为主的城市客运市场秩序整顿,推行客运汽车站封闭管理,治理马路停车;三是组织两次全市清理整顿工作调查,进一步推动清理整顿工作顺利开展;四是组织四次以“打击黑车黑户,严查无证经营”等违规行为为主要内容的专项稽查行动,取得良好成效;五是大力开展以旅客运输、危险品运输、汽车维修及驾培市场为主的专项治理活动。全市共查处“三无”车辆171辆,违章车辆503辆,查处无证经营业户19户。

第二节　道路运输市场专项整顿

一、客运市场专项整顿

根据交通部、省政府办公厅《通知》精神,大同各级运管机构在市政府领导下开展公路客运市场专项整顿。时间从1997年2月开始到1998年春运结束。

为了搞好这次整顿工作,市政府成立领导组,各相关部门切实发挥好自己职责,密切配合;各县也成立整顿领导组和办事机构,由政府分管领导亲自挂帅。

全市共查处无牌无证客车12辆,查处甩客事件7起,打击车匪路霸等违法行为1起。同时还开展了客运“创三优”(优良秩序、优质服务、优美环境)、“抓三容”(仪容、车容、站容)、“达三化”(服务质量优良化、服务管理标准化、服务过程程序化)为内容的争创文明客车、文明车站、文明线路和文明使者活动。

(一)整顿客运车辆挂靠经营

从2004年11月起,大同市结合实际,采取“五种方式”和“五条原则”,大力推进企业增长方式转变和清理车辆挂靠。“五种方式”,即一是对挂靠和分散经营的小型运输业户,通过线路整合和并购重组方式,实现管理模式统一的公司化经营;二是对个体经营车辆进行评估作价,运用股份制方式联合组建股份制经营公司;三是企业新增车辆通过参股、控股的方式与社会单位或个人联营,实现产权多元化;四是对于产权完全属于个人的车辆,企业可对车辆评估后,采取租赁或承包的方式与其签订相应合同,确定使用年限、折旧率和租金,通过私车公营方式,实现公司化经营;五是充分利用企业品牌和剩余管理能力,吸纳社会、个体资金,借势布局,实现企业的规模化经营。“五条原则”,即一是车辆产权关系上,实现投资主体多元化,按股份制方式运作,做到产权清晰、权责明确;二是管理责任上,做到责、权、利对等。运输企业必须承担全部安全风险、经营管理责任、服务质量责任,延伸安全管理触角,把好安全关、车况关、驾驶人员关、保障手续关,切实杜绝管理不到位带来的安全风险;三是人员管理上,严格执行国家《劳动法》,与司乘人员签订劳动合同;四是运输组织上,由企业按照“六统一”的要求对车辆进行统一管理;五是财务管理上,实现统一核算与控制。

(二)整顿无证客运车辆

2005年,大同市各级运管部门开展打击“三无”车辆专项治理行动。运输市场秩序明显好转,从业者经营行为得以规范,也使运政执法过程中处罚依据不明确、文书使用不规范、处罚程序不合法等问题得到纠正。

2006年,市交通局、公安局、安监局、纠风办、工商局、旅游局联合印发《全市开展打击“黑车”非法经营专项整治行动实施方案》,从7月中旬开始至10月底,组织开展打击“黑车”等非法营运专项稽查活动。

(三)整顿年审不合格旅游客车专项行动

2008年,为迎接奥运会胜利举行,4月10日至5月10日,在全市范围内开展为期一个月的旅游车辆专项整顿。严厉查处存在安全隐患的车辆,维护合法经营者权益,保障了旅客出行安全。

二、货运市场专项整顿

根据省运管局要求,除针对大同的实际对道路货物运输市场进行全面治理整顿外,还对危险品运输、出租货车、货运信息服务业、搬运装卸业等进行了专项治理整顿。在专项治理中,一方面对从事道路货物运输的单位和个人的经营证照、经营条件、经营范围进行全面清理审验;一方面对经营行为,市场秩序进行治理整顿,对货物运输经营者经营行为进行监督、检查和管理。

(一)货运信息服务业的专项整顿

从1999年11月20日开始到年底结束,用一个月时间,对全市道路货运服务业进行一次清理整顿。对坑骗车主和货主、偷税漏费、不服从行业管理行为进行处理;对不符合条件的限期整改;对合格者按规定颁发《经营许可证》、《上岗证》。通过清理整顿,使全市道路货运服务业得到健康发展。

2000年10月30日至2001年3月30日,对全市从事道路货运信息服务业并经当地运政管理机构整顿后验收合格的单位和个人,核发全省统一的道路货运信息服务业标志牌。不仅为建立健全全市道路货运信息平台和货运信息网络奠定基础,而且为全市道路运输行业进行产业结构调整,提高运输效率,发展经济创造有利条件。

(二)搬运装卸业专项整顿

1995年,全市将搬运装卸业全部纳入道路货物运输的全行业管理。对从事搬运装卸业单位和人员的经营性质、经营行为、行业文明作业、合理收费、服务质量进行全面彻底清查,并逐个审验证照,划分作业范围和区域,核发作业证。

经过集中治理,有效加强和改善搬运装卸业管理,使之逐步走上法规化、制度化、规范化的轨道。

(三)货运出租车专项整顿

2001年,大同市运管部门对货运出租车进行一次摸底,全市共有1000多辆。本着先管理、后规范原则,就开始组建货运出租公司,要求1吨以下的营运货车必须加入,并积极指导协调社会资金组建9个货运出租公司,拥有1吨(含)以下货车及部分面包车583辆,采取松散型管理模式,即货运出租公司代办上户、办理运管、保险、养路费等手续,收取一定管理费用,货运经营业务由车主自己经营。其中有三家货运出租公司因管理不善自行倒闭,其余6家货运出租公司仅能勉强维持。

2005年,大同市运管处起草了《大同市货运出租管理办法》,着手整顿货运出租车市场。市运管处与6家货运出租公司达成一致意见,决定以金旅货运出租公司为试点,作为示范公司,用"四统一"模式,即统一车型、统一标识、统一调度、统一管理进行营运,从2006年4月份开始实施。利用本企业同时经营汽车销售业务优势,在广泛市场调查基础上,选择长安5022XXY1型1吨厢式货车作为统一车型,并设计货运标识,制作货运出租顶灯,制定企业内部岗位责任制等各项规章制度,设置销售部、客服部、市场信息服务部、售后服务网络部,使车户从购车到办理各种手续、联系货源、协助处理各种违章以及与用户发生的纠纷等方面享受到一条龙、一站式服务。年底就发展货运出租车100多辆,统一车型、标志、顶灯的金旅货运出租车成为大同市道路货运市场的一大亮点。省运管局在大同市召开现场会进行推广,推动全省货运出租业健康发展,成为搞活配送服务,方便群众需要的新兴服务业。

(四)治理假军车行动

在大同道路货物运输市场的"晋煤外运"活动中,曾出现过军车运煤现象。有的是属于军队消耗,有的是参与道路货运市场竞争。由于军车的特殊性待遇,还出现了一支特殊的假军车队伍,给大同道路货物运输市场管理提出新挑战。

在2007年底至2008年初全省"无缝隙,拉网式"治超大行动中,假军车破坏运输市场秩序、影响治超的情况,引起解放军总参谋部、北京军区和山西省委、省政府的高度重视。省委常委、省军区司令员郑传福明确指示:迅速成立工作组,认真查处,与地方交通部门联合打击,决不留情。随即,省交通运管部门和省军区联合行动,开展"军地联合打击假冒军车专项活动"。

针对假军车昼伏夜出的特点,省军区与交通运管、公安交警、公路路政等部门密切协作,并制定出台《军地联合打击假冒军车实施方案》。主要以全省煤炭高产区大同市为轴心,辐射太原、朔州、忻州、晋中等市;以假军车出没频繁的大运高速公路、大同至张家口公路、京大高速公路和大运二级公路等路段为重点打击线路。采取明察与暗访相结合,普查与打击窝点相结合,实施快速突击、全方位打击。历时一个月,出动400余人次,检查纠察过往军车1000余辆,查扣假军车50多辆,并向地方公安机关移交假军人10余人,维护部队声誉,确保治超成果。当时,在大同等警备司令部停车场扣留的假军车就达30余辆。经查,这些假军车多数为假冒军车牌照,其驾驶证、行车证牌照不符,个别人甚至使用伪造的军人证逃避检查。

(五)治理晋车外挂

从1998年开始,大同市许多养车户就经常接到来自河北、内蒙古等地的传单。一旦你拨通传单上的电话号码,工作人员会向车主们极力宣扬其低廉的收费和周到的服务,这对每一位以盈利为目的的车主都会产生巨大吸引力。于是,在外省各中介公司鼓噪下,大量山西车辆到外省缴费,或者干脆上户挂外省牌照。据不完全统计,大同地区的大车几乎有70%挂外地牌照。有些地方,10台货车竟然有8台挂外地牌照。到后来,这种现象不仅没有得到有效遏制,反而愈演愈烈,成为大同市道路运输行业存在的一个顽症。随着外挂车辆日趋增长,严重扰乱全省道路运输市场秩序,使山西省运管费大量流失,同时也给运输市场带来重大安全隐患,引起省政府高度重视。

2006年,经省政府同意,省交通厅、省财政厅、省物价局三部门联合印发《关于对全省外挂车辆补收道路运输管理费的通知》,规定"晋牌外挂"车,今后按山西标准收缴运管费。具体办法是,全省交通主管部门及运管机构,对经取证认定为外挂车辆的营业性货运车辆,今后一律按山西省运管费征收标准补收差额。对无运管费缴讫证的外挂车辆,按山西省标准征收运管费。

2006年8月15日上午,全省运管系统"加大稽查力度,整顿车辆外挂"会议召开。会后,市运管处根据晋交运财字〔2006〕253号文件精神,结合本市实际,积极开展此项工作。运管部门依据确定外挂车辆的认定条件,充分对车主(或车辆实际使用者)居住地、车辆所在地、行驶区域主要货源地、运费结算等相关情况进行调查摸底,摸清辖区内外挂车辆2000余辆,并及时与征费部门沟通,了解相关车辆的补费信息,以此作为外挂车辆认定依据。同时,在电视台做了为期两周的宣传,并印发传单7000余份。市运管处稽查队,在辖区范围内对"晋车外挂"现象进行全面查处,全市共整治外挂车辆1719辆,补收运管费130余万元。

同时,大同市交通部门还出台多项扶持本地客运、货运车辆运营新政策。包括按每辆货运车辆定额征收运管费;对载重量在10吨以上的货车,一次性缴纳半年养路费的,给予优惠1个月养路费的政策;公安部门对晋车外挂、回迁户给予方便等。有效遏制晋车外挂现象,吸引大量外挂晋车回流。

三、危险货物运输市场专项整顿

1994年,大同市运管机构认真贯彻交通部《道路危险货物运输管理规定》,开展广泛宣传活动,进行全面摸底调查,市政府下发加强危险货物管理文件,成立政府领导任组长,交通、公安、工商等部门为成员的危险品运输整顿领导组,理顺管理体制,明确规定由交通部门实行全行业管理,公安部门负责指定危货运输车辆的营运路线,消防部门负责消防设备检查等。在对全市危货车辆进行整顿和验收基础上,核发危险货物运输标志灯、牌。

从2001年5月到2006年底,交通部联合有关部门,联合开展五次全国性的专项整治工作。市运管处每年多次深入危险品运输企业,帮助企业纠正违规,限期整改,并促使企业健全安全档案,明确安全责任,坚持安全例会,落实安全制度,签订安全责任书,力争从源头消除安全隐患;同时,又辅以路查路检,打击违章运输,保持危险货物运输市场的良好秩序。

第一次是2001年1月到2001年10月。根据《全国道路化学品危险货物运输专项整治实施方案》,按照"三关一监督"要求,建立并严格执行市场准入制度。限制不符合安全运输条件的企业、车辆、人员进入危险货物运输市场。装运化学危险品的车辆,必须达到《方案》中定义的"一级车"概念,同时暂停非营业审批。在当地政府和市交通主管部门领导下,以落实道路危险货物运输企业(单位)的资质认证制度、道路危险货物运输车辆技术条件认证制度、道路危险货物运输从业人员管理制度为重点,做了大量工作。一是严把企业资质,取缔非法经营。对全市道路危险货物运输企业进行全面复查和清理,强化审批、审验和发证管理。二是强化车辆管理,确保技术等级。凡车辆技术等级达不到一级的立即停运或予以更新。三是搞好人员培训,确保持证上岗。

第二次是2002年5月至2003年1月。以贯彻国务院《危险化学品安全管理条例》和加强非营业性自备危货车运输管理为主要内容,开展专项整治。市运管处根据省运管局《实施意见》,制定并下发具体工作方案;召开专门会议,进行部署和安排;开展形式多样、生动活泼的安全、教育、宣传和咨询活动。要求,凡危货车辆驾驶员(包括非营运),必须按规定参加培训,并经考试合格,取得"从业资格证",有效期内方可驾驶危险货物运输车辆。其他从业人员,须按规定培训,考试合格后,持"危货运输操作证"上岗。凡未取得证书的人员,一律不得从事道路危险货物运输和作业。这次整顿中,一是按照交通部《道路危险货物运输管理规定》和《道路货物运输业户开业技术经济条件》的相关规定,对道路危险货物运输户的经营资质条件进行了重新审查审验、合并、取缔。对全市道路危险品货物运输企业进行全面复查和清理,对经营资质进行重新认定。二是按照国家13392《道路危险货物车辆标准》和交通部《汽车危险货物运输规则》,对危险货物运输车辆技术性能、标志灯牌、灭火器、防爆工具、静电带、隔热、熄火星装置、切断总电源装置、隔离电火花装置和泄压阀、防波板、遮阳物、压力表、液位器等装置进行全面检查。三是对车辆技术等级、二级维护进行检查。全市道路危险货物运输车辆技术状况均达到一级。四是对企业的操作安全程序进行检查。到2002年底,全市危货驾驶员培训考试合格后,核(换)发"从业资格证"、危货押运员、装卸人员、业务人员、管理人员经培训并考试合格,核发危货操作证。

第三次是2004年到2005年。根据国家经贸委有关通知精神,严格责任追究制度。将各级行政部门、安全生产管理部门、危货运输企业及其人员责任层层分解,责任到人,逐步形成完整严密的责任体系。在这次专项整治中,市运管处采取两项措施。一是督促检查危货运输企业尽快建立健全各项安全管理制度和责任制度,实行安全管理一把手工程,并且还要求须根据本企业实际,健全岗位责任制,落实安全操作规程、车辆维修、检查制度;试行安全业务知识学习制度和事故应急制度及预案。同时还落实专职安全机构和安全管理人员。二是要认真履行危险货物运输行业管理职责,建立健全内部工作责任制,实行"谁审批、谁发证、谁负责"的原则,从各个环节把好道路危险货物运输市场准入关。在整顿前,市运管处、各危货运输经营户层层签订危险货物运输安全管理责任书,明确责任,强化管理。同时还加强基础管理,建立健全危险货物运输管理档案、台账、使用计算机管理系统。

第四次是2004年6月到2004年12月。根据国家质检局有关通知精神,协同质检部门重点针对罐体进行专项整治。市运管处严格把关,要求凡从事危险货物运输的罐槽车,其罐体必须经质检部门检测合格,禁止对无合格证罐槽车的"道路运输证"加盖道路危险货物运输专用章和发放"道路危险货物运输非营业运输证"。禁止使用活动罐体车辆运输剧毒,易燃易爆液体、气体等货物。

第五次是2005年5月到2005年9月。根据公安部有关通知精神,结合《道路运输条例》开展专项整治,严查"大吨小标"、"小车大罐"等。从2005年5月13日开始,市运管处组织进行为期2个月的危险品运输罐车专项检查。对在检查验收中发现的隐患特别是涉及安全方面隐患,当场签发限期整改通知书,责令其限期整改;经整改仍不合格的,撤销其道路危险货物运输资格。

四、汽车维修市场专项整顿

1987年11月28日,省经委、省交通厅、省工商局、省物价局、省标准局联合颁发《汽车维修行业管理若干实施办法》。据此,大同市政府颁发《大同市汽车维修行业管理暂行办法》,具体实施对汽车维修市场整顿。提出明确工作目标,就是实行"四统一",即统一开业标准、统一质量标准、统一价格、统一票据。经过整顿,截至1988年底,全市汽车维修企业全部纳入行业管理。

2002年10月至2003年8月,大同市全面整顿汽车维修市场。整顿中,把汽车维修市场专项整治与"达标贯规"、"百强诚信"、"岗位技能练兵"以及"双优双信"等活动结合起来,在公安、工商、城建、技术监督等部门配合下,对汽车配件市场、无证无照修车、占道修车、超范围作业以及在公共场所进行作业等非法经营行为进行清理整顿。对二级维护企业存在的超范围经营、倒买倒卖二级维护合格证、只收费不维护等弄虚作假问题进行清理整顿。

2004年,贯彻落实交通部及省运管局有关文件精神,积极行动,对全市汽车维修市场进行全面整治。

2007年4月1日至10月31日,对汽车维修行业进行大规模专项整治。整治对象主要是从事发动机、车身清洁维护以及车辆配件修理更换的维修商。是年,结合治理车辆非法超限超载工作,市运管处及各县运管所,都认真开展对二级维护企业专项整治。结合对二级维修企业的质量信誉考核,严查从事非法改装车辆的企业。

五、驾驶员培训市场专项整顿

2002年1月,认真宣传贯彻交通部《机动车驾驶员培训业户开业条件》和《机动车教练场技术要求》,实行统一招生,统一价格和统一管理,使全市驾培市场朝着良性循环的方向发展。

2004年,对全市驾校进行有史以来力度最大、投资最多的整顿和加强。全市8所驾校共投资1302.8万元,整修场地610 620平方米,购置教练车150部,配备红外线桩训仪23台,模拟驾驶仪164台,无纸化考试计算机332台,多媒体教学设备18部,电教板250部,进一步提升驾校培训硬件设施,基本实现现代化教学培训。2005年底全市驾校发展到11所,2010年发展到20所。教练车由200多辆发展到462辆。其中,具有培训营运驾驶员资质的驾校10所。截至2010年底,全市共培训出具有货运驾驶从业资格的驾驶员62 059人;具有客货运双层驾驶从业资格的驾驶员1249人;客运从业资格的驾驶员1617人,每年新增从业人员6000人以上。

2010年,举办全市驾培行业教练员培训班,对全市驾培行业持证教练员(理论、操作)进行为期10天的脱产培训,收到预期效果。市运管处把此次培训作为对教练员进行"教学质量信誉考核"的重要内容记录存档。与此同时,制定出台《营运驾驶员报名受理制度》、《营运驾驶员培训管理制度》、《营运驾驶员考试管理制度》,要求各驾校严格按照教学大纲进行培训,健全和完善营运驾驶员档案管理,严格考试程序,周密组织,严格把关。近年来,按照《营业性道路运输从业人员诚信考核办法》规定,对全市营运驾驶员进行诚信考核,要求驾驶员填报不超载承诺书,参加诚信考核从业人员达51 116人。

为切实把好安全生产源头关,提高培训质量,规范培训市场秩序,市运管处每年组织一次对营运驾驶员从业资格培训学校从培训、学习到结业考试以及资格考试等全过程跟踪检查。2010 年检查中,对从业资格考试合格率较低的 7 所驾校给予限期整改 1 个月的行政处罚;对考试合格率未过 60% 的驾校,给予停业整顿 3 个月的行政处罚。引起各驾校重视,培训市场秩序明显规范。

在 2010 年度驾培行业质量信誉考核中,大同市有两所驾校被考评为 3A 先进驾校和限期整改驾校。考核结束后,一是《大同日报》通报考核结果;二是召开校长会议,传达考核情况,重点介绍先进驾校做法,并组织观摩学习;同时对限期整改的驾校加大督察力度,跟踪上门管理,使其在规定期限内整改完毕,跨入合格行列。

第三章　交通征稽管理

大同市交通部门的征稽工作,大体分为两部分。一部分为原大同市所属城区、矿区、南郊区和新荣区交通局(公路局)的征稽工作;一部分为原雁北行政公署所属的大同县、阳高县、天镇县、浑源县、灵丘县、广灵县、左云县、右玉县、朔县、山阴县、应县、怀仁县、平鲁县交通局的征稽工作。这个时期的征稽工作,主要以拖拉机和畜力车为主。

大同市征稽工作,设在大同市交通局公路处。四个区中,南郊区和新荣区设立征费站,城区和矿区由于没有交通机构,这两个区的征稽工作由南郊区负责。

雁北行政公署交通局设立征费科,所属 13 个县设立征费站,按照省交通厅规定,各县每个乡镇配备专职交通员,具体负责辖区内的征稽工作。1990 年,为了加强对征稽工作的集中统一领导,雁北行政公署交通局成立雁北地区拖拉机养路费征费处。从此,雁北地区的拖拉机养路费征收工作逐步走上正常轨道。

原大同市和原雁北行政公署征稽工作的开展,实际上是从 1985 年开始的。由于这项工作刚刚起步,所以,各县区的工作基本上是由各县区自行确定,能征收多少算多少,没有硬性指标。

第二编　加快推进时期(1993 年～2002 年)

第一章　公路建设与养护

1994 年,省公路局投资 180 万元,拓宽阳高至大白登镇 12 公里路段,并铺设沥青路面。此外,许多条(段)县乡公路也都由国家投资进行新建或改建。此期间,大同市各县、区纷纷采取县、区财政投资、乡村集资、有关企、事业单位投资以及个人集资等方式,进行大规模修建公路活动。1993 年,大同矿务局投资 100 万元,修筑赵家小村至新寨公路线一段;1997 年,天镇县自筹 160 万元,修建三十里铺至赵家沟公路。为改变部分落后山区道路状况,由有关部门投资进行扶贫修路,1994 年 9 月至 1995 年底,在国务院扶贫开发领导组支持下,对灵丘县唐之洼至下关公路进行路基改造、路基整修工程,使全线通过能力大大提高。

大同市公路建设工程管理,主要有 4 项内容:一是由市政府、市交通局制定有关县公路和重点公路线路规划,各有关县(区)按照规划执行。公路建成后,由市交通局报省公路局审核批准列入养护路线里程。乡公路、专用公路规划由所在县(区)及使用单位制定,路成后报市交通局审核路况,由省公路局批准后统计入册。二是工程立项。先由申请立项单位根据拟建公路地貌、地质、经济及交通等基本情况,编制出工程可行性研究报告,经有关专家和领导论证认可后,作为申请工程立项依据。三是施工管理。即:先期准备,进度和质量监督,后勤保障。四是竣工验收。

公路养护按工程性质、规模大小、技术繁简等因素,划分为小修、保养、中修、改建工程等不同档次。大修和改建工程由公路专业工程单位施工;日常养护、小修保养、中修和小型的水毁恢复则由养护队负责。

20 世纪 90 年代,为强化路政管理,大同市成立公路巡回法庭,依据法律及时处理侵犯路产、路权等不规范行为与不法事件,有效维护公路交通的正常运行。大同市交通局、大同公路分局等公路交通部门还经常发放宣传材料,张贴标语,在城乡出动宣传车,大张旗鼓地进行宣传教育。路政管理人员坚持进行路检路查,发现问题,及时纠正。

1993 年以来,在统一规划基础上,大同市交通局开始有计划的公路基础设施建设,投资方式多元化。如南郊区与外商合作兴建兴旺庄至王家园二级煤炭运输公路,外方投资 1.2 亿元;大同县交通局通过对外承揽工程，利用社会资金改建县公路养杨线养老洼至册田水库等8公里路段等；此外，完成以工代赈工程5项67公里，共完成投资400万元。

1990年后，特别是1992年省委、省政府提出全民义务修路号召，1993年提出修路、农建、重点工程三项建设以后，全市以“要想富，先修路”为出发点，掀起全民义务修路新高潮。1993年义务修路拓宽改造工程计划全面铺开，到1999年圆满结束。全市所属各县（区）都开展不同形式的义务修路活动，均收到良好效果。为了保证这项工作有领导、有计划、有组织地开展起来，大同市交通局成立义务修路办公室。重点是地方煤矿、矿区公路、部分乡村公路、干线公路及县乡公路进行技术等级改造。7年来全民义务修路，总义务投工4479.904万工日，投入机械784.18万台班，改建公路693.8公里，新建桥梁3675延米，新增通油路镇5公里，通油路乡280.4公里，通油路村301.9公里。新建高级次高级路面143.7公里，新建公路129.2公里，新建油路和水泥路345.9公路，新建道路6814.1公里。灵丘六合地至白崖台原为大车道，1992年被列为灵丘县全民义务修路重点工程，在1995年前的3年间，共完成路基土、石方43万立方米，铺装路面10公里，完成护岸9处、过水路面3处、涵洞17道，累计投入劳力近9万人次，各种机械5700多台（班）。整个工程共集中开展5次大规模的会战，首次会战人数高达5000余人。

1994年，大同市交通局成立路政管理机构后，自上而下建立工作体系，有关人员经常上路检查工作，发现问题及时处理，有效维护公路交通正常运行。1996年，大同市交通局公路处和全市七县二区及矿务局公路处分别建立健全路政管理机构，配备专职路政管理人员，规范工作内容和程序，对损坏路产、破坏路权案件进行严肃查处，全年共收回路产破坏赔偿费50多万元，保证被损坏道路的及时修复和县乡公路好路率的稳定提高。

截至1993年底，大同市所辖9个县区，公路里程共计1713公里。公路密度达到19公里/平方公里。其中：县公路1298公里，乡公路297公里，专用公路118公里。经过10年建设和发展，到2002年底，里程增加到3495.361公里。其中：县公路1412.351公里，乡公路1948.01公里，专用公路135公里，公路密度达到32.2公里/百平方公里。按技术等级分：等级公路由原来1686公里增加到3336.701公里，三级以上公路由原来249公里增加到1064.903公里，四级公路由原来1437公里增加到2271.798公里，等级公路占总里程的95.5%，其他为等外路。按路面等级分：有路面里程由原来1362公里增加到3365.001公里，占总里程96.3%。其中：高级、次高级由原来263公里增加到1280.797公里，中级路面由原来100公里增加到593.272公里，低级路由原来999公里增加到1755.688公里，其他为无路面里程。

在此期间，完成农村公路建设投资56 652.6万元。其中：乡通公路15公里，251.7万元；镇通油路66公里，932.8万元；村通机动车217公里，153.6万元；乡通油路249公里，2755万元；县乡公路新改建工程2064公里，41 494.8万元；部补助工程97公里，3070万元；国内贷款项目云西至店湾5000万元；以工代赈项目1235万元，19公里；其他项目完成1759.7万元。

撤乡并镇后，到2003年年底，99个乡镇共有86个通油路，2182个行政村有887个通油路。

第二章　道路运输管理

1995年，交通部下发《培育和发展道路运输市场的若干意见》后，大同市各级运管机构积极探索，不断实践，学习外地经验，培养本市典型，总结经验，全面推开。按照“因地制宜、注重实效、不搞一刀切、不求一个模式”，“先发展、后规范、边建设、边规范”等工作思路和原则，积极组织引导运输、仓储、信息、配载等交通运输企业，充分吸纳各方资金、设备、设施，因地制宜“大建市场，建大市场”。1995年10月1日，《山西省道路运输管理暂行条例》颁布实施后，大同市各级运管机构认真贯彻执行《条例》，综合应用经济、法律、行政手段，通过严把市场准入关，制定优惠政策，使高、中档客车和重型、零担、特种货车得到迅速增长；卧铺客车、跨省、市长途班车客运和厢式特种货物运输得到长足的发展；汽车维修企业类别、网点布局趋于合理，特约维修、品牌连锁经营业务迅速拓展，一个门类齐全、方便、及时的汽车维修网络基本形成；汽车驾驶学校和驾驶员培训管理，1998年纳入道路运输行业管理后，经过全面整顿验收，制订发展规划，完善了管理制度，一个布局合理，培训规范的驾驶员培训网络开始形成。

第三章　交通征稽管理

从1993年至2002年的10年时间里，是征稽工作的重要发展时期。先后经历了雁同合并、机构建立健全、养路费收费标准的调整、硬件装备设施的完善、规章制度的完善、征收车辆更新换代等阶段。

1993年7月,大同市和雁北行政公署合并,行署拖拉机养路费征费处予以保留,改称大同市交通局拖拉机征费稽查处。1999年以后,由于车辆的更新换代,拖拉机减少,三轮车增加,为了使机构名称更加符合工作实际,经大同市编委批准,更名为大同市交通局征费稽查处。1993年12月,市征稽处印发《关于拖拉机养路费附加费征收工作机构、人员、着装、证件的通知》,所属大同县、阳高县、天镇县、浑源县、灵丘县、广灵县、左云县、南郊区和新荣区交通局(公路局)也相继成立拖拉机征费稽查所。2000年7月,市征费稽查处更名后,又下发《关于更改单位名称的通知》,各县区都更名为县(区)征费稽查所。

从1994年开始,为了加强规范化管理,市交通局拨付专项资金,帮助所属县区均有了固定的征稽场所。随着征稽工作的深入开展,交通工具由摩托车换为征稽专用汽车,工作效率大大提高。随后,又统一全市征稽队伍着装、证件等。

1994年7月5日,省政府办公厅印发《通知》,公路养路费征收标准由原来每吨每月150元提高到每吨每月170元。拖拉机提高到按调整后的费额标准60%征收(即每吨每月102元)。由于费收标准提高,全市拖拉机养路费征收额从1993年762万元,猛增到1995年1755万元,增加近千万元。

征稽机构建立后,十分注重建章立制。1994年印发《关于拖拉机征稽工作中有关问题的规定》,1995年,印发《关于养路费征收目标管理考核办法》,1998年印发《年度征稽工作管理规定》和《年度征稽工作考核办法》,各县区征稽所也相应建立一系列规章制度。内容包括:业务管理、行政管理、党务管理、所站规范化管理等。

为确保全年规费征收任务圆满完成,每年4月和9月,都要在全市范围内开展征稽大会战活动。目标重点是各类偷、逃、漏交通规费的车辆。各县区瞄准会战的任务,针对无费车、漏费车、关系车、人情车和"钉"子户,大打歼灭战,采取坚决有力的措施和行之有效的手段,杜绝交通规费的流失,保证全额收缴,为完成全年任务奠定坚实基础。

1996年完成费收1934万元,超收93.4%;

2000年完成费收1771万元,超收10.6%;

2001年完成费收1941万元,超收21.5%;

2002年完成费收513万元,超收20.6%。

第三编　跨越发展时期(2003年～2010年)

第一章　公路建设与养护

2003年,在大同市公路建设动员会上,市委、市政府紧紧抓住国家利用国债改造县际公路、通乡油路机遇,抓住省政府、省交通厅把大同市作为县际公路改造试点市的机遇,全面实施交通强市战略。当年,大同市制定农村公路改造工程管理办法,在组织机构、工程的前期工作管理、工程组织与管理、建设资金管理方面都做了详细规定。

2004年6月23日至24日,市交通局举办全市农村公路改造工程国债项目培训班,各县(区)交通局长(项目法人)、技术负责人、项目负责人,2004年新建项目和续建项目施工单位的项目经理、技术负责人、质检负责人,所有监理单位的负责人、总监(总监代表)、各项目驻地负责人、试验负责人等共计60余人参加。邀请省县际办主任李俊生、省质监站总工李新杰以及市局总工王尚学等专家就项目管理、工程质量、建设程序、资金使用等进行讲授,取得良好效果。

为了认真贯彻落实国务院办公厅印发的《农村公路管理养护体制改革方案》,保护公路建设成果,最大限度地发挥公路功能,提高养护质量,延长公路使用寿命,按照政府领导、行业管理,分级养护的原则,2004年11月,大同市政府印发《大同市地方公路养护管理暂行办法》,明确要求市财政局每年从财政专项支出中安排每公里1341元用于县公路养护,对县、乡两级政府的管理、职责、养护、资金及管养机制也作了明确规定。2006年,大同市以阳高县为试点,进一步探索符合全市实际的管理养护模式。2007年,在全市各级有关部门共同努力下,市人大常委会同意将《大同市地方公路养护管理暂行办法》重新修改完善,2008年,《大同市农村公路养护管理条例》出台,进一步明确养护责任主体,资金筹措渠道,使农村公路养护管理工作有法可依。

2006年以前村道未列入管养里程,一直采用县乡公路集中养护的方式,专用公路由使用专用公路的单位进行养护。县道为常年雇用养护代表工,基本按照每公里1人进行日常养护,乡道采取季节性养护,发生大的水毁由县交通局雇用人员进行治理,基本养护费只有省补资金的一部分和拖拉机养路费,征收较好的个别县区也能补贴一部分。2006年2月,市交通运输局印发《农村公路管理养护体制改革实施意见》,建立市、县、乡三级农村公路管理机构,明确工作职责,并对县、乡、村公路实行立体养护管理，确保有路必养，日养到户，责任到人，逐步消灭农村公路的养护死角。各县（区）交通局分别设立“公路管理所”，组织实施本行政区域农村公路养护规划和年度计划，负责县公路养护招投标工作，监督、检查、指导、协调和考核农村公路养护管理工作，负责农村公路路政管理工作；同时县（区）交通局下设“农村公路养护中心”，由已取得公路养护资质的单位进行名称变更，待条件成熟后取消原有的“养护道班”或“养路队”，主要承担本区域县公路的日常养护和农村公路的大中修工程；各乡（镇）成立“公路管理站”，站长由一名副乡（镇）长兼任，并配备1至2名管理人员，其人员由乡政府在不增加编制的情况下内部调剂解决，主要职责是组织本行政区域内乡、村公路的养护管理，协助做好县公路养护管理工作，落实乡村公路养护资金，组织本乡镇乡、村公路养护的招投标工作，组织群众做好本行政区域内受灾公路的抢修和恢复工作；各建制村成立“公路养路队”，队长由村主要领导担任，由乡（镇）公路管理站通过招标形式确定养路队员，主要职责是组织清扫路面，维护、加固路肩及边沟，组织疏通、改善、修整边沟等排水系统，观察、预防、处理各类路基、路面病害，对公路路基、路面出现的冲毁坍塌等大的损坏现象，及时向所属乡（镇）政府报告。通过以上调整和改革，逐步实行管养分离，推进公路养护市场化，建立稳定的农村公路养护资金渠道，加强资金使用管理，完善配套措施，确保改革平稳进行。同年，按照交通部要求，省交通厅将村道列入管养里程，同时提高县、乡、村道养护补助标准。此后，大同市交通局正式对县、乡、村道安排日常养护资金。《大同市农村公路养护管理条例》出台后，进一步明确市、县（区）人民政府交通行政主管部门是农村公路养护管理的主管部门，各相关部门按照各自职责，协同做好农村公路养护管理工作。市交通局公路管理机构和县（区）交通局公路管理所具体负责做好公路养护管理工作。乡（镇）“公路管理站”负责本行政区域内乡村两级公路的日常养护管理工作，公开招聘养护队员，组建养路队，及时搞好乡、村两级公路的水毁抢修恢复和冬季打冰扫雪及时洒防滑料等工作。

2009年，市交通局收集各县区有关材料，专门编印全市农村公路养护汇编及《大同市农村公路养护管理实施细则》，并将《条例》和《实施细则》下发到各县区政府、各乡镇、各建制村。农村公路养护资金原则上50%以上用于日常养护，其余用于大中修工程。日常考核以县道的养护质量好路率和养护质量综合值为指标。乡、村道根据路面种类的不同，以“路面完好率”作为养护质量的主要指标。为了能使养护资金得到有效使用，同年提出推行养护生产计划和养护定额管理，下发《关于实行养护生产计划和养护定额管理的指导意见》，日常养护和大中修等工程分别按照《山西省农村公路日常养护工程预算定额》和部颁《大修工程概预算定额》编制预算，县局审批，市局公路处核备。

2010年4月15日，大同市交通局正式挂牌更名为大同市交通运输局。为了进一步加强农村公路工程建设管理，不断提高建设质量，加大养护管理，2010年初，市交通局印发“关于贯彻落实《大同市农村公路养护管理条例》的通知”，对农村公路养护管理进一步从组织与管理机构的建立以及考核办法和资金落实做了具体安排。到年底，经过反复酝酿，制定《大同市农村公路养护资金使用管理办法》，明确各类资金的具体使用拨付和管理，促进县（区）本级财政一般预算收入1%的养护资金落实到位。到年底，市财政列入预算中的1000万元补助资金和各县（区）的养护资金（计1204万元）全部到位。

2003年以来，在农村公路建设中，大同市交通局始终把安全生产放在首位。制定《大同市农村公路建设质量活动年实施细则》，积极开展农村公路质量年活动。一是各县区积极组织对道路养护人员的岗位和安全培训活动，提高道路养护专业化程度，提高上路作业安全防范意识；二是认真做好危桥险路管理工作，专人负责，建立档案，完善警示标志，加大限载设施投入，必要时开通便道，发现问题及时处理解决，保证车辆、人员安全；三是加强农村公路应对各类自然灾害和突发事件的保障工作，制订防汛、防沿线泥石流地质灾害、防暴风暴雪、防危桥险路交通事件等各类切实可行的专项应急预案，并不断修改完善；建立快速反应机制，加强事故快报，减少和避免突发事故或险情造成的损失；四是做好农村公路的日常养护，加强道路巡查，随时清理积雪、淤冰，保证道路安全畅通；五是加强节日期间的安全管理工作，做好值班安排，保证信息、通信设施的畅通。

2003年以来，大同市抓住全国加快农村公路建设这一历史机遇，创新思路，广泛发动，精心组织，严格管理，全面加快农村公路建设步伐。2003年年底，全市公路通车里程3888.161公里，公路密度达到35公里/百平方公里，其中：县公路1491.351公里，乡公路2261.81公里，专用公路135公里。通过公路普查2006年年底村公路列入通车里程，到2010年年底，公路通车里程10 756.269公里，占全市公路通车里程的90%，公路密度达到84.88公里/百平方公里，农民“行路难”的问题得到缓解。其中：县公路1920.273公里，乡公路5330.46公里，专用公路8.099公里。按技术等级分：等级公路由原来3736.501公里增加到10 663.982公里，三级以上公路由原来

1212.593公里增加到2038.928公里,四级公路由原来2523.908公里增加到8625.054公里,等级公路占总里程的99.1%。按路面等级分:有路面里程由原来3763.801公里增加到8941.36公里,占总里程的83.1%。其中:高级次高级由原来1965.046公里增加到8941.36公里。在此期间,完成农村公路建设投资422 704.14万元,其中:乡通油路完成投资22 156.1万元,2007年到2008年县乡公路改造完成投资70 478万元,村通水泥路完成投资194 764.53万元。

截至2005年年底,99个乡镇全部通油路;2007年年底,1948个行政村全部通公路;2010年年底,除9个不具备通油路的建制村外,其余建制村全部通油路。

第二章　交通征稽管理

20世纪90年代,大同市县乡农业机械化水平大幅提升,养车户的车辆也随之更新,拖拉机逐年减少,三轮汽车大量增加。到2000年,所征收的养路费绝大部分为三轮汽车养路费。为了培植费源,市要求各县区征稽所积极开展工作,努力为养车户联系业务,分片包点,规定任务,这一举措收到积极效果。

2003年完成费收2683万元,超收27.8%;

2004年完成费收2798万元,超收21.7%;

2005年完成费收2306万元,超收9.8%;

2006年完成费收2183万元,超收9.1%;

2007年完成费收1874万元,超收17.1%;

2008年完成费收1831万元,超收14.4%。

从2005年开始,对三轮汽车免收公路客货运附加费,对从事田间作业和非营业运输的三轮汽车免收公路养路费。2009年,国家实施燃油税改革,取消公路养路费等六项交通规费后,市交通局所属征稽机构和人员开始进入转岗期,到2011年,人员逐步安置到路政机构工作。

朔州市公路交通史

概　述

朔州市地处晋北之陲，雁门关外，内长城间。后连大漠浑雄，前屏三关险隘。西北有黑驼、洪涛拱卫延绵，东南有莲花、翠屏群山兀立。自古为三关要冲，八方之咽喉，是全国北方的重要军事重镇，为历代兵家必争之地。1978 年以前，全市所属六县（区）均属雁北地区行署交通局管理，1993 年 3 月，朔州市人民政府正式组建成立朔州市交通局至今。

朔州市建市初期，辖 2 区 1 县，有三级以上公路 260 公里，通车里程 450 公里，通油路乡占 25%，通公路村占 56%，交通事业以县（区）各自为政。“八五”期间，朔州市公路建设以“三通”（镇镇通油路、乡乡通公路、村村通机动车）为重点，掀起全民义务修路运动。全市人民在“要想富、先修路”认识的激励下，大打公路建设翻身仗，到 1995 年，在全省率先实现“三通”。“八五”期间，全市共新建公路 520 公里，改建公路 519.6 公里，新增公路通车里程 207 公里，新增通油路乡 22 个，新增通公路村 188 个。公路密度达到 21.1 公里/百平方公里，占全省第五位。客货运方面，建市初全市有客车 1109 辆，客运量仅 140 万人，客运周转量 4143 万人公里；货运车辆 2830 辆，货运量 823 万吨，货运周转量26 164万吨公里。规费征收方面，全市广大征稽人员顶着种种压力，控费源、堵漏洞依法稽查，依法清欠，为全市公路建设筹集资金 8100 万元，拖拉机养路费征收达到 540 万元。

“九五”以来，全市公路建设进入快速发展时期，全力实施“4388”建设规划，即打通 4 个出口，建设 3 条专线，使 80% 的乡镇通油路，80% 的村通公路。到 1998 年底，提前两年实现“九五”规划，村通公路经省厅验收合格，达到基本实现村村通公路目标，受到全省通报表彰。“九五”期间，全市共完成投资 9.53 亿元，新建公路 2067.3 公里，改建公路 2488 公里，新增通车里程 1888 公里，新增通油路乡 39 个，新增通公路村 551 个，到 2000 年年底，全市公路通车里程达到 4113 公里，每百平方公里有公路 38.8 公里，名列全省第三；每万人有公路 31.2 公里，名列全省第一；全市 1832 个行政村全部通公路，610 个村通油路，占到 33.3%。106 个乡（镇）中，有 97 个通油路，占到 92%。全市基本上形成以干线公路为骨架、四通八达的公路网络。全市县公路养护总里程为 972 公里，年末好路率达 78.5%，年平均好路率为 83.4%，比省交通厅下达的目标分别高 5.3%、12.4%，日常养护基本上达到“四无”。全市共填补坑槽 24 850 平方米，加固边沟315 000米，清理塌方 32 000 立方米，油路罩面11 020平方米，处理翻浆 33 250平方米，修筑绿化平台 110 公里，栽植路树 350 000 株。全市有货运车辆 7234 辆，完成货运量 4378 万吨，货运周转量 161 300 万吨公里。客车达到 6500 辆，完成客运量 1050 万人，客运周转量 50 985万人公里，均超额完成省厅下达的计划目标。与此同时，“两费”征收取得良好成绩，完成运输管理费 480 万元，场站建设费 141 万元，均超额完成全年任务。截至 11 月底，各项规费征收均实现时间未满，任务超完。全市共完成拖拉机养路费（包括农用三轮车养路费）858 万元，完成年计划 850 万元的 100.9%，征收农用三轮车货补费 82 万元，完成年计划 55 万元的 149%，此外还代征铁路道口安全管理费 21 670 万元。

“十五”期间，全市着力实现“1255”公路建设规划，即改建 1 条一级公路，新建 2 条高速公路，改建 5 条二级公路，打通 5 条出口路。特别是 2002 年，重点围绕大运高速公路经济带建设战略，重点建设一批出口公路、旅游公路、连接公路、乡通油路和村通油路。全年共投入 150 万工日，动土石方 65 万立方米；投入机械 50 万台班，总建设规模 650 公里，总投资达到17.6885亿元(含大新高速公路),其中地方公路投资1.38亿元。截至年底,全市共新增二级以上公路160公里(其中高速公路121公里),三级油路38公里,村村通水泥(油)路352公里。所有乡(镇)通油路,所有村庄通公路,同时有37%的村庄通油路。公路通车里程达到4405公里,公路密度达到41.4公里/百平方公里,居全省第二,每万人平均公路里程达到32.6公里,居全省第一。全市高等级公路的大量建成及周边出口的不断打通,客运市场迅速发展,豪华客车、超豪华客车迅速占领市场。全市开通营运线路36条,100%的乡镇、82.5%的行政村通客车,营运车辆达到6800多辆,客运量1260万人,客运周转量62 200万人公里,货运车辆达到7241辆、货运量达到5040万吨,货运周转量达到174 250万吨公里。基本上实现人便于行、货畅其流的目标。到2005年,全市共新建改建公路1398公里,实施重点工程项目7项87.108公里,县乡公路改造工程4项54公里,通达通畅工程13项116公里,完成400个村1141公里村村通水泥(油)路工程。年末好路率80%,比省厅下达的73%高7%;年平均好路率80.3%,比省厅下达的71%高9.3%;年末综合值74.3,比省厅下达的65高9.3,年平均综合值74.4,比省厅下达的62高12.4。公路通车里程达到5032公里,每百平方公里拥有公路47.5公里,每万人拥有公路34.7公里,分别占全省的第二位和第一位。运输管理方面,共建成高标准的乡(镇)五级汽车客运站8个,完成乡(镇)简易客运站9个,总投资440万元,新建乡村候车亭38个,乡村招呼牌30个,极大地提高农村客运基础设施建设水平。全市共新增乡村客运班线16条,新增乡村客运班车39部,总投资400多万元,使全市行政村通班车率达到80%。共完成运管费912万元,场站建设费340万元,分别占年计划130%和121%,完成客运量1530万人,客运周转量73 000万人公里;货运量8300万吨,货运周转量293 000万吨公里。规费征收方面,共查获无证无费车260辆,补交养路费52万元,清理欠款12万元,征收拖拉机养路费925.5万元,征收货运附加费88万元,分别占年计划132%和160%,超额完成既定目标任务。

“十一五”以来,朔州市交通事业走上科学发展轨道。2006年完成重点公路工程23公里,干线公路120公里,农村公路改造工程260公里,通达通畅工程540公里,村与村网络工程1068公里、旅游专用公路53公里,公路建设规模2064公里,总投资7.45亿元,新增高级、次高级路面200公里,新增通水泥(油)路村62个,通达率82%。新增公路通车里程201公里。全市通车里程达到7336公里,公路密度达到每百平方公里69.05公里,每万人拥有公路50.6公里,位居全省前列。到年底,农村公路年末好路率83%,年平均好路率81%,年末综合值为78,年平均综合值73。完成GBM工程23公里,文明路里程23公里,竣工工程合格率100%,优良率65%,分项工程优良率85%。运输管理方面,全年共完成货运量8487万吨,货运周转量28.565亿吨公里;完成客运量1583万人,客运周转量7.556亿人公里。新建乡(镇)汽车站6个,候车亭70个,客运招呼牌30个。新增客运路线15条,新增客运班车45部,使86%的行政村通客运班车。到2007年,共完成投资规模4.9亿元,新增公路通车里程1097公里,新增高级、次高级路面里程875公里,完成文明工程60公里,完成通达通畅工程70项500公里。另外,超额完成计划外通达通畅工程308公里,完成村村通水泥(油)路302个村1060.15公里,新增通水泥(油)路村49个,村通油路率达到83.6%,完成4个村68公里的通达任务,实现了所有建制村通公路目标,完成危桥改建8座新建工程703延米。全市公路通车里程达到8433公里,公路密度达到79.5公里/百平方公里,每万人平均拥有公路达到58.2公里。公路养护方面,农村公路养护年末好路率达82%,年平均好路率83%,年末综合值76,年平均综合值76,完成GBM工程72公里。全市整个县乡公路标志、标线明确完整,安全防护设施到位,无安全隐患,畅通无阻。运输管理方面,全市共有112条农村客运班线,有288辆农村客运班车,全市实现100%的乡(镇)、92%的行政村通客运班车,行政村通客车率较上年增长6%,超额完成省厅规定增长5%的目标。全年共征收运输管理费1750万元,征收站场建设费450万元,完成货运量8500万吨,货运周转量286 300万吨公里,客运量1700万人,客运周转量77 200万人公里。

第一编　开放搞活时期(1978年~1992年)

第一章　公路管理

党的十一届三中全会后,改革开放政策促进公路交通事业恢复和发展。1978年至1992年,朔州市所属6县(区)隶属雁北地区行政公署管辖。建市初期,仅辖(朔城区、平鲁区、山阴县)2区1县,有三级以上公路260公里,通车里程450公里,通油路乡占25%,通公路村占56%。

第一节　公路管理体制的发展与演变

1979年4月召开的中共中央工作会议和6月召开的五届全国人大二次会议,通过国民经济"调整、改革、整顿、提高"八字方针,加快各县(区)实施山西省《关于改革公路管理体制实行分级管理的通知》的步伐。

同年11月1日,遵照省交通厅80号文件"各行署和省辖市设公路总段,县设公路段"精神,各县(区)公路管理段和交通局分设。

1989年建朔州市,朔州市人民政府下设计划财经委员会交通运输办公室,辖城区、平鲁区、山阴县3个公路养护段,负责朔州地区国、省干线公路的养护管理。交通局负责县乡公路的建设、养护和管理。

第二节　科学养护活动的开展

一、推进科学养护管理

1978年开始纠正"重建轻养"倾向,重点加强公路的小修保养。从1979年起,全市县乡公路所有道班都实行班组核算、奖惩兑现制度,极大调动道工的积极性和责任心。各县养护段结合百分赛活动,实行分组包干办法,按定额考核记分,并制定奖惩办法,确保养护质量,相互检查,相互监督。通过考核,兑现奖惩,不仅保证养护任务完成及质量提高,而且取得增产节约的优异成绩。

二、探索科学养护方法

1979年,道班对油路的病害狠抓一个"早"字,一年四季勤查勤修,消灭病害于萌芽中。经过多年的实践、探索,结合学到的理论知识,道班工人掌握了油路病害的原因和治理的方法,使养护质量有了保证。在突出重点的同时,加强全面养护,具体作法是:经常整修路肩、边坡,保证路肩坚实,边坡完好,疏通水沟保持畅通;冬季和雨季抓紧扫除路面、路肩积雪、积水,避免渗水塌陷。

第三节　农村公路建设规模化发展

党的第十一届三中全会之后,朔州市公路框架渐成规模,运输格局日趋合理,公路交通从以前的计划经济体制向市场经济转变,公路交通事业呈现欣欣向荣的发展势头。

20世纪80年代,随着国民经济飞速发展,原有的道路交通已远远不能适应客观需求,交通运输滞后的矛盾显得越来越突出。面对严峻现实,雁北行署交通局对公路施工管理体制进行大胆改革,对各项工程采取公开招标和地(市)县承包办法,有效调动地方政府积极性,大大加快工程进度,降低工程造价,公路交通事业进入全面发展新阶段。

1981年9月,省交通厅召开全省县、社(乡)公路工程会议,传达中央领导指示,并在县、社(乡)公路的修建和投资上作出部署,号召大家在国家适当补助下,自力更生,修建县、社(乡)公路。会议决定以地区为单位,在"当前需要"与"长远规划"统筹兼顾的前提下,突出重点,打通出境道路,接通断头路;接通产煤地和工农业产品集散地区的公路;改造现有公路,提高运载畅通能力;坚持建养并重的方针,多修路、养好路。

1983年,朔州市(2区1县)公路建设投资完成850万元,公路通车里程1461公里,新建公路15公里,改建公路30公里,新建村道路150公里,新增通机动车村75公里/15个。

到1992年,全市公路建设投资2900万元,其中自筹2450万元,公路通车里程2054公里,拓宽二级公路26公里,新建公路27公里,改建公路60公里,新建水泥(油)路62公里,新建通车里程22公里,新建村道路250公里,新增通油公路乡镇3个,新增通机动车村98公里/21个。

第二章 道路运输管理

道路运输行业管理是各级政府交通主管部门的道路运输行政管理部门履行国家行政管理职能,根据国家方针、政策和有关法规,对道路运输行业进行政策指导、法规保障、宏观调控、行政指令和经济管理各项工作的总称。其范围涉及道路客货运输、搬运装卸、仓储保管、物流配送、车辆维修、驾驶员培训、站场经营、运输信息服务以及与此有关的其他活动等。

1983年,雁北地区运管部门对社会机关、企事业单位和农副业运输营业运力实行计划经济时期的"三统"管理政策。

1984年,中共中央下发《关于农村工作的通知》,要求在发展国营运输企业同时,大力扶植和发展集体、个体运输。交通部提出"有路大家跑车,有水大家行船",实行各地区、各行业、各部门多家经营,国营、集体、个体各种经济形式协调发展的工作方针,打破地域和部门界限,改变国营、集体运输企业独家经营的局面。

1985年4月11日,省政府印发《山西省运输管理暂行条例(草案)》、《山西省公路运输违章处罚暂行规定》等地方法规。

1986年,雁北地区交通局运管处顺应形势,转变职能,使朔州所属各县形成市、县、乡(镇)三级运政管理体制,管理范围由社会运输管理转变为包括交通直属专业运输企业的整个道路运输全行业管理,管理形式由货源所在地管理转变为车辆户籍所在地属地管理。

1987年,随着国家城市经济体制改革的深入,省交通厅制定《关于深化改革,增强企业活力的实施方案》,按照企业所有权和经营权分离的原则,各县国营专业运输企业积极推行承包经营制和租赁责任制,深化运输企业改革,在经营管理上趋于自主、自立。道路行业管理在范围和形式上发生很大变化。自此,全区道路运输行业营业性客货运输、搬运装卸、汽车维修、客货运站场等逐步纳入行业管理。

随着运输市场的进一步开放,各运输单位和个体运输户除必须遵守国家的政策法令外,在承担货源、结算运费等经营方面有充分自主权,货物运价也随运输市场变化在一定幅度内上下浮动,"三统"管理政策自然消失。

在运输市场结构和经营方式发生变化形势下,运管部门的监管职能由过去的单纯管理逐步向服务和管理相结合的方向转变。根据国家制定的运输规章,雁北地区运管部门对所有公路客货运输业者以及配套服务的相关部门和个人,不论其隶属关系和经济形式,一视同仁实施行业管理,对运输经营户实施经营资格准入、行政审批和年度审验;对运输市场经营行为进行监督管理和违章处罚,同时对运输经营者进行政策指导、信息引导,为国营运输企业保驾护航,指导运输企业和个体运输户进行经营结构、运力结构、车辆技术结构调整,大力促进了全市道路运输市场建设,促进运输经济发展。

1992年,全市货运经营户发展到812户,营运货车由1978年的10辆40吨位增加到847辆3528吨位,分别增长88.2倍,客运经营户发展到5户,营运客车由1978年的2辆70座增加到6辆210座,分别增长3倍,车型由普通大客发展为兼有普通大客和中客车,客运线路由1978年的2条增加到6条;汽车维修经营户发展到7户(其中大修1户,小修5户,专项修理1户)搬运装卸1户;客运站场由1个为省运2级汽车站。年度完成货运量5040吨,货运周转量194 250万吨公里,分别比上年增长6.9%,9.2%;客运量完成1260万人,旅客周转量62 200万人公里,分别比上年增长9.1%和9.5%。朔州市道路运输市场乘车难、运货难和修车难的问题初步得到解决。

第一节 "三统"体制的形成与消亡

改革开放初期,雁北地区道路运输市场管理多年沿用计划经济条件下"政企合一、以企代政"管理模式。客运市场由省、市、县国营专业运输公司独家经营。货运市场以省、地、县专业运输企业为主,社会企事业单位和农村富余劳力、运力为辅。针对社会企事业单位自办运输和农副业专业运输等各种运输工具经营道路运输的形势,根据国家经委、交通部和省交通厅文件精神,雁北行署交通局1979年4月8日发文通知,重申对全区从事货物运输及搬运装卸业的社会各企业事业单位和农副业所有运输工具及劳动力,实行统一货源、统一调度、统一运价和票据结算的"三统"管理。1986年,随着运输市场的进一步开放,根据国家制定的运输规章实行道路运输行业管理,"三统"管理政策自然消失。

第二节　行业规范管理的形成与完善

随着改革开放的不断深入，1978年至1992年，道路运输行业管理经历了由改革开放初期继续实行计划经济时期的“三统管理”，为国营运输企业保驾护航，到培育、发展运输市场，根据国家部门规章实施准入审批和道路运输行业规范管理阶段。

1979年4月8日，根据国家经委、交通部和省交通厅文件精神，雁北行署交通局发文通知，重申对从事道路运输的社会各企事业单位和农副业运输工具汽车、农用车、拖拉机、排车、马车实行“三统”管理。凡是在辖区公路和城镇乡村从事营业性客货运输的专业和非专业运输，均纳入运输市场“三统”管理，运输计划实行省地县三级平衡、三级审批制度，货源单位按年度、季度、月度编报运输计划，由交通部门统一按月平衡安排，不允许自揽货源和自找运力。车辆调度、受理货源、货物配运统一由交通主管部门和运管部门办理。各类运输工具的运价都统一执行规定的费率和计费方法，不准自行抬价、压价，或巧立名目乱收运费。

为加强道路运输市场管理，要求社会营运车辆首先办理“准运证”标志牌后方准予参加运输。为做到有计划地合理安排社会各企事业单位、农村运输工具和搬运装卸劳动力，规定：全区内各用车单位必须在年底12月18日前向所在地运输管理站报送下年度运量与所需运力计划，地区运管处统一汇总，按照计划调配运力。未经地区运管处批准和辖区运管站统一调配、无“准运证”的社会车辆，一律严禁参加社会运输。在社会运输车辆管理中，加强“三统”管理，杜绝运输市场私拉乱运、争抢货源的混乱情况。

1983年，中共中央下发《当前农村经济政策的若干问题》的1号文件，进一步加大农村改革力度，开放运输市场，允许农民个人或联户购置大中型汽车或拖拉机从事生产和运输，同期，交通部、省交通厅发出《关于停止办理载货汽车跨省准运证的通知》和《补充通知》。

1984年，根据中央精神，交通部提出“有路大家跑车、有水大家行船”，放开搞活运输市场，实行各地区、各行业、各部门多家经营，坚持国营、集体、个体各种经济形式协调发展的工作方针。随着运输市场的放开，个体运输专业户从乡镇到城市迅速兴起。与此同时，厂矿、企事业单位在70年代发展起来的各种汽车队，在完成本单位运输任务后也跻身于社会经营行列，出现国营、集体、个体一起上的局面。运输方式发生根本的变革，客运向快捷、舒适、直达方向发展，货运由原来“三线分工”接力运输向门到门直达运输方向发展。针对农村个体运输工具进入社会运输市场的现状，雁北地区出台《关于进一步加强农村运输工具组织管理的通知》，针对运输市场出现的无序竞争、结算运费无统一凭据、偷漏税费等问题，出台《关于公路货运统一结算凭证管理的通知》，制止非法经营，使大量涌入运输市场的社会运力管理有序，促使运输市场活而不乱。

1985年4月11日，省政府发布《山西省公路运输管理暂行条例(草案)》、《山西省公路运输违章处罚暂行规定》等地方法规。由于当时社会运输管理处以管理非专业运输车辆为主，不管专业运输，使运输管理工作出现空挡，造成“三统”管理方面的诸多脱节和矛盾。1986年全国交通工作会议指出：当前交通运输体制改革的中心任务是要在继续放宽搞活的同时，实行行业管理，加强和改善对运输经济的宏观控制。

雁北地区道路运输管理部门顺应形势，转变职能，管理范围由间接管理社会企事业单位运力和农副业运输经营户的社会运输管理，转变为间接管理包括交通直属专业运输企业的整个道路运输全行业管理，管理形式由货源所在地管理转变为车辆户籍所在地“属地管理”，道路运输行业管理在范围和形式上都发生很大变化。到1986年底，朔州市所属县形成地、县、乡(镇)三级运政管理体制。解决运输市场放开后画地为牢、垄断货源的弊病。县级以上运管部门对辖区内运输经营户强化准入审批制度，健全运输行业经营户开停业审批、核发经营许可证、营运证等管理制度、管理程序。对辖区内道路运输经营户和车辆建立基础台账，实施户籍簿、档案管理。

1986年12月19日，国家经贸委和交通部联合发布《公路运输管理暂行条例》，这是国家部委发布的首部指导运输行业管理的政策性规章，规定“凡从事公路客货运输、搬运装卸、汽车维修、运输服务的，均属公路运输行业管理范围”，并对企业开业和停业、货物运输管理、旅客运输管理、省际运输管理、搬运装卸管理、运输服务管理、汽车维修管理、运输工具管理、价格及单证管理、运管费征收使用、监督检查和处罚等运输行业管理做出全面具体规定，成为改革开放新形势下政府指导运输行业管理的法规，拉开实施道路运输行业管理的序幕。

1987年，随着国家经济体制改革的深入，省交通厅制定《关于深化改革，增强企业活力的实施方案》。按照企业所有权和经营权分离原则，雁北地区国有专业运输企业深化体制改革，实施政企分离，从改革分配制度入手，由点到面实行承包经营责任制和租赁责任制，经营管理上趋于自主、自立，由计划经济管理时期的管理经营型向纯经营型转变。随着运输市场的进一步开放,各运输单位和个体运输户除必须遵守国家的政策法令外,在承揽货源、结算运费等经营方面有充分的自主权,货运运价也可随运输市场的变化在一定幅度内上下浮动。从此,国家实施了30多年的道路运输"三统"管理因不适应道路运输市场客货流通的需求而被打破,一个多种经济成分、多种经营形式共同发展的运输市场体系逐步形成。

1986年至1987年,雁北地区运管部门开展汽车维修市场、道路客运市场治理整顿,汽车维修、旅客运输行业全部纳入道路运输行业管理,初步解决汽车维修行业存在的技术力量薄弱、设备简陋、修理质量低劣、收费不统一、放任自流等问题。强化班线客运和出租车客运准入审批和班线客运线路审批制度,同期,地区运管处加强对大宗货源和重点物资运输的管理,组织运输企业实行合同运输。

1989年至1991年,在全区开展为期3年的道路运输市场治理整顿。地区运管处制定整顿方案,建立完善各项业务审批制度,规范经营业户开停业、客运线路审批、新增营运车辆审批等程序,完善各类业务台账,逐户建档。在道路运输行业贯彻实施部颁《汽车旅客运输班车客运服务标准》,交通部13号部令《汽车运输业车辆技术管理规定》,组织道路运输行业从业人员进行行业规章制度、业务素质、职业道德培训;开展客运、维修行业竞赛比武活动;先后制定《朔州市道路旅客运输经营行为规则和服务质量标准》,印发《汽车二级维护技术操作规程》等规章制度,提高道路客运汽车站和班车客运服务质量;全面推行汽车维修行业开业条件、技术标准、发票使用、收费价格"四统一"管理,对全区营运客货汽车实行强制二级维护和车辆技术等级鉴定。进一步完善道路运输市场规则,规范行业管理,促进道路运输运输市场健康发展。

第三节　道路运输市场的治理整顿

1978年,朔州市辖区的6个县运输管理站分设路检路查组,开展道路运输市场管理。每站路检路查组设2至4人,运管人员身着便装,骑自行车,携带布制红、绿颜色两面小长方标志旗和省制运管人员证件,深入道路运输行业企业和上路检查,动态管理营业性社会道路运输机动车辆和非机动车。

1987年,雁北地区成立汽车维修市场整顿领导组,对全区汽车维修行业进行全面整顿,初步解决汽车维修行业存在的技术力量薄弱、设备简陋、修理质量低劣、收费不统一、放任自流等问题。运管处对全区道路客运市场开展集中统一整顿,强化班线客运和出租车客运经营许可及班线客运线路审批制度,按区规划分别设立社会客车班线客运停发车站,对参加客运班线营运的社会客车实行定站点、定线路、定班次的"三定"管理。地、县运管人员组织整顿客运市场秩序,对客运汽车站和维修企业进行监督检查,纠正违章违规行为。在较短时间内道路客运市场整顿工作取得了突破性的进展与良好的效果。

1989年至1991年,针对运输市场放开后出现的问题,交通部和省交通厅部署开展为期3年的道路运输市场治理整顿。在道路运输市场治理整顿工作中,朔州市专门设立市县治理整顿领导组,组长由分管工交的副市长、副县长担任,副组长由政府办、经委、交通局、工商局、公安局领导担任,成员由运管、城建、税务、物价、标准计量、农机、保险等部门领导组成,领导组办公室设在市交通运输办公室。制定整顿方案、召开各类动员会、印发有关宣传资料、出动宣传车、利用图片专栏、报纸、电台、电视等新闻媒体开展声势浩大的宣传发动,使治理整顿工作形成一定声势。在整顿中,将治理整顿道路运输市场管理内容细化为"七查",即查无证经营、查违章违规运输、查偷漏税费、查行业歪风、查垄断货源、查抬价杀价、查乱用票据,大大改善全市道路运输市场秩序,促进道路运输市场健康发展。

第四节　道路运输管理费征收

1979年1月,雁北地区运管部门开征公路运输管理费,1988年9月开征公路客运附加费。运管费和附加费征收由车籍所在地县级以上运政管理部门负责,依据国家或省财政、交通、物价部门规定的征收办法及费率按期(月全额、季95%或年90%包交)征收。运管费和附加费由运管部门向经营户征收。在征收运管规费时,对可以考核营运收入的企业或车辆,按最多不超过规定费率计征;对难以按营业额考核计算的,按车辆的载货吨位(包括挂车)和客车座位定额折算征收,折算征费标准限于相当正常的规定费率以内。对未按规定期限缴纳运管费的经营户,按照每月应缴纳运管费的5%加收运管费滞纳金;对未按规定期限缴纳运管规费者,依法对其实行经济处罚。到1992年底,全市营运客车达6辆210座,营运货车达547辆3528吨;分别比1978年运力增长3倍、88.2倍。运管规费征收每年呈递增趋势,广大运管人员不断强化规费征收和稽查力度,做到应征不漏。1979年至1992年,共征收运管费6.6万元;1989年至1992年,共征收客运附加费38万元。

第三章　规费征稽管理

交通规费征稽管理是交通规费征稽部门，为保证交通规费政策落实，实现交通规费征稽目标而对交通规费的征收、稽查和解缴的全过程进行计划、组织、协调和监督的一种经济活动，规费征稽管理是交通事业的重要组成部分之一。

第一节　征收机构沿革

1978年8月，省革命委员会发出晋革发〔1978〕131号《关于调整全省交通监理、公路养护机构的通知》，全省各地（市）、县设立交通监理机构，统一接收由原公路管理段（站）负责的交通安全管理、公路养路费征收工作。当时机构设置为省、地、县三级，由省交通厅统一负责、全面管理公路养路费的征收管理工作。从1985年开始，雁北行署交通局道路管理处负责拖拉机养路费征收工作。

1986年10月7日，国务院颁发《关于改革道路交通管理体制的通知》国发〔1986〕94号，决定将全国城乡道路交通安全管理工作统一划归公安部门负责，公路养路费征收管理工作仍由交通部门负责。

1987年5月20日，省政府下达《关于交通监理移交公安部门管理有关问题的通知》之后，省交通厅印发晋交征字〔1987〕578号文件，同意各地（市）交通局设立拖拉机养路费征收稽查科，专职负责拖拉机、畜力车、机动三轮车的公路养路费征稽工作，资金全部用于县乡地方公路的建设与养护。

雁北行署交通局设立拖拉机征费稽查科，行使行政执法管理职能，依法代表国家向社会拥有拖拉机、畜力车、机动三轮车的单位和个人征收公路养路费等公路交通规费的专职行政执法机构。雁北行署所辖朔州市范围6个县分别设立拖拉机征费稽查所（简称征稽所），各乡（镇）设立征稽站。

第二节　征收项目

1978年雁北交通规费仅为公路养路费，1985年5月1日，根据国务院国发〔1985〕50号《车辆购置附加费征收办法》，开征车辆购置附加费。1988年，交通部、财政部、国家物价局交公路字〔1988〕28号文，又开征车辆通行费。1991年10月1日，省物价局、省计划委员会、省财政厅、省交通厅联合制订《山西省车辆养路附加费征收管理实施细则》和《山西省公路货运补偿费征收管理实施细则》，全省开征车辆养路附加费和公路货运补偿费。雁北地区交通规费项目按照以上规定项目执行。

第三节　征收方式

1978年，养路费征收方式仍保持20世纪50年代始行的两种方式征收，即按费率征收和按费额征收。

按费率征收的对象和办法是：具有健全运输计划、行车记录、统计资料，能够准确反映营运收入总额，并实行独立经济合算的专业公路运输企业，按营运收入总额计征，费率从最初的4%到90年代初期的14%不等。

按费额征收的对象和办法是：除核定按费率计征的车辆外，其余车辆均按核定载重吨位和规定的费额标准计征，具体费额随时间的推移和国民经济的发展而调整，从最初的每吨18元到90年代初期的每吨170元。

第四节　征稽工作的开展

1989年8月，进一步贯彻落实省交通征稽局晋交征稽字〔1989〕298号《关于对省公路局所属公路工程、公路养护单位（含公路管理段、道班）配备的拖拉机养路费的征收办法规定》，明确各县交通局所属公路工程、公路养护单位配备的拖拉机养路费结算办法。全市当年征收拖拉机养路费26万元，比上年增长260%。1994年11月执行省交通征稽局晋交征稽字〔1990〕28号文规定，拖拉机养路费的征收、管理、上解及有关统计报表工作走向规范。

1991年，随着工农业生产的迅速发展，社会拖拉机拥有量大幅度增加。9月10日，省物价局、省计委、省财政厅、省交通厅联合颁布《山西省公路货运补偿费征收管理实施细则》和《山西省车辆养路附加费征收管理实施细则》，对养路附加费和公路货运补偿费的用途、征收单位、征收环节、征收标准、征管程序等作出明确规定。三区（县）拖拉机征费稽查部门积极工作，认真征稽，当年征收拖拉机养路费53万元，比上年提高30%。

1992年3月20日，朔州市交通运输办公室制定《朔州市拖拉机征费稽查科年度工作目标责任项目及考核奖惩办法》，成为现代管理方法运用于拖拉机养路费征稽管理工作的标志。

第四章　国防交通

为保障国家安全、保护社会主义经济建设,做好未来反侵略战争准备和应对突发事件,1978年9月,根据国务院、中央军委国发〔1978〕171号文件,各大军区、省、市、自治区和部分地、市陆续恢复和建立交通战备领导小组及其办公室。朔州市所属六个县根据通知精神,结合本地实际情况,相应建立或调整交通战备领导机构,并指定专人负责日常工作。

第一节　自身建设

为了加强交通战备工作,各县在落实编制、经费、办公条件的基础上,从组建以来到1992年,主要进行四方面工作。一是加强政治和业务学习。交战办成员都参加统一组织的干部理论学习,通过考试全部合格,取得结业证书;参加业务培训,还组织专题讲座,增强交通战备观念和国防意识,提高交通战备工作为国防建设和经济建设服务的认识。二是争取各方支持,改善办公条件。此前,各县交通战备办公只有不足15平方米的一间办公室,兼微机房、档案室。经过努力,解决3间共40多平方米的办公用房,配置外线电话、微机、车辆。三是制定规章制度和工作程序。制定办公、请示汇报、保密、地图发放、微机管理和使用等制度;制定突发事件交通保障程序,编制交通保障计划方案工作程序,办公室工作程序,交通战备规划程序。四是资料的搜集、整理、保管。首先抓建立档案室、配备档案柜、档案盒。其次按照交通战备资料系统总图要求,对资料进行重新整理。

第二节　工作的开展

一、编制报表

1979年,为适应战时作战指挥的需要,根据四部联合通知要求和北京军区交通战备领导小组下达的保障任务和编写提纲,结合雁北地区所处的战略地位和具体条件,对公路保障、公路运输准备、战备车队的组织动员和修理、道桥抢修队伍的组织等,按省交战办部署要求,完成地区战时交通保障计划的编制。

二、双向纳入

交通战备"双向纳入"就是把交通战备工作纳入有关部门、企事业单位管理,使之制度化。同时,发挥交通战备部门优势,拓宽工作面,把相关事宜纳入交通战备工作之中,实现交通战备与运输生产等经济活动有机结合,通过"双向纳入"达到互利双赢。

根据省交通战备领导小组、省经委、省交通厅晋交战字〔1988〕14号文件关于交通战备工作纳入企事业单位管理的基本要求和省交通厅〔1990〕晋交战字第30号文件通知精神,1991年3月12日,地区交通战备办公室将交通局机关开展交通战备"双向纳入"的具体内容通知局机关各科室。

(一)交通局机关与交通战备相近的工作纳入交通战备办公室的内容

1. 提供、编绘雁北地区公路交通图;
2. 牵头做好国防和战备公路的建设管理工作;
3. 抓好各县公路交通防汛工作;
4. 参与交通发展规划的编制工作;
5. 承办局领导交办的与交通战备有关的工作。

(二)交通战备纳入局机关有关部、处、科、室的内容

1. 行政办公室:把交通战备工作作为平时交通工作布置、检查、总结、评比、表彰的一项内容,总结交通战备工作经验,反映交通战备工作信息。

2. 道路管理处:在公路建设和管理中贯彻国防要求,把交通战备工作的有关要求贯彻在目标管理、质量管理中,在战备公路的建设中审查设计和预算变更,严格工程质量监督,积极为交通战备办公室提供有关道路路况资料。

3. 运输管理处:在运输行业管理中,积极贯彻交通战备工作要求,把交通战备活动的有关内容纳入各级运管部门目标管理、质量管理中,积极为交通战备办公室提供公路运输有关资料。

4. 武装部:在民兵工作中纳入交通战备工作,开展交通战备活动;组织和协助交通战备办公室做好全局的交通战备工作;做好全局交通战备保障队伍的组建、整组和交通战备训练、演练工作。

5. 计划统计科:根据平战结合原则,把交通战备设施、战备公路建设规划、计划纳入平时交通建设规划、计划;在安排项目时,要贯彻国防要求;积极为交通战备办公室提供有关统计资料。

6. 财务科:做好交通战备建设项目的用款计划,拨款及财务预决算,核拨养路费补助的交通战备经费和控购物资的审批。

7. 教育科:在培训干部计划、职工教育中列入交通战备内容。

第二编　加快推进时期(1993 年~2002 年)

第一章　公路管理

“八五”至“九五”期间,“要想富,先修路”成为社会共识。朔州市采用争取上级拨款、银行贷款、社会融资、群众捐资等多种方式筹集建设资金,发动全民义务劳动,掀起公路建设高潮。

截至 2002 年底,全市农村公路通车里程达到 4505 公里,等级里程达 863.4 公里,次高级路面里程达 2014 公里,全市 1688 个行政村 40% 的行政村通油路。

第一节　全民义务修路拓宽配套工程的全面开展

1993 年,省委、省政府确定以修建太旧高速公路,改建太原飞机场、火车站、引黄入晋、农田基建等为主要内容的“三项建设”(义务修路、农田水利基本建设、重点工程)和“挖煤、输电、引水、修路”四个重点,实施经济上新台阶的战略目标。

1993 年 10 月 13 日,朔州市委、市政府召开全市“三项建设”(重点工程建设、公路建设、农田基本建设)动员大会,全市开展全民义务修路。到 11 月,全市义务投工 123 万个,县、乡、村集资 2100 万元,新建县、乡公路 144.7 公里,新建扩建城乡公路 705 公里,拓宽干线公路 115 公里,拓宽县、乡公路 32 公里,分别比省计划超额 41%、41%、156% 和 320%。新增油路 47 公里,水泥路 11 公里,分别比省计划超额 213% 和 120%。1994 年 4 月,全市再次掀起全民义务修路热潮。全年共计出动劳动力 300 多万个,出动各类大型机械 2 万多台(班),动土石方 500 万方、石方 230 万方,备料 17 万方,完成投资 4838 万元。新建公路 139 公里,改建 138 公里,拓宽公路 121 公里。1995 年 9 月提前实现“三通”,从 1993 年到 1995 年,全市县、乡、村共投资 2.9 亿元,投工 3100 万个,动用土石方 2900 万方,新建公路 484 公里,改建公路 518 公里,新建乡村道路 3125 公里,改建村级道路 4500 公里,新增公路通车里程 346 公里。全市公路通车里程达到 2400 公里。

1996 年,全市义务修路共出动劳力 2517 万个,机械 144.2 万台(班),完成土石方 4928.6 万立方米,完成投资 23 441 万元。新通油路 12 条 105.6 公里,通油路村 47 个 133 公里;通公路村 148 个,新建公路 174 公里,改建公路 147 公里;拓宽二级公路 117 公里,新增高级、次高级路面 243 公里。2000 年,全市新建公路 250 公里,改建公路 150 公里,建成油路 108 公里,新增通油路村 35 个,新增通公路村 50 个,新增公路通车里程 300 公里。2002 年,全市铺开两条高速公路连接线(怀仁、应县)、三条出口公路(山和线、朔广线、应繁线)及 30 个行政村通公路为重点的公路建设。到年底,全市公路通车里程达到 4505 公里,比上年增加 300 公里,增长7.13%。公路密度由“八五”末的 21.1 公里/百平方公里增加到 41.4 公里/百平方公里。二级以上高等级公路达到 863.4 公里,次高级路面达到 2014 公里,在全省率先实现乡乡通油路目标,40% 以上的行政村通油路,国省干道、县乡村道更加贯通,路网结构和通达深度进一步提高,基本形成东西南北纵横交错、四通八达的公路网络。

第二节　路政管理的加强与治超工作的启动

20 世纪 90 年代,随着国民经济的发展,朔州市境内大吨位超限超载车辆越来越多,一是诱发大量道路交通安全事故。据统计,70% 的交通安全事故是由于车辆超限超载引发的,50% 的群死群伤性重特大道路交通事故与超限超载有直接关系。二是严重损坏公路基础设施。车辆荷载远远超过公路和桥梁设计承受能力,给国家财产造成巨大损失。三是导致运输市场恶性循环。四是造成车辆“大吨小标”泛滥。一些汽车改装厂和修理厂在利益驱动下,纷纷非法改装车辆,参与扭曲无序的竞争,使治超管理迫在眉睫。

1994 年,省公路局下文,要求所属公路分局设立路政科,各地(市)交通局参照执行。同年 6 月,朔州市交通局在道路管理处内设路政办公室,负责全市县乡公路的路政管理。同时,4 县 2 区均设立路政管理所,各县(区)路政管理所均配有专(兼)职路政管理员 10 余人,统一着装履职。

1998 年,《中华人民共和国公路法》实施后,市交通局组成宣传队,将《公路法》编写成宣传材料,制作版面,装饰宣传车,深入城市和乡村广泛宣传。

2002年起，朔州市交通局每年度举办一次路政业务培训班，各县(区)路政执法人员参加培训。在此基础上，使路政管理同“强素质、树形象”文明创建活动紧密结合起来。

抓好队伍建设的同时，在公路沿线聘请百名兼职路政监督员，制定公路路产损坏举报制度，使路产损坏案发现率大幅度提高，1998年，查处损坏路产违章车1180辆，挽回经济损失80余万元。

1999年，为保所辖公路达到畅、洁、美的标准，塑造公路文明执法形象，制定文明上路规则，对路政管理人员进行有关法规、业务再培训，实行着装、持证、挂牌上岗。组织路政管理人员，深入各县(区)调研，建立档案，执行路政巡查管理，查处较大损坏公路路产案件8起，追回损失200余万元。

第三节　县、乡、村公路路网的规划与实施

2003年初，朔州市委三届七次全委扩大会议及朔州市人代会提出加强农村公路建设的具体意见，把建设小康社会的切入点和突破口选定在地方公路，特别是乡村公路的建设上。6月7日，全市县际及农村公路改造工作会议后，农村公路改造工作全面启动，接着又召开全市公路建设动员会和村村通水泥路右玉现场会，全市农村公路改造迅速掀起高潮，确定实施“四个一批”、“五级联网”公路建设工程。“四个一批”，即：每年完成一批市级重点公路建设工程，每年完成一批县级公路大修恢复工程，每年完成一批乡级公路改造工程，每年完成一批村级公路硬化工程；“五级联网”，即：国道、省道、县道、乡道、村道五级联网。进一步动员全市人民掀起县、乡、村公路改造、硬化工程建设的新高潮，推动全市经济和社会各项事业的快速发展。截至2005年底，全市改造二级以上高等级公路923公里，建成全长121公里的大新高速公路和3条支线、连接线，基本形成以大新高速路为依托，国省干线为主骨架，县、乡、村路纵横交错，四通八达，基本实现村村通硬化路的公路网格局。

第四节　农村公路建设高潮的兴起

从1993年开始，朔州市农村公路建设力度逐步加大。除新建县、乡公路144.7公里，新建、改建城乡公路705公里，拓宽干线公路115公里，拓宽县、乡公路25公里外，到2002年末，全市公路通车里程达2629.59公里，其中高速公路122公里，一级公路28.98公里，二级712.42公里，三级1458.78公里，四级2089.8公里，等外路92.7公里；有路面里程4295.41公里，其中水泥路面414.39公里，沥青路面1599.48公里，沙砾路面2281.55公里，无路面里程209.255公里，绿化里程2651.45公里，已实施GBM里程417.6公里，文明路里程349.602公里。等级公路和次高级路面里程有了明显提升，全市路况进一步改善。

2001年至2002年，朔州市坚持高起点规划、高质量建设、高水平管理的方针，完善公路管理制度，强调规范工程可研、立项、设计、审批、招标程序，以确保工程质量，并充分发挥县(区)乡(镇)政府和全社会的积极性，克服公路建设资金困难，大打公路建设攻坚战。

2001年是实施“十五”计划开局之年，也是“朔州市县乡公路建养年”和“公路工程质量年”。全年完成投资9018.5万元，其中养路费补助1092万元、财政及其他筹资7926.5万元，完成新建公路93公里，新建油路28.7公里，改建县公路101公里，改建乡公路11公里，新建村公路50.2公里，新建桥梁37座450米。管养县乡公路总里程达到3352公里。

2002年，全市公路建设总投资达到17.6885亿元(含大新高速公路)，其中地方公路投资1.398亿元，全市新增二级以上公路160公里(其中高速公路121公路)，三级油路38公里，村通油路(水泥)352公里，有37%的村庄通了油路。

截至2002年底，全市农村公路通车里程达到4405公里，其中一级公路28.98公里，二级公路712.42公里，三级公路1458.77公里，四级公路2089.79公里，等外路减少至92.7公里。晴雨通车里程2629.59公里，绿化里程2651.45公里。

第五节　专用公路的建设

截至2010年，朔州市有煤炭专用公路5条51.281公里；旅游专用公路1条27.527公里。

一、煤炭专用公路

1. S212140602至峙峪村，路线编号：018140602，里程6.73公里，三级次高级路面。

2. 苑家辛庄至集运站线，路线编号：Z039140621，里程3.972公里，三级水泥混凝土路面。

3. G208至大同焦煤矿线，路线编号：Z024140624，里程6.772公里，三级次高级路面。

4. G208至芦子沟煤矿线，路线编号：Z025140624，里程9.798公里，三级水泥混凝土路面3.032公里，次高级路面6.766公里。

5. 王坪村南至王坪煤矿线，路线编号：Z029140624，里程4.301公里，三级水泥混凝土路面。

二、旅游专用公路

金沙滩至清凉寺至鹅毛口旅游循环公路，全长27.527公里，三级公路标准，沥青水泥路面，概算投资9398万元。其中：省交通运输厅补助投资3974万元；银行贷款5000万元；其余由县政府自筹。2010年9月开工，2011年10月15日竣工通车。

第二章　道路运输管理

从1992年起始，朔州市交通运输办公室深化改革开放，加大力度培育建设有形货运市场，促进货运市场发展。1995年7月20日《山西省道路运输管理暂行条例》颁布实施，1996年交通部下发《交通行政处罚程序规定》以及有关规范道路客、货、维、驾管理的若干部令。随着道路运输法律法规的逐步健全，朔州市运管部门结合实际，制定朔州市道路旅客运输、货物运输、汽车维修、驾校培训、运输服务业管理办法，统一规范道路运输业经营户资质、车辆技术状况，开业、停业，营运车辆新增、报停、转出，车辆强制二级维护、审验上线检测、等级鉴定等工作程序，对从事道路运输客运司乘人员，货运、危货驾驶员、押运员，汽车维修人员，驾校教职工人员，实行岗前培训、持证上岗等工作制度，朔州市道路运政管理工作逐步迈入依法行政、以法治运、科学管理的轨道。到2002年底，全市有货运经营户6553户，营运货车7132辆，49 924吨位；客运经营户63户，营运客车96辆2496座位，车型大中小型，类别普中高级得到发展，运力结构得到明显的提升；新开客运线路由1992年的6条增加到16条；汽车维修经营户203户；搬运装卸2户；客运站场5个。年度完成货运量5040万吨，货物周转量194 250万吨公里；客运量1260万人，旅客周转量62 200万人公里。朔州市道路运输市场基本形成统一、开放竞争、有序的道路运输市场，货运、维修、驾驶员培训市场服务质量全面得到了提高。

第一节　《山西省道路运输管理暂行条例》的颁布实施

1995年7月20日，经山西省八届人大常委会16次会议通过，《山西省道路运输管理暂行条例》颁布，并于10月1日起施行。该“条例”第五条规定“县级以上交通行政主管部门负责管理本行政区域内的道路运输业。交通行政主管部门可以委托其所属的交通运输管理机构履行道路运输业的具体管理职责。”由此，全省道路运输管理行政审批的依据由部门规章变为地方法规，运管机构变为政府交通行政主管部门委托的行政执法机关，开始运用法律手段保障和推进道路运输业的健康发展。1995年9月，朔州市运管处围绕《中华人民共和国行政处罚法》、《山西省道路运输管理暂行条例》等法律、法规并结合全市运管工作实际，步入以执法培训为重点，以普法宣传教育为基础，以落实执法责任制为核心，以健全和完善行使审批制度为保障的推进运政法制化依法管理的进程。

第二节　货运市场的建立

1994年至1995年，按照交通部“道路危险货物运输管理规定”精神，朔州市交通局出台“朔州市道路危险货物运输管理办法”，对全市危险货物运输市场进行全面治理整顿，为危货运输车辆发放专用标志。

在各级运管机构的有效监管下，通过深入企业检查指导、路检路查日常监管以及年度审验，加强对从业人员自治管理和车辆技术管理，进一步规范和严格实行货运合同运输管理，全市货运市场逐步规范化，减少货差货损，避免运输纠纷，提高了运输质量。全市货运行业基本建立进出市场规则、市场交易规则、财务结算等制度。

1997年，交通部颁发《道路货物运单使用管理办法》，10月1日开始执行。原有的货运行车路单不再使用。朔州市运管部门贯彻规范使用道路货物运单，为道路货运行业强化合同运输，明确承、托双方责任，规范经营行为，减少运输纠纷，净化运输市场创造了条件。

2000年3月至2001年3月，在全市开展道路运输市场管理年活动，加强货运信息网络建设，成立朔州市运输服务信息中心，加大对货运出租车辆的管理，货运出租车辆实行统一停放、统一标识、专人管理。

第三节　客运市场的建立

20世纪90年代初，朔州市交通运输办公室大力治理整顿道路旅客运输市场，完善客运市场机制，制定道路客运市场行为规则、服务质量标准、实行道路客运行业年度审验工作制度和营运客车强制二级维护规定,初步建立道路客运行业进出市场规则,经营行为规范等规章制度。到1993年底,朔州市道路客运站规范管理,按序发车,实施定站点、定线路、定班次"三定"管理和统一客运线路牌、统一客票、统一票价、明码标价规范运营。

1997年,朔州运管部门以汽车站为重点开展"三优"、"三化"为目标的达标活动。从抓站容、车容、仪容入手,重点治理环境"脏、乱、差"服务"冷、横、硬"。各客运站统一制发工作人员制服,着装上岗。开展争创文明车站的活动,制定《百分制评分考核办法》,年度进行自下而上的检查与评选,树立先进典型和学习榜样。为建立、维护运输秩序,保障旅客汽车客运经营者合法权益,促进客运站健康发展起到极好作用。

2000年6月9日,省交通厅以晋交体字〔2000〕25号转发交通部《道路旅客运输企业经营资质管理规定(试行)》。针对全市客运企业多、小、散、弱情况,为促进道路旅客运输企业的合理分工,优化运力资源配置,积极引导道路客运企业的集约化、规模化经营和规范化服务,进而推进道路运输市场化进程。2001年朔州运管处重新编制客运营运线路票价表,全市营运客车统一更换线路标志牌(权属证),车内统一悬挂客运票价表。6月5日,市运管处召开清理整顿道路旅客运输秩序动员大会,全市客运经营业户100余人参加,同各客运企业签订安全目标责任状。在各级运管机构的有效监管下,改善了朔州市道路客运基础设施条件和对外开放的形象,缓解了朔州市道路客运交通拥挤状况。

第四节　维修网络市场的建立

根据交通部、国家经委、国家工商行政管理局颁布的《汽车维修行业管理暂行办法》,经过道路运输行业治理整顿,20世纪90年代初,全市汽车维修市场进一步规范开业条件、维修标准、价格标准、结算凭证。全市营运汽车实行强制二级维护、年度定级。运管部门深入贯彻实施交通部《汽车维修质量管理办法》等规章,提高维修质量,保障汽车运行安全。

1993年,贯彻交通部颁发的《汽车修理技术规范》,推行标准化管理工作,市运管处组织全市维修业户参加信得过企业评选活动。根据物价政策,朔州市交通局出台《关于修订朔州市汽车业修理费用结算试行办法的通知》,维修市场工时费价格合理实行市场调节。各维修业户根据市场情况,实行企业自定季价,确定当季工时价格,并按时向运管、物价部门申报备案,由运管部门通过新闻媒介定期向市场公布。逐步建立以市场调节为主的汽车维修价格运行机制。

1994年,市运管处组织专业技术人员,在两条汽车综合性能检测线上对二保企业所进行的二级维护车辆按项目进行部分解体抽检。对不符合二级维护质量要求的责令停保整顿。

1996年,市运管部门强化二级维修卡管理,行文规定:凡经二级维护的车辆,须凭二级维护出厂合格证,工时材料明细表,收费发票单,经管理部门抽检,方可加盖二级维护专用章,有效扼制了不按规定时间进行二级维护而买维修卡、漏费等问题。坚持从严汽车二级维护管理工作,规定所有从事道路客运二保率达三次以上,其他车的二保率平均达二次。

2001年,国家质量技术监督局发布《汽车维护、检测、诊断技术规范》,市运管部门要求,车辆进厂二级维护,维修企业必须与车主签订维修合同,严格执行三单一证制度、一票两证制度及质量保证制度,备案送检人员情况,车辆二级维护竣工检测须在综检站进行,合格证必须贴附防伪标识。汽车二级维护企业要公布机动车维修公示定额和收费标准,公布企业咨询电话,明码标价,合理收取费用。并将车辆二级维护工时单价定额收费标准报所在地县级道路运输机构备案。

2001年,依照国家标准,市运管处制定《朔州市汽车维修企业资质评定标准》,要求建立健全企业管理制度。对全市维修企业进行整改,建立健全企业规章制度。通过企业资质评定,推动维修行业抓管理、抓技术、抓服务意识的提高。

2002年,根据省运管局文件,市运管处成立领导组,制定"达标贯规"工作实施方案,组织管理人员深入维修企业检查指导,现场办公,强化维修企业内部基础管理工作,不断完善各项规章制度。对存在的基础管理工作、各项规章制度不完善,违章违规行为及时进行纠正,并将检查结果记录在案,做到检查工作有记录,查出问题有记载,问题处理有结果,实行依法行政。

第五节　驾驶员培训市场的建立

1985年前,雁北地区采用教学和师徒以运代训两种办法培训汽车驾驶员。1985年省政府下发46号文《对驾驶员进行培训的管理办法》,取消驾驶员申领驾驶证只进行理论培训和以运代训的培训模式。学员申领驾驶证,必须在驾驶员培训班理论和实践操作培训后,经地区交通监理处理论考试、桩考、路考合格后,方可申领驾驶证。1987 年 7 月至 1996 年 5 月前,驾驶员培训学校由公安交通警察部门管理。

1993 年 12 月,国务院办公厅下发〔1993〕204 号文件,汽车驾驶员培训学校和驾驶员培训职责纳入道路运输行业管理。1994 年 8 月,朔州市运管处成立朔州市汽车驾驶员培训学习管理中心。12 月,朔州市运管处对全市驾校进行摸底调查,交警部门核发《培训许可证》。

根据 1995 年 3 月交通部《汽车驾驶员培训行业管理办法》、1995 年 7 月《山西省道路运输管理暂行条例》、1996 年 9 月交通部《汽车驾驶员培训教学计划和教学大纲》、交通部〔1996〕第 11 号令《中华人民共和国机动车驾驶员培训管理规定》等文件精神,在省、市政府支持下,市运管部门做了大量细致工作。1998 年,完成驾校教练车的技术等级鉴定、年度审验和换证工作。1999 年,朔州市政府就驾校行业管理工作下发会议纪要和转发《朔州市汽车驾驶员培训管理办法》,从根本上理顺行业管理渠道,为驾驶员培训纳入行业管理铺平道路。2000 年,全市有 2 所驾校办理经营许可证,正式纳入道路运输行业管理。

2000 年,朔州市运管处制定《驾驶员培训学校统一台账报表制度》,对从事驾驶员培训的驾校实施行政许可后,在驾驶员培训日常管理中,运管部门全程监管,全市驾校严格执行有关规定标准,按交通部教学大纲规定,使用统一培训教材,统一理论、实际操作分类教学培训计划,统一培训学时。学员入学填写登记表,持学员证参加培训,驾驶员教练员持准教证教学。经认真培训后,从严考核,严格把关,考试合格学员领取培训结业证,持培训结业证向公安交警车管部门申请报考驾驶证。截至 2010 年,全市共有机动车驾驶员培训学校 11 所,教练车 460 辆,教练员 420 名,教练场面积 53 280 平方米,从业人员 780 人,年培训能力约 1.6 万人。

第六节　道路运输管理费征收

1997 年 1 月 1 日起,全省公路运输管理费征收、使用实行省财政统收、统支,收支两条线的预、决算管理制度(包含已实行财政专户资金划转的地市)。即收入全额上解,支出按批准预算逐级拨付,任何单位和个人都不准截留、挪用和拖欠。市、县运管部门每月初定期将上月征收的运管费,一次性逐级全额上缴山西省交通运输管理局运管费专户,省运管局将征收的运管费集中上缴省财政厅财政专户,纳入省财政预算外资金管理。

省财政厅下拨运管经费,按月按县、市、省、交通部 70%、20%、9%、1% 经费预算分别使用比例计划统一拨给省运管局,再由省运管局、市运管处按分级使用比例计划逐级下拨所属各运管部门经费支出专户。每年 10 份,各级运管部门按照“量入为出,收支平衡”原则,编制下年度运管费收、支预算,报省交通厅、财政厅审批后执行。省财政厅下拨附加费按照省、市、县 4: 3: 3 分级使用比例按季统一拨给省运管局,再由省运管局、市运管处按季按分级使用比例逐级下拨所属各运管部门专项资金专户。运管费实行全省统收统支收支两条线的预、决算、专款专用管理办法,附加费实行分级管理,专款专用管理办法。

运管部门征收运管规费,统一使用省财政厅印制和管理的征收运输管理费和公路客运附加费票据。领用票证按省财政厅规定的程序办法执行,运管部门负责票证的使用、管理、缴销和核查工作。运管部门征收使用运管费须严格遵守财经纪律,严格按财务制度办事,并接受审计部门和财政部门的审计和监督。

到 2002 年底,全市营运客车 96 辆 2496 座,营运货车达 7132 辆 49 924 吨运,2002 年度征收运管费 626 万元,征收客运附加费 327 万元,分别比上年增长 26% 和 15%。

第三章　规费征稽管理

随着《山西省公路管理条例》的颁布实施,车工建勤费(代金)、铁路道口机动车辆安全管理费(代征)的开征,《山西省公路养路费征收管理规定》的出台,朔州市交通规费征收稽查任务越来越重,管理越来越重,要求越来越高。在新的机遇和挑战面前,朔州市交通规费征收稽查机构,与时俱进,开拓创新,经历了“征管一条龙”、“以费收为中心、以稽查为龙头”、“以费源管理为龙头、以高效稽查为手段”的历程,克服重重困难,圆满完成了各年度费收任务,用实际行动和骄人业绩诠释“为国家征费、为兴路开源”的征稽使命,用心血和汗水铸就成“忠于责任、勇于开拓、甘于奉献”的交通规费征稽精神。

第一节　征收机构沿革

1987年交通监理机构改革后,朔州市所属六县交通征费稽查所与交警队分设成立,当时隶属雁同交通征费稽查处。1994年4月雁同、朔州分置,由于行政区划的调整,朔州征稽从原雁同征费稽查处分离,组建成立朔州市交通征费稽查处,1997年更名为朔州市交通征费稽查分局。共有职工77名,其中:干部48名,党员65名。机关内设办公室、财务室、审计科、征费科、稽查科、党工部、人劳科、纪检室8个职能科室。下设朔城区所、平鲁所、怀仁所、应县所、山阴所、右玉所、小平易征稽站、陈家堡征稽站8个基层征收单位。主要担负着全市2区4县16 358辆各类车辆,51 616个征收吨位在公路养路费、货运附加费的征收管理工作。

第二节　征收项目

进入20世纪90年代后,随着社会经济和公路运输的发展,对公路建设资金的需求日益迫切,交通规费征稽事业也进入了一个新的发展阶段。费种、费额、费率不断完善,交通规费的内部结构也日趋合理。朔州市交通规费征收稽查机构的交通规费主要是公路养路费、公路货运附加费(2001年前为货运补偿费)、铁路道口机动车辆安全管理费(代征)、车工建勤费(代金,1998年3月停征)。征收对象仍为社会拥有拖拉机、农用三、四轮机动车的单位和车主。

第三节　征稽工作的开展

1993年至2002年10年间,朔州交通规费征稽人员坚持不断创新、勇于探索,学习借鉴先进经验,紧密结合实际,建立健全一整套适合自身工作特点的制度,完善内勤、外务、征收、稽查、上解等一整套严谨的业务管理程序,推广运用目标责任制管理、社会治安综合治理管理、全面质量管理、安全生产管理、文明窗口建设、廉洁勤政和效能监察管理等现代化管理模式。征稽人员牢记"为国家征费,为兴路开源"的征稽使命,保证各年度交通规费征稽任务的圆满和超额完成。

1993年至2002年,共征收交通规费8197万元。其中:拖拉机、机动三轮车公路养路费(含货运附加费)7994万元,铁路道口安全管理费、车工建勤费203万元,年均819.7万元,10年为朔州市县乡公路建养提供近亿元资金,为朔州市农村公路建设作出较大贡献。

第四章　国防交通

第一节　机构沿革

1989年朔州市组建成立,市政府下设计划财经委员会,内设交通运输办公室。并挂靠交通运输办公室成立朔州市交通战备领导小组,组长由朔州市政府副市长卫占成担任,副组长由朔州市人大常委会副主任石璋担任。1993年1月,朔州市交通局成立,交通战备办公室挂靠朔州市交通局,主任由交通局局长李圣泉担任,副主任由车建民担任。

1994年9月28日,朔州市人民政府、朔州军分区以朔政发〔1994〕70号文,为适应中央军委新时期军事战略需要,切实做好国防动员准备和实施工作,保证党和国家改革开放大局的顺利发展,决定成立朔州市国防动员委员会交通战备领导小组。

组长:卫占成(副市长);副组长:崔希良(军分区参谋长)、李圣泉(市交通局局长)、高世宝(市计委副主任)、刘思久(市经委副主任)。成员有王勇(市财政局副局长)、池满华(市建委副主任)、郭征(市经委副主任)、丁祥(市公安局副局长)、蔚文元(市农委副主任)、冯鲁宁(军分区后勤部长)、陈联荣(军分区司令部副参谋长)、张林生(市邮电局副局长)。领导组下设办公室,办公室设在朔州市交通局。办公室主任:李圣泉(兼);副主任:车建民(专职)、杜承满(市国防教育委员会办公室主任)。

各县(区)人民政府和军事机关参照上述格局相应成立县(区)交通战备领导小组。

1997年6月,市级机关机构改革,由于人事变动,为便于工作,经研究,朔州市交通战备办公室主任由市交通局局长落国和担任,副主任由车建民担任。

2002年12月,由于市级机关人事变动,朔州交通局局长落国和兼任交通战备办公室主任,副主任由麻德担任。

第二节　正规化建设

1993年以来，市交通局不断加强组织领导，狠抓职工思想、组织、作风建设，切实贯彻落实各项规定，推动正规化建设全面发展。

一、组织建设的加强

近年来，在编制紧、人员少的情况下，市交通局党组一班人站在讲政治、讲大局的高度，高度重视交通战备工作，配齐配强2区4县交通战备组织机构，理顺两级交通战备机构的事业经费渠道，市、县两级部门均设有专职主任和专兼职副主任，负责处理市、县战备办的日常事务与管理工作，常设有3至5名专兼职战备工作人员，电信、邮政、公路等成员单位也均设立战备办公室，基本上形成一个完备的交通战备组织管理体系。构建起上下贯通、左右衔接、协调顺畅的组织机构系统。在理顺关系的基础上，市两级交通战备部门相应健全了工作职责、工作制度、工作程序，做到办事有依据、落实有措施，检查评比有标准，逐步走上科学化、规范化和程序化轨道。

二、着力做好基础设施配套化工作

2000年以来，克服种种困难，挤出30余万元，为战备办添置电脑及先进软件操作系统、传真机、打印机、照相和摄像等设备，并配备2辆专用交通战备车辆、BP机、手机和电话机等通讯和设施设备工具，使战备办的各种设备一应俱全。特别是在2001年，为战备办专门设立5间大办公室、1间资料室，购置资料柜、资料箱，专门抽出2名工作人员负责资料管理。开辟了近60平方米的战备指挥中心室，是集会议召开、电话会议和指挥调度为一体的多功能室，与省交战办指挥中心室的指挥系统和6县（区）相联网。

三、实现资料整理规范化、管理制度化

1998年，市交通局新一届党组班子组建以来，十分重视交通战备资料的搜集与整理工作。成立综合档案室，建立健全档案管理工作制度，整理5000多卷档案资料，配备各种档案设施。在综合档案室内专门开辟战备资料专柜，专人管理。在此基础上，建立交通战备档案资料保密制度和调阅管理制度，确保安全性，几年来，共搜集近1800余卷有价值的档案资料，严格按五大类进行分类归档，涉及物资、道路、铁路、民航、管道等交通资料，另外还包括电信、邮政、物资、器械和设备、重点交通保障分布情况，同时根据年度情况变化，做到更新及时、准确、查阅方便，2001年11月以后，与省交通厅建立电脑网络化联系，2002年10月又投资3万余元建立交通战备数据库，涵盖范围广泛，涉及种类齐全，为开展应急交通保障奠定坚实的基础。从1998年到2003年6年间，先后为军分区等上级部门提供有价值信息30余条，文字资料3万字，图片资料40余幅，满足军队和地方工作需要。

四、不断提高干部队伍整体素质

1998年以来的6年间，全市36名交通战备专职干部有5人次14人参加外出培训学习。同时，市交通局把交通战备干部队伍的培训学习纳入全市交通执法队伍培训工作计划，全市14名主任、副主任领导干部全部参加由交通部和省交通厅组织的执法培训学习。在此基础上，采取集中学习和自学形式，组织和发动全系统干部职工认真学习交通战备的法律、法规知识和业务工作，有22名同志还在参加培训学习和集中学习基础上，参加了成人自学考试和职称考试。到2003年底，全市36名交通战备专职干部有32人获得大专以上学历，占总数89%，有5人通过职称考试获得中级技术职称，有34人通过全省统一的执法统一培训考试，获得交通行政执法证件。

第三节　交通保障

1993年以来，市交通局把开展应急交通保障准备工作作为加快军事斗争准备的一项重要内容，始终坚持贯彻平战结合这一时代主题，以实现保障有力为目标，认真开展应急交通保障准备工作。一是对重点保障的2条国道和7条省道共946公里进行全程勘察，确定在特殊情况下的迂回路线，对沿线3座不达标涵洞和5座年久失修的桥涵制定加固方案。二是修订战时交通保障计划。三是制定重点保障目标方案。积极配合省战办制定康庄飞机场跑道重点保障目标方案的制订工作。四是交通保障队伍纳入民兵工作稳步有序地推进。五是制定应付突发事件、抢险救灾及其他重大军事行动中的应急调用预案，并经过前卫—1996和统一—2000两次交通道路保障实际检验，证明预案的准确性与合理性。2000年5月，应县大型战备木桥失火后，市、县两级部门密切配合，迅速行动，及时扑灭火灾，为国家挽回经济损失200余万元，并及时进行修复，表明应急交通保障准备工作卓有成效。六是认真组织开展社会运力动员潜力调查工作，并与交警、运管部门及中央企业直属部门都建立畅通的潜力调查合作渠道，确保资料及时准确。全市运力有：载货汽车6080辆，座车475辆，专用载货车46辆，其他机动车3758辆。七是不断加强交通保障队伍的建设。按照精干、管用、保障有力原则，分别在怀仁和应县组建运

输专业保障分队和道路专业保障分队,加强组织领导,适时组织试训和野外拉练,形成“拳头”力量,在应急抢险和经济建设中都发挥重要的作用。其他(区)县都在原公路养护与建设队伍骨架基础上,建立道路专业保障分队。全市专业保障队伍共有23支,专业保障人员1995人。

第四节　国防建设

1993年以来,市交通局始终把发展公路交通事业与发展国防交通事业放在同等重要地位,坚持经济效益与国防效益的有机统一,平时与战时的有机统一,把战区网的建设融入地方公路建设体系之中,在加快公路建设发展的同时,把贯彻国防要求落实到每一条公路的规划、立项、设计、施工、竣工、验收直至养护与管理的全过程,确保使每条公路符合并达到国防要求的标准和规范。此外,还注重国防交通网结构建设,在实施“九五”、“十五”规划时,把打通连接周边地区及省份的出口路、新建与改建主干线并举作为在公路建设中贯彻国防要求的一个基本指针。先后打通右玉通内蒙古和林格尔及凉城、平鲁二道梁通内蒙古清水河、应县白马石通繁峙、右玉通左云、广武通代县等多条高等级出口公路,新建元元公路、林荫公路、扶贫公路以及贯穿朔城区、山阴、应县、怀仁四(区)县的经济开发路等一批二级干线公路,改建右玉段109国道、山和线,使国防交通网结构功能日趋完备,为开展应急交通保障和服务国防奠定坚实基础。

第三编　跨越发展时期(2003年～2010年)

第一章　公路管理

“十五”期间,朔州公路交通事业进入了超常规、大跨度、飞跃式的发展时期。路网规模持续扩大,结构不断优化。公路通车里程和通达深度取得突破性进展,基础设施得到明显改善。农村公路的通达、通畅能力进一步提高,交通行业的发展带动和促进了全市经济和社会的快速发展。2005年底,全市农村公路通车里程达5032公里,共投入建设资金17.6885亿元,跃居全省前列。

“十一五”期间,朔州市委、市政府按照省委、省政府“三个发展”的要求,紧紧围绕“统筹城乡、率先转型、全面崛起、富民强市”这一主题,着力走转型、统筹、和谐、创新、绿色发展之路,掀起公路建设新高潮,加快构建现代综合运输体系,积极进行经济结构调整,大力转变发展方式,成为交通运输发展速度最快,发展质量最好,服务水平提升最显著的发展机遇。

朔州市公路基本构成以市区为中心,干线公路为重点,辐射各县区的公路主骨架,国省干线公路和县乡公路纵横交错,四通八达的公路网络。全市实现所有建制村通水泥(油)路目标,农村公路里程达到7336公里,村通油路率达到83.6%。

第一节　农村公路和路网改造工程的实施

2002年,全省加快县际公路发展暨农村公路网建设长治现场会议召开后,朔州市委、市政府以加快发展为主题,审时度势,抓住全市经济持续好转的有利时机,快速行动,积极参战,同心同德,攻坚克难,全市公路建设高潮迭起,一年上一个新台阶,“十五”期间成为全市公路事业发展最好最快的时期。

“十五”期间,朔州市着力实现“1255”公路建设规划,即改建1条一级公路,新建2条高速公路,改建5条二级公路,打通5条出口路。特别是2002年,重点围绕大运高速公路经济带建设战略,重点建设一批出口公路、旅游公路、连接公路、乡通油路和村通油路。全年共投入150万工日,动土石方65万立方米;投入机械50万台班,总建设规模650公里,总投资达到17.6885亿元(含大新高速公路),其中地方公路投资1.38亿元。到年底,全市共新增二级以上公路160公里(其中高速公路121公里),三级油路38公里,村通油(水泥)路352公里。所有乡(镇)通油路,所有村通公路。同时有37%的村庄通油路。公路通车里程达到4405公里,公路密度达到41.4公里/百平方公里,每万人平均公路里程达到32.6公里,居全省第一。

“十一五”期间,朔州市交通事业走上科学发展。截至2010年底,全市共有县、乡、村以及专用公路8521.334公里,其中:一级公路84.396公里,二级公路196.152公里,三级公路258.484公里,四级公路6850.856公里,等外公路128.446公里。

第二节　农村公路养护机制的改革

2003年以来，不断探索、改革养护方式、方法，养护机制逐步成熟。

“十五”期间，继续贯彻执行行之有效的政策、措施和办法，如义务养路、乡养县补、民办公助、以奖代补；大干大支持、小干小支持、不干不支持；管理人员包班队，养路班队包线，养护资金包干；定养护质量标准，定养护线路，定养护职工人数；养路资金到位，养护用料到位，奖惩办法到位等。同时发挥两个积极性，即：专业养护队伍的积极性和群众义务养护的积极性。坚持县、乡公路由专业养路道班、养路队养护，村公路由村民自行养护，坚持自建、自养、自受益的原则。

2005年，朔州市公路管理系统定为“公路养护管理年”，向各级干部、养路员工和广大群众宣传公路养护政策和养护措施等，使各级干部、群众树立爱路养路新观念，纠正重建轻养、只用不养等偏向，做到建好一条路，用好一条路，养好一条路。市交通管理部门邀请市人大代表、政协委员就农村公路养护中群众关心的热点（养护力量薄弱）、难点（养护资金短缺）问题进行座谈，广泛听取各方意见、建议和对策，以改进公路的养护和管理。组织专业技术人员编写约10万余字的《朔州市农村公路养护技术手册》，作为农村公路养护和管理的教材，以帮助各级干部、养护管理人员和群众掌握养护技术和管理经验。截至年底，全市县乡公路好路率达到80%，年平均好路率达到80.3%，年末养护质量综合值达到74.4，年平均养护质量综合值达到74.4。

“十一五”期间，面对公路通车里程快速增长，公路养管工作为全市上下所关注。市委、市政府要求各级交通管理部门，在抓好农村公路建设的同时，要重视研究探索新时期农村公路管养的新思路、新方法，逐级树立“修路是基础、管养是关键”、“建设是发展、养护也是发展，而且是可持续发展”的理念，要以贯彻落实国务院颁布的《农村公路管理养护体制改革方案》为契机，严格执行《朔州市农村公路养护管理实施办法》，加快建立农村公路管理养护体系，理顺管理体制，落实养管责任，明确资金筹措渠道，从组织机构养管内容、任务标准、资金筹措、考核奖惩等方面进行统一规范，使农村公路养管有法可依，有章可循。市财政每年列入财政预算1100万元作为公路养护专用资金，实行“以奖代补”，以确保“十一五”期间公路养护取得新成绩。

2006年，市委、市政府要求，农村公路管理养护要推行“专群结合”，大中修工程采用市场化运作，专业队伍养护，农村公路的小修保养由乡镇和村组织沿线群众实施，采取分段承包养护形式。要求全市农村公路“十一五”期间实施公路养护样板工程，养护指标要稳中有升，有效提高公路通达能力。在全市深入开展“六比、八要”流动红旗竞赛活动。“六比”，即：比配套资金是否到位、比组织机构是否健全、比规章制度是否完善、比必要设备是否配套、比养护机构是否创新、比养护质量是否优良。“八要”，即：道路要干净、排水要通畅、路面要平整、设施要齐全、两侧要绿化、标线要清楚、灯光要明亮、管理要严格。

2009年，朔州市积极深化养护体制改革，突出公路养护精细化管理特色，坚持“县路县养、乡路乡养、村路村养”的养护管理责任主体，完善“县局有养护中心，乡镇有管理站，村委有管理员”的农村公路三级养护管理机构。确保农村公路有人建、有人养、有人管，使农村公路平均好路率和年末好路率稳中有升。截至2010年底，朔州市农村公路设有养护工区（站、道班）123个，养护队伍增加到1453人，其中管理人员105人，养护资金共投入5870余万元，处理沉陷和修补路面63 345万平方米。县乡公路年末好路率达到80.74%，年平均好路率达到80.72%；年末养护质量综合值达到75，创建文明示范路4950公里。农村公路养护质量逐年提升，屡创历史新高。

第三节　危桥改造与桥梁安全的综合治理

进入21世纪后，朔州市由于大型运输车辆增多，超载超限现象严重，使部分公路桥梁结构受损，技术状况逐渐下降，特别是20世纪中叶修建的双曲拱及桁架拱桥梁，承载能力相对较低，长期处于超负荷状态，安全隐患较大。因此，在进行危桥改造时，对那些设计等级低、使用时间长的拱桥，原则上拆除重建，而对一些可以继续使用的旧桥，则采取改建、加固、维修等技术处理，延长桥梁寿命，满足交通运输需要。

由于采取及时有效的危桥治理措施，“十五”期间，全市农村公路“去危桥化”进展相对较快。2003年底，全市农村公路（不含村道桥梁）有桥梁112座，其中危桥18座，占桥梁总数16.1%。2005年底，危桥降至15座。

“十一五”期间，朔州市交通管理部门除加大危桥改造力度外，构建完善的桥梁日常养护管理以及安全隐患及时排查体系，建立一桥一档，系统、动态地掌握桥梁状况。同时，加强市、县两级公路部门桥梁养护工程师的业务培训和技术交流,为桥梁养护、监测及危桥加固改造提供技术支持。

2007年是朔州市历史上农村公路危桥改造资金投入最多的一年。先后投资1575万元,完成危桥维修改造9座/830.1米,投资120万元限高、限宽路障160多处,全市农村公路桥梁安全的服务水平得到进一步加强。

2008年,为落实省、市提出的安全目标,投资874万元,改造、加固1座1717延米的河头桑干河危桥。对全市桥梁进行细致排查,明确桥梁管理的行政责任人和技术责任人,设立明显限载标志,严格落实巡查制度,确保全市公路桥梁安全、畅通。

2009年,开展以"路面平整卫生干净,路肩两侧无垃圾,完善标线"为主要内容的农村公路养护暨交通安全专项整治,对工作认真负责、养护质量效果好的奖励,对工作不力、行动迟缓、效果不佳的单位和有关责任人给予通报批评与处罚。对全市农村公路桥梁、危桥险路及时采取封堵、设立警示标志、派专人值守等措施,确保桥梁安全使用。

2010年,疏通桥涵1160道,修整路肩边坡1200多公里,设立公路字牌110个、界牌20个,打标线360公里,更换里程碑320块,安装及更换标志牌1300块,安装宣传牌85块(含桥梁安全指示牌),使农村公路桥梁养护质量逐年提升。

截至2010年底,全市农村公路有桥梁131座,其中危桥50座,占桥梁总数38.2%,经过近几年的集中改造,危桥数量降至历史最低水平。

第四节　超限检测站的设置

2004年4月30日,交通部、公安部等七部委以交公路发〔2004〕219号文联合印发《关于在全国开展车辆超限超载治理工作的实施方案》;5月27日,省政府办公厅以晋政办〔2004〕48号文下发《山西省开展车辆超限超载治理工作实施方案》;6月16日,朔州市政府办公厅以朔政办发〔2004〕60号文下发《关于开展车辆超限超载治理工作的实施方案》。为此,市交通局成立了朔州市车辆超限超载治理工作领导组,各县(区)成立相应组织机构,负责境内治理工作,开展了多形式、深层次的宣传活动。同时,各级政府部门对本辖区内的治超检测点、卸货点进行全面调查、分析,提出统一布点方案,根据治超工作需要,利用公路、公安交警、煤运公司现有站点设施,做到统筹兼顾,合理选址,科学布点。截至2010年底,全市共设立公路超限超载检测站10个。

化庄公路超限检测站。位于朔城区沙塄河乡化庄村。X朔南线,中心桩号K10+337。是经省政府(晋政函〔2009〕125号)批复批准成立。2005年起运行,承担着途经朔南线的所有实载货运车辆的过磅称重检测,站内总人数46人,其中执法人员12人。朔州市交通局管理。

店坪公路超限检测站。位于朔城区下团堡乡店坪村。S212平朔线,中心桩号K51+300。是经省政府(晋政函〔2009〕125号)批复批准成立。承担着途经平朔线的所有实载货运车辆的过磅称重检测,未运行。朔州市交通局管理。

歇马关公路超限检测站。位于平鲁区陶村乡歇马关村。S241董元线,中心桩号K0+000。是经省政府(晋政函〔2009〕125号)批复批准成立。2005年11月起运行。承担着途经董元线的所有实载货运车辆的过磅称重检测。站内总人数39人,执法人员36人。朔州市交通局管理。

苑家辛庄公路超限检测站。位于山阴县北周庄乡苑家辛庄村。X马苑线,中心桩号K0+000。是经省政府(晋政函〔2009〕125号)批复批准成立。2006年5月起运行,承担着途经马苑线的所有实载货运车辆的过磅称重检测,站内总人数38人,其中执法人员36人。朔州市交通局管理。

鹅毛口公路超限检测站。位于怀仁县云中镇鹅毛口村。S205大石线,中心桩号K18+000。是经省政府(晋政函〔2009〕125号)批复批准成立。2007年12月起运行。承担着途经大石线的所有实载货运车辆的过磅称重检测。站内总人数38人,其中执法人员13人。朔州市交通局管理。

古城镇公路超限检测站。位于山阴县古城镇古城村。S303洪朔线,中心桩号K145。是经省政府(晋政函〔2009〕125号)批复批准成立。2006年5月起运行。承担着洪朔线途经所有实载货运车辆的过磅称重检测,站内总人数37人,其中执法人员37人。朔州市交通局管理。

北坪公路超限检测站。位于平鲁区井坪镇井坪村。S212平朔线,中心桩号K46+417。是经省政府(晋政函〔2009〕125号)批复批准成立。2007年12月起运行。承担着途经平朔线的所有实载货运车辆的过磅称重检测。站内总人数39人,其中执法人员37人。朔州市交通局管理。

陈家堡公路超限检测站。位于怀仁县新家园镇陈家堡村。S210应京线,中心桩号K72+000。是经省政府(晋政函〔2009〕125号)批复批准成立。2007年12月起运行。承担着途经应京线的所有实载货运车辆的过磅称重检测。站内总人数39人,其中执法人员14人。朔州市交通局管理。

董半川公路超限检测站。位于右玉县元堡子镇董半川村。S211 虎山线，中心桩号 K64 + 000。是经省政府（晋政函〔2009〕125 号）批复批准成立。2005 年 1 月起运行。承担着途经虎山线的所有实载货运车辆的过磅称重检测。站内总人数 25 人，其中执法人员 12 人。朔州市交通局管理。

金城镇公路超限检测站。位于应县镇子梁乡成下庄村。S303 洗朔线，中心桩号 K72 + 300。是经省政府（晋政函〔2009〕125 号）批复批准成立。2007 年 12 月起运行。承担着途经洗朔线所有实载货运车辆的过磅称重检测。站内总人数 46 人，其中执法人员 22 人。朔州市交通局管理。

第五节　依法治路工作的加强

2003 年 1 月 20 日，省政府办公厅晋政发〔2003〕号文《关于治理向机动车辆乱收费和整顿道路站点的通知》称：为进一步贯彻落实国办发〔2002〕31 号文国务院办公厅《关于治理向机动车辆乱收费和整顿道路站点有关问题的通知》和国务院减轻企业负担部际联席会议关于贯彻落实此通知的实施意见，省人民政府决定，对全省向机动车辆乱收费和道路站点进行治理整顿：一要全面清理向机动车辆的收费、集资、罚款等，坚决取消不符合规定的项目，各种摊派一律取消。二要全面清理整顿道路站点，撤销违规站点，实行总量控制。三要严格执行审批管理制度，规范上路执法检查行为。

2004 年，为了进一步贯彻落实国务院、省人民政府关于治理公路“三乱”的规定，进一步提高执法队伍素质，强化执法力度，增强执法手段，市运管处投资 10 万元为路政执法人员制发服装，投资 20 万元配备路政稽查车，组织上路巡查，处理公路维权案件。一年中，共查处损坏公路路产路权案件 1825 起，治理超限超载车辆 102 840 余辆次，收取公路补偿费 116 450 元，查处率达到 100%，结案率达 100%，无一例行政复议案件，圆满完成全年目标任务。

2005 年 1 月 9 日全省治理车辆超限超载工作会议后，市治超办按照会议要求，立即组织人员制定《朔州市开展“路警奋战 30 天，重处‘双超’保安全”集中行动实施方案》。通过精心准备，周密布置，一个月间，全市交通、公安部门共出动执法人员16 800 人次，共检测车辆 1 186 780 辆，查处超限车辆 1680 辆，卸载货物 14 680 吨，悬挂宣传横幅 300 余条，设置宣传台 60 多个，散发宣传资料 10 万余份，查处箱式货车、客货混装车辆670 台，并在《朔州日报》集中宣传“治超”的目的、意义和成效，形成浓厚的舆论氛围和社会共识。11 月 15 日，市交通局成立实现所辖公路基本无“三乱”领导组。全市层层落实，分级负责，严格执行，使公路“三乱”得到遏制。市域所辖公路，未发现“三乱”反弹，有效维护公路正常秩序。

2005 年路政管理中，共受理立案损坏公路案件 286 起，结案 286 起，发现率 100%，查处率 100%，下发路政强制措施告诫书 31 份，强制决定书 16 份，下发路政许可表 68 份，拆除违法建筑 106 处、广告牌 26 块、线杆 10 根，收取公路赔（补）偿费 190.68 万余元。

2006 年，不断加大治理公路“三乱”工作力度。年初召开治理公路“三乱”专项行动大会，成立领导组、制订实施方案。主管部门与治超站点、治超站点与每个执法人员均签订治超责任状，做到“岗位职责、管理措施、责任追究”三落实，按照“口子不开、力度不减、政策不变”和“谁主管、谁负责”的工作方针，严格执法治超“五不准”和“十条禁令”的规定。全年发现损坏公路案件 164 起、查处率 100%、结案 28 起。下达路政强制告诫书 24 份、路政许可申请表 83 份，拆除违法建筑 72 处、广告牌 21 处，收取公路赔（补）偿费 6.8 万元。全市 10 个治超点共检测车辆 1 068 460辆。查处“双超”车辆 1024 辆、卸载 2460 吨、罚款 126 万元。全市路政管理和治超工作全面实现所辖公路无“三乱”和“双超”车辆控制在 5% 内的目标。

2007 年 12 月 19 日全省“无缝隙、拉网式”专项行动启动以来，市交通局不等不靠、真抓实干，主动承担起新一轮“治超”各项前期准备工作。围绕“保综治、保畅通、保安全、为人民”目标，制定《朔州市治理非法超限超载车辆确保交通安全畅通实施方案》，主要成员单位与市政府签订目标责任书。12 月 19 日又组织公安、公路、工商、经贸、纠风等部门举办专项行动启动仪式，开展声势浩大的宣传活动，同时投资 100 多万元购置 7 台流动稽查专用车，组建 7 支流动稽查队，并对全市 12 条主要县乡公路路口派专人 24 小时值守。在全市交通系统治超执法人员努力下，超限超载车辆基本杜绝，治超工作取得阶段性成果。

2008 年，路面“治超”取得明显成效，出现“三提高、三下降”新气象。“三提高”，一是公路好路率提高，县乡公路年平均好路率比上年提高 0.5%；二是货物运价提高，由“治超”前每吨公里 0.4 元上升到每吨公路 1.2 元；三是社会各界对“治超”的认知度提高，由过去的抵触、不理解转变为主动配合和举报违章。“三下降”，一是损坏公路案件下降，比 2007 年下降 80%；二是“双超”车辆数量大幅下降，由“治超”前 45% 下降到 2008 年末 5%；三是执法人员无违规违纪现象发生,2008年未发生一起公路“三乱”和“收黑钱、送黑车”违规行为。截至年底,共查处损坏公路案件67起,结案67起,发现率100%,查处率100%,收取赔(补)偿费10.26万元。全市10个临时卸载点共检测车辆1 268 740辆,查处超限超载车辆1680辆,卸载3860吨,罚款260万元,全市双超率降至0.2%。

2009年路政执法及治超工作,体现出“一巩固、二确保、三到位”特点。“一巩固”,就是路面源头治理,按照“机构不散、力度不减、政策不变”的方针,认真履行职责,依法严管重罚,除保持和巩固以往治超成果外,超限率比上年下降7%。“二确保”,一是确保所辖路段超限超载车辆不反弹,在加大检测和巡查力度的同时,通过对2008年治超工作的摸索和总结,确定重点巡查范围,经过一系列行之有效措施,遏制超限车辆反弹苗头;二是确保源头企业超限超载车辆不出厂,进一步明确监管单位、监管人员、监管程序以及应承担的责任,并强有力地组织专项稽查行动,确保监管落到实处。“三到位”,一是举报查处到位。随着治超工作的不断深入,群众爱路护路意识明显增强。2009年共接到举报电话36起,其中查证落实36起,而且全部按照规定进行处理;二是监督到位。为了保持良好治超态势,杜绝违规违纪行为发生,一方面强化对执法人员培训教育,另一方面采取明察暗访、随车上路等方法,加大对各治超站点监督管理。截至2009年底,未发生一起公路“三乱”案件;三是资金保障到位。市、县(区)两级交通部门在资金缺口大、治超任务重的情况下,想方设法筹集资金,保证一线执法人员工资、饮食、取暖等开支得到保障。

2010年,认真落实省、市治超工作会议精神,严格按照省厅“1258”治超工作总体要求,坚持“管理无缝隙、责任网络化”方针,以路面治超为抓手,以科学治超为突破口,加大路面管控力度,扎实推进源头科技创新,确保治超工作健康有序开展。在工作中,注重治超信息化建设,形成科技治超、依法治超、长效治超的工作格局。各县(区)交通运输部门加强联动,多管齐下,齐抓共管,逐步建立治超工作长效机制。全市源头治超已有5个县(区)列入财政预算,共列入源头经费151万元,只有应县未列入。运管系统投入治超工作人员达302人,政府公示货运源头企业360家(朔城区93家、平鲁区67家、山阴县82家、应县3家、怀仁县67家、右玉县48家),其中进驻60家,流动巡查300家;源头企业共检查车辆539 376辆,查处违法案件14起,收缴罚款96 500元,移送相关部门处理3起。

第二章　道路运输管理

1996年至2008年底费改税,朔州市运管系统累计征收运管费1.1643亿元,客运附加费3693万元,为道路运输行业管理和基础设施建设提供了资金保障。

截至2010年底,全市共有营业性货运经营户9384户,其中,普通货运企业9376户,危险货运企业5户,全市拥有营业性货运车辆15 688辆、载重吨位120 693吨。全市共有农村客车291辆,其中新增农村客车68辆,客运线路116条,其中新增线路6条,延伸线路9条,公交化改造线路34条,全市100%的乡镇、98.6%的行政村实现村村通客车的目标。共建设完成乡镇客运汽车站28个,投入运营16个,安装候车亭349个,招呼牌430个。年度完成客运量2992万人,客运周转量116 669万人公里,均超额完成省局下达的任务。

全市共有机动车维修企业598户,其中一类机动车维修企业5户,二类机动车维修企业50户,三类机动车维修企业517户,摩托车修理26户。实现“机构布局网络化、救援反应快速化、救援有力高效化、管理手段现代化、经营行为规范化”的维修救援网络。全市共有汽车综合性检测站1个,年完成检测量66 464辆次,其中,等级评定检测852辆次。

全市共有机动车驾驶员培训学校11所,其中,一级2所,二级8所,年度培训驾驶员13 650人,培训合格12 420人,培训合格率91%,发放证件1342本。

全市共有道路客运汽车站35个。拥有四级货运站13个,平均日换算货物吞吐量1.96万吨。建成规模型农村物流公司23个,建立配送站89个,覆盖全市1260个建制村,覆盖率达74.6%,构建较为完善的农村物流配送网络。

第一节　信息化建设的全面展开

一、网络建设

按照省运管局“统一规划、统一标准、统一管理、分级负责”的原则,2003年12月,朔州市运管处通过2M的SDH线路连接,与省运管局形成跨区域的互联互通的广域网通信网络。2004年,市运管处完成市交通局、市运管处局域网(内网)的建设,实现局域网内所有电脑(节点)的互联互通,文件、打印机等资源的共享。

2005年12月,完成市到县广域网建设,全省运管机构省、市、县三级运政专网建成。通过运政网络，市运管处与省运管局开通视频会议和IP电话，实现运政管理数据实时传输和全省共享。

二、《山西运政管理系统》软件应用

结合运政管理工作的需要，2003年至2006年，经过四次升级，形成第四代《山西运政管理系统》。实现省、市、县三级运政专网，完成采用B/S结构，建立省、市、县运政管理统一数据库。县级运管机构电脑安装C/S版《山西运政管理系统》，通过县网络连接市运管处数据库进行业务办理，市级数据库定时将数据上传省运管局。

到2010年底，全市运管系统科技及信息化管理水平进一步完善，依托《山西运政管理系统》构筑起全实时、全集中事务处理系统，实现管理数据的市级集中处理到省级集中处理，建立健全客运、货运、维修、驾管、车辆技术管理等电子系统。

三、视频会议与VOIP网络电话

视频会议。2004年5月29日，市运管处与省运管局启用两级视频会议系统。视频会议系统适用的会议模式包括讨论模式、演讲模式、文稿模式、VCD模式等。2004年10月和2006年8月两次对视频会议系统进行升级更新改造。

VOIP*网络电话*。2005年10月，市运管部门与全省运管系统VOIP网络电话正式开通使用，实现运管系统内部的"零"费用通话，大大节约办公经费支出，降低管理成本，提高办公效率。

四、96566运政热线

2005年5月，全省运管系统开始筹备96566运政热线系统建设。2005年12月30日，96566运政热线系统全省正式联网开通，标志着全省道路运输行业管理工作又有了一个与基层沟通，与社会沟通，与广大人民群众沟通的渠道96566运政热线系统以"全天候24小时、一站式首问负责制"的方式服务于社会公众，不仅服务内容广泛，而且创建全新的服务体系。

五、车载运政联网移动稽查系统

2005年6月，朔州市运管处完成汽车车载运政联网移动稽查系统试点工作，取得良好效果，并在全省范围内得到推广应用。2006年12月，省运管局在原系统的基础上进行优化升级，整个系统设备先进、功能齐全、操作简便。

六、卫星定位系统应用

2006年11月3日，省级卫星定位应用系统GPS运营管理平台（一级）建成全面启动。2007年8月，朔州市运管处GPS运营管理平台（二级）建成投入运行。2009年朔州市运管处完成了"山西省道路运输行业卫星定位应用系统朔州市级监管平台及企业监管平台建设项目"。截至2010年底，全市建成三级平台8个，按要求对130辆高速客运、超长客运、危险品运输和战略物资保障客货营运车辆安装使用车载GPS终端，安装率达到100%，建立汽车电子档案，并全部纳入省、市、企业三级平台统一监管。

第二节　城乡客运一体化步伐的加快

1989年，朔州市运管处实施优惠政策减免运管规费，鼓励客车"车头向下"，积极开展边远乡村班车，使县（区）内50%的个体客车不出本县范围从事城乡客运，解决农民乘车难问题。

2004年，市运管处制定《朔州市农村客运发展规划》、《关于加快发展农村客运和开展农村客运网络试点的实施方案》，科学规划，突出重点，稳步推进，得到各级政府支持，迅速掀起发展农村客运工作高潮。

2005年，市交通局成立村村通客车工程领导组，并采取四项措施。一是主动向市委、市政府汇报工作，争取支持，理顺各种关系，优化发展环境。3月23日，朔州市人民政府行文印发市运管处制定的《朔州市加快农村客运网络化建设实现村村通客车的实施方案》，明确要求把农村客运网络建设、实现"村村通客车"工程作为当前和今后一段时期的一项重要工作来抓。市运管处分三个小组，采取分片包干的办法，将责任落实到人，每个小组包一个县（区），主要负责"村村通客车"工程的指导和检查落实。二是加大"村村通客车"工程的宣传力度。全市运管系统利用广播、电视、报纸、网络等新闻媒介，大力宣传"村村通客车"的重要意义和有关政策，确保宣传到位。三是将省交通厅制定的有关加快农村客运发展的各项优惠政策落实到位，实现经营户有钱赚和农民群众坐得起车的"双赢"目标，保障农村客运健康快速发展。四是科学规划，分步实施。将全市"村村通客车"工程划分为摸底调查规划阶段、组织实施阶段、检查验收阶段三个步骤，并提出各个步骤的总体要求和工作方法，使全市的"村村通客车"工程有序开展，稳步推进。

2009年2月17日，朔州市在全省率先出台市人民政府办公厅〔2009〕1号《关于朔州市城乡公交一体化实施方案》。按照"科学规划，分步实施，统筹兼顾，平稳过渡，分类指导，注重实效"的原则，2009年采取优化整合客运线路办法完成市公交总公司对个体客车收购工作，为全市客运行业实现集约化、规模化、公司化经营奠定了基础。

2010年1月25日，朔州市政府常务会议研究，同意将市建设局承担的城市客运行政管理职能划归市交通运输局，实行由一个部门统一管理的客运管理体制；将市城市客运交通管理处成建制划归市交通运输局管理，并入市交通运输局所属事业单位市道路运输管理处；市建设局监管的市公共交通总公司移交市交通局监管。至此，朔州市形成了真正意义上城乡公交一体化格局。

2010年，朔州市运管部门积极开展、落实城乡公交一体化，推行公交片区经营工作。按照“政府主导、政策扶持、国有为主、集约经营”和“经营主体公司化、经营方式公交化、经营行为规范化、城乡服务均等化”原则，由运管部门监管，采用“公司化经营、公交化管理”的模式，初步建成市场规范、管理高效、运行安全、服务优质、出行便捷、节约环保的城乡客运一体化网络服务体系。

第三节　超限超载源头的综合治理

2007年12月13日，朔州市政府召开全市治超工作动员会，贯彻省市精神，开展源头治超工作。12月19日，举行治理超限超载进驻货运源头单位启动仪式。12月20日，召开全市运管系统治超工作会议，提出全市范围内创建货运源头无“双超”示范县的管理目标。按照“三源头一路口”治超措施，创造性地开展“拉网式、无缝隙”源头治超工作，2区4县运管部门分别建立驻站管理和巡查机构，首次选派驻站、巡查人员198名，分片包点，责任到人，对市、县(区)两级政府公告的货运源头单位180个，分别实行驻站和巡查管理，明确工作要求，认真履行职责，规范执法程序，狠抓责任落实，杜绝超限超载车辆从货运源头驶出。

一、构建源头治超无缝隙管理长效机制

2008年6月，受市政府委托，起草《朔州市道路货物运输源头治理车辆超限超载实施细则》。结合朔州市实际，将建设主管部门、供电部门纳入到源头治超成员单位中。朔州市运管处分析多年来治超工作“反复抓、抓反复”的实际状况，充分发挥交通行业运政管理职能，积极探索构建源头治超长效机制的有效途径，制定《朔州市货运源头治超工作规范》。具体包括全市运管系统、乡镇政府、大型货运源头单位、其他货运源头单位、一般货物运输企业、危货运输企业、维修企业和综合性能检测线等8个部分工作规范，并对在源头治超工作中的组织机构、工作制度、工作流程、考核标准以及责任追究办法，细化部门职责，明确工作程序，明确治超要求和标准，规范执法行为，强化各自职责和义务等都进行具体规定，为实现源头治超“管理无缝隙、责任网络化”目标奠定基础。

为确保治超工作取得实效，朔州市道路运输管理部门加强监督管理，与主要货运源头单位、危货运输企业、普货运输企业签订治理超限超载承诺书，实行“黑名单”制度，对违法超载车辆的从业人员计入“黑名单”。同时为确保监督管理力度，运管部门采取随车上路、夜间突查、随机抽查、车辆倒查等多种方式，对货源单位进行检查。对超限超载车辆和违规装载单位，下发整改通知书，并按照有关规定予以处罚。市运管处通过与市治超办协调，责成有关部门对存在严重超限超载车辆和违规装载单位做吊销煤炭经营许可证的处罚。市、县运管部门领导不断深入治超第一线进行明察暗访，市运管处组织和配合市领导检查6次。全市源头治超共检查车辆382 619辆，查处源头治超案件5起，行政处罚30 000元，移送、移交相关部门处理3起，同时，对有关责任人进行责任追究。

经过全市运管人员努力，全市形成无缝隙源头治超、责任网络化管理，源头治超工作取得明显效果，形成源头卡住、路口堵住、路面打击的治超局面。运管部门在治超站点设置便民咨询台，设置执法人员监督台、公布举报投诉电话，全市运管部门举报电话实行24小时值班制度，畅通投诉渠道，广泛接受社会各界对源头治超工作的咨询、监督和投诉。为及时掌握治理超限超载工作的进度和动态，全市运管系统货运源头治超各有关机构，安排专人负责春节期间治理超限超载的信息统计和报送工作，确保治理超限超载工作信息和统计数据的完整性、及时性和准确性。全市超限超载率大幅下降，由治超前1.5%以上下降到0.02%；无牌无证车辆受到有效遏制，彻底杜绝55吨以上车辆驶出货运站场；站场拥堵现象得到明显扭转；运输效率显著提高，道路运输安全形势明显好转。

二、充分应用科技治超手段

2009年，市运管处出台《朔州市运管系统2009年源头治超工作要点》，与各县(区)运管所签订责任状。全市经市、县(区)人民政府公告的货运源头企业269个。其中进驻站点65个，巡查站点204个。为了寻找新的源头治超手段，经过调研、组织研发《朔州市源头科技治超IC卡信息管理系统》，于2009年11月1日进行试点运营。2010年1月13日，市治超办举办项目评审会，朔州市源头科技治超IC卡信息管理系统》正式通过省专家组评审。2010年初，在全市货运源头企业统一推广安装使用，按照要求对进入站场装货的车辆发放IC卡，卡内事先记录该车的车主、车牌、轴数、核载数量等各种信息，对出场车辆使用IC卡管理。通过企业检测点时，都要进行刷卡检测，出货运源头企业时只要装载超限超量，就无法通行。而且在路上运管部门使用移动稽查设备

对出场车辆IC卡使用情况进行稽查，货运车辆在经过检测站点都是刷IC卡，治超人员可以对该车装载数量一目了然。实现源头企业超载率低于0.2%，县乡公路完好率由2008年75%上升到78%。截至2010年底，全市科技治超系统安装完成50家，占应安装户数18.6%；发放《源头科技治超IC卡》4426张，覆盖率达28.2%。

第四节　道路运输管理费征收

2004年1月15日，省交通厅、财政厅印发《关于加强道路运输管理费、公路客运附加费<收支两条线>管理有关问题的通知》，市运管部门进一步加强运管费的管理与审计。一是认真贯彻落实"两费"纳入省财政预算内管理，建立完善的省、市、县三级财务预算管理体制，实行资金直接拨付，保证资金"专款专用"，杜绝截留、坐支、挤占、挪用等问题，提高运管资金使用效果；二是加强"两费"审计力度，对审计中暴露出来的问题提出整改措施，责任到人，逐条纠正；三是加强和规范资金管理制度和"两费"票据的领、发、缴、销管理制度，杜绝违纪行为发生。

2005年，稽查支队现场稽查2590人次，检查各类车辆30 345辆次，处理违章违规2576起，追缴规费9000万元，违章罚款252 206元。收到举报投诉案件10起，查证处理10起，办结率100%。

2006年至2008年，市运管系统进一步加强运输市场监管，与市公安局联合启动打击"黑车"专项整治活动，以打击"黑客运"、"黑危货"、"黑出租"运输为重点，责任到人，采取不间断巡查、组织"零点"联合行动等方式，严厉打击"黑车"、超限超载、客运车辆乱窜线路等各类违法违规经营行为。并建立跨县稽查联动机制，和公安交警等部门配合，互通违章信息，加强事前监管和动态监管，形成合力。创新监管方式，应用《山西运政管理系统》移动稽查管理模块，建立完善稽查电子档案。保持对道路运输市场监管的力度，净化道路运输市场，创优道路运输发展环境。2008年，共查处各类违章车辆34 000余辆次，行政处罚13 762万元，补征规费326 933.70万元。2003年至2008年，共征收运管费8160万元，征收客运附加费2261万元。

2008年12月18日，国务院印发《关于实施成品油价格和税费改革的通知》，决定自2009年1月1日起，实施成品油税费改革（费改税），取消在成品油价外征收的公路养路费、航道养护费、公路运输管理费、公路客货运附加费、水路运输管理费、水路客货运附加费等六项收费。2009年，朔州市运管部门停止征收道路交通运管规费。公路运输管理费、公路客运附加费"两费"的征收工作完成历史使命，画上了圆满句号。

第三章　规费征稽管理

2003年至2010年，交通规费征收稽查系统经受机构改革、交通改制的严峻考验，通过开展深入学习实践科学发展观活动，面对交通运输行业行政管理体制改革不断深化的实际。认清形势，坚定信心，以国家利益为重，顾全大局，紧紧围绕"四个服务"，大力弘扬"四能"精神，加快"四个交通"，强化队伍整体素质，做好稳定队伍，转换职能的各项准备工作，圆满完成上级交办的各项工作。

第一节　交通规费征收政策的变化

2004年9月20日，财政部、国家发展改革委、交通部财综〔2004〕67号文件印发《关于对三轮汽车免收有关收费等问题的通知》规定，从2005年1月1日起，对从事田间作业和非营业运输的三轮汽车免予收取公路养路费。

2005年6月6日，省交通厅、省财政厅联合印发晋交财字〔2005〕247号文件《关于<2005年开始省征收的汽车养路费与各市实行超收分成的通知>》。《通知》规定，各市交通征费稽查分局当年度征收的公路汽车养路费实际入库数超过上年度该费实际入库数部分，由省与各市按7:3实行分成。各市所得30%由省列入年度预算，专项用于县乡公路、农村公路和村村通水泥（油）路的养护工作，不得挪作他用。

2008年12月18日，国务院国发〔2008〕37号文件规定，从2009年1月1日起实施成品油价格和税费改革，取消公路养路费等六项收费，朔州市交通规费征收稽查机构征稽的拖拉机、农用三、四轮运输车公路养路费、公路货运附加费、铁路道口机动车辆安全管理费（代征）随之取消。

第二节　征稽工作的开展

1993年至2008年，共征收交通规费1.4435亿元。其中：拖拉机、机动三轮车公路养路费（含货运附加费)1.3539亿元,年均846.1万元;铁路道口安全管理费335万元,年均20.78万元;特别是拖拉机养路费征收,1993年仅为384万元,2008年达到727万元,是1993年1.89倍;最高年份2004年达到1261万元,接近1993年3.28倍。1993年至2008年15年间,为朔州市县乡公路建养提供建养资金1.4435亿元资金,凝聚了交通规费征收稽查人员不可磨灭的贡献。

第四章 国防交通

第一节 机构沿革

2004年7月1日,由于市级机关人事变动,朔州市交通局局长石爰兼任交通战备办公室主任,副主任由麻德担任。

2009年9月,朔州市交通战备办公室对领导成员进行调整,朔州市交通局局长石爰担任交通战备办公室主任,副主任由耿有文、程建华担任,并负责日常工作。

第二节 双向优质服务

2003年以来,市交通局把开展"双向优质服务活动"作为年度工作目标的一项重要内容,抓细抓实。2004年3月20日,召集各(区)县、各有关部门和企业负责人召开开展"双向优质服务"活动的专门会议,作了动员和部署,并以文件形式下发至各有关单位。按照省交战办下发的《"双向优质服务"活动检查考核标准》,对全年任务进行量化、细化,责任落实到各单位、各部门,同时对照目标责任状,与各项业务工作一并考核,一并检查,确保活动深入开展,取得显著成效。一是利用一切可能条件,千方百计为部队修建和改造进出口道路。怀仁县交通战备办公室利用村村通水泥(油)路工程的契机,利用国债资金,2003年为北海舰队某支队驻地基地修通长为8公里通往外界的三级油路,从根本上改变驻地部队长期以来后勤补给不便的问题。二是充分发挥交通战备资料作用,为部队和经济建设服务。出版印制的《朔州市交通图》,不但满足保障计划、预案战时实施应急保障外,还用于组织抢险救灾及部队的机动训练等特殊任务。战备资料为市军分区完成国防基础设施和国防运力调查活动起到至关重要作用,受到市军分区领导高度赞扬。三是充分发挥交通保障队伍"突击队"作用,为国防和经济建设服务。经过重新整组后的公路专业保障队伍,在保障部队机动和平时生产中发挥重要作用。右玉县公路专业保障队伍在全县村村通水泥(油)路的大会战中,充分发挥主力军作用,受到县委、县政府表彰。

第三节 应急保障车队的组建

2006年8月,组建全市第一支战略物资运输保障车队。该车队由朔州市神龙实业有限责任公司汽运分公司组成。投入保障车辆50部,总吨位1000吨,驾驶员50人,押运人员6人,维修人员6人,该车队参与北京军区"军字－2007B"演习活动,并作出突出贡献。

2009年9月,在实施"09—活动"交通保障过程中,为确保演练部队机动畅通无阻,全市共动用人工680个工日,机动车辆20多台班,对演练队伍途经的路面进行全面整修,并实施跟进保障,圆满完成"09—活动"演练的交通保障任务,受到省交战办表彰。

在交通保障工作中,涌现出一批先进集体和先进工作者。朔州市交战办于2004年被北京军区授予"正规化建设先进单位",2006年被北京军区授予"全区十五"交通战备先进单位,同时被省国防动员委员会授予全省"十五"交通战备先进单位。

忻州市公路交通史

概　　述

忻州市位于山西省北中部，东傍太行山脉与河北省毗邻；南连石岭关、系舟山、芦芽山与阳泉、太原、吕梁三市接壤；西邻黄河与内蒙、陕西省（区）隔河相望；北起偏关沿内长城和恒山与内蒙、朔州、大同分界。全境东西宽约245公里，南北长约170公里，面积约2.52万平方公里。全市辖1区1市12县，4887个行政村，人口293万。

忻州市为秦晋黄土高原的一部分，地形崎岖，三面环山，一面靠水，除忻府区、原平市、定襄县为高原盆地外，其余多为山地与丘陵区，海拔大多在2000米至3000米之间，多险道关隘和深沟大川，把忻州市大部分割成无数条块和沟，最终形成陆无坦途，水乏舟利之状。

中华人民共和国成立后，忻州市公路交通建设得到较快发展。特别是1978年实行改革开放政策以后，忻州市公路不仅里程增多，而且道路等级明显提高。到1989年，全市通车里程4241公里，其中国道3条401公里，省道12条1066公里，县道56条1677公里，乡道94条999公里，专用公路14条98公里，油路里程达到1157公里，占总里程27.5%，二级公路62公里，四通八达的公路网基本形成。公路运输方面，在重点发展国营运输业的同时，集体、个人运输也有较快发展，开辟营运线路119条16 471公里。

“八五”时期，是深化改革、大力发展交通基础设施的崭新时期，也是省委、省政府大搞“三项”建设的关键时期。为了尽快改变地理环境闭塞、生产力比较落后、交通运输相对滞后的面貌，忻州市率先出台“双九条”等一系列优惠政策，重视支持交通基础设施建设，全市义务修路热潮高涨。初步形成纵横交错、四通八达的铁路、公路、水路交通运输网络。全市公路通车里程4661公里，其中国道468公里，省道1286公里，县道1092公里，乡道4305公里，专用公路130公里；有二级公路521公里，三级公路1000公里，四级公路2438公里，等外公路702公里。在整个路网中，有路面里程4035公里，其中高级、次高级路面1671公里，桥梁816座总长25 029延米。公路畅通促进运输生产大幅度增长，1995年全市公路货运量完成2665.8万吨，完成货物周转量120 776万吨公里；完成客运量1434.9万人次，完成旅客周转量877.51万人公里。

“九五”时期，中央实施积极财政政策，为加快交通基础设施建设提供良好机遇。忻州市积极倡导全社会办交通，实行民办公助、民工建勤、国家、集体、个人一齐上的办法；提倡经营性公路建设模式，推广商品路、商品桥，逐步解决全市公路密度低、技术等级低、科技含量低的交通状况，神阜、禹庙商品公路相继建成，一批重点工程相继竣工，忻州市第一条高速公路投入运营、忻台旅游路、韩府公路竣工通车，晋西北循环公路全线贯通。忻州市把旅游业作为新的经济增长点，开发本市旅游资源，新建、改建一大批旅游公路，为区域经济发展发挥积极推动作用。神池县开创全市乡乡镇镇通油路的先河，忻州、原平、五寨等县（市）相继实现乡乡镇镇通油路。忻府区、五台县、繁峙县创建的文明长廊初具规模，截至2000年底，全市公路通车里程8091公里，其中国道468公里，省道1286公里，县道1902公里，乡道4305公里，专用公路130公里，高级、次高级路面3095公里，晴雨通车里程4192公里，基本形成“三纵二横”的“中”字型布局，配以县道、乡道、村道，构成纵横交错、四通八达的综合运输网络。截至2000年底，全市客货运输车辆达到38 547辆，共完成货运量4309.2万吨，货物周转量179 449万吨公里，客运量21 761万人，完成旅客周转量123 704万人公里。

“十五”时期,国家继续实行积极的财政政策,省委、省政府确立优先发展交通决策。忻州市交通基础设施建设投资累计完成72.3亿元。其中公路建设投资72亿元,汽车场站建设完成投资0.3亿元。全市新增公路里程2449公里,通车里程达10 540公里,位居全省第一。公路密度由“九五”末每百平方公里30.7公里,增加到41.3公里,增幅居全省第一。全市乡镇汽车站、建制村停靠站总量达到1111个,83.7%的建制村通客车。忻州市公路交通网络的新格局基本形成。全长7.35公里的忻顿超一级公路,为忻州城市发展拉大框架,改善了投资环境,提高了城市品位,促进了区域经济发展。忻分旅游二级公路、忻黑线忻州至静乐段和国道209线、省道岢大线、平万线、繁五线、宁白线等6项改建升级工程先后竣工通车,使国省干线通行状况得到改善。农村交通基础设施建设发展迅猛,通行能力显著增加。特别是村村通水泥(油)路工程和村村通客车工程以8603公里的建设里程和276条客运线路辐射全市乡村,极大地改善了农民生产生活条件,加快了农民增收步伐,推进了小城镇建设。到2005年底,全市185个乡镇全部通水泥路(油)路和客运班车。4416个建制村通公路,占总数90.4%;2350个村通了水泥(油)路,4090个建制村通客运班车。在此期间,全市共完成1049公里国省干线和县际路网改建工程。高速公路、二级以上公路分别达到108公里和1674公里。全市14个县市中的忻府区、原平市、代县实现高速路贯通。12个县实现二级以上公路联通。全市营运货车达到19 082辆,完成货运量56.32万吨,货物周转量376 059万吨,营运客车达到2492辆,3.3万个座位。营运线路276条,平均日发客运班次1691个,完成客运量3000万人,旅客周转量207 121万人(公里),同时建立重大突发事件防控机制,发挥保障运行重要作用。

“十一五”期间,是忻州市交通事业投资最多、发展速度最快、服务社会最好、群众受益最广的5年。全市交通基础设施建设完成投资428 680万元,较“七五”、“八五”、“九五”、“十五”即1986年至2005年20年总和397 317万元还多31 363万元,创历史新高。5年争取上级补助投资317 863万元,是前4个五年规划上补助投资总和244 691万元的1.3倍。全市通车总里程达到16 650公里,位列全省第二。公路密度由41.3公里/百平方公里增加到65.2公里/百平方公里。随着公路建设力度进一步加大,路网结构扩大优化,服务能力快速提高。以高速公路新建、干线公路改造、农村公路覆盖、客运站场配套为重点的公路建设、养护、管理都达到全新水平。忻州市充分利用开行贷款资金,不断加大对县乡公路改造投资。共完成138项1285公里,使用开行贷款4.7亿元,加上地方配套资金,完成投资10.6亿元。为偏远地区打通断头路、出境路22条295公里,改善区域交通条件,老百姓出行更加便捷、顺畅。在此期间,完成旅游路3条61公里,投资7300万元;完成沿黄扶贫公路2条21.2公里,投资2700万元;完成收费公路原平西梁至大营煤运专线33.2公里,投资1.9亿元;完成国防战备公路121.28公里,投资1.35亿元。忻州市把农村公路建设作为实现忻州经济发展新跨越和全面建设小康社会的基础工程来抓。尤其是“村村通水泥(油)路全覆盖建设工程”解决农民行路难、经济发展难问题。5年里,完成“村村通”工程12 450.74公里,投资22.2亿元。新增通水泥(油)路建制村2386个,凡具备条件的建制村全部实现水泥(油)路“全覆盖”,解决260多万农村人口的出行问题。忻州市实施农村公路管养体制改革。对养护体制、资金、质量管理作出规定,进一步明确市县乡三级养护管理具体职责。初步建立起“四为主”的养护管理体制。农村公路养护和管理经费建立稳定的公共财政资金渠道。全市开展公路治理超限超载整治活动,长途超限车辆基本绝迹,因超限超载造成的堵车现象基本消除,通行能力大为提高。货运价格合理回升,运力结构进一步优化,运输市场显现出良好的发展态势。截至2010年底,全市共有客运企业24家,货运企业98家,维修企业85家,驾校19所;完成客运量1429万人,客运周转量106 318万人公里;货车33 976辆,总吨位304 784吨,完成货运量5098万吨,货运周转量1 175 566万吨公里。客运量年增长1.5%,货运量年增长7.8%。西八县实现城乡客运一体化。全市建成二级客运站4个,建成乡镇汽车站46个,设立候车亭637个,招呼牌3745个,改造码头10个,覆盖城乡的客、货运站场体系基本形成。

第一编　放开搞活时期(1978年~1992年)

第一章　公路管理

第一节　公路管理体制的演变

根据省人民政府关于公路建设管理体制改革的有关规定,忻州市境的国、省干线由忻州公路分局管理。县、乡道路由市县两级交通部门管理。

1979年6月,根据省革命委员会《关于调整全省交通管理、公路养护机构的通知》,行车管理和养路费征收工作从公路部门分离,成立专职的监理机构;县乡公路移交交通部门管理养护;各县的公路交通管理站易名"公路养护段",专门负责干线公路的养护,忻县公路段易名"公路管理总段",直接领导和管辖设在各县的公路养护段。1986年6月,根据省交通厅规定,将定襄、五台、河曲三个公路段及其所养护的三条一般干线公路,移交给忻州市交通局管理养护。为养护五台境内石咀至凉城和石盆口至阳泉两条(段)省干线,新组建五台山公路段,忻州总段至此下辖12个公路养护段。1987年,根据省人民政府《关于我省公路建设和管理体制改革的方案的通知》和省交通厅晋交人〔1987〕77号文件的规定,地区公路总段更名为"山西省公路局忻州分局"。

1996年1月,根据省交通厅文件,五台、定襄和河曲三个公路段,重新收回忻州分局管辖,至此分局下辖公路段成为15个,担负着18条国省道干线公路的养护管理任务,这种体制一直延续至2000年底。

2001年,忻州分局再次进行体制改革。6月,分局所辖四个工程处根据省厅事企分离的精神,与省公路局三公司合并,成立了"中北路桥公司"。7月,经省人民政府批准在贷款改建的韩家楼至府谷商品公路上设立了收费管理处,下设韩家楼和东关两个收费站,由公路分局直接管理。9月,根据省厅《关于事业单位人事制度改革实施意见》的文件规定,机关设置机构撤并为12个。即:党委工作部、办公室、人事劳资科、计划统计科、财务资产科、养路科、工程技术科、公安路政科、审计科、纪检监察室、离退休干部科、工会。2002年12月,成立了台茹公路收费管理处,下设河口、铁堡两个收费站。

县乡道路的管理机构是地方政府的职能机构,即忻州市交通局和各区、县、市交通局。

1979年,市交通局接收全区14个县的县乡公路管理工作,开始直接管辖和指导各县交通局的县乡公路养护业务。1986年成立市交通局党委。

忻州市交通运输局的主要职责是:①贯彻执行国家和省关于交通工作的方针政策和法律法规;②研究拟定全市公路、水路交通运输行业的发展战略和政策规定,并监督其执行情况;③编制全市公路、水路交通发展规划,拟定交通基层设施、交通运输生产、交通规费征收、交通科技教育的年度计划和中长期计划,并进行组织实施和检查监督;④主管全市公路水路交通设施的建设、养护、规费征稽和路政管理工作;⑤组织实施工程建设,负责工程质量监督工作;⑥主管全市公路水路交通运输市场建设工作;⑦负责全市公路、水路交通技术的开发和管理工作;⑧贯彻执行交通行业技术标准,推动行业的技术进步;⑨负责动员和组织重要物资的运输和公路紧急抢运工作。

第二节　公路建设的基本方式

1978年党的十一届三中全会以后,在省交通厅大力 支持下,地委、行署带领广大干部群众自力更生,艰苦奋斗,全区乡村道路有了较快发展,在社会发展和经济建设中发挥重要作用。

忻州境内的农村公路,主要以国家投资修建县际公路;以民工建勤方式修筑一般公路和主要乡公路;以民办公助形式修筑通村路;在晋西北贫困山区,还结合救灾采用以工代赈方式组织人民修路架桥;20世纪80年代农民富裕起来后,又出现地方和个人集资修路架桥的新形式;20世纪90年代初期又开展义务修路的群众运动。

一、民工建勤

这是发展地方公路交通的一种基本方式,即根据国家政策每个18至55周岁的公民每年要义务修路3天至5天。这种形式从20世纪50年代开始,直到21世纪后停止。1979年公路实行分级管理后,县乡公路的发展就主要依靠民工建勤方式,国家只给予适当的补助。

二、以工代赈

忻州市西部各县,属于黄土高原地区,自然灾害十分频繁,尤其是建国初期,旱、涝、风、雹几乎每年都会发生,导致农业减产和歉收,造成严重经济损失。因此国家调拨给该地区的救灾物资和款项很大,仅用于修筑公路的投资就达数千万元之多。以工代赈,就是组织灾区群众大修公路,按所完成定额工给予粮、布、油、棉等实物以折付工资。由施工单位核实发放。1984 年至 1985 年,联合国“世界粮食计划署”捐助忻州地区以工代赈修路款 150 余万元,也是以小麦、牛肉干和食油进行支付,修建从五台县教坊村经定襄县南庄乡至盂县芙城口的 25 公里公路,结束南庄乡无公路可通的历史。以工代赈是忻州扶持山区修建县乡道路的一种重要方式,而且随着国家综合国力的提高,每年的投资都有大幅度增加。“七五”期间,国家在忻州市以工代赈投资总额为 566.65 万元;“八五”时期则增至 2795 万元,增长约 4 倍。由于国家的重视和大力扶持,才使忻州的绝大部分通乡通村道路,达到了前所未有的油路化、等级化和水泥硬化,极大改善了人民群众通行条件。

三、民办公助

党的十一届三中全会以后,当农民认识到“若要富先修路”的重要意义后,积极奋起改变家乡交通条件,出现集体和个人集资修路架桥的热潮,各级交通主管部门则给予技术指导和少量建筑材料的资助。这种方式普及到全市 14 个县(市)。1981 年,忻州地委、行署为扶持民办公助和集资修路,首次从地方财政中拨出专款 50 万元,用于山区公路建设补助。1983 年初在保德县召开全区公路工作现场会,表彰保德县新窑村王元铁和五台县赵家沟魏朋金两个集资修路的模范。号召各县(市)多方发动和扶持群众集资大办交通。会后很快在全地区掀起高潮,偏关、五台等 8 个县当年共从县财政拨出专款 165.7 万元,社队集资 100.9 万元,群众个人集资 24.1 万元,开展轰轰烈烈的山区公路建设,取得很大成绩。偏关县自筹 40 万元,修通万家寨和教儿岩两个乡公路,使 75 个村庄通汽车。五台县铜钱沟是只有 2000 人口的小乡,却筹集 16 万元,投工 10 万余个,修成四级公路 7.5 公里,简易公路 11.6 公里,实现村村通汽车。保德县又涌现出桑家梁和小赵家沟两村群众集资 2 万元,投工 5 千个,修通 5 公里公路典型。此后几年,个人集资,国家给予适当资助而修路的还有岢岚县胡家洼窦凤业、五台县鹞子沟魏朋金、河曲县赵元头村赵高孩等多人。到 20 世纪 80 年代末,地区财政共拨出补助款 167 万元,县乡两级出资共 1348 万元,用于民办公助修筑山区道路,使乡村公路建设实现新突破。

第三节　科学养护活动的开展

1979 年根据省革委文件,公路实行分级管理,养护体制再次发生重大变化。干线公路归各地区公路总段和驻在各县的公路养护段管理养护,原来的农村养路代表工改变为专业养路协议工。县乡公路划归地区交通局管理,由各县交通局负责养护。由此,地区交通局增设公路科,各县交通局设立公路股和专业养路队,从此,形成了国省道干线和县乡公路两个系统的养护体制。

1987 年,根据省政府文件和省交通厅部署,全省干线公路再次进行分级管理。忻州境内的五台、定襄、河曲三个公路段,及其所养护的忻(州)阜(平)线、五(台)繁(峙)线和韩(家楼)河(曲)线移交给地区交通局管理,将原忻州地区公路管理总段改组为“山西省公路局忻州分局”,并新组建了五台山公路管理段,负责管养五台县境内的省干线石(咀)凉(城)线和石(盆口)阳(泉)线的各一段。在此后的 10 年间,忻州公路分局共下辖 12 个公路段,忻州地区交通局下辖 3 个公路段,共组建有干线公路专业养路道班 122 个,养护着国省道重点干线 12 条(段)和一般干线 3 条,总里程为 1467 公里。

1996 年,山西省交通厅决定撤销一般干线,将原移交给地区交通局管理的五台、定襄、河曲三个公路段,及所管养的三条干线公路和机具财产、人员,收归忻州公路分局管辖。同时在这三个段也增设路政股,健全管养组织。从此忻州公路分局管辖忻州、定襄、五台、五台山、原平、繁峙、代县、静乐、宁武、神池、五寨、岢岚、河曲、保德、偏关共 15 个公路段,养护着国省道干线公路 19 条(段),共 1745 公里。

各段统一设置工程技术股、资产设备股、综合办公室和路政管理大队。同时,由于机械化养路的快速发展,沿用了 50 多年的小道班养路体制也逐渐向机械化大道班过渡,绝大多数段还组建养护中心,统管全段日常养护和大中修工程的施工,整体养护技术水平有了很大的提高。

进入 90 年代后,忻州市开展轰轰烈烈的“群众义务修路”活动,在交通部门的统一组织和规划下,进行抢修水毁灾害,路肩加宽,裁弯降坡和维护桥涵等工作。忻州公路分局紧紧抓住这难得的大好时机,按照省公路局统一部署,即时制订“路基达标”的战略方针,主要内容是恢复路基原设计宽度,新建绿化平台、实施路基日常养护,并穿插进行公路绿化及采备材料等工作。在实现了路基路面达标的基础上，又大张旗鼓地开展“三·三·五”活动，即坚持“裁一处弯、降一处坡、修一公里标准路”，“挖一公里边沟、培植一公里边坡草、修建一公里绿化平台”和“创建一段文明路、稳定一段优良路、提高一段次等路、改善一段薄弱路、消灭一段差等路”。在较短时间内消灭差等路，多数次等路也达到良好标准，使全地区干线公路的路况质量和通过能力有了根本性改变。国道108线、省道大忻线、台忻线和宁白线的一些重要路段相继达到“文明路”标准。

第二章　道路运输管理

第一节　社会自办运输的兴起

1983年，中共中央下发《当前农村经济政策的若干问题》的1号文件，进一步加大农村改革力度，开放运输市场，允许农民个人或联户购置大中型汽车或拖拉机从事生产和运输。1984年，交通部提出“有路大家跑车、有水大家行船”，放开搞活运输市场，实行各地区、各行业、各部门多家经营，坚持国营、集体、个体各种经济形式协调发展的工作方针。随着运输市场的放开，个体运输专业户从乡镇到城市迅速兴起，与此同时，厂矿、企事业单位在70年代发展起来的各种汽车队，在完成本单位运输任务后也跻身于社会经营行列。出现国营、集体、个体一起上的局面。运输方式发生了根本的变革，客运向快捷、舒适、直达方向发展，货运由原来的“三线分工”接力运输向门到门的直达运输方向发展。

20世纪80年代成为客运事业发展的鼎盛时期，1980年全区干、支线公路客运统一由合并后的忻县汽车运输公司独家承担，到1986年后，由于客货运输量剧增，上级决定把忻县运输公司分为阳方口和忻州两个省属公司，按地域分别承担全区东西两部分的客货运输业务。这个时期个体客运专业户异军突起迅速发展，尤其是东部的忻州、五台、定襄、原平、繁峙、代县等县（市），个体客车大量出现。在所有主要营运路线上都参加营运，从根本上扭转群众乘车难的局面。国营运输公司也在激烈的竞争中发挥优势，得到更快发展。到1989年，客运线路已沟通全区80%的乡镇，并可北到大同和内蒙呼和浩特，南抵太原、阳泉两市，东达河北的阜平、石家兰，西通陕西的府谷、神木。客运量、旅客周转量增加到1169.8万人次和75 191万人公里。

在国家“改革开放，搞活经济”的方针指引下，一是运输市场放开，国有交通系统专业运输企业独占运输市场的格局被彻底改变，出现国营、集体、个体一起上的局面；二是全区城乡经济交流、文化交流活跃，客流量以每年20%以上速度递增；运力小、客流量大的矛盾尖锐突出，客车运力增长和运力结构更新换代的速度加快；三是随着政策的逐步放宽，区内原经营客运的国营运输企业以及区内各企事业单位、农村和个人纷纷组建客运公司或客车队，更加剧客运市场的激烈竞争。特别是20世纪80年代中期党中央提出：“以国有经济为主，集体经济为辅，个体经济为补充”的政策以后，地区运输企业、非交通部门及个体运输户的客运车辆大幅度增长。到1985年底，忻州地区大客车已发展到358辆，比1977年增长142%；小客车已发展到822辆，比1977年增长211%；客运量完成623万人，比1977年增长126%；旅客周转量完成33 530万人公里，比1977年增长177%。

客运市场的放开和竞争的激烈，促进了客运线路的延伸和扩展，造就一个纵横交错、四通八达的公路客运网络。从1980年始，忻州地区道路客运事业快步提速，各县（市、区）客运班线跨区经营蓬勃发展，省运忻州汽车运输公司跨区经营班线有忻州至离石、侯马，五台山至大同、阳泉4条。开通忻县至太原西山煤矿、官地煤矿，原平至峨口铁矿、峨口铁矿至太原等9条班线。特别是1987年底，遵照国家经委和交通部“站场脱钩、车站开放”的改革精神，根据省交通厅晋交〔1987〕221号文件，以忻州地区交通局〔1987〕忻州行交字第133号和忻州汽车运输公司〔1987〕忻运字第168号文件联合行文决定，原平汽车站向社会开放，凡持有政府主管部门核发的营业许可证、营业执照、保险证、税务证、驾驶证、线路证等证照者，均可进站，从此揭开忻州地区汽车站面向社会开放的序幕，彻底打破省营运输企业独家经营汽车站的管理模式，促进公路客运生产力的迅猛发展和客运关系的重大变革。忻州汽车运输公司开通五台山、豆村、兴县、岢岚、阎庄、原平、忻州、崞阳、代县、繁峙、宏道、东冶、柳院、茹村、屋腔、灵境、寺平、阳坡、河边、南王、付家庄、娄烦、伊村等县乡至太原的直达班车25条。忻州地区省际班线开通忻县至河北石家庄、保定、定州、邯郸、内蒙古呼和浩特、集宁、代县、五台山、原平至石家主、五台山至河北保定、邯郸，五寨至陕西神木，阳方口至河北唐县，河曲至内蒙古包头等14条线路。

1992年，根据中央2号文件和交通部《进一步搞好公路、水路旅客运输工作，努力提高客运服务质量》的精神，忻州地区运输管理部门对部分县的个体客运经营线路实行有偿使用招标经营。第一步在河曲县对7条跨县线路的11个班次进行公开招标经营,第二步在保德、偏关、神池、五寨、岢岚、宁武县集中进行招投标,收入由车籍地列为客运基金,50%用于站场建设,30%用于发展乡村客运补偿,20%上缴地区用于招标活动经费。为逐步推广上述经验,忻州地区体改办、交通局、财政局、物价局、工商局和中国人民保险公司忻州支公司下发《忻州地区汽车客运线路有偿使用管理办法》,对当时汽车客运线路有偿使用和客运事业发展起了积极作用。

20世纪80年代,在国家"改革开放,搞活经济"和"有路大家跑车,国有、集体、个体一起上"的方针指引下,国营运输企业独家经营的局面被打破,运力结构发生变化,社会运力得到长足发展。钢铁、煤炭、粮食、外贸等行业各自投资增加运力,以满足自身需求,初步形成当时专业运输企业为主、社会车辆运输为补充的格局。随着改革开放和发展市场经济的逐步推进,由于道路货运准入门槛低,投资回报快,一度成为许多个体经营者的首选,大批民间运力也投入社会营运。这期间集体和个体运输企业先后有:忻州搬运公司、宁武县搬运公司、原平搬运公司、岢岚县运管站搬装车队、保德交通实业有限公司、原平汽车联营总公司、忻州市第一运输合作社、原平退伍军人汽车运输合作社、原平凯原公交车公司。初步形成以忻县为中心向四周辐射,各县、乡向忻县交汇,县与县交错,干线直达贯通,支线联网成片的全区货运网络。车型结构也实现高、中、低档和大、中、小型全面配套,货物运输网络覆盖面进一步加大,跨省货运线路通达全国各地,基本满足社会物资流通和人民生活需求。

第二节　行业管理的建立与完善

1978年至1992年,随着改革开放的不断深入,道路运输行业管理经历由改革开放初期继续实行计划经济时期的"三统管理",为国营运输企业保驾护航,到培育发展运输市场和道路运输行业规范管理的历程。

改革开放初期,道路运输市场管理沿用计划经济条件下"政企合一、以企代政"管理模式。客运市场由省、市、县国营专业运输公司独家经营。货运市场以省、地、县专业运输企业为主,社会企事业单位和农村富余劳力、运力为辅。针对社会企事业单位自办运输和农副业专业运输等各种运输工具经营道路运输的形势,根据国家经委、交通部和省交通厅文件精神,市交通局1979年发文通知,重申对全市从事货物运输及搬运装卸业的社会各企事业单位、农副业所有运输工具与劳动力,实行统一货源、统一调度、统一运价和票据结算的"三统"管理。针对农村个体运输进入社会运输市场的现状,忻州地区出台《关于进一步加强农村运输工具组织管理的通知》,针对运输市场出现的无序竞争、结算运费无统一凭据、偷漏税费等问题,出台《关于公路货运统一结算凭证管理的通知》,制止非法经营,使大量涌入运输市场的社会运力管理有序,促使运输市场活而不乱。

1985年4月11日,省政府发布《山西省公路运输管理暂行条例(草案)》、《山西省公路运输违章处罚暂行规定》等地方法规。但是由于当时社会运输管理处以管理非专业运输车辆为主,不管专业运输,使运输管理工作出现空挡,造成"三统"管理方面的诸多脱节和矛盾。1986年全国交通工作会议指出:当前交通运输体制改革的中心任务是要在继续放宽搞活的同时,实行行业管理,加强和改善对运输经济的宏观控制。

忻州地区道路运输管理部门顺应形势,转变职能,管理范围由间接管理社会企事业单位运力和农副业运输经营户的社会运输管理,转变为间接管理包括交通直属专业运输企业在内的整个道路运输全行业管理,管理形式由货源所在地管理转变为车辆户籍所在地"属地管理",道路运输行业管理在范围和形式上都发生很大变化。形成市、县、乡(镇)三级运政管理体制,解决了运输市场放开后画地为牢、垄断货源的弊病。县级以上运管部门对辖区内运输经营户强化准入审批制度,健全运输行业经营户开停业审批、核发经营许可证、营运证等管理制度、管理程序。对辖区内道路运输经营户和车辆建立基础台账,实施户籍簿、档案管理。

1986年12月19日,国家经贸委和交通部联合发布《公路运输管理暂行条例》,这是国家部委发布的首部指导运输行业管理的政策性规章,规定"凡从事公路客货运输、搬运装卸、汽车维修、运输服务的,均属公路运输行业管理范围",并对企业开业和停业、货物运输管理、旅客运输管理、省际运输管理、搬运装卸管理、运输服务管理、汽车维修管理、运输工具管理、价格及单证管理、运管费征收使用、监督检查和处罚等运输行业管理做出全面具体规定,成为改革开放新形势下政府指导运输行业管理的法规,拉开实施道路运输行业管理的序幕。

1987年,随着国家经济体制改革的深入,省交通厅制定《关于深化改革,增强企业活力的实施方案》。国有专业运输企业深化体制改革,实施政企分离,从改革分配制度入手,由点到面实行承包经营责任制和租赁责任制,在经营管理上趋于自主、自立,由计划经济管理时期的管理经营型向纯经营型转变。随着运输市场的进一步开放，各运输单位和个体运输户除必须遵守国家政策法令外，在承揽货源、结算运费等经营方面有充分自主权，货运运价也可随运输市场变化在一定幅度内上下浮动。从此，国家实施了30多年的道路运输"三统"管理因不适应道路运输市场客货流通需求被打破，一个多种经济成分、多种经营形式共同发展的运输市场体系逐步形成。

1989年至1991年，忻州地区开展为期三年的道路运输市场治理整顿。市运管处制定整顿方案，建立完善各项业务审批制度，规范经营业户开停业、客运线路审批、新增营运车辆审批等程序，完善各类业务台账，逐户建档。贯彻实施部颁《汽车旅客运输班车客运服务标准》，交通部13号部令《汽车运输业车辆技术管理规定》，组织道路运输行业从业人员进行行业规章制度、业务素质、职业道德培训；开展客运、维修行业竞赛比武活动；提高道路客运汽车站和班车客运服务质量；全面推行汽车维修行业开业条件、技术标准、发票使用、收费价格"四统一"管理，对全区营运客货汽车实行强制二级维护和车辆技术等级鉴定。进一步完善道路运输市场规则，规范行业管理，促进道路运输市场健康发展。

同期，为加强市场监管，规范经营行为，运管部门全面实行道路运输行业年度审验工作制度，审验范围系辖区内从事营业性道路客、货运输经营户的经营行为、车辆技术状况和经营资格，汽车维修经营户的经营行为、技术资质条件和经营资格。通过建立和完善道路客、货运输，搬运装卸、汽车维修等运输服务业市场规范经营管理规章制度，建立行业管理规范、道路运输市场新秩序，改善运输环境，促进道路运输行业发展和运输经济繁荣，增强道路运输经营业户合法经营意识，运输服务质量不断提升。

第三章　交通规费征稽管理

第一节　征收机构沿革

1978年8月，按照交通部文件精神和省革委137号文件《关于调整全省交通监理公路养护机构的通知》的规定，忻县地区的养路费征收、交通安全管理、事故处理、驾驶员考核、机动车牌证核发、转籍过户等监理业务，以及人员、财产从公路段分出，成立独立的"忻县交通监理所"，受省交通厅直接领导。同时各县的交通监理业务也从公路管理站中分出，成立交通监理站，由忻县监理所直接领导，从此由地区到县组成了独立的交通监理网络。人事、财务、业务都归省交通厅监理处直接领导。

1984年根据省交通厅的规定，将拖拉机养路费的征收工作移交给地区交通局及各县(市)交通局，组建乡镇交通管理员队伍，专门负责征费业务。地区交通局养路费征收管理由运管处兼办，各县交通局拖拉机养路费征收由运管股领导。

1985年9月28日，省交通厅下发了晋交人劳字〔1985〕第416号文件，决定从10月1日起在全省各地设立专管征费的养路费征收所，下设征费科，但暂时仍与监理所合署办公，各县的监理分所也同时设立征费分所，形成一套班子三个机构合署办公的短期格局。1986年6月，根据省政府办公厅[1986]第939号文件规定，忻州养路费征收所改名为征费处，由原来的正科级升格为副县级，各县的征费分所改名为所，升格为正科级。处机关增设宣传科和征费科，全地区监理征费人员达275名。

1987年6月，根据国务院国发〔1986〕94号文件和省政府晋政发〔1987〕21号文件精神，全省交通体制进行再次改革，将交通监理业务和三分之二的人员、财物移交给公安部门。同年7月27日，按省编委批准的方案，重新组建忻州交通征费稽查处，为副处级单位。交通征费稽查处是代表国家依法向境内拥有机动车辆的单位和个人征收公路交通规费的交通行政执法机构。主要负责公路养路费、货运附加费、车辆通行费(部分)三种交通规费的征收稽查工作，代征车辆购置附加税和新增车辆费。下属15个交通稽查所，同时还设立豆罗、崞阳、阳明堡、沙河、三岔、石咀等6个直属稽查站。9月4日，省政府下发75号文件，明确规定汽车养路费由省交通厅统一征收，统一管理，有关征费业务由各级征费稽查部门负责办理。拖拉机养路费由各地、市、县交通局负责征收。交通征费机构保留了104人。

1989年4月，忻州征稽分局设立轩岗矿务局养路费代征站。1990年5月，又设立忻州南城征费稽查站。

第二节　交通规费征收项目

1978年，忻州市交通规费仅为公路养路费，1985年5月1日，根据国务院国发〔1985〕50号《车辆购置附加费征收办法》，开征车辆购置附加费。1988年，交通部、财政部、国家物价局交公路字〔1988〕28

号文,又开征车辆通行费。1991年10月1日,省物价局、省计委、省财政厅、省交通厅联合制订《山西省车辆养路附加费征收管理实施细则》和《山西省公路货运补偿费征收管理实施细则》,全省开征车辆养路附加费和公路货运补偿费。1988年至1990年,忻州交通征稽处连续超额完成征费任务,平均递增10%;仅1990年稽查补费120万元,完成年度计划171%,开创全省先列。

第二编 加快推进时期(1993年~2002年)

第一章 公路管理

第一节 全民义务修路活动的开展

义务修路是忻州市在20世纪末首倡的特殊修路方式。1988年3月28日,在全区交通工作会议上,决定将每年9月15日定为"全区秋季义务修路节"。当年第一个义务修路节活动时,就有党政机关企事业单位的干部职工和沿线群众25万多人参加。1989年9月15日的第二个义务修路活动中,行署专员李枝荣、副专员郝敬恒亲自参加地、县联合组织的整修元遗山公路活动。9月23日,中央电视台在《晚间新闻》节目中,播放忻州地区开展义务"修路节"活动的现场报道,引起很大轰动。此后每年9月15日,全地区机关干部职工和人民群众,踊跃参加义务修路,取得很好成效。1992年,根据省委、省政府的统一部署,结合本地区公路交通滞后严重制约晋煤外运和能源重化工基地建设实际的情况,忻州地区行政公署决定把义务修路活动推向新的高潮,以求取得公路建设的新突破。

1993年6月13日,忻州行署以忻地行发〔1993〕57号文件,下发《关于加强全区义务修路工作的决定》,要求全区14个县(市)在政府统一领导下,广泛调动各机关、企事业团体、学校教师、乡镇农民和当地驻军的人力、物力、财力和机具,大力开展义务修路群众运动,把9月15日的义务修路节,延长为整个9月下旬,由各县(市)交通局负责任务规划、技术指导和具体实施,并在地区交通局成立义务修路领导组和办公室,副专员亲任领导组长,交通局长任办公室主任,抽调专职办事人员,统一决策和指挥。同时还要求各县(市)政府,在每年冬春农闲季节,发动和组织农民进行两次义务修路活动,真抓实干,形成"外学临汾、内学忻州(今忻府区)"的义务修路高潮,尽最大努力,在"九五"期间实现"县县镇镇通油路,乡乡通公路,村村通机动车,县与县之间油路大循环"的战略目标。尤其是1994年秋,忻州地区遭遇百年不遇洪水灾害,各条公路都受到严重水毁,尤其是东部各县灾害更为严重,多条公路被冲断,基本处于路断、电断、通讯中断的困难局面。各县(市)政府在地委、行署统一领导下,迅速开展生产自救,抗洪救灾、抢修公路的全民运动。成千上万机关干部、驻军和人民群众以及难以数计的各种机具机械,迅即开赴工地,进行日夜抢修。地县领导也亲赴灾区进行慰问和现场指挥,极大鼓舞群众士气。仅用10余天时间,被毁公路就基本恢复通车,大批救灾物资源源运入灾区,对夺取抗洪救灾的最后胜利起了巨大作用。到1995年6月底,所有被毁公路的路基、路面、桥涵建筑物都已全部恢复。为此,忻州地委、行署于1995年7月专门召开抗洪救灾表彰大会。之后国道108线、省道忻州阜平线、五台繁峙线、忻州黑峪口线、崞阳水泉堡线、韩家楼河曲线等干线公路都进行大规模路基加宽,多条县道、乡道进行裁弯、降坡、加宽等众多工程,大部分都是在每年9月下旬义务修路节和冬春农闲季节用义务修路方式完成的,为以后干线公路进行二级改造和县乡道改善打下好基础。

第二节 县际路网的形成

忻州市县际公路一部分是过去的大车道,一部分是改革开放后适应经济发展需要而修建的。其中有14条是跨县公路,其余为县内公路。过去的县道都是土路,20世纪80年代开始逐步修成砂石路。90年代以后,忻州市为了经济发展需要,开始提高县际公路的等级水平和通行能力。全市81条县道连接国省干线,辐射乡村公路,纵横交错,四通八达,形成覆盖全市的县际公路网络。

第三节 晋西北扶贫公路

忻州市晋西北公路全长362.4公里,其中主线288.4公里,旅游支线74公里。有干线公路95.2公里，二级标准；县级公路193.2公里，三级标准。北起偏关，南至静乐，途径偏关、河曲、保德、岢岚、宁武、静乐6个县，连接5座县城、24个乡（镇）、454个行政村，直接受益人口40万人。是山西省县乡公路建设史上里程最长、投资最大、施工难度最大、质量要求最高的工程项目。建成通车之后，有力拉动黄河、汾河两岸晋、陕、蒙三省16个县的区域经济发展。

1997年5月，项目可行性研究报告通过省计委、省交通厅联合的专家评审，忻州市委、市政府成立晋西北公路建设指挥部，负责工程管理、技术指导、施工监理和竣工初验。1997年5月开工建设，主要工程量有路基土石方743万立方米，防护工程27.4立方米，涵洞8187米/731道，隧道1座150米，桥梁1312米/34座，新建油路、水泥路68公里，233万平方米。批准投资36 000万元。其中省交通厅补助13 000万元，贷款18 000万元，地方自筹5000万元。当年完成路基工程58公里，桥梁59米/3座，完成投资1550万元；1998年，分三期安排投资5500万元，路基工程全面铺开。截至11月底，共完成路基工程193公里（续建干线公路95公里，未开工旅游连接线74公里），桥涵、隧洞、防护工程完成90%，完成总工程量60%以上。1999年，工程分设南、中、北三个项目部，进行具体组织实施，委托山西省公路工程技术咨询公司第八监理部进行全过程、全方位施工监理。截至4月底，共完成投资1140万元，路基93公里，累计完成路基土石方517万立方米，防护工程21.3万立方米，涵洞549.2米/491道，桥梁728.7米/22座。

自开工建设以来，忻州市委、市政府连续三年将其列入实事实做的“一号工程”。市交通局创新管理机制，严格质量管理，强化工程监督，认真履行基本建设程序，严格实行项目法人负责制和工程质量终身制，健全政府监督、社会监理、施工单位自检的三级质量保证体系，实现质量有保证，投资不突破，工期不拖延的预定目标。项目占地600余亩，伐树1.46万株，拆除焦化厂41座，拆迁房屋320间。2000年9月26日，正式建成通车。省长刘振华致信祝贺，副省长杜五安为通车剪彩，省交通厅厅长王晓林、副厅长张润以及忻州市四大班子领导参加了通车典礼。

第四节　路政管理的加强

1979年，为了加强路政管理，重点整治在公路上堆放杂物、打场晒粮、开山放炮、烧石灰等影响交通的行为，忻县公路总段报请地区公安处和交通局研究批准，成立了保卫科，主管全地区的路政管理工作，成为建立专业路政机构的先驱。

1984年，为贯彻落实国务院颁发的路政管理法规，经忻州行署公安处批准，忻州公路总段将保卫科改建为公安科，并请行署经委组织地区交通安全委员会、监理所、公安处等部门联合协助，对损坏公路设施、破坏路产、严重影响行车安全的不法行为进行了清查和打击，取得明显效果，初步刹住违反路政法规的歪风。

1987年，由于晋煤外运任务的加重，车流量的猛增和重型汽车大量运行，对公路造成的危害日渐增加。忻州公路分局按照省交通厅的统一部署，在下属12个公路段中组建专职路政中队，编制5至7人，由段长兼任中队长，配发统一服装，配置路政管理车辆，在业务上受分局公安科的领导。从此由地区到各县的重点干线公路上，都组建了专职路政管理机构。

1996年，根据省交通厅规定，在公路段中，组建了路政管理中队，配发服装和车辆。至此，忻州分局所辖15个公路段的路政机构全部组建完成。

2001年，根据省交通厅统一安排，忻州公路分局公安科改制为公安路政科，负责全分局系统的治安保卫和路政管理工作。由科长兼任路政支队支队长，党支部书记任支队政委，并设副支队长3名，内部设置有办公室和财务室。15个公路段的路政中队升格为大队，业务工作仍由分局路政支队领导。支队还下属有3个超限运输检测点（正科级建制）、1个流动稽查大队和1个直属大队。到2008年底，共有路政管理人员180人，车辆25台。

同年，忻州市交通局及14个县（市）的交通局，也根据省交通厅的部署，组建县乡公路路政管理机构，配备人员和车辆。全市境内的国省道干线和县乡公路，建立完整周密的路政管理网络，对保护路产路权、保障行车安全畅通起到极为重要作用，开辟路政管理新纪元。

第二章　道路运输管理

第一节　汽车维修市场的建立和规范

进入20世纪80年代，忻州地区城乡的汽车维修网点如雨后春笋，迅猛增长，出现国营、集体、个体一起上的势头。尤以公路线长、车辆集中、运输量大的忻州、原平、宁武、繁峙、定襄、五台等县机动车修理网点为最多。这些修理点分布面广,不仅城市有,而且遍及乡镇和农村。其特点是设备较差,但修理技术水平较高,且服务态度好,随到随修,甚至连夜赶修,占车日少,所以有很大优势,很受用户青睐,对发展运输业有很大作用。1989 年,全区汽车修理点共 302 个,其中全民 30 个,集体 52 个,个体 220 个。从业人员共 1500 人。

汽车维修行业迅猛发展,不仅冲破长期以来独家经营的局面,而且极大地冲击旧有的管理体制,使机动车维修生产能力空前增长。但是,在发展过程中也出现了不少问题。主要表现在:机动车维修市场宏观调控不力,行业发展不规划,盲目发展,维修企业开业无条件,维修价格漫天要价,维修经营行为不规范,如采取不正当手段,用料以次充好,给回扣,开大头票,无证经营与非法经营等上述问题严重地制约了机动车维修业的健康发展。为了加强对汽车维修业的管理,建立统一、开放、竞争、有序地机动车维修市场,从 1986 年以来,按照国务院的要求,交通部对汽车维修业实行了行业管理,建立健全了交通部、省、市、县四级管理机构,并随之颁布了一整套相关的政策、法规、标准。忻州地区运管部门通过整顿、调整、提高等工作,对机动车维修业实施了有效的管理,统一了开业条件,统一了质量标准,统一了工时定额和收费标准,统一了结算凭证,统一了上岗证件等,机动车维修业整体素质,生产力水平明显提高,经营行为进一步规范。

1990 年 8 月 18 日,地区交通局印发《忻州地区汽车维修企业年度审验办法》。1991 年 9 月 10 日,地区交通局印发《运输车辆建立技术档案和实行强制二级维护的实施方案》。1992 年 3 月 12 日,地区交通局运管处印发《关于汽车维修企业开业条件》。到 1994 年底,忻州地区共有维修专业户 431 户,其中大修 4 户,中修 4 户,小修 169 户,专修 254 户;二保定点 48 户;从业人员 3035 人,固定资产全年净增 458.5 万元,达到 4323.3 万元,已初步形成大中修齐全、内外保养配套、布局结构合理的维修网络。全区营业性汽车 8999 辆,营业性车辆进行一次二级维护的 7369 辆,占 47.7%,三次维修的 1367 辆,占 16.6%。二级维护实行合同纵率达 100%,返修率降到 0,特别是定襄县内部严把关,外部勤稽查,取得全年一次二保率达 100%;二次二保率 41%,三次二保率达 62% 的好成绩。

1996 年,忻州地区交通局、工商局、税务局、标准计量局对全区汽车维修市场进行整顿。共补办手续 80 户,补征管理费 1.9 万元,停业整顿限期整改 21 户,彻底取缔 99 户,罚款 9000 元。

1997 年 4 月 21 日,地区交通局运管处下发《关于加强维修行业管理规范汽车二级维护的通知》。要求加强组织领导,认真履行职责,增强质量意识,提高企业素质,完善企业设备,规范二级维护程序,落实规章制度,奖惩严厉分明。

1997 年 5 月,地区交通局运管处对全区从事汽车修理的 170 名技术工人进行集中培训、考核、鉴定、发证工作,做到持证上岗。

1996 年,省运管局在全省维修行业中组织开展质量、服务信得过企业活动。活动结束后,经省、地、县三级认真评选,共评出 42 户省级和 140 户地市级双信企业,忻州地区获得省级双信企业 12 户。

1998 年,地区交通局运管处大力推进“双优、双信”竞赛活动,评选出遵章守法,车主反映好,质量信得过 10 家优秀修理厂。

2000 年,根据省运管局维修行业管理百分考核方案要求,地区运管处举办 3 期维修从业人员上岗培训班,基本达到预期的目的,参训人数 200 余人,考试合格率 98%,取得良好效果。

第二节　驾驶员培训

1983 年以后,随着社会车辆增多,省交通厅决定将驾驶员考核业务逐步下放到各县监理站办理。1985 年,地区交通局在豆罗举办第一期驾驶员培训班,集中学习培训六个月,然后直接考证,取代多年来以师带徒的办法。

1995 年 10 月,地区交通局对全区机动车驾驶员培训学校进行登记和检查验收。全区共有 10 所汽车驾驶员培训学校,分别在忻州、原平、代县、五台和五寨 5 个县(市):其中忻州 5 所,原平 2 所,代县 1 所,五台 1 所,五寨 1 所。从业人员 599 人,其中理论教员 41 人,教练员 344 人,管理人员 169 人,教练车 351 辆,每期培训大货车驾驶员 2112 名,小车驾驶员 180 名,全年共培训 5484 名。

1998 年 3 月 27 日,忻州地区编制办公室下发《关于行署交通局下属单位更名挂牌的通知》。规定:忻州地区社会运输管理处更名为忻州地区交通局运输管理处,并加挂忻州地区机动车驾驶员培训管理处牌子,实行两块牌子,一套人员;增加自收自支事业编制 5 名,科级职数 1 名,其职能按交通部、公安部(交体法发〔1994〕1242 号文件)执行。

为了认真贯彻落实山西省人民政府办公厅《关于整顿全省公路客运市场秩序的通知》,于 1998 年

11月5日，忻州地区交通局下发《关于对全区营业性道路运输车辆驾驶员进行上岗准驾培训的通知》，忻州地区物价局批复明文规定："每期培训7天，每期每人收费300元，培训费、报名费、教材费、考务费、证件费一律包括在内。"

1999年4月至6月，地区交通局运管处积极开展营运驾驶员岗位培训工作，共培训驾驶员65期4048人，收到较好效果。

第三章　国防交通

第一节　机构沿革

1979年，忻州市成立交通战备机构，机构名称为忻县地区战备人防领导小组交通战备办公室。配备3名工作人员。1980年，地区战备人防领导小组明确交通战备工作任务和工作制度，各县也建立交通战备办公室，并要求地直及驻地有关单位成立交通战备领导机构（邮电办事处、公路总段、监理所、忻县运输公司、原平汽修厂）。同年，编写北太行山地区交通战备运输规划，并组织专人编制忻县至长城岭重点公路战时保障方案。

1982年5月，在忻县军分区召开全区第二次交通战备会议（代号508）。这次会议是全区交通战备工作走向正规化的开端。

1984年，忻县地区交通战备人防领导小组改为忻州地区行政公署、军分区交通战备领导小组。

1997年，按照中央军委〔1995〕16号文和国家交战办〔1995〕30号文要求，地、县（市）均成立国防动员委员会，交战办机构更名为忻州地区国防动员委员会交通战备办公室，并正式列入行政编制序列。

2002年机构改革中，市委、市政府明确下文市交战办挂靠市交通局，编制3人，采用行政编制，市财政拨给交战办的工作经费由过去的1万元增加到每年8万元，市交通局也在每年的预算中增加战备经费10万元。

第二节　正规化建设

交通战备的主要任务就是做好应急和战争时交通保障，为战时提供良好的交通运输服务以及人力物力支持。改革开放以来，按照北京军区和省交战办对交通战备工作提出的"五化"建设要求，市交战办在机制建设、国防基础设施建设、数据信息建设、网络指挥建设、确保交通畅通建设诸方面不断拓展提高，特别是针对现代高科技战争特点，创新工作思路，坚持军民兼容，平战结合，使"五化"建设工作取得初步成效。

第三节　国防公路建设

20世纪90年代前后，忻州地区先后修建、改建7条国防公路。

1. 东芙国防公路，总里程42公里。
2. 原平西山循环国防公路，全长122公里。
3. 窑（寨）舍（身崖）国防公路，全长32.2公里。
4. 砂（河）金（峰店）国防公路，在繁峙县境内里程32公里。
5. 忻（府区）东（庄）国防公路，全长23.58公里。
6. 东（冶）坪（上）国防公路，全长22.4公里。除去与县道河边至环椿坪线的重复里程4.7公里，净长17.7公里。
7. 康（家会）深（山焉）国防公路，总里程12公里。

第三编　跨越发展时期(2003年～2010年)

第一章　公路管理

第一节　村村通水泥(油)路工程建设

忻州市所属14个县市(区)中,有11个是国家级贫困县,基础差,欠账多,村落分散,人口较少,距离国省县道远,建设工程量大,施工难度大,乡村道路数量庞大,投资不足,简易公路所占比例太大,抗灾能力不强,晴通雨阻,远远不能适应农村经济发展的需要。

进入21世纪以后,随着社会主义新农村建设的全面开展,忻州市委、市政府把农村公路建设作为实现忻州经济发展新跨越和全面建设小康社会的基础工程来抓。抓住新农村建设"五覆盖"良好契机,出台《忻州市关于加快农村公路建设的政策和措施》和《忻州市关于加快村通油路(水泥路)建设的实施意见》。把发展和改善农村公路交通,当作解决"三农"问题的重要举措和基础条件。在市委市政府的领导下,全市14个县(市区)从各自实际出发,理清思路,制定政策,排除困难,积极推进村村通水泥(油)路建设。

依次推进的"乡乡通油路"、"村村通公路"、"村村通水泥(油)路"和"村村通班车"工程,极大提升全市乡村道路通车里程和技术等级水平,形成沟通城乡、连接干线、四通八达的乡村交通网络,有效解决农民行路难、经济发展难的问题。截至2010年底,全市185个乡镇全部通水泥路(油)路和客运班车,4887个行政村全部通水泥(油)路,实行村村通水泥(油)路全覆盖。总里程12 450.74公里,解决260多万农村人口出行问题。极大改善农民生产生活条件,为农民群众脱贫致富奠定基础;加快农民增收步伐,推进小城镇建设。全市公路通车里程达到16 650公里,位列全省第一。形成市、县、乡之间道路经济循环圈。构成了忻州市高速公路贯通、国省干线打通、循环道路联通、县际公路互通、扶贫路畅通、旅游路接通、乡村道路全通的交通网络。

2003年,忻州市成立由市政府主要领导任组长的农村公路建设领导组。领导组办公室设在市交通局,由交通局局长亲任办公室主任。在村村通建设10年里,领导有变动,但是市委、市政府坚持农村公路建设的思想和态度没有变。由市政府主要领导任组长,由交通局局长任办公室主任的领导体系始终没有变。

2003年,国家在农村公路建设上的投资每公里仅1万元。后来增加为每公里2万至4万元,2006年增加到每公里10万元。2009年,在中央应对金融危机、扩大内需保经济增长大背景下,村村通水泥(油)路建设迎来大好机遇,每公里通村公路中央补助10万元,省里为贫困县配套15万元,非贫困县配套10万元。为了保证目标实现,忻州市采取"六个一点"的办法筹措资金,即各级财政挤一点,单位以劳代资、以物代资补一点,向金融部门贷一点,从外地引一点,群众自愿捐一点,积极向上争一点的办法。

2003年,忻府区在资金不足的情况下积极借款修路。建议借款标准是:四套班子领导成员每人最少1万元;四套班子正副秘书长每人最少3千至5千元;四大秘书处工作人员每人最少1千元;乡党委书记、乡镇长每人最少5千元;正科级干部每人最少3千元;副科级、正科虚职干部每人最少1千;吃财政的一般工作人员每人最少200元。到2003年10月15日,全区50多个部门125单位近万名干部职工(包括个别企业)积极响应政府号召,共借资840万元。忻府区交通系统职工积极行动,借资460万元。区交通局局长张慧祥在工程建设资金严重缺乏之际,凭人格赊回价值800多万元的水泥等材料,保证工程建设顺利进行。

原平市、宁武县从煤炭产业和旅游业收入中拿出一定比例的资金用到公路建养上。

岢岚县在"十五"期间,共筹集拨付499.07万元,其中省政府75.55万元,省交通厅194.28万元,市政府145.28万元,市交通局23.53万元,县政府60.43万元。

国家级贫困县代县,财政入不敷出,县政府在财政比较困难情况下,先后拨款2000多万元用于通村公路的建设。

在农村公路建设中,为了克服资金不足困难,忻州市干部群众八仙过海,各显神通。各级党政领导带头捐款,交通部门率先响应,社会各界纷纷支持。企业家慷慨解囊,农村干部群众人人捐款,个个出力，形成全社会支持农村公路建设的大好局面。

五台山风景名胜区的台怀镇全镇有22个行政村，5800多口人，大部分自然村都是人少户稀的边远贫困山村。针对资金缺口，镇党委、镇政府领导亲自到各寺庙登门拜访，商谈修路捐资事宜。各寺庙僧尼闻风而动，先后捐资80万元，其中五爷庙常青法师一人捐资60万元。

在建设过程中，忻州市强化源头管理，严格市场准入，实施动态监管。在全面推行项目法人责任制、工程监理制和合同管理制基础上，加强招投标管理，对200万元以上项目严格执行招投标制。开展诚信体系建设，对在工程质量、进度、安全和农民工工资等方面做得好的单位给予通报表彰，做得差的列入黑名单，并且与招投标挂钩。定期组织检查资金到位情况、工程开工率和工程进展情况、质量情况等。制定《农村公路质量责任追究办法》，对不良行为进行严肃查处，追究责任。认真开展工程建设领域专项治理活动，积极组织有关部门做好调查统计，及时提供真实数据，接受监督和检查。

各县（市、区）领导也非常重视工程质量问题。五台县严把工队选择关，坚决杜绝暗箱操作。严把材料进场关，彻底禁止人情关系。凡不符合工程设计要求的材料、机械设备，坚决拒之门外；原平市交通局成立农村公路质量管理监督站，对全市农村通村公路质量进行监督。在施工现场设置醒目标牌，标明工程项目名称、施工单位、群众监理、技术人员和主要负责人姓名，接受社会监督。神池县严格施工程序管理。对一些关键路段和重点工序进行全天候、全方位、全过程监督管理，确保各项工程如期保质完成。保德县交通局质监站委派专人包片监督，并由各乡（镇）选派1名专职人员协助质监员进行全方位的监督，形成“人人讲质量、层层抓质量、全员保质量”的良好氛围。为了切实加强管理，忻州市严把交工验收关。交工验收程序、评分标准及抽检频率严格按照《农村公路建设工程竣工验收办法》文件要求进行；各县（区）交通局在完成本年度项目计划任务80%以上，同时对交工验收时提出的各类问题整改完毕后，方可申请市交通局组织验收。

2002年秋，忻州市忻府区率先提出三年基本实现“村村通油路”宏伟目标，2003年至2005年，全区基本实现村村通水泥（油）路目标。尤其是2003年，完成620公里，占全市任务近一半，名列全市第一，全省第二。到2008年，全区累计建设1825公里（含村街道）村村通水泥油路工程，通达油路率达到96.4%。2009年，剩余9个村经济贫困、位置偏远、地形复杂、工程量较大，区委、区政府克服困难，当年建设村村通水泥（油）路37.2公里，实现具备条件行政村通水泥（油）路工程全覆盖。全区公路通车里程达到1833公里，是2000年2.5倍。其中县道233公里，乡道513公里，村道854公里。

第二节　农村公路养护机制改革

2003年9月，神池县组织沿线群众1000余人进行百里公路千人养护大会战，创下忻州市县乡公路养护史上新纪录。2005年9月26日，忻州市县公路养护现场会在神池召开，不断深化农村公路管养体制改革。从2008年开始，忻州市开展为期三年的养护管理年活动。一是建立养护目标体系，以目标责任书形式将工作目标落实到具体部门和人员，定责任，定措施，定时限，定标准，定奖罚。二是建立考核评价体系。采用科学方式进行考核评比，排名靠前的给予资金奖励，排名靠后的进行全市通报批评。三是完善支持保证体系，加强管理养护制度建设。四是加大农村公路养护新技术、新设备、新材料和新工艺的研究推广力度，大力实施以完善附属设施、标志、标线为主要内容的农村公路养护工程。五是加快建立农村公路养护管理专业队伍，逐步推进农村公路养护市场化进程，招标择优选用专业施工单位承担农村公路大中修工程，为农村公路养护管理提供有效保障。六是加大对农村公路养护的资金投入。在积极争取建设资金同时，秉承“建养并重”原则，各县（区）局自加压力，积极探索拓宽资金筹集渠道，广泛吸引社会力量关心交通、支持交通。

一、建立养护机构

2003年以来，忻州市全面贯彻执行国家及全省公路管理养护规定，坚持“全党重视、政府领导、行业管理、分级负责”原则，实行“县道县养、乡道乡养、村道村养”的养护体制，建立“一年一考核”养护机制。按照路权主体，对农村公路实行分级保养。“十一五”期间，结合全市农村公路建设情况，市政府重新修订《忻州市农村公路养护管理办法》及配套的养护管理实施细则，对养护体制、资金、质量管理作出规定，进一步明确市县乡三级养护管理具体职责。各县（市、区）按照市政府统一安排，全部出台农村公路管理养护改革的具体办法，初步建立“四为主”养护管理体制。14个县（市、区）都组建成立养护施工单位，并获得省交通厅颁发的公路养护工程施工资质。

市政府成立农村公路养护管理领导组，负责全市农村公路养护管理发展规划，组织协调，实施监督。各县（区）都成立相应领导机构。市交通主管部门负责全市农村公路养护管理的协调、指导、监督工作，对县公路和部分乡、村公路实施检查、考核、验收。县、乡公路养护大修、中修和小修保养项目由市交通局统一审批,县、乡组织实施。县人民政府和县交通部门负责辖区范围内农村公路的资金筹措、计划安排及日常养护管理工作,组织实施县公路日常养护管理和大、中、小修工程。县交通局负责乡、村公路考核。县、乡公路路政管理工作由县级交通主管部门负责。乡镇人民政府负责辖区范围内乡村公路养护管理工作,负责资金筹措,计划安排,组织实施乡公路日常养护管理和大、中、小修工程。完善“县局有养护中心,乡镇有管理站,村委有管理员”的农村公路三级养护管理机构。

二、确保资金投入

2006年,市政府根据国务院办公厅、省政府办公厅关于农村公路体制改革的有关规定,下发《关于将忻州市农村公路养护管理经费列入财政预算》的通知,并从2006年开始,每年下达1000万专项经费用于农村公路养护,使农村公路养护和管理经费建立稳定的公共财政资金渠道。在市补助基础上,各县、乡公路养护配套资金不低于市补助的两倍,否则市财政不予补助。村公路养护资金可采取村民委员会“一事一议”的办法筹资。省、市农村公路养护资金由市交通主管部门设立专户管理,县、乡、村养护配套资金分别由县(区)交通部门和乡(镇)、村设立专户管理。全部养护资金实行专户专储、专款专用,严禁截留、挪用、挤占和超范围使用。接受各级财政监督,实行年度审计制度。

三、创新养护模式

2003年以来,忻州市交通局坚持“全面养护,突出重点,稳定路况,确保畅通”的思路,根据各县(区)乡(镇)实际情况,结合全市农村公路点多、线长、面广,情况复杂等特点,对农村公路管理确定三种模式。一是委托乡(镇)管理,由乡镇和养护责任人签订责任书。二是委托行政村管理,由行政村和养护责任人签订责任书。三是由县交通局直接管理,县交通局和养护责任人签订责任书。通过分类型、明主体、定任务,使全市农村公路养护管理工作做到任务明确,职责清晰,精心养护,管理有力。各县、区结合实际,互相借鉴,在养护管理体制上进行大胆探索,彻底打破多年来主要由交通部门担负的公路养管旧体制,使地方公路养护事业得到巩固和发展。有的县实行“乡养县补”办法后,充分调动各乡镇公路养护的积极性。

四、责任落实到人

县乡村公路养护任务分为日常养护和大中型养护工程。日常养护主要任务有8项:一是清理桥涵,保证在雨季行洪安全;二是经常性清理边沟排水,保障公路排水畅通;三是清扫路面,保持路面常年清洁;四是填补路面坑槽,保证路面平整;五是整理填补路肩,清除路肩杂草;六是修剪和粉刷路旁树木;七是维护公路标志和安全设施;八是对损坏的排水挡墙、涵洞进行小修。对于大中修工程和水毁工程养护,严格按照交通部颁发的公路养护工程技术规范和技术标准实施。

在养护工作中,根据公路等级和路面结构不同,交通流量不同,养护资金来源不同,忻州市突出抓好三个结合。即统一管理与分散作业相结合,集中处治与包养到人相结合,专业养护与其他养护形式相结合。区公路养护推行道班日常养护与专业路面养护相结合的办法;乡公路养护根据路况实际,划分若干个养护标段,包养到人,进行常年养护;村公路日常养护面向全体村民公开招标承包,包养到人。村公路大、中、小修养护工程,采用招标办法,面向社会选用专业队伍施工或采用“一事一议”办法,组织本村村民进行施工。全市农村公路养护实行定路段、定人员、定标准、定资金的“四定”管理办法。对各路段养护人员具体分工情况建立养护档案,挂牌上墙,实行一路一档。建立严格考勤和责任追究制度;对养护不到位造成路面损坏的按照有关规定处罚。

第三节　沿黄干线公路的建设

沿黄干线起点为偏关县万家寨黄河大桥西侧,经阳坡上、舍身崖、偏关县城、桦林堡、寺沟村入河曲县境,经马连口、楼子营、河曲县城东、禹庙入保德县境,再向南经义门镇、铁匠铺、保德县城、韩家川、林遮峪、冯家川、土崖塔、西梁村入吕梁市,终点在忻州与吕梁两市交界处,忻州境内全长189公里加800米。是省重点项目西纵干线公路的一段。

该线从起点万家寨至保德县城,是由偏关、河曲、保德县的原县级公路改建,保德县城至终点,基本是新开路段。2006年5月17日,省开发委批准立项,省交通厅于2007年4月25日批复初步设计,省公路局2007年6月11日批复施工图。2007年8月10日,忻州市交通监督站下发了《公路工程质量监督通知书》,同年11月5日,省交通厅下发晋交便字〔2007〕318号文批准开工建设。万家寨至偏关县城的31.071公里,维持原技术标准,其余均为二级公路标准,全线采用沥青砼路面,设计行车速度分别为60公里/小时和40公里/小时。

为了加强对沿黄干线公路建设工程的管理,忻州公路分局成立了由局长张利民兼任处长的建设工程处,成立了临时党总支,派驻了执法总监,分设了三个前线指挥部,制定了各种规章制度,保障了工程的顺利展开。根据国家《招标投标法》的有关规定，通过公开竞争，有中国路桥集团西安实业发展有限公司等9个施工单位中标，山西省公路工程监理技术咨询公司进行监理。工程于2007年9月1日正式开工，2009年10月30日建成通车，对拉动山西西部经济有重大作用。

该工程概算投资47 814万元，其中国家交通部6542万元，养路费开支1000万元，开发银行贷款40 272万元。开工后由于变更工程数量很大，加上建筑材料和人工费上涨等因素，追加投资后达到6.21亿元。

第二章　道路运输管理

第一节　运输工具的进步

进入21世纪以来，国民经济持续快速增长。全市民用汽车保有量持续增加，载客汽车和载货汽车全面增长，私人汽车的发展尤为明显。截至2001年底，全市客货运输汽车总数14 441辆，其中：载客汽车5004辆。2008年底，全市民用汽车保有量已达96 839辆(不包括三轮汽车和低速货车)，是2000年的3倍。其中，载客汽车64 975辆，载货汽车31 864辆。在汽车保有量中，载客汽车比重不断扩大，达到67.1%，比2000年提高27.2%。私人汽车达67 510辆，比2000年增加50 572辆。

2010年底，运输结构不断优化，新型舒适运输工具发展迅猛。全市共拥有营运车辆达28 731辆，其中客车1388辆，中高级车和卧铺客车268辆，运行在跨市跨省线路上的客车全部是中高级客车和卧铺客车。有载货汽车33 241辆。

第二节　客货运输的组织

2003年完成客运量2757万人，完成客运周转量182 269万人公里；2004年完成客运量2819.5万人，完成客运周转量225 459万人公里；2005年完成客运量3000万人，完成客运周转量207 121万人公里；2006年完成客运量3130万人，完成客运周转量224 502万人公里；2007年完成客运量3173万人，完成客运周转量229 980万人公里；2008年全市共完成客运量3174万人、客运周转量239 796万人公里；2009年完成客运量1392万人，完成客运周转量92 761万人公里，全市新增农村客车43台，新开农村班线32条，新通行政村87个，累计通车行政村达到4685个，客车通车率达到97%；2010年，全市有客运企业24家，完成客运量1429万人，完成客运周转量106 318万人公里。

2003年以来，忻州市通过调整道路运输市场结构，对客运资源优化整合，不断加快农村路网和村村通水泥(油)路工程建设步伐。首先成立由政府牵头、交通、公安、建设、规划、物价、工商、税务、征稽、公路分局和交警等有关部门领导参与的领导组，全面负责村村通客车工作的总体协调、统筹安排和监督检查工作。其次，制定各项措施，确保村村通客车目标按期实现。提出具体措施和经营主体公司化、经营模式公交化、运作过程市场化、管理服务规范化的工作目标。采取农村客运审批的便民措施，鼓励农村客运专业户开通农村客运班线，并将有关加快农村客运发展的各项优惠政策落实到位。实现经营户有钱挣和农民群众坐得起车的“双赢”目标。2010年，重点实施构建农村客运网络服务体系工程，忻州市新增农村客车43台，新开农村班线32条，新通行政村87个。截至2010年底，全市共有农村客运线路374条，客运企业14家，全市185个乡镇全部通客运班车，有4685个村通客运班车，行政村班车通达率达到97%。按照经营主体公司化、经营方式公交化、经营行为规范化、城乡服务均等化的原则，偏关、保德、五寨、定襄、静乐、宁武、岢岚、神池8个县实现客运一体化。截至2010年底，全市开设客运线路568条，平均日发2483班次，开通全国5个省市的11个中等以上城市，基本达到人便于行的客运发展目标，适应人民群众出行需求。

随着道路货物运输量逐年剧增，忻州市道路运输行业以运输发展为主题，以结构调整为主线，货物运输运力实现轻型汽车、中型汽车、重型汽车和普通汽车、特种汽车协调发展的局面，货物运输实现了质的飞跃。2001年底，全市有载货汽车9437辆，货物运量4581.6万吨，货物周转量197 171万吨公里。2008年全市道路货物全行业运输量完成5714万吨，货运周转量完成416 989万吨公里。特别是在四川省汶川地震发生后，迅速启动应急运输车队，安全、快速、及时、圆满地完成了运送活动房的任务。至2010年底，全市有货物运输企业98家，货车33 976辆，总吨位304 784吨，完成货运量5098万吨，完成货运周转量1 175 566万吨公里，货运量年增长7.8%。

第三节 行业管理的加强

2003年以来,忻州市严格履行“三关一监督”职责,完善安全生产管理制度,建立安全生产监督机制,落实安全生产措施,通过开展“安全生产年”活动,不断加强对司乘人员安全教育,强化节假日安全生产监督,全力遏制重特大事故的发生,安全生产管理工作逐步走上制度化、规范化轨道,彻底解决了安全生产和安全监管上存在的突出问题,安全生产形势逐年趋好。

2003年以来,忻州市进一步完善客运企业资质评定的初审和上报工作。在客运安全管理中,严格营运客车强制二保,严格实施车辆技术安全管理、营运客车进站日检等安全措施,督察客运企业落实各项安全制度,确保道路旅客运输安全。与此同时,开展了“打车匪、扫路霸、保畅通”活动。市交通局运管处、道路处、规费处明确重点,加强舆论宣传。各涉路站点执法人员严格推行军事化管理和人性化服务,开展创建文明样板路、文明执法示范路(站、点)的活动,建立全系统涉路人员诚信档案。认真查处客运“三险品”和黑车黑户,依法上路稽查各类车辆,查处违章,追缴规费,促进车户依法运营和规费应收尽收。

2005年,忻州市交通局与市公安局、市安监局在全市联合开展道路危险化学品运输市场整顿工作。对各种安全隐患进行认真排查,将辖区内民爆用品管理站从事危险货物运输的车辆全部纳入道路运输管理部门管理。认真开展危险货物事故登记制度试点工作,建立全市统一的危险货物运输许可管理档案,实现危货运输档案统一编号和车辆配号管理制度。

2010年,市运管部门在加强驾培行业、维修行业监管的同时,开展为期三个月的打击非法经营专项稽查行动和整顿危货市场专项行动,共出动稽查人员16 520人次,检查车辆2829辆次,查处违规293车次,行政处罚229车次。同年,忻州市出租车管理处严格对12家企业进行质量考核,开展“黑车”专项整治,查处非法营运车25辆。路政治超部门依托检测站,加大对绕行车辆的卸载、处罚力度,保护路产路权,查处公路损坏案件6宗,打击短途超限超载,查处违法超载车41辆,遏制了短途超载。

2010年春运期间,市交通运输局成立领导组,强化安全监管,保证充足运力,维护市场秩序,提升服务质量。针对多年屡禁不止的春节期间出租车乱涨价问题,市运管局专门开展“三打”(打击无证营运、异地营运、套牌车辆,打击借节日期间、气候变化等因素不使用计价器、不出具车票等乱涨价行为,打击拒载老人、甩客、擅自停运行为)、“三送”(即送政策、送服务、送温暖)活动。无论是城乡客运班车,还是公交、出租车,没有出现一起重大责任事故,基本实现“安全畅通,文明和谐”的春运总目标。

第三章 超限超载的综合治理

2007年以来,忻州市坚持“政府主抓,部门联动、齐抓共管、坚持不懈、综合治理”的治理超限超载方针,按照省政府〔2007〕42号文件和省治超办《治超实施细则》等相关配套文件规定,加强领导、周密部署。坚持源头监管与路面治理相结合,重点治理与长效治理相结合,治超站点检测与道路流动稽查相结合的办法,群防群控,多管其下,打治结合,不断巩固和扩大治超成果,使治理超限超载工作取得明显成效。超限超载率由集中治超前15%下降为0.002%,长途超限车辆基本绝迹,短途超限车辆得到有效控制,因超限超载造成的堵车现象基本消除,通行能力大为提高。客车正点率由治超前60%提高到90%,货物运输量与治超前相比增长45%,长、短途运价分别增长23%、31%,货运价格合理回升,运力结构进一步优化,运输市场显现出良好发展态势。

在整治过程中,市政府成立集中行动领导组。各县也成立领导组。市交通部门按照治理车辆超限超载有关规定,加大对货运车辆的检测处罚力度,组织流动稽查队上路巡查,对绕行、闯卡、聚集堵路和无固定检测设备路段的“双超”车辆进行查处,对超限超载车辆一律实行卸载。市经委重点对全市煤炭、焦化、冶炼、砂石等源头企业进行整顿,严禁超限超载车辆驶出矿区和场区,对超标装载开绿灯的矿区和场区要严处。市运管部门组织稽查人员会同公安部门加大客运车辆管理力度,对箱式货车客货混装、超员运输、无证经营、乱窜线路的车辆进行集中整治,依据相关规定取消驾驶员营业资格,并对所属单位进行处罚。随着治超宣传和工作力度加大,车辆超限超载态势得到有效治理,运输环境逐步改善,公路交通状况明显改善,公路通行能力完全恢复正常,公路桥梁得到有效保护,公路损坏、交通事故明显减少,境内公路安全畅通。

忻府区提出“三严五不让”目标。即用铁的意志严查,用铁的决心严管,用铁的手腕严惩,确保不让一辆车辆漏查漏检,不让一辆超载车辆漏卸,不让一名违章车主漏罚,不让一处超载隐患漏查,不让一处超载源头漏治的工作目标。2007年底,查处超载车辆10 593辆,卸载货物29 089吨,罚款37.8万元,路产赔补偿50.9万元,卸载货物拍卖605万元,上缴区财政693.7万元。2008年,先后投入466万余元建设治超站点,较好改善治超工作条件,提升执法能力。投资130万元,新建关城、路村两个治超检测点;投资300万元,新建1座治超办公大楼,占地面积10亩,建筑面积610平方米;投资36万余元,安装远程视频监控系统,使治超工作向科技化、网络化迈进。2008年至2010年10月底,累计检车1 371 363辆,查处超载车辆946辆,卸载超载货物11 806.35吨,罚款380万元,路产损坏赔偿费655万元,上缴区财政1035万元,全区货运车辆超载率为0.0028%。2010年底,政府公示货运源头企业150家,2009年忻府区被评为"全省治超优秀县",并获交通工程项目补助3000万元。

代县安排21名运管工作人员开展驻矿源头治理,与货运源头144家企业签订《源头治理车辆超载超限工作责任状》,在雁靖大桥南设立治超点,依托治超点在4条县公路和乡公路开展流动治超检查。集中3个巡查队15人、3部稽查车,与重点货运源头单位、涉铁企业较为集中的公路路口开展两个月的集中打击行动。对未出站的40辆超载车进行卸载,对路口发现的15辆超载车辆,押送到源头进行卸载,对3辆有其他违规行为的车辆进行查扣处罚,共计罚款1.5万元。治超工作得到省治超办表彰奖励。

保德县共印发宣传材料20 000份,公路沿线张贴标语100张,粉刷标语20条。交通、公安、纠风、发改委、工商、物价、质监、安全监察等部门通力合作,同时安排21名运管工作人员驻矿限吨,15名路政人员与相关部门联合在韩府线银子塔、岢保线曹虎村设点治理非法超限超载。同各煤矿签订《源头治理车辆超限超载工作责任状》。2009年至2010年,共出动路政执法人员2100余人次,强制转运影响通行的垃圾杂物30余吨,处罚破坏公路设施车辆4台。查处非法超限超载30多辆次,查处抛撒车辆80多辆次,取缔沿路加水点10多家,收取路产损坏补偿费2.89万元。

宁武县成立治超工作领导组,交通、公安、交警、经委、工商、质监、安监、法制、宣传、监察、纠纷、环保、煤炭、物价等部门协调配合,各负其责,联合执法。县交通局作为治超工作牵头单位和实施单位,实行煤矿源头治理与出入境治超站点监控巡查双管齐下,运用"控、拆、卸、罚、记、赔、拘"等综合治理措施。2010年,检验货运车辆3.9万辆,长途超限超载车辆基本禁绝,短途超限超载有效遏制,55吨以上超限超载车辆基本消除,非法超限超载得到根本治理。

原平市政府抽调公安、交警、交通运输、路政人员,组建原平市治理非法超限超载车辆办公室,下设大牛店、红池、上封3个治超卸载点和1个流动稽查队。2010年共投入治理资金26万元,清理非法储售煤场55处,清理氧化煤、煤矸石27 200多吨,没收非法存煤1661.8吨。全市国道、省道和县乡公路好路率分别达到80.9%、78%,交通事故由2009年36起下降到21起,经济损失由2009年21万余元下降到17万余元,下降19%。全市短途超限超载率为0.0098%,低于省和忻州市要求的0.01%。

忻府区交通路政管理所所长史天云,凭着对党的事业的无比忠诚、勤勉务实的作风和高度负责敬业精神,在平凡的岗位上做出了突出贡献。治超卸载,不徇私情,严格执法。在廿里铺卸载点检测过往车辆389 890辆,查处超限超载7000辆,卸载货物88 690.94吨,有力遏制超限超载运输势头,实现超限超载零报告的可喜成效。获全国劳动竞赛委员会"五一劳动奖章"。

第四章　交通征稽管理

第一节　机构沿革

1993年,忻州地区交通局将拖拉机征费所与运管所合并,局内成立运管征费稽查处(正科级),各县(市)成立"运管征费稽查所",统管运输管理与拖拉机养路费的征收稽查工作。

1997年1月31日,根据省交通厅文件,忻州交通征费稽查处改名为征费稽查分局,升格为正处级。下设办公室、财务科、征费科、稽查科、人事劳资教育科、政工科、审计科、党务工作部、纪检监察室、车购费征管科、票证票据管理室、工会等12个科室。1998年4月增设行政科,2000年票证科挂靠征费科,车购费征管科归车购办。

2002年增设计算机中心,2003年3月成立稽查大队,下设6个稽查队。截至2008年底,分局共设有13个内部科室,8个直属站,15个征稽所,1个通行费收费站。

2004年,市交通局决定运管与拖拉机征费分离,成立独立的拖拉机征稽处,为正科级建制,开始独立办公,处内设置办公室、财务室和征稽股。下属各县(市)的拖拉机征费稽查也大部分从运管所分出,进行独立收费稽查,这种体制延续到2008年底。

第二节　征稽工作的开展

截至2003年,忻州征稽分局有职工157名,下辖17个征费稽查所(站)和1个通行费收费站,担负着忻州市党政机关、企事业单位和个体车户33 000余台机动车辆10万个征费吨位的养路费、货运附加费和车辆通行费征收任务,组建十几年来,累计为国家征收交通规费14.5亿元,其中2002年征收1.5亿元,完成年度任务137%,全省名列第一。

太原市公路交通史

概　　述

1978年以来，太原市牢牢把握抓住机遇、深化改革、促进发展的大政方针，认真落实有关政策措施，不断加大投资力度，扩大投资规模，调整投资结构，加快建设步伐，交通运输业取得突破性、跨越式发展。到2010年底，全市已形成四通八达、较为完善、总体配套的交通运输网络，服务全市国民经济和社会发展大局、服务社会主义新农村建设、服务广大人民群众安全便捷出行的能力水平明显提高。

30年前，大家总是这样描述当时的交通状况："开门就是坡（山），抬头就是坡，迈步就是坡，啥时有大路，修到咱这坡？""晴天一身土，雨天两脚泥"是当时太原市老百姓出门行路难的真实写照。那时候人民群众的运输往来处于肩挑、背扛、畜驮及人力车拉的落后状态。特别是山区群众，更是备尝行路艰难之苦，直接造成就医难、上学难、娶亲难、货物运输难的问题。山区丰富的自然资源和农副产品无法及时外运而遭霉烂，而日常所需的生产、生活用品又难以运进，极大地限制、阻碍了山区经济发展，道路已成为当地经济开发和社会发展的"生命线"。截至1978年底，全市公路通车里程为1654公里，平均每百平方公里有公路23.7公里，其中有路面里程954公里，仅占通车里程57.7%；晴雨通车里程725公里，占总数43.8%，汽车时速平均每小时29公里左右，公路已成为制约国民经济发展的重要因素之一。

30年来，太原市交通运输事业从小到大，从弱到强，发生翻天覆地的变化。改革开放，促进太原市交通行业快速发展，同时也带领人们走上致富路。

"七五"期间，为适应国民经济迅速发展需要，太原市掀起声势浩大、规模空前的筑路热潮。"要想富，先修路"、"道路通，百业兴"，不仅为人们所共识，而且变成广大城乡人民的积极行动，公路建设取得重大进展。截至1990年底，全市公路通车里程1793公里，平均每百平方公里有公路25.6公里，其中有路面里程1228公里，占68.5%；晴雨通车里程953公里，占53.2%，83个乡镇有82个通公路，60个通油路；1285个行政村有758个通公路。

"八五"期间，全市交通工作实现重大飞跃。市委、市政府实施公路建设向高等级公路转移的战略目标，集中资金、集中力量加快事关全市改革开放和经济发展大局的公路主干线建设。开工建设全省第二条高速公路东山过境高速公路，建设全省最宽的太旧高速公路（太原段），建设全省第一条一级公路太原至晋祠公路；建设晋祠至夏家营一级公路，太榆超一级公路，古交至吴城、娄烦至梭峪等二级公路11条220余公里，同时还建成新阳、柏井、贯中等大型公路桥梁和武宿立交枢纽，太原率先在全省实现县区通油路、乡镇通公路、村村通机动车的"三通"目标。到1995年底，全市公路通车里程达到1870公里，平均每百平方公里有公路26.8公里，其中有路面里程1365公里，占73%；晴雨通车里程1167公里，占62.4%。

"九五"期间，太原市道路运输基本形成以国道为主干线，县乡公路为支线的交通运输网络。境内有国道3条222公里，省道8条358公里，全市公路通车里程达到2635公里，等级公路里程达到2053公里，公路密度每百平方公里达到37.71公里。新建公路595公里，改建县乡公路1136公里。全市累计征收规费267 516.8万余元，营运客车达到11 796辆，客运量达到3265万人，营运货车达到27 375辆，货运量达到38 705.6万吨，客运线路达到210条，辐射全国15个省（市、区）和全省108个县（市），成为全省及至华北地区的交通枢纽。

“十五”期间,是太原市交通运输发展最快、最好的历史时期之一。全市交通行业干部群众公路紧紧围绕全面建设小康社会、构建和谐交通对公路交通提出的新要求,以科学发展观为指导,坚持高速公路、干线公路、农村公路“三网并重”的方针,实现环城公路高速化、县际公路高等级化和村村通水泥(油)路目标。公路通车里程达到3168公里,公路密度每百平方公里达到45.3公里。累计完成投资58.01亿元。其中,建成太原至祁县高速公路、西北环城高速公路、太原至长治高速公路和东山过境高速公路改造等四条高速公路113公里,完成投资40亿元;完成榆古线、太克线、双阳线、古离线、宁白线、古岚线等国省道新改建工程320公里,完成投资4.5亿元;完成新改建县公路431公里(含市重点工程康西线收费还贷公路41.5公里和国债通乡油路改造工程14项270公里),完成投资7.88亿元;完成新改建乡公路171公里,完成投资1.4亿元;完成村村通水泥(油)路工程2114公里,完成投资4.23亿元。

“十一五”时期,太原市紧紧抓住国家“建设社会主义新农村”和交通运输部实施农村公路“五年千亿元”建设工程重大机遇,积极争取省交通运输厅和市政府对全市交通运输工作的支持。特别是2008年以来,抓住国家扩大内需、应对国际金融危机一揽子计划的历史机遇,持续掀起公路建设新高潮。一是抓好综合规划工作。启动了《综合交通发展规划》编制工作。全市公路基础设施建设完成投资106.16亿元,完成公路新改建工程4785.7公里,公路通车里程达到6181公里(其中农村公路通车里程达5383公里),较“十五”末5836公里增加345公里,公路密度88.5公里/百平方公里,较“十五”末83.5公里/百平方公里增加5公里。全市962个行政村除2个不具备条件外,全部通水泥(油)路。二是抓好农村公路养护。“十一五”期间,先后出台《太原市农村公路管理养护体制改革实施意见》、《太原市农村公路管理养护考核办法》,明确地方政府在农村公路建养工作中的主体地位,各县(市、区)、乡(镇)政府相继出台一系列规范农村公路养护工作的政策和措施。全市农村公路养护投资1.36亿元,完成路面中修40.6万平方米,安装防护墩2500个,安装标志牌2680块。开展农村公路专项调查,建立公路GPS数据信息库。县乡公路养护优良路率达到77.6%,较“十五”末75.49%增加2.11%;养护综合值达到78.56,比“十五”末77.24增加1.32。三是指导10县(市、区)成立质量监督机构。投资100余万元配备质监专用车辆和常规试验检测设备;以农村公路及国省干线公路建设质量安全生产为重点,采取“抓市场、抓源头、抓制度、抓监管、抓督察”五抓责任制,扎实开展“建设质量年”活动。严格按照建设程序,实行项目法人制、招投标制、监理制和合同管理制,进一步规范农村公路建设的质量防控体系。共监督农村公路项目208条,里程1574.815公里;国省干线14条,里程300公里,合格率达到90%。工程质量监督覆盖率达到100%。

由于工作成绩显著,30年来,太原市获得多项荣誉称号。2006年,农村公路建设被省劳动竞赛委员会荣记集体一等功1次;2009年,率先在全省实现村村通水泥(油)路“全覆盖”工程;2010年,被省政府评为支持重点公路建设先进市。

吕梁市公路交通史

概　述

吕梁市东枕吕梁，西濒黄河，东部为土地丰腴的汾河平川，西部是连绵不断地黄土丘陵。千百年来，由于受高山大河阻隔，经济十分落后，是全国著名的连片贫困区之一。东西最大宽度140千米，南北最大距离220千米，总面积21 095平方千米，占全省总面积13.5%。周边界线总长度954.3公里。

1971年5月，设立吕梁地区。2003年11月，改设吕梁市。截至2010年底，辖1区、2市、10县，总人口360万人。

吕梁是一座随着改革开放、市场经济大潮中成长起来的新兴能源型地级中心城市，是全国著名的煤炭生产基地，也是极具潜在发展优势的重要的能源型工业城市。新中国建立60余年来，由于地理位置所限，长期以来没有通铁路，因此道路交通运输在国民经济发展中占据举足轻重的地位。以吕梁市区（离石区）为中心，依托太佳、汾平高速公路、国道209线和国道307线，辅以省、县、乡、村四级公路，构成全市道路等级齐全、四通八达的公路交通运输网络。

1978年，以党的十一届三中全会召开为标志，党和政府的工作重心转移到经济建设上来，吕梁地区交通事业迎来发展春天。1978年底，全区公路通车总里程3012公里。其中等级公路1964公里，有路面里程1305公里，沥青路面316公里，公路养护里程203公里，桥梁367座9101米。有兴县、岚县、方山县、中阳县、交口县和石楼县没有通油路。

1980年，全区公路通车里程3013公里，有等级公路1964公里。其中：三级公路296公里，四级公路1650公里，等外公路1067公里。有路面里程1305公里，油路面356公里，其他线路都是低等级砂石路面和不达等级的土路面，公路养护里程2250公里，拥有永久性桥梁430座11 087米。

1985年，全区公路通车里程3335公里。其中四级以上公路里程2619公里，有路面里程1956公里，沥青渣油路面465公里，拥有各类公路桥梁514座13 525米。全区拥有各类汽车9272辆，全年完成公路货运量660.5万吨，货运周转量28 949.8万吨公里，客运量188万人，客运周转量16 421.90万人公里。

1990年，全区公路通车里程3656公里。其中四级以上公路3221公里，一级公路2公里，二级公路371公里，有路面里程2750公里，油路722公里，养护里程3617公里。全区拥有各类汽车13 919辆，全年完成公路货运量1331.2万吨，货运周转量73 661.3万吨/公里，客运量470.95万人，客运周转量40 023.4万人公里。

1995年，全区公路通车里程3891公里。其中四级以上公路3542公里，建成一级公路2公里，二级公路371公里。全区达到“县县通油路，乡乡通公路，村村通汽车”的“三通”目标。其中，有96个乡镇通油路，占乡镇总数40.7%。全区已经基本上形成以国道、省道为主干，以县乡公路为依托，四通八达的公路交通网络。以离石城区为中心，形成与外省、外地（市）的15条出口路和东西南北中五个小循环，以及由离石城区出发经过13个县市的大循环。全区拥有各类汽车15 235辆，全年完成公路货运量1999.2万吨，货运周转量136 242万吨/公里，客运量720.8万人，客运周转量57 134万人公里。

1996年，为了加快全区公路交通建设的步伐，全面实现“九五”计划，地区交通局响亮地提出“国道、省道、县乡道，都是我们自己的道”、“自己的路自己修”的口号，吕梁山上出现了以离临柳石扶贫攻坚公路为龙头，国、省、县、乡、村五道一齐上，男女老少都上阵，苦干实干拼命干，大打公路建设翻身仗的动人场面。一年来，全区共义务投工6757.8万个工日，人均21.4个工日；投入机械281.9万台班；自筹资金8.1亿元，其中集资贷款59 433万元，人均270元；资金投入8.6亿元，人均272元；完成土石方1.45亿立方米，其中土方1.15亿立方米，石方0.3亿立方米；人均完成土石方45.8立方米。全区共完成公路建设总里程4818公里，其中等级公路4199公里，是前三年等级公路建设总里程1943公里的2倍还多。交口县实现乡乡镇镇通油路，交城、临县、岚县的14个乡镇基本实现村村通公路。义务修路工作夺得全省第一名。

1997年，吕梁交通战线的广大干部职工以国道307、209线为主战场，县乡公路以扶贫公路建设为龙头，全区县县有重点，乡乡有工程，全民义务修路高潮迭起，交通事业步入快速发展轨道。国道307汾阳柳林路段拓宽改造为一、二级汽车专用公路，交城汾阳路段改建为水泥路面，离临柳石攻坚公路和国道209县改造工程也相继开工。以国道、省道为依托，逐步形成国、省、县、乡、村五道联网的公路网络新格局。1997年，全区公路通车里程4510公里，有路面里程3877公里，油路面1745公里，拥有永久性桥梁781座23 549米。全区义务修路投工5668.4万工日，投入机械234万台班，公路建设总投资7.9亿元，地县两级政府自筹资金7.2亿元，累计完成土石方8345万立方米，其中土方7877万立方米；公路建设总里程3684公里，新增等级公路1300公里，改建等级公路1286公里。交城县以山区10个乡镇为主战场，开展百里油路建设大会战。年内完成二级油(水泥)路103公里，一举结束山区不通油路的历史。中阳县完成武家庄镇、张家庄乡的通油路建设工程，实现乡乡镇镇通油路目标。临县又在湫水河上架起6座桥梁，全县为义务修路筹集资金1亿元，有2镇2乡47个行政村通油路，115个行政村通公路。

1998年，全区交通部门围绕“五年任务，三年完成”的奋斗目标，真抓实干，顽强拼搏。全区为义务修路投工4225万个工日，投入机械234万台班，公路建设总投资3.26亿元，其中上级补助6939万元，地区公路建设资金补助1137万元，地县两级政府自筹资金2.8亿元，累计完成土石方6800万立方米，其中土方6200万立方米；新建公路1571公里，新建油路221公里，改建公路705公里；全区公路通车里程5027公里，新增通车里程517公里；有路面里程4877公里，油路面2090公里；拥有永久性桥梁773座24 684米。

1999年，围绕经济建设一个中心、县乡公路养护和乡村公里建设两个重点，狠抓工程“进度、质量、资金”三个落实，各项工作取得较好成绩。年内，全区义务投工407万工日，投机械68.1万车日；全年公路建设投资3.68亿元，其中上级补助7006万元，地县自筹1.49亿元，中央预算内资金2000万元，中国银行贷款1.29亿元。新建、改建县乡公路1631公里，其中新建公路1056公里，新建油路194公里，改建县乡公路381公里。全年新增通车里程450公里，公路通车总里程达到5477公里，有路面里程5342公里，油路面2127公里；拥有永久性桥梁779座24 662米。

2000年，全区县乡公路建设保持强劲发展势头。全区义务修路投工240.1万个工日，投入机械68.1万个班日，县乡公路完成投资20 160万元，其中上级补助6511万元，地县自筹13 709万元，新建、改建县乡公路883公里，全区新增公路通车里程379公里，公路密度提高到28公里/平方公里。全区有82个镇、97个乡通油路、4614个行政村通公路，1148个行政村通油路，其中新增通油路乡镇3个，通油路行政村51个。公路好路率达到84.72，其中干线公路好路率达到84.80；县公路好路率达到84.70。国道307太原至军渡段建成干线文明样板路，受到全国绿化委员会表彰。全区公路通车里程5825公里，其中等级公路5639公里。高速公路56公里，一级公路85公里，二级公路1220公里，三级公路1409公里，四级公路2878公里，等外公路186公里；有路面里程5690公里，油路面2355公里；拥有永久性桥梁897座30 564米。

2001年，广大干部职工以江泽民总书记“三个代表”重要思想为指导，与时俱进，改革创新，真抓实干，奋力拼搏，各项工作取得骄人业绩。全区公路建设完成投资1.625亿元，新增通车里程141公里。全区在撤乡并镇以后共有乡67个、镇84个、街道办事处7个，行政村4635个。到年底，全区有通油路的乡50个、镇81个、街道办事处7个；通公路行政村4583个，通油路行政村1192个。全区公路通车里程5974公里，其中等级公路5782公里，

2002年，全区完成公路建设投资1.58亿元，新增通车里程99公里。全区公路通车里程6096公里，其中等级公路5904公里，有路面里程5962公里，油路面2425公里，拥有永久性桥梁981座32 999米。

2003年，吕梁地区交通局紧紧抓住国家支持地方公路建设的机遇，总结经验教训，创新管理理念，实行“两级法人，分级负责，分类管理，一体运行”的管理体制，拓宽融资渠道，坚持以地方政府为主体，

政府出台政策,落实与筹措配套资金,使全区公路建设呈现良好的发展态势。全区完成公路建设投资4.18亿元,通车里程6193公里,公路密度29.8公里/百平方公里,4635个行政村有1398个通油路,占30%;151个乡镇(67个乡、84个镇)有139个通油路(2镇10乡不通),占92%。基本上实现村村通公路。全区拥有各类机动车辆29 539辆。其中:客车4889辆(一级客车达461辆),货车10 983辆,其他车辆7911辆,轮式拖拉机5756辆。完成客运量1407.5万人,客运周转量110 332万人公里;货运量3154.7万吨,货运周转量225 025万吨公里。全区有3032个行政村通班车,占全部行政村65%。全年完成公路汽车养路费14 384万元,车购附加费9286万元,车辆通行费7445万元,运管费1061万元,客运附加费582万元,拖拉机养路费2443.4万元。

2004年,吕梁市交通局坚持以邓小平理论和"三个代表"重要思想为指导,抢抓机遇,创新管理,以村村通工程为主战场,村村通水泥(油)路、县乡国债公路项目和区域经济路网三路并举,在大力加强农村公路建设的同时着力提高交通公共服务、市场监督和运营管理三大能力,公路建设出现持续、健康、快速发展的良好势头。全年完成公里建设资金13.3亿元,新增公路通车里程111.46公里,新增有路面里程196.41公里,新增通水泥(油)路行政村300个3221.01公里,新增通公路行政村25个180公里。全市公路通车里程6305公里,公路密度30公里/百公里;有铺装路面里程2869.28公里,全市81个镇12个街道办事处全部通油路,61个乡通油路,通达率91%,1367个行政村通油路,通达率42%。

2005年,完成县乡公路建设投资13.2亿元,新增公路通车里程373.38公里,新增通油路乡4个,通油(水泥)路的行政村317个4841.19公里;通公路的行政村1个(兴县)。全市公路通车里程达到6746公里,公路密度32.1公里/百平方公里;有等级公路6708公里,97%的乡、100%的镇和54%的行政村通油路。

"十五"期间,全市公路通车里程由"九五"末的5856公里提高到6746公里,公路密度由27.9公里/百平方公里提高到32.1公里/百平方公里,五年新增18个乡镇通油路,全市除八堡乡、前山乡外,基本实现"十五"末乡乡通油路目标,通油路的行政村2000年1148个增加到1684个,行政村通水泥(油)路通达率由24.6%提高到54%。全市县乡公路建设投资高达34亿元,比"九五"期间20亿元增加14亿元。全市新增公路通车里程921公里,年增加184.2公里,新增高级、次高级路面里程1352公里,年增加270公里。在农村公路建设上,临县青正线、石楼石永线打通,为临县、石楼两个国家级贫困县的脱贫致富创造有利条件。

2006年,市交通局紧紧围绕全市"十一五"公路建设规划,抓住公路建设重点工作,全面加快交通基础设施建设步伐,呈现良好发展态势。全市县乡公路建设完成投资9.97亿元,新增县乡公路通车里程388公里,通水泥(油)路行政村75个1142.81公里。完成农村公路通达通畅工程788公里,建设村连村水泥路1143公里,街道硬化2239公里,新增通行政村数75个,村通率达到56.4%。全市公路通车里程达到13 262公里,公路密度62.9公里/百平方公里;共有98.5%的乡(65个乡)、100%的镇(82个镇)和56.4%的行政村(1752个行政村)通油路。全市实现乡乡通油路目标。

2007年,在市委、市政府正确领导下,市交通局以科学发展观为统领,紧紧围绕"三个服务",突出农村公路重点工程建设,圆满完成省交通厅年度目标。完成投资19.2亿元,新增公路通车里程1171公里,通水泥(油)路行政村131个1079.1公里。完成农村公路畅通工程1079公里,完成通达工程16个行政村114公里,全部实现行政村通公路目标。新增通水泥(油)路行政村252个,完成村连村水泥路2371公里。县乡公路养护年好路率81.1,养护综合值80.7。全市公路通车里程14 477公里,公路密度达到68.6公里/平方公里。新增农村客运班线30条,客车58辆,农村客运班线达到220条,车辆达到654辆。

2008年,全年完成交通建设养护投资16.98亿元,新增县乡村公路通车里程225.7公里,全年新建通达工程62公里,新建通畅工程1266公里,新建村连村道路2264.9公里,新增通水泥(油)路行政村231个。全市公路通车里程达到14 759.4公里,公路密度69.8公里/百平方公里,100%的乡、镇、街道办事处通油路和68.02%的行政村(2114个行政村)通水泥(油)路。

2009年,完成交通建养投资13.89亿元,农村公路通车里程达到13 042公里(包括专用公路28公里),全年新建通畅工程4624.5公里,完成县乡公路开行贷款建设项目109.22公里,新增通水泥路(油路)行政村697个。全市公路通车里程达到14 852.2公里(包括专用公路28公里),公路密度70.3公里/百平方公里;100%的乡、镇、街道办事处通油路和90.4%的行政村(2811个行政村)通水泥(油)路。

2010年,完成交通建养投资6.81亿元,农村公路通车里程达到14 097.8公里。全年新建通畅工程1620.1公里,通未连通全覆盖工程408.087公里,农村公路通达工程107.6公里,以工代赈97.3公里。

完成县乡公路开行贷款建设项目124公里,新增通水泥(油)路的行政村295个。全市公路通车里程达到15 996公里,公路密度75.69公里/百平方公里;按行政等级分,有国道767公里,省道1130.8公里,县道2474.3公里,乡道4520公里,村道7075.5公里,专用公路27.9公里。按技术等级分,有高速公路324.2公里,一级公路270.6公里,二级公路1885.8公里,三级公路1827.6公里,四级公路10 564.5公里,等外公路1122.9公里。有铺装路面(高级)里程9847.7公里,简易铺装路面(次高级路面)里程2771.5公里;有二级以上高等级公路2480.6公里,占总通车里程15.5%;等级公路14 872.6公里,占通车里程93%。全市共有66个乡、82个镇、12个街道办事处、3108个行政村。其中,100%的乡、镇、街道办事处通油路和99.9%的行政村(3106个行政村)通水泥(油)路。

第一章　全民义务修路高潮的兴起

1981年10月,交通部在长治市召开全国县乡公路建设现场会,推广晋东南地区采用"依靠地方、依靠群众,义务修路"的方法修筑县乡公路的经验。会后,吕梁地区在中阳县进行试点推广。地区交通局测设施工队帮助中阳县对朱家店苏村公路和金罗张子山公路重新勘测设计,并有一名副局长亲自带队,组织工程技术人员长驻中阳,深入到工地现场指导,由中阳县交通局组织发动群众具体施工。随后,县交通局又先后测设下枣林公路和山神庙武家庄公路等线路。通过组织群众性义务修路,提高技术等级。嗣后,在全区范围内迅速掀起一个群众性义务修建公路的高潮。方山县修建马坊叶箭岭公路和土壑子韩家山公路;孝义县以人民公社为单位,依照工程轻重缓急,全县统一调配"建勤民工",义务修路。具体做法是:"全县动员,平衡负担",凡在建勤年龄的农村男女劳动力,以及应参加建勤的一切车辆,能出工参加修路的出工,不能出工参加修路的出钱,分别按照每一个建勤工日和车日,每工日1.32元,车辆机具汽车每吨位40元,拖拉机每马力2元,小型四轮拖拉机每辆20元,马车每辆16元,小平车每辆6元计算。出钱代替义务工参与修路。到1984年9月,孝义县共新建县级公路75公里,乡镇公路67公里,完成土方52万立方米,石方2.5万立方米,建大小桥涵105道994米,护岸650处。1984年,地区交通局在方山县召开公路建养现场会。1985年3月,省交通厅在吕梁地区召开县乡公路建设经验交流现场会。

1993年10月,省委、省政府三项建设电视动员大会后,地委、行署立即召开动员大会,在全区范围内再次掀起全民义务修路新高潮。1993年至1995年,共投工3413.4万个工日,投机械车辆70.52万车(台)日;新增公路192公里,新增四级以上等级公路122公里。

1996年3月25日,吕梁地委、行署在吕梁宾馆召开各县(市)委书记、县(市)长、交通局长参加的全民义务修路动员大会。地委书记姚新章主持,行署专员冯其福宣读《关于"再掀全民义务修路新高潮,加快公路建设,促进扶贫攻坚"的决定》。

从1996年至1998年,全区义务修路以"镇镇通油路,乡乡通油路,村村通公路"的"新三通"任务为重点,以"沿黄河公路、枣区公路、矿区公路、乡乡循环路、县县连接路"建设为中心,实现全区公路网络化、等级化、标准化。截至1998年12月,基本达到预定目标。即平川四县市县级公路实现二级油路化,建设里程220公里;山区九县市县级公路全面达标准、上等级,建设里程178公里。全区实现镇镇通油路,80%的乡通油路、80%的行政村通公路。

1998年11月,离临柳石扶贫攻坚公路竣工通车后,吕梁地区的群众性义务修路活动暂时告一段落。从1999年开始,义务修路活动改为群众自愿投工投劳,以资金抵劳,以物资抵劳,不再向群众分配义务修路任务。在2004年以后的"村村通"活动中,义务修路只是要求群众重在参与,作用十分有限。

第二章　建设离临柳石扶贫攻坚公路

离临柳石扶贫攻坚公路是一条沟通离石西部、临县西南部、纵贯柳林南北,直通石楼县城的山区公路,沿途通过离石区、柳林县、石楼县,沟通沿线15个乡镇、91个行政村。先后与国道209线、国道307线、三交南圪垛公路、刘家山碛口公路、离石林家坪公路、柳林结绳墕公路、店坪梁家岔公路、柳林石楼公路等县级公路以及14条乡镇公路相连,贯通4个县市,影响面积5142平方公里。区域内共有20个乡镇、110个贫困村庄、40万贫困人口。吕梁地委、行署制定了"山下全方位开放,山上深层次开发",重点建设离临柳石矿区的经济发展战略。行署交通局提出以"离临柳石扶贫攻坚公路"为龙头,带动全区公路建设的思路。12月20日,行署交通局与计划委员会联合提出《关于请求上级有关部门对离、柳、临、石特困4县连片公路建设资金缺口给予补助的报告》。1996年1月16日,专员冯其福签发文件,上报交通部、国家计划委员会、国务院扶贫开发办公室及省交通厅,请求给予扶贫补助;同时,组织地区交通局测设队的干部职工及工程技术人员,不顾天寒地冻,昼夜加班加点测量。

全线总里程168公里,需要动用土石方1369万立方米。其中,石方167万立方米,隧道4座776米,大型桥梁4座304米,中型桥梁12座673米,小型桥梁9座267米,涵洞453道7008延米,防护工程133处10 812米,砌体16.5万立方米。边沟加固工程73 868米,沥青渣油路面107万立方米,工程总概算3.88亿元。

1996年4月1日,由柳林县率先破土动工,接着石楼、临县、离石也先后相继开工。工程开工以后,受到省地县各级领导的大力支持和社会各界的极大关注。吕梁地委、行署仅在3月份就召开两次联席会议,专题研究有关公路建设事宜。3月25日,中共吕梁地委、行署以吕发〔1996〕1号文件,下发《关于再掀全民义务修路高潮,加快公路建设,促进扶贫攻坚的决定》。4月22日,又在离石召开全区义务修路动员大会。会议期间,吕梁地委还组织参加会议的各县(市)委书记、县(市)长,地直单位一把手以及离临柳石扶贫攻坚公路沿线的乡(镇)书记、乡(镇)长,共100多人,观摩已经开工的柳林路段。地委书记姚新章先后七次亲临工地现场,行署专员冯其福、副专员郭海亮多次到公路施工现场办公,并于9月19日组织地直机关一把手107人第二次观摩离临柳石扶贫攻坚公路。省交通厅党组书记刘俊谦、副厅长杨继刚、任景春也都先后亲赴施工现场检查指导,多次听取汇报并给予大力支持。省交通厅派出老干部检查组和全省"公路万里行"小组,专程来到工地现场,对项目进行视察。省公路局副局长史来臣在实地考察后,为老区人民艰苦奋斗的精神所感动,现场捐献人民币1000元。省委书记胡富国、省长孙文盛多次听取汇报,并对此路的修建作出批示,省委副书记刘泽民,省委常委、组织部长支树平,副省长杜五安、薛军在百忙之中都深入工地视察。支树平称赞:"这是一项造福于人民的工程,是伟大的人民工程"。杜五安说:"吕梁老区人民干得好,希望吕梁人民发扬太旧精神,发扬吕梁精神,把这一条扶贫攻坚路修好"。1997年4月,全国交通扶贫现场会在山西省召开,与会代表对离临柳石扶贫攻坚公路给予高度评价;1998年6月12日,交通部副部长胡希捷亲自来到离临柳石扶贫攻坚公路,对公路建设情况进行现场视察;10月8日,全国人大常委会副委员长姜春云在参观离临柳石扶贫攻坚公路后,给予高度评价。

离石、临县、柳林、石楼4县(市)委和人民政府对公路更是高度重视,主要领导把80%的精力,放到工程建设上来。临县县委组织部部长刘永平、离石市委组织部部长穆树军、石楼县委组织部部长杨登森都担任离临柳石扶贫攻坚公路工程总指挥,在施工第一线考察干部,以组织路线作为该工程的保证。四县(市)委和政府主要领导都十分重视这一项扶贫工程,柳林县长李秀峰、石楼县委书记李季双、临县县长赵有珍等主要领导经常听取工程第一线汇报,经常到施工工地现场办公,动员沿线群众,做了大量具体而细致的工作,制定许多行之有效的奖惩制度、措施和办法,有力保证工程顺利进行。沿线群众情绪高,决心大,舍小家,顾大家,主动拆迁房屋,自愿捐款捐物,参加义务劳动。柳林县西王家沟乡主动要求将县政府原来按三级公路标准安排的工程提高到二级公路标准。在一个不足6000人的偏远乡镇,群众自愿捐款28万元。其中,碾焉煤矿矿长张国民将自己准备进城买房子的10万元人民币全部捐献。沙嘴头村70岁的老共产党员白俊根老人和他的老伴每天拄着拐杖,义务为工地上的筑路工人送水。留誉镇柳家沟村72岁的王连成老人将自己省吃俭用节约下来的零花钱先后分三次(第一次捐出84元,第二次捐出57元,第三次捐出58元),捐款199元,都亲自交给县长李秀峰。庄上村村委会主任张德运每年为引黄工程捐款5000元,曾经受到省委书记胡富国称赞,这次为离临柳石扶贫攻坚公路捐款10 000元,并低价承包一处工程,为乡政府节约资金32万元。

吕梁地区交通局上至局长,下至每一位工程技术人员,为保证建设质量,加快工程进度,经常深入工地,现场指导。1996年4月24日,经局长办公会议决定,抽出20名工程技术人员分赴全区重点工程第一线,蹲在施工现场,与工人们同吃、同住。局长王永祥为离临柳石扶贫攻坚公路修建,先后多次上北京,跑太原,争立项,争资金,20余次现场办公,吃尽酸甜苦辣。副局长孙如真、张建峰经常深入工地督促工程进度,监督工程质量。副局长薛生奇和道路处全体人员,在工地上安营扎寨,从枣林沟到刘结线、刘碛线、柳石线的每一工段,每一个工地,都留下了他的足迹。从测量放线、施工指导到监督检查,为了保证工程质量,从不放过任何环节,认真处理一切具体问题。地区交通局派到各个工地的工程技术人员,每一个人都为离临柳石扶贫攻坚公路建设出大力,流大汗,昼夜兼程,加班加点。自工程开工以来,都未休息一天,有时一天只吃到一顿饭。无论是炎热的夏季,还是数九寒天,工地上随时都可以见到他们在紧张地工作。为了加快工程进度,在广大工程技术人员和全体筑路员工中,人人开动脑筋,大搞技术革新。在路基石方开挖工程中,推广爆破和定向爆破出渣等先进施工技术,大大加快工作效率。1996年11月11日,在石楼路段18公里处,一次装药80吨的特大爆破工程,爆破长度达300米,破土石方88 597立方米,其中土方55 606立方米,设置炮位19个,定向出渣达到60%。又一次打破吕梁地区公路建设史上的爆破新纪录。

离临柳石扶贫攻坚公路的修建,得到社会各界的大力支持。1996年5月14日,省交通学校派出在校学生57名,来到吕梁分赴公路建设第一线,吃在工地,住在工地,帮助测设施工,发扬"五四"精神和"太旧精神",积极投身于吕梁老区的公路扶贫攻坚之中。地县两级的土地、邮电、电力、公安、税务等部门也给予密切配合,保驾护航。企业界慷慨解囊,无私奉献。柳林矾水沟煤矿为工程捐款50万元,柳林籍在外地的干部也纷纷为家乡的修路事业捐款,新闻界的朋友们经常深入工程第一线进行采访报道。

项目自1996年4月开工以来,经过各级政府、有关部门和沿途人民群众艰苦努力,到1998年11月10日,全线竣工通车。项目按照二级公路设计,预算投资3.88亿元,实际投资4.64亿元,计划工期五年,实际两年零七个月,提前两年零五个月完工。1999年10月,被省交通质监站评为合格工程。

离临柳石扶贫攻坚公路是全省县乡公路建设中里程最长、标准最高、施工难度最艰巨、脱贫人口最多的一条扶贫攻坚路。为传教后人,吕梁地委行署树碑勒石,镌以永志。省委书记胡富国题词:"依靠群众修路,造福子孙后代";省长孙文盛题词:"路通天宽,苦干地大";副省长杜五安题词:"发扬太旧精神,搞好交通扶贫";副省长薛军题词:"离临柳石一线通,吕梁人民扎富根";省交通厅厅长刘俊谦题词:"扶贫攻坚,交通先行"。领导题词分别刻于离临柳石公路枣林沟口和柳林柳结线沟口的两个纪念碑上。

第三章　建设沿黄旅游公路

沿黄旅游公路是全省"十一五"期间公路建设的重点项目之一,是吕梁市沿黄河四县联合兴建的一条重点公路。吕梁段起自兴县后北会村,途经临县、柳林,到石楼县南割毡村,全长350公里;其中:兴县段长93公里,临县段长101公里,柳林段长63公里,石楼段长93公里(未建)。沿途所经乡镇21个,有行政村105个,自然村224个,受益区内人口39万人。

沿黄旅游公路吕梁段先后与国道、省道忻黑口线、太佳线、离临柳石扶贫公路、国道307、石清线等公路衔接,是吕梁市"十一五"规划"四横七纵"最西边的一纵。

沿黄旅游公路吕梁段是吕梁的一条经济腾飞路、旅游开发路、枣区人民的脱贫致富路。辐射区内有瓦塘至魏家滩煤田;临县三交至碛口煤田;有资源优良的离柳煤田,这里的煤田含丰富的煤层气资源。辐射区内既有如蔡家崖晋绥边区政府纪念馆、红军东征纪念馆等红色旅游的丰富资源,也有丰富的黄河沿岸自然地貌景观,还有碛口、孟门、(下)三交等千年黄河古镇。既是革命传统教育的重要基地,也是领略黄河风情,欣赏黄河自然风光不可或缺的旅游胜地。沿黄河四县现有的150万亩红枣林,年产红枣3亿公斤,产量是全省红枣产量的14%。沿黄旅游公路吕梁段受益区涉及吕梁市三分之二的贫困人口,是拉动吕梁西部山区经济快速发展的民心工程。

全线按山丘区二级、三级标准建设,设计时速40公里,估算投资约11亿元。由吕梁市政府统一规划、统一标准,分县区、分路段,先易后难,逐步实施。全部工程在"十一五"期间完成。工程分两期实施。第一期工程从兴县黑峪口到柳林军渡,总长186公里,其中兴县段65公里,临县段101公里,柳林段20公里。到2007年11月,除临县段高填挖路段和新开辟路段不适宜铺油外,其余132公里全部铺设油路面,全线保持良好通行状态。

第二期工程分为两段,南段从柳林县军渡村起,至石楼县出境。北段从兴县黑峪口起至后北会村出境。全长164公里,到2010年底,除石楼县境内未施工外,其余路段已经基本完成。

兴县段。起自瓦塘镇后北会村,与保德县沿黄河旅游公路最南衔接,经前北会、前南会、金盆湾、裴家津、裴家川口、后彰和塌等村庄进入高家村镇,经寨上村、黑峪口村、碧村、张家湾、任家湾、王家塔、元条村、巡检司村,进入赵家坪乡,经桑湾村、黄家湾进入罗峪口镇,经滩头村、刘家梁、罗峪口、东豆宇、中元上、前元上、进入圪垯上乡,经牛家川口至大峪口村出兴县境进入临县,兴县段长93公里,路基宽7.5米,路面宽6米,铺设沥青油渣路面。全线按照山丘区二级公路标准建设,投资1.72亿元,纵跨5个乡镇,涉及55个行政村,受益人口6万余人。2005年列入吕梁市重点公路工程项目,兴县人民政府成立沿黄河旅游公路建设指挥部,市交通局组织技术人员勘测设计,编制施工计划。2006年2月26日开工兴建,2009年建成通车。主要工程量:动用土石方925万立方米,铺设沥青、混凝土路面70万平方米,建设防护工程36.5万米,架设桥梁50座,涵洞470道。

沿黄河旅游公路连接省道忻州黑峪口线、县道曹罗线、与兴县中部的交通主干道岢岚大武线遥相呼应,构成兴县交通网络的骨架,是全县交通"十一五"规划"三纵三横六贯通"的西部纵道路。对于沿黄河地区农民经济增收,完善全省公路网,构筑跨省、跨市的沿黄河经济带,实现跨区域经济要素整合,促进区域经济协调发展,产生重要影响。

临县段。自第八堡乡的泉石洼村进入临县境内,经第八堡、克虎、兔坂、曲峪、丛罗峪、碛口等乡镇的31个行政村,至碛口镇陈家山村,路基宽7.5米,路面宽6米,铺设沥青油渣路面。沿途有桥梁40座2436米,其中大型桥梁4座475米,中型桥梁27座1666米,小型桥梁9座295米。直接受益人口10.7万人,间接受益14个乡镇406个村29.74万人。

1993年克虎寨镇、第八堡乡开始规划15公里的沿黄公路,在黄河岸边石壁山崖上,劈开一段长7.5公里山区公路,后因工程巨大,资金缺乏下马。1999年,县委、县政府为了开发临县西部,决定修建沿黄公路,由于资金问题,没有大的行动。2004年,县委、县政府决定再次上马,按照三级沥青渣油路面的勘察设计,"一年路基成型,两年桥涵配套,三年全线通车"。当年完成通车87公里,路面铺油5.5公里。

2005年5月18日,根据省长张宝顺及省交通厅厅长王晓林视察时的指示精神,省交通厅确定沿黄旅游公路标准为二级,要求临县对正在开工的沿黄公路路基、桥涵等工程按二级公路标准重新设计。临县交通局按此精神修改设计。2005年至2006年,完成路基工程及89公里铺油任务。2007年,全线铺油通车。共动用土石方373万立方米,其中石方285万立方米,兴建大、中、小桥40座,涵洞325道,修筑护岸22公里,排水设施69公里,完成总投资3.5亿元。

柳林段。自孟门镇小垣则村进入柳林县境内,经孟门、薛村、石西、高家沟、三交5个乡镇29个行政村,至三交镇下塔上村进入石楼县境内,全长63公里,路基宽7.5米,路面宽6米,铺设沥青油渣路面。惠及沿线人口10.2万人。按山重三级标准设计,概算总投资2.5亿元。2006年,小垣则至贺龙沟路段施工建设,长2.95公里,工程完成路基土石方7.95万立方米,新建涵洞16座181米,防护工程137米1242立方米,附属工程有农田灌溉渠一条,工程概算投资387.5万元。

2006年12月8日,石西至黑虎岔路段开工建设。起自石西村,经前焉村南折至两河口村西,越三川河河道,沿三川河向西,经前大岭、胡家沟、上庄、后宋家寨、前宋家寨至黑虎岔村。施工路段长13.3公里,采用山丘区三级公路标准,设计时速30公里,路基宽7米,总投资4066万元,其中省里补助798万元,其余由县自筹。

2008年5月28日,吕梁市交通局批复柳林县交通局柳林县沿黄旅游公路黑虎沟岔至三交段改造工程可行性研究报告。批复同意该公路起于黑虎沟岔,途径下堡村、坪上村、蒿园则,终点止于三交镇,全长6.3公里,全线采用三级标准,设计时速30公里,路基宽7.5米,行车道宽6.5米,路肩硬化2×0.5米,估算总投资803.6万元,申请开行贷款252万元,县自筹551.6万元。

2007年3月19日,柳林县向市交通局报送"柳林县沿黄公路小垣则至军渡段工程可行性研究报告"、"柳林县沿黄旅游公路军渡至榆坡塔段工程可行性研究报告"、"柳林县沿黄旅游公路榆坡塔至后河底段工程可行性研究报告"和"柳林县沿黄旅游公路后河底至两河口段工程可行性研究报告"。2007年4月23日至2009年5月4日,市交通局陆续批复柳林县沿黄旅游公路可行性报告及设计方案。原则同意小垣则至军渡段起于孟门镇小垣则村,途径贺龙沟、薛家坪、孟门、郝家津,止于薛村镇军渡,全长21公里,全线采用山岭重丘区三级公路技术标准,路基宽7.5米,路面宽6米,设计时速30公里,项目总投资1880.54万元,开行贷款420万元,县自筹1460.54万元。同意军渡至榆皮塔段起于薛村镇军渡,途径畔峁、后东山,止于石西乡榆皮塔,全长5.15公里,全线采用山岭重丘区三级公路技术标准,路基宽7.5米,路面宽6.5米,设计时速30公里,项目总投资2850.54万元。开行贷款103万元,县自筹2747.54万元。同意榆皮塔至后河底段起于石西乡榆皮塔村,途径前东山村,止于石西乡后河底村,全长3.45公里,全线采用山岭重丘区三级公路技术标准,路基宽7.5米,路面宽6.5米,设计时速30公里,项目总投资2958.87万元,申请开行贷款69万元,县自筹2889.87万元。

2007年10月8日,柳林沿黄旅游公路指挥部办公室成立沿黄旅游公路路基工程建设处理机构。下设3个技术组和1个活动资料组。具体负责沿黄旅游公路二期建设任务。同日,柳林沿黄旅游公路建设工程指挥部申请市交通局工程质量监督站进行工程质监。

截至2010年12月,柳林段已经全线贯通。

石楼段(未建)。

晋中市公路交通史

概　　述

晋中东依太行，西傍汾河，北与省会太原毗邻。1999年建市。国土面积1.64万平方公里。辖1区1市9县及1个省级经济技术开发区，共有118个乡镇、14个街道办事处、2749个行政村。总人口325万人。

晋中历史悠久，文化厚重，是中华文明的发祥地之一、晋商故里、革命老区和全国农业先进典型大寨所在地。现有国家级文物保护单位44处。平遥古城为世界文化遗产，祁县为国家历史文化名城。乔家、渠家、王家、曹家4个晋商大院，被国家列入中国世界文化遗产预备名单。以晋商文化为代表的商业文化和以晋商大院为代表的建筑文化在全国具有一定的地位和影响。

晋中资源丰富，产业门类齐全、基础扎实，是"十一五"全国重点建设的十大煤炭基地的重要组成部分。农业发展在全省处于领先水平，是全国12个农科教示范区之一。工业起步较早，是山西的老工业基地。初步形成以煤焦、机械、冶金、轻纺、化工、电力、医药、食品为支柱的工业体系，是全国纺机、液压件以及焦炭、阴极炭块、药用胶囊、玻璃器皿的重要生产和出口基地。以晋商文化为特色的旅游业是全省三大精品线路之一，在国际国内的影响力不断提升。

晋中区位独特，是山西连接华北、西北诸省的重要通道，素有"晋疆锁钥、南北通衢"之称。市内高等级公路总里程全省第一，与京、津、冀、豫、蒙、陕国道主干线及环渤海经济带连成一片，是华北重要交通枢纽。太原到北京高速铁路建成通车，三小时即可到达北京。

晋中地处黄土高原东部边缘，地势东高西低，山地、丘陵占总面积的85%左右，修路是广大山区百姓祖祖辈辈的夙愿。1978年以来，晋中交通人始终坚持以党的路线方针政策为指针，解放思想拓新路，真抓实干求实效，审时度势搞改革，与时俱进勇创新，抢抓机遇促发展，铸就晋中交通一座座丰碑。一条条宽阔平坦、四通八达的高速、高等级公路，与一条条东西相连、南北贯通的铁路大动脉纵横交织于晋中1.64万平方公里的大地上。

改革开放以来，晋中交通基础设施建设实现由量到质的飞跃。1978年晋中全区共有公路通车里程3240公里，其中只有极少数三级以下的有铺装路面。经过30年发展，到2010年底，全市公路通车里程达14 562公里。全市公路密度达到每百平方公里88.77公里，是1978年4.45倍。全市高速公路、国省干线、农村公路三级路网四通八达，通达深度和路面质量得到极大提高。截至2010年底，全市仅二级以上高等级公路通车里程达到2099公里。建立起以高速公路为脊梁、以国省道为主骨架，以县乡道为干支，以通村公路为脉络，经脉相通、桥梁配套、城乡一体的道路交通网络。

1978年，全区共有民用汽车4208辆，仅有为数不多的几家国营运输公司。至2010年底，全市共有民用汽车278 632余辆，是1978年的66倍还多，村村通班车率达到97.8%，惠及人口约179.6万人，便捷城乡的公共交通网络初步形成。

第一编　放开搞活时期(1978 年~1992 年)

第一章　公路管理

改革开放初期,晋中公路总里程少,公路技术等级低,通行能力差。据统计,1978 年,晋中全区共有公路通车里程 3240 公里。其中,干线公路 847 公里,县公路 1251 公里,乡公路 1066 公里,专用公路 64 公里,公路密度为每百平方公里 19.8 公里。全区共有民用汽车 4208 辆,全社会客运量 111 万人,客运周转量 6428 万人公里,全社会货运量 577 万吨,货物周转量 8116 万吨公里。

随着改革开放不断深入,晋中交通事业迅速发展壮大。1979 年 4 月,根据省交通厅"关于改革公路管理体制,实行分级管理"的文件精神,晋中公路总段管辖的县公路和专用公路全部移交晋中交通局管理。形成晋中公路总段管理干线公路,晋中交通局管理县乡公路、运输企业和社会运输市场的分级管理格局。

20 世纪 80 年代初,为了适应改革开放和经济发展的需要,全区(市)交通部门根据全省建设"三通(县县通油路、社社(乡)通公路、队队(村)通机动车)二环(地区内循环,县内循环)一提高(通过养护提高公路等级)"的要求,提出建设"三纵五横"公路网奋斗目标,以建设标准化公路网络为重点,对现有道路进行大规模改造。

第一节　晋煤外运公路的建设

1984 年,省政府为应对煤炭运输骤增局面,决定打通"晋煤外运"4 条出口公路,即晋城大口、晋城张路口、阳泉旧关和大同孙启庄。后又增加至 10 条出省路。建设标准为二级公路。1987 年,山西省经济干线大同—运城公路开工建设,跨越晋中市祁县、平遥、介休、灵石 4 县,总长度 121 公里,(其中东观至灵石段为新建二级公路),经过 3 年多的艰苦建设,于 1990 年全面建成通车。晋中交通局将国道 207 线昔阳至和顺最危险的翻越蔡岭山路段改为沿松溪河线,改善了行车条件。从 1984 年起,建成和顺至董坪沟(39 公里)和左权至河北涉县(54 公里)两条二级晋煤外运通道。榆次、寿阳、昔阳、和顺、左权、介休、灵石等县市先后集资修建榆次至罕山、寿阳上峪至盂县、昔阳三都至马岭关、左权平王至下庄、灵石三弯口至双池和夏门至交口等一批煤炭专用公路,使地方煤矿以运定产的局面有所改观。

第二节　科学养护活动的开展

1978 年以前,公路养护完全依赖于群众自觉自愿的无偿劳动。1978 年以后,随着交通量迅速增大,对公路养护提出的要求也越来越高。晋中市交通局、晋中公路分局等公路养护部门会同各级公路管理段(站)按线路制定出小修保养、水毁预防等计划,下发各道班和保养组,由管理段(站)检查督促。每年还进行巡回检查,评定出路况,奖励先进,批评落后,并以此作为下一年度制定养护计划的参考。由于加强了公路养护管理,全市绝大多数线路都达到路面无坑槽,路肩无塌方,路道无缺口,路基无杂草。在实行公路分级管理后,晋中市交通局和公路总段为更好搞好养护工作,除严格编制好养护任务指标和费用预算外,坚持路检,认真进行路况鉴定、质量检评,严格奖惩制度。按照 1979 年 5 月交通部《公路养护质量检查评定暂行办法》的规定,公路养护质量分为优、良、次、差 4 个等级,以百分制进行考核。以好路率和综合值作为对各条公路进行评比的依据。检评在 1980 年以前无固定时间,之后,形成制度。检评办法:县交通局和养护段分别由主管道路的副局长、段长带领统计员及各队、班质量检查员,组成质量检查组,每月在一定时间内进行检评或抽检。季度检评有县交通局组织进行,不抽检。年度检评由省公路局和市交通局分别组织进行,通常为抽检。晋中市交通局和公路分局等部门对下属各管理段、交通局公路养护实行奖罚制度。每年进行两次评比,对评出的标兵、先进管理段、交通局,分别授予锦旗、奖状和奖金;未达到养护任务指标的,养护中未按操作规程进行的,失修失养的予以罚款。年初下达任务指标及奖惩规定,年终兑现。各公路管理段和各县交通局依据市下达的任务指标,失修路况升级、降级和路况保持等奖惩制度。奖罚额度各县不尽相同,办法大体一致。

第三节 农村公路建设

从1985年至1987年,国家采取以工代赈方式,投放粮食797万公斤,棉布81.8万米,棉花16.9万公斤修建县乡道路。3年中,榆社、左权两个贫困县共修建公路64公里,改建公路37公里,新建桥梁5座,为当地脱贫致富提供较好运输条件。全区(市)还铺筑左权至榆社44公里油路,打通和顺董坪关、左权黑虎口,新建了榆次郭村公铁立交桥、左权麻田桥、祁县子洪桥、介休万户堡桥。各地还充分发挥地方的积极性,认真贯彻“民工建勤、民办公助”政策,变一家修路大家行车为大家行车大家修路,新通公路乡3个,新通机动车村81个,农村道路状况发生极大变化。截至1990年底,全区(市)二级公路达374公里,三级公路达755公里,四级公路达1772公里,公路通车里程达到3293公里,高次级路面(油路、水泥路)959公里,晴雨通车2027公里,公路的技术等级和通行能力有了大幅度提高,行路难的问题得到初步缓解,为以后公路建设进一步发展,打下良好基础。

第二章 道路运输管理

1978年党的十一届三中全会之后,晋中道路运输行业进入一个崭新的发展阶段。国营、集体、私营多种经济成分、多种经营形式共同发展的道路运输体系逐步形成。到“六五”计划期末的1985年,全区拥有货车9484辆,其中,私营货车猛增至1824辆,全年完成货运量1609万吨,货物周转量6亿吨公里。全区拥有客车1374辆,其中,私营客车达到196辆,全年完成客运量353万人,旅客周转量1.74亿人。

第一节 社会企事业单位自办运输的高涨

党的十一届三中全会以后,国家放宽道路运输方面的政策,许多机关团体,企、事业单位和个人纷纷购置汽车和拖拉机加入到社会运输的行列,形成多渠道、多层次、多种形式的运输格局。从1981年平遥人李士财率先购置一辆货运汽车开始,到1984年6月,全区个体营运户的货运汽车已发展到525辆,拖拉机发展到4330台,成为道路运输战线上的一支生力军。由于经营灵活,成本费用较低,服务能适应需求,因而发展迅猛,很快取代交通部门所属运输企业的主导地位。1985年,全区非交通部门所属运货车辆达8988辆,全年共完成货运量1476万吨,占全区货运总量的91.7%;完成货物周转量50 477万吨公里,占全区货物周转量的84.13%。

到1989年,全区非交通部门所属载货汽车已发展到19 248辆,占全区载货汽车总数96.8%。完成货运量2322万吨,占全区货运总量94.3%,完成货物周转量108 770万吨公里,占全区周转总量的87.76%,其中私营运输户有载货汽车3396辆,拖拉机1.55万台,完成货运量1047万吨,占社会运输量45.1%,完成货物周转量38 173万吨公里,占社会运输货物周转量35.1%。

进入20世纪90年代,个体营运户在占据货物运输主导地位的同时,为增强竞争能力,抵制市场风险,又开始向联合经营方向发展。仅榆次市,先后组建建华运输队、四通车队、杨盘个体联合车队、树林运输车队等联合运输企业。全区共组建这种新型运输联合体580个,运输规模和运输能力都有了新的增长。

20世纪90年代末期,交通部门所属运输企业,在完成历史使命之后,退出运输市场,社会运输重任完全落在各企事业单位车辆和私营联合运输企业以及个体营运户的头上。

第二节 行业管理规范的建立

这一时期,行业管理重点是通过合同运输规范行业管理。所谓合同运输,就是保护承托双方合法权益,维护运输市场经济秩序的一种有效的管理方式,历来为国家经济部门和运输管理机构所重视。

一、货物运输计划管理

在计划经济时期和交通部门独家经营运输业的时代,对货物运输实行指令性货物运输计划,严格按照国家规定,主要安排运输企业限期完成。各县年运量2000吨以上的大宗长途货物运输要纳入地区计划管理。年运量500吨以上的货物运输列为指导性运输计划,主要由本单位、本系统独立核算的成建制车队“自货自用”,或托运给运输企业来承运。年运量500吨以下的货物运输,除货源单位有自备车辆“自货自运”外,由运输企业谁受理谁承运或由运输管理机构指派给批准从事营运的运输组织来完成。当时,每年政府计划部门都要给交通部门下达指令性运输指标,由各运输企业各自负责完成。

二、签订运输合同

列为指令性运输计划的货物运输合同,必须按照国家下达的指令性运输计划与指定承运单位签订运输合同。

列为地、县指导性运输计划的货物运输，按照计划管理权限，根据地、县货物运输平衡协调例会落实的运输计划安排，分别签订运输合同，按合同规定进行运输。

列为市场调节的零散货物运输，由承托双方自行签订运输合同，或由运输管理机构组织承托双方签订运输合同，按合同规定进行运输。签订运输合同，必须统一使用规范的道路运输合同文本和《货物运单》。

1984年以前，使用《行车命令》，1984年5月1日起，全国统一使用《行车路单》，后来增加多种功能，全国统一使用《货物运单》。《货物运单》是道路货物运输及运输代理的合同凭证，是运输经营者接受货物托运并在运输期间负责保管和据以交付的凭据，也是记录车辆运行和行业统计的原始凭证。

已签订年、季、月度或批量运输合同的，要把合同编号填进运单合同编号栏内。合同履行后，凭运单核算运杂费或将随货同行联汇总填入合同中，由托运人核签后结算运杂费。

在每车次货物运输和短途每日多次货物运输中，运单视为运输合同。因此，一般的运输，其运输合同形式，都表现为货物运单，持有货物运单的运输，一般都视为合同运输。

当时，在全区已很普及，并达到制度化。货运经营者持旧运单存根，以旧领新，县运输管理机构按程序予以审核、登记、并将统计数字记录在卷，将新领运单记入台账，有的运管所为了专车专用，还把车牌照号打在新运单上，从而杜绝转借使用现象，保证运单使用方面的良好秩序。

三、合同管理

1. 合同文本的发放，回收制度。各县(市)运管所严格执行地区制定的合同文件发放，回收管理制度。做到按月定量发放、回收、装订、归档。

2. 合同审核制度。地、县两级道路运输管理机关按照计划管理权限，根据有关规定对签订的运输合同进行审查，认定为有效合同的加盖合同管理专用章，并留存备案，对无效合同予以取缔。

3. 合同履行情况报表制度。次月5日前，承运方向所在地道路运输管理机关填报《晋中地区道路货物运输合同签订、履行情况表》；社会零散物资运输，由信息机构和业务代办点向所在地道路运输管理机关填报《合同签订履行情况表》。各县(市)运管所次月10日前应将本月合同签订，履行情况汇总，连同列为地区计划管理的《合同签订、履行情况表》一并上报地区运管处。地、县两级道路运输管理机关按季向同级工商行政管理机关报送《合同签订、履行情况表》。

4. 台账登记制度。各级道路运输管理机关，要建立合同文本发放，回收台账，合同签订，履行台账和合同纠纷调解台账，随时掌握运输合同的发放、回收、签订、履行和合同纠纷调解情况。

5. 合同档案管理制度。各级道路运输管理机关对承，托运双方和联运、信息机构报送的各种运输计划、报表、留存备案的合同文本以及合同调解情况，进行整理、分类、装订、归档、按档案管理程序进行妥善保管。

第三节　道路运输市场的治理整顿

20世纪80年代初，国家实行改革开放政策。运输市场在“国营、集体、个体一起上”的形势下，运输车辆迅速增加，运输经营户成倍增长，同时也因相互间竞争，导致货运市场秩序受到一定冲击。有无证经营的，有偷税漏税的，有违章运输的等等。这些现象不仅影响货运市场秩序，同时影响运输经济发展，并波及其他经济部门生产。

在各级政府领导、支持和相关部门配合下，遵照中央关于“治理经济环境，整顿经济秩序、全面深化改革”的方针，按照交通部发布的《关于整顿治理道路、水路运输市场的决定》和省交通厅《关于整顿治理道路、水路运输市场的意见》的精神，开始对运输市场全面整顿治理。全区11个县(市)由政府领导挂帅，相关部门参加，组成整顿领导组，对运输经营者的经营资格、经营条件、经营证照、经营范围、经营行为等进行整顿治理。

通过清理审验，共清理出不具备经营资格的货运经营户6743个，搬运装卸业户52个，运输服务业户16个。共查出无证经营业户2215个，证件不全业户3878个，公私混挂的654户，无牌照车971辆，企业制度不健全和未建立的211户。共查出偷税漏税、欺行霸市、倒卖货源等违法行为2609户。

在相关部门配合下，对清理出的问题分情况进行了处理。共计：补办证件5661户；纠正公私混挂591户；处理无牌照车941户；取缔经营资格194户；建立健全企业制度204户；停产整顿4户；补交税款93.72万元；补交运管费30.17万元；补交其他规费27.59万元；共查出违纪金额948.37万元；罚款7.5万元；没收0.07万元。整顿中立案10件，追究法律责任5件共6人。通过货运市场整顿、规范经营行为，改善运输秩序，加强行业管理，打击违法违纪等运输经营行为，货运市场得到较好的整顿治理。营运货车持证率达到

99.6%;营运拖拉机持证率达到87.1%。

进入20世纪90年代,随着经济结构重大调整,全区运输市场管理工作重点转移到培育和建设功能齐全的有形市场上来。一是以中心城市为龙头,以大型厂矿为依托,以货运服务站为载体建市场;二是以大宗货源单位和车辆较多的经营者或联合组织为主体建市场;三是在无货源或货源不固定的地区以货运中介服务组织为依托建市场。全区以太谷县货运交易市场为样板,以运输中介服务组织和运输联合体为龙头,有效推进培育运输市场的工作。到1997年底,全区组建的85家货运中介服务组织,都达到有营业场所、有通讯工具、有专职人员的要求。这些组织,一手托货源,一手托车辆,交易活跃,市场富有生机,大大促进全区运输经济发展。

第三章 交通征稽管理

放开搞活时期的征稽工作随着市、县交通局开始起步,当时没有独立机构,每个乡镇配备1名交通员、交通工具还是靠骑自行车下乡,这个时期的征稽工作,主要征收对象以拖拉机和畜力车为主。

晋中市交通局征稽处在负责征收养路费的同时,于2003年开始负责全市7条公路7个政府还贷收费站点的业务管理与3个政府还贷、3个经营性收费站点的行业管理工作。2009年全省撤销政府还贷二级公路收费站后,继续负责一级公路秋郭公路乌金山收费站的业务工作与政府还贷一级公路灵石县堡子塘收费站、荣华公司经营性公路共4个收费站的行业管理工作。

第一节 机构的建立和工作的开展

1985年拖拉机养路费交由地区征收,由晋中行署交通局财务科负责管理。所属11个市、县交通局没有设立征稽站,只是每个乡镇都配备交通员,代收养路费。

1987年,为加强对征稽工作管理,更好地筹集公路养护建设资金,晋中行署交通局设立财务征费科,晋中所属11个市、县交通局相继成立拖拉机征费站,也有些县由局某个科兼管,从此后晋中的拖拉机征费工作得到集中统一管理,逐步走向规范。

第二节 征稽管理目标责任制的实施

从1987年设立征稽机构后,各项征收管理工作也步入正规化管理,晋中行署交通局统一下达计划任务,统一票据使用和管理,开始制定目标考核办法,分别对各县征费工作中的规费征收、财务管理、票据管理、统计报表、微机管理、稽查执法、建档立制、廉政建设、精神文明十大项内容再进行逐项细化考核,并采取100分考评制,平时考核占30%、年终综合检查占70%,综合排队、奖罚兑现。与此同时,行署交通局还针对各县交通局局长、分管局长的责任分解、任务落实、支持征费工作力度、解决征费矛盾相应机制措施、规费征收完成情况同交通整体工作进行综合考评。除此外,征费处还制定监督执行机制,任务完成按季度通报排名激励机制。规范收费行为、文明服务车户巡查机制与明察暗访机制。将查访记录作为年度考核加减分考评依据,规范和提升考评力度,促进规费征收逐年攀升。征收额从1987年237万元达到1991年389.2万元,以每年平均20%左右的速度递增,1992年达到622.5万元。

第四章 国防交通

1979年,随着国家、省交通战备领导小组机构的恢复,晋中也恢复交通战备领导小组办公室,全称为“山西省晋中行政公署、山西省晋中军分区交通战备领导小组办公室”,组长由晋中行政公署副专员张树彬担任。办公室设在晋中行政公署交通局,编制人员6名,办公室主任由交通局局长任保顺兼任。1982年7月,晋中地区交通战备领导小组调整任命交通局局长刘尚文兼任办公室主任,王文华任办公室专职副主任,编制人员6名,配备指挥车辆并挂军牌。根据中央军委〔1985〕129号文件精神,1986年10月29日,区交通战备领导小组办公室列入行政编制,并配齐工作人员。同时下发了文件指导11个县市进行调整。

1983年初,在盂县进行交通战时保障试点,重点保障线五条,总长194.33公里,重点保障大桥1座(滹沱河大桥),组建专业保障队伍4支。1989年8月,榆社县受到百年不遇的洪水袭击,县交战办启动预案,调集城关两个连对灾区交通设施进行保护,使两座桥涵闯过险关,为恢复全县经济作出贡献。

第二编　加快推进时期(1993年~2002年)

第一章　公路管理

1993年以来,特别是"九五"期间,晋中紧紧抓住中央实行积极的财政政策和山西省优先发展交通机遇,自力更生,艰苦奋斗,排难而上,奋发争先,集中力量加快公路建设,发展公路运输,交通事业实现历史性跨越,为地方经济持续稳定发展奠定了坚实基础。

第一节　建设投资主体的多元化

进入20世纪90年代,特别是1993年省委、省政府号召开展"三项建设"之后,为了彻底改善交通设施,创造良好投资环境和经济氛围,培育和建立新的经济增长点,加快强区建设步伐,全区响应省委、省政府号召,掀起群众性义务修路高潮,公路建设发生根本性转变,由交通部门独家行为变为政府和社会共同行为;由发动督促群众修路变为群众自愿筹资、主动投劳;由义务修小路变为国、省、县、乡、村五路并举;由修筑低标准砂土路变为建设高标准高等级公路。从1993年至2000年,全区围绕"干线公路搞改造,县级公路上等级、乡乡镇镇通油路,重点路段开出口"的总目标,按照全区"三纵五横"路网主骨架发展规划,采取财政投资、银行贷款、社会集资、群众捐资、单位垫资等多种融资方式,投入巨资对各级公路进行多方位、大规模拓宽改造。先后完成榆次至太原超一级公路8.6公里、太原至旧关高速公路境内73公里、祁县东观至长治二级汽车专用路祁县段33公里等省重点工程;按照全区"三纵五横"路网主骨架发展规划,新建和拓宽配套108国道榆次鸣李至介休义棠一级公路130公里,208国道祁县牛家堡至东观一级公路10公里,207国道左权、和顺境内二级公路40公里,榆古二级公路15公里,太邢二级公路40公里,榆邢二级公路127公里,榆赞二级公路77公里,太长一、二级公路42公里,榆盂公路和国道307寿阳段二级商品公路48公里,东夏二级公路94公里,汾屯二级公路51公里,沁涉二级公路19公里。晋中市抓住国家扩大内需的机遇,主动首次承担国道108线一级路改造并取得成功。榆次市开创全省级单位修建超一级公路的先例,并率先实现城市道路外循环,乡村公路小循环,百村百公里油路大循环的公路建设目标。建成昔阳县城至九龙关、左权羊角至黄泽关等出省公路,进一步沟通与河北省的联系。县乡公路主要依靠群众义务建勤、政府补助,改建、新建上千公里,新增通车里程1164公里,全区189个乡(镇)全部通公路,其中有176个乡(镇)通油路,占乡(镇)总数93%;2805个行政村通公路,占3652个行政村78%,其中有1504个行政村通油路。1999年,全区在调整产业结构中,把发展旅游业作为重点产业加以培育。配合地委、行署调产战略,全区又铺开介休绵山、榆次乌金山、常家庄园、寿阳五峰山等一批旅游专用公路建设,使全区基本形成以干线公路为骨架,县乡公路为依托,辐射周边,连接四邻,四通八达,纵横交错的交通网络。

第二节　全民义务修路的拓宽配套工程

义务修路是中华人民共和国成立后为发展交通事业所采取的一种重要形式。这种形式一般由上级部门号召动员,县、乡、村具体组织实施进行。

1990年后,特别是1992年省委、省政府提出全民义务修路号召后,全市以"要想富,先修路"为出发点,掀起全民义务修路新高潮。发动群众,动员社会各界力量,开展农村路网建设,实施平川县(市)村通油路、山区县村通公路工程,大大提高路网通达深度和技术等级,扩展干线公路的经济辐射功能,为全市农业发展和农业产业结构调整创造条件。在义务修路中,沿线群众出动劳力1178万工日,出动机具340万余台次,为公路建设奠定坚实的物质基础。

第三节　路政管理的加强

2000年9月5日,晋中地区机构编制委员会印发《关于晋中行署交通局路政管理处单独设置的批复》(地编发[2000]12号文),同意单独设置"晋中行署交通局路政管理处",科级建制,自收自支事业单位,科级职数3人。2000年12月28日,晋中撤地建市。经晋中市机构编制委员会《关于规范市级部门事业单位名称的通知》(市编发[2000]6号),将"晋中市行署交通局路政管理处"更名为"晋中市交通路政管理处"。2003年9月29日,经晋中市机构编制委员会市编发[2003]61号文件通知,将"晋中市交通路政管理处"更名为"晋中市交通路政支队",各县(区、市)交通局设交通路政大队。2007年11月7日,根据省编办晋编办字[2007]34号文件精神,晋中市机构编制委员会下发《关于为晋中市交通路政支队核定处级领导职数的通知》(市编发[2007]92号),核定晋中市交通路政支队副处级领导职数1名。截至2010年底,全市11个县(区、市)共设11个交通路政大队,下辖10个县乡公路超限检测站、38个交通路政中队。市、县交通路政机构共有路政管理人员548名,其中在编人员213名。

从2003年以来,晋中市路政管理机制逐渐完善,开始走上依法有序轨道,依法开展各项管理和行政执法工作,取得显著成效。特别是"十一五"期间,全市交通路政以科学发展为指针,坚持思维创新,方法创新,转变路政执法理念和管理方式,规范执法,交通路政管理工作得到持续发展,路政依法行政能力、公路安全保护能力、公共服务能力和行业创新能力明显提高,到2010年,全市农村公路实现路政管理全覆盖,农村公路得到有效保护,为人民群众生产、生活便捷出行和区域经济社会发展提供良好交通保障。

从2003年至2010年,全市县乡公路共发现并查处损坏路产、侵占路权的各类案件151 361起,每年平均达18 920起,查处率和结案率均达到100%。2003年至2005年,每年平均收取公路赔(补)偿费400余万元,到"十一五"期间,每年收取公路赔(补)偿费平均达到700余万元,2010年达到833.27万元。2003年至2010年,共办理许可283件,查处公路建筑控制区内违章构建物305处,查处擅自设置非公路交通标志945处,查处擅自增设公路平交道口498处。全市农村公路保持完好、安全和畅通,道路运输环境持续向好,有力推动社会主义新农村建设的可持续发展。

第二章　道路运输管理

1995年,交通部制定下发《关于培育和发展道路运输市场的若干意见》,要求加快建设全国统一、开放、竞争、有序的道路运输市场。晋中市各级运管机构解放思想,更新观念,将运管工作重点转移至培育和建设有形市场上来。

2001年至2002年,围绕全面建设小康社会,瞄准"又好又快"发展目标,晋中市运管部门坚持"三个服务",提高五个能力,扎实开展了各项工作。特别是针对偷税、漏税、违章经营、无证经营等现象,扰乱运输市场秩序等行为。根据国务院《关于整顿和规范市场秩序的决定》(国发[2001]11号)和省交通厅《关于整顿和规范道路运输市场的若干意见》等文件精神,组建由政府分管领导挂帅、相关部门参加的整顿领导组,认真部署,精心组织,对道路运输经营者的经营资格、经营范围、经营行为进行全面整顿治理,规范道路运输市场秩序,打击非法营运、无证经营等违法行为,取得净化道路运输市场的良好效果。

第一节　货运市场的建立

20世纪90年代后,运管部门按照省运管局安排,就全区培育建设有形运输市场进行规划,制定建设方案,各县(市)采取多种形式,因地制宜地抓了有形运输市场建设。介休市地处大运公路枢纽地带,西靳屯运管站建成物流市场,设立"市场管理办公室",初步形成具有组织货源、回程配载、修车加油、停车食宿等功能比较齐全的货运物流站场。太谷县针对运输业迅猛发展,运输服务组织不断兴起实际,对全县运输服务组织全面调查摸底,并在当地政府领导下,组织起来,召开相关部门的协调会,由运管部门牵头,太谷县运输服务中心主办,多数运输服务组织进驻站场,全面开展运输交易活动。和顺县运管所组织人员下邢台协调地区关系,排除运输障碍,沟通信息,促进晋煤外运,进一步巩固和完善"和顺县运输交易市场",并在出境交通要道设立回程配载点,解决当地建设用砂等回程物资运输,有效提高运输效率和经济效益。晋中地区大多数县(市)运管部门积极转变管理职能,设立"运输服务中心",重点乡镇设立"运输服务部",建立运输信息发布制度,按月组织车主、货源单位召开运输信息发布会,引导运输服务业利用广播、电视、报刊,开办运输信息简报、信息专栏等方式,发布运输信息,成交运输业务,初步形成以货源单位、运输服务组织、建制车队为网点,以县(市)为中心的信息网络。在此基础上,各县(市)制定适合当地实际的市场规则,地区运管处还协助和顺县起草《和顺县道路运输交易市场管理实施办法》(讨论稿),地区运管处起草《晋中地区货物运输交易管理实施办法》,不断完善市场规则,促进运输市场发展。多数县(市)运管部门都在运输站场设立市场管理机构或委派专人负责管理市场,加强对货运站场的监督和管理。到20世纪90年代末,晋中地区组建货运中介服务组织已达85家,家家有经营证照,有营业场所,有通讯设施,有专职从业人员,市场活跃,运输经济繁荣。

在城市物流配送迅速发展的同时,农村物流也初具规模。祁县晓义村组建蔬菜协会,共有企业会员4户,分布于东观镇23个村庄,在东观镇建成了蔬菜交易市场,作为蔬菜发送基地物流的起点。以2004年为例,全年共销售蔬菜近1亿公斤,其中配送量达4000车次。祁县康泰果业协会,面向全国10多个大中城市的果品批发市场,果农自愿加盟协会,交纳会费,提供果品,协会负责收购,并联系外地客商负责营销。协会从收购、分类、包装、仓储到配送,对果商提供多功能一体化综合性服务,果农果商双满意。年营销果品2500多万公斤,已吸引祁县毗邻的清徐、太谷等县的果品生产基地,带动千家万户农民发展果品生产,协会也进入全国百强协会之中。寿阳县富山农副产品批发市场,是一个集交易、制冷、存储、加工、配货、住宿、餐饮为一体的蔬菜批发市场,2005年7月投入使用,占地近20亩,建有总面积800平方米的恒温库6个,2700平方米的交易大棚1个,378平方米的综合办公楼一幢。装有1000吨以上的制冷、预冷、打冷、冷冻、冷储设施、年成交蔬菜21 600万公斤以上,上市蔬菜品种达100种之多,实行全自动化管理,可远程服务、网络订货、交易方便,是一个现代化大型蔬菜营销场所,营销范围辐射全国20多个省、市、自治区的蔬菜集散中心,是寿阳蔬菜与全国交流的桥梁与通道。榆次区培植的怀仁酿造集团公司,依托“怀仁醋”这一名牌产品的优势,采取公司加农户发展模式,形成200余户农户齐上阵的酿造群体,并在全国27个省、市、自治区设立300多个销售网点,促使醋的年产销量突破6万吨,同时,年转化粮食1000万公斤。300多个经销网点醋的配送,长时间内形成相对固定运输车辆,成为小型的专业化的物流配送企业。榆次东阳蔬菜批发市场,年交易量2.5亿公斤,由于建有无公害蔬菜质量安全监测站,开通蔬菜互联网站,产品运输河北、河南、山东、北京、天津、武汉等大中城市。榆次什贴镇葵花交易市场,是全省最大的专业批发市场,年购销葵花籽1500万公斤,辐射面可达全国近20个省市的农副产品集散中心。祁县城赵肉牛禽蛋交易市场,是全省最大的畜产品交易市场,交易区域广阔,山东、北京、新疆、广东、内蒙等省市和晋中市的周边地区。年交易禽蛋8000吨以上,牛2万头以上,交易额突破亿元,并在广州、深圳、昆明、黑河等地设立农产品直销窗口,使精品酥梨、苹果可以直接出口到东南亚和俄罗斯等国家。

第二节 客运市场的建立

十一届三中全会以来,在党的改革开放政策指引下,个体客运发展打破国营运输公司独家办客运的格局。从1984年平遥县小城大队社员成希尧购买第一辆个体营运客车从事客运开始,到1985年全区营运客车达到1358辆,其中个体营运客车达到97辆。进入20世纪90年代,个体客运车辆迅猛发展,1999年,营运客车达1883辆,21 452座位,逐步形成一个国有、集体、个体、联营、合资多种经济成分并存,多种经营方式协调发展的客运市场格局,极大方便人民群众出行。2000年以来,国家鼓励发展农村客运,实现城乡客运一体化的要求,各级政府出台一系列鼓励农村客运发展的倾斜政策,促进农村客运快速发展。2005年,全市共有营运客车865辆,座位15 613个,完成客运量1606万人,周转量78 540万人公里。2008年,随着经济社会的发展,私家车进入家庭和铁路提速等原因,道路客运市场发展速度减缓,全市共有营运客车1278辆,28 087个座位,其中,农村客运车辆656辆,12 349个座位,分别占到客车总数的40.16%、15.65%,农村人民群众出行难的问题基本得到解决。

1978年以来,全市运管部门大力整顿客运车市场秩序,打击甩客、倒客、宰客、欺行霸市和无证经营行为,维护客运市场秩序,强化管理,同时,重点实施“三定”(定线路、定站点、定班次)管理和“三优三化”、(优美环境、优质服务、优良秩序;服务过程程序化,服务质量标准化,服务管理规范化)管理,并通过审批线路这个主要调控手段,合理调节冷热线路,优先发展专业运输企业客车和豪华型、卧铺型客车,扶持专业运输企业发展。灵石县运管所坚持车头向下,积极引导发展农村、山区客运、实现村村通客车,解决山区人民“乘车难”的问题,其经验省运管局在1997年6月全国发展客运现场会上进行介绍。全市不断加强客运站场建设管理,促进“人进站,车归点”,完善站场设施,规范站场管理。1999年,为调整平衡线路,坚持控制热线、发展冷线,控制干线、发展支线,控制平川、发展山区,控制城市、发展农村,采取跨区线路按季审批,跨县线路按月审批,始发农村线路随到随批,优先安排班次,优先核发票证,优先年度审验的“五优先”和减免运管费、站场建设费、培训费、二级维护保养费的“五优惠”政策,使全市客运发展实现重点向农村山区支线的战略转移。

进入20世纪90年代,晋中实施客运经营结构调整,截至1997年,本市内跨县市客运线路达到81条,县市内65条。1999年,全市客运线路达169条,县市内127条,形成乡乡镇镇通客车,辐射周边地区的客运网络。

2000年以来,国家出台一系列鼓励农村客运发展的倾斜政策,促进农村客运快速发展。截至2009年,全市客运线路达427条,其中:跨省客运线路18条,跨市客运线路87条,跨县客运线路39条,县境内客运线路283条。

第三节　汽车维修市场的建立

1991年4月10日,交通部第28号部令颁发《汽车维修质量管理办法》。为克服长期以来营运车辆失保失修现象,提高车辆技术性能和经济效益,晋中行署交通局制定下发《关于营运车辆实行强制二级维护和建立车辆技术档案登记的实施办法》,首先在太谷县进行试点,进行技术定级,建立技术档案,实行强制二级维护保养。1992年后,在晋中全区推广。

“十五”以来,晋中市运管处按照《汽车维修开业条件》,鼓励和引导新开办维修企业加大投资,增加设备,扩大规模,引导资质条件高、技术力量强的汽车维修企业上规模,上档次,发展设备先进、技术先进、管理先进的维修企业20个。并对原有维修企业分别进行重点检查,对达不到开业条件的限期整改,对未经许可无证从事汽车维修的取缔经营,从而全面规范汽车维修企业管理。截至2005年底,全市汽车维修企业已发展到一类企业25户,从业人员1263人,二类企业59户,从业人员1193人,三类企业533户,从业人员2155人,担负着全市各类机动车辆的维修任务。全市有汽车综合性能检测站6个,其中A级站2个,B级站3个,C级站1个。

第四节　驾培市场的建立

1979年之后,随着改革开放的深入发展,以往那种“以师带徒,以运代训”方式已远不能适应形势发展的需要。省交通厅监理处、榆次交通监理所根据上级批示,成立“山西榆次驾驶员培训管理中心”,学校式的驾培工作正式启动。1984年4月,晋中地区第一所驾校由榆次市公交公司主办的榆次市汽车技工学校正式成立,随后铁三局机筑处也成立太行汽车技校。之后经过几年发展,全区驾校已达10余所,驾培管理工作也趋向正规。

1987年10月,根据省政府〔1986〕政办24号关于交通管理体制改革的文件精神,把交通监理部门的部分工作和人员移交给公安部门,驾培管理工作也随之而去。公安部门接管后,成立交警支队,并内设驾驶员培训管理机构驾驶培训科,主管全区驾校培训考试工作。

1994年,根据国务院办公厅《交通部职能配置、内设机构和人员编制方案》(国办发[1994]29号)和《关于研究道路交通管理分工和地方交通公安机构干警评授警衔问题的会议纪要》(国阅[1993]204号)的规定,省地两级交通主管部门着手设立机构,组织专人,对全区驾校进行调查,弄清隶属关系、对规模设施、场地校舍、教练车辆、教材仪器、培训质量和存在问题等情况都进行造册登记。随后按照省交通厅、省运管局会议精神,召开全区驾校校长座谈会,并下发通知对全区驾校进行整顿验收工作。

自1995年从交警支队接管驾校实行行业管理工作以来,交通部先后多次发文,规范整顿驾驶员培训行业管理工作。省地交通运管部门调整内部机制,设立专门人员机构,加强宏观调控,进行政策扶持,实施行业管理职能。同时开展以“提高培训质量、降低培训成本、让学员满意、驾校满意、社会满意”为中心的整改工作,维护驾培市场秩序和驾校合法权益。

2002年,晋中运管处借全省驾校校长会议东风,及时印发《晋中市驾培市场整顿工作方案的通知》,先后多次召开全市驾校校长会议,积极引导驾校加大投资力度,改善教学环境,扩大基础设施建设。全市驾校由原先13所增至23所。并投巨资更新配置大型教练车89台,小型教练车173台,红外线桩考仪14套,购置多媒体教学设备100台。

“十五”期间,全市共投资2001万元,更新和配置了教练车610台(大车277台,小车333台),安装专用车载计时仪478台(大车277台、小车295台),管理软件17套,新增训练场地面积19 920平方米,红外线桩考仪4套,全部驾校按规定配备了电脑及多媒体教学软件等,推行了无纸化电脑理论考试和电子桩考仪考试工作,提高了驾培管理的科技含量和工作效率。

第三章　交通征稽管理

从1993年至2002年10年时间里，是晋中农用车养路费征稽工作快速发展时期。先后经历市、县征稽机构建立、征稽队伍的壮大和规范、养路费收费标准的调整、硬件装备设施的完善、规章制度的建立健全、征收车辆种类增加等阶段。

从1993年至1995年，全市征稽机构相继成立后，大部分市、县征稽机构没有独立办公场所，靠租赁民房，没有稽查工具，严重影响征费工作的顺利进行。为了填补征费设施严重不足，采取市处支援，所站筹集的两条腿解决办法，市处每年抽出50多万元资金帮助没有办公场所的各县、市、区建设征费稽查所，各所每年节约一部分用于站点建设。同时筹集资金配备交通征稽工具。经过几年努力，晋中市征稽系统的基础设施有了很大改善。每所、大站都有稽查专用车，小站有稽查摩托车，基本解决征稽工具。而后逐年进行完善更新，使工作效率大大提高。

1993年，征稽机构建立后，即开始建章立制。1994年印发《关于交通征稽工作规定》，1995年印发《征稽人员双十纪律》、《征稽人员十不准》、《财务票据管理制度》、《征稽所长、副所长、征稽站长、征稽员职责》。此后，对《养路费征收目标管理考核办法》进行不断改进完善。从2002年以后，又制定下发《晋中市养路费征收管理规定》、《查扣违章车辆管理规定》、《征稽人员文明规范实施细则》。并在全市实行政务公开，对社会实行承诺服务。晋中各县(区、市)征稽所也根据有关规定并结合自身实际，制定完善便于操作的一整套规章制度和工作目标考核管理制度，内容包括:业务管理、行政管理、党务管理、所站规范化管理等。同时制定《晋中市通行费管理规定》、《晋中市收费公路收费人员行为规范实施细则》，印制了《收费人员应知应会手册》，对收费人员进行全面系统培训。

为了有效服务当地经济发展，确保全年规费征收任务的圆满完成，市处从各县(区、市)征费所抽调一部分骨干人员成立稽查大队，在全市范围内对重点区域、难点车辆进行稽查，同时要在每年5月份和10月份，开展征费稽查大会战活动，重点是清理打击各类偷、逃、漏交规费车辆。各县(区、市)针对无费车、漏费车、关系车、人情车和“钉”子户，大打歼灭战，采取交叉扣车、集中处理、按照规定加重惩处等坚决有力的措施和行之有效手段，杜绝交通规费流失，保证规费全额收缴，为完成全年任务奠定坚实基础。

1993年完成养路费征收888.7万元，1995年完成1692.7万元，2000年完成1809.9万元，2001年完成1920.7万元，2002年完成2113.8万元。

第四章　国防交通

1981年以来，晋中市交通战备工作以党的十三届七中全会精神为指针，继续贯彻中央军委积极防御战略方针，按照国防现代化要求，服从和服务于经济建设大局，实现经济效益和战备效益双提高。

截至1996年，先后由历任晋中行署交通局局长青元生、雷鸣发、尹业伟兼任办公室主任，副主任曾由曹锁柱、姚子龙、岳汉武、荣建光担任。1996年7月，按照省晋发〔1996〕41号通知精神，更名为晋中行政公署国防动员委员会交通战备办公室。2001年按照省编委〔2001〕169号文件规定，依据《国防交通条例》赋予的职责和任务，及时向主管领导和相关部门提出申请，调整交战办部分工作人员，正式编制4人，办公室主任由郭燕平局长兼职，副主任由荣建光担任，机构编制人员、办公地点，办公设施全部齐全到位。2002年依据国家交战办〔2001〕第31号、中编办函〔2001〕59号规定，指导县级交战办进行机构落实，真正做到市县两级机构健全，组织完善、人员稳定，工作正常。

“十一五”以来，本着既有利于国防建设又有利于经济发展原则，战备干线是战时运输的主要公路，县乡公路又是战时的迂回公路，积极搞好基础设施建设。2000年，压缩交通经费72.14万元，由局工程二处承建，修建榆次区绿豆湾军分区仓库的部队进出口路，全长1.25公里，宽6.5米四级标准;2002年，对全市6个县出入口、仓库重地道路情况进行调查摸底，以解决当地驻军出入口道路难现状。

与此同时，努力搞好交通保障工作。1993年10月，某部“黄河九三”演练途径晋中8个县市，为确保部队机动作战演练任务顺利，在地区拥军支前总指挥部领导下，由市交通局副局长鲍红亮负责道路保障组，战备办副主任姚子龙任组长，28日制定保障预案，检查通过线路7条长410公里9座大小涵洞总行程1000余公里，圆满完成部队机动演练保障任务。2003年8月，积极配合驻军，协调交警，现场勘查，确定路线，制订方案，圆满完成代号“09活动”的保障任务。

第三编 跨越发展时期(2003年～2010年)

第一章 公路管理

2003年以来,在晋中市委、市政府和省交通厅正确领导与大力支持下,全市交通行业以邓小平理论、“三个代表”重要思想和科学发展观为指导,公路交通建设实现历史性新跨越,圆满完成“十五”、“十一五”计划确定的各项任务目标,为晋中市经济建设和社会发展提供了强有力的交通保障。

第一节 县际公路和路网改造工程的实施

“十五”期间,晋中市县乡公路建设以县乡公路改造、旅游公路、扶贫公路、出省(境)公路建设为重点,其中以榆洪公路和秋郭公路的建设最为突出,实现“两年打基础,三年迈大步、十五大变化”奋斗目标,取得历史性突破。一是县乡公路铺装(高级次高级)路面里程新增2536公里,达到3841公里,县公路油路里程占县公路通车里程比重由“九五”末58.5%上升到78.2%,通行条件明显改善。二是完成33个乡(镇)569公里通乡油路改造工程,新增通油路乡(镇)8个109公里,实现100%乡镇通油路。

榆社县城至武乡洪水镇公路是国家财政在晋中地方公路建设中首次投资的项目。2000年6月15日正式开工,2006年6月全面完工。为保证建设质量,严格按照项目法人制、招投标制、监理制、合同制要求进行管理,市交通局抽调局内技术和管理骨干成立项目部,深入施工现场,认真抓好工程建设。路线全长57公里,跨越3个乡镇20多个行政村,全线采取二级公路标准,土石方129.6万立方米,防护工程1.33万立方米,中小桥4座,涵洞138道,全线铺筑沥青路面45.08万平方米,批准预算投资7980万元。该公路建设是榆社县实现脱贫致富的先行工程,“十五”期间全市县乡公路投资最多、规模最大、质量标准要求最高、管理最为规范的一项工程。

秋村至郭家庄连接线是晋中市榆次区煤炭、建筑材料运输的主要通道。2003年5月开工,2005年8月完工。路线全长30公里,完成土方44.12万立方米,小桥5座,涵洞32道,批准投资8393万元。公路建成后,将国道108和307、太旧高速公路、省道榆盂线连接成网,并在榆次区的东、南、西外环构成一级环城快速公路,对优化晋中路网布局,提升城市品位和总体功能,改善投资环境,促进全市经济开发和发展,具有十分重要的意义。

第二节 通乡油路改造

县乡公路是农村经济发展动脉,市委、市政府高度重视县乡公路(国债项目)建设。在建设过程中,市交通局按照“四严”要求,全面超额完成省定目标任务。一是严格履行基本建设程序。所有建设项目均履行项目法人申报、施工图设计文件审批、招标文件审批、质量监督手续、开工报告的审批等程序,完全符合基本建设法定程序。二是严格按照施工图设计文件进行施工。各项目法人均严格按照批准的施工图设计文件施工,设计的变更,基本能够按照科学、不降低标准的原则进行。三是严格建设资金管理。各县(区、市)交通局按照《晋中市农村公路改造工程管理办法》进行资金管理,项目开设“国债资金”专户,实行单独建账,单独核算,规范管理,无挪用和转移资金情况发生。四是严格质量管理。施工过程中,严格按照省、市下发的农村公路改造工程管理办法,责任到人、任务到人,全面推行“四项制度”,加强监控,保证工程质量。2003年至2005年,省计委、省交通厅共下达晋中市通乡油路改造工程(国债项目)30项,总规模520公里,项目合格率达到100%。

第三节 养护体制机制的改革

随着“十五”期间农村公路建设步伐加快,农村公路里程所占路网里程比重越来越大,农村公路管理养护工作逐渐摆上市委、市政府重要议事日程。2005年全国第二次公路普查之后,村道也正式列入管养里程,市交通局公路管理处承担包括县道、乡道、村道和专用公路及全市所有农村公路的管理养护工作,各县(区)交通局相应也分别设置管养段、站、室。市委、市政府有关领导多次深入县区和农村,就农村公路建设和养护管理工作进行督促检查,并连续4年在全市交通工作会议中对农村公路养护管理中涌现出的先进单位和个人进行表彰。市人大代表也就农村公路养护管理中存在的问题和困难，多次在人代会上提出议案，关心促进农村公路养护管理工作。

2006年以来，按照国务院、省政府安排部署，晋中市做了大量卓有成效工作。不断深化农村公路管理体制改革，强化各级各部门责任；深入研究运行机制，推进六种养管模式；充实养护队伍，广泛筹措资金，确保农村公路管养工作健康、高效发展。

一、建章立制，明确责任

全市11个县（区、市）都成立农村公路管理所，118个乡镇都成立管理站，形成市设处、县设所、乡设站、村有专人的四级管理队伍。为明确各级工作职责和工作内容，晋中市先后出台《农村公路养护管理办法》、《农村公路工作要点》、《示范路建设标准》、《精品线路建设标准》、《农村公路桥梁养护管理办法》、《农村公路灾害应急预案》和《桥梁养护管理应急预案》等一系列养护工作规章制度，进一步完善全市农村公路养护的管理体系，使农村公路管养工作有章可循，有规可依。

二、多种形式并存，创新养护模式

（一）招标养护模式

由专业养护公司通过竞标，对重要县公路和交通量较大的主要乡公路按养护技术标准预算养护费用，面向社会公开招标。养护公司中标后，与养护管理机构签订养护合同，并接受养护管理机构的监督和管理。全市有35支专业公司通过招标参与农村公路养护工作。如灵石县通过招标，将三双线和永吉大道等重点线路实行专业养护，大大提升公路养护水平。

（二）承包养护模式

对一般县公路和乡公路路基实行沿线村民承包养护，按不同线路的具体环境条件及养护技术标准，核定出每条线路的年养护费，就近向沿线村民发出邀请，采取公开竞争方式取得养护资格，签订路基养护承包合同，按合同进行检查验收，实行奖惩兑现。通过竞标承担县、乡公路的养护，收到良好的效果，同时也增加沿线村民收入。全市共签订路基社会化养护承包合同2957份。

（三）企业自愿认养模式

对企业使用的专用道路，企业为了确保道路安全畅通，采取自愿出资，自主进行养护，并接受县交通局的监督和管理。如山西和合公司认领和顺县阳曲山旅游公路、介休市三佳集团公司认领介休绵山旅游公路等，使农村公路养护走向社会化。

（四）村民认领养护模式

对人口较多，公路里程较短的村道，由乡镇牵头，当地村委会组织，经过实地调查，征求村民意见，将该村道划分若干段，由村民自愿就近认领路段，签订养护协议，按养护标准进行检查验收，同时县交通局给予一定补助。如介休市那村、席村将村公路实行村民领养，大大节省养护经费，同时也使当地的村道养护水平得到提高。

（五）企业自愿捐资养护模式

对沿线多家企业共同使用的农村公路，企业为了确保道路安全畅通，互惠互利，采取自愿捐资进行养护，按企业使用道路里程核定自愿捐资数额，企业与县交通局签订协议，约定双方权利和义务，明确管理任务和责任，县交通局公路管理所再与具有相应资质的养护承包人签订养护协议，由企业和公路管理机构共同监督检查养护质量，确保企业正常使用该道路。一方面增强企业管路护路的意识，另一方面弥补农村公路养护资金不足，体现使用农村公路权利和养护农村公路义务对等关系。如灵石县富家滩至王禹公路由沿线两个焦化企业每年捐款10万元用于养护维修；介休市介出线沿线有三家大型焦煤企业，由三家焦煤企业出资，同望公司负责养护，大大提高养护水平，也节省养护资金。

（六）建养管运综合管理模式

榆社县在全县设立4个片区综合管理站，每站负责2至3个乡镇的农村公路建设、管理、养护、旅客运输工作，代表县交通局对本辖区范围内的专业养护队伍和乡镇管理站进行指导、督察和养护质量评定工作，更直接、更及时地为基层提供周到服务。

三、建立专业养护队伍，提升养护覆盖面

在养护中，十分注重加强适合农村公路养护实际的路基养护社会化养护队伍和从事路面、桥涵构造物等技术性较强的专业化养护队伍建设。全市共有35支专业养护公司承担养护工作，并按县公路每人养护1.5至3公里，乡公路2至3公里，村公路3至5公里，配备近3000名养路工，实现每条农村公路都能看见“黄马褂”队伍养护。全市农村公路列养里程11 870公里，列养率95%，养路工3032人，全部签订养护合同。其中：县公路列养1990公里，列养率95%，养路工707人；乡公路列养5855公里，列养率97%，养路工1342人；村公路列养4025公里，列养率97%，养路工983人。除新、改建项目路段外，均列入养护范围，基本实现农村公路养护全覆盖。

四、多方筹资，确保农村公路养护工作顺利推进

一是按照晋中市政府、市政办发〔2007〕36号文件精神，市财政全年出资1000万元用于农村公路养护。二是各县（区、市）政府也加大对农村公路养护的财政支持。每个县（区、市）财政出资都不少于100万元，灵石县全年投入500万元用于农村公路养护,昔阳、左权、介休、和顺等县市也拿出200多万元用于农村公路养护。三是全市县乡公路改造工程缺陷责任期内的养护费全部列入工程预算,使公路在工程完工后即开始正规养护。四是各县(区、市)结合各自实际,探索出企业投资、旅游收益分成、个人投资、乡镇筹资等多种筹资方式,极大地增加农村公路养护资金渠道。截至2010年8月底,全市农村公路养护投资达到5488万元。全市农村公路管理养护步入良性发展轨道。

第四节　安保工程的实施

为社会提供"安全的公共服务产品"是全市农村养护始终坚持的工作理念。点多、线长、面广且前期建设投入不足,特别是安保投入不足是农村公路普遍存在的问题。为此,市交通局专门制定《农村公路安保工程建设标准》,同时要求各县(区、市),对辖区内农村公路安保设施进行全面调查,建立安保工程数据库,并将调查结果上报当地政府和市局。通过安保建立工程数据库,进一步强化各级政府对公路公共安全的责任意识,推进全市农村公路安保工程的实施。

为规范安保工程建设,晋中市交通局印发《农村公路工程建设标准》,对急弯、陡坡、险要路段,串村路段的安保设施做了专门规定,市县两级交通部门建立农村公路安保工程数据库,根据轻重缓急和资金到位情况,分批逐步完善安保工程。结合全市农村公路实际,提出适合农村公路的"五种标志"形式。即墙体标志、山体标志、孤石标志、房体标志和部颁标准标志等,通过多种形式标志建设,既起到强化公路警告警示作用,又节省建设经费。同时还提出密集式提示要求、公路浅碟式边沟和过村隔离墙等安保措施,降低事故发生,消除安全隐患。此外,还根据农村客运班线密集实际,提出重点解决农村客运班线、旅游线路、危险货物及化学品运输线路的安保工程建设思路,使上述路段安全隐患发现及处置率达到100%,有效提升公路安全运营水平。榆次区乌金山旅游路建设中,在全市首次采用缆索柔性护栏,全线15公里,即有缆索护栏4公里,砼和片石砼防撞墙860米,紧急避险车道2处。和顺县还把农村客运线路审批前移到县农村公路管理所,凡是提出农村客运线路申请的单位,须经县农村公路管理所审批认定线路具有客运线路通行条件方可由运管部门审批客运线路,有效提高安全运行水平。

第五节　危桥改造与桥梁安全的综合治理

截至2010年,全市农村公路桥梁有694座22 552.12延米。其中:大桥30座5053.9延米,中桥145座8443.1延米,小桥519座9055.19延米;有公路危桥17座339.3米;隧道两处806.5延米。2007年8・13湖南省堤溪大桥坍塌事故之后,市交通局干部职工本着对党和人民高度负责的态度,深刻认识桥梁安全工作重要性,抓好抓实全省公路桥梁安全隐患排查治理专项行动,扎扎实实对所有桥梁逐项认真检查,排查存在的安全隐患。为此,制定下发《晋中市农村公路桥梁养护管理办法》、《晋中市农村公路桥梁养护管理应急预案》和《晋中市农村公路桥梁养护安全管理办法》等文件,建立"一桥一档、一桥一策"的桥梁日常养护和监管制度,对桥梁实行动态跟踪管理,实现及时发现,及时处理。一是建立和完善桥梁技术档案,大力推广应用公路桥梁管理系统,及时更新桥梁技术数据,保证公路桥梁技术档案真实完整,实现电子化管理;二是加强对桥梁运营情况监测,确定专门人员负责桥梁日常养护管理工作。市交通局每年拿出50万元作为桥梁监管检测专项费用,专门用于农村公路桥梁的日常检查工作,确保桥梁技术档案的适时更新和桥梁安全隐患的及时排查;三是加大危桥改造力度。对列入五类的危桥千方百计筹措资金进行加固改造和拆除重建工作。真正实现县道中桥、乡道大桥、危桥全治理的工作目标。四是建立危桥应急处置储备资金。从2008年开始。每年拿出50万元作为桥梁应急处置储备资金,逐步增强应急处置能力。五是加强四、五类危桥的技术监测工作。为系统地掌握桥梁技术状况,较早地发现缺损和异常情况,提出养护加固措施。建立市级工程技术人员检测和省、市专家联合检测工作机制,确保危桥加固和改造工作安全。

第六节　农村公路建设

在三年国债项目建设的基础上,制定"十一五"规划时,市交通局经过充分调研、论证,针对国、省、村道路况较好,但起连接作用的县乡公路由于历史性欠账太多,致使不少路段年久失修,损坏严重,路网结构不协调这一现象,在全省率先提出县乡公路二级化改造工作思路,得到市委、市政府和省交通厅大力支持。省交通厅在全省启动县乡公路二级化工程，并为晋中市争取开行贷款6亿元，同时市政府承诺为县乡公路二级化改造给予适当补助，使得全市县乡公路改造资金问题得以破解。在实施过程中，采取“三优先”政策，即对于行动积极的县（区、市），优先立项；对于运煤通道、出境公路、旅游路、工业园区路优先立项；对直接关系县域经济发展的项目优先立项。并以召开现场会、多种形式的座谈会等方式，推进县乡公路二级化改造工程顺利展开。

“十一五”期间，累计完成公路建设投资183.8亿元，实施公路建设规模9260公里，分别为“十五”时期1.92倍和1.77倍，全市“六纵六横”公路网骨架基本形成，对经济社会发展“瓶颈”制约得到有效改善。

通车里程迅猛增长。新增公路通车里程2350公里，达到145 62公里，为“十五”末1.65倍；公路密度由“十五”末54.1公里/百平方公里跃升至88.8公里/百平方公里。

公路等级显著提高。新增二级以上高等级公路853公里，达到2763公里，为“十五”末1.45倍，名列全省第一；新增高级、次高级路面里程5299公里，达到10 744公里，为“十五”末1.97倍；路面铺装率由“十五”末61.75%提高到73.78%，等级公路由“十五”末98.4%上升至99.4%。

路网结构日益优化。高速公路通车里程增至292公里，比“十五”末增长1.69倍；干线公路完成升级改造234公里，消灭差等路，路况水平保持在历史最好水平；农村公路实施县乡公路改造工程1346公里，建成通村水泥（油）路7561公里，分别比“十五”末增长2.36倍、1.71倍，实现具备条件的建制村通水泥（油）路“全覆盖”，80%的建制村达到户户通。

第七节　村村通水泥（油）路建设

党的十六大以来，晋中市积极响应党中央号召，把解决“三农”问题作为党委、政府工作的施政纲领，把制约“三农”工作的难点作为党委、政府的工作重点，以农村公路建设为突破口，全力推动社会主义新农村建设。自2002年晋中市率先在革命老区左权县启动“村村通水泥（油）路”试点工程以来，全市农村公路建设高潮迭起，“建、养、管、运”全面发展。2003年，晋中市政府专门成立农村公路建设领导组，市长亲自挂帅，分管副市长具体抓落实。市委、市政府每年召开一次市、县、乡三级干部参加的“村村通”工程建设动员大会，市四大班子领导全部到会，市委书记、市长亲自动员，2004年至2005年，晋中市政府又将“村村通”工程建设作为对各县（区、市）目标责任制考核的一项重要内容，列入市政府每年办的实事之一，并向社会各界公开承诺，接受监督。对年终没有完成农村公路建设任务的县（市、区），实行一票否决制。2006年至2007年，全市把农村公路建设作为社会主义新农村建设的重要组成部分，以“乡成网、村连村、户户通”为重点，形成市、县、乡、村四级责任体系和政府、部门、群众三位一体的整体互动局面。交通部门对全市农村路网建设，进一步加强技术指导和质量监督力度，使全市“村村通”工程建设质量和标准比上年有了明显提高。2008年，市政府将“村村通”建设作为“十件实事”之一，加大通达通畅工程建设力度，解决边远山区建制村道路通畅问题，提高村与村之间的联结度，进一步方便农民群众生产生活。大力推进新农村试点村和重点推进村的街道硬化工程，确保水泥（油）路通村入户。2009年，为改善民生，在全省十一届二次人代会上，省委、省政府向全省人民做出庄严承诺，要用两年的时间在全省实现“村村通”全覆盖的战略目标。市委、市政府高度重视，多次召开村村通水泥（油）路全覆盖工作专题会议和加快村村通工程全覆盖的推进会，确保全市村村通水泥（油）路全覆盖的顺利实施。市政府在财力紧张的情况下，下拨全覆盖工程补助资金，同时要求各县（区、市）人民政府按照市政府确定的每公里补助15万元和5万元的补助标准足额配套资金，确保工程建设资金。同时建立村村通工程督察制度，市政府督查室、市交通局等相关部门对全市村村通工程实行“十天一督查”。市交通局成立全覆盖工作督察领导组，对各县（区、市）村村通全覆盖工程进行随时督察，并对重点县、重点项目进行隔日督察，确保工程顺利完工。10年间，全市共完成“村村通”工程1.3万公里，实现具备条件的建制村100%通水泥（油）路，实现99.7%的建制村通水泥（油）路。

第二章　道路运输管理

2003年至2010年，市县两级运管部门认真贯彻党的十五大、十六大精神，以科学发展观为统领，全面落实《中华人民共和国道路运输条例》，以发展为主题，以结构调整为主线，以搞好“三个服务”，提高“五个能力”为总体要求，以构建战略物资道路运输保障体系，加快城乡客运一体化步伐，实施科技治超、源头治超等为重点,积极探讨规范行业管理和服务经济建设的新思路、新方法,实现全市道路运输的又好又快发展。

一是道路客货运输能力明显提升。截至2010年底,全市共有营运客车1188辆、29 017座,分别比“十五”期末增长12.29%和41.38%;全年共完成客运量3070万人次、旅客周转量134 418万人公里,分别比“十五”期末增长151.64%和107.86%。全市共有营运货车48 179辆、48.06万吨,分别比“十五”期末增长123.8%和323.34%;全年完成货运量6542万吨,货运周转量130.36万吨公里,分别比“十五”期末增长6.23%和249.15%。

二是城乡客运一体化发展明显加快。全市共有农村客运线路261条,农村客运车辆548辆;新建县级汽车客运站5个,乡镇汽车客运站28个,新建候车亭583个,客运站点牌1225个,全部乡镇和97.8%的行政村通客车。一个以城市为中心,以乡镇和主要旅游景点为枢纽,以行政村为网点,布局合理,方便快捷的农村客运网络基本形成。

三是汽车维修业长足发展。全市共有汽车维修企业1170户,综合性能检测站7个,分别比“十五”期末增长76.47%和16.67%;维修产值达到914万元,比“十五”期末增长36.5%。

第一节　信息化建设的全面展开

2000年,晋中市运管处编制《晋中市运政管理信息系统五年规划》,在太谷、榆次等3个县市进行信息化建设试点,2002年该处为各县(市、区)运管所配备计算机、打印机等系统设备,通过电话线初步实现市处与11个县所微机联网,将客运、货运等开业审批、日常管理、年度审验纳入运政管理信息系统,实现应用计算机打印经营许可证、道路运输证和登记台账、统计报表,处理各种业务,改变过去手工操作模式。全面开通全市运管部门电子邮件传输系统,市县两级运管部门绝大多数公文上传下达、信息传递通过电子邮件发送,实现“无纸化”办公。

2006年之后,编制《晋中市道路运输行业“十一五”信息化建设规划》,实现多层面、多环节、全方位的实质性推进,并收到明显成效。

*一是启用道路运输行业GPS卫星定位安全监管信息系统。*按照“统筹规划、统一标准、自建为主、联建结合”原则和“有机构、有场所、有人员、有制度、有牌匾、有档案”的“六有”条件,高标准完成GPS卫星定位应用系统市级平台、6个企业平台建设和车载终端设备的安装,会同公安部门建立“先入网、后发证、再运输”管理机制和维修服务保障机制,从而保证车辆上线率,强化报警处置,促进道路运输生产安全。

*二是开发启用货运源头治超信息系统。*征得政府行文,统一组织安排市局与11个县(区、市)运管局(所)和10个重点涉煤企业开通光缆通道,实现实时联网、远程视频监控及语音对讲指挥系统联网。228个一般涉煤企业与市、县两级运管机构开通宽带通道,实现单机运行,定期逐级上传信息的系统联网,同时建立随车携带、凭单通行的货运源头装载单制度,收到提高治超效率、降低治超成本和建立长效机制的良好成效。

*三是开发启用业务档案管理信息系统。*实现档案管理与运政管理信息系统有效链接,通过对经营户、运力和从业人员核对完善,达到有车户、有信息、有档案,底数清楚、数据准确、管理规范的要求。同时也通过规范档案管理,促进各项业务工作规范。

*四是开发启用机动车驾驶员培训管理信息系统。*建立学员报名须由学员本人在驾校报名大厅现场面试、现场签约、现场采集指纹、现场系统拍照的现场报名制度和在驾校报名、在银行交费的报名、交费分离制度,加强学员报名收费管理,杜绝倒卖生源和只收钱不培训的不良现象,提高驾培质量。

*五是开发启用危险货物运输从业资格管理信息系统。*全面规范危险货物运输从业人员培训、考试和发证工作,建立危险货物运输驾驶员、押运员和搬运装卸管理员从业资格管理新机制。

*六是开发启用汽车技术与维修管理信息系统。*实现通过系统设置汽车二级维护与总成修理作业量,建立电子档案,打印出厂合格证,收到规范汽车技术与维修管理工作的良好成效。

*七是开发启用运政管理辅助信息系统。*通过系统设置,全面规范行业规划、行政许可、征求意见、企业质量信誉考核、营运车辆审验及行政处罚等多项工作。通过系统链接,实现对连续两年未年审的营运车辆,自动注销转入清查处理库,对有违法行为的道路运输企业实行限制办理新增车辆、旧车过户、补证换证等制约措施,极大提高运政管理信息系统的适用性、准确性与管理规范性。

*八是重新规划建设道路运输行业监控指挥中心。*加强与规范全市汽车客运站、综合性能检测站、GPS卫星定位系统、货运源头治超的监控指挥和96566特服热线服务。为规范道路运输市场秩序,促进道路运输生产安全发挥重要作用。

*九是探讨启用道路运输行业核心数据表。*针对道路运输行业统计工作涉及面广、统计项目多、数据量大、统计报表繁杂及查阅行业主要数据不方便的

实际，主动向省局提出建立核心数据表制度的建议，就是设计一张具有相对全面性、重点性、代表性的道路运输行业核心数据表，全面、重点地体现道路运输行业基础、管理、经济及公共服务等数据，实现通过系统自动升成核心数据表，方便各级领导及时掌握行业主要数据、方便工作和提高工作效能的目的。

十是开通全市运管系统视频会议系统。2010年，制定《晋中市运管系统视频会议系统建设方案》，在省局支持和指导下，按照“统一标准、统一设备、统一要求”的原则，高质量完成全市运管部门视频会议系统建设工作，达到加强上下沟通，提高工作效率和节省经费开支的目的。

2010年，山西省作为全国三个换发IC卡道路运输证试点省之一，将晋中市列为全省唯一的换发IC卡道路运输证示范试点单位。为完成好示范试点工作，市运管局采取三项措施。首先是在全国IC卡道路运输证基本功能的基础上，从运力核对、专项检查、GPS卫星定位、源头装载记录等9个方面配合省局完成全省IC卡道路运输证扩展功能研发。其次是配置换证设备，制定下发换证方案，组织示范试点启动仪式，周密安排部署全市换证工作。再次是从运力核对、证件换发、资料归档等方面，全面规范换证工作程序，组织换证人员培训，采取激励措施，促进换证工作顺利开展。平遥、祁县、榆次等县运管所坚持加班加点，便民服务，换证工作成效显著。全市共换发IC卡道路运输证45 693张，占到应换证总量92%，省局和交通运输部先后在晋中市召开换发IC卡道路运输证现场会，给予充分肯定。

第二节　战略物资道路运输保障车队的建立

为提高晋中市道路运输保障能力和交通运输重大突发事件应急处置能力，有效缓解煤油电运输紧张情况，根据省交通厅《山西省战略物资道路运输保障体系试点工作方案》(晋交运字[2005]120号)文件要求，晋中市运管局结合实际，制定《晋中市关于组建战略物资道路运输保障车队的方案》。坚持服务晋中经济建设，服从全省大局的原则，以相关法律、法规和政策优惠为手段，以提升全市道路运输公共服务、组织保障能力和道路运输重大突发事件应急处置能力为目标，选择部分规模大、经济实力强、运力多、吨位大的山西丰矿物流有限公司组建山西省战略物资道路运输保障晋中总队，保障车辆及应急救援资源装备基本完善，突发事件跨省应急演练圆满完成，重点物资道路运输得到有效保障。

为确实加强组织领导，市交通局成立领导组，局党组成员、交通局副局长张晋平任组长，局党组成员、市运管局局长程惠明、市交通局战备办副主任周贵清任副组长，运管局副局长刘成牛、牛晓生、于欣、市交通局运输科科长王雁为成员，领导组下设办公室，运管局副局长刘成牛(兼)任主任，市运管局货运科科长史晓艳、客运科科长俞杰、维修科科长张全玉为成员，办公室设在市运管局。

2011年10月18日上午10时，山西省战略物资道路运输保障晋中总队在介休举行实战演练，历时36小时，圆满完成跨省实战演练各项任务，受到省运管局领导的肯定与表彰。

第三节　城乡客运一体化步伐的加快

2003年，在调查摸底的情况下，以市政府办公厅市政办[2003]69号文印发《晋中市发展农村客运规划》。成立政府分管领导任组长、交通、城建、交警等部门领导参加的发展农村客运领导机构，为统筹协调发展农村客运工作提供组织保证。2004年，晋中市政府在平遥召开全市村村通公交(班)车现场会，市委、市人大、市政府、市政协四大班子领导以及各县(区、市)县(区、市)长，分管县(区、市)长、交通局长、运管所长参加。交流平遥、祁县、灵石、介休4个试点县市先进经验，传达市政府《关于加快发展农村客运实现“村村通”公交(班)车的实施意见》，市长王雅安做了加快发展农村客运的动员报告，省交通厅副厅长王志民出席并讲话。平遥现场会之后，各县(区、市)坚持政府推动，市场化运作，掀起全市发展农村客运新高潮。为使农村客运市场保持平等、竞争、有序的良好经营秩序，晋中市政府还印发《晋中市客运市场秩序整顿实施方案》，运管部门通过落实这一方案，逐步优化农村客运市场。2005年，对农村山区支线的营运客车继续实行优先开业审批、优先线路审批、优先安排班次、优先核发票证和优先年度审验，适当减免运管费、客运附加费、车辆检测定级费、二级维护保养费和客车进站费的“五优先”、“五优惠”倾斜政策，充分调动广大客运经营者投资发展农村支线客运的积极性。2007年，以政府行文，明确除榆次区外，其余10个县(区、市)全部实行交通部门管理城乡客运规定，进一步推进全市城乡客运一体化的进程。截至2008年底，全市农村营运班车增加到624辆，农村客运线路达到267条，100%乡镇和96%行政村通客车，7个县市148条客运线路、284辆营运客车实现城乡客运一体化。荣获全省运管系统“城乡一体化先进单位”。

2009年之后，全市通过组织引导客运企业，以资产为纽带,以统一管理、统一经营、统一标识、统一排班、统一核算的“五统一”管理为标准,进一步规范客运经营主体。如祁县汇通公司投资300万元,一次性更新高级客车18台、3条经营线路和24台营运客车全面实现公司化运营管理。另一方面,通过在太谷县开展乡镇汽车客运站建设管理试点,全力推进全市乡镇汽车客运站启动运营和管理工作。截至2010年底,全市竣工移交的28个乡镇汽车客运站全部启动运营,有力促进全市农村客运发展。省运管局专门召开全省启动乡镇汽车客运站现场会,推广晋中市的做法。通过加强与规范客运管理,促进城乡客运发展。截至2010年底,全市共有农村客运线路261条,农村客运车辆548辆;新建县级汽车客运站5个,乡镇汽车客运站28个,新建候车亭583个,客运站点牌1225个,全部乡镇和97.8%的行政村通客车。一个以城市为中心,以乡镇和主要旅游景点为枢纽,以行政村为网点,布局合理,方便快捷的农村客运网络基本形成。

第四节　治超工作的启动

2000年以来,由于受利益驱动和不合理竞争影响,道路运输车辆非法超限超载日益严重,特别是晋中市地处山西中部,铁路、公路纵横交错,四通八达,成为周边省、市煤焦外运和物资运输的重要出省通道。超限超载运输更进一步加剧公路承载负担,导致公路、桥梁损坏严重,道路交通事故频发,对人民生命和财产安全造成严重威胁。

2003年开始晋中市启动了治超工作。根据《晋中市人民政府办公厅关于加强公路运输超限超载集中治理工作的通知》,晋中市交通局印发《晋中市县乡公路超限运输卸载点管理办法》,成立治超领导组,领导组办公室设在路政支队,具体负责组织协调全市交通系统治超工作。4月30日,交通部、公安部、发改委、质检总局、安监局、工商总局、国务院法制办等部委联合出台《关于在全国开展车辆超限超载治理工作的实施方案》,在全国开展治超工作。2004年6月17日,省政府召开治超工作电视电话会议,随后出台《山西省治超工作实施方案》。7月6日,晋中市人民政府办公厅出台治超工作方案,成立晋中市治超领导组,领导组办公室(市治超办)设在晋中市交通局,负责处理全市治超日常事务、组织会议、汇总信息、编发文件和简报,协调指导和监督各方面治超工作。各县(区、市)都成立治超办,全市交通路政充分发挥治超主力军作用,全力以赴投入治超工作。经省政府批准,在全市设立10个县乡公路超限检测临时卸载点,到2010年,经省政府批准,10个临时卸载点全部设置为固定的公路超限检测站,由交通路政负责管理运行。检测站坚持24小时严防死守,依法对货运车辆进行检测、卸载和处罚,在道路治超工作中发挥重要作用。全市交通路政依托公路超限检测站在县乡公路开展流动稽查,严密防控超限运输车辆行驶农村公路。从2003年至2006年,全市治超工作取得初步成效,车辆非法超限超载严重势头得到一定遏制,车辆超限超载由治超前85%降到6%以下。

2007年12月19日,全省启动“无缝隙,拉网式”治超攻坚总行动以来,全市交通系统按照“政府主抓、部门联动、齐抓共管、综合治理”格局,坚持依法治超、源头治超、科技治超,治超工作力度持续加大,以源头治理和路面防控为重点,采取“点线合一”,“查、控、防、治”、路警配合,联动执法等措施,不断巩固和扩展治超成果。车辆非法超限超载率持续下降,2007年为3.7%,2008年降为0.038%,2009年降为0.02%,2010年降到0.01%以下。在治超总行动中,全市交通路政共出动56.4751万人次,检测车辆844万辆,卸载货物4.8725万吨,处罚款168.11万元。车辆非法超限超载运输行为得到有效遏制,基本杜绝55吨以上车辆行驶农村公路,短途非法超限运输得到有效控制。县乡公路好路率逐年提高,2007年为79.22%,2008年提高到84.09%,2009年达到85.79%,2010年达到86.99%,农村公路得到有效保护。全市道路安全畅通,交通事故明显减少,公路通行环境持续好转,运输市场健康发展,实现省政府提出的“抓综治、保畅通、保安全、为人民”的目标。

在治超工作中,全市交通系统始终坚持依法创新,深化治超,“四个率先”为治超工作创造新鲜经验。2006年在全省率先开展“百日治超行动”;2007年在寿阳煤矿率先探索源头治超;2009年在全市治超站点率先实行综合监控、信息化管理,科技治超受到部、省领导肯定,并向全国推广;2010年率先开展治超工作向村道延伸,加强村级公路保护。2008年1月9日,全省治超工作现场会在晋中召开,市领导在会上作介绍经验。2009年7月,全国治超工作现场会在山西召开,与会代表及国家9部委领导观摩晋中市科技治超,全国18个省、市治超部门来晋中参观学习、取经。全国治超领导组组长、交通运输部部长李盛霖对晋中市科技治超工作给予高度评价,认为思路清晰,措施有力,执法规范,为全国治超工作探索新模式、新经验,值得推广。2007年,荣获全省运管系统“治超工作先进单位”称号;2008年,被省治超领导组评为“源头治超先进单位”;2009年晋中市荣获“全省治超工作先进市”称号。

第五节　超限超载源头的综合治理

2008年，经过6个多月时间，组织完成货运源头信息系统的编程、修改与调试，积极探讨应用高科技手段开展货运源头治超的新思路，力求通过货运源头治超联网管理，发挥货运源头档案管理、车辆进场登记、车辆出场登记、车辆源头监控制约，货运治超监控检查管理、移送、抄告、报告管理、统计报表管理、法律法规查询、货运治超园地、系统应急保障等10项功能，达到提高治超工作效率、降低治超工作成本、规范进出场登记，鉴别假牌和套牌车，限制车辆超限超载及上报治超资料报表的目的。

2010年，全市共出动395名运管治超人员，对1257个货运源头单位实行进驻或巡查监管。330余个涉煤企业安装启用货运源头治超信息系统，并通过推进科技治超，收到提高治超工作效率，降低治超成本和建立源头治超长效机制的良好成效。

第三章　交通征稽管理

从1998年国家提出养路费改革计划后，费收工作受到影响。所以，在消除影响、培植费源、提高服务质量、科学征费、提高和应用科技手段，加大费收力度的任务特别大。特别是2002年以来公路建设的突飞猛进，需要足够的建设资金做保障，因此也就更显现出养路费征收工作的重要性。这个时期的征稽工作，大体分为两个阶段。从2003年至2008年，是晋中市养路费征收跨越阶段，也是国家税费改革的转换阶段；从2009年至2010年，燃油税改革实施，人员机构等待转岗安置。

第一节　征稽费源的全力培植

进入21世纪，县乡农业机械化水平大幅提升，运输市场繁荣、运输车辆大幅度增加。由于拖拉机运输速度不能适应形势变化，从2004起逐年减少，三轮汽车大量增加。到2005年，所征收的养路费有70%为三轮汽车养路费。为了培植征收费源，市处要求各县（区、市）征稽所积极开展培植费源工作，重点开拓拖拉机运输市场，大力开拓当地煤炭资源运输、钢材、建材、房地产建设材料短途运输市场，使拖拉机运输保持旺盛势头。同时采取走乡进户活动，为边远乡镇村养车户联系业务，这一举措收到很好效果。从2003年起，养路费征收额逐年增加。2005年1月，财政部、国家发改委、交通部规定免收三轮汽车公路货运附加费，对从事田间作业和非营业运输的三轮汽车免收养路费。在费额减少的情况下，采取有力措施，保证征收额，创建晋中市农用车养路费征稽工作新跨越。

2003年完成3031万元，2004年完成3197万元，2005年完成2950万元，2006年完成2988万元，2007年完成3022万元，2008年完成3112.1万元，分别比上年增长21.24%、11.3%、23%、14.9%、11.9%、15.2%。从2003年至2010年，分别收取通行费391万元、655.9万元、859.4万元、900.6万元、851.3万元、4429.4万元、791.5万元、1016.7万元。

第二节　征稽文化建设

征稽文化的兴盛，铸就征稽精神的发扬光大。晋中市交通征稽系统的文化，受晋商文化影响，发源于晋中人踏实、无私、奉献于征收农用车养路费工作实践中。征稽文化理念是：四个服务、三个文明、四心工作、诚实守信。“四个服务”，即服务经济建设，服务人民群众，服务交通大局，服务社会。“三个文明”，以物质文明促进文明征费，以精神文明促进文明服务，以道德文明促进和谐发展。“四心工作”，用真心服务车户，用爱心对待每个人，用耐心做工作，用诚心感动人。诚实守信是晋中征稽人征稽文化的根本。

2002年以来，晋中市交通征稽处获得多项荣誉称号。2002年荣获榆次区委、区政府文明单位称号；2004年至2007年荣获晋中市委、市政府“文明单位”称号；2008年荣获晋中市委、市政府“文明和谐单位”称号；2009年至2010年荣获晋中市委、市政府“文明和谐单位”称号；2000年、2003年荣获社会主义现代化建设劳动竞赛一等功；2005年、2006年荣获社会主义现代化建设劳动竞赛二等功；2006年荣获社会主义现代化建设劳动竞赛“五一劳动奖状”；2007年荣获全面建设小康社会的伟大实践一等功。1995年、1996年被省征稽局评为“先进集体”；1999年至2008年，连续10年被省征稽局评为“先进集体”。

榆次所累计征收6737万元，有3个站被晋中市纠风办命名为文明征稽站，荣获晋中市劳动竞赛二等功2次，荣获市文明执法示范窗口，连续4年被省征稽局评为先进集体。

太谷所累计征收3760万元,3次被市局评为先进单位。

祁县所累计征收4969万元,有5年被省征稽局评为先进集体,被县团委授予青年文明号,被县政府评为治理公路三乱先进单位,荣获晋中市劳动竞赛一等功2次、二等功2次。

平遥所累计征收6498万元,荣获晋中市劳动竞赛一等功4次、二等功4次,荣获市级文明窗口称号,连续8年被省征稽局评为先进集体,连年被市局评为先进集体。

介休所累计征收5544万元,有2年被市局评为先进单位,荣获晋中市劳动竞赛二等功2次,有1个站被晋中市纠风办命名为文明征稽站。

灵石所累计征收1769万元,连续4年出席省局先进单位,连年出席市局先进单位,荣获市级文明单位,荣获晋中市劳动竞赛一等功2次、二等功2次。

寿阳所累计征收2686万元,2001年、2002年被省征稽局评为先进集体,荣获晋中市劳动竞赛二等功2次。

和顺所累计征收1487万元,连续6年成为省局先进集体,连续3年被市局评为先进单位、双评先进单位,2006年、2007年被县政府命名为文明和谐单位,2002年、2003年出席县政府的先进单位,被共青团县委命名为青年文明示范岗,荣获晋中市劳动竞赛二等功3次。

左权所累计征收1516万元,荣获晋中市劳动竞赛二等功2次,有2年被市局评为先进单位。

榆社所累计征收1153万元,荣获晋中市劳动竞赛二等功2次。被县文明办命名为文明窗口,有2年被省征稽局评为先进集体。

第四章　国防交通

2003年以来,晋中市交战办,以党的十七大精神和胡锦涛总书记关于国防动员建设一系列重要思想为指导,认真贯彻落实科学发展观,以正规化建设"五化"目标为突破口,以改革创新为动力,与时俱进,开拓进取,高起点规划,高标准建设,着力构建机制顺畅、队伍有素、设施配套、手段先进、指挥高效,平时服务,急时应急、战时应战的国防交通"一体化"保障体系,初步形成机构健全、人员到位、工作扎实、保障有力的格局。

2002年之后,市交战办第一主任分别为郭燕平、李彦平,主任乔千祥、张晋平;专职副主任周贵清。解决人员行政编制3名,落实财政预算经费5万,配备交通战备指挥车和应急车辆各1辆。11个县(区、市)全部任命专职主任和副主任,部分县(区、市)配备专职工作人员。截至2010年底,全市交通战备专业保障队伍按市、县两级进行组建,由公路运输中队、工程保障中队、通信抢修中队、后勤保障中队四大类组成。

在正规化建设上,全市各级交战办适应新时期的要求,结合各个时期新任务,按照《交通战备工作正规化建设标准》,坚持不懈地开展正规化建设,逐步改善办公环境,配备现代化办公设施,规范岗位职责、工作制度和工作程序,初步达到交通战备工作机制规范化、基础设施配套化、资料信息网络化、决策指挥智能化、交通保障高效化标准。

在规章制度建设上,共建立岗位职责15类,工作制度18项,工作程序10个。做到工作有目标、考核有标准,检查有依据。

在信息化建设上,各级交通战备办公室按照"重点突破、逐步实施、全面推进、整体提升"的思路,从装备设施、网络通道、数据资源、应用系统和人才培养等方面入手,建成具有集中控制、实时指挥的指挥中心,实现与市军分区网络互联。升级改装《交通战备数据库》、《交通战备综合应用系统》等系统软件。2008年,全省市、县两级国防动员委员会机构正规化建设现场会把晋中市办设为观摩点,与会代表对晋中市办"五化"建设给予充分肯定。

2001年开展"双向优质服务活动"期间,先后筹资350多万元,大修驻地榆次、寿阳、太谷、祁县、介休部队进出口道路约计10多公里;硬化军分区营区、武警晋中支队反恐训练基地、榆次区人武部、预备役高炮团等营区道路约计11 450平方米。2007年完成晋中市第一条国防公路寿阳黄岭至太安驿26公里建设立项,先后落实建设资金1560万元,该路段是东太国防公路的组成部分,建成后不仅提高了交通战备综合保障能力,而且有力推动沿线经济发展。2010年6月,筹资468万元,完成介休66337部队、66198两部队7.8公里的进出口道路建设任务。

为保障主力军团快速机动,将辖区内太旧、祁临、太长高速公路、108国道、208国道、207国道、307国道7条干线公路确定为战时保障线路;将三双线、万王线、子祁线、榆郭线、石北线、昔广线、赵库线、疙范线、下下线、高黄线、太安驿至黄龄国防路等16条农村公路确定为战时迂回线路。将仁义特大桥确定为公路战备桥,将麻田大桥、汾河大桥、松溪原大桥确定为河流战备大桥。

在交通保障建设方面,2003年以来,主要做了4项工作:

2006年12月5日中午2时许,临汾新绛县某中学往孝义送一批学生,100多名学生乘一辆70座客车途径灵石，因严重超员被灵石交警查扣，当时因随车负责人员不积极配合处理，一直滞留至晚上8点多钟，接到领导指令，立即调用灵石县交通战备客运保障分队，将100多名学生安全送往目的地。

2007年9月初，由于城市建设需要，位于三小学附近的水电桥拆除重建，当时新桥正处于桥墩施工阶段，严重影响到学生及家长的出行。市交战办迅速派人赴省公路局，联系战备钢桥租用手续，几经努力，终于在三小学附近静升河上架起一座连心桥，受到当地政府和在场群众的一致称赞。通过钢桥拉运、安装和拆卸，也为灵石交通战备应急工作提供一次实地演练的机会。

2008年“5·12”汶川特大地震发生后，接到市政府援川建房物资运输任务后，主动与四川省战备办对接运输方式，组织公路、铁路有关部门完成援川建房物资运输3731间。

2009年11月10日，一场罕见的暴雪袭击晋中市，主要干线公路运输受阻，市交战办紧急调用市直属公路运输、公路工程保障队伍出动机具404台，清理公路路面冰雪2365.3公里，全力以赴打通辖区内受阻干线公路。

2003年以来，先后组织沿线交通战备办公室完成“猎豹-04”、“跨越-2009”、“武警换班机动”、集团军快速机动等20多次军事行动交通保障，有力检验交通战备系统应急军事交通保障实战处置能力。

阳泉市公路交通史

概　　述

阳泉地处山西省东部、太行山中部西侧，素有“晋冀门户”、“三晋要冲”之称，阳泉是山西东部南北交通的枢纽，是山西能源重化工基地的重要组成部分，也是全国最大的无烟煤产地和山西东部的重要工业城市。基于其所处地理特点，使公路交通事业显得尤为重要。1949年12月，省人民政府在阳泉筹建成立第一个专业运输管理机构“山西省人民政府交通局运输公司阳泉客货转运栈”，伴随着共和国前进步伐，走过60年风雨历程。1978年以来，在市委、市政府正确领导下，全市交通运输系统广大干部职工，承前启后，艰苦奋斗，锐意进取，顽强拼搏，用汗水书写交通，用双手诠释辉煌。使全市公路交通基础设施实现历史性跨越。在经济建设各个时期，发挥不可替代的桥梁纽带作用，为“三农”发展、晋煤外运、支援国家建设和城市建设，作出突出贡献，为加快阳泉社会经济发展，实现城乡一体化，全面建设小康社会，提供强有力交通支撑和运输保障。

一、公路建设

1949年底，阳泉市仅有土路3条40.2公里，且标准低，质量差。大车路4段19.5公里；高脚路14段116公里。全市公路密度仅为0.08公里/百平方公里。截至1978年，全市共有公路24条，通车里程211公里，其中：干(支)线公路4条79公里、县公路7条58公里、社公路11条64公里、专用公路2条10公里。有等级公路里程107公里，有路面里程175公里。晴雨通车里程137公里。有桥梁30座1278.8米。以全市公路通车里程计算，公路密度达30公里/百平方公里。全市农村公路通车里程达132公里。有等级公路里程28公里，有路面里程96公里。以全市农村公路通车里程计算，公路密度达20.24公里/百平方公里。

1981年至1985年，不断加大公路建设力度。除对省道阳井线地(都)白(毛梁)段进行提质改造外，对境内县乡公路也全面进行提质改造。到1985年底，全市农村公路通车里程达592公里，比1978年增长348.48%。有等级公路里程415公里，比1978年提高93.26%。有路面里程469公里，比1978年提高388.5%。晴雨通车里程达217公里，比1978年提高36.87%，农村公路密度达12.6公里/百平方公里。

1986年至2000年，全市交通事业进入快速发展时期。特别是1993年太旧高速公路建设，对改变阳泉东出西进交通拥堵状况，具有根本性战略意义。阳泉市各级政府借风乘势，狠抓全市农村公路建设。在完成重点工程的同时，从资金、技术等方面对农村公路建设加以扶持，以提高道路质量和道路的通过能力为主，集中力量，集中资金，利用全民义务修路对原有县、乡、村道路进行建设、改造、延伸和提升等级。建设总里程达835公里，完成建设投资7.33亿元。在全省率先实现省委、省政府提出的“三通”(县县通油路、乡乡通公路、村村通机动车)目标。省委、省政府给予嘉奖并表示祝贺，《山西日报》整版刊发省委、省政府贺信和阳泉市所属各县(区)全面完成公路“三通”目标专题文章。

截至2000年底，全市农村公路通车里程达77条838公里。比1985年增长41.55%，拥有等级公路里程801公里，占总里程的96%，比1985年提高48.19%，有路面里程达835公里，占总里程的99.64%，比1985年增长78.04%，晴雨通车里程639公里，占总里程76%，比1985年提高194.47%。农村公路密度达18.33公里/百平方公里，比1985年提高45.48%。

2001年至2005年，是阳泉市农村公路发展最快、最好的时期，特别是2002年，阳泉市委、市政府制定“四个一批、五级联网”（“四个一批”即：每年完成一批市级重点公路建设工程，每年完成一批县级公路大修恢复工程，每年完成一批乡级公路改造工程，每年完成一批村级公路硬化工程；“五级联网”即国道、省道、县道、乡道、村道五级联网）公路建设目标。全市上下，通力协作，市级领导分片包点，帮扶单位密切配合，多方筹资，层层负责，按照“全党发动、领导带动、政策拉动、社会推动、宣传鼓动、群众行动”的农村公路建设“24字”方针，32个乡（镇）全面铺开，本着实事求是科学态度，“因地制宜，量力而行，科学规划，稳步推进”，以水泥路、沥青路、石砌路、钢砖路、石砼路等五种类型，展开一场前所未有的农村公路筑路攻坚战。在资金投入上，采用“向上争一点、财政拿一点、企业出一点、乡村集一点、社会捐一点”的办法。全市共改造和建设县乡公路931.9公里，实现100%乡（镇）通水泥（油）路目标，通三级及三级以上水泥（油）路乡（镇）占全市乡（镇）总数78%，全市960个行政建制村100%通公路，95%建制村通水泥（油）路。2004年，阳泉市和三个县（区）农村公路建设目标实现“满堂红”并全部获奖，这是阳泉市第一次，也是全省第一家。2005年全国农村公路工作座谈会300多名代表到阳泉市参观，阳泉市率先实现96%村通水泥（油）路目标和公路建设“24字”方针的做法，得到国家发改委、交通部和与会代表的赞扬和肯定。

2006年至2010年，按照市委、市政府“十一五”公路交通发展规划，全市交通职工，勇挑重担，扎实苦干，不畏艰险，奋力拼搏，把“县县连高速路、乡乡铺沥青路、村村通水泥路、户户走硬化路”及在全省率先实现“村到乡、乡到县、县到市”半小时通达工程，构建“五纵五横四循环”的公路网络作为“交通人”的奋斗目标。2009年8月25日，阳泉市率先实现村通水泥（油）路全覆盖工程。全省村通水泥（油）路全覆盖阳泉现场推进会在阳泉召开。截至2010年底，全市公路通车里程5367.329公里，其中：国道3条210.297公里，省道6条310.002公里，县道48条749.969公里，乡道111条863.23公里，专用公路1条3.543公里，村道1862条3230.288公里。全部为等级公路，其中：高速公路107.32公里，一级公路69.525公里，二级公路416.85公里，三级公路578.076公里，四级公路4195.558公里。有铺装路面里程4692.046公里，占总里程87.4%，简易铺装路面里程230.916公里，占总里程4.3%。晴雨通车里程5367.329公里，占总里程100%。绿化里程达1025.683公里，占总里程20.3%。公路密度达117.45公里/每百平方公里。全市公路通车里程是1978年25.43倍。全市农村公路里程达到4847.03公里，是1978年36.72倍。2010年，阳泉市交通运输局被省人民政府评为“建制村通水泥（油）路全覆盖先进单位”。

二、公路运输

1951年1月，由省调拨给阳泉客货转运栈日产丰田牌旧汽车6辆，从此开辟阳泉市汽车运输先河。截至1978年底，全行业拥有载货汽车1918辆，7315个载重吨位，拥有载客汽车244辆，9718个载客座位，客运班线22条。全行业年度完成货运量316.22万吨，货物周转量7113.67万吨公里，客运量232.7万人，旅客周转量9237.2万人公里。

1978年12月23日，阳泉市交通局社会运输管理处成立，使阳泉市道路运输行业管理更加规范，并进入快速发展阶段。根据交通部、国家经委《公路运输管理暂行条例》，对运输市场进行治理整顿，国营专业运输企业纳入道路运输全行业管理，道路运输市场管理由“三统管理”向依法治运的管理轨道转变，实施车籍属地管理的源头管理。先后组织开展汽车维修和客运市场整顿，汽车站班车客运实行“三定”管理，统一客运票价，做到车进站、人归点。到1990底，全市个体客货运输户发展到1383户，个体汽车维修户发展到234户，班车客运线路由1978年22条增加到135条。全市道路运输行业拥有载货汽车9696辆，1990年完成货运量2864万吨，货物周转量114 872万吨公里，拥有载客汽车1376辆，客运量1432.4万人，旅客周转量43 441.9万人公里，全市三区两县运管部门在辖区中心地段设立社会客运简易汽车站。道路货物运输量剧增，运力向大吨位、柴油车方向发展。运输方式发生根本变革，货运由原来“三线分工”接力运输发展为“门对门”直达运输，客运向快捷、舒适、直达方向发展。1990年，市交通局被省交通厅评为全省“运输市场治理整顿工作”第一名。

1991年至2000年，国家《行政处罚法》《行政复议法》和《山西省道路运输管理暂行条例》出台，交通部、省交通厅相继出台运输管理法规。全市大力推进法制建设，实施“依法治运”战略，进一步实施“两审”（行政审批、年度审检）、“两导”（政策引导、信息引导）调控措施，推进合同运输、合同维修，实行户籍簿、营运标志、运单管理，建立健全基础台账、档案和业务程序，初步实现运管业务微机化，促进行业管理制度化、程序化、规范化。截至2000年底，全市道路运输行业拥有载货汽车10 135辆，载重吨位42 545吨，拥有载客汽车2225辆，载客座位32 414座。全市拥有个体客货运输户2089户，个体汽车维修户296户，班车客运线路160条。

2001年10月，阳泉市客运总站建成。阳泉发往太原、石家庄、北京、郑州等方向280多辆社会客车60余条客运班线，统一进入客运总站运营。同时规范客运北站发往盂县、郊区等方向的39条社会客车客运班线，全面实现道路旅客运输“定站点、定线路、定班次”的“三定”管理目标。2004年，国务院颁布《中华人民共和国道路运输条例》，以国家法规形式确立交通运输管理部门的行政执法主体，明确对道路运输行业管理职能。依据交通部先后出台一系列道路运输行业管理配套政策法规，全市道路运输步入依法行政、以法治运法制化管理的新时期，统一、开放、竞争、有序的道路交通运输市场逐步建成。

2001年至2005年，加快道路旅客运输网络建设，全市建成以258条客运线路为经纬，覆盖县乡村，连接6个省、市(直辖市)的客运网络，“村村通客车”工程实现跨越式发展，全市960个行政村有892个通达客车，通客车率达93%，建立乡镇客运汽车站16个，候车亭95个，候车牌294个。至此，阳泉市村通客车率和农村客运设施覆盖率之高、密度之大，均居全省前列。

截至2005年底，全市运输行业拥有货运汽车9604辆，拥有客车1876辆，2001年至2005年全行业累计完成货运量32 654.8万吨，货物周转量1 583 313万吨公里，客运量15 112万人，旅客周转量470 377万人公里。2005年，全市个体客货运输户达到2919户，个体汽车维修户发展到306户，班车客运线路235条。

从2006年起，阳泉市交通局始终坚持以科学发展观为统领、以运输发展为主题、以结构调整为主线、以道路运输市场专项整治为载体，转变观念，改变作风，锐意改革，开拓创新，道路运输事业取得显著成绩。到2010年底，全市拥有营业性货运车辆17 081辆、载重吨位176 135吨。其中载货汽车16 394辆，载重吨位175 375吨。其中大型货车11 441辆，167 301吨位(含重型货车10 192辆，159 891吨)，中型货车882辆，2730吨位，小型货车4071辆，5344吨；拥有营运拖拉机687辆，载重吨位760吨。2010年完成货运量3528.3万吨，货物周转量246 960万吨公里。截至2010年底，全市道路班车客运经营户有11户，拥有客车565辆，客位12 005座；其中高级客车98辆，中级客车62辆，普通客车405辆；其中大型客车21辆，中型客车519辆，小型客车25辆。全市共运行道路客运班线207条，其中省际30条，跨地市33条，市内跨县74条，县乡内70条；其中全市农村客运线路141条，有农村客运车辆329辆。全市32个乡镇全部通客车，乡镇通客车率达100%；全市960个建制村，通客车村增至941个，通客车率达98.1%。阳泉市新组建旅游客运经营户2户，拥有旅游客车40辆，1487座；其中高级客车32辆，中级客车8辆。阳泉市公交总公司拥有公交客车391辆(折合432.1标台)，公交客运线路42条；平定县东方世纪公交公司有公交客车22辆，公交客运线路5条。山西省国阳新能股份有限公司(阳煤集团)交通运输分公司有矿交兼营客车180辆(折合225.3标台)，经营35条客运线路。全市有出租汽车客运经营户12户，在册出租车1936辆，运营出租车1357辆。年度完成客运量2500.3万人，旅客周转量57 740万人公里。

全市共有机动车维修企业739户，其中汽车维修企业724户，摩托车维修企业15户。汽车维修企业含一类17户，二类100户，三类607户。全市汽车维修救援网络有市、县12户骨干维修企业，实现“机构布局网络化，救援有力高效化，管理手段现代化、经营行为规范化”的维修救援网络。全市共有汽车综合性能检测站5个，其中A级站1个，B级站4个。年度完成维修量160 286辆次，年完成检测量21 576辆次，其中等级评定检测7037辆次。

全市共有机动车驾驶员培训学校9所，其中一级5所，二级4所；其中从事道路客货运输驾驶员从业资格培训6所，危货运输驾驶员从业资格培训1所。全市机动车驾驶员培训学校从业人员857人，其中管理人员214人；教练员643人(含理论教练员42人，驾驶操作教练员569人，客货运输、危货运输驾驶员从业资格培训教练员32人)。教练车432辆(其中大型客车19辆，中型客车1辆，通用货车半挂牵引车7辆，大型货车82辆，小型汽车318辆)，摩托车5辆。教练场地面积701 388平方米(其中一级466 933平方米)。机动车驾驶模拟器145台，其中被动式模拟器46台。年度培训驾驶员21 364人次，培训合格19 714人次，培训合格率92.3%；其中从业资格培训3584人次，培训合格3526人次，培训合格率98.4%。

全市共有道路客运汽车站21个，其中一级站1个，农村乡镇五级汽车站18个，2个简易客运汽车站；客运站平均日发班次1117班次，平均日旅客发送量23 680人次。拥有四级货运站12个，平均日换算货物吞吐量1.19万吨。建成规模化农村物流公司5个，建立配送店519个，覆盖全市637个建制村，覆盖率达67%，服务人口70万人，配送货物3000余种，营业额近9000万元，构建了较为完善的农村物流配送网络。

运输行业管理科技及信息化得到进一步提升，实现“数字运管”、“智能运管”，全市运管系统应用《山西运政管理系统》软件，实现业务联网办公，启用视频会议，实施运政联网移动稽查，开通96566运政热线，开设“阳泉市道路运输管理网站”，实现“网上政务大厅”，开展卫星定位系统应用，实现营运汽车远程安全监管。该项工作受到省运管局高度评价，并在全省进行推广。

三、规费征收

道路运输管理费从1979年开征，当年征费36.6万元，经过30年创新发展，规费征收年年刷新，到2008年，全年征费3688万元，比1979年提高99.77倍，1979年至2008年，共征收21 035.5万元，年平均征费701.18万元；客运附加费1989年开征，当年征费27万元，到2008年全年征费790万元，比1989年提高28.26倍，1989年至2008年共征收7016.3万元，年平均征费350.81万元。运输管理费和客运附加费共计28 051.8万元。拖拉机、机动三轮车公路养路费、货运附加费1985年开征，当年征收74.40万元，经过全体交通规费征稽人员24年的奋力拼搏，规费征收逐年提高，2008年征收养路费653.12万元，比1985年提高7.78倍，1985年至2008年共征收8490.39万元；1996年开征铁路道口机动车辆安全管理费，至2008年共征收69.12万元；征收拖拉机车工建勤费（1993～1998年3月，期间1994年停征1年）共征收1031.92万元，阳泉市交通规费征收稽查处1985年～2008年共征收各种规费9591.43万元，年平均征收399.64万元。1979年至2008年共征收各种交通规费37 643.23万元。规费征收倾注全市交通规费征稽人员辛劳和汗水，饱含着全市交通规费征稽人员突出业绩和无私奉献，规费征收工作为阳泉经济腾飞和公路建设快速发展提供重要经济保障和财力支撑。

四、企业发展

1978年改革开放前，国有企业一直按计划经济体制管理，制度老化，机制不活，企业发展缓慢。交通职工发扬艰苦创业精神，为企业发展奉献自己的力量。交通运输业在阳泉市经济建设发挥重要作用，到1978年底，局直属企业拥有货运汽车206辆998.5个吨位，固定资产达368.8万元，实现利润76.1万元。

1978年以来，阳泉市交通局认真贯彻“调整、改革、整顿、提高”八字方针，把工作重点转移到生产建设上，全局出现政治上安定团结，生产上持续发展的良好局面。第一汽车运输公司率先改革司机出车津贴制度，把出车津贴按单车完成吨公里多少计算发放，随之完善和推出单车利润分档提取报酬和工时计奖、消耗定额考核等一整套经济责任制考核方案，企业职工收入随着劳动生产率和经济效益提高大幅增长。同时，在全局制定并推广综合奖和燃料奖试行办法，开展努力挖潜，奖勤罚懒，充分调动广大干部群众主人翁责任感，使企业得到快速发展。分配制度改革使企业获得自主经营、自负盈亏、自我发展的空间。

截至1990年底，局直属企业拥有载货汽车649辆，总吨位达5551.5吨，工业总产值1914.36万元，实现利润207.4万元。拥有固定资产2472万元。

1994年7月，第一汽车运输公司投资700多万元，与日本能源株式会社等合资创建山西日本能源润滑油有限公司，填补全国高档汽车用润滑油主要依靠进口的空白。该企业被列为全省外商投资的明星企业，成为阳泉市开发区财税收入的骨干企业。

1995年，认真落实《全民所有制工业企业转换经营机制条例》，积极推行三项制度改革，大胆探索交通运输企业国有民营新思路，积极推行全员有偿风险抵押、单车承包租赁经营、产权转让等多种经营形式，使企业出现新的生机。

1996年运输市场疲软，局直属企业举步艰难，多数企业处于停产状态。由于资不抵债，先后对第二、三、四汽车运输公司依法实施破产，由第一汽车运输公司整体接收。一个亏损企业加上三个破产企业，重新组建为阳泉市交通集团有限公司。

时任市交通局副局长的李书田，面对企业面临的困境和4000余名职工生活的出路，不计个人得失，以壮士断腕决心，主动请缨，出任交通集团有限公司董事长兼总经理，踏上交通企业改革创新的艰险征程。1997年先后推出“产权让渡，融资经营；资本经营，滚动发展；盘活资产，租赁经营；调整结构，多种经营；发挥优势，扩张经营；剥离母体，独立经营”六种模式，市交通局对破产后重新组建的汽车修造运输有限公司和交通集团筑路有限公司分别进行股份制改制。至此，三个企业在大集团旗帜下，采取独立经营、分灶吃饭、自负盈亏、分块搞活的方式共同发展，使企业重获新生。到2000年底，直属企业拥有载货汽车1181辆，挂车68辆，总吨位达6643吨位。客车175辆，拥有固定资产7892万元。年完成货运量1674.7万吨，完成货物周转量193 958.8万吨公里，完成客运量387.2万人，完成旅客周转量22 244万人公里，工业总产值1169.4万元。其他收入1426.22万元。安排职工3000余人。

2001年至2005年，局属企业通过改革、改制和产业结构调整，规模不断壮大，经济效益稳步上升。到2005年底，局直属企业固定资产达7836万元，营运货车达2270辆27 782个吨位，客车328辆5926座，城市出租车52辆，年度完成货运量551.6万吨，货物周转量完成64 944万吨公里，客运量完成1343万人，旅客周转量完成64 912万人公里，完成工业总产值6161.2万元，实现利润126.4万元，2005年，交通集团进入全国道路运输百强企业，名列第31位。

华伦陶瓷产品中标北京奥运工程，同时被山西省名牌战略领导小组公告为质量AA级信誉企业。

2006年至2010年，局属企业取得新突破，展现发展强劲势头和美好前景。发展车辆1000余辆，开创主业发展新纪元，交通集团有限公司再次被评为“中国道路运输百强诚信企业”。万通汽贸物流园建设稳步推进，完成投资5000多万元，引进广本4S店。投资1亿元，新建总面积达64 500平方米的“万通家居城”，成为“一站式购物中心”的城市品牌市场。华伦陶瓷大胆改革，转换机制，承包经营，呈现出新的活力。汽车修造运输有限公司投资4000多万元的新厂区建成运营，为今后发展奠定坚实基础。搬迁新址后，原厂房、办公楼、场地划归装饰市场管理，通过改造，经营面积扩大近1倍，增加收入40余万元。投资3000万元新建阳泉市一流的汽车驾驶员培训学校，培养更多优秀驾驶人才；投资350万元，占地24亩新建事故车维修中心，为企业找到新的经济增长点。筑路公司千方百计引进资金1180万元，盘活场地，增强企业发展后劲。

到2010年底，全局拥有固定资产135 043 529.58元，营运货车2439辆30 800.8个吨位，客车186辆942.3客位。交通集团有限公司实现利润223.65万元。城市公交车391辆，公交客运线路42条。城市出租车1936辆，全局安排就业人员8000余人，为阳泉经济发展和社会和谐作出重大贡献。

五、“双超”治理

2007年12月19日，全省开展“无缝隙、拉网式”治超总行动后，全市交通系统承担路面、源头治超的关键任务。在市委、市政府正确领导下，围绕省交通厅“抓综治、保畅通、保安全、为人民”工作目标，与治超成员单位携手，积极探讨更科学长效机制。强制源头治理，明确提出零改装、零超载、零违纪的“三个零工作目标”和“一把手负责抓到底、一条龙联动卡到底、一部车不超管到底、一把尺监督治到底”的“四个一工作方针”。对全市所有吞吐量在30万吨以上的货运站场实行驻站管理，分片包点，责任到人，严把源头。全市交通运管部门组建12个巡查队，1支督查队，进驻站点18个，巡查站点557个，参与源头治超运管执法人员投入266名。路面治理实行全方位稽查，充分依托7个临时治超站点，采取定点稽查和流动稽查相结合的办法，加大对超限车辆的检测、卸载、处罚力度。全市交通系统共组织治超执法人员416人，组建4支稽查队，进行执法75 861人次，检测车辆477 078辆，查处超限超载车辆375辆，卸货372.78吨，超载率降为0.08%。全市交通系统共投入治超经费1107万元，其中路面治超投入650万元，源头治超经费投入457万元，有力地保障了治超工作的顺利进行，治超工作取得了巨大成效。县公路年平均好路率比去年同期上升3.19%，运输车辆运费由治超前0.3元/吨公里上升到0.6元至0.7元/吨公里，道路损坏案件比上年同期公路损坏案件发生率下降17%，超限超载车数量由治理前的13%下降到0.1%以下，三乱”和“收黑钱、送黑车”等违规违纪行为得到有效遏制。

2008至2010年，阳泉市连续三年获得全省“治超工作优秀市”称号，尤其是源头科技治超IC卡的成功经验，受到交通运输部、省领导以及省治超领导组充分肯定，并在全省进行推广。

六、精神文明

改革开放以来，交通各项工作取得辉煌业绩，更历练一种“交通人”的精神，正是坚持不懈加强党的基层组织建设、加强精神文明建设工作，培育发扬交通精神，才塑造了一支敢打硬拼、永不言败、唯旗誓夺的队伍，成为交通事业发展的中流砥柱。

局党组和局机关党委始终把党建工作放在首位，从组织、思想、作风、廉政建设等方面作了具体规定和要求，局机关党委与基层党委、总支、支部每年都签订《党建目标责任状》、《党风廉政建设责任书》，并开展“五好”党员干部、“五好”党员、“五好”基层党组织活动。同时把全局党建工作与治理商业贿赂工作相结合，与全局党风廉政建设相结合，进一步促进和加强全局廉政建设。

在2005年开展保持共产党员先进性教育活动中，被阳泉市委、市直工委分别授予“先进性教育先进党组织”，荣立“市先进性教育长效机制”二等功，并在全市作了经验介绍。

2007年12月3日，阳泉市“作风建设年，狠抓落实年”学习教育活动领导组发出《关于认真组织学习李书田同志先进事迹的通知》，阳泉日报、阳泉电视台、阳泉人民广播电台连续报道李书田“自加压力、开拓创新”、“奉献自我、务实工作”、“心系百姓、勤政为民”的先进事迹，在全市上下产生极大反响。

在2009年3月，阳泉市第二批深入学习实践科学发展观活动中，阳泉市交通局始终把学习实践科学发展观活动作为推动全市交通科学发展的重大战略机遇和全局政治生活中的头等大事来抓，努力破解交通发展新课题，开创科学发展新局面，使活动取得积极成效。李书田代表作了《破解交通发展新课题，开创科学新局面》为题的经验介绍。

2010年，局机关党委围绕“创先争优”和“争创学习型党组织、争做学习型好干部”两项活动，以创先争优活动和学建活动为抓手，以百名干部下基层解难题、百名党员进家庭送温暖、百个岗位比奉献争优秀、百部车辆促和谐夺红旗、百条道路上档次为载体，促进全局转型跨越发展。

多年来,局党建工作始终走在全市前列。2001年至2010年,曾七次被市直机关工委评为党建责任书落实先进单位和先进基层党组织,五次被阳泉市委评为先进基层党组织。2011年6月26日,被山西省委评为先进基层党组织。2011年4月22日,被省委、省政府荣记"山西省模范公务员集体一等功"。

在党风廉政建设和政风行风评议中,局党组进一步确立"管行业必须管行风,以政风带行风促党风"的理念,坚持"群众利益无小事"、"人民满意为标准"的指导思想,积极转变作风,大兴求真务实之风,重实际、办实事、求实效,把行业行政管理职能转到为市场主体服务,积极推行政务公开,主动接受社会监督。使交通局政风行风评议满意度直线提升。2007年位列全市第5名,被市委、市政府评为全市先进单位,2008年跃居全市社会经济管理部门第2名,被市委、市政府评为"阳泉市政风行风优秀单位"。2009年名列全市经济调节部门第1名,荣获全市"2009年度政风行风评议工作先进单位"。因连续三年市委、市政府表彰,2010年被免评一年。

1978年以来,在创建精神文明建设活动中,局党组坚持以人为本,注重用制度教育规范职工行为,倡导培养良好品质和作风,提高整体素质和形象。根据实际,制订《精神文明建设实施意见》、《交通行业精神文明工作要点》、《和谐交通文明形象制度》、《治理"三乱"文明执法制度》、《精神文明文化娱乐制度》、《关于构建和谐交通的若干意见》、《关于开展"讲文明、树新风、促和谐"创省级文明和谐行业竞赛活动实施方案》、《社区管理后勤服务制度》等30项制度。使精神文明建设内容实现细化、量化。以责任制形式保证精神文明建设取得成效。2001年以来,共选树15个文明建设先进集体、20个精神文明建设标兵、20部文明客车、10条文明线路、40名文明职工、30名文明家属、100公里文明路,20个文明经营户。把交通精神文明建设有机地融入和谐社会建设,构建全市建设新型能源重化工基地的交通运输支撑保障服务体系。市交通局先后荣获省级(2006年至2009年)"文明和谐创建先进单位"、(2008年至2009年)文明和谐单位;市级"标兵文明单位"及"阳泉市文明行业"称号。2010年9月13日,市交通局被交通运输部授予2008至2009年度全国交通运输行业文明单位称号。

在法制建设中,市交通局高标准,严要求,扎实工作,敢为人先。坚持"谁主管、谁负责"原则,层层签订责任状,同时加强执法宣传教育工作,依法行政,提高执法工作力度。被省政府评定为"依法治理示范单位"、被省依法治省领导组评为(1999年至2009年)依法治省"十佳单位"、被省委、省政府评为(1999年至2009年)法制宣传教育"十佳单位"、被省委依法治省领导组评为"法制宣传教育十佳先进集体";被省交通厅评为(1999年至2009年)"依法行政先进单位",被阳泉市评为"依法治理先进单位"称号。

第一编　放开搞活时期(1978年~1992年)

第一章　公路管理

党的十一届三中全会后,改革开放政策促进公路交通事业得以恢复和发展。1978年阳泉市共有公路24条,通车里程211公里,农村公路通车里程为132公里。

20世纪80~90年代,阳泉市先后修建二级公路阳泉至大寨公路、出省公路白毛梁至地都二级公路、联合国世界粮食计划署援建项目五台县教场至盂县青口头盂县段三级公路等,初步形成以207国道、307国道和出省、出境重要通道为主的公路骨架。与此同时,地方公路也步入快速发展阶段。

1990年底,阳泉市率先实现"县县通油路,乡乡通公路,村村通机动车"三通目标,名列全省前茅。

1992年底,阳泉市公路(不包括公路分局管养的干线公路)通车里程达649公里,其中县公路384公里,乡公路233公里,专用公路15公里,一般干线公路17公里。

第一节　公路管理体制的发展与演变

1979年4月召开的中共中央工作会议和6月召开的五届全国人大二次会议,通过国民经济"调整、改革、整顿、提高"八字方针,加快阳泉市实施全省公路管理体制改革步伐。

同年11月1日,遵照省交通厅80号文件"各行署和省辖市设公路总段,县设公路段"精神,阳泉公路管理段革命委员会改为公路管理总段。1980年8月,阳泉市交通局恢复路政科建制,办公地址设在北大街阳泉公路总段,负责全市县社(乡)公路的测设、施工及日常养护。养路经费由省公路局按计划下拨,财务实行单独核算。从1981年1月1日起,地方道路正式由路政科负责。

1983年9月,平定县、盂县划归阳泉市。随着行政区划的变动,两县的县、社(乡)公路由晋中交通局移交阳泉市交通局管理。从1984年1月1日开始,平定县、盂县交通局正式由阳泉市交通局接收管理。

1984年4月阳泉郊区交通局成立,直属郊区政府管辖,其业务归市交通局领导。

1987年2月27日,阳泉市交通局路政科改称道路管理处。

1987年3月24日,省交通厅以〔1987〕晋交人字130号文批准成立山西省公路局阳泉分局,辖郊区、平定、盂县3个公路养护段,负责阳泉地区国道、省道的养护和管理。阳泉市下辖郊区、平定、盂县3个县(区)交通局,负责县乡公路的建设、养护和管理。自此,国、省道省级交通部门管。县、乡、村道市、县(区)交通部门管的公路分级管理体制形成。

1987年底,阳泉市交通局道路管理处有职工25名,所属县(区)交通局公路管理部门有职工81人,设置道班59个,协议工56人,代表工467人。

1992年底,市交通局道路管理处有固定职工24人,所属3个县(区)交通局,有固定工89人,养路道班54个,协议工112人,代表工335人。

第二节　高等级公路的建设与路网的形成

十一届三中全会后,交通部将"普及与提高相结合,以普及为主"的公路建设方针及时修改为"以提高为主",全市公路建设也由重视数量转为重视质量。

阳泉至大寨公路全长45公里。其中阳泉市境内30公里,昔阳县境内15公里,原为旧六级标准。该路段0至3公里(义井桥以北)于1971年改建后,达到平微区二级公路标准,路基宽度12至16米,其余为7至8米,最小平曲线半径20米,线型弯曲,最大纵坡超过8%的3处。原有路面按每昼夜300车次设计,路面为6至8厘米硫黄矿渣,上用2厘米渣油表处。原道路技术标准低,行车密度大大超过设计能力,路面已不堪承载,线形不畅,坡陡弯急,坑槽多、大段表处破坏,车辆拥挤,事故频发。

阳泉至大寨公路阳泉至昔阳留庄段42公里,是沙河至长治国防公路的重要路段,属山西省东纵干线。其中:义井至北郪石为307国道与207国道的重复路段。20世纪70年代中期,大寨成为农业战线的一面红旗,学习参观者络绎不绝。因此,省公路局、晋中地区和阳泉市多次要求改建该路,山西省革命委员会遂决定将阳泉至昔阳大寨路段改建为平微区二级公路。1978年3月24日开工,次年11月上旬竣工。至此,阳泉市第一条二级路建成。

白毛梁至地都公路(简称地白线),属于"文革"后期的国防公路建设。1972年由国家计委安排,交通部下达计划并投资,代号为07230。该线东起省界地都村,经娘子关、下董寨、巨城、白泉,西至白毛梁与阳泉石盆口线衔接,是阳泉市另一条出省通道。全长48.77公里,总投资650万元。由省公路勘察设计院测设,阳泉市承担小河北村至白毛梁段9.329公里的施工任务,其余路段由晋中地区和省公路局负责施工,设计标准为山岭重丘区三级公路,1973年底竣工通车。1984年,省投资450万元,对地白线进行部分路段改造,将白毛梁至水峪和娘子关桃河大桥至地都两段改造为二级公路。

1989年,阳泉市人民政府提出用贷款改建地白线水峪至娘子关桥24公里路段(由三级改建为二级公路),采用收取通行费还贷的方式,1989年10月14日省计委以晋计交字〔1989〕第743号文批复列项,预算总投资6854万元,于1990年3月15日开工建设,1993年10月1日竣工通车。

1984年,县公路平定至尚怡线4公里改建为二级路。1987年,县公路李家庄至白羊墅线改建后有二级路3公里。1992年,一般干线公路李家庄至荫营线3公里由三级路改造为二级路,该线二级路增至4公里。

1978年至1992年期间,干线公路改建、高等级公路出现、农村公路通车里程增加,使阳泉市形成以国省干线和地方公路构成的路网。到1992年底,全市农村公路通车里程578公里。

第三节　科学养护活动的开展

一、推进科学养护管理

1978年开始纠正"重建轻养"倾向,重点加强公路的小修保养。从1979年起,全市县乡公路所有道班都实行班组核算、奖惩兑现制度,从而调动道工积极性和责任心。苇泊养护段结合百分赛活动,实行分组包干办法,按定额考核记分,并制定奖惩办法,确保养护质量,相互检查,相互监督。通过考核,兑现奖惩,不仅保证养护任务完成及质量提高,而且取得增产节约的优异成绩。

二、实施干线公路路面黑色化

荫营至旧关线小河北至白毛梁段9.4公里,是1972年建成的山岭重丘区三级公路,路基宽7.5米,硫黄矿渣路面。1978 年 5 月，阳泉和苇泊两个公路站抽调人员，组成油路改造指挥小组，带领外包工 35 名，奋战 4 个月，将该段 9.4 公里全部铺成渣油表处路面，使全市干线公路和交通运输量较大的县级公路实现黑色路面化。

三、探索科学养护方法

1979 年，道班对油路的病害狠抓一个“早”字，一年四季勤查勤修，将病害消灭于萌芽中。经过多年实践、探索，结合学到的理论知识，道班工人掌握油路病害的原因和治理方法，使养护质量有了保证。在突出重点同时，加强全面养护。具体做法是：经常整修路肩、边坡，保证路肩坚实，边坡完好，疏通水沟保持畅通；冬季和雨季抓紧扫除路面、路肩积雪、积水，避免渗水塌陷。

截至 1986 年底，阳泉市交通局及其所属县（区）交通局管养公路里程达 595 公里。其中县公路 358 公里，乡公路 222 公里，专用公路 15 公里。在总里程中，有路面里程 472 公里。在养护总里程中，经常性养护 498 公里，其中道班和群众共养 33 公里，代表工养护 465 公里，季节性养护 97 公里。

1992 年，养护质量稳中有升，全市农村公路通车里程 578 公里中，养护里程 563 公里。

第四节　农村公路建设的规模化发展

1978 年以后，阳泉市公路框架渐成规模，运输格局日趋合理，公路交通从以前计划经济体制向市场经济转变，公路交通事业呈现欣欣向荣发展势头。

20 世纪 80 年代，随着国民经济飞速发展，原有道路交通已远远不能适应实际需求，交通运输滞后的矛盾显得越来越突出。面对严峻现实，市交通局对公路施工管理体制进行大胆改革，对各项工程采取公开招标和地（市）县承包办法，有效调动各级地方政府积极性，大大加快工程进度，降低工程造价，公路交通事业进入全面发展新阶段。

1981 年 9 月，省交通厅召开全省县、社（乡）公路工作会议，传达中央领导指示，并在县、社（乡）公路修建和投资上作了部署，号召各地在国家适当补助下，自力更生，修建县、社（乡）公路。会议决定以地区为单位，在“当前需要”与“长远规划”统筹兼顾前提下，突出重点：打通出境道路，接通断头路；接通产煤地和工农业产品集散地区的公路；改造现有公路，提高运载畅通能力；坚持建养并重的方针，多修路、养好路。到 1981 年底，阳泉市县乡公路建设取得长足发展。全市县县社社通公路。其中 10 个公社通油路，98% 生产队通汽车。

1983 年 10 月，世界粮食计划署评估小组对拟援建项目教青线（五台县教场至盂县青口头，全长 53.4 公里）进行现场考察，自胡家庄起到盂县青口头。五台县境内 9 公里，定襄县境内 17.8 公里，盂县境内 17.1 公里，全长 43.9 公里。该线由五台县陈家庄乡教场村起，接阳泉至石盆口干线公路，沿清水河西南行，经罗家庄、李庄至坪上村进入定襄县境，溯滹沱河经阎家庄、岭子底至胡羊会村进入盂县境内夫城口村、庄里村至青口头村接阳泉至石盆口线。

援建项目 1983 年正式立项，1984 年 4 月开工。包括夫城口大桥 1 座 5 孔 - 30 米，桥长 203.5 米，隧道 1 处 137.8 米。1986 年完成夫城口大桥和 14.5 公里路基工程。隧道完成 100 米后，因地质变化，岩层破碎，省公路局于 1986 年 7 月底决定停止掘进，改为修 2.5 公里盘山路，绕行夫城口至青口头。1989 年 11 月 7 日枣园隧道、夫城口大桥竣工通车。该路修建采用山岭重丘区三级公路标准，路基宽 7.5 米，最大纵坡不大于 5%，最小平曲线半径不小于 50 米，桥梁设计载荷汽—20、挂—100。1989 年 11 月 7 日盂县枣园至东梁公路隧道完工通车。

阳泉市结合本市实际进行县乡公路的建设，并得到上级大力支持。1982 年至 1990 年，国家对全市县、社（乡）公路补助投资达 1374.1 万元，同期地方自筹和社会集资 1017.4 万元，新建公路 78.8 公里，新建油路 43 公里，改建县公路 40.8 公里，改建乡公路 38 公里，新建村公路 30.7 公里。到 1990 年底，在全省率先实现“县县通油路，乡乡通公路，村村通机动车”三通目标。

到 1992 年底，阳泉市县乡公路通车里程达 649 公里，其中县公路 384 公里，乡公路 233 公里，专用公路 15 公里，一般干线 17 公里。等级公路里程 514 公里，其中二级公路 11 公里，三级公路 81 公里，四级公路 422 公里，等外路 135 公里。有路面里程 549 公里，其中高级、次高级路面 155 公里、中级路面 62 公里、低级路面 332 公里。无路面里程 100 公里。共有桥梁 94 座 2455 米。晴雨通车里程 300 公里。绿化里程 200 公里。通车里程与 1978 年对比增加了 517 公里，是 1978 年的 4.92 倍。

第二章　道路运输管理

道路运输行业管理是各级政府交通主管部门的道路运输行业管理部门履行国家行政管理职能，根据国家方针、政策和有关法规,对道路运输行业进行政策指导、法规保障、宏观调控、行政指令和经济管理等各项工作的总称。其范围涉及道路客货运输、搬运装卸、仓储保管、物流配送、车辆维修、驾驶员培训、站场经营、运输信息服务以及与此有关的其他活动等。

1978年12月23日,阳泉市交通局社会运输管理处成立,1988年更名为阳泉市交通局运输管理处,2004年更名为阳泉市道路运输管理处。1983年7月,盂县、平定县划归阳泉市管辖。期间,阳泉运管部门对社会机关、企事业单位和农副业运输营业性运力实行计划经济时期的"三统"管理政策。

1984年,中共中央下发《关于农村工作的通知》,要求在发展国营运输企业的同时,大力扶植和发展集体、个体运输。

1985年4月11日,省政府印发《山西省公路运输管理暂行条例(草案)》、《山西省公路运输违章处罚暂行规定》等地方法规。1986年,阳泉市运管处顺应形势,转变职能,全市三区两县57个乡镇按片区规划建立21个乡(镇)运输管理分站(县、区运管站派出机构),形成市、县、乡(镇)三级运政管理体制,管理范围由社会运输管理转变为包括交通直属专业运输企业的整个道路运输全行业管理,管理形式由货源所在地管理转变为车辆户籍所在地属地管理。1987年,随着国家城市经济体制改革的深入,省交通厅制定《关于深化改革,增强企业活力的实施方案》,按照企业所有权和经营权分离的原则,阳泉市国营专业运输企业积极推行承包经营制和租赁责任制,深化运输企业改革,在经营管理上趋于自主、自立。道路运输行业管理在范围和形式上发生很大变化。自此,全市道路运输行业营业性客货运输、搬运装卸、汽车维修、客货运站场等逐步纳入行业管理。

随着运输市场进一步开放,各运输单位和个体运输户除必须遵守国家政策法令外,在承揽货源、结算运费等经营方面有充分自主权,货物运价也随运输市场变化在一定幅度内上下浮动,"三统"管理政策自然消失。

在运输市场结构和经营方式发生变化形势下,运管部门的监管职能由过去单纯管理逐步向服务和管理相结合方向转变。根据国家制定的运输规章,市运管部门对所有公路客货运输业者以及配套服务的相关部门和个人,不论其隶属关系和经济形式,一视同仁实施行业管理,对运输经营户实施经营资格准入行政审批和年度审验;对运输市场经营行为进行监督管理和违章处罚,同时对运输经营者进行政策指导、信息引导,为国营运输企业保驾护航,指导运输企业和个体运输户进行经营结构、运力结构、车辆技术结构调整,大力促进全市道路运输市场建设,促进运输经济发展。

到1992年,全市货运经营户发展到2936户,营运货车由1978年1452辆5917吨位增加到9067辆39 800吨位,分别增长6.2倍,6.7倍;客运经营户发展到129户,营运客车由1978年88辆3720座增加到272辆7922座,分别增长3.0倍,2.1倍;车型由普通大客发展为兼有普通大客和中客车,客运线路由1978年22条增加到101条;汽车维修经营户发展到480户(其中大修8户,中修18户,小修72户,专项修理322户,摩托车修理60户);搬运装卸107户;客运站场由5个发展到9个(其中3个省运2级汽车站,6个社会个体客车简易汽车站),年度完成货运量由316.22万吨增长到3213.4万吨,货物周转量由7113.67万吨公里增长到125 167万吨公里,分别增长10.2倍、17.6倍;客运量由232.7万人增长到1548.5万人,旅客周转量由9237.2万人公里增长到48 577万人公里,分别增长6.7倍,5.3倍。全市道路运输市场乘车难、运货难和修车难的问题初步得到解决。

第一节 "三统"体制的形成与消亡

改革开放初期,阳泉市道路运输市场管理多年沿用计划经济条件下"政企合一、以企代政"管理模式。客运市场由省、市、县国营专业运输公司独家经营。货运市场以省、地、县专业运输企业为主,社会企事业单位和农村富余劳力、运力为辅。针对社会企事业单位自办运输和农副业专业运输等各种运输工具经营道路运输的形势,根据国家经委、交通部和省交通厅文件精神,市交通局1979年4月8日发文通知,重申对全市从事货物运输及搬运装卸业的社会各企事业单位和农副业所有运输工具和劳动力,实行统一货源、统一调度、统一运价和票据结算的"三统"管理。到1986年,随着运输市场进一步开放,根据国家制定的运输规章实行道路运输行业管理,"三统"管理政策自然消失。

第二节 社会企事业单位自办运输的兴起

随着工农业生产社会物资和商品运输量剧增,为最大限度发挥社会力量在经济建设中的作用,以利解决道路货运市场日益突出的运量大于运力的紧张状况，阳泉市大力发展社会企事业单位货物运输。20世纪70年代，阳泉市各企事业单位自办汽车运输队伍逐渐发展壮大。省营以上单位主要有晋东化工厂、阳泉矿务局、荫营煤矿、阳钢、五〇一厂、铝矾土矿、娘子关电厂等汽车队，市营单位主要有煤管局、矿业公司、铝氧厂等汽车队，车型主要有解放牌、跃进牌、格斯牌等；外省市驻阳泉汽车队主要有上海、石家庄等汽车队。各企事业单位汽车队，主要以完成本单位运输任务为主，在公路运输中占有不小比重。据1979年度市联运办公室统计资料显示：全市完成公路运输量3 112 251吨，其中市交通局完成269 800吨（省运阳泉公司以长途运输为主，未显示数字）；全市完成短途上站煤运输中共完成734 622吨，其中专业运输部门完成195 087吨（含市交通局完成86 175吨，搬运公司完成68 338吨）；社会车队完成539 535吨（含煤管局车队完成59 251吨，矿业公司车队完成109 871吨，上海车队完成188 711吨，石家庄车队完成49 195吨，其他社会车队完成132 507吨）。在完成短途上站煤运输中，社会车队占到73%。

第三节　行业规范管理的形成与完善

随着改革开放的不断深入，1978年至1992年，道路运输行业管理经历由改革开放初期继续实行计划经济时期的“三统管理”，为国营运输企业保驾护航，到培育、发展运输市场，根据国家部门规章实施准入审批和道路运输行业规范管理阶段。

1979年4月8日，根据国家经委、交通部和省交通厅文件精神，市交通局发文通知，重申对从事道路运输的社会各企事业单位和农副业运输工具汽车、农用车、拖拉机、排车、马车实行“三统”管理。凡是在辖区内公路和城镇乡村从事营业性客货运输的专业和非专业运输，均纳入运输市场“三统”管理，运输计划实行省地县三级平衡、三级审批制度，货源单位按年度、季度、月度编报运输计划，由交通部门统一按月平衡安排，不允许自揽货源和自找运力。车辆调度、受理货源、货物配运统一由交通主管部门和运管部门办理。各类运输工具的运价都统一执行规定的费率和计费方法，不准自行抬价、压价，或巧立名目乱收运费。

为加强道路运输市场管理，要求社会营运车辆首先办理“准运证”标志牌后方准予参加运输。为做到有计划地合理安排社会各企事业单位、农村运输工具和搬运装卸劳动力，并规定：市内各用车单位必须在年底12月18日前向所在地运输管理站报送下年度运量与所需运力计划，市运管处统一汇总，按照计划调配运力。未经市运管处批准和辖区运管站统一调配、无“准运证”的社会车辆，一律严禁参加社会运输。在社会运输车辆管理中，加强“三统”管理，杜绝运输市场私拉乱运、争抢货源的混乱情况。

1983年，中共中央下发《当前农村经济政策的若干问题》的1号文件，进一步加大农村改革力度，开放运输市场，允许农民个人或联户购置大中型汽车或拖拉机从事生产和运输。同期，交通部、省交通厅发出《关于停止办理载货汽车跨省准运证的通知》和《补充通知》。

1984年，根据中央精神，交通部提出“有路大家跑车、有水大家行船”，放开搞活运输市场，实行各地区、各行业、各部门多家经营，坚持国营、集体、个体各种经济形式协调发展的工作方针。随着运输市场的放开，个体运输专业户从乡镇到城市迅速兴起，与此同时，厂矿、企事业单位在70年代发展起来的各种汽车队，在完成本单位运输任务后也跻身于社会经营行列，出现国营、集体、个体一起上的局面。运输方式发生根本变革，客运向快捷、舒适、直达方向发展，货运由原来的“三线分工”接力运输向门到门的直达运输方向发展。针对农村个体运输工具进入社会运输市场现状，阳泉市出台《关于进一步加强农村运输工具组织管理的通知》，针对运输市场出现的无序竞争、结算运费无统一凭据、偷漏税费等问题，出台《关于公路货运统一结算凭证管理的通知》，制止非法经营，使大量涌入运输市场的社会运力管理有序，促使运输市场活而不乱。

1985年4月11日，省政府发布《山西省公路运输管理暂行条例（草案）》、《山西省公路运输违章处罚暂行规定》等地方法规。但是，由于当时社会运输管理处以管理非专业运输车辆为主，不管专业运输，使运输管理工作出现空挡，造成“三统”管理方面的诸多脱节和矛盾。1986年全国交通工作会议指出：当前交通运输体制改革的中心任务是要在继续放宽搞活的同时，实行行业管理，加强和改善对运输经济的宏观控制。

阳泉市道路运输管理部门顺应形势，转变职能，管理范围由间接管理社会企事业单位运力和农副业运输经营户的社会运输管理，转变为间接管理包括交通直属专业运输企业的整个道路运输全行业管理，管理形式由货源所在地管理转变为车辆户籍所在地“属地管理”，道路运输行业管理在范围和形式上都发生很大变化。到1986年底，全市57个乡镇按片区规划建立21个乡（镇）运输管理分站（县区运管站派出机构），形成市、县、乡（镇）三级运政管理体制。解决运输市场放开后画地为牢、垄断货源的弊病。县级以上运管部门对辖区内运输经营户强化准入审批制度,健全运输行业经营户开停业审批、核发经营许可证、营运证等管理制度、管理程序。对辖区内道路运输经营户和车辆建立基础台账,实施户籍簿、档案管理。

1986年12月19日,国家经贸委和交通部联合发布《公路运输管理暂行条例》,这是国家部委发布的首部指导运输行业管理的政策性规章。规定"凡从事公路客货运输、搬运装卸、汽车维修、运输服务的,均属公路运输行业管理范围",并对企业开业和停业、货物运输管理、旅客运输管理、省际运输管理、搬运装卸管理、运输服务管理、汽车维修管理、运输工具管理、价格及单证管理、运管费征收使用、监督检查和处罚等运输行业管理做出全面具体规定,成为改革开放新形势下政府指导运输行业管理的法规,拉开实施道路运输行业管理的序幕。

1987年,随着国家经济体制改革深入,省交通厅制定《关于深化改革,增强企业活力的实施方案》。按照企业所有权和经营权分离原则,阳泉市国有专业运输企业深化体制改革,实施政企分离,从改革分配制度入手,由点到面实行承包经营责任制和租赁责任制。在经营管理上趋于自主、自立,由计划经济管理时期的管理经营型向纯经营型转变。随着运输市场的进一步开放,各运输单位和个体运输户除必须遵守国家政策法令外,在承揽货源、结算运费等经营方面有充分自主权,货运运价也可随运输市场变化在一定幅度内上下浮动。从此,国家实施30多年的道路运输"三统"管理因不适应道路运输市场客货流通需求而被打破,一个多种经济成分、多种经营形式共同发展的运输市场体系逐步形成。

在运输市场结构和经营方式发生变化形势下,道路运输管理对象和管理职能发生重大变化,道路市场监管对象由从事营业性客货运输的非专业运输变为包括营业性运输的专业运输和非专业运输在内的道路运输全行业管理。监管范围发展为从事道路客货运输、搬运装卸、汽车维修和运输服务等。运输管理部门的监管职能也由过去的单纯管理逐步转变为服务和管理相结合。监管手段由单纯计划管理、以行政手段为主发展到运用经济、法律、行政等各种手段,实行综合监管。道路运输市场逐步由计划控制向市场调节、政策调控转化,由指标性管理向整顿运输市场、培育和建立完善的市场调节机制转化。促进道路运输生产关系不断适应运输生产力发展。

1986年至1987年,阳泉市运管部门开展汽车维修市场、道路客运市场治理整顿,汽车维修、旅客运输行业全部纳入道路运输行业管理,初步解决汽车维修行业存在的技术力量薄弱、设备简陋、修理质量低劣、收费不统一、放任自流等问题。强化班线客运和出租车客运准入审批和班线客运线路审批制度,在城、矿区分别设立三个社会客车停发车站,县区运管站在各自县城中心设立社会客车班线客运发车站点。对参加客运班线运营的社会客车,实行"车进站、人归点"、"三定"(定站点、定线路、定班次)行业规范管理。同期,市运管处加强对大宗货源和重点物资运输的管理,组织运输企业实行合同运输。

1989年至1991年,在全市开展为期三年的道路运输市场治理整顿。市运管处制定整顿方案,建立完善各项业务审批制度,规范经营业户开停业、客运线路审批、新增营运车辆审批等程序,完善各类业务台账,逐户建档。在道路运输行业贯彻实施部颁《汽车旅客运输班车客运服务标准》,交通部13号部令《汽车运输业车辆技术管理规定》,组织道路运输行业从业人员进行行业规章制度、业务素质、职业道德培训;开展客运、维修行业竞赛比武活动;先后制定《阳泉市道路旅客运输经营行为规则和服务质量标准》,印发《汽车二级维护技术操作规程》等规章制度,提高道路客运汽车站和班车客运服务质量;全面推行汽车维修行业开业条件、技术标准、发票使用、收费价格"四统一"管理,对全市营运客货汽车实行强制二级维护和车辆技术等级鉴定。进一步完善道路运输市场规则,规范行业管理,促进道路运输市场健康发展。

同期,为加强市场监管,规范经营行为,阳泉运管部门全面实行道路运输行业年度审验工作制度,审验范围系辖区内从事营业性道路客、货运输经营户的经营行为、车辆技术状况和经营资格,汽车维修经营户的经营行为、技术资质条件和经营资格。审验时间从当年12月下旬开始至下年3月底。审验程序是:经营户在安排的时间内将车辆开到经运管机构委托,具备资质的机动车综合性能检测站进行检测,由检测站按要求规格出具统一式样的检测报告。经营普货运输业户到车籍所在地区(县)级运管部门参加审验;危货运输车辆到市运管处参加审验。依据车辆检测报告结果,运管机构对照行业标准进行相关内容的考核审验后,做出审验是否合格的登记,并在道路运输证上加注结果,审验符合要求、合格者加盖审验专用章。

通过建立和完善道路客、货运输,搬运装卸、汽车维修等运输服务业市场规范经营管理规章制度,实行《运管部门年度目标考核办法》,建立行业管理规范、道路运输市场新秩序,改善运输环境,促进道路运输行业的发展和运输经济繁荣,增强道路运输经营业户合法经营意识,运输服务质量不断提升。

第四节　道路运输市场的治理整顿

1978年，阳泉市区、赛鱼、荫营三个直属运输管理站分设路检路查组，开展道路运输市场管理。每站路检路查组设2至4人，运管人员身着便装，骑自行车，携带布制红、绿颜色两面小长方标志旗和省制运管人员证件，深入道路运输行业企业和上路检查，动态管理营业性社会道路运输机动和非机动车。

1987年，阳泉市成立汽车维修市场整顿领导组，对全市汽车维修行业进行全面整顿，初步解决汽车维修行业存在的技术力量薄弱、设备简陋、修理质量低劣、收费不统一、放任自流等问题。运管处对全市道路客运市场开展集中统一整顿，强化班线客运和出租车客运经营许可和班线客运线路审批制度，按区规划分别设立社会客车班线客运停发车站，对参加客运班线营运的社会客车实行定站点、定线路、定班次的"三定"管理。市、县运管人员组织整顿客运市场秩序，上路和深入省运阳泉汽车运输公司、长途客运汽车站、阳泉矿务局运输处、平定、盂县客运企业、客运汽车站和维修企业进行监督检查，纠正违章违规行为。在较短时间内道路客运市场整顿工作取得突破性进展与良好效果。

1989年至1991年，针对运输市场放开后出现的问题，交通部和省交通厅部署开展为期3年的道路运输市场治理整顿。阳泉市分别专设市县治理整顿领导组，组长由分管工交的副市长、副县长担任，副组长由政府办、经委、交通局、工商局、公安局领导担任，成员由运管、城建、税务、物价、标准计量、农机、保险等部门领导组成，领导组办公室设在交通局运管部门。整顿办公室及时制订方案，通过召开各类动员会，印发有关宣传资料，出动宣传车，利用图片专栏、报纸、电台、电视等新闻媒体，开展大张旗鼓、声势浩大的宣传发动，形成较大声势。在整顿中，将治理整顿道路运输市场管理内容细化为"七查"。即查无证经营，查违章违规运输，查偷漏税费，查行业歪风，查垄断货源，查抬价杀价，查乱用票据；并将"七查"细化为45条，采取普查和自查相结合，以自查自纠为主；路查和户查相结合，以户查为主；查处和教育相结合，以教育为主的"三结合三为主"的方法，引深治理整顿。全市普查户数4918户，占总户数92%；自查自纠户数占96%。检查纠正经营行为1284户，检查纠正违章车辆2809辆次。检查处理事项主要有：黑车黑户2户，无证经营49户，易主未过户30户，公私车牌混挂27户，乱用票据、填写不规范、私印伪造票据165户等。为巩固治理整顿成果，市运管处组织从业人员培训，开展客运、维修竞赛比武活动，建章立制，改善全市道路运输市场秩序，促进市场健康发展。在全省道路运输市场治理整顿工作考核中，阳泉市运管处荣获全省第一名。

第五节　道路运输管理费征收

1979年1月，阳泉市运管部门开征公路运输管理费，1988年9月开征公路客运附加费。运管费和附加费征收由车籍所在地县级以上运政管理部门负责，依据国家或省财政、交通、物价部门规定的征收办法和费率按期(月全额、季95%或年90%包交)征收。运管费和附加费由运管部门向经营户征收。在征收运管规费过程中，对可以考核营运收入的企业或车辆，按最多不超过规定费率计征；对难以按营业额考核计算的，按车辆载货吨位(包括挂车)和客车座位定额折算征收，折算征费标准限于相当正常的规定费率以内。对未按规定期限缴纳运管费的经营户，按照每月应缴纳运管费5%加收运管费滞纳金；对未按规定期限缴纳运管规费者，依法对其实行经济处罚。到1992年底，全市营运客车达272辆7922座，营运货车达9067辆39 800吨；分别比1978年运力增长2.1倍，6.7倍；运管规费征收每年呈递增趋势，广大运管人员不断强化规费征收和稽查力度，做到应征不漏。1979年至1992年共征收运管费2176.4万元，1989年至1992年共征收客运附加费178.4万元。

第三章　交通规费征稽管理

交通规费征稽管理是交通规费征稽部门，为保证交通规费政策落实，实现交通规费征稽目标而对交通规费的征收、稽查和解缴的全过程进行计划、组织、协调和监督的一种经济活动，阳泉市规费征稽管理是全市交通事业的重要组成部分之一。

第一节　交通规费征收机构沿革

1978年8月，省革命委员会印发晋革发〔1978〕131号文《关于调整全省交通监理、公路养护机构的通知》,全省各地(市)、县设立交通监理机构,统一接收由原公路管理段(站)负责的交通安全管理、公路养路费征收工作。当时机构设置为省、地、县三级,由省交通厅统一负责、全面管理公路养路费的征收管理工作。从1985年开始,市交通局道路管理处负责拖拉机养路费征收工作。

1986年10月7日,国务院发出《关于改革道路交通管理体制的通知》国发[1986]94号,决定将全国城乡道路交通安全管理工作统一划归公安部门负责,公路养路费征收管理工作仍由交通部门负责。

1987年5月20日,省人民政府印发《关于交通监理移交公安部门管理有关问题的通知》之后,省交通厅印发晋交征字〔1987〕578号文件,同意各地(市)交通局设立拖拉机养路费征收稽查科,专职负责拖拉机、畜力车、机动三轮车的公路养路费征稽工作,资金全部用于县乡地方公路的建设与养护。

1988年10月20日,市编制委员会阳编字〔1988〕9号文印发《关于下达拖拉机征费机构编制的通知》,同意市交通局设立拖拉机征费稽查科,行使行政执法管理职能,依法代表国家向社会拥有拖拉机、畜力车、机动三轮车的单位和个人征收公路养路费等公路交通规费的专职行政执法机构。阳泉市所辖平定县、盂县、郊区、城区、矿区5个县(区)分别设立拖拉机征费稽查所,(简称征稽所),各乡(镇)设立征稽站。

第二节 交通规费征收项目

1978年阳泉市交通规费仅为公路养路费,1985年5月1日,根据国务院国发〔1985〕50号文《车辆购置附加费征收办法》,开征车辆购置附加费。1988年,交通部、财政部、国家物价局交公路字〔1988〕28号文,又开征车辆通行费。1991年10月1日,省物价局、省计划委员会、省财政厅、省交通厅联合制订《山西省车辆养路附加费征收管理实施细则》和《山西省公路货运补偿费征收管理实施细则》,全省开征车辆养路附加费和公路货运补偿费。阳泉市交通规费项目按照以上规定项目执行。

一、公路养路费

(一)征收政策

1979年9月,国家计委、交通部、财政部、中国人民银行联合颁发《关于公路养路费征收和使用的规定》,阳泉交通规费征收按照国家有关政策执行。

1984年12月,省交通厅决定从1985年1月1日起,全省拖拉机及畜力车养路费由地(市)县交通局负责征收,并责成乡(镇)交通管理员办理具体征费业务。阳泉市拖拉机、畜力车养路费按省交通厅决定执行,由市交通局道路管理处负责征收;市属平定县、盂县、郊区、城区、矿区交通局负责本区域拖拉机、畜力车养路费征收,并在各乡(镇)设立乡镇交通管理员,办理具体征费业务。

1985年9月,省交通厅决定在全省设立公路养路费征收机构,同各级交通监理部门合署办公,各级征费部门由同级监理部门领导。

1986年10月,国务院决定交通监理业务由交通部门移交给公安部门管理。1987年6月,全省交通监理业务交接完毕,省交通厅将交通征费业务独立建制。经省人民政府批准,省交通厅组建山西省交通征费稽查局,负责养路费及车辆购置附加费的征收。

为了适应改革开放新形势和新变化要求,进一步整顿和加强公路养路费征收管理工作,1991年10月,交通部、国家计委、财政部、国家物价局发布新的《公路养路费征收管理规定》。

(二)征收范围

1979年9月,国家计委、财政部、交通部、中国人民银行联合颁发重新修订的养路费征收使用规定。“凡领有牌证的客货汽车(包括三轮汽车)、特种车(设有固定装置的汽车及胶轮机械车)、胶轮拖拉机、挂车和畜力车,除免征的以外,均应缴纳养路费;免征养路费的车辆包括:党政机关、学校、人民团体自用的小卧车、小吉普车,军事部门(其所属企业除外)自用的车辆,外国使(领)馆自用的车辆,市区的公共汽车、电车,设有固定装置的专用清洁车、消防车、洒水车、工程抢险车、环境保护车等,人力车、机器脚踏车、两轮及侧三轮摩托车,在提运途中的国产及进口车辆,农村生产队和生产大队从事农、副业生产的非营运车辆,以及经省交通局核准免征养路费的车辆”。这些复杂而详尽的规定,一方面反映当时社会车辆拥有量急剧增加,行驶在公路上的机动车车种五花八门,另一方面也反映计划经济体制下养路费征收的统一性。

为了支援农业、扶持联合收割机发展,1989年12月10日,省交通厅印发晋交征字〔1989〕451号文《关于暂免联合收割机养路费的通知》,暂定免征联合收割机养路费。

(三)征收标准

1978年,全省养路费按汽车营业额征费者,费率为10%,畜力车为4%;按吨位(套)月征费者,汽车每吨位80元,畜力车单套6元,每增1套增收3元;按次征费者,汽车以4天为1次,每次按吨位月的1/4计征。机关、学校、人民团体自用载货汽车的征费标准为每吨位每月20元。同时,这些单位偶尔行驶公路的车辆可按次征收养路费。每月以5次为限(往返为1次),每次征费额为每公里0.05元,超过5次者,按月征收。

1980年,全省调整养路费收费标准:机动车按营业额征收费者仍以营业总收入10%计征,按月征费者每吨位每月征收70元;畜力车按营业额征费者征收营业总额4%,按月征费者每月每辆10元;农村生产大队的拖拉机按汽车费额20%征收。

1981年1月,省财政厅、省交通厅联合下文规定,农村联户或个人的拖拉机,不参加营业性运输可免征养路费;从事营业性运输的拖拉机,按汽车费额40%计征。

1985年,省人民政府决定从当年2月起,将交通部门专业营运车辆的养路费由原来按营业总额10%提高到12.5%,其他单位的汽车每月每吨位由原来70元提高到100元。从事营业性运输的拖拉机费额不变。

1986年10月,为加快全省公路改造进程并加强养护,保证"七五"公路建设计划实现,以适应国民经济发展需要,省人民政府决定从1987年1月1日起,对养路费征收标准作以下调整:

(1)交通部门公路运输企业的营运车辆及专业出租汽车企业的车辆,由过去12.5%调整为14%。

(2)其他企事业单位和运输专业户等社会车辆,由每月每吨100元调整为110元。

(3)农民个人从事营业性运输的胶轮拖拉机,按汽车调整后费额的40%计征。

1991年8月,省人民政府根据全省交通落后的实际情况,制订《山西省"八五"交通建设若干政策措施》。决定从1991年10月1日起,开征车辆养路附加费。按社会车辆月吨位征收40元计费,作为公路建设专项基金,全额用于高等级公路建设。

(四)征收办法

1978年,养路费征收按《山西省公路养路费征收暂行办法细则》,营运车辆应由运输企业每月按照实际营运收入及规定费额,开列纳费清单,于次月月初向就近征收机关统一交款。其他车辆在该月第一次行驶公路时按规定的费率一次向征收机关交足全月的养路费。但有下列情况者可按次交费:(1)修复出厂或原系报停而重新恢复行驶并持有相应证明,于当月的20日以后通行公路者。(2)偶尔行驶公路并事先经公路管理部门同意者。(3)临时参加营运组织之营运汽车因故脱离而自行运输,并持有当月参加运输组织证明者。(4)其他报经省交通厅批准之车辆。已交费的车辆,凭征费机关所给的证件,在有效期内可在全国公路上行驶。

1979年,为了做到"应征不漏,应免不征",征费人员经常深入各有车单位,核实车数、吨位及营业额。对漏征车辆,除补交应纳费额外,并处以罚款。

1980年,山西省将上路设卡征费的办法改为按牌照征收养路费。

1985年1月,省交通厅颁布试行的《拖拉机和畜力车养路费征收和使用管理试行办法》规定,拖拉机和畜力车养路费征收工作由县(市、区)交通局直接领导的各乡(镇)交通管理员负责,当地监理部门协助。

二、公路货运补偿费

(一)征收政策

公路货运补偿费是为了改变全省因公路通车里程少,技术标准低,车流量大,大吨位车多,超载车多,使公路、桥梁超过设计负荷服役的状况,规定由交通征稽部门向有货运车辆的单位和车主征收的一种用于公路建设和公路养护的补偿性事业费。

为了弥补多年来因大吨位货车超载、超限、超流量造成公路、桥梁超负荷服役所带来的损失,并筹集发展公路交通所需的资金,1991年8月9日,省人民政府印发晋政〔1991〕72号文《山西省"八五"交通建设的若干政策措施》的通知,决定从1991年10月1日起,在全省范围开征公路货运补偿费。同年9月4日,省计委、省财政厅、省交通厅、省物价局联合颁发《山西省公路货运补偿费征收管理实施细则》,对货运补偿费的征收作出具体规定。《细则》规定,公路货运补偿费由省交通厅统一管理,由交通征费稽查部门负责征收;实行专户储存,专款专用,统一安排计划,全额用于公路建设。

(二)征收标准

1991年9月4日,按照《山西省公路货运补偿费征收管理实施细则》规定,有完整吨公里记载的货运车辆,按吨公里计征补偿费。征收标准为载重5吨(含5吨)以下的货运车辆每吨公里0.015元;8吨(含8吨)以下的每吨公里0.02元;8吨以上的每吨公里0.03元。

对没有完整吨公里记载的货运车辆,按运输企业货运车辆吨公里生产水平,经测算确定折合征收标准如下:载重5吨(含5吨)以下的货车每吨每月20元,8吨(含8吨)以下的每吨每月30元;8吨以上的每吨每月45元。同时还规定吨位核定办法:客货两用车(包括厢式货车)按核定载货吨位征收;汽车拖带的挂车(不含半挂车)按折半后吨位征收;小型载货汽车,核定载重500公斤及以下者按半吨征收,500公斤至1000公斤者按1吨征收,以此类推,直至2吨为止;其他货运车辆,有核定吨位按核定吨位征收,无核定吨位按发动机马力每20马力折合1吨征收,不足10马力,按半吨征收;中旬和下旬启用(指新车上户和报停后次月启用的车辆)可分别按全费的2/3和1/3征收。

第三节 交通规费征收方式

1978年,养路费征收方式仍然依照20世纪50年代始行的两种方式征收,即按费率征收和按费额征收。

按费率征收的对象和办法是:具有健全运输计划、行车记录、统计资料,能够准确反映营运收入总额,并实行独立经济核算的专业公路运输企业,按营运收入总额计征,费率从最初4%到90年代初期的14%不等。

按费额征收的对象和办法是:除核定按费率计征的车辆外,其余车辆均按核定载重吨位和规定的费额标准计征,具体费额随时间推移和国民经济发展而调整,从最初的每吨18元到90年代初期每吨170元。

1979年,由各交通监理所、站负责征收。为了做到"应征不漏,应免不征",征费人员经常深入到各有车单位,核实车数、吨位及营业额。对漏征车辆,除补交应纳费额外,并处以罚款。1980年,全省将上路设卡征费办法改为按牌照征收养路费。1985年1月,省交通厅颁布试行《拖拉机和畜力车养路费征收和使用管理试行办法》,规定拖拉机和畜力车养路费征收工作由县(市、区)交通局直接领导的各乡(镇)交通管理员负责,当地监理部门协助。1991年9月4日,省物价局、省计委、省财政厅、省交通厅联合颁发《山西省公路货运补偿费征收管理实施细则》规定:客货两用车(包括厢式货车)按核定载货吨位征收;汽车拖带的挂车(不含半挂车)按折半后吨位征收;小型载货汽车,核定载重500公斤及以下者按半吨征收,500公斤至1000公斤者按1吨征收,以此类推,直至2吨为止;其他货运车辆,有核定吨位按核定吨位征收,无核定吨位按发动机马力每20马力折合1吨征收,不足10马力,按半吨征收;中旬和下旬启用(指新车上户和报停后次月启用的车辆)可分别按全费的2/3和1/3征收。

1986年6月11日,省交通厅下发晋交监〔1986〕第257号文《关于加强养路费征收管理工作的通知》。第四条规定:"凡因拖欠养路费被扣车辆要及时清欠并按规定增收滞纳金。如经多次催促,车主仍不理睬,从扣车之日起超过6个月者,征费部门应向当地法院起诉,按法律程序裁决。"阳泉规费征稽部门在工作中坚持依法办事,运用法律手段进行清欠。1994年9月29日,山西省第八届人民代表大会常务委员会第11次会议审议通过《山西省公路管理条例》。第43条第一款明确规定:"按照前条规定被扣的车辆当事人,从扣车之日起三十日内,既不按规定期限缴纳公路交通规费并拒绝接受行政处罚,又不依法提起行政诉讼的,由暂扣车辆部门申请人民法院强制执行"。阳泉市交通规费征稽积极与当地人民法院联系,建立起相应机制,为依法征稽、强化管理、促进费收、树立形象奠定坚实基础。

第四节 交通征收稽查工作的开展与成就

1988年10月,阳泉市拖拉机征费稽查科设立。尽管当时条件比较简陋,但全体规费征稽人员自觉树立自尊自信、自强自立精神,没有交通工具就徒步上路稽查,没有车辆档案就从头收集建立,硬是靠团结互助、吃苦耐劳、勇于探索和积极奉献的精神,挑起为县乡公路建养、为国家社会主义现代化建设事业筹集资金重担。当年征收拖拉机养路费76.09万元。

1989年8月,进一步贯彻落实省交通征稽局晋交征稽字〔1989〕298号文《关于对省公路局所属公路工程、公路养护单位(含公路管理段、道班)配备的拖拉机养路费的征收办法规定》,明确市、县(区)交通局所属公路工程、公路养护单位配备的拖拉机养路费结算办法。当年征收拖拉机养路费105.89万元,比上年增长39.16%。

1990年4月,贯彻落实阳泉市财政局、中国人民银行阳泉市中心支行、中国工商银行阳泉市分行、中国建设银行阳泉市分行、中国银行阳泉市分行、中国农业银行阳泉市分行阳财综字〔1990〕56号文件,对征收规费的管理实行"专户储存"、"收支两条线"。11月执行省交通征稽局晋交征稽字〔1990〕28号文规定,拖拉机养路费的征收、管理、上解及有关统计报表工作走向规范。年征收拖拉机养路费115.24万元,比上年增长8.83%。

1991年,随着工农业生产迅速发展,社会拖拉机拥有量也大幅度增加。为适应新情况,阳泉市拖拉机征费稽查科制定阳交征〔1991〕14号文《阳泉市拖拉机征费业务管理考核评比办法》,在费源管理上建立车辆卡片和征费卡片制度,成为全省首创。1991年7月,各地市(县、区)进行拖拉机养路费征管工作交叉检查,对阳泉市拖拉机征费稽查科的做法给予通报肯定。9月10日,省物价局、省计委、省财政厅、省交通厅联合颁布《山西省公路货运补偿费征收管理实施细则》和《山西省车辆养路附加费征收管理实施细则》,对养路附加费和公路货运补偿费的用途、征收单位、征收环节、征收标准、征管程序等作出明确规定。阳泉市拖拉机征费稽查部门积极工作，认真征稽，当年征收拖拉机养路费133.13万元，比上年提高15.52%。1989年至1991年，拖拉机养路费征收连续三年保增长、创水平，三年迈出三大步。

1992年3月20日，市交通局制定《阳泉市拖拉机征费稽查科年度工作目标责任项目及考核奖惩办法》，并与征稽科签订1992年度工作目标责任书。征稽科将责任项目细化分解，分别与平定县、盂县、郊区、城区、矿区5个征费所签订目标责任书，成为现代管理方法运用于拖拉机养路费征稽管理工作的标志。当年征收拖拉机养路费159.69万元，征收公路建设基金82.49万元，规费征收总额242.18万元，为年目标196万元123.56%，养路费征收比上年提高19.95%。

1985年至1992年，阳泉市共征收拖拉机、畜力车、农用三、四轮机动车养路费、货运补偿费843.17万元。

第四章　国防交通

为保障国家安全、保护社会主义经济建设，做好未来反侵略战争的准备和应对突发事件，1978年9月，根据国务院、中央军委国发〔1978〕171号文件，各大军区、省、市、自治区和部分地、市陆续恢复和建立交通战备领导小组及其办公室，阳泉市开始筹建交通战备机构和开展交通战备工作。

第一节　机构沿革

1980年7月31日，阳泉市革命委员会发出通知，根据省革命委员会、省军区晋革发〔1978〕190号文件精神，经研究，建立市交通战备领导小组。组长：赵寿山（市革委副主任）；副组长：张志德（市人武部副部长），史建邦（市交通局局长）；成员有：辛贵玉（市计委副主任），叶祖勤（市经委副主任），檀先隆（市建委主任），赵鸿林（市邮电局局长），孙世文（市商业局局长），霍振英（铁路地区党委副书记），张厚堂（市水利局局长）。领导小组办公室设在市交通局，办公室主任由市交通局副局长郝俊贤担任。

1984年6月5日，阳泉市人民政府、阳泉市人民武装部发出《关于调整市交通战备领导小组成员的通知》：根据山西省人民政府、山西省军区批转省交通战备领导小组第六次会议纪要的通知精神，因机构改革和领导人员的变动，市交通战备领导小组成员作相应调整。组长：朱光炳（副市长）；副组长：邓守义（市武装部副部长），李树敏（市交通局局长），王诚信（市经委副主任）；成员有：赵扎根（市计委副主任），赵凤桐（市财政局副局长），郑庆宝（市邮电局局长），赵爱林（市物资局局长），沈家祥（市城建环保局局长），乔树和（市工程公司经理），霍振英（阳泉铁路地区党委副书记），秦长兴（市商业局局长），崔砚田（市水利局局长）。领导小组办公室设在市交通局，办公室主任丁世福（市交通局副局长），领导小组日常工作由李树敏和邓守义共同主持。

1986年5月22日，阳泉市交通战备领导小组办公室以阳交战〔1986〕2号文呈报市政府、阳泉军分区批准，为了上下级名称一致，便于工作，将“阳泉市交通战备领导小组”、“阳泉市交通战备领导小组办公室”改称为“阳泉市人民政府、阳泉军分区交通战备领导小组”、“阳泉市人民政府、阳泉军分区交通战备领导小组办公室”，并启用新印章。

1988年2月27日，阳泉市人民政府、阳泉军分区以阳政发〔1988〕10号文下发《关于调整阳泉交通领导小组的通知》。

由于人事变动和工作需要，经市政府、阳泉军分区同意，对阳泉市交通战备领导小组组成人员进行调整。组长：李天瑞（副市长）；副组长：崔占元（军分区副司令员），王诚信（市政府副秘书长），丁世福（市交通局副局长）；成员有：赵扎根（市计委副主任），曹凌云（市经委副主任），赵凤桐（市财政局局长），卫海发（阳泉市铁路地区党委副书记），郑庆宝（阳泉邮电局局长），崔砚田（市水利局局长），李增锁（市石油公司经理）。领导小组办公室设在市交通局，丁世福兼任办公室主任，王振福任副主任。

各县（区）要根据此通知精神，结合本地实际情况，相应建立或调整交通战备领导机构，并指定专人负责日常工作。

第二节　自身建设

为了加强交通战备工作，1982年4月13日，阳泉市交战办对交通战备工作的有关问题向市交通战备领导小组报告：

一是编制问题，二是经费问题，三是办公条件问题。1982年4月28日，阳泉市革命委员会以〔1982〕8号文下发《市革委主任、副主任办公室会议纪要》，会议于1982年4月22日召开，会议由罗陶然主持、王占国、胡之江、赵寿山、常杰、韩效仁、王玉田、吴景忠出席。市交通战备领导小组办公室郝俊贤列席会议，会议议定事项：交通局调配1人专门承办交通战备方面的具体工作,建议市人武部派1人参加此项工作,办公地址设在交通局。

1991年7月3日,市政府第9次常务会议同意将市交通战备办公室正式列编,规格科级,编制2人,经费由省交通厅下拨的养路费列支。

1991年7月20日,阳泉市编制委员会阳编〔1991〕29号文,根据市政府常务会议〔1991〕21号文议定事项通知精神,同意市交通战备办公室(以下简称交战办)正式列入市交通局编制,规格为正科级,定编2人,经费由省交通厅下拨的养路费列支。

自组建以来,市交战办先后进行7方面工作:

1. 加强政治和业务学习。交战办成员都参加省委统一组织的干部理论学习,通过考试全部合格,取得结业证书;参加省里的业务培训,还组织专题讲座,增强交通战备观念和国防意识,提高交通战备工作为国防建设和经济建设服务的思想。

2. 争取各方支持,改善办公条件。此前,市交通战备办公室只有不足15平方米的一间办公室,兼微机房、档案室。经过努力,解决3间共40多平方米的办公用房,配置外线电话、微机、车辆。

3. 制定规章制度和工作程序。制定交通战备领导小组、市交战办主任、副主任工作职责;制定办公、请示汇报、保密、地图发放、微机管理和使用等14个制度;制定突发事件交通保障程序,编制交通保障计划方案,办公室及交通战备规划程序。

4. 资料的搜集、整理、保管。首先是建立档案室,配备档案柜、档案盒。其次是按照交通战备资料系统总图的要求,对资料进行重新整理。同时绘制阳泉市战时交通保障图,以符合省交战办要求,同已编制的交通保障方案吻合。

5. 组建和配备县区交通战备办公室和工作人员。盂县抽调1名运输公司经理为县交战办专职副主任,并配备一名专职干事,把在基层单位办公的交战办搬回县交通局机关,在困难条件下,挤出1间办公室。郊区组建交通战备办公室,曾任公路站站长和运输公司经理的干部调任交战办专职副主任,在人员、组织、经费方面得到解决。平定县交战办设有专门办公地点,配备2名兼职人员,至此,全市县区交战办彻底改变过去那种有牌无人无房的局面。

6. 交通图的编制、印发。1993年开始,在省测绘局协助下,市交战办完成《阳泉市交通图》编绘工作,并已印刷发行。对促进阳泉市经济发展和招商引资有很大意义,受到各级领导和社会各界好评。

7. 学术论文获奖。市交战办撰写的学术论文《地市交战办贯彻国防要求难的主客观因素及对策》在1993年省交战办的学术交流会被评为一等奖。

1986年,市交战办组织完成东冶至太安驿国防公路可行性研究,报告并上报总参、北京军区后勤部、交通部。1989年参加省道阳井线拓宽改造工程的前期准备工作。市交战办举办两期运输管理干部专业培训班,专题讲授《战时交通运输管理》,每期25人。贯彻平战结合原则,积极参加地方交通建设。1989年,市交战办被省交战办授予"先进工作单位"称号。

1991年9月30日,北京军区《交通战备简报》第5期刊载《全区交通战备工作正规化建设检查验收结束》,军区从5月份开始至8月底,分两批对全区125个单位的交通战备工作正规化建设进行检查验收,成绩优秀60个,占47.8%,成绩良好44个,占35.1%,及格20个,占16.3%,未达标1个,占0.8%。阳泉市交战办被评为优秀单位。

第三节 交通战备工作的开展

一、编制报表

1979年,为适应战时作战指挥需要,根据"四部联合通知要求和北京军区交通战备领导小组下达的保障任务和编写提纲,结合阳泉市所处战略地位和具体条件,对公路保障、公路运输准备、战备车队的组织动员和修理、道桥抢修队伍的组织等,按省部署和要求,完成全市战时交通保障计划编制,并于1979年3月上报省交战办,保证全省汇总上报。

1981年5月,阳泉市交战办按时完成北京军区交战办印发的公路、桥梁、隧道、渡口统计表等九种表格的填报工作。1982年2月,完成"公路大中桥梁卡片"等三种卡片的填报。

二、战备演练

1989年8月下旬,阳泉军分区在郊区矾窑村一带举行"防罪犯暴乱"演习,市交战办参加,负责后勤保障工作。

1989年8月16日,市交战办接阳泉军分区指示,军分区首长亲自部署3项任务:抢修干线公路至演习场2公里便道,组织汽车小分队,协助交警支队做好调整哨位的工作。通过参加演习,锻炼和检验市交战办快速反应能力和组织指挥能力。

2000年10月,北京军区"统一2000战役演习"参演部队通过阳泉市境内高速公路,阳泉市担负保障任务。为圆满完成此次任务,按省交战办的指示,阳泉市成立交通保障组。组长李裕厚;副组长秦福海;成员有王振福、尚继娥。

参演部队通过阳泉市境内前,市交战办积极与太旧高速公路阳泉管理处联系,共同检查通过路段公路状况，由于安排准备充分，确保参演部队顺利通过。

三、双向纳入

即把交通战备工作纳入有关部门、企事业单位管理，使之制度化。同时，发挥交通战备部门优势，拓宽工作面，把相关事宜纳入交通战备工作之中，实现交通战备与运输生产等经济活动有机结合，通过“双向纳入”达到互利双赢。

根据省交通战备领导小组、省经委、省交通厅晋交战字〔1988〕14号文件《关于交通战备工作纳入企事业单位管理》的基本要求和省交通厅〔1990〕晋交战字第30号文件通知精神，1991年3月12日，市交战办将局机关开展交通战备“双向纳入”的具体内容通知各科室。

（一）市交通局机关与交通战备相近的工作纳入交通战备办公室的内容

1. 提供、编绘市公路交通图；

2. 牵头做好国防和战备公路的建设管理工作；

3. 抓好全市公路交通防汛工作；

4. 参与交通发展规划的编制工作；

5. 承办局领导交办的与交通战备有关的工作。

（二）交通战备纳入局机关有关部、处、科、室的内容

1. 行政办公室：把交通战备工作作为平时交通工作布置、检查、总结、评比、表彰的一项内容，总结交通战备工作经验，反映交通战备工作信息。

2. 道路管理处：在公路建设和管理中贯彻国防要求，把交通战备工作的有关要求贯彻在目标管理、质量管理中，在战备公路的建设中审查设计和预算变更，严格工程质量监督，积极为交战办提供有关道路路况资料。

3. 运输管理处：在运输行业管理中，积极贯彻交通战备工作要求，把交通战备活动的有关内容纳入各级运管部门目标管理、质量管理中，积极为交通战备办公室提供公路运输有关资料。

4. 武装部：在民兵工作中纳入交通战备工作，开展交通战备活动；组织和协助交战办做好全局交通战备工作；做好全局交通战备保障队伍的组建、整组和交通战备训练、演练工作。

5. 计划统计科：根据平战结合原则，把交通战备设施、战备公路建设规划、计划纳入平时交通建设规划、计划；在安排项目时，要贯彻国防要求；积极为交战办提供有关统计资料。

6. 财务科：做好交通战备建设项目的用款计划、拨款及财务预决算，核拨养路费补助的交通战备经费和控购物资的审批。

7. 教育科：在培训干部计划、职工教育中列入交通战备内容。

四、应急交通保障

1988年7月16日，阳曲至旧关公路阳泉盂县段K20+700处馒头山发生大面积岩石滑坡，造成公路交通和通信线路中断。市交战办非常重视，办公室主任丁世福立即赶赴现场，采取紧急措施，定出车辆绕行路。20日，市交战办召集交通、公路部门领导和工程技术人员在滑坡现场研究抢修公路方案。经地质专家、高级工程师对滑坡现场地势、地表的研究分析，认为属大型岩石反向切层滑坡，已相对稳定，被冲坏的公路处于滑坡冲力中心的边缘，损坏是滑坡冲力的引力造成，抢修可以在原线路进行。技术措施上要注意排除险石，修筑路面要求就高填低，筑简易挡墙，树警告标志等。由于滑坡对公路破坏严重，按等级路标准修复期内难以完成，经过抢修8月1日修复通车。

1988年8月5日，桃河上游突降暴雨，使桃河发生22年来最大洪水，流量达每秒1100余立方米，洪水携带大量泥沙以每秒约7米流速冲向下游，造成石太铁路97号、98号桥下的公路路面大量淤积，洪水、泥沙淹没路面。当日18时左右，运城地区闻喜县七一一厂两辆带挂汽车（一为重车、一为空车），从河北返回运城，行至桥下被陷在洪水泥沙中，挡风玻璃全部破损，车被洪水冲出80余米，3名驾驶员被困，十分危急，市汽运一公司战备车队闻知险情后，在队长王会刚，副队长姚牛海的带领下，由该队民兵王彦文、谢双才、刘海元、高候宝、张志忠等组成抢险队，赶赴现场，投入抢险战斗，张志忠下水将固定在岸上的绳子拴住汽车，并将冲气的内胎送给了遇险的3位驾驶员，人得救了车仍陷在泥沙中。由于天色已晚，过往车辆不明险情，先后又有6辆车陷入泥沙中。接到市防汛指挥部的抢险指令后，市交通战备领导小组副组长、市交战办主任、局长李树敏带领70余名战备抢险队员赶到出事地点，在市汽运一公司、汽运四公司、化工公司、阳钢等单位的配合下，出动铲车2台，推土机1台，奋战两昼夜，清除淤积泥沙4000立方米，抢救七一一厂货运汽车2辆、太原市汽运一公司三菱车2辆、天津运输一厂东风货车1辆、阳泉市汽运一公司三菱货车车2辆、昔阳县货车1辆。此次抢险行动展现应急交通保障队伍的英雄风采。

第二编 加快推进时期(1993年～2002年)

第一章 公路管理

“八五”至“九五”期间,“要想富,先修路”成为社会共识。阳泉市采用争取上级拨款、银行贷款、社会融资、群众捐资等多种方式筹集建设资金,发动全民义务劳动,掀起公路建设高潮。这一期间,阳泉市除完成省道阳井线24公里二级路改建、配合太旧高速公路建设及平定路、赛鱼路、南外环路的新建等重点工程外,还进行县乡公路建设。1993年利用义务修路,完成白娘公路4公里的路基填筑工程。

2002年全市启动“四个一批、五级联网”工程。截至2002年底,全市农村公路通车里程达到909公里,等级公路里程达885公里,高级、次高级路面里程达490公里,全市1038个行政村532个村通油路。

第一节 全民义务修路拓宽配套工程全面展开

1993年,省委、省政府确定以修建太旧高速公路,改建太原飞机场、火车站、引黄入晋、农田基建等为主要内容的“三项建设”(义务修路、农田水利基本建设、重点工程)和“挖煤、输电、引水、修路”四个重点,实施经济上新台阶的战略目标。

白羊墅至娘子关公路是阳泉市境内一条出省县级公路,总长42公里。其中,大中桥10座,总长664米。该路按三级公路标准进行勘测、设计、预算,总预算3200万元。资金来源为义务修路、民办公助、补助投资、地方集资。分期分段修建。为解决太旧高速公路施工期间,307国道和阳井公路堵塞问题,市政府、市交通局申请省交通厅补助投资700万元,拟先行修建地形复杂、工程艰巨的岩会至西武庄段路基工程。白娘线岩会至西武庄段工程全长14.5公里,沿桃河两岸开山辟路,经岩会,上盘石、下盘石和大社、西武庄5个村庄及军事库区,1993年8月1日开工,1994年5月15日竣工。该段公路由市交通局组织平定县岩会乡、娘子关镇的村民和部分建筑单位垫付资金施工,预算投资1053万元,拆迁征地均由地方政府解决。1993年全市动员,义务修路,完成白娘公路4公里路基填筑工程,集资修建3公里水泥路。

第二节 路政管理的加强与治超工作的启动

20世纪90年代,随着国民经济发展,阳泉市境内大吨位超限超载车辆越来越多。一是诱发大量道路交通安全事故。据统计,70%的交通安全事故是由于车辆超限超载引发的,50%的群死群伤性重特大道路交通事故与超限超载有直接关系。二是严重损坏公路基础设施。车辆荷载远远超过公路和桥梁的设计承受能力,给国家财产造成巨大损失。三是导致运输市场恶性竞争。以竞相压价承揽货源,以超限超载获取利润,形成“压价—超限超载—运力过盛—再超限超载”的恶性循环。四是造成车辆“大吨小标”泛滥。一些汽车改装厂和修理厂在利益驱动下,纷纷非法改装车辆,参与扭曲无序竞争,使治超管理迫在眉睫。

1994年,省公路局下文,要求所属公路分局设立路政科,各地(市)交通局参照执行。同年6月,市交通局在道路管理处内设路政办公室,负责全市县乡公路的路政管理。同时,两县一区均设立路政管理所,各县(区)路政管理所均配有专(兼)职路政管理员10余人,统一着装履职。

1997年7月3日,第八届全国人民代表大会常务委员会第26次会议审议通过《中华人民共和国公路法》,自1998年8月1日实行。市交通局组成宣传队,将《公路法》编写成宣传材料,制作宣传版面,装饰宣传车,深入城市和乡村进行宣传。同时,展开维护路产、路权大行动,全年全市查案率超过85%,共收取毁路赔偿金25万元。

1998年,市交通局在平定县举办为期4天的路政业务培训班,各县(区)路政执法人员30余人参加。在此基础上,将路政管理同“强素质、树形象”文明创建活动紧密结合。

内强素质,抓“五强”促“五高”。即:强班子、强队伍、强机制、强制度、强作用;班子团结整体功能高,队伍向上整体素质高,作风优良服务质量高,求实创新工作效率高,勤政廉洁群众威信高。

外树形象,抓五突破。一要树立良好管理形象,规范管理,礼貌待人,秉公办事,讲求效率,坚决杜绝“冷、横、硬”和“吃、卡、拿、要”;二要树立良好执法形象,文明执法,以理服人,立足教育,坚持“一公开、两监督”，杜绝“三乱”现象发生；三要树立良好服务形象，实行承诺服务制，文明服务，热情服务；四要树立良好队伍形象；五要树立良好容貌形象。

抓好队伍建设的同时，在公路沿线聘请百名兼职路政监督员，制定公路路产损坏举报制度，使路产损坏案发现率大幅度提高。1998 年，查处损坏路产违章车辆 120 次，挽回经济损失 8.6 万元。

1999 年，为了确保所辖公路达到畅、洁、美标准，塑造文明执法形象，制定文明上路规则，对路政管理人员进行有关法规、业务再培训，实行着装、持证、挂牌上岗。组织路政管理人员，深入各县（区）调研，建立档案，执行路政巡查管理，查处较大损坏公路路产案件 10 起，追回损失 6 万元。使该路段路政管理规范化，发挥公路整体效益。全年查处较大损坏公路路产案件 10 起，追回损失 6 万元。

第三节　县、乡、村公路路网的规划与实施

2002 年 7 月 9 日，中共阳泉市委、市人民政府以阳发〔2002〕32 号文件印发《关于全市再掀公路建设新高潮的实施意见》。7 月 12 日，全市再掀公路建设新高潮动员会召开。会议确定：从 2002 年到 2005 年，实施“四个一批”、“五级联网”公路建设工程。“四个一批”，即每年完成一批市级重点公路建设工程，每年完成一批县级公路大修恢复工程，每年完成一批乡级公路改造工程，每年完成一批村级公路硬化工程。“五级联网”，即：国道、省道、县道、乡道、村道五级联网。进一步动员全市人民掀起县、乡、村公路改造、硬化工程建设新高潮，推动全市经济和社会各项事业快速发展。到 2005 年底，全市实现村通公路硬化村达到 846 个，占到全市总行政村 81.1%，基本形成以太旧路为依托，国省干线为主骨架，县、乡、村路纵横交错，四通八达，基本实现村村通硬化路的“五横、四纵、三循环”的公路网格局。

第四节　农村公路建设高潮的兴起

1993 年开始，阳泉市农村公路建设力度逐步加大，到 2000 年底，全市公路通车里程达 1293.78 公里，公路密度达每百平方公里 29 公里。其中高速公路 66.72 公里，一级公路 30.57 公里，二级公路 290.05公里，三级公路 520.91 公里，四级公路333.52 公里，等外公路 52.01 公里。等级里程占总里程 95.98%。在通车里程中，有路面里程1274.77公里，占总里程 98.53%，其中高级、次高级路面940.77公里，占总里程72.72%，中级路面 150 公里，低级路面 184 公里，未铺装路面 19.01 公里，有桥梁 338 座 20 647.25延米。其中特大桥 3 座 5203.71 延米，大桥 43 座 6739.05 延米，中桥 72 座 4523.34 延米，小桥 220 座 4181.15 延米。在总里程中晴雨通车里程 1068.77 公里，占总里程82.61%，绿化里程 552.66 公里，占总里程的 42.72%。等级公路和次高级路面里程有了明显提升，全市路况进一步改善。

2001 年至 2002 年，阳泉市坚持高起点规划、高质量建设、高水平管理的方针，完善公路管理制度，强调规范工程可研、立项、设计、审批、招标程序，以确保工程质量，并充分发挥县（区）乡（镇）政府和全社会的积极性，克服公路建设资金困难，大打公路建设攻坚战。2001 年是实施“十五”计划开局之年，也是“阳泉市县乡公路建养年”和“公路工程质量年”。全年完成投资 5771.6 万元，其中养路费补助 418 万元、财政及其他筹资 2458 万元、自筹资金 2895.6 万元，完成新建公路 50.1 公里，新建油路 13 公里，改建县公路 39.2 公里，改建乡公路 9.7 公里，新建村公路 79.6 公里（其中油路 24.1 公里），新建桥梁 2 座 48 米。2001 年底，市管养的县乡公路总里程 870 公里。

2002 年 4 月 22 日，省政府在长治召开全省加快县际公路及农村公路网建设现场会。阳泉市委、市政府积极落实会议精神，先后出台全市县、乡、村公路建设四年规划和实施方案，确定从 2002 年开始，每年从市财政预算中拿出 1000 万元用于公路建设。市委、市政府成立由市长郭良孝任组长，市委副书记孙水生、副市长樊盛武任副组长的公路建设领导组及办公室，由市交通局局长李书田任办公室主任，办公室设工程质量进度考核组、工程竣工验收组、宣传报道组、统计财务组、协调服务组。各县（区）也组建相应领导机构。

为了确保每年完成“四个一批”公路建设任务，市委、市政府对全市县乡公路建设改造和村通硬化路工程实行定点帮扶措施，并以阳办发[2002]35 号文件通知全市有关单位组织实施。市级四套班子及市公、检、法领导 33 人分别对口联系帮扶 32 个乡镇及 1 个开发区。87 个市直单位和省营以上企业，对 32 个乡镇的 201 个村实行对口帮扶，其余行政村由各县（区）组织实施对口帮扶。

2002 年，全市地方公路建设完成总投资 10 808.52万元，其中省养路费补助 425 万元，财政筹措 1648.62 万元，自筹资金8734.9万元。新建公路 39.6公里，新建油路 9 公里，改建县公路 38 公里，改建乡公路 24.9 公里，新建改建桥梁 12 座298.4米，新建改建村道 131.8 公里，涵洞 38 道 917 米。

2002年,全市公路建设始终坚持质量第一原则,做到建一条、成一条、养护好一条,质量上档次。新建县级路70%是水泥路面,农村公路建设坚持立足长远,把高标准、高质量放在首要位置,除部分公路路基由群众义务修路完成外,对于技术要求高的路面,大多聘请专业技术人员规划、测设、监理,而且都能因地制宜,有水泥路面、有沥青路面、有耐火砖路面,线形流畅,而且配套修建路肩、边沟等,达到标准高、质量好。2002年,共投入劳力23.3万个工日,投入机械设备4.6万个台班,动用土石方95.7万立方米,使用水泥10余万吨。截至年底,全市农村公路通车里达到909.006公里,其中一级公路6公里,二级公路42.004公里,三级公路448.727公里,四级公路388.913公里,等外公路减少至23.362公里。晴雨通车里程665公里,绿化里程316公里,等级公路和次高级路面里程有了明显提升,全市路况进一步改善。

第五节 专用公路的建设和发展

截至2010年底,阳泉市共有专用公路7条56.366公里,其中:旅游公路5条43公里,运煤专线2条13.366公里。

一、旅游公路

全市境内名胜古迹、自然景观颇多,随着景点的保护开发和利用,旅游公路得到快速发展。

(一)藏山祠旅游公路(盂县境内)

藏山祠位于盂县苌池镇藏山村东山,相传春秋时期晋国的大臣赵朔为奸臣屠岸贾所害,为保全赵氏遗孤赵武免遭追杀,程婴舍弃亲生充遗孤,结果赵氏家臣公孙杵臼与假孤被杀,程婴带真孤赵武逃至藏山。赵武长大成人,诛杀屠岸贾,申雪冤屈。赵孤因藏山而活命,藏山因藏孤而闻名。后人为宣扬这种杀身成仁、舍生取义的精神,建祠于此。

藏山祠距盂县县城17公里。1996年,盂县县政府为开发旅游业以带动其他产业发展,决定投资修建通往藏山祠的旅游公路。该段路起点苌池镇藏山村接石(盆口)阳(泉)线。终点藏山祠,全长5公里,投资100万元,1996年2月开工,同年10月底竣工。四级公路标准,路宽6.5米,石灰土基层,沥青碎石铺面,最大纵坡21%,最小平曲线半径15米。陡坡地段外侧加宽并设防护墩,确保安全。

(二)烈女祠旅游公路

烈女祠又称圣母祠,位于盂县城东北的水神山上,距县城4公里,相传五代时周世宗柴荣之女柴花公主殉节于此,后人建烈女祠祀之。该祠由4所殿院构成,依山势分上下两院,上院为正殿,塑圣母像一尊,高1.5米,两旁宫女塑像10尊。殿内雕梁画栋,两壁绘山水、人物、云龙花鸟,保存完好。殿西南之山腰有抱泉楼,楼内有泉,水深尺余、清澈见底,终年不涸。楼内四壁有历史文人所题诗赋。

20世纪90年代以来,到烈女祠旅游的人数逐年增多,盂县县委、县政府于1999年起,筹资120余万元修筑烈女祠旅游公路。该路起点是前晋线上的大吉村,终点烈女祠,长4公里,四级标准,路面宽6.5米,共动用土石方2.6万立方米,筑涵洞4道,排水沟1000米,2000年竣工通车,该工程由盂县交通局和县公路站共同修建。

(三)诸龙山旅游公路

诸龙山位于盂县苌池镇下王村东南,山上建有诸龙庙。1999年5月,经省林业厅和盂县县委、县政府批准,修建诸龙山旅游公路,起点盂县苌池镇下王村,终点诸龙庙,全长12公里,同年年底竣工。

(四)温泉旅游公路

1967年,省交通厅投资97.53万元修建盂县温泉旅游公路17公里。省公路局工程7队施工,1968年完工,共完成土石方55万立方米,涵洞66道。同年年底,省交通厅再投资10.75万元,铺筑沙砾路面,1969年竣工通车。1997年温泉旅游公路17公里改造为三级油路,路基宽7.5米,路面宽6米,总投资588万元,前期工程由梁家寨、北峪口两乡承担,义务投工22.5万个,县投资150万元;后期工程由县交通局地方道路管理站施工,投工8.4万个。2004年,温泉旅游公路再改造升级为二级路8公里,三级路9公里。

(五)林里关王庙旅游公路

玉泉山关王庙位于郊区林里村,1986年8月,省政府公布为省级重点文物保护单位,1996年12月25日,国务院公布为全国重点文物保护单位。

玉泉山关王庙占地面积7000平方米,建于宋代,木结构建筑群体,风格独特,是我国现存最早的关羽庙,具有极大的历史、艺术、科学研究价值和旅游开发价值。

玉泉山关王庙旅游公路起点为荫营,经南窑庄、林里至玉泉山关王庙,全长5公里,原为等外公路,晴通雨阻。2001年5月23日,市交通局以阳交办〔2001〕41号文向省交通厅申请改建。2003年批准后,阳泉市宏大公路经营有限公司、郊区政府、荫营镇共同投资900万元,由宏大公司采用招投标确定施工单位。分别由晋中路桥、吕梁建宇路桥有限公司中标承建,二级公路标准,路基宽18米,路面宽10米+2×0.5米,混凝土路面,设计行车速度每小时40公里,路面厚度23厘米,路面设计年限30年。2003年5月开工,2005年5月竣工通车。

二、煤运公路

煤运公路是专用于服务煤矿的公路。阳泉盛产煤炭，煤运公路随之建成。

（一）锁新线煤运公路

锁新线（锁簧村至新城村），全长3.543公里，三级公路，锁新线起点平定县锁簧镇东锁簧村，位于207国道线上，终点平定县张庄镇新城村。1995年，平定煤矿自筹85万元、养路费补助14万元改建为三级水泥路，为平定煤矿专用线。

（二）七良线煤运公路

七良线（七里沟至良种场），该线起点S214乌玉村，终点盂县良种场，总里程9.823公里，总投资5297万元，建设等级为二级公路，路基宽14米，路面宽12米。分两期建设，第一期工程是上乌纱至良种场段，建设里程6.326公里，于2006年10月开工，2007年10月竣工，投资2897万元；第二期工程是乌玉至上乌纱段，建设里程3.497公里，2008年7月开工，2009年7月1日竣工，投资2400万元。整个工程建设，共完成征地拆迁投资296.1万元；动用土方360 926立方米、石方107 885立方米；完成防护工程15 970立方米，石砌边沟7541立方米，铺筑沥青路面9.823公里，修筑中、小桥梁5座120米，砌筑涵洞23道。

第二章　道路运输管理

从1992年起始，阳泉市运管处深化改革开放，加大力度培育建设有形货运市场，促进货运市场发展。1995年7月20日，《山西省道路运输管理暂行条例》颁布实施；1996年，交通部下发《交通行政处罚程序规定》以及有关规范道路客、货、维、驾管理的若干部令。市运管部门结合实际，制定全市道路旅客运输、货物运输、汽车维修、驾校培训、运输服务业管理办法，统一规范道路运输业经营户资质、车辆技术状况，开业、停业，营运车辆新增、报停、转出，车辆强制二级维护、审验上线检测、等级鉴定等工作程序，对从事道路运输客运司乘人员，货运、危货驾驶员、押运员，汽车维修人员，驾校教职工人员，实行岗前培训、持证上岗等工作制度。运政管理逐步迈入依法行政、以法治运、科学管理的轨道。到2002年底，全市货运经营户2624户，营运货车9581辆，48 613吨位；客运经营户138户，营运客车596辆10 728座位，车型大中小型，类别普中高级得到发展，运力结构得到明显的提升；客运线路由1992年的101条增加到182条；汽车维修经营户355户；搬运装卸5户；客运站场6个。年度完成货运量6150.9万吨，货物周转量299 620万吨公里；客运量3061.8万人，旅客周转量88 536万人公里。基本形成统一、开放、竞争、有序的道路运输市场，货运、维修、驾驶员培训市场服务质量全面得到提高。

第一节　《山西省道路运输管理暂行条例》的颁布实施

1995年7月20日，经山西省八届人大常委会16次会议通过，颁布《山西省道路运输管理暂行条例》，并于10月1日起施行。该“条例”第五条规定“县级以上交通行政主管部门负责管理本行政区域内的道路运输业。交通行政主管部门可以委托其所属的交通运输管理机构履行道路运输业的具体管理职责。”由此，山西省道路运输管理行政审批的依据由部门规章变为地方法规，运管机构变为政府交通行政主管部门委托的行政执法机关，开始运用法律手段保障和推进道路运输业的健康发展。1995年9月，市运管处围绕《中华人民共和国行政处罚法》、《山西省道路运输管理暂行条例》等法律、法规并结合全市运管工作实际，步入了以执法培训为重点，以普法宣传教育为基础，以落实执法责任制为核心，以健全和完善行政审批制度为保障的推进运政法制化依法管理的进程。

第二节　货运市场的建立

1993年，阳泉市运管处与工商局联合下发《关于在全市实行公路货物运输统一合同文本的通知》，规范公路货物运输统一合同文本，全市共签订货运合同2600余份，签订货运合同运输量1800余万吨。在培育建设有形货运市场工作中，全市建立26个货运服务站（货运交易中心），年度代签货运合同735份，代办运费结算1282万元，代征各种税费98万余元。

1994年至1995年，按照交通部《道路危险货物运输管理规定》精神，市交通局出台“阳泉市道路危险货物运输管理办法”，对全市危险货物运输市场进行全面治理整顿，为117辆（载重吨位682吨）危货运输车辆发放危货运输专用标志。

在各级运管机构有效监管下，通过深入企业检查指导、路检路查日常监管以及年度审验，加强对从业人员自治管理和车辆技术管理，进一步规范和严格实行货运合同运输管理，全市货运市场逐步规范化，减少货差货损，避免运输纠纷，提高运输质量。

全市货运行业基本建立进出市场规则、市场交易规则、财务结算等制度。

1997年,交通部颁发《道路货物运单使用管理办法》,从10月1日开始执行。原有的货运行车路单不再使用。阳泉市运管部门贯彻规范使用道路货物运单,为道路货运行业强化合同运输,明确承、托双方责任,规范经营行为,减少运输纠纷,净化运输市场创造条件。

2000年3月至2001年3月,在全市开展道路运输市场管理年活动,加强货运信息网络建设,成立阳泉市运输服务信息中心,加大对货运出租车辆的管理,货运出租车辆实行统一停放、统一标识、专人管理。

2001年,按照交通部《道路货物运输企业经营资质管理办法(试行)》,成立阳泉市道路货物运输企业资质等级评审委员会,开展货物运输企业资质等级评审工作。2002年完成评定货运二级企业1户,即阳泉市交通集团有限公司,三级企业2户,即阳泉供销社储运公司,一汽阳泉服务站,四级企业10户,五级企业205户。经过市场整合,全市危险货物运输经营户由2000年的66户整合到10户。阳泉市货运市场集中度明显提高,促进了运输企业的安全保障能力和抗风险能力。

第三节　客运市场的建立

20世纪90年代初,阳泉市运管部门大力治理整顿道路旅客运输市场,完善客运市场机制,制定道路客运市场行为规则、服务质量标准、实行道路客运行业年度审验工作制度和营运客车强制二级维护规定,初步建立道路客运行业进出市场规则,经营行为规范等规章制度。到1993年底,客运站规范管理,按序发车,实施定站点、定线路、定班次“三定”管理和统一客运线路牌、统一客票、统一票价、明码标价规范运营。

1994年,按照省交通厅提出的国有汽车站站企分离、对社会客运车辆开放的要求,4月10日,市运管处、盂县运管所积极开展工作将省运盂县汽车站对阳泉至盂县方向的社会客车、市公交客车和途经的社会个体客运班车全部组织进省运盂县汽车站营运。1995年5月2日,省运阳泉长途汽车站对社会客车开放,同时成立(兼挂)客运北站(牌子),将阳泉三中客运站点个体客运车辆全部组织进省运阳泉汽车站客运北站营运。省运阳泉汽车站、盂县汽车站实行对社会客车开放后,撤销市三中和盂县马路客运站市场,改变个体客车多年来有车无站和国营汽车站有站客运班车少的局面。充分发挥汽车站服务社会,服务旅客,服务运输经营户的功能。

1995年,针对公路客运市场发展不平衡现状,加强对阳泉至太原、阳泉至昔阳、阳泉至盂县、阳泉至平定以及新增主要客运热线运力增长调控力度,对冷线上经营的客车实行减征规费等优惠措施,鼓励发展农村偏远山区客运线路。在1996年年审中,逐步开始对客运老旧车实行定期更新制度,特别是阳泉至太原的20辆老旧客车,责令其限期更新,有效促进客车技术等级提高。

1997年,阳泉运管部门以汽车站为重点,开展“三优”“三化”为目标的达标活动。从抓站容、车容、仪容入手,重点治理环境“脏、乱、差”和服务“冷、横、硬”。各客运站统一制发工作人员服装,着装上岗。开展争创文明车站活动,制定《百分制评比考核办法》,年度进行自下而上检查与评选,树立先进典型和学习榜样。为建立、维护运输秩序,保障旅客和汽车客运经营者合法权益,促进客运站健康发展,起到极好作用。

1997年12月26日,平定县交通局1992年筹建的2级平定客运汽车站(交通大厦)建成投入运营。该站主体为交通大厦和客运汽车站两部分,其中汽车站候车大厅面积240平方米,候车室设有售票室、行包托运提取处、小件寄存、问讯处、调度室等配套设施一应俱全。

2000年6月9日,省交通厅以晋交体字[2000]25号文转发交通部《道路旅客运输企业经营资质管理规定(试行)》。针对全市客运企业多、小、散、弱情况,为促进道路旅客运输企业合理分工,优化运力资源配置,积极引导道路客运企业的集约化、规模化经营和规范化服务,进而推进道路运输市场化进程。

被列为省交通厅、阳泉市政府重点工程之一的市汽车客运总站(一级汽车站),1999年4月动工,2001年10月12日竣工运营。60余条客运线路、280辆社会个体客车全部进入客运总站运营。新建成的客运总站秩序井然,环境优美,为广大旅客提供方便、舒适的旅行环境,使阳泉市道路客运“三优、三化”管理跃上一个新台阶。

2001年,阳泉市运管处重新编制客运营运线路票价表,全市营运客车统一更换线路标志牌(权属证),车内统一悬挂客运票价表。6月5日,市运管处召开清理整顿道路旅客运输秩序动员大会,全市客运经营业户100余人参加,同各客运企业签订安全目标责任状。在各级运管机构有效监管下,有效改善阳泉市道路客运基础设施条件和对外开放形象,缓解交通拥挤状况。2002年,全市评定客运二级企业1户,四级企业1户,五级企业2户。

第四节　维修网络市场的建立

根据交通部、国家经委、国家工商行政管理局印发的《汽车维修行业管理暂行办法》，经过道路运输行业治理整顿，20世纪90年代初，全市汽车维修市场进一步规范开业条件、维修标准、价格标准、结算凭证。全市营运汽车实行强制二级维护、年度定级。运管部门深入贯彻实施交通部《汽车维修质量管理办法》等规章，提高维修质量，保障汽车运行安全。

1993年，在贯彻交通部《汽车修理技术规范》工作中，市运管处组织全市维修业户参加信得过企业评选活动，11户维修企业获得全国信得过企业荣誉。根据物价政策，市交通局出台《关于修订阳泉市汽车维修行业修理费用结算试行办法的通知》，维修市场工时费价格全面实行市场调节。各维修业户根据市场情况，实行企业自定季价，确定当季工时价格，并按时向运管、物价部门申报备案，由运管部门通过新闻媒介定期向市场公布。逐步建立以市场调节为主的汽车维修价格运行机制。阳泉市运管处加强维修合同管理。1994年，全市共签订维修合同7196份，维修合同签约率达80%以上，千元以上的修理费签订维修合同，形成制度化。

为提高汽车运输业车辆技术状况，贯彻交通部第29号部令、13号部令和《山西省汽车运输业车辆综合性能检测站管理实施办法》，1995年，盂县汽车综合性能检测站、平定万通汽车综合性能检测中心和郊区苇泊汽车综合性能检测站先后投入试运营，实现县（区）营运汽车通过上线检测确定汽车维修质量、车辆技术状况和技术等级定级，建立车辆技术档案。

1994年，市运管处组织20余名专业技术人员，在两条汽车综合性能检测线上对二保企业所进行的二级维护车辆按维护项目进行部分解体抽检。通过历时40余天，对1000余辆车抽检，涉及70个二保企业。对不符合二级维护质量要求的责令维修厂点及时进行返修，其返修费用、抽检费用由二保单位负责。对弄虚作假的维修企业责令停保整顿。

1996年，市运管部门强化二级维修卡管理。行文规定：凡经二级维护车辆，须凭二级维护出厂合格证、工时材料明细表、收费发票单，经管理部门抽检，方可加盖二级维护专用章，有效扼制不按规定时间进行二级维护而买维修卡、漏费等问题。坚持从严汽车二级维护管理工作。规定所有从事道路客运车辆的二保率达三次以上，其他车二保率平均达二次。

1998年10月，阳泉市合诚汽车综合性能检测中心、郊区苇泊汽车综合性能检测站和阳泉矿务局下属晋东汽车综合性能检测线相继投入运营。全面实现阳泉市历史上道路运输系统无综合性能检测线的空白。运管部门对汽车综合性能检测站实行驻站管理，制定全市统一的检测站管理制度，做到岗位职责、工作程序、收费标准上墙，制度公开，向社会公布监督电话，接受监督，树立良好的运政管理形象。

2001年，根据国家质量技术监督局发布的《汽车维护、检测、诊断技术规范》标准，市运管部门要求，车辆进厂二级维护，维修企业必须与车主签订维修合同，严格执行三单一证制度、一票两证制度及质量保证制度，备案送检人员情况，车辆二级维护竣工检测须在综检站进行，合格证必须贴附防伪标识。汽车二级维护企业要公布机动车维修公示定额和收费标准，公布企业咨询电话，明码标价，合理收取费用。并将车辆二级维护工时单价定额收费标准报所在地县级道路运输管理机构备案。

2001年，依照国家标准，市运管处制定《阳泉市汽车维修企业资质评定标准》，要求建立健全企业管理制度。全市90%维修企业进行整改，建立健全企业规章制度700余项。通过企业资质评定，推动维修行业抓管理、抓技术、抓服务意识的提高。

2001年10月12日，阳泉市首家汽车A级检测线——阳泉市三联汽车综合性能检测站建成运营。该检测线采用先进的检测设备，功能齐全，性能可靠，数据精确，可对各类汽车技术状况、故障分析进行不解体检测。

2002年，根据省运管局文件，市运管处成立领导组，制定“达标贯规”工作实施方案，组织管理人员深入维修企业检查指导，现场办公，强化维修企业内部基础管理工作，不断完善各项规章制度。对基础管理工作、各项规章制度不完善，违章违规行为及时进行纠正，并将检查结果记录在案，做到检查工作有记录，查出问题有记载，问题处理有结果，实行依法行政。

第五节　驾驶员培训学校的建立与发展

1985年前，阳泉市采用教学和师带徒以运代训两种办法培训汽车驾驶员。1985年省政府下发46号文件《对驾驶员进行培训的管理办法》，取消驾驶员申领驾驶证只进行理论培训和以运代训的培训模式。阳泉矿务局运输处、阳钢车队、荫营煤矿等单位相继成立驾驶员培训班。学员申领驾驶证，必须在驾驶员培训班理论和实践操作培训后，经阳泉交通监理处理论考试、桩考、路考合格后，方可申领驾驶证。1987年6月前，驾驶员培训学校由交通监理部门管理。1987年7月至1996年5月前，驾驶员培训学校由公安交通警察部门管理。

1993年12月，国务院办公厅下发〔1993〕204号文件，汽车驾驶员培训学校和驾驶员培训职责纳入道路运输行业管理。1994年8月，市运管处成立驾驶员培训管理办公室。12月，市运管处对全市驾校进行摸底调查，时有交警部门核发《培训许可证》的有6所。技术装备共有教练车251辆，桩考仪车1辆，从业人员共计419人。其中：理论教员28人，操作教员280人，管理及后勤人员191人。驾校设施共有教室5706平方米，其他教舍3711平方米，有教练场1个。培训能力：2期/年，1900人/期；学费及学制：3000元/人期，6个月/期。

根据1995年3月交通部《汽车驾驶员培训行业管理办法》、1995年7月《山西省道路运输管理暂行条例》、1996年9月交通部《汽车驾驶员培训教学计划和教学大纲》、交通部〔1996〕第11号令《中华人民共和国机动车驾驶员培训管理规定》等文件精神，在省、市政府支持下，市运管部门经过大量细致工作，1996年5月，全市有5所驾校经过验收。1998年，完成驾校教练车的技术等级鉴定、年度审验和换证工作。1999年，阳泉市政府就驾校行业管理工作下发会议纪要和转发《阳泉市汽车驾驶员培训管理办法》，从根本上理顺行业管理渠道，为驾驶员培训纳入行业管理铺平道路。2000年，全市有5所驾校办理经营许可证，正式纳入道路运输行业管理。

2000年，阳泉市运管处制定《驾驶员培训学校统一台账报表制度》，对从事驾驶员培训的驾校实施行政许可后，在驾驶员培训日常管理中，运管部门全程监管，全市驾校严格执行有关规定标准，按交通部教学大纲规定，使用统一培训教材，统一理论、实际操作分类教学培训计划，统一培训学时。学员入学填写登记表，持学员证参加培训，驾驶员教练员持准教证教学。经认真培训后，从严考核，严格把关，考试合格学员领取培训结业证，持培训结业证向公安交警车管部门申请报考驾驶证。

2002年，为贯彻交通部7号令《营业性道路运输驾驶员职业培训管理规定》，对全市营运驾驶员实行行业职业技能培训和《从业资格证》管理。市运管处组织4所驾校9名理论教员、12名驾驶操作教员、12名考核员参加全省营运驾驶员培训教员和考核员的专业培训。从6月1日开始，年度共核发从业资格证15 902个，其中经培训考试合格发证5164个。2002年底，阳泉市5所机动车驾驶员培训学校共拥有教练车110辆，发放交通部统编教材2308本，核发结业证2545个，补发历年结业证3530个，各驾校统编教材和结业证使用率达百分之百，各项基础工作得到规范。2004年，阳泉市晋安机动车驾驶员培训中心与市公安交警部门办理脱钩手续，经整顿审验合格，纳入道路运输行业管理，全市实现统一规范管理的机动车驾驶员培训市场。

第六节　道路运输管理费征收

1997年1月1日起，全省公路运输管理费征收、使用实行省财政统收、统支，收支两条线的预、决算管理制度(包含已实行财政专户资金划转的地市)。即收入全额上解，支出按批准预算逐级拨付，任何单位和个人都不准截留、挪用和拖欠。市、县运管部门每月初定期将上月征收的运管费，一次性逐级全额上缴山西省交通运输管理局运管费专户，省运管局将征收的运管费集中上缴省财政厅财政专户，纳入省财政预算外资金管理。

省财政厅下拨运管经费，按月按县、市、省、交通部70%、20%、9%、1%经费预算分级使用比例计划统一拨给省运管局，再由省运管局、市运管处按月按分级使用比例计划逐级下拨所属各运管部门经费支出专户。每年10月份，各级运管部门按照“量入为出，收支平衡”原则，编制下年度运管费收、支预算，报省交通厅、省财政厅审批后执行。省财政厅下拨附加费按照省、市、县4:3:3分级使用比例按季统一拨给省运管局，再由省运管局、市运管处按季按分级使用比例逐级下拨所属各运管部门专项资金专户。运管费实行全省统收统支收支两条线的预、决算、专款专用管理办法，附加费实行分级管理，专款专用管理办法。

运管部门征收运管规费，统一使用省财政厅印制和管理的征收运输管理费和公路客运附加费票据。领用票证按省财政厅规定的程序办法执行，运管部门负责票证使用、管理、缴销和核查工作。运管部门征收使用运管规费须严格遵守财经纪律，严格按财务制度办事，并接受审计部门和财政部门的审计和监督。

到2002年底，全市营运客车达596辆10 728座，营运货车达9581辆48 613吨，分别比1992年度增长1.4倍，1.2倍。2002年度征收运管费842.2万元，征收客运附加费710.3万元，分别比1992年度增长2.1倍，10.5倍。1993年至2002年共征收运管费6161.8万元、征收客运附加费2651.6万元。

第三章 交通征稽管理

随着《山西省公路管理条例》的颁布实施,车工建勤费(代金)、铁路道口机动车辆安全管理费(代征)的开征,《山西省公路养路费征收管理规定》的出台,阳泉市交通规费征收稽查任务越来越重,管理越来越严,要求越来越高。在新的机遇和挑战面前,阳泉市交通规费征收稽查机构与时俱进,开拓创新,经历"征管一条龙"、"以费收为中心、以稽查为龙头"、"以费源管理为龙头、以高效稽查为手段"的历程,克服重重困难,圆满完成各年度费收任务,用实际行动和骄人业绩,诠释"为国家征费,为兴路开源"的征稽使命,用心血和汗水铸就成"忠于责任、勇于开拓、甘于奉献"的交通规费征稽精神。

第一节 交通规费征收机构沿革

1993年3月29日,市交通局根据市编制委员会阳编字〔1993〕8号文《关于将阳泉市拖拉机征费稽查科更名为阳泉市交通规费征收稽查处的批复》,在原阳泉市拖拉机征费稽查科基础上,成立阳泉市交通规费征收稽查处。

1993年11月13日,市交通局党委发出阳交发〔1993〕27号文件,决定成立中共阳泉市交通规费征收稽查处支部委员会。

1994年3月2日,为规范交通规费征稽工作,理顺工作程序,健全管理体制,决定处机关设处办公室、业务办公室、财务办公室3个内设机构和处直属城区、矿区两个交通规费征收稽查所。平定县、盂县、郊区3个交通规费征稽所隶属于本县(区)交通局。平定县交通规费征稽所设有锁簧、矿区、巨城、柏井、城关、维社6个征稽站,征稽人员40名;盂县交通规费征稽所设有城关、仙人、上社、东梁、南娄、清城6个征稽站,征稽人员32名;郊区交通规费征稽所设有荫营、河底、东村、燕龛、平坦、义井、西南舁、李家庄、杨家庄、白泉、三郊、辛兴、旧街13个征稽站,征稽人员46名。以上5个征稽所的交通规费征稽业务管理工作由阳泉市交通规费征收稽查处统一领导直接管理。

第二节 交通规费征收项目

进入20世纪90年代后,随着社会经济和公路运输发展,对公路建设资金需求日益迫切,交通规费征稽事业也进入一个新的发展阶段。费种、费额、费率不断完善,交通规费内部结构日趋合理。阳泉市交通规费征收稽查机构的交通规费主要是公路养路费、公路货运附加费(2001年前为货运补偿费)、铁路道口机动车辆安全管理费(代征)、车工建勤费(代金,1998年3月停征)。征收对象仍为社会拥有拖拉机、农用三、四轮机动车的单位和车主。

一、公路养路费

(一)征收政策

1994年7月,为确保公路建设有稳定的资金来源,尽快发展全省公路交通事业,省人民政府办公厅印发《关于调整公路养路费和大运公路车辆通行费征收标准的通知》。8月,省人民政府发布《山西省公路养路费征收管理规定》,重申由省交通行政主管部门设立的征费稽查机构负责各类汽车、机动三轮车和摩托车养路费的征收稽查工作;拖拉机、畜力车养路费的征收稽查工作由各地(市)县交通行政主管部门负责。各级交通征稽机构应将所征养路费全部计息存入银行开立的公路养路费上解专户,及时足额上解,实行财政专户储存管理,任何单位和个人不得平调、坐支、截留、套取和挪用。养路费票证由省交通行政主管部门按照国家规定的统一样式印制核发,养路费票据套印公路养路费票据专用章和收费收据专用章。养路费征收实行编牌定号和年度审核制度,建立养路费缴(免)费车辆档案。

2000年10月,为进一步深化和完善财税体制改革,国务院批转财政部、国家计委等部门《交通和车辆税费改革实施方案》的通知,在车辆购置税、燃油税出台前,各地区和各有关部门加强车辆购置附加费、养路费等国家规定的有关政府性基金和行政事业性收费的征管工作,确保各项收入的足额征缴。

(二)征收范围

1994年8月,省人民政府发布《山西省公路养路费征收管理规定》,对征收(免)范围规定得更详细、更具体、更严谨,因而更具有可操作性。凡是领有牌证的,不管是临时的、试车的、学习的、军队的、武警的、公安的、外国人的各种客、货机动车,或是应领而未领牌证的、临时投入使用的各种机动车、从事公路运输的畜力车,均应交纳养路费。这一规定包括了所有应征车辆的单位和个人,养路费征收真正体现"应征不漏"原则。

(三)征收标准

1994年7月,为确保公路建设有稳定的资金来源,山西省再次提高养路费征收标准:

1. 公路养路费由原标准每吨每月150元(包括养路附加费40元/吨月)提高到每吨每月170元,二轮摩托车每辆每月征收5元,侧三轮摩托车每辆每月征收10元。

2.拖拉机按汽车调整后费额标准的60%征收,即每吨每月102元。

3.提高后的标准从5月1日起执行。1991年开征的车辆养路附加费即行停止。

按新标准征收费额计算办法为:应征费额＝征收标准核定吨位或折合吨位(辆)包缴或减征车辆的应征比例缴费月数。

1994年8月,省人民政府第52号令发布《山西省公路养路费征收管理规定》。

养路费一律按费额征收,应征费额计算办法为:

应征费额征收标准×核定吨位或折合吨位(辆)×缴费月数×包缴或减征车辆的应征比例。

征收吨位或折合吨位按下列标准核定:

二轮、侧三轮摩托车和畜力车按辆征收。后三轮摩托车和机动三轮车核定载质吨位在0.5吨以下的按0.5吨计征;超过0.5吨的按1吨计征。

拖拉机和胶轮机械车按核定载质吨位计征,无核定载质吨位的按发动机马力每20马力折合1吨计征(不足10马力的按10马力计,10马力以上不足20马力的按20马力计)。

缴费月数可按月、按季、按年度计算,不足1个月的可按旬计算。包缴车辆按下列规定计征:

1.2吨(不含2吨)以上的货车、客货两用车、拖拉机和20座(不含20座)以上的客车,可实行按季、年度一次性包缴。季度包缴费额不低于应征费额92%,半年包缴费额不低于应征费额85%,全年包缴费额不低于应征费额80%。

2.摩托车全年包缴费额不得低于10个月应征费额;三轮机动车全年包缴费额不得低于9个月应征费额;半年包缴费额不得低于5个月应征费额。畜力车全年包缴费额不得低于9个月应征费额。

3.2吨以下的小货车、客货车(包括厢式货车)拖拉机与小客车,全年包缴费额不得低于应征费额80%,半年包缴费额不得低于应征费额85%,季度包缴费额不得低于应征费额92%。

摩托车、机动三轮车以及2吨(含2吨)以下的小货车、客货车(包括厢式货车)和20座(含20座)以下的小客车以及畜力车必须实行包缴。

实行包缴的车辆,必须一次缴清费款。包缴期间一律不办理报停和退费手续,包缴车辆不得调换、顶替,包缴后的新增车辆需另行缴费。

1995年12月,省交通征稽局下发晋交征稽字〔1995〕48号文件《关于统一拖拉机、三轮机动车征费吨位的通知》,对《山西省公路养路费征收管理规定》中有关拖拉机、三轮机动车无核定载质吨位的按发动机马力折合征费吨位的规定,统一按下列规定执行:

1.不足10马力的按0.5吨计征。

2.10马力以上(不含10马力)不足20马力的按1吨计征。

3.20马力以上(不含20马力)不足30马力的按1.5吨计征。以此类推。

1996年3月,省物价局、省交通厅转发《国家计委、交通部关于六轮农用运输车养路费征收标准的批复》。对采用或仿制130型汽车底盘生产的六轮农用运输车,属汽车改装产品,应按汽车改装产品更名,并比照BJ130、NJ130型载货汽车计征养路费,即配置390、395Q型柴油发动机的,统一按1.5吨计征养路费;配置485、490、495型柴油发动机的,统一按2吨计征养路费;配置4102型柴油发动机的,统一按2.5吨计征养路费。

(四)征收办法

1994年8月,省人民政府发布《关于山西省公路养路费征收管理规定》,修改沿用40多年的征费办法,取消按费率征收办法,采取一律按费额征收的办法。其计算办法是:应征费额＝征收标准×核定吨位或折合吨位(辆)×缴费月数×包缴或减征车辆的应征比例。从1994年8月起至2002年,养路费征收一直采取此计算办法。

二、公路货运附加费

2001年2月16日,省交通征稽局转发省交通厅晋交财字〔2001〕41号文件《山西省公路货运附加费征收管理办法》,将公路货运补偿费规范为公路货运附加费。同时规定:省交通征稽局所属的交通征费稽查机构负责各类汽车、传动轴传输动力的四轮运输车的公路货运附加费的征收工作;各地(市)县(市、区)交通局负责各类正三轮摩托车、农用三轮车(柴油发动机)、链条或皮带传输动力的四轮运输车的公路货运附加费的征收工作。1993年至2002年,全市共征收拖拉机、畜力车、农用三、四轮机动车养路费、货运附加费3745.68万元。

三、铁路道口安全管理费

(一)征收政策

铁路道口机动车辆安全管理费(简称铁路道口费)是铁路道口安全管理的专项资金。1995年,省财政厅、省物价局、省经贸委、省交通厅晋财综字〔1995〕92号文件《关于印发＜山西省铁路道口机动车辆安全管理费征收管理办法＞的通知》。为加强铁路道口的安全管理,保障人民生命财产安全和铁路运输畅通,从1996年1月1日起,在本省范围征收铁路道口机动车辆安全管理费,由省交通征费稽查部门负责代为征收。

（二）征收范围

凡属山西省境内党政机关、企事业单位、社会团体、公民个人和中央驻晋单位的车辆（包括汽车挂车、拖拉机挂车、摩托车和简易机动车）以及驻晋部队的营运车辆，均应按规定缴纳铁路道口机动车辆安全管理费。

（三）征收标准

铁路道口机动车辆安全管理费一律按车辆征收，不分车辆购置和使用年限，一年征收一次。

1.2吨以下（含2吨）的小货车、客货两用车（包括厢式货车）、机械车和20座以下（含20座）的小客车（包括小轿车、吉普车、旅行车、面包车及专用车）等各类车辆每辆每年征收15元。

2.2吨以上的货车、专用机械车和20座以上的客车以及各类专用汽车、专用机械车辆，每辆每年征收20元。

3.农用车、特种车、各种挂车、拖拉机、后三轮机动车（包括简易后三轮、柴油后三轮、农用三轮车），每辆每年征收10元。

4.各类摩托车，每辆每年征收5元。

（四）征收办法

1.铁路道口机动车辆安全管理费由交通征稽部门和拖拉机征费部门分别按规定在征收养路费时一并征收。凡缴纳养路费的车辆即缴纳铁路道口机动车辆安全管理费。

2.新增和转籍入户的车辆，在办理养路费缴纳手续时一次征收。

3.报停和封存车辆在启用缴费时一次征收。

4.减征和免征车辆当年改变使用性质和使用范围或转卖应缴费单位和个人的全额征收。

5.凡已缴纳铁路道口机动车辆安全管理费的车辆，在本省范围内转籍过户的，当年不再征收铁路道口机动车辆安全管理费。转出外省或报废以及发生自然灾害及重大交通事故的车辆原则上不予退费，更新车辆应另行缴费。

1996年至2002年，全市征收拖拉机、畜力车、农用三、四轮机动车铁路道口机动车辆安全管理费38.96万元。

四、车工建勤费

1993年2月27日，根据《中华人民共和国公路管理条例》和《国务院关于民工建勤养护公路和修建地方道路的指示》，阳泉市人民政府出台阳政发〔1993〕21号《阳泉市地方公路建设和养护勤务费征收和管理办法》。该《办法》规定，民工、职工、机动车辆建设和养护勤务费（简称建勤费）是国家规定由交通部门向在职职工、农民、有车单位和个人以及乡镇煤矿征收的用于地方公路建设和养护的专用资金。还规定拖拉机、简易机动车、后三轮摩托车每车每年出2个工日，每个工日按每吨25元代金收费。按核定载重吨位计征，不足500公斤按半吨计征；满500公斤不足1吨按1吨计征。1993年10月18日，按省财政厅、省物价局〔1993〕晋财综字第57号文，车工建勤费停止征收。

1994年11月18日，阳泉市财政局、市物价局、市交通局联合印发阳交办〔1994〕120号文《阳泉市地方公路建养实行建勤制度的管理办法》规定，胶轮拖拉机、三轮车、简易机动车等，除所规定免工的外，一律实行公路建勤制度，按每车每年出2个建勤日出工，不出工或没有条件出工的可以以金代工，按每个工日每吨25元缴纳代金。拖拉机、简易机动车等均按其载重吨位计征，不足500公斤按0.5吨计征；满500公斤不足1吨按1吨计征，以此类推。以金代工的车辆须在当年5月底前到当地交通规费征稽所一次缴清。统一使用阳泉市财政局印制的行政事业性收费收据。此办法从1995年1月1日起施行。

1997年，省人民政府晋政发〔1997〕107号文件《山西省人民政府关于废止的109项收费基金项目的通知》。按该《通知》废止的收费基金项目，从1998年3月20日起，停止征收车工建勤费。

1993年至1998年3月，全市征收拖拉机、畜力车、农用三、四轮机动车车工建勤费1031.92万元。

第三节 交通规费征收业务规程

随着全国道路交通管理体制改革，山西省交通征稽成为独立设置的专职管理机构。山西省交通征稽不断改革业务管理办法，加强业务管理，规范业务流程，使征费业务管理逐步走向制度化、规范化、程序化，逐步形成独特的交通征稽业务管理系统。尤其是《山西省公路管理条例》和《山西省公路养路费征收管理规定》等一系列政策法规的出台，为交通征稽业务管理法制化奠定基础。同时，制定和健全交通征稽业务管理规章制度，公路养路费、货运补偿费、车辆通行费、新增车辆费以及车辆购置附加费、铁路道口安全管理费等各个征管费种都制订完善的岗位设置、台账设置、报表统计、业务流程、票证票据的领发和核销以及会计核算等管理办法和实施细则。

阳泉交通规费征收稽查机构征费业务流程，严格贯彻执行全省交通征稽业务管理办法，坚持权、钱、账分开原则，统一设置工作岗位，做到分工负责，互相制约，环环相扣，严格把关。征收程序是：

1.车主持《车户缴费手册》到咨询服务员岗位领

取“缴费传递卡”和“缴费协议书”。

2. 经车户专管员初审后，车主与交通征稽所(站)长或指定的交通征稽人员签订“缴费协议书”。

3. 车主持“缴费协议书”和“缴费传递卡”交车辆档案管理员核对车辆档案。

4. 票据打印员根据“缴费传递卡”打印“两费”票据，在“缴费传递卡”上写清票号、收据号，并在“缴费传递卡”上签章，转交出纳员收款。

5. 出纳员根据微机打印的收据金额收款，在“两费”票据上加盖收款章，并收取塑本工本费。

6. 出纳员将收据联、“两费”缴讫证和“传递卡”、《车户缴费手册》转交稽核员，稽核员对缴费全过程进行复核，复核无误后，在“两费”缴讫证上加盖“征费专用章”，在“缴费传递卡”上，分别加盖复核戳记和“票证已发”戳记。“缴费传递卡”共三联，一联留存，一联连同“‘两费’缴讫证”交车主，一联转交车户专管员。

第四节 交通规费征收方式

1993年至2002年间，阳泉交通规费征收稽查机构围绕规费征收政策的发展与变化，不断改革征费业务管理方式，探索发展征费业务管理的新方法，加强业务管理，规范业务流程，以适应费源客观实际，在“征费包缴”、“一车一票制”、“分片包干责任制”、“一条龙程序”和“依法清欠”上狠下工夫，使交通规费征费业务管理逐步向制度化、规范化、程序化、法制化、科学化方向迈进。

一、征费包缴

1994年，省长孙文盛签发山西省人民政府第52号令，颁布《山西省公路养路费征收管理规定》。第13条对包缴车辆的计征范围、计征方式和计征标准作出具体规定。

1.2吨(不含2吨)以上的货车、客货车、农用车、拖拉机和20座(不含20座)以上的客车，可实行按季度、年度一次性包缴。季度包缴费额不低于应征费额92%，半年包缴费额不低于应征费额85%，全年包缴费额不低于应征费额80%。

2. 摩托车全年包缴费额不得低于10个月应征费额，三轮机动车全年包缴费额不得低于9个月应征费额，半年包缴费额不得低于5个月应征费额。畜力车全年包缴费额不得低于9个月应征费额。

3.2吨(含2吨)以下的小货车、客货车(包括厢式货车)、拖拉机与小客车，全年包缴费额不得低于应征费额80%，半年包缴费额不得低于应征费额85%，季度包缴费额不得低于应征费额92%。

摩托车、机动三轮车以及2吨(含2吨)以下的小货车、客货车(包括箱式货车)和20座(含20座)以下的小客车以及畜力车必须实行包缴。

实行包缴的车辆，必须一次性缴清费款。包缴期间一律不办理报停和退费手续。包缴车辆不得调换、顶替。包缴后的新增车辆须另行缴费。

从此，征费包缴这一形式在征费政策的明确规定下，在征费业务管理中合理合法地全面实行。

征费包缴方式有利于解决交通规费征收稽查机构人员不足的困难，车户比按月缴费省时省费。阳泉交通规费征收稽查机构在拖拉机、低速货车、机动三轮车、畜力车养路费征收业务管理中推行包干缴费管理方式。

二、一车一票制

1994年《山西省公路养路费征收管理规定》颁布后，对公路养路费全部实行一车一票制作了补充规定：“对于非本辖区逃、漏费的拖拉机和无费行驶的农用三轮车，各交通局征费管理部门只能处以罚款和滞纳金，一律不得征收费款，核发缴讫证。”

1996年，全省交通规费征稽系统按照《山西省公路交通规费管理暂行办法》，对票证票据统一领导，计划管理，分级负责，相互制约，严格稽核，进一步加强一车一票制的业务管理。

同时，为了保证一车一票制的连续性，对于征费变更过程中的票证管理也有着严格的界定和规范(即“两费”票证异动程序与手续)：

1. 外省转入本省的车辆，从转入之日起连续征费，核发新票证；

2. 本省内转户的月缴费车辆，车主持月缴费凭证和车辆档案资料，经转入地交通征稽所(站)审查无误后，核发当月缴讫证，从次月起重新征费，核发新证；本地、市范围内车辆转户，可换发新票证。

3. 包缴车辆在本省范围内转户时，转入地交通征费稽查所(站)凭包缴证和车辆缴费档案资料，审查无误后，换发新票证；转到外省的，转出月份及以前月份按月缴形式全额计征，从次月起到外省缴费，并收回“包缴证”，转出月份改用“旬缴证”；

4. 免费车辆转出或改变使用性质时，收回“免费证”，缴费后改用缴费凭证；

5. 车辆改型时，若改型车辆现征费吨位低于原征费吨位的不再退费，收回原证，核发新证；若改型车辆现征费吨位超过原征费吨位时，按规定补收差额后，收回原证，核发新证；

6. 车辆报废时，属包缴的收回“包缴证”，不予退费，属月缴的缴清报废当月费款。

由此，征费变更过程中的票证管理有了严格的程序和规范。

三、分片包干责任制

实行分片包干责任制就是划定区域，责任到人，明确职责，明确范围，做到对本辖区运行车辆底清数明，掌握主动性，克服上路稽查盲目性。尤其在治理公路"三乱"中，按照省交通征稽局要求，阳泉交通规费征收稽查机构积极推广分片包干责任制，确保规费应征不漏。

四、微机征收"一条龙"操作规程

"一条龙"微机征费业务管理办法于1996年11月15日由省交通征稽局以晋交征稽字〔1996〕第146号文件印发执行。办法中明确规定操作规程，并决定从1997年1月起在全省各交通征稽所（站）执行。阳泉市交通规费征收稽查处"一条龙"征费业务程序在设有固定征费业务的营业单位全面实行。在操作规程中，完善岗位设置，定为八个岗位。即所（站）长审批岗、会计员岗、出纳员岗、票证票据管理员（简称票管员）岗、微机操作员岗、车辆档案管理员（简称档案员）岗、牌证管理员（简称牌证员）岗、复核员岗。微机征收"一条龙"业务管理操作规程，不仅遵循原手工操作"一条龙"征费业务程序设岗原则，而且明确各个业务相互兼岗的基本原则。即各交通征稽所（站）可根据征费业务工作量大小设置操作岗位，但必须坚持账、钱、票分离原则，达到分工明确，相互制约的目的。审批岗不能兼其他岗，会计岗与出纳岗不能互兼，微机岗与出纳岗、档案岗不能互兼。

五、依法清欠

1994年9月29日，山西省第八届人民代表大会常务委员会第11次会议通过的《山西省公路管理条例》中第43条第一款明确规定："按照前条规定被扣的车辆当事人，从扣车之日起三十日内，既不按规定期限缴纳公路交通规费并拒绝接受行政处罚，又不依法提起行政诉讼的，由暂扣车辆部门申请人民法院强制执行"。阳泉市交通规费征收稽查处积极与当地人民法院联系，建立起相应机制，为依法征稽、强化管理、促进费收、树立形象奠定坚实基础。

第五节　交通征收稽查工作的开展与成就

1993年至2002年10年间，阳泉交通规费征稽人员改革创新，勇于探索，学习借鉴先进经验，紧密结合实际，建立健全一整套适合自身工作特点的制度，不断完善内勤、外务、征收、稽查、上解等一整套严谨的业务管理程序，推广运用目标责任制管理、社会治安综合治理管理、全面质量管理、安全生产管理、文明窗口建设、廉洁勤政和效能监察管理等现代化管理模式。征稽人员牢记"为国家征费，为兴路开源"的征稽使命，在实际行动中塑造"忠于责任、勇于开拓、甘于奉献"的交通规费征稽精神和自尊、自爱、自强、自立，内强管理，外树形象的理念。先后涌现出严肃执法、查堵逃漏、治理"大吨小标"卓有成效的平定县交通规费征稽所；领导带头、点线联网、千方百计增费源、一心一意保费收的郊区交通规费征稽所；治理"三乱"、敢顶歪风、勇创新路的盂县交通规费征稽所等先进团队和坚持原则、献身殉职的规费征稽员张乐清以及高毓忠、杨德军、孙晋军、苏新华等秉公执法、不畏强暴、勇于奉献模范人物，先进事迹和无私奉献的精神激励着全市交通规费征稽队伍，从而保证各年度交通规费征稽任务的圆满和超额完成。

1993年至2002年，全市共征收交通规费4816.28万元。其中：拖拉机、机动三轮车公路养路费（含货运附加费）3745.68万元，铁路道口安全管理费38.68万元，车工建勤费1031.92万元，年均242.80万元。10年共为阳泉市县乡公路建养提供近5千万元资金。为阳泉市农村公路建设作出较大贡献。

第四章　国防交通

第一节　机构沿革

1996年9月1日，阳泉市委、市人民政府、市军分区以阳发〔1996〕41号发文，为适应中央军委新时期军事战略需要，切实做好国防动员准备和实施工作，保证党和国家改革开放大局的顺利发展，决定在市、县（区）各级成立国防动员委员会。

阳泉市国防动员委员会第一主任：田霍卿（市委书记）；主任：魏德卿（市长）；副主任：魏树军（军分区司令员、负责常务工作），弓计来（军分区政委），张俊华（市委副书记），张诚（市委常委、副市长），刘建田（副市长），杨清风（副市长）；委员有：崔占元（军分区参谋长），郭成文（军分区政治部主任），毛秀功（军分区后勤部部长），张凯（市委副秘书长、市委办公厅主任），郭俊泽（市政府秘书长、市政府办公厅主任），王红晓（市政府副秘书长），李明（市委组织部副部长），高全怀（市委宣传部副部长），李儒泉（市计委主任），翟治成（市经委主任），马玉隆（市财委主任），薛瑞锁（市教委主任），郭志峰（市建委主任），李新民（市人事局局长），宋建华（市公安局局长），贾增光（市财政局局长），曾庆忠（市民政局局长），李树敏（市交通局局长），王银珊（市卫生局局长),姜玉林(市物资局局长),马文建(市人防办主任),胡国照(市粮食局局长),高步文(市邮电管理局局长),万明杰(石家庄铁路分局阳泉地区办事处主任),董建堂(市工会主席),史润才(团市委副书记),贾吉贞(市妇联副主席)。

市国防动员委员会下设五个办公室,分别列入市政府、军分区有关部门序列。

1. 人民武装动员办公室,设在军分区司令部,全称阳泉市国防动员委员会人民武装动员办公室,简称"市人民武装动员办公室",办公室主任由军分区副参谋长吕誉耀担任。

2. 经济动员办公室,设在市计委、全称阳泉市国防动员委员会经济动员办公室,简称"市经济动员办公室"、办公室主任由市计委主任李儒泉担任。

3. 人民防空办公室,全称阳泉市国防委员动员会人民防空办公室,简称"市人民防空办公室",办公室主任由马文建担任。

4. 交通战备办公室,设在市交通局,全称阳泉市国防动员委员会交通战备办公室,办公室主任由市交通局局长李树敏担任。

5. 国防动员委员会办公室设在军分区司令部,全称阳泉市国防动员委员会办公室,简称"市国防动员办公室",办公室主任由军分区参谋长崔占元担任,副主任由军分区副参谋长吕誉耀,市委办公厅副主任梁宝印,市政府办公厅副主任王谦柱,军分区司令部动员科参谋王志明担任,市国防动员委员会办公室的人员编制,工作经费等按市有关规定执行。

上述5个专业办公室人员的调整配备,需经市国防动员委员会同意后,按规定程序报批。

各县(区)党委、政府和军事机关参照上述格局相应成立本级国防动员委员会,其办事机构由相应部门承担,各级国防动员委员会是同级党委、政府和军事机关有关国防动员工作的组织领导机构,为坚持党管武装的原则,按照精简机构的要求,县(区)国防动员委员会与同级党委的人民武装委员会一个机构,两块牌子。同时,市国防动员委员会成立后,县以上人民政府现设之人民防空委员会、交通战备领导小组即自行撤销,为保持工作的连续性,其办事机构直接转为国防动员委员会的工作机构。

1997年2月13日,市级机关机构改革,由于人事变动,为便于工作,经研究,阳泉市交通战备办公室主任由市交通局局长李裕厚担任,副主任由王振福担任,李永红任科员。

2001年11月19日,市级机关机构改革,由于人事变动,为便于工作,市交通局局长李书田兼任阳泉市交通战备办公室主任,焦建星担任市交战办副主任,张俊秀任交战办主任科员。

第二节 正规化建设

1993年,阳泉市交战办根据省交战办1993年工作重点,结合阳泉市实际情况,以县(区)级交通战备工作正规化建设和应急交通保障车队的组建为重点,对全市交通战备工作作出具体安排,并以正式文件下发各县(区)及有关部门。1993年8月16日召开全市交通战备工作会议,重点安排布置县(区)交通战备工作正规化建设。11月,市交战办深入平定县、盂县,按省交战办颁发的《山西省县区级交通战备工作正规化建设验收标准》对两县正规化建设逐条、逐项进行检查验收。

1. 交通战备领导和办事机构全部进行调整。平定县、郊区交战办做到办公室、工作人员、办公用品落实。盂县交战办安排专职副主任和专职工作人员。平定县、郊区交战办设置兼职副主任和兼职工作人员。

2. 各县、区交战办按省交战办下发《验收标准》,全面开展正规化建设工作,组织机构、工作制度、工作程序、基础建设等都有明显的进步。在此项工作中,各县(区)政府、人武部和交通局都十分重视,盂县交通战备领导小组组长、副县长侯金贵,副组长、县人武部部长张文魁亲自听取交战办汇报,多次打电话了解、督促工作进展情况,县交通局局长韩玉泽直接领导此项工作,在本局工作繁多、资金缺乏情况下,筹资金,调人员,挤房间,配齐工作人员,配置办公用品,解决办公用房,使正规化建设很快纳入轨道。平定县交战办主任、县交通局副局长翟治玺在时间紧、人员缺的情况下,动员各方力量加班加点,完成办公室组建。建档、标图、组建交通应急保障队伍、制定规章制度等工作,为全县交通战备工作的起步开了个好头。在自查以后,平定县、盂县又做了大量补充完善工作。12月,省交战办对阳泉市县(区)级交通战备工作正规化建设正式检查验收。通过检查,省交战办认为平定县、盂县的正规化建设达到《验收准入》。

第三节 交通保障建设

一、组建应急交通保障队伍

1993年根据省交战办的安排和要求，阳泉市交战办共组建应急交通保障车队7个，组织汽车249辆，各类人员388名。其中，两县一区组织应急交通保障车队3个，汽车43辆，各类人员82人；市属汽运一、二、三、四公司结合民兵整组，对原有的应急保障车队进行整顿，上述公司的4个应急保障车队，有汽车206辆，各类人员306名。

1994年，组建和整顿应急分队12个，其中新组建5个，整顿的7个，组织重点公路保障力量13 708人，专业抢修工程队14个。

二、应急交通保障图的绘制

1996年，阳泉市交战办经过反复调查研究，多次论证，在掌握军事保障和省交战办领导意图的基础上，五易其稿，编绘完成分县（区）应急交通保障图，当年3月在阳泉召开会议，专题审议“阳泉市应急交通保障图”，会后，经过再修改，省交战办以“阳泉市应急交通图”为样本，在全省推广，参照编制。

三、应急物资的运送

1998年南方遭遇特大洪水灾害，按照市政府要求，市交战办立即组织应急保障车队的8辆大型车辆，把200多吨价值300万元的救灾物资送到湖南岳阳市灾区。此次任务的圆满完成，受到市领导表扬。

第四节 国防公路建设

一、巨龙国防公路

巨城至龙庄国防公路是交通部和解放军总后勤部批准建设的“八五”计划项目，1990年3月勘察设计，北京军区和省交通战备办公室非常重视，多次到阳泉调研指导。1991年开始，完成立项编制可行性研究报告及报批等前期工作，1992年5月12日正式开工建设，1993年完成路基工程量的90%，完成桃河大桥、温河大桥主体部分及附属工程，完成投资1095万元，占批准预算88.2%；1994年重点完成岩会部队至巨城的路基、路面工程和计划外的涵洞2道20米，当年实际完成路基8.4公里，沥青表处路面8.9公里，沙砾路4.5公里。该项工程路基由巨城、岩会两乡镇民工和县交通局机械队施工，大桥工程由铁三局阳泉项目部承建施工，该路全长15.629公里（含支线2公里），1994年全线竣工通车。其中：温河大桥6孔－20米，桃河桥5孔－20米。

二、东太国防公路

五台东冶至寿阳太安驿国防公路盂县夫城口至东梁三级公路，是国家交通战备办公室、总后勤部军交部批准立项的山西国防公路重点建设项目，由北京军区交战办〔1998〕16号文件通知和省计委晋计投交字〔1999〕931号文《关于东冶至太安驿国防公路南庄至西烟段工程可行性研究报告批复》批准新建，省交通厅以晋交规划字〔2001〕754号文件下达夫城口至西烟段国防公路投资计划。2001年10月市政府召开市长办公会议，确定此公路的建设工期、建设投资等重大事宜。2002年3月22日东太国防公路夫西段工程正式开工建设。

东太国防公路盂县段工程，起点定襄交界盂县夫城口（k43＋000），终点东梁村（k97＋000），与双阳线平交，全长54公里。路线横跨滹沱河，穿越枣园隧道，沿乌河逆流而上，经夫城口、牛郎湾、河岗头、南头、东梁等30个行政村，连接下庄、西潘、西烟、东梁4个乡镇。

公路设计标准为三级，设计行车时速30公里，路线最大纵坡8%，坡长限制300米，路基宽7.5米，路面宽7米，路面结构7.5米，路面宽7米，路面结构为（4＋2.5）厘米沥青混凝土，桥梁设计车辆荷载汽—20吨，挂—100吨。

该项目工程建设期跨年度3年，分二期建设。第一期工程为路基工程，共划分为8个标段；第二期工程为路面工程，由山西远方路桥公司，山西第一公路工程（集团）公司联合承建，由山西华宝通监理公司监理，设计单位为山西交通职业学院和阳泉市交通局测设队。2004年10月1日全线竣工通车。

东太国防公路夫东线累计完成架设中桥12座，小桥11座，涵洞141道，石砌边沟2.1万延米，砌筑防护工程6.8万立方米，开炸石方25万立方米，动用土方115万立方米，铺设路面41万平方米，完成总投资8715万元：其中，国家800万元，省交通厅2180万元，市政府1059万元，县政府自筹4676万元。线路跨越四市五县，连通大运、太旧高速公路，北接东纵五阳公路，南连省道双阳线，不仅具有重要的国防战略意义，而且对于完善全市公路网络，加快盂县西部地区小康建设步伐，促进区域经济发展，具有十分重要意义。

第五节　表彰先进典型

1995年12月8日，北京军区国防动员委员会以〔1995〕国防交战字第001号文件通报所属各省、自治区、直辖市国防动员委员会交通战备领导小组和有关交通运输单位。“八五”期间，全区的交通战备工作在国家国防动员委员会和国家交通战备办公室领导下，在各级政府及有关部门大力支持下，各级交通战备部门认真贯彻新时期军事战略方针，坚持平战结合原则，服从服务于经济建设、在国防交通基础设施建设、交通战备正规化建设、专业保障队伍建设、应急交通保障、战备训练演练、科技和学术研究。战备物资储备与管理以及各种急难险重任务和部队机动保障中取得显著成绩，涌现出一批先进集体和先进工作者。他们胸怀全局，知难而进、不计名利、无私奉献，为交通战备事业作出贡献，为全区交通战备部门和从事交通战备工作的同志做出榜样。为激励先进，推动全区交通战备工作的深入开展，经军区国防动员委员会研究决定，对24个单位和61名同志予以通报表彰。其中：阳泉市交通战备办公室评为先进单位，阳泉市交通战备办公室副主任王振福评为先进工作者。

第三编　跨越发展时期(2003年～2010年)

第一章　公路管理

“十五”时期，阳泉公路交通事业进入超常规、大跨度、飞跃式的发展时期。路网规模持续扩大，结构不断优化。公路通车里程和通达深度取得突破性进展，基础设施得到明显改善。农村公路的通达、通畅能力进一步提高，交通行业的发展带动和促进了全市经济和社会的快速发展。截至2005年底，全市农村公路通车里程达4253公里，共投入建设资金16.2亿元，跃居全省前列，成为全省市、县(区)全部获奖的“满堂红”第一家。

“十一五”时期，阳泉市委、市政府按照省委、省政府“三个发展”要求，紧紧围绕“统筹城乡、率先转型、全面崛起、富民强市”这一主题，着力走转型、统筹、和谐、创新、绿色发展之路，掀起公路建设新高潮，加快构建现代综合运输体系，积极进行经济结构调整，大力转变发展方式，成为交通运输发展速度最快，发展质量最好，服务水平提升最显著的发展机遇。

阳泉市公路基本构成以市区为中心，干线公路为重点，辐射各县区的“五纵、五横、四大循环”公路主骨架，国省干线公路和县乡公路纵横交错，形成市、县、乡四通八达的公路网络。全市960个建制村除4个不具备条件的建制村外，全部通水泥(油)路，在全省11个市中率先实现农村公路建设“村村通”全覆盖。全市农村公路里程达到4847.03公里，是1978年改革开放初期农村公路通车里程的36.72倍。

第一节　农村公路和路网改造工程的实施

2002年，全省加快县际公路发展暨农村公路网建设长治现场会议召开后，市委、市政府以加快发展为主题，审时度势，抓住全市经济持续好转的有利时机，做出全面实施“四个一批、五级联网”的战略部署，快速行动，积极参战，同心同德，攻坚克难，全市公路建设高潮迭起，一年上一个新台阶，“十五”期间成为全市历史上公路事业发展最快最好的时期。

2003年，全市农村公路建设完成总投资34 417.9万元，新增通车里程目标60公里，实际完成87.98公里。新增高级、次高级路面里程目标30公里，实际完成60.62公里。建设文明路计划50公里，实际完成55.2公里。GBM工程计划30公里，实际完成39公里。“四个一批、五级联网”公路建设实际完成：新改建县公路39.1公里。新改建乡公路64.4公里。改建县公路高级、次高级路面21.4公里。新建乡公路高级、次高级路面37.7公里，其中水泥路22.05公里。改建县公路桥梁11座651.9米。新建乡公路桥梁1座8米。村村通硬化路工程完成824.75公里，其中油路或水泥路612.55公里，共计补助投资1732.25万元。平定县农村公路建设成绩尤为突出，在全省排名第三，成为2003年度省委、省政府重奖的3个县(区)之一。到2003年底，全市20个镇全部通油路，11个乡中有10个通油路。1038个行政村全部通公路，其中680个行政村通油路，新增通油路或水泥路的行政村148个。据山西省村通公路验收汇总表显示，阳泉市2003年村通水泥(油)路实际验收里程为822.25公里。

2004年，全市农村公路建设计划里程360公里，实际验收完成2099.51公里，完成计划583.2%。其中：县公路62.6公里，乡公路43.4公里，村村通水泥硬化路省验收1993.51公里。通水泥路的行政村计划180个，实际达到716个，完成计划397.8%。2004年全市有729个村开工村通公路建设，人数达10万余人。市委、市人大、市政府、市政协和军分区的领导，深入公路建设第一线现场办公，协调帮扶单位，落实资金、物资达300余万元。阳煤集团二矿帮扶资金20万元，南煤集团帮扶资金40万元，市经贸委帮扶资金10万元，平定县政府预支补助款100万元和水泥2万多吨，盂县政府拿出预支补助款1290万元和水泥2万吨，郊区政府预支补助款200万元，市交通局垫资120万元为盂县解决水泥5000吨。在工程关键时期，省交通厅与市政府分别拨付400万元和500万元，对村村通工程提前予以补助，市交通局道路管理处无偿支援盂县东梁乡混凝土搅拌机、切缝机等筑路设备，义白路指挥部支援盂县牛村镇洒水车，市、县新闻单位以自己的特有优势支持公路建设，"111"专题报导6次，《阳泉日报》专题报道70余篇，山西电视台、《中国交通报》、《山西交通报》也多次报道。2004年，全市农村公路建设实现跨越式发展，在全省11个市工程进度中，阳泉市遥遥领先，所属三个农业县区全部获奖。

2005年是"十五"计划的最后一年，也是阳泉市完成"四个一批、五级联网"和"村村通硬化路"目标的冲刺年。以建、养、管为重点，公路建设成绩斐然。固定资产投资16 984.21万元，村通硬化路工程完成225个行政村408.74公里，分别完成目标750%和454.2%。至2005年底，全市已有911个村通硬化路，通达率95.5%。新增公路通车里程118.3公里，新增高级、次高级路面223.67公里。通乡公路续建2条国债项目42公里，完成投资3500万元。通达工程完成51公里。县乡公路改造工程完成7条78.83公里。县乡公路GBM工程完成55.8公里，县乡公路创建文明示范路55.8公里。全面完成对农村公路标志、标线及安全设施的调查摸底，设置完善标志牌111块、标线55公里、防撞墩14处、减速带4处、安全设施18处。2005年，交通部派专家来阳泉市调研，对阳泉市石砌路的铺筑工艺和质量给予高度评价。由交通局道路管理处制作完成的石砌路施工工艺专题片，被省交通厅选送交通部，成为全国农村公路建设的示范资料。

阳泉市委、市政府十分注重发挥政策的威力和作用，及时研究出台县公路每公里补助4.5万元，乡、村公路每公里补助2万元的资金鼓励政策。各县(区)也出台相应补助政策，有效解决乡村公路建设，特别是一些贫困乡村资金严重短缺问题。同时极大地调动县(区)及乡村、特别是广大农民群众修路的积极性和主动性，成为全市公路发展的动力和基础。全市共有130余个单位为公路建设募集帮扶资金和物资约合人民币2000余万元，有力促进工程建设。市政府与各县(区)签订目标责任状，形成从市到县(区)，从县(区)到乡(镇)、村，任务明确、责任清晰、考核严明、奖惩兑现的一级向一级负责的目标责任体系和工作运作机制。广播、电视、报刊、互联网等媒体积极参与，在公路建设中起到巨大推动作用。

"十五"期间，全市建设农村公路达3843公里，完成投资16.2亿元，分别是"九五"时期4.6倍和3.2倍;建设改造县乡公路932公里，是"九五"时期1.37倍，村通水泥路通达率由"九五"期末20%提高到96%，是"九五"时期3.9倍。路网密度由"九五"期末30.7公里/百平方公里，提高到37.3公里/百平方公里。全市省、市、县、乡、村五级纵横交错的公路网络基本形成，对改变阳泉市域交通落后状况，提高路网等级和综合服务功能，畅通晋煤外运渠道，推动旅游事业和经济发展，促进沿线人民群众加快小康步伐，推动社会全面进步，构建和谐社会，起到巨大作用。

"十一五"期间，累计完成公路建设投资73.95亿元，是"十五"时期10.2倍。其中，阳盂高速公路、郊区新城大道、盂县运煤专线、平定西外环等项目累计投资56.45亿元，是"十五"时期28倍，公路建设对GDP拉动效应始终位居全市各行业之首。农村公路建设完成投资17.5亿元，累计完成公路建设里程4407.5公里。是"十五"时期3.4倍。公路网密度达到117.45公里/百平方公里，是"十五"时期3.6倍，每年平均以17公里/百平方公里的速度增长。新增公路通车里程3766公里，是2005年4.5倍。县乡公路三级以上公路里程由"十五"时期479.5公里提升为"十一五"587.9公里。新增高级、次高级路面3602公里，是2005年5.5倍。创建文明示范路682.25公里，是2005年12.2倍。新增通水泥(油)路建制村45个。

"十一五"时期义务参加公路建设的施工单位达300余家，出动机械设备1万余辆(台)。在修路过程中，农民群众热情空前高涨，全市农民平均每人自愿捐款约100元，各村投入劳力占全村人口50%左右。在筑路工程最紧张时刻，全市单日投入劳力最多时达8万人。市、县(区)、乡(镇)各级公路管理人员平均每周到公路一线服务指导时间达50多个小时，行程数万公里，足迹遍布全市。

阳泉市在"四个一批、五级联网"农村公路建设大会战中，积累宝贵经验。特别是因地制宜，就地取材，修建水泥路、沥青路、石砌路、耐火砖路和石碴路等多种路面的通村公路。期间，有交通部部长政策咨询小组、全省养护观摩团、青海省、黑龙江省、新疆维吾尔自治区、台州市等上级部门和兄弟省市政府到阳泉市交流学习农村公路建设经验。

省委书记袁纯清、省长王君以及省领导金道铭、申联彬、张平、牛仁亮等都先后莅临阳泉市视察农村公路；交通部副部长冯正霖在观摩平定县农村公路后，对阳泉市农村公路工作成就倍加赞赏；历届市委、市政府、市人大、市政协四套班子领导对农村公路更是高度关注、大力支持，经常深入一线进行视察和指导；2009年8月25日，在全省11个市中阳泉市率先实现农村公路“村村通”全覆盖工程，全省村通水泥(油)路“全覆盖”现场会在阳泉市召开，阳泉市路网密度、有路面铺装里程等公路指标获全省第一。在2010年全省农村公路建设项目检查验收中，阳泉市工程质量合格率达到100%，位居全省第一。

截至2010年底，全市公路通车里程共有5367.329公里，其中：国道3条210.297公里，省道6条310.002公里，县道48条里程为749.969公里，乡道111条里程为863.23公里，专用公路1条里程为3.543公里，村道1862条里程为3230.288公里。全部为等级公路，晴雨畅通。绿化里程达1091.259公里。全市乡镇开发区的通达率、通畅率分别达到100%。除去4个不具备条件村外，有956个建制村全部通水泥(油)路，通畅率达到99.58%。同时，结合社会主义新农村建设，完成“户户通”硬化路2270公里。公路密度达117.45公里/每百平方公里。阳泉市建成以市区为中心，以国、省道为骨架，以农村公路为基础，辐射县、乡、村，连接出省口、出市口，纵横交错、四通八达的公路网络，成为推动阳泉市转型跨越发展的强劲动力。

第二节　农村公路养护机制的改革

阳泉市在“四个一批、五级联网”公路建设取得辉煌成绩的同时，不断探索、改革养护方式、方法，养护机制逐步成熟。

“十五”期间，继续贯彻执行行之有效的政策、措施和办法，如义务养路、乡养县补、民办公助、以奖代补；大干大支持、小干小支持、不干不支持；管理人员包班队，养路班队包线，养护资金包干；定养护质量标准，定养护线路，定养护职工人数；养路资金到位，养护用料到位，奖惩办法到位等。同时发挥两个积极性，即：专业养护队伍积极性和群众义务养护积极性。坚持县、乡公路由专业养路道班、养路队养护，村公路由村民自行养护，坚持自建、自养、自受益的原则。

2005年，阳泉市公路管理系统定为“公路养护管理年”，向各级干部、养路员工和广大群众宣传公路养护政策和养护措施等，使各级干部、群众树立爱路养路新观念，纠正重建轻养、只用不养等偏向，做到建好一条路，用好一条路，还要养护好。市交通管理部门邀请市人大代表、政协委员就农村公路养护中群众关心的热点(养护力量薄弱)、难点(养护资金短缺)问题进行座谈，广泛听取各方意见、建议和对策，以改进公路的养护和管理。组织专业技术人员编写约10万余字的《阳泉市农村公路养护技术手册》，作为农村公路养护和管理的教材，以帮助各级干部、养护管理人员和群众掌握养护技术和管理经验。经过几年的实践探索，2005年，以阳政发〔2005〕28号文件印发《阳泉市农村公路养护管理实施办法》，阳泉市农村公路养护工作逐步走上制度化、正规化养护管理道路。

截至2005年底，全市县乡公路好路率达到82.6%，年平均好路率达到78%，年末养护质量综合值达到76.4，年平均养护质量综合值达到74.7。

“十一五”期间，面对公路通车里程快速增长，公路养管工作为全市上下所关注。市委、市政府要求各级交通管理部门，在抓好农村公路建设同时，要重视研究探索新时期农村公路管养的新思路、新方法，逐级树立“修路是基础、管养是关键”、“建设是发展、养护也是发展，而且是可持续发展”的理念，要以贯彻落实国务院颁布的《农村公路管理养护体制改革方案》为契机，严格执行《阳泉市农村公路养护管理实施办法》，加快建立农村公路管理养护体系，理顺管理体制，落实养管责任，明确资金筹措渠道，从组织机构养管内容、任务标准、资金筹措、考核奖惩等方面进行统一规范，使农村公路养管有法可依，有章可循。根据《阳泉市农村公路养护管理实施办法》，市财政将每年列入财政预算280万元作为公路养护专用资金，实行“以奖代补”，以确保“十一五”期间公路养护取得新成绩。

2006年，市委、市政府要求，农村公路管理养护要推行“专群结合”，大中修工程采用市场化运作，专业队伍养护，农村公路的小修保养由乡镇和村组织沿线群众实施，采取分段承包养护形式。要求全市农村公路“十一五”期间实施100条公路养护样板工程，养护指标要稳中有升，有效提高公路通达能力。要在全市开展“六比、八要”流动红旗竞赛活动。“六比”，即：比配套资金是否到位，比组织机构是否健全，比规章制度是否完善，比必要设备是否配套，比养护机制是否创新，比养护质量是否优良。“八要”，即：道路要干净，排水要通畅，路面要平整，设施要齐全，两侧要绿化，标线要清楚，灯光要明亮，管理要严格。

平定县积极改革创新，大胆落实探索，初步形成一整套行之有效的农村公路养护政策体系。资金投入方面，在上级养护补助投资基础上，出台《关于筹措县乡村公路管理养护基金的办法》，多渠道筹措养护基金。管理方面，针对公路分布广、线路长、过村路段多等问题，县公路管理部门实行“统一领导，分级负责，行业指导，科学养管，统分结合，包养到人，依法治路，保障畅通”的办法。机制方面，将公路养护管理推向市场，面向社会进行公开承包，对承包队伍，按优、良、次、差等级考核兑现的办法。同时，采取乡镇管理、行政村管理和县交通局直接管理三种模式，签订养护合同，明确各方责权，把有限养护资金大部分用在交通量大、路段重要的县道上。充分发挥乡（镇）村的主动性和积极性，集中部分资金对乡道、村道统一进行养护。制度方面，制定出台《平定县农村公路养护实施办法》、《平定县农村公路养护质量考核评定办法》等一系列规章制度，将全县公路养护工作纳入制度化、规范化轨道。平定县把2006年确定为“公路管理年”。当年，除省、市补助外，县政府拿出160万元作为农村公路养护管理专项资金，并将公路养护管理资金纳入财政预算，为养护管理提供资金保障。

2007年是阳泉市历史上农村公路养护资金投入最多的一年，全年投入养护资金1909.5万元。其中：投资346.3万元，完成护栏（墩）3142个，投资20.3万元完成各种标志牌172块，投资34万元完成公路错车台350个，投资228万元完成危桥维修改造12座，投资9.4万元完成限高、限宽路障9处，投资1271.5万元完成52条线路339.5公里的绿化任务，共种植各种树木228 272株，全市农村公路的服务水平得到进一步提高。

平定县及时到位养护资金150万元。成立公路养护管理领导组及公路养护公司，全面负责全县县、乡、村公路养护和路政管理工作。下设8个养路道班，聘用养护工580余人，签订养护合同362份，将公路养护任务层层分解、落实到人头，进行严格考核，收到明显效果，为全市公路养护工作探索出一条新路子。盂县落实养护资金124万元，聘用养路工668名，购买养护车辆10台，购买养护标志服200余套，县交通局成立养护中心，负责县级公路的管理任务。郊区落实养护资金100万元，成立了8个养护道班，购买养护标志服130余套和必要养护工具，聘用306名养护工人。三个县（区）的公路站（养护中心）全部取得由省交通厅颁发的养护资质证书。

2007年县乡公路年末好路率达到88.17%，比计划提高15.17%，年平均好路率达到79.82%，比年计划提高8.82%。年末养护质量综合值达到78.64，比计划提高13.64；年平均养护质量综合值达到76.05，比计划提高14.05。创建文明示范路61公里，完成计划122%。

2008年阳泉市交通系统经过摸索、实践、借鉴，结合本地实际，三个县（区）创建不同养护模式。平定县以县交通局公路管理站为主体，组建养护公司，按乡镇分片，下设8个养护道班，将养护任务层层分解，落实到人，进行考核。郊区采取县公路由交通局成立养路队直管，乡公路和村公路委托乡镇管理的方式。盂县交通局成立养护中心，负责县乡公路管养，村公路则委托村委会管理。通过总结经验，使养护工作内涵得到极大丰富和提高。

2009年，阳泉市积极深化养护体制改革，突出公路养护精细化管理特色，坚持“县路县养、乡路乡养、村路村养”的养护管理责任主体，完善“县局有养护中心，乡镇有管理站，村委有管理员”的农村公路三级养护管理机构。确保农村公路有人建、有人养、有人管，使农村公路年平均好路率和年末好路率稳中有升。

截至2010年底，阳泉市农村公路设有养护工区（站、道班）39个，养护队伍增加到2700人，养护资金共投入2380余万元，处理沉陷和修补路面3.89万平方米，修复挡墙5200立方米，处理山体塌方6180立方米，疏通桥涵350道，修整路肩边坡280公里，修建人文景观49处，修筑花池660个，栽种花草20.8万平方米，砌字牌48个、界牌8个，打标线320公里，更换里程碑58块，标志牌130块，安装宣传牌42块。县乡公路年末好路率达到83.5%，年平均好路率达到83.73%；年末养护质量综合值达到76.53，年平均养护质量综合值达到76.54。创建文明示范路54.18公里。农村公路养护质量逐年提升，屡创历史新高。

第三节　危桥改造与桥梁安全的综合治理

进入21世纪后，阳泉市由于大型运输车辆的增多，超载超限现象严重，使部分公路桥梁结构受损、技术状况逐渐下降，特别是20世纪中叶修建的双曲拱及桁架拱桥梁，承载能力相对较低，长期处于超负荷状态，安全隐患较大。因此，在进行危桥改造时，对那些设计等级低、使用时间长的拱桥，原则上拆除重建，而对一些可以继续使用的旧桥，则采取改建、加固、维修等技术处理，延长桥梁寿命，满足交通运输需要。由于采取及时有效的危桥治理措施，“十五”期间，全市农村公路“去危桥化”进展相对较快。2003年底，全市农村公路（不含村道桥梁）有桥梁125座，其中危桥33座，占桥梁总数26.4%。“十五”期末,全市农村公路(不含村道桥梁)有桥梁126座,其中危桥降至24座,占桥梁总数19.05%。

“十一五”期间,农村公路建设快速发展,桥梁也随之增加,阳泉市交通管理部门除加大危桥改造力度外,构建完善桥梁日常养护管理以及安全隐患及时排查体系,对于及时消灭危桥、维护桥梁安全至关重要。全市农村公路桥梁建立一桥一档,力争系统地、动态地掌握桥梁使用状况。同时,加强市、县两级公路部门桥梁养护工程师的业务培训和技术交流,为桥梁养护、监测及危桥加固改造提供技术支持。

2007年是阳泉市历史上农村公路危桥改造资金投入最多的一年,投资228万元完成危桥维修改造12座,投资9.4万元完成限高、限宽路障9处,全市农村公路桥梁安全的服务水平得到进一步加强。

2008年,为落实省、市提出的安全目标,投资500万元改造、加固3座危桥。对全市桥梁进行细致排查,明确桥梁管理的行政责任人和技术责任人。设立明显限载标志,严格落实巡查制度,确保全市公路桥梁安全、畅通。

2009年,阳泉市各级公路养护职责进一步明确,开展以“路面平整卫生干净,路肩两侧无垃圾,完善标线”为主要内容的农村公路养护暨交通安全专项整治,对工作认真负责、养护质量效果好的平定县、盂县重奖20万元和10万元,对工作不力、行动迟缓、效果不佳的单位和有关责任人给予通报批评与处罚。对全市农村公路桥梁,明确行政负责人、技术负责人和监管责任人并完善桥梁档案。对危桥险路及时采取封堵、设立警示标志、派专人值守等措施,确保桥梁安全使用。

2010年,阳泉市农村公路疏通桥涵350道,修整路肩边坡280公里,砌字牌48个、界牌8个,打标线320公里,更换里程碑58块,标志牌130块,安装宣传牌42块(含桥梁安全指示牌),使农村公路桥梁养护质量逐年提升。

截至2010年底,全市农村公路有桥梁314座,其中危桥20座,占桥梁总数6.4%,经过近几年集中改造后,农村公路危桥数量降至历史最低水平。

第四节　通行费征收

阳泉市交通局参与和管理的车辆通行费收费站有3个,即:阳井线娘子关收费站、石太线小桥铺收费站、307国道复线大村收费站。

一、阳井线娘子关收费站

1990年8月10日开征车辆交通费,2009年5月31日24时停征,共征交通费322 110 565元。1990年7月31日,根据省交通厅、省物价局、省财政厅、晋交征字〔1990〕第273号文《关于石太、阳井两线公路贷款改建收取车辆通行费的批复》,认为石太、阳井两线公路改建第一期工程娘子关桃河大桥经实地核查符合〔1988〕交公路字28号文件有关收费规定。经请示省人民政府领导原则同意,在娘子关桃河大桥设点收取通行费,今后阳井线不再设点收费,石太线小桥铺收费待工程竣工经有关部门核查后再定。

(一)此项收费由阳泉交通征费稽查处征收。收费票据可在市财政局印制。也可由阳泉市财政局委托市交通局印制。并套印阳泉市财政局收费收据专章。阳泉市交通局负责对费款的管理使用,要在银行设立专户,专款专用,所收通行费要专款交存财政局预算外资金代管户内,由财政局监督拨款,只许用于归还贷款和管理人员经费,不许挪作他用,收费结束后如有结余全部上交市财政。

(二)收费标准:汽车、拖拉机(包括挂车)不分空重车均以一个车次计算。核定吨位1吨至4吨(不含四吨)每辆每次收2元。核定吨位4吨至10吨(含4吨)每辆每次收5元。10吨以上(不含10吨)每辆每次收10元。

除卧车、吉普车、大、小客车和正在执行紧急任务的设有固定装置的消防车、医院救护车、公安部门的警车及进行军事演习的军车外其他任何机动车(不包括二、三轮摩托车)均应一律收取通行费。

娘子关镇及驻镇单位往返频繁的车辆可实行按月包交的办法,在比例上给予照顾。

(三)负责收费单位要向市物价局及时申领《收费许可证》,并认真执行收费规定,不得营私舞弊,要廉洁奉公,并接受物价、财政、审计部门的监督。

(四)阳井线公路贷款改建收费时间从1990年8月10日开始,收到还完贷款为止。

1992年12月2日,根据省交通厅、省物价局、省财政厅晋交征字〔1992〕第464号文《关于对调整太石、阳井公路车辆通行费标准请示的批复》同意在〔1990〕晋交征字273号和〔1991〕晋交征字412号文件规定收取通行费基础上适当调整收费标准,并对大客车、小客车开收通行费。标准调整为:

(一)2吨以下(含2吨)的货车(包括挂车、半挂车)及拖拉机和小型客车(包括卧车、吉普车),20座以下的面包车,旅游车和机动三轮车每辆次收费2元。

2吨以上至4吨(不含4吨)的货车和中型客车(20座以上40座以下)每辆次收费5元。

4吨以上至10吨以下(含10吨)的货车和大型客车(40座以上)每辆次收费10元。

10 吨以上(不含 10 吨)的重型车辆每辆次收费 15 元。

(二)收费站附近的车辆可协商收费。

(三)车辆通行费缴讫证,一律使用全省统一的《山西省车辆通行费缴费凭证》和《山西省车辆通行费包缴证》。原缴讫证停止使用并列表做好清理、核销工作。

(四)车辆通行费及资金、管理工作,仍按省交通厅晋交征〔1991〕第 412 号文件规定执行。收费停止后,收费机构所建房屋设施、办公用具、交通工具等财产应造册移交给阳泉交通征稽处。继续担负养路费、车购费、公路建设基金的征收稽查任务。

1998 年 6 月 11 日,根据省物价局、省财政厅、省交通厅晋价费字〔1998〕第 212 号文《关于调整 207 国道阳井线车辆通行费标准的通知》,经研究,同意适当调整 207 国道阳井线车辆通行费标准。

(一)调整后通行费标准(不分轻、重车,主、挂车合并计算)

1. 2.5 吨及以下客、货车、农用三轮车、20 马力及以下拖拉机,每车次收费 5 元;

2. 2.5 吨以上至 5 吨(含 5 吨)客、货车和 20 马力以上的拖拉机,每车次收费 10 元;

3. 5 吨以上至 10 吨(含 10 吨)客、货车,每车次收费 15 元;

4. 10 吨以上至 30 吨(含 30 吨)客、货车,每车次收费 20 元;

5. 30 吨以上大型车辆,每车次收费 50 元。

执行任务设有固定装置的消防车、医院救护车、微波通讯车、邮政车、警车、军车以及兰底车牌的“晋O”车辆,暂免收通行费。

(二)收费许可证由省物价局变更并负责年审,如逾期没有年审,省财政厅暂停核发通行费收费票据。

(三)其他未尽事宜,仍按原规定执行,本通知自下发之日起执行。

2002 年 11 月 18 日,根据省物价局、省财政厅、省交通厅晋价费字〔2002〕第 310 号文《关于提高一、二级收费公路车辆通行费标准(第一批)的补充通知》,执行普通二级公路收费标准的出省公路阳井公路娘子关收费站,收费标准提高为:2.5 吨(含 2.5 吨)以下每辆每次收 10 元;2.5 吨以上至 5 吨(含 5 吨)每辆每次收 15 元;5 吨以上至 10 吨(含 10 吨)每辆每次收 20 元;10 吨以上至 20 吨(含 20 吨)每辆每次收 25 元;20 吨以上至 30 吨(含 30 吨)每辆每次收 50 元;30 吨以上每辆每次收 60 元。

2009 年 5 月,根据《国务院办公室关于转发发展改革委交通运输部财政部有序取消还贷二级公路收费实施方案的通知》,省政府于 5 月 27 日发布通告,决定取消全省内全部政府还贷二级公路收费。从 5 月 31 日 24 时起,全省境内政府还贷二级公路收费的收费站共 155 个全部停止收费,5 月 31 日 24 时整,娘子关交通征费所停止对一切过往车辆的收费,并取消收费站。

二、石太线小桥铺收费站

1991 年 12 月 1 日开征车辆交通费,2007 年 2 月停征,共征收车辆通行费76 185 804元。1991 年 12 月 1 日,依据省物价局、省交通厅、省财政厅晋交征字〔1991〕第 412 号文《关于收取石太线公路过桥(路)费的批复》,石太线小桥铺大桥经省交通厅、省公路局、阳泉市交通局、公路分局等单位验收评定,主要技术指标均符合交通部部颁桥涵设计车负荷载标准。符合交通部、财政部、国家物价局发布的《贷款修建高等级公路和大型公转桥梁、隧道收取车辆通行费规定》有关要求,因此,同意对石太线小桥铺大桥行驶的车辆收取通行费,现将有关事项通知如下:

(一)石太线小桥铺大桥设点收费由市政府统一领导,车辆通行费由阳泉交通征费稽查处负责征收管理,具体实施由阳泉市交通局协助配合。

(二)大桥收费人员由市人民政府核定编制,由阳泉征稽组织领导,收费人员的证件等由省交通厅征稽局根据核定编制数核发。

(三)收费标准:汽车、拖拉机(包括挂车)不分空重车均以一个车次计算。核定吨位 1 吨至 4 吨(不含 4 吨)每辆每次 2 元。核定吨位 4 吨至 10 吨(含 4 吨)每辆每次收 5 元。10 吨以上(不含 10 吨)每辆每次收 10 元。

卧车、吉普车、大、小客车和正在执行紧急任务的设有固定装置的消防车、医院救护车、公安部门的警车及进行军事演习的军车免收通行费。

(四)车辆通行费缴讫证一律使用全省统一的《山西省车辆通行费缴费凭证》,由省交通厅印制.套印省交通厅车辆通行费票据专章和省财政厅收费专章。

(五)所征收的通行费要在银行设立专户,加强管理,专款专用。通行费要专款交存财政局预算外资金代管户内,主要用于归还小桥铺大桥建设工程的银行贷款和征费业务管理、收费人员经费,不许挪作他用,归还银行贷款要由市财政局监督审批。还完贷款后,收费停止,如有节余全部上交财政。

(六)负责收费单位要到市物价部门办理《收费许可证》,认真执行收费规定,接受当地财政、物价、审计部门监督检查。从 1991 年 12 月 1 日开始收费,收到还完贷款为止。

1992 年 12 月 2 日,根据省交通厅、省物价局、省财政厅晋交征字〔1992〕第 464 号文《关于对调整太石、阳井公路车辆通行费标准请示的批复》同意在〔1990〕晋交征字273号和〔1991〕晋交征字412号文件规定收取通行费基础上适当调整收费标准，并对大客车、小客车开收通行费。标准调整为：

(一)2吨以下(含2吨)的货车(包括挂车、半挂车)及拖拉机和小型客车(包括卧车、吉普车)，20座以下的面包车。旅旅游车和机动三轮车每辆次收费2元。

2吨以上至4吨(不含4吨)的货车和中型客车(20座以上40座以下)每辆次收费5元。

4吨以上至10吨以下(含10吨)的货车和大型客车(40座以上)每辆次收费10元。

10吨以(不含10吨)的重型车辆每辆次收费15元。

(二)收费站附近的车辆可协商收费。

(三)车辆通行费缴讫证，一律使用全省统一的《山西省车辆通行费缴费凭证》和《山西省车辆通行费包缴证》。原缴讫证停止使用并列表做好清理、核销工作。

(四)车辆通行费及资金、管理工作，仍按省交通厅晋交征〔1991〕第412号文件规定执行。收费停止后，收费机构所建房设施、办公用具、交通工具等财产应造册移交给阳泉交通征稽处。继续担负养路费、车购费、公路建设基金的征收稽查任务。

2002年7月23日，根据省物价局、省财政厅、省交通厅晋价费字〔2002〕第201号文《关于提高一、二级收费公路车辆通行费标准(第一批)的通知》，经报请省人民政府同意，决定提高省内一、二级收费公路车辆通行费标准。307国道太石段小桥铺收费站收费标准提高为：2.5吨(含2.5吨)以下每辆每次收10元；2.5吨以上至5吨(含5吨)每辆每次收15元；5吨以上至10吨(含10吨)每辆每次收20元；10吨以上至20吨(含20吨)每辆每次收25元；20吨以上至30吨(含30吨)每辆每次收50元；30吨以上每辆每次收60元，2007年2月底停征。

三、307国道复线大村收费站

隶属于阳泉市宏大公路经营有限公司，由阳泉市交通局主管。根据省人民政府晋政函〔2007〕207号、省交通厅、省财政厅、省物价局晋交财字〔2007〕515号、晋价行字〔2007〕389号文件，于2007年12月29日正式收取车辆通行费，批准收费年限为11年，设双向14车道。截至2010年12月31日，共收取车辆通行费128 569 872元，通行量达4 720 288辆次。

大村收费站的主要工作和职责是收取车辆通行费，承担偿还修建307国道复线坡头至水峪段一级公路的贷款任务。2008年，大村收费站被阳泉市文明办列为“文明示范窗口”，被山西省交通厅文明办评为“文明和谐示范窗口”；2009年，市总工会授予“工人先锋号”，郊区区委、区政府授予“文明单位”；2010年，市委、市政府评为百岗评议“优秀岗位”、“模范单位”；被市交通局评为“先进集体”、“模范集体”、“目标考核优秀单位”。站党支部连续三年被交通局党组评为“优秀党支部”。

第五节　超限检测站的设置

2004年4月15日，国务委员周永康主持召开全国道路交通安全工作部际联席会议，研究并原则通过在全国开展超限超载治理实施方案。4月30日，交通部、公安部、国家发展和改革委员会、国家质量监督检验检疫总局、国家安全生产监督管理局、国家工商行政管理局、国务院法制办公室七部委以交公路发〔2004〕219号文，联合印发《关于在全国开展车辆超限超载治理工作的实施方案》。

2004年5月27日，省人民政府办公厅以晋政办〔2004〕48号文下发《山西省开展车辆超限超载治理工作实施方案》。2004年6月16日，阳泉市人民政府办公厅以阳政办发〔2004〕60号文下发《全面开展车辆超限超载治理工作的实施方案》。2004年6月，成立阳泉市车辆超限超载治理工作领导组。各县(区)要成立相应的组织机构，负责境内的治理工作。

遵照2004年5月1日起施行的《中华人民共和国道路交通安全法》等法律法规，阳泉市交通局开展多形式、深层次的宣传活动。同时，各级政府部门对本辖区内的治超检测点、卸货点进行全面调查、分析，提出统一布点方案，根据治超工作需要，利用公路、公安交警、煤运公司现有站点设施，做到统筹兼顾、合理选址、科学布点。截至2010年底，阳泉市共设立公路超限超载检测站15个。

一、乱流治超检测站

位于平定县石门口乡乱流村，是经省政府晋政函〔2004〕192号文批准建立的超限检测临时卸载点，根据晋政函〔2009〕125号文《关于同意增设和调整公路超限检测站的批复》，乱流临时卸载点更名为乱流公路超限检测站。2005年6月5日正式运行，承担着途经白娘线的所有实载货运车辆的过磅称重检测，占地面积4000余平方米，站内有路政、交警、公安及后勤工作人员33人，平均每天车流量110辆左右。

二、东回治超检测站

位于平定县东回镇东回村，是经省政府晋政函〔2004〕192号文批准建立，2005年8月16日正式运行的超限检测临时卸载点。根据晋政函〔2009〕125

号文《关于同意增设和调整公路超限检测站的批复》,东回临时卸载点更名为东回公路超限检测站,占地面积2750余平方米,站内有路政、交警、公安及后勤工作人员33人,平均每天车流量60辆左右。

三、岔口治超检测站

位于平定县东岔口乡岔口村,是经省政府晋政函〔2004〕192号文批准建立的超限检测临时卸载点。根据晋政函〔2009〕125号文《关于同意增设和调整公路超限检测站的批复》,岔口临时卸载点更名为岔口公路超限检测站。2005年8月16日正式运行,承担着途杨白线的所有实载货运车辆的过磅称重检测,占地面积1150余平方米,站内有路政、公安交警、及后勤工作人员32人,平均每天车流量80辆左右。

2010年,以上三个站点又进行上档升级,安装不停车检测系统,设立科技治超监控指挥中心,大型监控屏幕的监控墙及监控席、网络机房,并购置交换机、不间断电源、服务器等设备。目前,该站点已经安装最先进的自动抓拍不停车检测系统。

四、娘子关公路超限检测站

地处晋冀交界处,位于S315娘阳线K3+590处,属单向检测标准的Ⅰ类公路超限检测站。根据省政府晋政函〔2009〕125号文《关于同意增设和调整公路超限检测站的批复》,由原二级公路收费站改建而成,于2011年5月30日正式运行,由阳泉市交通路政管理处负责管理。占地29.34亩,办公面积719.6平方米,附属用房272.85平方米,检测区车道称重安装不停车检测系统,能够满足24小时不间断检测超限车辆的需要。站内有路政、公安交警及后勤工作人员28人,平均每天车流量280辆左右。

五、乌玉超限检测站

是经山西省人民政府批准晋政函〔2004〕192号文件设立的治理超限超载卸货点,位于石阳公路120公里+900米处右侧,地处县城东10公里,附近有盂县主要产煤区南娄镇、路家村镇,是实现源头治理、杜绝超限超载车辆上路行驶、毁坏公路严重的一处重要关口,同时也是晋煤外运和过境车辆主要通道之一,日均车流量3千余辆(次)。乌玉卸货点占地面积25 000平方米,现有工作人员40名(包括路政、公安交警),日监测车辆近千余辆(次)。

六、活川口治超检测站

是2004年10月经省人民政府晋政函〔2004〕192号文批准设立的治超检测站,位于盂县境内梁阎公路17公里处,距县城70公里;此处西接五台、定襄,是晋煤外运和过境车辆的主要通道之一,日均车流量2000余辆(次)。卸货点占地面积7000平方米,有工作人员30名(包括路政、公安交警),日检测车辆800余辆(次)。

七、驼岭头公路超限检测站

位于县道义白线K3+000公里处,是经省政府晋政函〔2009〕125号文批准设立的二类公路超限检测站,其前身是2005年开始的新一轮无缝隙治理车辆超限超载设立的临时卸载点,2009年在此基础上升级改造而成的对车辆实施超限检测认定,查处和纠正违法行为的执法站点。主要负责途经义白路由南向北行驶的货运车辆的单向检测。该站按照省交通运输厅公路超限检测站管理办法,配备包括流动稽查在内的30名执法人员、实行24小时工作制,轮流值守检测弊端,日均检测车辆300余辆。2010年在提升检测速度上,安装不停车检测系统,改变以往货车排队检测,检测速度由过去几分钟缩短到几秒,对于缓解车辆拥堵发挥了巨大作用。该站设立之初,就提出打造“和谐、园林、廉洁”站点为目标,经过几年实践,通过开展形式多样的激发职工热情的喜闻乐见的丰富多彩活动,逐步引导职工立足本职、爱岗敬业、甘于奉献、文明执法、热情服务,打造成一支交通路政过硬执法队伍。

八、白泉公路超限检测站

成立于2009年10月,其前身为白泉超限运输检测点。位于阳泉市郊区荫营镇小河北村、S315线K27+270处,2008年9月按照交通部要求,完成规范化建设任务,占地面积10.8亩,其中房屋面积1020平方米,共设有检测通道2条,静态及动态检测磅各1台,实行单向不停车检测,日均检测车辆2183辆,有治超执法人员39名。

九、西郊公路超限检测站

成立于2009年10月,其前身为西郊超限运输检测点。位于平定县石门口乡西郊村,G307线K418+748处,2008年7月按照交通部要求,完成规范化建设任务,站点占地面积20亩,其中房屋面积1020平方米,共设有检测通道2条,静态及动态检测磅各1台,实行单向不停车检测,日均检测车辆3000辆,有治超执法人员36名。

十、交口公路超限检测站

成立于2009年10月,其前身为交口超限运输检测点。位于盂县仙人乡交口村,G207线K900+620处,2008年9月按照交通部要求,完成规范化建设任务,站点占地面积13.6亩,其中房屋面积1020平方米,共设有检测通道2条,静态及动态检测磅各1台,实行单向不停车检测,日均检测车辆2500辆,有治超执法人员33名。

十一、沙井公路超限检测站

成立于2007年6月,其前身为东庄头超限运输检测点。位于盂县仙人乡沙井村,S314线K11+400

处,2008年9月按照交通部要求,完成规范化建站任务,占地面积10亩,其中房屋面积1020平方米,共设有检测通道2条,静态及动态检测磅各1台,实行单向不停车检测,有治超执法人员39名。

十二、上社公路超限检测站

成立于2009年10月,是由上社收费站改建而成。位于盂县上社镇中社南村,S214线K88+335处,占地面积4877平方米,其中房屋面积361平方米,共设有检测通道1条,动态检测磅1台,实行单向不停车检测,有治超执法人员30名。

十三、梁家寨公路超限检测站

成立于2009年10月,是由梁家寨收费站改建而成。位于盂县梁家寨乡大崔家庄村,S345线K10+208处,占地面积12亩,其中房屋面积2908平方米,共设有检测通道1条,动态检测磅1台,实行单向不停车检测,日均检测车辆209辆,有治超执法人员28名。

十四、槐树铺公路超限检测站

成立于2009年10月,是由槐树铺隧道收费站改建而成。位于平定县柏井镇槐树铺村G307线K396+900处,占地面积2719平方米,其中房屋面积1594平方米,共设有检测通道1条,动态检测磅1台,实行单向不停车检测,日均检测车辆477辆,有治超执法人员26名。

十五、东梁公路超限检测站

成立于2009年12月,位于盂县东梁乡北蒋村,S314线K87+700处,有治超执法人员22名。

第六节 依法治路工作的加强与推进

2003年1月20日,省政府办公厅印发《关于治理向机动车辆乱收费和整顿道路站点的通知》。为进一步贯彻落实国办发〔2002〕31号文国务院办公厅《关于治理向机动车辆乱收费和整顿道路站点有关问题的通知》和国务院减轻企业负担部际联席会议关于贯彻落实此通知的实施意见,省人民政府决定,对全省向机动车辆乱收费和道路站点进行治理整顿。一要全面清理向机动车辆的收费、集资、罚款等,坚决取消不符合规定的项目,各种摊派一律取消;二要全面清理整顿道路站点,撤销违规站点,实行总量控制;三要严格执行审批管理制度,规范上路执法检查行为。

2004年,市交通局道路管理处为了进一步贯彻落实国务院、省人民政府关于治理公路"三乱"的规定,进一步提高执法队伍素质,强化执法力度,增强执法手段,投资3万元为路政执法人员制发服装,投资13万元配备路政稽查车,组织上路巡查,处理公路维权案件。一年中,共查处损坏公路路产路权案件11起,治理超限超载车辆6500余辆次,收取公路补偿费105 650元,上路率达到90%,结案率达100%,无一例行政复议案件,完成全年目标任务。

2005年1月9日,全省治理车辆超限超载工作会议后,市治超办按照会议的要求,立即组织人员制定《阳泉市开展"路警奋战30天,重处'双超'保安全"集中行动实施方案》。经过精心准备,周密布置,一个月间,全市交通、公安部门共出动执法3008人次,检测车辆68 283辆,查处超限车辆3972辆,卸载货物7430.84吨,悬挂宣传横幅11条,设置宣传台4个,散发宣传资料3000余份,查处箱式货车、客货混装车辆15台,并在《阳泉日报》集中宣传"治超"的目的、意义和成效,形成浓厚的舆论氛围和社会共识。

2005年11月15日,阳泉市交通局以阳交〔2005〕125号文印发《阳泉市交通系统实现所辖公路基本无"三乱"专项行动实施方案》,并成立所辖公路基本无"三乱"领导组。全市层层落实,分级负责,严格执行,使公路"三乱"得到遏制。市域所辖公路,未发现"三乱"反弹,有效维护公路正常秩序。

在2005年路政管理中,共受理立案损坏公路案件16起,结案16起,发现率90%,查处率100%,下发路政强制措施告诫书31份,强制决定书3份,下发路政许可表17份,拆除违法建筑5处、广告牌3块、线杆10根,收取公路赔(补)偿费21万余元。

2006年,市交通局在治理公路"三乱"工作上加大力度,年初召开动员大会,成立领导组,制订实施方案。主管部门与治超站点、治超站点与每个执法人员均签订治超责任状,做到"岗位职责、管理措施、责任追究"三落实,按照"口子不开、力度不减、政策不变"和"谁主管、谁负责"的工作方针,严格执行治超"五不准"和"十条禁令"规定,实现全年所管辖公路无"三乱"、"双超"车辆控制在6%以内目标。全年发现损坏公路案件32起,查处率100%,结案28起。下达路政强制告诫书30份、路政许可申请表22份,拆除违法建筑3处、广告牌16处,收取公路赔(补)偿费26.6万元。全市9个治超点共检测车辆500 805辆。查处"双超"车辆30 623辆、卸载9498.4吨、罚款653.98万元。阳泉市路政管理和治超工作全面实现了所辖公路无"三乱"和"双超"车辆控制在6%以内的目标。

2007年3月9日,市交通局道路管理处在驼岭头治超点召开路政工作管理会议,学习《公路法》、《公路路政管理规定》、及"双超"、"三乱"治理的方针政策,结合前段工作,要求全体路政执法人员必须纠正“二无一开”(无询问笔录、无处罚决定书、只开收据)等不规范行为,将现有路政执法人员重新调整,科学分工,做到人定岗、岗定责、责定绩、绩定奖,使效率与公平相统一,民主管理、依法管理、科学管理相结合,严格工作秩序、严格执法标准,确保公路安全畅通。

2007年8月23日,交通部部长李盛霖视察山西时指示:要加大超限超载车辆的治理,从根本上、源头上解决问题。省委、省政府非常重视,多次召开治超会议,由此拉开华北五省(市)联合治超序幕。

2007年12月19日,全省“无缝隙、拉网式”“治超”专项行动启动以来,作为“治超”主力军的阳泉市交通局不等不靠、真抓实干,主动承担起新一轮治理车辆超限超载各项前期准备工作,围绕“保综治、保畅通、保安全、为人民”的工作目标。制定《阳泉市治理非法超限超载车辆确保交通安全畅通实施方案》,主要成员单位与市政府签订目标责任书。12月19日,又组织公安、公路、工商、经贸、纠风等部门在汽车站广场举办“无缝隙、拉网式”治超专项行动启动仪式,开展声势浩大的宣传活动,同时投资75万元购置2台流动稽查专用车,组建4支流动稽查队,并对全市15条主要县乡公路路口派专人24小时值守。在全市交通系统治超执法人员的努力工作下,超限超载车辆基本杜绝,治超工作取得阶段性成效,并得到省政协副主席、省治超总监督员吕日周和省治超检查组的肯定和表扬。

2008年,路面“治超”取得明显成效,出现“三提高、三下降”新气象。三提高,即一是公路好路率提高,县乡公路年平均好路率比上年提高3.03%;二是货物运价提高,由“治超”前每吨公里0.3元上升到每吨公里0.6至0.7元;三是社会各界对“治超”认知度提高,由过去抵触、不理解转变为主动配合和举报违章。三下降,即一是损坏公路案件下降,比2007年下降27.8%;二是“双超”车辆数量大幅下降,由“治超”前13%下降到2008年末0.1%;三是执法人员无违规违纪现象发生,2008年未发生一起公路“三乱”和“收黑钱、送黑车”违规行为。

2008年,共查处损坏公路案件13起,结案13起,发现率85%,查处率100%,收取赔(补)偿费99.9万元。全市6个临时卸载点共检测车辆41万辆,查处超限超载车辆806辆,卸载372.78吨,罚款175万元,全市双超率降至0.1%。

2009年路政执法及治超工作,集中体现“一巩固、二确保、三到位”特点。“一巩固”,就是路面源头治理,按照“机构不散、力度不减、政策不变”的方针,认真履行职责,依法严管重罚,除保持和巩固以往的治超效果外,超限率比上年下降7%。“二确保”,即一是确保所辖路段超限超载车辆不反弹,在加大检测和巡查力度同时,通过对2008年治超工作的摸索和总结,确定重点巡查范围,经过一系列行之有效措施,遏制超限车辆反弹苗头;二是确保源头企业超限超载车辆不出厂,进一步明确监管单位、监管人员、监管程序以及应承担责任,并强有力地组织专项稽查行动,确保监管落到实处。“三到位”,即一是举报查处到位。随着治超工作不断深入,群众爱路护路意识明显增强。2009年共接到举报电话16起,其中查证落实11起,而且全部按照规定进行处理;二是监督到位。为了保持良好的治超态势,杜绝违规违纪行为发生,一方面强化对执法人员培训教育,另一方面采取明察暗访、随车上路等方法,加大对各治超站点监督管理。截至2009年底,未发生一起公路“三乱”案件;三是资金保障到位。市、县两级交通部门在资金缺口大、治超任务重的情况下,想方设法筹集资金,保证一线执法人员工资、饮食、取暖等开支得到保障。治理超限超载是一项涉及面广、难度较大的工作。路政执法人员敢于坚持原则,依法办事,为公路管理赢得好声誉,树立好形象。在全省治超工作会议上,阳泉市荣获全省“治超工作优秀市”称号;郊区荣获全省“治超工作优秀县(市、区)”称号,并获得省厅奖金3000万元;乱流治超点、驼岭头治超点荣获省、市“先进治超点”和“优秀站点”称号。

2010年,认真落实省、市治超工作会议精神,严格按照省厅“1258”治超工作总体要求,坚持“管理无缝隙、责任网络化”的工作方针,以路面治超为抓手、以科技治超为突破口,加大路面管控力度、扎实推进源头科技创新,确保治超工作健康有序开展。在工作中,注重治超信息化建设,形成科技治超、依法治超、长效治超的工作格局,各县(区)交通运输部门加强联动、多管齐下、齐抓共管,逐步建立治超工作长效机制。全市共出动执法人员12万人次,检测车辆260 429辆,查获超限超载车辆83辆。超限率控制在0.002%以下,县乡公路完好率保持在85%以上。

第七节　新技术的应用

一、利用煤矸石作为公路路床填料试验成功

阳泉市2005年9月开工建设的307国道复线工程,全长28.8公里,是阳泉市提升城市品位、实施“扩容提质”战略的重点工程。工程开工后,随着路基工程建设的有序推进,公路路床平均23米宽、80厘米高近45万立方米填料来源亟待解决。为确保

路床填筑质量和建设工期，在没有找到理想砂砾料场情况下，指挥部领导想到煤矸石。以煤立市的阳泉，煤矸石资源可谓"丰富"，现存煤矸石山有26座，存量达1.2亿吨，且每年递增700万吨。大量煤矸石积存，不仅占地，而且产生大量二氧化硫，严重污染环境。如果能将煤矸石用作公路路基填料，一方面节省工程造价，另一方面可以降低煤矸石造成的污染。

为了尊重科学，项目部要求实验室重点对煤矸石作为填料进行严格的科学实验。经过两个多月反复实验，结果表明：选用自燃、半自燃过的煤矸石，煤矸石作为填料的CBR值、最佳含土量、级配、含水量、膨胀率、压实度、变沉值、空隙率、平实度等指标全部符合国家一级公路路基设计要求。经测算：一立方砂砾石运到工地价格是60多元，而一立方煤矸石运到工地价格约10元左右。以307国道复线(北外环)工程紧靠多座煤矸石山的一、二、三、四标段计算，10公里路床填料就需18.4万立方米，以每立方米降低造价50元计算，可节约投资9200万元。

2006年9月28日，307国道复线用煤矸石代替公路路床填料试验获得成功。此项试验的成功，不仅缓解307国道复线(北外环)工程路床填料来源之难题，还为工程建设节省大量资金，更为重要的是，为今后公路建设探索出一条就地取材、变废为宝、减少污染、节约投资的新路。

二、307国道复线工程采空区治理成功

307国道复线沿线地质复杂，煤矿、铝矾土矿、硫铁矿造成的开采区长达15公里，治理采空区是307国道复线建设的控制性工程，若治理不到位，公路将会出现二次不均匀下沉、倾斜、拉伸，引起路面坡度改变，发生侧倾、开裂或台阶状破坏。如果在桥梁附近，则容易引起桥的高支柱倾斜、失稳，导致桥梁损坏。如果在涵洞内线，则带来线路坡度改变。

为了成功治理采空区，从2004年开始，阳泉市就组织专家针对采空区进行物探、钻探，在掌握第一手材料基础上，对采空区分布、开采方式、范围、历史、地质特点、地下巷道位置、积水位置，陷落柱分布、矿界资料等进行详尽调查、评价后，提出多套处置方案。同时还组织国内著名地质灾害防治专家对方案进行数次讨论，并成立由阳煤集团副总工程师张仁为组长、中国矿业大学教授级高级工程师何国庆等专家组成的专家组，随时研究解决采空区处置过程中出现的问题。

2005年6月25日，首先选择307国道复线工程中具有代表性的汉河沟大桥、天子庙隧道等地下采空区情况复杂的地段进行试验，使采空区治理工作确定有效的自治深度和范围，为确保工程质量提供有力的依据。2006年5月，实验段完工，全线采空区治理进入攻坚阶段。

为保证采空区成功治理，工程要求填充率在90%以上，并严格控制水泥和粉煤灰的配比比例。项目部要求每个标段都要严把原材料进货关，实行24小时全天候监理。紧紧围绕"质量时刻受控"这一关键，"自检、抽检、互检、专检"结合，突出事前管理，把握过程管理，严肃事后处理。凡影响工程质量的关键点，做到"一切以数据说话、数据指导规范生产"。项目部聘请采空区治理专家、山体崩塌滑坡治理专家针对薄弱环节，进行专门地质灾害防治知识培训、试验检测培训及内业资料整理培训，明确管理要点及控制要点，强化技术保证工作。

2006年9月3日，工程采空区治理全部完成，共钻孔进尺21万米，注浆84万立方米。采空区的成功治理，为工程全面推进奠定良好基础。

第二章　道路运输管理

2003年8月《行政许可法》的颁布实施，使行政许可的设立、实施、程序等有了明确规定。《道路运输条例》的实施，以法律形式确立运管机构的行政许可主体地位，明确各级运管机构的行政审批权限，为道路运输行政许可建立法制基础，使道路运输管理纳入法制化、制度化轨道。截至2008年底费改税，阳泉市运管系统累计征收运管费2.1亿元，客运附加费0.7亿元，为道路运输行业管理和基础设施建设提供资金保障。

截至2010年底，全市共有营业性货运经营户5358户，其中，普通货运企业4833户，危险货物运输企业12户，全市拥有营业性货运车辆17 081辆，载重吨位176 135吨。拥有营运拖拉机687辆，载重吨位760吨。全市道路班车客运经营户有11户，拥有客车565辆，客位12 005座，全市共运行道路客运班线207条，全市新建乡镇客运汽车站18个，候车亭533个、招呼站牌866个。全市32个乡镇全部通客车，乡镇通客车率达100%；960个建制村，通客车建制村增至941个，通客车率达98.1%。阳泉市新组建旅游客运经营户2户，拥有旅游客车40辆，1487座，全市有出租汽车客运经营户14户，注册营运出租汽车2108辆，在营运1552辆。年度完成客运量2500.3万人，旅客周转量57 740万人公里。

全市共有机动车维修企业739户，全市汽车维修救援网络有市、县12户骨干维修企业，实现"机构布局网络化，救援反应快速化，救援有力高效化，管理手段现代化,经营行为规范化”的维修救援网络。全市共有汽车综合性能检测站5个,年度完成维修量160 286辆次,年完成检测量21 576辆次,其中,等级评定检测7037辆次。

全市共有机动车驾驶员培训学校9所,其中,一级驾校5所,二级4所,年度培训驾驶员21 364人次,培训合格19 714人次,培训合格率92.3%。

全市共有道路客运汽车站21个。拥有四级货运站12个,平均日换算货物吞吐量1.19万吨。建成规模型的农村物流公司5个,建立配送店519个,覆盖全市637个建制村,覆盖率达67%,配送货物3000余种,营业额近9000万元,构建了较为完善的农村物流配送网络。

第一节 信息化建设的全面展开

一、网络建设

按照省运管局“统一规划、统一标准、统一管理、分级负责”的原则,2003年12月,市运管处通过2MSDH线路连接,与省运管局形成跨区域互联互通的广域网通信网络。2004年,完成市交通局、市运管处局域网(内网)的建设,实现局域网内所有电脑(节点)的互联互通,文件、打印机等资源的共享。

2005年12月,完成市到县广域网建设,全省运管机构省、市、县三级运政专网建成。通过运政网络,市运管处与省运管局开通视频会议和IP电话,实现运政管理数据实时传输和全省共享。

二、《山西运政管理系统》软件应用

结合运政管理工作的需要,2003年至2006年,《山西运政管理系统》经过四次升级,形成第四代《山西运政管理系统》。第四代《山西运政管理系统》实现省、市、县三级运政专网,完全采用B/S结构,建立省、市、县运政管理统一数据库。县级运管机构电脑安装C/S版《山西运政管理系统》,通过县网络连接市运管处数据库进行业务办理,市级数据库定时将数据上传省运管局。

到2010年,全市运管系统科技及信息化管理水平进一步完善,依托《山西运政管理系统》,构筑起全实时、全集中事务处理系统,实现管理数据的市级集中处理到省级集中处理,建立健全客运、货运、维修、驾管、车辆技术管理等电子系统。

三、视频会议与VOIP网络电话

视频会议。2004年5月29日,市运管处与省运管局启用两级视频会议系统。视频会议系统适用的会议模式包括讨论模式、演讲模式、文稿模式、VCD模式等。2004年10月和2006年8月两次对视频会议系统进行升级更新改造。

VOIP网络电话。2005年10月,阳泉市运管部门与全省运管系统VOIP网络电话正式开通使用。实现运管系统内部的“零”费用通话,大大节约办公经费支出、降低管理成本,提高办公效率。

四、96566运政热线

2005年5月,全省运管系统开始筹备96566运政热线系统建设。12月30日,96566运政热线系统全省正式联网开通,标志着全省道路运输行业管理工作又有一个与基层沟通,与社会沟通,与广大人民群众沟通的渠道。96566运政热线系统以“全天候24小时、一站式首问负责制”的方式服务于社会公众,不仅服务内容广泛,而且创建全新服务体系。

五、车载运政联网移动稽查系统

运政联网移动稽查系统是省交通厅2005年科研项目。2005年6月,阳泉市运管处完成汽车车载运政联网移动稽查系统试点工作,取得良好效果,并在全省范围内得到推广应用。2006年12月,省运管局在原系统基础上进行优化升级,整个系统设备先进,功能齐全,操作简便。车载运政联网移动稽查系统采用电子识别系统进行车牌号码的识别和取证,电子识别系统在整个系统中完成自动监控、自动登记、自动统计、自动验证、自动比对、自动报警等诸多功能。

六、阳泉市道路运输管理网站

2006年11月30日,“阳泉市道路运输管理网站”与“山西交通运输网站”同时启用。

“阳泉市道路运输管理网站”是“山西交通运输网站”“1+11+134”(即1个省局+11个地市+134个县)集群网站模式其中的一个网站。网站建设构建一个“互联互通,资源共享,信息安全,在线服务”的信息化运作体系,并实现部、省、市、县道路运输信息系统联网。

七、卫星定位系统应用

2006年11月30日,省级卫星定位应用系统GPS运营管理平台(一级)建成全面启动。2007年8月,阳泉市运管处GPS运营管理平台(二级)建成投入运行。按照交通部规定,阳泉市运管处为全市经营高速公路客运、超长客运(200公里以上)、危险品运输和山西省战略物资保障车队阳泉总队等运输企业建成GPS运营管理平台(三级)8个。

2009年,阳泉市运管处完成“山西省道路运输行业卫星定位应用系统阳泉市级监管平台及企业监管平台建设项目”。被省交通运输厅评为“全省道路运输行业卫星定位应用系统建设与管理工作先进单位”。截至2010年底,全市建成三级平台9个,按要求对412辆高速客运、超长客运、危险品运输和战略

物资保障客货营运车辆安装使用车载GPS终端，安装率达到100%，建立汽车电子档案，并全部纳入省、市、企业三级平台统一监管。2007年，阳泉市运管处被省运管局授予“信息化建设先进单位”；2007年至2008年，被省交通厅授予“统计工作先进集体”；2009年，被省交通厅授予“卫星定位应用系统建设与管理工作先进单位”，被交通运输部授予“全国公路、水路运输量专项调查先进集体”。

第二节　城乡客运一体化步伐的加快

1989年，阳泉市运管处实施优惠政策减免运管规费，鼓励客车“车头向下”，积极开辟边远乡村班车，使县(区)内50%的个体客车不出本县范围从事城乡客运，解决农民乘车难问题。

2004年，市运管处制定《阳泉市农村客运发展规划》、《关于加快发展农村客运和开展农村客运网络试点的实施方案》，科学规划，突出重点，稳步推进，得到各级政府支持，迅速掀起发展农村客运工作高潮。在省交通厅、市政府支持下，盂县人民政府召开协调会，解决盂县城市公交车辆和农村客运车辆多头管理及职能交叉问题。至此，阳泉市辖区的平定县、盂县实现了城乡客运一体化，做到城乡汽车旅客运输由道路交通运输管理部门统一规划、统一管理，使城乡客运管理体制进一步规范，有力推动“村村通客车”工程的深入开展。

2005年，市交通局成立道路运输管理系统村村通客车工程领导组，并采取四项措施。一是主动向市委、市政府汇报工作，争取支持，理顺各种关系，优化发展环境。3月23日，阳泉市人民政府行文印发市运管处制定的《阳泉市加快农村客运网络化建设实现村村通客车的实施方案》，并成立以副市长樊盛武为组长、各县(区)人民政府和相关部门领导参加的领导组，把行业行为变为政府行为和社会行为。4月22日，市政府召开各县(区)人民政府、相关部门和各乡(镇)人民政府领导参加的动员大会，明确要求把农村客运网络建设、实现“村村通客车”工程作为当前和今后一段时期的一项重要工作来抓。市运管处分三个小组，采取分片包干办法，将责任落实到人，每个小组包一个县(区)，主要负责“村村通客车”工程的指导和检查落实。各县(区)运管所分别成立相应领导机构、工作组和工程组，明确任务，明确责任，各司其职，各负其责，保证各项工作有序进行和认真落实，并列入全市各级运管部门年度责任目标考核。二是加大宣传力度。全市运管系统利用广播、电视、报纸、网络等新闻媒介，大力宣传重要意义和有关政策，，市运管处成立资料组和信息组，专门负责资料收集和宣传报道工作。三是将省交通厅制定的有关加快农村客运发展的各项优惠政策扎扎实实地落实到位，实现经营户有钱赚和农民群众坐得起车的“双赢”目标，保障农村客运健康快速发展。四是科学规划，分步实施。将全市“村村通客车”工程划分为摸底调查规划阶段、组织实施阶段、检查验收阶段三个步骤，并提出各个步骤的总体要求和工作方法，使全市“村村通客车”工程有序开展，稳步推进。

2008年11月12日，阳泉市政府常务会议研究，同意将市建设局承担的城市客运行政管理职能划归市交通局，实行由一个部门统一管理的客运管理体制；将市城市客运交通管理处建制划归市交通局管理，并入市交通局所属事业单位市道路运输管理处；市建设局监管的市公共交通总公司移交市交通局监管。至此，阳泉市形成真正意义上城乡公交一体化格局。阳泉市机构编制委员会办公室阳编办字〔2008〕96号文印发上述会议精神。

2009年2月17日，阳泉市在全省率先出台市人民政府办公厅〔2009〕1号文《关于阳泉市城乡公交一体化实施方案》。按照“科学规划，分步实施，统筹兼顾，平稳过渡，分类指导，注重实效”的原则，2009年采取优化整合客运线路办法，完成市公交总公司对阳泉至平定方向客运线路的87辆个体客车收购工作，实现平定方向由市公交总公司实行公车公营的公司化运营模式，为全市客运行业实现集约化、规模化、公司化经营奠定基础。

2010年，阳泉市运管部门积极开展、落实城乡公交一体化、推行公交片区经营工作。平定县人民政府召开专题会议，按照“政府主导、政策扶持、国有为主、集约经营”和“经营主体公司化、经营方式公交化、经营行为规范化、城乡服务均等化”的原则，由运管部门监管，县城镇工业联社带头，以东方驾校为投资主体，采用“公司化经营、公交化管理”的模式，组建成立平定县东方世纪公交客运有限公司，购置客车23辆，开通平定县5条公交线路，公交化改造道路客运线路6条。市交通局、郊区交通局达成一致意见，阳泉市交通集团有限公司以郊区二级汽车站场地为依托，组建郊区公交分公司，购置客车投入郊区城乡公交一体化运营，实现“公司化经营、公交化管理”。盂县运管部门制定《盂县城乡公交一体化工作实施方案》上报盂县人民政府核准开展工作。截至2010年底，初步建成市场规范、管理高效、运行安全、服务优质、出行便捷、节能环保的城乡客运一体化网络服务体系。

第三节　超限超载的源头综合治理

2007年12月13日，阳泉市政府召开全市治超工作动员会，贯彻省源头治超精神，开展源头治超工作。2007年12月19日，阳泉市举行治理超限超载进驻货运源头单位启动仪式。12月20日，召开全市运管系统治超工作会议，会议提出全市范围内创建货运源头无"双超"示范县的管理目标。按照"三源头一路口"治超措施，创造性地开展"拉网式、无缝隙"源头治超工作，三区两县运管部门分别建立驻站管理和巡查机构，首次选派驻站、巡查人员266名，分片包点，责任到人，对市、县(区)两级政府公告的货运源头单位284个，分别实行驻站和巡查管理，明确工作要求，认真履行职责，规范执法程序，狠抓责任落实，杜绝超限超载车辆从货运源头驶出。

一、构建源头治超无缝隙管理长效机制

2008年6月，受市政府委托，市交通局起草《阳泉市道路货物运输源头治理车辆超限超载实施细则》，细则结合全市实际，将建设主管部门、供电部门纳入到源头治超成员单位中。阳泉市运管处分析多年来治超工作"反复抓、抓反复"的实际状况，充分发挥交通行业运政管理职能，积极探索构建源头治超长效机制的有效途径，制定《阳泉市货运源头治超工作规范》。具体包括全市运管系统、乡镇政府、大型货运源头单位、其他货运源头单位、一般货物运输企业、危货运输企业、维修企业和综合性能检测线8个部分工作规范，并对在源头治超工作中组织机构、工作制度、工作流程、考核标准以及责任追究办法，细化部门职责，明确工作程序，明确治超的要求和标准，规范执法行为，强化各自职责和义务等都进行具体规定，为实现源头治超"管理无缝隙、责任网络化"目标奠定基础。

二、创新道路货运源头管理方式

阳煤集团有限公司是国有特大型煤炭生产企业，是全国最大的无烟煤生产企业之一，年生产煤炭3400万吨，其中，40%的煤炭通过公路运输。针对煤炭装载比重大、易装载、装载准确度低、车辆装载检测重复率高等极易诱发超限超载的实际情况，市运管处向企业提出改进站场管理秩序，提高工作效率的建议，要求公司在6个装载现场的40台装载车上安装使用装载车电子计量仪，使装载重量误差率精度可达0.05吨/次，极大提高车辆装载准确率，车辆复检率大幅降低，工作效率显著提高。

盂县跃进煤矿是一个年产90万吨的矿井。为确保零超载目标，煤矿投资70多万元安装电子磅，并购置新装载车，安装电子计量仪，提高装车的精确性。从进矿到出矿，建立车辆通行查验司机和随车证件，过治超磅，对过磅数据进行核实，开具统一的煤炭运销发票，检验车轴、装载吨数、验票、收出门证放行四道程序。源头治超工作开展以来，煤矿超载率由过去100%下降到零超载。通过实施源头治超，全市大型煤场全部安装电子磅，安装装载车电子计量仪，一次性装载合格率达90%以上，车辆重复称重导致的返工卸货现象基本消失。

为确保治超工作取得实效，阳泉市道路运输管理部门加强监督管理，与168户主要货运源头单位、10户危货运输企业、21户普货运输企业签订治理超限超载承诺书，实行"黑名单"制度，对违法超载车辆的从业人员计入"黑名单"。同时，为确保监督管理力度，运管部门采取随车上路、夜间突查、随机抽查、车辆倒查等多种方式对货源单位进行检查。对超限超载车辆和违规装载单位，下发整改通知书，并按照有关规定予以处罚。市运管处通过与市治超办协调，责成有关部门对存在严重超限超载车辆和违规装载单位平定县山西鑫阳煤业有限公司，做出吊销煤炭经营许可证的处罚。市、县运管部门领导不断深入治超第一线进行明察暗访，市运管处组织和配合市领导检查38次。全市源头治超共检查车辆9300辆，查处源头治超案件40起，行政处罚637 000元，移送、移交相关部门处理3起，同时，对有关责任人进行责任追究。

经过运管人员不懈努力，全市形成无缝隙源头治超、责任网络化管理，取得明显效果，形成源头卡住、路口堵住、路面打击的治超局面。运管部门在治超站点设置便民咨询台，设置执法人员监督台、公布举报投诉电话，实行24小时值班制度，畅通投诉渠道，广泛接受社会各界咨询、监督和投诉。为及时掌握治超进度和动态，专人负责春节期间信息统计和报送工作，确保完整性、及时性和准确性。超限超载率，由治超前的90%以上下降到0.04%；无牌无证车辆受到有效遏制，彻底杜绝55吨以上车辆驶出货运站场；站场拥堵现象得到明显扭转；运输效率显著提高，短途上站车辆由原来每天1趟次提高到2.2趟次，道路运输安全形势明显好转。

2008年阳泉市源头治超得到社会各界广泛认可，名列全省道路运输管理系统源头治超工作第一名，并受到省政协副主席、省治超总监督员吕日周，省、市人民政府治超办和省运管局充分肯定和表扬，被省运管局评为"治超工作优秀单位"。

三、充分应用科技治超手段

2009年，阳泉市运管处印发《2009年源头治超工作要点》，与各县(区)运管所签订责任状。全市经市、县(区)人民政府公告的货运源头企业575个。

其中进驻站点18个,巡查站点557个。

为了寻找新的源头治超手段,组织研发《阳泉市源头科技治超IC卡信息管理系统》,于2009年11月1日在盂县跃进煤矿、阳煤集团新景矿进行试点运营。2010年1月13日,阳泉市治超办举办项目评审会,正式通过省专家组评审。2010年初,在全市货运源头企业统一推广安装使用,按照要求对进入站场装货的车辆发放IC卡,卡内事先记录该车车主、车牌、轴数、核载数量等各种信息,对出场车辆使用IC卡管理。通过企业检测点时,都要进行刷卡检测,出货运源头企业时只要装载超限超量,就无法通行。而且在路上运管部门使用移动稽查设备对出场车辆IC卡使用情况进行稽查,货运车辆在经过检测站点都是刷IC卡,治超人员可以对该车装载数量一目了然。实现源头企业超载率低于0.01%,县乡公路完好率由2008年86.5%上升到92.9%。同期,中央电视台新闻部、《焦点访谈》栏目先后对"阳泉市源头治超、科技治超,是实现治超目标的有效手段;强化管理,落实责任,是确保治超成效的根本措施;加强领导,保障经费,是做好治超工作的重要保证"的治超工作经验予以采访报道。阳泉市运管处先后被省、市人民政府治超办评为"源头治超优秀单位"。

2010年6月28日,省政府治超工作领导组在阳泉市召开全省治超工作现场会,与会人员深入盂县跃进煤矿、盂县苌池零散物资过磅点、市交通局科技治超监控中心等现场观摩。副省长、省治超工作领导组组长牛仁亮在讲话中,充分肯定阳泉市货运源头科技治超工作取得的成就,要求省治超办要认真总结阳泉经验,在全省全面推广IC卡管理。截至2010年底,阳泉市科技治超系统安装完成98家,占应安装户数94%;全市规划14个零散货物过磅点已全部安装,覆盖全市417个小型货运源头企业,发放《源头科技治超IC卡》6500张,覆盖率达56%,城区、矿区、郊区、平定县、盂县按照要求完成全覆盖。阳泉市被省人民政府治超工作领导组授予"治超工作优秀市",盂县被授予"治超工作优秀县";阳泉市运管处被省治超领导组评为"先进源头管理单位",被市劳动竞赛委员会荣记"集体一等功",被省劳动竞赛委员会授予"工人先锋号"。

第四节　道路运输管理费征收

2004年1月15日,省交通厅、省财政厅印发《关于加强道路运输管理费、公路客运附加费<收支两条线>管理有关问题的通知》,运管部门进一步加强运管费的管理与审计。一是认真贯彻落实"两费"纳入省财政预算内管理,建立完善的省、市、县三级财务预算管理体制,实行资金直接拨付,保证资金"专款专用",杜绝截留、坐支、挤占、挪用等问题,提高运管资金使用效果;二是加强"两费"审计力度。对审计中暴露出来的问题提出整改措施,责任到人,逐条纠正;三是加强和规范资金管理制度和"两费"票据的领、发、缴、销管理制度,杜绝违纪行为的发生。

自2004年7月1日起,根据《中华人民共和国道路运输条例》第7条第3款规定,县级以上道路运输管理机构作为同级交通主管部门的直属单位,在交通主管部门的直接组织领导下,以独立法人组织的名义,承担并履行民事、行政执法主体的权利义务。运政稽查人员必须具有大专以上文化程度,通过法律、业务知识培训取得行政执法资格,持有《山西省行政执法证》或《中华人民共和国交通行政执法证》。2005年,运政稽查管理工作步入规范管理,依据《中华人民共和国道路运输条例》、《中华人民共和国行政处罚法》、《交通行政处罚程序规定》、《山西省道路运输管理暂行条例》及交通部和省交通厅制定的相配套的行政法规、规章规定开展道路运输市场稽查管理。2005年,稽查支队现场稽查3542人次,检查各类车辆8365辆次,处理违章违规192起,追缴规费82万元,收缴滞纳金2264元,违章罚款29 100元。收到举报投诉案件2起,查证处理2起,办结率100%。

2006年至2008年,阳泉市运管系统进一步加强运输市场监管,与市公安局联合启动打击"黑车"专项整治活动,以打击"黑客运"、"黑危货"、"黑出租"运输为重点,责任到人,采取不间断巡查、组织"零点"联合行动等方式,严厉打击"黑车"、超限超载、客运车辆乱窜线路等各类违法违规经营行为。并建立跨县稽查联动机制,和公安交警等部门配合,互通违章信息,加强事前监管和动态监管,形成合力。创新监管方式,应用《山西运政管理系统》移动稽查管理模块,建立完善稽查电子档案。保持对道路运输市场监管的力度,净化道路运输市场,创优道路运输发展环境。2008年,共查处各类违章车辆1700余辆次,行政处罚126车46万元,补征规费490万元。2003年至2008年共征收运管费12 697.3万元,征收客运附加费4186.3万元。

2008年12月18日,国务院印发《关于实施成品油价格和税费改革的通知》。2009年,阳泉市运管部门停止征收道路交通运管规费。公路运输管理费、公路客运附加费"两费"的征收工作完成历史使命,画上圆满句号。

第三章　交通征稽管理

2003 年以来，全市征稽干部职工认清形势，坚定信心，以国家利益为重，顾全大局，紧紧围绕“四个服务”，大力弘扬“四能”精神，加快“四个交通”，强化队伍整体素质，做好稳定队伍，转换职能的各项准备工作，圆满完成上级交办的各项任务。

第一节　交通规费征收政策的变化

2004 年 9 月 20 日，财政部、国家发展改革委、交通部财综〔2004〕67 号文件印发《关于对三轮汽车免收有关收费等问题的通知》规定，从 2005 年 1 月 1 日起，对从事田间作业和非营业运输的三轮汽车免予收取公路养路费。

2005 年 6 月 6 日，省交通厅、省财政厅联合印发晋交财字〔2005〕247 号文件《关于 <2005 年开始省征收的汽车养路费与各市实行超收分成的通知>》。该《通知》规定，各市交通征费稽查分局当年度征收的公路汽车养路费实际入库数超过上年度该费实际入库数部分，由省与各市按 7∶ 3 实行分成。各市所得 30% 由省列入年度预算，专项用于县乡公路、农村公路和村村通水泥（油）路的养护工作，不得挪作他用。

2008 年 12 月 18 日，国务院国发〔2008〕37 号文件，从 2009 年 1 月 1 日起实施成品油价格和税费改革，取消公路养路费等六项收费，阳泉市交通规费征收稽查机构征稽的拖拉机、农用三、四轮运输车公路养路费、公路货运附加费、铁路道口机动车辆安全管理费（代征）随之取消。

第二节　交通征收稽查工作的开展与组织形式

2003 年，国内“非典型肺炎”疫情突发。在中共中央、国务院的英明决策和正确领导下，举国上下，全民动员，同舟共济，科学防治，战胜“非典”。为把防治“非典”所耽误的征费时间和任务补回来，市交通局果断决策，在第四季度组织“两县三区”开展规费征稽百日大会战。并以阳交征字〔2003〕84 号文《关于加强公路养路费征收管理工作的通知》，规范征费行为，出动稽查专用车 51 台次，查处偷漏费车辆 239 台，追缴养路费 5.8 万余元，促进征费任务完成。当年征收拖拉机养路费 648.11 万元，为年计划 143.07%，比上年增长 7.79%；征收铁路道口安全管理费（代征）5.19 万元，为年计划115.33%。

2004 年 6 月，认真贯彻落实十六届四中全会精神，通报表彰城区规费征稽所秉公执法、为车主左增宏排忧解难的先进事迹，为征稽人员配备头盔、腰带、反光背心等必要装备，并开辟对农忙时间在田间作业和拉运农产品、蔬菜、鲜活物品车辆不拦不查的绿色通道。全年征收拖拉机养路费 663.68 万元，征收铁路道口机动车辆安全管理费（代征）4.86 万元，分别超额完成年计划 21% 和 7%。

2005 年，全体征稽人员以保持共产党员先进性教育活动为动力，千方百计涵养费源，不辞辛苦稽查征收，在国家对三轮汽车免收养路费文件下发后，费源急剧下降。面对此情况，广大规费征稽人员冒严寒、顶酷暑，以优质服务，良好作风，依法征稽，应征不漏，超额完成全年的征稽指标。全年征收拖拉机养路费 640 万元，为年计划 128%；征收铁路道口机动车辆安全管理费（代征）4.87 万元，为年计划 108%。“十五”计划期间，阳泉市交通规费征收稽查机构征收拖拉机和机动三轮车养路费、铁路道口机动车辆安全管理费（代征）共计 3044.37 万元，比“九五”计划期间 2468.41 万元增收 575.96 万元，增长 23.33%，为全市地方公路建设和社会经济发展作出应有贡献。

2006 年，阳泉市交通规费征收稽查工作全面实施“84321”计划，寓管理、征费、稽查于服务中，大力开展民主评议政风行风、治理商业贿赂及“数字征稽，科技征稽”，率先在全省实现微机征稽。同时增设车辆异动台账，实现车辆动态化管理。7 月中旬，在平定县娘子关镇召开交通规费征管工作现场促进会。之后又主动与阳泉交通征稽分局联系，组织开展为期一周的拉网式联合稽查行动，强制一批逃漏费车辆补征交通规费。全年征收拖拉机和机动三轮车养路费 646.1 万元，代征铁路道口机动车辆安全管理费 4.96 万元，分别为目标任务 101.1% 和 110.2%。

2007 年，以科学发展观统揽交通规费征收稽查工作，以构建和谐社会创优交通规费征收稽查环境，开展“作风建设、狠抓落实”年和“内学交通，外学焦作”活动。平定县征稽所采取“轮换式稽查”和“阳光高效稽查”相结合的办法，3 个月查扣漏费车辆 200 余辆，补征交通规费 30 余万元。郊区征稽所整合征稽资源，将原先 4 个征稽站整合为一南一北两个征稽执法大队，由所长、副所长分别兼任队长，同时补充完善考核奖惩办法，当年扭转之前连续两年完不成目标任务的被动局面。全年征收拖拉机养路费650.64万元,代征铁路道口机动车辆安全管理费5.24万元,超额完成年目标任务30.1%和17.0%。

2008年,强化征稽力度,突破以往传统框架模式,把和谐征稽、数字征稽、规范化执法、人性化征费和创优发展环境列入年度考核目标。为彻底根治"人治"顽疾、堵塞偷、逃、漏现象,实现依法治征管理目标,先后出台阳交征稽字〔2008〕1号、2号文件和《交通规费稽查工作程序》、《交通规费稽查工作规范》、《交通规费稽查车辆处理办法》、《交通规费稽查工作处理标准》等规章制度,进一步明确征管单位的稽查处理职责权限,初步建立公路养路费稽查和处理相分离的制度框架,使交通规费征收稽查管理工作与征稽对象、环境进一步切合、和谐、科学。同时,按照省交通征稽局、阳泉市交通局提出的"硬指标细化,软指标硬化"的原则和"纵到底、横到边"的目标责任网络要求,从规费征收稽查工作到内外部各项管理,都健全更明确、更细致、操作性更强的目标责任制,修订考核评比实施方案,完善责任追究制度,对完成责任目标好的单位进行表彰奖励,对完不成责任目标的单位负责人和有关责任人进行严肃责任追究和适当处罚。全年征收拖拉机和机动三轮车养路费653.12万元,代征铁路道口机动车辆安全管理费5.04万元。12月18日,国务院发出《国务院关于实施成品油价格和税费改革的通知》(国发〔2008〕37号)文,决定从2009年1月1日起实施成品油价格和税费改革。

第三节　国家成品油价格和税费改革的实施

2009年,贯彻落实《国务院关于实施成品油价格和税费改革的通知》(国务院国办发〔2008〕37号),自2009年1月1日零时起,阳泉市交通规费征稽系统停止征收拖拉机养路费等交通规费。按照市交通局党组"认真学习,统一思想,稳定队伍、等待安排的思路",阳泉市交通规费征收稽查处相继发出《关于全市交通规费征稽系统在国家成品油税费改革实施转岗过渡期工作安排》、《规费处在国家成品油税费改革实施人员转岗过渡期间的学习计划》、《关于在国家成品油税费改革实施转岗过渡期间各项考核制度的补充规定》、《关于开展深入学习实践科学发展观活动的实施方案》等文件,在全体征稽人员中开展"维护稳定、清理扫尾、资料归档"工作和"两学、两保证、一提高"活动。

2010年3月15日,阳泉市机构编制委员会办公室以阳编办字〔2010〕19号文件批复同意在阳泉市交通规费征收稽查处的基础上组建阳泉市交通路政管理处。5月19日,阳泉市交通规费征收稽查处人员整体转岗阳泉市交通路政管理处,阳泉市交通规费征收稽查处机构至此终止。

1985年至2008年,共征收交通规费9591.43万元。其中:拖拉机、机动三轮车公路养路费(含货运附加费)8490.39元,年均353.77万元;铁路道口安全管理费69.12万元,年均5.31万元;车工建勤费1031.92万元,年均242.80万元。特别是拖拉机养路费征收,1985年仅为74.40万元,2008年达到653.12万元,是1985年8.8倍;最高年份2004年达到663.68万元,接近1985年9倍。1985年至2008年的24年间,为阳泉市县乡公路建养提供近亿元资金,凝聚交通规费征收稽查人员不可磨灭的贡献。

第四章　国防交通

第一节　机构沿革

2008年7月23日,阳泉市国防动员委员会阳国动〔2008〕15号文印发《关于调整阳泉市国防动员委员会成员的通知》。按照阳泉市国防动员委员会领导成员组成有关规定,根据人事变动情况,为便于工作,经市委、市政府、军分区领导研究,决定对市国动委领导成员进行调整。第一主任:谢海(市委书记);主任:白云(市委副书记、市长);副主任:方庆灵(市委常委、军分区司令员,负责常务工作),蒋鹿(军分区政治委员),郎爱国(市委副书记),王旭明(市委常委、常务副市长);秘书长:杨少华(军分区参谋长兼市国动委综合办主任、市人民武装动员办主任);副秘书长:苏秀瑞(市委副秘书长),王新明(市政府副秘书长);委员有:甄铭(军分区政治部主任兼市国防教育办公室主任),徐文彬(军分区后勤部部长),许世奎(市委组织部副部长),史玉宝(市委宣传部副部长兼市政治动员办公室主任),王七孩(市总工会主席),杨日祥(团市委书记),朱玉芳(市妇联主席),刘志强(市发展和改革委员会主任兼市经济动员办公室主任),杨晋波(市经济委员会主任),曾庆忠(市人事局局长),吕宝堂(市统计局局长),赵平有(市教育局局长),薛银拴(市建设局局长),王斌权(市公安局局长),李瑞平(市国家安全局局长),王振国(市财政局局长),王银河(市民政局局长),李书田(市交通局局长兼市交通战备办公室主任),张三锁(市国土资源局局长),要真(市科技局局长兼市科技动员办公室主任),张永忠(市卫生局局长)，周建新(市文化新闻出版局局长)，李有庆(市广播电视总局局长)，王立宾(市人民防空办公室主任)，姬德耀(市粮食局局长)，郭晓瑞(中国联通阳泉分公司总经理兼市信息动员办公室主任)，刘哲(阳泉火车站站长)，王俊清(市物资集团公司总经理)。

2009年7月3日，阳泉市国防动员委员会阳国动〔2009〕17号文《关于调整阳泉市国防动员委员会成员的通知》，按照阳泉市国防动员委员会领导成员组成有关规定，根据人事变动情况，为便于工作，经市委、市政府、军分区领导研究，同意对市国动委领导成员进行调整。第一主任：白云(市委书记)；主任：李栋梁(市委副书记、市长)；副主任：郃爱国(市委副书记)，方庆灵(市委常委、军分区司令员，负责常务工作)，陆崇相(军分区政治委员)，王旭明(市委常委、常务副市长)；秘书长：杨少华(军分区参谋长兼市国动委综合办主任、市人民武装动员办主任)；副秘书长：苏秀瑞(市委副秘书长)，王新明(市政府副秘书长)；委员有：甄铭(军分区政治部主任兼市国防教育办公室主任)，徐文彬(军分区后勤部部长)，许世奎(市委组织部副部长)，史玉宝(市委宣传部副部长兼市政治动员办公室主任)，王振国(市总工会主席)，杨日祥(团市委书记)，朱玉芳(市妇联主席)，杜衡茂(市政府法制办公室主任)，刘志强(市发展和改革委员会主任兼市经济动员办公室主任)，杨晋波(市经济委员会主任)，郭社保(市编办主任)，尚永葆(市人事局局长)，樊如珍(市劳动和社会保障局局长)，赵平有(市教育局局长)，薛银拴(市建设局局长)，王斌权(市公安局局长)，王韶辉(市国家安全局局长)，任美福(市财政局局长)，王银河(市民政局局长)，李书田(市交通局局长兼市交通战备办公室主任)，林青(市国土资源局局长)，要真(市科技局局长兼市科技动员办公室主任)，张永忠(市卫生局局长)，武喜科(市商务局局长)，周建新(市文化新闻出版局局长)，李有庆(市广播电视总局局长)，王立宾(市人民防空办公室主任)，吕宝堂(市统计局局长)，姬德耀(市粮食局局长)，王永珍(市水利局局长)，连海峰(市林业局局长)，马文瑞(市气象局局长)，魏英祖(市地震局局长)，郭晓瑞(中国联通阳泉分公司总经理兼市信息动员办公室主任)，刘哲(阳泉火车站站长)，王俊清(市物资集团公司总经理)。

第二节　保障车队的组建

按照省交通厅确定阳泉市为战略物资保障车队建设试点市的工作安排，2005年6月2日，市交通局下发《战略物资道路运输保障体系建设工作的实施方案》。对组建战略物资道路运输保障车队的条件、程序、审核作了详尽安排。6月11日，市交通局成立以局长李书田为组长的交通系统战略物资道路运输保障体系建设工作领导组，办公室设在市运管处，处长尚保银兼任办公室主任。按照市运管处构建战略物资道路运输保障大队的实施方案，6月14日，阳泉市交通集团有限公司向市运管处提交成立阳泉市战略物资道路运输保障大队申请及相关资料。2005年11月10日，经市交通局推荐，市运管处考核确定由阳泉市交通集团有限公司和市汽车修造运输公司投入40辆大型货车，组建山西省战略物资道路运输保障车队阳泉总队并上报省交通厅、省运管局核批。2006年12月2日，省交通厅和省交战办在临汾市召开全省战略物资道路运输保障体系建设工作会议，会上为阳泉等市国防交通专业保障队伍战略物资道路运输保障大队(总队)命名授旗。

第三节　实战模拟演练

根据省交通厅、省交战办、省运管局关于进行战略物资道路运输保障车队战备训练安排，2007年5月17至18日，市交通局、市道路运输管理处在市修造运输有限公司新厂区举行战略物资道路运输保障大队建队以来的第一次点验暨综合应急实战模拟演练。省交战办副主任史荣和，省运管局副局长李灵，市委常委、秘书长樊盛武，阳泉军分区副政委耿万华，预备役248团团长叶江平，政委李明亮，参谋长马元祥，市交通局局长李书田以及局领导班子全体成员一起观摩保障车队演练。演练现场，40台战略物资保障车辆和5台后勤保障车辆、医疗救护车辆整齐停放，两个大队74名驾驶员和后勤保障人员身穿迷彩服，队列整齐。史荣和作重要讲话，樊盛武对演练提出要求，李灵下达战略物资运输命令，市运管处处长尚保银作演练战前动员，战略物资保障车队副总队长王谦带领全体队员进行战前宣誓，全体演练队员进行队列表演并接受史荣和检阅，随后进行车辆灭火、更换轮胎、车辆故障排除、现场救护伤员等科目演习。模拟演习结束后，市交通局副局长赵发明作演练总结讲评。这次战备演练，充分表现出阳泉市战略物资保障车队全体队员高度的政治素质和军事素质，检验和证明阳泉市战略物资道路运输保障车队是一支能打胜仗、敢打胜仗的队伍，为完成战略物资运输保障任务奠定良好基础。

2007年,全市形成完备的应急保障和救援体系。一是战略物资保障体系全面建成;二是按照“文明和谐、安全畅通”要求,组建了由阳泉市外事旅游汽车有限公司、阳泉劲松旅行社有限公司符合技术等级条件的40辆大、中巴客车和有从业资格的营运驾驶员,组成旅客运输应急保障车队,制定相应的应急抢险机制和应急预案;三是组建汽车维修救援网络体系,制订实施方案,出台降低救援车辆规费优惠政策。保障车队平时忙于经济运输,流动性强,为掌握企业和车队的情况,增强对车队实时指挥能力,市运管处对每辆战略物资运输保障车建立电子档案,安装GPS卫星定位系统,建设战略物资道路运输保障体系市、企业(车队)GPS运营二级管理平台,组成省、市、企业(车队)三级管理平台,形成掌控灵便、收放自如的运作机制。使应急保障和救援体系更加健全,更加完善,成为一支重要的应急应战道路运输保障力量。

2009年8月31日,全省在阳泉市举办全国首次国防交通运输保障车队现代科技远程指挥跨区机动演练,省委常委、省军区司令员方文平,省交通运输厅党组副书记、副厅长、省交通战备办公室主任张润,省军区后勤部副部长谢新宁,北京军区交通战备处处长王景耀,全省各市交通战备办、太原铁路局负责人参加。

市委书记白云,市委常委、市委秘书长樊盛武,市委常委、市委宣传部部长高全怀,市委常委、阳泉军分区司令员方庆灵,阳泉军分区政委陆崇相、参谋长杨少华陪同观摩。

与会人员通过视频,观看阳泉市国防交通运输专业保障队伍跨区机动演练。保障车队共出动200余人,60辆货运车辆,4辆维修保障车辆,2辆救护车,1辆消防车,5辆挖掘机和推土机,先后进行队伍点验、道路抢修、桥梁架设、人员救治、轮胎更换、车辆灭火等科目演练。这次演练,进一步锻炼阳泉市交通战略保障队伍,真正使这支队伍在关键时刻做到“招之即来,来之能战,战之能胜”。

第四节 应急保障物资的运送

一、抗击雨雪冰冻灾害

2008年的南方冰雪灾害,从2月8日至12日4天时间,启动战略物资道路运输保障车队在春节前紧急抢运电厂用煤,经过精心组织,保障电煤运输2266车次,运输电煤27 455吨,确保全市三大电厂春节用煤和发电输往南方,为抗击冰冻自然灾害作出贡献。

二、抗震救灾

2008年5月12日,四川汶川发生8.0级强烈地震。闻讯后,市交战办第一时间启动应急预案,下达通知,战略物资保障车辆处于一级战备状态,按照市委、市政府关于运送抢险救灾物资紧急会议精神,5月14日以最快速度下达战略物资运输保障任务,在两个小时内,集结20辆战略保障车辆,5月15日,阳泉市交通局局长、市交战办主任李书田带领20辆保障车辆,维修人员、随行记者等60余人,满载着全市130万父老乡亲对灾区群众的无限爱心,冒着炎炎烈日和山体塌方、余震不断等危险,昼夜兼程,行程130多个小时4000多公里,把440多吨价值339万元的棉被、矿泉水、大米、手电筒、核桃露、方便面等赈灾物资运送到四川德阳灾区,圆满完成赈灾运输保障任务,在全国地市级单位尚属第一家。继第一批救灾物资顺利运抵四川地震灾区后,从2008年5月25日至7月11日,市交战办不辱使命,昼夜奋战,组织调运特大型车辆338辆次,运送活动板房3203套,单运门窗3106套。其中:山东装运活动板房1209套和13套卫生间,太原装运1496套,阳泉市装运498套和门窗3106套。全市交通战备部门、交通系统和社会单位参战人员累计达2000余人次。运输车辆累计行程120万公里,相当于绕地球30圈,并在全国创造“四个零”的记录。即:零待料——快速抢运,无因料误工;零事故——安全为天,无重大事故;零损毁——精心装运,无较大损坏;零倒装——修路垫道,无二次搬运。特别是提前6天完成运输安置房任务,用实际行动证明阳泉市交通战备队伍是一支勇于承担社会责任、勇于奉献的队伍;是一支迎难而上、敢打敢拼、为民解难的队伍;是一支政治坚定、纪律严明,关键时刻豁得出来、危难时刻冲得上去的队伍;是一支具有凝聚力和应急处置战斗力的战斗群体。阳泉市抗震救灾物资抢运车队被授予“全国工人先锋号”旗帜、被省劳动竞赛委员会授予“五一”劳动奖状。市交通局被省劳动竞赛委员会评为“山西省援川抗震救灾先进集体”。

第五节 国防工程建设

2003年以来,市交战办按照“平战结合、军民结合”的原则,走出一条抓好重点国防公路工程建设、构筑交通发展模式、交通保障同步提高的发展之路。

一、白娘国防公路

白娘国防公路是2006年至2007年度国防路建设的主要项目之一,经省交战办批准建设,分为两段。一段起点石门口乡西郊村，终点为移穰村，长17公里。另一段起点娘子关镇程家村，终点娘子关，长5.6公里。共长约22.6公里。在此基础上，县政府自筹资金1800万元，将太旧高速公路和白娘国防公路的连接线（高速公路平定进出口至西郊段）改造为一级公路。

二、部队进出口道路

阳泉驻地部队进出口道路硬化是交通战备保障的重要工程，事关国家大局。阳泉市交战办按照平战结合、军民结合的原则，走出一条抓重点工程建设、构筑交通战备、交通保障同步提高的发展之路。一是加强军地联系，为部队提供可靠的交通保障。阳泉市是驻地部队较多的地方之一，为适应战备需要，市交战办立足服务，多次走访市军分区及5个驻地单位，座谈征询意见和建议，与部队共商国防建议和交通战备建设。共投资4000万元，为5个驻地部队修通进出口道路，不仅大大方便驻地部队的出入，提升交通保障能力，而且有力促进当地经济建设。在阳泉市实施的“四个一批，五级联网”工程中，把国防交通建设与农村公路建设统筹谋划，全面协调，重点是在进出口道路、在战时道路迂回、隐蔽行进等方面有了大的突破，在全省范围内率先为部队进出口道路实现全覆盖，全方位构建国防交通战备公路的整体网络，大大提升交通保障能力。二是抢修国防公路。2007年，白娘国防公路由于超载车辆多，公路损坏严重，特别是东武庄、西武庄桥遭到很大程度损坏，严重影响驻地部队出行和当地人民的生产生活。市交战办和驻地海军部队积极协商，共同筹措资金133万元，组织紧急抢修重建，仅用3个多月时间就恢复通车。三是建设部队进出口桥梁。驻娘子关部队进出口桥工程建设项目，位于平定县娘子关镇河北村，起点娘子关关隘处S315（阳井线）公路挡墙边上，终点接驻军808部队驻地出入口林荫大道，由山西路恒交通勘察设计咨询有限公司勘察设计。经招标，由江西赣基工程建设集团有限公司承担项目施工，由山西振兴公路监理有限公司承担项目监理。该项目原设计5孔—13米，桥路总长260米，总造价655.91万元。2011年9月25日竣工通车。北京军区战备处处长张俊峰，省交通战备办专职副主任尹新平，阳泉市市委常委、司令员方庆灵，解放军联勤第七分部副部长王希增等领导参加通车仪式。标志着阳泉市部队进出口道路硬化在全省率先实现全覆盖。

2009年，由于工作突出，市交战办被省国防动员委员会评为保障“跨越－2009”军事行动先进单位和2009年度“国防交通专业保障队伍建设先进单位”；2011年1月，被省国防动员委员会授予“军民融合式发展先进单位”称号；市交战办副主任王振福被省国防动员委员会评为全省交通战备工作30年作出突出贡献先进个人；副主任焦建星、主任科员张俊秀被省国防动员委员会评为保障“跨越－2009”军事行动先进个人；市交通局局长、交战办主任李书田，市交通局总工程师、交战办副主任焦建星被省国防动员委员会评为2009年度国防交通先进个人。

临汾市公路交通史

概　　述

临汾市位于山西省西南部，汾河下游，北抵韩信岭，东倚太岳山，西峙吕梁山，南界紫金山，汾河、沁河、黄河南北纵贯，形成山水环绕、沟壑纵横的天然盆地，南北最大纵跨170多千米，东西最大横跨约200千米，总面积20 275平方米，下辖1区2市14县，总人口415万人。1971年设临汾地区，2000年设地级临汾市。临汾为五帝之一的尧王建都之所，是中华民族的发祥地之一。自然条件优越，矿产资源丰富，为全国著名的煤、焦、铁产业基地。盆地四周山峦叠峰，高低悬殊，相对高差1900米，山区和丘陵面积占总面积80%，给公路交通事业发展带来很大困难。1978年以前，临汾地区公路通车里程短，数量少，密度小，又缺桥少涵，黄河、汾河横亘其间，出门难，行路难，严重制约着临汾经济发展。改革开放以后，在党和各级政府领导下，临汾市交通工作发展迅猛，成绩骄人。

1978年以来，临汾地委、行署带领全区人民大打交通基础设施建设翻身仗。“九五”期间，区交通局先后实施“千里油路大会战”、“双千里油路大会战”和霍侯一级公路建设大会战，实现了“平川村村通油路、山区乡村通公路、全区贯通循环路”的“新三通”目标，结束全区无高等级公路的历史。从1978年至1998年，全区累计投资24.3亿元，新建改建国、省、县、乡道路3405公里，使公路通车里程达6686公里，是1949年的60多倍，是1978年前的2.1倍。其中新增高等级公路163公里，实现了零的突破；新建改建通村公路2535公里，通村油路2487公里。至1998年，全区通油路的乡镇达到218个，1471个平川村全部通油路，1977个山区村有1635个通油路，724公里的全区周边循环路全线贯通，初步形成出门上公路，招手就坐车的良好交通环境。

“十五”期间，临汾市交通局以国省道干线公路、县乡公路、国债农村公路、村村通水泥（油）路建设为重点，争取建设项目，积极筹措资金，组织群众会战，公路建设取得高速度、快节奏、超常规发展。

“十一五”期间，临汾市交通局紧紧围绕国省道干线公路、临汾城区过境公路、村村通水泥（油）路、沿黄扶贫旅游公路和村村通客车等工程，掀起公路建设新高潮，使全市公路交通不论在数量上还是在质量上都有很大提高。

截至2009年底，临汾市公路通车里程达到16 596公里，其中按照行政等级分，有国道715公里，省道1075公里，县道2409公里，乡道5098公里，村道7220公里，专用公路79公里；按照技术等级分，有高速公路208公里，一级公路221公里，二级公路1833公里，三级公路2711公里，四级公路10 661公里，等外公路962公里；按路面等级分，有铺装路面6155公里，简易铺装路面5666公里，未铺装路面4815公里。公路密度81.86公里/百平方公里。实现乡乡镇镇通油路，99.1%的建制村通水泥（油）路，96.08%的建制村通客车。

截至2010年底，全市公路通车里程达17 121公里，同比新增525公里，全省排名第一；公路密度84.44公里/百平方公里，同比增加2.58公里；全市2958个建制村通水泥（油）路实现全覆盖；建制村通客车率达97.23%，同比增长1.15%。全市营运车辆达到27 860辆，同比增长5.3%；公路运输完成客运量4316万人，同比增长3.8%；完成客运周转量245 125万人公里，同比增长4.8%；完成货运量8796万吨，同比增长4.5%；完成货运周转量1 325 479万吨公里，同比增长2.3%。公路运输在综合运输体系中的基础性作用进一步增强。

第一编　开放搞活时期(1978 年～1995 年)

第一章　公路管理

1978 年党的十一届三中全会后,临汾交通步入恢复起步阶段。“要想富,先修路”、“要快富,快修路”,成为显著标志,最大特点就是集中力量办大事。在公共财政对交通建设投资一片空白,交通建设资金缺口很大的情况下,临汾市交通部门调动各方面、多层次积极性,采取“民办公助,民工建勤”多渠道集资,并通过出台发展政策、减免相关税收等措施,使国家投资、地方筹集、群众集资、民工建勤、国际援助等多种资金源源流向公路建设。在较短的时间内兴起公路建设的高潮,促进交通建设和发展。截至1995 年底,全区公路通车里程达到 3907 公里,比 1978 年增加 621 公里;油路里程达到 2258 公里,比 1978 年增加 1377 公里,等级公路里程达到 3079 公里,比 1978 年增加 1177 公里,其中二级公路 481 公里,而 1978 年全区还没有二级公路。全区 241 个乡镇全部通公路,比 1978 年增加 137 个;全区通油路乡镇达到 159 个,比 1978 年增加 82 个;3368 个行政村全部通机动车,比 1978 年增加 417 个;2339 个行政村通公路,比 1978 年增加 1127 个。

第一节　管理体制的沿革

1979 年 1 月,地区公路管理段革命委员会更名为临汾行署公路管理总段。总段下设 18 个公路养护段及工程队、机械队、测设队、筑路机械修配厂、张礼油库。1987 年 3 月,成立山西省公路局临汾分局。襄汾、永和、浮山、汾西、古县 5 个公路养护段由行署公路管理总段移交行署交通局管理。同时,永和公路养护段更名为隰永公路养护段,浮山公路养护段更名为临翼公路养护段,汾西公路养护段更名为霍桃公路养护段,古县公路养护段更名为洪古公路养护段。

1978 年,临汾地区行署交通局(现临汾市交通局)内设办公室、道路、计财、运输、政工 5 个科室,下属机构有临汾地区运输公司、监理所、公路总段、地区汽修厂。

1979 年 1 月,临汾行署交通局运管处成立。1987 年,临汾行署交通局成立公路管理处,原局内设科室道路科撤销,1979 年 2 月 13 日,省交通厅印发晋交公字第 80 号文件《关于改革公路管理体制实行分级管理的通知》,决定从 1979 年 3 月 1 日起,县公路由各县交通部门养护管理,公社公路由交通局在业务上加强指导,督促检查。并建议各行署、市交通局设道路管理科,共下放给临汾地区县公路 61 条 1188.47 公里。

1984 年 9 月 30 日,根据省交通厅〔1984〕257 号文件规定,地区交通局为全区 257 个乡镇各配备 1 名乡镇交通管理员,共 257 名。其中,在本系统选调 207 名正式职工,在农村选拔 50 名协议工。乡镇交通管理员的职责是负责乡镇的运输管理、路政管理,安全管理和拖拉机、畜力车养路费的征收工作。

1986 年 3 月 26 日,省政府办公厅下发〔1986〕41 号文件《转发省交通厅 <关于全省公路建养和管理体制改革的方案> 的通知》。方案规定将全省公路分为三个类别管理,主要干线(包括国道和主要省道);一般干线(不跨地市范围的省道);县乡公路。主要干线由省公路局管理,一般干线由各地市交通局管理,县乡公路由各县市交通局管理。10 月 7 日,国务院〔1986〕94 号文件印发《关于改革道路交通管理体制的通知》,决定全国城乡道路交通由公安机关负责统一管理,养路费征收仍由交通部门负责。

1992 年 6 月,临汾地区交通局下属机构地区商品公路开发总公司成立。

1992 年 3 月至 1995 年,交通局在地委、行署和省交通厅领导下,临汾地区积极开展全民义务修路活动,组织实施镇镇通油路工程,使全区公路数量增加,标准提高。同时,公路运输生产稳步发展,规费征收逐年增加,行政、企事业单位相对稳定。

第二节　高等级公路的建设与路网的形成

一、大运二级公路临汾段建设

大运二级公路建设是国家“七五”计划的重点工程项目,全长 677 公里,总投资 7.2 亿元。本市境内全长 156 公里,其中利用老太三线改建 46 公里,新建里程112.347公里。全部按二级公路标准设计,路基宽12米至15米,路面宽9米至12米,设计时速60公里以上。路段大都不占国道108线,另辟新路,形成复线。

1987年,成立临汾地区大运二级公路征地拆迁指挥部,总指挥为行署专员杨增杰。1988年5月26日,在侯马市召开临汾、侯马、霍州、洪洞、襄汾、曲沃6县市长和地直交通、公路、土地、邮电、电业等有关部门负责人参加的大运公路征地拆迁工作会议。

1989年3月30日,完成征地拆迁任务,支付拆迁费3299万元。

1990年9月28日,省委、省政府举行竣工通车剪彩仪式,临汾分会场设在马务汾河大桥西路段。

二、县县通油路工程

境内大规模的油路工程始于1970年,到1985年底,全区油路里程总共949公里。17个县市中,除隰县、永和县不通油路外,其余县市全部贯通。

1986年初,省交通厅根据省政府批准的“七五”交通建设计划,下达在全省实现县县通油路目标。本地区的任务是修通临汾通往隰县、永和县的油路,修建的最佳方案是沿临大线由午城接孝午线抵隰县线,再由隰县转接永和。1985年,临汾至蒲县的油路已经修通,且延伸到薛关。从薛关到永和县有94公里的油路铺筑任务,其中蒲县境内16.4公里,永和县境内38公里,隰县境内39.6公里。按三级公路技术标准建设。

1986年2月3日,行署交通局召开县县通油路工程工作会议,传达省交通厅、省公路局的安排意见,部署工程任务。4月15日,与蒲县、隰县、永和县三县政府就工程任务、技术标准、质量要求、工程投资、工程期限、材料供应等事项签订《工程协议书》。1986年4月中旬,各县工程相继开工。1986年9月,蒲县交通局负责施工的薛关至午城段油路大面积松散,区交通局当即在该路段召开现场会,帮助施工单位查找原因。1987年5月,蒲县交通局负责的路段发生病害,该局重新组织施工,使工程达到设计标准。1987年10月6日,工程全部完工。1988年1月15日至20日,行署交通局受省交通厅委托,对县县通油路工程验收,三段公路均合格。至此,全区17个县市全部贯通油路,公路油路总里程1255公里。

三、“三通”工程建设

到1992年底,全区170个乡中有10个乡不通公路,总里程164.7公里;71个镇中18个不通油路,总里程400公里;3368个行政村中有29个不通机动车。未实现“三通”的乡镇和行政村大都地处偏远山区,修路多为高填、深挖和石方工程。

是年冬,区交通局给10个不通公路的乡每个乡补助15万元,给29个不通机动车的行政村每村补助2万元修路款。汾西县县直机关干部捐资60万元,支援和平镇油路建设。永和县政府自筹100万元,修建桑壁镇油路一期工程15公里油路。安泽县政府安排社会汽车为通镇油路工程拉运石子、白灰等材料。

1993年3月上旬,省政府召开常务会议,决定利用三年时间实现全省乡通公路、镇通油路、村通机动车路,改善全省交通状况。3月18日,省公路局在全省公路工作会议上代表省交通厅与地市交通局签订“三通“建设责任书。省交通厅为乡通公路工程每公里补助10万元,镇通油路每公里补助5万元(1995年增加到7万元),村通机动车路每个村补助1万元,不足部分由有关地、县解决。

全区“三通”工程开工前,地区交通局与各县签订责任书,逐级负责。开工后,为每个工地派出工程监理人员,驻工地现场监督指导。

到1995年底,全区共建成乡通公路10条,全长164.2公里;修通29个行政村的机动车路,完成镇通油路14条,全长400公里。改造50个村的机动车路2000公里,增加通公路的行政村142个。

第三节　科学养护活动的开展

党的十一届三中全会以后,临汾地区交通系统在公路建设和养护上逐步实行权力下放、经费包干、定额管理、联路计酬等改革措施,把公路的养护质量、施工质量同职工的切身利益紧密挂钩,激发广大职工的护路、养路热情,提高好路率、竣工率、合格率。同时在公路建养中,进一步贯彻实施民工建勤、民办公助等修建地方道路的政策方针,动员社会各方面集资修路建桥,取得较为明显成效。

1979年2月,临汾地区交通局根据省交通厅《关于改革公路管理体制实行分级管理的通知》,实行县公路由县市交通局管理养护,地区交通局恢复道路科。1986年3月,省政府办公厅〔1986〕41号文转发省交通厅《关于山西省公路建养和管理体制改革方案》,将全省公路分为三个类别(国道、省道、县乡公路)管理,国道和主要省道由省公路局管理,不跨地区的省道和县公路由地市交通局管理。县乡公路由县市交通局管理。临汾地区公路管理总段负责管制境内的干线公路。同年12月,临汾地区交通局与临汾公路总段签署《关于临汾地区落实省政府公路体制改革方案会议纪要》,纪要规定:公路总段移交地区交通局一般干线262公里,代养县公路10公里。包括临翼线71公里,霍桃线60公里,襄乡县26公里，洪古线26公里，隰永线48公里，移交公路养护段5个：浮山、永和、襄汾、古县、汾西，养路道班25个。移交县乡公路1619公里，从是年1月1日起接收以上路线，开始养护。

1987年5月，交通部颁布《县乡公路建设和养护管理办法》5章21条。9月，临汾地区交通局制定临汾地区加速县乡公路建养工作的意见。9月15日，行署要求各级领导重视公路工作，并将其列入议事日程，贯彻公路法规，落实民工建勤，采取民办公助政策，加强技术管理，建立健全专业养路队伍，实行目标经济责任制管理。通过这些办法的具体实施，加速县乡公路建设的发展。

80年代初，县乡公路养护工作一直实行沿袭多年形成的农村代表工季节性养护制度。这一制度是在农村集体化、公社化条件下形成的。农村实行联产经济承包责任制以后，这一制度名存实亡，导致县乡公路养护人员报酬不兑现，队伍不健全，人员不落实，作息没时间，作业无定额，公路养护质量徘徊不前，居于全省下游水平。80年代后期，撤销人民公社，恢复乡镇建制。1987年，临汾行署交通局针对形势变化，提出组织专业养护队伍的措施。在核定公路养护里程基础上，按照1公里配备1名养路工标准，在全区县乡公路组建153个养路队，配备1530名养路工，并任命队长、副队长，制定作息制度，明确作业定额，连续数年，投资建房，使养路队工作很快纳入正常轨道。

80年代中期，刚刚组建的专业养路队伍，其人员构成绝大部分都是由民工建勤养护公路的代表工组成的，一不懂技术，二没有经济来源，工作很不安心。为了巩固专业养路队伍，临汾行署交通局对代表工实行补贴制，每人每日10余元，由本人所在生产队用记工分的形式解决。改革开放以后，农村实行了家庭联产承包责任制，生产队不复存在，养路工补贴成了无源之水，加之农村生活水平不断提高，补贴制远不能适应养路工生活需要。在这种情况下，各县市交通部门结合本地实际，先后实行工资制。工资来源大致有四种。一是征收民工建勤和车工建勤代金；二是群众集资；三是养路事业费开支；四是开展副业生产，以副补路。养路工人月工资200元至300元不等。工资制的实行，很快稳定养路工队伍，养路工们以此为职业，专心学业务，研究养护技术，从而使养护质量不断提高。90年代初，随着经济体制改革不断深入，县乡公路也逐步实行养路经济责任制形式，实行以路定等，以人包段，定额管理，联路计酬。经济责任制把养路工的责权利紧密结合起来，激发了养路工作积极性，使其尽心尽力，尽职尽责养路护路。

省、地、县交通部门制定文明养路队标准，各队制定文明公约，广泛开展“三、三、五”活动，定期检查评比。有的县市交通局还从基础建设抓起，为养路队购置电视机、收音机、打字机、订阅报刊，购买图书和象棋、扑克等，开展生动活泼的文体活动。不少养路队还种菜、种粮、植树、养花，努力做到公路像街道。庭院像花园，宿舍像客房。人人衣着整洁，举止文雅，室内窗明几净。文明养路队活动的开展，促进了养路队物质和思想建设，提高了养路工素质和养路质量。

公路养护工作的加强，使全区公路养护好路率稳步提高，保证了公路畅通，也促使临汾地区县乡公路建养工作逐步摆脱后进，跃入全省先进行列。连续10年，被省公路局评为“县乡公路建养先进单位”。吉县交通局率先实行养路经济责任制，开展科学养路，好路率常年保持100%，连续16年蝉联全区之冠，连续10年被省交通厅、省公路局树为“全省县乡公路建养标兵单位”，1990年5月1日，省社会主义劳动竞赛委员会给吉县交通局记集体三等功1次，为局长葛平安记二等功1次，同时被省委、省政府命名为“先进单位”。安泽、浮山、大宁、永和、襄汾、翼城等县的公路建养工作都取得了显著成绩，属全区先进行列。

第二章　道路运输管理

第一节　社会企事业单位自办运输的兴起

1978年以来，公路运输逐步打破国有企业独家经营的局面，出现国家、集体、个人一齐上，自由竞争的局面。1980年临汾境内开始出现私人购车从事客运。到1985年私营客车发展到1808辆。这些客运专业户一开始停车不受站点限制，票价与国营客车相同，固定成本比国有企业客车要低一半以上，而且可以和旅客自由议价，经营灵活，深受乘客欢迎，车主也盈利颇丰。1985年8月，山西第一家个体客运联营公司在曲沃成立。公司成立后，实行“六统一”管理制度，即统一安排营运路线，统一运价，统一供应油料，统一缴纳税费，统一保修车辆，统一年审年检。生产经营坚持“来自农民，服务农民”，他们车头向下，把服务重点放在国营专业运输公司尚未开辟营运的广大农村，开办赶集班车、逢会班车、夜宿班车，真正解决农民群众行路难、乘车难的问题。

1990年至1993年，是临汾客运发展最快的时期，短短三年时间，营运客车数量翻了一番，达到6830辆，大大缓解了长期困扰老百姓的乘车难、进城难、运货难的矛盾。

第二节 道路运输市场的治理整顿

随着道路运输业的快速发展,由于新旧体制正处于转换过程中,改革措施还没有完全配套,管理法规也不够健全,管理体制的横向和纵向关系还有待理顺,调控和监督方面也存在一些漏洞,加上运输市场开放程度较大,运力发展较快,致使运输市场经营行为不规范的问题逐步显现出来。如运力结构及运力布局不尽合理,国营汽车站不向社会开放,使车站资源不能得到充分运用,城市客运运力供大于求,农村及边远山区线路的运力明显不足,个体和国营公司司机超速驾车争抢客源,驾、乘人员侵吞票款,服务质量低下,无证经营,偷漏税费,抬价杀价,机动三轮车载客等诸多问题,道路运输市场秩序的整顿已到刻不容缓的地步。

1989年2月,根据交通部、省政府《关于整顿道路、水路运输市场的决定》的文件精神,临汾地区决定治理整顿全市道路、水路运输市场。

首先对全市各经营户的经营条件、经营资格、经营执照、经营范围、经营行为等进行摸底调查,初步摸清运输车辆和运输经营户的基本情况。同时也摸清运输行业在经营行为上存在的主要问题。针对调查摸底情况,临汾市各级交通运管部门开展以"七查"(查违法运输、查无证经营、查乱用票据、查偷逃税费、查行业歪风、查垄断资源、查抬价杀价)为主要内容的整治行动。在方法上采取走乡串门,从票据、账簿入手,"顺查、倒查、跟踪查",查票据、查手续、查证照、查账目、查管理;全面清查、重点突破;路查和户查相结合,以教育提高为主。按照省交通规定,先后统一5种基础台账和报表,统一经营户档案的格式和内容,加强票证管理,要求做到有关数据账账相符、账实相符。还统一运输经营户开、停业审批程序和零担货运线路审批程序,建立健全营运证年度审验制度,使运输市场管理基本步入正轨。

从1989年2月至1992年7月,经过三年多全市范围的大规模全面整顿,临汾市的交通运输秩序有了明显改观。

第三章 国防交通

第一节 机构沿革

临汾市交通战备工作是在省交战办、临汾市国防动员委员会、市交通局领导下,以军委新时期军事战略为指针,以军事斗争准备为龙头,以《国防法》、《国防交通条例》、《民用国力国防动员条例》为依据,遵循交通战备为国防建设服务、为部队服务、为经济建设服务的宗旨,突出专业保障队伍建设,深化正规化建设,推进信息化建设,完善基础设施建设。

1979年,为贯彻落实国务院,中央军委国发〔1978〕171号文件精神和铁道部、交通部、总参谋部、总作勤部《关于下发战时交通保障的原则要求的通知》,省革委、省军区印发晋革发〔1978〕190号和〔1979〕61号文。为落实上述文件精神,经临汾地委常委会议研究决定:成立地区交通战备领导机构。地区成立交通战备领导小组,下设领导小组办公室,配备2名承办人员,地点设在地区交通局。各县、市革委会、人武部各抽1名同志负责兼管此项工作,并指定具体承办人员。

1984年2月20日,"山西省临汾地区交通战备领导小组"更名为"山西省临汾地区行政公署、山西省临汾军分区交通战备领导小组"。同年12月5日,经小组研究决定:临汾市(即今尧都区)、侯马市、洪洞、霍州、襄汾、翼城、安泽、古县、大宁、吉县、乡宁、曲沃、隰县成立交通战备领导小组。1988年5月20日,临汾地区编制委员会核定地区交通战备办为行政编制3人。1990年12月27日,临汾地区单位性质核定小组认定,"临汾地区行政公署、临汾军分区交通战备领导小组办公室"单位性质为机关。

1993年4月8日,临汾行署批准地区交通战备办归属行署交通局,局长兼任主任。2000年临汾撤地改市,临汾地区交通战备办公室更名为临汾市交通战备办公室。

第二节 交通战备工作的开展

1982年8月11日,北京军区战备领导小组在临汾地区召开会议,审定七郎窝黄河大桥保障方案及华北地区有关经验交流会。1984年11月9日至10日,临汾地区交通战备办和临汾汽车运输公司组织战备车队演练。1985年1月,临汾地区交通战备办获全省交通战备先进单位称号,高伟生、籍茂昌被评为先进个人。

第二编　加快推进时期(1996年～2002年)

第一章　公路管理

第一节　管理体制沿革

1996年至1999年4年间,由于全区交通事业大发展,临汾地区交通局人员增加、机构增编,其中局机关内设办公室、人事科、计划统计科、安全征费科、纪检监察室、交通战备办公室等7个行政科室,下辖运管处、征费稽查处、公路管理处、测设队、职教中心、后勤中心、公路建设开发总公司等17个企事业单位。

2001年8月,临汾撤地设市,临汾地区行署交通局改为临汾市交通局,为正处级建制,是临汾市人民政府主管全市公路和水路交通的工作部门。

2002年,临汾市交通局对原有科室撤并和增设,对原有行政职能进行调整和变动。改革后,内设机构为办公室、人事教育科、计划投资科、公路科技科、规费征管科、监察室、交通战备办公室。并根据政事、政企分开的原则,将直属单位承担的公路建设、养护、路政、运政、水运航政、交通规费征收、收费公路管理等行政职能,划入市交通局承担,全局共有干部职工1038人。

2010年1月,原临汾市交通局更名为临汾市交通运输局。2月4日,举行临汾市交通运输局揭牌仪式。原临汾市建设局主管的城市公共汽车、出租车经营权和经营资质的管理,城区城市客运企业、客运市场的监督和管理,处理城市客运的服务投诉,打击查处城区非法经营的客运车辆,打击假牌、套牌出租汽车等业务划归交通运输局管理。2011年3月24日,正式成建制移交市交通运输局管理。

第二节　霍侯一级公路建设

霍侯一级公路纵贯市境南北,途经霍州、洪洞、临汾、襄汾、曲沃、侯马6个县市区,27个乡镇,200多个行政村,是在平原微丘区原108国道基础上重新设计改建的一条高等级公路。全长140公里,路基宽25.5米。其中城市道路设计宽度38.5米,总投资12.47亿元。

1998年6月,省计划委员会正式通过项目建议书。7月21日,以晋计文字〔1998〕517号文件批准工程可行性研究报告。7月底,相继通过国家计划委员会立项和专家评审局评审。8月初,全部落实国家开发银行8亿元低息贷款建设资金。

1998年8月2日,霍侯一级公路正式开工建设。全线需动土石方667.14万立方米,其中填方484万立方米,挖方174.14万立方米(石方1.01万立方米);路面工程3353.877万平方米,其中沥青混凝土3024.277万平方米,水泥混凝土226.6万平方米。沥青碎石103万平方米,路基防护工程13.12万立方米;涵沿365道,长10 607米;大桥6座,1386延米,中、小桥18座,672.3延米,公、铁路立交桥4座,240延米。总共需占地5152亩,拆迁房屋172 628平方米,移动电杆1765根,迁移通讯光缆40公里,伐树12.5万株。

参加建设的施工单位有行署交通局工程一队、二队、三队,临汾市政公司,临汾公路分局工程一处、二处、三处,天津市政,铁十九局,交通部工程一局,省公路局三公司,十三冶及沿线各县市交通局工程队等36家,共有施工机械5000多台,筑路人员上万名。

由于部分路段是在原有路基上作业,路基坚实。拓宽部分多为下湿地带,土质疏松。为处理好新开路基与原路基的对接,施工技术人员制定出与原路基梯形对接的施工方案,分层夯垫,水泥稳定,特殊地段采用片石填砌,层层加高。曲沃县与襄汾县交界的蒙亭坡是全线路基工程的关键部位,需填土25米高,浇注的底部涵洞全长60多米。负责该处施工的地区交通局工程一处,采用每填土20厘米,然后用压路机压实的办法。因施工进入冬季,筑路员工每天晚上在工地架起火把,燃起长烟驱赶寒霜,防止路面冻结。浇灌水泥后,在涵洞四周用草席、塑料布围拢,以使水泥砂浆有效凝固。

1998年9月3日和4日,省委书记胡富国两次到霍侯一级公路视察。同月,霍侯路建设指挥部聘请著名桥梁专家张华清对全路段桥梁施工统一指挥。10月21日,省长孙文盛专程到霍侯路慰问筑路员工。

到年底,路基工程基本完工。共完成土石方536万立方米,其中填方430余万立方米,挖方105万立方米;桥涵开工率90%,完成投资4.8亿元。

1999年开春,路面工程全面展开。施工分下面层和上面层两道工序,路面全部为沥青混凝土。参加施工的有临汾公路分局、山东济南公路局、太原通胜路桥公司、长治公路分局等8家单位。最先进的施工机械是从德国进口的路面摊铺机,半幅施工,一次成型,每天可成型路面1000余米。1999年7月底,路面工程全部完工。

第二章 道路运输管理

第一节 客运市场的建立

1996年,省运管局提出客运市场发展要抓两头(农村、省外)的工作方针。区运管处针对东西两山乘车难问题,大力发展山区班车、夜宿班车,最大限度满足山区人民交通需求。以国营运输公司为主体发往省外,个体中巴发往农村及矿区,小出租车穿插乡村道路,基本形成了国家、集体、个人三者一齐上,大客、中巴、小出租车遍及县乡村的客运格局。1996年底,全区241个乡镇中,通客车乡镇234个,乡镇通客车率达到97%。

随着市场经济体制改革的进一步深化,虽然"行路难"问题基本得到解决,但运输质量总体水平低下,不能满足社会普遍要求"走得好"的多层次需求。而且一些重点线路出现运力投放过剩,而一些偏远线路则无人问津;特别是在客运服务舒适性方面车型仍以普通客运车辆为主,大中型高档豪华、舒适型客车还未形成规模,车型更新速度无法满足人们多层次的出行需求。1999年,霍侯一级公路全线贯通,祁临高速公路正式列项,阳侯高速公路、临侯高速公路陆续报建,临汾地区的公路建设,又一次进入了发展的鼎盛时期。公路质量的提高,特别是路面的改善为旅客运输的舒适方便、及时创造先决条件。2000年,临汾地区运管处适时制定《关于加强新增车辆预批及改进线路审批办法的通知》,支持发展高档豪华车辆,鼓励开辟偏远的串乡班线,并率先在本辖区汽车站实行安全例检制度,短途班车实行一天一检,长途班车实行一趟一检,为车辆运行安全提供长效技术保障机制,在全省得到推广。截至2000年底,全市有营运客车1700辆,较1995年增长78%,形成以临汾市为中心,以532条客运线路为经纬,连接8个省、市区和35个较大城市,覆盖全区县级城市98%的乡镇、89%的行政村的客运网络。1996年至2000年,全市客车高、中、普比例由0:0:100调整到0:7:93,不断适应经济和社会发展中人民群众日益增长的乘车需求。2000年,全市共完成客运量2560万人次,客运周转量86 101万人公里,较1995年增长192%,113%。

2002年,临汾交通运业(集团)有限公司开始组建并初步通过交通部二级企业资质认定。公司由最初的5家控股子公司发展到17家子公司,拥有资产总额9552万元,营运客车397辆,其中高级车51辆,中级车75辆,营运线路138条。公司的成立,基本改变客运市场主体散、乱、弱、小的状况,使客运车辆结构趋于合理,逐步实现重点线路、长途线路运营车辆的空调卧铺化,完成从传统硬座位客车向空调卧铺客车的转变,提高整个运输业竞争力。

截至2004年底,全市有客运汽车1350辆,29个汽车站。经营省际班车线98条,121部汽车,辐射河南、河北、上海、浙江、福建、山东、陕西、甘肃、江苏、安徽、四川、北京、湖北13个省市。经营市际班车线148条,352部汽车,辐射太原、吕梁、晋中、长治、晋城、临汾、运城7个地市。县际班车线229条,523部汽车,辐射全市17个县(市、区)。乡际班车线152条,354部汽车,辐射全市151个乡镇。

2006年底,全市共有营运客车2737辆。其中,高、中、普比例由2000年的0:7:93调整到2:11:87辆。全市拥有辐射13个省市和省内各市、县、乡、村的各类客运线路470条,全部乡镇和91.3%的行政村通客车。

2010年底,全市营运车辆达到29 215辆,其中营运客车1861辆,比"十五"末增长19%。并于"十一五"期间开建临汾一级客运西站工程,建成临汾城北、永和、古县、曲沃、浮山、大宁、隰县、蒲县、霍州等16个县城二级客运站,全市156个乡镇中,已建成70个乡镇标准化客运站,市有一级站、县有二级站、近半数乡镇有等级客运站。全市2958个建制村中,已建成候车亭617个,建制村通客车率达97.32%。

第二节 货运市场的建立

20世纪80年代中期,国家东南沿海经济开发较早,对能源的需求十分强烈,临汾境内盛产优质煤焦,普遍受到青睐。因此晋煤东运成为改革开放以来临汾货运的主要市场。国企运输公司利用这一有利时期,争取国家专项贷款进行大规模的车辆更新换代,运力结构实现由单一解放车型向以大吨位柴油车为主的多样化发展。随着大吨位车辆的引进，逐步淘汰报废老旧车辆。1988年底，全区货运汽车已超过9465辆，比1978年翻了三番，8年中发展的运力相当于前30年运力的总和。1989年货运车辆比1986年增加1.6倍，货运量、货物周转量分别比1986年增加1.4倍和2倍，特别是非公有制经济成分所占比例大幅度上升。

随着运输市场的不断发展，全区公路运输经济结构出现发展不平衡，结构不合理的现象。一是国营运输企业，交通运输企业，起不到骨干主导作用，个体车比重太大。全区交通运输企业营运货车371辆，占全区营运总车数2.72%，国营大型运输企业车辆2764辆，占全区营运车数20.24%，而个体车辆达到8200辆，占全区营运车辆总数60.6%。短途运输的运力，以拖拉机为主，全区营运拖拉机7499台，其中交通运输企业、国营、集体运输企业的运输车辆仅占1.26%。而个体达98.74%。二是个体车辆猛增导致运输市场秩序混乱。运力大于运量的矛盾较为突出，个体车与国营运输企业争抢货源的现象严重，运输效益普遍降低。全区23个国营运输企业，从1989年至1991年，年平均利润77万元，每个车辆年平均盈利仅705.77元。三是因货源分布不平衡，运力盲目增长，有煤炭、矿产资源的县市，车货基本平衡。无煤炭和其他矿产资源的县市，运力普遍大于运量。

1992年，临汾市运管处将建立多种形式的货运有型市场作为工作中心，通过采取直管、联办、代办、托办四种不同方式，兴办货运代理、货运配载、货运交易市场和运输信息等运输服务事业，努力提高运输效益，初步建立起各种货物有形市场40个，形成一个由运管牵线搭桥，承托双方直接见面，双向选择的运输交易新格局。

1993年至1999年，临汾市运管处积极引导个体经营户实现规模经营，协调筹建有形市场（货运站场）和无形市场（提供信息服务的机构及场所），推行大宗物资合同运输，引导社会运力进行联营，走集约化和规模化运输的道路，危险品运输纳入行业管理。同时，引导国有运输企业转换经营机制，实行公司化运营；专门成立临汾、侯马直属所，在线路审批、二级维护、车辆检测、资质认定等方面向国有运输企业倾斜。1999年，全市货运市场运力大幅增长，全区从事道路货物运输业户达到20 755户，拥有营运载货汽车100 302辆，大中小拖拉机4万多台，年实现货运量53 297万吨，货运周转量185 085万吨公里。由于宏观控制不力，运力结构矛盾日益突出，一方面普通运力严重过剩，另一方面中高档运力严重短缺，形成运力严重浪费。运管处积极引导企业由单一提供运输劳务到开发交通物流的转变及运输企业向物流企业的转化，逐步从传统的道路货运企业向现代物流服务方面转变。

进入21世纪以来，随着市场经济不断消胀，货运市场波动很大。一是受煤焦行业和钢铁上涨刺激，大吨位货车急剧猛增，普通货车逐步被淘汰；二是危险品运输价格上扬，利润颇丰，受到青睐，竞相改置危货车辆。2008年底，全市共有营业性货运经营户23 771户，营运载货汽车49 602辆，拥有石油公司、博通公司、尧尔欣公司、大宁化工厂等11家危货运输业户，完成货物运输量8840.19万吨，货物周转量463 745万吨公里。通过协调发展特种、零担、集装箱等货物运输形式，真正建设成为一个统一、开放、竞争有序的道路货物运输大市场。2010年底，全市营运货车达到27 354辆，比“十五”末增长62%。

第三节 维修网络市场的建立

1974年至1978年，是汽车修配厂汽修生产的辉煌时代，厂内待修车辆比比皆是，接待车主常常是应接不暇，那些小修、零修业务只能靠见缝插针来完成。随着修理业发展，带动配件制造业发展，临汾城内建立专门从事轮胎翻修的工厂，建立活塞环厂，临汾动力厂、铸造厂生产的发动机缸体、曲轴，侯马汽修厂生产的齿轮等汽车配件产品享誉省内外。特别是临汾第三监狱试制出汾河牌汽车，山西师范大学与临运保养厂试制成功发动机不解体检验仪。1978年汽车配件制造产值达1313万元，临汾交通工业发展到前所未有的水平。

1982年，临汾人张汉武在鼓楼南开设张麻子修理铺，这是临汾第一家个体修理铺，主要业务就是充电瓶，补胎等简单维修。与此同时，各县出现修理组、修理班，从而开启临汾汽车修理业务逐步走向社会化、市场化进程，打破过去“只此一家、别无分店”的技术垄断局面。加之计划经济向市场经济的转型过渡，致使国营汽车修配厂的生产经营受到严重冲击。失去计划经济政策呵护，市场占有率下降，老大地位渐失；而私营汽车修理业犹如雨后春笋，遍地滋生。

20世纪80年代中期，临汾各大运输公司纷纷开始更新车型，调整运力结构。车辆的更新换代，大吨位车型的出现，给维修行业带来新的挑战。促使维修企业及各大运输公司维修部门派专人赴兄弟公司学习先进技术，再以举办各种培训班的形式进行技术更新。此举解决了有关依尔奇、奔驰车技术性能、操作规程、保养等方面的技术问题。针对老旧车型、进口车型使用年限长,主要配件无法供应,技术性能较差这一难题,通过设计、计算、试验等方法,改善车辆性能,延长其使用寿命。对一部分大吨位车辆则进行技术改造,如把奔驰车后桥改造成依尔奇后桥,解决奔驰带挂车无刹车问题。除此之外,还采取以旧养旧,强制性保养的方法。对于那些无法修复,难以继续运行的老旧车辆,进行报废之后,把旧车的零部件进行修复或直接用于运行中的旧车上,保证其他旧车正常运行。在大吨位车辆后期管理体制中,就是通过高度计划手段实施强制性保养,以延长大吨位车的使用寿命,提高经济效益。

20世纪80年代后期,许多汽车销售商瞄准临汾这块宝地。东风二汽、上海奔驰、北京现代等一大批汽车销售厂,建立起一整套比较完善的售后服务体系,以各种品牌为名称的专营保修企业在临汾应运而生。1994年,中国一汽在临汾设立总代理。1996年11月28日,上海大众汽车特约维修站进入临汾维修市场,夏利、普桑、二汽等十几个汽车品牌厂商相继落户临汾,推动汽车修理业进一步发展。

20世纪90年代,汽车综合性能检测中心建成投入使用后,通过对汽车进行不解体的检测诊断,彻底改变传统的耳听、眼看、手摸、路试等落后手段,为临汾汽车经营户和有关职能部门提供高效、快速、客观、公正的优质服务和可靠的技术依据,有效防止车辆隐患事故发生。1995年7月20日,《山西省道路运输管理暂行条例》颁布实施,临汾汽车维修行业开始纳入法制化管理轨道。1997年,GB16739—1997国家标准《汽车维修业开业条件》发布,使汽车维修行业结构得到进一步调整,行业整体素质明显提高,行业面貌有了较大改观。

2000年以后,一些三位一体和集"整车销售、汽车维修、配件供应、信息反馈"四位于一体的特约维修站(即4S店),在临汾相继出现。其不仅有现代化的维修车间、维修机具和检测仪器,特别是计算机在汽车控制领域上的广泛应用,彻底改变汽车维修技术现状,开创全新汽车维修理念。人们基本上不再用过去传统汽车维修技术,拆检诊断,修修补补、敲敲打打。取而代之的是不解体检测诊断和发动机故障分析仪、波型分析仪、制冷剂鉴别仪、防冻液分析仪、自动变速箱免拆清洗机、内窥镜、四轮定位,为维修做好精确诊断,其故障诊断的准确度、精确度几近100%。与此同时,机械加工也一改过去传统意义上的手工操作,比如曲轴加工、齿轮加工已完全实现操作自动化,其加工精确度完全超过80年代以前国家标准。钣金车间配备有奔腾事故车整型平台、局部整型机、二氧化碳保护焊机、将一辆辆变形的事故车恢复到原状。专用烤漆车间,意大利烤漆房使事故车的烤漆恢复到最佳状态。故障诊断使汽车维修从比较简单的体力劳动过程向较为复杂的脑力劳动过程转化,已成为现代汽车维修技术中的重要环节。在汽车产业的带动下,与汽车用品、汽车维修相关的汽车美容、汽车装饰、汽车养护项目也随之发展起来。

2008年底,临汾市共有汽车维修企业1211户,其中一类维修企业25户,二类维修企业166户,三类维修企业812户。共有综合性能检测站4个,其中A级站1个,B级站3个,共完成检测量合计15 716辆次,其中维修竣工检测6063辆次,等级评定检测7500辆次,维修质量监督检测2153辆次。其中10%的维修企业通过ISO9000标准认证,形成一支较为强大的运输后勤保障队伍,为推动临汾经济发展作出积极贡献。

第四节　驾驶员培训市场的建立

1984年,山西省临汾汽车运输公司教育科举办驾驶员培训班,第一期毕业学员22名。1985年5月,全区第一所机动车驾驶员培训学校——临汾市宏通工交总公司交通机动车驾驶员培训学校(即临汾地区运输公司交通机动车驾驶员培训学校)成立。先后投资30多万元从北京、太原、运城等地购买22台旧解放车作为教练车,1台实习车和1台教学解剖车,四套汽车构造挂图,一部分汽车零部件作为教学之用,修建和改建4个理论教室,1个实习教室及餐厅宿舍,用很短时间完善教学手段。主要培训对象是大车司机。1985年7月25日,面向社会招生138名。首届驾驶员培训班旗开得胜,在社会上赢得较好声誉,不少外地、外省学员纷纷慕名前来学习,先后有北京、河北、河南、山东、甘肃、陕西、江苏、浙江、广东、湖北等11个省市20多个地区的学员前来参加培训学习,宏通驾校在建校不到1年时间就招生培训779名学员,为临汾和全国各地输送大批合格的驾驶人才。

1988年以后,驾驶员培训考核全部归属公安部门,相应的管理办法由公安部门出台。自公安交警接管驾驶员培训考试工作后,发生较大变化。一是驾驶员培训学校明显增多;二是国家明确规定学员不准跨地区学习,必须在当地参加培训,市场竞争日趋激烈;三是交警部门加大对驾驶员培训学校的管理,统一安排招生计划、招生时间和招生名额,并进行统一招生考试,对驾校的硬件和软件建设都提出了新的更高的要求。培训业务也由单一的大货车驾驶员培训向小型车驾驶员培训拓展。1993年,临汾地区公安交警车管所驾校成立，专门开设小型车驾驶员培训业务，全区驾校达四所。

1995年，临汾地区运管处成立驾训股。同年，驾校移交，由交通主管部门具体负责汽车驾驶学校和驾驶员培训工作。1995年10月30日至11月6日，地区运管处驾训股对临汾地区机动车驾驶员培训学校进行验收，有6所驾校达到标准，核发《机动车驾驶员培训经营许可证》。至此，临汾地区驾驶员培训管理工作基本纳入交通行业管理。1996年至1999年，全区共有驾校6所，教练车204辆，从业人员488人，年培训能力为9096人。2000年至2004年，驾管中心依据交通部JT/T433－2000“机动车驾驶员培训业户开业条件”，对新增业户进行审核和验收。全市驾校增加至8所，教练车276辆，小型车为北京2020吉普，大车为解放CA141、东风EQ140标准车型。

2004年，驾驶员理论培训考试全部实现无纸化，理论教学实现电教多媒体，配有电视、录放机、LCD播放机、银幕、投影仪等现代化教学设备，更新教练车近200余部；训练道路全部硬化，桩训全部变为龙门骨架吊杆，新增单边桥、起伏路、侧方位停车、曲线行驶、限速限宽门、骑越障碍等科目；管理规章制度全部重新修订，教学管理大大改变，培训环境大大提高，基本实现标准化建设，全市驾校共投资千余万元。在管理工作上，按照国务院五部委精神，实现“学员培训记录”签章管理模式，制定业务流程。2005年，设计完成“临汾市驾校业务自动化应用程序”，在全市各驾校全面推广使用。同时根据管理需要，设计完成“临汾市驾校签章应用程序”，实现了上报、签章自动化，提高了办公效率。同年6月，临汾市驾培行业管理实现省、市、县三级管理的体制。

2008年，临汾市道路运输管理处驾管中心在已推广使用“临汾市驾校业务自动化应用程序”的基础之上，设计完成并推广应用了“临汾市初学驾驶员电子档案应用程序”、“临汾市从业资格换证应用程序全市统一模式”、“驾培管理档案录入与查询应用程序”，极大提高了行业的办公效率，促进了行业管理的规范与统一。与此同时，开展全区教练员岗位培训，教练员岗位技能比武活动，促进教练员更好地服务于驾驶员培训工作，从而达到了行业管理、规范教学双赢的效果。

2008年底，临汾市共有机动车驾驶员培训学校19所，其中一级驾校3所，二级驾校14所，三级驾校2所。拥有教学场地（含租赁场地）1 465 320平方米，从业教练员914人，教学车辆804部，年培训人员23 555人。

第五节　站场物流市场的建立

20世纪80年代，私营客车开始进入客运市场并迅速增长，由于没有固定停车站场，车辆沿街载客，乱停乱放，影响市容并带来安全隐患。为了加强客运市场管理，20世纪90年代初，地区运管处大力加强客运站场建设，采用联合办站、租赁场地和鼓励社会、企业办站等多种形式，先后建起多个客运站场，如五一路汽车客运发车站，平阳广场停车场等，将进入临汾市区的公路客车初步纳入站场管理。1993年，临汾地区运管处在安泽召开专业公司客运站向社会开放现场会。到年底，已有临汾市二运、安泽、古县、汾西、洪洞、隰县、永和、浮山7个县市的客运站场向社会开放。通过专业公司客运场站向社会开放的工作，不仅强化客运秩序，克服了乱停、乱放、乱靠的混乱局面，而且方便广大旅客，增加了专业公司经济效益和社会收益。1995年后，又不断改善和健全站场设施，初步建立起一个舒适、文明、方便、及时的乘、候车环境。

为了缓解城市交通压力，大力发展道路客运事业，1998年，临汾地区行署交通局制定“一个中心两个点”的发展规划，地区运管处连续数年先后建成临汾客运中心站、城南汽车站、115客运站、东王客运站，在东、西、南、北四个方向对公路客运实行定向分流。2004年5月18日，侯马汽车东站——国家一级汽车站正式投入使用，该站总投资1500余万元，总占地面积26 400平方米，其中站前广场3000平方米，候车大厅（包括商务厅、售票厅）2715平方米，停车场面积17 000平方米，场地全部硬化，并设有侯运检验室和社会进站车辆检验室。站内设施有：公寓、食堂、修理工房、医疗室、配电室、发电室等。汽车站实行微机智能化管理，从报班、售票、结算、监控全部微机管理。行包安检使用自动监测仪。每天进出客运班车280余台，有营运线路61条，日发班次500余个，日客流量高峰时达10 000至15 000余人次。省际班线16条，直达太原、郑州、石家庄、济南、上海等五个省会城市。2008年底，全市平均日发班次3766个，年均旅客发送量65 726万人次。

2005年以来，临汾市运管处积极引导发展城市物流配送及农村物流。到2008年底，全市已初步建立起以尧都区、侯马为核心，经蒲县、霍州、洪洞、翼城、襄汾等主要商品集散地为依托，货运站交易市场为载体，联结城镇，辐射乡村的多种运输方式相衔接、集约、高效的货物运输网络。同时，将发展农村物流服务与“万村千家店”市场工程紧密结合起来。以襄汾县“家中家”运输服务超市有限责任公司为典范,将生产、生活物资送到万村千乡,最大限度地满足广大农民群众需求。通过发展农村物流工作,不仅充分利用社会资源,节约流通领域运输成本,而且提高运输组织化程度,减少农民群众消费支出,在社会上产生积极影响。

2010年,通过打造临汾交通现代物流平台,涌现出以侯马宝特国际物流、方略保税物流为代表的大型现代物流品牌企业。全市物流企业达到14户,2010年完成核算吞吐量731万吨。并已初步建立起以尧都区、侯马为核心,经蒲县、霍州、洪洞、翼城、襄汾等主要商品集散地为依托,货运站交易市场为载体,联结城镇,辐射乡村的多种运输方式相衔接、集约、高效的货物运输网络。

第三章 国防交通

第一节 正规化建设

90年代,临汾地区国防交通战备工作向市场寻找出路,主动把国防交通寓于国家交通之中,使一个由原来靠国家财政养活过日子的战备机构,闯出一条滚动式发展的"大交通"之路,取得国防事业、经济效益和社会效益大丰收。

通过认真学习中央三代领导核心关于战备动员工作重要论述进一步提高认识,达成共识,走出"娘子关",到全国十几个省市考察学习,调查市场行情,研究制定7套交战发展可行性报告,并依据《国防交通条例》,确立"平战结合,军民兼容,着眼未来"的新时期交通战备工作发展思路。

第二节 国防公路建设

1994年10月13日,汾河岸边的襄汾县贾罕乡彩旗飘飘,锣鼓阵阵。临汾地区利用交通战备浮箱架设的第一座桥梁在这里正式开通。来自华北地区10多家负责交战工作的同志以及总部、北京军区和省领导现场观摩这座华北地区首家军民两用的浮箱桥。

同年,临汾市交战办结合黄河、汾河水域几座桥梁年久失修,已成危桥,远远无法适应当地经济发展需要的现状,主动出击,行程2.5万公里,反复考查论证,研究制定发展当地交通的实施方案。在当地政府和人民群众支持下,5年时间,利用143节浮箱器材,架设6座浮箱桥投入市场使用,进行有偿服务,把国防交通真正融入国家交通之中。

1999年国庆前夕,连接太行、吕梁山脉,由华北通往陕北必经之路,309国道马务汾河大桥正式建成通车。

第三编 跨越发展时期(2003年～2010年)

第一章 公路管理

第一节 公路建设

"十五"期间,省委、省政府将"村村通"工程列为为老百姓办的十件事之一。2004年,临汾市委、市政府临政发〔2004〕32号文印发《关于加快全市"村村通"水泥(油)路建设意见的通知》,明确规定,各村每新建1公里水泥(油)路,在省交通厅补助1万元基础上,市政府补助1.5万元,县市区政府补助2万元。另外,一年中一个县(市、区)水泥(油)路完成300公里的,省交通厅奖励100万元;完成400公里的,奖励150万元;完成500公里的,奖励220万元。

2004年至2005年,全市新改建村通水泥(油)路5921公里。2956个行政村中,有2423个通水泥(油)路,通达率82%。其中,2005年建设村村通水泥(油)路3921公里。侯马市、曲沃县在全省首先实现村村通水泥(油)路目标,尧都区、翼城县、襄汾县、洪洞县通达率全部90%以上。到2006年底,全市156个乡镇和街道办事处全部通油路;2958个行政村全部通公路,其中2419个通水泥(油)路,通达率81.78%。

2006年至2010年,当时未通水泥(油)路的村庄大多地处东西两山偏僻、贫困山区,使施工难度明显增大。全市各级各部门努力适应新形势,积极筹措建设资金,实施建国以来全市规模最大的农村公路建设工程。5年共完成投资53亿元,新建和改造农村公路14 774公里,其中新改建县乡主干公路1805公里,占总里程74%;新改建村村通水泥(油)

路12 669公里。截至2010年底,全市2958个建制村全部实现村村通水泥(油)路“全覆盖”。

“十五”期间,全市公路建设完成总投资43.8亿元。一是国省道干线路网水平明显提高。新建吉县至壶口旅游公路、永和关黄河大桥出境路等509公里,加上全长146公里的大运高速公路临汾段建成通车,使全市国省道干线公路路网结构得到根本性改善,通达通畅水平显著提高。二是县乡公路和国债农村公路建设迈出新步伐。建成大宁至马头关出境公路、蒲县罗克资源公路、霍州至七里峪旅游路等32项560公里,极大优化路网结构。2005年底,全市公路通车里程达到9562公里,公路密度46.5公里/百平方公里,全市基本形成以高速公路为骨架、以国省道为辐射、以县乡道为延伸、以农村公路为补充的“一轴、三纵、三横、六辐射”周边循环、通达四邻的公路交通网络,境内基本实现“两小时通达”。

一、国道108城区过境公路建设

由于修建108国道时,利用临汾市区原108国道市区段4.7公里,使市区交通严重拥挤。因此,修建过境一级公路,成为全市“十一五”经济及交通发展的首要任务。

国道108临汾城区过境公路工程,涉及尧都区屯里、乔李、段店、贾得、尧庙5个乡镇24个村,全长22.5公里。2006年7月开工奠基,9月23日全线开工。2007年10月底全线贯通。

在工程建设中,为了加强管理,市交通局专门成立项目部,制定工程施工、监理、合同管理等八项管理办法。项目部定期召开工作例会,研究解决建设难题,并通过建立日查和夜巡制度,有效推进工程建设。在质量管理上,认真实施“政府监督、法人负责、社会监理、业主自检”四级质量保证体系,实行监理旁站制、业主代表驻地跟踪监理制、日报日查制和夜巡制,建立全方位、多层次、立体式监督体系,保证工程质量。共完成路基土方量2 290 457立方米,沥青砼路面工程783 872平方米,涵洞62道,渡槽1处,桥梁5座,平面交叉7处。共完成投资5.23亿元。

二、沿黄扶贫旅游公路建设

2009年,历经三年1000多个日日夜夜的艰苦奋战,全长264公里、总投资2.995亿的沿黄扶贫旅游公路全线贯通。在浊浪滔天的黄河边,人迹罕至的绝壁上,广大建设者风餐露宿,开山劈石,克服施工条件恶劣,地质条件复杂等困难,铺就造福百姓的康庄大道。沿线受惠群众达6万余人,拉动经济效益一年可达5至6亿元,进一步带动西山地区林果业、旅游业、养殖业、服务业的深层次开发,尤其对沿黄4县的经济和社会发展起到极大推进作用。

三、祁临高速公路临汾市北环段工程、京昆与青兰高速公路山西境内临汾联络线工程建设

8月5日,祁临高速临汾市北环、京昆与青兰高速临汾联络线工程开工奠基。祁临高速临汾北环,起点位于洪洞县曲亭镇,与长临高速公路相接,向西上跨霍侯路、南同蒲铁路、汾河和桃临公路,终止于大运高速龙马枢纽,全长19.255公里,双向四车道,总投资8.948亿元。京昆与青兰高速临汾联络线,起点接青兰高速长临段曲亭互通,终止于京昆高速祁临段明姜互通西南,全长16.03公里,路基宽度26米,总投资12.64亿元。这两项工程与长临高速和已经运行的大运高速相贯通,形成临汾市区全长90公里的外环高速公路,彻底结束城区无环城高速公路的历史。

四、临汾市区内环工程公路

2009年5月16日,临汾市“双百”项目重点工程临汾市内环一级公路西南环开工奠基。全长6.5公里,双向六车道,含跨汾河、跨大运高速“双跨”特大矮塔斜拉桥一座,总投资4.955亿元,是临汾市全长53.2公里内环一级公路实现完整闭合的最后一段工程。它的建设,对于打通城区交通瓶颈,缓解城市交通压力,改善城区空气质量,实施城市扩张战略,有着极其重要的意义。

项目是临汾市委、市政府实施城市扩张战略、优化路网结构的一项重点交通基础设施工程。全长52.6公里,途经尧都区屯里、乔李、段店、贾得、尧庙、金殿、刘村、汾河办和襄汾县襄陵等9个乡镇47个村。全线采用一级公路技术标准,设计时速80公里。其中:北环桃临线向东接霍侯路至东张堡段4.8公里路基宽24.5米;东环东王至靳家庄段4.5公里路基宽64米,西环14.7公里路基宽32米,其余28.6公里路基宽34米。全线设有大中桥梁8座,其中南环全长822米跨汾河、跨大运高速“双跨”特大矮塔斜拉桥,线形流畅,造型优美,新颖壮观,是全省首座城市特大矮塔式斜拉桥,成为临汾市的地标性建筑。

临汾市区内环一级公路启动于2006年,分7个项目逐年分项实施,通过将近五年的努力,全线于2010年12月实现完整闭合,循环贯通。工程由北环、东环、南环、西环四段构成。

(一)北环

起于省道临午线南庄村(西环终点),向东跨大运高速公路,穿过省道桃临线,跨汾河连霍侯路,向北止于东张堡北(东环起点)。全长9公里。投资19 700万元。分三段,其中两段为新建工程,一段为利用工程。

1.一期工程

新建工程,临汾市交通运输局负责。屯里汾河大桥及连接线。起于省道桃临线毦淇村南,向东跨汾河,经屯里镇芦村南,终于原霍侯一级公路。全长2.7公里,2006年3月施工图设计由省交通厅批复,2006年4月开工,2007年10月完工。投资7800万元。

2. 二期工程

新建工程,临汾市交通运输局负责。国道309线临汾城区过境公路鲑淇村南至新李村段。起于省道桃临线鲑淇村南,向西跨大运高速公路,终于南庄村,与省道临午线相连。全长4.2公里。2008年7月施工图设计由省交通厅批复,2008年9月开工,2009年11月完工。投资11 900万元。

3. 利用工程。芦村南至东张堡北段。利用原有的霍侯一级公路,全长2.1公里。

(二)东环

新建工程,临汾市交通运输局负责。国道108线临汾市过境段。起于屯里镇东张堡北(北环终点),途经屯里、乔李、段店、贾得、尧庙5个乡镇,终于尧庙镇大韩村霍侯路处(南环起点),全长22.7公里。2006年8月施工图设计由省公路局批复,2006年9月开工,2007年10月完工。投资42 400万元。

(三)南环

新建工程,临汾市交通运输局负责。临汾市城南一级公路大韩至新风段。起于尧庙镇大韩村霍侯路处(东环终点),向西经神刘村,跨汾河及大运高速公路,终于临夏线金殿镇新风村(西环起点)。全长6.2公里。2009年5月初步设计由临汾市发改委批复,2009年9月开工,2010年12月完工。投资49 550万元。

(四)西环

改造工程,临汾公路分局负责。起于临夏线新风村(南环终点),向北接国道309线涧上村,经刘村接临午线,终于临午线南庄村(北环起点)。全长14.7公里。总投资46 000万元。分三期实施:

1. 临夏线新风村至涧上段。全长5.6公里,2009年8月开工,2010年12月完工。投资19 800万元。

2. 国道309线涧上至刘村段。全长5.1公里,2009年7月开工,2010年10月完工。投资14 600万元。

3. 临午线刘村至南庄村段。全长4公里,2009年6月开工,2010年9月完工。投资11 600万元。

临汾市区内环一级公路的建成,彻底结束国道108、309穿城而过的历史,扩大城市经济腹地,临汾城区的发展空间由55平方公里扩展为150平方公里。同时,对于提高公路网的综合运输效率,缓解城市交通压力,改善城区空气质量,优化资源配置,发展城市经济,改善投资环境,带动区域经济升级,加快小康建设步伐,推进建设“经济繁荣、社会和谐、民生殷实、环境优美”的新临汾,都具有十分重要的意义。

第二节 农村公路养护机制改革

2001年以来,临汾市交通局按照“建养并重、协调发展、深化改革、强化管理、有路必养、保障畅通”的工作方针,不断完善养护体制,加大养护管理力度,道路养管水平明显提高,有效延长道路使用寿命。主要是建立以县为主体的管养体制,按照“政府主导、行业管理、分级负责”原则,全市各县(市、区)均出台《农村公路养护管理办法》,并结合各自县域公路实际情况,按照省、市有关要求,因地制宜出台适合于本地区的《农村公路养护管理实施细则》,使全市所有农村公路养护工作有了根本保证。

另外,还将农村公路养管经费纳入县级财政资金预算内。截至2010年,全市除4个国家级贫困县外,其余县(市、区)政府都能按最低1:1比例将农村公路日常养护资金列入财政预算。蒲县、古县、乡宁等县财政资金按季准时兑现,并且根据公路重要程度相应提高配套标准,不断提高农村公路的整体路况和服务水平。

在具体养护管理中,各县(市、区)交通局针对本地的特点和部门养管优势,在管理体制上狠下工夫,形成各具特色又行之有效的养护体制。

曲沃县出台了《曲沃县公路养护管理办法》,对全县列养的491公里公路按“县道县养,乡道乡养,村道村养”的原则明确职责,全县每个乡(镇)都成立公路养护站,每个行政村都有养护队。县交通局设立1个中心拌和站,配备充足机械设备,完全满足路面病害处治及小修保养需要。全县农村公路按每1.5公里1名养护人员的比例配置,进行日常养护管理。县公路养护经费来源稳定,一是财政转移支付每公里每年1416元;二是养路费返还50万元;三是县财政补助每年50万元。乡公路的养护经费主要是财政转移支付每年每公里1416元进行日常养护,路面病害处理及小修由县政府及县中心养护站协助完成。村公路的养护费用靠乡、村协调,农民义务工,连帮单位帮助以及省补资金解决。县公路每月一检查,奖罚兑现按每月发工资;乡村公路养护工作每半年进行一次检查评比,由检查组现场按养护标准评分,对养护优秀者进行奖励。

侯马市养管体制推行“养管一体化”。即:路政所牵头,健全专业养护机构和队伍,完善养管制度,定人、定岗、定任务,实行“三定”、“一包干”的科学化、专业化、规范化、制度化的管理新机制，层层签订县乡公路养护目标责任书，严格执行“谁主管、谁负责、谁签字、谁落实”的制度。

永和县推行“两有、三定、四包、二评、一兑现”的管理体制。“两有”，即有固定道班、有固定养护队伍；“三定”，即定人员、定好路率、定综合值；“四包”，即包路段、包养护经费、包养护质量、包安全生产；“二评”，即上半年和年终养护验收检查评比；“一兑现”，即根据验收情况按合同条款兑现的养管办法。

古县交通局积极争取县财政对公路养护的支持，县政府每年拿出一部分财政资金，对农村公路进行专项治理。如县道古北线的古县至旧县段，县财政拨出专款对连续多年发生病害的风化山和贤腰坡水害进行治理，彻底根治风化山剥落，崩塌和水害、冰害对公路畅通的影响；同时在对乡道紫砂至交城段建设和养护中，县政府又积极配套地方资金，把该条路建设成为沿线绿化美化、标志标线齐全的一条高标准的乡道。

安泽县政府每年拿出资金对全县的公路进行有计划罩面，保证公路畅通，延长使用寿命，为全县经济发展也作出应有贡献。

“十五”期间，全市制定出公路养护招标实施办法和细则，实行系统内部模拟市场招标养护，然后逐步放开市场，吸纳优秀养护组织参与市场竞争，建立起“县道为主，专人管理，日常养护实行承包，大中修工程招标实施”的长效养护机制，形成路基养护社会化，路面养护专业化，养护工程市场化的局面。“十五”末，全市县乡公路养护好路率83%，平均好路率80%，养护综合值78。

2006年至2007年，市交通局坚持“建养并重”原则，继续按照“依据车流划等分类，按类确定养护经费，骨干公路专业养护，一般公路乡村为主”的公路养护体制，加大公路养管力度，公路养护质量稳步提高。到2007年底，全市农村公路养护好路率79%，平均好路率78%；养护综合78，平均71。

2008年至2010年，临汾市交通局按照“县道县养、乡道乡养、村道村养”的原则，积极探索新形势下农村公路管养新机制，将农村公路养护资金纳入地方财政预算，建立稳定可靠的经费保障机制。农村公路基本实现“有路必养、有桥必管”。“十一五”末，全市农村公路养护好路率、养护综合值均创历史最好水平。古县被省交通运输厅授予“全省农村公路养护标兵县”，曲沃、安泽、蒲县、尧都区分别被授予“全省农村公路养护先进县”。

第三节　危桥改造与桥梁安全的综合治理

临汾市农村公路共有桥梁705座，其中按级别分类，县道有桥梁275座，乡道有197座，村道有160座，专用道有43座，收费路有30座；按跨径分类，大桥22座，中桥182座，小桥501座；按结构分类，有拱桥419座，梁板桥286座；按技术等级分类，有一、二类489座，三类95座，四类58座，五类63座。

为了加强和规范农村公路桥梁安全及危(旧)桥梁加固改造工程的管理，市交通局专门下发《关于印发〈临汾市农村公路桥梁安全及危(旧)桥梁加固改造管理办法〉的通知》，在加强桥梁安全管理的同时，对农村公路危(旧)桥改造工作的原则、方法、依据、评定标准和资金筹集与管理进行详细阐述。另外，市交通局还专门深入各县市区实地调研农村公路桥梁现状，开展两次全市农村公路桥梁普查，并指导各县市区对本辖区内的桥梁进行逐一登记、拍照、丈量、评定，真正达到“一桥一档”、“一桥一策”、“一桥一人”。

在各类桥梁当中，四、五类以上危桥达到121座，各县全部设立限载限速及危桥标志。按照轻重缓急、逐步安排的原则，逐步对县乡道上的中桥以上四、五类危桥进行改造。

第四节　商品公路的兴起

临汾市商品公路的开发最早出现于80年代中期，系由乡宁县农民吴光华自筹资金30万元，在西坡镇修建1座单孔30米跨径的石拱桥，实行过路收费，谋取利润。吴光华的这种行为在当时引发两种截然不同的意见和争论。一种认为修桥开路应为善举，不应收费谋利；另一种则认为个人出资修路，既方便了社会，而且个人投资理当得到回报，无可厚非。两种意见的争论实际上是传统观念与经济改革思想的根本对立。随着经济改革大潮的迭起，人们的商品意识愈来愈浓，商品路桥逐渐被社会承认和接受。

1986年，临汾行署交通局、物价局、质量技术标准局认定吴光华个人出资修路完全是一种正当的合法行为，有利于推动社会发展公路交通，于是联合发文为吴光华核定西坡桥收费标准。具体为：0.5吨以下机动车每次收费1元；0.5吨以上至4吨车辆每次收费3元；4吨以上车辆每次收费5元。收费标准的规定实际上是对这一行为的充分肯定和大力支持。而事实上，吴光华建造的西坡石拱桥是当时209国道的必经之路，也是乡宁煤炭输出的重要咽喉，过往车辆很多。因此,两三年时间不仅收回全部投资,而且赚取较高利润,这为临汾商品路的发展开创先例。

此后,临汾市城西北的马务汾河大桥成为危桥,临汾市交通局计划在城南重建一座大桥。这座桥梁跨度达600余米长,设计预算资金1800余万元,而当时国家计划投资仅数百万元,于是激发贷款、集资建桥,收费还贷的设想。1985年,临汾平阳汾河大桥采取国家投资、临汾钢铁公司集资、向社会发行债券、银行贷款等多种投资方式建成。实行过桥收费,偿还集资贷款。平阳汾河大桥建成后,城西马务桥随之限定重车通行,平阳汾河大桥车流如潮,六路并发,每年收取的车辆通行费近千万元。1991年,省政府批准洪洞县贷款500万元,集资50万元拓宽改造赵(城)克(城)线36公里为二级商品公路。翌年,翼城、蒲县、古县、汾西县竞相筹资修建商品公路。为了正确引导和科学管理商品路建设,临汾行署交通局成立商品公路管理机构——临汾地区商品公路开发总公司。公司属企业性质,负责解决商品公路的立项、筹资和还贷管理。公司成立后,与临汾行署计划委员会、建设银行等单位协调筹集公路建设资金,以较高利率向社会发行债券1500余万元,促使商品公路更加迅猛发展起来。

1992年,翼城县贷款242万元,发行债券500万元,拓宽改造境内省干线晋韩公路;古县贷款1450万元,发行债券250万元,拓宽古北线65公里;蒲县贷款7.6万元,集资481万元,发行债券250万元,国家补助投资260万元,拓宽47公里县乡公路——罗南线;汾西县贷款405万元,集资125万元,发行债券250万元,补助投资200万元,拓宽汾什线,全区总计贷款6030万元,集资1133万元,发行债券1250万元,补助投资1198万元,拓宽改造190.1公里商品公路。同时,上述4县相继成立商品公路开发分公司。到1994年底,短短2年时间,收费2420万元,还贷1626万元。

就在商品路桥兴起的前后几年里,临(汾)大(宁)线土门段,309国道台头段、晋(城)韩(城)线与大(同)运(城)公路交会处,侯马林城等车流量大的路段也相继设卡收费。

1996年,临汾行署交通局在"九五"交通建设规划中,针对境内襄(汾)台(头)、郭(村)仪(门)、洪(洞)乔(家湾)等6条段157.5公里路段交通流量大、公路等级低、国家无力投资改造的情况,制定修建商品公路的计划。并成立"临汾地区商品公路开发责任有限公司",设置"项目办"等机构,以行署名义制定6条招商引资修建商品公路的优惠倾斜政策,选调行署交通局几位工程师对项目进行预可行性、工程可行性研究,对该路交通流量、社会经济发展趋势等进行大量调查研究。行署分管专员及交通局领导跑太原、上北京,下深圳,到珠海,寻求支持,争取工程立项和招商引资。1996年至1997年两年间,先后与香港、美国、加拿大等几十家外资企业进行意向性洽谈。1996年底,洪乔、襄台、郭仪、临大四条商品公路得到省交通厅、省计划委员会等部门批复。副省长杜五安亲自签发临汾行署呈送的收费还贷报告,并由省交通厅、省公路局担保贷款,动工兴建上述商品公路。1997年10月,上述公路基本告竣通车,行署交通局随即组建收费队伍,分赴各线建站收费还贷。

从1998年开始,随着投资渠道多元化、多渠道,由临汾与香港南洋银行共同出资修建的襄台公路、襄光桥、赵克公路、平阳大桥分别开始建设运营。2003年,临汾市又出现由个人独资修建的第一条收费公路,即乡宁朝龙公路。以上收费还贷公路和经营性收费公路的修建,对推动全市经济发展、繁荣交通事业起到积极作用。截至2006年底,共建成收费公路(桥)15条(座)。古北线、汾什线、罗克线经过当时的高等级技术(二级)改造后,成为全市第一批政府还贷性质收费公路。随后几年里,投资主要由集资、贷款两种形式投资建设的临大线、浍河桥、侯襄桥、洪乔线、龙河光、城西桥、郭仪线政府还贷性质收费公路陆续建设运营。2006年10月,平阳大桥收费站停止收费,2009年6月,收费还贷二级公路停止收费,洪乔线、郭仪线收费公路停止收费。

第五节 超限检测站的设置

经省政府批准,临汾市交通系统公路超限检测站共有4个。即洪洞县万安公路超限检测站、蒲县前进公路超限检测站、翼城县南坡公路超限检测站、乡宁县湾里公路超限检测站。根据省交通厅要求,4个公路站进行规范化建设,并都成立组织领导机构,进行岗位责任划分,制定站长、副站长、带班班长、检测人员等岗位责任制,做到分工明确,责任到人。同时建立健全交通、交警联合执法机制。

在日常管理方面,4个站点坚持做到公示,对先进典型和反面教材公示学习、公布于众,成立应急机构,制订应急制度,对突发事件进行及时应对,处理到位。对值班管理和货物超载管理,采取带班班长负责制,认真做到登记。建立安全防范机制,确保人员无安全责任事故。检测站区标志标牌统一、醒目,治超流程清楚,有计划、有安排地对执法人员进行培训。

在信息管理方面,4个站均设立日检测流量表、检测日记、定员统计，及时报送当日信息，并设专人进行视频监控、档案管理、数据落实。

万安公路超限检测站。位于洪乔路万安镇，主要担负着洪乔公路的治超任务。全站占地4亩，共有交通执法人员14名，交警配合人员6名。2010年9月，在上级部门大力支持下，该站不停车检测系统建成并投入使用，可对货运车辆实行24小时不间断检测，极大提高了工作效率。

蒲县前进公路超限检测站。位于蒲县乔家湾乡前进村罗克公路13公里处。该站占地面积3600平方米，建筑面积502平方米，属永久性建筑，2006年5月开始建设，有磅房、引道、办公用房、食堂、宿舍等，同年11月开始运行。由交通路政和公安交警联合执法，配备有动态磅1台，对过往车辆进行检测，便携式称重设备1台，执法车辆4辆，执法人员27人，计算机1台，平均每天可检测车辆113辆，租用30装卸铲车1辆。2010年10月，安装不停车检测系统，11月26日安装完成并投入正常运行。

南坡公路检测站。位于南梁镇南坡村，属于省交通厅批准设立的二级公路超限检测。全站共有工作人员32人，其中交通执法人员17人，交警9人，公路段2人，焦检2人，卸货场管理人1人，后勤服务1人。检测工作室全天24小时不间断全方位路控检测，主要针对西南线、东槐线过往车辆进行逐车检测登记，对于检测认定超限车辆进行卸载、处罚。

湾里公路检测站。有治超执法人员50多人，检测站、卸载场、停车场占地面积5617.3平方米，生活区面积1037平方米。根据省治超领导组要求，对检测站标识统一进行改造，场地进行硬化，对原有的1台静态磅升级改造。同时，安装了一条不停车检测系统，实行双车道检测，检测站营业室和车辆检测过程全部安装监控设备，配备相关各种自动办公设备，检测站具备与上级有关部门联网功能。在原有4000平方米的工作场所和卸载场地、250吨地秤和1台大型电子磅、有着全自动设置显示功能基础上，配备远程监控、电脑、桌、椅、板凳等设备，并配备30名工作人员，定期进行不间断职能培训，加强安全防护意识，提高安全防护保障；并设立了便民服务设施，经常备有（开水、医药等）。

各检测站点严格执法规范，人员着装整洁，持证上岗，严格执法程序，做到违法事实清楚、处罚得当、文书填制规范，使用统一的处罚收据，罚款上交财政专户，并建立健全处罚档案。

通过各项工作的周密部署，认真落实，在省、市治超办的领导下，在各级部门的配合支持下，四个公路检测站紧紧围绕“双治超、保畅通、保安全、为人民”的宗旨，周密部署，齐心协力，通过科学检测等手段治理非法超限超载，维护路产路权，减少交通事故发生，人民群众生产、生活得到基本保障，取得显著治理效果，有力遏制公路“三乱”现象的发生。

第六节 依法治路工作的加强与推进

交通路政管理是交通行政管理的主要组成部分，是强化交通行政管理工作的重要一环。强化全市交通路政管理职责，确保全市辖区内公路完好无损、安全畅通，是交通路政支队的主要职责，也是全市交通发展的迫切需要。因此，临汾市交通路政支队在加快内部改革的同时，积极采取措施，强化管理职责，推进依法治路进程。

2003年，交通部重新颁布《路政管理规定》之后，临汾市交通路政支队相继出台下发《路政管理实用手册》一、二版，针对当前全市路政管理实际，提出明确规定和更高要求，2007年，为了尽快使路政管理工作落到实处，临汾市交通路政支队新一届领导班子为适应路政管理工作要求，建立更科学内部管理体制，6月份支队新组建成立综合办公室、路政业务科、财务票管科、巡查一大队、二大队五个内部管理机构，建立健全各项规章制度，制定汇编《路政管理实用手册》（第三版）。旨在规范全市交通路政管理工作。其内容由规章制度、岗位职责、管理方法三部分组成，是交通路政支队管理岗位及管理人员的行为准则，是落实各项工作任务的制度保障，也是衡量全市路政规范管理，提高工作效率的标准。

“十五”期间，临汾市交通局进一步加大路政管理力度，坚持“养管一体、综合治理、依法治路”的方针，探索“保通”和“路产损失赔偿”工作新路子，提高执法水平和服务质量，保障公路畅通。尤其是通过开展“双超”治理，使超限超载现象得到有效遏制。仅2005年，全市就投入执法人员3000余人，查处双超车辆45 000辆，卸载85 000余吨。

2006年至2010年，临汾市交通运输局进一步加大双超治理力度，特别是全省“无缝隙、拉网式”治超行动后，通过严格源头监管，加大路面管控，强化站点建设，狠抓短途治理，加强科技治超，取得显著效果。翼城、侯马、洪洞3县市在全省率先建立科技治超监控网络平台，对治超站点、货运源头、汽车场站实行全天候无缝隙监控。“十一五”末，全市车辆超限超载率控制在0.01%以下，路面损毁率明显下降，运输秩序明显好转。2010年，临汾市被省政府授予“全省治超工作先进市”，翼城、侯马、乡宁被评为“全省治超工作先进县”。

第二章 道路运输管理

第一节 信息化建设的全面展开

随着社会经济的持续发展和人们生活水平的不断提高,对道路运输需求不但越来越多,而且对其服务质量要求也越来越高,而高质量的运输服务必须由信息化来支撑。市运管处全力加快道路运输信息化系统建设步伐,将其与管理列入重要议事日程,加快"数字运管"、"智能运管"建设步伐,促进临汾市交通运输信息资源的整合与共享,提升管理水平,促进监管方式、服务理念的变革。

以IC卡道路运输证换发为契机,夯实基础管理。根据省运管局要求,市运管处作为全省IC卡换发的第二批试点单位,首先,下发实施方案,成立组织机构,明确市县两级职责,制定工作流程和纪律,并在网站和新闻媒体上进行宣传;其次,组织县所进行设备采购,票证等科室完成工本费收据、IC卡的领用和发放。第三,对业务操作人员进行培训,为IC卡道路运输证顺利换发打下基础。

以网络建设和安全维护为保障,服务全市运政业务。认真履行信息化管理职责,制定安全管理制度和流程,责任到人,确保网络通畅。同时结合省交通运输厅"1166"工程,投资30余万元,对机房和信息化辅助设施进行更新改造,接入专用电源,重新购置专用配电设施,安装防雷、防爆设备,确保网络安全。

以全球卫星定位应用系统建设为抓手,提升安全监管水平。一是准确定位,明确职责,解决管理过程中存在的认识误区,监督运输企业落实监控职责,落实内部监控管理措施,使企业明确安全管理责任主体义务,以此作为运输企业安全整治和年度考核的先决条件。二级平台积极履行监管职责,实行定时抽查和随机检查相结合的方式,督促三级平台认真履职;二是建立督察通报工作机制。市运管处信息中心不定期深入运输企业对企业平台运行车辆进行逐一排查,对存在问题的车辆登记造册,列入车辆监控"黑名单",以文件形式进行通报,责成运输企业安全机构调查原因,做出处理措施,报中心备案。平台上下联动的措施,保证全市道路运输车辆动态监管工作有序进行。

以加强信息化日常工作为补充,提升运管机构公共服务能力。通过完善《山西运政网》内容,提高96566运政热线服务水平,不断提升运管机构公共服务能力。首先建立信息收集、发布流程,提高发布量,确保网站信息客观、公正、准确、及时。其次是通过业务培训,提高坐席人员服务水平和应急处理事件能力;三是理顺坐席服务人员与业务科室的案件中转流程,做到事件记载明确,案件处理及时。视频会议室装修改造项目经省运管局验收合格,实现市处两个分会场与省局主会场视频和声音的同步传输,通过全省两次大型视屏会议检验,效果非常好,得到省局信息中心的肯定。

以科技治超监控平台建设为突破,建立运政信息化管理新模式。在侯马市开展科技治超建设工程中,临汾市运管机构探索出依托科技治超监控平台,建立容纳源头治超、路面管控、车辆动态监管、汽车客运站安全监督、公共服务为一体的综合信息管理平台,形成全市科技信息化建设的新模式,得到省、市、县各级领导的认可和好评。全市已有侯马、翼城、洪洞三个运管所建立了此种运行方式,大大拓展行业信息化建设领域,提升运管机构形象和地位。把IC卡道路运输证应用于源头科技治超,是实现省政府治超领导组和省运管局关于科技治超"三个全覆盖"的中心工作。为此,临汾市运管处积极申请省局支持,在省局信息中心协调下,由临汾市科技治超服务商向交通运输部科研院采购500套IC卡读卡器及相配套的TSAM卡、密钥设备,并在全市第一家开展源头科技治超的侯马市运管所治超监控平台上进行测试。简化源头企业治超检查流程,缩短车辆过磅时间,减轻工作强度。从测试情况看,基本符合省运管局IC卡科技治超建设的工作要求,也为临汾下一步全面推进IC卡科技治超打下坚实基础。

第二节 城乡客运一体化步伐的加快

2003年至2010年,为实现全市城乡客运一体化,推进村村通客车工程,临汾市运管处积极深入各县市调研,引导、鼓励有潜力的县所,学习兄弟市先进经验,采用多种办法争取政府支持。同时坚持"政府引导,市场运作,集约经营,规范管理,安全经济,方便快捷,协调发展"的总体原则,认真做好农村客流调查,统筹安排运力,避免"争热线,挤干线,弃支线"。

根据农村客运运营里程短,客流小且分散,公路运行能力差,运价低,经济效益差等特点,积极争取上级政府和相关部门给予优惠政策,认真执行国家对农村客运车辆规费减免政策,全面足额发放财政燃油补贴款,并清除不合理收费项目。加快农村客运运力结构调整，加大车辆更新步伐，发展车型相对统一的经济型客运车辆。加强农村客运市场监管力度，加强司乘人员安全运输、优质服务教育，严厉打击超载运行及家用三轮车、拖拉机等车辆非法从事旅客运输，维护农村客运市场正常秩序。通过宏观调控，积极推动，激活农村客运市场。

2007年，全市通过政府行文，有曲沃、翼城、蒲县、永和、大宁、浮山6个县市基本做到“五个一体化”。即行政管理一体化，政策管理一体化，客运设施一体化，市场监管一体化，服务标准一体化，有效整合道路客运资源，满足生产生活需要，促进城乡经济协调发展。其中，曲沃县在推进城乡客运一体化工作中，建成四级客运站7个，新开客运班线2条，形成从县城到旅游景点、县城到工业园区、各乡镇之间、各行政村之间的城乡客运一体化网络，全县行政村通车率达100%。霍州市以辛置公交公司为试点，探索城乡客运一体化路子，向市人大、市政府递交有关材料，通过各种渠道寻求政府支持。采取冷热搭配、班次循环等多种形式，保证农村客车“开得通、留得住”，部分冷线实行“村村通”客车群众监督制度，聘请4名农民群众对农村客车的运行情况进行签章、登记。对于未经客运办批准，未签章、登记的车辆按照有关规定进行处罚，切实保障农民群众出行需求。霍州市运管所不定时对所有候车亭、招呼站进行排查，对损坏情况进行拍照、登记、报告，做到维修及时，维护到位。

2008年，以安泽县作为全市农村客运公交化运营试点，积极探索线路优先许可，优先办理相关证件，积极扶持，大力方便群众。2008年5月5日，县交通局、运管所及客运企业召开“开通乡镇公交客运班线座谈会”，以社会公开招标形式，开通4条公交化运营农村客运线路（即府城至塘城，郎寨至府城，双向循环发车），以定线、定放、定时为基本特征，建立激励机制，实现规范经营。实行统一管理主体，统一调度，统一车辆，统一规费政策，统一服务标准，统一营运标识，使企业在资产运作、生产经营、组织管理上协调发展。确保农村客运车辆以安全性为主，兼顾舒适性，全面提高服务水平、抗风险能力和经济效益。7月22日，安泽县公交化运营的农村客运车辆正式投入运营，乡镇公交车的开通，顺应老百姓出行需求，创造“方便、快捷、舒心、安心”的出行环境，奠定城乡客运公交化基础。

第三节　超限超载源头的综合治理

临汾市是全省的资源大市，也是煤焦及流散物体运输大市，煤焦等流散物体占全年货运量80%。多年来，凡是运输煤焦矿产的车辆，几乎全部超载，甚至成倍超载。既对公路危害严重，又沿途抛洒，粉尘飞扬，污染环境。2004年，临汾成为世界污染最严重的城市之一。

为了有效防止车辆抛洒造成的二次扬尘，彻底扭转环境污染的被动局面，从根本上解决车辆超限超载运输，2005年，临汾市委、市政府决定对全市煤焦及流散物体运输车辆推行厢式化运输，并出台《临汾市煤焦及流散物体厢式化转化实施方案》，成立领导组，大力推行煤焦铁及流散物体厢式化运输，实现公路畅、洁、绿、美，创“蓝天碧水”城市。

2007年12月19日，全省开展“无缝隙、拉网式”治超总行动。临汾市政府在尧庙广场举行声势浩大的治理非法超限超载启动仪式。12月26日，临汾市治超办下发《关于加强道路货运源头管理遏制车辆超限超载运输的实施意见》，县级运管部门积极与当地政府及治超办取得联系，由政府确定并向社会公布道路货运源头单位。截至2008年1月20日，通过县市区人民政府公布的货运源头单位有124户，运管机构进驻59户，65户实行源头巡查，进驻运管人员198人，巡查人员263人。运价从治超以前的吨公里0.25至0.3元，升为吨公里0.6元，，比治超前翻了一番，使守法运输经营户真正得到实惠。

为进一步加强货物源头治超工作的管理，2008年7月，临汾市运管处成立四支货运源头治超督察组，对全市17个县（市、区）运管所、源头企业进行监督检查，下发整改和处罚意见50余条。同时，及时总结推广尧都区运管源头巡查、路面截堵取证的成功治超经验，有效遏制货车超载现象。

截至2010年底，全市经县级人民政府公示的货运源头单位数量为855户，259名运管人员进驻102户货运源头单位，每天有236名运管执法人员对货运源头单位实施巡查监管，全市运管机构驻站以及巡查执法人员每月平均达到14 200余人次。

治超总行动开展3年来，市、县两级运管机构不断巩固源头治超成果，督促货运源头单位履行治超义务。继续加强制度建设，强化治超责任落实；加强队伍建设，强化依法行政；加强监督检查，强化源头单位规范履责；加强教育宣传，不断营造治超良好氛围。

一、定制度，严管理，提高案件结案率

市治超办先后下发《关于〈临汾市货运源头治超工作县级联席会议制度〉的通知》、《关于在全市推行〈临汾市源头治超道路货物运单〉的通知》、《关于下发〈临汾市货运源头治超联动工作制度〉的通知》、《关于建立〈临汾市货运源头车辆超限超载“黑名单”制度〉的通知》4个文件,把召开联席会议作为解决源头治超监管矛盾、破除监管难题的重要方式。把强力推行源头治超道路货物运单,作为建立治超联动机制,巩固全市治超“路源并举”战略的有效途径。通过实施“黑名单”登记,打击各种违法行为,进一步创造良好的货物运输市场经营秩序。强化运管机构与其他治超部门的横向联系,形成货运源头联合整治多部门、多机构参与的治超新格局。随着治超工作不断推向深入,建立临汾市货运源头治超监管等级制度。对于政府公示的货运源头单位,运管机构采取进驻、巡查两种监管方式,建立三级监管级别。货运源头单位不能够自觉履行治超义务和职责,存在放行超限超载车辆出厂行为的,属一级监管,运管机构要派驻执法人员实施进驻监管;货运源头单位不存在放行超限超载车辆出厂行为,但不能很好履行治超义务的,属二级监管,运管机构要加大巡查频次;货运源头单位基本能够自觉履行治超义务和职责,不存在放行超限超载车辆出厂行为的,属三级监管,运管机构可相应降低巡查次数。运管机构通过日常监管,对政府公示的货运源头单位划分监管等级,并报当地治超办备案,治超办以联席会议方式安排源头单位的主管部门或监管部门及文件形式通知源头单位,配合运管机构实施监管。运管机构根据各源头单位的监管等级制定相应监管流程,及时调整监管方式,对于出现的新情况、新问题,及时报告县治超办,县治超办及时调整监管级别,实现有效监管。同时,将运管机构货运源头治超经费纳入财政预算,为建立治超长效机制、实现长效监管提供资金保障。全市17个县(市、区)运管所除翼城县、隰县外,源头治超经费纳入财政预算,纳入财政预算资金为300余万元。

3年来,临汾运管机构严格按照省政府令的要求,对货运源头单位违反政府令的行为进行行政处罚,履行移送、抄告和报告职责,协调源头单位主管部门或监管部门配合运管机构实施处罚,确保结案率达到100%。对治超过程中,违规的执法人员进行责任追究。

二、抓科技,强手段,治超管理长效化

为建立治超长效机制,市运管处把紧紧抓住源头治理作为治超工作的治本之策,不断深化科技治超理念,逐步开展以货运源头监管为单位的远程监控试点工作。通过科技治超在侯马、翼城、洪洞、古县、霍州、浮山、乡宁、曲沃的推广应用,探索出围绕建立科技治超监管平台,形成以应用科技信息化为手段,强化货运源头、路面站点监管,容纳安全监督、物流信息服务及旅客出行服务为一体的多功能、全方位的交通运输管理模式。省政府治超办李顺通主任在检查侯马市科技治超监控中心时题词“科技治超是建立长效机制的有效手段”,这是对临汾市科技治超成绩的肯定,极大促进了临汾市科技治超工作的开展。陕西省运管局来到侯马运管所,对交通运输综合信息监控指挥中心进行了观摩,对侯马市源头治超及行业监管科技信息化建设给予了“军事化管理、信息化操作、科技化水平”的高度评价。

三、重宣传,抓培训,源头治超法制化

为提高执法人员的素质,适时开展培训。每年度,市运管局组织县所源头治超执法人员开展一次治超培训。重点学习省政府223、224号政府令、《山西省道路运输条例》、《中华人民共和国公路安全保护条例》及行政执法程序、源头治超案卷制作,通过现场出题、用新式执法文书现场制作行政处罚案卷考试的方式,提高运政人员在治超工作中的执法能力;还制作50张宣传光盘,印制5万张宣传单大力宣传法律法规,为治超工作创造良好舆论氛围,增强企业源头人员治超责任感,使让“抓综治、保畅通、保安全、为人民”的治超宗旨深入人心。

四、保运力,保稳定,应急保障规范化

构建道路运输应急保障体系,是提升交通运输公共服务和组织保障能力的需要,是提升交通运输行业重大突发事件处置能力的需要,也是源头治超应急保障工作的需要。为此,运管处在已建立两支市级战略物资道路运输应急保障车队基础上,各县市区运管所也相应建立县级应急保障车队。截至2010年底,按照省局治超应急保障的要求,临汾市已建立保障车队19支,保障车辆700余辆,随时可以对治超过程中发生的运力告急提供保障。在建设过程中,全市运管机构始终把车队建设与源头治超保障有机结合,按照省局关于战略物资保障车队的建设标准,加强国防知识教育,通过道路运输应急演练,不断完善体系,提高应急保障能力,使之成为一只“招之即来、来之能战、战之能胜”的保障队伍。

第四节　道路运输管理费征收

2001年至2008年,市运管处科学管理,服务当先,以规费征收为中心,稽查为龙头,克服路查难、时间紧等诸多困难,运用法律经济、行政手段,采取宣传、定责、内外结合、树立典型,推广经验、上门征费、上路查车,建立营运车辆管理档案、强化源头征费等方法,一年一个新举措,一年一个新台阶,真正将费收工作纳入规范化、制度化和科学化管理范畴，自2001年开始连续数年超额完成规费征收任务，连创历史新高。

在“两费”征收工作中，市运管处利用广播、电视等媒体，向广大经营业户宣传国务院、交通部关于加强各项交通规费征收的政策法规，变以前坐等收费为主动上门征缴，变过去接待办证为主动提供服务。同时落实“两费”征收“统收统支”、“收支两条线”的预决算管理规定，有效控制收费不按时上缴现象，确保两费足额上缴。2001年，“两费”征收名列全省第一。2002年，“两费”征收突破4000万元，名列全省第一。2004年至2005年连续两年创历史同期最高水平。

2006年，为确保“两费”征收任务按期完成，市运管处通过组织各县市在古县召开经验交流会，学习推广古县经验，即由运管部门牵头，在经营户相对集中的村镇，组建民营车队，由业主自主选举车队队长、副队长，车队对全体业主户统一管理，统一向煤矿、焦厂签订运输合同，统一运输，统一结算；运管部门帮助车队订立各项规章制度，为车队提供法律服务、政策咨询，协调处理车队与车户、车户与车户、车队与企业的纠纷，监督运输合同的按期履行。民营车队的组建，既增加业户经营效益，又方便运输管理，业户还积极上缴规费，实现源头管理，达到服务促征收目的。同时与公安局、安监局、纠风办、工商局、旅游局联合开展打击“黑车”非法营运专项整治行动，由市运管处抽调业务骨干，深入基层指导工作，派稽查支队巡回督导，各县市从源头管理入手，深入站场、矿区、货源集散地，查处无证营运，严打黑车，取得整顿工作的明显成效，促进规费征收全面完成。2006年10月27日，市运管处提前65天完成两费征收任务。共计征收运管费4941万元，为年计划101%，比2005年增收800万元；客运附加费2259万元，占年计划116%，“两费”总额突破7200万元，规费征收单项和总额都名列全省第一。2007年，全市征收运管费5829万元、客运附加费2821万元，分别是年计划109%和141%，其中客运附加费征收名列全省第一。2008年，针对运输市场疲软现状，市运管处对各县所实行征收目标责任制、分片包干制、征收绩效挂钩制，强化征收措施；充分利用监管机制，加强对漏费车辆报停、封存的监管，促进两费征收工作。全年征收运管费6078.4万元，征收客运附加费3492.4万元，分别占年计划124.5%和166.5%，在燃油税费改革的最后一年，创造全市运输管理规费收入最高额，为运输管理费和客运附加费征收画上圆满句号。

第三章　国防交通

第一节　正规化建设

自开展正规化建设以来，临汾市交战办完善机构，明确职责，健全制度，规范程序，完备资料，扎扎实实开展业务基础建设。每年市交通局与县交通局签订年度目标责任书时，都把交通战备组织机构建设作为年度工作考核内容；根据要求，参照省里制定的岗位职责、工作制度、工作程序，制定切合临汾市实际的各项职责、制度、程序，实现交通战备工作制度化、程序化、标准化；完善交通战备资料，按照《交通战备资料系统建设标准》，重新进行整理补充；建立功能齐全、设备先进的交通战备指挥中心，作为全市实施交通保障的核心；制作显示临汾市公路重点保障线路和目标的电子沙盘，完善数据库内容，不仅可以查询各类公路方面的资料，还可以查询相关地物高程、地理坐标等信息；租用地方光缆，实现与省交战办、当地军分区的网络联通，并配备可视电话和军用电话。与此同时，在全市17个县市区积极开展工作，确保实现工作机制规范化、基础设施配套化、资料信息网络化、决策指挥智能化、交通保障高效化的“五化”目标。

第二节　战略物资道路运输保障车队的组建和实战演练

构建战略物资道路运输保障体系是提升应急保障能力的基础。临汾市战略物资道路运输保障车队组建以来，在省、市行业主管部门领导下，坚持“平战结合，双向纳入”原则，服从大局，听从指挥，不断提高战备意识，科学调整经营机制，做到车辆状态完好，车辆运行正常，车辆监控到位，较好地完成春运、抢险、救灾、战备等指令性计划运输任务。市交战办进一步完善应急预案，对所有应急保障车辆安装卫星定位车载终端设备，对应急保障车队人员进行国防知识培训和应急演练前准备工作。

2004年10月21日至28日，参加“猎豹－04”战役演习的交通道路保障工作。市交战办受领任务后，严密组织实施；精心部署，密切配合抓落实；积极协调，齐心协力搞畅通，圆满完成在临汾市的军事行动道路保障任务。令狐文选、杨延平、王俊平、邸彦军四位同志受到省交战办通报表彰。

2010年10月22日,由市交通运输局、市交战办主办,市运管处承办,山西汽运集团临汾汽车运输有限公司、山西三皇侯马运业集团股份有限公司、临汾市祥顺石化运输有限公司参演的临汾市道路运输应急保障演练拉开帷幕。此次演练共有40余辆车参演,演练科目有:应急保障车辆集结点验、车队行进、防空、伤员救治、车辆维修救援、灭火、点评等。此次演练,有效提升交通运输公共服务和组织保障能力,加强应急保障队伍重大突发事件应急处置能力,锻炼应急保障队伍。在已建立的两支市级战略物资道路运输应急保障车队基础上,各县(市、区)运管所也相应建立19支县级应急保障车队,保障车辆700余辆,侯马、古县、安泽所还开展针对性应急演练。应急保障车队在全市源头治超、节日高峰客运中发生的运力告急时发挥了有效作用。

第三节 应急保障物资的运输

2008年"5·12"汶川地震后,根据临汾市政府要求,市交通局立即制定援川过渡安置房公路运输方案,成立局长华志刚任组长、副局长孙铁中任副组长,市运管处处长王福记任主要成员的运输领导组织机构,并即时启动临汾市道路运输应急保障预案,在临运、侯运两支战略物资运输保障车队基础上,组建抗震救灾物资应急运输总队,孙铁中任总队长,王福记任副总队长,准备应急重型载货汽车90辆。两支战备车队也立即启动战略物资道路运输应急保障预案,截至2008年7月5日,共安排救灾物资运输14个批次,派出抗灾运输车辆429辆次,运输救灾过渡安置住房2632套、厨房474套、公厕35座、淋浴房31座、诊所商店8座、管理房12套、垃圾盖板13个,圆满完成抗震救灾物资运输任务,受到临汾市政府、援川联席办的高度赞扬,获得政府认可和社会认可。在抗震救灾过程中,临汾汽车运输公司投入217辆重型载货汽车,合计吨位5555吨;山西三皇侯马运输公司投入重型载货汽车212辆,合计吨位5300吨,市政府先后分两次为临运、侯运战备车队拨入运费6 784 375元。与此同时,市局、市处、战备车队主要领导受到省交通运输厅、省建设厅、省人事厅、省运管局、市政府表彰。通过抗震救灾物资运输,真正检阅临汾市战略物资道路运输保障水平,进一步提升保障能力。

运城市公路交通史

概　　述

运城，古称河东。新中国成立后，曾设为运城专区和运城地区，2000 年 10 月 31 日撤地设市，始称运城市。位于山西省晋西南段，东西长约 167 千米，南北宽约 134 千米，总面积 13 968 平方千米，约占全省总面积 9%。其中山地面积 2674 平方千米，占全省总面积 19%；丘陵 3138 平方千米，占 23%；平川 8138 平方千米，占 58%。辖 1 区、2 市、10 县、77 镇、56 乡、13 个街道办事处，3194 个建制村，7873 个自然村。截至 2010 年底，全市总人口为 480.95 万人。

运城北靠吕梁山南麓，与临汾地区接壤；东界中条山，与晋城市毗邻；西、南两面黄河环绕，与陕西、河南两省隔河相望。境内南部中条山自西南向东北迤逦而过，绵延数百里直接太行山脉。峨眉岭自东北向西南横贯中部，有稷王山、孤山及大、小嶷山和舜王坪等高峰。黄河从晋、陕峡谷之间奔流而来，于河津市寺塔西侧入境，至垣曲县碾盘沟注入河南省境内，市辖黄河段 395.5 公里。汾河由北向南，自新绛县南梁入境，然后折向西流，于万荣县荣河镇寨子西汇入黄河，市辖汾河段 139 公里。涑水河发源于绛县陈村峪，自东北向西南流经永济市伍姓湖，于弘道园以西入黄河，全长 195 公里。还有人工运渠姚暹渠，全长 60 公里。

运城市人杰地灵，历史悠久，是中华民族的发祥地之一。

1978 年以来，在市委、市政府正确领导下，全市公路交通战线上的广大干部职工，乘改革开放东风，发挥运城人民吃苦耐劳，不甘落后，勇为天下先的精神，以及优越的区位优势和交通通衢等优势，艰苦奋斗，励精图治，使交通事业焕发出青春活力，有力促进全市经济社会发展。

第一章　放开搞活时期的公路交通(1978 年～1989 年)

党的十一届三中全会以后，“要想富，先修路”，“无路不富，小路小富，大路大富”成为运城地区各级领导的共识。运城地区公路交通部门抢抓机遇，改革创新，新建、改建许多运输繁忙、等级标准较高的公路，为推动全区经济社会发展作出积极贡献。截至 1990 年底，全区公路通车里程达 4005 公里，其中国道 225 公里，省道 723 公里，县公路 1630 公里，乡公路 1349 公里，专用公路 78 公里。按等级分，有二级公路 109 公里，三级公路 374 公里，四级公路 2093 公里，等外公路 1427 公里，有路面里程 2272 公里。共建桥 217 座 8469 米。绿化里程达 3191 公里。有 202 个乡(镇)通公路，其中 119 个通油路。乡乡通公路县 11 个，通油路县 1 个。有 2150 个行政村通公路，有 3219 个行政村通汽车，分别占全市行政村总数的 65% 和 97.3%。

第一节　摸着石头过河的“运城现象”

当改革开放的春风吹到河东大地时，素有“筑路架桥，导河设渡”传统美德的运城人民，率先着鞭，勇立潮头，敢破敢立，首开全省商品路建设、吸引外资修建乡村路先河，在“民工建勤、民办公助”政策的执行和大运二级公路运城段等建设中勇于创新，创造具有时代特征的“运城现象”。

一、全省第一条商品公路建设

1982年4月27日,运城地委、行署决定融资修建龙虎公路,竣工后收费还贷。由江苏省的苏州市和江阴、太仓两县引进资金,按山岭重丘三级公路标准修建,时称龙(龙门,禹门口又一名称)虎(薛虎口)公路,全长18公里。同年5月22日由地区交通局测设队勘测设计,1983年1月1日开工,1985年底基本完成路基施工任务,1986年进行沥青路面铺装,同年12月5日竣工通车。历时4年,完成土石方197.4万立方米,工程总投资587.76万元。

此路为全市乃至全省第一条商品公路。首先使人们思想认识产生了一个大的飞跃,即公路不仅具有公益属性,同时还具有商品属性。不仅取得可观经济效益,而且开启全省“四自公路”(自我投资、自我建设、自我管理、自我完善)建设先河。

二、全省第一条接受外“援”的公路

路村至西硙口公路起自稷山县路村连接县公路杨赵化峪线,经阳平、张吴至西硙口与干线公路大宁临猗线相接,全长34.555公里。1977年,稷山县将稷山县城到路村13公里路段建成油路后,路村至西硙口仍是简陋的土路,坡陡弯急,路基狭窄。此路沿线资源辽阔,物产丰富。西硙口附近建有炼焦厂数座,水泥厂、化肥厂、采石场等,工业比较发达。但由于交通不便,不能向东发展。路村至西硙口公路改建后,就可以把晋城韩城线和大宁临猗线两条干线公路连接起来,构成区域间的循环公路,加速煤炭运输,并促进工农业生产。

1984年,交通部接受世界粮食计划署以粮食无偿援助修建村道的第一个项目——“山西省修建乡村道路开发山区”项目(简称援建项目),改线路村至西硙口19.3公里路段被列为无偿援助修建的乡道之一。1984年10月15日破土动工,1987年4月竣工,共完成土石方17.19万立方米;修建小桥1座13米;涵洞118道;修建其他防护工程2951立方米。路基宽8.5米,泥结碎石路面7米,达到微丘区三级公路标准。

稷西公路是运城地区吸引外“援”第一路,打破了多少年“死要面子活受罪”的陈腐观念,昭示人们勇于承认落后,敢于借力发展,为运城地区后来利用世行贷款修建地方公路积累丰富经验。

第二节　“民工建勤、民办公助”政策的科学运用

20世纪80年代初期,全省各地农村普遍实行生产责任制,县公路群众养路队中的建勤代表工也都分到了责任田或包勤到户,养路出勤率受到影响。有些人弃路种田,有些人两头奔走,顾此失彼。生产队也不再给养路代表工记建勤工数,也不分配报酬,各县公社实行按工派款,发给代表工,作为工资报酬。但各地情况各异,养路代表工的报酬也各不相同。

1985年4月,省交通厅印发《山西省民工建勤修建、养护公路实施办法》,规定有劳动能力年满18至45岁的男性农民和年满18至40岁的女性农民,以及汽车、轮式拖拉机、马车、畜力车、农畜等均有建勤义务。每个劳动力全年为5个工作日,车辆、农畜等运输力全年为2个工作日。

如何使“民工建勤、民办公助”这一好政策得到很好地贯彻落实呢?运城地区在实践中积极探索,在不增加群众负担前提下,尝试运用收取代劳金的办法,就是不能出勤的民工和车辆可以收取代劳金,金额由当地政府确定。养路代表工可以收取工资以劳代金,并享受多劳多得奖励。并规定:集中食宿的建勤代表工,每工日补助8角;分散食宿的建勤代表工,每工日补助6角。汽车每吨位台班补助8元,拖拉机每吨位台班补助6元,马车每辆每日补助2.5元。以金代劳养护公路,在各县(市、区)交通局的组织领导下,全面开展,并实行经济责任制。

地区交通局把公路建养的各项指标下达到各县(市),并制定争先创优夺标劳动竞赛方案。由地区交通局长同各县(市)交通局长签订目标责任书,年终进行考核奖罚。

各县在实践中,根据各自的实际情况,实行了一些切合当地实际的承包办法,不断完善经济责任制。

垣曲县实行目标管理和定额管理相结合的办法,在养路队所养护的路段上,分段与每一个养路队员(建勤代表工)签订合同,把劳动成绩同个人利益紧紧捆在一起,取得良好效果。垣曲县连续十年公路养护工作名列全区前茅,好路率保持100%,成为全区、全省公路养护先进县。

闻喜县实行层层承包。县交通局对养路队,养路队对队员,层层实行责任制订立承包合同,联系每个队员。完成任务情况好的多得报酬,完不成任务者扣发奖金。严格的目标管理责任制,确保公路养护质量,该县连续6年被地区和省公路局评为公路养护工作先进县。

临猗县全面实行民工建勤、民办公助政策。县交通局建立台账,把全县的劳力情况和所需建养工料底数全部澄清,然后按路段分解到各乡镇,各乡镇又进一步分解到村、组、户。每年交通工作会上,由分管交通工作的副县长与各乡镇长签订目标责任书。这种工料捆绑的办法,不仅保证有人养,还保证有料养。

实行经济责任制以后，运城地区公路养护质量逐年上升，好路率由1980年的50%左右，上升到1990年的89%；基本消灭差等路，弃养现象也得到有效遏制。

第三节　大运二级公路运城段建设

大同至运城二级公路是全省"七五"期间重点公路项目。在建设中，运城地区探索新方法，走出新路子。

运城段从闻喜龙头堡至运城市北郊工农路，全长66.965公里，沿线经过闻喜、夏县、运城市3个县市、10个乡镇、34个村庄。1988年4月，运城行署和省交通厅签订征地拆迁费用协议书；随后以行署名义签订工程承包合同书；接着又签订路面工程承包合同书。这种做法顺乎时代潮流，反映人们愿望，调动地方政府修建公路的积极性，显示出旺盛生命力。省交通厅领导同志把这种下级政府向上级政府实行工程承包的方式叫做"运城模式"，随后在新闻报道和舆论界传为"运城模式"的佳话。

"运城模式"的突出特点是充分发挥地方政府在公路建设中的积极性，主要体现在做好当地群众的思想政治工作，实行合理经济补偿，快速完成征地拆迁工作，从而顺利开工；搞好社会治安，排除一切干扰，创造良好施工环境。具体做法是：

一、各级领导重视，层层负责

行署成立领导组和指挥部，三县（市）也相应成立以县（市）长为组长，主管副县（市）长为指挥的领导组和指挥部。地县主管领导亲自召开各种会议，研究方案，制定措施，深入施工一线，现场解决问题。行署主要领导亲自主持办公会议三次，现场拍板解决征地拆迁中的疑难问题。行署和三县（市）签订了征地、拆迁合同后，3县（市）领导指挥部的全体成员不辞劳苦，昼夜奋战，9月底基本完成征地拆迁任务，保证了1988年10月份施工队进入工地正常施工。

二、以政策法规为依据，做到经济补偿兑现

指挥部处处以国家政策和有关法规为依据，根据《中华人民共和国土地法》以及省政府有关征地拆迁及重点工程建设工程的用地有关政策规定，坚持实事求是精神，既考虑到群众利益，不让群众受损失，又严格掌握政策，不允许个别人借机敲国家的竹杠。现场调查研究，就地解决问题，及时补偿兑现，对于新出现订合同时未出现的问题，按照标准合理补偿。

三、做好思想工作，舆论先行

运城地区利用各种会议、报纸、广播、电视、简报等形式进行宣传教育，行署向全区发布《关于修建大运公路的通知》和《关于保护大运公路路产通告》，取得沿线各政府有关部门及人民群众的理解和支持。

四、发挥部门作用，协同作战

各部门发挥自身优势，一切从速完成自己的任务。如电业局、邮电局等单位积极配合，土地局减少环节，加快速度，各项手续办得较为顺利。由于发挥各职能部门作用，又得到各方面支持配合，征地拆迁进展顺利。

五、实行科学规划，合理用地

经过调查研究和科学论证，将原来占地方案改为向农村集体组织买土办法。由土地部门会同施工单位及有关方面，合理确定取土场地，坚持取土与造地相结合，取土与平地相结合，取耕地与当年复耕相结合的办法，充分利用土丘、土崖、边地和不便耕作的劣地、边角地等，尽可能不占地或少占耕地。施工临时实际占地652亩，比原设计2040亩减少68%，并且取得明显经济效益和社会效益，新增加耕地30亩，旱地变水地115亩，占地当年复耕82亩，领导和群众都很满意。

第二章　加快推进时期的公路交通（1990年～2000年）

1990年以来，运城地区各级党委高度重视，各级政府具体组织，各行各业支援，群众踊跃参战，掀起既轰轰烈烈又扎扎实实的"全民义务修路"热潮。从1990年开始，到1998年，历经八年苦干，全区共投入资金11亿元，投入义务工13亿个，完成土石方1.64亿立方米，修建国、省、县乡公路8151公里，铺装油路4915公里。在全省率先实现村村通公路、基本通油路。

第一节　交通发展新思路的形成

改革开放开创运城经济社会最好的发展时期，但是，明显滞后的公路交通运输成为最大羁绊。如何突破瓶颈，使运城经济社会发展步入快车道，成为摆在各级党委、政府面前最迫切需要解决的问题。但是，公路交通建设是一项需要耗费大量人力物力的基础设施建设工程，对入不敷出的政府财政和刚刚解决了温饱问题的人民群众，都是一个极其严峻的考验。由于长期以来计划经济体制的束缚，国家对运城的公路建设投入较少。到1990年前后，全区每年用于公路建设的投资仅为400余万元，全区公路通车总里程仅2000余公里，其中油路里程不足1000公里，二级以上高等级公路一公里也没有，主要干线公路标准更低，县市之间多半是三级路，有的甚至是等外路，乡（镇）村道路则是坑坑洼洼的土路。由于道路不畅，交通闭塞，致使全区经济发展在全省相对落后。截至1988年底，全区农民人均纯收入和人均可用财力都排全省倒数第一。

落后的交通就像一条无情的绳索，捆绑着运城地区改革开放的步伐。全区有数万亩黄河滩涂，区里多次邀请日本、美国客商到运城投资开发，但由于道路不畅，使一些外商高兴而来，扫兴而归，投资愿望一再搁浅。运城地区从80年代末大力调整农业种植结构，林果业已成为老百姓致富新的经济增长点。但由于公路不畅，每年积压、腐烂的苹果相当严重。1989年一场连阴雨，万荣县三文乡的40万公斤优质苹果积压烂掉，使全乡人均损失上百元。一桩桩活生生的事实，使历届地委、行署的决策者开始对区情进行重新认识。

如果按照当时国家对运城的交通建设投资规模，运城将永远跳不出"修着新路烂老路，补着烂路烂新路"的恶性循环。出路何在？当时的山东、河南在公路建设上敢于创新，不仅建设规模大、速度快，而且起点高、质量好。时任地区交通局局长原泽俭得知《中国交通报》将在河南济源举办全国公路建设研讨会，立即派员参会，并结合运城实际，把河南经验归纳为"两依靠一发挥"（依靠地方政府，依靠人民群众，充分发挥交通主管部门的职能作用）。在进行大量调查研究的基础上，交通部门拿出发动群众进行大规模公路建设的实施意见，呈报地委行署。"两依靠一发挥"发展交通思路，在当时特定的历史时期，不仅破解长期困扰运城公路交通建设的资金难题，而且解决交通建设需要大量人力物力的问题。全区各县市党委、政府因势利导，发挥思想政治工作和社会主义组织群众办大事的优势，把群众中蕴藏的积极性充分调动起来，形成公路建设强大合力。

地委行署作出决定，将每年11月，作为全区"全民义务修路月"，号召全区总动员，男女老少齐参战，打好公路翻身仗。后来，全区各县市根据运城的气候特点，将"全民义务修路"由每年的11月扩大到全年，转入常态。到全省"三项建设"动员大会时，运城的"全民义务修路"活动已经开展三年并开始由路基拓宽改造转入路面硬化和油路铺装。借着全省"三项建设"动员大会东风，"全民义务修路"活动进一步走向深入。公路交通发展实现"四个转变"，即公路建设由部门行为转变为政府行为；由行业行为转变为社会行为；由国家（部门）独家投资转变为国家、集体、个体多元投资；由修低标准的土路、砂石路转变为修高标准的油路、水泥路。

公路建设由部门行为转变为政府行为，公路建设主体发生变化，成为各级地方政府为官一任、造福一方的份内事，成为各级党委政府制订规划，组织经济的硬指标和主要抓手。于是，各级党委政府特别是主要领导，把公路交通建设放在心上，拿在手上，两个规划一起定，两个工作一起抓，公路交通建设成为书记县长工程，真正成为"一把手"工程。

第二节 "五轮驱动"战略的实施

"道路经济"的发展战略确立之后，迫在眉睫的是怎样修路？地委、行署和各县市围绕"是官办交通，还是依靠群众；是量力而行，还是尽力而为"等一系列问题，进行深入分析论证。他们认为：修路首要的是资金问题。而目前依靠上级拨款不可能，地、县财政赤字数千万元，根本拿不出钱，借贷、引资也只能是杯水车薪。怎么办？动员群众，群策群力，大办交通，这是决策者的共识。

一、改制启动

"下面搞规划，上面批计划，群众包工程"，这是在计划经济体制下道路建设的模式，实质还是"公办交通"、"官办交通"。这种模式速度慢，耗资大，越办越难办。运城地区在道路建设上，首先从改变旧机制入手，变"公办交通"为全民办交通。地区规定，全区道路规划由地、县交通局统一制订，路基工程由乡镇及所辖各村负担，铺油由县上和乡镇共同负担。这种办法，基本上改变修路由县上包揽的状况，形成全民齐上阵，多渠道投入的氛围。由于改革体制，激发活力，万荣县道路建设突飞猛进。3年时间，全县拓宽改造二、三、四级道路1355公里，倘若把这些道路连接起来，超过从运城到北京的长度。

二、利益驱动

政府把群众"铺路架桥积德行善"这种朴素的感情，及时引导到参与道路建设的自觉行动，把群众利益放在第一位。实践证明，只有让广大群众认识到修路是切身利益，那么，他们极大的修路热情就会毫无保留地释放出来，有钱出钱，有人出人，有力出力，就会创造出惊人的奇迹。

三、政策调动

人们常说：人叫人干人不干，政策调动千千万；给钱给物不如给政策。在确立"全民办交通"大方针以后，就依靠政策开路。"人民道路人民修，修出道路为人民"。在制定政策上，各县从经济贫困实际出发，采取"义务修路省一点，地方材料款缓一点，征拆费用抵一点，群众集一点，乡镇筹一点，县上补一点，银行贷一点，富裕户拿一点”的“八个一点”筹资办法，规定修路所用土地、路基工程由乡村自己解决，铺油县上从公路建勤费中予以补贴。补贴的原则是，多干多补，少干少补，不干不补，先干后补。这种政策，极大地调动乡村修路的积极性，克服向上伸手、坐等补贴的消极现象，出现争项目、上工程、讲规模的良好局面。1994年4月，万（荣）临（晋）线钢筋混凝土二级水泥路开工。为了确保工程所需资金到位，县上制定政策，鼓励农民个人投资修路，使道路建设引入“商品路”机制。通化镇东畅村农民畅运生投资500万元，承包8公里水泥路。通化镇六毋村农民孙武兴投资400多万元，承包7公里长的修路任务。

四、组织推动

运城地区全民义务修路四年迈出四大步，年年翻番。取得这样惊人的速度，除了地委、行署和13县（市）政府正确决策之外，各县（市）交通局充分发挥“修路指挥部”职能，周密细致的组织、协调、融通工作，有力推动全民义务修路的深入、持久开展。

从1990年开始，各县（市）交通局组织开展多种形式的全民义务修路竞赛活动。万荣县以“夺杯争先”为中心，先后举办“飞云杯”、“道路杯”、“大路杯”、“兴路杯”、“筑路杯”竞赛，一年一个“杯”，一年评选一次先进。这种全民竞赛活动，激发群众自力更生义务修路的热情。

为把群众的修路热情引导到科学修路上来，地区交通局下发《关于在义务修路中严格掌握技术标准的通知》，并组织全体干部职工深入13县（市），和各县市交通部门干部职工一起组成工程质量验收组，颁发验收质量合格证书。由于把义务修路纳入科学化管理，全区道路建设做到修一条，成一条，用一条，发挥效益一条。

五、“龙头”带动

全区各级领导班子是全民义务修路的“龙头”。万荣县进行明确分工，实行“三包四抓一监督”。三包，即县（市）四大班子领导包乡镇，乡镇干部包村，村干部包居民组；四抓，，即层层领导抓规划，抓工程，抓进度，抓质量；一督察，即定期组织四大班子领导分片督促检查。领导干部身先士卒，率先垂范。临猗县抽调干部蹲到贫困村攻坚；闻喜县抽调120名新提拔的干部到120个村抓公路建设，完不成任务不能回来；运城市（现盐湖区）提出：“修路识干部，工程见政绩”，组织人事部门在修路中考察识别干部；河津市对完不成公路建设的乡镇书记、乡镇长就地免职；夏县对不能保质保量完成任务的乡镇追究主要领导的责任，并撤换8名村级干部，免掉3名乡镇领导，提拔重用了47名乡镇干部。运城地区上上下下形成了“不抓修路的干部就是不称职的干部，修不好路的干部就不是好干部”的氛围，一种使命感、责任感、紧迫感对全区各级领导干部都形成一种无形的压力。

运城曾因群众喜欢告状而被人戏称为“政治特区”，但在历时10年的“全民义务修路”活动中，虽然各地在执行党委、政府的决议中也曾出现这样那样的偏差，也有许多地方冲撞到政策的红线，但竟然没有一个上访告状的。

轰轰烈烈的义务修路活动，唤起河东人民冲天的干劲和热情。有钱出钱，有物出物，有力出力，有的甚至献出宝贵生命，充分展示当代农民朴实、无私的奉献精神。

为了筹集修路资金，干部群众喊出了“只要精神不滑坡、办法总比苦难多”，“推迟盖新房，简单娶新娘，节俭度日月，修路奔小康”等激动人心的口号，他们占地不赔产，拆房不补钱。在不少县、市修路指挥部的墙壁上，贴满机关干部和群众捐款的名单，从几元到十几元、几十元、百元、千元、万元，最多的达几万元。捐款者从普通老百姓到县长、县委书记，有孩子们的压岁钱，有老人们的零花钱，有外出农民的打工钱，连在外地的工作人员也有捐款的。每一笔捐款的背后，都有着一个动人的故事。

稷山县农民原保印，患脑瘤住进医院，医生说他最多能活3年，知道病情后，他毅然离开了医院。回家后，和村民原争气、原吉利、苏春龙一商量，决定筹资260万元修建佛营公路。他上有七旬老母，下有残疾女儿，许多人对他这一惊人之举不理解。原保印说：“人活百年终有一死，但要死得有价值，既然病不能治愈，不如用治病的钱为乡亲们做点好事。”佛营公路修通后，一下解决了3县6乡群众的行路难问题，而且山上丰富的矿产资源也得到了开发。

永济市青年农民梁建平，为了给乡亲们修条致富路，他把自己辛辛苦苦挣来的220万元全部投到了修筑通山公路上。在修路中，他的胯骨骨折，大腿也受了伤，但他依然让人用平车把他拉到工地，照样督促进度，检查质量。两年多时间，磨秃了5吨钢钎，终于修通22公里的通山路。

第三节　艰苦卓绝的攻坚战

1998年,运城的村村通公路、基本通油路工程进入攻坚决战阶段。交通部门粗略算了一下,要在一年内使198个村通公路、基本通油路,还需要投入资金9710万元,投入义务工960万个,动土石1800余万立方米,修通村公路1584公里,铺装油路216公里。

但是,榜样的力量是无穷的,群众的力量更是无穷的。山里人虽穷,但志不短,条件差,但能吃苦。他们为了改变交通落后面貌的奋斗精神处处可见。1985年就开工的平陆县东沿河公路,由于工程艰巨、环境恶劣,米汤沟、好汉坡等十几处咽喉地段将整个公路截成几段,一直不能贯通。1995年初,县委、县政府把开通东沿河公路作为振兴平陆经济的突破口,靠借、贷、挖、挤、集等办法,筹集资金3100余万元,高标准地修通这条山区公路。为了修这条公路,先后有7位群众献出宝贵的生命,有十几位群众负伤致残。杜五安副省长视察时动情地说:"东沿河公路是'太旧精神'和'锡崖沟精神'的再现。"

夏县在山下村村通油路之后,又马不停蹄地打响山上村村通公路的攻坚战。10名县级干部带着100名局级干部和500名机关干部,同几万名山区群众在崇山峻岭中奋战两个多月,使山区、半山区7个乡镇、74个行政村都通了公路,修路里程达358公里,为国家节约资金3000余万元。"两通"终于在全县人民的艰苦奋斗中变成了现实。

全长39公里的历山公路,是垣曲县连接晋东南的一条干线公路,也是晋煤外运的一条重要通道。山势陡峭,层峦叠嶂,施工条件非常艰苦。老区的几千名干部群众就像当年父辈支前一样,带上被褥和锅碗,风餐露宿,开山劈岭,钻洞架桥,动土石方200余万立方米,其中仅石方就达185万立方米,经过3年苦干,终于竣工。省委书记胡富国视察这条路时赞扬说:"条件这么苦,能干出这么好的工程,了不起啊!"

在修路的炮声中,沉睡的大山被惊醒,长期困守在大山里的群众异常兴高采烈,他们称之为"二次解放"。修通公路,结束封闭状态,就会走向开放、富裕和现代文明。

地区交通局的干部职工,从义务修路开始,所有工作人员就再也没有星期天、节假日,长年累月奔波于修路一线。13个县市的修路工地,都留下深深的脚印。他们不仅提前编制了"一图、一表、一方案"(一图为总体规划图;一表为任务分解表;一方案为实施方案),为地委、行署提意见、当参谋,还到上边跑资金,给下边解难题。为了修好路,不敢有半点懈怠。地区交通局作为"两通"的指挥中心,一班人团结战斗、顽强拼搏,经常深入到修路一线,检查指导,提供服务,为全区实现"两通"立下汗马功劳。

村村通公路、基本通油路,离不开省委、省政府和省交通厅的大力支持。省委书记胡富国、省长孙文盛多次深入运城视察指导工作,给干部群众莫大的鼓舞和激励,把运城的义务修路不断推向高潮。主管交通的副省长杜五安对运城交通工作倍加关注和支持,省交通厅厅长刘俊谦、副厅长杨继刚和省公路局等领导对运城的公路建设在政策上倾斜,资金上帮助。这些都对实现运城的"两通"目标起到重要作用。

第四节　巨大的"两通"效应

万荣县经过三年奋斗,创造了别人想都不敢想的奇迹。全县投入1.62亿元,投工1750余万个,出动机动车辆21万次,动土石2400万立方米,拓宽改造二、三、四级道路1355公里,铺装油路、水泥路596.4公里。17个乡镇都通二级路,281个行政村通油路。万荣县成为全省第一个乡镇通二级路、村村通油路的县。

1994年10月21日,1995年10月21日,"全省全民义务修路大会"两度在万荣县召开,省委书记、省长和省四大班子领导全部到会,这么高的规格,这么大的规模,在运城地区修路史上绝无仅有。连续两次在一个县召开"全省全民义务修路大会",在全省公路建设史上也是绝无仅有的。

1996年9月底,永济市262个行政村实现村村通油路,成为运城地区第二个村村通油路的县市。

1996年10月,农业大县临猗实现村村通油路,并形成"骨干道路四横八纵、乡镇有循环、村村通主干"的网络化格局。

1997年6月25日,运城市(现盐湖区)309个行政村,实现村村通油路。

紧接着,河津、稷山、新绛、闻喜、芮城五县市也实现村村通油路。

截至1998年底,运城地区13个县市都受到省委、省政府表彰,运城地区荣获全省公路建设"六连冠"。

从1993年秋季开始,运城地区集中精力,广泛动员，有计划、有组织地在全区范围内连续5年开展声势浩大的全民义务修路热潮，使长期以来严重影响和制约经济发展的“交通瓶颈”问题得到缓解，全区交通状况有了明显改善。5年时间，全区用于道路建设的投资高达27亿元，是十年前的10倍，相当于建国40年的总和。全区新建和改造公路26 095公里，是前十年的6倍。在全省率先实现乡（镇）通油路、村村通公路、基本通油路的目标。大运二级公路、运风一级公路和风陵渡、三门峡两座黄河公路大桥的胜利开通，结束运城地区无高等级公路的历史。1999年10月，运风高速、运临一级公路开通，使运城地区高等级公路里程在全省名列第一。2000年，运三高速公路竣工通车。全区高等级公路总里程达到840公里，全区公路密度达58公里/百平方公里，高于全省、全国的平均水平。

由于公路建设的优先发展，极大地促进运城地区区域经济的快速增长，带动起一方百姓实现致富目标。1998年底，全区国内生产总值由1995年110.3亿元提高到154.6亿元，年均增长13.9%，分别高于全省、全国同期平均增长2.7%和4.8%。全区财政总收入由1995年7.75亿元提高到14.6亿元，年均增长19.7%；全区外贸进出口总额由1995年1865万美元提高到1998年3439万美元，年均增长22.6%。全区农民人均纯收入由1995年1135元增长到1998年1937元，比全省平均水平高出78.4元。仅1998年一年，运城地区完成道路建设总投资约为6亿元，共消耗水泥12.5万吨，沥青3万吨，钢材0.6万吨，木材2.4万立方米，沙石料234万立方米，白灰8.7万吨，粉煤灰6万吨，共投入劳力960万人次。公路建设对于扩大内需，拉动全区经济增长，起到积极助推作用。

第三章　跨越发展时期的公路交通（2001年～2010年）

2000年，运城撤地设市，辖1区2市10县3个省级开发区，总人口510万人，其中农村人口351万人，占71%。

运城市承东启西，贯通南北，辐射中原，是山西向东向西开放的“大通道”和“桥头堡”。2001年以来，运城市委、市政府始终把加快以公路交通为重点的基础设施建设，作为改善投资环境，扩大对外开放，积蓄发展后劲，实现全面小康的“龙头工程”。在交通部、省交通厅的大力支持和关怀指导下，全市以实现公路交通现代化（出省赴并高速化，市县之间一级化，农村公路网络化，公路管理智能化，市至各县形成“一小时经济圈”）为奋斗目标，基本形成以高速公路为骨架，干线公路为支撑，地方公路为网络的大交通格局，走出一条“以人为本，城乡协调发展”的成功之路，为“两基地一中心”建设提供强有力的交通保障。

第一节　站在新的历史高度重新认识“双通”

“十一五”期间，运城市交通基础设施投资呈现高速、干线、农村公路以及各项附属设施建设齐头并进的态势，共完成各项投资148亿元，比“十五”期间（80亿元）增长85%，其中地方公路投资33亿元，是“十五”期间投资（16.5亿元）的2倍。新增高级、次高级路面6300公里，是“十五”期间新增路面（965公里）的6.52倍；改建农村公路8900公里，是“十五”期间改建公路（1370公里）的6.49倍。截至2010年底，全市共有省道1303公里，较“十五”末增长185公里，增幅达16.5%；县道2560公里、乡道6084公里，较“十五”末分别增长574公里和873公里，增幅达28.9%、16.8%。全市公路通车里程达14 862公里，较“十五”末期（8881公里）增长5981公里，增幅达67.3%。全市公路密度由“十五”末的76公里/百平方公里增加到104.8公里/百平方公里，位居全省第二位。投资的不断加大和交通基础设施的不断完善，为全市经济社会快速发展奠定坚实基础。

农村公路是公路网的重要基础，是公路网络中的“毛细血管”，是构建便捷、通畅、高效、安全的交通运输体系的重要组成部分。作为农村地区最主要的，甚至是一些地方唯一的交通渠道和运输方式，农村公路关系到农民群众的生产、生活，关系到农村经济社会发展，关系到全面建设小康社会和构建和谐社会的重要基础设施。加快农村公路建设，是全面落实科学发展观的必然要求，也是建设社会主义新农村的重要内容，潜力巨大，利国利民，具有良好的经济效益和难以估量的社会效益。

2001年以来，运城市交通部门将农村公路建设放在重要位置，做了大量卓有成效的工作。具体目标是：加快推进“通达”工程和“通畅”工程建设，在“十一五”期间，实现全市所有具备条件的乡镇、建制村通水泥（油）路，通客运班车，即100%建制村通油（水泥）路，100%建制村通客运班车。

第二节 "双通"工程的全面实施

新世纪开始,运城市抓住国家和省对农村公路建设实行补助奖励政策的大好机遇,按照"农村公路建设与产业结构调整相结合,与城镇化建设相结合,与生态园林绿化相结合,与精神文明相结合,与旅游发展相结合"的思路,在全市农村大力实施村村通水泥(油)路工程和村村通客车工程。

一、村村通水泥(油)路工程

(一)基本实现全市村村通水泥(油)路

2000年底,全市207个乡镇,通水泥(油)路的乡镇有199个,有8个乡没有通达。全市3334个行政村,通水泥(油)路的有3027个,有307个建制村没有通达。经过撤乡并镇后,全市133个乡镇,还有4个乡镇没有通达。

2002年,新通水泥(油)路村26个,里程427.6公里。

2003年,新通水泥(油)路村100个,里程600.29公里。

到2003年底,全市133个乡镇,还有4个乡镇仍然没有通达,全市3338个建制村,通水泥(油)路的3153个,还有185个建制村没有通达。

(二)实现百分之百建制村通水泥(油)路

2002年至2006年五年间,共完成通村水泥(油)路和巷道硬化里程17 895公里,于2006年底率先在全省实现100%的建制村通水泥(油)路。截至2007年底,146个乡、镇、办已全部实现通水泥(油)路,3185个行政村实现通水泥(油)路村3177个,剩余8个行政村为各县(市、区)政府确定的移民村,且由于里程长、工程量巨大,加上村里经济条件限制,大多数村民已自行搬迁出去,已经没有建设价值。通客车村3122个,通车率98%。

2004年,运城市累计完成投资6亿元,建成通村水泥(油)路1670个建制村4018公里,受惠群众达到100余万人,建设里程是省交通厅下达任务的4倍多,占全省当年村通建设里程的1/6,率先在全省实现100%的乡镇、100%的建制村通水泥(油)路,被省交通厅、省公路局评为"村通水泥(油)路先进市第一名",并被树为全省"标兵单位"。

2005年,运城市继续加大农村交通基础设施建设力度,以建设示范乡(镇),乡乡、村村、户户通水泥(油)路和村村通客车(即"双通")为工作重点,提出了"村村互通、巷道硬化、道路绿化、乡域循环"的更新、更高、更大的建设目标。全年累计投资15亿多元,建成村通和巷道硬化工程10 579公里,是省交通厅下达建设任务的10倍多,占全省当年农村公路建设总里程的1/3,全市建制村80%实现主巷道硬化,50%实现"户户通"。

村村通建设工程直接促进农村经济发展。使3177个建制村330多万农民走上油路、水泥路,坐上公交车,彻底结束出行难的历史。

(三)实现村村通水泥(油)路全覆盖

截至2008年底,全市在省交通厅挂号不通水泥(油)路的建制村共8个村78公里,其中,绛县7个村60公里,盐湖区1个村18公里。为了真正将好事办好、实事办实,使每一个未通油(水泥)路的建制村都能应通不漏地实现100%通达。市交通局党组高度重视,3月13日召开专题会议进行部署,3月16日至3月23日,由7个党组成员带领技术人员分7个组对全市村村通现状进行调研,4月16日在黄河晨报上以"哪村没通油路,请打电话告我"为题向全市承诺,共接到电话、来人、来信180余(个、人)次,并全部进行核实。至此,全市2009年未通油(水泥)路的建制村底子全部摸清,全市3194个建制村已有3162个建制村通水泥(油)路,通路率占到99%,共有32个建制村138公里未完成村村通全覆盖建设任务。其中村村通全覆盖在省挂号一直不通的建设项目8个78公里,由于各种原因未通的24个60公里,共涉及8个县(市、区)、27个乡镇32个建制村。截至2009年11月23日,全市村通水泥(油)路全覆盖项目已全部完工,共完成路基138公里,完成路面138公里,完成投资2515万元,提前一年率先在全省实现省委、省政府提出的在两年时间内具备条件建制村通水泥(油)路全覆盖目标。

2009年,省政府下达的村村通"全覆盖"任务一共是54项328公里,总投资6675万元,中央投资3280万元,省债券资金3395万元。计划共分三批下达,第一批为2008年中央拉动内需项目,46项250公里5115万元,中央财政资金2500万元,省债券资金2615万元。第二批为2009年中央拉动内需项目,共4项30公里600万元,中央财政资金300万元,省债券资金300万元,全部在绛县。第三批为交通部通畅项目,共4项48公里960万元,车购税资金480万元,省债券资金480万元。盐湖1项18公里,绛县3项30公里。所有项目在2009年底全部完成。

2010年,全市共完成投资3.5亿元,修建公路1179公里,超额2倍完成市政府下达的目标任务,公路升级换代取得显著效果,全市农村公路优良率达到84.8%。

二、村村通客车工程

（一）全面启动

2003 年，交通部发出《关于加快发展农村客运和开展农村客运网络化试点工作的通知》。根据文件精神，运城市道路运输管理处在市委、市政府“交通立市、交通兴市”战略思想的指导下，在省交通厅、省运管局及市交通局关心支持下，解放思想，大胆创新，锐意进取，开始着手部署实施“村村通客车”工程。为了搞好试点工作，荆永勤处长同分管客运的副处长杜明、客运科科长李彰信一起来到万荣县，行程 300 多公里，对 281 个行政村进行详细考察，绘制出万荣县村庄交通分布图，共同研究分析，确定实施方案。通过总结万荣县经验，有力地指导全市工作。到 2003 年底，全市已拥有农村客运线路 229 条，客运车辆 732 辆，146 个乡镇全部实现通客车，行政村通客车率达到 55%。

（二）深化提高

2004 年，凭借全市农村公路建设的强劲东风，运城市道路运输管理处审时度势，乘势而上，提出“路通就要客车通”的响亮口号。“多出力，多流汗，我为村通作贡献”——成为全市运管战线 1300 多名干部职工的共同心声和一致行动，而“让百分之百的行政村早日通上客运班车”也成为 2004 年全市道路运输管理工作的重头戏和最大亮点。

“村村通客车”的前提，是编制好规划，制定出实施方案。带着使命和重托，运城市交通局领导同运管处同志一道，多次到各县、市、区进行广泛调研，通过走访和座谈，了解掌握到大量的第一手资料，为制定科学规划提供翔实可靠的依据。市运管处多次召开研讨会和汇报会，集思广益，吃透下情，着力解决村通客车工作中遇到的矛盾和困难。另外，市运管处和各县（市、区）都抽调专人，由领导带队，采取包乡镇包村、包线路包车，对全市客运情况进行认真调查。道路情况，主要调查道路的性质、里程、公路等级；运力情况，主要调查现有车辆的营运车主、车型、车号、车况；客源情况，主要调查沿线村庄的人口、旅客的流量、流向、流时；经济发展情况，主要调查沿线群众的年收入、对客车的需求、对运价的承受能力等；现有客车线路情况（含跨县线路、过境线路），主要调查线路的起止地、里程、实载率等。在调查摸底的基础上，市运管处制定出《运城市村村通客车实施方案》，并聘请规划设计专家，编制出《运城市村村通客车规划图》和 13 个县（市、区）的村村通客车规划图。有了实施方案和规划，就有了明确的工作思路和发展方向。全市新辟、延长、调整线路 55 条，使全市农村客运线路达到 256 条，更新和新增客运车辆 809 辆，村通客车率猛增到 93.2%。

（三）克难攻坚

实现百分之百的行政村通客车，实质上就是完成农村客运的“无缝对接”。运城市交通局充分运用三大原理，一是“铁锤原理”，砸烂旧的条条框框和模式；二是“洗牌原理”，对原有资源进行重新整合；三是“选美原理”，在各种规划方案中，比选出最好的。在认真总结万荣县发展农村客运经验的基础上，确定了“以县城为结点，向各乡镇辐射；以乡镇为结点，搞好农村循环”的工作思路，并用高度概括的“四句话、三十二个字”作为指导全市“村村通客车”的行动总纲领。即合理规划，重新调整；就近设点，电话预约；乡镇建站，多元管理；政策扶持，规范服务。实践证明，它不但是可行的，而且是卓有成效的。

发展农村客运，最核心的问题就是要让农村客运班车“开得通，留得住，有效益”，只有这样，才能杜绝一哄而上，说散就散的现象发生，才能确保农村客运事业健康、有序和可持续发展。所以，在探索农村客运的通达方式上，坚持一切从实际出发，实事求是的原则，不搞一刀切，而是因地制宜，努力做到与县域经济发展相适应，与人民群众实际需求相适应，适合什么就发展什么。

截至 2010 年底，全市营运客车达到 7416 辆，较“十五”末（6078 辆）增长 22%；货运车辆达到35 891 辆，是“十五”末（13 482 辆）的 2.7 倍。全市共有客运线路 603 条、农村班线 352 条，分别较“十五”末（388 条、268 条）增加 215 条、84 条，增幅达 55%、31%。全市直通客车建制村 3169 个，村通客车率达到 99.7%。“十一五”期间，全市共完成公路客运量 2.5 亿人次，公路货运量 2.2 亿吨，分别比“十五”增长 27% 和 37%。随着时间的推移，村村通客车巨大的现实意义和深远的历史意义，必将得到更充分地显现。

第三节　全覆盖工程的建设成就

2005 年 10 月底，交通部副部长冯正霖深入运城市调研后说：“在社会主义新农村建设进程中，运城市通过加快农村交通基础设施建设，促进农村产业结构调整，改善农村社会公共事业，带来农民精神面貌的改变，加强农村基层政权建设，为全国提供了一个非常好的范例。‘双通’建设的经验运城不能独享，交通部有责任将其向全国推广。”同年 12 月初，交通部副部长黄先耀在调研后得出两条结论：“第一，运城市的实践证明，修建农村公路完全符合党中央、国务院的战略部署和广大人民群众的迫切需要。

第二,要贯彻落实科学发展观,要构建社会主义和谐社会,要建设社会主义新农村,就要像运城市抓农村公路这样真抓实干。"2006年1月15日,中共中央政治局委员、国务院副总理回良玉在审阅交通部的调研报告后作出重要批示,高度肯定运城"双通"工程对建设社会主义新农村所发挥的重要先导作用。批示说,这是为"三农"办的一件大好事,也是统筹城乡发展的一件实事。《中国信息报》用两个整版的篇幅向全国介绍了运城的做法,并给予高度赞扬:山西省运城市狠抓农村公路建设,大力实施村村通水泥(油)路、通客车工程,有力地推进了全市农村经济社会发展,使广大农民的思想观念、生活方式、精神面貌发生了深刻变化。"双通"工程建设,是农村迈向富裕文明的"加速器",是建设社会主义新农村的先导工程、基础工程。

"双通"工程有力地推动了全市农村经济社会的发展,给全市农村面貌带来显著变化。

一、加快农村物质文明建设

"要致富,先修路","公路通,百业兴","大路大富,好路快富",这些简洁明了的话语所包含的哲理,运城市的农民群众体会最深。农村"双通"使他们得到实实在在的利益,尝到实实在在的甜头。一条条平坦的水泥(油)路的铺成,一辆辆客运班车的开通,大大加速城乡之间人流、物流、商流、资金流、信息流等经济要素的流动和循环,使农村经济迈上发展快车道,为社会主义新农村建设奠定坚实物质基础。

(一)推动农村产业结构调整,提高农业效益

一是推动特色效益农业向规模化发展。过去,由于交通不畅,许多农村特别是山区农村的农副产品常常因运不出去而烂掉,农民增产不增收,严重影响生产积极性。"双通"后,收购农产品的车辆,直接开进村,开到农民家门口,开到田边地头,大大激发农民调整种植结构、发展特色农业的劲头。新绛县横桥乡西横桥村有着种植蔬菜的传统,过去通村道路泥泞不堪,在收获季节一天只能运出一两车菜,其余的不是运不出烂到地里,就是错过时间卖不上好价钱。自从修了水泥路后,运菜车进进出出,十分方便。全村1800亩耕地全部种成蔬菜,成了名副其实的蔬菜专业村。人均收入提高到7000多元,2005年上半年,这个1400多人的村子储蓄余额就超过千万元。绛县小峪村"村通"前,一年可产5万公斤山楂,价格比山下贱一半,还是没人要。"村通"后,原来每斤8分钱的山楂,最高卖到0.42元。平陆县圣人涧镇窑店村"村通"前,村民种植西红柿每斤只卖到0.1元,"村通"后,每斤卖0.5元。古魏镇窑头村是芮城县最大的大棚蔬菜基地,村里建有大棚2200余个,"村通"前,菜农都是肩挑背扛把菜送到2公里外的大路边等客商。"村通"后,客商直接上门求购,菜价大幅提高,每个棚收入达万元以上。闻喜县薛店镇丰乐庄村以种植药材闻名全县,实现村通及巷道硬化后,成立丰乐中药材公司,带动周边乡村种植远志、柴胡、黄芩等中药材,形成"公司+基地+农户"的产业化模式,中药材种植面积由1.2万亩迅速发展到2.3万亩,生产加工销售队伍由3500人发展到1.1万人,销售收入由800万元增加到6900万元,仅远志一项,全年销售突破1200吨,占到全国远志销量60%,并远销到韩国、日本及东南亚各国。

二是加快农村工业发展速度。运城市的实践再次证明:道路是投资环境的第一要素。交通条件改善后,引来外地客商投资办厂。地处中条山腹地的闻喜县河底、石门、裴社、后宫等4个山区乡,过去因交通不便,资源优势得不到发挥,群众守着宝山过着穷日子。2004年,这4个乡实现村村通和巷道硬化,先后吸引36家金属镁、玻璃、选矿企业前来投资办厂,填补山区乡镇没有企业的空白。双通后,有4500名农村劳力离开土地进厂打工,6500名农民从事矿山开发加工,新增运输车辆1100辆,带动12 000名农民致富,每年人均收入超万元。绛县冷口乡小峪村道路硬化后,为开发当地丰富的铁矿、铜矿资源创造有利条件,引进投资1000万元,建起2座大型选矿厂,不仅解决村民务工问题,还吸引四川等地50多名民工来村里打工。

三是促进了旅游业发展。过去,由于交通闭塞,许多旅游资源"养在深山人未识"。现在,随着山村水泥(油)路的修通而展露风姿,招徕游人。万荣县孤山风景区由于山路崎岖,许多开发商望而却步。搞村村通工程,一下子修了3条通山公路,外地开发商闻知消息,找上门来签订开发协议,投资1亿元的开发工程已全面启动。在汾河入黄口,有着丰富的天然水上旅游资源。由于道路不通,几乎没有游客。在农村公路建设中,万荣县打开通往黄河的滩涂公路,吸引开发商投资5000万元对景点全面开发。芮城县学张乡水峪村道路硬化后,27户农民在旅游景点周围打窑洞,办起避暑山庄,吸引县城和外地客人观光旅游、避暑消遣,享用特色农家饭菜,品尝山野绿色食品,每孔窑洞月纯收入1000元以上。闻喜县石门乡汤王山旅游开发公司,也随着石门至后川至青山23公里水泥路的铺通而挂牌开张。平陆县以傅相祠为中心的傅氏公园、伯乐识马的虞坂古盐道风景区、张店地窨院、张店风口休闲山庄等分布在农村的8处景区、景点,都随着道路畅通被开发利用。

(二)促进商贸流通,带动农民增收

地处新绛、襄汾、乡宁三县交界的新绛县泽掌镇北苏村,地理位置优越,号称"三县"小商品集散地。

但村通前土路坑坑洼洼，来北苏村赶集的只有七、八个村的几百名居民，使集散地有名无实。村通后，赶集人数增加近10倍，连襄汾、乡宁县几十个村子的群众都来了。集市上的摊位从过去的200多个，增加到600多个，全村经商人员超过总劳力80%。临猗县庙上乡盛产梨枣，"村村通客车"大大便利客商，促进流通，使梨枣这一主导产业进一步发展壮大，农民人均纯收入由过去的2000元增加到4160元。永济市西阳朝村地处下湿地，过去道路坑洼不平，每遇雨天更是泥泞难行，村里村外蛙声一片，被人们称为"蛤蟆村"。该村修了5.3公里水泥路，又通了客车。交通条件的改善，吸引外地人在此投资建起15个蘑菇大棚。村民们坐客车外出贩蘑菇，每人每天能收入30多元。夏县泗交镇于家岭、太宽河、下秦涧等村以产土豆闻名，但过去道路不畅，村民们只能靠肩扛担挑把土豆运出去，因运输时间长，土豆的鲜度和价格都受到影响。"村村通"后，收购商开着车上门收购，价格每公斤比过去提高0.2元，村民每亩收入比过去增加200元至400元。2005年，运城市农民人均现金收入1888.2元，比2004年同期增长24.3%，是近年来农民收入增幅最高的一年。

（三）改善村容村貌，提升农村品位

农村巷道硬化，激发农民潜意识中的爱美之心，使大搞绿化、美化、亮化，大搞环境卫生清理，改变村容村貌蔚然成风。河津市柴家乡庄头村地势高低不平，巷道沟沟梁梁，而且柴堆、垃圾、厕所满巷道都是，晴天车难走，雨天门难出，就连卖蜂窝煤的三轮车也不愿进村，要进村一块煤就要加价2分钱。巷道硬化后，这个村告别污水满巷、垃圾遍地的脏乱差历史，老百姓喜笑颜开地走上干净整洁、平坦宽阔的水泥路。平陆县张村镇西吴村在村中心建起一座占地5亩的中心广场，并安装路灯，建起村大门。夏县西村、闻喜史家坡、永济黄家窑等不少村庄，还把村村通工程和建设生态园林村结合起来，实现春有花、夏有荫、秋有果、冬有绿，大大提升农村品位。河津市高家湾村先投资500多万元，铺通2条街道、6条主巷道，全长6公里，然后，拆掉旧村建新城，投资5000万元建起一个占地116亩的购物广场，投资2500万元盖起一座现代化教学大楼，一个社会主义新农村脱颖而出。

二、促进农村精神文明建设

（一）使农民思想观念发生深刻变化

"双通"工程，拉近城乡距离，大大转变农民的思想观念。闻喜县南囤子沟，过去由于山路崎岖难以出行，进城买一次东西就得六七个小时，全村680口人，一半人都没有进过县城，村民们就这样世代在这里过着闭塞的苦日子。实现"双通"后，村干部专门组织村民坐车逛了一趟县城。垣曲、平陆两个山区县最偏远的村庄，过去到县城至少要一天时间，晚上还得住在县城，"双通"后不到2个小时都能到达县城。山区农民高兴地说："过去下山两三天，现在进城一袋烟"。交通条件的改善，打开山区乡村祖祖辈辈封闭的"山门"，扩大农民与外界的接触，吸引外来客商走进山村谈生意，农民走出山村求发展。夏县还有许多老人在各村老年协会的组织下外出观光旅游。县政府给2000多名老人发放优待证，让他们到本县的各大景点参观。农民群众在与外界日益频繁的交往中，市场经济和对外开放的意识明显增强，一改过去"好出门不如歹在家"的传统观念，拿起手机，做开生意，"大步走出家门闯市场，甩开膀子一心奔小康"。

（二）改变农村生活方式，提升农民生活质量

以前，农村巷道没有硬化时，大多数村庄都是"晴天扬灰（尘土）路，雨天泥水路"，老百姓出行很不方便。如今巷道硬化了，老年人扔掉拐杖，姑娘们穿起高跟鞋，下雨天也能穿皮鞋，就连交通工具也迅速升级换代。垣曲县英言乡关庙"村村通"不到1年时间，全村420户新增150辆三轮车、80辆摩托车。永济市田村通车后，全村一下新增18辆小轿车。河津市西王村每天有9辆班车，15分钟一趟发往市区，村民在家门口乘车不足半小时就能到城里。夏县裴介镇小吕村对全村的主街道、主巷道全部硬化，栽植雪松、国槐等花草树木，修建两个公园，建起音乐喷泉和配套设施齐全的文化体育广场。过去，不少山区农民吃鲜菜主要靠自产，到了冬季就吃不上，现在小商小贩走村串巷，沿街叫卖，什么新鲜菜都有，和城里没有多大差别。而且随着城乡交往增加，农民见识增多，生活节奏加快，煤气灶、微波炉、电磁炉、饮水机、太阳能、电脑、小轿车等现代生活用具也进入农民家庭。

（三）加快农村科学文化普及

过去，由于山高路差，科技、文化、卫生"三下乡"工作队无法下到偏远乡村。现在，路修好了，科普和文化宣传工作深入推进，触角越伸越远，范围更加宽广，实现"全覆盖"。市、县两级农业、科技、文化等部门及时把农业生产技术、科技书籍、文化节目送进山村。过去，农村送发的信件和订阅的报纸3至5天送一次，山区十天半月送一次。现在，每天的报纸都能及时送到群众手中。在保持共产党员先进性教育活动中，各级党组织组织机关党员干部开展向老、少、边、穷农村送科技、送文化、送信息、送温暖活动，进一步促进科学文化在农村的传播。许多农村还借"村村通"东风，在硬化巷道、整修村容的同时，建起文化活动大院、图书室，购置体育健身器材，进一步

丰富农民群众的精神文化生活。

(四)使农民的精神面貌发生深刻变化

地处空港新区的盐湖区张孝村,完成巷道硬化11.5公里,把水泥路修到了群众家门口,在全市率先实现“户户通”,党支部、村委会响亮地提出“培育市民意识,打造运城名村”的口号,为全村每条巷道重新起巷名,并选出巷长,借鉴城市管理办法管理全村巷道。稷山县稷峰镇桐下村实现巷道硬化后,村民们每天清早自发清扫巷道,使全村大街小巷清洁卫生,面貌一新。夏县村村都设立垃圾点,组建垃圾清运队,定时倾倒,日产日清,保持巷道清洁。有10个乡镇56个村近5000个农户推广使用沼气,在全县1000多户家庭实施改厕、改圈、改厨工程。全市农村推广使用沼气达到2.6万户。巷道硬化、户户通达,使农民改掉过去在巷道中乱堆柴草、乱倒垃圾、乱建厕所的陋习,形成“讲究卫生、爱护村容”的新风尚。

三、促进农村和谐社会建设

(一)促进农村教育事业发展,方便山区孩子上学

长期以来,在垣曲、平陆、芮城、夏县等山区县,因为道路条件所限,学生失学、辍学现象比较普遍。“双通”工程给这些山区孩子带来福音,使他们欢呼雀跃地返回校园。坐落在大山深处的平陆县坡底乡向阳小学,全校150多名学生,多数离家超过2公里。过去只能靠步行上学,赶上雨雪天气,坡陡路滑,学生不敢出门,只好等到天晴路干后再上学。开通客车后,学生乘客车上下学,学生、家长、教师齐夸“双通”工程好。“双通”建设还为整合农村教育资源创造条件。过去,农村路难行,教师不愿到农村任教,学生不愿出村上学,农村教育资源布局分散,影响教学质量。“村村通”使这种局面得到较大改善。永济市抓住“村村通”契机,撤并37所在校学生不足50名的小学,把300名城镇优秀教师分配到农村学校任教,提高农村教学质量。

(二)促进农村卫生事业发展,方便农民群众看病

“双通”前,大部分山区村庄缺医少药,医疗条件差,遇到急危病人,村民往往急得团团转,不知有多少人因为道路不通而延误救治时间,失去宝贵生命。2003年,夏县河东村的张石虎拉运木料时翻了车,在送往医院途中因路不好耽误抢救时间,年仅22岁就断送性命。垣曲县原峪村樊国云的父亲,突发重病,急需抢救,却赶上连阴雨,亲朋抬着担架,走完1公里的泥泞山路,整整花了3个小时,赶到医院时,病已耽误了。前几年,绛县庞家岭村高正林夫妇下山交公粮,因山高路险发生车祸,无法及时救治,妻子压在车下被水厢里的开水活活烫死。“双通”后,不管是平原还是山区群众遇到急重病时,只要拨打120,医护人员就能及时赶到。救护车能开到全市每一个建制村,甚至能开到农民家门口。

(三)促进农村邻里关系改善

以前,村民经常为雨天巷道排水吵架、打架。现在全村大小巷道都成水泥路,排水通畅,大家都早出晚归,一门心思发家致富,再不用为此争吵打闹。临猗县临晋镇许多村,过去由于巷道坑洼不平,群众都想把自家门口填高一点,结果巷道越填越高,院里雨水出不去。由此引起恶性循环,院基越填越高,房子越盖越高,村中的房屋参差不齐,不仅破坏村容村貌,而且邻里间常因盖房争风水纠纷不断,严重影响邻里关系。巷道硬化后,路平了,水通了,盖房标准统一了,邻里之间的矛盾自然化解了。

(四)改变山区婚俗习惯,促进人口素质提高

过去,很多山庄窝铺由于分布较散,村与村之间路途远,路况差,交通不便,使这些山区农村通婚范围非常狭小,造成换亲成风,甚至近亲结婚,导致痴呆残疾等各种生理缺陷者比例较大,人口素质较低。据垣曲县统计,全县有各类残疾人口近9000人。“双通”后使这种局面明显改变,山区农家子女的生活圈、婚姻圈放大,择偶观、婚俗观也发生变化。闻喜县礼元镇南村,因翻沟过涧,道路不畅,10余户村民举家搬迁,许多小伙子找不下对象。2004年村干部痛下决心,投资120万元,率领群众劈山开路,奋战十个月,筑起一条长120米、宽8米、高23米的大坝,用水泥硬化通村路和巷道5.1公里。“村通”给南村带来了好运。短短一年多时间,该村23名光棍就有12人娶了新媳妇。稷山县上王尹村是稷王山北麓最偏远的山村,以前道路不畅,信息闭塞,不少村民弃村外迁,女外嫁,男招走,剩下老弱病残守穷村。村里投资13万余元修6公里通村油路,打开闭塞山村通往外面的大门。村委主任郭贵珍激动地说:“过去,娃们再聪明,相貌再英俊,也说不下媳妇,现在路一通,马上就有姑娘愿上门。这真是一条路救活了一个村。”

四、加强农村基层党组织建设

农村“双通”工程建设,是关系千家万户农民切身利益的一件大事。为了把这件事办实、办好,运城市各级党政班子把它作为一项“民心工程”来抓。

(一)推进村务公开,民主管理

在“村村通”建设中,为了把公路修成群众的“放心路”、“满意路”,运城市突出民主决策、民主管理、民主监督,给群众知情权、参与权、管理权和监督权,对“双通”建设实行村民代表议事制,确保资金专项管理,专款专用,“阳光作业”。不少村把村民的捐款,交给村民代表议事会管理,干部只管干事不管

钱,清清白白抓修路。绛县南官庄村专门成立由离退休干部、教师、群众代表7人组成的"村通工程管理委员会",专门负责资金筹措、财务管理、工程施工、质量监督等事项,使"村村通"工程实现无质量隐患、无建筑垃圾、无债务纠纷、无上访事件。这个村的群众说:"这是南官庄多年来干得最漂亮的一件事。"永济市桥上村"村村通"工程刚开始时行动缓慢,原因是群众对干部管钱不放心。支、村委干部把"村村通"建设作为重塑形象的一个重要战役来打,只管修路不管钱,扑下身子领着群众干,重新赢得群众信任。工程竣工后,村民自发捐款请剧团唱了三天大戏,并为干部披红戴花。"双通"工程推倒干群之间的"隔心墙",架起"连心桥",密切党群、干群关系。

(二)增强党员干部的先锋模范意识

在"村村通"建设中,广大农村干部和党员捐款在前,吃苦在前,不少村干部为村里修路卖掉自家的汽车、摩托车,拿出积蓄,在群众面前展示出党员、干部的思想境界,体现先进性,赢得群众的交口称赞。垣曲县历山镇不落地村的村村通工程由于路程远、坡度大、弯道多、资金缺乏等原因,连续找了四五个工程队,人家都不愿干。村党支部书记石俊祥斩钉截铁地说,"人家不干,咱自己干!"他把灶台垒到工地,铺盖搬到工地,电话移到工地,并和村委主任王振华以个人名义贷款16万元解决资金困难。2005年5月14日,石俊祥在上工途中不幸发生车祸,肠子被摔成三节,最后被切除1.4米。但他苏醒后,稍微安慰家人几句,就把儿子、儿媳打发回工地,并嘱托他们:"无论如何都要把路修成!"盐湖区金井乡的机关干部和村组干部,在"村村通"建设中,整天和群众吃在一起,干在一起,遇到问题和矛盾现场办公,及时解决,全乡不到两年时间就实现村村巷道硬化户户通,硬化里程达上百公里。"村村通"建设是一项社会工程,各行各业的党员领导干部充分发挥共产党员先锋模范作用,踊跃捐款,带领群众把致富的路修到家门口。

(三)增强农村基层党组织的凝聚力和战斗力

"村村通"工程建设,既是对全市农村领导班子和广大农村干部执政能力的大检阅、大考验,也是对他们综合素质的大提升、大强化。闻喜县礼元镇土地管理员王琳是个女干部。上泉、昙泉两个村班子领导不力,修路难以启动,王琳立下军令状,在镇党委支持下,兼任上泉、昙泉两个村的党支部书记,挑起修路重担。她坚持吃住在村里,带病坚守在工地,其精神感动村干部,感动群众,感动施工队,使昙泉村和上泉村按时完成11.2公里的村村通及巷道硬化任务。新绛县泽掌镇涧西村由于历史遗留问题多,矛盾大,到2003年村里已连续5年没有选出党支部书记,连镇上派驻的工作队都进不了村。2003年5月,薛民焕被选为村支部书记,村里曾有人预言他这个支书干不过满月。"村村通"工程铺开后,薛民焕没让群众出一分钱,自筹资金2.8万元,硬化4公里的通村道路。群众感动地说:"就冲民焕修了这条40多年没人修的路,我们跟他干。"稷山县苑曲村曾是个有名的"烂杆村"。"村村通"建设中,新任党支部书记刘学珍先后筹资500余万元,全村党员干部带头实干,硬化道路24.5公里,实现户户通,成为全市"修路第一村"。村党支部也变成"红旗党支部"。河津市固镇村原来是个有名的"八大难"村,路难走,电难用,水难吃,学难上,人难管,地难种,厂难办,病难看,多年解决不了。"村村通"建设中,党支部、村委会一班人横下一条心,破解"八大难"。他们以公路建设为龙头,多方筹资2000余万元,对各项设施大刀阔斧进行改造,彻底解决"八大难"问题,党支部、村委会的凝聚力和战斗力大大增强。

运城市在农村公路建设方面取得的巨大成就,给人们带来很多启迪和思考。随着全市社会主义新农村建设的不断深入,其蕴涵更加深远,其效果更加显现,其效应更加广泛。

运城市的农村公路建设,已经远远超过公路交通本身的意义。在中国现代化建设进程已进入全面建设小康社会、构建和谐社会、落实科学发展观的新的历史时期,被赋予崭新的政治、经济、社会、文化的意义,成为社会主义新农村建设的基础工程和先导工程。"双通"工程建设的过程,已经作为社会主义新农村建设的豪壮前奏和实战演练,中国中央电视台《中文国际》以"山西运城'双通'为新农村建设奠基"为题专门作了报道。

长治市公路交通史

概　　述

长治市地处山西省东南部，地广150公里，袤140公里，总面积13 896平方公里。境内物产丰富，资源富饶。盛产小麦、玉米、谷子等农作物，地方特产沁州黄、党参、核桃、柿子、花椒、铁货、陶瓷等，历代驰名；矿产资源有煤、铁、硅、石膏、大理石等40余种，尤以煤炭著称，现已探明煤储量达近1000亿吨。近年来外运量均在5000万吨左右，素有"煤铁之乡"之美誉，被国家确定为全国能源重化工基地之一。然而，境内80%以上为山地和丘陵，沟壑纵横，坡大涧深，东有太行山脉群山耸立，西有太岳山脉南北绵亘，自古交通不便，是制约社会和经济发展的主要因素。

中华人民共和国成立后，在党和政府领导下，长治人民战天斗地，劈山开路，发展车辆，壮大企业，经过30年艰苦奋斗，经历"大跃进"和"文化大革命"运动的诸多挫折，到1978年底，建立社会主义计划经济体制下的公路交通事业，健全完备的公路建养体系，确立国营运输经济在运输业中的稳固地位，全市公路通车里程由建国前夕不足200公里增长到2300余公里，汽车由1949年39辆发展到2592辆，全市县县通三级公路，乡乡通机动车。但是，由于长期受计划经济管理禁锢，受"阶级斗争为纲"观念桎梏，公路交通事业和其他事业一样发展缓慢，人们出行难、运货难的问题仍未发生根本性变化，交通落后仍是制约全市社会经济发展的瓶颈。

1978年12月，党的十一届三中全会召开之后，全党的工作重点转移到经济建设上来。经过80年代放开搞活，90年代加速发展，到21世纪前十年的飞越发展，全市公路交通事业取得令人瞩目的成绩，其发展速度之快，效果之好，史无前例。

一

党的十一届三中全会确定改革开放总方针后，中央和省、市在80年代初、中期先后出台一系列经济、政治体制改革的决定和方针政策，经济、政治体制改革工作相继展开。针对交通系统过去统得过死，束缚基层部门及企业的创造性和积极性的种种管理制度与弊端，省、市交通主管部门在80年代中后期，紧紧围绕"转"（实行两个转变）、"分"（政企分开、两权分离）、"放"（下放企业、简政放权）、"活"（搞活运输市场、增强企业活力）、"包"（以承包为主的各种经济责任制）、"管"（加强宏观调控和行业管理）等六个方面逐步深化改革。大胆改革公路建养管理体制，实行统一领导，分级管理，养路费实行统筹安排、分级使用，公路建设实行招标承包制和地市承包办法；在公路运输体制改革上，全面实行经理（厂长）负责制，扩大企业的自主经营权，不断推行各种承包经营责任制，同时变国营企业"一统天下"为放开搞活，变"独家经营"为多家经营，实行"有路大家走，国营、集体、个体一起上"的方针，形成多层次、多形式、多成分全社会办交通的运输新格局；在交通事业单位全面实行行政首长负责制并在运输管理中推行年度目标管理责任制。通过一系列改革举措的实施，极大地调动基层部门和企业干部职工积极性，解放生产力，促进全市交通运输事业的蓬勃发展。

随着改革开放政策的实行和经济的发展，一个"若要富，修公路"、"公路通，百业兴"的共识在各级党政领导和广大干部群众中逐步形成，发展交通事业的积极性进一步提高。1981年，中共中央总书记胡耀邦视察晋东南地区，指示发展地方经济，要搞好公路建设，一个大搞地方公路建设的热潮迅速在长治展开。到1982年底，全市新改建县乡公路700余公里，新建县乡公路相当于1949年至1979年的总和,赢得全国地方公路建设现场会在长治的召开。此后,公路建设逐步转入以提高等级和质量为主的阶段,"七五"期间,长治至经坊、长治至下浣的二级公路相继建成,实现市境内二级公路零的突破。此期间,全市公路等级普遍提高,三级公路增长迅速,等外路逐步减少,在一些重要路线上还铺筑黑色碎石、沥青混凝土、水泥混凝土路面。到1990年,全市公路通车里程达到2826公里,实现县县通油路,乡乡通公路的目标。与此同时,筑养路施工机械化程度明显提高,在筑养路施工中基本实现机械化;公路桥梁施工采用预应力和部分预应力等新结构和水平滑模、垂直滑模、转体施工等新工艺,先后建成平顺试验弯桥、屯留绛河桥等工艺先进的公路桥;在公路养护中,大面积推广旧沥青再生利用和阳离子乳化沥青新技术,广泛开展"五小活动"和"三在外"活动,推行公路养护责任制,全市公路养护质量连年名列全省前茅。

80年代是全市公路运输事业迅猛发展时期。1983年,中共中央在《关于当前农村经济政策的若干问题的通知》中明确规定,允许农民个人或联户购置拖拉机和汽车,从事生产和运输。紧接着,全国交通会议又进一步提出"有路大家走","各部门、各行业、各地区一起干,国营、集体、个人以及各种运输工具一起上"的改革方针,全市私人购买汽车和拖拉机的数量迅速增加,各机关、企事业单位自备汽车明显增多,长治市第二、三、四、五4个市营专业运输公司和各县营集体专业运输公司相继成立,专业公司在不断增加和更新运力的同时,大力开辟货源基地和客运线路,运输市场呈现出百舸争流的局面。全市营运汽车由1978年的2500余辆猛增到1990年的13 000余辆,有近万台拖拉机参与公路货运,人们昔日运货难、出行难的状况得到根本改变。为管理好日益竞争激烈的运输市场,公路运输管理部门逐步加强行业管理,不断调整公路运输的产业结构和布局,协调各种经济形式之间的发展比例关系,依照政策、法规进行市场监督检查,同时设置机构或组织力量,为广大运输经营户提供信息、技术、人员培训与安全保障等各项服务。80年代后期,又开展了为期3年的大规模运输市场整顿治理活动,使全市运输市场逐步向着统一、开放、竞争、有序的方向发展。

二

进入90年代,全市公路交通事业进一步发展。1992年,省委、省政府发出大搞全民义务修路的号召后,全市再次掀起义务修路热潮。1993年至1995年3年间,全市义务修路共投工5717万个,投入各种机械车辆137万余台班,动土里程达到3000余公里。在此期间,先后建成全省第13条晋煤外运通道长治县荫城至河南林州公路、长治至晋城二级汽车专用公路和东观至长治二级汽车专用公路。到1995年底,全市公路通车总里程达到3280公里,其中国省道里程1251公里,县乡专用公路2029公里,比1990年净增450余公里。且技术等级和质量又上新台阶;国省道二级路由1991年104公里上升到1995年334公里,三、四级路明显减少;一般干线和县、乡公路上等级路里程由1991年74.4%上升到81.3%,其中三级路由180公里增至578公里。公路养护质量稳中有升,干线公路5年年末好路率都保持在90%以上,一般干线和县乡公路连续5年年末好路率平均达到86%以上。

1995年全省万荣义务修路现场会议后,长治市的公路建设工作受到全市各级党政领导的高度重视,全民义务修路活动在全市进一步高涨。长治市委、市政府提出全市"四纵四横"公路主骨架的总体规划(即到2005年,将纵贯全市南北和横穿全市东西方向各4条的干线公路,建为二级标准以上公路)和乡镇公路油路化、通村公路等级化的目标。公路建设开始由部门行为向政府行为、社会行为转变,主要由国家投资向多渠道筹资转变。各级党委、政府全民部署,精心组织,在全市国省道和县乡村道上,大范围摆开全民义务修路的主战场,公路建设取得超常规进展。1996年,全市义务修路铺开里程3283公里,为1993年至1995年3年总和的2.3倍;1996年至1997年两年全市铺筑油路里程1008公里,相当于全市修筑油路以来到1995年所铺筑油路里程的总和。"九五"期间,全市共铺筑油路2060公里,先后建成省道屯(留)龙(泉)线、长治北干线一级公路,完成国道207线黎城段、省道荫(城)林(州)线、长(治)临(汾)线的拓宽改造工程,其他干线公路拓宽改建也完成阶段性工程。到2000年底,全市公路通车总里程达到4495公里,比"八五"末的1995年增长1215公里,其中二级以上公路达到742公里,高级、次高级路面里程达到2553公里。全市提前实现"镇镇通油路,乡乡通公路,村村通机动车"的目标。

"八五"和"九五"期间,全市道路运输事业稳步发展,各种营运车辆继续增长,大吨位货运汽车和中高档客运汽车的比重明显增加。1990年,全市客货汽车总数为19 969辆,1995年发展为30 722辆,2000年又增长到4.1万辆;2000年参与营运的客货汽车分别达到2595辆和11 145辆,分别比1995年增长28%和15%;客货运输量持续上升。"九五"期间,全市共完成公路货运量23 825万吨,货物周转量

1 486 590 万吨公里,完成客运量 10 318 万人次,旅客周转量 407 994 万人公里,与“八五”相比分别增长 36%、20%、34% 和 43%。全市货运市场建设步伐加快,客运场站设施明显改善,长治市客运中心(客运西站)一级汽车站建成并投入使用,一批县级二级汽车站得到改扩建,运输市场进一步规范,初步形成统一、开放、竞争、有序的市场体系。公路养护、规费征收、依法行政、党风廉政等各项工作都全面完成“九五”确定的目标。2000 年,市交通局在全省交通系统年终综合考核中名列全省第一。

三

21 世纪前 10 年,是全市公路交通事业飞跃发展的黄金时期。在长治市委、市政府领导下,在省交通厅大力支持下,全市交通系统干部职工和广大人民群众拼搏创新,艰苦奋斗,以科学发展观统领交通工作全局,以通省高速路、通县一级路、通村水泥路、环城高速路、交通运输网“三通一环一网”建设为主要目标,同时狠抓公路养护、运输市场治理、规费征收、党风廉政、依法行政、安全生产等各项工作,全市公路交通事业得到更快发展,连年完成或超额完成各项计划目标和任务。市交通局连续 8 年在全省交通系统年终综合考核中被评为优秀单位。

10 年间,全市公路通车里程飞速发展,到 2010 年底,全市公路通车里程达到10 706公里,比 2000 年 4095 公里增长 1 倍还多;全市公路密度由 2000 年 32.3 公里/百平方公里增加到 2010 年的 76.7 公里/百平方公里。

此期间,境内先后建成长治至邯郸、长治至晋城、长治至太原和长治至安阳长治市环城段 4 条高速公路。高速公路建设实现零突破,总里程达到 237 公里;同时黎城至左权、黎城至霍州、长治至临汾 3 条高速公路也在紧锣密鼓的筹建中。至此,以长治为枢纽,以国家规划建设的东到山东荣成、西至新疆红其拉甫、北至太原、南到澳门的高速公路“十字”框架在长治基本形成。

10 年间,全市以“四横四纵”干线公路为主的拓宽改造工作突飞猛进,使全市干线公路二级以上路段达到 74%,有铺装和简易铺装路面达到 100%,其中沥青和水泥混凝土高级路面达到 90%。同时,县乡公路路况也得到显著提高。此期间,重点改建 207、208、309 国道线和南岭至沁源、长治至平城、长治至陵川、荫城至川底等一批省道公路。此期间,市区与各县(市、区)掀起建设通一级公路的高潮。截至 2010 年底,全市 13 个县市区中已有 8 个县市区实现与市区通过一级路或高速路相连接,全市公路路网通行能力又上一个新台阶。

特别值得一提的是“村村通水泥(油)路”建设。从 2001 年 11 月开始,长治市在全省率先实施“村村通水泥(油)路”工程,各级党委政府带领人民群众,以“资金不足精神补,机械不足力气补,水泥不足石头补”的太行精神,采取“政府发动、政策调动、典型带动、舆论鼓动”的“四轮驱动”措施,一年建成通村水泥(油)路 3138 公里,使全市 81% 的行政村通水泥(油)路,创造全国农村路网建设奇迹,受到交通部嘉奖,省委、省政府召开现场会推广长治市的“村村通”建设经验。全国先后有吉林、新疆、陕西、湖南、福建、安徽等 10 个省(自治区)的 40 个市、县 6000 余人前来参观学习。《人民日报》在头版头条报道了长治的“村村通”建设成果和经验。2003 年以后,全市继续集中力量对偏远村庄进行攻坚,2003 年至 2008 年,修建通村水泥(油)路 5000 余公里,使全市所有的乡镇和 97.2% 的行政村通水泥(油)路。2009 至 2010 年,全市响应省政府“五个全覆盖”的号召,两年又修建通村水泥(油)路 541.9 公里,使全市所有具备条件的建制村实现通村水泥(油)路全覆盖。

进入 21 世纪,随着社会主义市场经济的不断完善,全市公路运输业进一步发展。客货营运车辆和运输量持续增长,运输基础设施建设和动力结构调整力度进一步加大,运输业逐步向规模化、集约化、专业化方向迈进,运输市场进一步规范。到 2010 年底,全市营业性客货汽车达到 37 154 辆,是 2000 年的 2.7 倍,且中高档、豪华型客车和大重型、专用型货车比重明显增加。全市共完成公路客运量 3432 万人次,旅客周转量227 464万人公里,公路货运量 5437 万吨,货物周转量 765 628 万吨公里,分别比 2000 年增长 153%、239%、105% 和 237%。

10 年间,道路运输网络建设取得重大进展。新改建一批汽车综合性能检测站以及县级和农村乡镇客运站,客运东站一级汽车站作为长治市标志性建筑之一,建成投入使用。10 年间,全市客运通达深度不断提高,拥有辐射全国 22 个省、市、自治区和省内各市、县、乡村的各类班线达到 622 条,拥有等级汽车站 55 个,年均日旅客发送量 51 400 余人次。初步形成“市为中心,县为枢纽,辐射全国大部分省市和市内各县、乡镇和村庄的道路运输网络”。尤其是农村客运网建设成绩显著。从 2004 年起,公路运输管理部门大抓“村村通客车”工程,到 2010 年底,全市共建成农村客运站 44 个,安装候车亭 1182 个,招呼站牌 1915 个,投入农村客运班车 588 辆,开辟农村班线 293 条,使全市 100% 的乡镇和 98.2% 的行政村通了客运班车。与此同时,长治市又在全省率先推行城乡客运一体化改革。2008年,全市已有8个县市实行城乡客运一体化体制,2009年12月,长治市将城市客运及出租车行业管理职责划入新成立的市交通运输局,使全市的客运市场全部纳入交通运输部门一体化管理,进一步方便广大人民群众出行。此期间,物流运输在发展中不断壮大,到2010年,全市先后建成包括两个国家重点交易市场在内的一大批贸易市场,建成县级物流中心20个,乡镇物流站282个,村级物流信息点1198个,参与农村物流的车辆达到3000余辆,有效解决广大农村运货难的问题,促进全市农村经济的发展。

回首长治市改革开放30余年的交通发展实践,可以总结概括出许多条经验。但最根本的是:坚持党制定的走建设有中国特色的社会主义道路,坚持党的改革开放方针政策,坚持创新发展并始终坚持和发扬艰苦奋斗、顽强拼搏的太行精神。改革开放以来,交通运输战线上的广大干部职工逐步摆脱传统观念和思维定式的束缚,运用市场经济思路和改革创新办法解决发展中遇到的困难,始终坚持和发扬太行精神,为全市交通运输发展提供强大的发展动力;多年来,各级党委和政府注重交通事业发展,充分发挥和调动人民群众积极性,使交通建设由行业行为转变为政府行为、社会行为,形成促进交通发展的合力和联动机制;在30年的交通发展中,交通运输行业始终坚持邓小平理论,紧紧围绕"三个服务"思想,贯彻落实科学发展观,坚持以人为本,改善民生理念,不断提高行业服务水平和能力,逐步满足经济社会发展和人民群众日益增长的交通运输要求;30年来,交通部门不断推进思想、组织、作风、制度建设,建立健全交通法规体系和政策措施,加强和创新基础管理,转变政府职能,完善监管手段,保证行业健康发展;1993年以来,交通部门坚持超前思维,科学规划,坚持创新理念,率先发展,制定多个交通发展中长期规划,率先在全省对区域交通发展进行综合课题研究,率先实施村村通水泥(油)路和通客车工程,率先推行城乡客运一体化改革。这一系列改革创新发展的举措和理念,使全市交通运输事业实现飞速发展,取得辉煌业绩。

第一章　放开搞活时期的公路交通(1978年~1992年)

第一节　县乡公路建设的新成就

一、县乡公路建设高潮的掀起与发展

新中国成立后,为解决交通闭塞问题,长治人民战天斗地,开山辟路,并从50年代到70年代中期,开展了几次规模较大公路建设活动,取得了巨大成就。到1978年底,全市公路通车里程由建国前不足200公里增加到2386公里,其中干线公路967公里,县公路1085公里,乡公路291公里,专用公路43公里。但由于受自然条件和投资条件限制,在公路建设中又存在着先干线后县乡路的倾向,广大农村的交通条件仍停留在简易公路或大车路的水平上,特别是山区道路,绝大多数仍是土路和羊肠小路,远远不能满足广大人民的生活和生产需求。

1978年2月之后,随着改革开放的深入和经济发展,一个"若要富,修公路"、"公路通,百业兴"的共识在各级党政领导和广大人民群众中逐步形成,积极性进一步提高。1981年8月,中共中央总书记胡耀邦视察晋东南地区时指出:晋东南地区最好出路是多修几条公路,打出去,才能发挥优势。晋东南行署和地委,立即行动,先后组织百余名公路技术人员分赴各地进行踏勘视察,制定修建10条全长408公里通往外省区的出口公路规划,并确定从民工建勤、地方财政、地方煤炭外运补贴、养路费及农业附加税5个方面筹集人力、财力修建公路。筑路规划确定后,地委于当年11月中旬在襄垣县召开全区县乡公路建设现场会,把10条出口公路建设任务下达到有关各县。号召各县发扬坚韧不拔、艰苦奋斗精神,自力更生修建公路,并推广了平顺县长期坚持开石凿路,襄垣县在丘陵地带修建循环路,屯留县进行山、水、田、林、路综合治理的先进经验。至此,一场大搞县社(乡)公路建设的热潮迅速在全区展开。到1982年底,全区共新改建县乡公路1004公里,其中现长治市辖区内新改建县乡公路700余公里,新建县乡公路里程相当于1949年至1979年的总和。为此,交通部在长治召开全国地方公路建设现场会,向全国推广晋东南地区修建地方公路的经验。此后,根据省、地长远规划和交通运输发展需要,全区把修路重点放在打通出境路,接通断头路,接通产煤地区和工农业产品集散地区的公路,以及改造现有公路,提高其通过能力上。全市修建县社公路的积极性持续不减。从1982年到1990年9年间,国家对长治市的县乡公路建设补助投资和养路费投资共计4792万元,地方自筹和社会集资达3618.4万元,全市新改建县乡公路1832公里,新改建村庄机动车道路1400余公里,广大农村地区的交通落后面貌得到明显改善。

襄垣县多丘陵山地而少平川,平原面积仅占10.6%,境内浊漳河流域地势平坦,是土地肥沃的盆

地。新中国成立前,除太原至大口干线公路通过县境内外,县内道路绝大部分是羊肠小道,交通运输不便。建国后历年筑路,到1980年,全县共建成公路109公里。为了发展工农业生产,县委决定修建县内主要乡镇的环形公路以形成公路交通网络。1980年秋末,县委书记桂怀文亲自主持修建北底至强计、史北至东岭、县城至侯堡、小河至司马4条县公路共计59公里,1981年上半年竣工。这4条公路连接通过县内的太原大口线、榆次黄碾线和夏店西营线3条干线公路,初步形成了一个县内循环公路网。与此同时,县委书记又带领工程技术人员到各地勘测规划,制定了修建水碾至平头、善福坪上至下良西故县等12条县社(乡)公路规划,于1981年秋后采用民办公助方式,由各公社动员民工6000余人开始修建,到1982年10月全部竣工。从1980年冬到1982年10月,襄垣县共修建县社(乡)公路16条179公里,新建大中小桥27座,涵洞341道,过水路面8处,护岸17处,隧道3座。共投工171万个,投资399.2万元。加上各社队自行规划修建的乡村公路19条157公里,共新建公路336公里,全县20个公社全部通营运班车,283个大队通汽车,形成全县环形的循环公路网,并打通通往黎城、屯留和武乡的3条断头路。

屯留县地处上党盆地西侧,西高东低,西靠最高峰盘秀山海拔1573米,东南部地势平坦,是一个农业大县。1977年,县委提出以修建公路为骨架,实行山、水、田、林、路综合治理,实现农业现代化的方针,两次组织县乡干部到山东东平、兖州等地考察参观,又抽调农、林、交通、水利等部门的工作人员和技术人员组成勘察规划队,深入全县各乡村勘察地形,确定公路线路,制定全面发展规划,提出路、树、渠、地4配套的规划图和农田林网图。

根据自然地形特点,该县规划了东西方向的屯北、屯中、屯南和以县城为中心南北方向的屯正共4条公路干线,以三级公路标准进行修建,在县内形成"丰"字形;它既是公路网的大骨架,又是整个农田水利基本建设的大骨架。这个"丰"字形公路框架,把东部平川的30万亩耕地分割为6个5万亩左右的大方田,再以四级路把这些大方田划分为万亩左右的方田,再以宽6米的公路划分为千亩左右的方田,最后把这些方田用宽4米的机耕道路分割为300亩左右的小方田。所有公路和机耕道路都以东西和南北向定线,把东部平川耕地划分成1000余块,然后,水渠、机井、植树、电杆等全部以路定位。西部山区各社队,也分别依据当地实际条件进行规划,河滩小平原规划方田;丘陵地区从岭底到岭顶修建公路,构筑梯田;山岭地区修建盘山公路。规划确定后,由县委统一部署,全县分为5大片,由县社干部带领民工5万余人,建成公路和机耕道路共1608公里(其中新建县社公路256公里),铺筑渣油路面24公里,沙砾路面32公里,改善土路62公里,修建涵洞99座1080延米。并结合农田水利基本建设,配套水渠,平田整地,栽种行道树,还组织300多个常年养路护林队进行常年养护。1981年,该县又根据"巩固提高东半县,打开口子进西山"的建设方案,接通屯留到沁县2条8公里长的县公路,改建岳底至西村、余吾至上莲2条13公里的路段,新辟一条贯穿西部山区的南北干线,打通张店至吾元2个公社的道路。1982年6月,完成2条到沁县境内的接线工程和两条改建工程,开始张店至吾元公路的修建。全县实现社社通公路,队队通汽车,"路成线、树成行、田成方、渠成网"的农田林网化目标,平川和山区都建成四通八达的公路网。

二、世界粮食计划署援建公路和扶贫路的修建

20世纪80年代初,农牧渔业部和联合国世界粮食计划署就援助全国贫困山区修建公路事宜进行协商,决定由交通部主持,各有关省(区)提出工程项目申请,报请世界粮食计划署审定。1984年5月,世界粮食计划署正式批准山西省申请援建项目共9项,其中包括长治市襄垣水碾至黎城石板上公路修建。该路起自襄垣县下良乡水碾村,向东经西邯郸、强计、段堡进入黎城县界,再经杨家庄至石板上村,线路全长14公里。沿线处于山岭重丘区,交通闭塞,自然条件差,经济发展缓慢。援建工程由襄垣、黎城两县组织施工,征集民工建勤和雇工修建,每完成一个定额工日的工程量,除发给工资或建勤补贴外,从世界粮食计划署无偿援助的粮油中按照5个人的生活需要量(即民工1人和供养的家属共5人)发给小麦3公斤、食油0.05公斤的生活补助。工程所需民工补助、材料费、运输费等费用,由省、地、县三级政府进行配套投资。该工程于1984年10月开工,至1986年底全部竣工。

援建公路竣工后,襄垣县又将水碾村至强计的简易公路进行改建,使之成为一条畅通公路。襄垣向外运输,原须绕行太原大口线到潞城再循长邯线到河北省,此路修通后,可经黎城的县公路平头至石梁接长邯线到河北,缩短里程60余公里。此后,乡镇企业也在该线沿线开始发展,先后建成石英石厂、玻璃矿厂。农民年收入由200元提高到400余元,强计、平头两乡建立高级中学1所,初级中学2所,小学校普及到各村,文化事业也蒸蒸日上。该段公路共投工78.6万个,实际投资632 377元。

1985年5月,山西省遵照国务院《关于帮助贫困地区尽快改变面貌的通知》的文件精神,决定发出一定数量的粮、棉、布等物资,帮助严重缺粮、缺衣和交通闭塞的贫困地区修建县乡公路和通村机动车道路,扩大汽车通行辐射面积以改善运输状况。根据省计委、省交通厅制定的投资计划,长治市平顺、壶关、沁县、武乡4县被列为扶贫对象。从1985年到1987年连续3年,帮助该4县进行县乡公路和通村机动车道建设。工程采用以工代赈方式进行。发给粮、棉、布等物资作为修路民工的工资补助。县乡公路建养,按照"民工建勤"和"民办公助"政策进行。通村机动车道路由所在行政村自修自养。省、地、县三级政府根据规划的工程项目进行配套投资。

三年中,共向平顺、壶关、沁县、武乡4县投资358万元,发给粮食496.5万公斤,棉花10万公斤,布匹58.59万米;新建公路29.7公里,改建县乡公路142.6公里,新建通村道路332.5公里,修建桥梁4座199延米。使7个乡镇通公路,修通157个行政村的机动车道。

第二节　二级公路的建设

随着改革开放深入和经济发展,长治市境内小煤窑数量和煤炭产量快速增长,煤炭外需和外运量也日益增加,致使公路交通量日增,运煤的重型车辆越来越多,公路不堪负重,拥挤阻塞情况日渐严重。

为提高公路通过能力,公路建设方针从过去的"以普及为主"转变为"以提高为主",通过大面积改建公路,提高公路等级,全市的三级公路逐年增多,并在交通量特别大的路段上进行二级路建设,同时根据全省规划,开始修建晋煤外运重点公路——荫林公路。

一、长陵公路长治至经坊段二级路建设

该段公路,是长治市出口道路之一,也是一条重要的煤运公路。1982年,省交通厅决定将其改建为二级公路。

在设计中,尽可能选用一级公路技术标准,采用快慢车分道行驶,路基全宽16米,中部为7.5米的快车道。

1982年5月开工建设,1983年12月竣工使用,全长13.438公里,共投资45 297万元,平均每公里造价34万元。由于快慢车分道行驶,交通秩序良好,交通事故大为减少。

二、长邯二级公路建设

长邯公路是长治市通往冀鲁豫三省的重要交通要道和晋煤外运主干道。1986年,省交通厅决定修建二级复线公路。全长74公里,1987年1月正式开工,1989年竣工。新建二级路与原线的三级路并存形成复线,其中长治市至潞城市段与原线并行,路基宽12米至24米,路面宽10.5米至23米,建成后划入207国道。

为解决重载车辆对路面造成的破坏,进行了"重交通沥青路面结构"的试验和研究,使该路面的使用寿命明显延长。该路建成后成为晋煤外运的重要干线,极大缓解上党地区东出太行山的交通压力。

三、荫城至林州公路的修建

该路西起长治县荫城镇,经壶关县东柏林、东井岭、土圪堆、桥上等地,东讫与河南林州市交界处的东川底,全长75公里。是山西省"七五"期间重点公路建设项目,被省政府列为晋煤外运第13条干线公路,建设总投资3395万元,由长治市交通局测设和承建。

该路地处山岭重丘区,全线约有50公里从层峦叠嶂的峡谷激流中通过,线路经王莽河、七里栈、老爷坡、洪底弯、河蛟滩等多处险要地点,沿途峰陡壁峭,河窄流急,地质复杂。始建于1988年9月,5000余名筑路员工奋战4年,于1992年10月全线竣工通车。所建线路路基平均宽7.5米,路面宽平均6米,为山岭重丘区三级公路。该路通车后,成为长治县、壶关县富煤区通往河南最短的公路线路,沿线横穿壶关县8个乡镇,对晋煤外运和山区脱贫致富起到重要作用。

第三节　公路、桥梁新技术的应用

一、高级、次高级路面结构的发展和新技术采用

(一)半刚性路面基层

二灰土是石灰和粉煤灰按一定比例掺入土方中,拌匀、压实后而形成的版体结构,其强度高,水稳性强,是一种半刚性路面基层材料。长治地区煤炭资源丰富,火力发电厂较多,作为工业废渣的粉煤灰原料充足。

1984年8月至1985年9月,省交通厅在省道沁温线上铺筑二灰土试验路,效果良好。从此,长治地区在路面建设中广泛采用二灰土和二灰碎石基层。

此外,在路面建设中还试用水泥土,水泥土是将水泥按一定比例掺入土方中,经拌和、压实、养生后形成的版体,也是强度高、稳定性好的路面基层半刚性材料。

(二)旧沥青路面材料再生利用

沥青路面使用超过5年后,会出现种种病害,须进行修补或翻修。早在20世纪80年代初,长子公路管理段就在生产实践中进行旧沥青路面材料再生利用尝试,利用翻修路面所废弃的旧油层,铺筑两段公路路面和进行填补路面坑槽、加铺硬质路肩、衬垫路拱等小修工程。

1982 年,旧沥青再生利用研究课题被列为交通部 1982 年重点科研项目。晋东南公路管理总段在太大公路和其他公路上利用旧沥青铺筑路面 60 公里。1986 年,该项目通过部级评审鉴定,获得山西省科技进步二等奖。

(三)阳离子乳化沥青

乳化沥青是以沥青、水及乳化剂为原料,按照一定比例经过机械作用,形成水包油状的沥青乳液。用乳化沥青铺筑路面,可以在常温下与骨料拌和摊铺,工艺简单,劳动强度低,可避免环境污染,保护工人健康,且可延长施工期。

乳化沥青技术从 1985 年开始试点,1986 年进行推广。长治公路分局建立乳化沥青基地,在公路建设中进行长期的采用和推广。

(四)路面施工机械化

1980 年 6 月,为落实省公路局"小店机具选型会议"精神,晋东南公路管理总段率先在沁县公路段建立养路机械化试点。沥青加温、石料烘干、混合料拌和、摊铺、碾压至石屑洒布的全过程,均由机械操作。

机械化铺筑沥青路面,机械拌和较人工拌和温度适宜,拌和均匀,油石比达到设计规范要求的指标,质量上乘;在摊铺中,使用摊铺机,不仅提高工效,而且能使混合料温度保持在适宜碾压的要求下。

1983 年,晋东南公路管理总段连仲祥等人研制出 D—30 型洒水器,结构简单,使用方便,主要用于砾石路面养护。后通过省公路局鉴定,小批量生产并投入使用。

1985 年,晋东南公路分局引进一台日产拌和机,在全省各公路分局为第一家。

此后,沥青拌和机、沥青洒布机、石料烘干机等逐年增加。1987 年后,水泥混凝土搅拌机、水泥混凝土路面切缝机等机械开始出现并不断增加。到 1990 年底,全市公路系统共有载重汽车 52 辆,自卸汽车 45 辆,装载机 7 台,拖拉机 72 台,压路机 61 台,推土机 12 台,沥青拌和机 8 台,沥青摊铺机 2 台,沥青洒布机 14 台,石料烘干机 9 台,混凝土搅拌机 8 台,以及其他各种筑养路机械。在筑养路施工中基本实现机械化作业。

二、桥梁和路基建设新技术的发展

(一)加筋土挡墙技术

1978 年,晋东南地区公路管理段在晋城至陵川公路的凤山一带修筑挡墙遇到了困难,这里沟壑很深,需修很高的挡墙,但又基础不好,地基承载力低,不宜修筑重力式挡墙。经张华友、王福云等工程人员的共同研究和组织施工,1980 年在这里修建了一段长 81.75 米、高 12 米的加筋土挡墙。

加筋土挡墙是在墙身填土中敷设一定数量的拉筋,并把拉筋固定联结于墙面板上,填土压实成为一种整体结构。它具有柔性结构性质,对基础强度要求不高,结构简单,施工方便,适用于高填土路堤、桥台、护岸等工程。该挡墙采用聚丙烯塑带作为拉筋,代替国外用的防锈钢带或钢筋;用钢丝网水泥槽型墙面板和椭圆形钢丝石屑混凝土面板,代替国外使用的防锈合金钢材弧形面板或混凝土鱼鳞形墙面板。

这是省内乃至全国修筑的第一段加筋土挡墙。后经 1981 年至 1991 年间共 6 次有关部门对该段挡墙的复测,墙体、路面无下沉,墙顶边沿顺直,面板无裂纹,使用情况良好。1982 年,这项成果通过省级鉴定,获山西省科技三等奖。此后这项技术逐步推广使用,并用来修建桥台、护坡等。

1985 年,在长治市武乡县墨灯乡圪嘴头路段修建加筋土护坡 100 米;1987 年,在潞城市新庄路段,建成一段高 18 米,长 80 米的双面加筋土路堤。

(二)顶推法施工工艺修建的预应力混凝土弯桥

平顺试验弯桥位于平顺县堋头村,地处潞城至林州公路 25 公里 +785 米处,为全长 124.3 米的预应力三跨连续弯形钢筋混凝土箱梁桥。由于该桥是在公路平曲线上通过深谷的曲线型桥梁,受力情况较复杂,因此在设计和施工上都比直线桥梁困难。

该桥由山西省交通科研所、上海同济大学桥梁工程系、长治公路分局共同研究建造,1988 年完成总体设计,1989 年 3 月由长治公路分局第二工程队负责开工修建,全桥于 1990 年底竣工。

该桥为国内第一座在公路上采用顶推法施工的小曲线半径预应力混凝土弯箱梁桥,在施工中许多工艺都是首次采用,在顶推、竖直滑模施工及起吊、测算等环节中,建桥职工克服了重重困难。

该桥建成后,来自北京、上海、河南和山西等省市 20 余名著名专家、教授给予技术鉴定,一致认为:这座弯桥的诞生是我国高等级公路迅速发展下的产物;它的上部弯梁采用的是顶推法施工,这在国内尚属首次,特别像该弯桥这样的小曲线半径(R = 90 米),国内外用顶推法施工尚未见报道;该桥顶推法施工的成功,为国内高等级公路跨越深沟宽河提供了一个较好的施工范例。

(三)双曲拱桥转体施工工艺的采用

壶关林青庄桥地处店上镇林青庄村与固村乡南寨村之间的淙口河上,桥下河谷深约 40 米,为全长 50 米的单孔净跨 35 米的双曲拱桥。

1988 年,省交通厅驻壶关扶贫队将修建此桥列为扶贫工程项目,由省交通规划勘察设计院进行勘察设计,长治公路分局组织施工。工程在采用无支架吊装施工,人员、设备短时间内难以配套,采用有支架施工又面临材料、经费无着落的情况下，决定参考外省实践，采用转体施工工艺修建。

施工中在两桥台上设置下转盘（即桥台下半部分），在两岸桥台基础岩石表面凿新清理后，浇筑宽5.5米、长6米、厚1.5米的200#钢筋混凝土，中心位置设球铰磨心，并设置钢板环道。球铰磨心为直径1.2米的圆球，用400#水泥混凝土制成光滑球形，球顶嵌入上转盘底部中心深40厘米，球底嵌入下转盘中心30厘米，以承受全部转体重量360吨的压力并起定位作用。钢板环道用10厘米厚的钢板制成，与下转盘的钢筋焊接固定，摩擦部分涂二硫化钼润滑剂。下转盘之上浇筑上转盘，钢筋混凝土型号及体积与下转盘相同，底面中心浇筑球铰盖，并在底部浇筑牵引盘。牵引盘圆心与上下转盘重合。

上转盘上部砌筑平衡墙并设排架，用扣索将4根拱肋与上转盘铰接，再用钢丝绳及平绞车牵引转动180度使两桥拱肋合龙，校正位置后将拱肋预留钢筋焊接并浇筑混凝土，最后用400#混凝土将上下转盘间的空隙填满并振动捣实，使之成为完整的桥台整体。

工程1989年7月开工，同年11月转体合龙，次年4月竣工。

第四节　公路体制改革和建养力量的加强

一、公路管理体制改革

1979年，省革命委员会把“文革”期间下放到各地管理的公路段收归省管，依照当时的行政区划，省交通厅在晋东南地区设立晋东南公路管理总段和长治市公路管理总段，管理长治市和晋城市区域内的干线公路，实行省和地区、市双重领导；县乡公路由晋东南地区交通局和长治市交通局以及各县交通局管理，省公路局负责业务指导。

1985年，山西省撤销晋东南地区建制，实行市管县体制；同年，晋东南公路管理总段与长治市公路管理总段合并组建为晋东南公路分局。1988年，省公路局将晋东南公路分局分为长治公路分局和晋城公路分局两个分局。1986年，省交通厅再次改革公路管理和建养体制，实行“统一领导，分级管理”新体制。

“统一领导”，即各公路分局的人、财、物由省公路局统一管理；公路建设工程项目年计划和公路养护大、中、小修工程项目年计划统一由省交通厅和省公路局编制，经省计委、省交通厅和省财政厅联合审批下达。“分级管理”，即全省的主要干线由省公路局管理，由线路所在地的各公路分局具体负责管理和建养；一般干线和县乡公路的管理和建养业务，由地区（市）交通局综合管理；县公路由县交通局具体负责管理和养护；乡公路由各乡自行管理和养护，由县交通局综合管理。

同时，公路建养体制改革也相继展开，推行公路建设招投标制和地市承包制，公路养护经济责任制，公路养路费实行统筹安排，分级使用制，还进行了事业单位行政首长负责制的政治体制改革。

此次公路体制的一系列改革，进一步明确各级公路管理部门职责，调动市县两级交通部门对公路建养的积极性；较好地解决了条块分割，互相扯皮的弊病，促进公路建设特别是干线公路建设、养护和管理；初步改变过去公路建养中吃“大锅饭”、“保险饭”的局面，有力促进全市公路建养事业发展。但分级管理体制改革也存在着机构重叠（同一地区存在着公路分局系统和地市交通局系统两套公路管理机构）、编制重复（地、市交通局和公路分局都设有测设队、工程队、机械队等）以及省级建养业务不能很好取得地方政府的大力支持等弊端。

二、走向公路建设市场的尝试

1988年冬，长治公路施工队伍第一次走出太行山，参与大运公路施工，与全省各路强队同场竞技，并且获得全省交通筑路系统“王牌队伍”的称誉。

1988年冬，长治公路分局第一工程队承建大运公路灵石县富家滩7公里路段工程，工程提前15天完成，并被誉为是装备一流、工期一流、质量一流、管理一流、与地方协调一流的施工队伍。

1990年2月，长治公路分局第二工程处承建大运路侯马段13公里路面工程，在工期十分紧迫情况下按期保质完成施工任务，被省公路局授予“大运施工先进集体”称号。

1990年4月，该分局第三工程处承建大运路曲沃县过境段工程，提前一个月完工，此段工程被誉为“免检优质工程”。

1990年，晋冀鲁豫陕五省六地市公路友好协会第二届年会在长治召开，参加这个协会的是五省中最具公路工程施工实力的公路分局。1991年后，长治公路分局先后中标承建山东、河南等省的公路建设项目，长治的公路施工队伍开始走向全国。

三、公路养护力量的加强

1978年以前，公路养护作业大部分依靠农民建勤代表工。随着农村家庭联产承包责任制的推行，农民代表工已无处可记工分，又领不到工资，只好回家种自己的责任田，养路工作一时受到影响。

1979年，经上级和有关部门批准，按每公里招收1人标准，晋东南公路总段一次从农村招收协议工1300多名。这批协议工不算国家指标内的正式工，但工资待遇基本与正式工相同。他们绝大部门人员充实到道班后，边养路，边学习，每年冬季还要进行业务技术集中培训，逐步树立“以路为业，以班为家”、“路在心上、心在路上”的职业理念，全身心地投入到养路事业中，全市养路力量明显加强。从80年代初开始，干线公路养护实行“联路、联质、浮动工资”经济责任制，逐步扭转“大锅饭”平均主义现象，调动广大养路工人积极性，普遍出现“两高”(出勤高、出工率高)、“一低”(工程养护成本低)、“三好”(工程质量好、公路养护好、机械保养好)的局面，公路养护质量明显提高。干线公路好路率10多年时间一直保持在90%以上，1983年至1985年全市干线公路好路率连续三年名列全省第一，1986到1992年间，长治公路分局6次获得全省公路系统“标兵单位”称号。

与此同时，县乡公路养护实行以金代劳制度，即由负有建勤义务而又未能出勤养路的民工和车辆按工出资，并享受多劳多得奖励。地(市)交通局全面推行“目标管理”制度，把公路建养各项指标下达各县，由地(市)交通局局长同各县交通局局长签订目标责任书，年终进行考核奖罚。县交通局对养路队，养路队对队员，层层实行责任制订立承包合同，完成任务路况又好的多得报酬，完不成任务者扣罚奖金。各县根据各自实际，不断完善承包办法，取得良好效果。全市县公路养护质量逐年上升，好路率从1982年51%，上升到1990年86.7%。此外，从1983年开始，在干线公路养护中还持续开展以公路路肩硬化、黑色化和裁弯、降坡、拓宽为主要项目的“三三五”活动，使全市公路基础设施得到改善和增强，公路路况日趋良好，为提高公路通行能力作出积极贡献。

截至1989年，长治公路分局和三个工程处相继盖起四座办公楼，各县公路段也先后修建起二、三层楼房，基础设施发生翻天覆地变化。特别是干线道班房建筑面积达9000余平方米，班班建有新道班房，昔日的“平房房、破席席”的状况已成过去；各道班大力治理脏、乱、差，建花池、种草坪、栽植常青树和花果树。全市84个干线道班中有17个建成园林化道班；班班盖上厨房、库房、配备电视机，大部分道班建有乒乓球、羽毛球活动场所，拥有洗衣机，一些道班还建起小浴池，安装土暖气，并大搞道班种、养殖业。90%的干线道班达到蔬菜自给有余；协议工与正式工一样享受岗位津贴、奖金和劳保福利。道班的大力建设，使广大道工安心养路事业，热爱养路事业，有96.4%的道班建成和保持文明道班称号。

第五节　运输市场百舸竞流新局面的形成

党的十一届三中全会后，国民经济得到较快复苏和发展。为缓解交通运输紧张对经济发展的制约，1983年，中共中央在《关于当前农村经济政策的若干问题的通知》中规定，允许农民个人和联户购置拖拉机和汽车，从事生产和运输。紧接着，全国交通会议又进一步提出“有路大家走”、“各部门、各行业、各地区一起干，国营、集体、个人以及各种运输工具一起上”的发展道路运输的方针。与此同时，全国对山西的煤炭需求与日俱增，加剧长治境内运力不足的紧张情况，进一步激发各种经济成分购置车辆创办运输业的积极性。长治市的国营、集体专业运输企业迅速发展，企事业单位自办运力超常发展，个体汽车、拖拉机运输业户异军突起，使全市公路运输市场迅速形成国营、集体、个体、企事业单位一齐上，多种经营成分并驾齐驱的竞争新格局。一是私营运输业迅猛发展。经过10余年的发展，经营汽车、拖拉机跑运输的个体户遍布全市农村和城镇，个别经营户的汽车已达10余辆。市内西街回族居民一户经营2至3部大吨位货车跑运输者较为普通；长子县段家庄全村不足100户，经营汽车运输户数达80%；黎城县火巷道村近100户，经营载货汽车70余部，被誉为“上党汽运第一村”。到1990年，全市个体运输经营户达到13 256户，拥有客货汽车3100余辆，约占全市营运汽车四分之一。另有近万台农村拖拉机参与运输。二是国营和集体专业运输企业不断发展壮大。1981年至1984年，市第二、三、四、五个运输公司先后成立，各县(区)也先后成立县第二运输公司。到1990年，全市省、市、县专业运输企业达到23个，拥有客货汽车1200余辆，为公路运输主力军。三是企事业单位和农村集体的运输经营户不断发展，车辆得到迅速增长。到1990年，全市企事业单位和农村集体运输户达到4100余户，拥有各种客货营运车辆8700辆，占到全市营运汽车67%。

全市的客货汽车1978年为2500余辆，到1985年增至15 724辆，增长6倍多；至1990年，达到19 969辆(其中参与营运的汽车14 819辆)，又为1985年1.28倍。随着客货车辆不断增加和运输市场百舸竞流局面的形成，全市公路运输生产经营格局发生深刻变化。改革开放前，社会商品运输一直由国营运输业所垄断，进入80年代中后期，社会商品运输逐步形成三大运输渠道：晋煤外运主要由省、市专业运输企业承担；省、市境内煤炭运输由省、市、县运输企业和煤运公司、个体户共同承担；农村农副产品和乡镇企业工业产品的流通运输，基本由县运输企业和农村个体运输户包揽。为巩固和发展社会商品运输特别是晋煤外运业务，省运长治汽车运输公司、长治市第一至第五运输公司，先后与山东、河南、河北的多家化肥厂、发电厂等企业订立长期供煤供货关系。到90年代初,全市公路货运市场已形成了多种经济成分共存,汽车、拖拉机一齐上的经营格局和通达全省及邻近各省(市)的社会商品运输网络。从1985年始,农村个体户客车大量涌入客运市场,农村客运班车线路逐步被各县运输公司和个体运输户所代替。改变了省运输企业长期垄断客运市场的局面。为拓展和巩固客运业务,省运长治汽车运输公司把客运工作重心转移到社会车辆一时还难以涉足的省内长途和跨省客运业务上来,先后开通长治至沁源、郭道、林县,长治至河北保定、石家庄、邢台、河南鹤壁、焦作、郑州、山东聊城等17条省内和跨省长途班车,并在长治至太原、邯郸、晋城等热线上不断增加班车密度。各客运业户为适应市场需求,方便旅客乘车,均采取"招手即停、随时上下"的服务方式。到90年代初,全市的客运市场已基本形成省内长途和省际客运业务由省运输企业所占据,县内和农村客运业务由各县运输公司和个体运输户所代替的经营格局,到1991年,全市的客运线路达到210余条,形成客运班线干支线纵横交织和千车竞发的局面。

全市运输市场百舸竞争局面的形成和运输经营格局的深刻变化,使人们昔日运货难、出行难的状况得到根本性改变,极大地促进全市社会经济发展。

第六节　运输企业自主权的扩大和经营管理方式的改革

改革开放前,在计划经济管理体制下,交通运输企业基本没有自主权,企业从人员调配、机构设置到生产经营、产品销售都由上级主管部门决定,企业成为行政机构的附属物。为增强企业活力,交通行政主管部门遵照《企业法》和国务院《关于进一步扩大企业自主权的暂行规定》等法律、政策规定,于1984和1985年两次简政放权,扩大运输企业自主权,内容涉及生产经营和产品价格、机构设置、工资奖金分配、指令性计划执行、经营方式选择等10多个方面。与此同时,在全市运输企业中全面实行经理(厂长)负责制,明确赋予企业经理(厂长)生产经营决策权和用人权,使其各项权力得到落实。并相继制定出台企业上交更新改造资金全部返还企业、拿出部分运管费用于站场建设、对在县境内为当地群众服务的客运车辆免收运管费和减收20%养路费、调高山区公路客货运价等政策措施,使企业活力不断增强。

从80年代开始,为适应国民经济调整和运输市场竞争,求得企业发展,全市国营运输企业对企业经营管理结构和方式进行了一系列调整和改革。

大力进行车辆更新和运力结构调整。改革开放前,国营运输企业的汽车都是国家调拨的大部分经过多次维修的解放、吉尔、道奇等牌汽车,车辆老旧,吨位小,消耗大,效益低,无法适应市场竞争和煤炭外运的需求。80年代初,长治汽车运输公司、长治市第一汽车运输公司等国营运输企业,积极采取向银行租赁赊销贷款、设备贷款、更改资金贷款和税前还贷等形式,更新国产东风、黄河和罗马尼亚产罗曼、波兰产耶尔奇等牌汽车,并报废部分老旧车辆,使运力有所增长,结构有所改变。1984年后,随着运输市场的激烈竞争和晋煤外运的拉动,进一步推动运输企业第二次大规模的车辆更新换代,国营运输企业采取各种贷款形式购进玛斯、太脱拉、扶桑、罗曼、五十铃和国产东风等牌货车和龙江、黄河等牌大客车,到80年代末,老旧解放、吉尔等车型基本淘汰,车辆结构不断向大吨位、柴油化、高效率方向发展,有力促进了企业生产力和竞争能力的提高。

深入开展"找米下锅"活动,推行合同运输方式。改革开放前,公路运力长期不足,供不应求,国营运输企业完全按照国家安排的运输计划组织生产,长途运输基本由省、市营运输企业所垄断,长期以来养成依靠上级、等货等客上门的官商作风。改革开放后,国营运输企业出现货源锐减和车辆大面积停车待货的被动局面。为此,国营运输企业积极改变等货上门的官商作风,深入开展"找米下锅"的商务活动,派员走访用户,发展商务活动网,建立煤炭货源基地。1981年至1984年间,全市国营运输企业对全市煤窑进行遍访,先后与山东、河北、河南的多家化肥厂、发电厂、钢铁厂等企业订立长期供煤供货关系。并大力推进合同运输方式,以运输质量和服务质量,取得客户信任,保证合同履行。1985年至1991年间,国营运输企业合同货运量始终占总货运量80%以上,成为企业组织生产的主要手段,为抵御运输市场波动变化,求得企业生存和发展提供保障。

开展"信得过"活动和汽车站文明礼貌活动。改革开放后,面对市场形势巨变,国营运输企业看到独家经营的历史已经结束,普遍开展"运输服务信得过"活动,改变官商作风和旧的经营方式,依靠提高服务质量、运输质量和改变服务态度来争取货源客源。在客运上,改进售票方法,增加售票点,实行昼夜售票;增开区间和夜宿农村班车,实行"招手即停、随时上下"服务;增加热线客车班次,积极开辟省内长途和跨省客运线路。在货运上,实行产运销一条龙服务,开办代购、代销、代运业务;运用各种方式,广揽货源,对各种托运物资来者不拒;开展商务活动,实行合同运输,建立稳定的运输基地。这一活动的开展,增强了各企业的商务意识,赢得客户信任和企业信誉,对扭转生产被动局面,起到积极作用。

汽车站是运输企业的"窗口",直接反映企业的服务质量和精神风貌。从1982年始,省运长治汽车运输公司持续开展汽车站文明礼貌活动,以"五讲四美三热爱"为主要内容,加强客运管理,改善服务设施,改进服务态度,提高服务质量。车站文明礼貌活动的持续开展,使全市先后涌现出一批部级和省市级文明汽车站。1984年8月,长治汽车站文明建设经验在"全国公路客运部门建设文明车站经验交流大会"上,得到表彰和推广,1984年、1987年和1988年,该站三次被交通部授予"文明车站"称号。优秀站务员和先进事迹不断涌现,好人好事层出不穷,文明经营、礼貌待客精神在全市车站蔚然成风。

建立和完善企业经营经济责任制。从1981年起,在恢复奖金分配制度基础上,各运输公司先后试行利润包干经济责任制,单车承包经营、经济承包合同制等多种形式经济责任制,把企业经济效益和个人劳动所得联系起来,极大调动职工积极性,多数企业出现效益大幅度增长局面。从1986年起,全市国营交通运输企业又根据国务院颁发的《全民所有制工业企业承包经营责任制暂行条例》精神,按照所有权和经营权分离原则,实行层层公开招标抵押承包、单车租赁承包、单车专线营收承包以及"包产量、包利润、包安全、包成本、包完好、工资总额与承包指标挂钩"的"五包一挂"等经营承包制,强化广大职工竞争意识和风险意识,进一步调动职工的生产积极性。这些改革,虽然因多种原因有的措施在一些企业中难以认真贯彻,特别是在承包中,多数企业仍存在着负赢不负亏的问题。但就当时实际情况而言,对缓解企业经营矛盾,增强企业活力,调动职工积极性,特别是探索改革实践起到不可低估的积极作用。到90年代初期,这些改革措施使多数企业的经济效益有了不同程度提高。

第七节　运输行业管理和运输市场治理整顿

为适应公路运输事业的发展,1979年10月,晋东南地区交通局和长治市交通局成立社会运输管理处,各县交通局成立社会运输管理站,管理长治地区的民间马车、拖拉机等运输组织及组织社会企事业单位自有汽车参加社会运输。1983年,社会运输管理处改称为"运输管理处",社会运输管理站改称"运输管理站",全面负责长治地区的运输管理工作,由管理社会车辆转向全行业管理。1984年后,各县在一些乡镇陆续建立乡镇运输管理分站,形成地(市)、县、乡三级交通运输管理网。1985年,长治市实行市管县体制,晋东南地区撤销,市交通局运输管理处业务扩展至现辖13个县(市、区)。1988年,各县(区)运输管理站改称运输管理所,运输管理分站改称运输管理站。

70年代后期,机关企事业单位的汽车和农村拖拉机已大大超过国营运输部门运力,双方竞争激烈,运力浪费现象严重,运输市场秩序混乱。为此,省、地、市革命委员会于1978年下半年,先后颁发关于"公路运输市场管理规定"的文件,强调和强化一直执行中的"三统"管理办法,规范公路运输经营行为。重申"所有社会流通物资运输一律实行计划运输,均由当地交通局管理,物资单位必须按期向交通运输管理部门报送托运计划,……任何单位和部门不得擅自承揽和管理社会流通物资运输";强调"所有从事流通过程物资运输车辆、搬运装卸劳力,一律由当地交通局统一调度,发给凭证";"所有从事公路运输的车辆,一律执行全省统一制定的运价,运费统一由交通局结算"。同时,省、地、市有关部门联合发出通知,规定凡参加社会流通过程物资运输的车辆,使用统一发票,运费均由当地社会运输管理处(站)统一结算;对未使用统一货票的运杂费,财务部门不得列支,各级银行不得划拨。晋东南地区和长治市革命委员会还把汽车用油由运输管理部门统管起来,使全市运输市场管理更加集中到"三统"管理的渠道中。

但是,随着运输市场的全面开放,日益增长的社会运力却像一匹野马,无可阻挡地冲击着计划经济管理的制约。个体运输业盲目发展,无序竞争,不服从"三统"管理的现象屡屡发生,也使行业不正之风得到滋生和蔓延;外贸、供销、煤炭等行业的运输组织,均以上级主管部门颁发的文件精神为由,宣布对本系统运输业务实行行业内部"三统"管理,不接受交通管理部门的"三统"管理。到80年代中期,交通部门实际能"三统"起来的车、货已是很少的一部分,运输市场管理开始由计划型向市场型转化。

为了规范转型中的行业管理,1986年12月,国家经贸委和交通部联合发布《公路运输管理暂行条例》,规定凡从事公路客货运输、搬运装卸、汽车修理、运输服务的,均属公路运输行业管理范围;并对企业开、停业管理、客货运输管理、搬运装卸与运输服务业管理、汽车维修与运输工具管理、价格及单证管理、运管费征收使用、监督检查和处罚等交通行业管理作了全面明确的规定,成为改革开放新形势下政府第一部指导交通行业管理的政策性法规。但是,由于新旧体制正处于转换之中,各项改革措施未能完全配套,调控和监管能力还比较薄弱,致使运力发展大大超过运量增长，运输市场争抢货源客源、争抢营运路线、偷漏税费、抬价压价、吃回扣、侵吞票款运费、无证经营、欺行霸市等问题屡屡发生。

为维护市场秩序，整顿不法违规行为，根据交通部整顿道路运输市场部署，从1989至1991年，运管部门对全市运输市场进行为期3年的大规模治理整顿活动。组织人员对全市所有的营运车辆的经营情况做了系统社会调查；分期分批组织人员分赴基层，对运输经营户逐车逐户进行7个方面检查整顿，即查无证经营、查违规运输、查偷漏税费、查行业歪风、查哄抬运价、查垄断货源、查乱用票据。与此同时，全市各级运管机构普遍建立健全运力、运量、票据、经营户、经营规模五种台账，统一规范开停业审批、客运线路审批、路查路检、票据领发四项程序管理，建立财务、票证、统计等各项制度。通过3年治理整顿工作，运输秩序得到规范，发展环境得以改善，行业管理得到加强，全市运输市场开始向着竞争、有序、统一、公平的方向发展。

第八节　监理机构的调整和手段的创新

1978年前，长治地区的交通管理工作一直由晋东南地区公路管理段下辖的长治机动车辆监理所和各县公路管理站负责。1978年10月，按照交通部和省革命委员会“关于调整交通监理、公路养护机构”的文件精神，晋东南地区公路管理段将养路费征收、安全管理、驾驶员考核、机动车管理等业务及人员、财产划分出来，组建为“山西省长治交通监理所”，该所除党团关系仍属地方党团组织领导外，业务、财务和人事皆归省交通厅监理处统一领导，结束了监理系统人事、财务和党政关系一直附属公路部门的历史。同时各县公路管理站撤销，相继成立公路养护段和交通监理站两个机构，监理站由长治交通监理所直接领导。改革开放后，随着机动车辆迅速增加，监理业务量增大，1984年7月，长治交通监理所下辖各监理站改称监理分所；1986年4月，长治交通监理所又改称为长治交通监理处，各监理分所改称监理所。监理人员不断增加。

1987年6月，按照国务院《关于改革道路交通管理体制的通知》和山西省政府《关于交通监理移交公安部门有关问题的通知》规定，长治交通监理处将监理业务和三分之二的人员、财产移交长治市公安局，市公安局将原下辖的交通警察大队和监理处分来的监理人员组建为“长治公安交通警察支队”，同年9月长治公安交通警察支队组建完毕，接受市公安局和省公安交通总队双重领导，负责全市城乡道路交通管理和监理业务工作；同时各县监理所也将监理业务和部分人员、财产移交各县公安局，组建为交通警察大队，接受县公安局和长治市公安交通警察支队双重领导。

1978年前，交通事故的处理一直沿用眼看、手摸、耳听，凭感觉和经验判断的方法，现场勘察仅有的工具为皮尺，交通工具缺少，赶赴肇事现场往往要借用其他单位的车辆或途中搭车而去，事故处理迟缓。而凭经验、感觉完成的鉴定意见往往出现误差，不能与科学管理相适应。1978年后，随着交通事业的发展和科学技术的进步，各级监理部门陆续添置交通事故勘查车、摩托车、酒精检测仪、雷达测速仪、对讲机等交通通讯检验设备，并逐步应用微机统计事故，分析事故原因。装备的现代化，提高了事故处理的准确性和及时性，也减轻监管人员的劳动强度，提高工作效率。

进入80年代，各种机动车辆大幅度增加，交通事故呈上升趋势。为此，晋东南地区和长治市及各县成立“交通安全委员会”，委员会由副专员、副市长（县由副县长）挂帅，交通、公安、农机等有关部门参加，统一领导各辖区内的交通安全工作。由公安、监理、运管、路政等部门人员组成若干联合检查组，坚持联合检查交通安全。逢重要节日和运输繁忙季节，各级交通安全委员会都通过组织“安全质量月”、“春运”、“百日安全无事故竞赛”等活动，进行交通安全教育，组织有关部门成立临时检查组进行检查。各级监理部门还按区域、按系统组建机动车联组，居民交通安全小组，并从养路工、学生、干部职工中挑选义务交通员、检查员，维护交通秩序。逐步形成“各级政府注重交通安全、各有关部门抓交通安全、人人关心交通安全”的局面，使交通事故得到有效遏制。全市交通事故起数和死伤率呈逐年下降趋势，1988年，全市万车死亡率创历史最低纪录。

进入80年代，机动车辆日益增多，驾驶员急增，新驾驶员整体素质下降，给交通安全带来很大隐患。为此，监理部门加强对驾驶员的年审和路查力度，对驾驶员违章实行累计扣分办法进行考核，凡超过规定分数的，给予各种处罚，直至吊销执照；凡发生过一般以上交通事故或未参加年度审验的，分别给予复试交通规则，复试道路驾驶和撤销驾驶证、注销技术档案的处罚。为从根本上改变以前“以师带徒”、“以运代训”培训方式所造成的驾驶员理论水平低、行车事故多的问题，监理部门采取分片举办培训班和创办驾驶员培训学校的办法，对驾驶员进行正规培训，并规定未经正规培训一律不得报考的制度。1984年，首个由长治汽车修配厂创办的“太行汽车技术学校”开学，调用本厂常年进行调试汽车、熟悉修理技术的老司机任教练,并配备理论教员。学员入学须经身体检查,合格者经驾驶实习、交通法规、汽车构造、修理技术等方面为期6个月的系统学习,再经监理部门理论和驾驶技能考试,合格者方准领取实习执照。到1992年,全市共创办起驾驶员培训学校6所,改变多年来主要依靠结合运输生产,“以师带徒”培养司机的传统作法。通过此种方法培训的驾驶员,技术水平和安全意识普遍提高,为安全行车提供保障。

第九节　征稽机构的组建和征收办法的改革

1978年,公路养路费征收业务从晋东南地区公路段分出,划归新组建的长治交通监理所负责,同时各县交通监理站相应成立征费股、站,具体负责养路费征收工作,1989年,根据省交通厅文件规定,将拖拉机养路费征收业务移交各地(市)及各县交通局。1985年,长治市实行市管县体制,长治市交通局设立收费科,并在现辖13个县(市、区)设立拖拉机养路费稽查所13个,负责全市的拖拉机养路费征收工作;同年10月,省交通厅在长治交通监理所内另设长治交通征费处,在各县监理分所内设养路费征收分所,实行一套班子两个机构合署办公,负责汽车养路费征收。

1987年8月,交通监理业务由交通部门移交公安部门,省交通厅在长治市组建“长治交通征费稽查处”及其所属15个交通征费稽查所(站),负责长治市13个县(市、区)内的汽车养路费及陆续开征的“车辆购置附加费”、公路货运补偿费、车辆通行费等费用的征收工作。

1980年,省计委、省财政厅、省交通厅、中国人民银行山西分行联合颁布《山西省公路养路费征收规定》,对养路费收缴方法进行改革,实行“按牌征收,交牌报停”的办法,即车户报户领取牌照时,同时缴纳养路费(免征车辆除外),并按牌照每月向车户征收养路费,车辆报停向征管单位交回牌照时,方可免缴养路费。这一征收办法实行后,征费部门进一步加强动态管理,各征稽所、站加强稽查队伍力量,坚持上路入户检查,设卡稽查,并依法处理违规、拒缴户,使偷费、漏费现象明显减少。

1984年,为进一步加强县乡公路建养,促进农村经济发展,省交通厅决定将拖拉机养路费征收工作由各地(市)交通局管理,由县交通局负责组织乡镇管理员征收,征收总额的80%留地(市)、县交通局,作为县乡公路建养的专项资金。同年,又规定农村个体或联户的拖拉机不参与营运免征养路费,从事营业的按汽车费额的40%计征。以上两项政策的出台,调动地方对拖拉机征费工作的积极性,刺激农民购置机动车的热情。

1985年2月和1987年1月,公路养路费再作两次调整,提高征收标准,交通部门专业营运车辆由1983年的营业收入总额的10%计征,分别提高按12.5%、14%计征;其他企事业单位的社会车辆由按费额每月每吨70元,分别提高到100元和110元;从事营业性的胶轮拖拉机费率不变。从1985年始,为给重大公路工程项目筹集资金,国家还实行对所购各种机动车征收“车辆购置附加费”,以上改革措施的实施,使养路费征收收入逐年大幅度上升。1985年,全市汽车养路费征收突破3000万元大关,1987年达到4775万元,1991年达到7511万元;1985年,全市拖拉机养路费征收169万元,到1991年达到365万元。

第二章　加快发展时期的公路交通(1993年～2000年)

第一节　公路建设和全民筑路活动的开展

进入20世纪90年代后,随着经济发展,作为国家和全省重要的能源重化工基地的长治市,矿产资源以及工农业产品的开发和产量进一步增长。但因受交通制约,物资运输不畅,特别是每年都有数百万吨煤炭积压,运不出去,这使全市的各级党政领导和人民群众认识到,要把长治的资源优势转化为经济优势,仍需加大以公路为重点的交通基础设施的建设力度。

1992年,省委、省政府向全省发出全民义务修路的号召后,全市各级党委、政府和广大干部群众积极响应,弘扬太行精神,群策群力,战天斗地,掀起持续多年的声势浩大的全民筑路热潮。1993年至1995年3年间,全市义务修路投工5717万个,投入各种机械车辆137万余台班,动土里程达3000余公里。此期间,全市国省道和县乡公路得到大面积修建和改造,长治至晋城、长治至太原二级汽车专用公路建成通车。到1995年,全市公路通车里程达到3280公里,比1990年净增450余公里,且技术等级和质量又上新台阶。

1995年全省万荣义务修路现场会议后,全市公路建设进一步受到各级党政领导的重视。1996年,长治市提出全市“四纵四横”公路主骨架的总体规划并通过人大会议审议通过，即到 2005 年，将纵贯全市南北和横穿全市东西方向各 4 条的干线公路，建为二级标准以上公路，以及乡镇公路油路化，通村公路等级化的建设目标。公路建设开始由部门行为向政府行为、社会行为转变，各级党委、政府全民部署，精心组织，全市上下，各行各业，有钱出钱，有物出物，有人出人，做到县县有目标，乡乡有工程，村村有战场，户户有任务，使全市的公路建设得到超常规进展。1996 年至 2000 年，全市共铺筑油路 2060 公里，先后建成省道屯（留）龙（泉）线，长治北干线一级公路，全市国省道和县乡公路得到大面积拓宽改造。截至 2000 年底，全市公路通车里程达到 4495 公里，二级以上高等级公路达到 742 公里，高级、次高级路面里程达到 2553 公里。全市实现“镇镇通油路、乡乡通公路、村村通机动车”的三通目标。

一、国省道公路的新建和拓宽改造

在持续多年的全民义务活动中，全市先后建成国道 207 线长治至晋城二级汽车专用公路、国道 208 线长治至东观二级汽车专用公路和长治北干线一级公路，其他各条国省道路段都进行了较大规模拓宽改造。到 2000 年，全市国省道干线公路里程达到 1286 公里，比 1990 年增长 249 公里；其中二级以上高等级里程 641 公里，是 1990 年 7.5 倍多；高级、次高级路面里程 1241 公里，占国省道路面里程 91%。

207 国道长晋二级汽车专用公路。修建酝酿于 80 年代后期，时因煤运车辆迅速增加，各种车辆拥挤不堪，经常出现阻塞现象。为了缓解交通紧张状况，长治、晋城两市联合向省政府请示，要求建设汽车专用公路。1991 年经省政府批准，工程于当年 9 月开工建设。线路全长 92.4 公里，其中长治市境内 34.4 公里（包括城市道路 5 公里）。1992 年底竣工。该路长治市太行西街至针漳村 5 公里城市过境段，路基宽 40 米，沥青混凝土路面；针漳村至高平界路基宽 12 米，为水泥混凝土路面。1993 年，经交通部验收，该路被评为优良工程。

208 国道长治至东观二级汽车专用公路。是长治通往省城太原的主干线。1991 年，省政府列为全省“八五”期间重点公路建设工程。全长 160 公里。1993 年 7 月，长治市成立 208 国道建设指挥部，由市人大常委会副主任常福江任总指挥，市交通局局长李明芳任常务副总指挥。10 月开工建设。工程采取面向社会公开招标形式，录用长治公路分局 5 个工程处（队）和省公路局第一工程公司、运城公路分局、忻州公路分局等单位共 10 个施工单位分标段施工。

工程开工后，省委书记胡富国、省长孙文盛等省领导多次亲临现场办公，指导工程建设，省交通厅多方鼎力相助，长治市政府在财力紧张情况下先后拿出 3100 万元用于工程建设，全市人民和社会各界也以各种方式加以支援。1995 年 10 月，长治承建段竣工并举行盛大剪彩仪式；翌年 8 月，东观至长治段全线竣工；1996 年，该路通过竣工验收，被评为优良工程。总投资 6.2 亿元，其中长治段 3.8 亿元。

长治北干线一级公路。由两段路交会组成：一段是 309 国道屯留官庄至潞城市史迴段，另一段为省道太长线潞城市王里堡至长治市郊区北寨段，全长 43.2 公里。两条干线交会于长治市枢纽重镇黄碾镇，均为长治市外运通道的主干部分，两线沿途分布有潞安矿务局、长治钢铁厂、漳泽电厂等大中型厂矿企业，厂矿密集，是长治市工业重点区域和矿产资源密集区。

1997 年 3 月开工建设，1999 年 9 月竣工通车，总投资 3.7 亿元。截至 2011 年底仍为全市最好的路段之一。

20 世纪 90 年代，全市各条国省道公路都进行了较大规模改造，使干线公路等级逐步提高，通行能力显著提升。

二、全民义务修筑县乡路

1992 年，省委、省政府发出全民义务修路号召后，全市掀起了持续多年的以实现“镇镇通油路，乡乡通公路，行政村通机动车”为目标的义务修路热潮，大搞县乡公路建设，铺筑通乡通镇油路，提高县乡公路等级。

特别是 1995 年全省万荣义务修路现场会召开后，公路建设由部门行为向社会行为、政府行为转变，全市全民义务修路的力度进一步加大。各县纷纷成立由县委书记、县长亲自挂帅的修路指挥部，乡镇、村领导干部积极行动，身先士卒，广大干部群众学习“太旧”精神，弘扬太行精神，自力更生，艰苦奋战，形成县县有目标、乡乡有工程、村村有战场、户户有任务的修路高潮。到 2000 年底，全市县乡公路通车里程达到 3209 公里，比 1990 年的 1789 公里净增 1420 公里。县乡公路达四级以上的里程达到 2808 公里，其中二级路达到 101 公里，突破县乡公路无高等级路的历史；三级路达到 667 公里。有路面里程达到 3025 公里，其中高级、次高级路面里程达到 1324 公里。全市的县乡公路无论从数量上，还是等级质量上，都有显著提高。

90 年代，全市有 5 个国省定贫困县，各级财政困难；长治市境内 80% 以上为山地和丘陵，坡大沟深，修路架桥历来艰难。为筹集县乡公路建设资金，各县普遍采取申请上级补一点，村乡集体拿一点，沿线受益企业援一点，农户个人集一点的筹资办法。广大人民群众在各级党委、政府的带领下，在筑路过程中以“太旧人”和“锡崖沟人”为榜样，发扬自力更生,艰苦奋斗精神,踊跃捐款,战天斗地,涌现出许许多多可歌可泣的感人事迹。

在这场持续多年的全民义务修路运动中,平顺县石窑滩乡至井底的挂壁公路的修建,可以说是全民义务修路的典型和缩影。井底村是平顺县贫困乡石窑滩乡中的一个行政村,地处晋豫交界处的太行山中,四面环山,峭岩壁立,如坐井底,故名"井底"村。为打通到平顺县的出路,井底人从1990年就开始在天池岭的悬崖绝壁上开凿隧道。1996年县乡政府发动群众大修公路,井底村担负了开凿天池岭挂壁公路的重任。井底人以超人毅力和无坚不摧、无难可挡的干劲,历时8个春秋,终于修成惊世骇俗的太行山挂壁公路,开凿绝壁上的井底隧道长达1526米。涌现出共产党员汪伏林老人带领全家长期奋战在筑路工地的活愚公形象,涌现出身患癌症,家中吃粮困难仍坚持筑路不止,并捐出卖寿板的钱支援筑路的75岁高龄老人胡书林的感人事迹。

1992年至2000年,国家对长治境内贫困县扶贫公路建设力度不断加大;县乡公路建设补助投资和养路费投资逐年增加,共计约3.1亿元。到"九五"末,长治市基本实现"镇镇通油路,乡乡通公路,行政村通机动车"目标。

第二节　公路养管事业的发展

一、大道班建设和道班升级竞赛活动

1996年,长治市交通局将一般干线养护职责移交长治公路分局,公路养护进一步专业化。同时,该分局在干线公路上开始创建机械化养路作业大道班。先后建成10个机械化养路大道班。占地面积平均达5.1亩,建筑面积平均达400平方米以上,大部分为造型新颖的二层楼房。道班驻地花池草坪成方,绿树成行,并且都配备有小四轮拖拉机等养护机械和设备。

1990年,开展养护道班升级竞赛活动。1991年至1993年,又相继开展"创新、创先、创优"社会主义劳动竞赛和"质量、品种、效益"管理年活动。

1995年,按照省公路局"路好、人富、环境美"标准,在道班中广泛开展达标升级竞赛活动。通过竞赛活动,使全分局110余个道班中有10个道班达到一级道班标准,46个道班达到二级道班标准,53个道班达到合格标准。

二、以路面养护为中心的养护活动的开展

进入90年代,随着沥青油路大面积的修建和运输车辆的迅速增长,全市公路出现超龄油路多,大吨位车辆多,水毁翻浆病害多,养护资金少的"三多一少"状况。为此,公路养护部门采取积极措施,加强养护。一是提出"以路面养护为中心,加强全面养护"方针。"预防为主,防治结合",每年拿出2000余万元,对水毁翻浆工程进行安排部署,主动预防,及时修复,增强公路抗御自然灾害能力。二是加大县乡公路养护资金的投入。县公路养护资金由原来每年每公里1000元增为3000元。同时各县市区根据本地实际情况,制定县乡公路养护办法,从资金、人员、责任范围等多方面作了规定,不断加强养路队和养路队员的承包经济责任制的落实。三是持续开展"路基达标、路面养护、全面提高"三大战役活动。1993年至1996年,全市干线公路每年年末好路率都保持在90%以上,县乡公路每年年末好路率也都保持在86%以上,连年名列全省前茅。1997年至2000年,面对公路水毁翻浆频繁发生,超龄油路增多等问题,全市圆满完成养护任务。

三、路政管理力量的加强

1992年,长治公路分局恢复路政科,分别在下辖各公路段和3个工程处设立13个路政管理所,配备专职路政管理人员48人,到1995年,路政管理人员发展到100人;1996年,长治市交通局设立路政管理机构,各县(市、区)交通局成立路政管理所,共配备路政专兼职管理人员63人。1998年至1999年,长治公路分局和长治市交通局的路政机构先后改称"路政管理支队",下属各公路管理段和各县(市、区)交通局路政管理所先后改称"路政管理大队"。

全市路政管理部门反复利用广播、电视、报纸、标语、布告等形式,宣传路政法规,提高全民爱路护路意识。同时加大巡查力度。1992年至1995年间,全市共查处路政案件7200余起,挽回赔偿金1000余万元;"九五"期间,全市共查处各类路政案件4.5万起,收取损路赔偿金2211余万元,有效维护公路路产路权,保证公路秩序和行车安全畅通。

第三节　交通建设融资和养路费的征收

进入90年代,为加快交通建设步伐,尽快改变交通落后面貌,在1985年开征车辆购置附加费和1990年收取车辆过桥过路费的基础上,1991年后,山西省又先后出台一系列交通建设倾斜政策和优惠政策。1991年10月,山西省实行在全省征收车辆养路附加费和货运补偿费政策,规定凡属山西境内的各种汽车、胶轮拖拉机和摩托车,均需缴纳车辆养路费,汽车每吨每月按40元征,营运拖拉机养路费由原折合汽车月吨位40%计征改为全额征收,调增部分作为养路附加费;规定凡在山西省境内行驶的货

运车辆，对货主征收货运补偿费，每吨每公里征收二分钱。

1992 年，山西省出台交通设施和公路建设征地拆迁等一系列优惠政策。1994 年 5 月，山西省对养路费征收标准再作调整，并新开征摩托车养路费，汽车由原每月每吨 110 元调为每月每吨 170 元，拖拉机以汽车调整后的汽车费率的 60% 计征，两轮、三轮摩托车分别为每辆每月 5 元和 10 元。

随着国民经济的发展和各种规费征收政策的出台，以及养路费征收标准的提高，使国家投资于交通建设特别是公路建设的资金不断提高。与此同时，全市公路建设还广泛采取地方筹资、社会集资、银行贷款，为缓解交通建设资金不足的问题起到重要作用。“八五”期间，全市公路建设总投资达到 4.8 亿元，“九五”期间，全市公路建设总投资上升到 6.9 亿元，为全市公路建设和交通基础设施建设的快速发展提供有力资金保障。

为保证各项规费的征收，长治市交通局在各县（市、区）先后设立 13 个拖拉机养路费稽查所，并逐步充实征费人员；长治交通征费稽查处在全市设立 15 个交通征费稽查所（站），1997 年，长治交通征费稽查处改称山西省交通征费稽查局长治分局，下辖征费稽查所（站）增设为 18 个。为使各项规费征收“应征不漏”，促进交通建设事业发展，根据省交通厅和省公安厅联合颁布的文件规定，交通征费稽查人员可穿着国家规定的服装、佩戴“中国交通征稽”胸徽，持“中华人民共和国交通稽查证”和“公路检查证”，上路专项检查各种车辆规费缴纳情况；可根据工作需要，派员参加公安机关设置的检查站进行联合检查；可经地（市）公安部门批准，在公安部门未设立公安交通检查站的地区地段，单独设立交通征费专项检查站、卡，进行检查。同时，长治交通征费稽查部门按照《中华人民共和国公路管理条例实施细则》中有关规费征收的法律规定，制定了《催缴公路规费通知书》、《行政处理决定书》、《行政和处理复议决定书》、《行政处理强制执行申请书》等一整套法律文书，并取得司法机关的配合与支持，为依法征收规费提供了法律保障。以上各项举措的实施，保证各项规费征收工作顺利进行，使全市各项规费额不断上升，有力保证交通建设事业的发展。1991 年，长治市交通征费稽查部门共征收公路养路费和各项公路规费 7993 万元，到 1995 年，公路养路费和各项公路规费征收额达到 2.3 亿元，到 2000 年，征收额突破 3 亿元大关，达到 3.1 亿元；1991 年，长治市交通局拖拉机养路费共征收 364.5 万元，1995 年达到 1342 万元，2000 年上升到 1815 万元。

第四节　公路建养新技术的推广与应用

一、翻浆和软路基处治

1995 年后，随着公路车流量不断增大和大吨位车辆的不断增多，翻浆路段相应增多。长治公路分局采取“重翻深治”、“中翻大治”、“轻翻重治”的三项原则，根据不同翻浆程度进行根治。对已形成流动状态的重型翻浆路段，采取深挖浆泥，下设片石，回填沙砾垫层，再铺设水稳沙砾基层的措施予以根治；对路基含水量较大，但未形成流浆状态的路段，采取挖除浆砂、厚填沙砾垫层，铺设水稳沙砾，沥青表处的方法程序大治；对轻型翻浆，采取挖浆晒晾，按一定比例掺沙，加 5% 水泥稳定的方法给予治理。

1998 年后，治理翻浆和软土路基的技术不断提高。当年，长治公路分局第三工程处在承建太原绕城高速公路时，应用土工格栅沙砾垫层处理软土路基，取得比常规方法节约工程费 100 万元的可观效益。

二、乳化沥青稀浆封层技术应用

1996 年至 1997 年，省公路局在长治分局推广乳化沥青稀浆封层技术，用阳离子乳化沥青掺黄沙、石屑和水泥，采用机械操作，加铺稀浆封层，提高路面密实性、防水性和抗滑性。这项技术较好地解决了沥青路面网裂、划痕及摩擦阻力减少等问题。

“九五”期间，此项技术在长治市境内的太长线，李东线等线路上得到广泛应用。

三、路面病害处治新技术的推广应用

1996 年至 1997 年，长治市公路管理段在 207 国道采用水泥砼路面快速修补技术修补砼路面 500 平方米。

1997 年，长治市公路管理段、壶关公路管理段推广应用玻璃纤维布防治油路面网裂共 450 米，取得理想效果。

1998 年，黎城县公路段在老油路上用常温袋装沥青混合料冬季补坑槽 500 平方米，填补冬季不能补坑槽的空白。此后，这项技术在境内公路养护中得到推广应用。

四、公路路面管理系统（CPMS）和公路桥梁管理系统（CBMS）的应用

此两项管理系统是交通部“八五”期间重点科技推广项目。公路路面管理系统（CPMS）是综合应用道路工程、系统工程、工程经济和计算机技术进行公路路面养护管理的辅助决策的一门现代化管理技术。公路桥梁管理系统（CBMS）主要应用于现有公路桥梁的日常养护、维修加固，评价决策与投资管理。1996 年至 1999 年间，长治公路分局、长治市交通局相继对有关技术人员进行培训，并进行数据采集、计算机录

入等工作。此两项技术的推广应用,改变全市传统的公路养护管理模式,提高公路路面信息的准确性和可靠性;对全市公路桥梁技术状况评价分析与排序,以及为编制桥梁维修计划提供科学依据。

五、螺旋筋制作钢筋混凝土空心板内膜的研究

在O型空心板桥施工中,空心板模通常有两种类型,一是较为通用的胶囊模,此类模具易保证工程质量,但其价格高;另一类是高粱秆、苇子等捆绑成形,此类模具施工简单、费用低,但又无法保证空心截面的几何形状和尺寸。

为解决这一难题,长治公路分局研制出用螺旋筋制作O型空心板膜的新技术,使用普通圆钢筋做成螺旋形钢筋笼,用竹片帘围裹,再在竹帘外包一层塑料布制成内膜。在施工中,这项技术不仅能确保空心截面的几何形状与尺寸,还可轻易地从空心板中取出进行重复使用,具有投资费用低、适应性强等特点。

六、桥梁加固技术的推广应用

进入20世纪90年代,大吨位车辆通行公路桥梁日益增多,桥涵损坏现象比较严重,提高现有桥梁承载能力和危桥加固,成为科研的重要课题之一。

1990年,长治公路分局采用改曲拱截面为箱形截面技术,加固榆长线西王桥。次年,进一步研究和改进,摸索出加固双曲拱桥的最优方案,当年加固沁源交口5孔20米双曲桥,将设计荷载由汽—13、挂—60提高到汽—20、挂—100,同时对长晋线北呈桥更换橡胶支座,环氧砂浆修补梁体。1998年,应用"TST"碎石填充桥梁伸缩缝技术,对208国道口头桥、西塘桥进行施工,对延长桥梁寿命取得良好效果。为充分利用现有桥梁,为大交通、重交通服务作出贡献。

七、碾压砼路面抗滑料撒布装置及拉杆设置的实验

碾压砼路面施工技术是国家"八五"期间的重点攻关项目。1995年6月至7月,长治公路分局第三工程处在208国道东观至长治二级汽车专用公路修建中,在长治境内8.6公里路段内进行碾压砼路面抗滑料撒布装置和拉杆设置新工艺实验研究。此次实验共铺设抗滑料4.5万平方米,成功设置拉杆7840根。实验证明,此种工艺操作简便实用,经济效益显著,可使摊铺路面具有较强的耐磨性和表面强度,首创性地解决了混凝土路面一次摊铺两层不同混合集料的技术难题;解决了大气温度周期性变化使水泥混凝土路面产生裂缝或挤碎的问题。1996年,上述两项成果通过省科委鉴定,达到国际先进水平;1997年获省交通厅科技进步一等奖。

第五节　公路运输事业的大发展

一、客货运输车辆和运输量的持续增长

进入90年代,随着国民经济的发展和运输市场的全面开放,全市客货运输车辆持续增长。客货汽车由1990年19 969辆发展到1995年30 722辆,再由1995年30 722辆发展到2000年4.1万辆(其中包括营运的客货汽车13 740辆)。此期间,全市国营、集体和个体货运经营户不断购置黄河、罗曼、斯泰尔、尼桑、道奇,吉尔130等高档货车,大吨位货车迅速发展。到2000年,全市拥有营运载货汽车11 145辆,其中大重型货车达到7728辆,总吨位45 922吨位。与此同时,全市客运经营户和客运汽车持续增加,1990年全市拥有客运经营户413户,拥有营运客车846辆,到2000年全市客运经营户达到1356户,营运客车达到2595辆。1993年后,省运长治汽车运输公司,长治市第一汽车运输公司和长治市第三运输公司等单位陆续购进龙江、扬子江、依卡路斯、黄河、黄海等牌中档大客车参与长途客运,并陆续购进豪华卧铺车,开通长治至北京、天津、南京、苍南等地的跨省市客运线路。1995年后,省运长治汽车运输公司和长治市第一、第三运输公司又相继购进中型依维柯客车,营运于长治至太原、晋城等热线。跨省长途客运开始购进北方、沃尔沃、凯斯鲍尔等豪华型卧铺客车。全市的客车车型结构开始向高、中、低档配套,大、中、小型齐全的方向发展。

随着客货营运车辆的持续增长,以及人流、物流的不断增加,全市客货运输量逐年增长。1992年,全市完成道路客运量1609万人次,客运周转量88 195万人公里,完成道路货运量1990万吨,货运周转量156 117万吨公里。到1995年,全市完成道路客运量2116万人次,客运周转量107 234万人公里,完成道路货运量3241万吨,货运周转量223 158万吨公里。到2000年,全市完成的道路客运量、客运周转量、货运量和货运周转量又分别达到3054万人次、152 382万人公里、5239万吨和332 163万吨公里。

二、公路客运班线网的快速发展

进入90年代,特别是90年代中后期,随着境内公路建设的蓬勃发展和路况质量的快速改善,以及客运车辆的持续增长,全市公路客运网络迅速发展壮大,营运线路快速增长,班次密度不断加大,形成国营、集体、个体千车竞运,高中低档、大中小型客车任由旅客选乘的局面,人们乘车难、出门难的状况得到进一步缓解。1995年全市拥有道路客运班线423条,比1990年210条增长1倍。到2000年,全市道路客运班线达到582条,是1990年近3倍。此期间,全市形成省运长治汽车运输公司、长治市一运、长治市三运共同经营跨省班车运输的格局。省际班车在进一步加大周边覆盖密度、班车密度基础上，开始向长距离线路迅速发展。到2000年，全市共开辟省际班线45条，其中开往京津方向的有长治至北京、天津、保定、石家庄、邢台等9条，开往山东河北方向的有长治至济南、聊城、潍坊、泰安、邯郸等10条，开往河南、华东方向的主要有长治至苍南、上海、武汉、郑州、南阳、开封、商丘等共22条，还有开往西北方向的西安、成都等地的班车。此期间，全市跨市和市内跨县客运班线不断增加。到2000年，全市跨市和市内跨县客运班线达到308条，北到大同，南至运城，覆盖全省所有的地市，通达长治、晋城两市所有的县(市、区)近70个乡镇。此间，个体客车进一步发展，省运长治汽车运输公司原经营的区间农村班车进一步被县营和个体户所开的班车取代，到2000年，全市县内客运班线达到220余条，线路逐步向各乡村延伸，形成百车竞发，百舸争流的局面。

与此同时，各客运线路上的班车车次普遍加大。1997年，长治至邯郸的省际客运班线上，每日由长治发往邯郸的班次即有29对班车；长治市至太原的客运线上，仅省运长治汽车运输公司和其所属的各县汽车站，每日就有32对班车往返，还有市一运公司有8个，市运三公司是每半小时发一个；长治至晋城、襄垣、长钢等客流量较大的线路上，平均每20分钟就有1辆班车运行，长治至马厂、黄碾一线，日运行班车达到140辆左右。

80年代前，长治境内的汽车站全部由省运长治汽车运输公司管辖，专事客货运输服务。进入90年代，随着个体和联户客运车辆的迅速增加，运输市场竞争更加激烈，车辆乱停乱靠、争抢旅客，压点甩客等无序经营现象进一步加剧。据此，根据交通部“站队脱钩、汽车站向社会开放”的精神，在1992年至1997年间，省运长治汽车运输公司的28个汽车站先后向社会车辆进行开放。凡持有政府主管部门核发的营业许可证、营业执照、行车执照、驾驶证、线路证等证照者，均可进站营运。省运长治汽车运输公司经营的长治汽车站位于长治市中心，是沟通晋、冀、豫等省的交通枢纽，具有全省一流的场站设施和服务功能。1992年向社会开放后，接纳各方车辆和旅客日趋增多，到1997年，该站日发客车256班次，其中个体客车80多个班次，日发送旅客1万余人次。此后，一些市、县营运输公司也相继建立客运停车站场，在为本单位客运服务的同时向社会开放，接纳各县运输公司和个体户车辆。打破了省运输企业独家经营汽车站的经营体制，使之成为全行业服务的客运设施，促进公路客运多家有序经营、平等竞争新机制的培育和建立，同时也为全市公路客运网络快速发展起到积极促进作用。

第六节　运输企业产权制度改革和多种经营方式的开展

1984年后，全市私营运输业迅速发展，运输市场竞争日趋激烈。国营、集体运输企业因负担重、机制不活、投资渠道单一问题，在市场竞争中处于劣势，经营日益艰难，亏损企业面逐年扩大。1988年后，全市运输企业普遍推行企业对国家、企业对内部二级生产单位、企业对单车的多种形式的承包经营责任制，实行所有权和经营权分离，打破原来干好干坏一个样的平均主义“大锅饭”，调动企业和职工积极性，使全市多数国营、集体运输企业得到长足发展。但是，由于一些企业管理和监督滞后，承包经营中各自为政和短期行为的倾向严重存在，造成负盈不负亏、拼设备、拼车辆等难以从根本上解决问题的出现，致使一些运输企业发展后劲严重乏力。

进入90年代，随着社会车辆的不断增加，运输市场竞争进一步激烈，运输企业普遍面临着市场疲软，运价不断下跌，原材料轮番涨价的困境，企业经营进一步艰难。为此，全市运输企业广大干部职工遵照1992年邓小平南方讲话精神，进一步解放思想，突破单一的所有制形式束缚，从产权制度改革入手，深入开展单车租赁经营、企业股份制改革等以产权为核心的制度改革。

1992年，长治市第五运输公司在全省运输企业中率先推行单车租赁经营制，将公司车辆作价，承包者在承包时一次缴纳车价50%的抵押金，剩余50%的价款在3年承包期间连同承包费逐月上缴，承包到期后如合同得以履行，车辆归承包者所有。此后，其他公司大多也陆续采取单车租赁和不同形式的资产保值经营承包或资产转让承包。

1994年，长治市五运公司又在全省国有运输企业中率先实行股份制经营改革，吸收公司内部职工入股，增强企业自我积累、自我发展能力，公司更名为“长治市开元汽运有限责任公司”。

1998年，省运长治汽车运输公司进行股份制改造，公司更名为“山西省长治汽车运输有限责任公司”。公司吸收内部职工入股，完善企业法人制度，建立公开公正的监督制衡机制，使企业真正成为独立的法人实体和市场竞争主体。

2000年，长治市一运公司完成股份制改造，公司更名为“长治市第一汽车运输有限公司”。以上产权制度的改革，使职工切身利益与企业效益和兴衰紧密联系在一起,形成利益共享,风险共担的共同体,从而增强企业对职工的凝聚力,有效防止拼设备、负盈不负亏等问题的发生。企业股份制改造,使广大职工更自觉地参与企业的经营管理和监督,进一步推进人事、劳动、分配等制度改革,使企业管理水平进一步提高,促进企业生产要素的合理配置,有利于产权流动、资产重组,扩大经营、提高效益。

80年代中后期,境内一些运输企业为维持企业生存发展,开始发展第三产业,扩大生产经营门路。进入90年代,随着运输市场竞争日趋激烈,仅靠单一的汽车运输已难以维持企业生存和发展,境内大部分运输企业大力发展第三产业,改变单一运输经营困境。省运长治汽车运输公司和市一运输公司率先提出"一业为主,多种经营"的方针,充分利用国有企业人才、机具设备、房地产等资源优势和地理优势,积极开办多种经营项目,改变多年来形成的生产经营一条路(指单一运输)、货运经营一棵树(指往山东、河南等地送煤)的被动局面。

1994年,省运长治汽车运输公司引进资金500多万元,对公司周围临街房屋、车站候车室、站外广场进行改造并对外租赁,并投资兴建一座占地4000平方米、有400个摊位的综合贸易批发市场。与此同时,该公司在开放的各汽车站开办方便旅客的旅店、饭店、小卖部和方便社会车辆的停车场等多种经营服务项目,以实现以站养站的目的。随后,还开办汽车修理、配件销售、驾驶员培训学校等多种经营产业,使之成为运输主业以外重要的经济补充。

长治市一运公司在1991年至1996年间,先后成立塑料包装制品厂、汽车配件销售部、汽车维修服务部、出租汽车公司等多个经济实体,多渠道增加经济效益。1997年后,公司不断延伸相关产业,发展第三产业,把公司面临的府后街、大北街改造为商业街,将公司保养厂开发为商贸市场,创建赛福旅游公司,与全市各旅游景点联网经营旅游业务,先后成立东风、天汽等多个汽车维修技术服务站,并开展消费信贷业务。1998年,该公司营运收入2951万元,第三产业收入2677万元;到2000年,公司第三产业创收已超过客货运输的总收入。

交通运输企业多种经营方式的开展,不仅对维持企业生存发展,提高企业经济效益,以及对企业内部劳务市场的形成等均产生积极影响,而且为社会汽车运输提供一个综合服务市场,促进交通行业的进一步繁荣。

第七节　运输市场的培育和依法治理

1993年,党的十四大作出建立社会主义市场经济体制的决策,全市交通运输开始向市场机制转轨。1995年,《山西省道路运输管理暂行条例》颁布实施后,全市道路行业步入"依法治理、依法管理"的轨道。

从1993年始,依照"因地制宜、注重实效"、"不搞一刀切、不强求一个模式"、"先发展、后规范、边建设、边规范"的指导思想,全市运管部门以城市为龙头,以大型厂矿、客货集散地和运输企业为依托,依据全市货源分布、流向、流量和运力情况,掌握市场动态,预测发展趋势,制定布局规划,落实机构、场地,制定管理规则和服务项目,开始培育、发展运输有形市场。

经过几年努力,到1996年,潞城市运管所在潞城市创建3个货运交易市场,共组织联营车队9个,营运车辆430余辆,实行信息互补,联网运转,代结运费、代征税款,为社会提供发布运输信息。山西化肥厂是年产40万吨化肥的大企业,过去运输秩序混乱,一些人乘机垄断货源,倒手贩卖,层层剥皮。潞城运管所在该厂建起货运中心,建立各项规章制度,打击不法行为,维护消费者利益,有力支援农业生产。城区联运公司位于市区西部的交通要道,是物资流通中转要地,该公司在市运管处帮助下建立城区货运配载中心,吸引100余辆个体汽车进入市场,并设立业务咨询、质检、结算、生活服务等机构,实行运输、停车、修理、住宿等一条龙服务,在周边省、市、县设立业务联络点20多个,各方业务活动开展得红红火火。平顺县新城是该县大宗物资集散地,也是运管部门规划建立货运交易市场的最佳地点,但由于缺乏资金,交易市场办公设施迟迟未能修建。1996年,在市运管处扶持下,交易市场办公房当年动工建设,当年投入使用。同时边建设边运转边规范,全年签订运输合同40份,提供发布配载信息60余条,代结运费130余万元,收取服务费9200余元,办出山区货运市场特色。

此期间,还先后培育和建设郊区故县货运服务中心、沁源郭道货运服务中心、武乡洪水货运服务中心、黎城西井货运服务中心、长治县荫城货运服务站、长子县蔬菜货运服务中心等市场。与此同时,按照车进站、人归点、站管车的原则,在市区建立了市一运、市二运、南关、潞州剧院4个客运停车场,增设售票候车设施,建立规章制度,规范服务程序,使在市区街道乱停乱靠客运车辆的现象大为减少。到2000年,全市建成货运有形市场28个,客运服务场站35个,信息服务点40多个。运输有形市场的培育与建设,为承托双方公开、公平交易提供固定场所和有利条件，减少车辆空驶现象，加强行业管理，改善运输秩序，从根本上扭转哄抢倒卖货源、无证经营、偷漏税费等不规范行为。

1995 年，《山西省道路运输管理暂行条例》正式颁布实施后，全市各级运管部门针对无证经营、假证牌、假维修、倒运旅客、欺行霸市、客车乱停乱靠、乱要运价、乱用票据等现象泛滥情况，持续开展“查黑”、“打假”、“惩倒”、“除霸”、“治乱”的整治活动，坚决取缔无证经营、非法经营，查处私抬运价、敲诈勒索的“宰客”行为，半路“甩客”、“倒客”行为，打击欺行霸市，强拉旅客、乱串线路行为，严打乘车抢劫，聚赌、盗窃等违法犯罪分子；继续落实“三定（定路线、定班次、定站点）”、“两审”（开业审批、年度审验）管理，实行车进站、站管车制度，整顿运输市场秩序，维护经营者和广大旅客的合法权益。与此同时，还相继开展创“三优”（优良秩序、优质服务、优良环境），抓“三容”（仪容、车容、站容），达“三化”（服务质量标准化、服务管理规范化、服务过程程序化）为内容的争创文明车、文明站、文明线路和文明使者的活动。这些措施，进一步规范客运市场的经营行为。

此期间，全市运管部门推行行业源头管理，对从事道路运输业者，进行开业资格审核，并进行年审，对从业人员进行专业培训，实行持证上岗；在年审换发运输证和营运证时，加强对车辆的管理。同时，对全市 140 余辆危货运输车辆，全部进行审验，纳入行业管理，并配备专用标志灯、牌；对全市 8 所驾校全部纳入行业管理，督促引导其按规范建设，经验收合格，全部领取培训许可证；在货运方面实行统一价格、统一票据，推行合同运输，加强合同管理，减少货损货差，减少运输纠纷；全市 280 多辆出租货运车纳入行业管理。此期间，对汽车维修行业的质量、价格实行强制管理。为使车辆技术状况稳定，保证行业安全，依据交通部 13 号令，对汽车实行车辆定级和强制二级维护；对修理企业实行汽车维修合同制和技术工人上岗证制度、质量检验员制度，竣工出厂合格证制度，规范厂家的行业行为；重新修订汽车维修行业工时定额和收费标准，实行结算员制度，制止多收、乱收费现象；全市开展维修技术比武活动，促进汽车维修整体水平提高，2000 年底，全市共有汽车维修企业 444 户，其中大修户 9 户，中修户 99 户，小修和专项修理户 255 户，都达到相应维修技术水平。

第三章　飞跃发展时期的公路交通（2001 年 ~ 2010 年）

第一节　干线公路路网改造工程的实施

进入 21 世纪，随着公路流量和大吨位车辆的日益增长，以及超龄油路的日渐增多和薄弱路段的不断出现，全市国省道公路的建设和改造力度逐步加大。2001 年至 2009 年间，全市几乎所有的干线公路都进行了不同程度改造，特别是先后对省道川荫线、309 国道、208 国道、省道南沁线、汾屯线等干线公路进行大规模的改造和改建，同时大力进行通县一级公路的建设，使全市干线公路面貌焕然一新。

2001 年，完成油路翻修 21 公里；完成拓宽配套工程 2 项：长平线壶关北行头至陵川界 2.5 公里；潞城辛庄交通量观测站水泥路面。

2002 年，完成油路翻修 21.7 公里；完成拓宽配套工程 4 项：汾屯线 4 公里，长平线壶关过境段，309 国道故县至常村段，太长线潞城境内 11 公里。

2003 年，开工建设县际公路项目 5 项：省道沁洪线李家庄至古县段 5.5 公里，汾屯线雕巢岭至宜林段 7.7 公里，长平线长治市郊区壶口至壶关段 15 公里，屯龙线鲍店至长子段 16.6 公里，国道 207 线郊区至长治县 12 公里。

2004 年，完成油路翻修 18 公里；开工建设县际公路及路网改造工程 6 项：207 国道黎城至潞城段 22 公里；省道汾屯线王陶至沁源城关段 28.3 公里，长平线壶关北行头至大坪上 4 公里，李东线平顺至壶关辛村 24 公里，屯龙线长子至龙泉段 14.7 公里，太长线路网改建工程（一期）黄碾到襄垣 20 公里。

2005 年，完成沙砾路改造项目 3 个计 39 公里；开工建设县际公路项目 4 项：309 国道黄碾至屯留官庄 23 公里，207 国道长治县至高平界路面 15.4 公里；省道李东线李庄至平顺县城段 17 公里，长陵线柴家沟至陵川界 7.6 公里。

2006 年，完成路面改造工程 82 公里：309 国道黎城下湾至潞城黄漳村共 4 段计 33.3 公里，207 国道五里后至潞城段 5.2 公里；省道屯龙线屯留境内 6 公里、长子县城段 1.6 公里，李东线东长井至辛村 5.2公里。完成省道太长线（二期）晋中界至襄垣路网改建工程 65.5 公里。

2007 年，完成路面改造工程 205 公里：207 国道黎城至西井段 27 公里，309 国道黎城至停河铺 5.5 公里；省道川荫线 75 公里，长平线大坪上至陵川界 15.2 公里，长安线长子至安泽界 33.5 公里，太长线长治市至黄碾 17 公里，汾屯线沁源段 21.5 公里，屯留境内 7.5 公里，雕巢岭段 3.5 公里。

2008年,完成路面改造工程127公里,完成隧道工程一项:208国道晋中界至屯留常金段120公里,309国道黎城县至赵店桥7公里;省道川荫线十八盘隧道两孔210米。

2009年,完成路面改造工程57公里:309国道潞城张庄至西村14.8公里,309国道复线黎城小口至黎城县城14.6公里,207国道长治针漳至高平界19.3公里;省道李东线东长井至长治市段5.8公里,东长线漳源镇交口村过境段2.2公里。

此期间,长治公路分局还对全市的国省道公路上的危桥进行了改造,先后加固和改造危桥近60座。

此期间,境内进行大规模改造和改建的干线公路有:

南沁线改建。是横贯长治市北部东西走向的交通主干线。成为制约大批旅游团队进出的瓶颈。为提高路网服务功能,促进武乡、沁县革命老区经济发展,开发当地红色旅游资源,省交通厅、省公路局决定对该线左权温城至沁县西渠上84.5公里段进行改建,由长治公路分局负责。工程于2004年11月开工建设。2005年,是世界反法西斯战争胜利和中国抗日战争胜利60周年。因为武乡的王家峪和砖壁曾是八路军总部所在地,又是八路军太行纪念馆所在地,所以在纪念抗战胜利60周年时,中央领导要视察武乡,中央电视台“心连心”艺术团要在武乡演出,山西省要在武乡召开纪念反法西斯战争胜利60周年大会。为此,全体参建人员克服时间紧、任务重、资金紧张等困难,团结奋战,苦干实干,在2005年7月29日,改建的36公里二级旅游路段全部竣工通车,为胡锦涛总书记途经南沁线到王家峪八路军总部视察提供良好路况保证。其余改建工程于2006年11月全部竣工。

309国道。是晋煤外运的一条主要通道,是长治市境内东西走向的一条经济大动脉。该线长治北寨至安泽界二级路改建工程,全长60.4公里,按收费公路建设。2006年4月底开工,2007年10月竣工。项目部始终把工程质量摆在第一位,建立了质量一票否决、项目经理质量负责制、监理质量首问制、日常工地巡查制等相关管理制度。对高填方路段进行重锤强夯,挖方路段补增了沙砾垫层,石质地段取消原设计稳定土底基层,增设级配碎石找平层,对旧路挖除后出现的软基,采用石碴或掺灰处治,确保工程质量。

川荫线改造。原称荫林公路,1992年新建为沙砾路,1996年遭受严重水毁后改建为油路、水泥路。经过10年使用,这条晋煤外运和太行山大峡谷旅游的重要线路已不堪重负。2007年3月开工后,遵循要建成一条“样板路、文明路、环保路”的原则,在过村集中的地段修筑平交道、水沟和隔离墙,在多处挡墙和防护墙上进行浮雕和绘画,加大文化公路、绿色公路、安全公路建设力度,突出地方文化特色,使之成为一条通往太行山大峡谷旅游的亮丽风景线。2007年8月25日竣工通车,为9月在太行山大峡谷举行的国际攀岩比赛创建良好交通环境。

208国道路面改造。是长治通往省城的重要通道,也是纵贯长治南北的政治、经济大动脉,1995年建为二级汽车专用公路。到2003年后,交通量达到原设计的2倍,加之大吨位超载车辆急剧增加,致使公路路况不断恶化。2008年,省发展和改革委员会对208国道路面改造项目正式立项,2008年8月开工建设,工程全长120公里,投资4亿多元。数千名筑路人员克服雨季施工的困难和种种挑战,经过3个多月艰苦奋战,11月19日顺利竣工剪彩通车。

同时,长治市政府和长治公路分局还将208国道改造与长治经济社会发展紧密联系,在208国道及沿线大力进行“生态绿色走廊”、“小城镇及新农村建设文明示范走廊”、“经济发展黄金走廊”建设,使改造后的208国道成为一条彰显长治特色,展示文明形象的通道。

省道南沁线、汾屯线改建。南沁线改建工程在2005年完成左权至沁县西渠上段。2008年开工改建沁县西渠上至沁源交口段,长40公里,同时改建汾屯线沁源交口至晋中界段,长45.5公里。此两个工程统称为省道南沁线、汾屯线改建工程,全长79.5公里,投资3.65亿元。2008年11月开工,2009年10月完工。

第二节 县通一级公路的建设

进入21世纪,长治市提出“1+5”城市集群总体规划,其中规划长治市区通往潞城市、长治县、屯留县、长子县、壶关县等周边卫星城市的公路要达到一级公路标准。从此,拉开县通一级公路建设的序幕。

潞城市是长治市所辖唯一的县级市,该市早在1998年已有通往长治市区的207国道一级公路。长邯高速公路建成后,潞城市虽有一段连接线,但不顺畅,潞城市决定新建过境段一级公路。这段路起于长邯高速公路连接线,与207国道一级公路对接,全长8.6公里。2008年4月30日开工,12月15日剪彩通车。

长治市至壶关县一级公路,西起长治市东外环路与解放路东街交叉口,经石桥、大天桥、小北庄、盘陀底、南园、修善村,到壶关县城南,全长14.3公里。

2002年9月开工建设,2004年12月竣工通车。

长治市至长治县经坊段,于20世纪80年代改建为二级公路,是长治市第一条二级公路。经过20年发展,交通量快速增长,由于大量超载运煤车行驶,使路基路面严重破损,2006年决定改为一级公路。长治市南关至长治县一级公路,全长13公里,2006年4月开工,当年10月竣工。

长治市至屯留一级公路,北起屯留县县城北宋村,南与太长高速公路长治西互通立交相接,全长7.4公里。采用双向四车道设计,也是屯留县通往康庄工业园区的便捷通道。2004年3月开工修建,2006年10月竣工通车。

长治市至长子县一级公路,起于市西环路和针五路交会处,西跨浊漳河,下穿长晋高速路,路经10余行政村,止于长子县丹朱镇孟家庄,与省道长安线相连。全长25.85公里。2008年9月开工建设,2010年竣工通车。

与此同时,随着长邯、长晋、太长3条高速公路的建成,黎城、武乡、襄垣、沁县等县也相继修建了与高速公路的连接线,通过高速公路实现与长治市区一级以上公路的相连接。全市通县一级公路的建设,拉动全市"1+5"城市集群的快速发展。

经过10年飞跃式发展,全市国省道(包括高速公路)干线公路整体水平又上新台阶,不论是从技术等级还是路面质量上,都发生显著变化。2010年,全市国省道公路通车里程达到1480.5公里,比2000年增加194.5公里。其中二级以上高等级公路里程达到1297公里,比2000年增长1倍多,占国省道公路总里程87.6%;沥青、水泥混凝土高级路面里程达到1329公里,是2000年3.7倍,占国省道总里程90%。

第三节　村村通水泥(油)路工程建设

进入21世纪,由于交通不便,严重制约农村经济社会发展的现象,使黎城县党政领导刻骨铭心。2001年,该县开展了一场大修通村水泥路的高潮,在不到一年的时间里,新建通村水泥路220公里,使全县86%的行政村通水泥路。黎城县是一个财政拮据的山区小县,能在不到一年时间内基本实现"村村通",这种情况在全市乃至全省都是第一家。黎城县的举措和经验,使长治市委、市政府进一步坚定信心,2001年10月,市委、市政府决定,用一年左右时间,使全市85%以上的行政村实现通水泥(油)路,并将此项工程列为市委、市政府2002年的"五场硬仗"之一和为人民办的10件实事之一。

自2001年11月起,长治市在全省率先实施村村通水泥(油)路工程,打响了一场新时期的"上党战役"。从太行、太岳的崇山峻岭,到上党盆地的深沟陡坡,各级党委、政府带领100万干部群众,以"资金不足精神补、机械不足力气补、水泥不足石头补"的自力更生,艰苦奋斗精神,群策群力,战天斗地。到2002年底,用一年时间,在全市修建通村水泥(油)路3138公里,创造了国内山老区农村路网建设的奇迹。此后的几年中,长治市又乘全省"村村通"建设高潮之劲风,自逼加压,开拓进取,不断向偏远农村克难攻坚。到2005年底,全市建成的通村水泥(油)路里程达到5772公里,使全市行政村通水泥(油)路率达到93.1%。

长治市的"村村通"建设成就,特别是2002年一年基本实现"村村通"的成就,得到国务院、交通部、省委、省政府以及省交通厅的关注和重视,并在全国产生一定反响,先后有10个省的43个市、县6000多人前来参观学习。2003年1月,省交通厅授予长治市交通局"农村路网建设特别奖";当年全国农村公路建设现场会计划在长治市召开,后因"非典"疫情蔓延改为电话会议。2004年5月18日,《人民日报》在头版头条对长治的农村公路建设进行报道。交通部部长黄镇东、张春贤等领导先后亲临长治视察,称赞长治为全国农村公路建设带了个好头,并给予嘉奖。

"村村通"工程的实施,极大地改变了全市山老区农村的交通条件和面貌,有效解决广大农民群众运货难、出行难等问题,改善农村的生活生产环境,推动农村公共事业发展,带动农村经济社会全面发展,被广大农民群众誉为继农村家庭联产承包责任制后的又一件对农村影响较为深远的大事。

"十五"期间,全市累计完成投资14.5亿元,新建县乡公路790余公里,改建县乡公路450余公里,新建通村水泥(油)路5772公里,到2005年底,全市县乡公路通车总里程达到3838公里,比2000年净增782公里,其中县公路达到1517公里,乡公路达到2311公里。特别是县乡公路路面情况得到明显改善,县公路有铺装的沥青、水泥混凝土高级路面达到229公里,沥青表处简易铺装路面达到1115公里;乡公路有铺装的高级路面达到448公里,沥青表处次高级路面达到968公里。

"十一五"期间,全市新建县公路77公里,改建县公路654公里,新建乡公路571公里,改建乡公路709公里,新建桥梁和改造危桥共71座2485米,新建和改造涵洞400余道,并进行大量的农村公路安保工程建设。到2010年,全市农村公路通车总里程达到9170公里,其中县公路1694公里,乡公路2882公里,村道4594公里(2006年村道纳入公路统计里程)。县公路中有217公里达到二级以上高等级公路标准，乡村公路中有102公里达到二级以上高等级公路标准。特别是农村公路的路面质量又有进一步提高，县公路沥青、水泥混凝土高级路面达到744公里，乡公路沥青、水泥混凝土高级路面达到1697公里；村道沥青，水泥混凝土高级路面达到2822公里；农村公路高级路面占通车总里程的57%。农村公路的质量整体水平又上新台阶。

此期间，全市继续实施"村村通"工程，到2008年，全市共建成通村水泥(油)路8965公里，全市3454个行政村中有3358个实现"村村通"，通村比例达到97.2%。2008年后，长治市又围绕省委、省政府提出的要在"十一五"末在全省农村实现村通水泥(油)路"全覆盖"的要求，对全市剩余的96个建制村进行通村水泥(油)路建设，到2010年底，又建成通村水泥(油)路542公里，全市除壶关桥上乡的梯堖山、西坡沟两村因移民搬迁不具备修建通村水泥(油)路外，所有具备条件的建制村都通了水泥(油)路，实现"全覆盖"。广大农村的交通状况进一步改善。

第四节　公路建养体制的改革

进入21世纪，全市交通系统坚持以改革创新促进公路建养管理发展，积极推进公路建养运行机制改革。2001年12月，按照"事企分开"、"建养分离"、"管理与生产分开"的原则，贯彻落实省交通厅《关于公路管理体制改革的实施意见》，长治公路分局将其隶属的第一、二、三3个工程处，以及机械工程公司、路达公司、实业公司等施工单位整体与分局剥离，重新组建为"太行路桥有限公司"，隶属于山西路桥建设集团，实行建设、管理公司化运营和独立自主的企业化管理。与此同时，面对新改建公路标准明显提高，养护机械化水平和技术含量提升，公路日常养护工作量相对减少的实际，国省道干线公路养护体制改革进一步深入。为解决管理队伍和机构臃肿问题，从2001年起，长治公路分局开始大力精简机关管理科室和管理职工，将24个科室撤并为12个，各公路管理段人员按100公里内编制22个严格控制；同时积极推进人事、分配制度改革，全面推行竞争上岗制、合同聘用制、岗位工资制。深化养护用工制度改革，实现减员增效目的，从2000年开始，长治公路分局与原有农民养路协议工解除协议，变协议用工为临时用工，变事业人为社会人。为改变过去道班设置分散、效率低下的状况，将全分局原111个道班合并重组为82个路基作业组(道班)，同时将各公路管理段的工程队、机械队、油料拌和场等组建为路面养护中心，与公路管理机构剥离，专司路面养护和养护工程修建工作。公路养护采取路基养护社会化、路面养护专业化方式进行。路基养护实行招标制，择优选择个人承包，定额取酬；路面养护中心独立经营，自负盈亏，养护生产进一步市场化。国省道干线公路养护体制改革后，养护人员由每公里配备1人减为每公里0.5人，每公里节省人头费4至5千元，养护材料费投入增加2400元左右。

2003年，长治市政府在全省率先出台《农村公路养护管理办法》，在资金筹措、职责权限、养管标准等方面做出明确规定，建立起"政府主导、行业主管、群众参与"的三级养管体制。此后，市政府、市交通局逐步完善和强化农村公路养护体制改革，加强农村公路管养力度，使全市农村公路养护逐步向规范化方向发展。2005年，市交通局制定《县乡公路养建管督查考核评比办法》；2008年，市政府出台《关于农村公路养护体制改革实施意见》；2009年，市交通局制定《长治市农村公路管理检查考核评比办法》；2010年，市政府出台《长治市关于农村公路养护的实施意见》。以上举措，对各县市区农村公路养护体制改革和人员、资金、机构到位情况及养护效果进行严格考核，落实县级人民政府农村公路管养的责任主体，将农村公路养护资金列入市、县两级政府年度财政预算，市、县两级财政投入农村公路养护的资金不断增加。到2010年，全市初步形成"县有中心，乡镇有站，村有组"的农村公路管理养护网络，基本解决长期以来乡村公路失养的问题。

2001年组建的太行路桥有限公司与长治公路分局剥离后，在几年的市场打拼中虽然取得一定效益，但经营却愈来愈惨淡。为使该公司走出困境，2008年5月，该公司由长治公路分局正式监管。长治分局一方面稳定该公司局面，一方面深化改革。2009年1月，该公司组建为"山西长兴路桥工程有限公司"。2009年至2010年，公司先后参与忻保高速路、临午一级路、太阳高速、长平高速、河津至运城高速公路等8项工程建设，完成总建设价值11.3亿元，其中有三项工程获奖，重新显示了长治路桥建设队伍的往日雄风。

第五节　道路客货运输事业的进一步发展

进入21世纪，全市的公路客货运输业进一步发展，有力助推全市经济社会全面发展。到2005年底，全市营业性客货汽车由"九五"末19 507辆增加到31 822辆，参与货运的高耗能高污染低效能的近万台拖拉机逐步退出运输市场;当年全市完成客运量4070万人次,货运量7364万吨,完成旅客周转量230 263万人公里,货物周转量555 096万吨公里,分别比2000年增长34%、41%、51%和67%,全市的客货运输车辆的数量和技术状况,以及完成的客货运输量,都上了一个新台阶。进入"十一五"期间,随着国民经济快速发展,全市客货营运车辆和运输量持续增长,到2008年,全市拥有营运客货汽车34 855辆,且大重型和各式专用型货车快速增长,中高档、豪华型客车的比重明显提高;当年全市完成道路客运量4646万人次,货运量7937万吨,完成旅客周转量287 314万人公里,货物周转量613 607万吨公里。道路运输各项主要指标又有明显提高。

一、旅客运输

2001年,针对客运业户"小、多、散、弱"和客运市场运力大于运量、车辆实载率低下的突出现象,运输管理部门严把客运市场准入关、客运车辆技术关和线路审批关,进行客运企业资质评定和质量信誉考核,引导企业进行集约化、规模化、公司化经营,客运运力运量的匹配逐步合理化,客运企业小、多、散、弱的现象得到明显改变。2004年,全市客运经营户由2000年695户锐减至48户。到2008年,全市客运经营户又减至33户,2010年,全市拥有客运经营户30家,其中拥有50至300辆以上客车的企业4家,全市的道路客运市场进一步向集约化、规模化和效能化方向发展。

此期间,境内先后建成长邯、长晋、太长3条高速公路,国省道和县际公路改造工作突飞猛进,特别是通村水泥(油)路建设成绩突出;加之长治汽车运输有限公司、长治市第一汽车运输公司等客运企业大力发展中高档、豪华型客车,先后购置、金龙、宇通、安凯、北方、沃尔沃等名牌大巴豪华型客车,中高档、豪华型客车比重明显增多,道路客运更加舒适和快捷,高速客运达到3小时从长治到达省城太原的目标。

此期间,客运线路不断开辟和延伸,班车密度逐年增长。2005年后,长治汽车运输公司和市一运又先后开辟长治至大连、呼和浩特、河南沈丘、广州、山东日照等多条跨省跨地(市)长途客运线。特别是从2004年起,全市大力推进农村通客车工程和城乡客运一体化进程。到2008年,全市基本实现城乡客运一体化,城乡客运实现公交化"无缝隙"衔接,并且在长治至壶关、长治县、长子、潞城市、屯留等线路上广泛采用甲醇环保车进行运营;97.2%的行政村通客车。2009年后,全市实施村村通客车"全覆盖"工程,到2010年10月,全市乡镇通客车率达到100%,在3454个行政村中,有3393个具备通车条件的村通客车,行政村通客车覆盖率达到98.2%。广大农村人民群众的出行更便捷、更经济。截至2010年底,全市客运线路达到622条,总里程达到9.9万余公里,平均日发班次2700班次,其中运距在200至800公里之间的线路达113条。

与此同时,为方便客运车辆的停靠和广大旅客的候车乘车,全市客运站场设施加大建设力度。2002年,长治市客运中心(客运西站)一级汽车站建成运营,车站拥有国内一流的软硬件设施,占地50亩,是当时全省乃至华北地区在营的规模最大的汽车客运站。2006年,开工建设省内最大的汽车站长治市东客站,占地面积200亩,2010年完成基建工程,计划2011年投入运营。从2005年起,各县市区汽车站先后进行重建和改扩建,到2009年底,襄垣、武乡、屯留、长子、潞城、壶关、沁源分别建成二级客运新站,平顺、黎城、故县等二级汽车站进行改扩建。2004年,全市村村通客车工程在全市展开后,乡镇四、五级站和农村客运候车亭、招呼站开始大规模建设。到2010年,全市建成乡镇四、五级汽车站44个,农村候车亭1182个,招呼站牌1915个。

二、货物运输

进入21世纪,随着国民经济的快速发展,境内煤炭运量持续上升,每年的运量都占货运量的二分之一以上,大多数年份占到三分之二。其次是矿物性建材、钢铁、化肥、粮食和机械设备等。

21世纪初,全市农村货运以汽车、拖拉机为主,农用车、人畜力车仍占一定比重。此后,随着全市通村水泥(油)路的大面积修建和等级路增加,以及货运汽车的快速增长,使长期占据农村货运市场相当份额的高污染、低效率的拖拉机运输越来越不景气。至2005年,全市经营拖拉机运输的现象基本绝迹。此后,随着煤炭外运量的不断增长和物流事业的发展,货运车辆向着大吨位和厢式化方向发展。

21世纪是全市城乡物流建设快速发期时期。至2004年,仅长治市区就有从事物流的企业21家。当年,长治市第一汽车运输公司继2002年开通"华夏交通在线"网络后,又成为"中国物流网"在长治地区的总代理,先后开通长治至上海、深圳、西安、太原等多条物流配载专线,并建成长治市最大的货运市场。2006年,长治市在全省率先开展农村物流建设,平顺县运管部门与供销社联手,依托粮食、供销系统的办公、仓库设施,成立县物流中心,设立乡镇物流站4个,农村物流信息点30个,组建农村物流专用配载车队,该县农村物流网络初步形成。2007年后,农村物流建设在全市铺开并迅猛发展,2009年后,农村物流又向多元化方向发展,一些县市区以帮助农民实现产销衔接为重点,提供农资配送服务,受到农村群众普遍欢迎。到2010年,全市建成县级物流中心20个,乡镇物流站282个,村级物流信息点1198个,参与农村物流的车辆达到3000余辆,专业从业人员2000多人,有力解决广大农村运货难问题,促进全市农村经济发展。

第六节　道路运输行业管理水平的提高

进入21世纪,全市道路运输管理部门逐步加大依法治运力度。2004年,《中华人民共和国道路管理条例》颁布实施,长治市交通局道路运输管理处易称为“长治市道路运输管理处”,道路运输管理部门取得独立执法资格,运管机构依法行政、依法治运的力度进一步加大。

2001年至2010年间,道路运输管理部门紧紧围绕“三个服务”方向(服务国民经济和社会发展全局,服务社会主义新农村建设,服务人民群众安全便捷出行),在实施和规范各类行政许可的同时,不断强化市场监管和治理整顿力度,积极进行运输组织、运力结构调整,鼓励和引导运输企业规模化、集约化经营和优化运力结构,大力推进村村通客车工程、城乡客运一体化和农村物流建设。同时,不断夯实行业基础管理工作,加强高效廉洁、依法行政、文明服务的运政队伍建设,使全市运管行业各项工作名列全省前茅,管理水平进一步提高,有力促进全市道路运输业的健康发展和经济发展。

此期间,全市道路运输管理系统科技信息化建设全面展开,并快速发展,为提高行业管理水平和工作效率,提供了有力的保障。

2000年至2001年间,市县两级运管部门先后配置微机、打印机等设备,并率先在全省实现市县两级运管机构财务管理微机联网运作。

2002年至2005年间,市运管处建立运政管理局域网,相继开发应用运政管理、行政执法管理、办公自动化、档案管理,从业人员管理等系统,并对网络系统不断改造升级,实现省、市、县三级联网运行。

2006年,全面运行《驾校无纸化考试管理系统》,开发《票证管理信息系统》,开通“96566”运政热线电话;推广应用卫星定位跟踪系统,建立市级和企业GPS监控平台,开始在营运车辆上安装GPS终端。2007年,开始应用笔记本电脑开展移动稽查,应用视频实时监控车辆上线检测。2008年,全市运管系统IP网络电话全部开通,开发应用《诚信建设系统》。

2009年,建成市二级GPS监控平台,建成企业监控平台12家,绝大部分营运客货车辆和应急保障车辆得到监控,实现省、市、企业三级平台信息共享。道路运输在动态安全管理,实施应急救援上得到科技信息化的有力支撑。

“十五”期间,按照全省建立应急保障体制总体要求,市运管处逐步完善“三大”应急保障体系,全面提高全市道路运输应对突发事件能力。组织战略物资运输应急保障车队,组织车队开展综合性演练,提高其应急保障能力;成立旅客运输应急保障车队,储备增加备用客车,确保节假日客流高峰旅客运输,应对灾害天气、公共卫生突发等特殊事件;组织维修企业配备拖车,服务车和维修工具,建立维修救援网络,并逐步增加救援企业增设救援网点,扩大救援覆盖面,基本实现维修救援市区30分钟到达、县区50分钟到达的目标。

应急保障车队多次参与紧急物资运输和突发事件的人员运输。2008年,全市出动战略保障车辆750余台次,向南方发生低温雨雪冰冻灾区运送电煤2万多吨;汶川大地震后,市运管处共组织战略物资运输保障车辆315台次,运送援川安置房、帐篷等救灾物资,并加开客运班车,运送灾区返乡旅客。到2009年,全市共有客运应急保障车辆170辆4826客位,战略物资运输保障车辆90台,全市维修救援网络覆盖率达到90%以上。

2007年12月,全省启动“无缝隙、拉网式”治超大行动后,全市各级运管机构严格落实省政府关于治理超限超载的两个命令,认真履职,攻坚克难,使全市源头治超工作有了明显改善。市运管处率先在全省实行新的《货运车辆装载登记表》,组织源头单位相关人员进行培训,实行统一持证上岗;积极开展“无双超县市”和“无双超信誉企业”创建活动。长治县建立治超监督员制度,形成行业管企业、乡镇管辖区、运管重监管的“三员”监管网络。襄垣县加大科技投入力度,建成全省第一台静态磅不停车检测线,辖区内31个重点源头企业磅房全部安装治超自动化检测系统软件,实行远程监控。全市运管部门加大对货运源头企业的检查力度,仅2009年,对政府公示的1137个源头企业就出动巡查人员5.97万人次,检查源头出站车辆12.95万辆,对查出的违规现象进行处罚,有力震慑超限超载行为,使超限超载现象大幅度下降。2009年,全市超限超载率为0.007%,55吨以上基本杜绝,无一例因车辆超限超载引发的交通事故。境内道路好路率明显提高,道路运输秩序得到明显改观。

2009年12月,长治市政府公布《机构改革方案》,决定组建长治市交通运输局。将市交通局职责、市建设管理局承担的城市客运及出租车行业管理职责进行整合,划入市交通运输局,不再保留市交通局。将市建设管理局管理的城市客运管理处、市公交公司、市城建公交治安支队划归市交通运输局管理。2010 年 3 月 7 日,长治市交通运输局正式挂牌成立。

市交通运输局的组建,进一步加快城乡客运一体化建设进程,全市综合运输体系得到进一步完善,对优化全市交通运输布局,发挥各种运输方式组合效率,具有重要意义,将为全市的转型跨越发展提供更便捷、更安全、更惠民的交通运输服务,符合交通运输发展规律和科学发展观的要求。

晋城市公路交通史

概　　述

晋城，是改革开放中兴建的新型地级市，她东枕太行，西望黄河，扼晋豫要冲，雄视中原，远眺苏皖，居国家东靠西移发展战略承东启西的中部，位于山西省东南边陲太行山南端，东与河南省辉县、修武接壤，西与运城市垣曲、绛县及临汾市翼城、安泽为邻，南临河南省博爱、沁阳、济源，北倚长治市长子、壶关等县。地理坐标为东经111°55′~113°37′，北纬35°11′~36°04′，东西长160千米，南北宽100千米，总面积9490平方千米，约占全省总面积6%。

晋城古称泽州，是中华民族文明发祥地之一，历为兵家必争之地，在中华五千年文明史中，不仅孕育和弘扬晋城人民勤劳淳朴的精神文明，而且创建包括道路交通在内的物质文明。

1985年5月，设立地级市，辖城区、泽州县、高平市、阳城县、陵川县、沁水县6个县（市、区），74个乡镇、9个办事处，2220个行政村（社区），全市人口227万。境内山川秀丽，人杰地灵，物阜民康。特别是自然资源十分丰富，地上地下遍布宝藏，素有"煤铁之乡"盛誉。全市含煤面积达5350平方千米，煤储量808亿吨，占全省总储量的四分之一，铁储量5000万吨以上，煤层气储量达685万亿立方米，居全国第一位。1985年建市后，境内经济发展速度明显增快，以煤炭、冶金、建材为主导产品的厂矿企业已形成规模，加之电力、化工、机械、轻纺、食品等门类齐全的工业体系，已成为山西能源重化工基地的重要组成部分，整个国民经济呈现出前所未有的繁荣景象。

晋城市交通运输管理机构由市、县地方政府设置的交通运输行政机关、事业机构和省交通厅直属的交通运输业务管理机构、单位构成，形成条、块结合的管理体制。

晋城市交通运输局前身为长治专署交通科，后改称晋东南地区交通局。1985年5月，晋东南地区实行市管县体制改革，成立晋城市交通局，副局长张海清主持工作，接受晋东南地区交通局的全部房产和财物以及大部分人员。局机关暂住长治办公，内设办公室、人教科、财务科、公路科、征稽科、战备办、运管处、测设队等8个科室，时有职工45人。1987年6月，胡计松任局长。1989年5月，岳绍钧任局长，1990年3月，增设质检科、物价科、审计科、市直运管所，是年5月，局机关迁址晋城市凤翔小区36号楼办公。1995年8月1日，迁入泽州路交通大厦办公。之后，晋城市交通局先后有孟繁荣、冯志亮、贾承健担任局长。2010年3月，晋城市交通局更名为晋城市交通运输局。局机关内设办公室、人事教育科、法制办公室、规划科、财务科、公路管理科、运输管理科、安全监督科、科技科、交通战备办公室、纪检监察室等11个行政科室。晋城市交通运输局下设11个事业单位，其中，市道路运输管理局为副处级自收自支事业单位，该局下设自收自支事业单位市直运管所1个；晋城市交通运输局下设全额事业单位3个：市交通信息中心、市城市客运管理处、市公路交通研究发展中心；自收自支事业单位6个：交通建设工程质量监督站、路政管理处、地方海事局、公路养护中心、规划中心和出租汽车暨汽车租赁协会办公室。

县级人民政府管理交通的职能机构有城区、泽州县、高平市、阳城县、陵川县、沁水县共6个交通运输局。

省交通厅直属的交通运输业务管理机构、单位主要有晋城公路分局、晋城交通运输执法局（前身为晋城交通征费稽查分局）以及晋焦、晋阳、晋长、晋济、晋侯、环城等高速公路公司、阳济公路开发有限公司等。

晋城市交通运输企业主要有山西汽运集团晋城汽车运输公司、晋城市汽车运输公司、晋城市公共汽车公司、各县汽车运输公司及一大批从事客运、货运、机动车维修、驾驶员培训和运输服务等多种所有制经济成分的各个门类的企业组成。

党的十一届三中全会后，乘着改革开放春风，勤劳智慧的晋城人民发扬崇实守信、开放包容、争先创新的晋城精神，谱写发展公路交通事业恢弘壮丽的新篇。1981 年 8 月，中共中央主席胡耀邦视察晋东南时，在高平发出“修公路是晋东南最好的出路”等重要指示，为晋城公路建设指明方向，全市迅速掀起公路建设高潮。1982 年，交通部在长治召开全国县社公路建设晋东南现场会，与会代表专程参观阳城、沁水等县的公路建设成就，进一步推动晋城公路交通发展。

1985 年建市之初，针对交通量剧增，太洛、晋韩等主要干线严重堵车，公路建设极其滞后的状况，市委、市政府果断决策，把交通摆到社会和经济发展“特别重要”和“重中之重”的战略地位。提出建设经济强市，“以路为纲”的“通道战略”，晋城交通发展进入快车道。公路建设除采取以工代赈等措施，加快贫困边远山区公路、县市出口路、县乡公路建设外，国、省干线公路还出现集资修路、举债修路、外资修路等形式，公路复线、汽车专用线、二级公路在晋城首次出现且渐次增多，整个公路通过能力和技术状况有了全面提高。面对晋煤和其他外运物资大量积压的严峻现实，积极打开通向省外出口，全省首批亟待新建晋煤外运出口公路 13 条，晋城境内就有 4 条。晋城至大口和至张路口两条公路均于 1985 年国庆节前胜利通车。

伴随着全党工作重点的转移和改革开放的不断深化，得益于公路交通基础设施的有效改善，公路交通管理部门推出放宽搞活运输市场，鼓励多种经济成分发展运输业的一系列改革措施。道路运输形成多层次、多成分、各种运输工具一起上的运输新格局，运输市场呈现出“千车竞发，货畅其流”的良好势头。

1992 年省委、省政府发出“全民义务修路”的号召，各级党委政府高度重视，全社会高度关注，人民群众积极参与，把改造公路、提高技术等级、提高路面质量、增大永久性桥梁比重作为公路建设的主攻方向；晋城各级公路交通部门重视调查研究，坚持从实际出发，尊重科学，加强科研、勘测设计和施工管理；为加快公路建设，保证工程质量，采取工程招标办法，实行工程监理制度，严格把握工程质量；扩大资金来源，将仅靠国家和养路费投资形式改变为由国家、地方投资和企业、乡镇筹资以及引进外资等多渠道、多层次集资形式。因而无论从公路建设的规模、速度、质量和技术管理水平均超过已往，一二级公路和大型桥梁的修建，尤其是晋长二级汽车专用公路和晋阳、晋焦高速公路的建成，反映晋城公路建设步入新的发展水平。构成以国、省干线公路为主骨架，干支相连，纵横交错，四通八达的公路交通网。此间，运输市场全方位开放，多种所有制运输经济成分竞相发展，运力总量大幅增加，运输结构明显优化，总体实现“人便于行，货畅其流”。

跨入 21 世纪，晋城市委、市政府坚持高速公路、干线公路、农村公路“三网并重”的方针，大力实施“通道战略”，公路建设超常规、跨越式大发展。全市交通系统以科学发展观为统领，着力构建主骨架，提升主通道，改善微循环，使路网规模逐步扩大，布局得到有效改善。此间，全市高等级公路发展势头更加强劲，公路交通围绕小康社会建设，着眼“又好又快”发展，坚持“三个服务”，促使交通经济持续性增长、保持长期繁荣，交通行业突破性变化、呈现勃勃生机，交通产业超常规发展、凸现先行作用，提供公共产品和公共服务的保障支撑能力极大地增强，有力服务国民经济和社会发展全局，服务社会主义新农村建设，服务人民群众安全便捷出行。以高墩大跨、全长 825 米的南河特大桥和总高度达 214 米的亚洲最高的矮塔斜拉桥仙神河大桥建成为标志，建成一批在全国有影响的公路和桥梁。工程质量和建设水平进一步提高，达到一个新的飞跃。在此期间，相继建成晋长、晋济、阳翼、环城等高速公路，以及陵川至牛匠、端氏至润城等一二级公路，对 207 国道、陵沁公路等路面进行综合改造，并有周村至犁川、陵川至树掌、景家沟至张马、阳城西河至沁水杨河桥、沁水至端氏等多条县际公路建成通车，使全市内外交通环境和投资环境得到较大改善，有力促进全市国民经济快速发展。在大力发展高等级公路的同时，全市三年实现乡乡镇镇通油路，行政村基本通水泥（油）路的发展目标。

2006 年晋城率先将城市公交成建制移交交通部门管理，成为全省地级市实现城乡交通一体化的破冰之举。乘此东风，全市积极发展农村运输，加快农村客运网络化建设，推进路站运一体化和城乡客运一体化进程。2009 年初，按照省委、省政府提出的用两年时间实现具备条件建制村通水泥（油）路“全覆盖”的要求，到 2010 年底，全市具备条件的行政村实现水泥（油）路全覆盖。

随着道路运输条件、场站设施不断改善和运输市场全面放开，交通运输生产力大解放，特别是高速客运、快速货运的迅速崛起，进一步拓展服务空间，提高质量和效益，公路运输呈现出高档、高速、高效的新特点，公路运输在整个社会运输量中的比重越来越大，在社会经济体系中的基础性作用得到进一步巩固和加强。地方海事工作从无到有，日臻完善。全市在综合运输服务体系建设、国防交通运输保障体系建设、农村公路管理养护体制建立以及实施科技兴运、发展绿色运输,开展农村物流试点工作,治理车辆超限超载顽疾,依法治交等各方面均有重大突破。此间,全市各级交通部门的职工教育体系日益完善,质量效益型交通大步创新,交通全行业精神文明建设和党风廉政建设由抓部门向抓系统抓行业转变,始终坚持以人为本,“两手抓,两手硬”,促进物质文明、精神文明、政治文明、生态文明协调发展。

1978 年以前,晋城市公路通车里程为 1347 千米,其中等级公路仅 834 千米且均在二级以下,有路面公路里程 912 千米。到 2010 年底,全市公路通车里程达 8447 千米。其中国道 252 千米,省道 673 千米,县道 1185 千米,乡道 3279 千米,村道 3031 千米,专用公路 28 千米。按技术等级分,有高速公路 287 千米,一级公路 110 千米,二级公路 611 千米,三级公路 1457 千米,四级公路 5707 千米;按路面等级分,有铺装路面 7329 千米,简易铺装路面 767 千米。与 1978 年比较,通车里程增加 7100 千米,等级路增加 7338 千米,有路面里程增加 7184 千米。

高速公路网络形成,交通运输事业发展,有力推动晋城国民经济腾飞和各项社会事业全面进步。2000 年,提前在全国中西部地区率先实现小康,被誉为“晋城模式”,并逐步向宽裕型小康推进。2010 年,晋城市生产总值 730.5 亿元,财政收入 153.2 亿元,“十一五”时期发展水平全省排名第二,仅次于省会太原,发展指数全省排名第一,跨入全国地级以上城市综合实力百强行列。先后获得全国创建文明城市工作先进市、中国优秀旅游城市、国家园林城市、全国绿化模范城市,全国社会治安综合治理最高奖“长安杯”、山西省环境保护模范城市等殊荣,已成为山西乃至中部地区最具竞争力、最具发展活力、最具投资潜力的城市。

第一章　前期工作

第一节　规划的编制

晋城市第一部公路交通发展规划,是 1994 年 8 月由市交通局、西安公路学院交通工程教研室协助编制完成的《晋城市公路网规划》。规划提出至 2000 年晋城市公路网形成“井”字形主骨架,到 2010 年建设环城高速公路,扩大主骨架辐射范围,到 2020 年全面提高整体路网等级结构。

1996 年 8 月,市交通局编制完成“九五”《计划和 2010 年长远规划》。

1998 年 5 月,由市交通局编制完成《晋城市 1998 年至 2002 年公路建设发展规划》。

1999 年 3 月,市交通局编制完成《晋城市交通发展“十五”计划和 2010 年长远规划》。

2001 年 10 月,市交通局编制完成《山西省农村公路发展规划(2001 年至 2020 年晋城分册)》。

2005 年 6 月,市发展和改革委员会、市交通局编制完成《晋城市农村公路路网“十一五”规划》。

2006 年 8 月 30 日,《晋城市公路交通“十一五”规划研究报告》论证会在交通大厦 9 楼会议室召开,参加会议的有市发改委、市交通局、各县(市、区)交通局领导和专家,编制单位长安大学张生润教授进行规划编制汇报,与会人员经过认真讨论,一致认为此规划符合晋城发展实际,可以引导晋城交通发展。

2006 年 9 月,由市交通局、交通部科学研究院、长安大学编制完成《晋城市公路交通规划研究报告(2006 年至 2020 年)》规划提出“四环五射二十个出口”的晋城市公路路网主骨架体系。

2009 年 11 月,市交通战备办公室编制完成《晋城市“十二五”国防公路建设规划》,并以晋市交战字〔2009〕10 号文件请示上报省交通战备办公室列入“十二五”省国防公路建设规划。

2010 年 6 月 30 日,市交通运输局召开“十二五”交通运输发展规划编制工作研讨会。局领导,局机关科室负责人,规划编制人员,市公路局、市道路运输管理局、城市客运管理处、市公共汽车公司负责人参加。

2010 年 8 月,市交通运输局、交通部科学研究院编制完成《晋城公路运输枢纽总体规划》、《晋城公路运输枢纽客运枢纽总体规划研究报告(2009 年至 2020 年)》、《晋城公路运输枢纽货运枢纽总体规划研究报告(2009 年至 2020 年)》,此为晋城市首部公路运输枢纽体系规划,为促进晋城公路运输一体化运输系统的形成,完善“功能明确、层次分明、结构完善、级配合理、规模适当”的现代化公路运输枢纽客货站场系统,提供科学依据。

2010 年 12 月 24 日,市交通运输局召开“十二五”交通运输发展规划评审会。市发改委、市财政局、市国土资源局、市规划局、市环保局等单位负责人,市交通运输局全体党组成员、各科室(部门)负责人,规划编制单位工作人员,共计 50 余人参加。会议由市交通运输局党组书记、局长贾承健主持。至此,由市交通局“十二五”交通运输发展规划课题组编制的《晋城市“十二五”交通运输发展规划》完成了送审稿。

第二节　预、工可研究

20世纪80年代，公路建设及其大中修改建工程，增加编制工程可行性研究报告内容。即先由建设单位提出建设项目意向书，报请上级交通主管部门批准后，由公路勘测设计单位现场勘测，编制工程可行性研究报告，报请市计划委员会组织评审，批准立项，再行实施测量设计。工程可行性研究报告内容包括：工程任务依据及工作过程简述；本地区交通概貌及公路建设对开发地区的经济意义；沿线自然环境及现状评价；沿线经济状况及交通运输量发展预测；建设规模、标准及初步方案；工程投资概算、资金筹措及实施意见；存在问题及其解决建议等。

一、高速公路

（一）晋焦高速公路

1985年晋城市成立后，新的市委、市政府要求市交通局尽快拿出十年规划，以开拓建市创业工作。翌年，市交通局分别拿出晋城至阳城一级公路、晋城至焦作一级公路（后改为高速公路）和晋城至长治二级公路立项报告。1992年初，经过反复推敲，初步规划晋焦高速公路路线大致走向并编制工程概算，提出建设的立项报告。翌年11月，省交通厅以晋交计字第375号文下达《关于晋焦高速公路前期工作任务的通知》。

1994年6月，省交通设计院编制《晋焦高速公路预可行性报告》，翌年10月26日，省交通厅主持召开河南省、山西省计委等有关部门和专家参加的“预可”报告评审会议，与会人员一致通过“预可”报告的可行性，不久省交通厅向省计委提出《项目建议书》，并得到认可。

1995年3月3日，市交通局委托交通部第一公路勘察设计院编制《晋焦高速公路工程可行性报告》，“工可”报告于是年8月完成。翌年3月底，由省计委、省交通厅共同主持召开“工可”评审会议，并正式通过。

“工可”报告共分3册，其中第一册为工可研究文本部分，第二册为工程图表部分，第三册为投资估算部分。其主要研究内容有：①建设理由及其结论；②公路运输状况和交通量预测；③公路建设规模与标准（含主要工程概算和技术标准）；④路线走向与方案选择；⑤投资估算及资金筹措等。

晋焦高速公路从立项、预可、工可、招标、施工、交工初验，一直到竣工验收，始终都是按照有关规范完成的。

（二）其他高速公路

晋城市竣工通车的高速公路除晋焦高速公路外，还有5条。

晋城至阳城高速公路：1996年5月1日开工，1997年12月25日竣工通车。工程前期工作和建设单位为晋城市政府。项目全长36.119千米，概算投资6.61亿元。

长治至晋城高速公路：2002年9月29日奠基，12月29日开工，2004年11月16日竣工。项目全长93千米，晋城境内60.22千米，概算总投资24.73亿元。工程前期工作和建设单位为山西省交通建设开发投资总公司。

晋城至济源高速公路：2005年3月开工，2008年12月31日竣工通车。项目全长30.049千米，概算总投资21.7亿元。工程前期工作和建设单位为省交通运输厅。

阳城至翼城高速公路：2007年7月19日开工，2010年10月25日竣工通车。项目全长64.8千米，概算总投资41.66亿元。工程前期工作和建设单位为省交通运输厅。

环城高速公路：2009年4月25日开工，2010年10月25日竣工通车。项目全长30.812公里，概算总投资14.14亿元。工程前期工作和建设单位为省交通运输厅。

2006年3月17日晋城市高（平）新（乡）高速公路“预可报告”历时三载六易其稿，终于在省城太原通过专家评审，该项目东起陵川县营盘村，西至高平市常乐村，全长62千米，估算投资33.7亿元。

二、县乡公路

晋城辖区有县道42条（段），里程1184.608千米。乡道416条（段），里程3278.622千米。

晋城市大搞县乡公路建设主要分三个阶段。第一阶段开始于1981年8月。时任中共中央主席胡耀邦视察晋东南时，在高平发表关于大修公路的重要指示后。是年冬，高平县成立地方道路修建指挥部，发动群众义务投工188.9万工日，动用土石206万立方米，新建和改建县社和社队公路58条315千米，铺筑沙砾路面165千米，新建桥涵280余座，期间上级给予补助投资200万元。1983年9月，省人民政府在高平县召开全省公路建设现场会，表彰和推广其先进做法。20世纪90年代，省委、省政府发出在全省大力开展义务修路的号召，全市又一次掀起修路热潮。到1995年底，基本实现镇镇通油路，行政村全部通机动车目标。

第二阶段开始于2001年。国家实行乡镇通油路和行政村实现通水泥（油）路政策以来，全市先后对26项县、乡公路508.2千米进行改造，总投资67 797.2万元，安排国债资金29 605.2万元。2002

年工可批复并建设的有阳城县城至蟒河镇、沁水迎头至白桦、沁水至固县乡公路改造工程。2003年工可批复并建设的有陵川县陵修(庙洼至省界段)公路路面工程、沁水县唐固县公路(北陈公路)尧坡至上梁油路工程、高平市长平之战尸骨坑旅游公路工程、阳城县横河镇通油路改造工程、高平市石末乡公路改造工程、城区钟家庄至城关公路改造工程、泽州县至李寨乡乡通油路改造工程、沁水县至柿庄镇通乡公路改造工程、沁水县至张村通乡公路改造工程、沁水县至土沃通乡公路改造工程、陵川县横水至杨村、县界至杨村公路建设工程。2004年工可批复并建设的有阳垣线下李丘至西哄哄公路、陵马公路榆树湾桥危桥改建工程、青莲寺旅游公路工程、沁水县至十里乡通油路工程、高平市至寺庄镇公路工程、沁水县至樊村河乡公路工程、沁水县至苏庄乡通油路工程、泽州县至柳树口镇通油路工程、泽州县至下村镇通油路工程、陵川县至马圪当乡通油路工程、王莽岭(旅游)公路隧道工程。2005年工可批复并建设的有阳城县町店至芹池公路工程。

第三阶段是从2006年开始,省交通厅实施开行贷款改造县乡公路改造工程。2006年7月,晋城市人民政府与省交通厅签订《"十一五"期间社会主义新农村公路建设协议书》,主要内容是:完成改造县乡公路500千米目标,省交通厅安排省汽车养路费担保向国家开发银行贷款2亿元,配套资金由晋城市政府落实解决。5年中,晋城市共对56条(段)519.72千米县乡公路进行改造,总投资107 775.2万元,开发银行贷款2亿元。2006年工可批复并建设的有泽州县的铁南岭至武城、大阳至东沟、西交河至珏山、柳口至陵川界;阳城县烟河至町店、五龙沟至张沟、润城至河头、八甲口至町店;沁水县中村至下川段公路改造工程。2007年工可批复并建设的有泽州县衙道至核桃园、南村至北西;阳城县屯润、固隆至董封、町店至芹池;陵川县陵修;沁水县许嘉、翼下路中村至下川;高平市北王庄至沁水界、建宁至拥万段、马村至界牌岭、南阳煤矿至坪曲线、南王庄至沟北公路改造工程。2008年工可批复并建设的有泽州县草底铺至西万、大阳至李家庄、线浪井至杨洼;沁水县下沃泉至老马岭;高平市杨家庄至寺庄界公路改造工程。2009年工可批复并建设的有泽州县牛花岭至万芳桥、马街至月泉湖、巴马线大阳段、江左线江匠至左匠;阳城县驾岭至回龙庙、壁头至驾岭、阳城至河北、索泉岭至西哄哄、沙坡至苏庄口、西蟒路花园岭隧道;陵川县陵修线勤泉隧道;沁水县湘峪至武安、嘉阳线嘉丰段、郑庄线张峰至北湾段;高平市上马游至常庄段公路改造工程。2010年工可批复并建设的有泽州县晋庙铺至范谷坨、山口至四义;阳城县回龙庙至索泉岭、横河至杜甲;陵川县长治界至杨村段、县城至礼义、秦家庄至司家河公路改造工程,凤凰欢乐谷旅游公路(佛夺线、马古线)改造工程;沁水县南岭至王庄、端氏至高庄;高平市拥万至平头段、北诗至北墙、长晋路至常家沟、堡头至上扶公路改造工程。

第三节 资金筹措

分为三个阶段。

第一阶段是1978年至1999年的全民义务修路运动,共修建县社和县队公路58条315千米,上级共补助资金200万元,其他主要依靠当地政府自筹及发动群众义务投工投劳建设完成。

第二阶段是2001年至2005年,国家实行乡镇通油路和行政村实现通水泥(油)路政策,共建设县乡公路508.2千米,总投资67 797.2万元。国家国债资金按照每千米30万元补助,计29 605.2万元。晋城市按照每千米5万元补助,其他不足由县配套落实。行政村实现通水泥(油)路工程五年共建设7692千米,总投资66 863万元。其中通达、通畅工程中央车购税补助按每千米10万元补助,计4757万元;村村通工程省按每公里2万元补助,市按每公里1万元补助,不足部分由县、乡、村解决。

第三阶段是2006年至2010年,开行贷款改造县乡公路、国家实现行政村通水泥(油)路、省政府实现"五个全覆盖"工程。在此期间共改造县乡公路519.72千米,总投资107 775.2万元,国家开发银行按照每千米20万至30万元贷款补助,共贷款补助资金20 000万元。村村通工程五年共计新改建里程7467千米,总投资77 509万元。通达、通畅工程中央车购税和扩大内需项目补助按每千米10万元补助,计38 558万元;2006年至2007村村通工程省按照每千米2万元补助,晋城市按每千米1万元补助。2009年至2010年国家扩大内需政策和省政府实现"五个全覆盖"工程,省进行每千米10万元配套补助,计12 400万元,不足部分由县乡村自筹。

为了搞好前期工作,市交通局编制出台规范性文件:《晋城市交通发展规划管理暂行办法》,以晋市交字〔2003〕4号文件下发。

第四节　勘测设计

改革开放前，晋城公路建设的勘察设计工作由晋东南公路总段下设的测量队负责。1979年至1984年，县乡公路养护、建设和管理由晋东南地区交通局组织实施。当时交通局未专设测设队，测设工作由杨德垣、孟繁荣负责，勘察、设计由地区交通局公路科指导测设，乡公路和较小项目的县公路改造由各县交通局自行组织实施。

晋(城)张(路口)线是晋城境内东南部的一条重要出口公路。该线的改建，1981年10月，由原晋城县交通局组织20余人，派牛云祥具体负责，按三级公路技术标准进行勘测设计，历时4个月完成。

1985年，晋城市交通局成立，沿袭原晋东南地区交通局机构设置，仍将测量队作为内设8个科(室、队)之一，张功胜任测量队队长，较大项目的县乡公路改造和新建，由测量队组织勘察设计。

沁(水)东(镇)线沁水至郝家段的改建。1986年列入国家贫困县粮、棉、布"以工代赈"改建计划，是年冬，沁水县交通局副局长、工程师吴洪兴负责选线规划，在原坝后公路基础上，按三级公路标准设计，后历经三年连续施工，1989年底完成，长17千米。

沁(水)东(镇)线的郝家至张马段改造。1990年，列入国家中低档工业品"以工代赈"计划，是年5月，晋城市交通局副局长、工程师孟繁荣率队测设，开凿宋庄、郝家两处隧道，改造郝家至蚂蚁沟口路基10公里。

陵(川)修(武)线起于陵川县城北，止于河南省修武县城，其中，陵川县境内57千米。1985年4月，省公路勘测设计院开始对该线进行为期3个多月的详细测量设计。1990年10月，陵川县交通局组织力量，在原省设计院测量基础上，对县城至夺火段进行补桩放线的施工测量，决定县城至潞城段16千米为一期工程，按二级公路标准施工，潞城至夺火段21.5千米为二期工程，按三级公路标准建设。

2002年6月，晋城市群力公路勘察设计所以全民企业性质办理营业执照，2003年2月取得省建设厅颁发的公路丙级设计资质，并于当月正式在市交通局楼内挂牌营业。2004年10月，该所由全民所有制企业改制为股份制民营企业，名称亦变更为晋城市群力公路勘察设计有限公司。娄红生任该单位法人代表。自2003年2月至2010年12月底，公司近八年时间完成公路勘察设计总里程797.481千米。其中四级公路385.68千米；三级公路288.31千米；二级公路38.07千米；一级公路22.851千米；高速公路工程可行性研究报告编制62.575千米。勘察设计大、中、小桥22座1405.9延米。其中大桥3座484.84延米；中桥15座807.33延米；小桥4座113.68延米。勘察设计公路隧道6座4816延米。其中新建一座2640延米；改建5座2176延米。

第二章　公路管理

第一节　养护体制变化和养护工作的加强

改革开放前，晋城的公路养护一直以道群共养和分级管理为基础。干线公路由专业道班进行经常性养护；季节性通车的县公路，实行道班养护或临时雇工养护或道班与群众共养等形式；公社公路由公社组织社员自管自养。专业道班人员由固定工和代表工组成。代表工是沿线生产队派出代表，完成本村应出的建勤工日，其待遇由所在社队记固定工分，参加生产队分红、分口粮；交通部门给予补助。按行车密度，每人养护里程也不等，分别为4公里、3公里、2公里。养路代表工所投工日，由县交通局出具三联转工单，在所在生产队分红，县交通局给养路工每工日补贴生活费0.2元，养路一般工具自备，每月补助维修费0.5元。镐、钢钎、铁锤等专用工具，按养路队适当配给。

随着改革开放的不断深入，1979年2月13日，经省政府批准，省交通厅〔1979〕晋交公字80号文件印发《关于改革公路管理体制实行分级管理的通知》，从1979年3月1日起，"干线公路由固定工人和协议工组成专业道班养护，每公里配备1.5人；县公路由县级公路部门管理，由建勤代表工组成养路队养护，每公里配备1人；乡镇公路及厂矿、林区等专用公路，由乡镇(人民公社)及使用单位自建自养。"自此，晋城各县(市)公路养护段，将代表工均转为协议工，建立健全专业养护道班，具体负责干线公路养护和管理。并把各县公路交通管理站定名为公路养护段，当时境内共有晋城、高平、阳城、陵川、沁水5个养护段。晋城市交通局及所辖各县交通部门所养的公路，养护组织名称统称养路队，前边冠以所属乡镇名称，亦有少量称为道班，并把养路工数量逐步增加成为每公里1人。还有部分重点县乡公路养路队实行集中食宿，分组分段或以人承包路段等多种形式承包养护。养路工的工资待遇，随着农村实行家庭联产承包责任制，改变为各乡镇根据经济发展和当地人均劳动力收入水平，每人每年支付500元至700元不等，各县交通局对其养护责任路段按季评检，分为优、良、次、差四类，每人每月分别给予15元至30元不等的生活补助，按季领取。

20世纪90年代后，晋城的养路代表工补助逐步增加为每月100元左右，泽州县、陵川县交通局自1991年开始，对所属养路工实行工资制，全部由交通局发放，月工资200元至400元。

1978年至1992年期间，晋城干线公路管理机构两次易名。1978年，长治公路管理段改为晋东南地区公路管理总段；1985年，又改为晋东南公路分局。1988年4月，适应市管县体制，原晋东南地区公路分局分设为晋城和长治两个分局，晋城公路分局正式成立，辖高平、阳城、陵川、沁水、晋（城）南、晋（城）北6个公路段，专司境内国、省道干线公路养护与管理之责。1988年，省公路局将交通量相对较小的曲辉线、陵沁线等陵川境内的省道列为一般干线，连同陵川公路养护段一并下放晋城市交通局管理。一直到1996年，陵川公路段才重归晋城公路分局。当时，该分局的国道、省道干线养护里程共8条609千米。

随着养护工作的开展，公路养护技术管理机制在实践中逐步形成。1979年5月，交通部颁发《公路养护质量检查评定暂行办法》，将公路养护质量分为优、良、次、差四个等级，以百分制考核，按好路率和综合值作为对县（区）进行评比的依据。检评在1980以前无固定时间，之后，形成制度。月份检评，各县交通局组织所属各养路队（道班）进行，有时为分片（线）抽检。季度检评，县交通局统一组织进行，不得抽检。年度检评，由省公路局和市交通局分别组织进行，通常为抽检。

根据检查考核结果，不同时期实行不同奖罚制度。1978年以前，实行路况综合奖。1981年，根据交通部《公路养护质量检查评比办法》，改为路况保持奖和升、降级奖罚制度，奖罚额度各县不尽相同，办法大体一致，基本情况是：干线公路以原路况为基点，以月计奖罚。即保持优等路者，每公里奖14元，保持良等路者奖12元，差等路升为良等路者奖10元，次等路升为良等路者奖14元，良等路升为优等路者奖24元，次等路升为优等路者奖32元，差等路升为优等路者奖42元；降级者按升级奖的级差受罚，次等路降为差等路者每公里罚15元，良等路降为次等路者罚10元，每月按检评结果奖罚。之后，奖罚金额屡有增减，奖罚制度基本未变。

县乡公路实行保持奖、升级奖、达标奖、先进奖和降级惩罚的“四奖一罚”制度，即按月检评养护质量，以公里计奖罚，保持优良等路者，每公里奖5元，每公里每升一级奖5元，连续三个月超额完成指标，好路率连续上升，每公里每月获5元达标奖，连续3个月保持优良等路者，每公里每月获5元先进奖，每公里降一级罚3元，以上奖罚，以月检评，按季兑现。此外，年终每公里发给综合奖50元至200元不等。县乡公路养路队20世纪80年代逐步建起道班房，有的还实行集体食宿，利用工余时间和抽少量人员从事其他生产经营活动，如开展养羊养鱼、种粮种菜等。20世纪90年代，养路队基础设施得到很大改善，购置拖拉机、三轮车等小型养路机具，购买电视机、书籍及文化娱乐用品，使养路工的物质和精神生活都得到提高。

1999年以后，公路养护体制发生重大变化，全省公路系统由公路管理段下设道班按计划进行养护的模式，转化为路基养护社会化，路面养护机械化、专业化模式，变道班为路基作业组，并按路线划分标段，向路基养护作业组招标承包，进行合同管理。这种形式的推行，使协议工和合同工基本上都与公路段解除原有的劳动关系，变为劳务合同关系。

2003年以后，县乡公路养护也发生变化。县交通局将所管养公路路段承包给养路队个人，承包人与县交通局签订承包合同后，由承包人雇用临时工参与养护，养护代表工被取消，养护形式日趋社会化和市场化。

为了加强农村公路养护，根据《晋城市人民政府办公厅关于印发＜晋城市农村公路管理养护实施意见＞的通知》和晋城市交通局《关于印发＜晋城市农村公路管理养护办法＞的通知》，按照“政府主导、行业管理、分级负责”原则，明确县级人民政府是农村公路管理养护的责任主体，县（市、区）交通局对辖区内农村公路养护具体负责，各乡镇负责本辖区内乡村公路养护管理，业务上接受县（市、区）农村公路管理机构指导。全市6个县（市、区）交通局都设立农村公路管理养护单位，明确养护管理责任人，组建养护管理队伍。阳城县通过县编办下文，成立具有事业编制名额性质的农村公路管护中心，编制人员15名；陵川县针对农村公路专门成立农路办，负责全县农村公路管理养护工作；泽州县、沁水县、高平市和城区组建农村公路养护中心，专门把农村公路养护职责从公路股分离出来。各乡镇普遍成立农村公路养护管理站，由一名副乡（镇）长任站长，落实专用办公场所、经费及专职管养人员，按照各自实际，因地制宜地开展乡村公路日常管理和养护工作，制定本乡镇公路养护工作的计划和措施，并筹措好公路养护资金，指导、监督、协调、检查、落实好村道的养护管理工作。全市共配备乡级管护人员230余人，养护人员3415人，其中城区154人，泽州789人，高平

421人，阳城1087人，沁水547人，陵川417人。全市建立起“县级有所、乡镇有站、村委有护路员”的三级养管机构，基本形成一个政府主导、交通部门主抓，其他部门配合、分级负责，全民参与、管理有序的养护管理体制，实实在在地承担起农村公路的养护管理。2010年，晋城市县公路养护年均好路率达84.3%，养护质量综合值71.7，乡村公路路面完好率达83.2%。

第二节 县乡公路改造和村村通工程建设

改革开放之前，晋城公路少，等级低，尤其是出省口子少，交通运输十分滞后。一方面，煤炭和其他外运物资大量积压，逐年累增，不少存煤自燃或被洪水冲走；另一方面，全国各地迫切需煤而不能及时运达。太洛等干线公路日交通量超过设计标准的几倍、十几倍，通向河南等邻省的其他公路，多为低等级或断头路，经常堵塞，有时一堵甚至数天，世界关注，举国哗然。

为了加速晋城市发展，1985年建市之初，市委、市政府发出“全党动员，全民上阵，大打公路建设的人民战争”的号召，开展轰轰烈烈的全民义务修路活动，在加强市内干线和县乡公路建设的同时，致力打开通向省外出口。此后，历届市委、市政府主要领导对公路交通建设都极为重视，潜心研究和大胆探索公路建设新路子，先后制定实施10多项公路建设的优惠政策和措施。以实行义务建勤、民办公助、土地入股、上级补助、政府贴息、以奖代补，发行交通建设债券、设立煤炭外销公路建设基金等多种办法，大力发展县乡公路。特别是“十五”以来，市委、市政府又结合晋城实际，提出加快交通基础设施建设、县县通高等级公路、乡乡镇镇通油路、行政村基本实现通水泥路或油路等战略决策，从政策上予以扶持，进一步调动社会各界各部门和人民群众支持加快交通建设的积极性，为交通发展创造良好社会环境。

陵川、沁水两县在全省31个贫困县之列，自1985年开始，国家先后数批拨出粮食、棉花和布匹，以工代赈资助公路建设。至1987年，该两县连续3年享受国家赈济粮食179万公斤，棉花12万公斤，布匹35.9万米，折合人民币157.7万元，加上配套投资154万元，总计361.7万元。1990年，国家改用中、低档工业券予以资助。之后连续3年，该两县又享用中、低档工业券287万元、配套投资205万元，共计492万元。参加公路建设后，人民群众纷纷持工业券到当地指定商店购置所需货物。至1996年，晋城市先后得到国家以工代赈的粮、棉、布和工业券（折款）及其配套投资共计853.7万元，陵川、沁水两县认真管好用好这些资金，精心组织人民群众投工投劳，共计投工232.6万个，新建和改建公路287.8千米，新建桥涵226座，共动用土石方378.4万立方米，使31个行政村通了机动车，道路交通状况得到很大改善。

1993年10月13日，中共山西省委、省人民政府在太原召开全省修路、农建、重点工程“三项建设”电视动员大会，发出用三至五年时间，大搞义务修路的号召。17日，市委、市政府组织召开动员大会，成立晋城市义务修路指挥部，市长田霍卿亲任总指挥，各机关团体和新闻媒体充分发挥自身作用，为义务修路鼓与呼，领导带头到工地参加义务劳动，明确规定投劳任务和完成工程数量，与筑路群众同吃同住同劳动。陵川县抽调11个乡镇民工和县直机关干部1.5万余众及汽车、拖拉机、三轮车1千余辆，沿线安营扎寨几十处，开灶支锅200余口，进行公路建设大会战，投工50余万个，完成土石方70余万立方米，集中力量改造陵修公路县城至夺火21.5千米。高平采取干线、县乡村道一齐上的办法，重点改扩建省道长晋线南王庄至界牌岭西山过境路14.7千米和沁辉线浩庄至陵川界20千米路段，要求路基拓宽为12米至15米的二级公路，三年修路不断线，共完成投资4200万元，投工120万个，开挖土石方150万立方米。沁水县从1993年冬季开始，每年发动群众2万余名，机关干部千余名，分别由8名常委带队，组建8个分指挥部，战斗在全县干线、县乡道路8条（段）的重点公路上，号称“八路大军”大搞公路建设，三年共投入资金3088万元，义务投工360余万个，机械台班6.3万车工日，完成土石方526万立方米。被评为1995年度“晋城市义务修路第一名”。晋城市城区政府连续4年全民上阵，顽强拼搏，义务投工120万个，动用土石方167万立方米，筹措资金3210万元，新建和改建乡村公路206千米，并全部铺筑为油（水泥）路。于1996年底，在晋城市六个县（市、区）中第一个实现所有行政村（全区74个行政村）全部通油路。

在“三项建设”以路为先的义务修路运动中，晋城市所属各县区积极响应，干线和县、乡、村道全面铺开，连续4个冬季，从无间断，4年共改建和新建各级公路1200余千米，投资1.8亿元，义务投工1967万个，完成土石方2630万立方米。1995年10月，在全省召开的万荣义务修路现场会上，晋城市阳城、陵川两县被授予“全民义务修路先进县”的光荣称号，并各奖锦旗1面，压路机1台。

2002年11月，中央把山西省作为农村公路建设试点省份，晋城市人民政府紧紧抓住国家大力扶持农村公路建设的契机,责成市交通局迅速制定通乡油路,通村水泥(油)路(通称“村村通工程”)的技术标准,政策性补贴办法等,召开会议全面发动,提出一年攻坚、二年决战、三年扫尾的总体部署。紧接着各县(市、区)立即组织实施,进行技术培训、测量设计、现场指导。

2003年春季,全市上下,群情激奋,全民发动,捐资筹款,义务投工,打响村村通工程战役。是年六月,沁水县郑庄镇杨树庄村首战告捷,完成1条3.5千米村通油路工程,时为全省最早实现“村村通”工程的村之一。在村村通工程中,采取筹资贷款、解囊捐资、义务投工等办法,阳城县次营、东冶、横河等乡镇,发动数万名村民,拉沙备料砸石子,大到古稀老人,小到上学的孩童,全部投入到这一浩大工程中。沁水县赵山村82岁的革命伤残军人史克让,仍坚持主动参加,硬是用手锤砸碎6立方米石子,献给村村通工程。这一年,全市共完成农村公路建设投资6.1亿元,通乡油路6条84千米,完成1167个行政村2403千米村通水泥(油)路工程,在全省11个地市中一举夺得通村数和村通里程数“两个第一”殊荣,是年9月,全省在沁水县召开了通乡油路现场会,通乡油路里程由全省倒数第二,上升为全省新增通乡油路里程第一,阳城县也以一年完成742千米村村通工程的优异成绩,荣获全省所有县(市、区)之冠。

在2003年的公路建设高潮中,晋城市交通局交通建设工程质量监督站4月成立路网工程检测中心,同年12月取得省交通厅颁发的乙级资质证书,次年11月,顺利通过省质量技术监督局资质评审认定,成为公路工程乙级实验室。该中心使用面积705平方米,拥有主要大、中型检测设备70余台(套),时有职工10人,其中大、中专以上学历7人,高级职称1人,中级职称4人。能够承担土工,水泥及水泥混凝土、沥青及沥青混凝土和钢筋及无机结合料等12类128项试验检测任务。成立以来,中心以各县(市、区)交通局承建工程检测为主,以长晋、晋焦和晋长二级路小修工程为辅助,以地方铁路、小煤矿建设工程为补充,开拓业务市场,为用户提供大量及时、准确的工程原材料检测及各种标准实验数据,先后为晋城市各项工程建设的路基、路面、桥隧等构造物的原材料检验进行质量认定,为建设、施工、监理单位提供切实可靠的质量监控,对工程质量起到技术保障作用。

2004年,是村村通工程的决战年。各县(市、区)乡(镇)村均采取单位帮扶、借贷捐款等方式融通资金。阳城县次营镇党委书记范学斌率先捐资1万元,号召正职捐款1万元,副职捐款5000元,一般干部也不得少于1000元的捐款,共捐资12万元。沁水县水泉村书记、企业家景志祥带头捐款20万元,率先完成村通水泥路8千米。阳城县东冶镇西冶村两委决定三主干每人借款3万元,捐款1000元,副职借款2万元,捐款800元,一般干部借款1万元,捐款500元,带动村民借款捐资近20万元,修通村通水泥路工程。年底全市投资3.2亿元,共完成1040项新建和续建工程,建设里程达2533千米,完成6个通油路国债项目,增加500个通水泥(油)路村,使全市98%乡镇通油路,83%行政村通水泥(油)路。

2005年5月26日,交通部部长张春贤、副部长翁孟勇及有关司(局)领导深入晋城市陵川考察农村公路和村村通班车工程,省委常委、常务副省长范堆相,副省长牛仁亮、省交通厅厅长王晓林,副厅长张润、王志民,晋城市委书记李雁红、代市长夏振贵等陪同。张春贤在讲话中,对晋城农村公路建设给予充分肯定和高度赞扬。要求各地要按照“三个代表”重要思想和科学发展观要求,加快农村公路建设步伐,修好农村路,服务城镇化,让农民兄弟走上油路或水泥路,把增收路铺到农民家门口,把农业和农村经济结构调整新路修到农民家门口,把推进城镇化进程的大路通到农民家门口,为广大农民致富奔小康奠定良好基础。

2005年,是晋城市农村公路建设扫尾之年。经过两年村村通战役,人们尝到铺水泥路甜头。一是对已通车的水泥(油)路进行后续配套,完成浆砌路肩、路旁绿化、疏通水沟、处理裂缝、挖补坑槽等工程,仅阳城县就投资50多万元,使用沥青120余吨。二是在村通工程基础上增铺街道水泥路,消灭村与村之间和村与干线路之间断头路,以及修通村与自然庄的水泥路。这一年,共新改建村通水泥(油)路785个1993千米,其中新增通水泥路村15个68.1千米,共完成投资3.8亿元。

2006年,以服务新农村建设为重点,继续大力发展农村公路,重点实施“通达”、“通畅”工程,村连村网络化工程,街道硬化工程和县公路改造工程四大工程。全市农村公路建设共完成投资3.9亿元,新增村通水泥路1374千米,新改建县乡公路44千米。全市100%乡镇(办事处)和96.8%行政村(社区)通水泥(油)路。四年来,共完成投资17亿元,新增水泥(油)路8020千米。

“十五”以来,特别是“十一五”以来,为了提升县乡公路通行能力和水平,改变交通不“通”、行车不“畅”问题,各县(市、区)加大县乡公路的改造力度,充分利用开行贷款资金和地方财政补贴,对县乡公路进行分批分段改造。

2004至2006年,中央专项资金共安排晋城市国债新(续)建项目13项,建设里程315千米。

最突出的是2009年至2010年村村通全覆盖工程。晋城市共完成177个村1051.6千米建设任务。整个“十一五”期间,共新改建县乡公路57条(段)585.21千米,累计完成投资107 369万元(其中:利用开行贷款改造县乡公路48条(段)476.12千米,完成投资8.73亿元),新改建乡村公路4038.184千米,使全市农村公路通车里程由2005年3483.83千米增加到2010年7522.014千米。在改造农村公路中,100%县乡公路实现等级化,100%乡村道实现路面硬化,其中二级路由2005年197千米提升到2010年底237千米,净增40公里,三级公路由2005年1094千米提升到2010年底1274千米,净增180千米,四级公路由2005年2137千米提升到2010年5707千米,净增3570千米。特别是高级路面里程由2005年2041千米提升到2010年6425千米,净增4384千米,未铺装路面由2005年567千米下降到2010年352千米,大大改善农村路网结构,提升农村公路通行能力。

第三节 晋煤外运出口公路的建设

随着改革开放不断深入,省交通厅提出公路建设从以“普及为主”转变为“以提高为主”,决定修建晋煤外运公路13条。要求从1983年开始,至1990年完成。其中,晋城境内有晋城至大口、晋城至张路口、陵川夺火至河南修武、晋城周村至犁川4条。

一、晋城至大口第一条复线公路的修建

该线是唯一途径晋城境内的国家级干线公路207国道的一部分,从高平市神农镇进入晋城后,高平市、泽州县、晋城城区1市2县(区)13个乡镇,在泽州县道宝河村南进入河南省济源市,在山西省境内里程467千米,晋城市境内里程119.224千米(含复线)。

1980年后,北煤南调已形成高潮,每天逾万辆运煤汽车,行进在晋韩公路,太洛公路,汇集于晋城唯一的太洛公路太行山出境。

1983年,交通部以〔1983〕交计字2394号文件批准,修建该路段复线43千米,改造原线路46千米。第一期工程安排投资1100万元,其中由交通部支付400万元,山西省在能源交通建设基金中支付700万元,共同解决工程投资。于是,1983年,该项工程由原晋东南公路总段负责组织施工,并于1985年国庆前竣工投入使用。

二、长治至晋城第一条二级汽车专用公路的修建

晋城至长治二级汽车专用公路,其前身为白晋公路之一段,始建于民国14年(1925年),即祁县白圭镇至晋城公路(简称白晋公路),后又改为太原至大口公路(简称太大公路、太原至洛阳公路(简称太洛公路)。20世纪80年代后期,由于外运煤炭车辆骤增,经常阻塞,晋城市和长治市人民政府联合向省人民政府请示,要求建设汽车专用公路。1991年,山西省批准建设,晋城市人民政府随即组建工程建设指挥部,副市长郭树珍任总指挥,孟繁荣任常务副总指挥,平良德、岳绍钧等10人任副总指挥,于1991年9月1日正式开工。

该线(段)起自晋城市城区钟家庄乡白水村,与原太洛线相接,途经高平市,在神农镇换马村北入长治市,经长治县止于长治市区八一广场西侧,全长92.4千米,其中晋城市境内57.4千米。较原太洛公路缩短里程15.6千米。该项工程以面向社会公开招标形式,录用铁道部第三工程局、长治公路分局等六个单位分段施工。共完成土石方250余万立方米,建设大中桥梁7座,小桥涵140余座,路基宽12米至20米不等,为水泥混凝土路面,设计时速80千米,总投资1.14亿元。1992年12月25日,举行通车剪彩仪式。翌年,经交通部验收,评为优良工程。之后,二级汽车专用公路南端由白水村延伸至泽州县牛匠村,里程增加为59千米。

此项工程省交通厅投资6000万元,通过人民银行向社会发放交通建设债券筹资4200万元,由该公路工程建设指挥部改制组建的晋城市商品公路开发总公司经营管理。1993年,开始收取车辆通行费,是年收费1531万元。之后,总公司又利用所收过路费修建泽州南路白水桥、中环路等。1995年,公司筹措资金全部还清该工程建设债券。

2002年7月12日,省交通厅与晋城市政府就理顺207国道管理权达成纪要,长晋二级公路(晋城段)于当年8月1日整建制移交山西省交通建设投资开发总公司管理。

2008年,晋城商品公路开发公司对国道207线长晋汽车二级公路晋城段路面改建工程编制计划并得到省发改委批复,对原有公路路面进行整体改造,共计浇筑20厘米厚水泥混凝土路面900平方千米,投资1.7亿元。

三、周犁公路的修建

该公路为省道周沁线周村至犁川段。20世纪80年代初公路运煤沿晋城韩城线东经晋城分为两条,一条沿太原洛阳线经大口东行至河南新乡而达山东;一条由太原洛阳线与晋城光华线交汇点新房洼南下经洛阳而至湖北。80年代中期,这条三级公路上的车流量每昼夜已超过2000辆次,堵塞不断,事故频发。周村位于晋城韩城线上,距晋城32千米。新房洼位于太原洛阳线和晋城光华线的交汇点上,距晋城24公里。从地理位置来看,由周村至大东沟、由大东沟至晋城、再由晋城至新房洼,形成一个四边形的三边,呈"∪"型。如从周村直接修建到犁川新房洼的公路,里程可以缩短大半。经过勘察,1986年省交通厅决定修建周村犁川线,由晋城市交通局负责测设。

1986年4月,晋城市交通局组织,采用山岭重丘区二级路标准测设,该线起自周村村东晋城韩城线32千米处东南,行经李寨、佛头村至犁川镇新房洼村南,与太原洛阳线和晋城光华线(207国道)交会,全长27千米(新建24.7千米,利用太洛线旧路2.3千米)。设计路基宽8.5米,平曲线最小半径65米。全线需动用土方22万立方米,石方73万立方米,中桥两座总长88延米,小桥5座,涵洞77道;隧道2处,地质为泥质页岩,用块石衬砌,总长446延米;修挡土墙59处共长2264延米,砌体共11 923.32立方米。

1986年10月正式开工,1990年5月建成路基,并铺装简易路面,开始收取过路费,当时被称为全省第一条商品公路。共投资1320万元,其中,省交通厅补助投资400万元,占用土地补偿费370万元(作为土地所有单位集资款项),向银行贷款550万元,除省交通厅补助投资外,其余920万元均需偿还本金和利息。为了便于贷款,1987年,将原临时性施工单位周犁公路工程处改设为经营性质的周犁公路管理局。1991年,周犁公路管理局又筹集资金600万元,铺筑沥青路面。工程全部竣工后,阳城及周村一带的运煤车辆,从此线驶往河南方向,较原来行驶晋城缩短行程29公里。

由于该段公路初始投资不足,路面等级较低,加之"三超"车辆不断增加,水毁严重,公路养护手段落后等种种因素,路面全线崩溃,车辆根本无法通行,成为全省最差的商品公路和干线公路,曾被中央电视台《焦点访谈》曝光,社会影响很大。为彻底解决问题,2002年7月,根据"山西省交通厅、晋城市人民政府关于理顺207国道商品路(晋城段)管理体制的会议纪要"精神,该段路划归晋城公路分局管辖,并撤销佛头收费站,至此,周沁线正式更名为碗周线。

四、陵(川)修(武)线的修建

该线起于陵川县城北,与省道长治陵川线相接,在省界小寨门入河南省,止于河南省修武县城。全长136千米,其中,陵川县境内57千米,是该县的一条重要出口公路。

1978年后,由于夺火至修武间为断头路,直接制约着两地及晋豫间经济文化交流。于是,省委、省政府将陵修公路列入"七五"建设计划,作为13条晋煤外运出口公路之一。1985年4月,省公路勘测设计院开始对该线进行为期3个多月的详细测量设计。次年,省交通厅立项,投资1000万元,用于新建该线夺火至省界段,由晋城市交通局组织施工,历时两年,于1988年12月竣工并投入使用。该段长19.4千米,新凿隧道2处500米,开挖路堑10处890米,新建涵洞25道356.5米。最大纵坡7%,最小平曲线半径25米。路基宽7.5米,泥结碎石路面,宽5.5米至5.6米,厚15厘米,为晴雨通车三级公路。该段公路建成后,定名为陵修线。

第四节　投资主体多元化与收费公路的大发展

1984年国务院作出决定,允许通过集资或银行贷款修建公路,并对通过这些公路(桥梁、隧道)的车辆收取过路过桥费,用于偿还贷款。在此形势下,晋城首开先河,提出"举债建路,收费还贷,滚动发展"的公路修建、经营模式。这种形式筹资建设的公路按《公路法》称为收费公路,当地时称商品公路。晋城修建的商品公路中,除上节述及的晋城至张路口公路、陵川夺火至河南修武公路、晋城周村至犁川公路三条外,还有以下四条。

一、阳城至济源公路

该路1980年开工,曾因资金缺乏几度停建。1993年,在贯彻邓小平南方谈话精神形势下重新开工建设。1995年完成路基,1996年开始铺筑路面,1997年5月全部竣工。工程总投资2.1亿元,其中省交通厅补助2000万元,阳城县向银行贷款7200万元,向该县行政事业单位职工、中小学教师借款1260万元,省交通开发投资总公司投入股金2500万元。1996年12月25日,山西阳济公路开发有限公司挂牌办公,为阳济公路的专门经营管理单位,负责偿还全部债务。该公路以股份制合作形式修建经营的做法当时尚为境内首例。

二、八(甲口)芹(池)公路

该线起自阳城县八甲口镇东芦苇河石拱桥北端,与省道陵沁线相接,途经八甲口镇、町店镇、寺头乡共3个乡镇6个行政村,止于芹池乡芹池村东岔道口村,故亦称八岔公路。全长19千米,其中町店乡蒿峪至五龙沟4公里与县道阳(城)端(氏)线重复。沿线煤炭和冶铁业开发历史悠久,明清时即成为繁华商路。

1984年,阳城县人民政府成立八芹公路建设指挥部,由分管交通的副县长上官祯任总指挥,组织沿线八甲口、町店、寺头、芹池等乡镇民工3000余人,历经三个秋冬修筑，使该线达到三级公路标准，路面宽7.5米。

该线是晋城至沁水及侯马等地的捷径，较绕道阳城县城近15公里，经改造后交通量大增，尤以大吨位运煤车辆居多，对该线建养带来一定难度。同时也启发了人们的公路商品化意识。1990年，该线列入县公路养护，随即贷款420万元进行改造，至1992年底完成路基改造，完善桥涵和防护设施，并铺筑沥青路面。经改造后，路基宽9.5米，路面宽8米，达到山岭重丘二级公路标准。1994年，经阳城县申报，省人民政府批准，开始收取车辆过路费，以偿还贷款。

三、坪曲线晋城境内的收费公路

坪（上）曲（沃）线（S331），起自晋城市陵川县与河南省辉县交界处的坪上村，经六泉、平城、秦家庄、杨村、礼义、高平市建宁、陈塸、米山、南城、野川、原村、沁水县胡底、端氏、郑庄、龙港，从沁水县东坞岭进入临汾市境，讫于曲沃县苏村。20世纪90年代初，省政府大力提倡义务修路，晋城市政府利用"贷款修路、收费还贷"政策，对境内路段进行改造。其中，1989年冬，沁水县政府组建沁端公路建设指挥部，由主管交通的副县长王秀章任总指挥，采用民工建勤形式，持续4年，于1993年9月竣工。该段里程由40千米缩短为37.5千米，动用土石方110万立方米，修建桥涵105座，挡土墙10余处3000余米，造价2100万元，其中国家投资820万元，贷款400万元，其余为乡镇集资和群众义务投工。经改造后，路基宽8.5米，路面宽7米，3厘米沥青表面处治路面，三级技术标准。从1990年开始，高平市开始对境内沁辉线陆续进行改造，投资3040万元，对该线米山至陵川段22公里进行改建，技术标准二级；该线高平至唐安16公里，于1993年开始动工，期间分别完成路基及路面改造，1995年竣工，二级技术标准；1995年至1998年，对该线浩庄至陵川县交界段9.7公里，按二级公路标准进行改造，是年路基工程全面开工，年底完成桥北至浩庄3.6公里油路铺装，采用双灰土基层，3厘米沥青表处。1996年，浩庄至陵川界段路基工程及遇仙山隧道基本完成。以上改造工程均由高平市交通局组织施工。该线陵川杨寨河至省界段，长38公里，原属县、乡四级土路，是连接高平、长治、河南辉县的重要运煤路线。1990年4月15日，陵川县开工对该段进行改造，1994年9月完成，新凿隧道8处，扩建隧道3处，隧道长度1891米，垭口明槽开挖15处1892米，新建桥梁27座735延米，涵洞46道812米，铺筑沥青表面处治路面28.24千米，水泥混凝土路面5.3千米，共完成投资6419万元。改造后由原来的38千米缩短为33.54千米，最大纵坡7.5%，最小平曲线半径30米，路基宽9.2米，路面宽8.5米，各种道路标志齐全。该工程由陵川公路段承建。以上三段公路所在县市均成立收费公路（称商品公路）管理机构，收取车辆通行费以还贷款。

曲辉线晋城境内全长186公里，其中就有156公里分别由高平商品公路公司、沁水县交通局和晋城市交通局所属的陵川县商品公路公司收费和管理。因体制不顺，养路费长期欠拨，得不到及时有效养护。2000年至2002年间，经省交通厅与晋城市委、市政府多方协调，晋城公路分局分别与高平市政府、沁水县政府和晋城市交通局签订协议，将高平商品路开发有限公司、沁水境内商品公路、陵川商品公路公司整建制移交晋城公路分局管理，对该线高平、沁水县境内商品公路进行整体并购，整体开发，成为名副其实的横贯晋城东西的经济动脉。

四、端氏至润城一级公路

为了加快公路建设步伐，实行公路建设滚动发展，晋城市交通局于2003年2月10日以晋市交字〔2003〕41号文，成立"晋城市润丰交通建设投资开发有限公司"正科级，企业化管理。主要负责端氏至润城、南义城至嘉峰两条一级公路的开发、筹资、建设、运营、养护、管理等事宜。

首任董事长兼总经理李海军。公司成立后，即着手端润公路的工可、设计、筹资以及标书编制等前期准备工作，通过招投标等程序后，举行奠基仪式。2005年8月15日竣工，是年11月4日剪彩通车。公司在嘉峰服务区组建集收费、养护、管理于一体的嘉峰收费站，并于2005年9月30日，启动收取车辆通行费。

第五节　大型桥梁的修建

改革开放前，晋城修建的桥梁跨径一般多在10米至35米之间，最大跨径为50米。改革开放后，随着综合实力的增强和架桥技术进步，公路桥梁进入快速发展时期，修建了具有很高施工难度和技术挑战性的项目，实现多项公路建桥史上的重大突破，创全省乃至全国之最。

一、泽州县东交河丹河大桥

该桥位于泽州县东下村乡东交河村南晋张公路跨越丹河处，为单孔跨径105米空腹式石拱桥，全长175米，河床至桥面设计高18.5米，宽8.5米，设计荷载汽—20级，挂—100，总投工10.2万个，总投资72万元，1982年8月1日动工，翌年9月5日竣工通车。晋张公路是山西重要晋煤外运公路之一，建桥前,行驶车辆涉水而过,根本无法适应日益频繁的交通需要,修桥成为当时亟待解决的重大课题。

20世纪80年代初,首先由原晋城县交通局彭庶云、牛云祥提出修建初步设计,省交通厅列入公路基本建设计划。1982年,原晋东南地区交通局与晋城县人民政府联合组成"晋城丹河大桥工程指挥部",负责测设施工。指挥部下设技术组,晋东南地区交通局工程师、工程科科长杨德垣任组长,工程师、测设队队长孟繁荣主持设计,晋城县交通局工程师彭庶云负责施工。

根据丹河洪峰水大流急,夹带漂石、来势凶猛的情况,经反复调查论证,认为依托两岸裸露岩石为桥台,修建单孔大跨径桥梁最宜。然而,百米以上大跨径桥梁在全省尚无首例,况该桥采用土牛拱胎,在国内外更无可借鉴。为确保拱胎性能可靠,技术组大胆探索,精密测试。施工中,先在土牛底部河床上砌两孔临时性小涵洞,以排除河水。再利用附近废弃片石填筑,达四五米高,两侧砌挡墙,以使石碴填筑层稳定可靠,并防止河水浸湿土牛。石碴上填铺15厘米至20厘米厚沙砾,作为过渡层。之上填土(严禁冻土和土石混杂),分层压实,每层15厘米,用75马力履带式拖拉机反复碾轧,机械碾轧未到之处以人工夯实,至密实度达90%以上拱胎成型后,人工用木板捶打平整,再用水泥沙浆抹面5厘米厚。填筑中,始终采用中线放线法。

土牛拱胎填筑完毕后,按悬链线在48个截面点之上、中、下游,共固定140个观察点进行观察,达70余天,并挖深坑,取试样进行测试分析。为了保证拱腹线的施工精确度,主拱圈各截面上的位置,采用交会法放线加以控制,即在拱胎未填筑之前,把各截面中心点丈量准确,延升到两岸山坡固定点上。在做拱盔时,又以交会法将这些点交会至拱胎中心,以避免1/4以下部分由于拱胎过陡、丈量困难而造成误差。

施工期间,原中共山西省委书记李立功,省人民政府副省长白清才视察施工现场,对工程给予高度评价。主拱合龙后,省交通厅进行质量检查,称赞"是全省公路桥梁的一颗明珠"。竣工通车典礼时,省长王森浩亲临剪彩。

二、沁水县沁河潘庄大桥

该桥位于沁水县嘉峰镇潘庄与殷庄两村之间(故亦称殷庄大桥),横跨沁河,为单跨孔径90米钢筋混凝土双曲拱大桥。桥高14米,宽7.5米,长133米,两侧各设0.75米宽悬臂式人行道,设计荷载为汽—15级,挂—80。

建桥前此处为渡口,用木船摆渡。随着经济发展,交通量逐年上升,木船摆渡无法适应。该桥由晋东南公路总段测设,由该总段同沁水县人民政府共同组成建桥领导组,该总段工程一队施工,总段工程师张华友具体负责测设、施工等技术工作。

大桥于1977年9月15日动工,同年10月底完成挖基,12月3日完成下部工程,并完成拱肋预制及吊装用的便桥修建和简易支架搭设。次年解冻后,边预制其他构件边吊装。1978年6月主桥建成,7月1日举行剪彩通车仪式。之后,继续完成桥头路基土方、边坡砌筑、沿河护岸及桥头沥青、混凝土处置,8月31日全部工程竣工。

建造90米跨径大桥,当时在全省尚属首例。经试验鉴定,桥主体混凝土构件标号达到350号至400号,超过原设计250号,承载构件超过原设计一级,整个大桥使用情况良好。1998年8月,距该桥下游百余米处的殷庄沁河大桥建成后,该桥完成他的历史使命,成为殷庄村通道路的便桥。

三、晋焦高速公路丹河特大桥

晋焦高速公路丹河大桥,于1997年10月29日开工兴建,2000年7月建成,2002年12月22日正式通车,是晋城至焦作高速公路丹河上的一座特大桥梁,由一孔主跨、七孔边跨组成,全长425.6米、宽24.8米、高81.6米,单孔跨径146米,为大世界吉尼斯之最。经全国专家鉴定,设计及施工关键技术达到国际领先水平。

四、晋济高速公路南河特大桥

南河特大桥为晋济高速公路全线最大的连续刚构桥,桥长852米,墩高85米,跨径180米,且是整幅式设计,桥面单块浇筑宽度24.5米,重380吨,一次性浇筑混凝土约1300立方米,这种高墩大跨、整幅浇筑的桥梁工程,在华北地区尚无施工先例,而其桥形横空出世、飞架南北的壮观气势,成为当地一道壮美景观。

五、晋济高速公路仙神河大桥

位于晋豫交界处的悬崖绝壁地段,桥长331米,桥面以下墩高150.07米,桥面以上塔高49米,塔墩总高度210米,是晋济高速公路全线施工难度最大的控制性工程。该桥采用独塔斜拉桥形式,八棱形的巨大墩身在V形峡谷底部拔地而起,至170米高空开始向两边延伸桥面,通过两端的特长隧道伸入绝壁之中,主墩至桥面以上变为50米矮塔,矮塔顶部26对斜拉索如凤凰展翅,连接支撑整个桥面。仙神河大桥在同类桥型中位居全国第一、世界第二,塔高位居全国第二。大桥整体设计一气呵成,简洁明快,为考虑建成后的维修保养及旅游开发,专在大桥北面的引桥处设置了停车区和观景台,为险峰绝壁之中穿行的路人,多了一个驻足流连之处。

第六节 大型隧道的开凿

改革开放前限于经济条件和技术水平，晋城公路隧道屈指可数且长度有限。改革开放后隧道开凿之座数和单位长度都有长足发展。

一、昆山瓢皮峒

位于陵川县古郊乡昆山村村道之上，该峒是根据山势开凿在悬崖腰间表层内的隧道，开凿时为了施工方便，通风透光，间隔一段距离，凿开一个窗口，远望之时隐时现，忽暗忽明，形似瓜瓢，故名。

为实现省政府提出的“镇镇通油路，乡乡通公路，村村通机动车”目标，1995 年 3 月，陵川县交通局进行勘测，组织施工，是年底竣工通车。该峒共动用石方 6 万余立方米，峒长 2500 米，宽 3 米，高 3 米，最大纵坡控制在 10% 左右，间设错车道 5 米左右，耗资 207 万元。

昆山瓢皮峒，置身悬崖峭壁的腹部，从峒内窗口俯视沟深 200 余米，仰视崖高近 300 米，测设施工极为困难，测量时完全凭借1: 10000地形图进行，施工图设计仅在图上标注了路线位置，现场未放一个中桩。施工时进不了工作面，民工们套绳索，吊梯子，凿脚窝，凌空作业，在悬崖上架起“空中便道”。所需工具、材料、生活用品，都是民工们用肩膀运到工作面的。搬运 6 台小型空压机时，将机器拆整为零，背到工地再进行组装。为了加快工程进度，在悬崖峭壁上开凿两个工作面背向作业，连同进、出口全线增加为 6 个工作面掘进，既加快工作进度，又保证了隧道纵坡的合理衔接。

二、陵川锡崖沟隧道

位于陵川县锡崖沟村的王莽岭腹地，是锡崖沟村公路的必经之路。1986 年初，锡崖沟村以义务建勤方式分 5 个作业面同时开工，历经 5 年艰辛，开通 1245 米的自由线形，纵坡衔接的无衬砌隧道，开凿时为了施工方便，通风透光，间隔一段距离，开凿一个窗口，远望之时隐时现，忽暗忽明，又称瓢皮隧洞，该隧洞宽 5 米，高 5 米，于 1991 年 6 月建成。工程补助投资仅 15 万元。

三、晋焦高速公路牛郎河特长隧道

是晋焦高速公路唯一的双线特长隧道，是该路的关键控制工程，也是当时仅次于华蓉山特长隧道的全国第二公路特长隧道。左线长 3952 米，右线长 3893 米，两隧横距相间 30 余米，隧道内轮廓净高6.8 米，最高宽度 10.85 米，半心圆半径 5.27 米，周长 19.66 米，断面 59.5 平方米，为单向行驶双洞双车道 2×3.75 米。为了方便道路疏通，每隔千米设置车行横洞、人行横洞和应急停车带各 3 处，其中车行横洞宽 4 米，高 5 米。洞内左右侧分别设置电力信号电缆槽、变配电室和消防栓、通信电话、射流风机控制箱等预留洞室。洞内路面设置标线及反光纽，隧道进出口设置总监控调配室，并在隧道进出口端墙上部镶嵌有“牛郎河隧道”5 个醒目大字。

牛郎河特长隧道，共计开炸石方 63.7 万立方米，混凝土浇筑 8.9 万立方米，投资 1.7 亿元，于 1999 年 6 月 9 日，双线隧道全部贯通，达到优质工程。

四、晋焦高速公路省界连体隧道

位于晋焦高速公路晋豫两省交界天聚洼东测沟岸，故名。该隧道为山岭短隧道，单洞长 2×145 米，地处太行山中低山区，海拔高度介于 600 米至 830 米之间，最大埋深约 270 米，隧址区域为白云岩、页岩、泥岩、灰岩组成的嵌硬相间岩层，给施工带来很大难度。施工中采取“超前支护，预防加固”的办法，严格按照新奥法施工。对拱部环形短台阶开挖采用假震爆破，保证施工进程顺利实施。

省界连体隧道，洞内路面基层为 10 厘米素混凝土整平，再用35 号连筋钢筋混凝土 26 厘米厚铺筑，加 7 厘米改性柔性路面，洞内设双向横坡各为 1.5%，路面净宽 2×9.5 米，高 5.06 米，洞内中墙体最宽 1.5 米。该隧道共计开炸石方 3.6 万立方米，混凝土浇筑 4600 余立方米，使用钢材 512.5 吨。

五、晋阳高速公路牛王山隧道

位于晋阳高速公路 6 千米处，为平行两座单行隧道，洞内宽 10.2 米，高 6.8 米，长 1880 米，时为华北地区最长的公路隧道。隧道安装有通风、照明、监控、消防等设施。该工程总投资 6513 万元。采用长面爆破，两臂台车全断面开挖，模板台车复合式衬砌，掘进中在晋城方向进口 225 米、410 米处，遇围岩破碎地段，700 处遇 37 米溶洞段，对此均采用“弱爆破，强支护，紧衬砌”的施工方法，保证了工程质量。

第三章 高速公路建设

晋城市 1996 年 5 月开始建设高速公路，时有晋城市政府组建晋阳公路建设指挥部，开工后变更为高速公路，翌年底建成通车。紧接着晋焦、长晋高速公路先后建成通车，随之，晋济、晋侯（阳翼段）、环城高速公路相继建成。至 2010 年底，晋城境内共有高速公路 6 条段，计 287 千米。

第一节 晋(城)阳(城)高速公路

晋(城)阳(城)高速公路是全省首家由地市政府集资兴建的第一条内循环高速公路。该路于1993年酝酿修建,1995年12月11日成立晋城市晋阳公路建设指挥部,副市长张和先任总指挥、市人大常委会副主任胡计松、市政府副秘书长何梦梨、市交通局局长岳绍钧任副总指挥,1996年5月1日奠基开工,翌年12月25日,举行通车剪彩仪式,省委书记胡富国、省长孙文盛等省市领导参加。

该路东起泽州县南村镇牛匠村207国道连接处,西至阳城县县城东,南与晋焦、晋济高速公路衔接,北接长晋高速公路,全长36千米。其中牛匠至润城28千米为全幅式路基,宽21.5米,为双向四车道,路面宽2×7米,润城至阳城段8千米为半幅式,路基宽12米,路面宽9米。该线全部按高速路标准设置了通信监控,通讯照明,标志标线,防护栏,隔离栅等,是全封闭、全立交、全部控制出入的晋城市第一条高速公路。

第二节 晋(城)焦(作)高速公路

该线起于晋城市区东南的东上庄村,北接207国道,东与凤台东街衔接,主线下穿全苜蓿叶型互通式立交枢纽,经蜀村、下胡、下行于西焦河村跨越丹河,在珏山东北侧,开凿天子岭隧道上行,逢山凿洞遇沟架桥,桥隧相连至省界大桥入豫,再往南延伸,讫于焦作市齐村,与郑焦高速公路连接。全长48千米,其中山西境内段31.57千米。

该线是全封闭,全立交,全部控制出入的双向四车道高速公路。1997年10月29日开工,省监理总部晋城监理部进驻工地实施工程监理。1998年春节前夕,攻克"三通一平"工程,仅施工便道就修建180余千米。隧道占全线总里程(晋城段)的三分之一,其中牛郎河隧道通洞长3955米,韩家寨5号隧道是全国第一条高速公路连体隧道。经过3年的紧张施工,共完成土石方1500万立方米,其中最大夯填数字45米,最高内侧边坡近百米,铺筑路面64万平方米,共修建桥梁23座3500余延米,其中丹河特大石拱桥主拱跨度146米,为世界之最,记入上海吉尼斯纪录。2000年7月竣工,2002年12月22日正式通车运营。

该线由晋焦高速公路有限公司负责运营管理,下设综合办公室、财务部、工程建设部、经营开发部、丹河收费站。

第三节 长(治)晋(城)高速公路

该路是国家高速公路网二连浩特至广州高速公路在山西境内的一段,也是全省规划的"三纵十一横十一环"的重要组成部分,分别与晋焦、晋济、晋阳、晋城环城、高陵、太长高速公路相连。

该路起于长治市下秦村,讫于晋城市牛匠村,全长93.045千米,途经2市5县区、27个乡镇、108个行政村。按全立交、全封闭和全控制出入的双向四车道标准设计,路基宽24.5米。全线设有长治南、长治县、高平、南义城、金村、晋城东、晋城7个收费站和高平服务区。

该路是全省首条实行市场化运作建设的高速公路,在省交通厅统一协调下,长晋公司以合同形式委托长治、晋城两个公路分局,分别组建项目部负责建设管理。晋城项目部负责晋城境内60.220千米建设管理。同时,公司委托山西新世纪交通建设工程咨询有限公司作为业主代表,进行服务和监督。2002年9月29日奠基,2002年12月16日开工,2003年11月完成路基桥涵工程,2004年11月10日完成路面和交通安全等附属工程,11月16日正式通车运营。

2007年,公司作为太焦股权转让项目的一部分,实现股权合作经营的成功转型,基础管理和运营体制得到进一步深化。

第四节 晋(城)济(源)高速公路

该路北接长晋高速公路,南连河南高速公路网,全长30.049千米。2005年3月开工建设,2008年底建成通车,是连接全省中南部和中原地区的重要运输通道,是全省人字形高速公路主骨架的组成路段。时为山西乃至全国地形很复杂、桥隧比例高、施工难度大、公里造价高的高速公路建设项目之一。全线共有特、大桥4990米/13座、中桥142米/2座,隧道13213米/9座,桥隧合计18.3公里,占路线总长的61.2%;涵洞13道,互通式立交1处,分离式立交3处;土方88万立方米,石方802万立方米。概算投资21.7亿元,平均每公里造价7221万元。

第五节　晋(城)侯(马)高速公路

东起晋城市区牛匠村与长晋高速公路衔接,途经阳城、沁水、翼城、侯马,于新绛县店头村与大运高速公路联网,全长130.6千米,其中晋城境内72.8千米。该线晋城至阳城段早于1997年通车运营,翼城侯马段也已建成通车。阳城至翼城段于2007年7月19日奠基开工,于2010年10月25日通车运营。

第六节　晋城环城高速公路

2005年初,晋城高速公路建设管理处就提出建设环城高速公路的构想。2008年省交通运输厅明确表示,优先考虑和支持地方政府积极性高、支持力度大、征地拆迁落实快的高速公路项目。2008年5月12日、7月18日,晋城市委书记张茂才和时任市长王茂设两次带领相关人员奔赴太原与省交通厅沟通座谈,并达成一致意见,最终锁定该路2009年全面开工建设,2010年竣工通车。

该路北起长晋高速公路北义城互通枢纽,途径巴公、陈沟、西上庄等地,在南村互通枢纽与晋阳高速相接,全线采用双向四车道标准修建,路基宽24.5米,设计时速80千米,建设里程30.812千米,概算总投资14.137亿元。

2009年2月1日,晋城环城高速公路控制性工程采空区治理提前展开;4月25日,主线路基桥涵工程签订施工合同并进场,晋城环城高速公路全面开工建设。2010年10月25日,省委书记袁纯清、省长王君亲自按下通车启动按钮,该路全线竣工通车。

第四章　运输管理

改革开放初期,运输管理先是为国营运输企业保驾护航;接着,随着运输市场培育和建设,僵化的计划经济管理模式和国有运输企业独占运输市场的格局被打破,多种经济成分、多种经营形式共同发展的运输市场体系逐步形成。于是,运输管理进入行业管理新阶段,运管部门受政府委托根据部门规章实施准入审批。2004年《中华人民共和国道路运输条例》发布后,授权交通运管机构成为管理道路运输的执法主体,对道路运输市场实施依法管理。随着管理的改进和加强,道路运输经济得到又快又好地发展。

第一节　“三统”管理体制的形成

1979年至1983年,国家政策虽开始放宽、搞活,企事业单位自备运力得到一些发展,但全省道路运输市场开放得很不够,仍沿袭计划经济管理模式。1978年,省革命委员会印发《关于下发〈山西省公路运输市场管理规定〉(试行)的通知》及《山西省公路运输市场管理规定》。据此,凡在晋城市从事公路流通过程的物资运输、搬运装卸(包括生产过程运输、搬运装卸所发生费用结算的交通部门和非交通部门的车辆),均属于运输市场管理的范围。必须执行统一货源、统一调度、统一运价的“三统”管理办法。

统一货源:凡属运输市场管理范围的物资运输,一律实行计划运输,统一由当地交通局管理。物资单位应按期向所在地的交通运输管理部门提报物资托运计划,由省、专区(市)、县三级平衡安排,逾期提报托运计划的物资,按计划外运输规定办理;任何单位和部门不得擅自承揽和受理社会流通物资运输。

统一调度:凡从事公路流通过程的物资运输车辆、搬运装卸劳力,一律由当地交通局统一调度,发给凭证。参加运输和搬运装卸,否则按违章处理。运力安排上,按农、轻,重次序,把农业放在首位。本着先安排专业运输车辆后安排非专业运输车辆的原则进行统筹兼顾,合理调度。市、县运输企业,以市和县境内的物资运输为主。

统一运价:凡从事公路运输的车辆,一律执行全省统一制定的运价。各有车单位与物资部门不得自定运价,更不准任意提高或降低。为了严肃运价管理,参加公路货物运输的车辆,一律实行统一货票,运费统一由交通局结算。省属各运输公司在统一平衡安排的基础上,运费自行结算。对未使用统一货票的车辆,所得运费,财务不予列支,银行拒绝划拨。各级财政、交通部门对统一货票的使用,要进行检查监督。

从此“三统”管理体制在晋城市全面实行。此举本意是想通过“三统”来管好运输市场,并为国有企业保驾护航,然而,整个运输市场并没有按此轨道发展。

第二节 社会企事业单位自办运输的高涨

1983年1月1日，中共中央发出1号文件，明确规定允许农民个人或联户购买机动车船从事运输。1984年，中共中央又下发《关于农村工作的通知》，要求在发展国有运输企业的同时，大力扶持集体、个体运输业，继而交通部提出“有路大家跑车，有水大家行船”。于是，在“放宽、搞活”方针指导下，晋城道路运输开始打破部门限制及地域束缚，改变专业运输企业独家经营的局面，出现各县区、各行业、各部门多家经营格局。特别是社会个体办运输的积极性空前高涨，形成多层次、多形式、多渠道，国营、集体、个体一齐上的景象。

1983年中共中央1号文件下发后，是年8月，沁水县城关镇小岭村王天德首先购买货运汽车从事个体运输。陵川县城关镇南关村刘成，阳城县次营镇石窑凹村郑修家，润城镇中庄村曹炳胜等农民先后购买客车，更多的是农民购买车辆(多数为拖拉机)，由村集体经营运输。之后，不少经营者陆续购买各品牌客、货汽车，跻身运输市场，成为个体运输专业户和重点户，时称“两户”，政府和运输管理部门曾实行扶持“两户”的政策。在此形势下，道路运输经济打破地域和部门界限，改变国有、集体运输企业独家经营局面，股份制企业、民营企业蓬勃发展，个体运输业迅速发展壮大，成为晋城道路运输的一支生力军。

农村运输专业户的大量出现，不仅把大量农副土特产品和乡镇企业产品源源不断地运出去，丰富市场供应，而且增加农民群众收入。然而，由于不少运输户刚搞运输，业务知识缺乏，管理能力低下，在找货、办证、买油、修车、结算等方面存在诸多困难，特别是运输安全没有保证，一旦发生事故就会倾家荡产。鉴于此，晋城各级交通运输管理机构审时度势，深化改革，优化服务，千方百计为经营户排忧解难。在交通部门的政策指导和信息引导下，个体运输专业户为了解决分散经营中资金、技术薄弱、经营信息闭塞等问题，遵循自愿、互利的原则，纷纷组建各种形式的运输合作社，探索走联合经营之路。联合经营进一步促进个体运输企业的健康发展。地处晋城南部山区的泽州县晋庙铺镇，充分发挥省道周沁线穿镇而过的优势，大力发展个体运输业。1984年，该镇农民在资金不足情况下，贷款400万元，购买汽车200余辆，涌现出一批个体运输业户，开始由“扁担乡”变为汽车镇，随着个体运输业发展，该镇先后成立汽车驾驶员培训学校，个体车辆运输协会，车辆管理服务社等组织，对个体运输车辆上户、保险、供油、审验、纳税、处理事故等进行统一管理和系列服务，使其成为闻名全省的靠运输致富的先进典型。

随着经济体制改革不断深入，经营汽车、四轮拖拉机运输的个体户遍布农村和城镇，从而也促使国营、集体运输企业在扩大经营自主权，实行多种形式的承包经营责任制的同时，加强各方面管理，提高运输效率，运输市场呈现出激烈的竞争局面，缓和运输紧张状况、加速晋煤外运和能源开发，人民群众“乘车难，运货难”的问题基本得到解决。

第三节 行业管理规范的建立和施行

在计划经济年代，运输企业的一切生产活动都在政府严格计划控制下进行，生产所需原材料及油料等全由国家按计划供应，运输任务按计划分配。就连汽车大修，都是由车属单位按月、按季提前制订计划，报送省交通厅进行平衡安排，然后按平衡计划按时将车辆送到指定厂家进行修理。企业只管按计划生产，其余的都由政府代办，企业盈余全部上缴国家，亏损由国家包着。

1983年中共中央1号文件下发后，省交通厅将社会运输管理处改为运务处，负责全省道路运输管理和晋煤外运工作。为把社会运输和专业运输的管理统一起来，晋东南地区将地、县运输管理机构由社会运输管理处(站)易称为运输管理处和运输管理站。1985年6月，撤销晋东南地区交通局，分设长治市交通局和晋城市交通局，晋城市交通局运输管理处正式成立，对道路运输行业开始实施管理职能。

1985年，全市各级运管机构因势利导，引导个体运输经营户走联合经营之路，解决个体经营户经营过程中的困难，提高了服务质量，收到较好经济和社会效益。

1986年全国交通工作会议提出交通运输体制改革的中心任务是在继续放宽搞活的同时，实行行业管理，加强和改善对运输经济的宏观控制。1986年12月19日，国家经贸委和交通部联合发布《公路运输管理暂行条例》，规定“凡从事公路客货运输、搬运装卸、汽车维修、运输服务的，均属公路运输行业管理范围”，并对企业开业和停业、货物运输管理、旅客运输管理、省际运输管理、搬运装卸管理、运输服务管理、汽车维修管理、运输工具管理、价格及单证管理、运管费征收使用、监督检查和处罚等作出全面具体规定，成为改革开放新形势下政府指导运输行业管理的法规，拉开实施道路运输行业管理的序幕。根据中央精神，晋城市交通局运管处按照全省要求，确定实现行业管理目标，管理和服务的对象由独家经营的专业运输变为包括营业性运输和非营业性运输在内的全行业运输，行业监管范围发展为一切从事道路运输业的客货运输、搬运装卸、汽车维修和运输服务，监管内容包括服务质量、经营行为，价格执行及使用证、照、牌、单、票据等的监督、检查，以及调解重大运输纠纷。监管手段从以行政手段为主发展到运用经济、法律、行政等各种手段实行综合监管。

随着运输市场进一步开放，各运输单位和个体运输户除必须遵守国家政策法令外，在承揽货源、结算运费等经营方面有了充分自主权，运价也可随运输市场的变化在一定幅度内上下浮动，“三统”政策自然消失。在运输市场结构和经营行为发生变化形势下，晋城交通运输管理部门的监管职能也由过去单纯管理逐步向服务和管理相结合的方向转变。除根据国家方针政策对运输经营资格进行审批和年度审验、对运输市场经营行为进行监督管理和违章处罚外，同时还对运输经营者进行政策指导和信息引导，向承托双方提供运输经营信息，为其牵线搭桥，排忧解难，沟通业务联系，并指导运输企业和个体运输户进行经营结构、运力结构、车辆技术结构调整，使其适应市场经济的需求。

第四节 运输市场的治理整顿和依法规范

随着道路运输业快速发展，因新旧体制正处于转换当中，运输市场中经营行为不规范的问题逐步显现出来，有偷漏税费的，有无证经营的，有私印票据的等等。仅客运方面就存在运力结构及运力布局不尽合理，中心城市客运运力供大于求，农村及边远山区线路运力明显不足，个体和国营公司司机超速驾车争抢客源，驾、乘人员侵吞票款，服务质量低下，无证经营，偷漏税费，抬价杀价，机动三轮车载客，车内设赌坑骗旅客以及车匪路霸等等诸多问题，道路运输市场秩序整顿到了刻不容缓地步。

1989 年 11 月，党的十三届五中全会审议通过《中共中央关于进一步治理整顿和深化改革的决定》，交通部下发《关于治理整顿道路、水路运输市场决定》，省人民政府办公厅以晋政办发〔1989〕95 号文件印发《关于整顿治理道路运输市场的意见》。文件下发后，晋城交通运管部门认真贯彻，积极落实，迅速开始对道路运输市场为期 3 年的全面治理整顿。此次整顿中，首先对各经营户的经营条件、经营资格、经营执照、经营范围、经营行为等进行摸底调查，针对调查摸底的情况，根据交通部和省交通厅要求，晋城交通运管部门进行了以“七查”（查违法运输、查无证经营、查乱用票据、查偷逃税费、查行业歪风、查垄断资源、查抬价刹价）为主要内容的整治行动。在方法上采取服务上门，从票据、账簿入手，“顺查、倒查、跟踪查”，查票据、查手续、查证照、查账目、查管理；全面清查、重点突破；路查和户查相结合，以教育提高为主。按照省交通厅规定，先后统一 5 种基础台账和报表，统一经营户档案格式和内容，加强票证管理，要求做到有关数据账账相符、账实相符。

在运输市场治理整顿的同时，晋城各级运管机构强化内部管理，建立健全各种规章制度，统一规范各种审批程序，在全行业开展“安全优质文明服务竞赛活动”。1992 年 10 月，交通部在太原召开“全国治理整顿公路、水路运输市场总结表彰会议”，受到交通部和省运管局肯定。

客运方面，重新审验经营户经营资格和经营行为，要求凡在境内经营客运的车辆，必须在车厢内悬挂“客运票价牌”，实行车进站、人归点、明码标价、合法经营。

货运方面，从 1990 年 1 月起，购置营业性车辆者，要写出书面申请，持所在乡镇或主管部门介绍信，到运输管理部门领取“准购证”，力求实现运力和运量的大体平衡。1993 年，积极引导个体经营户实现规模经营，运输管理部门筹建为运输经营户服务的有形市场（货运站场）和无形市场（提供信息服务的机构及场所），推行大宗货物合同运输。

车辆维修管理方面，1992 年对汽车实行强制性二级维护制度，建立车辆技术档案，同时确定二级维护定点厂家。及时纠正经营活动中存在的技术低劣、设备简陋、管理混乱、唯利是图等不良现象，限期让其进行整改，对整改后仍达不到要求者，则取消经营资格。

通过治理整顿，规范运输秩序，增强经营者法律意识，提高运管部门适应市场需要，服务群众，服务业主的自觉性。一是通过整顿，长期存在的“黑车、黑户”问题得到解决；二是公私车牌混挂的问题也因采取“挤、卡、堵、疏”有效措施，得到扼制；三是强制淘汰报废一批老、旧、破车，使车容车况得到进一步改善，大大增强社会运输能力和运输安全系数；四是规范运输经营行为，和工商、税务等部门合署办公，强化票证管理和税费征收手段，堵塞偷漏税费渠道，增加税费收入，打击侵吞货款、票款行为，增加企业运营收入和经济效益；五是打击运输市场中的违法犯罪行为，净化运输环境，保证人民生命财产安全；六是强化行业管理，使拖拉机运输、搬运装卸、维修服务等全部纳入行业管理的轨道。同时通过市场整顿，锻炼管理队伍，使运管人员思想和业务素质明显提高，促进行业管理的规范。

第五节　《山西省道路运输管理暂行条例》的贯彻实施

《山西省道路运输管理暂行条例》于1995年7月20日由山西省第八届人民代表大会常务委员会第十六次会议通过，并于同日公布，自1995年10月1日起施行。《暂行条例》由8章43条组成。是全省道路运输领域第一部地方性法规，是当时全国30个省、市、自治区中出台规范道路运输经营与管理地方性法规的第四个省份。《暂行条例》明确县级以上交通行政主管部门负责管理本行政区域内的道路运输业，交通行政主管部门可以委托其所属的交通运输管理机构履行道路运输业的具体管理职责。并在道路运输经营和道路运输相关业务等方面，确立一系列崭新的道路运输法律制度。与已往有关规定相比，针对全省实际增补关于经营运输业资格的审查问题、关于交通行政主管部门对道路运输监督检查问题、关于汽车综合性能检测站由交通行政主管部门归口行业管理问题、关于汽车驾驶学校和驾驶员培训问题等明显内容。

晋城市交通运管部门依据《暂行条例》和省交通厅制定出台的旅客运输、货物运输、汽车维修、驾校培训、运输服务业等相关配套的管理规定和制度，认真履行职责，全面规范晋城道路运输活动，维护道路运输市场秩序，保障道路运输安全，保护道路运输各方面当事人的合法权益，有力促进全市道路运输市场建设，促进运输经济的发展。

第六节　货运市场的建立

1978年，党的十一届三中全会以后，运输企业加强运输成本核算，大力发展以煤炭为主的大宗物资运输，大量购进黄河、罗曼、道奇等品牌的大吨位车辆，同时淘汰一批高耗低效的车辆。至1979年，晋城运输公司大吨位货车占该公司货车总辆数75.9%，吨位占88.1%。由于外省及境内社会运煤车辆剧增，导致专业运输部门车辆货源严重紧缺。1982年，煤炭流向由河南转向山东，1985年延伸到安徽省濉溪、利卒、桐城等地。是年，晋城市实行市管县体制改革后，社会自办运输车辆迅速增长，专业运输量虽不断增长，但在境内货运总量所占比重有所回落。1989年，境内专业运输公司共有营运汽车479辆，其中货车293辆、2261个吨位，年货运量28万吨，货物周转量10 771万吨公里，分别占全市年货运量和货运周转量的1.36%和12.01%。

20世纪90年代，运输企业普遍实行风险抵押，单车承包等形式的生产经营责任制，全面建立运输市场经济体制，晋城运输公司成立货运总站和货运信息服务站，面向社会，面向市场，尽力增强专业运输和市场竞争能力。县(市)运输公司，在推行以车辆承包经营责任制中市运输公司和沁水县运输公司还对过剩货车实行拍卖。

1991年至2006年是晋城道路运输经济由数量型向质量型转变的重要阶段。全市道路运输系统，以饱满的热情，务实的精神，采取以客货集散地为依托，吸收社会资金建市场；运输企业以现有运输设备、设施为基础，整合商品生产和销售企业资源，增加投入，完善功能共建市场；部分运输中介组织，以信息为龙头，搭桥牵线建市场。

1993年，运管部门在积极引导个体业户实现规模化经营的同时，多方指导、协调筹建为运输经营户服务的有形市场(货运站场)和无形市场(提供信息服务的机构及场所)，积极推行大宗物资合同运输。

1995年，市运输公司、高平市、城区、阳城、沁水县运输公司由于企业经营管理出现问题，致使货运车辆逐渐处理，从此结束了这些公司经营货运的历史，专业运输企业除晋城汽车运输公司外，只剩陵川县运输公司经营货物运输。

1996年，运输管理的着力点是培育运输市场，努力实现管理工作规范化。年底，全市为社会经营户建立59个货运市场，6个信息中心，34个信息服务站，36个联营组织，货运出租车及危险品运输车辆全部纳入行业管理并单独建立运输台账。1997年根据市场发展要求，行业管理部门提出新的培育市场方案“三个一百”战略。即用3年时间在境内建立100个联营组织、100个货运站场、100个信息网点。2000年以来，出现汽车销售公司担保贷款和分期付款购车，汽车销售商为了能保证收回贷款和车款，采取销售上户办证，交费等服务，因此产生货运公司；2004年以来，各货运公司致力发展融资车辆，形成规模化经营。

道路运输市场建设，促进运输生产力发展，规范运输市场，提高企业经济和社会效益。2000年至2001年，交通部发布《道路货物运输企业经营资质管理办法(试行)》和《关于道路运输业结构调整意见》，全市道路运输系统以改革为动力，结构调整为主线，整合运输资源，从运输企业实际出发进行改革和改组，促进运输企业规模化、集约化、网络化经营，改善运力结构，提高服务质量。通过运输结构调整，货运经营户减少，车辆增加，企业规模扩大，适应市场需求。货车8吨以上的大吨位重型货车迅速增加，适应晋城煤炭外运需要；8吨以下大型货车减少，

4吨以下小型货车增加，适应现代物流配送需求。运输结构的调整，为全市道路运输经济又好又快发展奠定基础。

2006年底，全市有营运货车14 073辆，108 700个吨位，完成货物运输量7923万吨，货物周转量316 460万吨公里。

2008年，随着煤层气开发利用，危货车辆大量进入市场，共成立危货公司10家，车辆259辆。

2009年底，晋城拥有货运企业16 243个，其中危货12个，普货16 231个；货运站5个；货运车辆24 104台，其中危货车辆676台，普货车辆23 428台。

2010年底，晋城拥有货运企业17 262个，其中危货20个，普货17 242个；货运站5个；货运车辆27 006台，其中危货车辆992台，普货车辆26 014台。

第七节　客运市场的建立

20世纪70年代，晋城运输公司积极为农田水利建设服务，先后开通晋城、高平、阳城至沁水张峰（即沁河灌区枢纽工程工地），阳城至阳（城）济（源）公路省界隧道口等重点工程的客运班车，同时一批大型厂矿陆续购买客车，专供接送本单位职工，社会客运市场基本由交通专业部门独家经营。

1984年，运输市场实行开放政策，尤其是1985年晋城市荣升地级市后，客流骤增，社会客运车辆迅猛增加，客运市场多家经营、互相竞争的局面迅速形成。为适应市场需求，交通运输企业陆续购进豪华客车。1982年至1992年间，晋城运输公司等企业相继增购东风客车90部，仅1987年就购置龙江大客车10部。1992年至1996年间，公司先后购置安源、宇通、聊城高档客车20余部和郑州卧铺客车，投入营运。1996年10月至1998年，依维柯高档中巴客车投入晋城至太原、郑州等营运线路。

随着道路改善和高速道路网络化形成，各运输公司积极增发省际长途班车。晋城运输公司1984年开辟晋城至新乡、洛阳、沁阳3条线路；1985午开辟阳城至西安对开的省际班线；1986年开辟晋城至滑县、济源、温县，高平至焦作、阳城至洛阳6条线路。1987年开辟晋城至郑州、开封等3条线路。1988年后先后开辟阳城至郑州、焦作、新乡、济源，沁水至新乡、陵川至林县及晋城至西安线路。进入20世纪90年代后，营运线路延伸向经济、文化发达的大中城市，如北京、天津、武汉、济南、石家庄等地。其中运输公司开辟省际线路15条，最远的晋城至武汉达767千米，同时，浙江、苍南等地的班车也发往晋城。

2000年以来发展高中档客车，部分落后客车开始退出市场。2002年开辟晋城至皇城相府、晋城至陵川王莽岭等旅游班线。2003年晋城公司吸纳职工入股，引进2台世界一流客车“欧洲之星”，5台尼奥普兰豪华大巴，实行公车公营。道路旅客运输以安全、舒适、快捷、便利成为服务亮点，各运输企业改变经营方式，优化服务质量，以“诚信”打造企业品牌，使整个客运市场充满生机和活力。

2006年底，全市共有客运企业6个，即山西省晋城汽车运输有限公司、山西省晋城汽车运输有限责任公司沁水分公司、晋城市汽车运输公司、高平市道路客运服务公司、陵川县汽车运输公司、阳城汇源运业有限公司。有汽车客运站13个，营运客车2218辆，其中高级豪华客车170辆，中级客车1367辆，普通客车681辆。经营班线304条，其中跨县（市、内）班线70条，县内班线223条，农村班线241条，省际班线47条。全市74个乡镇全部通班车，2220个行政村中已通班线行政村达1983个，占行政村总数89.5%。

截至2010年底，全市共有营运客车964辆，其中高级豪华客车434辆，中级客车351辆，普通客车179辆。经营班线303条，其中跨县（市、内）班线58条，县内班线166条，市际班线27条，省际班线52条。共有客运企业3家、客运站场9个。

第八节　机动车驾驶员培训

机动车驾驶员培训1996年重新划归交通部门管理后，运管部门主要职责是对申办驾驶员培训学校者进行审核、颁发培训许可证，对学校进行年度审验，监督学校按照上级规定的统一课程、课时进行教学。学员学业期满，经统一考试，发给结业证书。学员凭交通部门颁发的结业证到公安交警部门考取驾驶证。1996年底，晋城共有机动车驾驶员培训学校14所。之后，随着人民群众生活水平提高和私家车辆增多，驾驶员培训市场需求逐步增大；1998年晋城市机动车驾驶员培训学校增加到19所；2010年增加到23所，其中一级驾校5所，二级驾校16所，三级驾校2所。

第九节　维修市场监管

1995年《山西省道路运输管理暂行条例》实施后，晋城市交通运管部门逐步加大对维修市场的管理，主要是对申办机动车维修经营者审核，颁发《道路运输经营许可证》，对维修经营者定期审验，监督维修企业按照规定的维修价格、人员资质、维修质量、维修服务等要求进行规范经营。重点加大对车辆二级维护定点维修厂的管理。截至2010年，全市有机动车维修经营业户864家，其中一类维修企业13家，二类维修企业118家，三类维修企业733家。车辆二级维护定点维修企业80家。

第十节　站场经营和物流

1994年晋城市就积极发展物流业，以煤炭站、场为重点，主要解决外埠来晋城的车辆回程配载。1997年全市各县(市)各类物资场站已由36个发展到103个，这些煤炭站、场为外地车辆来晋城拉煤提供方便。进入21世纪，随着高速公路网络形成和国道省道通达深度和范围的扩大，更为晋城发展现代物流提供基础和条件。晋城物流开通6条主干线，辐射北京、天津、上海、广州、西安、郑州、石家庄、太原等20多个城市，境内配送至六个县级行政区，物流业发展出现前所未有的良好势头。

第十一节　市场准入的实行

1997年8月22日，交通部下发《道路运输管理规范》。具体规定运管部门职责范围和工作程序，如《开、歇、停业和审验工作规范》、《货物运输管理工作规范》、《搬运装卸管理工作规范》、《运政稽查工作规范》等等，运输法规逐步健全，运输市场监管步入“以法治运”和“依法管理”的法治阶段。

根据交通部统一安排和部署，全国道路运输行业从2001年10月1日起统一更换新版《道路运输经营许可证》和《道路运输证》，将原《公路运输经营许可证》、《汽车维修技术合格证》、《机动车驾驶员培训许可证》、《车辆检测许可证》合并统称为《道路运输经营许可证》，这是道路运输市场准入和经营许可制度的一项改革。省运管局按照交通部规定，与经营资质评定工作相结合，按照“谁审批、谁发放、谁负责”原则，明确《道路运输经营许可证》省、市(地)、县三级运政管理机构的发放权限。对《道路运输经营许可证》和《道路运输证》的编码也实行新的办法，还新增设“道路运输证标贴”粘贴于驾驶室挡风玻璃右上角，作为年度审验合格的通行标志。

2003年8月27日，全国人大通过《中华人民共和国行政许可法》；2004年4月14日，通过《中华人民共和国道路运输条例》，由此确立交通运输管理机构法律地位，明确各级运管机构的行政审批权限，晋城各级运管机构成为实施《道条》的行政许可主体。2004年10月，市编办批复晋城市交通局运输管理处更名为晋城市道路运输管理处。各县运管所也都更名为“××县道路运输管理所”，并统一启用单位公章和业务专用章，行文明确运管机构的执法主体资格和管理职责，统一履行执法主体资格证的申办手续，对符合条件的执法人员逐级申请省政府法制部门核发行政执法证。

在《许可法》实施前，晋城交通运管部门对道路运输行政许可项目进行认真清理，修改不符合政府职能定位的和不符合政、事、企分开的行政审批事项，废除妨碍企业自主经营、妨碍市场开放、妨碍公开公正竞争的审批事项，同时探索制订一系列新的管理办法，受到市清理行政许可项目检查组的肯定。

继《许可法》和《道条》颁布施行之后，交通部及时发布《交通行政许可实施程序规定》、《交通行政许可监督检查及责任追究规定》、《道路旅客运输及站场管理规定》、《道路货物运输及站场管理规定》、《机动车维修管理规定》、《危险货物运输管理规定》等一系列新的配套规章。

晋城市交通运管部门紧紧抓住新法规施行契机，积极推进依法治运进程，将原来的“行政审批大厅”改称“行政服务大厅”，兼挂晋城市人民政府行政服务中心交通分中心牌子。各县运管机构业务大厅也都改了名称，成为直接面向群众、面向社会的窗口，直接代表政府和交通系统的形象。每个大厅对所有业务流程都制定A、B角零缺位制度和“一站式”首问负责制、“一次性”告知补正制、限时办结制、外出告知制等，设立公示栏、投诉卡、示范文本、意见反馈箱、征求意见簿、服务竞赛栏，还设置业务查询电子触摸屏，确保各项制度均能落到实处。按照省运管局规定，把每个月25日定为处、(所)长统一接待日，以此昭示和实践着交通运管部门作为一个负责任部门的人本理念。

晋城市级运管机构行政许可职能主要是申请从事行政区域内跨2个县级以上行政区域客运经营的许可事项和从事危险货物运输经营的许可事项；各县(区)运管机构行政许可职能主要是从事县级行政区域内客运经营、客运站(场)经营、货运站(场)经营、机动车维修经营、机动车驾驶员培训业务的行政许可事项等。

伴随着《行政许可法》和《道条》的颁布与实施，道路运输行业管理的市场准入逐级审批制度成为历史，代之而实行的是遵照《道条》依法许可的制度。

第十二节　市场的全面监管

在依法实施行政许可同时，各级交通运管部门加强对行政许可的后续监管和对运输市场的全面监管。主要包括运输市场日常管理、市场秩序专项整治、年度审验和质量信誉考核、运政执法稽查、行风评议和受理质量投诉等。

晋城市交通运管部门根据交通部印发的《关于贯彻新版道路运输经营许可证和道路运输证有关事项的通知》(交公路发[2002]55号)，对从事道路旅客运输、道路货物运输的单位和个人，未按当地交通主管部门规定的期限到道路运政管理机构办理《道路运输证》年度审验的，从年审的最后期限每年8月1日起，到本年度内，按《道路运输行政处罚规定》(2001年交通部第5号令)第8条10款第2项的规定实施行政处罚；《道路运输证》未进行年度审验，超出本年度的，视为无效，按《道路运输行政处罚规定》第8条第3款规定实施行政处罚。2004年《行政许可法》和《道条》颁布实施后，规定行政机关应当根据法律、行政法规的规定，对直接关系公共安全、人身健康、生命财产安全的重要设备、设施进行定期检验，对检验合格的，应发给相应证明文件。从此，晋城运管机构对企业和个人的许可证件不再进行年审，而是加强对运输车辆和有关设施、设备的定期检查。主要包括从事客货运输的车辆、危险货物运输以及站场经营、机动车维修经营、驾驶员培训经营等相关设施设备。为了维护驾驶员培训市场经营秩序，根据省运管局安排，晋城市运管机构加大对驾校年度审验力度。在年审中严格执行标准，把培训单位经营行为、规费交纳情况作为重点审验项目，并按照有关规定，对存在教学设施、设备不完善、超范围经营、不按教学计划和教学大纲规定的学时和内容授课及不正当竞争等问题的，进行处罚、限期整改、停业整顿等处理，同时对符合开业条件，但规模较小，经营不善、布局不合理的培训单位，鼓励其进行联合和重组，提高办学能力，实现社会效益和经济效益双丰收。

2004年，按照省运管局下发的《山西省道路客运企业质量信誉考核管理办法》、《山西省汽车客运服务质量信誉考核管理办法》等文件，晋城市交通运管部门对企业一年内在经营管理、经营行为、安全生产和服务质量等方面进行综合评价。考核分合格、基本合格、不合格三个等级。对得分在70分以下的、发生特大安全责任事故的、发生重大服务质量事件超过3次或发生1次以上性质特别严重的服务质量事件的、有严重的违法违规行为并造成恶劣影响或严重后果的，定为不合格。考核不合格的，给予一年整改期。整改期内，暂停新增线路审批和参加招投标。通过考核，促进企业提高服务质量和诚信水平，使运输市场朝着安全、健康、有序和文明的方向发展。

第十三节　城市公交隶属关系的调整和全面发展

晋城市公共汽车公司1966年5月由3辆公交车起家，原为晋城县城建处下设的一个公共汽车组。1978年12月23日，原晋城县委、县政府批准成立“晋城县公共汽车公司”，隶属县建设委员会。1983年7月，晋城县改为地辖县级市时，将该公司隶属晋城市汽车运输总公司主管。1985年5月，晋城市成立省辖地级市后，该公司又重新隶属于晋城市建设局。2004年8月24日，晋城市城市客运处下属的客运疏导中心及晋凤巴士有限公司划归该公司管理。2006年8月24日，晋城市人民政府将该公司整建制划归市交通运输局主管。2009年12月，经晋城市委、市政府、市委组织部考核，批准同意该公司按照国家中型二类企业进行管理，升格为副处级单位。

晋城改革开放前的公交车全为普通汽车，经过30年逐步发展，不仅增加双层车、低底板大容量车，而且所占比例越来越大，平均每年购入车辆30台。在提高车辆档次的同时，不断推进公交场站建设步伐。1991年，在市区新市东街征用东关村土地20亩，逐年修建职工住宅、修理厂等设施。2004年，在该场站修建完成集办公、底商、住宅于一体的建筑面积约6000平方米的综合大楼。2001年以来，又在苗匠村、客运处、东吕匠立交桥下3处租赁3个临时公交场站。2006年开始，筹备立项泽州北路公交站场，争取政府资金2600万元。2008年6月开始动工修建，建设内容包括建筑面积7108平方米的综合楼、3245平方米的保养厂房、车辆清洁设备等，总占地面积49.92亩，2010年竣工并投入使用。随着市区线路的无人售票化，对车辆硬件服务设施不断加以人性化改进。2002年以来，坚持实行70岁以上老年人、伤残军人、现役军人免费乘车的社会义务。2007年，开通公交非接触式IC卡系统，实现市民刷卡乘车，广受社会的赞誉和乘客的好评。

截至2010年底，公司设11个职能科室，辖4个营运车队，公交IC卡发售中心、广告部、保养厂、配件部、美好公交旅行社、公交加油站、客运疏导中心，晋凤巴士公司等，有职工650人，拥有固定资产4113万元。经营着晋城市市区、城区、工矿区、泽州县区20条营运线路，拥有各类公交车307台，线路总长度339千米，站点325个、候车亭56个。

第十四节　出租车客运的起步和规范管理

20世纪80年代末，出租车客运在晋城悄然兴起，人力三轮车、机动三轮车和40多辆不同车型的社会车辆形成晋城市出租车行业的主体。1990年11月，晋城市客运管理机构成立，行使城市客运出租行业管理职能。1992年，根据市政府规划部署和城市发展需求，对出租市场进行统一规范整治，成立6家出租汽车公司，核定车辆1000辆，并统一更新为天津大发车型。1998年10月，市客运管理处成立市客运疏导中心，建立北、东、西停车场（站），监管60辆公交车，主要线路为火车站至广场、火车站至东西大街、火车站至肉联厂（该疏导中心2004年移交至市公交公司）。2000年10月，原出租车运营期限已满，在市政府统一规划、部署、安排下，新增出租汽车300辆。2002年，将泽州县凯迪出租汽车公司纳入管理范围。至此，市客运管理处共管辖市区9个出租汽车公司，营运出租汽车1453辆。2008年，市区大部分出租车进入报废期，对这些出租汽车进行更新。在更新中，充分发挥晋城市天然气资源优势，以捷达、比亚迪F3、新爱丽舍、三菱蓝瑟、天语、桑塔纳（志俊）等出厂原装双燃料车型为主，三厢式车身，春绿色，黄腰线，晋ET专用号牌，全部安装GPS终端，LED显示屏和税控计价器等高科技配套设施，走在全省出租汽车行业前列，成为全省及周边地市借鉴典范。

第五章　社会公共服务

晋城市交通系统秉承社会责任理念，提升公共服务能力，顺利完成春运、“黄金周”运输、电煤和燃油运输、鲜活农产品运输等重要任务。特别是进入21世纪以来，积极推进公共服务型交通行业建设，自上而下建立应对突发事件保障体系，在抗洪抢险、防非典、抗击冰雪灾害、抗震救灾、维稳安保专项行动、应对群体性事件等急、难、险、重任务中发挥重要作用。

第一节　城乡客运一体化的实施

改革开放前，农村客运班车发展缓慢。改革开放初虽有发展，但受经济、地理等条件限制，仍比较滞后。进入2000年后，随着县际油路改造和村村通水泥路工程实施，晋城市交通运管机构以道路运输市场结构调整为主线，大力实施“村村通”班车工程。一是加强领导，统一部署，科学规划，成立以市交通局局长为组长的领导组，深入乡村进行调查、研究，掌握村村通班车第一手资料，并及时出台《关于加快农村客运网络化建设的意见》，绘制村村通班车规划图，确定高平、城区为试点县。二是加大资金投入。狠抓硬件建设，使全市达到乡有站、村有棚、点有牌，初步形成市、县、乡、村四级贯通的“无缝隙”相接的农村客运网。三是出台优惠政策，大力扶持。对客运附加费、运输管理费、车辆检验定级费等，能减免的减免，能优惠的优惠。到2004年已开辟农村客运班线162条，投放村通客运班车686台、7421座，占全市客运车辆总座位数70%，建设农村客运站20个，候车棚149个，候车招呼牌829个，使全市100%乡镇和85%行政村通客运班车。高平市交通局确定4条循环客运线路和7条往返客运线路，由50辆中巴车参与运营，并采取公司化经营模式，统一管理，统一站点，统一发车，统一票价，统一线路。此外，还有89辆小型客车以乡镇政府所在地为中心向偏远山区辐射。新建候车棚31个，其中大型17个，小型14个，此外设置招呼站133个，改善出行条件，得到广大农民拥护和支持。山西汽运集团晋城汽车运输公司2004年至2006年，积极推进经营结构调整，由重长途客运经营向长途客运、农村客运经营并重转变，努力开拓农村客运市场。沁水分公司车头向下发展农村客运，成为全省的先进典型。

2006年以前，晋城道路客运市场由交通、城建两家管理，造成城乡客运市场分割，管理部门互相掣肘，有碍城乡交通统筹发展，不利于城乡经济一体化。

晋城市公共汽车公司经过30年经营和发展，公交车总数已增到307辆。客运出租汽车从1985年诞生以来，经历从小型面包车到轿车的数代更新，成为晋城市区一道亮丽的流动风景线。随着村村通油路和村村通客运班车以及农村客运网络化工程的节节进展，城乡客运一体化的时机日渐成熟。

2006年8月24日，晋城市召开市长办公会，成建制将城市公交移交交通部门管理，率先在全省实现中心城市突破。晋城市地处边远山区的沁水县，2005 年有 2 家公交公司、4 家出租公司先后投入运营，本应缓解群众“出行难”现象，却使沁水县客运和出租车市场趋于无序失控状态。沁水运管所提出推行城乡交通一体化构想，得到县政府、县交通局大力支持。2006 年 10 月 24 日，经县长办公会决定，将原先城建局管辖的公交车、出租车管理职能移交交通局管理。继城市公交成建制划归交通运输部门管理后，2010 年 1 月 13 日，市交通运输局与市住房保障和城乡建设局共同举行交接仪式，正式将晋城市城市出租汽车客运管理处成建制移交。至此，晋城市全面实现城乡客运一体化。

2009 年，晋城市运管局坚持“路通车通”，继续积极发展农村客运。按照“五定四统一”公司化运营模式，培育和发展晋城至下村、鲁村、马村、嘉峰四条农村客运班线，及时足额发放燃油补贴，巩固文明线路创建成果，促进农村客运优质化服务。截至年底，全市共有农村客运班线 251 条、车辆 716 台，行政村通客车率达 95.7%。

2010 年，市交通运输局调整思路，整合资源，在紧锣密鼓推进市汽车客运东站建设基础上，着手规划并加紧推进苗匠二级客运站建设的前期工作。对公交公司和市运输公司之间农村线路、运力进行合理调整，共整合企业 1 家，整合车辆 198 台，调整农村线路 8 条，调整客运车辆 78 台，彻底解决了过去一条线路多家经营，恶性竞争等诸多弊端。实施公交优先发展战略，为乘客创造“零距离”的换乘条件，加发线路，延时运营，倾力打造管理规范、服务优质、群众满意的城市公交新品牌。

第二节　春运和“黄金周”假日运输

每年冬季是公路客运的繁忙季节，尤以春节前后的客运最为紧张。一般在春节前一个月左右，晋城市交通运管部门就设立临时机构，一方面组织审验全部参加春运的车辆，确保车辆技术性能良好；另一方面组织站务人员深入机关、学校和厂矿企业摸清旅客的流量、流向、流时，预约登记，据以安排运力。春运期间，各客运车站都广设售票点，延长售票时间，提前预售车票，对候车旅客主动做好宣传工作，反复播讲班车开行时间和乘车注意事项，对孕妇和老弱病残者进行重点照顾。并要求驾驶员时刻保持高度警惕，严格执行操作规程，恪守交通规则，行车中不斗气、不逞能，注意劳逸结合，坚持文明行车，礼貌待客。

2000 年 6 月，国务院下发《关于进一步发展假日旅游若干意见的通知》，2000 年的“十一”，第一个“黄金周”被正式定名。之后，包括春节在内，“黄金周”成了“五一”、“十一”、春节长假的代名词。每逢春运和五一、十一黄金周期间，晋城各级交通运管机构都要周密部署，精心组织，恪尽职守，按期圆满完成旅客和节日重点物资运输任务。

晋城各级交通运管机构根据省交通厅和市政府的通知精神，成立假日工作领导组，由交通局局长任组长，副局长任副组长，成员由运管处处长、公路科科长及交通局有关处(科)室负责人组成。各县也都成立领导组和相应机构。市假日运输领导组下设办公室，地址设在市交通局运管处，主任一般由运管处处长兼任，并设专门联系的值班电话，每天安排专人 24 小时值班，随时掌握动态，及时处理遇到和发生的问题。领导组的领导和成员都要亲自带队，深入运输生产第一线去检查、指导、帮助工作，针对薄弱环节，采取相应措施。市县运管部门驻站人员协同各汽车客运站把安全作为春运和假日运输的首要条件，加强对出站车辆的检查与检验，并组织专门人员，配合公安部门对旅客托运和随车携带行包进行认真检查，加强易燃、易爆、危险品的查堵工作。若逢雨雪天气，要求每辆车必须随车携带防滑链、铁锹、三角木等防滑用具，否则不准出车。

每年春运时间，一般确定为 40 天左右，节前 15 天，节后 25 天。晋城市交通运输部门把“以雪为令，见雪上路”作为一项制度，长期坚持下来。如遇雨雪，及时组织公路沿线交通员工和群众扫雪打冰，备足防滑材料并及时撒铺，确保春运安全。各运输企业在准备充足运力，加强指挥调度的同时，还预留备用运力，做好应急预案，随时应对突发情况，确保人民群众出行顺利安全。

2008 年，国务院假日调整后取消“五一”长假，并增加端午节和中秋节等小长假，晋城市各级交通运管机构、运输企业、汽车客运站仍像以往一样，兢兢业业，恪尽职守，认真圆满完成假日各项运输任务。是年，晋城市交通局、沁水县交通局、晋城市道路运输管理处、晋城市地方海事局、山西汽运集团晋城运输有限公司、高平市道路客运服务中心被授予“2008 年全省道路水路春运工作先进单位”，王余良、王晋霞、李志安、李培军、曹保陵、胡文阳、李海军、樊红、苏艳艳、关国庆被评为“2008 全省道路水路春运工作先进个人”。

2009 年 9 月，省交通厅国庆维稳工作督察组分别深入长晋、晋济、晋焦高速公路管理处，省运汽车站和市公交公司等单位实地查看。23 日上午，听取汇报后，督导检查组对晋城市交通系统维稳工作充分肯定，认为各单位各部门领导重视，安排部署及时，措施责任落实到位。

2010年1月30日至31日，省交通运输厅党组成员、副厅长张志川带领厅工作组一行7人到晋城市检查春运及安全生产工作，先后深入省运长途汽车站和高陵高速公路施工现场实地查看。市委常委、副市长赵学梅，市交通运输局局长贾承健和有关单位领导陪同。在省运长途汽车站，工作组分别检查售票厅、候车厅、发车区、车辆调度室等部位，认真查看和了解春运各项措施制定和实施、"三品"检查、车站运输组织、车辆安全检查登记情况等，抽检部分车辆和驾驶员的"四证一牌"。强调要把"三品"查堵、车辆安全例检和驾驶员的安全教育作为春运工作的重中之重，尤其要加强对途中上车旅客的"三品"检查，坚决杜绝"带病"车辆投入营运，确保春运工作安全顺利进行。

2010年4月30日，省交通运输厅印发《关于2010年全省道路水路春运工作先进集体和先进个人的通报》。晋城市道路运输管理局、晋城市公共汽车公司被授予先进单位荣誉称号，王勇、时菊利、廉阳锋被授予先进个人荣誉称号。

第三节　"非典"的防控

2003年初，"非典"疫情突如其来。道路交通检疫成为最重要环节，把晋城交通运输管理部门推到防控"非典"最前线。为确保既严格监控阻断疫情传播，又保障道路客货运输畅通，晋城交通运输各部门高度重视，特别加强汽车运输部门、服务窗口单位和道路施工单位的防治工作。

当时，受"非典"疫情影响，河南、河北、山东等省不同地区运输企业按照当地政府及行政管理部门通知，纷纷来电、来函通知山西汽运集团晋城公司，停发通往该地区的班线或拒绝接受发往该地区车辆。对此，晋城道路运输管理处一方面及时向上汇报，一方面积极和相关地市交通运输部门沟通联系，尽快就互通班车和运输货物达成一致意见。陵川、沁水两县运管所在经费十分困难，甚至在职工工资不能及时发放情况下，仍千方百计筹措资金购买消毒液和防控设备，搞好车站、客车及旅客登记、测温、消毒等工作，做到不留死角。根据省运管局下发的《关于加大防控"非典"稽查力度的通知》，从市到县都加大对客运黑车及不进站车辆的查办力度，严禁站外揽客，做到文明检查，文明消毒，文明测温，文明登记。此期间，交通系统所有单位都坚持24小时值班制，实行零报告、日报告制度。对凡是在"非典"期间参加运输药品、蔬菜、食品等紧急物资的车辆，按要求统一核发由交通部印制的《防"非典"紧急物资运输特别通行证》。为"非典"防控工作做了大量卓有成效工作，赢得各级政府以及广大人民群众的称赞。2003年7月1日，山西省交通厅隆重召开纪念七一暨抗击"非典"双先表彰大会，晋城市交通局荣获省交通厅"抗击非典先进单位"荣誉称号。晋城汽车站、高平市道路客运服务中心客南汽车站、晋城市交通局运管处、晋城公路分局衙道检测站、晋焦高速公路有限公司丹河收费站荣获"抗击非典先进集体"荣誉称号。

第四节　战略运输保障车队的组建

2005年，省交通厅作出重大决策并于3月22日下发《山西省构建战略物资道路运输保障体系建设试点工作方案》，确定大同、晋城、阳泉三个试点市进行战略物资道路运输保障车队组建工作。

按照"先试点、后推广"的总体要求，在省交通厅、省交战办、省运管局及市交通运管部门大力支持和积极努力下，晋城市道路运输保障车队由山西汽车运输集团晋城汽运有限公司组建，车辆50辆、总吨位1120吨。2005年8月14日，省交通厅、省交战办、省运管局在晋城市举行"山西省战略物资道路运输保障车队晋城总队授旗仪式及集结演练"。此举为山西省战略物资道路运输保障体系建设走出一条在市场经济条件下，组织和集结民用运力完成应急保障任务的路子，提供可资借鉴经验。之后，按照省交通厅和省运管局规定，车队不但享受交通规费减免优惠政策，即减半征收养路费和货运附加费，免征运输管理费。而且按年度从"组织领导、运力保障、人员保障、岗位培训、维修保障、设备保障、集结时间保障"等方面进行量化考核。

第五节　汽车维修救援网络的建设

2006年4月，省运管局决定在省内建立维修救援网络，晋城运管处接到通知后，立即组织力量进行筛选。2006年8月，晋城市讯捷修理厂首先加入维修救援网络，成为晋城市维修救援第一家。继而，市运管处按照"先布点、后连线、再联网"的发展思路，按照"合理布局、及时抢修、合理收费、热情服务、社会监督"原则，经过在全市100家维修企业中精挑细选，最终确定12家汽车维修企业组建第一批汽车维修救援小组，组建"晋城市汽车维修救援网络"。

此后，市运管处成立指挥中心和监督室，完善一系列的管理制度及职责，通过96566运政热线电话，将第一批维修救援企业的简介、救援人员、救援车辆、救援设备、救援制度等资料输入救援网络，制作全市救援企业分布电子图，增补汽车救援经验交流平台、汽车保养知识等内容，规范和完善全市汽车维修救援基础工作，为开展救援工作打下良好基础。全市先后两批共24家维修企业加入维修救援网络，并开始初步救援工作。维修救援网络建设工作受到省运管局的表彰，获得“汽车维修救援网络建设先进单位”和“汽车维修救援网络建设优秀单位”两项荣誉。

第六节　绿色通道的开通

自2004年始，长江以南地区或因酷暑季节，或因进入隆冬，工农业生产用电量猛增，都出现电煤和发电燃油需求紧张现象。特别是遇上雨雪冰冻等极端天气，电煤和燃油运输就更加迫切。2004年6月22日，省交通厅印发《关于做好煤油运输保障电力迎峰度夏的紧急通知》。按照通知精神，晋城市交通运输部门采取措施，完善应急预案，加强对货运市场的监管，确保煤、油运输畅通，确保运输安全。

2004年8月5日，为了保障全省蔬菜、水果、活畜禽及鲜肉、鲜蛋、水产品等鲜活农产品运输畅通。根据《山西省人民政府关于开通鲜活农产品运输“绿色通道”的通知》精神，晋城交通运输各个部门都按照自己职责和工作实际，开通鲜活农副产品运输“绿色通道”，采取切实有效措施，保证“绿色通道”有效畅通。

2008年初，受雨雪等恶劣气候影响，全国出现煤电油运紧张状况，国务院办公厅以及交通部、山西省人民政府相继发出通知并召开会议安排部署煤电油运工作。市交通局高度重视，运管系统紧急行动起来，积极参加抗灾减灾工作，采取多项措施，全力以赴完成煤电油运保障任务。

此后，形成长效机制，严格执行国务院整车运输鲜活农产品“绿色通道”和省政府关于化肥、电煤运输季节性“绿色通道”政策，并不定期组织运输管理、公路路政、高速公路各公司等相关部门，对“绿色通道”政策执行情况进行经常性督导检查，设立公开投诉电话，对干扰“绿色通道”的“三乱”问题及时严肃查处。对货证相符、整车拉运鲜活农产品车辆实行“四不一优”政策，不罚款、不卸载、不滞留、不收车辆通行费，优先通行。对合法装载的电煤运输车辆优先放行。

第七节　汶川抗震救灾运输的组织

汶川“5·12”特大地震发生后，根据省运管局部署，晋城市运管处立即成立领导组，启动战略物资保障车队应急预案，组织应急车辆及人员快速进入战备状态。5月17日上午，接到市政府运送救灾物资任务后，会同山西汽运集团晋城公司领导周密安排，从战备车队中精心挑选性能优越的车辆，抽调经验丰富的驾驶员担此重任。下午15时，援灾物资运送启动仪式结束后，赴川车队的2辆重型货车满载2600条棉被、10万元现金和公司捐助的抗生素药品出发。一路上，4名驾驶员不辞辛劳，风雨兼程，5月19日上午将满怀晋城人民爱心和期望的援灾物资顺利运抵四川德阳灾区。

当接到援助四川地震灾区过渡安置房建设运输任务后，晋城运管处在第一时间制订实施方案，迅速启动客货运应急保障预案，成立客运、货运、后勤保障组，组建150台车辆，分为4个货运保障车队（每队30台车）和2个客运保障车队（每队15台车），每台车配备2名驾驶员，每批货物运输队伍派负责人1名、维修工2名同行，并对司乘人员进行安全培训。同时，着手制作车头、车身标语，测算运距，购置雨布、麻绳、张紧器，与生产厂家美虹、多维彩板厂、兰花塑钢门窗厂联系，就具体事宜进行协商，还带车到厂家试装，确定装载时间和车型要求。

5月28日，开始运送建筑安装队伍的起居用品及大型施工机械。6月5日，成立交通运输临时党支部，市交通局副调研员李海军以临时党支部书记和出征队伍总指挥身份，召集公安、交警、运输公司三方负责人召开援建四川运输临时会议，把出征车队分为四个方队，4辆指挥车分别各负责一个方队，每队指定负责人，并把分组情况、车号、联系方式打印复制，发放到每个指挥车和司乘人员手中，以便首尾相连，信息通畅，以最快速度将物资安全运抵灾区。此次援建运输任务，共动用车辆144部，其中客车14部，货车130部，行程172万车千米无事故。共投入人力458人，运送货物达576车次，其中货车555车次，客车21车次，运送援建队员800多名，施工机械170多部，运送板材19万余平方米，折合3400余间。援建运输工作得到了上级领导一致好评，被晋城市直工委授予“抗震救灾先进党组织”荣誉称号。

第八节 奥运期间的维稳安保工作

2008年，根据晋城市政府、省交通厅、省运管局有关迎奥运、保稳定的一系列会议和指示精神，晋城市交通运输部门认真组织开展奥运维稳安保专项行动。一是加强组织领导，制定《交通系统维稳和奥运安保应急预案》。各有关单位也成立相应领导机构，实行分工负责，层层落实责任。坚持“一把手”负总责和“一岗双责”制，以确保奥运安全稳定工作的开展。二是做好矛盾纠纷排查化解工作。努力把矛盾和问题化解在基层，确保不发生越级上访和赴京上访现象。三是加强内部治安防范管理。四是深入开展安全生产隐患排查。重点检查山西汽运集团晋城公司、市运输公司、市公交公司、晋煤集团危险品运输车队等3家客运企业和5家危险品运输企业，并对企业隐患排查治理工作进行面对面帮助和指导。五是加大对客运和城市公交的安保监控力度，全力做好奥运期间各汽车客运站及进京营运客车的安保工作。特别是严格监控进站和开往奥运会举办城市的客运班车，对北京、天津、上海、青岛、武汉五条班线实行实名制售票，逐一登记，凭身份证上车。同时加强对乘客携带“三品”的检查，彻底消灭不安定因素，消除安全隐患，从而确保了道路运输安全、畅通、有序。

“迎奥运”之后，还完成了“迎世博”、“迎亚运”等重大活动的运输保障任务。

第九节 节能减排工作的推行

随着全球变暖和生态环境恶化，节能减排和保护环境的呼声越来越高。晋城交通运管部门，从全市缺油富煤实际和环境治理及资源综合利用出发，按照省交通厅和市政府批示精神，积极有效地促进甲醇汽车推广和绿色洁净燃料应用。继1998年“太原至榆次”城际路段50辆甲醇燃料中巴车示范运营和1999年侯马市甲醇汽车项目试点成功后，2002年10月，省政府确定将太原、阳泉、临汾、晋城作为首批推广车用甲醇汽油试点城市。

此后，晋城市运管处投放11辆（后来减为10辆）中巴车分别在晋阳高速和长晋二级公路上运营，按省政府及省交通厅规定，享受免征养路费、客运附加费等7条有关优惠，经营户取得较好经济效益。

晋城市煤炭资源丰富，其伴生的“煤层气”储量也相当可观。为充分利用好这一清洁能源，2008年，市交通运输局与晨光物流公司合作开展《煤层气在道路交通运输领域的开发应用》课题研究，并通过交通部组织的专家组评审。经测定，使用空气燃气的混合气体，不仅具有优越环保性，与燃油相比减少二氧化碳排放97%、碳氢化合物排放72%，噪音降低1.5至3分贝，而且具有可观经济效益，燃气比燃油节约成本38%。

2008年以来，市交通运输局把“煤层气”在道路运输车辆中的应用当作节能减排突破口，组建晋城市交通领域节能减排领导组及办公室，制订实施方案和推广办法。根据“煤层气”加气站布点情况，采取以点带面，先从市里到郊区、再从郊区到县区逐步推开的办法。责成市运管局根据公路运输特点，引导企业建设“煤层气”重点运输新干线。对重点运煤通道沿线进行加气站布点，形成绿色交通运输网络和体系。特别是“十一五”期间，本着“绿色环保公交先行”理念，大力发展绿色公交，将汽油公交车全部改装为天然气公交车，新增安全舒适、节能环保和美观实用的双燃料公交车辆，淘汰污染严重、技术条件差的车辆。领导组多次组织召开交通领域的道路客货运公司、公交公司、城市出租公司参加的“煤层气”在车辆中的应用推广大会，对“煤层气”车辆优先许可，适当照顾，减免部分费用。在市交通运输局号召下，市运管局优先许可“煤层气”重型卡车319辆，油改气教练车227辆；市公共汽车公司根据城郊运输特点，购置219辆单双燃料公交车经营市郊区公共旅客运输任务；8个出租车公司积极响应市局号召，市区内1485辆出租车全部改用“煤层气”。针对全社会车辆对节能减排巨大需求，市运管局适时组织具有二类以上维修资质的6家汽车维修厂工人进行技术培训，并确认为油改气定点厂家。从2008年至2010年，累计对社会车辆进行油改气5036辆。

同时，市交通运输局树晨光物流公司为典型，推广其节能减排经验，倡导“以气代油”、“换血”新概念，突破柴油价格连续疯涨给道路运输企业造成的经济瓶颈。截至2009年底，晨光物流公司累计向社会提供6856万立方米煤层气，替代燃油5898万升，节约经费14 674万元。建设“煤层气”重型货卡运输新干线6条，为晋煤外运和电煤供应起到骨干性作用。铭石煤层气利用股份有限公司投入528万元购置长管拖车4辆，万志物流公司投入350万元购置陕汽“煤层气”大卡10辆，诚安物流有限公司投资购买沃尔沃牵引车头97辆，压缩天然气CNG槽罐拖车99辆，液化天然气LNG冷藏罐车40辆，共投资1.38亿元。

为推动全县道路运输行业节能减排，沁水县运管所在已审批22台燃气客车基础上，借鉴总结运营经验并加以推广。同时,积极鼓励维修企业增加“油改气”项目,积极着手进行公共客运重组改革,先期投入60台新型双燃料中档出租车及10台双燃料公交车,优先发展燃气公共客运。

第十节　公路安保工程的实施

2004年,交通部决定用三年时间实施以“消除隐患,珍视生命”为主题的公路安全保障工程,对国省干线公路上的急弯、陡坡、视距不良路段开展综合整治,改善安全防护设施,为行车安全创造条件。按照省交通厅、省公路局的安排,晋城市交通公路部门进行认真落实。

晋城市县两级交通部门对管辖的农村公路进行全面调查,对急弯、陡坡、连续下坡、视距不良和路侧险要五种类别路段进行排查。在实施中,严格按照“主动引导,适度防护、突出重点”的思路,遵循“安全、经济、环保、有效”的实施原则,全面启动安全保障工程。

为确保农村公路安保工程顺利实施,根据规划并结合现实情况,在资金严重缺乏情况下,在安保工程试点中把握了三个原则。一是因地制宜合理选择农村公路安全防护形式。在易发生车辆翻覆、坠崖等恶性事故路段设置路侧防撞护栏,在需要车辆强制减速路段,设置减速垄、减速丘、全幅振动带等减速设施,在交叉口或急弯通视条件较差路段设置反光镜等;二是按照先急后缓、先重点后一般思路分步实施。先实施县道,再实施乡道,最后实施村道;先实施车流量大的干线,再实施车流量较小的路段,主要实施通客运路段;三是交通安全设施设置遵循“安全、经济、环保、有效”原则。为了切实做好公路安全保障,做到了思想认识、组织领导、工程管理、资金保障、工作力度到位,使安保工程顺利实施并保质保量完成。完善公路服务功能,树立和维护交通行业良好形象,彰显交通运输部门确实是一个负责任的政府部门。

第十一节　危桥治理

2007年8月22日,根据省交通厅《全省公路桥梁安全隐患排查治理专项行动工作方案》的通知精神及省公路局《关于对公路桥梁安全隐患排查工作进行督察》的通知,晋城市安排部署在全市范围内开展农村公路桥梁安全隐患排查。

当时,全市农村公路共有桥梁9732.3延米/358座。其中:县道4762延米/155座,乡道2742.3延米/117座,专用道266延米/4座,村道1962延米/82座。通过自查,其中三类及以上桥梁337座,运营状况良好,能够保证行人、行车安全,不存在交通事故隐患。四类桥梁7座,五类桥梁14座。从自查桥梁的结构类型来看,属四、五类危桥的石拱桥(含1座双曲拱桥)占危桥总数86%以上,达18座,仅有3座为钢筋砼板桥。在这些危桥中,县公路上占18座,其中大桥1座(端殷线殷庄大桥)、中桥8座、小桥9座;乡公路占3座,全部为中桥。21座危桥大都是80年代以前民工建勤修建,没有经过专门设计和正规施工,所用原材料不合格、施工工艺不规范、没有钢筋,没用砂浆,系群众义务修路干砌建成。由于技术标准较低,加之超载车辆重压,已不堪重负,有的桥墩、台基底冲刷严重,下沉变形,出现裂缝倾斜;有的台背沉陷;拱圈变形,拱顶出现多处裂缝。如陵川县陵马公路双底一桥和浙石线苍掌桥、泽州县北上线富桥和大大线任庄桥(板桥)、阳城县芹张线户门桥和阳店线口河桥、高平市杨界线河底桥、枣河桥、沁水县黑东线孝良桥、沟口桥、端尹线的尹庄桥等。

对存在安全隐患的危桥,晋城市采取七条措施。一是要求各县对危桥路段立即实行交通管制,设置明显禁止通行标志和限载限速标志,并开设便道。二是尽快组织专业技术人员设计,确定维修整治方案,在最短的时间内,展开修复整治工作,确保行车安全。三是根据各县上报桥梁养护责任人情况,下发《关于下发全市农村公路桥梁养护安全管理责任人名单的通知》(晋市交字〔2007〕135号),建立职责明确、责任清楚的桥梁养护责任制度并全面落实,使每一座桥梁都有专人进行管理,每一处病害都能及时发现,每一个问题都能得到及时处理,使桥梁养护工作形成长期制度,确保桥梁养护工作到位。四是建立桥梁技术档案,做到一桥一档,认真进行桥梁监测。制定《晋城市农村公路桥梁安全隐患排查治理工作方案》。对技术状况为一、二类的桥梁,逐步实施全方位动态监测,发现问题,及时处理;对技术状况为三类的桥梁,加大对小病害处治力度,做到发现一座,处理一座。五是加大桥梁养护力度,加大资金投入。认真做好路面病害和桥头跳车处治工作,提高养护质量,要求在规定时限及时修复损毁的交通安全设施。六是进一步加大治理超限超载工作力度,集中开展主题为“严惩双超、保护桥梁安全”的超限超载整治活动。对所有经检测确认的超载车辆,一律先卸载、后处罚,坚持严管重罚。坚决禁止车货总重超过55吨的车辆上桥行驶。七是完善桥梁突发事件应急预案,明确信息上报、分级响应、交通保障与恢复、事故调查等工作的职责和程序。

2009年9月3日,晋城市维护稳定暨信访工作督察组深入市交通局督察,对该局国庆期间维稳和信访工作给予充分肯定。9月22日至23日,省交通厅国庆维稳工作督导检查组一行四人采取实地查看,听取汇报等方式,对晋城市交通系统维稳工作进行了督导检查。

第十二节　抗灾救险

2009年11月上旬和2010年春节前,晋城市遭遇历史罕见的两次强降雪。两次降雪期间,晋城高速公路有限责任公司及时启动突发公共事件一级响应,采取有力措施,在短时间内清除道路积雪,妥善安置暂时滞留车辆和人员,免费提供食宿,并与高速交警联合分时段引导护送暂时滞留车辆和旅客平安回家过年,得到社会好评。

面对持续性大范围低温和雨雪天气给干线公路扫雪打冰带来的困难。晋城公路分局紧急启动《冬季防雪应急预案》,全面动员,精心组织相关人员做好应急、值班、后勤保障、信息反馈等工作,倾力投入机械、人力、物力,全力以赴开展清雪除冰工作。该分局抗击冰雪行动,受到省公路局督察组充分肯定和高度赞扬,晋城电视台黄金时段、太行日报、《山西交通》报的主要版面都进行报道。各县市地方政府和媒体也对公路段的扫雪打冰行动进行大力表扬和报道,受到了沿线群众的一致好评。

2010年8月18日晚至19日下午,晋城市出现54年一遇的连续强降雨过程,市区降水量达172.6毫米,各县(区)多个乡镇降水量在100毫米以上,干线公路多处路基、边坡、涵洞、挡墙及树木被冲毁,多处路基沉陷、滑移。特别是陵沁线府城至背阴桥路段降水量达204.2毫米,背阴桥路段积水深度达1.5米至2米,洪水将过往10余辆车辆淹没,1辆载有13名乘客的公交车和一辆有3名司乘人员的大型载重货车被洪水围困达2小时。省委书记袁纯清、省长王君作出重要批示,要求全力搞好抗洪抢险,确保人民群众生命财产安全。晋城公路分局立即启动防汛抢险应急预案,迅速调集养护、路政人员投入186人次,装载机、挖掘机及运输车辆12台次,全力展开抢险,在市政府应急办、武警部队的协助下,将16名司乘人员成功解救。

第六章　行业安全监管

晋城市交通运输部门对行业安全负有重要的监管职责。各公路、运管、路政等机构都是安全监督管理的责任部门。在安全监管工作中,各级各部门自上而下成立一把手负责的安全组织机构,层层签订安全生产目标责任书,组建横向到边、纵向到底的安全管理网络。在做好日常监管的同时,把高速公路路政、公路隐患排查、公路施工安全、高速客运、旅游客运、黄金周客运、危货运输等作为监管重点,排查安全隐患,加强源头管理,完善管理体系,构建长效机制,基本实现安全、畅通、文明、和谐的交通运输目标。

第一节　路政机构的成立和路政违法案件的查处

进入20世纪80年代,各种侵占、损害公路路产、路权的事件较前多发,公路两侧由于经济开发、加油站、商业服务门店迅猛增长,不少公路用地被侵占,甚至出现公路"街道化"倾向,造成交通不畅,事故多发。尤其是车辆严重超载,大吨位车辆涌入公路,使公路及桥涵设施严重超负荷运行,造成路面断裂,路基坍塌,桥涵受损。运煤车遗漏抛撒,污染路面等现象也相当严重。还有的路段,人们在沥青路面上打场、晒粮,而且屡禁不止。诸如此类,均给路政管理带来很大难度。1982年后,晋城市交通部门根据省人民政府晋政发〔1982〕81号文件《关于严禁在公路上打场晒粮,确保交通安全的通知》和国务院国发〔1983〕105号文件《关于加强路政管理,保障公路安全畅通的通知》等法规性文件,实行定期上路检查,使公路交通管理状况逐步改善。

1987年,国务院颁发《中华人民共和国公路管理条例》,《山西省公路管理条例》也于同年5月15日正式公布试行(1995年1月1日正式施行)。从此,公路路政管理工作纳入法制化轨道。晋城公路分局和市、县交通局都设立路政管理机构,有的与同级人民法院共同设立交通巡回法庭。公路交通部门经常在公路上书写标语,在城乡出动宣传车、散发传单,大张旗鼓地进行宣传教育,与公路养护工作有机结合,组织人员不定时进行路检路查,发现问题,及时纠正。

1997年7月3日《中华人民共和国公路法》由八届人大第26次会议通过,自1998年1月1日起实行。《公路法》规定县级以上地方人民政府交通主管部门主管本行政区域内的公路工作,晋城市地方公路的路政管理工作开始由市交通局公路科负责。

2002年,晋城市交通局党组遵照《公路法》要求,根据晋城市机构编制委员会〔2002〕27号文《关于组建晋城市交通局路政管理处的通知》,10月30日成立晋城市交通局路政管理处。该处遵循"管养结合、综合治理、预防为主、依法治超"的指导思想,加强路政执法业务和职业道德的学习与培训,培养一批善于执法、善于沟通协调、善于做群众工作的路政执法人员。为加强晋长二级汽车专用公路晋城路段的路政管理,2003年6月2日成立路政一大队。为了加强端氏至润城一级公路路政管理,2004年11月16日成立路政二大队。接着,出台操作性强的路政人员星级考核办法,明确和规范工作职责,建立长效机制,营造"内外和谐、上下顺畅"的路政执法工作环境,建立部门内外、系统上下之间的有效沟通配合机制。同时积极探索各涉路部门及相关职能部门参与的联勤制度,以及沿线村民、企业、村委、乡镇等参与的联动制度。按照"路修到哪里,路政就要管到哪里"的要求,积极管好路政,清除死角和盲区。在管理中,认真落实行政执法目标责任制,依法查处各类路政违法案件,规范路政执法各项工作,使路政管理工作更加"阳光"、"和谐"。

2006年,对全市33辆执法车辆喷制新的执法标志,2009年,对全市126名路政执法人员换发新的执法制服。特别是在"村村通"工程建设中,路政执法人员提前介入管理,实现行业行为转变为政府行为,部门行为转变为社会行为。2002年以来,路政案件发现率达到95%,查处率、赔偿率、结案率均达到98%。此间,晋城市交通局路政管理处路政一大队被评为"五星级文明单位"。

第二节　"三关一监督"的提出及安全源头管理

改革开放前,交通安全工作由公路管理机关负责。1978年,该业务从公路管理机关分出,正式成立交通监理机构,晋城交通监理所负责晋城、高平、阳城、陵川、沁水五县的机动车辆及其驾驶员管理、交通安全和事故处理。1985年,晋城市成立后,中共晋城市委、市人民政府更加重视交通安全工作,1986年8月,开展建市后第一次机动车检验及驾驶员审验。根据省交通厅、省公安厅文件精神,制定审验实施方案,以交通安全为中心,以客车、个体户车辆为重点,对车辆发动机、底盘、设备、车身四大部分进行全面审验,保证部件齐全,技术性能好,行驶安全,运行可靠。1987年,公路交通监理工作归公安部门负责,交通运输部门对道路运输安全实行协助管理,部署和总结每年一度的春节运输安全工作,积极开展"百日安全无事故"等活动,以确保运输安全生产。

之后,晋城市交通运输管理部门坚持贯彻执行"安全第一,预防为主"方针,全面落实"企业负责、行业管理、国家监察、群众监督、劳动者遵章守纪"的安全工作方针,不断完善各级安全生产责任制,加大对企业安全生产的监管力度,使安全生产形势继续保持较好态势。

交通部提出"三关一监督",始于2002年8月3日签发的《关于印发加强道路运输安全生产监督管理工作意见的通知》,内容是:严把运输经营者市场准入关;严把运营车辆技术状况关;严把营运驾驶员从业资格关;搞好汽车客运站安全监督。随着安全监管工作深入,"三关一监督"逐渐成为道路运输安全管理工作的主要依据。晋城市交通和运管部门认真履行"三关一监督"职责,健全安全管理组织机构,责成交通局一名副局长分管此项工作,明确运管处为安全管理职能部门,建立起专职与兼职相结合、专管和兼管相结合的安全管理组织体系,形成市、县两级安全管理网络。制定安全管理办法,明确"管生产必须管安全"、"管业务必须管安全"和"谁审批、谁发证、谁负责"的安全管理原则,制定《晋城市安全管理工作考核标准》,每年都要和各县交通局及责任部门签订《安全管理工作目标责任书》,使安全管理考核工作纳入规范化轨道。

2004年1月22日,适逢正月初一,上午7时50分左右,山西汽车汽输集团三皇侯马公司晋L20311华丰中巴客车(核载19人,实载28人),从侯马市驶往长子县途中,在长(治)晋(城)线高平市西山过境公路谷口路段一拐弯处,先与土崖相撞,后又翻下3米深路坎下,发生特大交通事故,造成14人死亡、14人受伤的"1·22"特大道路交通事故。2004年7月,省政府对该事故做出批复,对21名责任人和2个责任单位进行处理。此次事故,肇事方和责任者虽然都非晋城所辖,但发生在晋城,对晋城交通运输部门监管安全起到很好的警示作用。借此契机,晋城市各级运管机构和道路运输系统自上而下深入学习贯彻《安全生产法》、《道路交通安全法》、《道路运输条例》、《安全生产许可证条例》等法律法规,不断强化以人为本的理念和责任重于泰山的意识,开展多种形式的安全生产宣传教育,并组织广大运管职工和从业人员观看交通事故大型案例教育光盘。组织运输企业举一反三,吸取教训,提升企业安全管理水平。要求市县两级交通运管机构加大客运市场监管力度,强化源头治理,整治事故隐患和苗头,杜绝客运超载,做到警钟长鸣和常抓不懈。

2005年6月12日是全国安全生产宣传咨询日,

晋城市交通系统共设安全宣传咨询点19个,散发宣传资料11万份,悬挂横幅标语24条,出动宣传车8辆,大力宣传《安全生产法》、《道路运输条例》、《危险化学品管理条例》以及《内河交通管理条例》。市交通局局长冯志亮、副局长张海清亲自深入到市区各个咨询点,就交通运输安全、水上运输安全、路政管理等问题,向车主和过往群众现场解答。在此次活动中,全市各级交通主管部门、运输管理机构、海事机构高度重视,精心组织,安全宣传收到实效。

2006年1月13日,根据市交通局晋市交字〔2006〕5号文件,成立了以局长贾承健为主任委员,其他副职为副主任委员,相关科室负责人为成员的交通局安全生产委员会。办公室设在市道路运输管理处,办公室主任李海军。3月2日,启用"晋城市交通局安全生产委员会"和"晋城市交通局安全生产委员会办公室"两枚印章。

2006年3月15日,晋城市安全生产和煤炭工作会议在晋城宾馆召开。市交通局获"2005年度安全生产工作先进单位",并作为完成年度安全生产目标的市直单位之一获奖金5万元。2006年6月15日,市交通局被晋城市人民政府评为2005年度道路交通事故预防工作先进单位。

2006年,晋城市运管机构认真履行"三关一监督"职责。对不符合条件的企业和车辆严格监管,不准其进入运输市场,强化对营运驾驶员及从事危险化学品运输人员的培训,从制度上把住从业人员安全关。是年6月,晋城市道路运输管理处安排部署2006年"安全生产月"及"安全生产宣传咨询日"活动,制定晋城市运输行业"安全生产月"活动方案。设立咨询点18个,出动宣传车6台,悬挂横幅标语32条,发放宣传资料12万份。

2007年6月19日,在全市预防道路交通事故创建平安畅通县(区)工作会议上,市交通局被评为2006年晋城市预防道路交通事故工作先进单位,该局润丰交通建设有限公司被评为公路危险路段排查整治先进单位,秦光晋被评为预防道路交通事故工作先进个人。是年,市交通局被授予"安全生产专项整治先进单位"称号,道路运输管理处被授予"2007年度安全生产管理先进单位",该局贾巨峰、时菊利、侯军、运管系统秦光晋、关国庆、地方海事系统牛红斌被授予"2007年度安全生产管理先进个人"称号。2008年6月,晋城市政府授予市交通局"2007年预防道路交通事故工作先进单位"。

2010年5月12日,市交通运输局和市运管局、城市客运管理处、市公共汽车公司,在物贸广场参加"防灾减灾日"宣传活动。6月13日是安全生产宣传咨询日,市交通运输局在交通大厦门前举行安全生产宣传咨询活动。局领导贾承健、王余良带领安全科、应急办、公路科、运管科和市运管局、海事局、城市客运管理处、质监站的有关人员参加。

第三节　客车挂靠经营的清理

20世纪90年代前期,省外开始有个别私人购车挂靠运输企业经营道路客运。从1995年起,客车挂靠之风蔓延到山西乃至晋城,成为道路客运经营的一种普遍做法。由于挂靠经营的车辆产权关系不明确,企业缺乏自我管理、自我负责的机制和能力,有的企业挂而不管,管而不力,造成一系列严重危害。2004年山西4起特大事故中,其中有3起是挂靠车辆所为。11月12日,省运管局以晋交运客字〔2004〕179号文件发出通知,要求严格禁止新的挂靠车辆进入客运市场,对已挂靠经营的车辆进行清理。按照《通知》要求,晋城市采取三条措施。一是企业新投入客运市场的车辆,必须以资产为纽带,实行股份制等方式的公司化经营,企业所占股份不得低于10%,不得再挂靠经营。凡挂靠车辆不得申请申报客运线路,各级运管机构不得予以许可。二是对已挂靠经营的车辆进行清理,企业应通过收购、实行股份制等方式,逐步改造既有挂靠车辆。三是各客运企业对以公司名义经营的所有客运车辆,必须加强管理,认真负责,对其安全运输、服务质量、事故、经营行为、商务纠纷、员工稳定等承担全部责任。

第四节　危险货物运输的整治

道路危险货物运输是道路运输安全监管的重点之一,稍有疏忽,极易造成群死群伤的恶果。

1994年,晋城市运管处认真贯彻交通部《道路危险货物运输管理规定》,按照省运管局安排,开展深入广泛的宣传活动,进行全面摸底调查,审查危货运输车辆,核发经营许可证和危险货物运输标志。

2001年1月至10月,根据《全国道路化学品危险货物运输专项整治实施方案》,按照"三关一监督"的要求,建立并严格执行市场准入制度。限制不符合安全运输条件的企业、车辆、人员进入危险货物运输市场,同时暂停非营业车辆从事危货运输的审批。

2002年5月至2003年1月,根据国经贸安全〔2002〕327号文《关于开展危险化学品安全管理专项整治工作的通知》和交公路发〔2002〕226号文《关于继续进行道路危险货物运输专项整治的通知》,以贯彻国务院《危险化学品安全管理条例》和加强非营业性自备危货车运输管理为主要内容，开展专项整治。要求凡危货车辆驾驶员（包括非营运），必须按规定参加培训，并经考试合格，取得“从业资格证”，有效期内方可驾驶危险货物运输车辆。其他从业人员，须按规定培训，考试合格后，持“危货运输操作证”上岗。凡未取得证书的人员，一律不得从事道路危险货物运输和作业。晋城市运管处和各县运管所、各县运管所和各危货运输经营户层层签订危险货物运输安全管理责任书，明确责任，强化管理。同时还加强基础管理，建立健全危险货物运输管理档案、台账，使用统一的计算机管理系统。

2004年至2005年，根据国经贸安全〔2004〕69号文《关于开展危险化学品安全管理专项整治工作的通知》，严格责任追究制度。将各级行政部门责任、安全生产管理部门责任、危货运输企业及其人员责任层层分解，责任到人，逐步形成完整严密的责任体系。在这次专项整治中，督促检查危货运输企业尽快建立健全各项安全管理制度和责任制度，实行安全管理一把手工程，并且根据企业实际，健全岗位责任制，落实安全操作规程、车辆维修、检查制度；试行安全业务知识学习制度和事故应急制度及预案。同时还落实专职安全机构和安全管理人员，实行“谁审批、谁发证、谁负责”原则，从各个环节把好道路危险货物运输市场准入关。

2004年6月至12月，根据国质检特联〔2004〕249号文《关于开展危险化学品罐车专项检查整治工作的通知》，协同质检部门重点针对罐体进行专项整治。

2005年5月至9月，根据公交管〔2003〕49号文《关于印发〈道路运输危险化学品安全专项整治方案〉的通知》和交公路发明电〔2005〕5号文《关于做好道路危险货物运输安全专项整治的通知》，结合《道路运输条例》开展专项整治，严查“大吨小标”、“小车大罐”等。

2010年6月18日上午10时，沁水县交通运输局在沁水县加丰镇诚安物流公司进行危货运输事故应急救援演练。演练中，一辆模拟载有CNG（压缩煤层气）的危货车辆行驶至端润一级路沁水县嘉峰镇尉迟路段时突然发生气体泄漏事故。驾驶员和押运员临危不惧沉着应对，立即靠右停车并打开双闪灯，押运员迅速下车摆放隔离墩设置警戒带。在积极开展有效自救同时，迅速向公司安全科和运管、安监等部门报告，同时向110、119、122、120发出求救信号，向保险公司报险。几分钟后，县运管、交警、消防、公司救援车辆及物资赶到现场。运管与交警人员立即在现场疏散群众，指挥交通，维持秩序，消防部门向泄露处喷洒干粉灭火剂阻断空气，并向车体喷水降温预防明火，公司技术人员进行排压及管路检查，保险公司现场进行财产赔偿认定。经过十几分钟紧急抢救，成功处置一起危险气体泄漏事故。在演练中，各部门协调配合到位，突出“安全发展、预防为主、强化监管、落实责任”理念，达到处置道路运输突发事故、完善应急预案的目的。通过演练活动，使交通运管部门及企业直观感受到安全救援紧迫性，切身体验事故危害性，增强安全生产意识，全面检验交通运管部门以及运输公司、从业人员应对突发事件的能力。

第五节　超载超限运输的治理

超限超载运输诟病已久，形成顽疾，全省出现过多年治理、多次反弹情况，晋城市也是治过多次，均未能长期奏效。

2004年6月和8月，国务院先后两次召开全国治超电视电话会议，晋城市按照会议要求和全省统一安排，成立治超领导组，领导组下设办公室，办公室设在晋城市交通局，由晋城市交通局路政管理处承担治超办的日常事务工作。通过努力，全市超限超载率有所下降，好路率明显上升，交通状况明显改善。但是，反弹势头依然存在。

2004年7月29日，省交通厅治理超载超限督导组赴晋城市检查超载超限工作治理情况。上午，在实习饭店五楼会议室召开会议，参加会议的有省督导组组长高岭，省督导组成员辛泉生、武长虹，市政府副市长及市直各相关单位领导。晋城市交通局副局长李连根参加会议并做了汇报。

2005年8月6日，山西省治理车辆超限超载领导组一行4人深入晋城市实地查看治超工作情况，现场听取和解决治超工作中遇到的实际困难与问题。要求各单位加强组织，严格按照“巩固成果，力度不减，突出重点，有效推进”的工作思路，在确保交通畅通和满足社会运输要求前提下，提高政府对公路、车辆、运输市场的监管能力和公共服务水平，继续保持和加大工作力度，坚持综合治理，逐步建立长效治理机制，坚定不移地做好车辆超限超载治理工作。

2006年8月31日，晋城市治超工作会议在市交通局九楼会议室召开，市委常委、副市长、市治超领导组组长赵学梅出席并讲话，市治超领导组成员、各县（市、区）治超领导组组长、治超办主任、各有关单位负责人、超限检测站及治超临时卸载点负责人参加。会议对全市自开展集中治超工作以来的情况进行全面系统分析,并对今后一个阶段治超工作进行安排,重点对开展秋季路面集中治超行动进行了部署。

2007年11月9日,由山西省牵头,华北五省(区、市)在北京召开新闻发布会,出台《关于治理非法超限超载车辆确保道路交通安全通告》,随即启动在五省(区、市)行政区域内,严厉打击车辆超限超载违法运输,辐射和推动全国治超,并为北京2008年奥运会创造良好交通运输环境的联合行动。晋城市根据全省统一安排,再次启动新一轮"无缝隙、拉网式"治超总行动,进一步充实和加强治超领导组力量,领导组下设办公室,办公室仍设在市交通局路政处。在市委、市政府、市治超办坚强领导下,市交通局按照"研究新情况,解决新问题,建立长效机制"要求,坚持"规范行为,依法严管,标本兼治,立足源头,科学治超"的方针,并明确治超办职责。一是负责县、乡道治超等工作以及治超检测站点的建设、运行管理,进一步完善治超信息管理系统,明确治超站点人员职责。二是加强对农村公路保护。按照省政府实施意见要求,根据实际情况,农村公路管理主体在征得交通、公安交警等部门许可后,可在本行政区内重要路口和连接干线公路路网线路入口处,按国标设置明显限载、限高、限宽警示标志,但必须满足消防、救护等抢险车辆正常通行。三是切实加强对道路运输企业和从业人员的监督管理,建立健全运输质量信誉档案。四是加强对道路货运源头单位的监督管理。责成运输管理部门对有超载行为的运输企业或经营户实行停业整顿并记入信誉不良档案,直至吊销营运资格。一旦发现车货总重超过55吨的非法超限超载车辆在公路上行驶,除按规定现场消除违法状态外,同时按照九部委《实施意见》明确的部门职责,实施责任倒查,依法追究政府相关部门、车辆生产或改装厂家以及运输企业和厂矿企业的责任。随即,各级运管部门在摸清辖区内货运企业、政府公示的源头企业和货运车辆底数基础上,继续加大对"三源头一路口"的监督管理,强化监管和巡查,市县两级运管机构都设立举报电话,推行政务公开,将职责权限、办事依据、工作程序、办理时限等内容在装运现场进行公示,明确具体标准和责任人,接受社会监督。建立和完善货运企业和营运驾驶员信誉档案,凡一年内有3次以上超限超载行为的驾驶员,就吊销其从业资格证;对运输企业所属车辆一年内累计发现10辆次以上超限超载行为的,按照交通部2005第6号令规定,进行处罚。由于多方形成合力,构建政府主抓、交通牵头、公安配合、部门联动的工作格局,取得明显效果。市交通局连续三次荣获"治超先进单位"的称号,大阳公路超限检测站也连续三年获得省治超办"治超先进站点"。

泽州县交通局深入开展治理超载超限工作。一是强化组织领导,使治超工作实现组织领导到位,明确责任到位,协调配合到位,舆论宣传到位;二是从货物运输源头、车辆改装源头和从业资格三个源头入手,确保源头治理取得成效;三是通过科学布控,增加上路人员的数量和频率,从而实现"全天候"路面严查;四是通过严格执行"三个一",严格检查考核,实行责任倒查,使治超工作实现"全方位"管控。

2009年,市交通局按照定点检查与机动巡查相结合、突击整治与长效治理相结合方式,不断加大道路巡查工作力度,对违章建筑物、堆积物、危桥险段、公路标志标线、施工路段等进行跟踪监管,全市道路通行环境保持良好态势。上半年,共查处路政案件1337起,拆除违章建筑、清理路障371处1419立方米。全市运管系统组织41个巡查组,与有关部门配合,采取多种方法,对市政府公示的523家源头企业实行不间断巡查监管,累计投入执法人员48 523人次,巡查源头企业107 790趟次,检查车辆722 377辆,查处违反政府令案件7件,从源头上有效遏止超限超载行为。全市共检测车辆689万余辆,巡查货运源头企业25万余趟次,车辆超限超载比例控制在0。在全省上半年治超工作考核中,晋城市荣获"治超先进市",泽州县获得2000万元重奖,泽州县大阳临时卸载点、丹河桥检测点、冶底检测点获得"优秀治超站点"荣誉称号。

2010年,紧紧围绕市委、市政府争先发展、跨越发展战略部署和省委书记袁纯清在晋城调研时的讲话精神,认真扎实地开展工作,不断地巩固和扩大治超成果。经过实践探索,不断总结,晋城市实行"三个一"管控办法,即:源头治理"一次停",中间管控"一票通",末端监管"一关卡"。在全省11个地级市中作为首创经验进行推广。截至12月底,累计投入治超执法人员30.25万人次,检测货运车辆201.79万台次,超限超载率为0,特别是55吨以上和长途运输超限超载基本消除。交通状况明显改善,好路率93.59%,交通事故明显减少。全市政府公示的货运源头企业有544家,市治超领导组年初就与主管部门签订目标责任书,并采取县、乡、村三级责任制,责任到人,全面实现目标责任倒查制度。使得全市治理非法超限超载车辆工作在治超机构常态化、路面监管规范化、源头治理制度化等方面取得实效,建立起平稳有序的治超工作格局。2010年,市交通局路政管理处获治超领导组优秀路面管理单位荣誉称号。

第七章　规费征稽使用

晋城市征收的交通规费有公路养路费、车辆通行费、道路运输管理费、客运场站建设费、道路赔(补)偿费等,是根据国家规定向应征者征收并纳入财政预算管理的行政事业性收费。各级交通部门严格执行国家专款专用财政规定,将这些规费按规定上解并分别用于交通运输事业管理和交通基础设施建设。

第一节　公路养路费

一、征收

养路费包括机动车养路费和畜力车养路费,而机动车养路费又分汽车养路费和拖拉机(三轮车)养路费。

1979年以前,养路费征管由各地公路管理部门统一上缴省公路主管部门,1979年后改由交通监理部门征收,全部上缴省交通厅统筹安排。1985年12月,根据省交通厅晋交监〔1985〕340号文件,拖拉机养路费业务从省属的交通监理部门分出,改由地、市交通局负责征收。晋城市交通局和各县(区)交通局开始配备专职征费人员,组建征费机构,着手对拖拉机养路费征收的筹备工作。晋城市交通局负责对征费工作实行集中领导、统一管理,各县(区)交通局负责具体征收业务。各县(区)交通局向本县每个乡镇征集一名收费员,组建征费机构,市交通局设立拖拉机养路费征收所,各县(区)交通局共设6个分所,于1986年开始征收拖拉机养路费。缴费的拖拉机为从事营业性运输的胶轮机车,征费实行按牌照管理,建立征费车辆登记簿(台账),履行报停、启用手续。拖拉机养路费征收标准为每20马力折合一个吨位,按汽车吨位交费率的40%,每年按8个月计征。征收坚持"应征不漏,应免不征"的原则。

1987年6月,执行国务院国发〔1986〕94号文件,交通监理业务及人员成建制划归公安部门,重新组建"山西省晋城交通征费稽查处"(副处级),同时下设晋城东关、南关及沁水、阳城、高平、陵川6个交通征费稽查所(科级)。鉴于车辆流量情况,晋城交通征费稽查处在晋城西关、水城、丹河桥(晋张线)及沁水的端氏、陵川的六泉设立交通征费稽查站。是年,晋城市交通局拖拉机养路费征收所改为"拖拉机养路费征稽科",各县(区)交通局原设的分所,改为"拖拉机养路费征稽站"。

1994年5月,晋城交通征费稽查处在全省首家实行征费微机管理。是年8月14日,根据《山西省公路养路费征收管理规定》,实行月缴、包缴养路费的车辆,按行车执照和车辆购置附加费凭证,在当地交通征稽部门办理交费手续。交通征稽部门将所征养路费全部存入银行设立的公路养路费专户,连同存款利息及时、足额逐级上解,实行财政专户储存管理,专款专用,坚决杜绝任何单位和个人平调、坐支、截留、套取和挪用。

1995年,晋城市交通局以晋市交字〔1995〕91号文件下发《关于加强拖拉机养路费征收管理工作的意见》,重申对拖拉机养路费征收工作实行"统一领导,集中管理,应征不漏,应免不征"的原则,要求各县(市、区)交通局拖拉机养路费征收实行"全额上解,比例分成,超收提奖,激励先进"的办法。各县(市、区)交通局将所征养路费上解市交通局专户后,市交通局除去上解"两金",及时向各县返还,其返还比例具体为:郊区、阳城、高平35%,城区30%,陵川、沁水为贫困县,按70%返还。各县(市、区)所征养路费,按市交通局下达的年度计划指标,超收部分按80%返还。并规定前半年,各县(市、区)按辖区征收,后半年即可互相稽查,所征养路费由稽查县收取。

此间,征收标准曾几经调整。1985年1月1日规定,凡从事营业性的拖拉机养路费征收标准,仍按提高后的汽车养路费每月每吨100元的40%计征,即每月每吨40元计征,1990年提高为每月每吨60元,1994年,拖拉机(包括三轮车)养路费提高为汽车费额月吨170元的60%,即每月每吨102元,农用三轮车每月每吨170元。同时新开征二轮摩托车和三轮摩托车分别为5元和10元。1997年交通和车辆税收改革实施方案规定:"在燃油税出台前,各地区和部门要继续加强养路费事业性收费的征管工作"。同年,省征稽局下文把皮带和链条传输动力的农用四轮车养路费划归市县交通局所设征稽机构负责征收,征收标准同农用三轮车汽车。2005年1月1日,对三轮汽车免收货运补偿费、运输管理费,对从事田间作业和非营运性运输的三轮汽车免收公路养路费。

自2009年1月1日起,根据财政部、国家发展改革委、交通运输部、监察部、审计署等五部门联合下发的通知,在全国范围内统一取消运输管理费。

二、使用

按照"以路养路,专款专用"的原则,养路费主要用于公路的工程建设及养护、绿化、水毁恢复、机具购置、技术革新、路况调查、道班(养路队)建设、乡村公路建设补助、管理机关经费等。

1979年,拖拉机养路费征收业务划归交通监理部门后,所征养路费全额上缴省交通厅,由省交通厅统一安排开支。

1984年12月24日,贯彻省交通厅《拖拉机和畜力车养路费征收和使用管理试行办法》,晋东南地区及各县交通部门征收拖拉机、畜力车养路费的使用分配比例规定为:上缴国家能源交通重点建设基金15%(由省统一交纳),其余85%由省、地、县分成,分别为省20%,地区30%,县50%,其中贫困县,省里不分成,全留地、县使用,其中地区30%,县70%。

1985年,省政府办公厅晋政办发〔1985〕10号文《关于提高养路费征收标准的通知》规定,所增收的养路费,上缴省财政25%,地、市留25%,省计委集中50%,全部用于公路建设。

1985年,拖拉机包括小四轮、手扶拖拉机及畜力车养路费由各地(市)县交通主管部门征收后,其使用分配比例为上交国家能源交通重点建设基金15%,其余85%由省、地(市)、县按二、三、五分成,另外,贫困县省不分成,即地(市)留30%,返还县70%,同时还规定超收部分,省财政留25%,地(市)留成25%,省计委集中留用50%,全部用于公路建设。

1987年12月18日,按照省交通厅第598号文件规定,公路养路费分配办法为:首先上交15%国家能源交通基金(具体交市税务部门)和2%的公安经费,所余83%,市与县再以三七分成使用,即:市30%,县(市、区)70%。

第二节 车辆通行费

1990年5月10日,晋城市郊区交通局开始收取周(村)犁(川)公路车辆通行费,时为全省第一条收费公路,称商品公路过路费。以后逐渐发展到晋长二级公路、曲辉公路的沁水、高平、陵川分别在庙沟、桥北、六泉设立收费站。进入21世纪,先后由省公路开发公司和晋城公路分局收回后,仍继续收取车辆通行费,至2000年底,辖区县级公路仍然进行收费的有:晋城市交通局管理的端润公路嘉峰收费站、阳城县交通局八芹公路的八甲口、芹池收费站、泽州县交通局东大公路的河底收费站和陵川县交通局陵夺线的上郊、夺火收费站。

国家《公路法》第六十条明确规定:"县级以上地方人民政府交通主管部门,利用贷款或者集资建成的收费公路和收费期限按照收费偿贷款,集资款的原则,由省、自治区、直辖市人民政府,依照国务院交通主管部门的规定确定"。新《公路法》还规定"收费公路批准权限为有关省(市、自治区)人民政府。通行费的收费标准由同级政府的交通、财政、物价部门联合行文规定,其收费票据也必须由省一级政府统一印制,并套印省一级财政专用章"。

晋城市辖区所属县级公路的收费公路,都是依照"集资修路,偿还贷款"的宗旨,达到"取之于车,用之于路,以收还贷,以路养路,滚动发展之目的,逐级批办",设立站卡许可证,收费标准及收费期限等相关手续。为了提高收费人员政治水平和业务水平,各站经常狠抓业务培训和政治学习,建立健全各种规章制度,加强社会监督,开展内强素质,外树形象的文明收费,优质服务的理念。

第三节 道路运输管理费

道路运输管理费是根据国家规定向应征者征收取之于运输车辆,用之于道路运输行业管理的专项行政事业经费。

一、征收

1974年,省交通局、省财政局、省商业局联合发文,要求在加强运输市场管理的同时,收取运输管理费(简称运管费)。规定凡经交通运输部门组织参加社会流通过程中物资运输的社会车辆及农副业车辆,所得运费归各单位,交通部门从各单位总营运收入中提取2%的运输管理费,县运管部门每月从所收运管费总数中提取5%上缴地区。

1978年,省财政厅、省交通厅联合印发〔1978〕财企字1521号、〔1978〕晋交社字第606号文,对运管费提取范围和费率作了调整。经批准自办调度拉运物资的,按营业收入0.5%提取运管费,但承运本部门以外的物资,仍按2%提取。

1985年6月20日,省交通厅以晋交〔1985〕291号文下发《山西省公路运输管理费征收办法》,对可以考核营运收入的企业或车辆,运管费按最多不超过营业额1%的费率计征。对难以按营业额考核计算的,按车辆吨位折算征收,折算征费标准限于相当正常营运收入总额的1%以内,每月每吨位以5元至7元计征。并规定统一均由车籍所在地运输管理部门负责征收,对非营运车不得征收。

1990年11月,随着公路客、货运输价格调整,省物价局、省财政厅、省交通厅又联合颁发《公路运输管理费定额计征费率标准的通知》,将运价调整后的运管费计征标准定为:载货汽车(包括挂车)8元至11元/吨月;拖拉机(按核定挂车吨位计)7元至9元/吨月;客车,大型1元至1.4元/座月,中型(不含司、助座)1.4元至1.6元/座月,小型(不含司、助座)1.6元至2元/月座。1994年1月,省运管局根据国家计划委员会、财政部、农业部《关于涉及农民负担部分收费项目修改意见的通知》,下发了晋交运管字〔1994〕第2号文件,规定对本省从事运输的农业拖拉机和农用汽车,征收运管费的标准由当时执行的按营业额1%计征调整为按0.7%计征。定额征收相应下降30%,且不再层层上解。

1997年5月,省财政厅、省交通厅结合实际情况规定,汽车维修和驾驶员培训也须交纳运管费。1997年12月15日,国家计划委员会和财政部联合发文,将公路运输管理费收费标准从最高不超过营运(营业)收入的1%,降低到最高不超过营运(营业)收入的0.8%。

2005年,省物价局晋价行字〔2005〕240号文件,把运管费定额计征费率调整为每月每吨不超过23元。

2009年,根据国务院实行燃油税改革的规定,山西各级运管机构停止征收道路运输管理费。

二、管理使用

1986年7月6日,交通部公路局〔1986〕公路运管字171号文件《公路运输管理费征收和使用规定》实施意见中,明确提出运管费由省、自治区、直辖市运管部门统一征集,按比例分级安排使用,收支两条线的办法管理。分级使用比例为县70%;市、地20%;省、自治区、直辖市9%;交通部1%。随之,省交通厅、省财政厅下发《改进公路运输管理费的现行管理办法》,决定将1981年以来实行的按比例留缴办法,改为省运管部门统一征收,分级提成,专款专用,收支两条线的管理办法。各地(市)运管部门须将所辖市、县、区运管部门逐月征收的运管费总额,按月列表报省运管部门。各级运管部门征收的运管费,需在当地银行单独立户,单独建账。账目须日清月结,费款进入专户上解,严格遵守财经纪律,严格按财务制度办事,并接受审计部门和财政部门的审计和监督。

1996年底,省财政厅、省交通厅根据执行情况,决定从1997年1月1日起,对运管费实行全省统收、统支,收支两条线的预、决算管理制度。即收入全额上解,支出按批准预算逐级拨付,任何单位和个人都不准截留、挪用和拖欠;各地(市)、县运管部门每月底一次性将所征收的运管费,逐级全额上缴省运管局运管费专户,由省运管局将征收的运管费上缴省财政厅财政专户。已实行财政专户资金划转的地(市),由地(市)财政部门直接划转省财政专户,纳入预算外资金管理。省财政部门按计划给省运管局下拨经费,再由运管部门逐级下拨所属各单位的支出专户。省运管局每年的10月份按照"量入为出,收支平衡"的原则,编制下年度全省运管费收支、预算,报省交通厅、省财政厅审批后执行。运管部门征收运管费时,应使用省财政厅统一印制和管理的运输管理费票据。票证的领用按省财政规定程序办法执行,运管部门负责票证的使用管理和缴销、核查工作。

为了搞好运管费征收管理,从省到各地(市)、县运管部门都建立运管费台账,把道路运输经营户按一定顺序编排记入台账,征收的运管费按月缴或包缴分别记入账内,报停车辆也随时根据报停单如实记载,月底核查,漏缴的进行补缴,有发生重大事故或其他特殊原因的,按特殊情况处理。既做到规范化、程序化管理,又保证运管费应免不征、应征不漏。

1997年5月,省财政厅、省交通厅印发《山西省道路运输管理费征收使用管理实施办法》,就运管费使用作了细致全面规定。强调运管费由省运管局提出计划报省交通厅、省财政厅审批,统筹规划,安排使用。这一办法的实施,使运管费的使用更趋规范化、法制化。

第四节　客运场站建设费

经省人民政府批准,从1988年9月1日起,在全省范围内开征公路客运附加费,作为公路客运基础设施建设的专项资金,用于公路客运站场建设。同年10月,省交通厅制定公路客运附加费具体实施办法,规定客运附加费由省交通厅负责统一征收,分级管理,专款专用。各地(市)、县交通局运管处、所为该费征收承办单位。确定凡在山西境内经营公路旅客运输业务的单位和个人,都要向当地运管部门交纳客运附加费。此费由客运经营者向旅客代征,每人公里为0.003元,并入客票票面金额内,在售票时一次核收,不另发行票据,在客票票面上注明"含客运附加费"字样。运管部门向代征单位的个人征收客运附加费一律按车座定额计收,标准为:本县境内运行的客车每月每座人民币9元,跨省、县运行的客车每月每座人民币10元,计时包车每座每小时人民币0.05元。

1992年,国家将燃油价格放开,使汽车运输成本增加。省物价局、省交通厅据此在调整运价的同时增收客运附加费,将征收费率增加到每人公里0.005元。同年7月22日,省交通厅对客运附加费的具体办法作出规定:对从事公路客运业务的国营、集体专业运输企业及统计资料完整的代征单位,其计征标准,按客票总收入9.19%收取,代征单位按时、按标准上解征收部门;对定额结算计征单位,按行车执照核定的车座定额征收,代征单位和个人向运管部门交纳的附加费增加为本县境内营运车每座每月15元,跨省、县营运的车辆每座每月17元,计时包车每座每小时0.08元。对已办理全年包缴客运附加费的经营户按规定补交7月至12月增加的客运附加费。

1993年6月19日,省人民政府为加快全省公路建设速度,制定若干政策。根据这些政策,客运附加费更名为客运站场建设费,并将费率提高到每人公里0.015元。代征单位和个人向运管部门交纳的费用增加为本县境内运行的车辆每月每座45元,跨省、县运行的车辆每月每座50元,城市公共汽车、旅游车及出租车跨出市政道路10公里以内的每月每座10元,20公里以内的20元,超出20公里的每月每座50元。由于客流量不稳定,客运竞争激烈,车辆实载率偏低等原因,此征收费率实际显得偏高。同年9月,省交通厅决定该费征收分两步到位,第一步从10月1日起,按每人公里0.01元计征,上交运管部门的按《实施办法》原定费额的三分之二计征,其标准是:本县境内运输的30元/座月,跨省地县运行的客车33元/座月,城市公共汽车、旅游车及出租车跨出市政路10公里以内的7元/座月,20公里以上的33元/座月。

客运站场建设费是为改善公路客运基础设施而开征的,实行分级管理,专款专用。为了加快地方公用客运设施建设,把客运附加费定为由省、地(市)、县三级留成,具体为4:3:3。省留部分主要用于中心城市一、二级站建设和部分县级站建设补助,地市留成部分主要用于县级站建设和乡(镇)、站(点)补贴,县留部分主要用于客运招呼站的设立,修建风雨棚等。为了用好这笔资金,全省客运站建设坚持统一规划,合理布局,方便旅客和经营业户,有利于管理的原则,采取没有汽车站的优先建站,汽车站不适用的优先建站,资金筹集到位的优先建站,中心城市优先建站的办法。站场建设费的规范征收和管理使用,有效加快客运基础设施建设,较快改善站场设施滞后局面,基本上实现较大城市一城多站,中小城市一场一站,乡镇村有停车点的客运市场新格局。

2009年,根据国务院实行燃油税改革的规定,全省各级运管机构停止征收客运场站建设费。

第五节　道路损坏赔(补)偿费

1992年6月8日,省物价局、省财政厅、省交通厅联合签发《山西省损坏公路路产赔(补)偿收费暂行办法》,至此,损坏公路赔(补)偿收费作为预算外收入资金,纳入各级财政专户管理,凭省财政厅印制的统一票据,对违反路政管理规定,行驶公路的车辆收取损坏公路赔(补)偿费,收费标准,分别以损坏路基、路面、构筑物的情节加以区分,共分9类84项。

以沁水县交通局路政所为例,1996年收取公路赔补偿费5500元,到1999年底,4年共收取64.6万元,其中1999年完成公路赔(补)偿费32万元,是建所头一年的40多倍。

进入21世纪,路政管理重点狠抓运输车辆超限,境内高速公路、干线公路和农村公路相继成立路政大队、路政所。晋城市区域除在高速公路、干线公路收费站查超外,经省政府批准,又在大阳、狼儿掌、尉迟、东焦河和换马等地设立临时卸载点,同时成立巡回治超稽查大队。超限车辆按规定收取道路赔补偿费,境内农村公路部分,2002年收取赔补偿费45.4万元,2010年达到89.9万元。

第八章　交通战备

1979年4月,根据国务院、中央军委〔1978〕171号文件和全省交通战备会议精神,经中共晋东南地委批准,成立晋东南地区交通战备领导小组。由晋东南地区行署、晋东南军分区、晋东南地区计委、工业部、邮电局、水利局、交通局及省直交通系统单位领导共12人组成。组长刘光,副组长刘志亮、郭四元。办公室设在晋东南地区交通局。领导小组成立后,随即召开晋东南地区交通战备工作会议,制定《晋东南地区战时交通保障计划》,对全区交通战备工作进行安排部署。1981年,根据省人民政府、省军区晋政发〔1981〕218号文件转发的"国务院、中央军委关于交通战备工作有关问题的通知",晋东南地区财政支付交通战备经费3万元。

1982年,根据省人民政府、省军区晋政发〔1982〕62号文件,中共晋东南地委对交通战备领导小组成员作了调整,副专员马槐成任组长,并从地区的汽车编制中为交通战备办公室配备小车1辆。是年6月,召开全区交通战备工作会议,各县建立相应的组织机构、配备人员。晋东南地区共组建战备车队19个,每队编制汽车50辆;组建桥梁抢修队2个,汽车抢修队10个;配备长度分别为40米和44米战备钢桥2架。其中,晋城、高平、阳城、陵川、沁水五县有战备车队7个,各车队设正、副队长,与驾驶员一并造册登记。省运晋城汽车运输公司、高平县汽车运输公司分别组建汽车抢修队各1个；交通部门以养路队（道班）的养路工为骨干，按公路线路组成公路保障队伍，重点保障太洛公路、沁辉公路和沁水县郑庄公路桥。

1982年8月2日，沁水县连降暴雨，山洪暴涨，沁水杨河大桥被冲，沁辉公路和晋禹公路交通中断，救灾抢险物资难以运送。为此，根据地区交通局提议，上级领导批准，长治公路总段紧急架设战备钢桥，使晋禹公路当即通车，对救灾抢险起到重要作用。1983年7月1日新的杨河大桥建成后，战备钢桥被拆除。

1984年，按照省交通战备办公室通知，地（市）交通战备办公室汽车统一挂军牌，晋东南地区交通战备办公室车牌号为B14—1817。1985年，晋城市为适应市管县体制对交通战备工作的要求，进一步完善工作规则，提出新的规划。

1987年3月25日，成立晋城市交通战备领导组。组长平良德（晋城市人民政府秘书长），副组长杜德仁（晋城军分区副司令员）、张海清（晋城市交通局副局长），成员由晋城军分区、晋城市计委、经委、财政局、邮电局、公路分局、省运晋城公司等单位领导9人组成。是年8月14日，晋城市人民政府确定交通战备办公室编制3人。1988年8月，制定交通战备保障计划、重点目标保障方案和紧急战备、抢险救灾交通保障工作程序，以适应战争、突发事件和抢险救灾需要，要求把交通战备工作纳入部门职责和企业管理之中，提高“三抢一防”（抢修、抢建、抢通、防卫）能力。

1989年10月4日，省人民政府、省军区交通战备领导组下发《关于军车号牌、行车执照、驾驶证使用与管理的有关规定》。之后，晋城市交通战备车牌号改为庚14－5612。是年，交通战备工作以治理整顿、深化改革方针为指导，以新时期的军事战略为依据，组织机构、职责建设、资料建设、正规化建设全面加强。

1989年，晋城市人民政府调整交通战备领导组。领导组由15人组成，组长雷振声（晋城市人民政府副市长），副组长杜德仁（晋城军分区副司令员）、杨生芳（市经委副主任）、岳绍钧（市交通局局长）。交通战备工作进一步加强内部建设，坚持“全面规划、突出重点、平战结合、放眼未来”和“党政军统一指挥、铁公水综合利用，运修防合理安排”的工作方针，并将《晋城市交通战备保障图》、《晋城市交通战备组织机构、工作职责》等制作成大块版面，以利开展工作。1991年5月，省交通战备领导组办公室对晋城市交通战备组织机构、办公室建设、资料档案、规章制度等正规化建设进行验收，授予晋城市交通战备办公室“基本达标单位”称号。是年12月27日，全省交通战备工作会议，省交通战备领导组代表国务院、中央军委交通战备领导组为晋城市交通战备领导组颁发“交通战备工作正规化建设合格证”。

1993年，各县（区）均建立交通战备工作机构，配备了人员，全市组建战备专业运输车队8个，编制战备车311辆，其中货车261辆、客车42辆、抢修车8辆，并不定时地结合抢险救灾，进行实地演练。是年3月20日晚，高平市赵庄发生森林火灾，市政府接到报警后，命令交通战备办公室快速调动战备车队，20分钟必须赶赴火灾现场。结果战备车辆提前5分钟到达，赢得“战备车队就是经得起考验”的赞誉。与此同时，以民兵为骨干，建立起铁路、公路、电信三支保障队伍，其中铁路保障民兵6000人，公路保障民兵7050人，电信保障民兵2150人。

1995年2月，贯彻国务院、中央军委《国防交通条例》，国防交通的机构职责、保障计划、工程设施、保障队伍、运力动员和军事运输、物资储备等实行统一领导、分级负责、全面规划、平战结合的方针。是年11月28日，全省交通战备工作会议召开，对1990年至1995年整个“八五”期间交通战备工作的先进单位和个人进行表彰奖励。沁水、陵川两县交通战备办公室被评为先进集体，岳绍钧、常长生、李江元、张金富被评为先进个人，受到表彰奖励。

1996年8月12日，根据省委、省政府、省军区晋办发〔1996〕8号文件通知，晋城市国防动员委员会成立。下设人民武装动员办公室、经济动员办公室、交通战备办公室、国防动员委员会办公室。交通战备办公室设在晋城市交通局，该局副局长张海清兼任办公室主任，史应峰为专职主任、常长生为副主任。1997年市交通局局长孟繁荣兼任战备办公室主任。2001年市交通局局长冯志亮兼任战备办公室主任。

在市国防动员委员会和市交通局党组领导下，晋城市交通战备办公室认真学习、宣传、贯彻、执行《国防法》、《国防交通条例》，以中央新时期的军事战略方针为指导，坚持平战结合的原则，深入开展交通战备正规化建设。1996年5月，参加省交通战备办公室组织的《国防交通条例》知识问答竞赛活动，荣获组织奖。1996年10月，参加省交通战备论文交流活动，荣获组织奖。1998年3月，被评为“1997年度先进单位”。1998年6月，参加省交通战备办公室组织的山西省国防交通法规知识竞赛，荣获三等奖。1999年度陵川县交通战备办公室被省交通战备办公室评为先进单位，张海清、史应峰、张金富被评为先进工作者。2000年度城区交通战备办公室、陵川县交通战备办公室被省交通战备办公室评为先进单位，张海清、史应峰、宁红发评为先进工作者。

2002年5月全国进行机构改革。晋城市委、市政府在机构改革中将交通战备办公室列为市交通局一个内设科室。局长冯志亮为交通战备办公室兼职第一主任，分管副局长张海清为战备办公室兼职主任。任命史应峰为战备办公室主任(专职)。2003年由分管副局长李连根为兼职主任。2005年8月贾承健任市交通局局长为交通战备办公室兼职第一主任。仍由分管副局长李连根为兼职主任。

2001年，高平市、陵川县交通战备办公室被省交通战备办公室评为先进单位。2002年，泽州县、陵川县交通战备办公室被省交通战备办公室评为先进单位。2003年、2004年，高平市、泽州县交通战备办公室被省交通战备办公室评为先进单位。2005年，市交通战备办公室、高平市、陵川县交通战备办公室被省交通战备办公室评为先进单位。

此期间，以国防交通专业保障队伍管理有关规定为依据，坚持"平时服务、急时应急、战时应战"的方向，本着"全面建设、突出重点、规模适度、精干管用、编成合理、专业配套"的原则，对山西汽运集团晋城公司、晋城公路分局两支交通专业保障队伍进行整组编队。计有交通运输保障车辆55台，人员120人，公路抢修保障队伍7个分队，市直1个分队，六县(市、区)以公路养护段为抢修分队(6个分队)抢修人员110人。经省交通战备办公室验收，于2005年8月给晋城汽车运输有限责任公司战略物资道路运输保障队伍进行授旗。

2005年7月，制作《晋城市交通保障计划图》，悬挂9楼(会议室)交通战备指挥中心，重点目标保障线路等一目了然。2005年8月，实现与省交通战备办公室、市国防动员委员会微机、视频联网。2005年度被省交通战备办公室评为先进单位。2006年，经省交通战备办公室验收，实现"工作机制规范化、基础工作配套化、资料信息网络化、决策指挥智能化、交通保障高效化"的"五化"目标。被省交通战备办公室评为"交通战备工作正规化建设先进单位"。李连根、史应峰2001年至2005年连续五年被省交通战备办公室评为先进工作者。

2006年9月，根据省国防动员委员会《国防动员准备质量综合检查与专项评估细则》进行自检评估，从三个方面写出自查评估报告，上报省交通战备办公室和市国防动员委员会。2006年10月，制作《晋城交通通信设施基本情况图》，悬挂六楼战备办公室，通信设施情况一目了然。

2006年，市交通战备办公室、高平市、泽州县交通战备办公室被省交通战备办公室评为先进单位，李连根、史应峰、郭永正评为先进工作者。2007年5月，举办全市《国防交通信息管理系统》业务培训班，各县(市、区)交通战备办公室人员参加，根据县、乡公路等情况变化，将数据录入笔记本电脑信息管理系统，更新交通战备数据库。

2007年7月27日，山西汽运集团晋城公司交通战备保障车队在高平市米山镇平顶山煤矿至坪曲线连接处进行点验拉动演练。省国防动员委员会综合办公室副主任车瑞金、省交通战备办公室副主任史荣和、晋城军分区司令员丁克忠、参谋长刘义清、市交通局局长贾承健亲临现场观摩指导并作重要指示。按照演练方案，顺利完成车队集结、抢修车辆、抢救伤员、消防灭火、途中加油等演练科目，进一步提升保障队伍快速反应能力。

2007年8月15日，召开晋城市交通战备工作正规化建设现场会议，会议由市交通局局长、战备办公室第一主任贾承健主持并讲话，进一步促进县级交通战备工作正规化建设和年内各县(市、区)交通战备办公室实现"五化"目标工作。

2007年9月7日，华北战区人防指挥所建设与应用经验交流观摩现场会在晋城召开。按照市委、市政府、市国防委员会对交通战备参会演练的要求，市交通战备办公室制定参加人防指挥所开设演练科目方案。组织模拟主力军团机动、油罐迷彩伪装两个分队。8月25日至9月7日在城区西武匠晋城市民兵综合训练基地参加演练8次，演练加班加点，演练由副局长李连根指挥，市交战办主任史应峰带队。这次演练接近实战，真正体现和提高交通战备公路运输专业保障队伍"平时服务、急时应急、战时应战"的综合应急和快速反应能力。参演单位、人员、车辆多、演练规模大，华北五省及五省各地、市分管人防领导和人防办领导、省军区方文平司令员和有关领导观摩。每次战备办组织参演人员30余人、车辆20余台。以优异成绩圆满完成上级赋予的演练任务。

2007年，晋城市交通战备办公室、高平市、泽州县交通战备办公室被省交通战备办公室评为先进单位。李连根、史应峰、陈志会被评为先进工作者。2008年，市交通战备办公室、高平市、泽州县交通战备办公室被省交通战备办公室评为先进单位。贾承健、李连根、史应峰被评为先进工作者。

2009年11月，市交通战备办公室制定《晋城市"十二五"国防公路建设规划》，并以晋市交战字〔2009〕10号文件上报省交战办列入"十二五"全省国防公路建设规划。市交通战备办公室被省交通战备办公室评为国防交通业务基础建设先进单位，泽州县、高平市被评为先进单位。贾承健、李连根、史应峰被评为先进工作者。

2010年7月，根据晋城市交通通信单位和设施的变化情况，制作新的《晋城市交通通信设施基本情况图》，通信设施基本情况一目了然，为领导决策提供依据。11月总结“十一五”交通战备工作和2010年交通战备工作，制定晋城市交通战备“十二五”规划。2010年被省交通战备办公室评为“十一五”国防交通综合管理先进单位，李连根、史应峰被评为先进工作者。高平市、泽州县被评为“十一五”基层交通战备工作先进单位。同时晋城市交通战备办公室被晋城市人民政府、晋城军分区评为国防后备力量队伍组织建设先进单位。

第九章　依法行政

随着市场经济的逐步建立和交通运输事业快速发展，晋城市交通法制建设工作逐步完善。市交通局形成一整套工作机制，制定和落实交通运输行政执法责任制，深入开展普法宣传教育和依法治理整顿，促进行政执法人员认真履行职责，为贯彻落实交通运输的法律、法规、规章发挥应有作用。

第一节　规范性文件的调研、起草

为了加强公路交通运输法制建设，每当国家和省颁布与出台新的涉及公路交通的法律、法规和部门规章后，晋城市政府都要出台一些相应的规范性文件和实施办法。在这些文件和办法起草及出台过程中，晋城市交通部门根据市政府要求，积极参与、帮助完成有关调研、起草、制定和修改等工作，并针对当地实际制定一些相关配套制度和实施细则，使交通法规规章体系更具可操作性，形成较为完整，涵盖公路、运输、征稽、海事等各个管理门类的交通执法制度体系，各项交通管理工作做到有法可依，有章可循。

2002年，在实施通道战略、加快县际公路暨农村路网建设中，出台《关于加快农村公路建设的实施意见》（晋市发〔2002〕18号），《关于定点帮扶的通知》；市交通局据此制定并印发《晋城市地方公路建设管理办法》、《公路建设管理程序规范》、《水泥混凝土路面施工操作手册》。

2003年以4号文件制定下发《晋城市交通发展规划管理暂行办法》。

2007年，为了加强农村公路管理养护工作，晋城市人民政府办公厅印发《晋城市农村公路管理养护实施意见》（晋市政办〔2007〕23号）。晋城市交通局印发晋市交字〔2007〕135号文《关于下发全市农村公路桥梁养护安全管理责任人名单的通知》。

2008年3月27日，晋市交字〔2008〕29号文印发《晋城市农村公路管理养护办法》。5月21日，晋市客管字〔2008〕22号文印发《晋城市客运出租汽车企业规范经营考核细则》。5月21日，晋市客管字〔2008〕23号文印发《晋城市客运出租汽车驾驶员违章记分细则》。11月10日，晋市政发字〔2008〕31号文印发《晋城市客运出租汽车管理办法》。

2009年3月2日，晋市交字〔2009〕18号文印发《晋城市农村公路建设监督管理办法》。2009年，市交通运输局制定下发《晋城市农村公路桥梁安全隐患排查治理工作方案》。

2011年8月4日，晋市交字〔2011〕98号文印发《晋城市客运出租汽车企业规范经营考核细则》、《晋城市客运出租汽车驾驶员违章记分细则》。2011年8月，晋城市政府印发《城市客运出租汽车管理办法》。

第二节　法制机构建设

2006年之前，交通运输法制工作由晋城市交通局人事教育科负责。2006年，经市编办批准，该局增设政策法规科，为专门法制工作机构。2006年4月，为了贯彻落实（国发〔2004〕10号文）《全面推进依法行政实施纲要》，成立推行行政执法责任制领导组：组长贾承建；副组长张海青、陶德恩、李连根、苏义纯、李明耀。2008年3月28日，晋城市交通局总工程师吕虎林参加全市依法行政工作会议，王晚喜同志荣获晋城市人民政府“政府法制工作先进个人”称号（晋市政函〔2008〕18号）。2009年，随着交通大部制改革，为适应法制工作实际需要，将政策法规科更名为法制办公室，工作人员也由1人增加到3人，其中2名为法律专业毕业生。

第三节　行政执法主体资格的明确

一、道路运输管理行政执法主体

2004年之前，道路运输行业管理由市交通局委托道路运输管理处负责，2004年《中华人民共和国道路运输条例》颁布，授权道路运输管理机构具体负责道路运输管理工作,该处具有授权执法主体资格,2010 年该处更名为晋城市道路运输管理局。

二、路政管理行政执法主体

2001 年之前,路政管理工作由市交通局公路管理科负责,2001 年,成立晋城市交通局路政管理处,市交通局委托该处具体实施路政管理工作。2011 年《公路安全保护条例》颁布实施,授权该处具有路政管理执法主体资格。

三、海事管理执法主体资格

2003 年之前,海事管理工作由市道路运输管理处负责,2003 年成立晋城市地方海事局,水路运输管理工作由晋城市交通局委托该局具体实施,地方海事条例授权该局具有水上安全管理执法主体资格。

四、公路工程质量监督执法主体资格

2001 年之前,公路工程质量监督管理由市交通局公路管理科负责,2001 年成立晋城市公路工程质量监督站,晋城市交通局委托该站具体实施公路工程质量监督管理。

五、城市客运行政执法主体资格

2009 年,根据《中共晋城市委、晋城市人民政府关于印发 <晋城市人民政府机构改革方案> 的通知》(晋市发〔2009〕22 号)文件精神,城市客运管理职能由晋城市建设管理部门划归晋城市交通运输主管部门,其中:城市公共交通管理由市交通运输局运输管理科负责,出租汽车管理由晋城市交通运输局委托晋城市城市客运管理处具体实施。

第四节　普法宣传教育

一、培训教育

2002 年,为规范执法行为,晋城市交通局召集各县(市、区)交通局,各所、站、班负责人,共计 140 多人,在市交通大厦、物贸广场举办为期 3 天的《规范动作、语言和文书使用培训班》。

2003 年,为努力实现法律意识向法律素质转变,行政手段向法律手段转变,工作任务向服务宗旨转变,晋城市交通局组织机关全体干部职工,各县(市、区)交通局执法办主任、专业执法单位负责人,聘请市司法局法律专业人员,在市交通大厦 11 楼举办《晋城市交通系统干部法律知识培训班》。

2006 年,根据省政府法制办、省交通厅《关于对全省交通系统行政执法和执法监督人员进行培训考试并重新核发确认证件的通知》,市交通局配合省交通企业协会在晋城宾馆举办了 3 期《全省交通系统行政执法晋城培训班》,历时 9 天,全市 399 名执法人员全部参加。

2008 年,根据市政府法制办在全市交通系统开展的专项执法监督检查,市交通局召集各县(市、区)交通局法治办主任、行政处罚案件评查工作人员、从事行政处罚工作的执法人员共 154 人,在晋城市木林森大酒店举办为期两天的《晋城市交通系统交通行政处罚执法培训班》。

2009 年,根据交通运输部《关于印发 <交通行政执法忌语> 和 <交通行政执法禁令> 的通知》和《关于印发交通行政执法风纪等 5 个规范的通知》,市交通局在交通大厦 11 楼会议室,召集各县(市、区)交通局分管法治工作的副局长、法治机构负责人、运管所、路政所、海事处的所(处)长、副所(处)长、稽查队长,市交通局所有执法人员共 102 人,举办为期一天的《晋城市交通系统行政执法行为规范培训班》。

2010 年 4 月 24 日,为了贯彻于 5 月 1 日起施行的《山西省交通运输厅行政处罚自由裁量权基准制度(试行)》和《山西省交通厅行政处罚自由裁量权基准》,进一步规范交通行政处罚自由裁量行为,切实解决交通行政处罚方面存在的问题,市交通局在交通大厦 11 楼会议室召开宣传贯彻会议。市交通运输局副科级以上干部,各县(市、区)交通局局长、分管法制工作的副局长、法制办主任,运管、海事系统的行政执法人员和局属单位的行政执法人员,122 人参加。省交通运输厅政策法规处副处长杨继勇就交通行政处罚自由裁量权基准制度进行宣讲。市政府纠风办主任聂永平、法制办副主任成少平出席并讲话。

2010 年,为了加强交通运输行政执法人员录用工作,根据省交通运输厅《关于进一步规范交通运输行政执法人员培训工作的通知》,市交通局在晋城市商品公路开发总公司对新录用的 23 名超限运输管理人员进行培训,并由省交通运输厅政策法规处考试合格,确认了他们从事超限运输管理的执法资格。

2011 年,为解决城市客运管理工作由建设部门划归交通运输部门后行政执法人员的执法资格,市交通局配合省交通管理干部学校在晋城市客运管理处对全市 87 名客运管理执法人员进行《山西省交通运输客运执法资格培训》。同时,在阳城县交通运输局对阳城县、沁水县的 54 名治超执法人员进行《晋城市交通运输局超限运输管理执法人员执法资格培训》,通过考试合格,确认以上 141 名执法人员的执法资格。

二、法律宣传

(一)通过新闻媒体宣传交通法律法规

在《中华人民共和国公路法》、《中华人民共和国道路运输条例》、《公路安全保护条例》、《路政管理规定》、《山西省道路货物运输源头治理超限超载暂行办法》、《山西省治理车辆非法超限超载工作责任追究办法》等交通专业法律、法规、规章颁布之际，通过太行日报、晋城电视台、电台等新闻媒体，采用全文刊登、播放、有奖知识问答、知识竞赛等几种形式，广泛宣传交通法律法规规章。

（二）组织开展各种宣传活动

每年12月4日的全国法制宣传日，印刷国家基本法律法规，交通部门法律法规以及普法基础知识问答等宣传资料。在市交通大厦门前、市物贸广场等场所，挂横幅、发资料，进行宣传讲解和咨询。

在新颁布的法律法规实施之日进行宣传，2002年6月9日颁布实施《安全生产日》，2004年7月1日颁布实施《行政许可法》、《道路运输条例》，2011年7月1日颁布实施《公路安全保护条例》，局党组一班人身披彩带，带领工作人员在市交通大厦门前为过往群众讲解、咨询、服务。

在公路养路费征收时期，每年年初，在晋城电视台和《太行日报》上发布公路养路费征收公告，组织征费、路政执法部门出动宣传车辆，深入各县（市、区）农村公路、货物集散场所、城镇乡村广泛宣传《公路法》、《路政管理规定》和规费征收的政策法规。

落实晋城市依法治市领导组《关于开展普法依法治理"百千万""十百千"活动实施方案》，在2002年10月开始的全市农村公路建设中，每月下旬局党组成员带领相关人员深入基层进行质量、进度检查指导的同时，宣传公路工程建设、管理、养护方面的法律知识。2003年10月，市交通局购买《老百姓打官司》、《行政诉讼法》、《土地承包法》、《婚姻法》、《计划生育法》等18套400多本和农村工作、农民生活密切相关的法律书籍，送到农民群众手中。

第五节　执法行为的规范

为规范交通行政执法行为，1995年交通部颁布第一号令《交通行政执法监督规定》。该《规定》明确交通行政执法监督的含义、原则、内容、工作制度、实施机构和对违法行为的行政处理等内容。指出交通行政执法和行政执法监督工作遵循有法必依、执法必严、违法必究的原则，各级交通行政管理部门的法制工作机构或者法制工作归口部门负责组织协调执法监督工作。1996年，交通部交体法发〔1996〕829号文件印发《关于发布"交通行政执法检查制度"等七项制度的通知》，对交通行政执法作了进一步具体规定。晋城市各级交通运输管理机构认真学习贯彻并严格执行这些规定和制度，促使各个门类所有行政执法人员认真履行职责，严格执法制度，规范执法行为，为构建和谐交通创建良好执法环境。

一、日常监督

在交通执法日常监督中，市交通局十分注意加强交通运输行政执法队伍建设，严格交通行政执法人员的学习培训，对具有行政、事业编制、大专以上学历、经培训考试合格的执法人员，及时申报办理、发放交通行政执法证件，对不符合执法人员执法资格的严把进入关。规范交通行政执法人员执法行为，包括交通行政执法风纪、交通行政执法用语、交通行政执法检查行为、交通行政处罚行为、交通执法文书制作等，通过对执法人员服装、仪表、文明用语、执法行为、执法车辆使用等问题进行明察暗访，共查处违规执法人员8人。

2007年1月8日，晋城市交通局制定《交通行政执法评议监督制度》、《交通行政执法检查制度》、《交通行政执法重大行政处罚决定备案审查制度》、《交通行政赔偿案件备案审查制度》、《交通规范性文件备案审查制度》、《法律、法规、规章和规范性文件实施情况年度报告制度》、《交通行政执法错案追究制度》、《交通行政执法年度工作报告制度》等八项规章制度。进一步规范行政执法监督的范围和内容。

2008年7月31日，全市交通系统行政执法监督反馈会在晋城市交通局11楼会议室召开。市交通局党组成员、各执法单位负责人、各县（市、区）政府法制办主任、各县（市、区）交通局局长、分管法制工作副局长、法制工作负责人参加了会议。会议由局党组书记、局长贾承健主持，市政府副秘书长、法制办主任王庆和出席并讲话，市政府法制办副主任成少平通报交通系统行政执法过程中存在的问题和不足，局党组成员、总工程师吕虎林提出整改意见。

2008年8月21日至22日，市交通局在晋城市木林森大酒店举办《全市交通系统2008年行政处罚培训班》，召集各县（市、区）交通局行政执法人员和法制机构负责人参加，市政府法制办成少平、武小雅、时青松分别进行讲解，为落实市政府行政执法监督检查，存在问题整改工作和行政处罚案卷评查工作，打好坚实基础。

二、专项监督

（一）公路监督检查专用车辆专项督察

2007年，根据省交通厅《关于开展公路监督检查专用车辆使用管理专项检查的通知》和市政法委《关于加强警用车辆及报警器管理工作的整顿方案》要求，市交通局对交通系统所有公路监督检查专用车辆进行检查。对检查中发现问题的8个单位分别下达责令改正通知书。针对沁水县出租汽车标志标样与公路监督检查专用车辆颜色类同的问题，向沁水县人民政府下达《关于调整出租车标识标样的函》，沁水县当年就对出租汽车颜色进行调整,维护了交通执法车辆严肃性。

(二)行政执法案卷评查

2008年,配合市政府法制办对全市交通系统行政处罚案卷进行评查,向各县(市、区)交通运输局下达6份行政处罚案卷整改意见书,并根据评查中发现的共性问题,举办为期两天的行政处罚培训。

2010年,由市交通运输局法制办、泽州县交通运输局组成的行政处罚案卷评查组,对各县(市、区)交通运输局行政处罚案卷进行评查,发现问题当场指出,督促其及时纠正,同时请省交通运输厅政策法规处同志到泽州县交通运输局进行现场指导,为交通运输部到晋城市检查行政处罚案卷打好基础,受到交通运输部行政执法检查组好评。

2010年,局法制办公室对路政管理处2010年上半年的交通行政处罚案卷进行审核,对发现的关于执法程序、执法主体资格、自由裁量权、法律适用依据、具体文书填写等方面存在的问题,向市交通局路政处下达行政执法监督建议书,对规范路政行政处罚行为起到积极促进作用。

(三)农用车管理执法专项督察

2010年,针对广大车户反映的"农用车的行车证、营运证技术参数和实车参数不一致的问题",市交通局专门组织纪检、法制、运管方面的人员进行分析、研究、讨论,形成对农用车管理的5条办法和措施:一是对2006年以前上户的农用车不得以"农用车行驶证、营运证技术参数和实车参数不一致的问题"进行处罚;二是对农用车擅自改装行为不明显或无法认定的,一律不得处罚;三是对道路运输车辆擅自改装行为,严格按照原交通部《关于进一步加强道路运输车辆改装管理工作的通知》执行;四是对道路运输车辆擅自改装行为的处罚,依据规定先责令改正,再处以罚款,对当事人的同一违法行为,不得给予两次以上的行政处罚;五是在运政执法工作中,对自由裁量权的使用,结合实际情况,严格按规定执行,不得随意加大或减轻处罚。

第十章　党风廉政建设

第一节　反腐倡廉力度的加大

党风廉政建设是党建的关键所在,晋城市交通运输局主要从党风建设、政风行风、效能监察、治理商业贿赂等方面开展此项工作。无论领导班子调整还是变动,都及时调整和充实各个专项领导组,加强对这些工作的领导,加强惩治与预防体系建设,加强源头治理,不断取得阶段性成果。

20世纪80年代初,交通系统各级党组织认真学习和实践邓小平党风廉政建设和反腐败理论,以端正党风为中心,认真纠正群众反映强烈的不正之风,努力创造党风根本好转小气候,组织开展以打击严重经济犯罪活动为重点的专项斗争,在不搞群众性政治运动情况下,健康有序地反腐败,开辟反腐倡廉新途径。

1993年,中央纪委第二次全会确立"领导干部廉洁自律、查办大案要案、狠刹群众反映强烈的不正之风"的反腐败三项工作格局。随后,一批党内法规,如党员权利保障条例(试行)、党政领导干部选拔任用工作暂行条例、廉政准则、领导干部收入申报规定、礼品登记制度、个人重大事项报告制度等陆续出台。晋城市交通系统各级党组织适应从计划经济体制向社会主义市场经济体制转变的新要求,按照三项工作格局,认真组织学习新颁布的党内条例和法规,并积极采取措施抓好落实,使全系统党风廉政建设和反腐败工作逐步走上"坚持标本兼治、综合治理,逐步加大从源头上预防和治理腐败的力度"的正确轨道。

随着反腐倡廉深入和力度加大,各级党组织均成立党风廉政建设专门机构,健全党组统一领导、党组书记负全责、分管领导具体抓、党总支和党支部抓落实的党风廉政建设工作格局。中共晋城市纪委驻交通局纪检组成立于1995年10月,组长苏义纯(1995年10月至2007年3月);副组长李月仙(2002年11月至2010年12月)。2007年4月,靳胜任中共晋城市纪委驻交通局纪检组组长。晋城市交通局更名为晋城市交通运输局后,于2010年10月10日,重申靳胜任中共晋城市纪委驻交通运输局纪检组组长。1995年10月,成立市监委驻交通局监察室,主任苏义纯(1995年至2002年11月(兼))、郝建军(2002年11月至2006年12月);副主任吕丽芳(任期1998年10月至2002年11月)。2010年4月,贾巨峰任市监委驻交通运输局监察室负责人。

1996年,根据党的十四届六中全会决定,全系统以讲学习、讲政治、讲正气为主要内容,以县处级以上领导干部为重点,组织进行为期3年的"三讲"教育活动,圆满完成了各项工作任务,真正达到党员受教育、群众得实惠的目的,进一步密切党群关系和干群关系,使全体党员,尤其使领导干部受到一次深刻的党性党风教育,对交通事业发展起到巨大推动作用。1998年11月21日，党中央、国务院印发《关于实行党风廉政建设责任制的规定》，市交通局随即建立党组统一领导、党政齐抓共管、纪检组织协调、部门各负其责、依靠群众的支持和参与的反腐败领导体制和工作机制。自此，每年的党风廉政建设和反腐败工作都层层分解任务，明确牵头单位和协办单位，落实工作责任，党风廉政建设和反腐败斗争逐步纳入法制轨道。

党的十六大以来，反腐倡廉建设紧紧围绕党的执政能力建设和先进性建设这条主线，在不断改革创新、推动科学发展中深入开展。市交通局党组中心学习组坚持每季至少一次的学习制度，认真解决思想作风、学风、工作作风、领导作风和干部生活作风建设上存在的问题。工作虽忙，中心组成员仍自觉抽出时间坚持自学，撰写大量读书笔记和学习心得。晋城市交通系统各级党组织和纪检监察部门适应推动科学发展、促进社会和谐新要求，紧紧围绕交通改革发展这个中心，全面贯彻"标本兼治、综合治理、惩防并举、注重预防"的方针，深入推进具有交通特色的惩治和预防腐败体系建设，对具有行业特点的反腐败斗争规律性的认识不断深化，工作领域不断拓展，工作重点更加明确，工作方法更加有效，领导体制和工作机制更加完善，党风廉政建设和反腐败工作进入新的阶段。

2003年3月，成立党风廉政建设领导组。组长冯志亮，副组长张海青、陶德恩、王锁胜、苏义纯，成员有李明耀、郭光明、吕虎林、常晋华、李海军、牛红斌、赵保华、张继荣、郝建军、史应峰。2005年7月，调整党风廉政建设领导组，组长冯志亮，副组长张海青、陶德恩、苏义纯、李连根、李明耀、赵保华；2006年3月，调整党风廉政建设领导组，组长贾承键，副组长张海青、陶德恩、苏义纯、李连根、李明耀。

2005年2月3日，晋城市交通局保持共产党员先进性教育活动动员大会在市道路运输管理处五楼会议室召开。会上宣读《实施方案》，局长冯志亮作动员报告。3月1日至3日，交通局全体人员在11楼会议室进行集中培训三天。分别邀请市委副书记、市纪检委书记石正民、太行日报社社长冯胜、晋城市委党校教授卢路作专题报告。是年，按中央要求制定《中共晋城市交通局党组建立健全惩治和预防腐败体系2005年至2008年工作规划》。认真落实中纪委、中组部、中宣部《关于利用胡长清重大典型案件对党员干部进行警示教育的意见》，以反腐倡廉电教片《一心为民的好书记郑培民》、《扭曲的人生——李真贪污受贿案剖析》、《百姓书记梁雨润》为教材，开展警示教育，把党风廉政建设和反腐败斗争不断引向深入。同时切实加强对以清车、清房、制止奢侈浪费为主要内容的"三项治理"工作的领导，保证党风廉政建设和反腐败各项任务的圆满完成。

2006年，市交通局把治理商业贿赂作为全系统反腐倡廉的重中之重。是年3月，成立治理商业贿赂领导组。组长贾承键，副组长张海青、陶德恩、苏义纯、李连根、李明耀；在整治的同时，积极探索符合实际的工作策略、方法，制定完善各项制度，堵塞关键岗位、重点环节工作上的漏洞，注意把握政策，稳步有序地推进专项治理工作，进一步规范市场秩序、行政权力，逐步建立防止商业贿赂的长效机制。7月25日，市交通局被评为市直机关"三项治理"工作先进集体，纪检书记苏义纯评为先进工作者。2006年8月31日，晋城市直工委授予吕丽芳、娄红生、张小果、王培涛、杨纯芳五位同志"优秀共产党员"称号，授予王勇同志"优秀党务工作者"称号。

12月19日，晋城市党风廉政建设考核组由原市人大副主任乔随根带队、市纪委常委张保国等一行5人到交通局进行年度考核。局长贾承健代表班子及个人向检查组及机关全体干部职工作了述职报告；张保国向副局长张海青、李明耀作了提问式述职；会上进行民主测评，随后检查组又进行个别谈话。

2007年10月党的十七大后，市交通局认真落实胡锦涛总书记"在坚决惩治腐败的同时，更加注重治本，更加注重预防，更加注重制度建设"的要求，坚持以完善惩治和预防腐败体系为重点，努力形成拒腐防变教育长效机制、反腐倡廉制度体系、权力运行监控机制。是年10月15日，调整充实晋城市交通局治理商业贿赂专项工作领导小组，组长贾承键，常务副组长靳胜，副组长李连根、李明耀、王汉庆、王余良、吕虎林、郭光明、李海军。

2008年5月13日，中共中央印发《建立健全惩治和预防腐败体系2008—2012年工作规划》，市交通局按规划要求，重点对教育、制度、监督、改革、纠风、惩处6项工作作出部署。这一时期，全系统党风廉政建设的主要抓了以下工作。

一是全面落实党风廉政建设责任制。局党组每年与机关各科室、各直属单位层层签订《党风廉政建设责任书》，实行"一票否决"。每年定期在全系统范围内对机关和直属单位的党风廉政建设情况进行民主测评，满意率和比较满意率均达到98%以上。

二是深入开展反腐倡廉教育。加大对全行业，特别是对领导干部和行政执法、建设项目管理等部门人员的反腐倡廉教育力度，使广大党员领导干部廉洁从政的自觉性进一步增强。积极开展廉政文化进机关、进家庭、进工地、进站(所)、进车(船)、进企业为内容的"六进"活动，营造了崇尚廉洁的浓厚氛围。

三是加强监督检查。坚持把确保中央、省、市政令畅通作为一项政治纪律严格要求,认真督查。重点加强对农村公路建设项目基本建设程序、资金管理使用、工程质量与安全的监督检查。

四是加大源头治理力度。根据情况变化和实践需要,及时制定出台和完善干部选拔任用和管理监督、干部综合考核评价、行政审批和财务管理、农村公路建设监督管理、农村公路管理养护办法等规章制度,建立健全监督制度落实工作机制,有效预防腐败问题发生。

2009 年,根据晋城市委的统一部署,晋城市交通局作为第二批学习实践科学发展观活动单位参加。局机关、运管处全体人员、端润公路管理处和市公交公司领导班子和全体党员以及离退休党员,共计 7 个党支部,143 名党员参加。活动共分三个阶段进行。第一阶段为学习调研阶段,从 2009 年 3 月 12 日到 5 月 7 日,主要工作是成立领导机构,制定学习实践活动实施方案,广泛动员部署,积极组织学习,开展专题调研,深入开展"解放思想大讨论"活动;第二阶段为分析检查阶段,从 2009 年 5 月 8 日到 7 月 5 日,主要工作是广泛征求意见,召开领导班子专题民主生活会和党员组织生活会,形成领导班子分析检查报告,组织群众对分析检查报告评议;第三阶段为整改落实阶段,从 2009 年 7 月 6 日到 8 月底结束,主要工作是制定整改方案、解决突出问题、开展群众满意度测评。8 月 19 日,市交通局组织学习实践活动群众满意度测评,参加测评的有局机关和运管处全体在编人员 69 人,党代表、人大代表、政协委员、群众代表 8 人,各县(市、区)交通局代表 12 人,服务对象及工作对象代表 16 人,端润公路管理处班子成员及党支部委员 4 人,公交公司班子成员及党支部委员 4 人,设计所党支部委员 2 人,共计 115 人,参加测评人员体现了广泛的代表性。共发放测评表 115 份,收回有效测评表 115 份。通过对测评结果汇总,对该局学习实践活动表示满意的达到 95.6%,比较满意的达到 4.4%,学习实践活动总体满意率达到 100%。整个活动围绕"党员干部受教育、科学发展上水平、人民群众得实惠"的总体要求,取得阶段性成果,促进全市交通运输工作又好又快发展,为全市"保增长、保民生、保稳定"作出积极贡献。

2010 年 8 月 4 日,晋城市交通运输局在 11 楼会议室召开学习贯彻省市领导干部大会精神暨开展"创先争优"活动动员大会。局机关和运管局全体人员、九个总支及支部全体支委、各直属单位班子成员、市新闻媒体记者约 100 人参加。

第二节　政风行风活动的开展

2004 年 7 月,成立政风行风评议领导组。组长冯志亮,副组长张海青、陶德恩、王锁胜、苏义纯;2006 年 3 月,调整政风行风评议领导组。组长贾承键,副组长张海青、陶德恩、苏义纯、李连根、李明耀;2007 年 6 月 24 日,调整晋城市交通局政风行风评议领导组成员,组长贾承键,常务副组长靳胜,副组长陶德恩、李连根、李明耀、王汉庆、王余良、吕虎林、郭光明、李海军。

在政风行风领导组领导下,全系统开展政务公开和行风评议工作。为了进一步推进行风建设,全面实现树行业新风,优化发展环境的工作目标,市交通局制定八项规定,强力推进行风建设。内容包括在面向社会公开承诺的标准和期限内,对不能按时办结公务的工作人员,一次提出批评,二次责令检查,三次调离岗位;对在执法或办理业务过程中收受黑钱的正式工作人员,按党纪政纪规定给予处分,临时人员立即辞退;对放黑车的执法人员被举报两次,查实后给予相应处分并调离执法岗位;各单位统一设立违章处罚室,按从严、从快、从实的要求,严格按照标准提高办事效率和办事质量,规范处罚行为。同时向社会公开举报电话,设立投诉箱等。

局机关首先推行政务公开,推行阳光工程,杜绝暗箱操作,公布社会监督电话,公开办事制度、办事程序。并将一些面向社会的业务工作办理情况、结果公布于众。局运管处将《道路运输经营许可证》、《道路运输证》、客运线路审批、发证、年审、汽车维修业的开业审批等都放到政务大厅窗口办理,方便经营户,做到公开、公正、廉洁、高效、服务热情、周到,树立良好形象。其他窗口单位都严格实行告知承诺、限时办结等服务制度,做到"来有迎声,问有答声,走有送声",着力构建"廉洁、勤政、务实、高效"的管理和服务体系。在交通运输投诉、人大议案、政协提案的办理中,党员干部坚持以身作则,深入实际,为人民群众解决关注的热点、难点问题,做到有报必接,有难必帮,有案必查,有问必答,得到群众好评。

2005 年 6 月,根据省运管局《关于在全省运管系统建立局(处、所)长接待日制度的通知》,市运管处不仅抓好本处接待日的各项工作,而且对各县运管机构的实施与组织情况不定时进行监督检查。

2006 年 1 月,晋城市"96566"运政服务热线电话正式开通,该电话专为受理道路运输投诉、举报、咨询、救援等业务而设。4 月 19 日,市交通局全体干部职工在物贸广场参加全市政风行风评议现场会,印发宣传资料 2000 余份,详细说明单位的职能职责,宣读诚挚接受社会和群众监督的目标和内容,各职能科室安排专人现场解答群众的咨询,并针对反映的情况进行了认真的解答。2006 年 5 月 10 日，晋城市交通局被省交通厅评为 2004 年至 2005 年度政风行风评议先进集体。

2009 年 1 月，晋城市人民政府授予晋城市交通局运管处、晋城市行政服务中心交通分中心 2008 年度纠风工作先进集体，局纪检监察室主任郝建军被授予先进个人。

2009 年 8 月，沁水县交通运输局运管服务窗口进驻该县行政审批中心政务大厅。作为展现交通运输新形象的平台，确定“树一流服务、建一流业绩、创一流窗口”的工作目标。派驻的四位女同志以过硬作风、业务、素质、纪律受到中心领导和办事群众广泛好评，连续评为月度“红旗窗口”，并被授予 2009 年度“优秀服务窗口”，李沁霞被评为“优秀服务标兵”，窗口实行的便民措施被中心推广交流。

2009 年 11 月 18 日，晋城市原人大常委会副主任张国忠带领市政风行风评议考核组来晋城市交通局进行评议考核。评议考核中，首先组织召开政风行风评议民主测评会，局党组书记、局长贾承健主持，局党组成员、纪检组长靳胜汇报情况，部分市人大代表、政协委员、政风行风监督员和服务对象代表受邀参加，并填写民主测评表，局机关、运管处全体干部职工参加民主测评会。随后，市评议考核组召集部分政风行风监督员、服务对象和局属单位的干部职工进行座谈，查阅有关资料，并将评议考核情况向局领导班子成员进行反馈。

2010 年 9 月 9 日，晋城市交通运输局机关作风整顿动员大会在机关 11 楼会议室召开。市交通运输局、市运管局机关全体人员、局属各单位班子成员共计 100 余人参加。局党组书记、局长贾承健主持。

2010 年全市共受理群众投诉 23 件，投诉处理率 100%，结案率 100%；办理市人大议案 9 件、市政协提案 17 件，满意率达 96%。

第三节 治理公路“三乱”的推进

1994 年 7 月 20 日，国务院下发国发〔1994〕41 号文件《关于禁止在公路上乱设站卡乱罚款乱收费的通知》，据此，晋城市交通局把治理公路“三乱”工作摆上议事日程，作为一项长期的艰巨任务来抓。

1995 年局纪检组成立后，把治理公路“三乱”作为纪检工作的重点，严格执法程序，清理无证上岗执法人员，加强执法人员的法制道德观念和培训，层层签订责任书，严明纪律，坚决杜绝“三乱”行为，对发生“三乱”的案件严肃处理，不留情面，使交通运输系统整治“三乱”的工作有了明显的效果。

2005 年 3 月 24 日，晋城市政府召开纠风纪检和行风评议工作会，授予晋城市交通局“治理公路‘三乱’先进单位”、郝建军被评为 2004 年度纠风工作先进个人。授予晋城市交通局“行风评议先进单位”，张捷被评为行风评议工作先进个人。市纠风办、市精神文明建设指导委员会办公室在《晋城市 2004 年度星级文明单位（站卡）表彰》中授予交通局运管处、路政一大队“五星级文明单位”称号。

2006 年 3 月 22 日，市交通局被晋城市人民政府评为 2005 年度治理公路“三乱”先进单位。是年，根据省交通厅和市政府要求，进一步规范执法行为，加强执法队伍建设，提高执法人员素质，严格依法行政，同时调整充实治理“公路三乱”领导组。组长贾承键，副组长张海青、陶德恩、苏义纯、李连根、李明耀。

全市各级交通运输主管部门把治理公路“三乱”列入目标管理责任制进行考核。把解决损害群众利益的突出问题摆在重要位置，认真履行牵头部门的职责，充分运用查处公路“三乱”快速反应机制，开展明察暗访，纠正违规行为，始终保持治理工作的高压态势，有效巩固所有农村公路基本无“三乱”成果。

2010 年 5 月 7 日，在全市行政监察工作会上，晋城市交通局属的市道路运输管理处大厅、泽州县交通局道路运输管理所被授予“纠风工作先进集体”荣誉称号，郝建军被授予“纠风工作先进个人”荣誉称号。

第四节 行政效能的提高

2006 年，根据市政府统一部署，为期两个月的、以贯彻《山西省人民政府关于改进机关作风优化政务环境全面提高政府公信力和执行力的决定》为主要内容的机关行政效能建设活动全面展开。是年 3 月，成立行政效能建设领导组。组长贾承键，副组长张海青、陶德恩、苏义纯、李连根、李明耀。

3 月 22 日市行政服务中心交通分中心（交通局运管处办事大厅）被晋城市人民政府评为 2005 年度行政审批制度改革先进单位。7 月 13 日上午，晋城市交通局召开全体人员改进机关作风、优化发展环境动员大会，对开展行政效能建设活动作了具体安排部署。大会由副局长张海清主持，副局长李连根传达市长夏振贵在全市政府系统干部大会上的讲话精神，副局长李明耀宣读市交通局向社会的公开承诺，纪检组长苏义纯传达市纪委、监委对违规人员处理的通报，市运管处处长李海军进行了表态发言，最后,局党组书记、局长贾承健作动员讲话。

7月27日,为把理论学习贯穿机关行政效能建设活动的始终,晋城市交通局行政效能建设办公室分别在局机关和市运管处设置考场,组织局领导和其他工作人员共71人参加了考试。之后,张榜公布了考试成绩,优秀率为92%,良好率为8%。同时,把每个人的学习笔记、心得体会篇数和字数认真统计,并以书面形式予以通报。对机关全体人员进一步学习和掌握行政效能建设的有关文件精神和法律法规,起到了较大的促进作用。8月1日上午,市交通局组织召开行政服务对象座谈会,认真征求群众对市交通局及其所属单位在行政效能方面的意见和建议。邀请的行政服务对象,包括从事公路运输经营、水上运输经营、汽车维修、驾驶员培训、农村公路建养等与市交通局有行政审批业务关系的单位和个人代表共30人。局领导和有关科(处)的工作人员参加。10月30日,由市行政执法局局长李作富带队的晋城市行政效能建设办公室检查组到交通局检查验收行政效能建设工作。

第十一章　行业文明创建

文明创建活动起步于1981年,中华全国总工会等9个单位联合发出《关于开展文明礼貌活动的倡议》,1982年国务院将当年3月定为第一个“全民文明礼貌月”。在第一个全民文明礼貌月活动中,全省涌现出晋城汽车站这一先进典型,并参加交通部在南昌召开的“全国公路客运部门文明礼貌活动经验交流会”,进行典型经验介绍。

随后,晋城市交通系统各单位各部门积极响应党中央号召,广泛深入地开展精神文明创建活动。最早是以治理“脏、乱、差”为突破口,以开展“五讲四美三热爱”活动为载体,以培养有理想、有道德、有文化、守纪律的四有新人为目标,扎实开展精神文明创建活动。20世纪90年代,以“爱国主义、集体主义、社会主义”教育和“党的基本理论、基本路线、基本纲领”教育为主要重点,以“社会公德、职业道德、家庭美德”培养和树立正确的“世界观、人生观、价值观”为目标,大力加强交通职工的思想道德教育。

在历年文明行业创建活动中,市交通局党政各部门齐抓共管,机关基层上下联动,步调一致,形成合力,做到“三个一齐”。一是工作和文明行业建设一齐安排、落实。每年年初安排工作时,不仅安排公路建养、运输生产及行业发展,而且对加强党的领导,加强政治理论学习,搞好职工思想政治工作,搞好文明行业建设一齐进行安排。每年年中工作汇报时,都要强调四个文明建设一齐汇报,一起抓。二是四个文明建设的目标一齐制定。推行年度目标管理过程中,在每年年初提出工作目标时,既有公路建设、行业管理的要求,又有班子建设、反腐倡廉、纠正行业不正之风的具体目标。三是四个文明建设一齐检查、表彰奖励。交通局对各市、县交通局、所的工作,每年检查一次。检查时认真对照其年初提出的目标,按要求逐条考核,而且要通过听汇报、看记载资料和有形现场,开座谈会了解目标管理工作进行的程度,还要在现场对部分职工进行廉政建设、法规等提问考试。每年表彰奖励时,不仅把队伍建设、廉政建设、纠正行业不正之风列入优秀、达标、不达标的考核,而且对较严重的违法乱纪、为政不廉、“三乱”行为实行一票否决。在表彰奖励优秀单位的同时,采取树立标兵单位、评比先进交通局、“最佳运管所”、评选模范个人的活动,并给予重奖,以此来激励全系统和全体职工争先创优,使文明行业建设结出了丰硕的成果。

2001年11月22日,省交通厅召开传达贯彻全国交通系统创建文明行业会议精神大会。提出“十五”期间全省交通系统文明行业建设“两学四建一创”的中心任务,要求外学青岛港、华铜海轮、包起帆等先进典型,内学太旧精神和大运路建设中的先进典型,创建文明行业。从而将文明创建活动由个人、集体、单位拓展到整个交通运输行业,形成“领导重视、重点突出、点线结合、整体推进”的创建工作格局。随即,晋城市交通运输部门各级各单位采取大会动员、悬挂创建标语、张贴公开承诺、制作宣传版面等方式,营造浓厚创建氛围。同时,围绕“公民道德建设实施纲要”的学习,把公民道德建设和文明创建有机结合,开展各具特色的争创文明和谐单位、文明和谐科室、文明和谐示范窗口、“青年文明号”、“模范运管处”和“最佳运管所”、文明路、文明车、文明站(场)、文明驾校、文明维修企业、文明客运班线、文明职工等活动。使创先争优在全行业蔚然成风,覆盖交通运输各行各业、各个领域,为全方位、全员参与文明创建提供平台,呈现出重点突破、整体推进、亮点频出、蓬勃发展的良好态势。

2003年12月,全省交通行业“文明示范窗口”单位名单公布,晋城征稽分局陵川征稽所、晋城汽车运输有限公司客车一队、晋城市商品路开发总公司换马桥收费站、晋城市交通局运管处业务窗口榜上有名。

2004年4月19日,省交通厅下发《关于在全省交通系统深入开展学习宣传许振超同志先进事迹活动的通知》。6月14日，晋城市交通系统部分干部职工参加中宣部、交通部、全国总工会在湖滨会堂组织召开的许振超先进事迹报告会。回来后，开展弘扬振超精神、争创一流的活动。同时，还开展创建学习型机关和学习型单位的活动。

2004年9月，在晋城市创建省级文明城市表彰会上，长晋、晋焦高速公路公司分别被授予晋城市“文明单位标兵”和“文明单位”称号。同年，长晋高速公路公司还被晋城市总工会授予“优质服务先进集体”，其所辖牛匠收费站被晋城团市委授予“青年文明号行业标兵”等荣誉称号。

2005年4月26日，晋城市“五一”立功表彰大会隆重召开，晋焦高速公路公司被晋城市劳动竞赛委员会授予“先进集体”荣誉称号。2005年11月，晋城公路分局被中央文明委授予“全国精神文明建设工作先进单位”称号。

2006年6月29日，在省交通厅召开的庆祝建党85周年和全省精神文明总结表彰会上，授予晋城市道路运输管理处“全省交通系统行业精神文明建设先进集体”称号；市交通局副局长李连根被授予全省交通系统“十佳公务员”；泽州县路政所长常锁文被授予全省交通系统“十佳交通执法工作者”称号；吕丽芳、李拴奎、娄红生三位同志被授予“全省交通系统行业精神文明建设先进个人”。

2007年5月，交通部印发《关于深入开展“迎奥运、讲文明、树新风”活动的实施方案》，要求以实施交通服务设施改善工程、交通环境优化工程、交通窗口文明示范工程、客运市场规范工程、文明出行工程和文明执法示范工程为载体，提高交通职工和旅客的文明素质，为成功举办奥运会做好交通服务工作。是年，长晋高速公路公司在“中国高速公路服务区行业评选活动”中，荣获“中国高速公路优秀示范服务区”称号。晋城市交通局运管处成功创建“晋城至太原、长治、郑州”三条文明客运班线，受到群众、司乘人员和客运企业的一致好评。在此基础上，又启动“晋城至高平、阳城、沁水、陵川”四条共160台客运车辆参加营运的县际双向文明客运班线。

2008年，省委、省政府提出从5月1日至11月30日在全省开展“优质服务迎奥运”竞赛活动，和完成“赛在北京，游在山西”的奥运旅游道路运输保障任务。会后，晋城汽车站、晋城客运中心站采取一系列行之有效的措施，扮靓窗口，提升服务，落实安保，为北京奥运会顺利进行营造稳定的客运环境。

2009年12月31日，晋城市精神文明建设指导委员会授予市交通局“晋城市创建全国文明城市先进市先进集体”荣誉称号，授予王晋霞“先进个人”荣誉称号。

2009年和2010年在全国普通高考举行期间，晋城市公共汽车公司和出租车行业积极响应市委宣传部、市文明办、市交通局、市广播电台、市公安交警支队等单位主办的“爱心送考”活动号召，积极开展“爱心送考”免费乘车活动。体现晋城公交和出租车行业“让乘客满意、让政府放心、为社会奉献”的精神。

2010年，为深化“讲文明、树新风”活动，按照市文明办等七家单位联合下发的《关于印发〈晋城市文明交通行动计划实施方案〉的通知》精神，市道路运输管理局制定出台《晋城市道路运输业文明交通行动计划实施方案》。是年2月22日，由全国交通运输行业旅客最满意汽车客运站推选活动组委会和中国交通报社在河南省郑州市联合举行的首届颁奖大会上，晋城汽车站荣获“首届旅客最满意汽车客运站”荣誉称号。

第十二章　科研成果应用

第一节　陵沁线加筋土挡墙的试验成功

法国工程师维达尔（H. VidaL），于20世纪60年代研究加筋土工程取得成功，并迅速在多个国家推广应用。1978年，省交通厅总工程师鄂俊泰提出推行加筋土结构建议。1980年，组成“加筋土工程科研组”，选定在省道陵沁线（原晋陵线）陵川县附城凤山进行试验。是年4月，晋东南地区公路管理总段在科研组指导下施工，11月初竣工，所建墙面长81.7米，最高处12米，为山西省第一座加筋土挡墙。次年5月、8月进行复测，墙体无下沉又于1982年7月、1983年3月、1988年9月、1991年4月进行多次观察，墙顶边沿顺直，面板无裂纹，墙体无外倾，使用情况良好，仅在墙高三分之二处有轻微外凸。该工程与同等的片石圬工挡土墙相比，可节省造价三分之一。

第二节　东交河丹河大桥采用土牛拱胎

丹河大桥位于县道晋张线跨越丹河处，为单跨105米石拱桥，桥高18.5米，长175米，建于1982

年。在当时特定条件下,百米以上特大石拱桥采用土牛拱胎修筑,国内外均无先例可资借鉴。

为了确保拱胎性能可靠,该桥建设指挥部技术组大胆探索,精密测试。施工中,先在土牛底部河床上砌两孔临时性小涵洞,以排除河水。再利用附近废弃片石填筑,达四五米高,两侧砌挡墙,以使石碴填筑层稳定可靠,并防止河水浸湿土牛。石碴上填铺15厘米至20厘米厚沙砾,作为过渡层。之上填土(严禁冻土和土石混杂),分层压实,每层15厘米,用75马力履带式拖拉机反复碾轧,机械碾轧未到之处以人工夯实,至密实度达90%以上拱胎成型后,人工用木板捶打平整,再用水泥沙浆抹面5厘米厚。填筑中,始终采用中线放线法。

土牛拱胎填筑完毕后,按悬链线在48个截面点之上、中、下游,共固定140个观察点进行观察,达70余天,并挖深坑,取试样进行测试分析。为了保证拱腹线的施工精确度,主拱圈各截面上的位置,采用交会法放线加以控制。在做拱盔时,又以交会法将这些点交会至拱胎中心,以避免四分之一以下部分由于拱胎过陡、丈量困难而造成的误差。

第三节　研制公路清扫机

1995年,陵川公路段机械修理工人曹国保开始研制,并取得成功。该清扫机农用三轮车、小型拖拉机、吉普车均可牵引,每小时可清扫路面约15公里,不污染空气,体积小,操作简便灵活,适用于清扫城市街道、公路,清洁度高,不留清扫痕迹。该机由行走轮驱动工作组件,自带垃圾箱和灰尘处理装置,造价低廉。

为了研制清扫机,陵川公路段给予大力支持,及时提供场地、原料、资金等,曹国保反复制图、试验和改进,终于使该机研制成功。之后,共生产20余台,供陵川公路段各道班使用,收到良好效果。

第四节　晋焦高速公路的施工工艺创新

晋焦高速公路是一条科技含量高,工艺创新多,工程质量好的工程。其工艺创新主要有石方边坡预裂光面爆破、连体隧道、隧道防渗、连续配筋钢筋混凝土沥青玛蹄脂复合式路面、石砌构造物砂浆机械拌和、机械振捣等。

第五节　丹河特大跨径石拱桥设计与施工关键技术研究

该课题由晋城市交通局为主的6家单位研究,2003年4月通过专家评审,被省科学技术进步奖评审委员会评为“应用类一等奖”,孟繁荣、吕虎林等10位同志被评为“应用类个人一等奖”。

第六节　王莽岭长隧道采用新奥法施工

该隧道坐落于陵川县王莽岭旅游公路道安村东,全长2642米,宽9.0米,高6.5米,内轮廓断面采用半径为4.9米的单心圆形隧道。该隧道洞身开挖石方17.8万立方米,初期支护和二次衬砌砼模筑1.7万立方米,水泥砼路面1.98万平方米。该工程由于地质破碎且有渗水现象,施工中采用“短进尺、弱爆破、强支护、急封闭”的新奥法施工,并间设聚乙烯防水板和无防布防水层以充分发挥围岩的自承能力,提高工程质量。该工程在交工验收中,认为几何尺寸准确,工程表面平整。标志、标线齐全,通信设施规范,质量合格,予以验收交工。

第七节　沁水县仙翁山隧道采用大直径中空直眼微震爆破和防水混凝土等新技术

该隧道地处沁水县东(山)长(子)公路的仙翁山,位于沁水、高平、长子3县(市)交界之处。仙翁山隧道全长298米,洞宽7.5米,洞高7.65米。在施工中,针对隧道开挖围岩类别较差,要求光面爆破,采用短进尺、强支护、早封闭和大直径中空直眼微震爆破。采用防水混凝土等先进技术,间设防水材料,有效解决隧道超欠挖和防渗漏水等技术难题。洞内路面基层为10厘米厚素混凝土粗略整平,然后用35#水泥混凝土铺筑路面,洞内路线纵坡为3%,路面双向横坡各为1.5%,投资400余万元。

第十三章　信息网络建设

第一节　货物运输网络运营管理系统的研发

根据省运管局“发展货运信息服务，实行一城一中心”总体部署，在省交通厅、省运管局大力支持下，1997年5月，市成立公路货运信息服务中心并开始研制《货物运输网络运营管理系统》软件，被晋城市科委列为1997年重大科技项目。该项目1998年经省级验收，通过专家评审，认为达到国内同行业先进水平，并运用于实践之中。

第二节　交通运政综合业务系统的推广应用

为认真落实省运管局对运管系统信息工作要求，进一步提高运管行业工作效率和管理水平。2006年4月8日，晋城市运管处在省运管局信息中心及同昌科技集团太原分公司有关技术人员大力协助下，对全市各县（市、区）运管所从事运管业务的微机操作人员进行集中培训。培训的主要内容为交通运政综合业务系统的操作和使用。该软件是在原有软件基础上，经过不断修改完善而研发成功的。比之旧软件，它更符合运管行业具体业务的实际工作特点，有更强适用性和可操作性，而且新增票证管理、驾驶员培训学校管理等功能，促使运政管理工作实现高效化、系统化、规范化。2006年5月15日，为了充分发挥信息化在行业管理中的作用，以信息化促使运输行业高效、稳定地运作，晋城市运管处及各县运管所启用该系统软件全面办理业务。该软件系统由省运管局及山西同昌科技公司联合开发，名称为《山西省运政管理综合业务系统》，包括客运管理、货运管理、维修管理、驾校管理、票证管理、规费征收、证件打印、稽查管理等10个子系统，包括当时运政管理业务的全部内容，每个子系统针对不同的业务情况呈树形结构功能。

第三节　晋城高速公路公司的信息化管理系统

2008年底晋济高速公路通车运营后，依托硬件条件比较先进的监控系统，成立晋城片区监控中心。2009年区域高速公路整合，晋阳高速公路信息监控中心和片区监控中心整合为晋城公司信息监控中心后，充分利用比较先进的联网监控平台实现各类路况信息的采集、报送、综合汇总和信息资源共享，实现信息发布、监控图像、监控数据（火灾报警、车辆检测、环境检测、气象检测）的相互联动和图像资源共享，同时将H.264视频图像延伸到各路政中队、养护中心、隧道管理所、收费站、服务区等业务部门的办公桌面，建设联网监控平台和应急指挥调度平台，逐步实现公司运营管理信息化、网络化、智能化、综合化和科学化，提高高速公路管理效率，加快突发事件应急处治速度。不断完善内部工作制度，规范监控人员工作规程，确保信息及时捕捉，指令顺利传达，信息快速传输。路况信息发布、情报板发布、短信平台、信息监控值班记录等基本实现电子化、无纸化，逐步形成省市交通台、客服电话、沿线可变情报板为主干的信息发布系统，及时为社会公众出行提供方便、快捷的服务。在路政管理工作中，积极推广应用路政管理系统，所有案件实行微机管理，网上办结，网上传送，减少人为控制因素，增强案件的透明度。安装启用车载移动办公系统，强化事故取证和执法人员现场监管，实现路政管理远程监控和实时视频信息传输。

后记

编者

2012.4.8

为了集中反映1978年至2010年32年间全省交通运输改革建设发展取得的辉煌成就，认真总结改革开放30年来交通建设拉动当地经济社会发展的宝贵经验，深刻探析公路事业可持续发展的内在规律，在推动“十二五”全省交通运输事业再上新台阶提供有益借鉴，省交通运输厅决定组织编纂《山西公路交通史》(1978～2010)一书。

2011年2月15日，省交通运输厅晋交办〔2011〕89号文印发《关于认真做好〈山西公路交通史〉(1978～2010)编纂工作的通知》。为了加强领导，高水平、高质量地完成史料征集及编纂任务，省交通运输厅专门成立编审委员会。主任由厅党组书记、厅长段建国担任；常务副主任由厅党组成员、省纪委驻厅纪检组组长韩日裕担任；副主任由厅党组副书记、副厅长张润，厅党组成员、副厅长王志民，厅党组成员、副厅长戴飞，厅党组成员、总工程师郜玉兰，厅党组成员、总会计师张德仪，厅党组成员、省公路局党委书记郭贵平，厅副巡视员杨俊威，省交通战备办公室专职副主任尹新平担任；委员由厅机关各处室负责人、厅直各单位党政一把手、各市交通运输局局长及山西汽车运输集团负责人担任。

编委会下设编辑部。编辑部设在厅资料信息中心，具体负责公路交通史稿征集、修改、审定及编辑出版事宜。编辑部主任师国梁；副主任梁锦华。

全书编纂的指导思想是：以马列主义、毛泽东思想、邓小平理论和“三个代表”重要思想为指导，全面贯彻落实科学发展观，严格遵循党的路线、方针、政策和国家有关法律、法规，坚持辩证唯物主义和历史唯物主义的观点，集中反映1978年以来全省交通运输改革建设发展取得的辉煌成就，认真总结改革开放30年来交通建设拉动当地经济社会发展的宝贵经验，深刻探求公路事业可持续跨越发展的内在规律，为推动“十二五”全省交通运输事业再上新台阶提供有益借鉴。

在编纂过程中，全体编纂人员认真把握三条原则。一是坚持实事求是和质量第一的原则，存真求实，确保质量，全面、系统地记述党的十一届三中全会以来全省交通运输事业改革建设发展的艰难曲折历程；二是坚持以“述史、读史、育人”为宗旨，做到时代性、科学性、准确性的有机统一，为全省交通运输系统解放思想促转型、抢抓机遇谋跨越、上下同心共赶超、开创发展新局面服务；三是以时间、事件、人物等为线索，通过对历史现象的分析、研究，重在探索发展规律，力求做到时间为经，事件为纬；著述往事，夹叙夹议；论点集中，语言鲜明。

文件下发后，省公路局、省征稽局、省运管局、省高管局及厅直有关单位，各市交通运输局高度重视，明确专人，按照要求认真做好资料搜集、修改工作，圆满完成报送任务。

全书总体结构分为序言、凡例、概述、大事记、放开搞活时期(1978～1992)、加快推进时期(1993～2002)、跨越发展时期(2003～2010)、表目提示、领导干部、附录、后记11部分。在放开搞活、加快推进、跨越发展三个时期,又各自分为前期工作、公路建养、高速公路、道路运输、规费征稽、国防交通、科技创新、依法行政、教育培训、党建工作、反腐倡廉、行业文明、劳动竞赛、安全监管、公安路政、人事管理、改革探索、离退服务、信息工程、汽运集团、新闻宣传、史志编纂、后勤保障23章。

全书凡例、概述、大事记资料,由师国梁负责提供。前期工作资料,由厅综合规划处张耀红负责提供;公路建养资料,由省公路局办公室徐媛丽,人事处曾翼蓉,计划处李萍,养路处赵京,技术处许军,财务收费处刘向东,政策法规处赵丹、王军,公安路政处韩杰,地方公路处李顺平,企改办公室李跃强负责提供;高速公路资料,由省高管局副局长、党委副书记周存信,办公室主任牛铮及王国忠、潘建峰,党工部陈丽、韩建明,人事处董美琴,计财处张华,养护处付渊,执法监督处杜文斌,技术处王培荔,经营开发处郑宏,安监处郝岳平,政策法规处郭继和,工会任果仙,路政总队马晓艳,信息监控中心李岸,收费结算中心杨俊、金路,大同高速公路公司师光,朔州高速公路公司左保山,忻州高速公路公司吕峰,祁临高速公路公司张晓峰、郭廷德,临汾高速公路公司杜祎勋,运城高速公路公司王蒙,吕梁高速公路公司刘万红,长治高速公路公司申晚红,晋城高速公路公司李爱霞,太长高速公路公司杜祯,长晋高速公路公司姚江山,晋焦高速公路公司毛燕娜,悦达京大高速公路公司王巨乐,中交翼侯高速公路公司卫思索负责提供;道路运输资料,由省运管局孟潞安、张慧萍、张瑾负责提供;规费征稽资料,由省交通运输执法局范彦军负责提供;国防交通资料,由省交通战备办公室景勿停负责提供;科技创新资料,分别由省公路局徐媛丽、许军,省高管局周存信、牛铮、王国忠,省运管局孟潞安、张慧萍、张瑾,省交通运输执法局范彦军,省交通设计院聂承凯、帖智武、张晓东、聂强、高睿、张明欣、杨树松、张晨晖,省交通科研院许艳红、傅莉、李文良,山西汽车运输集团陈富根负责提供;依法行政资料,由厅政策法规处曹居月、吉燕峰负责提供;教育培训资料,分别由山西交通职业技术学院张一兵、刘素平、郝文卿,山西交通技师学院魏延萍,山西省交通干部学校孙宗斌、曹有生、翟智慧负责提供;党建工作资料,由厅直机关党委胡钢成、厅资料信息中心师国梁、山西省交通干部学校翟智慧负责提供;反腐倡廉资料,由厅资料信息中心师国梁负责提供;行业文明资料,由厅直机关党委胡钢成、厅资料信息中心师国梁、省交通干部学校翟智慧负责提供;其中,关心下一代工作资料,由厅关心下一代工作委员会安正义负责提供;"锡崖沟精神的总结与弘扬"资料,由晋城市交通运输局秦良彦负责提供;劳动竞赛资料,由省公路运输工会王大为、李晓军负责提供;安全监管资料,由厅综合运输管理处杨吉平负责提供;公安路政资料,由厅公安路政处李廷政负责提供;人事管理资料,由厅人事处蔺建煌、米娟,厅资料信息中心师国梁,省公路局人事处王焕斌负责提供;改革探索资料,分别由厅资料信息中心师国梁,厅综合规划处张耀红,厅重点公路工程建设办公室郝瑞军,省交通设计院聂承凯、帖智武、张晓东、聂强、高睿、张明欣、杨树松、张晨晖,省交通科研院靳长征、许艳红,省交通监理总公司马昕宇,省交通建设投资集团宗庆文、李国庆负责提供;离退服务资料,由厅离退休人员工作处贾勇、陈秀峰负责提供;信息工程资料,由省交通信息化管理中心苏敏、张海亮负责提供;汽运集团资料,由山西汽车运输集团陈富根负责提供;新闻宣传资料,由厅资料信息中心师国梁负责提供;史志编纂资料,由厅资料信息中心师国梁、梁锦华负责提供;后勤保障资料,由厅后勤服务中心杨建平、厅资料信息中心师国梁负责提供。领导干部资料,由厅资料信息中心师国梁负责提供。附录资料,由各市交通运输局负责提供。其中,大同市公路交通史资料,由张明生、姚胜利、高青负责提供;朔州市公路交通史资料,由范金荣负责提供;忻州市公路交通史资料,由李福弟负责提供;太原市公路交通史资料,由岳红旺负责提供;吕梁市公路交通史资料,由苏俊旗负责提供;晋中市公路交通史资料,由杨兴龙、姬怀杰、郭琦鹏负责提供;阳泉市公路交通史资料,由李书田、韩晋萍、王九存、史晋阳负责提供;临汾市公路交通史资料,由张学伟、苏胜勇、李玉洲、庞燕东负责提供;运城市公路交通史资料,由李晋学、侯忠礼负责提供;长治市公路交通史资料,由韩金庭负责提供;晋城市公路交通史资料,由张海青、裴海峰负责提供。后记资料,由师国梁负责提供。在本书即将付印之际,我们代表编委会全体人员,对厅直各单位、厅机关各处室及各市交通运输局参与编纂工作的有关同志,特别是付出心血和汗水,提供内容丰富初稿的各位作者,表示衷心地感谢!

按照编纂实施方案,初稿于 2011 年 5 月份开始陆续报送,截至 2012 年 1 月底,基本完成报送任务。由于报送时间前后不一,为了保证史书质量和出版时间,执行主编师国梁同志从 2011 年 6 月至 2012 年 1 月,集中 8 个月时间,采取根据报送稿件内容随时审定修改书稿,及时补充完善的办法。最后按体例统一编排,达到既保证全书质量,又不耽误编纂出版时间的目的。2012 年 1 月底,完成全书编纂工作。

为了保证全书质量,2012 年 2 月至 3 月上旬,厅资料信息中心全体同志对史稿再次进行审核、修改。其中,师国梁负责概述、大事记、前期工作、国防交通、教育培训、党建工作、反腐倡廉、行业文明、安全监管、公安路政、人事管理、改革探索、新闻宣传、史志编纂、后勤保障、领导干部及吕梁市公路交通史、运城市公路交通史稿件;梁锦华负责科技创新、晋中市公路交通史、大同市公路交通史、忻州市公路交通史(一稿)稿件;王晴红负责阳泉市公路交通史、晋城市公路交通史、临汾市公路交通史稿件;陈瑞丽负责放开搞活时期、加快推进时期和朔州市公路交通史稿件;杜小鹏负责跨越发展时期和长治市公路交通史、忻州市公路交通史(二稿)稿件。为了保证出版时间和质量,在春节期间,全体同志都顾不上休息,夜以继日,加班加点,一丝不苟,认真校改。2012 年 3 月底,全部书稿经省交通运输厅党组成员、省纪委驻厅纪检组组长、主编韩日裕同志修改润色后,报山西人民出版社审定。

本史在编写、审定、修改过程中,得到交通运输部中国公路交通史编审委员会各位领导的悉心指导,得到山西省交通运输厅历届领导的鼎力支持,得到山西省地方志办公室各位领导的热情勉励。尤其是厅党组书记、厅长段建国3次听取专题汇报,明确时限,设计框架,丰富内容,提出要求,并纂写热情洋溢的序言,给全体编纂人员极大的鼓舞和勇创一流的信心。省地方志办公室省志二处处长任小燕、市县志副处长王仰东同志对全书谋篇布局及资料取舍提出许多建设性的意见,对保证书稿质量起到十分重要的作用。全省交通运输系统各单位、各部门和有关专家、学者和兄弟省市同仁对本史的编纂工作也给予热情帮助,山西人民出版社领导和责任编辑白玉梅同志在百忙中对史稿进行了精心修改。在此,我们代表编委会及全体编纂人员一并表示崇高敬意和最诚挚的感谢!

由于编者水平有限,加之某些历史资料缺失,书中肯定会有许多不妥之处,恳请广大读者批评指正,以便再版时修订。